中国古代文化常识辞典

商务印书馆辞书研究中心 编

商务印书馆 The Commercial Press 创于1897
四川教育出版社

中国古代文化常识辞典

顾　问　何九盈　顾德希

编　者　徐从权　俞必睿　白彬彬　陈锦剑　刘　静

审　读

包诗林　李智初　吕海春　史建桥　吴满蓉

范中华　侯文富　华学诚　黄金武　李志江

潘正安　彭　林　邵宇彤　沈　伟　宋守江

孙玉文　张大同　赵志峰

责　编　徐　童

编　务　孙　欣　郭　威　白建利

出版说明

中华优秀传统文化是中华文明的智慧结晶和精华所在，是中华民族的根和魂；要认识今天的中国，就要深入了解中国的文化血脉，准确把握滋养国人的文化土壤。近年来，中小学生和普通民众对古代文化常识的学习需求不断增长，我馆既有的古汉语品牌辞书《古汉语常用字字典》《古代汉语词典》等，从字词学习和语言表达等层面能够满足这些阅读需求；但在古代文化知识的学习延展方面，这些辞书限于篇幅和定位，难于完全满足读者的阅读要求。为此，我们组织编写了这本《中国古代文化常识辞典》。

我们这本辞典，主要根据王力先生主编的《中国古代文化常识》的编写理念，同时参照已有古代文化类辞书，结合当下中小学文言文学习要求，筛选出约4300个词目，以辞条形式展现中华优秀传统文化，满足广大中小学师生和传统文化爱好者的阅读需求。本辞典为中小型古代文化常识类工具书，收录了中国古代各个历史时期的常用文化辞条，涵盖思想、哲学、宗教、文学、艺术、科学、技术、教育、政治、经济、军事、民俗等十多个领域。每个辞条都经过专家的严格审核和精心编写，释文突出文化性，力求准确、简明、易懂，使读者能够快速获取古代文化知识。本辞典顾问何九盈先生认为本书有“四好”：第一好，本书主旨，总体设计，有创意；第二好，条目的选取得当，有很强的针对性；第三好，各条目的解说能撮要提纲；第四好，解说文字可读性强，许多条目简洁、周到、畅达。

我们希望本书能够帮助读者更好地学习和了解中国古代文化常识，成为大家掌握中国古代文化常识的常用工具书。编写过程中，我们得到语言学界、历史学界、辞书学界、语文教育界、出版界等有关领域专家的指导和帮助。在此，我们谨向他们表示衷心的感谢。由于水平有限，本书的编写工作肯定会有一些不足甚至失误的地方，希望读者朋友们提出宝贵意见、建议，以便我们对这本辞书能不断改进和完善。

商务印书馆编辑部

2024年5月

目　　录

凡　例

一、本辞典旨在较为全面地梳理并介绍中国古代文化知识，帮助读者走近中华优秀传统文化，传承、发展中华优秀传统文化。

二、本辞典共收录词条约4300条。涉及天文历法、地理胜迹、宫室车马、衣器食物、人物掌故、政事法律、朝代民族、科举职官、宗法礼俗、宗教知识、军事外交、经济科技、学术考据、典籍艺文、乐律娱体、动物植物等领域。

三、本辞典贯彻执行国家的各项语言文字规范。正文按词目汉语拼音音序排列；释文使用规范汉字，《通用规范汉字表》以外的汉字不做类推简化。

四、本辞典的词条结构分为词目和释文两个部分。如果一个词条含有多个义项，以“①②……”区分。

（一）词目采用常见常用、表述准确的词语。

1. 词目中的多音字或难字，酌情注音。

2. 词目有异形词的，异形词用“也作”标示，异形词本身加引号；词目有另外称呼的，另外称呼用“也称”标示，另外称呼本身不加引号。

（二）释文依据可靠的史料和文献，力求解释准确简明，通俗易懂，注重揭示文化内涵和历史信息。

1. 释文中的公元纪年，同一词条内只在首次出现时加“公元”二字。帝王年号加括号注明公元纪年时，只注公元纪年的阿拉伯数字，“公元前”的“前”字保留。

2. 释文中如有书证，书证优先选用能够体现其文化内涵和用法的经典文献或名人名言，注重时代性和典型性。

五、本辞典为了方便读者查检，正文前附有“词目首字拼音索引”和“词目首字笔画索引”，正文后附有“词目分类索引”和“词目异称、合称索引”。

词目首字拼音索引

词目首字笔画索引

十二画

A

【阿罗汉】 即罗汉。指彻底消除了欲望、摆脱了烦恼的佛教修行者。释迦牟尼的弟子中，能称阿罗汉的最初有十六人，后逐渐增至十八人、一百零八人乃至五百人。今很多佛教寺院中常有十八罗汉或五百罗汉塑像。另小乘佛教修证的果地分为九等，第五等为“舍念清净地”，到此等得阿罗汉果，能折服现行烦恼，但还未到消灭根本烦恼的境界，如在此基础上发广大心，即可入佛乘。

【哀辞】 古代一种文体，是哀悼死者的文辞。源于东汉班固《梁氏哀辞》，古用以哀悼夭而不寿者，后世也用于寿终者。哀辞之体，以哀痛为主，用以表达对逝者的惋惜和思念。它所表达的情感通常分为两种：一种是哀悼、爱惜之情，主要针对幼弱夭亡者。另一种则是敬意与哀思之辞，与诔相似。多用韵语，或四言，或楚骚，后者如唐柳宗元《杨氏子承之哀辞》。

【艾】 植物名。有特殊香气，可入药。古人认为它能辟除病邪毒气，故五月端午有悬艾、簪艾、佩艾的习俗。挂在门上的用艾束成的假人，称“艾人”。给儿童戴在头上的用艾制成的虎形饰物，称“艾虎”。

【安车】 可坐乘的小车。上古乘车都是靠着厢板站在车厢里，而这种车因可安坐在车厢里，故名。一般采用单匹马拉，安稳舒适，供年迈的大臣或贵族妇女乘坐。汉代以来，遇德高望重的老臣告老或被征召，皇帝往往赐乘安车，这是一种礼遇。汉武帝曾派使者带着玉璧和丝帛，用四匹马拉安车的规格迎接名儒申培公，以体现礼遇之高。典故“安车召”即由此而来。

【安抚使】 古代官名。隋代称安抚大使，由行军主帅兼任。唐初如遇战乱或自然灾害，朝廷派巡察、安抚或存抚等使节巡视抚恤，称安抚使。后由节度使、观察使取代。宋初，在战乱、灾荒之地设安抚使，事后即罢，往往由知州、转运使等兼任。至宋真宗景德年间，开始长设安抚使一职，后由掌管一方军事和民政之官兼任。辽金也设。元仅设于西南地区，为安抚司长官，参用土官。明清沿置，为武职土官。

【安济坊】 宋徽宗时创设的救治贫病之人的机构。设立的初衷是救助遭受瘟疫而流离失所的百姓，后逐渐发展为专门的救助场所。安济坊的设立有效遏制了疫情的蔓延，是我国医疗救助史上的一大进步。

【安史之乱】 唐代安禄山与史思明发动的叛乱。也称天宝之乱。唐开元、天宝之际，政治日趋腐败，社会矛盾尖

A

锐，中央集权削弱，藩镇势力兴起。平卢、范阳、河东三镇节度使安禄山于天宝十四载（755）十一月以诛杨国忠为名，在范阳（今北京）起兵，连败唐军，河北州县闻风而降，叛军迅速渡过黄河，攻下洛阳。次年，安禄山在洛阳称帝，国号“燕”。六月，破潼关，入长安。玄宗逃往蜀中，肃宗在灵武（今宁夏灵武）即位，主持平叛。至德二载（757）安禄山为其子安庆绪所杀，长安、洛阳为唐将郭子仪等收复，安庆绪退守邺郡（今河南安阳）。乾元二年（759）史思明杀安庆绪，回范阳自称“燕帝”。两年后史思明为其子史朝义所杀。广德元年（763）史朝义走投无路，自杀，叛乱被平定。安史之乱前后历时八年，严重破坏社会安定和生产秩序，唐朝由盛而衰，进入藩镇割据的局面。

【安世高】 东汉末僧人，生卒年不详，中国佛教史上第一位翻译家。原名清，字世高。本为安息国太子，后让国于叔，出家为僧。他博综经藏，通晓天文、地理、占卜、推步等术，尤精于医学，受到西域各国的敬重。精通小乘佛典，是佛经汉译的创始人，初译介了印度小乘佛教禅类经典。后在洛阳译经，至建宁五年（172）译出《安般守意经》《阴持入经》等30余部。所译《明度五十校计经》为确凿可考的佛典汉译第一经。作为中国佛教翻译史上第一位译经家，安世高深刻影响了“直译”佛经的翻译事业，对推动佛教在中国的传播起到了重要作用，也促进了中西方文化的交流和融合。

【安西四镇】 唐代前期西域的四个军事重镇。贞观十四年（640），唐太宗灭高昌，设安西都护府。贞观二十二年（648），于龟兹（今新疆库车一带）、于阗（今新疆和田西南）、焉耆（今新疆焉耆）、疏勒（今新疆喀什）四镇设都督府，由安西都护府统辖。安史之乱以后，四镇先后陷落于吐蕃、回鹘之手。

【安置】 宋朝王公及文武官员因犯罪被贬到指定地点居住的惩处方式。有的削官爵而安置，有的除名而安置，有的贬官职、减俸禄而安置。此惩处方式“非流非徙非迁而又似流似徙似迁”。一般情况下是被贬到指定地点居住，当事人仍可在当地自由活动，称“居住”。罪行较重的则受到监视并被限制行动。

【按察使】 古代职官。职责为赴各道巡察，考核吏治。也称臬司、臬台、廉访。唐始置。唐睿宗景云二年（711）分置十道按察使，分察各地，成为常设官员。曾改称采访处置使、观察处置使。实为各州刺史的上级，权力仅次于节度使，凡有节度使之处也兼带观察处置使衔。宋以诸路转运使兼按察，专主巡察，别设提点刑狱官。元置提刑按察使，后改为肃政廉访司。明仍建提刑按察使司，以按察使为一省司法长官。清沿明制，各省均设，掌刑名按劾之事，隶属各省总督、巡抚，与专管政令的布政使并称“两司”。清末改称提法使。

【按赀配马】 赀，zī，资产。十六国北凉的养马制度。北凉沮渠氏西迁高昌后，按当地民众民户资产多少分配饲养军马的数量，供军队骑乘或用于驿乘。官府定期检查马匹的配养情况，若出现饲养不当或马死未能及时补养的情况，则以“阅马逋”的罪名对配养者予以处罚。

【案】 古代器物。按用途可分为食案和书案。食案是古代进送食物用的短足托盘，有长方形的，也有圆形的，前者四足，后者三足，可以放在地上或床上。东汉梁鸿、孟光夫妻二人“举案齐眉”，其中的“案”就是食案。书案是一种长条形的矮桌，两端有宽足向内曲成弧形，供读书写字之用。

【案首】 明清时科举考试，凡县试、府试、院试的第一名称为“案首”。因考官揭晓名次称“出案”，故名。

B

B

【八大山人】（1626—1705）清初画家。本名朱耷，字刃庵，号雪个、个山等，江西南昌人。明宁王朱权后裔。明亡，出家为僧，后又当道士，住持南昌青云谱道院。他擅水墨花卉鱼鸟，笔墨凝练，极富个性，所画鱼鸟每作“白眼向天”的情状，给观者留下深刻印象。其作品意境冷寂，落款八大山人，连起来好像“哭之”“笑之”。题诗也含意隐晦，寄寓亡国之痛以及对新朝代的不满。与弘仁、髡残、石涛合称“清初四僧”。

【八丁兵】西魏推行的一种军事制度。把境内民丁分为八批轮换服役。至北周改为“十二丁兵”，每年服役一个月。一说，“八丁兵”和“十二丁兵”是周武帝时一年所训练的兵次，即每年进行的训练次数。刚开始实施时，每年进行八次训练，称为“八丁兵”。随着越来越多的汉人加入军队，每年的训练次数增加到了十二次，因而有了“十二丁兵”的称谓。

【八分书】书体名。即八分，字体似隶而体势多波磔。也称分书。相传为秦时上谷人王次仲所造。关于八分的命名，历来说法不一：或以为其二分似隶八分似篆，故称；或以为似汉隶的波磔，向左右分开，如八字分背，故称。近人以为八分非定名，汉隶为小篆的八分，小篆为大篆的八分，今隶为汉隶的八分。古代八分书法是官方文书和重要文献的书写方式，具有规范、工整、易读的特点。

【八纲】中医诊断各种临床症状的四对八种辨证要素。即阴、阳、表、里、虚、实、寒、热。出自汉代张仲景《伤寒杂病论》。清代程国彭《医学心悟》对其做了系统总结，以此为纲分析归纳各种病症，为治疗提供依据。

【八公山】位于今安徽淮南，淝水以北，淮水以南。也称北山。因西汉淮南王刘安与八门客登此山而得名。东晋太元八年（383），谢石、谢玄于淝水抵御前秦苻坚南侵，得胜，史称“淝水之战”。苻坚登寿春城远眺八公山，以为山上草木都是晋兵，“草木皆兵”的典故即从此来。

【八股文】明清科举考试的文体。由破题、承题、起讲、入手、起股、中股、后股、束股八部分组成。文章的发端为破题、承题，后为起讲。入手为起讲后入手之处，其后分起股、中股、后股和束股四个段落正式论述。在四段中，每个段落都有两股排比对偶的文字，合计八股，故称。也称八比。因题目取于“四书”，内容也要根据宋代朱熹的《四书章句集注》等书，不许作者自由发挥，故又称四书文。其体源于宋元的经义，明成化以后渐成定式，清光绪末年废。明清时，用“时文”“制义”或“制艺”称八股文。

【八卦】《周易》中的八种基本图形。即乾（☰）、坤（☷）、震（☳）、巽（☴）、坎（☵）、离（☲）、艮（☶）、兑（☱），分别代表天、地、雷、风、水、火、山、泽。其中，乾（☰）、坤（☷）两卦最重要，被视为一切现象产生的基础与根源。构成八卦的基本符号是爻，“—”代表阳爻，“--”代表阴爻。每三爻组成一个卦象。如“乾”卦是由三个阳爻“—”构成，即“☰”。任取两卦相互搭配可组成一个重卦，下面的卦称为下卦，上面的卦称为上卦。重卦共有六十四组，称为六十四卦，用来象征自然现象和社会人事变化。传说八卦起源于“三皇五帝”之一的伏羲，反映了华夏先民对现实世界的朴素认识，蕴含朴素的辩证法因素。后来被用作占卜的符号，带有神秘色彩。

【八关都尉】东汉灵帝时在京城洛阳附近八个关隘设置的守关长官。中平元年（184）为阻遏黄巾军进攻，设于函谷、广城、伊阙、大谷、轘辕、旋门、小平津、孟津八关，指挥所辖关隘的军队，保卫洛阳的安全。

【八角鼓】①打击乐器名。鼓腔呈八角形，故名。单面蒙皮，七面嵌有响铃，无铃一面饰双股长穗。演奏时用指击鼓面发出鼓声，摇动鼓身发出铃声。②满族曲艺曲种。原是满族牧民的歌曲，乾隆时发展成坐唱形式，并由专业艺人演出。后渐趋衰落。③单弦的别称。因用弦子和八角鼓伴奏，故名。

【八戒】指佛教徒在家修行所遵循的八项戒律。全称“八关斋戒”。“关”指关闭众生生死之门。这八项戒律是：一、不杀生。二、不偷盗。三、不淫欲。四、不妄语。五、不饮酒。六、不眠坐高广华丽床座。七、不装饰打扮及观听歌舞。八、过午不食。其中，前七项为戒，第八项为斋。

【八闽】福建的别称。先秦合称其地部族为七闽，东晋以来有林、黄等中原八姓入闽，五代时王审知在此建闽国。北宋时始分为八州、军，南宋分为八府、州、军，元分为八路，明改为八府，于是有八闽之称。到了清代，增加台湾、福宁府，又有九闽、十闽之称。

【八旗制度】清代满族的军事组织和户口编制。明万历二十九年（1601），努尔哈赤在统一女真各部过程中，创建八旗制度，以旗色为标志，将部众分为八个各有旗号的军政合一组织。初分正黄、正白、正红、正蓝四旗，万历四十三年（1615）增镶黄、镶白、镶红、镶蓝，称八旗。其中镶黄、正白、正黄为上三旗，也称内府三旗，直属亲军，担任内府侍卫。其余为下五旗。每旗辖五参领，每参领辖五佐领。凡满族成员分隶各佐领，平时生产，战时从征。皇太极时，又将归降的蒙古人和汉人编为“八旗蒙古”和“八旗汉军”，与“八旗满洲”共同构成清代八旗的整体。初期，兼有军事、行政、生产三方面的职能，后来成为兵籍编制，对推动满族社会和经济的发展起了积极作用。入关后，满族统治阶级利用八旗制度加强对百姓的控制，其生产职能日趋缩小。作为一个

B

军事组织，八旗军队后与绿营兵共同构成清代统治阶级统治全国的工具。作为一个行政机构，在某些地区，八旗各级衙署与州县系统并存至清末。八旗官员平时管理民政，战时任将领，旗民子弟世代当兵。清亡后，八旗制度废除。

【八旗庄田】 清内务府及八旗宗室官兵占有的田产。分为：皇庄，即内务府官庄；王庄，即八旗官员、将领的庄田；八旗驻防各省官兵在驻所建立的庄田。八旗庄田是清代特有的土地制度，反映了当时社会的等级结构和经济形态。

【八王之乱】 西晋皇族争夺政权的变乱。晋武帝司马炎称帝后，大封宗室，豪门世族之间的矛盾日益激化。武帝死，惠帝立，惠帝妻贾后与辅政外戚杨骏争权，永平元年（291）贾后杀杨骏，以汝南王司马亮为太宰，专权。其后楚王司马玮、赵王司马伦、齐王司马冏、河间王司马颙、成都王司马颖、长沙王司马乂、东海王司马越先后起兵，争权夺势，战争持续达十六年之久。尽管西晋皇族中参与这场动乱的王不止八位，但这八位王是主要的参与者，因此史称这次动乱为“八王之乱”。

【八仙】 古代“八仙”的说法不止一种。民间流传最广的，是道教的八位神仙：铁拐李、汉钟离、张果老、何仙姑、蓝采和、吕洞宾、韩湘子和曹国舅。关于这八位神仙最著名的故事当属八仙过海。传说八仙路过东海，吕洞宾提出不能乘云过海，须各以物投水并乘之渡海。于是铁拐李投杖，汉钟离投鼓，张果老投纸驴，何仙姑投竹罩，蓝采和投拍板，吕洞宾投箫管，韩湘子投花篮，曹国舅投玉版，正所谓“八仙过海，各显神通”。

【八议】 我国古时规定对八种人予以减免刑罚特权的特别审议制度，包括议亲、议故、议贤、议能、议功、议贵、议勤、议宾。但如果触犯“十恶”这样的大罪，则不在此列。“八议”源于周代的“八辟”，汉代改名“八议”。三国时魏国正式写入法典，一直沿用到清代。

【八音】 ①古代对乐器的分类。根据材质分为金、石、土、革、丝、木、匏、竹八类。钟、铃等属金类，磬等属石类，埙、陶钟等属土类，鼓、鼗等属革类，琴、瑟等属丝类，柷、敔等属木类，笙、竽等属匏类，管、籥等属竹类。②民间乐种名称。如潮州八音、海南八音、壮族隆林八音、仡佬族八音、彝族八音等。

【八珍】 本指周代的八种名食：淳熬、淳母、炮豚、炮牂、捣珍、渍、熬、肝膋。八珍体现了黄河流域先秦宫廷的饮食文化，其制作方法对我国传统菜肴的发展影响很大。此后，又有山八珍、海八珍、中八珍、下八珍、小八珍等称。因此后来八珍也用来泛指珍馐美味，如八珍豆腐。

【八阵图】 阵图名。相传为黄帝所创，历代演变有所不同。诸葛亮推演兵法，作八阵图，或谓即天、地、风、云、龙、虎、蛇、鸟八阵。杜甫在《八阵图》诗中，通过赞颂诸葛亮的军事成就，表达了对这位历史人物深深的敬仰之情。

【巴】 古族名、古国名。相传周代以前，生活在武落钟离山（今湖北长阳西北)。商朝时称巴方。后随武王伐纣。周朝建立后，受封为巴国，居汉水中游。此后与邓、申、楚等国交融，征战频繁。一度与楚结盟。约在公元前5世纪迁往鄂西、川东一带，在四川东部立国。主要从事农业，能制盐和酿酒。战国后期，巴国的中心区域被楚占据。前316年，秦国派司马错灭巴国、蜀国，后在此基础上建立巴郡。巴人信奉白虎，有人祭、行船棺葬等风俗。居渝境的，部分称板楯蛮。南移到今湘西与槃瓠蛮杂处，构成武陵蛮的一部分。先后移到今鄂东的，东汉时称江夏蛮，两晋、南北朝时称五水蛮。后人也习惯以巴指代川东地区。

【巴蜀】 长江上游四川盆地及周围地区。先秦巴人、蜀人曾在此建国，其东部抵汉中为巴国，川西平原一带为蜀国。战国时被秦所灭，分设巴郡、蜀郡，汉魏以来其地常割据称蜀，巴、蜀二郡之地逐渐缩小，唐以来改立渝州、成都府，后遂以此泛指今四川、重庆一带。巴蜀地区自古以来就有“天府之国”的美誉。

【拔贡】 科举制度中选拔贡入国子监的生员的一种。明崇祯八年(1635)始行，通考府、州、县学廪生，各取一人，贡入国子监。清制，初定六年选拔一次，乾隆七年(1742)改为每十二年(逢酉岁)一次，由各省学政选拔文行兼优的生员，经汇考核定，贡入京师，称为“拔贡生”，简称“拔贡”。先赴会考，择优者再赴朝考。经朝考合格，可以充任京官、知县或教职。与岁贡、恩贡、副贡、优贡合称五贡。

【灞桥】 也作“霸桥”。在今陕西西安东。春秋时期，秦穆公改滋水为灞水，在水上建桥，故名。西汉末年，王莽将灞桥改名长存桥。隋开皇三年(583)，灞桥重新建造。唐中宗景龙四年(710)，在位于早期灞桥以南又建一桥，形成南北二桥。此后唐至宋历代不断修葺，沿用至元代方废弃。是我国迄今发现的时代最早、规模最大的多孔石拱桥。南朝梁文人江淹名篇《别赋》第一句“黯然销魂者，唯别而已矣”，使灞桥又得名“销魂桥”。唐人有送客至灞桥折柳相赠的习俗，灞桥作为表现离愁别绪和与亲友深厚情谊的文化符号，在唐以来的文学作品中被广泛运用。诗人李白《忆秦娥》:“年年柳色，灞陵伤别。”

【白板天子】 板，也作“版”。白板指无纹路、空白的木板，没有国玺的皇帝如同没有身份标识的白板。后来也常常被用来比喻没有实权的傀儡皇帝。秦汉以来，玉玺被视为传国之大宝和正统之象征。西晋亡，传国玉玺失落。晋元帝南渡建东晋，数传至穆帝，皆无此玺，北方的人将没有玉玺的东晋皇帝称为“白板天子”，含蔑视意。

【白册】 明朝地方政府编造的一种用于征派赋役的簿册。明朝初期，制定了赋役黄册作为征派赋役的依据。在编造黄册时，编造人员常和官吏串通舞弊，涂改捏造，使人户、田地与实际不符，无法作为有效的赋役征派依据。为了满足赋役征派的需要，另编一册作为征派赋役依据，因是私编，不报户部，故名。也称实征黄册、赋役白册。

【白登之围】 公元前200年，汉高祖

B

刘邦被匈奴围困于白登山（今山西大同东北）的事件。汉高祖七年（前200）匈奴大军围攻晋阳（今山西太原西南），刘邦率三十余万大军亲征，小胜后与前锋骑军追敌冒进，被匈奴围困于平城白登山七日之久。后用陈平计，重赂冒顿的阏氏，方得以突围。此后刘邦将宗室女嫁与匈奴冒顿单于，开启了和亲政策。此事件让汉朝开始重视与匈奴的关系，并在一定程度上推动了汉朝与匈奴的交流和互动。

【白帝】 古代神话中的五天帝之一，西方之神。名为白招拒。古人曾将蛇神视作白帝。相传秦文公梦见蛇，于是在鄜畤用牛、羊、豕三牲祭祀白帝。《史记》中记载了刘邦斩白蛇的故事，而白蛇称白帝子。

【白叠】 古代用棉纱织就的一种白布。也称白氎。《梁书》中记载，高昌国多草木，其实如茧，茧中丝如细纑，人们以此织出来的布又软又白，可以拿到市场上交易。

【白虎观会议】 观，guàn。白虎观是汉代的一座宫观。建初四年（79），东汉章帝召集大夫、博士、议郎、郎官和诸生在洛阳白虎观召开了一次讨论儒家经典的学术会议。章帝亲自主持，讨论“五经”同异，旨在调和统一群经歧义及今文家说，重整今文经学，反对古文经学，以皇帝之权威，法典之形式，制定有关经学的标准疏释，以巩固其思想上的统治地位。当时名儒丁鸿、班固、贾逵等均参加了会议。会后班固等奉命整理讲论记录，编撰成《白虎通义》。

【白虎通义】 东汉统合今古文经义的一部著作。东汉班固等编撰。又称《白虎通》。针对当时今文经学与古文经学相互攻讦辩难的情况，朝廷曾会集学者于白虎观，讲论“五经”同异，由汉章帝亲自裁决经义奏议。会后班固奉敕据辩论结果编撰成书，定名为《白虎通义》。今流传的《白虎通义》包含44篇，几乎涉及了汉代社会生活的各个方面，是研究古代政治、哲学、民俗、语言等历史文化现象的重要资料。

【白居易】 （772—846）唐代诗人，字乐天。祖籍太原（今山西太原），后迁居下邽（今陕西渭南）。年少时刻苦向学，贞元十六年（800）中进士，授秘书省校书郎。元和年间任左拾遗及左赞善大夫。因宰相武元衡遇刺，上表请求严缉凶手，触怒权贵，被贬为江州司马。历任杭州刺史、苏州刺史，后官至刑部尚书、太子少傅。晚年居于洛阳香山一带，自号香山居士。在文学上，白居易积极倡导新乐府运动，主张“文章合为时而著，歌诗合为事而作”，诗作多尖锐地揭发时政弊端和社会矛盾，反映民生疾苦，如《卖炭翁》《秦中吟》。晚年诗风趋于平淡，多怡情悦性、流连光景之作，语言通俗平易。与元稹齐名，世称“元白”。存诗约3000首，其中《长恨歌》《琵琶行》等广为流传。有《白氏长庆集》。

【白鹿洞书院】 我国古代著名书院。位于江西庐山五老峰东南。唐贞元年间，李渤隐居于庐山，养白鹿自娱，人称白鹿先生。宝历年间，李渤任江州刺史，在当年养鹿处修建亭台，引山泉种植花木，因此处山峰回合，如同一山洞，故名“白鹿洞”。南唐时国子监九经李善道、助教朱弼等人在白鹿书院置田聚徒讲学，史称“庐山国学”。北宋初年，扩为书院，与睢阳、石鼓、岳麓并称四大书院。后于皇祐年间毁于兵火。南宋淳熙六年（1179），朱熹重建书院，订立教规，在此讲学。经几代人苦心经营，书院名声大著，成为南宋书院的典范。书院于元末又毁于战火，明清两代重建。鼎盛时学生多达500余人。现保存有宋元以来的摩崖石刻、明清以来的碑刻、先贤编纂的《白鹿洞书院志》及历代诗词歌赋等1000多首。

【白鹭】鸟名。在古代白鹭被视为自由、高贵和纯洁的象征。杜甫在《绝句》中写道：“两个黄鹂鸣翠柳，一行白鹭上青天。”诗中描绘白鹭飞向蓝天，象征自由与高远，还有奋发向上的寓意。白鹭飞行时成群有序不乱，旧时以鹭序寓百官班次，寓意官员们的清廉有序。明清官服中，白鹭作为七品文官的补子纹样。白鹭因其优雅的姿态和行为，在诗歌中被赋予了隐居生活的象征，这一点在《诗经》等文学作品中也有所体现。

【白马寺】我国第一座佛教寺院。位于今河南洛阳东。始建于东汉永平十一年（68）。《水经注》《洛阳伽蓝记》《高僧传》等文献将其建立视为佛教入中国之始。相传汉明帝梦见金人，项背有日月之光，自称为“佛”。遂遣郎中蔡愔、博士弟子秦景等赴天竺求法。永平十年（67），他们与中天竺僧人摄摩腾等携带佛经、佛像回到洛阳，初居鸿胪寺，后明帝诏令在雍门外别建住所，新住所名也因礼重天竺僧人延续用“寺”。其寺名的来历，一说因为天竺高僧与汉使用白马驮经而还，故名。自东汉末年屡遭战乱损毁，但各朝都斥巨资修整。今保存古代碑刻40余方，如宋崇宁二年（1103）刻石、金“重修释迦舍利塔记”碑、元“龙川和尚遗嘱记”刻石、元“洛京白马寺祖庭记”碑、明“重修古刹白马禅寺记”碑等尤为珍贵。

【白茅】俗称“茅草”。叶子细长柔软，茎部高大直立，春夏季开花，穗状，有银白色长丝毛。白茅在古代被视为清洁之物，在重大典礼时，用来包裹或垫衬祭品或礼品。

【白描】用墨勾勒轮廓，不着颜色或略施淡墨渲染的画法。多用于人物、花卉画。原用于创作底稿，也称粉本、小样，宋以后演化为独立的创作形式。唐吴道子、北宋李公麟、元张渥皆为白描名家。

【白朴】（1226—约1307）元代戏曲家。字仁甫、太素，号兰谷先生。陕州（今山西河曲）人。与关汉卿、马致远、郑光祖并称“元曲四大家”。父白华仕金，为枢密院判。白朴曾跟随元好问学习。蒙古灭金后，终身不仕，放浪山水而终。所作杂剧十六种，今存《墙头马上》《梧桐雨》《东墙记》三种。另有词集《天籁集》。

【白契】旧时未向官署纳税并未加盖官印的不动产买卖、典当契约。与“红契”相对，也称草契。多为不动产典卖及过继等大事所立，须备录其事要节，当事人及作保中人俱签其名，可充诉讼依据，效力逊于红契。

【白直】由白丁充当的值勤人员。魏晋以来军政长官或从麾下选取壮勇及晓事者侍从执勤，因其当值无禄得名。南北朝发展为一种职役，按定额配备给各级官员随侍驱使，或折钱代役。隋唐以来沿用，为地方杂职。

【百保鲜卑】 北齐精选鲜卑族壮士组建的精锐部队。百保指其勇猛，能以一当百。高洋代魏后创建，用以宿卫，也常征战。

【百家姓】 我国古代以识字为主的幼儿启蒙读物。成书于北宋初，全书集400多个常见姓氏编成韵文，像四言诗，易于诵读、记忆。姓氏排序以当时国姓“赵”姓为首，明代改以“朱”姓为首，清康熙时又改以“孔”姓居首。今流行的版本多是北宋本。宋代以后，与《三字经》《千字文》成为我国传统启蒙教育的三大读物，合称“三百千”。

【百家争鸣】 春秋战国时期，各种学术思想流派著书立说、互相论辩的繁荣局面。百，泛指数量多。时逢社会变革，代表社会各阶级、阶层利益的思想家纷纷撰写著作，创立学说，众多学派应运而生。儒家、道家、法家、名家、墨家、阴阳家、纵横家、杂家、农家等学者在天道观、认识论、名实关系、社会伦理、礼法制度和政治主张等方面展开论辩，竞相宣扬各自主张并加以实践，后世称这种现象为“百家争鸣”。各学派之间互相辩驳，互相影响，取长补短，兼容并包，极大地促进了思想文化和社会的发展。

【百里奚】 （约前725—前621）春秋时秦穆公贤臣。字子明，楚国宛（今河南南阳）人。原为虞国大夫，虞国灭亡时为晋所俘，作为晋献公女陪嫁之臣入秦。中途逃至宛，被楚人捉住。秦穆公听说他很贤能，就用五张羊皮将其赎回，封为大夫，世称“五羖大夫”。后与蹇叔等共同辅佐秦穆公建立霸业。

【百戏】 古代乐舞杂技的总称。秦汉时已有，秦代又称角抵。包括扛鼎、寻橦、吞刀、吐火等技艺表演，装扮人物的乐舞，装扮动物的鱼龙曼延，以及故事性节目《东海黄公》等。汉武帝时极为盛行，汉墓陶俑中有杂技俑，汉壁画中有杂技图像。南北朝后也称散乐。隋唐和北宋均十分繁荣。元以后，种类更丰富，故多采用各种乐舞杂技的专名，“百戏”一词日渐少用。

【百姓】 古代最初有封地和官爵之人才能有姓，故百姓指百官之姓，指贵族。战国以来，才逐渐成为平民的通称。

【百夷】 ①对分布于今云南中部地区夷人族群的统称。源出于秦汉时西南夷的僰人。②白夷。元明时傣族先民的称谓。主要分布于今云南西双版纳傣族自治州和德宏傣族景颇族自治州及其邻近地区。明钱古训、李思聪著有《百夷传》。

【百越】 古代长江中下游以南沿海越人族群的统称。也称百粤、越。越人有披发文身的习俗，主要从事农耕、渔猎。有金属冶炼技术，善水上航行。有肩石斧、有段石锛和几何印纹陶为早期共同文化特征。春秋末年，其政权首领勾践灭吴，越族群的生活范围北上延伸到江淮。时至秦汉，支系繁茂，有东瓯、闽越、南越、西瓯及雒越等，这些部族各有头领，时或立国。魏晋以来越人渐与各族融合，部分仍聚于华南。

【柏】 植物名。生长缓慢，树龄极长，被誉为“百木之长”。四季常青，经冬不凋。人们历来将柏与松并举，作为长寿与品格坚贞的象征。孔子说过：“岁寒，然后知松柏之后凋也。”

【柏肆之战】 十六国后期北魏和后燕的一场重大决战。公元396年，北魏趁后燕新君初立，拓跋珪集结步骑十万南下，兵分三路，征讨后燕。397年初，北魏围困后燕的都城中山，战局僵持不下。在这关键时刻，北魏国内却发生了内乱，迫使拓跋珪不得不撤军。后燕皇帝慕容宝趁机调集了十六万大军以及新近招募的盗匪一万多人，屯兵于柏肆坞（今河北藁城北），以截击拓跋珪大军。拓跋珪面对突发状况，随机应变，设计反击，最终大破燕军。燕军精锐损失殆尽。

【拜】 古代礼节。也是打躬作揖及下跪叩头的通称。不同的拜礼，用于不同的场合。周代，分为稽首、顿首、空首、振动（同“恸”）、吉拜、凶拜、奇拜、褒拜、肃拜，称为九拜。稽首是九拜中最隆重的拜礼，主要用于臣子拜君王，后也用于儿子拜父亲、学生拜老师等。也称叩首，俗称磕头。顿首通常用于下级对上级，也用于书信的开头或结尾。空首，行礼时，拜跪在地上，双手合拱于胸前与心平行，再低头至手，因头不到达地面，故称。是位尊者对位卑者的答拜礼。振动用于丧礼中，是凶拜而后踊，是战栗哀痛的拜礼。吉拜用于丧礼中齐衰以下，轻于凶拜，是先空首而后顿首。凶拜，丧礼中三年丧的斩衰、齐衰并用，是先顿首而后空首。奇拜是一拜，即先屈一膝，然后空首拜，汉代称为雅拜，通常用于燕礼、射礼中，是国君拜臣下之礼。褒拜，后世又称再拜，即两次以上的空首礼。肃拜，是女子所用的拜礼，即屈膝跪地，垂手不至于地而头微俯，军中因甲胄在身，也行此礼。古代常礼为两拜稽首，清初通行一跪三叩首，朝会大典臣下对皇帝行三跪九叩首，是最隆重的礼仪。

【拜舅姑】 婚礼仪式之一。也称妇见舅姑。舅姑，指丈夫的父母，即公婆。亲迎的次日清晨，新妇早起，沐浴盛装拜见公婆。拜见时，双手捧笲（圆形竹器），盛以枣、栗、腶脩（捶打而加姜桂的干肉）。枣、栗献给公公，取“早自谨敬”之意；腶脩献给婆婆，取“断断自修”之意。然后行新妇盥馈礼，即新妇用特豚（一头小猪）做成的美食献给公婆，表示孝敬。公婆食毕，与新妇共宴于堂上，取杯斟酒给新妇，表示回敬。宴毕，公婆从宾阶（西阶）下堂，新妇从阼阶（东阶）上堂，表示新妇要代替婆婆主持家务。

【拜门】 新婚夫妇婚后首次到女方娘家省亲、探访的礼仪性活动。也称回门。某些少数民族，男女自由结合生子后男子拜见岳父母，执子婿之礼。如女真人有自择配偶的风俗，男子可未经女方家庭同意携女而去，女子生子后，男子再备礼物前往女方家执此礼。

【拜堂】 婚礼仪式之一。也称拜天地。唐代已有此礼。宋以后，流行于全国各地。新郎新娘所拜的对象是天地、祖宗、公婆，之后彼此交拜，表示新娘从此成为男方家族的一员。

【拜帖】 拜访别人时所用的写有拜访者名字、籍贯、爵位等信息的纸片。也称名刺、名帖。最早用竹木制作，后

B

来改用纸。

【稗史】 稗，bài，琐碎。记录遗闻琐事之书。有别于正史，故称。多省称“稗”，如清潘永因《宋稗类钞》。相传古代设立稗官，采录民间情况，以供统治者参考。有时也用来泛指野史，如《明季稗史汇编》。

【班彪】（3—54）东汉史学家。字叔皮，扶风安陵（今陕西咸阳东北）人。起初在天水依附于隗嚣。后至河西，为窦融从事，为其谋划归附光武帝。东汉初，任徐令，因病免官。后专力从事史学著述，因见《史记》所记止于汉武帝太初年间，故搜集史料，博采异闻，作《后传》65篇，其子班固、其女班昭和马续续撰乃成《汉书》。所著辞赋论著，今存《王命论》《览海赋》《北征赋》等。

【班禅】 藏传佛教格鲁派地位最高的两大活佛之一。班是梵语音译，意为“精通五明学者”。禅是藏语音译，意为“大”。清顺治二年（1645），和硕特蒙古固始汗尊罗桑确吉坚赞为班禅，即四世班禅（前三世为追认）。康熙五十二年（1713），清朝政府册封班禅五世罗桑意希为班禅额尔德尼（额尔德尼是满语音译，意为“宝”），正式确定了班禅额尔德尼的地位。此后历世班禅额尔德尼转世确认必经中央政府册封批准，成为定制。

【班超】（32—102）东汉人，字仲升，扶风安陵（今陕西咸阳东北）人。丝绸之路的开辟者之一。史学家班彪的幼子，其长兄班固、妹妹班昭也是著名史学家。其父去世后，家里贫穷，为官府抄书赡养母亲。班超智勇双全，以张骞为榜样。东汉明帝永平十六年（73），慨然投笔从戎，随窦固出征匈奴，不久奉命率三十六人出使西域。在西域诸国的协助下，经过二十多年的艰苦斗争，驱散匈奴势力，使西域五十多国全部内属。和帝永元三年（91），任西域都护。永元七年（95），封定远侯。其妹班昭以其年老，为之上书乞归。永元十四年（102）归洛阳，病逝。班超经营西域三十一年，是我国古代杰出的外交家，他以卓越的领导才能、成功的外交策略保证了丝绸之路的畅通，促进了汉与西域各国的友好往来，为中西方文化交流做出了巨大贡献。此外，他还是一位杰出的历史学家，著有《西域记》等重要著作。

【班固】（32—92）东汉史学家、文学家。字孟坚，扶风安陵（今陕西咸阳东北）人。曾续写其父班彪所著《史记后传》，被人告发私改国史，下狱。弟班超上书为其辩白，获释。明帝时召为兰台令史、典校秘书，奉诏续成其父所著书，前后历二十余年。和帝永元元年（89），随窦宪出征匈奴。永元四年（92），窦宪擅权被杀，他受牵连，死于狱中。其时所撰《汉书》未成，由其妹班昭与马续续撰并最终完成。《汉书》开创了“包举一代”的断代史的编纂体例，为后代史家所继承。在史学上，班固与司马迁并称“班马”。擅长写赋，有《两都赋》等。另编撰有《白虎通义》。

【班婕妤】（前48—约前6）婕妤，jiéyú。西汉女辞赋家。名不详，楼烦（今山西宁武附近）人。班固祖姑，出身功勋之家，少有才学，成帝时被选入宫，立为婕妤。晚年因受到赵飞燕姐妹的诬陷和迫害，退处东宫，写下《怨歌行》（也称《团扇歌》）等作品，抒发孤独凄清的情感。

【班昭】（约 49—约 120）东汉史学家、文学家。一名姬，字惠班，扶风安陵（今陕西咸阳东北）人。班彪之女，班固之妹。班固死时，所撰《汉书》未完成，她奉命与马续共同续撰，最终完成。和帝时，常出入宫廷，担任皇后和妃嫔的教师，以其夫姓曹，被尊称为“曹大家”。著有《东征赋》《女诫》等。

【班直】宋朝御前禁卫军。属殿前司，选拔最精锐的士兵组成，独立成军，只有班或直一个层级，其中班为骑兵，直为步兵。除做皇帝近卫外，有时也参加征战，兼充仪仗。历北宋建隆、熙宁及南宋各时期，名额略有变更。

【阪泉之战】相传黄帝与炎帝为争夺统治权在阪泉之野进行的战役。阪泉，也作“版泉”，古地名，其今地有数说：一说在今河北涿鹿东南，一说在今山西运城解池附近，一说在今山西阳曲东南。

【版帐钱】南宋初以军兴为名征收的税项。由各县搜刮的多种杂税拼凑而成。起初以添助版曹（户部）财计为名在东南诸路进行征收，税率大致为百取其十，官吏乘机渔利。后来发展成为无孔不入的苛敛手段。尽管州县之吏明知这种税收方式非法，但由于版帐钱额太重，即使想要不横取于民，也难以做到。

【版筑】传统建筑技术，是一种建造土墙的方法：用两块一定长度和厚度的木板横立两侧，两板间距等于墙的厚度，板之外用四根木柱支撑。两板之间反复填土，其间不断用杵筑实，直至达到墙所需要的高度。房屋、院墙都可以使用这种方法建造。此项技术起源历史久远，传说商朝武丁的大臣傅说即是从事版筑的夫役出身，《孟子》有“傅说举于版筑之间”的说法。战国时发明了砖，可以替代版筑工艺建造房屋，但当时主要用于贵族的地下墓室即台基、地面等，后世还有一些地方采用这种方法筑墙，一般称为“干打垒”。

【半两】古铜币，外圆内方，始于秦代。秦始皇统一六国后，废除贝、刀、布等币，以半两钱为全国统一的铸币。每枚重量为当时的半两，即十二铢。汉初所铸钱虽陆续减轻重量，仍称半两。如高后二年（前 186）减为八铢，文帝五年（前 175）减为四铢。民间私铸的半两，有轻到不足一铢的，因其轻薄如榆荚，故称“榆荚半两”或“荚钱”。元狩五年（前 118）停铸半两，改铸品质精良的五铢钱。

【半坡遗址】新石器时代仰韶文化遗址。位于今陕西西安半坡村。公元前 4800—前 4200 年的文化遗迹。遗址北端为氏族公共墓地，南面为居住生活区，住所多为圆形半地穴或地面式。生活区的东北边为制造陶器的窑场，绝大多数为夹砂红陶和泥质红陶，彩陶数量不多，其花纹的显著特点是动物形象较多，最基本的纹样是鱼纹和变体鱼纹，此外还有人面、鹿等。

【邦布之籍】战国时期齐国征收的户税。布指刀币，其额约每户每年交 10 币。

【榜】告示应试录取的名单。参加科举考试中试，称作“中榜”。科考录取的全部名单的全榜，称为“一榜”。科举时代会试或乡试公布正式录取名单的榜示，称“正榜”。

【榜眼】 科举制度中殿试一甲第二名称“榜眼”。榜眼之名，始于北宋初，当时科举考试经殿试录取的第二、第三名皆称榜眼，意指榜中之双眼。至明清专指第二名，第三名称“探花”。

【棒喝】 佛教禅宗接待初入佛门者的一种方式，即对其大喝一声或虚打一棒，也存在棒喝并用的情况，试图以此帮助弟子开悟。

【包拯】 （999—1062）北宋政治家。字希仁，庐州（今安徽合肥）人。天圣五年（1027）中进士，历任监察御史、天章阁待制、龙图阁直学士，官至枢密副使。卒谥孝肃。为官刚正不阿，断讼明敏，执法严峻。知开封府时，百姓有“关节不到，有阎罗包老”之语。民间多尊称包公、包青天，为古代清官的典型。

【包子】 一种带馅的发面或半发面的蒸制面食。魏晋时期叫馒头，也称馒首。相传诸葛亮七擒孟获，为了改变当地以人头祭祀的恶习，用面团包裹牛、羊、猪等肉类替代之，因面团状似人头，故称。而称为包子约始于宋代。据记载，北宋时期，包子品类繁多，上自宫廷宴请，下至平民百姓餐桌，包子都很常见，如细馅大包子、水晶包儿、笋肉包儿、虾鱼包儿、江鱼包儿、蟹肉包儿、鹅鸭包儿、七宝包儿，当时还有专门的包子酒店。在我国有些地方，包子至今仍称为“馒头”，如上海话就将生煎包称为“生煎小馒头”。

【宝船】 明永乐年间专为郑和下西洋建造的大型海船，满载排水量可达数千吨，多由南京下关江畔的宝船厂制造。船体高大，结构坚固，行驶快捷平稳，是当时世界上最大的木质帆船，也代表了当时造船业的最高水平，在世界造船及航海史上具有重要地位。嘉靖以来宝船厂趋于废弛，相关技术失传。因其用于装运明朝皇帝和西洋各国互通往来的礼品，以及郑和船队海外贸易交换所得的物品，这些物品或珍贵，或罕见，故船因此得名。也称宝舡、宝石船、宝舟、龙船。因其形体巨大，也称作巨舶、巨艅、巨艇、大舶。宝船也专指郑和率领的海上特混舰队的旗舰。

【保甲法】 编制乡村民户以加强基层治安管理的制度。北宋王安石推行的新法之一。即以十家为一保，五保为一大保，十大保为一都保，分设保长、大保长、都保长。实行连坐，训练保丁，寓有节省军费、部分恢复征兵制之意，但不久即蜕变为承担乡村职役的组织。元明清时期的基层管理对此均有所继承。

【报丧】 丧礼仪式之一。将亲人去世的消息通知亲友邻里。也称告丧。起源于周代，书面语作“赴告”或“讣告”，也省作“赴”“讣”。天子崩，要讣告诸侯和全国，诸侯应立即奔丧。诸侯薨，应先讣告天子，同时将玉珪还给天子，三年后天子另封诸侯时再赐予玉珪。天子闻丧后应痛哭示哀，停止朝议，赐诸侯布帛、车马等，赐谥号，亲自或派使臣前往哀悼，并立即令有关部门为其治丧。重臣死，也如此。列国间的诸侯薨，还应讣告各国友邻，友邻国家当派使者前去吊丧。民间，父母长辈死，一般由丧家晚辈或请亲邻至亲戚朋友家叩头报丧，子孙须戴重孝。如路上遇到亲故，要就地叩头报丧，对方不必还礼。少数民族报丧有放炮、放枪、击鼓、鸣锣、吹牛角号等形式。

【抱朴子】 东晋葛洪编撰的一部道教典籍。葛洪自号抱朴子，因以名其书。分内外篇。内篇20篇，谈“神仙方药、鬼怪变化、养生延年、禳邪却祸之事”，其中有关用矿物炼丹药、炼金银和用植物治疗疾病的记载，对研究我国古代化学、药学有一定参考价值。外篇50篇，评论“人间得失，世事臧否”，反映了作者内神仙而外儒术的根本立场，是研究东晋社会历史以及道教理论的重要资料。

【抱厦】 厦，shà。传统建筑中主要殿宇、厅堂楼阁外接建出的房屋，能使建筑造型更显生动活泼，也兼具实用性。又称龟头屋。位于正房后面的称倒座抱厦，常用于住房或辅助用房。一般认为出现于隋唐时期，唐宋建筑中采用颇多。有些地方将突出于房屋前部的外廊，也称抱厦。

【鲍照】（约414—466）南朝宋文学家。字明远，东海（今山东郯城一带）人。曾任秣陵令、中书舍人等职。后为临海王刘子项前军参军，故世称鲍参军。刘子项起兵失败，鲍照被乱兵所杀。鲍照长于乐府诗，尤擅七言，风格俊逸，对唐诗人李白、岑参等颇有影响。杜甫评曰“俊逸鲍参军”。代表作有《芜城赋》《登大雷岸与妹书》。有《鲍参军集》。

【爆竹】 古时以火燃竹，爆裂时毕剥有声，称为爆竹，用以驱鬼。宋代开始用卷纸包裹火药，引燃后发出爆炸声，称爆仗。

【杯酒释兵权】 宋太祖赵匡胤为防范禁军将领兵变，以和平方式解除元勋将领兵权的事件。其事时间并无明确记载，相传发生于公元961年。宋太祖与赵普定策，召集禁军将领石守信、王审琦等宴饮，以高官厚禄为条件，解除兵权。开宝二年（969），又用同样手段，罢王彦超、武行德、郭从义等节度使，消除藩镇割据的隐患。杯酒释兵权使用和平手段解除了将领的军权，成功地防止了军队的政变，是历史上有名的安内方略，加强了中央集权，巩固了统治。

【碑碣】 碣，jié。碑刻的总称。长方形的刻石称碑；圆首形的或形在方圆之间、上小下大的刻石称碣。秦始皇通过刻石纪功，开创了树立碑碣的风气。东汉以来，碑碣渐多，有碑颂、碑记，又有墓碑，用以纪事颂德，碑的形制也有了一定的格式。唐以来墓道五品以上用碑，龟趺螭首；五品以下用碣，方趺圆首。后世碑碣名称往往混用。

【北漕南粮】 清朝湖广漕粮主要有两个去向：北漕和南粮。北漕指的是湖广每年运往京城的漕粮，都有固定的数额。南粮指的是每年运交荆州等地、供驻防军队食用的粮食。

【北朝】 ①南北朝时期，北方五个朝代的合称。分别是北魏、东魏、西魏、北齐、北周。北朝的建立者主要是北方游牧民族，其中，北魏是由鲜卑族拓跋部所建，其前身为十六国时代的代国，淝水之战后由拓跋珪重建并改国号为“魏”，史称“北魏”。后北魏分裂为东魏和西魏，北齐取代了东魏，北周取代了西魏，最后由北周灭北齐。公元581年，北周静帝禅让帝位于杨坚，隋朝建立，北朝结束。②泛指在我国北方的王朝。如后晋对契丹，宋人对辽金，多称北朝。

【北斗七星】 在北天排列呈斗形的七颗亮星。即天枢、天璇、天玑、天权、玉衡、开阳、摇（也作“瑶”）光。简称北斗。前四星组成斗身，称魁、斗魁或璇玑。后三星组成斗柄，称斗柄、斗杓或玉衡。在我国古代神话中，北斗七星被认为是天地秩序的制定者，指引着四季的变化，即春生、夏长、秋收、冬藏。在我国传统文化中，北斗常用来寓意光明，指引方向。

【北府兵】 东晋在京口组建的精锐部队。公元377年，经宰相谢安策划，孝武帝命谢玄监江北军事，在北府京口招募劲勇，编制训练成军，后为淝水之战击败前秦的主力。自此其分化和兵权争夺常影响东晋政局，曾为桓玄吞并，代晋建立刘宋的刘裕也从其将领而发迹。

【北固山】 山名。在今江苏镇江北。因山壁三面环水、形势险固而得名。梁武帝曾登临此山，北顾长江壮丽景色，因而又称北顾山。山上有南、北、中三峰，晋蔡谟在北峰建有北固亭。宋建炎四年（1130），韩世忠曾在此伏击金兀术。南宋辛弃疾曾作《永遇乐·京口北固亭怀古》，为传世名篇。

【北汉】 ①十六国之一。晋永兴元年（304），匈奴刘渊起兵称大单于，旋即称汉王。永嘉二年（308）称帝，迁都平阳（今山西临汾），建号“汉”，史称“北汉”。后改为“赵”，史称“前赵”。②五代十国之一。公元951年，后汉河东节度使刘崇在晋阳（今山西太原）称帝，国号“汉”，史称“北汉”。疆域包括今晋中和陕西、河北部分地区。太平兴国四年（979），为北宋赵光义（太宗）所灭，共历4主，29年。

【北京】 我国首都。也是古都名。战国时称为蓟州（在今北京西南），燕国国都。秦时为上谷郡治。汉时为广阳郡治。隋唐隶属幽州。辽称南京。宋设燕山府。金称中都。元称大都。明洪武元年（1368）设北平府，永乐元年（1403）建北京，永乐十九年（1421）迁都于此。1928年改称北平。1949年中华人民共和国成立，复称北京。

【北京人】 即北京猿人。也称北京直立人。于1927年首次在我国北京西南房山周口店龙骨山洞穴内发现。经科学检测，距今约70万—23万年。至今已发现40多个个体北京人化石，其中，由考古学家裴文中于1929年发现的一个较完整的头盖骨在太平洋战争期间下落不明。头盖骨的顶部、前额、眉嵴、宽度、壁厚，特别是脑容量特征都与猿类相似，而下颌骨、齿列则与人类相近。此外，北京人骨骼化石四肢的形态和肌肉附着点都与现代人类相似。据考古研究，北京人以采集和狩猎为生。能制造粗糙的石器和骨器，但用途分工并不细密，应属旧石器时代初期的制作。而其生活的洞穴内所发现的木炭和燃烧后的石、骨等痕迹证明，北京猿人能使用火。随着1966年又一具北京猿人头盖骨的发现，考古工作对北京猿人的了解更进一步。北京猿人的发现，对研究人类发展史具有重大意义。

【北军】汉代守卫京师的屯卫兵。因屯守长安城内北部，故名。其兵原由郡国轮番征发，武帝扩其编制，设八校尉，由中垒校尉领北军营垒之事，渐成常备兵，也出外征战。东汉省置五校尉，另设北军中候统领。后世多指驻于宫城之北的皇宫禁卫军，与汉时名同实异。

【北军中候】东汉所设北军五营的监领官。光武帝始置，监领屯骑校尉、越骑校尉、步兵校尉、长水校尉、射声校尉所部禁军，秩轻职重，魏晋废。

【北凉】十六国之一。公元397年，由段业、匈奴贵族沮渠蒙逊建立的政权，疆域主要包括今甘肃和宁夏的一部分。蒙逊与从兄沮渠男成于此年在骆驼城（今张掖高台县内）拥段业，叛后凉，建立北凉政权，称凉王。401年，蒙逊杀段业自立，先后建都张掖（今甘肃张掖）、姑臧（今甘肃武威）。其子沮渠牧犍于439年降北魏，牧犍弟沮渠无讳自酒泉（今甘肃酒泉）率众徙高昌（今新疆吐鲁番以东）立国，460年无讳弟沮渠安周在位时，被柔然所灭。

【北六朝】魏晋以来北方地区六个王朝的合称。所指不一，或指曹魏、西晋、北魏、北齐、北周、隋六个建都于北方的王朝，或指北魏、东魏、西魏、北齐、北周、隋六个北方王朝。

【北邙】邙，Máng。山名。一作“北芒”。也称邙山。在今河南洛阳北。汉魏以来，王侯公卿多葬于此，故后世以其泛指墓地。金元好问曾发出“驱马北邙原，踟蹰重踟蹰。千年富贵人，零落此山隅”的感慨。

【北齐】公元550年，东魏权臣高欢的次子高洋取代东魏建立的政权。建都邺城（今河北临漳）。因皇室姓高，故也称高齐。疆域包括今河南洛阳以东的晋、冀、鲁、豫及内蒙古一部分。577年为北周所灭。共历7帝，28年。

【北宋】公元960年，后周诸将发动陈桥兵变，拥立赵匡胤为帝，建立宋朝，定都开封（今河南开封），改元建隆。史称“北宋”，因皇室姓赵，也称赵宋。后高宗赵构南渡，建都临安（今浙江杭州），沿称南宋。北宋取代后周后，相继征服了南方各国及北汉政权，统一了黄河中下游直至岭南的广大地区，其政治、经济、文化承唐而有进一步发展，繁华之况空前，又力图以新政或变法解决内外矛盾。北边及西北先后与辽、西夏、金相峙，1127年为金所灭。共历9帝，167年。

【北闱】闱，wéi。明清科举制对北京乡试的通称。明代实行南、北两京制，故以在北京举行的顺天乡试为北闱，在南京举行的应天乡试为南闱。清代沿之。

【北魏】南北朝时期的北方政权，北朝首个王朝。公元4世纪初，鲜卑族拓跋部在今山西北部、内蒙古等地建立代国，后为前秦苻坚所灭。淝水之战后，拓跋珪于386年重建代国，在牛川称王，定都盛乐（今内蒙古和林格尔），改国号为“魏”，史称“北魏”，也称后魏、拓跋魏、元魏。天兴元年（398）迁都平城（今山西大同），次年称帝。陆续并吞后燕、夏、北燕、北凉，439年统一北方，与南朝对峙。

493 年孝文帝迁都洛阳（今河南洛阳），后改姓元。疆域北至蒙古高原，西至今新疆东部，东北至辽西，南境初以黄河为界，其后逐渐扩展至秦岭、淮河，跨有淮南地。534 年分裂为东魏与西魏。后东魏为北齐所代，西魏为北周所代。

【北魏律】 北魏时期所制定的多部法典的总称。公元 386 年，北魏建国，先后多次编纂法典，通行的有《天兴律》《神麚律》《正平律》《太和律》《正始律》等。早期法典内容吸取汉魏以来立法和司法的经验以及北族的风俗习惯，后逐渐沿袭魏晋、江左律，其以《正始律》取长补短，体例甚精，为后世刑律所继承和发展。

【北衙六军】 唐代宿卫宫城的六支禁军，因在皇宫之北，故称。因时期不同所指有异，肃宗以来指左右羽林军、左右龙武军、左右神武军，由皇帝亲自指挥，有时也以亲信外官率之。至中晚唐不含羽林而增左右神策军，皆由宦官统领。

【北燕】 燕，Yān。①古诸侯国名。周武王灭纣，封召公于北燕（今天津蓟州区），以别于南燕。②十六国之一。公元 407 年，汉族冯跋推翻后燕慕容熙的统治，立高云为天王，建都龙城（今辽宁朝阳），国号“燕”，史称“北燕”，因其建都龙城，也称为“黄龙国”。两年后高云为部下所杀。冯跋平定事变，在昌黎（今辽宁义县）即天王位。有今辽宁西南部和河北东北部。436 年为北魏所灭。共历 2 帝，28 年。

【北洋】 明清北方沿海及以外海面、岛屿的统称，常指今渤海、黄海沿海一带。清曾置北洋大臣掌其通商、外交、海防等务。清末又称今辽宁、河北、山东等沿海各省为北洋。

【北周】 北朝之一。公元 557 年，西魏权臣宇文泰之子宇文觉取代西魏建立的政权。国号“周”，建都长安（今陕西西安西北），史称“北周”，也称后周、宇文周。自关陇逐渐扩张至巴蜀、云贵地区及今湖北北部。577 年灭北齐，统一北方。581 年为隋取代。共历 5 帝，25 年。

【贝币】 原始货币。种类不一，以齿贝最为通行，学名“货贝”。我国在殷周时期就以齿贝为货币，以若干贝为一“朋”。后来仿制品有珧贝、蚌制贝、骨贝、石贝、陶贝、铜贝等。殷商晚期，便出现了用铜铸造的铜贝，这是人类最早使用的金属货币。殷周的王或贵族常用贝赏赐臣属。秦始皇统一六国后，统一币制，废贝、刀、布等币。王莽曾一度恢复使用。在云南一带，一直沿用到清初。

【糒】 bèi。蒸熟的干饭，古代行军或远行时作为干粮带在路上食用。

【奔命】 军情紧急时就近征发募集的应变士兵。闻命奔赴，故称。汉朝多见，以郡国材官（古代兵种名）、骑士为主要兵源。

【奔丧】 丧礼仪式之一。初指居他处闻丧而归并服丧。后多专指奔赴亲丧。周制，子女在外闻父母丧，应哭答使者并详问父母死因，而后着深衣、戴素帽急返故乡。途中素食、哀哭，到家则从门外号哭到堂上。因残病、临产、生育等无法奔丧者，则寄物以示吊唁。历朝官员如遇父母大丧，一般都须去职赴丧。不奔父母丧的，被视为大不孝。而皇帝有权诏令重臣或身在军中者放弃奔丧。东汉以来，天子崩逝时，对诸侯、守臣奔丧会加以限制，以防止地方动乱。

【本草纲目】 药物学著作。明李时珍编撰。52卷，分16部，60类。载药1892种、药方11 000余个，并附药图1100余幅。书中针对每种药物确定其名称，叙述其产地、形态、栽培及采集方法，分析其药理，说明其炮制法，并考订药物品种的真伪，纠正文献记载错误，内容极为丰富。全书系统地总结了我国16世纪以前的药物学知识与经验，是我国药物学的集大成之作，也为世界药物学者、植物学者所称道。

【本纪】 纪传体史书中记载帝王事迹的部分。司马迁《史记》首创此体，有十二本纪，后各史皆仿其体。“本纪”与“列传”对举，传以纪为本，故纪称“本纪”；纪所不能详者，于传中列叙，故称“列传”。

【崩】 古时天子去世称崩，意为如山岳之崩裂。

【匕首】 短剑。匕，勺子。首，指剑柄的顶端。因这种短剑的剑柄如勺柄，故名。匕首非常轻便，可随身携带，易于隐藏。历史上有著名的荆轲刺秦王的故事，荆轲将匕首藏在卷起来的地图里，图穷匕见之时，对秦王发起了突然袭击。

【比部】 古代官署名。刑部所属四司之一。魏晋南北朝尚书有比部曹，为尚书的一个办事机关。南朝宋时掌法制，北齐时掌诏书律令勾检等事。隋、唐、宋属刑部，掌审计财政，核查赋税及诸司百官经费等。其长官，三国魏以下为比部曹，隋初为比部侍郎，后改称比部郎。唐宋为比部郎中及员外郎。元以后废。明清时是对刑部及其司官的通称。

【比甲】 古时女式骑射服装，其特征是没有领和袖，类似于今天的背心，但前、后身有下摆，且后身下摆较前身更长。相传比甲是元代昭睿顺皇后始创，至明清时已成为日常服饰。

【比丘】 梵语音译词，意为“乞士”。因初期以乞食为生而得名。特指年满20岁、受过具足戒的男性僧侣。

【比翼鸟】 古代传说中的鸟。《尔雅》中认为就是鹣鹣，这种鸟一翼一目，不比（并）不飞。故古人常以其比作恩爱的夫妻。唐代白居易《长恨歌》“在天愿作比翼鸟，在地愿为连理枝”即是唐明皇和杨贵妃之间表达爱情的山盟海誓。比翼鸟也用作形容形影不离的朋友，如三国魏曹植《送应氏诗》：“愿为比翼鸟，施翮起高翔。”

【比罪】 在法律条文没有明确规定时，用类推的方法定罪量刑。历代都有此法，有的是以轻推重，有的是以此推彼。宋代多指被判编管或流配的官员可用官职等抵罪或交纳铜赎罪，犯诬告罪或出入人罪的官员，可比照其他的刑罚减罪或免罪。

【笔记】 文体名。泛指随笔记录的短文。也称随笔、笔谈、杂识、札记。内容大都为记见闻，辨名物，释古语，述史事，写情景。最早以笔记为书名的始于北宋的宋祁。南宋以来，凡杂记见闻者，常以笔记为名，如陆游的《老学庵笔记》。

【毕昇】 （？—约1051）北宋锻工，活字印刷术的发明者，英山（今湖北英山县）人。毕昇深感当时普遍采用的雕版印书费工费时，于是努力总结前人的经验，最终在北宋仁宗庆历年间（1041—1048）成功发明了活字印刷术。

【闭纳】元朝一种预征赋税的方式。地方官府征收赋税时，部分人户拖欠未交，于是向其他人户预借补足。

【邲之战】邲，Bì。春秋时楚国建立霸权的战役。为春秋中期的一次著名会战，是当时最强大的两个诸侯国——晋、楚为争霸中原继城濮之战后的第二次重大较量。楚庄王十七年（前597），楚军攻郑，晋兵往救，渡过黄河，驻扎于敖、鄗两山之间。晋军将领主战主和不一。楚军在邲（今河南荥阳北）突然进兵，晋军主帅荀林父指挥失当，晋军措手不及，中军、下军争船渡河退走，溃不成军，因而大败。此战后，楚国在中原建立了霸权。

【陛下】陛，本义是登高的台阶，后专指帝王宫殿的台阶。陛下原指站在宫殿台阶下的侍者，一说，群臣与帝王说话，不敢直接称指，所以先呼台阶下的侍者代为转达给帝王，通过位卑者传达给位尊者，以示尊敬。后用为对帝王的尊称。

【辟除】辟，bì，征召。除，授官。古代选官制度。也称辟署、辟举。指高级官员选用僚属的一种方式。汉代中央自丞相、御史大夫、三公以至地方官员，皆可自行辟除掾属。被辟除者经公府、州郡试用，再经荐举或察举，可迁任中央或地方官职。与后代吏部铨选的制度不同。

【辟谷】辟，bì。古代修身养性之法。也称断谷、绝谷。即不食五谷，仅靠药物兼导引之术求得长生。后此法被道教所承袭，成为“修仙”的方法。道教认为，人身体中有三彭（也称三虫、三尸），是靠五谷生存的。三彭危害人体，而通过绝五谷，并佐以修炼和药石，就能驱三彭进而达到长生。

【辟雍】辟，bì，通“璧”。周代为贵族子弟所设的大学。因校址圆形如璧环，围以水池，故称。据说大学有五：东称东序，为学干戈羽籥之所；西称瞽宗，为演习礼仪之所；南称成均，为学乐之所；北称上庠，为学书之所；中称辟雍。东汉以后，历代皆有辟雍，除北宋末年为太学之预备学校外，均为行乡饮、大射或祭祀之礼的地方。

【碧云寺】一座园林式寺庙，位于今北京海淀区香山东麓。始建于元代至顺年间，至今保存完好。原称碧云庵。寺庙依山势而层层叠起，建筑呈明显南北对称轴线式布局，主要建筑集中于中路，有山门、山门殿、弥勒殿、大雄宝殿、菩萨殿、孙中山纪念堂、金刚宝座塔。罗汉堂建筑有禅堂、罗汉堂、藏经阁等。此外，还有清代乾隆皇帝的行宫水泉院。碧云寺集中凸显了明清两代宗教建筑的特点，其正殿有着鲜明的明代建筑风格，大石牌坊则是明末清初雕制艺术的遗存，而金刚宝座塔是清代极盛时期的代表作品。1925年，孙中山逝世后曾停灵于此，除其纪念堂外，此处还设立了其衣冠冢，位于金刚宝座塔院的汉白玉塔内。

【蔽膝】商周至元明时期一直沿用的一种礼服服饰。也称韨、韠。形似围裙，系在腰间革带上，长至膝盖以下。多为皮革、布帛制成。多用于祭祀礼服。皇家贵族所着蔽膝上的图案纹样能体现穿着者的身份。

【觱篥】 bìlì。古乐器名。一作“筚篥”，也称笳管。以竹为管身，后也有木制的，管口插有芦制哨子，有九孔，前七后二（后也有前七后一的），形状似胡笳，竖吹，音色深沉、悲凉。自西域传入，为隋唐燕乐及唐宋教坊乐的重要乐器。约元代起，用紫檀木制管身，俗称“管子”。

【壁画】 绘在建筑墙壁或天花板上的画。此形式源自原始人类在洞穴壁上刻画各种图形，以记事表情。后汉武帝画诸神像于甘泉宫，宣帝图功臣像于麒麟阁。自魏晋到唐宋，佛道两教盛行，寺院多有壁画。敦煌石窟中的壁画保存了当时大量杰出的艺术作品。明清卷轴盛行，壁画渐衰。

【避讳】 讳，忌讳、回避。古代讲求“为尊者讳、为亲者讳、为贤者讳”，臣下或晚辈不能直呼君主或尊长的名字，凡遇到与君主、尊长的名字相同的字，就采用某种方法回避，以表尊敬。避讳主要有两类：一是公讳，即诗文中不直书帝王及其亲属的名，属共讳。一是家讳，即说话和行文避免提到自己的父名、祖名，属私讳。方法有以下几种：第一，改字法。即改用音近或义同的字来代替应避讳的字。如东汉为避光武帝刘秀讳，改“秀才”为“茂才”。第二，空字法。即将应避讳的字空着，或作“□”（虚缺号），或作“某”，或直写“讳”字。第三，用原字而省缺笔画，即对所避的字少写一两笔。第四，改音法。即读书时遇到讳字，就改变声调或读别的音。如果不遵守避讳的规则而犯讳，将受到严厉的处罚或被视为不忠不孝，科举试卷犯此错误者不得录取。

【璧】 玉器名。平圆形，中心有孔，孔为方形或圆形。也有用琉璃制的。古代贵族朝聘、祭祀、丧葬时用的礼器，也做装饰品，还常做馈赠的礼币。璧历来受统治者重视，不少历史故事都与璧有关，如战国时蔺相如“完璧归赵”的故事。也泛指美玉。

【边铺军】 金朝在今河南、陕西与南宋、西夏毗邻地界编练百姓、守御边界的军队。

【边塞诗】 一种以描写雄奇壮丽的边塞风光、充满战斗气息的军旅岁月、抗敌立功愿望与思亲怀乡心情为主题的诗歌。代表作家有高适、岑参、王昌龄、李颀等。王昌龄的《出塞》是边塞诗的代表作之一，这首诗分为两篇，其中首篇流传最广、影响最大，被誉为“唐人七绝压卷之作”。边塞诗是盛唐诗歌的重要组成部分，大诗人李白、杜甫也写过边塞诗，这些边塞诗成为他们代表作的一部分。如李白的《关山月》《塞下曲》《战城南》《北风行》等，杜甫的《兵车行》《前出塞》《后出塞》等。

【边引】 明清以来官府发给边商支取、行销盐、茶等的凭证。

【编年体】 我国传统史书的一种体裁。按时间顺序叙述，将史事记载于年月日之下的一种史书体式。从《春秋》《左传》《竹书纪年》，到后来的《汉纪》《后汉纪》《资治通鉴》等，均用这种体裁。其中《春秋》为我国现存最早的编年体史书。司马迁改编年为纪传，荀悦又改纪传为编年，遂开编年体断代史之先河，使编年体臻于完备。自是纪传与编年并行。司马光撰《资治通鉴》，创设长编之法，成为编年体史书的典范。

【编磬】 古代打击乐器。"八音"分类中"石"的代表乐器。用玉、石或金属制成。一般为16枚，应十二正律加四半律，按不同的大小、厚薄，从低音到高音，顺序排列，分两排悬于木架上，用小木槌击奏。

【编修】 古代官名。掌奉敕编修有关书籍的官员。也称编修官。宋代始置，凡修国史、实录、会要等均随时置编修官，枢密院也有编修官，均负责编纂记述。明清属翰林院，职位次于修撰，与修撰、检讨同谓之史官，掌修国史。清代赵执信、吴锡麒、蒋士铨、翁方纲等，皆曾授编修之任。

【编钟】 古代打击乐器。钟，多用铜制成，顶端铸有半环。多件钟应律吕和依大小顺序排列，悬挂在"月"形木架上，用小木槌击奏。历代形制大小、枚数不一。

【鞭春】 一种传统岁时风俗。也称打春、打春牛。其源头可追溯至汉代。立春之日朝廷要陈列土牛模型，以示时令。南朝时期，州县各级官吏于衙前陈列土牛、耕犁，设坛以祭先农神，并持彩杖鞭牛三下，有奖劝农耕之意。由此沿袭成例。此风俗寄托了先民祈求丰收的美好愿望。

【鞭刑】 古代刑罚。起源很早，《尚书》里已记载用鞭杖惩罚失职的官吏。北齐、北周时期，鞭刑是正刑。隋废鞭刑改用杖刑，不久又重用。唐初也一度废鞭刑。后世以鞭刑为附加刑或法外刑的情况甚多。

【扁鹊】（前407—前310）战国时名医。姓秦，名越人，渤海郡鄚（今河北任丘北）人。师从长桑君学医，尽得其传。入秦，秦太医令李醯自知医术不如扁鹊，便派人刺杀了他。扁鹊擅长运用望、闻、问、切四诊，来诊断疾病。他对内、外、妇、儿、五官等科的疾病有深入的了解，并应用砭刺、针灸、按摩、汤液、热熨等方法进行治疗。据传著有《扁鹊内经》《外经》，今已佚。现存《难经》一书，系后世托名之作。

【弁】 biàn。古代贵族的一种帽饰，仅次于冕，一般与男子礼服相配。弁有两种：一种为爵弁，也称雀弁，赤黑色，通常用于大夫家祭及士礼。另一种为皮弁，为白鹿皮所制，尖顶，形状似瓜皮帽，鹿皮缝合处缀有一行行如星星般闪烁的小玉石，多用于田猎场合。汉代以来，弁的形制有很多变化，但一直是礼服的配套帽饰。

【变文】 文体名。也称敦煌变文，简称变。唐五代时期的一种说唱文学，由散文与韵文交杂组成，内容原为佛经故事，后也包括历史故事、民间传说等，如《大目乾连冥间救母变文》《伍子胥变文》等。

【变造】 将赋税折算为等价钱物缴纳入账的制度。也称折造、回造、折纳。始于南北朝，唐制按官方平价折算，如纳布代租、以米折绢之类，也可折算为钱或杂物。宋以来多有，名目不一。

【辨证论治】 辨证，即我国传统医学辨认疾病的证候，通过望、闻、问、切四诊来搜集症状、体征等临床资料，进而分析、辨清疾病的原因、性质、部位及邪正关系等，判断属于何证。论治，即根据辨证的结论，确立相应的治疗方法，并选方用药。辨证论治的主要特点之一是审证求因，强调治病必先识病，识病然后议药。辨证和论治是诊治疾病过程中相互联系、不可分割的两个方面。也称辨证施治。

【标枪】 手掷用枪。宋元时已广泛使用。清代所用标枪上加铁镞，多以木、竹为柄，或完全用铁打造。

【镖】 投掷武器。形如矛头，用以遥掷伤人。清代最通行的镖长三寸六分，重六七两。可分为三种：一为衣带镖，即在镖的末端扎红绿绸二寸许，红绿绸名为镖衣，掷镖人可据以观察镖的飞行路线以及是否击中；二为光杆镖；三为毒药镖。

【表】 ①古代一种文体。臣子写给皇帝的书信、奏章。如诸葛亮《出师表》、李密《陈情表》。②史书体裁的一种。按时间顺序编排记述史事或人物事迹的表。《史记》有十表，如《十二诸侯年表》《汉兴以来诸侯王年表》《六国年表》《高祖功臣侯者年表》等。如因年代久远，事迹不详，不能按年记述，而以世排列的，则称“世表”，如《三代世表》。或历时短而事迹多，因此以月记述的，则称“月表”，如《秦楚之际月表》。以后正史仅《汉书》《新唐书》《宋史》《辽史》《金史》《元史》《明史》有年表。宋以后学者为补历代正史所未备，往往有补表之作，如熊方《补后汉书年表》、万斯同《历代史表》等。

【别驾】 古代官名。汉设别驾从事史，属刺史佐吏。因随刺史出巡时另乘驿车，故称。魏晋以后均承汉制，诸州置别驾，总理庶务，职权甚重，时称其职居刺史之半。隋唐曾改为“长史”，后又复原名，然职任已轻。因品高俸厚，常以安置贬谪大臣，时有废罢。宋改置诸州通判，以职守相同，故“通判”也有“别驾”之称。据传，隋初官员赵轨在齐州担任别驾时，为人清廉，受到百姓爱戴，离任时齐州百姓为其献上一碗清水送行。从此，赵轨有了一个“清水别驾”的称号。

【别史】 史书的一种。有别于“正史”和“杂史”。但各家著录的标准也不尽一致。宋代陈振孙《直斋书录解题》专列“别史”一门收录有关一朝政事的著作，如唐高峻《高氏小史》等。明末清初黄虞稷《千顷堂书目》则以编年体、纪传体之外，杂记历代或一代史实的史书称为“别史”。《宋史·艺文志》《四库全书总目》都有别史一类。《东观汉记》《东都事略》《大金国志》《通志》《宋史新编》等，皆入别史。

【宾阶】 古代宫室前的台阶一般分为东西两部，其西边的一部台阶即为宾阶，也称西阶，是专供宾客行走的。与之相对应的东边的台阶，称阼阶，也称东阶，则是专供主人行走的。

【宾客】 指东汉各种依附于世家豪族者的称谓。一般从事生产，养活主人，逐渐成为世家豪族的依附或役属人口。三国以来，因战乱，宾客剧增，其身份要比奴隶稍高，与主人是隶属或荫庇关系，为主人耕作、打仗。唐宋以后各种人身依附关系削弱。后渐泛指一般来访的客人。

【宾礼】 古代五礼之一。即诸侯朝见天子的礼节。春见曰朝，夏见曰宗，秋见曰觐，冬见曰遇，时见曰会，殷见曰同，时聘曰问，殷覜曰视。

【宾射】 古代射礼之一。天子与来朝的诸侯一起，在射宫射箭时所行之礼。诸侯互朝，卿大夫、士互相拜访也行此礼。

【膑刑】 膑，bìn。古代剔掉人的膝盖骨的酷刑。约在夏代开始有此刑。相传，战国时期军事家孙膑曾与庞涓一同学习兵法。后庞涓为魏惠王将军，因嫉妒孙膑才能，将其骗到魏国，并用奸计陷害，使其遭受膑刑，故称孙膑。

【冰人】 指媒人。晋代时，孝廉令狐策有一天梦见自己站在冰上，和冰下人说话，索统解释说："冰上为阳，冰下为阴，主阴阳之事；《诗经》里有'士如归妻，迨冰未泮'，说的是婚姻的事；你在冰上和冰下人说话，为阳语阴，主为人说媒。因而你当为人做媒，冰河开了，婚姻也就成了。"由此后人称媒人为冰人。

【并刀】 并，bīng。并州出产的刀剪。并州自古以制造锋利的刀剪而著称。陆游在《秋思》诗中写道："诗情也似并刀快，剪得秋光入卷来。"

【兵部】 古代官署名。主管中央及地方武官的选用、考查以及有关兵籍、军械、军令等事宜。魏始置五兵尚书，至隋始改兵部尚书。隋唐以后为六部之一，领兵部（兵曹）、职方、驾部、库部四司，长官为兵部尚书。后皆沿用其制，直至清末改官废止。

【兵募】 也称募人、募兵、征人。平时无固定建制和兵额，战时由兵部发符责成州县征募。选取原则是户殷丁多、人才骁勇。装备由州县负责，不足则自备和亲邻资助，口粮由朝廷供给。服役期间免除本身租庸调和杂徭，事毕即散归为农。后渐发展为长期服役的职业募兵。

【般若】 bōrě。梵语音译，也译为"波若"。意为"智慧"。佛教认为其不同于世俗的聪明，是能看透了解一切事物本质的智慧，是超越世俗、非一般人能达到的特殊认识。有了这种智慧，即可达到涅槃的精神境界，所以获得它也为成佛所必需。大乘佛教将之称为"诸佛之母"。

【伯乐】 春秋秦穆公时人，字子良，号伯乐。以善相马、医马著称。有一次，楚王派他去买千里马。他来到齐国，看见一匹瘦马正奋力拉着盐车上一陡坡。伯乐行至马前，瘦马对他嘶鸣不已。他认为这是一匹千里马，便买下带回楚国。楚王听到伯乐对马的介绍后，命马夫尽心尽力把马喂好。半个月后，瘦马神采奕奕，楚王靠这匹马驰骋疆场，立功无数。后以伯乐借指善于发现、选拔、使用人才的人。

【伯牙】 春秋时音乐家。楚国郢都（今湖北荆州）人，曾任晋国上大夫。精于琴艺，善奏《高山流水》，相传琴曲《水仙操》即其所作。据传楚国钟子期最懂伯牙的音乐，二人被称为千古知音。钟子期死后，伯牙终身不再鼓琴，以示对友人的怀念。

【伯仲叔季】 古代兄弟行辈中长幼排行的次序。伯是老大，仲是老二，叔是老三，季是老四。也常用于表字，东汉末年长沙太守孙坚有四子，依次是孙策、孙权、孙翊、孙匡，按长幼依次字伯符、仲谋、叔弼、季佐。

【帛】 丝织品的统称。其中未经漂煮的丝织物称为生帛，也称绢、素、缟、绡。而经过漂煮的丝织物称为熟帛，也称练。我国桑蚕养殖、缫丝和丝纺的历史悠久，丝织品的生产与应用技术发达，除了用于服饰，在纸尚未普及之前，丝织品还用于书画。

【帛画】 我国古代画种。用笔墨和色彩在丝织物上描绘人物、飞禽、走兽、神灵等形象的图画。约兴起于春秋战国时期，楚先王庙、公卿祠堂多画天地、山川之神和古代圣贤之像，至西汉发展到高峰，随着丝绸之路的开通，帛画传播到世界各地，成为中外文化交流的重要载体。帛画是现存最古老的中国画，线描规整劲利，色彩绚烂端丽，具有很高的艺术价值。

【舶脚】 唐以来对进港停靠的外商船舶征收的税种。

【博山炉】 古代香具。多为铜制，炉上有盖，盖高而尖，镂空，呈山形，山形重叠，其间雕有云气纹、人物及鸟兽。于炉中焚香，轻烟飘出，缭绕炉体，形成群山朦胧、众兽浮动的效果。盛行于汉晋。相传汉武帝在青州遥望海上仙山，回京后便令能工巧匠铸造铜熏炉，炉盖模拟《山海经》里的蓬莱、方丈、瀛洲三座仙山胜景，将三山融于一炉盖，于博大中蕴含清秀，故谓博山炉。

【博士】 古代官名。六国时有博士，秦汉相承，诸子、诗赋、术数、方技，都立博士。西汉属太常，参与议政。汉文帝置一经博士，武帝时置五经博士，职责是教授、课试，或奉使、议政。晋置国子博士。唐有太学国子诸博士，另有律学博士、算学博士、医学博士等，都为教授官，而非中央官学传授儒经学官的专称。唐宪宗元和七年（812）韩愈任国子博士，写下《进学解》。明清国子监、太常寺、钦天监均设博士，又有五经博士一职，为孔孟及儒家诸族的世袭官。

【博学鸿词】 科举的一种名目，为制科之一种。“鸿”一作“宏”，唐代吏部考选进士及第者的科目，考中后授予官职。宋绍圣元年（1094）置宏词科，绍兴三年（1133）改立博学宏辞科，直到宋末。清代康熙、乾隆年间重设。也称博学鸿儒。宋代名士如苏轼、苏辙、富弼等均由此科入仕，故士大夫以此为荣，称之为“大科”。

【卜辞】 商周时代，刻在龟甲或兽骨上的占卜活动记录。也称甲骨卜辞。古人崇尚迷信，常根据烧灼龟甲、兽骨后出现的裂纹占卜吉凶，并在其上铭刻占卜结果。一条卜辞一般包括前辞、命辞、占辞、验辞等，内容多为祭祀、征伐、气候、狩猎、农事、疾病等。

【卜筮】 古时的占卜方法。根据烧灼龟甲、兽骨后出现的裂纹预测吉凶，称卜。通过蓍草的推演和计数预测，称筮。合称卜筮。殷商时，崇尚占卜，凡事必卜。如军队出征前要进行占卜，预测战事及主帅、车右、御者等的吉凶、成败。

【补服】 明清时期的官服。其长度介于长袍与短褂之间，对襟，前心后背都缀有一片绣有花纹图案的“补子”，其图案内容可显示官员的身份和等级，故称。补服最早出现在明朝洪武年间，后一度废止。明代规定，在补子上文官饰鸟，武官饰兽。清沿明制，并根据官员的文、武职能、品级以及皇族成员等级对服装的颜色、补子的图案做出了明确且严格的规定，其中文官一至九品的补子分别绣有鹤、锦鸡、孔雀、雁、白鹇、鹭鸶、鸂鶒、鹌鹑以及练雀；武官的补子自一品至九品分别为麒麟、狮、豹、虎、熊、彪、犀、海马。其他司法、监察等部门官员还要绣上獬豸图案，以示其具有辨别曲直的职能。此外，命妇受封，也得用补服，补饰从其夫的品级。

【补阙】 古代官名。武则天时置，职掌侍奉、规谏皇帝、补其阙失并举荐人员，分左、右补阙。左补阙属门下省，右补阙属中书省。北宋改补阙为司谏。南宋及元明重又设置，均随设随罢。明成祖时，与左、右拾遗合称“遗补”。

【不道】 古代一种重罪罪名。指行为极其残忍、手段特别恶劣的犯罪，比如杀害无辜、虐待父母等。这些行为违反了法律，违背了道德和人伦，被视为不可饶恕的重大罪行。自隋以来，作为“十恶”之一，与谋反、谋大逆、谋叛、恶逆、大不敬、不孝、不睦、不义、内乱九种罪行并列，这些罪行被认为是对社会秩序和伦理道德的极大破坏。

【不二法门】 不二即指唯一。法门指芸芸众生摆脱世俗走上圣道的门径。佛教指能直入圣道的门径与方法。后指独一无二的方法。

【不封不树】 古代一种墓葬习俗。墓葬既没有封土堆，也不植树做标志。上古时比较普遍，随着坟墓上设施的日渐完善，不封不树反而成为一种特殊现象。如曹操、曹丕、司马懿等都要求不封不树。

【不穀】 穀，gǔ，善。古代王侯自称的谦辞。

【不惑】 能辨明一切事理，不再感到困惑。语出《论语·为政》：“子曰：吾十有五而志于学，三十而立，四十而不惑，……”后代用以代称男子四十岁。

【不空】 （705—774）全名不空金刚，音译“阿目佉跋折罗”。唐代僧人，佛教密宗创始人之一。本北天竺婆罗门族，一说师子国（今斯里兰卡）人，十五岁出家。幼年丧父，随叔父来中国，师事金刚智。开元二十九年（741），一说天宝二年（743），奉金刚智遗命往天竺及师子国广求密藏，天宝五载（746）返回中国，深得朝廷崇奉，赐号“大广智三藏”，封“开府仪同三司”、肃国公。大历九年（774）卒，死后谥“大辩正广智不空三藏和尚”。他一生历玄宗、肃宗、代宗三朝，中经安史之乱，先后在长安、洛阳、武威等地译出密部经77部，120余卷。

【不睦】 古代一种重罪罪名。指亲族之间相互侵害的犯罪行为。自隋以来，作为“十恶”之一。唐代，不睦包括：谋杀及出卖缌麻以上亲属，殴打或控告丈夫及大功以上尊长或小功尊属。缌麻、大功、小功都是古代丧服，古人因已故亲人辈分、亲疏远近等因素着不同丧服，这里是用丧服之名来指代特定亲属群体。明清基本相同。

【不孝】 古代一种重罪罪名。自隋以来，作为“十恶”之一。唐代，不孝包括：向官府控告祖父母、父母及咒骂等行为；祖父母、父母健在，子孙却另立户籍、分割财产；不赡养祖父母、父母，或赡养的方式不恰当；居父母丧期间自己嫁娶，作乐而脱丧服，改穿吉服；隐匿祖父母、父母死亡的消息，不发讣告不举办丧事，或谎称祖父母、父母死亡等。

【不义】古代一种重罪罪名。自隋以来，作为“十恶”之一。唐代，不义包括：杀本属府主、刺史、县令、授业老师及吏卒杀本部五品以上官长，以及隐瞒丈夫死亡的消息而不发讣告、不举办丧事，守丧期间作乐、穿吉服、改嫁。明清基本相同。

【布币】古代货币之一，仿照农具镈铸造的铜币。镈为翻地农具，“布”是“镈”的同音假借字。较早出现的是春秋时晋国铸造的空首布，战国时期主要流行于韩、赵、魏等国，形制略有变化。早期布币保留镈的形状，首空可以纳柄，形如今之铲，故也称铲币、空首布。以后布首变成扁平，下部分成两足，形状不一，有“尖足布”“方足布”“圆足布”和“三孔布”等名称。币上一般铸有地名，有的还铸有币值面额、干支等。秦始皇统一六国后，废除布币。后王莽曾一度仿制使用。

【布达拉宫】宫堡式建筑群，位于今西藏拉萨市区西北的玛布日山上。公元7世纪，由吐蕃赞普松赞干布下令修建。相传是为了迎娶唐文成公主进藏而兴建此宫，一说是因迁都而修建。后经过不断修葺，至清顺治年间，始具备今日之规模和样式。主体建筑由东部的白宫和中部的红宫组成。白宫原为达赖喇嘛所居之处，红宫是佛殿和历代达赖喇嘛灵塔殿。宫内藏有大量珍贵文物，其壁画、彩画、木雕等风格、技艺以藏族为主，展现了各民族能工巧匠高超的技艺和艺术水准，是我国多民族文化艺术融合的杰出体现。

【布浑察儿】蒙古语“许亲宴”的音译。蒙古族女子定亲后所办的款待亲家的宴会。参加此宴叫“吃布浑察儿”。一说蒙古人的议婚风俗是父亲可为其子向女方求婚，如女方答应则双方饮“布浑察儿”许婚酒。

【布缕之征】战国时期各国以手工织品为征收形态的赋税，属于实物形式的课税。

【布施】梵语意译。佛教将给予他人财物、智慧，以此积累功德直至成佛的修行方式称为“布施”。给予人财物称为“财布施”，以讲授佛法度人称为“法布施”，救人于危难称为“无畏布施”。

【布衣】用麻、葛、棉等为原料制成的衣服。一般为平民百姓或隐逸之士所穿，后代指平民。诸葛亮在《出师表》中说：“臣本布衣，躬耕于南阳。”

【布政使】古代官名。明清各直省承宣布政使司主官，掌一省政令、财赋。简称布政。也称藩司、藩台、方伯。明洪武九年（1376）改行中书省为承宣布政使司。宣德后，全国府、州、县等分统于两京和十三布政使司，每司设左、右布政使各一人，为一省最高行政长官。后因军事需要，增设总督、巡抚等官，权位高于布政使。清代始正式定为督、抚属官，专管一省的财赋和人事，与按察使并称“两司”。

【步打球】古代一种球类竞技游戏。因徒步以杖击球，故名。简称步打。起源于唐代。唐宋时宫廷中盛行的游戏。宋时发展成为捶丸，又称步击。比赛时分两队，队员各持下端弯曲的木棍击球，以击入对方球门多者为胜。此游戏直到清末还在民间流传。

B

【步摇】妇女的头饰。戴在头上会随着人的行走而摇摆，故名。一般由黄金等材料制成，有龙凤、鸟兽、花枝等形状，并缀以珠玉等装饰。

【步障】一种用以遮蔽风尘或视线的屏幕。晋代石崇豪奢，与王恺斗富。王恺做紫丝布步障四十里，石崇就做锦步障五十里和他匹敌。

【部曲】原指军队的编制单位。汉代多指依附和隶籍于豪族的私人武装。魏晋到隋唐常指依附于势族高门、充当家丁杂役的各种人员，身份介于奴婢和平民之间。宋以来消亡，但仍用部曲泛指私家奴仆和佃客。

【部引】清户部统一印制和颁发的盐引。引是引票的简称。宋以后给予商人运销货物的凭证。宋原名盐钞，行引法后改称盐引，也称钞引，元明清只称盐引。

【部院】清代巡抚别称。清制，各省巡抚多兼兵部侍郎和都察院右副都御史衔，故称。也为六部和都察院的合称。

C

【才人】宫廷女官名，多是妃嫔称号。从晋代到明代多沿置。晋代的才人，爵为千石以下。唐初定为九人，正五品，位次于美人。唐玄宗时改置七人，正四品。武则天曾被唐太宗选为才人。唐代以后虽沿用此称，但已没有明确的品位定制。

【材官】秦汉征发于郡国的精锐步兵。也称材士。这些兵士勇武有才艺，善射，平时分散务农，定期集中操练，受朝廷统一征调，戍卫京师或驻屯边塞，间或用于仪仗，西汉以来设材官将军统之。东汉初罢置，魏晋置材官校尉，东晋复设材官将军，领土木工程，间亦领兵出征，后为中低级武职。

【采办】明制，金银矿藏，皆由朝廷委派内外官员经营管理或监督开采，规定每年征收金银之数额，称为采办。又为和买（一种以购买为名的变相赋税）的一种形式。明初地方每年进贡土产，称岁办，不足或不合要求的部分，出钱向商人采购，也称采办。官吏借机搜刮，出钱仅是虚名。也称采买、采造。

【采莲】古代吴、楚、越等江南水网地区池塘遍布，多植莲藕。每逢夏秋之际，少女多乘小舟出没莲荡中，一边采摘莲子，一边轻歌互答。这项生产民俗历史悠久，并在文人墨客眼中充满诗意与浪漫。莲花洁净、高雅，常被寄寓美好、纯洁的情感。莲子与“怜子”同音，古人常以之含蓄表达对心爱之人的爱慕。汉乐府中，就有“江南可采莲，莲叶何田田”的诗句。南朝乐府民歌《西洲曲》则以“采莲南塘秋，莲花过人头。低头弄莲子，莲子清如水”表达了对心爱之人的深情与思念。以“采莲”为创作题材的诗、词、赋作品出现在历代文人的作品中，其中不乏名篇佳作。

【采石之战】南宋与金之间的一场重要战争。南宋绍兴三十一年（1161）金主海陵王完颜亮大举侵宋，淮西宋将王权不战而逃，统制姚兴力战阵亡，淮东刘锜军也败退江南。十一月金军主力到达杨林渡（今安徽和县东），准备渡长江。当时王权已被罢免，军无主帅，文臣虞允文到采石（今安徽马鞍山西南）犒师，召集统制张振、王琪、时俊等聚议，激励将士，迎击金军。金军以为采石无备，贸然渡江，及见设防，欲退不能。虞允文使时俊等奋勇出击，以海鳅船猛冲金船，大获全胜。宋水师进迫杨林河口，射退敌骑，焚毁余船。同时山东、河南义军纷起袭击金军后方，海陵王为部将所杀，金军乃退，南宋转危为安。

C

【彩胜】用彩色的罗、绢或纸剪成的长条状小旗。古代立春之日，妇女或将其戴在头上，或点缀在花枝上，迎风招展，以示迎春。也称春幡胜、春幡、幡胜。此俗起于汉代，至唐宋时，彩胜的制作愈发精巧，有用金银装饰的。皇帝于立春日颁赐臣下，以示庆贺。

【彩选】古代一种博戏。也称彩选格、叶子戏。相传为唐代李郃所制。用骰子掷彩，依彩之大小，进选以官职名目，故名。宋时称"升官图"。后来的"选仙图"等，均属此类博戏。

【蔡伦】（约62—121）东汉造纸术发明家。字敬仲，桂阳（今湖南耒阳）人。永平末年入宫为宦官，先后担任小黄门、中常侍、长乐太仆等内宦职务，元初元年（114）封为龙亭侯。蔡伦在总结前人经验的基础上，用树皮、麻头、破布、旧渔网等原料造纸，世称"蔡侯纸"。从此，轻便的纸张取代了笨重的简牍，有力地推动了文化的传播。

【蔡文姬】汉末女诗人。名琰，字文姬，陈留圉（今河南杞县）人。文学家蔡邕之女。博学多才，通晓音律。起初嫁给河东卫仲道，丈夫死后无子，归家。逢汉末中原大乱，为董卓部将所虏，后归南匈奴左贤王，在南匈奴居住十二年，并为左贤王生下二子。建安十三年（208），曹操念蔡邕无后，以金璧赎归，改嫁同郡屯田都尉董祀。蔡文姬一生颠沛流离，所作《悲愤诗》五言及骚体各一首，叙述自己的悲惨遭遇，并反映了当时百姓经受的战乱之苦。琴曲歌辞《胡笳十八拍》相传也是她所作。

【蔡襄】（1012—1067）襄，xiāng。北宋文学家、书法家。字君谟，兴化仙游（今福建仙游）人。天圣八年（1030）登进士，庆历三年（1043）知谏院，历任福州知州、福建转运使、知制诰、知开封府、翰林学士等。卒谥忠惠。工书，正楷端重沉着，行书温淳婉媚，草书参用飞白法，被誉为"蔡体"，与苏轼、黄庭坚、米芾合称"宋四家"。有《蔡忠惠集》。

【蔡邕】（133—192）邕，yōng。东汉文学家、书法家，蔡文姬之父。字伯喈，陈留圉（今河南杞县）人。熹平四年（175），与杨赐等奏请"正定六经文字"，部分由蔡邕书写经文，刻碑立于太学门外，世称"熹平石经"。灵帝时为议郎，因上书论朝政阙失，遭到诬陷，流放朔方。遇赦后，亡命江湖十余年。董卓专政，被迫为侍御史，官左中郎将，人称"蔡中郎"。董卓被诛后，蔡邕受牵连，死于狱中。蔡邕通经史、音律、天文，善辞章。散文长于碑记，表现了汉末文风的转变。其书法精于隶体，结构严整，并始创"飞白"书体，为历代所推崇。蔡邕还精通音乐，相传"焦尾琴"即为其所制，是我国古代四大名琴之一。其作品后人辑为《蔡中郎集》。

【参禅】佛教禅宗的修行方法。即习禅者为求开悟而向各处禅师参学。也用来指称一般依教坐禅或参话头。

【参合之役】十六国后期的一场重大战役。也称参合陂之战。公元395年，后燕太子慕容宝率领八万后燕军进攻北魏，北魏拓跋珪采取了先率部落远迁示弱以骄敌的策略，诱敌深入，拖而不打，渡黄河南下，与后燕军队隔河对峙。后燕军队长途跋涉，不能速战速决，加之天气渐冷，又误信慕容垂去世的消息，决定撤兵。拓跋珪率军两万奇袭燕军于参合陂（一说在今内蒙古凉城，一说在今山西阳高），大获全胜，由此揭开了其南下中原吞并后燕的序幕。此战加速了后燕的灭亡，也奠定了北魏统一北方的基础。

【参军】 古代官名。东汉末有“参军事”之名，掌参谋军务，简称“参军”。晋以后军府和王国始置为官员。或单称，或冠以职名，如谘议参军、记室参军，大都督府、都督府置录事参军、文学参军等。南朝宋鲍照曾任临海王刘子顼前军刑狱参军，故世称他为“鲍参军”。沿至隋唐，兼为郡官。宋有司户参军等，为地方官府低级官员。

【参议】 古代官名。元明中书省属官有参议。明布政司设“参议”一职，分左、右参议，掌分守各道，及派管粮储、屯田、驿传、水利等事宜。通政使司设“参议”一职，佐理通政使受理四方章奏。清各部也有参议。

【参知政事】 古代官名。简称“参政”。唐初以参知政事为他官参与宰相事务的职名。至宋，于宰相外别设参知政事，为宰相的副职。其后权位逐渐提高，开宝六年（973）始诏薛居正、吕余庆于都堂与宰相共同议政，至道元年（995）诏宰相与参政轮班知印，同升政事堂。自寇准任参知政事，敕后署押（签名）与宰相齐衔，出行则与宰相并马。元丰改制时废。南宋恢复。辽金元相承，明废。宋代的范仲淹、欧阳修、王安石都曾任此职。

【骖服】 骖，cān。驾车时位于中间的两匹马称服，位于两旁的马称骖。骖也指同驾一车的三匹马。

【骖乘】 cānshèng。古人乘车以居左为尊，御者居中，两手分别拉着几匹马的缰绳，另有一人居右陪乘，称骖乘。车上其他陪乘的人也称骖乘。其职责是随侍尊者，防备车辆倾侧。

【仓颉】 也作“苍颉”。相传为汉字的创造者。曾做过黄帝的史官。在《荀子》《韩非子》《吕氏春秋》等多部古籍中都有其相关记载。由于文字是在社会的长期实践中逐步产生、形成的，不可能由一人独创，故仓颉可能只是整理文字的一位著名人物。

【苍头军】 苍，青色。秦末各地起义时，吕臣领导的农民军。因头裹青巾，故称。也作“仓头军”。陈胜被害后，其部将吕臣在新阳（今安徽界首北）组织苍头军，收复陈县（今河南周口淮阳区），处死杀害陈胜的庄贾，重建张楚政权。后归项梁。

【沧海桑田】 晋代葛洪《神仙传》中记载了一则故事：仙女麻姑看见东海三次变成桑田。后比喻世事变化很大。同义的还有桑田碧海、沧桑陵谷。

【沧浪诗话】 书名。南宋严羽撰。严羽自号“沧浪逋客”，故其诗话称《沧浪诗话》。全书分诗辨、诗体、诗法、诗评、考证五个部分。严羽论诗，推崇盛唐，主张诗有别裁、别趣，反对当时以文字、才学、议论为诗的弊病。又以禅喻诗，强调“妙悟”，对明清的诗歌评论影响颇大。

【沧浪亭】 苏州古代四大园林之一。最早为五代时期吴越广陵王钱元璙的私家花园，北宋年间为诗人苏舜钦所购得。苏舜钦在园内临水修建一座亭，命名为“沧浪亭”，并以亭名园。历史上沧浪亭数易其主，也屡经毁建。

C

【藏钩】古代一种游戏。钩，环状物。相传汉昭帝母钩弋夫人少时手拳握，不可张开。入宫，汉武帝展其手，得一钩，后人乃作藏钩之戏。玩法为：分两方，一方藏钩或其他小物件于手中，另一方猜，猜中获胜。常于饮宴间进行，以助兴取乐。

【藏书楼】我国古代收藏和阅览图书的建筑。分为官藏与私藏两种。历代的官方藏书建筑有汉代天禄阁和石渠阁、明代文渊阁、清代天禄琳琅等。现存最早私家藏书楼是明代宁波范氏天一阁，其余如明末山阴祁氏澹生堂、常熟毛氏汲古阁等也较为知名。晚清著名的四大藏书楼有常熟瞿氏铁琴铜剑楼、钱塘（今浙江杭州）丁氏八千卷楼、归安（今浙江湖州）陆氏皕宋楼和聊城杨氏海源阁。

【曹】古时分科办事的官署或部门。如西汉置尚书五人，其一为仆射，四人分为四曹；东汉尚书六人，分五曹。古代州郡的属官也称曹。

【曹兵】北齐为各级官署配备的以供役使的吏卒。

【曹操】（155—220）东汉末政治家，军事家，诗人。字孟德，小名阿瞒，沛国谯县（今安徽亳州）人。20岁举孝廉，任洛阳北部尉，迁顿丘县令。后镇压黄巾起义，讨伐董卓，逐步扩充实力。建安元年（196），迎汉献帝于许昌，挟天子以令诸侯。建安五年（200）官渡之战，大破袁绍，又削平乌桓，统一了北方地区。建安十三年（208）进位丞相。同年率军南下，被孙权和刘备联军击败于赤壁。建安二十一年（216）封“魏王”。子曹丕代汉称帝，追尊为“太祖武帝”，世称“魏武帝”。善诗歌，创作以四言为主，继承了《诗经》和汉乐府民歌的传统，具有鲜明的现实主义精神，被誉为“汉末实录”。代表作有《蒿里行》《观沧海》等。散文亦清峻真率。与其子曹丕、曹植合称“三曹”，共同开创了悲凉慷慨、气韵沉雄的文学创作风格，被称为“建安风骨”。

【曹丕】（187—226）三国魏的建立者，诗人，文学批评家。字子桓，沛国谯县（今安徽亳州）人。曹操次子。建安十六年（211）为五官中郎将，建安二十二年（217）立为魏太子。曹操死后嗣位为丞相、魏王。建安二十五年（220），代汉自立，国号“魏”，建都洛阳，即“魏文帝”。曹丕爱好文学，于诗、赋、文学理论皆有成就。其《燕歌行》为现存最早的完整的七言诗。其《典论·论文》是我国最早的文学理论批评专著。与其父曹操、弟曹植合称“三曹”。

【曹石之变】明英宗复辟后发生的历史事件。也称石曹之乱、石曹之变。明英宗复辟后，石亨和曹吉祥由于迎复有功，受到英宗的宠信，权势日重，后英宗疏远石、曹等人。天顺四年（1460），石亨借助妖书的传言，策划发动叛乱，被人告密，下狱处死。天顺五年（1461），曹吉祥策动其侄曹钦谋反，事泄而败，曹钦投井自尽，曹吉祥被处以磔刑。

【曹魏】三国政权之一。也称三国魏、前魏、先魏。公元220年曹丕代汉称帝，国号“魏”，定都洛阳（今河南洛阳）。因是曹氏所建，故称曹魏，以别于拓跋魏。雄踞北方，后灭蜀汉。占有今淮河两岸以北中原地区和秦岭以北关中、陇右、河西地区，西包新疆，东抵朝鲜半岛西北部。265年司马炎代魏称晋，曹魏亡。共历5帝，46年。

【曹魏屯田】 曹魏政权组织流民和军队耕种荒地以恢复生产、保障军粮的措施。东汉建安元年（196）曹操在许下（今河南许昌）一带开始施行民屯，后迅速推广，设典农和度支两套将尉系统，分别管理民屯和军屯，为统一北方奠定了经济基础。曹魏末罢各级民屯为郡县，所屯之田私有化，军屯仍以不同方式在边地延续。

【曹雪芹】 （约1715或1721—约1764）清代文学家。名霑，字梦阮，号雪芹、芹圃、芹溪。满洲正白旗包衣。自曾祖起三代先后任江宁织造六十余年，为康熙亲信。雍正时受政治斗争牵连，父曹頫被革职抄家，迁往北京。晚年居于西郊一带，过着“举家食粥酒常赊”的生活，贫病而卒。曹雪芹早年经历了一段富贵繁华的生活，后家道衰落，饱尝人世艰辛，他以此为背景创作了不朽的作品《红楼梦》，是我国古代长篇小说的巅峰之作。

【曹植】 （192—232）三国魏诗人。字子建，沛国谯县（今安徽亳州）人。曹操第三子，曹丕弟。封陈王，谥思，世称陈思王。幼聪颖，为曹操所宠爱，欲立为太子。然任性放诞，后渐失宠。其兄曹丕、侄曹叡即位后，他备受猜忌与迫害，屡次遭贬与移换封地，郁郁而终。曹植是建安文学的代表作家和集大成者。诗歌创作以五言为主，前期多抒写人生抱负及宴游之乐，语言精练，积极明快，如《白马篇》等；后期诸作则集中反映其受压迫的苦闷和对人生悲观失望的心境，风格慷慨悲壮。辞赋及散文作品则辞采华茂，形象生动，《洛神赋》为千古名篇。与其父曹操、兄曹丕合称“三曹”。

【漕帮】 明清漕运船只和相关人员的组织形式。明代指漕运船只以帮为单位分年轮番承运的组织，清代发展为帮会团体。清雍正四年（1726）正式创立了漕帮，从一个行业组织转变为一个帮会团体。嘉庆年间，安庆府的漕帮水手们为了反抗清朝的统治，成立了秘密组织“安庆道友会”，后来改称为“安清道友会”，即青帮。

【漕斛】 斛，hú，量器，也用作容量单位。古代以10斗为1斛，南宋末年改为5斗。漕斛为收兑漕米所用量器名，也称仓斛。形方，上窄下广。自元即为量制的标准。清户部铁斛，为官府仓场收纳漕粮时使用的标准量具，5斗为1斛。

【漕平】 清漕粮改征银两后所用的标准秤。后渐为民间所采用。但各地标准不同，一般常冠以地名，如申漕平、苏漕平等。

【漕试】 宋代科举考试方式。即转运司试。宋仁宗景祐年间，命各路转运司类试现任官员亲戚中之应试者，后成为制度。现任官所申报的随侍子弟和五服内亲戚，以及寓居本路士人、有官文武举人、宗女夫等，皆由本路转运使组织考试，试法同州、府解试。漕试合格，赴省试。

【漕运】 古代东南各地通过水路向京师或指定的公仓运粮，有专官督责。漕运的方式主要有河运、水陆递运和海运三种。源于秦始皇将关内粮食运往北河（今内蒙古乌加河一带）做军粮。隋唐以来多指专供京都的水运，大运河在其中占有重要地位，设发运使掌其事。元朝以来河漕之外又兴海漕，明清时期东南粮食通过贯通南北的大运河运到北京。漕运主要承担调运粮食（主要是公粮），包括供应宫廷消费、百官俸禄、军饷支付和民食调剂等，在南北交通和物资交流上有重要作用。辛亥革命后漕粮全征折色（将征实物折价改征银两），漕运废除。又食盐也有漕运，往往利用漕粮回空船只，运送长芦、两淮所产食盐至销售地区。

【漕运四河】 北宋汴京附近四条可通漕运的河道，即汴河、黄河、蔡河和五丈河。

【草市】 草，乡野、民间。旧时乡村的定期市集。起源很早，各地名称不同，两广、福建等地称墟，川、渝、黔等地称场，江西等地称圩，北方称集。东晋时建康（今江苏南京）城外有草市。大多位于水陆交通要道或津渡及驿站所在地。草市既非官设，也无市官。唐宋以来有很多草市，并在此基础上发展为较大规模的定期定点集市或商埠集镇。

【册】 ①古代文字书于简，编简成册。因以为文献、典籍之称。②古代帝王祭告天地神祇的文书以及古代帝王册立、封赠的诏书。帝王祭祀用的册书为“祝册”，帝王祭祀告天或上尊号用玉简制成的册书为“玉册”，封赐王侯的册书为“封册”，罢免大臣的册书为“免册”等。有玉、金、银、铜之制，各有等差。

【册封】 皇帝封立太子、皇后、妃嫔夫人、王侯、公主、郡主等，正式授予名号的礼仪。是古代嘉礼之一。也称册立、册命、策命。始于周代，后世沿之。举行仪式时，由皇帝派遣相应的大臣为使者，向受封者及相关人等宣读册文，并授以印玺，受封者的地位即获得承认。诏书因被封者的等级不同而分别使用金、银、纸等不同材质。

【册府元龟】 类书名。北宋王钦若、杨亿等辑。全书1000卷，分31部、1104门。将上古至五代君臣的事迹分门编纂，按序排列。该书保存了不少史料，对宋以前史籍的辑佚和校勘工作较有价值。

【策问】 汉以来试士，以经义、政事等设问，写在简策上，要求应举者条对，故称。分为“射策”“对策”。“射策”类似抽签考试，由应举者用矢箭射简策，并阐释射中的简策上的疑难问题。将政事或经义方面的问题写在简策上发给应举者作答，称“对策”。后世科举考试也多采用之。

【策勋】 记录功勋于策上。在古代是一种荣誉制度，用以表彰个人的军事功绩或其他杰出贡献。这一做法可以追溯到先秦时期，当时的君主会将功臣的名字和功绩记录在竹简或木简上，以此作为授予爵位、官职或赏赐的依据。《木兰诗》中“策勋十二转，赏赐百千强”，描述的就是花木兰因战功显赫而受到的封赏。

【岑参】 （约715—770）唐代诗人。江陵（今湖北荆州）人。天宝三载（744）进士。天宝八载（749）至安西节度使高仙芝幕府任掌书记，后又入封常清北庭幕府。至德二载（757）与杜甫等五人授右补阙。曾出任嘉州刺史，世称“岑嘉州”。岑参长期在西域从军，对边塞环境和军旅生活有深刻体验，其边塞诗尤多佳作，后人往往将他与另一位边塞诗的代表高适并称为“高岑”。岑参的边塞诗不仅生动地描绘了壮阔奇丽的边塞风光，也歌颂了驻守将士建功立业的豪迈情怀，气势雄放，想象丰富，慷慨悲壮。代表作有《白雪歌送武判官归京》等。有《岑嘉州诗集》。

【茶】 即茶树。其叶经烘制可做饮料。我国有着数千年种茶树的历史和饮茶文化，我国西南地区是世界茶树的原产地之一。茶的栽培和饮用始于川、滇。相传神农尝百草，日遇七十二毒，以茶解之。《尔雅》中称茶为槚、苦荼，郭璞注详细记录了其性状。汉代开始，茶已是士大夫阶层生活的必需品，买茶、烹茶成为日常。随着佛教的兴起，佛教信徒提倡坐禅、戒酒，并通过饮茶提神醒脑，对民间饮茶习俗产生了深远影响。唐代陆羽在《茶经》中详细记载了全国八郡四十二州产茶区的分布情况。宋代，产茶区域又有所扩大。伴随着饮茶产生的各类茶文化有茶道、茶艺、茶具制作、茶谱、茶诗、茶画、茶学、茶故事等。茶叶还是中外文化交流的纽带，通过古代丝绸之路，茶被运往西域。17世纪，传入欧洲，风靡于宫廷和上层社会，并很快在民间流行。欧洲人认识中国，最早是从接触茶叶和瓷器开始的。

【茶经】 茶学专著。唐陆羽撰。全书3卷，论茶的性状、产地、采制、烹饮等，并引征古代有关茶事的若干文献，记载翔实，是我国最早的茶学著作。

【茶课】 课，kē。官府征收的茶税。始于唐代，宋代已成为重要的财政收入。产茶、贩茶均课税，创茶引法实行专卖。元以来循此损益，明清官府榷茶易马，商人则纳课领引贩茶，至清代后期有所放宽，又增收通过税。

【茶引】 旧时发给茶商的茶叶运销凭证。引为官府发给商人运销货物的凭证。唐代已有茶叶官卖制度和运销凭证，北宋崇宁元年（1102）蔡京立茶引法，商人运茶贩卖，须纳税领引，运销数量和地点都有限制。元明清仍用茶引。分长引、短引、正引、余引。四川又有行于内地的腹引、行于边地的边引及行于土司的土引。还有兼行票法的。清末引制渐废。

【茶由】 由，凭证。元明官府颁发的茶叶零售凭证。明代称由票。元代改革茶法，规定茶商必须持有茶引和茶由。茶引属于大宗的批发式的茶叶运销凭证。茶由主要颁发给那些零售茶叶商人。元代茶引每引90斤，茶由每由9斤，后改为3斤至30斤十等。明代每引100斤，每由60斤。

【察院】 古代官署名。唐始置，御史台下属三院之一，为监察御史办公之所。宋元沿置，掌分察尚书省六部及其百司之事，纠其谬误。明改御史台为都察院，简称察院，清因之。又明清各省巡按御史驻节的官署也叫“察院”，京师巡城御史称“五城察院”。河南曲剧经典剧目《卷席筒》中著名唱段《在察院》，讲的是察院的曹保山替弟弟鸣冤，惩处了收受贿赂的县官的故事。

【钗】 一种妇女的头饰。由叉而来，其形态就是两股簪子合成叉子形状。钗在古代显示了妇女的身份和地位，身份尊贵者往往佩戴金、玉等贵重材料打造的钗，样式华丽，价格不菲。普通百姓则多用荆钗。钗还常作为表达情感的信物。唐白居易在《长恨歌》里写道："唯将旧物表深情，钿合金钗寄将去。钗留一股合一扇，钗擘黄金合分钿。但教心似金钿坚，天上人间会相见。"诗中的旧物，就是金钗和钿盒。因钗为两股，分开男女双方各执一股，以示对彼此情感的专一和忠贞。

C

【差发】 差，chāi，差遣，劳役，赋役。金元向民户征调摊派各种赋役的统称。元朝凡草原蒙古民户派纳牛马、车仗、人夫、羊肉、马奶，汉地民户则包括科差、税粮、杂泛差役、和雇、和买等。

【差科簿】 差，chāi，差遣，劳役，赋役。各地官府记录丁口服役情况的簿册。历代有之。唐以来称差科簿，簿册的编制由县令负责，以乡作为单位进行统计，总计该乡破除（包括死亡、迁徙、废疾、单身等）的人数与现有的人数，报县确认，按户登录丁男、中男及其服役、免役、缓役、纳课代役等事项，是征发徭役的依据。

【差遣】 差，chāi。古代任官制度。宋代官制，有"官""职""差遣"之别。"官"指寄禄官，即用以确定官位、俸禄的官称，如光禄大夫、迪功郎等。"职"为一种加官，即馆职与贴职，用以授文学之士，贴职也常称为"职名"。"差遣"为官员所担任的实际职务，如枢密使、三司使、提点刑狱、知州、知县之类。三者相分和搭配任用为宋初以来官制的基本特点，有设置繁复、名实不符之弊。元丰改制后，渐回归到官、职关系的常态。

【差委】 差，chāi。清代任用官员方法之一。由皇帝钦派称"差"，由各衙门堂官及各省督抚等所派称"委"。凡学政等限期满更换之差，均请旨选派。各衙门所属无额缺官员，均由本堂官委派。

【柴窑】 古代名窑。窑址传在今河南郑州一带，但迄今尚未发现。传为周世宗柴荣时所烧造，故名。据文献记载，所烧瓷器有"青如天，明如镜，薄如纸，声如磬"的特点。柴窑瓷器以天青色为主，相传当时臣下请示瓷器的形式，世宗在奏状上批曰："雨过天青云破处，这般颜色作将来。"所谓雨过天青，即淡蓝色的青瓷。

【幨车】 幨，chān。古代有帷幕的车子，多为妇女所乘。

【单于】 chányú。匈奴等北方游牧部族最高首领之称。全称为撑犁孤涂单于，在匈奴语里，撑犁、孤涂、单于分别表示天、子、广大之意，意为像天子那样广大的首领。每位单于前加号以示尊贵，如"老上单于""军臣单于"等。后乌桓、鲜卑等族首领也称单于。五胡时期，能称王中原者常称"大单于"。公元3—4世纪，"单于"这一称呼被东胡族部首领的"可汗"取代。

【禅】 "禅那"的简称。梵语音译，意为静虑或思维修，即屏除一切杂念、静中思虑的修行方式。

【禅机】 禅宗高僧在传授佛法时，以独特的言行对僧徒所做的微妙暗示。这种教授方法和禅宗不立文字、讲究教外别传的主张是分不开的。如棒喝、"世尊拈花，迦叶微笑"等都是这一教授方法的体现。

【禅宗】我国佛教宗派之一，因专修“禅定”而得名。相传南朝宋末由印度高僧菩提达摩从天竺传入。至第五世弘忍门下，分为北方神秀的渐悟说和南方慧能的顿悟说两宗。渐悟说不久衰落，而顿悟说主张不立文字，教外别传，直指人心，见性成佛，通俗简易，日益盛行。慧能也因此被尊为禅宗六世祖。自唐至宋，禅宗一直是我国流传最广的佛教宗派，与净土宗并为我国佛教两大宗派，对我国古代思想、文化、艺术影响深远。

【缠足】指女子用布帛紧扎双足，使足骨变形。由于裹后的双足脚形尖小，故称为三寸金莲。也称裹脚。相传南唐李后主令宫嫔窅娘以帛绕脚，令纤小作新月状，由是人皆效之。一说始于南齐东昏侯时。这一行为极大损害了女性的身心健康，严重限制了女性自身的发展，是一种陋俗。辛亥革命后逐渐废绝。

【蝉】昆虫名。也称蜩。古人认为蝉居高食洁、餐风饮露，是高洁的象征。汉代侍从官所戴的冠，上有蝉饰，并插貂尾，故称蝉冠或貂蝉冠，后因以“蝉冠”指称显贵。

【澶渊之盟】澶，chán。公元1005年，宋辽在澶州（今河南濮阳）订立的盟约。澶州又名澶渊郡，故史称“澶渊之盟”。1004年秋，辽圣宗与萧太后率军大举南侵，参知政事王钦若请避往升州，陈尧叟请避往益州。宰相寇准力排众议，促真宗亲征。宋军坚守辽军背后的城镇，澶州守军又射死辽大将萧挞凛（一作“览”），辽恐腹背受敌，提出和议。双方约和，宋每年向辽提供岁币银十万两、绢二十万匹，在边境上设立榷场，与辽进行贸易往来。

【刬佃】刬，chǎn。也作“搀佃”“掺佃”。宋以来田主强制收回佃户租种土地另行招佃的一种行为。宋时官田、民田，均得刬佃。或已佃而逃，或虚占待垦田不耕，或纳租违期，或嫌原佃租额太轻，都可成为刬佃依据。没官田、户绝田，利厚租轻，富豪往往互相刬佃。民田，佃户间也有互相增租刬佃的现象。

【菖蒲】植物名。多生长于池沼等浅水处。其叶细长如剑，一名“水剑”。全株有香气，夏季开黄花。古人认为久服菖蒲的根和花，可使人耳聪目明、长生不老。我国民间端午节有采扎菖蒲和艾悬挂于门头的习俗，即所谓艾虎蒲剑，认为可以祛恶辟邪。唐时端午用菖蒲酿酒，称菖蒲酒。

【长安】古都名。位于今陕西西安西北。公元前202年，汉高祖刘邦在此置县，前200年，定都于此，史称“长安”，寓意长治久安。后因规模狭小，于汉惠帝三年（前192）进一步扩充营建，因城南为南斗形，城北为北斗形，故也称斗城。我国历史上的西汉、新莽、前赵、前秦、后秦、西魏、北周、隋、唐都定都于此。隋初，以汉长安城为都城，后在其东南（也在今西安市区）兴建新都，史称“大兴城”，唐代的长安城也是在此基础上扩建的。汉唐时期，长安既是政治中心，也是对外经济交流中心。作为丝绸之路的起点，长安自西汉时起就有外国人的居住区，时至唐代，来自日本、朝鲜、波斯、大食等亚洲各地的外国人数以万计，东西各国都派遣使者、

C

留学生来长安。长安为佛、道、基督、伊斯兰等各种宗教文化兼容并包的国际都市，学术交流、经济贸易高度发达，百业兴旺，人口众多，市坊林立，规模空前，展现了大一统王朝博大包容的宏伟气魄。汉长安城未央宫遗址、唐长安城大明宫遗址、大雁塔、小雁塔、兴教寺塔、碑林等历史遗迹，都是长安辉煌历史的见证。

【长城】 古代军事防御建筑。《左传》已有记载。战国时期，齐、楚、魏、燕、赵、秦和中山等国皆在地势险要处修筑城墙。秦始皇统一六国后，为防御匈奴南侵，将秦、赵、燕北部的城墙连接、增筑成为一体，长度约有万里。后历代整修延展。至明代，为防御鞑靼、瓦剌族的侵扰，洪武至万历年间，前后修筑长城十八次，部分地段还筑有内长城，重要的地段设置二十多道城墙。长城以宏大的规模构成了明代北边防御体系的重要依托。万里长城是中华民族大一统的象征，是世界上最壮观、绵长、宏伟的人类建筑，也是了解中国历史、文化、民族的一个很好的切入点。

【长从宿卫】 唐玄宗时守卫京城的常备兵。高宗、武后时，府兵制逐渐瓦解，宿卫京师的府兵大量逃亡，开元十一年（723）玄宗采纳宰相张说的建议，以招募方式选京兆、蒲、同、岐、华等州府兵和白丁，再增加潞州长从兵，共十二万，分两批长年轮流充任宿卫，故名。次年更名彍骑，后又分隶诸卫，安史之乱起而废。

【长跪】 古代礼节。直身而跪。古人席地而坐，坐姿为两膝着地，两脚的脚背朝下，臀部落在足跟上。长跪则是两膝着地，将臀部抬起，挺身直腰，表示庄重。据说行此礼时，身体看起来似乎变长，故称。也称跽。

【长命缕】 古代以五月为恶月，其时天气炎蒸，疫病易于流行，自汉以来，即于此月重五前后，以彩色丝线系在小儿手臂上，认为可不染瘟疫、平安健康，又谓能避刀兵之灾，故称。也称五彩丝、长寿线。

【长平之战】 公元前260年，秦军在长平（今山西高平西北）大败赵军的战役。秦昭王四十五年（前262），秦将白起攻韩，取野王（今河南沁阳），上党郡与韩不能相通，郡守冯亭以地献赵，引起秦、赵在长平大战。廉颇坚守长平，秦用反间计，使赵王派纸上谈兵的赵括取代廉颇为将。赵括无实战经验，率大军盲目出击。白起在正面诈败后退，另用两支奇兵袭击赵军后路。赵军被包围，不能突围，赵括被射死，赵军四十多万人被俘坑死。从此赵国国势衰落。

【长上匠】 长年服役于官府的工匠。历代皆有，处境不同，唐时与短期的番匠相对而言，有匠籍，不得脱籍转业，在每年二十天义务服役期满后，继续服役者可得雇资，多为官府手工作坊中的骨干。

【长生殿】 传奇剧本。清代洪昇著。洪昇康熙十二年（1673）作《沉香亭》传奇，后改写为《舞霓裳》。至康熙二十七年（1688），又重新修订，易名为《长生殿》。题目来自唐代诗人白居易《长恨歌》中“七月七日长生殿”的诗句。共50出。故事取材于《长恨歌》和元代剧作家白朴的剧作《梧桐雨》，主要讲述了唐明皇李隆基与贵妃杨玉环之间的爱情故事。《长生殿》的思想内容相当复杂，它一方面颂扬了唐明皇、杨贵妃的生死不渝的爱情，一方面又联系了“安史之乱”前后广阔的社会背景，批判了统治阶级荒淫误国、祸害人民的罪恶，抒发出国破家亡的感慨。剧本艺术表现细腻，带有浓厚的抒情色彩。唱词优美流畅，富有浓郁的诗意。康熙二十八年（1689），因在清圣祖佟皇后大丧期间演出此剧，洪昇遭弹劾，被革去国子监生籍，时人诗云：“可怜一曲《长生殿》，断送功名到白头。”

【常参官】 古代官名。日常参朝的官吏。唐制，于常朝日参见皇帝的高级文官称常参官，包括每日上朝的五品以上职事官、八品以上供奉官以及员外郎、监察御史、太常博士等官。其后常朝制度及参加范围有所变化，宋初要官每日常朝，元丰改制后指门下省、中书省侍从官及尚书省、御史台等机构的高级官员。

【常朝】 古代天子处理军国大政、日常行政事务召开的决策性会议。常朝时间相对固定，与不时举行的朝会相对而言，规模较小，往往每日或每三五日举行一次，皇帝与高官、要官在朝会上一同处理日常政务。汉宣帝时正式确定五日一朝。除五日一朝外还有初一、十五照常进行的朔望朝，及在百官朝会殿中召开的决策性会议。常朝时间不可避免地受到皇帝个人因素及突发事件的影响。

【常平仓】 古代为调节粮价而设置的粮仓。汉宣帝五凤四年（前54），耿寿昌建议于边郡筑粮仓，谷贱时用较高价钱收进，谷贵时减价卖出，称为常平仓。汉以后历代在“调节粮价，备荒赈恤”的名义下，常设这种粮仓。西晋泰始四年（268）也置常平仓。唐初置常平仓，元和中改称“常平义仓”。宋初除边郡外，各地设常平仓和惠民仓。王安石行青苗法，用两仓钱谷作为贷本。金元有常平仓。清规定州县设常平仓，所储米谷既用作平粜，也用作赈贷。常平仓运用价值规律来调剂粮食供应，充分发挥了稳定粮食市场价格的作用，不仅使朝廷储藏粮食的大谷仓都能够得到有效利用，而且也使得市场上的粮食供应得到保障。

【常侍】 中常侍、散骑常侍、内常侍等官的简称。为皇帝的近侍，负责辅助皇帝处理宫内事务。秦汉时设立中常侍，隋唐内侍省设立内常侍。

【嫦娥】 古代神话传说中的月神。最早见于《山海经》，叫“常羲”。也称姮娥。相传为后羿的妻子，因窃食了后羿向西王母求得的不死之药而奔月成仙。六朝以后的文学作品或书画等艺术形式中，嫦娥渐成清冷孤寂的美丽女神化身。长沙马王堆一号汉墓出土帛画中，有疑似“嫦娥奔月”的内容。

【厂卫】 明代专司侦缉治狱诸事的东厂、西厂与锦衣卫的合称。厂、卫都是明代的特务机构，为皇帝耳目，故常并称。“锦衣卫”是掌侍卫、缉捕、刑狱等事的一支京卫亲军。公元1382年，明太祖改仪鸾司而来，为京卫中的上直卫亲军指挥使司之一。“东厂”全称“东缉事厂”，明永乐以来由宦官统领的侦缉机构。始设于1420年，以强化对百官的刺察，制衡锦衣卫。“西厂”全称“西缉事厂”，明成化以来与东厂并置的侦缉机构。1477年始设，以御马监掌印太监汪直为提督，以制衡东厂。

【氅衣】 氅，chǎng。古代罩于衣服外面的大衣，大多无袖，功能类似于披风，用于挡风御寒。其原始形态为鹤氅（即鸟羽制成的裘）。唐时由毛羽的初始形向袍服形转变，宋时氅衣形制逐步定型。氅衣在清代达官贵人阶层更趋于材质华美和做工精细。一说，当时道教的法袍即由此演变而来。

【鬯】 chàng。古代祭祀、宴饮用的香酒。用郁金草配黑黍酿成。

【抄本】 也作"钞本"。①照原本抄写的书本。唐以前多称写本，唐以后多称抄本。现存最早的抄本书是西晋元康六年（296）的佛经残卷。唐以后刻本渐行，但有些比较专门、不甚著名或需求不广的著作仍以传抄方式流通。习惯上又将时代较早、缮写工整、校勘严谨、纸墨精良的抄本称作写本。②宋元时发行钞币的准备金，为用来买卖金银、收换昏钞而储备的新钞。

【钞关】 明清设于水陆交通要冲或商品集散地的征税机构。也称常关。与沿海口岸设置的进出口管理和征税机构"海关"相对而言。最初用大明宝钞交税，故名。明宣德四年（1429）起，先后设置漷县、济宁、徐州、淮安、扬州、上新河、浒墅、九江、金沙洲、临清、北新、正阳等钞关。清沿明制，因系户部管辖，又称户关。道光二十一年（1841）扩充至24处。所征税项分正税、商税、船料三种。鸦片战争后另设海关，原有户关改称常关。

【钞引】 宋代官府发给商人支领和运销茶、盐、矾的凭证，名"茶引""盐钞""矾引"，统称钞引。又名交子、会子、关子等。金代开始有交钞（纸币）之制，外为阑，作花纹，其上衡书贯例，左右书料、号、禁条，阑下书行换之法，有官员押字。大钞有一贯、二贯、三贯、五贯、十贯五种，小钞有一百文、二百文、三百文、五百文、七百文五种。后世相沿称纸币为钞票。

【钞引法】 金代印造交钞、盐钞与盐引的制度。公元1154年海陵王设印造钞引库，印造交钞、盐钞、盐引。交钞与钱并用，卖盐时须钞、引、公据俱备。

【超度】 原指超越劫难。后指佛、道教信徒诵经、做法事助亡者灵魂超脱苦难。

【晁错】 （前200—前154）西汉政治家。颍川（今河南禹州）人。文帝时曾担任太常掌故，后历任太子舍人、博士、太子家令。景帝即位后，任为内史，后迁至御史大夫。在政治上，他坚持重本抑末政策，提出纳粟受爵、募民充实塞下、积极备御匈奴贵族攻掠，以及逐步削夺诸侯王国的封地等主张，为景帝采纳。不久，吴楚等七国以诛晁错为名，举兵叛乱，晁错遭袁盎等诬陷，被杀。所著政论有《论贵粟疏》等。

【朝服】 古代君臣朝会时穿的服饰，也指在国家重大活动典礼时穿的礼服。历朝历代的朝服为彰显官员的文武官职、官阶、等级、身份，在衣服的材质、颜色、样式及配饰上有诸多不同，且一般规定都很严格。朝服最早出现在周代，《周礼》中的"皮弁服"就是最早的朝服。先秦也以皮弁、玄端为朝服。至汉明帝开始制作朱衣朝服。唐代将朝服分为一至五品和六、七品两个等级，后者无剑、佩、绶，服饰相同。此后各朝代多沿此惯例，只在某些着装场合和等级标识上有些变化。

【朝贺】 古嘉礼。逢岁首等重要节日时，群臣拜贺皇帝，或宫内太子、妃嫔、命妇等拜贺皇帝皇后的礼仪。名目分为贺岁、贺寿、贺文武功业、贺祥瑞等。始于秦，历代皆有此制，于礼仪、日程上或有因革。

【朝笏】 笏，hù。古代臣子朝见时手中所执的狭长板子，通常用玉、象牙或竹片制成，作为指画及记事备忘之用。帝王也常用来赏赐臣下，以示宠异。也称手板。

【朝会】 百官、诸侯及外国使者会集于朝廷拜见天子的制度。古代称臣见君为“朝”，君见臣为“会”。古代朝会有两种：一为大朝，指皇帝于元旦、冬至及大庆之日御正殿受群臣朝贺；一为常朝，指皇帝于平时召见文武官员，处理政务。前者属于礼节庆贺性质，后者属于日常公务性质。

【朝觐】 诸侯藩国朝见天子的礼仪。古代宾礼之一。周代始制礼，诸侯春季拜见天子称“朝”，夏季称“宗”，秋季称“觐”，冬季称“遇”。朝觐的时间，有五年朝觐一次、三年朝觐一次等说法。朝觐时，诸侯要向天子汇报自己封地的情况，并向天子进贡玉器、珍玩等礼品。如果不按时朝觐，则被视为对天子大不敬。后也泛指朝见天子。

【朝考】 清代科举制度。凡新科进士引见前，由礼部以名册送翰林院掌院学士，奏请皇帝，由皇帝再试于保和殿，称朝考。也称廷试。按朝考的成绩，结合殿试及复试的名次，由皇帝分别决定应授何种官职，最优者用为翰林院庶吉士，次者分别用为主事、中书、知县等职。朝考按诗文四六各体出题，视其所能，或一篇或二三篇，或各体皆作，悉听其便。

【朝聘】 古代诸侯与天子及诸侯国之间相互交往的制度。朝指朝见，聘指聘问，包括诸侯按期朝见天子，天子遣使问候诸侯，以及诸侯之间相互存问等制度。

【朝审】 明清时由朝廷派员对判处死刑但尚未执行的案件进行重审的制度。源于唐律规定立春到秋分停止处决囚徒和“三复奏”制度。明英宗认为人命至关重要，处死后就无法复生，后果难以挽回，于公元1459年定制“朝审”。即每年霜降以后，由中央三法司会同公、侯、伯等，在吏部或户部尚书的主持下，对全国上报的重案囚犯重新审理。清代仿照明代，处理京师案件称“朝审”，每年秋天八月定期审理。将刑部已判死刑的京师案件由刑部临时派遣的王公大臣集中审理。按犯罪程度分为情实、缓决、可矜、可疑、留养承祀，上报皇帝裁决。

【朝仪】 朝廷所用的典礼仪制。包括朝会、祭祀等方面的礼仪、程序、队列、仪仗、物品及相关部门和官员等一系列规定。

【朝元】 ①古代诸侯和臣属在岁首元日朝贺帝王。汉以来通常在正月朔日进行。也称大朝会。②清时，新科进士参加朝考，名次分一、二、三等，一等第一名称朝元。

【朝珠】 清代礼服中的一种颈饰，是显示身份和地位的标志之一。帝、后、妃、文官五品、武官四品以上都戴朝珠。朝珠外形似念珠，每串 108 颗小珠，每 27 颗小珠中间夹一颗大珠，共 4 颗大珠。珠的材料一般为东珠（珍珠）、珊瑚、琥珀、蜜蜡等。珠的材料以及穿珠的绦的颜色的使用有明确而严格的规定。如东珠串缀的朝珠和明黄色的绦仅限于皇帝、皇后和皇太后使用。官员按品级职位的高低也在朝珠的质地、大小、色泽上有显著的不同。

【车船】 古代用人力驱动转轮鼓浪而行进的战船。也称桨轮船、轮船、车轮舸、车轮舟。最早为东晋将领刘裕的部将王镇恶率水军攻击后秦时所用。南朝以来历代有所改进，宋代称此。明代加装各类火器，由水手分组脚踩转轮以提高行进速度，被视为现代轮船的雏形。

【车裂】 古代酷刑之一。也称轘、轘裂。执行死刑时，将犯人的头部与四肢分别捆绑在五辆车上，用五匹马驾车，然后驱马朝不同的方向奔跑，撕裂肢体。俗称五马分尸。周代已有此刑，春秋战国到南北朝时期常用。相传，战国时期商鞅被处以车裂。隋律废“车裂”，但隋炀帝仍用，后世有时也用。

【车同轨，书同文】 语出《礼记》。轨，马车上两轮间的距离。书，公文、文书。文，文字。一国之内规定了车子轮距的统一尺寸，用同一种文字书写，表示文物制度的划一，天下一统。秦始皇统一六国后，为保证律令统一，进行了统一车轮距和文字的工作，即“车同轨，书同文”，促进了经济与文化的交流。后比喻国家统一。

【砗磲】 也作“车渠”“车磲”。贝类，其介壳曾为西域七宝之一。磲谓车轮，因其纹理很像车轮的形状，故称。可做佩饰和器皿。相传，用砗磲做酒杯，注酒满过一分，不会溢出。

【辰星】 ①星名。秦汉以后，因“五行说”普及，又称水星。古时占星术认为，辰星主杀伐之气，是战斗之象。先秦古籍中谈到天象时所说的“水”，不一定指行星中的水星，而是指恒星中的定星，即室宿。②指二十八宿中的心宿。

【陈国】 周朝诸侯国名。周武王灭商后分封舜的后裔妫满（也称陈胡公）于陈，继承舜帝之正统。陈国先都株野（今河南柘城胡襄镇），后都宛丘（今河南周口淮阳区），境域包括今河南西部和安徽的一部分。春秋中期，楚两度灭陈，均复其国，公元前 479 年为楚所灭。

【陈洪绶】 （1598—1652）明末画家。字章侯，号老莲，诸暨（今属浙江）人。初从蓝瑛学画；及长，从学刘宗周。崇祯时一度到宫中临摹历代帝王像，后南返。公元 1646 年清兵入浙东，剃发于绍兴云门寺，改号为悔迟、悔僧，也号云门僧。晚年在绍兴、杭州以卖画为生，纵酒狂放，以寄寓故国遗民之痛。能诗文，善书画，山水、花卉、人物皆佳，尤以人物画成就最高。笔法古拙挺秀，造型夸张，具有独特的绘画风格。代表作有《归去来图》《溪山清夏图》等。另绘有《水浒叶子》《博古叶子》及《九歌》《西厢记》等绣像插图，由名工镌刻，为明清版画的精品。著有《宝纶堂集》《避乱草》。

【陈家岛之战】 绍兴三十一年（1161），南宋将领李宝率水师在陈家岛海域（今山东青岛黄岛区南）击溃金军水师的战役。也称唐岛之战、唐岛海战。此战金军七万由海路船运南侵，李宝率舰百余、水军三千袭之于海上，以火箭（带有引火物以纵火攻敌的箭）尽烧敌船而取胜，为我国军事史上首次使用火药兵器的海战。此战阻止了金朝进攻，保卫了南宋领土。

【陈亮】 （1143—1194）南宋思想家、文学家。字同甫，人称“龙川先生”。婺州永康（今属浙江）人。自幼颖异，喜谈兵，议论风生，下笔数千言立就。孝宗时作《中兴五论》，力主抗金。遭当权者嫉恨，屡次被捕入狱。光宗绍熙时，举进士第一，被授职签书建康府判官，然未赴任而卒。其为人才气超迈，提倡注重事业功利有补国计民生的“事功之学”，为浙东事功学派的永康学派主要代表。所作政论气势纵横，笔锋犀利；词作感情激越，风格豪放。与辛弃疾交好，辛弃疾曾作《破阵子·为陈同甫赋壮词以寄之》。有《龙川文集》《龙川词》。

【陈平】 （？—前178）西汉初大臣。阳武（今河南原阳东南）人。少时家贫，好黄老之术。陈胜起义，他投奔魏王咎，为太仆。后跟随项羽入关，任都尉。因不受重视，转投刘邦，任护军中尉，建议用反间计使项羽疏远谋士范增，并以爵位笼络大将韩信，为刘邦采纳。汉朝建立，因功封“曲逆侯”。高祖六年（前201），建议刘邦伪游云梦，逮捕韩信。次年，刘邦被匈奴困于平城白登山（在今山西大同东北）七天七夜，后采纳陈平计策，重贿冒顿单于的阏氏，才得以解围。汉高祖死后，吕后以陈平为郎中令，辅佐汉惠帝。吕后死，陈平与太尉周勃合谋平定诸吕之乱，迎立代王为汉文帝。文帝初，陈平让位周勃，徙为左丞相，因明于职守，受到文帝赞赏。不久周勃罢相，陈平专为丞相。汉文帝二年（前178）去世，谥献侯。

【陈桥兵变】 赵匡胤夺取后周政权的政变。也称陈桥驿兵变。后周显德七年（960）正月初一，殿前都点检赵匡胤在赵普、石守信等的策划下，借口北汉和辽会师南下，需北上设防，率军从大梁（今河南开封）出发。行至陈桥驿（今河南封丘东南陈桥镇），授意将士给他穿上黄袍，拥立他为皇帝。随后，赵匡胤率军回到开封，京城守将石守信、王审琦开城迎接，胁迫周恭帝禅位。赵匡胤即位后，改国号为“宋”，定都开封（今河南开封）。

【陈胜】 （？—前208）秦末农民起义首领。字涉，阳城（今河南登封东南）人。雇农出身，为人有大志。有一次他对一起耕田的伙伴们说：“以后如果大家有谁富贵了，可别忘了一块吃苦受累的穷兄弟。”大伙听了都觉得好笑，他感叹道：“燕雀怎么知道鸿鹄的志向呢？”秦末赋役繁重，刑政苛暴。秦二世元年（前209），包括陈胜在内的900余人被征屯戍渔阳（今北京密云区西南），中途遇雨，不能按时到达。按照当时的法律，失期当斩。于是陈胜同吴广在蕲县大泽乡（今属安徽宿州）发动同行戍卒起义。起义军迅速发展到数万人，并在陈县（今河南周口淮阳区）建立“张楚”政权，他被推为王。不久派兵攻取赵魏之地，又遣周文率主力进攻关中。后周文战败自杀，秦将章邯围攻陈县。他率军战败后退至下城父（今安徽涡阳东南），为其御者庄贾所杀。陈胜发动的大泽乡起义是我国历史上第一次大规模的农民起义，“张楚”政权是我国历史上第一个由农民建立起来的政权。

【陈抟】（？—989）抟，tuán。五代宋初道士。字图南，自号扶摇子，世称陈抟老祖。亳州真源（今河南鹿邑）人，一说普州崇龛（今重庆潼南区西境）人。生于唐末。后唐长兴年间，举进士不第，从此不求俸禄官职，转以山水为乐。曾隐居武当山九室岩，服气辟谷二十余年。后移居华山云台观。宋太宗时屡次召见，赐号“希夷先生”。著有《无极图》和《先天图》，认为万物一体，只有超绝万有的“一大理法”存在。其学说后经周敦颐、邵雍加以推演，成为宋代理学的组成部分。还著有《指玄篇》，言导养和还丹之事。元代戏曲家马致远写有《陈抟高卧》的故事。

【陈维崧】（1625—1682）明末清初文学家。字其年，号迦陵，江苏宜兴人。复社名士陈贞慧之子。少负才名，17岁应童子试，被阳羡令何明瑞拔为第一，诗人吴伟业誉之为“江左凤凰”。明亡后，科举不第。康熙十八年（1679）诏试博学鸿词科，授翰林院检讨，参与编修《明史》，四年后卒于任上。陈维崧才力富健，诗文兼擅，尤以词与骈文成就最高。其词学苏、辛，风格以豪放为主，今存词1600余首，为历代词人之冠，是阳羡词派的开创者。骈文气韵雄厚，风骨浑成，与吴绮同称名家。有《湖海楼集》等。

【陈振孙】 宋代藏书家、目录学家。浙江湖州安吉人。字伯玉，号直斋。历任溧水、绍兴、鄞县教授，兴化军（今福建莆田）通判，台州知州，嘉兴知府等职。淳祐四年（1244），除国子司业。后官至侍郎，以宝章阁待制致仕。任职期间，广泛搜求抄写各家藏书，仿晁公武《郡斋读书志》编成《直斋书录解题》。全书录历代典籍51 180余卷，分经、史、子、集四部，53类，并分别考订其内容得失，为宋代著名的提要目录。所著录图书颇多亡佚，凭借此书得以考见大概，因此具有重要的文献价值。原本久佚，清人纂修《四库全书》时从《永乐大典》辑为22卷。

【陈子昂】（659—700）唐文学家。字伯玉，梓州射洪（今属四川）人。少时慷慨任侠，至十七八岁始立志向学，饱览经史。后以上书论政，为武则天所赞赏，拜麟台正字，转右拾遗，世称陈拾遗。万岁通天元年（696），随武攸宜击契丹，所献计策不被采纳反遭记恨。圣历元年（698）辞官回乡。权臣武三思指使县令段简罗织罪名诬陷他，陈子昂在狱中忧愤而死。作为唐代诗文革新运动的先驱者，陈子昂论诗标举汉魏风骨，强调兴寄，反对齐梁以来柔靡淫丽的诗风，为唐诗的发展开辟了道路。对于文章，他反对浮艳，重视散体，开韩柳古文运动之先声。《感遇》《登幽州台歌》为其诗歌代表作。有《陈拾遗集》。

【宸濠之乱】宸，chén。明武宗正德十四年（1519），南昌的宁王朱宸濠起兵争夺皇位的叛乱，是明朝历史上由藩王发动的最后一次叛乱。武宗即位，朱宸濠勾结宦官钱宁，制作兵器，收罗亡命，谋夺帝位，后阴谋被觉察，起兵反叛，声称"奉太后密旨，令起兵入朝"，改元"顺德"，计划建都南京。率军攻打安庆，分兵陷九江、南康等地。43天后，被提督南赣军务、都御史王守仁率军平定。江南四大才子之首的唐伯虎，当时受到朱宸濠的邀请，到宁王府当幕僚，察觉宁王要造反，靠喝酒装疯卖傻，离开了宁王府，"别人笑我忒风颠，我笑他人看不穿"可能是其当年心路历程的写照。

【称提】称，chēng。①南宋防止纸币贬值的措施。包括官府用金属币收兑贬值的纸币，限制纸币发行量，规定其使用界限及按期调换等内容。最早见于北宋，原为调整铜铁比值关系的一种办法，后用来表示以钱币、金银、实物等收兑贬值纸币。②南宋发行纸币（交子、会子），按发行数额提取现金做储备，到期兑换，此项储备金名为称提。"称提"的命名可能与调整、平衡货币价值有关。

【成都】古都名。也称锦官城。秦时设蜀郡于此。三国蜀汉刘备政权，十六国的成汉政权，五代十国的前、后蜀政权建都于此。物产丰饶，景色秀丽。蜀锦、麻布、漆器驰名天下，文人骚客也多有关于此地的名篇流传于世。唐杜甫《春夜喜雨》"晓看红湿处，花重锦官城"、《蜀相》"丞相祠堂何处寻，锦官城外柏森森"，都是描写成都的名句。

【成服】丧礼制度之一。人死后的第四天，即大殓的次日，其亲属根据和死者关系的亲疏远近，按五服制度将丧服穿戴齐备。

【成汉】朝代名。十六国之一。公元301年巴賨族（巴氐族）首领李特在蜀地领导西北流民起义。304年，李特儿子李雄称成都王，两年后称帝，国号"成"，定都成都（今属四川）。338年李特侄李寿改国号为"汉"。史称"成汉"，也称前蜀。有今四川东部、重庆全部和云南、贵州的一部分。347年为东晋桓温所灭。共历5帝，45年。

【成吉思汗】（1162—1227）古代蒙古首领、军事家和政治家。名铁木真（或作帖木真），出生于漠北草原斡难河上游地区（今蒙古国肯特省），为蒙古乞颜部孛儿只斤氏族。公元12世纪末13世纪初，先后统一蒙古诸部，1206年蒙古贵族在斡难河源头召开大会，铁木真被推为大汗，称"成吉思汗"（蒙古语"海洋"或"强大"之意），建立蒙古汗国。颁布札撒，建万人怯薛，封诸千户，设札鲁忽赤掌行政司法诸事。成吉思汗六年（1211）和十年（1215）大举攻金，直到黄河北岸，占领中都（今北京城西南隅）。十四年（1219），第一次西征，灭花剌子模，遣军攻入钦察，在喀勒喀河击败斡罗思和钦察联军，占领中亚大片土地，分封给长子朮赤、次子察合台和三子窝阔台。二十二年（1227），灭西夏，在六盘山病死。至元二年（1265），元世祖忽必烈追尊为"元太祖"。

【成康之治】公元前11世纪后半叶，周

朝成王（姬诵）、康王（姬钊）时期的安定发展局面。西周初年，周公建立了周王朝的典章制度，并主张“明德慎罚”，成王、康王都相继推行这种和缓政策，凭借强大军事力量的保障和诸侯的藩屏，使王朝统治得以巩固，礼乐制度顺利推进，社会安定而经济发展。史称“成康之治”。

C

【成实宗】 我国佛教学派之一，以研习《成实论》而得名。公元5世纪初，鸠摩罗什译出《成实论》，这部著作是由古印度人诃梨跋摩所作，内容为苦、集、灭、道四谛，提倡人空、法空，是小乘佛教空部最后的发展，和大乘佛教十分接近。成实宗在南北朝时期非常兴盛，唐代逐渐衰落。

【成周】 指周朝都城雒邑。位于今河南洛阳，周成王时营建，称“东都”，与“宗周”镐京（称“西都”）相对而称。平王东迁后为东周都城，后也专指敬王至赧王所居的雒邑东郊新城。

【成周八师】 周成王时组建、驻扎于成周雒邑（今河南洛阳）的八支部队。也称殷八师。由王室直接指挥，是周王室镇抚殷遗民，征伐荆楚、南淮夷等部族的常备武装力量，到西周晚期趋于瓦解。

【丞】 ①古代官名。传说为帝王的四辅之一。通常负责提醒和辅助天子处理日常事务。②多为佐官之称。秦始置。汉以后，为中央和地方官吏的副职，如大理丞、府丞、县丞等。③清代公牍中简称各府同知为“丞”。

【丞相】 官名。古代中央政权的最高行政长官，协助皇帝处理国家政务。战国秦始置，分左、右丞相，辅弼国君，管理本国军政要务。秦代沿置，皇帝之下设丞相府、太尉府和御史大夫寺组成中枢机构，丞相官位最高，尊称为相国，通称为宰相。汉武帝以后，丞相官位虽尊，权力逐渐减小。西汉末丞相改称大司徒，太尉改称大司马，御史大夫改称大司空，号称“三公”，都是宰相。明太祖洪武十三年（1380），统治者为加强专制，废丞相及中书省，权归六部。至此，丞相之制遂废。

【承宣使】 古代官名。宋代由节度观察留后改称的武臣阶官。宋初承唐制，藩镇置节度观察留后，后均成为武臣加官的虚衔。政和七年（1117）改称“承宣使”，位在节度使之次。无定员，无职任，虽冠有军名，并不赴任，职责主要是宣扬朝廷的德泽、禁令等，并将其下达于各级行政机关。南宋时常冠以某军州之名，如岳飞曾有镇南军承宣使之衔。

【城旦舂】 舂，chōng。秦汉时期，强制男犯修筑城墙等、女犯舂米服劳役的刑罚。始于先秦，秦汉时盛行。可与其他刑罚结合施用，如髡钳城旦舂就是犯人须剃发戴械。刑期一般是四年。北周时期，将服劳役的刑罚定名为“徒”，列为“五刑”之一。隋唐以后，各代都沿用“徒刑”。

【城隍】 神话中的守城之神。道教尊奉为“剪恶除凶，护国保邦”之神。古代把有护城河的城堑称为“池”，无护城河环护的城堑称为“隍”。历代王朝也都将城隍列入祀典，目的在于求雨、祈晴、禳灾。今上海、西安等城市仍可见城隍庙。

【城濮之战】 春秋时晋国击败楚国的战役。周襄王十九年（前633），楚成王使令尹子玉率陈、蔡、郑、许诸国军队围攻宋国，宋向晋国求救。次年，晋文公派兵进攻楚的盟国曹、卫。晋、楚两军在城濮（今山东鄄城西南）交战。晋军选择楚军薄弱环节，首先击溃由陈、蔡军队组成的楚军右翼。晋文公流亡楚国时曾许下“退避三舍”的诺言，为此他主动令晋军后退，避开楚军的锋芒。然后回师夹攻，迫使楚军主力后退。战后，楚北进受阻，晋文公成为霸主。

【程颢】（1032—1085）颢，hào。北宋理学家、教育家。字伯淳，人称“明道先生”，河南洛阳人。嘉祐二年（1057），举进士。熙宁初，为太子中允、监察御史里行，因与王安石政见不合，出任地方官，所治有政绩。哲宗立，召为宗正丞，未赴任而卒。程颢早年就学于学者周敦颐，与其弟程颐世称“二程”，是宋代理学的创始人。提出“天者理也”“万物皆只是一个天理”，认为天理是万物的本原，先有理而后有万物。并把天理和人伦道德直接联系起来，提出“人伦者，天理也”。二程的学说后来为朱熹所继承和发展，世称“程朱学派”，在我国儒学发展史中占有重要地位。著述有《定性书》《识仁篇》。后人编为《遗书》《文集》《经书》等，收入《二程全书》。

【程门立雪】出自《宋史·杨时传》。一天，杨时和游酢去拜谒理学家程颐。当时天降大雪，二人见程颐正闭目养神，不敢惊扰，于是侍立于旁，直到程颐醒来时，门外大雪已有一尺厚。后人用“程门立雪”来形容尊重师长，虔诚求教。

【程颐】（1033—1107）北宋理学家、教育家。字正叔，人称“伊川先生”，河南洛阳人。为程颢之胞弟。曾任秘书省校书郎，官至崇政殿说书。反对王安石新政。曾和兄程颢就学于周敦颐，兄弟俩同为理学创始人，世称“二程”。著有《易传》《颜子所好何学论》等。后人收入《二程全书》。

【程朱学派】宋代理学的主要派别。北宋程颢、程颐和南宋朱熹提倡性理，以主敬存诚为本，成一学派。认为理为宇宙的本原，人性为理的体现。主张为学之道在“穷天理，去人欲”，其方法为“居敬穷理”，既做“敬”的修养功夫，又穷天下万物之理以致知。因为他们的学说基本一致，后人称为程朱学派，也称程朱理学。由于封建统治阶级的大力提倡，该学派曾长期居于思想上的统治地位。

【澄城民变】明天启七年（1627）陕西澄城民众反抗催征税粮的暴动。其年大旱，澄城知县张斗耀不恤饥民而催征税粮，激起了民众的强烈不满。白水县（今属陕西）人王二率领饥民冲进县城，杀死了张斗耀，由此揭开了明末农民起义的序幕。

【蚩尤】上古部落首领，一说为东方九黎族的首领。其生活年代与华夏族的炎帝、黄帝同时。相传与黄帝大战于涿鹿，善兴云作雾，黄帝制造指南车应对之，指南车能在大雾中辨别四方。蚩尤最终战败被杀，他身上的刑具化为一片殷红的枫林，所葬之地常有红色的盐卤从地下渗出。又相传蚩尤擅长做兵杖、大弩等各种兵器，后世将其视作战神加以奉祀。另有传说认为，黄帝欲统一中原，蚩尤制造剑、铠、矛、戟等各种兵器，帮助黄帝兼并了各部。

【绨绤】chīxì。绨，细葛布。绤，粗葛布。两者都是将葛经过浸渍煮晾的加工方法提取植物纤维，并织成布衣。后统指葛布衣服。

【笞刑】古时用小荆条或小竹板抽打犯人的臂、腿、背部的刑罚。隋代定为“五刑”中最轻的一种，实施对象是轻微犯罪者或减刑后的罪犯，起到惩戒的作用。此刑起源很早，秦汉以来多用竹片，以责罚过失。隋唐用无节、无刺的荆条，分为十下、二十下、三十下、四十下、五十下五等。后世沿此损益，明清用小竹板，依循唐代分为五等。

【篪】chí。传统竹制的管乐器。单管，有八孔，横吹。专用于雅乐。为边棱音气鸣乐器。“八音”属“竹”。相传为春秋时苏成公所造。吹口在上方，五指孔在前，有底。近末端管侧有一大孔。吹口有一枣核状凸起，称“翘”。通常有大小两种形制，大者称“沂”。

【尺】长度单位。1尺等于10寸。具体长度历代不同，大致今比古长。上古时代，长度通过人体手足和动作测量，“布手知尺”即大拇指与食指张开后两者之间距离为1尺。也为度器的总称。

【尺八】古代竹制的管乐器。单管，有六孔，竖吹，旁一孔蒙竹膜。因管长一尺八寸而得名。为边棱音气鸣乐器。“八音”属“竹”。传为唐代吕才所造。其前身是汉魏竖笛。唐代仅用于燕乐。宋代称为“尺八管”“箫管”“中管”“竖篴”等。约公元8世纪或更早时传入日本，今仍流行于日本，形制稍异，仅五孔，前四后一。

【豉】即豆豉。将煮熟的大豆配上盐等调料，密封在瓮中，使大豆在一定温度和湿度条件下发酵而成。古人发明豆豉的时间可以追溯到秦汉时期。《史记》《汉书》中都有相关记载。唐宋时期，风味种类更加丰富，民间普遍食之。豉既可用作菜肴的调味料，又可直接佐餐，还可入药。时至今日，我国一些地区，如四川、江西等地所生产的豆豉还以其鲜美、风味独特而闻名。

【赤壁之战】东汉末年曹操大军与孙权、刘备联军在赤壁（今湖北赤壁西北）一带进行的战役。因赤壁对岸为乌林（今湖北洪湖东南），又称乌林之役。曹操平定北方后，于建安十三年（208）率兵二十余万南下，打算灭吴。孙权结好刘备，联军五万共同抗曹。曹军进到赤壁，小战失利，退驻江北，与孙刘联军隔江对峙。孙刘联军利用曹军远来疲惫、疾疫流行、不习水战、后方不稳等弱点，放火延烧曹操水师，孙权大将周瑜与刘备又从陆路猛攻，水陆并进，曹军全线崩溃，退回北方。战后，孙权政权得到巩固，刘备据有荆州大部地区，又取得益州，形成三国鼎立的局面。赤壁之战是我国历史上著名的以少胜多、以弱胜强的战役之一。

【敕令格式】宋朝补充刑律和规定行政制度的部分法律形式。唐代法令、法制文书有律、令、格、式。宋神宗认为律无法囊括一切，改为敕、令、格、式，但仍存律。其中敕，特指修正刑律的各种制敕。令，指其他各种禁令和约束。格，指各种等级性规定。式，指公文籍账等的行政范式。凡断狱必先依律，律未载，则依敕、令、格、式，必要时再加以删订和编纂。

【敕命】 皇帝所下的命令，可兼指口宣敕和文书敕。历代的名目很多，明清时期，专称“敕命”，是皇帝封赠六品以下（含六品）官员及藩臣的文书。

【敕授】 唐制，朝廷封授六品以下官称“敕授”。“敕”有告诫义。在给官员加官进爵的时候，皇帝用“敕授”来告诫官员要戒骄戒躁，再接再厉，不要骄傲自满，恃宠而骄。

【充军】 古时将免死的罪犯发配到边远地区的军中服苦役的刑罚。秦代称为“谪发”，如秦二世元年（前 209），陈胜、吴广等 900 余名犯人被发往渔阳（今北京密云区西南）边塞戍守。宋代成为刑罚专名。充军之地既有军中，还有官办作坊、盐亭等。明代普遍使用充军刑。地点按远近分为极边、烟瘴、边远、边卫、沿海附近。又分终身刑和永远刑两种，后者累及子孙，世代服刑。清代沿用，大体相同。

【虫书】 秦书八体之一。汉字篆书的变体。因字形像鸟虫，故又称鸟虫书。也称鸟书、鸟篆、虫篆、鸟虫篆等。春秋战国时就有这种字体，大都铸或刻在兵器和钟镈上。秦书八体中有“虫书”，王莽六书中有“鸟虫书”，用于旗帜和符信，也用作印章文字。

【重阳】 古代传统节日。在农历的九月初九日。也称重九、九日。古代《易》学以奇数为阳数，偶数为阴数，九为“极阳”，而九月九日更是两个“极阳”之数相重，故名。人们在此日有登高、赏菊、插茱萸、喝菊花酒、吃重阳糕等习俗。相传东汉桓景随费长房游学数年，一日，费长房突然告诉桓景说：“九月九日，你家有灾，赶快回去，叫家人各做绛色的纱囊，囊中装上茱萸，系在手臂上，登上高山，饮菊花酒，灾祸可消。”桓景日夜兼程赶回家中，吩咐家人照此办理，果然避免了灾祸。从此，民间相沿成俗。又因九月初九的“九九”谐音是“久久”，有长久之意，所以人们常在此日举行祭祖与敬老活动。

【抽分】 我国历史上对国内外商货贸易征收实物税。也称抽解。唐建中三年（782），在各商路要津对竹木等商货抽收十分之一。宋对贩运竹木、砖瓦、柴炭等物一般征十分之一，但不固定。国外进口海舶，市舶司收购一部分，名抽买，又征收一部分，名抽解。粗货抽十分之三，细货抽十分之一，南宋一度一律提高到十分之四。抽分商货供宫廷和官府消费，或再行售出。元沿宋制，进口粗货抽十五分之一，细货抽十分之一。明对贩运竹木等货仍设局（后改工关）抽分。外商货物起初除收购外不征税，正德间对市舶抽十分之二，万历间改征饷银。清对竹木等商货征税，间或还用抽分名目。

【绸】 用蚕丝织造的薄而软的平纹织物。古代传说黄帝的妻子嫘祖始创种桑养蚕之术。战国时期丝绸织物逐渐丰富，但仅限王室成员穿用。汉代以来，绸不仅是珍贵的贡品，也是东西方交流极为重要的贸易品，故我国古代通往西域各国的商贸之路称为“丝绸之路”。绸的传统织造工艺有煮茧、缫丝、织造、染整等。随着桑蚕养殖业的逐渐普及，制绸工艺也不断改良进步。明清以来，绸成为丝织物的统称。

C

【出殡】 丧礼仪式之一。殡，入殓后停丧待葬。将盛放遗体的灵柩送到埋葬的地方。古时出殡，多用人抬。根据贫富状况、棺罩大小等，所用人数有不同的规格。

【出河店之战】 公元1114年，新崛起的女真与辽在出河店（今黑龙江肇源西南）发生的战役。辽天祚帝天庆四年（1114），完颜阿骨打起兵反辽。同年十月，攻克了宁江州。天祚帝命都统萧嗣先和副都统萧挞不也统兵七千进攻女真，并在鸭子河北集结军队。阿骨打于十一月率领三千七百甲士迎敌，取得胜利。此役女真首领完颜阿骨打以少胜多，是女真建国前与辽的一次重要战争，为金朝建立奠定了基础。

【出家】 即脱离家庭，去寺庙做僧尼。出家制度并非佛教始创，在佛陀时代，出家修行已经非常普遍，但佛陀以王子之身出家的榜样，使出家的风气在佛教中得到了发扬，因此佛教就有了出家男女二众和在家男女二众的区别。出家之人被称为僧尼。

【出界粮】 唐后期藩镇兵奉诏出界作战时，朝廷供给的军粮。当时藩镇往往不尊朝廷政令，自以其地财赋扩充兵力，故若奉诏出兵，须由朝廷另给粮饷。这标志着当时藩镇军队的地方化。

【初税亩】 初，即开始。税亩，指按土地亩数对土地征税。春秋时期鲁国在宣公十五年（前594）实行的田税改革，主要内容是按土地占有面积征税。近人认为初税亩创造了以土地面积为依据征税的新税制，但对于纳税人的身份和这种措施的作用有分歧。实行初税亩之前，鲁国按井田征收田赋，私田不向国家纳税，国家财政收入不断下降。初税亩的实行，不分公田、私田，凡占有土地者均按土地面积纳税，增加了财政收入，适应和促进了新生的封建土地占有关系。

【初唐四杰】 初唐诗人王勃、杨炯、卢照邻和骆宾王的合称。他们的诗文虽还承沿南朝齐梁以来的绮丽习气，但题材较广泛，风格清峻，对初唐文学风气的转变起了一定作用。

【初租禾】 战国时秦国实行的田税变革。秦简公七年（前408），废除井田制的“籍法”，开始按照地主所有田地面积征收一定数量的谷子作为地税。这与鲁国在春秋时实行的初税亩性质相同。初租禾的实施对农业的发展起到了积极的推动作用。

【樗】 chū。即“臭椿”。植物名，外形似椿树，叶背有腺体，破裂后气味较臭，故而得名。木材可造纸。古人认为它质地不好，不能成材，因此常用来比喻无用之才或作为自谦之词。

【刍稿】 刍，喂牲口的草。稿，干草。刍稿，喂牲口的干草。也指征收干草以供官府的税种。始于战国，秦汉规定编户每人每年须缴纳一定数量，以充饲料等用，或折钱收取。后世多为各地杂赋，其称不一。

【刍狗】 古代祭祀时用草扎成的狗。因为用不起猪、牛、羊等大的牲畜，古代百姓就用狗来祭祀，后来渐渐用草扎成狗形来代替。在还没有用来祭祀之前，大家对它都很重视；祭祀以后，就把它扔下不管了。另一说指草和狗两种事物。《老子》中说："天地不仁，以万物为刍狗。"后用来比喻微贱无用的东西。

【除服】 丧礼仪式之一。俗称脱孝，即服丧期满后脱去丧服，换上常服。也称除丧、脱服。按五服制度，服丧期不同，除服的时间也不一样。孝子、子妇、承重孙等服斩衰，丧期最长，一般须27个月方可除服。

【除名】 本指除去名籍，取消原有身份。后也专指剥夺官员身份的追加刑罚。此刑比只撤职的"免官"更重一级。魏晋时已有此法，唐代律法规定其包含除官和除爵。被罚者六年后方可降级使用。常作为十恶、贪赃枉法等重罪的追加惩罚。沿用到清代。

【除夕】 俗称大年夜。指农历一年最后一天的晚上，也可指一年的最后一天。作为重要的传统节日，有吃年夜饭、守岁、挂喜神等习俗。

【楮】 chǔ。植物名。即构树，也称榖树。树皮是造纸的主要原料。东汉蔡伦已利用楮树皮造纸。用楮树皮造的纸坚韧耐磨，为优良的书画和造币材料，故俗称纸为"楮"，纸币为"楮币"。

【楚辞】 骚体类作品集。由西汉刘向编辑成书，收录了战国时期屈原、宋玉、景差及汉代淮南小山、东方朔、王褒、贾谊、严忌等人的辞赋，加上刘向本人的作品《九叹》，共16篇。这些作品因具有浓郁的楚地色彩，故名《楚辞》。

【楚辞体】 文体名。属辞赋一类。起于战国时楚国，以屈原所作《离骚》为代表。也称骚体。这类作品，富于抒情成分和浪漫气息，篇幅、字句较长，形式也较自由，形式上多用"兮"字以助语势。

【楚国】 ①古国名。从江汉地区发展起来的芈姓诸侯国。也称荆、荆楚、楚荆、荆蛮。楚之世系可追溯至商末的鬻熊，鬻熊的妻子妣厉生熊丽时难产，剖宫产后妣厉离世，熊丽存活。妣厉死后，巫师用"楚"（荆条）包裹其腹部埋葬。为了纪念她，后人就称自己的国家为"楚"。周成王时封熊绎为诸侯，立国于荆山一带，建都丹阳（今湖北秭归西北）。熊渠做国君时，疆土扩大到长江中游。春秋早期熊通称王，建都郢（今湖北荆州市荆州区西北），逐步扩张为大国。公元前606年前后，楚庄王称霸，持续与晋争战，为"春秋五霸"之一。疆域西北到武关（今陕西丹凤东南），东南到昭关（今安徽含山北），北到今河南南阳，南到洞庭湖以南。战国时疆域又有扩大，东北到今山东南部，西南到今广西东北角。楚怀王攻灭越国，疆域又扩大到今江苏和浙江，成为"战国七雄"之一。战国晚期，国力日衰，前278年秦克郢，楚迁都陈（今河南周口淮阳区一带），后又迁都巨阳（今安徽太和县东北，一说在阜阳北）、寿春（今安徽寿县），前223年为秦所灭。②五代十国之一。公元896年马殷据今湖南，907年受后梁封为楚王，建都长沙。951年为南唐所灭。共历6主，56年。

【楚汉战争】 项羽、刘邦争夺统治权的战争。也称楚汉之争、楚汉争霸、楚汉相争、楚汉之战等。公元前206年，

C

秦亡后，项羽自立为西楚霸王，封刘邦为汉王，又划地分封十七个王。后刘邦乘项羽出击齐地的机会，攻占关中，并继续东进，占领项羽的根据地彭城（今江苏徐州），项羽回师大败刘邦。刘邦联合各地力量攻打项羽，与项羽在荥阳（今河南郑州西北古荥镇）、成皋（今河南荥阳西北）间相持。又派韩信攻占赵、齐等地，使项羽两面受敌。前203年双方约定以鸿沟为界，东属楚，西属汉。次年，刘邦乘项羽撤兵的机会全力追击，并约韩信、彭越合围。项羽败退至垓下（今安徽固镇东北、沱河南岸）被围，在乌江（今安徽和县东北）自杀。历时四年，以刘邦的胜利而告终。

【褚遂良】（596—658或659）唐初大臣、书法家。字登善，钱塘（今浙江杭州）人，一说阳翟（今河南禹州）人。太宗时，历任起居郎、谏议大夫、中书令等职。贞观二十三年（649）受太宗遗诏辅政。高宗即位，封河南郡公，任尚书右仆射，世称“褚河南”。因反对高宗废王皇后而立武则天为后，被贬谪而死。其书法初学虞世南，后取法“二王”（王羲之、王献之），别开生面，自成一体。与欧阳询、虞世南、薛稷并称“唐初四大书家”。传世碑刻有《房玄龄碑》《雁塔圣教序》等。

【踹坊】 明清从事棉布整理加工的作坊。也称踏布坊、踹布坊。坊内工匠脚踏元宝形（凹字形）大石反复碾压染色后的布卷，使之平整光洁。多见于江南苏州等地，常由包头向布商揽活雇踹匠为之。后因染坊多自雇工人踹布，渐趋衰落。

【传灯】 佛教认为，佛法如明灯，能照亮世界，为众生指点迷津，故把传播佛法称为“传灯”。宋代道原的《景德传灯录》专门叙述禅宗师徒相承的语录和事迹。道原称，灯能照暗，祖祖相授，以法传人犹如传灯，故名。

【传胪】 胪，lú。科举时代，殿试揭晓唱名的一种仪式。殿试公布名次之日，皇帝殿上宣布登第进士名次，由阁门承接，传于阶下，卫士齐声传名高呼。明时进士二甲、三甲第一名为传胪，清时则专称二甲第一名为传胪。

【传奇】 小说体裁之一。一般指唐宋时用文言写作的短篇小说。源于六朝志怪，而内容已扩展到人情世态和社会生活的描写。如《南柯太守传》《长恨歌传》《李娃传》《东城父老传》《绿珠传》等都属这类作品。唐传奇多为后代说唱和戏剧所取材，故宋元戏文、金诸宫调、元杂剧等也有称为传奇的。明清时传奇用来指以唱南曲为主的长篇戏曲，以别于北杂剧，是宋元南戏的进一步发展。盛于明嘉靖到清乾隆年间。昆腔、弋阳腔、青阳腔等剧种，都以演唱传奇剧本为主。著名作品有《牡丹亭》《桃花扇》等。

【传习录】 明王守仁的讲学语录。“传习”二字出自《论语·学而》中曾子“传不习乎”句。由其门人徐爱、钱德洪等辑录。编入《阳明全书》作为首篇，共上中下三卷。记载有关“致良知”“知行合一”等论点的问答。《传习录》包含了王守仁的主要思想，是研究阳明心学的必备资料。

【船山遗书】 明清之际王夫之著作。因明亡后作者隐居石船山（在今湖南衡阳西北），自号“船山老人”，世称“船山先生”，故名。卷帙浩繁，内容丰富，共358卷，包括经部22种、155卷，史部4种、77卷，子部14种、54卷，集部30种、72卷。清道光年间，其裔孙王世佺刊成《船山遗书》，计18种。清同治四年（1865），曾国荃在江宁重刊《船山遗书》，通称“金陵节署本”，始以四部合编，凡288卷。

【船引税】 明代海防向海外贸易商船颁发船引所征之税。船引即官府发给出海贸易船只的凭证，其上详列船主、货物、去处、限期等，由海商纳税申领，海防官和州县各置号簿登记以备查验。

【串票】 清官府征收地丁钱粮后开列的单据。也称截票、联票、粮串、印票。始于清顺治十三年（1656）。票上开列实征地丁钱粮数，分为两半，一留官府，一给纳税户。康熙二十八年（1689）改为三联，一留官府，一给差役，一交纳税户，称三联串票。雍正三年（1725）改四联，雍正八年（1730）又改三联。后形式常有变动。

【床】 供人坐卧的家具。古代床有两用，既可以用作坐具，又可以用作卧具。最早的床，床足较矮，周围有栏杆，床上可放置几案，供人们写字、读书、进食之用。魏晋以后，随着胡床、椅子、方凳、圆凳等传入中原，床坐的功能逐渐被替代，成为卧具。这时床足开始变高，形制与今天的床几乎没有差别。

【幢主】 幢，chuáng。南北朝时期的中低级将领。也称幢将、幢帅。幢为军事部伍单位，可达五百人。其统领即以此为称，多见于北朝，除宿卫外也常征战，至北齐为九品武官衔，隋炀帝时废其名。

【炊饼】 即馒头。也称蒸饼。相传起源于汉代的祭祀。其做法是将面粉发酵，做成圆形，上笼蒸熟。由于当时凡面食都称为“饼”，故名“蒸饼”。汉代文献记载，寒食时节，做蒸饼，样式是团状，以枣附着其上。北宋时因避仁宗赵祯讳，改名“炊饼”。

【垂帘听政】 历史上因皇帝年幼、身体不适、权力旁落等原因，由皇后、皇太后或太皇太后临朝听政，处理国家大事。因在御座前用帘子遮隔，故称。唐代以前称“后宫临朝”。汉成帝时的皇太后也即汉平帝时的太皇太后王政君、北魏胡太后都曾临朝听政。从武则天开始，听政时需要垂帘，后世沿用。如清代慈禧太后垂帘听政等。

【捶丸】 古代一种球类竞技游戏。在场地上画一球基，离球基远处挖一定数目的浅穴为球窝，旁边立彩旗，球放在球基处，用下端弯曲的木棒击之，入球窝者胜。由唐代步打球发展而来，盛行于宋辽金元时的北方民间，北宋时称作“步击”，明代仍继续流行。后逐步发展为一项采用间接对抗形式的游戏。

【锤】 也作“槌”。捶击的兵器。一头有柄，锤头状如瓜，或木或铜或铁制。形状多种，重量也不同。锤的历史可以追溯到春秋战国乃至西周时期，它从棍棒演化而来，最初称为“椎”，张良在博浪沙狙击秦始皇用的就是“椎”这种兵器。随着时间的推移，锤逐渐发展出多种形制，如长柄单锤、短柄双锤及链子锤等，成为有效的破甲武器。在宋代，锤的形制变得更加多样化，明代时锤头常为瓜形或蒜瓣形，明末清初则出现了多边形（八宝形）的锤头。

【春饼】 一种薄饼，因是立春日所食，故名。用白面做外皮，圆薄平匀，内包时令菜蔬，卷起来而食。古代于立春日将春饼、时菜放在一个盘子里，用以馈赠亲友，叫春盘。皇帝于立春日赐百官春饼。

【春江花月夜】 乐府吴声歌曲名。相传为南朝陈后主陈叔宝所作，原词已佚。今存曲词为隋炀帝杨广及唐代张若虚、张子容、温庭筠等拟题之作，收于《乐府诗集》。其中最著名的是张若虚的拟题诗作，后世评价甚高，有“孤篇压全唐”的美誉。

【春节】 我国传统节日。在农历元旦，即正月初一，故又称元日。与端午、中秋并为我国传统三大节日。相传自尧、舜时，已为节日。自秦汉起，朝廷于此日有朝贺之礼，群臣朝见皇帝，称觞祝寿，称为“贺正”，皇帝受贺，则有赐宴作乐等仪节。此外，民间普遍有祭祖先、饮屠苏酒、食五辛盘、燃爆竹、贴春联、拜年等节日活动。

【春盘】 古代习俗。立春之日，把生菜、果品、饼饵等装盘、食用。民间以此互赠亲友，皇帝也以此赏赐近臣，以表迎接春天的到来。

【春秋】 ①儒家经典著作。相传由孔子（前551—前479）根据鲁国编年史编订加工而成，记载了鲁隐公元年（前722）至鲁哀公十四年（前481）间计242年的历史。《春秋》是编年体史书的始祖，故而也作为编年体史书的通称。《春秋》纪事简短，文字凝练，后世儒者认为它“微言大义”，将这种委婉曲折而寓褒贬的写作手法称为“春秋笔法”。②时代名。因鲁国编年史《春秋》而得名。其起讫年代说法不一，今多以周平王元年至周敬王四十四年（前770—前476）为春秋时期。这一时期，周王室日益衰微，诸侯国之间互相征伐，出现了先后称霸的五个诸侯，史称“春秋五霸”。春秋也是我国文化发展的重要时期，老子、孔子都是这一时期的代表人物。

【春秋繁露】 西汉董仲舒撰。共17卷，82篇。因篇名、篇数与《汉书·艺文志》《隋书·经籍志》及《汉书·董仲舒传》所记载的不尽相同，后人怀疑不全是董仲舒一人所撰。此书推崇公羊学，阐发“春秋大一统”之旨，杂糅儒家思想和五行学说，把孔子神圣化，把儒家思想神学化，对自然和人事做各种牵强比附，建立比较系统的“天人感应”论，包括“三纲”“五常”“三统”“性三品”等。

【春秋决狱】 西汉董仲舒主张以《春秋》经义为据去考察犯罪者的主观动机，再对案件做出裁决。这种“论心定罪”，以《春秋》经义附会法律审判案件的方法称春秋决狱。也称经义决狱、引经决狱。实质是把儒家经典法律化，有很大的主观随意性，破坏了法律的确定性和权威性。盛行于汉代和魏晋南北朝，隋唐以后废弃。

【春秋三传】 解释《春秋》的《左传》《公羊传》《穀梁传》的合称。简称“三传”。《左传》为古文学，详于叙述经文所记之事。《公羊传》《穀梁传》为今文学，详于解释经文之义例（宗旨、体例）。

【春秋五霸】 五霸，也作“五伯”。霸、伯，古代诸侯之长。春秋时期，一些强大的诸侯国为了争夺霸权，互相征战，争做霸主，先后称霸的五个诸侯是齐桓公、宋襄公、晋文公、秦穆公和楚庄王，史称“春秋五霸”。一说指齐桓公、晋文公、楚庄王、吴王阖闾、越王勾践，一说指齐桓公、晋文公、秦穆公、楚庄王、吴王阖闾，一说指齐桓公、宋襄公、晋文公、秦穆公、吴王夫差。

【春社】 古时春季祭祀社神（土地神）的日子。初无定日，先秦、汉、魏、晋各代择日不同，一般在春分前后。自宋代起，以立春后第五个戊日为社日。这一天，官府及民间皆祭社神祈求丰年，明清两代皇帝要行亲耕礼，民间有饮酒、分肉、赛会、妇女停针线之俗。唐王驾《社日》“桑柘影斜春社散，家家扶得醉人归”，描绘了春社日人们开怀畅饮的热闹欢乐场面。

【椿】 通称香椿。木质细致坚实，耐湿耐腐，是建筑和制造家具的优质材料。嫩叶称椿芽，可作为蔬菜食用。古代椿被视为长寿的象征，古人因此称父亲为椿庭。祝人长寿，则谓椿年、椿龄等。

【椿庭】 相传，上古时有大椿树，以八千岁为春，八千岁为秋。因椿树长寿，故古人将它比喻父亲，希望父亲像椿树一样长生不老。《论语》记载，孔鲤趋庭接受父亲孔子的训导，后以“椿庭”为父亲的代称。

【椿萱】 椿，长寿的大椿树，象征父亲。萱，古人认为可令人忘记忧愁的一种草，象征母亲。后以“椿萱”为父母的代称。“椿萱并茂”，意思是大椿树和萱草都很茂盛，比喻父母都很健康。也作“萱椿”。

【纯钧】 古宝剑。相传春秋时铸剑大师欧冶子铸造了湛卢、纯钧、胜邪、鱼肠和巨阙五把剑，其中纯钧剑以锋利和精美闻名。越王勾践曾请相剑大师薛烛相剑，先拿出毫曹、巨阙两把宝剑，薛烛认为这两把不算作宝剑。当勾践让人请出纯钧，薛烛则赞不绝口。

【莼菜】 一种水生植物。也称水葵。叶椭圆形，浮生于水面。春夏之际嫩叶如丝，采摘可做汤羹，味淡而柔滑。晋时张翰见秋风起，于是想起家乡吴中的莼羹和鲈鱼，便弃官而归，“莼鲈之思”在后世遂成为思乡、退隐的代名词。

【淳于髡】 髡，kūn。战国时齐国人，政治家、思想家。姓淳于，因曾受髡刑（古代一种剃去头发的刑罚），故称“淳于髡”。淳于髡身长不满七尺，滑稽多辩，能言善谏。齐威王当政之初，沉湎酒色，国政荒乱，群臣莫敢谏。淳于髡对齐威王说：“国中有大鸟，止王之庭，三年不飞又不鸣，王知此鸟何也？”齐威王明白他的用意后回答说：“此鸟不飞则已，一飞冲天；不鸣则已，一鸣惊人。”从此振作起来。齐威王八年（前 349），楚国出兵讨伐齐。齐威王命淳于髡带黄金千镒、白璧十双、车马百驷向赵国求援，淳于髡向赵王陈明利害关系，请其出兵。赵国当即派精兵十万、革车千乘援齐，楚国因此退兵。淳于髡也是稷下学派的代表人物。

【戳截法】 清官府针对茶叶运销和茶税征收的查验办法。即州县、关津须盘查茶商纳税运销的茶引和茶叶，若种类、数量相符就将茶引截角钤记后放行，行销京师的则在崇文门将茶引戳去中间为验。

【绰号】 人的本名以外，别人根据对方的特征给其另起的名字，大都含有亲昵、憎恶或开玩笑的意味。也称外号、诨名。如《水浒传》中梁山头领宋江常急人所急，济人贫苦，故有绰号“及时雨”。

【粢】cī。将米饭蒸熟（或加以捣烂）做成的饼状食物。糯米、粟米皆可做粢。后世称为糍糕、糍饭、糍粑、糍团，形状、做法也各有不同。

【词】文体名。按谱填写，可合乐歌唱。源于南朝，始于唐，盛于宋。因其源于诗，故称诗余；以其入乐，故又称曲子、乐府、乐章、琴趣；又因句子长短不齐，故也称长短句。早期的词，因合乐歌唱，故唐五代时多称为曲、杂曲或曲子词。词牌是词的调子的名称，不同的词牌在总句数、每句的字数、平仄上都有规定。词一般分两段，称上下阕或上下片，少数有不分段或分两段以上的。不分段称为单调，分段则按所分段数称为双调、三叠、四叠。按风格可分为婉约派和豪放派两大类。婉约派的代表人物有李煜、晏殊、柳永、晏幾道、秦观、周邦彦、李清照、姜夔、吴文英等，豪放派的代表人物有苏轼、陆游、辛弃疾等。

【词话】①评论词调源流、作者事迹、词作内容的论著，其体裁略如诗话。如陈廷焯《白雨斋词话》等。②元明时的一种说唱艺术。其中有词曲，有说有唱，故名。长篇有明诸圣邻《大唐秦王词话》等。也有短篇，如《清平山堂话本》中《快嘴李翠莲记》等。明人章回小说中夹有诗词的，也称词话，如《金瓶梅词话》等。

【词牌】填词用的曲调。最初的词，都是配合音乐来歌唱，有的按词制调，有的依调填词，曲调的名称即词牌，一般根据词的内容而定。后来主要是依调填词，曲调和词的内容不一定有联系，而且大多数词都已不再配乐歌唱，所以各个调名只作为文字、音韵结构的定式。有些词牌，正名之外另标异名一至数种，也有同名异调、一名数体的。如《蝶恋花》这个词牌，又称《鹊踏枝》《凤栖梧》《黄金缕》等。

【词谱】辑录词调各种体式，分类编排，说明词的格律及变体，给填词者做依据的书。内容主要介绍填词的各种规则，如字句定格、声韵安排、词调来源等。“词谱”之称始于宋代，但多指曲谱或声律谱。现传最早的词谱为明代张綖《诗余图谱》。较完备的有清代万树的《词律》和康熙时陈廷敬、王奕清等奉敕合编的《钦定词谱》。

【慈悲】指佛教持爱护之心，以给众生安乐为慈；持怜悯之心，以助众生摆脱苦难为悲。

【刺兵】古代矛、枪、剑等直刺类兵器的统称。也称直兵。

【刺配】古时在犯人的身上刺字，用墨染上颜色，然后发配到远地充军或到指定场所服劳役的惩罚。所刺的部位有面部、臂部等。也称刺字。所刺的文字一般为所犯事由和发配到的指定地点。重者终身不得释放。古有“墨”或“黥”，但不刺字。如《水浒传》中宋江、卢俊义、林冲、武松等都遭受过刺配。后世此刑的施用范围较大。

【刺史】古代官名。原为朝廷所派督察地方之官，后沿为地方官职名。汉武帝元封五年（前106），分全国为十三部，部置刺史，督察郡国，官阶低于郡守。曾改称州牧，因其掌管一州之军政大权，故称。后复称刺史。魏晋重要的州、郡由都督兼任刺史，权力更大。隋以后，刺史为一州的行政长官，以后刺史成为太守的别称。宋制设知州，以朝臣充任，虽仍有刺史一官，仅属虚衔。元明以后，刺史官名亦废。清代用作知州的别称。清顾炎武认为，汉时的刺史相当于后世的巡按御史，魏晋以来的刺史相当于后世的总督，隋以后的刺史相当于后世的知府及直隶州知州。

【刺绣】 在织物上以彩色丝线绣出花纹图案或字形的我国传统工艺品。我国刺绣工艺有两三千年的历史。唐代时，刺绣技术已达到很高水平，针法有新的发展，做工精巧，色彩华美。宋代设有绣院，有绣工三百余人，制作人物花鸟、山水楼阁，用针极细密巧妙。我国古代著名的手工刺绣品种有苏州苏绣、湖南湘绣、四川蜀绣和广东粤绣，并称我国“四大名绣”。

【赐服】 皇帝特赐臣子穿戴高规格服饰。西周时期，从天子到庶人，服饰有不同的等级。秦汉以来有服饰等级制度，并以“赐服”作为皇帝褒奖臣子的方式。唐宋到明清极为流行，如唐制，三品以上官员服紫色，如果官员品级不够而皇帝特赐准许服紫，称“赐紫”。赐紫同时赐金饰鱼袋，称“赐金紫”，宋初沿用唐制。司马光、曾巩、王安石均曾获赐金紫。明代有赐蟒袍或斗牛服，如明嘉靖时名将马芳，被赐蟒袍。明神宗时，张居正被赐绣蟒斗牛服。清代有赏黄马褂、顶戴、花翎等。

【葱岭】 古代对今帕米尔高原和昆仑山天山西段的统称。因当地生长着大量的野葱而得名。汉代属西域都护府统辖，唐代属安西都护府。为汉以来丝绸之路上的要地。随着时间的推移和文化的交流，葱岭之名逐渐为帕米尔高原所取代。

【从便易钱法】 金朝行用的一种钱币汇兑办法。金章宗（1204）始行，听人输纳铜钱于京城，可在山东、河北、大名、河东等路依数支取。

【丛书】 按一定名义，将多种单独的著作汇辑起来，并冠以总书名的一套书。也称丛刊、丛刻、汇刻书。丛书分为专门性和综合性两种。唐陆龟蒙《笠泽丛书序》初次提到“丛书”一词，指诗文集的别称，与后来通行的丛书不同。一般认为，我国的丛书始于南宋俞鼎孙、俞经所编的《儒学警悟》。此后，历代多有丛书编纂。明清刊刻丛书的风气盛行，著名的有《汉魏丛书》《古今逸史》《四库全书》等。其中《四库全书》是我国古代规模最大的一部丛书。

【琮】 cóng。玉器名。方柱形，也有长筒形的，中有圆孔。是古代贵族朝聘、祭祀、丧葬时用的礼器，也用作发兵的符信。其形制大小因名分地位和所用之事不同而异。

【促织】 俗称蟋蟀、蛐蛐儿，也称莎鸡、寒蛩等。因其鸣叫的声音如同急促的织布声而得名。雄性善鸣好斗，唐代每到秋季，宫中妇人就用小金笼捉促织，关在笼中，放在枕畔，夜晚听其鸣声。后来老百姓也跟着效仿。宋代斗促织赌博之风盛行，贾似道撰有《促织经》2卷。明清此风更甚，有白麻头、黄麻头、蟹胲青、琵琶翅、梅花翅、竹节须等名称，贵的一只可值数金。促织常于秋夜鸣叫，其声如泣如诉，往往惹人愁绪，古诗文中常以之渲染凄凉、孤独的氛围。

【蹴鞠】 cùjū。古代的一种足球运动。用以练武、娱乐、健身。鞠，最初用皮革缝制，内装米糠等，唐代开始用“气球”替代，气球以八片皮革缝缀，用动物的胎衣做球胆，灌气而成。传说始于黄帝，至春秋战国时已很流行。汉代时场地、用具、比赛等已趋于规范化，盛行于贵族及军队中，民间也相当普及。唐宋时仍盛行，并有所发展，称蹴球。至清代渐衰。

【攒宫】 攒，cuán。古代帝、后暂殡之所。南宋特指哲宗皇后孟氏至高宗以下诸帝、后茔冢，位于今浙江绍兴东南攒宫山，规制稍简，意为临时安置，待恢复中原后归葬河南祖宗陵区。

【爨】 Cuàn。古代西南地区族群，以僰、叟等族为主体。也称爨夷、爨蛮。其大姓爨氏东晋以来居滇池以南，后以此泛指其势力所及的滇池周边各族部。隋朝分为东、西两部，唐朝东爨衰落，而西爨以洱海为中心日益兴盛。唐玄宗时建南诏国，唐朝末年国灭，陷入纷乱。五代时建立大理国，后为元朝所灭。

【崔致远】 （857—？）朝鲜新罗时代学者、文学家。字孤云、海云。唐咸通十年（869），12岁入唐求学。乾符元年（874），17岁时登科，曾任宣州溧水县尉、淮南节度使从事等职。唐僖宗时曾为高骈幕僚，因撰写《讨黄巢檄文》而扬名。光启元年（885）归国，任侍读，后外放，曾出使中国。因所学不得展，晚年遂隐居伽倻山，不知所终。他一生生活于两个国度，对中国的儒释道思想、诗文、史书、典章制度等方面有深入的研究和领悟，并将其融入自己的创作中，对新罗时代的学术和文学发展颇有影响。他是朝鲜历史上第一位留下了个人文集的大学者、诗人，一向被朝鲜和韩国学术界尊奉为朝鲜半岛汉文学的开山鼻祖，有“东国儒宗”“东国文学之祖”的称誉。现存著作有《桂苑笔耕集》20卷，《全唐诗》有其作品。

【催妆】 一种婚俗仪式。新妇出嫁，必多次催促，始梳妆启行。据说此俗始自北朝，至唐流行。唐代新娘出嫁之日，新郎作诗，派人传达至女方催妆，称为“催妆诗”。诗为五、七言近体，多颂赞吉利语。宋以后，民间婚俗，成亲前男方往女方家送礼品，也称为催妆。

【错金银】 在器物上镶嵌金银纹饰的工艺。也称金银错。方法是先铸出或刻出铭文和纹饰的凹槽，再镶嵌金银丝、金银片，锤打磨光而成。春秋末开始有此工艺。最初用于青铜器的装饰，后也用于漆器、木器、玉器等。

【错役制】 三国魏和西晋时期施行的异地征发力役兵役的制度。由曹操创立，主要目的是加强对兵士的控制，通过将兵士与家属分开，相隔两地，来保证兵士的忠诚。

D

【达赖】藏传佛教格鲁派地位最高的两大活佛之一。达赖在蒙古语中，意为“大海”。明万历六年（1578），土默特蒙古俺答汗尊格鲁派领袖人物索南嘉措为达赖喇嘛，格鲁派将其视为达赖三世（一世、二世为追认）。清顺治十年（1653），册封达赖五世阿旺罗桑嘉措为“西天大善自在佛所领天下释教普通瓦赤喇怛喇达赖喇嘛”，承认其在西藏的政治和宗教地位，此后历世达赖喇嘛必经中央政府册封批准成为定制。

【怛罗斯之战】怛，dá。唐朝军队与大食军队在怛罗斯（今哈萨克斯坦塔拉兹一带）发生的激战，是唐帝国与阿拔斯王朝之间的一场重要战役。此前唐玄宗命高仙芝为安西节度使经略西域，多有征战。公元751年，高仙芝再率蕃、汉兵深入中亚，至怛罗斯与东进的阿拔斯王朝联军遭遇，双方大战，唐军败退，大食联军也死伤惨重。此战使大食东进之势受挫，唐军被俘者中多有工匠，由此使造纸、纺织等技术传入西方。

【答剌罕军】元灭南宋期间临时招募的军兵。答剌罕为突厥语和蒙古语“自在”的音译，因这些军兵不在正规军制内，以允许其军前掳掠人口、财物充饷而得名。答剌罕军主要由流浪汉、地痞、无赖等组成，他们在战时被临时招募，没有明确的军事目标，主要用来增加人数，以壮大军威。当时性质与此相类的，还有乾讨虏军、无籍军等。

【鞑靼】Dádá。古代北方游牧族群名。其名称又译为达靼、达怛、达旦、达达、塔塔儿等。最早见于唐代记载，是突厥统治下的一个部落。突厥衰落后，鞑靼日益强大，生活在今呼伦贝尔草原和克鲁伦河下游一带。宋辽金三代，除主体外，其位于漠北蒙古的支系称为黑鞑靼，漠南汪古部称为白鞑靼。公元13世纪为蒙古所兼灭。此后，西方习惯把蒙古称为鞑靼，到了明代，鞑靼指的是东部蒙古成吉思汗后裔各部落。

【打草谷】辽朝以牧马为名南下中原，抢劫百姓粮草财物的活动。这是一种无专门的后勤保障，通过军人自筹给养的方式，掳掠民间的粮草财物，维持军队的生存和发展。

【打醮】醮，jiào。道教指为人诵经祈祷或设坛做道场。

【打女真】打，打博，即贸易。辽朝皇帝每春驻跸于宁江州捺钵（营地），凿冰钓鱼放弋为乐，女真来献貂鼠之类。双方民众在指定市场交易其土特产。一说因辽人恃强不等价交易得名。

D

【打油诗】诗体的一种。内容和词句通俗诙谐，不拘于平仄韵律。相传为唐代张打油所创，故称。张打油《雪诗》：“江山一笼统，井上黑窟窿。黄狗身上白，白狗身上肿。”

【打坐】佛、道教信徒的一种修炼方法，即盘腿而坐，闭目静气，屏除杂念。后也成为气功的健身方法。

【大巴山】巴山。广义的大巴山是指绵亘川、渝、甘、陕、鄂五省市边境山地的总称，是四川、汉中两盆地之间的界山。狭义的大巴山是指汉江支流河谷地以东，渝、陕、鄂边境的山地。最高峰位于神农架林区，原始植被茂密。古人常以“巴山”泛指巴蜀地区。自古巴蜀相对中原来说地处偏远，而蜀道出入又极为艰难，故唐代诗人李商隐在其《夜雨寄北》诗的开篇，写下了“君问归期未有期，巴山夜雨涨秋池”的诗句，体现了巴蜀之行遥远而漫长，以及自己和亲人之间的两地牵挂和思念。

【大不敬】古代不敬皇帝的罪名。也称不敬。汉代已有以侵犯皇权为主要内容的犯罪。自隋以来，作为“十恶”之一。历代多列为重罪。按唐律，“大不敬”的行为和处罚主要有：在皇帝隆重祭祀时偷祭神物品者，流放二千五百里。偷或伪造皇帝印玺者，判绞刑。偷皇帝服御物品者，流放二千五百里。配制皇帝所用药物时，配错药方，或虽照方配完但在封口处题签时出错的医生判绞刑。为皇帝烹调御膳时，误用禁忌的搭配，厨师判绞刑。给皇帝造车辆、船只因失误而不牢固的工匠判绞刑。指责皇帝，特别严重地危害情理的，判斩刑。违抗皇帝派遣的使者、不敬皇帝下的命令、无人臣之礼的，判绞刑。明清律也有类似的规定。

【大长秋】古代官名。掌管皇后事务的官员。秦时称“将行”。汉时改称“大长秋”。宣达皇后旨意，管理宫中事宜，为皇后近侍，多由宦官充任，或任士人。“长秋”本为汉代皇后所居宫名。东汉以来其所在机构称长秋寺或长秋监，改称“长秋寺卿”或“长秋监令”，皆由宦官充任。

【大朝】规模最大、最隆重的朝会。臣见君称朝，天子大会诸侯群臣称大朝，以别于平日常朝。历代常指正旦、冬至日举行的朝会，明清还常包括皇帝诞辰等节举行的朝会，例由全部京官、各地长官或代表及诸侯、藩邦和外国使者参加。

【大车】即牛车。商周时期已有。春秋至两汉时期，牛车多用于运送物资。《史记》描述西汉建国初年，天子出行找不到四匹颜色一致的马拉车，而将相出行，只能用牛车。魏晋时，人乘牛车反而演变为一种潮流，尤其贵族、名士阶层，都讲究乘牛车，南北朝时甚至还给快牛取了陈世子青、王三郎乌、吕文显折角、江瞿昙白鼻等名字。

【大乘】佛教派别之一，以普度众生为宗旨。自称能运载众生从现实世界到达觉悟的彼岸，超越生死，达到涅槃。与小乘相对，虽在教义上与小乘多有重合，传入我国的时间也几乎与小乘同时，但大乘不主张小乘的自我解脱观点，强调一切众生都能成佛，一切修行当以自利和利他并重，并在修行方式上允许在家修行，这些更符合我国的文化传统，故日益兴盛。

【大戴礼记】也称《大戴礼》《大戴记》。原本相传是西汉戴德从所存战国以来说礼之文中选取85篇而成。当时，由戴圣选编的《小戴礼记》因东汉末郑玄为之作注而成为独占“礼记”之名的“三礼”之一，《大戴礼记》遂被认为非圣人之言而不传习。今本残缺，存39篇。是研究我国古代社会状况、文物制度和儒家学说等的重要历史文献。

【大定重修制条】公元1177年，金世宗颁行的法律类编。共12卷，1190条。简称《重修制条》《大定条例》。

【大风歌】古歌名。汉高祖十二年（前195），汉高祖刘邦征讨淮南王黥布，返回途中路过故乡沛县，与父老子弟相会。刘邦酒酣之际，击筑而唱此歌，并令沛中120名儿童习唱。汉惠帝时，以此诗作为沛宫四时祭祀高祖的歌曲。歌词为：“大风起兮云飞扬，威加海内兮归故乡，安得猛士兮守四方！”反映了刘邦希望四海统一、国家安宁的情怀。后人题为《大风歌》。因作于沛县，又名《过沛诗》。

【大夫】①官名。古之国君以下，设卿、大夫、士三级，大夫为一般任官职者之称。秦汉有御史大夫、谏议大夫等。唐宋循有损益。明清不设。②爵位名。周代官爵分公、卿、大夫、士四等，大夫又有上、中、下三分。秦汉分爵位二十级，大夫位列第五。

【大功】古代五服中第三等丧服，次于齐衰。用熟麻布做成，缝边。服期为九个月。一般来说，男子为出嫁的姊妹和姑母、为堂兄弟和未嫁的堂姊妹，女子为丈夫的祖父母伯叔父母、为自己的兄弟服大功。

【大官人】古代对有钱有势、社会地位较高的男子和富贵人家子弟的尊称。如《水浒传》中柴进是后周皇室的后裔，人称“柴大官人”。

【大归】旧时称已嫁女子回母家后不再回夫家，为“大归”。后也称妇人被休、永归母家为大归。

【大鸿胪】胪，lú。古代官名。主管诸侯、藩邦及朝廷礼宾等政务的长官。秦时称“典客”。汉武帝太初元年（前104）更名“大鸿胪”，掌接待宾客等事。魏晋以来为鸿胪寺之长，隋唐以来称“鸿胪寺卿”，所属机构和职掌限于宾客及凶仪等事。金元废，明清复设，掌殿廷礼仪之事。后渐变为礼仪官。

【大计】古代考核地方官员政绩的制度。也称外计、外察、朝觐考察。始见于周代，每三年进行一次，依据考绩赏罚。明清两代考核外官的制度称大计，每三年在外官入京朝觐时举行，先期各县、府、道、省递加考察，由督抚、按察使核其事状、考核等，汇册送部复核，最终奏定其称职与否。标准为守、才、政、年四格以分优劣。考语分称职、勤职、供职三等。

【大家】①家，jiā。宫中近臣或后妃对皇帝的称呼。②家，gū。对妇女的敬称。如东汉班昭博学高才，气节品行很合礼法。皇帝多次召班昭进宫，让皇后、妃嫔拜她为师，称她为大家。此外媳妇对婆母也称大家。

【大九州】战国时期，齐人邹衍提出的一种地理学说。即世界由九大块陆地构成。九大陆地之间有海相隔，并不相通，且周边也是浩瀚无垠的大海，直通天地尽头。中国称赤县神州，仅是其中一板块，由于其内被大禹分为九州，相较于此九州，九大陆地可称为“大九州”。这一观点反映出随着海上交通的发展，当时古人已感知到世界之广大。

【大礼议】 因明世宗朱厚熜欲追尊生父朱祐杬而引发的君统、礼仪之争。公元1521年，明武宗暴亡，事先没立继位人，武宗从弟朱厚熜由藩王继帝位。即位后，使礼臣议本生父兴献王祐杬的尊号。张璁等迎合帝意，议尊为“皇考”。杨廷和认为不合礼法，主张称孝宗（武宗父）为“皇考”，兴献王为“皇叔考”。争论三年，世宗于嘉靖三年（1524），去“本生”之称，追尊兴献王为“皇考恭穆献皇帝”。群臣哭阙力争，世宗大怒，因此下狱的达134人，廷杖致死的17人，另有部分谪戍和致仕而去的官员。

【大理寺】 古代官署名。掌管刑狱的机构，是全国最高的法律机构。秦汉时置廷尉。北齐始立大理寺。寺指官署，其长官称大理寺卿，也简称大理卿，下设大理寺少卿、大理寺丞。历代相沿。明清与刑部、都察院为三法司，会同处理重大的司法案件。

【大殓】 丧礼仪式之一。为逝者加冠，将穿好衣服、已装裹好的遗体装入棺材，钉上棺盖。大殓时辰由占卜而定，届时由家属在棺木两侧守护。父母死，待儿女返家方可盖棺。妇女死，待娘家父母兄弟姊妹告别后方可盖棺。一般是死后三天举行，也有死后七天或第二天举行的。大殓是丧礼中的重要环节，标志着亲人与逝者的最后一别。结束后，就择日将死者安葬。

【大明湖】 位于山东济南。为小清河上源。湖畔有遐园、秋柳园、南丰祠、北极阁、铁公祠、小沧浪、辛稼轩纪念堂、明湖居等胜迹，湖中有历下亭。其西岸有古刹大明寺，故名。

【大明历】 南朝祖冲之主持编定的历法，于宋孝武帝大明六年（462）完成，梁天监九年（510）颁行。也称甲子元历。此历首次引入“岁差”，推算出一回归年的长度为365.242 814 81日，求出交点月的天数，定每月为27.212 23日，与今利用现代天文观测手段测得的结果极为接近。还改革闰法，将旧历中以19年7闰为周期，改为391年144闰，从而更符合天象实际。《大明历》施行达八十多年，对后世历法影响深远。

【大明律】 明代法典的总称。主要有令、律、诰、例等形式。洪武元年（1368），明太祖朱元璋颁布《大明令》，是我国唯一完整保存至今的古代令典，也是古代最后一部以“令”为名的法典。洪武六年（1373），又诏刑部尚书刘惟谦等撰《大明律》，次年颁行。洪武三十年（1397）进行修订颁行，共30卷，460条。按六部官制，编目分为名例律、吏律、户律、礼律、兵律、刑律、工律。为维持货币秩序，专列“钞法”，并增设市廛、田宅、钱债、邮驿、营造等编目。诰有《明大诰》，例有《问刑条例》等，用来弥补律的不足。

【大辟】 辟，pì。隋以前称“死刑”为大辟。隋唐时，不用“大辟”之名，称之为“死刑”。大辟是早期“五刑”中最重的一种。执行大辟的方式很多，有的极为残酷。周代分为七等：斩、杀、搏、焚、辜磔、踣、罄。秦代有斩、枭首、车裂、弃市、腰斩、体解、磔、蒺藜等刑。也有凿颠、抽胁、镬烹等刑。

【大清律例】清代的主要法典。简称《大清律》。乾隆五年(1740)颁行。它的结构、形式、体例、篇目与《大明律》基本相同,共47卷,30篇。律有436条,包括名例律、吏律、户律、礼律、兵律、刑律、工律等。附例有1409条,律与例并行。自颁行后,律文极少更改,只不断修订和增加律文后的“附例”。律文后所附的条例,是重要的组成部分。

【大射】古代射礼之一。天子率诸侯、卿、大夫、士在祭祖、祭神等重大祭祀活动前进行的射礼,并以此选定参加祭礼的贡士,是射礼中规模最为盛大的。后世帝王举行此礼,以表示重视武备。

【大赦】古时对已判罪犯免刑或减刑,是最高规格的宽恤赦免措施。赦令均出自帝王。相传始于尧舜。汉魏到明清多在改朝换代或登基大典等重要庆典时颁行,赦免常赦不及的罪犯或宽减其刑罚,还包括安置流亡、清理债务、优抚孤寡、收罗人才等宽恤施惠之举,其具体规定和限制都载明在大赦诏令中。但“十恶”等重罪通常不在赦列。

【大审】明朝由皇帝派官员代表自己与主管部门会同重新审判在京以及各地在押囚犯的制度。此制创立于宪宗成化年间,为了察枉理冤,在京的罪囚由司礼监太监一员会同三法司在大理寺审录。南京命内守备行之,各地则由南北直隶、布政司与巡按御史会同审录。常每五年大审一次。

【大食】唐以来对阿拉伯人和阿拉伯帝国的称呼。为波斯语及阿拉伯语的音译,也译作“大石”“大寔”。据其不同王朝所尚服色,分为白衣大食、黑衣大食和绿衣大食。公元6世纪兴起于西亚,盛时其地自中西亚扩至地中海东、南、西部,唐王朝曾与之争锋中亚,扼制其东向之势。自后长期与之通使,其客商活跃于陆上、海上丝绸之路。我国的造纸术和炼丹术曾由大食传至西方,大食的工艺品如玻璃等也流传到我国。

【大顺】明末农民起义领袖李自成所建政权的国号。崇祯十六年(1643)在长安(今陕西西安)时所定,年号“永昌”。“大顺”作为国号,有多种说法。一是为了应证明朝的谶语“遇顺则止”,一是明末社会上普遍存在着对“顺”字的热衷。李自成取西安前,已在襄阳建立政权。崇祯十七年(1644)攻入北京,推翻明朝。因措置失当,内部腐败,被入关清军击败。退出北京后于关中、湖北、江西屡战屡败。永昌二年(清顺治二年,1645)李自成在九宫山(今湖北通山境内)被地方乡勇狙击而亡。其余部李过、李来亨等仍坚持抗清。辖境最盛时达到今江苏北部淮安、宿迁等地以北的中原地区。

【大司成】古代官名。原指周代司徒属官,职责主要是协助司徒处理相关事务,掌儒学训导之政。在唐国子监中,大司成的职责相当于西汉的博士仆射、东汉的博士祭酒。高宗龙朔二年(662)改国子监为司成馆,改国子祭酒为大司成,咸亨元年(670)复旧。

D

后成为国子监祭酒的别称。

【大司农】 古代官名。秦置治粟内史，汉景帝时改称大农令，武帝太初元年（前104）更名大司农。简称“司农”。位列九卿，掌租税、钱谷、盐铁和国家的财政收支。北齐时称司农寺卿，隋唐以后所置略同。元置大司农司，掌农桑、水利、学校、救荒等事。明初置司农司，不久即废，其职掌并入户部。清代因户部主管钱粮田赋，故俗称户部尚书为大司农。曹操之父曹嵩曾任大司农。

【大唐西域记】 简称《西域记》。唐贞观十九年（645）玄奘结束了印度取经之旅，携佛经、佛像等回到长安。在唐太宗建议下，于次年完成了由其本人口述、弟子辩机记录整理的《大唐西域记》12卷。书中记述了贞观元年至十九年（627—645）玄奘西行所亲历和听闻的100多个城邦、地区、国家的概况。是研究中古时期中亚和南亚诸国的历史、地理、宗教、文化及中西交通的珍贵资料，也是研究佛教史学、佛教遗迹的重要文献。

【大挑】 选官制度的一种。清乾隆十七年（1752）定制。三科以上在会试中不中的举人，由礼部分省造册，咨送吏部，皇帝钦派王大臣拣选，称“大挑”。挑取其中一等的以知县用，二等的以教职用。六年举行一次，意在使举人出身者有较宽的出路。挑取的标准重在形貌与应对。

【大同兵变】 明嘉靖时大同镇卒因不堪虐待而爆发的抗争。公元1524年以郭鉴、郭疤子及黄镇等为首，夜间举火为号，杀死贪官张文锦，打开仓库，发放粮食，砸开监狱，释放囚犯，占领了大同府城。明朝政府派遣蔡天佑、桂勇等人，以“谕抚”为名，设计宴请郭鉴等人，郭鉴等三十多人受骗被捕，惨遭杀害。1533年，兵变再次爆发，以朱振、王福胜等人为首，火烧总兵府，总兵李道自杀。明朝派总督刘源清与总兵郤永前去镇压，以计诱捕朱振，朱振自杀。明军又逮捕、杀害了王福胜等三十多人，平息兵变。

【大统式】 西魏行政法令。因在大统十年（544）颁行，故以年号为名。由苏绰等编定，是西魏、北周选官和各地治理的纲要性规定。也称中兴永式。《大统式》的颁行，使“式”这种古代规定官署公文程式的法规形式，上升为后世主要法律形式之一。

【大汶口文化】 新石器时代文化。1959年首次发现于山东泰安大汶口一带，因地得名。据考古发现，大汶口文化约始于公元前4500年，反映了母系氏族向父系氏族过渡的社会特征。其范围以山东泰山地区为中心，东起黄海之滨，西到鲁西平原东部，北至渤海南岸，南及今安徽淮北一带，河南也发现有少量遗存。其生产工具多以磨制石器为主，还发现了鹿角锄，骨、角、牙、蚌质的镰刀。以农业经济为主，以粟为主要种植对象，有猪、牛等动物的家畜养殖。此外，制骨工艺和制陶工艺也非常发达。其骨雕筒、骨梳、雕花骨匕皆玲珑精致，甚至镶有绿松石。陶器早期以红陶为主，中期灰、黑陶比例有所增加，后期出现了质地细腻的薄胎灰白陶和黑陶高柄杯。此后的龙山文化，也是在大汶口文化的基础上发展而来的，其与大汶口文化有上下叠压的地层关系，更有许多前后承袭的共同文化因素。

【大西】 明末农民起义领袖张献忠建立的政权。崇祯十六年（1643）起义军取武昌，张献忠称“大西王”。次年攻占四川，在成都称帝，年号“大顺”，以成都为西京。设立内阁六部，有左右丞相、六部尚书等官，并开科取士。全盛时据有今四川、重庆大部地区。因治理无方，酷暴滥杀，两年后其主力在凤凰山（今四川西充境内）被清军击败，张献忠战死，其余部孙可望、李定国等于公元1651年改奉南明永历朝。

【大相国寺】 著名汉传佛教寺院。在今河南开封，始建于北齐天保六年（555），初名建国寺，后毁于兵火。唐代重建。延和元年（712），唐睿宗因纪念其由相王登上皇位，赐名大相国寺。北宋时期，相国寺深得皇家尊崇，僧众万余人，多次扩建，是汴梁最大的寺院，更是全国佛教活动中心。后因战乱、水患而损毁。今大相国寺为清乾隆时重建。

【大小金川之役】 清乾隆时为平定金沙江中游的大小金川土司叛乱发动的两次战役。乾隆十二年（1747），四川大金川土司莎罗奔用兵攻打邻近土司，欲吞灭小金川泽旺等，并杀伤清兵，清政府遂出兵进攻大金川。乾隆十四年（1749），莎罗奔兵败投降。乾隆三十六年（1771），莎罗奔侄孙索诺木联合小金川反清，清政府再度用兵，大学士、定边将军温福战死。又以阿桂为督师猛攻，先取小金川，再克大金川。平定后设阿尔古、美诺两直隶厅分治大小金川。

【大小引】 明清常规食盐运销凭证每引300斤，把每引400斤以上的凭证称为大引，200斤以下的称为小引。

【大行皇帝】 大行，一去不返。因皇帝新近去世，谥号未定，故暂且称此。西汉时始指死后停棺未下葬而暂无谥号的皇帝。此后历代沿用之。

【大雄】 佛教信徒对释迦牟尼的尊称。梵语意译是无所畏惧的勇士。我国佛教寺院供奉佛陀的正殿一般称为“大雄宝殿”。

【大选】 ①指朝廷铨叙授官，这种选拔方式主要适用于高级官员的补缺。明清吏部每逢双月举行常规铨选，故又称双月选。候选者为任满离职和因考核升降的一般官员。②“吏部尚书”的别称。

【大学】 《礼记》中的一篇，儒家经典之一。相传为曾子所作。提出明德、亲民、止于至善的三纲领和格物、致知、诚意、正心、修身、齐家、治国、平天下的八条目。被宋儒称为“初学入德之门”“所以教人之法”。南宋朱熹将《大学》与《论语》《孟子》《中庸》合称“四书”。《大学》被朱熹收入“四书”以后，在儒学中的地位也迅速提高，成为儒者的必读书和君主治理国家最重要的思想指导。明太祖朱元璋命令臣子把《大学》写在皇宫的墙壁上，以便自己经常学习。

【大学士】 古代官名。唐宋明清皆设，职权不一。唐代有弘文馆学士、集贤院学士，为掌文学著作之官，尝以宰相兼领，知馆、院事，称大学士。宋沿之，对学士中资望特高者，加“大”字，有昭文馆大学士、集贤殿大学士，以首相、次相分领。明中叶，大学士为内阁长官，其中的华盖殿大学士、谨身殿大学士、武英殿大学士、文渊阁大学士、东阁大学士等都是重要的官职，替皇帝起草诏令、批答奏章、商承政务，其官阶在尚书、侍郎下，但实权甚重。后以尚书、侍郎入阁办事，兼大学士，位望益尊，成为事实上的宰相，称为“阁老”。清代沿袭，设内阁大学士四人，协办大学士二人，为文臣最高官位，称为“中堂”。

【大衍历】 唐代僧一行主持编定的历法，唐玄宗开元十七年（729）颁布施行。也称《开元大衍历》。僧一行是世界上用科学方法实测地球子午线长度的创始人。此历参考了前代的有关观测数据，能比较准确地反映太阳的视运动的规律，以及各地日食之期和恒星运动轨迹，系统而周密，表明我国古代历法体系趋于成熟。

【大雁塔】 我国现存最早、规模最大的唐代四方楼阁式砖塔。位于今陕西西安南的大慈恩寺内。又名“慈恩寺塔”。唐高宗永徽三年（652），玄奘法师为保存由天竺经丝绸之路带回长安的经卷佛像，主持修建了大雁塔，最初为五层，武则天长安年间改建为七层。大雁塔按古印度佛寺建筑形式建造，塔底层四面有门，门楣上布满精美线刻佛像，南门洞两侧嵌置碑石，西龛是唐太宗李世民亲自撰文、褚遂良手书的《大唐三藏圣教序》碑，东龛是唐高宗李治撰文、褚遂良手书的《大唐三藏圣教序记》碑，人称“二圣三绝碑”。两块碑石是永徽四年（653）十月由玄奘亲手竖立于此的，至今保存完好。唐代新中进士，均在大雁塔内题名，后世以“雁塔题名”代称进士及第。

【大一统】 语出《公羊传》。一元化政治理论及原则，为秦汉统治者不断实践与贯彻，实现经济、政治、思想、法度的高度集权，即全统一于天子之下。为历代王朝所奉行。后泛指封建王朝统治全国。

【大雩】 雩，yú。古人为求雨而举行的祭祀。所祭祀对象为被视为能兴云降雨的“山川百神”。周代的雩礼分为两种，一种是在孟夏四月由天子举行的常规雩礼，称“大雩帝”，用盛大的舞乐队伍，演奏隆重的乐曲，祭祀名山大川及众水之源，祈求风调雨顺，五谷丰登，具有节日气氛。另一种是因天旱而举行的雩，举行的日期不定，用巫舞而不用乐，气氛严肃，祈祷殷切。后世官方和民间皆有此祭。

【大禹治水】 古代神话传说。大禹为夏后氏部落首领，也称夏禹、戎禹。相传其父鲧奉尧命治水，偷取天帝的息壤筑堤防水，九年未能平洪水。大禹奉尧命，继续治水。采用因势利导的办法悉平水患。为治理洪水，大禹曾三过家门而不入。继舜之后，任部落联盟首领，分天下为九州，建都安邑。

【大庾岭】 庾，yǔ。山名，“五岭”之一。古称塞上、台岭、寒岭。位于今江西大余县和广东南雄之间。相传汉武帝时，有庾姓将军在此筑城，故名。又因唐代张九龄在此督办开凿通往粤地的道路，在道路两侧种植梅树，得名梅岭。五代时此路荒芜。宋代元祐年间重修，夹道种植松树，岭上立关，名梅关。是岭南、岭北间的交通要道。

【大宛】 宛，yuān。古西域国名。北通康居，西南邻大月氏。约以今费尔干纳盆地为中心。王治贵山城（今塔吉克斯坦胡占德）。属邑七十余城。以农牧业为主，盛产葡萄、苜蓿，并产著名骏马汗血马。张骞通西域后，与汉朝往来逐渐频繁。西晋时仍遣使献汗血马。南北朝以来为昭武九姓之地，南北朝称“破洛那”。隋唐称“钹汗”“拔汗那”等。唐天宝三载（744）玄宗改其国名为宁远，并封宗室女为和义公主，嫁给其王。

【大元通制】 元代法律的总称。元代初期沿用金律，元世祖忽必烈时起制定元代的法律。内容多依照唐律，形式多沿用宋时的编敕，称为条格。至元二十八年（1291）颁行《至元新格》，是元代最早的法典。至治二年（1322）完成法典《大元圣政国朝典章》，简称《元典章》。它按吏、户、礼、兵、刑、工六部职掌将当时的法律法规分类编辑，为明清律的体例奠定了基础。英宗至治三年（1323），将元世祖以来的诏制、条格、断例加以厘正编纂而成《大元通制》，共2539条，是元代法律编纂史上首部较为系统的法典。至正六年（1346），增删《大元通制》而成《至正条格》，共2909条。

【大月氏】 氏，zhī。古族名。也称大月支，简称月氏。西周以来称为禺氏、牛氏。秦汉时期，在敦煌与祁连山之间以游牧为生。西汉初期，因数次受到匈奴侵犯，族群大部西迁至今新疆伊犁河流域，后又逐渐迁至中亚，称为大月氏。张骞出使西域，曾到其地。小部分向南，穿越祁连山，与羌人杂居，称为小月氏。

【大藏经】 藏，zàng。佛教典籍的总称。也称一切经、契经、藏经、三藏。内容包括“经”（释迦牟尼在世时的说教以及后来增入的少数佛教徒阿罗汉或菩萨的说教）、“律”（释迦牟尼为信徒制定的必须遵守的仪轨规则）、“论”（关于佛教教理的阐述或解释）。《大藏经》的编纂，始于释迦牟尼涅槃不久，弟子们为保存他的说教，统一信徒的见解和认识，通过会议方式的结集，形成公认的经、律、论内容。其后又增加了有关经、律、论的注释和疏解等“藏外典籍”，成为卷帙浩繁的四大部类。现存的《大藏经》，按文字的不同可分为汉文、藏文、蒙古文、满文、西夏文、日文和巴利语七大系统。

【大真国】 宋宁宗嘉定八年（1215），蒲鲜万奴在我国东北建立的地方政权。次年投降蒙古，嘉定十年（1217）再度建国。改称东夏。宋理宗绍定六年（1233），东夏国沦为大蒙古国的藩国。至迟约在咸淳八年（1272），东夏国便已被大蒙古国并入辽东路总管府。疆域在鼎盛时期覆盖了今吉林和黑龙江两省的大部分地区。

【大宗】 古代宗法制。由嫡长子、嫡长孙世代继承宗嗣特有的权利、义务，为大宗，其余为小宗。比如，周天子的王位由嫡长子世袭，这是大宗；诸侯的君位也由嫡长子世袭，在本国是大宗；余子分封为卿大夫，卿大夫在本族是大宗。士、庶人等的家庭关系也是如此。不能继承宗族长之位的其他各支称小宗。宗法地位上大宗较小宗为尊，嫡长子较其余诸子为尊，以此达到以兄统弟、以君统臣，抑止统治阶层的内讧，巩固贵族世袭统治的作用。

【大宗正司】古代官署名。北宋置，掌管宗室训导、纠察、赏罚等事务的机构。设知大宗正事、同知大宗正事，以宗室有德望者任职。与掌管宗室谱系等事的宗正寺并立。南宋沿置。

【大足石窟】古代石窟艺术代表之一。位于今重庆大足区境内，是大足区境内141处摩崖造像的总称，属我国石窟艺术晚期的代表。初开凿于唐永徽年间，盛于两宋，明清时期有所增刻。规模宏大，雕刻精美，题材多样，其刀法丰富细腻，与早期石窟的古朴、庄严、程式化和单一化形成鲜明对比，以集儒、道、释“三教”一体而独具特色，展现了从唐末至宋代我国石窟艺术风格以及民间宗教信仰的发展与变化，对我国石窟艺术的创新与发展有重要贡献。

【代北】桑干河上游以北及雁门关外地区。桑干河上游春秋时有戎人建立的代国，后被赵国吞并，赵武灵王始置代郡，秦汉沿置，或封代国，地域续有调整。西晋末以此一带封拓跋代国，后发展为建都平城的北魏，其地为京畿，设司州，迁都洛阳后改置恒州，遂以此指平城一带及以北地区。北朝后期置代州于雁门关一带，唐宋以来沿置，又以此泛指雁门关外地区。

【代耕架】靠人力牵引取代畜力牵引的耕地机械。也称耕架代牛、人力耕架。由唐高宗时王方翼创制，到明代有较大的发展，李衍、欧阳必进等加以改进。明代天启年间，王徵做代耕架，并撰《代耕架图说》，图解代耕架的形制和构造，三人合作以耕，足抵两牛，提高了生产效率。

【玳瑁】海洋爬行动物名。其形像乌龟。甲壳黄褐色，有黑斑和光泽，古人常用其做成精美的配饰、装饰品，汉乐府《有所思》：“何用问遗君，双珠玳瑁簪。”即将用玳瑁做成的发簪赠给所思之人。玳瑁也能用来入药。

【带】古代束衣之物。古人衣服无纽扣，故常用丝条系结，腰间束大带。随身之物就系在腰带上。古代贵族、官员之带一般为两类，一类为生绢所制，一类为皮革所制。腰带及其配饰往往是佩带者品级、身份的体现。如唐代贞观年间，三品以上官员用金制腰带扣版，而六品以上用犀角制扣版，九品以上用银制扣版，庶人则只能用铁制的。平民腰带往往为熟牛皮所制，故“布衣韦带”就成了平民的代指。

【带钩】古代束衣的皮革腰带上的钩，多为铜制，也有以金、银、铁或玉制成的。带钩的一端弯曲。在长期的演进中，带钩逐渐制成龙形、蛇形、凤形以及各种昆虫的形状，发挥其美观装饰的作用。

【带征】清朝各省追征往年积欠钱粮的一种措施。始于雍正时期，即在当年征税时附带一定数额的积欠钱粮，限若干年内追缴完毕。

【待诏】古代官名。本指等待皇帝诏书，犹言候命。汉时以才技征召未有正官者，使之待诏，依其处所性质有不同名目，如“待诏公车”“待诏金马门”“待诏博士”等。后渐演变为官名。北齐后主置文林馆，引文学之士充之，称为“待诏”。唐代有翰林待诏，负责四方表疏批答、应和文章等事，后改为翰林供奉。明清翰林院属官有待诏，掌校对章疏文史，为低等级事务官。

【埭桁渡津税】 埭，dài，指浅滩水急处筑坝，以人、牛牵引船运的设施。桁，héng，指桥梁。渡、津，即渡口、码头。东晋、南朝在水路上增设关卡征收的商旅通过税。这是在传统关津税外的特别加税措施。

【戴震】 （1723—1777）清代语言文字学家、思想家、哲学家。字东原，号杲溪，安徽休宁人。乾隆二十七年（1762）中举人，三十八年（1773）由纪昀等荐举，任《四库全书》馆纂修。四十年（1775）赐同进士出身，授翰林院庶吉士。在馆五年，积劳而卒。戴震治经力主"由字以通其词，由词以通其道"，通过音韵训诂探讨古书之义理。著名学者王念孙、段玉裁为其弟子。戴震在哲学上反对宋明理学，阐明宇宙本原是物质性的"气"。在人性论、理欲观方面指出"后儒以理杀人"同"酷吏以法杀人"，揭露了理学家"存天理，去人欲"的虚伪说教，承认人的正当欲望具有合理性。著有《原善》三卷、《孟子字义疏证》三卷，还有《声韵考》《声类表》《方言疏证》等二十余种。后世辑为《戴氏遗书》。

【丹墀】 墀，chí，台阶上的地面，也指台阶。古时宫殿前的石阶。因通常涂以朱漆呈红色而得名，而红色突出了宫殿的帝王气势和仪典性质。

【丹书铁券】 古时帝王赐给功臣世袭的优遇及免罪等特权的证件。契券用铁制成，用朱砂书写，或刻字并嵌以黄金，故称。也作"丹书铁契"。颁赐时，宰白马歃其血，以示坚守誓约，后人称为"丹书白马"。

【禅衣】 禅，dān。一种衣袖宽大而无里衬的单层服装。也称单衣。东汉、魏晋时期可作为官员的朝服，属仅次于朝服的盛服，平日也作为见尊者时的穿着。一说指僧人穿的衣服。

【石】 dàn。①古代重量单位。西汉时，1石等于120斤，1斤约等于今天国际标准单位的250克，所以1石约等于今天重量单位的30千克。按照汉制，郡守的俸禄是二千石，故称郡守官职为"二千石"。②容量单位。西汉时，用来度量粮食多少的"石"有大石、小石的分别，大石和小石的体积比约为5∶3。1石等于10斗即等于1斛，1斗等于10升，1升约等于今天国际标准单位的200毫升，所以1石约等于今天的20 000毫升，是大石。小石约等于今天的12 000毫升。

【党锢】 东汉桓帝、灵帝时，部分士人因反对宦官专权被禁止为官并遭杀害的事件。一作"党固"，也称党锢之祸。公元166年，东汉士大夫李膺等联合太学生郭泰等猛烈抨击宦官，李膺、陈寔、范滂等被诬结党"诽讪朝廷"被捕，牵连下狱200多人，后虽释放，桓帝仍下令其终身禁锢不得为官。168年灵帝即位后，李膺等又被起用，与大将军窦武谋诛宦官。事败后，李膺等百余人被杀，受连累者甚众。直至黄巾起义爆发，方下诏赦免了部分党人。

【党项】 "党项羌"的简称。古代西戎族群中的一支。魏晋南北朝时，分布于今青海东南部河曲和四川松潘以西的山谷地带，以游牧为生。唐初，迁居到今甘肃、宁夏和陕北一带。唐朝政府对党项时有保护管理，时有打压节制，但始终保持边贸与文化交流。

D

唐王朝于贞观年间赐“党项”姓（李氏）。北宋时期，受到中原汉文化的影响，党项农牧业、手工业与商业都快速发展并达一定高度，还据汉字创制了西夏文。公元1038年，其头领李元昊称帝，建立以党项羌为主体的大夏王朝，定都兴庆（今宁夏银川）。文事之汉化，加之固有的尚武彪悍，使西夏王朝一度强大，对北宋王朝形成不小的威胁。1227年亡于蒙古。元代称党项羌及其所建立的西夏政权为唐兀或唐兀惕。

D

【刀币】 春秋战国时流通于燕、赵、齐等国的一种铜币，形状如刀，故名。种类很多，有齐刀、安阳刀、针首刀、尖首刀、圆首刀、明刀等。其上一般铸有铸造地点等文字。秦朝建立后刀币被废除。王莽建国后一度铸金错刀、契刀，行之不久即废。

【舠】 dāo。小船。以其窄，形同刀薄，故得名。古代诗歌中常见的“吴舠”，即指吴地的小船。

【导引】 初为古代的养生强身之术。即以肢体运动配合呼吸做锻炼。通过调整呼吸，使脏腑经络周流顺畅，通过肢体运动使身体血气通顺。马王堆汉墓出土的《导引图》，绘有导引姿势数十种，隋代巢元方《诸病源候论》载有导引法二百余条。后被道家吸纳为一种修炼方法。

【捣衣】 古代制作寒衣的程序之一。古代平民衣服多为葛麻制成，葛麻的纤维较硬，需要用木杵等捶打，使之柔软，以便缝制，也可使麻布与里面的棉絮粘为一体，以增加保暖效果。多于秋夜进行，因为秋天正是给戍边的亲人寄送寒衣的季节。在古典诗词中，凄冷的捣衣声往往用于表现征人离妇的惆怅情绪。

【道场】 佛教、道教信徒做法事的场所。用于礼拜、诵经、祭祀、学道、行道等。也指较大的诵经礼拜仪式，如“水陆道场”，是指佛教遍施饮食以救度水陆一切鬼魂的法会，诵经设斋，声势较大。如《水浒传》中作者用“却似做了一个全堂水陆的道场：磬儿、钹儿、铙儿，一齐响”来描写镇关西被鲁提辖一拳揍得耳鸣目眩。

【道德经】 道家典籍。也称《老子》《老子五千文》。相传春秋时期老子著。传说当年老子西出函谷关，关令尹喜求而问书，老子留下五千余言。西汉河上公作《老子章句》，分为八十一章，前三十七章为《道经》，后四十四章为《德经》，故有《道德经》之名。阐释了老子“道法自然”“无为而治”的思想，被奉为道教的主要经典。书中保存了许多古代天文、生产技术等方面的资料，还涉及军事和养生。

【道法自然】 语出《老子》。意思是“道”所反映出来的规律是自然而然的，非人力所能干预的。老子认为道虽产生万物，却是无目的、无意识的。道不据万物为己有，不自夸功劳，不主宰万物，而是任由万物自然而然地发展。并据此提出“无为而治”的观点。

【道家】 以先秦老子、庄子关于“道”的学说为中心的学术派别。“道家”的名称，出自西汉司马谈《论六家之要指》，也称为道德家。东汉班固将其列为“九流”之一。一般认为道家的创始人是老子，庄子继承并发展其说。早期道家学说以老子和庄子的自然观、天道观为主，主张在思想上效法“道”的“生而不有，为而不恃，长而不宰”的精神，政治上“无为而治”，知识上“绝圣弃智”“绝仁弃义”等。道家崇尚自然的审美旨趣，对我国古典文学艺术等方面产生了深远影响。主要著作有《老子》《庄子》等。

【道教】 我国本土宗教。从先秦黄老道教和神仙方术等发展而来。相传源于西汉，到东汉时形成组织派系。张道陵始创五斗米道，张角创太平道，此为道教早期的两大派别。后成为汉末农民起义的旗帜。魏晋至南北朝时期，道教经历了从流衍不一到逐渐定型的过程。东晋葛洪所著《抱朴子》，整理了战国以来的神仙方术理论，丰富了教义。北魏嵩山道士寇谦之创立了北天师道，南朝宋庐山道士陆修静创立了南天师道，俱崇奉三清尊神等神灵谱系和三洞四辅诸部经典。唐宋时期，道教曾被立为国教。唐高宗为老子上“太上玄元皇帝”尊号，在各州建道观。宋真宗命王钦若、张君房等编辑《道藏》，大建宫观，徽宗更自称“教主道君皇帝”，全国范围内搜集道教仙经，校定镂板，刊行全藏，还在太学置《道德经》《庄子》《列子》博士。元代南北天师道及其他道教宗派逐渐合流为正一派，与之相对的是王重阳创建的全真派，讲求以道为主，兼容儒释。两大派别并立，直至清代方式微。道教文化在我国传统文化中具有重要地位，其所崇尚的重生贵生、积功累德、举善济人等主张对古人的思想文化产生了深远影响，还传播到朝鲜半岛、日本、南洋一带。

【道士】 奉守道教经典戒律、修行道经及其法术、熟悉各种祭祷仪式、师承明确的道教教职人员。也称道长。早期也包括方术士，南北朝以后逐渐成为道教专职人员的称呼。按道行高低，有法师、炼师、真人、天师等不同称谓。

【道台】 古代官名。清时省以下、府以上一级的官员。也称道员、观察。常由布政使司的左右参政、参议及按察使司的副使、佥事担任，有各省皆设的分守道、分巡道，以及办理专门事务的督粮、督册、兵备、屯田、盐法、驿传等道。按地区分者如“济东道”，按职务分者如“盐法道”。

【道统】 儒家学术思想传承的统系。唐代韩愈作《原道》，提出尧、舜、禹、汤、文、武、周公、孔孟承续传授的系统说，并称自己继承的是儒家正宗道统。南宋朱熹将它系统化，后世儒者多自认承此谱系。

【道藏】 藏，zàng。道教典籍。道教经书的汇集始于六朝，唐宋后开始汇辑成“藏”并刊印。明代先后汇辑、刊印《正统道藏》和《万历续道藏》。1923—1926年，商务印书馆借用北京白云观所存明刊《道藏》加以影印，为现今通行本。其中除道教经书外，还有涉及医学、化学、生物、体育、养生、天文、地理等学科的论著，内容十分丰富。

【德治】 儒家用道德教化来治理国家的政治主张。孔子提出：“导之以政，齐之以刑，民免而无耻。导之以德，齐之以礼，有耻且格。”认为政令、刑法只能起到强制压服的作用，德、礼则可以感化人心。与“法治”相辅相成。

【灯谜】谜语的一种。也称灯虎。张贴谜语于花灯上，供人猜测，故名。谜面多着眼于文字意义，如一个字、一句诗、一种名称。相传谜格有二十四种，常用的有卷帘、谐声、会意、白头、粉底、拆字、解铃、系铃等格。古代元宵节多有猜灯谜活动。

【登封观星台】我国现存最早的天文台建筑，也是世界现存最早的观测天象的建筑之一。位于今河南登封告成镇。是元代天文学家郭守敬奉命修订新历法时在全国所建的27个观测站的中心天文台。观星台由回旋踏道环绕的台身和自台北壁凹槽内向北平铺的石圭组成。高耸的台身相当于立于地面的长竿，被称为表。台下有一南北方向如长堤的构造，如一把测量长度的尺，被称为圭，也称量天尺。每日中午，阳光照在台身横梁上的影子投在量天尺上，天文学家通过测量影子长度的变化，确定一年的长度。古人通过这一天文台，演算出先进的历法《授时历》。

【登科】科举考试应试中选，特指考取进士。五代后周燕山府窦禹钧五个儿子仪、俨、侃、偁、僖，相继及第，世称五子登科。也称登第。

【登人】商王为作战而征集一定数量人员的制度。多见于商后期。与之相类的有“共人”，是商王亲自或命其臣属聚集作战人员的军事活动。

【登闻鼓检院】登闻鼓院和登闻检院的合称。宋以来收受臣民投诉、检举的机构。古时统治者在朝堂外悬鼓，让臣民击鼓上闻，以申冤抑，或陈谏议，称为“登闻鼓”，简称“鼓院”。其事起于晋，唐时长安、洛阳并置登闻鼓，宋真宗景德四年（1007）置登闻鼓院。武则天时曾置理匦使，接受四方上书。宋代初期，改为理检使，并置登闻检院，掌接受文武官员与士民上书。凡朝政得失、公私利害、军期机密、陈乞恩赏、理雪冤滥及奇方异术、改换文资等事无例通进者，均先至登闻鼓院投进，如被拒绝，即到登闻检院投进。

【戥】děng。专用于称量金银珠宝、药品、香料等的杆秤，一头或两头装盘。它的最大单位是两，小到以分、厘为单位。因计量刻度中以厘最常用，故又称厘戥秤。一说戥秤唐代始见。一说宋朝掌管皇家贡品库藏之官刘承珪，因当时木杆秤计量精度只能精确到“钱”，无法称量贵重物品，经过潜心研制，发明了戥秤。秤杆有骨质、象牙、虬角、乌木等。秤砣与戥子盘大都用青铜铸造。每枚戥秤专门配制有坚硬的木盒，便于古时商人在外经商时携带保管，在称量金银、买卖名贵药品时能立即派上用场。相传，戥秤是吉祥的象征，是“抓周”这一习俗所用到的物品之一。

【氐】Dī。古代民族。相传源于低地之羌的关陇族群。殷周时期，活动范围在今甘肃、青海、四川西部至云南西北部，因与羌杂居，故又称氐羌。以畜牧业和农业为生。汉魏时期，汉武帝于其地设武都郡（今甘肃礼县、成县一带），曹魏又迁至扶风（今陕西咸阳、宝鸡一带）、天水（今甘肃天水）等郡。因长期与汉人杂居，受到汉民族文化的深刻影响，并掌握了汉民族多种生产技术。晋太康年间，先后建立了仇池、前秦、后凉等政权。

著名历史人物有前秦国君苻坚，在位期间，兴修关中水利，劝课农桑，与民休息，使前秦国力盛极一时。

【鞮】dī。古时用兽皮制作的鞋。今称皮鞋。古书中也称皮屦、革舄、革履等。

【狄】古代生活在中原以北的族群，故又称北狄。春秋以前，长期活动于河西、太行山一带。春秋时期，活动范围逐渐向东迁徙，与齐、鲁、晋、卫、宋等国接触频繁。以游牧为生。时而侵犯华夏诸小国或城邦。据史书记载，晋国公子重耳为逃避父亲晋献公追杀，投奔狄十二年。公元前7世纪，分为赤狄、白狄、长狄三部。随着华夏族的不断强大，先后被晋、齐所兼并。

【狄仁杰】（630—700）唐代政治家。太原（今山西太原）人。字怀英，谥号文惠，世称“狄国公”。以明经举，阎立本举荐为并州都督府法曹参军。仪凤年间，任大理寺寺丞，断案贤明，一年内判决大量积压案件，涉及多达一万七千人，却无一人诉冤，后擢升侍御史。武周天授二年（691），任地官侍郎、同凤阁鸾台平章事。因来俊臣诬陷谋反而下狱，以死抗争，贬为彭泽县令，转魏州刺史、幽州都督。万岁通天元年（696），契丹首领孙万荣作乱，攻陷冀州，一时间河北震动。武则天为了稳定局势，起用狄仁杰，万荣闻听狄仁杰被起复，不战而退。神功元年（697）复相。狄仁杰在位期间，不畏权势，敢于直言进谏。又以举贤为任，所荐张柬之、姚崇等数十人，皆为一代名臣。

【笛】竹制的管乐器。古作“篴”。左一孔为吹口，次孔加竹膜，右六孔皆上出。为边棱音气鸣乐器。“八音”属“竹”。唐代指竖吹笛，横吹称横笛。宋元时期以后称竖笛为箫，称横笛为笛。

【嫡庶】正妻、非正妻及其所生子女的身份区别。正妻所生子女为嫡生。庶，与嫡系相对的旁支、支族。古代宗法社会嫡、庶之分很严格。在权利义务上，虽各朝制度不同，但总体嫡大于庶。如唐代名将郭子仪的孙子郭钊去世后，太原郡公的爵位传给他的儿子郭仲文，但因后来发现郭仲文是庶出，郭仲辞才是郭钊的嫡子，最后要求郭仲文归还爵位，授给郭仲辞。

【嫡长子继承制】王位和财产等由正妻所生长子继承的制度。宗法社会称正妻为“嫡”。正妻所生子女为嫡生。该制度起于商末，定于周初。具体规定为“立嫡以长不以贤，立子以贵不以长”。是古代宗法制度的核心内容。

【邸】dǐ。①古时进京朝见皇帝的官员在京城的住所，后指公家提供的高级官员办事或居住之地，即官邸、府邸。②泛指旅舍为客邸，即城中供客商寓居、存货、交易的客栈。也称邸阁。

【邸报】邸，dǐ。古代报纸的通称。地方长官在京师设邸，邸中传抄诏令、奏章和朝廷动态等方面的内容，以报于诸藩，故称。汉唐时期已有，宋代始称。后世泛指朝廷官报，也称邸抄。清代称京报，由报房商人经营。明末开始有活字版印本。

【邸店】邸，dǐ。从储存仓库发展而来的商栈设施，兼具堆栈、商店、客舍性质的市肆。东汉时期以来有邸舍、邸阁，指屯物储货之所，东晋南朝称邸店，多指大族所建屯物交易之所，隋唐时期指客商寄货售卖之所。宋代以来兼有寓居、储货和交易功能，从城市扩展到乡村，称邸铺、邸肆。明曾以此特指官营店铺。

【地丁钱粮】 明清田赋与丁银的合称。指按土地、丁口征收钱粮。清康熙时，政府规定以康熙五十年（1711）的人丁数作为征收丁税的固定丁数，以后滋生人丁，永不加赋。地丁银就是指这种赋税制度中的一部分，即按照土地和人丁数量征收的税款。

【地力常新壮说】 宋元农书总结的农学理论与方法。南宋初陈旉《农书》中提出此说，认为经常在耕作的土地上增添肥沃的客土，针对不同土壤使用不同的肥料，精耕细作、改良土壤，可在增加产出的前提下保持地力常新壮，解决了因年年耕种，土地越种越衰退的问题。元代王祯《农书·粪壤篇》发展了这一理论。

【地祇】 祇，qí。管理土地社稷之神。包括社神及山、河等所有地上神祇。在商周时期人们的鬼神崇拜体系中，与天神、人鬼并列。

【地税】 唐以户为单位按亩征收的土地税。自唐初以来各地建立义仓以备灾荒的做法发展而来，后由官府统一按亩摊收粟米，称“地子”，数额也逐渐增加。德宗以来成为两税法的组成部分。

【地狱】 某些宗教认为人死后，其灵魂受苦之处。佛教的“地狱”意为“苦难的世界”。认为世界分为天、人、阿修罗、地狱、饿鬼、畜生六道，众生因行事善恶的不同，在这六道中升沉出入，轮回相续。地狱是恶道之一。基督教的地狱与“天堂”相对，认为是上帝惩罚、囚禁魔鬼和恶人之地。后人们以“地狱”比喻人世间痛苦无望的处境。所谓“十八层地狱”，则是人们将地狱想象成有十八层，一层比一层黑暗、令人痛苦，人死后灵魂一旦陷落其中，将承受永世不得翻身的厄运。后也用来比喻生活陷入绝望的境地。

【地藏】 藏，zàng。佛教大乘菩萨。在我国佛教里，与文殊、观音、普贤合称“四大菩萨”。因其像大地一样，有着安忍不动、沉静深密的品质，含藏无限善根种子，故名“地藏”。安徽九华山为地藏菩萨应化说法的道场。

【地支】 子、丑、寅、卯、辰、巳、午、未、申、酉、戌、亥十二支的统称。我国传统用作表示顺序的符号。又与十天干甲、乙、丙、丁、戊、己、庚、辛、壬、癸配成六十组，表示年、月、日的次序。

【帝姬】 宋代以前，皇帝的女儿一般称公主。北宋政和三年（1113），宋徽宗仿周代“王姬（周天子的女儿）”之称，将公主改称“帝姬”，大长公主改称“大长帝姬”，另加如安德、惠福之类的美名作为封号。如宋徽宗的第二十个女儿，称“柔福帝姬”。此制度维持了十多年。宋高宗时，因大臣们认为本朝是商的后裔，不是姬姓等原因，认为“帝姬”这一称呼不合适，宋高宗下诏复称皇帝女儿为“公主”。

【帝喾】 喾，Kù。传说中的古代部族首领，一说为“三皇五帝”中的“五帝”之一。号高辛氏，据传为黄帝之曾孙。在位期间，迁都于亳（今河南商丘）。有四妻四子：姜嫄生弃（即后稷），是周族祖先；简狄生契，是商族祖先；庆都生帝尧；常仪生帝挚。

【第二次鸦片战争】 英法两国于19世纪中叶联合发动的侵华战争。1856、1857年，英国与法国分别以亚罗号事件及马神父事件为借口，挑起争端，在俄、美支持下，联手进攻清政府。因为这场战争实际上是第一次鸦片战争的延续和扩大，故称。1860年英法联军攻陷北京，咸丰帝逃往热河，侵略军焚掠圆明园。清政府被迫签订了中英、中法《北京条约》，批准了此前签订的中英、中法《天津条约》。沙俄又胁迫清政府签订了《中俄北京条约》，割让了乌苏里江以东的大片领土。

【谛】 佛教指真实而正确的道理。泛指道理、意义。

【禘祫】 dìxiá。天子祭祀祖先的隆重典礼。源于殷商时期。西周以来，禘指祭祀始祖及五服内祖先，多在祭天地及四时享祀先王时举行，又常每五年一次在祫祭后分祭于群庙；祫指合祭所有祖先，多在天子丧事毕后次年及每五年一次在始祖庙合祭。其祭法和所定制度，历代有所不同。

【典簿】 元明清时期国子监、翰林院等机构管理文牍簿书等事务的低等级官员。元代朝廷官署如国子监、翰林兼国史院等机构都设置典簿。明代太常寺、国子监和诸王府也设置典簿。清代沿置，但王府不设，其主要负责起稿校注。晚清名臣曾国藩的官途始于翰林院典簿。

【典吏】 元明清各机构管理文书等事务的吏员。元朝始设，负责本机构文书收发、文档保管等事务。清代司、道、府、厅、州、县的吏员都叫典吏。员额不等。清代各省布政使司所设，以江苏最少，四川最多。分吏、户、礼、兵、刑、工六房办事。

【典论·论文】 文论著作。三国魏曹丕著。丕撰《典论》5卷，今已亡佚，仅存《论文》一篇。主张“诗赋欲丽”，认为“文以气为主”，强调文章是“经国之大业，不朽之盛事”。反映了汉魏之际文学观念的演进，是我国文学史上第一篇文学理论专论，对后来的文学创作与文学理论产生了深远的影响。

【典签】 古代官名。本为掌管文书的小吏。也称典签帅、签帅、主帅。南朝宋齐多以年幼皇子出镇各地，皇帝常命亲信充任长史、典签作为佐属官，这些人多出身寒门，他们执掌府内机要，对皇子们既辅佐也监控，权力甚大。故时人称：“诸州唯闻有签帅，不闻有刺史。”梁代以后渐废。隋唐时期诸王府也设典签，但仅掌文书。宋代以后废除。

【点青】 请人用针在身上刻画出各种花纹图案，涂以青色，使永久不去。也称黥、刺花、扎青。所绘内容多为植物、动物、人物、景物等，但也有例外。

【佃户】 简称佃。魏晋时世家豪族荫庇下的依附农民。唐代后指完全失去土地、租种地主土地的农民，其身份是地主的私属，可免交官府的赋税及不负担徭役。宋代编入国家的户籍，不再是地主的私属，须交纳身丁税和负担徭役，地位近似农奴。

【佃客】 受世家豪强荫庇的农民，后也指佃户。始于东汉，魏晋时期盛行。

D

西晋初，对其有所限制，但实际上贵族、官员荫庇佃客也是常例。佃客依附于主家耕作劳役，受主家荫庇从而规避赋役，身份低于编户。各地士族、豪强所荫占的佃客数量多者达上千人。南北朝以后，佃客的依附关系有所减弱。后也指租种土地的佃户和佃种田庄土地的庄客。

【佃契】 佃户与田主订立的租地契约。也称佃约、租契、租约、租帖。开始包括口头约定或书面契约，随着时间的推移，口头契约逐渐减少，书面契约增多。有些地方房屋出租的合同也称佃契，其格式与房屋出租合同基本相同。

【钿】 古代妇女佩戴在发髻上的一种花朵形首饰。花钿，和金钿、翠钿统称为“金华（花）”，无论钿饰采用哪种材料制成，都是以花卉的形象为主要题材，取其华贵之意。唐白居易的《长恨歌》写道：“花钿委地无人收。”

【殿】 泛指高大的堂屋。后专指帝王举行礼仪仪式和处理日常政务之所。如明清两代的皇宫，其太和殿是当时最高等级的建筑，华丽壮观、金碧辉煌，故又称金銮殿。也指供奉神佛之处，如庙宇中的大雄宝殿。古代殿堂早期多为单檐庑殿顶，后常见重檐庑殿、歇山顶。一般为重檐木结构或砖木混合建造，两边或四边有基台石阶。我国历史上朝代更迭，皇家殿堂和佛道寺庙屡毁屡建。文人墨客常以其作为咏史的对象，感叹兴亡更替，如唐杜甫《咏怀古迹五首》之四有“翠华想像空山里，玉殿虚无野寺中”之句。

【殿本】 清代宫廷刻印的书籍。因刻印书籍的机构设置在武英殿，故名。全称武英殿本。也称殿版、内府本。康熙时在武英殿设立修书处，所刻的书籍以校勘严格、纸精墨妙、印刷优良著称。

【殿试】 科举考试中的最高一级。皇帝亲临殿廷策试。也称廷试。殿试始于汉时皇帝亲策贤良文学之士。武则天天授二年（691）在洛阳殿前亲策贡举人。宋太祖于讲武殿策试贡院合格举人，并颁定名次，自此省试之后行殿试，始为常制。元代无殿试。明清时期省试之后集中京师会试，会试中式后再行殿试，以定甲第。殿试后分为三甲：一甲三名，赐进士及第，通称状元、榜眼、探花；二甲若干名，赐进士出身；三甲若干名，赐同进士出身。

【殿中侍御史】 古代官名。也称殿中御史。三国魏始置，居宫殿中纠察非法，隶御史台。晋、南朝沿置。北朝时地位较重，北魏或掌宿卫禁兵。唐代殿中侍御史属殿院，掌殿廷仪卫及京城纠察。宋代沿置，掌纠弹百官朝会失仪者。辽、金、元也置，明初废。

【刁斗】 古代行军用具。铜制，方形，有柄，能容一斗。白天用于煮饭，晚上可用来敲击巡夜。也称鐎斗。

【雕版印刷】 将文字、图像反向雕刻于木板，再于雕刻图文的印版上涂墨印刷的技术。雕版印刷从印章、碑拓等发展而来，唐代始用于印制佛经。到宋代雕版印刷兴盛，书籍的传播方式从写本转变为刻本。雕版印刷的工序繁复，须在木板上雕刻出凸起的反字阳文，在阳文上均匀涂刷黑墨，上覆白色宣纸施压，再用干净的鬃刷在宣纸上刷印，使印版上图文转印在纸张上，后揭取装订。每一页刻书，都需一块雕版。因古时多用枣木或梨木雕刻书版，故又以“枣梨”代指雕版印刷。

【吊问】外人前来祭奠死者、慰问丧家或遭遇不幸者的礼俗。简称“吊”。周朝诸侯国遭遇灾害，他国也可行吊礼，后世沿之，各有其仪。

【钓鱼城之战】南宋将领王坚扼守合州钓鱼城（今重庆合川东北），挫败蒙古军进攻的战役，是蒙古国与南宋之间的一场关键战役。也称合州之战。公元1258—1259年，蒙古军欲下西南包抄南宋，在钓鱼城下围攻半年不下，死伤疫病者甚众，亲自督战的大汗蒙哥也死于前线。各路蒙古军因此撤围，北还争位，缓解了灭宋之势。

【叠山】古代园林中一种造景艺术。也称掇山、叠石。据传始于汉代。叠山工艺一般采用自然山石，如太湖石、黄石等人工堆叠成假山，其形式或似岩洞溪谷，或似奇峰绝壁。或高低盘曲，或飞瀑直下。发展至六朝，工艺日趋精巧，后历朝历代皆出名家。其中，又以精于山水画者最为著名，如计成、石涛、张南垣等，将我国古代山水画内容和意境大量融入叠山，故其叠山作品一般石工难以望其项背。今苏州园林可见不少古代叠山杰作。

【叠铸法】金属铸造技术。把多件相同的范模套叠成型后共享一个浇口，向共享浇口杯和直浇道中灌注金属液，可一次性浇铸出多个铸件的工艺。春秋战国时期，此技术随铸币需要量剧增而产生。汉代以来，除了用于制作钱币，也用于成批铸造车马器、环、链、装饰品等。后世沿之发展，并不断提高生产效率，使产品标准化。

【鞢鞢】diéxiè。也作“鞊鞢”“蹀躞”。古代胡人衣服上佩戴的饰品，后演变成朝服上革带下面的悬挂之物，隋唐时期较为流行。悬挂的物件称“鞢鞢七事”，即七种显示身份、等级的物件，悬挂物以不同的材质彰显官员的地位和职级，如武官五品以上挂佩刀、砺石、火石袋等，至唐代则简化成了仅挂饰片，即用玉、金、犀角、银、鍮石（天然黄铜块）或铁制成的腰间吊牌。

【丁家洲之战】南宋德祐元年（1275），元军在丁家洲（今安徽铜陵北）击破南宋水陆阻击的战役。此役元将伯颜率降将吕文焕自鄂州（今湖北武昌）沿江东下，南宋权臣贾似道督师来御，因将帅不谐、军无斗志而败，南宋主力至此丧失殆尽。此战标志着南宋苦心经营的荆湖—江淮防线的彻底崩溃，是宋元战争中的一场决定性大会战。

【丁口簿】宋朝登记成年男丁的簿籍。用于摊派差役和丁税。

【丁口税】按丁口征发的赋役。古代成年男子称丁，未成年和已老男子及女子称口。始于战国，秦称“口赋”，汉征口钱和算赋，丁男另征力役或以钱代役。魏晋时期以来并入户税，另计丁口征役，至唐代可纳钱绢代役，称庸，边地族部别征丁税。宋代为杂税之一，称身丁钱或丁钱。元代北方地区及无地税的官吏商贾依丁纳粮，明代又演变为代役钱，称丁银，各地轻重不等，至清代摊丁入亩而告终。

【丁香】植物名。初春开花，淡紫色或白色，有香气。其花蕾丛生如结，唐宋诗人多用以喻郁结不解的愁绪。

D

【丁忧】丁，遭逢，遇到。原指遭遇父母的丧事。后多指官员居丧。也称丁艰、丁家艰。古时规定，父母去世后，子女按礼须守丧三年，实际是二十四个月，其间不婚娶，不歌舞作乐，不参加考试，不做官等。朝廷官员在位者遇父母亡故，须辞官回祖籍，为父母守丧三年，期满后才能复出任职。

【丁中制】划分编户人口年龄段和相应赋役义务的制度。即赋予不同的年龄组别以不同的年龄称谓，并将它与赋役紧密联系。丁中的年龄标准历代有所不同。源于战国秦汉，西晋时定型，将男女按年龄划分为正丁、次丁、老、小四个年龄段，依次递减或免除赋役，并关涉占田亩数和某些刑事责任的年龄规定。南北朝相沿，或只计男子的年龄。隋唐时期，男女都分为黄、小、中、丁、老，成“丁”的年龄有浮动，较前提高，“老”的年龄标准降低。唐代以后只有金朝沿用其制，其余多只规定丁、老之龄而作用衰减。

【顶戴】清代用以区别官员等级的帽饰。依顶珠品质、颜色的不同而区分官阶大小。也称顶珠、顶子。清制，文武一品红宝石，二品红珊瑚（后改一品红珊瑚，二品镂花珊瑚），三品蓝宝石，四品青金石，五品水晶，六品砗磲，七品素金，八品阴纹镂花金，九品阳纹镂花金，无品者无顶珠。摘去顶戴即同罢官。此外，帝后为龙凤金顶，饰以东珠，亲王以下宗室减其制。通常皇帝可赏给无官的人某品顶戴，也可对次一等的官赏加较高级的顶戴。

【鼎】古代一种炊煮肉类的食器。一般是圆腹三足，所以古人用“鼎足”“鼎立”等词语来比喻三方并峙的情况。也有长方形四足的方鼎。鼎口左右有耳，可以用杠子抬动。鼎足的下面可以烧火，有几种肉食就分几个鼎来煮，煮熟后就在鼎内取食，所以后来用“列鼎而食”“钟鸣鼎食”来形容贵族的奢侈生活。鼎也是礼之重器，夏商周以它作为国家政权的象征，奉为传国之宝。传说夏禹时铸九鼎，象征九州。使用鼎的数量成为区分各级贵族身份的标志之一。周代的礼制规定，天子用九鼎，诸侯用七鼎，大夫用五鼎，士用三鼎。

【饤】dìng。宴会或祭祀时，堆叠在盘中，仅供陈列而非食用的果蔬。也称果饤、看食。

【定军山】山名。位于今陕西勉县东南。东汉建安二十四年（219）蜀将黄忠在此与曹操麾下将领夏侯渊展开激战，大败夏侯渊。蜀主刘备由此占领汉中。

【定逆案】公元1629年，明崇祯帝诛除阉党魏忠贤及其党羽的大案。因其首逆及附从名单由皇帝钦定得名。按七等定罪，重者处死，轻者革职不复任用。

【定杀】古代执行死刑时，将犯人抛入水中使其淹死。始于秦代，是对特定犯罪人适用的刑罚，常用于患麻风病的犯人。汉代以后，定杀成为法外之刑。

【定窑】古代名窑。窑址在今河北曲阳县，因此地北宋时属定州，故名。最初为民窑，自北宋中后期开始烧造宫廷用瓷。其烧造白瓷的历史可追溯至唐代，五代至宋也一直以烧造白瓷为主，兼有黑釉、酱釉、绿釉（黑定、紫定和绿定）。白釉往往以刻花、划花、印花修饰，多花鸟题材，风格典雅。

【东床】 东晋时期，太尉郗鉴派门生去见丞相王导，想在王家的子弟中选女婿。王导叫门生到东边的厢房注意观察他的子侄。门生回去后对郗鉴说："王家子弟都不错，可是他们一听到有信使来，都显得拘谨不自然，只有一个人坐在东床上，露着肚子吃饭，若无其事。"郗鉴说："坦腹东床的那位正是我要选的女婿。"一打听，原来是王羲之。郗鉴就把女儿嫁给了他。后来"东床"就成为女婿的代称。

【东丹国】 公元926年契丹灭渤海后所立附属国。以耶律倍为王，统治渤海国地。因在契丹之东，故名。后迁辽河流域，都辽阳。耶律倍泛海入后唐后，东丹建置渐废。部分遗民以今鸭绿江畔白山为中心建立定安国，辽圣宗时也并入辽。一部分遗民迁移至中原地区，逐渐融入汉民族。

【东都】 古代王朝统治范围内位于东部的都城。如，西周指雒邑（今河南洛阳）。东汉以洛阳为都，因在西汉都城长安（今陕西西安西北）以东，故也称东都。隋唐两代以长安为都，洛阳为东都。

【东方朔】 （前154—前93）西汉文学家。字曼倩，平原厌次（今山东德州陵城区东北）人。汉武帝时，下诏征天下贤良方正直言极谏之士，东方朔应诏至长安上书，受到赏识。建元三年（前138），因上书《谏起上林苑疏》被擢拔为太中大夫。其生性诙谐滑稽，司马迁在《史记》中称他为"滑稽之雄"。屡次上疏言事，然武帝只以俳优视之，终不受重用，曾作《答客难》发泄牢骚。辞赋以《答客难》《非有先生论》著称。《神异经》《海内十洲记》等书皆为托其名之作。后世关于东方朔的故事很多，如饮不死之酒等，多系传说而非信史。

【东汉】 公元25年刘秀重建并改都洛阳的政权。也称后汉。因国都洛阳在西汉国都长安（今陕西西安西北）的东面，故称。与西汉（前汉）合称"两汉"。25年刘秀自立为帝，复兴汉室，平定全国，恢复生产，解放奴婢，以儒术为治，至明帝、章帝时达到全盛。此后各地豪强势力逐渐形成，外戚宦官不时乱政，中平元年（184）爆发黄巾起义，东汉王朝名存实亡。延康元年（220）曹丕称帝，东汉灭亡。共历12帝，196年。

【东胡】 古代民族。因居于匈奴（即胡）以东而得名。春秋战国以来，南邻燕国。后被燕国将领秦开率军击败，迁往今西辽河南源的老哈河、北源的西拉木伦河流域。以畜牧业、狩猎为生，与燕国、赵国及匈奴接触频繁，时有战争。燕、赵皆筑长城抵御东胡或匈奴来犯。后被匈奴冒顿单于击败，部落瓦解。退居乌桓山的部落称为"乌桓"，退居鲜卑山的称为"鲜卑"。一说东胡联盟中，原就有"乌桓""鲜卑"之称，后联盟解体，分散四方，以族名山。除此以外，吐谷浑、柔然、室韦、奚、契丹等民族都是东胡的后裔。

【东家行】 清代各地工商业主自行组织的团体。以协调业主利益和维护行规，共同应付所雇工匠、店员、学徒增加工钱、提高待遇的要求及罢工等活动。

【东晋】 公元317年司马睿重建的政权，定都建康（今江苏南京）。其地理位置相对于西晋（中原地区）在东边，故称，与西晋合称“两晋”。西晋灭亡后，其宗室司马睿在江东即晋王位，次年称帝。据有江淮以南及云贵高原一带，与过江及吴姓门阀士族共同为治，曾数次北伐，但由于内部不和，除刘裕外，皆以失败告终。祖逖有望恢复旧土，被司马睿挟制。420年为刘裕所灭。共历11帝，104年。

【东京】 ①指洛阳。东汉定都洛阳，因位于西汉都城长安（今陕西西安西北）以东，故时称东京。②指开封。五代后梁灭唐，定都开封，名之为东都。后晋改名为东京。后汉、后周、北宋皆定都于此并沿用其名。宋孟元老《东京梦华录》之“东京”即指此。

【东京梦华录】 史料笔记。宋孟元老撰。共十卷。孟元老，号幽兰居士，曾任开封府仪曹，北宋末叶在东京居住二十余年，晚岁追忆旧京的繁盛而写成此书。所记汴京城市面貌、岁时物产、风土习俗等，反映出北宋城市经济的发达和市民文化娱乐生活的丰富。

【东林党】 晚明以江南官僚士大夫为主的政治集团。明代神宗末年，社会矛盾尖锐，政治腐败。江苏无锡人顾宪成等修复宋代著名理学家杨时讲学的东林书院，与志同道合的高攀龙、钱一本等人在那里讲学。他们以清流自居，在讲学之余往往讽议朝政，反对权贵贪纵枉法，要求朝廷振兴吏治、开放言路、革除积弊，抨击阉党，逐渐形成以江南官僚士大夫为主体、批评时政的党派，对明末政局产生巨大影响。“风声雨声读书声声声入耳，家事国事天下事事事关心”是东林党领袖顾宪成所写的对联，反映了东林党人关心天下的家国情怀。

【东林寺】 佛教寺院。我国佛教净土宗的发源地。位于庐山西北麓。东晋太元六年（381）名僧慧远在此建寺讲学，倡导“弥陀净土法门”，后世尊他为净土宗始祖。名士谢灵运钦服慧远，为其在东林寺中开东西两池，遍种白莲，故净土宗又称莲宗。唐代高僧鉴真东渡日本前，曾来此寺，后与本寺僧人智恩同渡日本讲经。日本佛教净土宗和净土真宗将东林寺视为祖庭。宋元丰年间，神宗敕令改称“东林太平兴国禅院”。

【东坡巾】 古代男子所戴幞头的一种式样。里层有四墙，外层有重墙，比里层稍短。前后左右各以角相向，戴之则有角，介在两眉间。相传是宋代苏东坡所戴，故名。

【东魏】 公元534年，高欢拥立北魏孝静帝元善见建立的政权。北魏末，元修（孝武帝）不堪权臣高欢迫胁，不愿做傀儡皇帝，逃往关中投宇文泰。高欢另立元善见为帝，徙都邺（今河北临漳县西南），据有原北魏东部地区，史称“东魏”。武定八年（550）高欢之子高洋废孝静帝，自称帝，建北齐王朝。

【东兴之役】 公元252年，孙吴诸葛恪率军在东兴（今安徽含山县西南）迎击司马昭所率魏军的战役。也称东关之役。此役魏国出动了十五万大军，兵分三路，进攻东吴的南郡、武昌以及东兴。东路军由司马昭担任都督，率领七万军队直逼东兴。为了抵御魏军的进攻，孙吴太傅诸葛恪出任统帅，率领四万军队迎击，其部将丁奉等在东关击破魏军前沿营垒，乘胜追击，魏军溃逃，死者数万。

【东洋】 元代以来南海东部及以东海洋、岛国之称。元代至明中期东洋包括加里曼丹岛、爪哇岛、苏拉威西岛、马鲁古群岛及菲律宾群岛一带。明后期至清初期只包括加里曼丹岛北部至菲律宾群岛一带。清代以来常以“东洋”指代日本。

【东岳大帝】 道教敬奉的泰山之神，掌管人间赏罚和生死大事。全称东岳天齐仁圣大帝，也称东岳天齐大帝、天齐大帝。唐玄宗时封为“天齐王”。元世祖至元二十八年（1291）尊为“东岳天齐大生仁皇帝”。历朝都有封祀。旧时各地普遍建有东岳庙，每年农历三月二十八日为祭祀日。

【东周】 ①朝代名。公元前770年周平王迁都雒邑（今河南洛阳）以后的周朝。在旧都镐京（今陕西西安）之东，故称东周。前256年被秦所灭，共515年。东周又可分为春秋、战国两个时期。②古国名。战国时西周分裂出来的小国。前367年西周威公去世，少子根在东部争立，赵、韩用武力加以支持，遂分裂成西周、东周两小国。东周建都在巩（今河南巩义西南）。前249年为秦所灭。

【东周列国志】 长篇小说。23卷，108回。明末冯梦龙在余邵鱼《春秋列国志传》基础上改编为《新列国志》。清代乾隆年间，蔡元放继续修订并加评语，定名为《东周列国志》。用浅近文言写成。叙述春秋战国时代五百多年间列国征战兴亡的历史故事。作者根据史实线索，增入若干虚构的情节，使历史事件故事化、历史人物传奇化，诸如晏平仲二桃杀三士、孙武演阵杀美姬、孙庞斗智、伍子胥复仇、河伯娶妇、信陵君窃符救赵、荆轲刺秦王、曹沫劫齐侯、朱亥出使，都写得曲折生动、有声有色。能够在波澜起伏的情节中刻画人物，突出人物的主要性格特点，如宋襄公愚顽、晋灵公暴戾、晏平仲机智、南宫适勇猛、孙膑善谋、庞涓狂妄、程婴仗义等，都写得特征鲜明，给人留下深刻印象。

【冬至】 二十四节气之一。因此后白日渐长，故称。也称长至、长日、大冬、冬节。在公历的12月21日或22日。汉代视冬至为重要节日，仅次于元旦。此日，天子亲率三公九卿迎岁，祀五方帝及日月星辰于郊坛。民间则更易新衣，备办饮食，享祀祖先，庆贺往来，谓之“拜冬”。吴俗更有“冬至大如年”之谚。古代冬至还有全家团聚的风俗。唐白居易《邯郸冬至夜思家》：“邯郸驿里逢冬至，抱膝灯前影伴身。想得家中夜深坐，还应说着远行人。”表达了诗人冬至日孤身一人漂泊在外的孤寂之感和思家之情。

【董解元西厢记】 解，jiè。金代诸宫调作品。也称《西厢记诸宫调》。简称《董西厢》。作者姓董，“解元”疑是当时对读书人的通称，大约为金章宗时人，生平事迹已不可详考。取材于唐元稹《莺莺传》，但在情节上有进一步的创造和发展，突出了莺莺、张生、红娘同老夫人之间的矛盾，最后以张生和莺莺两人团圆结束。全书除说词之外，共用了包括 14 种宫调的 193 套组曲。有说有唱，曲多白少，语言优美，情节曲折，对元王实甫《西厢记》有直接影响。

【董其昌】（1555—1636）明代书画家。字玄宰，号思白、思翁，别号香光。松江华亭（今上海松江区）人。万历七年（1579）进士，官至南京礼部尚书，卒谥文敏。书法从颜真卿入手，后改学虞世南，又转学钟繇、王羲之，并参以李邕、徐浩、杨凝式等笔意，疏宕秀逸，甚受推崇。其画山水，师法董源、巨然及黄公望、倪瓒，讲究笔致墨韵，清润明秀。在画论上，他以佛教禅宗的南北派相比附，创绘画的“南北宗”说，标榜“士气”，推崇南宗为文人画正脉，形成崇南贬北的偏见，对晚明以后画坛颇有影响。著作有《容台集》《容台别集》《画禅室随笔》等。传世画作有《峒关蒲雪图》《溪山平远图》《夏木垂阴图》等。

【董仲舒】（前 179—前 104）西汉儒家，今文经学家。广川（治今河北景县西南）人。致力于研究《春秋公羊传》，读书用功，曾三年不窥园。汉景帝时为博士。汉武帝建元元年（前 140）举贤良文学，他对答策问，提出“天人三策”，建议“罢黜百家，独尊儒术”，为武帝所采纳，遂罢百家博士，专立五经博士，定儒术于一尊。此后儒家学说成为两千多年封建社会的正统思想。他以儒家宗法思想为中心，将神权、君权、父权、夫权联结成封建神学体系，其核心是“天人感应”说。又提出“三纲五常”的封建伦理。在教育上主张以教化为本，设太学，立庠序。著作今存《春秋繁露》《董子文集》。

【洞庭湖】①我国第二大淡水湖。位于湖南北部，长江南岸。沿湖有岳阳、华容、南县、汉寿、沅江、湘阴等市县。汇湘、资、沅、澧四水，由岳阳市城陵矶入长江。湖中多小山，以君山最为著名。②太湖的别称。

【兜鍪】 dōumóu。古代作战时戴的头盔，原称“胄”，秦汉以后称“兜鍪”。也作“兜牟”“兜鞪”。种类多以形象设定，有虎头兜鍪、凤翅兜鍪、狻猊兜鍪等。

【斗】①容量单位。1 斗等于 10 升，10 斗等于 1 石。南朝宋文学家谢灵运认为天下的文才共有一石，曹植独占八斗，他占一斗，天下其他的人共分另外的一斗，成语“才高八斗”即由此而来。②量器名。

【斗拱】传统木构建筑中独有的构件。也称山节、铺作。立于立柱顶、额枋与屋顶之间，逐层向外挑出，上大下小，承托屋顶出檐部分。其主要作用是：1. 合理分布承载荷载。2. 延长屋檐的伸出部分。3. 形成独特的装饰，美化建筑物。4. 提高建筑物的抗震能力。斗拱使用的历史悠久，西周时期出土的文物中已见早期斗拱的形象，唐宋时期技术成熟并得到广泛应用。其复杂程度与建筑结构的需要有关，但更与建筑物主人的地位、身份有关。

【斗租】斗，dǒu。以应交田赋斗数来计算田亩租额的租佃方式。流行于清朝南方某些地区。

【抖空竹】民间体育游戏，也是传统杂技节目。空竹，一名空钟，俗称响簧、地龙、闷葫芦等，由轴和盘两部分组成，多以竹、木制成。也称抖空钟，南方也叫扯铃。表演时用两根短竿，系上绳子，将空竹扯动使之旋转，并表演串绕、抡高、对扔、过桥等动作。

【斗彩】 斗，dòu。瓷器釉彩名。其制法是，先以釉下彩（一般是青花）勾画花纹轮廓，罩以白釉，入窑焙烧；后再用红、黄、绿等釉上彩料在青花轮廓内填绘，入窑烘烤后而成。其特点为釉上与釉下的纹饰（彩色与青花）凑合在一起，互相映发，富有层次感，故名。也称豆彩、逗彩。明成化的“鸡缸杯”为斗彩瓷中的典型器物。

【斗舰】 斗，dòu。古代一种装备较好的战船，自三国时期一直使用到唐代。船舷上设有女墙（一种可以遮蔽半身的防护设施，高度大约三尺），女墙下有擎棹孔，用于划桨。船内的空间可达五尺高，还建有棚，与女墙齐平，前后左右竖牙旗、帜幡、金鼓。斗舰在赤壁之战中扮演了重要角色。

【豆】 古代一种食器。形状类似今天的高足盘，圈足，多有盖。起初用来盛黍稷等谷物，后用于盛肉酱、肉羹等食物。有陶、木、瓦、竹、铜等不同材质，其中木豆叫作豆，竹豆叫作笾，瓦豆叫作登。新石器时代晚期开始出现，盛行于商周。除了作为食器，豆还被作为礼器使用，成对出现。与礼器组合称“俎豆”。

【豆腐】 传统食品。将泡发的黄豆磨浆，加入少量凝结剂，如石膏、盐卤等，使豆浆中的蛋白质凝结，再去除剩余水分制成。相传豆腐是西汉淮南王刘安在求仙制药时，不经意间使豆浆、石膏和盐发生了反应而发明出来的。据考古发现，我国在西汉时期就有豆腐作坊。豆腐色白、细腻，古有菽乳、黎祁、酪、小宰羊等名称，“豆腐”之名，约始于五代时，至宋代，制作豆腐已很普遍。用豆腐制作的菜肴数不胜数，如宋林洪《山家清供》中就记载有东坡豆腐、雪霞羹（用豆腐和芙蓉花烧制而成）等菜肴。

【豆蔻】 一种初夏开花的植物。因开花的时节还未到盛夏，故以之比喻少女。后因称少女十三四岁为“豆蔻年华”。

【饾版印刷】 饾，dòu。多版次的彩色套印技术。将彩色画稿按不同颜色分别勾摹下来，每种颜色刻成一块小木版，然后依照“由浅到深，由淡到浓”的原则，逐色套印，最后完成作品。因这种分色印版堆砌拼凑，形状好像“饾饤”（一种五色小饼，做成花卉、禽兽、珍宝等形状，盛于盒中），故名。这种技术产生于明末，是在套版印刷技术的基础上发展而来。印出来的画面，浓淡深浅，阴阳向背，形神俱在，几与原作无异。

【窦娥冤】 元杂剧剧本。全名《感天动地窦娥冤》，元杂剧四大悲剧之一。关汉卿著。主要剧情为：窦娥3岁丧母，7岁因抵债到蔡婆家做童养媳，17岁成婚，丈夫当年去世。守寡两年，蔡婆向赛卢医催索债银，被骗至荒郊险被勒死。恰值张驴儿父子路过，将她救活，借此占住蔡家，并强逼蔡家婆媳改嫁他们父子。蔡婆被迫依从，窦娥抵死不从。张驴儿欲毒死蔡婆，不意反而害死了自己的父亲，却诬告窦娥为凶手。太守桃杌欲向蔡婆用刑，窦娥不忍婆婆受刑，只能含屈诬服，被判斩刑。临刑时，窦娥发下三桩誓愿：上天若认为窦娥果然蒙冤，头落处，血飞素练；六月天降大雪；楚州大旱三年。窦娥死后誓愿一一应验。三年后，其父窦天章任肃政廉访使，来楚州审囚刷卷。窦娥鬼魂向其申诉，冤案得以平反。

D

【都部署】北宋前期临时委任的方面军统帅。掌本部、本路军旅屯戍和攻战守御之事。景德二年（1005）诸路设都部署等渐成定制，为地方军事长官，英宗以后改称都总管。辽代也设都部署。

【都察院】古代官署名。明清时期最高监察机构。明洪武年间设置。掌监察弹劾官吏，参与审理重大案件。以左、右都御史为长官，下设有副都御史、佥都御史、监察御史等。清代沿置，改以左都御史、左副都御史为主官，右都御史及右副都御史为总督、巡抚加衔，裁撤佥都御史。雍正元年（1723）以六科给事中并入，合称“科道”。所属有六科、十五道、五城察院、宗室御史处及稽察内务府御史处等机构。

【都督】古代官名。统率宫城内外军队或全国军政的最高长官。汉末领兵官多称“督”，驻一地为“某地督”，攻城者为“攻城督”，后渐以大督、都督、都督中外诸军事为统率诸军者官号。魏文帝始置都督中外诸军事，权位颇重。吴蜀也置，如汉中都督、庲降都督等。晋、南北朝因之，为地方军政长官，分使持节、持节、假节三种，职权各有不同。后周改都督诸军为总管，又有大都督、帅都督、都督。至隋代，三都督并为散官。唐代复为都督府，分为上、中、下三等，上都督由亲王任之，常为赠官，其边防重地之都督，则加旌节，谓之节度使。开元后，节度使成为地方长官，都督遂成虚设。明代改元之枢密院为大都督府，又改为五军都督府，正一品。置左、右都督及诸官，分领全国卫所，制与元同，而非晋、唐旧制。

【都护府】古代官署名。汉唐管辖边境地区的最高军政机构。分大都护府和上都护府。汉宣帝设西域都护府。唐初推广其制，监护边境各族各国，据其重要性及管治区域有大、上、中之分。著名的有天山南部的安西、天山北部的北庭、漠北的安北、漠南的单于、辽东及朝鲜的安东、交趾一带的安南六大都护府，各府存在时间长短不等。大都护常由亲王遥领，由大臣任副大都护主持一府的军政。安史之乱后边地多被放弃，各府相继罢撤，南宋废。

【都监】监，jiàn。古代官名。三国时称内侍官。唐中叶常以太监为监军，称“都监”。如唐德宗命韩全义讨淮西，以中人贾良国为都监；唐宪宗命高崇文讨刘辟，以刘贞亮为都监。宋代于诸路、州、府，皆置兵马都监，省称“都监”。各路都监掌本路禁军屯戍、边防、训练之事。州府以下都监，掌本地屯驻、兵甲、训练、差使等事务。

【都江堰】古代著名水利工程。位于今四川都江堰市西北。战国时，秦国蜀郡太守李冰父子主持修建。由鱼嘴、飞沙堰、宝瓶口三部分组成。二分岷江，既调控了岷江汛期水量，起到防洪作用，又能引江水灌溉农田，使成都平原沃野千里。与灵渠、郑国渠并称秦三大水利工程。

【都料】 都，dū。手工业中的高级匠师。也称都料匠。历代有之，唐时多为土木工程的设计和调度者，待遇较一般工匠优厚。宋以来沿称。

【都事】 古代官名。掌管本机构文书稽核和收发之官。晋置尚书都令史，主要负责处理尚书省的日常事务。隋改为都事，分隶六尚书，领六曹事，也称尚书都事。至唐分属尚书都省的左、右司，掌文书收发稽核，每年定期与六部诸司令史复核文书的隐漏差谬。宋沿置。元代中书省设左、右司都事，其他主要官署设都事。明于都察院、五军都督府、留守司、各省都指挥使司、布政使司、经历司下设，掌收受公文事务。清代主要设于都察院，掌文书事务。

【都司】 都指挥使司的简称，为明代地方最高军事管理机构，负责管理一省军事。明洪武朝，在兵部与五军都督府之下，各省及要地设都指挥使司或行都司、留守都司，各设都指挥使及同知、佥事掌之，下辖各卫，也设指挥使、同知、佥事。

【都统】 古代官名。晋太元中，前秦苻坚兴兵讨晋，征富家子弟二十以下者共三万余骑，命秦州主簿赵盛之为少年都统。都统官名，始于此。唐乾元元年（758）置都统，后又置诸道行营都统，掌征伐，兵罢则省。宋时置都统制，也非定职。清代始设八旗都统，是八旗各旗及驻防地区的军政长官，分掌满蒙汉军二十四旗政令。满名“固山额真”，顺治十七年（1660）始定汉名为“都统”。统本旗户籍、营制等事，掌驻防地区军政诸务。清代在各省建置驻防八旗，设将军或都统为长官，一般两者不并置，凡设将军处，其下置副都统。在一部分地区，都统即为该地区最高行政长官，如热河都统、察哈尔都统等。

【都统制】 古代官名。宋朝征战或驻扎军的统领官。北宋末因西南用兵始置，统领出征诸军，事毕罢。宋建炎元年（1127），设置御营司都统制，始成为禁军将领的常设官名。后凡出兵作战或派兵驻屯各地时，多设此官。

【都头】 古代军职名。唐末田令孜募神策新军，分五十四都，每都设将率领，称都头，也称都将。五代沿之。宋时禁军有都头、副都头，位次指挥使。另外，州、县捕快的头目也称都头，如《水浒传》中武松曾担任阳谷县都头一职。

【都万户府】 元朝统辖若干万户的军事编制和机构。其所统军队以蒙古探马赤军为主，以山东河北、河南淮北、陕西四川三处所设最为重要。

【督抚】 明清各地总督和巡抚的并称。为明清两代最高地方官，兼理军事、政治、刑狱、财政等方面。作为地方最高行政长官，总督主要负责“厘治军民，综制文武，察举官吏，修饬封疆”。巡抚的职责包括考察本省地方官员、监察本地政务、总理本省关税漕政、主持每三年一次的乡试和武举等。

【督护】 监领所属军官和部队的官职。从秦汉督军御史、护军等官发展而来，魏晋南北朝设于州郡及军府，管治府属诸将，或统军征伐。

【督邮】 古代官名。本名“督邮书掾”或“督邮曹掾”。汉置，为郡守佐吏，郡的重要属吏，职掌督送邮书，并代表太守督察县乡，督察长吏和邮驿，宣达教令，兼纠举所领县违法之事。每郡分二至五部，每部置督邮一人，职权很重。唐以后始废。

D

【独尊儒术】 汉董仲舒提出“罢黜百家，独尊儒术”的治国思想，即废除其他思想，只尊崇儒家的学说。汉武帝采纳董仲舒的主张，兴办太学，设五经博士，用儒家经典教育贵族子弟；选用官吏时，以儒学为标准，起用儒学家参与国家大政。“独尊儒术”加强了中央集权，维护了国家大一统，奠定了儒家正统思想的地位。此后历代王朝都以儒学为尊，但也在一定程度上阻碍了各学派学术思想的自由发展。

【读通鉴论】 明清之际王夫之撰。30卷，末附叙论4篇。成书于康熙二十六年（1687）。是王夫之在研读宋司马光《资治通鉴》后，针对其中记载的历史人物、历史事实发表的评论，其主旨在于“以上下古今兴亡得失之故，制作轻重倚伏之原”。在对历史的评析中，阐明了作者的政治观念和主张。

【犊鼻裈】 裈，kūn。围裙，形如犊鼻，故名。一说是短裤。也作“犊鼻裩”。简称犊鼻、犊裩。汉代司马相如曾在临邛与妻子卓文君开酒馆，身着犊鼻裈，与伙计们一起当街清洗酒具。

【杜甫】 （712—770）唐代诗人。字子美，自称少陵野老、杜陵布衣，后世称“杜少陵”。西晋名将杜预之后，祖父为著名诗人杜审言。杜甫二十岁时，曾南游吴、越。天宝三载（744）在洛阳与李白相识。安史之乱爆发后，被困长安，后逃至凤翔，谒见肃宗，授官左拾遗。不久，因上疏营救房琯被贬。后弃官入蜀，于成都筑草堂定居。一度入西川节度使严武幕，被荐为检校工部员外郎，故后世又称杜工部。晚年携家出蜀，大历五年（770）在湘江去世。杜甫亲身经历了安史之乱这一唐王朝盛衰的转折点，其诗歌真实反映了这一历史时期战乱不停、百姓流离失所的现实情况，被誉为“诗史”。其诗风格沉郁顿挫，语言精练形象，韵律谨严，众体兼备，在后世备受推崇，是我国古代伟大的现实主义诗人，被尊为“诗圣”。与李白齐名，世称“李杜”。流传至今的诗篇有1400余首，《望岳》《兵车行》《春望》《茅屋为秋风所破歌》《闻官军收河南河北》等皆为传世名篇。有《杜工部集》。

【杜甫草堂】 唐代著名诗人杜甫在成都的故宅。位于四川成都西郊浣花溪畔。旧址已无存，现存茅屋和祠宇为北宋元丰年间重建，元明清历代均做过改建修葺。安史之乱后，杜甫在流寓成都近四年的时间内作诗240余首，居住草堂期间有多首名诗问世，《蜀相》《茅屋为秋风所破歌》是这一阶段的代表作，分别表达了诗人对国家命运的忧虑和对底层劳动人民的深切同情，以深刻的思想性和艺术性著称于世。

【杜衡】 一种香草。叶如马蹄，全草可入药，有辛香。古人常以之沐浴熏香。也作“杜蘅”。

【杜牧】 （803—853）唐代文学家。字牧之，京兆万年（今陕西西安）人。文宗大和二年（828）进士，历任校书郎、监察御史、黄州刺史、池睦二州刺史、司勋员外郎等职，后官至中书舍人。因曾居长安城南樊川别墅，故世称“杜樊川”。作为晚唐重要的诗人，其近体诗清新俊逸，咏史之作多借古讽今，尤以七绝见长，《秋夕》《泊秦淮》《题华清宫》等为传世之作。与李商隐齐名，并称“小李杜”。赋亦佳，代表作如《阿房宫赋》。有《樊川文集》。

【杜如晦】（585—630）唐初大臣。字克明，京兆杜陵（今陕西西安）人。隋末，辅佐李世民讨平群雄。后与房玄龄一起参与策划玄武门事变，帮助李世民取得帝位。杜如晦与房玄龄二人为左右宰相，共掌朝政，房玄龄善谋，杜如晦善断，史称“房谋杜断”，为“贞观之治”的出现奠定了基础，后世言良相则必曰“房杜”。

【杜佑】（735—812）唐代史学家。字君卿，京兆万年（今陕西西安）人。著名诗人杜牧的祖父。历任节度使、检校司徒同平章事等职。封岐国公。自代宗大历元年（766）起，至德宗贞元十七年（801），他耗时35年，撰成《通典》200卷，专记历朝典章制度的兴革，是我国第一部记述典章制度的通史。

【杜宇】古蜀帝名。周代末年称帝于蜀地，号“望帝”，后以楚人鳖令（后称开明帝）为相，自认德不及鳖令而让位，归隐西山。时值二月，鹃鸟啼鸣，“布谷布谷”之声闻之如“不如归去”，蜀人想念望帝，故称鹃鸟为杜鹃、杜宇、子规。另有说法，认为是望帝与鳖令之妻私通，事发后无颜面对众人，故遁走山林，其魂化为鹃鸟，其声悲苦，啼至出血而不止。杜宇、杜鹃、子规在我国古典诗歌中频繁出现，大多寄寓凄凉悲哀的情感。

【杜预】（222—285）西晋将领、学者。字元凯，京兆杜陵（今陕西西安）人。官至镇南大将军，后以灭吴功，封当阳县侯。杜预镇守荆州时，兴建了一批水利工程，灌溉农田，解除水患，受到了当地百姓的赞扬，并尊称他为“杜父”。杜预勤奋好学，淹博多才，被誉为“杜武库”。参与制定《晋律》，著有《春秋左氏经传集解》《春秋释例》等。其中《春秋左氏经传集解》考释严密，是现存最早的关于《春秋左氏传》的注释，后被收入《十三经注疏》。

【度牒】古代官府发给出家僧尼的书面证明。此制度始于南北朝，时称凭由。唐时称祠部牒。唐代以后，出家僧尼由政府掌管其资质认证，经审查合格者，方能获得祠部牒，以此作为身份凭证，并获得免除劳役、赋税等权益。

【度量衡】度，计量长短。量，计量容积。衡，计量轻重。日常生活中计量长短、容积、轻重的标准的统称。商周时，已有专职官吏掌管度量衡标准器的颁发、检定与使用。春秋战国时，列国各自为政，度量衡制度参差不齐。秦国商鞅变法，对度量衡制进行改革。秦始皇统一六国后，统一度量衡。汉代到三国时基本沿用秦制。两晋南北朝时，出现“大制”，即因社会动荡，政权分裂，度量衡增率大幅度上升，约为秦制的百分之一百四十。但有的还沿秦汉之制，如在调乐律、测日影、定药量和制作冠冕礼服等方面，不得随意改变，称为“小制”。隋文帝时再次统一度量衡，将前期增大的量值固定。唐、宋、元、明、清沿用隋制，进一步趋向完善。

【度田】 东汉时丈量查核田亩，以便据实征收田赋的措施。建武十五年（39）汉光武帝下令实行，目的是弄清耕地实际数量和归属，以抑制兼并和调整赋税。此举遭到豪强地主抵制，但仍收到一定的效果。

【度田收租制】 东晋咸和五年（330）实行的按田亩实数亩税三升的制度。因世族豪门的抵制，隆和元年（362）减为亩收二升。太元元年（376）废除此法，改为王公以下每口税米三斛，服徭役者不需缴纳。

【端平更化】 南宋理宗亲政后实施的一系列改革措施。公元1233年，当政多年的权臣史弥远病死，理宗下诏于次年改元端平，旨在纠偏，相继贬逐史党，开通言路，使理学成为官方学说，又采取措施澄清吏治，整顿财政。这些举措声势不小，也有一定积极效果，但多流于表面，未能改变南宋走向衰落的趋势。

【端平入洛】 南宋理宗端平元年（1234）联合蒙古灭金后，收复洛阳等地的军事行动。当时蒙古军北撤，河南空虚。理宗接受赵范、赵葵等西守潼关、凭河为御的建议，派兵进取河南，收复应天府（今河南商丘）、开封府和洛阳。但因军力不强，粮道不继，被南下蒙古军所败。宋蒙战争由此开端。

【端午】 我国传统节日，在农历五月初五日。端为开端、开始之意，又因农历五月称午月，故名。也称端阳。端午与春节、中秋并为我国传统三大节日。它的起源很古老，大致与祈求农业丰收和夏季防疫病相关，驱邪禳灾是端午节的主题之一。后来纪念战国时期伟大的爱国诗人屈原的活动，与端午节联系在一起。此日民间历来有悬艾蒲于门户、饮雄黄酒、竞渡、戴长命缕、食粽子等风俗。

【端砚】 我国传统石雕工艺品。因产于端州（今广东肇庆一带），故名。大约于初唐武德年间，开始制砚。以石质坚实细润，发墨不损毫，书写流利，雕琢精美著称。与山东鲁砚、甘肃洮砚、安徽歙砚并称我国“四大名砚”。

【短陌】 也称短钱、省陌、省钱。“陌”通“佰”，钱一百文或纸钱一百张。以百钱当百钱使用的，称为足陌；以不足百钱当百钱使用的，称为短陌。短陌始于汉代，常因钱币短缺而出现于交易、出纳活动，如南朝梁有东钱、西钱、九陌钱，金世宗大定年间有短钱。官府大户往往以此为聚敛手段。

【段玉裁】（1735—1815）清代学者、训诂学家。字若膺，号懋堂，江苏金坛（今常州金坛区）人。师从戴震，致力于经学和语言文字学的研究。治文字学方面著有《说文解字注》，与同时代的桂馥、王筠、朱骏声并称“《说文》四大家”。古音方面著有《六书音均表》，分古韵为六类十七部。另有《古文尚书撰异》《诗经小学》《周礼汉读考》《仪礼汉读考》《毛诗故训传定本》《经韵楼集》等著作。

【堆垛场】 宋朝储存商货的库场。也称垛场。按储存多少和日期，官办的收取垛地官钱，民办的收取垛地户钱。

【对策】 古代选拔官吏的考试方法。也称策试。由皇帝提出一些有关政事、经义方面的问题，由被荐举的士人回答，始于汉。后科举考试也袭用此法，常由辅政大臣协助皇帝定其优者加以重用。此类策试一般在殿廷举行，故俗称金殿对策。

【对景】 我国传统园林的造景手法。与“障景”相对。在园林各部分的空间处理中，为了形成多重的艺术组合，在实用需求的基础上，多采用对（景）与障（景）相呼应、结合的处理方法，如某园区入口所设立的假山石，本意是遮挡一部分视野，以免使内部园景一览无余（障景作用），但从园中的某一月门洞或花窗中望去，假山石又成为远处的一景，使人感觉如画框（门框或窗框）中的景色（对景作用）。于是同一座假山石，从不同的角度，使人产生了“障”与“对”的不同视觉感受。

【对联】 互相对偶的文句。也称对、联、对句、对子。由上联和下联组成。一般张贴、悬挂或镌刻在门、厅堂及柱子上。讲究对仗工整贴切，上句末字声调必仄，下句末字声调必平。根据位置与性质的不同，可以分为门联、楹联、寿联、挽联、春联等。相传对联起源于桃符。一说是因为古人在春节期间用桃木板画上神荼和郁垒二神的形象悬挂于大门两侧，用以驱邪避祸。五代后蜀主孟昶在桃符板上题“新年纳余庆，嘉节号长春”，成为最早的对联。另一种说法是起源于“宜春”，古人在立春日多贴“宜春”二字，以表达辟邪除灾、迎祥纳福的愿望，后来这种形式逐渐发展为春联。

【对钱】 材质、大小、面值等完全相同，只是钱文用不同字体书写的货币。也称对文钱、对书钱。始于五代十国的南唐，其“唐国通宝”就是对钱，钱文分别为隶书和篆书。盛行于宋代，从北宋仁宗开始，到南宋孝宗止，历朝都铸有对钱。从宋孝宗淳熙七年（1180）起，不再铸造对钱，而在钱的背面铸上表示年份或铸造地方的字样。

【兑运】 明代运漕粮的一种方式。江南漕粮原为民运至北京，因粮户送粮到北方各仓，往返需时近一年，有误生产，明宣德六年（1431），规定粮户可送粮至淮安、瓜州（今江苏扬州南）后，由官军代运抵京。官军代运之费及损耗定额由原承运者支付，以充军费，称为“兑运”。不愿兑交的粮户仍可自运。成化七年（1471）又改长运。

【敦】 duì。古代一种食器。用于盛放黍、稷、稻、粱等饭食。青铜制。盖和器身都作半圆球形，各有三足或圈足，上下合在一起组成球形，盖可却置。产生于春秋中期，盛行于春秋晚期和战国。敦是从簋发展变化而来的，所以《仪礼》中簋与敦不分。

【碓】 duì。一种舂谷工具。由臼与杵发展而来。其构造利用杠杆原理，用一根长的木杠杆，架设于支点之上，杠杆一头装有石制或木制的杵头。人以脚踏杠杆的另一头时，杵头抬起。当脚松开时，杵头即借重力自动舂下，使臼内的粮食得到加工。后来又发明了畜力碓、水力碓。

【敦煌】 ①郡名。汉武帝元鼎六年（前111）初设，郡治在敦煌县（今甘肃敦煌西）。前凉时曾一度改置沙州，后恢复为敦煌郡。北魏孝昌二年（526）改置瓜州。隋复改为敦煌郡。唐高祖武德二年（619）再次改置瓜州，五年（622）又改为沙州。②县名。汉初设，为敦煌郡治。北周改为鸣沙县，隋恢复为敦煌县。唐武德初年改为瓜州治，后陷落于吐蕃。元为沙州路治，明为沙州卫，清乾隆重置敦煌县。位于河西走廊西段。自古以来，既是边防重镇，也是连接我国与中亚的交通要道。汉代张骞出使西域、唐代玄奘西行取经都经此道。举世闻名的莫高窟即位于敦煌鸣沙山东麓，敦煌卷子、壁画、雕塑记录了古代丝绸之路宗教繁盛、艺术多元、贸易昌盛、多民族交融的盛景。

【敦煌词】 清末在甘肃敦煌莫高窟藏经洞发现的唐、五代词。其写作时代在公元8世纪—10世纪之间。除极少数可考知作者姓名的文人词外，绝大多数是无名氏的作品。内容广泛，多写商人、歌伎、旅客、边民及征人离妇的感情，生动自然。形式上有小令及长调，开北宋慢词的先声，对研究词的发展具有重要意义。

【敦煌汉简】 出土于敦煌的汉简。自20世纪初陆续出土于甘肃敦煌汉塞烽燧遗址等地。截至21世纪初，前后共计10批、25 000余枚。其时间最早始于汉武帝太始元年（前96），大部分为汉代敦煌郡玉门都尉和中部都尉及其下属各烽燧的文件档案，包括戍边战士名册，装备、兵器登记簿，出入关卡备案，医方和兽医方等。另外还发现了《苍颉篇》《急就篇》等字书的断简。

【盾】 古代作战时，一种手持的挡御刀箭等的护身武器。一作“楯”，也称盾牌。其历史可以追溯到史前时代。历史上，盾的种类很多，包括木盾、竹盾、铜盾和铁盾等。《韩非子》记载：有个楚国人卖矛与盾，他夸耀自己的盾十分坚固，任何东西都无法刺破。又夸耀自己的矛十分锋利，可以刺破任何东西。有人问他，用你的矛刺你的盾会怎么样呢？楚人无法回答。后用“矛盾”比喻事物之间相互抵触，互不相容。

【顿悟】 不经过复杂的程序和长时间的修行，对佛教真谛的突然领悟。与“渐悟”相对而言。禅宗第五代时分为南北两宗，南宗代表慧能认为人人本有佛性，悟即一切悟，当下明心见性，便可“见性成佛”，主张“顿悟”之说。后也指对艺术的突然领悟。相传唐代书法家怀素精于翰墨，一天他观察夏日风吹云动的景象，顿悟了笔意，自认得到了草书的精义。

【多马】 殷商时期王室的多支军队。每支军队为一马，约有百人，或皆为车兵。

【多射】 殷商时期由众多弓箭手组成的王室部队。约以百人为单位。

【多戍】 戍，shù。殷商时期王室的各支卫戍部队，也指统率这些部队的贵族。

【夺嫡】 嫡，dí，正妻，也指嫡长子。西周宗法制以正妻所生的第一个儿子即嫡长子继承为核心，因此传庶幼而舍嫡长，或庶子取代嫡子的地位，称“夺嫡”。后也泛指帝王嗣位之争。如杨广是隋文帝杨坚与文献皇后的次子，隋文帝夫妇和皇太子杨勇产生矛盾时，杨广博得文献皇后和右仆射杨素的支持。开皇二十年（600），隋文帝废黜长子杨勇，立次子杨广为皇太子。后杨广继位，即隋炀帝。

【夺门之变】 明景泰八年（1457），被幽禁的明英宗为复辟而发动的宫廷政变。也称南宫复辟。其时武清侯石亨、太监曹吉祥、左副都御史徐有贞等人攻夺南宫及大内诸门，迎立英宗于奉天殿，废景帝，诛杀于谦等大臣，改元天顺。

【夺情】 官制用语。古时官员遭父母丧，须去职在家守制。朝廷要员，经皇帝特准不必去职，或守制未满时经征召在服丧期间任职办事，均称为“夺情”。这类官员要穿素服办公，不穿公服，不参加吉礼。

【铎】 duó。古代乐器。青铜制，大铃的一种，形如铙、钲而有舌，其舌有木制和金属制两种，故有木铎和金铎之分。盛行于春秋至汉代，宣布政教法令或遇战事时使用。

【垛集】 明朝的一种征兵制度。明初，如果一户人家有三个或以上的丁男，就要征收其中一丁为兵，这样的兵被称为正军。这种做法就像是将人员“垛”起来集中管理，故名。一旦某个壮丁通过垛集的方式从军，他和他的后代将世代为军，其户籍也从民户变成军户，此后不可撤销。

【堕马髻】 堕，duò。古代妇女的一种发髻样式。将头发梳向一边垂下，似从马上堕下，故名。据说由东汉梁冀妻子孙寿始创，在上层妇女中较受欢迎。相传此发式与“愁眉”和“啼妆”结合可呈娇媚之姿。后传入民间，老幼皆喜欢梳此发型。

E

【阿弥陀佛】大乘佛教的佛名。阿弥陀是梵语的译音，意为“无量”。也称无量寿佛、无量光佛。净土宗将阿弥陀佛视为西方极乐世界的教主。认为常念此佛名号，对其深信不疑之人，在临终前会得到阿弥陀佛的引导，往生极乐之地。

【阿房宫】阿房，Ēpáng。我国历史上第一个统一的多民族中央集权制国家——秦帝国的宫城。始建于秦始皇三十五年（前212），全部工程至秦亡时犹未完成。规模宏大，其前殿东西五百步，南北五十丈，上可以坐万人。秦末，项羽引兵进入咸阳，火烧阿房宫，相传大火三月不灭。唐杜牧有《阿房宫赋》。

【阿房宫赋】唐杜牧所作赋名。杜牧在《上知己文章启》中交代写作缘起说：“宝历（唐敬宗年号）大起宫室，广声色，故作《阿房宫赋》。”此赋通过对阿房宫兴建及毁灭的描写，生动形象地总结了秦朝因骄奢淫逸的统治而导致亡国的历史教训，向唐朝统治者发出了警告，希望他们能够以史为鉴，避免重蹈覆辙。全文气势磅礴，词采华丽，骈散结合，铺排得当，是历代传诵的名篇。

【峨眉山】山名。位于今四川峨眉山市西南。有大峨、中峨、小峨之分。山峰相峙，望之如蛾眉，故名。峰峦叠翠，巍峨挺秀，素有“峨眉天下秀”的美誉。唐李白《峨眉山月歌》：“峨眉山月半轮秋，影入平羌江水流。”又《蜀道难》：“西当太白有鸟道，可以横绝峨眉巅。”有报国寺、华藏寺、万年寺等诸多佛教寺庙和胜迹。与山西五台山、安徽九华山、浙江普陀山并称我国佛教“四大名山”。

【娥皇女英】相传是上古部落联盟首领尧的两个女儿，姐妹同嫁舜为妻。舜继承尧成为部落联盟首领后，南巡逝于苍梧。娥皇、女英赶至南方，途经潇湘，泪洒青竹，竹上因此生出泪斑，后人称为“湘妃竹”或“潇湘竹”。二人后逝于湘江之畔。自先秦起，人们往往将湘水之神与湘夫人的爱情神话附会于舜和娥皇、女英的传说，将娥皇、女英视为湘夫人，最著名的当属战国屈原《九歌·湘夫人》。汉代刘向《列女传》、北魏郦道元《水经注》也有相关记载。

【鹅】一种家禽，由鸿雁驯化而来。约在春秋时代已饲养。东晋书法家王羲之曾留下《黄庭经》换鹅的著名典故。山阴有一道士，养了一群鹅，王羲之很喜欢，想要买走。道士说：“你帮我抄一遍经，我就把整群鹅送给你。”于是王羲之很高兴地答应，用写下的《黄庭经》换走了道士的鹅。唐代诗人骆宾王七岁写下《咏鹅》诗："鹅，鹅，鹅，曲项向天歌。白毛浮绿水，红掌拨清波。"古代也有使鹅相斗的博戏。

【鹅湖之会】 南宋淳熙二年（1175），由吕祖谦发起，在信州鹅湖寺（今江西铅山县鹅湖山麓）举行的一场辩论会。参加者有朱熹、陆九渊及其弟子和福建、浙江、江西的多位学者，主要围绕儒学原理和认识路径等问题进行辩论。这是第一次具有典范性的学术讨论会，在我国哲学史上有重要地位。

【鹅黄】 ①色彩名称。一般泛指淡黄色，如鹅嘴或小鹅绒毛的颜色。古典诗文中多用鹅黄色形容花草、服饰、新柳芽等。②古代一种酒名，产于汉州。

【蛾眉】 古时女子细而长的双眉，形如飞蛾的两个触须，故称。《诗经·卫风·硕人》有"螓首蛾眉，巧笑倩兮，美目盼兮"之句，描写卫庄公夫人的美貌。这种眉形长而美，因此一直为女子所好。后"蛾眉"成为美人代称。

【额外课】 元朝正课以外的杂税。共有历日、契本、河泊、山场、窑冶、房地租等32种名目。

【轭】 è。车辕前架在牲口脖子上的横木，多呈人字形。或用軥（青铜铸的销子）固定在辕头上，或前端系在辕前脚横木（衡）上，故古代往往"衡轭"并称。

【恶逆】 谋杀直系和旁系尊亲属，如谋杀兄、姊、丈夫和丈夫的直系尊亲属，以及殴打祖父母、父母的行为。隋以来，作为"十恶"之一。因这些行为穷恶尽逆，绝弃人理，故名。汉代时就有殴打父母者处以枭首之罪，但无"恶逆"之名。在唐代，谋杀期亲（服丧一年的亲属）尊长，外祖父母，夫，夫的祖父母、父母者斩；谋杀缌麻（服丧三个月的亲属）以上尊长者，流放二千里，杀人者处绞刑，伤人者斩；殴打祖父母者斩。明、清律对谋杀祖父母，父母和期亲尊长，外祖父母，夫，夫的祖父母、父母，有行为者杖一百，流放二千里，杀人者处绞刑，伤人者斩。

【恩贡】 科举制度中贡入国子监的一种生员。明清定制，凡遇皇室庆典，根据府、州、县学岁贡常额，本年加贡一次作为恩贡。也称恩贡生。清代特许先贤后裔入监者，也可称恩贡。与岁贡、副贡、拔贡、优贡合称"五贡"。

【恩科】 宋时科举，承五代后晋之制，凡士子于乡试合格后，礼部试或廷试多次未录取者，遇皇帝亲试时，得别立名册以奏，经特许附试，谓之"特奏名"。凡特奏名者，一般皆能得中，故称"恩科"。清于寻常科举外，遇朝廷庆典，特开科考试，也称恩科。若正科与恩科合并举行，则称恩正并科。

【尔雅】 我国古代第一部训诂书，也是最早的一部词典。关于其名，一般认为，"尔雅"是近正的意思，意谓大抵用雅正通用之语解释方言古语。今本十九篇。首三篇《释诂》《释言》《释训》所收为一般词语，将古书中同义词分别归并为各条，每条用一个通用词作解释。以下《释亲》《释宫》

E

《释器》等十六篇是关于各种名物事象的解释。为考证上古词义和古代名物的重要资料。后世经学家常用以解说儒家经义，至唐宋时成为“十三经”之一。

【耳顺】 语出《论语》。孔子有“六十而耳顺”之语，指六十岁时能懂得隐含在话语之内微妙的意旨，对正确的话予以采纳，对不正确的话也不计较。后因以“耳顺”为六十岁的代称。

【珥珰】 ěrdāng。古代冠两边的垂珠。也指妇女的两耳坠饰物，后泛指珠玉首饰或华贵的饰品。

【二谛】 佛教用语。指俗谛和真谛。谛，真实的道理。佛教认为，就现象而言，一切事物是“有”，也称“色”，这是顺着世俗世界道理说的，称为“俗谛”。就本质而言，一切事物是“无”，也称“空”，这是超脱于世俗道理说的，称为“真谛”。

【二广】 春秋楚王亲兵军制名。楚王的亲兵戎车分为左右两部，每部都名曰广。共三十乘，分为左右广，每广十五乘。战时，每日先以右广护卫楚王，至午时再更换左广。后借指两支队伍。

【二京】 一朝同时设两个都城。周朝始开此先例，西周镐京与雒邑并立。后东汉定都洛阳，但仍将西汉故都长安作为辅都。唐代长安、洛阳并立，北宋汴京、洛阳并立，明代自永乐年间开始北京、南京并立。

【二十八宿】 宿，xiù。古人把黄道赤道（即地球赤道在天球上的投影）附近的恒星划分为二十八个区域，用来说明日、月、五星运行所到的位置，每个区域叫一宿，每宿包含若干颗恒星。二十八宿分四组，每组七宿，与四方及四象相配。东方苍龙七宿：角宿、亢宿、氐宿、房宿、心宿、尾宿、箕宿。北方玄武七宿：斗宿、牛宿、女宿、虚宿、危宿、室宿、壁宿。西方白虎七宿：奎宿、娄宿、胃宿、昴宿、毕宿、觜宿、参宿。南方朱雀七宿：井宿、鬼宿、柳宿、星宿、张宿、翼宿、轸宿。战国初期，已有关于二十八宿和四象的记载。二十八宿中有些星宿因为星象特殊引人注目，被古代作家运用到诗词中。《诗经》“维南有箕”“维北有斗”中的“箕”即箕宿，“斗”即斗宿。宋代苏轼《赤壁赋》“（月）徘徊于斗牛之间”中的“斗”“牛”，即斗宿、牛宿。也称二十八舍、二十八星。

【二十年目睹之怪现状】 长篇小说。清末吴沃尧作。共108回。为“晚清四大谴责小说”之一。全书以主人公“九死一生”的见闻为线索，着重描写官场、商场和洋场的“怪现状”，多侧面地暴露了晚清政治的黑暗和社会的丑恶，在思想上表现出改良主义倾向。

【二十四节气】 古人根据季节更替和气候变化的规律，把一年划分为二十四段，分列在十二个月中，反映四季、气温、降雨、物候等方面的变化，就是二十四节气。二十四节气名称依次为：立春、雨水、惊蛰、春分、清明、谷雨，立夏、小满、芒种、夏至、小暑、大暑，立秋、处暑、白露、秋分、寒露、霜降，立冬、小雪、大雪、冬至、小寒、大寒。一年十二个月，二十四个节气，每月两个节气，前半月的节气称“节（气）”，后半月的节气称为“中（气）”，二十四节气就由十二个节（气）和十二个中（气）组成。二十四节气起源于我国黄河流域，是古代历法的重要组成部分和独特创造。早在西周、春秋时期，古人就用圭表测日影的方法，测定了冬至、夏至、春分、秋分，后来又测出立春、立夏、立秋、立冬，使节气逐渐完善。《淮南子》中已完整地记载二十四节气，其名称、顺序和现在完全一致。

【二十四桥】 古代名胜。位于江苏扬州旧城西门外。旧说隋代所建，原为二十四座桥，皆以城门坊市为名，后因军队筑城而不存。沈括《梦溪补笔谈》曾列出二十四座桥名，而当时也仅存七座。至后世，二十四桥转为一桥专名，仅指吴家砖桥，一名红药桥。为单孔拱桥，长 24 米，宽 2.4 米，栏柱 24 根，台阶 24 级，是古代桥梁建筑的杰作。关于二十四桥的得名，民间传说十分丰富，一说桥因古时二十四美人吹箫于此，故名。唐代杜牧《寄扬州韩绰判官》诗有“二十四桥明月夜，玉人何处教吹箫”之句。

【二十四诗品】 诗论著作。简称《诗品》。旧题唐司空图撰。全书把诗歌的艺术风格和意境分为雄浑、冲淡、纤秾、沉着、高古、典雅、洗练、劲健、绮丽、自然、含蓄、豪放、精神、缜密、疏野、清奇、委曲、实境、悲慨、形容、超诣、飘逸、旷达、流动 24 品类，每品用 12 句四言韵语加以描述，语言典雅优美。强调诗歌要有“韵味”，对后来王士禛的“神韵说”、袁枚的“性灵说”等都有一定影响。

【二十四史】 我国 24 种纪传体史书的合称。魏晋南北朝时期称《史记》《汉书》《东观汉记》为“三史”。后《东观汉记》失传，益以《后汉书》，称“三史”。及《三国志》书，合称“四史”，因居诸正史之前，又称“前四史”。及唐，益以《晋书》《宋书》《南齐书》《梁书》《陈书》《魏书》《北齐书》《周书》《隋书》，合称“十三史”。至宋，加《南史》《北史》《新唐书》《新五代史》，合称“十七史”。至明代，加《宋史》《辽史》《金史》《元史》，合称“二十一史”。至清乾隆时官修《明史》告成，加前已有二十一史，合称“二十二史”。后于二十二史之外，再加上旧有的《旧唐书》《旧五代史》，遂称“二十四史”，为敕定的正史。

【二十四孝】 古代关于尽孝道的二十四个故事的统称。包括：孝感动天、戏彩娱亲、鹿乳奉亲、百里负米、啮指痛心、芦衣顺母、亲尝汤药、拾葚异器、埋儿奉母、卖身葬父、刻木事亲、涌泉跃鲤、怀橘遗亲、扇枕温衾、行佣供母、闻雷泣墓、哭竹生笋、卧冰求鲤、扼虎救父、恣蚊饱血、尝粪忧心、乳姑不怠、涤亲溺器、弃官寻母。相传由元代郭居敬辑录成书，书名为《全相二十四孝诗选集》。

【二税簿】 全称夏秋税租簿，是宋代征税的一种簿记。分为夏税簿和秋苗簿，其上开列各县乡原管和新增的户数，夏秋二税总额，以及各户的户名和税额，用以催税。

【二王】 东晋书法家王羲之和王献之父子的合称。二人皆为一时名士，书法风格尤受推崇，故以此指称其人及其书体。王羲之被誉为“书圣”，他的《兰亭集序》被誉为“天下第一行书”。

其子王献之不仅继承了父亲的书法技艺，还敢于创新，创造了“大令体”，其代表作《廿九日帖》和《鸭头丸帖》同样声名显赫。各时期同时齐名的王姓二人，如西晋王戎和王衍、中唐王伾和王叔文等，也用此合称。

【二五户丝】 元朝在江淮以北按户纳丝的制度。公元 1236 年窝阔台定制，每二户出丝一斤，输于官府；每五户出丝一斤，输于食邑于本地的诸王或勋臣；非产丝地可折钞输纳。元朝建立后，民户须交丝料成倍增加，输于官府和贵族的办法和比重有所调整。

【贰臣】 贰，二心。朝代更替之际兼仕两朝的大臣。投降敌方并为其服务的官员被原统治集团称为贰臣。封建社会在忠君思想的支配下，官员以做贰臣为耻。宋元和明清之际，有大量前朝官员拒绝为新朝服务，他们或隐遁山林专务学术，或浪迹天涯不知所终。但也有一些人顺应时变，积极投入新朝怀抱，为新兴政权奔走。清乾隆四十一年（1776）下诏在国史中增列《贰臣传》，记载明臣降清做官者的事迹。如诗人钱谦益就被乾隆帝下诏列入《贰臣传》。

F

【乏徭】 服役不足期限而逃亡的罪名。类似此罪的规定，见于秦律。战国时期秦国指应服役的人已到达集合地点或服役地点后逃亡。唐律在秦律的基础上，分在役逃亡、有课役而逃亡及无课役而逃亡。

【罚俸】 官员在一定时间内被停发俸禄的处分。也称夺禄。起源较早，流行于汉唐间，宋代以来多用于处分考核结果为下等者、官员公事过失，或用来抵折官员被判处的刑责。按照被罚的缘由分为罚一个月、一个季度或半年、一年的俸禄。

【法服】 ①古代礼法制度规定的服饰。主要在出席祭祀、朝会等仪式时穿着。西周时期已有此类服装，战国时期出现"法服"的称谓。南北朝后期至明代，法服和常服并存，使用范围始终遵照旧制。法服袍大袖阔，配以高帽和宽腰带。②僧、道在举行宗教仪式时穿的法衣。

【法号】 法名。佛教信仰者出家时，由师傅另赐名字，以示皈依成为释迦牟尼弟子。唐代名僧玄奘，俗名陈祎，"玄奘"即为其法号。

【法家】 战国时期的一个学派。起源自春秋时管仲、子产，发展于战国时李悝、商鞅、慎到和申不害等人。战国末期，韩非对他们的学说加以综合，集法家之大成。主张用法治代替礼治，实行统一的国家君主制，提倡以农致富，以战求强，严刑峻法，监察官吏。西汉统治者虽"罢黜百家，独尊儒术"，但仍采用外儒内法、儒法兼治的方法。东汉班固将法家列为"九流"之一。主要著作有《商君书》《韩非子》等。

【法驾】 也称法车。天子的车驾。也借指天子。天子的车驾有多种形制，法驾以金为饰，由六匹马拉，旁有侍中乘坐的四匹马拉的五色副车陪同，从属车辆三十六乘。

【法界】 佛教指宇宙中所有的现象，界是分界、种类之意。后也指现象后的本质。

【法门】 佛教指众生得入佛道的门径。后泛指学习、处事的正确途径和方法。如"不二法门"。

【法器】 佛教指具有传承佛法才能的人。也指佛教、道教举行宗教仪式时所用到的器物。包括钟、鼓、铙、钹、引磬、木鱼等乐器及瓶、钵、杖、麈等。

【法曲】 曲，qǔ。古代乐曲。也称法乐。因用于佛教法会而得名。原为含有外来音乐成分的西域各族音乐，传至中原地区后，与汉族的清商乐相结合。至迟从梁代起，以清商乐为主的"法乐”即已出现，后发展为隋代法曲。乐器有铙、钹、钟、磬、幢箫、琵琶等。演奏时，金石丝竹先后参加，然后合奏，音清而近雅。唐代法曲又掺杂道曲而发展至极盛，中唐以后渐衰。著名法曲有《赤白桃李花》《霓裳羽衣曲》等。

【法师】 佛教对精通佛法奥义、能讲解佛典、致力于修行的僧人的尊称。如唐玄奘，通晓经藏、律藏和论藏，被称为三藏法师。另外法师也用作对僧人的敬称。

【法事】 和尚、道士等宗教人士为了超度亡魂所举行的仪式。

【法帖】 帖，tiè。名家书法的拓本或印本。相传“法帖”的名称始于北宋淳化三年（992），翰林侍书王著编次摹刻秘阁所藏法书《淳化阁帖》十卷，每卷卷首刻“法帖第×”。法帖中的巨制《三希堂法帖》全称《三希堂石渠宝笈法帖》。清乾隆十二年（1747）高宗命梁诗正等编次内府所藏魏晋至明代法书，包括三希堂所藏东晋王羲之《快雪时晴帖》、王献之《中秋帖》、王珣《伯远帖》墨迹三种，故名。

【法显】 （约337—约422）东晋高僧、旅行家、翻译家。俗姓龚，平阳（今山西临汾西南）人。中国僧人到天竺留学的先驱。因感中国经律残缺，于隆安三年（399）与同学慧景、道整等从长安（今陕西西安）西行求法，渡流沙，翻葱岭，遍历北、西、中、东天竺等地，后赴师子国（今斯里兰卡），并到过爪哇岛（今属印度尼西亚），义熙九年（413）抵建康（今江苏南京）。前后共十四年，游历三十多国，带回很多梵本佛经。归国后于建康道场寺与佛陀跋陀罗合译经律论，主要有《大般泥洹经》等。又记旅行见闻，撰成《佛国记》（又名《法显传》），是研究南亚次大陆各国古代史地的重要资料。

【番匠】 短期轮番服役于官府的工匠。也称短番匠。唐仍纳入匠籍，扣除路途所需日程后，每年需净服役二十天，可按日绢三尺的标准交纳钱物替代。唐官府手工业主要使用无偿劳作的番匠，有偿劳作的明资匠、巧儿匠占极少数。

【蕃兵】 北宋中期至晚期，因对西夏战争，将沿边以羌人为主的少数民族内附者组成的军队称“蕃兵”。后依人数多寡，编成都与指挥。神宗行将兵法，蕃兵或单独成将，或与汉兵合编成将。朝廷除分配耕地外，对蕃兵军官分等给军俸及添支钱。

【藩镇割据】 唐后期节度使等地方军政长官对抗朝廷政令，各自为政的局面。藩镇又称方镇，主要指镇督一方总领其地军政大权的节度使等。安史之乱后，唐中央集权大为削弱，被迫以魏博、成德、幽州三镇分授安史旧将为节度使，他们在辖区内自行其是，扩充军队，委派官吏，征收赋税，形成河朔三镇割据态势。其势后逐渐蔓延至全国各地，形成普遍的藩镇割据局面，对社会生产、稳定造成极大危害，最终导致唐朝灭亡。到北宋初，藩镇割据局面才结束。

【翻车】 由低处向高处提水的木制农具。由车槽、刮板、链条和齿轮等组成，用人力、畜力或风力带动链条循环转动轮轴，装在链条上的刮板将水刮入车槽，水沿车槽上升，流入田间，提高农田抗旱的能力。因带水的木板连接成环带，形状好像龙的骨头，故又称龙骨车。东汉灵帝时始制，属于简易灌溉工具，提水高度一般为一至两米，出水量因车槽尺寸和齿轮转速而异。

【氾胜之书】 氾，Fán。古代农书。西汉氾胜之撰。约成书于公元前1世纪后期。原书已佚，现存本为后人从《齐民要术》等辑录而成。主要记载和总结陕西关中地区的耕作经验。提出“凡耕之本，在于趣时，和土，务粪泽，早锄早获”的基本原则，将农作物的栽培过程视作一个包含六个环节在内的有机整体；以前人施肥经验为基础，提出“溲种法”（在种子上粘上一层粪作为种肥）；结合北方实际情况，提出“区田法”；又总结了禾、黍、麦、稻、豆、麻、桑等十多种农作物的栽培法。奠定了我国古代农业生产的基本理论。

【燔】 fán。将成块的肉置于火上或烧热的石板上烤熟至干，以便于长期保存。

【反真】 道家指返璞归真、复归自然本真的状态。也指人死后归于自然。

【反坐】 古代一种刑罚。故意捏造事实和罪名诬告他人的，构成诬告罪。因以被诬告人所受的处罚，反过来惩罚诬告者，故名。秦汉以后，历代都有此刑。

【饭】 煮熟的谷类（黍、稷、麦、菽、麻、稻等）食物。特指干饭。

【范成大】 （1126—1193）南宋诗人。字致能，号石湖居士，苏州吴县（今江苏苏州）人。高宗绍兴二十四年（1154）擢进士第。官至参知政事。晚年退居家乡石湖。其诗取唐宋诸名家之长，自成一家。使金途中所作绝句，写渡淮后的见闻，表现其渴望恢复祖国统一的心情，颇多名篇。组诗《四时田园杂兴》六十首，以善于描写农村风光和风俗而著称。与尤袤、杨万里、陆游并称为南宋“中兴四大家”。著有《石湖居士诗集》《桂海虞衡志》《揽辔录》等。

【范雎】 （？—前255）雎，jū。战国时秦相。字叔，战国时魏国芮城（今山西芮城）人。初为魏中大夫须贾门客，后入秦，以远交近攻等主张游说秦昭王。秦昭王四十一年（前266），任秦相，封于应（今河南鲁山东），称“应侯”。秦赵长平之战，范雎用反间计使赵国以赵括代廉颇为将，造成赵军惨败。后因荐人不当，忧惧交加，辞归封地，不久病死。

【范宽】 北宋画家。字中立，一作“仲立”。因性情宽和，人称“范宽”。华原（今陕西铜川耀州区）人。画山水初师李成，又师荆浩。后感到“与其师人，不若师诸造化”，因移居于终南、太华山中，朝夕观察山中胜境，对景造意，不取繁饰，写山真骨，自成一家。善用皴笔画山，画境雄伟浩莽，绘出北方山岳浑厚峻拔的气势，尤其擅长画雪山之景。与李成、董源并称“北宋三大家”，人称董得“山之神气”，李得“山之体貌”，范得“山之真骨”。存世作品有《溪山行旅图》《雪景寒林图》《雪山萧寺图》等。

【范晔】 （398—446）南朝宋史学家。字蔚宗，顺阳（今河南淅川南）人。晋末为刘裕（宋武帝）子彭城王刘义康参军。宋建立后，先后担任尚书吏部郎、宣城太守、太子詹事等职。元嘉二十二年末（446年初），因孔熙先等谋迎立彭城王刘义康一案牵涉，被杀。曾删取各家关于东汉的史作，著成《后汉书》，记载了从光武帝刘秀起至汉献帝195年的历史，与《史记》《汉书》《三国志》合称“前四史”。

【范缜】（约450—约510）南朝齐梁时思想家。字子真，南乡舞阴（今河南泌阳西北）人。出身寒微，先后仕齐、梁，任尚书殿中郎、尚书左丞等职。梁武帝萧衍及竟陵王萧子良皆笃信佛教，朝野风靡。范缜著《神灭论》，提出“形存则神存，形谢则神灭”，有力地驳斥了佛教三世轮回及因果报应之说。其朴素的唯物主义思想对后来无神论的发展有较大影响。

【范仲淹】（989—1052）北宋政治家、文学家。字希文，卒谥文正，苏州吴县（今江苏苏州）人。幼年丧父，家境贫寒，勤学苦读，志向远大。大中祥符八年（1015）中进士。宝元三年（1040）西夏攻延州，与韩琦同任陕西经略副使，改革军制，巩固边防。当时西夏人言“小范老子胸中有数万甲兵”，边境因得以相安无事。后入为枢密副使、参知政事，与富弼、欧阳修等有意改革时政，然而终未能施行，史称“庆历新政”。范仲淹胸怀大志，其《岳阳楼记》中有“先天下之忧而忧，后天下之乐而乐”的名句。词作今传世仅五首，风格劲健。有《范文正公集》。

【梵呗】呗，bài，梵语音译词“呗匿”的简称，意为“赞颂”。因其最初传自梵土（天竺），故称。佛教举行宗教仪式时，赞唱佛、菩萨的经文，伴有曲调，可用乐器伴奏。我国三国时已有呗流传，相传陈思王曹植登鱼山（今山东东阿境内）闻天籁，创梵呗，称为“鱼山梵呗”。

【梵夹装】印度古代书籍的一种装订形式。先将佛经用梵文写在贝多罗树的叶子上，然后依照经文的顺序依次叠放起来并用两片长条竹或木板上、下相夹，以绳带捆扎成一册。也称册叶装。这种图书装帧形式传入我国后被称为梵夹装，流传于唐五代时期。

【梵文】印度古代的一种文字，书体右行。相传由大梵天王所造，故称。

【方苞】（1668—1749）清代散文家。字灵皋，号望溪，安徽桐城人。曾因戴名世《南山集》案株连而入狱，后得释。康熙闻其文名，特命他以白衣身份入南书房供职。历任翰林院侍讲学士、礼部右侍郎等职。方苞长于散文创作，推崇《左传》《史记》及“唐宋八大家”，为文提倡“义法”，讲究文风的“雅洁”，是桐城派散文的创始人。与弟子刘大櫆、再传弟子姚鼐合称“桐城派三祖”。所作多为碑志颂序经说类文字，宣扬儒家伦理纲常。也有一些记事、抒情的杂记小品，或写遗民气节，或记朋友情谊，或述生平际遇。有《方望溪先生全集》。

【方国】①商周时期指四方的诸侯国。后来也泛指州郡。②海外之国。

【方腊起义】北宋末年由方腊领导的东南地区农民起义。因繁重的赋役和花石纲等横征暴敛，宣和二年（1120）爆发于歙县（今安徽歙县）一带，响应者甚众，多为摩尼教徒，曾建立政权，自号圣公，建元永乐，占领两浙及江东大部。次年被童贯等镇压，方腊被俘，秋季在东京（今河南开封）被杀。余部在吕师囊等人的领导下，转战温、台等州，到宣和四年（1122）失败。

【方里】 地积单位。按周制，1方里合900亩。唐代以后，1方里合540亩。

【方士】 古代方术之士。好讲神仙方术，自言长生不老，从事求仙、炼丹、巫祝之术的人。与黄老道、儒术关系密切。起源于战国燕、齐一带。曾以修炼成仙和炼不老之药博取统治者的信任。秦朝时，曾有徐福向秦始皇请得童男童女数千人，乘船入海求仙，一去不返。西汉末年，曾有夏贺良作谶文，以汉家气数已尽为由，促使汉哀帝改年号"建平二年"（前5）为"太初元将元年"，后以"反道惑众"罪被杀。东汉时的费长房、三国时期的葛玄、东晋时的王嘉都是有名的方士。其方术部分被东汉以来的经学、谶纬学吸收，被道教伎术者所应用，故后来也把从事炼丹、斋醮、画符、养生等术的道士称为"方士"。

【方术】 指天文（包括占候、星占）、医学（包括巫医）、神仙术、占卜、相术、命相、遁甲、堪舆等。《后汉书》有"方术列传"上、下篇，介绍相关人物事迹。由于其中采药炼丹、祭祀祈禳、服食养生等为道教所吸收，成为其重要的修炼方法，故后世也把道教采药炼丹和养生之术称为"方术"。

【方司格】 格，法规的称呼。北魏孝文帝时，根据各地姓族的高下选用官员的法规。也称举选格。孝文帝迁都洛阳后，诏各郡中正呈奏上本地的姓、族等第，朝廷确定后据以选官，与之相关的法规即以此为称。

【方田均税法】 简称"方田"。北宋清丈土地、均平赋税负担的措施。以东西南北千步为一方。这项新法最初由北宋大理丞郭谘提出，最早被称为"千步方田法"。王安石于熙宁五年（1072）推行，为新法之一。每年九月县官派人分地丈量，按地势土质分五等定税，以各县原租税数额分派，并制定田契及各项簿册单据。由于清丈工作繁难，弊端多，加上豪强地主反对，实际只在少数地区实行。元丰八年（1085）废止。徽宗时复行，也屡行屡罢。宣和二年（1120）全废，已丈量田地照旧法纳税。

【方孝孺】 （1357—1402）明代政治家、文学家。字希直、希古，人称"正学先生"。浙江宁海人。曾任侍讲学士、《太祖实录》总裁。燕王朱棣发动"靖难之役"兵入京师（今江苏南京）后，因不肯为其草拟登基诏书而遇害，并被诛灭十族（宗亲九族及学生）。著有《逊志斋集》。

【方言】 方言和训诂著作。西汉扬雄撰。全称《𬨎轩使者绝代语释别国方言》。今本十三卷。体例仿《尔雅》，分类收集古今各地同义词语，大部分注明通行范围。材料来源于古代典籍和直接口头调查，可以看出汉代方言分布情况，为研究古代词汇的重要材料。

【方彝】 一种方形的青铜器。古文献和铜器铭文中本无方彝这一名称，该名称是清代学者根据其形制所定。流行于商代和西周初年。1976年安阳殷墟妇好墓曾出土一件形似两件方彝联成一体的长方形铜器，器底中部有

F

铭文“妇好”两字，后被定名为“妇好偶方彝”。

【方以智】（1611—1671）明清之际思想家、科学家。字密之，号曼公，安徽桐城人。崇祯十二年（1639）举人，十三年（1640）进士。任翰林院检讨，曾受崇祯皇帝召见。明亡后出家为僧，法名弘智，字无可，又号药地。精于考据，对自然科学有广泛的兴趣。著《通雅》训释名物、语言。又有《物理小识》，涉及医药、饮食、金石、器用、草木、鸟兽、方术等。诗文随笔有《浮山文集》前后编、《博依集》等。

【方舆胜览】古代地理总志。南宋祝穆撰，七十卷。成书于宋理宗时。以行在临安府为首，所记浙西路、浙东路、福建路、江东路、江西路等十七路，皆为南渡后疆域。各路记载所属府、县情况，包括郡名、风俗、形胜、土产、山川、人物、名贤、题咏、四六等。尤详于名胜古迹、诗赋序记。于各地风土习俗，采摭丰富，为记载南宋地理的重要著作。

【方丈】佛教寺院或道观中住持居住之地。因面积一丈见方，故名。据《维摩诘经》记载，维摩诘居士所住的卧室仅一丈见方，但能容纳无限。后也以此专指住持。

【坊】古代城市的居住区。四周围以高墙，或四面或两面开门，墙内建有住宅和寺庙。唐代长安城内，除皇城外，建有108坊。与市（城市商业区）有严格的分界线，实行夜间关闭坊门的宵禁制度。唐以后，随着社会生产力的发展，商业的繁荣，城市里逐渐出现店铺侵街的现象，至宋代，坊市完全相合，界线不复存在。

【防阁】配给贵族、官员的防卫人员，负责防卫斋阁，故名。魏晋以来，抽调士兵或征役充任，南北朝时期有防阁将军，掌王、都督等显贵要官的侍卫，至唐为亲王至五品以上官员所配部分仆从的专称。唐初按贵族等级和职事官品定其员额，高宗以来逐渐一并折为俸料钱发给。

【防秋】我国古代西北边疆的一项军事防御活动，主要是为了抵御游牧民族秋季南侵。在古代，尤其是唐代，西北地区的游牧部落会利用秋天马匹肥壮、兵士战斗力强的时期南下侵犯。为此唐朝每年秋天都会从关内调集大量兵力到陇右（今甘肃一带）加强边防，这些部队被称为“防秋军”。防秋军通常会在秋季草肥马壮时集结，到了初冬时节则会撤回，这种季节性的军事部署对于维护边疆安全起到了重要作用。

【防御使】古代官名。主管一地军事守御及治安等事的使职。全称“防御守捉使”，有都防御使、州防御使两种。武则天时始置，安史之乱时分设于中原军事要地，掌管本区军事，刺史兼任，常与团练使互兼。至宋代为武将兼衔，虚职。辽南面官及金、元也设防御使。清代凡陵寝及驻防之处，设防御使。

【防主】守御要冲之地的军官。南北朝始设此职，镇守军事要地，或以刺史、郡守或都督兼领。负责守护城池或边境要塞，以防范可能的敌军侵袭或是内部的叛乱等紧急情况。隋唐时，成为府兵制中的一种低等级军官名，位于副将军之下、团主之上。

【房玄龄】（579—648）唐初大臣。齐州临淄（今山东淄博临淄区）人。隋末举进士。唐兵入关中，归附李世民，任秦王府记室，随李世民征伐，功勋卓著。参与玄武门之变，帮助李世民取得帝位。贞观元年（627）为中书令，任宰相十五年。房玄龄善于谋划，另一位宰相杜如晦善于决断，二人被称为“房谋杜断”，为“贞观之治”的出现做出了重要贡献。他还受诏重撰《晋书》。

【放风筝】 我国民间传统体育游戏。也称放鹞子、放纸鸢。风筝历史极为悠久，相传为汉初韩信所作。初名纸鸢，五代时在纸鸢上系竹哨，风入竹哨，声如筝鸣，故名。以竹篾为骨架，糊以纸、绢制成，用长线系之，借风势放上天空。

【放黄米】 ①青黄不接时以高额利息向农民放贷米石，于新谷登场时按月计利清偿的借贷形式。此类做法起源甚早，明清时有此称。②指在农历正月十五这一天，人们会在家门口或庭院里放置一些黄色的米粒，以祈求平安和吉祥。这个习俗源于古代汉族民间信仰，认为黄色是五行中的土，可以镇宅辟邪、保佑家庭平安。

【放下屠刀，立地成佛】 佛教劝人改恶从善之语。后泛指作恶的人只要决心悔改，仍能变成好人。

【飞白】 汉字书体的一种。相传后汉蔡邕所创。汉灵帝熹平年间，诏蔡邕作《圣皇篇》。篇成后，前往鸿都门，当时鸿都门正在修饰，蔡邕见工匠用刷白粉的帚写字，得到启发，作飞白书。这种书法，古朴苍劲，气魄雄伟，笔画中丝丝露白，像枯笔写成的模样，故称。汉魏时曾广泛采用其体装饰题署宫阙。

【飞叉】 一种传统的武术器械。起源于古代武器长枪，后来演变成了用于健身和表演的器械。飞叉的历史可以追溯到新石器时代的渔猎工具。一般认为出现于宋代，清代盛行。能于百步外击人。叉全体铁铸，长约九寸，叉头占三分之一，柄占三分之二，叉头分三股或五股，三股较多。

【飞廉】 古代神话中的风师。也称风伯。《离骚》：“前望舒使先驱兮，后飞廉使奔属。”

【飞梁】 指架空的高桥，在我国园林艺术中一般指架在池塘水面上带有围栏的桥，或鱼池前的观鱼平台。飞梁可根据景点的需要设计成不同的平面形状，如直角形、圆弧形或丁字形等。

【飞骑】 唐太宗所设的一支精锐禁军。贞观十二年（638），唐太宗在宫城的玄武门置左、右屯营，选骑射骁捷者充其兵，即以此为称。高宗以来改为左右羽林军，仍以此泛称。

【飞钱】 唐宋时的汇兑业务。也称便换、便钱、兑便。持有者无须运输实体货币，仅凭一张纸券即可兑换现金。唐后期各地在京商人遂将售货所得款项，交付各道驻京的进奏院及各军各使等机关或设有联号的富商，由收钱单位发给半联票券，另半联寄往各道有关机关、商号。商人回到本道后，合券取钱。元和元年（806）曾予禁止。七年（812）令商人到户部、度支、盐铁三司飞钱。后来飞钱已不限于京师，飞钱者也不限于商人。北宋开宝三年（970）在京师设便钱务办理汇兑。后改由榷货务办理。南宋初年汇兑尚盛行，后渐衰落。

【飞洒】明清地主逃避赋役的方法。又称飞走、洒派、活洒。田主富室勾结当地官吏，将田地和赋税化整为零，把自家应纳赋税钱粮，分别记在贫弱户、逃亡灭绝户甚至无地农户名下。明江西散给实有人户的称活洒，散给逃亡灭绝户的称死寄。清摊丁入亩后，始少见。

F

【飞天】佛教壁画或石刻上空中飞舞的天神。梵语称“提婆”，意译为“天”。敦煌石窟、云冈石窟有诸多飞天壁画或造像。

【妃】①宫廷女官名。皇帝的妾，位次于皇后。秦时王者一后三妃。隋依周制，立三夫人，正一品。唐高祖设置贵妃、淑妃、德妃、贤妃各一人。唐玄宗改定为三妃，即惠妃一，丽妃二，华妃三。三妃辅佐皇后，管理妇礼和后宫各种事务。②太子和王、侯的妻子。如三国时魏国陈王曹植的妻子被封为王妃，即“陈妃”。

【非攻】古代墨家学派的主张之一。反对无差别的攻伐战争，主张以和平方式解决争端。非攻的思想基础是墨家的兼爱观念，即对所有人都应持有平等的爱心，这样就能避免相互攻伐，达到天下和谐。虽然非攻主张和平，但并不完全排斥战争。在必要时，为了自卫或保护无辜，可以进行防御性的战争。

【非命】古代墨家学派的主张之一。认为富贵、贫贱、吉凶、祸福非命所定，反对天命之说，提倡人定胜天，事在人为。

【非乐】乐，yuè。古代墨家学派的主张之一。墨子从节省人力物力、利国利民的角度，认为制造乐器需要聚敛百姓的钱财，荒废百姓的生产，且音乐还会使人耽于荒淫。反对劳民伤财、费时费力、以享乐为主的音乐活动。

【骈】fēi。古代驾车的马，在中间的称为服，在两旁的称为骈。

【淝水之战】公元383年，东晋在淝水（今安徽寿县东南）一带击败来犯前秦大军的战役。是我国历史上以少胜多的著名战例。东晋太元八年（383），前秦苻坚强征各族人民，号称组成八十余万大军（实则仅二十多万），分道南下攻晋。晋相谢安使谢玄等率北府兵八万迎战，晋将刘牢之在洛涧（今安徽淮南东洛河）大破秦军前哨。苻坚登寿阳城，见晋军严整，遥望八公山（今安徽寿县北）上草木，以为都是晋兵，始有惧色。晋军进至淝水，要求秦兵略向后移，以便渡河决战。苻坚打算乘对方半渡而击，便挥军后退。不料大军因多不愿战，一退而不可止。晋军乘机渡河攻击，秦军大败，溃兵逃跑时闻风声鹤唳，都以为是晋军追兵。谢玄乘胜攻占洛阳、彭城等地。苻坚逃至关中，后为羌族首领姚苌所杀。此战使我国南北朝对峙的局面得以延续了半个多世纪。“草木皆兵”“风声鹤唳”等成语与淝水之战有关。

【朏】fěi。古代有“月相纪日法”，即用描述月相的特称来纪日。朏，指新月初现光明，故古人将农历每月初三月之初现微光之日称为朏。

【分成租】按田地产量比例交纳的地租，即农民将土地上一定比例的收获物作为地租缴纳给地主。战国秦汉以来，租种官田私田的佃农常按预定数额或产量分成交纳地租，分成租率常在五成上下，有利于刺激佃户积极性，但定额租仍在某些情况下起重要作用。

【分定姓族】北魏太和二十年（496）起，孝文帝统一确定胡汉族姓门第的举措。孝文帝改革的重要措施之一，其目的在于辨别汉族士人和鲜卑贵族的门第高下，以恢复门阀制度。太和十七年（493）孝文帝迁都洛阳后，相继停用北族语言、服饰，改拓跋为元姓，其余北族诸姓均改为汉姓，落籍河南。孝文帝亲自拟定条制，规定鲜卑元姓门望最高，鲜卑穆、陆、贺、刘、楼、于、嵇、尉八姓同汉族头等门阀崔、卢、郑、王四大姓门第相当，其下各姓也按父祖官位各定其等，以统合胡汉关系，指导官职选用。

【分赔法】清朝应缴关税短缺时，责令监督、督抚按数分别赔偿的处罚办法。

【分守道】古代官名。明清各省布政使司分区理务的派出机构。明始置。常分派左右参政、参议到各属府州县，负责辅佐布政使监督农桑、处理钱粮等财政税收事务。

【分巡道】古代官名。明清各省按察使司分道巡察的派出机构。因分道巡察，故称。主要职责为巡视监察、处理刑名和维护治安，进一步控制和监察地方官员。

【分野】古人把天上的星宿分为十二星次，与地上的州国相对应，天上的星空区域称“分星”，与之相对应的地域称“分野”。唐王勃《滕王阁序》“星分翼轸”，即在分野的意义上提到翼宿、轸宿。

【分至】春分、秋分、夏至、冬至的合称。也称二分二至。相传，尧舜时期对它已有认识，商周时定此称，为历代制定历法所重视。

【焚书】明末李贽著，六卷。包括书答、杂述、读史短文等，对儒家经典、宋明道学、封建社会的家规、师训、官场禁例及应对礼仪，进行了痛切的揭露和批判。作者公开以“异端”自居，蔑视孔、孟。提出“童心说”，风靡一时。自序中谓其书可焚，故名《焚书》。

【焚书坑儒】秦始皇焚烧典籍、坑杀儒生的事件。秦始皇统一六国后，为统治思想文化而制造的两起重大事件。秦始皇三十四年（前213），博士淳于越反对郡县制，要求根据古制，分封子弟。丞相李斯反驳其议，主张禁止儒生以古非今，以私学诽谤朝政。秦始皇采纳李斯建议，下令除秦国史书、博士官收藏的图书及医药、占卜、种植等书外，其余图书严禁民间私藏，多被焚毁。谈论《诗》《书》的处死，以古非今的族诛。禁止私学，欲学法令的以吏为师。次年，卢生、侯生等方士、儒生以秦始皇贪权专断、滥施刑罚为由，相约逃亡。秦始皇派御史查究，将460多名方士和儒生坑杀在咸阳。这是思想文化史上的浩劫，加速了秦的灭亡。

【轒辒】fénwēn。攻城战役中使用的战车。《孙子兵法》即有记载。魏晋以来称“木驴”。四轮，上以绳为脊，外用生牛皮覆盖，攻城时，兵卒藏于其内合力推车前进，牛皮坚韧，可保护攻城士卒免受流矢、滚木、投石的伤害，也能助攻城方攀援、冲击城墙。唐宋以来续有发展。形式多样，名称不一。

【丰隆】 古代神话中的云神。《离骚》："吾令丰隆乘云兮，求宓妃之所在。"一说为雷神。

【风骨】 古代文艺理论术语。源于汉末魏晋时期的人物评鉴用语，大致指根植于丰沛骨气基础上的刚健雄强的作品风貌。也泛指诗文书画等雄浑豪放、刚健遒劲的艺术风格和气派。如汉末建安时期，一些诗歌继承汉乐府民歌的现实主义精神，具有"慷慨悲凉"的独特风格，后世称之为"建安风骨"。《文心雕龙》列有《风骨》篇。

【枫桥】 古桥。位于今江苏苏州西郊枫桥街道，是上塘河上的月牙形单拱石桥。始建年代不详，现桥为清同治年间重建。旧名曾用"封桥"。唐代诗人张继曾船行到此夜泊，写下了脍炙人口的诗篇《枫桥夜泊》。此后该桥名为"枫桥"。枫桥跨越古运河，南临六朝古刹寒山寺，经千年江南烟雨洗礼，渗透出浓厚的历史文化审美意境。宋范成大《吴郡志·桥梁》曾赞叹："枫桥，在阊门外九里道旁，自古有名。南北客经由，未有不憩此桥而题咏者。"

【封人】 古代官名。"封"指边界，"封人"指《周礼》地官司徒的属官，掌守帝王社坛及京畿的疆界，兼掌都邑城郭营建、祀天地和祖先等事宜。春秋时为典守封疆之官。如郑有颍谷封人、祭封人，卫有仪封人。在封建社会，封人扮演着重要的角色，他们是帝王直接任命的管理者，负责维护社会秩序、管理资源分配等。

【封禅】 封，登泰山筑坛祭天，报天之功。禅，shàn，告天后在泰山下的梁父山（一说云山或亭山）设坛祭地，报地之功。此礼源于上古时期对天地山川的原始崇拜，是古代帝王为表明自己受命于天而举行的最隆重的典礼，多在太平盛世或止乱复治时举行。自远古时期，就有帝王封禅。春秋时期管仲认为在此之前曾有七十二代帝王进行封禅。公元前219年，秦始皇登泰山封禅，并刻石颂秦德，留下《泰山刻石》，相传其稿本是秦丞相李斯所书，唐人称颂它"画如铁石，字若飞动，骨气丰匀，方圆绝妙"。后汉武帝、汉光武帝、唐高宗、唐玄宗、宋真宗都曾封禅泰山。

【封赠】 皇帝把官爵名号授予大官重臣的父祖、妻室，以示恩典的制度。授予在世者称"封"，授予过世者称"赠"，一般统称"封赠"。此制始于晋与南朝宋时期，到唐代逐渐完备。最初一般仅父母这一辈。后来可往上追赠曾祖父母、祖父母、父母三代。

【烽堠】 fēnghòu。烽火台。烽，指烽火。堠，指古代瞭望敌情的土堡。烽堠是古代军事防御、警备和通信设施。各国在边境建造烽火台，台上储备干柴，遇有敌情，燃火以报警。历史上关于烽火传递军情的著名典故有"烽火戏诸侯"。西周末代君主周幽王为博宠姬褒姒一笑，采纳了大臣虢石父的建议，点燃烽火台谎报军情，戏弄了各地赶来援助的诸侯，从而失信于诸侯，最终导致亡国殒命。烽堠自西周末年至清代一直是我国现代化通信产生前的一项重要军事制度。

【烽燧】 即烽火。古代边防报警的烟火。起源很早，其设置及守望之制完备于战国秦汉。凡有敌情，白天燃烧柴草起烟，称燧。夜间焚烧柴草起火，称烽。可增减烟柱或火堆以示敌情轻重。后世沿此损益，其设施和规定以长城沿线最为典型。

【冯梦龙】 （1574—1646）明代文学家。字犹龙，别署龙子犹、顾曲散人、墨憨斋主人等，长洲（今江苏苏州）人。明思宗崇祯时贡生，曾官福建寿宁知县。清兵渡江后，参加抗清活动，后死于故乡。致力于小说、戏曲和其他通俗文学的研究、整理与创作，著述甚丰，主要有：话本小说集《喻世明言》《醒世恒言》《警世通言》（合称“三言”），另增补罗贯中的《平妖传》为《新平妖传》，改写余劭鱼《列国志传》为《新列国志》；时调集《挂枝儿》《山歌》；笔记小品《古今谭概》《笑府》《智囊》《智囊补》等；戏曲创作有《双雄记》《万事足》《风流梦》《新灌园》四种，又修改汤显祖、李玉诸人作品多种，合称《墨憨斋定本传奇》。

【凤凰】 一种传说中的神鸟，与龙、麒麟、龟并称为“四灵”。关于其形象，据文献记载，为鸡头，蛇颈，燕颔，龟背，鱼尾，全身五彩，高六尺多。古人认为凤凰为百鸟之王，是祥瑞的象征，只有在政治清明、天下安宁时才会出现。古代帝后居处和用物多以凤凰为饰。一说雄曰凤，雌曰凰。西汉司马相如曾弹奏《凤求凰》琴曲，追求卓文君。

【凤翔秦墓】 东周时期秦国墓葬。位于今陕西宝鸡秦都雍城遗址的南面。春秋战国时期，秦国曾在雍城建都长达293年，考古工作者在这里发掘出土了许多珍贵文物。在雍城遗址之南的南指挥镇有秦公陵园，共发现43座规模较大的墓葬，其中的秦公大墓是我国目前已发掘的最大的土圹墓，也是迄今发掘的最大先秦墓葬。墓内186具殉人，是自西周以来发现殉人最多的墓葬。椁室的柏木“黄肠题凑”椁具，是迄今发掘周、秦时代最高等级的葬具。椁室两壁外侧的木碑是我国墓葬史上最早的墓碑实物。尤其是大墓中出土的石磬是我国发现最早的刻有铭文的石磬。最珍贵的是石磬上的文字，多达180多个，字体为籀文，酷似“石鼓文”，考古研究根据文字证明，墓葬主人为秦景公。其出土的随葬品金兽、玉璜、巨型石磬，以及各种青铜器、漆器、丝织品反映了当时秦国高超的工艺水平。

【凤阳花鼓】 汉族民间歌舞。以演唱为主。明代流行于安徽凤阳燃灯寺一带，起初是农民在田间插秧时，击鼓互歌，故名。它的渊源可追溯到宋代的《村里迓鼓》，而与六朝的《巾舞》《扇舞》也有所关联。通常是男女二人表演，一人执小锣，一人击鼓，两人边歌边舞。最初的花鼓略大，近似腰鼓，斜背肩上，后来为便于外出卖艺时携带，将花鼓改造成扁形小手鼓，如碗口般大。早期花鼓音节凄婉，内容多是抒发家室流离之苦。曲调吸收当地秧歌。京剧、昆曲等曾吸收其为短剧节目。

【奉天法古】 以合乎天道和效法先王之道为特征的施政主张。源自三代，西汉董仲舒以来对其有所总结和发挥。

【俸钞】 元对汉民户所征赋税项目。元朝初期，官吏无俸禄，中统三年（1262）制定了百官俸禄制度，开始向民户征收额外的费用作为官员的俸禄，此增赋给官俸，用钞缴纳，故名。至元四年（1267）新增纳的“一两”也是“俸钞”，每户在包银之外另纳俸钞一两，以供各级官吏的俸禄开销。

【俸禄】 我国封建社会政府按规定付给各级官吏的薪给。以其有等秩，故又称俸秩。主要有土地、实物、钱币等形式。分封制下，以封地代禄，封地大小就是各级官吏的俸禄标准，俸禄即封地内的经济收入。俸禄制度规范化后，朝廷按官吏不同级别，按月发放定额粟米和钱帛。至唐宋又辅以职田、力役，增发料钱等津贴。其后俸禄逐渐以货币为主。

【佛】 “佛陀”的简称。意为“觉”“智慧、觉悟之人”。“觉”有三个境界：一为自觉，即自我觉悟。二为觉他，即使众生觉悟。三为觉行圆满，当达到这种圆满的觉悟，才能称为“佛”。小乘佛教所指的佛，是佛教创始人释迦牟尼的原始佛教和部派佛教。大乘佛教所指的，则是释迦牟尼及一切觉行圆满者。

【佛诞节】 佛祖释迦牟尼的生日。在农历四月初八日。传说，释迦牟尼诞生后就能站立，他右手指天，左手指地，意思是：“天上天下，唯我独尊。”他走动时，步步生莲花，这时，天降九龙吐水，为其浴身。佛教传入中国后，这一天自然也就成为中国佛教信徒的节日。届时，寺院要举行诵经法会，以旃檀、紫檀、郁金、龙脑、沉香、麝香、丁香等天然香料调制成香汤灌洗太子像，称为浴佛，故此节也称浴佛节。此外，还要举行供献花卉、拜佛祭祖、布施等仪式。

【佛法】 佛教教义，也指佛所具有的法力。

【佛光】 初指佛所带来的光明。佛教认为佛法广大，其觉悟众生如驱散黑暗带来光明。在佛教艺术形式中，具象为在佛祖画像或雕塑上其身后或上方呈现的火焰。而佛教信仰者出于对佛祖的敬畏，将云雾天气中，某些海拔较高山峰的轮廓被阳光投射在云雾上的自然光学现象，称为“佛光”。

【佛号】 佛的名号，如世尊、如来等。又特指信佛者口中常念的佛号“阿弥陀佛”。

【佛教】 世界主要宗教之一。公元前6至前5世纪古印度释迦牟尼创立。以无常和缘起思想反对婆罗门的梵天创世说，以众生平等思想反对婆罗门的种姓制度，以涅槃（超脱生死）为理想境界。以戒、定、慧三学为修持方法，以经、律、论三藏为理论依据。在古印度的发展经历了几个阶段：释迦牟尼的原始佛教；前4世纪左右，部派佛教（上座部和大众部等）；1至2世纪，大乘佛教（把以前的佛教称为小乘佛教）；7世纪后，大乘密教。印度本土佛教在9世纪后渐趋衰微，13世纪初归于消灭，19世纪后始渐复兴。佛教传入我国的时间，一说为西汉元寿元年（前2），一说为东汉永平十年（67）。初期仅被视为神仙方术的一种。至东汉末，随着安世高、支谶首译汉文本佛经的行世，佛教教义开始与我国传统伦理和宗教观念相结合。经三国两晋到南北朝，佛教寺院广为建造，佛经的翻译与研究日渐发达，到隋唐达到鼎盛，产生三论、律宗、天台、华严、唯识、禅宗、净土、密宗等本土化宗派。对我国文学、艺术、哲学以至社会的风俗习惯等都有影响。

【佛龛】 佛教信仰者用于供奉佛像的石室或小阁。龛指掘凿崖为室，安置佛像，即供龛。在云冈、敦煌等石窟中均能见到。随着请佛进家的传统慢慢兴起，佛龛款式趋于多样，材质也更丰富。

【佛堂】 供奉佛像和做佛事的殿堂、堂屋。

【佛图户】 北朝佛寺所属的役户。北魏文成帝采纳昙曜的建议，由官府把犯重罪的囚犯和官奴婢配给某些寺院从事劳役，如清扫寺院、耕种土地等。佛图户隶属寺院，身份如同奴婢，不向政府供赋役。北周武帝灭佛运动后，佛图户制度被废除，改为编户。唐中期以后，在吐蕃统治下的敦煌地区仍有遗存。

【佛学】 我国对佛教哲学的称呼。包含佛教经典的各种义理，内容涉及哲学、逻辑学、美学、伦理学等。有时也称佛教。佛教自汉代进入我国，到魏晋南北朝时期已广泛流行。上至王公贵族，下至平民百姓，信徒众多。大量的佛经翻译工作也在此时展开。至唐代，佛教在我国形成了各宗派，诸派别与我国的传统学术、思想相交融，产生了我国佛教哲学。佛学通过各种论证达到教化、信仰的目的，其中包含着十分丰富的逻辑分析与辩证法观点，对此后的宋明理学、晚清思想以及文学、美学、艺术有着深远影响。

【佛牙】 指释迦牟尼火化后留下来的牙齿。也称佛牙舍利。《大唐西域记》记载：佛牙被置于精舍宝函中，长余寸半，其光泽随着朝夕更替不断变化。佛教徒视为珍宝，予以供奉。

【佛祖】 指佛教创始人释迦牟尼。又指开创佛教宗派的祖师。

【缶】 ①古代一种用于汲水或盛酒的器皿。小口圆腹，有盖，肩上有环耳，形似后世的坛。多为陶制，也有的用青铜铸造。流行于春秋战国时期。②一种瓦质的打击乐器。战国时秦王赵王举行渑池会，秦王为羞辱赵王，请赵王鼓瑟。赵国大臣蔺相如则请秦王击缶作为还击。

【夫头】 清朝由地方官发给照票的金矿采金工头。负责管束人夫，收缴课金。

【夫役】 宋代一种无偿劳役。也称工役。按编户丁口多寡和户等高低征调。宋代，男子二十到五十九岁为丁，凡城乡有一丁以上的民户都须承担夫役，官户享有免役特权，担任职役的乡村上民暂免夫役。宋代夫役多用厢兵（承担各种杂役的军队），故民户夫役负担比前代略有减轻。北宋时，每年春季征调丁男修筑黄河堤岸，谓之“春夫”。一旦出现水患，则征调“急夫”。此外，夫役还用于筑城、开河、盖屋、修路、采矿、运粮等。

【夫子】 ①古代对男子的尊称。②《论语》中孔门弟子出于对孔子士大夫身份及学识的尊重、崇敬，尊称孔子为夫子，后渐成为对老师的专称。③妻子对丈夫的称呼。

【伏羲】 中华神话中人类的始祖，古代帝王。一作“宓羲”“庖牺”，也称牺皇、皇羲、太昊。风姓。相传人类由伏羲和其妹女娲氏婚配而生，又传他教授人类结网、渔猎、畜牧等生存技能，八卦和琴瑟也是由他制作的。伏羲的形象和事迹，反映了原始社会人们的精神世界和生活状态。

【扶风法门寺唐塔地宫】 法门寺中阿育王塔基遗址。法门寺位于今陕西扶风法门镇，始建于东汉桓帝、灵帝时，周魏以前称作“阿育王寺”，隋文帝时改称“成实道场”，唐高祖武德元年（618）时改名“法门寺”，因供奉释迦牟尼真身舍利而闻名于世。自唐高宗起，有八位唐朝帝王迎送舍利。寺中阿育王塔相传造于唐代，原是木构方塔。明代于唐塔基上建十三层八角砖塔，砖塔于1981年倒坍，塔基于1986年被发掘。因唐时塔基瘗埋佛指舍利，故其下造有复杂的地宫。地宫由踏步漫道、平台、隧道、前室、中室、后室、秘龛组成，总长21.12米，由宫内碑文得知，地宫封闭于唐咸通十五年（874），四枚佛指舍利分置于前、中、后室和秘龛中。经鉴定，佛指舍利为骨质或玉质。地宫内供养佛舍利的物品有金银器、铜器、石刻、瓷器、琉璃器以及丝织品。其中捧真身菩萨像、鎏金银盒、熏炉等都精美绝伦，代表了唐代最高的工艺水平。

【芙蕖】 蕖，qú。荷花。一说特指已开的荷花。也称芙蓉。

【芣苢】 fúyǐ。即车前子。古人认为它的籽实可以治妇人不孕。

【拂尘】 古代一种日常生活器具。长柄，前端有用棕丝、马尾、牛尾等做的穗。用于拂除尘埃、驱赶蚊蝇。

【拂菻】 菻，lǐn。我国古代对东罗马帝国的称呼。也作“拂壈”“拂懔”“拂临”“佛朗”“富浪”“拂郎”等。隋唐以来各朝及西突厥汗庭皆与之有使节往来，宋时指塞尔柱突厥人统治下的小亚细亚一带。

【服阕】 阕，què，终了。服丧期满。也称服满。期限各有规定，服丧期间生活起居都受约束。汉代以来，其具体规定有所变化。

【服色】 古时各王朝的车马、祭牲、服饰等所规定采用的特定颜色。古人受“五行”观念及“五德始终说”的影响，历代王朝都有崇仰的颜色。夏尚黑色、殷尚白色、周尚赤色、汉尚黄色等。秦汉以来，新王朝建立都将改正朔、易服色视作关系国运的大事。秦始皇认为，周为火，秦为水，所以崇尚黑色。自唐高宗始，黄色成为帝王的专有色彩。后也泛指各级官职的服饰。

【宓妃】 宓，Fú。即洛神。古代神话传说中的洛水女神。据传宓妃为伏羲氏的女儿，在渡洛水时不幸落水淹死而成为洛水之神。《离骚》中有“吾令丰隆乘云兮，求宓妃之所在”的诗句。古代文人墨客留下不少描写宓妃的名言佳作，最著名的当属三国魏曹植的《洛神赋》，其赞美宓妃“翩若惊鸿，婉若游龙，荣曜秋菊，华茂春松，仿佛兮若轻云之蔽月，飘飖兮若流风之回雪”。而晋代书法家王献之书写的《洛神赋十三行》（也称《玉版十三行》）更是绝世珍品。继王献之后，元代的赵孟頫也有行书《洛神赋》传世。

【祓禊】 fúxì。古代习俗。古人于春秋两季，到水滨洗濯，以除凶去垢。源于上古。春季常在三月上旬的巳日，三国魏以后定为三月初三日。东晋王羲之于晋穆帝永和九年（353）三月三日同谢安、孙绰等人会于会稽山阴之兰亭，行祓禊之礼，曲水流觞，饮酒赋诗，写下了流传千古的《兰亭集序》。

【浮生】 语出《庄子·刻意》之“其生若浮，其死若休”。指人生在世，虚浮无定。后来也把人生称为“浮生”。

【浮屠】 也作“浮图”。①佛。梵语音译。如浮屠之教，即佛教。浮屠寺，即佛寺。也指僧人。韩愈有《送浮屠文畅师序》。②塔的别名。如：“救人一命，胜造七级浮屠。”

【符节】 符和节的合称。古代调兵或派遣使者的凭证。符作为调兵的信物，由竹、木、玉或金、铜等制成，上刻文字，一分两半，一半存朝廷，一半给出征将帅或外任官员。使用时，两半相合，经验证后生效。历史上关于符的著名故事有信陵君窃符救赵。节作为出使信物由使臣所持。西汉苏武奉命出使匈奴，被匈奴扣留，面对威逼利诱，毫不屈服，持节杖于北海苦寒之地牧羊十九年。“苏武节”因此成为历代诗文吟咏的对象，成为坚贞、忠义气节的代表。

【符离之战】 宋隆兴元年（1163），宋金在符离（今安徽宿州）展开的一次战役。也称符离之溃。此年孝宗登位，力图有为，以张浚为都督，命令李显忠与邵宏渊等将领率领十三万大军北伐，四五月间成功收复了灵璧（今安徽灵璧）和虹县（今安徽泗县），渡淮进至符离，李显忠与邵宏渊之间不和，邵宏渊拒绝全力作战，加上其他将领相继违令逃遁，被金反攻溃败。次年议和，宋对金称侄皇帝，每年向金贡献银二十万两、绢二十万匹。此战对宋孝宗的北伐计划造成了沉重打击，是南宋历史上的一次重大挫败。

【符箓】 箓，lù。道教所用的一种具有法力的图形。符指的是书于黄纸或帛上的笔画屈曲类似字形的符号。箓指的是记录天神名讳的秘文。道教认为，符箓可以传达天神的意旨，用来驱鬼降魔，禳灾祛病。

【福船】 宋元以来定型于福建地区的尖底海船。吃水深，稳性好，易于转舵，适于远洋航行和较狭窄、多礁石的航道，是当时东南沿海与东、西、南洋交通的主要客货用船和水军装备的战船。明代郑和下西洋以及名将戚继光、郑成功的水师主要船型就是福船。

【福地洞天】 道教传说中神仙所居住之胜境。即“十大洞天”“三十六小洞天”和“七十二福地”。十大洞天指：王屋洞天、委羽洞天、西城洞天、西玄洞天、青城洞天、赤城洞天、罗浮洞天、句曲洞天、林屋洞天、括苍洞天。而三十六小洞天则在诸名山中，岱宗、少室等都包括在内。七十二福地则在胜地名山之间，上帝命真人治之，其间多得道之所。江苏句容地肺山、浙江临海盖竹山等均在列。

【福晋】 清朝亲王、世子、郡王妻子的封号。满语意思是妻子、贵妇，一说是汉语“夫人”的音译。分正、侧两种。正室封“福晋”，侧室则封“侧福晋”，亲王封侧福晋四人，郡王及世子封侧福晋三人。每五年一次，由礼部题准给册。

【幞头】 幞，fú。古时男子包头的软巾。又名帕头。相传始于北周，至唐初基本定型，始称幞头。最初仅用黑色纱罗缝制，后逐步发展为用桐木片做成顶部稍突状的里衬，使顶部高抬，后人称唐巾。宋时以藤编织做里，用纱做面，表面涂黑漆，做成可随意脱戴的幞头帽子。其后官场给不同职级的官员制作样式有别的幞头帽子，由于用材通常是青黑色纱罗，所以也称乌纱，民间俗称为乌纱帽。一直到清代，这种从包头软巾发展而来的官帽才被弃用。

【抚顺之战】 明万历末努尔哈赤率军袭取抚顺（今辽宁抚顺）的战役。公元1618年，努尔哈赤利用明朝边防松弛之机，把握战机，周密部署，宣布“七大恨”，誓师告天，兵分几路，突袭抚顺。明守将降逃，援军覆灭，总兵等军官五十余人阵亡。此战是明朝与后金战争的开端。

【斧】 古代的一种兵器。商代以前有石斧，商代有青铜斧，斧刃凸形，略外突。商周的铜斧，形状、雕刻、嵌镂皆精致华美。春秋战国时的铜斧大多以管插柄。汉代出现了铁斧，形状多样，长短宽窄各异，变体、名称渐多。在古代，斧被视为王权的象征。传说中的盘古开天辟地所用的斧，就是其至高无上权力的象征。斧也被用作仪仗或祭祀仪式的礼器。在商周时期，斧字在墓葬中的出土文献中频繁出现，显示了其在礼仪文化中的重要地位。

【斧声烛影】 有关宋太祖赵匡胤之死和宋太宗赵光义即位过程的谜案。也称烛影斧声。宋开宝九年（976）十月壬午夜，宋太祖赵匡胤大病之时，召晋王赵光义入宫商议后事。席间有人看见宫内烛影摇动，仿佛赵光义离座退避，又过片刻，听到斧子戳地击物的声音，赵匡胤大声说“好为之”（一说“好做，好做”），这句话的含义以及他为何这么做，至今仍是一个未解的谜团。

【府】 唐代将京师和东都洛阳所在地的州升为府，并将设有都督府或设有都护府的州升为府。一般大州都称府，隶属于道。宋代府、州并存，隶属于路。如东京东路包括济南府，青、密、沂、登、莱、淄、潍七州和淮阳军。元代的府或隶属于路，或直辖于中央。明代以京畿、应天诸府直隶京师，其余隶属于各省。清代顺天、奉天二府直隶京师，其余因袭明制。府的最高长官，唐称尹，宋称权知府事，明清称知府。

【府兵制】 西魏、北周至隋唐的兵制。西魏宇文泰将上古周朝六军军制同鲜卑八部制进行糅合，创立了八柱国、十二大将军、二十四开府的府兵制管理系统。八柱国中，宇文泰特殊，元欣因地位尊崇而挂名，实际为六柱国，每个柱国领两位将军，每位将军管两位开府。北周时，府兵军士改称侍官，不属柱国。隋初称军府为骠骑府。大业三年（607）改称鹰扬府。唐初一度恢复“骠骑府”旧称，不久改为折冲府。天宝八载（749），折冲府无兵可交，府兵制名存实亡。宋时成为武官寄禄之衔，辽金置为州级行政官，元废。

【府试】 科举时代府一级考试。童生试第二阶段考试。明始行，由各府长官主持。凡经县试录取的童生均可参加所属府的考试。清制，试期多在四月，报名、履历、保结、场期等与县试略同。录取者可参加上一级的院试。通过县试、府试和院试这三个阶段的考试，就可以取得生员资格，并可以进入官办的府、州、县学进行学习。

【府尹】 古代官名。一般为京畿地区的行政长官。始于汉京兆尹。唐东都、西都、北都及州郡之升府者，皆置府尹，掌宣教令，岁巡所属县，观风俗、讯囚等。宋代开封之府尹不常置。明应天、顺天，清顺天、奉天，均置府尹，掌京府的政令，其佐官称府丞。后也用以泛称太守。北宋王安石为江宁府尹，提出“废湖还田”的主张，奏准宋神宗泄湖得田，导致玄武湖消失了二百多年。

【釜】 也作“鬴”。古代一种炊器。早期为青铜制，后多以铁制。圆腹，双耳，无足，类似于现代的“锅”。使用时置于灶口，上置甑以蒸煮。盛行于汉代。项羽曾引兵渡河，渡河后凿沉船只，摔破釜甑，只带三天的军粮，以表示决不后退之义，这就是成语“破釜沉舟”的由来。

【脯】 ①即干肉。也称脩。也有古人认为，脯和脩在制作上有所区别，前者是不加姜、桂等作料，仅抹盐风干，后者是加姜、桂后捣捶以入味再风干。将肉风干，最初是为了便于保存，自周代就有干肉的相关记载。《齐民要术》中详细地介绍了干肉制作的时间、原材料和各种制作方法。②干制的果仁和果肉。《齐民要术》中介绍有枣脯法。

【簠】 fǔ。古代食器。青铜制，长方形。其基本形制为对扣着的一对梯形台状盛器，分开则成为两个一样的器皿。祭祀和宴飨时用来盛放黍、稷、稻、粱等饭食。出现在西周早期后段，盛行于西周末春秋初，到战国晚期后消失。

【负荆请罪】 出自《史记·廉颇蔺相如列传》。战国时，蔺相如在秦赵外交活动中数次成功为赵国化解危机，被拜为上卿，位居大将廉颇之上。廉颇不服，扬言要侮辱蔺相如。蔺相如为了国家利益，处处退让。廉颇知道其苦心后，深感惭愧，肉袒负荆，登门向蔺相如赔罪。这一典故在民间又称将相和。它既颂扬了蔺相如以大局为重、宽容大度的胸怀，也歌颂了廉颇善于反思、知错就改的磊落胸襟。

【附生】 科举制度中生员名目之一。明代生员定额，后增广，不拘额数。宣德时，以初设食廪者为廪膳生员，以广者称增广生员，各有一定额数。明正统时，于府、州、县学廪生、增生名额之外又增加生员附于诸生之末，称为附生，是生员中资历最低者。清代凡童生入学者皆称附生，只领取膏火费，岁试、科试优等可逐年升为廪生、增生。

【驸马】 古代官名。汉武帝时始置，掌管皇帝出行所用的副车之马，年俸禄是二千石，起初多由皇室或外戚及诸公子孙担任。三国时期，何进之孙何晏因与公主结婚，被授予“驸马都尉”一职。后西晋杜预、王济作为公主的丈夫都被授予“驸马都尉”。魏晋之后，皇帝的女婿封“驸马都尉”成为常例，简称“驸马”。“驸马”已不是官职，成为皇帝女婿的代称。清朝改称“额驸”。

【复】 丧礼仪式之一。指招魂。古时人初死，断定无气息后，生者要上屋顶面北而呼，为死者招魂，称为复。复而不醒，方能办理丧事。此仪式源自上古，意在招唤死者的灵魂回复到身体，从而复活。战国屈原（一说宋玉）《招魂》模仿民间招魂习俗，呼唤楚王的灵魂回到楚国。经唐、宋、明而到近代，“复”的习俗渐不行。

【复辟】 辟，bì，君主。指被赶下台的君主重新掌权，登上君位。后多指被推翻的统治者重新上台，或旧制度得到恢复。如近代有历时仅12天的张勋复辟。

【复除】 古代国家免除徭役、赋税的措施。战国时始有，沿用至唐宋时期。具体做法历代不尽相同。如公元264年，曹魏权臣司马昭平定蜀国，为稳定动荡的形势，他下诏“特赦益州士民，复除租赋之半五年”，即减免蜀地民众五年之内的一半赋税。

【复道】 楼阁或山崖间架起的通道。也称阁道。一般有上下两层，上层通道连接建筑物的楼上，而下层通道则连接楼下。通道两侧有栏杆或花窗，形成保护围栏以及半隐蔽式的廊道。复道起源较早，春秋战国时期即有应用，由于其具有一定的防御和保密功能，故秦汉之后多用于宫廷建筑中。

【复客制】 官僚贵族的佃客可依法免除赋役的制度。盛行于三国孙吴治下，与世袭领兵制配套，朝廷也常赐予大臣佃客。孙吴政权赐予大族将领田地，使其免纳租赋，同时免除其佃客的赋税徭役，使这些佃客成为只向主人纳课服役的私佃客。这些佃客被称为“复客”或“赐民”，身份同于农奴。西晋发展为荫客制。

【复推】 宋代死刑案件的重审程序，规定案件审理完毕后，已判死刑但尚未执行时，要派其他无关的官员录问犯人。如果犯人在录问或行刑时呼冤翻供，或其家属诉冤，则由上级再差派官员依法重新审理。宋代法律规定，凡死罪案件，都要送朝廷刑部复审，同时朝廷也经常派出使臣到各地审理案件。案件一经“翻异”，司法机关便须再审理一次。

【复姓】 由两个或两个以上的汉字组成的姓。复姓的来源多样，有的来源于封邑，如春秋晋魏颗屡立战功，受封于令狐邑，其后人就以“令狐”为姓。有的来源于职业，如相传“漆雕”本是职业称谓，用以称呼油漆装饰工，他们的后代就以祖先的职业或技艺的名称“漆雕”为姓。有的来源于官名，如司马、皇甫。有的来源于少数民族汉化、融合改姓，如长孙、慕容、拓跋、哥舒、宇文等。

【复奏】 死刑的奏请制度。此制萌芽于汉代，确立于北魏，定型于隋唐。隋朝时规定死刑案要三次复奏，皇帝批准后才可执行。明清时期进一步完善，是古代刑事审判中的重要制度。

【副榜】 科举时代会试或乡试公布录取名单的榜示。科举时代会试或乡试取士，分正榜、副榜。正式录取的名额之外另取的附加名额，列为副榜。也称备榜。始于元至正八年（1348）。明永乐中会试有副榜，给下第举人以做官的机会。嘉靖中有乡试副榜，名在副榜者，准作贡生，称为副贡。清制，副榜与正榜同发。中乡试副榜者可入国子监肄业，称副贡或副贡生，但不得应会试，下科仍许应乡试。康熙三年（1664）停会试副榜，至雍正、乾隆时发展为“明通榜”。

【副贡】 科举制度中贡入国子监生员

的一种。清制，在乡试录取名额以外录取为副榜的，可直接入国子监读书，称为副榜贡生，简称副贡。也称副贡生。与岁贡、恩贡、拔贡、优贡合称“五贡”。

【赋】 文体名。是韵文和散文的综合体。讲究辞藻、对偶、用韵。最早以“赋”名篇的为战国荀子的《赋篇》。最早出现于诸子散文中的，称“短赋”；以屈原为代表的“骚体”是诗向赋的过渡，称“骚赋”；汉代正式确立了赋的体例，讲究文采、韵节，兼具诗歌与散文的性质，称为“辞赋”；魏晋以后，日益向骈对方向发展，叫作“骈赋”；唐代后接近于骈文的为“骈赋”“律赋”；宋代以散文形式写赋，称为“文赋”。著名的赋有：西汉司马相如的《子虚赋》《上林赋》，三国魏曹植的《洛神赋》，唐代杜牧的《阿房宫赋》，北宋苏轼的《前赤壁赋》等。

【赋役】 古代官府征收的各种赋税和徭役。源于三代，赋初指向臣属征发的军役和军用品。春秋后期，逐渐从田亩征赋。秦汉以来赋税有田赋、口税、户税等主税及各种杂税，徭役则由正役和各种杂役构成。魏晋至隋唐沿此损益。至中唐发生转折，从两税法到明清一条鞭法和摊丁入亩，征收重心从户丁转至土地等资产，所征物、力转以钱、银为主，各种杂税杂役不断滋生而并入主税正役，各种工商税在财政收入中的比重明显上升。

【赋役黄册】 明清为征派赋役编造的户口簿册。一说男女始生为黄，黄代表人口；一说因送户部的簿册封面为黄色，故称黄册。也称黄籍、人籍。明洪武十四年（1381）命各州县以户为单位分“里”，详细登载乡贯、姓名、年龄、丁口、田宅、资产，并按从事职业，分为民、军、匠三大类，一式四份，分送县、府、布政使司和户部。清康熙七年（1668）因每五年造送丁口增减册，停造黄册。

【傅籍】 由官府将治下的人名、户口等状况登记在簿籍，用作征发徭役的依据。简称傅。起源很早，战国时已经普遍存在，登记的重点对象是纳赋服役的成年男子，老幼和废疾者酌情减免。编入傅籍的具体年龄规定，秦汉以来多有调整。编入户籍，成为正式居民者才可按规定授予爵位、田宅。统计登记事项和办法，历代有所不同，大体是趋向严密。

【傅山】 （1607—1684）明清之际学者、书法家。山西阳曲（今属太原）人。初名鼎臣，字青竹，后改字青主。号朱衣道人，又有真山、浊翁、石道人等别名。而立之年，受知于山西提学佥事袁继成。袁氏为阉党张孙振所诬陷，傅山率百余名山西生员进京伏阙讼冤，终得昭雪。明亡，隐居不出。康熙十八年（1679），朝廷以博学鸿词征召，以死拒绝，被放还。傅山生平博学，在经史、诸子、书法、文学、医药等方面都有研究。其草书奇崛雄伟，为书家所称道。主要著作有《霜红龛集》《荀子评注》《女科》。

【富春江】 钱塘江桐庐至杭州闻堰段的别称。全长68千米。两岸连山，风光旖旎。沿江有严子陵钓台、谢翱墓、葫芦瀑布等多处胜景。南朝梁吴均《与朱元思书》描绘自富阳至桐庐一百余里富春江的美景，称赞其为

“天下独绝”。元代黄公望的《富春山居图》是描绘富春江美景的名画。富春江盛产鲥鱼，肉质鲜美，是难得的珍馐。

【富平之战】 宋建炎四年（1130）金与南宋在富平（今陕西富平）进行的战役。建炎三年（1129）宋以张浚为宣抚处置使，经略川陕。张浚因金军屯兵淮南，欲牵制其兵力，以保东南，便在陕西集结军队，准备反攻。当时金由完颜宗弼率主力进至关中，欲由陕入川，包抄灭宋。张浚组织重兵防御反击，一度收复长安等地。张浚联合刘锡、刘锜、吴玠、孙渥、赵哲各部，以刘锡为都统制，在富平与金军会战。刘锜等率军力战，激战竟日。完颜宗弼一度被围，陷入苦战。后因金娄室部攻宋环庆军，经略使赵哲先逃，致宋全军溃败，退至秦岭一线要地布防，金遂占有关陕。

G

【垓下】 垓，gāi。古地名。在今安徽固镇东北。公元前202年，楚汉相争的最后时刻，项羽被刘邦、韩信、彭越等率领的大军合围于此，粮尽无援，又闻四面楚歌，以为楚地尽失，自知大势已去，不禁慷慨悲歌，后自刎于乌江。

【垓下歌】 古代歌曲名。据《史记》载，项羽在垓下（今安徽固镇东北）被汉军围困，兵少粮尽。羽夜饮帐中，自知败局已定，因慷慨悲歌："力拔山兮气盖世，时不利兮骓不逝。骓不逝兮可奈何，虞兮虞兮奈若何！"后人称《垓下歌》。

【改降五等】 北魏孝文帝在太和十六年（492）进行的一项重大政治改革，其主要内容是将异姓王公的封爵降级。规定非道武帝子孙及异姓王，皆降为公，公降为侯，侯降为伯，子男仍旧。旨在巩固皇权，削弱旁支及异姓王公的地位，减轻财政负担。

【改土归流】 明清两代在少数民族聚居区废除世袭土司，改行任命有任期的流官统治的一种政治措施。土司制度形成于唐宋时期，即由朝廷授予少数民族聚居区的首领世袭官衔，承担义务和自治其地。散居在云南、贵州、四川、广西等地的少数民族，明以前概由土司辖治。明永乐十一年（1413）平定思州、思南两宣慰使之乱后，废土司，设贵州布政使司，置思州、思南等八府。清雍正时，采纳云贵总督鄂尔泰改土归流建议，在云南、贵州等省设置府、厅、州、县，积极推行。改土归流以后，在原土司地区实行和汉族地区相同的政治制度，如丈量田地、征收赋税、编查户口、组织乡勇、兴办学校、实行科举等。此举加强了边远地区和内地经济、文化的交流，也加强了中央对边远地区的统治。

【盖天说】 古代宇宙结构学说。古人对宇宙的认识，分为浑天、盖天、宣夜三种。盖天说在周朝初年即已形成。"天圆地方"是持这一观点的人对宇宙形态的基本认识，他们将天形容为一张撑开的大伞，覆盖在如棋盘一样的大地上，后也主张天如斗笠，地如倒扣着的盘。在这个天地体系里，日月星辰随着天盖而运动，因距离观察者的远近不断变化，形成了东升西沉的视觉效果。我国古老的天文著作《周髀算经》就是用来阐释盖天说的。古人在地上立一个长八尺的表，这个表就叫髀，将之视作不等边直角三角形的直角长边即是股，太阳照在表上，折射到地面的影子为直角短边即是勾。随着日照点的不断变化，勾的长短也会发生改变，人们再利用勾股定理、开平方等方法揭示日月星辰的运行规律，制定历法。故盖天说也称周髀说。

【干戈】 古代常用于防御和进攻的两种兵器。干，盾，用于抵挡刀箭，是防御性武器。戈，平头戟，横刃，青铜或铁制，装有长柄，是进攻性武器。也泛指武器或引申为战争。

【干将莫邪】 Gānjiāng Mòyé。干将、莫邪夫妻二人是古代的铸剑名匠，春秋时期吴国人。曾为吴王铸出利剑。后为楚王铸剑，历时三年，铸成雌雄二剑。楚王因忌惮夫妻二人再为他人铸剑，暗起杀心。干将携雌剑献楚王，被楚王杀害。莫邪逃亡生子，取名赤鼻。赤鼻长大后得雄剑，日夜期盼为父报仇而不能如愿。后遇一过客，向赤鼻要其头颅与雄剑，襄助其报仇，赤鼻自刎。过客携雄剑与赤鼻头颅佯献楚王，楚王大喜，将赤鼻头颅煮于汤镬之中。头三日不烂，楚王探头就镬查看，过客趁机抽雄剑砍掉了楚王的头，随后自己也饮剑自杀。三头于镬中俱烂，不可识别，后为人混葬。今河南汝南和孝镇有三王墓，相传即三人混葬之处。

【干栏】 一种房屋建筑形式。目前考古发现我国最早的干栏式建筑出现在河姆渡文化时期。古代南方地区盛行，东北地区也有类似建筑。干栏式住房一般分为两层，以竹、木为桩柱，其上架设竹或木质的大小龙骨作为承托上层地板悬空的基座，基座上再立木柱和横梁，以板壁、草泥或竹条构成框架式围墙，顶盖茅草、树皮或平瓦。上层分隔成为卧室、堂屋、晒台若干间。下层桩柱间不设墙体，堆放农具并饲养牛、猪等家畜。供人上下楼的木梯一般设在房屋侧面。现傣族、布依族、壮族等少数民族仍有部分地区采用干栏式住房，如云南景洪的傣族竹楼。

【甘结】 古时官府断案后，受审人向官府出具的画押后的书面保证。其称呼历代有所不同，宋元以后专用此称，表示服从判决、保证所言属实，并声明如有违背则甘愿受罚。明清时期比较盛行，是官府结案的必备手续。

【甘露之变】 唐文宗时宦官大肆诛杀朝官的事件。唐大和九年（835），唐文宗不甘为宦官控制，和大臣李训、郑注策划诛杀宦官，以左金吾卫仗院石榴树上夜降甘露为名，诱使宦官头目仇士良等前往观看，欲行诛杀。仇士良等到后，发觉有伏兵，仓皇逃走。后挟持文宗回宫，捕杀李训、舒元舆、王涯、郑注等，株连者千余人。后文宗郁郁而死，宦官专权则变本加厉，再不可制，直至公元903年朱温尽诛宦官，唐朝不久后灭亡。

【甘石星经】 天文学著作。简称《星经》。我国古代占星学著作。相传战国时齐人甘德著有《天文星占》八卷，魏人石申著有《天文》八卷，后人将它们合并起来，称作《甘石星经》。现在一般认为是唐宋人所辑，托名甘德、石申所作。书中有120颗恒星的位置记载，为世界上最早的恒星表。

【甘之战】 相传夏禹死后，其子启与反抗其继位的有扈氏在甘地（今河南郑州以北的原阳、原武一带）进行的战役。有扈氏败灭，夏后氏获得胜利，启得以建立夏朝。

【感遇诗】 诗歌的一种。对所遇事物抒发感慨的政治抒情诗。初唐陈子昂最先以“感遇”为题作《感遇》诗三十八首。感遇诗内容或评论时事，或同情人民，或感怀身世，情感深厚、思想深刻。后世作者也多沿用此题。

【纲运】 唐以来物资批量转运之法。将一批物资以若干船或车组成一队集中押运、管理，每批编立字号，分若干组，一组称“一纲”。唐广德二年（764）刘晏从扬州运米到河阴（今河南荥阳北），用船二千艘，每艘装千斛，十船编为一纲，为最早的纲运。宋广泛流行，也用于运输食盐和某些特种物品，如宋徽宗时的花石纲，即用来运送苏杭等地的奇花异石到东京（今河南开封）。

【皋比】 gāopí。指虎皮座。古人常坐虎皮讲学，后来因此称讲学者的座席为“皋比”，并称任教为“坐拥皋比”。也指武将的座席。

【皋陶】 Gāoyáo。上古黄帝长子少昊的后裔，东夷部落首领，是舜的肱股之臣。被任命掌管刑法。他秉公执法，为社会的安定、公平做出了杰出的贡献。曾被禹选为继承人，但因早死未能继位。相传春秋时英、六等国之君即其后裔。《尚书》有《皋陶谟》篇，记录了皋陶和夏禹在虞舜前对答、皋陶称述施政计谋的内容。古文献里也将其名字写作“皋繇”“咎繇”。

【高车】 北朝时民族名。敕勒（铁勒）族的别称。汉称“丁零”。后音变为“狄历”“敕勒”“铁勒”等。因所用车轮高大，辐数至多，故称“高车”。隋时，东至独洛河（今图勒河）以北、西至西海（今里海）的广大地区，分属东、西突厥。其漠北十五部，以薛延陀与回纥为最著。逐水草，事畜牧，后渐知农耕，能歌善舞，《敕勒歌》是反映漠南阴山下敕勒川景物的千古绝唱。唐贞观末，于东部铁勒分设都督府、州，隶燕然都护府。天宝三载（744），其回纥部强盛，建立回纥汗国。

【高车国】 公元487年由柔然敕勒部阿伏至罗建立的政权。定都车师前部（今新疆吐鲁番交河故城一带）。其疆域向南控制了通往西域的门户高昌以及焉耆、鄯善，东北至色楞格河、鄂尔浑河、土拉河一带，北达阿尔泰山，西接乌孙西北的悦般，东与北魏相邻。541年为柔然所灭。前后约五十五年。

【高鹗】 （约1738—约1815）清代文学家。字兰墅，号研香，别署红楼外史，汉军镶黄旗人。乾隆进士，官至刑科给事中。熟谙经史，通晓诗词、小说、戏曲、绘画、金石等。通常被认为是《红楼梦》后四十回的续写者。著有《兰墅诗钞》《兰墅文存》等。

【高句丽】 Gāogōulí。古王族名、古国名。也称高句骊、句骊、高丽等。战国时属燕，汉武帝时属玄菟郡。西汉建昭二年（前37）夫余人邹牟（也称朱蒙）在玄菟郡的高句丽县建国，都纥升骨城（今辽宁桓仁五女山城）。西汉元始三年（3）迁都国内城（今吉林集安）。东汉末到魏晋时期，活动范围日蹙。公元5世纪初占据后燕辽东、玄菟两郡。北魏始光四年（427）迁都平壤。南北朝时，一直与北朝各王朝通使往来，接受册封。北齐乾明元年（560）被封为高丽王。唐置安东都护府。

【高渐离】 战国时燕人。以屠狗为业，

G

善击筑（古代一种击奏弦鸣乐器），为荆轲好友。燕太子丹派荆轲刺杀秦王嬴政，他到易水击筑送行，荆轲和而歌曰："风萧萧兮易水寒，壮士一去兮不复还！"慷慨激昂，士皆垂泪。荆轲刺杀秦王未遂被杀，高渐离乃变姓改名，替人做雇工，找机会报仇。秦王听说他善击筑，就熏瞎了他的眼睛，让他击筑。他在筑内暗藏铅块，在靠近秦王时举筑扑击，不中，被杀。

G

【高梁河之战】 北宋与辽在高梁河（今北京西直门外）一带进行的一次战役。北宋太平兴国四年（979）宋太宗灭北汉后，乘胜率师攻辽，击败辽将耶律奚底、萧讨古等军，包围辽南京（今北京西南隅），城中大震。辽以全力救援，战于高梁河，辽将耶律休哥与耶律斜轸左右夹击，耶律学古也开城接应。宋军大败溃退，尽失兵仗粮饷。宋太宗一度险被俘获，乘坐驴车逃生。经此一役，宋初恢复燕云计划遂告失败。

【高平陵之变】 三国曹魏正始十年（249）正月，司马懿发动的政变。也称正始之变。公元249年，魏帝曹芳与辅臣曹爽同出洛阳拜谒明帝高平陵，司马懿趁机起兵政变并控制京都，拥郭太后逼服曹爽，后大肆诛杀异己，司马氏自此主宰了曹魏政权。

【高启】 （1336—1374）明代诗人。字季迪，号槎轩，长洲（今江苏苏州）人。元末隐居松江青丘，因自号"青丘子"。少与杨基、张羽、徐贲齐名，人称"吴中四杰"。明洪武初，召修《元史》，授翰林国史编修。后擢升户部右侍郎，高启自陈年少不敢当此重任，辞归故乡。后替苏州知府魏观撰《上梁文》，其中有"龙蟠虎踞"之语，明太祖朱元璋疑为歌颂张士诚，借故将他腰斩，年仅三十九岁。高启被公认为有明一代最卓越的天才诗人，其诗歌博采众长，各体兼工，题材广泛，风格豪放清逸、含蓄优美。散文也很有名，与宋濂、刘基并称"明初诗文三大家"。著有《扣舷集》《凫藻集》。

【高唐神女庙】 遗址位于今重庆巫山县以东。也称高唐观。相传为楚怀王与巫山神女相会的地方，后世因此而立庙。战国楚宋玉作《高唐赋》："楚襄王与宋玉游于云梦之台，望高唐之观，其上独有云气。"高唐观具有两千余年的悠久历史，曾数次重建，故址仍存。高唐观以三峡神女的美丽传说和神秘的巫山云雨不断被历代文人赋诗吟诵。唐代李群玉有《宿巫山庙》诗："寂寞高唐别楚君，玉人天上逐行云。停舟十二峰峦下，幽佩仙香半夜闻。"

【高堂】 古时父母的居室一般处于正中位置的堂屋，又因堂屋的地面比其他房间高，故子女辈为表尊重，对外人提起父母时，尊称为"高堂"。

【高邮二王】 指清代江苏高邮的王念孙、王引之父子。二人都精通音韵训诂，学术成就齐名。王念孙（1744—1832），字怀祖，号石臞。乾隆进士。著有《广雅疏证》《读书杂志》《古韵谱》等。王引之（1766—1834），字伯申，号曼卿。嘉庆进士。著有《经义述闻》《经传释词》。

【膏火】 膏，特指灯油。本指照明用的油火。宋以来常指官学和书院发给学生的津贴。

【缟】gǎo。细白的生绢。一种生丝织成的薄且坚韧的素色丝织品。也指未经染制的本色丝织品。相传历史上鲁国出产的缟轻薄细白，质地最佳。《汉书》中有“强弩之末，力不能入鲁缟”之句，从侧面反映出缟的轻薄。

【告庙】古代吉礼之一。西周以来，天子或诸侯出行或遇有大事，按例要祭告于祖庙，祈求祖先的神灵指示、保佑。据记载，魏明帝曹叡在洛阳营建祖庙，施工时从地下挖出一块玉玺，方一寸九分，上面刻着“天子羡思慈亲”六个字。明帝持玺而大受触动，备下牲礼告庙。平民如有大事，也行入祠祭告祖宗之礼。

【告朔】周制，天子在每年秋冬之交，把第二年的历书颁给诸侯，称为告朔。诸侯将其藏在祖庙，在每月朔日（农历初一）祭告于祖庙的仪式，也称告朔。周王室及诸侯都有此礼，后世相沿有所变化。

【诰命】皇帝封赠官员的专用文书。明清官员五品以上方能授诰命。又以诰命特指受封赠的妇人。也称诰书。

【戈】我国商周时代的主要兵器，盛行于殷周，秦以后逐渐消失。其向前部分名援，援上下皆刃，用以横击、钩杀。春秋战国的戈多有三至四穿的，同时，援变得狭长而扬起，像鸡鸣，故汉代也称戈为“鸡鸣”。在我国文化中，戈不仅仅是一种武器，还象征着军事力量和战争。在汉字中，许多与兵器或军事相关的字都使用“戈”作为意符。戈和干（盾）是商周时期士兵的标准装备，因此“干戈”一词就成为战争的别称或各种兵器的统称。

【哥窑弟窑】古代名窑。窑址在今浙江龙泉。相传南宋时章生一、章生二兄弟在当地烧造瓷器，各主一窑。兄所主之窑称“哥窑”，弟所主之窑称“弟窑”。哥窑所烧瓷器，黑胎青瓷，胎薄，性坚，体重；釉面多断纹隐裂的称“百圾碎”，周身细眼的称“鱼子纹”；由于器口与底足无釉的地方呈紫褐色，称“紫口铁足”。弟窑（通常所称龙泉窑即指此）以白胎厚釉为特色，色多粉青、翠青，尤以梅子青为上品，纹饰出现堆塑和贴花。

【歌板】打击乐器。即拍板。用以定歌曲的节拍，故称。唐玄宗时乐工黄幡绰善于奏歌板，故也称绰板。檀木制的歌板，也称檀板。

【革车】即车舆上覆有皮革的古代战车，覆皮革可使车坚固且利攻守。也有人认为革车是载器械、衣食用具等辎重的。

【阁】本为古代两层楼房的泛称。也常指底层通透，平面多近似方形，四周设隔扇或栏杆、回廊，在建筑群中居主要位置的多层建筑，可供登临、远眺、藏书、供佛等用。如天津独乐寺观音阁、宁波天一阁等。古代建筑中，还指女子的卧房，常称为闺阁。

【阁下】对人的尊称。多用于书信。意在不直呼对方的名字，而呼唤并拜托对方阁下侍者代为传达转告，以示尊敬。

【格调说】清诗学理论。明代前、后七子推崇汉魏盛唐，主张从格律、声调上学习模仿古人，清沈德潜继承此一宗旨，提倡格调之说，使之与温柔敦厚的传统诗教相结合，讲求含蓄比兴，不能明白外露。其说影响较大，在乾隆年间占有诗坛正统的地位。沈德潜所选《古诗源》《唐诗别裁集》《明诗别裁集》《国朝诗别裁集》风行一时，而对宋诗则摒弃不选。理论代表著作为沈德潜《说诗晬语》，详细阐述了“格调说”的理论，并以此来评价和指导诗歌创作。与神韵说、性灵说、肌理说并为清代前期四大诗歌理论派别。主“格调说”的诗人一般被归为“格调派”。

【格格】 清宗室封爵前六等之女的统称。满语意为“小姐”。初无定制，清太宗时定为王公女儿专号。分为五等，依次是亲王嫡女和硕格格，封为郡主。郡王嫡女多罗格格，封为县主。贝勒嫡女，亦称多罗格格，封为郡君。贝子嫡女固山格格，封为县君。镇国公、辅国公嫡女格格，封为乡君。

【格后敕】 唐朝流行的补充“格”的一种制敕。因是“格”颁行后随时形成并可援用为通例的制敕，故名。其效力与“格”条相仿，武周以后作用日益明显，有时也选编为“格后长行敕”。因唐安史之乱后不再全面修订开元时的“律”“令”“格”“式”，这种“制敕”就成为随时推出法律新规定的主要形式，后续仍对之删定编集，是宋代编敕的前身。

【格物致知】 我国古代认识论的命题。穷究事物的原理、规律，从而获得知识。简称“格致”。较早见于《礼记·大学》。宋代以后的儒者对“格物致知”的具体解释不同，程朱学派朱熹认为物心同理，要想领悟心中之理，不能仅靠反省，而应以格物为方法，穷尽万物之理后，心中所具之理才能够显示出来，“格物”包括读书思辨和道德修养。陆王学派认为“格物致知”纯粹是内心的事。明清之际王夫之认为“格物”以考察外物为主，“致知”以心官思辨为主，两者相辅相成。清代颜元强调要想求得真知，必须投入到改造客观事物的实践中，肯定“行”先于“知”。

【葛布】 用葛的茎纤维织成的布。也称夏布。葛为多年生蔓草，其古代的主产区在吴越和岭南地区。江苏苏州草鞋山新石器遗址就发现了五六千年前的葛布。春秋战国时期极盛。由于葛产量低，宋元以后生产较少。广东所产的葛布，质量较好，有“细滑而坚”的美誉。

【槅扇】 槅，gé。古代建筑中的门窗构件。也称槅子。常见的样式是安装在建筑物金柱与檐柱间的门，分隔室内外空间。每开间设四、八扇木槅。园林中的厅堂等建筑物中的槅扇，既可当门，也可当窗。槅扇一般由槅心和裙板构成，槅心和裙板上常用木雕甚至珐琅等装饰，特别是宫廷建筑中的槅扇更有华丽的装饰。

【盖吴起义】 盖，Gě。北魏时西北各族人民大起义。北魏太平真君六年（445），卢水胡人盖吴为反抗北魏压迫，在杏城（今陕西黄陵西南）起义，设立了百官机构，自称“天台王”，汉、氐、羌、匈奴等族人响应，人数多达十余万。盖吴为了获取外援，通使南朝宋，受封为雍州刺史、北地郡公。次年，北魏太武帝至长安督军猛攻，盖吴被迫退兵，散入北山。旋又在杏城集结义军，自称“秦地王”。后阵亡（一说为叛徒所害），起义军相继败散。

【葛洪】（约281—341）东晋道教理论家、医学家、政论家。字稚川，自号抱朴子，丹阳句容（今属江苏）人。从祖父葛玄，为三国时期著名方士。受此影响，少拜郑隐为师，学习炼丹术。后隐居在罗浮山炼丹著书。结合道教思想和儒家思想，提出“身在山林而心存魏阙”。著《抱朴子》，该书分内、外两篇，内篇谈神仙方药、鬼怪变化、养生延年、禳邪却祸之事，其中有关用矿物炼丹药、炼金银和用植物治疗疾病的记载，对研究我国古代的化学、药物学有一定参考价值。外篇论述人间得失，阐明其社会政治观点。其中《酒诫》《讥惑》等篇章不仅批判了当时社会政治、风俗习尚等问题，还涉及人物品鉴、利害得失等主题。又精于医术，著《金匮药方》，并在《肘后备急方》中首次记载了天花和恙虫病。另著有《神仙传》等。

【根窝】清代盐商专卖的凭证。也称窝根、引窝。源出明后期纲法的窝本，即列名纲册者世代据有的食盐包销资格。清初沿明制，两淮课盐，招商人认窝缴纳银两，发给专卖凭证，谓之根窝。有根窝的可世袭其业，称为窝商。盐商费银一二千两取得根窝，凭根窝垄断一定地区的食盐运销。道光时，窝商常将“年窝”（每年呈经政府朱批的凭单）转售他人，或将根窝典质于人，坐收厚利。道光十一年（1831）陶澍改行票法时废止。后又变相恢复纲法，盐商所领部帖也成根窝。

【艮岳】宋代著名宫苑。宋徽宗政和七年（1117），在汴京（今河南开封）东北隅建造的大型人工山水苑。艮指东北方，此苑以山为名，故称。宣和四年（1122）竣工。其正门名阳华，又称阳华宫。艮岳全苑以造山为核心，意在“横写”山水。为此大兴“花石纲”，尽收天下奇石，筑石造山于苑中，使艮岳具备了规模空前的人造山系。苑中左山右水，亭台楼阁，吞山怀谷，突显出此前历朝宫苑少有的“诗情画意”。宋徽宗作《艮岳记》以示炫耀。公元1127年金人入侵，汴京陷落，艮岳尽毁。其中一些遗石被运往北京，金代建太宁宫，将艮岳中的太湖石移置于今北海公园琼华岛。

【更赋】一种以钱代更役的赋税。也称更徭。源于战国时期，盛行于秦汉、魏晋南北朝、隋唐等朝代。汉代男子年二十三至五十六岁，按规定轮番戍边服兵役，称为更。不愿或不能为更卒者，可出钱交官府雇人代役，称更赋。汉武帝以后渐演变为固定税种，以此为称。

【更名田】清康熙时改归承种民户所有的明宗室藩王田地。也称更名地、更明地、废藩田产。明朝时期的“藩封之产”，到了清朝初期，由于战乱荒芜和藩王逃亡，这些田地被农民所占有，部分被当地豪强侵占。顺治元年（1644）起，清政府下诏，将这些土地收归国有。康熙八年（1669），清政府又做出新的政策调整，将一部分原来明藩王所占的土地无偿划属耕种者所有，只更田主姓名，不另行过割，并于所在州县缴纳赋税。

【更始政权】新朝末年绿林起义军建立的政权。公元23年，绿林军领袖王匡、王凤等在宛城（今河南南阳宛城区）

拥立汉室刘玄为帝，年号更始，当年移都长安。两年后，赤眉军攻入都城长安后，刘玄投降，被赤眉军缢死，更始政权因此告终。

【更戍法】北宋禁军定期轮换防地的制度。宋初始定此法，即以屯驻、驻泊、就粮为名，据各支禁军驻地远近不同，在京师与外郡间定期调防，其统兵将官则由朝廷临时任命。此制虽有利于防范将领专权，却往往使兵将互不相知，削弱了禁军的战斗力。王安石变法时，更戍法被废止。

【更卒】在本地官府服各种徭役的成年男子。始于秦，西汉规定成年男子除有免役特权者外，每人每年须在本郡或本县无偿服役一个月，从事营造杂作及转输等事，因轮番更替得名。凡自往服役者称为践更。不愿或不能亲自服役的，可纳钱由官府雇人代替，称为过更。

【庚戌之变】明世宗嘉靖二十九年（1550）鞑靼军进攻北京的事件。也称庚戌虏变。此年干支纪年法为庚戌年，故名。蒙古土默特部首领俺答汗要求“贡市”及封爵，明世宗拒绝并杀其使者，俺答汗率军入古北口，直逼北京城下。当时严嵩执政，战备废弛，恐战败，不准诸将出击，任其军饱掠后自行撤退。自后连年南下掳掠，至公元1570年明穆宗许其和市，封俺答汗为顺义王而止。

【羹】有肉的浓汤。畜类、禽类、鱼类皆可做肉羹。古代的羹主要分为两种：一种是大羹，不加作料和蔬菜，用于祭祀。另一种是铏羹，佐以五味和蔬菜，蔬菜的类别根据肉的类别而定，如牛肉配以藿，羊肉配以苦（苦菜），猪肉配以薇。铏羹既用于祭祀，也用于日常饮食。后来羹成为浓稠状食物的统称，如莲子羹。

【工本钞】官府发给盐户作为生产成本的钱钞。也称盐钞。元朝官府根据盐户的财产情况规定每家必须上交的盐额，完成上交后，盐户可以得到一定数量的工本钞作为生产资金。工本钞以“引”为计算单位，上交每引（四百斤）盐可以得到若干工本钞。工本钞由盐运司系统各级官吏发放，数量非常少，常被克扣。

【工本盐】明后期灶户税课后剩余的盐。也称余盐。官府常以每引二钱计其工本收购，以鼓励余盐的生产。嘉靖三十二年（1553），都御史王绅、御史黄国用提出让盐场灶户于正盐额外煎剩余盐的建议，将运司割没盐银扣留八万二千余两给灶户充工本，增收盐三十五万引。此外，明朝给予灶户一定的工本米作为让其生产盐的补偿，同时“给草场以供樵采”，采到的柴草作为生产食盐的燃料。

【工部】古代官署名。掌管营造工程事项。汉代有民曹，魏晋以来有左民尚书、起部尚书，都是主管工役的官。隋唐因北周工部旧名总设工部，为六部之一，掌管各项工程、工匠、屯田、水利、交通等政令，长官为工部尚书。历代相沿不改。

【工尺谱】我国传统记录乐谱的工具。由音高符号、调名符号、节奏符号和补充符号组成。因用工、尺等字为记谱符号，故称。晚唐时已出现。随着音乐的发展，这种记谱形式在不同地区、不同乐种的具体运用，以及各种符号的写法上有很大的差别。明中叶后，随着昆腔的流行，逐渐形成一种常式。

【工墨钞】金元时期的货币制度之一，涉及钞票的兑换和使用。以昏钞（旧钞、破损的钞）换新钞时，需交纳工墨钞作为新钞印制工本费用。也称工墨息钱、工墨钱。

【工商食官】商周时期，尤其是西周春秋时期，工匠、商贾为王室及诸侯服役并领取口粮的制度。在这一制度下，工商业者是由政府占有并管理的，他们必须按照官府的规定和要求从事生产和贸易。当时的手工业者和商贾都是官府管理的奴仆，商人按照村社组织的形式存在，以家庭或家族为单位，主要为以天子、诸侯、贵族为主体的统治阶级提供工商业服务。往往聚族而居，接受某种统一管理。战国以来旧有身份关系瓦解，个人手工业大量出现，此制逐渐瓦解。

【弓箭】古代兵器。传说黄帝时代，先民已会制作弓箭。原始弓箭制作比较简单粗糙，到了春秋后期，弓的制作比较烦琐，性能也更加精良。弓的各部位都有专名。弓把中部手握的部分称弣，弓梢称弰，挂弦的地方称峻，弣两旁弯曲处称弓渊，也称隈。弓在平时不上弦，用一个铜制的“弓形器”缚在弣上，以保持弹力。箭也称矢，箭头称镞，有铜镞、铁镞。盛箭的袋子称矢箙，多用竹木、兽皮做成。古代射箭是“六艺”之一，通过射箭来培养人的专注力、准确性和身心协调能力。古代诗词中对弓箭的描述体现了它的威力和将士的英勇，如王维《观猎》：“风劲角弓鸣，将军猎渭城。”

【弓手】兵役名。也称弓箭手、弓兵。属地方治安军。宋代，弓手是由政府招募的一种地方性治安武装，主要负责巡逻、缉捕盗贼等任务。元代称弓兵，属巡检司。明初天下冲要之地皆设巡检司，于丁粮相应人户内佥点弓兵应役，一年更替。弓手的装备主要包括弓箭、刀剑等武器，以及盔甲等防护装备。

【弓手钱】金朝征收以充州县弓手费用的一种杂税。属免役钱的一种，按民户物力多寡摊派。大定三年（1163）罢废。

【弓鞋】古代缠足妇女所穿的鞋子。妇女因幼年缠足，脚掌变形为弓状，故其鞋称为“弓鞋”。鞋底为木质，弯曲如弓，鞋头形如笋尖。

【公安派】明末文学流派。以袁宏道及其兄宗道、弟中道为首。因三袁是公安（今属湖北）人而得名。代表作家还有江盈科、陶望龄、黄辉等。他们反对前、后七子的拟古风气，主张文学“独抒性灵，不拘格套”，其诗文风格轻逸洒脱，重视小说戏曲的文学价值，在当时有一定影响。其创作称“公安体”，尤以小品散文著称。代表作有《满井游记》《徐文长传》等。

【公服】古代官吏从事公务时所穿的服装。魏晋以来始有此称。北魏孝文帝将它规定为五等，即朱、紫、绯、绿、青，以区别官员品阶。唐代，其定制简于朝服，也称章服。特指官员谒见皇太子和从事公务时的规定服饰，分为五品以上和六品以下两等，六品以下无鞶囊和与绶相配的带饰。此后历朝沿用其制，各有具体规定。

【公侯】周代有公、侯、伯、子、男五

种爵位，公爵和侯爵是其中的两个爵位。泛指有爵位的贵族或官高位显的人。公侯是我国古代社会的政治等级制度之一，也是古代皇帝对贵戚功臣的封赐。

【公卿】三公九卿的简称。泛指朝廷中的高官。历代具体名称不一，职权也有所不同。

【公室】春秋战国时诸侯的家族。也用以指诸侯国的政权。“三桓分公室”是春秋时期鲁国的一场重大政治变故，春秋时期鲁桓公的后代季孙氏、叔孙氏、孟孙氏发展势力、扩充疆土，使鲁国出现“公室卑，三桓强”的局面。公元前562年，三桓作三军，“三分公室而各有其一”。

【公输班】我国古代建筑工匠。复姓公输，名班。班，一作“般”“盘”。春秋时期鲁国人，故又称鲁班。相传曾创造了攻城的云梯、水战的钩拒、滑翔的木鹊等。还发明了锯子、钻子、刨子、曲尺、墨斗等木工工具，被后世木工尊为“祖师”。

【公孙龙】（约前320—前250）战国时期思想家，名家代表人物。曾做过平原君的门客，反对诸侯之间的兼并战争。与名家的另一位代表人物惠施针锋相对，强调事物之间的差异性，提出“离坚白”“白马非马”等重要论题。著作有《公孙龙子》。

【公堂】①指学校。②官署，衙门。

【公田】①古代井田制度下的土地形式，该制度将土地划成“井”字形，分为九区，中心区域由若干农夫共同耕种，这部分土地称为公田。收获物全部缴给统治者，与中区以外的私田形成对比。②封建官府控制的土地，也称官田。卿大夫以下的贵族所分得的土地，不经过王室或公室的特许，是不得随意买卖和转让的。

【公廨钱】廨，xiè，官署。公廨，官署。隋唐时期官府为取得办公费用和官吏俸禄而投入商业活动或高利贷活动的本金。隋开皇十四年（594）曾将其改为职田，后在开皇十七年（597）又被恢复。唐高祖武德元年（618），制定了文武官吏俸禄制度，并设置公廨本钱，由各州、县令史经营。

【公廨田】隋唐时期给各官署收租充办公经费的公田。隋开皇九年（589）始给予外官公廨田。唐内外各官署均依照等级高低给予公廨田，京官公廨田自二十六顷至二顷，外官自四十顷至一顷。官吏解职，移交后任。唐以后无给予公廨田的记载。

【公主】从女子尊称发展而来的帝王之女的封号。最早为女子的尊称，东周始指天子、诸侯之女，汉朝以来为皇帝之女的封号。东汉诸侯王之女也称“公主”，依位次分别为乡、亭公主，仪服与乡侯、亭侯相同。历代沿置。清代又依嫡庶分别封为“固伦公主”“和硕公主”，也有称“长公主”的。

【公子】①诸侯的儿子或女儿。如战国时期魏国国君魏文侯的女儿叫“公子倾”。②诸侯王嫡子以外的其他儿子。③通称贵族官僚子弟。④敬称他人之子。

【公罪】非因私故意的公务过失罪。自先秦其处罚方式即有别于其他犯罪。魏晋始将公、私罪及对其不同的处罚原则明确区分。唐律的判定标准为是否挟私情而故违正理，公罪处罚比同类私罪轻，常止于杖笞且可累计赎刑。后世直至明清都沿用此法，但规定更细致。

【功曹】 古代官名。汉代州郡佐吏，有功曹、功曹史。掌管考查记录功劳，参与一郡的政务。北齐后称“功曹参军”。历代沿置，唐代在府的称“功曹参军”，在州的称“司功参军”。渐成空名。明废。古代卿寺中也有置功曹的。

【功臣配享】 享，也作“飨”，祭献，上供。古代吉礼之一。指大臣凭卓著功绩和生前官爵祔祀于帝王宗庙（即太庙）的祭祀制度。起源于商周，魏晋以来成定制，流行于唐宋以后。挑选标准严格，一般每位帝王祔祀一至三位功臣。如唐太宗庙，以房玄龄、魏徵配享。唐代宗庙，以郭子仪配享。宋太祖庙，以赵普、曹彬配享。宋神宗庙以富弼、王安石配享。这是大臣去世后的至高荣誉。在朝廷赐予官爵时，配享功臣的后代也常被优先考虑。

【功德】 指佛教徒诵经念佛，为死者做法事、募捐、施舍等善行。佛教将布施主称为“功德主”。后泛指功劳和德行。如“功德无量”。

【宫婢之变】 公元1542年，宫女杨金英等谋杀明世宗未遂的事件。因此年为壬寅年，故又称壬寅宫变。据载，明世宗朱厚熜酷爱方术，为了炼出长生不老药，竟然摧残宫女，以获取原料。宫女杨金英等人忍无可忍，决定趁皇帝睡着之时，用丝带勒死他，然而由于慌张中丝带打成死结，未能成功。宫女张金莲直奔方皇后的居所自首。事后，涉事宫女全都被凌迟处死，曹端妃、王宁嫔也一并被斩首。

【宫词】 古代的一种诗体。多以宫廷生活琐事为题材，故称。一般为七言绝句，唐五代诗歌中多见此类作品。唐代诗人王建有《宫词》百首，开以“宫词”为诗题的先河。后世继作颇多，最著名的是五代前蜀徐妃花蕊夫人的《宫词》。其诗清新隽永，富有民间小曲的韵味，把宫中的所见所闻描绘得惟妙惟肖。

【宫调】 戏曲、音乐术语。我国历代称宫、商、角、变徵、徵、羽、变宫为七声，七声中以任何一声为主，即可构成一种调式。凡以宫声为主的调式称宫，而以其他各声为主者则称调，统称宫调。以七声配十二律，理论上可得十二宫、七十二调，合称八十四宫调，也称八十四调。但在实际音乐中并不全用，如隋唐燕乐二十八宫调包括七宫二十一调；南宋词曲音乐只有七宫十二调；元代北曲用六宫十一调；明清以来南曲用五宫八调，通称十三调，最常用者不过五宫四调，通称九宫。宫调也泛指乐曲。

【宫娥】 被征选入宫廷服役的女子。也称宫女、宫人、内家。相传汉武帝在望鹄台西建俯月台，台下穿池，登台眺望，月影入池中，使宫娥乘舟弄月影，故名“影娥池”。

【宫市】 ①宫内的市肆。春秋齐桓公有宫中七市，其后如东汉灵帝、南齐东昏侯、唐中宗都曾在宫中设市。②唐德宗贞元末，宦官到民市强行买卖，付价甚少，甚至不付价，使卖者空手而归，是当时一大弊政。唐白居易新乐府有《卖炭翁》，题序称“苦宫市也”，即指此。宋初设市买司，太平兴国年间更名杂买务，掌宫中采办购置事。

【宫刑】 古时破坏生殖机能的酷刑，极具侮辱性。也称腐刑。商周时期已使用此刑。是早期“五刑”之一。初用来惩罚淫乱罪，后用来惩罚谋反、谋逆等罪，并用于连坐的犯人子女等。一说最初用来惩罚异族战俘。汉文帝时一度废除，不久又恢复。后时存时废。西汉司马迁因替战败投降的李陵辩护而受宫刑。

G

【龚自珍】（1792—1841）清代思想家、文学家。字瑟人，号定盦，浙江仁和（今杭州）人。早年从外祖父段玉裁钻研文字学。道光九年（1829）中进士，曾任内阁中书、宗人府主事、礼部主事等职。道光十九年（1839）乞归故里。道光二十一年（1841）在丹阳云阳书院讲学，卒于书院。作为嘉庆、道光年间今文经学的重要人物，强调经世致用，特别致力于朝政典制和边疆地理的研究。主张改革内政、抵制外国侵略。林则徐以钦差大臣赴广东查禁鸦片时，他作序送行，鼓励林则徐与侵略者和投降派做坚决斗争。诗文创作自成一家。其诗想象奇特，文辞瑰丽，代表作有《己亥杂诗》。文章不拘一格，短小精悍，《病梅馆记》为传世名篇。著有《定盦文集》。

【觥】 gōng。古代酒器。青铜制。腹椭圆形或方形，底有圈足。有盖，盖做成带角的兽头形，并附有小勺。盛行于商代和西周初期。

【拱花】 以凸出或凹下的线条来表现花纹的印刷技术。五代时已用此法制作暗纹花笺。明以来与饾版印刷结合，印制具有浮雕立体效果的图画。拱花分为有色拱花、无色拱花两种。

【拱券】 券，xuàn。传统建筑中用砖石等材料做成的半圆形或尖圆形拱形构筑物。常被用于高大房屋、城楼洞、桥梁、大型涵洞等建筑物顶部。拱券以弧形的结构特征，巧妙地分解了上部结构对梁体的向下的正压力，大幅度提高了梁体的承载能力和结构稳定性。

【共工】 古代神话传说人物。一说其为古代神话中西北的水神，曾与颛顼（一说与祝融）发生争斗，因战败而恼羞成怒，一头撞断了支撑天地的不周山，使天地倾斜。一说其为古代掌管水利、百工之官。另一说其为尧的大臣，与驩兜、三苗、鲧并称“四凶”，后被舜流放到幽州。

【共和执政】 公元前 841 年周厉王因国人暴动而出奔彘（今山西霍州）以后，由周定公和召穆公共同执政的局面。这一局面至前 828 年厉王死于彘、太子静即位为宣王结束。一说，厉王奔走后，朝中大臣公推共伯和代行天子之职。因其是共国诸侯，名为“和”，爵位为伯，故称其当政期间为“共和执政”。共和执政十四年，周厉王还是名义上的天子，但天子之职是由周定公和召穆公共同行使的，或者是由共伯和代行的。自前 841 年起，中国有文字记载的编年史未有间断。

【贡举】 古时地方向朝廷荐举人才。古有乡举里选、诸侯贡士之制。汉初令郡国举孝廉时开始实施，后合贡、举为一，统称“贡举”。后用以指科举考试。

【贡生】 科举时代，考选府、州、县生

员（秀才）中成绩优异者，升入京师的国子监修业，称为贡生。明代分为每年定额的岁贡、考试择优的选贡、因庆典而送的恩贡、捐纳而来的纳贡四种。清代有恩贡、拔贡、副贡、岁贡、优贡和例贡。清代贡生，别称“明经”。成为贡生则具备了为官的资格。

【贡士】 古代地方向朝廷荐举人才。自唐以来，朝廷取士，由学馆出身者曰生徒，由州县选拔者曰乡贡，由朝廷自诏者曰制举。乡贡有秀才、进士、明经等名目。经乡贡考试合格者称贡士，由州县送京参加会试。明清时，会试考中者为“贡士”。

【贡院】 科举时代专设的考试场所。主要举办会试和乡试。唐代始置，为礼部试士处。宋后，礼部、各州建贡院，作为考场。清代贡院通常建于城内东南方，大门正中悬“贡院”匾，大门内有龙门，再进为至公堂。贡院大堂为外帘官办事之地，至公堂之东、西侧为“外帘”，供考场管理人员居住。堂后为“内帘”，供考官办事居住。贡院两旁建号舍，供应试者居住。北京及大省凡万余间，小省则数千间。以数十间至百间为一列，形如长巷，每巷用《千字文》编列号数，如“天字第几号”。应试者入内即封号栅，等到交卷日方开。贡院外墙铺以荆棘，故贡院也称棘闱。

【贡助彻】 夏商周三代的赋税制度。相传夏赋为“贡”，指实物地租。商赋为“助”，为劳役地租，借助民力耕种公田，又称为“藉”。周赋为“彻”，由农民通力耕田，计亩征收赋税。有人根据孟子“虽周亦助”之说，认为“彻”就是“助”。也有人认为“彻”是指“贡”和“助”兼行。

【供奉】 古代官名。皇帝左右供职的官员。唐初设有“侍御史内供奉”“殿中侍御史内供奉”等。唐玄宗时有“翰林供奉”，专备宫中应制。宋代东、西头供奉官为武职阶官，内东、西头供奉官为内侍（宦官）阶官，仅表示品级，无实际职掌。清代称南书房行走官员为内廷供奉。李白因才学出众，担任翰林供奉，常伴唐玄宗左右，为其创作诗文娱乐，但因狂傲不羁，一年后便被“赐金放还”。

【勾兵】 古代兵器。钩挽敌人颈项而致其死，或将敌人钩近后用短兵器杀死。戈、戟以及铁钩枪、钩镰刀等长柄枪刀都属于勾兵。

【勾决】 古时对判处死罪的案犯行刑前的司法程序。各地判处死刑的案件须经刑部复审，对情实者由刑部进呈报给皇帝，皇帝用朱笔做出勾去死囚姓名的裁决，方可执行死刑。如果是收监候，则等候第二年刑部秋审后再行处理。

【勾栏】 栏杆。也作“构栏”“钩栏”“勾阑”。也称构肆。宋元时期曲艺、杂剧、杂技等演出的场所。勾栏内有戏台、戏房、神楼、腰棚等。

【勾征】 查核和强制追缴拖欠的赋税。也称勾剥。常见于唐前期，有时成为聚敛搜括的手段。在实际执行过程中，由勾官检出征敛的物品。只有经勾官勾获的财物和名品，才称为勾征。

【笱】 gǒu。用细篾条编成的捕鱼竹笼。大口窄颈，腹大而长，无底。颈部装有细竹的倒须，捕鱼时用绳子系住笼尾放入水中，鱼能进而不能出。

【估税】 东晋南朝征收的交易税，类似后代的契税和营业税。也称市调、市税、市估。东晋奴婢、马牛、田宅等交易，如果事先签订了契约，每笔交易额达到一万钱，就需要抽取四百文的税款，其中卖方出三百文，买方出一百文，这种税收形式称为“输估”。如果事先未签订契约，则按价值的百分之四进行抽取，这种形式的税收称为“散估”。南朝沿其制。

【孤山】杭州西湖中最大的岛屿，在今里湖与外湖之间。面积约20公顷，山高38米，是西湖著名景点。孤山孤峰独秀，景物清幽，碧波环绕，花木繁茂，唐宋时已经闻名遐迩。唐朝白居易有诗咏道：“孤山寺北贾亭西，水面初平云脚低。”北宋林逋不乐仕进，隐居于此，广植梅花，其《山园小梅》中的“疏影横斜水清浅，暗香浮动月黄昏”，成为史上咏梅的佳句。山上旧时曾建寺庙、书院、阁堂等众多建筑，至明朝中叶时多已不存。今孤山顶有研究金石篆刻的西泠印社，西麓有秋瑾墓，南麓有文澜阁，北麓有放鹤亭，极尽孤山之钟灵毓秀。

【孤竹】也作“觚竹”。商周时期古国。最早见于殷墟甲骨文和商代金文，子姓墨氏侯国，国都位于今河北卢龙县南。其文化与殷商文化有重要联系。春秋早期，为齐桓公所灭。孤竹国出了一位知名的历史人物——伯夷，他是商末孤竹国君主亚微的长子，因辞让王位而逃亡，后遇到周武王讨伐纣王，他和弟弟叔齐叩马谏阻，但未被采纳。殷商灭亡后，两人因不愿食周粟而饿死在首阳山。

【姑苏】苏州的别称。因城西南有姑苏山而得名。唐代张继《枫桥夜泊》诗有“姑苏城外寒山寺，夜半钟声到客船”的名句。姑苏历史悠久，周初，吴国开国之君泰伯居于此地，至其十九世孙寿梦称王，也称为勾吴。后吴夫差被越勾践所灭，此地归越国所有。秦时置吴县，汉时置吴郡，南朝的梁、陈两代置吴州。隋唐数易其名，称吴州、吴郡、苏州。宋代沿用苏州名，后改为平江府，明复称苏州府，清代沿明制。姑苏自古富庶繁华，文化昌盛，且城市格局别具特色。自春秋时起，就呈现出“水陆并行，河街相邻”的城市风貌。苏州是丝绸的故乡。苏绣技艺与湖南湘绣、四川蜀绣、广东粤绣并称我国“四大名绣”。苏州桃花坞的木版年画是我国江南民间木版年画的代表。苏州涌现了众多的历史文化名人，其中包括南朝梁时期的著名地理学家、文字训诂学家顾野王，唐代诗人、文学家陆龟蒙，北宋杰出政治家、文学家范仲淹，明代著名书画家唐寅、文徵明、沈周、仇英和散文家归有光等。以拙政园为代表的苏州古典园林和大运河苏州段是珍贵的世界文化遗产，而昆曲、评弹也是世界辨识中国的鲜明文化符号。

【菰】gū。一种多年生水生植物。嫩茎称“茭白”，可作为蔬菜食用。果实称“菰米”，可煮食。

【觚】gū。古代饮酒器。青铜制造。长身，有凸起的棱作为装饰。由下至上口沿向外发展，呈喇叭状。盛行于商代至西周初期。《论语》中记载，孔子看见一只觚，慨叹道：“觚不觚，觚哉！觚哉！”后人认为，孔子因见觚在形态上失去了棱角，不复当初的样子，而借此感叹世道礼崩乐坏，事物名不副实。

【古今图书集成】我国现存最大的一部类书。清康熙时陈梦雷等编，雍正时蒋廷锡等奉敕重编。全书一万卷，总目四十卷。分为历象、方舆、明伦、博物、理学、经济六编，乾象、岁功、历法、庶征、坤舆、职方、山川等三十二典，六千一百零九部。

【古琴】拨奏弦鸣乐器。“八音”分类中的“丝”类乐器。据说周代已有，因历史悠久，故称。相传最初只有五根弦，后又增加两根，故也称七弦琴。汉代定型，魏晋以后与今天大致相同。琴面上镶嵌的十三个琴徽是琴弦音位的标识。古典诗词中常用“琴”的意象象征夫妻情笃、渴望知音等，如成语“琴瑟和鸣”“高山流水”“伯牙绝弦”。齐桓公的琴名为号钟，楚庄王的琴名为绕梁，司马相如的琴名为绿绮，蔡邕的琴名为焦尾，是我国古代四大名琴。唐代李白《听蜀僧濬弹琴》、韩愈《听颖师弹琴》为描写琴音的杰作。

【古诗十九首】古诗名。南朝梁萧统从传世无名氏“古诗”中选录十九首编入《文选》，题为“古诗十九首”。“古诗”产生的年代，《文心雕龙》泛指为两汉之作，今人或认为大都出于东汉末年，非一时一人之作。内容多写夫妇朋友间的离愁别绪和士人的彷徨失意，有些作品表现出追求富贵和及时行乐的思想。语言朴素自然，描写生动真切，在五言诗的发展上有重要地位，后世曹植、陆机等多有模仿。钟嵘《诗品》评价为“惊心动魄，可谓几乎一字千金”，刘勰《文心雕龙》评价为“五言之冠冕”。

【古诗源】诗歌总集名。清沈德潜编。分十四卷，选收自上古至隋代的古诗和歌谣七百余首，除《诗经》《楚辞》外，唐以前诗歌名篇多已选录在内，并采辑了不少民歌、谣谚，有简要评释。编者认为诗至唐代达到极盛，而唐以前诗是唐以来诗歌之源，故名《古诗源》。

【古体诗】诗体名。别于绝句、律诗等近体诗而言，为近体诗形成以前，除楚辞体外各种诗体的通称。又称“古诗”“古风”。有四言、五言、六言、七言、杂言诸体，每篇句数不拘。后世使用五、七言者较多。不要求对仗，平仄和用韵也较自由。李白《静夜思》《蜀道难》等都为古体诗。

【古文辞类纂】总集名。清姚鼐编。成书于乾隆四十四年（1779）。共七十五卷。全书按文体分类编选，分为论辨、序跋、奏议、书说、赠序、诏令、传状、碑志、杂记、箴铭、颂赞、辞赋、哀祭十三类。选文七百一十五篇，上自先秦两汉，中以“唐宋八大家”为主，下迄明归有光，清方苞、刘大櫆等。各篇有评点，略述各类文体或各篇文章的特点，体现了桐城派的文学观点。

【古文尚书】传为汉武帝末年鲁恭王刘余从孔子住宅的壁中发现，较《今文尚书》多十六篇，因用秦汉以前的“古文”书写，故名。近代今文经学家魏源、龚自珍、康有为等怀疑为伪造。

【古文运动】隋唐以来以复古为名的文体改革运动，主流文体从骈文向古文转变。代表人物有唐韩愈、柳宗元，宋欧阳修、苏洵、苏轼、苏辙、曾巩、王安石，即传统所谓“唐宋八大家”。崇尚先秦两汉诸子直抒情理的散文，反对铺陈辞藻、过求声韵，以形式妨碍内容表达的骈体。主张复兴儒学，强调文以明道，确立了质朴自然、平易畅达的散文传统，对后代影响深远。

【古稀】七十岁。古人年寿较短，能活到七十岁的稀少，故称。唐杜甫《曲江二首》其二：“酒债寻常行处有，人生七十古来稀。”

【馉饳】gǔduò。古代一种面食。一说即馄饨。

【鼓】打击乐器。振动部位用皮革制成的乐器的统称。“八音”属“革”。远古以陶为框，后世改用木或铜铸成，多为圆桶形或扁圆形，中空，一面或两面蒙着皮革。以槌打击发声。甲骨文为“”，左侧“壴”中间是一面鼓，上面饰有羽毛，下面为鼓座。右侧象一人执棒敲击。形制大小不一，有一面蒙皮者，如板鼓、八角鼓、定音鼓；有两面蒙皮者，如堂鼓、书鼓、长鼓等。历史上因其大小、置摆方式、鼓腔形状、鼓皮材料、鼓腔材料、策动方式、应用场合等差异，名称各异。

【鼓吹乐】古乐的一种。用鼓、钲、箫、笳等乐器合奏。是北狄乐与汉乐及其他少数民族音乐的融合。采自民间，供奉于官府。根据乐器搭配的不同方式和用途，分为天子宴乐群臣时用的“黄门鼓吹”，随行车驾的“骑吹”，在庙社演奏的短箫铙歌以及行军中的横吹。历代鼓吹乐多有歌辞配合。

【鼓词】曲艺的一种。以鼓、板击节说唱的曲艺形式。今存作品有《大明兴隆传》《乱柴沟》《木皮散人鼓词》等。一说“鼓词”即“鼓书”，是“大鼓”的旧称。现在多用来指各种大鼓的唱词。

【毂】gǔ。车轮中心的圆木。其外周与辐条的一端相连，辐条的另一端连接辋，毂和辋分别形成车轮的内、外同心圆。毂中心有孔，车轴从中穿过。

【穀梁传】穀，gǔ。儒家经典著作。也称《春秋穀梁传》《穀梁春秋》。旧题战国鲁穀梁赤所撰，故称。专门阐释《春秋》，与《左传》《公羊传》合称“春秋三传”。起于鲁隐公元年（前722），终于鲁哀公十四年（前481）。是研究秦汉间和汉初儒家思想的重要资料。

【瞽瞍】gǔsǒu。传说中舜的父亲。也作“瞽叟”。瞽是目盲的意思。舜父双目失明，故名。姓妫。为人昏聩顽劣。曾与舜的继母及继母所生之子串通一气，欲置舜于死地。舜非但不怨恨，还一直孝顺瞽瞍夫妇，善待弟弟，最终使瞽瞍深受感动。

【故宫】旧时宫殿，今特指北京故宫博物院，是明清两代的皇宫。旧称“紫禁城”。始建于明永乐四年至十八年（1406—1420），经多次重修与改建，仍保持着原有的规模。由大小数十个院落组成，房屋9000多间，建筑面积约15万平方米，占地面积72万平方米，周围有10多米高的城墙和50多米宽的护城河。四隅有角楼，南面正中为午门。主要建筑分外朝与内廷两大部分。外朝以太和、中和、保和三大殿为主体，建于三层汉白玉石台基上，是封建帝王行使权力、举行隆重典礼的地方。内廷以乾清宫、交泰殿、坤宁宫为主体，是帝王办公和居住的地方。其两侧东、西六宫为嫔妃的住所。此外，还有文华殿、武英殿和御花园等。是我国现存规模最大、最完整的古建筑群。整个建筑群按中轴线对称布局，层次分明，体现了我国古代建筑艺术的优秀传统和独特风格。

【顾恺之】（约345—409）东晋画家。字长康，小字虎头，晋陵无锡（今属江苏）人。出身士族，博学多才，在诗赋、书法、绘画方面都有造诣，有“三绝”（才绝、画绝、痴绝）的称号。作为古代绘画史上具有重要影响的人物，顾恺之第一次提出“以形写神”（即传神）这一绘画原则，其用笔后人赞为“春蚕吐丝”“春云浮空”“流水行地”。题材多为人物肖像及神仙、佛像、禽兽、山水等。画人物注重点睛，自云“传神写照，正在阿堵中”。画作有《女史箴图》《洛神赋图》《列仙图》《庐山图》等。著作有《论画》《魏晋胜流画赞》《画云台山记》等画论。

【顾绣】代表顾名世一家的刺绣技法和风格的刺绣品。顾名世为明嘉靖年间进士，家居上海九亩地的“露香园”。其子顾会海之妾缪氏擅刺绣，其孙媳韩希孟善画工绣，摹绣古今名画尤为神妙。曾选所绣宋元名迹十二幅，编成《露香园顾绣精品》。顾氏后裔继承绣法，收徒传艺，专门绣制各种花鸟走兽题材的画幅、册页、手卷等陈设品，技法、风格独树一帜，故以其姓得名顾绣。也称露香园顾绣。这种模仿绘画的刺绣，对后来陈设类刺绣的发展影响颇大。

【顾炎武】（1613—1682）明清之际思想家、学者。原名绛，字宁人，明亡后改名炎武。因故居旁有亭林湖，学界又尊为亭林先生。江苏昆山人。出身江南大族，少年时入“复社”，抨击明末弊政。清兵入关后，曾在昆山一带组织抗清。南明灭亡后，七谒明孝陵（南京），六谒明思陵（北京），意图匡复明室。后清廷统治趋于稳固，乃“以游为隐”，漫游四方，考察山川，从事著述，足迹遍及北方诸省。康熙十七年（1678），清廷诏举博学鸿词科，以死自誓不赴。顾炎武学问渊博，于国家典制、郡邑掌故、天文仪象、河漕兵农及经史百家等，莫不穷究原委，开清代朴学之风。梁启超称其为“清学开山之祖”。与黄宗羲、王夫之并称“清初三大儒”。著有《音学五书》《日知录》《顾亭林诗文集》等。

【瓜蔓抄】明成祖朱棣诛戮建文帝旧臣、广泛株连无辜的事件。建文四年（1402），燕王朱棣兵破京师（今江苏南京），夺取帝位。御史大夫景清欲为故主建文帝复仇，上朝时暗藏凶器，行刺朱棣。事败，面骂朱棣，被敲牙、剥皮、磔死。朱棣又严令灭其族，转相株连其九族姻亲及门生之门生，并籍杀其乡人，村里为墟。因牵连范围极广，时人称之为“瓜蔓抄”。

【寡人】寡，少。“寡人”即“寡德之人”，字面的意思是在道德方面做得不足的人，古代君主、诸侯自谦之辞。

【挂落】我国传统建筑中梁枋下的一种装饰构件。因其安装在檐下呈悬挂状，故名。用镂空的木雕或细木条拼接成镂空的格栅，悬挂于廊柱间的梁

G

下，用作装饰或区隔内外空间，给人似隐非隐、内外呼应的视觉感受。挂落在廊道或亭榭等处所常与栏杆配合使用，其装饰效果非常明显。一般会用透雕、彩绘等多种艺术手段，并配合周边景物选择合适的花型和图案。

【挂喜神】 古代民俗。古人在祖辈逝世后，除按照礼仪安葬外，还须在家庙里立神主牌位，定期祭拜。汉代开始为先人画像，称作“喜神”。由于喜神容易损坏，所以平时珍藏在箱柜中。除夕时，取出悬挂，以香烛果品茶点供奉，全家人整肃衣冠跪拜，称为“挂喜神”。

【挂钟馗】 古代民俗。钟馗是民间传说中的食鬼之神。古人悬挂钟馗像于门首，以镇宅驱邪。传说唐玄宗于病中梦见一大鬼捉一小鬼食之，玄宗问之，大鬼自称名钟馗，生前曾应武举未中，死后决心消灭天下妖孽。玄宗醒后病即愈，命吴道子为钟馗画像。其像为破帽、蓝袍，眇一目，左手捉鬼，右手抉鬼眼。这一传说自唐时开始流传，当时翰林院照例于岁末进钟馗像，皇帝以之赏赐大臣。民间也纷纷效仿。唐宋时挂钟馗像多在岁首，其后则改在端午。

【拐子马】 北宋时左右翼骑兵的名称。挑选精悍骑兵，为大部队的左右翼，相互支持，以防御契丹弓骑奔突。因其势骁捷，转折倏忽得名。金人袭用其名，又称铁浮屠，用于阵前突袭、包抄。

【关帝】 三国蜀汉大将关羽死后，蜀汉后主于景耀三年（260）追谥其为壮缪侯。而对其祭祀始于宋徽宗时，初封为忠惠公，后加封为武安王。元文宗时加封显灵威勇英济王。明代洪武年间，复原封，地位不算尊贵。至万历年间，应道士张通元的请求，神宗朱翊钧进封关羽为帝，关庙的称谓也由“忠武”改为“英烈”，万历四十二年（1614），又被敕封为“三界伏魔大帝神威远镇天尊关圣帝君”。清顺治九年（1652），被敕封为“忠义神武关圣大帝”。每年农历五月十三日，各地关帝庙都要举行祭祀仪式。因关羽是山西解州人，故山西解州的关帝庙气势尤为宏伟，是至今仍完整保存的全国最大的关帝庙。在我国历史中，关羽一直是忠、义、勇这些传统美德的化身，人们通过祭拜他，表达了企盼国泰民安、风调雨顺、安居乐业的美好愿望。除中国外，日本、东南亚各国对关羽的膜拜之风也长盛不衰。

【关东】 ①函谷关以东地区。②明代开始，多指山海关以东，即今天我国东北三省地区。

【关汉卿】 （1210？—1280？）元代戏曲作家。号已斋叟，大都（今北京）人。与马致远、郑光祖、白朴并称“元曲四大家”。生平事迹不详。据元钟嗣成《录鬼簿》记载，他曾任太医院尹。为人豪放不羁，自称“是个蒸不烂、煮不熟、捶不匾、炒不爆、响珰珰一粒铜豌豆”。致力于戏曲创作，所作杂剧60余部，现存10多部，代表作包括《窦娥冤》《救风尘》《拜月亭》《蝴蝶梦》《单刀会》《望江亭》等。另存有小令50余首、套曲10余套。

【关陇】 关中、陇右之地。大致相当于今陕西中部和甘肃东部地区。陇右即陇山（六盘山南段）以西黄土高原地带，东南即关中盆地，历代两地经济社会关系密切。北周至隋唐皆奠基于此，唐以后地位逐渐下降。

【关陇集团】 西魏、北周、隋及唐初控制军政大权的核心集团。其成员兼有胡汉，主要籍贯位于陕西关中和陇山（六盘山南段）周围，故名。北魏建立了六个军镇，西魏完善府兵制，设置了八柱国、十二大将军，出将入相，他们既是军队的统帅，又是国家的领导核心，还是当时关中地区最显赫的二十大家族，各方面都处于社会的顶端。西魏、北周、隋、唐四代皇帝都出自这个集团，其中，西魏、北周和唐朝的始祖都曾是八柱国之一，而隋朝的始祖曾是十二大将军之一。唐初仍有较大势力，后因武则天以来重用庶民新贵而衰落。

【关内】 ①古地区名。古代在今陕西定都的王朝，对函谷关或潼关以西的王畿附近区域的通称。也称关中。也可指今河北山海关以西，或四川康定以东，或甘肃嘉峪关以东地区。②古代行政区域。指唐代的关内道。贞观元年（627）始设。辖区为今陕西秦岭以北，甘肃祖厉河流域以东，内蒙古呼和浩特以西，阴山、狼山以南的河套地区和宁夏。

【关市】 设于关津及边地的贸易市场。始于先秦，西汉设于毗邻匈奴、南越的要冲之地，由官府控制管理，其开设、废止和增减常由彼此协商决定，商人须获特许，按规定品种、数量互市。后世泛指与邻国和各族的通商，其管理和限制时松时紧。关市也指掌管关市税收事务的官署，或指掌管关市的官员。

【关外】 函谷关、山海关等重要关隘以外地区。历代皆因关隘有别而所指不同，如秦汉至隋唐定都咸阳、长安（皆今陕西西安），多以此称函谷关、潼关以外地区。明清定都北京后多以此指山海关外东北地区。

【关西】 指函谷关以西地区。也称关右。东汉杨震，弘农华阴（今陕西华阴东南）人，被时人誉为“关西孔子”。

【关中】 古地区名。所指范围不一。①秦、汉定都皆在陕西，故将函谷关以西之地称为关中。包括战国时秦国故地，秦岭以南的汉中和巴蜀之地。②函谷关以西，大散关以东，以关中盆地为中心的区域，是华夏文明的重要发祥地。春秋战国时期，经过不断经营开发，形成八百里秦川的广袤沃土，秦始皇统一天下直至隋唐，多个王朝定都于此。

【观察使】 古代官名。掌考察州县官吏政绩，后兼理民事。全称“观察处置使”。唐于诸道置观察使，位次于节度使。中叶以后，多以节度使兼领其职。无节度使之州，也特设观察使，管辖一道或数州，并兼领刺史之职，为一道实际军政长官。宋观察使为虚衔，无定员。元废。

【观象台】 古代观测天文和气象的场所。明洪武年间，朱元璋在安徽凤阳东独山上始建，后废。后于南京鸡笼山巅置仪表以测象纬，名观象台，设浑天仪、简仪、圭表，以窥测七政行度。

【观音】 梵语意译为“观世音”，因唐代避“世”字讳，故称。玄奘译《心经》时，改译“观自在”。佛教大乘菩萨。在我国佛教里，与文殊、地藏、普贤合称“四大菩萨”。佛经说其为广化众生，能示现种种形象，名为“普门示现”。观音的形象在印度一般为男身。传到中国后，因以大慈大悲、救苦救难、有求必应的形象出现在世人面前，故逐渐转变为一身穿白衣、手持净瓶的慈眉善目的女子形象。女相观音最早约出现在南北朝时期，盛于唐代以后。观音为阿弥陀佛的左胁侍，与阿弥陀佛及其右胁侍大势至合称“西方三圣”。浙江普陀山为观音菩萨应化说法的道场，与五台、九华、峨眉合称“中国佛教四大名山”。

G

【纶巾】 纶，guān。古代丝质的头巾，一般为青色。传说为诸葛亮所创，所以又称诸葛巾。常被用作儒将的装束。苏轼《念奴娇·赤壁怀古》有“羽扇纶巾，谈笑间樯橹灰飞烟灭”句，用羽扇纶巾表现出周瑜人生得意之时的儒雅俊逸。

【官簿】 记录官吏功绩和经历的簿籍。后多指做官的资历。秦汉时期，朝廷立簿记录诸官职名称、员数和任免情况，兼及其职掌、所属和功绩、履历之类，作为选补和升黜的依据，各地各部门官府皆仿此立簿，记其所属官吏的相应状况。此后历代皆有，又以此泛指为官的履历。

【官当】 当，dàng。古代官吏犯法，准许其用爵位或官品折抵刑罚的制度。“官当”之名初见于南朝的《陈律》。唐宋时期沿用，但细则有所不同。到清末正式废除。

【官渡之战】 曹操与袁绍在官渡（今河南中牟东北）进行的决战。东汉末年，袁绍据有冀、青、幽、并四州，兵多粮足，曹操据有兖、豫等州，兵少粮缺。建安四年（199）袁绍率兵十余万南下攻操。双方在官渡相拒。次年，曹操趁袁军轻敌、内部不和之机，两次偷袭袁军后方，焚烧袁军乌巢（今河南延津）粮屯。袁绍军心动摇，纷纷溃散，大将投降曹操。曹操乘机全线出击，歼灭袁军主力。此役为曹操统一北方奠定了基础。官渡之战是历史上著名的以弱胜强的战役之一。

【官户】 古代户别之一。其含义、人员构成等均不尽相同。最初指世代受官府控制、役使的贱户。主要是配给官府的战俘和罪犯之人的家属，有伎作户、乐户及屯、牧、兵户等名目，身份接近于官奴婢，时有放免或增加，其中轮番服役的称“番户”。起源很早，盛行于魏晋，北魏以此为统称。唐代官户的身份比官奴婢高，经赦免可转成平民。宋代废配没贱户制度后，“官户”渐指九品以上的朝廷命官之家。与“民户”相对。但辽金仍沿用旧称，指隶属于太府监的官奴婢。

【官家】 古代对皇帝的尊称。西汉称天子为“县官”，东汉称为“国家”。又有“五帝官天下，三王家天下”之说，魏晋将其合称，指天子。至宋尤为流行。后用作对官吏、尊贵者及有权势者的尊称。

【官缺】 官制用语。职官额定编制。历代均有定制。清制，官缺分为宗室缺、满洲缺、蒙古缺、汉军缺、汉缺、内务府包衣缺等。京内外各衙门官员额缺均有明确规定，一般不能任意更动。另有视职务紧要程度而定的要缺、繁缺、简缺等名目，其任用条件皆有明确规定和限制。地方官则依地区之不同，又分为烟瘴缺、苗疆缺、沿海缺、沿河缺等。如沿河缺，指沿黄河、运河之官缺。直隶良乡、通州等十二州县，河南祥符、郑州等十一州县，山东德州、东平等十三州县，江南山阳、邳州等十三州县，均为沿河缺。

【官人】 ①唐时称居官者，后用于敬称有一定社会地位的男子。②婢仆对主人的尊称。③妻子称丈夫。

【官生】 明清荫监之一，指科举制度中以官荫而得入国子监读书者。明时高级官员所请荫之子称官生。清时京官四品以上及翰、詹、科、道，外官文三品、武二品以上高级官员，其子、孙、曾孙及胞兄弟侄应乡试者为官生，其试卷为官卷。官卷另外编字号，不占民额，也不能取中解元与经魁。

【官田】 官府直接管理和支配的田地。西周始有此称，所指不一。自春秋战国直至明清，皆指各种不在私人名下、由官府直接管理的田地。其经营和出产由官府支配，耕种者或为罪徒官奴，或为军队，或为国家佃农。金元继承宋官田外，又掠夺大量民田为官田。明代官田面积极广，名目繁多。官田以地租定税粮，农民负担极重。民田科则低，但有差徭。嘉靖以后，官民田土科则逐渐平均。明末，官民田土区别基本消失。清官田已不重要，新设的有旗田和皇室官庄等。民田则有民赋田、更名地等。清末官田多为官僚及地主侵吞，逐渐转化为民田。

【官学】 我国古代各级官府所办的学校，以教习经学和培养官吏为其主流。由朝廷直接管辖的为中央官学，如西周的国学、汉代的太学、唐代的国子学、元明清的国子监等。中央官学中既有相当于大学程度的太学，也有专科学校性质的鸿都门学。由地方政府管辖的为地方官学，如西周的乡学、汉代的郡国学、唐代的府州县学、元代以后的社学等。有些书院也为官府所办，具有官学性质。

【官铸】 官府铸造货币。古代货币铸造分官铸和私铸两种。官铸货币是由官方的铸币机构铸造的，包括布政使藩库、盐库、官银钱局、海关、厘金局等。官铸的主要目的是统一货币的形状和成色，以便于管理和流通。由官府统一铸造货币始于汉武帝元鼎四年（前113）。

【冠】 guān。古代男子用以罩住发髻的用品。初期的冠是玉石或兽骨打磨成统一的形状，以绳串联罩在发髻上用以固定头发。随着周以后官服制度的不断完善，秦汉与冠服相统配的名目和形制逐渐复杂，凡礼服所戴的帽皆可称冠。汉代的梁冠就是以冠梁数目来区别官职的高低。唐宋时期则出现了向后延伸的卷梁冠等。清顺治初年，颁布命服制度，冠加高顶，顶上按官员文武职能和品级分别装饰红宝石、珊瑚、蓝宝石等。古代贵族在不同时期有各类冠饰，如花冠、凤冠等。

【冠盖】 冠，guān。因古时贵族才能戴冠乘车，车有篷盖，故以“冠盖”代称贵人。因“冠盖”又指仕宦的冠服和车盖，故也用以代称仕宦。

【馆驿】 驿站。古代供传递公文的人、往来官员或旅客食宿的处所。唐代驿可提供食宿、车马，而馆仅提供食宿，因所处交通线的繁忙和重要程度分不同的等级。

【管勾】 官职名。掌管收藏稽考籍帐、案牍等事务。金元各职司多置管勾，内而尚书省、中书省、枢密院、御史台及各府院司监，外而行中书省、廉访司、宣慰司以及河桥、盐场、鹰坊等皆有其官。皆为重要吏员。

【管军】 宋代中央禁军高级将领的通称。包括殿前都指挥使、副都指挥使，马军都指挥使、副都指挥使，殿前、马军、步军都虞候，捧日、天武四厢都指挥使，龙、神卫四厢都指挥使。初不入品序，政和四年（1114）始定其品秩。

【管仲】（？一前645）春秋初期政治家。名夷吾，字仲，颍上人。起初在公子纠手下做事，后来由好友鲍叔牙推荐，被齐桓公任命为卿，得到重用。管仲辅佐齐桓公进行一系列改革，使齐国国力大增。又协助齐桓公以“尊王攘夷”为号召，一匡天下，使桓公成为“春秋五霸”之首。管仲与好友鲍叔牙的友谊也为世人所称道。相传两人一起做生意，赚了钱管仲总是多拿，有人劝鲍叔牙勿与管仲相交，鲍叔牙却说：“我一人吃饱了全家不饿，管仲还要赡养老母，他多拿是应该的。”两个人一起从军打仗，管仲一打起来就往后退，不顾鲍叔牙。有人说起这个事，鲍叔牙说：“管仲上有老下有小，顾及家人才这样。”管仲听闻后对人说：“生我者父母，知我者鲍子也！”后世用“管鲍之交”指交谊深厚的朋友。

【管仲改革】 公元前685年齐桓公即位后，任用管仲推行的一系列富国强兵政策。也称管仲变法。对内把全国分为六个工商之乡、十五个士乡，工商士农不相杂处。根据土地好坏征税，充分利用本国资源优势，大力展开商贸活动，使国力军力迅速增强。对外采取尊王攘夷、争取盟国的方针。改革还对分封制度、刑法、刑罚、人才选拔、财富分配等方面进行了重大调整，加强了国家的集权和实力，成就了桓公的霸业。

【管子】 书名。传为春秋时齐国管仲撰，实系后人伪托。《汉书·艺文志》著录于“道家”，《隋书·经籍志》著录于“法家”。原本八十六篇，今存七十六篇，分为八类。内容庞杂，包含道、儒、名、法等家思想，涉及政治、经济、法律、军事、哲学、伦理道德以及天文、历法、地理和农业生产等知识。“不翼而飞”“见异思迁”“令行禁止”“内忧外患”“十年树木，百年树人”等成语都出自该书。

【丱】 guàn。古代儿童的发式。易于梳整，只需将头发中分，左右各盘一髻如双角，并分垂一绺发丝即可。因形似“丱”字，故名。自春秋开始便成为流行的儿童发式。后世有所变化，不再保留垂下的一绺头发。后以“丱发”泛指少年。

【冠礼】 冠，guàn。古代男子成年时（20岁）加冠的礼节。举行冠礼之前，先选定吉日，届时由大宾（通常为父兄等）主持，在宗庙里举行。冠礼进行时，宾给冠者加冠三次。先加缁布冠（即用黑麻布做的冠），表示从此有治人的特权。次加皮弁（用白鹿皮制成），表示从此要服兵役。最后加爵弁（赤中带黑色的平顶帽，用极细的葛布或丝帛制成），表示从此有权参加祭祀。每加一次冠，宾都要对冠者致祝词。三次加冠后，主人设酒馔招待所有参加冠礼的人，称“礼宾”。

礼宾后，冠者入家拜见母亲，而后由大宾取字，依次拜见兄弟姑姊。最后，冠者换上玄色礼帽礼服，携礼品去拜见国君、乡大夫（在乡而有官位者）和乡先生（退休乡居的官员）。主人向来宾敬酒、赠送礼品。男子加冠后可娶妻。

【鹳雀楼】 古代名楼。因常有鹳雀栖止其上，故名。相传始建于北周，初为军事瞭望之用。楼高三层，前瞻中条山，下瞰黄河，为形胜之地。唐人登临题诗者甚多，最著名的当数王之涣《登鹳雀楼》："白日依山尽，黄河入海流。欲穷千里目，更上一层楼。"原址在山西蒲州府（今永济），金时被焚。明初黄河泛滥，故址淹没。

【光禄寺】 古代官署名。北齐始设光禄寺，九寺之一，职掌宫殿门户、帐幕铺设器物、百官朝会膳食等事务。唯辽代改名"崇禄寺"。元明清复称"光禄寺"，所辖大官、珍羞、良酝、掌醢四署，与唐代同。清代皇帝饮食由内务府掌管，光禄寺为外廷职司，仅料理祭祀食品。

【光禄勋】 古代官名。九卿之一。秦设郎中令，掌管宫殿门户，兼侍从皇帝左右。汉初沿用此称，武帝时改名光禄勋，居宫中。属官有光禄、太中、中散、谏议等大夫。东汉末年复称"郎中令"。魏晋复设光禄勋，不再居宫中。南朝梁始改名"光禄卿"。北齐始置光禄寺，设卿、少卿等。唐以后成为专管皇室祭品、膳食及招待酒宴之官。

【光武中兴】 东汉光武帝刘秀统治时期出现的治世。也称建武盛世。公元25年，刘秀自立为帝，建立东汉政权，后统一全国，推行解放奴婢、推崇儒学、精简官员等一系列政策，使社会经济得以稳定发展，因其谥号为光武皇帝。又重振了汉朝，故称光武中兴。

【广东十三行】 清政府指定专营对外贸易的垄断机构。也称洋行、洋货行。明代已有十三行的名称。行数不固定。康熙二十四年（1685），在广东、福建、浙江和江南分别设立海关，税收由广东十三行出面主持。乾隆二十二年（1757），清政府规定与西洋各国贸易限在广州一处，此后业务更发达。可代外商报关纳税和从事中介贸易，后数量增加而成同类洋行的统称，以潘、伍、卢、叶四家最为著名，且立公会、行规协调行事。鸦片战争后，因通商口岸渐多而衰落。

【广惠仓】 宋朝官府所设用于社会救济的粮仓。宋仁宗嘉祐二年（1057），由各路官府拨出一部分没收充公的田地，募民承佃，以所收租另仓贮存，作为社会救济之用，故名。与义仓不同，义仓通常是由官府组织、按人头和田亩抽取费用逐渐发展为民间自愿采纳的粮食储备方式。而广惠仓则是由官府直接管理，主要负责社会救济工作。

【广陵散】 琴曲名。散，sǎn，曲类名称，如操、弄、序、引之类。全曲分小序、大序、正声、乱声、后序等部分，内含四十五段，为篇幅最长的琴曲之一。内容据说是聂政为父报仇刺杀韩王的故事，即《琴操》所记的《聂政刺韩王曲》（一说为严仲子报仇，刺杀韩相侠累）。三国魏嵇康以善弹此曲著称，后遭谗被害，临刑前索琴弹奏此曲，曰：“《广陵散》于今绝矣！”后遂用来称人事凋零或事成绝响。

【广雅】 训诂学著作。三国魏张揖撰。隋代曹宪为之作音释，因避隋炀帝杨广名讳，改称《博雅》，后恢复原名，沿用至今。张揖有感于《尔雅》一书所集训诂不甚完备，将群书中文同义异、音转失读、八方殊语、庶物易名而《尔雅》未予收录的，都详录品核，以著于篇。《广雅》旨在补《尔雅》之缺漏，增收了词语，拓展了事类，完善了某些释义。体例上参仿《尔雅》格局，自释诂、释言、释训以下，直至释兽、释畜，共 19 篇。全书搜集极广，博及群书，举凡汉代以前经传训诂，《楚辞》、汉赋笺注，以及汉代《方言》《说文解字》等书的解说都予收录，还包括后出的新词，共收词 2343 条。保存了汉魏以前词汇和训诂的珍贵资料。是一部重要的雅学著作，对后世雅书影响很大。

【广韵】 韵书名。全称《大宋重修广韵》。北宋陈彭年、丘雍等奉诏重修。原为增广《切韵》而作，故名。全书五卷，收字 26 194 个，注文 191 692 字。分 206 韵，其中平声 57 韵、上声 55 韵、去声 60 韵、入声 34 韵。是汉语音韵学、汉语方言学研究的重要著作。

【归化人】 日本历史书籍称早期移居日本的华人，也称渡来人。因东渡有先后，故有“秦人”“汉人”“新汉人”等不同称谓。人数众多，不仅在血缘上，而且在科学文化上，包括农业、蚕丝业、制造业、建筑、雕刻、绘画、医学以及儒学、佛教等各个方面都给日本以很大影响。同时也引入了我国的汉字和文化。逐渐融合成为日本民族的一部分。

【归有光】 （1507—1571）明代文学家。字熙甫，号震川，又号项脊生，昆山（今属江苏）人。9 岁能文，弱冠通经史，然至 35 岁方中举人。又屡应进士不第，嘉靖四十四年（1565）始中进士。后官南京太仆寺丞，卒于任上。在古文创作方面，归有光尊崇《史记》及唐宋诸大家，强烈反对前、后七子“文必秦汉”的复古主张。其散文善于捕捉生活细节，直抒胸臆，感情真挚，《项脊轩志》为传世名篇。著有《震川先生集》。

【归真】 我国伊斯兰教用语。指灵魂离开躯体，归于真主。即指死亡。

【圭】 也作“珪”。玉器名。古代帝王、诸侯举行隆重仪式时所用的玉制礼器。长条形，上端圆或尖，下端方。圭是表示贵族身份高低的信符，其形制大小，因爵位及用途不同而异。因属贵重的玉器，故也用于形容人的美好品质。如《诗经》中就以“如圭如璧”形容君子的高尚品德。

【圭表】 圭，平卧的刻度水平尺。表，垂直竖立的标杆。古代用来观测日影长度变化从而计时的仪器。也称土圭。如一年中夏至的日影最短、白昼最长，冬至的日影最长、白昼最短。一天中正午时刻的日影最短等。春秋时已运用，是我国最古老的天文观测仪器之一，最早装置圭表的是位于今河南登封告成镇的周公测景台。

【龟】 一种爬行动物。古代视其为灵物，与龙、凤、麒麟并称“四灵”。寿命很长，古人将其作为长寿的象征。曹操作《龟虽寿》，以神龟为喻，感叹世上万物有盛必有衰，有生必有死。殷商时期，人们用火烧灼龟甲，以裂开的纹路预测吉凶。我国最早的文字甲骨文就是刻写在龟甲和牛肩胛骨上的。

【龟鹤】 我国传统文化里的祥瑞动物。相传龟、鹤能活千年，故古人以“龟鹤”比喻长寿。传统服饰的纹饰、图案也常采用“龟鹤齐龄”“龟年鹤寿”等表达此意。

【皈依】 佛教信徒的入教仪式。表示对佛、法、僧三宝的归顺依附。也称三皈依、归依。

【轨】 指车轴突出于毂外侧的部分，即“軎”。又指车两轮间的距离，也指两轮在路上轧出的痕迹，即“辙”。《礼记》中有“车同轨，书同文”之句，“车同轨”指国家统一了车辆两轮间距，同时统一了车辙的宽度，使车马行走通畅无阻。后也以此比喻国家实现了大一统的局面。

【诡寄】 将自己的田地伪报在别人名下，以逃避田赋、差役的方法。明清常伪报在享有减免赋役特权的有功名者及官僚、贵族户下。豪绅势宦常利用优免权包揽、受献，乘机侵吞官府赋役，剥削和奴役投靠人户。清代摊丁入亩后，始少见。

【诡名挟佃】 宋代地主和官僚为规避赋役而采取的一种策略。他们将田产寄在享有免役特权的官户、形势户（唐宋对在任文武职官及州县豪强人户的统称）名下，自己则冒充佃户，逃避赋役。诡名挟佃与诡名子户共同构成了地主阶级逃避国家赋役的主要方式。

【诡名子户】 宋以来官僚、富户通过虚立户名，一户虚立几户以至几十户的户名，分散家产，以降低户等规避税役的方法。诡名子户与诡名挟佃共同构成了地主阶级逃避国家赋役的主要方式。

【鬼】 迷信者认为人死后精灵不灭，能离开肉体独立存在，称为“鬼”。鬼有着千变万化的形态和超人的能力，或庇护人，或戕害人。古人对鬼的想象起源于原始崇拜。商代尚鬼，凡事都通过占卜求问鬼神。春秋战国时，楚人也是尚鬼的代表。我国古代文学作品里，很多场景中鬼和神没有明显的界限，譬如屈原笔下的《山鬼》，描绘的是一个美丽多情的女性山神形象。而清代蒲松龄《聊斋志异》中的鬼，多数有善良、忠诚、天真等美好品质和人情味儿，体现了人们对幸福生活及真善美品质的向往。随着印度佛教东传，佛教中罗刹鬼等恶鬼形象才在宗教故事、文学作品中有所表现。

【鬼谷子】 战国时纵横家。楚人。籍贯、姓氏不详，因隐于河南鹤壁云梦山鬼谷，世称鬼谷子或鬼谷先生。长于修身养性和纵横捭阖之术。相传孙膑、庞涓、苏秦、张仪都是他的弟子。著有《本经阴符七术》。《鬼谷子》为后世托名之作。

【鬼门关】 关名。也称鬼门。在今广西北流西南。有两峰对峙，中为关门。是古代通往钦、廉、雷、琼和交趾的要道。汉末，伏波将军马援远征交趾，曾途经此处立碑。史书记载，此关以南，瘴疠尤多，出关者十人九不还，故名。唐宋时期文人墨客遭贬谪常有客死于此地者。因其偏远、荒蛮，后人以其名代指凶险之地。也指神话中通往阴间的门。

【鬼薪白粲】 强制男犯砍柴、女犯拣择精米，以供祭祀鬼神之用的徒刑。始于先秦，秦汉时期盛行，服刑期是三年。此刑可附加其他刑罚，如“耐”指为鬼薪剃去胡须鬓毛，“刑”指为鬼薪加黥、斩趾等肉刑。魏晋至唐代，渐减轻为三年以下的一般徒刑。

【簋】 guǐ。古代食器。多为青铜或陶制，也有木制或竹制的。其形制为圆口、圆腹、圈足。有无耳、两耳、四耳不等。其功能像现在的碗。古人可将饭、肉、汤、菜等盛置在簋里食用。

【柜坊】 唐宋都市中代客保管金银财物的商铺。也称僦柜、寄附铺、质库、质舍。起源于邸店，始见于唐代，随着商业繁荣，邸店里替客人保管钱财的需求渐多，便分离出专门的柜坊，以收取柜租为利。富商巨贾常将货币和贵重物品存于柜坊，需用时，凭帖或信物支领。唐柜坊是我国最早的银行雏形。宋柜坊成为销熔铜钱和赌博的场所，官府常加以取缔，柜坊业务逐渐衰落。

【刽子手】 刽，guì，砍断。古时指从事执行死刑职业的人。也称刽子。

【桂陵之战】 公元前353年，齐国军队于桂陵（今河南长垣西北）大败魏军的战役。魏惠王十六年（前354），魏国围攻赵国都城邯郸（今河北邯郸）。次年赵求救于齐，齐王命田忌、孙膑率军往救。孙膑以魏国精锐在赵，内部空虚，引兵直趋魏都大梁（今河南开封）城郊，诱魏将庞涓兼程赶回应战。魏军破邯郸后回救大梁，师老兵疲，孙膑在桂陵设伏袭击，大败魏军，生擒庞涓。孙膑在此战中避实击虚，创造了“围魏救赵”战法，成为两千多年来军事上诱敌就范的常用战术。

【衮服】 古代帝王和王公穿的绘有卷龙图案的礼服。也称衮衣。一般指皇帝祭祀天地、宗庙、社稷等大典时的着装。据记载，传统的衮衣有十二种纹饰，分别是日、月、星辰、山、龙、华虫、宗彝、藻、火、粉米、黼、黻。周代规定，前六种纹饰绘于上衣，后六种绘于下服，且皂色衣，绛色裳。后世大体不变，只局部有所改动。清朝建立后，取消了十二纹章，但皇帝的服饰仍以龙的形象为主体。

【滚单】 清催征田赋所用的一种单据。康熙三十九年（1700）规定，每里中以五户或十户为一单位，使用滚单催赋。单上逐户开明田亩数、银米数、应完分数和限期，由官府发给甲首，挨家催缴，令自封投柜。不交或迟交者予以处分。

【鲧】 Gǔn。传说中的原始部落首领，颛顼之子，因建国于崇，故号崇伯。奉尧之命治水。偷天帝息壤，使用筑堤防水的办法，治水九年未成，被治罪，死于羽山。化为黄熊，成为羽渊之神。虽然鲧治水失败，但后人仍将其视作治水的英雄。相传鲧的儿子大禹出生于鲧腹，继父之业继续治水，采用因势利导之法最终成功。

【郭】 在城外加筑的一道城墙，用于城防。一般作为外城区域，是平民百姓居住的地方。

【郭店楚简】 1993年10月，考古人员在湖北荆门郭店一座战国中后期楚墓中发掘出土的一批竹简。共计408枚，简文用楚文字书写，包括道家著作《老子》甲、乙、丙三篇，《太一生水》

一篇。儒家著作共十篇：《缁衣》《鲁穆公问子思》《穷达以时》《五行》《唐虞之道》《忠信之道》《成之闻之》《尊德义》《性自命出》《六德》。另有《语丛》四篇，杂抄百家之说。郭店楚简的发现，对于研究我国哲学、思想史、古文字学、简册制度和书法艺术等，都提供了可贵的资料。

【郭璞】（276—324）东晋文学家、训诂学家。字景纯，河东闻喜（今属山西）人。晋室南渡后官著作佐郎，后任王敦记室参军。王敦欲谋反，命他卜筮，郭璞谓其若谋反必败，被王敦所杀，后追赠弘农太守。工文章，擅诗赋，博通训诂及天文、卜筮之术。所作《游仙诗》十四首，开游仙诗题材之先河。《江赋》气势雄浑、辞藻奇丽，为赋体名篇。深研《尔雅》，著有《尔雅注》《尔雅音》《尔雅图》《尔雅图赞》。另有《山海经注》《穆天子传注》等著作。

【郭守敬】（1231—1316）元代天文学家、水利学家、数学家。字若思，顺德邢台（今属河北）人。祖父郭荣为著名学者，熟知天文、水利、算学。郭守敬秉承祖业，在天文历法、水利、数学方面都取得了巨大的成绩。天文历法方面，他创制或改制简仪、仰仪、候极仪、浑天象、玲珑仪等天文仪器十余种，又在全国27处进行实测，重新观察了二十八宿及其他恒星的位置，测定了黄赤交角，达到了很高的精确度。主持修订了《授时历》。水利方面，主持修凿大都附近的通惠河，使漕运得以畅通。数学方面，与王恂创立招差术、弧矢割圆术。著有《推步》《立成》《历议拟稿》《仪象法式》等。

【郭熙】北宋画家。生卒年不详。字淳夫，河阳温县（今属河南）人，世称“郭河阳”。历任御画院艺学、翰林待诏直长。工画山水，取法李成，山石用状如卷云的皴笔，画树枝，如蟹爪下垂，笔势雄健，水墨明洁。早年风格较工巧，晚年转为雄壮，常于巨嶂高壁，作长松乔木、回溪断崖、峰峦秀拔、云烟变幻之景。后人把他与李成并称“李郭”。他反对因袭守旧，主张在“兼收众览”的同时师法自然。此外，还对山水的表现技法做了深入研究，如提出高远、深远、平远的“三远”法，是对传统绘画经验的总结。传世作品有《江山万里图》《早春图》等。有画论，子郭思纂集为《林泉高致》。

【郭象】（252—312）西晋玄学家。字子玄，河南洛阳人。官至黄门侍郎、太傅主簿。好老庄，善清谈。在向秀《庄子隐解》的基础上进一步发挥，作《庄子注》。作为魏晋玄学的代表人物之一，郭象提出“名教”即“自然”，肯定儒家的名教之治和道家的自然无为思想，合儒道为一。

【郭子仪】（697—781）唐代将领。华州郑县（今陕西渭南华州区）人。安史之乱时，任朔方节度使，出兵河北，击败史思明。潼关失守后，退兵朔方，拥立肃宗。后任天下兵马副元帅，主持平叛事宜，率军收复长安、洛阳。封汾阳郡王。代宗时，吐蕃、回纥联兵攻唐，郭子仪在泾阳面见回纥统帅，并率军击溃吐蕃。德宗时被尊为“尚父”。

【国】①国家。②国都。如《国语》中

“国有班事，县有序民”句，即指国都里各行各业井然有序，四郊百姓生活劳作很有秩序。③诸侯的封地和采邑。《战国策·齐策四》：“孟尝君就国于薛。”指孟尝君的封地在薛（今山东滕州）。

【国别史】 我国传统史书体裁。即按不同的诸侯国分别记述其历史事件、人物的史书。代表有《国语》《战国策》等。

G

【国人】 周代居住在国都、大邑及其近郊的下级贵族和平民。与野人相对。最初国人一般是战争中获胜的部族，选择险峻地，筑城居住，以备守御。而战败的部族则退回平夷之地居住，进行耕作。后逐渐分成国人、野人两个等级。国人政治地位较高，有参政权利和服军役、缴纳军赋的义务，有资格接受军事训练和礼仪教育。各国的军队主力都是国人。春秋以后，国人的优势地位逐渐消失，与野人混同。

【国人暴动】 公元前841年，西周首都镐京（今陕西西安）的国人（西周、春秋时对居住于国都之人的通称）反抗厉王暴政的武装暴动。也称彘之乱、国人起义、厉王奔彘。周厉王为改变朝廷的经济状况，实行“专利”政策，将山林湖泽改由天子直接控制，不准国人进入谋生。前841年，镐京国人忍无可忍，集结起来，围攻王宫，厉王仓皇奔彘（今山西霍州），召穆公、周定公共保太子，联合执政。

【国史】 古代官方修纂的本朝实录和历史。体裁有编年和纪传两种。源于春秋各国，魏晋以来始立专官专司编修，体裁不一。唐时常在实录基础上参考其他资料以纪传体或编年体撰成，先后所修相续。宋由宰相领衔国史院编修，定为纪传体，其制趋于完备。清以编修实录代之。后泛指一朝之历史。

【国史馆】 古代官署名。编纂国史的机构。历代多设置，名称不同。清代始称“国史馆”，属翰林院，设总纂、提调、纂修等官。主要负责纂修纪传体国史，即各朝纪、志、传、表。

【国史之狱】 北魏太平真君十一年（450），太武帝因修国史失当诛杀崔浩等大批士族的事件。崔浩身居要职，为当时北魏士人的领袖，身处胡汉矛盾的中心。其主持编纂的国史直书北魏统治者拓跋氏祖先隐秘的历史，引起鲜卑贵族不满。太子拓跋晃等皆卷入其中。太武帝下令族诛崔浩及与之通好的范阳卢氏、太原郭氏、河东柳氏等北方高门，北方士族的实力由此受到沉重打击。此事件对北魏政局影响极为深远。

【国学】 古代指国家设立的学校。据《礼记》《大戴礼记》及《周礼》，西周国学由前代学制发展而成，按学生年龄分小学和大学。小学在王宫南之左，大学在郊。教育内容为六艺，小学以书、数为主，兼一般行为小节，大学以礼、乐、射、御为主。国学定有考查及奖惩制度，管教严格。后世国学为京师官学的通称，尤指太学和国子学。

【国野】 都城和郊外的合称。都城和近郊称“国”，郊外称“野”，居住在国、野之人分称为“国人”“野人”。国人享有一定的政治权利，须交纳军赋，当兵作战。而野人地位较低，多为农业劳动者。

【国语】史书名。我国最早的国别史著作，传为春秋时鲁国史官左丘明所撰。21卷，分晋、周、鲁、楚、越、齐、郑、吴八国。所记上起西周穆王，下至赵、韩、魏灭智伯。以记西周末年和春秋时周、鲁等国君臣的言论为主，广泛记载了当时的政治、军事、外交等活动，是研究春秋史乃至上古史的重要典籍，可与《左传》相参证，故有《春秋外传》之称。

【国子监】监，jiàn。我国古代最高教育管理机构和最高学府。也称国子学。汉有太学，西晋立国子学，北齐始设国子寺掌学政，隋炀帝改国子寺为国子监。至唐除主管学政外，还总辖国子学、太学、四门学、律学、书学、算学等最高学府。明清兼指其机构与学府。

【虢国】虢，Guó。周武王分封文王之弟虢仲、虢叔而建立的姬姓诸侯国。分为西虢和东虢。西虢原在今陕西宝鸡东，平王东迁时随迁于上阳（今河南三门峡陕州区李家窑村），跨黄河两岸，河北称北虢，河南称南虢，实为一国。公元前655年晋国借道虞国灭掉虢国，“唇亡齿寒”的典故即由此而来。西虢东迁后，原地余留有小虢，前687年为秦所灭。东虢在今河南荥阳东北，前767年为郑所灭。

【裹肚】肚兜。古代束在胸腹部的内衣。也称袜肚、腰巾。

【裹脚】①绑腿的布带。也称行缠、行縢。为长途行走轻松便利，用一根长布条自脚至膝下缠紧。②指缠足。

【过割】田宅等资产所有权的过户交割。宋以来常由官府介入，元明清必报当地官府依例纳税，立契给据，改由新主交纳田赋等相关课税。

【过继】无子女的人收养同宗的子女为后嗣。也指把自己的子女继入养父母家庭为其后嗣。

【过秦论】散文篇名。西汉贾谊作。“过秦”是责秦政过失之意。汉初，百废待兴，以秦为鉴成为共识，“罪秦”“过秦”成为时论。贾谊以强烈的参政意识，写就此文，将秦王朝迅速覆灭的原因归结为“仁义不施”，失去民心，以期作为汉王朝接受历史教训、稳定政局、巩固统治的借鉴。其文善用排比夸张手法，感情充沛，纵横开阖，《文选》等古代多种选本均有收录。

【过盏】金朝喜庆及迎送的重要礼俗。上至朝廷，下至州郡，都有此礼。如宰相、百官的生日及民间婚娶、生子，迎接上差、趋拜地方官等，多以酒果为具，并以币帛、金银、鞍马、珍玩等相赠送。主人敬酒于宾客，彼此相互祝贺、祈求。

H

【海禁】 禁止外国商船进口贸易和我国商船出口贸易的措施。也称洋禁。元朝始行，明清沿其制并强化。14世纪，明朝政府对海事进行了一系列限制政策，旨在防止倭寇走私和侵扰。清朝政府为了防止郑成功抗清力量与大陆的反清势力联合，沿袭了明朝的海禁制度，而正式全面实施海禁则始于顺治十二年（1655），严禁商民船只私自出海，结果类似闭关锁国。

【海上之盟】 北宋与金联合攻辽的盟约。北宋重和元年（1118）徽宗派马政自登州（治今山东烟台蓬莱区）渡海，和金太祖策划攻辽。宣和二年（1120）又派赵良嗣（即马植）等赴金定约：由金军攻取辽中京（今内蒙古宁城西），由宋军攻取辽南京（今北京）、西京（今山西大同），双方不得单独与辽媾和，灭辽后，宋将输辽岁币转输于金，金将燕云地区归还于宋。由于双方地理位置上受到辽朝的阻隔，无法在陆上直接接触，只能通过往返渡海订立盟约，故名。

【海行】 行，xíng。颁行天下、普遍适用的敕令格式的称呼，属于普通法。历代有之，宋以来用此称，与仅适用于一地、一司、一务者的特别法相对而言。如全国通行的编敕、条贯有“海行编敕”“海行条贯”等。

【邯郸记】 传奇剧本。明汤显祖作，“临川四梦”之一。取材于唐代沈既济的传奇小说《枕中记》。叙述卢生在梦中行贿中式，出将入相，享尽荣华，又因官场倾轧而遭贬，尔后复官的故事。剧本借卢生等形象抨击了当时社会的腐朽，表达了一种人生如梦的观念。

【邯郸学步】 出自《庄子》。相传战国时，一燕国寿陵人来到赵国都城邯郸，见这里的人走路姿态很美，于是效仿其步态，结果不但学得不像，就连自己原有的步态都忘掉了。后人就用“邯郸学步”比喻盲目模仿他人，最后反而把自身长处都丢失了的行为。

【含殓】 丧礼仪式之一。将珠、玉、米、贝等安放于逝者口内。新石器时代已有此俗。周代除了往死者口中放谷物，还流行将玉作为口含物。春秋时天子含珠，诸侯含玉，大夫含碧，士含贝。后世所含的物品演变为钱币或饭粒。也称含口。

【函谷关】 古关名。秦函谷关在今河南灵宝南，是秦东关。因建于谷中，谷深如函，故名。函谷东起崤山，西至潼津，谷中绝岸壁立，其上松柏遮天蔽日，故道仅容一车通过，堪称天险，古人用“请以一丸泥东封函谷关”来形容其地势险要，可谓“一夫当关，万夫莫开”。汉函谷关在今河南新安东。汉武帝元鼎三年（前 114）将关移于此处，三国魏正始元年（240）废。

【韩非】（约前 280—前 233）战国时期思想家，法家主要代表人物。韩国贵族，与李斯同为荀子弟子。曾建议韩王变法图强，不被采纳。著《孤愤》《五蠹》《说难》等十余万言，秦王嬴政读其书，大为赞赏，发兵攻韩，逼韩王遣韩非入秦。不久因李斯、姚贾谗害，自杀于狱中。主张实行重赏、重罪、重农、重战的政策，提出以“法”为中心的“法、术、势”三者合一的政治思想，强调加强中央集权，对后世影响很大。其“法不阿贵”“刑过不避大臣，赏善不遗匹夫”的法治思想在封建社会难能可贵。著有《韩非子》。

【韩非子】 书名。集先秦法家学说大成的代表作。韩非死后，后人搜集其遗著，并加入他人论述韩非学说的文章编成。二十卷，五十五篇。提出了“法、术、势”相结合的法治主张，对秦以及后世封建专制主义有很大影响。战国末已流传。据《史记》记载，秦王嬴政读后，称赞不已。书中不少寓言故事具有很高的文学价值，“智子疑邻”“自相矛盾”“买椟还珠”“滥竽充数”“守株待兔”等成语都出自该书。

【韩幹】 唐代画家。京兆（治今陕西西安）人，一说大梁（今河南开封）人。年少时为酒肆佣工，后得到王维帮助，学画十余年而终成名家。其拜师于曹霸而重视写生，擅绘人物、鬼神，尤工画马，与戴嵩画牛并称“韩马戴牛”。杜甫曾有“韩幹画马，毫端有神”“逸态萧疏，高骧纵姿”的评价。代表作品有《牧马图》《相马图》《照夜白图》等。

【韩国】 三家分晋后韩氏建立的诸侯国。势力范围主要在今山西东南及河南中部。韩氏源于周成王所封的韩侯，在今山西河津东北（一说今陕西韩城）。第一代韩侯为武王之子。西周、春秋间为晋所灭，晋公族姬万以韩为采邑，其族以韩为氏，世为晋卿。三家分晋后，公元前 403 年被周威烈王承认为诸侯。建都阳翟（今河南禹州）。其国介于魏、秦、楚、赵之间，为“战国七雄”之一。前 375 年韩哀侯灭郑，迁都新郑（今属河南），前 230 年为秦所灭。

【韩柳】 唐代文学家韩愈、柳宗元的并称。二人同为唐代古文运动的倡导者和代表作家，对后代散文发展有很大影响。

【韩孟】 唐代文学家韩愈、孟郊的并称。二人友谊深厚，韩愈以文章著称，孟郊长于五言诗，时号“孟诗韩笔”。诗歌创作都崇尚古风，且多联句之作，工力相敌，故后人论诗，也常以韩孟并举。

【韩诗】 汉初燕（治今北京）人韩婴所传《诗经》文本及其解释。汉文帝时，韩婴为博士（专门传授儒家经学的学官），著作有《韩诗内传》和《韩诗外传》。“韩诗”属于今文经学，传授“韩诗”的有淮南贲生、蔡义等。成为官学。与“鲁诗”“齐诗”合称为“三家诗”。后随着《毛诗》的兴起，“韩诗”逐渐衰落。西晋时“韩诗”虽存，但已无传授之人。南宋以后，《韩诗内传》散失，仅存《韩诗外传》（一说，《内传》并入《外传》中）。

H

【韩湘子】传说中的八仙之一，唐代文学家韩愈的侄孙。性格狂放，传说曾在初冬时节令牡丹花开数种颜色，每朵上有诗一联。又能聚盆覆土，使之顷刻开花。花瓣上有“云横秦岭家何在，雪拥蓝关马不前”之句。韩愈初见此句，不解何意，直到因为上书谏迎佛骨一事被贬官潮阳，途中遇雪，见韩湘子冒雪来相送，并诵曾在花上出现的诗句，才明白原是一则预言。二人共宿蓝关驿站。据史籍记载，韩愈确有侄孙名韩湘，为其侄十二郎之子，会昌三年（843）进士，在韩愈被贬时赠诗，中有“云横秦岭”一联。而其得道成仙一事，则是后人的附会。

【韩信】（？—前196）西汉军事家。淮阴（今江苏淮安淮阴区西南）人。早年家贫，然胸有大志，曾受胯下之辱。秦末投项羽，不得重用。萧何荐于刘邦，拜为大将军。在楚汉战争中平定诸侯，消灭项羽，屡建战功，受封齐王。汉朝建立，改封楚王。有人告其谋反，降为淮阴侯。又被诬告与陈豨勾结谋反。萧何与吕后定计，将其诱入宫中杀死，夷其三族。

【韩愈】（768—824）唐代文学家。字退之。祖籍昌黎，世称韩昌黎。河阳（今河南孟州）人。贞元进士，元和中任国子博士、刑部侍郎，因上表谏宪宗迎佛骨，被贬为潮州刺史。穆宗时官至吏部侍郎，卒谥文，世称韩文公。以继承儒学道统为己任，政治上反对藩镇割据，思想上尊儒排佛。散文创作主张“文以载道”，继承先秦两汉的传统，反对六朝以来的骈偶文风，气势磅礴，感情充沛，文字精练，与柳宗元同为“古文运动”的倡导者，并称“韩柳”，后世将他列为“唐宋八大家”之首。诗歌崇尚雄奇险怪的风格，以文为诗，与孟郊齐名，并称“韩孟”。苏轼赞扬他“文起八代之衰，而道济天下之溺”。有《昌黎先生集》。

【寒具】一种食物。也称粔籹、环饼。俗称馓子。将面粉、糯米粉佐以盐、糖揉搓成细条，用油煎炸而成。其形多样，或成饼状，或如栅栏状，或似麻花状。因其为油炸食物，易于保存，且能即食，而古代寒食节禁火，不能烹饪，其方便在寒食节当日作为代餐，故称“寒具”。

【寒门】魏晋南北朝时期门第势力弱小、仕宦不达的家族。也称素族、庶族、寒族、单家、孤门。在魏晋以来九品中正制下，属低品或二品以下之家。其成员常称寒人、卑庶，受士族歧视限制，多依附皇权，凭借才干、军功进阶为官。南北朝以后，逐步崛起为新兴势力。南朝梁武帝设立国学五馆，专门招收寒门俊才，且不限人数，改变了之前国子生只取贵族后代的旧例。

【寒山】唐代诗僧。早年四方云游，后长期隐居于始丰（今浙江天台）寒岩，自号“寒山子”。与国清寺僧人拾得交游。好吟诗唱偈，内容多表现山林隐逸之趣和佛教的出世思想，对世态也有所讥刺，语言通俗诙谐，别具一格。有诗三百余首，后人辑为《寒山子诗集》。

【寒食】古代传统节日。在冬至后第一百零五天或一百零六天，唐宋时改在清明前两三天。相传此俗源于纪念春秋时晋国的介之推。介之推随晋文公重耳流亡列国，曾割大腿肉供文公充饥。文公复国后遍赏群臣，却唯独漏掉了介之推。介之推禀性高洁，不愿争赏，携母归隐绵山。文公得知后追悔不已，再三请他出山。介之推坚辞，不愿出山。文公又焚山逼其出仕，没想到介之推竟和其母抱树被焚而死。文公葬其于绵山，修祠立庙，并下令于介之推焚死之日禁火寒食，以寄哀思，后相沿成俗。古人有寒食扫墓、插柳的习俗，唐代宫廷中还盛行寒食节荡秋千。

【寒食散】 也称五石散、乳石散。其主要成分为钟乳石、紫石英、白石英、硫黄、赤石脂。三国魏时清谈家、驸马何晏是寒食散的提倡者。当时，贵族争相服用，一时蔚然成风。因服此药后，须冷食、冷浴，故称寒食散。服后须走路以散发药性，谓之“行散”。又因这些矿石有毒性，时人不乏服用后致死者，如何晏、裴秀、晋哀帝司马丕、北魏道武帝拓跋珪、北魏献文帝拓跋弘等，而学者皇甫谧则因服散而致残。

【汉壁画墓】 西汉晚期兴起、东汉时期流行的以彩绘壁画为装饰的砖石结构墓。墓主多为地方豪强地主或达官显贵。分布于河南、江苏、安徽、山东、山西等地。壁画绘制了墓主人生前射猎、宴饮、乐舞、出游、仕宦等系列活动场景，包括其土地或庄园的农桑景象。也描绘古之圣君、儒道圣贤、忠臣良将、孝子烈女的伦理道德故事，还有伏羲、女娲及仙禽瑞兽的神话故事。壁画多以毛笔为工具，用矿物质颜料着色，直接画在砖壁或石面上，色彩经久不褪。其创作方法上继承了春秋晚期以来的现实主义传统。在绘制技巧上发展了战国至西汉早期宫廷壁画和帛画上所见的墨线勾勒轮廓再平涂施色的手法。20世纪50年代以来，考古工作者通过对洛阳旧城西、平陆枣园村、徐州黄山陇、梁山后银山、密县打虎亭、托克托、辽阳棒台子屯和三道壕等多座壁画墓的发掘及有关问题的探讨，初步了解了汉壁画墓的分布及大致特点。70年代时，河北安平逯家庄、定县八里店、陕西千阳、内蒙古和林格尔、洛阳卜千秋等墓的发现，进一步增进了对汉壁画墓的分布、产生年代和壁画题材内容等方面的了解。这对了解汉代社会和绘画艺术有重要意义。

【汉朝】 由刘邦建立，灭亡后又由刘秀重建的王朝。据首都变迁，分为西汉和东汉，史称“两汉”。公元前207年刘邦（即汉高祖）灭秦，后又战胜项羽，于前202年称帝，国号“汉”，建都长安（今陕西西安），史称“西汉”或“前汉”。公元8年，外戚王莽代汉称帝，国号“新”，实行改制。17年，爆发赤眉、绿林起义。25年，远支皇族刘秀（即汉光武帝）重建汉朝，建都洛阳，史称“东汉”或“后汉”。东汉末年，社会矛盾激化。中平元年（184），爆发黄巾起义。东汉王朝名存实亡。延康元年（220）曹丕称帝，东汉灭亡。

【汉承秦制】 汉初以来沿袭秦朝制度而调整发展的局面。表现在基本承袭与沿用秦王朝实行的中央集权制、以丞相为核心的各级官僚体制、行政区划的郡县制以及法律、礼乐、赋税、官员管理制度等方面，完善了秦朝开创的统一的多民族国家体制。汉武帝以来此局面发展已更为突出。

【汉赋】 汉代流行的文学体裁。从《楚辞》发展而来，并吸取了荀子《赋篇》的体制和纵横家的铺张手法。有大赋和小赋两种。大赋多描写宫观园苑之盛，结构宏伟，代表作如司马相如《上林赋》。小赋多为抒情作品，于东汉后兴起，代表作如张衡《归田赋》。

【汉江】 长江最大支流。也称汉水。发源于陕西宁强北嶓冢山。源头称为漾水，流经勉县（历史上称沔县）段时称为沔水。到褒城镇与褒水合流，自此称为汉水。经陕西南部、湖北西北部和中部，在武汉汇入长江。汉水历史悠久，早在《尚书·禹贡》中就有“嶓冢导漾，东流为汉”的记载。汉水流域孕育了古老的华夏文明和农耕文明。春秋战国时期，楚人以汉江上游丹阳为起点，开疆拓土，成为一方霸主，并创造了瑰丽独特的楚文化。

【汉军】 ①汉王刘邦的军队。②辽金元指由汉人组成的军队。元朝称此名的军队中，也包括原金朝境内的女真、契丹等族人，故有时又称“乣汉诸军”。清自崇德七年（1642），汉族士兵编为军队称汉军八旗。

【汉书】 史书名。东汉班固撰。司马迁撰成《史记》，后人多有续作，其中班彪撰《史记后传》65篇。汉光武帝建武三十年（54），班彪去世，其子班固为父守丧，决心继承父志，完成史书编纂。三年后，着手编纂《汉书》。汉明帝永平五年（62），班固因被人告发私作国史而入狱。弟班超亲赴洛阳上书为其申辩，明帝观班固书稿，赏识其才华，命其继续完成《汉书》。汉和帝永元四年（92），班固因受窦宪叛乱牵连，被捕入狱，冤死狱中。其时尚有“表”和《天文志》未完成。汉和帝命班固妹班昭、马续整理、补作、续撰，终得成完璧。《汉书》体例主要参照《史记》，又略有不同，如将“书”改为“志”，取消“世家”并入“列传”，把“本纪”改为“纪”。全书共100篇，后人分为120卷。班固历时二十多年，写成包举一代的断代史著作《汉书》，成为我国第一部纪传体断代史。这是司马迁之后我国历史学发展的重大突破，故后世有“史汉”“班马”之并称。

【汉书·艺文志】 《汉书》十志之一。为我国现存最早的图书目录。分六艺、诸子、诗赋、兵书、数术、方技六略，共收书38种，596家，13 269卷。《汉书·艺文志》开创了史志目录的先例，汉以后史书多仿其例而编有艺文志或经籍志，如《新唐书·艺文志》《宋史·艺文志》《明史·艺文志》《隋书·经籍志》《旧唐书·经籍志》等。

【汉武帝】 （前156—前87）西汉皇帝。名刘彻，汉景帝之子。公元前141—前87年在位。在位期间，政治上，颁布“推恩令”，削弱割据势力，加强中央集权。思想文化上，采用董仲舒的建议，罢黜百家，独尊儒术。设立太学，选拔培养大量人才。外交上，于建元三年至元鼎二年（前138—前115），两次派张骞等出使西域各国，打通东西方在经济、文化上交流与联系的途径，史称“丝绸之路”。军事上，任用卫青、霍去病为将，打击匈奴贵族，解除了边境的威胁。在位54

年，将汉朝推向全盛，是封建时代一位有雄才大略的君主，也是我国历史上第一位使用年号的皇帝。

【汉学】汉代知识分子研究经典文献，多注重语言文字，考订名物制度。清代乾隆、嘉庆期间称汉代这种学问为汉学，与宋明理学相对。也称朴学。汉学重实证而轻议论，推崇朴实学风，反对空谈义理。自群经至于子史，辨别真伪，往往超过前人，对整理古籍有不少贡献，但后来形成了一种为考据而考据的学风，脱离实际。

【汉阳诸姬】周朝分封于汉水北岸、守卫王室南土的一些姬姓诸侯，有应、随、息等。这些诸侯国的任务，先是为了防御“淮夷诸嬴”（包括徐国、江国、樊国等，皆为嬴姓）。当“淮夷诸嬴”被周穆王击败后，任务又变为守卫青铜战略大通道。当楚国开始崛起，任务又变为防备楚国，但那时已经是春秋时期，周王室自身难保，汉阳诸姬失去后援，被楚国逐一吞并，史称“汉阳诸姬，楚实尽之”。

【汉印】汉代的印章。汉印虽然直接沿袭秦制，却废田字格，摹印篆更加洗练，确立了样式制度与官印典型。篆体有别于秦篆，大都方正浑朴，布局谨严，与秦印并为后世篆刻家所取法。是书法和雕刻艺术的结合，体现了我国传统文化的博大精深。

【汉乐府】汉代的乐府诗。分为郊庙歌辞、鼓吹歌辞、相和歌辞和杂曲歌辞等类。郊庙歌辞是为统治者祭祀所作的乐歌。鼓吹歌辞原是军歌，后用于宫廷朝会、贵族出行等场合。其余两类包括从各地采集的民间歌谣，其中多有反映百姓生活疾苦的作品。代表作如《长歌行》《江南》等。

【汉中】汉水上游盆地及周围地区。秦始设汉中郡，汉高祖刘邦曾封汉中王，两汉设郡，魏晋以来名称变化，遂以此泛指今陕西西南汉中盆地及周围地区，其范围大致在秦岭以南，大巴山以北，西接嘉陵江流域，东至子午河、褚河一带。

【汉钟离】传说中的八仙之一。复姓钟离，名权。因其原型为东汉时的大将，故称“汉钟离”。相传其率兵攻打吐蕃，兵败后得一胡僧指点，遇一披白鹿裘、执青藜杖的老人，从老人处学得长生诀和金丹火候、青龙剑法。后又师从华阳真人与上仙王玄甫，道法大增，成为真仙，被玉帝封为“太极左宫真人”。后改名“金重见”，带兵戍守边关，兵败隐遁深山，度化吕洞宾得道成仙。全真教将其奉为“正阳祖师”。唐代确有名为钟离权之人，其有绝句三首见于《全唐诗》，且附小传，说其为咸阳人，遇老人授仙诀，又遇华阳真人、上仙王玄甫传道，自号“云房先生”，后仙去。此说或为后人杜撰。

【汗青】古时在竹简上写字，先用火烤青竹简，使水分如汗渗出，干后易于书写和防虫蛀。这道烤炙青竹简的工序称为汗青（杀青）。后也指著作或史册完成。南宋文天祥的名句“人生自古谁无死，留取丹心照汗青”，即名垂青史之意。

【汗血马】西域大宛所产的神骏之马。因其皮肤较薄，奔跑时，血液在血管中流动容易被人看到，马的肩部和颈部汗腺发达，出汗时往往先潮后湿，渗出的汗鲜红如血，故名。一说，大宛有高山，山上有马，不可得。因取五色母马与之交配，生汗血，号为“天马子”。汉武帝在得到大宛汗血马后，曾作《西极天马之歌》。古典诗词中常借咏叹汗血马，抒发豪情慷慨、建功立业的志向。

【翰林图画院】 古代官署名。宫廷中的绘画官署。也称翰林图画局。简称画院、图画院。源于周代设色之工、汉之尚方画工、唐之翰林院，至五代十国之西蜀、南唐始有“画院”之称，以画师为翰林待诏，供奉于御前。北宋初置翰林图画院，至徽宗时发展至极盛，掌绘画及皇家藏画的鉴定整理，并授生徒，培养绘画人才。南宋重整画院，规模不减北宋。宋以后或废或置。

【翰林学士】 古代官名。唐以来翰林院才学之士的称号和官衔。唐玄宗始设翰林院时，泛指供奉其中的各种艺能之士。后别设翰林学士院，成为文臣进入此院的一种加衔，加此衔者侍从皇帝以备顾问，起草重要诏书及应承皇帝的各种文字。德宗以后，翰林学士成为皇帝的亲近顾问兼秘书官，常值宿内廷，有“内相”之称。唐代后期，往往即以翰林学士升任宰相。北宋翰林学士仍掌制诰。宋至清，皆以翰林掌院学士为翰林院长官，地位清贵，号称储相，其下有侍读学士、侍讲学士。许多知名的历史人物担任过翰林学士，如元代赵孟頫和明代宋濂。

【翰林院】 古代官署名。唐初置翰林，为内廷供奉之官，本以文学备顾问，得参谋议，其时医卜伎术方士僧道，皆得待诏翰林，非尽文学之士。玄宗开元初始置翰林院，掌四方表疏批答、应和文章，号“翰林供奉”，与集贤院学士分司起草诏书及应承皇帝的各种文字。开元二十六年（738）改翰林供奉为学士，别置学士院，专掌内制。宋设翰林学士院，职掌在内朝起草诏旨。此外在内侍省下设翰林院，总天文、书艺、图画、医官四局。明将著作、修史、图书等事务并归翰林院，成为外朝官署。清沿明制，翰林院掌编修国史及草拟制诰等，其长官为掌院学士，满汉各一人，由大学士、尚书中特派，所属职官有侍读、侍讲、修撰、编修、检讨和庶吉士等，无定员。

【瀚海】 也作“翰海”。①两汉六朝时期，多指蒙古高原东北的大湖。一说即今内蒙古的呼伦湖与贝尔湖，一说为今俄罗斯境内的贝加尔湖。汉武帝时，骠骑将军霍去病率军从代郡（今河北蔚县东北）出击匈奴，大败匈奴左贤王。霍去病封狼居胥山、禅姑衍山，率军直至瀚海才返还。②唐代以后，用以指沙漠，主要指蒙古高原大沙漠以北，及其迤西今准噶尔盆地一带广大荒漠地区。唐代边塞诗人的文学作品中屡有提及，如唐岑参《白雪歌送武判官归京》诗：“瀚海阑干百丈冰，愁云惨淡万里凝。”③指唐贞观二十一年（647）所设的瀚海都督府。

【行帮】 行，háng。按地区或行业结合起来的民间团体。分商帮、手工帮、苦力帮等。又各按地域分为本帮和客帮。从唐宋会、社发展而来，唐时城市中有行，宋代有团、行。明时称会馆或公所。明清多见于工商业较为发达的地区，类型多端，组织程度不一，同业之帮多有行规，以明确成员权利和义务，约束其经营活动。鸦片战争后逐渐衰落。

【行户】 行，háng。按行业登录、管理的工商户。起源很早，唐代始有此称，官府定期按行业编录工商铺户，作为摊派税役的标准和依据。宋元明清时期，多指加入行会之户，官府除仍对其编籍征收赋税外，也通过行会施加约束或抽调差役。有时也特指伎乐等特殊行业。

【行头】 ① hángtóu。古代军队行列之长。也作“行首”。② hángtóu。我国旧时各行业的首领、头目。③ xíngtou。戏曲演员演出时用的服装道具。包括盔、帽、蟒、靠、帔、官衣、褶子、靴、鞋等。一般按剧目、角色行当和人物特点，分为各种基本固定的式样和规格。通常色彩鲜明，纹饰华美，着重装饰性，富有独特的民族风格。

【豪放派】 宋词风格流派，与“婉约派”对称。以气象恢宏奔放、意境悲壮沉郁为特征。由北宋苏轼倡导，至南宋辛弃疾大盛，常以家国兴亡、军情政事入词。代表词人如苏轼、张元幹、辛弃疾、陆游等。代表词作如苏轼《念奴娇·赤壁怀古》、岳飞《满江红》、辛弃疾《永遇乐·京口北固亭怀古》等。

【豪强】 依仗权势横行于一地的家族。如“桓子家之豪强”，即春秋时鲁国卿大夫季桓子，掌握鲁国政权。西汉曾多次强制迁徙豪强以削弱其势力，如汉高祖曾将战国原诸侯国王族的后裔迁徙到关中。东汉以来，强宗豪族广占田地，聚集培养部曲家兵，战乱时修筑坞堡，据险守隘，各自为治，政治势力日益膨胀。如汝南袁氏、窦氏外戚等。魏晋南北朝时多演变为各地的世家大族，对政治和社会产生很大影响。唐宋到明清仍以此指各地的大族势家。

【濠桥】 濠，护城河。古代攻城时用于渡过护城河的一种军事工程装备。宋代被广泛使用，长短以濠的宽度为准，桥的前面有两个大轮，后面有两个小轮，推入濠中，轮陷则桥平可渡。如果濠太宽，则用折叠桥，即将两个濠桥接起来，中间有转轴，可以伸长。

【好水川之战】 公元1041年，西夏李元昊率军在好水川（今宁夏隆德西北好水，一说即今宁夏隆德东甜水河）地区击败宋军的战役。战前，北宋得到了关于李元昊准备率兵十万攻打渭州（今甘肃平凉）的情报。为了迎击西夏军队，宋朝调集了泾原路的军队进行西征，任命任福为主将，动员了镇戎军全军以及新招募的一万八千名士兵，统一由任福指挥。计划从怀远城（今宁夏西吉偏城）行军至德胜寨，再到牧隆城，最后在敌人退却时在其后方伏击。李元昊为发挥骑兵优势，采用设伏围歼的战法，将主力埋伏于好水川口，遣一部兵力至怀远城一带诱宋军入伏。宋军入伏，阵未成列，即遭西夏骑兵冲击。西夏军居高临下，左右夹击，宋军死伤甚众。西夏军获胜后，闻宋环庆、秦凤路派兵来援，遂回师。

【号】 古人在自己的名和字外另起的别名。起初多为自号，或以居住地环境

H

自号，如东晋陶渊明，因住宅旁边种有五棵柳树，自号“五柳先生”；或以旨趣抱负自号，如清代沈复为表示对去世妻子的深情，取宋代林逋“以梅为妻，以鹤为子”意，自号“梅逸”；或以生辰自号，如元代赵孟頫在甲寅年生，自号“甲寅人”。后也有他人赠号的，或以其官职赠号，如唐代王维曾任尚书右丞，故世称“王右丞”；或以文学意象赠号，如宋代贺铸因写有名句“试问闲愁都几许？一川烟草，满城风絮，梅子黄时雨”，人称“贺梅子”。

H

【号商】 清代领到盐引，因无力运盐另觅他人代为运销、收取租金的盐商。

【耗羡】 各地官府征收赋税时，以补偿征收、保管、解运损耗等为名而加征的税负。也称火耗、羡余。历代有之，明为附加税，多为官吏私吞。地丁漕粮及其他杂税都以折耗为名征收附加。征粮时，增收雀鼠耗米；改征银两后增收熔化火耗，原征耗米也折银征收。耗羡一部分归州县官吏所有，名“养廉”；余解交上级，名“羡余”。清雍正时统一归公而成正税，部分充当养廉银来源，剩余的解送布政司充本省财政收入。

【镐京】 镐，Hào。西周国都。周文王死后，周武王继位，从丰迁都于镐京（今陕西西安）。后武王灭商，建立西周，定都于此。

【合肥之役】 公元208—253年，孙吴与曹魏围绕合肥（今安徽合肥）展开的争夺战。也称合肥之战。先后爆发五次较大的冲突，互有胜负。其中一次逍遥津大战，发生于建安二十年（215），曹操征汉中，孙权认为合肥防守薄弱，亲率军十万围攻。时魏军七千余人屯合肥，守将张辽募勇士八百人，反复冲击吴军，吴兵无敢当者。孙权围合肥十余日，城不可拔，乃撤军还。张辽率步骑追击。当时孙权在逍遥津北，吴将凌统率亲兵保护孙权突围，而津桥已断，孙权乘骏马越桥方得脱逃。

【合欢】 植物名。其叶入夜两两相合，故也称合昏。古人以之作为夫妻之间恩爱和睦的象征。

【合卺】 卺，jǐn，一瓠分为两瓢。古代婚仪。新郎新娘将瓠一剖为二，各执一瓢盛酒漱口，表示两人从此成为一体，称“合卺”。后合卺演变为交杯酒，即新郎新娘换杯象征性地对饮。也用来借指成婚。

【合里合军】 金朝末期的兵种之一，主要由流亡者组成。金末归附的回鹘、乃满、羌、浑以及中原被俘或避罪来归的人员众多，朝廷从中选拔骑射技能优秀的人员编入忠孝军，技能稍逊的人员则另外组成合里合军。合里合军的士兵们接受武艺训练，通过考试后，有机会晋升为忠孝军的成员。金哀宗自汴梁（今河南开封）出逃时，其为护驾军之一。

【合浦珠】 东汉时合浦郡不产粮食，盛产珍珠。那里的珍珠誉满海内外，人称“合浦珠”。后因当地官员采捕无度，珍珠资源几近枯竭，客商散去，当地人因没有收入而饿死。孟尝到任合浦郡太守后，革除前弊，禁止滥捕，使珍珠资源得到保护和恢复，珠蚌又逐渐繁衍起来，合浦郡重新成为盛产珍珠之地，老百姓的本业得到恢复。后因以“合浦珠还”比喻人去复归或物归旧主。

【合生】①唐代歌舞伎艺。表演时以歌咏为主，伴有舞蹈。②宋代说唱艺术的一个流派。也称合笙。艺人当场指物赋诗，间或夹唱。也称唱题目。其内容滑稽并含讽劝意味的，称乔合生。

【合十】源于古印度的一般礼节，后成为佛教信仰者的普通礼节。姿态为左右合掌，十指并拢，置于胸前，以示敬意。也称合掌。

【合受田】均田制下授予民户的地亩总数。因官府可支配地块大小不一，散布各处，实际授田时往往须累计其数，故名。在均田制下，每户的“合受田”总数以及已受和未受的亩数都会被详细记载。已受田的信息包括其亩数、所在方位、所属渠名，以及各段田地的四至。同时，这些信息还会进一步区分为口分、永业、园宅地等类型。

【合葬】古代丧葬风俗。即把死者同葬一个墓穴。先秦文献已有合葬的记载。孔子就将父母合葬在防地（鲁国地名）。

【合札猛安】金朝由皇室、贵族直属猛安发展而成的侍卫亲军。“合札”意为亲近，“猛安”为女真部落统军首领。合札猛安最初是由金朝开国皇帝阿骨打创建的禁卫部队，其人数在不同的时期有所变化。这支部队由诸军中挑选出来擅长骑射的优秀士兵组成，是金朝皇帝的亲近军力，也是金朝军事力量的核心部分。

【合纵连横】简称“纵横”。战国时期，秦与东方六国（齐、楚、燕、韩、赵、魏）之间在兼并战事中所采取的军事外交手段。六国联合抗秦，因六国在东方，土地南北相连，故称合纵。秦在西方，自西向东与各诸侯结交为横向，故称连横。也称合横、连衡。合纵的核心是防止一家独大，即防止秦国的扩张。连横的核心则是避免全面树敌，通过联盟的方式防止被孤立，进而把六国各个击破。公孙衍、张仪、苏秦、庞煖是当时著名的纵横家。

【何仙姑】八仙之一。相传是唐代广东增城的何姓女子。少时曾梦中得仙人点化，食云母粉而升仙，每日往山中采果奉母，行动如飞。今广东增城有何仙姑庙，每年农历三月初七何仙姑生日，当地都会举行供奉的相关民俗活动。另有说法，认为何仙姑原为永州一道姑，因食仙人给的桃子而能预知人间祸福。

【何晏】（约190—249）三国魏玄学家。字平叔，南阳宛县（今河南南阳）人。东汉大将军何进之孙。少以才秀知名。娶魏公主。曹爽执政时，为散骑侍郎，官至侍中尚书。后为司马懿所杀。和夏侯玄、王弼等倡导玄学，善清谈。思想上以道释儒，援老入儒，以玄学观点解释孔子思想，调和儒道。著有《论语集解》《无名论》《道德论》《无为论》等。

【和籴】和，平。籴，dí，买谷米，买粮食。和籴，即平籴，平价购进粮食。古时官府以平价买卖粮食来平抑物价。源于先秦，汉武帝时均输平准和王莽的五均六管法，均有官府买跌卖涨平抑粮价之举。北魏以来称和籴，隋唐规定由户部度支司及转运使掌其事。宋朝极盛，有博籴、便籴、对籴、结籴、俵籴、寄籴等名目，明清沿此损益。北魏至中唐，和籴的主要

H

目的是聚米备荒以及赈济灾民。中唐以后，其强制性质逐渐加强。到了宋朝，和籴成为括粮养兵的重要手段。和籴，名义上双方议价交易，实际往往按户摊派，限期逼迫，成为强买强卖的弊政。

【和而不同】 语出《论语》。和睦地相处，但保持自己的独立性，不盲目附和。

【和雇】 官府按市价雇人自愿服役的制度。唐官府手工业中大部分是服徭役的番匠，但已有官府出资雇用的明资匠、巧儿匠等。宋雇用工匠更多，称为募匠，甚至向民间购买音乐、绘画等服务，夫役也有采用和雇方式的。明嘉靖以后官府手工业大都雇用工匠。清不仅官府手工业和衙门差役用雇佣形式，各项大劳作如河工、水利、军事运输和营造等，也规定发给工食，募民承充。

【和亲】 古代中原王室与周边各族首领的政治联姻。先秦即有记载，汉唐时期发生次数较多。从出发点分，有以此获取政治、军事上的暂时妥协，为政权赢得休养生息机会或蓄势的权宜之计。如汉高祖刘邦将家人子封为公主，与匈奴冒顿单于和亲；汉景帝将亲生的公主与匈奴军臣单于和亲；汉武帝以宗室女刘细君和亲乌孙等。或有少数民族主动提出与汉王朝和亲的，如西汉时期呼韩邪单于向汉元帝求取王昭君。还有以联姻增进联系形成同盟的。如唐王朝先后将宗室女封为文成公主、金城公主，与吐蕃和亲。宋明两代此制度废止，元代有多位公主分别与汪古部、畏兀儿、高丽等和亲，而清政府与蒙古贵族则保持世代联姻。

【和尚原之战】 南宋绍兴元年（1131）吴玠率军在和尚原（今陕西宝鸡西南，为关中入蜀和进抵汉中的要冲）一带击败金军的战役。吴玠在富平之战失败后，与弟吴璘退保大散关以东的和尚原，积粟缮兵，列栅死守。公元1131年5月，金将没立、乌鲁折合分两路进攻，被吴氏兄弟击败。10月金将完颜宗弼率十余万人从宝鸡渡渭水进攻。玠、璘等选取劲弓强弩与战，箭发如雨，连续不断，号“驻队矢”，逼使金人稍退，又以奇兵邀击，断其粮道。激战三日，大败金军。完颜宗弼身中两箭败逃。此战为金灭辽破宋以来的首次惨败，其西路南下兵锋由此遭挫。

【和市】 官府向百姓议价购买货物。也称和买。南朝以来多有，唐时随商品经济发展渐趋普遍，但因官府的强势，名为随行就市的自愿交易，实际却常抑价强买。宋时盛行，有时官府也预支本钱，向民间作坊成批订购丝麻产品，实际往往强行摊派或克扣货款，成为变相的加征。

【河】 ①上古专指黄河。黄河是我国第二大河流，全长5464千米，流域面积79.5万平方千米，是我国最早进入农耕文明的区域。古代先贤通过多次治理黄河，变水患为水利，引黄灌溉，使黄河两岸沃野千里，黄河中下游更是成为华夏文明的重要发源地。后逐渐演化为水道的通称。如大好河山。②银河。南齐谢朓《暂使下都夜发新林至京邑赠西府同僚》诗有“秋河曙耿耿，寒渚夜苍苍”句，此处“秋河”就是银河。

【河北三镇】 安史之乱后，成德、魏博、卢龙三个藩镇长期控制河北、朔方要地，名义上虽尊奉朝廷，实际却有割据一方的野心。三镇的节度使也私相授受，或由子侄继承。三镇骄兵悍将常与朝廷相抗，直至唐朝灭亡。也称河朔三镇。

【河伯】 神话中的黄河之神。本名冯夷。相传冯夷渡河时不幸溺亡，天帝将其任命为河伯，管理黄河。古代黄河经常泛滥，故在人们的观念里，河伯性情暴虐，其威严不可侵犯。河伯娶妻的故事，也是古人因出于对自然水患的惧怕而产生的。而战国时魏国西门豹破除河伯娶妻的迷信，率百姓修渠治水、消除水患的故事，则体现了古人对自然规律认识的进步。《庄子》《楚辞》《史记》《抱朴子》等典籍里都有关于河伯的记载。

【河东】 黄河经山西境内，流向为自北而南，故把山西境内黄河以东的地区称为河东。秦汉在此设河东郡，治所在安邑（今山西夏县西北）。唐代初置河东道，治所在蒲州（今山西永济西南），开元年间改置河东节度使，治所在太原（今山西太原）。宋设河东路，治所在并州（今山西太原）。河东地区是华夏文明的重要发源地，有唐尧故地之称。西周时期此地为晋国，此后逐渐北扩，被称为表里山河。此地文化繁荣，汉代著名军事家卫青、霍去病，名相霍光，三国时期蜀汉大将关羽，晋代著名书法家卫夫人、高僧法显，唐代著名诗人王维、王之涣、柳宗元，宋代名臣司马光等都出于河东。苏东坡笔下的“河东狮吼”则指陈慥妻柳氏，因柳氏郡望为河东，故名。

【河汾门下】 隋末，著名儒家学者王通在黄河、汾河之间办学，教授生徒。他名声远扬，受业者多达千余人，如唐代名臣房玄龄、杜如晦、魏徵、薛收等都是他的门徒，时人誉为“河汾门下”。后用来比喻名师门下，人才济济。

【河夫钱】 河夫，治理黄河的夫役。金朝以治理黄河为名征收的一种杂税，按百姓物力多寡摊派征收。也称黄河夫钱。

【河工】 修筑加固黄河堤岸、疏浚黄河河道的工程。历代皆征发徭役治河，明清常设总督综理黄河下游治河工程。明成化时始设河道总督于济宁（今山东济宁）主持其务。清雍正以来分为三段：北段由直隶总督兼领。南段由改驻清江浦（今江苏淮安）的河道总督掌之，又称南河总督。东段另设总督河南、山东河道的提督军务一职掌之，称副总河，又称东河总督。以上管理治理黄河工程的官员也称河工。

【河间】 汉以来黄河近海北部多条河流之间的地区。秦汉以来黄河入渤海前，曾因漫流形成多流入海，西汉曾在此封河间国，此后相沿以称其地。隋唐设河间郡，宋以来罢置无常，或降为县，明设北直隶河间府，其范围屡有调整，大体在今河北献县、河间、青县、泊头一带。

【河陇】 河西走廊与陇右地区。秦汉以来指陇山（六盘山南段）以西至河西走廊西缘地区。河陇是我国古代丝绸之路的重要一段，是连接中原与西域的关键地带。它在历史上不仅是军事要塞，还是东西方文化交流的桥梁。

【河内】 黄河下游中段以北地区。先秦已有此称，西汉置河内郡，范围约在今京广铁路以西，河南段黄河以北，王屋、太行山东南，北至漳、洹水之间。魏晋至隋沿置，其范围有所调整。唐废河内郡后，成为这一地区的泛称。

【河朔】 黄河以北地区。河即黄河，朔指北方。先秦以来合此以指河北地区。汉武帝时卫青率军抗击匈奴，收复河套一带，称河朔之战。唐后期为成德、魏博、卢龙三个节度使的辖区，称河朔三镇。

【河套】 黄河流经贺兰山以东，狼山、大青山以南的地区。因其地域被黄河三面环绕而得名。其中的贺兰山以东一段流域，称前套、西套。狼山、大青山以南一段流域，称后套、东套。两处皆因泥沙淤积形成平原、河网，水草丰美，农业发达，有“黄河百害，唯富一套”的说法，素为西北及北部战略要地。

【河豚】 鱼名。体内有剧毒，加工后可食用。北宋诗人苏轼、梅尧臣都喜食河豚。南宋孙奕《示儿编》记载了一则苏轼食河豚的故事：苏轼在常州时，有一位善于烹制河豚的人，邀请他前往享用美味。他们全家人都躲在屏风后面，希望可以听到苏轼的点评。结果苏轼只顾着大快朵颐，竟一言不发。正在他们大失所望的时候，苏轼突然放下筷子，说：“也值一死！”于是全家人都很高兴。

【河西】 黄河以西地域的统称。也称河右。先秦也指今山西、陕西间黄河南段以西地区。秦汉以来指今甘肃、青海段黄河以西地区，即河西走廊与湟水流域。北朝时又泛指今山西吕梁山以西的黄河东、西两岸。有时也专指河西四郡，即武威、张掖、酒泉、敦煌。唐景云元年（710），置河西节度使，为开元、天宝年间十节度使之一，辖境相当于今甘肃河西走廊。治所凉州，即今甘肃武威。汉朝霍去病率领精锐部队打通了这一战略要地，汉武帝随后在此设立了河西四郡，是古丝绸之路的一部分。

【河西四郡】 指西汉王朝在河西走廊设置的四个郡。公元前121年，匈奴昆邪王杀休屠王向西汉政权投降，设酒泉、武威、张掖和敦煌四郡及相应的军政设施，并将内地百姓迁往屯垦。这一举措削弱了匈奴在河西走廊的势力，使汉王朝对西域的经营得到极大保障。

【河阴之变】 北魏武泰元年（528），尔朱荣在河阴（今河南洛阳孟津区东北）倾覆北魏朝廷的变乱。也称尔朱氏之乱。北魏末期，胡太后擅权秉政，鸩杀北魏孝明帝，改立元钊为帝。尔朱荣以明帝被弑为名，进兵洛阳，在河阴沉杀胡太后、幼主元钊及王公大臣两千多人，北魏至此名存实亡。尔朱荣通过河阴之变，将出仕北魏中央的高官消灭殆尽，把自己的部下安插进朝廷任要职，控制了北魏军队，并以此完全掌控了北魏朝政。

【荷花】 多年生水生花卉。也称莲花、芙蓉、芙蕖、菡萏。花有红、紫、白等色。古人认为荷花出淤泥而不染，故将其视为纯净高洁的象征，北宋周敦颐有《爱莲说》。佛教中也尊其为神圣净洁之花。佛祖释迦牟尼讲经说法时，即坐于莲花宝座上。

【盉】hé。古代酒器。青铜制。形态多样。多为深腹、圆口、有盖，前有流，后有鋬，下有三足或四足，盖和鋬之间以链相连。盛行于商代和西周。

【贺铸】（1052—1125）北宋词人。字方回，晚年自号“庆湖遗老”。卫州（治今河南卫辉）人。身长七尺，面色铁青，眉目耸拔，人称“贺鬼头”。然性情豪迈，尚气使酒，喜谈论世事。晚年居吴，藏书万余卷，手自校雠。以词著称，所作词题材广泛，兼具豪放与婉约两种风格。其《青玉案》词有“试问闲愁都几许？一川烟草，满城风絮，梅子黄时雨”佳句，时人因有“贺梅子”之称。有词集《东山词》、诗集《庆湖遗老集》。

【赫连夏】公元407年由匈奴铁弗部赫连勃勃建立的政权，十六国之一。也称大夏、胡夏。勃勃为后秦大将，407年自立为大夏天王、大单于，改姓赫连。先后都统万城（今陕西靖边北白城子）、长安（今陕西西安）。431年为北魏属国吐谷浑所灭。统治范围在今陕北、关中、内蒙古河套地区、甘肃东南部、山西西南及河南西北部。

【褐】本指用兽毛或粗麻等原料制成的短衣，一般是古代贫穷的人穿用，所以也常将贫苦之人称为“褐夫”。而将做官称为“释褐”，即指脱去平民服饰，换上官服。汉代以后，“褐”的意思逐渐发生变化，改指一种斜领大袖、有腰带的长袍，一般为士人的家居常服。隋唐时期最为流行，宋代称为“直裰”。

【鹤】鸟名。羽毛洁白，体态修长，形态高雅。古代文人逸士多喜豢养，最著名的是北宋诗人林逋，他隐居西湖孤山，终身不娶不仕，以赏梅养鹤为乐，时有“梅妻鹤子”之称。古人把鹤视为仙禽，其常作为神仙的坐骑出现。传说费祎登仙，每乘黄鹤于黄鹤楼上休憩。诗文绘画中则以松鹤为题材，表达“延年益寿”的美好祝愿。

【恒山】山名，五岳之北岳。位于山西东北部浑源境内。恒山作为皇家祭祀之山，其名址曾有变迁。古恒山原为河北曲阳大茂山（曾称常山），自汉代起，历代皆祀北岳于此。明代开始以山西浑源玄岳（元岳）为北岳恒山。清雍正十七年（1739）改在浑源行岳祭。北岳恒山奇峰耸立，山势险峻，自然景观与人文景观俱佳。其代表景观悬空寺依山而建，距今已有千年历史，以“奇、悬、巧”著名，是我国罕见的佛、道、儒三教合一的独特寺庙，徐霞客称其为“天下巨观”。

【衡】车辕前端套牲口的横木。用轫固定在辕端。衡上安装着四个或两个略近人字形的青铜铸件或粗壮木杈，称为轭，夹在马脖子上，马发力后靠轭导力拉动车辆，作用类似后世马的夹板。

【衡山】山名，五岳之南岳。位于湖南衡山县等地境内。主峰祝融峰，海拔1300.2米。相传古时舜南巡和禹治水时都到过此山。衡山也是我国历史上的佛教与道教圣地，旧时有寺、庙、观200多处。衡山屹立湘中大地，自然景观和人文景观丰富。祝融峰山势雄伟，偕藏经殿之秀、方广寺之深、水帘洞之奇，形成了南岳壮观的“四绝”。唐代大文豪韩愈在《游祝融峰》诗中赞叹道：“万丈祝融拔地起，欲见不见轻烟里。”

【薨】hōng。古时对人去世的称呼有严格的规定。周代诸侯之死叫“薨”。唐代，三品以上官员之死也叫“薨”。

【弘明集】书名。南朝齐梁僧祐编。十四卷。卷首自序云：“道以人弘，教以文明，弘道明教，故谓之《弘明集》。”以辑录东汉以下至南朝梁的佛教文论、书表为主，间附论敌辩难之文，如范缜的《神灭论》等。共183篇，其中以论争之作居多。作者122人，其中僧19人，今无专集流传者，凭借此书得以保存，因而在保存佛教文献方面具有重要价值。

【红袄军】金末起事和活跃于今山东、河北一带的农民军。因身穿红袄而得名。也称红衲军。

【红单】清朝查核关税所用的两联单据。一给完税商民，一存关署备查。

【红豆】相思树的种子。也称相思子。成荚状，籽大如豌豆，微扁，色鲜红或半红半黑。古人常用以象征爱情或相思，最为人熟知的是唐代诗人王维的《相思》：“红豆生南国，春来发几枝。愿君多采撷，此物最相思。”

【红巾军】元末农民利用白莲教组成的起义军。以红巾包头和红旗为号，故名。也称红军、香军（因通过烧香聚众来发动抗争）。元末政治黑暗，民不聊生，至正十一年（1351），韩山童、刘福通率白莲教众起事，韩山童死后刘福通奉其子韩林儿转战北方，南方彭莹玉、徐寿辉等纷起响应，各地义军皆烧香聚众，红巾裹头，或称帝建政，四出伐元。元军镇压招降，红巾军相互兼并，公元1363年刘福通死，五年后元朝被朱元璋统率的红巾军推翻。

【红楼梦】长篇小说。原名《石头记》，又有《情僧录》《风月宝鉴》《金陵十二钗》等别称。书成于清乾隆间。一百二十回。前八十回曹雪芹作，后四十回的作者颇有争议，有人认为是高鹗所续。全书以贾、史、王、薛四大家族的兴衰为背景，以贾宝玉与林黛玉、薛宝钗的恋爱经历以及其他红楼女子的生活经历为中心线索，真实而深入地描写了日益丰富的人性与生存环境的冲突、人性被压抑的痛苦以及要求人性解放而进行的挣扎或反抗，生动地塑造了贾宝玉、林黛玉、王熙凤、薛宝钗、尤三姐、晴雯等许多具有鲜明个性的艺术形象。作品规模宏大，结构完整严密，白话运用纯熟自如，具有高度的思想性和卓越的艺术成就，达到我国古代长篇小说中写实主义的高峰。后世流传版本众多，主要有脂评本、甲戌本、己卯本、庚辰本等。与《三国演义》《水浒传》《西游记》并称我国古典小说四大名著。

【红泥粉壁】元代，在犯人家的墙壁上用红泥书写其所犯的罪名。是对盗贼等罪犯施加的耻辱刑。有的在警迹人的居处门前立红泥粉壁，并写上姓名、犯事情由，敦促其每月分上、下半月，面见官府接受督察。

【红契】指经官府确认而加盖印信的买卖、典当契约。也称官契。与土地房屋买卖、抵押的民间自写契约“白契”相对。元明清多用于田宅等不动产交易，可至官府办理过户纳税手续，按既定格式，一式数份审验通过后署尾盖印，即为受官方保护的交易及产权凭证。

H

【洪范九畴】畴，类。记录在《尚书·洪范》篇中治理国家的九类法则。包括五行、五事、八政、五纪、建用皇极、乂用三德、明用稽疑、念用庶征、五福六极。其内容、理念对我国古代政治哲学和行政管理产生较大影响。

【洪荒】我国古人想象的宇宙处于混沌、蒙昧的状态。借指远古时代。

【洪迈】（1123—1202）南宋文学家、学者。字景卢，别号野处，乐平（今属江西）人。绍兴进士，官至端明殿学士，卒谥文敏。学识渊博，自经史百家以至医卜星算，皆有论述。撰有《容斋随笔》《夷坚志》等，编有《万首唐人绝句》等。诗集有《野处类稿》。与兄洪适、洪遵均以文学著称，并称“三洪”。

【洪昇】（1645—1704）清代戏曲作家。字昉思，号稗畦（一作“稗村”）、南屏樵者，钱塘（今浙江杭州）人。康熙二十七年（1688）完成《长生殿》，一时名满京师，朱门绮席，酒社歌楼，非此曲不奏。康熙二十八年（1689）因《长生殿》恰好在佟皇后丧葬期间演出，触犯禁忌，洪昇被革去国子监生籍，时人有诗叹曰：“可怜一出《长生殿》，断送功名到白头。”后漫游江南，在吴兴醉酒落水而死。与《桃花扇》作者孔尚任有“南洪北孔”之称。杂剧今存《四婵娟》一种。也工诗词，有《稗畦集》《啸月楼集》《昉思词》等。

【鸿都门学】东汉灵帝光和元年（178）设在洛阳鸿都门的学校。专习教授辞赋书画。学生由州、郡、三公举送。录用入学者称鸿都门生，分为尺牍辞赋和工书鸟篆两类。学成后多授予高级官职，优者或出任郡守、刺史，或入为尚书、侍中。省称鸿都学。

【鸿胪寺】古代官署名。鸿胪，本为大声传赞、引导仪节之意。秦及汉初，九卿中有典客，掌管归顺的少数民族。汉武帝时改名“大鸿胪”。主外宾之事。北齐始置鸿胪寺，有卿、少卿各一人，所属有鸿赞、序班等官，掌管外国及少数民族首领迎送、接待、朝会、封授等礼仪，及赞导郊庙行礼，管理郡国计吏等事宜。主官为鸿胪寺卿。历代沿置，清末废。相传，清代大龄考生谢启祚 98 岁中举，102 岁被选中给乾隆皇帝祝寿，因此被提拔为鸿胪寺卿。寿宴过后，乾隆皇帝写了一副对联赐给他：“百岁登科古无今有，一经裕后人瑞国华。”

【鸿蒙】我国古人想象的宇宙形成前的混沌状态。也指宇宙间的元素。

【鸿儒】大儒。唐代刘禹锡《陋室铭》“谈笑有鸿儒，往来无白丁”，描绘在陋室与学问渊博的人谈笑风生、安贫乐道的情趣。今泛指知识渊博的学者。

【鸿雁】大雁。汉武帝时，使臣苏武奉命出使匈奴，被匈奴扣留，苏武不肯投降，被流放到北海苦寒之地牧羊十九年，须发尽白。后汉朝派使者要求匈奴释放苏武，匈奴谎称苏武已死。有人暗地里告知汉使实情，并给他出主意，让他对匈奴说汉皇在上林苑射下一只大雁，雁足上系有苏武的帛书，证明他并没死。匈奴无法再隐瞒，只好把苏武放回汉朝。从此，鸿雁传书的故事广为人知，后借指书信。

【侯】①君主，古时有国者的通称。②古代五等爵位公、侯、伯、子、男中的第二等。

【侯汉】南北朝时期的政权之一。公元551年，侯景强迫南朝梁简文帝禅让，自称汉帝，年号太始，定都建康（今江苏南京）。552年，侯景被陈霸先、王僧辩击败，企图逃亡，被部下所杀。

【侯景之乱】南朝梁武帝末东魏降将侯景发动的叛乱。梁太清三年（549）侯景攻下台城（宫城），故又称太清之难。侯景先属北魏尔朱荣，继归高欢，镇守河南。西魏大统十三年（547），侯景惧祸降梁，梁武帝不顾群臣反对，收留侯景，并封其为河南王。次年，梁与东魏议和，侯景力阻不成，以清君侧为名义在寿阳（今安徽寿县）起兵叛乱。公元549年，攻占都城建康（今江苏南京），武帝愤恨而死。侯景改立简文帝，分兵破广陵（今江苏扬州）等地，到处烧杀掠夺，长江下游地区受到极大破坏。大宝二年（551）侯景废简文帝，立萧栋为帝，旋废栋自立，国号“汉”，建元“太始”。次年建康被梁将陈霸先、王僧辩等所破，侯景逃亡时被部下杀死。战乱历时五年，江东地区元气大伤，百姓灾难深重。

【后汉】①五代十国之一，是五代的第四个朝代。公元947年，刘知远所建取代后晋的中原王朝。国号“汉”，定都汴（今河南开封），950年为后周所灭。共历2帝，4年。是五代十国中存在时间最短的政权。②指刘秀所建王朝东汉和刘备所建王朝蜀汉。

【后汉书】史书名。南朝宋范晔撰。共一百二十卷，包括本纪十卷，列传八十卷，志三十卷。主要记载了自汉光武帝建武元年（25）到汉献帝延康元年（220）东汉196年的历史，是研究东汉历史的重要资料。原书仅有纪传，北宋时将晋司马彪《续汉书》八志与之相配，成为今本。大部分沿袭《史记》《汉书》的现成体例，但在成书过程中，根据东汉一代历史的具体特点，有所创新与变动，如在帝纪之后添置了皇后纪，在《汉书》基础上新增加《党锢传》《宦者传》《文苑传》《独行传》《方术传》《逸民传》《列女传》七个类传。与《史记》《汉书》《三国志》合称“前四史”。

【后稷】我国古代周民族的先祖。也称稷。姬姓，帝喾之子。相传后稷是在母亲姜嫄脚踏巨人的足迹后，有妊而生。又因被认为是不祥之子，一度被抛弃，故又名“弃”。但无论他被抛弃于何处，都得到上天的庇佑而顺利长大。后稷自幼善农作，尧舜时掌管部落农事，教人以播种、耕稼。在推动农业发展方面贡献巨大，舜因此将部分封给他，以表彰他的功勋。

【后金】明时女真族所建政权。公元1616年，由努尔哈赤在统一女真各部落的基础上建立的。其国号初为“金”，建都赫图阿拉（今辽宁新宾西）。史称“后金”，以与完颜氏的金朝区分。后金势力逐渐扩大后，都城先迁辽阳（今属辽宁），又迁沈阳（今属辽宁）。天聪十年（1636）皇太极即皇帝位，改国号“清”，标志着后金时代的结束。

【后晋】五代之一。后唐清泰三年（936），河东节度使石敬瑭勾结契丹贵族，割让幽、蓟等十六州与契丹，并以父事之，引契丹兵灭后唐，接受契丹册封为帝，初建都洛阳，之后迁至汴京（今河南开封）。国号“晋”，史称“后晋”，以别于司马炎所建立的晋王朝。公元946年为契丹所灭。共历2帝，11年。石敬瑭在位期间实行了一些有益于国家稳定的政策，如减轻赋税、兴修水利等，这些政策对于当时的社会经济发展起到了一定的推动作用。但是其向契丹称儿皇帝开创了后晋的这一行为，在历史上一直备受争议，这也为后来后晋的灭亡埋下了隐患。

【后凉】 十六国之一。淝水之战后，公元386年由氐人吕光建立的政权。吕光据凉州，称“酒泉公”，国号“凉”，建都姑臧（今甘肃武威），史称“后凉”，以别于张轨所建立的前凉政权。后改称“三河王”，又改称“天王”。有今甘肃西部和宁夏、青海、新疆的一部分。元兴二年（403）为后秦所灭。

【后梁】 五代之一。公元907年朱温代唐称帝，建都汴（今河南开封），国号“梁”，史称“后梁”，以别于南朝梁。有今河南、山东两省和陕西、山西、河北、宁夏、湖北、安徽、江苏各一部分。923年为后唐所灭。共历3帝，17年。后梁的建立标志着五代十国的开始，之后相继出现了后唐、后晋、后汉和后周四个朝代。

【后母戊鼎】 商代晚期青铜器。1939年在河南安阳武官村出土。长方形，四足，通高133厘米，口长112厘米，口宽79.2厘米，重832.84千克，是商王文丁为祭祀其母戊而铸。鼎腹内铸有铭文“后母戊”字，故名。此鼎造型庄严伟阔，纹饰精美，是古代科技与艺术、雕塑与绘画的完美结合，也是我国迄今为止发现的最大、最重的古代青铜器。

【后七子】 明嘉靖、隆庆年间李攀龙、王世贞、谢榛、宗臣、梁有誉、徐中行、吴国伦七人的合称。也称嘉靖七子。主张“文必西汉，诗必盛唐，大历以后书勿读”，形成一个复古文学流派，以诗社结友，主导嘉靖、万历之时的文坛。因他们继承了“前七子”的拟古主张，故称。

【后秦】 十六国之一。公元384年由羌人姚苌建立的政权。其所统治的地区为战国时秦国故地，故以此来命名自己的国家，国号“秦”，定都长安（今陕西西安），史称“后秦”，以别于苻氏王朝之秦（前秦），也称姚秦。有今陕西、甘肃、宁夏、山西、河南的一部分。417年为东晋刘裕所灭。共历3帝，34年。

【后蜀】 五代十国之一。公元934年，孟知祥在蜀地建立的割据政权。孟知祥为后唐成都尹、西川节度使，933年受后唐封为蜀王，次年称帝，建都成都（今属四川），国号“蜀”，史称“后蜀”，以别于唐末王建之蜀。有今四川、重庆和陕西南部、甘肃东南部、湖北西部。965年为北宋所灭。共历2主，33年。后蜀是五代时期经济文化较发达的地区，维持了30多年的安宁和平。

【后唐】 五代之一。公元923年，李存勖所建取代后梁的中原王朝。定都洛阳（今属河南），国号“唐”，史称“后唐”，以别于李渊父子建立的唐王朝。五代时期统治疆域最广的朝代，有今河南、山东、山西、河北、北京、

H

天津等省市和陕西大部，宁夏、甘肃各一部分，湖北汉江流域，安徽和江苏的淮河以北。吴越、闽、楚、荆南奉其正朔。936年为后晋所灭。共历4帝，14年。

【后燕】 十六国之一。公元384年由鲜卑慕容垂建立的政权。慕容垂为前燕慕容皝之子，淝水之战后叛前秦，于此年复国，国号“燕”，初始的都城设在中山（今河北定州），之后迁移至龙城（今辽宁朝阳）。史称“后燕”。有今河北、山东、山西全部和河南、辽宁的一部分，与后秦东西对峙。后大败于北魏，内部又起纷争，其残余力量退到辽河流域。407年为北燕所灭。

H

【后羿】 即“羿”，相传为夏代东夷有穷部落首领，善射。曾推翻夏代太康的统治，夺得君位，但由于沉溺于游猎，不理国事而最终被杀。关于其传说，最著名的当属射日。相传尧时，天上同时出现十个太阳，天下大旱，草木枯萎，鸟兽毒蛇四处为害，后羿一口气射去九个太阳，又射杀危害百姓的猛兽、长蛇、恶鸟，从此天下太平。另传说后羿妻为嫦娥，因窃食了后羿向西王母求得的不死之药而独自成仙奔月，从此夫妻天地分隔。

【后赵】 十六国之一。公元319年由羯人石勒建立的政权。319年石勒称王，其统治地区为战国时赵国故地，故称赵王。329年灭前赵，次年称帝，国号“赵”。建都襄国城（今河北邢台），后迁邺（今河北临漳西南），史称“后赵”，以别于前赵，又称石赵。极盛时有今河北、山西、河南、山东、陕西全部和江苏、安徽、甘肃、辽宁的一部分。351年为冉魏所灭。共历7帝，33年。

【后周】 五代之一。郭威所建取代后汉的中原王朝。五代时期中原最后一个王朝，存在于公元951—960年。建都汴（今河南开封），国号“周”，史称“后周”，以别于三代之周。有今河南、山东、陕西、甘肃、湖北及河北南部、安徽北部之地。960年赵匡胤建宋代周。共历3帝，10年。

【候风地动仪】 古代测报地震的仪器。由东汉科学家张衡在阳嘉元年（132）发明。用精铜铸成，圆径八尺，合盖隆起，外形像酒樽，饰以篆文、山、龟、鸟兽之形。樽内立一铜柱，柱周围有八条滑道，樽外铸有八条龙伸向东、南、西、北、东南、东北、西南、西北八个方向，龙口各含一枚铜丸，龙头下各放置铜蟾蜍，张口向上，准备接住龙口吐出的铜丸。如果某个方向发生地震，铜柱倾倒，机关发动，触发震源方向龙口吐出铜丸，铜丸掉入铜蟾蜍口中，发出响亮声音，使人知晓并判明地震的方向。有一次，地动仪的西向龙口吐丸，后来传报地处西边的陇西果真发生地震，时人叹服其精妙。

【候正】 春秋晋国军中负责防卫巡逻、侦察敌情之官。也称候奄、元候。

【忽必烈】 （1215—1294）即元世祖。公元1260—1294年在位。1260年长兄蒙哥去世后即汗位，始建年号“中统”。1271年，改国号为“元”，1272年建都大都（今北京）。随后对南宋发动进攻，1276年，灭宋，随后又消灭了南宋流亡政权。1279年，统一全国。在位期间加强对边疆的控制，注重农业，兴修水利，经济得以恢复和发展，巩固和发展了我国统一的多民族国家。

【忽雷】 颈式半梨形音箱的拨弦乐器。张二弦，形似琵琶，故又名“二弦琵琶”。出现于唐代。相传唐韩滉奉使入蜀，至骆谷，得良木，坚致如紫石，遂制二乐器，名大者曰大忽雷，长营造尺二尺八寸五分，小者曰小忽雷，长营造尺一尺四寸七分。大忽雷早已遗失，小忽雷现藏北京故宫博物院。

【狐】 即狐狸。生性机敏，行动诡秘，常用为狡猾者的代称，如狐假虎威。相传狐狸能修炼成精，化为人形，神通广大，如加触犯，必受其害。民间尊之为“大仙”。清代蒲松龄《聊斋志异》就记载了大量的狐仙故事。俗传狐善以媚态惑人，因称用阴柔的手段迷惑人为“狐媚”，蔑称那些用阴柔手段迷惑人的漂亮女人为“狐狸精”。

【胡】 古代对中原以北、以西各族的泛称。各代所指不尽相同。战国后期，称匈奴为胡。也把一切外国称为胡。而“五胡十六国”的“胡”，指的是匈奴、鲜卑、羌、氐、羯。而来自这些民族的文化艺术或物产多冠以“胡”字，如胡乐、胡旋舞、胡琴、胡马、胡椒等。我国古代诗词中，也有很多描述与胡地战争或文化往来的作品。如“但使龙城飞将在，不教胡马度阴山”，再如“胡雁哀鸣夜夜飞，胡儿眼泪双双落”。

【胡饼】 面食的一种，类似于今天的烧饼。甜、咸皆有，于炉中烘烤而成。据《释名》一书，胡饼之名，是取其两面蒙合之状（即茜胡）。另一种说法是，因胡饼上撒有芝麻，而芝麻在汉代时从西域传入我国，称为胡麻，由此将撒了胡麻的烤饼称为“胡饼”。

【胡床】 即交椅。也称交床、绳床。是一种轻便可折叠的坐具。东汉时期由北方少数民族传入中原，故称“胡床”。形态类似今之马扎。展开时，床足斜向相交时可站稳，其上穿绳作为床面。有的较高，可供人垂足端坐，还有的带靠背，可供人躺卧。

【胡服】 原为先秦时中原以北少数民族的服装。自战国时期由赵国的赵武灵王引进，主要是将战车战斗的方式改为骑马射箭的单兵战斗方式，以适应战争发展的需要。胡服为短装，窄袖、长裤，后以其活动方便的特点传入广大的中原地区。汉朝末期因战事频繁，穿着胡服的人更多，从而逐渐成为日常服饰的一部分。

【胡服骑射】 战国赵武灵王见胡人的骑兵身穿短衣窄袖之服，足穿皮靴，作战机动灵活，优于赵国的步兵、兵车和长袍盔甲，于是决心推行军事改革，命令军队改穿胡人服饰，训练骑射。后又命将军、大夫、嫡子等都穿胡服。赵国的军事实力因此大为增强。

【胡蓝之狱】 明太祖朱元璋诛杀开国重臣胡惟庸、蓝玉及其党羽的大案。“胡狱”与“蓝狱”的合称。洪武十三年（1380），左丞相胡惟庸以谋逆罪被杀，其后右丞相汪广洋又以私通日本罪和私通蒙古谋逆罪被赐死，韩国公李善长等株连被杀，前后十多年，死者三万余人，史称“胡狱”。洪武二十六年（1393），凉国公蓝玉被锦衣卫指挥蒋瓛首告谋叛，被杀。同案牵连者有吏部尚书詹徽、开国公常昇等，株

H

连而死者一万五千余人，史称“蓝狱”。同年九月，朱元璋下诏，停止追究胡党、蓝党，胡蓝之狱始告终结。胡蓝之狱，对明初政治造成重大影响。

【胡琴】 弦鸣乐器。古时从西北游牧民族传入中原的部分弦乐器的泛称。宋元以后指由琴筒、琴杆、琴弦、转动轴、琴弓组成的拉弦乐器，琴弓像小型弓箭的弓，用马尾毛做弓弦，琴弓系马尾夹于两弦间拉奏出声。如二胡、京胡、板胡等。大多二弦，也有三弦、四弦等。

H

【斛】 hú。①容量单位。西汉时，10 斗为 1 斛，到南宋末改为 5 斗为 1 斛，2 斛为 1 石。②量器名。

【湖广】 元以来湖广行省之地。元始置湖广行省，以辖境兼包宋时的荆湖南路、荆湖北路和广南西路而得名。明初北界扩展至今湖北省界，西部划归贵州省，划出原广南西路地区另置广西省，但省名仍相沿不改，辖境约相当于今湖南、湖北二省地。清康熙初年析分为湖南、湖北二省。

【蝴蝶装】 古代书籍的一种装订形式。将印有文字的纸面朝里对折，再将折缝的背口用褪糊粘连成册。翻阅时，书叶向左右两边张开，就像一只蝴蝶展开翅膀，故名。简称蝶装。蝴蝶装大约起于宋代，宋元版书主要采用这种图书装帧形式。

【縠】 hú。古代一种贵重的有皱纹的丝织品。也称纱縠。轻薄如雾，故也称雾縠。战国时宋玉《神女赋》“动雾縠以徐步兮”，即描写神女穿着薄如云雾的轻纱缓行。随着丝织技术的不断发展，縠已经成为精细、轻薄的丝织品的通称。

【虎贲】 贲，bēn。周王的近卫部队。虎贲，言如猛虎之奔走，喻其勇猛。也称虎臣。有左右和正侧之分。汉武帝置期门郎，至平帝元始元年（1）更名虎贲郎，置中郎将主宿卫，无常员，多至千人。历代因之，唐废。后世常以此泛指近卫禁军。

【虎臣师氏】 虎臣，即虎贲，形容勇猛。师氏，原指西周王室和诸侯公室掌教育贵族子弟的职官，因贵族教育尚武，故后师氏用来指军事长官。虎臣师氏，指西周时期王宫的警卫队官员。因长期在王左右，重要性和权势超过一般师氏，甚至影响到王位继承。

【虎符】 古代传达指令或调兵的凭证。简称“符”。因多用铜或玉、竹等材质做成虎形，故名。虎符一分两半，由皇帝、诸侯等施令者持一半，另一半则由施令者事先送至执行命令的文臣或武将处，命令发布后，执行者只有得到施令者的另一半，两半相合得到验证，才能最终执行指令。盛行于战国秦汉。

【虎牢关】 古关名。也称古崤关、成皋关、汜水关。在今河南荥阳汜水镇。相传周穆王巡猎于郑圃，卫士高奔戎生擒芦苇丛中的老虎献给周穆王。周穆王命人制柙畜养老虎于东虢，此为虎牢的来历。虎牢关萦带山阜，北临黄河，绝岸峻崖，十分险固，自古为兵家必争之地。秦末楚汉相争，项羽、刘邦战荥阳，争成皋之口，大战七十，小战四十。隋末，李世民抢占武牢关，在此生擒王世充、窦建德，此为唐朝建立的关键之战。武牢关即虎牢关。

【虎丘大会】 公元 1633 年，由复社张溥邀约南北各文社执事者在苏州虎丘山举行的一次重要集会。与会者达数千人，共推张溥为盟主，江北应社等诸社并入其下，自此复社声势趋于全盛。在这次大会上，复社、应社等组织合并为一，并刊行了《国表社集》。另一次重要的虎丘大会发生在清顺治十年（1653），吴伟业应召入京时，路过虎丘并邀请了江南各地的名士参加，此次大会到会者达五百人甚至近千人。这两次虎丘大会对于当时的政治、文化都产生了深远影响，是明末清初社会活动的重要事件。

【琥】 雕刻成老虎形状的玉器。古代贵族朝聘、祭祀时所用的礼器，也可做发兵的符信，还可赏赐给臣下。

【琥珀】 松柏的树脂流入地下，经数万年而形成的化石。产自煤层中，一般质地透明、润泽，颜色从蜡黄到红褐。红色的叫琥珀，鹅黄色而透明的叫蜡珀，燃烧时有香气。可做装饰品和入药。我国在秦汉时已有用琥珀雕琢的工艺品。一说枫香树的树脂，流入地下，千岁后形成琥珀。

【户部】 古代官署名。朝廷掌管户口、财赋的官署。《周礼》有“地官大司徒”之职。秦为“治粟内史”，两汉时，则为“大农令”和“尚书民曹”。三国至唐，为“度支”“左民”“右民”等。隋改“度支”为“民部”，以度支尚书为“民部尚书”。唐永徽初，因避李世民讳，改为“户部”，为六部之一，掌管全国土地、户籍、赋税、财政收支等事务。唐中期以后，权力大减。五代至清因之。清末，将其民政的部分划出增设民政部，将其财政的部分改设度支部。

【户等制】 以各户丁口、田土、资产为依据划分编户等级的制度。始于汉代，魏晋以来一般分为九等，作为征发赋役的标准和依据。唐代以前，前四等为“上户”，次三等为“次户”，下中和下下户为“下户”，按上户多征的原则调节赋役轻重。北宋前期，乡村主户分为五等、坊郭户分为十等。元代，分为三等据以征派。明朝仍分为九等，一条鞭法推行后，逐渐废弃。

【户调式】 调，diào。公元280年，西晋平吴后制定的赋税等制度。在占田制和丁中制的基础上，对曹魏租调额做了调整，即丁男之户，每年输绢三匹、绵三斤，丁女及次丁男之户减半，次丁女不课，另定课田每亩输租谷八升。同时规定了品官占田的限额及其可庇荫亲属、衣食客、佃客免役的数量。

【户籍】 以“户”为单位登记人口等资料的官方簿籍。起源很早，战国秦汉时逐渐完备，每年八月进行户口登记与核查。魏晋以来，重视门阀士族等级，分为黄籍和白籍两类。名载在黄籍者，可免除赋役负担、荫庇他人。北魏到隋唐时，由乡里配合州县编定，综合登录丁口、身份、田土等项，作为征发赋役依据。宋代分主户、客户两类，另有二税版籍。主户是拥有土地并承担赋役的人，客户是没有土地也不直接承担赋役的人。金元多次括户造籍，别其职业。明清编制户口人丁，土地、赋役等项另有专籍。

【户税】 按户等征收的税种。也称户税钱、税钱。汉制按人征，东汉末曹操平定袁绍，定每户征收绢二匹、绵二斤，为户税之始。晋武帝司马炎又增其赋，称为户调。唐初上自王公下至农户工商，均须按户分三等纳钱，为租庸调以外的重要税种。后数额渐增，德宗以来成为两税法的组成部分。宋元又以此指计户征役和工商户所纳之税。

【户役】 按户分派的徭役。汉魏以来多为临时差派的杂役，唐行两税法后逐渐流行，差发原则常与户等及其人丁多少有关。

【户长】 宋代从事征税催税和监察盗贼的一种乡官。常轮差乡村第二等户充当。

H

【护军都尉】 秦汉监领军队的长官。秦称护军，汉武帝时称护军都尉，隶属大司马，哀帝时曾改称司寇，平帝时复称护军，东汉初复置护军都尉。献帝时改护军为中护军，魏晋又设护军将军，为掌武官选用的重要军职，后渐为杂号。后世掌兵官或仍以护军为名，唐有神策军护军中尉统诸禁兵。

【笏】 hù。古代大臣朝见君主时，手中所持的狭长板子。作为记事备忘之用，多用玉、象牙或竹板制成。古人以简策记事，面见君主时，要持笏。帝王也常用笏赏赐臣子，以示爱重。

【楛矢】 楛，hù。用楛木做杆的箭。楛木似荆而赤，长而直，适合做箭杆。《孔子家语》曾记载，孔子在陈国时，有一只隼鸟被楛矢射穿后坠落在陈惠公的庭院里，惠公派人去请教孔子。孔子告知，此为肃慎氏的箭矢，又告知陈国府库中，就有昔日周武王所赐的楛矢，上刻“肃慎氏贡楛氏”。武王以远方之贡物赐异姓诸侯，意在提醒其不忘事周。

【花冠】 古代用花朵编串成的头饰。最早出现在唐代，主要是女性佩戴，一般以草叶、绢等编制而成，后逐渐演变为使用簪插真花。及至宋代，佩戴花冠习俗盛行，且广泛流行于男子中。在一些古代壁画以及流传下来的绘画中，可以看到当时妇女佩戴花冠的形象。唐白居易《长恨歌》中有“云鬓半偏新睡觉，花冠不整下堂来”句。

【花间集】 词总集名。五代后蜀赵崇祚编。10卷。选录晚唐、五代词18家，500首，其中多数作品凭借此书得以保存。所选以前后蜀词作居多，内容多为冶游享乐之作，风格以婉丽柔靡为主，语多浓艳，对后世词坛影响很大。陈振孙《直斋书录解题》将《花间集》推许为“近世倚声填词之祖”。

【花翎】 清代官员官服配套的顶饰件，官帽的顶部向后垂托一根孔雀尾部的翎羽，按照翎羽上所具有的“眼”的多少，分单眼花翎、双眼花翎、三眼花翎。花翎一般授予有军职或有关军事的高级官员，如武职五品以上，文职巡抚兼提督衔以及派往西北边疆的两路大臣，以孔雀翎为冠饰，缀于冠后。或因受命领兵出征、随围时，亲王、郡王等可以佩戴，也有经皇帝赏赐佩戴的。清代后期开捐官可戴之例，蓝翎可以由捐得到。

【花帽军】 金朝后期的一支精锐军队。活跃于今河北一带，因抵抗蒙古军有功，被金朝赐姓完颜，特赐军名。

【花鸟画】 传统画科。以描绘花卉、竹石、鸟兽、虫鱼等为主，形成于隋唐之际。以动植物为描绘对象，可细分为花卉、蔬果、翎毛、草虫、畜兽、鳞介等支科。花鸟画独立成科后，出现了专门画家。至五代与两宋趋于成熟。有工笔、写意、白描、没骨等多种技法形式。元明清时大为发展。许多工山水、人物的大画家，往往也兼擅花鸟画，造诣精深，如宋王诜，元赵孟頫，明沈周、唐寅、徐渭，清朱耷、任伯年等。

【花蕊夫人】 五代时期女诗人，五代后蜀主孟昶之妃。姓费，青城（今四川都江堰南）人。孟昶降宋后，被掳入宋宫，得到宋太祖的宠爱。北宋时苏轼作《洞仙歌》词，写蜀主与花蕊夫人夜晚纳凉摩诃池上之事，其中有“冰肌玉骨，自清凉无汗”的名句。

【花朝节】 朝，zhāo。古代传统节日。传说农历二月十五日为百花的生日，故称此日为“花朝节”。也称花朝。也有农历二月初二、二月十二日等不同说法。起源不详，但至少在唐代已经有此节日。宋代逐渐在民间流行。每逢此节，天气转暖，百花陆续开放，正是游览赏花的好日子，古人往往在这一天外出踏青游赏，并有所谓“扑蝶之戏”。《红楼梦》中林黛玉的生日即在花朝节二月十二日。

【花馔】 馔，zhuàn。利用四时花卉做成的菜肴和点心。花卉和菜蔬一样，多可食用，于先秦时期已入馔。随着古人对花卉性状的进一步认识，古代医学的不断发展，花馔的制作也得以蓬勃发展。宋代花馔得以专类列谱。宋代林洪《山家清供》载花馔十五种，明人戴羲《养余月令》载花馔十六种，近人徐珂《清稗类钞》载花馔十四种。时至今日，用名花烹制的荤素菜肴，不下百余种。

【华表】 我国古代王者接纳谏言的标识，也做指示道路的路标之用，常设立在宫殿、城垣和陵墓前，一般有左右对称的两座。也称桓表。早期的华表以实用为主，多用木材制作，后来装饰作用更加突出，一般石质材料居多。华表由柱基、柱体和顶部组成，柱身一般为圆柱体，上雕刻蟠龙。顶部装有云板（雕刻有云彩形的板状装饰），左右华表上的云板图案相互对应。

【华盖】 ①帝王或贵官的车上所用的伞形遮蔽物，装饰华丽。相传远古时期部落联盟首领黄帝与蚩尤在涿鹿之野展开战争，时有五色云气出现在黄帝上空。黄帝据此制作了华盖。后因贵族的车驾配有华盖，故“华盖”也用作车的别称。②古星名。属紫微垣，共十六星。十五星在仙后座内，一星在鹿豹座内。古人迷信认为，运气不好，是华盖星犯命，叫作“交华盖运”，但和尚华盖罩顶则被视为好运。

【华夏】 夏商周人与其他部族融合形成的族群及其地域。中原服装之美称为“华”，礼仪之大称为“夏”。夏以来逐渐形成，西周以来始有此称，意为强大华美的国度和族群，并以黄河中下游地区为中心不断扩展。秦汉以来指统一王朝治下具有共同文化的各族成员及其聚居地。后来包举中国全部领土而言。

【华严宗】 我国佛教宗派。因崇奉《华严经》而得名。起源于唐杜顺禅师和智俨法师，至高僧法藏集其大成，创立宗派，又因法藏被封为“贤首国师”而被称为“贤首宗”。此宗认为天下一切互不相碍，互相融通。主张调和佛教各派思想，并倡导儒释道的融合。其影响及于当时的新罗、日本。唐武宗灭佛后走向衰落。

【化缘】 初指佛教化众生，因缘来人世间，缘尽而去。后佛、道以布施之人能与佛、仙结缘，而向人乞求布施财物。

【化斋】 僧、道向人募化吃食。《西游记》中唐僧对黄袍怪说："大王，我有两个徒弟叫做猪八戒、沙和尚，都出松林化斋去了。"

【华山】 山名，五岳之西岳。位于陕西东部。相传这一称呼是因周平王东迁，华山在东周王国之西，故称。因远望如花朵，故又名华（华，古同"花"）山。主峰太华山在华阴南，又有莲花、落雁、朝阳、玉女、云台五峰耸峙。山路崎岖，雄伟奇峻。诸峰间仅南北一径，有"自古华山一条路"之说。

H

【华佗】 （？—208）东汉末医学家。一名旉，字元化，沛国谯（今安徽亳州）人。精通内、妇、儿、针灸各科，尤擅长外科。曾用麻沸散使病人麻醉后进行手术，是世界上最早使用全身麻醉进行外科手术的医生。创造"五禽戏"，作为锻炼方式来防病健身，增强体质。后因不从曹操征召被杀。

【画龙点睛】 唐代张彦远《历代名画记》里记载，南朝梁武帝崇佛，重视修葺维护佛寺，常命一个叫张僧繇的画匠绘制佛寺壁画。张僧繇在金陵的安乐寺墙壁上画了四条白龙，但迟迟不点龙眼睛，原因是担心一旦画了眼睛，龙会变活飞走。众人以为是无稽之谈，纷纷要求张僧繇点龙眼。但万万没料到，龙眼一点上，倏忽间惊雷就劈开寺院墙壁，被点了眼睛的两条龙腾云而去，只剩没来得及点的两条龙留在墙壁上。后人常以"画龙点睛"比喻作文或讲话时，能于关键处用只言片语点明要旨，使内容精辟明了。

【怀素】 （725—785）唐代书法家，僧人。俗姓钱，字藏真，长沙（今属湖南）人。相传其家贫无纸，乃广植芭蕉，用芭蕉叶代替纸练字，因名其所居为"绿天庵"。又将长期练习书法所弃秃笔埋于山下，号为"笔冢"。性嗜酒，每当饮酒兴起，任意挥写，如疾风骤雨而皆有法度。前人评其狂草继承张旭而有所发展，谓"以狂继颠"，并称"颠张醉素"。存世书迹有《自叙帖》《苦笋帖》《小草千字文》《论书帖》等。

【淮南】 淮河以南地区。汉初刘邦封英布为淮南王，首置淮南国，辖九江、庐江、衡山、豫章四郡，其地兼有长江以南，文帝以来其国被分，地域缩小，武帝时罢为九江郡。汉末至隋设淮南郡，皆在淮南江北寿春（今安徽寿县）一带，东晋以来曾在江南置其侨郡。唐宋设淮南道、路，治所都在今江苏扬州，其地西至汉阳及桐柏山区。后多以此泛指淮南、江北之地。淮南王刘安在八公山招贤纳士，编纂了《淮南子》。

【淮南三叛】 曹魏后期，镇驻淮南的王凌、毌丘俭、诸葛诞先后起兵反抗司马氏专权的军事行动。司马懿发动正始之变后，把持朝政，魏臣人人自危。公元251年，太尉王凌起兵反抗，255年、257年，相继为淮南统帅的毌丘俭、诸葛诞又接踵起兵反抗，但都很快被司马氏镇压。自此司马氏代魏大势已成。

【淮南子】 也称《淮南鸿烈》《鸿烈》。西汉淮南王刘安及其门客所著。《汉书·艺文志》著录内21篇，外33篇。内篇论道，外篇杂说。今只流传内21篇。以道家思想为主，糅合了儒、法、阴阳五行等家思想。书中保存了我国不少古代神话传说和史料，如女娲补天、后羿射日、嫦娥奔月、大禹治水等，弥足珍贵。“一叶知秋”“塞翁失马，焉知非福”等成语也出自该书。

【槐】 落叶乔木。夏季开黄白色小花，可食用。木质坚硬，可做器具及建筑材料。传说上古三公面槐而坐，故古人庭园前多栽植槐树，以取吉兆。唐代，举子落第后往往不出京回家，而是借居在寺院等清净场所，研习学业，直到当年七月再献上新作的文章，时逢槐花正黄，因有“槐花黄，举子忙”的谚语。

【还魂纸】 将废旧纸作为原料回槽，掺入新纸浆中加以抄造的再生纸。宋代始用此法，《天工开物》记载，废纸洗去朱墨、浸烂后，入抄纸槽再造。此法节省了制作竹纸时的浸竹、煮竹等工序，损耗不多。元明时期，还魂纸在各地纸坊普及。

【环钱】 古代的一种铜币。也称圜金、圜钱。主要流通于战国时期的周、秦、魏等地区，圆形，中央有一圆孔或方孔。一说环钱不包括方孔者。钱上铸有文字，仿纺轮或璧环而制成。已出土的最早环钱，是河南辉县固围村战国墓出土的铸有“垣”字的钱，及山西闻喜县东镇乡战国墓出土的铸有“共”字的钱。

【桓楚】 公元403年，东晋末年，桓玄篡晋建立的政权。桓玄为多次主持北伐的东晋重臣桓温之子，桓温死后党羽甚众，晋安帝时内乱频生，桓玄禅代为帝，因桓玄封地在楚国，定国号为“楚”，故称桓楚，建都建康（今江苏南京）。桓玄在位期间，实行了一系列改革措施，但其篡位行为仍引起各地起兵反抗，次年即为刘裕所败，身死国亡。

【桓温北伐】 东晋桓温对北方少数民族政权发动的三次图谋恢复中原失地的战役。分别是永和十年（354）伐前秦苻健、十二年（356）伐羌人姚苌和太和四年（369）伐前燕慕容氏。曾先后进至关中，收复洛阳，皆未能巩固其军事成果，但打击了当时的北方少数民族政权，也使桓温权势日盛。

【宦官】 指阉割后失去生殖机能，在宫中侍奉皇帝及皇室成员的男子。也称寺人、阉人、阉宦、中官、内监。战国时置有宦者令的官职。秦汉时，宦者令隶属少府。一说早期宦官不一定是阉人，东汉后的宦官才完全由阉人担任。隋唐及宋时，宦官主管内侍省。明代，宦官分为太监、少监、监丞、长随、当差、火者六等，太监是最高的一级，后来宦官也通称为“太监”。宦官本是负责宫廷杂事的奴仆，不得干预外政，但因有机会接近皇室，因此历史上曾出现宦官掌握朝政大权的局面。如明代宦官魏忠贤专断国政，自称“九千岁”。

【浣衣局】 浣，huàn。明代专为宫内皇亲国戚提供洗衣服务的机构。为宫廷服务八局（兵仗局、银作局、浣衣局、巾帽局、针工局、内织染局、酒醋面局、司苑局）之一，排在御膳房之后。

【睆老免老】 睆，huàn。为体恤老年人减免其徭役的制度。秦及汉初规定编民睆老者徭役减半，免老者全免，具体年龄规定与爵级相关，有爵及爵高者可较无爵及爵低者提前优待。西汉中期以后，睆老起始年龄渐定为五十六岁，免老为六十岁。

【皇帝】统治天下的君主、帝王。我国“皇帝”之称，始于秦王嬴政。秦朝建立后，嬴政自认功德可以和“三皇五帝”相提并论，决定兼采帝号，即采用三皇的“皇”及“五帝”的“帝”二字，合成“皇帝”做自己的名号，自称“始皇帝”。此后，“皇帝”成为最高政治权力拥有者的称号。历代封建君主、帝王都称为“皇帝”。我国共有皇帝500多位，武则天是唯一的女皇帝，康熙则是在位时间最长的皇帝。

【皇后】①君主。皇，大。后，君。②皇帝的正妻。秦以前只称“后”。从秦始皇开始，称天子为“皇帝”，其正妻为“皇后”，此后历代沿用此称。皇后是后宫之主。因所居寝宫多位于后宫正中央，故皇后的寝宫称为“中宫”，后常用“中宫”代称皇后。

【皇史宬】宬，chéng，古代的藏书室。明清特指皇室专藏帝王手迹、实录、秘典等的地方。也称表章库。明嘉靖十三年（1534）建，位于北京东华门外旧太庙东南。

【皇太后】一般为皇帝生母的尊称。秦汉以后历代沿称。省称“太后”。吕雉为汉高祖刘邦之妻，通称吕后、汉高后等。吕雉之子汉惠帝刘盈即位后，她被尊为皇太后，成为史上有记载的第一位皇后和皇太后。汉惠帝驾崩后，吕雉先后拥立前少帝与后少帝，两度临朝称制，为秦始皇统一六国后第一位临朝称制的女性。

【皇太子】皇帝指定的继承皇位的人。始于西汉，一般为皇帝的嫡长子，也常有例外，由皇帝选定册立。省称“太子”。若皇帝指定的储君是其弟辈、孙辈，则称“皇太弟”“皇太孙”。

【皇天后土】古人认为，天地神灵主宰宇宙万物，主持公道，所以将“天神”尊称为“皇天”，将“地神”称为“后土”。也泛指天地。

【皇庄】历代皇室直辖的田庄。皇庄出佃于民，其租入充做皇室专项经费。汉称苑，唐称宫庄。明永乐初，改燕王王庄为皇庄，为皇庄命名之始。天顺八年（1464）以没入太监曹吉祥地为宫中庄田，立皇庄。弘治二年（1489）畿内皇庄五处。武宗即位，建皇庄三十余处。嘉靖初，改皇庄为官地，隶户部，但实际仍掌握在宦官手中。清皇室也占有大量田地，设立田庄。辛亥革命后被取消。

【皇子】皇帝的儿子。年稍长，一般均封王侯，统称诸王。在宫廷里常是子以母贵，如能继帝位，则又母以子贵。清代皇子又称阿哥。“九龙夺嫡”是清朝历史上著名的事件，康熙皇帝有24个儿子，其中9个儿子参与了皇位的争夺。

【黄肠题凑】用柏木垒成框室以安棺椁的葬具。黄肠指材料和颜色，即柏木的黄心，因剥去树皮的柏木枋是淡黄色的，故名。题凑指墓葬的形式和结构，即用柏木条方垒砌成框室，条方两端对齐构成其室内外壁，如墙围在棺外。源于周代，汉代专用于安葬皇帝、诸侯王和获特许的部分贵族，是等级最高的特殊葬制。如西汉霍光去世时，汉宣帝特赐予梓宫、便房、黄肠题凑各一具，枞木外藏椁十五具。汉以后很少用此制。

【黄巢】（?—884）唐末农民起义首领。曹州冤句（今山东曹县西北）人，私盐贩出身。乾符二年（875），率众响应王仙芝起义。王仙芝战死后，被推为领袖，称“冲天大将军”，建元王霸。聚兵百万，先后攻克洛阳、长安。公元881年在长安建立“大齐”政权，不久被唐军包围，撤出长安。后在被唐军追击过程中战败自杀，一说为其甥林言所杀。

【黄道】 古人想象的太阳周年运行的轨道。地球围绕太阳公转，从地球轨道不同的位置看太阳，则太阳在天球上投影的位置也不同。这种视位置的移动叫“太阳的视运动”。太阳周年视运动的轨迹就是黄道。约公元前80年，我国有了明确的“黄道”概念，而且进行了以黄道为基本大圆的天体位置量度。唐代，黄道替代赤道作为天体测量之坐标。也称光道。

【黄道婆】（约1245—?）元代棉纺织技术革新家。也称黄婆。松江乌泥泾（今上海徐汇区）人。出身贫寒，为童养媳，因不堪虐待，外逃至一道观存身，人称“黄道姑”。后流落至崖州（今海南岛），跟随当地黎族人学习棉花纺纱织布技术。元贞二年（1296）返回故乡，改革轧花车、弹棉椎弓、纺车等纺织工具以及织造、配花、织花等技术，促进松江一带棉纺织业繁荣发展，时有“松郡棉布，衣被天下”之谚，松江府成为当时全国最大的棉纺织中心。

【黄帝】 传说中的上古帝王，被视作华夏始祖。少典之子，姓公孙。因居于轩辕之丘，故又称轩辕氏。后又居姬水，故改姓姬氏。因在有熊立国，也称有熊氏。率部众先在阪泉战胜炎帝部落，后在涿鹿战胜蚩尤部落，被各部尊奉为部落联盟首领，华夏族的共主。黄帝以土为德。相传桑蚕养殖、百谷播种、舟车制造、音律创作、医学发明都始于黄帝时期，故黄帝被视为中华文明的祖先。

【黄帝陵】 简称“黄陵”。相传为中原各族始祖轩辕黄帝的陵墓。位于陕西黄陵县城北的桥山，因此又被称为“桥陵”。相传建于汉代，历代均不断修葺。黄帝陵墓与祭亭位于桥山顶，山下建有轩辕庙，气势恢宏，柏树参天，其中最大一棵为千年古柏，相传为黄帝亲手栽植。

【黄帝内经】 医书名。简称《内经》。分为《素问》《灵枢》两书。成书年代约在先秦至西汉间。总结了古代劳动人民长期与疾病做斗争的临床经验和理论知识，提出了系统的生理、病理以及辨证施治学说。把人体器官看作既相区别又相联系的统一整体，认为人体某部的病变可影响全身，全身的状况又可影响局部的病变。同时，还把人体放在同外界环境的相互联系中进行考察，注意人体和自然环境的平衡关系，要求按照自然界的变化来调节起居生活和精神活动。

【黄公望】（1269—1354）元代画家。本姓陆，名坚，常熟（今属江苏）人。后出继永嘉（今浙江温州）黄氏为义子，因改姓名，字子久，号一峰、大痴道人等。曾为中台察院掾吏，被权贵中伤，一度入狱，后入全真教，往来杭州、松江等地。工书法，通音律，能散曲。擅山水，得赵孟頫指点，宗法董源、巨然，博采众长，晚岁自成一家。其画设色者以浅绛居多，笔势雄伟。水墨画则苍茫简远，有“峰峦浑厚，草木华滋”之评。与吴镇、倪瓒、王蒙并称“元四家”。传世作品有《富春山居图》等。另撰有《写山水诀》，为山水画创作经验之谈。

【黄鹤楼】 江南三大名楼之一，故址在今湖北武汉蛇山的黄鹄矶头。相传始建于三国吴黄武二年（223），临万里长江，为军事瞭望楼。历代屡废屡建，雄伟壮丽。唐宋以来，文人墨客在此创作了大量诗词，唐代崔颢《黄鹤楼》：“昔人已乘黄鹤去，此地空余黄鹤楼。黄鹤一去不复返，白云千载空悠悠。晴川历历汉阳树，芳草萋萋鹦鹉洲。日暮乡关何处是，烟波江上使人愁。”堪称千古名篇。于公元1884年最后一次被焚毁。今所见之黄鹤楼，为1985年重建。

【黄巾起义】 东汉末年的农民大起义。太平道首领张角发动数十万人，提出“苍天已死，黄天当立，岁在甲子，天下大吉”的口号，于甲子年（184）起义，起义军用黄巾裹头，称为“黄巾军”。历时九月余，是我国历史上规模最大的以宗教形式组织的起义之一，沉重打击了东汉王朝的统治。张角病逝后，义军各部相继被朝廷和地方豪强镇压，由此揭开了军阀割据和东汉灭亡的序幕。

【黄金】 贵重金属。金、银、铜、铁、锡五金之首。古代主要用作流通货币。春秋战国时，已用金做货币。秦始皇统一币制时，以黄金为上币，单位是镒。其合金可制作装饰品和器皿。最早是将金锤成金箔，做包金。战国时期，制金技术有所发展，出现错金。战国燕昭王筑“黄金台”，存放黄金以馈赠四方贤士，招纳有才能的人。后“黄金台”成为典故，指帝王招贤纳士。因黄金贵重，故言语贵重称为“金口”“金言”。

【黄景仁】 （1749—1783）清代诗人。字汉镛，一字仲则，号鹿菲子，江苏武进（今常州）人。乾隆诸生，屡应乡试不第。乾隆四十一年（1776）东巡召试，名列二等。后又入陕西巡抚毕沅幕，在毕沅的资助下，纳为县丞。常为生计奔走，于山西解州病重，卒于盐运使署。以诗名世，与洪亮吉、赵怀玉、杨伦、孙星衍、吕星垣、徐书受并称“毗陵七子”。诗学唐人，古风似李白，慷慨跌宕；近体七律缠绵清绮，多抒发怀才不遇、寂寞凄怆的情怀，也有相思情爱及愤世嫉俗之作。亦工词。有《两当轩集》《竹眠词》等。

【黄粱梦】 唐代沈既济《枕中记》里记载的一则故事。黄粱即黄小米。有位姓卢的读书人，一日宿于客栈，梦里尽享荣华富贵，梦醒时分，却发现这场大梦时间短得连客栈为他准备的小米饭都还没焖熟。后人用“黄粱梦”比喻虚幻而不可实现的愿望。

【黄龙】 ①古城名。又名“龙城”。在今辽宁朝阳。南北朝时期，后燕慕容宝以此为都。后冯跋拥立慕容云为帝，改国号为“北燕”。慕容云因政变被杀，冯跋平定政变，自立为天王，年号“太平”。南朝宋称之为黄龙图。②府名。在今吉林农安。原为扶余府。辽天显元年（926），辽太祖耶律阿保机平定渤海，返回途经此处，听闻此地有黄龙显现，故更名为“黄龙府”。后有废有设。金天眷三年（1140）改为“济州”。南宋抗金名将岳飞曾号召部下“直抵黄龙府，与君痛饮耳”，表达了收复失地、匡扶社稷的决心。

【黄门侍郎】 古代官名。秦置，汉因之。因给事于黄闼之内，故名。省称“黄门郎”“黄门”。为中朝官员，侍从皇帝，顾问应对，出则陪乘，多以外戚、重臣为之。东汉并给事中与黄门侍郎为一官，始设专职，故或称“给事黄门侍郎”，出入禁中，省尚书事。唐初曾称“东台侍郎”“鸾台侍郎”，天宝元年（742）改称“门下侍郎”。

【黄丕烈】（1763—1825）清代藏书家、校勘学家。字绍武，号荛圃，又号复翁，江苏吴县（今苏州）人。乾隆间举人，官分部主事。后无意于官场，返归故里，专事收藏古籍及校雠。喜藏书，所藏古今善本极为丰富，搜购宋本图书百余种，专藏一室，名为“百宋一廛”，顾广圻为之撰《百宋一廛赋》，黄自作注释，说明版刻源流和收藏传授。勤于校勘，每得珍本，即作题跋，后人编集为《士礼居藏书题跋》。

【黄散】 散，sǎn。古代官名，黄门侍郎与散骑常侍的合称，同为门下省官员，晋以后，共掌尚书奏事。

【黄山】 山名。位于今安徽黄山市。古称“黟山”“北黟山”。传说黄帝曾与容成子、浮丘公修身合丹于此，故唐天宝年间，改名为“黄山”。黄山风景秀丽，奇松、怪石、云海、温泉为其“四绝”。光明顶为主峰，莲花峰为最高峰。另有二湖、三瀑、十四洞、十六溪、二十潭、二十四泉、七十二峰等胜景。明代徐霞客在其游记中有“黄山诸峰，片片可掇”的描述。在《漫游黄山仙境》诗中有“五岳归来不看山，黄山归来不看岳”的赞叹。

【黄庭坚】（1045—1105）北宋诗人、书法家。字鲁直，号山谷道人、涪翁。洪州分宁（今江西修水）人。治平进士。以校书郎为《神宗实录》检讨官，迁著作佐郎。后以修实录不实的罪名，遭到贬谪。出于苏轼门下，与张耒、晁补之、秦观合称“苏门四学士”。又与苏轼齐名，世称“苏黄”。诗歌提倡“无一字无来处”和“点铁成金”。在宋代影响颇大，开创了江西诗派，被元方回尊为江西诗派“三宗”之首。书法擅行、草，与米芾、苏轼、蔡襄合称“宋四家”。有《山谷集》。另有诗文集《山谷精华录》，词集《山谷琴趣外篇》（又名《山谷词》）。书迹有《华严疏》《松风阁诗》及草书《廉颇蔺相如传》等。

【黄庭经】 道教经名。分为《上清黄庭内景经》和《上清黄庭外景经》。此经以道教存神守一、宝精爱气之说与古代医学脏腑理论相结合，阐述修炼长生成仙之术。经中宣称人身各部位均有神仙真人居住其处，修道者若能常诵经书，默念神名，存思身神之形状、服色、居处及其所司职位，便能通神感灵，使脏腑安和，形神相守，延年却老，不死成仙。除诵经思神外，经中又言及漱津咽液、吐纳元气、房中固精、服食五牙、飞奔日月等方术，其中特别重视积精累气之术。晋代以来，上清派奉此经为首要经典，唐宋内丹家也深受此经影响。晋代书法家

H

王羲之曾写《黄庭经》并留下了“写经换鹅”的故事。

【黄钺】钺，yuè。古代兵器。青铜制，圆刃或平刃，安装木柄，用于砍斫。因用黄金作为装饰，故称黄钺。始于商周，是帝王所用，也赐给代帝王出军征伐的重臣。《尚书》记载，周武王左手执黄钺，右手执白尾旗，在牧野做战前动员。后世多用为仪仗。古代将帅出征，常特许“假黄钺”的称号，代表帝王行使征伐之权。如魏文帝曹丕亲自率军征讨孙权，委任曹休为征东大将军,假黄钺，代表皇上督率张辽等和各州郡共二十余路人马。

【黄宗羲】（1610—1695）明末清初思想家、史学家。字太冲，号南雷，也称梨洲先生，浙江余姚人。父亲黄尊素为东林党重要成员。清兵南下时，招募义兵抗清。失败后，聚徒讲学，隐居著述，多次拒绝清廷征召。博闻强识，对天文、算术、乐律、经史百家以及释道之书，无不涉猎。与顾炎武、王夫之并称“清初三大儒”。提出“非君论”，公开宣称君主是天下之大害，反对君主把国家视为君主世代相承的私产，主张变“独治”为“众治”。这些观点在专制的封建时代难能可贵。主要著作有《宋元学案》《明儒学案》《明夷待访录》等。后人编有《黄梨洲文集》。

【湟中】湟河流域的中心地区，今青海湟河两岸，因湟河流经其中，故名。先秦为羌戎所居，西汉以来渐纳入中原王朝治下。多河谷平川，气温相对较高，适宜于农业，又为其东西及南北各族的交通要道，常与黄河上游一带合称为“河湟”，历代皆为西北战略要地。

【璜】一种弧形的玉石器。古贵族朝聘、祭祀、丧葬、征召时用的礼器，也做佩饰。璜是夏禹时期极为珍贵的宝器。相传，周文王到了磻溪，看见吕尚正在钓鱼。文王对他施礼。吕尚说：“我钓得一块玉璜，上面写道：‘姬昌受天命为天子，让我吕尚来辅佐。’”后吕尚辅助文王开创西周盛世，协助周武王灭商。“钓璜”因此成为典故，比喻君臣遇合、贤才遇明主。

【幌】古代建筑中门窗、屏风上用以遮挡或起分隔作用的幔帐。大多采用帛制作，上面装饰有各种吉祥的花纹图案。

【徽商】古徽州府（今安徽黄山、宣城绩溪及江西婺源等地）籍商人或商帮。也称新安商人。俗称徽帮。我国著名商帮之一。宋代初步形成，明清时其商业活动遍及全国，主要从事盐、典当、茶、木及米、丝布、纸墨等业。鼎盛时期，徽商曾占有全国总资产的七分之四，活动范围很广，足迹远至日本、东南亚各国以及葡萄牙等地。近代著名“红顶商人”胡雪岩即为徽商。

【徽政院】元代掌管皇太后事务的机构。公元1294年成宗即位后，尊母弘吉剌氏为皇太后，改詹事院为徽政院以奉之。自此凡有皇太后则设。

【回纥】纥，hé。古代民族名，后改称回鹘。魏晋时期称袁纥，属铁勒族群的一支，隋代时称韦纥。在今鄂尔浑河和色楞格河流域。隋大业元年（605），为反抗突厥，与仆固、同罗、拔野古等建立联盟，总称回纥。唐天宝三载（744）建立漠北回纥汗国。其疆域东起兴安岭，西至阿尔泰山乃至中亚费尔干盆地广大区域，有文字。曾助唐平定安史之乱。此后改名回鹘，取行动轻快敏捷如游隼（鹘）之意。以游牧为生，善骑射、狩猎、贸易，与唐朝政治、文化、经济交往频繁。信奉萨满教和摩尼教。开成五年（840），被黠戛斯击败。部族分散为高昌回鹘、葱岭西回鹘、河西回鹘等。

【回回历书】 即《明译天文书》，四卷。西域默狄纳国王马哈麻所作。元明时，伊斯兰文化传入我国，以历法为著。元至元四年（1267）西域扎马剌丁撰进万年历，世祖稍颁行之。至元八年设回回司天台。至元十七年置行司天监，皇庆元年（1312）改称回回司天监。明洪武元年（1368），设司天监与回回司天监。三年改为钦天监，内设回回历科。十五年，太祖命翰林吴伯宗、李翀会同天文学家海达尔、阿答兀丁、马沙亦黑和马哈麻等共同翻译回回历书，其底本为阿拉伯天文学家伊本·拉班的《占星术及（天文学）原则导引》，次年译成。回回历有一定的精度和特点，故元明两代，回回历和中国历并存，互相参证，在中国的历法上，起过一定的作用。其中，以三角函数求经纬度及"星等"概念之介绍，在我国天文学史上尚属首次。

【回教】 伊斯兰教在中国的旧称。也称回回教。伊斯兰教于公元 7 世纪中叶（唐高宗时）传入中国，自元以后，泛称信仰伊斯兰教的民族或人为"回回"，并称他们所信仰的宗教为回教，意为"回回信仰的宗教"。回教传入中国后，对中国的天文、历法、数学、医学等都产生了重要影响。促进了东西方文化的交流。

【回门】 传统民间婚俗。新婚夫妇成婚后首次到女家探亲。不同时地称呼不同，宋代称"拜门"，清代北方称"双回门"，南方称"会亲"，河北某些地区称"唤姑爷"，杭州称"回郎"。通常定在结婚后的第三天，所以常说"三朝回门"，也有定在六日、九日或者满一月后的。这是婚事中的最后一项仪式，以示女儿不忘父母养育之恩、女婿感谢岳父母之义。一般女家要设宴款待。

【回易】 官府的营利性经营活动。北朝常指官府以公廨本钱贷放生息，以供公用之举。唐宋泛指官府开设邸店、从事放贷等各种贸易经营活动，其盈利充当官费，因与民争利而常遭非议。五代至元初，还先后设立了回易务、回易库、博易场专管此事。

【会馆】 古代都市中同乡或同业的组织机构。起源很早。汉代京师已有外来同郡人的邸舍。南宋时杭州有外郡人为同乡谋公益的组织。"会馆"名称最早见于明代，清代盛行。早期多是一种同乡组织，随着商品经济的发展，逐步向工商业组织或行业组织发展，但仍保留较浓的地域观念。

【会盟】 西周时期，天子约见诸侯和春秋时天子、诸侯、大夫间会面和结盟的仪式。盟誓的仪式一般是割掉牛耳取血，用珠盘盛放牛耳，用玉制食器盛放牲血。会盟者将牲血涂在嘴唇边，以示诚意立盟、守信不悔。春秋时，为抵御大国侵略，一些弱小的诸侯国联合作战，一些强大的国家利用自己的影响力，胁迫小国加入自己的阵线，都曾会盟。其中葵丘会盟、践

H

土会盟、黄池会盟、徐州会盟，合称“春秋四大会盟”。秦以来，中原王朝与少数民族之间也有会盟，如唐代的唐蕃会盟。

【会试】 古代科举制度中的一级考试。始于金，明清时，每三年于京城举行一次，各省举人皆可应考。逢丑、辰、未、戌年为正科，若乡试有恩科，则次年也举行会试，称会试恩科。考期初在二月，后改在三月。分三场。考中者称贡士，第一名为会元。成贡士后可参加殿试。

【会武宴】 科举制度中武科殿试发榜后，在兵部举行的公宴。始于明，清沿之，于传胪次日举行，钦派领侍卫大臣一人主持，兵部大臣、各考官及新科武进士均预宴。赏武状元盔甲、腰刀、靴袜等，其余武进士赏给银两。

【会要】 分立门类，记一代政治、经济等典章制度、文物、要事的书。创始于唐苏冕所撰《九朝会要》，属政书。后经杨绍复续修为《续会要》。宋宰相王溥循此两书，撰成《唐会要》和《五代会要》。宋代重视会要的编辑，前后重修续修达十余次，自太祖至南宋宁宗共有十三朝会要。明清两代均有纂修。所记典章制度，远较各史书志为详。自宋代以来，又出现后人补修前代会要，如《西汉会要》《东汉会要》等，使会要体史书形成一个按朝代相续的系列。

【会元】 科举时代，各省举人赴京会考，称会试，通称会试第一名为会元，也称会魁。

【会子】 南宋的主要纸币。因广泛行用于东南地区，而南宋的首都临安（今浙江杭州）有临时安顿之意，称为行在，故又称东南会子、行在会子。最初由商人发行，具有支票、汇票性质，称为“便钱会子”。由行在会子库发行，成为兼具流通功能的铜钱替代券，发行量很大。又有湖广总领所印发的湖广会子，以铁钱为本位，流通限于湖北、京西路，也称湖北会子，简称湖会。南宋后期，四川钱引也改称会子。会子形态为竖长方形，上半中央是赏格，印有“敕伪造会子犯人处斩。赏钱一千贯”等字。赏格的右边为票面金额，如“大壹贯文省”，左边为号码，称第若干料。三年为一界，按界发行，到界以旧换新，旧会子定期收回，但展界（延长使用期限）的事也屡有发生。

【彗星】 星名。也称孛星、欃枪。绕太阳运行。接近太阳时，形成彗核、彗发、彗尾。彗尾由极稀薄的气体和尘埃组成，朝背着太阳的方向延伸出去，形状像扫帚，民间俗称“扫帚星”。古时占星术认为，彗星出现是灾祸或战争的预兆。

【晦】 农历每月最后一日，即大月的三十日、小月的二十九日。晦之得名，源自古代月相纪日法，即以月之盈缺变化而呈现的形象来纪日。每月最后一日看不见月亮，也无月光，天空昏暗，故称晦。古代正月晦日受到古人的重视，此日有送穷习俗，唐宋时盛行，寄托了人们在辞旧迎新之际，送走旧日的贫穷、苦难，迎来幸福的美好愿望。

【惠施】 （约前370—约前310）战国时期哲学家、名家代表人物。也称惠子。宋国人，曾任魏相。主张联合齐、楚，停止战争，并随同魏惠王见齐威王，使魏、齐互尊为王。哲学上，主张“合同异”说，认为一切事物的差别、对立是相对的。但由于过分夸大事物的同一性，忽视事物之间的差异，结果往往流于诡辩。其思想、言论及生平事迹散见于《庄子》《荀子》《韩非子》《吕氏春秋》等。《庄子·天下》称“惠施多方，其书五车”。惠施与庄子是辩友，有著名的“濠梁之上”。

【慧根】佛教指能透彻领悟佛理的天赋和资质。

【慧能】（638—713）唐代高僧，我国佛教禅宗六祖，南宗创始人。也作“惠能”。俗姓卢。世居范阳（治今河北涿州），出生于南海（今广东广州）。据说原为不识字的樵夫，听人诵《金刚经》，发心学佛，投禅宗五祖弘忍门下做“行者”。后弘忍为选嗣法弟子，命寺僧各作一偈。慧能作偈曰：“菩提本无树，明镜亦非台。本来无一物，何处惹尘埃？”弘忍大为赏识，于夜半专为慧能讲授《金刚经》，传法衣饭钵给他。仪凤二年（677）慧能到韶州（今广东韶关）曹溪宝林寺弘扬禅学，成为禅宗的正系。倡导顿悟法门，宣传“见性成佛”，与当时北方神秀倡行的“渐悟”相对，佛学史上称为“南顿北渐”“南能北秀”。门人法海撰集其言行，编为《六祖坛经》，简称《坛经》。

【慧远】（334—416）东晋高僧。俗姓贾，雁门楼烦（今山西宁武附近）人。出生于世代书香之家，21岁时跟随道安法师修行。太元六年（381）入庐山，在东林寺广收弟子，传播般若学和禅学，使禅法流行于江南各地。又与刘遗民、宗炳、慧永等十八人结白莲社。净土宗尊为初祖。著有《法性论》《沙门不敬王者论》《庐山记》等。

【蕙草】香草名。古代妇女多佩在身上作为香料，或焚烧以避除瘟疫。以产于湖南零陵（今永州）者最为著名，故又名“零陵香”。蕙草与兰草同为古代著名的香草，古诗文中常将二者并提，喻指美好的事物。

【昏钞】磨损破烂的纸钞。也称烂钞。因用久币面字迹磨损而模糊，故称。宋金元明皆有昏钞更换法。

【昏礼】婚娶仪式。昏，后作“婚”。起源较早，周代多在黄昏时分举行，故称。依次为纳采、问名、纳吉、纳征、请期、亲迎六个程序，后世多循其礼意，但具体环节有所省略。

【浑天说】古代宇宙学说。主张天与地的关系就像鸡蛋壳包裹着蛋黄。天的形体浑圆像弹丸，故称“浑天”。最初，浑天说认为地球不是孤零零地悬在空中，而是浮在水上。后来又认为地球浮在气中，能回旋浮动。浑天说还认为天空的全部恒星都布于一个“天球”上，而日、月、五星依附在“天球”上运行。这与现代天文学的天球概念很接近。汉代编订《太初历》时，出现“盖天说”和“浑天说”之争，“浑天说”与实际天象、农时更符合，被汉武帝采纳。

【浑天仪】①古时测定天体位置的仪器。也称浑仪。西汉落下闳、东汉贾逵和唐李淳风等做过设计、制造和改进，形成一套以两个互相垂直的圈为基础构造的仪器。这两个圈内还有若干个可绕与地轴平行转动的圈，分别代表赤道、黄道、时圈、黄经圈等。在可转动的圈上，附有绕中心旋转的窥管，用以观测天体。今存世最早的浑天仪于明正统年间制造，目前珍藏在南京紫金山天文台。②古时演示天象运转的仪器。也称浑象。东汉张衡创制。类似现代天球仪。

【馄饨】用薄面片包裹馅料、煮熟而成的面食。相传起源于汉代。唐宋时期，馄饨成为日常的花色点心，并有专门的馄饨店。唐段成式《酉阳杂俎》中说长安城中萧家的馄饨店很有名，其馄饨的汤漉去肥油后可用来泡茶。一说将馄饨做成半圆形，就成了饺子。

【活佛】藏传佛教某一派或一区域领袖的俗称，也被视为佛或菩萨的化身。活佛有大小等级区别，影响力也各有不同。活佛在文献典籍里有时还指如来佛或是对高僧的尊称。如南宋高僧道济，后世称为“济公活佛”。

【活卖】买卖田宅等财产时，卖主保留赎回权利的一种交易方式。买卖双方达成口头协议或订立契约，有保留赎回权利内容的契约称为“活契”，卖方赎回权的保留有一定期限，超过期限不赎，成绝卖，不得回赎，在期限内赎回其活卖田宅或财物时，买方要按约收取一定的息金。这类买卖方式具有质典性质。

【火不思】拨弦乐器。也称琥珀胡琴、浑不似、胡不思。张三至四根弦，腹部音箱蒙蟒皮、蛇皮，有码，背部与弦轸雕刻精美花纹。形似琵琶，但颈细，槽有棱角，与琵琶有所区别。新疆吐鲁番交河故城发现的唐代古画有孩童弹火不思的形象。宋元时传入内地，元代盛行，明清时仍流行。

【火铳】铳，chòng。元代以来的管形射击火器。也称火筒、铜将军。铜制或铁铸成，内装火药、石球、铁球等，点燃引线把石球、铁球射出去。源自南宋竹制火枪，元前期创制，明朝时大量使用，被封为“大将军”“夺门将军”等。清代戴梓发明连珠火铳，形状像琵琶，背脊上放火药和铅丸制子弹，装有机关，扳动枪机，可连射二十八发。

【火耕水耨】耨，nòu。南方稻作农业早期的耕作方式。即烧荒为田，以灰烬做肥，播种后反复引水淹田，以利水稻生长，并借此除去田中的杂草。汉以前的江南地区流行此耕作方式，汉以后多见于偏僻地区。

【火耗】明清弥补所征税银熔铸为官锭时损耗的加征。起于明代万历年间，原指碎银熔化重铸为银锭时的折耗。张居正推行“一条鞭法”，赋税征银，百姓的碎银熔化重铸的银锭有折耗，另征火耗。征税时加征的火耗大于实际火耗，差额就归官员了。清初沿用此法，雍正时列入正税，实行火耗归公和向官员发放养廉银。

【火箭】古代的管形火器。将草艾、麻布、油脂等易燃物缚在普通的箭杆上，点燃后把箭射向敌军，用以燃烧敌人的营帐、粮仓等。三国时期，魏将郝昭曾用这种火箭在陈仓（今陕西宝鸡）击退攻城的蜀军。唐末宋初，火药运用于火箭，即将火药制成球状，绑在箭头后，点燃引线后射出。

【火药】我国古代四大发明之一。也称黑火药。由硝酸钾、木炭和硫黄混合而成。魏晋南北朝时，炼金丹的道教术士对硫黄、硝、木炭的物理、化学性质有了进一步的认识，通过大量实践，冶炼操作方法和器具制造方面也有较大进步。唐宪宗元和三年（808），金华洞清虚子在《铅汞甲庚至宝集成》中所提到的《伏火矾法》，被认为是有年代可考的最早火药配方。中唐以后的炼丹家经多次爆炸起火与冒险试验，逐渐找到比例科学的配方。唐末至北宋，火药逐渐运用于军事。五代十国时，火药成分走向标准化。北宋初，《武经总要》中正式出现“火药”一词，并记载了火药的具体配方。公元1280—1290年，元代蒙古军西征中亚、西亚，使用各种火器，将火药传到阿拉伯与欧洲。

【霍光】（?—前68）西汉大臣。字子孟。河东平阳（今山西临汾西南）人。霍去病异母弟。先后辅佐武帝、昭帝、宣帝，执政二十余年，权倾朝野。卒谥宣成。在位期间，轻徭薄赋，促进社会生产发展。死后，因其妻谋害许皇后事发，被诛九族。

【霍去病】（前140—前117）西汉名将。河东平阳（今山西临汾西南）人。名将卫青外甥。元朔六年（前123），封骠姚将军，随卫青击匈奴。勇猛果断，用兵灵活，前后六次出击，远至狼居胥山，大捷而归。汉武帝想要为他建造府第，霍去病辞谢说：“匈奴未灭，无以家为。”元狩六年（前117），因病去世，年仅23岁，赐谥景桓侯。他和卫青发起的对匈奴的进攻性战争，改变了汉朝长期以来对匈奴作战的守势状态，一举把匈奴驱逐到漠北，解除了其对汉王朝北方多年的威胁。

【镬】 huò。一种无足的鼎。用青铜或铁铸成，用来烹煮肉类。古代有种酷刑，称为汤镬，即将镬里的水煮开，再将人抛入其中烫死。《史记》中蔺相如为了完璧归赵，视死如归，自请汤镬之刑，其“镬”即此。

J

J

【几】古代用于倚靠或放置器物的家具。常见有曲几和直几。曲几为水平弧形，弯曲的窄条状，下以三足支撑。古人席地而坐时，可扶靠在几上，其功能与今之椅子扶手和靠背类似。古人认为，谋于长者，必须持几杖以从之，这是因为老人居则凭几，行则携杖，几、杖都是养尊之必备。直几由三块木板榫接而成，一块为几面，其余两块竖立支撑几面。直几与现代家具的形态更接近，几面呈长方形。短足的如炕几、茶几，供人们日常看书、写字、置物，和案相似，故常“几案”并称。而长足的则类似于今长条形桌子。

【机工】明清民间受雇于机户，计日受值，从事丝织等行业的工人。明朝中期以后，苏州、松江等江南地区的丝织业中出现了以生产商品为目的的机户。机户是早期的资本家，机工是早期的雇佣工人，机户与机工之间的雇佣关系实质上是资本主义性质的生产关系。

【机户】宋元以后从事丝织业的个体劳动者或小作坊主。也称机家。自宋至清，在丝织业发达的江南地区，泛指个体手工业人户和绸缎商人。19世纪起，绸缎商人设机雇匠自织或发料给机户代为织造，为别于一般机户，自称缎庄、绸庄或账房。个体手工业者设有机房者仍称机户，有时也称机匠。其经营分自织和代织。前者自购丝料，自产自销，称现卖机户；后者从缎庄、绸庄或账房领料加工，取得计件工资，称带织机户，又名揽织、揽机、料机。清以前机户隶匠籍，须为织染官局服徭役。明江南机户常以存留匠形式服役于本府织染局。清自顺治八年（1651）起，南京、苏州、杭州三地官设织造局行买丝招匠经营办法。清末机器丝织业兴起，手工机户逐渐衰落。

【肌理说】清诗学理论。乾隆年间由翁方纲提出的诗论主张。“肌理”指“义理”和“文理”，即要求思想和文辞的统一。要求作诗以经义为准则，以学问为根底，做到内容质实而形式典雅，意在纠正当时“神韵说”“格调说”等诗论的肤廓虚矫与专事模拟。肌理说与神韵说、格调说、性灵说并为清代前期四大诗歌理论派别。“肌理说”的诗人一般被归为“肌理派”。

【积石】即积石关。位于今甘肃临夏县西北。隋代时称“临津关”。唐代设积石军镇守。明代此地为汉藏互市茶马处，政府专设茶马司对贸易进行管理。

【笄】jī。古代用来别住头发使之不散乱

的长形条状首饰。最早用竹制作，后逐渐使用兽骨、金银及玉石等材料制作，其形状与工艺也日趋丰富和精致。笄一般有两种：一种是用来固定发髻，形状较短而男女都用；另一种是用作固定冕或弁等帽类，形体较长，从冕或弁的一边插入，穿过发髻，再从冕或弁的另一边穿出，笄的一端系一条丝带绕过颔下再系在笄的另一端，从而固定发髻、冕等。

【屐】jī。一般指木底鞋，故也称木屐。最初作为雨鞋穿用，后逐渐成为一种日常在非正式场合穿用的便鞋。古代的屐有平底与齿底两种，齿底木屐出现于南北朝时期，主要用于登山，便于抓地。有些齿屐的齿可以随上下山坡的需要而拆装以调整齿的方向。唐李白《梦游天姥吟留别》“脚着谢公屐，身登青云梯”中的“谢公屐”，即南朝宋谢灵运游山时所穿的前后齿可装卸的木屐。木屐的使用延续久远，至今仍有南方水网地区在使用。

【嵇康】（223—262）三国魏文学家、思想家。字叔夜，谯郡（今属安徽）人。曹魏姻亲，为曹操之孙曹林之婿。曾任中散大夫，世称“嵇中散”。与阮籍、山涛、向秀、阮咸、王戎、刘伶友善，游于山阳（今河南辉县、修武一带）竹林，为“竹林七贤”之一。公元261年，吏部郎山涛离任前，举荐他出任吏部郎，他作《与山巨源绝交书》以明志，拒绝出仕。后遭钟会诬陷，又因吕安之狱牵连，为司马昭所杀，年四十岁。临刑前有三千太学生为其求情，终不许。死前索琴弹奏《广陵散》，并慨然长叹：“《广陵散》如今绝矣！”反对当时虚伪的礼乐教化和黑暗政治，崇尚自然，提出“非汤武而薄周孔”“越名教而任自然”的观点。诗工四言，风格清峻。又作《琴赋》《声无哀乐论》《养生论》等。有《嵇中散集》。

【箕踞】jījù。也作“箕倨”“踑踞”。箕即簸箕。其姿势是臀部着地，两腿张开，平放而直伸，像簸箕一样。古人认为这是一种不拘礼节、傲慢不敬的坐相。据记载，荆轲刺秦王事败后，就“倚柱而笑，箕踞以骂”。

【畿】jī。古称天子所领之地，后指京城管辖的区域。

【畿辅】畿，jī。京畿及周边地区。古代自西周开始，实行以王都为中心，以近统远，层层分区而拱卫天子的制度。后世沿袭此传统，汉代的“三辅”，魏晋的司州，唐宋时的京畿道、路，元代的腹里，明清时的直隶，沿袭的都是此治理思路。

【墼】jī。土坯。经晒干、未经烧制的土砖。也称土墼。古人最初夯土筑墙建屋，后用土坯砌墙。战国时期，有了烧制砖技术，但墼仍然较多用于建筑，由于墼和烧制砖原料都是土，故古人也习惯把砖称为墼，不少出土的汉砖上都有“墼”字。而古人正式用砖砌墙建房，是从北魏开始的。

【羁縻卫所】明地方机构名。羁縻，联络、维系，谓笼络使不生异心。洪武、永乐时设于边疆少数民族地区。以当地部族首领为都督、都指挥、指挥，赐给敕书印记，管理当地军政事务。所置官员均由该部族世袭。

【及第】科举应试中选。因榜上题名有甲乙次第，故名。隋唐时只用于考中进士。宋代殿试分甲取人，文科一、二甲赐“本科及第”。又，礼部试及殿试合格者，通称“及第举人”或“及第人”。明清时殿试一甲一、二、三名赐“进士及第”，省称“及第”。

【及冠】 古代氏族社会的男子长到成年阶段，必须参加“成丁礼”才能成为氏族公社的正式成员，享有成员应有的权利和履行应尽的义务。后成丁礼演变为冠礼。周代贵族男子到二十岁时，要在自家宗庙举行加冠礼。冠礼标志此男子长大成人，因称男子二十岁为“及冠”。

【及笄】 笄，jī。指女子年满十五岁。古代女子十五岁行笄礼，结发加笄，作为成年的象征，也指女子已到许嫁之年。

【吉礼】 古代五礼之一，祭祀天神、地祇、人鬼等的礼仪活动，是祀神祈福之礼。如祭天神包括昊天上帝、日月星辰、司中、司命、雨师等，祭地祇包括社稷、五帝、五岳、山林川泽、四方百物等，祭人鬼包括先王、先祖、先师等。历代各有兴革，历来受统治阶级重视。有时也指婚礼。

【汲冢竹书】 晋武帝时从汲县（今河南卫辉）战国魏襄王墓中出土的一批竹简古书。也称汲冢书。当时的学者荀勖、束皙、和峤等对其做整理工作。后大多散佚，流传至今的只有《穆天子传》，另有辑本《竹书纪年》。是我国历史上较早且大量出土的战国简牍文献。

【极乐世界】 佛教认为阿弥陀佛居住的地方。摆脱了人世间烦恼苦海，清净、快乐之地。也称净土、西天。

【棘】 植物名。即酸枣。枝条多刺，常种植于庭院周围，作为天然屏障。古代科举考场为防作弊，周围多插棘枝，故称考场为“棘院”“棘围”等。

【集贤院】 古代官署名。唐文学三馆之一。掌理秘书图籍等事。唐开元十三年（725）改丽正殿修书院为集贤殿书院，简称“集贤院”，掌修书之事。以宰相一人为学士，知院事。一度设大学士。宋代设昭文馆、史馆、集贤院，称为“三馆”，掌理秘书图籍等事。集贤院置大学士，以宰相充任。并设学士、直学士、修撰、校理等官，无常员。元改制，集贤院主要掌管提调学校，征求隐逸，及道教、阴阳、祭祀、占卜等事，设大学士等官。

【集韵】 韵书。宋景祐四年（1037）诏命丁度、李淑、宋祁、郑戬、贾昌朝等在《广韵》的基础上修撰，于宝元二年（1039）九月书成颁行。十卷。平声四卷，上、去、入各二卷。收字原则是“务从该广”，不论正体、古体、俗体等，凡有根据者，均予收录，共计53 525字，比《广韵》多一倍有余。韵部仍分二百零六韵，但韵目用字、次序及字的归韵等与《广韵》稍有差异。内容注重文字形体和训诂，为研究文字训诂和宋代语音的重要资料。

【籍田】 古代帝王、诸侯亲自耕田以示重视农业的典礼。也称亲耕。每逢春耕，帝王、诸侯象征性亲耕农田，有劝勉农耕的寓意。后世成为帝王专行之礼，其田位于京郊专设的农神祀所，具体仪节，历代有所不同。

【己亥格】 晋末期，齐王司马冏等起兵讨伐赵王司马伦时，用于厚赏征募将士的法令。也称齐王功臣格。晋惠帝永康二年（301）正月，赵王司马伦篡位，三月齐王司马冏等三王起兵讨伐，在己亥日承制下令征募，故得名。到四月即讨平，诛杀司马伦，恢复惠帝位。此项措施常被后世征募援为故事。

【纪昀】（1724—1805）Jǐ Yún。清代学者、文学家。字晓岚、春帆，号石云、观弈道人。直隶献县（今属河北）人。乾隆进士，官至礼部尚书、协办大学士。谥文达。学识渊博而通达，曾以总纂官身份主撰《四库全书》，主持编撰《四库全书总目提要》。工诗文，也能作小说。有《纪文达公遗集》《阅微草堂笔记》等。

【给事中】 给，jǐ。古代官名。秦汉为列侯、将军、谒者等的加官（本职外兼领他官）。常在皇帝左右侍从，备顾问应对等事，因执事于殿中，故名。魏或为加官，或为正官。晋始为正官。隋于吏部置给事郎。唐以后为门下省之要职，掌驳正政令之违失。元以后废门下省，设给事中。明给事中分吏、户、礼、兵、刑、工六科，掌侍从规谏，稽察六部之弊误，有驳正制敕之违失、章奏封还之权。清隶属都察院，与御史同为谏官，故又称给谏。省称给事。

【给侍】 给，jǐ。也称给予侍丁。唐朝的一种养老制度。唐朝规定为年满八十岁及以上的老人和不满八十岁但身患重病的老人配备侍者。侍者称侍丁，可免役，如是老人或残疾者亲属的称内侍，无亲属关系的称外侍。给侍制度在一定程度上解决了家庭养老的问题。

【戟】 jǐ。古代戈矛合体的兵器。长柄，顶端有直刃，两旁各有横刃，可以直刺、钩、斩三用。最早为青铜制，至战国时始有铁制。盛行于东周。戟在古代被视为权力和地位的象征，唐代以来，方天画戟成为皇家的标志之一。戟在一些古代文学作品中，是勇猛和力量的象征，常作为勇士的装备，《三国演义》中吕布使用的就是方天画戟。

【计口授田】 北魏前期推行的按人口分配田地的政策。道武帝入主中原后，曾离散北族各部，以此法安置其部民成为编户。当时还有迁至平城的大批山东移民，太武帝以来又屡从河西、齐青大规模移民至平城一带，或也以此为安置之法。至孝文帝时发展为均田制。

【计里画方】 古代一种比例尺绘图法，即在以一定比例划定的方格网上绘制地图，通过方格控制地图内容的位置，以方格的边长体现实际距离。宋代的《禹迹图》是现存第一幅用此法绘制的地图。此法沿用千余年，在中国和世界地图制图学史上具有重要意义。

【记事刻辞】 商周时期，契刻在兽骨、龟甲上的记事文字。主要记述当时的历史事件，按材料与刻写部位可分为甲桥刻辞、甲尾刻辞、背甲刻辞、骨臼刻辞和骨面刻辞五种。还有一些是铭记捕猎所获得的猎物、战争俘馘和功绩勋劳的文字。

【伎作户】 南北朝以来直属官府的匠作、伎乐的人户。由各种工匠和乐舞艺人组成，有专门的户籍，为官府所控制，世代强制服役，身份高于奴婢，低于平民。为保障官府需要，时放免时增加。隋唐以来仍较普遍，后世逐渐转变为出钱雇服徭役为主，仅某些时期和部门仍有此类人户。

【纪年法】 用来标记和计算年份的方法。我国古代最基本的纪年法是干支纪年，以十天干同十二地支依次相配，成甲子、乙丑、丙寅、丁卯……，共六十组，通称“六十甲子”，用来纪年，周而复始，循环使用，如公元1894年，干支纪年是甲午年。此外，先秦至西汉武帝时使用王公在位的年次纪年，如前767年，年次纪年是周平王四年、鲁惠公二年、齐庄公二十八年、郑武公四年、秦襄公十一年等。汉武帝开始使用年号纪年，沿用到清末，如627年，年号纪年是贞观元年。

【纪日法】 用来标记和计算日期的方法。我国古代主要使用干支纪日和序数纪日。干支纪日以十天干同十二地支依次相配，成甲子、乙丑、丙寅、丁卯……，共六十组，一组对应一天。干支纪日在甲骨卜辞中已普遍使用。序数纪日是按照初一……初十、十一……直至月底的顺序来记录日期。此外，还有用“朔、朏、望、既望、晦”等特定名称来纪日的，农历每月初一叫朔，初三叫朏，十五或十六叫望，望的次日叫既望，每月最后一天叫晦。

【纪时法】 用来标记和计算时辰的方法。我国古代主要使用地支纪时法和天色纪时法，这两种纪时法都是将一天划分为十二个时辰，地支纪时法就是用十二地支依次对应十二个时辰来纪时。天色纪时法即根据天色的变化用夜半、鸡鸣、平旦、日出、食时、隅中、日中、日昳、晡时、日入、黄昏、人定对应十二个时辰，这些名称反映了古代人民日常生活的节奏和对自然现象的观察，如“日出”指太阳升起的时候，“食时”指人们吃早饭的时间。此外，古代还有百刻制、十时辰制、十五时辰制、二十四时辰制等纪时法。

【纪事本末体】 传统史书中以历史事件为纲的体裁。将重要史实分别列目，独立成篇，各篇又按年月顺序编写，能完整地叙述历史事件的全过程，可补编年体、纪传体之不足。创始于南宋袁枢《通鉴纪事本末》，属“一书备诸事之本末”。继其之后有明陈邦瞻《宋史纪事本末》、清谷应泰《明史纪事本末》、晚清李有棠《辽史纪事本末》等。

【纪月法】 用来标记和计算月份的方法。我国古代有序数、地支、干支等纪月法，序数纪月即通过数字序列来记载月份，如一月、二月等。地支纪月即用十二地支分别对应十二个月，地支通常会加上“建”字，如“建子之月”，这种方法在古代天文学中有所应用。干支纪月以十天干同十二地支依次相配，成甲子、乙丑、丙寅、丁卯……，共六十组，一组对应一个月，五年为一周，周而复始。

【纪传体】 传，zhuàn。我国传统史书体裁。以人物传记为中心，叙述当时的史实，因以纪、传为主体而得名。司马迁的《史记》是我国第一部纪传体史书，后历代所修正史，基本上采用这种体例。

【既生霸】 既，已经。霸，pò，通“魄”，月初出或将没时的微光。古人通过观察月相变化来划分月份和日子，既生霸代表月亮圆面已经开始出现但未完全饱满的状态，为农历的初八至十五。

【既死霸】既，已经。霸，pò，通“魄”，月初出或将没时的微光。古人通过观察月相变化来划分月份和日子，既死霸代表月亮从圆满状态开始逐渐亏缺的状态，为农历的二十三至下月初一。

【偈】jì。“偈陀”的简称。“偈陀”在梵文里是“颂”的意思。指佛经中的唱词。

【祭酒】官名。汉时置博士祭酒，为五经博士之首。西晋改设国子祭酒，隋唐以后称国子监祭酒，为国子监的主管官。

【祭祀】祭神或祀祖。指摆设供品向神佛或祖先行礼，表示崇敬并求保佑赐福。

【祭坛】古时祭祀或祭奠所用的台。也称祭台。祭坛上的每一等级祀礼的祭品、仪仗舞乐和建筑样式都有严格规定。我国著名的祭坛有天坛、地坛、祈谷坛、先农坛等。也指宗教祈祷用的台。

【祭田】出产以供祭祀费用的田地。也称祀田、香火田。唐宋以来多为民间乡里及宗族所置公产，以为祠祭之用。明朝赐孔子后裔祭田二千余顷，分五屯四厂十八官庄，佃户数百家，以祭孔子。清朝规定此类免赋。

【祭文】文体名。祭祀或祭奠时诵读的表示哀悼或祷祝称颂的文章。祭文内容通常有祈祷雨晴、驱逐邪魅、干求福降、哀悼死亡等，以哀悼死亡为主。体裁有散文、韵文、骈文等。韵文中以四言为正体。唐韩愈《祭十二郎文》是为其侄十二郎所写的祭文，被誉为祭文中“千年绝调”。

【寄庄】古代私人或寺庙等在外地或借外地人名义在本籍置办的田庄。始于唐，官员多于任所置田庄。宋以来渐多，明清尤为普遍，富户为逃避差徭，多在他处买田立庄。田庄主以此规避本籍的财产统计和赋役征收，另有把田地伪报在他人名下的“诡寄”、分摊到各户名下的“飞洒”等规避手段。

【稷】①一种古老的农作物，具体所指不详，后世有高粱、粟、黍等不同说法。②稷在上古时代农业生产中占重要地位，被尊为“五谷之长”，奉为谷神，与土地神（社）一起得到人们的供奉和祭祀，“社稷”遂成为国家的代称。

【稷下】古地名。战国时期齐国都城临淄稷门附近地区。位于今山东淄博临淄区西北。齐宣王继其祖桓公、父威王在此扩建学宫，广招文学游说之士数千人，任其讲学议论，并赐淳于髡、邹衍、田骈、接子、慎到、宋钘、尹文、环渊、田巴、鲁仲连和荀况等七十六人列第，为上大夫，因学宫位置靠近稷山之下，故这些学者又被誉为“稷下学士”。因学宫汇集了道、法、儒、名、兵、农、阴阳等百家之学，成为各学派汇集的中心，逐渐形成具有一定倾向的学派，又被称为稷下学派、稷下学，其中以黄老思想居于主导地位。齐襄王以后，学宫逐渐衰微。

【罽】jì。古代西部少数民族地区生产的一种染色毡类的毛织品，即用兽的细毛纺织成的毡布。汉代即有此类织物，价格高昂。

【加耗】以损耗名义在赋税原额外加收

的份额。历代多由纳税者担负。五代以来始称此，称量有升斗耗，存储有仓场耗、雀鼠耗，运输有漂没耗，熔铸银两有火耗。

【加役流】 加服劳役的流刑。唐太宗时始增设加役流，用来取代断趾等肉刑，后常以流三千里、劳役三年作为死刑的减刑。此刑是唐代最严厉的流放，相当于死刑减刑。如唐代李白曾因李璘谋乱失败而受牵连，成为“谋反”案从犯，被处以加役流。

【夹毂】 毂，gǔ。南朝亲王的卫队。出行时夹于王车两侧警卫。也称夹毂队。

J

【枷杻】 杻，chǒu。古代两种刑具名。枷，古代套在犯人颈项上的木制刑具。杻，手铐。北魏到隋代，已广泛使用枷杻，沿用到清代。不同时期，枷杻的大小规格不一。针对犯罪轻重的不同，重量也各有差别。

【枷号】 枷，古代套在犯人颈项上的木制刑具。将木枷套在犯人颈上，并写明所犯的罪状，令其示众。既是对犯人的体罚，也具有羞辱性，起到威慑他人的作用。明代始创，常作为附加耻辱刑，用来惩罚有伤教化的罪犯。枷的重量和示众时长、方式都有规定，枷重、时长的会致死。清代沿用，并有增减，满人犯徒、流、充军和杂犯死罪，可用“枷号”抵折。

【家臣】 春秋时各国卿大夫的臣属。卿大夫的宗族与政权组织称“家”，总管叫“宰”，宰下又设司徒、司马、工正、马正等官职。担任这些官职的，总称为“家臣”。家臣不世袭，由卿大夫任免。规定家臣要效忠于卿大夫，不得越级。后也泛指诸侯、王公的私臣。

【家谱】 以表谱形式，记载家族的世系繁衍及重要人物事迹的书。也称族谱、宗谱、氏谱、世谱。体例源于《世本》，兴起于南北朝，历代相沿。家谱是记录宗法制度的重要载体，也是维系我国宗法制度的一种手段。通过家谱可以寻根，既体现文化认同，又可以看到百姓的家族变迁。其所保存的珍贵资料对学术研究有重要的价值。据说，孔氏族谱是我国历史上延续时间最长、包罗内容最丰富、谱系最完整的族谱。后也用来借称家世。

【家业钱】 宋朝划分户等的主要依据。也称产钱、产业钱、家产钱、家业贯百，或称物力、家力、家治。包括田亩等常产和浮财两类。田亩物力也称实业物力，据田地的顷亩肥瘠折算。桑功、耕畜、家具、屋宇等服食器用之物，计入浮财物力。在我国传统文化中，家业钱被视为家族延续和发展的重要基础，也是家族成员之间相互扶持的重要来源。

【笳】 jiā。传统管乐器。双簧气鸣乐器。有两种形制：一为竹制，无侧孔。另一为木制，有三个侧指孔。因胡人卷芦叶吹之以作乐，故也称胡笳、芦笳。后用芦苇制成哨子，装在木制无按孔的管上吹奏，与乐器相和。另有以竹或羊角做管身者。汉时流行于塞北和西域一带。传说为春秋时李伯阳避乱西戎时所造，汉张骞从西域传入，发音悲凉。后形制递变，名称各异。魏晋以后以笳、笛为军乐，入仪仗队。为汉魏鼓吹乐中的主要乐器。清代有笳吹乐，形制有三孔，木制，两端弯曲。

【袈裟】 僧人的法衣。梵语音译。意为

"坏色"，即颜色不正之色。因袈裟不得使用青、黄、白、赤、黑等正色，只能用近似黑色的布料，故也称缁衣。又因制作方法是把布料裁成小块，再拼接缝合成一整块，类似田地，故也称福田衣。样式有三种，其一为僧伽梨，是用九至十五块布片缝合而成，即大衣；其二为郁多罗僧，是用七块布片缝合而成，即上衣；其三是安陀会，是用五块布片缝合而成，即内衣。合称"三衣"，总称"支伐罗"。

【跏趺】 jiāfū。即"结跏趺坐"。佛教信徒修禅时双足交叠的坐姿。分全跏坐和半跏坐两种。全跏坐将双足交叉置于左右大腿上，半跏坐则单以右足置于左大腿上，或单以左足置于右大腿上。佛教认为这样的坐姿可助修行者减少妄念，集中精力。

【嘉定和议】 南宋宁宗嘉定元年（1208）与金订立的和约。开禧北伐失败后，金人要求惩办战争祸首，主和派礼部侍郎史弥远等杀死韩侂胄，函其首送给金人。南宋与金再度议和。南宋对金由叔侄之国降格为伯侄之国，岁币增至银、绢各三十万两、匹，另给金犒军钱三百万贯，用三百万缗钱赎回淮、陕两地。此后的六七年间，双方大致维持了和平。

【嘉定三屠】 清顺治二年（1645），清军对江南重镇嘉定（今上海嘉定）的三次屠城暴行。清朝颁布剃发令，嘉定民众及南明余部三次起义反抗，第一次在农历七月四日，侯峒曾领导的义兵失败，城破后死难两万余人。第二次在七月二十六日，清军镇压城外葛隆镇、外冈镇乡兵，大肆屠杀。第三次在七月二十七日，朱瑛领导的义兵失败，嘉定城再被攻破。

【嘉礼】 古代五礼之一。用于饮宴、婚、冠、贺庆等联络感情、亲睦人际关系的相关礼仪。内容比较丰富，如君主登基、册立皇太子、天子纳后妃、太子纳妃、策拜王侯、节日受朝贺、公侯大夫士婚礼、冠礼、宴飨、乡饮酒、贺庆等。其中婚礼、冠礼是嘉礼中的重要典礼。后世特指婚礼。

【嘉峪关】 明长城西端关口，位于今甘肃嘉峪关嘉峪山西麓，是古代重要的交通要冲和军事重镇。依山而建，地势高险，关体呈梯形，周长733米，高11.7米。垛墙高1.7米，城四隅有角楼，东西城垣开门，均筑瓮城。号称"天下第一雄关"。关城西面城垣门额刻有"嘉峪关"三字，城外有文昌阁、关帝庙，周边有黑山石刻画像、魏晋壁画墓、堡垒烽台等古迹。

【郏鄏】 Jiárǔ。古代地名。西周时东都雒邑的别称。成王时周公所筑，自周平王以后的十二位天子皆以此处为都城，春秋时期称为王城。因城北有郏山而得名。

【甲榜】 元明以来称进士为甲榜。殿试进士合格后公布名次的皇榜，分为一、二、三甲三等录名放榜，故称。也称金榜，多由皇帝点定，俗称皇榜。

【甲骨文】 汉字字体之一。商周时期，刻记在龟甲兽骨上的文字。因用刀契刻而成，故也称契文。又因出土于河南安阳小屯村殷墟，又称殷墟文字。内容主要包括商代和西周早期的卜辞、铭记、典籍等，涵盖了多个领域，反映了我国古代先民们的社会生活、思想观念、文化传统等方面的状况。迄今为止我国发现的年代最早的成熟文字系统，是汉字的源头和中华优秀传统文化的根脉。其基本字形结构与后世汉字一致，是汉字的较早书体。

【甲科】 汉代考试录用官吏的等级。汉时课士分甲、乙、丙三科，其高等为甲科。唐代明经有甲、乙、丙、丁四科，进士有甲、乙两科。明清时通称进士为“甲科”，举人为“乙科”，“甲”字逐渐成为进士考试中的最高荣誉象征。省试之后集中京师会试，会试中试后再行殿试，以定甲第。殿试后分为三甲，一甲赐进士及第，状元、榜眼、探花分别为一甲的第一、二、三名。

J

【甲喇】 八旗中层编制单位。满语音译，也称札兰。努尔哈赤创建八旗制度后，一甲喇约包括五个牛录，其长称甲喇额真，后称甲喇章京，入关后改名参领。

【甲申之变】 李自成率军攻入北京，推翻明王朝，随后清军入关的事件。因此年为甲申年得名。崇祯十七年（1644），李自成率领的农民军攻克了明朝的都城北京，建国大顺，标志着大明王朝的覆灭。不久，清军入关南下，迅速摧毁了起义军的大顺政权，以及江南的明朝残余势力，从此明清易代，政权更迭，也引发了巨大的社会变革。

【甲士】 披甲的战士。西周一辆战车（一乘）有甲士三人，中为御，左为持弓矢的车左或甲首，右为持戈矛的车右或骖乘，是作战主力的基层军官。后世泛指披甲的精锐士兵。

【甲午战争】 公元1894—1895年日本发动的侵略中国和朝鲜的战争。因战争爆发的1894年为甲午年，故称。也称中日甲午战争。日本首先侵占朝鲜全境，又在黄海海战中取得制海权，最后占领辽东半岛。这场战争以中国战败、北洋水师全军覆没告终。清朝政府被迫签订了丧权辱国的《马关条约》。战争进一步将中国推向半殖民地半封建社会的深渊。日本则国力更为强大，得以跻身列强。

【甲子】 甲居十天干首位，子居十二地支首位，用十天干与十二地支依次相配，成甲子、乙丑、丙寅、丁卯……，可得六十组，这六十组，从第一组“甲子”递配到第六十组“癸亥”为甲子一周，称“六十甲子”“甲子”。主要用于纪年和纪日。六十甲子周而复始，循环不止，沿用至今。也以甲子代称岁月、年岁。

【甲子科】 公元213年，曹操制定的一部刑法。“科”是汉代以来法规的称呼，“甲子”可能是以这部刑法颁行的日期命名。以“治定之化，以礼为首。拨乱之政，以刑为先”为立法思想，并将汉律的量刑标准减半。后被魏明帝时新定的《新律》替代。

【甲卒】 披铠甲的步兵。汉时为郡国主要兵种，由郡尉典领。东汉初罢撤，唯西北诸郡仍有。后世以此泛指带甲步兵。

【贾岛】（779—843）唐代诗人。字浪仙，一作“阆仙”，范阳（今河北涿州）人。家境贫寒，曾出家为僧，法名无本，后还俗。曾于京师骑驴吟诗，至“僧推月下门”“僧敲月下门”二句犹豫不决，引手作推敲状，不觉冲撞京兆尹韩愈。后因谓斟酌字句、反复考虑为“推敲”。唐文宗时谪作长江主簿，世称贾长江。其诗喜写荒凉枯寂之境，颇多寒苦之辞，注重词句锤炼，刻苦求工。与孟郊齐名，人称“郊寒岛瘦”。有《长江集》。

【贾思勰】勰，xié。南北朝时期北魏农学家。齐郡益都（今山东寿光南）人。曾任高阳郡（今河北高阳）太守。关心农事，他以搜集到的文献资料，访问老农和观察、试验所得，写成《齐民要术》。

【贾谊】（前200—前168）西汉政论家、文学家。洛阳（今属河南）人。少有博学能文之誉，文帝初召为博士。不久迁太中大夫，深受文帝赏识。为大臣周勃、灌婴等排挤，贬为长沙王太傅。后为梁怀王太傅。怀王堕马死，贾谊自伤不已，一年多后去世，仅33岁。政治上主张削弱诸侯王势力，巩固中央集权。所著政论文有《陈政事疏》《论积贮疏》《过秦论》等，议论深刻，分析透彻，对后世政论文的发展有重要影响。辞赋作品有《吊屈原赋》《鹏鸟赋》等。有《贾谊集》。

【假父】即义父。如战国末秦国嫪毐因与秦始皇母私通，而自称是秦始皇的假父。

【假黄钺】假，授以代理官职。钺，yuè。黄钺，饰以黄金的长柄斧子，本用于天子仪仗，也用以征伐。三国时，特赐于出征重臣，以示威重，代表皇帝亲征的意思。魏文帝黄初三年（222）亲征孙权，以曹休为征东大将军，假黄钺。其后相沿成制。隋为荣誉称号。

【假民公田】汉代实行的一项土地政策，即官府将公田（国有土地）租借给农民耕种。接受假田的对象有流民、贫民、无田者。遇到灾荒时，官府还会把国有的荒地和苑囿，以及山川林泽租借给流民进行生产。接受假田的人，前三五年可以免除租税，几年后，向国家缴纳假税。

【假母】①继母。如孔子的学生闵子骞的母亲去世，父亲续娶，继母虐待子骞。子骞反为继母求情，后继母对待子骞如同己出。闵子骞的大孝广为流传，武氏祠画像石中有题记：闵子骞与假母居。一说，也指父亲的旁妻，即庶母。②开设妓院的妇女，即鸨母。如《桃花扇》中李贞丽是明末秦淮名妓，是李香君的假母。

【斝】jiǎ。古代酒器。多为青铜制造，形制似爵而略大。一鋬，两柱，三足。盛行于商代至西周早期。后也指饮器。《红楼梦》中妙玉请宝玉、黛玉喝茶，妙玉拿出两只杯子，其中一只杯上镌刻着“瓟瓟斝”三个隶字。

【间架税】唐后期征收的房屋税。始于建中四年（783）。按照百姓的房产占地面积、修筑年代以及房屋质量的好坏分等征收。房产越多，税就越多；房子越好，税就越重。间架税只对长安征收，大约半年就停止了。是我国房产税历史的开端。

【肩舆】俗称“轿子”。因是用人肩膀抬着的“舆”，故名。其产生时期较早。相传大禹治水时即有。早期形制简陋，以竹制成，类似于今川渝地区之滑竿。后经不断改进，椅上下四周增置了覆盖遮蔽物，能挡风雨，也使乘坐之人有了相对私密的空间，乘坐更具舒适感。唐宋以来，非常盛行。其形制大小不一，既有二人抬的小轿，也有多人抬的大轿，均以质地坚韧的木料及竹、藤等制成。明清时，其种类更为丰富，样式和抬轿人数因其种类而异。皇家有步舆、凤舆、仪舆、翟舆等，官轿分八抬和四抬，且从轿顶形制、用材可体现乘坐之人的社会等级。民间最常见的，则是花轿或绿檐黑帷的小轿。

【监察御史】 古代官名。秦以御史监理诸郡，汉罢其名，至晋太元中置检校御史，北魏、北齐、北周因之。隋改检校御史为监察御史，“监察御史”之称始于此，掌出使巡察州县，隶御史台。唐制，监察御史隶御史台察院，掌分察百官、巡抚州县狱讼、祭祀及监诸军出使等。后代皆因之。

【监国】 储君或大臣代国君监理国事。始于商周，春秋时国君缺位或外出，或由储君及宗室重要人物临时代行君权，后世沿此成制。北朝以来太子受诏管理政务，称太子监国，唐、明等朝也有此制。也有以诸王监国的，如五代后唐明宗李嗣源、南明弘光帝朱由崧未正式即位前，皆称监国。南明鲁王（朱以海）在浙东称监国。清末溥仪即位年幼，由父醇亲王载沣摄政，也称监国。

【监候】 明清对判处死刑的犯人暂行监禁，使等候，待秋审、朝审复核后再行裁定的制度。与“立决”相对。明代法律规定，凡刑狱重犯，如大逆、大盗这类决不待时外，其余死刑监候处决。清代法律规定，嫡孙、众孙殴伤庶祖母者，照殴伤庶母例减一等科断，至死者判绞监候，谋故杀者，拟斩监候，秋审后按会审结果酌情办理。

【监军】 古代官名。监督军队的官员，代表朝廷协理军务，督察将帅。汉武帝置监军使者。东汉魏晋皆有，省称监军，也称监军事。又有军师、军司，皆为监军之职。隋末或以御史监军事。唐玄宗始以宦官为监军。明以御史为监军，专掌功罪、赏罚的稽核。清废。

【监司】 古代官名或官署名统称。汉、晋、南北朝时指刺史、侍御史及尚书左、右丞等有监察权的官员。宋代诸路转运使、提点刑狱司、提举常平司等，有监察各州官吏的责任，故也称监司。元代廉访使、明代按察使因掌管监察，也称监司。清代称督察府州县的高级官员，如布政使、按察使等为监司。

【监战】 金及蒙元监督战事和指挥军队的官员。金朝时期，随着都城迁至汴京（今河南开封），皇权加强，为了确保对军队的有效控制，皇室会派遣“奉御”之官到军中担任监战，以监督将帅的军事行动。元初曾设监战万户，后废。

【兼爱】 墨家学派的主张。即一种以人人平等、没有任何区别地相亲相爱为特征的爱人原则。认为爱人当“兼”而不“别”，不分尊卑上下、不分亲疏远近，做到“爱无差等”。这样就能避免国与国、家与家、人与人相互攻伐、篡夺，实现天下和谐。这是墨家针对儒家“亲亲有术，尊贤有等”的宗法等级制度而提出的。后期墨家进一步发展为“爱人，待周爱人，而后为爱人”，将“兼爱”推衍为具有博爱倾向的“周爱人”或“尽爱人”。

【兼祧】 祧，tiāo，承继为后嗣。宗法制度下一个男子同时继承两家宗祧的习俗。兼祧人不脱离原来家庭，兼做他人的嗣子，故俗称“一子顶两门”。清乾隆年间特制此条例。

【缣】jiān。一种质地非常细密且以双丝制造而成的丝绢，略带黄色。因其品质与织造成本较高且颜色丰富，故汉代以来常被用来作为赏赐、酬谢或交易的物品，也用作书写和绘画的材料。

【检讨】古代官名。唐代始置。宋有史馆检讨。明时始属翰林院，位次于编修，与修撰、编修同谓之史官。以职掌修国史，故俗称“太史”。清因之，多由庶吉士之留馆者为翰林院检讨。

【剪纸】民间工艺美术的一种。一般指用剪刀将纸剪成各种图案作为装饰。早在汉唐时代，民间妇女即有用金银箔和彩帛剪成方胜、花鸟贴在鬓角作饰的风尚。所剪图案有动物、植物、人物、戏曲故事等。根据不同的用途，有各种名称：贴在窗户上的称“窗花”，贴在门楣上的称“门签”，用于喜庆礼品的称“喜花”，也有作为礼品装饰或刺绣花样之用的。其特点是构图单纯、造型洗练、轮廓分明、富有情趣。蔚县剪纸、扬州剪纸、佛山剪纸、安塞剪纸等都很有名。

【锏】jiǎn。一种传统的冷兵器，形状像鞭，长而无刃，有三棱或四棱，上端略小，下端有柄。在文学作品中，锏有着象征意义，如在《说唐演义全传》中的“杀手锏”，它不仅是一种钝器，还象征着能够击破敌人防御的决定性力量。历史上名将有使用锏的，如唐朝的秦琼使用翻天锏，宋朝岳飞使用四刃铁锏。

【建安风骨】汉魏之际曹操父子和建安七子等人诗文的刚健遒劲的风格。因其时为汉献帝建安年间得名。刘勰《文心雕龙》和钟嵘《诗品》都十分推崇建安时期的文风。李白有“蓬莱文章建安骨”的诗句。

【建安七子】汉末建安时期孔融、陈琳、王粲、徐幹、阮瑀、应玚和刘桢七人，同时以文学齐名，为建安文学的重要代表人物。因其作品的题材、风格、成就相近，曹丕在《典论·论文》中曾以此七人并举，且予赞扬，后世因称为“建安七子”。又以同居邺中，也称邺中七子。

【建炎中兴】公元1127年北宋灭亡后，赵构建立南宋之举。1126年金围开封，宋徽宗第九子赵构出城议和，不久奉诏为河北兵马元帅。靖康之变后，赵构即帝位于南京应天府（今河南商丘），改元建炎，以此延续了皇统和法统，国号仍定为“宋”，史称“南宋”。逐渐在东南巩固了统治，故被视为宋朝中兴。

【建窑】古代名窑。也称建阳窑。窑址在今福建南平建阳区水吉镇。始于晚唐五代，盛于宋，衰于元。因出产乌金釉器，又称乌泥窑。其乌金釉器不但胎质极薄，釉色漆黑，而且在光亮的黑色中显出银色的白波纹。所制器型以茶盏最多，当时文学家苏轼、黄庭坚等都盛加称赏。一度也为宫廷烧制，其盏底皆刻有“供御”等字样。

【剑】兵器。首见于商代，初行于西周，盛行于春秋战国时期。春秋战国时名剑很多，如干将、莫邪、龙泉、太阿、纯钧、湛卢、鱼肠、巨阙等，都被世人所称道。商代、西周至战国初期，为青铜剑。战国中后期，出现了铸铁剑。秦汉以后，剑体甚长，剑格加大，剑体为钢甚至弹簧钢。在古代，剑不仅是一种防身武器，还是一种显示持有者社会地位的物品。

【剑阁】①剑阁道，古栈道名。在今四川剑阁县东北大剑山、小剑山之间。栈道长三里，在峭岩陡壁上凿孔架桥连阁而成，这种修建方法始于战国，是古代交通史上的奇迹。相传为诸葛亮主持修建，是连通川陕的要道，也是兵家戍守重地。唐代于此设立剑门关。②剑阁县，三国时蜀设置，唐代在此设剑门县。位于今四川剑阁县东北。

【剑门关】古关名。位于四川剑阁县的剑门山。剑门山古称梁山、高梁山。有剑门七十二峰，峭壁中断，两崖相对如门，因此称为"剑门"。武周圣历中，置剑门县，并置剑门关。关口山势险要巍峨，极为雄壮。此关既是通往蜀地的重要通道，也是易守难攻的古代军事戍守要地。三国时期，蜀国将领姜维退屯以拒钟会的历史事件就发生在此地。

【剑南】唐代初年设立的剑南道之地。因为地处剑门关以南，故名。唐玄宗时，又设剑南节度使管理军政。其范围大致包括自今甘肃南部至云南以南地区，西与吐蕃接界，东至四川东部及贵州西部。德宗时，改为剑南东川、剑南西川节度分而治之，又囊括了川东十二州。后世多以此泛指四川及其以南地区。

【监】jiàn。宋代的地方行政区划名。始于五代。设置在坑冶、铸钱、牧马、产盐等地。分两种，一与府、州同级，隶属于路；一与县同级，隶属于府、州。

【监生】监，jiàn。在国子监就读之学生的统称。初由学政考取，或由皇帝特许。其名始于唐。明设国子监，令各地择诸生学行优者，送国子监就学；举人会试不第，亦得入国子监。入学者，生员入监读书的称"贡监"，官僚子弟入监的称"荫监"，举人入监的称"举监"，捐资入监的称"例监"。至景泰中始开纳粟入监之例。清代监生有恩监、荫监、优监、例监之别。乾隆以后监生，多指由捐纳而得，并不入监就读。光绪三十一年（1905）立学部，废国子监，监生之名遂废。

【健儿】唐代的职业雇佣兵，属于募兵制的兵种。也称官健、长征健儿。始于唐玄宗时，因其壮健，须长年戍边、征战，故名。终身免役，允许家口随军，田地、屋宅、装备由官府提供。安史之乱后常由藩镇自募，往往父死子继，世代为兵，形成地方军人集团。

【渐丁军】元时具有预备役性质的童子军。元代早期全民皆兵，孩童稍长后就会被编入军队，作为军力储备的一部分，成人后即成为正规兵士。

【渐悟】佛家一种修行方式。与"顿悟"相对。佛教认为，芸芸众生皆备佛性，但是因为世间障碍甚多，故必须渐次修行，心明累尽，才能领悟佛的真谛，最终达到"佛"的境界。

【谏议大夫】古代官名。专掌议论。秦代设大夫，有谏议大夫、太中大夫、中大夫、谏大夫等各类官称，无定员，多至数十人，属郎中令。后代多置，名称职掌或有不同。后又分为左谏议大夫、右谏议大夫，分属门下省、中书省。明初亦置，不久又废。如唐代魏徵曾担任谏议大夫。其直言进谏，辅佐唐太宗共同创建"贞观之治"的大业，被后人誉为“一代名相”。

【谏院】 古代官署名。掌谏议、纠论朝政得失的机构。五代始置。宋初由门下省析置，以分隶门下、中书的左、右谏议大夫、司谏、正言为谏官。可对大臣及百官的任用、政府各部门的措施提出意见，与主管弹劾官吏的御史台并称“台谏”。南宋建炎三年（1129）诏令谏官不再分隶门下、中书两省，另立官署。辽代设左、右谏院，分隶中书、门下。金设谏院，不隶三省。明初设，后罢，以其职归六科。司马光曾于嘉祐六年（1061）迁起居舍人同知谏院，嘉祐八年（1063）在《谏院题名记》中阐述了谏官的重大责任以及谏官应有的品德。

【践土之盟】 公元前632年，晋文公在践土（今河南原阳西南）大会诸侯，确立霸主地位的会盟。此次会盟由晋文公发起，参加会盟的包括晋、鲁、齐、宋、蔡、郑、卫等国，他们共同推举晋文公为盟主。周襄王也派出代表参加了此次会盟。“践土之盟”与齐桓公的“葵丘之盟”相距二十年，标志着春秋时期第二位霸主产生。

【践祚】 祚，zuò。也作“践阼”。古代的庙寝堂前有两个台阶，主阶在东，称为阼阶，阼阶上为主位。践祚原意是指走上阼阶主位的动作，后来被引申为帝王即位或登基。

【鉴湖】 湖泊名。汉代时环湖筑塘，用作农田水利灌溉。在今浙江绍兴西南。也称镜湖。宋代后湖水面积逐渐缩小，成为绍兴当地的一处风景名胜。宋代陆游因喜爱黄庭坚《登快阁》之诗，曾在鉴湖边建居，并名之以“快阁”。后“鉴湖”成为绍兴的别称。我国民主革命烈士秋瑾是绍兴人，自号“鉴湖女侠”。

【鉴真】（688—763）唐高僧。也称唐大和尚、过海大师、盲圣。俗姓淳于，广陵江阳县（今江苏扬州）人。日本律宗始祖。十四岁在故乡大云寺出家，后到长安、洛阳学习佛学，学成后回乡住持扬州大明寺。天宝元年（742）应日本僧人荣叡、普照等邀请东渡日本，五次东渡，因遭官府阻拦或遇飓风皆未能成功，其间双目失明，荣叡身亡。天宝十二载（753），日本遣唐使藤原清河等人抵达扬州，再次邀请鉴真前往日本传法，于天宝十三载（754）第六次东渡，终获成功。鉴真一行到达日本，受到各界人士欢迎，日本朝廷极其尊重鉴真，授以各种名位。第二年，在奈良东大寺建戒坛，传授戒法，为日本佛教徒登坛受戒之始。鉴真卒于日本。鉴真东渡，除传播佛教外，同时在日本传播了盛唐文化，在建筑、雕塑、医药、书法、印刷、语言和文学等领域，对日本文化产生了巨大的影响，为中日两国文化交流做出了卓越贡献。著有《鉴真上人秘方》。

【槛车】 槛，jiàn。古代装有栅栏的车，用于囚禁犯人或装运野兽。如春秋时，鲁国曾用槛车将管仲押送到齐国。

【僭越】 僭，jiàn，超越本分。古代指社会身份较低者擅自使用高等级阶层礼仪的行为。春秋战国时期，诸侯用天子之礼，大夫用诸侯之礼，导致礼崩乐坏。如春秋时孔子认为季氏使用天子所用的乐舞八佾是僭越。

【江】 初专指长江。我国第一大河。上源为出自青海唐古拉山脉格拉丹东峰的沱沱河，由上至下，分不同江段，被称为通天河、金沙江、川江、荆江、扬子江。全长6300千米，流经青海、西藏、四川、云南、重庆、湖北、湖南、江西、安徽、江苏等多个省市、自治区，在上海市汇入东海。长江水量丰沛，流域面积广阔，中下游湖泊众多，自古对农业灌溉、交通运输起到至关重要的作用，长江流域也因此成为中华民族早期人类生存、演化的重要地区。新旧石器时代人类活动的遗迹遍布长江流域。大量古建筑、墓葬、石刻、造像充分反映了古代长江流域文化的繁荣。我国古代的文学作品，围绕长江创作的名篇佳作数不胜数，反映了长江流域政治、文化生活的活跃。后逐渐发展为江河的通称。

【江北】长江以北地区。广义兼指长江以北各地。狭义指淮河流域，唐宋常指淮南道、路辖区，近代专指江苏长江北部一带。

【江表】长江以南地区。“表”是外、外面的意思。古人以中原为中心看江南之地，在长江以外，故称“江表”。赤壁之战中，鲁肃对刘备说道：“（孙权）聪明仁惠，敬贤礼士，江表英豪，咸归附之。”

【江东】长江下游自芜湖至南京，水流走向是由西南向东北，故自秦汉至隋唐，把这一段的长江南岸称为江东。秦末，项羽自称与八千江东子弟渡江而西，而最终大败于刘邦，无颜面对江东父老，即此。三国时期，孙权建立吴国，定都建业（今江苏南京），当时把其统治之下的全部地区称为“江东”。因古代地理观念以左为东，以右为西，故江东也称江左，江西也称江右。

【江南】长江以南地区。广义可指长江以南各地，狭义多指长江中下游以南。唐初设江南道，不含长江上游以南，至开元时析之为东西道，其地大致西抵武陵，北抵澧水流域至洞庭湖以东长江河道，南抵南岭，东濒海。五代南唐曾号江南，宋朝置江南东西路，不含湖北、湖南。清曾置江南省，约相当于今江苏、安徽大部。明清狭义上指八府一州，即苏州、松江、常州、镇江、应天（清称江宁）、杭州、嘉兴、湖州府及太仓州。

【江淹】（444—505）南朝梁文学家。字文通，济阳考城（今河南兰考东）人。少孤贫好学，早年即以文章出名。历仕宋、齐、梁三朝。梁武帝时，官至金紫光禄大夫，封醴陵侯。晚岁官高位显，才思衰退，时人谓“江郎才尽”。其诗风格清丽，多拟古之作。又有《恨赋》《别赋》，文辞精美，情调悲戚，为千古杰作。有《江文通集》。

【将军】古代官名。高级军政官员。春秋时诸侯以卿统军，故卿通称将军。郑以詹伯为将军。晋魏舒为中军帅，也称将军。战国时始为武官名，而卿仍有将军之称。如赵蔺相如位上卿，廉颇称之为将军。汉置大将军、骠骑将军，位次丞相；车骑将军，卫将军，左、右、前、后将军，位次上卿；征伐时所加名号不一，如楼船将军、材官将军等，亦不常设。魏、晋、南北朝时，将军有各种不同的职权和地位，中军将军、龙骧将军等，多为临时设置而有实权；骁骑将军、游击将军等，则仅为称号。唐以后，上将军、大将军、将军，并为环卫之官及武散官。

宋元明时，多以将军为武散官，而殿廷武士也称为将军。明清时，如临时出征，置大将军、将军，事毕即罢。清时，将军为宗室爵号之一，也是驻防各地的军事长官之称。

【将作大匠】 古代官名。秦始置，称“将作少府”。汉景帝时，更名称“将作大匠”，简称“将作”“大匠”，职掌宫室、宗庙、陵寝及其他土木营建。东汉、魏、晋沿置，东晋至南朝宋、齐，有事则置，无事则省。南朝梁改为“大匠卿”，北齐称“将作寺大匠”。隋改为“将作监大监”，并置副监。唐龙朔年间改为缮工监，光宅年间改为营缮监；神龙年间复为将作监，置大匠、少匠。宋又称为监、少监。元代设将作院院使，掌管金、玉、犀角、象牙、各种服饰及织造、刺绣等手工艺品的制作。职务已不同。明初设将作司卿，不久废，其职掌并入工部。

【姜夔】 （约 1155—1209）南宋词人、音乐家。字尧章，号石帚，饶州鄱阳（今属江西）人。又因所居临近吴兴（今浙江湖州）苕溪之白石洞天，人称白石道人。一生不仕，往来于大江南北，遍游湘、鄂、江、浙一带的秀丽山水，与陆游、范成大、杨万里、辛弃疾、叶适等都有唱和交游。词重格律，喜自创新调，音节谐美，风格清雅，上承周邦彦，下开张炎一派，为宋代文人词“格律派”代表作家。现存他自注工尺旁谱的词 17 首，是研究宋词乐谱的重要资料，在音乐史上也极有价值。有《白石道人诗集》《白石道人歌曲》等传世。

【浆】 一种古代饮料。据文献记载，是供周王饮用的“水、浆、醴、凉、医、酏”六种饮料中的一种。有人认为是酒精度数非常低的淡酒，即醪糟。春秋开始，即有以卖浆为生者。后也指比较浓的汁液，如豆浆、血浆等。

【讲史】 宋元“说话”的一种。讲说历代兴废和战争之事，同后世之评书、评话关系密切。其话本多用浅近文言。

【讲约】 清朝各地官府召集士民宣讲“圣谕”及律条的制度。常在农历每月初一、十五日举行，参加者是本地的文武官员及绅民。

【匠班银】 明中期至清初官府向工匠征收的代役银。始于唐明资匠之制，自后名称不一，明成化二十一年（1485）初行匠班银制度，轮班工匠有愿出银价者，每名每月南匠出银九钱，免赴京；所司类赀勘合，赴部批工。北匠出银六钱，到部随即批放。不愿者仍旧当班。嘉靖四十一年（1562）通改征银，并不许私自赴部当班。清初废除匠籍，各地匠班银陆续并入田赋征收。摊丁入亩后废。

【降服】 古代丧服制度。指降低一等规格服丧。如已出嗣为他人之后者，为亲生父母服丧等级由三年之服降为一年。也泛指从简治丧，缩短丧期。

【将兵法】 将，jiàng。北宋王安石推动的兵制改革措施。也称置将法。王安石变法时旨在加强兵、将协同的军事改革。即调整禁军编制和管理，加强军事训练，使平时率兵数千至一万的将领，可成建制纳入战时指挥系统，以克服更戍法下兵不知将、将不识兵之弊，显著提高了战斗力。还通过裁减冗兵和加强训练等措施，提高了军队的效率和战斗力。这项改革对于北宋的军事和财政状况产生了深远的影响。北宋末年，军政腐败，缺额大增，将兵法仅存形式。

【交拜】①婚礼仪式之一。指举行婚礼时，新婚夫妇面对面相拜。唐代已有此礼，后世因之。②古人相见时的一种礼节，即相对而拜。

【交钞】金元纸钞的统称。交易时用之，故名。金贞元二年（1154），因国内铜少，仿宋交子成法开始发行。分大小两类。大钞有一贯、二贯、三贯、五贯、十贯五种；小钞有一百文、二百文、三百文、五百文、七百文五种。以七年为限，到期以旧换新。大定二十九年（1189）取消七年厘革制度。因严重贬值，贞祐三年（1215）改行贞祐宝券。窝阔台汗八年（1236）也曾发行交钞。中统元年（1260）发行中统元宝交钞，使用较久。元至正十年（1350）发行至正交钞，发行后即贬值。到了元末明初，交钞已经成为了一种毫无价值的废纸。

【交椅】古代坐具。由胡床发展而来。宋代陶榖《清异录》中记载了其形制与由来，相传是唐明皇常外出巡幸，群臣伴驾，野外坐卧极为不便，故创造了这种坐具，类似今之马扎。极轻便，可折叠携带。用时展开，床足斜向相交时可站稳，其上穿绳作为床面。有的较高，可供人垂足端坐，还有的带靠背，可供人躺卧。时人也称逍遥椅。后南宋吴渊又在此基础上增设了荷叶托首，人称“太师椅”。

【交引】北宋雍熙以后。商人在京师或边郡缴纳金银、钱帛、粮草等物资，然后按值至指定场所领取现金或某些商货运销的凭证。据《宋史》记载，商人采办军粮或茶盐等物时也会用到交引。太府寺属下有交引库，掌给印出纳交引钱钞之事。按种类不同，交引可分为见钱交引、茶交引、盐交引、香药交引、矾交引等。

【交子】我国最早的纸币。出现于北宋时期的四川，是在唐代飞钱基础上发展而来的。宋初，四川使用铁钱，流通不便，部分商人联合发行了“交子”，最初的交子实际上是一种存款凭证。随着经济发展，出现了经营现金保管业务的“交子铺户”。公元1004—1007年，益州知州张咏对交子铺户进行整顿，专由十六户富商经营。宋仁宗天圣元年（1023），由官府接管，改为国家办理。朝廷在四川设交子务，作为发行交子的专门机构。交子的币面价值，最早限于一贯至十贯，数额在发放时临时填写。后来改为定额印刷，即在交子上印好一定的价值数额。交子分界发行，定期收回。所谓界，就是交子的有效使用期限，两年或三年为一界，不同时期有变化。从宋仁宗天圣元年（1023）开始，到宋徽宗大观元年（1107）为止，前后共发行了四十二界官营交子。交子的发行总额，起初受到严格控制，规定每界的发行额为一百二十五万贯，绝不滥印滥发。后来，朝廷为了弥补财政亏空，或者两界并用，或者滥印滥发，造成交子贬值。为了挽救财政危机，朝廷在大观元年（1107）将“交子务”改名为“钱引务”，从第四十三界起，将“交子”改名“钱引”。钱引取代交子后，仍作为四川纸币，分界发行，沿用到南宋。交子的流通曾扩大到四川以外地区。金天会八年（1130）刘豫政权曾发行交子。南宋绍兴五年（1135）在荆南、六年在江淮和东南发行交子，旋即废。后在两淮行交子，简称“淮交”。

【郊祀】 古代祭礼。简称郊，也称郊天。即在郊外祭天的大典。与祭地之礼合称为“郊社”。古代唯帝王才有祭天的权力。意在报答上天及宗教始祖。周代以本族始祖后稷配飨，汉代以高祖刘邦配飨。祭天的“圜丘”建于南郊。仪式是架柴燃烧“圜丘”上贡奉的牺牲玉帛。由乐官之长主乐，以降神。扫地设祭，以苍璧致礼，陶豆荐血，并用一头赤色牛犊作牺牲。天子服衮冕，玄黄二色，象征天地的颜色。历代沿袭此典礼，直至清末。今北京天坛公园的圜丘，是明清皇帝郊祀的祭坛。郊祀在每年冬至日举行。

【娇客】 ①对女婿的爱称。在岳父岳母眼里，女婿是娇贵的客人，寄托女儿一生的幸福，故名。②因芍药花妩媚多姿，故别名“娇客”。

【椒房】 汉代皇后所居的宫殿名，因用椒泥涂壁，故名。也称椒室。花椒香味浓烈且多籽，古人认为其香气可辟邪，用其拌泥土涂抹墙壁，象征温暖、芳香、多子。皇后亲属为“椒房亲”。后用来代称后妃。

【蛟】 传说中的一种龙。相传能兴风作浪，引发洪水，造成灾害。其形象似蛇而四脚，小头细颈，有白瘿，大者十数围，卵如一二石瓮，能吞人。南朝宋刘义庆《世说新语》记载，义兴水中有蛟，暴犯百姓。

【焦山】 山名。位于今江苏镇江东的长江中，与金山对峙。古名为“樵山”。相传汉末隐士焦光隐遁于此，皇帝三诏不起，后化作仙人飞升。故改名为“焦山”。焦山风景秀丽，古树葱茏，远望如碧玉浮于江中，故又名“浮玉山”。山上古碑林立，其中瘗鹤铭、魏法师碑、澄鉴堂法帖为稀世珍品，有吸江楼日出、华严阁月色、别峰庵板桥读书处、三诏古洞等名胜古迹，而定慧寺古刹是佛教圣地。由于其与金山相对的特殊地理位置，焦山自古还是重要的江防要塞。南宋将领韩世忠曾在此抗击金兵。东侧山脚下的炮台则是鸦片战争时期，我国军民在长江入海口与英军殊死搏斗、保家卫国的历史见证。

【角】 ① jiǎo。古代乐器名。流行于我国西北少数民族。最早直接取材于兽角，后也用木、皮革、金属等制成。多用于军中，作为军号。辛弃疾“醉里挑灯看剑，梦回吹角连营”，即指此。② jué。古代酒器。青铜铸造。前后两尾对称。有盖。类似于爵，但无两柱。盛行于商代。后也用来指酒的单位容量。如宋代孟元老《东京梦华录》中所记载的“羊羔酒八十一文一角”。

【角黍】 黍，shǔ。即粽子。用菱叶或苇叶、竹叶包裹糯米，其中加以枣、栗、糖、豆、肉及其他佐料，扎成三角锥体等形状，煮熟后食用。早期因用黍米为原料，故称。常于端午食用，据说与纪念屈原有关。屈原于农历五月初五投江后，楚人感到非常哀痛，每年此日，他们都用竹筒装米，投入江中祭奠他。东汉初年，有个叫欧回的人，白日在江边忽遇一人，自称是屈原，告诉他：“多年来，人们祭我的米都被蛟龙所吃。如果你们再祭我的话，请用楝叶塞住竹筒口，并用五彩丝缠好，这两样东西是蛟龙最害怕的。”欧回就将此事转告大家，后世竹筒装米演变为做粽子，并缠以五彩丝线。

【叫歇】 作坊工人结帮罢工。也称叫帮。清康熙、雍正以来多见于苏州等地纺织业，以此要求增加工银、改善劳动条件，作坊主常连同官府打压禁止。

【校书郎】 古代官名。西汉的兰台和东汉的东观都是藏书室，征召学士至藏书处校勘典籍，未置官。以郎充任，则称“校书郎”；以郎中充任，则称“校书郎中”。三国魏始置校书郎官职，称“秘书校书郎”，司校勘宫中所藏典籍诸事。北魏属秘书省，掌校勘书籍，订正讹误。北周及隋有校书郎。唐置八人，掌校雠典籍，后历代因之。明以后不置。

【教坊】 坊，fāng。古代官署名。掌乐舞。唐高祖于禁中置内教坊，掌教习音乐，其官隶属太常。武后如意元年（692）改为“云韶府”。玄宗开元二年（714），更置内教坊于蓬莱宫侧，京都置左右教坊二所，以教俗乐，以中官为教坊使，从此不隶属太常。后凡祭祀朝会，则用太常雅乐；岁时宴飨，则用教坊诸部乐。宋元也置教坊，明置教坊司，隶属礼部。清雍正时废。

【教会】 基督教各派组织形式的统称。可指其整个组织（如天主教会、正教会、新教各宗派的教会），也可单指某一个国家、地区或教堂的组织。

【教士】 基督教会将神职人员的权力、职分分三个品级，即主教、教士、执事（辅祭）。也称三级神品（圣品）制。其中第二级即为“教士”。其在天主教制度里译为司铎（神父），正教译为司祭，在实行主教制的新教教派中也译作牧师。另也时常作为宗教教职人员的通称。

【教授】 学官名。汉唐置博士，教育诸生，即后世教授之职。宋制，诸路州军立学，置教授，负责教诲所属生员，并掌管课试之事。各王府也置教授之官，为教授名官之始。元诸路州府儒学，都设教授。明清时的府学也置教授，州学设学正，县学设教谕，各以训导为副职。

【教主】 某一种宗教的创立者或地位最高者。《方广大庄严经》中记载，能随应阐述佛法，教化众生，超越生死之人，称为教主。另宋代将被废黜入道的皇后，也称为教主。如宋仁宗郭皇后被废后称为“金庭教主”。

【阶】 ①古代大型建筑物，如宫殿、庙堂等一般建在较高的台基之上，通往台基上的踏步，称为台阶，简称阶。②唐代把隋代散官官号加以整理和补充，重新规定品级，作为标志官员身份级别的称号，称为“阶”，通称为“阶官”。宋元明清都有阶官，名称和品级不尽相同。

【阶级法】 以严刑峻法确保下级服从上级的军法。始于五代，确立于宋太祖时，即划定军官等级和相应的权任，在此基础上严明军纪，使上级握有对下级的生杀大权，以纠正晚唐以来骄兵悍将动辄抗上的局面，确保军事指挥系统的正常运转。

【嗟来之食】 《礼记》记载，春秋时，齐国闹饥荒，富商黔敖向路边饥民施舍食物。一饥民步履蹒跚，两眼无神地走来，黔敖说道：“嗟，来食！”饥民不为所动，说道："我就是因为不堪受嗟来之食，才沦落到此地步的。"说罢转身离开，黔敖赶上前去道歉，但饥民依然拒绝接受黔敖的食物，最终饿死。后人用"嗟来之食"比喻带有轻蔑性的施舍。

【街亭之役】 公元228年，诸葛亮北伐与魏军在街亭（今甘肃张家川西北）进行的战役。蜀汉建兴六年（228）诸葛亮首次北伐攻魏，亲率大军从西路进攻祁山，天水、南安、安定三郡皆叛魏应蜀。魏明帝遣右将军张郃率兵马步骑五万拒亮，并亲至长安督战。诸葛亮安排马谡领导诸军，与张郃战于街亭。马谡舍水上山，不下据城，裨将军王平屡谏不听。张郃绝断汲道，马谡大败逃跑。诸葛亮退还汉中，挥泪斩马谡，上疏请自贬三等。后主以诸葛亮为右将军，行丞相事。

【节度使】 古代官名。古代地方最高军政长官。因受职之时，朝廷赐以旌节，节是当时一种全权印信，受有此全权印信者，便可全权调度，故称"节度使"。唐代驻守各道的武将称"都督"，都督带使持节的称"节度使"。不带节者不称。节度使封郡王，掌总军旅，专诛杀。其初，仅于边地有之，安史之乱后遍设于国内。一节度使统管一道或数州，军事民政，用人理财，皆得自主。至宋初，中央收回兵权，节度使为虚衔。元废。

【节用】 墨家学派的主张。即勤俭节约，反对奢侈浪费。针对当时统治者荒淫奢侈的生活和无止境的享乐欲望，墨家认为圣明的君王治理天下，不追求华美而只在乎实用，没有益处的事情不做，省下这些支出可以使国家的财利倍增。节用的标准是实用，凡是不实用的，不能让百姓有所增益的都要取消。

【劫】 "劫波"的简称。梵文的意思为"远大时节"。古印度婆罗门教认为，世界每隔若干万年都要经历一次毁灭，而后重生。每轮"灭生"称为一"劫"。或认为一劫等于人间四十三亿两千万年。后佛家沿用此说法，但说法不一。最普遍的说法是，一大"劫"包括成、住、坏、空四个阶段，故称四劫。四劫周而复始。每逢"坏劫"，有火、水、风三灾出现，世界被毁灭。后借指人世间的天灾人祸等厄运，故有劫数、浩劫等词。

【结发】 ①古代男子二十结发加冠，女子十五结发加笄，作为成年的象征，通称为结发。②婚礼仪式之一。在成婚洞房之夜，两个新人各剪下自己的一绺头发，然后再把这两绺头发互绾缠绕起来，作为两人永结同心的信物，故称。后结发被用来比喻夫妻。

【结竟】 狱案判决后的结案程序。历代结案都以当事人服辩认罪为前提，因此很重视口供。唐律规定，徒刑以下罪至此就可判决，将有关文书存档后结案。徒刑以上罪则在判决完结后，须分别告知当事人及其家属。如当事人不服判决，则须按当事人的申辩详加审理，最终再由当事人服辩认罪，才能结案。

【结揽】 金元由中间人向官府包办赋税的做法。也称揽纳。中间人称揽户，他们通常是地方大姓、退闲官吏、富商等。官府征收赋税时，可由中间人包揽若干民户赋税，统一收取缴纳官府，从中取利。元代多次下令禁止结揽。

【结绳记事】上古的一种记事方法。在文字产生之前，人们用绳子打结，大事结大结，小事结小结，帮助记忆。上古时期的中国和北美印第安人都用过这种方法来记事。

【结衔】古代官吏在文件、文书及其他正规场合签署的头衔。以宋为例，当时官员官衔由寄禄官、散阶、差遣、封爵、食封、勋、服色等一定顺序组合，称结衔。入衔的官、职等名皆用正称，签署官文书时使用的头衔由法律加以规定，在官员表彰及死后追赠等盛典上，须按法定顺序列出其现有全部头衔。

【结义】一种相好的朋友结为异姓兄弟的民俗。也称结拜，俗称拜把子，美称曰义结金兰。其义出于《周易》："二人同心，其利断金；同心之言，其臭如兰。"形式大多采取同饮血酒、叩头换帖、对天盟誓等，以誓言约束，维护结义关系。《三国演义》中刘备、关羽、张飞"桃园三结义"的故事，后世广泛流传。

【桔槔】jiégāo。井上用于汲水的工具。也作桔皋。约产生于春秋时期，原理是在井口立一支架，其上安置一横木，横木一端挂桶，一端坠以重物。通过摆动横木，使其左右两端上下运动取水。这一装置利用杠杆、重物的惯性和重力加速度的作用，使提水的劳动减轻。其方法因简单、省力而被广泛运用。

【婕妤】jiéyú。古时宫廷女官名，是宫中嫔妃的等级称号。西汉武帝时设置，初期位如上卿，秩比列侯。后至明代多沿汉置，地位各有变化。史上著名者有西汉班婕妤。其《怨歌行》被收入《文选》，也称《团扇歌》。

【截漕】明清漕粮因赈灾或急需截留本省或截拨别处使用。皆须履行奏准程序，事急先截者也须速奏听裁。

【碣石】山名。位于河北昌黎县北，为燕山余脉。碣石主峰仙台顶海拔695米，是渤海近岸的最高峰，距海15千米。为古今观海胜地，自古就有秦始皇、汉武帝、曹操、北魏文成帝、北齐文宣帝、唐太宗等在此登临观海。特别是曹操在碣石山上所作《观沧海》，大气磅礴，流传千古，更使碣石名声远扬。

【羯】Jié。古代民族名。源于小月氏，曾附属于匈奴。也有说法认为是西域胡与匈奴和其他杂胡融合而成。信仰胡天（祆教），兼信佛教。魏晋时期，散居于今山西长治、晋城一带。南北朝时期，羯人石勒于公元319年建立后赵政权，自称赵王，后于331年称帝。

【羯鼓】羯，jié。古代打击乐器。鼓腔为细腰形。两端有铁棬箍置皮革，两棬间以绳索拉牵，以调节皮膜松紧。下有牙床承之。用两根木制鼓杖敲奏。也称两杖鼓。起源于印度，从西域传入，盛行于唐开元、天宝年间。

【解铃还须系铃人】出自宋代惠洪《林间集》。法眼和尚问众僧，谁能解下老虎脖子上的铃铛，一时无人能答。后泰钦禅师说，谁系上的铃铛，谁就能解下来。后比喻谁惹的麻烦还得由谁去解决。也给后人一种逆向思维的启示，即解决矛盾要善于抓住根本和关键，只有弄清楚问题产生的原因，才能知道怎么解决。

【戒律】 佛教对出家为僧尼和在家修行的信徒所制定的戒规。戒指禁制。如五戒，即对在家修行的佛教徒所制定的条例：一不杀生，二不偷盗，三不邪淫，四不口出妄语，五不饮酒。此外还有十戒，即对在寺修行的沙弥和在庵修行的沙弥尼所制定的禁制：一不杀生，二不偷盗，三不淫欲，四不妄语，五不饮酒，六不涂饰香鬘，七不听视歌舞，八不坐高广大床，九不食非时食（过午不食），十不蓄金银财宝。另有二百五十戒、具足戒等。而律则是对禁制条文的解释。

【芥子园画传】 中国画技法图谱。通称《芥子园画谱》。系李渔之婿沈心友请王概、王蓍、王臬三兄弟编绘，因刻于李渔在南京之别墅“芥子园”，故名。画谱系统地介绍了中国画的基本技法，浅显明了，便于初学者学习使用，流传甚广。

【借花献佛】 据佛经记载，释迦牟尼前世为善慧仙人，想寻花敬献普光如来。后遇一青衣人赠花给他，释迦牟尼于是虔诚地将花转献给普光如来，并因此成佛，法号“释迦牟尼”。后人用以比喻拿他人的东西做人情。

【解元】 解，jiè。唐宋时，凡举进士者，皆由州县地方推荐发送入京。科举时，因乡试本称解试，故乡试第一名称“解元”。

【今文经学】 经学中研究今文经籍的学派。与“古文经学”相对。今文经，指汉代学者所传授和阐释的儒家经典，这些经典多数没有先秦古文旧本，是用汉代通行文字隶书将战国时代学者师徒口耳相传的内容抄录而成的定本。如今文《尚书》出自伏生，今文《仪礼》出自高堂生，《春秋公羊传》出自公羊氏和胡毋生。汉武帝时表彰儒家经典，设立经学博士，所用的都是今文经籍。今文经学重视经文大义的阐发，尤重视公羊家的春秋学。西汉中期后逐渐衰弱。东汉初期，古文经学开始流行，经学家马融和郑玄兼采今、古文学说，今、古文经学逐渐混同。清代龚自珍、魏源、廖平、康有为等继承今文经学的传统，发挥“公羊学”学说，干预时政，今文经学再次盛行。

【今文尚书】 书名。儒家经典《尚书》传本之一。据传《尚书》由孔子编定，原有百篇，秦焚书后，至西汉初仅有原秦博士伏生所传28篇，用汉时通行文字隶书抄写，故名。

【金榜题名】 古代科举殿试由皇帝在殿廷内主持，因殿试揭晓的皇榜用黄纸书写，故称“金榜”。殿试揭晓的榜上有名，即殿试录取。后泛指考试被录取。北宋诗人汪洙《神童诗》中描述人生有“四喜”：“久旱逢甘雨，他乡遇故知。洞房花烛夜，金榜挂名时。”

【金朝】 公元1115年，女真族首领完颜阿骨打所建王朝。1125年和1127年先后灭辽、北宋。都城起先为上京会宁府（今黑龙江阿城南），后相继迁都中都（今北京）、南京（今河南开封）。疆域东北到今日本海、鄂霍次克海、外兴安岭，西北到今蒙古国，西以河套、陕西横山、甘肃东部与西夏接界，南以秦岭、淮河与南宋接界。金与南宋对峙，是统治我国北部的一个王朝。天兴三年（1234）在蒙古和南宋联合进攻下灭亡。共历10帝，

J

120年。

【金错刀】古铜币。也称“错刀”。王莽铸于居摄二年（7）。刀上有“一刀平五千”五字。“一刀”二字是用黄金镶嵌而成，故名。这种大钱造成了通货膨胀，通行不久即废。

【金刚】佛身边的护法侍从，因手持金刚杵而得名。也称金刚力士。我国寺庙山门两旁常塑有四大金刚像，其源于印度佛教传说中犍陀罗山的四天王。即：东方持国天王，身白色，持琵琶；南方增长天王，身青色，持宝剑；西方广目天王，身红色，手上绕缠一龙；北方多闻天王，身绿色，右手持伞，左手持银鼠。

J

【金刚经】佛教典籍。全称《能断金刚般若波罗蜜经》。也称《金刚般若波罗蜜经》。因用金刚比喻智慧有能断烦恼的功用，故名。汉译本最早为后秦鸠摩罗什所译。此经认为世界上一切事物都是空幻不实，“实相者则是非相”，应该“远离一切诸相”而“无所住”，即对现实世界不执着或不留恋。由于此经篇幅适中，故历来弘传甚盛，特别为慧能以后的禅宗所重。卷末四句偈文“一切有为法，如梦幻泡影，如露亦如电，应作如是观”，被称为全经之精髓。

【金匮石室】匮，guì，匣子。古代国家珍藏重要书契、档案的装具和处所。西周时期已用金属封缄重要文档。秦汉时期有石室金匮的记载。

【金匮要略】匮，guì，匣子。医书名。东汉末张仲景著。原称《金匮要略方论》，为《伤寒杂病论》的杂病部分，一度散佚，至北宋时医书局校定整理成三卷。共25篇，载方262首，记载四十余种疾病，分类简明，辨证切要，对病因、病机、诊断、治疗、预防、护理等均有论述，为后世内科杂病学及妇产科学奠定了基础，为现存最早记载治疗杂病的重要文献。

【金匮之盟】匮，guì，匣子。关于宋太祖赵匡胤之母杜太后临终前命赵匡胤将来传位其弟赵光义的传说。也作“金柜之盟”。杜太后病重之时，赵匡胤在旁侍疾，临终时交代未来的皇位继承问题，劝说赵匡胤死后传位于其弟。太祖当时遵命起誓，郑重载录，亲手封藏于金匮之中，命可靠的宫人掌管。太平兴国六年（981）九月，太宗赵光义命令打开封藏的金匮，查看其中的誓书。誓书中写道：“先帝遗诏，先传光义，后传德昭。”金匮之盟真伪迄今未有定论。

【金陵】古都名。今南京的古称。公元前333年，楚威王灭越国，在石头山北置金陵邑。三国时，东吴孙权定都于此，改称“建业”。此后东晋，南朝宋、齐、梁、陈均定都于此，也称建康。金陵也因此被誉为“六朝古都”。南唐以此为都，恢复“金陵”之名。明朝建立之初，太祖朱元璋以此为都，称“应天府”，成祖迁都北京后，改应天府为“南京”。在历史进程中，金陵一直是我国南方的政治、经济、文化中心。我国古典文化在此得到充分的体现。秦淮河两岸集市云集，经济繁荣伴随着文化的发达，诗词、书画开一代之风。

【金日磾】（前134—前86）日磾，mìdī。西汉大臣。字翁叔。本名日磾，匈奴休屠王的太子。后随昆邪王归汉，赐姓金。后升马监、侍中、驸马都尉、光禄大夫，因功拜车骑将军。昭帝即位，与霍光、上官桀、桑弘羊同受武帝遗诏辅政，封秺侯，官至太子太傅，死后其子孙世受封侯。

【金瓶梅词话】 长篇小说。明万历刻本序谓“兰陵笑笑生作”，但其身份，至今未有结论。一百回。大约成书于万历前中期。作者借《水浒传》中西门庆、潘金莲的故事敷衍，以西门庆和他的家庭生活为中心线索，采用网状结构把当时复杂的现实生活交织在一起，借以展示其政治上的升迁史、经济上以经商为主的发家史以及其私生活中任性纵欲的情爱史。书中形形色色的人物达800多个，构成一幅丰富生动的城市生活风俗画。但受当时社会风气影响，书中对男女性描写有过分渲染之处，因而曾被视为“淫书”。我国第一部以家庭日常生活为素材的人情小说经典之作，对《红楼梦》《儒林外史》等创作都有影响。

【金山】 山名。位于江苏镇江西北长江边。曾有氐父、金鳌、获苻、伏牛、浮玉等名，后因唐代裴姓头陀获金于此，故称。金山原为江中岛屿，与焦山相对，至清末才与陆地连为一片。金山风景秀丽，名胜古迹甚多，其中金山寺始建于东晋年间，为佛教名寺，又因白蛇水漫金山的民间传说而名扬于世。金山地标慈寿塔最早可追溯到齐梁时期，后屡有损毁，今所见之塔为光绪年间修复。

【金山寺】 佛教寺院。位于江苏镇江西北金山之上。金山寺历史悠久，始建于东晋时期，原名泽心寺，唐代改称金山寺，后又名龙游寺、江天寺。建筑格局极具特色，整个庙宇依山势而建。大门西面长江，山寺一体，所有殿堂楼室皆由廊、檐、石阶巧妙连接，形成楼上有楼、楼外有阁、阁中有亭的精巧布局。从山脚到山顶，只见房屋不见山，故被称为“寺里山”。自古以来，关于金山寺的民间传说、文人诗赋十分丰富，如《白蛇传》、苏轼《游金山寺》、张岱《陶庵梦忆·金山夜戏》等。

【金圣叹】（1608—1661）明末清初文学批评家。本姓张，本名采，字若采。后改姓金，名喟，明亡后改名人瑞，自号圣叹。长洲（今江苏苏州）人。明代时屡试不第，入清后无意仕进，以著述为务。工诗文，喜品评，称《离骚》《庄子》《史记》《杜工部集》《水浒传》《西厢记》为“六才子书”，以评点《水浒传》《西厢记》著称，流传极广。顺治十八年（1661），因抗粮哭庙案与多人一齐被捕，押送南京后处死。其作品后人辑为《金圣叹全集》。

【金石录】 书名。宋代赵明诚撰。最早的金石目录和研究专著。体例仿照《集古录》，前十卷为铜器铭文和石刻目录，按时代先后编排，每目有年月及撰者姓名；后二十卷为辨证，共跋尾502篇。书中不仅收录金石碑刻的目录，还对其中的一部分进行了详细的题跋和评论。该书于宋高宗建炎三年（1129）初具规模，赵明诚死后，其妻宋代著名女词人李清照于高宗绍兴四年（1134）最终整理完成，并为这本书写了后序。序中生动记载了夫妇二人收集金石拓本、书籍、古器以及最后逐次散佚的经历，词采俊逸，感人至深。

J

【金兽】即香兽，古代以黄铜制作的熏香器具。因多制作为兽形，故称。一般为宫廷及富贵人家用。李清照《醉花阴》（薄雾浓云愁永昼）“瑞脑消金兽”即龙脑香料在金兽香炉中缭绕。

【金童玉女】道教侍奉神仙的童男童女。唐代徐彦伯《幸白鹿观应制》有“金童擎紫药，玉女献青莲”之句。后也用来形容天真无邪的男孩女孩。

【金文】古代铜器上所铸刻的文字。因古代称铜铸祭器为吉金，故名“吉金文字”或“金文”。通常专指殷、周、秦、汉铜器上的文字。也称钟鼎文。

【金银平脱】用金银箔片制成纹样粘贴在器物表面，重新上漆，加工细磨，使金银纹样凸显的装饰工艺。这种工艺始于商周，盛唐时期登峰造极，影响周边各国。唐玄宗、杨贵妃曾赐给安禄山金平脱犀头匙箸、金银平脱隔馄饨盘、金平脱大玛瑙盘、金平脱装具玉盒、金平脱铁面碗等。安史之乱后，朝廷认为其奢靡，曾下令禁止，到宋代几乎绝迹。

【锦】一种用彩色丝线制成的带有各种花纹图案的丝织品。为使织成的图案丰富多彩，通常使用的丝线颜色在三种以上。我国织锦业起源较早，春秋战国时期已有不俗的花色品种的织锦供王公贵族使用。秦汉以来织锦的种类更加繁多，精彩纷呈。唐宋时期，逐渐形成了以南京云锦、苏州宋锦、广西壮锦以及四川蜀锦四大名锦为代表的我国织锦文化。此外还有瑶族和傣族的棉锦等少数民族地区特有的优秀织锦产品和工艺。

【锦衣卫】明官署名。也称锦衣亲军都指挥使司。明洪武十五年（1382）置。原为管理护卫皇宫的禁卫军和掌管皇帝出入仪仗的官署，后逐渐演变为皇帝心腹，特令兼管刑狱，给予巡察缉捕权力。所属南北两镇抚司，南司理本卫刑名及军匠，北司专治诏狱。明中叶后与东、西厂并列，成为厂卫并称的特务组织。最高长官为指挥使，常由功臣、外戚充任，地位特殊。至明代后期，附势骄横，酷毒天下，成为明代弊政之一。

【进奉】正常上缴朝廷的税收之外，专门进献给皇帝的财物。盛行于唐后期，主管财赋的转运使、各地方镇常借此固宠聚敛。宋沿之。

【进士】原指贡举的人才。始见于《礼记》。隋大业中乃以进士为取士科目，唐宋因之。唐制，应举者谓之举进士，试毕发榜合格者称进士，凡参加礼部考试的人，皆谓之进士。明清时，以举人经会试考中者为贡士，由贡士经殿试赐出身者为进士，进士始专指殿试合格之人。殿试一甲三名，赐进士及第，二甲赐进士出身，三甲赐同进士出身，通称“进士”。凡列衔皆先书赐进士及第或出身。

【进士科】隋唐时科举制度取士的科目之一。始于隋炀帝，唐代特受重视，逐渐成为高级官吏的主要来源。宋以后其他科目仅存空名，进士科遂为科举制度中的唯一科目。元后科举考试不再分科目，只有文、武科之区别，但习惯上仍称文科为“进士科”。历代对进士及第或出身者待遇优厚，故进士科得人最多，后世称为“将相科”。

【进奏院】唐宋时官署名。周制，方伯

朝天子，有汤沐之邑。汉诸郡王侯在京师有朝宿之舍曰邸。唐代藩镇在京置邸，称“上都留后院”。大历十二年（777）改为“上都进奏院”，为各州镇官员入京时之寓所，掌章奏、诏令及各种文书的投递、承转。后由朝官监领。宋初沿唐制，也设进奏院，置进奏官；后改由朝官监领。南宋时隶属门下省，以给事中主管，掌承转诏旨和政府各部门命令、文件，摘录章奏事由，投递各项文书。元废。

【近体诗】 诗体名。唐代兴起的格律诗，别于古体诗而言。也称今体诗。包括绝句、律诗，句数、字数、平仄、用韵等都有严格的要求。

【晋】 春秋国名。公元前11世纪周分封的诸侯国，姬姓，由周成王弟叔虞创建，建都唐（今山西翼城西），称唐伯。至叔虞之子燮改封晋侯，曾建都翼、绛、新绛等地（分别在今山西翼城西、翼城东南、侯马）。晋文公改革内政，国力富强，成为霸主。晋称霸近百年，国境渐从河东扩展至河南、河北。后因卿大夫执政坐大，公室衰落，至春秋末韩、赵、魏三家瓜分晋地，前403年周威烈王承认三家皆为诸侯，晋室愈衰，前376年晋静公被废，国亡。山西别称晋，源于此。

【晋祠】 著名古建筑群。位于山西太原。最初是为周武王之子叔虞而建的祭祀之所。其址也是叔虞封地，其子燮因所在地为晋水源地而更国号，后人因称为晋祠。晋祠建于北魏前，是现存最早的皇家祭祀建筑。祠内有著名的周柏、隋槐，与长流不息的难老泉和宋塑侍女像。千百年来，晋祠屡经增扩修整，成为古代建筑艺术的集约载体，体现了历史文脉的完整传承和发展。相传唐高祖李渊起兵伊始，曾在此地祈祷。贞观二十年（646），李世民御制晋祠之铭，立碑于祠。

【晋律】 晋武帝颁行的刑律。由贾充主持修订。因颁行的时间是泰始四年（268），故又称《泰始律》。此律在曹魏《新律》的基础上增删而成，共20篇，以名例为首篇，贯彻儒家礼法观念，以丧服规定的亲疏远近关系和身份等级作为定罪量刑的准则，在法理上区分了律、令的概念。《晋律》颁行后，律学家张斐、杜预为其作注，补律的不足，对南北朝法律产生较大影响。另有《晋令》40卷同时颁行。

【晋商】 明清两代的山西籍商人或商帮。晋商是我国著名商帮之一，经营盐业、票号等，以票号最为出名。晋商不仅留下如乔家大院、三多堂等丰富的建筑遗产，也传承了儒商精神。

【禁锢】 古时对犯罪官吏免除官职，并终身禁止其本人或其亲属做官的惩罚。春秋时已有此刑。以后历代都沿袭此制。秦汉以前称“终身不齿”，秦时称“籍门”，称被禁锢的人为“废官”。后禁锢的范围有所扩大，除对有罪官吏本人终身禁锢外，有的锢及二世、三世，有的锢及三族、五族，有的锢及至交婚姻，有的锢及门生旧友等。后世也称“永不叙用”。

【禁军】 直属皇帝以供卫戍出征的部队。历代编制及名目不一，因归禁中节制多充近卫，故以此统称。唐制，禁兵分属南北衙，属南衙者为诸卫兵，属北衙者为禁军。宋初以来指带有禁卫军号的各支部队，是由朝廷直接管理的基本武装力量，分任皇帝近卫及出征驻防。其主力至北宋灭亡时溃散，南宋时，各地尚存的禁兵则成为专供杂役、不从事战斗的部队。

【禁谒】 谒，yè。古时为防止失密或请托，禁止官员在办公期间接见或出谒宾客的法令。唐代已有相关规定，宋代用此称。宋初在二府、三司等处设禁，宋真宗、仁宗时推广到开封府和各司法部门，神宗以来在内外各司全面设禁。官员私接宾客也受此禁影响，如在门口竖立小牌子，写着“文武官员私宅免见”的提示。

【禁中】 皇帝所住的宫苑。也称禁省。因门户有守卫，有禁制，非侍卫及登记有名籍的人，不得入内。至汉元帝皇后父名“禁”，改称“省中”。

【京察】 明清定期考核京官的制度。明代规定每六年举行一次，因于南、北两京分别进行，故有“南察”“北察”之分。清代吏部设考功清吏司，改为三年考核一次，在京的称“京察”，在外地的称“大计”。标准为守、才、政、年四格以分优劣，考语分称职、勤职、供职三等。

【京朝官】 京官和朝官的合称。汉以来前者指在朝廷各机构任职的官员，后者指须经常朝见皇帝的重要官员。唐京官外出任职渐多，朝官指参加常朝的五品以上及供职于重要部门的五品以下官员。至宋，朝官仍旧，京官改指朝官以下、幕职州县官以上的官员，并不一定在京师任职。古代朝官在京城中担任官职且经常朝见皇帝，享有较高的地位和权力。京官地位相对较低。

【京观】 京，高丘。观，guàn，宫门前两边的望楼。周以来战胜敌军后，积敌尸或首级封土而筑的高丘，用以炫耀武功。也称武军。

【京畿】 畿，jī。国都及其行政官署所管辖的地区。起源于西周时期，号称王畿千里。后世范围、建制屡有变化，但基本承其传统。

【京剧】 戏曲剧种。也称京戏。我国国粹。清乾隆末期，徽调、汉调相继传入北京后，相互合作和影响，同时接受了昆曲、秦腔的一些剧目、曲调和表演方法，并吸收了一些民间曲调，逐渐融合发展而成。唱腔属板腔体。腔调以西皮、二黄为主，用京胡、二胡、锣、鼓等伴奏。京剧的角色分为生、旦、净、丑、杂、武、流等行当，后三个行当已不再立专行。

【京控】 赴京告状的诉讼方式。历代都有此方式，清代成为专称。凡当事人对州县及府、道、司、院的案件判决结果不服，可到京都察院或通政司、步军统领衙门呈状申诉，直到案件重审或平反。清朝廷对京控时严时松，有的审理数年乃至十多年不判决。晚清名臣曾国藩曾判湘军将领陈由立发配黑龙江，以至陈由立的妻子京控。

【京腔】 ①戏曲声腔。明末清初，弋阳腔传入北京后，与当地语言相结合而形成的戏曲声腔。乾隆前、中期为全盛期，乾隆末期逐渐衰落。②旧时称北京语音、语调为京腔。

【京师】 国都的别称。其名称可追溯到先秦。“京”本是天子之居。汉代史学家班固对京师的解释是：京，大也；师，众也。

【京堂】 明清对某些高级官员的称呼，意为“堂上之官”。都察院、通政司、詹事府、国子监和大理、太常、太仆、光禄、鸿胪等寺的长官，都称为“京堂”，又尊称为“京卿”。清中叶以后成为一种虚衔，如言三品京堂、四品京堂等，或称三、四品卿。咸丰十年（1860）左宗棠奉诏以四品京堂从曾国藩治军，率兵号“楚军”，成为拥兵带队、手握实权的将领，成为同治年间朝廷的“中兴名臣”。

【京债】 朝廷新派往外省任职官员赴任前在京所借高利贷。唐代已有借京债的记载。

【京兆尹】 古代官名。原为汉代政区名，是和郡、国相似的行政区划，因地属畿辅，故不称郡。作为官名是指管辖京兆尹的长官，职掌相当于郡太守，但地位高于太守。前身为秦朝时期的内史，掌治京师。汉景帝二年（前155），分置左右内史。武帝太初元年（前104），改右内史为京兆尹，下辖十二县，其长官也称京兆尹。后作为京城地方行政长官之通称。三国魏时改称京兆郡，官名改称太守。西魏、北周、隋仍称郡，改太守为尹。唐玄宗开元初，改雍州为京兆府，往往以亲王领京兆牧，改雍州长史为京兆尹，并增置少尹，以理府事。

【泾河】 泾，Jīng。渭水的一大支流。位于陕西中部。源头在宁夏的六盘山。河水流经甘肃，在陕西西安高陵区汇入渭河。泾河支流较多，中上游流经黄土高原，水流挟带大量泥沙，水质浑浊，而渭河水清澈，故两河交汇口出现明显的清浊分界线。这就是“泾渭分明”的来历。后常以“泾渭”比喻人品的清浊。泾河历史悠久，其流经区域有着深厚文化底蕴。古代著名水利工程郑国渠，就是公元前246年由韩国水工郑国在秦国主持兴建的，即在今陕西泾阳县西北的泾河北岸引泾河水东注洛水。古代文学作品中的泾河龙王（《柳毅传书》），也与泾河有关。

【经典释文】 训诂学著作。三十卷，唐陆德明撰。作者采集汉魏六朝音切凡230余家，兼采诸儒训诂，考证各本异同，所考释经书有《周易》《古文尚书》《毛诗》《周礼》《仪礼》《礼记》《左传》《公羊传》《穀梁传》《孝经》《论语》《尔雅》各经，以及《老子》《庄子》。摘出所释正文及注文中的若干字，依次编排；重在考证字音，兼及字义字形。是研究我国文字、音韵及经籍版本、经学源流等的重要参考书。

【经籍籑诂】 籑，zhuàn。我国最早的汇聚训诂的总集，也是一部专释字义的字典。清阮元主编。106卷。按《佩文韵府》106韵分部，每韵1卷，每字之下，只解字义，不注读音，一个字有几音读的按韵分部入各部，各作注释。全书所辑录的字词训释，都是唐以前的经传子史的注释和训诂书、字书、韵书、音义书中所有的。采用古书达100多种，收字13 349字（不含异体字），几乎汇聚了所有唐代以前的有关字词的训解。是一部探索古代词义和研究训诂的重要工具书。

【经界法】 南宋时期的土地清查与核实措施。南宋时，势家兼并土地，田多无税。农民无田有税，相继逃亡，影响赋役的征发，乃行经界法。绍兴十二年（1142）朝廷命李椿年在平江府（今江苏苏州）设经界局，试行按图核地。绍兴十四年（1144）以李椿年为户部侍郎加以推广。由于势家反对，至绍兴二十年（1150）中止。后朱熹在漳州、赵悫夫在婺州继续推行。终南宋之世，屡行屡罢，未能贯彻始终。

【经历】 古代官名。职掌出纳文书。金都元帅府、枢密院，元枢密院、大都督府、御史台等衙署均置经历。明清都察院、通政使司、布政使司、按察使司等也置经历，品秩分别为正五品至从七品。

【经略使】 古代官名。简称"经略"。南北朝时曾设经略之职，唐贞观二年（628）始置经略使于沿边重要地区，为边防军事长官，后多由节度使兼任。宋于沿边各路所置经略使，常兼安抚使，称"经略安抚使"，掌管一路军事及行政。明及清初有重要军事行动时特设，职位高于总督，事毕即省。清初曾设经略大臣，中叶后不置。

【经史子集】 我国古籍的分类法，按内容区分出四大部类。经部收录儒家经典和小学类著作，史部收录历史、部分地理著作，子部收录诸子百家和释道宗教著作，集部收录诗词文赋、散曲、戏曲、诗文评论等。西汉时期，刘歆将典籍分为六艺略、诸子略、兵书略、数术略、方技略、诗赋略六大类，再加上概述性质的"辑略"，总题《七略》，这是较早的大规模古籍分类活动。西晋荀勖《晋中经簿》分为甲、乙、丙、丁四部，为四部分类奠定基础。到《隋书·经籍志》将图书分为经、史、子、集四部，这是最早确立经、史、子、集为四部名称的书目。此后，直到清人编纂《四库全书》，都以经、史、子、集四部分类，每类的下面再分为若干的子目。经、史、子、集四部分类法是我国古籍著录的主流。

【经世致用】 古代治学观点。主张研究经学应与解决实际问题相结合，用所学解决当前社会政治、经济等问题，达到国治民安的实际功效。这种思潮起源于南宋，明清时期盛行，代表人物有顾炎武、黄宗羲、王夫之、魏源、龚自珍、康有为等。体现了我国古代知识分子浓厚的家国情怀和强烈的社会责任感。

【经学】 注解或阐释儒家经典的学问。古代有"五经"，即《诗经》《尚书》《礼记》《周易》《春秋》，后来增加为"十三经"。战国以来，经书被儒家学派作为讲授教本，师徒相传。后因对经的阐释越来越多，到汉代就出现了"经学"的名称。汉武帝罢黜百家、独尊儒术以后，儒家经学成为我国封建社会文化的正统。汉代对儒家经学文本的传授和阐释分为今文经学、古文经学两派。后世注家也颇多，各有发挥。经学对我国古代社会制度的建立、巩固、发展有重要影响。

【经筵】 筵，yán。古代帝王为研读经史而特设的御前讲席。汉宣帝设石渠阁，唐置集贤院，均为御前讲席。宋时始称"经筵"，讲官以翰林学士或其他官员充任或兼任。每年二月至端午日，八月至冬至日，逢单日由讲官轮流入侍讲读。元明清三代沿袭此制，唯讲期有所变动。清制，经筵讲官为大臣兼衔，于仲秋、仲春之日进讲。

【经义】 科举制中的经义考试及其应试文体。从汉唐明经科的经义考试发展而来。宋以来进士考试始重经义，常以儒经文句为题，应试者须按规定要求，作文阐明其义理，故称。也称制义。与诗赋合称二科。明清时沿用而体裁稍变，俗称八股文。因是制举应试文章，故也称制艺。因应试之文体均为时下流行的文体，故也称时文。唐宋时指律赋，明清时特指八股文。

【经折装】 古代书籍的一种装订形式。把长幅纸卷折叠成长方形书本的形式，首叶和尾叶粘以封面。经折装由卷轴装的形式改造而来，因为卷轴装展开和卷起都很费时，改用经折装后，便于循环翻阅。唐代佛、道两教的经籍主要采用这种装帧形式。

【经制钱】 宋代为筹措军政费用而加征的杂税。北宋宣和中由经制江淮荆浙福建七路诸司财计陈遘所创，故名。靖康元年（1126）一度被废除，南宋建炎二年（1128）恢复，并固定了各项税收的名称和数额。

【经传】 儒家典籍经与传的合称。经指儒家著述的古代典籍和重要代表作，传是阐释经文的著作。如《春秋》是经，阐释《春秋》的《左传》《公羊传》《穀梁传》是传。而后世因为尊经，往往把古代传注之作也称为经，如《左传》《公羊传》《穀梁传》被列入“十三经”之中。

【经传释词】 训诂学著作。清王引之撰。10卷。作者搜集周、秦、西汉古书中常见的虚词160个进行讲解，既有单音节的虚词，也有同义虚词的连用。以唐代守温和尚的36字母为顺序，按照发音部位和方法将所收虚词分类，体现了音韵学上的声近义通原则。对每个虚词的解析，都先介绍其用法，随后辅以大量的文献例证，追溯其词义的原委和演变。此法对后世语法研究产生了深远的影响。

【荆】 灌木名。多丛生原野，人们常用荆棘丛生形容环境困难，障碍极多。枝条可用来编织筐篮等。此外，古代贫家妇女有时以荆为钗，故丈夫对别人谦称自己妻子为拙荆、荆妻、荆室等。

【荆楚岁时记】 我国一部记录岁时节令、风物故事的笔记体散文著作。南朝梁宗懔撰。原书已佚，现存1卷，系明人从类书中辑出。以时为序，自元旦至除夕，记录了公元6世纪荆楚地区（今湖北中南部）四时十二月重大节令的来历、传说、风俗、活动等，涉及天文、地理、历史、神话、农事、生产、婚姻、家庭、医药、文娱、体育、旅游等众多领域。其中关于端阳竞渡、寒食禁火、七夕乞巧、重阳登高等民俗记录，具有珍贵的历史价值，是研究我国古代民俗的重要资料。

【荆轲】 （？—前227）战国时期著名刺客。也称荆卿、庆卿。卫国人。后游历燕国，被燕太子丹尊为上卿，派往秦国刺杀秦王嬴政。临行前，燕太子丹、高渐离等在易水边为他送行，他唱出了“风萧萧兮易水寒，壮士一去兮不复还”的悲歌。秦王在咸阳宫召见，他借献督亢地图之机，图穷匕见，刺杀秦王，未成，被杀。

【荆南】 五代十国时期的南方九国之一。公元924年，高季兴在今湖北荆州、宜昌一带建立的割据政权。高季兴于907年任后梁荆南节度使，924年受后唐封为南平王，史称荆南或南平。929年，高季兴去世后，后唐明宗追封他为楚王，故称北楚，一说南平位于我国的中部地区，其地理位置在

J

楚国的北边，故名。后其子高从诲袭封南平王。963年为北宋所灭。共历5主，40年。

【荆襄流民起义】 明成化年间刘通、石龙和李原等人在湖北荆州、襄阳一带领导流民发动的起义。明初恐农民聚众起义，禁止其到深山垦荒。荆襄地区山深地广，宜于开垦，明政府设为禁区。英宗时，为严重的土地兼并和沉重的赋役所迫，大量流亡农民不顾禁令，入山垦荒，人数逐渐增加到150万人。明政府屡次强令驱散。成化元年（1465）刘通、石龙等率众起义。刘通称王，国号“汉”，年号“德胜”。明政府派白圭、朱永领重兵镇压。次年，刘通、石龙被俘杀，起义暂时失败。起义军将领李原脱险后，在南漳、内乡等地号召饥民，于成化六年（1470）再度起义，聚众数万，称“太平王”。次年都御史项忠督军镇压，李原等被俘遇害。流民被强迫遣散，沿路被杀和因饥饿、瘟疫而死的达数十万人。

【旌表】 古时由官府为高士节妇、孝子义门等模范人物立牌坊或赐匾额，用来表彰德行的方式。秦汉以来，一般由地方官府申报朝廷颁赐，或标志、命名其门闾，或造牌坊等建筑纪念，或立碑赐匾，有的附赐钞米绢绵、减免徭役、授官等待遇，以崇教化，奖劝后人。古时江西德安县车桥镇义门陈村的旌表台，是当年义门陈最壮观的建筑，历代帝王旌表都在此处宣读。

【精卫填海】 神话传说。出自《山海经》。炎帝的小女儿游于东海，不幸溺亡。其魂魄化为精卫鸟，日夜不间断地从西山衔取树枝和小石头投入东海，誓将东海填平。后以“精卫填海”比喻不畏艰难、不懈奋斗的精神。

【井课】 清朝官府对四川、云南地区盐井、井户的课税。井课按井数征收，有的地区井也分等第，如四川简州每井征银一两二钱，而南部则上井每井征银三两，中井每井征银二两，中下井每井征银一两七钱，下井每井征银一两，下下井每井征银六钱。

【井田】 相传周代的一种土地制度。因土地划作“井”字形，故名。周代按阡陌沟渠将土地划为“井”字形的九块，中间一块为公田，周围八块为私田，同养公田，公田收入归贵族领主。春秋时期逐渐瓦解，至战国，各国相继废井田、开阡陌，井田制被彻底废除，但对后世影响甚大。对其具体分配、耕作及缴纳办法，自汉至清，意见分歧，迄无定论。

【井陉关】 陉，xíng。古代太行山进入华北的重要关隘，为古九塞之一。建于河北井陉县北的井陉山上。也称土门关、土门口、井陉口。公元前229年，秦国王翦出兵攻打赵国、攻陷邯郸，就取道此处。前204年，韩信率兵攻赵，出井陉口，令万人背水列阵，最终大败赵军。置之亡地而后存的历史故事据此关而来。唐颜真卿《祭侄文稿》：“土门既开，凶威大蹙。贼臣不救，孤城围逼。父陷子死，巢倾卵覆。”清晰地描述了唐安史之乱土门关陷落，安禄山反扑常山郡，常山太守颜杲卿殊死抵抗、一家30余口取义成仁的历史事件。

【井中捞月】 佛教寓言故事，出自《摩诃僧祇律》。迦尸国波罗奈城有五百只猕猴，一日玩耍到井边，猴王见水中有一轮明月，就对同伴说：“月亮淹死了，落在井里，我们应把它捞出来，以免长夜黑暗。”于是众猴首尾相连，下到井中捞月亮，最终只见一池碎波，哪有什么月亮？佛陀以这则寓言讽喻那些自以为是、不辨是非虚实的糊涂人。后常用以比喻白费气力、劳而无功的行为。

【景德镇】 历史文化名城，我国著名的瓷都。位于江西东北部。原名“新平”，因位于昌江东南，故名“昌南镇”。瓷土资源丰富，在南朝陈时期就已有制瓷业。五代时期已烧造白瓷。其色泽白如玉，明如镜，质地薄如纸，声如磬。宋景德年间，因烧造官窑器作为贡品，独创影青瓷，清新淡雅、莹润如玉。故以年号之名更名“景德镇”。元代又烧制成青花瓷、釉里红。自明代开始，成为我国制瓷业中心。明清两朝在此均设有御器厂。景德镇瓷器充分体现了我国古代社会物质文化生活的繁荣。景德镇旧时与佛山、汉口、朱仙镇并称“四大名镇”。

【景教】 基督教的一个支派，唐代对首次传入中国的基督教的称谓。公元5世纪初叙利亚人聂斯脱利所创。唐贞观九年（635），波斯人阿罗本携带景教经典至长安（今陕西西安），奉唐太宗命将其译为中文。贞观十二年（638），太宗下诏建景教寺，称波斯寺。高宗时，各州多建有波斯寺。玄宗天宝四载（745），以景教出自大秦（指东罗马帝国），因而下诏改波斯寺为大秦寺。德宗建中二年（781），教徒于长安集会，特立“大秦景教流行中国碑”，上刻中文及叙利亚文，详述景教传入中国的经过与历史。唐武宗时下诏禁止佛教流传，该教也遭波及，不久在中原地区的传播中断，但在契丹、蒙古等地仍流行。元代再次进入中原，与当时欧洲传入的天主教统称为“也里可温教”，元亡后又中断。此后教务日趋衰微，终至废绝。

【景泰蓝】 传统工艺美术品。用铜胎掐丝后填以珐琅彩釉，经烧制、磨光镀金或银而成。也称铜胎掐丝珐琅。器皿造型多样。其技术约在元代由阿拉伯传入中国，盛行于明景泰年间（1450—1457），因当时所用珐琅质中含有特殊的金属氧化物颜料钴蓝，使烧成的珐琅器带有一种特殊的宝蓝色，故将含有钴蓝颜料的掐丝珐琅都称为“景泰蓝”。清康乾时期达到鼎盛，闻名海内外。

【警跸】 跸，bì。帝王出行时的警卫措施。为防止意外，帝王出入所经过之处都须布置警卫、清除道路、断绝行人，进行戒备。秦汉以来历代沿用。

【警迹人】 宋元明时期将曾犯强盗、窃盗等罪者登记在簿，严加防范的制度。也称景迹人。如元代规定，强盗初犯刺项，并充警迹人，由本地官府进行监管。

【净土】 佛教所认为的极乐世界。后指未被污染的地方或社会环境。

【净土宗】 我国佛教宗派之一。以往生西方极乐净土为旨归。东晋太元六年（381），高僧慧远在东林寺广收弟子，传授般若学和禅学。相传其曾与十八高贤共结莲社，同修净业，倡阿弥陀佛净土法门。故后世也把净土宗称为“莲宗”。初唐时期，在善导法师的进一步推动传播下，宗派渐成。崇奉《无量寿经》《阿弥陀经》《观无量寿经》。净土宗与禅宗被视为我国佛教两大宗派。

【竟陵派】 明代文学流派。以钟惺、谭元春为代表。因二人均为竟陵（今湖北天门）人而得名。代表作家还有蔡复一、张泽、华淑等。他们受公安派影响，反对拟古，强调独抒性灵，同时批评公安派作品趋于浅俗，提倡作品应有深幽孤峭的风格，其主张在当时有不小的影响。其创作称“竟陵体”。

J **【靖康之变】** 公元1127年金灭北宋的事件。也称靖康之祸、靖康之耻、靖康之难、靖康之乱。1126年，金朝大举南侵，宋徽宗惊慌失措，传位钦宗，改元靖康。靖康元年闰十一月二十五日（1127年1月9日），金军攻破东京（今河南开封）。次年四月，于大肆勒索搜刮后，俘徽宗、钦宗和宗室、后妃等数千人，以及教坊乐工、技艺工匠，携法驾、仪仗、冠服、礼器、天文仪器、珍宝玩物、皇家藏书、天下州府地图等北去，东京城中公私蓄积为之一空。北宋灭亡。

【靖难之役】 明初燕王朱棣为夺取皇位而发动的战争。也称靖难之变。洪武三十一年（1398）朱元璋去世，皇太孙朱允炆继位，史称“建文帝”。用齐泰、黄子澄之谋，削夺诸藩。先后废削周、齐、湘、代、岷五王。建文元年（1399），燕王朱棣起兵北平（今北京），以讨齐、黄为名，号称“靖难”，即平定变乱。建文四年（1402），燕兵破京师（今江苏南京），建文帝死于宫火（一说逃亡）。燕王称帝。

【鸠】 鸟名。传说其不营巢，常占据鹊等鸟的巢居住，故有“鸠占鹊巢”之说。另传它能够预知阴晴，啼时则有雨，田家往往以此来判断天气。汉代凡年满七十岁的老人会被赐以王杖。王杖长九尺，杖头雕刻成鸠鸟的模样。这是因为时人认为鸠鸟为不噎之鸟，以鸠鸟这一特点祝福老人饮食顺畅，身心舒畅，健康长寿。

【鸠摩罗什】（344—413）后秦时高僧，佛经翻译家。其父天竺人，母龟兹人。初学小乘，后习大乘。通东西方言。曾讲佛学于西域诸国。弘始三年（401）姚兴迎其入长安，待以国师之礼。率弟子僧叡、僧肇等800余人，译《成实论》《法华经》《阿弥陀经》等，共74部，384卷。其中《成实论》为成实宗的主要经典，《法华经》为天台宗的主要经典，《阿弥陀经》为净土宗的主要经典之一，对我国佛教发展产生重要影响。其弟子中最著名者有道生、僧肇、道融、僧叡，称“什门四圣”。通过佛教典籍的传译和阐发，第一次把印度佛学按本来面目介绍过来，对六朝时我国佛学的繁荣以及隋唐佛教诸宗的形成都起了重要作用。

【九边】 明朝统治者为防北部游牧民族的侵扰，于洪武至弘治时期，在东起鸭绿江、西至嘉峪关沿线，设立的九个军事要镇，即辽东、宣府、大同、延绥、宁夏、甘肃、蓟州、太原、固原镇，合称“九边”。各镇设总兵统领军队，驻守维护所辖区域的长城。嘉靖、万历年间，曾增置昌平、真保、山海和临洮镇。

【九歌】《楚辞》篇名之一。一般认为是战国楚人屈原据民间祭神乐歌改作或加工而成。共11篇，包括《东皇太一》《云中君》《湘君》《湘夫人》《大司命》《少司命》《东君》《河伯》《山鬼》《国殇》《礼魂》。除《国殇》一篇悼念和赞颂为楚国而阵亡的将士外，其他篇章多描写神灵间的眷恋。

【九公封建】 金宣宗封九人为公的政治举措。金宣宗贞祐二年（1214），在蒙古军的打击下，金朝廷南迁。兴定四年（1220）二月，为了对抗蒙古军队的入侵，金宣宗采纳了御史中丞完颜伯嘉的建议，将山东、河北、山西等地势力较大的九个地主武装首领封为公爵，分别为沧海公王福、河间公移剌众家奴、恒山公武仙、高阳公张甫、易水公靖安民、晋阳公郭文振、平阳公胡天作、上党公张开、东莒公燕宁。赐号“宣力功臣”，允许他们在其管辖区域内自设公府，任命官吏，征敛赋税，赏罚号令。

【九流十家】 先秦到汉初各种学术流派的合称。西汉时期，刘歆在《七略》中把先秦和汉初的诸子思想分为十家：儒家、道家、阴阳家、法家、名家、墨家、纵横家、杂家、农家、小说家。并分别论述各家的学术渊源和特点。“十家”中除去“小说家”，称为“九流”。后也泛指各学术流派。

【九嫔】 嫔，pín。宫中女官名。掌教德、言、容、功四种女德的九类女官。也是帝王的妃子。晋武帝时据经典所载而设，地位等同九卿，即淑妃、淑媛、淑仪、修华、修容、修仪、婕妤、容华、充华。唐代以昭仪、昭容、昭媛、修仪、修容、修媛、充仪、充容、充媛为九嫔。后世名号有所更易。

【九品混通】 魏晋南北朝官府按户等高低征收户调的赋税制度。也称九品相通。源于曹魏，定型于晋，为课田和户调式的实施细则。品代表的是户等，共划分为上上、上中、上下、中上、中中、中下、下上、下中、下下九等，各地官府综合各等情况确定赋税总额，按富多贫少的原则摊派输纳。南北朝时与宗主督护制结合行用，北魏至隋唐均田制下被改革调整，区分户等纳税的原则。唐宋以来仍在贯彻。

【九品中正】 魏晋南北朝时期的一种官吏选拔制度。魏文帝曹丕黄初元年（220）采纳吏部尚书陈群的建议，在各州、郡设立中正官，将各地士人按才能分别评为上上、上中、上下、中上、中中、中下、下上、下中、下下九等（九品），每十万人举一人，供朝廷按等选用，由吏部授予官职，谓之“九品官人法”。沿至晋、南北朝，选取专重门第，导致“上品无寒门，下品无世族”的局面，成为世族豪门把持政权的工具。隋文帝时废除此制，改行科举制。

【九天玄女】 古代传说中的女神，为道教所信奉。人头鸟身，为圣母元君弟子、黄帝之师。曾以六壬、遁甲、兵符、图策、印剑等物授予黄帝，并为其制夔牛皮鼓八十面，助黄帝大败蚩尤。也称玄女、九天玄女娘娘。

【九锡】 锡，通“赐”，赐给。天子赐给诸侯、大臣的九种器物。西周以来对大臣的最高礼遇，所赐包括车马、衣服、乐悬、朱户、纳陛、虎贲、斧钺、弓矢、秬鬯。其形制、规格与天子器物相当，各有道德、功勋、权位等象征意义。九锡最早见于《汉书》，名目大同小异，排列前后次序不一。后世权臣图谋篡位，辄先邀九锡。

【九疑】山名。疑，一作“嶷”。也称苍梧山。位于湖南宁远县南。因有九峰形态相似，使游人感到疑惑，故名。相传舜南巡，崩逝于苍梧之野，葬于九疑山。舜妃娥皇、女英赶至南方，投湘水而死，化为湘水神。战国屈原《九歌·湘夫人》“九嶷缤兮并迎，灵之来兮如云”，描述了舜使九疑的众神来迎湘夫人的盛大场面。

【九章律】汉高祖时由丞相萧何主持制定的刑律。也称《汉律九章》。一般认为，九章是《法经》中的《盗律》《贼律》《囚律》《捕律》《杂律》《具律》六篇和后增加的《户律》《兴律》《厩律》三篇。此后内容有所调整，是汉律的重要组成部分。《九章律》是在秦律基础上，选取适合于当时的内容删订而成，是汉代第一部律法。

【九章算术】我国古代最早的数学经典著作。也称《九章算经》。大约成书于东汉初年，非一人一时之作。全书九章，依次为《方田》《粟米》《衰分》《少广》《商功》《均输》《盈不足》《方程》《勾股》。包括整数和分数的四则运算、面积和体积、赋税的分派、粮食的互换等计算，以及一次方程组解法和测量用数学等。其中分数和正负数的计算、一次方程组解法都是具有世界意义的成就。并先后传入朝鲜、日本、印度、阿拉伯和欧洲，是古代数学名著之一。

【九州】①我国先民观念中的地理区划，具体说法并不统一。《尚书》记载，大禹治理洪水，分天下为冀、兖、青、徐、扬、荆、豫、梁、雍九州。而《吕氏春秋》有幽州而无梁州；《周礼》有幽州、并州而无徐州、梁州；《尔雅》有幽州、营州而无青州、梁州。②指中国。宋陆游《示儿》诗：“死去元知万事空，但悲不见九州同。”

【九族】族，表示家族的亲属关系。九族具体所指，主要有两种说法：一是同姓亲族，即高祖、曾祖、祖、父、本人、子、孙、曾孙、玄孙的九代直系亲属；二是包括异姓亲属，即父族四、母族三、妻族二。

【乣军】乣，jiǔ。也作“糺”。辽金元由北方被征服各族组成的军队。辽代分属契丹八部统领。金代已形成正式兵种，分属东北路、西北路和西南路招讨使统领。贞祐二年（1214），降蒙古。成吉思汗分其众给功臣孛斡儿出、木华黎二人。元代辽东亦有乣军，为乡兵，不出戍他方，与辽金不同。

【酒令】古代饮酒时助兴取乐的一种游戏，可分输赢。也称行酒令、打令。推举一人为令官，其他人听其号令，号令可以是轮流说诗词也可以是其他游戏，违令或负者罚饮。自唐代以来盛行，直至近代。著名的酒令活动有东晋王羲之等的“曲水流觞”等。

【居士】原指德才兼备而隐居不仕的人。佛教传入中国后，借指居家奉佛的人。古代信奉佛教或道教的文人雅士也常以“居士”为号。如李白号“青莲居士”，白居易号“香山居士”。

【居停主人】经营邸店的主人。简称主人，唐朝多见。以经营商货贮购批销、银钱存放、说合交易牟利。

【居延汉简】出土于汉代烽燧遗址（今内蒙古和甘肃的额济纳河流域）的木简。分两批被发现。第一批由西北科学考察团于1930年发现，共计1万余枚。第二批由甘肃居延考古队于1972—1976年发掘采集，共计2万余枚。年代自汉武帝置居延县至东汉中叶。内容一小部分为书籍、历谱、私信，大部分为边塞的屯戍档案，是研究汉代长城烽燧建置、戍屯制度、文书档案制度的珍贵资料，具有极高的科学、历史与文物价值。

【居养院】 宋徽宗时所设收养贫病孤老者的机构。宋元符元年（1098）淮东路设官房，收养鳏寡孤独、贫困不能自存者，月给口粮，病者给医药。徽宗时赐名为“居养院”，并在全国广泛推行。居养人的口粮、日用钱、冬季柴炭钱，政府都有具体规定。

【居庸关】 古关名。位于北京昌平军都山上。军都山古称“居庸山”，“居庸”之名，取“徙居庸徒”之意。传说秦始皇修长城时将强征来的民夫士卒徙居于此，因此得名。居庸山是太行八陉的最北陉。陉，指山脉中间断开的地方。在此建关，可凭借两山夹峙之险。三国时期的西关、北齐的纳款关、唐代的居庸关（也称蓟门关、军都关）都建于此处，辽金元明清都称居庸关。今之居庸关建于明洪武元年（1368），是北京城西北的屏障，也为兵家必争之地。居庸关风景秀丽，花木葱茏，故有“居庸叠翠”的美称，被誉为“燕京八景”之一。

【菊】 花卉名。品种众多，形态、色彩各异，是著名的观赏花卉。古人认为食菊能延年益寿。菊花秋季开放，抗寒傲霜，晋代诗人陶渊明独爱菊，有“采菊东篱下，悠然见南山”的名句，后人因此将菊视为“花中隐士”，作为隐逸高雅的象征。

【菊花酒】 一种用菊花酿制的酒。汉代以来即有在重阳日饮菊花酒的习俗，古人认为能使人长寿。人们在菊花绽放时，采摘花瓣和茎叶，与黍米混合在一起酿酒。等到第二年的九月初九日酿成，打开饮用，称为“菊花酒”。

【举案齐眉】 《后汉书》里记载，梁鸿之妻孟光敬重丈夫的为人，给丈夫送饭时，总把端饭的木盘高举到跟眉毛一般齐的位置，以示尊敬。后以“举案齐眉”赞美夫妻互敬互爱的婚姻态度。

【举人】 唐代指各地乡试合格贡送到朝廷应举的人。宋代凡参加乡试的各科士人都称“举人”，俗称“举子”。明清时期“举人”专指在乡试中考中的人，可继续参加会试，也可以此为出身资格，被授予官职。

【巨鹿之战】 秦末项羽率起义军在巨鹿（今河北平乡）歼灭秦军主力的战役。公元前207年，秦将章邯率军攻赵，以重兵围巨鹿。楚怀王派宋义为上将军、项羽为次将，率起义军救赵。宋义途中逗留不进，项羽杀宋义，取得兵权。全军渡漳水后，破釜沉舟，只带三天干粮，以示拼死血战的决心。在巨鹿激战多次，大破秦军，秦将苏角被杀，王离被擒，涉间自杀。后章邯率余众20余万投降。这是推翻秦朝的决定性一役，也是军事史上以少胜多的著名战例。

【巨阙】 古宝剑。相传春秋时铸剑大师欧冶子铸造湛卢、纯钧、胜邪、鱼肠和巨阙五把宝剑。巨阙剑以其钝而厚重、坚硬无比著称，被誉为“天下至尊”。

【具狱】 备文结案的司法程序。也称狱

J

具。始于战国，秦汉沿此并加以完善，明确规定判罪定案须以告讼词、证据、量刑、口供等文书都完备为前提，以此视为结案标志。后世沿之，其条件和程序更加严格。

【聚珍版】清代宫廷活字本。也称聚珍本。为刻印《四库全书》中的善本，清代乾隆时期的武英殿刻书机构雕制木活字25万多个，用于刊印书籍。乾隆皇帝认为“活字版”这个名称不够文雅，于是改称“聚珍版”，所印之书称为《武英殿聚珍版丛书》。后各地也雕制木活字印书，称“外聚珍”。武英殿活字本则称“内聚珍”。

J

【屦】jù。上古时先民把“鞋”称为“屦”。屦一般用麻、葛等野生植物的纤维绞成绳后，再在鞋楦（制鞋的模具）上编织成鞋。为使鞋子紧致结实，编织的过程中还要不断用木槌砸。成语有“葛屦履霜”，指冬穿夏鞋，比喻过分节俭。

【绢】生丝织成的平纹织物。由于其经纬密度相等，故织物质地细腻、平展光顺，既可以制作服饰，也可用来进行书画创作、装潢等。绣工在这种薄顺平展的织物上可以绣出各种精美的图案。湖北江陵、甘肃敦煌等处均有绢出土，为了解绢的发展提供了丰富的原始资料。

【圈禁】圈，juān。清朝犯罪的皇室宗族、贵族受到的禁闭刑罚。分为锁禁、拘禁、墙圈、屋圈、坐圈等。由宗人府负责执行。如清朝镇国公溥泰收受禁垦淀地，被削爵，圈禁一年。圈禁也用来抵折宗室贵族所犯的枷、徒、流罪。

【孱】juē。古代一种草编鞋。也称屣。孱穿着较轻便，适宜行走。

【决胜军】金末由邳、海等州投降的红袄军及胁从归国充军者组成的军队。每名士兵分配田地三十亩，力大者给五十亩，不用交税，并且每天供应口粮。

【决事比】判案时用来比附援引的判例。历代都有，汉代用此称。汉代凡是判案时有疑或法律无明文规定的，可比附类似的条文，逐级上报定夺，奏请皇帝定案判决。这种判例经汇编后再奏请皇帝批准，称“决事比”，具有法律效力，其判决结果可作为日后审理类似案件的依据。

【玦】jué。一种环形有缺口的玉佩。古代文人佩玦，既是时刻提醒自己要保持谦逊，也是表达君子有决断的意思（玦、缺、决属同源字，都来自于“夬”）。如秦末在项羽所设的鸿门宴上，谋士范增多次举起佩玦提醒项羽，下定决心杀死刘邦的故事。此外玦还指射箭时戴在右拇指上用以拉开弓弦的用具，也称扳指。

【绝句】诗体名。绝句有近体绝句和古体绝句两种。通常有五言、六言、七言的区别。或用平韵，或用仄韵。近体绝句始于唐，产生于律诗之后，截律诗之半而成，故又称截句、断句、绝诗。古体绝句实为最简短之古诗，产生于律诗之前，《玉台新咏》已载有《古绝句》。唐以后诗人所作古体绝句一般称“古风”。

【蕨】一种植物，即蕨菜。初发时如小儿拳，故又称拳菜。其茎紫色，故又称紫蕨。嫩叶可食，根茎含淀粉，称蕨粉，也可食用。古人往往以采蕨为退隐不仕之典。

【爵】①古代常见酒器。相当于今之酒杯。初多用青铜制造，后也以金、玉制成。有流、柱、鋬和三足，可用以盛酒和温酒，盛行于商代和西周初期。②爵位、官位。旧说周代有公、侯、伯、子、男五等爵位。汉代有王、侯二等爵位。皇子封王，相当于先秦的诸侯，所以通称“诸侯王”。汉初异姓也封王，后“非刘氏不王”，异姓受封者通称“列侯”。三国以后，历代封爵制度不尽相同，同姓封王基本一致，异姓一般封为公、侯、伯、子、男。

【镢】jué。即“大锄”。初为青铜所铸，战国中后期方用铁铸。据考古发现，其形多呈长条状，厚重而坚实，有椭圆形孔连接柄。其功用和锄类似，但各有分工，镢形体、重量较大，多用于开垦，而相比之下，尺寸较小而轻便的锄用于中耕。

【军】宋代的地方行政区划名。与州、府、监同隶属于路。

【军机处】清代官署名。全称办理军机事务处。雍正八年（1730）设立。位于宫中乾清门外西侧、隆宗门内。初名军机房，雍正十年（1732）铸予银印，命名为办理军机事务处。职掌机要，处理奏折文书，撰写谕旨，并负责文武官员的简放、换防、记名、引见、赐予以及外藩之朝使者颁赐等事宜。因参决军国大事，也称枢垣、枢廷。由皇帝特旨召三品以上满、汉大员入职为军机大臣，名额不定，少则三四人，多则六七人。军机大臣常侍皇帝左右，参与国家政策之商讨和重大案件之审拟。皇帝召集军机大臣商议国是时，会屏退闲杂人等。军机大臣以下，有军机章京，一般由各部、院考录四品以下官员担任。宣统三年（1911）五月，责任内阁成立，军机大臣改任总理、协理大臣，军机处退出历史舞台。

【军礼】古代五礼之一，国家有关军事方面的礼制和仪式。周代，军礼用于协同天下各邦国，有大师、大均、大田、大役、大封。大师是召集和整顿军队。大均是校正户口，调节赋征。大田是检阅车马人众，亲行田猎。大役是因建筑城邑征集徒役。大封是整修疆界、道路、沟渠。其中和军事活动关系最密切的是大师、大田之礼，均包含一系列礼仪。后世代有沿革发展。

【军流】清代将犯人流放到军队效力的制度。据犯罪情节轻重，按标明各军远近方位的《五军道里表》执行流放，分为附近、近边、边远、极边、烟瘴五等。

【军器监】监，jiàn。古代官署名。掌管制造军械。唐初始置，掌兵器甲弩制造。后时设时废。北宋王安石变法，以军械不精，特设军器监，掌监督缮治兵器什物，监官以文臣充任。元代改为武备监。也为官名，指军器监长官。

【军市】战国时期各国边地驻军附近的市场。军官和士兵可在此购买到生活日用品。市租的征收供军官与军队使用。其中不准藏有女子，不准私自贩卖粮食，不准轻惰之游民出入。

【军屯】以军队或军事组织方式垦田耕作。历史上各代封建王朝普遍实行的一种屯田形式。也称兵屯。始行于汉武帝时期的西北地区驻军，以就地供应军粮，减轻朝廷的给养负担。后世多仿此而行，曹魏及明初尤为突出。

【军尉】春秋时晋国设置的军官名。掌管卿将驾车及士卒训练。

【军须钱】唐代中期开始实行的一种军事财政制度，用于支持军队的开支和战争的经费。这种制度的实施方式通常是由政府向商人借贷资金，然后以税收的形式偿还给商人。军须钱还常常用来支付官员的薪水和其他行政开支。后其使用逐渐变得混乱无序。一些官员甚至利用军须钱来谋取私利，导致国家财政状况恶化和社会动荡。唐玄宗于公元 758 年废除了军须钱制度，并采取了一系列措施来整顿财政秩序和加强军队管理。

J

【军镇守捉】唐朝设置的军事和行政单位，属边防体系的一部分。唐初以来戍边之制，军为较大的军事单位，守捉为较小的军事单位。另有城镇，皆驻军守御，设使为长，多以其地为名，如卢龙军使、岢岚守捉使、蓬莱镇使等，总辖于各道节度使。安史之乱后，军、镇多设节度使统领，两者趋于合一，守捉渐亡。

【均输平准】由官府转运买卖物资，以平抑物价和赚取差价的政策。起源甚早，汉武帝时以此为名。由大农令孔仅和桑弘羊提出。均输制度是指国家在各地设置均输官，负责收取各地民众向朝廷进贡的土特产品，而后在附近价格较高的地方出售，将收益交给中央。平准法则是在大司农之下设立平准官，通过在市场上随物价涨落贵卖贱买以营利。通过转运货物和贱卖贵买抑制商人暴利，增加财政收入，以充打击匈奴、经营西域的经费。后来王莽的“五均六管”及王安石的“均输法”等，都受到此法的影响。

【均田制】北魏至唐中叶按人口数分配土地的制度。也称均田。北魏太和九年（485），孝文帝采纳李安世的建议，颁布均田令，规定男子年 15 岁以上、女子均可授无主荒田。所授田地不准买卖，受田者年满 70 岁或死亡后将田地归还国家。受田后不得迁徙。地方官员按级别给作为俸禄的职分田。北齐、北周、隋唐都沿此制，具体的实行办法有所变更。到唐中期，土地兼并加剧，均田制被废除。

【均徭银】明中期至清初官府对丁壮征收的杂役代役银。均徭即按民户丁田的多寡分为上、中、下三等，依等派充经常性杂役。清代雍正时期，人们不再需要亲身充役，改为缴纳银两来代役，称为“银差”。官府用这部分征收的银两雇佣人员来完成各种杂役。

【君】周代，诸侯称为君。战国、秦汉时期，贵族、功臣的封号也称君。如战国时齐国的孟尝君、赵国的平原君、魏国的信陵君、楚国的春申君，但称君的人不是诸侯国最高统治者，没有调动军队的权力。秦统一天下后，称皇帝为君。后来又引申为对男子的尊称，故丈夫和父亲也可称君，如“为君妇”的“君”指丈夫，对别人称自己的父亲为家君。

【君子】西周、春秋时期，贵族统治阶级男子通称为君子。与“小人”相对。后以有德、无德来区分君子和小人。儒家的君子，指在道德品质、精神人格、才学能力诸方面都很完美的理想化形象。也泛称有才德的人。

【钧】古代重量单位。汉代 1 钧为 30 斤，4 钧为 1 石。

【钧窑】古代名窑。窑址在今河南禹州

境内。因其地当时属钧州，故名。成功烧制铜红釉，以彩釉和丰富多彩的窑变驰名，兼烧青釉器。钧窑是宋代五大名窑（哥窑、汝窑、官窑、定窑、钧窑）之一。

【郡守】 古代官名。先秦时为武职，防守边境。秦朝设郡县制，以郡为地方最高行政区划，每郡行政长官称郡守，主一郡之政事，汉景帝时改称太守。

【郡王】 爵位名。晋武帝分封子弟二十余人为王，以郡为国，始见“郡王”之称。隋郡王位次于王。唐皇太子、诸王并为郡王，亲王之子承恩泽者也封郡王。宋代定为十二等爵第三等，位嗣王下、国公上。后郡王皆为次于亲王一等的爵号。除皇室外，大臣和节度使也有被封为郡王的，如崔玄暐、张柬之、敬晖、桓彦范、袁恕己五人参与了神龙革命，唐中宗打击五大功臣的时候，先封他们为郡王，后削夺他们的宰相权力。清代宗室封爵第三级称为“多罗郡王”，简称“郡王”。

【郡望】 某一郡内的名门大族。魏晋至隋唐时来源于东汉各郡声望高的姓氏大族，魏晋以来称此，由朝廷钦定、认同，每郡约有四个，称为四姓或郡姓。散于各地的同姓以出自此郡为贵，于是姓与郡名连称以相标榜。隋唐时期，位望崇高的有陇西李氏、弘农杨氏、范阳卢氏、清河崔氏、荥阳郑氏、太原王氏等。

【郡县制】 我国古代地方行政制度。郡、县作为行政区划初见于周代，全国分百县，县辖四郡。春秋时期，各诸侯国在边地设郡，其面积大于县。战国时，又在边郡分设县，形成郡县两级制的雏形。秦始皇统一六国后，分全国为三十六郡，即三川、河东、南阳、南郡、九江、鄣郡、会稽、颍川、砀郡、泗水、薛郡、东郡、琅邪、齐郡、上谷、渔阳、右北平、辽西、辽东、代郡、巨鹿、邯郸、上党、太原、云中、九原、雁门、上郡、陇西、北地、汉中、巴郡、蜀郡、黔中、长沙和连内史（秦代京畿附近由内史治理，即以官名为名，不称郡）。后又增加桂林、象郡、南海、闽中四郡。郡下辖县，自此，郡县制成为地方统治的基本框架，至唐代州郡迭改，宋设州府，至明代郡逐渐废止。郡县制是秦以来我国封建社会占主导地位的两级政区建制，与“分封制”相对，由中央政府直接管辖，起到了加强封建社会的中央集权制、稳定国家政局的作用。

【郡斋读书志】 目录学著作。全称《昭德先生郡斋读书志》。南宋晁公武撰。我国现存第一部附有提要的私家藏书目录。因晁公武时任郡守，故名。全书按经、史、子、集四部分类法编排。书前有总序，四部各有总论，各类小序在每类第一种书的提要中，叙述学术源流。每书撰有提要，或介绍作者生平，或讨论书中要旨，或论学派渊源，或述篇章次第，较偏重考订。在目录的体系和提要考订方面都有首创意义。与南宋陈振孙的《直斋书录解题》被誉为宋代私家目录的双璧。

【郡主】 郡公主。晋始置。郡主有帝女、皇太子之女、王女、皇帝庶女、亲王女等身份的不同。至唐，郡主才成为特定的封号，为皇太子之女。宋沿唐制，而宗室女亦得封郡主。明清用以封亲王之女，郡王女为县主。

K

【卡伦】清政府在要隘设置的军事哨卡，以北部边境设置为多。满语“台”“站”的音译。由边境内侧向外分为常设、移设、添设三层，各设数人至数十人，以佐领或参领为长，掌瞭望戍守，兼管税收等事。

【开成石经】唐代的十二经刻石。唐文宗大和七年（833）始刻，开成二年（837）完成，故名。也称唐石经。刻石内容为《周易》《尚书》《毛诗》《周礼》《仪礼》《礼记》《春秋左氏传》《公羊传》《穀梁传》《孝经》《论语》《尔雅》十二种儒家经典。开成石经由114块巨大的青石组成，每块石碑高2米以上，共镌刻六十五万零二百五十二字。石碑比肩排列，绵延百米，两端石柱夹护，是唐代一项浩大的文化工程，也是后世研究我国经书历史的重要资料。

【开封】古都名。在今河南开封。春秋时为郑国属地。战国时魏国建都于此，史称大梁。东魏置梁州，隋唐改名汴州。五代的梁、晋、汉、周和后来的北宋政权都在此地建都。宋称汴京。宋金对峙时期，金以此地为南京。元代改为汴梁路，明代改称开封府。自隋朝大运河开通以后，汴梁成为北方经济、军事重镇。

【开封之战】明崇祯十四年（1641）至十五年（1642），李自成率军攻击开封的战役。战事跨度一年有余，对开封包围超过一百天，先后共发动了三次进攻。此役李自成先突袭开封失利，后与罗汝才联兵两度攻城，先后击退孙传庭、丁启睿等各部来援明军，又避过官军决黄河堤后的水势，最终攻克开封，城内原有的五十万居民丧失了四十五万之多，明廷在河南再无重镇可守。

【开府】古代指高级官员（如三公、大将军、将军等）开建府署，辟置僚属。汉制。唯三公可开府。及汉末，李傕、张杨、董承等以将军开府，“开府”之名始此。魏晋以后，开府者增多，遂有“开府仪同三司”名号，即开府置官援照三公成例，以此作为对高级官员的优待。唐宋以“开府仪同三司”为文散官第一阶，即不带职官，亦与朝参禄俸。金文散官上曰“开府仪同三司”，中曰“仪同三司”。元代通用于武职。明代始废。清代称出任外省督抚为“开府”。

【开复】清代铨选制度。即官吏被降革后恢复其原官或原衔。历代有之，京官由各该衙门堂官详核咨部，由部题请开复；外官由各该督抚详核咨部，题请开复。

【开皇礼】礼仪法典。隋文帝开皇三年（583），由礼部尚书牛弘主持编纂，以“五礼”为纲，兼采南朝梁以及北齐的仪注，于开皇五年（585）撰成并颁行，共100卷。对南北朝时期的礼制做了总结，对唐礼产生很大影响。

【开豁贱民】清雍正以来将部分贱民改籍为良的户政举措。也称开豁为良。明清贱籍有世仆、乐户、丐户、惰民、疍户、娼妓等名目。这些贱民并非奴隶，但地位低于平民，不列于民户的户籍。雍正初年始削天下乐籍及浙江等地惰民、丐户之籍，将之编入平民户，此后至乾隆、嘉庆皆续有放良之举而范围不等。除豁贱籍的条件相当苛刻，贱民需要经过四代人才正式除籍，并要求亲支不沾贱业。贱户改籍后法律地位有所提高，但社会和政治歧视仍长期延续。

【开阡陌】商鞅变法中有关土地制度变革的内容。即打破井田区隔，调整田间道路、水渠，增加土地面积；同时鼓励开荒，允许土地私有和自由买卖。这一政策废除了原有的井田制，确立了土地私有制。

【开缺】古代官吏因故不能留任，免除其职务，此时其职位出现空缺，需另外选人充任。

【开山】本指佛教择名山建寺。后也用以比喻某一技艺或学术派别的始创，如“开山之作”。佛教又将择山建寺并自成宗派之高僧称为“开山祖师”。此称也用来指某一技艺或学术派别的创始人。如宋刘克庄在《后村集》中提道：“本朝诗惟宛陵（梅尧臣）为开山祖师。”

【开禧北伐】南宋宁宗开禧二年（1206），韩侂胄主持发动的伐金战争。宋宁宗执政期间，韩侂胄逐渐掌握了大权。他力主抗金，以郭倪为山东京东招抚使，赵淳、皇甫斌为京西北路招抚使、副使，分道攻金。勇将毕再遇取泗州，进至灵璧，因田俊迈攻宿州（今属安徽）失利被俘，被迫撤退。西路军皇甫斌攻唐州（今河南唐河）也告失败。诸军退守江淮。金军渡淮南下，与宋相持。北伐失败后，南宋与金签订了《嘉定和议》。

【开元礼】礼仪法典。开元二十年（732）由宰相萧嵩等编成并颁行，共一百五十卷。分吉、宾、军、嘉、凶五礼。对《开皇礼》以来的礼制发展进行总结，折中采用《贞观礼》和《显庆礼》的有关内容，是现存最早、最完整的中古礼仪制度的代表作。

【开元寺】佛教寺院，位于今福建泉州。始建于唐武后时，初名“莲花寺”，开元二十六年（738）更名为开元寺。宋代发展至鼎盛时期，有支院百余所。元代至元二十二年（1285）并为大寺，朝廷赐额“大开元万寿禅寺”。开元寺曾屡经毁坏并多次重修。寺内有珍贵的佛学经典和名家书法。其甘露戒坛与北京戒台寺寺坛、杭州昭庆寺寺坛并称中国三大戒坛。寺内东西两塔是中国现存最高的一对石塔。

【开元通宝】古钱币。唐武德四年（621）废五铢钱后开始铸造。币面上下右左有“开元通宝”四字，有人回环读作“开通元宝”。为后世铜币以“通宝”或“元宝”为名的由来。开元，意谓开辟新纪元，并非年号；通宝，意为流通的钱币。唐武宗会昌五年（845）曾铸新的开元通宝，背面有“昌”字或以一字代表州名，俗称“会昌开元”。此后，南唐和闽国也曾铸造

“开元通宝”。

【开元占经】古代天文学著作，全称《大唐开元占经》，共一百二十卷，唐瞿昙悉达撰，成书于开元六年（718）至开元十四年（726）之间，书中涉及天文星象和各种物异等占语，故名。其天文内容有名词解释，宇宙理论，日月五星行度，二十八宿距度，石氏、甘氏、巫咸氏三家星官名称、度数等，介绍了《麟德历》《九执历》以及从古六历到《麟德历》共16种著名历法的积年、章率等基本数据。搜辑了许多唐以前的天文历法和纬书的资料，如《灵宪》《浑天仪图注》，甘、石、巫咸氏三家星经等，这些古书现多已亡佚。此书对我国天文学史的研究很有价值，所录《九执历》是研究印度古代天文学的珍贵资料。该书唐以后一度散佚，至明万历四十四年（1616），由歙县人程明善从古佛塑像腹中发现，始得流传。

【开元之治】唐玄宗开元年间（713—741）出现的社会稳定、经济繁荣、文化发达的治世局面。开元时，姚崇、宋璟、张说、张九龄等先后为相，淘汰冗官，整顿吏治，禁建佛寺，兴修水利，发展生产，励精图治，政治安定清明。开元末，户口数较唐初增加四倍，经济达到繁荣顶点。“丝绸之路”畅通，海上航行渐有发展，中亚、西亚以及日本、新罗等国访唐者络绎不绝，唐成为亚洲经济文化交流中心。

【开中】明朝政府以授予食盐运销权来鼓励商人输送粮食至边塞充军粮的制度。宋初于京师设折中仓，招募各地商人运粮到京师，兑给缗钱或盐茶等货物，称为“入中”或“折中”。明沿宋制，主要由山西一带商人运粟九边，后各地商人及各边地皆行此法。明中期以来其制弛坏，私盐盛行，官府难以兑现盐商持有的盐引，遂被十字纲册等法取代。

【铠甲】古代士兵穿的护身衣。早期的甲用皮革制成。肩甲、胸甲、腿甲以不同皮革制作。甲片用皮条相连缀。宋代已盛行铁甲。元代蒙古骑兵多用网甲。明代铠甲制作更为精良，有护上身和肩臂的铁网衣，还有护下身的铁网裙、裤。

【楷书】汉字书体。也称正楷、正书、真书。由隶书演变而成。因形体方正，笔画平直，可做楷模，故名。始于东汉，通行至今。唐以前，楷书也兼指八分书与隶书。唐欧阳询、颜真卿、柳公权与元赵孟𫖯，并称“楷书四大家”。欧阳询代表作《九成宫醴泉铭》被誉为“天下第一楷书”。

【堪舆】俗称风水。古人认为，住宅或坟地周围的风向、水流等形势影响家族的祸福。也指相宅、相墓之法。

【康乾之治】指清圣祖康熙、世宗雍正、高宗乾隆在位期间清王朝统治下的鼎盛局面。也称康雍乾盛世。是我国历史上社会发展程度较高的鼎盛时期之一。其时政局稳定、经济繁荣、国力强大、文化昌盛，大一统的中华版图初步奠定，多民族统一的中华民族大家庭最终形成。该时期长达一百多年，后期，清朝统治出现由盛转衰的迹象，盛世走向衰落。

【康熙】清朝第四位皇帝爱新觉罗·玄烨（1654—1722）。年号“康熙”。公元1662—1722年在位，共61年，是历史上在位时间最长的皇帝。八岁即位，亲政后，智擒鳌拜，平定三藩叛乱，收复台湾，驱逐盘踞黑龙江的沙俄势力，平定准噶尔叛乱，加强了多民族国家的统一。在位期间重视农业、水利，进行全国性土地丈量，完成《皇舆全览图》的绘制。崇尚儒学，提倡程朱理学。重文兴教，开博学鸿词科。组织编纂《全唐诗》《康熙字典》等，为“康乾之治”打下了基础。

【康熙字典】 字书。清代张玉书、陈廷敬等奉诏编纂。康熙五十五年（1716）印行。共42卷。在明梅膺祚《字汇》、张自烈《正字通》基础上增删而成。全书收有47 035字（今人统计实际收字为47 043个），分为12集214部。连同《补遗》《备考》等，共收单字49 003个，是我国古代收字最多的字典。凡古代字书、韵书、经史子集中的僻字、奇字、其他字书不收的字，大都可以从此书查到。此书体例严谨，收字范围广泛，繁简得当，具有较高的实用性，又因是御敕修撰，故问世后影响极大、流行极广，至今仍不失为一本有价值的语文工具书。但因成于众手，在切音、释义方面标准不一，疏漏和错误较多。清人王引之《字典考证》、日本人渡部温《康熙字典考异正误》、今人王力《康熙字典音读订误》都有补正。

【考妣】 妣，bǐ。考，上古称父亲，后专指已去世的父亲。妣，原指祖母及祖母辈以上的女性祖先，后专指已去世的母亲。考妣，指已故的父亲和母亲。

【考工记】 最早的一部科技文献。作者不详。因书中有秦、郑国名，又用齐人语言，有人据此认为是春秋末期齐国人的著作。内容按木工、金工、皮工、设色工、刮摩工、抟埴工六类，分别对车舆、宫室、兵器、礼乐诸器等的制作工序做了较详细的记载。从中可考见先秦古器制度、工艺设施及科技水准的一般情况，以及先秦时期的审美时尚。书中记载“金有六齐（合金）”，关于六种不同成分的铜锡合金及其用途的叙述，与现代应用的锡青铜规范大体相同，这是世界上最早的关于合金成分分析研究的记载。

【考阅】 明朝由兵部会同科道官对军队进行的定期或随机检查。

【科差】 差，chāi。唐宋元历代封建政府征收的代徭税。也称差科、差税。初兴于唐，宋时沿袭，当时的征收面并不广泛，尽管有代役税，但仍然存在徭役。元代科差成为正式赋税项目。元朝的科差主要包括丝料、包银和俸钞三项。负担科差的主要是民户，此外还有医户、猎户等。军、站、僧、道、儒等户均免征此税。

【科场】 科举考试的场所。起源于唐朝，一直沿用到清朝。在科举制度刚产生的隋朝和唐朝初期，科举并没有专用的考场，一般是借用吏部办公区举行考试。唐玄宗开元二十四年（736），科举考试由吏部改为礼部主持，始置贡院作为考试专门机构。但此时的贡院仍然借用礼部或尚书省等机关办公区，考试时临时搭设考场，考完恢复原状。大致在北宋中期以后，官府才开始修建专门的建筑作为贡院考场。贡院内部设置成排的相互隔开、相对独立的小房间，即号舍，考生在号舍参加考试。号舍安排有一定规律，一般情况下，考生按所属地

K

区和类别的不同，被分到不同的号舍。考试期间，考生需要严格遵守考场纪律，不得随意离开号舍，更不能与外界交流。

【科场案】古时科举考试中因营私舞弊事件引发的大案。常见的犯罪行为有贿买考官、夹带经文、请人代考等。科举制度建立后，舞弊事件也随之发生。唐宋都有因科场舞弊而被处罚的考官和考生。明清时期，科场案频繁出现，惩治也更严厉。明代洪武三十年（1397），爆发震惊全国的“南北榜案”，此后开始实行南北分榜取士制度。清顺治时的丁酉科顺天及江南乡试案、康熙时的辛卯科江南乡试案、咸丰时的戊午科顺天乡试案，史称“清朝三大科场案”。涉案人员众多，皆判斩、绞、充军、革职等处罚，又因牵涉官僚派系之争，审理过程颇多曲折。

【科道】古代官署名。明清六科给事中和都察院各道监察御史的统称。“六科”指吏科、户科、礼科、兵科、刑科、工科，掌纠劾、封驳之事。“道”指都察院分省而设的各道监察御史，监察各地兼纠在京百司行政。“六科”与“道”因职能交叉，常意见相左，清雍正帝为防其派系之争而将六科划属都察院，称科道合一。“科道”也为官名，指科道官。

【科第】考核官员，评定科别与等第。始于汉代的分科推荐或察举，西汉以来博士三科、光禄四行及东汉察举孝廉等科的考试，皆分其等第高下，以为选用依据。科举时代也用以指科举考试，或科举登第。

【科甲】汉唐取士设甲乙丙等科，甲科者为郎中，乙科者为太子舍人，丙科者补文学掌故。后通称科举为“科甲”，称经科举考试录取者为“科甲出身”。

【科举】隋唐以来分科目考试选拔文武官吏后备人员的制度。也指这种考试。隋文帝废九品中正制，改由诸州岁贡三人。炀帝时始设进士科。唐时，除进士外，复置秀才、明经、俊士、明法、明字、明算诸科，又有一史、三史等科，分科取士，因称“科举”。其后宋用帖括，明清两代以“四书”文句为题，规定文章体式为八股文，仍沿“科举”之称。自科举行而荐举渐废。至光绪三十一年（1905），推行学校教育，科举始废。

【科考】科举考试，乡试前府、州、县学对生员举行的甄别性考试。生员达一定等第，方准送乡试。也称科试。明代各省提学官在任三年中，考试所辖学校生员两次，第二次考试为科考，主要作为生员参加乡试前的资格考试。考试内容大体与岁考相同。考试结果分六等，其依次充补廪生及增生，以及前列者给赏等规定亦与岁考同。其一、二等可赴乡试。清沿之，凡经考试获各省一、二等及大省的三等前十名、中小省的三等前五名均有资格参加本省乡试。

【科名】科举考试制度所设的类别名目。也指科举考试所取得的功名。

【科目】唐代以来分科取士的项目。唐制，取士之科有秀才、明经、进士、俊士、明法、明字、明算等，见于史者五十余科，又有大经小经之目，故称科目。明清虽仅有进士科一科，仍沿称科目。

【科配】官府摊派正项赋税外的临时加税。也称纽配、科敛、科派。唐已有禁“擅加科配”的记载。宋初由坊廓户承担，后扩大至乡村，成为一种摊派征收的杂税。

【可敦】可，kè。古代鲜卑、蠕蠕、突厥、回纥、蒙古等族首领可汗的正妻。也称可贺敦、可孙、恪尊、合敦等。

【可汗】kèhán。简称“汗”。古代鲜卑、柔然、突厥、回纥、契丹、蒙古等部族最高首领的尊称。也作可寒，也称合罕。在鲜卑语中，“可汗”是“主上”。唐朝实行开明的民族政策，贞观四年（630），突厥、回纥等部族首领拥戴唐太宗为天下之共主，尊称为“天可汗”。

【克己复礼】儒家的修养方法。“复”是“返、还”之意。主张约束自己，使自己的言行举止符合礼制。

【刻符】秦书八体之一。刻于符节上的文字。刻符镌刻在信符上，用以征信，字体多用篆书，因为是用刀刻的，故笔画较为平直。代表作品是《新郪虎符》《阳陵虎符》等。

【客户】古代对寄居本地的外来人户的称谓。汉魏以来，大量失业的农民流亡各地，成为官僚地主门阀豪族的佃客、浮客、隐户、荫户、苞荫户等。唐宋时期户口有主户、客户的区别。晚唐客户变为专指租种主户田地的佃客。宋代以是否有土地为区分标准，有土地的为主户，无土地的为客户。元代“客户”名称消失。

【客家】汉族的支系。相传西晋末永嘉年间，生活在黄河流域的一部分汉族人为了躲避战乱一路向南迁徙。初到江南，后在唐末和南宋末年，又大批次继续南下至今江西、福建、广东东部和北部等地区。因远离家乡，客居他乡，故称。后这一称呼沿袭下来，成为这部分汉族人及后人的统称。客家人在聚居区保持自己的习俗传统。客家话是唐宋时期中原古汉语的活化石。

【客星】古时对天空中平时不见而突然出现的星象的统称。因其与常见诸星不同，出无恒时，居无定所，忽见忽没，或行或止，好像天外来客，故名。古书中记载的客星分为五类，即周伯、老子、王蓬絮、国皇、温星。当时一般根据客星出现和运行来占验行事。

【课田】西晋实行的占田课田制中，需要计亩征收的平均田赋额度。当时规定丁男丁女（皆16至60岁）课田额分别为50、20亩，次丁男（13至15岁和61至65岁）25亩，次丁女不课，平均每亩收租谷八升，另按户调式征收绢绵。官府以此为征收赋税的基准，再按每户实有田亩及其肥瘠之况加以调节。

【缂丝】缂，kè。用生丝做经线、各色熟丝做纬线以凸显花纹的高级丝织品。汉魏已有，宋以来工艺成熟，采用通经断纬织法，可摹织名人书画，有雕琢镂刻的视觉效果，故又称刻丝。多用于帝后服饰等御用织物。随着两宋更替，缂丝的生产重地向南方转移，明清以来，主要产自苏州。

【空海】（774—835）日本高僧。俗姓佐伯，名真鱼，赞岐（今香川县）人。自号“遍照金刚”，谥号“弘法大师”。十五岁学儒，后信佛。唐贞元二十年（804）入唐求法，后师事惠果，三年后得密宗真传，奉师命回国广传真言宗，奉诏在京都东寺（即教王护国寺）

K

建立真言宗，称为“东密”。创办日本最早私立学校“综艺种智院”，除教授儒道、佛教经典之外，还教授阴阳、律法、医学、工艺、音乐等课程，广泛传布中国文化。空海在日本佛教史上占有非常重要的地位，对日本佛教的发展产生了深远影响。著有《文镜秘府论》《篆隶万象名义》等，其中存有不少中国语文学和音韵学资料。

【空门】 佛教认为诸法皆空，并以悟“空”为进入涅槃之门，故称佛教为“空门”。

【箜篌】 传统拨弦乐器。分卧式、竖式两种，弦数因乐器大小而不同。也称空侯、坎侯。古代有卧箜篌、竖箜篌、凤首箜篌。卧箜篌相传为汉武帝时乐人侯调依琴制作，似瑟而小，七弦，面板设品柱，以拨弹弦发声，按弦于品取音。竖箜篌形似竖琴，体曲而长，二十二弦，竖抱于怀，用两手齐奏，南北朝时经西域传入中原。凤首箜篌因琴首饰以凤首而得名，由南方丝绸之路传入中原。

【孔壁经】 汉代在孔子家旧宅墙壁中发现的儒经。也称壁经、壁中书。西汉末期，相传鲁恭王刘余拆毁曲阜孔子旧宅时发现《古文尚书》《礼》《论语》《孝经》等，这些经书用战国通行文字书写。清代学者对这些古文经书做了系统的考辨。这批古文经书的面世，是经学史上的重大事件，在政治、学术等方面的影响深远。

【孔方兄】 钱的别称。战国时铜钱是圆形圆孔，晚期出现了圆形方孔钱。秦朝建立后，统一币制，铸“半两钱”，就是方孔圆钱，从此，铜钱的样式固定下来。“孔方兄”的称呼，最早见于西晋鲁褒的《钱神论》，带有戏谑之意。南北朝时，士人为了自标风雅，不称“钱”而称“孔方”，成为风气。后更有人省称为孔兄、方兄。

【孔门三戒】 儒家的处世之道。出自《论语·季氏》。孔子曰：“君子有三戒。少之时，血气未定，戒之在色；及其壮也，血气方刚，戒之在斗；及其老也，血气既衰，戒之在得。”孔子认为，君子在人生少年、壮年、老年三个阶段，要依次做到戒色、戒争强好斗、戒贪。

【孔门十哲】 传说儒家学派创始人孔子的弟子约有三千人，弟子们各有所长，其中有十位是最杰出的，即以德行著称的颜渊、闵子骞、冉伯牛、仲弓，能言善辩的宰我、子贡，长于施政办事的冉有、子路，文章博学的子游、子夏。

【孔庙孔府】 古代著名思想家、教育家孔子故居，位于山东曲阜。孔子死后，鲁哀公将其故宅三间改建为庙，成为历代祭祀孔子的地方，故孔庙、孔府紧相毗邻。孔府旧称“衍圣公府”。西汉以来，历代帝王不断给孔子加封谥号，孔庙也不断扩建，现存建筑绝大部分为明清两代建成。庙内共有五殿、一祠、一阁、一坛、两堂、十七碑、五十三门坊、殿堂阁庑四百六十六间。庙内有碑刻两千余块，上自两汉，下至民国，既有帝王御笔，也有大家笔迹。孔府是孔子后代，即历代“衍圣公”的官邸和私宅。收藏了大批历史文物，最著名的是清乾隆三十六年（1771）赏赐的宫廷藏品“商周十器”。

【孔目】 古代官名。掌管文书档案，收贮图书。因事无大小，都经其手，一孔一目，无不综理，故称。始于唐。唐有集贤殿孔目官，地方藩镇也有孔目官。宋时秘书诸馆、盐铁度支户部三司、都转运司等及王府皆有孔目或都孔目、副孔目，专管稽核文簿。元改都孔目为都目，置于诸司。明唯翰林置孔目，为翰林院首领官，掌传达、文移、簿书等事务。清因之。

【孔雀东南飞】 长篇叙事诗。也称《古诗为焦仲卿妻作》。最初见于南朝陈徐陵《玉台新咏》。内容写东汉末年庐江（今安徽庐江西南）小吏焦仲卿和妻子刘兰芝受家长威权压迫而致死的悲剧，并歌颂了他们的反抗精神。全诗353句，1753字，是古代少见的长篇叙事诗，为汉乐府民歌中的优秀之作。与《木兰诗》并称为“乐府双璧”。

【孔尚任】 （1648—1718）清代戏曲家。字聘之、季重，号东塘、岸堂、云亭山人，山东曲阜人。孔子六十四世孙。初隐居石门山中，康熙帝南巡至曲阜时，被召讲经，破格授国子监博士，历任户部主事、员外郎等职。以十余年时间，于康熙三十八年（1699）写成传奇剧本《桃花扇》。全剧通过侯方域、李香君的爱情故事，抒发历史兴亡之感。当时与洪昇有“南洪北孔”之称。其后不久即罢官回乡。戏曲作品还有同顾彩合写的传奇剧本《小忽雷》。另有诗文集《湖海集》《岸堂集》等。

【孔颖达】 （574—648）唐代经学家。字冲远，冀州衡水（今属河北）人。出身北朝官宦之家，曾跟随当时名儒刘焯问学，博通群经。隋大业初，选为明经。入唐，为秦王府文学馆学士，是秦王府“十八学士”之一。奉唐太宗命主编《五经正义》，其特点在于融合南北经学家的见解，形成唐代义疏派。唐代以之为科举取士的标准。著《周易正义》10卷、《尚书正义》20卷、《毛诗正义》70卷、《礼记正义》63卷、《春秋左传正义》60卷，是当时经学研究的集大成之作。

【孔子】 （前551—前479）春秋末期思想家、政治家、教育家，儒家学派创始人。名丘，字仲尼，春秋时鲁国陬邑（今山东曲阜东南）人。早年家境贫寒，十五岁立志学习，先后问学于郯子、师襄、老子等。在鲁国担任相礼（司仪）、委吏（管理粮仓）、乘田（管理畜养）一类的小官，鲁定公时任中都宰、司寇。因不满鲁国执政季桓子的所为，离开鲁国周游卫、宋、陈、蔡、楚等国，然而其政治主张不为各国君主所采纳，后又回到鲁国，以讲学授徒为业。史载，其弟子有三千人，其中身通“六艺”者七十余人。孔子主张“仁政”，提出“为政以德”“仁者爱人”等观点，反对苛政聚敛。其思想经汉代董仲舒以来历代学者的补充、修正、改造，成为我国封建社会的统治思想。其整理编辑《诗》《书》《礼》《乐》《易》，增删《春秋》，后世合称“六经”，尊奉为儒家经典。而他在教育方面提出的有教无类、教学相长、因材施教等主张，也对古代教育的发展起到积极的推动作用。孔子也被历代统治者尊奉为至圣先师。他的言论事迹，主要见于由其弟子和再传弟子所纂辑的《论语》。

【孔子家语】 书名。主要记录孔子及孔门弟子的思想言行。《汉书·艺文志》曾著录，原书失传。今传本10卷44篇，系三国魏王肃收集整理。唐代论儒学，颇重此书。然自宋以后，受疑古思潮影响，有的学者以此为伪书，以为是王肃所伪撰。近年来，随着对《孔子家语》研究的深入，确证为先秦旧籍。书中所载孔子言论及孔门传承方面的资料，是研究孔子思想和孔门之学的重要史料。除此之外，书中还保留了大量的儒门师徒对《诗》《书》《礼》《乐》《易》《春秋》的评论，是研究先秦文学史和文学思想的重要史料。

K

【空印案】 空，kòng。明初朱元璋严惩地方官吏使用空白盖印文书至户部结算钱谷的案件。该案的起因是官员在呈报给户部的收支账目等文书上预先盖上印章，待到用时再填写具体内容，朱元璋认为这是利用空白文书簿册作弊。涉案的户部尚书至各地长官主印者数百人皆处死，佐贰官以下杖责充军，株连达上万人。

【口北】 明清长城关口以北地区。因长城关隘多称口，如古北口、喜峰口、张家口、杀虎口等，故名。也称口外。泛指长城以北，习惯上多指今北京以北重镇张家口以外地区。口北地区因其地理位置的特殊性，曾是军事重地，也是中原王朝与北方游牧民族交流的重要场所。

【口分田】 按人口分给的田地。北魏称"露田"，隋唐改称口分田。唐制，开元二十五年（737）令，丁男给田百亩，其中二十亩为永业田，八十亩为口分田。老男及重病残废的人，给口分田四十亩，寡妻妾给口分田三十亩。口分田不得买卖、继承，耕者死亡后，即退还官府。

【口赋】 汉代向未成年人征收的人头税。汉初定其标准为七至十四岁每人每年二十钱，归朝廷少府管理，用于皇帝私奉养。武帝时提前至三岁起征，加三钱供补充车骑马匹用，元帝时从贡禹建议，复为七岁起征。魏晋以来渐演变为丁口税中的"黄""小"税额。

【口技】 传统民间表演技艺，属杂技的一种。演员运用口腔发音技巧来模仿各种声音，表演时配合动作以加强真实感。演员坐在帐幔内，配以极简单的器具，通过声音表演简单的情节，观众隔幔聆听。口技作为表演艺术到了宋代已相当成熟，常隔壁表演，所以俗称隔壁戏，又叫像声。为宋代瓦舍娱乐技艺，明清两代较流行。四川相书，即为隔壁戏的发展。

【口券】 宋朝军队出戍或就役时发放的钱粮补助凭证。当禁兵出戍边疆或厢军在外地服役时，政府会发放口券。持有口券的士兵可凭此领取钱币或者折算成粮食。这种制度在宋金绍兴和议之后发展出了生券和熟券之分。生券指戍边军队的补助凭证，熟券则是驻地留守军队的补助凭证。两者的价值根据时间和地点的不同而有所差异，但通常情况下生券的价值高于熟券。

【寇准】 （961—1023）北宋政治家、诗人。字平仲，华州下邽（今陕西渭南）人。太平兴国五年（980）中进士，曾两度拜相。直言敢谏，景德元年（1004）辽兵攻宋，他力主抗辽，促使真宗亲征，前往澶州（今河南濮阳）督战，与辽订立澶渊之盟。善诗文，七绝尤佳。有《寇莱公集》。

【苦海】 佛教指充斥着烦恼、苦难的人世间。后也以此比喻艰难困苦的境遇。

【苦行】 宗教修行方法。即摒除所有物质享受和个人欲望，以严苛的自律和常人难以承受的痛苦修行、磨炼意志。

【库平】 清朝部库征收各项租税、出纳银两所用的衡量标准。康熙五十二年（1713）御定《数理精蕴》规定各种物体方寸的重量，如黄铜方寸重6.8两等于库平一两的重量。光绪三十四年（1908）农工商部和度支部拟订划一度量衡制度，规定库平一两等于37.301克。

【绔】 kù。古代一种只有裤腿、没有裤裆的下身服装。也作袴、绔，也称胫衣。穿着时两条裤腿分别套膝后用带子系在腰上，外面再罩上较长的外衣。古代把细绢做的裤子称作“纨绔”，穿这种高档材料的裤子一般都是富家子弟，故后世经常用“纨绔”特指公子王孙、贵族子弟。

【夸父追日】 出自《山海经》。相传一个名叫夸父的人跟太阳赛跑，最终口渴而死。后用来形容人征服自然的意志坚定；也用来形容不自量力。

【会计录】 会，kuài。朝廷统一编制的全国财政收支簿。历代有之，名称不一，唐称“国计簿”，宋以来称此。常确定某个时限，以各地申报的籍账为基础，按当时会计体制和收支项目归类整理而成。现存最完整的会计录是《万历会计录》。

【脍】 kuài。把鱼、肉切成细碎状。古人一般将脍佐以盐、醋，在不同的季节，搭配以不同的辛菜调味，如《礼记》中记载，“春用葱，秋用芥”。孔子也说“食不厌精，脍不厌细”。又引申为细切鱼肉。历史上关于“脍”的著名典故，出自南朝宋刘义庆《世说新语》：晋代张翰因见秋风起，想起家乡吴中的菰菜、莼菜羹和鲈鱼脍，感慨人生贵在顺心适意，不能因功名去家千里。于是辞官而去。

【款识】 识，zhì。古代钟鼎彝器上铸刻的文字。款识之说有三：1. 阴字凹入者为款，阳字突出者为识。2. 款在器外，识在器内。3. 花纹为款，篆刻为识。书画作品上的署名题款也称款识。

【匡庐】 庐山的别称。也称匡山。在江西九江南。相传古代有匡姓兄弟结庐隐居于此，故名。据东晋僧人慧远《庐山记略》，商周时，有一个人名叫匡裕（一说为匡俗），得道于仙人，隐居于崖岫，故后人将其所居之处称为匡庐。庐山群峰林立，草木葱茏，云海翻腾，其主峰汉阳峰海拔1474米，香炉峰、五老峰、含都口、仙人洞、白鹿洞、三叠泉等皆为胜迹。唐代白居易曾有“匡庐奇秀，甲天下山”的赞叹，李白《望庐山瀑布》、苏轼《题西林壁》更是流传至今、脍炙人口的名作。

【矿课】 古代官府征收的矿冶税。始于南朝，唐宋矿业仍多官营，听民私采则课税。元代多民营，常立提举司管理，税入官府及帝、后私库。明代矿禁时严时松，收入统归皇帝内库，后期常遣宦官督采而成弊政。清代康熙以来矿禁渐开，民矿所产除官购外，其余纳税。

【葵】冬葵。也称葵菜、滑菜、冬寒菜、冬苋菜。古代“五菜”之一，被尊为“百菜之主”。其嫩叶可做羹汤，味道鲜美。《乐府诗集·长歌行》有“青青园中葵，朝露待日晞”之句。其中的“葵”，有人解释为葵花（向日葵），显然不实，因为葵花原产于美洲大陆，直到明代万历年间才引入中国。

【葵丘之盟】公元前651年，齐桓公召集诸侯在葵丘（今河南民权东北）举行的会盟。齐、鲁、宋、卫、郑、许、曹等国之君共与此盟，周襄王也派人参加，表彰齐桓公尊王攘夷之德。葵丘会盟的主旨在于和平修好，让人民休养生息、发展经济。

【夔东十三家】明末清初活跃于夔州（长江三峡南北一带）以东地区的多家抗清武装。也称川东十三家。实有十六营，以沿袭农民军习用的名称，叫“十三家”。用南明永历年号。由刘体纯、王光兴主持军务，拥有北起房、竹，南至巫、巴，西达万县（今重庆万州），东至施州卫，包括今神农架在内的广大地区。务农练兵，且屯且战。常出奇兵，牵制南下清兵。清康熙二年至三年（1663—1664）间，清军大举围攻，袁宗第、刘体纯、郝摇旗等均不屈战死，至李来亨举家自焚，夔东十三家始告失败。

【夔门】古代东入蜀道的重要关隘，兵家必争之地。位于重庆奉节瞿塘峡西口，故又称瞿塘关。两岸高崖壁立，高数百丈，宽不及百米，崖下大江汹涌湍急，呼啸奔腾。古代船行此处，凶险异常，令人心悸，素有“夔门天下雄”之称。三峡大坝建成后，水位上升，水流变缓，高峡出平湖，又是另一番雄伟景象。

【昆腔】戏曲声腔。也称昆曲、昆剧。因元末明初产生于昆山（今属江苏），故称。与海盐腔、余姚腔、弋阳腔并称“南戏四大声腔”。至嘉靖年间，魏良辅等融会革新，吸收海盐、弋阳等腔和当地民间曲调为昆腔，逐渐臻于完善，以词曲儒雅华丽、行腔婉转细腻、表演方式丰富著称。明末至清前期为鼎盛时期，清中叶以后逐渐衰落。

【昆仲】对他人兄弟的敬称。昆，兄弟中排老大。仲，兄弟中排老二。

【裈】kūn。古代指有裆的裤子。有长短两种，一种裤腿长至膝，可外穿；另一种是短裤，属内穿裤。

【髡钳】髡，kūn，剃掉犯人的全部或部分头发。钳，用刑具锁住犯人的脖颈。古人认为身上的一切是父母给的，绝不能有丝毫损伤，爱护身体如同敬爱父母，所以被剃发就成为一种刑罚。汉时已有此二刑，多并用。大约在北周废除此刑。

L

【喇嘛】藏传佛教对高僧的尊称。藏语音译，意思为“上师”。也是汉族人对内蒙古、青海、西藏等地藏传佛教僧人的统称。

【腊八】古代传统节日。在农历十二月八日。相传是佛祖释迦牟尼成道的日子，因此也称成道节。腊八民间普遍有喝腊八粥的风俗。据说释迦牟尼成道前苦修六年，几无所获。一天在河中沐浴时，吃了牧女送的乳糜，恢复了精力，在毕钵罗树下悟了道。后来他的弟子为了纪念释迦牟尼，也为了感谢牧女，在腊八这天手捧钵盂，上街化缘，将化来的米、枣等煮成粥，发给挨饿的人们。民间纷纷效仿，遂成风俗，直至今日。

【腊日】岁末祭祀百神、庆祝丰收的节日。古人于年终岁末猎取野兽，用以祭祀先祖。汉代以冬至后第三个戌日为“腊日”，后来改为十二月初八日。

【兰亭】亭名。位于浙江绍兴西南兰渚山下。东晋书法家王羲之曾居住于此。东晋永和九年（353）三月初三日，王羲之邀约谢安等文人贤士于兰亭修禊，挥笔写下被后世誉为“天下第一行书”的《兰亭集序》，兰亭因而闻名天下。今兰亭是魏晋名士文化的重要纪念地。布局主要由流觞亭、王右军祠等古建筑和碑刻组成。其中最为醒目的是唐宋以来众多书法大家临摹的《兰亭集序》十余种，凸显了兰亭所蕴含的深厚历史文化价值。

【栏杆】建筑物的楼、台、廊、梯等边缘处的围护构件。也作“阑干”。一般为木质或石质材料制成。用于宫殿、楼阁或其他大型建筑物的外廊边，起保护作用；也用于临水的廊道、亭榭或曲道上，作为扶手，还安装在廊道边的坐凳上作为靠背、扶栏，具有防护功能和装饰作用。

【蓝】植物名。即蓼蓝。从其叶中可提制蓝靛，用作染料。《齐民要术》中详尽记载了以蓝草制取蓝靛的方法，这是世界上最早制作蓝靛的操作工艺记载。

【蓝田人】晚期猿人化石。也称蓝田直立人。1963—1964 年发现于陕西蓝田陈家窝和公王岭。距今 115 万—65 万年。考古工作共发现头盖骨一具、上下颌骨各一具和牙齿三枚。头盖骨特征为：骨壁极厚，额骨宽且明显向后倾斜；眉嵴粗壮，头骨高度甚小。这表明较北京猿人更为原始。化石出土地还发现旧石器时代初期的打制石器，如刮削器、石片等。其伴生动物化石包括剑齿虎、短角丽牛、水鹿等。

【揽织】明清丝织业中的承包方式。也称揽机。多见于苏州、南京等地，即由工匠或机户向大机户领取织机和原料进行加工，按所产绸匹计算工银。

【郎】古代官名。郎官的泛称。皇帝侍卫官的通称，有郎中、中郎、外郎、侍郎、议郎等。议郎掌顾问应对，比较特殊。其他诸郎皆“掌守门户，出充车骑”。战国始置。秦汉，属郎中令，有侍郎、郎中，为侍从之职。西汉依职责不同，有郎中、中郎、外郎、侍郎、议郎等，无定员，皆隶郎中令。太初元年（前104）改隶光禄勋，后置期门、羽林作为属官，因是郎的一类，故称期门郎、羽林郎。东汉于光禄勋下设五官、左、右中郎将署，主管诸中郎、侍郎、郎中，实为储备官吏人才的机构，其郎官多达两千余人。尚书、黄门等机构则设专职郎官。魏晋以来，尚书、中书、门下诸官署所设郎、郎中、侍郎皆为固定官职。唐宋以后又为散阶官名称，位次大夫。

【郎官】侍郎、郎中等供职于郎署，侍从护卫皇帝或受命办事的官员。秦置郎中令，多由高官子弟入宫执事，执掌护卫陪从，可随时建议。汉因秦制不变，有议郎、中郎、侍郎、郎中等名目。南北朝时为对尚书郎中、侍郎之统称。隋唐以后泛称尚书省左、右司及六部诸司郎中、员外郎。唐以后郎官的设置基本上无大变革。

【郎君】①汉任子制规定：二千石以上的官吏，任满三年，即可保举子弟一人为郎官。后来门生故吏因此称师门或长官的子弟为郎君。也用来通称贵家公子。②唐代用来称新进士。③女真宗室和贵臣也有“郎君”之称。

【郎窑】古代名窑。窑址在今江西景德镇。康熙四十四年到五十一年（1705—1712），江西巡抚郎廷极奉命在景德镇督造官窑，因而得名。其中，以仿制明代宣德的宝石红釉最为成功，习惯上被称为“郎窑红”。

【郎中】古代官名。战国时为近侍之称，秦置为官，与侍郎同隶郎中令，以其为郎官居禁中，故曰郎中。掌管门户、车骑等事；内充侍卫，外从作战。另尚书台设郎中司诏策文书。晋武帝置尚书诸曹郎中，为尚书曹司之长。隋唐以后，六部皆置郎中，遂为诸司之长，分掌各司事务，迄清末始废。也为郎中令省称。

【廊庑】庑，wǔ。主建筑周边的廊屋总称。廊指主建筑檐下无墙围护的通道或区域。庑指主建筑周围的走廊、廊屋。

【老鸨】鸨，bǎo。开设妓院的老妓或妓女的养母。一说，因鸨这种鸟体形似雁而略大，无后趾，虎纹，喜淫而无厌，诸鸟求之即就，故名。

【老残游记】长篇小说。清末刘鹗著。共二十回。为“晚清四大谴责小说”之一。叙述了江湖医生老残游历山东各地的活动和见闻，对当时某些官吏的残暴昏庸有所揭露，着重抨击那些以清官之名，行酷吏之实的虐民行为。

【老马识途】《韩非子》记载，春秋初期，管仲随齐桓公征伐孤竹国，春往秋返，迷失道路。于是管仲让老马走在前面，最终找到了归途。后人用以比喻阅历多的人富有经验，熟悉情况，能为先导。

【老婆】男性配偶的称谓。“老婆”一词最早出现于唐代，指老年女性。宋代“老婆”中“老”字逐渐虚化，开始指称妻子，如宋吴自牧《梦粱录》：“时运来时，买庄田，取老婆。”明代“老婆”已是很常见的指称妻子的词语。“老婆”指称妻子既是语言发展变化的结果，也是宋元明清世俗文化迅速发展在称谓上的体现。

【老爷】 ①古时对官绅或有权势者的尊称。②方言里对外祖父的称呼。③古时某些地区对出家人的尊称。④指守护神。今广东潮汕地区每年农历正月期间有“营老爷”“拜老爷”的隆重祭祀习俗。

【老庄】 道家学派的代表人物老子和庄子的合称。也指道家学派。

【老子】 春秋时思想家，道家学派的创始人。一般认为即老聃，姓李，名耳，字伯阳。楚国苦县（今河南鹿邑东）人。做过周朝管理藏书的史官，孔子曾向他问礼，后退隐，著《老子》五千言。《老子》中用“道”来说明宇宙万物的演变，提出“道生一，一生二，二生三，三生万物”。认为一切事物都有对立的正反两面，一切事物的变化都是有和无的统一（“有无相生”），并指出“祸兮福之所倚，福兮祸之所伏”。这些观点对我国哲学的发展有深远影响。政治上提倡“无为而治”，以“小国寡民”的原始状态为理想社会。与庄子并称老庄。东汉末年，张道陵综合了道家的理论、民间的方术和神话传说等创立道教，奉老子为教主，尊为“太上老君”。

【罍】 léi。古代盛酒或水的器皿。多为青铜制或陶制。圆、方形兼有。小口、广肩、深腹、圈足、带盖，肩部有两环耳，腹下又有一鼻。盛行于商周时期。

【耒耜】 lěisì。古代农具，用于掘土。原始社会的人们在农耕时，用一头尖的弯木棒在地上挖出一条浅沟，用于撒种。这种弯木棒即耒，其尖头位置称为齿。耜是耒下端的起土部分，初为一根短木，横绑于靠近齿的部分。人们将齿插入土壤，再用脚踩横梁，使齿进一步入土，较之以耒掘地，耒耜配合使用能将地掘得更深。据考古发现，早期耒耜有单齿的，也有双齿的。随着生产力的发展，人们对原始耒耜做了改进，齿和耜的部分变化为板状刃，多为石、骨、蚌壳等制成，后又有青铜、铁等金属铸件，有长方形、桃形、舌形等不同形状，材料强度更大，掘地更加事半功倍。由于耒耜是非常古老的农具，故后世常以“耒耜”用作耕地农具的总称。

【诔】 lěi。古代用以表彰死者德行并致哀悼的文辞，并以之定谥，多用于上对下。后来成为哀祭文体的一种。通常是先叙生平，次颂功德，末言哀。用韵文或散文形式写成。

【类书】 古代将各门类或某一门类的文献资料辑录出来，按照一定的方法（如按类、韵、字等）编排，以便于查检和征引的工具书。曹魏时期编纂的第一部类书《皇览》现已散佚。以后历代都有编纂，但大多数都已经散佚。著名的有唐代《北堂书钞》《艺文类聚》《初学记》，宋代《太平御览》《册府元龟》，明代《永乐大典》，清代《古今图书集成》等。类书中保存下来的一些零篇单句，对于作品辑佚、校勘等有很大的价值。

【厘钞】 元代的一种纸币，面值分为二文、三文、五文三种。元人称钞一贯为一两，百文为一钱，十文为一分，一文为一厘，故五文以下钞为厘钞。

【离骚】《楚辞》篇名。战国时期屈原作。关于"离骚"之义，古人有不同的说法，或认为"离"通"罹"，"离骚"即遭遇忧愁；或解释为离别的忧愁；或认为"离骚"即牢骚。全诗前半部分主要表达了屈原对楚国命运的深切关怀和对自己政治理想的坚持。后半部分则通过幻想和象征的手法，描绘了屈原面对理想与现实冲突时的内心煎熬。全作表达出强烈的爱国主义情感，而其绚丽的辞藻、宏大的结构对我国文学的发展影响深远。开创了一种新的文学体裁"骚体"。

【梨园】唐玄宗时教练宫廷歌舞艺人的场所。唐玄宗选乐工三百人，宫女数百人，教授乐曲于梨园，亲自订正声误，称皇帝梨园弟子，也称梨园弟子。后以"梨园"泛指戏班或演戏之所，以"梨园弟子"泛指戏曲演员。

【犁】一种耕地翻土的农具。早期犁身为木质，用于翻土的部位称为铧，为石制，后为青铜铸造，战国时改为铁铸。唐代后期出现的曲辕犁，可调节吃土深浅，一直沿用至今。

【黎】民族名。相传为古代骆越的后裔。主要分布于海南，从事农业，以纺织业见长。宋元之交，黄道婆流落到崖州，向黎族人学习纺织技艺，并在此基础上，改革轧花车、弹棉椎弓、纺车等纺织工具以及织造、配花、织花等技术，对我国的棉花种植和纺织业的进步起到很大的推进作用。

【黎民】古代最初有封地有官爵的人统称"百姓"，而庶民称为"黎"。后泛指众民、平民。也称黎庶、黎氓。如孟子对梁惠王论述仁政时说"黎民不饥不寒"。一说黎与黔都有"黑色"意，故黎民与"黔首"同指百姓、民众。

【缡】lí。也作"褵"。古代女子出嫁时所系的佩巾。出嫁时由母亲系在女儿身上称作"结缡"，以此告诫女儿至夫家后要勤谨。这既是一种装饰，也是一种礼节。

【藜】lí。植物名。似藿而茎红紫色，幼苗可做菜蔬食用，古人常以"藜藿"并举，用以指代粗劣的饭菜。藜的老茎可做拄杖，称"藜杖"。

【礼】①本指敬神。始见于卜辞，指祭神的器物和仪式，即用器皿盛双玉作为供奉，以表示对天神和先祖的敬重。引申为表示敬意的通称。②由风俗习惯而形成的为大家共同遵奉的仪式。如婚礼、葬礼。③指古代社会的行为准则和道德规范。春秋时郑国子产较早提出礼是上天的规范和大地的准则，是民众行为的依据。孔子对其进行全面论述，提出"克己复礼"。荀子主张用礼来节制人们无度量的欲望。战国末期和汉初的儒家主张用礼来调节人欲，使它符合儒家的道德规范。汉代将礼规定为五常（仁、义、礼、智、信）之一。礼对中华民族精神素质的培养起到了重要作用。

【礼部】古代官署名。朝廷掌管礼乐、祭祀、封建、宴乐及学校贡举的官署。魏晋称"祠部"。北魏称"仪曹"。北周始称"礼部"。隋唐以后为六部之一，管理国家的典章制度、祭祀、学校、科举和接待四方宾客等事，长官为礼部尚书。历代相沿不改。如清代纪昀曾任礼部尚书，参与了朝廷的礼仪、祭祀和书籍编纂工作，主持编撰了《四库全书总目提要》，还主持了

《大清一统志》的编纂工作。清末废部，改设典礼院。

【礼记】 古代儒家经典之一。先秦至汉初儒家论述各种礼仪的著作选集。成书于西汉。后世流传下来的《礼记》有两个版本：一是戴德辑录选编本，共85篇，称《大戴礼记》，这个版本到唐代时，只剩下39篇。二是戴德的侄子戴圣辑录的选本，有49篇，包括《曲礼》《檀弓》《王制》《月令》《礼运》《学记》《乐记》《中庸》《大学》等，称《小戴礼记》。如今通行版的《礼记》是《小戴礼记》，是研究古代社会状况、儒家学说和文物制度的重要资料。

【礼义廉耻】 古人提倡的四种道德准则，认为是治国的四纲。也称“四维”。礼，即崇尚礼仪，知礼守法，行为规矩。义，即按照义的要求行事，处事公道，取舍有度。廉，即廉洁不染，大节无亏。耻，即知耻，行已有耻，自律慎独。春秋初期政治家管子从整体上提出“礼、义、廉、耻”思想，将其作为“国之四维”，强调“四维不张，国乃灭亡”。今泛指一般的道德规范。

【李白】 （701—762）唐代诗人。字太白，号青莲居士。祖籍陇西成纪（今甘肃静宁西南），出生于碎叶城（唐时属安西都护府，在今吉尔吉斯斯坦北部托克马克附近）。幼时随父迁居绵州昌隆（今四川江油）青莲乡。少年即显露才华，吟诗作赋，博学广览，并好击剑行侠。25岁离川，长年在各地漫游，饱览祖国名山大川。天宝初曾因诗名供奉翰林，但不受重视，又遭权贵谗毁，不久离开长安。天宝三载（744），在洛阳与杜甫结交。安史之乱中，怀着平乱的志愿入永王李璘幕府，李璘兵败后以“附逆”罪流放夜郎，中途遇赦东还。宝应元年（762）在安徽当涂病故。作为古代伟大的诗人之一，其诗风雄奇豪放，想象丰富，语言流畅自然，音律和谐多变，极富浪漫主义色彩和艺术魅力，被誉为“诗仙”。与杜甫齐名，世称“李杜”。今存世诗文千余篇，有《李太白集》。

【李冰】 战国时水利家。秦昭王时被任命为蜀郡守。在总结前人治水经验的基础上，与其子在成都平原西部的岷江上修筑都江堰。这一水利工程两千多年来一直发挥着防洪灌溉的作用，使成都平原从水旱交加变成沃野千里。后世在都江堰修有二王庙以纪念李冰父子。

【李龟年】 唐代宫廷乐师。妙解音律，善于歌唱作曲，又善奏羯鼓、筚篥，兄弟李彭年、李鹤年都很有名。安史之乱爆发后，流落江南，每逢良辰美景，就为人歌唱数曲，听者莫不感动落泪。诗人杜甫作有《江南逢李龟年》。

【李贺】 （790—816）唐代诗人。字长吉，福昌（今河南宜阳西）人。父名晋肃，因“晋”与“进”同音，为避家讳，不得应进士科考。韩愈曾作《讳辩》为其鸣不平。官奉礼郎，郁郁不得志，死时仅27岁。相传李贺常骑驴出门，带着小书童，背着古锦囊，途中得佳句，即书后投入囊中，傍晚回去后整理成篇。其诗歌继承屈原的浪漫主义精神与汉魏六朝乐府的传统，熔铸词采，驰骋想象，好用古代神话传说，以营造新奇瑰丽的诗境，在中唐诗坛上独树一帜，被称为“长吉体”。人称“诗鬼”。有《昌谷集》。

【李悝变法】 悝，kuī。公元前455—前395年，魏文侯任用李悝推行的改革。主要内容是发展农业，选拔人才，严明法制。李悝在政治上主张废止世袭贵族特权，选贤任能，赏罚严明。经济上主要实行尽地力、平籴、均田等政策，鼓励农民精耕细作，增加产量，国家在丰年以平价购买粮食，荒年则以平价出售。变法促进了魏国的发展，使魏国因此而富强，在我国历史上产生了深远的影响。

【李隆基】 （685—762）即唐玄宗。也称唐明皇。公元712—756年在位，是唐朝在位时间最长的皇帝。唐睿宗之子。唐隆元年（710）与太平公主合谋发动政变，杀韦后，拥父睿宗即位。延和元年（712）受禅即位，改元“先天”。次年，杀太平公主及其党羽，政权巩固，改元“开元”。任用姚崇、宋璟、张说、张九龄为相，整顿武周后期弊政，宽刑薄赋，倡导节俭，社会安定，经济繁荣，史称“开元之治”。主张“以孝治天下”，曾亲自注释《孝经》。后期任用李林甫、杨国忠等奸臣，政治腐败，又好声色，宠爱杨贵妃，奢侈荒淫，怠慢朝政，中央政权逐渐削弱，镇守各地的边将形成割据势力。天宝十四载（755）安禄山起兵，安史之乱爆发，次年叛军攻破长安，仓皇逃到四川。诸将拥立太子亨（肃宗）即位于灵武（今宁夏灵武西南），李隆基被尊为太上皇。至德二载末（758年初）回到长安，后抑郁而死。

【李梦阳】 （1473—1530）明代文学家。字献吉，自号空同子，庆阳（今属甘肃）人。弘治七年（1494）进士，历任户部郎中、江西提学副使等职。反对明初“台阁体”浮薄华靡的文风，诗文标榜复古，倡言“文必秦汉，诗必盛唐”。创作强调真情，重视格调，肯定“真诗乃在民间”。但盲目尊古，徒尚形式，末流至以模拟剽窃为能，以艰深的文字掩盖内容的浅薄，受到后世批评。与何景明、徐祯卿、边贡、康海、王九思、王廷相号称“前七子”。有《空同集》。

【李攀龙】 （1514—1570）明代文学家。字于鳞，号沧溟，历城（今山东济南）人。嘉靖二十三年（1544）进士，官至河南按察使。继“前七子”之后倡导文学复古运动，与王世贞、谢榛、宗臣、梁有誉、徐中行、吴国伦号称“后七子”。其作品以模仿先秦汉人为能，认为秦汉以后无文章。其文佶屈聱牙，成就不大。诗歌推崇汉魏古诗、盛唐近体，所编《古今诗删》宋元诗一首未录，可看出其论诗宗旨。有《沧溟先生集》。

【李清照】 （1084—约1155）南宋女词人。号易安居士，齐州章丘（今山东济南章丘区西北）人。学者李格非之女。早期生活优裕，18岁嫁给太学生赵明诚为妻。夫妻琴瑟和谐，时相唱和，又共同收集古代金石书画与典籍，所作词多表达闲适及相思之情。随着金兵进犯，宋室南渡，逃至南方避乱。南渡后赵明诚病逝于建康（今江苏南京）。此后，她只身漂泊于越州、杭州、台州、金华一带，于辗转流离中，文物尽失，晚年生活凄凉孤苦，整理完成赵明诚所著《金石录》。这一时期的作品，多慨叹身世，情调感伤，词风转为哀怨凄苦。作为婉约派词人的代表，其词善用白描手法，语言清丽。论词则强调合于声律，提出词“别是一家”之说，反对以作诗文之法作词。其诗留存不多，多感时咏史之作，情辞慷慨，代表作如《夏日绝句》等。作品多亡佚，后人辑为《漱玉词》。

【李汝珍】 （约1763—约1830）清代小说家。字松石，号北平子，大兴（今属北京）人。博学多才，涉猎经史百家，精通文学、音韵、围棋等。晚年写成长篇小说《镜花缘》，赞扬女子才能，对男尊女卑的观念和封建社会的某些现象有所批判。另有《李氏音鉴》《受子谱》。

【李善】 （？—689）唐代学者。扬州江都（今江苏扬州）人。曾任崇贤馆直学士、兰台郎等职。学识渊博，但不善作文，人称“书簏”。曾被流放到姚州（治今浙江余姚北），遇赦还，寓居汴（今河南开封）、郑（今河南郑州）一带，以讲授《文选》为业，号“文选学”，学生多自远方而至。所作《文选注》60卷，征引广博，材料丰富，语源、典故注释详尽，广为流传，为后世治《文选》者所重视。

【李商隐】 （813—858）晚唐诗人。字义山，号玉谿生，怀州河内（今河南沁阳）人。少年时为牛僧孺一派的令狐楚所赏识，开成二年（837），受令狐楚子令狐绹的推荐，中进士。次年，入李德裕一派的泾原节度使王茂元幕为掌书记，王茂元深爱其才，把女儿嫁给他。此事被牛党视为“背恩变节”。宣宗时，牛党执政柄，他屡遭摈斥，长期在外为幕僚，潦倒终身。李商隐诗文兼擅。其骈体文，所作以书启奏札为多，用典奥博，与温庭筠、段成式齐名，因三人都在家族里排行十六，时称“三十六体”。诗歌擅长律、绝，富于文采，构思精密，情致婉曲，风格独特。其弊端在于用典太多，导致诗旨隐晦。《锦瑟》与《无题》诸诗，为世所推崇。与杜牧并称“小李杜”，又与温庭筠并称“温李”。有《李义山诗集》。文集已散佚，后人辑有《樊南文集》《樊南文集补编》。

【李时珍】 （1518—1593）明代医药学家。字东璧，号濒湖，蕲州（今湖北蕲春）人。祖、父皆从医。他继承家学，致力于药物和脉学研究，重视临床实践与革新。常上山采药，向农民、渔民、樵夫、药农、铃医请教，并参考历代有关书籍八百余种，对药物加以鉴别考证，纠正古代本草书籍中药名、品种、产地等错误，又收集整理宋元以来民间发现的药物，充实内容，经二十七年的努力，著成《本草纲目》。另有《濒湖脉学》《奇经八脉考》《脉诀考证》流传于世。

【李世民】 （599—649）即唐太宗。公元626—649年在位。唐高祖李渊次子，随其父起兵灭隋。李渊即位后，封为秦王。武德九年（626）发动“玄武门之变”，杀死太子李建成、齐王李元吉，被立为太子并即位，改元“贞观”。在位期间轻徭薄赋，任贤纳谏，社会安定，经济复苏，史称“贞观之治”。贞观四年（630）击败东突厥，后相继平定吐谷浑、高昌，置安西都护府，被铁勒、回纥等族尊为“天可汗”。贞观十五年（641），以文成公主嫁吐蕃赞普松赞干布，加强汉藏两族联系。著作有《帝范》等。

【李斯】 （?—前208）秦朝政治家。楚上蔡（今河南上蔡西南）人。初为郡小吏，后从荀子学儒习法。战国末入秦，初为秦相吕不韦舍人，后被任为客卿。秦王政十年（前237），因为韩国水工郑国事件，宗室贵族建议逐客，秦王下令驱逐六国客卿，他上《谏逐客书》谏阻，被秦王采纳。秦统一天下后，被任为丞相，其间，推行郡县制，下禁书令，变籀文为小篆。秦始皇死后，与赵高定谋，矫诏杀长子扶苏，立少子胡亥为帝，即秦二世。后被赵高以谋反罪名腰斩于咸阳。工书法，传说泰山、琅邪等处刻石均为其所书。著有《仓颉篇》，已佚。

【李渔】 （1611—1680）明末清初文学家、戏曲家。字笠鸿、谪凡，号笠翁。浙江兰溪人。明末诸生，入清后绝意仕进。初寄寓杭州，又迁居金陵（今江苏南京），以所居芥子园开设书铺，编刻图籍。工诗文，尤以戏曲、小说名世。有诗文集《笠翁一家言》，戏曲集《笠翁十种曲》，小说集《无声戏》。另有杂著《闲情偶寄》。

【李煜】 （937—978）煜，yù。五代南唐君主、词人。初名从嘉，字重光，号钟隐、莲峰居士。彭城（今江苏徐州）人。南唐中主李璟第六子，也是南唐最后一位国君。公元961年即位，在位十四年，史称“李后主”。975年，宋攻破南唐，被俘至汴京（今河南开封），后被宋太宗毒死。在书法、绘画、音律、诗文方面均有造诣。其词以亡国为界限分为前后两个时期。前期作品带有鲜明的帝王生活的印迹，多为流连光景之作。后期作品则抒发亡国之后的深悲剧痛，表现了浓厚的感伤情绪。代表作有《虞美人》（春花秋月何时了）、《浪淘沙》（帘外雨潺潺）、《破阵子》（四十年来家国）、《乌夜啼》（无言独上西楼）等。后人把他和父李璟的词合刊为《南唐二主词》。

【李渊】 （566—635）即唐高祖。唐王朝的建立者，公元618—626年在位。字叔德，远祖出自陇西成纪（今甘肃静宁西南）。七岁袭封唐国公，隋大业十三年（617）任太原留守。乘隋末天下大乱之机起兵太原，攻占长安。义宁二年（618），李渊接受隋恭帝的禅让称帝，建立唐朝，定都长安。武德九年（626）“玄武门之变”后，禅位于次子李世民。

【李贽】 （1527—1602）贽，zhì。明代思想家、文学家。号宏甫，又号卓吾，别号温陵居士、百泉居士。泉州晋江（今福建泉州）人。反对礼教，抨击道学，自标异端，屡遭明廷迫害，终以“敢倡乱道，惑世诬民”罪名被诬下狱，自刎而死。在哲学上，继承并修正王守仁的“良知说”，提出“童心说”。在文学上，主张创作必须抒发己见，并重视小说、戏曲在文学上的地位。曾评点《水浒传》。著有《焚书》《续焚书》《藏书》等。

【李自成】 （1606—1645）明末农民起义领袖。陕西米脂双泉里人。参加闯王高迎祥农民起义军，英勇善战，崇祯九年（1636）高迎祥被俘就义，继为闯王，率众转战各地。其时中原灾荒严重，社会矛盾极度尖锐。他提出“均田免赋”等口号，得到广大人民的拥护，时有“杀牛羊，备酒浆，开了城门迎闯王，闯王来时不纳粮”的歌谣。崇祯十六年（1643）在襄阳称新顺王。次年建立大顺政权，年号永昌。崇祯十七年（1644）春攻克北京，明思宗自杀，明王朝覆灭。后因滋生骄傲情绪，丧失警惕。明将吴三桂勾结清军入关，联合进攻农民军。李自成迎战失利，退出北京，兵败南下，公元1645年在湖北九宫山被当地民团杀害。

【里】 古代民户聚居之处。每里所居户数因时代而不同。周制，二十五户为一里。春秋时，又有一里八十户之说。到了唐代，百户为一里。同里之人，称为里人，如外围有门，则称为里门。今城市里的“里弄”以及末尾带“里”的地名，如北京的“和平里”、武汉的“新余里”等都是这一说法的延续。由于里是乡的基本构成单位，所以里也是乡以下基层行政单位。掌管里事务的人，称为里正、里吏、里君、里尹、里宰等。

【里耶秦简】 公元2002年6月至7月在湖南湘西里耶镇出土的秦代竹简。3.6万余枚。是秦王嬴政二十五年至秦二世二年（前222—前208）洞庭郡迁陵县的官署档案。内容非常丰富，包括户籍、垦殖、赋税、劳役、钱粮仓储、军用物资、道路管理、邮驿管理、奴隶买卖、刑徒管理、祭祀以及教育、医药等相关政令和文书。是对秦史资料的有力补充。

【理藩院】 清官署名。掌管蒙古、新疆、西藏、四川等地少数民族事务的机构。主管官员有尚书一人、左右侍郎各一人，由满洲贵族充任。额外侍郎一人，在蒙古贝勒或贝子中选任。下设六司，分掌部界、封爵、给俸、户口、耕牧、赋税、赈济、兵刑、交通、会盟、朝贡、宗教等事项。后金天聪年间设蒙古衙门，清崇德三年（1638）更名理藩院。光绪三十二年（1906）改名理藩部。

【理学】 宋明时期的儒家哲学思想。也称道学、宋明理学。因宋代儒生治经以义理阐释，兼谈性命为主，寻求儒经中大义和道理，故称理学。北宋时期，周敦颐、邵雍、张载、程颢、程颐等是理学的开创者，主张回归孔孟道统，提出天道、天理概念。南宋朱熹是理学的集大成者，他认为理先天地而存在，是宇宙的本体，把抽象的理提到永恒的、至高无上的地位。把三纲五常等封建伦理道德说成是天理，提出“存天理，灭人欲”的主张，为学主“即物而穷理”。在朱熹同时代，有陆九渊一派，提出“心即理也”“宇宙便是吾心”，与程朱派对立。明代王守仁发展陆九渊的学说，认为“心外无物”“心外无理”，心是宇宙万物的根源，为学主“明本心”“致良知”。明末清初黄宗羲、顾炎武、王夫之和后来的颜元、戴震对理学有所批判，理学逐渐衰微。

【醴】 lǐ。薄甜酒，以麦芽和黍酿制，因一宿即成，故酒味较淡。《汉书·楚元王传》“常为穆生设醴”，即此酒。

【力差】 差，chāi。明均徭内容之一。指应役户亲身充役，有皂隶、狱卒、书手、库子、门子、斗级、长夫、殷实、祗候、马夫、巡拦、铺司兵、驿馆夫等名目。多在近地承当。士绅享有免役特权。一条鞭法后，力差渐改银差（通过缴纳一定的银两来免除力役），并入田赋。

【力胜钱】 宋朝按商船载重量征收的税钱。起初对贩运粮食的商船免收，北宋中后期开始，渐向各种运输船只征收。苏轼在《乞免五谷力胜税钱札子》中曾就力胜钱的问题向朝廷提出了请求和建议。

【力役之征】 古代对成年男子所课征的徭役。有成年男子每年服规定期限的正役，也包括各种杂役，如筑城修路、开河作堤、运输物资及田猎、逐寇、伺捕盗贼、丧葬、祭祀等。初时力役是由特定原因（军事）征发并有特定劳役（搬运和炊事）的徭役。后代渐泛指官府强制征发的物料以外的一切无偿劳役。明均徭中服役者亲身承当的力差也名力役。清官府各项劳作虽出资雇募，仍有力役性质。

【历代名画记】 画论著作。唐代张彦远撰。成书于唐宣宗大中元年（847）。共10卷，分为三个主要部分：对绘画历史发展的评述与绘画理论的阐述、有关鉴识收藏方面的叙述、370余名画家传记。第1卷至第3卷为通论部分，详尽地论述绘画的源流、绘画的兴废、绘画六法、师资传授、南北时代、用笔等。其中“绘画六法”是对南齐谢赫提出的六法论的进一步阐述和发展，特别是他提出的“离形得似”的艺术理念，强调绘画不应仅追求形似，更要追求气韵生动，对后世的绘画艺术产生了深远影响。第4卷至第10卷则以画家传记为主，记录了从远古至晚唐会昌元年（841）的370余名画家，包括他们的姓名、事迹、画论等，为后世提供了极为珍贵的史料。《历代名画记》是我国第一部绘画通史，在我国绘画史学的发展中具有承先启后的里程碑意义，被誉为“画史之祖”。

【历代诗话】 诗话丛书。清何文焕辑。汇刻南朝梁钟嵘《诗品》以及唐、宋、元、明诗话，共27种、57卷，并附何氏自撰《历代诗话考索》1种。所选以议论精确、文笔有致、能发新义为标准，但对于一些内容可采而传本讹误较多、时无善本校订的诗话，则不予收录。

【历法】 推算日月星辰运行以定岁时节候的方法。历法大体分三类：阴历、阳历、阴阳历。阴历，以月亮的月相周期为一个月，十二个月为一年。阳历，以地球绕太阳一周的时间为一年。阴阳历，如我国的农历。阴阳历的特征是既重视月相盈亏的变化，又兼顾寒暑节气，年、月长度皆依据天象。历月和历年的平均值大致等于朔望月和回归年。大月30日，小月29日，每月以月相为起讫。平年12个月，全年354或355日，与回归年平均约差10日21时，故每3年置1闰，5年再闰，19年7闰。闰年13个月，全年384或385日。阴阳历比阴历优越，主要缺点是平年和闰年的日数相差过多。

【厉王专利】 公元前9世纪中期，周厉王任用荣夷公为卿士，实行的“专利”政策。主要内容是将原本属于国人的山林湖泽收归天子直接控制，禁止国人进入这些地方谋生，在这些地方进行活动如采药、砍柴、捕鱼捉虾、狩猎鸟兽等都需要纳税，甚至喝水、走路也得缴纳钱物。此举激化了王室贵族与平民的矛盾，引发了国人暴动，周厉王被驱逐出周都。

【立春】二十四节气之一。在公历的2月3日、4日或5日。是一年中的第一个节气，我国习惯将立春视为春季的开始。古时此日天子亲率公卿大夫出东郊，举行盛大的迎春典礼，以祈求丰年，奖励农耕。民间于此日有食春饼、戴春幡、打春牛等风俗。

【立冬】二十四节气之一。在公历的11月7日或8日。我国习惯以这一天作为冬季的开始。古时此日天子有出北郊举行迎冬之礼，并有赐群臣冬衣、抚恤孤寡之制。

【立枷】明清时的刑具。即用粗木棒制成笼子，笼顶开圆孔，以套住犯人颈部，使人昼夜直立，以致过劳而亡。或套枷时，在犯人脚下垫物，再抽走垫物，使人悬空窒息而死。此刑沿袭南朝梁时的“测罚”、陈时的“测立”。明代始创，清代沿用，辛亥革命后废除。

【立决】指判处死刑立即执行。也称决不待时。分斩立决与绞立决两种。如唐代法律规定，恶逆以上及奴婢、部曲杀主者立决。明代法律规定，犯“十恶”之罪应死及强盗者立决。清代对罪行特别严重的死刑犯，刑部的复文到则立即处决，不必再经朝审、秋审。

【立秋】二十四节气之一。在公历的8月7日、8日或9日。我国习惯以这一天作为秋季的开始。古代此日天子亲率公卿大夫迎秋于西郊。汉代，于郊礼之后，皇帝还须射死一牲，荐于宗庙，称为“貙刘”。宋代有立秋日戴楸叶的习俗。“楸”与“秋”谐音，人们取楸叶插戴，以应时序。

【立夏】二十四节气之一。在公历的5月5日、6日或7日。我国习惯以这一天作为夏季的开始。古时此日天子亲率公卿大夫出南郊，举行迎夏之礼，众皆穿赤衣，以符合夏神赤帝之意。同时以生肉、鲜果、五谷、茗茶祭祀古帝，后演变为立夏尝新之民俗。

【吏部】古代官署名。朝廷掌管官员选拔和任免的官署。西汉尚书有常侍曹，主管丞相御史公卿之事。东汉改为吏部曹，主选举祠祀，后又改为选部曹。魏晋以后都称吏部，置尚书等官，主管官吏任免、考课、升降、调动等事。班列次序，在其他各部之上。隋唐以后隶尚书省。元隶中书省。明始独立，直隶于皇帝。清末废，并其职掌于内阁。唐韩愈曾为吏部侍郎，故称其为“韩吏部”。

【吏目】古代官名。唐、宋有都孔目、孔目之官，后沿用。明代京、州各置吏目为参佐官，掌出纳文书或分领州事。清代于太医院、五城兵马司及各州置吏目，其职除太医院吏目与医士相同外，其余皆掌管缉捕、守狱及文书等官署事务。

【利玛窦】（1552—1610）天主教耶稣会传教士。意大利人，字西泰。精通历算及汉学。于明万历十年（1582）由印度果阿来华传教。初在广东肇庆传教。后任在华耶稣会会长。二十九年（1601）进京，进呈自鸣钟和《坤舆万国全图》等。他以学术广交中国士大夫。主张将孔孟之道和宗法敬祖思想同天主教相融合。研读四书五经，并作拉丁文释义和注释。也向中国介绍过一些西方的自然科学知识。著译有《几何原本》（与徐光启合译）等。身后葬于北京阜成门外。

【例贡】科举制度中贡入国子监生员之一种。也称例贡生。在清代的科举制度中，儒童或童生参加府县之试，合格录取者称为生员、庠生。在生员中再选拔一批人，升读国子监的称监生，其他的称贡生。贡生又分为拔贡、恩贡、副贡、岁贡、优贡，这五贡为正途资格出身。此外另有通过捐纳财物取得资格的，便称例贡。

【隶臣妾】秦汉时期，因犯罪、战争被俘，或亲属连坐被罚没为官府奴仆的犯人。男性称隶臣，女性称隶妾。服刑期间的劳役主要有种地，放牧，修筑城墙和官府的房屋，充当官营手工作场的工匠、士兵、狱卒，监视管理刑徒劳动等。秦时是终身刑徒，子女亦为官奴。年老无力时可免役。汉文帝时，定为有期刑，且只限于犯罪者本人。魏晋以后，历代都有类似的刑罚，但已不用此名。

【隶书】秦书八体之一。也称佐书、隶字。分秦隶、汉隶。由篆书简化演变而成。把篆书圆转的笔画变成方折，在结构上，把象形笔画隶书化，以便书写。讲究"蚕头燕尾""一波三折"。始创于秦代，到汉魏时期，隶书成为通行书体。

【荔枝】也作"荔支"。果树名，也指称荔枝树所结的果实。唐代杨贵妃爱吃荔枝，为了保证新鲜，沿途驿递快马加鞭，一刻不敢停息。杜牧《过华清宫》"一骑红尘妃子笑，无人知是荔枝来"即咏此事。北宋苏轼贬谪岭南地区时尝到荔枝的美味，留下了"日啖荔支三百颗，不妨长作岭南人"的佳句。

【郦道元】（约470—527）郦，Lì。北魏地理学家、散文家。字善长，范阳涿县（今河北涿州）人。青州刺史郦范的儿子。官至御史中尉，后任关右大使。好学博览，尤其留意地理之学。留心考索水道变迁和城邑兴废等地理现象，在旧有的《水经》基础上作注，撰成《水经注》一书。

【郦食其】（？—前203）Lì Yìjī。秦末陈留高阳乡（今河南杞县）人。家境贫寒，担任看管里门的小吏，生性狷狂，人们都称他为"狂生"。刘邦起义军至高阳时，他自称"高阳酒徒"求见，献计攻克陈留，封广野君。楚汉战争中，说服齐王田广归汉，然因韩信攻打齐国，齐王以为被出卖，将其杀死。

【鬲】lì。古代用来烹煮食物的炊器。新石器时代晚期开始出现，为陶制。商周时用青铜制。其形似鼎，圆腹，两耳或无耳，三足，足中空，方便炊煮时加热。春秋中期其制作使用开始减少，战国时已不多见，秦汉绝迹。

【笠】一种戴在头上遮雨的用具。制作材料因地制宜，如竹、莎草、油纸等，形式多样。春秋时期即被普遍使用，后逐渐发展成为"簦"，即伞。

【奁】lián。古代收放梳妆品的匣子。有盖，汉代多为漆木制，后也有陶制品。流行于战国至唐宋时期，形制多样，内分若干层。后成为一种可以开阖的梳妆镜匣。也泛指精致而小巧的匣子，如印奁、棋奁等。

【连枷】一种脱谷的农具。将一根长木棍的一端通过铰链和敲杆（一组平排的竹棍或木条）连接，操作者扬木棍另一端使敲杆旋转，敲击铺在地面上的作物穗荚，使籽粒脱落。

【连中三元】科举考试中称乡试的第一名为解元，会试的第一名为会元，殿试的第一名为状元。接连在乡试、会试、殿试中考取第一名称连中三元。据统计，我国自科举取士以来的1000多年间，连中三元者有17人。

【连珠】文体名。其体属韵文，不指说事情，借譬喻委婉表达其意。文辞华丽，每段文字用相同词语串接上下文意，如明珠历历相贯，故名。源于西汉扬雄所作之《连珠》。班固、贾逵等皆有作。后人加以扩充，有演连珠、拟连珠、畅连珠、广连珠等称。晋代陆机所作《演连珠》最为出色。

【连坐】坐，获罪。连坐，一人犯罪，其家属亲友邻里连同被处罚的制度。周代已有此制。战国时商鞅创设除亲属外邻里什伍连同惩处制，如规定当同什伍里有人犯罪时，里正和伍长在其管辖范围内不告发的，要负连带责任，一并处罚。汉武帝时规定，主管官吏明知其部下犯罪，但故意不督察举发的，以同样的罪名连坐。唐代法律规定，犯谋反大逆之罪的，其母女、妻妾、祖孙、兄弟、姊妹等要株连。清代扩大连坐范围，奸党、交结近侍、反狱、邪教等连坐。也称缘坐、相坐、从坐、随坐。

【帘官】科举考试中，乡试、会试考场的考官。因考场中有至公堂，其后有门，以帘隔之，故名。分内帘官与外帘官。始于宋。在内主考、同考谓之内帘官，主要职务为阅卷，并有内提调、监试、收掌等官，以管理试卷等事宜。外帘官为监临、外提调、监试、收掌、誊录等官所居，以管理考场事务。内帘官和外帘官不相往来，有公事则在内帘门问答授受。

【廉颇】战国时赵国上卿。赵惠文王时，屡胜齐、魏等国。曾居功自傲，看不起上卿蔺相如，后幡然醒悟而负荆请罪。长平之役，他率兵坚壁固守三年，使秦师无功而还。后来赵国中了秦的反间计，用赵括代替廉颇，大败于秦军，四十五万赵国士兵被坑杀于长平。于赵孝成王十五年（前251），战胜燕军，任相国，封信平君。赵悼襄王时不得志，奔魏国居于大梁（今河南开封）。后赵国多次被秦兵围困，赵王打算重新起用廉颇，派使者前去考察。使者谎称他一饭三遗矢，赵王以为廉颇老矣，不再任用。后入楚为将，老死于寿春（今安徽寿县西南）。

【炼丹】最初为古代方术，后被吸收为道教的一种道术。即在炉鼎中烧炼矿石药物，制成所谓“长生不死”的金丹。包括炼内丹和炼外丹。前者是将人的身体视为炉鼎，将人之“精”“气”视为药石，以“神”烧炼，认为精、气、神凝聚可结成内丹。宋金时为道教南北宗的主流。后者是用炉火烧炼铅、汞及其他药物配置的药石，炼成供“点化”用的“丹头”和道教认为“服食”后能成仙的所谓“仙丹”。

【殓】丧礼仪式之一。分小殓、大殓两种。为死者沐浴、穿衣殓服，并设灵座于堂前供人吊哭称“小殓”。为死者加冠，并把已装裹好的遗体装放入棺材称“大殓”。

【良家子】清白人家的子女。汉代，良家子是一个特定的阶层，凡是从军不在七科谪内者或非医、巫、商贾、百工的子女，均为良家子。汉代选拔陇西、天水、安定、北地、上郡、西河六郡的良家子充当羽林、期门，当时的名将多出于此，如卫青、霍去病等。良家女子是朝廷选秀的主要来源，西汉窦太后即以良家子的身份入宫。后世泛指良民子女。

【良人】 夫妻互称，后多用为妻子称丈夫。

【良渚文化】 渚，zhǔ。新石器时代文化，年代大约为公元前3300—前2300年。最早的考古发现位于浙江余杭（今杭州余杭区）良渚镇，故名。原始农业已具备较高水平，水稻已普遍种植。黑陶制品颇具代表性，表面光洁，造型规整，常见有壶、豆、盘、簋等。玉器制作工艺达到了我国史前玉器发展的顶峰。

L

【梁律】 公元503年，南朝梁武帝颁行的刑律。由蔡法度主持起草，在《晋律》基础上，并增删《永明律》而成，共20篇。另有《梁令》30卷、《梁科》30卷同时颁行。

【梁山泊】 古代湖泊名。位于今山东梁山、郓城和巨野等县间。古代曾是巨野泽的一部分。五代时期，黄河溃决，河水汇入大泽，水面扩大并北移，绕梁山形成一片湖泊。梁山，古名良山，相传汉梁孝王曾捕猎于此，死后葬于此处，故改名梁山，环梁山之湖故名梁山泊。梁山泊在北宋末年水域极为广阔，后随着黄河下游水道的变动，时而涸为平地，时而变为大泊。相传北宋末年，以宋江为首的农民起义啸聚于此。

【粱】 粟的一种，成熟脱壳后就是大黄米，蒸煮后有黏性。古代认为粱是一种精美的食品，常常稻粱、膏粱并称，泛指精美的膳食。

【两都之战】 公元1328年，大都（今北京）的元武宗和支持上都（今内蒙古正蓝旗境内）的泰定帝两系势力为争夺皇位而进行的一场内战。也称天历之变。同年七月，泰定帝于上都病逝。八月，燕帖木儿等在大都发动政变。九月，立怀王图帖睦尔即位，是为元文宗，改元“天历”。同月，泰定帝子阿速吉八在上都即位，双方展开大规模战争，波及全国。十月，上都一方失败投降，战争结束。

【两广】 广东和广西的合称。岭南东西地区。唐末分岭南道为岭南东西道，约以萌渚岭南至云雾山为界，西道含海南岛。宋初改设广南东路、西路，东路治广州，西路治桂州（今广西桂林），后遂以此合称二路之地。元改置广东宣慰使司和广西宣慰使司，明清设两广总督，辖广东、广西两省。

【两湖】 洞庭湖南北地区。宋初始置荆湖北路、南路。北路约在今湖北荆山、大洪山以南，至洞庭湖南缘东北、西南一线，治江陵府（今湖北荆州市荆州区）。洞庭湖以南至南岭为南路，治潭州（今湖南长沙）。后遂以此合称二路之地。清代合称湖南、湖北两省为两湖，也称湖广。故湖广总督，也称两湖总督。

【两淮】 淮河流域东西部及其沿海南北部的合称。宋神宗分淮南路为东路、西路后，以此合称二路。淮东相当于今淮河安徽段以南地区，淮西相当于今安徽北部及淮河河南段以北一带。元代撤其建制后，因淮扬沿海一带的南北地区差异，又以此合指淮河南北地区。

【两京】指一个朝代地位最高的两大都城，通常为政治、文化的中心。最早源于西周时期的镐京（今陕西西安）和雒邑（今河南洛阳）；东汉、唐代指的是长安（今陕西西安）和洛阳（今河南洛阳）；北宋时期指的是东京开封（今河南开封）和西京洛阳（今河南洛阳）；明代永乐后指的是北京和南京；清代指的是北京和盛京（今辽宁沈阳）。

【两税法】公元 780 年唐德宗实施的赋税制度。分夏、秋两季征收，故名。由宰相杨炎主持制定，总结调整了以往的税制，以适应均田制和租庸调制瓦解后的财政需要。按各户土地、财产多少征税，开启了从以人丁为本到以财产为本征收赋税的转折，为宋以来的赋税制度奠定了基础。

【裲裆】liǎngdāng。背心、马甲。可较好地保护胸、腹、背部。多用棉布制作，男女都可以穿用，有夹也有棉。此外，也有用金属制作的，这就成为战士穿用的护心战甲。

【辽朝】（907—1125）由契丹族建立的朝代。公元 907 年，辽太祖耶律阿保机成为契丹可汗，916 年始建年号，国号“契丹”，918 年建都皇都（今内蒙古巴林左旗）。947 年改国号为“辽”，改皇都为上京。983—1066 年间曾重称“契丹”。疆域东北到今日本海黑龙江口，西北到蒙古国中部，南以今天津海河、河北霸州、山西雁门关一线与宋接界。与北宋、西夏鼎立，是统治中国北部的一个王朝。1125 年被金所灭。历 10 帝，210 年。后耶律大石重建契丹国，仍用“辽”国号，史称“西辽”。

【辽东】辽河以东地区。也称辽左。战国燕地，秦置郡，属幽州，汉因之。秦汉时，辽东成为连接中原与东北亚的重要桥梁，同时也是军事防御的重地。明清时，设立辽东指挥都司和辽东镇。

【辽沈之战】公元 1621 年，后金进攻辽沈地区与明发生的战役。明天启元年（1621），努尔哈赤率领的后金大军攻克了沈阳和辽阳，辽东经略袁应泰自杀。后金军队乘胜攻下了金州（今辽宁大连）、复州（今辽宁瓦房店）、海州（今辽宁海城）、盖州（今辽宁盖州）等七十余城，并迁都辽阳，明尽失辽河以东地区。

【聊斋志异】文言短篇小说集。清代蒲松龄撰。全书共包含近 500 篇短篇小说，多以狐、仙、鬼、怪为题材。全书大多采用传奇手法来描写志怪题材，融物性、神异性、人性于一体，塑造了一系列花妖狐魅的艺术形象，既生动描写了个人渴望解放和追求幸福的喜怒哀乐，也深刻揭示了现实社会的种种弊端和世态炎凉。在艺术表现上尤以构思奇妙、情节曲折、语言简洁生动取胜。被视作中国文言短篇小说的高峰。

【料钞】元初发行的一种货币。以丝料做价值评估标准，故称。元代的货币体系以纸币为主。元世祖忽必烈曾想仿效宋朝以铜钱为主要流通货币，有大臣劝阻称，北方草原地区属于幽阴之地，气候不同于华夏阳明之区，因此更适合使用纸币。

【料民】料，估计其数多少。古代调查人口数。著名的如周宣王兵败于姜氏之戎，丧“南国之师”，曾料民于太原。中国古代常进行人口的登记和调查。《周礼》规定大司徒、小司徒、乡大夫、遂大夫、小司寇均须负责掌握民数。商鞅曾实行全国人口的出生与死亡登记。东汉末徐幹认为周知民数是“为国之本”。“料民”的过程通常涉及将本地户口按照名册进行查阅，观察人口的多少，以及车马、粮食等物资的丰富程度，从而为政府的各项决策提供依据。

【列肆】 市场中连片设立的商铺。起源甚早，战国秦汉称此，当时城中之市皆以墙垣围起，有定期启闭之制，其中的商铺常按行业分区排列以便管理。唐宋以来市场渐趋开放，遂泛指各种店肆。

【列御寇】 战国前期道家代表人物。也称圄寇、圉寇、列子。相传为战国时郑国（今河南郑州）人。倡导虚静无为，学术思想接近黄老。唐天宝元年（742），被尊封为“冲虚真人”。《庄子》中有列御寇御风而行的记载。《汉书·艺文志》著录《列子》八篇，其中“愚公移山”“杞人忧天”等典故流传至今。

【列传】 纪传体史书中列叙历史人物事迹的传记。司马迁《史记》创始，为历代纪传体史书所沿用。列传用以记述帝王以外的人物事迹、周边少数民族政权和外国史事。后来封建王朝的官史大都沿袭这种体例。人物传记分一人一传的单传，如《商君列传》《李斯列传》；两人或几个人一传的合传，如《屈原贾生列传》《孟子荀卿列传》；按人物性质合在一起的类传，如《刺客列传》《货殖列传》；记古代周边各族和外国的四夷传，如《匈奴列传》《西南夷列传》。

【林逋】（967—1028）逋，bū。宋代诗人。字君复，钱塘（今浙江杭州）人。隐居于西湖孤山二十年，种梅养鹤，终身不娶，人称“梅妻鹤子”。卒谥和靖先生。其诗风格淡远，内容多反映隐逸生活和闲适心情。其《山园小梅》中的“疏影横斜水清浅，暗香浮动月黄昏”被誉为千古咏梅绝唱。亦工书画。有《林和靖诗集》。

【林则徐】（1785—1850）清末政治家，民族英雄。字元抚，一字少穆，福建侯官（今福州）人。嘉庆进士。先后在浙江、江苏、湖北、河南、山东等地任职，政绩卓著。道光十七年（1837），在湖广总督任上，严禁鸦片。次年受命为钦差大臣，赴广东查禁鸦片。会同两广总督邓廷桢、水师提督关天培等缉拿烟贩，整顿海防，将所缴外商鸦片二百三十七万多斤在虎门当众销毁。为了解外国情况，组织编写《四洲志》，开近代研究西方风气之先河。后因投降派诬陷，被革职，流放新疆。与家人分别之际，有《赴戍登程口占示家人》诗，其中“苟利国家生死以，岂因祸福避趋之”广为传诵。1845年，被重新起用，历任署陕甘总督、陕西巡抚、云贵总督等职。1850年再度受任钦差大臣，前往广西镇压农民起义，中途病逝。谥文忠，后人因称林文忠公。其作品后人辑《林则徐全集》。

【临川派】 明代戏曲文学流派。明万历年间，临川汤显祖创作《牡丹亭》等传奇，着重刻画人物，讲究辞藻，影响颇大。戏曲史上把明清两代仿效其风格的戏曲作家称为临川派。汤显祖书斋名为玉茗堂，故临川派也称玉茗堂派。其著作有传奇《紫箫记》《紫钗记》《牡丹亭》《南柯记》《邯郸记》五种，后四种合称“临川四梦”或“玉茗堂四梦”。公认的临川派作家还有阮大铖、吴炳、孟称舜、凌濛初等。

【临川四梦】 传奇剧本集。明著名戏曲家汤显祖所著《紫钗记》《牡丹亭》《南柯记》《邯郸记》的合称。汤显祖为江西临川人，四记皆以梦境穿插，故称。或以汤显祖书斋名称其为“玉茗堂四梦”。

【临清民变】 公元1599年，山东临清民众反抗税使马堂的事件。临清当地矿监税使马堂横征暴敛，在其暴政下，临清市民纷纷罢市，上万人聚集起来抗议。民变领导者是手工业者王朝佐，在他的组织和领导下，市民们进行了有力的抵抗，迫使马堂及其爪牙无法再行无道之事。

【麟趾格】 公元541年，东魏孝静帝下诏颁行的刑法。因制定地点在麟趾殿，故得名，共15篇。北齐初进行修订，后被《河清律》取代。

【廪生】 廪，lǐn。明清两代由公家给以膳食的生员，即领取全额生活补助的编内学生。也称廪膳生，全称廪膳生员。明初生员有定额，皆食廪，府学生员四十人，州、县依次减十，每人月给廪米六斗。廪生中食廪年深者可充岁贡。清制略同，廪生名额及待遇视州、县大小而异，月给廪饩银四两。经岁、科两试成绩优秀者，增生可依次升廪生，称“补廪”，廪生可依次升国子监学生，称“岁贡”。

【廪饩】 lǐnxì。廪，粮仓，粮食。饩，赠送的粮食。指由官府供给的粮食之类的生活物资。

【蔺相如】 战国时赵国上卿。赵惠文王得到和氏璧，秦昭王谎称愿以十五城交换。蔺相如奉命携和氏璧入秦，据理力争，坚持先割城再交璧，最终完璧归赵。赵惠文王二十年（前279），随赵王到渑池（今河南渑池西）与秦王相会，以其忠勇智慧，使赵王免受屈辱，因功封为上卿。赵国大将廉颇自以为功高，不服蔺相如，欲于众人面前羞辱他，蔺相如以国家为重，再三退避。廉颇听说后，向蔺相如负荆请罪。

【灵牌】 代表神灵或祖先的牌位。木制，上书写死者名字等，安放在庙宇或宗祠内，供祭拜。殷商末期，武王兴兵讨伐商纣王时，载文王木主（木制的神位）同行，表示奉文王命征伐，不敢自专。周代，设小宗伯，掌管设立神位和祭祀等，凡天地、日月、星辰、风雨、祖先都有神位，供祭于社稷、宗庙及各处坛位。诸侯、大夫、士也各有宗庙宗祠，奉祀先代灵牌。本族中男子死后，以昭穆的排列次序放在祖庙，立灵牌其中，供子孙祭祀。

【灵渠】 我国古代著名水利工程。位于今广西兴安县境内。也作“零渠”。也称秦凿渠、兴安运河、湘桂运河。秦始皇兼并六国，为开拓岭南地区，派兵南征百粤。为解决湘桂地区军队粮饷运输问题，命史禄带领军士、民夫在漓江与湘江之间修建人工运河。运河由南北两渠构成，设有堰坝、斗门，依次启闭调节水位，可使船只循渠逐级越过山岭。灵渠的开凿，沟通了湘江、漓江，打通了南北水上通道，秦军以此作为重要保障，攻克、统一了岭南，设桂林、象郡、南海三郡，将岭南正式纳入秦王朝的版图。汉、唐、明、清历代曾对灵渠做过修缮、改进。灵渠与都江堰、郑国渠并称秦三大水利工程。

【灵隐寺】佛教寺院，江南著名的千年古刹，位于浙江杭州灵隐山麓。东晋咸和元年（326），相传为印度沙门僧惠理建。历代迭经毁修，清初全面重建。康熙二十八年（1689）赐名“云林禅寺”。寺前飞来峰崖壁及石洞内外有五代及宋元石刻塑像300余尊，弥足珍贵。苏轼有诗云：“溪山处处皆可庐，最爱灵隐飞来孤。”

【凌迟】古代酷刑。碎割犯人的肉体，使犯人缓慢、痛苦死去的刑罚。也作“陵迟”。也称剐、脔割。唐五代时出现，但为法外之刑，没有得到官方法律的正式认可。一般认为，辽代将“凌迟”正式写入官方法律，变为法定刑，后沿用到元明清，但未列入“五刑”。宋代犯所谓口语狂悖罪的，多用此刑，也常用来处罚谋反、大逆等“十恶”中“不道”以上的大罪。

L

【凌濛初】（1580—1644）明代文学家、戏曲家。字玄房，号初成，别号即空观主人。浙江湖州府乌程（今浙江湖州）人。崇祯年间，官至徐州通判。后为李自成农民起义军围困，呕血而死。早年工诗文，后致力于小说、戏曲创作，尤以短篇小说集“二拍”闻名于世，后人多以之与“三言”并举。又撰杂剧九种、传奇三种。今存杂剧《宋公明闹元宵》《虬髯翁》《北红拂》三种。另著有《谭曲杂札》，编有《南音三籁》等。

【绫】丝织品的一种。带有彩纹，细柔光顺，有素、花之分。素绫采用单一的斜纹或变化斜纹织成；花绫是在斜纹上再起斜纹花。是汉代以来较为贵重的丝织品类。唐宋时期发展至鼎盛，更有提花等新的工艺以及各种花色品种，其代表为吴越异样纹绫纱罗、河南河北纱绫以及蜀中锦彩等。

【零丁洋】广东珠江口外呈喇叭状的河口湾。即伶仃洋，位于内、外伶仃岛之间。因南宋文天祥《过零丁洋》诗而得名。南宋末年，文天祥于五坡岭（今广东海丰北）被俘，被押解途中经过零丁洋，元将张弘范劝降，文天祥作《过零丁洋》以铭心志，“人生自古谁无死，留取丹心照汗青”成为千古名句。

【岭南】五岭以南地区。又称岭表、岭外。先秦已有此称。唐设岭南道，约相当于今湖南、江西南部至广东、广西和海南全境，南抵南海及北部湾以西地区，其后直至明清，皆以此泛指其地。

【令】古代官名。春秋时楚有令尹。后代有王门令、率更令之类。秦汉时县官辖区万户以上的称令，万户以下的称长。后来因有县令、大令之称。魏晋始，凡县之长官一律称令，历代相沿。元改称县尹。明清时改称知县。历代中央最高机关及某些下属机关的主官也称令。如尚书令、中书令、太子家令、掖庭令、太乐令等。

【令史】古代官名。战国时，指秦国县府的属吏。一般低级官吏又称令史。汉代兰台、尚书属官，设有兰台令史、尚书令史，掌文书事务，职位次于郎。历代因之。令史都有品秩，可以补升为郎。隋唐以后，令史已无品秩，成为三省、六部及御史台的低级事务员。宋元以来也用作官府中胥吏的通称。明废。

【令尹】①春秋战国时楚国最高的长官。在楚国，“令”表命令、指令，“尹”指管理、治理。原先楚国的百官之首是“莫敖”，其地位在楚武王改以令尹为执政后逐渐下降，令尹则位显权重，成为执掌楚国军政大权的要职。②县官别名。秦汉以来一县之长称为县令，元代叫县尹，因而也合称令尹。清为知县别称。

【刘安】（前179—前122）西汉思想家、文学家。沛郡丰（今江苏丰县）人。汉高祖刘邦之孙，世袭为淮南王。爱好文学，曾奉汉武帝命作《离骚传》。又招致宾客方术之士数千人，集体编写《鸿烈》，即《淮南子》。其思想综合先秦道、法、阴阳等各家，被归入杂家。元狩元年（前122），被告谋反，下狱后自杀。民间传说刘安发明了豆腐。

【刘邦】（前256或前247—前195）即汉高祖，西汉王朝的建立者，公元前202—前195年在位。字季，沛县（今江苏徐州）人。初为泗上亭长。秦二世元年（前209），陈胜、吴广起义，刘邦也在沛地举兵响应，号沛公。与项羽分兵入关破秦，刘邦先入咸阳，与父老约法三章，受到拥护。项羽入关后，刘邦被封为汉王。随后与项羽展开长达五年的楚汉战争，最终于前202年战胜项羽，即皇帝位，国号“汉”，定都长安（今陕西西安），尊号高皇帝。

【刘备】（161—223）三国蜀汉政权的建立者。字玄德，涿郡涿县（今河北涿州）人。东汉皇族后代，家贫，与母亲贩履织席为业。曾参与镇压黄巾起义，后为徐州牧。得诸葛亮辅佐，联合孙权，大败曹操于赤壁。趁势夺取荆州（今湖北荆州），进而占据益州（今四川成都）。公元221年，在成都称帝，建立蜀汉政权，与魏、吴形成三足鼎立之势。222年，在伐吴的夷陵之战中大败，次年，病逝于白帝城，谥号昭烈。

【刘大櫆】（1698—1779）櫆，kuí。清代散文家。字才甫，又字耕南，号海峰，安徽桐城人。上承方苞，下传姚鼐，承上启下，后世称方、刘、姚为“桐城派三祖”。论文强调“义理、书卷、经济”，要求文章“神气”“音节”“字句”协调统一。所作古文雄肆醇正，气势充沛。亦工诗，师法唐人而自成一体。著有《海峰文集》《海峰诗集》《论文偶记》，编选《古文约选》《历朝诗约选》，纂修《歙县志》等。

【刘基】（1311—1375）明初大臣、文学家。字伯温，浙江青田南田武阳村（今属文成县）人。元末进士。在朱元璋起义后，到南京投奔，辅佐其北伐中原，统一天下，建立帝业，是明代开国功臣之一。官至御史中丞兼太史令，封诚意伯。洪武四年（1371）辞官。后被权相胡惟庸构陷，忧愤而死。谥号文成。所作诗文雄浑奔放，与宋濂、高启并称“明初诗文三大家”。寓言集《郁离子》为后世所重。有《诚意伯文集》。

【刘克庄】（1187—1269）南宋文学家。初名灼，字潜夫，号后村居士，莆田（今属福建）人。理宗淳祐年间赐同进士出身，官至工部尚书，以龙图阁学士致仕。其诗初学晚唐，后推崇陆游，但主要学习陆游的“奇对”和“好对偶”，喜用典故成语。内容则感慨时事，渴望恢复北方领土，反对当权者的妥协苟安。为江湖派重要作家。词风豪迈，颇受辛弃疾影响。有《后村先生大全集》。

【刘六刘七起义】 明朝中叶在北直隶（今河北一带）以刘六、刘七为首发动的一次大规模农民起义。刘六名宠，刘七名宸，分别排行第六、第七，故名。二人初是劫富济贫的“响马盗”，活动在霸州一带。正德五年（1510）十月，他们在霸州发动起义，数千农民热烈响应。起义军纪律严明，“栖野不占城郭，蹈虚不立方所”，赢得了人民的爱戴。曾驰骋于黄河下游和江淮、湖广、江西，先后三次进逼北京，由于盲目流动作战且未建立稳固的后方，历时三年而败。

L

【刘向】 （约前77—前6）西汉经学家、目录学家、文学家。本名更生，字子政，沛县（今江苏徐州）人。汉皇族楚元王刘交五世孙。宣帝时任散骑谏大夫。元帝时，因反对宦官弘恭、石显，被捕下狱。成帝时，更名向，任光禄大夫、中垒校尉。长期于天禄阁潜心校书。所撰《别录》，是我国目录学的开山之作。所作辞赋33篇，今唯存《九叹》为完篇。有《洪范五行传》《列女传》《列仙传》《新序》《说苑》等。

【刘勰】 （约465—约532）勰，xié。南朝梁文学理论批评家。字彦和，东莞莒县（今属山东）人。早年笃志好学，家贫不婚娶，依沙门僧祐，精通佛教经论。梁武帝时，历任奉朝请、东宫通事舍人等职，深为昭明太子萧统所重。晚年出家为僧，法名慧地。所著《文心雕龙》五十篇，是我国古代第一部体系较为完整的文学理论著作。

【刘歆】 （?—23）西汉末经学家、目录学家、天文学家。字子骏，后改名秀，字颖叔。沛县（今江苏徐州）人。刘向之子。成帝河平年间，与父亲刘向一起校订群书。刘向死后，继任中垒校尉，承袭父业，撰成我国历史上第一部图书分类目录《七略》。提倡将《左传》《毛诗》《逸礼》《古文尚书》列于学官。王莽执政时，立古文经博士，任命刘歆为国师。后谋诛王莽，事情泄露后自杀。著《三统历谱》，造圆柱形的标准量器。根据量器的铭文计算，所用圆周率为3.1547，世称“刘歆率”。作品多亡佚，明人辑有《刘子骏集》。

【刘秀】 （前5—57）即光武帝，东汉王朝的建立者，公元25—57年在位。字文叔，南阳蔡阳（今湖北枣阳西南）人。新莽时与其兄刘縯聚众起兵加入绿林军，23年取得昆阳之战的巨大胜利。刘縯被杀后，转战到河北一带活动。以恢复汉家制度为号召，取得部分官吏、豪强的支持，镇压和收编铜马等起义军，力量开始壮大。25年称帝，定都洛阳，史称“东汉”。在位期间，裁并郡县，减轻赋税，兴修水利，精简官吏，生产有所恢复和发展。

【刘禹锡】 （772—842）唐代文学家。字梦得，洛阳（今属河南）人。贞元九年（793）进士及第，任监察御史。参加王叔文政治革新集团，失败后被贬为朗州司马，迁连州刺史。后以裴度力荐，任太子宾客，加检校礼部尚书。世称刘宾客。其诗雅健清新，因蕴含革新、奋发上进的精神，被称为“诗豪”，是中唐诗坛上独树一帜的重要诗人。文章简洁隽永，别具一格，代表作如《陋室铭》。和柳宗元交谊深厚，人称“刘柳”。在洛阳时，常与白居易唱和，时称“刘白”。有《刘梦得文集》。

【刘裕北伐】 公元409年和416年，东晋北府兵统帅刘裕伐灭南燕、后秦的军事行动。刘裕先消灭了南燕和后秦等国，降服仇池，又大破北魏军。收复山东、河南、关中等地，光复洛阳、长安两都，使潼关以东、黄河以南和山东全境划入晋朝版图，“七分天下，而有其四”，江淮流域得到保障。辛弃疾用“金戈铁马，气吞万里如虎”描绘了刘裕两次率领晋军北伐，收复洛阳、长安等地的气势。

【刘知幾】 （661—721）唐代史学家。字子玄，彭城（今江苏徐州）人。永隆进士。历经高宗、武后、中宗、睿宗、玄宗诸朝，曾任著作郎、太子左庶子、左散骑常侍等职。与吴兢等编撰《则天皇帝实录》。以毕生精力研究历史，加之长期在史馆修史的实践经验，于景龙四年（710）撰成我国第一部史学评论专著《史通》，对历代史书及其体例进行了详细的评论。他认为史学家必须具备“史才”“史学”“史识”，尤以“史识”最为重要。对著史则强调“直笔”“不掩恶，不虚美”，表现出难能可贵的精神。

【留守】 皇帝亲征或出巡时，命亲王或大臣留京主持畿辅及后方政务的制度，后为官名。汉高祖巡幸关东，吕后在京留守。东汉和帝南巡，以太尉张禹为京城留守，尚非正式命官。北魏高祖南征，命太尉元丕、广陵王元羽为京城留守，为正式命官之始。唐贞观十九年（645）太宗亲征辽东，以房玄龄留守京城。行都和陪京也常设“留守”，以地方官兼任，总理钱谷、军民、守卫事务。隋代陪都太原置留守，掌守宫阙。

【流】 古时将犯人放逐到边远地区服劳役或戍守的刑罚。非帝王的特别诏令不得回乡。起源较早，但秦汉、魏晋间无此名，到南朝梁时才有。北齐时，将流刑定为死刑因赦而减等的法定刑，列入“五刑”之一，沿用到清代。其名称历代有所不同。帝尧时称“放”，秦时称“迁”，汉魏时称“徙”，北魏时称“流徙”。流放距离、刑期也不相同。北周分五等，最近的离京城管辖的地区二千五百里，最远的离京城管辖的地区四千五百里。期限最长是六年。也有附加刑鞭笞刑。隋代分一千里、一千五百里、二千里三等，期限为二年、二年半、三年。唐代也分三等，里程比隋各等加一千里，期限各缩短一年，无附加刑，但有赎罪法。宋代里数和刑期同唐代，附加杖刑。元无此刑。明清沿宋制，可以铜赎。从唐到清，凡犯此罪者妻妾从之，父、祖、子、孙听便。

【流火】 流，向下移动。火，特指心宿二。也称大火星。二十八宿之一，东方苍龙的第五宿的第二颗星，不是五大行星中的火星。每年农历五月黄昏时，火这颗星位于正南方的中天。七月的黄昏，火的位置逐渐西降，暑热开始减退，秋天将来临。《诗经·豳风·七月》“七月流火，九月授衣”即描述了这种变化。

【流泉务】 流泉，钱币，取其流通义。务，机构。金朝官营质典部门。为了减轻民营典当行收取高额利息给当户造成的危害，公元1163年世宗始置于中都（今北京）、南京（今河南开封）等处，设使、副掌其事，后一度罢废，又陆续添设于各地。元朝亦设，称“广惠库”。

【琉璃】 ①天然的各种有光宝石，半透明。本名“壁流璃”，后省称“琉璃”“流离”。可制作装饰品、礼器、印章、器皿等。汉代“琉璃”是国宝之一。唐代称为玻璃，宋元以来称为宝石。今出土的西周墓葬中，有琉璃珠、琉璃管等制品。②一种低温釉陶制品。

【柳公权】 （778—865）唐代书法家。字诚悬，京兆华原（今陕西铜川）人。擅书法，尤以楷书著称。初学王羲之，后学颜真卿、欧阳询，结体劲媚，法度谨严。后世将其与颜真卿作品的风格誉为“颜筋柳骨”。相传唐穆宗曾问他用笔的方法，他说：“用笔在心，心正则笔正。”代表作有《玄秘塔碑》《神策军碑》等。

【柳下惠】 （前720—前621）春秋时鲁国大夫展禽。姬姓，展氏，名获，字禽，一字季，柳下邑（今山东新泰）人。私谥惠，故称柳下惠。其“坐怀不乱”的故事广为流传。

【柳永】 （约987—约1053）北宋词人。字耆卿，原名三变，字景庄，排行第七，世称柳七。曾官屯田员外郎，所以也称柳屯田。崇安（今福建武夷山市）人。为人放荡不羁，以填词为业，自称“奉旨填词柳三变”。所作多抒发羁旅行役之情及描写歌妓生活、城市风光，音律谐婉，风格轻靡，流传甚广，时称“凡有井水处，即能歌柳词”。代表作有《雨霖铃》《望海潮》《八声甘州》等。致力于慢词的创作，改变了此前词作以小令为主的局面。有《乐章集》。

【柳宗元】 （773—819）唐代文学家、思想家。字子厚。河东解州（今山西运城）人，世称“柳河东”。贞元进士，曾参与王叔文政治革新运动，失败后被贬永州司马，不久迁柳州刺史，后世称“柳柳州”。与韩愈共同倡导古文运动，并称“韩柳”。“唐宋八大家”之一。提出“文以明道”的主张。其散文题材丰富，如《捕蛇者说》尖锐地揭露社会矛盾。《封建论》等政论文说理透辟，层次井然。《永州八记》等山水游记文笔清峭，多有寄托。《黔之驴》等寓言短小精悍，寓意深刻。亦工诗，与韦应物并称“韦柳”。有《柳河东集》。

【六出祁山】 公元228—234年，诸葛亮先后六次北伐曹魏的军事行动。旨在以攻为守，表明进取中原兴复汉室的立场。在蜀汉与魏先后的六次战争中，第四次为防御战，直接进攻魏为五次，出祁山（今甘肃礼县）仅两次。“六出祁山”的说法来源于小说《三国演义》，由于该小说在民间具有很大的影响力，所以“六出祁山”逐渐成为诸葛亮北伐的代名词。

【六服】 冕服的六个等级。也称六冕。即大裘冕、衮冕、鷩冕、毳冕、希冕、玄冕。相传始于西周，是天子乃至卿大夫参加朝会、祭祀活动、重要庆典时所穿的礼服。东汉明帝时复定其制，此后历代有所损益。明初仅存皇帝的衮冕。清代改用满族衣冠，衮冕废。

【六根】在我国本土文化中，六根的说法出自《庄子》，即耳、目、鼻、口、心、知。古人认为，它们有着能使人具备听觉、视觉、嗅觉、味觉、认知、德行的基本条件。六根无壅，则通达，聪明不显露在外，则为有德。后“六根”也被用作佛教名词，根是“能生”之意。而眼、耳、鼻、舌、身、意具有能摄取色、声、香、味、触、法的功能，并使人由此产生眼识、耳识、鼻识、舌识、身识、意识。故将眼、耳、鼻、舌、身、意视为六根。而这六根于色、声、香、味、触、法六境不染着时，就做到了“六根清净”，后人也常以此形容根除欲念而无烦恼的思想境界。

【六和】佛教中的一种教义。包括身和同住（行动上不侵犯他人，和合共住），口和无诤（言语上和谐亲切，和平共处），意和同悦（精神上志同道合），戒和同修（法制上人人平等），利和同均（经济上均衡分配），见和同解（思想统一，见解一致）。

【六经】指儒家的六部经典《诗》《书》《礼》《易》《春秋》和《乐》。相传为孔子亲自删定。“六经”名称始见于《庄子》。

【六经皆史】清代章学诚系统提出六经皆史的观点，认为六经是夏商周三代典章政教的历史记录，主张《诗》《书》《礼》《易》《春秋》《乐》六经皆为古代历史书籍。后来龚自珍、章炳麟等也倡导这种说法。

【六礼】古代缔结婚姻的六道程序。先后为：（1）纳采，男方请媒人去女方家表达求亲意愿。（2）问名，男方请媒人询问女方名字及出生年月日。（3）纳吉，男方将女方信息进行占卜，若得吉兆，即通知女方正式缔结婚姻。（4）纳征，男方给女方下聘礼，女方接受后正式订立婚姻。（5）请期，男方择定婚期，征询女方意见。（6）迎亲，男方至女方家迎娶。

【六历】黄帝、颛顼、夏、殷、周、鲁六种古历法的合称。制定于战国和秦代，是我国最早的历法。曾行用于战国各国及汉武帝颁行《太初历》以前。其中，周代末期制定的《颛顼历》是秦统一中国后颁行全国的第一个历法。

【六吕】我国古代乐音标准名。也称六同。十二乐律中与六律相对的六个双数的律，即大吕、夹钟、仲吕、林钟、南吕和应钟。相传黄帝时伶伦截竹为管，以管的长短分别声音的高低清浊，乐器的音调皆以此为准。乐律有十二，阴阳各六，阳为律，阴为吕。

【六律】我国古代乐音标准名。十二乐律中单数六个律，即黄钟、太簇、姑洗、蕤宾、夷则、无射。“律”本指定音的竹管，后世律管改为铜管。古人亦用钟弦定音，故有管律、钟律和弦律。相传黄帝时伶伦截竹为管，以管的长短分别声音的高低清浊，乐器的音调皆以此为准。乐律有十二，阴阳各六，阳为律，阴为吕。也称阳律、律。

【六亲】六种亲属。具体所指有以下说法：1. 父子、兄弟、姑姊、甥舅、婚媾、姻娅。2. 父子、兄弟、夫妇。3. 父母、兄弟、妻子。4. 父子、兄弟、从父兄弟、从祖兄弟、从曾祖兄弟、同族兄弟。5. 外祖父母、父母、姊妹、妻兄弟之子、从母之子、女之子。也泛指亲族、亲戚。

【六卿】 ①上古天子有六军，六军之主将称“六卿”。②周代的六官：冢宰、司徒、宗伯、司马、司寇、司空。也称六官。后用以泛称朝廷重臣。隋唐后又用以称吏、户、礼、兵、刑、工六部尚书。

【六神】 道教指分别主宰着人的心、肺、肝、肾、脾、胆的神灵，合称“六神”。后泛指心神。如六神无主。另也指六种神祇。说法并不统一。或指日、月、雷、风、山、泽，或指四时、寒暑、日、月、星、水旱等。

L

【六十种曲】 戏曲剧本集。也称《汲古阁六十种曲》。明毛晋编。共收杂剧《西厢记》1种，传奇58种，其中汤显祖《还魂记》兼收原作与后世改订本，共计为60种。全书共6套，第1套收《琵琶记》等10种，第2套收《南西厢记》等10种，第3套收《春芜记》等10种，第4套收《绣襦记》等10种，第5套收《锦笺记》等10种，第6套收《白兔记》等10种。是我国古代篇幅最大、流传最广的一部戏曲选集。

【六言诗】 诗体名。每句六个字的古体诗。这类诗不太流行，影响力不及五言诗和七言诗。唐代以后的六言绝句也称六言诗，如王维六言绝句《辋川六言》，该诗格律严整，对仗甚工，句式富于变化，被称为唐代六言绝句的代表作。相传始于西汉谷永，在盛唐时期较为流行，一些著名的诗人如李白、杜甫等皆创作了六言诗，他们笔下的六言诗篇大多呈现出“风趣”的艺术风貌，即风神俊逸、趣味非凡。宋元后的六言诗主要以写景抒怀为主，如朱熹《铅山立春六言二首》等。

【六幺令】 ①唐宋歌舞大曲。属软舞类。为女子独舞。节奏由慢到快，舞姿轻盈柔美。后用为词牌。又名《六幺》《绿腰》。幺是小的意思，因此调羽弦最小，节奏繁急，故名。双调九十四字，仄韵。有大曲和器乐曲等不同形态，流传很广。宋代教坊大曲及官本杂剧段数中，仍保存了多种《六幺》名目。②曲牌名。南北曲均有此曲牌。南曲属仙吕入双调，字数与词牌不同，用作过曲。北曲属黄钟宫者，字数与词牌或南曲都不同；属仙吕宫者，字数与词牌相同，句读略异；都用在套曲中。京剧也有《六幺令》，系吹打曲牌，无唱词，多用于官员上朝、回府时。

【六艺】 古代教育学生的六种科目。包括礼、乐、射、御、书、数六项艺能。汉以后亦指儒家的“六经”，即《诗》《书》《礼》《易》《春秋》《乐》。

【六月飞霜】 相传战国时邹衍尽忠于燕惠王，但燕惠王听信谗言将其下狱。邹衍在狱中仰天痛哭，时值炎夏，天忽然降霜。这一故事较早见于汉王充《论衡》。后用“六月飞霜”指代冤狱。元代关汉卿《窦娥冤》的“六月雪”的情节与之类似。

【六乐】 乐，yuè。古代黄帝、尧、舜、禹、汤、周武王六代的古乐：《云门》《大咸》《大韶》《大夏》《大濩》《大武》。《云门》为黄帝之乐，《大咸》为尧乐，《大韶》为舜乐，《大夏》

为禹乐，《大濩》为汤乐，《大武》为周武王之乐。亦指六种金属乐器：钟、镈、錞、镯、铙、铎。

【六赃】赃，非法占有的财物。古时法律规定的六种非法占有公私财物的犯罪。“六赃”之名出现于唐代，唐代法律规定，“六赃”的犯罪有：强盗赃、窃盗赃、受财枉法赃、受财不枉法赃、受所监临赃、坐赃。明清法律中没有“受所监临”和“强盗”，但有“监守盗”和“常人盗”，均配附有《六赃图》。六赃惩罚贪污、受贿、抢劫、盗窃等行为的规定和按赃值定罪的原则被后世立法所继承，但名目有所变化。历代计算赃物的标准也有发展，唐代以绢的尺与匹为标准。明代以钱贯为标准，每贯钱千文。清代以银两数为标准。

【六镇之乱】北魏末年北方六镇军民的反抗活动。孝文帝迁都洛阳后，政治重心南移，北边六镇军民地位低下，所受压迫日益深重。公元523年起，怀朔镇别将葛荣、沃野镇别将破六韩拔陵等相继起事南下，六镇军民纷纷响应。至529年方被朝廷借尔朱荣等豪酋势力镇压，又因尔朱荣嗜杀乱政，操纵废立，各地军阀纷起割据，北魏由此走向衰亡。

【六祖坛经】佛教典籍。也称《六祖大师法宝坛经》，略称《坛经》。为禅宗六祖慧能（也作“惠能”）在韶州（今广东韶关）大梵寺的一座坛上为大众所讲之法，由弟子法海记录，故称《坛经》。我国佛教著作被称为“经”的仅此一部。该经记述了慧能一生得法、传教的言行事迹和禅法体系，宣扬“明心见性”“顿悟成佛”的基本思想。《坛经》虽然简短，但内容丰富精当。全经第一部分为慧能讲述自己学佛、作偈、得五祖弘忍传法、南行等经历，著名的“菩提本无树，明镜亦非台。本来无一物，何处惹尘埃”偈子，便出自该经。

【龙】一种传说中的神异动物。与麒麟、凤凰、龟并称为“四灵”。其形象是多种动物的集合，古人描述为角似鹿、头似驼、眼似兔、项似蛇、腹似蜃、鳞似鱼、爪似鹰、掌似虎、耳似牛。在中国文化中，龙是一种重要的文化符号，是华夏民族的精神图腾。古人认为龙善于变化，能兴云布雨，称为龙王。各地建有龙王庙，祈求风调雨顺、消灾降福。在封建时代，龙还被视作帝王的象征，帝王的居处和用物多以龙形图案为饰，如龙袍、龙椅等。

【龙凤】龙与凤两种神异动物。“龙凤”并称代表吉祥如意、喜庆之事。也用来比喻帝王和帝后。

【龙井】杭州名泉，位于今浙江杭州西湖西南风篁岭上。因泉水从不枯竭，古人认为其与海相通，必有龙，故名龙井。龙井泉水味甘冽，与玉泉、虎跑泉并称杭州三大名泉。相传东晋道教学者葛洪曾在此炼丹。龙井四周碧嶂环绕，山石峥嵘，松篁交翠。清乾隆六下江南，四游龙井，曾为龙井八景题有“湖山第一佳”五字。龙井周边山上所产“龙井茶”名满天下。名泉名茶，相得益彰，明人陈继儒有写龙井的《试茶》诗：“龙井源头问子瞻，我亦生来半近禅。泉从石出情宜冽，茶自峰生味更圆。”

【龙龛手镜】龛，kān。字书。辽代僧人

L

释行均撰。宋代避宋太祖赵匡胤祖父名讳“敬”，曾改“镜”为“鉴”。全书收录汉字26 430余个。在编排上，《龙龛手镜》具有创新性。它不同于以往的汉字字典，既不是单纯按照部首排序，也不是仅仅按照字音排序，而是结合了部首和字音两种排序方法。具体来说，它按照平声、上声、去声、入声这四声的顺序，将字分为242部首。这种编排方式在当时的字书中是非常独特的。该书重在辨正字形，收有大量异体。释义简约，注音用直音或反切。字形的辨正，对校读古籍尤有参考价值。所收单字，也是研究汉字形体演变的历史资料。

【龙门石窟】 我国最具盛名的石窟艺术宝藏之一。位于今河南洛阳城南伊河两岸的龙门山和香山之上。也称伊阙石窟。自北魏至唐不断增建，逐步形成了南北长约1000米，2300余座窟龛，10万余尊造像，2800余块碑刻题记的石窟遗存。留下了丰富的文化艺术遗产、宝贵的历史资料和瑰丽的书法艺术。位于龙门山南部的古阳洞窟龛所刻志的题记铭文，书法为魏碑体的代表之一，特别是“龙门二十品”，字体雄挺峭拔，后人也称其为龙门体。

【龙泉窑】 宋代著名瓷窑。在今浙江龙泉。始于北宋，南宋进入鼎盛期。分两种类型：一种为今所指之龙泉瓷，以粉青、梅子青为代表，习称“弟窑”。另一种胎细质白，微带灰色，釉面以冰裂纹为特色，习称“哥窑”。龙泉窑形器多样，元代曾大量销往海外，清代后一度衰落停产。今恢复生产。

【龙山文化】 我国新石器时代晚期的文化代表，位于黄河流域中下游，主要分布在陕西、河南、山西、河北以及安徽等广大的地区，因最早的考古发现在山东章丘的龙山镇，故称龙山文化。其年代大约在公元前3200—前2800年。属父系氏族公社制时期，以农耕为主，并有较为发达的畜牧业。在生产工具和制造业方面，有较为成熟的磨制石器和绘有纹格的各种形状的陶器。因沿海地区的龙山文化中常有薄而有光泽的黑陶，故又被称为黑陶文化。

【龙舟运动】 我国民间习俗。以龙舟竞渡，每年端午节举行。传说起源是为了纪念战国时期怀石投江的伟大诗人屈原，也有祭曹娥、祭水神或龙神等祭祀活动。也称赛龙舟、斗龙舟。在我国南方地区普遍存在，北方靠近河、湖的城市也有赛龙舟习俗，但大部分是划旱龙舟、舞龙船的形式。

【隆兴和议】 南宋孝宗隆兴二年（1164）与金订立的和约。南宋隆兴北伐失败后，金世宗也急于稳定内部，双方再次议和，南宋与金签订了第二个和约。南宋对金由称臣改为称侄，所纳岁贡改称岁币，数额减为银20万两、绢20万匹。南宋放弃对商（今陕西商洛）、秦（今甘肃天水）等六州的领土要求，疆界恢复到绍兴和议时的状态。双方同意不遣返叛逃到对方的人。隆兴和议之后，宋金维持了长达四十多年的和平状态，由于和议于乾道元年（1165）正式生效，故也称乾道之盟。

【隆中对】 公元208年，诸葛亮在古隆中（今湖北襄阳）与来访的刘备进行的一次问对。诸葛亮提出占据荆、益两州，安抚西南各族，联合孙权，整顿内政，俟机从荆、益两路北伐曹操的策略，以图统一全国，恢复刘家帝业。这次对话促成了三国鼎立的战略决策，自此诸葛亮得到刘备重用。后刘备大体根据这个计划，建立蜀汉政权。

【陇头】 陇，Lǒng。即陇山，是古代一处重要的地理地标，位于今甘肃一带，古称陇坻或陇山。山上有流水，人称陇头水，其水鸣声幽咽，令人肠断，古人题咏甚众。陇头在古代文学中常被用来借指边塞地区。如唐代王维的《陇头吟》就通过戍楼、月夜、驻马等意象，勾勒出边塞的寂寞与悲凉。陇头也是历史上多民族文化交融的地区，尤其在汉代，这里是古羌人生活和居住的重要区域。羌族的分支如白马羌和参狼羌等在此地有较大的影响。

【陇右】 陇，Lǒng。陇山以西地区（古代以西为右）。约相当于今甘肃六盘山以西，黄河以东地区。陇右是古代丝绸之路的必经之地，是中西文化与商贸交流的重要通道。

【楼船】 甲板上建有木楼的大型船舰。春秋时已有记载，汉以来为水军的主力舰种，上建有女墙，作为水兵防御敌人矢石的掩体。船壁上用坚硬的木材制成战格，要害部分蒙有皮革，起到防护作用。相沿至明，其攻防及动力设施续有发展。楼船也可泛指建楼多重、舷可走马的各种大船。

【耧车】 耧，lóu。播种农具。由耧架、耧斗、耧腿、耧铲等构成。相传是汉武帝时赵过所创。由人扶畜力牵引的耧架前进，耧斗中的种子经过排种口、耧腿落入耧铲开出的种床中，开沟、下种、覆土一次性完成播种。有一腿耧至七腿耧多种，以两腿耧播种较均匀。可播大麦、小麦、大豆、高粱等。

【漏舶】 古代对走私行为的称谓。起源于汉武帝时期，当时长安有一批商人与匈奴人私下做买卖，被严惩并诛杀。为了打击这种行为，宋代出台了世界上第一部反走私法《漏舶法》，还设立了我国最早的专门管理对外贸易的机构市舶司。海外贸易归来的船舶，所带货物须在港口由市舶司按一定比例抽分课税。不法商人常在进港前先运走、发卖货物，或进港后隐匿部分货物以图逃税。

【漏刻】 漏即漏壶。古代计时器。漏壶中插入的箭上刻符号表时间，一昼夜一百刻，故称漏刻。漏刻有沉箭式和浮箭式。沉箭式的漏壶为泄水型，水流出壶中时，箭下沉指示时刻；浮箭式的漏壶为受水型，水流入壶中时，箭上升指示时刻。相传漏刻始于黄帝时期，西周时已有掌管漏刻的官员。

【漏泽园】 宋代官府设置的公共墓地。因战乱死亡尸体无人认领或家贫无葬地者，由官家丛葬，其地称为漏泽园。制起于宋，一说起于东汉。《汉书》称周之德泽“上昭天，下漏泉”，漏泽园取名于此。元明清延续此制，有时改称义冢。

【卢沟桥】 位于今北京西南部的永定河上。最早建于金大定二十九年（1189），明清两代进行过重建。桥长 266 米，宽 7.5 米，有 11 个桥涵。桥身两侧的石柱上雕刻有大小石狮 485 个，神态各异，生动多姿。桥头碑亭内有乾隆御笔“卢沟晓月”的汉白玉碑。自古以来被誉为“燕京八景”之一。1937年7月7日，日本帝国主义侵略军在这里无端挑衅袭击中国军民，发动了“卢沟桥事变”，中国驻军奋起抗击，全民族抗日战争从此开始，历时8年（整个抗日战争为14年），最终取得伟大胜利。也作芦沟桥。

【庐墓】 丧礼习俗之一。遇君父、尊长去世，服丧者在逝者墓旁筑茅舍小屋居住守墓。始于春秋，流行汉唐间。居期一般是三年，也有长达终身者。

【炉火纯青】 指道教炼丹时，丹炉中的火焰随着温度的不断升高，由最初的红色转为纯青色，这也意味着丹炼成了。后也以此比喻技艺、学识达到相对纯熟的境界。

L

【鲈】 鱼名。肉质细白肥嫩，味道鲜美。晋代张翰因见秋风起，想起家乡吴中的菰菜、莼羹和鲈鱼脍，说：“人生贵得适志，何能羁宦数千里以要名爵乎？”于是辞官归乡。后因此称思乡之情为“莼鲈之思”。

【卤簿】 古代帝王出外时的车马仪仗及制度。古时帝王外出及举办重大国务活动，有庞大的仪仗队、车乘、骑乘等担任导引、护卫和随从。根据皇帝出行的等级，确定车驾的种类、随从护卫、官员的数量、各种装备、仪仗规模等，并编制成册簿，称“卤簿”，是礼仪制度的重要组成部分。起源较早，秦汉后始有此称。皇帝的卤簿分大驾、法驾、小驾三等，规模依次递减。汉代以后，皇太后、皇后、亲王、大臣等都有不同规格的卤簿。唐宋以后卤簿的种类、数量和排列方式也有所变化。

【鲁国】 周成王分封周公长子伯禽为鲁侯所建的姬姓诸侯国。位于泰山以南一带，都城在今曲阜，是周朝统治东方的重要据点，因周公位望极高，立国规制甚崇，故保有部分周天子所用礼制。春秋时国势衰弱，春秋后期公室为季孙氏、孟孙氏、叔孙氏三家所分。战国时成为小国，公元前256年为楚所灭。孔子出生在鲁国。

【鲁诗】 汉代初期鲁人申培公所传的《诗经》文本及其解释。属于今文经学，西汉时传授最广，代表人物有瑕丘江公、刘向等。与“韩诗”“齐诗”合称为“三家诗”。后随着《毛诗》兴起，“鲁诗”在东汉时逐渐衰落，西晋时失传。

【陆德明】（约550—630）唐代经学家、训诂学家。名元朗，以字行。苏州吴县（今江苏苏州）人。由隋入唐，唐太宗时迁国子博士。南朝陈至德初，博采汉魏六朝音切230余家，兼取诸家训诂，考证各本异同，撰成《经典释文》30卷，成为汉魏六朝以来研究儒家经典音义的总汇。

【陆贾】（约前240—前170）贾，gǔ。西汉政论家、辞赋家。辅佐刘邦建立汉朝，官至太中大夫。针对刘邦“马上得之，安事《诗》《书》”的观点，提出：“居马上得之，宁可以马上治之乎？”力倡儒学，辅以黄老“无为而治”的思想，对汉初政治产生一定影响。著有《新语》等。

【陆龟蒙】（？—约881）唐代文学家。字鲁望，自号天随子、江湖散人。吴郡（今江苏苏州）人。举进士不第，隐居松江甫里，又自号甫里先生。闲暇时带着书卷、茶具、文具、钓具等往来于江湖之上。与诗人皮日休唱和，世称“皮陆”。诗歌以描写水乡隐居生活为主。散文对统治阶级的腐败无能及社会黑暗进行揭露，尖刻辛辣。另著《耒耜经》，是一部专门论述农具的农学著作。有《甫里集》。

【陆机】（261—303）西晋文学家。字士衡，吴郡华亭（今上海松江区）人。祖父陆逊、父亲陆抗，都是三国时吴国名将。吴国灭亡后，与其弟陆云在家乡闭门读书十年。太康十年（289），兄弟二人一同来到京师洛阳，为著名学者张华所赏，名动一时。张华说：“伐吴之战，获得了两个俊士。”并把他们推荐给诸公，二陆名气自此大振，时有“二陆入洛，三张减价”的说法（“三张”指张载、张协和张亢）。先为赵王司马伦相国参军。司马伦死后，成都王推荐为平原内史，世称“陆平原”。后来成都王司马颖讨伐长沙王司马乂，任命陆机为后将军、河北大都督，兵败遭谗，被司马颖所杀。所作诗赋，辞藻宏丽，讲究对偶。所作《文赋》，首次论述创作过程、方法、形式、技巧等，在中国文学批评史上具有重要价值。后人辑有《陆士衡集》。

【陆九渊】（1139—1193）南宋理学家、教育家。字子静，自号存斋。抚州金溪（今属江西）人。因曾结茅讲学于象山（今江西贵溪西南），学者称为象山先生。“心学”创始人，继承和发挥了程颢的“天即理即心”的观点，提出“心即理也”的命题，认为“宇宙便是吾心，吾心即是宇宙”。淳熙三年（1176），曾与朱熹在信州（今江西上饶）的鹅湖寺进行了一场关于“心”和“理”的重要辩论，这就是中国思想史上有名的“鹅湖之会”。其学说为明代王守仁加以继承和发展，被称为“陆王学派”。著作后人编为《象山先生全集》。

【陆游】（1125—1210）南宋诗人。字务观，号放翁。越州山阴（今浙江绍兴）人。生于北宋灭亡之际，少年时即深受家庭中爱国思想的熏陶，喜论恢复之事。绍兴中，应试时为秦桧所黜。孝宗即位后赐进士出身，后官至宝谟阁待制。曾入蜀并任地方官多年。陆游始终主张抗金，反对苟安妥协的政策，受到主和派的压制，一度被罢斥还乡，晚年仍不忘收复中原。今存诗作九千三百多首，多抒发他的政治抱负和渴望祖国统一的激情，以及国耻未雪、壮志未酬的愤慨，风格雄浑豪放，《书愤》《示儿》等为世所传诵。与尤袤、杨万里、范成大并称为南宋“中兴四大家”。亦工词，风格多样，纤丽处似秦观，雄慨处似苏轼。有《剑南诗稿》《渭南文集》《南唐书》《老学庵笔记》等。

【陆羽】（733—约804）唐代学者。家世不详，婴儿时，被竟陵僧人智积在水滨捡得，遂为复州竟陵（今湖北天门）人。长成后，以《周易》卜卦，得“蹇之渐”卦，曰“鸿渐于陆，其羽可用为仪”，因以陆为姓，名羽，字鸿渐。肃宗上元初，隐居苕溪（今浙江湖州吴兴区），自号桑苎翁，又号竟陵子、东园先生、东冈子。与女诗人李冶、诗僧皎然、诗人皇甫冉等相友善。诏拜太子文学，不就。性嗜茶，对茶道有精深研究，撰成《茶经》三卷，是我国关于茶的最早著作。被后人尊为茶圣，民间祀为茶神。

【陆贽】（754—805）贽，zhì。唐代大臣。字敬舆，吴郡嘉兴（今属浙江）人。大历六年（771）进士及第。德宗即位，召为翰林学士。建中四年（783）泾原兵变，德宗避朱泚之乱于奉天，诏书多出其手，时号“内相”。贞元八年（792）出任宰相。在任期间，指陈弊政，揭露两税法的各种积弊，提出补救之法，惜未能推行。后因裴延龄谗毁罢相，被贬为忠州（今重庆忠县）别驾。后卒于任所，谥宣。所作奏议数十篇，多用排偶，条理精密，文笔流畅，为世所重。著有《陆宣公翰苑集》。

【录鬼簿】 我国古代第一部戏曲目录专著。元代钟嗣成著。有至顺元年（1330）自序，当成书于此年前后。所著录作家152人（实际为151人，有1人重复著录），杂剧名目共458种。书中对杂剧作家的里籍、生平、著述情况，大都有简要的介绍，是现存元人记述元杂剧历史的重要文献资料。

【录科】 清代科举考试制度。凡科考一、二等及三等小省前五名、大省前十名准送乡试外，其余未能直接获准乡试及因故未考者，及在籍之监生、荫生、官生、贡生名不列于学宫，不经科考者，均由学政于乡试年七月下旬再行考试，称为“录科”。经录科录取者即可参加乡试。

【录囚】 由皇帝或上级官员亲自讯问已定罪的囚犯的制度。也称虑囚。两汉时期始有此制，唐宋尤盛，目的是检查决狱是否得当，纠正错案或督办久悬未决的案件。因“录”与“虑”古音近，故也作“虑囚”。

【录遗】 清代科举考试制度。乡试前由各省学政为未取得参加乡试资格者举行的补考。清代对秀才举行科考，考在一等、二等及三等前十名者，取得乡试资格。三等十名以下，及因故未试之秀才与在籍监生、贡生等，须参加录科考试。录科未取及因故未参加者，可以参加录遗考试，未列于学宫的在籍监生、贡生、荫生、官生也须参加录遗考试。经过录遗录取者可参加乡试。

【鹿角】 古时军事防御设备。也称鹿角寨、鹿寨。把带枝的树木削尖，形似鹿角，半埋入地，以阻止敌人的行进。有的专用防御步兵，有的用于阻止骑兵。汉代曾广泛使用，三国时魏军用以护城。

【鹿鸣宴】 古代科举制度中的一种庆祝宴会，起源于唐代。乡举考试后，州县长官宴请考官、学政以及中试诸生，唱《鹿鸣》诗，故名。宋殿试文武两榜状元设宴，同年团拜，也称鹿鸣宴。科举制度自唐代以来，分设文武两科，鹿鸣宴、琼林宴为文科宴，鹰扬宴、会武宴为武科宴。

【绿林赤眉起义】 绿，lù。新朝末年爆发的两次农民起义。其中绿林军为啸聚于绿林山（今湖北大洪山）的义军，以王匡、王凤为领袖，公元23年立刘玄为帝，年号“更始”，次年攻入长安，推翻了新朝，刘玄移都长安后，背叛起义军，杀害起义将领。赤眉军活跃于山东地区，涂眉为赤，以樊崇为领袖，更始政权建立后，樊崇等曾表示愿意归附，因未得适当安排，乃于更始二年（24）分两路进攻更始政权，25年立刘盆子为帝，不久攻入长安，取代更始政权，27年被刘秀镇压。

【绿营】绿，lù。清兵入关后收编建立的常备军。也称绿旗兵。以数百人一营为基本编制，旗号绿色，兵籍世袭，合数营为标、协。有马兵、步兵、守兵三等。在京师的，称五城巡捕营步兵，其余分屯各省，隶属于提督总兵。总督、巡抚节制提镇，兼领本标绿旗兵。总兵之下有副将、参将、游击、都司、守备、千总、把总等职。是清前期军力的重要组成部分，太平天国起义，绿营屡战屡败，渐被淘汰，但绿营名义一直保存至清末。

【禄田】以田中产物或租赋充当官员俸禄的官田。也称菜田、职田。周时已有雏形，西晋惠帝始定三公以下要官除发俸米、绢绵外，另给菜田六顷至十顷不等。东晋又定各地都督下至县令为三顷至二十顷不等。直至隋唐及明初，多按官职品级定其田额，由官府拨人耕作或出租，其物产或田租拨给官员充其部分俸禄，另有去职、到任的还、受、补偿之法。

【路引钱】明清军民离乡远行前，向所在官府交纳领取通行凭证的费用。如明朝嘉靖时期，江西的每张路引费用为一钱银子。

【辘轳】lùlu。古代一种用人力汲水的工具。其构造是在井上搭一木架，架起横轴，轴上套一长筒，筒上绕以长绳，绳的一端挂水桶。长筒头上装有曲柄，摇动曲柄，绳即在筒上缠绕或松开，水桶也随之吊上或放下。后有双辘轳、三辘轳、鸳鸯辘轳等。

【戮尸】戮，lù。为惩罚死者生前的罪恶，暴陈、砍毁或鞭打其尸体示众。相传，春秋时伍子胥曾鞭打楚平王的尸体。戮尸是一种逞威泄愤的行为，不属于正刑。始于夏代，止于清代。

【露田】北魏至隋实行均田制时授予农民种植谷物的田地。也称正田。北魏授露田，男15岁以上每人40亩，妇人、11岁以上男子及残疾者每人20亩，奴婢相同。耕牛每头30亩，每户限授4头。年老免赋或身亡交还，不得买卖。北齐授露田，男18岁每人80亩，女每人40亩，66岁时还田。北周一夫一妻授露田140亩，无妻男丁100亩，男女18岁起授田，64岁还田。宅地10人以上之家5亩，7人以上4亩，5人以上3亩。隋依北齐制。唐改称露田为口分田，男授田80亩，女不授，寡妻妾各授田30亩。

【闾】lǘ。里巷的大门。古代将村庄称为“闾井”“闾里”，称城镇中的街巷为“闾巷”。汉代以后，常称都城内的居民聚集点为“闾”。一般以25户为一闾。

【闾左】闾，lǘ。由雇农、佃农等构成的贫苦人民。一说古代以25户为一闾，富强者居闾里的右边，贫弱者居闾里的左边，故名。如秦二世皇帝征发闾左去戍守渔阳（今北京密云区西南）。

【吕不韦】（？—前235）战国末年卫国濮阳（今河南滑县）人。原为阳翟（今河南禹州）大商人，在邯郸遇见在赵国做人质的秦公子异人（后改名子楚），认为“奇货可居”，于是入秦活动，得到华阳夫人的支持，子楚回国后被立为秦太子。子楚即位后，任他为相，封文信侯，食邑十万户。子楚死后，秦王嬴政即位，因年幼，由他继续掌握政权，并尊为“仲父”。

执政期间，门下有宾客三千人，曾命令宾客集合众说编纂《吕氏春秋》，汇合了先秦各派学说，为先秦杂家的代表作。嬴政亲政后，被免职，出居封地河南（今河南洛阳），后又命其迁往蜀郡，自杀于途中。

【吕洞宾】 唐末道士。传说中的八仙之一。名嵒（一作“岩”），字洞宾，号纯阳子，道教全真道尊为北五祖之一，俗称吕祖。相传两次应举不第，浪迹江湖，遇汉钟离，被传授上清秘诀。得道后游历各地，于江淮斩蛟、岳阳弄鹤、客店醉酒。《全唐诗》中载有他创作的诗二百余首，但真伪难辨。其形象常出现在后世文学作品中，多给人潇洒出尘、超凡脱俗的印象。湖南岳阳楼即因他的故事而享盛名，至今有三醉亭立于主楼北侧。

【吕梁覆军】 公元 577 年，南朝陈与北周在吕梁山（在今江苏徐州东南）一带进行的战役。陈宣帝为保卫建康两度北伐，先乘北齐后主昏庸，进取江北寿春（今安徽寿县）、合肥（今安徽合肥）等地。又乘北周灭齐之际，以吴明彻为将进军至吕梁山一带，北周以徐州总管梁士彦拒之，另以援军断其归路，陈军溃败，吴明彻被擒后病死，陈朝精兵及先取之地丧失殆尽，国力严重削弱。

【吕氏春秋】 书名。也称《吕览》。战国末年，秦相吕不韦召集门下宾客辑合百家九流之说编写而成。全书二十六卷，一百六十篇，内分十二纪、八览、六论。内容以儒、道思想为主，兼及名、法、墨、农及阴阳家学说。汇集先秦各派学说，为当时秦国统一天下、治理国家提供了思想武器。《吕氏春秋》撰成后，公布于咸阳城门，称有人能增损一字者，给予千金。这就是成语“一字千金”的由来。

【履】 古代对鞋的统称。包括屦、屩、鞋、靴、屐、舄等。在不同时期或不同的环境下使用。汉代之前居家穿的履称为屦，是一种薄底的便鞋，而出门时穿的履称为屩；鞋是一种带有高帮的便履；靴是由西域传入我国的；屐通常指有齿或无齿的木底鞋，也有草制或帛制的；舄是高级别的礼服配用履。履有不同样式，如笏对履、分捎履、立凤履、重台履等。

【律例】 律典和相关判例、事例。历代都以律作为刑法典，并用相关的判例作为辅助，以判决刑狱。明万历以后，开始将其合编，如《大明律集解附例》《大清律例》，是刑事基本法。

【律令格式】 唐代将法律文书区分为律、令、格、式四类，四类各有侧重，相辅而行。秦汉以来都依律定罪量刑，用令补充律。魏晋以来，用令规定政治、经济、文化等制度。“格”“式”本指行政惯例和规章，唐代编式作为行政范式和细则，编格用来补充律、令、式的相关规定。唐初这四种法典并行，对后世产生较大影响。

【律诗】 诗体名。近体诗的一种。格律要求严格，平仄、押韵、句数、对仗等都有一定的要求，不能任意改变，故称律诗。对古诗而言，又称近体诗。按字数不同，又分五言律诗、七言律诗。以八句为定格，双句押韵，以押平声为常，首句可押可不押，每句有一定的平仄格式，中间两联使用对仗。亦偶有六律。十句以上的，称为排律。杜甫《登高》被誉为“古今七言律第一”。

【鸾】传说中凤凰一类的神鸟，出现则天下安宁。一说凤有五种，多青色者为鸾。“鸾凤”比喻贤士或和美夫妻。

【论语】论，Lún。儒家经典之一。是孔子弟子及其再传弟子根据直接记录和传闻整理的孔子及与孔门有关人士的言行录。共20篇，首创“语录体”。内容有孔子谈话、答弟子问及弟子间的谈话，是研究孔子和儒家思想的重要资料。《论语》的内容广泛，涉及伦理道德、教育思想、政治理念等领域。如在伦理道德方面，提出“己所不欲，勿施于人”；在教育方面，提出“学而时习之”“温故而知新”；在政治方面，提出“为政以德”；等等。东汉时列为“七经”之一。唐代列为“十三经”之一。宋淳熙年间（1174—1189），朱熹又将它和《大学》《中庸》《孟子》合为“四书”。《论语》中的思想对后世产生了深远的影响。相传宋朝宰相赵普以“半部《论语》治天下”。

【轮班工匠】明朝须轮流赴京服役的工匠。也称班匠、轮班匠。由明初改革元制而来。明初工匠分住坐和轮班两类，籍隶京师、在当地服役的称“住坐匠”，每月输工十天，属内府管辖；由外地调到京师的为“轮班匠”，每三年或一两年到京师服役三个月，轮班更替，属工部管辖，可免全家其他科差。后据工役繁简分五班，一至五年一轮。匠户世代承役，因受残酷压榨和剥削，逃亡甚多。明中期后也可纳银代替。清代与住坐匠皆改为按户征银代班。

【轮回】佛教把众生世界分为六道，即天、人、阿修罗、地狱、饿鬼、畜生。认为众生根据自身的善恶业因在此六道中生死相续，无有止息，像滚滚车轮转动不停，故名。而只有佛才能免去六道轮回之苦。

【论】文体名。即议论文。内容不拘，但须以辨析、论断道理为主，注重推理精微，讲究辞气、力度，观点鲜明。源于先秦。现存最早的单篇论文，是汉代贾谊的《过秦论》。

【论衡】书名。东汉王充撰。30卷，共85篇，现缺《招致》一篇。作者有感于当时的著作多浮泛不实之言，乃用尽毕生精力，前后历经三十余年，写成此书。书中对流行的谶纬迷信进行了猛烈的抨击，论述了人与自然、精神与肉体的关系，具有朴素的唯物主义思想，在中国思想史上占有独特的地位。

【论诗绝句三十首】组诗。金代元好问作。全组诗歌以七言绝句写成，分别评论自汉魏古诗直至北宋时的诗人作品，涉及曹植、刘桢、刘琨、温庭筠、李商隐、陶渊明、阮籍、潘岳、沈佺期、宋之问、陈子昂、杜甫、卢仝、李白、李贺、孟郊、元结、柳宗元、刘禹锡、欧阳修、梅尧臣、陈师道、秦观等人。作者崇尚天然劲健的风格，反对雕琢、柔靡的诗风，特别推重建安时代的曹植，魏晋时的阮籍、刘琨，初唐的陈子昂，盛唐的杜甫、元结等人。是继杜甫《戏为六绝句》以后运用绝句形式系统评论历代诗人、阐述诗歌主张的重要作品，在中国文学批评史上占有一席之地。

【罗】质地稀疏轻软的丝织品，有生罗、熟罗之分。已出土的商代丝织物中即有罗的残片。湖北江陵马山一号楚墓也出土了罗织品，这证明罗的生产，历史悠久。时至唐宋，罗已广泛生产和使用，唐代官营织造作坊中有专门的罗作，宋代在润州（今江苏镇江）设有专门的织罗务，清代苏州地区有花罗、素罗、刀罗等多种名目的产品。除了制作衣物，罗还常用于制作扇面、幔帐等。

【罗贯中】（约1330—约1400）元末明初文学家。名本，号湖海散人。出生地不详，一说是山西太原人。擅长通俗小说创作，代表作为《三国志通俗演义》（简称《三国演义》）。此外还有《隋唐两朝志传》《平妖传》等。

【洛河】水名。发源于陕西洛南县西北部，东流入河南，经卢氏、洛宁、宜阳、洛阳后，至偃师纳入伊河，因此称为伊洛河，最后到巩义的洛口汇入黄河。古称“雒河”，因曹魏政权五行位次为土，而土为水之牡，根据阴阳相克相生的理论，水得土而流，土得水而柔，故去“雒”之“隹”，加“水”，改为“洛”。洛河流域是华夏文明的重要发源地，相传上古时期，伏羲的部族长期在这一带活动，有一匹龙马从黄河浮出，背负“河图”；有一只神龟从洛河浮出，背负“洛书”。伏羲依“图”和“书”画作八卦，就是《周易》一书的来源。此后大禹治水，天帝赐他《洪范九畴》，后人认为就是洛书。又传伏羲之女溺死于洛水，变为洛水之神，即宓妃。其名初见于屈原《离骚》的“吾令丰隆乘云兮，求宓妃之所在”。洛神从此作为文学创作形象，出现在历代诗词歌赋中，最著名的当属三国魏曹植的《洛神赋》。

【洛学】以北宋程颢、程颐兄弟为代表的理学流派。是宋代理学的四个主要学派（“闽学”“濂学”“洛学”“关学”）之一。因程颢、程颐是洛阳人，故名。二程拜理学家周敦颐为师，门下有吕大临、谢良佐、杨时、游酢，号称“程门四先生”。二程的学说影响较大，后世认为南宋朱熹之学是承袭自程颐，陆九渊的心学则承袭自程颢。

【洛阳】古都名。位于河南中部，古称“雒阳”，因在洛水（古称雒水）之阳而得名。在我国建都时间最长，号称九朝古都。战国至西汉时是全国性商业都市之一；东汉、魏晋、隋唐时期更是当时全国乃至全亚洲的经济、文化中心。洛阳文化底蕴丰厚，洛水更因伏羲氏之女为水神而传名。洛阳市南有号称我国三大石窟之首的艺术宝库——龙门石窟；市东有东汉时期佛教传入中国后兴建的第一座官办寺院——白马寺。此外还有金谷园、香山寺、关林等名胜古迹，洛阳牡丹驰名天下。

【洛阳名园记】园林专著。宋李格非撰。1卷。记载北宋西京洛阳的著名私家园林，包括赵普、吕蒙正、文彦博、富弼、司马光等名人将相的园囿十八所，另有花市一处。作者于各园历史、景物、花木皆有记述，文笔省净，清丽可观。最后总论名园的兴衰，反映了洛阳的兴衰，象征着国家的治乱，寓意深远。

【洛阳伽蓝记】伽，qié。书名。北魏杨衒之撰。共5卷。伽蓝，意为“众园”或“僧院”，佛教寺院的通称。杨衒之曾任期城郡太守，于东魏武定五年

（547）行经北魏旧都洛阳，时在丧乱之后，贵族王公耗费巨资所建佛寺已大半被毁，因作《洛阳伽蓝记》，记述佛寺园林的盛衰兴废，兼及北魏都洛期间政治及民俗等多方面情况，于当时豪门贵族、僧侣地主的骄奢淫逸，寓有讥评之意。文笔秾丽秀逸，骈中有散，颇具特色。

【落地税】对到店入市后发卖的商品所征之税。也称落地捐、落地销场税。明中期以来在正规商税之外抽分加征，至清扩展到乡镇集市的农副产品，同一货物异地销售即被重复开征而甚为烦苛。

M

【妈祖】 相传是宋代福建莆田湄洲岛人，名叫林默，8 岁从师，10 岁信佛，13 岁习法术。北宋雍熙四年（987）盛装登山石“升天”为神。是古代沿海、沿江地区民间尊奉的海神。相传能保佑人们出海作业顺利平安。南宋时，仅福建莆田一带祀其为海神，元代始封为“天妃”，明清两代均有加封，崇祯帝封之为“碧霞元君”，康熙帝封之为“天后”。旧时近海之地、江河码头都建有天妃宫或天后庙。而伴随对外贸易和华侨足迹，影响达于南洋等地。

【麻姑】 古代神话中的仙女。相传每年农历三月三日王母娘娘寿辰时，麻姑会在绛珠河边酿制灵芝美酒为王母祝寿，民间有“麻姑献寿”的传说。另传说东汉时的仙人王方平与麻姑到蔡经家做客，蔡经见麻姑貌美且手指呈鸟爪状，心中有不敬之念，被王方平作法鞭笞，并告知麻姑是已经见过三次沧海变桑田的神仙。今江西南城县的麻姑山，据传就是麻姑曾经修炼得道的地方。唐代书法家颜真卿游览此地后，写下了被称为天下第一楷书的《麻姑仙坛记》。

【麻田】 北魏均田制下加授给农民种麻的土地。凡宜种麻之地，男子 15 岁以上给 10 亩，妇人 5 亩，奴婢授同良人，还、受之法同露田。

【马戛尔尼使华】 清朝乾隆时期，英国使臣马戛尔尼使团访华事件。清乾隆五十七年（1792），马戛尔尼使团受英王乔治三世之命来华，既为乾隆帝祝寿，又欲洽谈双方贸易等事。公元 1793 年抵热河（今河北承德），因使团拒绝以跪拜礼觐见乾隆，双方争执不下，后以改为单膝下跪礼妥协。此为中英两国首次正式接触，使团提出遣使驻京，至宁波、舟山、天津通商，准许传教等要求，然终因各自观念、利益反差太大，均遭清政府拒绝。1794 年，乾隆帝派员礼送马戛尔尼从广州出境。

【马革裹尸】 将士战死沙场后，用马皮将遗体包裹起来。语出《后汉书·马援传》。马援是东汉名将，骁勇善战，颇具智谋胆略，为东汉王朝的建立立下汗马功劳，任伏波将军。东汉建武二十年（44），马援平定西南，班师还朝。朋友故旧前来欢迎慰劳，中有一人名叫孟冀，以足智多谋闻名。当他恭贺马援时，马援却说：“我本希望先生有忠言讲与我听，但可惜先生却和世人一样只一味恭贺。……现在匈奴、乌桓还在侵扰国家北境，我想请求去讨伐。男儿应当死于边野，以马皮裹着尸体回来安葬，哪能安卧榻上守着妻儿呢？”这段话体现了军人英勇作战、为国捐躯的决心和气概。

【马褂】 清代满族男子骑马时所穿上衣。其长度较短，仅及于脐，便于上下马以及马上的活动。最初是兵营中的骑兵将士穿着，后成为普遍的男装常服，有长袖、短袖、对襟、大襟、宽袖、窄袖等多种式样。明黄色马褂是一种特殊的官服，只有巡幸扈从大臣或有功之臣才能穿。

【马可·波罗】 （1254—1324）也译作马哥·孛罗。意大利旅行家、中外文化交流的友好使者。出生于威尼斯城的商人家庭。公元1271年11月，随其父、叔前往中国。他们沿“丝绸之路”穿越叙利亚和两河流域，横越伊朗全境，穿过中亚沙漠，翻过帕米尔高原，向东经喀什、于阗、罗布泊，到达敦煌、玉门一带，于元至元十二年（1275）抵上都（今内蒙古正蓝旗境内），拜见元世祖忽必烈，受到盛情款待和任用。1275—1292年，马可·波罗任职于元朝政府，游历几乎遍及中国，曾至今新疆、甘肃、内蒙古、山西、陕西、四川、云南、山东、江苏、浙江、福建及北京等地，还到过缅甸。伊儿汗国遣使向元室求婚，至元二十九年（1292）夏，与父、叔等护送元公主阔阔真出嫁波斯，由福建泉州港起程，历时两年多，抵达波斯。1295年冬顺道归国，回到威尼斯。1298年在战争中被俘，在狱中口述东游见闻，由同狱比萨作家鲁思梯谦笔录成书，名为《东方见闻录》，即《马可·波罗游记》。获释后返威尼斯，依旧经商。死后葬于圣洛伦索教堂墓地。

【马可·波罗游记】 也题作《寰宇记》《威尼斯人马可·波罗阁下关于东方各国奇事之书》《百万先生书》。初名《东方见闻录》。由旅行家马可·波罗口述，鲁思梯谦笔录。全书4卷。马可·波罗记述他经行地中海、欧亚大陆和游历中国的经历。此书是西方开始对东方，特别是对中国的历史、文化、风俗、物产等方面产生了解的重要资料。书中详细介绍各国风土人情、山川地理、物产文化、政治战事，盛赞中国地大物博、都市繁华、文教昌明。此书被誉为“世界一大奇书”，对促进东西方文化交流和各国人民的相互了解，对此后新航路的开辟都产生了深远影响。一些欧洲地理学家据它绘制了早期的世界地图。哥伦布从中受到巨大鼓舞和启示，激起冒险东航的决心，无意中发现了美洲新大陆。

【马口钱】 汉代向养马户征收的马税。汉武帝元鼎五年（前112），诏令边境百姓养马。太初二年（前103）开始征收。由官府借给母马，满三年后收回母马，并征收产驹数的十分之一。公元前103年，汉武帝下令改按马匹数征钱，后时征时罢，又税及牛羊。

【马陵之战】 公元前341年，齐国军队在马陵（今河北大名）大败魏军的战役。当时魏伐赵败韩，韩向齐求救，齐以田忌、田婴为将，孙膑为军师救之，攻大梁。魏以太子申、庞涓为将，发举国之师，欲与齐决战。孙膑用“减灶增兵”之计，诱敌深入，在马陵险要处设伏，大败魏军，魏将庞涓被迫自杀，魏太子申也被俘杀，从此魏的国势衰落。

【马融】 （79—166）东汉经学家、文学家。字季长，扶风茂陵（今陕西兴平东北）人。博通经籍，著述丰富。曾注《孝经》《论语》《诗经》《周易》《三礼》《尚书》《列女传》《老子》《淮南子》《离骚》等，使古文经学臻于成熟。除注书外，还设帐授徒，门徒多达千人，郑玄、卢植等都出自他的门下。其教学，坐于高堂之上，施绛色纱帐，前授生徒，后列女乐。著作已佚。后人辑为《马季长集》。

【马嵬坡】 嵬，wéi。古地名，在今陕西兴平。相传古时马嵬曾在此筑城，故名。唐朝天宝年间，安禄山发动叛乱，攻克潼关，剑指京都长安（今陕西西安）。唐玄宗仓皇出逃西蜀，途经马嵬坡时，将士义愤，群起杀死杨国忠，并要求处死杨贵妃，唐玄宗被迫将杨贵妃赐死。

【马援】 （前14—49）东汉将领。字文渊，扶风茂陵（今陕西兴平东北）人。起初在新莽朝做官，后依附军阀隗嚣。东汉建武十一年（35），任陇西太守，安定西羌。建武十七年（41），任伏波将军，封新息侯。南征交趾，立铜柱以表功。其柱铭文为："铜柱折，交趾灭。"越人每过其下，以瓦石掷之，遂成丘。曾以"男儿要当死于边野，以马革裹尸还葬耳"自誓。后于讨伐五溪蛮时染病去世。

【马致远】 （约1251—约1321）元代戏曲作家、散曲家。号东篱，一说字千里，大都（今北京）人。与关汉卿、郑光祖、白朴并称"元曲四大家"。其戏曲创作内容以神化教化为主，以格调飘洒脱俗、语言典雅清丽著称，被称为"马神仙"。代表作有《汉宫秋》《岳阳楼》《陈抟高卧》《青衫泪》等。其散曲也备受称誉，有"曲状元"之称，代表作《天净沙·秋思》被誉为"秋思之祖"。有辑本《东篱乐府》。

【玛瑙】 具有不同颜色而呈带状分布的玉髓矿物。品类很多，颜色光美，以红色多者为上品。可制器皿及装饰品。相传，曹操曾用玛瑙作为马笼头。也作"马脑"。

【买办】 明代专指官府中掌管采购和其他杂务的差役。清初专指为居住在广东商馆的外商服务的中国公行（一种行会组织）的采买人或管事人。鸦片战争后，废止公行制度，外商乃选当地中国商人代理买卖，沿称买办。

【买扑】 宋代以来私人向官府承包经营酒坊、河渡、盐井及场坊商税的方式。买，交易、购买；扑，博弈、竞争。买扑，通过竞价来获得某种特权或经营权。承包者须以自家产业抵押，多以三年为一期，向官府缴纳课利。在宋代繁复的买扑门类中，商人需要遵守严格的程序才能购买专卖商品。买扑制度还广泛应用于特许经营权拍卖、官田出让与请佃、商税承包、政府采购等范围，并形成了一套非常成熟的招投标程序。尽管买扑的形式和运用范围随着时间的推移发生了变化，但其通过竞争获取经营权或税收权的核心精神延续至今。

【麦积山】 山名。在今甘肃天水东南。形如堆积的麦秸，故名。据文献记载，自北魏景明三年（502）以来，这里就开始建造佛寺，开窟造像。经历了北魏、西魏、北周、隋、唐直至清代的不断修缮和增建，现存龛窟及摩崖雕刻共194处，各种塑像7000余座，另有壁画1000多平方米。是我国古代建筑艺术的重要遗迹。

【蛮】古代对中原以南各族的统称。也称南蛮。周代分布于今长江中游及以南地区，魏晋以来活跃于江汉平原，后分布于西南地区。古代多在“蛮”前加上地域名以示区别，如荆蛮、五溪蛮、武陵蛮等。

【满洲】古族名。也称满珠，简称满。是女真的后裔。公元1616年，努尔哈赤统一了女真各部，建立后金政权。后金天聪九年（1635），其子皇太极废除女真旧号，改族名为满洲，改国号为“清”。有自己的语言满语与文字满文。善于学习汉族文化。辛亥革命后称为满族。

【蟒袍】绣有蟒纹的袍服。蟒为四爪，龙为五爪，蟒是除衮龙外最尊贵的图案。魏晋以来，龙纹渐为君王专用，元代民间仍可穿蟒袍，明初以此特赐亲近宦官及勋臣，明正德以来定为三品官服。清代正式称为“蟒袍”，皇室贵族以及各级官员均有按制的蟒袍，并以服色、图案以及蟒的数量严格区分官员的身份和等级。

【猫睛】一种宝石。颜色蓝灰，发出的光与猫的眼睛一样，灵活明亮，能随着光线强弱而变化，故名。也称猫眼。是名贵的手工艺雕刻材料，可做佩饰和珍玩。根据闪光的强弱分出品级，以光亮带居中、竖直为上品。

【毛公鼎】西周晚期青铜器。因作器者是毛公厝，故名。清道光末年在陕西岐山出土。直耳，半球腹，兽蹄形足，口沿饰环带状的重环纹。高53.8厘米，重34.7千克。鼎上铸有铭文32行，共497字（腹内铭文约499字），记述周宣王告诫和褒赏臣子毛公的事迹。毛公鼎是目前已发现的铭文最多的青铜器。今藏于台北故宫博物院。

【毛晋】（1599—1659）明末清初藏书家、出版家。原名凤苞，字子晋，号潜在，常熟（今属江苏）人。曾游学于钱谦益门下，博学强记，好搜罗图书，以至变卖田地、房产也在所不惜。藏书宏富，多达八万四千余册，其中有很多宋元刻本，建汲古阁、目耕楼用以储藏。又喜刻书，为历来私家刻书最多者。曾校刻“十三经”、“十七史”、《津逮秘书》、《六十种曲》等，流布天下。其所抄录的罕见秘籍，缮写精良，后人称为“毛钞”。著有《隐湖题跋》《汲古阁珍藏书目》《汲古阁刻书目》等，又编有《海虞古今文苑》《明诗纪事》等。

【毛诗】《诗》古文学派。相传为西汉初毛亨和毛苌所传。据称其学出于孔子弟子子夏。汉代传《诗》，有鲁（申培）、齐（辕固）、韩（韩婴）、毛（毛亨）四家。鲁、齐、韩三家《诗》，用汉代通行文字隶书记录，称“今文经”。《毛诗》用先秦文字篆书记录，称“古文经”。《毛诗》在西汉时未立于学官。东汉时郑众、贾逵、马融、郑玄等都治《毛诗》。郑玄曾为其作《笺》。魏晋以后，今文三家诗散亡或无传者，《毛诗》独盛。至唐孔颖达定《五经正义》，《诗》取毛、郑，更为后世所推重。今天通行的《诗经》即《毛诗》。另外，《毛诗》每一篇下都有小序，以介绍本篇的内容、意旨等。全书第一篇《关雎》下，除有小序外，另有一篇总序，称为《毛诗大序》，提出“风、雅、颂、赋、比、兴”的“六义”，是我国古代关于诗论的第一篇专著。

【矛】古代兵器。商代以前的矛采用天然的兽角、竹木或带尖的石块，竹木不用再加杆，兽角、石块就绑在矛杆上。商代制作了青铜矛头，绑在矛杆上。春秋时，已能将矛的后部铸成筒状鞘，把矛杆安上，更牢固。汉代以后，多用铁矛，更锋利。

【茂才】即秀才。汉时开始与孝廉并为举士的科名，东汉时避光武帝刘秀讳改称茂才。三国时复称秀才。唐初曾与明经、进士并设为举士科目，永徽二年（651）停废。元明以来用以指对读书人的泛称。明太祖采取荐举之法，举秀才数十人，任以知府等官。后专用以称府、州、县学的生员。

【瑁】也作“冒”。玉器名。形方，下部缺似燕尾。天子接见诸侯时所执，用来与诸侯所执的圭相合。

M

【枚乘】（？—前140）西汉辞赋家。字叔，淮阴（今江苏淮安）人。曾为吴王刘濞的郎中，汉景帝时采纳晁错的计策，削夺诸侯土地，吴王打算联合诸王谋反。他上书劝阻，吴王不听，于是投奔梁孝王。后来发生“七国之乱”，吴果然亡国。武帝即位后征召，死于途中。以辞赋著称，今仅存《七发》等三篇。《七发》开创了“七体”这一辞赋体裁，后世模仿者甚多。

【梅花】我国珍贵观赏花卉。在我国传统文化中，梅花具有丰富的寓意。梅与兰、竹、菊并称“四君子”，象征着高洁、坚韧和不屈不挠的精神。梅又与松、竹并称“岁寒三友”，象征着不畏严寒、长青不老的精神。在中国文学中，梅花也占有重要地位，许多文人都曾以梅花为题材进行创作。北宋王安石的《梅花》和南宋陆游的《卜算子·咏梅》，都赞美了梅花不畏严寒、独自绽放的品格。

【梅尧臣】（1002—1060）北宋诗人。字圣俞，宣州宣城（今属安徽）人。因宣城古称宛陵，故世称宛陵先生。仁宗时赐进士出身，因欧阳修推荐，曾为国子监直讲，后迁尚书都官员外郎，故世称梅直讲、梅都官。论诗注重政治内容，反对华靡文风。在写作技巧上重视细致深入，提出“必能状难写之景，如在目前；含不尽之意，见于言外”，受到后世推崇。与欧阳修并称“欧梅”，又与苏舜钦并称“苏梅”。还参与编撰《新唐书》，并为《孙子兵法》作注。有《宛陵先生文集》。

【煤炭】即煤。我国人民对煤炭的开发和利用历史悠久。古代不同时期，对煤的称呼不一样。先秦时期称为石涅、涅石。汉魏时期称为石墨。晋至元时期称为石炭。直至明朝中叶，局部地区才改称为煤炭，而“石炭”一词仍继续沿用。战国时《山海经》已有煤炭的记载。汉代时民间已普遍用煤作燃料。南朝宋雷次宗《豫章记》与北魏郦道元《水经注》记载了煤炭的利用和储藏情况。西晋陆云写信给兄长陆机时也提及曹操在所建的铜雀园里藏石墨（石炭）数十万斤。南北朝到隋唐时，史料也记载开采使用煤炭煮食，以供生产和生活之需。宋代时，河东路的太原府及晋、泽、石三州（山西中北部地区），河北西路相州（今河南安阳、濮阳一带）、怀州（今河南沁阳）、磁州（今河北磁县）、邢州（今河北邢台），陕西路的广大地区以及京东西路的徐州等地建有煤井地，当时已知道找矿和炼焦。元丰元年（1078），徐州西南白土镇发现煤矿并用于冶铁，苏轼作《石炭诗》抒发对于发现和使用煤炭的惊喜与赞叹。元代，意大利旅行家马可·波罗来中国，看到把煤炭作为燃料，认为是奇事。他在游记中列专章介绍“用石作燃料”。明代，煤炭的开发利用继续发展。《天工开物》系统记载了我国煤炭开发技术。清代采煤业又有了进一步发展。

【美人】 妃嫔的一种称号，西汉始设，自汉至明，历代沿置。也是宫廷女官名，自汉至明，宫廷中都有美人名号。

【门阀】 “门第阀阅”的简称。也称阀阅。阀，通“伐”，功劳。阅，资历。指有功勋的世家或名门望族、官宦人家。大约形成于东汉末年，鼎盛于魏晋南北朝时。从东汉到隋唐，门阀制度成为选拔与任用官吏和评定人品的重要标准，其对于仕途的影响要远大于自身的德才。唐代门阀制度逐渐被科举制度取代。

【门生】 出自同一师门的学生。汉时专指师门弟子转相传授学业者，有别于老师亲自授业的弟子。被举主察举和征聘委任的人，也常以受教者的身份自称门生。二者都有一定的人身依附关系。后世泛指各种生徒门人和被科举主考官录取的举人、进士等。如“唐宋八大家”之一的曾巩是欧阳修的得意门生。也称门人。

【门下省】 古代官署名。掌受天下之成事，审查诏令，驳正违失，受发通进奏状，进请宝印等。其长官初名侍中，后又更名左相、黄门监等。东汉称“侍中寺”。晋时因其掌管门下众事，始称“门下省”。南北朝因之，与中书省、尚书省并立。隋承其制。唐龙朔二年（662）改称“东台”，咸亨初复旧称，武则天临朝，改称“鸾台”。神龙初复旧称，开元元年（713）改称“黄门省”，五年（717）仍复旧称。宋、辽、金因之，元废。与中书省、尚书省合称三省，中书省决策，通过门下省审核，交尚书省执行。

【门下侍郎】 古代官名。门下省次官。秦汉时称黄门侍郎，君主近侍官。唐天宝元年（742）改称“门下侍郎”，为门下省长官侍中之副。常加“同中书门下平章事”衔为宰相。辽为南面朝官。宋初，仅为宰相叙迁之官。元丰改制后，例以尚书左仆射兼任，代行门下省长官侍中之职。南宋之后复置参知政事，省门下侍郎不置。

【蒙冲】 古代一种蒙着生牛皮的小型战船。船体狭长，装备有弩窗和矛穴，可以通过这些开口发射箭矢或长矛，对敌船进行攻击。以桨为动力，航速快，能够迅速接近并撞击敌船。东汉末年孙权在与黄祖的战役中就使用了蒙冲战船。也作“艨艟”。

【蒙恬】 （？—前210）秦国名将。先世本齐国人，自祖父蒙骜起世代为秦名将。秦统一六国后，率兵三十万北击匈奴，收河南地（今内蒙古河套一带），并筑长城，使匈奴不敢进犯。秦始皇死后，丞相李斯与赵高忌惮蒙恬的威望，于是合谋篡改遗诏，赐其死，乃自杀。

【蒙古】 蒙，Měng。民族名。源出唐代蒙兀室韦，居额尔古纳河流域，后西迁于蒙古高原东部，以游牧为生，逐渐发展壮大。自公元12世纪末成吉思汗兴起，逐渐统一和融合蒙古高原

M

各族部，1206年建立蒙古汗国，陆续攻灭西辽、西夏、金、大理，并向西远征，发展为横跨欧亚的庞大帝国。1260年，忽必烈继汗位，1271年定国号为“元”。1279年灭南宋，统一中国。1368年，为朱元璋所推翻。少数贵族被迫退回蒙古草原，大多数仍留居今冀、晋、陕、甘、豫、滇等地，从事农业生产。

【孟浩然】（689—740）唐代诗人。襄州襄阳（今属湖北）人，世称孟襄阳。出生于诗书之家，早年隐居鹿门山。唐玄宗开元五年（717），游洞庭湖，作《临洞庭湖赠张丞相》诗，献给曾任丞相的岳州刺史张说，有意干谒，谋求引荐。后游历东南各地。十五年（727）冬，赴京师长安举进士，次年应试落第，滞留在长安、洛阳。曾闲游秘书省作诗联句，有“微云淡河汉，疏雨滴梧桐”句，四座称赞。二十二年（734），再上长安，求仕未果返乡。患背疽，卧病在家。二十八年（740），卒于襄阳。孟浩然一生大多在隐居和漫游中度过，故其创作多以田园隐逸、山水行旅为题材，诗风率然天真，意境清迥悠然。与王维齐名，并称“王孟”，是山水田园诗派的代表诗人。有《孟浩然集》。

【孟姜女】我国古代传说中的人物。相传春秋时齐国有一人名叫杞梁（也作“良”），在战争中阵亡，其妻悲痛欲绝，抱住丈夫的尸体在城下痛哭十天，泪水冲塌城墙，将夫妻二人一并葬入。此为孟姜女故事的前身。故事后演变为青年农民杞梁被强迫远征服苦役修建长城，他的妻子孟姜女不远千里给丈夫送御寒的衣服，到达城下时得知丈夫已经在艰苦的劳作中累死。孟姜女恸哭十日，泪水冲垮了长城，孟姜女投身其中与丈夫合葬，此为孟姜女哭长城的故事，它表现了一位忠实于爱情、反抗暴政的女性形象。后人据此创作了戏剧、民歌等多种形式的文艺作品。

【孟津之会】商周之际，周武王在黄河孟津渡口（今河南孟州南）与诸侯相约讨伐商纣王的誓师大会。周武王即位第二年，为了检阅伐商的队伍，同时也为了试探商纣王对周人备战活动的反应，出动军队大规模地向东进发，到达黄河边上的孟津。前来参加大会的诸侯和部落首领，据说有八百人之多。武王在盟会上举行了誓师仪式，发布誓词，即有名的《泰誓》。

【孟子】（约前372—前289）战国时思想家。名轲，字子舆，邹（今山东邹城东南）人。幼年丧父，母亲为了给他提供一个良好的学习环境，曾多次搬家，此为“孟母三迁”的故事。受业于子思的门人。历游齐、宋、滕、魏等国，一度任齐宣王客卿。因主张未被采用，晚年与弟子万章、公孙丑等退而著书立说，今存《孟子》七篇。政治上，在继承孔子“仁”的观念的基础上提倡“仁政”，猛烈抨击统治者实行兼并的不义战争，公开提出“民为贵，社稷次之，君为轻”的民本观点，具有积极的社会意义。又从“性善论”出发，认为要通过“反身而诚”的修养功夫“养吾浩然之气”。其思想在后世影响深远，是孔子之后儒家的主要代表人物，被尊为“亚圣”。

【梦粱录】史料笔记。南宋末吴自牧撰。书名取自黄粱一梦的故事，寄寓了盛衰之感。体例上仿宋孟元老《东京梦华录》，详细记载了南宋都城临安（今浙江杭州）的风土人情，上至朝廷典祀、城市规划、地理环境，下至里巷风俗、杂戏伎艺、铺席茶肆，无所不包，涉及社会的方方面面，真实地反映了当时市民的生活面貌，对研究宋代城市史、经济史、社会史、政治史都有参考价值。

【梦溪笔谈】 书名。北宋沈括撰。因写于润州（今江苏镇江）梦溪园而得名。内容分为17目，共609条，涉及天文、气象、历法、数学、地质、地理、医学、文学等方面，保存了丰富的科学资料，也包含作者广泛的见解和见闻。其中自然科学部分，总结了我国古代特别是北宋时期的科学成就，如毕昇发明活字版印刷术等。英国剑桥大学教授李约瑟称之为“中国科学史上的坐标”。

【弥封】 科举时代为防舞弊的措施。也称糊名、封弥。考生试卷写姓名、籍贯的地方，由弥封官折角或盖纸糊住，用纸钉固，糊名弥封，上盖关防。始于唐代的吏部选人考试以及科举会试，当时考生自糊姓名。宋以来用于各级科举考试，弥封之法形成一套完备的制度。明清其制愈严，密封、开拆俱有专官负责。后为“弥封官”的简称，指科举考试特设之官，专掌试卷弥封事。

【弥勒】 大乘佛教菩萨。“弥勒”是梵语音译，意译为“慈氏”。据佛教典籍载，弥勒住在兜率天，将下生凡世，在龙华树下继承释迦牟尼成佛。隋唐以来，多次农民起义都以弥勒降生为号召，聚众反抗封建统治者的压榨剥削。

【祢衡】 （173—198）祢，Mí。汉末文学家。字正平，平原郡般县（今山东乐陵西南）人。少有才辩，性情高傲，蔑视权贵。与孔融交好，孔融多次向汉献帝、曹操举荐。曹操召见，他自称狂病，不往。后来曹操征召为鼓史，想要羞辱他，却被他当众裸身击鼓羞辱。曹操想借他人之手杀他，把他遣送给刘表。后来又得罪刘表，刘表把他转送给江夏太守黄祖，最后因当众侮辱冒犯被黄祖杀害。所著《鹦鹉赋》为托物言志之作，是汉末咏物小赋中的佳品。

【蘼芜】 míwú。一种香草。其茎叶靡弱而繁芜，故称。其叶风干可做香料，入药治妇女血闭无子。古人以为宜子，故述弃妇之诗每多及之。汉乐府有《上山采蘼芜》，表达了对故人的怀念和对重逢的期盼。

【米芾】 （1052—1108）芾，fú。北宋书画家。初名黻，字元章，号襄阳漫士、海岳外史等。世居太原，迁襄阳，后定居润州（今江苏镇江）。他因个性怪异，举止癫狂，遇石称“兄”，膜拜不已，因而人称“米颠”。能诗文，擅书画，精鉴别。他以大笔触的水墨表现自然山川的烟云风雨变化，人称“米点山水”。其子米友仁承袭家风，并发展了这一画法，人们将他们的绘画称为“米氏云山”。传世画作有《云起楼图》《研山图》《春山烟霭图》等。其书法早年师法欧阳询、柳公权，字体紧结，笔画挺拔劲健；中年以后摹魏晋书法，尤得力于王羲之、王献之父子，书斋取名为“宝晋斋”。与苏轼、黄庭坚、蔡襄并称“宋四家”。传世的书法作品有《向太后挽辞》《蜀素帖》《苕溪诗帖》《草书九帖》《多景楼诗帖》等。书法理论著作有《书史》《海岳名言》《海岳题跋》等。

【弭兵】弭，mǐ，停止。兵，战争，军事。弭兵，停止战争。春秋后期，中原地区形成了晋楚争霸的局面。由于长期对抗，兵连祸结，一些小国及人民饱经战乱，尤其是郑宋，常常是争夺的目标，受害最严重。公元前579年、前546年，宋国向戌利用与晋楚执政卿的交好，通过外交努力促成晋楚两次与诸侯会盟停战。此后，晋楚之间四十多年未发生战争。

【汨罗江】汨，mì。水名。发源于江西修水。流经平江县至湘江县分为二水，南流者称为汨水，西流者因经过古罗城而称为罗水，两水在屈潭复合后称汨罗江。公元前278年，楚大夫屈原忧愤家国，自沉于此。

M

【秘书监】监，jiàn。①古代官名。东汉延熹二年（159）置，掌典图书秘记。西晋、南北朝为秘书署、秘书寺或秘书省长官，有秘书少监及秘书丞助掌其事，掌图书著作等事。隋唐宋代亦为秘书省长官。唐代贺知章曾官秘书监，晚年自号“秘书外监”，后世称“贺监”。②古代官署名。辽代置为南面官，以太监为长官，通掌经籍图书、校勘在监文籍。金元亦置。

【秘书省】古代官署名。主管图书典籍及著述等事务的最高机构。汉桓帝置秘书监，掌禁中图书秘记。汉末曹操为魏王，置秘书令，典尚书奏事。魏文帝分秘书立中书，置监令，而别以他官领秘书监。南北朝以后始设“秘书省”。其主官称“秘书监”，监以下有少监、丞及秘书郎、校书郎、正字等官，领国史、著作二局。隋以秘书与尚书、门下、内史、殿中为五省。至唐完善其制，总掌举国经籍图书，兼历法星占等事，下设著作、太史局。唐时改称“兰台”“麟台”。明以后其职务并入翰林院。

【密教】佛教宗派。与显教相对。谓真言的教义，真言（咒）是大日如来自证的法门，深奥难测，故称。其他法门，称为显教。也称金刚乘、大乘密教。形成于公元7世纪。是大乘佛教中部分派别与婆罗门教互相调和的产物。以高度组织化的咒术、仪礼、民俗信仰为特征。

【密宗】中国佛教宗派之一，源于古印度佛教中的密教。也称真言宗。以《大日经》《金刚顶经》为依据，传三密之法，即口诵真言（语密）、手结契印（身密）、心作观想（意密）。谓三密同时相应，便可使凡身成佛。唐开元四年（716）始，善无畏、金刚智、不空先后来华，翻译佛经，传播密教，形成宗派。善无畏传于一行，金刚智传于不空，不空传于青龙寺惠果。在中国只传两代即衰落。贞元二十年（804）由日僧空海传入日本。

【免行钱】行，háng。唐末起，城市各工商行业除缴税外，还负担所需物料人工。至宋成为工商行户苦役。北宋熙宁六年（1073），东京（今河南开封）肉行要求出钱免除供肉，遂有免行钱。王安石变法时，把摊派给工商行户的科配折算为钱征收。后或废或行，南宋也曾推行。也称免行役钱。

【免役法】北宋王安石变法时，由编户向官府纳钱以代差役的新法。也称雇役法、募役法。将差役改为雇役的役法。原来不负担差役的坊郭户（城市人户）、官户、女户、寺观、单丁、未成丁等户，则交纳助役钱。它改变了原来轮流充役的农民和官府的应役方式，使农民可以选择交钱代替服徭役，官府也需要出钱雇人应役。

【冕】 古代帝王、诸侯等在举行祭祀活动或国家大典时所戴的大礼冠。中古以后，臣子不能戴冕，故专指皇冠。冕由冠和綖两部分组成，冠加在发髻上用一根长簪固定住，长簪两端系一根丝带绕过下颚以进一步固定冠。綖是一块狭长的板，中间固定在冠的顶部，前低后高，两端微微上翘。綖的前后沿各用五彩丝绳穿玉珠，垂于綖之前后，名为“旒”，除起装饰作用外，还可遮掩眼神，使臣下看不清戴冕者眼神里流露出的喜怒。

【苗刘之变】 南宋建炎三年（1129）武将苗傅、刘正彦等在杭州发动的兵变。也称明受之变。当时苗、刘等诛杀高宗亲信的宦官大臣，逼迫高宗传位于幼子赵旉，由哲宗皇后孟氏垂帘听政，改元“明受”。仅一个月后即被镇压，高宗复位。此次兵变使得赵构对武将产生了深深的戒心，为后来岳飞的悲剧埋下了伏笔。

【妙悟】 原为佛禅术语，指对佛法的领会和觉悟。宋代严羽借用妙悟来评说诗歌，指诗歌创作或鉴赏中不借用文字和推理、灵感闪动、豁然开悟的艺术直觉能力和审美意识。清代王士禛进一步提出“神韵”说，成为评析诗歌的理论依据，也对后来的诗人创作产生深远影响。

【庙号】 古代的皇帝死后，在太庙立室奉祀并被追尊的名号。起源于商代，一般以“太祖”“太宗”“世祖”“高宗”等称号，表明其在创业、承统、守业、继绪等方面的贡献。

【闽学】 以南宋理学家朱熹为代表的学派。是宋代理学的四个主要学派（“闽学”“濂学”“洛学”“关学”）之一。因朱熹曾长期在福建居住、讲学，形成朱子学派，而福建的别称是“闽”，故名。也称朱学、朱子学、考亭学派。朱学源自周敦颐、邵雍、张载、程颢、程颐，到朱熹进一步完善。闽学通过遍注群经阐明天理，主张格物致知、穷理尽性，集北宋以来理学发展之大成。朱熹门人黄榦、蔡元定、陈淳、蔡沈等继承其学。

【闽越】 秦汉时期，活跃于闽水流域的越人族群。秦设闽中郡对其进行统治。公元前202年刘邦封无诸为闽越王，后于前110年被汉武帝所灭，其众被强制徙至江淮间。

【名】 一个人区别于其他人的称号。有乳名、学名之分。乳名是出生时起的非正式名字，多在家庭、亲戚或熟友之间使用，也称小名。学名是进入学校读书时使用的正式名字，也称大名。

【名讳】 古代称谓礼节之一，即口头和书面对帝王、圣贤、长辈等尊显者名字的避讳。名讳有许多名目，通行的有“家讳”和“国讳”两种。家讳就是避讳父母的名字，包括与人交往时要避免提及别人父母的名字，甚至要避免说出与自己和别人父母名字相同的字。东晋书法家王羲之，其父名正，故其书法作品中凡遇到“正月”必写成“初月”或“一月”。唐代诗人李贺，其父名晋肃，因“晋”与“进”同音，干脆连进士也不能去考。为此韩愈专门写了一篇《讳辩》为他鸣不平。国讳则是全天下都必须遵守的名讳，也就是皇帝及其父祖的名字，有的朝代则扩大到皇后及其父祖。为了避免给老百姓造成麻烦，宋朝以后皇帝取名时往往故意选用冷僻的字，而且取单名，以便臣民避讳。除此之外，古代往往有所谓“圣人讳”，即对历代圣人，如孔子等古代圣贤的名字必须加以避讳。清朝就规定，凡人名、地名中遇到“丘”字（孔子名丘），一律改为“邱”。在古代社会，名讳是必须严格遵守的，一旦违犯，轻者结怨，重者罹祸，所以《礼记》有“入门而问讳”的告诫。

【名家】 先秦诸子百家之一。以辩论“名”与“实”关系为主题，强调“控名责实，参伍不失”，名称与事实必须完全相符。该派因擅长辩论，含辩证法、逻辑学等内容，也称辩者。因主张“刑名之辩”，也称刑名家。代表人物有公孙龙、宋钘、尹文、邓析、惠施等。东汉班固称其为“名家”，并列为“九流”之一。著名命题有“白马非马”“离坚白”“合同异”等。著作有《邓析子》《公孙龙子》等。

【名教】 讲究名分和亲疏、尊卑等级的封建礼教，以“三纲五常”为主要内容。汉代以来，儒家以“名教”作为礼法、政教的核心内容和合乎天道的社会秩序。

【名实】 中国古代哲学范畴。指“名（概念）”与“实（事实）”之间的关系。因各学派对“名实”问题的理解不尽相同，所以形成“名实之辩”，简称“名辩”。孔子认为“名不正则言不顺”，主张“正名”。墨子认为“取实予名”，主张依据事实给予名称，名称或概念反映事实。庄子认为“名者，实之宾也”，主张名与实是宾主关系。公孙龙认为“审其名实，慎其所谓”，主张“名”的作用是称呼“实”。荀子认为“名”对于“实”来说并非永久适合，应该“约定俗成”。韩非子认为“循名实而定是非”，主张按照名实是否相符来判定是非。

【名士】 汉魏以来，不拘礼法，率性而为，喜好清谈玄学，其才情、学问、地位和影响为当世所称誉的士人，代表人物有阮籍、嵇康等。也指有一定社会名气，但不做官的人。

【名田制】 将田地标注于某人名下，以明确其为私人占有的土地制度。始于战国，秦汉常据爵位分配田地，爵位越高者占田越多，一般人户又可通过国家授予及私家继承和买卖等方式获得。西汉中期以来土地兼并日趋严重，董仲舒和王莽皆曾主张限民名田，东汉初也曾度田以抑制兼并。后世多有田地登记之制，宋以来对土地兼并的限制明显放宽。

【明朝】 公元1368年朱元璋建立的王朝。朱元璋发迹于元末红巾军郭子兴部，后据有应天（今江苏南京）一带，陆续平定陈友谅、张士诚、方国珍等势力，于1368年正月称帝，国号“明”，也称朱明，定都南京，分兵北伐，于年底占领北京，推翻元朝，继而统一了全国。1421年明成祖迁都北京，1644年亡于李自成大顺政权。共历16帝，277年。明亡后，其宗室曾先后在南方建立弘光等政权，史称“南明”。

【明大诰】 诰，gào，君主对下属的命令、训诫。明洪武十八年（1385）至洪武二十年（1387）间，贪官污吏盛行，豪强兼并。为严刑惩治吏民犯罪，明太祖朱元璋亲自主持编纂刑法《明大诰》，共有《大诰》《大诰续编》《大诰三编》《大诰武臣》四编，236条，包括案例、新的重刑法令和训诫三个方面。集中体现“重典治吏”的思想，其中有不少条文是我国法律史上的首例。洪武三十年（1397）《大明律》颁行，《明大诰》逐渐废止。也称《大诰》。

【明法】汉、唐、宋各代察举人才及科举取士的科目。起源于汉代的诏令察举人才制度。汉建元初令郡察人才，设四科，其三曰明习法令，为明法的开始。唐宋科举都有明法科，主要用于考试法令专门学问，选拔明习法令的专门人才。

【明经】科举考试科目之一，与进士等科并列，主要考试经义。也称明经科。汉代以明经射策取士。隋炀帝始置明经、进士二科，唐因隋制，增置秀才、明法、明字、明算并前为六科，以经义取者为明经，以诗赋取者为进士。宋改以经义论策试进士，明经始废。明清也用作贡生的别称。

【明镜高悬】出于晋代葛洪《西京杂记》。相传秦代咸阳有一面方镜，可以照出人体内部的疾病，也可以看出人有无邪恶之心。秦始皇常用这面镜子检验宫中之人。古代官衙大堂前常悬挂“明镜高悬”牌匾，表示严格执法、审判公正之义。

【明末农民起义】明末由高迎祥、李自成、张献忠等领导的农民起义。公元1627年，王二起义拉开序幕。1635年各路起义军会师于河南荥阳，此后形成了以李自成、张献忠、罗汝才为首的几大势力。其中李自成在高迎祥死后继为闯王，以“均田免赋”为号，势力最大，1644年攻克北京，推翻了明朝，其余亦多称帝称王。清军入关后，农民军采取联明抗清的决策。后因内部腐败，外有清军及各地地主武装镇压，相继败亡。

【明器】初指钟鼎等重器。秦汉以来主要指随葬器物。也作“冥器”。古人有“事死如生”的观念，给死者随葬生活所需的各种物品，营造出犹如生时的状况。最初是用死者生前用的器物，后来用陶土、木头等做成模型，宋代以后，纸制明器逐渐流行。历代丧葬礼制中，关于明器的使用均有严格的规制。

【明儒学案】书名。明清之际黄宗羲著。根据明代学者的文集语录，分析宗派，立学案十九。各学案又都冠以叙论，做简括的介绍说明，随后分列本案各学者，依次叙述他们的传略。在各叙传中，除了介绍生平，还扼要介绍主要学术观点，并加以评析。同时节录各学者的重要著作或语录，列于叙传之后，提供了解各家学术见解的具体资料。涉及学者二百余人，为我国最早的有系统的学术思想史专著。

【明堂】古代帝王宣明政教的地方。凡朝会及祭祀、庆赏、选士、养老、教学等大典，均于其中举行。相传始于黄帝。夏称“世室”，商称“重屋”，周始称“明堂”。

【明夷待访录】书名。明清之际黄宗羲著。“明夷”是《周易》卦名，该卦第五爻的爻辞有“箕子之明夷”句，象征着在黑暗中等待明君的来访。包含《原君》《原臣》《原法》《置相》等21篇文章，涉及政治、经济、文化、法律等方面的议题。黄宗羲在书中提出了许多前卫的政治理念，如反对君主专制，主张法治，提倡学校教育的重要性，并认为学校应该拥有较大的权力，甚至能够对君主的行为进行监督和批评。这些观点在当时是非常大胆的，对后来的思想界产生了深远的影响。

【明资匠】 官府出资雇佣的工匠。起源甚早，南朝渐多，唐始称此，反映了商品经济的发展和工匠身份地位的改善。唐后期至宋尤为盛行，多用于雇佣技艺高超或官府紧缺的工匠。其中具有精巧技术，尤为特殊的称“巧儿匠”。

【鸣条之战】 约公元前1600年，商汤率军在鸣条之野（今山西夏县，一说河南封丘）征伐夏王桀的战役。夏朝末年，夏王桀暴虐无道，大肆征兵徭役，引发了民众的强烈不满，导致人心离散。商汤崛起，他精选战车七十乘，敢死队六千人，联合各方国军队，先后征服了邻近的葛、韦、顾和昆吾等夏之属国，孤立了夏都。最后，商汤率领军队进攻夏王都，夏桀仓皇应战，在鸣条之战中被彻底击败，桀败走，被逐于南巢（今安徽巢湖）而死，夏朝灭亡。

【铭】 文体名。古代铭常刻于碑版或器物上，或以称功德，或以申鉴异，后成为一种文体。句式以四言为主。包括青铜器铭、器物铭、碑铭等。源于先秦。《毛公鼎铭》《虢季子白盘铭》《大盂鼎铭》《散氏盘铭》被称为青铜器铭文中的“四大国宝”。《文心雕龙》有《铭箴》篇。

【蓂荚】 míngjiá。传说中的一种瑞草。一说为树名。蓂荚每月从初一到十五，每天生一荚，十六日以后，每天落一荚，至月底落尽。如果该月少一天，那么最后一荚枯萎但不落下。这种现象被视为天象与自然万物和谐相应，是吉祥的象征。因此，蓂荚在古代也被称为“历荚”，它不仅是时间的标志，也是圣明帝王治理天下的象征。只有当君主英明且治国有方时，蓂荚才会按时生长和凋落。这种植物的神奇特性，使其成为历代文人墨客赞颂的对象，他们在诗文中通过对蓂荚的描述来表达对明君和盛世的向往。

【命妇】 古代受有封号的妇人。始于周代，历代沿之，多为官员的妻母，享有各种仪节上的待遇。在宫廷内妃嫔等称为“内命妇”，在宫廷外臣下之母妻称为“外命妇”。

【摹印】 秦书八体之一。秦代镌刻于玺印的文字。字体就小篆稍加变化，字形屈曲缜密，本用于玺文，后也用于一般印章。古代摹印的代表人物是梁袠。在摹印的过程中，他追求的不仅是表面的相似，更是内在的神韵，显示出杰出的艺术才华。

【磨勘】 ①唐宋官员考绩升迁的制度。唐时文武官吏由州府和百司官长考核属下的功过行能，分九等注入考状，期满根据考绩决定升降，并经吏部和各道观察使等复验。宋代设审官院主持此事，并确定“磨勘”的名称。磨勘考核的内容大致包括“德义有闻”“清慎明著”“公平可称”“恪勤匪懈”等几方面。②明清科试，对乡、会试卷，派人复核，检查词句书法是否符合规定。

【漠北】 古代泛称蒙古高原大沙漠以北地区。也称幕北。北至贝加尔湖，南以戈壁为界，东抵大兴安岭，西至杭爱山、阿尔泰山，秦汉以来匈奴、柔然、突厥、蒙古等族活跃和称雄于此。清代，漠北特指乌里雅苏台将军辖区。

【漠南】 古代泛称蒙古高原大沙漠以南地区。也称幕南。约相当于今内蒙古和东北地区的一部分，与中原王朝关系密切，常为北族南徙及东西各族交通往来之地，其南缘为农牧交错区。

【靺鞨】 Mòhé。东胡族群的一支，源于肃慎。北魏时称勾吉。隋唐时称靺鞨。分布于今松花江、黑龙江流域。公元5世纪逐渐强盛，以农畜牧业为生，能种植粟、麦、穄，善养猪。隋唐时期，分为南北两支。其一为黑水靺鞨，位于黑龙江流域。其二为粟末靺鞨，位于松花江以南。其首领大祚荣于公元698年建立了渤海国，10世纪上半叶被契丹所灭，与邻族逐步融合。

【墨翟】 （约前468—前376）翟，dí。春秋战国之际思想家、政治家，墨家学派的创始人。出身于小手工业者，具有高超的工艺技巧。针对当时战争频仍、贵族奢靡、平民困苦的现状，他提出“兼爱”“非攻”和“非乐”“节用”“节葬”的主张，反对不义战争和奢侈享乐。有一年，楚国要攻打宋国，并且请了当时最有名的工匠鲁班设计攻城器械。墨子听说后，不辞劳苦，行走了十昼夜，赶到楚国劝阻。为了说明攻城必败，他与鲁班比试攻防器械及攻守战术。鲁班设计了多种攻城器械和攻城方案，都被墨子破掉了。不得已，楚国只好打消了攻打宋国的念头。所著《墨子》，大都是门人弟子及后学据其讲学记录整理而成。

【墨家】 先秦思想派别之一。创始人是墨子，名翟。以“兼爱、非攻、尚贤、尚同、节葬、节用、非命、非乐、明鬼、天志”为核心观点，在认识论、逻辑学及自然科学方面都有独到见解。墨子去世后，墨家分为相里氏之墨、相夫氏之墨、邓陵氏之墨三派。墨家在先秦时期影响很大，与儒家并称“显学”，有“非儒即墨”之称。东汉班固将“墨家”列为“九流”之一。汉代以后，统治者尊崇儒术，墨家逐渐衰微。主要著作有《墨子》。

【墨卷】 科举制试卷名目之一，指考生答卷的正本。乡试、会试时，应试者用墨笔书写试卷，故称。也称原卷。为防止舞弊，墨卷先由誊录生用朱笔誊录，然后才送交试官评阅。宋以来，称取中士人的文章为程文。而清代刻录程文，试官往往按题自作一篇，又称程文，因而把刻录的取中试卷改称墨卷。

【墨子】 书名。墨家学派著作总汇，由墨子弟子及后学汇集而成。《汉书·艺文志》著录71篇，现存53篇。分为两部分：一部分主要记载墨子的言行和阐述墨子的思想，主要反映了前期墨家的思想；另一部分，即《经上》《经下》《经说上》《经说下》《大取》《小取》6篇，一般称作《墨辩》或《墨经》，主要阐述墨家的认识论和逻辑思想。全书内容广博，涉及政治、军事、哲学、伦理、科学等，是研究墨子及其后学的重要史料。

【谋大逆】 图谋毁坏皇帝家族供奉先人祖宗的宗庙、先前诸帝的坟墓和皇帝居住地宫殿的行为，是“十恶”之一。因该罪所侵犯的对象是皇帝，与封建统治的大道相违背，故名。它的处罚与谋反同。汉代规定，亲属株连，父母妻子、亲兄弟姐妹一律弃市。三国魏时，用言语和犯宗庙陵墓者腰斩，家属株连，但祖父母孙和许嫁之女除外。到唐代，有预谋但没有实际行动也构成罪名。

【谋反】 阴谋造反，危害朝廷的行为，是“十恶”之首。唐代的法律规定，谋反者处以斩刑。年龄 16 岁以上的父子连坐，处以绞刑。年龄 15 岁以下的母女妻妾、子的妻妾、祖孙兄弟姐妹（女子已许嫁的、男女被人领养的、聘娶未成的除外）及其部曲，都没收全部财产。明清律更加严酷，共谋的人凌迟处死。

【谋叛】 谋划背叛朝廷的行为，是“十恶”之一。唐代的法律规定，谋划者处以绞刑，从犯处以流刑。妻子、父母都可能跟着被流放。明清律改为“图谋叛国”，指谋划背叛本国，潜从他国。凡是共谋的人一律斩。妻妾子女为功臣人家当奴婢，父母祖孙兄弟都流放到两千里外安置。知情故纵及隐藏的人处以绞刑，知情不首报的人杖一百，流放三千里。已谋划但未开始实际行动的首犯处以绞刑，从犯杖百，流放三千里。知情但不第一时间报告的人，杖一百，徒三年。

【牡丹】 植物名。素称“花中之王”。上古无牡丹之名，统称芍药。唐以后始以木芍药称牡丹。原产我国西北秦岭。人工栽培大约始于南北朝时期，至唐，盛极一时，有“洛阳牡丹甲天下”之誉，北宋时为洛阳牡丹的鼎盛时期，明时曹州（今山东菏泽）牡丹崛起。牡丹花开时节繁花似锦，灿烂辉煌，成为吉祥幸福、繁荣昌盛的象征。刘禹锡曾感叹“惟有牡丹真国色，花开时节动京城”。在传统文化中，牡丹因其雍容华贵、端庄富丽的姿态，常被视为富贵和吉祥的代表。常与芍药并称“花中二绝”。在国画中，牡丹还常与其他花卉组合，如与月季搭配寓意“富贵长春”，与海棠一起象征“满堂富贵”。

【牡丹亭】 传奇剧本。也称《还魂记》。明汤显祖作。叙述南安太守杜宝之女杜丽娘偕侍女春香游园遣闷，梦中和书生柳梦梅相爱，醒后感伤致死。三年后柳至南安养病，发现丽娘自画像，深为爱慕，丽娘感而复生，两人终得结为夫妇。剧本塑造了杜丽娘、春香等典型形象，追求个性自由，反对封建婚姻制度，人物心理刻画细腻，曲词优美，有突破南北曲旧格律之处，影响较大。与《紫钗记》《南柯记》《邯郸记》合称“临川四梦”或“玉茗堂四梦”。

【亩】 土地面积单位。不同时期，具体的亩数不同。周制，1 亩为 100 方步，称小亩。秦孝公时商鞅废除井田制度，开阡陌，定 1 亩为 240 方步，称中亩。南北朝时，定 1 亩为 360 方步，称大亩。历代基本沿用中亩。

【木芙蓉】 植物名。也称地芙蓉、木莲。其花朵皎洁如芙蓉出水，艳丽如菡萏展瓣。生于陆地。其花颜色一日三变，故又称三变花。开于仲秋至初冬，抗寒拒霜，古人因誉之为“拒霜花”。花朵娇艳欲滴，常被比喻为佳人。它的花期很短，绽放极为绚烂，之后便迅速凋谢，这种特征被古人赞赏并赋予了坚强和不畏艰难的象征意义。古代成都和湖南的木芙蓉特盛，故两地分别有蓉城和芙蓉国之称。

【木兰诗】 北朝民歌。郭茂倩《乐府诗集》归入《横吹曲辞·梁鼓角横吹曲》。长达300余字。内容写少女木兰代父从军、胜利归来的故事，塑造了一位坚强勇敢的女英雄形象。语言明朗刚健，具有北方民歌的特色。与《孔雀东南飞》并称“乐府双璧”。

【木兰围场】 清朝皇帝率八旗秋狝讲武的猎苑。木兰为满语“捕鹿”的音译，康熙始设于今内蒙古卓索图、昭乌达盟一带，除以此崇扬骑射传统外，清帝也常在此接见蒙古王公及藩邦使臣。

【木驴】 钉有横木、木架下装有轮轴的木架刑具。古时处决囚犯时，先把被判死刑的犯人绑在木驴上，游街示众，最后处死。

【木难】 难，nán。宝珠之名。可做佩饰。一说，为青绿色，是金翅鸟沫凝成的珠子。也作“莫难”。

【木牛流马】 古代两种运输工具名。相传由三国时诸葛亮发明。诸葛亮讨伐曹魏时，曾用木牛、流马运输粮食，节省人力。

【牧野之战】 周武王率领诸侯在商都郊外的牧野（今河南淇县西南）攻灭商王朝的决战。约公元前1046年，周武王率兵车三百乘、虎贲三千人、甲士四万五千人，会合西南的庸、蜀、羌、髳、微、卢、彭、濮等族东征，讨伐商纣。渡黄河，经孟津（今河南孟州南）进抵牧野。商纣军队十七万阵前倒戈，纣王兵败自焚，商朝灭亡。

【募兵制】 通过招募的方式组建军队的制度。始于战国，东汉以来有所发展。唐五代以后，募兵制取代了府兵制，成为封建时代兵制的一大变革。唐中期以后募兵成为重要兵源，北宋更将灾年招募流民为兵作为国策。元明清仍与征兵、世兵制并行，各朝中后期往往有增加募兵之势。

【墓表】 小于墓碑的立石，立于墓前或墓道内，刻载死者生平，表扬其功德。竖在墓道上的，称神道表或神道碑。墓表始于东汉，文体与碑碣同，不论死者生前是否入仕、官阶高低，皆可设立墓表来表彰其生平事迹和道德品质。后以刻在墓表上的文字列为文体之一。如欧阳修《泷冈阡表》即属此类，此文是欧阳修在他父亲去世后所作的墓表，盛赞父亲的孝顺仁厚与母亲的俭约、安于贫贱。

【墓志】 埋藏在墓穴中记录墓主生平事迹的碑刻。上面记载墓主的姓名、籍贯、生平事迹，以及对墓主的赞扬、悼念等，具有史料价值和书法价值。标明为墓志铭的方形墓志，较早的有南朝宋大明八年（464）刘怀民墓志。北魏以后，方形墓志成为定制。下底上盖，底刻志铭，盖上刻标题。此外，有的在砖上写或刻有墓主的姓名、籍贯、卒年等，也属墓志。古时也有人在生前为自己撰写墓志，如明朝张岱生前就自撰墓志。

【墓志铭】 文体名。埋在墓中的墓志文，通常包括志和铭两部分，也有仅用碑志或碑铭的。志多用散文撰写，叙死者姓氏、籍贯、生平等。铭则用韵文统括全篇，是对死者的赞扬、悼念之词。《柳子厚墓志铭》是韩愈为已故好友柳宗元所创作的墓志铭。

【穆天子传】先秦典籍。西晋初年，在汲郡（今河南卫辉）发现一座战国时期魏国墓葬，出土了大批竹简，均为重要文化典籍，通称“汲冢竹书”。其中有《穆天子传》《周穆王美人盛姬死事》，后合并为至今流传的《穆天子传》。主要记载周穆王驾八骏从宗周（今河南洛阳）出发，越过漳水，经由河宗、阳纡之山、群玉山等地，西至于西王母之邦，和西王母宴饮酬酢的故事。《穆天子传》提供的材料，除去神话传说和夸张的成分，有助于了解先秦时期中西交通路径，古代各族分布、迁徙的历史以及他们之间的友好交往和文化交流情况。

M

N

【南无】 nāmó。梵语音译词。意为“敬礼”“归敬”。多加在佛、菩萨名或佛教经典题名之首。表示对佛和佛法的敬畏，如“南无阿弥陀佛”。

【纳贡】 科举制度中贡入国子监生员之一种。明代准许纳资入国子监，凡由生员身份纳捐的称纳贡，没有生员身份纳捐入监的称例监，性质与清代的例贡相近。

【纳兰性德】 （1655—1685）清代词人。原名成德，字容若，号楞伽山人，满洲正黄旗人。大学士纳兰明珠长子。康熙十二年（1673）进士。善骑射，为康熙的侍卫，多次跟随康熙皇帝巡幸各地，曾奉命前往中俄边界刺探敌情。虽为满洲贵族，纳兰性德却乐意与汉族文士交往，徐乾学、顾贞观、陈维崧、朱彝尊等都是他的好友，往来唱和密切。顾贞观的朋友吴兆骞因科场案被流放宁古塔，在纳兰性德的营救下，得以平安归来。纳兰性德与妻子卢氏情投意合，感情深厚。可是婚后仅三年卢氏就因病去世，给纳兰性德造成了难以弥补的伤痛。纳兰性德以词名世，尤长于小令，风格清新婉丽，感情真挚，自然生动，尤其是怀念妻子的悼亡之作，饱含血泪，感人至深。王国维甚为推崇，在《人间词话》中称其“北宋以来，一人而已”。他还汇集宋元各家经解旧籍，刻成《通志堂经解》。有《饮水词》《侧帽词》，笔记《渌水亭杂识》。

【南北朝】 从东晋灭亡到隋统一的170年间，我国历史上形成的南北对峙的局面，史称“南北朝”。唐初李延寿撰《南史》《北史》，前者记宋、齐、梁、陈史，后者记北魏、东魏及北齐、西魏及北周、隋史。后世以此界定南朝和北朝，习惯上多以公元589年隋朝灭陈为南北朝的终点。

【南北曲】 南曲和北曲的合称。南曲又称南词，北曲又称北词，故南北曲也合称为南北词。南曲以唐宋大曲、宋词为基础，曲调用五音阶，用韵以南方（主要为今江浙一带）语音为标准，有平、上、去、入四声。北曲用七音阶，用韵以《中原音韵》为准，无入声。宋元南戏及明清传奇均以南曲为主。元杂剧，包括金院本，都用北曲，明清传奇也采用部分北曲。南曲声调柔缓婉转，以箫笛伴奏；北曲声调遒劲朴实，以弦乐器伴奏，有“弦索调”之称。

【南北宗】 ①我国山水画自唐以后的两种流派。南宗源于王维，重渲染而少勾勒，即所谓淡赭山水，其传为张璪、荆浩、关仝、董源、巨然、郭忠恕、米芾米友仁父子，以至元之四家，明之四家，清初四王；北宗源于李思训父子，重写实而多用重彩，即所谓青绿山水，其传为赵幹、赵伯驹、赵伯骕，以至马远、夏圭等。②我国佛教禅宗自五祖弘忍之后的两个派别：南宗为六祖慧能所创，主张“顿悟说”，行于南方；北宗为神秀所创，主张“渐悟说”，行于北方。故有“南能北秀”“南顿北渐”之称。③道教全真道的南宗和北宗。金王重阳所传者为北宗；宋张伯端所传者为南宗。

【南朝】 南北朝时期据有江南地区的宋、齐、梁、陈四朝的合称。始于公元420年刘宋禅晋，至589年南朝陈为隋所灭告终。南朝以建康（今江苏南京）为都城，相对于北朝，南朝的局面相对安定，各个王朝都对经济进行了大开发，使得南方人口大量增加。

【南朝陈】 公元557年，陈霸先取代南朝梁建立的政权。也称南陈，国号“陈”，建都建康（今江苏南京）。陈霸先出身寒微，曾在梁朝担任过将军和刺史等职务。在侯景之乱中，率军平定了叛乱，成为了南朝梁的重要将领。557年，废梁敬帝自立为帝，建立了陈朝。据有今长江下游和珠江流域各省，是南朝版图最小的王朝。589年为隋所灭。共历5帝，33年。被视为亡国之音的《玉树后庭花》的作者陈叔宝（陈后主）是南朝陈最后一位帝王。

【南朝梁】 公元502年，萧衍取代南朝齐建立的政权。萧衍封地在古梁郡，故定国号为“梁”。因皇室姓萧，也称“萧梁”。建都建康（今江苏南京）。疆域初同齐后期，一度乘北魏衰乱向北有所扩展。侯景之乱后版图丧失殆半，长江以北沦于北齐，巴蜀沦于西魏，弃云贵高原于土著民族，后又失襄樊一带于西魏，失荆州一带于西魏的附庸后梁。557年为南朝陈取代。

【南朝齐】 公元479年，萧道成取代南朝宋建立的政权。也称萧齐、南齐，国号“齐”。国号源于谶纬之说，民间有谶歌云“金刀利刃齐刈之”，意即“齐”将取代“宋”。疆域同宋后期，北界时有变动，后退移到大巴山脉、淮河以南一线。建都建康（今江苏南京），502年为梁所代。共历7帝，24年。

【南朝宋】 公元420年，刘裕取代东晋建立的政权。国号“宋”，建都建康（今江苏南京）。也称刘宋。刘裕受晋封爵为宋王，最终受晋禅位。强盛时北以秦岭、黄河（今黄河稍北）与北魏为界，西至今四川大雪山，西南包有云南，南以今越南横山与林邑接壤，东、东南抵海，是南朝疆域最大的王朝。后来河南淮北渐为北魏所夺。479年为南朝齐所取代。共历9帝，60年，是南朝中存在时间最长的朝代。

【南汉】 五代十国之一。公元917年，刘岩在岭南建立的割据政权。唐代末年，刘谦任封州（今广东封开县）刺史，刘谦死后，刘隐继承父职，逐步统一岭南，刘隐死后，其弟刘龑（初名刘岩）袭封，于后梁贞明三年（917）在番禺（今广东广州）称帝，国号“越”，又改为“汉”，史称“南汉”。据有今广东、广西、海南等地。971年为北宋所灭。共历4主，55年。南汉在岭南历史上是继南越之后建立的第二个地方割据政权。

【南军】 西汉时期守卫未央宫、长乐宫的部队。因其守卫的未央、长乐宫均在长安城内南面，故名。地位次于北军，其兵称卫士，由郡国轮番征发，一年更换一次，由卫尉率领。除守卫未央宫、长乐宫外，还宿守建章、甘泉诸宫。后世多指驻于宫城以南的京师卫戍军，与汉名同实异。

【南凉】 十六国之一。公元397年由鲜卑秃发乌孤建立的政权。秃发氏为鲜卑拓跋部迁至河西的分支，乌孤于397年叛后凉，自称大单于、西平王，后改称武威王，国号“凉”，史称“南凉”。先后建都廉川堡（今青海民和西北）、乐都（今青海海东乐都区）、西平（今青海西宁）。据有今甘肃西部和青海的一部分。414年为西秦所灭。共历3主，18年。

【南六朝】 南朝六朝，通常指孙吴、东晋，以及南朝的宋、齐、梁、陈这六个朝代。它们都曾以建康（今江苏南京）为都，因唐人许嵩在《建康实录》一书记载了这六个朝代而得名。也称六代，皆建都于建康（吴称建业，今江苏南京），故南京被称为“六朝古都”。

【南明】 明亡后，南方各地相继拥立明宗室成员所建的多个政权。皆以承明自居。主要有福王朱由崧的南京弘光政权、鲁王朱以海的绍兴鲁监国政权、唐王朱聿键的福州隆武政权、宗室朱聿𨮁的广州绍武政权和桂王朱由榔的肇庆永历政权。对诸王所建的政权，旧史称为“南明”。至公元1661年，先后为清朝所攻灭。也有将郑成功在台湾建立的郑氏政权归入其中的。

【南坡之变】 公元1323年发生于南坡（今内蒙古锡林郭勒盟上都镇），导致元英宗被杀的一次政变。此前英宗改革朝政，引起部分权贵不满，乘英宗自大都回上都驻营南坡之机，御史大夫铁失、知枢密院事也先帖木儿、大司农失秃儿等起事，杀英宗与右丞相拜住。后拥立泰定帝，新政中辍，政变发动者也被处死。

【南山案】 清康熙五十年（1711），针对戴名世所著《南山集》一书掀起的文字狱。戴名世，家居桐城南山，后世遂称他为“南山先生”，其《南山集》由左都御史赵申乔举发，指称该作品多采方孝标《滇黔纪闻》所载南明永历帝时事，尤其是书中的《与余生书》用“弘光”“永历”等年号，“狂妄不谨”“语多狂悖”。时值康熙晚年，戴名世和方孝标的所有著作及书版被清查并烧毁，列为禁书。时方孝标已死，被剖棺戮尸，家属充军。戴名世以大逆罪处斩，其余株连300余人，皆流放或免官。

【南书房】 古代官署名。清代内廷机构。清翰林在内廷侍候皇帝的地方，康熙时创立，因原为康熙帝早年读书处，在北京故宫乾清宫西南，故而得名“南书房”。康熙十六年（1677）始选翰林等官入内当值，称“南书房行走”。除应制撰写文字外，还秉承皇帝意旨，起草诏令，一度为发布政令所在。自军机处成立后，南书房各官不再参与机务，专司文词书画等事，一般称为“南斋”。南书房行走官员不限品级，自尚书至编修、检讨皆可充任，唯原则上须用翰林出身者。

【南宋】 公元1127年宋徽宗和宋钦宗被金所俘、北宋灭亡后，徽宗第九子康王赵构在应天府（今河南商丘）继承皇位，称高宗，后迁都临安（今浙江杭州），史称“南宋”。与北宋合称“两宋”，一般称南渡以前为北宋，以后为南宋。至1279年为元所灭，共历9帝，153年。

【南唐】 五代十国之一。公元937年，徐知诰建立的割据政权。徐知诰为南吴大将徐温的养子，初为吴臣，后废吴自立，称帝于金陵（今江苏南京）。938年，复其原姓为李，名昪，自称唐宗室后裔，因此改国号为“唐”。史称“南唐”。疆土占有今江苏、安徽中南部，江西、福建、湖南等地方，是十国中版图最大的政权。传至其孙李煜（后主），958年后周军南下，割江北十四州，去帝号、年号，称臣于后周。975年为北宋所灭。传三世，历1帝2主，39年。

【南闱】 明清科举制对南京乡试的通称。明代实行南、北两京制，以在北京举行的顺天乡试为“北闱”，在南京举行的应天乡试为“南闱”。清代沿之，分别以顺天乡试、江南乡试为“北闱”“南闱”。

【南戏】 宋元时南方流行的戏曲形式。也称戏文。由宋杂剧、唱赚、宋词以及里巷歌谣等综合发展而成。一般认为是我国戏曲最早的成熟形式。元代时虽不如杂剧盛行，但在南方民间仍广泛流传。明成化、弘治以后，进一步发展，演变为传奇。南戏对明清两代的戏曲影响颇大。明徐渭《南词叙录》说南戏产生于宋光宗时，是永嘉人所创，有《赵贞女》《王魁》两种，名叫“永嘉杂剧”。明祝允明《猥谈》也说南戏产生于宣和以后，南渡时叫“温州杂剧”。元后，逐渐称作“南戏”。剧本多为长篇，演出灵活，富于变化，代表剧目有元末高明所作的《琵琶记》等。

【南衙北司之争】 唐后期外廷官僚集团和内廷宦官集团权力之争。南衙，指宫禁以南的宰相官署；北司，指宫禁北部宦官所在的内侍省。唐代后期，宦官专权，引发朝臣不满，双方多有权力之争。大和九年（835）宰相李训谋诛宦官仇士良等，反被杀害。天复三年（903）朱温用宰相崔胤言，杀宦官七百余人，宦官典兵预政局面结束。公元904年，崔胤被朱温所杀。南衙北司几乎同归于尽，唐朝也随之而亡。

【南燕】 燕，Yān。十六国之一。公元398年由鲜卑慕容德建立的政权。397年北魏兵破后燕国都中山（今河北定州），后燕被截成两段，后燕丞相慕容德率领一部分人民南下。次年，慕容德率众由邺（今河北临漳西南）南迁滑台（今河南滑县），称燕王。后迁广固城（今山东青州）称帝，史称“南燕”。有今山东、河南的一部分。410年为东晋刘裕所灭。

【南洋】 明清东南沿海至南海周围东南亚地区之称。清曾置南洋大臣掌其通商、外交、海防等事务。也常以此专指东南亚地区。

【南诏】 “诏”在蛮语（南方少数民族语言）中是“王”的意思。唐代，南诏是六诏之一。开元年间，其王皮逻阁在唐朝的支持下统一了六诏，被唐玄宗封为云南王并建立了地方政权。南诏后称大理国，其势力范围有一定扩张，最终因内乱而灭亡，被大长和国替代。

【铙】 náo。我国古代乐器。“八音”分类属“金”。①古代军中用以止鼓

N

退军的乐器。青铜制，体短而阔，有中空的短柄，插入木柄后可执，原无舌，以槌击之而鸣。三个或五个一组，大小相次，盛行于商代。②一种打击乐器。形制与钹相似，唯中间隆起部分较小，其径约当全径的五分之一。以两片为一副，相击发声。大小相当的铙与钹，铙所发的音低于钹而余音较长。

【哪吒】 古代神话人物。佛教中的护法神。传说其是托塔李天王的儿子，排行第三，故又称为哪吒三太子。相传哪吒幼时曾拜太乙真人为师，学得一身武艺。因与龙王太子发生争执，失手打死了龙王太子，玉帝震怒。哪吒为不连累父母，拔刀自刎，并割下自己的骨肉还给父母。其师用莲藕为骨干、荷叶为衣，注入哪吒的灵魂，使哪吒获得了新生，再造了一位神通广大、疾恶如仇的少年英雄。

【内班】 ①清朝宫廷侍卫内班指负责乾清门、宁寿门、内右门、神武门的宿卫。共有四十人，由御前侍卫和乾清门侍卫轮流值宿，隔日更代，归御前大臣统辖。②清朝的地方州县衙门内，内班是指在衙内服役的人员，如门子、侍役等，负责衙门内部的日常工作和杂务。

【内藏库】 藏，cáng。由内廷直接支配的仓库。汉以来多称“左右藏库”，宋初用以储存战争中缴获的各国金帛和朝廷财政部门每年的财政盈余，以备非常之用，同时也是皇帝控制财政的重要手段。

【内朝】 在内宫协助皇帝决策和处理要务的机构和官职。也称中朝。内朝指禁中、内宫。西汉早期，皇帝处理国家大事，丞相也参与谋议。武帝为了加强君权而削弱相权，对于重要政事，依靠一些亲信在宫廷内做出决策，内朝由此得以形成，形成以内制外的局面。后世君主欲强化专制者，类皆仿此行事。

【内大臣】 古代官名。唐置枢密使，以宦官任之，掌承受表奏；又以宦官任护军中尉，统领神策军，防守京师。枢密使和护军中尉称为“内大臣”。清制，选满洲镶黄、正黄、正白三旗子弟作为皇帝侍卫，统率勋戚侍卫大臣，称为“领侍卫内大臣”，共六人。其次称“内大臣”，亦六人，掌先后宸御，左右翊卫，出入扈从，是武职中最高的官员。

【内阁】 古代官署名。明清由殿阁大学士协助皇帝综理国政的辅政机构。明太祖忌大臣权重，废丞相，另设华盖殿、谨身殿、武英殿、文华殿、文渊阁、东阁等大学士，收阅奏章，批发文稿，协助皇帝办理政务。成祖即位，选翰林院编修、检讨等官入午门内文渊阁当值，参与机务，因其地处内廷，故称。后职权渐重，兼领六部尚书，成为皇帝的最高幕僚兼决策机关。清初由内三院改制而成，移至太和门外，定为部院之上的常规辅政机构。

【内商】 明朝专事收买边商盐引，到盐场支盐售卖的盐商。明弘治后，凭引行盐的盐商（引商），分为边商（边地盐商）、内商（内地盐商）和水商（江湖行商）。清盐商分运商、场商两种，场商即由明内商转化而来。

【内圣外王】 古代修身为政的理想人格。儒家主张内在修圣人之德，个人通过提高自身的心性修养而达到的高尚境界；外在施仁政之道，追求治国平天下的政治抱负。不同学派对其具体内容的概括有所不同，其中儒家内圣外王的理想人格影响深远，成为我国历代士人追求的最高人生境界。

【内史】 古代官名。①西周始置，协助天子管理爵、禄、废、置等政务。春秋时沿置。也称作册内史、作命内史。②秦官，掌治理京师。西汉时沿置，景帝分置左右内史。汉武帝太初元年（前104）改右内史为京兆尹，左内史为左冯翊。③汉制。西汉初，诸侯王国置，掌民政。历代沿置，隋始废。

【内侍省】 古代官署名。内侍本指在皇帝宫廷侍奉的人。北齐初置内侍中省。后隋置内侍省，掌管宫廷内部事务，领内侍、内常侍等官，用宦官任职，偶用士人。唐或称内侍省，或称内侍监、司宫台，专用宦官，由内侍监、内侍少监等负责。宋于内侍省外增置入内内侍省，在宫内执役的隶属入内内侍省，在殿中执役的隶属内侍省。其官有内侍、殿头内侍、高品内侍、高班内侍等诸名。明分设内官二十四衙门。清宦官统归内务府管辖，遂无宦官专掌之官署。后因称宦官为内侍。

【内务府】 古代官署名。清代特设专掌宫廷事务的机构。凡皇宫内之庆典、仓储、财务、工程、畜牧、警卫、刑狱诸事，皆由内务府的特殊系统负责，不与外廷行政系统相混。其长官称内务府总管大臣，以满洲王公或满洲大臣兼充，无定员。清顺治初置。下设广储、会计、掌仪、都虞、慎刑、营造、庆丰七司及上驷院、奉宸院、武备院等。经办之事亦旁及国家庶政。其活动范围亦不限京师，甚至有派往国外者。

【内务府庄田】 清朝由内务府统一管理的田地。主要有皇庄、上三旗庄田，庄头负责组织生产。收入俱归皇室享用。主要分布在今北京以及河北、东北地区。

【内行厂】 行，xíng。官署名。明宦官侦缉机构。也称内办事厂。明代武宗时宦官刘瑾专权，特在京师荣府旧仓地设立，由其直接指挥，从事镇压民众及忤其意者。权力在东厂、西厂之上，两厂也在被监视之列。刘瑾死后废除。

【内省】 省，xǐng。儒家的修身之道。内心反省自己的言行、思想有无过错。

【内制】 唐宋时皇帝自宫中直接发出的诏命。唐初，中书省设中书舍人，负责起草诏命，没有内外制之分。至玄宗开元二十六年（738），始置翰林学士，掌内制；中书舍人只掌外制。宋代翰林学士带知制诰的称内制，其他官员带知制诰的称外制。宋初编《文苑英华》，分中书、翰林为二门，内制有赦书、德音、册文、制书、制诏等；外制为百官封拜的诏令。后来也称翰林学士为内制。

【尼】 梵语音译词“比丘尼”的简称。即尼姑。指信佛出家的女性。

【泥封】 古人文书、匣函等用绳穿连，绳端结合处用泥封缄，泥上加盖印章，以防别人偷拆，称泥封。这种钤有印章的土块称为封泥。泥封上的图文或为官品人名，或为厌胜吉语，皆阳文正刻。书简用青泥，诏书用紫泥，登封玉检用金泥。泥封体现了古代人们的艺术审美，封泥上的文字结体古拙朴实，章法布局匀停得当，特殊的材质造成了泥封式的美感。在古代社会中，印章是一种身份和权力的象征。封泥上的印章代表着一种权威和信任，可以用于信物的凭证。因此，泥封不仅是一种保密措施，也是一种身份和权力的象征。

【倪瓒】（1306或1301—1374）Nízàn。元代画家。初名珽，字元镇，号云林子、幻霞子、荆蛮民等。无锡（今属江苏）人。家有资财，曾修筑“云林堂”“清閟阁”用于收藏书画。因元末社会动荡，隐居在太湖、泖湖一带，专心于绘画。擅画水墨山水，初学董源，后习荆浩、关仝，秀逸疏淡，自成一家。发明“折带皴”写山石的技法，丰富山水画的表现技巧。与黄公望、王蒙、吴镇并称为“元四家”。作品有《江岸望山图》《竹树野石图》《溪山图》《秋林山色图》《春雨新篁图》《修竹图》等。

【輗】 ní。车辕前头与衡相衔接用以固定的销子。一般用于大车（牛车）。

【霓裳羽衣舞】 舞名。舞曲为《霓裳羽衣曲》，故名。唐宫廷乐舞，著名法曲。传为开元中西凉节度使杨敬述所献，初名《婆罗门曲》，后经玄宗润色并制歌词，改用此名。一说玄宗登三乡驿，望女儿山，作此曲前半，后吸收杨所献《婆罗门曲》续成全曲。其舞、乐和服饰都着力描绘虚无缥缈的仙境和仙女形象。白居易有《霓裳羽衣舞歌》诗，对此曲的结构和舞姿做了细致的描写。

【拟话本】 模拟话本形式而作的小说。本用以称宋元间受话本影响而产生的作品，如《宣和遗事》等。今则多指明代文人模拟宋元话本而写的白话短篇，如冯梦龙“三言”中的一部分和凌濛初的“二拍”等。“拟话本”之名最初见于鲁迅《中国小说史略》。

【年号】 古代皇帝在位时用来纪年的名号。西汉武帝继位始用年号，后形成制度。汉武帝即位的第一年（前140）称为建元元年，第二年称建元二年，逐年延续下去，直到改元。后每朝的新君即位，都改变年号，称“改元”。当遇到“天降祥瑞”或有大事、要事时，也更改年号。皇帝并不是一人一个年号，有的皇帝有几个甚至十几个年号，如唐高宗李治在位三十三年，用了十四个年号。明清时期的皇帝大都一人一个年号，基本不改元，因此后世用年号作为当朝皇帝的称呼，如明世宗被称为嘉靖皇帝、清高宗被称为乾隆皇帝等。

【年号钱】 以皇帝年号命名的钱。中国最早的年号钱，是五胡十六国的成汉李寿所铸的“汉兴”钱，南朝宋的“孝建五铢”和北魏孝文帝的“太和五铢”等。年号钱成为制度始于宋代，从北宋太宗到南宋度宗的近三百年间，年号钱连绵不断。宋代以后，历代所铸的钱都是年号钱。年号钱的种类繁多，包括两字年号钱、年号加铢类钱、年号加宝类钱、年号加国号钱、年号加不同年号钱、年号宝文加背文钱等分支。

【年画】 我国特有的一种绘画体裁。供人们在过年时张贴，故名。宋代已有关于年画的记载，称“纸画”“贴子”。清代中叶更为盛行。产地很多，各有地方特色。其中以天津杨柳青、山东潍坊、江苏苏州桃花坞、广东佛山等地的产品为著名。传统的年画，多为木刻水印，大多含有祝福更新的意义，线条单纯，色彩鲜明，画面热闹；题材主要有五谷丰登、春牛、婴儿、风景、花鸟等。

【捻军】 太平天国时期活动于北方的反清农民起义军。起源可以追溯到农村的迎神赛会活动，由于需要搓捻子燃油，故名。初期，首领为张洛行（张乐行）、孙葵心等。后为张宗禹、赖文光等，与太平军互有联络，接受其领导。极盛时期总兵力达二十万众。公元1865年，全歼僧格林沁军。捻军坚持战斗十六年，纵横驰骋于皖、豫、鲁、苏、鄂、陕、晋、直八省，有力地配合了太平天国的斗争。最后被左宗棠、李鸿章剿灭。

【辇】 niǎn。用人力推拉的车。相传夏朝始制辇。秦汉以后，专指帝王后妃在宫中乘坐的轻便的车。

N

【廿二史札记】 廿，niàn。史学著作。清赵翼撰。所考自《史记》止于《明史》，实为二十四史，因《旧唐书》及《旧五代史》当时未正式被列入正史，故名。撰成于乾隆六十年（1795）。按史之先后分卷编次，每类以类相从，各立标题，共609条。作者对每部史书的编纂体例、沿革、方法和史料来源等分别予以探讨，评其高下得失。其于古今风会之递变，历代之治乱兴衰，多归纳专题，加以论述。与钱大昕《廿二史考异》、王鸣盛《十七史商榷》并称“清代史学三大名著”。

【娘子关】 古关名。在今山西平定县东北。又名苇泽关。相传唐高祖李渊之女平阳公主曾率娘子军驻守此处。此关位于河北、山西两省要冲，与井陉关隔山相对，是历代兵家必争之地。唐乾元初年，在此设置承天军。明成祖为防瓦剌入侵，于此处驻重兵防守。清末，八国联军与清军于此展开激战。抗日战争中著名的娘子关防御战也是据此地展开。

【涅槃】 梵语音译。或译作“泥洹”。意为消除一切烦恼。佛教认为，信仰佛的人，经过长期的修习，能达到超脱生死，解除一切烦恼的精神境界。还译作“般涅槃”，意为“入灭”“圆寂”。指寂灭一切烦恼和具备一切清净功德，进入无碍的自由境界。这是佛教修习要达到的最高境界，后也把僧人去世称为“涅槃”或“圆寂”。在中国近现代文学作品中，涅槃还引申为一个人在经历了漫长的时间和人世的磨难洗礼后，获得精神的升华和重生。

【孽海花】 长篇小说。清末曾朴著。为“晚清四大谴责小说”之一。共三十回，前六回原为金天羽作，后经曾朴修改。以状元金雯青、妓女傅彩云的经历为主要线索，真实地描写了晚清三十年间的历史变迁，涉及面甚广，对当时的官场腐败、科场闹剧、士林的麻木都有所讽刺。全书200多个人物，多以历史人物为原型，或用真名，或为影射。

【甯戚饭牛】 甯，Nìng。《离骚》中有“甯戚之讴歌兮，齐桓闻以该辅”之句，意思是说春秋时期卫国有一个喂牛的人，名叫甯戚，他自觉怀才不遇，常到东门外喂牛等待自荐的机会。一天，在齐桓公出城时，他就叩击牛角高声唱歌，齐桓公听到歌声，知道遇上了贤人，于是授予他客卿的官职。后人经常用“甯戚饭牛”来形容有贤能的人创造条件，寻求发挥自己才能的平台。

【牛鬼蛇神】 牛鬼指的是佛教故事中地狱里的牛头鬼卒，而蛇神指的是佛教故事中天龙八部里的摩睺罗伽。将二者合并于一处，始于杜牧，他用“牛鬼蛇神”形容李贺虚幻荒诞的诗风。后用来比喻社会上各种丑恶的人和事物。

【牛郎】 古星名。也称牵牛。由三颗星组成，在银河的东面，隔着银河与织女星相对。古代神话传说两边的两颗星为牛郎挑着的两个孩子，牛郎与织女只能于每年七夕在鹊桥相会一次。

【牛李党争】 唐后期以牛僧孺和李德裕为代表的官僚派系之争。旧说元和三年（808），牛僧孺、李宗闵对策时讥刺宰相李吉甫（李德裕之父）而久不得升迁，双方结怨。长庆元年（821）李宗闵因其婿以关节进士及第被贬出朝，旧史谓翰林学士李德裕证成此事者。从此各分朋党，互相倾轧。历经宪、穆、敬、文、武、宣六帝，持续近四十年，后因党同伐异越演越烈，影响到内政、外事诸多方面。

【牛录】 清朝特有的一种社会组织形式。起源于女真族的狩猎组织，随着满族的发展，牛录制逐渐演变成为八旗制度的基础。牛录为满语“箭”的音译，一箭原为十人，努尔哈赤定为三百人左右，为八旗中合教养、生产和军事于一体的基层单位，其长称牛录额真，后称牛录章京，入关后改名佐领。

【牛头马面】 佛教指地狱中的两鬼卒。《楞严经》卷八：“牛头狱卒，马头罗刹，手执枪稍，驱入城门。”后人们依造词习惯，将“马头”改为“马面”。

【牛头税】 金朝向受田女真户征收的一种赋税。也称牛具税。金进入中原，将所掠民田授予迁中原的女真族，组织军屯，公元1125年，太宗定猛安谋克之户受田输粟之制，规定每耕牛三头为一具，每具缴粟一石。天会四年（1126）改缴五斗，立为定制。大定二十一年（1181）又改为三斗。

【农田水利法】 王安石变法时推行的兴修水利、开垦荒田的法令。北宋时期由于土地兼并严重，赋役分配不均，导致水利设施失修，田地大面积荒芜。熙宁二年（1069）颁行农田水利法。派出各路常平官使管农田水利。凡吏民能提出土地种植办法，以及指出堤堰沟洫等利弊，行之有效的，按功利大小给奖。鼓励人民兴修农田水利，耕种荒废田地。

【农政全书】 农学著作。明代徐光启撰。全书60卷，70余万字，分农本、田制、农事、水利、农器、树艺、蚕桑、蚕桑广类、种植、牧养、制造、荒政十二门，全面总结了我国古代农业生产技术，是内容丰富的农业科学巨著。其中所载《除蝗疏》，为我国最早的治蝗专著。

【奴变】 也称江南奴变。家奴世仆反抗压迫的运动。明末清初普遍出现于江南和山东等地，由贱民仆役等组成，后成为明末农民起义的组成部分，构成了清雍正年间废除部分奴籍的背景。清康熙初年，富户不敢蓄奴。雍正时，贱民也取得良民地位。清政府被迫废除乐户奴籍，并解除徽州（今安徽歙县）等地世仆奴籍。

【弩】 nǔ。用机械发箭的弓，也称窝弓。弩是在弓的基础上创造出来的，射程远，杀伤力强，命中率高。种类很多，有夹弩、庾弩、唐弩、大弩等。夹弩、庾弩利攻守，唐弩、大弩利车战野战。战国末，出现了用足踏张弦的“蹶张弩”。汉代出现了连弩，三国时诸葛亮制作了诸葛连弩，这种连弩一次能发射十支箭。宋初出现了床弩，将弩弓固定在木架上，一张弩床可装好几张弓，用数人绞轴张弓，用锤击“牙”放箭，射程更远，杀伤力更强。秦兵马俑坑中发现了大量的弩遗迹。

【弩机】 弩的核心组成部分。有用青铜铸，也有铁制的。装置于木弩臂的后部。一般弩机，四周有“郭”，“郭”中有“牙”，可钩住弓弦，“郭”上有“望山”作为瞄准器，“牙”下连接有“悬刀”作为扳机。发射时，把“悬刀”一扳，“牙”就缩下，“牙”所钩住的弦就弹出，有力地把箭射出。创始于战国，其后不断有所改进。

N

【女儿节】 传统民间节日。时间说法不一，有农历五月初一到初五、端午、七夕、重阳等几种。明清两代端午节。这一天，小姑娘簪戴榴花，已出嫁的妇女则回娘家省亲。重阳节也有娘家接女儿回来吃花糕的习俗。

【女官】 古代宫中执事的女性官员的统称。有一定的品秩，并且领有俸禄。其职责包括管理较低级的宫女，训练新入宫的宫女，照顾公主、皇子等。也称宫官。《周礼》中女官有九嫔、世妇、女御、女祝、女史等。秦汉后女官名目、等级各有不同。北魏孝文帝始仿照外官定其机构、编制、品秩、职掌，隋唐以来沿此变化，皆由皇后统属，构成了与宦官系统并行的另一套宫中管理系统。隋唐至金有尚宫、尚仪、尚服、尚食、尚寝、尚功等。明洪武时设六局一司，永乐后，职务多移于宦官。

【女校书】 ①东汉、三国魏时有主管校勘典籍、刊正文章等的官职，如校书郎、秘书校书郎等，后用“女校书”称有才华能诗文的妇女。②唐代薛涛随父亲流落蜀地，沦为歌妓，善于文词。蜀地剑南西川节度使韦皋赏识薛涛，常命她侍酒唱和，接应宾客，并奏请朝廷任命薛涛为“校书郎”，但未获批准，时人因称她为“女校书”。因薛涛是名妓，后也把能诗文的妓女叫女校书。

【女萝】 一种地衣类植物，它的特点是无数细枝状如线，常悬垂于高山针叶林的枝干间。也称松萝。这使它在文学作品中往往有着依附、温柔、坚韧等象征意义。它常被用来比喻新婚夫妇的关系，它的柔弱和缠绕的特性被看作夫妻情意缠绵的象征。

【女墙】 原指城墙主体顶上沿边附加的一道带有箭孔的城垛，用于窥视城外情况和自卫。也称女垣。后将有露孔且可以内外互视的墙，如花园中的嵌花透景的墙也称为女墙。这种墙体有虚隔空间的作用，常用于园林。

【女史】 古代宫廷中的女官名。由知书识字的妇女担任，协助掌管有关王后礼仪等。隋炀帝改名“女使”，唐代复称“女史”，掌管书写文件。

【女娲】 神话传说中的女神，相传其为伏羲氏之妹，一说为伏羲氏的妻子。被认为是人类的缔造者和始祖，用黄土造人，又在人类面临灾难之际，炼五色石补天，断鳌足以支撑四极，遏制洪水，驱杀猛兽，使人们能够安居繁衍。一说其与伏羲氏结成夫妻，繁衍了人类，这一说法在一定程度上展现了早期人类的婚姻繁衍状况，而随着人类的进一步发展，禁止兄妹通婚则说明了人类对自身认识和婚姻制度的进步。

【女巫】 古代以歌舞迎神、掌占卜祈祷的女官。商代巫的地位较高。周时分男巫、女巫，司职各异，同属司巫。春秋以后，医道渐从巫术中分出，但民间专行巫术、装神弄鬼为人祈祷治病者，仍世世不绝。

【女贞】 木名，中医以果实入药，称女贞子。古代以此树放养白蜡虫，故也称蜡树。古诗文中用以比喻有节操的女性。

【女真】 古族名。宋朝以来是我国东北地区的主要民族群体。历史上的不同时期曾有肃慎、挹娄、勿吉、靺鞨等名称，其居住主要分布在松花江、黑龙江的下游至东部沿海地区，多从事捕鱼狩猎，也有少部分农业。曾从属于辽。北宋末年完颜阿骨打统一女真各部，建立金政权，公元1127年灭北宋。1153年完颜亮迁都中都（今北京），并开始逐渐吸收汉族文化。后在蒙古和南宋联合进攻下灭亡。明代，女真分建州、海西和野人三大部，于明末由努尔哈赤统一，成为满族的重要组成部分。

【女真文】 金朝女真人参照汉字和契丹文所创制的用于记录女真语的文字。分大字和小字两种。大字于金天辅三年（1119）颁行。小字于熙宗天眷元年（1138）颁布，皇统五年（1145）始用。目前所见到的女真文有楷书和行书两种字体，有1000多个字，主要借助几种传世抄本《女真译语》，约有一半的字可识读。

【傩舞】 傩，nuó，古时腊月驱除疫鬼的仪式。我国古代举行大傩仪式时所跳的舞。源于原始巫舞，为我国最古老的舞蹈形式之一。舞者头戴面具，手执戈盾斧剑等兵器，作驱鬼逐疫状。

【傩戏】 傩，nuó，古时腊月驱除疫鬼的仪式。是汉族最古老的一种祭神跳鬼、驱瘟避疫、表示安庆的娱神舞蹈。由驱鬼逐疫的傩舞发展而成。流行于湖南、湖北、安徽、江西、广西等省、自治区。各地有“傩愿戏”“傩堂戏”等不同称谓，多以演《姜女寻夫》《柳毅传书》《庞氏女》等剧目为主。演出时多戴面具，故也称师公脸壳戏。表演动作一般都较简单原始。音乐大多以锣鼓伴奏，人声帮和，故有的地方也称和合腔。

O

【欧阳修】（1007—1072）北宋文学家、史学家。字永叔，号醉翁。吉州吉水（今属江西）人。早岁家贫，父亲去世后与母亲相依为命，母亲用荻秆在沙地上教他读书写字。欧阳修天资聪颖，又刻苦勤奋，二十三岁即考中进士，三十岁以前就以文章名满天下。在仕途上，欧阳修支持范仲淹的“庆历新政”，被贬为滁州知州，传世名篇《醉翁亭记》即写于滁州知州任上。后来又奉召回京，参与《新唐书》的编修，并独立修成《新五代史》。在散文创作上，欧阳修反对雕琢空洞的骈体文，提倡平实质朴的文风。嘉祐二年（1057）他担任主考官，录取了文风畅达、内容充实的苏轼、苏辙、曾巩等人，而崇尚险怪奇涩之文的“太学体”诸生则全部落第，从而极大地扭转了北宋文风。他自身的散文创作说理畅达，抒情委婉，与苏轼并称“欧苏”，为“唐宋八大家”之一。晚年以诗酒自娱，自称“吾家藏书一万卷，集录三代以来金石遗文一千卷，有琴一张，有棋一局，而常置酒一壶。……以吾一翁，老于此五物之间，是岂不为‘六一’乎？”因自号“六一居士”。诗颇受李白、韩愈影响，重气势而能流畅自然。与梅尧臣并称“欧梅”。其词婉丽，与晏殊并称“晏欧”。又喜收集金石文字，编为《集古录》，对宋代金石学颇有影响。撰《六一诗话》，为最早以诗话名书的著作。有《欧阳文忠公文集》。

【欧阳询】（557—641）唐代书法家。字信本，潭州临湘（今湖南长沙）人。其书法学王羲之、王献之父子，于平正中见险怪，自成一体，人称“欧体”，对后世影响很大。与虞世南、褚遂良、薛稷并称“唐初四大书家”。书法作品有《九成宫醴泉铭》《化度寺碑》《房彦谦碑》《梦奠帖》《张翰帖》《卜商帖》等。另与裴矩、陈叔达合作编纂《艺文类聚》一百卷。

【鸥】水鸟名。善飞翔，能游泳，常随潮水上下起伏。《列子》中记载了“鸥鹭忘机”的故事：古时海上有一个喜欢鸥鸟的人，他每天和鸥鸟一起嬉戏，有时会有上百只鸥鸟跟着他。有一次他的父亲说：“我听说鸥鸟都跟着你，你改天捉一只回来让我把玩一下。”第二天他再到海上，鸥鸟们都远远地飞着不下来。古诗文常以鸥鸟衬托闲适的田园生活。

O

P

【俳谐文】俳谐，páixié，诙谐戏谑。内容诙谐、用以讽喻嘲谑的杂文。如汉代王褒《僮约》、南朝宋袁淑《庐山公九锡文》、唐代韩愈《毛颖传》及后人戏作《竹夫人传》《汤媪传》等。

【排律】诗体名。律诗的一种。就律诗定格加以铺排延长，故名。包括五言排律、七言排律，简称五排、七排。凡五、七言律诗中间对偶句在三联以上者称排律，故也称长律。每首至少十句，多则有至百韵者。除首尾两联外，中间各联都须对仗。亦可隔句相对，称为扇对。往往于题目上标明韵数，如杜甫《敬赠郑谏议十韵》。元代杨士弘编《唐音》始列排律之目。

【牌坊】一种传统的门架式建筑。也称牌楼。通常将单排立柱加额枋组成的称牌坊，带有斗拱屋檐起楼的称牌楼。大多用木材、石材以及砖木等材料建造，一般建立在庙宇寺院、祠堂、陵墓或官府衙署门前。牌楼的结构因设立者的地位或纪念对象的重要性而定，一般有三开间、五开间以及不同的高度、层数的建筑结构。大多作为彰表功德、宣传礼教之用，如功德坊、状元牌坊等。牌坊上多有纪念、歌颂的题字。

【牌子头】元代基层军官中的十户长。也称牌头。又指清朝皇宫内务府的一种职位，负责管理皇帝和后宫妃嫔所使用的各种衣物箱柜，确保这些衣物的整洁、存放得当，并随时准备好供皇帝和后宫使用。

【盘古】古代神话中开天辟地的神。早在三国时期，文献中就有关于盘古的记载。民间传说很久以前天地还没有分开，宇宙一片混沌，盘古就孕育在其中，他沉睡了一万八千年，一日醒来，见四周一片昏暗，遂挥动大斧，斧落瞬间，眼前倏忽清明，阳清之物上升为天，阴浊之物下降为地。盘古屹立于天地之间，手擎天，脚踏地，天每日升高一丈，大地每日增厚一丈，盘古的身形也随着天地日长一丈，如此又过了一万八千年，直到天变得极高，地极坚实。当他倒向大地时，他的两眼化为日月，肢体化为山岳，血脉化为江河，滋养着中华民族。古人敬重盘古，将其尊为创世之神和天地万物之祖。

【判牍】牍，dú，古代书写用的木简。文体名。用于判决司法案件等方面的文字。“判”指的是剖决是非，“判”形成文字记录，就被称为“判牍”，其文辞则称为“判词”。古代多用四六骈文写成。唐代初任官者要通过铨选，考判文写作以考验断事能力。如张鷟《龙筋凤髓判》、白居易《甲乙判》、樊增祥《樊山判牍》等皆为判牍。

【泮宫】 泮，pàn。西周诸侯所设太学。因其院内有半圆形水池得名。也称泮水。由于政教不分，泮宫同时也是举行祭祀、庆功等多种礼乐活动的场所。规模小于天子所设大学"辟雍"。辟雍中央为高台建筑，四面环水，而诸侯泮宫仅有东、西、南三面环水。

【抛车】 古代军中用以发石击敌的战车。也称抛石车、霹雳车、抛雷。车以大木为床，下安四轮，上建双陛，中立独木，独木上方加一横木，横木一端有窠，可盛石块，另一端系绳，拉绳可把石块抛出打击敌人。东汉末年曹操使用发石车攻击袁绍的城楼，这种发石车就是抛车的一种。

【炮格】 炮，páo，烧烤。格，铜器，一说是铜柱。相传"炮格"是殷代的一种酷刑，在格下烧炭，使格受热发烫，迫使受刑人走到格上，堕入火炭中被烧死。后世辽代有此刑，但与殷代不同，使受刑者不迅速死。清代也有此刑。后人将"格"改作"烙"，意思是烧、灼。也称炮烙。

【袍】 古代服装。也称长衣。最早特指内装旧丝绵的长袄，一般是买不起裘服之人的穿着。秦汉时期袍服又被作为礼服，多袒领大袖。隋唐以来逐渐普及盛行。历史上契丹、蒙古、女真等民族多交领或圆领袍，小袖紧身，便于骑射。这也对汉服样式有一定影响。清朝废除了冠冕制，袍成为王室和官员的主要礼服。

【陪都】 ①在首都以外另设的都城。西周以雒邑为东都，即陪都设立之始。此后历代常两都并设。如明代永乐皇帝迁都北京后，南京成为陪都。清朝定都北京后，盛京（今辽宁沈阳）成为陪都。②指统治者避难偏安之都，如南宋的临安（今浙江杭州）、抗日战争时期的重庆。

【裴松之】（372—451）南朝宋史学家。字世期，河东闻喜（今属山西）人。曾任国子博士、永嘉太守等职。晋代陈寿撰修的《三国志》，内容精简，然而宋文帝认为太过简略，故诏令裴松之作注。他在收集各家史料基础上作注，参考材料多达一百四十余种，字数较《三国志》原书多出三倍，开创了注史的新例。与其子裴骃、曾孙裴子野合称史学"三裴"。

【佩文韵府】 韵书。清代张玉书等奉敕编。康熙时刊行。"佩文"为康熙帝书斋名。此书合《韵府群玉》《五车韵瑞》两书加以增补。分韵一百零六，按词语最后一字归韵。首列单字，再将具有同一韵字的词语按字数顺序排列。单字下注明音训，词语下则备载出典，以经、史、子、集为序，供在科举制度下作诗文词赋时修饰辞藻、采择典故之用。

【辔头】 辔，pèi。为了驾驭马套在其颈上的器具，由嚼子和缰绳组成。古代贵族为体现身份地位，曾用黄金做马嚼子。

【彭蠡】 蠡，lǐ。鄱阳湖的古称。我国五大淡水湖之一。位于长江以南的江西北部，古又称彭湖。彭蠡是赣江、修水、鄱江、信江等河的总汇，在湖口汇入长江，面积约3800平方千米，为我国最大的淡水湖，具有农田灌溉、水利调控以及航运之利。彭蠡盛产银鱼、鳜鱼等，是我国淡水渔业主要基地之一。多白鹤、灰鹤和天鹅等珍贵鸟类，素有“珍禽王国”之称。湖滨有风景名胜庐山。

【彭祖】 古代传说中的人物。汉代刘向《列仙传》、晋代葛洪《神仙传》都将他列为仙人。书中记载：彭祖姓篯，名铿，是颛顼的玄孙。尧封之于彭城，因其道可祖，故称。他会养生术，活到八百岁升天而去。所以后人将他视为长寿的象征。

【蓬】 草名。野生，花蓬松，至秋因风吹起，旋转飘飞，故也称飞蓬、转蓬。古代诗文多以“蓬飞”喻生活漂泊不定或孤独无靠。李白在《送友人》中写道：“此地一为别，孤蓬万里征。”用孤蓬来比喻只身飘零、行踪不定的旅人，表达了诗人对离别之人的不舍。蓬为极普通常见的野草，故也以“蓬门”“蓬户”称乡村贫寒之家。

【蓬莱阁】 在今山东烟台蓬莱区城北丹崖山。高居山巅，俯临大海，为宋代朱处约就原海神庙改建，明朝崇祯年间毁于战乱，后又多次重建。楼阁高15米，南向有三清殿、吕祖殿、天后宫、龙王宫等，形成高低错落、彼此呼应的建筑群。史载秦始皇、汉武帝为寻觅仙丹都曾到过这里，历代的文人墨客多次雅聚于此，留下了许多观海赏景的诗文题字刻石。

【鹏】 传说中的大鸟。由传说中的大鱼鲲变化而来，善飞举，可奋起而飞数万里。古代文学作品中常用“鲲鹏之志”形容人的志向远大。

【铍】 pī。古代长兵器。形如刀而两面有刃，形状介于剑和矛之间。其历史可以追溯到战国至汉初，尤其在赵、秦地区发现最多。秦以前的铍首多用青铜铸造，而到了汉代则多用铁制。在作战时，铍的使用灵活多变，能够适应不同的战斗需求。它的首部通常是尖锐的锋刃，适合刺杀，而平脊两刃的设计又适合劈砍。

【霹雳炮】 古代一种爆炸性火器。用纸管装石灰和火药，上节是火药，下节是石灰，点着引线后发出一声巨响升到空中，然后再发出一声巨响落下来，纸管裂开，石灰四散，眯住敌人的眼睛。北宋已有这种武器，南宋高宗绍兴三十一年（1161），宋军阻止金兵渡长江，曾使用过霹雳炮。

【皮币】 一种有价凭证。汉武帝时，因为国用不足，于元狩四年（前119）冬采用皮币。皮币由禁苑中的白鹿皮制成，每张一尺见方，绘以彩画，每张值四十万钱。因价定得太高，流通不广，仅用于王侯宗室的朝觐聘享。皮币虽没有发挥货币的作用，但由此奠定了纸币的基础。

【皮室军】 辽朝皇帝的御帐亲军。“皮室”为契丹语“金刚”的音译。辽朝建立后，太祖耶律阿保机为了加强宿卫力量而设立。他挑选精锐士兵，聚集在腹心之地，组成了一支强大的护驾军。到了太宗耶律德光时期，这支部队被正式命名为皮室军。后分为左、右、南、北、黄五部，各设详稳司管领。

【皮影戏】 我国民间传统戏剧。用灯光照射兽皮或纸板做成的人物剪影来表演故事，故称。皮影最初用厚纸雕刻，后采用驴皮或牛羊皮，将其刮薄再行雕刻，并施以彩绘。风格类似剪纸，手、腿等分别雕制后用线连缀在一起，可活动自如。表演时，由艺人在幕后一边操纵，一边演唱，并配以音乐。也称影戏、影灯戏、土影戏。北宋时已有演出。

【皮租】将所租之地转佃给他人收取的田租。也称小租、佃租、根租。始于宋，流行于明清。这是永佃权发展起来，土地占有形态上区分了“田底”“田面”的结果，标志着土地经营方式和租佃契约关系的发达。

【琵琶】我国传统弹拨乐器。东汉至隋代，是各种颈箱型弹拨乐器的泛称。据《释名·释乐器》，早期称“枇杷”。琵琶之称来自演奏方法，即弹为批、挑为把，后演为琵琶。琵琶分两类：一类指直项琵琶，出现于东汉，音箱为圆形，设4弦12柱。另一类指曲项琵琶，魏晋传自西域，音箱为梨形，设4弦4柱，用拨子弹奏，盛行于隋唐，为现代琵琶的前身。琵琶背板古称“槽”，多用紫檀木制，面板用桐木，设覆手或弦码，用丝弦。经不断改进，变横抱为竖抱，弃拨子而改用手指弹奏。可用于独奏、伴奏及合奏。

【琵琶记】南戏剧本。元末高则诚作。蔡伯喈赴京应试，其妻赵五娘在家侍奉翁姑。蔡在京中状元，被迫入赘牛相府。家中遭饥荒，二老饿死。五娘求乞进京寻夫，最后得牛女之助，始得团聚。《琵琶记》基本上继承了宋代南戏《赵贞女》的故事框架，但改变了原故事中蔡伯喈背亲弃妇的形象，让他成为“全忠全孝”的书生。

【貔貅】píxiū。一种古代传说中的猛兽。类似虎豹。古代行军时，遇到前方有猛兽，就举起画貔貅的旗帜以警示众人。后多喻指勇猛的将士。又一说貔貅是龙所生九子中的第三子，雄性为貔，雌性为貅，天生喜食金银珠宝，无排泄器官，故而只进不出，具有聚财的才能。

【骈文】骈，pián，两马并驾。骈文，文体名。以字句两两相对的骈体写成的文章。也称骈体文、骈俪文、骈偶文。起源于汉魏，形成于南北朝，以偶句为主，讲究对仗、声律，易于讽诵。南北朝时，专尚骈俪，以藻绘相饰，文格遂趋卑靡。后世称多用对偶之文为骈文，又因多四、六字句，故又称四六文。成就高者，有南北朝的鲍照、江淹、庾信及清代的陈维崧、汪中等人。

【嫔】pín。宫廷女官名。天子、诸侯的妾，位次于妃。周代设置九嫔之制，掌管妇人学习的法则，教育宫人作为妇人应具有的德行、言辞、仪态、劳动技能，带领所属的宫人按时依次到帝王安寝的处所侍候等。历代王朝多有九嫔之制，如西晋武帝以淑妃、淑媛、淑仪、修华、修容、修仪、婕妤、容华、充华为九嫔。唐代的九嫔是昭仪、昭容、昭媛、修仪、修容、修媛、充仪、充容、充媛。

【品】古代官职的等级。汉代以禄石多寡作为官位高低的标志。曹魏时职官共分九等，从第一品至第九品，由高及低。隋唐时九品又分正从，自正四品起，每品又分上、下阶，共为三十级。明清加以简化，保留正、从品，而无上、下阶之分，共为十八阶，文武职相同。隋唐时九品以内官员通称“流内”，九品以外官员通称“流外”。流外经考铨后，可递升为“流内”，称为“入流”。清代不列入九品之内的官员称为“未入流”。

【平仓】清朝农民遇灾荒之年群起平分富户仓米的举动。也称平米、平谷。

【平等】 佛教认为佛、法、僧三宝和心、佛、众生三法，以及一切众生都没有高下差别，故称。世俗社会中，多指人们在政治、经济、权利、地位等方面享有相等待遇。

【平话】 宋元以来民间伎艺的一种，以讲史为主。因用口语讲述，故称。话本有《五代史平话》《三国志平话》等。

【平齐户】 北魏在对南朝宋的战争中所俘掠并强制迁到魏都附近的山东人户。公元469年，北魏攻取南朝宋的青、齐等地，守将崔道固、刘休宾等投降，其降将、僚属和两城居民被迁徙到魏都平城（今山西大同），魏王设置平齐郡安置，故称。这些人有的被分赐给百官为奴婢，有的被役使垦殖耕作，地位与农奴类似。后有能力向僧官交纳谷子的平齐户转为僧祇户。平齐郡不久废除。魏文帝迁都洛阳后，这些人逐步恢复或取得了士族地位和特权。

【平阙】 古代书写礼仪格式。平，另起一行书写，又称平出。阙，空一至两格，又称阙字。为表示礼敬，行文时如遇到与亲族长辈及已故者相关的词，与王朝、皇帝的称呼称号及皇帝权威有关的词，反映上下级从属关系的官名等，都要平阙，即提行另写或空格，体现出身份关系和行政秩序。秦汉以来已规定相关格式，但未见平阙之名。唐朝公文的平出和空缺制度，称平阙之式。后历代相沿此称，但平阙的使用场合及具体格式有所变化。

【平王东迁】 公元前770年，周平王东迁雒邑（今河南洛阳）之举。周幽王时期，由于废黜了申后及太子宜臼，改立褒姒为后及伯服为太子，申后之父申侯联合缯、犬戎攻破镐京，杀周幽王，宜臼登位为平王，在晋、郑等诸侯扶持下迁都雒邑。周朝自此进入王室渐衰、诸侯坐大的东周时期。后世以周平王元年（前770）为春秋时代之始。

【平阳之战】 公元576年，北周与北齐争夺平阳（今山西临汾西南）的战役。北周武帝实施均田，整顿府兵，诛宇文护，加强集权，图谋统一北方。576年，周武帝率军攻取平阳，北齐后主率重兵来援，周军撤退，留梁士彦守城。北齐军攻之甚急，周武帝再率主力来援，在平阳城下大败北齐军，乘胜进取晋阳（今山西太原）。此役暴露了北齐当时主昏政乱的状况，次年北齐即为北周所灭。

【评话】 ①曲艺的一种。一般由一个人用当地方言讲说，特点是只说不唱，以演说历史故事为主，表演时多用醒木、折扇等道具。包括扬州评话、苏州评话等。②宋元讲史的别称。也作“平话”。

【评事】 古代官名。汉置廷尉平，与廷尉正、廷尉监同掌决断疑狱。隋炀帝乃置评事，明清分设左、右评事，均隶大理寺。清末废。

【凭由】 宋以来官府出具或认可的身份、所有权、税收、财物出纳等方面的文字凭证。

【萍】 我国古代对浮萍科植物的泛称。常见的有浮萍（青萍）、紫萍（水萍）。浮生水面，有根或无根。大者称“蘋”，古人采以为食。萍随水漂浮，古人认为其为飘荡无定的柳絮落水后所化，常用来比喻人的行踪漂泊无定。谓漂泊中偶然相遇为“萍水相逢”等。

萍的自由漂浮也被视为对束缚的摆脱，象征着自由和解脱。萍的生命周期短，易消逝，故也象征着生命的短暂和世事的无常。

【朴刀】 朴，pō。古代武器。一种刀身狭长、刀柄较短的刀，双手使用。

【颇黎】 也作“玻璨”“玻瓈”“玻璃”。一般指天然水晶石类，有酒色、紫色、白色等，是较贵重的装饰品，非今之人造玻璃。唐贞观十七年（643），拂菻国王波多力派使者来唐，献赤玻璃等物，太宗下诏书答慰。

【裒田】 裒，póu。商后期王室农田的垦殖活动。垦殖地点有的在商王朝疆域之外。

【扑满】 古时以泥烧成的存钱罐。汉代已有。因只有入孔而无出孔，钱满后只能扑破取出，故名。

【铺首】 传统建筑的大门上衔住门环的底座，多用铜制作。铺首的形状根据建筑物的重要性或主人的地位而有所区别。一般以龙、虎、蛟等兽首的形状为多，有的还镶饰金、银等材料。平民百姓的住所则多采用一些简单的形制。也称铺。

P

【仆】 古代奴隶的一种。起初从事家内贱役。殷商之后，因生产需要，领主、地主和商人大量使用仆从事农业和工商业。西周以来，天子常把臣仆赏赐下级。春秋时，将人分为十等，仆居第九等。古代社会里，仆一直是侍奉和依附主人的。

【仆射】 射，yè。古代官名。秦、汉置为侍中、尚书、谒者、博士、郎等诸官之长。依其职事为称，意即其中的首长，如侍中之长称“侍中仆射”、谒者之长称“谒者仆射”等。一说因古时重武臣，以善射者掌事，故名。汉成帝建始元年（前32）置尚书五人，以一人为仆射，位仅次尚书令，职权渐重。汉末分置左、右仆射。唐宋左、右仆射为宰相之职。南宋后废。

【菩萨】 梵语音译。菩提萨埵的简称。意译为“觉有情”。即指上求菩提（觉悟）、下化有情（众生）的佛，既能达到自身解脱，又能使众生得到解脱的佛教修行果位者。旧译为“大士”“大圣”“高士”等，即能“发大心”之人。菩萨初为释迦牟尼未成佛前的称呼，后泛指修行到一定程度的、地位较高的佛或神，比如文殊、普贤、观音菩萨等。民间也把心地仁慈、乐善好施之人称作菩萨。

【菩提】 梵语音译。意为“觉”“智”“道”等。即佛教断绝世间烦恼，达到涅槃的境界，又指彻悟的智慧和途径。

【蒲松龄】（1640—1715）清代文学家。字留仙、剑臣，号柳泉居士。室名聊斋，世称“聊斋先生”，淄川（今山东淄博淄川区）人。19岁科考曾得县、府、道三试第一，然此后屡试不第，至71岁始成贡生。因科举失意，蒲松龄一生贫困，长期在家乡做塾师，以授徒为业。课徒之余，蒲松龄将全部精力投入到《聊斋志异》的创作中。传说他曾在路旁设一茶摊，供行人歇脚，与这些南来北往的行人聊天，把听到的奇闻逸事记录下来，作为创作的素材。蒲松龄从30多岁开始写作《聊斋志异》，一直到晚年才完成。除《聊斋志异》外，蒲松龄还创作了一些诗词歌赋、俚曲杂著等，后人辑为《蒲松龄全集》。

【濮议】 濮，Pú。北宋宫廷中争议崇奉英宗本生父称谓的事件。公元1064年宋仁宗死，因无子嗣，由侄赵曙继位，即英宗。赵曙是濮安懿王允让的儿子，治平二年（1065）命朝臣讨论已故濮王称谓。欧阳修、韩琦等执政大臣主张称“皇考”（父死称“考”），王珪、吕诲、司马光等主张称“皇伯”。后以称“考”定议，吕诲、吕大防、范纯仁等都因此被黜。

【普度众生】 佛教认为，众生深陷苦海，只有本着慈悲之旨，并借助宏大法力，才能使众生到达彼岸，解脱世间烦恼。后用此形容救济众生。

【普济堂】 清朝民间所办收容老病无依之人的社会救济设施。俗称“老人堂”。普济堂的名额以千人为限，专门收养60岁以上、无依无靠的老人。当名额满后，再有报名者则将名字写在签上，放竹筒内，等有死亡空缺，摇签顶补。堂内每5人住房一间，每个房间有字号编列，以备查考。普济堂的活动范围非常广泛，清末约有数百家普济堂。

【普贤】 佛教大乘菩萨。在我国佛教里，与文殊、地藏、观音合称“四大菩萨”。是释迦牟尼的胁侍。寺院里普贤菩萨的塑像一般立于佛祖右侧，骑白象，佛祖左侧骑青狮者为文殊菩萨。普贤菩萨专司“理”德，文殊菩萨专司“智慧”。四川峨眉山为普贤菩萨应化说法的道场。

【谱牒】 牒，dié。古代记述氏族、家族世系的书，包括家谱、家传史、宗族发源等。魏晋南北朝时期，因讲究门第，严别士族、庶族的等级界限，谱牒成为选任官员、门第婚姻等的重要依据，也成为专门的学问，出现贾氏、王氏等研习谱学的世家，著作有《百家谱》《十八州士族谱》等。

【氆氇】 pǔlu。藏语音译。我国西北部少数民族手工编制生产的一种羊毛织物。一般用来制作床毯、服装等。

【铺马】 铺，pù。元朝驿站提供的车马等交通工具及路途所需供应。蒙古语称“兀剌”。

P

Q

【七】文体名。即“七体”，赋的体裁之一。西汉枚乘作《七发》，赋中假设楚太子有病，吴客前往说了七件事以启发楚太子。其体一般由八段文字组成，中七段设为问答，分说七事，为全文主干，故名。后世作家仿效其体，以作讽劝之文，如傅毅《七激》、张衡《七辩》、王粲《七释》、左思《七讽》等。《文选》列“七”为一门，收录枚乘《七发》、曹植《七启》、张协《七命》。唐代以后渐衰。

【七出】我国古代休妻的七种理由。古代妻子如有不事公婆、无子、淫、妒、有恶疾、口多言、盗窃七种过错之一，丈夫可以休妻，解除婚姻。也称七去、七弃。但如有妻子无娘家可归、曾为公婆守丧三年、丈夫娶妻的时候贫贱但后来变富贵三种情况之一，丈夫不准休妻。“七出”始于汉代，唐代法律化，明清沿用。

【七国之乱】汉景帝时七个同姓诸侯王发动的叛乱。汉初，皇帝的亲属被分封到各地为诸侯王，其中吴、楚、齐三国的封地最大。诸侯王在国内征收租赋，煮盐铸钱，成为中央政权的威胁。公元前155年，景帝用晁错之策厉行削藩，吴王刘濞联合楚、赵、胶东、胶西、济南、淄川王以清君侧为名起兵。汉景帝派周亚夫为太尉，在三个月内即击平吴、楚，其他五国也先后平定，诸王或自杀或被杀。从此诸侯王国的军政大权收归中央，后诸侯王国又经武帝的进一步削弱，名存实亡。

【七科谪】谪，zhé。秦汉时期，法律规定强制七类人服役的制度。秦始皇时期，实行谪戍法，强制以下七类人服役：有罪官吏、逃亡罪犯、赘婿、商贾、曾经的商贾、父母曾从商的、祖父母曾从商的。汉武帝在对匈奴和大宛的战争中，也曾谪发这七类人当兵，增援前线。

【七略分类】西汉刘歆整理宫廷藏书，编成辑略、六艺略、诸子略、诗赋略、兵书略、术数略、方技略，故称“七略”，是我国最早的图书分类目录，对我国后世目录学发展产生深刻影响。东汉班固《汉书·艺文志》中的图书分类就源自《七略》。

【七庙】周代天子祭祖而立的宗庙制度。以太祖的庙居中，左边三昭即周二世庙、四世庙、六世庙，右边三穆即周三世庙、五世庙、七世庙，共为“七庙”。周代规定，天子设置七庙供奉、祭祀七代祖先。后泛指帝王供奉祖先的宗庙。

【七穆】春秋时郑穆公七子后裔组成的七个家族的合称。七子即子罕、子驷、子良、子国、子游、子印、子丰，其族分别是罕氏、驷氏、良氏、国氏、游氏、印氏、丰氏。其中，罕氏的势力最强。他们都是郑国的世卿，轮流执政，互相制衡。

【七擒七纵】 公元225年，诸葛亮南征过程中对南中（今川南至云贵一带）豪强采取的攻心策略。相传其七次生擒南中豪强孟获，又七次纵之再战，终使孟获心服，不再反蜀。此故事在《三国演义》中有详细的描述，也被各种文艺作品广泛传播。

【七声】 音乐术语。五音及二变。依十二律高下的次序，定宫、商、角、徵、羽、变宫、变徵为七声，为乐律之本。后世乐家多用简号，各管色谱分合、四、乙、上、尺、工、凡，依次记写七声，谓之工尺谱。

【七十二候】 候，即物候。指动物、植物或其他自然现象随季节气候变化而周期性变化的现象。古代以五日为一候，一月为六候，三候为一节气。一年分二十四节气，共七十二候。起源很早，北魏时载入历书。是国家政事、农事活动的依据。古代历书所举月令物候有所出入，候应几经修改。现代气象学上仍沿用之。

【七言诗】 诗体名。全篇每句七字或以七字为主，如七言古诗、七言律诗、七言绝句等。七言诗之始，或说出于《诗》《骚》，或说起于汉《柏梁台》诗，说法不一，近人多以为起于汉魏，至六朝而趋于成熟，至唐代大为发展。与五言诗同为汉语古典诗歌的主要形式。三国魏曹丕《燕歌行》，为现存较早的纯粹七言诗。张若虚《春江花月夜》、王昌龄《出塞》、崔颢《黄鹤楼》、李商隐《安定城楼》等皆为七言诗。

【七曜】 曜，yào。①日（太阳）、月（太阴）与金（太白）、木（岁星）、水（辰星）、火（荧惑）、土（填星、镇星）五大行星的合称。也称七政、七纬。东汉刘洪《七曜术》定其名。魏晋以来，从印度、中亚等地传入的占星术、历法或以“七曜”为译名，以“七曜日”代表一周七天。②北斗七星。

【七族】 亲族的统称。有两种说法：一是上至曾祖，下至曾孙。二是父之族、姑之子、姊妹之子、女子之子、母之族、从子、妻父母。

【戚】 古代兵器。斧的一种。钺大于斧，戚小于斧。商代以前是石制，商周用青铜铸，战国有铁戚，两汉以后出现了加钢刃的铁戚。《山海经》中记载了刑天舞干戚的神话。

【戚继光】 （1528—1588）明代抗倭名将、军事家。字元敬，号南塘，山东登州（今山东烟台蓬莱区）人。将门之后，年轻时承袭父位担任登州卫指挥佥事一职，目睹倭寇在山东沿海一带烧杀抢掠，写下了“封侯非我意，但愿海波平”的诗句。嘉靖三十四年（1555）调浙江，次年任参将，招募义乌农民、矿工，编练新军，人称“戚家军”。经过10余年的战斗，终于扫平了多年为虐沿海的倭患，确保了沿海人民的生命财产安全。隆庆二年（1568），戚继光调任蓟镇总兵，修缮长城，防御鞑靼入侵。晚年又南调广东，不久辞官罢归，病逝于家中。有《纪效新书》《练兵实纪》《止止堂集》。

【期门】 汉武帝所设地位略高于羽林

的一支精锐近卫军。挑选陇西、天水、安定、北地、上郡、西河六郡良家子组成，主要负责执兵宿卫，因常在殿门外等候皇帝的命令而得名。隶属光禄勋，偶被征调作战，平帝改称虎贲，东汉光武帝时仍称期门，后复称虎贲，以虎贲中郎将统领。

【期颐】 称百岁之寿。人生以百年为极，故曰期；百岁之人生活起居须人养护，故曰颐。《礼记·曲礼上》：“百年曰期，颐。”

【漆画】 绘画的一种。多以天然漆为材料，结合金、银、贝壳以及加入漆颜料银朱等，运用刻、堆、雕、嵌、绘、磨等技法制作而成。我国在春秋战国时便有漆画出现。

【齐国】 周武王分封吕尚为齐侯所建的诸侯国。吕尚姜姓，即姜太公，受封后建都于营丘（今山东淄博）。为东方濒海大国，有渔盐桑麻之利，春秋早期，齐桓公在管仲辅佐下率先称霸。公元前386年，田氏（出于陈国公族，又称田陈氏）取代姜姓为齐国之主，相对于姜齐称田齐，前334年齐威王称王，国势甚盛，打败魏国，成为“战国七雄”之一。此后长期与秦国东西对峙。前284年燕、秦等五国联合攻齐，齐被燕将乐毅攻破，从此国力衰弱。前221年为秦所灭。

【齐民要术】 农学著作。北魏贾思勰著。全书10卷，92篇，分别论述各种谷物、蔬菜、果树、竹木的栽培，家畜、家禽的饲养，农产品加工和副业等，比较系统地总结了黄河中下游地区丰富的农业生产经验，是中国完整保存至今的最早的一部农书。该书还记录了一些来自域外的农作物或者相关知识，是了解中外农学知识交流的重要史籍。

【齐行】 清朝一地工商同行临时发起的划一行动。有时由业主为垄断商品价格等事而发起；有时由工匠发起，常通过一致罢工争取自身权益；在抵制官府弊政时，双方也可协同罢市、罢工。

【祁连山】 我国西北部的著名山脉。古祁连山有南北之分。南祁连在今新疆南部，自葱岭而东，包括古昆仑山、阿尔金山以及今祁连山（在甘肃南部），因位于河西走廊以南，故称南山，为河西通往青海的隘口，历代驻兵防守。北祁连即今新疆的天山，横贯新疆中部，自葱岭分支，蜿蜒而东，随地易名，绵延数千里。

【岐沟关之战】 公元986年，宋朝为了收复幽云地区而对辽国发起的一场战役。宋军分东、中、西三路进军，曹彬为东路，田重进为中路，潘美为西路。辽军以偏师骚扰宋军，并绝其粮道，然后趁着宋军疲惫不堪时发起总攻击。四月，宋军被迫从涿州败退，此时辽军乘势夹击。五月，辽圣宗和萧太后亲自统帅大军追击宋军至岐沟关（今河北涿州西南），曹彬所率宋军主力被辽军击溃。其他各路军也先后被击破。宋太宗下令宋军三路大军撤退。

【祇应】 祇，qí。元朝驿站为乘驿官员、使臣提供的饮食。或由站户负担，或由官府发给驿站。蒙古语称“首思”。

【耆长】 qízhǎng。宋朝维持治安和推排户等的一种职役。多以乡村第一、第二等户轮充。职责主要是追捕盗贼。

【畦种法】 畦，qí。一种整地种植技术。

把低地筑成高垄和低沟，易涝之地用沟排水，高垄播种。易旱之地沟间播种，高垄挡风保持土壤的水分，以利农作物生长。畦种法是战国时发展起来的。屈原《离骚》“畦留夷与揭车兮”，即描述了分畦种植留夷、揭车两种香草。

【骑督】 魏晋时期督率骑兵的中级军官。汉魏间始有此名，多督率扈从将领的精骑，晋时与牙门将并为杂号将军以下的五品武官衔。

【骑射】 我国古代射术。骑在马上开弓放箭的一种体育活动。原为少数民族习俗，西周初期已出现。战国时，赵武灵王吸取胡人长处，穿胡服，习骑射，进行了军事改革，列国皆仿效之，使这项体育活动得到了很大发展。西汉李广即以骑射著名。汉魏以来，骑射活动广泛流传。南北朝时期进一步发展，妇女中也有技艺高强者，如李波小妹等。武则天长安二年（702）设武举制，骑射为主要项目之一，直至明清不变。唐时也为宫廷体育项目之一，妇女常参加骑射行猎。辽、金人为北方民族，精于骑射，契丹族有“射木兔”、女真族有“射柳”等习俗。至近代，因火器的普遍使用乃渐衰。

【麒麟】 一种古代传说中的仁兽。与龙、凤凰、龟并称为“四灵”。体形像鹿，头上有角，全身生鳞甲，尾像牛。传说只在明君圣主出现时它才降临人间。鲁哀公十四年（前481）春，哀公在大野进行狩猎，捕获了一只神兽。孔子认出是麒麟，感叹它生不逢时，作《获麟歌》。古人用它象征祥瑞，后也借喻杰出的人才。

【乞骸骨】 骸，hái。请求使骸骨归葬故乡，是古代官吏因年老自请退休的用语。

【乞活】 西晋末年以来，北方地区四处乞食求生的武装流民集团。由并州南下冀州求食的流民队伍蔓延发展而来，有组织者称乞活军，首领称乞活帅，或为五胡政权收编，或以抗胡为志，起到了捍蔽东晋政权的作用。因北方战乱饥荒不绝，旧的消失新的又生，故活跃于黄河南北达百余年。

【乞鞫】 鞫，jū，通“鞫”，审问，审讯。案件结案后，在规定期限内请求重新审理的程序。始于秦代，完善于汉代。不同时期，乞鞫的期限有所不同。汉律规定，在案件审结后一年内可乞鞫，死罪不适用于此制。

【乞巧节】 即七夕节。在农历七月初七日。该节日与牛郎织女的神话传说有关。传说，织女原是天帝的孙女，擅长织布，后因嫁给牛郎，中断织布，天帝震怒，强令其与牛郎分离，只许他们每年七夕在鹊桥相会一次。后来人们就在牛郎织女相会的七夕，于庭院放上瓜果，摆上香案，在月光下用五色线穿七孔针，借以向织女乞求织布的技巧。因此，七夕节也称为乞巧节。此习俗唐宋最盛。唐代林杰《乞巧》“七夕今宵看碧霄，牵牛织女渡河桥。家家乞巧望秋月，穿尽红丝几万条”即歌咏此风俗。

【起承转合】 诗文结构章法方面的术语。诗文的行文顺序：起是开端；承是承接上文加以申述；转是转折，从另一方面立论；合是结束全文。也用来比喻说话时的过渡。

【起复】 官员守丧期满后，被重新起用。降职或革职后重新启用，也可称起复。

【绮】素地织纹起花的丝织物。是一种用经纬线错综地在织物上织出凸起的图案的工艺品种。文物考古发现，我国早在商代就有绮的实物，战国楚简上也出现了“绮”字。之后工艺不断进步。两汉时期发展迅猛。其中“锦绮”为高级丝织品，历代对使用对象都有严格的定制。

【稽首】稽，qǐ，延迟，停留。古代的一种跪拜礼。行礼时，屈膝跪地，左手按右手，拱手于地，头也缓慢地叩到地。头触地后须停留一段时间，手在膝前，头在手后。相传西周定九拜之制，首列稽首，主要用于臣子拜君王。后也用于儿子拜父亲、学生拜老师等。

【弃市】古代执行死刑的一种方式。即在闹市执行死刑，并将犯人的尸体暴露在街头，当众展示。秦汉时期，弃市用斩首。魏晋时弃市用绞刑。隋唐时执行斩、绞、凌迟、枭首等死刑一般都弃市。

【契丹】古族名、古国名。源于东胡的一个分支。北魏时期就是辽河上游的一个游牧民族，其主要活动区域在今内蒙古西拉木伦河和老哈河流域。契丹政权最早由耶律阿保机统一契丹及邻近各部，于公元916年建立，国号“契丹”，947年改国号为“辽”。以畜牧业为主，逐步发展了农业和手工业，并有自己的文字。北宋宣和七年（1125）被金所灭。大多与汉人、蒙古人、女真人相融合。另有贵族与部分宗室西迁至现在的新疆至中亚地区，建立了西辽（哈喇契丹），不久被蒙古所灭。

【契丹文】辽朝契丹人参照汉字所创制的用于记录契丹语的文字。分大字和小字两种。契丹大字于契丹神册五年（920）制成，后又参照回鹘文而另制契丹小字。一般认为，契丹大字是表意方块字，夹杂一些直接借用汉字的形式；契丹小字是比大字简便的拼音文字。目前所见到的契丹文字资料主要是我国东北地区所出的金石铭刻。另外还有一部契丹大字写本收藏在俄罗斯。

【帢】qià。古代士人戴的一种便帽。有些像弁。但无四角，且不用鹿皮而改用缣帛缝制。帢相传是曹操为军队所创，早期仅做军队装束之用，其不同的颜色标志着头戴者的身份和地位。也作“帕”“帢”。

【千户所】元朝时期设置的一种军事和行政单位，属于世袭军职。分上、中、下等，隶属于万户，下领百户，统领一定数量的士兵，长官称为千户。明朝纳入卫所系统，隶属卫指挥使司。

【千牛备身】带刀侍卫君主左右的军官。古代有位厨师，他分解了许多牛（千牛），分解牛的刀用了十九年，仍很锋利，后世因称精良锋利的刀为千牛刀，禁卫官叫千牛备身、千牛卫、千牛仗等，省称“千牛”。北魏始置，北齐至隋沿置，员数不一，常以亲贵子弟担任。唐十六卫中设左右千牛卫，其大将军、将军等掌宫殿侍卫及仪仗，所属仍有此官及备身左右、备身等职。宋代以后废止。

【千叟宴】清代皇家举办的尊老盛宴。始于康熙时期，盛于乾隆朝。共举办四次，由60或70岁以上现任、致仕官员及部分民间老人参加。规模在千人至三千余人间。康熙六十一年

（1722），召65岁以上大臣及老百姓等千余人，赐宴于乾清宫前。席间，康熙帝与大臣作诗纪盛，名《千叟宴诗》。乾隆年间，曾两次在乾清宫举行千叟宴，规模更宏大，参加宴会者近三千人。是清代主张“养老尊贤”“入孝出悌”以及优老政策的体现。

【佥民壮法】 佥，qiān。明朝征集民户壮丁训练以备调用的办法。正统、景泰年间，明朝政府已经开始招募丁壮进行训练以备战事，但并没有形成固定的制度。弘治七年（1494），正式颁布《佥民壮法》，将募集民壮的做法制度化。规定20岁以上、50岁以下的身体健康者可被佥派为民壮，按州县大小每里征二至五名不等。富户可交钱免征，由官府代募。

【谦称】 古代的称谓礼节。古人在言谈与书信交流时，为表示谦恭的态度，凡提到自己的时候，一般避免直接用“我”等第一人称代词，改用含有“卑己”色彩的词语来自称。常用的有鄙人、不肖、不才、不佞、不敏、卑职、在下、晚生、老朽、仆、愚、妾、奴等。帝王诸侯的谦称有寡人、孤、不穀等。

【前凉】 十六国之一。西晋末年由张轨及其子孙建立的割据政权。从公元317年始，张氏世守凉州，成为割据政权，史称“前凉”。345年张骏称“假凉王”，建都姑臧（今甘肃武威），仍对东晋称臣。有今甘肃西部、新疆东部和宁夏西部。349年张重华自立为凉王，354年张祚称帝，仍建都姑臧，至376年张天锡降前秦，国亡。前凉共传5世8主，历时76年，在十六国中统治时间最长。

【前七子】 明弘治、正德年间，文学家李梦阳、何景明、徐祯卿、边贡、康海、王九思、王廷相七人的合称。主张“文必秦汉，诗必盛唐”，形成一个复古的文学流派。因有后起的李攀龙、王世贞等后七子，故称。

【前秦】 十六国之一。公元350年氐族贵族苻洪称“三秦王”，352年苻健称帝，建都长安（今陕西西安），史称“前秦”，也称苻秦。357年苻坚即位后，去帝号，称“大秦天王”，国势渐强，灭前燕、前凉及代国，攻占仇池及东晋益州，进军西域，统一北方，成为十六国时最大的国家。有今河北、山西、山东、陕西、甘肃全部和河南、四川、重庆、贵州、辽宁、江苏、安徽、湖北的一部分。383年淝水之战失败后，原被灭各国及各族首领纷起复国。385年，苻坚被后秦擒杀，余部先后拥苻丕、苻登、苻崇为帝，至394年苻崇被西秦斩杀，国亡。

【前蜀】 五代十国之一。公元907年，王建在蜀地建立的割据政权。891年唐利州刺史王建攻取成都（今属四川），陆续扩占土地。903年唐封其为“蜀王”，907年称帝，建都成都，国号“蜀”，史称“前蜀”。有今四川、重庆和甘肃东南部、陕西南部、湖北西部。925年为后唐所灭。共历2主，18年。

【前四史】 “二十四史”中前四部史书的合称。具体则指西汉司马迁的《史记》、东汉班固的《汉书》、南朝宋范晔的《后汉书》以及西晋陈寿的《三国志》。

【前燕】 十六国之一。公元337年由鲜卑慕容皝建立的政权。285年鲜卑贵族慕容廆成为慕容部首领，开始在辽河流域建立部落国家。337年慕容廆子慕容皝称“燕王”，建都大棘城（今辽宁义县），后迁龙城（今辽宁朝阳），史称“前燕”。慕容皝子慕容儁灭冉魏，迁都蓟（今北京），于352年称帝；五年后再迁都邺（今河北临漳西南）。有今河北、山东全部和山西、河南、安徽、江苏、辽宁的一部分。370年为前秦所灭。

【前赵】 十六国之一。公元319年由匈奴刘曜建立的政权。304年匈奴贵族刘渊在左国城（今山西吕梁东北）称王，建立汉国，308年称帝，309年徙都平阳（今山西临汾西南）。310年刘聪即位，316年灭西晋。319年刘渊侄刘曜迁都长安（今陕西西安），改国号为“赵”，史称“前赵”。有今陕西渭河流域及山西、河南、甘肃各一部分。329年为后赵所灭。

【钱】 本来是农具名，形状像现代的铲。古以农具钱为交易媒介。其后制币，因仿其形为之，名曰泉，取泉水流行周遍之意。春秋战国时赵、魏、韩、秦盛行钱币。到了秦代，“钱”字已完全转变为货币名称。西晋的“太平百钱”是“钱”字最早出现在货币上的实物。

【钱大昕】 （1728—1804）清代学者。字晓征，号辛楣、竹汀居士，晚号潜揅老人。江苏嘉定（今属上海）人。乾隆十六年（1751）清乾隆帝南巡，因献赋获赐举人，官内阁中书。乾隆十九年（1754），中进士。先后在钟山、娄东、紫阳等书院讲学。涉猎广泛，在音韵、史学、天文、金石等方面都有杰出造诣。与王鸣盛、赵翼并称“清代史学三大家”。有《廿二史考异》《十驾斋养新录》《潜揅堂文集》。

【钱谷】 清代官署中主办钱粮、税收、会计的幕僚。俗称钱谷师爷、钱粮师爷。

【钱谦益】 （1582—1664）明末清初文学家。字受之，号牧斋，晚号蒙叟、东涧遗老。常熟（今属江苏）人。明万历三十八年（1610）进士。南明时，召授礼部尚书。明亡后降清，授礼部侍郎，管秘书院事。不久告病归乡，曾秘密参与抗清活动，郑成功进兵南京，曾与他暗通消息。清乾隆帝以其为降臣，下旨将他列入《贰臣传》，于其身后禁毁其全部著作。家富藏书，曾建绛云楼，收藏宋刻孤本，后毁于火灾。学养深厚，为明清之际文坛领袖。作诗论文既重学养，也主性情，力斥前、后七子的模拟剽窃和竟陵派的僻仄冷涩。有《初学集》《有学集》《投笔集》等。编有《列朝诗集》。

【钱神论】 西晋鲁褒嘲讽当世金钱崇拜之风的一篇文章。当时的晋惠帝愚呆，贾后淫虐专政，社会风气败坏，贿赂公行。该文针对儒家“死生有命，富贵在天”等言论，指出“死生无命，富贵在钱”等，以寓言的形式阐述了钱作为神物的特点和价值，以及人们对钱的理解和敬仰。对金钱崇拜做了揭露和嘲讽。

【钱塘】 古代县名。秦代所设，名为“钱唐”，下辖于会稽郡，位于今浙江杭州灵隐山麓。相传上古大禹治水，曾在此地弃杭（方舟）登陆，故此地也称余杭。还有一种说法认为，“余杭”是“禹杭”的误读。隋开皇年间，治所迁往今杭州市区。大业初年杭州改为余杭郡，钱唐仍为郡治所。唐代更名为钱塘县，为杭州治所。南宋时期，高宗赵构偏安江南，建都于此，改称“临安”，升为府，为浙西路治所。明清两代，为浙江省治，杭州府也治此。

【钱主】 出钱买进或典入田地房产者。宋以来田地、房产等典卖时多用此称。

【钱庄】 明清从事银钱兑换和经营存放款业务的私营金融机构。也称银号、票号。早期的钱庄都为独资或合伙组织。规模大的钱庄，除办理存贷款业务、开发庄票外，少数还发行银钱票。小的钱庄仅从事兑换业务，俗称“钱店”。清末新式银行兴起以后，钱庄的地位逐渐为银行所代替。

【乾嘉学派】 清乾隆、嘉庆年间（1736—1820）讲究训诂考据的经学派系。由于学派在乾嘉两朝达到鼎盛，故名。源于明清之际的顾炎武。到乾嘉时，学者继承古文经学的训诂方法而加以发挥，用于古籍整理和语言文字研究，形成所谓“朴学”。从校订经书扩大到史籍和诸子，从解释经义扩大到考究历史、地理、天文、历法、音律、典章制度；对古籍和史料的整理，有较大贡献。乾嘉学派除顾炎武，主要代表人物有阎若璩、钱大昕、段玉裁、王念孙、王引之等。

【乾隆】 清高宗（爱新觉罗·弘历）年号（1736—1795），高宗禅位称“太上皇帝”后宫中仍用（1796—1799）。“乾隆”这个年号寓意“天道昌隆”，象征着希望国泰民安、天下太平。乾隆，也用于指代清高宗本人。他是清朝入关后第四位皇帝，执政六十余年。文治武功，功勋卓著。其统治时期经济、文化都得到极大发展，出现了盛世景象。后期大兴文字狱，奢华南巡，宠信和珅，贪污之风盛行，社会危机加深，清王朝从此由盛而衰。

【乾象历】 三国吴黄武二年（223）到吴亡（280）施行的历法。东汉末刘洪创制。因刘洪自制黄道浑仪观测月行快慢的天（乾）象而得名。是我国第一部引进月球运动不均匀性的历法。此历规定一回归年为365.246 2日，一朔望月为29.530 54日，第一次推算出近点月为27.553 36日，一个近点月内月球的近地点进动3°4′，并创立定朔算法。乾象历相比汉代的四分历更为精密，为后世历法所效仿。

【黔首】 黔，qián，黑。战国、秦时对平民的称呼。据说秦始皇自以为得水德，衣服旄旌节旗都崇尚黑色。平民百姓用黑巾裹头，故名。后泛指编户平民。

【遣隋使】 公元600—614年，日本推古天皇五次向中国隋朝派遣的使节。以第二、第三次遣隋大使小野妹子最为著名。遣隋使是遣唐使的先驱。

【遣唐使】 公元630—894年，为了学习中国先进的文化、制度和技术，日本朝廷向中国唐朝派遣的使节。当时，日本称之为“西海使”“入唐使”，中国称之为“日本朝贡使”。前后共派遣四期19次，正式受派遣而到达唐朝的遣唐使据说为13次。每次人数不等，最多的一次达651人。成员通常有通达经史的大使、副使、判官、录事等文官，还有通晓医学、美术、音乐等各种技艺的随员及学问僧、留学生，其中著名者有粟田真人、吉备真备、阿倍仲麻吕、道昭等。遣唐使回国后多位列公卿，参与国政，对中日文化交流影响巨大。他们大量引入中国的经、史、子、集等各类典籍，使得中国文化在日本封建社会的上层阶级中风靡一时，深入到了思想、文学、艺术、风俗习惯等方面。

【欠田】 均田制下因人多地少未能按定额授予民户的欠缺地亩。唐代均田令规定，达到一定年龄的男子应分配一百亩田地，实际上常常出现分得田地不足的情况。新疆吐鲁番出土的文书中有“欠田”的专门记录。

【羌】 民族名。也称西羌。周代以前分布于今青海、甘肃、四川西部至云南北部、西藏北部广大地区。周时部分杂居中原。秦汉以来，部落众多，有先零、烧当、婼、广汉、武都、越嶲等部。魏晋至唐宋间又有宕昌、邓至、白兰、党项等部。部落分散，以游牧为主。烧当羌、党项羌曾建立后秦、西夏等政权。与中原来往密切，曾助北魏、唐破氐及吐谷浑，后逐渐与西北和西南地区各民族相融合。

【羌笛】 单簧气鸣乐器。在川北羌族地区流行。制长二尺四寸，两管有指孔（古时有三孔、四孔等）。用当地油竹的细长竹节制成，双管并列，管上端装竹制吹嘴。吹嘴正面削平，切开一薄片作为簧片。是古代边塞诗中常见的意象，多表达离别之苦、思乡之情以及内心孤寂。如唐王之涣《凉州词》：“羌笛何须怨杨柳，春风不度玉门关。”

【枪】 古代一种长柄刺击兵器，被誉为“百兵之王”。由古代的矛演变而来，其材质、形制随金属冶炼技术的进步而有所变化。到了宋代，枪的形制较多，骑兵有单钩枪、双钩枪、环子枪等。步兵用的有素木枪、鸦项枪、锥枪、梭枪、大宁笔枪等，又有攻城专用的短刃枪、短锥枪、抓枪、蒺藜枪、拐枪、拐突枪、拐刃枪等。在古代有许多以使用枪而闻名的武将，如赵云、马超、岳飞等，《三国演义》中赵云以一杆长枪驰骋沙场，成为勇猛精进的代表。古代还有著名的“十大名枪”，包括霸王枪、龙胆亮银枪等。其中霸王枪与楚霸王项羽有关，据说他的巨型錾金虎头枪是由陨石中的精钢锻造而成，是其力量和勇猛的象征。

【蔷薇】 花木名。蔷薇在中国古代文学中通常象征着爱情、美丽和女性。蔷薇花作为一种观赏花卉，更多地与自然之美、女性之美以及文人雅士的情趣相联系。因蔷薇娇艳和带刺的特性，古代诗人常用它来比拟佳人含羞带怯、芳心难测的意象。

【鞘】 qiào。装刀剑的套。春秋及以前的剑较短，没有剑鞘，就插在束腰的带上。战国时，出现了铁剑，剑体渐长，剑柄渐大，剑刃又很锋利，插腰不安全，于是做剑鞘。剑鞘用竹木、皮革制作，再用金、银、铜、锡或玉石加以装饰。

【切韵】 韵书。隋陆法言撰。5 卷。此书缘起于开皇初，颜之推、萧该、薛道衡、卢思道等八人相聚于陆家，讨论音韵的南北是非、古今通塞及各家韵书之得失。陆法言在旁记录，写成提纲，十余年后又据提纲完成。原书久佚。经学者考证，按平、上、去、入 4 个声调共分 193 韵。

【怯薛】 蒙元时期大汗和皇帝的禁卫近侍。蒙古语“番直宿卫”之意。成吉思汗时创建，由亲近贵族及要官、功臣子弟入充，由宿卫、侍卫、环卫三队组成，各有队长统率，总隶于怯薛长。其普通军士地位也很高，待遇特殊，常可直接外派出任要职。

【钦差大臣】古代官名。由皇帝特命派遣并颁发关防的钦差。权力比一般钦差官员大，简称“钦使”，统兵者称“钦帅”，驻外使节称“钦差出使某国大臣”。林则徐曾两次受命钦差大臣，公元1838年入广东查处禁烟，1850年奉旨驰赴广西督剿太平军。

【钦天监】监，jiàn。古代官署名。掌管观察天象、推算历法、制定历书、培养天文人才等。历代多设置，名称不同。明初始称钦天监，清沿之，设监正、监副等官。我国古代观测天文和气象的观象台，属钦天监管理。清时有个别欧洲传教士在钦天监任职。以耶稣会士德国人汤若望影响最大，曾在顺治时掌管钦天监，并加太常寺少卿衔。

【亲王】爵位名。皇族中封王者。其名始于南朝末期。隋代以皇帝的伯叔兄弟和皇子为亲王，始置亲王府并设官属。唐代以皇帝的兄弟和皇子为亲王。宋明各代，一般因袭不改。清代宗室封爵第一等称为“和硕亲王”，主要册封皇子，蒙古贵族亦有封亲王者。凡宗室封亲王者，皆另加嘉名以别之，称“赐号”，如“礼亲王”“豫亲王”等。清制，诸王均不就藩，然职权甚重。清朝共册封六个亲王，均为努尔哈赤的嫡出，他们同时担任八旗领旗的旗主。例如，代善是努尔哈赤的嫡次子，被封为正红旗旗主，并被册封为“和硕礼亲王”。多尔衮是努尔哈赤的嫡十四子，被封为镶白旗旗主，并被册封为“和硕睿亲王”。

【亲政】帝王亲自处理朝政。特指年幼继位的帝王成年后亲政。如公元前247年，13岁的秦王嬴政继位，尊吕不韦为相国，当时秦国的大政方针，实由吕不韦掌控。前238年，秦王开始亲政。

【秦朝】公元前221年秦王嬴政建立的王朝。我国历史上第一个统一的封建王朝，其前身是春秋战国时期的秦国。建都咸阳（今陕西咸阳）。结束了战国分裂局面，首创皇帝之号，统一了文字、车轨、度量衡等，推行郡县制等一系列影响深远的统一的多民族国家体制。因实行暴政，至秦二世时各地举义反抗。前206年，秦王子婴降于刘邦，秦亡。共历2帝1王，14年。

【秦观】（1049—1100）北宋词人。字少游、太虚，号淮海居士，高邮（今属江苏）人。元丰八年（1085）进士及第。与黄庭坚、晁补之、张耒合称“苏门四学士”。元祐初，因苏轼举荐，任太学博士，迁秘书省正字兼国史院编修官。后因党争，屡次被贬。工诗词。词多写男女情爱，也颇有感伤身世之作，风格委婉含蓄，清丽雅淡。有《淮海集》《淮海居士长短句》。

【秦国】周平王东迁时分封的嬴姓诸侯国。西周孝王始封伯益十六世孙非子于秦地（今甘肃天水）为附庸，至秦襄公佐周平王东迁有功，封为诸侯。公元前677年秦德公迁都于雍（今陕西宝鸡凤翔区），秦穆公在位时（前659—前621）东向争霸；至秦孝公在位时（前361—前338）用商鞅变法，迁都咸阳（今陕西咸阳），渐趋强盛，成为“战国七雄”之一。前325年秦惠文君称王，前221年秦王嬴政统一六国，建立秦朝。

【秦淮河】河流名称，长江下游的一条支流，位于江苏西南部。其源头分别来自句容宝华山南麓和南京溧水区，两个源头的河流在南京江宁区汇合成为秦淮河的干流并经南京注入长江。南京是我国著名的六朝古都，而秦淮河两岸自古以来就是南京古城的文化和商业中心。六朝时期，秦淮河两岸是名门望族的聚居之地。宋代以后成为江南地区最为繁华的商业、娱乐中心。

【秦岭】山脉名。横贯我国中部，是渭河、淮河和汉江、嘉陵江水系的分水岭，也是我国地理和气候上的南北分界线。山脉东西走向，在历史上曾为秦国之地，故称秦山或秦岭。狭义的秦岭特指陕西境内的一段山峦。广义的秦岭山脉西起甘肃、青海两省边境，东到河南中部，全长 1500 千米，包括西倾山、岷山、迭山、终南山、华山、崤山、嵩山、伏牛山等。山脊的南北两侧可以看到明显的南北方自然植被的变化差异。

【秦腔】戏曲剧种。俗称梆子。流行于陕西及邻近西北各省和自治区，在当地民歌基础上形成。因西北地区本属古秦地，故名。音调激越高亢，以梆子击节，节奏鲜明，适于表现悲壮、激昂和凄楚的情感。传统剧目有《赵氏孤儿》《三滴血》《火焰驹》等。

【秦始皇】（前 259—前 210）即嬴政。战国时秦国国君，秦王朝的建立者。13 岁继位，22 岁亲政，在 16 年的时间里，先后攻灭六国，北击匈奴，南平百越，于公元前 221 年建立了我国历史上第一个统一的封建王朝。他认为自己的功劳可以和“三皇五帝”相提并论，故号为“皇帝”；又因第一个使用皇帝称号，故称“始皇帝”。秦朝建立后，秦始皇采取了一系列加强中央集权的举措：实行郡县制，分全国为 36 郡，郡下设县；统一法律，统一文字，统一度量衡；修筑长城；焚书坑儒。因实行严刑峻法，租役繁重，加之连年用兵，导致民怨沸腾，去世不久就爆发了大规模农民起义，秦朝被推翻。

【秦始皇陵】秦始皇嬴政陵墓。位于陕西西安临潼骊山北麓。是我国历史上第一座规模庞大、设计完善的帝王陵寝。其有内外两重夯土城垣，象征着帝都咸阳的皇城和宫城。1974 年在陵园外城以东发掘了属于陵园的陶俑坑，出土了大批兵马俑，陶俑、马、战车，皆仿实物彩绘制作。战车形制为单辕双轮，车上有挂甲武士俑。兵马俑排列有序，坐西向东、气势恢宏。兵俑神态刻画极为精致，其风格浑厚、洗练，富于感人的艺术魅力，是我国古代塑造艺术臻于成熟的标志。它既继承了战国以来我国的陶塑传统，又为唐代塑造艺术的繁荣奠定了基础，起着承上启下的作用，被誉为“世界第八大奇迹”“人类古代精神文明的瑰宝”。1980 年在陵丘西侧发现两具铜车马，工艺高超，是罕见的古代金工杰作。

【秦印】战国末期到西汉早期流行的印章。字体以小篆居多，以横田字形独立布字。白文的印面常有界格，风格苍秀。印文配置有顺式、横列式、交叉式、逆回文等，并无定制。字形或精严，或奇逸，多彩多姿。与汉印并为后世篆刻家所取法。秦印包含封泥

Q

在内，留存不多，难以考察当时的印制，风格为汉初所继承，有时颇难判别两者之时代区分。私印方面，属于战国末期至汉初者，为与古玺区别，也有人称为“周秦小玺”。

【秦中】 关中盆地平原地区。因其为战国秦的中心地区而得名。秦中是秦始皇统一六国的战略要地，也是后来刘邦和项羽争夺天下的主战场。安史之乱也发生于此。唐白居易有《秦中吟》诗，就是以秦中为背景，反映了当时的政治弊端与民生疾苦。

【青城山】 道教名山，位于今四川都江堰。因山上林木青翠，状若城廓，故名。相传东汉张道陵曾经在这里修道，被道教称为“第五洞天”。后世有众多道教名人来此修炼并留下了诸多道教文化遗迹。青城山中有八大洞、七十二小洞，清泉潺潺，风景秀丽，是国家重点风景名胜区，也是避暑休养的胜地。

【青瓷】 一种青釉瓷器。在坯体上施以青釉，在还原焰中烧制而成。晋代越窑烧的缥瓷，其釉色为青瓷的始祖。至唐代称“千峰翠色”，五代时称“秘色”，后周世宗时柴窑所制称“雨过天青色”。宋代的汝窑、龙泉窑等都是烧青瓷的名窑。青瓷以瓷质细腻、线条明快流畅、造型端庄浑朴、色泽纯洁而斑斓著称于世。

【青蒿】 草名。也称香蒿。青蒿茎叶的颜色像松桧一样深青，常与长松并提，如杨时《隐几》中的“青蒿与长松，各挺岁寒节”，青蒿与长松共同象征着清高的人格和坚韧的精神。此外，青蒿的茎叶虽然柔弱，但却能在恶劣的环境中生长，象征着人们在困境中的坚韧和不屈。

【青花瓷】 瓷器釉彩名。白地蓝花瓷器的专称。先在瓷器毛坯上用含氧化钴的钴土矿为原料描绘纹饰，再上一层无色透明釉，以高温烧制而成。相传创始于宋代，至元代晚期，烧制技术已趋成熟。至明代永乐、宣德时期，青花瓷以胎釉精细、青色浓艳、造型多样而负盛名。到了清代康熙、雍正、乾隆时，青花瓷的烧制成就更加显著。

【青龙偃月刀】 我国古代的一种兵器，因形如偃月，并雕有青龙，故称。也称偃月刀。相传关羽为了得到一把称心如意的兵器，找到了技艺高超的汤铁匠。汤铁匠辛苦锻造多日，终于在一次炼刀时，一条青龙降临炉中，由此锻造出了青龙偃月刀。在文学作品尤其是《三国演义》中，青龙偃月刀被描述为关羽所使用的兵器，后世也将青龙偃月刀与关羽的形象紧密联系在一起，青龙偃月刀成为关羽英勇形象的象征。

【青绿山水】 以石青、石绿作为主色的山水画。因画中山石树木苍翠，故名。有大青绿和小青绿之分。大青绿多勾廓，皴笔少，着色浓重，笔法细润，色彩富丽，精巧工整。小青绿是在水墨淡彩的基础上，薄施青绿。在大青绿的基础上勾、点、涂、染金粉的，也称金碧山水。唐李思训首创了大青绿山水及金碧山水，形成了“金碧辉煌”的富丽效果，把青绿山水推向了一个高峰。北宋王希孟的《千里江山图》是青绿山水的代表作。

【青苗法】 宋王安石变法时推广施行的官府借贷制度。也称常平法。即夏收、秋收前，民户可向官府借贷钱谷，随当年两税归还，取息二至三分。青苗法旨在减轻老百姓的负担，增加朝廷的收入，打压民间高利贷现象。初行于河北、京东、淮南三路，后遍行于诸路。有抑配和收取重息等弊。元祐元年（1086）废止。后兴废无常。

【青苗钱】 唐后期在秋收前据田亩征收的税钱。在禾未熟前征收，故名。也称青苗地头钱。代宗时从应急预征田税变为独立税种，两税法后并入夏税。北宋指青黄不接时官府借给民户周转之钱，王安石变法时曾制定推行。

【青鸟】 一种传说中的神鸟，为西王母的使者。古文中常借指传信的使者。

【青铜】 铜锡合金。因它的颜色灰青，故名。相传，早在夏代禹便用青铜铸九鼎。商代青铜的制作发达。《周礼》记载了青铜的铜锡合金比例。青铜的铸造性优良、抗磨性和化学稳定性高，可用来制造形状复杂的铸作。古时青铜器有烹饪器、食器、酒器、水器、杂器、兵器、乐器、工具、铜镜等。青铜器上一般有纹饰，许多青铜器上还铸或刻有铭文，称金文、钟鼎文，有很高的文字学和史学价值。青铜还被考古学界用来命名时代，即青铜时代。

【青州兵】 曹操麾下由青州黄巾军收编而来的军队。公元192年，曹操诱降青州黄巾军30万，收编其精锐为兵，故名。其家属百余万，被驱使于屯田、后勤诸务，曹操势力由此强盛。

【轻赍银】 赍，jī。明清漕粮加征耗米的折银部分。用作船运起驳雇佣等费。明时漕米兑运法，民运至淮安、徐州、临清、德州诸仓，兑与军运入京，需付路费耗米。每石米随船给运四斗，其余折银，称为轻赍银。清制，每纳入京仓漕米一石，所附加耗米视远近而定。运京仓、通州仓的漕米，每石附纳木板、大竹、席片等物，如折银，也称轻赍银。

【卿】 古代对人的敬称。如战国末期思想家荀况，被尊称为“荀卿”。战国末期刺客荆轲，据说是齐国庆氏的后裔，被尊称为“庆卿”。魏晋以来，对官位较低者或平辈、晚辈表示亲昵，也称卿。后夫妻或情侣之间也互称“卿”“卿卿”。

【卿大夫】 西周、春秋时王室及诸侯所分封的有采地的臣属。服从君命，担任重要官职，对国君有辅助、纳贡和服役等义务。卿大夫在封地内分封小块土地给同姓庶民耕种，也被奉为宗子，世代掌握所属封地的军政大权。爵位高于士，低于诸侯。春秋战国之际，不少卿大夫代表新兴地主阶级崛起，篡夺诸侯或王国的权位。如春秋中期后，晋国掌权的共有六卿，即赵、韩、魏、智、范、中行。后韩、赵、魏三家瓜分了晋国，史称“三家分晋”。

【清朝】 明末后金国主皇太极建立的王朝。公元1616年女真族首领努尔哈赤建立后金政权。1626年努尔哈赤死，其子皇太极继位，1636年在盛京（今辽宁沈阳）称帝，改国号为“清”。1644年皇太极死，其子福临继位，多尔衮摄政，当年入关取代明朝，定都北京。自此先后镇压各地农民军，平定诸南明政权及割据势力，统一了全国。疆域西到新疆以西，东到海（包括台湾），北到外兴安岭以北，南到南海诸岛。1840年后，遭列强入侵，主权严重丧失。1911年被辛亥革命推翻，是中国历史上最后一个封建王朝。

清代从皇太极改国号为“清”起，共历11帝，276年。

【清初测绘】 康熙四十七年（1708），康熙命法国传教士杜德美、白晋、雷孝思率中外人员，测绘长城、北直隶和满洲，后又命人做全国测量，康熙五十七年（1718）绘成《皇舆全览图》。此图改“计里画方”法为以地圆说为基础的“经纬图法”与“梯形投影法”。测绘珠穆朗玛峰，定二百里为地球经线一度，为地球扁圆说提供数据等，均开各国之先。康熙亲自领导完成的中国全图的测绘，是世界测绘学史上前所未有的创举。

【清规】 中国禅宗寺院组织的规程和寺众日常行事的章则。由唐代怀海禅师制定。包括始创“禅居”，尊“长老”为化主，处之“方丈”。不建佛殿，只树“法堂”，学众尽居“僧堂”，依受戒年次安排。设“长连床”，供坐禅偃息。阖院大众“朝参”“夕聚”，长老上堂，徒众侧立，宾主问答，激扬宗要。“斋粥”随宜，二时均遍；又行“普请”法，上下均力。事务分置十“寮”，置首领主管等。由于规式的制定对禅宗寺院起到了清净的作用，故称。

【清明】 传统民间节日。源于二十四节气之一的“清明”。时间在每年农历三月内，公历4月5日或4日。《月令七十二候集解》：“物至此时，皆以洁齐而清明矣。”古人此日有踏青、插柳、斗草等习俗。后来成为祭祀祖先的节日，人们在这一天上坟扫墓，缅怀先人。

【清明上河图】 绘画作品。北宋张择端绘。描绘了清明时节开封汴河沿岸店铺林立、游人摩肩接踵、贸易交往频繁的场面，规模宏大，场面壮观，对研究宋代开封城市生活面貌，具有不朽的珍贵价值。画面上，行医卖卜、僧人道士、官吏走卒、车夫轿脚、拉纤撑篙的男女老少，三教九流各式人物，共550余人；又有骆驼牛马等牲畜近60匹，马车20多辆，往来船只20多艘，房屋30多组，安排井井有条，错落有致，具有重要的历史价值和艺术价值。现藏北京故宫博物院。

【清商乐】 ①我国古代汉族兴起于民间的音乐。也称清商曲。是汉魏时期兴起并在当时音乐生活中占主导地位的一种传统音乐，包括平调、清调、瑟调，因称“清商三调”。②魏晋南北朝时期前代所传的鼓吹曲、相和歌及江南吴歌和荆楚西声等的总称。隋唐时简称“清乐”。

【清史稿】 史书名。清末赵尔巽主修。536卷，按照历代正史体例，分为纪、志、表、传四部分。所记之事，上起公元1616年清太祖努尔哈赤在赫图阿拉建国称汗，下至1911年清朝灭亡，共296年的历史。1914—1927年修成，前后参加者有学者百余人。取材于《清实录》《清国史》《清会典》以及私家史著、地志及军机处、方略馆档案中的大量资料。但纂修人员多以遗老自居，对清代各帝歌功颂德，谩骂辛亥革命，立论颇有不当之处。

【清谈】 魏晋时期，士人间流行的一种崇尚老庄，竞谈深奥、玄妙道理的论辩风气。也称玄谈。代表人物有何晏、夏侯玄、王弼、王衍等。主要针对本末、有无、才性及养生、乐理等问题进行深入的论辩，穷究其道理要旨，力求超乎物外，探寻本源，有些论争具有政治内涵。这种风气到南北朝时期逐渐衰落。后也泛指一般不切实际的谈论。

【清议】东汉后期士人和太学生对时政及人物的评议。领袖有郭泰、李膺、陈蕃等人，其与追随者号称“清流”，其议旨在评点人物，激浊扬清，抨击宦官专权和政治腐败。汉魏之际渐演变为名士主持的乡里人物评议。后世沿用其名，多指清流士人主导的舆论。

【黥】qíng。墨刑。先用锋利的刀割破犯人面部，再涂上墨水，伤好后就留下深黑色的疤痕，作为惩罚标记，是早期“五刑”中较轻的刑罚。也称墨、黥面、刀墨。始于夏代，商周承袭。秦代以前此刑只用于男性，秦代广泛使用，且不限男女。各代所施黥刑的事由、对象、部位、形状、大小不同，各有规则。汉文帝时废除肉刑，用髡钳、城旦舂替代黥刑。魏晋南北朝时偶尔用之，隋唐无此刑，五代后晋恢复黥刑。清末制定《大清现行刑律》，废除黥刑。

Q

【请安】古代问候礼节。即问好。多用于晚辈对尊长的问候，平辈间有时也行此礼。时间一般在早上、晚上或远别及归来时。行礼时，男女都一足跪，一足着地，垂手近踝关节。后演变为男子屈右膝，左腿半跪，左手着地，口称“给某人请安”，名叫“打千儿”；女子则双手抚左膝，右膝弯曲，往下蹲身以为礼。请双安则用手抚膝，且同时屈之。此礼来源于契丹族的辽代，金代、元代相沿用，后成为满族、蒙古族人特有的问安礼节。清代汉族也行此礼，北方比较盛行。

【请田】民户依法向官府申请授予地亩。也称请射、请地。唐代均田制规定，民户受田未足均额，可向官府申请授予公田或无主荒地。此外，请田也可以指代一种政治手段。如“王翦请田”，秦王命王翦进攻楚国，王翦深知秦王疑心极重，装作贪得小器的模样，行前多求良田屋宅园地，通过“请田”获得了必需的政治安全。后有很多人用这种方式来表现自己没有背叛主上的意思。

【庆历和议】北宋仁宗庆历四年（1044）与西夏达成的和约。宋夏战争爆发后，宋朝屡遭失败，损伤惨重，军费开支浩大，人民负担加重。西夏损耗也颇严重，又因双方停止互市，西夏物资日见匮乏，故遣使与宋议和。和约内容包括西夏向宋称臣、宋每年赐给西夏岁币、双方恢复互市等项。庆历和议给宋朝和西夏带来了20多年的和平环境，人民得以安居乐业，繁衍生息。庆历和议也增强了汉族与党项族之间的文化交流和民族融合。

【庆历新政】北宋仁宗庆历三年至五年（1043—1045），范仲淹、富弼等主持的改革。范仲淹提出“明黜陟、抑侥幸、精贡举、择官长、均公田、厚农桑、修武备、减徭役、覃恩信、重命令”十项改革主张。仁宗采纳了其中的大部分意见，颁布诏令陆续施行。庆历新政旨在整顿吏治，改善财政和增加军力，因触犯官僚集团利益，新政以范仲淹等被贬黜告终。它在一定程度上推动了社会的进步和发展，为王安石变法提供了借鉴和启示。

【庆元党禁】南宋宁宗庆元元年（1195）起，权臣韩侂胄打击政敌、禁锢道学之士的事件。源于韩侂胄与右相赵汝愚的权力斗争，因赵汝愚好道学，引朱熹为宁宗侍讲，二人及门下皆遭迫害，赵汝愚于次年死于贬所。韩侂胄斥道学为伪学，列“伪学逆党籍”59人，连同众多被牵连者重则下狱，轻亦禁锢不得为官。至公元1202年韩侂胄建议宁宗弛禁，历时6年有余。庆元党禁起源于南宋两个政治集团的争权夺利，最终变成了一场对理学的大规模打压。

【磬】 qìng。我国古代打击乐器。“八音”分类中“石”的代表乐器。用玉、石或金属制成。悬挂于架上，以物击之而鸣。据磬的大小和不同用法分为大磬、歌磬、颂磬、笙磬，依不同音高编悬的磬称编磬。最早用于先民的乐舞活动，后用来配合祭祀、宴飨等礼仪活动，遂与钟、鼎等同为象征权力的礼器。

【穹庐】 穹，qióng。古代北方少数民族居住的大型圆顶帐篷。也称毡包、毡房。至今仍有一些民族和地区在使用。

【琼花】 古代花木名。也称聚八仙、蝴蝶花。汉代扬州有一株琼花，被称为“维扬一株花，四海无同类”。这株琼花因其独特的美丽而闻名遐迩，成为扬州的象征。关于扬州琼花，有“炀帝观花”“观郎救白鹤”等传说，这些传说不仅描绘了琼花的美丽和独特，还反映了人们对于权贵的不满和对美好事物的向往。在我国古代文人眼中，琼花是一种美的象征，被视作珍贵的花卉。它的叶子柔软而有光泽，花色微黄且带有香气，常被用来描绘女性的美丽和纯洁。

【丘处机】（1148—1227）也作“邱处机”。金代道士，道教全真道北七真之一。字通密，号长春子，登州栖霞（今属山东）人。19岁时拜全真派创始人王重阳为师。王重阳死后，他潜修于龙门山（今陕西宝鸡境内），创立龙门派。元太祖成吉思汗闻其名，派使者召请，丘处机毅然率弟子18人从莱州出发，跋涉万里，历尽艰难，两年后抵达西域大雪山。太祖问他如何治理天下，他回答应以“敬天爱民”为本；问长生久视之道，回答以“清心寡欲”为要；并进言欲统一天下者，“必在乎不嗜杀人”。太祖深契其言，礼遇甚隆，尊为神仙，赐爵“大宗师”，命其总领道教。丘处机的弟子李志常撰《长春真人西游记》，记述此事甚详。丘处机死后，元世祖褒赠“长春演道主教真人”封号，世号“长春真人”。北京白云观有其遗骨埋葬处。著有《摄生消息论》《大丹直指》《磻溪集》等。

【丘役】 春秋时期各诸侯国按丘征收牛、马等以充军赋的制度。后泛指为赋役。

【秋决】 古时对判死刑的人在立秋后处决的制度。相传，它源自我国古人法天的理念，古人认为上天使万物在秋冬季节枯萎死亡，所以也应该在秋冬季处决犯人。春夏是上天让万物生长的季节，应该少杀人。具体沿袭自汉代以来的同类司法习惯和规定。明清时期，将死刑明确分为立决和监候两等，其中“监候”是判处死刑但不立即执行，暂行监禁，必须经朝审、秋审复核情实后才允许处决。也称大决。

【秋千】 中国传统运动和游戏器械。两绳下拴横板，上悬于木架，人坐或站在板上，两手分握两绳，前后往返摆动。相传春秋时，齐桓公自北方山戎传入。一说本为汉武帝时宫中之戏，作“千秋”，为祝寿之辞，后倒读为“秋千”。

【秋社】古代秋季祭祀土地神的日子。始于汉代，后世在立秋后第五个戊日，在秋分前后。此时收获已毕，官府与民间皆于此日陈设果蔬鸡豚祭祀社神，答谢社神一年的恩赐。人们则制作社糕、社酒，相互赠送。

【秋审】清代对死刑中的监候延缓到秋天八月由刑部和大理寺等机关审核后奏请皇帝裁决再执行的制度。秋审结果分为情实、缓决、可矜、留养承祀、可疑五类。情实指情况属实，适用法律得当，可下令执行死刑。缓决指案情尚有疑问，暂将犯人监禁，待来年秋审或朝审再处理。可矜指案情虽属实，但有可以宽恕的情节，可以免于处死，改判其他刑罚。留养、承祀指死刑犯是独子，而祖父母、父母年老无人奉养，由刑部提出申请，皇帝批准后免于死刑，在施以一定刑罚后获准留养。道光年后对此有严格限制。除情实者执行死刑外，其余四类都可减为流刑或徒刑。它源于唐律规定立春到秋分停止处决囚徒和“三复奏”制度。秋审是重要的死刑复审制度。

【楸】qiū。木名。楸树的木材质地坚硬耐用，常用来制作器具如棋盘（楸枰）和围棋盘（楸局）。楸树以其高大挺拔的树形、优美的枝叶和独特的花朵展现出强大的生命力，象征着生命的顽强与活力。在《诗经》中，楸树被用来代表秋天的到来。古人常植于道旁或墓地。诗文中常以“楸行”“松楸”借指墓地。

【仇池国】仇，qiú。十六国至南北朝时氐人杨氏在仇池一带（今甘肃西和县、文县、成县）建立的政权。公元296年由杨茂搜建立，371年为前秦所灭。其族人杨定于385年复国，443年为北魏所灭。史称“前后仇池国”。

【仇英】（约1501—约1551）仇，Qiú。明代画家。字实父，号十洲，太仓（今属江苏苏州）人。出身寒门，早年为漆工，后移居苏州，与文徵明结识，并拜周臣为师学画，以卖画为生。晚年曾客于收藏家项元汴家长达10余年，得以临摹唐宋元名画，技艺大进，落笔几可乱真，为世所称。与沈周、文徵明、唐寅并称“明四家”。绘画以广泛的题材和工整细丽的风格著称。擅人物，尤长仕女，体态俊美，笔法细微，敷色妍柔。山水喜设大青绿色，用笔萧疏，意境简远，工妙入神。代表作有《汉宫春晓图》《文姬归汉图》《桃源仙境图》《孤山高士图》等。

【裘】古代用兽皮制作的衣服。早期的裘，皮毛在外面，所以必须外罩一件罩衣，称为“裼衣”。在《周礼》中，裘服形成了一定的制度，还设有专门的司裘掌管天子裘服的制作。普通百姓一般采用羊皮、狗皮等来源广泛、价格低廉的皮毛制作皮衣。汉代以后，逐渐将皮毛一面作为里，特别是使用珍贵皮毛的裘服，皮毛向内，在皮毛上覆有丝织的衣里，保护皮毛，便于穿戴，一般仅在领口、袖口露出美丽的皮毛。

【糗】qiǔ。炒熟的米、麦。一般用作行军或远行的干粮。如果将其捣碎，用

Q

水调和后食用，称作“寒粥”。

【曲江】曲，qū。在今陕西西安东南，临曲江村。原为天然池沼，汉武帝造宜春苑于此，其池水曲折，故名。也称曲江池。隋初开黄渠引义谷水注入池。唐玄宗开元年间（713—741）再度开凿，引南山止水，形成了周环约7里的长形水域。据称唐代曲江池水澄明，池边殿宇楼阁，亭榭林立，逢上巳、中元、重阳佳节，皇亲国戚、达官贵人络绎不绝，泛舟赏乐，宴饮赋诗，歌舞升平。安史之乱起，唐王朝风雨飘摇，曲江池边繁华不再。

【曲江会】曲，qū。唐时考中进士，放榜后大宴于长安曲江亭，故称“曲江宴”或“曲江会”。始于神龙年间，盛于开元之末。宋沿其例，改称闻喜宴、琼林宴。明清称恩荣宴。因是新科进士的“毕业”宴会，故又称关宴、离筵。

【驱军】金朝始设由放免为民的奴隶组建的军队。驱，是金元时期对奴隶的一种称呼。大概开始出现于辽金之际，而盛行于蒙元时期，元亡即告消失。

【屈原】（约前340—约前278）战国时期楚国政治家、诗人。名平，字原，楚国贵族。在政治上，屈原曾深受楚怀王的宠信，担任左徒和三闾大夫等要职。他主张变法图强，联齐抗秦，使楚国一度出现了国富兵强的局面。然而，由于屈原与楚国腐朽的贵族集团存在矛盾，加上上官大夫等人的嫉妒和诬陷，屈原逐渐失去了楚怀王的信任，并被疏远。公元前304年，张仪由秦至楚，以重金收买靳尚、子兰、郑袖等人充当内奸，同时以献商於之地600里为诱饵诱骗楚怀王，导致齐楚断交。楚怀王受骗后恼羞成怒，两度向秦出兵，均遭惨败。屈原奉命出使齐国重修齐楚旧好，但在他离开期间，张仪又一次由秦至楚，进行瓦解齐楚联盟的活动，使齐楚联盟未能成功。楚怀王三十年（前299），屈原回到郢都。同年，秦约怀王武关相会，怀王遂被秦扣留，最终客死秦国。顷襄王即位后，屈原继续受到排斥，被流放至汉北。在流放期间，他创作了许多悲壮的诗篇，表达了对国家和人民的忧虑和关切。前278年，屈原看到国都郢被秦军攻破，悲愤至极，于五月初五投汨罗江自尽，以身殉国。屈原还是我国文学史上第一位伟大的爱国诗人，作品有《离骚》《九歌》《天问》《九章》等，想象丰富，辞藻瑰丽，开我国诗歌浪漫主义的先河。他创造的“楚辞”文体与《诗经》并称“风骚”。相传端午节即为纪念屈原的节日。

【趋】古代礼节。在特定场合，地位低者在地位高者面前走过时，要低头弯腰，小步快走，以示对尊者的恭敬。始于周代，后成为传统日常礼节，用于臣子朝见君主、晚辈侍奉长者、下级赴见上级、主人迎接贵宾等。据载，孔子遇到穿丧服的人、穿戴官服礼帽的人和盲人，一定行“趋”礼，小步快走，表示敬意。今为表示尊重对方，会面时，快步走向对方，握手问候，即由古代“趋”礼演变而来。

【渠答】古代守城御敌的战具，军用障碍物。俗称铁菱角，也称铁蒺藜。铁制的三角物，尖刺如蒺藜，散布于水中或敌人必经之路，刺人马足，阻拦人马突闯，或阻碍敌方车马行动。

【瞿塘峡】瞿，qú。与巫峡、西陵峡合称为举世闻名的长江三峡。西起重庆奉节县白帝城，东至重庆巫山县大溪镇（又名黛溪）。峡区内有三国时期刘备托孤的白帝城等著名的历史文化景点和“两岸对峙，中贯大江，望之如门”的夔门等雄伟壮观的自然景观。在三峡水利枢纽建成蓄水之前，峡江两岸峭壁千仞，崇山峻岭，江流湍急，礁石林立，号称“天堑”，船舶航行非常困难。

【氍毹】qúshū。古代产于西域的一种毛或毛麻混纺的粗织物，包括地毯、壁毯、幕帘等产品。古代演戏地上多铺地毯，所以也用其代指舞台。

【曲牌】曲的调名。俗称“牌子”。元明以来南北曲、小曲、时调等各种曲调名的泛称。各有专名，如《点绛唇》《山坡羊》《挂枝儿》等，名色多至几千个。曲调音节，古代都写在牌子上，故称。每一曲牌都有一定的曲调、唱法，字数、句法、平仄等也都有基本定式，可据以填写新曲词。曲牌多来自民间，一部分由词发展而来，故曲牌名也有与词牌名相同的。此外，也有专供演奏的曲牌，大多只有曲调而无曲词。

【权衡器】古代测量物体重量的器具。权指秤锤，衡指秤杆，两者配合使用，通过杠杆原理来测量物体的重量。权衡器主要有杆秤、天平、戥秤等。战国时期，权衡器大致分为环形的和半球形顶端有鼻钮的两种类型。秦代，铜质的占绝大多数，每一件上都铸刻有诏书，表明朝廷对度量衡标准的统一管理。汉代的权衡器以官累权为代表，权上多标明自身重量。魏晋南北朝时期的权衡器以铁质的为主，形态多样，包括瓜式、葫芦式等，体积小，重量无规律可循。宋元时期，权衡器的制作更加精细。在古代，权衡器不仅是用于称量物品重量的工具，更是权力、法度以及维持社会和谐与经济公正的重要象征。

【权知】指代理、兼摄某官职。魏晋南北朝已使用，如“权兼”“权知”。唐五代或用之，如“权判”“权知”。宋命朝臣出守外州，官衔前常带“知”字，“知”为主持、执掌之义。暂代者称“权知”，如“权知枢密院事”“权知贡举”“权知某州某府”等。资历浅者任品秩高的职务时也加“权”字。以知县序资隔一等者称“权知”；隔二等而作州者，称“权发遣”，号“权知军州事”。

【全芳备祖】类书。南宋陈景沂著。收集数百种植物起源、栽种的掌故和有关诗词文赋，编为一帙，力求齐备，故称《全芳备祖》。书分前后集，共58卷，分花、果、卉、草、木、农桑、蔬、药8部，共记植物296种。仿《艺文类聚》体例，此书著录植物分“事实”“赋咏”“乐府”三祖。书中对各种植物的形态、分类、生态，以及栽培等皆有详尽而生动的介绍，引用宋人诗词尤多，有很多为其他书所不载，因此具有重要的文献价值。

【全宋词】总集名。今人唐圭璋编。300卷，附录2卷。该书旨在汇辑有宋一代词作，故网罗散失，虽断句零章，亦加摭拾。辑录宋代词人1330余家，词19 900余首，残篇530余首。以作者为经，以时代先后为序，将无名氏之词列于编末。编者广采现存词集，以及诗话、词话、笔记杂著、地方志等，详加校订，作者之下有小传。是目前较完备的宋词总集。

【全唐诗】 总集名。清代彭定求等10人奉敕编纂。共900卷。以明胡震亨《唐音统签》、清初季振宜《唐诗》为底本增订而成。共收唐、五代诗歌49 403首，残句1000余条，作者2837人，大致按时代前后排列，诗人皆有小传。并附唐、五代词作。间有校注考核未精及重收、漏收、误收之处。为研究唐诗及唐代文化的重要参考书。

【全元散曲】 总集名。今人隋树森编。共收小令3850余首，套数450余套，大致按作者时代先后排列，每一位作者附一小传。各曲之末注明出处，并校录各书中文字上的异同。是研究元人散曲的重要作品。

【全真道】 道教派别。也称全真教。由金代王重阳创立。主张儒释道三教合一。以"澄心定意、抱元守一、存神固气"为"真功"，"济贫拔苦、先人后己、与物无私"为"真行"，功行俱全，故名"全真"。在元代步入鼎盛时期。其代表人物丘处机被尊为"神仙"，号长春真人。全真道主张出家清修，与正一派并列道教两大派别。

【全祖望】 （1705—1755）清代史学家、文学家，浙东学派的重要代表人物。字绍衣，自署鲒埼亭长，号谢山，学者称"谢山先生"，浙江鄞县（今浙江宁波鄞州区）人。初为翰林院庶吉士，旋受权贵排斥，辞官归家，曾主讲于浙江蕺山书院和广东端溪书院。他继承了清初黄宗羲的经世致用之学，强调实用主义和实证研究，博通经史，著述宏富，曾七校《水经注》，三笺《困学纪闻》。著有《鲒埼亭集》《经史问答》《汉书地理志稽疑》等。

【泉州】 地名，古称"晋江"。在今福建省东海沿海、晋江下游北岸。西晋末年，由于战乱，大批士族南下避难于此。至宋元时期，这里已经成为我国著名的海外贸易中心，经济和文化交流十分活跃，被意大利旅行家马可·波罗誉为世界最大商港之一。

【犬戎】 殷周时期西北古戎族的一支。以狼为图腾的戎人族群。曾被周文王征服，至西周末年联合申侯攻杀周幽王，迫使周平王东迁雒邑。后为秦所败，一部分北迁。

【劝进表】 "劝进"指劝说已经掌握实权并想做皇帝的人做皇帝。亦指劝就掌握政权的高位。"表"是古代的一种文体，用于表达个人意见或请求。凡劝登帝位的章表，通称"劝进表"。魏晋南北朝以后，统治阶级内部夺权，或皇统中断，建立新朝的统治者都假托"禅让"。让国的"诏书"下达后，故意逊让不受，由诸臣再三劝进，歌功颂德，归之于天命。

【雀杏】 古代攻城时的火攻器械。将杏核磨穿，并把杏仁挖出，再用艾草作火种填满。捕取敌人城中及仓库中鸟雀数十百只，将杏核系在雀的足上，加火，傍晚，雀儿群飞入城垒中栖宿，聚于庐舍，将火种带至敌人粮仓，须臾便燃烧起来。

【阙】 què。古建筑中用于标识入口的建筑物，常建于宫殿、宅第、祠庙、陵墓之前。一般为石砌而成，通常成对出现。最初只是分隔车道的标识，春秋至汉代成为体现建筑物主人身份和地位的象征，如天子用三出阙，其次为二出阙。后世也将阙的作用延伸至一个特定区域的入口，如古村落的村口没有门和墙的门楼标识。

【榷场】 榷，què，专利，专卖。宋朝与辽西夏金元等接界地区的互市市场。在榷场内，除官营贸易外，商人需要纳税、交牙钱、领得证明文件才能进行交易。宋初与南唐通市，在汉阳、蕲口等地设置榷署。太平兴国二年（977）后在镇、易、雄、霸等州设榷务同辽贸易；辽也在南疆设榷场同北宋贸易。南宋和金在边境设立榷场，贸易比较发达。元灭南宋前，双方也各于边境设榷场，管理较严格。

【榷货务】 榷，què，专利，专卖。官署名。北宋前期置，掌受商人便钱给券及入中茶盐，出卖香药等。以朝官、诸司使副、内侍三人监之。熙宁五年（1072）并入市易务。南宋初复置，隶尚书左、右司。金也置，隶户部，兼收在京税钱。

【榷卖制】 榷，què，专利，专卖。盐、铁等重要商品的官府专卖制度。历代做法不一，宋朝包括盐、茶、酒、铁、矾等重要商品，产销办法各异，后多趋向于对民间产销课以专税。

【裙】 古代一种下装。上古时期，男女均穿裙而不穿裤。直到隋唐才逐渐形成男人以袍为常服、女子以裙为常服的局面，故后世常以“裙衩”代指妇女。裙在不同历史时期有不同样式。唐代初期多为紧身长裙，后逐渐趋于宽松。宋代出现了百叠、千褶的式样。明代发展成更为讲究的百褶裙。南方少数民族的裙装更显丰富多彩，如黎族、瑶族多穿短裙，壮族多穿长裙，傣族则多穿筒裙等。

【群芳谱】 花木谱录。明代王象晋撰。王象晋在家督率佣仆经营园圃，积累了一些实践知识，并广泛收集古籍中有关资料，用10多年时间编成此书。共30卷，分天谱、岁谱、谷谱、蔬谱、果谱、茶竹谱、桑麻葛苎谱、药谱、木谱、花谱、卉谱、鹤鱼谱12种，记载植物达400余种，每种植物分列种植、制用、疗治、典故、丽藻等项目，其中观赏植物约占一半，对一些重要花卉植物收集了很多品种名称。尤其重视植物形态特征的描述。

R

【冉魏】 十六国时期冉闵建立的政权。公元350年后赵大将冉闵杀石鉴称帝，建立魏国，建都邺（今河北临漳西南），史称“冉魏”，以别于曹魏、元魏。约有今河北、山西、河南、山东、陕西全部和江苏、安徽、甘肃、辽宁的一部分。352年为前燕所灭。

【热审】 明清时期，每年小满后到立秋前清理和宽待在押囚犯的制度。为防止囚犯因天气炎热生病而死，历代常在五六月清理久拖不办的案件。此制创立于明成祖时，在京罪囚由司礼监会同三法司主持，在外由巡按御史会同各地掌印官审理。通常每年热审一次。清代沿此制，有损益。

【人间词话】 词学著作。王国维著。论词强调“境界”，认为“词以境界为最上，有境界则自成高格，自有名句”，至于如何才能有境界，则认为“能写真景物、真感情者，谓之有境界”。以此为标准，王氏推崇李煜、冯延巳、欧阳修、苏轼、秦观、周邦彦、辛弃疾、纳兰性德等词人，对吴文英、张炎等则评价不高。《人间词话》是王国维接受了西方尼采、叔本华等人的美学思想洗礼后，以崭新的眼光对中国词学所作的评论，因而不同于传统的词话批评，具有划时代的意义，受到学术界的重视。

【人鬲】 鬲，lì。西周时对俘虏或奴隶的统称。多依附于土地从事畜牧与农业生产。

【人伦】 古代指人与人之间的关系，特指尊卑长幼的等级关系。孟子认为五种关系的准则是“父子有亲，君臣有义，夫妇有别，长幼有序，朋友有信”。西汉董仲舒把人伦关系具体化，最终形成“三纲五常”说。

【人日】 农历正月初七日，传说是人类的诞生日。据说，女娲在正月的前七日，每日创造一种动物，一日为鸡，二日为狗，三日为猪，四日为羊，五日为牛，六日为马，七日为人。古人在这一天有登山、饮酒、剪人胜、食七宝羹等风俗。

【壬午兵】 公元303年，晋惠帝于壬午日下诏在荆州一带征发的勇武之士。其征发目的是要镇压益州流民的暴动，由于荆州人不愿远行，加之诏书催促急迫，激起一系列反抗，加剧了西晋末年的危机。

【仁政】 儒家的政治主张。孔子所说的“仁”，包括恭、宽、信、敏、惠、智、勇、忠、恕、孝、悌等。孟子把孔子的“仁”发展为“仁政”学说，认为实行“仁政”就必须让农户有起码的生产资料保障，保证农民有劳作的时间，省刑罚，薄税敛，使人民有最低的物质生活条件。同时施行道德教化，使人民懂得“孝悌忠信”的道理。“仁政”思想对后世产生了很大影响。

【认祖归宗】 改姓脱族者重新回归原来的宗族谱系。西周宗法制崇尚“敬宗收族”，后世因收养、避祸等改姓者，或脱离宗族流落在外的家庭、家族，在核实所属世系并经本宗同意后，即可恢复原本的姓氏祭祖，或回迁宗族聚居地，或仍留外地成为本宗支族。

【仞】 rèn。古代长度单位。1仞等于周尺8尺。一说等于7尺、5尺6寸、4尺等。也用作测量深度时的单位。仞与尺的比例关系，无明确定数。

【日晷】 晷，guǐ。我国古代利用太阳的影子来测定时间的仪器。一般由晷盘和晷针组成。晷盘是有刻度的盘，刻度被分为十二个时辰，一个时辰相当于今两小时，盘面跟赤道面平行。晷针是安装在晷盘中央，垂直穿过晷盘中心的金属棒针。当太阳光照在日晷上时，晷针在盘面上投下阴影，针影随太阳的运转而变化。通过观察晷针投影在晷盘上的刻度，来判断时间。秦汉时民间就已流行用日晷。根据晷面所放位置、摆放角度、使用地区的不同，日晷分赤道式、地平式、卯酉式、子午式、立晷等种类。

【日食】 月亮运行到太阳和地球之间，三者正好成一直线，太阳射向地球的光被月亮遮挡住，就形成日食。殷商时代的甲骨刻辞中已有日食的记载。古代占星迷信认为，出现日食是上天对最高统治者的警告。

【日知录】 书名。明末清初顾炎武撰。“日知”二字源于《论语》：“日知其所亡，月无忘其所能，可谓好学也已矣。”该书是顾炎武的读书笔记，他稽古有得，随时记录下来，积三十年之力而成，自谓平生之志与业尽在此中。共32卷，按经义、吏治、财赋、史地、兵事、艺文等分类编入，一一考察其源流，纠正谬误，反映了他对社会现实的深刻洞察。顾炎武生前仅刊8卷，至康熙中，潘耒从其家中求得手稿，刻成32卷行世。

【戎】 泛指古代中原西北各族。部属较多，春秋以来，见于史籍的有北戎、山戎、大戎、条戎、茅戎、犬戎、大荔、义渠、戎蛮、朐衍、伊洛戎、陆浑戎等。主要以游牧为生，逐水草而居。和秦、晋等诸侯国常有接触，晋文公重耳之母即出于戎。战国至秦汉时，多指今甘肃、陕西一带的氐羌。后在不断的民族融合中，大部分融入华夏，也有部分迁至西南。

【戎路】 路，车。天子或军中主帅所乘的战车。也泛指兵车。

【容斋随笔】 笔记体著作。南宋洪迈撰。共74卷，分《随笔》《续笔》《三笔》《四笔》《五笔》五集。原计划每集各分16卷，但《五笔》未完成而卒，故仅10卷。内容范围广泛，引证博洽，于经史百家、典章制度、诗文典故、逸闻异说等，皆有所考订或评骘。书中有关诗歌部分，后人单独辑为《容斋诗话》。《四库全书总目提要》推崇其为南宋笔记小说之冠。

【柔然】 古代族群名。东胡的一个分支。也称芮芮、蠕蠕。相传公元3世纪属于拓跋部，曾游牧于今鄂尔浑河和图勒河流域，后徙居阴山一带。5世纪迁居漠北，因合并各部落，建立汗国，形成联盟，创立军事制度而逐渐强大。与北魏、南朝经济文化往来密切。6世纪中叶被突厥所灭，余众融入突厥、契丹等族，部分则南下归附西魏或西迁。

【肉刑】 我国古时施加于犯罪人肉体的刑罚。分为墨、劓、剕、宫以及笞、杖等。“肉刑”起源较早，最初为劓、刵、椓、黥的刑罚。后历代都有肉刑。汉文帝曾废除黥、劓、刖等肉刑，并改用笞刑代替劓和刖左趾。汉朝初年废除宫刑，后又恢复，东汉安帝永初年间又废去，魏晋之后有时用，后废。

【如意】 器物名。柄端作手指形，用来搔痒，如人心意，因而得名。又有柄端作心字形者。以骨、犀角、竹、木、玉、石、铜、铁等制成，长三尺许。近代多作灵芝、祥云形，使用功能减弱，取其名之吉祥，供玩赏之用。

【儒家】 先秦时期重要思想流派，以孔子为代表，主张礼制、仁政。重视伦理道德教育和自我修身养性。自从汉武帝罢黜百家、独尊儒术后，儒家学说成为官方正统思想。其内涵和形态在后世不断演变。东汉班固将“儒家”列为“九流”之首。

【儒林外史】 长篇小说。清吴敬梓作。全书共56回，通过对生活在封建末世和科举制度下的封建文人群像的成功塑造，生动地描绘了吃人的科举、礼教和腐败事态。作者以揭露、批判八股取士制度为中心，旁及当时官僚制度、人伦关系以至整个社会风尚，广泛而深刻地反映了封建社会的腐朽没落，也创造了一些襟怀冲淡、不醉心功名富贵的“真儒”形象和自食其力的小市民形象，寄托了作者的理想。《儒林外史》在艺术上取得了巨大的成功，其准确、生动、洗练的白话语言，栩栩如生的人物形象塑造，优美细腻的景物描写，出色的讽刺手法，使其成为中国古典讽刺文学的杰作。

【儒学】 元、明、清时在各府、州、县设立的地方官学，设儒学教授、学正、教谕及训导等职，教生员读书，主要研究和教育传统儒家经典，传授儒家思想和文化。

【襦】 rú。短衣，短袄。自春秋时代开始，上襦下裙一直是我国女式服装的主要形态。古乐府《陌上桑》中描写罗敷的打扮，就有“缃绮为下裙，紫绮为上襦”的句子。

【乳名】 幼时起的非正式名字，多在家庭、亲戚或熟友之间使用。也称小名、小字、奶名。一说，民间的习俗是恐怕小儿家养不大，故常以贱物为名，取其易长之意。乳名的用字一般比较鄙俗，如三国蜀汉皇帝刘禅因其母亲曾夜梦仰吞北斗，因而怀孕，故乳名叫阿斗。南朝宋武帝刘裕的乳名叫寄奴。南朝宋诗人谢灵运因幼时寄养于外，故乳名叫客儿。北魏太武帝拓跋焘的乳名叫佛狸。

【入帮钱】 古代民间组织中的一种会费制度。也称入会费、入伙费。在加入某个组织或团体时，需要交纳一定的费用作为入帮钱，以表示对该组织的认同和支持。这些费用通常用于组织的日常运营、活动经费等方面。

【入泮】 泮，pàn。周代诸侯的学校前有半圆形的水池，称泮水，所以称学校为泮宫。明清时期，顺利通过考试，录取后进入府、州、县学读书的生员须入学宫拜谒孔子，因此入学也称入泮。

【入学】 明清童生经各级考试录取后入

府、州、县学读书，称为“入学”。也称进学、入泮、游庠。入学后即受教官的月课与考校，并须按期参加考试。

【入中】 官府招募商人运送粮草钱物至规定地点。源于西汉商人纳粟实边之法，宋定其制。即以优惠运价和紧俏物资，以及盐茶等物的地区营销或专卖权招揽商人，帮助运输供给京师及沿边等地所需物资。元明沿此损益。

【阮籍】（210—263）三国魏文学家、思想家。字嗣宗，陈留尉氏（今属河南）人。他的父亲是“建安七子”之一的阮瑀。因曾为步兵校尉，世称阮步兵，“竹林七贤”之一。在政治上，阮籍本有济世之志，但在魏晋乱世选择了谨慎避祸的态度。据说司马昭想要拉拢阮籍，提出与阮籍结为亲家。阮籍不愿意接受这门亲事，于是开始每天拼命喝酒，连续六十天喝得酩酊大醉，使提亲的人无法向他开口。最后，司马昭只能无奈地放弃这个想法。历史上阮籍以傲然独立、不拘小节和任情放荡而著称。传说他用眼睛来表达对人的尊重或蔑视，对待喜欢的人用青眼，对待不喜欢的人用白眼。阮籍的母亲去世后，嵇喜和嵇康两兄弟前来吊丧，阮籍对嵇喜翻白眼，对携酒带琴而来的嵇康则青眼相待。诗歌创作上，以《咏怀》八十二首最为著名，这些作品旨意隐晦，寄托遥深。阮籍还擅长散文和辞赋，代表作如《大人先生传》。后人辑有《阮嗣宗集》。

【阮瑀】（约165—212）瑀，yǔ。汉末文学家。字元瑜，陈留尉氏（今属河南）人。“建安七子”之一，为曹操司空军谋祭酒。擅长撰写章表书记与军国书檄，许多重要的文书都出自其手，如《为曹公作书与孙权》。有一次阮瑀跟随曹操外出，曹操命他写一封信给韩遂，阮瑀骑在马上很快写好。曹操想要略作修改，看后竟不能增减一字，足见他才思敏捷。在诗歌创作方面，阮瑀也有出色的表现。他的诗作语言朴实，能够深刻地反映出当时社会的现实问题，《驾出北郭门行》为其代表作。后人辑有《阮元瑜集》。

【阮元】（1764—1849）清代经学家、文字学家。字伯元，号芸台，江苏仪征人。乾隆五十四年（1789）考中进士，历经乾隆、嘉庆、道光三朝，官至体仁阁大学士，卒谥文达。担任过山东、浙江学政，提倡教育，在广州设立了学海堂，在杭州设立了诂经精舍，致力于经学的教育和研究，曾主编《经籍籑诂》，校刻《十三经注疏》，汇刻《皇清经解》等。除此之外，阮元还对金石、天文、历算、地理等领域有深入研究，撰有《畴人传》《两浙金石志》《积古斋钟鼎彝器款识》等，被尊为一代文宗。有《揅经室集》。

【闰月】 我国古代阴阳历以朔望月的长度即29.530 6日为一个月的平均值，全年共12个月，同回归年即365.242 2日相差10日21时，三年累积就相差1个多月。为使每年的平均长度约与一个太阳年相等，与自然四季相协调，须置闰，3年闰1个月，5年闰2个月，19年闰7个月。每逢闰年所加的1个月叫作闰月。殷周时期及汉初，采用“年终置闰法”。后世闰月加在某月之后，叫作闰某月，如闰三月、闰六月等。

【弱冠】 冠，guàn。泛指男子二十岁左右。因古代男子二十岁行冠礼，初加冠时身体还未达到壮年，故称。

R

S

【撒扇】撒，sā。即折扇。一种用竹木或象牙做扇骨、韧纸或绫绢做扇面的能折叠的扇子。因用时须撒开，呈半圆形，故称。又因聚头散尾，也称聚头扇。最早在日本使用，故又称倭扇。宋代时由高丽传入中国。明初永乐间，永乐帝喜其可以卷舒，携带方便，命内府大批制作，于是开始流行。明清时，苏州、四川等地盛产撒扇。

【撒花】撒，sǎ。元朝官员、军人向百姓征索钱物的劣行。蒙古语“人事”的音译。也称扫花、撒和。

【萨都剌】（约1307—1359后）元代文学家。字天锡，号直斋，以回鹘人徙居雁门（今山西代县）。萨都剌的生平颇为坎坷。他出身于将门，但家境贫寒，幼年时期经历了不少艰辛。他曾尝试通过科举考试入仕，但屡试不中，只能以经商为生。直到泰定四年（1327），终于考中进士，此后在元朝政府中担任过一些小官职。为官期间以清廉著称，有良好的政绩，但由于得罪了权贵，曾被贬官。他在绘画、书法和诗歌方面都有很高的造诣，被后人称为“雁门才子”。诗歌尤佳，内容丰富，风格多样，既有游山玩水、归隐赋闲之作，也有反映民间疾苦、揭露社会黑暗的诗篇。诗风清丽俊逸，文辞雄健，有时也展现出豪迈奔放的一面。后人辑为《雁门集》《萨天锡诗集》《天锡词》等。

【赛龙舟】也称龙舟竞渡。传统体育活动。多在端午节举行，传说是为了纪念战国时期投汨罗江而死的爱国诗人屈原。参赛船只艏艉雕成龙头龙尾形状，故称龙舟。船长一般为二三十米，比赛时一人擂鼓，其余人奋力划动船桨，先冲过终点者得胜。比赛时往往观者如云，热闹非凡。

【三宝】佛教以佛、法、僧为三宝。佛指一切佛（一说指释迦牟尼），法指佛教教义，僧指传承宣扬佛法的僧众。道家则将《老子》中所提到的慈、俭、不敢为天下先视作三宝。道教以道、经、师为三宝。

【三不朽】立德、立功、立言的合称，即树立高尚的德业、建功立业、撰写著作和创立学说。春秋时期，鲁国大夫叔孙豹出使晋国，晋国大臣范宣子问：“古人说‘死而不朽’，是什么意思？”叔孙豹没有立即回答。范宣子说：“我的祖先，从尧舜到现在，一直后继有人，宗族延绵不断，并且都做了大官，算得上死而不朽了吧！”叔孙豹说：“据我所知，您所说的这种情况，只能叫‘世禄’，不算不朽。鲁国的大夫臧文仲，他多次建立事功，多有高论。他死之后，他的话世代流传，这才算作死而不朽。”叔孙豹归纳说：“最上等的是树立个人高尚的道德，次一等是建功立业，再次一等是创立学说，虽然死去很久但业绩长存，这就叫不朽。”语出《左传·襄公二十四年》。

【三楚】 古地名。秦汉时期常将战国楚地分为南、西、东三部分，即“三楚”。分界不甚明确，大体上说：今湖北荆州，江西九江、南昌，湖南长沙以及洞庭湖、鄱阳湖一带为南楚。今徐州（古称彭城）以西淮河以北地区为西楚，项羽曾在彭城建都，称“西楚霸王”；徐州以东淮河至长江下游再至东部沿海地区为东楚。

【三川口之战】 公元1040年，北宋与西夏在三川口（今陕西延安西北）进行的一次重大战役。西夏获胜。此战为西夏的生存与发展奠定了基础。

【三代】 夏商周三朝。由于其相承发展，政教昌明，影响深远，被后世一并视为奠定中国文化传统的古典时代。“三代”最早出现于《论语》中。

【三党】 父党、母党、妻党，即父、母、妻三族。党指亲族，可指全部同宗，也可只指五服内的同宗。父、母、妻之同宗合为全部亲戚关系，按远近亲疏在社会生活中起重要作用。

S

【三等九则人丁】 明清时期按户等当差纳银的丁额。三等九则来源于魏晋以来的户等制。明代根据各户人丁、田亩多寡的不同，从上至下分为三等九级，即上上、上中、上下、中上、中中、中下、下上、下中、下下，以此作为编征差徭的依据。一条鞭法实行后赋、役合并征银，丁额渐成纳税单位。清初沿用，摊丁入亩后一并改按田亩征缴。

【三鼎甲】 科举时代殿试一甲三名，即状元、榜眼、探花之总称。也称鼎甲。以鼎有三足，一甲共三名，故称。状元别称鼎元，因居鼎甲之首而得名。

【三都】 某一历史时期并存的三座都城。如东汉时的东都洛阳、西都长安（今陕西西安）和南都宛（今河南南阳），三国时的蜀都成都、吴都建业（今江苏南京）和魏都邺（今河北临漳西南），唐代的西京长安（今陕西西安）、东都洛阳和北都太原，明代的北京、南京和中都凤阳等。

【三藩之乱】 清初吴三桂等割据势力的叛乱。清初分封吴三桂为平西王，守云南；尚可喜为平南王，守广东；耿继茂为靖南王，守福建，合称“三藩”。后逐渐发展为地方武装割据势力。康熙十二年（1673），清政府下令撤藩，吴三桂、尚之信（尚可喜子）、耿精忠（耿继茂子）相继反清。这些叛乱，后陆续被清兵击败，耿精忠、尚之信等相继降清。康熙十七年（1678），吴三桂在衡州称帝，旋病死，由其孙吴世璠在贵阳继位。后败走云南。康熙二十年（1681），吴世璠兵败自杀。三藩之乱告终。这次叛乱性质复杂，持续八年，战火燃及西南、东南等广大地区。

【三分公室】 公元前562年，鲁国季孙氏、孟孙氏和叔孙氏三家瓜分原属公室的国人与赋税。三家各拥其军，执掌国政。其事反映了春秋后期各国公室衰落、卿大夫崛起的总体态势。

【三分损益】 我国古乐律管相生的算法。以发出某一标准音的弦、管长度为基准，依次有三分损一、三分益一的生律法，故称。始于春秋，秦汉以来续有发展。作律者先确定一个标准音，谓之元声，通常选“黄钟”。余律就依黄钟之管，损益而得。如黄钟九寸，三分损一得六寸，而下生林钟；林钟三分益一得八寸，又上生大簇；自此递推以得十二律。《管子》是最早记载“宫、商、角、徵、羽”五音名称的文献，其中提到了使用“三分损益法”来获得这五个音的科学方法。如将黄钟的弦长增加三分之一，称为“三分益一”，得到下方纯四度的徵音；接着，将徵音的弦长减去三分之一，称为“三分损一”，得到上方纯五度的商音，自此递生成五音。历代又因方法之异和计算余数加以调整。

【三坟五典】 传说中我国最古的书籍。伏羲、神农、黄帝的书称为“三坟”，少昊、颛顼、高辛、唐、虞的书称为“五典”。

【三峰山之战】 公元1232年，蒙古灭金的决定性战役。1231年，蒙古分三路南下伐金。西路军为主力，由拖雷指挥，绕过金的军事重镇潼关，由唐州、邓州北趋汴京（今河南开封）。拖雷采取疲劳金军的战术，使金军退至钧州（今河南禹州）之三峰山，双方激战，金军大溃，金哀宗被迫由汴京出逃。两年后，蒙宋联军攻克蔡州，金朝灭亡。

【三纲五常】 中国封建礼教所提倡的道德标准。纲，指提网的总绳。为纲，指居于主导地位。“三纲”指“君为臣纲，父为子纲，夫为妻纲”。君、父、夫处于主导地位，臣、子、妻处于服从地位。五常指“仁、义、礼、智、信”五种道德规范。“三纲五常”说起源较早，西汉董仲舒对它加以概括，到东汉白虎观会议后进一步明确，大儒马融将之合称。此后历代奉行，宋代朱熹认为它是永恒不变的天理。

【三公】 辅助国君掌握军政大权的三种最高官员的合称。也称三司。周以太师、太傅、太保为三公。西汉以丞相、太尉、御史大夫为三公，东汉以太尉、司徒、司空为三公。唐宋仍称三公，但已无实职。明清为虚衔，只用作大臣的加官、赠官。

【三姑六婆】 三姑，即尼姑、道姑、卦姑。六婆，即牙婆（以介绍人口买卖为业的妇女）、媒婆、师婆、虔婆（巫婆）、药婆、稳婆（接生婆）。“三姑”与“六婆”组合，指各类市井女性。

【三关】 古代对某三个关隘的合称。不同时期所指不同。东汉时指上党关、壶口关、石陉关。三国时指阳平关、江关、白水关。南朝时，位于义阳（今河南信阳）南的平靖关、武阳关、黄岘关合称为三关。五代时，后周世宗从契丹收复的位于今河北境内的瓦桥关、益津关、淤口关也称为三关。自明代开始，河北境内长城的居庸关、倒马关、紫荆关被称为内三关，山西境内长城的雁门关、宁武关、偏头关则为外三关。都是重要军事关隘。

【三官】 道教所崇奉的三位神仙天官、地官、水官的合称。传说天官赐福，地官赦罪，水官解厄。民间以天官信仰最为普遍，其常以身穿红袍、手持如意、面容和善的形象出现在民俗文化或艺术品中。春节时人们往往在门上粘贴天官像，期盼新的一年天降福祉。

【三光】 ①日、月、星。也以日、月、五星合称“三光”。②房、心、尾三星宿。

【三国】 东汉后出现的魏、蜀、吴三国及其鼎立局面。自公元190年群雄起兵讨伐董卓，揭开序幕。220年曹丕代汉称帝，国号“魏”；221年刘备称帝，国号“汉”，史称“蜀”“蜀汉”；229年孙权称帝，国号“吴”。魏、蜀（蜀汉）、吴三国鼎立。263年魏灭蜀，265年晋代魏，至280年晋灭吴而告终。

【三国演义】 长篇小说。全称《三国志通俗演义》。元末明初罗贯中撰。作者根据陈寿《三国志》和裴松之注，以及后世有关三国的传说和文学作品，经过再创作而成。故事起于刘、关、张桃园结义，终于王濬平吴，生动描写了东汉末年和整个三国时代的社会动乱及几个统治、军事集团之间的矛盾和斗争，塑造出关羽、张飞、刘备、诸葛亮、曹操等一系列各具内涵和特点的人物形象。小说既以史实为依据，又不完全囿于史实，三分史实，七分虚构，达到了历史真实与艺术真实的完美统一。全书结构宏伟，情节曲折，行文用半文半白的语言，写得波澜壮阔，有条不紊，对战争场面的描写尤其精彩，表现出长篇叙事技巧的巨大进展，成为我国历史小说中的经典之作。与《西游记》《水浒传》《红楼梦》并称我国古典小说四大名著。

S

【三国志】 史书名。西晋陈寿撰。主要记载魏、蜀、吴三国鼎立时期的纪传体国别史，65卷，包括《魏书》30卷、《蜀书》15卷、《吴书》20卷。详细记载了汉灵帝光和末年（184）到晋武帝太康元年（280）近一百年的历史。陈寿在撰写《三国志》时，参考了已有的魏、吴两国史书，如王沈的《魏书》、鱼豢的《魏略》、韦昭的《吴书》，但对于蜀汉的历史，由于缺乏官方史书，陈寿只能自行采集资料，因此蜀汉部分的篇幅相对较短，只有15卷。该书最初是以《魏书》《蜀书》《吴书》三书单独流传的，直到北宋咸平六年（1003）才合为一书。《三国志》是“二十四史”中最为特殊的一部，因为它过于简略，没有记载王侯、百官世系的表，也没有记载经济、地理、职官、礼乐、律历等的志，不符合《史记》和《汉书》所确立下来的一般正史的规范。南朝宋时裴松之为之作注，博引群书，注文多出本文数倍，保存史料十分丰富。

【三过家门而不入】 出自《史记》。相传上古之时，为防治洪水灾害，减少百姓生命财产损失，禹受命治理河道大川，不敢有半点怠慢，十三年中一直在各处工地奔波劳作，其间三次路过家门都没有进去，直至功成。禹被后世尊称为“大禹”。后人以大禹治水“三过家门而不入”赞扬大公无私，舍小家、顾大家的奉献精神。

【三河】 河东、河内、河南之地。秦汉以来常为王朝要地，以此合指黄河南下段以东及其下游中段以北以南地区，也可特指汉以来并置的河东、河内、河南三郡之地。其中河南郡至唐改为治理东都洛阳的河南府，元设河南路，明清仍为河南府，其范围续有调整。

【三桓】 桓，huán。春秋后期实际控制鲁国政权的三家贵族的合称。即鲁国大夫孟孙氏（一作“仲孙氏”）、叔孙氏与季孙氏。因三家都是鲁桓公的后裔，故名“三桓”。其中，季孙氏的势力最强。鲁文公死后，三桓的势力日渐强大，分领三军，掌控鲁国政权。

【三皇】 传说中远古部落的首领。三皇之称，初见于《周礼》。有关三皇的传说始于战国秦汉时期。其名传说不一，有七种说法：天皇、地皇、泰皇；天皇、地皇、人皇；伏羲、女娲、神农；伏羲、神农、祝融；伏羲、神农、黄帝；伏羲、神农、共工；燧人、伏羲、神农。

【三家分晋】 公元前453—前376年，晋国韩、赵、魏三家瓜分公室的历史过程。春秋晚期晋国由韩、赵、魏、智、范、中行六卿专权。晋定公二十二年（前490），赵氏击败范氏、中行氏。晋出公十七年（前458），智、赵、韩、魏四家尽分范、中行的土地。二十二年（前453），韩、赵、魏三家又灭智氏，三分其地。从此，韩、赵、魏三家势力已远在晋君之上。晋幽公元年（前433），晋君仅有绛、曲沃，反朝于三家，分晋实已完成。至周威烈王二十三年（前403），天子正式册命韩虔、赵籍、魏斯为诸侯。前376年，韩、赵、魏灭晋。这一事件被视为春秋、战国的分水岭。

【三监之乱】 周成王即位初期，封于殷都一带监督殷民的武王之弟管叔、蔡叔、霍叔联合商纣王之子武庚发动的叛乱。后被周公平定。周武王灭商后，以商旧都封纣王之子武庚。以殷都以东为卫，由武王弟管叔监之；殷都以西为鄘，由武王弟蔡叔监之；殷都以北为邶，由武王弟霍叔监之。总称“三监”。一说武王以邶封武庚，以鄘封管叔，以卫封蔡叔，以监殷民，称为“三监”。

【三教九流】 三教指儒教、佛教、道教。九流指儒家、道家、阴阳家、法家、名家、墨家、纵横家、杂家、农家。后用“三教九流”泛指学术、宗教等的各种流派，或社会上的各种行当、各色人物。

【三界】 佛教把世俗世界分成三种境界，即欲界、色界和无色界。欲界为有食欲、淫欲的众生所居。色界位在欲界上，为已摆脱食、淫二欲的众生所居；无色界更在色界之上，为无形色众生所居。只有从三界中解脱，才能达到涅槃，进入最高的自由无碍的境界。

【三晋】 春秋末韩、赵、魏三家瓜分晋国，是为战国时的韩、赵、魏三国，历史上称为“三晋”。战国初与原晋国地境相合，后随三国之境变化，西南接秦，东南及南部渐吞虢、周、郑、卫等地，与楚相争，东北部吞并中山，深入代北，与齐燕相邻，约相当于今山西全境及河北中部、南部和河南中部、北部地区。近代用作山西的别称。

【三乐】 一生值得高兴的三件事情。孟子说，君子有三件乐事，即父母都健在，兄弟平安、没有病患；上不愧对于天，下不愧对于人；得到天下优秀的人才并教育他们。

【三闾大夫】 闾，lǘ。古代官名。战国时期楚国特设的官职。主持宗庙祭祀，掌管昭、屈、景三姓贵族宗族事务。简称“三闾”。屈原曾任此职，后世用“三闾”代指屈原。

【三昧】 佛教音译词。也称三摩地、三摩提。中国佛教称为“定”。是佛教重要的修行方法。意为排除一切杂念，使心神平静。

【三苗】上古民族。也称有苗、苗民。据记载，其活动区域主要分布在江、淮、荆州一带。据传说，三苗在尧舜时曾作乱，被迁至现在的西北敦煌一带。后被禹征讨而逐渐走向衰亡。

【三秦】地名。在今陕西一带。项羽破秦，三分秦关中之地：封章邯为雍王，领咸阳以西之地。司马欣为塞王，领咸阳以东至黄河之地。董翳为翟王，领上郡之地。合称三秦。唐王勃《送杜少府之任蜀州》诗："城阙辅三秦，风烟望五津。"其中"三秦"即此。

【三清】道教尊奉的三位神仙的合称。即玉清元始天尊（天宝君）、上清灵宝天尊（太上道君）和太清道德天尊（太上老君）。

【三生】即佛教所说的前生、今生和来生。"三生有幸"即指三生皆很幸运，也常用于人们初次见面时的客套话。

【三牲】指古代用于祭祀的牛、羊、豕。三牲齐全的祭祀称太牢。一般是帝王、诸侯祭祀社稷时的规格。也有专指牛为太牢者。祭祀只用羊、豕而不用牛，称少牢，为诸侯卿大夫祭宗庙之礼。后来也称鸡、鱼、豕为三牲，俗称小三牲。

【三省六部】隋唐时期由中书省、门下省、尚书省及其吏、户、礼、兵、刑、工部组成的朝政处理体制。主要掌管中央政令和政策的制定、审核与贯彻执行。三省长官皆为当时宰相，中书省、门下省直接协助皇帝决策，下由尚书省所属六部分掌全国人事、财政、军事、礼教、法务、工程等项政务，其间相互协调和制约，构成了朝廷政务机构的主体框架。

【三师】太师、太傅、太保的合称。北魏时并称三师上公，名为辅导天子之官，位尊而无实权。北周改称三公。隋唐仍称三师，为赠予德高望重元老大臣的荣衔。唐末多为藩镇加官，遂至冗滥。至宋，为权贵加封的尊号。元、明、清又称三公。又，太子太师、太子太傅、太子太保也合称三师。

【三司使】古代官名。唐宋主管财政的户部使、度支使、盐铁使，掌租赋、财政收支和盐铁专卖事务。五代后唐长兴元年（930）并为一使，始称"三司使"。至宋而专掌财赋，为朝廷财政主官，号为"计相"，元丰改制，其职掌归并于户部尚书。

【三司推事】为防止法官独断造成冤假错案，重大案件尤其是死刑案由御史台等三个机构共同审理案件的制度。唐代规定：凡是大案冤狱，常遣侍御史、刑部郎中或员外郎、大理司直或评事联合审理。事涉各地各部门长官的，则由御史台、中书省、门下省长官联合审理。另由侍御史与中书舍人、给事中在朝堂共同受理诉讼。宋及明清时期由刑部、御史台、大理寺联合审案的"三法司"制度即来源于此。

【三苏】北宋文学家苏洵及其子苏轼、苏辙俱以文名，世称"三苏"。三人皆入"唐宋八大家"之列。苏洵称老苏，苏轼称大苏，苏辙称小苏。其中苏轼的成就最高，在诗、词、文各方面都有重要地位。苏洵、苏辙长于书策散文，苏辙亦擅诗。

【三苏祠】北宋文学家苏洵及其子苏轼、苏辙的故居。位于四川省眉山市。明代洪武年间就地改宅为祠，后世多次增修，现为康熙年间重建遗存。主要由大殿、飨殿、启贤堂、来凤轩、碑亭等建筑构成三进四合院落，呈清代园林式文人祠堂风格。“三苏”并称始见于宋王辟之《渑水燕谈录》。历史上苏氏父子分别在政论、文学等领域留下名篇无数。今祠内存有数千件珍贵的文物资料，竖有古碑数十面。清代名臣张鹏翮题眉山三苏祠对联，赞三苏：“一门父子三词客，千古文章四大家。”

【三体石经】 石经，指我国古代刻于石碑、山崖石壁上的儒家经籍和佛道经典。三国时期魏正始二年（241），用古文、小篆、汉隶三种字体将经书刻写在石头上，故名。又称正始石经、曹魏石经。三体石经刻有《尚书》《春秋》和部分《左传》，是继东汉熹平石经后的第二部石经，在我国书法史和汉字的演进发展史上有重要的意义。原石在河南洛阳太学村，已毁。宋代以来陆续有残石出土，共计约 2500 字。

【三通】 唐代杜佑《通典》、宋代郑樵《通志》和元代马端临《文献通考》三部政书的合称。具有较高的史学价值，影响较大。因“三通”的名称，后来又有众多的续作，如“九通”“十通”。

【三统历】 汉代刘歆等人在《太初历》基础上修订而成的历法。汉成帝绥和二年（前 7）颁行。在历法理论上贯彻了天、地、人道更替循环的“三统说”，综合了乐律、《易》数、五行，在节气、朔望、月食、五星运行、恒星距离等方面有所成就，包含了现代天文年历的基本内容。汉章帝时被《四分历》取代。

【三统说】 一种历史循环论。西汉董仲舒认为夏商周三代各有正朔、服色、命数等典章制度，分别代表天、地、人三统，按其方色可称为黑、白、赤三统，三统循环往复：夏朝是黑统，以寅月即夏历正月为正月。商朝是白统，以丑月即夏历十二月为正月。周朝是赤统，以子月即夏历十一月为正月。其继周者，又当是黑统，用夏历。这样循环不止，每个王朝在建立之始，都应依照往例改正朔，变换服色，以顺应天意，显示政权的正统性。“三统说”是为汉王朝统治政权服务的神学理论体系，也含有在必要时须改朝换代的意思。也称三正说。

【三头六臂】 佛教指佛的种种法相。形容本领无边广大。也称“三头八臂”。

【三卫】 隋唐时，三卫指亲卫、勋卫、翊卫，它们与五府一同构成了负责宫廷警卫的重要组织。源于北齐、北周，隋定其制，分隶左右卫，侍卫皇帝，炀帝时改称三侍、三曹。唐分属左右卫及东宫左右率府，其余各卫只领翊卫，各置中郎将为长，其成员常由高官、勋贵子孙入充，为皇帝、太子及亲王等显贵担任侍卫、仪仗，并可由此入仕为官。明朝时，三卫也指“朵颜三卫”，是明朝在蒙古兀良哈等部为了管理当地蒙古族人设置的行政机构，包括朵颜、泰宁、福余三个卫。

【三吴】 古代地理区域名。说法不一。《三国志》《晋书》以《水经注》的吴郡、吴兴、会稽为三吴，而《通典》《元和郡县志》则以吴郡、吴兴、丹阳为三吴。宋代税安礼《历代地理指掌图》以苏、常、湖三州为三吴，明代周祈《名义考》以苏州为东吴、润州为中吴、湖州为西吴。

【三五丁】 南朝时期的役制之一。每三个男丁中要有一个服役，每五个男丁中要有两个服役，而一丁则不发。因士族豪强多有规避之法，须服此役的人户多为地位贫寒的平民，称为“三五门”“役门”。

【三希堂法帖】 帖，tiè。汇刻丛帖。全称《三希堂石渠宝笈法帖》。清高宗弘历（乾隆帝）爱好书画，曾将最珍爱的王羲之《快雪时晴帖》、王献之《中秋帖》和王珣《伯远帖》合称“三希”，并在故宫养心殿内辟专室收藏，名曰“三希堂”；又曾命张照等将宫内收藏的书画作品整理著录，先后编成《石渠宝笈》三编。《三希堂石渠宝笈法帖》即由此得名。共32册，收录历代书法家134人的书迹340件；刻石495块，原石今存北京北海公园阅古楼内。

【三饷】 饷，xiǎng。明末加征的辽饷、剿饷、练饷三项特别税。公元1618年开征辽饷，以供辽东战事需要；1637年开征剿饷，以镇压农民起义；1638年开征练饷以加强九边防御。共计征银近2000万两，征收时更有种种加派，成为促使明朝灭亡的要因。清初取消三饷，但辽饷加派的九厘地亩银仍并入田赋正项征收。

【三星】 相近而几乎成一直线的三颗明亮之星。有参宿三星、心宿三星、河鼓三星。《诗经》“三星在天”“三星在隅”“三星在户”皆指参宿三星。

【三言二拍】 明末五种话本集及拟话本集的总称。“三言”指冯梦龙纂辑的《喻世明言》《警世通言》和《醒世恒言》。“二拍”指凌濛初编著的《初刻拍案惊奇》和《二刻拍案惊奇》。

【三易】 《连山》《归藏》《周易》三种易书的合称。相传《连山》《归藏》为夏、商两代所用，其书早已失传，只有《周易》流传至今。后世又以“三易”指伏羲易、文王易、孔子易。

【三友】 孔子认为，有益和有害的朋友各有三种。与正直、讲诚信、学识广博的人交朋友，是有益的；与讨好恭维、表里不一、善于花言巧语的人交朋友，是有害的。古时因松、竹、梅三种植物在寒冬季节仍能够保持顽强的生命力，象征高尚的人格，所以将松、竹、梅称为“岁寒三友”。也称琴、酒、诗为三友。

【三元】 ①古代科举考试乡试、会试、殿试的第一名分别称解元、会元、状元，合称“三元”。明代也称殿试的前三名为“三元”，即状元、榜眼、探花。②道教以天官、地官、水官三神的生日分别配上元节（正月十五）、中元节（七月十五）和下元节（十月十五），合称“三元”。

【三垣】 垣，本义为“墙”。特指所划定的星座范围。古人将天体的恒星分为三垣，即紫微垣、太微垣和天市垣。规定北斗以北，以北极为中枢，呈两屏藩状散布的15颗星的区域为紫微垣。规定北斗之南，轸翼之北，五帝座为中枢的10颗星所在区域为太微垣。规定房、心宿东北，以帝座为中枢的22颗星所在区域为天市垣。“三垣”的概念始于战国时期，汉代《史记》中已有和“三垣”相当的星官名称，唐代《开元占经》和《玄象诗》正式记录“三垣”。

【三藏】 藏，zàng。梵语意译，即佛教经典的总称。藏指的是盛物的筐。经典分为三类，即经藏（说教）、律藏（戒律）和论藏（论述或注解）。精

S

通三藏的僧人，被称为三藏法师，一般指的是唐代玄奘法师。

【三正】 正，zhēng，即正月，岁首之月。春秋战国时夏历、殷历、周历三种历法的岁首月建不同。所以称作“三正”。夏历以建寅之月即后世通常所说的农历正月为岁首，殷历以建丑之月即农历十二月为岁首，周历以冬至所在的建子之月即农历十一月为岁首。

【三字经】 蒙学著作。相传为宋代王应麟著。分为教学之要、幼学之序、读书次第、勤学典范、为学效果五部分。内容包括历史、天文、地理、道德和生活常识以及一些民间传说等。三字一句，朗朗上口，因其文通俗、顺口、易记等特点，与《百家姓》《千字文》并称为中国传统蒙学三大读物，合称“三百千”，被历代国人奉为经典并不断流传。

【三族】 族，表示亲属关系。“三族”具体所指，有三种说法：①指父族、母族、妻族。②指父、子、孙。③指父母、兄弟、妻子。

【散骑常侍】 散，sǎn。骑，qí。官名。皇帝的近侍，辅助皇帝处理宫内事务。秦汉时期，同时设立“散骑”官与“中常侍”官，均为皇帝乘舆陪乘的近卫官。东汉时期，废除“散骑”，保留“中常侍”，由宦官专任。魏晋时改用文人担任，恢复“散骑”，与“中常侍”合称“散骑常侍”，地位很高。南北朝以后，地位逐渐降低，金元以后废除。唐代诗人高适曾担任散骑常侍，世称“高常侍”。

【散曲】 散，sǎn。曲的一种体式。元明两代盛行。和诗词一样，用于抒情、写景、叙事。有别于剧曲，不演故事，无宾白和科介，便于清唱。包括散套、小令两种。散套通常用同一宫调的若干曲子组成，长短不论，一韵到底，如关汉卿《一枝花·不伏老》，含四支曲子。小令通常以一支曲子为独立单位，但可以重复，各首用韵可以互异，有别于散套，如关汉卿《四块玉·别情》。又有以两支或三支曲调为一个单位的“带过曲”，也属于小令的一体。

【散馆】 散，sàn。明清时翰林院设庶常馆，新进士朝考得庶吉士资格者入馆学习，三年期满举行考试后，成绩优良者留翰林院，授以编修、检讨之职，谓之留馆；其余分发各部为给事中、御史、主事，或出为州县官，谓之散馆。

【丧服】 丧礼制度。按生者与死者血缘关系的亲疏远近，在料理丧事和服丧期间穿戴不同的服饰。周代以后以白色麻衣为丧服。分有服、无服两种。有服者分为五个等级，叫五服。服丧主要是晚辈为长辈或平辈之间尽哀悼，是古代“九族”制血缘观念的体现。

【丧礼】 古代凶礼。安葬和悼念死者时所必须遵循的一整套礼仪制度。从西周开始，严格区别嫡庶亲疏的身份等级，以此规定丧服规格、服丧期限和安葬、悼念的相应仪节。其中以丧服制度为核心，按血缘的亲疏远近，分为斩衰、齐衰、大功、小功、缌麻五个等级，服丧期限不一。丧葬仪规，有属纩、复、停尸、小殓、报丧、吊唁、入殓、出殡、下葬等。祭礼活动，有奠、虞祭、卒哭、祔、小祥、大祥、禫祭等。西晋以来其制续有发展变化，唐初以后因避忌而不预定天子丧制，臣民丧葬之制和习惯仍以身份亲疏为核心，但等级规定有所放宽。

【桑】 木名。被《本草纲目》称为“东方自然神木”。桑树在古代农业社会中占据重要地位，因此“桑麻”成为农事的代称。古代常在住宅旁栽种桑树和梓树，因而“桑梓”成了家乡的代称。古时候，青年男女多在桑林中约会，因此“桑中”“桑间”成为男女约会的专指。在《诗经》中的《氓》篇，桑叶从光泽亮丽到干枯发黄的变化，被用来比喻女子从年轻貌美到年老沧桑的转变。

【桑田】 北魏至北周行均田制时对永业田的称呼。北魏男子初授田时，给桑田二十亩，规定至少种桑五十株、枣五株、榆三株。终身不还，可传子孙。

【骚体】 古典文学体裁的一种。辞赋的一类。起于战国时楚国，以屈原所作《离骚》为代表，故名。后因《离骚》是《楚辞》的代表作，故也称楚辞体。这类作品，富于抒情成分和浪漫气息；篇幅、字句较长，形式也较自由；语尾多用“兮”字以助语势。

【扫尘】 农历新年前打扫房子的习俗。古时至农历十二月二十日，家家户户准备过年。在祀灶前后至除夕，照例有一次卫生大扫除，墙角、床下、屋柱、屋梁等处一年的积尘，均须于此日以扫帚清除干净。“尘”与“陈”谐音，此举寄寓了人们辞旧迎新的美好愿望。

【色】 佛教认为，凡是人能感触到的，构成身体和世界的物质，都称为色。这种物质，不全然等同于今之物质现象。

【色目人】 元朝按族别和地区划分的四等人（蒙古人、色目人、汉人、南人）中的第二等。“色目”一词，见于唐代，起初是种类、各色名目之意。色目人主要来自西域和西北各族，也有南方的蕃商，具体有多少种，说法不一。他们主要从事商业活动，各方面的待遇次于蒙古人。蒙古贵族利用他们来监视和协助统治汉人和南人。色目人在元朝建立和统一全国的进程中大量进入汉族居住地区，对促进民族融合起了很大的作用。有时也将姓氏稀僻的人称为“色目人”。

【色役】 正役、杂徭之外的各种职役。从北朝地位低贱的杂色役隶发展而来，唐以来名目甚多，包括官员子弟和平民轮番执事、当值于官府之役，也包括工、乐等贱户为官府服务的技艺性职役，因可免除正杂徭役而多伪冒。到了宋代，色役逐渐演变为职役，并被元、明、清各朝沿袭下来。

【瑟】 我国传统拨弦乐器。“八音”属“丝”。春秋时已流行，可用于祭祀音乐。常与古琴或笙合奏。形似古琴，但无徽位，有五十弦、二十五弦、十五弦等。今瑟有二十五弦、十六弦二种。每弦有一柱可上下移动，以定声音的清浊高低。

【僧】 梵语音译词“僧伽”的简称。意思是和合、众等。是对出家修行的男性的称呼。

【僧祇户】 祇，qí。北魏以来由僧官管辖、以供佛事的人户。北魏文成帝时采纳昙曜的建议，由官府拨民户充当，后又从平齐户中选充，每年捐谷六十斛交给僧官，不服杂役。僧祇户身份比佛图户高。北周武帝灭佛后，改为编户。但类似僧祇户的人户在隋唐时期仍然存在。

【沙弥】梵语音译词。意为息恶、勤策男。指年龄在7岁以上、20岁以下的，受过十戒但还未受具足戒的男性修行者。

【沙苑之役】公元537年，东魏与西魏在沙苑（今陕西大荔南）一带进行的战役。此年东魏权臣高欢率重兵自蒲津（今山西永济西黄河渡口）进至洛水南，欲灭西魏，因轻敌，被西魏权臣宇文泰率军伏击于沙苑，大败逃归。其时西魏弱东魏强，此役西魏以不足万人，力克东魏二十万之众，使东魏攻势遭到重挫。

【山东】战国、秦汉时，称崤山或华山以东为“山东”。也指战国时秦以外的六国，因其都在关东（当时函谷关以东），故称。因春秋时的晋国、建都平城（今山西大同）的北魏皆居太行山以西，故将太行山以东也称为山东。金改北宋京东东路、京东西路为山东东路、山东西路。明代设置的山东布政使司，今日之山东省，也都指的是太行山以东。

【山海关】古关名。位于今河北秦皇岛东北。也称榆关、渝关。明太祖洪武十四年（1381）筑城为关，因北依燕山，南临渤海，故得名山海关。山海关为长城东端起点，有四门，东曰镇东，即“天下第一关”，西曰迎恩，南曰望洋，北曰威远，各门上均筑城楼。此关地势险要，是华北和东北之间的咽喉要隘，素有“两京锁钥无双地，万里长城第一关”之称。为明朝防止东北女真族的崛起和元朝残余势力的侵扰起到了重要作用。清朝建立后，山海关虽失去其军事防御作用，但仍是文人雅士登楼览胜的场所。

【山海经】古代地理学著作。共18卷，包括《山经》5卷和《海经》13卷。非出自一人之手，也非成书于一时。内容庞杂，包括各地山川、道里、民族、物产、药物、祭祀、巫医等。所记多为异物和神奇灵怪，其中保存了不少神话传说，如“精卫填海”“夸父逐日”等。书中有关矿物的记录为世界最早的相关文献。

【山河两戒】唐朝僧人一行提出的两条山川连线，即将天下的山河分成两个大系，用以分割华夏与戎狄、华夏与蛮夷的两条地理界线。北线自三危、积石，东至终南、太华，北转雷首、王屋、太行抵恒山，东循燕山一线至秽貊、朝鲜。南线自岷山、嶓冢，东至终南、太华，转益山、熊耳、外方、桐柏至江汉，经武当、荆山南抵衡阳，循南岭东部至东瓯、闽中。其说以关中为“地络”，体现了当时对中国山川格局的理解。

【山河形便】古代通过顺应山川地势划分行政区域的方法。一方面，其区划大体与自然地理单元一致，易于管理。但另一方面，一味顺势而为也易导致地方割据。故有时须刻意在区域划分上打破山川地势，使其无法独得地利。秦汉以来两者常相辅而用，但以前者为主。

【山后】五代及北宋末在燕山北侧所设军州的属地。唐末五代时期，刘仁恭在今天的河北太行山北端和军都山以北地区设置了“山后八军”用以防御契丹。到了石敬瑭割让幽蓟十六州时，才有了“山后四州”的说法。北宋末所称山后，包括宋企图收复的山后、代北失地的全部，当时曾预将山后一府（云中）八州（武、应、朔、蔚、奉圣、归化、儒、妫）置云中府路，相当于今山西、河北两省内、外长城之间地区，其实大半为金所有，后来成为这些地区的泛称。

【山南】秦岭以南地区。秦汉以来建都关中，以此称终南山、华山以南地区。唐初设山南道，至开元分为山南东、西道，其地约自秦岭南抵洞庭湖以西长江南岸一线，西至嘉陵江流域与剑南道相邻，东抵淮南道、河南道的汉水下游至桐柏山一带。后遂以此泛称其地。

【山前】五代及北宋末在太行山以东，军都山、燕山以南所设州县的属地。始于后晋割地给辽，相对“山后”而有“山前”诸州之称。五代石敬瑭割幽蓟十六州，七州在山前。北宋末所称山前，包括宋企图收复的山南失地全部，当时曾预将山前一府（燕山）九州（涿、檀、蓟、顺、易、平、营、经、景）之地置燕山府路，相当于今河北大清河以北、内长城以南地区。其地不久皆归金国，别有建制，后以此泛指这些地区。

S

【山水画】中国画分科之一。描写山川景物为主。最初作为人物画背景，魏晋时已萌芽。后经南朝宋宗炳、王微等人倡导，至隋唐发展为独立的山水画创作。五代、北宋日趋成熟，名家辈出，成为以绘写自然景色为主的一大画科。主要有青绿、金碧、没骨、浅绛、水墨等形式。山水画中先有设色，后有水墨。设色画中先有重色，后有淡彩。在艺术表现上讲究经营位置和表达意境。

【山水诗】诗歌的一种。以描写山水风光为主，对景物观察细致、形象清新逼真、语言富丽精工。晋代已有以描写山水景物为主的诗歌，至南朝宋谢灵运始开创山水诗派。其后最著名的山水诗人有谢朓、何逊、孟浩然、王维、苏轼、陆游、高启、王士禛等。

【山西】战国、秦、汉时把崤山或华山以西称为“山西”。此后则称太行山以西为山西。隋末李渊为山西河东黜陟讨捕大使。金朝于大同府设山西兵马都部署司，所以“西京路”也称山西路。元朝置河东山西道宣慰使司，明朝置山西行中书省，山西自此成为政区名。

【山阴道】位于今浙江绍兴城西南。古代特指自绍兴城至兰亭的几十里路。沿途山清水秀，美不胜收。书法圣地兰亭就在山阴道上。

【山长】长，zhǎng。唐、五代时山中学社称书院，书院的主讲并总理院务者称山长。自南宋及元，官办书院多设山长，由礼部或行省宣慰使选任，与学正、教谕等并为地方学官。明时则由地方官礼聘。清沿明制。乾隆时改名院长，后复旧称。清末改书院为学堂，山长之制乃废。

【衫】古代一种袖口宽松的短身上衣，有单、夹两种。六朝时期，一般为白色。隋唐之后，男子的公服就是一种大袖右衽加长至膝的袍衫，而民国时期常见的长衫也是受其影响而形成的。衫也是女装的一个重要组成部分，汉族女装主要是衫、裙结合的形式。

【珊瑚】珊瑚虫所分泌的骨骼，成分主

要为石灰质或角质。其中红珊瑚可作有机宝石，因形如树枝，故又称珊瑚树。以颜色均匀浓艳的红色为上品。质地细腻，柔和且富有韧性，古时多做装饰品，用作珍玩。《世说新语》中，就记载石崇、王恺以珊瑚竞豪奢的故事，可见珊瑚之珍贵。

【陕东】 陕陌以东地区。陕陌也称陕原，在今河南三门峡陕州区西南。西周成王时周、召二公分陕而治，陕陌以西由召公督治，陕西之名由此而来。其东由周公督治，后相沿称此，其义与“关东”有所重合。随着诸侯国的扩张和秦国的统一，陕东的概念逐渐模糊，最终消失。

【善本】 原指珍贵难得、校勘严格、错误较少的古书。后经过许多学者总结归纳，形成现在通用的善本“三性”说，即具备较高的历史文物性、学术资料性和艺术代表性。

【善因】 佛教所说的善果的根由或原因。佛教认为，种善因得善果，种恶因会招致恶果。

【禅让】 禅，shàn。远古时期，部落联盟以民主的方式推举首领的制度，传贤不传子。后人称“禅让”。禅让出现在尧、舜、禹时期。相传，尧担任部落联盟的首领时，部落长老四岳推举舜为继承者，尧对舜进行三年考核。尧去世后，舜继位，之后同样用推举方式，经过治水考验，以禹为继承者。

【伤寒杂病论】 医学著作。一名《伤寒卒病论》。东汉末张仲景著。原书16卷，成书不久即散佚。至西晋经王叔和搜集，将其中伤寒部分编次成书，名《伤寒论》。共10卷，22篇，397条，载方113首。北宋时期，又由校正医书局对《伤寒论》进行校订，并对其中杂病部分加以整理，另成一书，名《金匮要略》。共3卷，25篇，载方262首。二书在我国医学史上地位崇高，被尊为经典之作，其中的辨证施治等原则对后世产生了深远影响。

【商朝】 公元前16世纪商汤灭夏建立的一统王朝。定都于亳（今地有河南商丘、山东曹县、河南洛阳偃师区三说），曾多次迁移。后盘庚迁都殷（今河南安阳西北小屯村），因而商也称殷。农业比较发达，能用多种谷类酿酒，手工业能铸造精美青铜器和烧制白陶，商品交换范围也较前扩大，出现规模较大的早期城市，为当时世界上的文明大国。传至纣，被周武王攻灭。共传十七代，三十一王。商朝是我国历史上第一个有直接的同时期文字记载的王朝。

【商君书】 古代典籍。《汉书·艺文志》著录29篇，今存24篇。其中有些篇所述史实在商鞅死后，说明不是商鞅本人所作，但书中也保留了商鞅遗著，记录了商鞅的言行，据此推断应为战国末年商鞅后学编纂成书。书中记载了商鞅在政治、经济、军事、哲学、法学、伦理学等方面的思想及其变法活动和主张。在变法具体措施上，主张加强君权，建立赏罚严明的法治制度，取消贵族的世袭特权，奖励军功，提倡耕战，同时反对用诗书礼乐和道德教化的手段治理国家，等等。也称《商君》《商子》。

【商税】 古代对各种商业行为征收的税。始于西周，唐始以此合称。属杂税，有广狭二义，狭义专指交易税，广义涵盖各种工商经营税，如商铺坐贾税、专卖税、山泽矿场税、关津通过税等。宋以来成为财政收入的重要部分，往往设专门机构掌管征收等事务。

【商汤】 商朝建立者。也称武汤、武王、成汤、成唐。名履，又名天乙。夏朝末代君主桀荒淫无道，导致民不聊生，商汤起兵反抗，推翻了夏朝的统治，建立了商朝，定都于亳。建立商朝后，他吸取夏朝灭亡的教训，采取了一系列措施来治理国家，安抚民心。他减轻赋税，鼓励农业生产，注重法治，使得国家逐渐稳定，经济得到发展。他还以任人唯贤著称，重用了许多有才能的官员，如伊尹等。商汤的统治被后世视为明君的典范，成为了中国历史上贤君的象征。

【商屯】 明代盐商在边境的屯垦。也称盐屯。明初为筹措西北边军粮饷，令盐商向边地纳粮，由政府发给盐引。盐商凭引到产盐地取盐运销，称开中。后来盐商为避免运粮困难，招募农民在边境开荒，就地取粮，称商屯。弘治五年（1492），改为盐商径向盐运使司纳银领引，商屯渐废。

【商鞅】 （约前390—前338）战国时政治家。也称卫鞅。公孙氏，名鞅，卫国人。因其在河西之战中立功，秦孝公将商、於十五邑封赏给他，故号商君，后世称之为商鞅。公元前356年，在秦孝公的支持下实施了一系列深刻的变法改革，史称“商鞅变法”。秦孝公去世后，商鞅失去了政治支持，最终在前338年因被诬谋反而被杀，尸身被车裂示众。法家学派的后人将其言行与思想及后学著作汇编成《商君书》。

【商鞅变法】 战国时商鞅在秦国进行的改革。秦孝公即位后，意图变法图强，故任用商鞅实行变法。商鞅前后两次变法，主要措施有：编定户籍，重农抑商，奖励耕织与垦荒，生产粟帛多者可免徭役；废除贵族世袭特权，制定按军功大小授予爵位的制度；采用李悝《法经》作为法律，推行连坐法；推行县制；废除井田制，准许土地买卖；创立按丁男征赋办法，规定一户有两丁男者必须分居，否则加倍征赋；颁布法定的度量衡器，统一度量衡制。这些措施奠定了秦国富强的基础。

【上币】 上等的货币。上古以珠玉为上币，黄金为中币，刀布为下币。秦统一天下后改以黄金为上币。

【上帝】 商周以来，指居住在天上，主宰自然界和人类社会最高的神。

【上官婉儿】 （664—710）唐代女诗人。陕州陕县（今河南三门峡陕州区）人。祖父上官仪，在唐高宗时期因替高宗起草废武则天的诏书而获罪被杀，上官婉儿与母亲郑氏一同被发配为奴。仪凤二年（677），上官婉儿被武则天召见，当场命题，让其依题作文。上官婉儿文不加点，须臾而成，且文意通畅，辞藻华丽，语言优美，犹如夙构。武则天看后大悦，当即下令免其奴婢身份，让其掌管宫中诏命。不久，上官婉儿又因违忤旨意，罪犯死刑，但武则天惜其文才而特予赦免，只是处以黥面之刑。此后，上官婉儿遂精心侍奉，曲意迎合，更得武则天欢心。武则天让其处理百司奏表，参决政务，权势日盛，有“巾帼宰相”之名。唐中宗复位以后，又令上官婉儿专掌起草诏令，深得信任，拜为昭容，封其母郑氏为沛国夫人。公元710年，临淄郡王李隆基起兵发动政变，上官婉儿与韦后同时被杀。《全唐诗》收其诗32首。

【上梁】 古代建筑民俗。指安装建筑物屋顶最高的一根中梁，为建造房屋中的重大工序。也称升梁。旧时建屋，必择吉日上梁，认为如此方能家业兴旺。上梁时，由主持的匠人之长口诵成套的吉祥语，工匠数人抬梁木，在鞭炮声中登梯，步步上升，安置于屋脊之上。屋主的亲朋好友以面点菜酒犒劳匠人。主人则用红布披于梁木之上，称为披红。古代上梁时有专门的祝语，称上梁文。

【上梁文】 文体名。建屋，吉日上梁时颂祝文，故称。首尾皆用骈句，中有六诗，诗各三句，按四方上下分别叙述，多请名家撰写。北魏温子昇有《阊阖门上梁祝文》，宋王应麟谓为上梁文之始。由上梁文推演而来的“上牌文”，为上匾额时之祝词。上梁文本意是祝福，有时却会罹祸。明朝时苏州知府魏观修复府治旧基，高启为此撰写了上梁文，其中有“龙蟠虎踞”四个字，因府治旧基原为明太祖朱元璋旧敌张士诚的宫址，有人便诬告魏观有反心，魏观被诛，而高启也受株连，被处以腰斩。

【上陵】 古代吉礼。帝王拜祭祖先陵寝。也称朝陵、亲谒陵。始于秦汉。上陵时，皇室成员和大夫以上官员须陪同皇帝拜见祖先的神座，并告明收成丰歉情况，祈求神灵保佑。唐代，或只拜皇父的陵墓，或遍拜诸陵，七庙子孙和诸侯百官、蕃夷君长都一同前往拜祭。后世沿之，有所损益。

【上卿】 古代官名。周制天子及诸侯皆置卿，为高级长官，分上、中、下三级，最尊贵的被称为“上卿”。后泛指朝廷大臣。上卿的职责包括主持朝政、审批诏令、制定政策、安排兵马、管理财政等。在朝廷中享有很高的威望和地位，是皇帝的亲信和得力助手。战国时期，赵王派蔺相如出使秦国，蔺相如智勇双全，完璧归赵，后被封为上卿。

【上三旗】 清代皇帝亲自统辖的满洲八旗中的三旗。入关前，皇太极直接统辖正黄、镶黄、正蓝三旗。顺治年间，上三旗调整为镶黄、正黄、正白。其余的正红、正蓝、镶白、镶红、镶蓝称为下五旗。

【上巳】 传统节日。古时祓除不祥，进行祭祀的节日，最初以农历三月上旬巳日为上巳，魏晋以后改为三月三日。人们在此日来到水边沐浴修禊，踏青游赏。

【上下】 ①六朝人对父母尊长的敬称。②宋元后对衙役的称呼。

【上下忙】 清雍正十三年（1735）规定征收田赋，分上下两期。上期从农历二月开征，五月截止，称上忙。下期从八月接征，十一月截止，称下忙。“上忙”和“下忙”合称“上下忙”。嘉庆二十年（1815）放宽为二至七月、八至十二月，个别省份如云南、贵州、广东等地，可推迟至跨年度征收。

【上元】 传统节日。旧以农历正月十五日为上元节，其夜为上元夜，也称元宵。道教以农历正月十五为上元节，七月十五为中元节，十月十五为下元节。北魏时已成为固定节日。至唐宋时，愈发热闹。此夕，朝廷开放夜禁，到处张灯结彩，士女尽兴游赏。又有赏花灯、吃汤圆、猜灯谜、放烟花等庆祝活动。辛弃疾的《青玉案·元夕》中有“东风夜放花千树。更吹落，星如雨。宝马雕车香满路。凤箫声动，玉壶光转，一夜鱼龙舞”之句，正是描绘上元节灯会盛况。

【尚方】 古代官署名。主造皇室所用刀剑等兵器及玩好器物。后泛称为宫廷制办和掌管饮食器物的官署、部门。主官有令、丞。也作“上方”。秦置尚方令，属少府。汉沿置，有令、丞、员吏、从官十八人。东汉末年，分为中、左、右三尚方，魏晋沿袭。唐省去“方”字，有中、左、右三尚署。元只置中尚监，明废。三国魏马钧因其巧思和工艺精湛而被任命为尚方令，他曾改进织绫机，制造水碓、指南车等，为中国古代机械制造和纺织业的发展做出了重要贡献。

【尚食】 古代官名。掌管帝王膳食。秦始置，东汉以后，合并于太官、汤官。北齐门下省有尚食局，置典御二人。隋改典御为奉御，唐因之，为六尚之一。金元尚食局属宣徽院。明设尚膳监，由宦官掌管。后用以指御膳。

【尚书】 儒家经典。“尚”即“上”，上代以来之书，故名。也称《书》《书经》。相传由孔子编选而成。保存了商周时期特别是西周初期的许多史料。分为《古文尚书》与《今文尚书》。西汉初存28篇，即《今文尚书》。另有相传汉武帝末年鲁恭王刘余从孔宅壁中发现的《古文尚书》，已佚。今存东晋梅赜所献的《古文尚书》，为伪作。现通行的《十三经注疏》本《尚书》，是《今文尚书》与伪《古文尚书》的合编。

【尚书郎】 古代官名。秦汉时郎中令的属官有侍郎，为宫廷近侍。东汉以后，取孝廉中之有才能者入尚书台，在皇帝左右处理政务，尚书属官初任称郎中，满一年称尚书郎，三年称侍郎。魏晋以后尚书各曹有侍郎、郎中等官，综理职务，通称为“尚书郎”。隋唐以后，中书、门下及尚书省所属各部均以侍郎为长官副职，官位渐高。至明清，递升至正二品，与尚书同为各部堂官。

【尚书令】 古代官名。秦、西汉时为尚书之长官，掌管收发文书。汉武帝以后，职权稍重，为宫廷机要官员，宣达诏命，裁定章奏。东汉为尚书台长官，总揽朝政，无所不统。三国沿置，或代行宰相之职。魏晋后，职位渐高，至唐即成真宰相。以唐太宗曾为尚书令，后人不敢居此名，遂不复置，尚书省长官仅至左、右仆射。至宋，名位益高，排班在太师之上，为亲王及使相兼官或赠官，不实授。

【尚书省】 古代官署名。汉成帝时设尚书员，东汉设尚书台，也称中台。群臣章奏，都要经过尚书。南北朝时始称“尚书省”，下分各曹，为中央执行政务的总机构。唐宋时与中书省、门下省合称三省，长官称尚书令，负责宰相职务，其副职为左、右仆射；下统六部，分管国政。元代尚书省时置时废。尚书省的最高长官为尚书令，但是这个职位不常设置，所以左、右仆射成为尚书省的实际长官。房玄龄、杜如晦在唐太宗贞观朝任职左、右仆射，二人精诚为国，共同辅佐唐太宗，成就“房谋杜断”治国理政之佳话。

【尚贤】《墨子》中的篇章。主张用人唯贤，举贤不辟亲、不辟疏，不分贵贱，唯能是举，选拔贤能的人做国君或官吏，废抑不才的人。文章批判了当时的官职世袭制度。

【烧衣节】在农历十月初一日。也称十月朝、十月朔。本于《诗经·豳风·七月》中"九月授衣"之义，此时天气转凉，朝廷在此日有赏赐大臣御寒冬衣的惯例，百姓则多于路旁焚烧用纸剪成的冥衣，希望亡故的亲人能够有衣物御寒，故称烧衣节。

【芍药】与牡丹相似。原产我国北部，约在三千年前已有栽培。今江苏扬州曾是芍药胜地，宋时称"洛阳牡丹，广陵（扬州）芍药"。清代北京丰台栽培盛极一时，有"丰台芍药甲天下"之誉。在古代文学作品中，芍药常与牡丹并称"花中二绝"，牡丹象征着富贵，而芍药则寓意着吉祥、幸福。芍药也常被用来表达男女之情，尤其是离别之时，芍药成为了惜别的象征，代表着对彼此的依恋和不舍。它在春天结束时开放，不与牡丹争春，故被称为"殿春"和"五月花神"。

【韶濩】sháohuò。汤乐名。也指庙堂之乐，或泛指古乐。

【少保】古代官名。周置少师、少傅、少保，佐太师、太傅、太保辅弼君王，合称"三少"或"三孤"。后代亦有设置者，多用作加官、赠官。亦指太子少保，为辅导太子的官，亦用作虚衔。

【少府】古代官名。①秦官九卿之一。管宫廷总务。掌管山海池泽的税收和皇室手工业制造，供皇帝享用，属于皇帝的私府。东汉掌管宫中服御诸物、衣服、宝货、珍膳等。魏晋南北朝沿置，或称少府卿。②县尉的别称。县令称明府，县尉职位低于县令，故称少府。

【少傅】古代官名。周置少师、少傅、少保，佐太师、太傅、太保辅弼君王，合称"三少"或"三孤"。后代亦有设置者，多用作加官、赠官。亦指太子少傅，为辅导太子的官，亦用作虚衔。

【少昊】传说中的古帝。名挚，字青阳，为颛顼之叔。也作"少皞"。相传是皇娥与太白金星所生。以金德王，故也称金天氏。又因其居于穷桑，都城在曲阜，故也号穷桑帝。春秋时的郯国君主自称为少皞的后代。相传其即位时见有凤鸟飞来，于是以百鸟之名为百官的名称。

【少牢】古代祭祀所用的祭品为羊、豕时，称少牢。也称小牢。因在祭祀前须将所用的牲畜用牢畜养一段时间，故牢养过的祭品牛、羊、豕称"牢"。

【少师】古代官名。①周置少师、少傅、少保佐太师、太傅、太保辅弼君王，合称"三少"或"三孤"。后代亦有设置者，多用作加官、赠官。亦指太子少师，为辅导太子的官，亦用作虚衔。②乐官。特指乐官太师的副手，主管音乐的演奏。

【召陵之盟】召，Shào。公元前656年，齐、楚在召陵（今河南漯河）举行的会盟。齐桓公三十年（前656），以蔡附楚，齐桓公率齐、鲁、宋、陈、卫、曹、郑、许八国军队攻蔡，蔡溃，挥师向南，陈兵楚境，责楚不尊王室，贡赋有缺。楚惧齐师，主动求和，齐桓公遂与楚大夫屈完会于召陵，结盟而还。齐国借此遏止了楚北进中原的势头，巩固了自己的霸业。

【邵雍】（1011—1077）北宋理学家。字尧夫，自号安乐先生、伊川翁等，谥康节。其先范阳（治今河北涿州）人，幼随父迁共城（今河南辉县）。隐居苏门山百源之上，后人称为“百源先生”。师从李之才，学习《河图》《洛书》与伏羲八卦等易学知识，并在此基础上形成了自己独特的宇宙观和哲学体系，在易学方面有深入研究和独到见解，其易学被称为“邵易”，他被誉为“易圣”。此外，他创立了先天图和二进制数率排列图，为现代科学的发展提供了基础。与周敦颐、程颢、程颐、张载并称为“北宋五子”。著有《皇极经世》《伊川击壤集》等。

【绍圣绍述】宋哲宗亲政后恢复熙宁以来新法的举措。北宋元祐八年（1093）高太后去世，哲宗亲政，次年改元绍圣，表示“绍述”（继承）其父神宗的新法。起用章惇、曾布等新党人士，贬逐吕大防、刘挚等旧党人士，尽废元祐法度，恢复青苗、免役等法。此后，新旧党争愈演愈烈。

【绍兴和议】南宋高宗绍兴十一年（1141）与金订立的和约。宋向金称臣，金册立赵构（高宗）为宋帝，每年贡纳银、绢各二十五万两、匹，宋、金间东以淮河，西以大散关（今陕西宝鸡西南）为界，以南属宋，以北属金，开展互市。为了扫清议和障碍，宋高宗、秦桧以“莫须有”的罪名杀害岳飞，制造了岳飞冤狱。绍兴和议确定了宋金之间政治上的不平等关系，结束了长达十余年的战争状态，形成了南北对峙的局面。

【折阅】折，shé。阅，卖。宋朝纸币贬值之称。原指折价销售，纸币盛行后转指币值折价。

【蛇矛】古代兵器名。由矛头、矛柄、矛镈三部分组成。矛头长二尺余，扁平且弯曲如蛇形，故名。《三国演义》中张飞以使用丈八蛇矛著称。

【阇梨】阇，shé。梵语音译词“阿阇梨”的简称，即高僧。后泛指僧人。

【社仓】隋以后为备荒而设置于乡社的粮仓。北齐征“义租”，在州县设仓存储。隋开皇五年（585）始设义仓，向民户征粮积储，备荒年放赈。因设在里社，故名“社仓”。唐初以来由各县督立，多由民户摊纳粟米入仓备荒，至玄宗时废弛，演为杂税之一。南宋朱熹因义仓设在州县，往往不能起救荒作用，又另设社仓于福建崇安（今武夷山市）开耀乡，民间募储，贷米收息，由“乡人士君子”管理，后在一些地区推广。元朝复立里甲义仓，官府定期查核。明有预备仓，有时有义仓和社仓。清规定乡村设社仓，市镇设义仓，实际上两者并无区别。

【社稷】社，土神。稷，谷神。古代土地和五谷是人类生存的基本保障。土神和谷神成为重要的原始崇拜物。帝王每年都要祭祀土神和谷神，称祭社稷。后“社稷”成为国家象征，被用来代称国家。

【社日】古代祭祀社神的日子。社神，相传为古代共工氏之子，名曰后土，掌管土地与农业之事。其俗起源于先秦。汉代以前，只有春社而无秋社，汉代以后始有春、秋二社。

【舍】shè。古代行军计程以三十里为一舍。

【舍利】舍，shè。梵语音译。原指释迦牟尼遗体火化后，骨灰里结成珠状的物质。由八位国王分取，建塔供奉。后也指高僧圆寂后焚烧剩的骨殖。佛教将其视作珍宝，意在“金刚常住，是明永存；舍利刹见，毕天不朽”。佛教认为舍利分为三种：一为骨舍利，白色；二是发舍利，黑色；三是肉舍利，红色。菩萨、罗汉的舍利也分为三种。

【舍人】 舍，shè。古代官名。①本宫内人之义，后世以为亲近左右之官。《周礼》有舍人，掌宫中之政。秦置太子舍人，为太子属官。魏置中书通事舍人，掌传宣诏命，以后名称屡更，南朝梁称中书舍人，隋称内书舍人，自宋至明皆称中书舍人，清废。带“舍人”二字之职官历代有很多。隋置起居舍人，掌修记言之史。唐置通事舍人，掌朝见引纳。明清于内阁中书科也设中书舍人，掌书写诰敕。此外，宋有阁门宣赞舍人，元有直省舍人、侍仪舍人，明有带刀散骑舍人，则皆为近侍武职。②战国至汉初，王公贵人私门之官，通称舍人。③宋元以来俗称显贵子弟为舍人，或称小舍。④明代武职应袭支庶也称舍人。

【射佃】 射，逐取，追求。佃，diàn，旧时农民向地主或官府租种土地。金元百姓向官府求租官方所有或逃亡人户的田土。

【射礼】 古代军礼。在周代曾属嘉礼。起源于上古氏族社会的军事教育。射，指射箭技术的训练。古代射箭是打仗、狩猎的重要手段。商代对外征伐掠夺，拥有庞大的军队，射、御等军体教育占有重要地位。周代射术是选士标准之一，创制射礼，分大射、宾射、燕射、乡射四种。仪节繁复庄重，对所用弓、箭、侯（箭靶）、乐舞等有不同的规定和程序。

【摄政王】 因皇帝年幼或其他原因不能亲政时，代理皇帝处理国家大事的王。如清初顺治帝的叔父、睿亲王多尔衮代顺治帝摄政。清末，慈禧太后命醇亲王载沣代年幼的宣统帝溥仪摄政。

【歙砚】 歙，shè。文房用品。因产于安徽歙州（治今歙县）而得名。始于唐代。其色如碧云，叩之似金声，抚之若柔肤，具有不吸水、不耗墨、不损笔、易洗涤的特点。雕刻精细，造型浑朴。为我国“四大名砚”之一。

【申韩之术】 战国法家代表人物申不害、韩非倡导的治国之术。韩非综合商鞅的“法”治，申不害的“术”治，慎到的“势”治，提出以“法”为中心的“法、术、势”三者合一的统治术，主张尊君抑臣、控制臣下等策略。

【身丁钱】 宋朝向成年男子征收的一种人口税。也称丁钱。人口税始于汉代，五代时吴越称身钱。宋南方仍沿袭此制，不分主、客户，纳税对象为年二十至六十的丁男，有些地区扩大至幼儿和老人。主要纳钱，也有纳绢、绵、米的，各地税额不同。主要在四川以外的南方各路征收。真宗以来逐渐废除。

【参商】 参，shēn，星名，参宿。商，星名，心宿。两星分列西、东，彼此出没，互不相见。相传高辛氏有两个儿子，大儿子叫阏伯，小儿子叫实沈。兄弟不睦，帝尧就派二人各主参、商二星，永不相见。后世把兄弟不和比喻为参商。也比喻亲朋久别不能重逢。唐代杜甫《赠卫八处士》：“人生不相见，动如参与商。”

【绅】古代士人在腰间束系一根丝质腰带，在中间打一大结后垂下的一段称为“绅”。官员上朝时常持笏以奏事，而入朝之前或退朝时往往将笏插在腰带上，因此后人将“缙绅”作为高级官员的代名词。后世又有“乡绅”“绅士”等称呼。

【深衣】古代诸侯、士大夫闲居时所穿的一种衣服。其特征是上衣与下裳相连为一体，下摆不开叉，衣襟接长，向后拥掩，衣边和袖口都有镶边，称为“续衽钩边”。因其形制为前后深长，故名。深衣袂圆、袷方、裾平、缝直，有规矩权衡准绳之意。西周时，深衣是诸侯、大夫、士闲居常服，也是普通百姓的吉服。秦汉以来的多种服饰都是在其基础上变化发展而来的。

【神】各类宗教和神话传说中，主宰物质世界的，具有超自然力的人格和意识存在。神的想象和观念产生于原始社会后期，是人类面对暂不能理解和征服的自然力量，脑中幻想的一种能与之对抗的人格化力量，也是一切宗教的核心。随着人类社会的进一步发展，生产力的提高，阶级的产生，在不同的宗教中，出现了主宰一切的至高神和等级诸多的神，以及由其构成的天界体系。关于神的传说，极为丰富地存在于古今中外各类文学作品中，如我国的《封神演义》《西游记》等。

【神策军】唐禁军名。唐天宝十三载（754）陇右节度使哥舒翰在洮州西设神策军，以成如璆为军使。安史之乱时，神策故地沦没，归陕州（今河南三门峡陕州区）节度使节制。唐代宗时转为禁军，分为左、右，专由宦官分任左、右神策军护军中尉统领，德宗以来成为禁军主力，也是宦官专权的武力基础。

【神怪小说】我国古典小说的一类。以其内容叙述神怪之事而得名。也称神魔小说。鲁迅在《中国小说史略》中首次提出“神魔小说”的概念。其源头是魏晋志怪小说和宋元说经类话本，内容以神魔怪诞之事为主。该类小说在明清时期较为兴盛，著名的有《西游记》《封神演义》《镜花缘》《三宝太监西洋记》《平妖传》。

【神话】文学体裁。通过神仙或神化的古代英雄故事，反映古代人民对世界起源、自然现象及社会生活的原始理解。它虽不是现实生活的科学反映，但也表现了人们与自然力的斗争和对理想的追求。与迷信不同，神话富有积极的浪漫主义色彩。如嫦娥奔月、鹊桥相会、愚公移山等故事，至今仍常为世人所引用。

【神灭论】南朝齐梁时范缜著。针对当时佛教宣扬的“神不灭”论，范缜针锋相对地提出“形存则神存，形谢则神灭”。他主张人的精神只是形体所发生的作用，而形体则是精神所从属的实体；精神依存于形体，不能离开形体而独立存在。此论代表了中国古代无神论形神观的最高水平，对后世无神论的发展有较大影响。

【神农】神农氏，古史中也称炎帝，我国古代传说中的“三皇”之一，相传是农业的始祖。发明了耕种技术以及最初的农具，培育了五谷食粮，教授先民农耕技术，使人们从以捕食飞禽走兽为生，逐步发展为以农耕为生，从此百谷繁盛，人们摆脱了食物来源不足的困境。神农氏还在此基础上创立了市场交易。他规定以日中为市，聚天下之货，民众交易而归，各得其所。他又亲尝百草，识别各种植物的性质和药用价值，从而使人们知道如何利用天然的草药治病，提高了抵抗疾病的能力，因此也被奉为医药之神。

【神韵说】清诗学理论。王士禛提出，其总结前人对神韵的论述，推崇司空图、严羽的诗论，发展成一种诗学理论，即“神韵说”。其基本特征是自然传神，韵味深远，不事人工雕琢，标举冲淡、超逸、清远，强调“兴会神到”，追求“得意忘言”，主张以清淡闲远的风神韵致为诗歌的最高境界。神韵说与性灵说、格调说、肌理说并为清代前期四大诗歌理论派别。“神韵说”的诗人一般被归为“神韵派”。

【神州】①中国的别称。战国时，齐国人邹衍创立“大九州”学说，谓“中国名曰赤县神州，赤县神州内自有九州”。后世即以神州代称中国。②指京都。

【沈括】（1031—1095）北宋科学家、政治家。字存中，号梦溪丈人，杭州钱塘（今浙江杭州）人。嘉祐进士，提举司天监。熙宁中参与王安石变法，曾任太子中允、史馆检讨、三司使等职。晚年居润州，筑梦溪园（今江苏镇江东）。学识广博，在天文、地理、数学、物理、化学、生物、医学等多个领域都有深入研究，其代表作《梦溪笔谈》是中国科学史上的一部重要著作，对当时科学发展和生产技术的情况，凡有所见，俱为记录。如水工高超、木工喻皓、发明活字印刷术的毕昇，以及炼钢、炼铜的方法等，均在其记载之中。又精研药用植物与医学，著《良方》十卷。著述近四十种，传世的尚有《长兴集》。

【沈约】（441—513）南朝梁文学家。字休文，吴兴武康（今浙江德清）人。出身于门阀士族家庭，历仕宋齐梁三代，助梁武帝登位，为尚书仆射，封建昌县侯，官至尚书令，卒谥隐。沈约在文学上成就卓著，他创立了注重声律、对仗的“永明体”，对后世诗歌尤其是近体诗的发展产生了深远影响。还与周颙等人共同提出了“四声八病”的理论，促进了诗歌创作的规范化。在史学方面，著有《晋书》《宋书》《齐纪》等，其中《宋书》被收入“二十四史”。

【沈周】（1427—1509）明代画家。字启南，号石田，晚号白石翁。长洲（今江苏苏州）人。出身于家境殷实的书香世家，少有才名，十五岁游金陵，作诗献给巡抚侍郎崔恭，崔恭现场测试，让他写一篇《凤凰台赋》。沈周援笔立就，让崔恭大为叹服。其诗文、书法和绘画均有很高成就，尤其在绘画方面，是明代中期文人画的代表人物之一。他的山水画继承了“元四家”（黄公望、王蒙、倪瓒、吴镇）的传统，又有所创新。画风笔墨厚重，色彩浓重，构图饱满。四十岁前多为小景，之后始绘大幅。其细笔一路，工整缜密，气象浑融。花鸟与写意人物，用笔简括苍老，注重神采。他的创作态度极为严肃审慎，虽落笔点苔，也绝不苟且。当时被推为画坛领袖，在其影响之下，形成“吴门画派”，又与文徵明、唐寅、仇英并称“明四家”。

传世作品有《庐山高图》《秋林话旧图》《沧州趣图》。书法亦有名，著有《石田集》《客座新闻》等。

【慎独】 儒家的修身之道。指当独处而无人监督时，仍能够自觉地坚守信义，一丝不苟，不做违背道德准则的事。

【升】 ①容量单位。春秋时期，齐国旧制以4升为1豆。汉制，10合为1升。②量器名。

【升官图】 中国古代一种博戏。纸上画文武大小官，掷骰，以第一掷为进身之始，其后计点数彩色，以定升降。以四为德，以六为才，以二、三、五为功，以幺为赃。遇德则超迁，才次之，功亦升转，遇幺则降罚。唐人称彩选，宋人有选官图、选仙图，明人有百官铎，均属此类博戏。

【升科】 明清定制，新开垦的田地，一般水田六年、旱田十年不征税，满年限后，按照赋税规定，征收钱粮，与普通田亩同等，称为升科。也称起科。

【生旦净末丑】 传统戏曲的行当。原分十大行当：一末二净三生四旦五丑六外七小八贴九夫十杂，后概括为五大行当：生旦净末丑。生：一般扮演净、丑以外的普通男性人物，常是剧中的主要人物。旦：一般扮演女性人物。根据剧中人物的年龄、身份、性格、表演特点等进行划分，有正旦、花旦、闺门旦、玩笑旦、刀马旦、武旦、老旦等。净：一般扮演品貌或性格特异的男性人物，也称大花脸，俗称花脸、花面。末：宋杂剧中有副末。元杂剧的正末是同正旦并重的两个主要角色。明清戏曲中都有末，主要扮演中年男子。表演上基本与生、外相同。近代京剧，末已逐渐并入老生行，不再有此区分。汉剧则仍作为一个主要行当。丑：一般扮演诙谐或邪恶的男性人物，由于化妆时常在鼻梁上抹一小块白粉而俗称小花脸，又同净角的大花脸、二花脸并列，俗称三花脸。

【生券军】 宋元时期外出征战而须增发军饷的军队。其名始于南宋，元朝沿称。生券即出征军士在熟券之外加发的口券，可凭此另支一份军饷。由于其多为军中精锐，故襄樊之战后，吕文焕所属生券军为元朝收编，用于侍卫、征战和屯田，其下的熟券军则被留居襄阳从事农耕。

【生员】 国学及州、县学在学学生。唐代国学、太学、四门学、郡县学分别置生若干员，此为“生员”之名所始。唐代，指在太学学习的监生。宋以后监生与生员有别。明清时，经本省各级考试，录取入府、州、县学学习者，都称生员，俗称秀才。也称诸生、庠生、弟子员、博士弟子员。明清生员，有“廪生”“增生”“附生”之别。

【笙】 shēng。中国传统管乐器名。“八音”分类中“匏”的代表乐器。由簧片、笙管、笙斗三部分组成。因形似植物从土中生长出来，故古人命名曰“笙”。簧片古时用竹制，后改用响铜；笙管为长短不一的竹管，于近上端处开音窗，近下端处开按孔，下端嵌接木质笙角以装簧片，并插入笙斗内；笙斗用匏、木或铜制成，连有吹口。有圆形、方形等多种形制，簧管自十三至十九根不等。奏时手按指孔，吹吸振动簧片而发音。殷周时已流行。能奏三或四个音组成的和音，音颤而柔和，是民间器乐合奏中的重要乐器，昆曲用以配笛伴唱。

【圣人】我国传统文化中，人格品德、智慧都达到完美境界的人物称为圣人。儒家典籍中推崇的圣人有尧、舜、禹、汤、文、武、周公、孔子等。自从儒家成为正统思想以后，圣人特指孔子。

【胜邪】古宝剑。相传春秋时铸剑大师欧冶子铸造湛卢、纯钧、胜邪、鱼肠和巨阙五把宝剑，传欧冶子在铸造这把剑时感受到了剑中的恶气，因此命名为“胜邪”，意为战胜邪恶。这把剑后来为吴王阖闾所得。

【失出失入】因审判官的原因造成减轻或加重犯人刑罚的罪名。如一个人的罪行致死却没有判为死刑，叫“失出罪”；如罪行不致死却判死刑，叫“失入罪”。此罪名起源较早。唐律规定，不当减轻刑罚造成失出的，按减轻部分刑罚各减三等处罚审判官；不当加重刑罚造成失入的，按加重部分刑罚各减五等处罚审判官。因对失入罪的惩处比失出罪轻，法官断罪时往往倾向于重，故唐以来皇帝常通过下诏宽刑来调节。

【师旷】春秋时晋国乐师。字子野。目盲，善弹琴，听觉十分灵敏，能够辨别各种音律。晋平公（前557—前532）时铸了一口大钟，很多乐工都以为是合乎音律的，只有师旷认为不合音律，请求重新铸造。后来经过卫国乐师师涓的审度，果然不合音律。另有记载，卫灵公访问晋国时让其国乐师师涓演奏琴曲《清商》，师旷指出师涓所演奏的《清商》是商纣王的“靡靡之音”，属于“亡国之音”。相传《阳春》《白雪》《玄默》等曲均为师旷所作。

【诗话】①古代文学批评方式之一。评论诗歌、表达诗歌理论或记载诗人议论、行事的随笔式著作。写作诗话之风始于宋，由北宋至南宋，遂蔚成风气，欧阳修《六一诗话》是最早以“诗话”为题的著作，其他如司马光《续诗话》、陈师道《后山诗话》等。宋人所作诗话，存世者不下数十家。历金、元、明不衰，至清代极盛，如王士禛的《渔洋诗话》、袁枚的《随园诗话》等。②宋代说唱文学的一种，略如平话之类，其体制有诗也有散文。每节前为说话，末系以诗，故曰诗话。如《大唐三藏取经诗话》。

【诗经】我国第一部诗歌总集。本称《诗》，汉代列为儒家经典，故称《诗经》。编成于春秋时代，相传曾经由孔子删定，共305篇，又称“诗三百”。分为“风”“雅”“颂”三类，其中“风”有十五《国风》，“雅”有《大雅》《小雅》，“颂”有《周颂》《鲁颂》《商颂》。形式以四言为主，运用赋、比、兴手法，采用重章复沓的结构。代表了春秋中叶以前诗歌创作的最高成就，是我国现实主义诗歌的源头，对我国两千多年来的文学和文化的发展有深远的影响。

【诗品】诗论著作。南朝梁钟嵘著。原名《诗评》。约成书于梁天监十二年（513）以后，三卷。选择自汉至梁一百二十余位五言诗人，别其等第，分为上、中、下三品，并缀以简短评语。其评论多从体貌风格出发，或用形象比喻，或从读者审美感受角度加以形容。对一部分诗人，还按其作品风貌，论述其继承关系和流派。为现存最早的诗论专著，对后世颇有影响，被视为历代诗话之祖。

【鸤鸠】 鸤，shī。鸟名。即布谷鸟。因其鸣叫正值我国南方麦熟种稻之时，鸣声又好像“布谷，布谷”，似乎在催促着人们耕种谷物，因此得名布谷鸟。

【施耐庵】 元末明初小说家。生平事迹不详。名子安，钱塘（今浙江杭州）人。元至顺进士。因与当道不合，遂弃官闭门著书。博古通今，才华横溢。通常认为是《水浒传》的作者。

【施主】 梵语音译为“檀越”。是佛教对向寺院施舍财物、食物之人的敬称。

【蓍】 shī。又名莳草、锯齿草、蚰蜒草。上古视蓍草为神异之草，传说一株要数百年乃至千年才能长成百茎，因而认为它能预知吉凶，故蓍草在古代被用于占卜，象征着智慧和对未来的洞察力。其四季常青，象征长寿。叶子形似“吉”字，被视为吉祥的象征。

【十八省】 清代行政区域。清初对长城以南的明代故土，仍采用明制，分为十五省，只把其中的北直隶改为直隶省，南直隶改为江南省。康熙时将陕西分为陕西、甘肃两省，湖广分为湖北、湖南两省，江南分为江苏、安徽两省，即所谓“内地十八省”。而边疆地区由将军、都统、参赞大臣、办事大臣、驻藏大臣等统辖，不用省的建制和名称。直到光绪年间，才在新疆、台湾、奉天、吉林、黑龙江陆续建省。

【十段锦册法】 明中叶南方部分地区实行的一种赋役改革。也称十段文册、十段丁田、均平需鞭。简称十段法。天顺时初行于福建；正德年间江南各府相继仿行。清查全县各里甲人户名下丁、田数目，分成十段，各段负担能力大体均平，每年徭役编派一段供应。以田亩分段的，又名十段田法。嘉靖中期改变此法，以便加派赋役。每年编役不限于一甲；一甲的田有余，留作以后派差；不足，提下甲田地补充。实际提用较多，故又名提编。嘉靖、隆庆间盛行江南浙、闽等地，不久为一条鞭法替代，万历年间仅云南等地仍在施行。

【十恶】 我国古时所制定的不可赦免的十项重大罪名，即谋反、谋大逆、谋叛、恶逆、不道、大不敬、不孝、不睦、不义、内乱。汉代以后，陆续出现不道、不敬等罪名，北齐有“重罪十条”，但还没有“十恶”的名称。隋开皇年间，在法典中正式将“十恶”定为罪名，明确这些犯罪行为性质恶劣，处罚很重。其中谋反、谋大逆两罪尤其严重。犯者均判斩刑，年龄达到16岁以上的父、子连坐，处以绞刑。明清律对犯者判凌迟处死。犯这十种罪，不在“八议”“常赦”的论赎范围之内。从唐代到清代，除元代改称诸恶外，相沿不改。

【十恶不赦】 古代刑律中有十项重罪一般不能赦免。“十恶”始见于隋代开皇年间，唐律沿隋制，后各朝代沿袭此律。

【十二次】 古人为测量和说明日、月、五星的运行和节气的转换，把黄道附近一周天由西向东十二等分，依次命名为星纪、玄枵、娵訾、降娄、大梁、实沈、鹑首、鹑火、鹑尾、寿星、大火、析木，叫作十二次。也称十二星次。每个星次由二十八宿中的某些星宿作为其标志，如星纪配斗宿、牛宿，玄枵配女宿、虚宿、危宿。余皆仿此。

S

【十二律】中国古乐的十二调。阳律六：黄钟、太簇、姑洗、蕤宾、夷则、无射；阴律六：大吕、夹钟、仲吕、林钟、南吕、应钟。共为十二律。始于周，定型于战国秦汉时期。各律从低到高的音名依次为黄钟、大吕、太簇、夹钟、姑洗、仲吕、蕤宾、林钟、夷则、南吕、无射、应钟。其中奇数为阳，称“律”。偶数为阴，称“吕”。总称“六律六吕”，或简称“律吕”，对应于十二个月及地支。在上古时代，人们把乐律和历法联系起来，一年十二月正好和十二律相对应。

【十二生肖】一种以动物纪年、确定人的生年及属相的习俗。也称十二属相。十二生肖是从十二地支演变而来，在先秦文献中就已经有十二地支与动物相对应的痕迹。云梦睡虎地出土秦简中有关于十二生肖的记载。东汉时，十二地支与十二种动物的对应关系完全确定下来，具体为：子鼠、丑牛、寅虎、卯兔、辰龙、巳蛇、午马、未羊、申猴、酉鸡、戌狗、亥猪。南北朝文献中开始出现“某属猪”“某属龙”的记载，将十二地支对应的动物作为该年的代号和生于此年的人的属相。唐代以后，十二生肖便流行起来并出现一些与生肖相关的禁忌和讲究。据传，宋徽宗属狗，便严禁屠狗；明武宗属猪，便禁止百姓养猪。

【十二章】古代帝王的冕服上的十二种图样。即日、月、星辰、山、龙、华虫、宗彝、藻、火、粉米、黼、黻。相传每种图案都有其寓意。日、月、星辰象征皇权照耀四方，皇恩浩荡。山象征帝王政权的稳固和强大。龙象征帝王善于审时度势地处理国家事务。华虫是五彩雉鸡，象征帝王要文采昭著。宗彝象征帝王忠孝之美德。藻象征帝王品性高洁。火象征帝王的行为光明磊落，率民上归天命。粉米象征帝王重视农桑，安邦兴国。黼象征帝王的威仪干练。黻象征帝王要明辨是非。

【十番鼓】合奏乐名。用笛、管、箫、弦、提琴、云锣、汤锣、木鱼、檀板、大鼓十种乐器演奏，故名。其乐有花信风、双鸳鸯、风摆荷叶、雨打梧桐等名目。起于明万历时，今仍流行于江苏、浙江、福建等地。初以打击乐器为主，后亦杂以多种管弦乐器，其种类因时因地而异，所用乐器亦有不限于十种者。

【十国楚】五代时十国之一。马殷在今湖南一带建立的割据政权。也称马楚、南楚。马殷唐末崛起于湖南，公元896年据今湖南之地，907年受后梁封为楚王，建都潭州（今湖南长沙），其疆域曾达今广西东北部。951年为南唐所灭。共历6主，56年。

【十国闽】五代时十国之一。王审知在今福建一带建立的割据政权。公元893年王潮据今福建之地，任福建观察使，旋升威武军节度使。后其弟王审知在909年被后梁封为闽王。933年其子延钧称帝，建都长乐（今福建福州），国号闽。943年延钧弟延政又在建州称帝，国号殷。945年复国号闽，为南唐所灭。共历6主，37年。

【十国吴】五代时十国之一。杨溥在今淮南至江西一带建立的割据政权。也称南吴。公元892年杨行密为唐淮南节度使，据扬州，902年受唐封为吴王，建都广陵（今江苏扬州），有今江苏、安徽、江西和湖北一部分。905

S

年，杨行密去世，其子杨渥继位，大权旁落摄政徐温。908年，张颢杀杨渥，立其弟杨隆演，919年晋吴国王，改元武义，920年，杨隆演去世，徐温立其弟杨溥为吴国王，改元顺义。927年，徐温去世，养子徐知诰继其权位，杨溥称帝。937年为徐知诰所代。共历4主，36年。

【十驾斋养新录】 笔记体著作。清代钱大昕著。“十驾”这个名字来源于《荀子·劝学》中的“驽马十驾，功在不舍”之说，意味着坚持不懈的努力。而“养新”则取自钱大昕祖父的书斋名，寓意对先贤学识的怀念与继承。体例略同顾炎武的《日知录》。全书二十三卷，按照不同的主题内容编排，涵盖了经学、小学、史学、官制、地理、姓氏、典籍、词章、术数、儒术等多个领域。论证缜密、见解深刻，如其中提到的古无轻唇音、古无舌上音等创见，对音韵学有重要影响。

【十六国】 时代名。西晋末年，乘各族人民纷纷起义之机，上层分子起兵建立政权，形成分裂局面。从公元304年刘渊称王起，至439年北魏统一中国北部止，共135年。各族统治者建立的割据政权有16个：成汉、二赵（前、后）、三秦（前、后、西）、四燕（前、后、南、北）、五梁（前、后、南、北、西）、夏，史称“十六国”。另有二魏（冉、翟）、西燕、蜀、段部、仇池和宇文部；北魏的前身代国也在这时建立，共24个。

【十七史】 中国历史上十七部重要正史的合称。《旧唐书·经籍志》著录《史记》《汉书》《后汉书》《三国志》《晋书》《宋书》《南齐书》《梁书》《陈书》《魏书》《北齐书》《周书》《隋书》13部，《宋史·艺文志》正史类又增加了《旧唐书》《新唐书》《旧五代史》《新五代史》4部，合称“十七史”。一说，宋人习称上述十三史及《南史》《北史》《新唐书》《新五代史》为“十七史”。

【十七帖】 帖，tiè。草书法帖名。晋王羲之所书信札，因开头有“十七日”字，故称。唐贞观时，命爱好书法的京官隶属弘文馆学习书法，拿出禁中法书做范本，其中有《十七帖》，所以又有“馆本”之称。《十七帖》书法，体势雄健，为草书绝品。

【十全武功】 清代乾隆自诩的十大征战成果。公元1747至1792年间两征金川、两征准噶尔、平定回部、降服缅甸和安南、镇压台湾天地会起义、两征廓尔喀等。乾隆帝撰写《御制十全记》以记述自己一生的“十全武功”，因此得称“十全老人”。

【十三行】 行，háng。小楷法帖。东晋王献之书《洛神赋》残存的一段，自“嬉”字起，至“飞”字止，计十三行，故名。十三行最突出的用笔特征是外拓，在挥运之中敛放自如，使点画更显得凝神静气，劲美健朗，奕奕动人。原来的墨迹写在麻笺上，内容为曹植的《洛神赋》。该文以浪漫主义的手法，通过梦幻的境界，描写人神之间的真挚爱情，但终因“人神殊道”无从结合而惆怅分离。王献之所书《洛神赋》（十三行）飞动超逸，虚和简静、灵秀流美，与文章内涵十分和谐，被誉为“小楷之极则”。

【十三经】 十三部儒家经典的合称。汉代开始，把《诗》《书》《易》《礼》《春秋》称为“五经”。唐代又把《周礼》《礼记》《仪礼》《公羊传》《穀梁传》《左传》与《诗》《书》《易》称为“九经”。唐文宗刻石经，将《孝经》《论语》《尔雅》列入经部。宋代又将《孟子》列入，因有“十三经”之称。

【十三经注疏】 南宋“十三经”之名形成后，学者们将汉代以来历代学者对这十三部经典所作的注释进行筛选和汇编，即《十三经注疏》。这十三部典籍都是为儒家所看重的，因此历代都有许多学者为其作注释。注释在古代有很多方法和别称，如传、注、解、说、训、诂、笺、章句、音义、直解等。前人的注释多了，后人作新注时，就将前代各家注释加以集中、对比和分析，便有了集传、集注、集解的注释方式。随着历史的变迁，语言和文字发生了很大变化，前人所作的注释也不易读懂，因此又有针对前代注释所作的注释，称疏，也称正义、疏义、义疏等。具体来说，《周易》用三国魏王弼、晋韩康伯注，唐孔颖达等正义。《尚书》用伪孔安国传，孔颖达等正义。《毛诗》用汉毛亨传、郑玄笺，孔颖达等正义。《周礼》《仪礼》都用郑玄注，唐贾公彦疏。《礼记》用郑玄注，孔颖达等正义。《左传》用晋杜预注，孔颖达等正义。《公羊传》用汉何休注，唐徐彦疏。《穀梁传》用晋范宁注，唐杨士勋疏。《论语》用三国魏何晏等注，宋邢昺疏。《孝经》用唐玄宗注，邢昺疏。《尔雅》用晋郭璞注，邢昺疏。《孟子》用汉赵岐注，宋孙奭疏。

【十三史】 唐代将西汉以来的《史记》《汉书》《后汉书》《三国志》《晋书》《宋书》《南齐书》《梁书》《陈书》《魏书》《北齐书》《周书》《隋书》十三部正史合称为“十三史”。

【十三翼之战】 公元1190年，蒙古乞颜部首领铁木真（即后来的成吉思汗）抗击扎答阑部首领札木合的战役。约1189年，铁木真被各部推举为部落首领，与扎答阑部首领札木合发生冲突。1190年札木合集结泰赤乌等十三个部落共三万人进攻铁木真。铁木真也将所部三万人分为十三翼迎战于答兰版朱思之野（在今蒙古国成吉思汗市西北），故名。此役铁木真虽败，却打出了威名，又因札木合大肆残害俘虏，排斥异己，引起部众不满，转附铁木真，反而使铁木真实力增强。

【十善】 佛教指十件善事，即不杀生、不偷盗、不邪淫、不妄语、不两舌、不恶口、不绮语、不贪欲、不瞋恚、不邪见。因十善是佛教的戒律，所以也称十戒。与十恶相对而言。

【十通】 《通典》等十部典志书的总称。其中《通典》《通志》《文献通考》称“三通”，清乾隆时加入官修的《续通典》《清通典》《续通志》《清通志》《续文献通考》《清文献通考》六书，合称“九通”。1935年加入刘锦藻撰的《清续文献通考》，成为“十通”。

【十字纲册】 明后期推行的食盐专卖新制。也称纲法。万历四十五年（1617）厘定“纲册凡例”，将纳过余盐银而未支盐之商名，挨资顺序，刊定一册。时积滞未支盐引约二百万，以“圣德超千古，皇风扇九围”十字，编为十纲，以纳过余盐二十万引之盐商，为一纲，每年以一纲行积引，九纲行新引。那些销售旧引的商人只需收取旧引本息，不会让他们承受新引拖累的痛苦；那些销售新引的商人只需速行领取新引，不会让他们受到旧引套扼的危害。两者互不相关，各得其利。通过这种方式，每十年就可以完全清理一次积引。

【什一之税】 战国时期田税的通称。李悝变法时已推行，各国制度多为田亩产量的十分之一，但实际征收量往往超过。

【石鼓文】 我国现存最早的刻石文字。唐朝初年，在天兴（今陕西宝鸡）的一个名叫三畤原的地方，发现了十块鼓形石，上用籀文分别刻着十首记述秦国国君游猎情景的四言诗，也被称为“猎碣”。鼓形石上的文字出土时已受损，据记载宋欧阳修所见时仅剩四百八十五字，而后字数愈少，更显珍贵。历代文人如杜甫、韩愈等都有诗篇题咏。该石的发现对于我国古代文字以及书法艺术的发展具有极其重要的研究价值。原石现藏北京故宫博物院。

【石榴】 果名。汉武帝时张骞自西域城国安国传入内地，也称安石榴。夏月开花，果实形如球，熟则色红而开裂。又称丹若、涂林。石榴内部含有众多籽粒，这在古代被视为子孙繁衍、家族兴旺的象征，常被用来祝愿人们多子多孙、福寿绵长。石榴的外形圆润，内部籽粒紧密相连，也象征着家庭成员之间的和睦相处和团结互助。

【石门颂】 东汉摩崖刻石。隶书。碑额题“故司隶校尉楗（犍）为杨君颂”，建和二年（148）刻。刻石原在陕西汉中褒城石门崖壁上，石门即汉中褒斜谷通道。《石门颂》的文化内涵丰富，它记载、歌颂了东汉顺帝时的司隶校尉、犍为（今属四川乐山）人杨孟文“数上奏请”修复褒斜道的事迹。也称《杨孟文颂》。

【石砮】 砮，nǔ。用石磨制的箭头。据说，周武王灭殷后，国势强盛，四方属国纷纷前来朝贡。北方的肃慎族便是其中之一，他们贡献了楛矢石砮，周武王为了表彰自己的长女，将北方的肃慎族献来的楛矢石砮赐予了分封陈国的女婿胡公，这个传说反映了石砮在古代的重要性。

【石渠阁会议】 汉宣帝时在长安未央宫北石渠阁召集的经学会议。自汉武帝罢黜百家、独尊儒术，设五经博士，置博士弟子员以后，说经者日众，经说越细碎，异说越纷歧。甘露三年（前51），宣帝命众儒生讲论“五经”同异，并亲临裁定，旨在统一经义解释，强化儒学地位。参加者有施雠、梁丘临（贺子）、欧阳地余（高孙）、戴圣、刘向等。这次会议标志了鲁学得势，其主要成果体现于会后辑成的《石渠议奏》。汉代博士经说的分家，除《诗》学原有鲁、齐、韩三家外，其余都始于石渠阁会议。

【石涛】 （1641—约1718）清初画家。本姓朱，名若极。明靖江王朱赞仪十世孙。明亡后为僧，法名原济，亦作元济，字石涛，号苦瓜和尚、大涤子、清湘陈人。与弘仁、髡残、朱耷合称“清初四僧”。早岁居无定所，屡游安徽敬亭山、黄山，晚年定居扬州，以卖画为生。其画作以山水为主，同时也擅长花鸟画。所作山水、花果、人物，笔墨雄奇纵恣、构图新颖善变，意境苍莽，景象蓬勃，极富艺术感染力，对后世画家影响深远。石涛的艺术成就，一方面体现在他对传统绘画技法的深刻理解和掌握，另一方面则表现在他对传统绘画规范的打破和创新。他提出的“我自用我法”的绘画理念，强调画家应该根据自己的感受作画，不必过分拘泥于前人的规矩，这一思想对后来的“扬州八怪”以及近现代的画家们都产生了重要影响。工书法和诗。著有《苦瓜和尚画语录》等，后人辑有《大涤子题画诗跋》。其传世画作有《松鹤图》《云山图》《乔松图》《枯墨赭色山水》及《山水册》等。

【石油】 古称石漆、石脂、火油、猛火油、雄黄油、石脑油。常从地下流出，与溪流相混。大规模地开采，则需人工开掘油井。初汲出的油，名原油，稠厚，色黄或褐，带绿闪光。《汉书》记载石油的存在，其所述高奴（今陕西延长县一带）的延河支流露头的油苗浮在水面，人们已经注意到它的可燃特性。《魏书》记载新疆地区产石油，《水经注》记载甘肃酒泉产石油。最初石油只做燃料，用于点灯、煮饭、取暖，后用作车轴与机械的润滑油，南北朝时开始用于军事和医药。军事上，以石油为主要原料的燃烧剂点燃后，水无法浇灭，火反而会越烧越旺，故名“猛火油”。五代到宋元时在战争中逐渐普遍使用，如猛火油柜是较早的火焰喷射器。水战时，也可用猛火油洒物，焚烧敌船。唐宋时，今陕北一带人民用含蜡量极高的固态石油制作蜡烛，称为“石烛”。北宋时，为将石油用于军事，政府设立“猛火油作”，是世界上最早的炼油车间，所提炼的油易燃性大大提高，超过原油，相当于今天的煤油或柴油。北宋科学家沈括以石油炭黑制墨，首次使用“石油”的名称，并记入《梦溪笔谈》中。明代，我国在四川嘉州（今乐山）凿成第一口石油竖井，深度达数百米，较美国在1859年钻成二十多米深的油井，约早三百年。在石油的发现与利用史上，中国古代居于世界领先地位。今甘肃玉门、陕西延长等地，自古以来就是著名的石油产区。

【时宪历】 成于明末的一种阴阳历，清顺治二年（1645）始颁行。“时宪”取自《尚书》：“惟天聪明，惟圣时宪。”清代因避讳高宗弘历，改称“时宪书”。此历法正式采用定气，是我国历法史上第五次也是最后一次大改革。

【时享】 古代吉礼。在四季奉祀祖先的礼仪。起源很早，西周以来称春祠、夏礿、秋尝、冬烝。天子按季节用每季的时令祭品馈食于先王，各有其器用仪节，介于日祭、月祀和岁贡之间。秦汉以来沿此损益。民间祭祖也仿此。

【实封投状】 宋以来官田买卖、租赁和官营工商业经营权转移中行用的招投标方式。较买扑制（一种包税制度）严密和完善，即由买主出价，密封后投状官府，招标结束之日当众开验，价高者得。

【实录】 中国古代编年史的一种体裁，专记某一皇帝统治时期的大事。从据实编录史志发展而来，故称。最早见于周兴嗣撰、记载梁武帝事的《梁皇帝实录》和谢吴撰、记梁元帝事的《梁皇帝实录》。至唐初，每帝嗣位，都由史臣撰先帝实录，成为定制。后世沿之。又，私人记载祖先事迹的文字，有时也称实录，如唐代李翱《皇祖实录》。

【实授】正式授予官职。明制，京官部寺所属，初任为署职，考满后始实授；御史、中书舍人则必经试职方实授。清代以额定之官职正式除授，也称实授。

【实学】明清时期学术派别，反对明理学空疏的学风，主张经世致用、注重事功。如清代颜元、李塨师徒创立的颜李学派，注重研究实际问题，主张实学、实事、实功并重，倡导亲身习行践履，反对死读书。如清代以黄宗羲、万斯同、章学诚等为代表的浙东学派，倡导注重研究史料和通经致用的学风。

【拾】臂套。皮制，古人射箭、架鹰时的护臂。也称臂鞲、捍、遂。套在左臂，或套于两臂。妇女亦用以为装饰。

【食干】干，gàn。东魏、北齐时特有的一种封赏官员的制度。干本指仆役小吏，南北朝成为配给官府、官僚的一种职役，北齐定制按官吏品级配给，由州郡县隶户充当，一干输绢十八匹可放免其身，所收钱物按额发放给应得官僚，有时也特赐给宠臣。

【食盐法】金元按户口摊派食盐定额并据此征税的制度。

S

【史馆】古代官署名。官修史书的机构。北齐始置，负责修史，由宰相主管，称监修国史。唐太宗时始以史馆为宰相兼领职务，后为定制，另设修撰、直馆等官。史馆的职能主要是编修国史，如《晋书》《梁书》《陈书》《北齐书》《周书》等重要的历代历史文献，都是在史馆中编修完成的。此外，史馆还负责记录皇帝的言行、编纂诏书和奏折、管理国家档案等事务。宋代设昭文馆、史馆、集贤院，称为“三馆”，掌理秘书图籍等事。清代分设国史馆、实录馆。国史馆随时修纂，实录馆则专编前一代皇帝的政令。“唐宋八大家”之曾巩曾任史馆修撰，专典史事，曾作诗《和史馆相公上元观灯》。

【史记】史书。原名《太史公书》。西汉司马迁撰。中国第一部纪传体通史。作者据《左传》《国语》等史书及诸子百家之书，利用皇家收藏的文献，益以实地采访的资料编写而成，取材极富。记事起于传说的黄帝，迄于汉武帝，长达三千年左右，尤详于战国、秦、汉之际。共130篇，分为12本纪、30世家、70列传、10表、8书。本纪记录了帝王的言行和政绩，是全书的提纲；世家讲述了王侯的故事，反映了他们的品德和功绩；列传则记录了各类杰出人物的生平和贡献；表以表格形式简述世系和重要事件；书则记述了制度、文化、经济等方面的内容。每篇文章末尾，都有司马迁的总结性评论，称为“太史公曰”。上述体例为后世各正史所沿用。对历史人物的叙述，语言生动，形象鲜明，在文学史上有很高地位。鲁迅评价为“史家之绝唱，无韵之《离骚》”。

【史可法】（1602—1645）明末大臣。字宪之，号道邻，河南祥符（今开封）人。崇祯进士。崇祯帝死后，他在南京拥立福王朱由崧（弘光帝）为帝，建立南明政权，官至兵部尚书。顺治二年（弘光元年，1645），清军大举围攻扬州城，史可法拒绝清主将多尔衮的诱降，坚守孤城。不久后城破，史可法拒降遇害。当时正值夏天，史可法的遗骸无法辨认，其义子史德威与扬州民众在城外梅花岭筑衣冠冢以纪念。史可法死后南明朝廷谥之为“忠靖”，清乾隆帝追谥为“忠正”。后人收辑其著作，编为《史忠正公集》。

【史评】 评论史事或史书的著述。源于早期史官的论赞和对有关史书的议论。评论史事的专著有王夫之《读通鉴论》《宋论》，评论史书方面的专著有刘知幾《史通》和章学诚《文史通义》。旧时图书史部分类中辟有“史评”专目。

【史通】 史学著作。唐代刘知幾撰。刘知幾曾在史馆修史，参与编修《唐书》《武后实录》，因不满于当时史馆制度的混乱和监修贵臣对修史工作的横加干涉，于中宗景龙二年（708）上书求罢史任，退而私撰《史通》，以申其志。共20卷，49篇，其中内篇36篇，外篇13篇。内篇对古代史籍进行了全面深入的探讨，分别论述史学源流、体例以及史料的搜集、鉴定、比次、撰述与写作方法等。外篇多为读史札记，系统叙述历代史官的建置与史书的编撰得失。刘知幾提出史学家必须具备史才、史学、史识“三长”。史才，是研究能力和表述技巧；史学，是历史知识；史识，是历史见解与取舍标准。“三长”必须兼备，而史识是最重要的。史识的核心是忠于历史事实，秉笔直书。史有“三长”之说，对后世有很大影响。

【使臣】 ①身负君命，出使外国的官员。张骞是汉朝的使臣，两次出使西域，开辟了“丝绸之路”，促进了东西方文化的交流。②宋代对部分低级官员的称谓。有用于特定职务的，如熙宁中选指使巡教诸军，称“巡教使臣”；州、府所设捕“盗”官员，称“缉捕使臣”。有用于表示官阶地位的，如绍兴中重定武臣官阶，其第四十三、四十四两阶训武郎、修武郎为大使臣；第四十五至五十二阶为小使臣。③随军之各色人员也称使臣或效用使臣，南宋时有一军战士仅二三千人，而使臣多至五六百人。

【使持节】 古代官吏奉使外出时或由皇帝授予节杖，以提高其威权。“使持节”中的“节”，实际上是中国古代常用的信物，因用途不同而种类繁多。封建帝王所遣使者规定持“旌节”，使命完成后，再予以归还。持节者是钦差，权力极大。朝廷命将，以节为信，指挥军队。魏晋南北朝时，掌地方军政的官往往加“使持节”的称号，给以诛杀中级以下官吏之权。次一等的称“持节”，可杀无官职的人。再次称“假节”，可杀犯军令的人。至隋唐刺史，例加“使持节”的虚衔，如某州刺史必带“使持节某州诸军事”。唐永徽以后，都督带“使持节”，则为节度使。在唐代，“使持节”成为一种特殊的荣誉，通常授予那些功勋卓著的高级官员。郭子仪曾任左仆射、太尉、代国公等职，在平定“安史之乱”中表现出色，为唐朝立下了汗马功劳，因此被授予“使持节”的荣誉。

【使相】 唐时，以宰相官衔加予节度使作为荣典，节度使等使职加宰相衔者称“使相”。宋时，多以亲王、留守、节度使等官衔加给侍中、中书令、同平章事者，也称“使相”，但不干预政事。如王安石罢相后以镇南军节度使同平章事判江宁府。明代称以辅臣身份督师者，清代也用以称呼兼大学士的总督。

【士】商、西周、春秋时最低一级的贵族阶层。周初的士拥有土地和奴隶。春秋时期，士是军队的主力，或担任卿大夫的家臣，或有食田，或有俸禄。后逐渐失去贵族特权，转化为地主阶级或自耕农的一部分。同时，出现大批专门从事文化活动的文士。各国权贵养士之风很盛行。士也成为各国新的官吏队伍的后备队，逐步演变成知识分子阶层的通称。

【士大夫】对某一阶层或某一类人的通称。不同时代，人群涵盖范围不同。起源于战国时期，用来泛指官吏和士人阶层。西汉前期，主要指武人或军官。东汉以后，随着士族的兴起，逐渐成士族、官员、豪族的通称。士大夫属于统治阶层，一般拥有官衔。科举制度确立后，士大夫的地位更加稳固。他们在经济上大多是地主，尽管不一定拥有土地。士大夫通常接受过儒学教育，有资格通过科举考试从政。

【士夫画】文人画。泛指中国封建社会中文人、士大夫所作的画，以别于画院待诏、祗候等所作的院体画。宋苏轼提出“士人画”，明董其昌称为“文人之画”，他以唐代诗人王维为创始者，同时以其为南宗之祖。多取材于山水、花鸟、竹木，以抒发“性灵”或个人牢骚，间亦寓有对民族压迫或腐朽政治的愤懑之情。文人画的主张，要求画必须有“士人气”和“书卷气”，否则虽极工亦属“匠画”，不得入画品。士夫画讲求笔墨情趣，脱略形似，强调神韵，并重视文学修养，对意境表达及水墨、写意等技法的发展有很大影响，但其末流，玩弄笔墨形式，意境空虚贫乏。

【士家】魏晋以来世代为兵的家庭。也称兵户、军户。为保障兵源，对罪犯、贱户及俘虏、流民等强制编定户籍。其籍称为士籍、兵籍，子女称为士息、士女，地位高于奴婢但低于平民。南北朝至隋逐渐消亡。

【士庶】魏晋南北朝时士族和庶族的等级区别。东汉末年以来，大官僚地主依靠政治、经济特权，逐渐形成大姓豪族，称“士族”或“世族”，不属于士族的则称为“庶族”或“寒族”。士族往往充任高官显职，并享有占田、荫客、免役、免商税等特权。士庶的界限严格，在车舆礼服上不同，也互不通婚。庶族为求进身，常依附于士族为门生。

【士族】东汉以后逐渐形成的各地大姓豪族、显贵之家，在政治、经济各方面享有特权。也称世族、势族。士族是从战国以来的豪强地主、贵族、有权势的商人、地主发展起来的，往往充任高官显职，把持中央和地方权力。魏晋以来，实行九品中正制后，出现了上品无寒门，下品无士族的门阀统治，士族享有一系列特权，身份地位与寒门庶族差别很大。后隋文帝杨坚即位后，废除九品中正制，“取士不问家世”，但士族制度到唐代末期才渐趋消亡。

【氏族】原始社会由血缘关系结成的基本经济单位和社会组织。也称氏族公社。产生于旧石器时代晚期，初以女性为中心，称母系氏族，后过渡到以男性为中心的父系氏族。氏族内部禁婚，集体占有生产资料，集体劳动，集体消费，平均分配，无剥削和阶级。公共事务由选出的氏族长管理。重大问题（如血亲复仇、收纳养子等）由氏族成员会议决定。随着生产力的提高、私有制和阶级关系的确立，氏族制度开始解体，为一夫一妻制家庭所取代。

【世兵制】 把部分户口固定下来世代承担兵役的制度。起源可以追溯到汉末的质任制，当时为了确保士兵的稳定和防止逃散，军阀将士兵的家属集中管理，形成了军户。魏晋以来流行，为保障兵源，立专籍管理，其家须世世为兵，有“士家”“军户”等称，身份低下。北周至隋唐演变为府兵制，身份渐同平民。辽、金、元多与部落兵制结合，明卫所及清八旗、绿营兵也皆专籍世袭。

【世家】 古称世代显贵的家族为世家。因王侯开国，子孙世代承袭，故称。《史记》把记述诸侯王和重要人物的传记称为世家，将秦末农民起义领袖陈涉、儒家宗师孔丘，也列入世家，是表示特予尊崇。《汉书》将其并入列传以后，仅梁武帝敕撰《通史》以三国蜀、吴列为“世家”，欧阳修《新五代史》以十国列为“世家”，元修《宋史》以十国列为“世家列传”。

【世说新语】 志人小说集。原称《世说》，也称《世说新书》。南朝宋刘义庆撰。原为八卷，今本作三卷。分德行、言语、政事、文学等三十六门。主要记载汉末至东晋士大夫的言谈、逸事。书中所载的人物和故事，反映了当时的社会风尚和道德观念，展现了名士们的风采和清谈玄言的社会风气。这些故事短小精悍，语言精练，辞意隽永，往往寥寥数语，人物神采毕现，对后代笔记文学颇有影响。

【世外桃源】 晋代陶渊明在《桃花源记》中虚构的一个理想世界。一位捕鱼的武陵人沿着溪水前行，忽逢桃花林，夹岸数百步，中无杂树，芳草鲜美，落英缤纷，不知不觉中进入与世隔绝、没有遭受祸乱、安乐而美好的桃花源中。后用“世外桃源”比喻不受外界干扰、与世隔绝或安居乐业的好地方。

【世翁】 对有世代交谊的长辈的尊称。富贵人家帮闲凑趣的门客对主人也尊称“世翁”。

【世袭】 帝位、爵位、领地等由一个家族世代承袭相传的制度。原始社会初实行的是禅让制。大禹去世后，其子启杀死原由禹指定的王位继承人伯益，夺得王位，建立夏朝，开启了家天下的历史，自此帝位世袭制代替禅让制。周代王位由嫡长子世袭，余子分封为诸侯，诸侯的君位也由嫡长子继承。清代的爵位世袭都限定世数，不限世数的前加“世袭罔替”，意思是世袭次数无限，继承的爵位不降等级。世袭制一直沿袭到清代。

【世袭领兵制】 将领之家世代统带所属军户和士兵的制度。盛行于三国孙吴，某些将领可世代袭领其兵，服从朝廷调遣。此后各时期该制度均有不同程度存在，但军户对将主的依附关系已逐渐减弱。

【世兄】 对有世代交谊的同辈或晚辈的称呼。科举制时，也用于尊称座师或房师的儿子。

【世子】 帝王、诸侯的嫡长子。一说因其世代相传不绝，世代继承父位，故名。西周到战国时期，世子即太子。清代，亲王的嫡子得封为世子。

【仕女画】 通常指以封建社会里上层妇女为题材的中国画，属于中国画中的工笔人物画范畴。简称“士女”。一称“绮罗人物画”。其特点为设色浓丽，体态丰腴，姿态娴雅。魏晋时期独立成科。长沙马王堆汉墓出土的帛画《仕女图》是早期仕女画的代表作。到了唐代，受到历史及外来文化影响，形成时代新风貌，出现了绮罗人物画，是仕女画题材的扩展。典型的绮罗人物画以张萱、周昉为代表，他们创造了“铁丝描”和“游丝描”的综合技法，能更好地表现宫廷妇女、传说仙女等，穿着丝绸织品的华丽服饰，所画女子“衣裳简劲，彩色柔丽”，所以突出这类纹饰和艺术手法的仕女画，称为绮罗人物画。后随着文人画的成熟，工笔人物画走向衰微。

【市】 古代商品交易的场所。此称呼至今仍使用，与集、墟、场等有相同的意思。原始社会就有了商品交易的场所，当时以日中为市。后随着经济的发展，又有了以集市交易时间为特征的夜市、鬼市等。在“市”的形成与发展中又产生了行业、货运以及相应的管理机构与职能等的分工。

S

【市舶司】 古代官署名。负责对外贸易的管理、法令、征税等事。唐设有市舶使，也称押蕃舶使，多由地方官兼职，或由中人担任。宋代在广州等地，设市舶司，也称市舶务，置提举官。元明时称为市舶提举司，长官称提举。清代不设。

【市籍】 经官府准许，在市（特定的商业区）营业的商贾的户籍。秦汉时期如要从事商业活动必须向官府登记入籍，并缴纳市租。同时对商人采取抑制政策，秦代七科谪中征发“贾人”和“尝有市籍”“父母有市籍”“大（祖）父母有市籍”的人服重大劳役或戍边。汉代规定，列入市籍的商人不得坐车、穿丝绸衣服及携带武器，还须承担繁重的赋税，子孙不得做官。后世商人仍有专门的户籍，唐宋以来这种限制逐渐放宽。

【市门税】 北魏末年因国用不足向入市者征收的税种。凡入市坊之门者，每人一钱，北周初废。

【市平】 平衡市场物价。王莽新朝时推行的价格政策。将货物分为上、中、下等，以每季仲月之价为准，定出平均价格，货物市价高于此则官府抛售，低于此则收购，以平抑物价，增加财政收入。后世市场管理，仍有此类制度。

【市易法】 北宋王安石新法之一，由政府设置专门机构平抑市场物价。熙宁三年（1070），王韶在陇西古渭寨，用官钱设市易司，控制西北边境贸易。熙宁五年（1072），王安石参照王韶所行制定市易法，先在汴京（今河南开封）试行，设都市易司，边境和重要城市设市易司（务），由监官或提举官主持。平价收购市上滞销货物，允许商贾贷款或赊货，按规定收取息金。元丰八年（1085）后陆续废除。以后兴废无常。南宋时废止。

【市易务】 宋朝掌管城市官营商业、借贷业和政府购买的机构。

【事力】 南北朝时供官府或官僚役使办事的人员。也称手力、吏力、公力。由兵户充当者称为兵力。北齐有“干”

与"力","干"出所部之人,"力"多由白直充当。

【事略】文体的一种。记述人或事的梗概,有别于正式传记。起于宋代,常用于记述已故的亲戚朋友或历史事迹。如王偁《东都事略》、归有光《先妣事略》、李元度《国朝先正事略》等。

【侍读】古代官名。陪侍帝王读书论学或为皇子等授书讲学之官。其职务与侍读学士略同,然级别较其为低。唐置侍读学士,后废。宋有翰林侍读学士及翰林侍读之官,掌进读书史,讲释经义,备顾问应对。明清设于翰林院,有侍读学士、侍读,与侍讲学士、侍讲均为较高级之翰林官。清制另于内阁置侍读学士掌典校、侍读掌勘对,与翰林官有别。

【侍讲】古代官名。汉代有侍讲的称号,但未设官。以之名官起于三国魏明帝景初二年(238),以曹爽弟彦为散骑常侍、侍讲,始用作官名。唐始设侍讲学士,其职为皇帝、太子、皇子讲论文史。宋沿置,并设侍讲、侍读,都由懂文学的官员兼任。元明清为翰林院额定之官,有侍讲学士、侍讲。南北朝唐宋诸王府,亦有侍讲。

【侍郎】古代官名。秦汉时郎中令的属官有侍郎,为宫廷近侍。东汉以后,尚书属官,初任者称郎中,满一年称尚书郎,三年称侍郎。隋唐以后,中书省、门下省及尚书省所属各部均以侍郎为长官的副职,官位渐高。至明清,升至正二品,与尚书同为各部堂官。"唐宋八大家"之一韩愈受唐穆宗赏识,曾担任刑部侍郎、兵部侍郎等职,有"韩侍郎"之称。

【侍卫亲军】五代、宋、元皇帝的御前亲军。五代至宋与殿前军并置,同属禁军系统。元初忽必烈建立武卫军,公元1264年改称,分左右翼,1271年分为左、中、右卫,后发展至三十余卫。

【侍中】古代官名。加官,加侍中就能出入宫禁,成为皇帝的亲信。秦始置,为丞相属官,往来殿中奏事,故名。汉沿用为加官。因侍从皇帝左右,出入宫廷,应对顾问,地位日渐贵重,如卫青、霍去病、霍光都以侍中晋升,权势或过于宰相。东汉置为正式职官。魏晋以后,实际上已相当于宰相。隋因避隋文帝父亲杨忠讳改称纳言,又称侍内。唐复称侍中,成为门下省长官,乃宰相之职。

【试帖诗】诗体名。源于唐代,受帖经、试帖影响而产生,为科举考试所采用。其诗大都为五言或七言、六韵或八韵的排律,并限韵脚,以古人诗句或成语为题,冠以"赋得"二字,故也称赋得体。清代试帖诗,格式限制颇严,内容大多直接或间接歌颂皇帝功德,并须切题。

【室】古代住宅中位于中央前堂后面的房间,主要供人居住睡觉。古人的住宅内部前面正中一大间为堂,也称厅堂,是主人生活起居和接待宾客的地方;堂的后面一墙之隔是主人的卧室,称为室。室的两侧房间称为房。室是通过堂才能进入的,所以有"登堂入室"的说法。由此也可以看出古时称妻子为"室人"、称家庭成员为"家室"等的说法的由来。后来也把具有房间性质的场所称作室。

【室名】古代文人为自己的书斋或居室所取的名称,多寄托主人的意趣心态和抱负。宋淳熙八年（1181），词人辛弃疾在信州上饶郡城外建了一间书房，因旁边全部开辟为田亩，所以取名为“稼轩”，意思是面对着庄稼的轩房。后来他的作品集被弟子命名为《稼轩长短句》，随着其词作的广泛流传，“稼轩”之号也广为人知。

【室韦】 古代东胡族群。也作“失韦”“失围”。东胡的一个分支。南北朝时期主要分布在黑龙江上游一带，以狩猎为生。分为南室韦、北室韦、大室韦、深末怛室韦、钵室韦五部，历史上曾向东魏、北齐等中原政权进贡，隋唐时与中央政权关系密切，先后属唐朝慎州、黎州以及室韦都督府等管辖，分为二十多部，其中部分在公元10世纪被契丹兼并。

【轼】 安装在车舆前的横木，形如半框，有三面，供人扶手或凭倚用。古人在行车途中，前面遇到人或车，即扶轼表示敬意，这个动作也叫“轼”或“式”。

【释奠】 古代学校举行的祭祀先圣先师的典礼。在祭典中呈上牲畜、酒等祭品，并伴以音乐、舞蹈，以表尊师重道。周代学校在每年春、秋、冬季及开学、学校落成时都释奠先师。后来也成为孔子祭祀中的主要典礼，曲阜孔庙也举行释奠礼。

【释名】 训诂学著作。东汉刘熙著。八卷。体例仿《尔雅》，分为释天、释地、释山、释水等27篇。所释词语总计1502条。专用声训，以音同、音近之字诠释词义，推究事物命名的由来。虽不免穿凿附会，但对探求语源，考证汉代名物、典制、风俗，辨证汉代音义等均有一定参考价值。

【谥号】 谥，shì。古时帝王、后妃、文武大臣以及具有社会声望的人士死后，根据其生平事迹与品德修养，评定褒贬，给予寓含善意评价或评判性质的称号。相传，谥号始于周代。从内容上分美谥、平谥、恶谥三种，皆用有固定含义的字来表示。美谥用文、武等，如周武王、孝文帝。平谥用哀、愍等，如汉哀帝、晋愍帝。恶谥用厉、炀等，如周厉王、隋炀帝。谥号或为官谥，或为私谥。帝王的谥号由礼官议上，由即位皇帝宣布。大臣的谥号由朝廷赐予，此均属于官谥。由亲属、朋友或门人为表达对死者的崇敬和怀念而给予的称私谥。如东晋陶渊明去世后，南朝宋颜延之定谥为“靖节”。私谥在宋明时期比较常见。

【收孥】 孥，nú，妻子和儿女的统称。指一人犯法，拘捕其妻子、儿女充当官奴婢的制度。战国秦律有此规定，始创于商鞅变法时。后代相沿，株连的程度渐轻。汉文帝认为此制度有违法理人情，下令废止。

【手号军】 宋及元初手背刺墨以为记号的地方军队。也称手记军、涅手军。宋制禁军刺墨于面，各地屯驻军及部分义勇则刺墨于手背，以防逃亡。元灭南宋后，曾把后者收编为新附军。

【手力】 宋朝从事追催赋税和城郭征科等的一种职役。一般以第二、第三等户充当。

【手实法】 唐宋时令民户自报田地和财产等作征税根据的办法。也称首实法。唐行租庸调法时，每年年底命地方基层单位（里）的居民自报年龄及田地面积，编成“乡账”。长庆四年（824），元稹在同州整顿赋税，令百姓自报，名“自通手实状”。宋仁宗时，周湛和苏颂都曾施行许民自言、自实的办法。神宗时，吕惠卿又创五等丁、产簿，规定申报项目极广。尺椽寸土，鸡豚家畜，均须陈报。如有隐匿，许人告发，以查获资产的三分之一给赏。因扰民太甚，民怨沸腾，不久罢废。

【手影戏】 我国民间传统儿童游戏。只要一烛或一灯，甚至一轮明月，就可以展开巧思，通过手势的变化，创造出各种人或动物的逼真形象。《都城纪胜》记杭州瓦舍众伎“杂手艺”中就有“手影戏”一项。因手影主要做给儿童看，于是兔子、狗、猫等就成了手影的主要表现对象。

【守节】 封建社会约束妇女的道德规范。要求妇女谨守闺门，不与男子接触，婚后要从一而终，夫亡不得再嫁，要为丈夫终身守节，甚至殉夫。起源于周代萌芽的贞操观念。汉代至北宋，上自帝室公主、官宦之女，下至平民之妇，夫亡再嫁仍是普通的现象。自宋以后，随着程朱理学成为官方哲学，它所宣传的那套夫为妻纲的道德说教，也被抬到至高无上的位置，反映在婚姻关系上，便有“从一而终”“饿死事小，失节事大”的种种奇谈怪论。为了配合这种论调，由皇帝带头，旌表节妇贞女。各级政府和地方乡绅也层层配合，紧相呼应，并愈演愈烈。到了清代，“贞节”二字便成了规范妇女“人伦之大，风化之美”的最高准则，无数妇女的青春与幸福也随之葬送。

【守岁】 传统节俗。除夕之夜，一家团坐，饮酒笑乐，通夜不眠，称为“守岁”。其俗源于晋以前，至今犹然。

【守制】 丧礼仪式之一。遵守服丧期间的各种限制。西周时，服丧期间有各种禁忌限制。汉晋以来，这些规定逐渐制度化，官员服丧渐有定制，如在祖父母或父母丧期内，儿子、长房长孙不得进行娱乐活动，不得嫁娶，不得参加科举考试，要在家守孝 27 个月（不计闰月），在任官员须离职守丧期满后才能起复为官等。但在具体实行中，也多不遵古制。

【首辅】 明对首席大学士的习称。嘉靖、隆庆和万历初首辅、次辅界限严格，首辅职权最重，主持内阁大政，次辅不敢与较。清代领班军机大臣之权较重，一般也称为首辅。

【受戒】 佛教信徒通过既定的仪式接受戒律。只有经过这一过程，才能被称为比丘（僧）、比丘尼（尼）或居士。戒律包括在家修行者接受的五戒及八关斋戒、出家修行者接受的十戒等。另受戒也指伊斯兰教朝觐时的仪式和礼节。

【受脤】 脤，shèn，古代祭社稷用的生肉。周以来在社庙接受祭肉的仪式。常在作战出师前举行，后世沿之。

【授兵】 古代藏兵器于宗庙，打仗时先祭告，然后把兵器拿出来发给军士，称授兵。这一过程往往伴随着祭告等宗教仪式，以祈求出征顺利。

【授时历】 元代许衡、王恂、郭守敬等编定的历法。至元十八年（1281）赐名颁行。因取古语“敬授人时”意，故名。此历应用弧矢割圆术来处理黄经和赤经、赤纬之间的换算，并用招差法推算太阳、月球和行星的运行度数，定 365.242 5 日为一回归年（距近代观测值 365.242 2，仅差 26 秒）、

29.530 593 日为一月，没有中气的月份为闰月。其精密度和日月食预测达到空前水平。此法废除上元积年的历法传统，在宋金历法基础上有所革新，明初颁行的《大统历》基本沿用其内容，是我国历史上施行最久的历法。

【授田】 国家向农民分配土地使用权的制度。战国以来行之，凡成家立户著籍之民，授予一定数量的田地，受田者向官府缴纳赋税。北朝至隋唐均田制为其余绪。

【兽炭】 一种燃料。以炭屑和香料，用模具压成兽形，点燃用以取暖，同时有浓郁香气。也称香兽。

【绶】 丝织的带子，原用于串联玉器，战国时期开始成为官员系配官印的带子，至汉代经不断发展变化，逐步形成了完整的佩绶制度，用不同的颜色和长短、绪头的数量体现佩带人的身份和品级。绶一般和官印一起由朝廷颁发，挂在右腰一侧，打成一大环结，剩余部分自然下垂。贮绶有绶囊，用于放置官印。

【瘦西湖】 唐代以来随着扬州城址的不断变迁，人工开挖的护城河，与大运河相通。经人工整理成湖。位于江苏扬州西北。因湖面狭长，绚丽多姿，可与杭州西湖媲美，故名。是名声远扬的文化游览胜地，著名风景点有西园曲水、大虹桥、小金山、钓鱼台、莲性寺、白塔、凫庄、五亭桥、平山堂、平远楼、谷林堂、观音山、欧阳修祠等。清代乾隆皇帝多次南巡至此。

【殳书】 殳，shū，古代撞击用的兵器。秦书八体之一。因文字刻于兵器或觚形物体上，故称。代表作有《大良造鞅戟》和《吕不韦戈》。这两件作品都是兵器上的铭刻文字，展现了殳书独特的艺术风格和书写方式。大良造鞅戟是秦国的一种兵器，上面刻有“大良造鞅之造戟”的铭文。

【书】 史书体裁的一种。纪传体史书的组成部分。司马迁《史记》创始，设《礼书》《乐书》《律书》《历书》《天官书》《封禅书》《河渠书》《平准书》八书，记载天文、地理、律历、灾异以及典章制度的原委。其中，《河渠书》是我国历史上第一部水利通史，概述了从上古时期至秦汉时期的水利发展情况。

【书牍】 牍，dú，古代用以书写的木简。文体名。书信简牍之类的通称。“书”指书信，包括启、笺、移、牍、简、札、帖等。书牍文涉及的内容相当广泛。通常用散文形式，也有用骈文写成的。起源于春秋，盛行于魏晋以后。

【书后】 文体名。写在他人著作后面，对他人著作有所说明或评论。题目通常作“书某篇后”或“题某篇后”，故名。也称题后。始见于苏轼《书曹孟德传后》。再如韩愈《张中丞传后叙》、陆龟蒙《书李贺小传后》，皆为书后之体。

【书品】 书学论著。南朝梁庾肩吾著。一卷。载汉至梁能书者 120 余人，分上、中、下三等，每等再分上、中、下，共为九例，各附短论，品评其书法艺术的成就。文前有总序，每品各有论。总序论述文字的起源与造字的规律，各种书体的特点和使用。上上仅列张芝、钟繇、王羲之三人。庾肩吾在《书品》中还提出了“八病”概念，即书法创作中应避免的八种弊病，包括“偏枯”“单一”“斜弱”“粗疏”“狂怪”“俗艳”“轻浮”和“狂野”。这些概念对后世的书法创作产生了深远的影响，成为书法批评和创作中的重要参考。

【书谱】 书法理论著作、草书法帖。唐代书法家孙过庭撰并书。成书于垂拱三年（687）。书中详细记录了孙过庭在书法实践中的体验和感悟，对书法的笔法、章法、字法等方面进行了深入的探讨，并提出了“古不乖时，今不同弊”的著名书法观，强调书法艺术应与时俱进，不应墨守成规。书法本身亦极精湛，其用笔继承了“二王”笔法，峻峭挺拔，神采飞动，历代习草书者多取为范本。现藏于台北故宫博物院。

【书仪】 关于书信体式及日常礼仪的书。始自魏晋士大夫通行的书信格式，从南北朝到隋唐逐渐世俗化，包括日常生活起居注意事项和礼仪，主要有朋友书仪、尺牍范式、综合性的吉凶书仪等。《颜氏家训》记载，江南地区的人无论地位高低，都各有称谓，记载在《书仪》中。书仪从五代到宋以来比较流行，对民间礼仪产生深远影响。

【书院】 唐代中书省修书或侍讲的机构。玄宗开元六年（718），乾元院改号丽正书院。开元十三年（725）改丽正书院为集贤殿书院，置学士、直学士、侍读学士、修撰官等，掌刊校经籍、搜求遗书、辨明典章，以备顾问应对。宋至清时为私人或官府设立的供人读书、讲学的处所，有专人主持。宋代书院以讲论经籍为主，有白鹿、石鼓、应天、岳麓、丽正、象山等著名书院。元代书院遍及各路、州、府，在官府控制下，渐流为科举的预习场所。明清书院更多，但多为习举业而设。清光绪二十七年（1901）后，改全国省、县书院为学堂，书院之名遂废。

【书院田】 古代各地书院所有的学田。宋以来即为书院的基本收入之一，来源于私人捐赠及官府助学划拨之地，明清各大书院学田中，官拨的可高达七成左右。

【书状人】 宋元以来专门为诉讼人写状词的人。书状人大都通晓法律，擅长写文章。如所写的书状内容不符合实际，书状人须承担连带责任。

【枢府瓷】 元代景德镇烧造的青白瓷。因由元代军事机关枢密院订烧，有的器内印有“枢府”两字，故名。一说，因蒙古族崇尚白色，建立元朝后，“国俗尚白，以白为吉”，以白瓷作为官府用瓷及皇家祭器。枢府瓷工艺精致，色青泛白，多有印花。因其釉面色白微青，好像鸭蛋的色泽，故也称卵白釉。

【枢密使】 古代官名。唐代宗始置枢密使，以宦者为之，掌宫廷奔走，宣传机密诏奏，承受表奏，于内中进呈，若皇帝有所处分，则宣付政事堂及翰林院学士。其后宦官以此干预朝政，甚至废立君主，至昭宗时始改任士人。五代后梁建崇政院，改“枢密使”为“崇政使”。后唐庄宗同光元年（923）改“崇政院”为“枢密院”，“崇政使”为“枢密使”，实权或超过宰相。宋代略加变通，以枢密使为枢密院长官，与同平章事等合称“宰执”，共同负责军国要政。任此职者多为文官，偶用武人。宋代则以之称枢密院的长官。明以后多用为掌管军事的大臣的代称。

【枢密院】古代官署名。自内廷机要部门发展而来的最高军政机构。唐代宗始设枢密使，不置司局，僖宗时置官署，为东、西两院。五代后梁建崇政院，后唐改为枢密院。至宋为最高军政机构，专掌军机及征战要务，参与最高决策的有枢密使、副使等官，与中书省并称为“二府”。元代枢密院主要掌握军事机密、边防及宫廷禁卫等事务；战时设行枢密院及枢密分院，掌一方军政。明太祖下集庆，即置行枢密院，自兼领，不久，改置大都督府。

【菽】shū。豆类的总称。秦汉以后多指大豆。

【疏决】清理积滞，对在押未审或已判处但未行刑的囚犯减免刑罚。秦汉以来，名称不统一。唐代始用此称，宋代沿用。宋景德间，真宗在盛暑疏决京师的囚犯，此后成为定制，多在夏初通过帝王的特别诏令实行。宋时规定，谋反、谋大逆、谋叛、恶逆、不道、大不敬、不孝、不睦、不义、内乱“十恶”罪犯和“四杀”不在疏决范围内。

【输傭钱】金代品官之家缴纳的一种杂税。据品官之家所具物力多少征收，以代杂役。

S

【赎刑】用缴纳金钱或服劳役等抵罪以减免刑罚。起源较早，战国秦汉时期，可赎范围广泛，从疑罪推广到各种刑罚，常限杂犯死罪以下。魏晋以来又限身份，具体赎法各有规定。后世沿此有所变化。明清官民杂犯死罪以下，都可依例用钱钞、银两或劳役赎罪减免。

【熟券军】宋元时期领取常规军饷的驻地留守军队。其名始于南宋，元代沿称。南宋为了有效管理军队和分配军饷，采取了发放口券的制度。口券分为生券和熟券，其中熟券发给驻在兵营和内地的军士，作为领取军饷的凭证。领取熟券的军队被称为熟券军。

【黍】shǔ。谷物名。古代五谷之一。其不黏者，别名穄，也称稷。黍和稷为我国古代的主要粮食作物，在《史记》中，司马迁列举了与时辰相对应的五种谷物，其中包括黍。黍在民俗和礼仪中也扮演着重要角色。在古代，黍常常用于祭祀和重要的宴席场合，被视为一种珍贵的食材和祭品。同时，黍也与一些重要的节日和习俗相关联，如端午节时，人们会用箬叶、菰芦叶等包裹黍米制成粽子，寓意着祈福和团圆。因此粽子又称香黍、角黍。

【属国军】辽朝向附属国征兵组成的军队。属国军在战时被征调参与征战，但平时并没有固定的编制和员额。属国军的从征记录始于辽太祖时期。

【属珊军】辽太祖皇后述律氏选精壮和有技艺的俘虏组成的一支御帐亲军。“属珊”为契丹语“珍美如珊瑚”的音译。述律氏将从战争中俘获的有技艺的人户安置在自己的帐下，这些私人属户被称为属珊。属珊军与皮室军一起被称为御帐亲军，它不是一个常规的军事编制单位，而是匠户编制。

【署书】秦书八体之一。以用于封检题字而称。署书是书法艺术的重要组成部分，它代表了古代官方文书和重要文献的书写方式。在古代，署书被广泛应用于官方文书、碑刻、铭文等场合，具有规范、工整、易读的特点。

【蜀】 古族名、古国名。从商代起就有关于蜀的记载。据说蜀民族是该地氏族的一个分支，早期生活在现在四川岷江上游，主要以渔猎为生，后来逐渐进入四川中部平原地区，曾参与武王伐纣。西周中期以后首领蚕丛始称蜀王。春秋中期，由杜宇氏统治，建立蜀国，后禅位给开明氏，迁都成都。公元前316年秦灭蜀，置蜀郡。

【蜀汉】 三国政权之一。公元221年由刘备在成都建立。旧史以别于前后汉，称为蜀汉。也称三国蜀、季汉、刘蜀。基于赤壁之战后刘备入蜀建立的政权。曹魏代汉次年，刘备承汉称帝，定都成都，占有今四川、云南的大部分，贵州、重庆全部，陕西汉中和甘肃白龙江流域的一部分。263年为魏所灭。共历二帝，四十三年。

【蜀锦】 我国著名的丝织品，主要产于四川成都，故名。与南京云锦、苏州宋锦以及广西壮锦并列为我国古代四大名锦。蜀地蚕桑生产历史悠久。蜀锦以染色熟丝织造，质地优良、图案丰富、色彩缤纷，早在战国时期，生产已颇具规模。秦灭巴蜀后，专设“锦官”管理当地织锦业。东汉末年就是蜀地的重要手工业产品。三国时蜀锦是蜀国重要的经济支柱。隋唐蜀锦也属于重要的贡锦品种。宋代在成都还专设有锦院。后曾一度衰落，清晚期再度繁荣。因蜀锦之名，成都也有锦官城之称，锦里也是指成都及蜀地。

【蜀科】 科，法规，刑律。三国蜀汉时期为补充《汉律》而制定的刑法。出于当时治理益州地区的需要，由诸葛亮主持，与大臣李严、刘巴、法正、伊籍共同制定。此律规定比较严格。

【蜀葵】 花名。因在每年端午节前后开花，故又称“端午花”。因其可达丈许，花有红、紫、白等色，但多为红色，故而得名“一丈红”。在我国传统文化中，蜀葵常被用来表达忠君向日、刚直不阿的态度，同时也与端午节驱邪避祸的习俗相关联。《蜀葵花歌》是唐代诗人岑参的代表作，体现了诗人对蜀葵之美的赞赏。

【蜀洛朔党争】 宋元祐更化以来，旧党内部一场具有地方色彩的政治派别斗争。旧党是与宋神宗推行新政时的新党相对而言，主要有苏轼、吕陶、上官均等代表的“蜀党”，程颐、朱光庭、贾易等代表的“洛党”和刘挚、梁焘、王岩叟、刘安世等代表的“朔党”。其间有政见、学术之争，更多的是无原则的宗派倾轧。

【鼠尾册】 古代官府据以征发的民户丁口、资产登录簿。也称鼠尾簿、虎头鼠尾册、龙头蛇尾册。起源甚早，北宋始编专籍，据以差派职役，其登录综据各户丁口多少、资产高下分等攒集，先富强，后贫弱，类似鼠尾由粗而细，故名。元朝循此损益，用以登录各等户口分别征派赋役。明朝据以征派丁粮差役，丁粮额多者登录在前，少者依次在后。

【术数】 古代使用方术观察自然现象，预测国家人事吉凶祸福的活动。具体方法据《汉书》载，有天文、历谱、五行、蓍龟、杂占、形法六种。

【戍】 边防区域的营垒、城堡。北魏时在边关要隘设置，驻兵戍守。大者称镇，小者称戍。北边不设州郡之地，戍隶属于镇；南边设州郡之地，戍隶

S

属于州。

【戍籍】一种特殊的户籍制度，用于登记那些被派往边疆戍守的士兵及其家庭的信息。明清两代尤为明显，特别是在明代，戍籍不仅记录了士兵的姓名、年龄和籍贯，而且这些信息会被刑部整理并编排成册，以便于管理和调度。也指明清犯罪充军者的册籍。

【戍卒】戍守边塞要地的士卒。起源甚早，历代皆有，秦汉时主要由服兵役的农民充任，还包括临时征发的贫民及罪犯、赘婿、贾人之类。东汉改用常备兵戍边，也兼用弛刑徒（已判刑但因各种原因被去掉刑具的刑徒），后世各有其制。

【束发】古时男孩年满十五岁，将头发挽束在头顶为髻，称“束发”。后为成童的代称。

【束水攻沙】治河措施。通过筑堤束狭河槽，集中水量使流水冲蚀力增大，冲刷河道所淤泥沙，达到清除淤泥、防洪的效果。明嘉靖、万历时河道总督潘季驯在总结以往治河理论和实践的基础上，提出“筑堤束水、以水攻沙”的主张。明万历六年（1578）夏，潘季驯第三次受任治理黄河，大修高家堰，增筑黄河大堤“束水攻沙”。第二年冬，大功告成。此后，此方法常用于治理黄河。束水攻沙被后世奉为指导河防工程的有效之法。

【庶吉士】古代官名。明清由新进士中选入翰林院庶常馆学习者。也称庶常。明洪武十八年（1385）始设庶吉士，采《尚书》“庶常吉士”之义，六科及中书皆有之。永乐二年（1404）专设于翰林院，选进士文学优等及善书写者任之，称为“翰林院庶吉士”。清沿明制，于翰林院设庶常馆，选新进士之优于文学书法者，入馆学习。三年后举行考试，成绩优良者分别授以编修、检讨等职；其余分发各部任主事等职，或以知县优先委用，谓之“散馆”。

【庶人】初指从事农业劳动和各种劳役的平民阶层。西周时，庶人虽然还是用于封赐的对象，但身份比奴隶高，地位低于士。以后，庶人逐渐成为个体农民，有当官和议政资格。后一般泛指没有官爵的平民。也称庶民。

【庶子】妾所生的儿子。如战国时商鞅，是“卫之诸庶孽公子”，即商鞅是卫国国君姬妾生的公子。古时由正妻所生的嫡长子继承家业，庶子无资格继承。

【数理精蕴】清朝康熙皇帝领导编撰的一部数学百科全书，为《律历渊源》的一部分。何国宗、梅瑴成等编纂，全书共五十三卷，分为上下两编及附录。上编五卷专讲数理，立纲明体，为全书的理论部分；下编四十卷则包含几何学、三角学、代数学及算术等知识。附录八卷包括四种表，这些表详细列出了相关数学公式和数据。此书全面系统地介绍了明末以来传入中国的西方数学和当时流行的传统数学，中西汇通，述旧传新，对我国近代数学的发展影响很大。

【双成】神话故事中的仙女名，姓董，为王母娘娘的侍女。炼丹宅中，丹成得道；又擅长乐律，自吹玉笙，驾鹤升仙。故称“双成”。唐白居易《长恨歌》：“金阙西厢叩玉扃，转教小玉报双成。”后人常用“双成”指才艺兼备的美女。

【水部】古代官署名。掌水道工程桥梁等事。长官为郎。曹魏尚书有水部郎，隋置水部侍郎，唐改置水部郎中、员外郎为正副长官。隋、唐至宋皆以水部为工部所属四司之一。明清改为“都水清吏司”，掌有关水道之政令，司下设都吏、河防、桥道、织造、柜、杂六科和算房、火房，分掌本司事务。南朝梁何逊官水部郎，世称“何水部”，也称其为“水部”。

【水浒传】长篇小说。也称《水浒》《忠义水浒传》。关于其作者，说法不一，一般认为是施耐庵。以北宋后期的农民起义为题材，真实地反映了它的产生、发展和失败的过程。暴露了封建统治阶级的丑恶和腐朽，以及对人民群众的压迫和剥削。深刻地揭示了“官逼民反”“逼上梁山”的生活现实。书中塑造出李逵、武松、林冲、鲁智深、宋江等一系列个性鲜明的人物形象。全书结构严谨，情节曲折，语言生动，有很高的艺术成就，为我国英雄传奇小说的经典之作。与《三国演义》《西游记》《红楼梦》并称我国古典小说四大名著。

【水经注】地理学著作。北魏郦道元著。四十卷。《水经》为旧题汉桑钦所著记述水道之书，文字简略。郦道元博引有关史地著作为之作注，将原书所载河流137条扩载为1252条。书中详细记载了这些河流的源头、流向、流域特征以及沿途的自然景观和人文历史。不仅包含了丰富的地理知识，还涵盖了大量历史遗迹、人物掌故、神话传说等内容。引用书籍多达437种。尤其值得一提的是，该书文字散中带骈，文笔绚丽，是一部优秀的散文著作，对后世山水散文的创作影响深远。

【水晶】晶莹明亮、闪光的矿物。无色透明的叫水晶，紫色的叫紫水晶，烟黄褐色的叫烟晶、茶晶，黑色的叫墨晶。也称水玉。名贵的手工艺品的材料。春秋战国以来的古墓中，常有水晶制品出土。也从大秦、波斯等国进口。

【水利】古人通过修治河渠堤坝，获得农田灌溉之利。“水利”一词，最早见于《吕氏春秋》，关于其传说，可追溯至上古。相传大禹曾率领先民用因势利导的方式疏导洪水，整治河道。由于水利涉及民生，历代王朝都给予高度重视，投入大量人力、财力。早在西周时期，就专设“司空”一职掌管水利。历史上更不乏著名的水利工程，春秋战国时期，楚国的孙叔敖曾主持修建芍陂蓄水灌溉工程，建成我国最早的水库。吴国的邗沟及其配套工程打通了淮河与长江、黄河水系。秦国蜀郡太守李冰率领人民兴建都江堰，将成都平原变为了农业发达、物产丰饶的“天府之国”。水工郑国主持修建的郑国渠使关中平原变为千里沃野，为秦国统一天下奠定了坚实的物质基础。隋朝开凿的大运河以洛阳为中心，北至涿郡（今北京），南至杭州，对我国南北政治、经济、文化的交流起到重要的推动作用。古代水利工程在规划、设计、施工方面都具有很高的科学水平与创造性。船闸、堤防、海塘等修建技术及《河防通议》《河防一览》《河工守成疏》等水利著作体现了我国古代利用水资源和防治水患的丰富经验和创见。

【水墨画】中国画中专用水墨而不施彩色的画。始于唐，成于宋，盛于元，明清继续发展。以笔法为主导，充分发挥墨法的功能，使墨色浓淡相渗透掩映，取得“水晕墨章”“如兼五彩”的艺术效果。在中国画史上占重要地位。

【水排】用水力驱动鼓风设备来进行铸造的装置。早期的鼓风设备大都采用皮囊，称为橐。一座炉子一般需要一排橐，故称排囊、排橐。用水力推动这种排橐，称水排。通过曲柄连杆将水轮的运转变换为往复运动，带动连排皮囊构成的风箱组，达到鼓风效果。相传为东汉杜诗担任南阳太守时所造，主要用于冶炼。

【水运仪象台】北宋天文学家苏颂、韩公廉等为皇帝编制历法而创制的大型天文仪器。分三层：上层置浑仪，观测日月星辰的位置。中层置浑象，有机械使浑象旋转周期与天球周日运动相同。下层设木阁。木阁又分五层，每层有门，每到一定时刻门中有木人出来报时。木阁后放有漏壶和机械系统，漏壶引水升降，以水为动力转动机轮，带动整个仪器运转。当代欧洲科技史学家认为，苏颂等人创制的水运仪象台是欧洲天文钟的先驱，早于西方数百年。

S

【税课】清朝财政收入中除地丁钱粮外的其他名目。也称杂赋。

【税粮】元明两代征收的实物赋税，主要是以米、麦等为主的粮食。元初在中原征税粮和科差。税粮以地、丁为征税对象，收米粟。灭宋后，江南秋粮征粟米，夏税征木棉、布、绢、丝绵等。明田赋或称税粮。行一条鞭法后大多折征银两，不再称税粮。

【顺昌之战】南宋将领刘锜在淮北顺昌（今安徽阜阳）击退金军主力的战役。南宋绍兴十年（1140）五月金完颜宗弼毁约率军南下，南宋东京副留守刘锜率八字军北上驻守开封（今属河南），行至顺昌，闻金军已陷开封，逼近顺昌，遂与知府陈规决定守城，先挫败金葛王褒及龙虎大王军。完颜宗弼率主力十余万来攻，又为所败，乃解围而去。此役，金军东路南下之势受挫。

【顺治】（1644—1661）清世祖爱新觉罗·福临的年号。清朝入关后的第一位皇帝。六岁即位，由叔父多尔衮、济尔哈朗摄政。顺治元年（1644）击败李自成，迁都北京。顺治七年（1650）多尔衮死后开始亲政。主张奖励垦荒，发展经济，稳定社会；尊孔读经，提倡忠孝节义；重用汉官，推行安抚政策，缓和汉满矛盾；澄清吏治，擢优汰劣；重视对藏蒙等少数民族的团结。二十四岁病死。

【舜】古代传说中的帝王，父系氏族社会后期的部落联盟首领。舜名重华，号有虞氏，史称“虞舜”。相传帝尧年老之后，认为舜道德高尚具有治理国家的才能，就把王位传给了舜，同时把自己的两个女儿娥皇和女英嫁给了他。舜的幼年并不顺遂，父亲瞽叟昏聩，而后母、弟弟因嫉妒几次谋害他，但舜成功脱险后，不计前嫌，依然敬重父母、关爱弟弟，因此被誉为道德品质高尚、孝顺父母的楷模。舜是治理国家的贤人。他继承了尧的治理方针，坚持以德治国，任用贤能的人，从而缔造了尧之后的又一太平盛世。后人将舜和尧并立为古代帝君之楷模。

【说】文体名。即说明文。一种用来阐述某种道理或主张的文章，以解释、说明为主。初起时带有游说、劝说性质，后则往往具有杂感色彩，故兼用议论。源于先秦。

【说文解字】文字学书。东汉许慎撰。十四卷，又叙目一卷。每卷分上、下。收字9353个，重文1163个。按文字形体及偏旁构造，分列540部，首创部首排检法。字体以小篆为主，有古文、籀文等异体，则列为重文。每字下的解释，一般先说字义，再说形体构造，不少字在解形之后，还注明音读或援引例证。是我国第一部系统分析字形、考究字源、解说字义、辨识声读的字书，也是世界上最古老的字书之一。历代注释《说文解字》的有多家，以清代段玉裁《说文解字注》最著名。

【说苑】史学著作。也称《新苑》。西汉刘向著。二十卷。分为君道、臣术、建本、立节等二十门，每卷以第一则或前面几则事例为大纲，后面事例共同陈说本卷主旨。所收遗闻逸事，自春秋战国至汉代，以儒家思想为主，兼及诸子百家之言论，多记国家兴亡之事理，阐释理想中的政治蓝图与伦理道德，要求君主实行仁政、德治。有些记载可以与先秦、汉代典籍相互印证，有些可以补充其他典籍之阙漏，有些则保留了散佚古籍的某些片段，吉光片羽，弥足珍贵。除第十六卷《谈丛》为语录之外，其他各卷大多数记载首尾完整、情节丰富的故事，多通过对话展现人物性格，生动形象。对话中有许多颇富智慧的格言警句，哲理深刻，引人思考。文字浅显明白，简洁生动，对后世笔记小说有一定影响。

【朔】古代有“月相纪日法”，农历每月初一，月亮运行到地球和太阳之间，和太阳一起出没，此时人们在地面上看不到月亮，这种现象称朔。古人以朔这一月相指称每月初一。

【朔方】北方及北边所设郡州之称。朔，北方。先秦泛指北方。汉武帝时始置朔方郡，位于汉王朝国都长安城的正北方，辖河套西北一带，又划朔方刺史部，督凉州至并州间北方各郡及属国。王莽以来朔方刺史部并入并州，郡至前秦废，北魏复置于今延安、榆林一带，隋唐时有罢置，后改为夏州。唐玄宗时又置朔方节度使，所辖约为汉朔方刺史部北部地区，治今宁夏灵武西南。北宋废，自后遂为其地泛称。

【矟】shuò。同“槊”。长矛，古代的一种长柄武器。在古代战争中，矟常用于骑兵作战，其特点是长柄、锐利的金属头部和侧刃。

【司空】古代官名。①也称大司空、司工、大司工。西周主管建筑工程、制造车服器械、监督手工业奴隶的官，《周礼》列为六卿之一。西周王室及诸侯置有不同级别的司空。春秋战国沿置，位列卿或大夫。东汉司空与太尉、司徒并为三公，分掌宰相职能，掌管水土及营建工程。魏、晋、南北朝为名誉丞相。历代沿置，用为加官，至元代罢。后俗称工部尚书为司空或大司空，工部侍郎为少司空。②汉成帝绥和元年（前8）改御史大夫为大司空，与大司马、大司徒并列为三公，后去大字为司空，历代因之，明废。③主管囚徒之官。又少府属官有左右司空，水衡属官有水司空。都是主管囚徒的官。唐代著名诗人李绅曾任司空一职，《悯农》是他在担任司空一职期间创作的诗歌。“司空见惯”中的司空即指李绅，唐孟棨《本事诗》载刘禹锡诗：“司空见惯浑闲事，断尽江南刺史肠。”

【司空图】（837—908）晚唐诗人、诗论家。字表圣，泗州（今江苏盱眙西北）人，寓居河中虞乡（今山西永济西）。咸通十年（869）登进士第。广明元年（880）冬，黄巢起义军攻入长安，僖宗出奔，他追至凤翔求见，拜知制诰、中书舍人。后不及随行，于光启三年（887）隐居于中条山王官谷中，与名僧高士游咏其间，自号耐辱居士。昭宗时，以谏议大夫、户部侍郎、兵部侍郎征召，均托病固辞。朱全忠禅唐称帝，以礼部尚书召，也推辞不赴。开平二年（908），闻唐哀帝被杀，绝食而死。论诗提倡“韵外之致”“味外之旨”，推崇王维、韦应物的“澄澹精致”，影响深远，严羽《沧浪诗话》提倡“兴趣”“妙悟”，清代王士禛标举“神韵”之说，均受其影响。《二十四诗品》一书，旧题司空图作，今人考订系托名之作。有《司空表圣文集》《司空表圣诗集》。

S

【司寇】古代官名。掌管司法、刑狱事务的辅政大臣。始置于周，地位略低于“三有司”，是重要的辅政大臣。春秋沿之，掌管刑狱、纠察等事。南方楚、陈等国称之为“司败”。《周礼》列为六卿之一，为秋官。战国时或称“邦司寇”，主刑狱，督造兵器。秦汉时期亦用作刑徒之称。西汉哀帝时曾改护军都尉为“司寇”，职掌迥异。后世以大司寇为刑部尚书的别称，刑部侍郎则称“少司寇”。孔子曾任鲁国大司寇。

【司隶校尉】古代官名。督察京师及周围地区的长官。《周礼》秋官司寇属官有司隶。汉武帝时始置。掌纠察京师百官及所辖三辅（京兆尹、左冯翊、右扶风）、三河（河东、河南、河内）、弘农七郡，相当于州刺史。成帝时省，哀帝改称“司隶”，属大司空。东汉复称“司隶校尉”，仍领七郡，权势仍盛，所监察的京师及畿内之地相当于一州。魏晋以后，沿用汉制，称司隶。所领之州，称“司州”。

【司令】古代官名。隋置，为内官尚宫的属官，掌图籍法式，纠察宣奏。金设于典卫司、宫苑司、惠民司等。元代为盐场主官，每一盐场设司令一员，掌办盐务。明为察言司长官，掌四方章奏，寻罢。元末明初诗人、书法家杨维桢泰定四年（1327）举进士，出任天台县尹，后改钱清盐场司令，任职时期，目睹盐民百姓生活艰难，故请求减轻盐税，上级不准后，决意挂印辞官。

【司马】古代主管军事之官。相传商代已置，西周王室及诸侯置有不同级别的司马，掌军政、军赋等事。春秋战国沿置。汉以来，司马仍然是军队的高级官员，中央、地方、军队中设有大司马或司马，为性质不同的军事或行政官。在汉末，司马逐渐演变为地方官员，负责管理一郡或数郡的军事事务。唐时，司马仍是一种重要的地方官员，但已经失去了军政大权。唐代诗人白居易，曾遭诽谤被贬作江州司马，贬官江州的白居易对人生、世事有了很深的感悟，他说自己是“面上灭除忧喜色，胸中消尽是非心”。唐后，司马一职地位渐低。明、清用作兵部尚书的别称，兵部侍郎则称少司马。

【司马光】（1019—1086）北宋大臣、史学家。字君实，号迂叟，陕州夏县（今属山西）涑水乡人，世称涑水先生。宝元元年（1038）举进士。英宗治平三年（1066），撰《通志》8卷奏呈，受到英宗重视，命设局续修。宋神宗即位，擢为翰林学士，名其书曰《资治通鉴》，并亲自作序。政治上反对王安石变法，提出“祖宗之法不可变”的主张，尤其反对青苗法，因意见未被采纳，自请外放。熙宁四年（1071），退居洛阳，专意编纂《资治通鉴》，经过十余年的努力，元丰七年（1084）书成。哲宗即位，太皇太后听政，召司马光为门下侍郎，进尚书左仆射，全面废除王安石的新政，史称“元祐更化”。在相位仅八月，病卒，追封温国公，谥曰文正，后世称司马温公。《资治通鉴》全书294卷，上起战国，下至五代，取材广博，下笔审慎，结构完整，考证详密，是一部优秀的通史巨著。另著有《稽古录》《涑水记闻》《司马文正公集》等。

【司马迁】（约前145或前135—？）西汉史学家、文学家。字子长，夏阳（今陕西韩城南）人。史学家司马谈之子。早年漫游长江、黄河流域，实地探访各地史迹，采集史料。元封三年（前108）继父职，任太史令，遍阅皇家藏书。后因为李陵军败降匈奴事辩解，获罪下狱，受腐刑。出狱后，任中书令，发愤著成《史记》。《史记》记事起于传说的黄帝，迄于汉武帝，首尾共三千年左右，是中国第一部纪传体通史。鲁迅评价为“史家之绝唱，无韵之《离骚》”。

【司马穰苴】 穰苴，rángjū。春秋时期齐国大夫。姓田，名穰苴。齐景公时，齐国遭晋、燕联军侵伐，穰苴以“文能附众，武能威敌”之才，受大夫晏婴推荐，出任将军，统兵抵御晋、燕之师。相传其出征前阅兵，申明约束，而受命监军的景公宠臣庄贾不遵约束，误期而至，穰苴乃令执法官将其斩首示众。继而景公遣使驰入军中以救庄贾，穰苴又斩使者的仆人，全军为之肃然。他体恤士卒，亲问饮食疾病，与士卒平分口粮，使全军将士斗志高昂。晋、燕军队闻风而退，他乘势追击获胜，尽复齐国失地，因功升任大司马，故有“司马穰苴”之称。战国中期齐威王命人整理兵法时，把司马穰苴兵法附入，称《司马穰苴兵法》，简称《司马法》。

【司马谈】（？—前110）西汉史学家、思想家。夏阳（今陕西韩城南）人。司马迁之父。官至太史令。鉴于当时学者各习师法，惑于所见，著《论六家之要指》，论述了当时流行的阴阳、儒、墨、名、法、道等各派学说。元封元年（前110），汉武帝赴泰山封禅，司马谈因病留洛阳，不久即逝。死前嘱咐儿子司马迁要继承祖业，完成其所著的《史记》。司马迁尊称其父为太史公。现今《史记》中的部分内容即为司马谈所作。

【司马相如】（约前179—前118）西汉辞赋家。字长卿，蜀郡成都（今属四川）人。少好读书击剑。景帝时，为武骑常侍。后来被免官，与邹阳、枚乘等同游，为梁孝王门客，作《子虚赋》。几年后，梁孝王死，回到家乡蜀地。路过临邛时，以琴曲《凤求凰》追求临邛富人卓王孙寡女卓文君，二人私奔同归成都。家贫，后与卓文君返回临邛，以卖酒为生。卓王孙感到很羞耻，就分给他们很多家僮和财物。相如、文君夫妇于是回到成都，购买田宅，成为富人。相传，汉武帝刘彻看到司马相如的《子虚赋》非常喜欢，以为是古人之作，叹息不能与作者同时代。在旁侍奉的狗监（主管皇帝猎犬的官职）杨得意是蜀人，对汉武帝说："此赋是我的同乡司马相如所作。"汉武帝惊喜之余马上召司马相如进京。司马相如向汉武帝说："《子虚赋》写的只是诸侯王打猎的事，算不了什么，请允许我再作一篇天子打猎的赋。"于是献《上林赋》。汉武帝大喜，任命为郎。后为中郎将出使蜀地，作《难蜀父老》。晚年因消渴疾免官，家居而卒。其赋大都用极其铺张的手法，描写帝王苑囿之盛、田猎之壮观，辞藻瑰丽，气韵排宕，于篇末则寄寓讽谏。为汉代大赋的代表作家。代表作有《子虚赋》《上林赋》《长门赋》《大人赋》等。

【司马炎】（236—290）即晋武帝。晋王朝的建立者。公元266—290年在位。字安世，河内温县（今河南温县西南）人。司马昭长子。三国魏咸熙二年（265）八月，继昭为相国、晋王。公元266年，代魏称帝，国号"晋"，都洛阳，史称"西晋"。咸宁六年（280）灭吴，统一全国，改元太康。建国后采取多种措施发展生产，一度出现繁荣景象，史称"太康之治"。晚年奢侈腐化，耽于享乐，怠惰政事，社会矛盾尖锐。死后不久爆发"八王之乱"，全国陷入分裂混战状态，导致西晋灭亡。

【司马懿】（179—251）懿，yì。三国魏大臣，西晋政权奠基人。字仲达，河内温县（今河南温县西南）人。曹操任司空时听闻他的名声，派人召他到府中任职，司马懿以风痹为借口不应召。建安十三年（208），曹操任丞相后，使用强制手段征召司马懿为文学掾，不得已就职。曹丕、曹叡当政后，受到重用，官至大将军、太尉、太傅。多次征伐有功，曾两次成功对抗诸葛亮北伐，远征平定辽东公孙渊叛乱。嘉平元年（249），发动高平陵政变，杀死魏帝托孤辅臣曹爽及其羽翼，成功夺取曹魏军政大权。死后，其子司马师、司马昭相继专政，最终由其孙司马炎代魏称帝，建立晋朝。追尊为宣帝。

【司徒】 古代官名。主管土地、民政。相传商代已置，西周王室及诸侯置有不同级别的司徒，掌教化、田土、徒役。春秋战国沿置。汉哀帝元寿二年（前1），改丞相为大司徒，与大司马、大司空并列三公。东汉时改称司徒，以太尉、司徒、司空为三公，也称三司。历代因之，明废。后别称户部尚书为大司徒。

【司业】 主管受教者之学业。隋始为学官名，国子监置司业，为监内的副长官，协助祭酒，掌儒学训导之政。至清末废。

【私塾】 古代家庭、宗族或教师自己设立的教学机构，为私学之一种。也称书塾、学塾、塾馆。约起于唐宋时期。

一般为初级教育，是古代启蒙教育的主要承担机构。有塾师自设的学馆，有官宦、地主、商人设立的家塾，也有以祠堂、庙宇的地租收入或私人捐款举办的义塾。一般一塾一师，采用个别教学方法，学生程度、教材及学习年限不定。

【私田】 私人占有的田地。商周常与村社公田相对而言，即出产归私家所有的份地。皆在私人名下，或自耕，或由农奴、部曲耕种，或租佃。汉唐间常由官府确认或授予，或干预其兼并买卖和耕作方式。宋以来其私有权已相对完整，经营方式尤为多样，官府渐按亩计征各项赋役，其他干预愈趋减弱。

【私罪】 因私人原因造成的犯罪。魏晋以来，始将它与公罪明确相区别。唐律中指不缘公事私自犯者，虽缘公事而有偏私阿曲、不公正的同此，其处罚比同类公罪重。自此相沿到明清，都以此为原则惩处公罪之外的其他各种犯罪。

【思无邪】 我国古代文艺理论术语。指诗所表达的情志符合传统道德礼仪规范。孔子认为，《诗经》三百篇，用一句话来概括，就是其所表达的思想感情都是纯正的，没有邪念，即思无邪。

【缌麻】 缌，sī。五服中最轻的一种丧服。此丧服用较细熟麻布做成，对布料的处理，较小功服更精细。服期为三个月。一般来说，凡疏远亲属、亲戚如高祖父母、曾伯叔祖父母、族伯叔父母、外祖父母、岳父母、中表兄弟、婿、外孙等都服缌麻。

【四川广汉三星堆】 新石器时代至商周时期蜀文化遗址。位于四川广汉南兴镇三星村和真武村。距今约4800至2800年。自公元1980至1989年，考古工作者陆续发现其城址、房屋与祭祀坑等遗迹。陆续出土金、铜、陶、骨及象牙等质料的文物700余件，其中，青铜立人像、人头像、龙形器、虎形器、跪坐人像和金杖、金虎形饰等为国内所罕见。

【四大发明】 指造纸术、印刷术、指南针和火药，均由古代中国人最先发明。这些发明对中国古代的政治、经济和文化的发展产生了巨大的推动作用。至宋代相继传入域外各地，为世界文明做出了巨大贡献。

【四大皆空】 佛教将一切物质现象归纳为地、水、火、风这四种自然界的基本要素，称之为“四大”。认为四大都没有质的规定性和独立实体，是虚幻不实的。后人用“四大皆空”表示看破世间一切，生活无欲无求。

【四大金刚】 佛祖的外将，即东方持国天王，白衣持琵琶；南方增长天王，青衣持宝剑；西方广目天王，红衣手上绕缠一龙；北方多闻天王，绿衣右手持伞，左手持银鼠。四大金刚分居于须弥山四埵。我国寺庙山门两旁多立有四大金刚像。

【四大美女】 指我国古代四位美女，分别是西施、王昭君、貂蝉、杨玉环。关于她们的美貌，民间留下了“沉鱼、落雁、闭月、羞花”的传说。

【四大镇】 明清时期四个工商业城镇的合称。即朱仙镇（今河南开封西南朱仙镇）、景德镇（今江西景德镇）、佛山镇（今广东佛山）和汉口镇（今湖北武汉汉口）。朱仙镇和汉口镇为著名商埠，景德镇以制瓷闻名，佛山镇以冶铁业著称。

【四等官】唐律区分和追究官吏行政责任的四等官制。即凡官吏协同处理政务，不因私曲发生错失，仍须据其各自职权，分为总管其事的长官、协助长官审核其事的通判官、实际处理其事的判官、负责其事文案的主典四等。以过错原发者为首，其余依次为从，由重到轻连坐治罪，检查其文案的勾检官也同末从。此制沿用到明清时期，但四等官的称呼和量刑有所变化。

【四等人制】元朝的民族等级制度。元朝按族别和地区将其治理下的人口分为蒙古人、色目人、汉人、南人四等，其中前三种人统称“北人”。蒙古人是元朝的“国族”。色目人主要来自西域和西北各族，也有南方的蕃商，具体有多少种，说法不一。汉人指原金朝境内各族。南人指最迟被征服的南宋境内各族。地位最高的是蒙古人，其次是色目人，再次是汉人，南人地位最低。不同等级的人，在选用官吏、科举、刑罚及其他权利和义务等方面都有所差别。

【四端】指仁、义、礼、智四种道德观念的发端、萌芽。儒家认为仁、义、礼、智四端和四肢一样，是人生来就具有的。

S

【四方馆】古代官署名。隋炀帝时置。对东西南北四方少数民族，各设使者一人，主管往来及相互贸易等事。唐用通事舍人主管，属中书省。宋置四方馆使，主管文武官朝见辞谢、国忌赐香、庆贺章表等事。职掌与隋唐不同。金置，属兵部，掌诸路驿舍驿马并陈设器皿等事。设使、副使掌馆事。明有四夷馆，清有会同四译馆，职务同隋唐四方馆。

【四分历】东汉编䜣、李梵等创制的历法。汉章帝元和二年（85）实行。规定一回归年为$365\frac{1}{4}$日，一朔望月为$29\frac{499}{940}$日，以闰月来调节四时季候，19个太阴年插入7个闰月。因岁余$\frac{1}{4}$日，故名。也称后汉四分历。

【四海测验】元世祖时，天文学家郭守敬奉旨主持开展的一次全国性的天地测量活动。此活动实施于公元1276至1280年，在东西6000多里、南北11 000多里的范围内，建立27个测验所，测量的内容多，地域广，精度高，参加人员众多，为《授时历》的编制提供了所需的天象、晷影、纬度等实测数据。

【四合院】我国传统院落式住宅。以四面都建有房屋围合出院落得名，以北京四合院最为典型。常分为前院和后院，两院之间常用女墙、圆门分隔。前院大门一般设置在东南角上，大门内设有照壁，院内种植花木。后院是主要的生活居住区，南向的正房为长辈居住，并做接待来客使用，东西厢房是晚辈的住房。大型的住宅会有多重院子，有的还在两侧建有跨院。

【四库七阁】清乾隆所建的收藏《四库全书》的七座藏书楼。公元1782年，第一部《四库全书》编纂成书，入藏紫禁城文渊阁。到1787年，又陆续完成六部，分别藏在盛京（今辽宁沈阳）故宫文溯阁、北京圆明园文源阁、承德避暑山庄文津阁、扬州文汇阁、镇江文宗阁、杭州文澜阁。七座藏书楼都效仿宁波天一阁藏书楼规制建造，入藏各本及编目、提要有所不同。

【四库全书】清代官修大型丛书。按

经、史、子、集四部分类，故名。《四库全书》纂修工程浩大。清高宗弘历从乾隆三十八年（1773）起，多次诏令各省督抚学政，访求采进著作遗书，汇总京师，备修纂全书之用。翌年在京建“四库全书馆”，派皇六子永瑢为总裁，总理其事。纪昀等为总纂官，下设纂修、总校、分校、提调、总目协勘、督促、收掌、监造等员，连同缮写书手，先后动用近四千人，历时十年成书。共收书3460余种，79 330卷，约9.97亿字，装订成3.6万册，6700余函。《四库全书》基本上将乾隆中期以前，特别是元代以前的重要著作包括在内，在一定程度上起了保存、整理和传播我国古代文献的作用。但其编纂宗旨在于维护清王朝的专制统治，凡被认为不利于其统治的图书，则加以抽毁、窜改或斥之不录，禁毁书达3000余种，在我国文化史上也造成难以弥补的损失。

【四库全书总目提要】 书目著作。也称《四库全书总目》。清代永瑢、纪昀主编。二百卷。四库馆臣在纂修《四库全书》时，对抄写入《四库全书》和仅录存名目的图书分别撰有提要，于乾隆四十六年（1781）汇编成书。包括每种书的作者、内容、版本沿革及有关评论。收录正式入库图书3460余种、存目6793种。对了解和研究古代文献具有重要参考价值。

【四六文】 文体名。用骈体写的文章。因多以四、六字句上下相对成文，故名。也称四六、四六体。骈文以四六对偶者，起于汉魏，形成于南朝，盛行于唐宋。徐陵、庾信、王勃、杨炯、卢照邻、骆宾王等均为骈文高手。李商隐学骈体于令狐楚，所作骈文，集名《樊南四六》。

【四书】《论语》《大学》《中庸》《孟子》四部儒家经典的合称。宋代以《孟子》升经，又以《礼记》中的《大学》《中庸》二篇，与《论语》《孟子》配合。至南宋淳熙间，朱熹撰《四书章句集注》，“四书”之名始立。

【四书五经】 儒家经典的合称。“四书”是《论语》《大学》《中庸》《孟子》的合称。“五经”即《诗》《书》《礼》《易》《春秋》。“四书”之名始立于朱熹《四书章句集注》，因注《论语》，从《礼记》中摘出《中庸》《大学》，分章断句，加以注释，配以《孟子》，故题称。“五经”始称于汉武帝时，其中《礼》，汉时指《仪礼》，后世指《礼记》；《春秋》，后世并《左传》而言。

【四书章句集注】 我国南宋理学家朱熹为《论语》《大学》《中庸》《孟子》四书所作的注，包括《论语集注》《大学章句》《中庸章句》和《孟子集注》。《四书章句集注》不废名物考据，更着重义理阐发，是一部义理与训诂相结合的代表作，系统阐发了理学思想。该书为历代学者所重，被视为朱熹思想和理学义理的准则。此书也受到历代统治者的推崇，元代延祐（1314—1320）初年规定，蒙古人、色目人、汉人、南人科举考试的第一场须在《论语》《大学》《中庸》《孟子》中依照朱熹章句集注出题。明清时期，科举考试首重“四书”，以朱熹注解为唯一标准，答题形式则为八股文。《四书章句集注》遂成为从中央到地方、官办和私办的学校官定教科书和科举考试必读书，对古代教育和社会产生了极大的影响。

【四象】 古人把天上的恒星分为二十八星宿，再将二十八星宿分成四组，用来表示天空东、西、南、北四个方向的星象，并把每一方的七宿联想成四种动物形象，加上颜色，称为“四象”。也称四神、四灵。东方七宿称为苍龙、青龙，西方七宿称为白虎，南方七宿称为朱雀、朱鸟，北方七宿称为玄武、真武、灵龟。这与西方把星座想象成巨蟹、狮子、白羊等动物形象类似。

【四学馆】 南朝宋时期设立的儒学馆、玄学馆、史学馆、文学馆。公元438年，宋文帝征召雷次宗到鸡笼山（今南京）开设儒学馆，第二年又命何尚之设立玄学馆，何承天设立史学馆，谢元设立文学馆，都用于授徒讲学。到明帝时整顿其制，四学合并隶属总明观，到485年齐武帝时，被学士馆取代。

【四言诗】 诗体名。全篇每句四字或以四字句为主的古体诗。具有语言简练、节奏明快、表达力强、富有寓意、对仗工整等特点。是我国古代诗歌中最早形成的体式。先秦诗歌，如《诗经》，大多为四言。自《诗经》以后，四言诗便没有太大发展。能称得上继承《诗经》四言正体遗风的，只有曹操《步出夏门行》《短歌行》与陶渊明《停云》等作品。南宋胡一桂也善四言诗，但比起《诗经》中的珍品，诗味相差甚远，而且篇幅较长，又不分章，故有人称之为四言变体。魏晋以后，五言诗、七言诗盛行，四言诗渐少。

【四夷】 古代华夏族对东夷、西戎、南蛮、北狄的统称。先秦时代，处于中原地区的华夏民族，文化发展相对先进，把周边民族统称为“夷”，自称为“夏”或“华”，故有“夷夏”或“华夷”之称。根据地域方位的不同，把处于东方的夷称为东夷，西方的夷称为西戎，南方的夷称为南蛮，北方的夷称为北狄。夷夏之间，不断融合，夏吸收夷的优长，夷也接受夏的文明，称为“以夏变夷”，共同走向文明。

【四夷馆】 ①北魏设在洛阳的供域外归附者居住的馆舍。吴人来附者处金陵馆，北夷来附者处燕然馆，东夷来附者处扶桑馆，西夷来附者处崦嵫馆。②明清两朝所设立的专门翻译边疆民族及邻国语言文字的机构。明永乐五年（1407）设立，挑选国子监生学习翻译，隶属翰林院。分鞑靼（蒙古）、女直（女真）、西番（西藏）、西天（印度）、回回、百夷（傣）、高昌（维吾尔）、缅甸八馆。后来以太常寺少卿提督馆事，并增八百（掸）、暹罗二馆。清初改名四译馆，撤销蒙古、女真二馆。乾隆十三年（1748）并入会同馆，更名会同四译馆，以礼部郎中兼鸿胪寺少卿一人提督馆事，合并八馆为西域、百夷二馆。光绪二十九年（1903）裁撤。为了言语上沟通的方便，四译馆特别编纂了《华夷译语》等多部辞书。

【四柱册】 我国旧时官府在办理钱粮报销或移交时编制的报表。也称四柱结算法、四柱清册。四柱指旧管、新收、开除、实在，分别相当于现代会计中的期初结存、本期收入、本期支出和期末结存。“旧管”加“新收”减“开除”，等于“实在”。宋代已普遍使用此种报表，元明清时期得到发展，成为传统的中式簿记所采用的一种方法。

【四柱式】 赋役黄册登记每户人丁事产的四个项目。即旧管、新收、开除、实在，以明确登记前后各户丁口的变动。

【寺田】 寺院名下的田地。始于南北朝，常来源于信徒捐献、朝廷赐给及寺院自身的经营购置，随朝廷抑扬增减。它通常由僧尼进行耕作和管理，产出主要用于维持寺庙的运营和僧尼的生活所需。唐武宗毁佛时，全国四千六百所寺院被没收寺田数十万顷。

【兕觥】 sìgōng。古代一种饮酒器。兕，兽名，头有一角，色青，一说即犀牛。兕觥最初为犀牛角制，后为铜制或漆木制，其盖做成有角的兽头形状。盛行于商代及西周。

【祀灶】 祭祀灶神。灶神也称灶君、灶王爷，供奉于灶头，被认为能掌管一家祸福。汉以前祀灶在夏天举行。后传说汉代阴子方在腊日晨见到灶神，并以黄羊祭之，因而大富，遂以腊日为祀灶日。旧时风俗多以农历十二月二十三日或二十四日为祀灶日，人们以纸马、饴糖、年糕等送灶神上天。民间往往在灶头贴“上天言好事，下界保平安”对联。

【泗上诸侯】 泗，Sì。春秋战国时期泗河流域的十二个诸侯国。多为商周所封，即宋、鲁、卫、邾、薛、郳、滕、莒、任、郯、费、邳，战国时曾臣服于齐威王，也曾相互兼并，最后被齐、楚、秦所灭。

【松】 松科植物的总称。因枝干苍劲、耐干旱贫瘠、抗严寒风霜、四时常青等特点，被古人附以长寿、坚贞、高洁的象征，与梅、竹并称“岁寒三友”。孔子曾经说过：“岁寒，然后知松柏之后凋也。”后用松柏来比喻那些在逆境中依然坚守道义、不屈不挠的人。

【松锦之战】 公元1640—1642年间明清在锦州和松山地区进行的重大战役。此役皇太极率清军先围锦州，继在松山、杏山一带（今辽宁锦州西南）接战来援明军，最终歼其大部，俘明主帅洪承畴，迫降锦州守将祖大寿，自此明朝在山海关外仅存宁远（今辽宁兴城）孤城。

【松赞干布】 （约617—650）唐时吐蕃赞普（君主）。先后兼并今西藏各部落，建立奴隶制政权，定都逻些（今拉萨）。唐贞观十五年（641），与唐文成公主联姻，引进唐朝先进的生产技术，开展经济文化交流。贞观二十三年（649），被唐封为驸马都尉、西海郡王、賨王。

【菘】 蔬菜名。叶阔大，柄厚而色青者为青菜，柄薄而色薄者为白菜，别称黄芽菜。古人夸蔬菜好吃常说：“春初早韭，秋末晚菘。”宋苏东坡曾用“白菘类羔豚，冒土出蹯掌”的语句来赞美白菜味道的鲜美。《埤雅》解释了菘得名的原因，即因其凌冬不凋、四季常绿的特性与松树相似而得名。

【嵩山】 山名，五岳之中岳。位于河南登封北。古代原无“嵩”字，以“崇”为“嵩”字，直至汉代碑刻，才有“嵩”，用来专指嵩山。由太室山、少室山等组成，山峦起伏，有七十二峰，主峰峻极峰位于太室山，也称嵩顶。嵩山自南北朝起即是宗教、文化重地。有嵩岳寺塔、嵩阳书院、少林寺、嵩山三阙等众多文化古迹。

【宋朝】 由赵匡胤建立，灭亡后又由赵构重建的王朝。据首都及疆域变迁，分为北宋和南宋，称“两宋”。因赵氏郡望在天水（今甘肃天水），故又称天水朝。公元960年由赵匡胤取代后周建立，都汴梁（今河南开封），史称北宋，结束了五代十国的割据局面。1127年北宋灭亡后，宗室赵构在南京（今河南商丘）称帝，建立南宋，后建都临安（今浙江杭州），偏安于江南，1279年为元朝所灭。两宋共历18帝，统治320年。两宋武功、疆域不盛，但以商品经济发达、文化艺术繁荣著称。

【宋初三先生】 北宋初期的三位理学先驱胡瑗、孙复和石介。他们着力于经书的训诂和考证，侧重于“疑经”并阐发义理；或发扬儒家“内圣外王”之道，“救时行道”；或吸纳佛、道等诸家的学说和思想。重视教育，兴办学校。开创经学新风尚，为汉学向宋学的转变奠定了基础，开辟了道路。

【宋词】 宋代盛行的一种文学体裁。“宋词”即宋人填写的词。词起于唐，盛于宋。小令、中调之外，更增长调。宋代填词名家最多，作品极丰富，故文学史上常与唐诗并称双绝。按风格，通常分为豪放、婉约两派。宋词的代表人物主要有苏轼、辛弃疾、柳永、李清照等。

【宋慈】 （1186—1249）南宋法医学家。字惠父，建阳（今福建南平市建阳区）人。出身于一个朝廷官吏家庭，父宋巩，曾做过广州节度推官。少年时期受业于朱熹弟子吴稚门下，20岁进入太学。宁宗嘉定十年（1217）中进士。历任广东、江西、广西、湖南诸路四任提点刑狱公事，晚年官至广东经略安抚使。为官清廉，刚直有为，文而勇武，兼有谋略，听讼清明，决事果断。他总结宋代和宋以前法医方面的经验，再加上本人四任法官期间检验死伤者的心得，于淳祐七年（1247）编著成世界上最早的法医学专著《洗冤集录》。书中提出要重视现场勘验，主张通过检验取得案件证据，探明案件真相，强调司法审判不轻信口供，慎重详细检验才能查明案件事实。其检验方法与现代科学多有吻合处，受到现代人的重视。

【宋国】 周成王分封微子启为宋公所建的子姓诸侯国。周公平定武庚之乱后，为续殷祀，改封商纣王庶兄微子启于河南东部殷商故地，定都商丘（今河南商丘），较多地保留了殷朝典制。至宋襄公（？—前637）时，力图效法齐桓公的霸业，此后国势强弱不定，商业繁荣，思想活跃。战国中期后衰落，公元前286年为齐所灭。宋国是华夏圣贤文化的源头，是在我国传统文化中具有重要地位的儒家、墨家、道家和名家四大思想的发源地，被誉为“礼仪之邦”。孔子、墨子、庄子和惠子四位圣人或其祖先皆出自宋国，宋都商丘由此被誉为“中华圣人文化圈”。

【宋璟】 （663—737）唐代大臣。字广平，邢州南和（今属河北）人。调露元年（679）进士。武后时为御史中丞。睿宗时任宰相，因奏请太平公主出居东都，贬职楚州刺史。玄宗时复任宰相，开元八年（720）罢相。封广平郡公，卒谥文贞。宋璟以清廉、刚直著称，他在相位期间推行了一系列

S

改革措施，主张宽赋税，减刑罚，用人唯贤，与当时另一位贤相姚崇并称“姚宋”，对“开元之治”的出现起了重要作用。宋璟因为其温和的治理方式和为百姓谋福祉的努力，被赞誉为“有脚阳春”，意思是他就像春天一样，走到哪里，哪里就充满光明和温暖。

【宋濂】（1310—1381）明代文学家。字景濂，号潜溪。出生于浙江浦江，后迁居江苏苏州。早年师从黄溍，接受了良好的儒学教育。元末不仕。至正二十年（1360）与刘基等同受朱元璋礼聘，尊为先生，累官至学士承旨知制诰。明朝开国后的一系列典章制度，宋濂多参与制定。洪武二年（1369）主持修《元史》，担任总裁官。后因长孙宋慎牵扯胡惟庸案，全家被贬置茂州，中途病死于夔州。善诗文，与高启、刘基并称“明初诗文三大家”。有《宋学士文集》等。

【宋刑统】宋代主要法典。宋太祖建隆四年（963），由工部尚书判大理寺窦仪等撰《宋建隆详定刑统》，简称《宋刑统》。共30卷，12篇，502条。篇目有：名例律、卫禁律、职制律、户婚律、厩库律、擅兴律、贼盗律、斗讼律、诈伪律、杂律、捕亡律、断狱律。律后面附有唐代到宋初的敕、令、格、式中的刑事规范，形成综合性的法典。是我国历史上第一部刊版印行的法典。

【宋学】宋儒理学。主要指宋代的理学派别。注重义理，兼谈性命。流派纷呈，主要有以朱熹为代表的理学派，以陆九渊为代表的心学派，以叶适等为代表的永嘉学派，以陈亮为代表的永康学派，以吕祖谦为代表的金华学派。

【宋应星】（1587—？）明代科学家。字长庚，江西奉新人。多次参加科举未中，于崇祯十七年（1644）弃官回乡，后一度仕南明，约死于清顺治年间。在农业和手工业方面有着深入的研究和独到的见解。著有《天工开物》一书，是一部总结我国古代农业和手工业生产技术的重要科学文献，被誉为中国17世纪的工艺百科全书。

【宋玉】战国楚辞赋家。楚国鄢（今湖北宜城）人。传为屈原弟子，曾事楚顷襄王。屈原被逐，宋玉曾想靠朋友出仕，但顷襄王仅把他当作文学侍臣。顷襄王之时，强秦压境，国土沦丧。宋玉虽常侍顷襄王左右，曾尝试在顷襄王面前谈说利害，但顷襄王只不过欣赏他的“识音而善文”，终不能有所建树。晚年受奸人谗害，离开宫廷，生活困顿。宋玉的作品，《汉书·艺文志》录其赋16篇，今多亡佚。今天所见题为宋玉的作品共计14篇，包括《九辩》《神女赋》《风赋》《高唐赋》《登徒子好色赋》等。

【宋杂剧】宋代一种戏剧表演形式，以歌舞、杂戏和滑稽戏等分段组合而成。由唐参军戏、其他歌舞和杂戏进一步发展而成，并以第三者口吻咏叙故事，其戏剧形态和结构不甚成熟又多端百出，故也以此作为各种歌舞、杂戏的泛称。

【送穷】传统岁时风俗。祭送穷神。据传，颛顼高辛时，宫中生一子，穿破衣烂衫，宫中号为“穷子”。后来在正月晦日死去，把他埋葬后大家说是“送穷子”。此后便流行开来，此日要扔破衣，以此除去晦气。唐韩愈有《送穷文》。

【颂赞】 文体名。“颂”与“赞”的合称，以颂扬人物为主旨。“颂”是用于歌颂的作品。“赞”原本用于赞美，后来也用于褒贬评述。古人写作文史，多有附赞语以总结全篇者，如《文心雕龙》每篇后均有“赞”。二者多篇幅简短，一般有韵。史赞则有韵文、散文两体。

【搜神后记】 志怪小说集。也称《续搜神记》《搜神续记》。通常认为是东晋陶渊明所撰，也有学者认为是托名之作。今本《搜神后记》共122条，包括10卷116条（原目117条，其中卷四“魏清河宋士宗母”条又见干宝《搜神记》卷十四，当删），佚文6条。大抵前5卷多记神仙佛法，后5卷多记精灵鬼怪。在魏晋南北朝这样一个动乱的时代背景下，这部作品反映了人们对超自然力量的敬畏，对理想生活的向往以及对社会现实的批判。这些故事蕴含着深厚的文化内涵和丰富的历史信息，对后世文学尤其是志怪小说的发展产生了深远影响。

【搜神记】 志怪小说集。东晋干宝撰。原本30卷，已散佚。今本20卷。内容庞杂，分卷记述妖祥符命、卜筮梦兆，历史传说、故事，各类精怪及灵奇之物、变异传说，鬼魂妖魅故事，动物报恩报仇之事。反映出一定的时代、政治、文化背景，蕴含着丰富的社会内容，具有积极的思想意义和学术价值。书中叙事简洁且曲尽其情，语言质朴又雅致清峻，人物对话生动传神，如《韩凭夫妇》《李寄》《干将莫邪》等篇，都是魏晋南北朝志怪小说中的佳作。

【蒐苗狝狩】 蒐，sōu。狝，xiǎn。周王室和诸侯举行的四时田猎活动。目的是动员、组织农夫，训练其作战能力，点检军事装备。春、夏、秋、冬的田猎活动或分别称为蒐、苗、狝、狩，常在农忙空闲时进行，其中又以大蒐最为重要，后世军礼沿用，也称大阅。这些活动不仅是为了狩猎本身，还承载着军事训练、展示武力、维持生态平衡和遵守礼制等多重功能。

【苏尔奈】 吹奏乐器名。分哨头、管身、喇叭口三部分。管身正面七孔，背面一孔，左侧一孔，发音浑厚响亮。金元时由波斯、阿拉伯一带传入我国。后正名为唢呐，也称锁哪、琐嗦，也作“锁呐”。经改造有喇叭、大吹、海笛、小青等类别。明代以来在民间广泛流传，军队里也称唢叭、号笛。清代编入回部乐。高音唢呐称海笛。可用于合奏、独奏，也用于戏曲、歌舞的伴奏和民间婚丧节庆的吹打乐队。

【苏李诗】 “苏李”为汉苏武与李陵的并称。“苏李诗”是托名西汉苏武和李陵创作的若干首五言古诗。一般指“苏武李陵赠答诗”的简称。《文选》所收李陵《与苏武三首》和苏武《诗四首》是较完整的一组，因此常被作为“苏李诗”的代表作。“苏李诗”纯为五言体，被视为五言诗成熟的标志之一。

【苏秦】 （？—前284）战国时期纵横家。字季子，洛阳（今河南洛阳东）人。家境贫寒，曾与张仪等人同在鬼谷子门下学习。学成之后，苏秦开始游说诸侯，希望实现自己的政治抱负。然而初出茅庐的苏秦并未获得成功，甚至还遭到家人的冷落和嘲笑。这些打击没有让苏秦气馁，反而激发了他的斗志。他决心更加努力地学习，常常熬夜苦读。为了防止自己打瞌睡，他准备一把锥子，每当困意袭来时，就用锥子刺自己的大腿，这就是“悬梁刺股”中“刺股”典故的由来。经过不懈努力，苏秦终于取得了成功。他游说各国，说服赵、魏、韩、燕等国联合起来，对抗强大的秦国，这就是所谓的“合纵”。在这个过程中，苏秦展现了卓越的外交才能和游说技巧，成为合纵抗秦的领军人物，执掌六国相印，使秦十五年不敢出函谷关。后来，“合纵”同盟被秦分化瓦解，苏秦事燕，奉命入齐从事反间活动。因与齐大夫争宠而遭刺，复以“苏秦为燕作乱于齐”的罪名，被车裂于市。

【苏轼】（1037—1101）北宋文学家、书画家。字子瞻，号东坡居士，眉州眉山（今属四川）人。与其父苏洵、弟苏辙并称“三苏”。幼年曾受良好的家教，深受其父苏洵的熏陶，母程氏曾以东汉名士范滂的事迹勉励其砥砺名节。嘉祐二年（1057），与弟苏辙同科进士及第。神宗时曾任职史馆，因反对王安石新法而求外职，任杭州通判，知密州、徐州、湖州。后以作诗“谤讪朝廷”罪贬谪黄州，史称“乌台诗案”。哲宗时任翰林学士，曾出知杭州、颍州等，官至礼部尚书。后又贬谪惠州、儋州。北还后第二年病死常州。南宋时追谥“文忠”。苏轼在诗、词、散文、书法、绘画等诸多艺术领域都富有创造性：诗歌清新豪健，善用夸张、比喻，独具风格，与黄庭坚并称“苏黄”；词开豪放一派，与南宋辛弃疾并称“苏辛”；文章雄浑奔放，与欧阳修并称“欧苏”，为“唐宋八大家”之一；书法擅长行书、楷书，与蔡襄、黄庭坚、米芾并称“宋四家”，《寒食帖》被誉为“天下第三行书”；提倡文人写意画，善画古木丛竹，与文同齐名，同为湖州画派代表。

【苏舜钦】（1008—1049）宋代诗人。字子美，开封（今属河南）人。景祐元年（1034）进士。庆历四年（1044），以范仲淹举荐，为集贤校理、监进奏院。因岳父杜衍与范仲淹等主张新政，为守旧派所记恨，御史中丞王拱辰让其属官劾奏苏舜钦用卖废纸之钱宴请宾客。后罢职，闲居苏州，买地筑沧浪亭，读书其中。后起复为湖州长史，不久病故。工诗文，诗风豪健激昂，为欧阳修所推重，与梅尧臣并称“苏梅”。有《苏学士文集》。

【苏武】（？—前60）西汉大臣。字子卿，杜陵（今陕西西安东南）人。父苏建，曾数度随大将军卫青出击匈奴，后为代郡太守。武帝天汉元年（前100）苏武以中郎将的身份出使匈奴。当时，匈奴缑王图谋劫持单于母阏氏归汉，副使张胜卷入这一活动。事发后，苏武受到牵连，不愿投降匈奴，引佩刀自刺负伤。匈奴单于佩服苏武的气节，为迫使他投降，先将他幽闭于大窖中，苏武不为屈服。单于又将他远徙到荒无人烟的北海（今俄罗斯境内的贝加尔湖）牧羊，声称直到公羊生仔产乳才放他归汉。苏武杖汉节牧羊，卧起操持，节旄尽落。没有食粮，苏武甚至掘取野鼠所藏草实充饥。昭帝即位后，汉与匈奴和亲，要求匈奴遣返苏武等汉使，单于诡称苏武已死。后汉使复至匈奴，探知苏武下落，遂声称汉天子于上林苑中射得大雁，雁足系有帛书，写明苏武在某泽中。单于不得已，交还苏武等9人。苏武在匈奴前后19年，昭帝始元六年（前81）回到长安，拜为典属国。

【苏绣】 以苏州为中心的刺绣品的总称。苏州一带，蚕桑发达，盛产丝绸，自古以来就是锦绣之乡。早在两千多年前的春秋时期，吴国已将苏绣用于服饰。它吸收了顾绣的优点，并有所发展和创新。其针脚细密，色泽雅静，绣工精致，具有平、光、齐、匀的特点。与湘绣、粤绣、蜀绣并称我国“四大名绣”。

【苏洵】（1009—1066）北宋散文家。字明允，眉州眉山（今属四川）人。与其子苏轼、苏辙并称“三苏”。少年任侠，终日嬉游。27岁才发愤为学，闭门苦读，终于大器晚成。嘉祐初年，苏洵带领苏轼、苏辙前往汴京，拜访翰林学士欧阳修。欧阳修对他的文章大为赞赏，认为其文才可与贾谊、刘向相提并论，并向朝廷推荐。公卿士大夫争相传诵，苏洵文名因而大盛。曾任秘书省校书郎、霸州文安县主簿等职。散文多为论辩文，论点精深，说理透彻，语言犀利，纵横恣肆，具有雄辩的说服力，其议论常能见人之所未见，发人之所未发，代表作如《六国论》。为“唐宋八大家”之一。有《嘉祐集》。

【苏辙】（1039—1112）北宋散文家。字子由，号颍滨遗老，眉州眉山（今属四川）人。与其父苏洵、兄苏轼并称“三苏”。嘉祐二年（1057），与兄苏轼同科进士及第。官尚书右丞、门下侍郎。工古文，所作秀洁从容，流畅有韵致，为“唐宋八大家”之一。有《栾城集》。

【苏州民变】 明万历二十九年（1601），苏州民众因不堪忍受矿监税使、阉党和豪强劣绅暴行而掀起的反抗运动。市民阶层在其中发挥了领导作用，遭镇压后织工葛成等五人被杀，但市民的各种反抗仍延续多年，朝廷迫于压力不得不改变政策，减轻了对地方的破坏。

【苏州石刻天文图】 世界现存较早的大型石刻实测古星图。宋绍熙元年（1190）前后，太学博士黄裳以圆锥投影法绘制，淳祐七年（1247）王致远刻制。石碑高2米多，碑额题“天文图”，上半部刻全天星图，以北天极为中心，绘有不同直径的同心圆，外圆直径91.5厘米，中圆为天赤道，黄道与赤道相同大小，为一偏心圆并与赤道斜交，银河曲回穿越星图，又从北天极引出28条辐射线，其间夹角各不相同，每条线分别通过二十八宿距星并与外圈的十二辰、十二次等分野名称相配，全图共有星1400多颗。石碑下半部刻有约两千字的天文知识说明。

【俗曲】 通俗的歌曲。原出于民间，也有文人仿作者。也称俚曲、时调、时曲。冯梦龙《山歌》《挂枝儿》、王廷绍《霓裳续谱》、华广生《白雪遗音》，皆为俗曲选辑。清代文学家蒲松龄也是俗曲的重要推动者，他以自己创作的唱本为基础配以当时流传的俗曲时调，著有《聊斋俚曲》。《聊斋俚曲》融合了小曲、说唱、戏曲等多种艺术形式，具有深厚的文化底蕴和鲜明的艺术特色。此外，敦煌变文初发现时，也曾称“俗曲”。

【俗乐】 乐，yuè。古代对民间音乐、外来音乐和散乐的泛称。与“雅乐”相对。隋唐以前雅乐和俗乐不分，宫廷宴乐也有用俗乐的。至隋文帝开始分雅、俗二部。唐玄宗时设置左右教坊来管理俗乐，并在梨园教练俗乐乐工。唐时俗乐有28调，与雅乐同隶太常。

【肃慎】 我国古代分布在长白山以北地区的民族群落。其活动区域大致在黑龙江、松花江流域。后来的挹娄、勿吉、靺鞨等民族大都与肃慎有传承关系，其中女真族后世建立了金政权。后也常以肃慎泛指活跃于该地区的众多族群。由于古代肃慎以狩猎为生，故擅长骑射，以生产弓箭、貂皮著称，相传自商周起就向中原王朝进贡优质弓矢和皮毛，与中原地区的经济、文化交往日益密切。

【宿命】 佛教中指前世的生命。相对今生、今世而言。佛教认为，人在前世都有生命，其形态或为天，或为人，或为饿鬼，或为畜生。而今生的命运是由前世所为善恶之因缘决定的。

【粟】 我国最古老的粮食作物之一。也称谷子、粱，去壳后称小米。供食用或酿酒。古代又以粟作为黍、稷、粱、秫的总称，后成为粮食的通称。以其颗粒细小，故常用来比喻细微渺小的事物，如苏轼《前赤壁赋》：“寄蜉蝣于天地，渺沧海之一粟。”成语“沧海一粟”即出于此。

【算赋】 汉代向成年人征收的赋税。始于战国，汉初规定15至56岁，每人每年须向官府缴纳一算，即120钱，由朝廷大司农统一支配此项税收。文帝时期曾减少到40钱，以减轻编户负担。武帝时期又恢复到了120钱。宣帝和成帝时期，调整为90钱和80钱。元初按户、丁或资产征收赋税也称算赋。

【算缗】 缗，mín，穿钱用的绳子，借指成串的钱。一缗为一贯，一贯为一千钱，一算为一百二十钱。算缗是汉武帝时对商人、手工业者、高利贷者开征的赋税。元狩四年（前119）开始征收，由相关业者自行申报车船、财产，按一千钱出算二十的比例征缴。元鼎三年（前114）又规定，申报不实者查核属实即没收其财产，可将其半奖励告发者。结果使工商业者破产甚众，天下纷扰，执行一年即被废止。

【算盘】 传统计算工具。竹木等制，四周做框，中置纵向杆若干，称“档”。每档贯珠七枚，用横木（梁）隔为上下两部分。梁下五珠，每珠表示“一”；梁上二珠，每珠表示“五”。其左档各珠均是右档的十倍。在用算盘计算时采用“五升十进制”，即每档满“五”时用一粒上珠表示，每档满“十”便向前一档“进一”。有口诀，可据口诀拨动算珠进行计算。“算盘”之名，见于宋代《谢察微算经》，宋代已有横梁的穿档的大珠算盘。明初，算盘流传到日本，后又流传到西方各国。

【睢景臣】 睢，Suī。元代剧作家、散曲家。字景贤，扬州（今属江苏）人。心性聪明，酷嗜音律。当时扬州的作曲者同时以《高祖还乡》为题进行套曲创作，睢景臣创作的“哨遍”最为新奇，被推为第一。所撰杂剧数种，今皆失传。

【隋朝】 公元581年杨坚建立的王朝。杨坚代北周称帝，国号“隋”，也称杨隋。开皇三年（583）都大兴（今陕西西安）。开皇九年（589）灭陈，统一全国，结束了自西晋末年以来的分裂局面。疆域东、南到海，西到今新疆东部，西南至云南、广西和越南北部，北到大漠，东北迤至辽河。隋炀帝荒淫暴政，大业七年（611）起，各地农民相继起义，隋朝土崩瓦解。大业十四年（618）炀帝被杀死于江都（今江苏扬州），隋亡。共历3帝，38年。

【隋末农民起义】 公元7世纪初推翻隋王朝的农民大起义。由于隋炀帝昏庸腐朽，荒淫无道，导致内外交困，民不聊生，引发全国性的武装反抗。起义队伍多达近二十支。到隋朝大业十二年（616）形成了三支强大的起义军，即河南的瓦岗军、河北的窦建德军、江淮的杜伏威军。起义军歼灭隋军主力，使隋朝统治土崩瓦解。豪族官僚梁师都、刘武周、李渊等乘机割据一方。大业十四年（618）炀帝被杀死于江都（今江苏扬州），李渊乘机在长安（今陕西西安）称帝，建立唐朝。

【随园】 著名江南园林。故址在南京市清凉山下。原为清康熙年间江宁织造隋赫德的私家园林，故名隋园。后为乾隆年间著名诗人、文学家袁枚购入并重建，改名随园。随园依山而建，园内山水相依，小桥流水，亭台楼阁，玲珑宛转，鸟语花香，众绿环绕。园林之外不设院墙，仅以一片竹海为障。

【随园诗话】 诗话著作。清代袁枚著。共分16卷，另有《补遗》10卷。内容是袁枚根据自己的诗歌创作经验和审美观点，对诗歌创作、鉴赏、批评等方面的问题进行的深入探讨和阐述。涉及诗歌的创作方法、形式与内容、美学价值以及诗人的艺术修养等多个方面。袁枚在此书中标举“性灵说”，提出了许多独到的见解，如提倡诗人应当真实地表达自己的感情和思想，对王士禛的“神韵说”、沈德潜的“格调说”、翁方纲的“肌理说”提出了批评和反思。对当时和后世都产生了深远的影响。

【岁办】 明朝各地官府每年采办贡物的制度。各地官府每年向朝廷进贡土产，称“岁办”。不足或不合要求的部分，出钱给商人采购，称“采办”“采买”。常依额向民间摊派、和买或招商采办，有额办、座办、杂办等名目，后成为一种变相的赋税。

【岁币】 每年缴纳的钱币，多指朝廷为交好敌国而支付的款项。宋朝为换取和平，每年向辽、金、西夏等政权输纳的款项，先后有“助军旅之费”“岁赐”“岁币”等名目，反映了宋朝与这些政权之间的相互关系和地位消长。

【岁贡】 科举制度中贡入国子监的一种生员。明清两代，每年或两三年从府、州、县学中选择资深学优的廪生送入国子监读书，因称岁贡、常贡。也称岁贡生。又因以食廪年深者挨次升贡，故也称挨贡、廪贡。与优贡、恩贡、拔贡、副贡合称“五贡”。

【岁考】 明清时期，各省提学官对所属府、州、县生员举行的考试。明代提学官任期一般为三年，按规定这期间须对所辖地区学校生员举行两次考试，第一次称岁考，也称岁试。以成绩优劣酌定赏罚。应考者多为增广生、附生，也有廪生。考试结果分六等，考列一等之人，可依次补入廪生、增广生之列。清沿明制，由各省学政到任第一年进行，考试内容一般为四书

S

义、经义及论、策等。

【岁星】 星名，即木星。木星在黄道带每年经过一宫，约十二年运行十二宫一周天，所以古代称之为“岁星”，并用以纪年，称为“岁星纪年法”。古代有的占星术，根据岁星运行的方位来预测年成的丰歉。如岁星运行至酉宫称“岁在金”，预示农业丰收。还认为岁星正常运行到某星宿，则地上与之相配的州国就五谷昌盛。

【燧人氏】 燧，suì。传说中钻木取火的发明者。远古时代，人们茹毛饮血。相传燧人氏最早发明了钻木取火并保留火种，教人们用火烤熟食物。从自然取火到人工取火、从生食到熟食的巨大进步，是人类逐步掌握自己命运的里程碑。一说，燧人氏和神农氏、伏羲氏并称“三皇”。

【孙膑】 膑，bìn。战国时期军事家。齐国阿（今山东阳谷东北）人。孙武后代。早年与庞涓同学兵法，庞涓出任魏将后，妒忌孙膑之才而将其骗至魏，施以膑刑，因称孙膑。后得齐国使者帮助潜逃入齐，为田忌门客，帮助田忌赛马获胜，被荐于齐威王。魏惠王十六年（前354）魏国围攻赵国都城邯郸（今河北邯郸）。次年赵求救于齐，齐王命田忌、孙膑率军往救。孙膑以魏国精锐在赵，内部空虚，引兵直趋魏都大梁（今河南开封）城郊，诱魏将庞涓兼程赶回应战，在桂陵（今河南长垣西北）设伏袭击，生擒庞涓。公元前341年，又在马陵（今河北大名）之战中用“减灶增兵”之计大败魏军，魏将庞涓被迫自杀。有《孙膑兵法》传世。

【孙膑兵法】 膑，bìn。军事学著作。也称《齐孙子》。约为战国中期齐国孙膑的弟子所述，也有一些是孙膑自著。《汉书·艺文志》载：“《齐孙子》八十九篇，图四卷。”其后失传。1972年山东临沂银雀山汉墓出土孙膑论兵竹简，经整理编纂为《孙膑兵法》16篇。该书在继承《孙子》《吴子》等兵书军事思想的基础上，总结了战国中期及其以前的战争经验，提出了一些新的有价值的观点和原则。着重论述了战胜而强立、富国而强兵、必攻不守等原则，包含朴素的唯物论和辩证法思想。《孙膑兵法》还提出了许多具体的战术和策略，例如在敌强我弱的情况下，要采取退却策略，待机而发；在势均力敌的情况下，要调动敌人，分散敌人力量，然后集中兵力进攻等。《孙膑兵法》是我国古代军事思想的重要代表之一，对后世军事思想的发展产生了深远影响。

【孙恩卢循起义】 东晋末年孙恩、卢循所率天师道徒等民众的反晋斗争。孙恩家族世为天师道徒，隆安三年（399），乘各地反抗东晋征敛，他从舟山群岛率众登陆，攻陷会稽（今浙江绍兴），三年后兵败自杀。其妹夫卢循率余部转战至今福建、广东，势力壮大后经今江西北上，进逼建康（今江苏南京），至412年被刘裕率军镇压。这次起义打击了门阀士族，加快了东晋的灭亡。

【孙权】 （182—252）三国时吴国的建立者。公元229—252年在位。字仲谋，吴郡富春（今浙江杭州富阳区）人。孙坚之子，孙策之弟。建安五年（200），孙策遇刺身亡，孙权接替兄长统领江东六郡。建安十三年（208），联合刘备在赤壁大破曹操军队。蜀汉章武二年（222），在夷陵之战中击败刘备。同年称吴王。黄龙元年（229），在武昌（今湖北鄂州）称帝，不久将都城迁至建业（今江苏南京）。统治江东五十余年，消灭各支割据势力，平定、降服少数民族山越。管辖地域由江东扩展到今福建、广东、广西、湖南等地区，结束了这些地区之前的分裂状态，使社会经济得到了恢复与发展。曾大规模派人航海，加强与夷洲（今台湾省）的联系。

【孙思邈】（581—682）唐代医学家。京兆华原（今陕西铜川耀州区）人。自少研究医学，并博涉经史百家学术，兼通佛典。早年曾中进士。隋文帝、唐太宗、唐高宗屡次征召，固辞不就，坚持在家乡一带行医，被尊为“药王”。总结了唐以前的临床经验和医学理论，并收集方剂、针灸等内容，撰《千金方》和《千金翼方》各30卷。《千金方》记载药物800多种，药方5300多方，是我国最早的临床百科全书。

【孙吴】公元229年由孙权建立的政权。也称三国吴、东吴。建基于汉末孙权之父孙坚、兄孙策在江东建立的统治，刘备称帝后，孙权在武昌（今湖北鄂州）称吴王，八年后称帝，后迁都建业（今江苏南京）。占有今长江中下游，南至福建、广东、广西以及越南北部和中部。天纪四年（280）为晋所灭。共历4帝，59年。

【孙武】春秋末期军事家，兵家奠基人，被后世尊为“孙子”。字长卿，齐国人。齐国田氏（即陈氏）后裔，祖父田书伐莒（今山东莒县）有功，被齐景公赐姓孙氏，子孙因从此姓。周景王十三年（前532），齐国内乱，田、鲍两族与栾、高两族相攻，孙武避乱出奔吴国。入吴后长期避隐深居，潜心研究兵学，总结春秋时期及以前的战争经验，著书立论，成《兵法》13篇。值吴王阖闾即位，在伍子胥辅佐下欲破楚以图霸，经伍子胥多次举荐，以所著《兵法》献吴王阖闾，深得阖闾赞赏，被任为将军。治军严格，传说曾在吴宫演练宫女，斩了吴王违犯军令的两位宠姬。帮助吴国西破强楚，北威齐、晋，显名诸侯。所著《孙子兵法》以其博大精深的战略理论彪炳古今中外，孙武则以“兵圣”之誉名垂千古。

【孙星衍】（1753—1818）清代经学家。字渊如，又字季仇，江苏阳湖（今常州）人。少聪颖，当时邑中有“毗陵才子”的评价，袁枚品其诗曰“天下奇才”，与之订忘年交。乾隆五十二年（1787）进士，历官编修、刑部主事、山东督粮道。曾主安定书院，又先后任绍兴蕺山书院讲习、西湖诂经精舍主讲。嘉庆二十三年（1818）卒。平生治经史、文字、音韵之学，旁及诸子百家，精于金石碑版、工篆隶书，尤精校勘，是乾嘉学派的领军人物之一。勤于著述，擅诗文，与黄景仁、洪亮吉等并称“毗陵七子”，深受时人推崇。积三十年之功，著成《尚书今古文注疏》，被当时治《尚书》的学者认为是最完善之本。另撰有《周易集解》《寰宇访碑录》等，刻有《平津馆丛书》《岱南阁丛书》。

【孙子兵法】军事学著作。也称《孙子》《吴孙子》《孙武兵法》。春秋末孙武著。世界上现存最古老的军事理论著作。今本13篇包括计、作战、谋攻、形、势、虚实、军争、九变、行军、地形、九地、火攻、用间。13篇由总而分，分而又总，层层环扣，首尾相应，形成了一个系统完备的理论体系。该书总结了春秋末期及以前的战争经验，揭示了一系列带普遍性的军事规律，提出诸多精辟的用兵法则，如“知彼知己，百战不殆”“不战而屈人之兵”“攻其无备，出其不意”等，包含朴素的唯物论和辩证法思想，并形成系统的军事理论体系。后被誉为“兵经”，备受国内外推崇。

【蓑衣】 一种雨具，用茅草或棕制作的披肩。通常和斗笠搭配使用。蓑衣起源很早，在《诗经》中已有“尔牧来思，何蓑何笠”之句。唐张志和《渔歌子》中又有“青箬笠，绿蓑衣，斜风细雨不须归”的名句。直至今天，我国南方有些地方仍在使用。

【所】 明朝各地军队的组织体制。也称都司。即在兵部与五军都督府之下，各省及要地设都指挥使司或行都司、留守都司，各设都指挥使及同知、佥事掌之，下辖各卫，也设指挥使、同知、佥事。各卫辖若干千户所，各设千户、副千户，统诸百户所百户、总旗、小旗。依此划定军户，从事屯田，平时训练，战时出征。

T

【塔】 古代多指佛塔。源自印度，用于供奉佛骨或高僧遗物，后也用来供奉佛像、收藏佛经或作为僧人墓的地上建筑。俗称宝塔。佛塔传入中国后，与中国建筑文化相融合，形成楼阁式的古塔。由最初的木质发展为方形或多角形的砖塔和铁塔。我国现存古塔中，著名者有河南嵩山南麓的嵩岳寺塔，始建于北魏时期，塔高15层，是我国历史最悠久的密檐式砖塔。山西洪洞县东北部霍山的广胜寺飞虹塔，其前身是始建于东汉年间的佛祖舍利塔，后屡经扩建重建，今所见为明嘉靖年间修建。天启二年（1622），塔身加装琉璃，飞虹塔因此成为中国琉璃塔中的代表作。山西应县佛宫寺释迦塔，始建于辽清宁二年（1056），塔身呈八角形，外观五层六檐，内部为明五暗四九层塔，是世界上现存最高大、最古老的纯木结构楼阁式建筑。除此之外，藏传佛教的塔俗称宝瓶，外观浑圆饱满，以北京妙应寺白塔、北海白塔为代表。

【塔剌思大会】 公元1269年，由窝阔台、察合台、术赤三系诸王在塔剌思草原召开的大会。会议除划分三系诸王在河中地区的势力范围外，还决定联合反对忽必烈与伊利汗阿八哈。

【拓本】 将湿纸覆盖在碑刻或者金石器物的文字或花纹上，铺毡捶击，然后用绵包蘸墨，打拓为墨本。也作“搨本”。用白宣纸蘸浓墨拓印深黑有光的，称乌金拓。用薄纸以淡墨轻拓的，称蝉翼拓。用朱色打拓的叫朱拓。传世拓本以敦煌石室所出之唐初拓《温泉铭》及《化度寺邕禅师塔铭》为最早。

【榻】 一种供人坐卧的器具。类似床，四足，较低矮。有的三面置有屏风。东汉名士陈蕃到豫章任太守，豫章有一名士徐稺，字孺子，陈蕃对他非常敬重，专门为徐孺子做了一张榻，平时就挂在墙上。当徐孺子来访的时候，才把榻放下来，二人秉烛夜谈。后来就用“下榻”称礼遇宾客。唐王勃《滕王阁序》中“徐孺下陈蕃之榻”一句，用的就是这一典故。

【踏青】 古代民俗。初春时节，天气转暖。此时芳草始生，杨柳泛绿，人们相约来到郊外游赏，称为踏青。关于踏青的日期，各地有所差异，有的在二月初二，有的在三月三日上巳，还有的在清明节前后。

【台】 ①一种高出地平面、平顶的建筑物。一般用土筑成，后世也有用石质材料砌成的。台的作用有五：一是观测天文星象，称观象台，一般建在空旷的地方。二是祭拜上天诸神，祈求风调雨顺，一般建在城的四郊，如北京的天坛、地坛、日坛、月坛。三是拜相求贤、军帅点将，举行大军出征仪式，一般建在驻军操练场或城墙上，称点将台。四是传递信息，如烽火台，一般建立在城垛或野外显眼的高处。五是举办筵宴，饮酒作乐，观赏美景，多建在园林之中。②像台的家具，种类很多，如梳妆台、佛台等。

【台阁】 古代官署名。指尚书机构尚书台。晋称为尚书都省，刘宋称尚书寺，一名尚书省。首长是尚书令，副职是尚书仆射。魏文帝鉴于东汉尚书台的势力太大，将其改为外围的执行机构，另设以中书监、令为首长的中书省，参掌中枢机密。南北朝时皇帝鉴于中书省权势日大，又设置以侍中为首长的门下省，对中书省加以制约。这样，就形成了皇朝中央尚书、中书、门下三省分职的制度：中书省取旨，门下省审核，尚书省执行。隋代避用“中”字，改中书省为内史省，改侍中为纳言。在唐高宗、武后和玄宗时，三省名称曾有几度改变：尚书省称中台、文昌台；中书省称西台、凤阁、紫微省；门下省称东台、鸾台、黄门省。三省首长同为宰相，共议国政。

【台谏】 古代官名。唐宋时台谏为两官。台官为专司纠弹的御史，有侍御史、殿中侍御史、监察御史等职；谏官有给事中、谏议大夫、拾遗、补阙、司谏、正言等职，掌侍从规谏，宋时也称为谏院。两者虽各有所司，而职责往往相混，故多以台谏泛称。明初废谏院，以给事中兼领监察与规谏等职，因通称御史为台谏，给事中为给谏，两者开始合流。至清雍正元年（1723），统归于都察院，职权不再分别。也称台谏官。

【大羹】 大，tài，同“太”。不用佐料和蔬菜佐味的肉汤，祭祀时用。古人说“大羹不和”，可以视为与大道至简，大音希声等思想理念如出一辙，崇尚的是天然本味。

【大牢】 大，tài，同“太”。古代帝王、诸侯祭祀时，牛、羊、豕三种祭品齐全，称太牢。有时也专指牛牲。也称大牢。与太牢相对的，为少牢，只以羊、豕为祭，主要用于诸侯卿大夫祭祀宗庙。

【太白】 星名。也称启明、明星。因为其光色银白，亮度特别强，故称。秦汉以后，因“五行说”普及，又称金星。《诗经》“明星有烂”“明星煌煌”，其中“明星”即指金星。黎明先日而出，见于东方叫启明。黄昏后日而入，见于西方叫长庚。《诗经》中有“东有启明，西有长庚”之句。

【太保】 古代官名。①辅弼君王的重要大臣。三公之一，位次于太傅。西周始置，春秋沿置，战国罢。西汉不常设，魏晋以来为三师之一，直至明清多为重臣加衔，以示恩宠，并无实职。也指太子太保，为辅导太子之官。②宋元时称庙祝、巫者为太保。

【太卜】 古代官名。卜官之长。在周王室与诸侯国中掌管占卜事务。后世为负责具体占卜之事的官称。秦汉有太卜令，北魏有太卜博士，北齐有太卜局丞，北周有太卜大夫，隋唐设太卜令。宋以太卜隶司天台，不置专官。

【太常】 古代官名。秦置奉常，汉景帝中元六年（前144）更名为太常，掌宗庙礼仪，兼掌选试博士。历代因之，为专掌祭祀礼乐之官。北魏称太常卿，北齐称太常寺卿，北周称大宗伯，隋至清皆称太常寺卿。

【太初历】 西汉邓平、落下闳等编定的历法。汉武帝太初元年（前104）颁行，故名。首次将二十四节气编入历法，以没有中气的月份为闰月，以孟春正月为岁首，以正月初一为一年的第一天，还推算出135个月的交食周期。为我国历史上首部比较完整的历法，也是历法史上的第一次大改革，对后世影响极大。

【太傅】 古代官名。周代始置，辅弼天子治理天下的重要大臣。秦废。三公之一，位次太师，在太保上。西汉平帝时与太师、太保、少傅合称"四辅"，无实际职司。东汉每一帝即位，必置太傅，录尚书事，参与朝政。其后各代，太师、太傅皆称上公，但多以他官兼领，或不备置。明清则以太傅和太师、太保等作为赠官、加衔之用，非实职。也指太子太师，为辅导太子之官。西汉时称为太子太傅。钟繇是曹操的重要谋士之一，官至太傅，世称"钟太傅"。

【太官】 古代官署名。秦汉置有太官令、丞，掌皇帝饮食及宴会之事，属少府。北魏时，掌百官膳食，属光禄卿。北齐后历代以太官署为光禄寺的下属机构。其长官太官令也省称太官。金元置尚食局提点，以代太官。明清复于光禄寺置太官署署正、置丞各一人。

【太昊】 传说中远古东夷族首领。风姓，是燧人氏的帝位继承者，也是古代传说中掌管春天的东方天帝。他从蛛网的形态中获得灵感，制成了打鱼和捕兽的网，开创了渔业并创造了新的狩猎工具，使先民在生产劳动中获得更大的收益。还发明了乐器瑟。太昊与其妹女娲结成了夫妻，被视为华夏人民的始祖。在后世留存下来的石刻或砖雕上，太昊与女娲的形象都是人头蛇身。也作"太皞""太皓"。一说即伏羲。

【太和正音谱】 戏曲论著。明代朱权著。朱权为明太祖朱元璋的第十七子，自幼博古好学，在艺术尤其是音乐和戏曲方面有独到的见解和深厚的造诣。成书于洪武三十一年（1398），2卷，8章。内容大致可以分为两个部分：第一部分是北曲曲目文献，其中朱权对曲体艺术的体式、元剧作家的风格、杂剧题材流派等问题进行了总结和阐发；第二部分则是北曲格律谱，这部分是按照《中原音韵》所辑的乐府335调名谱编撰而成，每调列出其句格、平仄四声，是现存最早的北曲谱。

【太后】 起初指列国诸王的母亲。如战国赵国孝成王的母亲赵太后、秦国昭襄王的母亲秦宣太后。汉代诸侯王的母亲也称太后。后世一般专用来称呼皇帝的母亲。

【太皇太后】 皇帝祖母的尊称。始于秦汉时期。此后历代沿用此称。如北宋宣仁太后是宋英宗的皇后、宋神宗的母亲、宋哲宗的祖母。元丰八年（1085），年幼的宋哲宗继位，宣仁太后被尊称为太皇太后。

【太极拳】 武术拳种。以我国传统儒、道哲学中的太极、阴阳辩证理念为核心思想，吸收众家武术之长，融合易学阴阳五行、中医经络、导引吐纳等术，形成内外兼修、柔和缓慢、刚柔相济的拳术，有增强体质、防病保健的功用。起源有五种说法：一为唐代许宣平、李道子所创，二为元末明初武当山道士张三丰所创，三为明初河南温县陈家沟陈卜所创，四为明末清初河南温县陈家沟陈王廷所创，五为清乾隆年间王宗岳所创。常见的太极拳有陈式、杨式、武式、吴式、孙式等流派。

【太康之治】 公元280—289年，西晋武帝太康年间出现的全国统一、政治安定、社会经济恢复发展的局面。

【太平道】 古代道教派别。东汉熹平年间由张角创立。尊崇《太平经》。奉天地，顺五行，并因反对剥削、提倡公平得到老百姓的欢迎，组织发展各方教徒，一度达到数十万人。公元184年，发动黄巾起义，高喊“苍天已死，黄天当立。岁在甲子，天下大吉”的口号，向豪强地主阶级发起猛烈攻击，使东汉王朝一度岌岌可危。后被镇压。

【太平广记】 古代小说总集。北宋李昉等奉敕编纂。因书成于太平兴国年间，故名。凡500卷，另有目录10卷，按性质分92大类，150余小类。采录自汉至宋初的小说、笔记、稗史等475种，保存了大量的古代小说资料，乃小说家之渊海。《李娃传》《柳氏传》《无双传》《霍小玉传》《莺莺传》等传奇名篇，多数仅见于此书。其中引用的不少古代典籍，有很多现在已经散佚、残缺或被后人窜改，幸赖此书得以考见。

【太平寰宇记】 地理学著作。北宋乐史编著。宋太宗太平兴国年间（976—984）编纂完成，因取太平兴国年号首二字为书名。共分为200卷。体例上沿袭了唐代总志的分类方式，将全国划分为十三道，之下再分州、县，详细记载了各州的建置沿革、户口、风俗、人物、关塞、亭障、名胜古迹、祠庙等方面的信息。书中还首次记录了宋朝绝大多数州郡的主户与客户户口统计，这对于研究宋朝的人口、户籍、阶级状况也具有极高的参考价值。该书博采众长，广泛引用了历代史书、地志、文集、碑刻、诗赋等约二百种文献，并对所引用的内容多注明出处，具有极高的史料价值。

【太平天国运动】 清朝后期全国规模的农民起义。道光二十三年（1843）洪秀全创立拜上帝会。咸丰元年（1851）洪秀全、杨秀清等在广西金田村率众起义，建号太平天国。公元1853年定都天京（今江苏南京），建立政权。之后太平军北伐、西征，军事上达到鼎盛。1856年发生内讧，在政治、经济上开始衰落。1862年太平军与清政府军及外国势力作战。1863年12月、1864年3月苏州、杭州失守，1864年7月天京陷落，标志着太平天国运动失败。这次运动发展到十八个省，坚持斗争十四年，严重地动摇了清朝统治，打击了外国侵略者，对中国近代史产生了深远的影响。

【太平御览】 类书。由李昉、徐铉等学者奉敕编纂。该书始于北宋太平兴国二年（977），成书于太平兴国八年（983）。《太平御览》采用群书类集的方式，共分55门，编为1000卷。最初名为《太平总类》，因宋太宗要求每天进呈三卷以便阅览，所以更名为《太平御览》。全书以天、地、人、事、物为序，包括了政治、军事、科技、地理、人文、宗教等方面的内容，可谓是包罗古今万象。书中引用古书多达1690种，其中很多都是已经失传的著作，因而具有重要的文献价值。

【太仆】 古代官名。主管朝廷车辆、马匹、牧场等政务的长官。也称大仆、大仆正、太仆正。周官有太仆，掌供天子舆马。秦汉沿置，为九卿之一，为天子执御，掌舆马畜牧之事。南朝不常置。北齐始置太仆寺，有太仆寺卿、太仆寺少卿。历代沿置。秦时赵高曾担任太仆一职，因才干出众而得到秦始皇的器重。

【太仆寺】 古代官署名。太仆这一官职始设于春秋时期，主要负责管理皇室的车马和马政。在秦汉时期，太仆是九卿之一，负责掌管国家的车马、畜牧业以及与车马相关的礼仪事务。北齐始置太仆寺，其长官有太仆寺卿、太仆寺少卿。历代因之。北京西城区有太仆寺街，因其地有明代衙署太仆寺遗址而得名，明清时期，太仆寺街常常是皇帝升旗出巡或庆祝胜利时游行的必经之路。内蒙古锡林郭勒盟有太仆寺旗，曾是清朝的皇家御马场，专供皇室御用马匹。

【太上皇】 皇帝生父的尊称。秦始皇称帝，追封其父庄襄王为太上皇，是皇帝父亲死后的尊号。汉高祖刘邦尊称其父刘太公为太上皇，是皇帝父亲在世时的尊号。有的是皇帝在世时就传位给子嗣后所得尊号，如北齐武成帝、唐高祖、唐睿宗、唐玄宗、宋高宗、清高宗等传位给太子后，都称太上皇。明英宗被北方的瓦剌所俘后，其弟景帝继位，遥尊英宗为太上皇。

【太上老君】 道教对其创始人老子的尊称。也称道德天尊。后来道教书籍多冠其名以示学有所宗，如《太上老君太素经》《太上老君内丹经》等。道教以每年农历二月十五日为老君圣诞日。

【太师】 古代官名。①为三公之最尊者。周置，为辅弼君王的重要大臣。相传周初与太傅、太保并号三公，居三公之首。秦废。西汉平帝时复置，与太傅、太保、少傅合称“四辅”，无实际职掌。两晋南北朝或称太宰，位居“三师”之首。后代相沿，多为重臣加衔，作为最高荣典以示恩宠，并无实职。也指太子太师，为辅导太子之官。西晋设太子太师、太子太傅、太子太保，太子少师、太子少傅、太子少保，称为三师、三少。北魏、北齐沿设，隋以后历代不改。明清以朝臣兼任，三师、三少成虚衔。②古代乐官之长。殷、西周、春秋皆置。《周礼》列为春官宗伯属官。

【太史】 古代官名。夏商周三代为史官及历官之长。西周、春秋时太史为朝廷重臣，多由王族担任，主要掌管记载史事、编写史书、起草文书，兼管国家典籍、天文历法、祭祀等。秦称太史令，汉属太常，掌天文历法，职位渐低。魏晋以后修史职务划归著作郎，太史专掌天文历法。隋代设太史监，唐代改为太史局，肃宗时又改为司天台，五代亦同。宋代有太史局、司天监、天文院等名称。辽称司天监，金称司天台。元代改称为太史院，与司天监并立，但推步测算之事皆归太史院，司天监仅余空名。明清两代天文历法归钦天监，修史之事归翰林院，故翰林也有太史之称。古代史官与历官不分，故司马迁以掌天官之太史而负修史之任，撰写了《史记》这一不朽巨著，被后人尊称为史迁、太史公。

【太史寮】 古代官署名。掌管册命、祭祀、占卜、礼制、天象、历法等文书及宗教性事务。以太史为首长，属下有多种官司职事。源出殷周，其作用地位较卿事寮有所衰减。东汉张衡汉安帝时任尚书侍郎，后迁太史令。

【太守】 古代官名。秦设郡守，管理一郡政事。汉景帝时更名太守。隋初，以州刺史为郡长官。宋以后改郡为府或州，郡守已非正式官名，但仍习称知府、知州为太守。明清时专指知府。

【太尉】 古代官名。主掌军事的辅政重臣。秦始置。西汉时改称大司马，与丞相、御史大夫合称“三公”。后代多沿置，但一般皆为大臣加官，无实权。宋徽宗时，定为武官官阶的最高一级，但本身并不表示任何职务。一般常用作武官的尊称。元不常置。明废。太尉是中国古代军事和政治体系中的重要角色，既要有深厚的军事素养，也要具备政治智慧，能够在国家决策中发挥作用。曹魏时期，司马懿因抵抗诸葛亮北伐有功，被升为太尉。

【太学】 古代学校名，即国学。西周已有太学之名。西汉元朔五年（前124）始置太学，立五经博士，传授儒家经典。东汉时发展迅猛，质帝时太学生一度达三万人。魏晋到明清，或设太学，或设国子学，或两者同设，名称不一，制度也有变化，均为传授儒家经典的最高学府。

【太医】 古代官名。宫廷中掌管医药的官员。周官有医师，掌医之政令。秦汉有太医令丞，主医药。隋置太医署，宋改太医局。元改为太医院，明清不变。后泛称皇帝的医生为太医。明代李时珍曾任皇家太医院判，这段经历，为其编写《本草纲目》打下基础。

【太医署】 古代官署名。掌管医药和医学教育的最高机构。为医学史上最早的国家医学院。南北朝时期始称太医署，隋唐完善其制，分科较细，治疗及教学功能加强。太医署虽经过历代变迁，但其发展轨迹并未发生根本变化。历史上有许多杰出的医学家都在太医署任职，如隋代的巢元方、唐代的孙思邈等。

【太宰】 古代官名。也作“大宰”，简称宰。相传殷始置太宰，周也称冢宰，兼总天官，为天官之长，掌管国家的六种典籍，辅佐帝王治理国事，相当于后世的丞相或宰相。西周时总管王家事务，春秋时也指辅佐诸侯的执政大臣，春秋后期至战国地位下降。秦、汉、魏不设。西晋时，因避司马师之讳，改“太师”为“太宰”，位居百官之首，职掌不同于周时冢宰。隋唐无此官。宋崇宁间曾改左、右仆射为太宰、少宰。靖康末复故。明清时也用为吏部尚书的别称。

【太祝】 古代官名。祝官之长，掌祭祀、祈祷之事的官员。也作“泰祝”“大祝”。商官有六太，其一曰太祝。《周礼》春官宗伯之属有太祝。秦汉有太祝令丞，属太常卿。历代多因之。

【太子】 西周到战国时期，天子、诸侯指定的继承人称太子、世子。西汉时期，皇帝选定册立的继承皇位的嫡长子（也有例外），始称皇太子，省称太子。唐代以后，太子也称殿下。

【泰阿】 阿，ē。古宝剑。也作“太阿”。

由泰阿山所出的神铁锻造而成，故名。一说“泰阿”是“太一”的意思，而“太一”在道家思想中代表着至高无上的神。相传春秋时，楚王命欧冶子、干将铸泰阿剑。一场战争中，楚王被晋军围困三年，决心用泰阿剑自刎，并将剑沉入湖底，让泰阿剑永留楚国。然而，在决战之日，楚王的不屈之心激发了泰阿剑的磅礴剑气，使得晋国兵马大乱，最终晋军全军覆没。

【泰和律义】 泰和二年（1202），金代金章宗颁行的《泰和律令敕条格式》。有《泰和律义》30卷、《泰和律令》20卷、《新定敕条》3卷、《六部格式》30卷。其中《泰和律义》篇目同《唐律》，并附加注疏。是金代常行的法典。对元代法制产生重要影响。

【泰山】 ①山名，五岳之东岳。位于山东泰安。也称岱宗、岱山、岱岳。由于古代以东方为万物生发之地，故帝王常在泰山举行封禅大典，有众多名胜古迹，如南天门、碧霞祠、日观峰、经石峪、王母池等。历代的文人墨客留下了许多诗词歌赋，如唐代杜甫《望岳》诗：“岱宗夫如何，齐鲁青未了。造化钟神秀，阴阳割昏晓。荡胸生层云，决眦入归鸟。会当凌绝顶，一览众山小。”山上还有许多摩崖石刻等珍贵的人文景观。②岳父的别称。传说，唐玄宗到泰山封禅，张说担任封禅使。张说的女婿郑镒，本为九品官。按照旧例，封禅结束后，爵位在三公以下的都可升迁一品。只有郑镒的官品通过张说利用职权，一下子升到五品，并赐绯服。因举行宴会按品级排座次，玄宗发现郑镒的官位骤然上升，觉得奇怪，就问他原因，郑镒支支吾吾。在旁的黄幡绰说：“此泰山之力也！”隐指张说越级提拔女婿。此事在民间广泛流传，后人逐渐把妻子的父亲称泰山。因泰山为五岳之东岳，故又将妻子的父亲改叫岳父。

【摊丁入亩】 将丁口税摊入田赋一并计亩征收的税制改革。也称地丁合一、丁随地起。明施行一条鞭法后，代役丁银逐渐摊入田亩征收，但未普遍执行。清继续施行。公元1716年康熙帝始行，雍正以来贯彻至全国各地，且以1711年全国在册人丁永为定数，以后各地人丁虽增而银额不变，人丁减者则由亲族、同甲抵补其额。使税制更趋合理和简化，促进了人口的增长。摊丁入亩标志着我国实行两千多年人头税（丁税）的废除。

【昙花一现】 昙花即优昙花。盛放时能开出美丽的白花，但花期往往只有数小时，且是在夏夜。佛教经典中提到，转轮王出世，昙花才开。以此比喻高超智慧之人难得出现。后用来表示稀有的事物和显赫一时的人物出现后很快消逝。

【弹文】 弹，tán，弹劾。文体名。弹劾官员过错的奏疏。也称弹章、劾文。以指陈过失、条明罪责为主，往往辞意激切。为封建时代绳纠不法官吏的手段之一。《文选》列有“弹事”类。

【探花】 科举时代称殿试一甲第三名。本于唐的探花使。唐时进士在曲江杏园举行探花宴，以进士少年俊秀者二三人为探花使，入园折花。至南宋时，探花专称殿试一甲第三名。元明清三代沿袭不变。

【探马赤军】 军队名。探马赤军在蒙古语中意为先锋官。成吉思汗于公元

1217年从蒙古军中各千户、百户和部落中挑选士兵组成的精锐部队。作战时充当先锋，负责攻坚冲锋，战事结束后则驻扎镇戍于被征服的地区。元朝建立后，发展成屯戍各地的镇戍军。

【赕物】 赕，tàn，指古代东方、南方民族以财赎罪。东晋和南朝时期，对于蛮、僚、俚等少数民族，强征赕物，如果不交，即处以刑罚或以军队征讨。

【汤饼】 汤煮的面食。古代面食统称为饼，带汤的面食称为汤饼。明代蒋一葵《长安客话·皇都杂记·饼》认为，水瀹而食者皆为汤饼，包括蝴蝶面、水滑面、托掌面、切面、挂面、馎饦、馄饨、合络、拨鱼、冷淘、温淘、秃秃麻失之类是也。旧俗生儿三日往往以汤饼待客，称汤饼会。汤饼也是古代著名的节令食品。

【汤镬】 汤，滚开的水。镬，huò，古代用来烹人的无足大鼎。汤镬是古代酷刑。执行死刑时，把人扔入烧开水的大鼎中烫死。也称烹、鼎镬。周至秦汉有此刑，秦时为常刑。

【汤若望】 （1591—1666）明末来华的天主教耶稣会传教士，德国人。万历四十八年（1620）到澳门，后到北京学习汉语，继往西安传教。崇祯三年（1630）与罗雅各到北京，接替邓玉函修订历法，协助徐光启编成《崇祯历书》。并将《崇祯历书》删改为《西洋新法历书》。明廷为阻止清兵入关，命他监铸大炮，传授用法。清顺治二年（1645）任钦天监监正。累官至太常寺少卿、光禄大夫等。清顺治帝赐银建北京南堂，并题“通玄佳境”匾额以赠。康熙三年（1664）为杨光先告发，以图谋颠覆罪与南怀仁等被捕入狱。次年获释，移居广东，后返北京，卒于寓所。他在中国生活了47年，历经明清两个朝代，被认为是继利玛窦之后最重要的来华耶稣会传教士之一，为西方近代自然科学引入中国做出了贡献。

【汤显祖】 （1550—1616）明代戏曲作家、文学家。字义仍，号海若、若士、清远道人，临川（今江西抚州）人。所居名玉茗堂。早年即有文名，曾拒绝首辅张居正延揽。万历十一年（1583）中进士。历任南京太常寺博士、礼部主事，十九年（1591）上《论辅臣科臣疏》，弹劾大学士申时行，降为广东徐闻典史。后改任浙江遂昌知县，又以不附权贵而被议免官，未再出仕。曾从泰州学派罗汝芳读书，后又受李贽的影响，并和僧人达观相友善，思想上崇尚真性情，反对假道学。在戏曲创作上主张“言情”，反对拘泥于格律。作有传奇《紫箫记》《紫钗记》《牡丹亭》《南柯记》《邯郸记》五种，后四种合称“临川四梦”或“玉茗堂四梦”。作品颂扬人性真情，对封建礼教和当时黑暗政治有所暴露和抨击。以《牡丹亭》最著名。诗文有《红泉逸草》《问棘邮草》《玉茗堂集》等。明清两代有些戏曲作家模拟其文辞风格，被称为玉茗堂派或临川派。

【唐朝】 公元618年李渊建立的王朝。隋朝末年，多地发生农民起义，617年太原留守李渊乘机起兵，攻克长安。次年隋亡，李渊在关中称帝，国号“唐”，也称李唐。定都隋大兴城（今陕西西安），改名长安，为政治、经济、文化空前发展的多民族统一王朝。唐代前期国势强盛。疆域初年南部同隋，北部在7世纪后半叶极盛时北界包括今贝加尔湖和叶尼塞河上游，西北曾到达里海，东北曾到达日本海。后期政治腐败，赋役繁重。874年爆发农民大起义，多地藩镇割据，907年为后梁朱温所灭。共历22帝，290年。

【唐大和上东征传】 中外文化交流史名著。又名《过海大师东征传》《鉴真和尚东征传》《鉴真和尚传》《东征传》。日本淡海三船据思托《大唐传戒师僧名记大和上鉴真传》（也称《鉴真和上传》《鉴真传》），于日宝龟十年（779）改写而成，主要描绘了唐代著名僧人鉴真东渡日本并传播佛教的事迹。是研究中日古代文化交流，尤其是鉴真东渡的重要资料，为历代史家所重视。在中日两国关系史、海上交通史以及文化交流史等领域具有重要的历史价值。

【唐卡】 藏族绘画的特殊形式。多数是在布、绸或纸面上涂各色矿物颜料绘制，再用彩缎装裱而成，形象逼真，色彩艳丽。题材涉及各种佛像、教史、各派祖师像等。唐卡是佛教徒供奉、对照修行的物品，一般藏族家庭也悬挂。

【唐六典】 唐朝时期的一部重要行政法典。其编纂始于开元十年（722），由起居舍人陆坚负责起始工作。随后，在张说、萧嵩、张九龄、李林甫等宰相的先后主持下，经过多位学士如徐坚、韦述等人的努力，历经十多年终于完成。到开元二十七年（739），这部法典正式被呈献给皇帝。《唐六典》的名称来源于《周礼》，《周礼》中将治国之法分为理典、教典、礼典、政典、刑典、事典六部分。虽然《唐六典》的编纂原计划遵循《周礼》的分类，但实际上它是根据唐代的官制体系来编写的。全书共30卷，内容涵盖了从三师、三公、尚书省到地方三府、都督府、州县等各种官职和机构，详细介绍了它们的职责和官阶体系，同时也注明了官制的历史沿革。此外，书中还收录了许多唐代的诏令，涉及均田、赋役、物产、土贡、户等、差科、屯田等制度，反映了唐代的政治经济状况。该书对后世的政治制度有很大启发。今日所见，已非原貌。

【唐末农民起义】 公元9世纪中叶反抗唐朝统治的农民大起义。唐乾符元年（874），王仙芝率数千人在长垣（今属河南）起义。次年，众至数万，黄巢聚众响应，与王仙芝合兵。三年（876），王仙芝与黄巢分兵。五年（878），王仙芝在湖北黄梅战死。余部由尚让率领，与黄巢部会合，并推黄巢为首，号冲天大将军，建元“王霸”，众至十余万。转战至今浙江、福建、两广后，经两湖至长江下游，由采石（今安徽马鞍山）北上中原，881年初克长安（今陕西西安），称帝，国号“大齐”，改元“金统”。后因唐反攻，加之内部分裂，败退至山东，884年黄巢不屈自杀，余部也被镇压。大起义历时十年，给唐王朝以沉重打击。

【唐三彩】 传统陶瓷品种。盛行于唐代，始作于高宗朝，鼎盛于玄宗开元间，天宝以后逐渐减少。釉彩有黄、绿、白、褐、蓝、黑等色，而以黄、绿、白三色为主，所以人们习惯称之为唐三彩。主要用作随葬的冥器等，式样繁多，造型丰富，其中唐三彩马，极

T

负盛名。

【唐诗】 唐代盛行的一种文学体裁。泛指唐朝诗人创作的诗。唐诗的体裁多样，有：五言古诗、七言古诗、五言绝句、七言绝句、五言律诗、七言律诗。唐诗的题材多为山水田园诗、边塞诗、咏史诗等。初唐时期代表作家是“初唐四杰”。盛唐时期代表作家是李白、杜甫、王维等。中唐时期代表作家是韦应物、白居易、刘禹锡等。晚唐时期代表作家是温庭筠、李商隐、杜牧等。清代曹寅、彭定求等奉敕编纂《全唐诗》。

【唐诗别裁集】 唐诗选集。清代沈德潜编选。沈氏论诗主“格调说”，崇尚“温柔敦厚”的诗教，此书编选亦本此旨。以杜甫《戏为六绝句》有“别裁伪体亲风雅”语，因名“别裁”，意谓书中已将其所认为的“伪体”剔除。主张“备一代之诗，取其宏博”，在重点选录王维、李白、杜甫、岑参、韦应物、韩愈、白居易、李商隐等大家名家的诗外，也选录不少中小作家的作品。由于门庭比较宽广，能关注到不同时期、不同流派和不同体裁的作品，入选的题材和风格较为丰富多彩，大致反映了唐代诗歌创作的基本面貌。书中还附有简要的评注，有助于理解诗意。为旧时较有影响的唐诗选本。

【唐诗三百首】 唐诗选集。清代孙洙选编。孙洙，号蘅塘，晚号退士，乾隆进士。全书6卷，或作8卷。入选77人，诗310首，按五言、七言古近各体编排。原是为童蒙学习诗歌而编的一个家塾课本。编者汲取了《千家诗》易于成诵的优点，而补其不足，专门编选唐诗中脍炙人口之作。这一以简驭繁、广收名篇的编辑方针，使作品达到老幼皆宜、雅俗共赏的效果，成为一部家弦户诵、影响久远的读物。所收诗歌虽然只占唐代诗人、诗歌总数的很小一部分，但大多数重要作家都已收入，重点突出了杜甫，其次是王维、李白、杜牧、李商隐，也照顾到存诗不多的作家以及不同的风格流派。七绝选录李商隐、杜牧多于盛唐之作，不囿于“诗必盛唐”的成见。选集大体上反映了唐代诗歌的总体风貌和高度成就。但反映现实的诗歌入选较少，也误收了个别非唐人诗，其中张旭《桃花溪》实为北宋蔡襄所作。

【唐宋八大家】 唐宋两代八位散文代表作家的合称。即唐韩愈、柳宗元和宋欧阳修、苏洵、苏轼、苏辙、曾巩、王安石。他们提倡散文，反对骈体，是古文运动中的重要代表作家。明初朱右把韩、柳等人的文章编为《八先生文集》，八家之名，实始于此。后来唐顺之著《文编》，唐宋人除八家外，一律不取。茅坤最崇仰顺之，选编八家文，成《唐宋八大家文钞》144卷。世遂沿称为“唐宋八大家”，其书流传颇广，“唐宋八大家”之名遂亦流行。

【唐尧】 古代传说中的上古帝王。也称帝尧。名放勋，古唐国（今山西临汾尧都区）人，13岁辅佐兄挚，封于陶地，15岁改封于唐地，故号陶唐氏。尧执政时命羲氏、和氏测定推求历法，制定四时成岁，为百姓颁授农耕时令。测定出了春分、夏至、秋分、冬至。设置谏言之鼓，让天下百姓畅所欲言；立诽谤之木（华表的雏形），让天下百姓批评他的过错。尧德高望重，关心百姓疾苦，团结族人，使邦族之间团结如一家，和睦相处。在尧的统治下，国家统一，社会安定，文化繁荣，被后人赞誉为“尧舜之治”。他还通过民主推举的方式，将帝位传给了德才兼备的舜，史称“禅让”。

【唐寅】（1470—1524）明代画家、文学家。字伯虎，一字子畏，号六如居士、桃花庵主、逃禅仙吏等，吴县（今江苏苏州）人。出身商贩之家，早年发愤读书，弘治十一年（1498）得中应天府（今江苏南京）解元。次年赴京会试，因牵涉科场舞弊案而被革黜。正德九年（1514）投奔江西宁王朱宸濠幕下，后发现朱宸濠有不轨之意，遂脱身返回苏州。从此绝意仕进，筑圃舍于桃花坞，潜心诗文书画以终。性格狂放不羁、玩世不恭，有印文曰“江南第一风流才子”。工人物、花鸟，笔墨秀润峭利，景物清隽生动，工笔、写意俱佳。与沈周、文徵明、仇英并称“明四家”，为吴门派代表人物之一。与祝允明、文徵明、徐祯卿齐名，并称“吴中四才子”。有《六如居士全集》。

【堂】一种古代建筑形式。一般指居室建筑中的正房，为接待宾客、举行各种典礼之处。春秋至汉代堂是居室的主要部分，居整座建筑的正中，不住人。汉代曾称为殿。唐代以后堂的建筑样式逐渐变化，堂左右有序，有夹室，旁有房，有厢，设东、西厢，其后有寝室，各间以廊屋相连接。堂的规模按主人地位而定。汉以后，一般指衙署、宅第中的主要建筑物及宫殿寺观中的次要建筑物。堂的称谓范围后世也不断扩展，如宗教建筑中的佛堂、斋堂等专用房屋，文人避世隐居的草堂等，现代有名人纪念堂，如北京中山公园的中山堂等。

【棠棣】tángdì。木名，即郁李。也作“常棣”。因花盛开时每两三朵彼此相依，故借以象征患难与共、相互照顾的兄弟。后世以棠棣比喻兄弟。唐代贾敦颐、贾敦实兄弟分别任洛州刺史、长史，为政清廉仁惠，洛州人在大市路旁为敦颐立石碑，后又在旁边为敦实立碑，此二碑被称为“棠棣碑”。

【塘丁】南齐的地方性徭役名。也称塘役、塘丁役。士庶皆须承担。南朝会稽郡沿海堤塘须经常修筑，其工料多由当地百姓摊派，后改为折收塘丁钱，成为政府的一种税收。

【逃户】脱离户籍管理的外逃人户。历代有之，战国秦汉称亡命，魏晋至隋唐称浮逃户，宋元明清称此。也称流民。常因赋役过重或战乱灾祸而大批出现，或起事反抗，或成为依附豪门的隐漏户，或因官府检籍、土断、括户等举措，被重新纳入户籍和赋役征收体系。如东魏孝静帝武定二年（544），任用太保孙腾、大司徒高隆之为括户大使，分行诸州，查获逃户六十多万，勒令他们回到原籍。

【逃人法】清初以来惩处八旗户下奴隶逃亡的法令。公元1646年颁行，规定初逃、再逃的奴仆受鞭责或在脸上刺字，遣归原主。奴仆逃跑三次，判处死刑。窝藏逃人者，一般被处死，并没收家产。同时在兵部设置督责搜捕的衙门，捕捉逃人，奖励举报。1699年，康熙帝撤除此衙门。1743年，乾隆帝改定《督捕则例》，惩罚有所放宽。

【桃】果木和果实名。在我国传统文化中，桃被视为长生不老的象征，这源于其食用和养生功能。人们认为桃可以延年益寿，因此常常将桃与长寿联系在一起，如《西游记》中，蟠桃是仙家养生的法宝，象征健康和长寿。如夸父追日的故事中提到的桃林，以及《山海经》中的相关记载，都显示了桃与生命力的紧密联系。桃花代表着对美好生活的向往、自由精神的坚守以及对理想社会的追寻，如东晋陶渊明的《桃花源记》。在道家思想中，桃木被认为有辟邪的作用。

【桃符】 古代神话传说东海度朔山有大桃树，其下有二神，名神荼、郁垒，能食百鬼。故农历元日，民间以桃木板画二神于其上，悬于门户，以驱鬼辟邪。也称桃板。五代后蜀孟昶开始在桃符上题写联语，曰“新年纳余庆，嘉节号长春”，用来代替神像，叫作楹联，后演变为用纸书写的春联及刻印的门神像。

【桃花扇】 传奇剧本。清代孔尚任作。通过复社文人侯方域与秦淮名妓李香君的爱情故事，对南明王朝统治阶级内部的矛盾、斗争以及政治腐败，做了淋漓尽致的描写和深刻的揭露，塑造了一系列性格鲜明的人物形象，如李香君、侯方域、阮大铖、柳敬亭等。《桃花扇》脱稿后，即风行一时。康熙三十九年（1700），著名昆曲班金斗班在北京首演。孔尚任罢官后，仍在南北各地盛演不衰。在康熙年间的剧坛上，孔尚任和《长生殿》传奇的作者洪昇齐名，时人称为“南洪北孔”。

【陶弘景】 （456—536）南朝齐梁时道教思想家、医学家。字通明，自号华阳隐居，丹阳秣陵（今江苏南京）人。出身仕宦家庭，少时刻苦向学，读书万余卷。曾为宰相萧道成招聘，为诸王侍读，任职宫中。其家世奉天师道，从小受到熏陶，三十七岁时辞官，隐居句容（今属江苏）茅山，修道炼丹，创立茅山派。梁武帝萧衍代齐后，与他书问不绝，礼聘不出，朝廷有大事即咨询他，有“山中宰相”之称。对历算、地理、医药、书法等均有研究。曾制造天文仪器浑天象，推算历法；撰有《本草经集注》，收录药物七百三十种，在中国药物学史上占有重要地位。其道教著作有《真诰》二十卷。卒谥“贞白先生”。

【陶渊明】 （365—427）东晋诗人。一名潜，字元亮，私谥靖节，浔阳柴桑（今江西九江西南）人。曾任江州祭酒、镇军参军、彭泽令等职，后去职归隐，绝意仕途。今存诗歌125首，以田园生活为主，语言朴实精练，风格平淡自然，被誉为“田园诗之祖”“古今隐逸诗人之宗”。散文、辞赋亦不乏名篇，如《五柳先生传》《桃花源记》《归去来兮辞》等。据《宋书》记载，他在任彭泽令期间，有一次郡里派督邮前来视察工作，县吏告诉陶渊明，应穿戴整齐前往迎接。陶渊明感叹道：“我不能为五斗米折腰向乡里小人！”当日就解下印绶辞职，为官仅八十天。此外，陶渊明爱好饮酒。有一次他正在酿酒，郡将前来探望。当时正值酒熟，陶渊明就顺手取下头上的葛巾用来过滤酒中的渣滓，滤完之后，仍将葛巾戴在头上，这就是著名的“葛巾漉酒”的典故。

【陶宗仪】 （1316—1403后）元末明初学者。字九成，号南村，黄岩（今浙江台州黄岩区）人，元末举进士不第，遂弃去。寓居松江，以开馆授课和耕种为生，他在教学和务农的间隙，常与学生们讨论古今，有所得就记录在树叶上，存放于破盎中。十年间，他这样积累了大量笔记，后来整理成《南村辍耕录》，这就是“积叶成书”的典故。另外，其著作还包括《南村诗集》《国风尊经》《沧浪棹歌》《书史会要》《说郛》等。其中《书史会要》辑录了从上古三皇至元末书家的小传及书论，是我国第一部权威性的书史著作。

【套版印刷】 用两块或两块以上的雕版分别染色，以套印不同颜色的印刷技术。公元1340年，以朱、墨两色套印的《金刚经注》是现存较早的套色印本。明末，湖州闵、凌两家把这种印刷技术发扬光大，由两色而发展为三色、四色，甚至五色，这在色印史上是一大进步。明清流行以多色套版印刷画谱、童蒙读物。

【滕王阁】 江南三大名楼之一，位于江西南昌赣江之滨。为唐太宗李世民之弟、滕王李元婴任洪州都督时所建。滕王阁原高九丈，东西长八丈六尺，南北宽四丈五尺。滕王阁自建阁至今经历了1300多年，曾数十次被毁而重修。现存建筑为20世纪80年代重建。唐上元二年（675），洪州都督阎伯屿在这里大宴宾客，王勃途经此地，受邀参加了这次宴会。席间，即席创作了著名的《滕王阁序》，语惊四座，“落霞与孤鹜齐飞，秋水共长天一色”等成为千古名句。

【踢毽子】 民间体育活动。毽子有鸡毛毽、皮毛毽、纸条毽、绒线毽等，鸡毛毽最为普遍。其制作方法是用布等把铜钱或金属片包扎好，然后插上鸡毛。游戏时，用脚连续向上踢，不使落地。踢法多样，可以比次数，比花样。由古代蹴鞠发展而来，唐代始有记载，宋代流行，技巧有所提高，至明清更为盛行。

【提点】 古代官名。宋始置，寓提举、检点之意。宋时各路设置提点刑狱官，又设提点开封府界诸县镇公事，掌司法、刑狱及河渠等事。辽内侍省所属内库有都提点，内藏库有提点。金近侍局官有提点。明光禄寺尚饮局、尚食局皆有提点大使之职。清初太常寺神乐观设提点一人。乾隆十三年（1748），因神乐观改称神乐署，提点则改称署正。

【提督】 古代官名。全称为提督军务总兵官，负责统辖一省陆路或水路官兵。明置，始以内臣、文官充任，位在总兵官之上，寓以监察之意。正德年间始以武臣提督。清时于重要省份设提督，职掌军政，统辖诸镇，为地方武职最高长官。提督之名也用于武职以外官员。如明有提督会同馆主事、提督四夷馆少卿，清有提督学政、提督四夷馆等职。专用“提督”二字为官名者，则限于武职。

【提举】 古代官名。宋代以后所设主管专门事务的职官，即以提举命名，如提举茶盐、提举水利、提举常平、提举市舶、提举学事、医学提举、宝钞提举、盐课提举等名号，其官署称司。宋枢密院编修敕令所有提举，宰相兼；同提举，执政兼。元明沿其制。清也有提举之职，如文渊阁设提举阁事，以内务府大臣充任。宋代另有提举宫观，为安置罢退大臣及闲员而设，坐食俸禄而不必处理政事，号为祠禄官。

【提辖】 古代官名。①宋代州郡所置武职有“提辖兵甲”之称者，简称提辖。或由守臣兼任，掌统辖军队，训练教阅，督捕盗贼，维持治安。《水浒传》中鲁智深是渭州经略府提辖，人称鲁提辖。②宋代，掌茶、盐、香、矾等专卖的榷货务都茶场，掌采办宫廷、官府所需杂物的杂买务杂卖场，掌制造供应宫廷所用珍巧器物的文思院，掌储藏金银钱帛的左藏东西库，皆置提辖官掌管，合称“四提辖”。

【提刑】 古代官名。提点刑狱公事的简称。宋淳化二年（991）置，掌察所辖狱讼及举刺官吏，兼管农桑。其官署称司，号宪司。明清置提刑按察使，亦简称提刑，掌管一省司法。清末改为提法使。文天祥曾任湖南提刑、江西提刑。

【提学】 古代官名。宋崇宁二年（1103）在各路置提举学事司，管理所属州县学校和教育行政，每岁巡视所部，考查师生勤惰优劣。长官称提举学事使，简称提学。金设提举学校官，元有儒学提举司。明时提刑按察使司有提学，巡察各省学政。清改为提督学政，掌全省学校生徒考课黜陟之事，三年一任，大省以四品以上大员充任，较小省份以翰林院编修充任。

【提引】 清户部允许各省提前运销次年额定正引的盐政举措。多在当年本地额定盐引不敷所需时采取。

【题跋】 书籍、字画、碑帖等题识之词。写在前面的叫题，后面的叫跋，统称题跋。宋以后盛行。内容多为品评、鉴赏、考订、记事等。题跋不仅可以提供关于作品创作背景、过程等历史信息，也可以表达对作者技艺的赞美和敬意，突出作者的艺术成就。书画题跋也是一种独特的书法和绘画艺术，将诗文题写在书画作品上，使得诗、书两者或诗、书、画三者巧妙结合，相得益彰，书面画面更具韵味。通过题跋，人们也可以对作品的真伪进行鉴别。

【题名会】 唐代新科进士在曲江会宴后，同榜的人题名于长安慈恩寺（今陕西西安南）的大雁塔。也称雁塔题名、雁塔新题。后因以“雁塔题名”指进士及第。白居易 27 岁时一举中第，写下了“慈恩塔下题名处，十七人中最少年”的诗句。

【醍醐灌顶】 古人将从牛奶中提炼出的精华称为醍醐，味甘美，可入药。佛教将其比喻为佛法的最高境界。佛教弟子入师门时，由其本师用醍醐灌洒头顶，这一仪式象征着向皈依者灌输智慧。后比喻聆听高论后受到很大启发。

【剃度】 佛教的一种受戒仪式，即给佛教徒剃发，以脱离世俗，超越生死。

【天道】 我国古代哲学术语。指自然界自身的运行规律。也指天象变化及其所预示的人事吉凶规则。古人认为，人的命运受天道支配。

【天干】 甲、乙、丙、丁、戊、己、庚、辛、壬、癸十干的统称。又与十二地支子、丑、寅、卯、辰、巳、午、未、申、酉、戌、亥配成六十组，表示年、月、日的次序。

【天罡】 罡，gāng，星名。北斗七星的柄。道教认为，北斗群星中有三十六天罡星，每个天罡星各有一神，共有三十六位神将。受其影响，《水浒传》将梁山泊上聚义的一百零八将附会成三十六天罡星和七十二地煞星。

【天工开物】 科技专著。明代宋应星撰。天工指自然力，开物谓经工艺技巧开发自然物而成于人有用之产品。初刊于崇祯十年（1637）。共三编，十八卷。上编包括谷类和棉麻栽培、养蚕、缫丝、染料、食品加工、制盐、制糖等；中编包括制造砖瓦、陶瓷、钢铁器具，建造舟车，采炼石灰、煤炭、燔石、硫黄，榨油，制烛，造纸等；下编包括五金开采及冶炼，兵器、火药、朱墨、颜料、曲药的制造和珠玉采琢等。书中配有大量插图。较全面系统地记述了中国古代农业和手工业的生产技术及经验，被誉为中国古代工艺百科全书。

【天后】 即妈祖。古代沿海居民将其视为保护海上航运安全的女神。相传为莆田人，名叫林默。年少笃信佛教，学习法术。后升天为神。莆田居民于康熙年间为其立庙，尊称其为“通贤灵女”。沿海各地将奉祀妈祖之庙称为妈祖庙，或称为天后宫。今天津、广州、泉州等近海或沿海地区都有天后宫。

【天花乱坠】 佛祖说法，精妙绝伦，感动了天神，于是降下各种香花作为对佛的“供养”。花如雨一样自空中纷飞飘落，故名。后也以此形容人说话浮夸，以甜言蜜语诱骗人。

【天理】 我国古代哲学术语。宋代理学家认为封建伦理纲常是客观存在的、永恒的道德法则，称之为天理。也指天然的道理、自然法则。

【天理人欲】 我国古代哲学术语。“天理”和“人欲”的合称。简称理欲。宋代理学家程颐、朱熹等人认为“天理”指封建伦理纲常，“人欲”指人的生活欲望。理学家们把“天理”与“人欲”相对立，强调人应该放弃生活欲望，绝对遵守封建伦理教条，成为压抑人性的禁欲主义的主张。明清之际，进步思想家李贽、王夫之、戴震等学者反对这种禁欲主义。

【天龙八部】 佛法的守护神。八部即佛教的八部众：一天、二龙、三夜叉、四乾闼婆（香神）、五阿修罗、六迦楼罗（金翅鸟）、七紧那罗（歌神）、八摩睺罗伽（蟒神）。因“天、龙”居八部前两位，故佛教常举二者概括之，称为“天龙八部”。

【天命】 指上天的意志和命令。我国古代把天当作神，认为天神能决定人的生死和命运，因此敬畏“天命”。历代帝王利用“天命”证明其统治百姓的合理性，解释王朝的兴衰更替的必然性，如号称“受命于天”“奉天承运”“天命转移”。

【天女散花】 佛教故事。相传维摩诘说法，一名天女散花以试菩萨和声闻弟子的道行，花落到菩萨身上即落去，说明菩萨向道之心已经达到了六根清净的境界，而至弟子身上便不落，说明弟子结习未尽。后以此词形容碎下的物体从天空纷纷落下。如金代史旭《临真上元夜雪》诗：“天女散花春一色，烛龙衔照夜三更。”此处“天女散花”指大雪纷飞的样子。

【天人感应】 我国古代关于天人关系的神秘学说。西汉董仲舒认为，天和人相类相通，天与人之间是互相因应、感召的关系。自然界的灾异或祥瑞代表天对人的谴告或赞扬。人的行为也能感应上天。“天人感应”说是董仲舒建立封建神学体系的理论基础。

【天人合一】 我国古代关于自然和人之间关系的哲学观点。主张天和人、天道与人道、自然与人为相通、相统一。孟子认为天有意志和道德属性，人事是天意的体现，天意能支配人事，人事须符合“天道”且能感动天意，两者互为一体。西汉董仲舒将其体系化，提出“天人之际，合而为一”“天人感应”说。宋代理学家从理、性、命等方面论证“天人合一”之理。

【天人三策】 公元前140年董仲舒应诏向汉武帝论述天人关系的三篇对策。其中提出罢黜百家、独尊儒术，巩固皇权和维护大一统秩序等主张，为武帝部分采纳，促成了汉初以来国策的转折，对后世也有深远影响。

【天人之辩】 我国古代关于天和人、天道和人道、自然和人为相互关系的论辩。春秋末到战国时期，天人之辩是哲学争论的焦点。孔子强调“畏天命”的必要。墨子重视人的“强力而为”，但认为“天志”是衡量一切的标准。老子认为人应当顺应自然。子思、孟子主张“天人合一”，认为人只要扩充“诚”的德性，就“可以赞天地之化育”，从而可以与天、地并立为三。庄子主张一切人为都是对自然的损害。荀子认为“天”不以人的意志为转移，提出要“明于天人之分”，主张“制天命而用之”。“天人关系”是我国历史上哲学讨论的最重要的问题之一。

【天盛律令】 西夏仁宗天盛年间颁布的综合性法典。全称《天盛改旧新定律令》。共20卷，150门，1461条，是现存我国历史上首部用少数民族文字印行的法典。

【天师】 东汉张道陵创立五斗米教，自称“天师”，一说其后世尊奉者称其与弟子为天师。另古代称有道术者为天师。据《庄子》载，黄帝称襄城童子为“天师”。

【天书封禅】 禅，shàn。宋真宗时假托上天降敕而展开的一系列造神事件。澶渊之盟后，宋真宗为了洗刷城下之耻，并镇服四海，夸示外国，在大中祥符元年（1008）正月宣称有天书降于皇宫，并借此机会大赦天下，改元大中祥符。其间天书屡降，祥瑞遍地，真宗封禅于泰山，祭祀于汾阴，百般崇奉道教，粉饰太平，自欺欺人。

【天台宗】 我国佛教宗派。由南朝陈、隋时高僧智𫖮创立，是我国较早的本土化的成熟佛教宗派。因智𫖮常住浙江天台山国清寺而得名。又因崇奉《法华经》，故也称法华宗。唐五代时期发展壮大，传入当时的高丽、日本。元明时衰落。

【天堂】 指行善之人去世后灵魂所归之处。后也以“天堂”指人们心之所向的、充满幸福美好的乐土。

【天下】 古时关于“大国家”的概念。包括所有诸侯国、附属国以及臣服国的地域。秦汉以前，指华夏与四夷和周边族群所居住的地方。汉代以后，对外交往范围更广泛，“天下”的概念也有所扩大，主要指中国及其周边国家。“天下为公”“以天下为己任”中的“天下”，均指上述之义。

【天下大同】 儒家宣扬的理想社会。语出《礼记》。认为天下是公众的，应该将有贤德、有才能的人选举出来给大家办事，人人都讲求诚信，崇尚和睦。反映了人们对美好生活的向往和追求。后指国家统一，人心和睦顺从。

【天一阁】 我国现存的最早的私人大型藏书楼，位于今浙江宁波月湖之西。明嘉靖年间由时任兵部右侍郎的范钦建造。原有藏书七万多卷。范钦后人范懋柱编纂了《天一阁书目》十卷，为世界最早的三大家族图书馆之一。

【天主教】 基督教的一个分支。也称公教、罗马公教。以罗马教皇为最高领袖，信奉天主和耶稣基督，尊玛利亚为天主圣子之母。中世纪时在西欧占主导地位，公元16世纪欧洲进行了宗教改革，又被称为“旧教”。13世纪末派传教士到中国传教，后因元亡而中断。明万历年间，耶稣会士利玛窦到中国，天主教因此再次传入。“天主”一词就是明末来华传教士借用汉语原有词语对所信仰之神的译称，其意为“至高至尊的主宰”，犹言上帝。新中国成立后，中国天主教会实行“自治、自养、自传”三原则，不受外国教会的控制。

【天子】 古代统治天下的君主、帝王。古代君主、帝王认为，其政权是天神授予，秉承天意而建立的，代理上天治理老百姓，故自称是上天的儿子。

【天尊】 道教尊称其所侍奉的最高位者为天尊。如元始天尊、灵宝天尊、道德天尊等。

【田底】 田地所有权的俗称。也称田骨、大苗、粮业。明清流行于江南土地关系较为发达之处。与此相对的是佃户对田地的使用权，称田面、田皮、小苗、佃业，为永佃权发展起来的体现。

【田丁】 据纳粮户田产数量计算和派征丁徭的单位。始于明末，盛行于摊丁入亩后。

【田赋】 按田地征收的赋税。源于三代的贡、助、彻，春秋以来计亩而征。鲁宣公十五年（前594）“初税亩”为我国历史上记载的田赋之始。秦汉至隋唐多征定量粟米，每以所产什一为率。唐宋以来兼征钱，明行一条鞭法后改征银两，各种杂税徭役并入田亩征收，清又摊丁入亩。历代均为基本税种，因征收实物、货币而发生种种成本、折算的问题。

【田结】 战国时期有关土地使用、分配的券书。也称地约。

【田氏代齐】 公元前386年，周安王立齐大夫田和为诸侯并取代姜氏成为齐国公室的事件。春秋时齐国的田氏即陈氏，古“陈”“田”音同通用。齐田氏之祖为陈公子完，前672年，陈公子完奔齐，为齐田氏之祖，称田陈氏。战国中期以来，田氏发展迅速，收买民心、打击公室与强族势力。齐简公四年（前481），简公和右相监止为田成子（即田常）所杀，从此齐国由田氏专政。周安王十一年（前391），田和迁齐康公于海上。十六年（前386），周安王正式承认田氏为诸侯。

【田园诗】 诗歌的一种。多以描写农村景物和农民、牧人、渔夫等的劳动生活为题材，并借以抒情言志。东晋陶渊明开创了田园诗。唐宋以来，有王维、孟浩然、储光羲、陆游、范成大等为田园诗派代表，《归园田居》《山居秋暝》《四时田园杂兴》等为古代田园诗的代表作。

【田主】土地所有者。宋以来常指出租田地、收取地租的人。

【条法事类】南宋时期，随事分类编纂各种适用法条的一种法律汇编。唐代以来，这类法条编纂方式无统一名称。南宋孝宗时，在敕、令、格、式等法律汇编并行的基础上，以"事类"为标准，分门别类进行编纂。如宁宗时编《庆元条法事类》，分职制、选举、文书、榷禁、财用等事类，每类之下分别收录与之相关的敕、令、格、式、申明等法规，条理清楚、便于检索，用来指导各种行政过程。

【挑钞】元朝常见的一种伪钞。用挑剜接补之法，将小面额纸钞改作大面额纸钞使用。

【帖括】帖，tiě。唐代考试制度，明经科以"帖经"试士，即把经文贴去若干字，令应试者对答。后考生因帖经难记，乃总括经文编成歌诀，便于熟读记忆，以应对考试，称"帖括"。后泛指科举应试的文章。

【铁】黑色的硬质金属。五金（金、银、铜、铁、锡）之一。古人在商代已知使用陨铁。东周时期，冶铁业兴起，铁具被广泛应用，促进了社会经济发展。春秋晚期墓葬中出土有白口铸铁鼎和用中碳钢制的剑。战国中期后，冶铁业进一步发展，铁器的品种和数量增加，使用的范围更广泛，用来打造用具、兵器、食具等。因铁的质地坚硬，故也用于比喻坚强，或形容精锐、无情。

【铁拐李】传说中的八仙之一。相传名叫李玄。曾得道于太上老君。一次神游，被徒弟误将肉身火化，导致其魂魄无所依归，只能附在一饿殍身上。饿殍复活，蓬首垢面，敞怀瘸腿，拄一根铁杖，人称铁拐李。传说他背上的大葫芦里装着神奇的丹药，故民间奉其为道教药神。

【铁画】我国传统工艺美术品之一。系以低碳钢的铁片为原料，依据画稿制成的一种装饰画。其制作过程有剪花、锻打、焊接、退火、烘漆等。传为清初铁工汤鹏所创。铁画工艺综合了古代金银空花的焊接技术，吸取了剪纸、木刻、砖雕的长处，融合了国画的笔意和章法，立体感强，在古代工艺美术品中独树一帜。

【铁勒】古代中原以北民族之一。也称高车、敕勒、丁零。魏晋至隋唐时期，分布于漠北至中亚地区。曾先后依附于鲜卑、突厥。隋唐时曾建有薛延陀汉国，后被唐太宗所灭。后逐渐统一为回纥汗国，与唐王朝关系密切。公元 840 年汗国灭亡，各部落流散四方，逐渐名亡。

【铁钱】我国古代以铁铸成的钱币。西汉末年，公孙述在四川铸铁质五铢钱，这是我国最早的铁钱。大规模使用铁钱始于梁武帝普通四年（523）。此后，五代、两宋、辽、西夏也都用过铁钱，使用最多的是两宋，主要通行于四川地区。清咸丰四年（1854）也曾铸造铁钱，咸丰九年（1859）停铸。

【廷珪墨】珪，guī。唐末，制墨工匠奚超、奚廷珪父子制出"丰肌腻理，光泽如漆"的好墨，被称为"廷珪墨"。据载，廷珪墨的做法是用松烟一斤，珍珠三两，玉屑、龙脑香各一两，和以生漆，捣十万杵制成。南唐吏部尚书徐铉曾得到一锭廷珪墨，每天写五千字，十年才用完。宋初朝廷征贡，唯此墨为第一。

【廷鞫】鞫，jū，审问。明代重大的诉讼案件无法解决时，由七卿、九卿开会定案，此为廷鞫。清代，遇到疑难、重大案件，由都御史、大理寺卿和刑部尚书共同审理，称小三法司会审。

【廷尉】古代官名。秦始置，汉沿置，九卿之一，掌刑狱，为最高司法机构长官。其属官有正、监及平，皆为司法官。汉景帝时改称大理，武帝时复称廷尉。北齐至明清均称大理寺卿。

【廷议】古代朝廷的议事制度。廷臣集议朝政，故称。历代有之，多在殿廷御前举行，其程序及参加人员不一。廷议制度起源于周代的国民大会，成型于秦朝的博士议政大会，往后又逐渐发展成汉代的集议制度、唐代的政事堂会议，以及明代的内阁制度。明朝初年，朱元璋、朱棣等都十分重视廷议，一些朝政大事交由相关朝臣集议，然后具奏，由皇帝裁决。

【廷杖】古代皇帝在朝廷或殿堂上杖打大臣的酷刑。所用的杖，用生荆棘做成，长约六尺。汉、隋、唐等都有廷杖大臣之事。廷杖盛行于明朝，有大臣死于杖下。

【亭】秦汉时一级行政机构。在乡以下。十里一亭，十亭为乡。设亭长一人，掌治安、诉讼等事。

T

【亭障】古代边塞要地修筑的堡垒。起源甚早，秦汉以此为整套巡防守御系统的末端设施，此后历代皆有，在长城沿线较为典型。亭障作为边境线上的军事设施，用于驻防士兵、储备粮食和武器，同时可以作为防线阻挡敌军的进攻。它们通常与长城、烽燧等其他军事设施一起构成复杂的边防体系。

【通宝】古代钱币的一种名称。意为流通的钱币。起于唐高祖武德四年（621）铸造的“开元通宝”。以后历朝沿袭，并常在“通宝”二字前冠以年号、朝代或国名，如唐国通宝、大元通宝、永乐通宝。

【通典】书名。唐代杜佑撰。上起传说中的唐虞，下迄唐肃宗、代宗时，以唐代尤详。以唐代刘秩《政典》为基础，摘录《开元礼》等内容。分为食货、选举、职官、礼、乐、兵、刑、州郡、边防九门，每门又分为若干子目，共得1500余条，详细记载了历代的典章制度、礼仪规范、官职变迁、经济制度、法制建设等内容。全书200卷，资料丰富，体系严密，分类细致，注解详尽，不仅保存了大量的珍贵历史资料，而且杜佑在编纂过程中注重辩证真伪，考订异同，力求准确反映历史事实。与南宋郑樵的《通志》、元代马端临的《文献通考》并称为“三通”，对后世的历史研究和史书编纂产生了深远的影响。

【通检推排】金朝清查户口、物力以确定赋役的制度。大定四年（1164）派员分路调查人户资财，规定等级，作为征收物力钱多寡和征发差役先后的根据。原定十年举行一次，集合村坊人户共同评定，实际却时常通检，工作草率，嘱托移匿等弊很多。

【通判】古代官名。本义为共同处理政务。宋初鉴于五代藩镇权力太大，威胁朝廷，因用文臣知州，并置州、府通判，与知府、知州共理政事。凡长官下令须与之连署，有监察长官之责，可独立奏事。南宋时其地位有所下降，战时专任钱粮之责。元废。明清各府亦置，位在知府、同知之下，分掌粮运、督捕、水利等事务，权力较宋时为小。也称半刺，俗称倅。

【通事军】 通事，指因避罪、被掳掠等原因而寓居他国的异族人。这些人中许多原来的身份是驱口，即战争中被俘虏并被迫为奴隶的人。在蒙古与南宋战争期间，南宋曾利用这些人组建军队，称通事军，用以抵抗蒙古人。元朝建立后，采取反招降政策，赦免这些人，解除他们的驱口身份。南宋灭亡后，通事军人大都被收编进镇戍军系统，由通事汉军万户府管辖。

【通志】 史书名。南宋郑樵撰。成书于绍兴三十一年（1161）。全书共分为200卷，包含了纪、谱、略、列传、载记等部分，其中二十略被认为是该书的精华所在。郑樵在书中对古代的典章制度、音乐、地理、氏族、草木、昆虫等方面的内容进行了记载和深入研究，尤其是他对金石学的重视，为后世的金石学研究奠定了基础。与唐代杜佑的《通典》和元代马端临的《文献通考》并称为“三通”，在我国史学史上占有重要地位。

【同考官】 明清乡试、会试中协同主考或总裁阅卷之官。同考官分房阅卷，因在闱中各居一房，所以又称房考官，简称房官。试卷由房官先阅，加批荐给主考或总裁。乡试同考官，明代多用科甲出身者，兼用教职。清代多用科甲出身之属官。会试同考官，明初定八人；清康熙后额定十八人，号“十八房”。

【同知】 古代官名。称副职。宋时枢密院不设枢密使及副使时，以知院事为主官，以同知院事为副，或简称知院、同知院。又府州军的副贰有同知府事、同知州军事。元明沿用。清代府、州以及盐运使设同知，府同知即以同知为官称，州同知称州同，盐同知称运同。

【同中书门下三品】 宰相职衔。与中书省、门下省长官同为宰相的加衔。唐初，中书省长官中书令及门下省长官侍中任宰相之职。其他官员可加“参知政事”等号为相，入政事堂议事。后加号入相者多用“同中书门下三品”，意即同于中书令、侍中（均三品官）。至唐代宗时中书令、侍中升为正二品，此衔亦改为“同中书门下二品”。后惯用“同中书门下平章事”，此名遂废。宋因之，专由年高望重的大臣担任，位在宰相之上。金、元有平章政事，位次于丞相。元代中书省和行中书省，皆置平章，中书省平章为宰相的副职，行中书省平章为地方高级长官。明初沿袭，不久废。

【桐】 木名。有梧桐、油桐、泡桐等种类。古代诗文中多指梧桐。在古代文献中，梧桐被称为荣、桐木，有高大挺拔、坚贞不渝等美好寓意。在传统文化中，梧桐树被视为祥瑞之树。传说中，凤凰只栖息在梧桐树上，因此梧桐树也成为吉祥、幸福的象征。桐木是制作乐器的优质材料，尤其是制作古琴的面板，因以借指琴瑟。

【桐城派】 清代散文流派之一。形成于康熙年间，兴盛于乾隆、嘉庆年间，其代表人物方苞、刘大櫆、姚鼐皆为安徽桐城人，故名。三人被尊为“桐城派三祖”。该派提倡学习先秦、两汉及“唐宋八大家”散文。讲究“义法”，主张“义理、考据、辞章”三者合一。在内容上要求“文以载道”，在语言风格上要求“雅洁”，作品以典雅、凝练见称。在写作形式上制定了一些戒律，行文时受束缚。过重“载道”，在创作上往往内容贫乏，流于空洞。与阳湖派并称，为清代散文的两大重要流派。

【桐花凤】 鸟名。羽毛五色，体形似传说中的凤鸟而较小。也称幺凤。产于川地，以暮春桐花开时飞集其上而得名。

【铜】 质地柔软的赤色金属。古也称赤金，是五金（金、银、铜、铁、锡）之一。汉代金有三等，黄金为上，白金为中，赤金为下。古人用铜制造器物和艺术品。原始社会晚期就有小件铜器。最初的铜器用冷锻法直接锤打而成形。后发展为用石范铸造铜器。商代已大量使用泥范铸造各类青铜器。商代已有铜币、铜镜。

【铜贝】 铸造成贝形的铜币。商和西周墓葬中皆有出土，春秋以来为楚国的通行货币。主要有无文铜贝、保德铜贝、包金铜贝、蚁鼻钱等几种。商晚期发达的青铜冶炼业促进了生产的发展和交易活动的增加，此时广泛流通的贝币由于来源不稳定而使交易不便，人们便寻找更适宜的货币材料，青铜铸币应运而生。由于其外形很像贝币，故称铜贝。

T

【铜鼓】 古乐器名。①铜身铜面的鼓和铜身皮面的鼓的总称。形制多种，用法各异。商代铜鼓为横置的两面鼓，鼓面为素面或铸成类似鳄鱼皮的花纹，鼓身上部铸瓷枕形或铸双鸟。春秋时期秦铜鼓为筒状的一面鼓，底中空，全身饰蟠虺纹。②我国古代南方一些少数民族所使用的重器、乐器。筒状，底中空。鼓面光体有角；有的鼓面上有浮雕图案，铸出日光、青蛙、牛、马等形象，鼓身全部饰有几何形和人与动物的写生图像。原为号召战争、祭祀、赏赐、进贡的重器，后来成为一般乐器。

【铜雀台】 宫殿名。东汉建安十五年（210），曹操所建。故址在今河北临漳县西南古邺城的西北隅，与金虎（后改名为金凤）、冰井合称“邺中三台”。铜雀台高达十丈，周围配套殿屋一百二十间。因楼顶安置一只大铜雀，故名。曹氏父子及王粲、刘桢、陈琳、徐幹等一大批文人聚集于铜雀台，以文墨记述战乱频仍下百姓生活的疾苦，并直抒胸臆，抒发渴望建功立业的豪情壮志。其中，曹植《登台赋》最为著名。唐代杜牧在《赤壁》诗中有“东风不与周郎便，铜雀春深锁二乔”的名句。

【童生】 明清科举，凡习举业的读书人，在未通过考试取得生员（秀才）资格以前，无论年龄老幼，皆称童生。“童生”之“童”，实际上与年龄无关，主要是指学问浅薄。也称文童。

【童生试】 明清时童生取得生员（秀才）资格的入学考试。简称童试，也称小考、小试。包括县试、府试和院试三个阶段。三年内举行两次，经院试合格者方能进入府、州、县学，取得生员资格，日后可以参加乡试、会试，故被视为士子入仕的“始进之阶”。

【童心说】 明代李贽提出的著名思想观点。其《童心说》一文中认为“童心者，真心也”，“绝假纯真，最初一念之本心也”。把童心视作不受各种思想观念干扰、影响的纯真自然的赤子之心，是人的自然本性。强调“童心”为“天下之至文”之源，即保持童心，真实地表现人的内心情感和欲望，才会有天下之至文。提倡真情和人性的文学，反对封建道学和各种“假理”。童心说对汤显祖、袁宏道、冯梦龙、金圣叹等后世文学家有较大影响。

【童子科】 科举考试中为儿童、少年设立的科目。唐制，凡十岁以下能通一经及《孝经》《论语》，每卷诵文，通十者予官；通七者予出身。宋制，凡十五岁以下，能通经作诗赋者，均可应试，取中者给予出身并授官。金代亦设。也称童子举。

【潼关】 古关名。在今陕西潼关县北。古称桃林之塞，秦时为华阳。东汉建安年间设关。因北距黄河，南临商岭，东接桃林，西薄华山，成为陕西、山西、河南三省要冲。地势险要，唐代杜甫《潼关吏》诗形容其“连云列战格，飞鸟不能逾”，是历代兵家必争之地。东汉末年，曹操破马超于潼关，去除关西心患。唐安史之乱，安禄山自洛阳进逼，占据了潼关，唐玄宗仓皇西逃。元末，朱元璋先破潼关，后平定陕西。

【统军司】 辽、西夏、金及元初控驭一方的军事机构。分置若干兵马司，统领军区内的驻军及部族，负责对军队的指挥、调度以及边境的防御和管理，负责当地的农业生产和牧业管理，以保障军队的粮食供应和后勤支持。

【统天历】 南宋天文学家杨忠辅主持编定的历法。庆元五年（1199）施行。此历取消上元积年的方法，以29.530 594日为一月，365.242 5日为一年，精度堪比现在通行的公历。提出回归年消长的概念，所使用的岁差值和五星会合周期也比前人精确。元代编制《授时历》吸收其部分内容。

【筒车】 以河流水力为动力，把水从低处引到高处，便于高地灌溉的一种机械设备。以木为轮，下半部置水中，轮的周围安装圆筒，根据岸的高下及水流缓急而定水轮大小和水筒数量。唐到北宋称水轮，南宋改称筒车。

【头鹅宴】 头鹅，首先捕得的天鹅。辽朝皇帝在春捺钵捕杀天鹅时举行的宴会。头鹅由皇帝亲自放猎鹰捕捉，用捕获的第一只天鹅祭神、荐庙，群臣献酒果，并将鹅毛插在头上欢宴庆贺。头鹅宴是辽代著名宫廷宴之一。

【头陀】 梵语音译词，意为“抖擞”。佛教苦行方式之一。在衣食住方面严守十二项苦行，如穿百衲衣、乞食、住空闲处等。拒绝物质福利和感官上的享受，忍受环境的压迫以及自我折磨等，以此获得解脱。后也用来称呼行脚乞食的僧人。

【头鱼宴】 头鱼，首先钓得的鲟鳇鱼。辽朝皇帝在春捺钵凿冰钓鱼时举行的宴会。头鱼由皇帝亲自用绳钩捕取，得头鱼后大张酒宴，与群臣宴饮。头鱼宴是辽代著名宫廷宴之一。

【头子钱】 唐宋时按一定比例在法定租赋外加收或在官府出纳时抽取的税钱。五代后唐天成二年（927），规定苗子一布袋纳钱八文，以三文作仓司吃食补衬。北宋开宝六年（973）令川陕人户两税以上输纳钱帛，每贯收七文，每匹收十文，丝绵一两、茶一斤、草一束各一文。康定元年（1040）规定，除利、益、梓、夔四路（今陕西、四川地区）外，其余各路头子钱需缴入官库。南宋行经总制钱时，公家出纳均收头子钱。孝宗时每贯收至五十六文，遂成大宗收入，并为经总制钱主要来源。

【投笔从戎】 指扔掉笔去参军，比喻文人放弃文化工作参军入伍。出自《后汉书·班超传》。东汉班超年轻时，家贫，靠帮官府抄写公文勉强过日子。抄写工作十分辛苦，而且抄写的东西还非常多，经常要忙到半夜才能睡觉。官府对于抄写的要求非常严格，抄错一个字，就要责骂，还要扣工钱，甚至开除。有一天，他正在抄写公文的时候，突然间站起来，狠狠地将笔扔到地上，非常愤怒地说："大丈夫应该像傅介子、张骞那样，在战场上立下功劳，怎么可以在这种抄抄写写的小事中白白地消耗一生呢！"因此，班超决定参军，卫国立功。

【投献】 古代田主将田产寄于贵族或豪强地主名下，请托缙绅冒认这些田产，以逃避苛重的赋役的方法。也称投靠、呈献。明清尤为流行，贵族或豪强地主因此获得了众多依附性较强的佃户。清代摊丁入亩后，始少见。

【透索】 民间体育活动。把绳子挥舞成圆圈，人趁绳子近地时跳过去。有短、长绳之分。短绳可单人或双人跳，比次数或花样。长绳集体跳，两人甩绳，其余人轮流或同时跳。跳法多样，是一种全身运动。唐称透索，宋称跳索，明称跳百索、跳白索、跳马索，清称绳飞，清末以后称跳绳。

【突火枪】 古代一种火药武器。南宋时创制。用巨竹装上火药，安上子窠（相当于子弹），用引线点着火药后，先发出火焰，产生很强的气压，火焰之后，子窠就会射出去以杀伤敌人，并且发出像炮响的声音，在一百五十步远的地方也能听到。

【突厥】 古代中原以北民族。公元6世纪游牧于金山（今阿尔泰山）以南，因金山形似兜鍪（古代战盔），而兜鍪俗称"突厥"，故名。初受制于柔然，后于522年击溃柔然，建立突厥汗国于今鄂尔浑河流域，疆域最广时其势力范围西至西海（今里海），东至辽海，南到阿姆河南，北过贝加尔湖。突厥有自己的文字、官制、刑法、税法等。曾与北朝统治者通婚，人民互相往来，促进了社会发展与民族融合。但也曾屡犯中原，后于隋开皇二年（582）分裂为东、西突厥。先后被唐太宗和唐高宗所灭。

【突骑】 精锐骁勇的骑兵突击部队。西汉时期，沿用秦代的屯骑之名。东汉时期，"突骑"这一称呼开始被广泛使用，并且成为当时标志性的军事力量之一。刘秀麾下有渔阳、上谷诸郡突骑，为天下劲旅。置于缘边诸郡。后世以此泛指精锐骑兵。

【荼】 tú。①苦菜。先秦文献中，往往写作"苦"。荼因其特性，古代常组成一些用来形容处境的艰辛或者比喻艰难困苦的词语。如荼蓼，泛指田野沼泽间的杂草，在《诗经》中，有"以薅荼蓼"的描述。因荼味苦，蓼味辛，在《后汉书》中，荼蓼则被用来比喻艰难困苦的生活状态。②古书上也指芦苇、茅草的白花。

【徒兵】 东周王室及诸侯国的步兵。战国以来发展迅速，成为军队主力。由普通士兵组成，靠步行行军和作战，故称。装备相对简单，通常包括盾牌、刀剑、长矛等基本武器，承担近战格斗、防守城池、维持阵形等任务。

【徒刑】 将罪犯拘禁于一定场所，剥夺其自由，并强迫其劳动的刑罚。早期西周“圜土之制”即后世的徒刑。秦时此刑称为“城旦舂”等。北周始以“徒”为名，列为“五刑”之一，后各代相沿，但徒刑等级、服刑期限有所差异，或加械，或辅以鞭笞肉刑、髡刑。明清两代沿袭唐制。

【酴醾】 túmí。花名。原指一种酒。后因酴醾花颜色与酴醾酒颜色相似，且酴醾花也有清香，所以用来指代这种花。酴醾作为一种文学意象，在文学作品中经常提及。酴醾的花朵繁密，香气清幽，常用来象征女子的美貌和君子的高洁品质。在诗词中，酴醾常被用作描绘春天景象的元素，其盛开的景象给人们带来美的享受。司马光在《和利州鲜于转运公剧八咏·山斋》中，用“春老酴醾香，夏浅筼筜绿”来形容春夏之交的景色，展现了酴醾在园林景致中的独特魅力。

【土兵】 五代及宋以来就地募集之兵。五代后梁指募集防御的兵员，北宋仁宗时设于西北，主要用于抗御西夏。神宗起设于广南等地，隶属各地巡检司，维持治安，南宋循之损益。明以来泛指各种土著民兵。

【土贡】 臣属向君主进献的土产、珍宝和财物。是赋税的原始形式。相传始于夏禹。历代皆有，以体现“普天之下，莫非王土”的原则。唐初以来各地贡物皆有规定品种和数量，不得超过或拖欠，但官府往往借此名目多征多收。清陆续取消各地进贡，但臣属报效如故。

【土木堡】 在今河北怀来县土木镇，因历史上发生的“土木堡之变”而闻名。其地本名统漠镇，唐初高开道置，后音讹为土木。

【土木之变】 明英宗亲征蒙古瓦剌部时兵败被俘于土木堡的事件。也称土木堡之变、土木之役。明英宗正统十四年（1449），蒙古瓦剌部首领也先对明王朝发动南侵。大同告急。明英宗在宦官王振的怂恿和挟持下亲征，在土木堡被瓦剌军袭击。英宗溃败被俘，王振被杀。瓦剌军一路直逼北京城下，沿途烧杀抢掠。时任兵部侍郎于谦采用坚壁清野的办法指挥了北京保卫战，挽救了困境中的明王朝。土木堡之变对明朝政局和北元诸部势力的消长均产生了重要影响。

【土司】 元、明、清时期，在西北、西南地区设置，由少数民族首领充任并世袭的官职。按等级可分为宣慰使、宣抚使、安抚使等武职及土知府、土知州、土知县等文职。土司除对中央政权承担规定的贡赋和征发之外，在辖区内依然保留传统的统治机构和权力。

【土屯】 行于西南地区的一种募丁屯垦方式。南宋始于辰、沅、靖、澧等州，募土丁为营田刀弩手，给地耕种。清乾隆后行于贵州、湘西苗区、金川藏区及台湾等地，皆募土著为屯丁，平时耕作，战时为兵。

【土引】 明清时期官府售发给茶商与少数民族土司进行茶叶贸易的一种凭证。

【吐蕃】 Tǔbō。我国古代藏族政权名。始自公元6世纪，在兼并了各羌部落之后至7世纪初期，由松赞干布继承王位（称为赞普），定都逻些（今拉萨）。形成了集权制的奴隶主贵族政权，其势力范围包括今天的西藏、青海以及西域多地。吐蕃政权制定了自己的法律以及相应的政府体制，并创造了自己的文字。吐蕃政权与唐朝关系密切，唐朝的文成公主、金城公主都远嫁吐蕃，为唐、吐蕃之间的文化与经济交流架起了桥梁。上层原信本教，后信奉佛教，也接受了大量的汉族生产技术。9世纪因平民和奴隶起义而崩溃。

【吐谷浑】 古族名。魏晋时西迁至青海湖西南地区的鲜卑的一支。以率部西迁的始祖之名为称，于公元329年建国，曾长期据有河源、柴达木及其以南地区，与西秦、南凉、北魏、南朝多有交往，北齐、北周至隋唐与之时战时和。663年为吐蕃所灭。

【兔园】 汉文帝的次子、梁孝王刘武建造的宫苑。也称梁园，其故址在今河南商丘，今已不存。园内遍布锦山秀水、雁池鹤洲、奇果异树、珍禽怪兽。是西汉最负盛名的藩王园林，司马相如、枚乘都曾入园玩赏。枚乘有《梁王兔园赋》。

【团结兵】 唐代各地官府所属的民兵武装。“团结”意即编组为行伍。也称团练兵、团兵。其设立主要是为了应对北方频繁的战争，武则天时开始广泛建立。从富户强丁中征发，农闲训练，战时集结，协助作战。服役期间，官给食粮、酱菜等物。

【团练使】 古代官名。主管地方武装及训练等事的使职。也称团练守捉使。唐肃宗时置于不设节度使地区，掌本区各州军事。大者领十州，并设团练副使，小者领三五州。常与观察使、防御使互兼。代宗后令刺史兼团练使。宋以团练使为武将兼衔，虚衔。明废。

【团扇】 一种圆形有柄的扇子。因形似圆月，故称。也称纨扇、宫扇。边框及柄通常为竹制，扇面用洁白的丝绢，上绘山水楼台、草虫花鸟等图案。古代宫中常用。

【推恩令】 汉武帝时实施的以广封诸侯王子弟来分化、削弱其势力的法令。承景帝以来削藩之势，公元前127年，汉武帝采纳主父偃建议，下令诸侯王可奏请朝廷推广恩典，将王国领地分封给嫡长子以外的子弟。自此，诸侯王国领地不断缩小，难成大患。推恩令下形成的侯国隶属于郡，地位与县相当。

【退田】 均田制下因人口减少或户绝，应依法退还给官府的田亩。也指退还租种的田地或退佃的情况。

【屯田】 古代政府利用士兵、农民和商人垦种荒地以取得军粮和税粮的措施。有民屯、军屯、商屯等。也指屯垦的土地。汉文帝募民实边，为民屯之始。武帝在西域、宣帝在边郡屯田，使用驻军，为军屯。东汉建安元年（196）曹操在许下屯田，由典农官募民耕种，为民屯。唐宋屯田又称营田，军屯和民屯都有。元明清一般仍称屯田，卫所屯田则指军屯。明朝又以专卖权招揽商人屯垦，称商屯。屯田组织性强，耕地面积大，能用先进耕作法，又便于进行水利建设，产量往往较高，但兵士和农民所受压迫和剥削极重。

【屯卫】 清朝从事屯田、漕运的军事组织。顺治三年（1646）仿明设此，各置守备一人，兼管屯田，下设千总、把总分理其事。有漕地区还根据漕船的数量，分设漕帮，每帮有领运千总二人。

【屯驻大军】 南宋最重要的常备军。南宋立国之初，北方原有的禁军基本瓦解，面对金军的严重威胁，不得不重新编组中央军。这些新编组的军队主要由抗金将帅统率，并驻屯在前线，故名。绍兴五年（1135），南宋政府对军队进行了进一步的整顿，将五支主要的屯驻大军分别命名为行营前、左、中、右、后护军。绍兴十一年（1141）岳飞、韩世忠等被解除兵权后，相继取消番号，分其兵力，改名为某州府驻扎御前诸军。

【拓跋代】 公元315年鲜卑拓跋部建立的政权，是北魏的前身。此年晋愍帝封拓跋猗卢为代王。至拓跋什翼犍扩展国势，设置百官，定都盛乐（今内蒙古和林格尔）。376年为前秦所破。386年拓跋珪复国，改称魏王，至398年拓跋珪入主中原，迁都平城（今山西大同），定国号“大魏”，又称“大代”，或“代魏”连称。

【柝】 tuò。用挖空的木头或竹筒做成，敲击用以警夜巡更。俗称梆子。《木兰诗》：“朔气传金柝，寒光照铁衣。”

W

【瓦当】古代建筑物的一种装饰构件，铺于屋檐前面筒瓦的出头部位，有防水、保护檐头之用。也称勾头。据考古发现，瓦当在西周晚期的建筑上已有使用。秦汉以前的瓦当多为半圆形，故名半瓦当，饰有动物、植物等图案。秦汉以后则普遍采用圆形瓦当，同时其表面所饰的纹样也更加丰富，除青龙、白虎、朱雀、玄武四象外，更增添了鹤、麟等诸多飞禽走兽，极具匠心。秦汉瓦当还有加文字为图饰的，汉瓦当文字尤为有名。文字内容一般分为建筑题名（如“羽阳千秋”为羽阳宫专用）、记事志念（如“汉并天下”）、吉祥祝福（如“与天无极”）。

【瓦剌】剌，là。明代对西部蒙古各部的总称，清代称之为卫拉特。早期生活于叶尼塞河上游，以狩猎、游牧为生。后归附于成吉思汗。元末，南迁至匝盆河（札布汗河）流域和准噶尔盆地，曾于公元15世纪中叶短期统一蒙古各部。明英宗正统十四年（1449），蒙古瓦剌部首领也先对明王朝发动南侵。明英宗亲征，在土木堡被俘。瓦剌军一路直逼北京城下，沿途烧杀抢掠。史称“土木堡之变”。明末清初分为杜尔伯特、准噶尔、土尔扈特、和硕特四部。

【瓦舍】舍，shè。宋元时娱乐场所集中的地方。有表演杂剧、曲艺、杂技等的勾栏，也有出售杂货的店铺。也称瓦肆、瓦子。

【袜】穿在脚上，用以保暖护脚的纺织品。据传最早为皮革包裹双足以抵御寒冷，故写作韈、韤，也称脚衣、足衣。汉代出现了根据脚的形状用布专门缝制的袜子，但当时的袜子有两条系带，用于系在膝盖上。早期的袜子在室内可以外穿，不再穿鞋，特别是坐席上，只能穿袜。依礼制，可配礼服，颜色各有不同。考古发现，古代除了长袜以外，还有短袜、单袜、夹袜以及无底袜、无筒袜等不同类型。清朝末年国外传入针织品袜。

【外朝】处于宫外的朝廷机构和各种官职。内外朝之分出现于汉武帝时，外朝指丞相所统外廷各机构、部门及其官员，是常规的国务处理班子。后世皆与“内朝”相对而言，具体构成各有不同。

【外郎】①官名。汉中郎将分掌三署。郎有议郎、中郎、侍郎、郎中，皆掌宫殿门户，出充车骑。没有固定职务的散郎称外郎。六朝以来，也称员外郎，指正员以外的官员。②宋元以来对衙门书吏的称呼。③清代某些衙门中的低级官吏。

【外戚】帝王的母族、妻族成员。也称

国戚。我国古代有“同姓不婚”的制度，即同一姓氏的男女不得互为夫妻。而因母族、妻族是异姓，故称“外”。西周以来称母族、妻族为“外家”。从汉代开始，外戚特指皇帝的外家，以后历代沿称。历史上，外戚多凭借太后、皇后的势力，掌握大权，干预朝政或篡位。如西汉元帝王皇后的侄子王莽夺取政权，建立新朝。

【外制】 唐宋时由中书舍人领衔起草皇帝诏命称外制，由翰林学士领衔起草诏命称内制。唐初，中书省设中书舍人，负责起草诏令，没有内外制之分。至玄宗开元二十六年（738），始置翰林学士，掌内制；中书舍人只掌外制。宋代为中书舍人、知制诰、直舍人院统称。明代称知制诰为“外制”。

【外传】 传，zhuàn。①用于经学著作，附经作传、广引事例而不完全以解释经义为主的书。与专主解释经义的“内传”相对。如《左传》为内传，《国语》为外传。《诗》有《韩诗外传》，《春秋》又有《穀梁外传》《公羊外传》等。②传记文的一种，为史书所不载的人物立传。或于正史外另为作传，记其遗闻逸事，称“外传”。

【纨】 wán。一种细致光洁的绢。汉代作为制作宫廷冬装的原材料。以纨制成的团扇称为纨扇，为富贵人家女子所用。《孔雀东南飞》中有“腰若流纨素，耳着明月珰”之句。

【纨绔】 wánkù。细绢制成的无裆裤。因其贵重，一般只有贵族子弟穿着，所以后世以“纨绔”借指贵族子弟。

【挽歌】 丧礼仪式之一。送葬时所唱的哀悼死者的歌。鲁哀公会合吴王进攻齐国，交战前齐国公孙夏命部下唱《虞殡》，示必死。一说《虞殡》为送葬歌曲，是较早的挽歌。最初是挽柩的人唱的。汉魏以后，挽歌盛行，古乐府相和曲中的《薤露》《蒿里》是古代著名挽歌。《薤露》送王公贵人，《蒿里》送士大夫、庶人。晋代陆机、陶渊明和南朝宋鲍照都曾为自己作挽歌。唐代到明清，根据死者的身份等级，对其葬礼唱挽歌者的人数、队列、服饰等做相应的规定。

【婉约派】 宋词风格流派，与“豪放派”对称。以抒情细腻含蓄，音调、语言婉转清丽为特征。以柳永、晏殊、欧阳修、秦观、周邦彦、李清照等为代表。代表作如柳永《雨霖铃》、李清照《如梦令》等。

【万户府】 元朝统辖若干千户的军事编制和机构。据其重要性及军额分上、中、下三等。其设置可以追溯到成吉思汗时期。到了元代，万户府被广泛设置于中枢及各路，其职能包括开府治事，统率下属的千户所。

【万劫不复】 “劫”是佛教音译词“劫波”的简称，意为“远大时节”。源于古印度婆罗门教，认为世界经历若干万年就毁灭一次，而后又重新开始，这一灭一生称作一“劫”。故“万劫”指极其漫长的时间。人们用“万劫不复”指永不能恢复。

【万历三大征】 明朝万历年间在西北、西南边疆和朝鲜展开的三大战役。也称万历三大役。包括公元1592年平定蒙古人哱拜叛乱的宁夏之役，1592—1593、1597—1598年援朝抗倭的朝鲜之役，1599—1600年平定土司杨应龙叛乱的播州之役。万历三大征在一定程度上维护了明朝的领土完整和国家安全，但也耗费颇巨，导致了明后期的财政危机。

【汪大渊】（1311—？）元代旅行家，中外文化交流的杰出使者，被西方学者尊称为“东方的马可·波罗”。字焕章，豫章（今江西南昌）人。元至顺元年（1330）由泉州第一次出海游历东西洋诸国，元统二年（1334）夏秋间返国。至元三年（1337）第二次由泉州出海，至元五年（1339）夏秋间返国。足迹遍及亚洲、非洲、大洋洲的国家和地区。至正九年（1349）撰《岛夷志略》，记所见山川、土俗、物产、风景、贸易之事，涉及东西洋国家或地区二百多个。此书是研究14世纪中外文化交流及亚非各国史地不可多得的重要资料，深为中外学人所重视。

【亡命】 亡，无。命，姓名。更换姓名，脱籍逃亡。本指人户流亡，脱离户籍管理。后以此指逃亡的罪犯。先秦已将这种行为视为犯罪，秦汉到明清对此都有惩治之法。

【王安石】（1021—1086）北宋政治家、文学家。字介甫，号半山，抚州临川（今江西抚州）人。庆历二年（1042）中进士。熙宁二年（1069）为参知政事，次年拜相，陆续推行均输、青苗、保甲等新法，史称“王安石变法”。晚年退居江宁（今江苏南京），封荆国公，世称“王荆公”。工诗文，诗歌遒劲清新，被称为“王荆公体”。散文雄健峭拔，为“唐宋八大家”之一。王安石作诗讲究推敲文字，曾作《夜泊瓜洲》，第三句“春风又绿江南岸”中的“绿”字，一开始用“到”字，不满意，又改为“过”字，还不满意，又改为“入”“满”等字，如此反复修改了十多次，最后才决定用“绿”字。春风本无颜色，而用一“绿”字，则有了满目青翠的视觉效果。

【王安石变法】 宋神宗熙宁年间由王安石主持的改革。也称熙宁变法。自公元1069年起，其陆续推出均输、青苗、募役、置将等一系列新法，内容涉及财政、军事及科举、学校等方面的改革，力图通过加强国家对这些领域的控制，实现富国强兵。新法达到了“富国”的目的，但强兵效果不明显，且实施中也出现了诸多偏差，一定程度上加重了人民的负担，引发激烈争议，哲宗继位后，新法几乎全部被废。

【王弼】（226—249）弼，bì。三国魏玄学家。字辅嗣，山阳（今河南焦作）人。出身于官僚世家。作为魏晋玄学的代表人物，他主张融合儒、道两家，提出“得意在忘象，得象在忘言”的思想，与何晏、夏侯玄等同开清谈之风。王弼从小就显示出过人的聪慧，笃好《老子》《庄子》，又能言善辩，受到当时许多名士的称赏。大名士何晏在见到王弼的《老子注》之后，认为王弼的注解更加高明，自叹不如，于是主动放弃了自己的注本，转而四处宣传王弼的新说。著有《老子注》《老子指略》《周易注》《周易略例》等。

【王勃】（649或650—676）唐代文学家。字子安，绛州龙门（今山西河津）人。9岁时读颜师古所注《汉书》，作《指瑕》十卷指摘其错误。麟德二年（665）应举及第。后任虢州参军，因擅杀官奴，罪当死，后遇赦除名。其父受连累贬为交趾令，他南下省亲，返回途中，渡海溺水，惊悸而死。王勃诗文兼擅，名显当世，与杨炯、卢照邻、骆宾王合称“初唐四杰”。王勃南下省亲时途经南昌，适逢洪州都督阎伯屿新修滕王阁成，大宴宾朋。为了让女婿在宾客面前显示才华，早就嘱咐其构思一篇序文。宴会开始后，阎伯屿假意谦恭地拿着纸笔，请客人题写序文，客人纷纷谢辞。轮到王勃，他毫不客气地接过了纸笔。阎伯屿满脸愠色，假装更衣离开，私下则让属官观察动静，随时通报情况。当第一次报“豫章故郡，洪都新府”时，阎伯屿说不过是老生常谈罢了；二次报“星分翼轸，地接衡庐”时，未作声；第三次报“落霞与孤鹜齐飞，秋水共长天一色”时，叹为天才。此文即著名的《滕王阁序》。“物华天宝”“人杰地灵”“俊彩星驰”“胜友如云”“高朋满座”“逸兴遄飞”等成语均出自该篇。

【王昌龄】 （？—756）唐代诗人。字少伯，京兆长安（今陕西西安）人。开元十四年（726）有河西走廊之行，作有《从军行》《出塞》等边塞诗。十五年（727）登进士第。后被任命为江宁（今江苏南京）县丞，世称王江宁。因受谤毁，被贬为龙标（今湖南洪江西）县尉。李白有《闻王昌龄左迁龙标遥有此寄》诗，寄予深切的同情与怀念。安史之乱起，王昌龄由贬所赴江宁，后为濠州刺史闾丘晓所杀。王昌龄在开元、天宝年间诗名甚盛，有“诗家夫（一作“天”）子”之称。殷璠编《河岳英灵集》，共收24位诗人的作品，其中以王昌龄的诗选得最多。尤擅长七绝，被誉为“七绝圣手”，内容多写边塞军旅生活，气势雄浑，格调高昂，为边塞诗代表人物。王昌龄交游广泛，与张九龄、王之涣、孟浩然、王维、李白、崔颢、高适、岑参等人都有来往。

【王充】 （27—约97）东汉思想家。字仲任，会稽上虞（今浙江绍兴上虞区）人。出身细族孤门。少游洛阳太学，曾师事班彪，好博览而不守章句。历任郡功曹、治中等官，后罢职家居，从事著述。所著《论衡》，闪耀着朴素的唯物主义的光芒。他反对当时流行的“天人感应”和谶纬学说，认为“气”本身的运动产生万物，不存在有意志的创造者。自然界的“灾异”是“气”变化的结果，与人事无关。他还否定了鬼神的存在，认为人的精神派生于形体，人死后形体朽败，精神也随之消散。王充聪明好学，在洛阳求学期间，家贫，没钱买书，就经常逛洛阳的书铺。他记忆力惊人，那些售卖的书他读一遍就能记诵下来。以此得以遍览诸子百家的著作。

【王道】 我国古代哲学中指君主以仁义治理天下，以德服人的政策。常与“霸道”对举。孟子提出依靠道德来实行仁义，可以使天下人心归服。其内涵在后世有所发展。

【王夫之】 （1619—1692）明清之际思想家。字而农，号薑斋。晚年居衡阳石船山，后人称“船山先生”。衡阳（今属湖南）人。明亡，举义兵抗清，失败，隐伏深山四十年，潜心著述。于天文、地理、历法、数学都有研究，尤精于经史、文学。与黄宗羲、顾炎武并称“清初三大儒”。著作被后人编为《船山遗书》。

【王父】 祖父。如《公羊传》“不以父命辞王父命，以王父命辞父命”，即不可以用父亲的命令拒绝祖父的命令，但可以用祖父的命令拒绝父亲的命令。

【王公宗室庄田】 清代王公和宗室所拥有的田地。官田之一种。也称八旗宗室庄田，来源于近京各州县圈占的土地，即皇帝从圈占之土地内分配给宗室王公的土地。清初，按亲王、郡王、贝勒、贝子等爵及其以下各爵衔赐给土地，建立粮庄与园庄。又分大庄与半庄。大庄四百余亩，半庄二百四十余亩，园庄每六十至一百八十亩。王以下各爵所属壮丁人各给三十六亩。此种庄田，可世袭而不准买卖，收入归受赐之王公宗室所有，不纳赋税。

【王官之学】 商周时期王室史官、乐官等各部门官员掌握的知识、技艺。春秋时期以来，礼崩乐坏，其学逐渐流散到民间，从而形成私学繁盛、百家争鸣的局面。

【王伦起义】 清乾隆三十九年（1774）白莲教徒王伦在寿张（今山东阳谷南）一带发动的农民起义。王伦利用清水教（白莲教支派）和传授武术组织附近各县农民，提出反对额外加征的口号。教徒王经隆在堂邑（今聊城西北）起义响应。两支队伍连续攻克寿张、阳谷、堂邑和临清旧城，开仓济贫。后在临清旧城与清军激战，因寡不敌众而失败，历时一个月。王伦自焚死，王经隆被俘杀。

【王莽】 （前45—公元23）新朝建立者。字巨君，魏郡元城（今河北大名东）人。西汉元帝皇后王政君之侄，以外戚掌握政权。成帝时封新都侯。元始五年（5），毒死平帝，自称假（代理）皇帝。初始元年（8）称帝，改国号为“新”。推行一系列新政，包括改革币制、更改官制等，造成经济混乱，政令苛细，赋役繁重。天凤四年（17），爆发农民起义。地皇四年（23），绿林军攻入长安，王莽死于乱军之中。

【王莽改制】 王莽执政和建立新朝后推行的一系列制度改革。包括田制、奴婢、币制、官制、工商管理和民族政策等方面，旨在缓和西汉后期以来的统治危机，却因规划和实施过程多有问题，反使各种矛盾进一步激化，导致了绿林赤眉起义和新朝灭亡。

【王冕】 （1287—1359）元代画家、诗人。字元章，号煮石山农、饭牛翁、会稽外史、梅花屋主等。诸暨（今属浙江）人。以画梅著称，尤工墨梅。所绘梅花花密枝虬，生机盎然，亦善竹石。王冕家境贫寒却勤奋好学。晚上点不起油灯，他就跑到附近的寺庙，坐在佛像的膝盖上，借着长明灯的灯光读书，直到天亮。他的刻苦和坚持，终于有所成就。存世作品有《南枝春早图》《墨梅图》等。其诗多同情百姓疾苦，语言质朴自然，有《竹斋集》。

【王鸣盛】 （1722—1797）清代学者。字凤喈，一字礼堂，别字西庄，晚号西沚居士，江苏嘉定（今属上海）人。自幼聪颖过人，四五岁时就能日识数百字，被当地县令视为神童。乾隆三年（1738）中秀才，入嘉定县学。乾隆十二年（1747），乡试中举。乾隆十九年（1754），进士及第，成为一甲第二名榜眼，也是嘉定科举史上唯一的榜眼。随后，被授予翰林院编修的职位。历任侍读学士、内阁学士兼礼部侍郎、光禄寺卿等职。然而，他的官场生涯并非一帆风顺。在乾隆二十四年（1759）担任福建乡试正考官期间，他在途中纳妾，遭御史罗典弹劾，被降为光禄寺卿。乾隆二十八年（1763），母亲去世，他离职还乡，为母亲守孝，从此不再出仕。移居苏州阊门外，专事著述三十余年。学术研究涉及经学、史学、文学等领域，著有《尚书后案》《十七史商榷》《蛾术编》等。与钱大昕、赵翼并称“清代史学三大家”。其《十七史商榷》与钱大昕的《廿二史考异》、赵翼的《廿二史札记》并称“清代史学三大名著”。

【王念孙】（1744—1832）清代音韵训诂学家。字怀祖，号石臞。江苏高邮人。乾隆进士。精于文字、声韵、训诂。著《广雅疏证》，对汉魏以前的古训详加考证，以形、音、义互相推求，把传统语言学推进到现代语言学的边缘。撰《读书杂志》《古韵谱》等，阐明古义，每有创见。与其子王引之并称“高邮二王”。精熟水利，著有《河源纪略》。

【王实甫】元代戏曲作家。一说名德信，大都（今北京）人。生平事迹不详。所作杂剧现存《西厢记》、《破窑记》（一说关汉卿作）、《丽春堂》三种。《芙蓉亭》《贩茶船》两剧各存一折曲词。另存散曲数首。剧作大多以青年男女追求爱情幸福为题材，风格秀美，细腻委婉，《西厢记》为其代表作。

【王士禛】（1634—1711）清代文学家。字子真，一字贻上，号阮亭、渔洋山人。雍正时避帝讳，被改称士正。乾隆时，又改称士祯。新城（今山东桓台）人。顺治进士，官至刑部尚书，卒谥文简。主盟康熙诗坛数十年，追随者甚众，与朱彝尊并称“南朱北王”。论诗创“神韵说”，选《唐贤三昧集》以标宗旨。早年所作清丽澄淡，中年转为苍劲，诸体兼擅，而尤工七绝。又以余力创作词与古文，亦获时名。有《带经堂集》《渔洋诗话》《池北偶谈》《香祖笔记》等。顺治十四年（1657），游历济南，邀请在济南的文坛名士，集会于大明湖，即景赋《秋柳诗四首》。此诗迅速流传，一时和者甚多，成为文坛盛事。

【王世贞】（1526—1590）明代文学家。字元美，号凤洲、弇州山人，太仓（今属江苏）人。与李攀龙、徐中行、梁有誉、宗臣、谢榛、吴国伦合称“后七子”，在文学上倡导复古，主张文必秦汉、诗必盛唐，对明代文学产生了深远的影响。李攀龙去世后，王世贞成为文坛领袖，独领风骚二十年。有《弇州山人四部稿》《艺苑卮言》等。

【王守仁】（1472—1529）明代理学家、教育家。字伯安，余姚（今属浙江）人。尝筑室故乡阳明洞中，世称“阳明先生”。少年时即勤学善思，曾遍读朱熹著作，思考所谓“众物必有表里精粗，一草一木，皆涵至理”的学说。为实践“格物致知”而坐亭前“格”竹七天七夜，以致劳思成疾。弘治十二年（1499）进士及第。正德元年（1506）因反对宦官刘瑾，被贬为贵州龙场驿丞。在龙场，王守仁修筑石室，结合历年遭遇，日夜反省。一天半夜，他忽然顿悟，这就是著名的“龙场悟道”。后以镇压农民起义和平定“宸濠之乱”，封新建伯，官至南京兵部尚书。卒谥文成。著作有门人编成的

《王文成公全书》，其中主要的哲学著作是《传习录》《大学问》。

【王维】（701？—761）唐代诗人、画家。字摩诘，太原祁县（今属山西）人。开元进士。安禄山军陷长安时曾受伪职，乱平后，降为太子中允。官至尚书右丞，世称王右丞。中年后居蓝田辋川，亦官亦隐。以山水诗为后世所称，与孟浩然并称“王孟”。他的山水诗体物精细，状写传神，喜欢刻画幽寂冷清的境界，流露出避世绝俗的禅意，王维因此被称为“诗佛”，代表作如《山居秋暝》《鸟鸣涧》等。北宋苏轼评价他“诗中有画，画中有诗”。亦通音律，精绘画。据传，王维当年到京城长安应试，拿着自己的行卷投到唐玄宗的弟弟岐王门下。岐王很欣赏王维的才华，就给他支了一招，让他在太平公主举行的宴会上弹奏一首《郁轮袍》。王维成功引起公主注意，趁机献上诗卷，太平公主见都是自己平日里喜欢读的那些诗，于是大力推荐。有《王右丞集》。

【王羲之】（303—361）东晋书法家。字逸少，琅邪临沂（今属山东）人。出身贵族。官至右军将军，人称王右军。早年从卫夫人学书，后博采众长，草书学张芝，楷书学钟繇，并推陈出新，一变汉、魏以来质朴的书风，成为妍美流便的新体。其书备精诸体，尤擅楷行，字势遒美多变化，为历代学书者宗尚，有“书圣”之誉。与钟繇并称“钟王”，与其子献之并称“二王”。东晋永和九年（353）三月三日，王羲之与谢安、孙绰等人，在山阴（今浙江绍兴）兰亭“修禊”。大家坐在溪边，酒杯顺水而漂，停在谁的面前，谁就要饮酒赋诗。这次集会，一共写了37首诗。有人提议把这些诗汇编成集子，就叫《兰亭集》，并由王羲之作序。王羲之兴致很高，欣然同意，这就是流芳千古的《兰亭集序》。《兰亭集序》不但文笔优美，情辞并茂，而且用笔如行云流水，是绝妙的书法精品。原序300多个字，各具风姿，尤其是20个“之”字，变化多端，写法各异，令人拍案叫绝。

【王献之】（344—386）东晋书法家。字子敬，原籍琅邪临沂（今属山东），生于会稽山阴（今浙江绍兴）。王羲之幼子。官至中书令，人称王大令。在继承张芝、王羲之的基础上，进一步改变当时古拙的书风，有“破体”之称。其书法英俊豪迈，饶有气势。与其父羲之并称“二王”。存世墨迹有行书《鸭头丸帖》等。

【王引之】（1766—1834）清代训诂学家。字伯申，号曼卿，江苏高邮人。王念孙之子。嘉庆进士，官至工部尚书。继承其父音韵训诂之学，世称“高邮二王”。著有《经传释词》《经义述闻》等，是训诂研究的重要著述。

【王与马共天下】东晋初年琅邪王氏代表的高门士族与元帝司马睿联合为治的局面。永嘉之乱后，南渡过江高门联合吴姓高门支持都督扬州诸军事的西晋琅邪王司马睿，在江东创立了东晋，其代表人物即出任丞相的王导及其手握重兵镇守江、荆等州的从兄王敦，琅邪王氏一时权倾内外，俗间遂有此谚。

【王禹偁】（954—1001）偁，chēng。北宋文学家。字元之，济州巨野（今属山东）人。历宋太宗、宋真宗两朝，官至翰林学士承旨。主张革新政治，力主裁汰冗官、节省开支，并多次上疏直言进谏，批评时弊。曾三次被贬，分别被贬至商州、滁州和黄州。在黄州期间，他创作了著名的《黄州新建小竹楼记》。散文继承了韩愈、柳宗元的古文运动精神，注重内容充实，文辞简练。诗歌则受到杜甫、白居易的影响，多反映社会现实，风格清新平易。有《小畜集》传世。

【王昭君】 我国古代四大美女之一。名嫱，字昭君。西汉南郡秭归（今属湖北）人。晋时为避司马昭讳，改称为“明君”或“明妃”。初为汉元帝宫人，竟宁元年（前33），匈奴呼韩邪单于入朝求和亲，她自请嫁匈奴。入匈奴后，被称为“宁胡阏氏”。呼韩邪死，按照匈奴风俗，复为后单于的阏氏。昭君去世后，厚葬于今呼和浩特市南郊，墓依大青山，后人称之为“青冢”。据传，元帝命画工毛延寿为宫女画像，王昭君不肯贿赂画师毛延寿，她的画像被画得并不理想，因此未得到汉元帝的宠幸。后来元帝命其远嫁匈奴时才发现她的美貌，但因已答应匈奴，就没有再更改人选，而是杀毛延寿泄愤。

【王之涣】 （688—742）唐代诗人。字季凌，晋阳（今山西太原）人。以边塞诗和山水田园诗闻名。《登鹳雀楼》和《凉州词》都是其名篇。有一次，王之涣与王昌龄、高适在长安的旗亭聚会饮酒，正赶上一群歌女演唱诗歌。王昌龄提议，三人听这些歌女唱歌，谁的诗被唱得最多，谁就最优秀。第一位歌女演唱了王昌龄的《芙蓉楼送辛渐》，王昌龄在亭壁上画了一竖。接着，高适的《哭单父梁九少府》也被演唱，高适同样在亭壁上画了一竖。随后，王昌龄的另一首诗《长信怨》也被歌女演唱，他在亭壁上又画了一竖。王之涣自负才高，但直到最后，都没有歌女演唱他的诗。他感到有些不快，就对王、高二位说：“这几个唱曲的，所唱不过是‘巴人下里’之类不入流的歌曲，那‘阳春白雪’之类的高雅之曲，哪是她们唱得了的呢！”于是用手指着歌女中最漂亮的那一位说：“到她唱的时候，如果不是我的诗，我这辈子就不和你们争高下了。如果唱的是我的诗，二位就拜倒于座前，尊我为师好了。”话音刚落，最后那位歌女果然唱的是王之涣的《凉州词》。这就是“旗亭画壁”的故事。

【王庄】 明清划归亲王郡王所有的庄田。也称王府庄田、藩王庄田。收入全归王公贵族享用。明就藩前后分别从京畿及当地赐拨，还有相当部分来自投献（即田主将田产献给贵族或豪强地主，以求庇荫，免除苛重的赋役）。清初除按爵级赐予外，还按其名下壮丁数给以额定田亩，多在京畿地区，康熙以后改从皇庄拨给，各由庄头和壮丁经营耕作。

【王子乔】 神话人物。又名王晋。相传为周灵王太子。善吹笙，能学凤凰鸣叫。后随道士浮丘公往嵩山学道，数十年后得道，在缑氏山顶上向世人挥手告别，乘鹤升天而去。

【网师园】 江南著名园林，位于江苏苏州。在我国现存园林中，以精致小巧著称。网师园原为南宋藏书家史正志“万卷堂”故址。清乾隆年间由宋宗元重建，因宋宗元自号“网师”，故名其园。园林布局巧妙，东部有宅数进；中部假山荷池，古木参天；西院小筑，园宅兼具，园中景致典雅古洁，婉约灵秀，别具一格。

【辋】 指车轮的外周。辋通过辐条与中心的毂相连接，构成车轮。其外则钉上相同宽度的、略厚的有弧度的车瓦。春秋以前用铜铸件，战国以后则用铁皮。

【忘忧】 本指忘却忧愁。亦为“萱草”的别名。因其花美丽，观之能使人愉悦而忘愁，故别名“忘忧”“疗愁花”。又因原生我国南方，故别名“宜南”，古人附会说，佩此花令妇女生男，遂名“宜男”。萱草耐阴湿，古人多种于北堂母亲居处，后故以“萱堂”“萱亲”借指母亲。萱草自古以来就与中国的孝道文化紧密相连。在古代文学作品中，忘忧草象征着母爱和孝心，被认为是游子寄托对母亲思念的象征。

【望】 古代有“月相纪日法”，即以月之盈亏圆缺变化特征来纪日，望是指月满之日，故古人将农历大月十六日、小月十五日叫“望”。“望”后的一天叫“既望”。

【望祭】 周代天子和诸侯遥祭境内山川的仪式。《礼记》记载，天子祭天地神，以望祭的形式在国都四郊祭祀五岳、四镇、四渎等方位、山川神。诸侯祭国家所在之方，祭山川神，祭户、灶、中溜、门、行五神，一年内祭遍。

【望楼车】 古代攻城时用作瞭望的一种车。春秋战国时的望楼车通常是木制或竹制的高台，四周有栏杆或围栏，以防止人员或物品从高处坠落。宋代的望楼车用硬木做成车座和车辕，长一丈五尺，下有四轮，轮高三尺半，车上竖望竿，竿上安望楼，竿下有转轴，攻城时可登竿进入望楼瞭望城中。

【望舒】 古代神话中为月神驾车的神。也称明舒、素舒、圆舒。《离骚》：“前望舒使先驱兮，后飞廉使奔属。”后也用来指代月亮。

【望闻问切】 中医常用的诊断疾病的四种方法。望，观察病人的气色。中医认为人五脏的疾病都会表现于面部，可据此判断病源。闻，听病人发出的声音，闻病人的气息。问，询问病人的症状和病史。切，用手诊脉或触按病人身体的其他部位。合称四诊。

【望洋兴叹】 语出《庄子·秋水》。黄河水神河伯常以黄河之水的一日千里、气势磅礴而自傲。直到有一天顺流东下，见到无边无际的浩瀚东海，方知自己的渺小，识得大海的广阔无垠才知道自己眼界和心胸的狭隘。现多指力量不足或条件欠缺达不成心中所愿的无可奈何状。

【薇】 菜名。即巢菜。又名“野豌豆”。亦用来指“蔷薇”“紫薇”。在我国古代文学中，“薇”常作为文学作品的题材和意象。《诗经》中《采薇》一篇，描述了士兵在边疆采薇的情景，表达了他们对家乡的思念和对战争的厌倦。商末伯夷、叔齐不食周粟，隐于首阳山，采薇而食的故事，使“薇”作为一种文化符号，代表着清高气节、爱国恋家、淡泊精神和脱俗人格等。

【韦编三绝】 语出《史记·孔子世家》。说的是孔子读《周易》的故事。古代在竹简上书写文字，用熟牛皮绳将每片竹简编串连接成书，称为“韦编”。孔子晚年对《周易》十分感兴趣，翻来覆去多次研读，以至连接竹简的皮绳也多次断掉。后人用“韦编三绝”来形容读书人的勤奋与钻研精神。

【韦陀】 佛教护法之神，是梵语音译词“塞建陀”的讹略。传说其为四天王中南方增长天王麾下的八位将领之一，居于四天王三十二将之首。相传唐西明寺道宣和尚有感神之德，在乾封年间见有神现，神自报家门是韦陀，为诸天之子，主领鬼神。如来佛祖入涅槃时，任命其护持南赡部洲（佛教四大部洲之一）。故自唐代以来，韦陀塑像多被安置在寺院中，古代武将打扮，其面如童子，表示对佛教怀有赤子之心，手持金刚降魔杵，表示摧邪辅正、除魔卫道。其塑像常被立于天王殿弥勒像之后，面对大雄宝殿内的释迦牟尼佛。

【唯识宗】 我国佛教宗派。由唐代玄奘和其弟子窥基创立，主张万事万物皆非实有，无不由心识所转化。

【帷幔】 将大幅的布垂直张挂起来，用于遮挡视线，实现软分隔的幕布。一般用于卧室或起居室的内外分隔、舞台内外区域的变化等。在皇宫利用薄纱作为帷幔，为帝、后观看歌舞表演而又不为表演者看到的遮挡物。

【维摩诘】 佛教菩萨。梵语音译词，也称维诘、维摩，意为净名、无垢称。其与释迦牟尼同时代，是毗耶离城的一位大乘居士，善于应机化导，是佛典中现身说法、辩才无碍的代表人物。

【维新】 改变旧的，实行新的。语出《诗经·大雅·文王》。本指周文王开始维新，实行新的制度。后指政治革新、改良。

【伪楚】 公元1127年，靖康之变后，金朝扶植原北宋太宰张邦昌建立的傀儡政权。国号“大楚”或“楚”，后世也称“张楚”。以黄河故道与金为界。从该年3月7日建立到4月10日结束，存在三十余日而废，由宋哲宗的废后孟氏垂帘听政，张邦昌退位，后被南宋赐死。

【伪古文尚书】 儒家经典《尚书》传本之一。东晋时梅赜所献。因被考证是假托古文经而伪造，故称。因内中附有伪称“孔安国”所作之传，故又称《伪孔传》。

【伪齐】 北宋灭亡后，金朝扶植的傀儡政权。金天会八年（1130），金太宗册立原北宋济南知府刘豫为皇帝，国号大齐，先后都大名府（今河北大名一带）及汴京（今河南开封），辖境包括黄河故道以南的河南、陕西地区。公元1137年为金所废。

【伪书】 托名假作的书籍。有的伪书是托名于前人所作，如《六韬》托名吕望；有的是成书较晚但相传是前代的著作，如《周礼》传为周朝初期的作品；有的是原书已散佚而后人有意伪造，如孔安国《古文尚书传》。伪书的内容往往有所依据，可以反映有关学术和思想状态，经准确辨别后，仍有一定的价值。

【委禽】 古代婚俗。男方请媒人向女方提亲，女方答应议婚后，男方备礼前去求婚。其中雁是礼物之一，故名。也称奠雁。把雁作为礼物，是取大雁随时序变化南飞北往而不失节，飞成行、上成列来表示取亲不误时日，嫁娶不逾礼仪。

【卫夫人】 （272—349）东晋女书法家。姓卫，名铄，字茂漪，河东安邑（今山西夏县西北）人。汝阴太守李矩妻，人称卫夫人。出身于书法世家，曾祖父卫觊、祖父卫瓘、伯父卫恒都是著名的书法家。又学习钟繇，楷、行、篆、隶无不擅长，楷体造诣尤高。王羲之少时曾从她学书。唐张怀瓘在《书断》中将她的隶书列为妙品。传著有《笔阵图》。传说卫夫人小时候习字非常认真，每次练习完毕后都会去屋前的池塘洗笔。一次，她练字累了，就把笔砚放在桶中置于池塘内，从此池塘的水变黑，后人便称之为“卫夫人洗墨池”。

【卫国】 周成王分封武王之弟康叔为卫侯所建的姬姓诸侯国。公元前11世纪周公平定武庚反叛后，把原来商都周围地区和殷民七族分封给康叔，建都朝歌（今河南淇县）。春秋时，曾被狄人攻灭，齐桓公助其重建，都于楚丘（今河南滑县），从此成为小国。后避狄人，迁都帝丘（今河南濮阳）。战国时，国势更弱。前254年为魏所灭，成为魏的附庸，秦始皇统一六国后，独置卫君，将其迁到野王（今河南沁阳），作为秦的附庸。前209年，秦二世废卫君为庶人，卫灭。卫国传承了41位国君，历时至少900年，是众多姬姓诸侯国中最后灭亡的国家。

【卫青】（？—前106）西汉名将。字仲卿，河东平阳（今山西临汾西南）人。同母异父姐姐卫子夫，被汉武帝看中，纳入后宫，并深受宠爱。因此，卫青也得以进入宫廷，担任了一些职位，包括建章监、太中大夫等。后来汉武帝发现卫青具有军事才能，便让他参与对抗匈奴的战争。卫青充分发挥了自己的军事才能，在战争中表现出色，多次打败匈奴，取得了重大胜利。尤其是在公元前124年，卫青率领三万士兵，采用迂回侧击的战术，取得了辉煌的胜利。因为这一战功，汉武帝封卫青为大将军。卫青去世后，汉武帝为了纪念他的功绩，为他修建了墓冢，并追封谥号为“烈”。

【卫所屯田】 元明清时使用兵士垦地耕种的屯田，为军屯性质。蒙古中统三年（1262）始立左、右卫屯田，其后陆续增立。各卫所军或七分屯种，三分防守，或八分屯种，二分防守。有的卫所全军屯种。按丁配田，征收定额地租。屯田禁止买卖，军兵不得脱籍。明代卫所遍设全国各地，明中叶以后军屯渐被破坏，各处屯地渐转为民田。清初承明制，后因裁撤卫所，卫所屯田逐渐淘汰。

【卫尉】 古代官名。秦始置，汉时为九卿之一，管宫门近卫军。汉景帝时曾改称中大夫令，旋复旧名。魏晋南北朝多沿置。北齐称卫尉寺，有卿、少卿各一人。隋时改掌军器仪仗帐幕之事。唐宋因之，宋建炎后并入工部。元立卫尉院。明废。

【未央宫】 西汉的正朝大宫。汉高祖七年（前200）由萧何主持营造，在秦章台的基础上修建，又因位于长安城安门大街之西，所以称西宫。未央宫是我国古代大型宫殿建筑群，亭台楼榭，山水沧池，布列其中，其建筑形制深刻影响了后世宫城建筑，奠定了我国两千余年宫城建筑的基本格局。它更是西汉王朝的国家象征。西汉以后，未央宫仍是新莽、西晋、前赵、前秦、后秦、西魏、北周等多个朝代的理政之地，隋唐时也被划为禁苑的一部分，是我国历史上使用朝代最多、存在时间最长的皇宫。后毁于唐末，遗址在今陕西西安西北长安故城内。在我国古代文学作品中，"未央"常作为汉王朝的代指，寄寓着文人墨客对国家强盛的憧憬和兴亡更迭的感慨，如唐卢照邻有"九州四海常无事，万岁千秋乐未央"的诗句。

【尉】 古代官名。春秋时有军尉、舆尉。秦汉以太尉掌兵事，廷尉掌刑狱。汉时郡有都尉，县有县尉。其他如卫尉、校尉等，皆简称"尉"，多为武职。

【渭城】 秦时称咸阳，作为秦的都城共计144年。西汉初年，高祖更其名为新城，武帝元鼎三年（前114）改其名为渭城。故址位于今陕西咸阳东北。唐代王维曾在此作《送元二使安西》诗："渭城朝雨浥轻尘，客舍青青柳色新。劝君更尽一杯酒，西出阳关无故人。"后有乐人为其谱曲，名为《阳关三叠》，又名《渭城曲》。

【渭河】 也称渭水，是黄河最大的支流。发源于甘肃渭源县鸟鼠山，东流入陕西，横贯渭河平原，在潼关汇入黄河。渭河历史悠久，其流经之地孕育了灿烂的文明。周王朝的肇基之地，汉刘邦暗度陈仓的历史遗迹，法门寺地宫、马援墓、《渭城曲》的诞生地都在渭河沿线。渭河平原又称关中平原，灌溉事业自古著名，号称"八百里秦川"，至今仍是我国农业的重要产区。渭河流域河渠纵横，自汉至唐，一直是关中漕运的重要通道。

【魏国】 三家分晋后魏氏建立的诸侯国。周初分封魏侯于今山西南部及陕西东部，为姬姓诸侯国，春秋时为晋所灭。其地被晋献公赐予毕公高之后毕万为采邑，其裔以魏为氏，世为晋卿。魏文侯与赵、韩一起瓜分晋国，公元前403年被周威烈王承认为诸侯，建都安邑（今山西夏县）。魏惠王迁都大梁（今河南开封），因而魏也称梁。为"战国七雄"之一。前344年魏惠王召集逢泽之会，自称为王。后三年，马陵之战被齐击败，国势一蹶不振，疆土陆续被秦攻占，前225年为秦所灭。

【魏晋风度】 魏晋时期的名士所特有的风度，包括哲学思辨、人格境界、文学创作、审美追求等方面。具体表现有：服药、饮酒、纵情山水、清谈、不慕世俗功利、风流自赏、热衷文学生活等。代表人物有阮籍、嵇康、陶渊明等。

【魏令】 曹魏明帝时颁行的法令。包括《州郡令》45篇，《尚书官令》《军中令》等共180余篇，用令辅助《魏律》，以治内外官吏及将士。

【魏律】 曹魏明帝时颁行的法律。又称《新律》。共18篇，在《汉律》及《甲子科》等旧法的基础上删减而成，将《具律》改为《刑名》并移到律首，依古义制定"五刑""八议"，对后世刑律影响很大。

【温庭筠】 （约812—866）筠，yún。唐代诗人、词人。原名岐，字飞卿，太原（今山西太原西南）人。唐初宰相温彦博的后裔。才思敏捷，据说他每次作赋只需交叉八次手就能完成，因此被称为"温八叉"。然仕途不顺，多次参加科举考试未能及第，一生坎坷，屡次被贬，曾任国子监助教、方城尉等职。其诗与李商隐齐名，并称"温李"。词有"花间鼻祖"之称，大都收入《花间集》，与韦庄并称"温韦"。

又工骈文，与李商隐、段成式齐名，因三人皆在家族中排行十六，时称“三十六体”。

【辒辌】wēnliáng。带车棚的卧车。有窗，可调节车内温度，故名。乘坐起来温凉舒适。也称辒车。据《史记》记载，秦始皇死后，就被放在辒辌车中，秘不发丧。基于这种功能，后来也把这种车用作丧车。

【瘟神】古代民间神话传说中散播瘟疫的鬼神。相传上古帝王颛顼有三个儿子，夭折后变为鬼。其中一个居于江中，就是瘟鬼。古人惧怕瘟疫，通过祀神或施法术等活动祈祷瘟神远离人间。各地习俗不同，或有以土人祀瘟神，或有以酒食祭瘟神。毛泽东曾有《七律二首·送瘟神》，为 1958 年 6 月 30 日余江县消灭血吸虫而作，就是把血吸虫病这种可怕传染疾病比喻为“瘟神”。后也以“瘟神”形容作恶多端或面貌可憎之人。

【文昌】即“文曲星”。古代对魁星（北斗星上第一颗星，即天枢）上六星的总称。古代星象学认为是大吉的象征，主大贵。多为读书人所崇祀，在民间成为主宰功名、禄位的神。后为道教所承袭，尊崇为神，称之为梓潼帝君。元朝时，梓潼帝君被加封为辅文开化文昌司禄宏仁帝君后，称文昌帝君，二者遂合为一。

W

【文成公主】（？—680）唐宗室女。贞观十四年（640），被唐太宗赐封为文成公主，次年吐蕃与唐和亲，被嫁给吐蕃赞普松赞干布。入藏时，携带大量金银器皿、丝绢、书籍、佛像以及工匠等。在她的影响下，汉族碾磨、陶器、纸、酒等制作工艺及历算、医药等知识传入吐蕃，推动了吐蕃经济、文化的发展，促进了汉藏两族人民友好关系的发展。松赞干布非常喜欢贤淑多才的文成公主，专门为她修筑了一座宫殿，即布达拉宫。

【文房四宝】文房，书房。四宝，笔、墨、纸、砚。也称文房四士。笔，指毛笔，因是束毛而成，状如锥，故又称毛锥。墨又称玄香太守、翠饼等。因古代制纸多以楮树为原料，故纸雅称“楮先生”。砚别称润色先生。历史上著名的有湖笔、徽墨、宣纸、端砚。

【文景之治】汉文帝、汉景帝时社会安定、经济发展的治世局面。汉文帝、汉景帝崇奉道家无为治国的理念，在社会经济衰敝的情况下，采取“与民休息”“轻徭薄赋”政策，厉行节俭，少兴事端，使生产逐渐得到恢复，社会稳定，经济发展。

【文澜阁】清代藏书阁，位于今浙江杭州西湖孤山。清乾隆四十七年（1782），集中华传统文化之大成的大型丛书《四库全书》编纂完成，为保存此部文化工程成果，建立了文渊、文溯、文源、文津“内廷四阁”以及扬州文汇、镇江文宗、杭州文澜“江南三阁”七座藏书楼。文澜阁于公元 1784 年建成，历经战火，内藏图书也屡次散佚、屡次抄补。直至辛亥革命后，在多位学者的努力下逐步补齐。现属浙江省图书馆。文澜阁主体建筑仿宁波天一阁形式，为木结构六开间两层楼，是典型的江南庭院建筑群，具有皇家建筑均衡对称、庄重严谨的特点。

【文史通义】史学著作。清代章学诚撰。这部作品开始于清乾隆三十六年（1771），至嘉庆六年（1801）章学诚去世时尚未完稿，前后历时三十年。全书共分为内篇和外篇两部分，内篇五卷，外篇三卷。内容涵盖了史学、文学、哲学、社会学等多个领域。在内篇中，《易教》等十一篇阐述了“六经皆史”的观点，认为六经是古代典章制度的记载，而非圣人有意作为文字传于后世。章学诚还论及史学，批评了当时流行的考据学，提出了自己的独到见解。外篇则主要关注修志条例，探讨了学术源流和文学流变。《文史通义》是一部开风气之先的著作，书中主张借古通今，所论颇多创见，其中“经世致用”“六经皆史”“史德”等著名论断，影响尤为深远。

【文殊】 梵语音译词“文殊师利”或“曼殊室利”的略称，意思是“妙吉祥”“妙德”。佛教大乘菩萨。在我国佛教里，与普贤、地藏、观音合称“四大菩萨”。是释迦牟尼的胁侍。寺院里，文殊菩萨的塑像一般立于佛祖左侧，骑青狮，佛祖右侧骑白象者为普贤菩萨。文殊菩萨专司“智慧”。山西五台山为文殊菩萨应化说法的道场。

【文思院斛】 斛，hú。宋元文思院制造的量器。宋每升约等于今市升$\frac{6}{10}$弱，每斗等于今市升6升弱。南宋灭亡后，文思院斛仍在江南通行。元文思院小口斛与省斛并行，同为法定标准量器。

【文天祥】（1236—1283）南宋名臣、文学家。字履善，一字宋瑞，号文山，吉州庐陵（今江西吉安）人。理宗宝祐四年（1256）状元及第。历任刑部郎官，知瑞州、赣州等。恭帝德祐元年（1275）元军东下，乃组织义军，保卫宋都临安。次年，任右丞相兼枢密使，出使元营谈判，被扣留北上，至镇江脱险，回温州拥立端宗，力图恢复，转战东南。景炎三年（1278），在五坡岭（今广东海丰北）被俘，拘囚大都（今北京）四年，坚贞不屈，最后被杀。诗文多表现忠义大节和不屈不挠的爱国精神，慷慨激昂，代表作如《过零丁洋》《正气歌》。

【文同】（1018—1079）北宋画家、诗人。字与可，自号笑笑先生，人称石室先生，梓州永泰（今四川盐亭东）人。元丰初出知湖州，未到任而卒，人称“文湖州”。善诗文书画，尤擅墨竹，画竹叶创深墨为面、淡墨为背之法，学者宗之，称为“湖州竹派”。画作代表是《墨竹图》。诗歌推崇梅尧臣，善写景物，有《丹渊集》。文同画竹注重体验和观察，主张“先得成竹于胸中”，他的这种创作方法衍生出了“胸有成竹”这一成语。

【文献通考】 史学著作。宋元之际马端临撰。该书取材极为广泛，除了各朝正史、历代会要、《资治通鉴》等史书外，还采用了私家著述的史书、传记、笔记等有关典章制度的记载。这些史籍中的记载就是“文”。此外，在叙事中还引用了很多当时臣僚的奏疏和学士名流的议论。这些奏疏、议论就是“献”。马端临阐述自己观点的文字则以按语的形式写在最后，就是“考”。因为作者试图通过这些资料，对各项典章制度进行融会贯通的研究，故取名为《文献通考》。全书348卷。在《通典》的基础上，细分为田赋、钱币、户口、职役等24门，各门再分子目，体例更加细密完备。其中经籍、帝系、封建、象纬、物异5门，是作者的新创。《文献通考》对宋代典章制度的记述尤为详细，约占全书一半以上，可以订正、补充《宋史》诸志的地方很多；对历代制度演变的评论颇多独到见解，是研究宋史的一部重要史籍。该书所开创的典制体新体例，为后人所继承。与唐代杜佑的《通典》、南宋郑樵的《通志》并称为“三通”。

【文心雕龙】 文学理论著作。南朝齐梁时刘勰著。成于齐末。分上、下编，各25篇。上编的《原道》《征圣》《宗经》等5篇带有总论性质，其他20篇着重论述各类文体的特征与历史演变，下编有《神思》《风骨》《通变》《物色》《知音》诸篇，属于文学创作论和文学批评的方法论。最后一篇《序志》，为全书总序。内容涵盖了文学的本质、文学创作的方法、各类文体的特点，以及文学批评的标准等多个方面。全书体大思精，组织严密，系统总结了历代文学创作经验和发展状况，注重文学与时代的关系，强调质先于文，文质并重，抨击了当时片面追求形式的不良文风，对我国古代文论的发展，具有奠基的意义。

【文选】 文学总集名。南朝梁昭明太子萧统编选，世称《昭明文选》。为现存最早的诗文选集。选录自先秦至梁130余位作家的700余篇作品。大致可分为赋、诗、杂文三大类，具体又可细分为38类。又按内容把赋分为京都、郊祀、耕籍等15门，把诗分为补亡、述德、劝励等23门，这样的分类体现了萧统对文体分类及源流的理论观点，反映了文体辨析在当时已经进入了非常细致的阶段。由于萧统本人具有很高的文学造诣，因此编选作品体现出卓越的眼光，许多作家的代表作被选入其中，是研究梁以前文学的重要参考资料。《文选》在后世备受推崇，唐宋时期以诗文取士，《文选》成为当时士子的必读书目，以至于有“《文选》烂，秀才半”的俗语。唐显庆年间李善为之注释，注文搜集资料颇多，为世所重。开元年间，又有吕延济、刘良、张铣、吕向、李周翰五人为之合注，称“五臣注”。宋人合两本为一，称“六臣注”。

【文学】 原指文章博学，为孔门四科之一。后也指文献经典或儒家经籍。又为官名，汉代于州郡及王国置文学，或称“文学掾”，或称“文学史”，为后世教官由来；魏晋以后有“文学从事”之名；唐代于州县置博士，德宗时改称“文学”，宋以后废；隋唐以后太子及诸王下亦置文学，明清废。

【文言】 ①泛指古代非诗歌的书面语体，相对“白话”而言。产生于先秦时期，一直通用到近代。最初建立在口语基础上，经过长时期发展，形成词汇丰富、表述精练的特点。但汉魏以后文言距离口语渐远，不能为多数人掌握，因此直接与口语相联系的书面语——白话与之同时并存。②《十翼》篇名。专释“乾”“坤”两卦。其中解释乾卦的卦辞和爻辞通称《乾文言》，解释坤卦的卦辞和爻辞通称《坤文言》。

【文以载道】 载，zài。指文章是用来表达思想感情、说明道理的。道，旧时多指儒家思想。中唐时期，韩愈等古文运动家在前人的基础上提出“文以明道”的观点，主张“文”“道”并重。

W

北宋理学家周敦颐明确提出“文以载道”的观点，认为写文章的目的是宣扬儒家的仁义道德和伦理纲常，服务于政治教化和社会治理，强调文章的道德教化作用。

【文渊阁】 明代宫内藏书阁，也是皇帝讲读研习的场所。清乾隆四十七年（1782）后成为编纂完毕的《四库全书》七大专用藏书楼之一。文渊阁最早由明太祖建于南京奉天门东，明成祖迁都北京之后，又在宫内建造了文渊阁。清代乾隆年间又在旧紫禁城内文华殿后面建造文渊阁，专用于收藏《四库全书》，并设置了相应的管理职能。

【文苑英华】 文学总集名。北宋太宗太平兴国七年（982），李昉、徐铉等奉诏编撰，雍熙四年（987）编成。1000卷，另有目录50卷。太宗诏书中原定编纂此书的原则是“止取菁英”，故定名为《文苑英华》。“宋四大书”之一。收录南朝梁至唐末作家2200余人，诗文近2万篇，入选篇目时限与《文选》相衔接，其中十分之九是唐代作品。入选诗文按体裁分赋、诗、歌行、杂文、中书制诰、翰林制诰等38类，各体之中又按题材内容分为若干门目。因篇幅宏大，在编选上有滥收、阙收等弊病。但是北宋初年，承唐末五代战乱之后，文献大量散佚，书籍难求，《文苑英华》比较充分地利用了北宋初年多方聚集起来的国家藏书，大量收录作品，客观上起到了保存文献的作用，在文献辑佚、校勘和考订方面有很高的价值。《四库全书总目提要》称之为“著作之渊海”。清代编刻的《全唐诗》《全唐文》等总集都曾从中辑出了大量作品。

【文徵明】（1470—1559）明代书画家、文学家。初名壁，字徵明，以字行，更字徵仲，号衡山居士，长洲（今江苏苏州）人。曾任翰林院待诏，三年辞归。书画俱佳，书法工行、草书，流利秀劲，温和遒雅。绘画上师从沈周，擅山水、花卉、人物，名重一时，学生甚多，形成“吴门派”。与沈周、唐寅、仇英并称“明四家”。又与唐寅、祝允明、徐祯卿并称“吴中四才子”。文徵明自幼酷爱书法，练习非常刻苦。据《书林记事》记载，他曾经临摹《千字文》，以每天写完十本为标准，由此书艺大进。

【文治】 用文教礼乐施政、治理国家。西汉时期，陆贾经常在汉高祖面前称引《诗经》《尚书》等儒家典籍。高祖不喜儒生，骂道：“我是靠骑在马上南征北战打得天下，要《诗》《书》何用！”陆贾说：“在马上得到天下，岂能也在马上治理天下！”随后陆贾援引先圣商汤和周武用武力征服天下，治理天下时辅以文治，文治与武功并用，说明这才是使国家长治久安的好办法。

【纹银】 我国旧时的一种标准银。始于明代。表面有皱纹，形似马蹄，故称纹银或马蹄银。

【闻鸡起舞】 出自《晋书·祖逖传》。祖逖年轻时即胸有大志，以为国效力为己任。他与好友刘琨半夜听闻鸡鸣，就起床穿衣，拔剑习武，后以“闻鸡起舞”形容心怀天下者奋发自励。

【问鼎】 春秋时期，西周王室衰微，南方的楚国逐渐强大。楚庄王曾向周王朝炫耀武力，并向周王派来的特使王孙满询问周朝传国之宝九鼎的大小轻重。九鼎是象征王权的礼器，楚庄王此举透露出夺取周天下的意图。王孙满说"统治天下在于道德，不在于鼎。如果天子的德行美善、光明，鼎虽小，分量也是重的。如果天子奸邪昏乱，鼎虽然大，分量也是轻的。今日周朝的德行虽衰减，可天命还没有变更。九鼎的轻重，是不能问的。"楚庄王自知还没有夺取周王朝天下的实力，于是带兵回国。历代"问鼎"指图谋夺取政权。今指在比赛中夺冠。

【翁】 ①父亲。楚汉相争时，项羽俘虏了刘邦父亲，以其要挟刘邦，刘邦却说："吾翁即若翁，必欲烹而翁，则幸分我一杯羹。"②祖父。一说，鸟头上的毛叫翁，翁是鸟全身之最上。祖是一家之最尊。称祖为翁者，是取其"尊上"之意。③对年长者的尊称，也泛称年老的男子。明嘉靖以后，"翁"渐成为对人的敬称。

【瓮城】 古代城市的主要防御设施之一，为加强城堡或关隘的防守能力而建于城门外部的围城。也称月城。一般为圆形或方形，圆者似瓮，称瓮城，方者一般称为方城。瓮城多建在陆地上，但根据城门所处的位置和条件也可筑于水中。当敌人攻入瓮城时，如将主城门和瓮城门关闭，守军即可对陷于两城门之间的敌人形成瓮中捉鳖之势予以歼灭。据《元史》记载，为加强防守，元顺帝曾诏令，京师十一门，皆筑瓮城，造吊桥。特别值得一提的是，中国现存的南京明城墙，一反历史上主城外设瓮城的惯例，将瓮城设于城门内，在城体上创造性地设置了"瓮洞"（即藏兵洞），进一步增强了城门的防御能力。

【倭堕髻】 古代妇女常用的一种偏垂在一边的发髻。古乐府《陌上桑》中即有"头上倭堕髻，耳中明月珠"之句，用来描述罗敷装扮之美丽得体。相传倭堕髻由早期"堕马髻"演变而来，唐宋以来一直流行不衰。

【蜗角之争】 出自《庄子》。蜗牛本就很小，其角更小。左、右触角常为争夺地盘斗个你死我活，蜗牛自身亦深受伤害。庄子在此以小喻大，告诫人们，从广阔无垠的宇宙空间来看，人类是非常渺小的。应当珍惜自身的生存空间，互助互爱、和平共处地生活，杜绝私欲和贪婪，消除战争的伤害，共同追求太平世界的理想境界。今用以喻因细小的事情或蝇头小利引起争斗。简称"蜗争"。

【卧薪尝胆】 出自《史记·越王勾践世家》。春秋时，吴国灭越，越王勾践被俘。为复仇复国，勾践夜宿草堆，昼尝苦胆，以激励自己不忘国耻，光复越国。经数年的精心谋划和国力的积累，勾践终于如愿以偿打败了吴国，一雪前耻。后人常用"卧薪尝胆"指不忘初心、坚持理想、刻苦自励的精神。

【幄】 四周围起来，形同房间的帐幕。皇家或达官贵人外出游玩或狩猎时，供休息娱乐或祀神之用。天子出游时张幕为殿，称作幄殿。也指军中大帐，进行军事活动的谋划决策之处。

【斡脱】 蒙古及元朝商人尤其是高利贷官商之称。突厥语和蒙古语"合伙人"的音译，后泛指商人。元朝多指经营高利贷等的官商，多色目人。元代斡脱是一种商业组织形式，也是一种社会阶层。

【乌桓】 桓，huán。古族名。东胡的一支。秦末东胡为匈奴所破，其中一部徙居乌桓山（今内蒙古阿鲁科尔沁旗以北）并逐渐发展壮大，因所居之地得名。汉武帝时迁其于上谷、渔阳、右北平、辽东、辽西郡边塞，置护乌桓校尉监管。东汉末年，一部分归附曹操，其余附于鲜卑等族。

【乌江】 在安徽和县东北，秦代在此设置了乌江亭（行政区域）。公元前202年，楚汉在垓下决战。项羽军队被刘邦及部将重重围困。项羽率轻骑突围至乌江岸边，自叹无颜面对江东父老，不肯过江，卸甲与汉兵搏战，身被数十创，自刎身亡。后乌江浦建有楚霸王祠墓。

【乌兰布通之战】 公元1690年，清军在乌兰布通（今内蒙古克什克腾旗南）击败准噶尔汗国之军的战役。厄鲁特蒙古的准噶尔部自从噶尔丹称“汗”以后，兼并厄鲁特四部，吞并天山南路，又依靠沙俄支持，进攻喀尔喀部。康熙二十九年（1690）噶尔丹以追击喀尔喀为名，举兵南犯，深入内蒙古乌珠穆沁一带。清政府命裕亲王福全等率军反击，在乌兰布通与噶尔丹激战，噶尔丹大败逃走。此后，清政府又两度出兵平叛，噶尔丹自杀。

【乌蛮】 古族名。唐代分布于今云南、川南、黔西等地。是西南地区蛮族中的统治族群（被统治者称为白蛮），部落、族属众多。源于东晋以来的“爨人”，在由此分化的“东爨”和“西爨”中，东爨地位较高，是族群的主体。据史籍记载，乌蛮人男性结发髻，女性散发，见人无跪拜等礼节习惯，信鬼巫，大小部落皆有鬼主。不善纺织，人们以牛羊皮毛裹身，以畜牧业和农业结合为生。唐以来曾建立南诏国，接受唐王朝册封。元明以后，递变为“黑彝”“黑倮倮”。

【乌纱帽】 古代帽名。因以乌纱为材质，故名。也称乌帽、乌纱。东晋成帝时宫官始着乌纱帢，南朝宋刘休仁首创乌纱帽，后形制有所变化。隋唐、宋元之时，帝王大臣、贵贱士庶多以为便帽。明代另有从幞头演化而成的官帽，也称乌纱帽，其前有半圆的顶，后脑部分有后山高起，两旁有展角。明制，凡文武官常服，致仕及侍亲辞闲官、状元及诸进士、内外官亲属、内使监皆用此帽。清代废止，改以红缨帽为官帽。后渐成为官职的代称。

【乌孙】 古族名。汉代以来，活跃于天山北麓一带，后因大月氏侵扰，西迁至伊犁河和伊塞克湖一带，建立政权，定都赤谷城。以游牧、狩猎为生，善养马。汉武帝抗击匈奴，与之建立联系，先后将宗室女解忧公主和细君公主嫁给乌孙王。后属西域都护。北魏时期，乌孙被柔然击破，迁往葱岭，之后逐渐衰落，与邻族融合。

【乌由】 元朝官府发给土地所有者的凭证。

【巫蛊之祸】 西汉时期汉武帝在位后期发生的一次重大政治事件。当时以为用巫术诅咒及将木偶人埋地下能害人，称为“巫蛊”。武帝晚年多病多疑，太子刘据地位不稳。公元前92年，武帝命宠臣江充查办宫内外部分显贵的巫蛊案件，江充诬陷刘据以巫术谋害武帝，刘据恐慌起兵，诛江充，被武帝下令镇压，皇后卫子夫等与刘据相继自杀。壶关三老和田千秋等人上书讼太子冤，清醒过来的武帝夷江充三族，诛杀诸诬陷者及镇压刘据的丞相刘屈氂等人。这一事件牵连甚广，反映了武帝后期政局的动荡，为后来的统治埋下隐患。

【巫山】山名，位于重庆、湖北边境，北与大巴山相连，因山势曲折绵延，如一“巫”字，故名巫山。长江从其峡谷穿过，是沟通渝、鄂的重要水路通道。巫山共有十二峰，以神女峰最奇秀。相传楚怀王与巫山神女幽会于此，后人遂以“巫山云雨”代称男女幽会。

【巫山神女】神话传说中炎帝的女儿，一说是天帝的女儿。名为瑶姬，未曾出嫁即亡故，葬于巫山之阳。相传战国时期楚怀王游高唐，梦中与巫山神女相会。后宋玉陪同楚襄王游云梦台馆，望高唐宫观，作《高唐赋》《神女赋》陈述这段旧事。《高唐赋》中有“妾在巫山之阳，高丘之阻。旦为朝云，暮为行雨。朝朝暮暮，阳台之下”。后人常把巫山神女比喻世间美女，也成为男女欢好的典故。

【无常】“常”是永久、常住之意。佛教认为，世间万物都在迁流不息，生起、变异、坏变都无常住性，故称“无常”。后把人死时勾摄魂魄的鬼也称为无常。

W

【无神论】对一切鬼神迷信和宗教信仰持否定态度的学说。商周之际就已产生“无神论”思想，战国的荀子、东汉的王充、南朝的范缜等都以朴素的唯物主义观点反对鬼神迷信和灵魂不灭的观念。王充认为，人去世后精气就不存在了。范缜认为，人的肉身存在则灵魂存在，肉身消亡则灵魂也随之消亡。

【无题诗】诗歌的一种。诗人作诗别有寄托，不愿标明题目，故意用“无题”名篇，故称“无题诗”。或以诗的起首两字名篇，篇名不能概括全诗内容者，也属“无题”一类。唐代李商隐集中此类诗较多，代表作有《无题》《锦瑟》等。

【无为】语出《老子》。老子认为宇宙万物的本原是“道”，“道”是“无为”而顺其“自然”，人也应效法“道”，顺应自然（客观规律），不任意妄为。“无为”不是不作为，而是不刻意为之，不违背自然规律去做事。

【无违】语出《论语》。不要违背礼法、天道。鲁国大夫孟懿子请教孔子什么是孝道，孔子说：“不要违背礼。”即父母活着时，按照礼侍奉他们；父母去世后，按照礼安葬他们、祭祀他们。

【吴承恩】（约1500—约1582）明代文学家。字汝忠，号射阳山人，山阳（今江苏淮安）人。《淮安府志》记载，其“性敏而多慧，博极群书，为诗文下笔立成，清雅流丽，有秦少游之风。复善谐谑，所著杂记几种，名震一时”。晚年绝意仕进，专心著述。后世多以其为长篇小说《西游记》作者，但也有学者表示怀疑。明代黄虞稷《千顷堂书目》卷八“地理类”即著录了吴承恩所撰《西游记》，因此有学者据此认为吴承恩撰写的《西游记》可能是一部地理或游记类著作，而非今天广为流传的神怪小说《西游记》。

【吴道子】唐代画家。阳翟（今河南禹州）人。少时孤贫，习绘画，玄宗闻其艺，召入宫禁，授以内教博士，改名道玄，专在宫廷作画。擅画佛道人物，笔迹磊落，势状雄峻，生动立体。曾在长安、洛阳寺观作佛道宗教壁画三百余间，情状各不相同。用状如兰叶或莼菜条的笔法来表现衣褶，有飘举之势，人称“吴带当风”，用焦墨勾线，略加淡彩设色，又称“吴装”。今存《送子天王图》，为宋摹本。

【吴广】（？—前208）字叔，秦阳夏（今河南太康）人。与陈胜同为秦末农民起义领袖。秦二世元年（前209）七月，于大泽乡（今安徽宿州东南）发动起义，提出“大楚兴，陈胜王”的口号，陈胜自立为将军，以吴广为都尉，用已被赐死的秦始皇长子扶苏和楚将项燕的名义号召群众反秦。起义军建立张楚政权，他任假王，率诸将西征，围荥阳，久攻不克。后为部将田臧假借陈胜命令所杀。

【吴国】周朝分封于长江下游一带的姬姓诸侯国。也称勾吴、攻吴。始祖为周人先公古公亶父长子太伯和次子仲雍。有今江苏、上海大部分和安徽、浙江的一部分。周武王封其后裔周章为吴君，建都蕃离（也作“梅里”，今江苏无锡梅村）。公元前585年，寿梦称王，其子诸樊迁都于吴（今江苏苏州）。春秋后期，国力始强。前506年吴王阖闾一度攻破楚国。其子夫差又战胜越国，迫使越王勾践屈服求和，并北上与晋争霸。前473年为越所灭。

【吴敬梓】（1701—1754）清代小说家。字敏轩，号粒民，晚号文木老人、秦淮寓客，安徽全椒人。早年轻财好施，又不善于治生理家，数年间便将父祖所遗家产挥霍殆尽，后移居江宁（今江苏南京）。乾隆初荐举博学鸿词，因病未赴。到江宁后他生活穷困，为与朋友集资修复雨花台先贤祠，变卖老宅。之后处境更加困窘，或卖书换米，或典衣易薪，靠亲友接济生活，最后穷困以终。工诗词、散文，所著《儒林外史》是中国古典讽刺小说的杰作。

【吴起】（约前440—前381）兵家。战国时卫国左氏（今山东菏泽定陶区西）人。善用兵，初任鲁将，继任魏将，屡建战功。魏文侯死，遭陷害，逃往楚国。辅佐楚悼王变法，加强中央集权，裁减冗员，整顿机构，使楚国逐渐富强。楚悼王死，吴起被旧贵族杀害，变法失败。后世把他与孙子连称“孙吴”。《吴子》与《孙子》又合称《孙吴兵法》，在中国古代军事典籍中占有重要地位。据传，吴起在鲁国时，齐国发兵入侵鲁国，鲁国贵族季孙氏极力举荐吴起为主将，率军反击，但是鲁穆公考虑到吴起的妻子是齐国人，有些犹豫。吴起为了成就功名，就举剑杀了妻子，以消除鲁穆公对自己的顾虑，表示自己为鲁国尽忠的决心。

【吴起变法】公元前386—前381年，楚悼王任用吴起对楚国政治、法律、军事等实行的一系列改革。旨在增强国力、抑制世袭贵族权势、选贤任能、提高官员行政效率。楚国由是日强，南攻百越，北并陈蔡，威震秦晋。变法遭到楚国旧贵族的强烈反对，吴起被射杀，变法以失败告终。

【吴伟业】（1609—1672）明末清初诗人。字骏公，号梅村、鹿樵生，太仓（今属江苏）人。明崇祯进士。入清后，官至国子祭酒。工诗文，精书画，善词曲。早期诗作风华绮丽，经乱离后多激楚苍凉之音。受唐“长庆体”影响，以七言歌行表现个人在历史变迁中的命运，最为世人称道，号为“梅村体”。《圆圆曲》为其代表作。明亡后，吴伟业辞官归里，绝意仕进。后来清廷征召，吴伟业的好友侯方域立即写了封长信给他，极力劝阻他前往就职。吴伟业在给侯方域的回信中，明确表态自己不会事清。后来清廷用各种办法逼迫吴伟业就范，万般无奈之下，他只得前去赴任。吴伟业在清廷任职四年，而后找各种理由终于辞职回乡，但这段经历成了他一生最大的耻辱，常引以为恨。临终命家人敛以僧服，叮嘱墓前树“诗人吴梅村之墓”足矣。

【吴文英】（约1212—约1272）南宋词人。字君特，号梦窗、觉翁，四明（今浙江宁波）人。终身不仕，以布衣身份出于王侯贵族门下，担任幕僚。生平工词，知音律，能自度曲。其词注重修辞、协律，喜用典故，风格丽密，意旨晦涩。张炎《词源》评价其词“如七宝楼台，眩人眼目，碎拆下来，不成片段”。与周密（号草窗）并称“二窗”。清后期词论家周济编《宋四家词选》，以吴文英与周邦彦、辛弃疾、王沂孙为两宋词人领袖，评价甚高。有《梦窗词》。

W

【吴越】 五代时十国之一。公元893年钱镠为唐镇海节度使，后据有今浙江全部及江苏的一部分，907年被后梁封为吴越王，自称吴越国王，建都西府（今浙江杭州）。唐末至五代俱尊奉中原王朝，978年降于北宋。共历5主，72年。

【吴越春秋】 史书。东汉赵晔撰。原书12卷，今本10卷，记载春秋时吴、越二国史事。其中吴国自太伯以至夫差，越国自无余以至勾践，其中尤重吴越争霸的记叙。由于作者生于东汉时期，其撰著主要依据前人史书和有关的历史传说，在叙述过程中并不拘泥于记载真实的史事，而是在历史真实的基础上，吸收传说中的故事，并加上自己的想象，进行夸张、渲染。这样不仅记载了历史上发生的重大事件，还补充了许多生动有趣的细节，塑造了一系列富有个性的人物形象，如吴王夫差、越王勾践、范蠡等。

【吴中四杰】 元末明初诗人高启、杨基、张羽、徐贲四人的合称，因他们都是吴中（今江苏苏州）人或长期居于吴中，故称。他们都由元入明，诗多怀旧感时之作，抒发故国之思和遗民之痛。

【梧桐雨】 杂剧剧本。元代白朴作。全名《唐明皇秋夜梧桐雨》，元杂剧四大悲剧之一。作品取材于唐人陈鸿所作传奇小说《长恨歌传》，剧名取自白居易《长恨歌》“秋雨梧桐叶落时”诗句。写唐明皇李隆基与杨贵妃的故事。唐明皇因宠爱杨贵妃，导致朝政荒废。安禄山等趁机作乱，明皇仓皇出走，行至马嵬坡，将士逼迫明皇缢死杨贵妃。后返回长安，明皇思念贵妃成梦，却被雨打梧桐之声惊醒，追思往事，倍添惆怅。全剧以李、杨爱情为主线，反映了安史之乱这一重大历史事件及唐王朝由盛至衰的过程。对清人洪昇的传奇戏曲《长生殿》有直接影响。

【五菜】 五种蔬菜。古时特指葵、韭、藿、薤、葱五种蔬菜。《黄帝内经》指出"五菜为充"，表明五菜被用作膳食的一部分。这五种蔬菜各自代表了不同的口味，即甘、酸、咸、苦、辛。这种分类不仅反映了古人对食物性味的理解，也体现了他们追求饮食平衡的智慧。

【五代十国】 简称五代。时代名。这一时期由《新五代史》命名。五代指从朱温灭唐建后梁起，中原地区相继出现了定都于开封和洛阳的后梁、后唐、后晋、后汉、后周五个朝代，时间为公元907—960年。十国指割据于西蜀、江南、岭南和河东等地的前蜀、后蜀、吴、南唐、吴越、闽、楚、南汉、南平（荆南）、北汉十国，时间为公元902—979年。至赵匡胤代后周建立宋朝并于979年灭北汉止，史称"五代十国"。

【五等丁产簿】 宋代主户依产分等的户籍。这种制度把户等按照税钱或家业钱的多少划分为五等。内容包括乡村主户的丁口、产业和户等，每逢闰年，由各县编订、保管，为按等征科赋役的依据。

【五帝】 ①上古三皇至夏朝建立前，五位上古帝王，说法各异，一般认为即黄帝、颛顼、帝喾、尧和舜。此为战国时期对新石器时代后期的一种推断。②指上古神话中的五位天帝，为道教所崇奉，分别是：东方青帝灵威仰，南方赤帝赤熛怒，中央黄帝含枢纽，西方白帝白招拒，北方黑帝汁光纪。

【五毒】 指蝎子、蜈蚣、蛇、蟾蜍、壁虎五种毒虫。民谣说：端午节，天气热，五毒醒，不安宁。因此民间挂五毒图于门窗，并在儿童手臂或身上佩戴五毒形象的饰物，意在禳避病害，以求平安。

【五服】 古时根据生者和死者亲属关系的亲疏远近，来确定丧服的重量和颜色。将丧服分为斩衰、齐衰、大功、小功、缌麻五个等级，称"五服"。亲近者穿最重的丧服，疏远者穿轻的丧服。另有相配的帽子、腰带、屦、杖之类，用来辨别人们的亲疏远近和服丧的时间、约束其服丧期间的容止。西周始定这种丧服制度，此后历代有所变化。后"五服"演变为主要指家族亲属关系，指从高祖一辈算起，到第五代。

【五更】 更，gēng。古人以夜半即子时为中心，把夜晚分为五段，每段为一更，每更约为现在的两个小时。子时是三更，约是晚上十一时。今常说"半夜三更"即指夜半子时。子时前后各有两更，共"五更"。因古人用鼓打更报时，一更就打一鼓，依次递推，故也称五鼓。

【五贡】 清代科举制度中恩贡、拔贡、副贡、岁贡和优贡的总称。这五类贡生都属正途出身资格。五贡就职，由学政会同巡抚验看，咨部依科分名次、依年分先后，恩、拔、副贡以教谕选用，岁贡以训导选用，优贡经朝考合格后任用。

【五国相王】 战国中期五个主要诸侯国互相承认对方君主王位的事件。公元前323年，魏将公孙衍先后联合赵、魏、韩、燕、中山五国相尊称王。魏国欲联合五国力量来对抗秦、齐、楚三大国。赵国自认为没有王爵实力，没有称王。这一事件标志着周天子权威的彻底消失。

【五胡十六国】 西晋末年，胡、汉酋豪纷纷割据自立的局面。自公元304年李雄在蜀建立成汉始，至439年北魏太武帝统一北方告终，历135年。“五胡”指竞相自立的匈奴、鲜卑、羯、氐、羌等内徙胡人（少数民族）。“十六国”因北魏崔鸿撰《十六国春秋》得名。十六国分别为：五凉（前、后、南、西、北），二赵（前、后），三秦（前、后、西），四燕（前、后、南、北），夏，成汉。其中前凉、西凉、北燕为汉人政权，除成汉外皆在北方。另有拓跋代、冉魏、西燕、后蜀一般不包括在内。

【五湖】 最早出现于《周礼》：“东南曰扬州，……其川三江，其浸五湖。”但说法并不统一。据《国语》和《史记》，五湖是太湖的别名。唐代王勃《滕王阁序》“襟三江而带五湖”即此。据《水经注》和《后汉书》，五湖泛指太湖流域一带所有的湖泊，或是长荡湖、太湖、射湖、贵湖、滆湖，或是滆湖、洮湖、太湖、射湖、贵湖。也有观点认为，五湖是并不集中于一地的五个大湖的总称，如彭蠡、洞庭、巢湖、震泽、鉴湖；一说是洞庭、震泽、青草、云梦、巴丘等。近代以来一般以鄱阳、洞庭、太湖、巢湖、洪泽为“五湖”。

【五荤】 五种有刺激味的蔬菜。即“五辛”。佛家以大蒜、小蒜、兴渠、慈葱、茖葱为五荤。道家以韭、薤、蒜、芸薹、胡荽为五荤。魏晋以来，民间有元旦日食五辛盘的民俗。意在驱除不祥之气，迎接新春的到来。五荤还与古代的宗教修行有关。在佛教和道教中，认为这五种蔬菜为不净之物，食之不利于修行和内观。

【五京乡丁】 辽代由五京所属州县民户丁壮充当的兵丁。直属宫帐的契丹本户不在其内。通常只作为辅助力量，负责一些非战斗性的工作。

【五经】 五部儒家经典。即《诗》《书》《礼》《易》《春秋》。相传孔子为了教育学生，对古代保存下来的文献做了选编、修订工作。晚年又把鲁国国史《春秋》做了删订，并把《周易》加以整理和阐述。这样就编定了《诗》《书》《礼》《易》《乐》《春秋》六种教材。经秦代禁书，遗失了《乐》，流传下来的只有《诗》《书》《礼》《易》《春秋》五种。“五经”始称于汉武帝时。汉武帝罢黜百家，独尊儒术，“五经”立于学官，取得了统治思想的最高地位。

【五经博士】 官名。教授五经《诗》《书》《礼》《易》《春秋》的学官。汉武帝始置，传授儒家经典。元朔五年（前124）为五经博士置弟子员，博士职责由备顾问变为传经授徒，也标志着太学诞生。后世历代官学皆设经学博士，或沿称，或称国子博士、太学博士、四门博士等。另明正德五年（1510），授孔子的后裔为翰林院世袭五经博士。

【五军都督府】 明初最高军事统帅机构。明太祖初设大都督府，洪武十三年（1380）废之，改设中、左、右、前、后五军都督府，各置左右都督、同知、佥事，分掌部分京卫与各地都司、卫、所之兵，及其军官管理、屯田、训练等事，其调遣、装备及选将出征，则由兵部协助皇帝掌控。永乐间在北京设行在五军都督府，后除“行在”二字。在南京的五军都督府加“南京”

二字，分掌南京卫所。各府长官为左右都督。

【五均六管】 管，由国家经营管理。公元10年王莽推行的工商、山泽管理和专营制度。五均为古官名，主均平市。王莽在首都长安及洛阳、邯郸、临淄、宛（今河南南阳）、成都等地设五均官，管理物价和税收。六管为酒、盐、铁、铸钱由政府垄断经营，又对名山大泽之物由政府课税。此制旨在抑制豪民富商，增加财政收入，但也聚敛扰民，加重了统治危机。

【五魁】 魁，kuí，第一名。科举乡试的前五名。明代科举分五经取士，每经所取第一名为“经魁”，乡试每科前五名必五经中各中一名，列为前五名，故称五经魁首、五经魁或五魁。清代习惯上也沿称前五名为五经魁或五魁，因乡试第一、二名分别称解元、亚元，故也称第三至五名为经魁。后五经取士制度废除，但乡试中仍习惯把前五名称为五魁。

【五礼】 古代国家五种礼仪制度。即吉礼、凶礼、宾礼、军礼、嘉礼。大约在西周时期定制。

【五岭】 古代说法不一，多指大庾岭、越城岭、骑田岭、萌渚岭、都庞岭。这五岭是南岭山脉的主体，位于江西、湖南、广东、广西各省、自治区之间。

【五伦】 伦，辈分、次序、关系。中国古代指父子、君臣、夫妇、兄弟、朋友五种伦理关系。也称五常。孟子认为，父子有亲，君臣有义，夫妇有别，长幼有叙，朋友有信。这是处理人与人之间关系的道德准则。

【五冕】 冕服中的衮冕、鷩冕、毳冕、希冕、玄冕。除六冕之中的“大裘冕”外，衮冕以下的冕制大致相同。大裘冕的质地形制和使用的场合特殊，衮冕以下方为常制。魏晋以来受其影响，虽有六冕之制，但常用的只有衮冕以下五等，后世相沿为称。

【五禽戏】 相传为汉末名医华佗首创的一种健身术。模仿五种禽兽，即虎、鹿、熊、猿、鸟的动作和姿态进行的肢体活动，可增强体质、防治疾病。也作“五禽嬉”。

【五体投地】 初为佛教礼节，即行礼时，双膝、双手和头触地，以表达佛教徒最虔诚的敬意。后用来形容极致的虔诚和佩服。

【五投下】 元朝诸王、驸马、勋臣所辖的人户，构成一种特殊的行政单位，称投下。成吉思汗时漠南东部有忙兀、兀鲁兀、札剌亦儿、弘吉剌、亦乞列思五大投下，在此基础上组成的军队称五投下军，是蒙古探马赤军的重要来源。蒙古伐金战争中，五投下发挥了重要作用。

【五溪蛮】 指东汉以来分布于武陵山谷地带的族群。也称武陵蛮。武陵位于今湘西及黔、渝、鄂三省市交界之处，西汉王朝曾在此设置武陵郡。有雄、樠、沅、酉、辰溪五条溪流从此郡经过，故生活在这里的族群被称为五溪蛮。相传其为槃瓠之裔，支脉繁多，三国时期，曾介入吴蜀之争。

【五辛盘】 在盘中盛上五种带有辛辣味的蔬菜，作为凉菜食用。古人认为可以发五藏之气。另外，“辛”与“新”谐音，又取迎新之意。魏晋以后，元旦日有食五辛盘的风俗。

【五星】 先秦时期，太白、岁星、辰星、荧惑、填星（镇星）五颗行星的合称。

也称五纬、五曜。秦汉以后，因“五行说”普及，又被称为金星、木星、水星、火星和土星。古时迷信，五星被星占学家所重视。五星的运行变化，被视为辨识吉凶休咎的依据。

【五刑】古代五种轻重不同的刑罚的合称。五刑的内容，历代有所变化。商周时期，指墨、劓、剕、宫、大辟。汉代，指黥、劓、斩趾、断舌、枭首。汉代以后，肉刑渐被废除。隋唐时期，定笞、杖、徒、流、死为五刑。明清两代，相承沿用。

【五行】行，xíng。指金、木、水、火、土五种物质。古人认为万物由这五种物质构成，用来解释世间万物的起源和多样性的统一。春秋时已出现“五行”思想，对天文、历法、医学等科学的发展产生影响。战国时出现五行“相生相克”的说法，“相生”指相互促进，如“木生火、火生土、土生金、金生水、水生木”等。“相克”指互相排斥，如“水克火、火克金、金克木、木克土、土克水”等。五行学说含有朴素唯物主义和辩证法因素。

【五言诗】诗体名。每句五字的诗，包括五言古诗、五言律诗、五言绝句、五言排律。起于汉代，魏晋以后，历南北朝隋唐，大为发展，为古典诗歌主要形式之一。五言古诗，一种不受严格格律限制的诗歌形式，篇幅长短不限，语言质朴自然，代表作有《饮酒》《归园田居》《玉阶怨》等。五言律诗是一种格律严谨的诗歌形式，要求诗句字数相等，平仄相对，韵脚符合规定。五言律诗通常为八句，每两句组成一联，语言优美，代表作有《春日忆李白》《月夜》等。五言绝句，特点是四句成篇，语言简洁明了，节奏明快有力，意境深远，代表作有《登鹳雀楼》《春晓》《静夜思》等。五言排律是五言律诗的延伸形式，是一种格律更为自由、注重整体结构和意境和谐统一的诗歌形式。其特点是篇幅较长，表现手法多样，具有叙事性和抒情性。代表作有《奉使道中五言长韵》等。

【五音】①中国古乐五声音阶的五个阶名：宫、商、角、徵、羽。从宫到羽，按照音的高低排列起来，形成一个五声音阶，宫、商、角、徵、羽是五声音阶上的五个音级。也称五击、五声。始于商周，常与五行比附。后世用于雅乐正声的古音阶、用于清乐的新音阶和用于燕乐的清商音阶，都是在五音基础上插入两个变音而形成的七声音阶。②音韵学名词。指按声母的发音部位所分的五种声类，即喉音、舌音、齿音、唇音、牙音。其名最初见于《玉篇》所附的《五音声论》。宋元等韵学家在此基础上，又增半舌音、半齿音两类，以成七音。

【五岳】中国古代享有最尊贵地位，并被封建王朝列为祭祀对象的五座名山。先秦古籍中只称四岳，并无中岳，直到《周礼》中才见五岳之名。具体所指也因时代不同而有一定区别。西汉时期，定东岳泰山、西岳华山、中岳嵩山、南岳霍山（在今安徽潜山）、北岳恒山（在今河北曲阳）为五岳，按既定规格岁时祭祀。隋代改湖南的衡山为南岳，明代正式以山西浑源恒山为北岳，清顺治十七年（1660）在此举行岳祭。古代帝王以五岳为群神所居，予以封禅。秦始皇、汉武帝、唐玄宗、宋真宗等都曾赴泰山封禅。

【五铢钱】 古铜币。钱重五铢，上有“五铢”二字，故名。最初铸于汉武帝元狩五年（前118），东汉，蜀汉，魏，晋，南朝齐、梁、陈，北魏和隋都有铸造，重量形制大小不一。唐武德四年（621）废止。但旧五铢继续在民间流通。是中国历史上数量最多、流通最久的钱币之一。

【五宗】 根据宗法制度，一般有两说。一说，继承始祖的后人称“大宗”，继承高祖、曾祖、祖、父的后人称“小宗”。大宗有一，小宗有四，合起来称“五宗”。一说，指五服内的亲人。

【武昌民变】 公元1601年，武昌市民反抗明廷所遣税监陈奉横征暴敛的事件。陈奉被派到湖广地区兼理矿税，他僭称“千岁”，胁迫官吏，纵容随从人员劫掠行旅、坑害商贾，甚至闯入民家奸淫妇女。他还对武昌城百般搜刮、劫掠，暴行引起广大市民的强烈反抗。由于朝廷庇护贪墨残暴的税监陈奉，抓捕了武昌道佥事冯应京，进一步激发了民变的发生。

【武当山】 道教名山，也是风景名胜。位于湖北西北部，相传为道教真武神得道飞升之地。山上有唐代以来所建的三十多座宫观建筑群，蔚为壮观，其主峰顶的金殿（俗称金顶）是中国现存最早的铜铸木结构建筑。武当山道教文化历史悠久，汉代就有道教人士在此修炼，经历代传承发展，逐步成为中原道教活动的圣地。相传东汉的阴长生、五代宋的陈抟、明代的张三丰都曾在此修炼。武当山还是武当派武术的发源地。

【武侯祠】 始建于蜀汉章武元年（221），原是纪念三国蜀汉丞相武乡侯诸葛亮的专祠，明代初年，与刘备的昭烈庙合并。位于今四川成都。今之武侯祠为康熙十一年（1672）重建，由汉昭烈庙、武侯祠、惠陵（刘备墓）、三义庙四部分组成。祠庙中《蜀丞相诸葛武侯祠堂碑》，文章、书法、镌刻都极为精湛，世称“三绝碑”。

【武经七书】 宋神宗时期根据兴武备、建武学、选武举的需要，由官方组织编撰的军事教科书。共收录了七部古代重要兵书，即《孙子》《吴子》《司马法》《六韬》《尉缭子》《三略》《李卫公问对》。也称《武学七书》，简称《七书》。元丰三年（1080），宋神宗下诏朱服等校定并雕版刊行。

【武科】 科举时代专为选拔武官而设的考试科目。武则天长安二年（702）设武举，为武科之始。宋有武举、武选，先阅骑射，而以策为去留，弓为高下。至明代中期设武乡试、武会试。崇祯四年（1631）始举行武科殿试。清代沿袭。武会试以兵部主之，乡试以督抚主之，武科试以学政主之，均分内外场，外场中试始得入内场。外场考试科目为马箭、步箭、弓、刀、石，内场考默写武经。其院试、乡试、会试、殿试及童生、生员、举人、进士、状元等名目均与文科举同，但加武字以别之。光绪二十七年（1901）废。

【武林旧事】 笔记。南宋周密撰。十卷。为作者入元后追忆南宋都城临安（别称“武林”，今浙江杭州）旧事而作，寄寓了作者追念故国的思想感情。仿孟元老《东京梦华录》体例，记叙南宋都城临安朝廷典礼、山川景物、民情风俗，以至市肆节物、教坊乐部。其中对民间说唱艺人、乐工姓名和杂剧名目等的记载颇详，是研究古代戏曲的珍贵史料。

【武童生】 明清时应武科生员之试者。也省称“武童”。

【武威汉墓】 西汉晚期至东汉墓葬群。位于甘肃武威磨嘴子、旱滩坡、滕家庄、管家坡、雷台等地。20世纪50年代以来甘肃省博物馆等陆续进行发掘清理。出土器物主要有陶器、木动物俑、木简以及漆器与丝织品等。其中重要的发现有：磨嘴子6号墓中的西汉晚期抄本《仪礼》木简、磨嘴子汉墓中的王杖诏令十简、磨嘴子22号墓中的针黹箧等织锦品、旱滩坡东汉墓中出土的有字麻纸、旱滩坡东汉早期墓中出土的医药木简等。

【武则天】 （624—705）唐高宗皇后，武周皇帝。名曌，并州文水（今山西文水县东）人。初为唐太宗才人，高宗时为皇后，参与朝政，尊号为天后，与高宗李治并称二圣。公元690年自称神圣皇帝，改国号为“周”，史称“武周”。当政期间，创新选官制度，开创自举、试官、殿试、武举等，重用狄仁杰、姚崇、宋璟等，劝农桑，薄赋税，开创了武周之治。但用酷吏、兴大狱，后期豪奢、专断，弊政渐多。705年病重，宰相张柬之发动兵变，迫其退位。不久病逝，与高宗合葬乾陵，留无字碑。玄宗时谥为“则天皇后”。

【武周】 中国历史上唯一的女皇帝武则天建立的朝代。公元690年武则天废其子唐睿宗，自称帝，改国号为“周”。为区别于先秦时期的周朝，史称“武周”。705年，神龙政变后武则天退位，其子中宗复位，恢复国号为“唐”。

【舞龙运动】 我国传统民间游艺活动。一般用布或绸做成形状像龙的外壳，由舞者各持棍支起一节，在领舞者的指挥下翻腾起舞，做出龙蜿蜒游动和飞舞的情态，有的前面还有一人举着一颗龙珠。有舞布龙、火龙等多种舞龙活动。俗称耍龙灯。西汉初年已有舞龙作嬉活动，世代相传，多在节日、庆典时举行。

【舞狮运动】 我国传统民间游艺活动。自汉代佛教传入我国后兴起，隋唐时加锣鼓伴奏，世代相传，多在节日、庆典时举行。古代舞狮分文舞和武舞两种。今有南狮和北狮之分。有单人舞、双人舞和多人多狮舞多种。舞狮一般重于技巧，动作勇猛，主要表现狮子凶猛的性格，有跳跃、跌扑、登高、腾转、踩球等动作。

【戊戌变法】 清代光绪二十四年（1898）的政治改革运动。6月11日，光绪皇帝采纳康有为、梁启超等人的主张，颁发“明定国是”诏，宣布变法图强。变法深入经济、教育、军事、政治及官僚制度等多个层面，却遭到慈禧太后与守旧派的坚决反对，发动了戊戌政变。许多维新人士被追捕杀害，光绪帝被囚禁，维新派首领康有为和梁启超逃亡国外。因事发于干支纪年的戊戌年，故称。变法仅经历了103天，故也称百日维新。

【务限法】 务，农务。宋代关于农忙季节停止受理民事诉讼的制度。宋初始定，规定每年二月初一开始“入务”，即进入农忙季节，一直到九月三十日为止，属于务限期。这期间，各州县不得受理田宅、债务、婚姻、地租等诉状。侵夺财产案不受此限制。

【物力钱】 金代征收的一种财产税。凡官民所有田园、房屋、车辆、牧畜、树木及现钱，均按等级征纳，使臣出使国外接受的馈赠，也须评等交纳。在通检推排时常高估民户资财，加重税额。又将逃亡户应纳税钱摊派于留居户，导致纳税户负担更重。

X

【西都】古都名。①周武王都镐，至成王时别营雒（洛）邑为东都，因称镐京为西都。②东汉都洛阳，称西汉旧都长安为西都。班固有《西都赋》。

【西汉】公元前206年刘邦所建的朝代。也称前汉。前汉都长安，后汉都洛阳。长安在西，故史称前汉为西汉，与东汉合称“两汉”。经文景之治，至武帝时达到全盛，北击匈奴，开西域，南定西南夷，又独尊儒术，王霸杂治，巩固了统一的多民族国家体制。自武帝晚年至成帝，社会问题日渐发展为统治危机，公元8年被王莽的新朝取代。共历13帝，210年。

【西湖】我国风景和人文游览胜地。也称钱塘湖、西子湖。因位于浙江杭州西部，故称。水面面积约6平方千米，有苏堤春晓、平湖秋月、花港观鱼、柳浪闻莺、双峰插云、三潭印月、雷峰夕照、南屏晚钟、曲院风荷和断桥残雪等胜景，人称“西湖十景”。唐代白居易任杭州刺史时，重修湖堤、水闸、渠道等水利设施，提高了供水和防洪能力，也留下了今天西湖的重要景观通道——“白堤”。北宋年间苏轼又主持疏浚清理，并利用疏浚土修建了西湖风景堤——苏堤。苏轼《饮湖上初晴后雨》诗，极赞西湖之美：“水光潋滟晴方好，山色空蒙雨亦奇。欲把西湖比西子，淡妆浓抹总相宜。”

【西家行】清代帮工、学徒为保护自身利益建立的组织。与工商业主的“东家行”对称。成员主要包括冶铸、烧陶、纺织等行业的手工业工人。它起到了保护工人权益、增进工人福祉的作用，在一定程度上预示了近代工会的出现。

【西晋】公元266年由司马炎建立的朝代。266年初，司马炎代魏称帝，国号“晋”。建都洛阳，因在东晋都城建康之西北，史称西晋。280年灭吴，统一了全国。惠帝后因政治昏庸，八王作乱，流民及内徙各族起事，至316年为匈奴贵族建立的汉国所灭。共历4帝，52年。

【西京杂记】小说集。托名东晋葛洪撰。“西京”指西汉京都长安。全书共129则，所记人物有帝王将相、王公大臣、嫔妃宫女、文人学士、能工巧匠、市井细民等，所记事物有宫廷轶事、典章制度、时尚风习、苑囿珍器、奇人绝技等，形象地记录了西汉政治、经济、文化、民俗等多方面的状况，颇有资料价值。文笔简洁而有文采。

【西凉】十六国之一。公元400年由李暠建立的政权。李暠为北凉敦煌太守，400年自立为凉公，改元割据。先后都敦煌（今甘肃敦煌）、酒泉（今甘肃酒泉）。史称西凉。有今甘肃西部。421年为北凉王沮渠蒙逊所灭。小说《三国演义》中，西凉经常出现，尤其是在提及马超时，常常以“西凉马超”来称呼，三国正史上并不存在西凉，只是一个俗称。

【西六师】 西周早期，由周人组成并驻扎在宗周（今陕西西安）的六支军队。宗周在西部，故称。拱卫京师、对外征伐，与成周八师（东八师）并为西周王室重要的常备武装力量，到西周晚期消亡。

【西门豹】 战国时魏国人。西门氏，名豹。魏文侯时，任邺（今河北临漳西南）令，上任之初，见田地荒芜，民生凋敝。经调查了解到百姓一苦于频繁的水患，二苦于官绅、巫婆勾结，以“河伯娶妇”的迷信活动为名，搜刮民财、迫害年轻女子。西门豹采取一系列措施，破除迷信、惩治不法。又主持开凿12条水渠，引漳水灌溉，改良土壤，发展农业生产。今临漳县修有“西门豹祠”。

【西南夷】 秦汉以来，分散在西南地区的族群的统称。部属和政权众多，经济发展不甚平衡，或从事农耕，或从事畜牧养殖。战国时开始，与秦、楚两国皆有商业往来。今见于史籍的，有夜郎、滇、邛都、昆明、徙、莋都、冉駹、白马等。汉武帝时，曾派唐蒙、司马相如等经营其地。相继设置犍为、牂柯、越嶲、汶山、沈黎、武都、益州、永昌等郡。“夜郎自大”的故事，就发生在西南夷中的夜郎国。

【西秦】 十六国之一。淝水之战后，陇西鲜卑贵族乞伏国仁于公元385年称大单于。乞伏国仁弟乞伏乾归称河南王，又改称秦王，先后都苑川（今甘肃榆中）、金城（今甘肃兰州西北），至其子乞伏炽磐移都枹罕（今甘肃临夏），史称西秦。有今甘肃西南部。400年降后秦，409年复国。431年为夏所灭。

【西天】 我国古代佛教信徒对佛祖所在之处的称呼。因佛教发源于古天竺，又因其位于中国以西，故称。

【西突厥】 隋开皇年间突厥分裂后，由达头等可汗统领的阿尔泰山以西突厥部众及其汗国。王庭位于龟兹以北的三弥山（今新疆库车北部山地）北麓，最强盛时势力东及漠南地区。公元659年，唐高宗派遣名将苏定方将其击破。

【西王母】 民间俗称王母、王母娘娘。古代神话传说中的仙人。其状虽如人，但却长着豹尾、虎齿，并善啸。至汉代，其形象逐渐变化为端庄平和、雍容慈祥的妇人。传说其与丈夫东王公一年一相遇，分管男、女神仙名籍。又相传其曾将三千年结一次果的蟠桃赐予汉武帝。故民间以其为长生不老的象征。信奉王母的内容除各地道教宫观外，一些文化遗迹中也多有体现，如泰山脚下有王母池，敦煌莫高窟中有东王公、西王母出行的壁画，同时还体现在一些文学作品中，如《西游记》中，王母娘娘就是一个颇受关注的角色。千余年来，王母多以宽厚善良、仁慈的形象在民间受到尊敬。而在家喻户晓的神话故事《牛郎织女》中，王母却是坚持天上人间两重天，人神不可结姻缘，扮演了棒打鸳鸯的专制角色，从而使这一神话人物更加立体和多面。

【西魏】 北朝政权之一。公元534年，北魏孝武帝为高欢所迫，奔长安依关西大都督宇文泰。次年，宇文泰杀孝武帝，立元宝炬为帝，建都长安（今陕西西安）。高欢立元善见为帝，自洛阳迁都至邺。北魏遂一分为二，长安在西，史称“西魏”。有今河南洛阳以西的原北魏领土及益州、襄阳等地。西魏恭帝三年十二月（557年初）为宇文泰子宇文觉所代。共历3帝，23年。

【西夏】 公元1038年党项羌首领元昊建立的政权。也称白上国（崇尚白色）。国号“大夏”，宋人称其为“西夏”，后世沿称。以兴庆府（后改名中兴府，今宁夏银川）为都，有今宁夏、陕北、甘肃西北、青海东北及内蒙古部分地区。与宋经济文化联系密切，部分政治制度仿宋，有文字，汉文典籍也广为流传。先后与辽、金及宋并峙，并多次发生战争。1227年被蒙古所灭。共历10帝，190年。

【西厢记】 元杂剧作品。全名《崔莺莺待月西厢记》。王实甫作。故事源出唐代元稹传奇小说《莺莺传》，北宋赵令畤改写为《商调蝶恋花》鼓子词，金代董解元复改为《西厢记诸宫调》，王实甫在此基础上编写成杂剧剧本。叙述了书生张珙在蒲东普救寺遇见崔相国的女儿莺莺，两人发生爱情，在侍女红娘的协助下，终于冲破礼教约束而结合。剧本歌颂了青年男女面对封建礼教的叛逆精神，精心塑造了张生、莺莺、红娘等性格鲜明的典型人物形象。体裁上突破了元杂剧每剧四折的体例，大大扩展了篇幅，在戏曲文学发展上影响深远。

【西燕】 十六国时期鲜卑族慕容氏所建政权。淝水之战后，鲜卑贵族慕容泓于公元384年称王。次年，慕容冲杀泓，称帝，与慕容垂争夺恢复燕国的领导权，一度据有长安（今陕西西安），史称“西燕”。386年，慕容永迁都长子（今山西长子西南）。有今山西一带。394年为后燕所灭。共历7主，仅持续10年。

【西洋】 元代以今南海以西海洋及沿海各地称为“西洋”。明永乐至宣德年间郑和七次（一说八次）率领船队远航西太平洋和印度洋，通称“下西洋”。明末清初以后，指大西洋两岸欧美各国为西洋。

【西游记】 长篇小说。通常认为是明代吴承恩作。一百回。据民间流传的唐僧取经故事并参考宋元话本、杂剧和有关神话传说写成。中心人物是神猴孙悟空。故事写孙悟空大闹天宫后和猪八戒等保护唐僧去西天取经，一路降妖伏魔、历经八十一难，终成正果。小说塑造了众多的神魔形象，将生物的自然属性、人的社会属性和超自然的神性巧妙熔铸在一起，显示出作者超乎寻常的虚构和想象能力。是我国古代神魔小说的经典之作。书中主要角色已成为民间家喻户晓的人物。与《三国演义》《水浒传》《红楼梦》并称我国古典小说四大名著。

【西域】 汉代对玉门关、阳关以西地区的总称。有二义：狭义上指玉门关以西、葱岭以东的广大地区；广义上指凡经过狭义的西域所能到达的区域，包括中亚、西亚、印度半岛，以及东欧和北非的部分地区。汉武帝时，张骞两次出使西域，打通了与西域诸国的往来。汉宣帝时，在乌垒城（今新疆轮台县）设置了西域都护府。唐代在西域设置了安西、北庭都护府，作为唐王朝在西域的最高军事、行政机构，巩固了西北边防，增进了经济、文化交流。此后，在欧亚海运畅通之前，丝绸之路始终是联系中原与西域的纽带。玄奘西行求法，著有《大唐西域记》，详细描绘了所经西域各地的风貌。直至公元 19 世纪末，“西域”之称才逐渐废弃不用。

【西周】 朝代名。公元前 11 世纪周武王所建定都镐京的周朝。西周实行分封制与宗法制，史称“封建亲戚，以藩屏周”。形成了天子—诸侯—卿大夫—士的等级结构，加强了周天子对地方的政治统治。前 771 年周幽王被申侯和犬戎所杀，西周共历 11 代 12 王。

【西周公】 战国初年封于洛河之南的贵族。公元前 441 年，周考王以河南地封其弟揭为周公，天子王城也在其中，与前 367 年封于巩地的东周公相对而称。两者分治原东周王畿，常相倾轧攻伐，西周公历桓、威、惠、武、文五公，前 256 年为秦所灭。东周公历惠、文、武、靖四公，前 249 年为秦所灭。

【牺牲】 古代供祭祀用而宰杀的牲畜。牲畜的毛色纯一称牺，躯体完整而未加分解称牲。祭神灵时要献礼，牺牲是所献礼品中的一部分。最常见的是用牛、羊、豕等。春秋以后，牛、羊、豕三牲全备或只用牛牲称太牢，用羊、豕二牲称少牢。所用的品种、数量，因祭祀对象、目的和主祭者身份不同而有所差异。天子祭祀社稷时用太牢，诸侯祭祀社稷时用少牢。

【奚】 古族名。也称库莫奚。分布于今西拉木伦河流域。游牧为生。与中原王朝有商贸往来。曾为东突厥统辖，后归属于唐王朝。唐朝政府在此设立饶乐府进行管辖。唐末各部先后归附辽。据史书记载，奚人有五个部落：辱纥主、莫贺弗、契箇、木昆和室得。每部皆有一首领（俟斤）。逐水草而居，习俗与突厥相似。

【奚军】 金朝由奚族人组成的军队。公元 1121 年金太祖设奚路都统司统领之，后改为六部路都统司，其下把原契丹遥辇九帐编为九个猛安，另于上京及泰州等六处置司，每司统军五六万人。

【腊】 xī。风干的肉。古代因冬天新鲜肉类难得，故将肉类整体风干，以便储存和用作冬日的祭祀。周代王室有专人掌管其事。后“腊”所指范围扩大，非整体的禽兽的肉，也称腊。

【锡命】 锡，通“赐”，古代天子按官职等级赐给臣下的仪物。锡命指天子封赐诸侯或大臣爵服、名号、封邑、器物等的诏令。封赐仪式是嘉礼之一。按被赐者的等级、品行、功绩等不同，分别赐之。

【羲和】 其名可追溯到《尚书》，说法不止一种。《尚书·尧典》记载，“羲”是指羲氏的羲仲、羲叔，“和”是指和氏的和仲、和叔。认为羲和是两氏四人的合称。他们被尧帝派往东西南北四地，从事观察星象、划定季节、制定历法的工作。但《尚书·胤征》认为羲和是夏代仲康时人，因醉酒失职，没有及时预报日食而被仲康治罪。还有说法认为，羲和是黄帝时人，受命“占日”。羲和生活的年代和其身份虽各不相同，但一直专司天文观测、掌管历法，可算得上是上古的天文、历法专家。在《山海经》中，羲和是帝俊的妻子，生了十个太阳。而《离骚》里，羲和是给太阳驾车的神。

【醯】xī。即醋。也称酢。古人酿醋约始于周代。周王室专设有醯人负责醋的酿造。汉代时，醋已非常普及，成为大众化的调味品。北魏贾思勰在《齐民要术》里就介绍了二十种酿醋法。

【檄】xí。文体名。古官府用以征召、晓谕、声讨的文书。多在上下级、平级之间互相通用。古代官方文书用木简，长尺二寸，多作征召、晓谕、声讨等用，为比较重要的文书。后泛称这类官方文书为檄。南北朝前都用散文，唐以后则多用骈文。如唐骆宾王《为徐敬业讨武曌檄》。

【洗象】地方传统习俗。明清时，皇宫中照例于三伏日为畜养之大象洗浴，届时遣官以鼓乐引导，监浴，另有象奴负责洗浴。往往河两岸观者如云，热闹非凡。此外，在佛教禅宗中讲求破除名相执着，而“象”与“相”谐音，且白象又因被视为普贤菩萨的坐骑而奉为佛教圣物，故“洗象”便成为佛事绘画中经常创作的题材之一。

【鉨】xǐ。图书印章。也称图章、印章。古称坋、鉥，后作壐、玺。秦统一六国，皇帝的印信称“玺”，官、私所用均改称“印”。至汉代，官印中始有章和印章之称。唐以来，皇帝所用印或称“宝”，官、私所用印别有记、朱记、关防、图章、图书、花押等名称。后通称图章为印章。文字形制随时代而变化，风格各有特点。先秦及秦汉的印章多用作封发物件、简牍之用，把印盖于封泥之上，以防私拆，并作信验，而官印又是权力的象征。后简牍改为纸帛，封泥渐废，印章改用朱色钤盖。除日常应用外，又多用于图书鉴藏、书画题识，遂成为中国特有的一种艺术品。古代多用铜、银、金、玉等制印章，后用牙、角、木、水晶等，元以来石章盛行。

【屣】xǐ。上古时期指草鞋。也作“躧”。和“履”字相似，后世泛指鞋。由于草鞋制作成本低，多为贫苦百姓日常穿着，所以古人常以脱屣、弃屣比喻事情不值得珍惜。

【戏法】中国传统杂技。表演者以敏捷的手法，造成观众视觉、听觉上的错觉，表演各种物体、动物或水火等迅速增减隐现的变化。戏法历史悠久，远在汉代就有吞刀、吐火、画地成川等节目。汉唐称“幻术”，宋代称“藏挟技”，明清称“戏法”或“戏术”，今多称“魔术”。

【戏曲】中国传统的舞台表演艺术形式。综合了音乐、舞蹈、武术、杂技、人物扮演等各种元素。剧中人物分别由生、旦、净、末、丑等角色行当扮演，表演方式有唱、做、念、打的不同。在剧本形式、角色行当等方面都有一定的程式。源于秦汉时期的乐舞、俳优和百戏。从唐代的参军戏、北宋的杂剧、宋元的南戏、元代的杂剧到明清时的各种地方剧，空前繁荣，创造了丰富的戏曲文学和系统的舞台艺术体系。

【舄】xì。古代一种双层底的鞋。比普通的鞋增加了一层木质的底，有利于防湿防潮。舄的材料一般为绸缎或皮革。舄是古代天子或诸侯在举行盛大的祭祀活动或加冕、婚庆等盛典活动时穿的，又分赤舄、白舄、黑舄三等，对应不同的服饰。

【狭乡】无法按均田制悉数受足地亩的人多地少之乡。唐制规定这类地方先足额授予永业田，口分田可减半授予，官府鼓励民户迁往宽乡。后世习称地狭人稠的地方为狭乡。

【辖】古代为了防止车轮从车轴上脱落，在车轴两端伸出毂外的部分（即軎上）紧挨着毂的位置打一通孔，插上销子，这个销子就叫“辖”。辖用青铜或铁制成，可随用插上拔下。因其为固定车轮的关键，《淮南子》有“夫车之所以能转千里者，以其要在三寸之辖”之语。《汉书》记载，陈遵嗜酒，在大宴宾客时，常将客人车马之辖拆下投到井里，客人就是有再急的事，也走不了了。后人便以“投辖”形容主人殷勤待客。

【夏】①即夏朝。我国历史上第一个朝代。②“华夏”的简称。

【夏朝】相传由大禹之子启建立的王朝。约始于公元前21世纪，为我国历史上第一个实行王位世袭制度的一统王朝。其统治中心在今豫西、晋南一带。定都于安邑，即今山西夏县。其文明已开始进入青铜时代，政权建设和各项制度持续发展。至前17世纪暴君夏桀在位时，被商朝取代。

【夏税秋粮】夏秋两季所征税粮。唐代实行两税法后，田赋分夏秋两季征收，称夏税和秋粮。秋粮也称秋苗、秋租、秋税。宋以来称二税、两税。明沿为田赋，常夏征丝、绢、布，秋征米、麦、豆、草之类，或折收钱钞银两，至一条鞭法与其他赋役合并为一。宋元明三代夏秋税征收时间有所不同。清分上忙、下忙两期征收。

【夏完淳】（1631—1647）南明抗清将领、诗人。原名复，字存古，松江华亭（今上海松江区）人。明末名士夏允彝之子，师从陈子龙，自幼聪明过人，有“神童”之誉。5岁能读经史，7岁能诗文，9岁写出《代乳集》，显示了较高的文学天赋。明末清初，政治动荡，夏完淳的父亲夏允彝和老师陈子龙都是抗清的志士。公元1645年，清兵南下，夏完淳随父亲和老师参与松江的抗清起义。起义失败后，夏允彝投水自尽，夏完淳和陈子龙继续抗清活动。1647年，夏完淳被俘，羁押于南京监狱。狱中坚贞不屈，拒绝投降，写下《别云间》《狱中上母书》等诗篇，表达了他对母亲的思念和视死如归的忠诚。同年在南京英勇就义，年仅16岁。夏完淳虽然生命短暂，但文学成就十分显著，留下了大量的诗歌、词赋和散文，其中包括《南冠草》《精卫》等作品。诗歌慷慨悲壮，充满了爱国情怀，对后世有着深远的影响。

【仙人关之战】南宋绍兴四年（1134）川陕之战中，南宋将领吴玠、吴璘兄弟在仙人关（今甘肃徽县东南）一带击败金军的战役。自此金军入蜀之势被扼，与南宋大致沿渭水相峙。

【先考】尊称已经去世的父亲。也称先父。先，对已去世者的尊称，如尊称已去世的母亲为先慈，尊称已去世的皇帝为先帝，尊称已去世的有才德之人为先贤。考，本为年老之义，先秦时常用作对父亲的称呼，后专称去世的父亲。

【先令】由官府保障其法律效力的遗嘱。历代都有，秦汉时期用此称。立嘱时须有官吏在场见证，将有关要求和财物处理办法记录在券书，分成三份，其中一份由官府存档。后如有争议则以券书内容为准。

【先秦】 秦统一全国以前的历史时期，即从远古起到公元前221年秦王朝建立为止的这段时间。也指春秋战国时期。

【先秦诸子】 先秦，指从远古起到公元前221年秦王朝建立为止的历史时期。诸子，指各学派的代表人物，如儒家的孔子、墨家的墨子等，也指他们的代表性著作。周王室东迁以后，学术重心逐渐由官方移向民间，自孔子以后，大思想家相继出现，如墨子、庄子、荀子、韩非子等，都撰写著作并成一家之言，后世称他们为“先秦诸子”。

【祆教】 祆，xiān。由波斯人琐罗亚斯德于公元前7世纪—前6世纪创立。也称火祆教、波斯教。主张善恶二元论。认为善恶不断争斗，最终善能战胜恶；又认为火最为圣洁，故将其视为善神的象征。最早流行于古代波斯和西域，魏晋后逐渐传入中国，唐王朝曾设祆正，由其祭司或首领担任，中唐以后逐渐衰落。

【鲜卑】 起源于鲜卑山的族群。位于今内蒙古呼伦贝尔市鄂伦春自治旗境内。秦汉时期，依附匈奴，分布于今西拉木伦河与洮儿河之间。以游牧和狩猎为生。北匈奴西迁后，其占据匈奴故地，逐渐强盛。魏晋南北朝时期，活跃于黄河以北地区，其慕容、宇文、段、拓跋等部先后建立政权。其中，拓跋氏建立的北魏曾一度统一北方。

【贤良方正】 汉代选拔统治人才的科目之一。始于汉文帝。为询访政治得失，始诏举贤良方正能直言极谏者，中选者对政治得失应直言极谏，如表现特别优秀，则授予官职。武帝时复诏举贤良或贤良文学。名称时有不同，性质无异。历代往往视作非常设之制科。

【贤书】 举荐贤能者之名籍。后指考试中式的名榜。

【弦】 古代有“月相纪日法”，以月之盈亏圆缺变化特征来纪日。月半圆时，形如张弓施弦，故古人将朔日到望日之间的半圆之月称“上弦”“弦望”，望日到晦日之间的半圆之月称“下弦”“弦晦”。

【显庆礼】 礼仪法典。唐高宗继位第二年，由太尉长孙无忌，中书令杜正伦、李义府等人在《贞观礼》基础上编纂而成。其修撰过程中，恰逢武则天立为皇后，受此影响，实际主事的李义府、许敬宗等人相应调整了某些礼法原则，又将凶礼中的“国殇”礼五篇取消，共得130卷，于显庆三年（658）下诏颁行。它是继《贞观礼》后唐代官修的第二部大礼书。

【洗马】 洗，xiǎn。古代官名。本作“先马”。太子属官。秦始置，汉沿秦置，为东宫官属，掌管引进谒见者的近侍，太子出则为前导。晋时改掌图籍。南朝梁、陈有典经局洗马，均由世族担任。北齐称典经坊洗马。隋改司经局洗马。唐高宗时一度改为司经大夫，寻复旧称。清代不设太子官属，仍存此名，以备翰林官升转，至清末废。史上诸多著名人物，如魏徵、李密、卫玠、徐阶、陆建瀛等都当过洗马。又因太子是储君，一朝君临天下，洗马就有可能位极人臣，明代的很多大学士都是洗马出身。

【玁狁】Xiǎnyǔn。周朝时中原西北的一个族群，属西戎。善造战车，军事力量极强，多次侵犯中原周王朝，对周王朝造成不小的威胁。周宣王多次出兵抵抗其侵犯。历史上，又被称为猃狁、荤允、熏（獯）鬻、匈奴。

【县】地方行政区划名。始于春秋时期，初指各诸侯国的边境土地。秦、楚、晋等国在新兼并的国土上置县。春秋后期，县制逐步推行到诸侯国内地，边境县制则被郡制取代。郡的面积大于县，但因地处偏远，故在地位上低于县。战国时期，随着生产力的发展，各国边地也逐渐繁荣，郡下开始设县，形成郡县两级制。秦王朝建立后，郡县制成为常制，县辖于郡。隋唐后，又隶属于州（郡）、府、军、监、路、厅等行政区域。今之县隶属于省、自治区、直辖市，或隶属于自治州、省辖市。

【县丞】古代官名。战国始置，为县令副佐。协助县令治理一县政事，职掌文书及仓狱等事宜。历代因之。明代为知县佐贰官，正八品。分知县政，掌粮马、巡捕之事。编户不及二十里之县不置。清代事简之县或不置，职掌同。

【县令】古代官名。县的行政长官，战国始置。秦汉时，以县为地方行政基层单位，人口万户以上的县，其主官称县令，不及万户的称县长。唐时县置令，县有赤、畿、望、紧、上、中、下七等，不分令长。宋因唐制，事实上多以京朝官执行其职务，称知某县事。元时称县尹。明清称知县。辛亥革命后改为县知事。后称县长。唐朝的狄仁杰曾担任过县令，在任期间清正廉明，秉公执法，深受百姓爱戴。

【县试】科举时代县一级考试。童生试第一阶段考试。明始行，由各县长官主持。清制，试期多在二月，取得出身的童生，向本县礼房报名，填写姓名、籍贯、年岁、三代履历，由本县廪生保结：保其无冒籍、匿丧、顶替、假捏姓名、身家清白、非优倡皂隶之子孙，才能报名赴考。约考五场，试八股文、试帖诗、经论、律赋等。事实上第一场录取后即可参加上一级的府试。以下各场续考与否，听凭自愿。县试后排名首位的考生被称为“县案首”。

【县尉】古代官名。县之佐官，掌一县军事、治安事宜。秦汉县万户以上置令，不及万户为长。下有丞、尉，称长吏；丞、尉属吏为少吏。尉主地方治安。历代因之。唐代县尉多为进士出身者初任之官，京畿县尉职位尤重。元于县尉外，兼置典史。明废尉，留典史，掌尉事，后世因称典史为县尉。

【现身说法】佛教指佛祖法力广大，能以种种身形显现，向众生说法。《楞严经》卷六：“我于彼前，皆现其身，而为说法，令其成就。”后指以亲身经历劝导他人。

【限钱法】金朝限制大额交易使用铜钱的规定。为防止铜钱出境，交钞贬值，公元1198年章宗定制，西京、北京等路一贯以上交易用银钞“承安宝货”，不用铜钱，一贯以下听民自便。六年后废止。

【献俘】古代军礼之一，战胜归来，将所获俘虏献于宗庙的仪式。用以告知祖先，昭示战功，激励世人。

【献芹】谦称自己赠送的礼物菲薄或所提的建议浅陋，请别人多包涵。出自《列子》中一则故事：有个人向乡里的豪绅吹嘘芹菜如何好吃，不料豪绅品尝后嘴巴被刺伤，肚子疼痛。这说明自己认为好的东西，别人不一定也认为好。

【乡】古代行政单位。所辖范围各代不同。周代一万两千五百家为一乡。春秋时期，齐国的制度是郊内（都城百里以内）约两千家为一乡，郊外约三千家为一乡。秦汉时期，以十里为亭，十亭为乡。唐宋以后，乡为县级以下的基层行政单位。

【乡兵】古代地方武装。历代多有之，具体名称因时因地而异。平时参加生产，农闲定期训练。一些边疆地区的乡兵来自招募，垦荒纳租，守卫边土。起源可以追溯到周朝。北魏末，地方豪强纷纷组建乡兵。宋代乡兵成了重要的军事力量，各地设置乡兵。乡兵名目繁多，有“弓箭手”“枪杖手”“土丁”“弩手”等。元朝政府掌握的乣军、寸白军、畲军都属乡兵。元末红巾军起义时，各地乡绅为自保或对抗红巾军而组织的武装，也属乡兵。明代乡兵，有隶军籍者，如戚继光用以抗倭及守蓟门的浙兵。有不隶军籍者，如河南嵩县的“毛葫芦兵”。清代临时招募乡勇，也属乡兵性质。

【乡射】古代射礼之一。乡射是举行乡饮酒礼时在州学中所行的射礼，由地方之乡大夫或州长主持，目的是竞技、选贤、表长幼之序。仪式比较繁复，有主宾升降揖让、饮酒奏乐、取弓矢等。春秋以后，官学衰落，后世逐渐不行此礼。

【乡试】科举考试名。明清时每三年一次，各省集士子于省城举行乡试，朝廷选派正副主考官，试四书、五经、策问、八股文等。凡本省生员与监生、荫生、官生、贡生，经科考、录科、录遗考试合格者，均可应考。逢子、卯、午、酉年为正科，遇庆典加科为恩科。考期在八月，故也称秋试、秋闱，分三场。考后发布正、副榜，正榜所取的称举人，其中第一名称解元。每省有规定的录取名额，中式者可参加次年在京师举行的会试，即使会试不第，亦可依科选官。明清两代特称乡试为大比。

【乡书手】宋朝从事文书事务的一种职役。原先只是里正手下的书记员，变法调整后，原本分布于各乡的乡书手被上收至县，在县衙中分别主持各乡乡政，等于提级成了县属吏员，主管一乡之财税征收及户籍管理的大权。乡书手在县衙有自己的办事处，因此也被称为“乡司”。

【乡学】古代地方学校，与“国学”相别。依行政区划设立，名称不一。有塾、庠、序、校等。塾为家学，庠为党学，序为州学，校为乡学。

【乡饮酒礼】区分尊卑长幼的宴饮礼仪。古代嘉礼之一。起源很早，一说源自氏族时代的“聚落会食”习俗。西周时，参加者分主、宾、介、众四种角色。主人是仪式的发起者，以卿大夫为乡饮酒礼的主持人。宾由主人和乡先生商定，分三个等级，即宾、介、众宾。宾和介各一人，众宾可以有三人。分尊卑、叙年齿、依次升降答拜，过程有请宾、迎宾、进酒、旅酬、饮食进酒、送宾。以此睦宗族、乡里，敦教化。魏晋以后，常在官学中行此礼。唐代以后，为科举乡贡赴京饯行时也行乡饮酒礼，以州县长官为主持人。宋代地方长官年底也行此礼。明代，乡饮酒礼深入乡里，犯法者被单独列出，教化色彩浓，使人明辨尊卑、贵贱、善恶。

【乡约】 约束、规范、教化乡里宗亲的规约。源于汉唐间的民间结社，宋代始有此称，由士大夫提倡而在民间流行。北宋吕大钧兄弟制定的《吕氏乡约》是我国现存最早的成文乡约，以使邻里乡人能"德业相劝、过失相规、礼俗相交、患难相恤"为宗旨。明清时期，广泛推行乡约制度，内容涉及互助、风化、治安、防火、护林、用水等事。

【相和歌】 Xiānghè Gē。古歌名。西汉及魏晋对民间歌曲作艺术加工形成的歌舞、大曲等音乐的总称。省称"相和"。名称大约取以丝竹相和而歌之意。原是民间歌谣，汉时设立乐府，取以入乐，后来文人的拟作很多。西晋以后，"相和歌"大多失传，被新兴的"清商乐"替代，后又转入隋、唐燕乐。除琴曲古谱中仍保存少数古调外，多已流变而融入唐宋以后的乐曲中，其本来面目已不复可辨。

【相见礼】 古时人际交往方面的礼仪。西周时期属宾礼。按不同的身份等级，人们相见时各有趋、拜、作揖、礼让等特定仪节。后世官场谒见相逢等仪比较严格，民间则有所简化，但仍然包括道路相见时幼让长、卑让尊、轻让重、后让先等规定。

【厢】 正房两侧的房屋。我国传统民居坐北朝南的房屋称为正房，也是整个建筑中地位最高的房屋。而正房两侧的房屋称为厢房，也称厢。其中坐东朝西的一侧房屋为东厢房，坐西朝东的一侧房屋为西厢房。由此延伸，古代靠近城镇的地区也有按照其在城镇中的方位分为"东厢""西厢"等。在唐宋时期有左厢、右厢、四厢等禁军驻防的制度。此外还有称城治的附近区域为坊厢、城厢。

【厢兵】 宋代承担地方治安及各种杂役的常备部队。也称厢军。宋太祖赵匡胤鉴于唐末藩镇跋扈之弊，选诸州兵壮勇者充京师禁军，其余留驻各州充厢军，不加训练，不任战斗，主要供官府役使，称为厢兵。仁宗时招募厢军，教以武技，此厢军有"教阅""不教阅"两类（或称"厢兵""役兵"）。神宗时升教阅厢军为"下禁军"，厢军又全部为役兵。南宋时仍有"厢军""禁军"之名。

【湘水】 即湘江。湖南省最大河流。发源于广西海洋山西麓，同桂江上源漓江间有灵渠（湘桂运河）相通。流贯湖南省东部，经衡阳、衡山、株洲、湘潭、长沙等市县，到湘阴县芦林潭入洞庭湖。因与漓江同源（分别出于海洋山南北），故又称漓湘。至兴安县分流向东北入湖南省，在永州与潇水汇合，成为潇湘。在衡阳与蒸水汇合，称蒸湘，统称三湘。相传，舜于南巡途中去世，葬于苍梧之野，舜妃娥皇、女英追至湘水，相思恸哭，泪水洒在竹子上，留下斑斑泪痕。湘江岸边三十里，建有相思宫、望帝台。

【湘绣】 以湖南长沙为中心的刺绣产品的总称。是在湖南民间刺绣的基础上，吸取了苏绣和粤绣的优点，于清代中叶发展成熟起来的。迄今为止发现的最早的湘绣制品，是长沙马王堆一号汉代墓葬出土的一件丝织品，它所使用的针法与现代湘绣所差无几，说明早在两千多年前的汉代，湘绣工艺就已经产生了。19世纪末，长沙设立了第一家自制自销的吴彩霞绣坊，此后湘绣逐渐出名。至清末民初，湘绣的发展达到鼎盛，一度在中国刺绣业中独占鳌头。湘绣主要以纯丝、硬缎、软缎、透明纱、尼纶等为原料，配以各色的丝线、绒线绣制而成。充分发挥针法的表现力，达到构图严谨，形象逼真，色彩鲜明，质感强烈，形神兼备的艺术境界。与苏绣、粤绣、蜀绣并称我国“四大名绣”。

【襄阳之战】 ①元朝统治者消灭南宋政权的一次重要战役，也是宋元王朝更迭的关键一战。这场战役从南宋咸淳三年（1267）蒙将阿术进攻襄阳的安阳滩之战开始，经历了宋吕文焕反包围战，张贵、张顺援襄之战，龙尾洲之战和樊城之战等重大战事，最终在咸淳九年（1273）吕文焕力竭降元后结束，历时近6年。②公元1641年，张献忠率军从四川入湖广，袭取襄阳城的战役。此役标志明廷围歼张献忠部农民军战略的彻底失败，督师杨嗣昌因此畏罪自尽。

【庠序】 庠，xiáng。古代的地方学校。与帝王的辟雍、诸侯的泮宫等太学相对而言。庠序源于三代的学校名称。相传为办学讲礼之所，夏称“校”，殷称“序”，周称“庠”，后世遂常以此统称学校，或比附古制而特设东庠西序等学，各有特定生源和功能。

【祥】 丧祭名。服丧满一定期限后的祭礼。周制分为小祥祭和大祥祭。丧期三年者，服丧一周年后改服练衣冠的祭礼，分别在满11个月和13个月时举行，叫“小祥祭”。服丧两周年后神主入庙的祭礼，在第25个月举行，叫“大祥祭”。服丧者在大祥祭后除丧服，逐步恢复正常生活。汉代以后，帝、后的丧礼有所简化，一般去世后第12日或13日举行小祥祭，第24日或25日就举行大祥祭。

【向】 古代宫室中卧室朝北的窗。《诗经》：“（十月）塞向墐户。”指古人为应对冬季的寒冷和多发的鼠害，封闭朝北的窗户，用泥土密闭窗户的缝隙。

【向秀】 （约227—272）魏晋之际玄学家、文学家。字子期，河内怀（今河南武陟西南）人。“竹林七贤”之一。本隐居不出，后在司马氏的高压下，不得不应召到洛阳踏入仕途。官至黄门侍郎、散骑常侍。好老庄之学，曾为《庄子》作注曰《庄子隐解》，后郭象述而广之。与嵇康、吕安交善，后二人因事被司马氏杀害，他被迫出仕。赴洛阳途中，经过嵇康故居，写下《思旧赋》，表达了对友人的怀念。

【项羽】 （前232—前202）秦末农民起义军领袖。名籍，字羽，下相（今江苏宿迁西南）人。楚将项燕之孙。据传，他身高八尺，力大无穷，少有大志，年轻时就有取代秦始皇的雄心壮志。秦二世元年（前209），从叔父项梁在吴（今江苏苏州）起义。在巨鹿之战中，项羽采取破釜沉舟的策略，激励士兵背水一战，最终大败秦军，坑杀二十万秦卒，威震天下。秦亡后，自立为西楚霸王，并大封诸侯王。楚汉战争中，被刘邦击败。在垓下（今安徽固镇东北）被围，四面楚歌，最后突围到乌江（今安徽和县东北）自刎而死。“霸王举鼎”“破釜沉舟”“四面楚歌”“霸王别姬”等典故都与其有关。

【巷】 古代住宅间的人行通道，其中沿河道而设的通道为水巷。现代仍有沿用。唐刘禹锡《乌衣巷》诗：“朱雀桥边野草花，乌衣巷口夕阳斜。旧时王谢堂前燕，飞入寻常百姓家。”今安徽桐城有六尺巷。康熙年间，大学士张英家人因建房与邻居发生纠纷，写信请他出面解决。张英写诗回复道：“千里家书只为墙，让他三尺又何妨？长城万里今犹在，不见当年秦始皇。”于是两家房屋外墙各让出三尺，形成了一条六尺宽的人行巷道。

【相地衰征】 相，xiàng。衰，cuī。齐国管仲改革时按照土地肥沃程度及收获情况确定赋税额的制度。相地，即观察、鉴定土地的肥沃程度以及地理位置等因素。衰征，即根据土地的状况，征收不等额的租税。衰，依标准递减。此项改革旨在合理地分级征收农业税。

【相公】 ①对宰相、丞相的尊称。也泛称一般官员。古时被贬谪或放逐到岭南地区的官员较多，岭南人见之，不问其官位高卑皆呼为相公。②对富贵家子弟的敬称。③妻子对丈夫的敬称。④旧称男妓。

【相国】 古代官名。初为对宰辅大臣的尊称，后渐成为官称。春秋战国时期，除楚国外，各国都设相，称为相国、相邦或丞相，为百官之长。秦时有丞相，又有相国。汉高祖即位初，置丞相，后改为相国。汉魏以降，其位望尊于丞相，或为宰相的尊称。清朝专指大学士。

【象棋】 我国传统棋类竞技项目。刻圆木或象牙、玉石等为棋子，共32枚，红黑各半。弈时双方轮流行棋，以将死对方将（帅）为胜。相传为唐牛僧孺所制，棋制多有变迁，定型于北宋末南宋初，当时非常流行。明清两代名家辈出，有大量棋谱刊印。

【象胥】 象，指精通少数民族语言或外语的人。胥，xū，指有才智的人。古代通译官名。主要负责接待四方使者和管理翻译工作。其称谓因时因地而异，历史上有舌人、译官、通译、译人、通事、唐舶（帕）、蒲叉、译长、译语、译语官、译士、译字生、译经使、直中书译语、译史等。

【枭】 xiāo。鸟名。俗称猫头鹰。相传枭是食母的恶鸟，故往往用以比喻不孝或忘恩负义的恶人。常于夜间活动，叫声凄厉，古人闻其鸣声以为不吉。性情凶猛，故又称勇猛之人为枭雄。也作“鸮”。

【枭首】 古代执行死刑时，割下犯人的首级，然后高悬在木杆上示众。“枭首”是酷刑之一。周代已有此刑。汉代犯谋反、大逆等罪多用此刑，是死刑的主要执行方法之一。隋律废除此刑。除唐宋律无规定外，后历代大都沿用。

【消寒会】 旧俗入冬之后，文人雅士或亲朋相聚，摆酒席取乐的宴会。也称销寒会、暖冬会。其俗始于唐末。据记载，当时有一位名叫王元宝的富人，每到冬季下雪时，便吩咐奴仆把府门前一直到巷子口道路上的雪都扫净，他本人则耐着寒冷恭立巷口，亲自礼迎来宾。宴会间大家共享美酒佳

X

看，时称暖冬会。后来文人雅士冬日常举办此会消闲取乐。如清嘉庆九年（1804），翰林院庶吉士陶澍就发起组建了消寒诗社，初名消寒纪。因诗社常在宣武门外一带活动，后来改为宣南诗社。诗社自冬至开始，隔十天一集，梁章钜、龚自珍、林则徐等人都曾应邀参加，成为当时一桩文坛盛事。

【宵禁】 古代官府为维持社会安定，宣布戒严，禁止居民夜间在外行走的规定。西周时已有此禁。唐杜甫《月夜忆舍弟》中“戍鼓断人行”句，即描绘鼓声响起，开始宵禁，不允许百姓晚上随意外出的情景。北宋时随着商品经济的发展，宵禁逐渐取消。

【绡】 丝织的纱绸，其质地非常细薄，据史载汉代多做夏季衣物用料。

【萧】 植物名。蒿类，即艾蒿。因萧有香气，可以包垫肉食，古人用于祭祀。《离骚》以“萧艾”比喻品质不好的人，后代多因之。

【萧何】 （？一前193）西汉初大臣。沛县丰邑中阳里（今江苏丰县）人。曾为秦沛县吏。秦末佐刘邦起义。起义军入咸阳，他收取秦丞相府的图籍，以此掌握全国的山川险要、郡县户口和当时社会情况。楚汉战争前夕，荐韩信为大将。战时以丞相身份留守关中，输送士卒粮饷，支援作战。刘邦称帝后，封其为酂侯，位居众臣之首。定律令制度，所作《九章律》，今佚。萧何慧眼识珠，举荐韩信做大将军，为汉朝的开辟立下了汗马功劳。天下初定之后，因为怀疑韩信可能造反，萧何又出谋划策，帮助吕后诱杀韩信于长乐宫中。这就是“成也萧何，败也萧何”故事的由来。

【萧郎】 唐以后女子对所爱恋男子、情人的称呼。相传秦穆公时的萧史擅长吹箫，他吹箫时孔雀、白鹤便盘旋于庭院。穆公的女儿弄玉喜欢萧史，穆公便把她嫁给了萧史。萧史每天教弄玉吹箫，数年后，弄玉吹出的箫声像凤鸣声，凤凰也飞来聚集在他们的屋顶。穆公建造凤台供夫妇居住。几年后的一天清早，夫妇二人竟随凤凰飞走了。后借用“萧史”或“萧郎”指情郎或佳偶。也泛称年轻男子。

【萧娘】 唐人对女子的泛称，犹称男子为“萧郎”。后代沿用。

【萧墙】 古代宫室面对院门的门屏，或放置门外，或放置门内，用来遮挡视线，以免窥视。因进宫室要经过萧墙，故常用“萧墙之内”来指宫内。春秋时期，鲁大夫季孙把持朝政，忌惮邻国颛臾（鲁国的属国）加害于己，欲出兵灭之。孔子认为这种行为是不义之举，季氏德不配位，既不能使远方归服，也不能使国家内部稳定齐心，那么其祸患恐不在颛臾，而在萧墙之内。这里，颛臾指代的是外部的危险，而萧墙之内，指代的是内部的危险。后人也说萧墙之祸。今所见很多传统建筑的影壁与萧墙有一样的屏障作用，但已不限于宫室，民居也可采用。

【萧史弄玉】 出自汉刘向《列仙传》。萧史和弄玉是古代传说中的两个人物。萧史善吹箫，技艺高超。而秦穆公之女弄玉也善吹箫。两人以箫作合，结为夫妻。后弄玉得萧史传授吹奏技巧，二人能作凤凰和鸣之声。为纪念二人这段美好浪漫的爱情传说，历史上留下了很多与之相关的文化印记。

如西岳华山五峰之一的玉女峰之名，就源于这段故事。宋词中有《凤凰台上忆吹箫》的词牌，也是源于萧史弄玉的故事。

【萧统】（501—531）南朝梁文学家。字德施，南兰陵（今江苏常州）人。梁武帝萧衍长子。天监元年（502），被立为太子，未及即位而卒，谥昭明，世称昭明太子。自幼好学，博览群书。居东宫时，有藏书三万卷，招纳各地才士，相与商榷古今。他主持编撰的《文选》选录自先秦至梁的诗文辞赋七百余篇，是中国古代文学史上第一部文学作品选集，对后世影响深远。作品后人辑为《昭明太子集》。

【箫】竹制管乐器。“八音”属“竹”。编竹而成，大者二十三管，小者十六管，按律排列于木椟中，上端平齐，下端两旁长而中部短，参差不同，故又名“参差”。相传为舜所造。排箫的正名，元代前史籍一直称“箫”。每管一音，竖吹。今出土的先秦时期排箫用竹、石和禽骨等材料制作。元代史籍正式称“排箫”。管底以蜡蜜封堵的称“底箫”，无底的称“洞箫”。木椟以红或黑色髹漆，有作云形者，则称“云箫”。

【潇湘】本指深秀清澈的湘水，后在文学作品中多指湘江，特别是湘江与潇水汇合的水段。《水经注》记载，舜妃娥皇、女英溺于湘江，“神游洞庭之渊，出入潇湘之浦”。因湘江位于湖南，故潇湘又泛指湖南地区。

【殽之战】殽，xiáo。公元前627年，秦穆公趁晋文公去世之际，派兵偷袭郑国。郑国有备，秦军未能攻克郑国，只得退回。在回师途中，晋襄公率军在殽山（今河南洛宁）的隘道设伏，全歼了秦军，俘虏了秦军的三位将领，遏制了秦国东进的势头。

【小车】马拉的车。因先秦马车车厢较小，故称。能用于作战。我国自商代起，马车制作技艺已非常成熟。早期马车为双轮设计，车厢为方形或长方形，车轮大，车厢小，独辕，驾两马或四马。到了汉代，独辕车逐渐减少，双辕车逐渐增多。车的种类丰富，其用途亦更趋专门化。车体的固定部件一般用青铜制成。另有用铜、贝、黄金制作的装饰件，十分考究。

【小乘】佛教派别之一。“乘”为梵语意译，指载渡。与“大乘”相对。其以修身自利为宗旨，因只崇拜释迦牟尼，以自我解脱直至涅槃为目标，不同于大乘佛教普度一切众生的宗旨，故被大乘佛教贬称为“小乘”。

【小功】五服中第四等丧服，次于大功。此丧服用细麻布做成，对布料的处理，比大功服更精细，缝边，故称。服期为五个月。一般来说，男子为从祖祖父（伯祖父、叔祖父）、从祖祖母（伯祖母、叔祖母）、从祖父（堂伯、堂叔）、从祖母（堂伯母、堂叔母）、从祖昆弟（再从兄弟）、从父姊妹（堂姊妹）、外祖父母，女子为丈夫的姑母姊妹，为娣妇姒妇都服小功。

【小河之役】公元1402年，明燕王朱棣之军在睢水小河（今江苏宿迁境内）击败朝廷军队的战役。建文四年（1402）四月，朱棣令燕将陈文筑桥南渡。朝廷军何福、平安分两路夺桥，陈文被斩。朱棣率军迎战，朝廷军围之数重，并夺桥而北。张武率兵自林间突出奋战，始将朝廷军击退。于是朝廷军退守河南，燕军驻军河北，两军隔河相持。此战是靖难之变走向胜利的转折点。

【小姐】①称富贵人家的未婚少女。②元明宫中，称宫女为小姐。③宋代以后，对女艺人、妓女等的称呼。

【小价】价，jiè。称仆人，或谦称自己的仆从。也作“小介”。

【小康】儒家宣扬的理想社会。即政教相对清明，人民安乐的社会局面，但仍比不上“大同”的理想社会，所以称为小康。后也指家庭经济较宽裕，介于温饱和富裕之间。

【小可】男子的自谦之称。如《水浒传》中宋江自报家门：“小可姓宋名江，祖贯郓城县人氏。”

【小殓】丧礼仪式之一。在室内举行，设置帷幕，为死者沐浴、穿殓服，并设灵座于堂前供人吊唁。

【小人】①男子的自谦之称。多用地位高于自己或平辈间。②指品行不端，令人鄙视的坏人。

【小生】①古代对新进后学者的称呼。②晚辈在长辈前的谦称或读书人的自称。

【小说】文学的一大样式。以叙述为主，具体表现人物在一定环境中的相互关系、行动和事件以及相应的心理状态、意识流等，从不同角度塑造人物，表现社会生活。在各种文学样式中，其表现手法较为丰富，表现方式较为灵活，叙述、描写、抒情、议论等多种手法可以并用，也可有所侧重，一般以塑造人物形象为基本手段。演述故事的小说至唐之传奇出现而始盛。起源于先秦的神话、传说、寓言等。魏晋的志怪也属小说。宋代，小说为说话家之一。唐末已开其端。在说话的基础上出现平话、话本，小说遂为故事性文体的专称，如《京本通俗小说》。元明以来盛行章回体小说，其特点是将全书分为若干章节，称为“回”或“节”，著名的有《三国演义》《水浒传》《西游记》《金瓶梅》《红楼梦》等。

【小说家】学术派别。战国末期到西汉初期，以采集民间街谈巷语、记录加工道听途说著称。《汉书·艺文志》列有此派。代表人物有虞初，著作有《虞初周说》，已佚。虞初事迹，散见于《史记》《汉书》。

【小星】妾的代称。

【小学】古时儿童入小学先学习六艺，即礼、乐、射、御、书、数六种技能。到了汉代，小学专指文字训诂学。隋唐之后，小学成为文字学、训诂学、音韵学的总称，一直沿用到清代末期。清人章太炎认为小学的名称不够确切，建议改为“语言文字之学”。

【小幺儿】小僮、少年男仆、小听差。

【小野妹子】日本著名遣隋大使，中日文化交流的先驱者。音译苏因高，是日本豪族中与皇族有亲缘关系的世家子弟。公元607年出使隋朝。敬呈的国书有“日出处天子致书日没处天子，无恙耶”句，隋炀帝颇为不满。经过一番解释，608年隋使裴世清等陪送他返日，受到日皇廷欢迎。同年9月，日本又遣小野妹子为大使、吉士雄成为小使、鞍作福利为通事，与裴世清等同行使隋。随行的还有留学生四人、学问僧四人。日本认为小野妹子是出使隋朝的第一人。

【小传】传，zhuàn。传记文。略记一人

X

的生平事迹，如李商隐《李贺小传》、陆游《姚平仲小传》等。或采辑多人轶事后汇为一编的，如江盈科《皇明十六种小传》。又汇编各家的诗、文、尺牍总集时，略述作者籍贯履历等，附录于书的前后或分列于篇首姓名之下，也称小传，如钱谦益《列朝诗集小传》。

【小子】 ①谦称自身。西汉时安定太守谷永和平阿安侯王谭关系要好，因王谭没有得到大将军的职位，谷永劝他辞让，不接受主管城门的职务。谷永写信给王谭时说："愿君侯与博览者参之，小子为君侯安此。"②称子弟，年幼的一辈。如孔子说："小子何莫学夫《诗》？《诗》可以兴，可以观，可以群，可以怨。"③称小儿子。④对人的蔑称。东汉班超有投笔从戎之志，旁边人都嘲笑他，班超说："小子安知壮士之志哉！"

【小宗】 古代宗法制把没有资格继承宗族长之位的其他各支子孙称为小宗，因这一世系相对于嫡系较弱小，故称"小宗"。如周天子的王位由嫡长子世袭，这是大宗。周天子的其余诸子分封为诸侯，这是小宗。诸侯、卿大夫、士、庶人等的家庭关系也是如此。在宗法上，大宗比小宗为尊，嫡长子比其余诸子为尊，达到以兄统弟、以君统臣，有抑止统治阶层内讧和巩固贵族世袭统治的作用。小宗从高祖、曾祖、祖父、父到自己，传五世，其庙迁毁，另立宗室，改变祭祖。

【孝经】 儒家经典之一。关于其作者，历来众说纷纭，有孔子、曾子、子思、曾子门人等不同说法。凡十八章。记载了孔子向曾参讲述孝道的言论，内容大体可分为关于"孝"的基本理论、"孝道"与政治的关系和"孝道"的实行三部分。有今文和古文之别，今文有郑玄注，古文有孔安国传。开元十年（722），唐玄宗参用孔传、郑注以及韦昭、王肃等人的注解，以今文《孝经》为底本，作了"御注"。天宝二年（743），玄宗又作了增补修订，重注《孝经》，并刻石颁行天下。因劝士人以"孝"而进于"忠"受到历代统治者重视，对后世影响颇大。

【孝廉】 孝，指孝悌者。廉，指清廉之士。本为汉代选举官吏的两种科目名。汉代始置，令郡国举孝、廉各一人。后来合称孝廉。历代因之，州举秀才，郡举孝廉。至隋唐只有秀才之科，无孝廉之举。清别为贡举的一种。也指被推选的士人。明清时为举人的俗称。

【孝弟力田】 弟，tì，也作"悌"。汉代选拔官吏的科目之一。"孝弟"代表对父母的孝顺和对兄弟姐妹的友爱，强调的是个人道德品质；而"力田"意味着致力于农业，注重生产力的发展。始于惠帝时，名义上是奖励有孝的德行和努力的耕作者。中选者多有赏赐，并免除一切徭役，一般不担任官职，汉高后时置"孝弟力田"官。到文帝时，与"三老"同为郡县中掌教化的乡官。唐代列为科举选士的科目之一。也作"孝悌力田"。

【孝悌】 悌，tì。指侍奉父母、顺从兄长，也泛指敬重长辈。儒家把"悌"和"孝"并称，教导人们在家要孝顺父母，出外要敬重长辈。孔子的学生子游请教孝道。孔子说："现在所说的孝，指的是养活父母就行了。即使狗和马，也都有人饲养。如果对父母不恭敬顺从，那和饲养狗马有什么区别呢？”孔子认为，“孝”不仅是能够供养父母，还必须要尊敬父母，对父母怀有孝敬之心。儒家认为孝是各种道德中最根本的。“孝”被认为是一种美德。

【孝文帝改革】 北魏孝文帝太和年间（477—499）推行的变革。分为前后两期，前期由冯太后主导，整顿吏治，改革租调征收，颁布俸禄制、均田制和三长制等。至公元490年冯太后去世转入后期，孝文帝迁都洛阳，改革鲜卑旧俗，议定百官流品，确定胡汉姓族。改革完善了北魏的制度，缓解了民族矛盾，促进了北魏经济发展，但也留下了一系列问题，对北魏后期和北朝史影响巨大。

【校尉】 古代官名。秦末，项梁起事之初，部署吴中豪杰为校尉、候、司马。汉武帝初置八校尉，即中垒、屯骑、步兵、越骑、长水、胡骑、射声、虎贲，为西汉时掌管特种军队的将领，略次于将军。又有城门校尉、司隶校尉等官。东汉略同。掌管少数民族地区的长官，也有称校尉者。如汉在西域置戊己校尉，在西羌、乌桓分别置护羌校尉、乌桓校尉。隋唐以后也为武散官，地位渐低；清制八品以下为校尉。明清也称卫士为校尉。

【协田】 古代的一种耕作方式，主要出现在商代。奴隶们三人一组在连绵不断的井田上耕作，人们称这种耕作方式为“协田”。在协田制度中，三人或三人以上的集体共同耕作，这体现了早期社会生产中的合作精神。西周以后改为两人协同耕作，称为“耦耕”。

【挟书律】 惩治私人收藏禁书的法令。秦始皇时规定禁止民间私藏和流通《诗》《书》及百家之言，违反者判灭族之罪。挟书律实行二十多年。汉惠帝时废除。

【缬】 xié。丝织品上的印染花纹，或指染花的丝织品。我国早在西汉时已掌握了丝织品的印染技术，有金银彩三色套印染缬。魏晋南北朝时蜡染技术开始应用于印花布。至唐代已经有了蜡缬、夹缬和绞缬三种印染工艺。其中蜡缬是透过镂空的花纹板熔蜡于布上，经浸染处理，再将蜡洗净即显露出花纹图案；夹缬是用两块对应刻有花纹的木板将布料折叠后夹紧进行印染，染出的图案花纹对称且可以套染；绞缬是利用细绳根据图案需要将布料的局部扎起，印染后形成一组组的小碎花纹，类似于今天的扎染工艺。这些印染工艺至今仍在我国许多地区作为传统工艺或非物质文化遗产而保留。

【谢安】 （320—385）东晋政治家。字安石，陈郡阳夏（今河南太康）人。出身名门望族，自幼受到良好的教育。年轻时，谢安并不追求仕途，而是选择隐居在会稽郡的东山，过着清高的隐士生活。他与王羲之、孙绰等名士交游频繁，一起游山玩水。直到四十余岁，才决定出仕，开始他的政治生涯。公元383年的淝水之战是谢安政治生涯的巅峰。作为东晋军队的总指挥，他凭借杰出的军事才能和冷静的指挥策略，指挥弟谢石、侄谢玄，以八万兵力打败了号称百万的前秦军队，是历史上以少胜多的著名战役。

【谢灵运】（385—433）南朝宋诗人。陈郡阳夏（今河南太康）人，世居会稽（治今浙江绍兴）。幼时寄养于外，族人因名为客儿，世称谢客。谢玄之孙。

X

晋时袭封康乐公，故称谢康乐。入宋，曾任永嘉太守、侍中、临川内史等职。后以“叛逆”罪被杀。与族弟谢朓合称“大小谢”，又与颜延之齐名，世称“颜谢”。所至登临游览，以歌诗题咏自娱，创作了大量山水诗，大都描写会稽、永嘉、庐山等地的山水名胜，善以精丽之语刻画自然景物，被誉为“如芙蓉出水”，开文学史上的山水诗一派。“池塘生春草，园柳变鸣禽”是流传千古的佳句。其作品由明人辑成《谢康乐集》，收入《汉魏六朝百三名家集》。为了方便游山玩水，谢灵运特别设计了一种可以拆卸的木屐，被称为“谢公屐”。

【谢娘】 ①晋书法家王羲之次子王凝之的妻子谢道韫有文才，后因以“谢娘”称有学问的女子。②唐李德裕家的美姬谢秋娘是著名的歌妓，后因以“谢娘”泛指歌妓。

【谢朓】 （464—499）朓，tiǎo。南朝齐诗人。字玄晖，陈郡阳夏（今河南太康）人。与“大谢”谢灵运同族，世称“小谢”。曾任宣城太守，终尚书吏部郎，又称谢宣城、谢吏部。有《谢宣城集》。诗多描写自然景色，风格清俊，为李白等后代诗人所推崇。李白在其诗作中多次提及谢朓，表达对谢朓诗歌的敬仰和对其人品的钦佩。他在《宣州谢朓楼饯别校书叔云》诗中写道：“蓬莱文章建安骨，中间小谢又清发。”此“小谢”指谢朓。在另一首诗里还写道：“解道澄江净如练，令人长忆谢玄晖。”也是致敬谢朓。

【谢玄】 （343—388）字幼度，陈郡阳夏（今河南太康）人。谢安之侄。年轻时便显示出卓越的才华，大司马桓温召为掾吏，并在桓温麾下担任司马和南郡相等职务。太元二年（377），谢安推荐谢玄担任建武将军、兖州刺史，负责防御北方的前秦军队。谢玄招募北来民众中的骁勇之士，组建了一支精锐的部队，号为“北府兵”。太元四年（379），谢玄在盱眙（今江苏盱眙东北）、淮阴（今属江苏）和君川（盱眙北）等地成功击败前秦军队的进攻，取得了多次战役的胜利。特别是在淝水之战中，谢玄作为前锋都督，指挥刘牢之等部夜袭洛涧（今安徽淮南东），首战告捷，为东晋军队最终以少胜多、击败前秦军队奠定了基础。淝水之战后，谢玄继续率兵北伐，收复了河南、山东、陕西南部等地区。太元十二年（387），谢玄因病辞去职务，改任左将军、会稽内史，卒于官。

【榭】 ①原指建于高台上有柱无墙、四面敞开的木屋，供眺望、宴饮等用。汉以后不再建造，逐渐移到花间水际，或位于临水高台上，或在水面之上，称水榭、台榭。也有与亭融为一体的样式，称亭榭。常用于休憩观景或娱乐。至今在很多园林建筑中都有榭作为游览休闲之处。②古时还指讲武堂和收藏乐器的地方。

【薤】 xiè。植物名。俗称藠头、荞头。味辛，可作佐料。新鲜鳞茎可作蔬菜，干燥鳞茎可入药。古代“五菜”之一。原产于中国。汉代已广为栽培，为当时常见蔬菜之一。

【獬豸】 xièzhì。一种传说中的神兽名。也作“解豸”“解廌”“觟䚦”。形体如羊，头有一角，能辨别事理曲直。如见人争斗，就以角去触理亏之人；

听到人争吵，就以嘴巴去咬不对的人。古人因此将其作为决狱之兽。自汉代以来，御史等执法官员冠饰或服饰上多绣有獬豸的图案，以示执法公正、不偏不倚。

【心学】 宋明理学的学术派别。以南宋陆九渊和明朝王守仁为代表。陆九渊主张人“心”是宇宙万物的本体，心即理，封建伦理纲常是人人所固有的“本心”，圣人之学就是心学，强调认识、实践的主观方面，认为理论须直指人心，简明易行。与程朱理学长期处于争辩状态。至明代王守仁又以“致良知”“知行合一”等命题继承发展其学，对后世影响极大。也称陆王心学、良知之学。

【辛亥制】 十六国后赵石勒制定的法律。石勒因为社会动乱，法令繁多，于是命令法曹令史贯志编集晋以来法规和石勒所下法令，择其重点，撰成《辛亥制》，约5000字，在石勒称赵王到登位为帝的十余年中施行。

【辛弃疾】 （1140—1207）南宋词人。字幼安，号稼轩，历城（今山东济南）人。出生时，中原已为金兵所占。21岁参加抗金义军，不久即归南宋，历任湖北、江西、湖南、福建、浙东安抚使等职。一生坚决主张抗金，然未被朝廷采纳，长期落职闲居于江西上饶、铅山一带。晚年韩侂胄当政，一度起用，不久病卒。其词抒写力图恢复国家统一的爱国热情，倾诉壮志难酬的悲愤；也有不少作品吟咏祖国的壮美河山。艺术风格多样，而以豪放为主。慷慨悲壮，笔力雄厚，与苏轼并称为“苏辛”。《破阵子·为陈同甫赋壮词以寄之》《永遇乐·京口北固亭怀古》《水龙吟·登建康赏心亭》《菩萨蛮·书江西造口壁》等为传世名篇。有《稼轩长短句》。

【新朝】 公元8年王莽建立的政权。西汉末年政衰世乱，外戚重臣王莽采取了一系列改革举措，进而代汉称帝，国号“新”，年号“始建国”，定都长安。命令全国民间的土地改称王田，奴婢改称私属，都禁止买卖，又实行五均六管，企图缓和当时严重的社会危机。多次改变币制，恢复五等爵，经常改变官制。因其取代汉朝操之过急，推行新政又多失当，各地纷纷举义反抗，至23年被绿林军推翻。

【新附军】 元灭南宋过程中改编其降兵组成的军队。新附军的组织结构遵循元代的兵制，分为千户、万户和都万户等单位，并且包括多个民族的成员。与汉军不同的是，新附军的士卒及其家庭虽然能够支领口粮，但他们不享受田地免税的待遇，并且需要负担杂税差役。

【新罗】 兴起于朝鲜半岛东南部的古国，源于辰韩十二部中的斯卢部。公元4世纪开始崛起，唐高宗时，联合唐朝先后灭百济、高句丽，又与唐开战，旋即臣服。由贵族会议（“和白”）决定国家大事和推举国王。505年始行州、郡、县制。7世纪后期起逐渐衰落，9世纪时分裂，为朝鲜半岛后三国之一，935年为王氏高丽所灭。

【新语】 书名。也称《陆子》。西汉陆贾著。刘邦命陆贾著书论述秦亡汉兴、天下得失的道理，以资借鉴。陆贾遂著文12篇，每奏一篇，刘邦都极力称赞，号其书为“新语”。在书中，陆贾认为朝代更替，“非天所为”，提出建国“必得之于民”，主张实行与民休息的“无为”之治。为西汉前期的统治思想奠立了一个基本模式。

【新乐府】从古乐府演变革新，因事立题的一种新诗体。创始于初唐。初唐诗人写乐府诗，虽名为乐府，但另立新题，故称“新乐府”。李白、杜甫、白居易、元稹等都有新乐府之作。杜甫所作如《悲陈陶》《哀江头》等，用乐府诗体制描写时事，做到“即事名篇，无复依傍”。后来白居易、元稹等发扬了这种写作方法，倡导了“新乐府运动”，同时确定了新乐府的名称，影响及于中晚唐众多诗人。新乐府虽不入乐，但其词通俗，长于叙述，富有音乐性，与古乐府相似，是唐代诗人具有积极社会意义的新创作。

【信】古代社会的道德规范之一。言语真实，守信用。儒家认为，“信”是立国、治国的根本，是实现其道德原则“仁”的重要条件之一，也是其道德修养的内容之一。

【衅鼓】周王室与诸侯杀战俘取血涂抹战鼓的誓师仪式，旨在鼓舞士气，增强战士们的战斗意志和团结精神。起源于衅礼。

【衅礼】古代祭神仪式之一。即在宫室、器物等新造成时杀牲取血，将血液涂于新成之物以祭祀。古人认为，万物有灵，新成之物等也有神灵，故举行祭祀，与神灵交接。起初是用人血。后多用牛、羊、狗、猪或鸡、鹅的血。现今民间一些地区在新房建成时有杀鸡喷血的习俗，即源自古时衅礼。

【星图】精确描述或绘制、标定恒星等各种天体所处视位置的图。起源较早，战国时已有全天星图，东汉张衡论述当时可见的恒星有2500颗。三国时吴太史令陈卓据战国各家星图，标出1464颗恒星的位置及其所属283星官。此后历代修正增益。另有分区、分时和针对二十八宿等特定天象的星图。

【星宿】宿，xiù。①邻近的若干颗星集合而成的星座名称。古人把视位置比较相近的若干颗星假想地联系起来，组成各种图形。许多图形与人们生产和生活接触到的事物类似，于是便给它们取相应的特殊名称，如参、箕、斗、井、翼、轸等。各星宿所含星数多寡不一，多者达数十颗。因仿照人间秩序，将人间的官制投射到星空中，以百官之名命名众星，故也称“星官”。起源很早，自战国以来，甘德、石申、巫咸等的全天星图已据其组合形状，定其名称、含义，对其区域位置等予以定性的描述，以便占测天象。东汉张衡定有320官。三国时吴太史令陈卓在前人的基础上，统一了全天星官，编制了一个具有283官、1464颗恒星的星表，并以此为根据绘成星图。其中，最重要的是三垣、二十八宿。此后历代相承，各有损益。②二十八宿之一，南方朱雀七宿（井、鬼、柳、星、张、翼、轸）的第四宿。

【刑部】古代官署名。主管法律刑罚、狱讼事务。西魏恭帝三年（556）置，隶秋官府。隋开皇三年（583）改为“刑部”，为尚书省六部之一，长官为刑部尚书。唐与御史台、大理寺合称“三司”，负责会审重大案件。历代相沿不改。清末改为法部。

【刑律统类】晚唐到宋代的刑事基本法。也称刑法统类。即以刑律为主，在刑律篇目下分门别类，每类以各条律文为纲，将其他刑事性质的敕、令、格、式和起请条文（条文后附以“臣等参详”“臣等议曰”开头的文字，是对某些律、律疏或“准”条的补充，具法律效力）分别载在律文后，用于指导司法。从唐宣宗到后唐、后周续有编纂，在宋初定型。如唐宣宗时期的《大中刑律统类》，把律、令、格、式按内容合编在一起，改变了自秦汉以来律的传统体例，开创此类法典编纂的先河。

【刑书要制】 公元577年，北周武帝颁行的刑事法令。主要针对新近攻克的北齐关东地区制定。用刑比较严酷，如规定：持杖群强盗一匹以上、不持杖群强盗五匹以上、监守自盗二十匹以上、小盗及诈请官物三十匹以上、正长隐瞒五户及十丁以上、隐没土地三顷以上，均判处死刑。两年后，周宣帝更严其规定，改称“刑经圣制”。后修订多次，到隋代废除。

【刑天】 古代神话传说中的人物。出自《山海经》。相传他与天帝争夺神位，被砍掉了脑袋，葬于常羊山中，故称刑天。但刑天立而不倒，他以两乳作眼，肚脐为嘴，手持板斧和盾牌继续战斗，坚决抗争到底。据此民间尊刑天为战神，也称无头神。陶渊明“刑天舞干戚，猛志固常在”诗句，即咏其事。其形象被历代艺术家描绘成威武勇猛、力大无比、不屈不挠的英雄。传说刑天头颅埋葬之地为今天甘肃陇南西和境内的名山仇池山，正是中华人文始祖三皇（一说为伏羲、神农、黄帝）的诞生地，今天仇池山神殿中仍立有三皇塑像。

【刑徒】 在规定时间内被剥夺人身自由，在官府的监督下服苦役的徒刑罪犯。战国秦汉时期盛行。相传，傅说原是服苦役的刑徒，在傅岩（今山西平陆东）筑墙，商王武丁因梦中感应，知道他是辅佐殷商的圣人，于是寻访得到傅说。武丁任傅说为治国之相，商王朝得以振兴。

【行宫】 古代京城以外供帝王出行时居住的宫室。古代行宫多为预先建造，但也有临时所居的官署或民宅。承德避暑山庄，又称热河行宫，是清代帝王夏日避暑和处理政务的场所，也是清代初期的第二政治中心。

【行卷】 唐代科举习尚。唐代科举中的礼部试不糊名，主考官除详阅试卷外，还参考举子平日的作品和才誉以决定去取。当时，在政治上、文坛上有地位的人及与主试官关系特别密切者，皆可推荐人才，参与决定名单名次，此谓之“通榜”。应试举人为增加及第的可能和争取名次，在应进士科考试之前把自己的诗文写成卷轴，送给将主持考试的官员及有地位名望的人评阅，进行自我介绍，希望得到赏识。此后形成风尚，称为“行卷”。

【行军总管】 朝廷临时组建的出征军队的统领。北周改都督府为总管府后，始设此统领出征之军，其上或设行军元帅。隋及唐初府兵制下，番上服役的士兵皆有定额，每有战事和特殊军事需要，即须另组军队，名行军，以大总管、总管统领征战诸务。后渐被节度使取代，宋曾设都总管，为都部署的别名。

【行取】 明清吏部从各地推官和知县中选用科道官的制度。州县官有政绩者经地方长官保举，由吏部行文调取至京，通过吏部、都察院考试选用，补授科道或部属官职，或奉旨召见。实际是外官内擢。清初仍沿袭，乾隆十六年（1757）废止。

【行人】 古代官名。掌管朝觐聘问的官。《周礼》有行人，分大行人、小行人，属秋官。掌迎送接待宾客之礼。大行人掌大宾之礼，及大客之仪，以亲诸侯；小行人掌邦国宾客之礼籍，以待四方之使者。春秋战国时各国都有设置，掌朝觐聘问，常任使者。汉代大鸿胪属官有行人，后改称大行令。十六国、南北朝常置，掌出使聘问。明洪武十三年（1380）设行人司，复有行人之官，掌传旨、册封、抚谕等事。下设左、右行人。旋改为"司正"，另置行人掌捧节奉使之事，以孝廉充任。

【行省】 金元的行尚书省、行中书省及由此发展而来的省级行政区划。是行中书省或行尚书省的简称。尚书省、中书省是中央行政机构，金代曾在地方设置行尚书省，但非常制。元代推广金代的这种制度，在中央设立中书省，又于各地分设行中书省作为其派出机构，除山西、山东、河北直辖于中书省外，还在河南、江浙、湖广、陕西、辽阳、甘肃、岭北、云南等处设十个行中书省，简称"十行省"。各行省又下辖路、府、州、县。明朝建立后，明太祖改行中书省为承宣布政使司，负责辖区民政，但习惯上仍称为行省，简称省。明末，全国除南北直隶地区以外，共有十三省，清代沿袭明代做法，只在区划和官司设置上有所变化，初设十八省，后增至二十二省。

【行书】 汉字字体。笔势居乎草书、楷书之间，不像草书那样潦草，也没有楷书那样端正。楷法多于草法的称"行楷"，草法多于楷法的称"行草"。始于汉末，以其简易，流通至今。在行书作品中，书法家通过笔墨表现出自己的情感、思想和精神追求。同时，行书作品也能够传达一种超越物质的精神之美和文化内涵，给人以深刻启示和感悟。王羲之的代表作《兰亭集序》被誉为"天下第一行书"。

【行台】 台省在外者称行台。魏晋始临时派驻外地，以重臣领之，在地方代表朝廷行使尚书省事的机构，统掌一地军政要务。北朝后期以来多设于要地，若任职的人权位重，称"大行台"，设官类同尚书省，规模较小。隋称"行台省"。唐贞观以后废行台。至元时，有行中书省、行枢密院、行御史台，分别执掌行政、军事及监察权。

【行销引】 清朝茶商纳课后从官府领取的贩茶凭证。茶商领取"行销引"后，在本省内运销，可以根据需求和市场情况，自由选择贩茶的地点，不论远近，故名"行销"。这种贩茶方式相对于固定地址的店铺销售，更加灵活便捷。

【行盐法】 元朝盐商向官府买得盐引后，在指定地区支盐、销盐的制度。

【行状】 文体名。专指记述死者世系、籍贯、生卒年月和生平概略的文章。也称状、行述、事略。常由死者家人好友及门生故吏撰述，以作为撰写墓志或者提供给史官用以立传的资料。始于东汉，流行于魏晋南北朝，隋唐以来历代有之，体式多端，所记贵实，但往往有浮夸溢美之词。如《大唐故三藏玄奘法师行状》是一份关于唐朝著名僧人玄奘法师的行状，详细记录了他的生平事迹和贡献。

【饧】xíng。用麦芽或谷芽等熬成的糖。古人将用麦芽等熬成的糖浆称为饴，在饴中加入糯米粉进一步熬制，就制成了饧。饴是软糖，饧是硬糖。《齐民要术》里详细记述了制作白饧、黑饧、琥珀饧、煮铺和作饴的方法。

【饧粥】饧，xíng，麦芽糖稀。甜粥。古人有寒食日食粥的习俗，唐宋以后，人们喜在粥内浇以饧，饧粥于是成为一种普遍的节令食品。

【铏】xíng。古代的一种盛器。青铜制。形似鼎，两耳，三足，大腹，有盖。

【醒世姻缘传】长篇小说。也称《恶姻缘》。题“西周生”辑著。小说写一个冤仇相报的两世姻缘故事。前22回为前世姻缘，写山东武城县官僚地主家少爷晁源射死一只仙狐，又娶妓女珍哥为妾，虐待妻子，使其妻计氏自缢身亡。第23回起写今世姻缘，晁源因奸被杀，托生为绣江县明水镇的狄希陈，仙狐托生为其妻薛素姐，对狄百般虐待，借报冤仇。后狄娶计氏托生的童寄姐为妾，也凶狠泼悍，狄又备受欺凌。而珍哥则托生为寄姐的婢女珍珠，终为寄姐逼迫自杀。小说最后写高僧点明因果，狄希陈持诵《金刚经》，终于“福至祸消，冤除恨解”。作者从婚姻问题入手，笔触辐射至晚明各阶层社会人生百态，对明末清初腐败的官场和浇薄的世风作了鞭辟入里的解剖，是一部杰出的古代世情小说。

【杏花】花卉名。通常为浅红色，另有白、红、黄等颜色，花瓣有单瓣和重瓣两种。大约在汉代，已栽培观赏性杏花。汉武帝初修上林苑时，群臣和远方诸国所进献的名果异树中就有文杏、蓬莱杏。相传，孔子曾在杏坛聚集门徒讲学，后“杏坛”成为教育界的代称。三国时东吴名医董奉替人治病不收钱，只要求病愈者为他种杏树五株，后得杏树十余万株，蔚然成林，人们称他为“董仙杏林”，后“杏林”成为医学界的代称。唐代科举考试一般是在农历二月发榜，此时正值杏花怒放，进士及第在曲江池畔的杏园宴饮，故杏花也被称为“及第花”。文人墨客歌咏、赞美杏花，如名句“绿杨烟外晓寒轻，红杏枝头春意闹”“小楼一夜听春雨，深巷明朝卖杏花”“春色满园关不住，一枝红杏出墙来”等。

【杏坛】相传是孔子聚集门徒讲学的地方。孔子来到树木茂盛的林子里，坐在长有许多杏树的土坛上休息，弟子们在一旁读书，孔子则弹琴吟唱。北宋时期，为纪念孔子讲学，孔子的第四十五代孙孔道辅修祖庙时，将大殿移于后，在讲堂旧基处砌石为坛，环植杏树，取名“杏坛”，历代相承。后泛指聚集授徒讲学的地方。

【性恶论】荀子的人性论观点。荀子认为，人性先天就是恶的，进而强调道德教育的必要性。“性恶论”是荀子礼法兼治政治主张的理论基础。与“性善论”相对。

【性灵说】清代诗学理论。是对明代以公安派为代表的“独抒性灵，不拘格套”诗歌理论的继承和发展。袁枚吸取和发展了宋代杨万里和明代袁宏道等人之说，主张作诗应抒写胸臆，辞贵自然，反对格调，反对以程朱理学束缚诗歌创作，对拟古倾向和温柔敦厚的“诗教”表示不满，批评了沈德潜的“格调说”和王士禛的“神韵说”。但他所说的性灵，多属封建士大夫的闲情逸致，其作品很少反映当时的社会生活。其理论著作有《随园诗话》等。“性灵说”与“神韵说”“格调说”“肌理说”并为清代前期四大诗歌理论派别。“性灵说”的诗人一般被归为“性灵派”。

【性善论】 孟子的人性论观点。孟子认为，人性先天就是善的。伦理道德是上天赋予人的本性，“仁、义、礼、智”是人生来就有的。“性善论”是孟子“仁政”学说的理论基础，后经宋明理学发挥，成为我国古代人性论的正统理论。与“性恶论”相对。

【姓氏】 姓与氏的合称。姓，原指母亲一系的血缘关系。上古三代只有贵族有姓，平民、奴隶无姓。氏，原指父系的血缘。如姜太公的母姓姜，父氏吕，名尚，所以他的“姓名”是姜尚。在战国时，原本的“母姓”的概念逐渐淡薄，到西汉已经消失。约在西汉后，姓与氏完全融为一体，通称“姓”，“姓”发展成父系血缘的代号，是个人所自出的家族的称号，一般平民也有了姓。我们今天概念的“姓”，即先秦时代的“父氏”，是父系血缘宗族符号。而今天概念的“氏”除指父系血缘之外，也常被用来指母系血缘。比如刘姓人家的女儿嫁到陈家，就被称作“刘氏”“陈刘氏”。

【荇菜】 荇，xìng。一说，因它的叶子颇似杏，故名。夏日开花，多黄色，茎叶嫩时可食。也称水葵。《诗经·关雎》中有“参差荇菜，左右流之”。

【凶礼】 古代五礼之一，有关哀悯吊唁的礼制、仪式。因其用于祭祀、丧葬、疫疠、灾祸等凶丧之事，故名。包括丧礼、荒礼、吊礼、禬礼、恤礼。丧礼是哀死亡治丧，荒礼是哀五谷歉收饥荒疫疠，吊礼是哀水火灾祸，禬礼是哀军队围败失财，恤礼是哀寇乱。其中，丧礼中的丧服规定分亲疏远近，辨身份等级，在各种礼制中具有基础地位。其余“四礼”，多用素服、缟冠、练冠麻衣、深衣布冠等。

【匈奴】 古代中原以北游牧族群。先后称鬼方、猃狁、山戎。战国时期，活跃于燕、赵、秦北境，三国皆筑有长城防御其侵扰。赵武灵王推行胡服骑射，攘地北至燕、代，有效阻击了匈奴的侵扰。秦时称匈奴。冒顿单于时期，匈奴势力强极一时。公元前200年白登之围后，西汉政权采取了以物资、和亲向匈奴换取休养生息时间的国策。汉武帝时，在三次大规模征伐下，匈奴势力渐衰。于东汉时分裂为南北两部。北匈奴于1世纪为东汉所破，西迁。南匈奴归附东汉，在西晋末曾建立刘汉、前赵政权，后逐渐融入汉、鲜卑等民族。

【匈奴汉】 公元304年由南匈奴贵族刘渊建立的政权。也称刘汉。国号“汉”，先后都左国城（今山西吕梁离石东北）、蒲子（今山西隰县）、平阳（今山西临汾西南）。318年其帝刘粲为靳准所杀，国亡。

【修城钱】 晋及南朝宋规定由官员交纳的一项钱物。以修城为名，每官两千钱，在得到任命时交纳。这一制度在南朝一直延续下来，只是在宋齐间因军兴关系，一度未收此钱。

【修齐治平】 “修身、齐家、治国、平天下”的合称。儒家主张提高自身品德修养，管理好家族和家庭，治理好国家，使天下太平。儒家以“修身”为中心，形成一种从“个人”到“家”到“国”再到“天下”的逐层扩展关系，强调个人道德修养与治国、平天下的一致性。

【修禊】 禊，xì。指在水上盥洗以保持清洁。古代于农历三月上旬的巳日（魏晋以后改为三月三日），人们到水边嬉游，以消除不祥的活动。

【修行】 佛教徒按经、律、论三藏，修习戒、定、慧之学，以此摆脱世俗烦恼，超越生死，获得涅槃的行为。

【修撰】 古代官名。唐代史馆、宋代翰林学士院，都有修撰官，掌修国史。元时张起岩以进士第一名特授集贤院修撰，明清为翰林院修史、著述之职，例由科举殿试状元出任，或由翰林院编修等职升任。明制，翰林院修撰、编修、检讨，列为史官，故俗称太史。自状元例授修撰一职以后，又称状元为殿撰。

【虚实估】 官私两种定价体系中的商品价格。历代多有，唐朝称此。虚估指各地官府确定的平均价格，常与当地实际市场价格不符；实估是商品随行就市的时价，也称时估。官府的物价管理常以虚估为准，并据实估不断调节。

【墟市】 乡村间的集市。在不同地方有不同的称呼，两广、福建等地称墟，川黔等地称场，北方称集。起源甚早，魏晋以来常见于江南，以农产品、日用品交易为主。唐朝中后期趋于普遍，是商品经济不断发展的重要标志。也作“虚市”。

【徐福】 也作“徐市”。秦代方士。字君房，琅邪（今山东青岛琅琊台）人，一说今江苏连云港赣榆区人。秦始皇二十八年（前219），上书说海上有蓬莱、方丈、瀛洲三神山，秦始皇为求长生不死之药，派其率数千童男童女、工匠等入海求仙，一去不返，成为迄今有史记载的东渡第一人。传说其在日本熊野浦登岸，与童男童女等即留其处，拓荒耕地，繁衍子孙。在日本，徐福被尊为司织、司农、司药的主神，东渡遗迹及纪念址达一百余处，或谓即古之神武天皇。今日本、东南亚一些国家和地区及我国徐州市，皆成立有徐福研究会。

【徐光启】 （1562—1633）明代科学家。字子先，号玄扈，谥文定，松江府上海县（今上海）人。万历进士。历任翰林院检讨、左春坊右赞善、礼部右侍郎等职。崇祯五年（1632），为礼部尚书兼东阁大学士，参与政事，后加太子太保，进文渊阁大学士。与传教士利玛窦等学者交往甚密，学习西方的天文、历法、数学、测量和水利等科学技术，并介绍到我国，其译述有欧几里得的《几何原本》等。著述勤奋，尤其关心和精通农学，晚年编著《农政全书》，为我国古代农业科学巨著。主持《崇祯历书》的编制，经汤若望删改成《西洋新法历书》，并据此编出《时宪历》，沿用到清末。

【徐渭】 （1521—1593）明代文学家、书画家。初字文清，改字文长，号天池山人、青藤道士等，山阴（今浙江绍兴）人。性情放纵，屡试不第，入胡宗宪幕为掌书记，对当时军事、政治和经济事务多有筹划，并参与过东南沿海的抗倭斗争。后来胡宗宪被弹劾为严嵩同党而自杀，徐渭深受刺激，一度精神失常，蓄意自杀，又误杀其妻，被捕入狱。后友人救免获释，流落四方，晚年贫病困顿而亡。其在书法、绘画、诗文、戏曲等方面都有较高造诣，自称书一，诗二，文三，画四。长于行草书法，擅画水墨花竹、山水、人物，淋漓恣肆，别有风致，开创写意画派的新风格，对后世影响很大。诗文不受复古派的影响，自写其抑郁不平之气，受到袁宏道等人的推崇。戏曲著有杂剧《四声猿》及评论《南词叙录》。

【徐霞客】（1587—1641）明代地理学家。名弘祖，字振之，号霞客，南直隶江阴（今属江苏）人。因明末政治黑暗，遂绝意仕进，专心旅行。三十多年间足迹遍及全国多地，用日记记录旅途见闻感受，去世后由他人整理成《徐霞客游记》。

【徐霞客游记】地理学著作。明代徐霞客著。徐霞客用30多年的时间，游历了今中国21个省、市、自治区的山山水水，并在此过程中写下了长达60万字的游记。这些游记在徐霞客去世后由他的家庭教师季梦良整理成《徐霞客游记》。游记详细记录了徐霞客在旅行过程中的所见所闻，对地理、水文、地质、植物等现象都做了详细的描述。在地理学上，它开创了系统观察、描述自然的新方向，被视为地理名著。其中有关石灰岩地貌的记述，早于欧洲一个多世纪。此外，该书文笔生动，记述精详，具有重要的文学价值。《徐霞客游记》的开篇之日5月19日后来被定为中国旅游日。

【徐州相王】公元前334年，魏惠王和齐威王在徐州（今山东滕州）相会，互尊为王。双方承认魏、齐的对等地位，共分霸业。此次会盟后，东周王室名存实亡、礼崩乐坏，从此中国真正进入战国时代。

【许慎】（约58—约147）东汉经学家、文字学家。字叔重，汝南召陵（今河南漯河召陵区）人。师从学者贾逵学习古文经学，博通经籍，时有“五经无双许叔重”之誉。由于汉字发展为隶书后字形发生变化，今文经学者随意解说文字，又产生不少异体简字，影响规范。为了正确读经，他总结前人研究成果，广采当时专家学者关于古文经学文字训诂的成果，写成《说文解字》。此书成于汉安帝建光元年（121），是我国第一部字典和系统的文字学著作，成为后世研究文字、训诂和字书编纂的重要依据。另著有《五经异义》《淮南子注》，已佚。

【盨】xǔ。古代食器。青铜制，形体一般接近长方体，椭圆口，有盖，两耳，圈足或四足，盖可却置。用来盛食黍稷。西周中期出现，春秋以后不再使用。

【序跋】序，也作“叙”，或称“引”，一般放在书前。跋，bá，也称跋文，写在书籍、文章、字画、金石拓片等后面的短文。二者体例略同，内容相近，因而合称“序跋”。说明书籍著述或出版意旨、编次体例和作者情况等，也可包括对作家作品的评论和有关问题的研究阐发。清姚鼐编《古文辞类纂》，分文章为13类，中有“序跋类”。

【序说】著作前的概述部分。如南宋朱熹《论语集注》《孟子集注》二书之前都有《序说》，辑录有关孔、孟身世、言行及前人评论孔、孟的材料。

【续降】 宋代朝廷编纂各种敕令后，又陆续追加颁布的各种法令的统称。如陆续颁降的宣敕、德音、指挥，称“续降宣敕”“续降德音”“续降指挥”。经有关机构整理成册后，便于有司引据。

【轩】 ①古代一种前顶较高、两侧有帷幕的车。也泛指车。②殿堂前屋檐下的平台，或指古代建筑中有窗槛的长廊或小室。在明清古建筑中常见于江南住宅，许多园林中的建筑物也以“轩”命名。如苏州沧浪亭的面水轩，轩名便取自杜甫诗“层轩皆面水，老树饱经霜”。

【轩车】 马车的一种，曲辕，前顶较高，装有帷幕。先秦时一般供卿大夫、诸侯夫人乘坐，汉代时供高级官员乘坐。轩车的车帷往往绘有花纹，彩饰华美，故又名“文轩”。后成为车子的通称。

【宣德炉】 一种铜香炉。明宣宗宣德三年（1428），工部因宫廷和寺庙熏衣、祀祠的需要，利用从南洋所得风磨铜铸造了一批小型铜器，品种多为香炉式，后因称为“宣德炉”。其特色一是原料多，除铜之外，还有金、银等贵重材料加入，所以炉质特别细腻，呈暗紫色或黑褐色。二是炼次繁，一般炉料要经四炼，宣德炉则经十二炼，因此炉质会更加纯细。造型多参照古代铜器及瓷器样式，而加以变化创造，丰富多彩，集各式造型之大成。

X

【宣抚使】 古代官名。朝廷派遣大臣赴某一地区传达皇帝命令并安抚军民、处置事宜，称为“宣抚”。唐开元十六年（728），以宇文融充河北道宣抚使，是为“宣抚使”称号之始。其后，派朝臣巡视灾区，称“宣抚安慰使”或“宣抚使”。宋有安抚使，如范仲淹、狄青、李纲、岳飞等都曾任此职。宋初，宣抚使的地位相当于执政大臣，有时甚至由执政大臣亲自担任。起初职责主要是巡视地方、慰问官吏和百姓。后宣抚使的角色逐渐转变为一路或数路的军事统帅。元于西南地区置宣抚司，以宣抚使为长官，参用土官，处理地方军政大事。明清沿置，宣抚使皆土官世袭之职，掌管司事，统有土兵，受地方长官约束。

【宣和画谱】 绘画著作。系文臣奉宋徽宗赵佶敕令编撰。成书于宣和二年（1120）。共20卷，收魏晋至北宋画家231人、作品6396件。并按画科分为道释、人物、宫室、番族、龙鱼、山水、畜兽、花鸟、墨竹、蔬果十门。每门前均有短文一篇，叙述该画科的起源、发展、代表人物等，然后按时代先后排列画家小传及其作品。对于研究北宋及其以前的绘画发展和作品流传，有重要的史料价值。

【宣和书谱】 书法著作。北宋宣和年间（1119—1125），宋徽宗赵佶命文臣辑成。20卷，著录宣和时御府所收藏的法书墨迹。其书首列诸帝王书1卷，以下依次为篆书隶书1卷、正书4卷、行书6卷、草书7卷、分书1卷，末卷附有制诰。著录历代书家197人、作品1344件。每种书体前都有叙论，叙述各种书体的渊源、发展情况；次为书法家小传，记载作者生平、遗闻轶事，评论其书法的特点、优劣；最后列御府所藏的作品目录。体例精善，评论书法亦精审详尽，很有历史价值。

【宣徽院】 古代官署名。唐至元朝掌内外器物供帐等事的机构。分南北院，以宦官担任，为内廷要职，总领宫内诸司及三班内侍的名籍和郊祀朝会宴飨供帐等事宜。后宦官势力渐大，位职亦尊。五代成外官，常以枢密院官兼任。宋初沿置，元丰改制时废。元承辽金而置，以宣徽院使为其长官，主管祭祀、宴飨物品及诸王宿卫粮草供应等事。明初改并其职掌于光禄寺。清初设，属内务府，康熙十六年（1677）改为会稽司。

【宣慰使】 古代官名。地方行政机构宣慰司长官。每司设三人，掌军民事务。在行省之下，分道以总郡县，为行省和郡县间的承转机关。也有称"宣慰司都元帅府"或"宣慰司兼管军万户府"者，多设于少数民族聚居区，参用土官。明清沿之，始作为土官职衔。管所辖土兵及司事，受地方长官约束。明清宣慰使都是土司世袭职官。

【宣慰司】 古代官署名。宣达政令和抚慰地方的行政机构。始设于金，元置宣慰使司，多设于各地尤其是偏远地区，管理军民事务，置使、同知、副使、经历等官，分道掌管郡县，为行省和郡县间的承转机构。明清时不设于内地，而独存于土司。

【宣谕使】 古代官名。专掌奉使宣谕朝廷旨意，完成任务即去职。宋置。绍兴元年（1131），以秘书少监傅松年为淮南东路宣谕使。后因以宣谕使负责招抚，或按察官吏，或节制军马，职权渐重。绍兴三十二年（1162），虞允文、王之望相继充任川陕宣谕使，都掌握军政，职权仅次于宣抚使。

【宣政院】 古代官署名。元时掌管全国佛教事务和吐蕃（今西藏）地区军政事务的机构。初名"总制院"，后改称"宣政院"。设院使二人，其一以西藏上层喇嘛国师充任，下设同知、副使等官，僧俗并用。地方有事，临时在当地设立分院处理。凡重大军政问题，均与枢密院共同决定。

【宣纸】 一种供毛笔书画用的高级手工纸。因产地安徽泾县唐代属宣州（治今安徽宣城），故名。其名称最早见于《历代名画记》《新唐书》等。用青檀皮和沙田稻草为原料，至宋元后又用楮、桑、竹、麻，经过石灰腌泡、缓和蒸煮、日光漂白、石碓打浆、竹帘入槽、榨帖焙干等18道工序、100多道手工操作制成。纸质纯白、细腻、柔韧，变形性小，又具有特殊的润墨性、变形性、耐久性和抗虫性。可长期存放，有"纸寿千年"之誉，故我国留传的古代书画多用宣纸。主要分生宣和熟宣。前者多用于书法和泼墨写意画；后者因加胶矾，宜作工笔画，也用于木版水印、古画修复、篆刻治印、仿古碑帖、民间剪纸等。

【萱堂】 萱，古人认为可令人忘记忧愁的草。按古时的制度，北堂是母亲所居住的地方，古代的游子出远门前总要在北堂种满萱草，希望母亲看到萱草花开时，对游子的思念之苦有所减轻。后因以"萱堂"指母亲的居室，也借指母亲。

【玄端】 端，指其衣袖近方，寓意端正。原指黑色礼服和常服。西周时，玄端是上士的礼服和天子、诸侯闲居之服，配以玄冠、裳，中、下士则配黄色或杂色裳。春秋时，玄端是朝会之服，别称缁衣，配以素裳。秦汉以来，常为士人所服，后逐渐被深衣替代。明嘉靖时曾效仿玄端服，别制冠、服，服色用深青，以纻丝纱罗为之，作为品官闲居的燕服，分三品以上和四品以下两等，称“忠静服”。

【玄鸟】 鸟名。即燕子。以其羽毛为黑色（玄即黑色），故名。传说古时一个叫简狄的年轻女子在河边洗澡，见玄鸟飞过，在岸边产下一枚卵。简狄吞下鸟卵后，怀孕生下了契，契后来成为商部落的首领，被尊为商的始祖。这就是《诗经·商颂·玄鸟》中的“天命玄鸟，降而生商”。

【玄武湖】 位于江苏南京东北玄武门外。古时称桑泊、北湖。南朝宋元嘉年间，相传湖中有黑龙，故改称玄武湖。玄武湖水光山色景致绝佳，历代文人骚客、政要名流在此留下身影。南朝宋孝武帝在湖中检阅水军，宋文帝在湖中筑造神山三座。梁昭明太子萧统在湖中建亭台馆阁，以诗会友。北宋王安石任江宁府尹改湖为田。元时又改田为湖。明代，玄武湖一度充当京城的一段护城河，还在湖中之洲贮藏全国户籍赋税档案。民国时期，玄武湖被辟为“五洲公园”。中华人民共和国成立后，经过彻底整修，建成今日的玄武湖公园。

【玄学】 魏晋时期流行的哲学思潮。玄，出自《老子》“玄之又玄，众妙之门”，形容“道”的微妙无形，后多指非常奥妙，不易理解。魏晋士人以老子、庄子思想为骨架，所讨论的理论幽远、玄妙虚无，讲究思辨，故称“玄学”。玄学的创始人何晏、王弼，倡导“贵无”，注重研究“本末”“有无”“体用”等哲学范畴，阮籍、嵇康倡导“越名教而任自然”，裴颀主张“崇有论”，反对王弼的“贵无论”。郭象主张“独化说”“名教即自然”。东晋以后，以玄学解说佛学，玄学与佛学趋于合流。南北朝时，佛学盛行，玄学日渐衰微。玄学用老庄思想解释儒家经典，“援道入儒”含有唯心主义成分，但提出的一些哲学范畴，对于丰富中国哲学史的内容，推动人类思维方式的发展，具有积极意义。

【玄言诗】 诗歌的一种。魏晋时一些清谈家用老庄言辞写成的诗，好谈论抽象玄理。因玄学与清谈风气的盛行，又有庾亮、桓温等名士的提倡，曾风靡一时。东晋后期，殷仲文、谢混等起而反对，至陶渊明、谢灵运登上诗坛后，玄言诗始逐渐衰退。代表作家有孙绰、许询、庾亮、桓温等。

【玄奘】 （？—664）唐代高僧，我国佛教唯识宗的创始人之一。通称三藏法师，民间呼为唐僧。本姓陈，名祎，洛州缑氏（在今河南偃师）人。13岁出家，遍访名师，精通经论。因感国内对经义众说纷纭，难得定论，决心到天竺（印度）学习，求得解决。贞观三年（629，一说贞观元年），经凉州（今甘肃武威）出玉门关西行赴天竺，在那烂陀寺从戒贤受学。后又游学天竺各地，与一些学者展开辩论，名震五天竺。贞观十九年（645）回到长安（今陕西西安）。译出经、论75部，凡1335卷。多用直译，笔法谨严，世称“新译”。与鸠摩罗什、真谛、义净并称中国佛教四大译经家。对中国佛教思想的发展影响极大，丰富了中国文化宝库，并为古印度佛教保存了珍贵的典籍。据求法所经诸国见闻，由其本人口述，弟子辩机记录整理成

《大唐西域记》12卷，是研究印度、尼泊尔、巴基斯坦、孟加拉国以及中亚各地的重要历史资料。其不畏艰难险阻取经成功的事迹，民间经过夸张与想象，形成许多文学作品，如《唐三藏西天取经》《西游记》等。

【悬艾】 传统节日习俗。也称插艾。艾，又名艾蒿，茎叶味浓烈，有驱除蚊蝇虫蚁、净化空气的作用。民间认为它有辟邪免疫的功效，故自汉晋以来，端午节家家必插艾以应节景。也有把艾束为人形挂在门上，称艾人，或者采艾制成虎形的饰物佩戴，称艾虎。

【悬梁刺股】 分别出自《战国策》和《太平御览》卷363引《汉书》。前者讲的是战国时期著名的纵横家苏秦早年昼夜苦读，困倦时用锥子刺自己的大腿，用痛感刺激大脑清醒而继续看书学习。后者讲的是东汉大学问家孙敬十分好学，从早至晚片刻不休，即便疲劳至极稍微打盹一会儿，也要将头发用悬于屋梁的绳子系上，稍想坐睡，就被绳子扯醒。后世常以这两个故事激励读书人胸怀大志，在学习道路上努力精进。

【璇玑玉衡】 ①指星象。具体解释不一。一说泛指北斗七星；一说北斗七星中的第二星为璇，第三星为玑，第五星为玉衡；一说北斗七星中的前四星为璇玑，后三星为玉衡；一说璇玑为北极星，玉衡为北斗九星。②古代观测天象的仪器，即浑仪的前身。

【选贡】 科举制度中贡入国子监生员的一种。明代在岁贡之外考选学行兼优者充贡，称选贡。清代拔贡、优贡之制，即由此而来。明代有岁贡、选贡、恩贡和细贡；清代有恩贡、拔贡、副贡、岁贡、优贡和例贡。

【旋风装】 旋，xuàn。古代书籍的装帧形式。用卷轴式长条纸作底，将书页向左依次序像鱼鳞一样逐页地粘在底纸上，每页正反两面书写文字。阅读时从右向左翻阅，收藏时从首向尾卷起，书页鳞次朝一个方向旋转，好像旋风，故名。也称龙鳞装、旋风叶子卷。它的外观仍是卷轴形式，这种图书装帧形式流行于唐代以后。

【靴】 即长筒鞋。原为北方少数民族穿用的鞋，战国时期赵武灵王推行胡服骑射时传入中原。靴便于乘骑，且对腿脚部具有更好的保护功能，因此多用于戎装，特别是骑兵着装。唐宋时期文武百官皆穿靴。靴的品种不断增多，产生了长筒靴、短筒靴、毡靴、皮靴、马靴、锦筒靴等不同类型。

【薛涛】 （？—832）唐代女诗人。字洪度，长安（今陕西西安）人。幼时随父入蜀，遂寓居蜀地。擅诗词音律，也工书，与当时著名诗人元稹、白居易、张籍、王建、刘禹锡等人多有酬唱往来，时称“女校书”。王建《寄蜀中薛涛校书》诗称：“万里桥边女校书，枇杷花里闭门居。扫眉才子知多少，管领春风总不如。”居于浣花溪畔，曾自造桃红色小彩笺，用以写诗，后人仿制，号为“薛涛笺”。现存诗八十余首，以赠人之作较多，情调伤感。

【学案】 记述学派宗旨源流及其学说内容并加论断的著作。清代黄宗羲有《宋元学案》《明儒学案》，唐鉴有《国朝学案小识》。梁启超对《宋元学案》《明儒学案》素来推崇备至，赞誉两书为“中国完善学术史的开端”。

【学博】 唐制，府郡置经学博士各一人，掌以五经教授学生。唐人贵进士，不重明经，故此职多由寒门浅学之人担任。后泛称学官为学博。

【学官】 掌管学务的官员和官学教师。如汉始设的五经博士、博士祭酒，西晋始设的国子祭酒、博士、助教，宋以后的提学、学政和教授、学正、教谕等。

【学名】 入学读书时使用的正式名字。俗称大名。以与乳名、小字、字、号及排行相区别。一般由老师或读书识字的人，代为取学名。此后读书、应考等都用学名。古时有在尊长前自称时用学名的礼俗。

【学士】 古代官名。魏晋六朝征文学之士，主掌典礼、编纂、撰述诸事，通称学士。唐开元时始置学士院，官员称翰林学士，掌起草皇帝诏命。宋始设专职，其地位职掌与唐略同。清内阁、翰林院皆有学士之官。历代学士名目众多，所属机构不同，职权各异，品秩高低也有别。例如北齐文林馆学士、北周麟趾殿学士、南朝梁抄撰学士、隋代东宫学士，皆掌著述。唐代高祖武德年间李世民做秦王时设文学馆，以房玄龄、杜如晦、孔颖达、陆德明等十八人为学士，即著名的秦王府十八学士。

【学士院】 古代官署名。由翰林学士组成的内廷秘书机构。也称翰林学士院、翰林院。唐玄宗时始置。供职者称翰林学士，或称待诏，即听候皇帝随时召见和差遣，其中负责起草任免将相等机密诏令的词学之士最受重视，并备咨询要政。宋称翰林学士院，地位、职掌均与唐制略同。因地在宫禁，待遇优异，号称玉署、玉堂。元称翰林兼国史院，天历二年（1329）别置奎章阁学士院，命儒臣进经史之书，考前代帝王统治的得失。明清废学士院之名，称翰林院。

【学田】 古代官私学校名下的田地。包括农田、林地、山地、湖泊甚至房产。以地租作为祭祀、教师薪俸和补助学生及贫士的费用。是古代学校办学经费的重要来源。其源甚早，南唐始称此，北宋以来流行。其后官学田由官府划拨，常由学官管理。书院及宗族乡里等学田来自捐献、募购或官府劝学所赐，多以定额租方式租佃经营，赋税上或可优惠，买卖受到一定限制。

【学政】 古代官名。“提督学政”的简称。也称督学使者、学政使。俗称大宗师、学台。清始置，掌管各省学校生员考课升降之事。各省督学统称“提督学院”，官名则称为钦命提督某省学政。按期派往各省，至所属各府、厅考试童生及生员。人选从翰林官及进士出身的部院官中选派，三年一任。不问本人官阶大小，在充任学政时，与督、抚平行。

【勋】 唐代采取前代某些散官官号略加补充作为酬赏军功的勋号。通称为勋官。共十二级。后代沿袭唐制，只是品级略有不同。明代有文勋、武勋，武官勋号和前代基本相同，文官勋号除“柱国”外还有正治卿、资治尹之类。清代勋和爵合而为一。

【勋门】 以功勋著称的家族。南朝时期，指父祖在平乱定难或征战中建立过显赫功勋的家族。后泛指军将之家或世代有勋阶的家族。

【埙】 xūn。古代传统吹奏乐器。“八音”分类中“土”的代表乐器之一。

陶制，故也称陶埙。也有用石、骨、象牙制成者。大如鹅蛋或鸡蛋，顶部稍尖，底平，中空，有球形或椭圆形等多种。顶上有吹口，前面有三、四或五孔，后面有二孔，古今各异。商以前的埙形制不尽相同，有橄榄形、圆形、椭圆形、鱼形、鬼脸形等。商定型为平底梨形，有五个指孔，前三背二，分为雅埙、颂埙。雅埙形体较大，颂埙则较小。埙在少数民族民间有藏族的“扎令”、彝族的“笛老挪”、回族的“泥口琴”等。形状繁多，音高不固定，直到现代仍有运用。

【熏笼】 一种日用器具。古称篝，也称火笼。由熏炉和罩在外面的笼子组成。熏炉以青铜等制成，笼为竹制。天冷时可燃木炭取暖，也可用来焚香熏衣被。

【巡按】 古代官名。明清时奉诏巡视各地的监察御史。三年一换，职权颇重，负责考核吏治，审理大案，知府以下均奉其命。也称巡按御史。始于明太祖时，永乐后定制，以一省为一道，分道出巡，品级仅正七品。品级虽低，却可与省区行政长官分庭抗礼，知府以下均奉其命，事毕还京。清初因之，后废。

【巡抚】 古代官名。唐时始设巡视安抚地方的特遣官员。凡遇灾害，即遣廉访官员，以其官职高卑或名巡抚大使、副大使等。官卑者不加“使”，仅称“巡抚”。明始设巡抚专职，与总督同为地方最高长官。清为省级地方政府长官，总揽全省军事、吏治、刑狱、民政等，职权甚重，虽地位略次于总督，仍属平行。也称抚台、抚宪、抚军。又因例兼都察院右副都御史衔，故也称抚院。明清各地总督和巡抚合称“督抚”。民族英雄林则徐曾任江苏巡抚。

【巡检】 担负边防及地方巡察治安等事的官职。五代后唐庄宗以都虞侯张廷蕴为魏博三城巡检使。宋时于京师府界东西两路，各置都同巡检二人，京城四面巡检各一人，共八人。又于沿边、沿江、沿海巡检司置都巡检及巡检，掌训练甲兵，巡逻州邑，职权颇重。后因设置增多，职权渐小，受所在州县守令节制。金元置巡检司长官。明清时，凡镇市、关隘，距县城远的大抵设巡检分治，为县令的属官。

【巡狩】 指帝王离开国都，巡行所辖国土，了解山川形势、风土民情及各地吏治等，以宣示王权，加强统治等。古代吉礼之一。传说，远古帝王舜巡狩中死于苍梧之野（今湖南、广西交界处），葬在九嶷山（今湖南永州宁远县）。秦始皇统一六国后，也曾多次出巡。隋炀帝南游扬州，清康熙帝、乾隆帝也多次巡狩江南。皇帝被掳到北方去，婉称北狩，如宋代徽、钦二帝被北方的金所掳，明代英宗被北方的瓦剌所俘，均有此称。

【荀况】 （约前313—前238）战国末思想家、教育家。名况，时人尊号为“卿”，汉人避宣帝讳，称孙卿。赵国人，游历齐国，曾担任稷下学宫祭酒，晚年受到排挤，离开齐国前往楚国，春申君用为兰陵（治今山东兰陵县兰陵镇）令。后著书终老其地。韩非、李斯皆其学生。荀子认为人性本恶，因此强调要通过教育使人向善，就像弯曲的木头必须经过矫正才能变直一样。政治上主张礼法兼治，王霸并用，坚持“正名”之说，强调封建等级制，反对世袭制。在经济上提出强本节用、开源节流。所著《荀子》，说理透辟，结构谨严。

【荀子】 书名。战国时期荀子著。经西汉经学家刘向整理，定为32篇。人性论是荀子理论的逻辑起点，也是其思想体系中最富有性格的部分。在书中，荀子提出了人性本恶的观点，认为人的本性倾向于自私和邪恶，需要通过教化和修养来实现道德的提升，即“化性起伪”。主张君主应具备德行和才能，通过仁政来实现国家的稳定和社会的和谐。此外，荀子还强调了教育对于培养人的品德和修养的重要作用。在文风上，《荀子》以行文简洁、说理透彻著称，善用排比句与对偶句增强议论的气势，有很强的感染力。

Y

【押司】古代吏名。宋时地方官属吏，办理案牍、官司等事务。由当地有产业人户中差选。也称押司官。在《水浒传》中，宋江担任过郓城县的押司一职。

【鸦片贸易】清中期以来英国等国大批运销鸦片，掠夺中国人民财富、毒害人民的罪恶活动。唐已有少量鸦片输入，供药用。明万历二十八年（1600）英国设东印度公司，制造鸦片输入中国。清嘉庆元年（1796），清政府下令禁止鸦片进口，但英美散商仍大量输入。道光十八年（1838）再令严禁，派林则徐到广东查办。英国发动鸦片战争，战后，外商仍将鸦片私自运销中国。第二次鸦片战争后，清政府被迫准许外商在通商口岸销售鸦片，以“洋药”名目缴税，成为“合法”进口商品。

【鸦片战争】公元1840—1842年英国因鸦片输出受阻而对中国发动的侵略战争。1838年，道光帝鉴于烟毒泛滥、白银外流，派林则徐赴广东查禁鸦片。1839年，林则徐虎门销烟。1840年英国发动侵华战争。清廷派琦善到广州议和，将林则徐革职。1841年，清廷对英宣战，三元里数万民众也奋起参战。英军先后攻陷厦门、定海、宁波、吴淞、镇江等，进犯南京。道光帝决定议和，签订了丧权辱国的《南京条约》。中国开始逐渐沦为半殖民地半封建社会。

【牙军】唐五代节度使麾下的精锐军队，负责保护节度使所在的牙城和官署，是藩镇对抗中央朝廷的重要武装力量。牙即衙，节度使官署称使牙，所居子城称牙城，故名。在节度使所辖诸军中最为精锐，常由其养子或亲信统领，晚唐五代藩镇军中骄兵悍将多出于此。

【牙人】旧时集市贸易中以介绍买卖为业的人。先秦称质人、驵，汉代以来称市侩，南北朝至隋唐称牙人，也称牙郎、牙子。收取的佣金称“牙钱”。除招揽买卖、提供行情、帮助讲价外，有时也代官府征税和收集物价信息。宋以来形成行业，明清称“牙商”，有牙行，清广州十三行即为专营进出口贸易的牙行。

【牙税】古代官府向牙商或牙行所征的税。也称牙契税、牙帖税、牙纪税、牙厘。南北朝以来多称职业化的交易议价中人为牙人，唐宋已向其所获佣金征税。明清重要口岸及商品集散地多有牙商店铺，称牙行，每年须向官府纳税领帖方得经营。

【牙帖】帖，tiě，用简短言词书写的柬帖。旧时牙商或牙行的营业执照。明清牙商或牙行须呈请官府批准领取牙帖方许营业。明由地方政府发放。清改由户部颁发，但各省藩司所出司帖、知县所出谕帖效力相同。大致分上、中、下三等，按时换领。帖费在乾隆时最高三两。

【厓山之战】 厓，yá。厓山，也作“崖山”。公元1279年，元军在厓山（今广东新会崖门镇南）附近海面歼灭南宋残余势力的一场海战。南宋德祐二年（1276）元军入临安（今浙江杭州）灭宋，虏宋恭帝北去。宋臣张世杰、陆秀夫等拥益王赵昰、卫王赵昺沿海南走，立赵昰为帝。景炎三年（1278）赵昰死，赵昺继位，张世杰等退至厓山。次年元将张弘范率军进逼，张世杰率军奋战，以腹背受敌失败。陆秀夫负帝跳海死，张世杰集合溃军，准备继续战斗，遇飓风舟覆溺死，南宋遂亡。

【衙前】 宋代一种官役。主管运送官物或看管府库粮仓，或管理州县官食物。负赔偿失误和短缺等责，承役者往往赔累破产。宋初无固定役法。仁宗初期，有派里正轮充的“里正衙前”，募充的“长名衙前”和以富户承充的“乡户衙前”等。官府许承担重难差役的衙前承包酒坊，以资弥补。嘉祐、治平年间（1056—1067）各地相继废止。熙宁三年（1070）行免役法，衙前改为雇役，以坊场钱（酒税）募充。

【雅克萨之战】 清康熙时中国军队驱逐沙俄侵略者的战役。公元17世纪中叶沙俄侵略者开始窜入中国黑龙江流域，强占尼布楚、雅克萨等地，筑城盘踞。康熙二十四年（1685）清政府派彭春、郎坦率军，与黑龙江将军萨布素会师，驱逐盘踞雅克萨的侵略军。俄军势穷力竭，遣使约降，彭春、郎坦等许其所请，挥师而归。同年冬侵略者又重占其地。清政府于次年使萨布素、郎坦等率军再围雅克萨，击杀托尔布津，俄方同意谈判。此役在康熙帝多年部署和准备后进行，清军两度反击，最终获胜，肃清了黑龙江下游一带的沙俄据点，为谈判解决中俄边界问题争取了主动。

【雅舞】 古代用于祭祀天地、祖先及朝贺、宴飨的舞蹈。也作“雅儛”。分文舞、武舞两大类。文舞的舞者左手执籥，右手执翟。武舞的舞者手执朱干、玉戚等兵器。相传黄帝之《云门》、尧之《大咸》、舜之《大韶》、禹之《大夏》，为文舞。汤之《大濩》、武王之《大武》，为武舞。周存六代之乐，至秦只剩《韶》《武》。汉魏以后，又有庙舞，各用于其庙，皆称“雅舞”。

【雅乐】 乐，yuè。古代帝王祭祀天地、祖先及朝贺、宴飨时所用的舞乐。周代用为宗庙之乐的六舞，儒家认为其音乐“中正和平”，歌词“典雅纯正”，奉之为音乐的典范。历代帝王都循例制作雅乐，以歌颂本朝功德。与“俗乐”相对。

【亚圣】 战国时期的孟子是儒家道统的优秀传承人，元朝至顺元年（1330）孟子被封为“亚圣公”，明世宗改称孟子为“亚圣”，后成为孟子的专称，意思是仅次于圣人孔子。

【揠苗助长】 出自《孟子》。一个宋人担心自家地里栽种的庄稼长得慢，于是就用手往上拔，想助庄稼快长。一番辛苦后，其子看到地里的庄稼不仅没有长高，反而枯萎了。后人以这个故事来比喻急于求成，忽视了事物的发展是内因和外因共同作用的结果，而内因是决定性的因素。违背了自然规律，哪怕抱有良好的愿望，强行人为干扰，其结果也必然是弄巧成拙、事与愿违。

【阉党】 阉，yān。明代趋附勾结宦官而结成的政治派别。明英宗时王振，宪宗时汪直，都有党羽，但势力未盛。武宗时，刘瑾专政，阁臣焦芳等附之，阉宦之权凌驾于内阁之上。熹宗时魏忠贤专权，内外官僚奔走门下，结党营私，陷害异己，自称儿孙，为之建造生祠。思宗即位后，将党附魏忠贤之人定为“阉党”，分为七等，严加惩治，重者处死，轻者终身不加任用。

【阏氏】 yānzhī。汉代匈奴王妻妾的称号。也称阏支、焉提。相传，焉支山下有红花，北方的人采其花朵做胭脂，妇人以胭脂为面容的妆色，因“胭脂”与“阏氏”音近，故称。汉代王昭君远嫁匈奴和亲，被封为宁胡阏氏。

【鄢陵之战】 公元前575年，晋楚两国为争夺对郑国的控制于郑地鄢陵（今河南鄢陵）进行的战役。晋厉公和楚共王亲自领兵参战。楚军因司马子反醉酒而败退。这是继城濮之战、邲之战后，晋楚两国第三次大战，也是晋楚争夺中原霸权的最后一次大战。

【燕国】 燕，本作匽、郾。周成王分封召公奭之子克为燕侯所建的姬姓诸侯国。位于燕山南部，建都蓟（今北京西南），是周朝控驭河北、辽西地区的重要据点，其早期世系失载。战国时称王，为“战国七雄”之一，后渐衰弱。公元前226年秦攻克燕都蓟城，四年后又攻克辽东，俘燕王喜，燕亡。

【燕山】 ①山名。位于今河北东北部。自潮白河河谷向东，经玉田、丰润，延伸至山海关。其主峰为雾灵山，云雾缥缈，风光秀丽，动植物资源丰富。有古北口、喜峰口、冷口等多处隘口，是南北交通的要道。其中，古北口修建于明洪武年间，城墙至今可见。古代关于燕山的名篇佳作甚多，既有劲健阳刚之作，如唐代李贺《马诗二十三首·其五》：“大漠沙如雪，燕山月似钩。何当金络脑，快走踏清秋。”也有叙述边地苦寒、征人离愁之作，如李白《北风行》：“燕山雪花大如席，片片吹落轩辕台。幽州思妇十二月，停歌罢笑双蛾摧。”②古代府名。宋徽宗宣和四年（1122）设置，治所在今北京，辖区包括今北京、天津及河北一些区域。

【燕云十六州】 五代时期，后唐河东节度使石敬瑭拜契丹主为父，并以割让十六个州为代价，借契丹之力建立了后晋政权。也称幽云十六州、幽蓟十六州。这十六州为：幽州（今北京城区西南）、顺州（今北京顺义）、应州（今山西应县）、蓟州（今天津蓟州）、新州（今河北涿鹿）、寰州（今山西朔州）、瀛州（今河北河间）、妫州（今河北怀来）、朔州（今山西朔州）、莫州（今河北任丘）、儒州（今北京延庆）、蔚州（今河北蔚县）、涿州（今河北涿州）、武州（今河北宣化）、檀州（今北京密云）、云州（今山西大同）。自此，燕山屏障尽失，华北平原无险可据，对宋、辽、金格局的形成，产生至关重要的影响。

【延祐经理】 元仁宗延祐年间对田亩的查核与对租税钱粮的理算。当时，江南地主豪强、寺观僧道以及蒙古贵族，采用种种手段，大量隐瞒田产，逃避赋税，严重影响国家财政收入。延祐元年（1314），仁宗采纳中书平章政事章闾的建议，在河南、江浙、江西三省实施的查勘田粮。实施过程中，由于各级官吏贪腐，以无为有，妄增亩数，有很多富民却因贿赂官吏隐瞒田产，人民深受其害，成了流毒三省的一项暴政，导致次年江西宁都发生蔡五九起义。

【芫荽】 yánsuī。茎叶细嫩，根如胡须。嫩茎和叶有特殊香气，可供蔬食、调味，生熟皆可食。也可点缀于肴馔上，作装饰与香辛料。果实圆形，用作香料，也可入药。西汉时期，张骞出使西域，带回其种，称其胡荽。因后赵皇帝石勒避讳“胡”字，改称香荽。俗称香菜。

【严羽】 南宋文学批评家。字仪卿、丹丘，号沧浪逋客，邵武（今属福建）人。与同宗严仁、严参齐名，并称“三严”。又与严肃、严参等八人，均有诗名，并称“九严”。一生未曾出仕，大半隐居在家乡。在诗歌理论方面颇有建树，著有《沧浪诗话》。书中提出较有系统的诗歌理论，标榜盛唐，主张诗有别裁、别趣之说，重视诗歌的艺术特点，批评了当时以文字、才学、议论为诗的弊病。又以禅喻诗，强调“妙悟”，对明清的诗歌评论影响颇大。另有诗集《沧浪集》。

【炎帝】 传说中远古姜姓的部族首领。“炎黄子孙”中的“炎”指的就是炎帝。号烈山氏，也作“厉山氏”。原居姜水（在今陕西岐山县西）流域，后向东发展到中原地区。曾与黄帝在阪泉（今河北涿鹿东南）大战三次，被击败，后又联合黄帝击杀蚩尤。一说炎帝即神农氏。上古时期，人们还不会用火，所获猎物只能生吃。神农发明了用火方法，教人们吃熟食，引导人们脱离了茹毛饮血的生活，因此人们也称其为炎帝，意思是给人们带来火种的帝王。他还尝百草，辨认可以食用的植物，又发明了农具，教给人们耕种的方法，引导人们从事农业生产，由此也有“神农”的称号。神农，意思是创造农业生产的神奇人物。

【炎黄】 我国古代传说中的炎帝和黄帝的合称。后常借指中华民族的祖先。相传，炎帝原居住在姜水（在今陕西岐山县西）流域，阪泉大战被黄帝击败后，联合黄帝击杀蚩尤，后结成联盟。经过长期发展、壮大，逐渐形成“华夏民族”，由黄河流域扩展到长江流域，并融合更多的民族，形成今日的中华民族。

【沿纳】 按例缴纳的额外苛税。指宋朝沿袭五代征收的各种附加税。也称杂变之赋。皆在两税以外附加征收，后来实际成为两税的一种固定内容。

【盐铁论】 书名。西汉桓宽编著。昭帝始元六年（前81），朝廷召开“盐铁会议”，以贤良文学为一方，以御史大夫桑弘羊为另一方，双方就盐铁专营、酒类专卖和平准均输等问题展开辩论，内容包括汉武帝时期的政治、经济、军事、外交、文化等方面。三十年后，桓宽根据这次会议的官方记录，加以“推衍”整理，增广条目，把双方互相责难的问题详尽地记述出来，写成《盐铁论》。全书分为10卷60篇，前41篇是写会议上的正式辩论，自第

42篇至59篇是写会后的余谈，最后一篇“杂论”是作者写的后序。篇各标目，前后联成一气，采用对话文体，以生动的语言真实反映当时的辩论情景，保存了不少西汉中叶的经济思想资料。同时，也把桑弘羊这一封建社会杰出理财家的概略生平、思想和言论相当完整地保留了下来，成为研究中国经济思想史特别是西汉经济思想史的一部重要著作。

【盐铁之议】 西汉昭帝时期召开的一次由盐铁官营问题所引起的有关国家政策的辩论。其本质是对汉武帝时期推行的各项政策进行总的评价和估计。始元六年（前81），昭帝命地方举荐的贤良文学参与讨论内外政策，御史大夫桑弘羊坚持推行武帝以来盐铁官营等政，与力主调整的贤良文学反复辩难交锋。会后，取消酒类专卖和部分地区的铁器专卖。汉宣帝时，桓宽根据当时会议的记录，整理为《盐铁论》。

【盐引】 商人运销官盐的凭照。引既指凭证，又指所规定的重量单位。宋庆历八年（1048），范祥变通盐法，由交实物改为交钱买盐钞，商人凭盐钞购盐运销，后盐钞发行过多，盐钞法败坏。蔡京于徽宗政和三年（1113）行盐引法，由商人入中或纳税后领引运销。盐引分为长引和短引。长引销外路，短引销本路。严格批缴手续和缴销期限，长引一年，短引一季。限定运销数量和价格。元以来屡有损益，明后期至清改由商人分层包销，盐商资格须经官府审定，仍须纳税领引，方得在规定期限、地区内营销规定产地和数量的食盐。

【阎立本】 （约601—673）唐代画家。雍州万年（今陕西西安）人。其父阎毗、其兄阎立德俱擅工艺、建筑和绘画，驰名隋唐间。阎立本继承家学，擅长绘画、工艺、建筑，且有政治才干。高宗显庆元年（656）阎立德去世，继任兄长为将作大匠，同年升为工部尚书。总章元年（668）擢升为右相，当时姜恪以战功擢任左相，时人有“左相宣威沙漠，右相驰誉丹青”之说。阎立本善画道释、人物、山水、鞍马，尤以道释人物画著称。曾为长安慈恩寺画壁画，颇受称誉。武德九年（626）所绘《秦府十八学士图》系表现秦王李世民属下的房玄龄、杜如晦等18位学士，对每个人的身材、相貌、服饰、年龄及神情等特征都有生动而具体的刻画。贞观十七年（643）又奉诏于凌烟阁为长孙无忌、李孝恭、魏徵、李勣、房玄龄、杜如晦等24位功臣画像，绘成《凌烟阁功臣二十四人图》。还曾奉诏为唐太宗画像。存世作品尚有《历代帝王图》《步辇图》（均为宋摹本）等。

【阎若璩】 （1636—1704）璩，qú。清初经学家。字百诗，号潜邱。祖籍太原，五世祖居江苏淮安。其学术思想主汉学不主宋学，长于考据，主张对古书要大胆怀疑，但考据要力求精确。是清代汉学研究的先导，考据学的奠基者之一。沉潜三十余年，作《尚书古文疏证》和《尚书孔氏传》，确证东晋梅赜所献《古文尚书》出于伪作，使《古文尚书》公案成为定谳。另著有《毛朱诗说》《四书释地》《潜邱札记》《困学纪闻注》等。

【颜回】 （前521—前490）孔子最得意

的弟子。姓颜，名回，字子渊，也称颜渊。春秋末鲁国人。家境贫寒，淡泊名利，居陋巷，箪食瓢饮而不改其乐。据《论语》记载，有一次孔子评价颜回说："贤哉，回也！"夸赞他在物质上能安于贫困并好学不倦。不幸的是，颜回英年早逝，令孔子非常悲痛。在颜回去世后，孔子感慨地说："噫！天丧予！天丧予！"后世尊其为"复圣"。

【颜柳】 指唐书法家颜真卿、柳公权。二人字体皆以筋骨见长，颜真卿的字多筋，柳公权的字多骨，故后人常以颜、柳并举，称"颜筋柳骨"。

【颜师古】 （581—645）隋唐经学家、训诂学家。名籀，字师古，以字行。祖籍琅邪临沂（今属山东），后迁居京兆万年（今陕西西安）。官至中书侍郎。祖父是南北朝时期的著名学者颜之推。遵循祖训，博览群书，学问通博，擅训诂、声韵、校勘之学。著有《汉书注》《急就章注》《匡谬正俗》等。

【颜氏家训】 书名。北齐颜之推著。始作于北齐，成于隋仁寿年间（601—604）。全书共分为七卷二十篇，内容涵盖了立身、治家、处事、为学等多个方面，是颜之推关于人生经验和教育理念的总结。书中对教育子女的方式方法和家庭内部的行为规范做了详细的阐述。强调教育要因材施教，要注重孩子的兴趣和特长，提倡教育要宽严相济，既要给予孩子自由发展的空间，又要对他们进行必要的约束和引导。这些观念在现代社会仍具有积极意义。《颜氏家训》曾广为流传，人们评价为"古今家训，以此为祖"。

【颜真卿】 （709—784）唐代书法家。字清臣，京兆万年（今陕西西安）人。祖籍琅邪临沂（今属山东）。开元年间中进士。为人刚直，受权奸杨国忠排斥，出任平原太守。安史之乱中，联合堂兄常山太守颜杲卿奋起抵抗，河北十七郡纷起响应。颜杲卿和侄颜季明慷慨殉国，颜真卿愤然书就《祭侄季明文稿》，被后世誉为天下第二行书。后授宪部（即刑部）尚书，迁御史大夫，封鲁郡公，世称颜鲁公。建中三年（782）李希烈叛，颜真卿前往劝谕，持节不屈，被李希烈缢死于狱中。颜真卿书法广泛汲取前人所长，雄伟刚劲，世称"颜体"。在中国书法史上有着承先启后的地位，对后世书法艺术的发展影响极大，为百世之宗。与柳公权并称"颜柳"，人称"颜筋柳骨"。《多宝塔碑》《颜勤礼碑》《争座位帖》《自书告身》《祭侄季明文稿》为其代表作。

【颜之推】 （531—约595以后）北齐文学家、教育家。字介，琅邪临沂（今属山东）人。初仕梁元帝为散骑侍郎，后投奔北齐，官至黄门侍郎。长于语言文字学，与刘臻、萧该等讨论音韵，后由陆法言编为《切韵》。所著《颜氏家训》，是我国古代最早的家庭教育著作。书中提倡儒家的教育思想，强调家庭教育的重要性，提倡父母注重言传身教，主张以德育为核心，培养儿童的品德和良好习惯。对中国传统家庭教育影响深远。

【衍圣公】 孔子后裔世袭的封号。自汉朝始，历代王朝对孔子后裔皆加封爵位。汉称"褒成侯"，魏称"宗圣"，晋称"奉圣"，北魏称"崇圣"，北齐称"恭王"，均为侯爵。北周及隋文帝封“邹国公”。隋炀帝改封“绍圣侯”。唐初封“褒圣侯”。开元中，追谥孔子为“文宣王”，封其后裔为“文宣公”。北宋至和二年（1055），因后裔不宜用祖谥为号，改封世袭“衍圣公”，掌奉阙里庙祀。明清两朝沿袭不改。

【郾城之战】 郾，yǎn。公元1140年，南宋将领岳飞在郾城（今河南漯河）击败金军主力的战役。南宋绍兴十年（1140）金军四路进攻，战线东至淮河，西至陕西。金将完颜宗弼率领精兵一万五千余骑，到达郾城北面，以重铠严装的“铁塔兵”列在正面，拐子马布列两侧。岳飞采用游奕联防战术，令将士各持刀斧，上砍敌人，下斩马足，大败金军。岳飞进抵朱仙镇，旋即奉诏退军而回。因高宗、秦桧主张议和，岳飞拟恢复河朔的计划未能实现。

【演义】 根据史事、传说敷衍而成的长篇章回体小说，由宋代讲史、话本发展而来。为古代小说的一种体裁，如《三国演义》《隋唐演义》等。

【甗】 yǎn。古代炊器。青铜或陶制。其下半部似鬲（用作水锅），上半部似甑（蒸锅），甑下有带孔的箅子，用来通水蒸气。盛行于商周，一直到汉代都能见到。

【晏殊】（991—1055）晏，yàn。北宋词人。字同叔，抚州临川（今江西抚州）人。自幼聪明过人，7岁就能写文章，被誉为神童。真宗景德年间，晏殊仅14岁就以神童召试，赐同进士出身。官至集贤殿大学士、同中书门下平章事兼枢密使。卒谥元献。以词著称，与欧阳修并称“晏欧”。其词擅长小令，多表现诗酒生活和悠闲情致，语言婉丽，情致典雅。《浣溪沙》中“无可奈何花落去，似曾相识燕归来”二句，传诵颇广。其子晏几道也擅词，父子合称“二晏”。有《珠玉词》。

【晏婴】（？—前500）春秋时齐国大夫。也称晏子。字平仲，夷维（今山东高密）人。齐灵公二十六年（前556）任齐卿，历仕灵公、庄公、景公三世。强调节俭、薄敛、省刑，重视生产，提倡蚕桑。曾奉景公命使晋联姻，与晋大夫叔向议论齐政，预言齐国政权终将为田氏所取代。传世《晏子春秋》系后人依托并采缀晏子言行而成。

【晏子春秋】 书名。旧题春秋齐晏婴撰，实则为后人托名并采缀晏子言行而作。分内外篇，共8卷、215章。书中晏婴劝告君主不要贪于逸乐，要爱护百姓、任用贤能和虚心听取不同意见等统治经验，常为后世效法。书中有许多生动的情节描写，表现了晏婴的聪慧和机智，如“晏子使楚”等，广为流传。

【宴飨】 飨，xiǎng。宴礼与飨（享）礼。古代王室用大宴款待群臣、宾客。根据招待对象不同，采用不同等级的礼仪。天子款待诸侯用飨礼，款待诸侯的卿用宴礼。飨礼用半个牲体，叫“体荐”“房烝”。体荐不煮熟，不能食用，故飨礼上主、宾不饮不食，设酒肴仅为表示隆重。宴礼则用切开之肉，带骨头而放置在俎上，叫“折俎”“殽烝”。后世皇家虽不完全遵先秦古礼，但“飨”与“宴”这两种不同等级的礼，一直存在。

【雁臣】 北魏孝文帝迁都洛阳后，留居代北每年前往洛阳朝觐的大臣。因为当时部分北族显贵和官员不愿意南迁，于是孝文帝特许他们仍居平城一带留守。这些人经常是每年秋凉前来朝觐，到春暖时始返回代北，以便避开炎热的天气，如同大雁秋去春来、定时往返的习性，故得名。

【雁荡山】 位于浙江东南部。分南、北两山，南雁荡山在浙江平阳县西南；北雁荡山位于乐清市东。绝顶有湖，水常不涸，芦苇丛生，春归之雁常留宿于此，故名。以飞瀑、悬崖、奇峰、灵石闻名。灵峰、灵岩、大龙湫被誉为雁荡风景三绝。明代徐霞客在其游记中，专有一篇《游雁荡山日记》，以“登盘山岭，望雁山诸峰，芙蓉插天，片片扑人眉宇”形容雁荡山景致。今人潘天寿于1963年创作了《雁荡山花图》，在实景写生的基础上，用中国画技法，描绘了雁荡山草长莺飞的勃勃生机。也称雁山。

【雁门关】 古关名。在今山西代县雁门山顶。是长城上的重要关隘。与宁武关、偏头关合称山西三关，即外三关。雁门关北通大同，南达太原，进可入辽阔草原，退可守千里关中，自古就是边防战略要地。先秦时期，赵武灵王胡服骑射，大败林胡、娄烦，设云中、雁门、代郡。秦始皇统一全国，派大将蒙恬北出雁门，收复河套地区。汉代名将卫青、霍去病、李广等都曾驰骋于雁门古塞内外，搏击匈奴，立下汗马功劳。北宋初期，雁门关一带是宋辽激烈争夺的战场。元代以后，随着中华民族统一国家疆域的逐步形成，内长城作为“内边”的作用已经失去，所属的雁门雄关也随之荒芜。

【滟滪堆】 滟滪，Yànyù。历史上位于长江瞿塘峡口江心的一块巨石。也称燕窝石、淫预石。为旧时长江三峡著名险滩。唐代李肇《唐国史补》卷下“大抵峡路峻急……四月五月为尤险时，故曰：‘滟滪大如马，瞿塘不可下；滟滪大如牛，瞿塘不可留；滟滪大如襆，瞿塘不可触。’”1958年航道整治，滟滪堆被炸平。

【燕服】 燕，闲居。天子、百官日常家居时所穿的便服。也称宴服。先秦有时称亵服。秦汉以来用此称。北朝时期，常与民间服饰混淆，隋炀帝时改称常服。唐太宗以来，规定天子常服专用赤黄袍，三品以上色紫，四五品绯，六七品绿，八九品青，吏及百姓黄，质料和配饰各有规定。宋以来，公服即循此损益，而便服更趋简化。明朝常服指常朝视事之服，另仿古玄端为燕服，清废。

【燕乐】 乐，yuè。古乐名。祭祀燕享之乐；内廷之乐；隋唐以后的俗乐，亦作“宴乐”。其名称始见于《周礼》，指天子及诸侯宴饮宾客时所用的乐舞。一般采自民间俗乐，以别于雅乐。随着民间音乐的演变，历代燕乐的形式各异，如汉有相和歌、百戏等，唐有歌曲、舞曲、戏弄等，宋以后有杂剧、传奇等。

【燕子矶】 矶，jī。位于江苏南京幕府山东北角观音门外。因其形为一巨石直立江上，三面临空，如燕子展翅欲飞，故得其名。总扼大江，地势险要。自古就是长江军事要津。燕子矶名列“金陵四十八景”之一。矶上怪石嶙峋，矶下白浪滔天。矶上建有碑亭，中有清乾隆帝亲书“燕子矶”之碑。

【秧马】 一种木制农具。流行于长江中下游一带水稻产区。北宋时已大量使用。外形似小船，尾翘起，背面像覆瓦，供一人骑坐。操作者跨坐其上，脚蹬滑行，插秧时用双手将头上放置的秧苗插入田中，拔秧时则用双手将秧苗拔起，捆缚成匝，置于船后舱中。苏轼曾写有《秧马歌》。

【扬雄】（前53—18）一作“杨雄”。西汉文学家、哲学家、语言学家。字子云，蜀郡成都（今属四川）人。少好学，博览群书，40岁后始游京师，以辞赋闻名。汉成帝时任给事黄门郎。王莽时任大夫，校书天禄阁。因符命案受牵连，被迫投阁，未死。为人口吃，讲话不流利，以文章名世。早年好辞赋，曾模仿司马相如赋作《长杨》《甘泉》《羽猎》诸赋，世称“扬马”。晚年认为辞赋乃雕虫小技，转而投入哲学，乃仿《论语》作《法言》，仿《周易》作《太玄》。在语言学方面也有成就，曾著《方言》叙述西汉时代各地方言，为研究古代语言的重要资料。又续《仓颉篇》编成《训纂篇》。

【扬一益二】 唐后期对扬州（今江苏扬州）、益州（今四川成都）繁华居天下之最的称誉。安史之乱以后，北方经济地位下降，长江流域地位上升。扬州、益州成为全国最繁华的工商业城市。两地自然条件优越，人文传统悠久，又久为安定之地，至此城市繁华，消费发达，吸聚了天下商旅，带动当地经济，俱极一时之盛。扬州犹在益州之上，有“天下之盛，扬为首”的说法。

【扬州八怪】 清代康熙（1662—1722）到乾隆（1736—1795）年间，活跃于扬州一带的八位画家，因其个性独特、画风怪诞，被称为“八怪”。通常认为是汪士慎、李鱓、金农、黄慎、高翔、郑燮、李方膺、罗聘八人。他们多为失意官吏或无功名的文人，居于扬州，借书画表现心中不平，作画不拘成法，反对正统画风，在题画诗、书法、篆刻等创作领域锐意创新，成就卓著，被当时正统画派视为“偏师”“怪物”，“扬州八怪”由此而得名。

【扬州十日】 公元1645年，清军攻破扬州后，对城内人民进行大屠杀。屠杀共持续十日，故名。此役南明督师史可法率军民誓与扬州城共存亡，坚守六日后城破，史可法被俘，拒降而死，清将多铎纵军屠掠十日，死难者八十余万人。

【阳春白雪】 古代乐曲名。传为春秋时晋国音乐家师旷所作，一说为齐国刘涓子所作。古时每以“阳春白雪”连称为一曲，后世琴谱则分为两曲。最早见于《神奇秘谱》，列“阳春”于上卷宫调，云“阳春”者，“取万物知春、和风澹荡之意”；列“白雪”于中卷商调，云“白雪”者，“取凛然清洁、雪竹琳琅之音”。唐显庆二年（657），吕才曾依琴中旧曲配以歌词。后世以“阳春白雪”借喻“曲高和寡”之典故。

【阳关】 ①古关名。在今甘肃敦煌西南，因位于玉门关之南而得名阳关。汉时设置。是古代通往西域的咽喉之地，丝绸之路南路必经的关隘。唐王维《送元二使安西》：“劝君更尽一杯酒，西出阳关无故人。”阳关在后世被赋予送别友人、抒发离情的文学意象。②战国时巴国的三关之一，位于今重庆东石洞关。

【阳关三叠】 古曲名。最早见于明初龚稽古《浙音释字琴谱》（1491前），而以清张鹤《琴学入门》（1864）的传谱最为流行。各派琴谱均以唐王维《送元二使安西》诗为主要歌词，并引申诗意，增添词句，抒写离情别绪。因诗中有“阳关”与“渭城”两个地名，故亦名《阳关曲》或《渭城曲》。后入乐府，以为送别之曲，又因全曲分三段，原诗反复三次，故称“三叠”。

【阳湖派】 清代散文流派。形成于乾隆、嘉庆年间，其代表人物恽敬、张惠言、李兆洛皆为阳湖（今江苏常州）人，故名。在古文取向上既受过桐城派主张的影响，又对其弊病有所批评和修正，主张以学济文、追求气势与文采兼擅。与桐城派并称，为清代散文的两大重要流派。

【阳文】 印章上所刻或其他器物上所铸凸起的文字或花纹。用阳文印章钤出的印文为朱色，故也称朱文。后世就其体而言，称印章或器物上凸起的文字、花纹，拓下来或盖出来的白底黑字、白底红字、花纹为阳文。被广泛应用于各种艺术形式，如篆刻、书法、雕塑等。汉魏印章多阴文，自唐以来多用阳文。阳文印章的文字图案则是凸起的，给人一种刚健、明快的感觉，常被用来代表男性、刚强、外向等特质。在中国传统文化中，阳文常被用于制作印章、符咒、法器等，被赋予了神秘、神圣的象征意义。

【杨贵妃】 （719—756）我国古代四大美女之一，唐玄宗宠妃。小字玉环，号太真，蒲州永乐（今山西芮城西南）人。姿质丰艳，善音律歌舞。初为玄宗子寿王瑁妃。天宝三载（744）入宫，得玄宗宠爱。次年封为贵妃。姊妹皆显贵，堂兄杨国忠操纵朝政，败坏政事。十四载（755），安禄山以诛杨国忠为名，发动叛乱。玄宗西逃入蜀，至马嵬驿（今陕西兴平西），杨国忠被杀，她也被下令缢死。白居易《长恨歌》即咏唐玄宗与杨贵妃之间的故事。

【杨柳青木版年画】 我国北方民间木版年画。因它的产地在天津西青区杨柳青镇，故名。产生于明崇祯年间，在清雍正、乾隆年间达到鼎盛，成为我国北方民间年画的核心。杨柳青木版年画继承宋元绘画的传统，吸收明代木刻版画、工艺美术、戏剧舞台的形式，采用木版套印和手工彩绘相结合的方法，多以神话、旧戏曲故事、美女、胖娃娃等为题材，寓意喜庆吉祥。

【杨慎】 （1488—1559）明代文学家、学者。字用修，号升庵，四川新都（今成都新都区）人。大学士杨廷和之子。正德六年（1511）状元及第，授翰林修撰。世宗时，为经筵讲官，以“大礼议”事获罪，谪戍云南永昌卫，居云南二十余年，终老于戍地。学识广博，勤于著述，平生著作多达百余种，被誉为明代才子之首。工诗文，诗宗六朝初唐，推崇含蓄蕴藉的风格。亦善词曲，《三国演义》开篇词《临江仙》（滚滚长江东逝水）即为其所作。有《词品》《丹铅总录》《廿一史弹词》《陶情乐府》等，后人辑为《升庵集》。

【杨万里】 （1127—1206）南宋诗人。字廷秀，吉水（今属江西）人。高宗绍兴三十年（1160），拜谒谪居永州的名臣张浚，张浚勉以“正心诚意”之说，遂自名书室为“诚斋”，学者称诚斋先生。绍兴进士，曾任吏部侍郎、太子侍读、秘书监等职。工诗，初学江西诗派，后学王安石及晚唐诗风，最终自成一家，时号“诚斋体”，以构思新巧、语言通俗、风趣自然著称。一生作诗25 000余首，现存诗4000余首。与陆游、范成大、尤袤并称为南宋“中兴四大家”，亦工文章及长短句，有《诚斋集》。

【杨维桢】（1296—1370）元代文学家、书法家。字廉夫，号铁崖、铁雅、东维子等，诸暨（今属浙江）人。泰定四年（1327）举进士。为官正直，曾任职钱清盐场，因请求减轻盐税而得罪上司，以致十年不调。元末避乱居富春山，以遨游山水为乐。张士诚屡召不赴。明朝建立后，朝廷召他修礼乐书，作《老客妇谣》诗以拒绝。后被逼无奈，留京四个月。待体例略定，即乞归。归后不久逝世。其诗长于乐府，风格雄奇怪丽，峻峭脱俗，人称“铁崖体”，独擅一时，声名极大。善行草书，笔力劲健。杨维桢少时就很聪颖，他的父亲杨宏在家乡铁崖山麓筑楼，周围植梅百株，楼上藏书万卷，令其与兄杨维翰专心攻读，将梯子撤去，每天用辘轳传送食物，如此苦读五年，得以遍览经史，学问精进，因以“铁崖”自号。有《东维子文集》《铁崖先生古乐府》。

【杨修】（175—219）汉末文学家。字德祖，弘农华阴（今陕西华阴东南）人。出身世代簪缨之家，太尉杨彪之子。好学能文，才思敏捷。任丞相曹操主簿。曹操之子曹植视为心腹，交往甚密。后曹植失宠，曹操因其多智，又是袁术之甥，担心留有后患，遂借故将其杀害。有文集，已佚。

【杨衒之】 衒，xuàn。北魏散文家。北平（今河北满城北）人。曾任期城郡（在今河南泌阳西北）太守。代表作《洛阳伽蓝记》记述了洛阳佛寺园林的盛衰兴废，寄托了历史兴亡的沧桑之感。

【杨朱】 战国初魏国人。先秦经籍中又称他为杨子、阳子居、阳生。主张贵己、重生，反对别人对自己的侵夺，也反对侵夺别人。其思想在战国初期颇为流行。孟子曾批评他说“拔一毛而利天下不为也”。其言行散见于《孟子》《庄子》《韩非子》《吕氏春秋》等。

【洋钱】 清时对外国银币的俗称。也称番银。在数十种流入中国的外国银币中，西班牙本洋和墨西哥鹰洋以数量大、流通广而著名，并一度成为中国市场上重要的流通货币。

【洋税】 清朝关税等各种涉外税收的总称。在税务司制度建立前，各海关征收的夷商之税被称为夷税。在税务司制度确立后，洋关所征之税则称为洋税。洋税是晚清时期财政收入的重要来源之一。

【洋务运动】 清朝同治、光绪年间进行的与资本主义有密切联系的军事、政治、经济、文教、外交等方面的活动。以“自强”“求富”为目标，以“中体西用”为指导思想，以维护清廷统治为根本目的。代表人物有奕䜣、曾国藩、李鸿章、左宗棠、张之洞等。公元1860—1890年间，洋务派购买枪炮军舰，筹建海军，创办江南机器制造总局等军事工业，创建轮船招商局等工矿、交通运输业，设立京师同文馆等教育机构，派遣学生留学欧美等。洋务运动引进了资本主义国家的先进技术，是我国早期现代化的尝试。但初衷是维护封建统治，难以成功。

【养蚕】蚕的饲养技术。古人通过这项技术，获取蚕营茧时吐出的丝缕。经过加工，制造出具有华贵光泽、柔韧透气的优良纺织原料。我国养蚕有着悠久的历史，相传是远古帝王黄帝的妻子嫘祖发明了养蚕缫丝。考古发现，早在四千年前，浙江就已有桑蚕丝织活动。而出土的殷代玉蚕、青铜器上蚕纹装饰、甲骨文关于祭祀蚕神的记载都证明了蚕在我国先民生活中具有特殊地位。《诗经》《左传》《仪礼》等文献中都记载了妇女采桑、育蚕的事迹，而《齐民要术》则详细介绍了地桑（鲁桑）的推广和桑树整修技术，总结了提高桑叶产量和叶质的经验。养蚕是我国古代重要的农业活动，而桑蚕丝、柞蚕丝等丝织品作为我国的特产，西汉时经西域传到中亚、西亚乃至罗马，受到各国人民的喜爱，由此开启了世界历史上东西方大规模商贸交流的历程——“丝绸之路”。养蚕法也从公元7世纪起，陆续传到阿拉伯、埃及、西班牙、意大利、法国和英国。这一技术的传播，丰富了各国人民的物质生活，增进了彼此间的友谊。养蚕是中国先民智慧的结晶，也是中国对世界文明所做出的贡献。

【养士】收罗、供养贤才，为己所用。春秋战国时期，盛行养士之风，有权势的人招揽有才能的人，供他们食宿，留待日后之用，扩大自己的政治影响力。如齐国孟尝君养士三千，著名谋士冯谖便是孟尝君的食客之一。魏国信陵君、赵国平原君、楚国春申君、西汉淮南王刘安都养士数千人。养士之风沿袭到清代。

【腰斩】古代执行死刑时，用铁锁将犯人从腰部砍断为两截。周代已有此刑。秦朝丞相李斯被赵高诬陷“谋反”，被腰斩于市。

【尧】父系氏族社会后期部落联盟领袖。传为帝喾之子，初封于陶，又封于唐，因号陶唐氏，名放勋，史称“唐尧”。据传曾命羲和掌管时令，制定历法。设置谏言之鼓，让天下百姓畅所欲言；立诽谤之木，让天下百姓批评他的过错。尧最为人们称道的是他不传子而传贤，禅位于舜。他认为自己的儿子丹朱凶顽不堪大任，因此与四岳商议，请他们推荐人选，四岳推荐了舜。尧就把自己的两个女儿娥皇、女英嫁给舜，并对舜进行了三年的考核，认为舜才能出众，于是把帝位传给舜，史称“禅让”。尧以其勤政爱民的形象受到百姓的高度评价，后世将其作为贤君的象征。

【轺车】轺，yáo。一种轻便的小马车。其上有圆盖，四面空敞，供两人乘坐，右为驾车者，左为乘坐者。配一匹马的，称为“轺车”；两匹马的，称为“轺传”。还有三马、双辕，中马负轭，两马居辕外的车，称为“轺车骖驾”。此类车马尾有彩帛饰物，而古代吏人骑乘的马尾似乎均有结，故马尾饰物应是乘坐人身份的一种标记。

【姚崇】（650—721）唐代大臣。本名元崇，字元之，后改名崇，陕州硖石（今河南三门峡陕州区东南）人。历任武则天、睿宗、玄宗朝宰相。在位期间，推行了一系列政策，如主张禁止宦官贵戚干政，停止建造佛寺道观，奖励群臣进谏等，政绩卓著，为“开元之治”打下基础。与当时另一位贤相宋璟并称“姚宋”。开元四年（716），山东地区发生蝗灾。当时朝议鼎沸，很多大臣认为蝗灾乃是天灾，非人力所能去除。况且杀虫太多，有伤天和，不宜捕杀蝗虫。姚崇力主捕杀，推行焚埋之法，以减轻灾情。在姚崇的坚持下，蝗灾的危害大为降低，没有造成大面积的饥荒。

【姚鼐】（1732—1815）鼐，nài。清代文学家、学者。字姬传，其书斋名惜抱轩，世称惜抱先生，安徽桐城人。少从古文家刘大櫆学习古文。乾隆二十八年（1763）中进士。四库馆开，任《四库全书》纂修官，参与修书。后辞官回到家乡，先后任梅花、紫阳、敬敷、钟山等书院讲席，共计四十年。在古文创作理论上，继承方苞、刘大櫆而有所发展，提出“义理、考据、辞章”缺一不可，又以“神、理、气、味、格、律、声、色”八字为文章要素；在风格论上，阐明阴阳刚柔之说，受到后世的推重。选编《古文辞类纂》，流传极广。与方苞、刘大櫆合称“桐城派三祖”。

【瑶】玉，一说是像玉一样的美石。可做配饰和器皿。因瑶的质地洁美，故又用来比喻美好的资质或艳丽的容貌等，作为赞美之辞，如称誉人的文笔为“瑶句”，称神仙的居所为“瑶池”“瑶固”等。

【耶律楚材】（1190—1244）蒙古成吉思汗、窝阔台汗时大臣。字晋卿，号湛然居士。契丹族。当蒙古军攻占金中都时，成吉思汗发现了他的才华，将其收为臣子。耶律楚材随后陪伴成吉思汗西征，建立奇功。在窝阔台即位后，耶律楚材成为社稷之臣，官至中书令。耶律楚材深受儒家文化的影响，他在治理蒙古帝国时提倡儒家治国之道，并制定了各种施政方略。在他的影响下，蒙古帝国逐渐接受并融入了中原文化。善诗文，有《湛然居士文集》。

【野人】周朝时，居住在筑有围墙的城市及近郊外的农夫。与“国人”相对。野人供赋税，服徭役，不可当兵。如春秋时的子路是鲁国卞（今山东泗水）地的野人，后向孔子问学，成为天下显士。春秋以来，野人逐渐与国人混同。

【野史】古代私家编撰的史书。别于史官的记载。多涉史事，内容涉朝野传闻、宫闱秘事、民俗世风。与正史相对而言。《新唐书·艺文志》有《大和野史》十卷，以“野史”为名，以别于正史。后世作者，以明代为最多，野史名著如《国榷》《明季北略》《明季南略》《南疆逸史》《罪惟录》等。

【业】佛教指一切身心活动。这包括身、口、意三个方面，称作“身业”“口业”“意业”。“业”有善恶之分。分善、不善、非善非不善三种，并会引起相应的报应，这就是佛教“因果报应”的理论依据。后“业”引申为罪恶、邪恶的意思。

【业障】佛教徒将一切行为、语言、思想意识称为“业”，分别叫作身业、口业、意业。业有善恶之分，但一般偏指恶业。引申为罪恶、邪恶。而障即障碍。业障就是指妨碍佛教修习的罪恶。也称孽障，其意义后世在民间俗化为“罪恶”。

【业主】田地、房屋等常产的所有者。宋以来田地、房产等租佃、典赁、买卖多用此称。

【夜叉】梵语音译词。原指印度神话中的一种半神的小神灵，是财神的随从，原型比较和善可亲。随着佛教东传至中国，其形象变得凶恶狰狞，成了所谓“八部鬼众”之一。它勇健轻捷、啖人、多作暴恶之事。夜叉分为三种：一在地，二在虚室，三为天夜叉。后引申为凶恶丑陋的人。如《水浒传》里的孙二娘，在十字坡上开黑店，卖人肉包子，其诨号就是“母夜叉”。

【夜光杯】用美玉所制的夜间能发光的酒杯，故名。一说因它在月光下会呈现出“琼浆玉中月色波光”的奇妙景象，故深受人们的喜爱。唐王翰《凉州词》：“葡萄美酒夜光杯，欲饮琵琶马上催。”

【夜郎】战国至秦汉时，中原西南诸部族中的强国。位于今贵州西北部、云南东北部、四川南部及广西北部一带。秦王朝与其建立联系。汉武帝曾派唐蒙前往招抚，在当地设牂柯郡。因西南地处偏远，各族首领自为一州之主，而其中又以夜郎国最大，其国主自以为疆域超过汉王朝，在唐蒙面前闹了笑话，这就是“夜郎自大”的由来。后人以此比喻妄自尊大。汉成帝时，夜郎因不服东汉政权管束，其王被牂柯太守陈立所斩，自此亡国。

【夜明珠】古代传说中夜间能发光的宝珠。一说因它光彩耀目，像明月之光，故又称明月珠。相传，夏朝君主禹开凿龙关山时走进一个岩洞，在洞里看到一只形状像猪的野兽，口衔夜明珠，夜明珠的光像烛光一样明亮。夜明珠被视为稀有、名贵的珍宝，用作礼品、陪葬、装饰等。战国屈原《九章·涉江》“被明月兮佩宝璐”中的“明月”即夜明珠，佩戴珍贵的夜明珠象征自己品质高洁。传说江汉一带（今湖北境内）所产的夜明珠，是珠中之最美，故古人用“江汉之珠”一词指代品质上等的珠宝。

【掖庭】掖，yè。皇宫中的旁舍，妃嫔、宫女以及罪犯官僚的女眷居住的地方。也作“掖廷”。秦代称永巷。汉武帝太初元年（前104）改称掖廷，设置掖廷令，掌管后宫。汉代王昭君凭借“良家子”的身份选入掖庭，后主动请掖庭令求行，由此远嫁匈奴。唐朝，上官婉儿因祖父牵连被籍没入掖庭为奴。

【一床】北齐及隋代由夫妇二人构成的户调征收单位。北齐时针对大户包括多个小家庭的情况而定制，每床每年调绢一匹、绵八两，租二石，义租五斗，单身男丁收其半，奴婢减良人之半，耕牛另定其额。隋文帝沿此有所调整。

【一司条法】宋朝廷内外的六部各司和各路帅、漕、宪、仓的机构都制订“一司条法”，用来指导本机构事务的制敕规定及其汇编。也称一司敕。它是一种专门的法令，仅适用于某个部门。历代有之，宋朝称此。

【一田三主】因永佃权形成而导致的土地分包承租形式。也称一田二主、一业三主。明中叶流行于东南地区，清扩展至华南、华北和西北地区。即获得永佃权者向田主纳租，又向从其手中承租的佃户收租，各方对土地的权益多由契约规定，由此形成一业数主的事实。

【一条鞭法】 明中叶以后赋役制度方面的改革。这项制度最初由桂萼在嘉靖十年（1531）提出，后来在张居正的推动下于万历九年（1581）在全国范围内推广实施。此法总结了明中叶以来的有关做法和建议，把以往田赋和各种徭役合并为一，量地计丁，按亩征银，以雇役代力役，官收官解。以此简化税制，增收防弊，推进了白银货币化。

【一行】（683—727）唐朝高僧、天文学家。21岁时出家为僧，曾参与译《大日经》，并为之作疏，成为我国佛教密宗之祖。生平博览经典，精通天文历法。开元九年（721），因旧历预报日食不准，奉诏修订历法，与梁令瓒同制黄道游仪，重新测定了一百五十余颗恒星的位置，在世界上第一次发现恒星位置变动的现象。又发起在全国十二个地点观测，并根据南宫说等人的测量，归算出相当于子午线一度的长度，在科学史上具有重大意义。此外，与梁令瓒合作制成以漏水转动的浑天铜仪，为现代时钟的雏形。主持制定《大衍历》，为唐代最完善的历法，为历代编历者沿用。

【伊尹】 商朝初期的大臣。名挚，尹是官名。原为有莘之君的奴仆，听说汤贤德仁义，心向往之。商汤与有莘结亲，他作为有莘氏女的陪嫁之臣，成为汤的“小臣”。善厨艺，以“五味调和”之说向商汤陈述治国之道，受到赏识，被委以国政。辅佐成汤王推翻夏桀暴政，建立商朝，并在建国后协助成汤推行一系列措施，为商朝强盛立下汗马功劳。被后世尊为厨师之祖。

【衣钵】 原指佛教僧尼的袈裟和食器。是这类人身份和生活状态的展现。后成为禅宗师徒间传授道法的信证，随着禅宗在我国的影响逐渐扩大，“衣钵”又指各种师门及学说的正宗。

【衣裳】 裳，cháng。古代称上装为“衣”，下装为“裳”，一般裳特指裙子。上衣下裳是古代服饰礼仪最早的服装形制之一。商代时期已经形成，西周时期成为主流服饰。春秋战国之交，衣裳连属式的袍服产生。秦汉时期，上衣下裳开始逐渐退出主流位置，隋唐五代时期仍然存在，但已经式微。上衣下裳的特点是上衣为交领右衽或左衽，下裳围合包裹下体，皆以带结系。在整个服饰演变史上，上衣下裳式样，以妇女服装较多，时间跨度大，而男性在隋唐以后，以连属袍衫为多。上衣下裳体现了汉服的基本特征，深远地影响了中华民族服装发展的历史走向。

【衣食租税】 战国封君只从封邑收取租税，不掌其政权和兵权的制度。西汉以后分封多沿此损益，常由朝廷统一征收其邑租税，再把其中部分发给封君。

【揖让】 揖，古时拱手礼，基本姿势是双手抱拳前举。“揖让”指古代宾主相见的礼节。根据双方的地位和关系不同，有土揖、时揖、天揖等之分。土揖，行礼时拱手前伸而稍向下。时揖，行礼时拱手向前平伸。天揖，行礼时拱手前伸稍向上举。

【匜】 yí。古代盥器。青铜制。形如瓢，有短足、圈足，或无足，并有流、鋬。贵族盥洗时与盘合用。匜用来倒水，盘用来接水。出现于西周中期，盛行于东周。

【仪同三司】 古代官名。官非三司而仪制待遇同于三公。三司即三公。汉称太尉、司徒、司空为三司。东汉殇帝延平元年，以邓骘为车骑将军仪同三司，仪同三司之名从此始。魏晋南北朝仪同之号渐多。北周改仪同三司为仪同大将军，仍增置上仪同大将军。隋文帝时改为散官。唐宋元因之。明废。

【夷】 泛指中原以东沿海各族群。也称东夷。夏商周以来，分布于今山东、河南东部和淮河中下游一带，部属分支较多，包括隅夷、莱夷、淮夷、徐夷、岛夷、介夷、根牟夷、九夷等。其部落首领如舜、禹都曾做过中原及其东部族群的联盟首领。相传伏羲氏、后羿等也都出于东夷。春秋时期，其各部受齐鲁两国镇抚，后逐渐融入华夏民族。后夷逐渐被用来指中原以外各国，如《尚书》有“无怠无荒，四夷来王”。旧也指外国人，如清代魏源在其著作《海国图志》中提到的强国方略“师夷长技以制夷”，这种说法多带有鄙夷的意味。

【夷馆】 广东十三行专为来华贸易的外商建造的寓所。

【夷坚志】 志怪小说集。南宋洪迈撰。“夷坚”一词，源出《列子》，说有大鱼名鲲，大鸟名鹏，“大禹行而见之，伯益知而名之，夷坚闻而志之”。夷坚与大禹、伯益并称，据说是上古时代的一位博物者，每好记载奇见异闻。以此为书名，足见此书的重点在于记录怪异之事。原书420卷，分为初志、支志、三志、四志，每志又分10集，以天干为序。今多散佚。内容多为神仙鬼怪、异闻杂录，也记载了宋人的一些逸闻轶事、风尚习俗，因而具有一定的史料价值。

【夷陵之战】 公元221—222年，吴蜀在夷陵（今湖北宜昌）一带进行的战役。也称猇亭之战。219年，孙权袭取荆州，杀蜀将关羽，孙刘联盟破裂。刘备为了夺回荆州并为关羽报仇，于221年亲率大军攻打东吴。次年，自巫峡连营至夷陵，并得武陵蛮支援，声势浩大。吴大将陆逊坚守不出，至六月夏天，趁蜀军疲惫，才在猇亭（今湖北宜昌）决战，纵火猛攻，大破蜀军四十余营。刘备尽失舟船器械、水步军资，狼狈逃至白帝城（今重庆奉节），次年病死。

【饴】 古人以稻、黍为原料，将其蒸煮后，加入磨碎的麦芽和水，在一定的温度下，这些粮食的混合物中的糊化淀粉转化为麦芽糖，再经过过滤和蒸发，就得到了麦芽糖液，也就是饴。饴糖味道甘甜，富含营养，食之使人愉悦。《后汉书》中有：“吾但当含饴弄孙，不能复关政矣。”也是制造其他食品的原料和调料，还能药用。

【彝】 商周时盛酒器，多以青铜制成，统称“彝”。往往铸为鸟兽形。后用为宗庙祭祀的礼器，因此又作为古代青铜器中礼器的通称。

【蚁鼻钱】 战国时楚国地区流通的一种铜质货币。形状类似海贝，背面平，正面凸起，可能是铜贝的高级形态。正面有文字，最常见的一种像古文“贝”字，也有人认为是古文的“晋”字，又像人脸，俗称“鬼脸钱”。另一种的文字一般解作“各六朱”或

"各一朱"，三字连写，形如蚂蚁，加以"鬼脸"上有鼻状凸起，故称"蚁鼻钱"。

【义仓】隋唐官府鼓励民间为备荒而设置的粮仓。本由富户自愿或按户等、田亩均摊粟米入仓，唐初以后渐成强制征收地税而变为官仓。宋以来泛指民间募粮用于赈济等公益事务之仓。设立于乡社的称社仓。

【义集】清朝由乡绅等倡议设立、经官府批准免除各种税收的集市。

【义净】（635—713）唐代僧人，俗姓张，字文明，齐州（今山东济南）人，一说范阳（今北京西南）人。14岁受沙弥戒，36岁与处一法师、弘祎论师等人一同在长安进行交流。高宗咸亨二年（671），从广州出发，通过海路前往天竺（印度）求法，在天竺学习梵语，礼拜圣迹，在那烂陀寺研究佛学，兼习医术。公元689年回到广州，695年回到洛阳，共得梵本经律论近四百部，五十万颂，金刚座佛像一铺，舍利三百粒。700年后独自主持译事。706年主持大荐福寺翻经院，一生共译佛典五十六部，二百多卷。所著《梵语千字文》，是国内所编第一部梵文字书。著《南海寄归内法传》四卷，简称《南海寄归传》，记录东南亚和印度的佛教、地理、民间习俗和医方，其价值一如《大唐西域记》，为唐代了解南海各国的指南，今则为研究东南亚及古代印度文化的宝贵史料。

【义理】从儒家经文中寻求经义、探究名理的学问。宋代以来，理学也称义理之学，简称义理。也指文辞的思想内容。

【义乌兵】明嘉靖年间戚继光在浙江义乌招募的士兵。共募矿徒、农民三千余人，其编制、装备、战法、纪律俱有特色，经严格训练，为戚家军主体。先于东南沿海抗倭，后移守蓟镇，皆以战力强悍著称。

【义庄】①古代大家族为团结本族成员，维护本族、本乡公益而设置的田庄。一般由族内官宦乡绅倡议并出资，通过捐献或购买田地作为义庄。起源很早，北宋范仲淹为敦睦宗亲而捐建田庄，始为专称而逐渐推广。南宋后期各地大族多置，用于资助族人教育、丧葬、救济及借贷等。②明清兼指其他一些公益设施，如供外乡人暂放灵柩的场所等。

【艺概】文艺理论著作。清刘熙载撰。作者自谓谈艺"好言其概""举少以概乎多"，故以"概"名书。全书分为《文概》《诗概》《赋概》《词曲概》《书概》《经义概》，共6卷，分别论述文、诗、赋、词、书法、八股文的体制流变、性质特征、表现技巧，评论重要作家作品等。书中强调作品与人品、文学与现实的关系，也注重文学本身的特点、艺术规律，因而颇多精彩的见解，受到后来文学评论家的重视。与以往谈艺之作比较，《艺概》的特色是广综约取，以简驭繁，发微阐妙，精简切实，使人明其指要，触类旁通。

【艺文类聚】类书。唐高祖李渊下令编修，给事中欧阳询担任主编，并与令狐德棻、陈叔达等十余人共同参与编纂。这部巨著始于唐高祖武德五年（622），历时三年，于武德七年（624）完成。全书100卷，共分岁时、帝王、职官、衣冠、舟车、食物、鸟兽、灾异等48部。每部又将各事物分为细目，全书共有727个细类。每类之下，先从经、史、子类等书中摘引有关之事的记载，然后再征引相关诗文。取材宏富，采录唐以前古籍1400多种，这些古籍大多今已不存，因而具有重要的文献保存价值。

【译场】 中国古代佛经翻译机构。场即道场，指寺院。又称译经院、译经堂等。翻译佛经多由高僧主持，译场即设于著名大寺之内。起源于东汉时期，至唐臻于完备，有民办与国家设立之别。此时译场达到了鼎盛时期，形成了大慈恩寺、荐福寺、兴福寺和草堂寺四大译场，规模庞大，设备齐全，聚集了大量的僧侣和学者。他们不仅精通梵文和汉语，而且对佛教教义有深入的理解。他们能够准确地翻译出佛经的原意，使得佛教教义不仅在中国广泛传播，也对中国古代的文化、语言和哲学产生了深远影响。

【易耨】 耨，nòu。战国时期发展起来的一种快速耘田方法。随着铁制农具普及和深耕的推广而流行。也称疾耨、深耕易耨。

【易知由单】 明清缴纳田赋的通知书。也称户由、由帖、田单。始于金元，明朝到正德时推行此法。实行一条鞭法后至清朝，常由所管州县在开征前一月逐户下达，上按既定格式填写该户当年正、杂及本、折钱粮数，以便统一征收。清行串票后渐失去作用。

【驿传】 传，zhuàn。古时由官方设置的用于传递文书、物品和接待过往官员、使者等的专门机构。汉代各地有传舍，供上级官员行旅宿歇。每三十里置驿，供停留。每十里设置亭、邮，供传递文书。唐代还在水路设水驿，置有田地，供驿站费用。设驿长，置备车、马、船，并派驿夫、驿马当役。相传，唐玄宗的宠妃杨玉环喜食荔枝，为使杨玉环吃到鲜荔枝，玄宗下令专设“荔枝道”。元代，凡有人居住的地方都设置了驿站，交通发达。清末置办邮局后废除。也称传、置、邮亭、馆、铺、驿站。

【弈】 棋类竞技项目。中国传统棋种。即围棋。两人以棋盘和棋子进行对局的竞技运动。传为尧作。春秋战国时已经有关于围棋的记载，汉墓殉葬物中曾发现有石制棋盘。隋唐时传入日本，后流传至欧美各国。早先棋盘上有纵横各11、15、17道线几种，唐以后为纵横各19道，交错成361个位。棋子分黑白两色，通常为扁圆形。双方用黑白棋子对弈，互相围攻，吃掉对方棋子，占据其位，占位多者为胜，故名围棋。

【意境】 我国古代文艺理论术语。指文艺作品中所描绘的客观景物与所表现的内在思想或主观情致交融为一体而形成的艺术境界。它的审美特征表现为虚实相生、意与境谐、境生象外，追求象外之象、韵外之致。优秀的作品往往能使情与景、意与境互相交融，塑造鲜明生动的艺术形象，感染力强。在我国，意境是衡量作品艺术价值的重要标志，也是艺术创作特有的审美追求。王国维在《人间词话》中提出的“境界”说，成为“意境”理论的集大成者。

【瘗钱】 瘗，yì，埋。陪葬的钱币。始于战国，汉晋以来流行，且在某些时期专门铸造用来陪葬的钱币。后世普遍改用纸代替实物钱币祭灵，一直沿袭至今。

【薏苡】yìyǐ。植物名。五六月开花，红色，穗状，果实青白色，形如珠而稍长，熟时淡褐色，有光泽。仁可以煮吃，也可酿酒，入药称“苡仁”。传说夏朝开国君王大禹的母亲吞服“神珠薏苡”后，受胎生下大禹。上古时期，薏苡是重要的粮食之一。东汉名将马援在交趾（今越南北部）时常煮薏苡以避瘴气，后从交趾引进薏苡新品种加以栽培。宋代诗人陆游多次在诗中提及薏苡，认为唐安（今四川崇庆）所产的薏苡尤奇，白如玉，煮熟后味道不输于雕胡（菰米）。俗称“药玉米”“六谷米”。

【劓刑】劓，yì。割掉犯人鼻子的刑罚。是早期“五刑”之一。此刑重于墨刑，轻于荆刑。商周时期已有此刑，汉文帝时废，后时有使用，但隋代以后不见于法典。相传，商鞅实行新法，秦献公的儿子公子虔因触犯法令，被商鞅处以割鼻之刑，随后闭门八年不出。

【因果】佛教指因由和果报。种什么因，结什么果。后泛指原因、结果及其相互关系。

【因果报应】佛教认为，世界是一切空间上的相互依存关系和时间上的相续关系的总和，这种关系就是因果关系。一切事物都由因果法则支配。善因产生善果，恶因导致恶果。施必有报，有感必有应。现实所得的一切都是报应。

【因缘】因指的是互存关系，缘指的是条件。佛教认为，所有的事物、现象的生起，都依赖相对的互存关系和条件，离开关系和条件，就不能生起任何事物和现象。

【阴山】山名。今内蒙古河套西北至河北省西北山脉的统称。西起狼山、乌拉山，中为大青山、灰腾梁山，南为凉城山、桦山，东为大马群山。吴公坝和昆都仑沟等山间垭口是沟通阴山南北的交通要道。从古至今，有多个民族在此生息繁衍。集中于巴彦淖尔地区的阴山岩画，通过对人类放牧、游猎、征战、舞蹈的生动描绘，反映了各族先民在此地的生活生产状况。北朝民歌《敕勒歌》：“敕勒川，阴山下。天似穹庐，笼盖四野。”唐王昌龄《出塞》：“但使龙城飞将在，不教胡马度阴山。”

【阴文】印章上所刻或其他器物上所铸凹下的文字或花纹。用阴文印章钤出的印文为白字，故也称白文。后世就其体而言，称印章或器物上凹下的文字、花纹，拓下来或盖出来是红底白色的文字、花纹为阴文。汉魏印章多阴文，自唐以来多用阳文。早期的玺印大多是阴文。阴文印章的文字、图案是向内凹陷的，给人一种柔和、典雅的感觉，常被用来代表女性、柔弱、内敛等特质。

【阴阳】①我国古代认为宇宙万物所包含的相互依存、对立的两面，如：天地、日月、昼夜、男女、夫妇、奇偶、刚柔等都分属阴阳。“阴阳”是重要的哲学概念，对我国的政治、历法、医学、乐理、宗教等产生深刻久远的影响。②古人称山的北面或水的南面为“阴”，山的南面或水的北面为“阳”。用这种命名方法保留下来的一些地名沿用至今，如“华阴”在华山的北面，“汉阴”在汉水的南面，“江阴”在长江的南面，“衡阳”在衡山的南面，“洛阳”在洛河的北面。

【阴阳家】战国时期提倡阴阳五行说的一个学派。主张按事物的本性和相互作用说明世界变化，有辩证法因素。代表人物有邹衍、邹奭等。邹衍认为，人类社会的发展受“五行”支配，根据五行“相生相克”的原理，提出“大九州”“五德终始”“五德转移”说，用于解释社会变革和朝政兴衰的原因，为新封建政权的建立提供理论根据。东汉班固将“阴阳家”列为“九流”之一。主要著作有《邹子》等，都已散佚。其他有关阴阳家的主张和活动，散见于《史记》等。阴阳家的学说，到汉代演变为谶纬神学。其说在自然科学史上具有一定的价值。

【阴阳历】历法的一种，结合了阴历和阳历的特点。古人根据庄稼成熟的物候而形成“年”的概念，禾谷成熟的周期意味着寒来暑往的周期。阴历，以朔望月为单位，朔望完成12个循环是12个月，一年共354天。阳历，以太阳年为单位，一年共$365\frac{1}{4}$天，比阴历约多$11\frac{1}{4}$天。为调整阴历与阳历的差别，古人设置“闰月”，即每隔3年将所差天数凑成一个月，按一定规律安插在某月后，称“闰某月”，带有闰月的年份有13个月，这就是阴阳历。将它编入二十四节气用于指导农事，在广大农村使用，故称农历。因它始于夏朝，也称夏历。辛亥革命前，除天历和十二气历属阳历外，其余的传统历法基本上都属于阴阳历。

Y

【殷墟】商代后期都城遗址。也作“殷虚”。位于河南安阳西北郊小屯村周围。从盘庚到帝辛（商纣）以此地为都城，共计273年，是我国历史上可以肯定确切位置的最早的都城。商灭亡后，殷人迁走，逐渐沦为废墟。总面积24平方千米，横跨洹河南北两岸。现代殷墟考古自1928年开始，先后发掘出城墙、宫殿、作坊、陵墓、车马坑等遗迹，出土了包括后母戊鼎等大量珍贵遗物。特别是在殷墟出土的甲骨卜辞，约15万片，包括单字5000多个，是我国迄今为止发现的最早的文字，具有极高的历史文化价值。

【银币】银铸的货币。最早见于战国时的楚国，多为铲形。汉武帝元狩四年（前119），以银锡合金铸行“白金三品”，名为“白选”。后世大多铸成银铤、银锭、银饼，以本身的重量参与流通。金章宗承安二年（1197）铸“承安宝货”银币，这是中国古代第一次正式发行银币。元代以后，中国以银为主要货币。公元16世纪，西方银圆开始流入中国，清代嘉庆（1796—1820）以后，官方和私商不断仿造。光绪十五年（1889）铸造的“光绪元宝”是中国最早的正式新银圆。

【银河】晴朗的夜晚天空呈现的银白色光带。由无数恒星密集组成，因像一条河，故名。相传，七夕节时喜鹊搭成鹊桥，跨越银河，让牛郎和织女在鹊桥上相会。古典诗词将“银河”意象作为将有情人分隔两地的无情之水，吟咏男女爱情。

【银票】官方及民间钱庄、当铺等发行的银两兑换券。从唐宋以来的飞钱、交子发展而来。元明官发称宝钞，民发称会票。清多称银票，官方由户部及各承兑担保机构发行，民间发行则以晋商票号为最。清末少数银行也曾发行银票、钱票。

【银雀山汉简】 1972年，在山东临沂银雀山1、2号西汉墓葬出土的汉简。1号墓出土多为残片，共编7500多号，多为古代典籍，除一小部分传世著作外，大部分为古佚书，分属诸子、兵书、数术三类。2号墓出土竹简共计32枚，简文为隶书，内容为汉武帝元光元年（前134）历谱，基本完整。

【尹】 古代官名。甲骨文中，“尹”字是一个人手持一根象征权力的权杖，表示掌权、主管的意思，古人将“尹”作为官的统称。尹在古代的职责和权力因时代和具体职位而异。商代，尹相当于相，地位较高。西周时为辅弼之官，地位也很高。春秋战国时期，楚国的中央官职多称“尹”，如“令尹”一职为楚国最高的长官，“左尹”“右尹”是“令尹”的副手。后世有京兆尹、府尹、县尹等不同的职位，这些职位相当于太守、县令等地方官员，职责包括管理地方事务、维护治安、征收赋税等。

【尹文子】（约前360—前280）名家代表人物。战国时齐国人。与宋钘齐名，同游稷下。善名辨，认为“接万物以别宥为始”，即认识事物首先要破除成见。提倡“无为”“寡为”，主张消除争斗、止息用兵。其学说为公孙龙所称道。世传《尹文子》一书，一般认为并非尹文子本人所作，可能是其弟子或者稷下学者根据其言论记录整理而成。

【引盐】 明清商人凭盐引运销的食盐。明清以若干斤盐为一引，每引纳税若干；引与税之轻重，各地不同。销盐的地域称引地，经营盐业者为引商。引商纳引税后，在其地界内有专卖之权。凡已纳引税的盐为官盐，未纳者为私盐。其甲引地的盐妄入乙引地销售者为占销，其罪与私盐等同。

【饮至】 古代诸侯朝、会、盟、伐完毕，回到宗庙饮酒庆贺的典礼。它是一种重要的社交活动，不是简单的饮酒，而是通过饮酒来表达敬意、祝贺、感谢等情感。

【印染】 用颜料染色。我国印染工艺历史悠久，西周时期专设官吏“染人”，掌管染丝和染帛。用的染料大致分为石染、草染两类。染色的步骤一般是煮、曝、染等。周代到汉代，已用染料套染，染成深浅不同的色调。西汉时期，色谱更加丰富，染色工艺技术相当完善。隋唐时期，染色工艺大发展，官营染色业发达，按青、绛、黄、白、皂、紫等色彩，专业分工生产。明代在选用染料及掌握染色技术上已很成熟，色谱更加精细。《天工开物》记载，运用蓝靛、红花、槐花三种基色，通过不同的比例组合和染色工艺，可变幻出二十八种染料。明清以来，以镇江为中心，江浙、上海等地染色业染出的面料五彩缤纷。另有凸版印花、镂空版印花等。

【印绶】 官印和用来系印的丝带。在以服饰色彩区分官员品阶地位未形成规范之前，印绶可视性较强，所以被用来昭彰权职、明示等级。汉代时期，官员依据官品与俸禄的不同，在腰部佩以不同的印绶，印分为金印、银印、铜印等，绶分为绿绶、紫绶、青绶、黑绶、黄绶等。魏晋以后，绶制渐废，官职的等级和性质常用印纽和印章形制来区别，授印和用印制度趋向严格。

【印刷术】 我国古代四大发明之一。汉代发明造纸术，魏晋时笔墨已臻精妙。先秦以来，印玺、石刻技术发展，魏晋南北朝时木刻、反写反刻阴阳文、拓印古玺碑铭、镂版印花、摹拓石刻等技术成熟，都为印刷术的发明提供了条件。唐贞观年间（627—649），发明雕版印刷术。五代时，后唐雕造《九经》。宋以后，雕版印刷进入黄金时代，所刻之书数量多、质量好，传世者已成国宝。辽、金、西夏也雕印汉文、契丹文、女真文、西夏文书籍。北宋仁宗庆历年间（1041—1048），毕昇发明胶泥活字排版印术。元明清三代，木活字、铜活字、锡活字、磁活字版，均有精美和风格各异的版本传世。我国雕版印刷发明后，先传至朝鲜、日本及越南；公元8世纪到10世纪，由海道与陆路传至美索不达米亚与埃及；11到13世纪，经回鹘人传至中亚和西亚；13世纪时，因蒙古势力的扩张，传至波斯；14世纪传至欧洲。中国印刷术为人类文明的进步和发展做出了贡献。

【印章】 用作取信的器物。秦统一中国后，皇帝所用的印章叫“玺”，官、私所用都改叫“印”。汉代，俸禄二千石以上的官员，其印文叫“章”，称某官之章；俸禄二百石至六百石的官员，其印文叫“印”，称某官之印。印章的材质，古代官家多用金玉，也用银、铜、牙、角、玉石、木等。因军政命令与公文必须用印盖章才生效，所以官印成为权力的象征。后印章也用于书画题识与图书鉴藏。今个人印章多用于艺术品。也称图章。

【荫客制】 荫，yìn。官员贵族的亲属、佃客和衣食客可依法免除课役的制度。源于东汉，公元280年西晋平吴后推行品官占田荫客制，一至九品官员除可占田五十顷至五顷外，可荫亲属九族至三世，荫衣食客三至一人，佃客五十户至一户，皆可免役。

【应国】 周成王封其弟姬达为应侯而建立的姬姓诸侯国。位于蚩水之北，今河南中部平顶山一带，定都滍阳（今河南平顶山滍阳镇南）。应国的族徽是鹰，子孙以国为姓。西周晚期应侯曾受王命征伐南淮夷，春秋时灭国。在河南平顶山新华区滍阳镇北滍村西边的滍阳岭上，有应国墓地，墓里出土的青铜鼎、卣、爵、觯等器上均有“应侯”字样。

【应受田】 按均田制规定应当授予民户的地亩定额。各时期额度不等，北魏较多，奴婢、耕牛也有授田额度，唐原则上规定丁男每人百亩，中男、寡妇递减，所授皆二成永业，八成口分，实际上常因人多地少，难以足额授予。

【莺莺传】 传奇小说。唐代元稹作。又名《会真记》。写崔莺莺和张生互相爱慕，私自结合，又为张生所抛弃的故事。作者篇末不仅没有谴责张生始乱终弃的行为，反而为张生抛弃莺莺辩护，认为他是“善补过者”，招致后人的批评。有学者认为作品所写即元稹本人的经历。《莺莺传》问世后，在小说、诗歌、说唱、戏剧等不同的文学形式中不断地被改编，元代王实甫的杂剧名作《西厢记》即取材于此。

【荧惑】 星名。因光呈红色，亮度多变，且在天空中有时从东向西，有时从西向东，行踪不定，令人迷惑，故称。秦汉以后，因“五行说”普及，又称火星。古时占星术认为，荧惑运行到某一星宿，与之相配的州国就要发生祸殃。先秦古籍中谈到天象时说的“火”，不一定指行星中的火星“荧惑”，而是指恒星中的大火即心宿，特指心宿二。

【萤】 昆虫名。常在夏夜于草丛中飞舞，古人误认萤乃腐草所化，故有腐草为萤的传说。其腹下能发出白色冷光，如流星点点。晋代车胤家贫，没钱购买灯油读书，夜晚就捉来萤火虫放在透明的纱袋里用于照明，夜以继日地苦读。这就是“囊萤夜读”的故事。

【营户】 魏晋以来，因生产和战争的需要，统治者将俘获和投募来的民户配置各地，划归军队管辖，称“营户”。他们的身份高于奴婢，低于平民，主要从事耕田、畜牧、匠作等劳动，须世代服役，供养军队。有时也充当士兵。

【营田】 古代官府组织士兵、百姓开垦土地或经营田产。是一种农业生产的组织形式。营田的历史可以追溯到北魏时期，当时宣武帝设立了营田大使。隋及唐前期，主要是在边远荒地，唐后期，扩展至内地。

【营运钱】 宋朝坊郭户的家业钱。包括固定资产和流动资产，据以划分户等，分摊赋税。

【营造法式】 古代建筑学著作。北宋李诫修撰。全书36卷（现存34卷），共355篇，3555条，是对宋代及宋以前建筑设计、施工经验的总结和完善。李诫根据自己多年从事各类工程管理的经验，并参阅大量文献和旧有制度，编撰成书，于崇宁二年（1103）刊行全国，成为当时的官方建筑规范文本。书中附录的千余幅建筑、构件设计详图及装饰图样，既有助于对全书内容的理解，也便于今人建造仿古建筑时借鉴。

【楹】 yíng。厅堂前用以支撑檐檩的、左右对称的立柱。也称楹柱。贴于其上的对联，称楹联。

【楹联】 对联。也称楹帖。以题联语于楹柱，故名。字数多寡无定规，但要求对偶工整，平仄协调，是诗词形式的演变。相传始于五代后蜀主孟昶在寝门桃符板上的题词“新年纳余庆，嘉节号长春”，至宋时用在楹柱上，后又普遍作为装饰、交际或庆吊之用。

【瀛涯胜览】 瀛，yíng。书名。明马欢撰，一说马欢与郭崇礼合撰。记各国风俗人情、土产地貌及见闻甚详，为研究中外关系史及南亚史的重要参考著作。太监郑和于永乐、宣德年间数次出使西洋，马欢以通译随行，遍历占城、爪哇等地，远至非洲东岸，归志其事，撰成此书。前有永乐十四年（1416）自序，其后曾加修订。所记共二十国，附有纪行诗。大多为亲身经历，叙事详赅。

【影壁】 ①有浮雕的墙壁。中国绘画和雕塑合一、介于平面与立体之间的艺术形式。也称隐塑。多以山水、楼阁、花卉为题材，并施以色彩，作为衬托人物的背景之用，形成圆雕与浮雕结合的特殊样式。旧传唐杨惠之与吴道子同师，道子学成，惠之耻与齐名，转而为壁塑，时称天下第一。宋郭熙见唐杨惠之的山水壁塑，受到启发，命令匠人用手堆泥于壁，或凹或凸，干后以墨随其形迹，塑成峰峦林壑、楼阁人物等，谓之“影壁”。②大型宅院建筑大门内迎面安置的短墙，用以遮挡院外的视线，有屏障、围合和装饰的作用。也称照壁。有人认为，我国早期建筑门内为隐，门外为避，影壁由隐避演变而来。影壁一般采用石雕或砖砌而成，尤以砖砌为多。其上常常有砖雕，砖雕的样式以喜鹊、梅花等吉祥图案以及“福”字为多。

【影表尺】 古代用来测定投在圭表上日影长短变化的专用尺。《周礼》提及的土圭是它的前身，即一种石制或玉制短尺。1975年10月，北京古观象台联合调查研究小组发现了明初影表尺的残存刻度，据此复原了隋唐以来的影表尺。这是我国天文史和度量衡史上的重要发现。也称天文尺。

【应制诗】 古代朝臣或文学侍从奉皇帝命所作、所和的诗。内容多为歌功颂德，少数也陈述一些对皇帝的期望和劝谏。唐以后大都为五言六韵或八韵的排律。如唐王维《三月三日曲江侍宴应制》、许敬宗《奉和元日应制》，宋欧阳修《应制赏花钓鱼诗》等。

【硬军】 金朝以宗室出身的“郎君”组成的前锋军。他们装备精良，人马都穿戴完整的铠甲，刀枪自备，弓矢在后，持戈冲锋，以其强大的战斗力在战场上发挥重要作用。

【媵】 yìng。古代随贵族女子陪嫁的人。周天子及诸侯嫁女，按照礼俗，须由其兄弟之女及该女之妹随嫁，故有“诸侯一聘九女”之说。同时，陪嫁的还有男女奴仆。相传商初大臣伊尹是有莘氏女嫁给商汤为妃时陪嫁的师仆，后任以国政，帮助汤攻灭夏桀。春秋时期百里奚是以晋献公女陪嫁之臣的身份到秦国。后与蹇叔、由余等共同辅佐秦穆公建立霸业。

【佣耕】 受田主雇佣的耕作活动。田主拥有土地，佣耕者提供耕作服务。起源甚早，秦汉已有，性质相近的还有赁舂等雇佣方式。此后历代有之，方式不一，佣耕者对主家的人身依附逐渐减轻。秦末农民起义领袖之一的陈胜，曾经为人佣耕。

【雍熙北伐】 宋太宗雍熙三年（986）为收复燕云十六州发动的攻辽战争。宋太宗赵光义利用辽朝新君继位不久，国内军政大权不稳的机会，派遣了大约二十万大军，兵分三路对辽国进行北伐。各路军先胜后败，损失惨重。宋辽自此攻守易势。

【雍正】 （1678—1735）清世宗年号。也用来指其本人。在位时平定了青海和硕特部、准噶尔部贵族叛乱；设置驻藏大臣；对西南少数民族实行改土归流政策；划定中俄中段边界，并将青藏、蒙古地区纳入版图。设置军机处，整顿吏治，实行摊丁入亩、火耗归公等一系列改革政策，对康乾之治的延续起了关键性作用。屡兴文字狱以加强思想统治。雍正十分勤政，每天批阅奏折，十三年里，在数万件奏折上写下的批语达一千多万字。

【永佃】 佃户与田主订立长久承租契约的租佃形式。也称永耕、长租、长耕。其特点是土地所有权与土地使用权的分离，土地永久使用权，称为永佃权，也称田面权。与此相对，田主的土地所有权称为田底权。始于宋，明清以契约方式流行于土地关系较为发达的地区，获得永佃权者对土地有相对独立的支配权，并受法律保护，甚至可以世袭，可于地上置产立坟。

【永嘉之乱】 西晋怀帝永嘉年间，刘聪率领匈奴军队进攻西晋首都洛阳的乱事。也称永嘉之祸。八王之乱以来，西晋统治危机日趋深重，公元307年怀帝即位，改元永嘉，内徙胡人已先后起事作乱。至永嘉五年（311），匈奴贵族刘聪遣石勒、王弥、刘曜等将大败晋军，攻克洛阳，纵兵烧杀，虏帝而归，六年后西晋灭亡。当时中原士人因战乱不绝大批南迁，史称“永嘉南渡”，为东晋的建立准备了条件。

【永乐城之战】 公元1082年西夏军攻破宋西北要地永乐城（今陕西米脂西北）的战役。此年宋神宗命徐禧进攻西夏，筑永乐城为前线据点，西夏皇帝感到威胁，率大军来攻，宋水源被断，援军不继，城破兵败。此后宋无力再对西夏发动大规模攻势，双方进入相持阶段。

【永乐大典】 类书。明成祖命解缙等辑。初名《文献大成》，后又命姚广孝等广泛收录经、史、子、集以及释、道、平话、戏曲、百工技艺等各类图书七八千种进行增补。因始辑于永乐元年（1403），成于六年（1408），故定名《永乐大典》。全书22 877卷，凡例、目录60卷，装成11 095册，约计三亿七千万字，为我国古代规模最大的类书。按韵目分列单字，按单字依次辑入相关联的文史记载。嘉靖、隆庆年间，又依永乐时所缮正本另摹副本一份。正本约毁于明亡之际，副本至清咸丰时也渐散失。八国联军侵入北京，副本大部遭焚毁，未毁者散失殆尽。近些年来经过搜集辑佚，共得790余卷，尚不足原书的百分之四。

【永明律】 西晋初年，晋武帝命张斐、杜预为《晋律》作注，合称“张杜律”。由于张、杜对《晋律》分别作注，存在内容不一致、轻重悬殊的问题，南朝齐武帝时对其进行修订，约于齐武帝永明九年（491）完成，故名《永明律》。共20卷，1530余条，但未公布实施，后部分内容被采入《梁律》。

【永业田】 均田制下授予民户且可继承、买卖的田地。也称世业田。北魏称“桑田”，种植定量的桑、榆、枣等作物，依法纳税，并准予买卖。因世代承耕，不在收授之限，故名永业田。北齐隋唐沿用此制，而授田多少有差。唐中叶以后，土地兼并，此制名存实亡。旧时土地买卖，书契例有“卖与某人”“永远为业”等语。

【甬道】 高楼间有顶棚的通道或两侧有墙等遮挡物的通道，也指庭院中正对厅堂的路。也称甬路。秦汉时，甬道也被用作军事运输道路。有的甬道与宫殿建筑相连，象征着权力与尊贵。

【咏怀诗】 抒发情怀、寄托抱负的诗歌。我国魏晋时诗人阮籍最先以“咏怀”为题，作《咏怀》八十二首。其诗因时政有感而发，联系个人际遇，抒情性很强，运用比兴手法，隐曲委婉，含蓄不露，具有独特的风格。后世作者，同其怀抱，多沿用此题，对五言诗的发展起到显著的作用。

【咏史诗】 歌咏史实，以史事为题材创作的诗歌。咏史诗发端于秦汉时期，成熟并繁荣于唐。分述古、怀古、史论史评三类：述古类咏史诗以叙事为主，如班固五言诗《咏史》，叙述西汉孝女缇萦的故事；怀古类咏史诗偏向怀古抒情、借古讽今，如左思《咏史》和苏轼《王莽》；史论史评类咏史诗秉承儒家伦理，褒贬历史人物或总括历史经验、印证人生哲理，如白居易《放言五首》、王令《读孟子》。

【用田赋】 公元前483年，鲁国实行的按田亩征收军赋的制度。鲁哀公十二年（前483），季康子不顾孔子等反对，实行田赋制。这一制度的实施标志着土地私有制得到了政府的认可，军赋的征收由按户或者按人口的方式转变成了按田亩的形式。这对加强鲁国军事力量起到了一定的作用，但同时也增加了赋税和有田者的负担。

【优贡】 科举制度中选拔贡入国子监的生员的一种。清制，各省学政三年任满，与督抚会考核定数名：大省六人，中省四人，小省二人。于在学生员中选拔文行俱优者，贡入京师国子监，称为“优贡生”，简称“优贡”。经朝考合格后可任职。与岁贡、恩贡、拔贡、副贡合称“五贡”。

【优免】 对具有特殊身份者给予免除其交纳赋税的优待。历代皆有，明清指各级在职官员、绅士、老人、在学生员等。此外，对于一些特定的行业或地区，也可能因为政策需要或鼓励发展而给予优免。

【邮传】 传，zhuàn。我国古代利用邮车、快马传递文书的设施与制度。步递称为邮，马递称为置或驿。也称邮驿。商代就有了邮传雏形，西周时期，邮传系统已经相当完备。春秋战国时，各国交往频繁，邮路繁忙，有传车、骑兵、徒遽（步递）传递信件。秦朝，开辟道路，修建传舍、邮亭，实行接力传递，路线固定，立法保证通信过程的安全与迅速。两汉时，邮传制度进一步严格，乘传皆有程限，通信组织主要是驿置和邮亭，设有专人管理，形成较为完备的通信网。唐宋时，首都、大郡的馆驿建筑宏伟，州县以上也设有宾馆，由驿吏主持。邮传主要负责传送政府文书，也用于私人信件的传递。邮传作为古代的一种邮政系统，在我国古代文明的发展中发挥了巨大的作用。

【游刃有余】 出自《庄子》庖丁为梁惠王解牛的故事。在分解牛的过程中，利刃所到之处，均准确进入牛骨节之间的空隙中，且在其中运转自如，旋转进退，得心应手，在寸厘之间切骨不曾损其刀刃，显示了厨师高超的解牛技巧。后人用“游刃有余”说明在实践中，尊重客观规律，不断加深对事物本质的了解和探寻，熟练掌握和运用相关技巧，方能应对各种问题与矛盾。

【游仙诗】 借描述“仙境”以寄托作者思想感情的诗歌，或借以表神往之心，或借以托曲折之情。魏晋时较为流行。萧统《文选》列“游仙”为诗的一类，选录晋何劭《游仙诗》一首及郭璞《游仙诗》七首。后世也有以此为题的作品，以唐人曹唐所写大小若干首《游仙诗》最为有名。

【輶轩】 輶，yóu。古代一种轻便的车。供奉旨出使之人乘坐。汉代扬雄《輶轩使者绝代语释别国方言》即称这些使者为“輶轩之使”，而“绝代语释”指的是先代使者调查方言所得到的古代语言的释义；“别国方言”则是西汉时代各地方言。早在周秦时代，中央王朝就每年定期派出乘坐輶车的使者到各地调查方言、习俗、民歌民谣，通过了解各地方言，体察各地的风土人情，加强中央王朝与地方上的联系。

【有巢氏】 中国古代神话传说中发明巢居的人。被视为在树上用木头搭建住处的创始人。也称大巢氏。原始时代，人们多在野外寻洞穴而居，不可避免地经常遭到野兽的袭扰和侵害。有人率先发明了在树上用枝叶为巢，教民众“昼拾橡栗，暮栖木上”，故称有巢氏。《韩非子》记载：“上古之世，人民少而禽兽众，人民不胜禽兽虫蛇。有圣人作，构木为巢，以避群害，而民悦之，使王天下，号之曰有巢氏。”这一记载反映出我国原始时代由穴居进入巢居的情况。

【卣】 yǒu。古代盛酒器。青铜制。椭圆口，深腹，圈足，有盖和提梁。腹或椭或圆或方，也有做圆筒形，装饰成鸱鸮或虎食人图案的。盛行于商代和西周时期。

【右史】 古代官名。周代史官有左史、右史之分。唐以后为中书省起居舍人的别称，起居舍人主记言。明清不设左、右史，以起居注官行其职。

【于谦】 （1398—1457）明代大臣、诗人。字廷益，浙江钱塘（今杭州）人。永乐进士。正统十三年（1448），明军主力在土木堡之战中溃败，明英宗被俘，蒙古瓦剌军乘胜进攻京师（今北京）。在这关键时刻，于谦反对迁都，力主抗战，并升任兵部尚书，拥立代宗，率军击败瓦剌军，取得了北京保卫战的胜利。战后，他首创团营军制，加强边防，并委任名将镇守。他主张以战求和，多次击败瓦剌军的进攻，迫使其首领也先释放英宗回朝。公元1457年，英宗趁代宗病危，发动夺门之变重登帝位，于谦遭诬陷被害。死时家无余资。于谦为官清正廉洁。当时权倾朝野的宦官王振要求所有官员进京时都必须带上贵重礼物以示敬意，于谦却坚决反对这种贪腐之风。当他入京议事时有人劝他带些土特产，他笑着甩了甩袖子说：“只有清风。”后来，他特意写了《入京》诗以明志：“绢帕蘑菇及线香，本资民用反为殃。清风两袖朝天去，免得闾阎话短长。”于谦另有一首《石灰吟》，“粉骨碎身全不惜，要留清白在人间”二句寄托了自己清白做人的志向。

【余引】 清户部在正引额外加发的盐引。也称活引。因正引额不足以供当地所需而发。

【盂】 古代盛水或饭的器皿。有陶、青铜等材质。深腹，圈足，有附耳。

【盂兰盆会】 佛教仪式。每逢农历七月十五日，佛教徒为超度亡魂、追荐祖先而举行。“盂兰盆”是梵语的音译，意为“解倒悬”。传说，目连为释迦牟尼十大弟子之一，其母死后极苦，如处倒悬，求佛救度，佛令其在僧众夏季安居终了之日（即农历七月十五日），备百味饮食，供养十方僧众，可使母解脱。梁武帝时依此创设盂兰盆会。后世每逢农历七月十五日，人们延请僧尼结盂兰盆会，诵经施食，以追荐先人。民间有放河灯、放焰口等活动。

【鱼肠】 古宝剑。相传春秋时欧冶子铸造湛卢、纯钧、胜邪、鱼肠、巨阙五把宝剑。鱼肠剑意谓极小之匕首，可藏置于鱼腹中。一说因剑的纹理盘曲如鱼肠，故名。传说专诸将鱼肠剑藏在一条鱼的肚子里，借此接近吴王僚并将其刺杀。

【鱼袋】 唐朝官吏盛放鱼符的袋子。当

时皇帝颁给官员的一种鱼形物件，称作“鱼符”，可作为官员身份的识别证明，官员外出公干或入朝时应装入袋中，随身携带。鱼袋的使用也有官衔级别之分，一般三品以上饰金，五品以上饰银。

【鱼梁】 也作“渔梁”。拦截水流以捕鱼的坝。在水不太深、不太宽的小溪上，用土石横筑一坝，中间留一缺口流水，在流水口下边放鱼笱等用以捕鱼。

【鱼鳞图册】 古代官府绘制的土地登记簿册。也称丈量册。始于宋，明清皆数次大规模清丈编制，图册所绘田亩地块据实排列，状似鱼鳞，每块注明田主、边界及内外山、塘之类，以明确其所有权，据以征派田赋及相关税役。通过这些图册，可以了解到古代土地分配、农业生产以及社会结构等多方面的信息。

【竽】 yú。中国传统竹制簧管乐器。“八音”属“匏”。发音原理和笙相同，形与笙相似而略大，管数也多于笙。战国时无论是民间还是宫廷中都广泛流传，汉代前竽的音管多为三十六簧，后逐渐减为二十三簧和二十二簧。隋唐时，宫廷中竽与笙并存。宋代以后，竽在宫廷中的地位逐渐被笙取代。

【俞樾】 （1821—1907）樾，yuè。清代学者。字荫甫，号曲园，浙江德清人。道光三十年（1850）进士，曾任翰林院编修、河南学政。后因太平军攻破南京，寓居苏州，创设“诂经精舍”。晚年定居杭州。俞樾一生勤奋著述，在经学、医学、数学、哲学、文学等领域均有成就，是中国近代朴学大家。门生弟子众多，如章太炎、王国维等，影响深远。其孙俞陛云、曾孙俞平伯皆为著名学者。著有《春在堂全书》。

【榆】 即榆树。也称刺榆。早春先叶开花，因果实圆形，很像古代串起来的麻钱儿，故称“榆钱”。木质坚韧，可供建筑和制器具。栽植榆树历史悠久，常栽种在行道或庭荫。榆是古代的救荒植物，果实、嫩叶、树皮均可代粮充饥。榆木钻火是节日游戏之一，宋朝时，每年清明节，宫廷命小内侍在阁门用榆木钻火，先进者赐金碗、绢三匹。

【虞美人】 一种植物。叶互生，羽状深裂，裂片披针形。花单生，有紫、红、白等色。花蕾卵球形，有长梗，未开时下垂。也称赛牡丹、舞草、丽春花。传说，楚汉相争时，西楚霸王项羽兵败被困垓下，与美人虞姬悲歌泣别。虞姬自刎死，血染大地，化为此草，故名。后人钦佩美人虞姬的节烈，创制词曲时便常以“虞美人”三字作为曲名，后逐渐演化为著名的词牌名。如南唐后主李煜的名作《虞美人》（春花秋月何时了），表达对故国的深切怀念。

【虞世南】 （558—638）唐代书法家、文学家。字伯施，越州余姚鸣鹤（今浙江慈溪）人。生性沉静好学，官拜秘书郎、起居舍人。隋朝灭亡后，依附于夏王窦建德，授黄门侍郎。秦王李世民灭窦建德后，虞世南为秦王府参军、记室、弘文馆学士，与房玄龄等共掌文翰，成为十八学士之一。贞观年间，历任著作郎、秘书少监、秘书监等职，封永兴县公，故世称虞永兴、虞秘监。虞世南容貌怯懦、弱不胜衣，但性情刚烈，直言敢谏，深得李世民敬重，时称德行、忠直、博学、文辞、书翰五绝。卒谥文懿，配葬昭陵。善书法，与欧阳询、褚遂良、薛稷并称“唐初四大书家”。所编《北堂书钞》为唐代四大类书之一，是中国现存最早的类书之一。诗多应制之作，文辞典丽，《从军行》《饮马长城窟》为传世名篇。

【愚公】 古代寓言故事中的人物，出自《列子》。愚公是一位年近九十的老者，其家门前有太行、王屋两座大山拦路，出行极为艰难。于是其率领子孙叩石垦壤，挖山不止。有智叟劝其知难而退，愚公并未采纳，并下决心世世代代挖下去，直到移走大山。天帝听闻愚公移山之事，深为感动，命夸娥氏二子把山背走，助愚公实现了愿望。后世用“愚公移山”借指只有做事不畏艰辛、不屈不挠、坚忍不拔才能取得成功。1945 年 6 月 11 日，毛泽东在中国共产党第七次全国代表大会上号召全党用愚公移山的精神，挖掉压在中国人民头上的两座大山——帝国主义和封建主义。

【舆】 车厢。古代车厢形似簸箕。前面的横梁叫“轼”，轼下面围着的木板叫“軓”，车厢两侧的木板叫“輢”，輢上的木框叫“较”，輢前后的立柱叫“轵”，下面的四框叫“轸”，固定在车轴上。后面无板，供乘车人上下，车上还有一根绳子，供人乘车拉手用，叫“绥”。有的车舆四周不是木板，而是高高的围栏。由于古人一般是立乘，遇路不平或站累了可靠在厢板或栏杆上。通常车舆上装有活动的圆形车盖，像一把大伞，用来遮阳挡雨。因舆是车的主体构件，故古人又以舆借指车。

【舆地】 舆的本意是车厢底板，古人认为，天地有负载之德，天为盖，地为舆。舆地连称，即指山川、林野、方位、道路这些地理现象的总和，相当于今之地理学。又因古人信奉天圆地方，故也用“方舆”一词指地理，清顾祖禹所著《读史方舆纪要》即是我国古代著名的地理著作。另舆地也用来指地图。

【舆地纪胜】 地理学著作。南宋王象之撰。王象之在少时便随父宦游四方，广泛涉猎地理书籍和郡县图经，为其编纂《舆地纪胜》奠定了坚实的基础。本书以南宋十六路版图，宝庆（宋理宗年号，1225—1227）以前建置为标准，叙述当时 166 个府、州、军、监的地理胜状，分府州沿革、县沿革、风俗形胜、景物、古迹等目。所载多南宋事，内容丰富。编纂体例严谨，考证核洽，被誉为南宋全国性总志中最善者。其内容详赡分明，尤其在收录人物、碑记、诗文等方面，具有很高的历史和文学价值。书中还附有《舆地图》十六卷，详尽地记录了四川各州的情况。引书中又多佚本，可补史志之缺。

【舆服】 车舆冠服及各种仪仗的总称。西周以来，天子、诸侯、卿大夫、士所用的车舆冠服、仪仗有不同的规格，以表明身份的尊卑等级。后世以此为礼制的重要组成部分，历代各有其制用于官场典礼，民间也多以下僭上。

【舆图】 地图，多指疆域图。古人因地图上载有河流、山川、城镇等，图载万物，故称“舆图”。

【羽林】 汉以来掌宿卫侍从的一支精锐近卫军。汉武帝时选陇西、天水、安定、北地、上郡、西河六郡良家子宿卫建章宫，称建章营骑，后取“为国羽翼，如林之盛”之意，更名羽林骑，兼取从军死者子孙入充，隶属光禄勋。宣帝令中郎将、骑都尉监领，东汉由羽林中郎将统率。魏晋以来沿置此军，除侍卫外也常征战。隋唐以来或为禁军精锐之名，或为其俗称。

【羽林孤儿】 西汉时期由战死军人的后代中选拔出来，并编入羽林骑的士兵。汉武帝始选取从军死者子孙，以此为号，养于羽林，教以五兵，使成精锐，后也用于大臣丧葬仪仗。后世循其意而做法不同。

【羽觞】 觞，shāng。即“耳杯”。古代饮器。椭圆形，两侧各有一弧形的耳。因其形状似爵（雀），两耳像雀之双翼，故而得名。另一说，饮酒时杯上插羽毛，意在催人速饮。

【羽檄】 古代战事紧急时，以骑者传送、上插羽毛的军事文书。檄，xí，是用于征召的木简，插鸟羽表示急件，须疾如飞鸟般传递送达。也称檄羽、羽书。李白《古风》：“羽檄如流星，虎符合专城；喧呼救边急，群鸟皆夜鸣。”这里以羽檄比喻军令急迫，展现了边塞战事的紧张气氛。

【禹】 姓姒，名文命。原为夏后氏部落领袖，舜时为司空，奉舜之命治理洪水。他划定中国国土为九州，并铸造九鼎作为象征。禹死后，他的儿子启建立了我国历史上第一个奴隶制王朝——夏朝。传说大禹的父亲鲧也曾被派去治理洪水，但未能成功。后来，大禹接替了父亲的工作，并采用了与父亲不同的方法，即疏导而非堵塞，成功地控制了洪水。在治水过程中，他三过家门而不入，长期在外与民众一起奋战，最终完成了治水大业。大禹治水的故事也成为中华民族不屈不挠、勇于斗争之精神的象征。

【语录】 文体名。记录传教、讲学、论政及交际等的问答口语，不重文字修饰，故名。起初用于禅宗僧徒记录其师的言谈。后来宋儒讲学，门徒记录当时言辞，也称语录。如宋时程颢、程颐门人把二程有关哲学、政治等言谈编为“语录”，又由朱熹辑入《二程遗书》。再如黎靖德辑录的《朱子语类》是朱熹与其弟子问答的语录汇编。

【庾信】 （513—581）庾，Yǔ。北周文学家。字子山，南阳新野（今属河南）人。幼聪颖，随父庾肩吾在萧纲的宫廷中生活，后来担任萧纲的东宫学士。历任右卫将军，封武康县侯。侯景之乱时，逃往江陵。后奉命出使西魏，因梁为西魏所灭，被扣留北方。北周代魏后，迁骠骑大将军、开府仪同三司，世称“庾开府”。庾信的诗文既有南方清新明丽的特点，又有北方雄浑豪迈之气。前期作品文藻艳丽，与徐陵齐名，时称“徐庾体”。后期作品多身世之感与乡关之思，风格变为沉郁顿挫，深受杜甫推崇，有“庾信文章老更成，凌云健笔意纵横”的赞誉。代表作有《哀江南赋》《枯树赋》。

【玉】 温润而有光泽的美石。种类很多，有质地坚硬的黄玉、白玉、碧玉、翡翠，色彩鲜艳的松石、玛瑙、芙蓉石，晶莹明洁的水晶、绿晶、茶晶，宝光闪烁的碧玺、蓝红宝石、钻玉等。古人很珍视玉，以玉比德，玉器不但用于祭祀、外交等，而且用于服饰，“古之君子必佩玉”。商代已大量制作玉质的礼仪用具和佩饰。周代有掌管王宫玉器的官职。秦朝后，玉玺为皇帝所专用。

【玉璧之战】公元542年和546年，东魏为夺取战略要地玉壁（今山西稷山西南）对西魏发动的两次战役。西魏王思政、韦孝宽先后率军，积极防御，东魏屡攻不下，伤亡惨重。此后双方攻守易势。

【玉帛】玉指圭、璧、琮、璋、琥、璜、玦等，帛是丝织品。古代祭祀、诸侯参与会盟朝聘时执瑞玉与缣帛。因帛或称币，故玉帛也称玉币，属于珍贵礼品。后引申为和好之意，如“化干戈为玉帛”。

【玉海】类书。南宋王应麟辑录。书名取精粹如玉、浩瀚似海之意。200卷。分天文、地理、诏令、郊祀、官制等21门，每门再分子目，总共241小类。征引广博，载有许多后代史志失传的材料。卷末附《词学指南》四卷及王氏所撰《诗考》《诗地理考》《通鉴地理通释》《小学绀珠》等书十三种。

【玉门关】古关名。在今甘肃敦煌西北戈壁滩上的小方盘城。汉武帝时设置，相传西域从此关输入玉石，故名。与阳关同为连通西域的交通要道，是古代丝绸之路的重要关隘。因通往塞外，乡关日远，常作为古人表达思乡、报国情怀的文化地标出现在古诗文中。东汉时，班超出使西域三十余年，垂暮之年上疏皇帝道：“臣不敢望到酒泉郡，但愿生入玉门关。”王之涣《凉州词》：“羌笛何须怨杨柳，春风不度玉门关。”王昌龄《从军行》：“青海长云暗雪山，孤城遥望玉门关。”

【玉篇】字书。南朝梁陈间顾野王撰。30卷，分542部，共收16 917字。字头全用楷体，为我国现存最早的楷书字典。仿《说文解字》体例，有所改进，释字以音义为主，不同于《说文解字》用六书理论来分析字形。同时，《说文解字》以释形为主，讲本义也是为了证明字形，不讲引申义；而《玉篇》以释义为主，文字之训不限本义，而是列举一字之多种意义。《玉篇》释字，先反切注音，后释义，在详细的引证之外，有时还加按语，并将异体字附后，注明另见。成书于南朝梁大同九年（543），后萧恺奉命删改行世。唐时孙强复加增益。宋代陈彭年等奉敕重修，收字增至22 561字，题名《大广益会玉篇》，即今通行本。

【玉台新咏】诗歌总集。南朝陈徐陵选编。书成于梁代。十卷，包括五言诗八卷、歌行一卷和五言四句诗一卷，收录了从汉朝到梁朝的诗歌共计769篇。该书的选录标准偏重男女情感的抒发，尤其是宫廷中的闺情之作，因此书中的诗歌多表现出一种脂粉气，格调不高。然而，其中也不乏对真挚爱情和妇女婚姻爱情悲剧的描写，一定程度上反映了当时的社会状况和妇女的生活状态。《玉台新咏》对后世的文学研究具有一定的价值，特别是对于乐府诗的发展、唐代五言绝句的形成等方面产生了积极影响。《古诗为焦仲卿妻作》就是在这部总集中首次出现的。一些著名诗人的作品，如曹植的《弃妇诗》、班婕妤及庾信等人的作品，都是通过《玉台新咏》得以流传至今。它是继《诗经》《楚辞》后较早的一部古诗歌总集。

【芋】地下有肉质的球茎，富含淀粉和

蛋白质，可蒸煮食用，味香软滑，可做蔬菜。易储藏，可代粮充饥。一说，因芋大叶实根，先民初次见到此物惊骇道："吁，真大！"于是，此物就被称为"吁"，后演变成"芋"。也称芋艿、芋头。古称土芝、蹲鸱。约三千年前，我国黄河流域已普遍种植芋。经过长期培育，产生很多变异品种。有青芋、紫芋、真芋、白芋、连禅芋、野芋六种。一般所食，多是青芋。

【郁孤台】 位于江西赣州西北部贺兰山顶。建于唐广德至大历年间（763—779）。其山隆阜，郁然孤起，故名。登台可见贡江与章江从东、西两个方向绕台而过，向北流去，汇成赣江。千余年来，郁孤台引历代文人墨客登临题咏，南宋辛弃疾《菩萨蛮·书江西造口壁》："郁孤台下清江水，中间多少行人泪。西北望长安，可怜无数山。青山遮不住，毕竟东流去。江晚正愁予，山深闻鹧鸪。"抒发了作者深沉的爱国情怀。

【御断】 金朝皇帝杖责宰相下至判司簿尉的刑罚。宋使者如果忤逆金帝的命令，有时也用此责罚。

【御史】 古代官名。春秋战国时列国都设有御史，为国君亲近之职，掌管文书及记事。秦时置御史大夫，职副丞相，位尊，御史监郡并执法，享弹劾纠察之权。汉以后御史职衔累有变化，职责则专司纠弹，而文书记事乃归太史掌管。唐有侍御史、殿中侍御史和监察御史。至明清仅存监察御史，分道行使纠察。权万纪，唐代御史，敢于犯颜直谏，曾弹劾过房玄龄和魏徵等人，受到了唐太宗褒奖。

【御史大夫】 古代官名。秦始置，其位仅次于丞相，主管弹劾、纠察以及掌管图籍秘书。汉时沿置，与丞相、太尉合称"三公"。武帝之后，监察弹劾之权实移御史中丞，职权逐渐旁落。后改称大司空，主水土之官。晋以后多不置。隋唐五代复置，为御史台长官，专职监察弹劾百官，实权已轻。至宋又多缺而不补。明废。

【御史台】 古代官署名。古代国家最高监察机构，专司弹劾之职。御史所居官署，西汉时称御史府，东汉初改称御史台，又名兰台寺。唐一度改称宪台或肃政台，不久恢复旧称。明洪武十五年（1382）改都察院，清因之，御史台之名遂废。

【御史中丞】 古代官名。简称中丞、中执法。秦汉以御史中丞为御史大夫之佐。也称御史中执法。掌监察执法，管图书秘籍、文书档案。外督诸监郡御史，监察考核郡国行政；内领侍御史，其权颇重。东汉以后不设御史大夫时，即以御史中丞为御史之长。北魏改称御史中尉。唐宋虽复置御史大夫，也往往缺位，即以中丞代行其职。宋代为御史台长官，辽金元为御史台次官。

【御帐亲军】 辽朝帝后帐下的直属部队。有皮室军、属珊军等。这支部队的主要职责是守卫行宫，即辽朝皇帝的临时住所，确保皇帝的安全。

【御者】 周以来战车中居中驾驭马匹的贵族武士。简称"御"。御者要求有高超的驾驭技艺和忠诚品质。

【寓言】 文学体裁。"寓言"本指有所寄托或比喻之言。后称我国古代诸子百家著作中短篇讽喻故事为寓言，如《庄子》《韩非子》等著作中的一些故事。寓言作为文体之名，即以散文或韵文的形式，讲述带有劝诫、教育或讽刺意味的故事。结构大多短小，主题用意在惩恶扬善，充满智慧哲理。素材多来源于民间传说。

【身毒】 Yuāndú。国名。印度的古称。梵语音译，也译作申毒、辛头、信度、身度、天竺、贤豆。范围包括印度河以东的南亚次大陆地区。

【鸳鸯】 鸟名。因其配偶期间，雌雄形影相随，古人认为是终身相匹之禽，故用作情侣与爱情忠贞不贰的象征。民间常以鸳鸯图案饰于被衾衣枕等物，寄寓相思与爱情。

【元白】 指唐诗人元稹、白居易。两人同一年考中进士，一起担任秘书省校书郎。在此期间，他们相互酬唱频繁，文学主张也相近，是当时提倡写作“新乐府”的主要人物。在此后的数十年间，二人多次遭贬谪，但无论顺境或逆境，他们皆患难与共，相互扶助。元稹去世九年之后，白居易创作了一首《梦微之》（元稹字微之），表达了对已故好友的深切怀念和对人生无常的感慨。

【元宝】 我国古代钱币的一种名称。通常由黄金或白银制成，其中以白银居多。唐宋时较常见。“元宝”两字前常冠以年号、朝代等，铸于币面。因唐开元通宝读作“开通元宝”而得名。最早使用“元宝”这一名称的是唐乾元元年（758）史思明在洛阳铸的得壹元宝和顺天元宝。后晋有天福元宝，北宋有淳化元宝、圣宋元宝，南宋有大宋元宝以及蒙古的中统元宝等。清末所铸铜圆上曾用“光绪元宝”四字。

【元朝】 公元1206年铁木真（成吉思汗）建国，1260年忽必烈继蒙古大汗位，1271年定国号“元”，1272年建都大都（今北京）。1279年灭南宋，是我国历史上第一个由少数民族统一全国的王朝。1368年，因明军攻克大都，元顺帝北逃而灭亡。自元世祖定国号起，共历11帝，98年。自成吉思汗建国起，历史上都泛称为“元朝”。顺帝北走塞外，仍称“元朝”，史称“北元”。明建文四年（1402），鬼力赤杀坤帖木儿汗，始去国号。

【元丰改制】 宋神宗元丰元年（1078）开始推行的官制改革。内容包括恢复唐以来三省、寺、监体制，消除部分官名与所掌职事名实不符的状态，重新确定官员的品阶、俸禄序列和相关管理制度。主要目的是减少冗官冗政，提高行政效率，明确各职位机构的职责。对我国古代官职制度的发展和演变产生了重大影响。

【元好问】 （1190—1257）金代文学家、文学批评家。字裕之，号遗山，秀容（今山西忻州）人。出身于一个世代书香的官宦家庭，其祖先原为北魏皇室鲜卑族拓跋氏。一生经历了金朝的衰落和元朝的兴起，金亡后隐居不仕，以著述为业。工诗文，诗歌题材广泛，多关心民生疾苦、暴露社会黑暗之作，感情沉痛深挚，风格悲壮苍凉，在金元之际颇负重望。也擅词，取法苏、辛，气势豪迈。所作《论诗绝句三十首》，继承杜甫的《戏为六绝句》，以组诗的形式系统地评论了汉魏以来的诗人和作品，是文学批评史上的重要论述。有《遗山集》。

【元和姓纂】 书名。唐代林宝奉宰相李吉甫命纂辑。作者积二十年之功，于宪宗元和年间（806—820）成书，故称《元和姓纂》。该书详载唐代族姓世系和人物，于古姓氏书颇多征引，保存了一些佚书的片段。体例上先列皇族李氏，再按《唐韵》二百六部排列各姓氏，每韵之内，以大姓为首，记载姓氏来历和各家的谱系，反映了魏晋南北朝重视门阀的风气在唐代的遗存。此书记录了大量《新唐书》《旧唐书》列传以外的人物姓名、世系、任职情况，不仅增补《新唐书》《旧唐书》列传之不足，在研究唐代文献遇到生疏姓名时也可有助查考。原书久佚，今本系清人孙星衍、洪莹从《永乐大典》等书中辑出。

【元和中兴】 唐宪宗元和年间（806—820）出现的复兴局面。其突出成果，是在代宗、德宗以来理财整军的基础上改善其治，重振朝廷权威，先后平定了西川、浙西、淮西、淄青等跋扈藩镇，使长期割据的河北三镇也开始服从朝廷。藩镇割据局面暂告结束，但并未扭转唐朝走向衰落的趋势。

【元嘉北伐】 南朝宋在元嘉年间对北魏发起的三次军事行动。分别在元嘉七年（430）、二十七年（450）和二十九年（452）展开。主要目标是收复南朝宋在河南地区的失地。宋文帝刘义隆在建康留守，每次北伐都派出了不同的将领，并亲自传授战略，但最终均以失败告终。

【元嘉之治】 南朝宋文帝元嘉年间（424—453）出现的治世局面。文帝登位后，有鉴于其前政局的动荡，着力图治，清理户籍，减免赋税，改善吏治，抑制宗室，兴立学校，使社会得以安定和发展，直至元嘉末年北伐失败而衰。

【元谋人】 晚期猿人化石。也称元谋直立人。1965年5月发现于我国云南元谋上那蚌村（大那乌村）。距今约170万年，是我国迄今发现的最早的猿人化石。从所发现的上中门齿化石看，元谋人门齿特征与北京猿人类似，但也具有近似猿类和南方古猿的原始特征，在发现化石的地方，还发现少量石器和用火遗迹。元谋猿人化石及其文化遗物的发现，为探索我国早期猿人的体质特征和文化提供了宝贵的材料。

【元曲】 元代杂剧和散曲的合称。常被作为元代文学的代表，同唐诗、宋词并称。也用来专称元杂剧，如明臧晋叔《元曲选》即元杂剧的选集。

【元曲四大家】 元代四位著名杂剧作家的并称，分别是关汉卿、马致远、郑光祖、白朴。

【元始天尊】 相传是道教的最高天神，与灵宝天尊、道德天尊合称为“三清”，也是“三清”之首。在大多道教宫、观中都有供奉的造像，也称天宝君。

【元帅】 古代官名，统率全军的主将。《左传》载“晋作三军，谋元帅”，当时元帅还不是专名。唐代设立天下兵马元帅、副元帅和行军元帅，始成为官名。初以亲王充任，由文武官统率的，称总管。后资望高深的武臣也称元帅。

【元祐更化】 宋哲宗在位前期太皇太后高氏主持废除王安石新法的举措。元丰八年（1085）神宗死，哲宗赵煦继位，次年改年号“元祐”。因哲宗年幼，高氏垂帘听政，排斥王安石等人，起用司马光等大臣，尽废各项新法，恢复旧制，至1094年哲宗亲政而止。虽意在与民休息、安定社会，但也矫枉过正，使新旧党对立加剧。

【元杂剧】 用北曲演唱并有完整结构和表演方式的戏曲形式。也称金元杂剧。金末元初产生于我国北方。在宋杂剧、金院本和诸宫调的基础上广泛吸收了多种词曲和技艺发展而成。一般每本四折，每折用同一宫调的若干曲牌组成套曲，必要时另加“楔子”。代表作家有关汉卿、王实甫等，代表作品有《窦娥冤》《西厢记》等。

【元稹】（779—831）稹，zhěn。唐代诗人。字微之，河南（今河南洛阳）人。幼年丧父，家贫。贞元九年（793）应试明经科及第。元和元年（806），登才识兼茂明于体用科，授右拾遗。因直谏得罪权贵，出为河南县尉。后任监察御史、中书舍人等职。长庆二年（822）拜平章事，与裴度同为宰相。后卒于武昌军节度使任所。工诗文，与白居易相友善，共同倡导“新乐府”，彼此酬唱不断，世称“元白”。所作乐府诗广泛反映了当时的社会现实，代表作如《连昌宫词》。又作有传奇小说《莺莺传》，叙张生与崔莺莺的恋爱故事，带有一定的自传色彩，被金诸宫调及元杂剧《西厢记》所取材。贞元十九年（803），元稹娶显宦韦夏卿之女韦丛为妻。元和四年（809）七月，韦丛去世。元稹写下《遣悲怀》三首悼念亡妻，抒发内心感激与愧疚，情真意切，感人至深，为后世所称颂。

【园宅地】 均田制下民户占有的居宅园圃地。唐初以来规定良人每三口给一亩，奴婢等贱口五人一亩，不计入永业田、口分田额，可以继承、买卖。

【员外郎】 古代官名。员外，本指正员以外之官。简称“外郎”或“员外”，通称“副郎”。民间用以俗称地主豪绅。晋武帝始设“员外散骑常侍”“员外散骑侍郎”，简称“员外郎”。隋开皇时，尚书省二十四司各设员外郎一人，为各司次官。唐宋沿置，与郎中通称“郎官”，皆为中央官员要职。明清沿袭。

【垣】 本义是指矮墙，泛指一般的墙体结构。古代城墙或官署周围都有院墙，因此“垣”也被用来代指城池或某些官署。由于垣在空间上用于划分一定的范围，因此在传统的天文学术语中，“垣”用作天区名称，如太微垣、紫微垣、天市垣等，而“省垣”则指省级行政区划的首府或城市。

【爰金】 战国时楚国的金币。爰是古代一种重量单位，一说是货币单位。也称印子金、饼金。铸成版状，上钤有小方印，文字有“郢爰”“陈爰”“专爰”等。“郢”“陈”等字是地名，楚国曾先后在这两地建都。

【袁宏道】（1568—1610）明代文学家。字中郎，号石公、六休，公安（今属湖北）人。与兄宗道、弟中道合称“公安三袁”。曾从李贽问学。在文学观点上，主张独抒性灵，不拘格套，反对当时文坛上流行的拟古风气，提倡文学创作应体现个性和自然情感，强调文学的自然真实和独创性。开创了文学史上的“公安派”，对后世产生了重要影响。其作品真率自然，独具一格，小品文尤受人推崇，《初至西湖记》《晚游六桥待月记》《虎丘记》《满井游记》等为其代表作。重视小说、戏曲和民歌在文学中的地位。有《袁中郎全集》。

【袁枚】 （1716—1798）清代文学家。字子才，号简斋、随园，浙江钱塘（今杭州）人。乾隆四年（1739）进士。历任溧水、江浦、沭阳、江宁知县。辞官后迁居江宁，购得江宁小仓山隋氏废园，改名随园。清代乾隆、嘉庆时期的代表诗人之一，活跃诗坛60余年，存诗4000余首。与赵翼、蒋士铨并称“乾隆三大家”。论诗吸取明代公安派袁宏道“独抒性灵，不拘格套”之说，倡导“性灵说”，主张作诗应抒写胸臆，辞贵自然，强调独创，反对以程朱理学来束缚诗歌创作。诗作以新颖灵巧见长，独具个性。又善文，骈散兼工。著作宏富，有《小仓山房集》《随园诗话》《子不语》等。

【圆钱】 铸造成圆形的货币。早期中为圆孔，方孔出现较晚，战国时期流行于秦及赵、魏沿黄河地区。圆钱便于携带和使用，正面通常铸有文字，如“半两”“五铢”等，表示重量或价值。背面通常平整，没有文字或图案。秦始皇统一六国后，对货币进行了统一改革，废除了其他诸侯国的货币，只保留了圆钱，并在全国推行使用。

【圆仁】 也作“元仁”。日本僧人，日本天台宗第三代座主，清和天皇赐为“慈觉大师”。俗姓壬生氏，下野（今栃木县）都贺郡人。九岁出家，十五岁师从最澄。开成三年（838）到中国，从各地高僧学显、密二教，历扬州、五台山、长安等地。逢武宗灭佛，遭受波折。大中元年（847）回国，弘扬大乘戒律。入唐求法期间，用汉文以日记形式记录所见所闻，著《入唐求法巡礼行记》。所记翔实可靠，俱为亲身见闻，是研究唐代宗教、社会及中日文化交流史的重要史料。与最澄、鉴真一起被誉为“唐决”，对中日文化交流产生了深远影响。

【缘分】 佛教指人与人之间命中注定的遇合机会，泛指人与人、人与事物之间发生联系的机遇。在我国古代哲学中，缘分被认为是人与人之间无形的联系，是必然存在的相遇机会和可能性。缘分在古代文化中有广泛的表现形式，如姻缘、比翼鸟、月老牵线等。在人际关系方面，经常相遇的人在我国传统文化中会被认为是有缘分的。这种关系不仅限于男女感情，还包括父子、夫妻、朋友、亲人、师生等多种形式的关系。

【辕】 车前用来驾牲畜的直木，其后部压在车轴上，前部伸出车舆的前方。商周的车都是独辕，辕在中。汉代以后多双辕，分列左右。古代帝王巡狩田猎，或军队作战，止宿时都结车为营，出入口以两车上扬，车辕相向，构成一座“门”，称为辕门。辕门后也泛指军营营门，《三国演义》吕布射戟辕门的故事，京剧里宋朝杨延昭《辕门斩子》的故事，都发生在军营里。

【远山眉】 古代一种眉妆。传说西汉时期司马相如之妻卓文君的眉毛细长而曲，色淡微，形似远山，非常美丽，时称远山眉，当时许多妇女争相效仿。唐宋间也流行。唐崔仲容《赠歌姬》诗：“黛眉轻蹙远山微。”

【怨军】 辽朝时期天祚帝招募辽东难民组成的一支特殊军队。这些难民因女真的侵略而家破人亡，被组织起来，怀着对女真的深仇大恨，以“怨军”为名，参与对抗女真的战争。辽灭亡后，怨军投靠了北宋，成为北宋末年军事力量的一部分。

【院试】 明清童生试第三阶段考试。也称提学试。明始行，由提学官主持，清代由各省学政主持。凡经府试录取的童生可参加院试。因学政称提督学院，故由学政主持的考试称院试，又以旧制称提学道，故也沿称道考、道试。报名等手续与府、县试略同。清制，学政于驻在地考试就近的府、县，其余各府则依次分期案临考试。正试一场，复试一场，揭晓名次称为出案。录取者即为生员，送入府、州、县学宫，称入学，受教官的月课与考校。

【月】 ①月亮。也称太阴。新月如钩，故称银钩、玉钩；弦月如弓，故称玉弓、弓月；月满如轮如盘，故称金轮、玉轮、银盘、玉盘。民间传说月中有嫦娥、兔和蟾蜍，故称嫦娥、婵娟、玉兔、玉蟾。古人赋予月亮许多美丽传说，如嫦娥奔月、吴刚伐桂、玉兔捣药等。月亮在古代生活中具有广泛的文化象征意义，天子在秋天祭拜月亮，文人也喜欢吟咏月亮。月亮是古典诗歌中常用的意象，象征纯洁、幽美、悲欢离合、永恒等。②计时单位。农历从初一到月末为一月，一年为十二个月。

【月活】 明清农业雇工按月计算报酬的雇佣方式。

【月粮】 古代给士兵每月发放的粮食。士兵的生计主要依赖于国家或军队提供的粮食和其他物资，月粮包括米、麦等主食，也会有一些肉类或其他副食品。月粮的具体数量和种类会因不同的历史时期、地区和军队而有所不同。明代，月粮的数量会因士兵的等级和职责而有所差异。清代，八旗兵丁的家庭口粮也称为月粮，并且有详细的规定和标准。

【月食】 食，也作“蚀”。地球运行到太阳和月亮之间，三者成一直线，太阳光被地球遮挡住，照射不到月亮，便形成月食。殷商时代的甲骨刻辞中已有月食的记载。古时“天狗吃月亮”的传说即月食现象。

【月桩钱】 南宋为支应军饷而加征的税款名目。因系按月桩办钱物，故称。大体是把地方上供财赋加以合并，不足额时常需地方另筹补足。这种税收最初只在江南东路和江南西路征收，后来逐渐扩展到其他地区。

【乐府】 古代官署名。主管音乐。汉惠帝时已有乐府令。武帝时定郊祀礼，立乐府，掌管宫廷、巡行、祭祀所用的音乐，兼采民歌配以乐曲，以李延年为协律都尉。也为诗体名，指乐署及其改编、演唱的乐诗。后将魏晋至唐代可以入乐的诗歌，以及仿乐府古题或自创新题、吟诵时事的作品，统称乐府。宋元以后的词、散曲和剧曲，因配合音乐，有时也称乐府。

【乐府诗集】 诗歌总集名。北宋郭茂倩编。全书共一百卷，分郊庙歌辞、燕射歌辞、鼓吹曲辞、横吹曲辞、相和歌辞、清商曲辞、舞曲歌辞、琴曲歌辞、杂曲歌辞、近代曲辞、杂歌谣辞、新乐府辞十二类。全书各类有总序，每曲有题解，对各种曲调及歌辞的起源和发展，都有考订。每题以古辞居前，后人拟作列后，资料丰富。书中征引了一些已经散佚的著作，许多珍贵的史料得以保存，对文学史和音乐史的研究有重要的价值。

【乐毅】乐，Yuè。战国时燕国将领。中山国灵寿（今河北平山东北）人。魏国将领乐羊之后。公元前284年，以上将军身份统率五国联军攻陷齐都临淄。因功封于昌国（今山东淄博东南），号“昌国君”。燕惠王即位，中齐国反间计，以骑劫取代乐毅，他被迫出奔赵国，被封于观津（今河北武邑东南），号“望诸君”。

【乐毅伐齐】公元前284年，燕昭王以乐毅为上将军，统率燕、秦、赵、魏、韩五国联军共同发动对齐国的军事行动。乐毅率联军在济西与齐军进行了一场激烈的战斗，大败齐军。燕军乘胜追击，攻克齐国七十余座城池，直捣都城，攻陷齐都临淄，除聊、莒、即墨外，基本控制齐国全境。前279年，燕惠王立，以骑劫取代乐毅，齐田单率军反攻，大败燕军，收复国土。乐毅伐齐之功尽失。

【刖刑】刖，yuè。将犯人的脚砍掉的酷刑。也称剕刑。是“五刑”之一。春秋时楚人卞和献玉璞给楚王，被认为是欺诈而受刑被砍掉左右脚。西汉初年又称斩趾，汉文帝十三年（前167）废除此刑，用笞刑代替。

【轨】yuè。车辕前头与轭相衔接用以固定的销子。一般用于小车（马车）。

【岳飞】（1103—1142）南宋初抗金名将。字鹏举，相州汤阴（今属河南）人。宣和四年（1122）应募从军，曾随宗泽留守开封，任统制。南宋以后，屡次上书，建议收复北方失地。岳飞治军，赏罚分明，纪律严整，又能体恤部属，以身作则。其军队被称为“岳家军”，以英勇善战著称，以至金军感叹：“撼山易，撼岳家军难！”曾在郾城大破完颜宗弼主力，收复郑州、洛阳等地，北方义军纷起响应，恢复形势一片大好。后高宗、秦桧君臣一意与金求和，岳飞被连下十二道金牌退兵返回临安，又被秦桧以“莫须有”的罪名杀害。孝宗时，追谥武穆。宁宗时追封鄂王。能文章、书法、诗词，《满江红》悲壮激昂，是爱国主义诗词中的千古绝唱，千百年来激励过无数爱国志士。有《岳武穆遗文》。

【岳家军】南宋初年岳飞统率的部队。对金作战的主力部队之一。正式番号先后为神武右副军、神武副军、神武后军、行营后护军。以牛皋、董先各部义军为主干，后收编杨么等农民军部众，吸收山东、两河忠义社梁兴、李宝等，汇成大军。岳家军以纪律严明和训练有素而闻名，士兵们即使在极度困境下也坚守“冻死不拆屋，饿死不掳掠”的原则，金人有“撼山易，撼岳家军难”的说法。

【岳麓书院】古代著名书院。位于湖南长沙岳麓山下。北宋开宝九年（976）潭州太守朱洞创办。其后数次扩建，大中祥符八年（1015）宋真宗御笔赐书“岳麓书院”匾额。岳麓书院历经宋元明清几代，迎接四方学者，专注传道授业。宋时著名理学家朱熹曾在此讲学，明清时以传播儒学为主旨。现存主要建筑为清代遗构，保存的历代碑匾和文书刻石皆十分精美。

【岳阳楼】江南三大名楼之一，位于湖南岳阳洞庭湖畔。相传始于三国吴鲁肃训练水师的阅兵台。历代屡有建废。北宋庆历五年（1045），滕宗谅（字子京）重修岳阳楼，邀好友范仲淹作《岳阳楼记》，遂使其声名远播。现存形制与格局为再行修葺后所遗。楼共三层，精构细筑，气势恢宏，引无数文人雅士登临赏游，赋诗吟对。

【钺】 yuè。本作“戉”。青铜铸，形状像大斧，圆刃或平刃，有孔名“穿”，用以绑缚长柄，盛行于殷周，是一种重要武器。也有用玉石制作的，多用于礼仪及殉葬。甲骨文和金文中“王”字的形状就是钺的象形，说明钺是与王权密切相关的象征物。

【阅微草堂笔记】 笔记小说集。清代纪昀作。阅微草堂是作者在北京虎坊桥住宅的书斋名。二十四卷，其中《滦阳消夏录》六卷，《如是我闻》四卷，《槐西杂志》四卷，《姑妄听之》四卷，《滦阳续录》六卷。主要记述花妖狐精、鬼怪神异故事，间杂考辨，广泛反映了封建社会的黑暗现实与劳动人民、贫穷知识分子及妇女的苦难，对封建统治阶级的骄奢淫逸、残酷横暴时有记录。此外，对社会各阶层人物的风貌、普通人民的智慧勇敢与高尚情操、各地民俗等，也颇多描述。与《聊斋志异》齐名，同为清代志异笔记小说中的扛鼎之作。

【越国】 由於越发展而来的姒姓古国。相传夏王少康庶子无余在今浙东一带建立了於越，建都会稽（今浙江绍兴），殷周时续有发展，东周敬王时，其主允常自称为王。春秋末年常与吴交战，公元前494年为吴王夫差所败。越王勾践卧薪尝胆，刻苦图强，于前473年攻灭吴国，北上中原争霸，战国以来渐衰，前306年为楚所灭。

【越绝书】 史书名。关于其作者，说法不一，通常认为是东汉袁康、吴平二人所撰。原书二十五篇，今佚五篇，十五卷。记叙东汉以前吴越地区的历史、地理，以历史人物为关注对象，活跃在书中的吴王夫差、越王勾践、伍子胥、子贡、范蠡、文种等人，皆形象生动，个性鲜明。像吴王得胜后的恃傲、越王逆境中的虚心、伍子胥的刚直忠贞、子贡的机敏善辩，都刻画得细致入神。《越绝书》为地方志的编纂开创了范例，特别是书中《吴地传》与《越地传》两篇，对吴越山川、地理、城池、物产等，记载甚详，历来被认为是地方志之鼻祖。

【越缦堂读书记】 缦，màn。书名。清代李慈铭撰。李慈铭从二十岁起写日记，直到晚年，所记文字达数百万言，内容丰赡，受到学林重视。《越缦堂读书记》就是由云龙从李慈铭日记中辑录有关读书札记的部分而成。李慈铭读书甚广，举凡经、史、子、集无不涉猎，这些笔记记录了他的读书心得，因而颇有价值。全书经重新编排后分为哲学思想、政治、社会经济、历史、地理、科学技术、军事、语言文字、文学、艺术、宗教、综合参考、札记等类，涉及图书九百八十余种。每类有若干子目，分别论述每本书的作者、内容、学术源流、版本等。

【越窑】 古代名窑。窑址在今浙江慈溪上林湖一带。因唐时属越州，故名。烧制青瓷始于东汉，唐五代时烧制工艺日渐成熟，瓷器色质细腻纯净、若冰透亮，“秘色瓷”是越窑青瓷中的精品。唐陆龟蒙《秘色越器》：“九秋风露越窑开，夺得千峰翠色来。”描写越窑青瓷的釉色堪比千峰秀色，青翠欲滴。唐代崇尚绿茶，选用茶具时也以越窑为上，因其色青，可益茶色。“茶圣”陆羽赞天下瓷以越州为“第一”。宋元以来，越窑逐渐衰落。

【龠】 yuè。容量单位。古人以一定长度的定音器具黄钟律管为确定尺度的标准。黄钟律管的长度为九寸，是当时国家的法定标准。龠本来起源于黄钟律管，用黄钟律管长度的数字来确定它的容量。将 1200 颗黑黍装满律管，用井水来使它平整，一黄钟律管的数量就是一龠，两龠为一合（一合相当于现在的 400 克）。汉制，每龠容量为 810 立方分，一龠等于半合。又为量器名。

【籥】 yuè。中国传统管乐器。在甲骨文中，本作“龠”。像编管之形，似为排箫之前身。有吹籥、舞籥两种。吹籥形似笛而短小，有三孔。舞籥较吹籥长而有六孔，可当作舞具。

【云车】 ①古代传说中仙人所乘之车，神仙以云为车，故称。如三国魏曹植《洛神赋》：“六龙俨其齐首，载云车之容裔。”后人们在车上绘制祥云图案，以象神仙之车。②古代作战时用来窥察敌情的楼车。因为很高，故名。

【云冈石窟】 我国佛教石窟。位于山西大同武周山南麓。因武周山又名云冈，故名。开凿于北魏时期，主体约在北魏中期完成。石窟依山开凿，现存主要洞窟 53 个，小龛 1100 多个，大小造像 51 000 余尊，造像最高者为 17 米，最小者为 2 厘米，是我国大型石窟群之一。云冈石窟饱经战乱，后世多次修缮，在辽金两代达到最大规模。其石雕造像气势雄伟，内容丰富，雕刻技艺精湛，菩萨、力士和飞天各类形态栩栩如生，呈现出鲜明的时代特征和高超的艺术表现力及感染力。

【云锦】 以缎纹为地组织，采用桑蚕丝与金银线提花的锦类丝织物。因锦纹繁盛、瑰丽，色彩绚烂，好像天上云彩，故名。东晋末，刘裕北伐获胜，将长安织锦工匠带到建康（今江苏南京），设锦署管理织锦。南北朝始产云锦，明清时期繁盛。云锦工艺独特，从确立丝线的经纬线到最终织造，过程复杂、艰难，必须用老式提花木机织造，由提花工和织造工两人配合完成，一天只能产出几厘米。云锦用料严格考究，花卉色彩因观察视角不同而变化，图案具传统吉祥文化底蕴。南京云锦位列古代四大名锦（南京云锦、苏州宋锦、四川蜀锦、广西壮锦）之首。

【云梦】 古代泽薮。其来历古代说法并不一致。一说本是江南、江北两个大湖，江北为云，江南为梦。一说云梦为一湖，可单名云或梦。先秦两汉时的云梦泽，大致包括今湖南益阳城区及湘阴县以北，湖北江陵县及安陆以南、武汉以西地区。晋代以后，云梦泽囊括了洞庭湖。随着长江和汉水带来的泥沙不断沉积，汉江三角洲不断伸展，云梦泽水域逐渐缩小、干涸，唐代以后形成平原上星罗棋布的小湖。宋代以后，江汉平原逐渐成为重要农业区和南北交通要冲。“云梦”并不仅仅指上述水域，还泛指春秋战国时楚王的巡猎区，包括整个江汉平原及其周围的部分丘陵。汉代司马相如的《子虚赋》记载：“云梦者，方九百里，其中有山。”在文学作品中，“云梦”有其特殊的文学场景和情境，带着虚幻缥缈的意境，唐代诗人孟浩然《临洞庭》诗："八月湖水平，涵虚混太清。气蒸云梦泽，波撼岳阳城。"

【云母】 矿石名。品种不同，颜色各异。可析为片，薄片透光有弹性，可做镜屏、屏风，也可入药。古人认为这种石头是云彩的"根"，故名。也称云精。根据质地和色泽，云母的品种可分为云英、云珠、云沙、云液、云胆等。唐代李商隐《嫦娥》有"云母屏风烛影深"，描绘嫦娥的月宫内镶嵌着云母石的屏风。

【云南民变】 万历三十四年（1606），云南府（今云南昆明）军民反抗明廷所遣税监杨荣的事件。云南税监杨荣恣行威虐，杖毙数千人，积怨甚深。又因求马不获，毒打指挥使樊高明，逮捕指挥使贺瑞凤，且扬言尽捕六卫军官。指挥贺世勋、韩光大率万余军民，焚杨荣府第，杀死杨荣及其党羽二百余人。神宗闻之，数日不食。后贺世勋下狱被杀。

【云台二十八将】 东汉初二十八位开国功臣的合称。明帝时追念开国功臣功绩，将二十八名功臣图画于洛阳南宫云台，故名。也称中兴二十八将。包括邓禹、吴汉、贾复、耿弇、寇恂等人。

【云梯】 古代攻城时攀登城墙的长梯。也称云桥。通常由木制或竹制的长梯和轮子组成，可以推动靠近城墙，方便士兵攀爬。相传为鲁班发明。云梯出现时间很早，战国时期已经用以攻城。

【芸香】 多年生草本植物。也称七里香。因其根部为木质老根，故又称芸香树。花、叶都有强烈气味，香闻数十步，可驱虫辟蠹，置席下，可去蚤虱。因古人多将它置于书室或书页内，以防蠹虫，故与书籍有关的事物，常被冠以"芸"字作为雅称。如称书籍为芸编、芸帙，称书斋为芸窗，称藏书处为芸台、芸署、芸阁，称校书郎为芸吏、芸香吏等。古人常把芸香夹在书中，打开书后，香气袭人，日久不散，故将它散发出来的香味称为书香。书香门第、书香人家中的书香，即指芸香。

【韵书】 按汉字的声韵分类编排的书。魏晋时期，始编韵书。隋代总结南北字音声调撰成《切韵》，唐宋以来都有官韵定本，用来分辨、规范汉字的读音和四声，常广泛搜集汉字，按发音规律分韵排序，或者附加形义解释，类似于字典，对统一汉字发音和音韵声律的研究有深远影响。

Z

【杂泛差役】 元明时区别于正役的各种杂役。主要用于国家的各种公共工程和官方需求。包括筑城、修路、治水利、造官衙、送粮草等各类工作，这些工作需要随时派役，没有固定的时间和明确的报酬标准，往往收入甚少。

【杂家】 战国末期至西汉初期博采各家的思想观点而形成一家之言的综合学派。特点是兼备并贯通融会儒、墨、道、法等各学派之道。其出现与形成在一定程度上反映了当时政治上趋向统一、文化上要求融合的趋势。东汉班固将“杂家”列为“九流”之一。主要著作有《吕氏春秋》《淮南子》。

【杂史】 非正统史家的著述。区别于纪传、编年、纪事本末的一种史书体裁。《隋书·经籍志》始有名目，所记涉及帝王之事及军国掌故。后记带有掌故性质的一时见闻、一事始末或一家私记。如唐代吴兢《贞观政要》，宋代洪皓《松漠纪闻》、王栐《燕翼诒谋录》等。

【杂言诗】 诗体名。古体诗的一种。也称杂言古诗。最初出于乐府。诗中每句字数不等，长短句间杂，无一定标准，最短仅有一字，最长可有九字、十字以上，以三、四、五、七字相间杂者为多。句式变化与用韵也较自由。李白《日出入行》《三五七言》《襄阳歌》等皆为杂言诗。

【杂徭】 正役之外的各种劳役。秦汉以来称半役、小役、小徭，属派生性、临时性或地方性劳役。历代常将之归并后纳入正税、正役，或成为新税种。唐曾设限规范，逾限可折免赋税或正役，两税法后与正役合流。宋以来指杂泛、杂差，明清常被并入户税、田赋而仍不断滋生，或折交钱物。

【宰相】 古代官名。本泛称掌握政权的大官，秦汉以来指历代辅助皇帝、统领百官、总揽国家政务的最高行政长官。如秦汉时期的丞相、相国、三公，唐宋时期的中书、门下、尚书三省长官及加“同平章事”的官员，明清时期的大学士。辽代正式定为官号。辽代中枢机构是北、南宰相府，各设左、右宰相。

【在下】 男子自称的谦辞。我国古代的坐席礼仪是尊长在上座，晚辈在下，“在下”由此而成为自称的谦辞。

【簪笔】 簪，zān。像插簪那样把笔插在头上，以备记事。始于战国。汉朝侍从近臣多插笔于发，以便记事。魏晋以来，御史等官仍插笔状之簪，称白笔。唐制，文官七品以上穿朝服时都插簪笔。宋文武官都将缠绯缀丝的笔插在朝冠托座，故又称立笔。明朝仿古在朝冠上插竹木笔，按品爵高低，将笔杆弯成数折。清废。

【赞普】 原为吐蕃首领称号，自公元629年松赞干布建立王朝后，赞普相当于吐蕃王称号。也称赞府、籛逋。赞意为雄强，普意为男子。此称号传承至842年，末代赞普达磨被刺杀，吐蕃王朝灭亡而止。

【藏传佛教】 我国佛教的一派。公元7世纪，松赞干布因与尼泊尔、唐王朝联姻，始信佛教。佛教自此在西藏得以传播。9世纪曾一度被禁止，直至10世纪后期，在吐蕃新领主扶植下得以复兴。经过与西藏本教的长期相互影响、融合，形成了藏传佛教，其经典属藏语系统。其教派分为格鲁派、宁玛派、噶举派、萨迦派等。教义上大、小乘兼容，但以大乘为主。13世纪后，在元朝统治者的支持下，上层喇嘛逐渐掌握政权，藏传佛教也由西藏地区传入蒙古族聚居的地区及不丹、尼泊尔等。

【藻井】 我国传统建筑对室内顶棚的一种独特的装饰设计形式。以木质材料在榫卯结构的连接下构筑上小下大、可方可圆的立体斗状天花穹顶，形成具有更大的空间深度和净空高度的上部空间，在顶部的平面上与周边的侧面绘有各种五彩的花卉图案，藻井的各部构件上也有花纹或雕刻进行装饰。藻井制作是我国木结构建筑中的一项较为高难的技术，它不用一根铁钉而完全依靠榫卯进行构建。多用于宫殿、寺庙中的宝座、佛坛上方最重要部位。现存最早的木构藻井，是今天津蓟州区独乐寺观音阁上的藻井，距今已有一千多年的历史。也称绮井、复海。

【皂荚】 落叶乔木。也称皂角。春季开花，黄白色。所结的荚果长而扁，呈带状，黑皮，微肥厚，富胰皂质，古人用来洗濯沐浴，可去污垢，也可入药。木材坚实，可制家具。产于我国黄河流域及以南各地。相传，唐玄宗与杨贵妃曾在华清宫七圣殿西南角和临潼斜口南原上手植皂荚，每年结果实，必有十数荚，呈合欢状，人称“唐皂荚”。另有一种肥皂荚树，茎干无刺，荚果宽长圆形，肥厚，熟时为暗褐色，产于我国陕西南部、长江流域及贵州。古人用其荚果汁制成皂丸，洗濯用胜过皂荚。

【灶君】 俗称“灶王爷”。道教中的灶神。民间认为，灶神是玉皇大帝派来的一家之主，掌管着一家的祸福。民间风俗，每年农历正月初一各家各户迎接灶王，将其画像挂于灶台之上，到了农历腊月二十三或二十四日为灶王爷回天庭汇报的日子，各家都要在灶口贴上“上天言好事，下界保吉祥”的对联，并摆放纸马、饴糖、年糕等贡品。

【造纸术】 我国古代四大发明之一。中国古代造纸初起于麻质纤维，公元前已有原始的“扶风纸”“金关纸”等。2世纪初，蔡伦总结了前人的造纸经验，进一步改良了造纸工艺。最初的造纸原料包括树皮、麻头、敝布和渔网等，经过挫、捣、抄、烘等步骤制成纸。这种纸被称为“蔡侯纸”，原料易得且成本低廉，质量优良。造纸术在魏晋南北朝时传到朝鲜和越南，7世纪时，又由朝鲜传到日本。8世纪时经中亚传到阿拉伯，12世纪以后再由阿拉伯传到欧洲，至16世纪时纸张已流行于全欧洲，取代了传统的羊皮和埃及纸莎草。16世纪后造纸术又由欧洲传到北美洲，此后逐步流传到全世界。造纸术是人类文化传播的伟大发明，对人类文明史产生了深远影响。

【帻】 zé。用来束发包髻的布巾。先秦时类似一种发箍，系在前额，是平民百姓戴的。秦代称百姓为黔首，汉代称仆隶为苍头，就是指他们所戴的帻是黑色或青色的。秦时武将服赤帻。及至西汉末期，帻广为流行之后与巾逐渐合而为一，演变成为约发束发以及定冠的用品，后来贵族也戴帻，用以固定冠。自此帻就不再具有裹额的作用了。

【舴艋】 zéměng。小船。宋李清照《武陵春·春晚》词“闻说双溪春尚好，也拟泛轻舟。只恐双溪舴艋舟，载不动、许多愁”将无形之愁具象化，并以舴艋舟之轻，反衬心绪之沉重。

【曾巩】（1019—1083）北宋文学家。字子固，南丰（今江西南丰县）人，世称南丰先生。嘉祐二年（1057）进士，尝奉召编校史馆书籍，官至中书舍人。谥文定。其散文平易舒缓，长于叙事说理，讲究章法结构，为“唐宋八大家”之一，代表作《墨池记》。有《元丰类稿》。

【曾静案】 公元1728年，曾静策动清川陕总督岳钟琪反清，被奏知雍正帝而引发的案件。曾静，清湖南永兴人，号蒲潭先生，康熙秀才，深受吕留良遗著中“夷夏之防”和反清复明思想的影响。雍正六年（1728）命弟子张熙投书川陕总督岳钟琪，劝其举兵反清，被岳告发下狱，供词涉及民间流传雍正帝篡权夺位之说。案发后雍正帝释放曾静及同谋弟子，吕氏被戮尸焚书，株连被害甚众，又将御前审问和训导曾静之词汇集成《大义觉迷录》刊发各地，命曾静四处宣讲，以图消除民族对立和雍正帝夺嫡传言的影响。乾隆帝继位后列之为禁书，处死曾静。

【增生】 科举制度中生员名目之一。明代生员都有月廪，并有一定名额，称廪膳生员。后又于正额之外，增加名额，称为增广生员，简称增生，无月米，地位次于廪生。清时，经岁、科两试成绩优秀者，增生可依次升廪生，称补廪。

【赠序】 文体名。赠言惜别的文章。古代送别常以诗文相赠，集帙而为之序的，称为“赠序”。其后凡是惜别赠言的文章，不附于诗帙的也都叫赠序，内容多赞许、称扬及慰勉之辞。与序的原意已不尽相同。唐韩愈所作，最为后世推重，不仅在文体上抒发离情别绪，而通过发表议论，表达自己的理想、见识和思想，对此类文体的发展贡献颇大。代表作有《送石处士序》和《送李愿归盘谷序》等。

【甑】 zèng。古代炊器。底部有许多透蒸汽的孔格，置于鬲或釜上蒸煮，类似今天的蒸锅。新石器时代晚期已出现，为陶制。至商周，有青铜铸的甑。后世以竹木仿制，称为蒸笼。

【札记】 札，zhá。文体名。读书时摘记的要点、心得或见闻等文字。古称小木简为札，条记于札，故称。如清代卢文弨有《龙城札记》《钟山札记》，赵翼有《廿二史札记》。

【札撒】 zhásā。蒙古语音译，意为“法令”。蒙古大汗及元朝皇帝颁布的法令。成吉思汗生前颁布的法令，称大札撒，内容为狩猎、草原保护、马匹保护、水源保护等法律条文。也作“札萨”，也称札撒黑。

【札也】 札，zhá。①金元军事将领的侍从服务人员。女真贵族子弟多由此入仕，元朝沿此。②辽的一种地方行政单位，相当于州，地位低于府，高于县。

【札子】 札，zhá。古代官方公文中的上呈文书，用于向皇帝或长官进言议事。唐人奏事，非表非状者称榜子。宋代凡百官上殿奏事，两制以上非时有所奏陈，非表非状者，称为札子或奏札。如宋代王安石有上皇帝的《本朝百年无事札子》，陆游有《上二府论事札子》，等等。也用于指古代官方公文中的下行文书，用于发指示或委职派差。或称堂帖。宋代中书省或尚书省得到皇帝批准而下达的指令，凡不用正式诏命的，称为札子。诸路帅司向其部属发指令也用札子。两府之间往来的公文，也称札子。

【斋】 古代人们在祭祀或典礼前，沐浴洁食，以表对祭祀对象的敬畏之心。北京故宫博物院里的斋宫就是雍正皇帝行祭天祀地典礼前的斋戒之所。斋在我国建筑中，并不代表一种独立的建筑形式，而是一种专用于静居之所，有助人聚气敛神、肃然斋敬的功用，故后世往往将斋建于僻静、幽深之处，专供人静心修习或藏书。斋也指佛、道教信奉者所吃的素食。

【斋戒】 古代举行重大祭祀或典礼之前，人们沐浴更衣，戒除各种嗜欲，以表虔诚敬畏之心。又指中国穆斯林的“斋功”，为伊斯兰教五功之一，即成年穆斯林要在每年伊斯兰教历的9月斋戒一个月。规定此月每日从日出至日落，人们不能饮食、行房事等，如遇特殊原因，如患病、外出、怀孕等，规定可延缓，但过后须完成补斋或以施舍济贫等方式以示虔诚。

【翟魏】 翟，Zhái。公元388年由丁零翟辽建立的政权。东晋太元八年（383），丁零翟斌起兵反前秦，后归慕容垂。次年，慕容垂杀翟斌，其侄翟真逃至中山一带，又为后燕所灭。翟真从兄翟辽南奔东晋黎阳（今河南浚县东），逐太守，据其地。十三年（388），称“魏天王”，改元“建光”，徙都滑台（今河南滑县东），领有荥阳、顿屯等七郡。十七年（392）为后燕所灭。

【占城稻】 占，Zhān。中南半岛东部的高产、耐旱籼稻品种。因它的原产地是占城（今越南中南部），故名。也称早占、早占城、早米。占城稻穗长而无芒，粒稍小，适应性强，生长期仅需约60天或100天，极大地提高了土地利用率和粮食产量。五代到宋初，占城稻被引入今福建地区，宋大中祥符四年（1011），江、淮、两浙大旱，宋真宗派使者到福建取占城稻种三万斛，分给江、淮、两浙三路旱灾地区种植，并让转运使向民众宣传占城稻的优点与种植方法。占城稻的引进和广泛种植，改善了我国传统水稻的品种结构。

【詹事】 古代官名。皇后及太子庶务的执事长官，即执事、给事。秦始置。东汉废，魏晋以来，唯置于太子宫，故称太子詹事，自此皆统东宫诸务。所在机构或称詹事府，或为詹事院。唐建詹事府，设太子詹事一人，少詹事一人，总东宫内外庶务。历代因之。

清沿置，初犹有辅导太子之责，康熙后不设太子，仍置詹事府，掌文章经史之事。清末废。

【斩衰】 斩，不缝缉。衰，cuī，丧服上衣。五服中最重的一种丧服。此丧服用最粗生麻布做成，披在胸前，两侧和下边断处不缝边际，表示不修饰，以尽哀痛，故称。臣子为君王、诸侯为天子、男子及未嫁女为父亲、嫡长孙为祖父、父为嫡长子、嗣子为嗣父（包括出继之父或母亲再嫁的后夫）、妻妾为丈夫均需服斩衰。服期为三年，实际上是两周年，即24个月。后世沿此但有所变化。

【占山格】 公元463年，南朝宋为限制贵族、高官任意占取山泽所制的规定。因官贵势力竞相占封各地的山泽，影响朝廷的经济收益以及贫弱者的生计，故武帝下令设限。官品第一、第二的可占五顷，至第九品和百姓可占一顷。占者须依此计资征税，违犯者治罪。

【占田课田制】 公元280年，西晋统一南北后实行的土地田赋制度。为限制土地兼并和保障税源，原则规定男子占田限七十亩，女子限三十亩，官员可按品级占田五十至十顷不等，另可庇荫亲属、衣食客及佃客多少不等，皆可免役。又定需要缴纳田赋的为课田，丁男丁女及次丁男各有亩额，平均每亩须交租谷八升，另按户调式征收绢绵。此制度后被战乱破坏，485年被均田制取代。

【占租】 自报应纳的租税。针对工商和高利贷者的税制。起源甚早，汉武帝时定由工商和高利贷者自报资财多少，称占，不实者有罚；依财产多少出税称租，其税率因行业不同有别。后世时或有之，名称不一。

【栈车】 车厢以竹木条编成的轻便车辆，可以乘人或载物。《诗经》：“有栈之车，行彼周道。”

【栈道】 在悬崖峭壁上搭建支架形成的道路。也称阁道、复道、栈阁。战国时期，秦国为经营巴蜀，展开了栈道修筑工程。到西汉初年，已有嘉陵故道、褒斜道、谠洛道和子午道四条通蜀的栈道。栈道盘旋于高山峡谷之间，因地制宜采用不同的工程技术措施，或凿山为道，或修桥渡水，或依山傍崖构筑用木柱支撑于危岩深壑之上的木构道路，表现了在筑路工程中，适应十分复杂的地形条件的出色技术能力。栈道是川陕间的交通干线，历代屡屡修建，在经济文化交流和战略方面发挥了重要作用。历史上关于栈道的著名史事当属“明修栈道，暗度陈仓”。公元前206年，秦朝被推翻后，项羽依仗强大的兵力，迫使先入秦都咸阳的刘邦退出，封刘邦为汉王，让他统治偏远的汉中（今陕西南部）和巴蜀（今川渝）地区。刘邦为消除项羽戒备之心，采用张良的计策，在就封的路上，将长达几百里的栈道全部烧掉，以示再无回关中之心。后借有人起兵反项之机，采纳大将韩信提出的计策，明修栈道，暗度陈仓（今陕西宝鸡），一边大事修复栈道，迷惑守卫关中的秦降将章邯，一边为突袭陈仓积极筹备。最后成功攻下并借道陈仓，占领了关中，为建立汉朝奠定了基础。后人也以此故事形容表面上用某一行动迷惑对方，但在暗中却采取另一种行动达到目的。也指暗中进行某种活动。

【战国】时代名。周元王元年至秦始皇二十六年(前475—前221),各诸侯国之间连年战争,故称。此名出于《战国策》。紧接于"春秋"之后,与"春秋"合称"春秋战国"。其时代特征是各国交战,群雄相争,在变法改制和兼并战争中逐渐走向统一。战国时期百家争鸣,儒家、道家、法家等各种思想流派竞相发展,对我国后的文化和哲学产生了深远的影响。

【战国帛画】战国时期在丝织物上作的画,中国画的一种。代表性的帛画有湖南长沙出土的《龙凤人物图》和《人物驭龙图》。这两幅画绘于随葬的"铭旌"上。帛画中的人物形象富有神采,线描规整、雄健流利,色彩绚烂、端丽,具有很高的艺术水平。

【战国帛书】战国时期写在丝织物上的文字。现存较早的帛书是1942年在湖南长沙的楚墓中发现的,1945年流入美国。楚帛书长47厘米,宽38.7厘米,文字为墨书,有900多字,用楚国的文字写成。帛书的四周绘有12位神的图像,四边角绘有植物的枝叶。楚帛书是中国古代艺术中的珍品,也是世界艺术史上的瑰宝。

【战国策】史书名。西汉刘向编定。非作于一时,作者也非一人。战国时,有专门从事外交策略研究者,探讨如何揣摩人主心理,运用纵横捭阖的手段,团结盟国,孤立和打击敌国,史称"纵横家"。其对于谈说之术尤为注重,并为此不断收集材料,以备旁征博引,甚至亲自拟作,以资练习,《战国策》即因此而产生。全书按国别编排,计有西周一篇,东周一篇,秦五篇,齐六篇,楚、赵、魏各四篇,韩、燕各三篇,宋、卫合一篇,中山一篇。记述范围自公元前453年韩、赵、魏灭智伯至秦二世继位止,全书反映各诸侯国的政治、军事、外交情况,记载当时各国、各阶级之间尖锐复杂的矛盾与斗争,是研究战国史极重要的资料。

【战国七雄】战国时期七个最强大的诸侯国的统称。分别是秦、楚、韩、赵、魏、齐、燕,因争雄称霸,后世遂以为名。

【湛卢】湛,zhàn。卢,黑色。古宝剑。相传春秋时铸剑大师欧冶子铸造湛卢、纯钧、胜邪、鱼肠、巨阙五把宝剑。湛卢剑湛然如水而黑,故名。一说因在湛庐山铸造而得名。相传湛卢剑最初为越王允常所得,后传至越王勾践。勾践在战败后,将湛卢剑作为贡品献给了吴王夫差。夫差无道,湛卢剑自行飞离,寻找到了明君楚王,并化为正义与仁德的象征。

【张楚】秦朝末年农民起义领袖陈胜建立的政权。取张大楚国之意。公元前209年,陈胜、吴广率领九百戍卒,于大泽乡(在今安徽宿州)起事反抗,攻下陈县(今河南周口淮阳区),自立为王,以此为国号,次年被秦将章邯所灭。

【张岱】(1597—1689)明末清初文学家。字宗子、石公,号陶庵,浙江山阴(今绍兴)人。出身官宦世家,但性乐山水,一生未仕。明亡后避居山中,潜心著述。其散文小品,多写山水景物与日常琐事,清新活泼,饶有诗意,尤为世人称道,在古代散文中别具一格。代表作如《西湖七月半》《湖心亭看雪》《西湖香市》等。生平著作甚丰，主要有散文集《琅嬛文集》《西湖梦寻》《陶庵梦忆》，纪传体史书《石匮书》《石匮书后集》，类书《夜航船》，笔记《快园道古》等。

【张果老】 又名张果，我国古代神话传说中的八仙之一，也是八仙中的长者。传说隐居于中条山，宁愿佯死而不受武则天的征召。常倒骑毛驴，日行万里。往来于晋汾之间。休息时可将毛驴折叠起来放在箱内。出门时用水一喷，又恢复成驴。

【张衡】 （78—139）东汉科学家、文学家。字平子，河南南阳西鄂（今南阳石桥镇）人。曾两度担任执管天文历法的太史令。精通天文历算，创制世界上最早的浑天仪（浑象）和地动仪；正确解释了月食的成因，指出月亮发光是日光的反照，月食乃因月亮进入地影而产生。文学作品有《二京赋》，铺写京都景象，规模巨大。抒情小赋《归田赋》形式精练，情真意切。所作《四愁诗》《同声歌》，也各具特色。因在天文学上的杰出贡献，被后人广泛纪念。国际天文学联合会将月球背面的一座环形山命名为“张衡环形山”，太阳系中的1802号小行星也以他的名字命名。

【张惠言】（1761—1802）清代学者、文学家。初名一鸣，字皋文，号茗柯，江苏武进（今常州）人。工骈散文，所作简洁晓畅，俊逸旷达。又致力于词的研究，是常州词派的开创者。论词强调比兴寄托，主张意内言外，含蓄蕴藉，反对将词视为“小道”，要求提高词在抒情诗中的地位。但有时过分强调比兴，解释古人之词，时有求之过深、穿凿比附之谈，招致王国维等人的批评。嘉庆二年（1797），所编《词选》行世。《词选》选录唐、五代、宋词凡44家、116首。

【张籍】 （约767—约830）唐代诗人。字文昌，苏州（今属江苏）人。与孟郊、韩愈、白居易等人有交往。贞元进士。因患眼疾，为太祝十年不迁，人称“穷瞎张太祝”。曾任水部员外郎、国子司业，世称“张水部”“张司业”。其诗歌创作可分为三个时期：早期“学诗为众体”，“笔力可扛鼎”。中期多创作乐府诗，今存70多首，或为古题乐府，或为新题乐府，或为寓意于古题的新乐府。笔锋直指当世现实，对民生苦难表达深切同情。这类作品成就最高，与王建齐名，并称“张王乐府”。晚期多写近体，五律与七绝皆有深挚清畅之作，为晚唐朱庆余等人效法。有《张司业集》。

【张角】（？—184）东汉末黄巾起义首领。巨鹿（今河北平乡西南）人。东汉熹平年间（172—178）创立太平道，自称“大贤良师”。与弟张宝、张梁同在河北一带传教，十余年间，徒众已达数十万，遍及青、徐、幽、冀、荆、扬、兖、豫八州。东汉中平元年（184）三月五日起事，提出“苍天已死，黄天当立，岁在甲子，天下大吉”的口号。认为汉为火德，火生土，土色黄，张角自称“黄天”，徒众起事皆以头戴黄色头巾为标志，人称“黄巾军”。

【张九龄】 （673或678—740）唐代诗人。字子寿，一名博物，韶州曲江（今广东韶关西南）人。曾任右拾遗、中书侍郎、同中书门下平章事等职。以刚正不阿、直言敢谏著称，曾劾安禄山狼子野心，建议玄宗及早将其诛灭，但未被采纳。举荐才俊，反对结党营私，被称为开元时期贤相之一。张九龄是盛唐前期重要诗人。五言古诗情致深婉，蕴藉自然，在唐诗发展中有很高的地位和巨大的影响。代表作如《感遇》《望月怀远》等。他和当时的文人学士有广泛联系。执政时，曾提拔王维为右拾遗、卢象为左补阙。任荆州长史时，召孟浩然于幕府。此外，如王昌龄、钱起、綦毋潜等人都曾受到他的奖励和关怀，对促进开元诗坛的繁荣起到了积极作用。有《曲江集》。

【张居正】（1525—1582）明代政治家。字叔大，号太岳，湖广江陵（今湖北荆州市荆州区）人。嘉靖进士。官至吏部尚书。万历时，代高拱为相。时神宗年幼，军政大事均由张主裁。任相十年，厉行改革。推行考成法，考核各级官吏，提高行政效率。清丈田地，使全国土地比弘治时多三百万顷。推行“一条鞭法”，裁汰冗员，减少开支。用潘季驯治理黄淮，用戚继光等名将练兵，均卓有成效。死后被弹劾，尽夺官阶，家被抄没。除“一条鞭法”外，其他改革几乎全部废止。有《张文忠公全集》。

【张可久】（1280—约1352）元代散曲家。名久可，号小山，以字行，庆元路（今浙江宁波）人，移居杭州。曾任桐庐典史、徽州路税务大使等职，后归隐西湖以终。能诗词，尤以散曲知名于世，今存小令八百五十余首，套曲九套，数量为元人之冠。题材多为自然风光、归隐生活，也有反映民生艰难、社会污浊者。《太和正音谱》称其词“清而且丽，华而不艳”。有《小山乐府》《张小山小令》。

【张良】（？—前189）西汉初大臣。字子房，颍川城父（今河南襄城西南）人。先世原为韩国贵族，五世相韩。为报灭国之仇刺杀秦始皇未成。相传逃亡中遇黄石公，得《太公兵法》。秦末归顺刘邦，为其重要谋士。助刘邦鸿门宴脱险，得免杀身之祸。灞上分封时为汉王请汉中地。刘邦为汉王，进汉中，建议其烧绝栈道，示无还心，使项羽无西顾之忧。提出聚集三王（韩信、英布、彭越）、决战霸王的策略，被刘邦采纳，歼灭楚军。刘邦曾赞曰：“运筹策帷幄中，决胜千里外，子房功也。”刘邦称帝，封留侯。

【张骞】（？—前114）骞，qiān。西汉汉中成固（今陕西城固）人，开辟了“丝绸之路”。汉武帝建元二年（前139），出使大月氏，越葱岭，历大宛、康居、大夏。途中两次为匈奴所拘，前后历时十余年，“持汉节不失”。元朔三年（前126），始得脱身归汉。元狩元年（前122），试通身毒（古印度），未获成功。元狩四年（前119），又奉命出使乌孙，在乌孙分遣副使通好大宛、康居、大月氏、大夏、安息、身毒、于阗等地。元鼎二年（前115）归汉，官拜大行，封博望侯，岁余卒。

【张僧繇】繇，yáo。南朝梁画家。吴郡（今江苏苏州）人。曾在宫廷秘阁中掌管画事，历官右军将军、吴兴太守等职。以擅长画释道著称，梁武帝崇信佛教，凡装饰佛寺，多命其画壁。所绘佛像，自成样式，有“张家样”之称。也擅长画人物、肖像、花鸟、走兽、山水等。还善于吸收和消化外来艺术的表现手法。据记载，曾在建康（今江苏南京）一乘寺用天竺（今印度）传入的晕染法创作壁画，所绘物象，远观具有凹凸的立体感，近视则平，因此一乘寺又称凹凸寺。又相传其曾在金陵安乐寺壁上画了四条龙，不点眼睛，说点了就会飞走。听到的人不相信，偏叫他点上。刚点了两条，就雷电大发，震破墙壁，两条龙乘云上天，只剩下没有点眼睛的两条。此为成语“画龙点睛”的由来。

【张孝祥】（1132—1170）南宋词人。字安国，号于湖居士，乌江（今安徽和县东北）人。绍兴二十四年（1154）廷试，高宗因其文章、书法俱佳，钦定为进士第一，而将秦桧之孙定为第三名，由此得罪秦桧。曾上书为岳飞鸣冤。宋孝宗时，官至荆南、湖北安抚使等职。后因病致仕，退居芜湖，徜徉山水。张孝祥所处的时代，正值主战、主和两派斗争激烈之际，他力主抗金，所作诗词，大都围绕抗金主旨而展开。其词风格豪迈，颇有感怀时事之作。在建康留守席上所作《六州歌头》，表现出要求收复中原的激情，对朝廷的苟且偷安予以强烈谴责，张浚曾为之感动罢席。诗歌多赠答、题咏和纪行之作，不少篇章都能于写景叙事之中表达对国家命运和人民生活的深切关怀。有《于湖居士文集》《于湖词》。

【张旭】 唐代书法家。字伯高，苏州吴（今江苏苏州）人，一作吴兴（今浙江湖州）人。曾官至左率府长史，人称张长史。善诗，以七绝著称。工书法，草书最擅，尤以狂草得名，对后世影响甚大。张旭性情狂逸旷达，每大醉，则号呼狂走，索笔挥洒，或以头濡墨而书，时人呼为“张颠”。唐文宗时诏以李白歌诗、裴旻舞剑、张旭草书为“三绝”。传世作品有楷书《尚书省郎官石记》、草书《古诗四帖》等。

【张养浩】（1270—1329）元代文学家。字希孟，号云庄，济南（今属山东）人。早年勤苦好学，至元二十五年（1288），十九岁的张养浩游济南白云楼，作《白云楼赋》。人们争相传抄，山东按察使焦遂闻之，荐为东平学正。历任监察御史、礼部尚书、中书省参议，因上疏触怒英宗，遂辞官归隐。天历二年（1329）关中大旱，起用为陕西行台中丞。既闻命，登车就道。遇饥者赈之，死者葬之。到官四月，未尝家居，止宿公署，后以赈灾积劳而病卒于任所，谥文忠。诗文自成一家，多写田园隐退生活，与元明善、曹元用齐名，号为“三俊”。散曲以豪放著称，代表作为《山坡羊·潼关怀古》。有政论集《三事忠告》、诗文集《归田类稿》、散曲集《云庄休居自适小乐府》。

【张仪】（？—前309）战国时期纵横家、外交家和谋略家。魏国安邑（今山西万荣）人，魏国贵族后裔。早年师从鬼谷子，学习游说之术。曾游历于楚国、赵国，但未得到重用。后来，张仪愤而入秦，提出连横的外交策略，受到秦惠文王的赏识，并两度拜相，为秦攻灭六国立下汗马功劳。封武信君。秦惠文王死后，出逃魏国，并出任魏相，一年后去世。《汉书·艺文志》纵横家有《张子》十篇，今佚。

【张说】（667—731）说，yuè。唐朝大臣、文学家。字道济，一字说之，洛阳

（今属河南）人。武则天时，应贤良方正举，授太子校书，擢凤阁舍人。中宗时，任黄门侍郎等。睿宗时，进同中书门下平章事，监修国史。玄宗时，任中书令，封燕国公。其诗文兼擅，为文俊丽，用思精密，朝廷大手笔，多特承帝旨撰述，尤长于碑文墓志。与许国公苏颋齐名，并称"燕许大手笔"。张说前后三秉大政，掌文学之任凡三十年，作为政坛和文坛领袖，大力延纳后进，对促进盛唐文学的兴盛起到重要作用。有《张燕公集》。

【张载】 载，zài。①西晋文学家。字孟阳，安平武邑（今属河北）人。曾任著作郎、中书侍郎等职。西晋末年世乱，乃托病告归。与弟张协、张亢俱以文学著名，时称"三张"，为西晋文学代表作家。其诗颇重辞藻，今存十余首。太康初，至蜀地探望父亲，途经剑阁，因作《剑阁铭》，被后人誉为"文章典则"，晋武帝曾派人镌之于石。另传说张载貌丑，乘车外出时顽童常以石掷之，以致"投石满载"，车里装满了石头。②（1020—1077）北宋理学家。字子厚，凤翔郿县（今陕西眉县）横渠镇人，学者因称横渠先生。年少时喜谈兵论武，后求之于儒家六经。政治上不满于王安石变法，于是托疾辞归故里，以读书讲学为业，为"关学"的开创者。提出"太虚即气"的学说，认为由于"气"的聚散变化，形成各种事物现象。提出"民胞物与"的伦理思想，受到后世重视。还提出了著名的"横渠四句"，即"为天地立心，为生民立命，为往圣继绝学，为万世开太平"，这四句话概括了他的哲学思想和政治理念，对后世产生了深远的影响。

【张择端】 北宋画家。字正道，东武（今山东诸城）人。早年游学汴京（今河南开封），后习绘画，徽宗朝供职翰林图画院。尤擅绘舟车、市肆、桥梁、街道、城郭。存世作品有《清明上河图》《金明池争标图》。

【张仲景】 东汉医学家。名机，南阳郡（今河南南阳）人。灵帝时举孝廉。师从同郡张伯祖学医，尽得其传。相传在建安中任长沙太守，当时伤寒流行，病死者很多。他认真钻研了《黄帝内经》《难经》《胎胪药录》等古医书，并广泛收集有效方剂，写成《伤寒杂病论》十六卷。该书倡"六经分证"和"辨证论治"原则，阐述寒热、虚实、表里、阴阳的辨证及汗、吐、下、温、清、和等治法，总结了汉以前的医疗经验，对中医学发展有重大贡献。在当时治病多用针灸的情况下，提出多用汤药的主张，并且一改药方秘而不传之陋习，公布了三百多个成效卓著的方剂，使医疗方法和技术前进了一大步。除《伤寒杂病论》外，还著有《疗妇人方》《五脏论》《口齿论》，均已失传。

【章草】 秦书八体之一。流行于东汉时的一种草书。是隶书的草写，由草隶发展成的一种字体。相传为汉黄门令史游所作。解散隶体，而保留隶书的波磔，字不连写，可以用于章奏，故称。至张芝改连写，遂成今草。章草与今草的区别，主要看是否保留有隶书笔画的形迹，每个字是否独立不连写。

【章甫】 商代以来流传的一种黑色冠帽。也称章父。西周以来存于宋国，孔子是殷人的后代而戴此帽，他的弟子们遂相沿作为儒生之帽。汉代称委貌冠，长七寸，高四寸，形状像倒置的酒杯，前高广，后低窄，用黑绢制成。魏晋以来，章甫渐不存。后世泛指儒冠。

【章回小说】 我国古典小说的一类。以章回分段叙事的长篇小说。每回常用两句相对仗的句子标目，以揭示本回的主要内容，故事连接，段落整齐。其源出宋元话本，是明清两代的长篇小说的主要形式。著名的章回小说有《三国演义》《水浒传》《西游记》《杨家将演义》《红楼梦》《儒林外史》《镜花缘》《儿女英雄传》《醒世姻缘传》等。

【章句】 经学家解说经义的一种方式。也泛指书籍注释。汉代注家以分析注解章节和句子来解说古书的意义，主要是划分段落、分析词义、串讲文句等。如王逸有《楚辞章句》,《汉书·艺文志》所载《尚书》有欧阳章句、大小夏侯章句，《春秋》有公羊章句、榖梁章句等。

【章学诚】 （1738—1801）清代思想家、史学家。字实斋，号少岩，会稽（今浙江绍兴）人。乾隆进士。官国子监典籍。曾主讲定州定武、保定莲池、归德文正等书院。又入湖广总督毕沅幕府，赞助编纂《续资治通鉴》，主修《湖北通志》。毕生精力用于讲学、著述和编修方志。治史重史才、史识、史法，尤重史意，注意“辨章学术，考镜源流”，昭示思想学问的渊源流变。所著《文史通义》，为史学理论名著。提出“六经皆器”“六经皆史”之说，主张把考证史料和发挥义理相结合，把治经引向治史，对后世影响深远。与全祖望、邵晋涵并称“清初三大家”。其著作后人编为《章氏遗书》。

【璋】 玉器名。古代贵族朝聘、祭祀、丧葬、发兵时所用的玉制礼器。顶端为斜锐角形，状如圭的上端斜削去一角。它的形制大小、厚薄长短，因所事不同而异，有大璋、中璋、边璋、牙璋等。

【长公主】 长，zhǎng。皇帝姊妹的封号。一说因其年最长，故称。也称长主。始于汉代，汉代的长公主地位相当于诸侯王。明代，长公主被授予金箔制的册封诏书。此称沿用到清代。

【长史】 长，zhǎng。古代官名。秦置。汉相国、丞相，后汉太尉、司徒、司空、将军府，各有长史，事权颇重。其后，为郡府官，掌兵马。唐制，上州刺史别驾下有长史一人，名为刺史之佐，实则权轻，从五品。然唐代大都督府之长史为从三品官，职权甚重。如镇州、扬州大都督府长史名为幕僚长，实为统帅。至清，亲王府、郡王府置长史，理府事。房玄龄是唐代开国名臣，他曾任记室、主簿等职，后来升为长史。

【丈人】 古代“丈”与“杖”相通，原本是用来指称拄着手杖的老人，是对年长男性的一种尊称。该词最早见于《论语》，泛指老年男性。随着时间的推移，约在三国以后，“丈人”始用来指妻子的父亲，也就是现在的岳父。

【杖刑】 用木杖拷打犯人的背部、臀部、腿部等的刑罚。此刑起源很早，秦汉以来用于责罚，或用作附加刑。隋代定为“五刑”之一。隋代的杖刑分杖六十、杖七十、杖八十、杖九十、杖一百五等，所用的杖无节，形制有严格规定。后沿之并损益，可用杖折抵徒、流刑，又作为附加刑。明清时期多用大竹板，依循唐代分为五等。

【帐】 用大张的毡、布或纱围成的一个封闭或半封闭的空间。一般有两大类：一类是户外使用的帐，多以毡制成，用来做野外活动的住所，也可以用于军事指挥机构驻点，还可以作为大型活动举行仪式的场所。另一类为室内使用的帐，如位于卧室、床上的避蚊帐，起居室内的幔帐等，多用纱制作。

【障】 古代边境险要之处用于戍守的城堡和军寨。秦始皇统一六国后，为抵御北方少数民族的侵扰，从榆中至阴山设置三十四县，沿黄河修筑要塞，派蒙恬渡河夺取高阙、阳山、北假，修筑亭障，驱除戎人。

【障景】 古代传统园林的重要艺术处理手法。利用假山、怪石或花窗、廊道、竹木等在并不完全遮挡视线的情况下，实现空间的隐含过渡，成为下一空间的景色引导。障景还可在园林边界作为扩展视野之用。

【招抚使】 掌招揽各部、收复失地、安抚民心的使职。南宋初始设此使，后不常置，多招揽收编河北军民，节制诸抗金武装，有便宜行事，自署官属之权。

【招魂】 召唤亡者的魂魄。也称招复。古人认为，逝者灵魂不死，通过某种方法，能与灵魂相互沟通，使其返回故土或还魂。有将死者之衣升屋，向着北面三呼，召回死者之魂的习俗。战国屈原（一说宋玉）有《招魂》一篇，模仿民间招魂习俗写成，用神话传说和浪漫主义的幻想，哀悼入秦不返的怀王，感慨国事艰难和对秦国的同仇敌忾。

【昭穆】 宗法制度对宗庙次序或墓地的辈次排列规则。周代贵族将自始祖以下的同族男子逐代先后相承地分为“昭”“穆”两辈。例如从大王即古公亶父算起，大王的下一代是大伯、虞仲、王季，这是昭辈；王季属昭辈，则王季的下一代文王、虢仲、虢叔，就是穆辈。往后的各代依此类推，文王的下一代是武王，又是昭辈；武王的下一代是成王，又是穆辈。用“昭”“穆”字样来区别父子两代，隔代的字辈相同，从而区别长幼次序、亲疏远近。这种昭穆的分别，也体现在宗庙、墓冢和祭祀上。例如，周代天子的七庙，以始祖庙居中，始祖以下，子孙依次按左昭、右穆的规则排列。二世、四世、六世位于始祖的左方，称“昭”。三世、五世、七世位于始祖的右方，称“穆”。后世墓地的葬位和子孙祭祀行礼的位次，一般沿袭此制。后泛指家族的辈分。

【昭王南征】 公元前10世纪初叶，周昭王率军南征荆楚之举。昭王时期军力强大，致力于扩张南土，在位第十六年时进军至江汉一带，十九年又挥师荆楚，军败而退，昭王溺死于汉水，王室劲旅六师覆灭，周朝国势遭到重挫。

【昭文馆】 古代官署名。唐武德四年（621）于门下省置修文馆，九年（626）改为弘文馆。神龙元年（705）避孝敬皇帝李弘讳，改名昭文馆。置学士，掌详正图籍、教授生徒、参议朝廷制度礼仪。宋代设昭文馆、史馆、集贤院，称为“三馆”，掌理秘书图籍等事。昭文馆以上相为昭文馆大学士，监修国史；学士、直学士不常置，直馆以京朝官充任，掌书籍修写校雠之事。北宋开国功臣赵普曾任昭文馆大学士。

【昭仪】 宫廷女官名。言昭显其仪，以示隆重。始置于西汉元帝时，官位相当于相国，爵位相当于诸侯王。曹魏时期，昭仪爵位相当于县侯，位次于王后、夫人。后代虽沿用此称，但地位比汉魏时期有所下降。唐代昭仪为九嫔之首。历史上被封为昭仪的有汉成帝妃子赵合德、唐高宗时的武则天、明成祖妃嫔李昭仪等。

【朝槿】 zhāojǐn。植物名。即木槿。又名蕣。夏秋季开花，花朵大而鲜艳，有紫、红、黄、白等色。花期短，朝开暮落，古人往往以之比喻短暂的生命或事物。《诗经》中有“有女同车，颜如舜华”的句子，这里的“舜华”指的就是朝槿。

【朝三暮四】 出自《庄子》。有个养猴子的老人，给猴子喂橡实。开始说给猴子早上喂三个，晚上喂四个，猴子们非常不悦；老人遂改口说，早上喂四个，晚上喂三个，于是猴子们转怒为喜。这则故事本是指换汤不换药，用实质不变、改换名目的办法欺骗人。后用来比喻反复无常。

【诏令】 文体名。古代帝王所发命令、文告的总称，包括册文、制、敕、诏、诰、令、玺书、教、谕等，用散文或骈文写成，具有最高权威性。有时皇太后、皇后、太子等也可发布诏令。诏令的起草是由专门的官员或机构负责的，这些官员通常具有较高的文学素养和政治智慧，如“唐宋八大家”之一的曾巩曾负责过起草诏令。起源于先秦。秦制，天子之令称诏，皇后、太子称令。唐朝太上皇所发文告称诰，太子所发文告称令，诸王则称教。历史上，汉武帝有《推恩令》，唐太宗有《罪己诏》。诏令集有《两汉诏令》《唐大诏令集》等。

【诏狱】 奉诏拘押的场所和审理的案件。始于秦汉时期，此后专指皇帝下诏治罪拘押的犯人所涉及的相关案件，拘押的待遇、审理程序、主审的官员往往与常制有所区别，最终裁决也需皇帝特诏决定。宋苏轼因反对王安石变法，坐乌台诗案，下诏狱，被贬到黄州（今湖北黄冈）。明武宗初，太监刘瑾专权，王守仁曾因上疏反对刘瑾，也下诏狱，被贬为贵州龙场驿丞。

【赵公元帅】 我国民间所信奉的财神。相传赵公元帅姓赵名朗，字公明。其名始见于晋干宝《搜神记》和南朝梁陶弘景《真诰》，赵公明秦时得道于终南山，是道教所供奉的正一玄坛元帅，故也称赵玄坛。民间称为赵公元帅，或称财神爷。传说赵公元帅长得面黑须浓，头戴铁冠，手执一鞭，骑一黑虎，于是又称黑虎玄坛。民间流传他有驾驭雷电、驱除瘟疫、主持公道、求财如意之功力。故每年在他的生日正月初五时，各商贾与信众必有祭祀。今在道教场所大都可见赵公元帅塑像。

【赵国】 春秋末年三家分晋后赵氏建立的诸侯国。赵氏可追溯至周穆王封造父于赵城（今山西洪洞）。春秋时期，自赵衰辅佐晋文公以来，赵氏世为晋卿。三家分晋后周威烈王升之为诸侯，先后建都晋阳（今山西太原西南）和邯郸（今河北邯郸），至武灵王改革后国力甚强，约占今山西中部、东北部，河北大部和河南北部。为“战国七雄”之一。长平之战大败于秦，国势衰落。公元前228年，秦破赵，赵公子嘉奔代称王，六年后被俘，国亡。

【赵匡胤】（927—976）胤，yìn。即宋太祖。宋朝开国皇帝。公元960—976年在位。涿郡（今河北涿州）人。后周时因战功升任殿前都点检，统率禁军。960年发动陈桥驿兵变，诸将替他披上黄袍，拥立为帝，建立宋朝。即位不久，通过“杯酒释兵权”，以优厚的俸禄为条件，解除了曾帮助他夺取政权的禁军高级将领石守信等人的兵权。先后攻灭割据一方的后蜀、南唐诸国，改变军事管理制度，加强中央集权统治，兴修水利，发展经济。以上一系列举措发展了生产，基本上结束了唐代安史之乱以来持续两百年的藩镇割据局面。然而其重文轻武、偏重防内的方针，削弱了军队的战斗力，造成了宋朝“积贫积弱”的局面。

【赵孟𫖯】（1254—1322）𫖯，fǔ。元代书画家。字子昂，号松雪道人、水精宫道人，湖州（今浙江湖州）人。宋宗室。南宋灭亡后一度蛰居在家。入元任至翰林学士承旨，封魏国公，谥文敏。博学多才，能诗善文，特别是书法和绘画成就最高。尤精行书和小楷，书风遒俊秀逸，结体严整，笔法圆熟，世称“赵体”。传世书迹有《四体千字文》《洛神赋》《赤壁赋》《道德经》等。绘画取材广泛，技法全面，山水花鸟俱工，为元代画坛的领军人物。存世画作有《重江叠嶂图》《秋郊饮马图》等。诗文有《松雪斋文集》。

【赵氏孤儿】杂剧剧本。元代纪君祥作。全名《冤报冤赵氏孤儿》，也称《赵氏孤儿大报仇》，元杂剧四大悲剧之一。故事来源于《左传》《史记》等史籍。春秋时晋国权臣屠岸贾残杀赵盾全家，并搜捕孤儿赵武。赵家的门客程婴与公孙杵臼定计，将程子假充赵武，由程出首告公孙收留假赵武，公孙与程子均被害，赵武则由程婴抚养。19年后，赵氏孤儿长大成人，在程婴的帮助下，终于查清了家族冤案真相，并成功报仇雪恨，将屠岸贾一伙斩尽杀绝，为赵氏家族洗冤。剧中成功塑造了程婴、公孙杵臼信守承诺、舍生取义的光辉形象，弘扬了正义必将战胜邪恶的主题。王国维对此剧评价甚高，认为“即列之于世界大悲剧中亦无愧色也”。公元18世纪，法国伏尔泰曾将其改编后演出。

【赵武灵王】（？—前295）战国时赵国国君。名雍，谥号武灵。在位期间，为了改变赵国四面受敌、被动挨打的局面，增强赵国的战斗力，让军队改穿短小贴身、便于作战的“胡服”，像游牧民族一样骑马射箭，使赵国得以强盛，史称“胡服骑射”。晚年传位于子赵惠文王，后在内乱中被困而死。

【赵翼】（1727—1814）清代诗人、诗论家、史学家。字云松，号瓯北，阳湖（今江苏常州）人。乾隆十五年（1750）中举。乾隆二十六年（1761）中探花，赐进士及第，授翰林编修。历任广西镇安知府、广东广州知府等职。后辞官，主讲于安定书院，以读书著述为业。赵翼在史学上颇有成就，与王鸣盛、钱大昕并称“清代史学三大家”，其著作《廿二史札记》与王鸣盛的《十七史商榷》、钱大昕的《廿二史考异》并称“清代史学三大名著”。诗歌理论上强调“独创”与“趋新”，反对模拟。诗作数量丰富，存诗超过4800首。以五言古诗最有特色，或嘲讽理学，或反映民生疾苦，或阐述生活哲理，风格新颖，见解警辟，与袁枚、蒋士铨并称“乾隆三大家”。有《瓯北诗集》《瓯北诗话》《陔余丛考》等。

【赵州桥】 修建于隋开皇十五年至大业元年（595—605）的一座石拱桥。位于河北赵县城南洨河上。因赵县古称赵州而得名。也称安济桥。隋代著名工匠李春设计建造。单孔，大拱左右肩各有两个小拱，是世界上最早的敞肩石拱桥。

【折班】 明朝内地军士可纳银免于轮戍边卫的制度。始于嘉靖四十三年（1564）。延绥巡抚胡志夔请免戍军三年，每名征银五两四钱，为募兵之用。万历初，又命河南应戍班军免戍三年，以所折银为边防修筑之费。随着时间的推移，实际上边疆的兵力因此减少，而征收的银两也渐渐难以收集。

【折变】 宋代官府征收赋税时，令民户将原定钱物改折他物缴纳的制度。官府所征常改米为麦、更绢为布、变物为钱，名为平价折算，实增收其额。

【折漕】 明清漕粮改折为银两或其他实物加以征收的制度。也称漕折、漕粮折征。明宣德八年（1433）江南巡抚周忱奏定加耗（米）折征例，为漕粮改折之始。弘治五年（1492），因苏、松诸府连年荒歉，定折漕之制。清末，除江苏、浙江两省仍行漕运外，其他各省皆行折漕。

【折冲府】 唐代府兵制军府总称。西魏、北周二十四开府下设骠骑、车骑府统府兵，隋炀帝时改称鹰扬府，唐太宗定为折冲府，以折冲都尉主之，左、右果毅都尉为副，编制有团、旅、队、火，分别由校尉、旅帅、队正、火长率领。玄宗天宝后名存实亡。

【折课市取】 南朝官府把户调粟米、绢帛和杂役折算为钱币征收，再购买所需物资的制度。这种税制的实施并不是固定不变的，而是根据当时的实际情况和需要来调整的，体现了南朝时期官府在税收和物资调配上的灵活性。

【折柳】 古代风俗。西汉、唐两代，都城长安为全国政治、经济、文化的中心，官员商旅去关东各地，地方官员、外国使臣进入长安，都必须路经灞桥。灞桥一带，绿柳成荫，景色宜人，自汉以来，送行者皆至此桥，折柳与行人赠别。一说，“柳”与“留”谐音，取眷恋不舍、殷勤挽留之意。另一说，柳树生命力顽强，随处可活，以至民间有“无心插柳柳成荫”的说法。折柳相赠，是希望友人能够像柳树那样随处皆安、平安顺遂。

【折纳】 赋役在实物、钱钞和力役间折算后的实际缴纳额。也称科折。历代皆因各地物产、价格有别，官方收支需统一标准，多以各地官方平价为准，定其折算方法，为赋役制度的组成部分。秦汉以来只折算部分赋役，如汉有过更，南朝有折估。中唐以后普遍化，如宋有折变，明清有折色，常导致赋役加重和税种增加。

【折钱租】 宋以来将应缴纳的实物地租

按照一定的价格折算成货币进行缴纳的做法。为实物地租向货币地租转化的过渡形式。

【折色】官府征税及支付时，在米、麦、豆与银、钞、钱、绢等物间换算替代的制度。始于唐宋，流行于明清，本是方便纳税、支付的变通措施，却常弊端丛生，反而加重了实际税负。

【折子戏】戏曲术语。相对于整本戏而言。明清时，昆剧兴盛，昆腔班初期多演整本传奇，往往需要两晚甚至更长时间。明末清初，昆腔艺人通过演出实践，紧缩凝练，节演整本名剧。同时，在全本戏中，挑选精彩且情节相对完整的某一折或数折，加以充实，不断加工，形成可供演出的短剧，称折子戏。如演整本《牡丹亭》是本戏，只演《春香闹学》或《游园惊梦》是折子戏。

【柘】zhè。树名。古代柘、桑并重，其叶均可饲蚕，广泛栽培。根皮入药。叶、实可食，是救荒之物。其木色黄，木汁可染赤黄色，为帝王的服色。木材密致坚韧而有弹性，是制弓的上等材料。

【浙东】唐后期浙江东道及宋两浙东路之地。唐朝安史之乱后，以浙江（今钱塘江）为界，析江南东道为浙西、浙东道，故名。宋神宗以来又分置两浙东西路，后遂以此指两浙东路之地，约相当于今浙江东部地区。

【浙齐楚党】明末党争中的若干地缘性官僚派系。浙党因其首领阁臣沈一贯、方从哲等皆为浙江籍得名，齐党首领为山东籍的给事中亓诗教、御史韩浚等，楚党首领为湖广籍的给事中官应震、吴亮嗣等，另有太子左谕德昆山人顾天埈为首的昆党、国子祭酒宣城人汤宾尹为首的宣党等，皆起于万历中后期，影响及于南明，与东林党人立场相左又各争私利。后投靠魏忠贤，成为阉党的组成部分。

【鹧鸪】zhègū。鸟名。古人有“鹧鸪飞必朝南”的传说。又拟其鸣声为“行不得也哥哥”，古代诗文中多用于寄托幽恨哀思等情感。唐代诗人郑谷以《鹧鸪》诗著称，时人称其为“郑鹧鸪”。

【贞观礼】礼仪法典。唐太宗贞观初年，由宰相房玄龄等主持，在《开皇礼》基础上编成，共100卷，于贞观十一年（637）下诏颁行。重视与同时期编纂的律、令相协调。

【贞观政要】唐代吴兢著。共10卷，40篇。成书于玄宗开元十四年（726）。分类编辑了唐太宗在位期间，与魏徵、房玄龄、杜如晦等大臣关于国家大事的问答、大臣的争议和所上劝谏的奏疏，以及政治上的举措等。内容广泛涉及唐代贞观年间政治、经济、军事、文化、社会、思想、生活等诸多方面的问题，尤其涉及君臣关系、君民关系、求谏纳谏、任贤使能、恭俭节用、居安思危等问题。为研究唐初政治与李世民、魏徵等人的政治思想提供了重要资料。晚唐以后受到历代统治者的重视与褒扬。

【贞观之治】唐太宗贞观年间（627—649）出现的治世局面。唐初，国家统一。太宗及大臣房玄龄、杜如晦、魏徵等，常以隋亡为鉴，轻徭薄赋，与民休息。推行均田制、租庸调制、府兵制，恢复农业生产。又继行三省六部制、科举制，选拔人才，改善吏治，注意纳谏。贞观年间，人口增加，经济复苏，民族关系缓和，史称“贞观之治”。

【贞祐宝券】 金宣宗贞祐三年（1215）发行的一种钞币。因原来发行的贞祐交钞贬值严重，改行贞祐宝券，但行用数月后，又因贬值太甚为贞祐通宝所取代。

【贞祐南迁】 金宣宗贞祐二年（1214）由中都（今北京）南迁南京（今河南开封）之举。也称宣宗南迁、金室南渡。成吉思汗建蒙古国后，对金展开大规模进攻，公元1213年中都发生政变，金宣宗即位，此年向蒙古求和，下诏南迁。不久，中都失陷，金朝走向衰亡。

【针灸】 利用针刺和灸法防治疾病的医疗措施。针刺指利用针具刺激经络，而灸法指利用艾绒等物熏灼经络穴位。古人认为，经络是人体内血气运行的通道，可内属脏腑、外络肢节，经络正常与否直接关系到人体的健康状况。针灸之法起源很早，在《黄帝内经》中即有论述。人们通过针灸治疗热病、疟疾、痈疽以及脏腑疾病。相传春秋时的名医扁鹊精通针灸术，用其成功救治了虢国的太子。晋代名医皇甫谧所著《针灸甲乙经》总结了我国3世纪前针灸学的成就，厘定经穴654个。唐代太医署则专门设立针博士、针助教、针师、针工和针生等职。名医孙思邈和王焘曾绘制大型彩色针灸挂图，作为针灸的医学教材。宋仁宗更诏命王惟一铸造针灸穴位铜人两座，其上标注666个针灸点，作为医官院教学与考试工具。王氏又撰《铜人腧穴针灸图经》与之配合使用，对针灸学的发展做出巨大贡献。针灸疗法是中医学的重要组成部分，也为人类保健和医药科学的发展做出了重要贡献。

【真谛】 指事物的真实意义、本质或道理。原为印度婆罗门教名词，后为佛教所沿用。佛教将“谛”解释为“真理”的意思。也称胜义谛、第一义谛。

【真腊】 公元7世纪—15世纪中南半岛的吉蔑人政权。约于6世纪建国。隋代时，其国王前来通使。8世纪初，分裂为陆真腊和水真腊，后为夏连特拉王朝所灭。802年，阇耶跋摩二世重新统一真腊，建吴哥王朝，定都吴哥。12世纪—13世纪国力达到最强，文化艺术发达，信奉湿婆天神，所建吴哥寺是古代佛教石构建筑和石刻浮雕的杰出代表。真腊与中国历史上唐宋等多个朝代保持友好往来，明以后改称“柬埔寨”。

【真武】 即“玄武”。古代神话中北方之神。后为道教所尊奉。同青龙、白虎、朱雀合称“四方之神”。玄武在碑刻、画像、塑像中多以龟或龟蛇合体的形象出现，而在道教文化里，也有以披发、着黑衣、仗剑、蹈龟蛇的拟人形象出现。宋大中祥符年间，因避圣祖（赵玄朗，宋统治者追封的远祖）讳，改“玄武”为“真武”。由于玄武为北方之神，故古代宫城的北门多以“玄武”命名，如隋朝大兴宫正北门。唐代著名的“玄武门之变”，也发生在太极宫（由隋大兴宫改建）的西北门。北京故宫博物院的北门在明代也称玄武门。清代因避康熙皇帝玄烨名讳，改名神武门。我国多地现都有真武庙等历史建筑或遗迹。

【真主】古代所谓的真命天子。《后汉书》："今刘氏复兴，即真主也。"

【砧基簿】砧，zhēn。南宋人户的田产底账，如后世鱼鳞图册之类。由各户自造，图画田形丘段，标明亩步四至、原系祖产抑或典卖，赴县印押讫，用为凭证。各县在此基础上编成簿册，以乡为单位，每乡一册，共抄三份，县、州、转运司各藏一份。

【榛】木名。多野生，坚果似栗而小，球形，果仁含大量脂肪和蛋白质，味美可食，也可榨油。果壳可做栲胶原料。材质致密，可做手杖。远古时代，榛实是人类的重要采集对象。陕西半坡遗址就出土了大量榛子果壳。我国上古时代以榛子为代粮干果加以栽培。它的枝茎燃烧而无烟，古人多用它作为烛火。

【箴】zhēn。文体的一种，即"箴言"。以规诫为主。形式以四言句为主的一种韵文。分官箴、私箴两类：臣下写给君王或上级官吏的称官箴；自揭过失，以为警醒的称私箴。体制略近于铭，故后人多"箴铭"连称。起源于先秦。古代箴文代表作有春秋时期的《耄箴》和《勤箴》。

【枕中记】唐代沈既济所作的传奇小说。写唐玄宗开元年间，卢生在邯郸道上的旅舍里，遇见道士吕翁。卢生自叹穷困，并大发一通士之在世当追求功名富贵的感慨。言毕昏昏欲睡。此时，店主人正蒸黄粱饭。道士给卢生一个瓷枕，他俯首见瓷枕两端洞隙，豁然明亮，便举身入内。不知如何到了家，数月后，与高门大族清河崔氏女结婚。次年，登进士第，从此青云直上，出将入相。同时也招致忌妒和诬陷，两遭贬斥。他深感宦海风波的险恶，差点引刃自刎。后来帝知其冤，复召还朝，宠信如初。他官拜中书令，进封燕国公，子孙满堂。年逾八十岁，乃寿终正寝。卢生欠伸而醒，发现自己仍在旅舍，店家的黄粱饭尚未蒸熟。他顿然觉悟，原来人生的宠辱穷达、得失生死，都不过是一枕黄粱梦。作者借这个故事讽刺和劝诫当时热衷功名的士人。"黄粱一梦"这个成语就出自本篇。

【振旅】商周王室和诸侯整顿军队、操练士兵的活动。春秋以来多指军队出征凯旋阅军之举。

【震天雷】北宋后期发展的一种爆炸性火器。南宋和元代称"铁火炮"。雷壳用生铁铸成，内装火药，安有引信。有罐子形、葫芦形、球形、合碗形数种。点燃后用抛石机抛出，或由人从高处向下投掷、滚放，或用铁线沿城墙吊下，至目标附近爆炸。用于杀伤人马、炸坏攻城器械。震天雷一直沿用到明代，并在此基础上逐步发展为地雷。

【镇抚使】古代官名。镇守安抚一地并专治其务的使职。南宋高宗建炎四年（1130），在各地设立镇抚使司，长官为镇抚使，主要是安抚地方，维护治安，保护人们的生命财产安全。任此职者，除茶盐之利仍由朝廷置提举官外，皆得便宜行事。至明，镇抚使的设置更为普遍，各卫镇抚司都设有此职，人数为二人，主要负责本卫的刑名事务。锦衣卫中也有南北镇抚使等官职。元以来万户府等机构下设镇抚司，掌匠作及法纪等事。岳飞曾在建炎三年（1129）担任通泰镇抚使，负责泰州的防守工作。

【镇将】北魏以来镇守一方的将领。北魏北边置沃野、怀朔、武川、抚冥、柔玄、怀荒六镇，统其军民的将领即以此为称。在不设州郡地区，为一镇长官，兼统领军民。在设州郡的内地，主要掌军政，兼任驻在州刺史时则兼理民政。后世多指镇驻一方的将领，唐以来方镇、藩镇等称即由此而来。

【镇戍防人】戍，shù。唐代边境要地的驻防兵。也称防丁。唐初，屯防军制由北魏时期的镇、戍二级制发展为五级制，即军、守捉、城、镇、戍。镇戍防人就是这五级制中的组成部分。唐初以府兵充任，由边地都督府统领，服役期满还乡。唐后期由本道节度使征发和统领。

【镇星】星名。即土星。也称填星。因土星绕太阳转一周需要29.45年，大致与二十八宿的数目相符，像每年轮流坐镇二十八宿中的一宿，故称。秦汉以后，因“五行说”普及而称土星。古时占星术认为，五星陵犯北落，入于羽林天军，有战事发生。木星、土星入北落，对军事有利。

【正朔】正，zhēng，正月。朔，初一。古代朝廷颁行历法所规定的一年之始。战国时已有此称。确定何时是正月初一，与整部历法的编制密切相关。夏代历法以孟春之月即冬至后第二个月（相当于今农历正月）为正，平旦即天明为朔。汉武帝时的《太初历》直到今天的农历都用夏正。古时每当朝代更替时，都定历法、改正朔。

【争国本】也称国本之争。明万历时围绕太子人选而发生的派系之争。公元1586年神宗宠妃郑氏生皇三子朱常洵，长子朱常洛地位受胁，神宗态度犹豫。部分朝臣建议早立长子，防微杜渐，自此与拥护郑氏及朱常洵之臣冲突，争论愈演愈烈。至1601年朱常洛立为太子、朱常洵封为福王告终。但其后仍有福王就藩等波折。梃击等案也为其延续。

【征辟】辟，bì。征召布衣出仕。朝廷诏聘为征，三公以下请召为辟，统称征辟。征辟制起源于汉武帝时期，作为军功爵制以及“任子”“赀选”等选官方式的重要补充。征辟会优先考虑那些德才兼备、声名显赫的人士，使他们能够出任更高的官职。历史上，许多著名的官员都曾通过征辟制度进入官场，如汉代张衡。

【征兵制】以成年男子义务服役或官府强制征发为兵源的制度。起源甚早，汉唐间属于兵制，为成年男子承担的赋役义务之一。或每年在当地服役一定时间，或受调卫戍京师、边境及征战，平时也有一定的组织和训练。宋元明清征发情况不一，为募兵制、世兵制的补充。

【征聘】朝廷以礼聘请贤才。春秋时期的征聘主要是诸侯国之间的一种礼仪行为，通过派遣使者友好访问，互相学习，增进了解。东汉时期，征聘作为一种选拔人才的制度被确立下来。任命中央高级官员不从其他官职中选调，而由地方举荐，由皇帝直接下诏礼请知名人士，称征聘。也称征、征召、征举。后世礼聘隐逸之士或前朝遗老，也沿此称。比如汉武帝即位不久，连续多次大规模征聘才能之士，建立了郡国岁举贤良的制度。

【征一法】明代嘉靖时江南部分地区推

行的一种赋役改革。也称均摊法、牵摊法、牵耗法、均田法。嘉靖十五年（1536）礼部尚书顾鼎臣奏请清理江南各府隐匿田粮。次年，应天巡抚欧阳铎在清丈官民田亩的基础上奏请推行，即应征赋役银米，一概计亩均输，又以耗损加减和钱物折算来调节负担轻重。当时经赋册中有“征一定额”条目，故名。

【筝】我国传统拨弦乐器。战国时已流行。古有弹筝、搊筝，现已失传。形似瑟。其弦数历代由五弦增至十二弦、十三弦、十六弦，后经改革，增至十八弦、二十一弦、二十五弦等。传统演奏手法用右手大、食、中三指弹弦，常用寸余长的鹿骨爪来拨奏；用左手食指、中指，或中指、无名指按弦，以取得弦音的变化。现在可两手一起弹奏，也可用右手弹奏，左手按揉码左侧的弦，产生颤音、滑音等效果，更富于表现力。用于独奏、伴奏和合奏。

【正榜】科举时代会试或乡试公布正式录取名单的榜示。与“副榜”相对。正榜的名额通常是根据官方的计划和需求来确定的，一般会在考试前公布。明清时期，乡试录取名额不定，根据不同地区的人口、经济、文化等因素来分配，通常在数千至一万名之间。会试录取名额则相对较少，通常只有数百名。

【正仓】设置于各州县的官仓。最初出现在唐代，当时主要指的是州县粮仓，也就是地方政府储存粮食的地方。元代中书省与各行省、路、府、州、县用于收纳、贮藏正租税粮的官仓称为正仓。

【正兑】清朝每年运抵京仓的漕粮。也称正兑米。供八旗三营兵食之用。属于“岁漕五等”的第一等。其他四等依次为改兑、白粮、𪎊麦、黑豆。

【正果】佛教指修行成道，如“修得正果”。所谓正，是相对于外道盲目修炼所得结果而言。佛教认为其修行与外道修行所得结果有正邪之分，故称自身修炼结果为“正果”。

【正耗】明清时期各省于定额漕粮外，以弥补解运折耗和京仓耗损为名而征收的附加税。由于在运输过程中粮食会产生一定的损耗，因此除了正常的税收，朝廷还会向民户额外征收一部分粮食作为补偿，这部分额外的税收就称为正耗。清代运往北京的正兑米每石会征收正耗米二斗五升至四斗不等。

【正科】按期举行的科举考试。明清制，乡试、会试按常规每三年举行一次。乡试逢子、午、卯、酉年为正科，会试逢丑、未、辰、戌年为正科。遇皇帝皇后整寿之年或朝廷庆典，加行乡试、会试，称恩科，以区别于正科。如庆典恰逢正科之年，或以正科为恩科，或将恩科与正科合并举行，称为“恩正并科”。

【正名】辨正名称、名分等。孔子提出“正名”主张，说：“名分不符其实，言语就不顺于理。言语不顺于理，事情就办不成。事情办不成，礼乐也就不能兴盛。礼乐不能兴盛，刑罚就会不得当。刑罚不得当，百姓就不知如何是好。”认为君臣、父子应严格遵守各自的名分，不许违礼犯上。“正名”的提出，引起名实问题，即名称（或概念）与实际事物关系问题的长期争论。后来，《荀子·正名》篇对此做了理论总结。

【正史】以帝王本纪为纲的纪传体史书，如《史记》《汉书》等。其名始于南朝梁阮孝绪《正史削繁》。清乾隆年间定“二十四史”为正史。

【正始之音】正始，三国魏齐王曹芳的年号。正始年间（240—249）盛行的玄学、清谈风气。当时何晏、王弼等名士谈玄析理，诗酒唱和，放达不羁。后人称当时的风尚言论为“正始之音”。

【正役】服役对象和内容相对稳定的基本役种。起源甚早。秦汉以来多为成年男子的常役。西汉指成年男子须在本地、外地服兵役各一年，每年又须在本地服劳役一个月或纳钱三百代役。唐初指成年男子每年须服役二十日，日可折绢三尺代役。中唐至宋多为职役，由乡村主户承担，元有科差之役，明有里甲正役，或纳钱物、钞银代役。

【正引】清户部每年据全国盐食专卖区大小、人口多少而额定的盐引。也称额引。

【正租】地租中的主体部分。形式有谷租、钱租、力租等。唐宋以来指按租约规定的基本条款缴纳的地租，常为一定数量的粮食或货币。按租约附加部分缴纳的地租称附租，包括猪羊猎物、鱼禽土产、帮工力役及某些损耗。

【正卒】依法在京师或边塞服兵役的成年男子。周秦皆有此称。汉初规定男子成丁至老年，若非依法免役，一生均有义务赴京师或边塞戍守一年。因其为常规征发的戍守正兵，故名。东汉时废，改行常备兵制。

【郑板桥】（1693—1766）清代文学家、书画家。名燮，字克柔，号板桥，江苏兴化人。出身于贫寒士子家庭。幼年丧母，少年从学于乡先辈陆震。二十余岁童试中秀才，雍正十年（1732）乡试中举人，乾隆元年（1736）中进士。其书画上常用的印章印文为“康熙秀才雍正举人乾隆进士”。历任多地知县，为官清廉，敢于为民请命。性格旷达，不拘小节，喜高谈阔论，臧否人物，当时即被人称为“狂”和“怪”。为“扬州八怪”之一。罢官后居扬州，以卖画为生，善书法、绘画。画作以松竹花草为主，尤以画竹成就最为突出。书法以画法入笔，杂用篆、隶、行、楷，折中行书和隶书之间，自称“六分半书”。纵横错落，正正斜斜，时人称其为“乱石铺街”体，不落前人窠臼，别具一番韵味。亦能诗，诗作反映社会现实和民生疾苦。其《潍县署中画竹呈年伯包大中丞括》“衙斋卧听萧萧竹，疑是民间疾苦声。些小吾曹州县吏，一枝一叶总关情”，广为传诵。有《板桥全集》。

【郑成功】（1624—1662）明清之际收复台湾的名将。本名森，又名福松，字大木，福建泉州南安人。早年受到隆武帝的器重，被授予招讨大将军等职，赐国姓“朱”，改名“成功”。南明隆武二年（1646），反对父亲郑芝龙降清，出走南澳，起兵抗清。后被永历帝封为延平郡王，多次在浙闽粤等地抗击清军。郑成功最著名的成就是收复台湾。光复台湾后，郑成功在台湾建立了行政机构，进行了屯田开垦，促进了台湾社会经济的发展。

【郑成功收复台湾】公元1662年南明将领郑成功从荷兰殖民者手中收回

台湾主权的事件。荷兰东印度公司自1624年起窃据台湾。1661年郑成功率军从厦门出发，经过澎湖，直抵台湾鹿耳门，围攻赤嵌城，并击败了荷兰的援军。次年，荷兰总督投降，台湾全岛光复。1683年清康熙帝遣军克复台湾后，将台湾划归福建省设府治理。

【郑光祖】（？—1324之前）元代戏曲作家。字德辉，平阳襄陵（今山西襄汾）人。与关汉卿、马致远、白朴并称"元曲四大家"。善作曲，名满天下，艺人称其为"郑老先生"。所作杂剧今知有十八种，现存《王粲登楼》《㑳梅香》《倩女离魂》《周公摄政》《三战吕布》五种。其中《倩女离魂》是其代表作，词曲优美，甚得曲家称赏。另存散曲若干，风格清丽。王国维《宋元戏曲考》比之为唐诗中之温庭筠、宋词中之秦观。

【郑国】 战国末期韩国水利工程专家。秦王政元年［前246，一说十年（前237）］，受韩王命赴秦，游说秦国兴修水利，企图消耗秦国力，以阻止并延缓伐韩。秦王政采纳建议，征发大量民工，由他主持开凿西引泾水、东注洛河的灌溉渠，长达三百余里，灌田四万余顷，关中平原由此成为沃土。秦始皇统一六国之后，把这条渠命名为"郑国渠"。

【郑国渠】 我国古代最大的一条灌溉渠道。由战国末期韩国水利工程专家郑国在秦国主持兴建，故称。郑国渠位于今陕西泾阳县西北的泾河北岸，西引泾水，东注洛河，长达三百余里。整个工程用时十年，成就了关中平原北部的泾、洛、渭之间的密如蛛网的灌溉系统，极大地提高了秦国的粮食产量，增强了秦国国力。《史记》记载："渠就，用注填阏之水，溉泽卤之地四万余顷（折今110万亩），收皆亩一钟（折今100公斤）。于是关中为沃野，无凶年，秦以富强，卒并诸侯，因命曰'郑国渠'。"与灵渠、都江堰并称秦三大水利工程。

【郑和】（1371—1433，或1375—1435）明代航海家、中外文化交流的杰出使者。本姓马，小字三宝（一作"保"），云南昆阳（今昆明）人。先祖为来自西域的国王所非尔。初为燕王朱棣内侍，因"靖难"功，封为内官太监，赐姓"郑"。永乐三年（1405），奉命出使西洋，至宣宗宣德八年（1433），前后七次率大型船队下西洋。他每次航行，沿途都做详细、准确的航海记录，所传《航海图》是我国第一部海洋地理著作。他第六次航海回国后，曾任南京守备太监。病逝于最后一次航海归国途中，葬南京牛首山麓。一说宣德十年（1435）病逝于南京。

【郑和下西洋】 明成祖以来太监郑和率船队七次远航出使南海和印度洋沿岸各国之举。首发于公元1405年，至1433年第七次远航归航为止。郑和的船队规模宏大，船只数量众多，人员包括官员、士兵、航海家、翻译等。他们从南京龙江港出发，经过江苏太仓的刘家港，至福建福州长乐太平港集结后出海，历经亚非三十多个国家和地区，最远到达非洲东海岸和红海，推动了中国与南洋、印度洋、非洲各国经济、贸易的大发展，也代表了当时航海技术的最高水平。

【郑玄】（127—200）东汉经学家。字康成，北海高密（今山东高密）人。

因生于经学家郑众之后，故也称后郑。天资聪颖，性喜读书，十三岁已能诵“五经”。得北海相杜密器重，遂入太学受业，转益多师。后游学关西，师事当时的经学大师马融。年四十后归乡里，聚徒讲学，弟子数千人。因党锢一事被禁，杜门不出，遍注群经。党禁解除后，守节不仕，屡拒朝廷、当政者征召，潜心著述，声誉日高。建安五年（200），袁绍与曹操会战于官渡。为争取民心与士望，袁绍令其子胁迫郑玄随军，郑玄不得已，抱病至元城（今河北大名县东），病情加重，六月病逝于元城。郑玄一生致力于经学。其注经简约精要，广采众说，以古文经说为主，兼采今文经说，打破了今古文经学界限，集汉代经学之大成。平生著述约60种，今存者有《周礼注》《仪礼注》《礼记注》《毛诗传笺》。

【政事堂】 唐宋宰相治理政务的处所。唐初始有此名。当时以中书省、门下省长官及加衔参与机要者为宰相，议事于门下省之政事堂。后迁政事堂于中书省。开元中，张说为宰相，又改政事堂号“中书门下”。后列五房，下分曹以主众务。北宋在中书内省设政事堂，简称“中书”，与枢密院分掌政、军，号称“二府”。元丰改制后，以尚书省的都堂为宰相办公所在，因此也称都堂为政事堂。

【政书】 古代记载典章制度沿革和为政之要的史书。起源很早，唐代以前多为私家之作，宋代以来多为官方编修。一般分为两类：一类是记述历代典章制度的通史式政书，综合性较强，书名一般有“通”字，如《通典》《通志》《文献通考》等；另一类是记述某个朝代典章制度的断代式政书，称会要、会典，如《唐会要》《明会典》等。

【支移】 因官府变更编户的赋税输纳地点形成的一种杂税。宋时盛行。或因物产和官府需要不同移此输彼，或因户等高低变其远近，可纳脚钱（搬运费）由官府代运，成为两税以外的加税。

【支运】 明代漕运方式之一。也称转运法。明初征调南粮，承元之旧，仍用海运。永乐间罢海运，始兴漕运。在淮安、徐州、临清等地设仓，各地漕粮由粮户运交就近仓口，再由官军分成淮安到徐州、徐州到德州、德州到通州（今北京通州区）等段，节节接运，名支运。每年四次，运粮三百余万石。不久用民运。宣德六年（1431）又改兑运，支运渐废。

【只孙宴】 只孙，又译作质孙，蒙古语“颜色”的音译。蒙古宫廷及宗王斡耳朵举办的一种宴会。一般在每年六月举行。参加宴会者穿一色的服饰，称只孙服。俗称“诈马宴”。

【知府】 古代官名。府级地方行政长官。唐宋首都、陪都等重要地方设府治理，其长官称为尹。宋以“权知府事”为差遣，代府尹领其政。明代始正式称知府，管辖数州县，为府一级行政长官。凡宣布国家政令、治理百姓、审决讼案、稽察奸宄、考核属吏、征收赋税等一切政务，皆为其职责。清代沿袭之。如清代书法家刘墉曾任太原府知府、江宁府知府。

【知贡举】 古代官名。皇帝特命主持科举考试或考场事务的官员。唐宋时特派主持省试以及阅卷录取等一应事务，事毕即撤。唐初考官由吏部考功员外郎担任，开元中改由礼部侍郎充任。礼部侍郎缺人，命他官充任者，则称“权知贡举”。宋代礼部试设一员，并有同知贡举二三员，均由侍从近臣、两省及台谏长官中选充，总称“知举官”，主持本届考试，决定合格举人名次。至清代，知贡举为会试之监考官，由礼部侍郎担任，总摄考场事务，不负阅卷取士之责，与乡试之监临性质相同。

【知天命】 语出《论语》。意为已经把握了人生应知的使命与职责，知道怎样去做。孔子说：“五十而知天命。”后代称五十岁。

【知县】 县级地方行政长官。唐称佐官代理县令为“知县事”。宋多以中央官员为县官，官吏签署官衔时称某官知某县事，简称“知县”，管一县行政。至明始正式用作一县长官的名称，县丞、主簿为其佐。清代相沿不改。

【知行合一】 明代王守仁提出的认识和道德修养方法。认为“知”和“行”是统一的整体，密不可分。“知是行之始，行是知之成”，“知而不行，只是未知”，学者必须“知行并进”。他所谓“知行合一”的本体是“良知”，本质上是以知代行，行合于知。

【知制诰】 古代官名。唐初以中书舍人掌草拟诏敕，称“知制诰”。后也有他官代行其职，称“某官知制诰”。开元末，改翰林供奉为学士院，翰林入院一岁，则迁知制诰，专掌内命，典司诏诰。凡翰林学士带知制诰者为内制，他官带知制诰者为外制。未带知制诰者，不得起草作文书，但做顾问，参侍行幸而已。宋代因之，为清要之职。明代翰林学士或内阁学士得兼此职。清废。

【知州】 古代官名。州级地方行政长官。始于宋朝的“权知军州事”，为治理州的差遣。元代州分上、中、下三等，上州长官称“州尹”，中、下州长官称“知州”。明清定为正官，掌一州政务，设同知、判官为其佐。知州有两种：一为直隶州知州，地位稍低于知府；一为散州知州，地位略高于知县。

【织成】 古代一种名贵织物。用彩色丝线或金缕织出美丽的花卉图案。大多用丝织，也有用羊毛织的。织成是在经纬交织基础上另以彩纬挖花而成的实用装饰织物。也称绒、偏诸。是由锦分化出来的一种丝织品。自汉代以来其制品一般为帝王公卿大臣所用。

【织锦回文】 用五色丝线织成的回文诗图。也称璇玑图。回文，指一种独特的诗歌，诗句中的字顺读或者倒读都可成文。前秦秦州刺史窦滔因事获罪，被流放到西北沙漠地区，其妻苏蕙十分思念丈夫，便将自己写的回文诗织在锦缎上，寄赠给丈夫。

【织女】 古星名。也称天孙。三颗星呈三角形排列，位于银河西面，隔着银河与牛郎星相对。传说其是天帝的孙女，擅长织布，后因嫁给牛郎，中断织布，天帝震怒，强令其与牛郎分离，只许他们每年七夕在鹊桥相会一次。

【织造】 古代官名。明清于江宁（今江苏南京）、杭州、苏州等地设立织造局或织染局，掌管织造各项丝织品，供皇室之用。明于三处各置提督织造太监一人。清沿用此制，但不用宦官，改用内务府人员。除自设机房织造外，兼管机户、征收机税等事务。如曹雪芹的曾祖曹玺、祖父曹寅、父辈曹頫三代任江宁织造，曹寅妻兄李煦任苏州织造。

【栀子】木名。也称薝卜花、越桃、鲜支。花色洁白，香味浓，可食。在古代，其果实是重要的黄色染料，也可入药。相传，栀子来自佛教发源地天竺，为佛门所重视，故又被称为禅友。栀子花芬芳馥郁，淡雅脱俗，为古代文人墨客所喜爱，是诗词歌赋常咏之物。如明代沈周《栀子花诗》称赞栀子花冰清玉洁的品格。

【执绋】绋，fú，用来牵引灵柩的绳索。送葬仪式之一。即送葬时帮助牵引灵柩。在古代，不同等级人的葬礼，所用绳索数量和人数都不一样。据记载，天子之葬，用六根大绳挽车，称六绋，执绋者据说有千人；诸侯四绋，五百人；大夫二绋，三百人。

【执金吾】古代官名。秦时称中尉。西汉武帝时改称执金吾。掌管京师治安的长官，天子出行，担任护卫及先导。东汉沿置，职能萎缩，专掌巡察宫外及主中央武库。晋以后废。关于“金吾”的说法，或认为“吾”读作“御”，“执金御”即持兵器保卫京师和皇帝的安全。或认为“金吾”即“金乌”，是太阳中的神鸟，能辟不祥。

【执着】初为佛教用语。指对尘世间的事物坚持不放，不得解脱。后泛指固执或坚持不懈。

【直兵】古代矛、枪、剑等直刺类兵器的统称。

Z

【直隶】古代行政区域。直属于朝廷管辖之地。宋代的三泉县，曾因地处益、梓、利、夔四地要冲，扼守从陕西、湖北进入四川的绝对咽喉之地，其地理位置对宋太祖平定蜀地有重要军事意义，乾德五年（967），以县直隶京师。明朝先后以南京和北京为都，两京都设京畿为直隶，故有南、北两直隶。南直隶包括应天府、苏州府、凤阳府等十余个府，相当于今安徽、江苏、上海等省市；北直隶相当于今北京、天津、河北大部和河南、山东的小部分地区。清初改南直隶为江南省，后分为江苏、安徽两省。改北直隶为直隶省，相继置巡抚、总督处理军政事务。

【直音】古代用一个汉字来标注另一个同音汉字读音的注音方法。如“逑音求”“畔音叛”。直音产生于汉代末年。这种注音方法的局限性在于，如果被注音的字没有同音字，或被注音的字有同音字但它的同音字比被注音字生僻、难认读，就难以注音。后来，人们改用反切注音法来弥补直音注音法的不足。

【直斋书录解题】目录学著作。南宋陈振孙撰。陈振孙平生好藏书，每至一地都要访书、求书，累积藏书五万余卷，历经二十年撰成《直斋书录解题》。全书56卷，后佚。清代纂修《四库全书》时从《永乐大典》中辑出22卷，并详加校定。原书著录图书3096种，51 180卷，分53类，大致依经、史、子、集顺序编排；各类根据需要撰写小序。该书是第一部以“解题”为书名的目录，其“解题”于书名之下记载篇帙、作者、版本等情况，并评论图书得失。该书收录丰富，体例完备，记载全面，为后世所重。

【职分田】北魏至明初按品级授给官吏做俸禄的公田。北魏太和九年（485）均田，地方官吏也按级给公田六顷至十五顷不等，为授职田之始。宋元只给外官不给京官。明初沿元制，后收回，名“还官田”，折给俸钞禄米。职分田于解职时移交后任，不得买卖。官吏受田佃给农民耕种，收取地租，宋代时特称“职租”。明清废止职分田制度。

【职贡图】绘有各藩邦前来朝贡的使者状貌、衣冠服饰和进奉的珍奇物品等的画卷。也称王会图、贡獒图。其出现不晚于南朝，唐代也有绘作。较为知名的有清朝乾隆时绘制的《皇清职贡图》，图中的各使者均标明其所属邦国，附有简要说明，介绍其风俗人情等。

【职役】古代官府无偿差派民户充任衙门胥吏和基层行政人员的制度。也称差役。唐大中九年（855）令州县作差科簿，按户等轮差。北宋前期多差民户轮充，后改为差、雇兼行，并有部分义役。

【指腹为婚】古代一种特殊嫁娶形式，即双方家长于孩子尚未出生之时，约定长大后结为婚姻。东汉初年，将军贾复跟随刘秀南征北战，在一次战斗中不幸身负重伤。刘秀十分心痛，当得知贾复的妻子已有孕在身，便说：“如果她生的是女儿，长大后我儿子娶她；如果是儿子，我的女儿以后嫁给他。”此婚俗沿袭甚久。元代曾立法禁止，但屡禁不绝。在古代小说、戏曲中也时常述及此婚俗。

【指南针】我国古代四大发明之一。早在春秋战国时，人们发现磁石有指示方向的性能，制成简单装置，称司南。随着航海业的不断发展，人们发现人工磁化的方法，试制成高一级的磁性指向仪器——指南鱼和指南针。北宋出现一种堪舆（察看风水）用的罗盘，称为地螺，已将磁偏角的知识应用在罗盘上，为水罗盘，也称浮针。航海即用此种罗盘以定航向。明代嘉靖年间，出现旱罗盘，以钉子支在磁针的重心处，更加适合于航海。南宋末制造的指南龟，与现代普通指南针采用的方法相同。指南针的使用，使海上远航成为可能，为郑和七下西洋、开辟至东非的航线提供了可靠保障。中国指南针大约在公元 12 世纪末—13 世纪初由海路传至阿拉伯，继而传至欧洲。

【至大银钞】元武宗至大二年（1309）发行的一种纸币。由于先前的中统钞和至元钞流通已久，出现了货币贬值的问题，即“物重钞轻”，于是改印造至大银钞，以银计值。元朝灭亡，至大银钞随之退出了历史舞台。

【至元钞】元世祖至元二十四年（1287）发行的一种纸币。全称“至元通行宝钞”。至元钞的发行是在中统钞贬值后，为了改革币制而引入的。由元朝尚书右丞叶李在南宋末年献过的钞样基础上略做变动而来，得到了元世祖的嘉许。至元钞的面值共有十一等。

【至元新格】至元二十八年（1291）元世祖颁布的法令类编。由中书右丞何荣祖编纂，包括公规、治民、御盗、理财等十个类目。

【至正条格】至正六年（1346）元顺帝颁行的法律类编。包括制诏 150 条、条格 1700 条、断例 1059 条。

【志】史书体裁的一种。纪传体史书的基本组成部分。自班固《汉书》改《史记》"书"为"志"，专记天文地理、阴阳五行、政治经济制度、艺文经籍等以来，为历代纪传体史书沿用并有所变化。

【志怪小说】我国古典小说的一类。以描写神鬼灵异为主。盛于魏晋南北朝。志怪小说源于《山海经》《穆天子传》等书中的神话传说，又杂糅了玄学、佛家思想和民间信仰，创造出瑰奇的幻想世界。内容大致为鬼神故事、地理博物、稗官野史。段成式《酉阳杂俎》和胡应麟《少室山房笔丛》正式使用"志怪小说"作为小说类别名。内容荒诞不经，叙事技法也较粗疏，是我国古代小说的雏形阶段。干宝《搜神记》是其中艺术成就最高者。

【制诰】诰，gào。文体名。帝王所下文告及命令的统称。诏令包括册文、制、敕、诏、诰、令、玺书、教、谕等。制、诰原都是诏令的一体，后又把"制诰"作为"诏令"的代称。

【制举】科举时代取士制度之一。除地方贡举外，皇帝亲自特诏选拔人才的科举考试，称为"制举科"。简称"制举"或"制科"。目的在于选拔各类特殊人才。未仕、已仕者均可应诏参加考试。未仕者考中授官，已仕者考中升迁。待遇比一般进士科优厚。其性质与汉代贤良文学、孝廉方正相似。唐代的科名繁多，有八十多种，其中以贤良方正直言极谏科、才识兼茂明于体用科最为常见。多出名臣文士，如张九龄、颜真卿、柳公绰、裴度、白居易、杜牧等。唐博学鸿词科本属于制科，开元十九年（731）改为吏部选人的科目，每年举行考试。宋沿用，但科名已大减，至南宋绍兴年间，恢复博学鸿词科。清代如康熙十七年（1678）、乾隆元年（1736）两次博学鸿词科，清末的经济特科等，都是制举性质。又平常科举殿试进士，因例由皇帝策问，故一般也称制举。

【制钱】明清官局铸造的铜钱。由宝源局或宝泉局督造。因其形式、文字、重量、成色都有定制，故名。"制钱"一词，用来区别前朝旧钱和本朝私铸钱。在和历代旧钱相比时称"今钱"，在和本朝私铸钱相比时称"官钱"。

【制授】唐制，皇帝任命三品以下、五品以上的官职称为制授。魏徵曾被封为太子太师，负责教导太子，这是五品以上的官职，属于"制授"的范畴。

【制图六体】古代制图学术语。指绘制地图的六条原则，即分率、准望、道里、高下、方邪、迂直。西晋时期，裴秀在总结前人经验的基础上，在《禹贡地域图》序言中提出，这六条原则彼此制约，缺一不可。一般认为，分率指计里画方，准望指辨方正位，道里指人迹经由之路，高下指冈峦原野，方邪指矩之钩、弓之弦，迂直指羊肠九折、鸟飞准绳。制图六体为明末以前的制图者所遵循。

【制置使】古代官名。统筹和节制一方军务的使职。始于唐，负责经营谋划边防军务。宋沿置，掌措置捍卫疆土的军事。宋初不常设。南宋时，多临时设于边地战区，以重臣或经略安抚使兼任，资望特高的称"制置大使"，率所属各部征讨捍御，统筹边防、后勤及相关制度、事宜，事毕即罢。制置使往往兼辖数路军务，与明清的总督相当。

【质剂】 古代贸易中用作买卖凭证的契券。也称券。战国以来流行。较大的买卖中使用较长的券，称为质，主要用于购买马、牛等大型牲畜。这类契券的长度通常较长，以便于详细记录牲畜的特征和交易条件。较小的买卖中使用较短的券，称为剂，用于购买兵器、珍宝等重要或珍贵的物品。短券的长度较短，因为所交易的物品相对特定，信息量较小。质剂由官府制作，并由专门的官员质人进行管理，确保交易的合法性和有效性。

【质库】 经营抵押、放贷等活动的店铺。即当铺。也称质舍、质肆、解库。南朝已出现。最初由寺庙经营，目的是在荒年灾年时救济百姓。唐宋时期迅速发展，商业性质进一步突出，经营者包括地主、商贾、官宦、军队及寺院等，制定有关质库的法律。宋朝时质库不仅包括金银玉器等贵重物品的典当，还涉及奴婢、牛马等。《清明上河图》中，就描绘了挂着“解”字牌的当铺场景。明朝时“当铺”这一名称正式确立。

【质子军】 元代由河西、河北、山东等地驻防将领子弟及富户子弟组成的军队。为了防止藩属及将领叛变，通过召集他们的子弟组编成军，作为人质来挟制他们。也称秃鲁花军，与诸千户、怯薛、八都鲁等其他军事组织一起构成了元军的主力。

【炙】 一种烹饪方法，将肉置于火上烤。炙烤的方法起源于原始社会。后演变为一种烹饪方法。《礼记》：“以炮以燔，以亨（烹）以炙，以为醴酪。”郑玄注：“炙，贯之火上。”《齐民要术》中，介绍了多种“炙法”。

【治学三境界】 王国维在《人间词话》中说，成就大事业的学者在治学过程中会经历三个境界。他选用三句诗词来形象地比喻这三个境界，即“昨夜西风凋碧树，独上高楼，望尽天涯路”“衣带渐宽终不悔，为伊消得人憔悴”“众里寻他千百度，蓦然回首，那人却在，灯火阑珊处”。王国维的观点受到大众认可，流传很广。

【贽见礼】 贽，zhì，古时初次见面时所送的礼物。周以来贵族的相见礼。宾客须按各自的身份等级手执不同品级的贽，如雁、羔、币、帛之类，并按宾主的身份等级和地位关系举行授受仪式。仪式包含授受地点、执贽手法、授受方式和是否归还礼物等，以维护等级、确立名分及彼此的关系。后世仍存其意，但形式不一。

【桎梏】 zhìgù。古代的刑具。桎，铐在两脚腕上。梏，铐在两手腕上。桎梏是古代用来拘系犯人手足的两种木制刑具，类似于现代的脚镣手铐。桎梏刑始于商代，历代沿用。

【致良知】 良知，语出《孟子》，本指一种天赋的道德意识。明代王守仁对孟子的“良知”观点，提出“致良知”学说。他从“心外无物”“心外无理”观点出发，认为“良知”即“心”“天理”，“良知”先天存在于人的本体中，是不借用外力的内在力量。人们只要除去私欲的蒙蔽，推求穷究“良知”于客观事物，依照“良知”去做，其行为活动就自然合乎道德标准。

【致仕】 也作“致事”。通常指古代官员正常退休。一般致仕的年龄是七十岁，有疾病则提前。也常用来指官员辞官归家。

【雉】zhì。古代计算城墙面积的单位，一雉是城墙长三丈、高一丈。春秋时期，天子、诸侯、大夫筑城的高度和广度都有定制。如郑庄公分封他的弟弟到京这个地方，京的都城很大，郑国大夫祭仲提醒庄公说，都城超过百雉，是国之害。

【觯】zhì。古代饮酒器。青铜制。形似尊而小，类似喇叭，比较轻小。口阔，有的有盖，圈足。盛行于商代晚期和西周初期。

【中常侍】古代官名。皇帝的近侍，辅助皇帝处理宫内事务。秦代最早设立，是列侯、将军、卿大夫、尚书、都尉等官职的加官。西汉沿用。东汉改由宦官任职，入内宫，随侍皇帝，权力很大。

【中俄尼布楚条约】雅克萨之战后，清朝与沙俄在尼布楚城（今俄罗斯涅尔琴斯克）签订的两国东段边界条约。全称《中俄尼布楚议界条约》，也称《黑龙江界约》《涅尔琴斯克条约》。公元1689年，由清使索额图和俄使戈洛文代表两国签署。规定黑龙江、乌苏里江流域包括库页岛在内皆为中国领土，贝加尔湖以东地区划归沙俄所有。条约以满文、俄文和拉丁文三种文字书写。条约签订之日起，两国人民持有护照者，可过界来往，并许其贸易互市。

【中法战争】公元1883—1885年法国侵略越南和中国的战争。战争初期，法国远东舰队虽一度攻占基隆，却于沪尾（今台湾新北市淡水区）一役被刘铭传所部清军击败。后期，台湾及杭州湾防卫成功，广西军务帮办冯子材统率各部于镇南关（今广西凭祥友谊关）、谅山大败法军。刘永福部黑旗军也在越南义军配合下，于临洮大败法军。最终清廷却签订了屈辱的《中法新约》，使越南成了法国的殖民地，中国的西南门户大开。

【中国】古代中原华夏民族对自己所居之地的称呼。上古时代，我国华夏族建国于黄河流域一带，以为居天下之中，故称中国，而把周围其他地区称为四方。后成为我国的专称。中国在古代也指春秋战国时中原各诸侯国，泛指中原地区。

【中国画】我国传统绘画。也称国画。其特点以气韵思致为主，进而达到形神兼备的艺术效果。画科主要有山水、人物、界画、花卉、禽鸟、走兽、虫鱼等。以工笔、写意、勾勒、没骨、设色、水墨等技法形式，勾皴点染、干湿浓淡、阴阳向背、虚实疏密和留白等表现手法来描绘物象与经营构图；取景布局视野宽广，不拘泥于焦点透视。画幅形式有壁画、屏风、卷轴、册页、扇面等，并以独特的装帧工艺装潢。

【中和】儒家的伦理思想。指不偏不倚，既不过头又无不及。认为人们的道德修养如果能达到中和的境界，那么天地万物会处于各自应处的位置，达到和谐的境界。

【中华】我国上古时期的华夏族兴起于黄河流域一带，处于四方之中，有悠久的历史，文化比较发达，故称其地为“中华”。后指中国。

【中郎】古代官名。秦置，汉沿用。担任宫中护卫、侍从。属郎中令。分五官、左、右三中郎署。各署长官称中郎将，也省称中郎。汉蔡邕为左中郎将，人称蔡中郎。东晋南北朝皆置从事中郎，为将帅幕僚，隋以后废。

【中秋】 我国传统节日。在农历八月十五日。农历八月在秋季之中，而八月十五日又在八月之中，因而得名。与春节、端午并称为我国三大传统节日。中秋节正当秋分前后，此时秋高气爽、玉宇澄澈，十五又为望日，月亮最亮、最圆，因此有中秋赏月的习俗。每至中秋之夕，人们或登楼临轩，或闲庭信步，赏玩月色，流连达旦。又有于庭院之中陈设瓜果、焚香拜月之俗。陈设的瓜果形状皆为圆形，寓意阖家团圆。中秋的另一项重要活动是吃月饼。其饼以面制外皮，有荤、素、五仁、百果等各种内馅。八月十五月圆如镜，而月饼也是圆形，正如天上的圆月，取团圆之意。古代文人墨客留下了无数描写中秋的作品，如苏轼的《水调歌头》"人有悲欢离合，月有阴晴圆缺，此事古难全。但愿人长久，千里共婵娟"等。

【中日】 表示正午之时。也称日中。始见于商，后世沿之。

【中山国】 春秋战国时期位于今河北滹沱河流域灵寿、平山、晋州一带的古国。因城中有山而得名。春秋时称"鲜虞"，属白狄。战国时崇尚儒学，曾成为次于七雄的强国，被称作"战国第八雄"。公元前296年为赵武灵王击破。

【中书令】 古代官名。汉武帝时始设中书谒者，由宦官担任，掌管传达皇帝诏书，并设中书令，总管宫廷文书奏章。司马迁负刑后，曾任此职。汉成帝建始四年（前29）改由士人担任，改为中书谒者令。三国魏文帝时，改为中书令，分设中书监与中书令，共同掌握机要。晋废监，以中书省、尚书省、门下省合称三省。中书令在隋代曾改名内史令、内书令。唐初，三省长官皆为宰相之职。中书令之下，有中书侍郎、中书舍人。唐中叶以后，他官加同中书门下平章事，专掌机务，中书令等仅存虚名，或为加衔。唐代曾改称右相、凤阁令、紫微令等，旋复旧称。宋制略同。元代以中书省总领百官，为最高行政机关，并掌地方行政。中书令权位尤重，或以皇太子兼任。明废中书省，由内阁大学士秉政，另设内阁中书及中书科中书舍人，掌管书写机密文书。清于内阁设中书及贴写中书，至清末改官制始废。

【中书舍人】 舍，shè。古代官名。舍人始于先秦，本为国君、太子亲近属官。魏晋时于中书省内置中书通事舍人，掌传宣诏命。南朝沿置。至梁，除"通事"二字，称中书舍人，任起草诏令之职，参与机密，权力日重。中书舍人原在中书省主管文书，职位低于中书侍郎。南朝后实权很大，从起草诏令、参与机密到决断政务，往往代行宰相职务。隋代改为内史舍人，主管诏令。唐武德三年（620）复为中书舍人，掌管诏令、侍从、宣旨、接纳上奏文表等事。开元后，渐成闲职。宋主管中书六房，承办各项文书，起草有关诏令。明有中书科舍人二十人，属内阁中书科，负责缮写文告、命令等事务。清代沿置，乾隆时改称中书。

【中书省】 古代官署名。魏晋始设置。梁陈时，中书省有中书舍人五人，统领主书、书吏等，分别掌管二十一局的事务，为秉承皇帝意旨、掌握机要、发布政令的机构。沿至隋唐，逐渐成为全国政务中枢。隋文帝避父杨忠讳，改为内史省、内书省。唐代曾改称凤阁、紫微省，旋复旧称。也叫右省。与门下省、尚书省合称三省。中书决策，通过门下，交尚书省执行。中书省设置令、侍郎、舍人等官。宋沿置。元代中书省兼管尚书省的职权，权力更重，有中书令、左右丞相、平章政事、左右丞、参知政事等官，下设左右司，分别掌管各房。明初仍以中书省统六部，但不设中书令。洪武十三年（1380）废中书省，机要之任归内阁，六部直接对皇帝负责。

【中统钞】 元世祖中统元年（1260）发行的一种纸币。全称中统元宝交钞。也称中统宝钞。为元朝发行的第一种纸币，分为十种面值。我国使用纸币，到元朝时已有二百多年的历史，但早期的纸币多少带有兑换券的性质，到了中统钞的发行，才有了真正不兑换的纸币，标志着我国古代货币制度从实物货币向信用货币的过渡。这在中国乃至世界货币史上都是一件大事，它标志着纯纸币流通的开始。中统钞最初是以白银为本位的，比较稳定，元世祖至元十三年（1276）后逐渐贬值。二十四年（1287）发行至元通行宝钞（简称至元钞），与中统钞并行，比价为1∶5。至正十年（1350）发行至正交钞，废除中统钞。

【中尉】 古代官名。战国时赵国设置，负责选任官吏。秦汉时是武职，掌管京师治安。武帝时，改称执金吾。汉各诸侯王国也设置中尉，维持治安。唐代自德宗以后，于神策军置护军中尉，专由宦官担任，率领禁兵。元时，内史府置中尉。

【中衣】 ①古代法服的组成部分之一。通常穿在祭祀服装、大礼服里面。上衣下裳相连接，宽衣大袖，其领、袖、襟等处有花纹装饰图案，故穿时需要与外装配套。也称中单。②贴身的内衣。

【中医】 汉族医药学。西方医学传入中国后，以“中医”为名，区别于西医。中医以阴阳、五行、天时、物候等理论为基础，是传统医学的重要组成部分。它的理论体系有阴阳、五行、运气、藏象、经络、病因病机、治则治法等，以望、闻、问、切为诊病方法。主张辨证施治，治疗方法有中药、方剂、针灸、推拿、按摩、气功和民间的单方、验方等。经典文献有《神农本草经》《黄帝内经》《伤寒杂病论》《本草纲目》等。也指用我国传统医学、医术治病的医生。

【中医八法】 中医的汗、吐、下、和、温、清、消、补八种治疗方法。汗法，用有发汗作用的药物或者通过物理上的处理，使患者出汗或汗出正常。吐法，用催吐药物或能引起呕吐的物理刺激，引起呕吐后，使毒物等随吐排出。下法，用有泻下、攻逐、润下作用的药物来通导大便、消除积滞、荡涤实热、攻逐水饮，以消除燥屎、积滞、实热及水饮等证。和法，和解少阳、扶正达邪、协调内脏功能。温法，用温热药物治疗里寒证。清法，用寒凉药物清热泻火、清热养阴、清热解毒以治疗各种火热证。消法，通过消食导滞和消坚散结，渐消缓散气、血、痰、食、水、虫等积聚而成的有形之结。补法，补养人体气血阴阳的不足，治疗虚证。中医八法源自汉代张仲景《伤寒杂病论》。经金元以来发展，清代程国彭《医学心悟》对其进行了系统总结。

【中庸】 儒家的伦理思想。指凡事取中，不偏不倚，恰到好处。儒家以中庸为最高的道德标准和处理事务的原则。也指书名，原是《礼记》中的一篇，相传是战国时子思所作。南宋朱熹将《礼记》中的《大学》《中庸》与《论语》《孟子》编在一起，合称“四书”。

【中元节】 传统节日。在农历七月十五日，俗称七月半。因佛教盂兰盆节也在这一天，道教也以七月十五日为中元之日，度恶鬼，民间有祭祀亲人、超度亡魂等活动。

【中原】 指古代黄河中下游平原。秦汉以来，中原地区一直是我国古代的政治、文化、经济中心。唐宋以后，随着气候、环境、人口的变化，以及受战争等因素的影响，其经济地位被江南取代，但这一区域文化的主流主导地位在中华文明的历史进程中始终不可动摇。诸葛亮《出师表》：“今南方已定，兵甲已足，当奖帅三军，北定中原。”陆游《示儿》诗：“王师北定中原日，家祭无忘告乃翁。”

【中正】 古代官名。掌纠察群臣过失的官员。秦末陈胜自立为楚王时始置。三国魏在各州郡置中正官，负责考查本州人才品德，分成九等，作为选任官吏的依据。晋南北朝仍之，地位渐轻，影响变小。唐废。

【忠恕】 儒家的伦理思想。认为“忠”包含两个方面：一是“与人忠”，即为别人办事要尽心尽力。二是“事君以忠”，即对待君主，要忠诚无私，是后世忠君思想的来源。儒家主张宽恕、原谅，推己及人，用仁爱的心对待别人。在孔子看来，“忠”与“恕”是相辅相成的。“忠恕”是实践“仁”的方法。

【忠孝军】 金末由在蒙古侵略过程中投诚金朝的回纥、乃蛮、羌、吐谷浑及从蒙古逃回的汉人组成的军队。这支军队虽然组成成分复杂，但军纪严明，勇于作战，所过之处，秋毫不犯，深得民心。忠孝军在作战时充当先锋，疾如风雨，是金朝抗蒙作战中的一支劲旅。

【终南捷径】 语出《新唐书·卢藏用传》。唐代卢藏用考上进士后，未入仕途，而是到长安附近的终南山隐居，反而名声远播。其后皇帝赐以高位，当了大官。他的朋友司马承祯评说，隐居终南山是“仕宦之捷径耳”。后来世人常将“终南捷径”来借指一些为求取功名利禄的人寻找最便捷的途径去达到目的的行为。

【终南山】 山名。又名太乙山、周南山、中南山。位于陕西境内秦岭山脉中段。地形险阻、山谷重叠，《左传》称终南山为“九州之险”。终南山有“仙都”“洞天之冠”“天下第一福地”的美名。是我国道教、佛教的圣地，道教全真派即发祥于此。和尚道宣在此创立了律宗。“寿比南山”“终南捷径”等典故也和终南山有关。

【钟】 我国传统乐器。在“八音”中属“金”。青铜制，悬挂于架上，以槌叩击发音。祭祀或宴飨时用，在战斗中也用以指挥进退。西周中期开始有十几个大小成组的，称编钟，大而单一的称特钟。商代钟用青铜浇制，分钮钟和甬钟两种。钮钟钟体顶部铸有悬挂钮，故称；甬钟上部铸有长筒形的甬，故称。

【钟馗】 民间传说中的驱妖逐邪之神。也称食鬼之神。见《梦溪笔谈》所记。相传唐玄宗病中梦见一个体格魁梧的大鬼，戴着破帽，穿着蓝袍，系着角带，足蹬朝靴，捉到小鬼就吃。大鬼自称是终南山进士钟馗，多次科考不中，撞阶而死。玄宗后命吴道子画下钟馗形象以镇除妖孽。此事一经传开，逐渐盛行。皇帝每到年底就用翰林院所进钟馗像赐给大臣。民间也纷纷效仿，将钟馗像贴在大门口以驱妖邪。这个习俗自唐代延续下来，其后发展演变为在端午之时悬挂钟馗像。

【钟嵘】 （？—518）南朝梁文学批评家。字仲伟，颍川长社（今河南长葛）人。历仕齐、梁二朝，官至晋安王（萧纲）记室，世称钟记室。为人刚直，齐建武时，曾上书谏皇帝躬亲细务，触怒明帝。后又上书力陈时弊，抨击官僚勾结、贿赂盛行的风气。所著《诗品》选择自汉至南朝梁一百二十余位五言诗人，分为上、中、下三品加以评论，为现存最早的诗论专著，被视为历代诗话之祖。书中提出的“滋味”“直寻”等概念，对后世颇有影响。与《文心雕龙》并为南朝最重要的文艺美学著作。

【钟山书院】 清代江苏省城书院。位于今南京。雍正元年（1723）两江总督查弼纳倡建，旨在选拔培养省内士子。清乾隆后期，外省士子也可入院学习。钟山书院规模颇大，有讲堂、斋舍等主要建筑百余间，且藏书丰富。历任山长都为学识深厚之人，如校勘学家、藏书家卢文弨，考据学家、藏书家钱大昕。

【钟繇】 （151—230）繇，yáo。三国魏大臣、书法家。字元常，颍川长社（今河南长葛）人。东汉末为黄门侍郎。曹操执政时，镇守关中。曹丕代汉后，任廷尉。明帝即位，迁太傅，人称钟太傅。书法学习曹喜、蔡邕、刘德昇，博采众长，擅长隶书、楷书、行书。对书法的章法和结体有深入周密的研究。其书法的艺术特点是巧趣精细，茂密幽深，自然天成，无雕琢气。其楷书笔法和结体带有浓厚的隶书气息，风格古朴，被历代研习者奉为楷模。与王羲之并称“钟王”。其书法作品真迹已佚，今存《宣示表》《贺捷表》《荐季直表》等，皆系后人临摹之作。

【冢宰】 官名。《周礼》以天官冢宰、地官司徒、春官宗伯、夏官司马、秋官司寇、冬官司空分掌邦政，称为六官或六卿。冢宰为六卿之首，掌管国家六典，辅佐帝王治理国事。战国时期将百官之长称为冢宰。后世太宰、宰相等称皆由此而来。后世也用为吏部尚书的别称。

【众生】 即“有情”，梵语音译词“萨埵”。佛教对人和一切有情识生物的统称。包括天、人、阿修罗、地狱、饿鬼、畜生六种（六道）。而草木、山河、大地、土石等无情识的东西称为“非情”或“无情”。古代文学作品中，常有“芳草无情”的语句，皆是受到佛教文化的影响。

【种痘法】 我国古代对烈性传染病天花

的预防方法。因称天花为“痘疮”，故名。种痘法发明的时间不晚于公元16世纪，实质是使人轻微感染天花，轻微发病，从而获得免疫力不再患天花病，类似于疫苗。其法有四种：痘衣法、痘浆法、旱苗法、水苗法。其中，水苗法是把痘痂研细并用水调匀，用棉花蘸上，塞入接种者鼻孔。此法较为先进。种痘法在明隆庆年间（1567—1572）初行，17世纪时推广到全国大部分地区。清初知名种痘医师张琰，经他亲手种痘者多达八九千人，其中只有二三十人出了事故，事故率约为0.3%。清初人痘接种法初传到国外，英国的琴纳在此基础上发明了种牛痘。

【重禄法】 宋神宗时制定的吏禄法。为改善吏员因低俸禄、无俸禄，侵吞克扣军粮、贪污严重等现象，给吏员以较丰厚俸禄。若吏员再受贿就从严处罚。宋哲宗时曾废除重禄法，绍圣年间恢复，后最终废除。因该法首先推行于官仓中的胥吏，故也称仓法。

【重罪十条】 我国古时将直接危害国家根本利益的最严重犯罪规定为十种，即反逆、大逆、叛、降、恶逆、不道、不敬、不孝、不义、内乱。犯这十种罪，不在“八议”的论赎范围之内。其中，不道、不孝等罪名在汉代已有。《北齐律》首次将这十种罪行概称为“重罪十条”，正式入律。隋朝《开皇律》将“重罪十条”改定为“十恶”。此后历代相沿。

【舟师】 春秋楚国的水军以及舰船修缮操作人员。后世沿称。也指海船航行的管理人员、技术人员。

【州】 古代地方行政单位。据《尚书·禹贡》记载，大禹治水成功后，分天下为冀州、兖州、青州、徐州、扬州、荆州、豫州、梁州、雍州九州。西汉元封五年（前106），汉武帝设十三部刺史，在古九州的基础上，加幽州、并州、朔方、交趾，分天下为十三州。自此至南北朝末，州时为监察区，不涉及军政；时为行政区，牵涉军政。隋代时而废郡成州，时而改州为郡。时至唐代，全国共有三百余州，全为行政区。宋元与唐代大致相同。明清改州为府，只留少数直隶州直辖于省，其余散州隶属于府。

【周邦彦】（1056—1121）宋代词人。字美成，钱塘（今浙江杭州）人。元丰初年为太学生，因献《汴都赋》受到神宗赏识，擢升为太学正。徽宗时，曾颂美宰相蔡京，提举大晟府，专事谱制乐曲。由于他精通音律，故所谱乐府长短句，声调谐和，上口悦耳。其词多写男女相思，或歌咏自然景物，也有少量怀古伤今及表现羁旅行役的作品。语言工丽，善于用典，长于铺叙，形成浑融、典雅、缜密的艺术风格。周邦彦对后代词的创作影响巨大，清代的词评家对他推崇备至。陈廷焯谓其“前收苏（轼）、秦（观）之终，后开姜（夔）、史（达祖）之始，自有词人以来，不得不推为巨擘”。但周邦彦词的题材内容不广，也受到后世词评家的批评，如王国维就称其“但恨创调之才多，创意之才少耳”。今存《片玉词》。

【周髀算经】 髀，bì。数理天文学著作。原名《周髀》。唐代李淳风等将其列为“算经十书”的第一种，所以改名为《周髀算经》。作者不详，是长期积累编纂而成的，西汉或更早时期成书。此书介绍了勾股定理，并给出了勾三股四弦五的证明，是我国关于勾股定理的最早记载。介绍古代测定岁时长度、二十四节气、天文南北线、太阳半径、北极四游、二十八宿距离等方法，在我国天文学史上占有重要地位。同时使用繁杂的分数计算与开平方法，在中国和世界数学史上有重要影响。

【周朝】 公元前1046年周武王灭商后建立的朝代。建都镐（今陕西西安）。周公东征后，确立宗法制，创立典章制度，并不断分封诸侯。前771年申侯联合犬戎攻杀周幽王。次年，周平王东迁到雒邑（今河南洛阳）。历史上称平王东迁以前为“西周”，东迁以后为“东周”。东周又可分为“春秋”和“战国”两个时期。前256年为秦所灭。共历34王，791年。

【周敦颐】 （1017—1073）宋代理学家。字茂叔，原名敦实，因避英宗讳改名。道州营道（今湖南道县）人。因居于庐山莲花峰下，其地有溪，名其室为“濂溪书堂”，后人因称濂溪先生。喜谈名理，深于《易》学，程颢、程颐兄弟出其门下。据宋初道士陈抟《无极图》，著《太极图说》，认为“太极本无极”，“无极”是宇宙万物最根本的范畴。又提出理、气、心、性、命等，以及主诚、主静之说，均为后世理学家所继承发展。《宋史》将他列为道学之首，朱熹称其为理学开山，与邵雍、张载、程颢、程颐并称北宋五子。主要著作有《太极图说》《通书》《爱莲说》等。其论著后人合编为《周子全书》。

【周公】 西周政治家。姓姬名旦。周王朝开国君王周武王的弟弟，周文王的儿子。因封地在周（今陕西宝鸡东北），所以称周公。曾佐武王伐纣，多建功业。武王死，成王年幼，代摄政事。武王弟管叔、蔡叔和霍叔起而反对，联合纣王子武庚及东方夷族叛周。他亲率大军东征，讨平叛乱。又派召公营建东都雒邑（今河南洛阳），作为统治中原的政治、经济、文化中心。此后全面封邦建国，先后置七十一国，其中同姓五十五，异姓十六，以屏藩王室。在封国范围内普遍实行井田制，统一规划土地。归政成王后，他制礼作乐，建立各项典章制度，使奴隶制国家在政治、经济上获得了进一步的巩固和发展。后世公认他为周代文明的重要创建者。周公礼贤下士，求才心切，自称“一沐三捉发，一饭三吐哺”（洗一次头要三次握起头发，吃一顿饭三次吐出正在咀嚼的食物），迫不及待地迎接贤士。后遂以“周公吐哺”作为在位者礼贤下士之典。

【周公东征】 周成王即位初期，周公旦平定三监之乱及东方徐、奄、薄姑等国叛乱的军事行动。周武王死后，周成王继位，周武王的弟弟周公旦摄政。武王的其他弟弟管叔、蔡叔和霍叔不服，与纣王之子武庚及东方夷族纠合，发动叛乱。周公团结召公，调动大军，率军东征。杀武庚，诛管叔，放逐蔡叔，贬霍叔为庶人。历时三年，镇抚了东部地区殷商遗民等各方势力，巩固了周朝的统治。

【周密】 （1232—1308）宋末元初词人、文学家。字公谨，号草窗、四水潜夫等。原籍济南，宋室南渡，其先世随之南迁，寓居吴兴（今浙江湖州）弁山，因自号弁阳啸翁。宋理宗淳祐十二年（1252）出任义乌（今属浙江）县令。宋亡后，定居杭州。与词人吴文英、王沂孙、仇远、张炎等结为词社，咏白莲诸题，寄托家国之思。晚年以整理故国文献为业，著有《齐东野语》《武林旧事》等。以词作著称，其词继承了周邦彦格律精严、圆融雅艳的词风，是宋末格律词派的重要代表。与吴文英（号梦窗）并称“二窗”。有《草窗词》。又编录南宋一百三十二家歌词为《绝妙好词》，取舍谨严。

【周文王】（约前1152—前1056）商末周族领袖。姓姬名昌，商纣王时为西伯。曾被纣王囚禁于羑里（今河南汤阴北）。在位期间，勤于政事，重视发展农业生产，礼贤下士，广罗人才，拜姜尚为军师，问以军国大计，为武王灭商奠定了基础。传说《周易》即为其所演。在位五十年。周武王姬发灭商建周后，追尊为文王。据《史记》记载，当时的诸侯国虞国、芮国发生纠纷，打算请姬昌来仲裁。等到了周地，看到周国人相互谦让，长幼有礼，非常惭愧，说道：“吾所争，周人所耻，何往为，只取辱耳。”于是相互礼让而去。

【周武王】（？—前1043）西周王朝的建立者。姓姬名发，文王次子。因其兄伯邑考被商纣王所杀，故得以继位。公元前1046—前1043年在位。继承文王遗志，于前1046年联合诸部落攻商。在牧野（今河南淇县西南）之战中大获全胜，消灭商王朝，建立西周王朝。建都镐（今陕西西安）。

【周亚夫】（？—前143）西汉名将。沛县（今属江苏）人。周勃之子。治军有方，曾驻军细柳（今陕西咸阳西南）。文帝来巡，见军容严整，深为嘉许。景帝刘启即位后，任命周亚夫为车骑将军。曾参与平定七国叛乱，因功迁为丞相。后受到景帝猜忌，中元三年（前147）被罢相。后元元年（前143），周亚夫之子私买工官尚方甲盾500具，备作其父葬器，被人告发，事情牵连周亚夫，廷尉召其对质，并逼他供认谋反。周亚夫不服，绝食五日，呕血而死。

【周易】 儒家经典。也称《易经》，简称《易》。“易”有变易、简易、不易三义（郑玄《易赞》）。相传系周人所作（一说“周”有周密、周遍、周流之义），故名。内容包括《经》和《传》两部分。《经》是我国古代占筮之书，由六十四卦的卦象、卦名、卦辞和爻辞组成。卦辞、爻辞是分别对卦象、爻象的解说。旧说伏羲画八卦，文王推演为六十四卦，并作辞。或说文王作卦辞，周公作爻辞。实非一时一人之作。组成卦象的基本符号“—”“--”，由原始筮法中的奇偶数逐渐演变而成。卦爻辞是占筮的原始记录（筮辞）的长期积累，最后可能经西周史官整理而成。虽为占筮书，但在其神秘的形式中蕴含着古代中国人的智慧，透露了理论思维的最初萌芽与朴素的辩证观念，保存了殷周时代的一些社会习俗和道德观念。《传》是对《经》最早的解释。共十篇，统称《十翼》。旧传孔子作，据近人研究大都为战国或秦汉之际的儒家作品。内容是通过阐释《周易》意蕴、功用、筮法，八卦起源，六十四卦卦爻辞与卦序等，创造一个结合象数与义理的独特思想体系。所提出的阴阳刚柔等学说，对后世我国哲学的发展有深刻的影响。

【周瑜】（175—210）三国吴名将。字公瑾，庐江舒县（今安徽庐江县西南）人。21岁起随孙策平定江东，创建孙吴政权。后孙策遇刺身亡，孙权继任，周瑜与长史张昭共辅国政。建安十三年（208），曹操大军南下，周瑜与刘备联合，于赤壁大败曹军。建安十四年（209），拜偏将军领南郡太守。后病逝于巴丘（今湖南岳阳），年仅36岁。据传周瑜的琴艺高超，尤其擅长演奏古琴。周瑜听人演奏时，即使多喝了酒，有几分醉意，也能听出细微的差错。每当发现了错误，他就看一下演奏者，示意他演奏错了。因此当时有“曲有误，周郎顾”之语。

【辀】zhōu。独辕，一般用于小车（马车）上。一杠居车厢前正中，朝前上曲，前端与架在马脖子上的衡固定于一处，后端固定在车轴上。车厢的轸木固定在辀上。

【咒】僧、道、方士等用作驱魔降妖的口诀。也指佛教密宗的真言，即真实不妄的言辞。

【朱槿】植物名。也称扶桑、佛桑。常绿灌木，其花可入药，具有润血美颜的功效。粤中有以白花作蔬菜食者。茎皮纤维可代麻制绳、织袋。

【朱卷】明清科举制度，乡试、会试考生用墨笔书写的试卷，叫墨卷。而为防止考官或应试者通过识别卷面字迹的方式徇私舞弊，会将墨卷弥封糊名，于阅卷前派专人将考卷誊录，不书姓名，只编与原卷一致的号码，使阅卷者不能识认笔迹。因用朱笔誊录，故称。即应试者原卷的副本。考中的人，把取中的文字刻印送人，也称朱卷。

【朱买臣】（？—前115）字翁子，西汉吴县（今江苏苏州）人。家贫，以卖柴为生，勤奋好学。后赴长安上书，解读《春秋》《楚辞》，符合武帝心意，被任为中大夫。曾任会稽太守、丞相长史等。元鼎二年（前115），因参与诬陷御史大夫张汤，被汉武帝处死。

【朱淑真】宋代女诗人、词人。自号幽栖居士，钱塘（今浙江杭州）人。出身于仕宦家庭。因婚姻不称意，所遇非人，一生落落寡欢，后抑郁而终。工绘画，通音律，所作诗风格清婉，声多凄楚。有诗集《断肠集》。词作多以闺情愁绪为题材，感情真挚，语多直率，婉丽鲜明。有词集《断肠词》。

【朱提】优质银的代称。最初是作为山名出现的，后来发展为县名和郡名。汉代县名，属云南犍为郡，治所在今云南昭通。这里的银矿因品质优良而被称为朱提银。

【朱熹】（1130—1200）南宋理学家、教育家。字元晦，一字仲晦，号晦庵，别称紫阳，谥号文。祖居徽州婺源（今属江西），生于南剑州尤溪（今属福建），定居建阳（今福建南平建阳区）。绍兴十八年（1148）进士。孝宗即位时，曾上书反对主和。其后历任枢密院编修官、知南康军、提点江西刑狱公事、秘阁修撰。前后经高、孝、光、宁四朝。韩侂胄擅权时，被劾，遭打击。庆元四年（1198），名列伪学党籍中，两年后病死。理宗时，赠太师，追封信国公，后改徽国公，从祀孔庙。

朱熹28岁始从学于二程（程颢、程颐）的三传弟子李侗，后专心致力于儒学。他继承二程，又独立发挥，建立了系统的思想体系，后人称为“程朱理学”。南宋时以他为代表的学派也被称为“闽学”。主要著作有《四书章句集注》《四书或问》《周易本义》《诗集传》《楚辞集注》等。此外有《朱文公文集》。

【朱彝尊】（1629—1709）清代词人、学者。字锡鬯，号竹垞，晚号小长芦钓鱼师，又号金风亭长。秀水（今浙江嘉兴）人。早年不仕，奔走各地，以设馆授徒及担任幕僚为生。康熙十七年（1678），50岁时以布衣参加博学鸿词考试，得中一等，授翰林院检讨，参与编修《明史》。遍访藏书之家，积书八万卷，建曝书亭。工诗、词、古文，又长于考证之学。诗宗唐而求变，才情学力兼备，与王士禛齐名，时称“南朱北王”。词推崇姜夔、张炎，风格清雅，开创“浙西词派”，与陈维崧、顾贞观并称为“词家三绝”。所著《经义考》为我国古代第一部经学专科目录，曾受到康熙皇帝的称赏，御赐“研经博物”匾额。又辑录有明一代诗作，成《明诗综》；编唐至元代词选，成《词综》。其诗、文、词汇为《曝书亭集》。

【朱元璋】（1328—1398）明朝开国皇帝。公元1368—1398年在位。原名重八、兴宗，字国瑞。庙号太祖，谥号高皇帝。濠州钟离（今安徽凤阳）人。幼年穷苦，曾入皇觉寺为僧，外出化缘讨饭。元顺帝至正十二年（1352），投奔郭子兴部红巾军，从亲兵升为九夫长，娶郭子兴养女马氏为妻，号“朱公子”，始改名取字。十六年（1356），攻克集庆，改集庆为应天府。后接受朱升“高筑墙，广积粮，缓称王”的建议，不断壮大自己的实力。龙凤七年（1361），被韩林儿封为吴国公。后击败陈友谅，至十年（1364）消灭其残余势力，改称“吴王”。1368年，即皇帝位，国号“明”，年号“洪武”。同年，攻克大都，元朝灭亡。建国后，采取一系列举措发展生产，如普查人口、奖励农桑、兴修水利，社会经济、文化都有所恢复和发展。

【朱之瑜】（1600—1682）明末清初学者、教育家。字楚屿，又字鲁屿，号舜水。浙江余姚人。明末，朝廷屡次征召，皆不就任。明亡，以舟山为根据地抗清，失败后逃亡日本、越南、暹罗（今泰国）等地，常常秘密回国，进行反清复明活动。事败，南明永历十三年（1659）避居日本，深受日本水户藩主德川光圀的尊礼。居日本讲学二十余年，开创日本水户学。卒于日本，日本学者私谥“文恭先生”。为学重实际效用和事功，反对“专在理学研究”。强调知识应从日常生活实践中求得，并主张“经邦弘化，康济艰难”。重视史学研究，认为“经简而史明，经深而史实，经远而史近”，“得之史而求之经，亦下学而上达耳”。其学术思想对当时日本有一定影响，通过编撰《大日本史》，传授儒学和礼仪，引发了日本的明治维新思想和文化。

【朱子语类】书名。南宋朱熹讲学语录的分类汇编。初为门人各录成编，经南宋黎靖德考其同异，相互参校，正误补遗，削除重复，编辑成为今本。

共一百四十卷，分“理气”“鬼神”“性理”“学”等二十六门。内容涉及哲学、政治、自然科学、史学、文学、人物等领域，是研究朱熹思想及程朱学派的重要资料。

【珠】 珠玉的总称。有火齐、木难等。可做装饰品，古时也用来陪葬。珠的品质高贵，常用来比喻美好的事物。如杰出的人才或美好的事物相结合，称为“珠联璧合”。

【珠算】 传统计算的方法。按照特定公式移动珠算盘上的珠子进行加、减、乘、除、开方等计算。其名较早见于旧题汉徐岳《数术记遗》。与今天的算盘运算不同。现代珠算起于元明之间。

【诸葛巾】 古代男人的头巾，大多为青色。相传是诸葛亮所创，故称。也称纶巾。后世往往将其作为儒将的代表装束。

【诸葛亮】（181—234）三国蜀汉政治家、军事家。字孔明。琅邪阳都（今山东沂南）人。早孤，东汉末随叔父诸葛玄至荆州。玄死，隐居隆中（今湖北襄阳）躬耕读书十余年，深通谋略，留心世事，尝自比管仲、乐毅，时人称为“卧龙”。建安十二年（207），刘备因徐庶荐，三顾茅庐，登门求教，因纵论天下大势，提出占据荆州（今湖北荆州）、益州（今四川成都），东联孙权，北伐曹操的策略，史称“隆中对”。此后成为刘备主要谋士，曾大败曹军于赤壁，取得荆、益，建立了蜀汉政权。刘备称帝，任他为丞相。备死，辅佐刘禅，封武乡侯，领益州牧，多次领兵北伐曹魏，希图统一中国。执政期间，积极实行法治，严明赏罚，又抑制豪强，任用贤能，加强与西南各族的联系。后主建兴十二年（234），与魏国司马懿相拒于渭南，因劳成疾，病逝于五丈原（今陕西岐山），后葬于定军山。后人辑其遗作为《诸葛亮集》。

【诸宫调】 流行于宋金元时期的一种说唱艺术形式。有说有唱，以唱为主，因用多种宫调曲子联套演唱故事，故称。取同一宫调的若干曲牌联成短套，首尾一韵，再用不同宫调的许多短套联成万言长篇，间杂说白，以说唱长篇故事。早期用鼓、板、笛伴奏，后多用弦乐。起源于北宋，元代渐趋衰落。作品有《西厢记诸宫调》《刘知远诸宫调》《天宝遗事诸宫调》等。诸宫调体制宏大，曲调丰富，对元杂剧的形成有较大影响。

【诸侯】 古代中央政权所分封的各国国君的统称。中央政权授予王族、功臣和先代贵族一定的土地和民众，按照亲疏、功劳、贡献的不同，周代分公、侯、伯、子、男五个等级。周代规定，受封的诸侯可在其封疆内设置官员，建立武装，征派赋役，同时必须服从周天子的命令，有为周天子镇守疆土、随从作战、缴纳贡赋和朝觐述职等义务。汉代分王、侯两个等级，诸侯国由皇帝派相或长吏治理，被封的王、侯仅食赋税。

【诸子百家】 先秦至汉初学术思想流派的总称。春秋战国学术繁荣，学派纷起，为数甚多，号称“百家”。各学派代表人物颇受尊崇，合称“诸子”，如儒家的孔子、孟子，墨家的墨子，道家的老子，等等。《汉书·艺文志》著录诸子百八十九家，后据此概括为“诸子百家”。

【竹林七贤】魏晋时期，面对当时政治腐败和社会黑暗的现实，嵇康、阮籍、山涛、向秀、阮咸、王戎、刘伶七位名士意气相投，不拘礼法，蔑视权贵，或隐居，或寄情于竹林幽泉间，纵酒谈论玄理。其崇尚自然、率性而为的言行风范，具有鲜明的个性特征，被誉为“竹林七贤”。也称竹林七子。

【竹书纪年】编年体史书。因西晋太康二年（281）在汲郡（今河南卫辉）出土，故又名《汲冢纪年》。大约出于战国时魏国史官之手。其记事始于夏禹，周幽王为犬戎所灭以后，下接晋国，晋亡特记魏国，至魏襄王二十年（前299）止。内容涵盖了上古传说中的帝王纪年、夏商周三代的历史，以及战国时期的政治、军事、经济等方面。为研究我国古代历史提供了珍贵的史料，尤其在填补商周之间历史空白方面具有重要价值。

【竹枝词】乐府《近代曲》之一。也称竹枝。本为巴渝（今属重庆）一带民歌，唐代诗人刘禹锡根据民歌改作新词，歌咏三峡风光和男女恋情，盛行于世。后人写《竹枝词》的很多，所作也多咏当地风土或儿女柔情。其形式为七言绝句，语言通俗，音调轻快。

【舳舻】zhúlú。舳指装舵的位置，也指船尾。舻指船前部刺棹处，也指船头。“舳舻”连用，泛指船，尤指声势浩大前后相衔的船队、船流。

【主簿】古代官名。汉以后中央各机构及地方郡、县官府都设有主簿，负责文书簿籍，掌管印鉴，为掾史之首。至魏晋时渐为将帅重臣的主要僚属，参与机要，总领府事。此后各中央官署及州县虽仍置主簿，但职任渐轻，多掌监印，检核文书簿籍，故有“主簿为印曹”之说。唐宋时皆以主簿为初事之官。明清时各寺卿也有设主簿的，或称典簿。外官则设于知县以下，为佐官之一。后常省并。

【主公】臣仆对主上的尊称。一说，“主公”的称呼始于东汉。将“明公”改称“主公”，是尊事之为主。

【主户】宋代以前各地的土著人户。汉魏以来，因兵徭、赋税、战争、荒歉等灾难，民户逃亡异乡，于是各地形成土著和客民的区别。唐宋时，在户籍的名目中设主户、客户。唐德宗时不分主户、客户，一律以当地现居人口，按贫富等差征税。宋代则以是否有土地为区分标准，有土地的为主户，无土地的为客户。主户是纳税户，承担赋役。元以后，主客户名目已不用。也称土户、正户。

【主考】明清科举制度中主持乡试的官员。职责为总阅应试人的试卷，分别去取，核定名次，将取中的举人及其试卷奏报皇帝。主考人数，明代为每省两人。清制各省均为一正一副，唯顺天乡试乾隆中增至正副主考三人，道光后一般为一正三副。正副考官由侍郎、翰林、詹事、科道及阁、部、府、寺进士出身的人担任。属临时性差遣，考试结束后限期返回本职。清代视主考为试差。

【主事】古代官名。掌管本机构庶务的官员。汉代光禄勋属官有南北庐主事、三署主事。魏晋沿置。南朝及北魏、北齐并置，称主事令史，为令史中的首领。隋于诸省又各设主事令史。炀帝大业三年（607）省令史名称，只称主事，每十令史设一主事。唐三省六部诸司皆置此官。宋枢密院也置主事。金代始列为正官，多以进士任职，以文牍杂务为主，也分管郎中、员外郎之职。明废中书省，于六部各司官中置主事，职位次于员外郎。清沿置，与郎中、员外郎并列为六部司官。其他官署如内务府、理藩院及各部也有主事。

【煮豆燃萁】 萁，qí。关于曹操的两个儿子曹丕与曹植之间关系的历史故事。见南朝宋刘义庆《世说新语》记载。曹丕登基为魏文帝后，因对才华横溢的弟弟曹植一直心有忌恨，时有刁难。某次令其走七步作诗一首，否则处以死刑。曹植悲愤难抑，移步之间出口吟道："煮豆燃豆萁，豆在釜中泣。本是同根生，相煎何太急！"曹丕听后，面带惭色。这首诗是在限定的七步之内完成的，故称"七步诗"，并用以比喻兄弟之间骨肉相残。

【属纩】 zhǔkuàng。属，放置。纩，新絮，特指蚕吐出的丝绵。丧礼仪式之一。古人把新絮放在临终的人的口鼻上，测看丝絮是否动摇，判断是否还有呼吸。后用来代称临终。

【麈尾】 麈，zhǔ。即拂尘。麈是一种野兽，似鹿而大。古代传说麈迁徙时以前麈之尾为方向标志。麈尾就是用麈的尾毛制成，古人闲谈时拿在手里用以驱虫、掸尘。魏晋时期，士人清谈时常执，遂成为名流雅器，用以彰显名士风度。

【苎麻】 苎，zhù。植物名。叶子卵形而尖，可食，也可喂蚕。根叶可供药用。苎麻是我国的特产，种植极广。它的茎皮纤维洁白有光泽，坚韧柔滑，是重要纺织原料。夏秋时节剥取之，沤浸水中，俟绿质腐脱，劈之成丝，可制线及布。所织成的布古称纻，洁白光滑，透气性好，适宜在夏天穿着，故又名夏布。被誉为"天然纤维之王""中国草"。四五千年前，古人已采用苎麻作为衣服原料。苎麻也是较早的造纸原料，很早就传入朝鲜和日本，后传到欧美。

【助教】 古代学官名。晋咸宁时置，协助国子祭酒、博士教授生徒。其后相沿设置。至唐时，国子学、太学、广文馆、四门学皆有助教。明清仅国子监有助教。州县学亦有设经学助教者。北魏增设医学助教，隋增算学助教，唐增律学助教，协助博士传授专门知识。

【助役】 元朝民间募集给服役者的补贴。也称义役。按资产多寡，由本地居民各出一定比例的田土或钱钞发给。

【住持】 佛寺或道观之主。住指长住寺、观，持指护持所在寺、观的教法。此制度自唐代开始。

【住坐工匠】 明代须在本省官府服役满规定时日的工匠。明初定制每月十天，后某些地区可纳银代替。起源于元代，明代开始有了明确的称呼。分为民匠和军匠两大类，拥有较高的技艺，负责生产和维护各种器物，参与建筑工程或其他技术性工作。每月可以获得一定的待遇，如月粮和值米，有时还会得到月盐的补助。

【纻】 zhù。苎麻织成的粗布，普遍用于夏季服装。清嘉庆《松江府志·物产》："兼丝布，以白纻或黄草兼丝为之，苎宜彩色，为暑服之冠。"

【注疏】 注指解释古书意义。疏指疏通文义，既解释正文，又解释前人的注解，也称义疏、正义、疏义。注疏是我国古籍的注释体例。南宋绍熙年间，将注本与相应的疏本合在一起刊刻，合称“注疏”。如《十三经注疏》等。

【柱国】 战国时楚国设置，原为保卫国都之官，后为楚的最高武官或勋官。喻为国之柱石，故称。也称上柱国。其地位仅次于令尹、相国。北魏、西魏均设柱国大将军。北周增置上柱国大将军。隋设上柱国及柱国，为勋官。唐以后沿用作勋官的称号。清废不用。

【祝允明】 （1461—1527）明代书法家、文学家。字希哲，因右手有枝生手指，故自号枝山。长洲（今江苏苏州）人。弘治举人。官广东兴宁知县，后迁应天府通判。为人狂放不羁，不受世俗礼法束缚。擅书法，小楷学钟繇、王羲之，狂草学怀素、黄庭坚，笔势劲健，又能出入变化，自成面目。也善诗文，其诗直抒胸臆，挥洒淋漓，诗风自然，享誉于弘治、正德间，与唐寅、文徵明、徐祯卿并称“吴中四才子”。其散文和笔记小说，笔调轻俊流畅，爱写怪诞之事。有《怀星堂集》及笔记杂著《祝子罪知录》《祝子小言》《猥谈》等。

【著作郎】 古代官名。三国魏始置，属中书省，专掌编纂国史。属官有著作佐郎、校书郎等。西晋改属秘书省，称为“大著作”。唐代主管著作局，也属秘书省，掌撰拟文字。宋元因之，唯宋别有国史院，故著作郎仅为寄禄官，参与汇编“日历”。明建文时设，属东宫官，隶詹事府资德院。明永乐时废。也省称“著作”。

【铸刑鼎】 春秋时期，统治者制定的法律是不公开的，有利于随意处置老百姓，加强专制。公元前536年，郑国的政治家子产把刑事法规刻铸在金属鼎上，向大众公布。这是我国第一次公布成文法，在我国法制史上具有划时代的意义。也称铸刑书。

【筑】 旧读 zhú。古弦乐器名。在“八音”中属“丝”。琴体狭长，木质，有五弦、十三弦、二十一弦三种说法。其形似筝，颈细而肩圆，弦下设柱。演奏时，左手按弦的一端，竹尺击弦发音。战国时已流行。燕太子丹派荆轲刺秦王时，高渐离击筑送行。

【抓周】 民俗活动。指在婴儿满周岁之时，陈列各种玩具和生活用具，听任其抓取，以此来预测其一生性情和志趣。也称试儿。古时抓周常用物品有笔、墨、纸、砚、算盘、钱币、书籍等。据《宋史》记载，北宋曹彬周岁时，父母把各种玩具放在他的面前，只见曹彬左手持干戈，右手取俎豆，一会儿又取来一枚印信，其他的玩具都视而不见，人们都很惊奇。曹彬长大后以军功官至检校太师兼侍中，封鲁国公。《红楼梦》中贾宝玉在抓周时抓取的是脂粉钗环，引得父亲贾政大为生气，认为他长大后必是酒色之徒。

【砖】 一种建筑材料。用黏土加水和泥制成砖坯，晾晒干后入窑高温烧制而成。我国对于砖的应用历史悠久，自古就有“秦砖汉瓦”的说法。早期砖仅用于皇家陵墓的建造，后砖开始逐渐得到普遍的应用，如城墙、宫殿、庙宇以及各种房屋建筑。砖的形式种类也逐渐增多，如空心砖、砖雕、拱形砖、楔形砖、企口砖以及更为讲究的花砖等。

【颛顼】 Zhuānxū。号高阳氏。传说中的远古时代帝王名。传为黄帝之孙、昌意之子。“三皇五帝”中的“五帝”之一。

【颛顼历】 制于周代末期的古六历之一。战国秦时修订，秦始皇统一六国后在全国颁行。此历定一年为$365\frac{1}{4}$日，一月为$29\frac{499}{940}$日，以十月为岁首，闰月放在九月后，称“后九月”。汉初以前，主要采用《颛顼历》。汉武帝时被《太初历》取替。

【转运仓】 官府在交通要道设置的仓库。起源甚早。汉以来多置于漕运要地。隋时黎阳仓、河阳仓等规模巨大。唐后期专指转运使所属各仓，在各交通干线上形成了完整的仓储体系。

【转运使】 古代官名。初为水陆发运使，唐先天二年（713）始置，管理洛阳、长安间的粮食运输事务。后设江淮转运使，掌粮食、财赋转运事务。代宗以后，多与盐铁使并为一职，称“盐铁转运使”。多由宰相兼领，于诸道分设巡院。宋置诸道转运使，掌一路或数路财赋，有督察地方官吏的权力。其后职掌扩大，兼理边防、治安、钱粮、巡察诸事，成为府州以上的行政长官，权任甚重。又因有兵权，故称漕帅。明代有转运使，仅主盐政。

【篆刻】 雕刻印章。俗称刻印、刻图章。我国传统艺术之一。印章字体，一般采用篆书，先写后刻，故称。材质多样，刻法不一。金属印章，多先刻印模，随后浇铸；晶玉印章，古代用手工琢成，再用金刚砂喷蚀，称电刻；石、牙、角等印章，则直接用刀镌刻。相传自元代王冕开始用花乳石刻印，因镌刻方便，文人倡导自篆自刻且与书画结合，流行更广。明清以来出土文物中印章渐多，提供了大量参考资料，文人士大夫中研讨篆刻之风益盛，出现很多篆刻家和流派。一般以宋元划分，前为以铜章为主的玺印实用时代，后为以石章为主的篆刻艺术时代。

【篆书】 汉字字体，大篆、小篆的统称。狭义指籀文和小篆，广义指甲骨文、金文、籀文及春秋战国时通行于各国的文字和小篆。籀文也称籀书、大篆，秦书八体之一，因著录于《史籀篇》而得名，字形的构形多重叠，春秋战国间通行于秦国，今存石鼓文即这种书体的代表。小篆也称秦篆，秦书八体之一，秦代通行的文字，在籀文的基础上发展形成，字体匀圆齐整，较籀文简化。秦始皇统一六国后，采用李斯的意见，推行统一文字的政策，以小篆为正体字，淘汰通行于其他地区的异体字，对汉字的规范化起了很大作用。

【庄廷鑨明史案】 鑨，lóng。简称明史案。公元1661—1663年，清政府针对庄廷鑨所修《明史辑略》一书兴起的文字狱。顺治年间，浙江富户庄廷鑨集众修订《明史辑略》，书中称努尔哈赤为“建州都督”，不书清帝年号，而书隆武、永历等南明年号。因归安知县吴之荣等告发，庄廷鑨已去世仍遭戮尸，其族人及参修、作序、题署、刻印、售购者和当地官员等株连两千余人，被杀七十余人，其中被凌迟者十八人。

【庄周梦蝶】 出自《庄子》。庄周梦到自己变成了一只生动飘飞的蝴蝶，心情愉悦，非常快乐。梦醒后有些惊惶不定，恍然悟道：“我是庄周啊！这究竟是庄周变成了蝴蝶，还是蝴蝶变成了庄周呢？可是二者有别呀！我与蝴蝶的这种交互变化就叫作‘物’吧。”后人于是将这个故事衍化为成语，用来指代事物的虚幻无常、人生的变化莫测。这种生死物化的观点蕴含着深刻的哲理，为人们打开了无限的想象空间。唐代李白有诗曰：“庄周梦蝴蝶，蝴蝶为庄周。一体更变易，万事良悠悠。”

【庄子】（约前369—前286）战国时思想家。名周，宋国蒙（一说今河南商丘东北，一说今安徽定远）人。曾以编织草鞋糊口，担任过漆园小吏。相传楚威王遣使者以重金礼聘庄子为相，诚意十足。庄子见到使者后却以龟为喻，表示宁可曳尾于泥中，也不愿留枯骨而在王宫享供奉之贵，拒绝了楚相之位。据传惠施为梁惠王宰相时，庄子前往梁国探望。惠施因庄子之才倍于己，担心相位不保，于是派人在国都内搜寻庄子三天三夜，以阻止庄子见到梁惠王。庄子见到惠施，讽刺说自己如鹓雏，只会栖梧桐，食练实，饮醴泉，而惠施却如得腐鼠而喜的鸱鸟。因此，庄子终其一生，未处高位显爵。但是庄子通天地之统，能序万物之性，达死生之说，故遗世独立，恬淡自守。其思想继承老子一派，而又深有发明。提出“逍遥”“齐物”“心斋”“坐忘”等观点，对后世影响深远。为文汪洋恣肆，想象丰富。《庄子》一书，记录或转述了大量庄子的言说，集中呈现了庄子的思想。

【壮丁】宋朝负责受送公文、参与治安的一种职役。常轮差乡村第四、第五等户充当，隶属耆长。

【状元】科举时代称殿试第一名为状元。唐制，举人赴京应礼部试者皆须投状，因称居首者为状头，故有状元之称。据考证，从唐高祖武德五年（622）第一位科举状元孙伏伽，到清光绪三十年（1904）甲辰科最后一位状元刘春霖，科举时代共产生了638名状元。科举时代唯一一位女状元是傅善祥，于清咸丰三年（1853）高中鼎甲第一名。

【椎髻】髻，jì。一种椎形的发髻。秦汉时期男女均可编结，但男子的椎髻束于头顶，不戴巾，多见于军人束结。女子多将头发向后梳成一个椎形的发髻。后世一直有所延续传承，但主要是在妇女中流行。清代已经演变成疙瘩鬏。

【赘婿】赘，zhuì。先秦以来就婚于女家并成为女家成员的男子。入赘后，须改从妻姓，所生子女从母姓。赘婿的社会地位低下，秦律规定其不得立户，常被额外征发出战或服役。汉文帝时规定，商贩、赘婿和犯贪污罪的官员终身禁止做官。

【准噶尔部】噶，gá。厄鲁特蒙古四部之一。势力曾扩张至天山南北和青藏地区，后又迅速衰落。明中后期自额尔齐斯河中上游、准噶尔盆地以北和塔尔巴哈台以东迁至伊犁河流域，取代和硕特部为厄鲁特诸部盟主。公元1671年，噶尔丹为其首领，称“博硕克图汗”，勾结沙俄帝国，攻掠喀尔喀蒙古，进兵青海、西藏，袭击哈萨克、布鲁特（柯尔克孜）等部。康熙皇帝三次亲征，最终在康熙三十五年（1696）彻底摧毁噶尔丹军事力量于土拉、克鲁伦两河上源之间的昭莫多，噶尔丹兵败而死。乾隆二十二年

(1757)，准噶尔终告平定，部众流散，清政府在其地实行盟旗制度。

【拙政园】 古代四大园林之一。在江苏苏州。三国吴郁林太守陆绩、东晋高士戴颐曾在今园址一带营建住所，唐陆龟蒙也曾隐居于此。北宋山阴簿胡稷言在此建五柳堂。时至明代，御史王献臣还乡购买此地并大兴土木建造园林，以西晋潘岳《闲居赋》“拙者之为政也”之意，命名为拙政园。吴中才子文徵明依园中景物绘图三十一幅，各系以诗，并作《王氏拙政园记》。现园大体为清末规模，占地约62亩，分东、中、西三部分。拙政园成为具有江南特色的典型园林，为我国园林艺术的杰作。

【涿鹿】 古地名。在今河北涿鹿。西汉置涿鹿县，县以山名。北齐废。其东南有涿鹿山。相传黄帝与蚩尤战于涿鹿之野，大败蚩尤。

【涿鹿之战】 相传黄帝在涿鹿之野(今河北涿鹿东南)平定蚩尤作乱的战役。黄帝之时，诸侯相侵伐，凌虐百姓，而蚩尤最暴。黄帝联合其他部落，征伐蚩尤。黄帝获胜，蚩尤遭到了毁灭性打击。

【齐衰】 zīcuī。五服中的第二等丧服，次于斩衰。用熟麻布做成，以其缉边，故称。服期分五个月、一年、三年，其中一年又分须持丧杖、不持丧杖两种。1. 父已去世而子为其母、母为长子服齐衰三年。2. 父健在而子为其母、夫为妻服齐衰一年，须持丧杖。3. 男子为伯叔父母、为兄弟，已嫁的女子为父母、媳妇为舅姑(公婆)、孙和孙女为祖父母服齐衰一年，不持丧杖。4. 曾孙、在室曾孙女为曾祖父母服齐衰五个月。

【资课】 唐代散官、勋官、品官子弟及课户白丁依法缴纳的代役钱物。唐制散官、勋官、品官子弟可执事于官府，积累资历参加铨选获得官职，课户白丁则须承担各种官府职役。这些人员皆可据不同身份、役种纳钱六百至两千五百文代替，也可折纳实物。

【资治通鉴】 史书名。北宋司马光撰，二百九十四卷，又《考异》《目录》各三十卷。编年体通史。初成战国至秦二世八卷，名为《通志》，进于宋英宗。治平三年(1066)奉命设书局继续编撰，至元丰七年(1084)完成，历时十九年。神宗以其“鉴于往事，有资于治道”，赐名《资治通鉴》。全书上起周威烈王二十三年(前403)，下迄五代后周世宗显德六年(959)。取材除十七史以外，尚有野史、传状、文集、谱录等三百四十种左右。

【缁衣】 缁，zī。黑布上衣。春秋以来，作为“玄端”的别名，为卿士朝会所服。汉以后，玄端逐渐被深衣替代。后因佛教出家人多穿黑布衣，故以“缁衣”专指僧尼之服。唐以来的诗文多用其代称僧尼。

【辎车】 辎，zī。古代一种装有帷盖的车，多用于载运货物，人也可以在车中就寝。由于其可携带足够的行李在外宿营，故自汉代便被普遍使用，尤其是被妇女出行时使用。

【锱铢】 锱，zī。古代重量单位。一锱为六铢，重六百黍。一说一锱为六两，或一锱为八两。一铢合二十四分之一两，即二十四铢为一两。其他的说法还有一铢合为百黍、一铢为九十六黍、一铢为十黍、一铢为一百四十四黍。

"锱"与"铢"连用，比喻数量极其微小。

【子童】也作"梓童"。皇帝对皇后的称呼或皇后的自称。多见于戏曲或小说中。

【梓潼帝君】潼，tóng。道教中掌管人间功名禄位之神。传说姓张名亚子，住在蜀中的七曲山中。入仕晋朝，战死，后人建立庙宇纪念。玉皇大帝授命梓潼掌管人间文昌府和禄籍，因此被民间奉为梓潼帝君。

【紫钗记】传奇剧本。明代汤显祖作。系根据其旧作《紫箫记》重写而成。故事脱胎于唐传奇《霍小玉传》，主要讲述了才子李益与霍小玉之间的爱情故事。李益在长安应试期间，与霍小玉一见钟情，并以霍小玉遗失的紫玉钗为信物，喜结良缘。后来，李益高中状元，却因为得罪了想要招他为婿的卢太尉，被派往玉门关外任参军，与霍小玉失去了联系。霍小玉误以为李益背盟，生活艰难，因病倒下。而李益在关外平定战乱，却因为卢太尉的阴谋，无法与霍小玉相见。最后，在侠士黄衫客的帮助下，李益与霍小玉重逢，真相大白，两人重归于好。作者在剧中热情讴歌了爱情的真挚与执着，也揭露了当时官场的强权和丑恶，深刻反映了社会的不公与腐败。与《牡丹亭》《南柯记》《邯郸记》合称"临川四梦"或"玉茗堂四梦"。

【紫砂壶】用紫砂泥烧制成的茶壶。以江苏宜兴所产最为著名。自北宋时，当地已开始生产紫砂陶茶具。历史上曾涌现出许多制壶名家，如明代的龚春、董翰、赵梁、元畅、时朋、时大彬以及清代的杨彭年、陈鸿寿等。

【字】古代婴儿刚出生时由父母命名，到20岁举行加冠成人礼时，由父母或师长为其取本名之外的别名，或女子许嫁时所取的别名。字是表示德行或本名的意义的名字，取字是为了让人对其有所尊重，供他人称呼。名与字一般有所关联，字是名的解释和补充，与名相表里，故称表字。如汉代班固，字孟坚，"固"与"坚"同义。唐代韩愈，字退之，"愈"有前进、超越之意，与"退之"反义。女子也有取字的权利，如东汉蔡琰，字文姬。古人注重礼仪，名与字的用法有严格区别。名供长辈呼唤，字供同辈、晚辈称呼。同辈和属下只许称尊长的字，不能直呼其名。

【字验】北宋时期的一种军事通信保密方法。约定军中重要事情为40条，如"请粮料""被贼围"之类，选40个不同的字（一首五言律诗）作为密钥，一字对应一条，从而加密通信。仁宗康定元年（1040），减作28字。

【宗】宗庙及宗族组织。殷墟甲骨文有"大宗""大乙宗""祖乙宗"等，指的是先王宗庙。后世泛指宗族。

【宗伯】古代官名。周始置。掌管宗法礼法及宗庙社稷祭祀等事，即后世礼部之职。又，《周礼》列为六卿之一，为春官，辅佐天子掌管宗室之事，又分为大宗伯或小宗伯。大宗伯负责主持祭祀仪式和管理宗庙事务。小宗伯为其佐官，负责制定礼乐制度并指导宫廷乐舞的表演。春秋战国时期，开始出现按地域划分的宗伯，如《左传》中提到的晋国大宗伯、小宗伯，即是按照地域和族群划分的宗族长。秦汉时期，宗伯成为朝廷中的官员，称为太祝令或太祝丞，也称为宗伯或祠祀令。魏晋南北朝后，宗伯成为掌管礼仪的官员，称为太常卿或太常少卿。后世礼部尚书别称为大宗伯或宗伯，礼部侍郎为少宗伯。

【宗法】 即祖宗之法，是古代宗族或家族内部依据血缘关系远近来区分嫡庶亲疏的等级制度。目的在于解决权位和财产的继承与分配。它的核心是嫡长子继承制。嫡长子继承制在夏商时期已经萌芽，到周代形成完备的礼制。西周时期规定，王位或爵位的法定继承人是嫡长子，嫡长子、嫡长孙一支血脉，称大宗，是宗族或家族的正统继承人，世代保持天下同姓大宗的地位。其余各支都是小宗，按照其与大宗关系的远近，分别授予诸侯、卿、大夫等爵位，构成“家天下”的宗法系统。宗法制度的确立，巩固了统治阶级的世袭统治，维护了古代社会长期的家族秩序和社会秩序。

【宗庙】 古代帝王、诸侯祭祀祖先的庙宇。也作为王室或国家政权的代称。

【宗人府】 古代官署名。明清管理皇室宗族事务的机构。明洪武三年（1370）始置大宗正院，后改称宗人府，以亲王任宗人令，掌皇族属籍，以时纂修玉牒。其后事权渐移于礼部。清代沿置，负责长官称宗令，次官为左、右宗正，以亲王以下皇族人员充任，其事务长称府丞、理事官，其下有经历、主事等。明成祖朱棣为燕王时曾任右宗正。

【宗祧继承】 宗，祖庙。祧，tiāo，远祖的庙。根据血缘与辈分关系而继承宗庙世系的制度，即继承宗庙的祭祀。始于西周，唐宋时期逐渐完善。宗祧继承的核心是嫡长子继承制。宗祧继承限于嫡长子，无嫡长子则由嫡长孙继承，无嫡长孙则由嫡次子继承，无嫡子或嫡孙则由庶长子继承，无庶子或庶孙方可在同宗中找昭穆辈分相当者立嗣。宗祧继承涉及遗产继承，有宗祧继承权者有权继承财产，但有财产继承权者不一定有宗祧继承权。

【宗正】 古代官名。西周至战国置。掌管皇族事务。秦汉沿置，位列九卿，为皇族事务机关长官，都由皇族人员担任。历代职掌略同。唐宋称“宗正寺卿”，辽称“特里衮”，金称“判大宗正事”，元称“大宗正府扎尔呼齐”。明清为宗人府，宗人府长官为宗令，次官为左、右宗正，地位极高。明万历年间诸王府亦置。清代宗人府左、右宗正皆由贝勒、贝子兼摄。晚清诗人龚自珍曾短暂担任过宗人府的主事，这段经历对他的人生和思想产生了一定的影响。

【宗周】 初指周朝的王都所在。因其为诸侯所宗仰，故名。西周时指镐京，在今陕西西安。《诗经》：“赫赫宗周，褒姒灭之。”东周时指的是平王迁都后的洛阳。后也以“宗周”指代周朝。

【宗子】 ①宗法制度中大宗的嫡长子。宗子有权继承始祖的爵位，占有大部分家庭财产，主持始祖庙祭祀等。也泛指嫡长子。②皇族子弟。

【宗族】 指父系亲属集团、父亲的亲族。即以一成年男性“宗子”或“族长”为中心，按照子承父的继嗣原则上溯下延，这是宗族的主线。主线旁有若干支线，支线排列的次序根据与主线之间的血缘关系的远近而决定。族内有家，因此族又是家庭的联合体。

家的父受制于族的宗子。宗族是一单系结构，其世系按男性排列。文明社会伊始，面对严酷的自然及社会的生存斗争，家族只能以较小的规模存在，有独立生存能力的子、孙逐渐脱离父族另立宗族。又指同宗的人。也称族。

【总兵】 古代官名。明代遣将出征，别设总兵官、副总兵官以统领军务。其后总兵官镇守一方，渐成常驻武官，省称为总兵，副总兵官为副将。清因之，于各省置提督，为最高长官。提督下分设总兵官及副将。总兵所辖的部队称镇，副将所辖者称协。故俗称总兵为总镇，副将为协镇。

【总督】 古代官名。总辖一地军政要务的长官。别称总制、制台、督军、制军。明初在用兵时派部院官总督军务，为临时差遣，有管辖地方与管辖专务的不同，例如总督某处军务或总督漕运等。成化五年（1469）专设两广总督，后各地逐渐增置，成为定制。清代始正式以总督为地方最高长官，辖一省或二三省，综理军民要政。雍正后，总督辖区始成定制，例设两江、陕甘、闽浙、湖广、四川、两广、云贵、直隶总督。清末增设东三省总督。另有管河道及漕运事务者，也称总督，即河道总督、漕运总督。

【总角】 总，聚拢。古代儿童把头发分成左右两半并扎成结，形状如羊角，故称。后代指童年。

【总领】 南宋掌管诸军钱粮及其他事务的官员。宋朝南渡之后，大将拥有重兵，权力很大。朝廷想要给他们设立副将，又担心会让这些大将感到不安，于是设立总领，由朝廷官员担任，名义上负责管理财政税收，实际上主要负责处理和传递皇帝与军队之间的文件和信息，从而逐渐分散了各位大将的权力。多设于大元帅府、都督府、宣抚司等机构，总其粮秣财计之事。又为淮东、淮西、湖广、四川四处总领所之长，筹供当地诸军钱粮。另为定海所设总领海船所之长，掌防守海道诸事。

【总制钱】 宋代附加杂税的一种。宣和三年（1121）命陈亨伯以发运使经制东南七路财赋，因建议添酒价、增税额，别立收入账目，称为经制钱。其后至翁彦国为总制使，仿其法别立名目征税，称为总制钱。经制钱和总制钱合称经总制钱，是南宋重要的财政收入。

【纵横家】 战国时期靠游说进行政治外交活动的谋士。以审察时局、游说列国君主著称。其中苏秦、张仪最为著名。苏秦主张合纵，即燕、赵、韩、魏、齐、楚六国纵向联合起来对抗强大的秦国。张仪主张连横，即秦国采用的一种离间策略，游说六国各自同秦国联合，从而各个击破。东汉班固将纵横家列为九流之一。合纵、连横的活动和做法多见于《战国策》。纵横家的活动对战国时期政治、军事格局产生了重要影响。

【走百病】 民俗活动。明清时，北方地区农历正月十五日或十六日，妇女穿着节日盛装，夜间相约一起外出行走，其中一人持香在前引导，行走过程中一般要过桥、登楼、摸钉求子。据说可以健身去病，故名。

【走舸】 舸，gě。古代战舰中的快艇。船舷上立女墙，船上设钲、鼓、旌旗。水手多，战卒皆选勇力精锐者充当。

船速极快，往返如飞。赤壁之战中，黄盖及其部队利用走舸快速撤离。

【走马灯】 一种供观赏的花灯。古俗元宵节用人马之形剪纸，粘在纸轮周围，能活动自转。轮下燃烛，热气上腾，引起空气对流，驱动纸轮转动，人马剪纸随之旋转，故称。又叫马骑灯。唐人称影灯。常用以形容动作忙碌而不断重复。

【奏销案】 清政府严办江南地主拖欠钱粮的案件。顺治十八年（1661）江宁巡抚朱国治分别造册上报，悉数列出拖欠钱粮的乡绅一万三千五百余人，指为抗粮，黜革功名，其中不少被械送刑部议处。探花叶方蔼仅欠一钱，也被黜革，民间有“探花不值一文钱”之谣。清政府制造此案是为增加赋税收入，同时打击江南汉族地主士大夫的势力。

【奏谳】 谳，yàn。古时对疑狱、要案提出处理意见，呈报上级或朝廷审议定案的程序，是对案件的复审。始于秦，汉初规范其制，设置奏谳掾官。凡是难以判决的疑狱、要案，须逐级上报处理，到主管法务的廷尉仍难以定夺的，就具其案情，附以法理，奏请御裁。后世仍有审级权限之别，死刑和大案、要案都须奏请，具体规定有所不同。宋代法律规定，凡是应奏谳而不奏谳，或者不应奏谳而奏谳的，知州都要受一定处分，以防止地方官吏在办案时专断或者推诿。

【租调制】 曹魏以来官府按田亩收租、依户征调绢绵的赋税制度。租调制的基本内容是政府向农民征收粮食和布帛作为税收，其中粮食称为租，布帛称为调。公元 204 年曹操始下令实施，平均每亩收租四升，每户输绢两匹、绵两斤，把汉代的人头税改为按户征收。两晋、南北朝、隋、唐沿用，具体规定续有变化。

【租庸调】 隋及唐前期与均田制相辅而行的赋役制度。源于北魏到隋的租、调、力役制。这项制度由租、庸、调三部分构成，故称。租指田租，即缴纳谷物；庸指劳役，可以绢布代替；调指户调，也就是户税，征收绢或布。在均田、以丁口为本的前提下，唐初规定成年男丁每年需向官府纳租粟两石，输调绫或绢两丈、绵三两，或改输布二丈二尺、麻三斤。另须服劳役二十日，可每日折绢三尺代替，即“庸”。开元末年均田制破坏，此制已不适用。安史之乱后，为两税法所代替。

【菹醢】 zūhǎi。古代酷刑之一。执行死刑时，将犯人剁成肉酱。春秋战国时期已有，汉代沿用，并写入律令。晋时保留此刑，但不写入律令。元代也沿用之。也作“葅醢”。

【足下】 对别人的尊称。既用于下称上，也用于同辈间相称。战国时常用来称君主，后专用于称同辈。相传，春秋时晋国公子重耳流亡于外的途中差点饿死，介之推便割下自己的一块肉煮汤给重耳喝。后重耳当上国君，即晋文公。晋文公重赏追随他流亡的功臣时忘了介之推，而介之推已隐居于绵山。晋文公很羞愧，亲自带人进山请介之推，但无法找到。晋文公烧山逼介之推，不料介之推抱树被烧死。晋文公悲痛万分，砍下那棵大树制成木屐穿在脚下，每当感念介之推的恩德时，就俯看脚下木屐说：“悲乎，足下！”“足下”的称呼即来源于此。

【族长】 掌管宗族事务的首领。也称宗长。西周以来，一般由大宗的嫡长子担任。族长掌管族人亲疏等事务，有团结敦睦族人的责任，对违反族规的族人有惩治权。后世多由族中长老或有声望才干者担任。

【族诛】 古时因一人犯死罪，其父母弟兄妻子等亲属均连同被杀死的制度。也称夷族、灭族。族诛是死刑中最严酷的。秦代已有此刑，后世沿用。株连的罪和范围有诛三族、诛七族等。诛三族确立于春秋秦文公时。相传西汉名将韩信因“谋反”被杀并诛三族。相传战国末期刺客荆轲因行刺秦王未成被杀并被诛七族。

【俎】 zǔ。①古代祭祀时盛放牲体的礼器。方形，四足，青铜制，也有木制漆饰者。与礼器豆合称“俎豆”。②古代割肉所用的砧板。多为木制，也有青铜铸的，长方形，两端有足支撑。

【祖冲之】 （429—500）南北朝时南朝科学家。字文远，祖籍范阳遒县（今河北涞水）。自幼专攻数术，青年时曾博访前故，远稽昔典，从事科学活动。在数学方面的主要贡献是应用刘徽的割圆术，计算圆周率π的值在3.141 592 6和3.141 592 7之间，是世界上第一个把圆周率数值推算到小数点后第七位的人。他还和儿子祖暅得出球体体积的正确公式，即“祖氏公理”。在天文历法方面，大明六年（462），编制《大明历》。作《驳议》一文，强调天文历法要重实证的检验，反对拘泥于古人或单凭想象，具有重要的方法论意义。在机械发明制造方面，曾改制“圆转不穷，而司方如一”的铜制机件转动的指南车、“日行百余里”的千里船、粮食加工工具水碓磨、计时的漏壶和巧妙的欹器等。数学著作有《缀术》和《九章术义注》，均佚。

【祖逖】 （266—321）逖，tì。东晋名将。字士稚。范阳遒县（今河北涞水）人。少有大志。据《晋书·祖逖传》载，他与司空刘琨俱为司州主簿，二人意气相投，共被同寝。半夜听到鸡鸣，立即起来舞剑，这就是“闻鸡起舞”这一成语的由来。公元313年，率军北伐，收复失地。东晋大兴四年（321），死于雍丘，时年五十六。

【祖逖北伐】 公元313—321年，祖逖渡江北上、力图恢复中原的战役。西晋永嘉之乱后，祖逖有志恢复中原，半夜闻鸡鸣而舞剑。西晋建兴元年（313），祖逖上言琅邪王司马睿，请师北伐。奉命率部渡江。船驶到中流，祖逖面对奔腾的江水，感慨万分，敲击船桨，当众立下誓言：“我祖逖此行北上，如果不能收复中原，就如大江东去，绝不南渡重返！”辞色壮烈，部众莫不受到鼓舞。在祖逖的鼓励下，大家同仇敌忾，齐心协力，数年间收复黄河以南大片失地，使石勒不敢挥兵南下，保障了东晋的偏安，却因朝廷内乱、牵制重重而难以为继，忧愤而死。

【祖宗】 ①尊称始祖及先世中有功德者。②通称祖先。

【祖宗家法】 北宋中期以来归纳的太祖、太宗治国方略及相关制度。此后宋朝君臣常加称引，但所指宽泛，其核心是记取唐五代灭亡的教训，强化专制君权，也包括崇文抑武、权力制衡及财政赋税等方面的举措和原则。

【醉翁亭】在今安徽滁州琅邪山麓。建于北宋庆历六年（1046）。欧阳修被朝廷贬为滁州知州时，让僧人智仙于酿泉边建亭一座，以自号“醉翁”为此亭命名，并写下传世名篇《醉翁亭记》，后由苏轼书刻于碑。醉翁亭内设九院七亭。院内六一泉（欧阳修又号“六一居士”）上的意在亭、影香亭、古梅亭等七亭各有奇巧，与亭周围的二贤堂、冯公祠形成了“醉翁九景”。醉翁亭屡经废兴，盛名不衰。

【尊】古代盛酒器。青铜制，鼓腹，敞口，高圈足，作圆形或方形，形制较多。流行于整个商代和周代。1963 年陕西宝鸡出土了何尊，是周朝一个名叫“何”的贵族用作祭祀的尊。目前“中国”一词，最早的文字记载见于何尊。

【尊称】古人在言谈与书信交流时，为表示尊敬和客气，一般避免直接用“你”“他”等第二、第三人称代词，改用某些含有显明尊敬色彩的词语来称呼对方。常用的尊称词汇有子、公、父、陛下、殿下、令尊、令堂、令郎等。如尊称春秋末期教育家孔丘为“孔子”。对一些曾为国家民族做出重大贡献的人物，尊称为“公”，如尊称秦始皇时名将蒙恬为“蒙公”。尊称春秋初期政治家管仲为“仲父”。臣对帝王尊称“陛下”，对皇太子、亲王尊称“殿下”。对对方父亲尊称“令尊”，对对方母亲尊称“令堂”，对对方儿子尊称“令郎”等。尊称是中华民族文明礼仪的体现，需根据不同情况加以运用。

【尊府】①对他人父亲的尊称。②对他人的家的尊称。

【尊号】用来尊崇皇帝、皇后的功业和德行的名号。继位皇帝尊称前朝皇帝为太上皇，尊前朝皇后为皇太后、太皇太后。唐代以后，在帝、后号之上再加称号，如唐玄宗尊号为开元圣文神武皇帝。尊号可以上好几次，都是尊崇褒美之词。如唐高宗上元元年（674），唐高祖改尊号为“神尧皇帝”。直至明清的皇帝、皇后各有尊号，依例累加，常因带有阿谀奉承意，堆砌美词而较冗长。也称上尊号。

【尊驾】对对方的尊称。因不敢直接称呼对方的名字，故指其所乘坐的车马而言。

【尊君】对他人父亲的尊称。如东晋桓温替儿子向王坦之家求婚被拒绝，桓温说“此尊君不肯耳”，即“这不过是你父亲不答应罢了”。

【尊王攘夷】齐桓公称霸过程中提出的政治主张。即尊崇周王室，抵御外来侵扰者。公元前 679 年，齐桓公首次召集宋、陈、蔡、邾等国会盟，这一主张逐渐明确。主要是针对诸侯各自为政和异族侵扰的局面，力主尊崇周天子地位，维护宗法秩序，扶危济难，共同抵御北方戎狄和南方楚国侵扰中原，以此获得主持盟会、号召诸侯的大义名分和霸主地位。这一主张在春秋时期影响甚大，齐以后诸霸多仿此而为。

【左藏署】藏，cáng。管理朝廷库藏的机构。历代有之。东汉有中藏府。西晋始设左右藏署，属少府。南北朝时置时罢。隋唐成定制，隶太府寺，左掌各地所输租赋钱帛的贮存管理，右收贮各地所贡宝货金玉玩好。后世沿

Z

之，有所损益。

【左光斗】（1575—1625）明代大臣。字遗直，一字共之，号浮丘、沧屿。安庆桐城（今属安徽）人。万历三十五年（1607）进士，授中书舍人。后升浙江道监察御史、左佥都御史。熹宗朝中大宦官魏忠贤乱政，支持杨涟上书弹劾魏忠贤，又亲劾魏三十二斩罪，遭诬被捕下狱，受尽酷刑折磨，死于狱中，年五十一。两年后，熹宗驾崩，思宗诛杀魏忠贤，追赠左光斗右都御史，予祭葬，再赠太子少保，赐予三代诰命。福王时，追谥“忠毅”。墓在桐城北三十里白沙岭。著有《左忠毅公集》。清代方苞有《左忠毅公逸事》记其事。

【左丘明】春秋时史学家。鲁国人。一说复姓左丘，名明；一说单姓左，名丘明。因目盲，后人称为盲左。曾任鲁太史，或为讲诵历史及传说的史官。与孔子同时，或谓在其前。相传曾著《左传》《国语》。

【左史】官名。周代史有左史、右史之分。春秋时期晋、楚等国皆设左史。唐宋也以门下省之起居郎、中书省之起居舍人，当左、右史。起居郎主记事，起居舍人主记言。明清不设左、右史，以起居注官行其职。

【左思】（约250—约305）西晋文学家。字太冲，齐国临淄（今山东淄博临淄区北）人。出身寒微，不好交游。其貌不扬而才华出众。武帝时，其妹左芬以才名被选入宫，乃移家京师。官至秘书郎。据传曾构思十年，写成《三都赋》，于是豪门贵族之家争相传阅抄写，京城洛阳的纸张供不应求，价格大涨。“洛阳纸贵”的典故即缘于此。起初，陆机从南方来到洛下，打算创作《三都赋》，听说左思正写此赋，拍手而笑，给弟弟陆云写信说：“这里有个粗俗鄙陋的北人，想作《三都赋》，等他写成了，也只好用那些纸盖酒坛子罢了。”等到左思的赋作传出，陆机赞叹佩服至极，认为不能超越他，于是停笔不写了。其诗语言质朴刚健，所作《咏史八首》，托古讽今，对门阀制度表示不满，表现了蔑视权贵的精神。《娇女诗》写小儿女情态，生动形象，广为传诵。有《左太冲集》。

【左徒】战国时楚国官名。参与议论国事，发布号令，出则接待宾客。《史记》记载春申君与屈原曾任左徒。后人因屈原尝为楚怀王左徒，即用以指屈原。

【左传】史书。传为春秋时期左丘明著。也称《春秋左氏传》或《左氏春秋》。记事起于鲁隐公元年（前722），终于鲁悼公四年（前464），比《春秋》多出17年。记载了鲁国及周王朝周边各国的政治、军事、经济、文化等方面的历史，是研究春秋时期历史的重要史料。与《公羊传》《穀梁传》合称“春秋三传”。

【佐贰】古代官员。主官的副职或辅佐官之统称。明清时，凡知府、知州、知县的辅佐官，如通判、州同、县丞等，统称佐贰。其品级略低于主管官，但非属员性质。

【作丘赋】公元前538年郑国执政子产下令按丘征收军赋。按照土地单位“丘”来征收军赋，以此来增强国家的军备和财政收入。

【作丘甲】公元前590年鲁国实行的加重军赋之举。其主要内容是改变以往每甸（四丘为甸）征赋为每丘（四邑为丘）征赋，每丘军赋加重为戎马四匹、牛十二头、甲士三人、步卒七十二人，以加强军力。

【作三军】 春秋时晋国建立的军制。晋文公即位后，为了实现称霸的目的，加强军事力量，于晋文公四年（前633）将晋国原有的两军扩充为三军。组建上、中、下军三支部队，三军各设将、佐二人，合为六卿，成为晋国最重要的军政大臣。

【作三师】 商王对军队的一次扩军或重组行动，创建右、中、左三支部队。这种布阵方式使得右、中、左三支部队能够互相支持，形成有效的战术布局。

【作爰田】 爰，yuán。也作"作辕田"。公元前645年晋国进行的田制改革。一般认为其包括赏众以田、轮换休耕、牛耕等内容。与"作州兵"相辅相成。

【作州兵】 春秋时晋国推行的兵制变革。晋惠公六年（前645），晋国与秦国发生战争，晋惠公被俘，后来被释放回国，这一事件暴露出晋国军事实力的不足。为了加强国防和扩大兵源，晋惠公采取了"作州兵"的改革措施。作州兵将征兵范围扩大到了国人（即城市居民）以外的社会阶层，这意味着乡村的居民也被纳入了兵役体系。与"作爰田"相辅相成。这一制度扩大了兵源，也标示着国野制度的逐步瓦解。

【坐怀不乱】 传说春秋时期鲁国有一位名叫柳下惠的人。一天他夜宿在城门下，遇到一位无家可归的女子。夜间寒冷，柳下惠怕她冻坏，就让她坐在自己的怀中，盖上衣服，用自己的体温为她保暖，一夜没有发生非礼的行为。后人用"坐怀不乱"来形容男子作风正派，品格高尚。

【坐忘】 道家的一种修身养性法。出自《庄子》。指通过端坐，屏除一切知识与情欲杂念，达到浑忘一切物我、是非差别的自由精神状态。

【阼阶】 阼，zuò。古代宫室一般建在高大的台基之上，宫室通往地面的台阶有东、西两部。东边的台阶为主人行走之用，称阼阶，也称东阶。

【柞】 zuò。木名。即栎树。也称栩。木坚实，可做枕木或器具。朽木可培养香菇、银耳等。叶可饲柞蚕，嫩叶可代茶。果实称橡实，古代用以济荒。其壳斗古称皂斗，是重要的植物性黑色染料。壳斗及树皮中含单宁，可制造栲胶。

‖附录|

一 我国历代纪元表

1. 本表从“五帝”开始，到1949年中华人民共和国成立为止。
2. “五帝”以后，西周共和元年（公元前841年）以前，参考2000年公布的《夏商周年表》进行了调整。
3. 较小的王朝如“十六国”“十国”等不列表。
4. 各个时代或王朝，详列帝王名号（“帝号”或“庙号”，以习惯上常用者为据），年号，元年的干支和公元纪年，以资对照。（年号后用括号附列使用年数，年中改元时在干支后用数字注出改元的月份。）

干支次序表

1. 甲子	13. 丙子	25. 戊子	37. 庚子	49. 壬子
2. 乙丑	14. 丁丑	26. 己丑	38. 辛丑	50. 癸丑
3. 丙寅	15. 戊寅	27. 庚寅	39. 壬寅	51. 甲寅
4. 丁卯	16. 己卯	28. 辛卯	40. 癸卯	52. 乙卯
5. 戊辰	17. 庚辰	29. 壬辰	41. 甲辰	53. 丙辰
6. 己巳	18. 辛巳	30. 癸巳	42. 乙巳	54. 丁巳
7. 庚午	19. 壬午	31. 甲午	43. 丙午	55. 戊午
8. 辛未	20. 癸未	32. 乙未	44. 丁未	56. 己未
9. 壬申	21. 甲申	33. 丙申	45. 戊申	57. 庚申
10. 癸酉	22. 乙酉	34. 丁酉	46. 己酉	58. 辛酉
11. 甲戌	23. 丙戌	35. 戊戌	47. 庚戌	59. 壬戌
12. 乙亥	24. 丁亥	36. 己亥	48. 辛亥	60. 癸亥

五帝

(约前30世纪初—约前21世纪初)

黄 帝	颛顼[zhuānxū]	帝喾[kù]	尧[yáo]	舜[shùn]

夏

(约前2070—前1600)

禹[yǔ]			
启			
太康			
仲康			
相			
少康			
予			
槐			
芒			
泄			
不降			
扃[jiōng]			
廑[jǐn]			
孔甲			
皋[gāo]			
发			
癸[guǐ](桀[jié])			

商

(前1600—前1046)

商前期(前1600—前1300)

汤			
太丁			
外丙			
中壬			
太甲			
沃丁			
太庚			
小甲			
雍己			
太戊			
中丁			
外壬			
河亶[dǎn]甲			
祖乙			
祖辛			
沃甲			
祖丁			
南庚			
阳甲			
盘庚(迁殷前)			

周

（前 1046—前 256）

商后期（前 1300—前 1046）

盘庚(迁殷后)*			
小辛	(50)		前 1300
小乙			
武丁	(59)		前 1250
祖庚			
祖甲			
廪辛	(44)		前 1191
康丁			
武乙	(35)	甲寅	前 1147
文丁	(11)	己丑	前 1112
帝乙	(26)	庚子	前 1101
帝辛(纣)	(30)	丙寅	前 1075

* 盘庚迁都于殷后，商也称殷。

西周（前 1046—前 771）

武王(姬[jī]发)	(4)	乙未	前 1046
成王(～诵)	(22)	己亥	前 1042
康王(～钊[zhāo])	(25)	辛酉	前 1020
昭王(～瑕[xiá])	(19)	丙戌	前 995
穆王(～满)	(55)共王当年改元	乙巳	前 976
共[gōng]王(～緊[yī]扈)	(23)	己亥	前 922
懿[yì]王(～囏[jiān])	(8)	壬戌	前 899
孝王(～辟方)	(6)	庚午	前 891
夷王(～燮[xiè])	(8)	丙子	前 885
厉王(～胡)	(37)共和当年改元	甲申	前 877
共和	(14)	庚申	前 841
宣王(～静)	(46)	甲戌	前 827
幽王(～宫湦[shēng])	(11)	庚申	前 781

东周（前770—前256）

公元前770年至公元前476年，为春秋时代；公元前475年至公元前221年，为战国时代，主要有秦、魏、韩、赵、楚、燕、齐等国。

平王（姬宜臼）	（51）	辛未	前770	悼王（～猛）	（1）	辛巳	前520
桓王（～林）	（23）	壬戌	前719	敬王（～匄[gài]）	（44）	壬午	前519
庄王（～佗[tuó]）	（15）	乙酉	前696	元王（～仁）	（7）	丙寅	前475
釐[xī]王（～胡齐）	（5）	庚子	前681	贞定王（～介）	（28）	癸酉	前468
惠王（～阆[làng]）	（25）	乙巳	前676	哀王（～去疾）	（1）	庚子	前441
				思王（～叔）	（1）	庚子	前441
襄[xiāng]王（～郑）	（33）	庚午	前651	考王（～嵬[wéi]）	（15）	辛丑	前440
顷王（～壬臣）	（6）	癸卯	前618	威烈王（～午）	（24）	丙辰	前425
匡王（～班）	（6）	己酉	前612	安王（～骄）	（26）	庚辰	前401
定王（～瑜[yú]）	（21）	乙卯	前606	烈王（～喜）	（7）	丙午	前375
				显王（～扁）	（48）	癸丑	前368
简王（～夷）	（14）	丙子	前585	慎靓[jìng]王（～定）	（6）	辛丑	前320
灵王（～泄心）	（27）	庚寅	前571	赧[nǎn]王（～延）	（59）	丁未	前314
景王（～贵）	（25）	丁巳	前544				

秦［秦帝国］（前221—前206）

周赧王59年乙巳（前256），秦灭周。自次年（秦昭襄王52年丙午，前255）起至秦王政25年己卯（前222），史家以秦王纪年。秦王政26年庚辰（前221）完成统一，称始皇帝。

昭襄王（嬴则，又名稷）	（56）	乙卯	前306	始皇帝（～政）	（37）	乙卯	前246
孝文王（～柱）	（1）	辛亥	前250	二世皇帝（～胡亥）	（3）	壬辰	前209
庄襄王（～子楚）	（3）	壬子	前249				

汉

(前 206—公元 220)

西汉 (前 206—公元 25)

包括王莽(公元 9—23)和更始帝(23—25)。

高帝(刘邦)	(12)	乙未	前 206
惠帝(～盈)	(7)	丁未	前 194
高后(吕雉)	(8)	甲寅	前 187
文帝(刘恒)	(16)	壬戌	前 179
	(后元)(7)	戊寅	前 163
景帝(～启)	(7)	乙酉	前 156
	(中元)(6)	壬辰	前 149
	(后元)(3)	戊戌	前 143
武帝(～彻)	建元(6)	辛丑	前 140
	元光(6)	丁未	前 134
	元朔(6)	癸丑	前 128
	元狩(6)	己未	前 122
	元鼎(6)	乙丑	前 116
	元封(6)	辛未	前 110
	太初(4)	丁丑	前 104
	天汉(4)	辛巳	前 100
	太始(4)	乙酉	前 96
	征和(4)	己丑	前 92
	后元(2)	癸巳	前 88
昭帝(～弗陵)	始元(7)	乙未	前 86
	元凤(6)	辛丑八	前 80
	元平(1)	丁未	前 74
宣帝(～询)	本始(4)	戊申	前 73
	地节(4)	壬子	前 69
	元康(5)	丙辰	前 65
	神爵(4)	庚申三	前 61
	五凤(4)	甲子	前 57
	甘露(4)	戊辰	前 53
	黄龙(1)	壬申	前 49
元帝(～奭[shì])	初元(5)	癸酉	前 48
	永光(5)	戊寅	前 43
	建昭(5)	癸未	前 38
	竟宁(1)	戊子	前 33
成帝(～骜[ào])	建始(4)	己丑	前 32
	河平(4)	癸巳三	前 28
	阳朔(4)	丁酉	前 24
	鸿嘉(4)	辛丑	前 20
	永始(4)	乙巳	前 16
	元延(4)	己酉	前 12
	绥和(2)	癸丑	前 8
哀帝(～欣)	建平(4)	乙卯	前 6
	元寿(2)	己未	前 2
平帝(～衎[kàn])	元始(5)	辛酉	公元 1
孺子婴(王莽摄政)	居摄(3)	丙寅	6
	初始(1)	戊辰十一	8
[新]王莽	始建国(5)	己巳	9
	天凤(6)	甲戌	14
	地皇(4)	庚辰	20
更始帝(刘玄)	更始(3)	癸未二	23

东汉 (25—220)

光武帝(刘秀)	建武(32)	乙酉六	25
	建武中元(2)	丙辰四	56
明帝(～庄)	永平(18)	戊午	58
章帝(～炟[dá])	建初(9)	丙子	76
	元和(4)	甲申八	84
	章和(2)	丁亥七	87
和帝(～肇[zhào])	永元(17)	己丑	89
	元兴(1)	乙巳四	105
殇[shāng]帝(～隆)	延平(1)	丙午	106
安帝(～祜[hù])	永初(7)	丁未	107
	元初(7)	甲寅	114
	永宁(2)	庚申四	120
	建光(2)	辛酉七	121
	延光(4)	壬戌三	122
顺帝(～保)	永建(7)	丙寅	126
	阳嘉(4)	壬申三	132
	永和(6)	丙子	136
	汉安(3)	壬午	142
	建康(1)	甲申四	144

冲帝(～炳[bǐng])	永憙[xī](嘉)(1)	乙酉	145
质帝(～缵[zuǎn])	本初(1)	丙戌	146
桓帝(～志)	建和(3)	丁亥	147
	和平(1)	庚寅	150
	元嘉(3)	辛卯	151
	永兴(2)	癸巳五	153
	永寿(4)	乙未	155
	延熹[xī](10)	戊戌六	158
	永康(1)	丁未六	167
灵帝(～宏)	建宁(5)	戊申	168
	熹[xī]平(7)	壬子五	172
	光和(7)	戊午三	178
	中平(6)	甲子十二	184
献帝(～协)	初平(4)	庚午	190
	兴平(2)	甲戌	194
	建安(25)	丙子	196
	延康(1)	庚子三	220

三国

(220—280)

魏 (220—265)

文帝(曹丕[pī])	黄初(7)	庚子十	220
明帝(～叡[ruì])	太和(7)	丁未	227
	青龙(5)	癸丑二	233
	景初(3)	丁巳三	237
齐王(～芳)	正始(10)	庚申	240

	嘉平(6)	己巳四	249
高贵乡公(～髦[máo])	正元(3)	甲戌十	254
	甘露(5)	丙子六	256
元帝(～奂[huàn])(陈留王)	景元(5)	庚辰六	260
	咸熙(2)	甲申五	264

蜀汉 (221—263)

昭烈帝(刘备)	章武(3)	辛丑四	221		景耀(6)	戊寅	258
后主(～禅[shàn])	建兴(15)	癸卯五	223		炎兴(1)	癸未八	263
	延熙(20)	戊午	238				

吴 (222—280)

大帝(孙权)	黄武(8)	壬寅十	222	景帝(～休)	永安(7)	戊寅十	258
	黄龙(3)	己酉四	229	乌程侯(～皓[hào])	元兴(2)	甲申七	264
	嘉禾(7)	壬子	232		甘露(2)	乙酉四	265
	赤乌(14)	戊午九	238		宝鼎(4)	丙戌八	266
	太元(2)	辛未五	251		建衡(3)	己丑十	269
	神凤(1)	壬申二	252		凤凰(3)	壬辰	272
会稽王(～亮)	建兴(2)	壬申四	252		天册(2)	乙未	275
	五凤(3)	甲戌	254		天玺(1)	丙申七	276
	太平(3)	丙子十	256		天纪(4)	丁酉	277

晋

(265—420)

西晋 (265—317)

武帝(司马炎)	泰始(10)	乙酉十二	265		太安(2)	壬戌十二	302
	咸宁(6)	乙未	275		永安(1)	甲子	304
	太康(10)	庚子四	280		建武(1)	甲子七	304
	太熙(1)	庚戌	290		永安(1)	甲子十一	304
惠帝(～衷)	永熙(1)	庚戌四	290		永兴(3)	甲子十二	304
	永平(1)	辛亥	291		光熙(1)	丙寅六	306
	元康(9)	辛亥三	291	怀帝(～炽[chì])	永嘉(7)	丁卯	307
	永康(2)	庚申	300				
	永宁(2)	辛酉四	301	愍[mǐn]帝(～邺[yè])	建兴(5)	癸酉四	313

东晋 (317—420)

东晋时期，在我国北方和巴蜀，先后存在过一些封建割据政权，其中有：汉(前赵)、成(成汉)、前凉、后赵(魏)、前燕、前秦、后燕、后秦、西秦、后凉、南凉、南燕、西凉、北凉、北燕、夏等国，历史上叫作“十六国”。

元帝(司马睿[ruì])	建武(2)	丁丑三	317	哀帝(～丕[pī])	隆和(2)	壬戌	362
	大兴(4)	戊寅三	318		兴宁(3)	癸亥二	363
	永昌(2)	壬午	322	海西公(～奕[yì])	太和(6)	丙寅	366
明帝(～绍)	永昌	壬午闰十一	322	简文帝(～昱[yù])	咸安(2)	辛未十一	371
	太宁(4)	癸未三	323	孝武帝(～曜[yào])	宁康(3)	癸酉	373
成帝(～衍[yǎn])	太宁	乙酉闰八	325		太元(21)	丙子	376
	咸和(9)	丙戌二	326	安帝(～德宗)	隆安(5)	丁酉	397
	咸康(8)	乙未	335		元兴(3)	壬寅	402
康帝(～岳)	建元(2)	癸卯	343		义熙(14)	乙巳	405
穆帝(～聃[dān])	永和(12)	乙巳	345	恭帝(～德文)	元熙(2)	己未	419
	升平(5)	丁巳	357				

南北朝

(420—589)

南朝

宋 (420—479)

武帝(刘裕)	永初(3)	庚申六	420		景和(1)	乙巳八	465
少帝(～义符)	景平(2)	癸亥	423	明帝(～彧[yù])	泰始(7)	乙巳十二	465
文帝(～义隆)	元嘉(30)	甲子八	424		泰豫(1)	壬子	472
孝武帝(～骏[jùn])	孝建(3)	甲午	454	后废帝(～昱[yù])(苍梧王)	元徽(5)	癸丑	473
	大明(8)	丁酉	457				
前废帝(～子业)	永光(1)	乙巳	465	顺帝(～準)	昇明(3)	丁巳七	477

齐 (479—502)

高帝(萧道成)	建元(4)	己未四	479	明帝(～鸾)	建武(5)	甲戌十	494
武帝(～赜[zé])	永明(11)	癸亥	483		永泰(1)	戊寅四	498
鬱林王(～昭业)	隆昌(1)	甲戌	494	东昏侯(～宝卷)	永元(3)	己卯	499
海陵王(～昭文)	延兴(1)	甲戌七	494	和帝(～宝融)	中兴(2)	辛巳三	501

梁（502—557）

武帝（萧衍[yǎn]）	天监（18）	壬午四	502		太清（3）*	丁卯四	547
	普通（8）	庚子	520	简文帝（～纲）	大宝（2）**	庚午	550
	大通（3）	丁未三	527	元帝（～绎[yì]）	承圣（4）	壬申十一	552
	中大通（6）	己酉十	529				
	大同（12）	乙卯	535	敬帝（～方智）	绍泰（2）	乙亥十	555
	中大同（2）	丙寅四	546		太平（2）	丙子九	556

*　有的地区用至6年。

**　有的地区用至3年。

陈（557—589）

武帝（陈霸先）	永定（3）	丁丑十	557	宣帝（～顼[xū]）	太建（14）	己丑	569
文帝（～蒨[qiàn]）	天嘉（7）	庚辰	560				
	天康（1）	丙戌二	566	后主（～叔宝）	至德（4）	癸卯	583
废帝（～伯宗）（临海王）	光大（2）	丁亥	567		祯明（3）	丁未	587

北朝

北魏［拓跋氏，后改元氏］（386—534）

北魏建国于丙戌（386年）正月，初称代国，至同年四月始改国号为魏，439年灭北凉，统一北方。

道武帝（拓跋珪[guī]）	登国（11）	丙戌	386		延和（3）	壬申	432
	皇始（3）	丙申七	396		太延（6）	乙亥	435
	天兴（7）	戊戌十二	398		太平真君（12）	庚辰六	440
	天赐（6）	甲辰十	404		正平（2）	辛卯六	451
明元帝（～嗣[sì]）	永兴（5）	己酉十	409	南安王（～余）	永（承）平（1）	壬辰三	452
	神瑞（3）	甲寅	414	文成帝（～濬[jùn]）	兴安（3）	壬辰十	452
	泰常（8）	丙辰四	416		兴光（2）	甲午七	454
太武帝（～焘[tāo]）	始光（5）	甲子	424		太安（5）	乙未六	455
	神䴥[jiā]（4）	戊辰二	428				

	和平(6)	庚子	460		孝昌(3)	乙巳六	525
献文帝(拓跋弘)	天安(2)	丙午	466		武泰(1)	戊申	528
	皇兴(5)	丁未八	467	孝庄帝(～子攸[yōu])	建义(1)	戊申四	528
孝文帝(元宏)	延兴(6)	辛亥八	471		永安(3)	戊申九	528
	承明(1)	丙辰六	476	长广王(～晔[yè])	建明(2)	庚戌十	530
	太和(23)	丁巳	477				
宣武帝(～恪[kè])	景明(4)	庚辰	500	节闵[mǐn]帝(～恭)	普泰(2)	辛亥二	531
	正始(5)	甲申	504				
	永平(5)	戊子八	508	安定王(～朗)	中兴(2)	辛亥十	531
	延昌(4)	壬辰四	512	孝武帝(～脩)	太昌(1)	壬子四	532
孝明帝(～诩[xǔ])	熙平(3)	丙申	516		永兴(1)	壬子十二	532
	神龟(3)	戊戌二	518		永熙(3)	壬子十二	532
	正光(6)	庚子七	520				

东魏 (534—550)

孝静帝(元善见)	天平(4)	甲寅十	534		兴和(4)	己未十一	539
	元象(2)	戊午	538		武定(8)	癸亥	543

北齐 (550—577)

文宣帝(高洋)	天保(10)	庚午五	550	后主(～纬)	天统(5)	乙酉四	565
废帝(～殷)	乾明(1)	庚辰	560		武平(7)	庚寅	570
孝昭帝(～演)	皇建(2)	庚辰八	560		隆化(1)	丙申十二	576
武成帝(～湛)	太宁(2)	辛巳十一	561	幼主(～恒)	承光(1)	丁酉	577
	河清(4)	壬午四	562				

西魏 (535—556)

文帝(元宝炬)	大统(17)	乙卯	535	恭帝(～廓)	—(3)	甲戌一	554
废帝(～钦)	—(3)	壬申	552				

北周 (557—581)

孝闵[mǐn]帝(宇文觉)	一　(1)	丁丑	557		建德(7)	壬辰三	572
					宣政(1)	戊戌三	578
明帝(～毓[yù])	一　(3)	丁丑九	557	宣帝(～赟[yūn])	大成(1)	己亥	579
	武成(2)	己卯八	559				
武帝(～邕[yōng])	保定(5)	辛巳	561	静帝(～阐[chǎn])	大象(3)	己亥二	579
	天和(7)	丙戌	566		大定(1)	辛丑一	581

隋

(581—618)

隋建国于581年,589年灭陈,完成统一。

文帝(杨坚)	开皇(20)	辛丑二	581	恭帝(～侑[yòu])	义宁(2)	丁丑十一	617
	仁寿(4)	辛酉	601				
炀[yáng]帝(～广)	大业(14)	乙丑	605				

唐

(618—907)

高祖(李渊)	武德(9)	戊寅五	618		永隆(2)	庚辰八	680
太宗(～世民)	贞观(23)	丁亥	627		开耀(2)	辛巳九	681
高宗(～治)	永徽(6)	庚戌	650		永淳(2)	壬午二	682
	显庆(6)	丙辰	656		弘道(1)	癸未十二	683
	龙朔(3)	辛酉三*	661	中宗(～显又名哲)	嗣圣(1)	甲申	684
	麟德(2)	甲子	664				
	乾封(3)	丙寅	666	睿[ruì]宗(～旦)	文明(1)	甲申二	684
	总章(3)	戊辰三	668				
	咸亨(5)	庚午三	670	武后(武曌[zhào])	光宅(1)	甲申九	684
	上元(3)	甲戌八	674		垂拱(4)	乙酉	685
	仪凤(4)	丙子十一	676		永昌(1)	己丑	689
	调露(2)	己卯六	679		载初**(1)	庚寅正	690

武后称帝，改国号为周	天授（3）	庚寅九	690
	如意（1）	壬辰四	692
	长寿（3）	壬辰九	692
	延载（1）	甲午五	694
	证圣（1）	乙未	695
	天册万岁（2）	乙未九	695
	万岁登封（1）	丙申腊	696
	万岁通天（2）	丙申三	696
	神功（1）	丁酉九	697
	圣历（3）	戊戌	698
	久视（1）	庚子五	700
	大足（1）	辛丑	701
	长安（4）	辛丑十	701
中宗（李显又名哲），复唐国号	神龙（3）	乙巳	705
	景龙（4）	丁未九	707
睿[ruì]宗（～旦）	景云（2）	庚戌七	710
	太极（1）	壬子	712
	延和（1）	壬子五	712
玄宗（～隆基）	先天（2）	壬子八	712
	开元（29）	癸丑十二	713
	天宝（15）	壬午	742
肃宗（～亨）	至德（3）	丙申七	756
	乾元（3）	戊戌二	758
	上元（2）	庚子闰四	760
	－（1）***	辛丑九	761
代宗（～豫）	宝应（2）	壬寅四	762
	广德（2）	癸卯七	763
	永泰（2）	乙巳	765
	大历（14）	丙午十一	766
德宗（～适[kuò]）	建中（4）	庚申	780
	兴元（1）	甲子	784
	贞元（21）	乙丑	785
顺宗（～诵）	永贞（1）	乙酉八	805
宪宗（～纯）	元和（15）	丙戌	806
穆宗（～恒）	长庆（4）	辛丑	821
敬宗（～湛）	宝历（3）	乙巳	825
文宗（～昂）	宝历	丙午十二	826
	大（太）和（9）	丁未二	827
	开成（5）	丙辰	836
武宗（～炎）	会昌（6）	辛酉	841
宣宗（～忱[chén]）	大中（14）	丁卯	847
懿[yì]宗（～漼[cuǐ]）	大中	己卯八	859
	咸通（15）	庚辰十一	860
僖[xī]宗（～儇[xuān]）	咸通	癸巳七	873
	乾符（6）	甲午十一	874
	广明（2）	庚子	880
	中和（5）	辛丑七	881
	光启（4）	乙巳三	885
	文德（1）	戊申二	888
昭宗（～晔[yè]）	龙纪（1）	己酉	889
	大顺（2）	庚戌	890
	景福（2）	壬子	892
	乾宁（5）	甲寅	894
	光化（4）	戊午八	898
	天复（4）	辛酉四	901
	天祐（4）	甲子闰四	904
哀帝（～柷[chù]）	天祐****	甲子八	904

*　辛酉三月丙申朔改元，一作辛酉二月乙未晦改元。

**　始用周正，改永昌元年十一月为载初元年正月，以十二月为腊月，夏正月为一月。久视元年十月复用夏正，以正月为十一月，腊月为十二月，一月为正月。本表在这段期间内干支后面所注的改元月份都是周历，各年号的使用年数也是按照周历的计算方法。

***　此年九月以后去年号，但称元年。

****　哀帝即位未改元。

五代

(907—960)

五代时期，除后梁、后唐、后晋、后汉、后周外，还先后存在过一些封建割据政权，其中有：吴、前蜀、吴越、楚、闽、南汉、荆南(南平)、后蜀、南唐、北汉等国，历史上叫作“十国”。

后梁 (907—923)

太祖(朱晃，又名温、全忠)	开平(5)	丁卯四	907		贞明(7)	乙亥十一	915
	乾化(5)	辛未五	911		龙德(3)	辛巳五	921
末帝(～瑱[zhèn])	乾化	癸酉二	913				

后唐 (923—936)

庄宗(李存勖[xù])	同光(4)	癸未四	923	闵[mǐn]帝(～从厚)	应顺(1)	甲午	934
明宗(～亶[dǎn])	天成(5)	丙戌四	926	末帝(～从珂[kē])	清泰(3)	甲午四	934
	长兴(4)	庚寅二	930				

后晋 (936—947)

高祖(石敬瑭[táng])	天福(9)	丙申十一	936		开运(4)	甲辰七	944
出帝(～重贵)	天福*	壬寅六	942				

* 出帝即位未改元。

后汉 (947—950)

高祖(刘暠[gǎo]，本名知远)	天福*	丁未二	947	隐帝(～承祐)	乾祐**	戊申二	948
	乾祐(3)	戊申	948				

* 后汉高祖即位，仍用后晋高祖年号，称天福十二年。

** 隐帝即位未改元。

后周 (951—960)

太祖(郭威)	广顺(3)	辛亥	951	世宗(柴荣)	显德*	甲寅一	954
	显德(7)	甲寅一	954	恭帝(～宗训)	显德	己未六	959

* 世宗、恭帝都未改元。

宋

(960—1279)

北宋 (960—1127)

太祖(赵匡胤[yìn])	建隆(4)	庚申	960
	乾德(6)	癸亥十一	963
	开宝(9)	戊辰十一	968
太宗(～炅[jiǒng],本名匡义,又名光义)	太平兴国(9)	丙子十二	976
	雍熙(4)	甲申十一	984
	端拱(2)	戊子	988
	淳化(5)	庚寅	990
	至道(3)	乙未	995
真宗(～恒)	咸平(6)	戊戌	998
	景德(4)	甲辰	1004
	大中祥符(9)	戊申	1008
	天禧[xī](5)	丁巳	1017
	乾兴(1)	壬戌	1022
仁宗(～祯)	天圣(10)	癸亥	1023
	明道(2)	壬申十一	1032
	景祐(5)	甲戌	1034
	宝元(3)	戊寅十一	1038
	康定(2)	庚辰二	1040
	庆历(8)	辛巳十一	1041
	皇祐(6)	己丑	1049
	至和(3)	甲午三	1054
	嘉祐(8)	丙申九	1056
英宗(～曙)	治平(4)	甲辰	1064
神宗(～顼[xū])	熙宁(10)	戊申	1068
	元丰(8)	戊午	1078
哲宗(～煦[xù])	元祐(9)	丙寅	1086
	绍圣(5)	甲戌四	1094
	元符(3)	戊寅六	1098
徽宗(～佶[jí])	建中靖国(1)	辛巳	1101
	崇宁(5)	壬午	1102
	大观(4)	丁亥	1107
	政和(8)	辛卯	1111
	重和(2)	戊戌十一	1118
	宣和(7)	己亥二	1119
钦宗(～桓[huán])	靖康(2)	丙午	1126

南宋 (1127—1279)

高宗(赵构)	建炎(4)	丁未五	1127
	绍兴(32)	辛亥	1131
孝宗(～昚[shèn])	隆兴(2)	癸未	1163
	乾道(9)	乙酉	1165
	淳熙(16)	甲午	1174
光宗(～惇[dūn])	绍熙(5)	庚戌	1190
宁宗(～扩)	庆元(6)	乙卯	1195
	嘉泰(4)	辛酉	1201
	开禧(3)	乙丑	1205
	嘉定(17)	戊辰	1208
理宗(～昀[yún])	宝庆(3)	乙酉	1225
	绍定(6)	戊子	1228
	端平(3)	甲午	1234
	嘉熙(4)	丁酉	1237
	淳祐(12)	辛丑	1241
	宝祐(6)	癸丑	1253
	开庆(1)	己未	1259
	景定(5)	庚申	1260
度宗(～禥[qí])	咸淳(10)	乙丑	1265
恭帝(～㬎[xiǎn])	德祐(2)	乙亥	1275
端宗(～昰[shì])	景炎(3)	丙子五	1276
帝昺(～昺[bǐng])	祥兴(2)	戊寅五	1278

辽［耶律氏］

（907—1125）

辽建国于 907 年，国号契丹，916 年始建年号，938 年（一说 947 年）改国号为辽，983 年复称契丹，1066 年仍称辽。

太祖（耶律阿保机）	一（10）	丁卯	907
	神册（7）	丙子十二	916
	天赞（5）	壬午二	922
	天显（13）	丙戌二	926
太宗（～德光）	天显*	丁亥十一	927
	会同（10）	戊戌十一	938
	大同（1）	丁未二	947
世宗（～阮[ruǎn]）	天禄（5）	丁未九	947
穆宗（～璟[jǐng]）	应历（19）	辛亥九	951
景宗（～贤）	保宁（11）	己巳二	969
	乾亨（5）	己卯十一	979
圣宗（～隆绪）	乾亨	壬午九	982
	统和（30）	癸未六	983
	开泰（10）	壬子十一	1012
	太平（11）	辛酉十一	1021
兴宗（～宗真）	景福（2）	辛未六	1031
	重熙（24）	壬申十一	1032
道宗（～洪基）	清宁（10）	乙未八	1055
	咸雍（10）	乙巳	1065
	大（太）康（10）	乙卯	1075
	大安（10）	乙丑	1085
	寿昌（隆）（7）	乙亥	1095
天祚[zuò]帝（～延禧[xī]）	乾统（10）	辛巳二	1101
	天庆（10）	辛卯	1111
	保大（5）	辛丑	1121

* 太宗即位未改元。

西夏

（1038—1227）

1032 年（北宋明道元年）元昊嗣夏王位，1034 年始建年号，1038 年称帝，国名大夏。在汉籍中习称西夏。1227 年为蒙古所灭。

景宗（嵬名元昊）	广运（2）	甲戌十	1034
	大庆（2）	丙子十二	1036
	天授礼法延祚（11）	戊寅十	1038
毅宗（～谅祚）	延嗣宁国（1）	己丑	1049
	天祐垂圣（3）	庚寅	1050
	福圣承道（4）	癸巳	1053
	奲[duǒ]都（6）	丁酉	1057
	拱化（5）	癸卯	1063
惠宗（～秉常）	乾道（1）	戊申	1068
	天赐礼盛国庆（5）	己酉	1069
	大安（11）	甲寅	1074
	天安礼定（2）	乙丑	1085
崇宗（～乾顺）	天仪治平（3）	丁卯	1087
	天祐民安（8）	庚午	1090
	永安（3）	戊寅	1098
	贞观（13）	辛巳	1101
	雍宁（5）	甲午	1114
	元德（8）	己亥	1119
	正德（8）	丁未	1127
	大德（5）	乙卯	1135
仁宗（～仁孝）	大庆（4）	庚申	1140
	人庆（5）	甲子	1144
	天盛（21）	己巳	1149
	乾祐（24）	庚寅	1170
桓宗（～纯祐）	天庆（12）	甲寅	1194
襄宗（～安全）	应天（4）	丙寅一	1206
	皇建（1）	庚午	1210
神宗（～遵顼[xū]）	光定（13）	辛未八	1211
献宗（～德旺）	乾定（3）	甲申十二	1224
末帝（～睍[xiàn]）	宝义（1）	丁亥	1227

金［完颜氏］

（1115—1234）

太祖（完颜旻[mín]，本名阿骨打）	收国（2）	乙未	1115	章宗（～璟[jǐng]）	明昌（7）	庚戌	1190
	天辅（7）	丁酉	1117		承安（5）	丙辰十一	1196
					泰和（8）	辛酉	1201
太宗（～晟[shèng]）	天会（15）	癸卯九	1123	卫绍王（～永济）	大安（3）	己巳	1209
					崇庆（2）	壬申	1212
熙宗（～亶[dǎn]）	天会*	乙卯一	1135		至宁（1）	癸酉五	1213
	天眷（3）	戊午	1138	宣宗（～珣[xún]）	贞祐（5）	癸酉九	1213
	皇统（9）	辛酉	1141		兴定（6）	丁丑九	1217
海陵王（～亮）	天德（5）	己巳十二	1149		元光（2）	壬午八	1222
	贞元（4）	癸酉三	1153	哀宗（～守绪）	正大（9）	甲申	1224
	正隆（6）	丙子二	1156		开兴（1）	壬辰一	1232
世宗（～雍）	大定（29）	辛巳十	1161		天兴（3）	壬辰四	1232

* 熙宗即位未改元。

元［孛儿只斤氏］

（1206—1368）

蒙古孛儿只斤·铁木真于1206年建国。1271年忽必烈定国号为元，1279年灭南宋。

太祖（孛儿只斤·铁木真）（成吉思汗）	—（22）	丙寅	1206	英宗（～硕[shuò]德八剌）	至治（3）	辛酉	1321
拖雷（监国）	—（1）	戊子	1228	泰定帝（～也孙铁木儿）	泰定（5）	甲子	1324
太宗（～窝阔台）	—（13）	己丑	1229		致和（1）	戊辰二	1328
乃马真后（称制）	—（5）	壬寅	1242	天顺帝（～阿速吉八）	天顺（1）	戊辰九	1328
定宗（～贵由）	—（3）	丙午七	1246	文宗（～图帖睦尔）	天历（3）	戊辰九	1328
海迷失后（称制）	—（3）	己酉三	1249	明宗（～和世琜[là]）*		己巳	1329
宪宗（～蒙哥）	—（9）	辛亥六	1251		至顺（4）	庚午五	1330
世祖（～忽必烈）	中统（5）	庚申五	1260	宁宗（～懿[yì]璘[lín]质班）	至顺	壬申十	1332
	至元（31）	甲子八	1264				
成宗（～铁穆耳）	元贞（3）	乙未	1295	顺帝（～妥懽帖睦尔）	至顺	癸酉六	1333
	大德（11）	丁酉二	1297		元统（3）	癸酉十	1333
武宗（～海山）	至大（4）	戊申	1308		（后）至元（6）	乙亥十一	1335
仁宗（～爱育黎拔力八达）	皇庆（2）	壬子	1312				
	延祐（7）	甲寅	1314		至正（28）	辛巳	1341

* 明宗于己巳（1329）正月即位，以文宗为皇太子。八月明宗暴死，文宗复位。

明

(1368—1644)

太祖(朱元璋)	洪武(31)	戊申	1368	孝宗(～祐樘[chēng])	弘治(18)	戊申	1488
惠帝(～允炆[wén])	建文(4)*	己卯	1399	武宗(～厚照)	正德(16)	丙寅	1506
成祖(～棣[dì])	永乐(22)	癸未	1403	世宗(～厚熜[cōng])	嘉靖(45)	壬午	1522
仁宗(～高炽[chì])	洪熙(1)	乙巳	1425	穆宗(～载垕[hòu])	隆庆(6)	丁卯	1567
宣宗(～瞻[zhān]基)	宣德(10)	丙午	1426	神宗(～翊[yì]钧)	万历(48)	癸酉	1573
英宗(～祁镇)	正统(14)	丙辰	1436	光宗(～常洛)	泰昌(1)	庚申八	1620
代宗(～祁钰[yù])(景帝)	景泰(8)	庚午	1450	熹[xī]宗(～由校)	天启(7)	辛酉	1621
英宗(～祁镇)	天顺(8)	丁丑一	1457	思宗(～由检)	崇祯(17)	戊辰	1628
宪宗(～见深)	成化(23)	乙酉	1465				

* 建文四年时成祖废除建文年号，改为洪武三十五年。

清 [爱新觉罗氏]

(1616—1911)

清建国于1616年，初称后金，1636年始改国号为清，1644年入关。

太祖(爱新觉罗·努尔哈赤)	天命(11)	丙辰	1616	仁宗(～颙[yóng]琰[yǎn])	嘉庆(25)	丙辰	1796
太宗(～皇太极)	天聪(10)	丁卯	1627	宣宗(～旻[mín]宁)	道光(30)	辛巳	1821
	崇德(8)	丙子四	1636	文宗(～奕[yì]詝[zhǔ])	咸丰(11)	辛亥	1851
世祖(～福临)	顺治(18)	甲申	1644	穆宗(～载淳)	同治(13)	壬戌	1862
圣祖(～玄烨[yè])	康熙(61)	壬寅	1662	德宗(～载湉[tián])	光绪(34)	乙亥	1875
世宗(～胤[yìn]禛[zhēn])	雍正(13)	癸卯	1723	～溥[pǔ]仪	宣统(3)	己酉	1909
高宗(～弘历)	乾隆(60)	丙辰	1736				

中华民国

(1912—1949)

中华民国(38)	壬子	1912		

中华人民共和国

1949年10月1日成立

二 词目分类索引

天文历法

地理胜迹

宫室车马

衣器食物

人物掌故

政事法律

朝代民族

科举职官

宗法礼俗

宗教知识

军事外交

经济科技

学术考据

典籍艺文

乐律娱体

动物植物

三　词目异称、合称索引

（索引中的数码为正文页码，页码前为异称或合称，页码后为异称或合称对应的词目）

D

E

K

L

M

N

O

P

Q

T

W

X

Y

图书在版编目(CIP)数据

中国古代文化常识辞典/商务印书馆辞书研究中心编. —北京:商务印书馆;成都:四川教育出版社,2024

ISBN 978-7-100-23980-6

Ⅰ.①中… Ⅱ.①商… Ⅲ.①中华文化—文化史—古代—词典 Ⅳ.①K220.3-61

中国国家版本馆 CIP 数据核字(2024)第 095556 号

中国古代文化常识辞典

商务印书馆辞书研究中心 编

商务印书馆
四川教育出版社 出版
商务印书馆发行
(北京王府井大街 36 号 邮政编码 100710)
北京通州皇家印刷厂印刷
ISBN 978-7-100-23980-6

2024 年 6 月第 1 版　　开本 880×1194 1/32
2024 年 6 月北京第 1 次印刷　　印张 20¾

定价:45.90 元

古汉语常用字字典

第6版

原编者 王 力 岑麒祥 林 焘 等
修订者 蒋绍愚 唐作藩 张万起 等

创于1897 商務印書館 The Commercial Press

古汉语常用字字典

第 6 版

原编者　王　力　岑麒祥　林　焘　戴　澧
唐作藩　蒋绍愚　张万起　徐敏霞　等
修订者　蒋绍愚　唐作藩　张万起　宋绍年
李树青　刘敏芝　袁健惠
责任编辑　龚　英

第 6 版说明

《古汉语常用字字典》第 5 版是在 2016 年出版发行的，至今已有 8 年。为了保证和提高字典的质量，我们在第 5 版的基础上又做了一次全面的修订，修订后的字典为《古汉语常用字字典》第 6 版。

这次修订包括以下几方面：

（一）字条做了个别的增删。字头后面的繁体字用（　）标示，异体字用[　]标示。

（二）增加了一些必要、常用的音项和义项。这是本次修订的重点，修订的幅度较大。

（三）对一些条目的注音、释义和义项、例句以及例句的括注做了修改。

（四）体例做了进一步的统一，对体例不一致和前后缺乏照应之处做了修改。

经过修订，进一步提高了字典的科学性和实用性。第 6 版可以看作《古汉语常用字字典》的定版。

这次修订，是由蒋绍愚、唐作藩、张万起、宋绍年、李树青、刘敏芝、袁健惠七人承担的，蒋绍愚负责统稿。

这次修订得到商务印书馆的大力支持。责任编辑龚英认真负责，做了多种专项检查，并据此做了修改，为字典体例的统一做了很多工作，谨此致谢！

《古汉语常用字字典》修订组

2024 年 4 月

第5版说明

《古汉语常用字字典》出版以来，重印次数已经超过100次。越是受到读者的欢迎，我们越感到自己责任的重大。为了进一步完善字典的质量，我们在第4版的基础上，又进行了一次修订。修订后的字典为《古汉语常用字字典》第5版。

这次修订的幅度较大，包括以下方面：

（一）字条做了个别的增删。字头及正文的繁简字和异体字，根据2013年国务院公布的《通用规范汉字表》做了全面的调整。

（二）不少条目增加了音项和义项，一些条目的义项做了调整。

（三）更改了一些条目的注音和释义。

（四）更换了一些例句。

经过修订，增强了字典的科学性和实用性。

这次修订，是由第4版的增订者蒋绍愚、唐作藩、张万起、宋绍年、李树青五人承担的，蒋绍愚负责统稿。

第5版的修订出版工作得到了商务印书馆的大力支持，责任编辑金欣欣和龚英为本书的出版做了不少工作，谨此致谢。

《古汉语常用字字典》修订组

2015年10月

第4版说明

《古汉语常用字字典》是1979年出版的，主要编写者是王力、岑麒祥、林焘、戴澧、唐作藩、蒋绍愚、张万起、徐敏霞。关于这本字典的编纂经过，已写在1988年的“修订说明”中，此处不再重复。字典出版以来，受到了读者的欢迎，至今已经印刷了60余次，印数已达上千万册。1995年，字典荣获首届中国辞书奖一等奖。这一方面使我们感到高兴，一方面也使我们感到自己的责任重大。字典的读者越多，我们越是应该进一步提高字典的质量。这本字典自出版以来，虽然做过几次修订，但仍然存在一些问题，所以我们决心做一次比较全面的增订。增订工作包括增补字条和修改原有字条，主要有以下几方面：

（一）增补字条。原字典正文中的字头4 200多个全部保留；取消原字典的《难字表》，《难字表》中的字头加以选择，僻字删除，比较常用的字约1 800个，增加例句，收入正文；另增补原字典正文和《难字表》中都没有收录的常用字400多个，写成字条，统一按音序编排。第4版共收古汉语常用字6 400余个（不包括异体字）。

我们选择字头的原则是：既然是《古汉语常用字字典》，那么顾名思义，它的收字应以“古汉语”为范围，以“常用”为标准。所谓“古汉语”，就是通常所说的“文言文”，指的是以先秦和两汉的传世文献以及后代“古文家”模仿这些文献的语言而写成的作品为代表的那种语言，不包括汉译佛典、六朝笔记、唐诗宋词以及近代戏曲、小说的语言，所以，本字典只收文言文中的常用字，至于在其他语体的作品中常用的字，本字典不收。所谓“常用”，指的是在阅读文言文作品中会经常碰到的，所以，那些只见于古代字书而没有书证的字，以及只用作很少见的人名、地名、动植物名、器物名的字，本字典不收。还有，这本字典是为中等以上文化程度的读者学习古汉语用的，那些古今意义完全一样的字，读者不需要查字典就能懂得，所以，这些字本字典也不收。

在增补字头的过程中，我们参考了《十三经》和《史记》的字频表，使我们在确定哪些字常用、哪些字不常用的时候有一个比较客观的依据。《十三经》和《史记》中没有的字，也就是东汉以后产生的字，如果不是很常用或者常用但古今意义没有差别，一般不收。

（二）调整义项。在增订工作中，我们遵循原字典关于义项的取舍和分合的原则，对每一字条的义项认真推敲，有不够妥当的就加以调整。义项取舍的原则是：重要的义项不能遗漏，较僻的义项不予列入；不是文言文中的意义一般也不列入。这是由这本字典的性质和对象决定的。义项分合的原则是：重视词义的概括性，义项的分立不要太细碎，有些义项中可再列㉑㉒㉓㉔㉕，以体现这些意义的内部联系。

（三）改正注音和释义。我们重新审定了注音和释义。原字典（包括正文和《难字表》）中的注音和释义总体上是准确的，但也有个别不当之处，这次增订加以改正。

这次增订在注音方面做了一项较大的改动：注音符号全部去掉，只用汉语拼音。标注直音字的方法也做了一些改变：1.在音项下，原则上仍然既用汉语拼音又用直音字标音，但如果找不到和被注字的中古音韵地位基本相同的直音字则不用直音，如果是一个通假义，后面已经有了“通‘某’”，也不再用直音。2.在双音词条目中以及在例句中为字注音时，只用汉语拼音，不用直音。这样做，是考虑到目前汉语拼音已非常普及，绝大多数读者都可以根据汉语拼音读出字音来，所以，直音只作为一种辅助的注音方法。

（四）调整例句。第4版选用例句的原则是：例句要和释义准确对应，而且尽量选用时代较早、典型性强、明白易懂的例句。根据这一原则，对原有的一些例句做了更换。为了帮助读者理解例句，在有的例句中适当地加注音释义或串讲，这是本字典的一个特色，这次增订仍然保持了这一特色，但考虑到今天读者的古文水平比20年前高，所以第4版例句的注音释义或串讲适当减少了。

（五）这次增订对异体字、简化字等也做了进一步的规范。

（六）附录原有《中国历代纪元表》做了修改，并增加了《古代汉语语法简介》、《怎样学习古代汉语》两部分内容。

此外，第4版的初稿完成后，还请北京大学中文系的部分学生将全部例句与原书做了核对，以保证书证的准确可靠。

这次增订工作是从1999年6月开始的，增订工作由蒋绍愚负责，承担增订工作的是蒋绍愚、唐作藩、张万起、宋绍年、李树青五人，此外还有一些同志参加资料收集等辅助工作。我们五人一起讨论了增订的原则、分工和工作进度，由蒋绍愚提出具体的增订计划和增删字头的总表。字表确定后，五人分工撰写:唐作藩写 A—F,张万起写 G—J,宋绍年写 K—R,李树青写 S—T,蒋绍愚写 W—Z。初稿完成后,由蒋绍愚统稿,唐作藩审音,张万起审字头。附录《古代汉语语法简介》、《怎样学习古代汉语》是蒋绍愚写的,附录《中国历代纪元表》的修改是张万起负责的。增订工作在 2004 年 6 月底最后完成,前后历时五年。在这五年中我们都是用业余时间进行增订工作的,再加之水平有限,第 4 版肯定还会有疏漏和错误,我们恳切地期望专家和读者予以指正,我们将在今后做进一步的修改。

这次增订虽然改动的幅度相当大,但是,我们时刻没有忘记,这本字典的良好的基础是由原编者打下的,特别是本字典的指导思想和编写原则,是语言学大师、我们的老师王力先生确定的。在这次增订工作中,我们依然遵循着字典的这些指导思想和编写原则。在进行增订工作的时候,我们更加怀念我们敬爱的老师王力先生,他对我们的教诲将永远铭刻在我们心中。

我们的增订工作得到了商务印书馆的大力支持,责任编辑金欣欣、编辑部乔永,都为本书的出版做了不少工作,谨此致谢。

《古汉语常用字字典》增订组

2005 年 1 月

1998 年改版说明

《古汉语常用字字典》1979 年出版以来,深受广大读者欢迎,学术界也给予了肯定性评价。1993 年出版修订版。1995 年该书获得中国辞书奖一等奖。

这次利用 1993 年修订版改版重排,借改版机会,我们又对全书做了一些改动,主要是:按照规范化要求审定了字形和注音,改正了某些条目的释义和例句中解释的不妥之处,更换和补充了一些例句。收字和全书体例,均仍其旧。欢迎读者对本书提出宝贵意见。

《古汉语常用字字典》编写组

1998 年 4 月

修订说明

《古汉语常用字字典》是在1974—1975年编写的。担负主要编写任务的是北京大学中文系的王力、岑麒祥、林焘、戴澧、唐作藩、蒋绍愚和商务印书馆的张万起、徐敏霞。当时参加编写工作的还有北京大学中文系汉语专业的其他一些老师和学生,以及北京齿轮厂等单位的一些工人。

这本字典是在王力主编的《古代汉语》"常用词"的基础上编写的,《古代汉语》"常用词"的编写原则和体例都为字典所遵循和沿用。字典初稿的绝大部分条目也都经过王力先生审定。所以,这本字典有一定的特色并受到读者的欢迎,是和王力先生的指导分不开的。但在当时,王力先生未能系统地审定全书,字典中的缺点错误当然不能由王力先生负责。

由于当时的历史条件,在字典初稿中有不少错误、不妥和粗疏之处。1976年以后,对初稿进行过一次修改。当时字典编写组已经解散,修改工作主要由蒋绍愚担负。但这次修改只是改正了字典中较明显的错误、不妥和粗疏之处,未能做较彻底的修改。

字典从1979年出版以来,受到了广大读者的欢迎,前后已印行多次。这一方面使我们感到高兴,另一方面也使我们感到自己的责任。所以,当商务印书馆提出希望我们对字典做一次全面的修订时,我们很高兴地接受了这一任务。参加修订工作的共五人:唐作藩、蒋绍愚、张万起、宋绍年、李树青。前三人是原字典编写组的主要成员,后二人也曾参加过字典初稿的编写。全书的统稿由蒋绍愚担负。

这次修订对原书的改动和增补较大,主要是做了下面一些工作:

(1) 增补条目。正文增加416条,《难字表》调整后又增加了将近200条。

(2) 对原有条目进行了较大幅度的修改,改正了原书一些错误和不当之处,更换了不少例句;有一些条目增加了义项或附收的双音词。

(3) 去掉了原书附录《古汉语语法简介》。

由于修订者水平有限,修订本《古汉语常用字字典》中的错误在所难免,敬请专家、读者予以指正。

《古汉语常用字字典》修订组

1988年12月

目　　录

凡　例

一、本字典按汉语拼音字母次序排列，同音字按笔画多少和起笔排列，但声旁相同的同音字排在一起。书前附《汉语拼音音节索引》和《部首检字表》。

二、本字典第 6 版共收古汉语常用字 8 000 余个（包括繁体字、异体字）。

三、收字的原则是：先秦两汉传世文献比较常用的字一般都收入；虽然常用但古今意义相同而且现代汉语中也很常用的字不收。古书中很少出现的生僻字和生僻意义，以及古白话和现代汉语中才出现的字和意义不收，唐诗宋词特有的意义一般不收。

四、酌收少量的双音词，共 2 300 多个。一般排列在双音词第一个字的字头下，如果第一个字很好懂或本字典没有收，就排在第二个字的字头下。如：[九垓]收在“垓”字下。

五、已简化的汉字，以简体字做字头，在字头后面用（　）标出繁体字，用[　]标出异体字。汉字简化以前是几个不同的字，现在简化为同一个字的，分列字头，并在简体字的右上角标 1、2、3 加以区别。如干^{1}、干^{2}（乾）、干^{3}（幹）、干^{4}[榦]。简体字、繁体字和异体字都列在检字表中。所收简化字以 2013 年国务院公布的《通用规范汉字表》为准，《通用规范汉字表》不收的字，一律保持繁体，不做偏旁类推。

六、一个字的多种意义，不论读音相同与否，都排列在一个字头下。字头下用汉语拼音字母注音。适当注明旧读，一般不用又读。一字多音的，在字头下一般注现在最常见的读音。义项前面不注音的，表示这些义项就读字头下注的音。其余的读音，在有关义项前面分别注明。如果其他的读音也比较常见，则在其他比较常见的读音下重出字头，标明互见。如“朝”收在 44 页 cháo 下，但在 535 页 zhāo 下重出字头，标明“见 44 页”。

七、为了便于理解和掌握词义，义项一般按词义引申的远近次序排列。即先列本义（或基本意义），然后依次列引申义、假借义。

八、同一义项中的㉄表示很近的引申义，㉆表示相近而又并列的意义，

㊕表示特指，㊁表示泛指，㊉表示比喻义。

九、释义后面注明“后起意义”的，表示是魏晋以后出现的意义。

十、为了加深对词义的理解，有的义项在例句后面举了一些保留这个意义的双音词和成语等。

十一、在一些字条下有【注意】和【辨】。【注意】一般用于指出在词义的历史发展中应当注意的地方。【辨】一般用于同义词或近义词的辨析。【注意】和【辨】中有时提到“上古”，指的是商周和秦汉时期。

十二、例句的作用在于帮助读者理解词义。尽量选用时代较早、典型性强、明白易懂的例句。为了便于中等文化程度的读者使用字典，较难懂的例句适当做了注解或串讲。凡在注解中标明“指××”的，都是为了串通例句所做的随文解释，不能作为这个字的义项看待。

十三、例句中的～代表这个字头或这个字头的异体字。双音词下的例句中，～～代表这个双音词。

十四、本字典附录有《中国历代纪元表》、《古代汉语语法简介》、《怎样学习古代汉语》三种。

汉语拼音音节索引

1. 每一个音节的后面举一个例字,代表该音节。
2. 数字是该音节在本字典正文中的页码。

部首检字表

【说明】1.《部首检字表》包括《部首目录》和《检字表》两部分。本表采用的部首依据《汉字部首表》，共 201 部；归部依据《GB13000.1 字符集汉字部首归部规范》。部首次序按部首笔画数目多少排列；同画数的，按起笔笔形横（一）竖（丨）撇（丿）点（丶）折（乛）排列；第一笔相同的，按第二笔，依次类推。查字时，先在《部首目录》中查到部首在《检字表》中的页码，然后查《检字表》。《检字表》内，同一部的字按除去部首笔画以外的画数排列。2.一些不容易确定部首的字，分两种方法处理：(1)分收在几个部首内。如“思”字既收在“心”部，又收在“田”部。“武”字收在“弋”部、“止”部，以及起笔的“一”部。(2)按起笔分别收在一丨丿丶乛五个部首中。如“为”字收在“丶”部，“书”字收在“乛”部。3.《检字表》中在字头右上角标 1、2、3……的，表示这原是几个不同的字，汉字简化后简化成同一个字。后面圆括号中的字和方括号中的字，分别是简化以前的繁体字和异体字。如复[1]（複），复[2]（復）；斗[1]，斗[2]（鬥）[鬭鬪鬦]。4.《检字表》中的繁体字括在圆括号中，异体字括在方括号中。如（萬），[為]。

（一）部首目录

（部首右边的号码指检字表的页码）

（二）检字表

（字右边的号码指字典正文的页码）

牙 部

戈 部

一至二画

三至七画

八至九画

十画以上

比 部

瓦 部

止 部

支 部

攴 部

二至五画

六至七画

八画以上

日(曰)部

一至三画

四画

五画

六画

七画

殳 部

文 部

方 部

火 部

一至三画

四画

五画

六画

七至八画

九画

十至十一画

十二画

十三画

十四画以上

灬 部

四至八画

九画以上

罒部

三至八画

九画以上

皿部

三至五画

六至九画

十画以上

生部

矢部

禾部

二至三画

四画

五画

六画

七画

八画

九至十画

十一画以上

白部

二至八画

糸 部

讠部

钅 部

鱼 部

A

A

阿 ā ❶ē 大山。《诗经·小雅·菁菁者莪》:“菁菁者莪,在彼中～。”王勃《滕王阁序》:“访风景于崇～。”(崇:高。)㉆山、水的转弯处。屈原《九歌·山鬼》:“若有人兮山之～。”《穆天子传》卷一:“天子饮于河水之～。”(河:指黄河。)❷ē 屋檐。《古诗十九首·西北有高楼》:“～阁三重阶。”(阿阁:四面有屋檐的楼阁。阶:台阶。)❸ē 偏袒,迎合。《韩非子·有度》:“法不～贵。”(贵:有权势的人。)成语有“刚直不阿”、“阿谀逢迎”。❹名词词头。多用于亲属称谓或人名前面。《木兰诗》:“～姊闻妹来。”《三国志·魏书·武帝纪》裴松之注引《曹瞒传》:“太祖一名吉利,小字～瞒。”也用于代词前。古诗《十五从军征》:“道逢乡里人,家中有～谁?”❺hē 通“呵”。斥责。《老子》二十章:“唯之与～,相去几何?”

AI

哀 āi ❶悲痛,伤心。《庄子·大宗师》:“中心不戚,居丧不～。”屈原《离骚》:“～众芳之芜秽(huì)。”(芳:香草。芜秽:荒芜。)㊕父母之丧(后起意义)。《宋书·张敷传》:“居～毁灭,孝道淳至。”❷怜悯,同情。《韩非子·用人》:“忧悲不～怜。”❸爱。《吕氏春秋·报更》:“人主胡可以不务～士?”《淮南子·说林》:“鸟飞反乡,兔走归窟,狐死首丘,寒将翔水,各～其所生。”(寒将:水鸟。)

【辨】哀,悲,戚,悼。这四个字都有“悲伤”的意思。“哀”与“悲”有“怜悯”、“同情”的意思,“哀”的感情色彩要更重些;“戚”字一般是表示忧苦、悲哀;“悼”则是“悲痛”的意思,多用于对死者表示沉痛悼念。

埃 āi 尘土。《荀子·劝学》:“上食～土,下饮黄泉。”李白《对酒》诗:“自古帝王宅,城阙闭黄～。”

欸 āi ❶应答声。《方言》卷一〇:“欸、譥(yī),然也。”❷叹息。屈原《九章·涉江》:“乘鄂渚而反顾兮,～秋冬之绪风。”❸ǎi [欸乃]摇橹声。柳宗元《渔翁》诗:“烟销日出不见人,～～一声山水绿。”

騃 ái ❶痴愚的样子。《汉书·息夫躬传》:“外有直项之名,内实～不晓政事。”(直项:刚直。)熟语有“痴儿騃子”。❷sì [駓(pī)騃]见313页“駓”字。

硙(磑) ái ❶wèi 石磨。史游《急就篇》卷三:“碓(duì)～扇隤(tuí)舂簸扬。”颜师古注:“～所以䃺(mò)也,亦谓之䃃(cuì)。古者雍父作舂,鲁班作～。”(隤:坠。䃺:“磨”的异体。雍父、鲁班:人名。)㉆用作动词。磨(mó)。扬雄《太玄·疑》:“阴阳相～,物咸彫离。”(咸:全,都。)贾思勰《齐民要术·法酒》:“谷三石,蒸两石,生一石,别～之令细。”❷[硙硙]1. 高峻的样子。宋玉《高唐赋》:“盘岸巑岏(cuánwán),裖(zhěn)陈～～。”(巑岏:山峰峻峭。裖:重叠。陈:陈列。)2. 同“皑皑”。洁白的样子。枚乘《七发》:“白刃～～,矛戟交错。”3. 坚固的样子。张衡《思玄赋》:“行积冰之～～兮,清泉冱(hù)而不流。”(冱:凝固冻结。)

皑(皚) ái 洁白。汉乐府《白头吟》:“～如山上雪,皎若云间月。”[皑皑]形容霜雪洁白的样子。刘歆《遂初赋》:“漂积雪之～～兮。”又写作“硙硙”。

毐 ǎi ❶品行不正的人。《说文·毋部》:“毐,士之无行者。”❷人名。战国秦时有嫪(lào)毐。

蔼(藹) ǎi ❶草木茂盛的样子。《汉书·扬雄传上》:“郁萧条其幽～兮,滃(wěng)汎沛以丰隆。”(滃:云气涌起。)㉆密集的样子。杜甫《雨》诗:“行云递崇高,飞雨～而至。”[蔼蔼]1. 草木茂盛的样子。束皙《补亡诗》六首之五:“瞻彼崇丘,其林～～。”2. 众多的样子。《诗经·大雅·卷阿》:“～～王多吉士,维君子使,媚于天子。”3. 光线暗淡的样子。司马相如《长门赋》:“望中庭之～～兮,若季秋之降霜。”❷和气。韩愈《答李翊书》:“仁义之人,其言～如也。”又如“蔼然可亲”。❸通“霭”。云气。陆机《挽歌》三首之三:“悲风徽行轨,倾云结流～。”(徽:止。轨:指车。)

霭(靄) ǎi 云雾。李白《雨后望月》诗:“四郊阴～散,开户半蟾生。”柳永《雨霖铃·寒蝉凄切》:“暮～沉沉楚天阔。”[霭霭]1. 云雾密集的样子。陶渊明《停云》诗:“～～停云,濛濛时雨。”苏轼《题南溪竹上》诗:“山头～～暮云横。”2. 光线暗淡或柔和的样子。陆龟蒙《江城夜泊》诗："月挂虚弓～～明。"韩愈《人日城南登高》诗："～～野浮阳，晖晖水披冻。"

艾 ài ❶ 一种草本植物，叶制成艾绒，可供针灸用。《诗经·王风·采葛》："彼采～兮，一日不见，如三岁兮。"贾思勰《齐民要术·收种》："麦一石，～一把，藏以瓦器竹器。"㉑灰白色。元稹《郡斋感怀见寄》诗："～发衰容惜寸辉。"（寸辉：指短暂的时间。）❷ 老，老年人。《汉书·武帝纪》："然则于乡里先耆(qí)～，奉高年，古之道也。"（耆：年老。耆艾：指老年人。）❸ 停止，完结。《左传·哀公二年》："忧未～也。"成语有"方兴未艾"。❹ 美好，美色。屈原《九歌·少司命》："竦长剑兮拥幼～。"（幼艾：年轻美女。）《孟子·万章上》："知好色则慕少～。"❺ 养护，养育。《诗经·小雅·南山有台》："保～尔后。"❻ [艾艾]口吃的样子。《世说新语·言语》："邓艾口吃，语称～～。"后因以"艾艾"形容口吃。❼ yì 通"忞"。惩戒，惩治。《孟子·万章上》："太甲悔过，自怨自～。"❽ yì 通"刈"。割，收割。《荀子·王制》："使民有所耘～。"（耘：除草。）《穀梁传·定公元年》："是年不～，则无食矣。"㉑杀害，砍掉。《左传·哀公元年》："亦不～杀其民。"《汉书·项籍传》："斩将，～旗，乃后死。"❾ yì 通"乂"。治理。《汉书·五行志上》："～用三德。"㉑安宁。《左传·哀公十六年》："若见君面，是得～也。"[艾安]太平，安定。《史记·河渠书》："诸夏～～。"

爱(愛) ài ❶ 爱。《诗经·郑风·将仲子》："岂敢～之？畏我父母。"《史记·陈涉世家》："吴广素～人。"这个意义又写作"悉"。❷ 怜惜，同情。《左传·僖公二十二年》："～其二毛。"（二毛：鬓发花白，指老人。）❸ 吝惜，舍不得。《老子》四十四章："甚～必大费。"（费：浪费。）❹ 通"薆"。隐蔽，隐藏。《诗经·邶风·静女》："～而不见，搔首踟蹰。"

叆(靉) ài ❶ [叆叇(dài)] 1. 云气或烟浓盛的样子。潘尼《逸民吟》："朝云～～，行露未晞。"（行：路。晞：晒干。）2. 一种器物，类似眼镜（后起意义）。田艺蘅《留青日札摘抄》卷二三："提学副使潮阳林公有二物，如大钱形，质薄而透明，如硝子石，如琉璃，色如云母，每看文章，目力昏倦，不辨细书，以此掩目，精神不散，笔画倍明……人皆不识，举以问余。余曰：'此～～也。'"❷ yǐ [叆霼(xì)]依稀，不清晰的样子。木华《海赋》："故可仿像其色，～～其形。"（大致描述其色和形。）

暧(曖) ài ❶ 昏暗。谢瞻《王抚军庾西阳集别》诗："夕阴～平陆。"可叠用。昏暗不明的样子。屈原《离骚》："时～～其将罢(pí)兮。"（时间已晚，人也感到疲倦了。罢：通"疲"。）❷ 遮蔽。谢灵运《会吟行》："轻云～松杞。"可叠用。隐隐约约的样子。陶渊明《归园田居》诗之一："～～远人村，依依墟里烟。"❸ 温暖。王俭《褚渊碑文》："～有余晖，遥然留想。"可叠用。温暖的样子。王维《赠裴十迪》诗："～～日暖闺，田家来致词。"

僾 ài ❶ 呼吸急促不顺畅。《诗经·大雅·桑柔》："如彼遡风，亦孔之～。"（遡：向。孔：很。）❷ 隐约，仿佛。《礼记·祭义》："祭之日，入室，～然必有见乎其位。"

薆 ài ❶ 遮蔽。屈原《离骚》："何琼佩之偃蹇(yǎnjiǎn)兮，众～然而蔽之。"（偃蹇：高高的样子。）[薆薆] 昏暗不明的样子。司马相如《大人赋》："时若～～将混浊兮。"❷ 草木茂盛。曹植《临观赋》："南园～兮果载荣。"（荣：花。）❸ 香气浓。江淹《齐太祖高皇帝诔》："誉馥区中，道～岷外。"（区中：指世间。）

隘 ài ❶ 狭窄，狭小。《诗经·大雅·生民》："诞寘之～巷，牛羊腓字之。"（腓：庇护。）《左传·昭公三年》："子之宅近市，湫(jiǎo)～嚣尘，不可以居。"（湫：低下。嚣尘：嘈杂多尘。）㉑心胸狭窄，行事小气。《孟子·公孙丑上》："伯夷～，柳下惠不恭。"《礼记·礼器》："晏平仲祀其先人，豚肩不揜豆；浣衣濯冠以朝，君子以为～矣。"❷ 险要的地方。《淮南子·兵略》："一人守～，而千人弗敢过也。"❸ è 通"阨"。阻塞，阻止。《战国策·楚策二》："太子辞于齐王而归，齐王～之。"㉑穷困，窘迫。《荀子·大略》："君子～穷而不失。"（不失：指不改变信仰。）

餲 ài 食物经久而变味。《论语·乡党》："食饐(yì)而～，鱼馁(něi)而肉败，不食。"（饐：腐臭。馁：腐烂。）

AN

安 ān ❶ 安宁，安定。《诗经·小雅·常棣》："丧乱既平，既～且宁。"《荀子·王霸》："国～则无忧民。"❷ 安稳，稳固。杜甫《茅屋为秋风所破歌》："风雨不动～如山。"㉒平安。《周易·系辞下》："是故君子～而不忘危，存而不忘亡。"㉑妥当。《论衡·自纪》："世书俗说，多所不～。"❸ 安逸，安乐。《论语·学而》："君子食无求饱，居无求～。"《左传·僖公二十三年》："怀与～，实败名。" ❹ 安心。《论语·阳货》："食夫稻，衣夫锦，于女～乎？"（女：汝。）《三国志·魏书·司马朗传》："郊境之内，民不～业。" ❺ 舒缓。《战国策·齐策四》："晚食以当肉，～步以当车。" ❻ 安放，设置（后起意义）。《世说新语·巧艺》："魏明帝起殿，欲～榜，使仲将登梯题之。"陆游《东阳道中》诗："先～笔砚对溪山。" ❼ 疑问代词。什么，什么地方。《礼记·檀弓上》："泰山其颓，则吾将～仰？"《左传·僖公十四年》："皮之不存，毛将～傅？"（傅：附着。）㊁怎么，哪里。《史记·陈涉世家》："嗟乎，燕雀～知鸿鹄之志哉！"

庵［菴］ ān ❶ 圆形草屋。《南齐书·竟陵文宣王子良传》："编草结～，不违凉暑。"㊕用为书斋名。如陆游有"老学庵"。❷ 僧人道士所居屋舍（后起意义）。白居易《兰若寓居》诗："晨游南坞上，夜息东～下。"后多指尼姑居住的。如《红楼梦》里有"水月庵"。上述❶㊕❷又写作"菴"。❸ yǎn 通"奄"。忽然。洪适《隶释·卫尉衡方碑》："受任浃旬，～离寝疾。"（浃旬：十天，一旬。浃：周匝。）

谙（諳） ān 熟悉，熟识。《世说新语·赏誉》："（谢胡儿）尝作《王堪传》，不～堪是何似人，咨谢公。"白居易《忆江南词》之一："江南好，风景旧曾～。"双音词有"谙练"、"谙熟"。

媕 ān ［媕婀（ē）］不置可否，曲意迎合。韩愈《石鼓歌》："中朝大官老于事，讵肯感激徒～～。"（讵：哪里。）洪迈《容斋四笔》卷四："～～当位，左掣右壅。"

盦［盫］ ān ❶ 古代一种有盖的器皿。陶宗仪《南村辍耕录》卷一七："古器之名则有……壶、～、瓿（bù）。"（瓿：小瓮。）❷ 覆盖。李时珍《本草纲目·草部·续断》："闪朒（nǜ）骨节，用接骨草叶捣烂～之，立效。"（朒：折伤。）❸ 通"庵"。圆形草屋。徐珂《清稗类钞·孝友》："乃筑风木～以避寒暑。"㊁用于人名、别名或书斋名。如龚自珍号定盦。

韽 ān 声音微弱。《周礼·春官·典同》："微声～，回声衍。"刘基《大热遣怀》诗："鸟兽声尽～。"

喑 án ❶［喑呓（yì）］说梦话。《列子·周穆王》："眠中～～呻呼，彻旦息焉。" ❷［喑哢（lòng）］鸟鸣声。柳宗元《乞巧文》："抽黄对白，～～飞走。" ❸ ān ［喑默］缄默不言。《新唐书·杨玚传》："公卿～～唯唯，独玚抗议。"

犴［豻］ àn ❶ 古代北方一种野狗。司马相如《子虚赋》："其下则有白虎玄豹，蟃蜒（wànyán）貙（chū）～。"（蟃蜒、貙：野兽名。）❷ 古代乡亭的牢狱。《荀子·宥坐》："狱～不治，不可刑也。"（不治：指处理得不当。）❸［狴犴］见 19 页"狴"字。

岸［屽］ àn ❶ 河岸。《诗经·卫风·氓》："淇则有～，隰（xí）则有泮。"（淇：淇水。）❷ 山崖。《荀子·宥坐》："三尺之～而虚车不能登也。"（虚车：空车。）❸ 高。《汉书·江充传》："充为人魁～。"（魁：大。）［伟岸］高大。《新唐书·段志玄传》："志玄姿质～～。"［傲岸］高傲。李白《赠宣城宇文太守兼呈崔侍御》诗："崔生何～～，纵酒复谈玄。"［岸帻（zé）］把帻（头巾）掀起，露出前额。形容态度洒脱，不拘束。《晋书·谢奕传》："～～笑咏，无异常日。"（笑咏：谈笑咏诗。）❹ 通"犴"。古代乡亭的牢狱。《诗经·小雅·小宛》："哀我填寡，宜～宜狱。"［岸狱］牢狱。杨万里《与张严州敬夫书》："某初至，见～～充盈。"

【辨】岸，涯，垠。在一般用法上，"岸"和"涯"相同，但"岸"没有"天涯"、"生涯"的意思。"垠"的本义也是"岸"，但常见的多是"边际"的意思，多用于"无垠"。

按 àn ❶ 用手压或摁。《世说新语·排调》："每共围棋，丞相欲举行，长豫～指不听。"㊁握，持。《史记·绛侯周勃世家》："于是天子乃～辔（pèi）徐行。"《汉书·邹阳传》："燕王～剑而怒。" ❷ 压抑，止住。《管子·霸言》："～强助弱，圉暴止贪。"（圉：阻止。）成语有"按兵不动"。❸ 击。《楚辞·招魂》："陈钟～鼓。" ❹ 按照，依照。《商君书·君臣》："缘法而治，～功而赏。"（缘：依照。）成语有"按部就班"。❺ 考察。贾谊《治安策》："～之当今之务。"㊁追究，查办。《汉书·赵广汉传》："广汉使长安丞～贤。"（贤：人名。）❻ 巡行，巡视。《史记·卫将军骠骑列传》："遂西定河南地，～榆溪旧塞。"（榆溪：地名。塞：边塞。）❼ 于是，就。《荀子·富国》："我～起而治之。"

【辨】按，抑。"按"、"抑"都有"向下压"的意思，但"抑"比"按"程度重，并且常用于"压抑"、"抑制"等抽象意义。

案 àn ❶ 盛食物的矮脚木托盘。《史记·田叔列传》："赵王张敖自持～进食，礼恭甚。"成语有"举案齐眉"。❷ 几案，矮长桌。《三国志·吴书·周瑜传》裴松之注："权拔刀斫（zhuó）前奏～。"（权：孙权。奏案：接

A

受奏本的几案。）❸ 文书，案卷。《新唐书·陆贽传》："视～籍烦简。"（籍：指记录的本册。）[案牍]官府文书。刘禹锡《陋室铭》："无丝竹之乱耳，无～～之劳形。"❹ 用手压或摁。《史记·魏其武安侯列传》："～灌夫项令谢。"（灌夫：人名。项：脖颈。谢：道歉。）㊀ 握，持。《庄子·盗跖》："～剑瞋（chēn）目，声如乳虎。"（瞋目：瞪眼。乳虎：刚生子的母虎。）❺ 压抑，止住。《三国志·蜀书·诸葛亮传》："何不～兵束甲？"（束甲：捆起铠甲，指停止战争。）❻ 考察，核实。《论衡·问孔》："～贤圣之言，上下多相违。"（相违：互相矛盾。）[案问]审问，审查。《史记·秦始皇本纪》："于是使御史悉～～诸生。"（御史：官名。）❼ 巡行，巡视。《三国志·蜀书·诸葛亮传》："宣王～行其营垒处所，曰：'天下奇才也。'"❽ 按照，依照。《韩非子·孤愤》："～法而治官。"（按照法令来做官。）❾ 于是，就。《荀子·王制》："财物积，国家～自富矣。"上述❹—❾又写作"按"。

晻 àn ❶ 暗。《汉书·五行志下之下》："大风起，天无云，日光～。"又用于抽象意义。指世道昏暗或人主昏庸。《荀子·不苟》："是奸人将以盗名于～世者也。"❷ 不显露、不公开的，暗中。《荀子·儒效》："张法而度之，则～然若合符节。"上述❶❷又写作"暗"。❸ ǎn [晻蔼]阴暗的样子。屈原《离骚》："扬云霓之～～兮，鸣玉鸾之啾啾。"❹ yǎn [晻晻]日无光的样子。《楚辞·九叹·惜贤》："日～～而下颓。"

暗 àn ❶ 昏暗不明。《汉书·外戚传下》："广室阴兮帷幄～。"李白《古风五十九首》之二十四："大车扬飞尘，亭午～阡陌。"（亭午：正午。阡陌：道路。）㊃政治黑暗。杜甫《愁》诗："十年戎马～万国。"❷ 愚昧。《三国志·蜀书·后主传》："否（pǐ）德～弱。"（道德低下，愚昧无能。否德：不德。）❸ 不显露的，不公开的。《世说新语·言语》："简文在～室中坐，召宣武。"（宣武：指桓温。）陆游《入蜀记》卷六："龙门水尤湍急，多～石。"成语有"明察暗访"。㊀ 默默地，悄悄地。杜甫《可叹》诗："群书万卷常～诵。"

闇 àn ❶ 闭门。《说文·门部》："闇，闭门也。"❷ 蒙蔽。《荀子·不苟》："不下比以～上。"（比：勾结。）❸ 昏暗。《楚辞·九思·守志》："彼日月兮～昧。"（昧：昏暗无光。）㊀黄昏或夜间。《礼记·祭义》："周人祭日，以朝及～。"㊃政治黑暗。《商君书·说民》："治明则同，治～则异。"（同：指上下一心。异：指上下离散。）❹ 昏庸，愚昧。《淮南子·主术》："主上～而不明，群臣党而不忠。"曹操《陈损益表》："以～钝之才，而奉明明之政。"❺ 暗中。《管子·九守》："刑赏信必于耳目之所见，则其所不见莫不～化矣。"㊀默默地。《三国志·魏书·王粲传》："卿能～诵乎？"上述❸❹❺又写作"暗"。❻ ǎn 隐晦。《礼记·中庸》："故君子之道，～然而日章。"（章：彰显，显著。）❼ ān [谅闇]帝王居丧。《礼记·丧服四制》："高宗～～。"又写作"亮闇"、"谅阴"、"梁阴"。❽ yǎn 通"奄"。忽然，很快的样子。傅毅《舞赋》："翼尔悠往，～复辍（chuò）已。"（复：又。辍已：停止。）

黯 àn ❶ 深黑色。蔡邕《述行赋》："玄云～以凝结兮。"（玄：黑色。以：而。）❷ [黯然]黑的样子。《史记·孔子世家》："丘得其为人，～～而黑。"㊀暗淡无光的样子。刘禹锡《西塞山怀古》诗："金陵王气～～收。"成语有"黯然失色"。㊀神情沮丧的样子。江淹《别赋》："～～销魂者，唯别而已矣！"（销魂：形容人极度悲伤忧愁。）❸ 昏暗。江淹《齐太祖高皇帝诔》："日月郁华，风云～色。"

ANG

卬 áng ❶ 第一人称代词。我。《诗经·邶风·匏有苦叶》："人涉～否，～须我友。"（涉：过河。须：等待。）❷ 通"昂"。抬起，抬高。司马迁《报任安书》："乃欲～首伸眉，论列是非。"（列：陈述。）柳宗元《蝜蝂传》："～其首负之。"（负：背。）㊀高，升高。《汉书·食货志下》："万物～贵。"（卬贵：同"昂贵"。）司马相如《长门赋》："意慷慨而自～。"[卬卬]同"昂昂"。气宇轩昂的样子。《诗经·大雅·卷阿》："颙颙～～，如圭如璋。"❸ yǎng 通"仰"。脸朝上。与"俯"相对。《汉书·灌夫传》："～视天，俛（fǔ）画地。"（俛：同"俯"，脸朝下。）㊀仰望，敬仰。《诗经·大雅·云汉》："瞻～昊天，有嘒其星。"《汉书·刑法志》："夫仁人在上，为下所～。"㊀仰仗，依赖。《汉书·原涉传》："费用皆～富人长者。"

昂 áng ❶ 抬起，抬高。《楚辞·远游》："服偃蹇（yǎnjiǎn）以低～兮。"（服：指驾辕的马。偃蹇：屈伸的样子。）《隋书·炀三子传》："～首扬眉，初无惭色。"成语有"昂首阔步"。㊀高，升高。《论衡·变动》："故谷价低～，一贵一贱矣。"❷ [昂昂]形容志行高超、气度不凡。《楚辞·卜居》："宁～～若千里之驹乎？"又写作"卬卬"。

柳 àng ❶ 拴马的柱子。《三国志·蜀书·先主传》："解绶系其颈著马～。" ❷ 斗拱。何晏《景福殿赋》："飞～鸟踊，双辕是荷。"

盎 àng ❶ 一种腹大口小的盛器。《后汉书·逢萌传》："乃首戴瓦～，哭于市。"（戴：顶着。）韩愈《赠张籍》诗："箧中有余衣，～中有余粮。" ❷ 充满。《孟子·尽心上》："其生色也睟然，见于面，～于背，施（yì）于四体。"（睟然：润泽的样子。施：延及。）[盎盎][盎然]盈溢的样子。苏轼《新酿桂酒》诗："盎盎春溪带雨浑。"苏轼《答李邦直》诗："诗词如醇酒，盎然薰四支。"成语有"春意盎然"。

AO

敖 áo ❶ 游玩，游逛。《诗经·邶风·柏舟》："微我无酒，以～以游。"（微：非。）《商君书·垦令》："民不～，则业不败。"（业：事业。）这个意义后来写作"遨"。❷ 通"嗷"。声音嘈杂。《荀子·强国》："而日为乱人之道，百姓讙（huān）～。"（讙：喧哗。） ❸ 通"熬"。煎熬。《荀子·富国》："天下～然，若烧若焦。" ❹ ào 通"傲"。傲慢，狂妄。《汉书·萧望之传》："～慢不逊。"《论衡·问孔》："毋若丹朱～，惟慢游是好。"（丹朱：帝尧之子。）[笑敖]戏谑游乐，放纵不敬。《诗经·邶风·终风》："谑浪～～，中心是悼。" ❺ [敖敖] 1. 身长的样子。《诗经·卫风·硕人》："硕人～～，说（shuì）于农郊。"（说：通"税"，指停车止息。）2. 同"嗷嗷"。哀号声。《三国志·魏书·常林传》："林夜挝（zhuā）吏，不胜痛，叫呼～～彻曙。"（挝：击，打。彻曙：直到天明。）

遨 áo 遨游，游逛。《后汉书·刘盆子传》："犹从牧儿～。"（仍旧跟着牧童游逛。）[遨游] 1. 漫游。陆机《拟古诗·青青陵上柏》："～～放情愿，慷慨为谁叹？"李白《南都行》："～～盛宛洛，冠盖随风还。" 2. 奔走周旋。《后汉书·马援传》："卿～～二帝间，今见卿，使人大惭。"

嗷[**嶅**] áo [嗷嗷] 1. 哀鸣声。《诗经·小雅·鸿雁》："鸿雁于飞，哀鸣～～。"㊀哀号声。《楚辞·九叹·惜贤》："声～～以寂寥兮，顾仆夫之憔悴。"又写作"敖敖"、"熬熬"、"謷謷"。2. 声音嘈杂。曹植《美女篇》："众人徒～～，安知彼所观？"

獒 áo 一种凶猛的狗。《左传·宣公二年》："公嗾（sǒu）夫～焉。"（嗾：唆使。）

熬 áo ❶ 烤干，煎干。《周礼·地官·舍人》："共饭米～谷。"（共：供给。）㊁煎焦。《后汉书·边让传》："多汁则淡而不可食，少汁则～而不可熟。"㊃受折磨，痛苦。《楚辞·九思·怨上》："我心兮煎～。" ❷ [熬熬] 1. 赤日炎炎的样子。张籍《山头鹿》诗："旱日～～蒸野冈，禾黍不收无狱粮。" 2. 同"嗷嗷"。哀号声。《汉书·陈汤传》："下至众庶，～～苦之。" ❸ 长时间地煮（后起意义）。《新唐书·摩揭陀传》："太宗遣使取～糖法。"

磝 áo ❶ 多小石的山。《尔雅·释山》："多小石，～。"[磝磝]山多石的样子。韩愈《别知赋》："山～～其相轧。"（相轧：石相挤压。） ❷ qiāo [磝磝]土地坚硬瘠薄。焦延寿《易林·巽之蹇》："～～秃白，不生黍稷。"

聱 áo ❶ 听不进别人的意见。《新唐书·元结传》："彼诮（qiào）以～者，为其不相从听。"（诮：责备。） ❷ [聱牙]文句不顺口，指艰涩难读。韩愈《进学解》："周诰殷盘，佶屈～～。"

螯 áo 螃蟹等节肢动物的第一对脚，像钳子，能开合，用来取食、自卫。《荀子·劝学》："蟹六跪而二～。"（跪：脚。）㊀螃蟹的代称。苏轼《和穆父〈新凉〉》："紫～应已肥，白酒谁能劝？"

謷 áo ❶ 诋毁。《吕氏春秋·怀宠》："～丑先王，排訾（zǐ）旧典。"（訾：毁谤。）《新序·善谋》："有独知之虑者，必见～于民。"[謷謷]同"嗷嗷"。哀号声。《汉书·食货志上》："天下～～然，陷刑者众。" ❷ ào 高大的样子。《庄子·德充符》："～乎大哉，独成其天！" ❸ ào 通"傲"。傲慢。《庄子·天地》："得其所谓，～然不顾。"

鳌（**鰲**）[**鼇**] áo 传说中海里的大鳖。《淮南子·览冥》："于是女娲炼五色石以补苍天，断～足以立四极。"李白《猛虎行》："巨～未斩海水动，鱼龙奔走安得宁？"

翱[**翶**] áo 鸟扇动翅膀上下飞。《诗经·郑风·女曰鸡鸣》："将～将翔，弋凫与雁。"《竹书纪年》卷下："凤凰～兮于紫庭。"[翱翔]展开翅膀回旋地飞。《庄子·逍遥游》："～～蓬蒿之间，此亦飞之至也。"《淮南子·览冥》："～～四海之外。"㊁悠闲游乐的样子。《诗经·齐风·载驱》："鲁道有荡，齐子～～。"（齐子：指齐国女子文姜。）

鏖 áo 激战，苦战。《汉书·霍去病传》："合短兵，～皋兰下。"（皋兰：山名。）㊃喧

A

扰。黄庭坚《仁亭》诗："市声～午枕，常以此心观。"

拗[抝] ǎo ❶用手折断。《乐府诗集·折杨柳枝歌》："上马不捉鞭，反～杨柳枝。"㊀违逆，扭转。韩愈《答孟郊》诗："古心虽自鞭，世路终难～。"《朱子语类》卷四："被此生坏了后，理终是～不转来。"❷ ào 不顺口。元稹《哭女樊四十韵》："和蛮歌字～，学妓舞腰轻。"㊁出乎常格，不合格律。杨慎《升庵诗话·杜牧之》："宋人评其诗，豪而艳，宕而丽，于律诗中特寓～峭，以矫时弊，信然。"（峭：指劲直有力。）❸ niù 固执，倔强。《朱子语类》卷二〇："大概江西人好～，人说臭，他须要说香。"上述❶㊀❷㊁❸又写作"抝"。❹ yù 抑制。班固《西都赋》："乃～怒而少息。"

媪 ǎo ❶对老年妇女的敬称。《战国策·赵策四》："老臣以～为长安君计短也。"（计短：考虑得太短浅了。）❷妇女的通称。《南史·袁昂传》："昂年五岁，乳～携抱匿(nì)于庐山。"（乳媪：奶母。匿：躲藏。）

坳[坳] ào 低凹的地方。韩愈《咏雪赠张籍》："～中初盖底，垤(dié)处遂成堆。"（垤：小土堆。）[坳堂]堂上低洼的地方。《庄子·逍遥游》："覆杯水于～～之上，则芥为之舟。"

奡 ào ❶传说中夏朝的大力士。《论衡·效力》："～、育，古之多力者。"（育：夏育，传说中的大力士。）❷通"傲"。傲慢。《尚书·益稷》："无若丹朱～。"（若：像。丹朱：人名。）

傲[慠] ào ❶骄傲，傲慢。《左传·成公十四年》："今夫子～，取祸之道也。"《韩非子·内储说下》："令尹甚～而好兵。"㊀轻视。《商君书·修权》："数加严令，而不致其刑，则民～死。"（不致其刑：不执行刑罚。死：指死刑。）上述❶㊀又写作"慠"。❷急躁。《荀子·劝学》："不问而告谓之～。"（告：告诉，指回答。）

【辨】骄，傲。见194页"骄"字。

骜(驁) ào ❶骏马。《吕氏春秋·察今》："良马期乎千里，不期乎骥～。"（乘良马是希望能跑千里，不是希望得到好马的美名。骥：好马。）㊀放纵奔驰。《楚辞·远游》："骖连蜷(quán)以骄～。"（骖：辕马两旁的马。连蜷：形容马奔跑时的样子。）㊁才能出众。韩愈《荐士》诗："有穷者孟郊，受材实雄～。"❷通"傲"。傲慢。《韩非子·十过》："夫知伯之为人也，好利而～愎(bì)。"（知伯：人名。愎：固执，任性。）㊁轻视。《吕氏春秋·下贤》："士～禄爵者，固轻其主。"❸ áo 通"謷"。诋毁。《商君书·更法》："有独知之虑者，必见～于民。"

奥 ào ❶屋子里的西南角。多为尊长居处或设神位处。《荀子·非十二子》："～窔(yào)之间，簟(diàn)席之上。"（窔：屋子里的东南角。簟：竹席。）《论语·八佾》："与其媚于～，宁媚于灶。"㊀室内深处。《淮南子·时则》："凉风始至，蟋蟀居～。"❷深。陆机《塘上行》："结根～且坚。"❸深奥，隐微。《尚书·序》："雅诰～义，其归一揆。"柳宗元《答韦中立论师道书》："抑之欲其～。"（抑：抑制，指写文章不做详尽的发挥。）㊀隐蔽、机密的地方。《三国志·魏书·董昭传》："往来禁～。"㊁重要、机密的职务。谢朓《忝役湘州与宣城吏民别》诗："薄晚忝华～。"❹ yù 浊。《后汉书·班固传》："有沈而～，有浮而清。"❺ yù 通"燠"。温暖。《诗经·小雅·小明》："昔我往矣，日月方～。"❻ yù 通"隩"。水涯深曲处。《诗经·卫风·淇奥》："瞻彼淇～，绿竹猗猗(yīyī)。"（淇：水名。猗猗：美盛的样子。）

隩 ào ❶ yù 水涯深曲处。谢灵运《从斤竹涧越岭溪行》诗："逶迤傍隈～，苕递陟陉岘(xíngxiàn)。"（隈：山或水弯曲处。隈隩双声，常连用。苕递：同"迢递"，远的样子。陟：登上。陉岘：中间断开的高山。）㊀水边。谢瞻《王抚军庾西阳集别》诗："分手东城闉(yīn)，发棹西江～。"❷ yù 通"燠"。温暖，热。《尚书·尧典》："厥民～，鸟兽氄(rǒng)毛。"（氄：鸟兽毛细软。）❸通"墺"。可居住的地方。《尚书·禹贡》："九州攸同，四～既宅。"（宅：用作动词，指盖起房子。）❹通"奥"。室内西南角。《孔子家语·问玉》："室而无～阼(zuò)，则乱于堂室矣。"（阼：堂前东边的台阶，古时迎接宾客的地方。）㊁深。《国语·郑语》："申、吕方强，其～爱太子，亦必可知也。"（申、吕：姜姓诸侯。）

澳 ào ❶ yù 水边。《礼记·大学》："《诗》云：'瞻彼淇～，菉竹猗猗(yīyī)。'"（淇：水名。猗猗：美盛的样子。）❷水湾。《宋史·向子諲传》："曩有司三日一启闸，复作～储水。"㊁可泊船的水湾（后起意义）。《宋史·河渠志六》："镇江府傍临大江，无港～以容舟楫。"❸刷洗。《世说新语·汰侈》："王君夫以粭(yí)糒(bèi)～釜。"（粭：饴糖。糒：干饭。）

B

BA

巴 bā ❶[巴蛇]传说中的一种大蛇。《山海经·海内南经》:“～～食象。”❷周代诸侯国。在今四川东部和重庆一带。[巴人]民间曲名。张协《杂诗十首》之五:“《阳春》无和者,《～～》皆下节。”本称“下里巴人”。宋玉《对楚王问》:“客有歌于郢中者,其始曰《下里～～》。”

芭 bā ❶一种香草。屈原《九歌·礼魂》:“成礼兮会鼓,传～兮代舞。”❷芭蕉。张希复《赠诸上人联句》:“乘兴书～叶,闲来入豆房。”❸pā 通“葩”。花。《大戴礼记·夏小正》:“拂桐～。”(拂:拂拭。)

豝 bā 母猪。《诗经·召南·驺虞》:“一发五～。”(发:指射箭。)一说为两岁的猪。

拔 bá ❶拔起,拔出。《韩非子·说林上》:“使十人树之而一人～之。”《史记·秦始皇本纪》:“～剑自杀。”㊀选拔,提拔。《论衡·书虚》:“～宁戚于车下。”李白《与韩荆州书》:“山涛作冀州,甄(zhēn)～三十余人。”(山涛:人名。作冀州:当冀州的长官。甄:审察。)❷突出,超出。《孟子·公孙丑上》:“出于其类,～乎其萃。”成语有“出类拔萃”。李白《梦游天姥吟留别》:“势～五岳掩赤城。”(五岳:我国五大名山。赤城:山名。)❸攻取。《战国策·东周策》:“秦～宜阳。”《史记·魏公子列传》:“～二十城。”❹动摇,改变。《周易·乾》:“乐则行之,忧则违之,确乎其不可～。”成语有“坚韧不拔”。❺迅疾。《礼记·少仪》:“毋～来,毋报往。”❻箭末扣弦处。《诗经·秦风·驷驖》:“公曰左之,舍～则获。”❼[拔扈]同“跋扈”。蛮横霸道。张衡《西京赋》:“睢盱(huīxū)～～。”(睢盱:张目仰视。)

【辨】拔,擢。在“拔”、“抽”的意义上,“拔”只用于人力或风力把东西拔起来,“擢”可以指植物滋长。在“提拔”的意义上,“拔”往往指提拔本来没有官职的人,“擢”往往指提升官职。至于“攻取某地”的意义,只能用“拔”,不能用“擢”。

茇 bá ❶草根。《淮南子·地形》:“凡浮生不根～者,生于萍藻。”沈括《梦溪笔谈》卷二五:“见路旁生蓟,～甚大。”(蓟:草名。)❷在草野中住宿。《诗经·召南·甘棠》:“蔽芾(fèi)甘棠,勿翦勿伐,召(shào)伯所～。”(蔽芾:小的样子。甘棠:杜梨。召伯:指召康公。)❸bèi[茇茇]飞翔的样子。宋玉《九辩》:“左朱雀之～～兮,右苍龙之躣躣(qúqú)。”(朱雀:南方七星宿的合称。苍龙:东方七星宿的合称。躣躣:蜿蜒而行的样子。)❹通“跋”。踏草而行或翻山越岭。[茇涉]指艰辛奔走。《资治通鉴·后周世宗显德四年》:“时淮滨久无行人,葭苇如织,多泥淖沟堑,士卒乘胜气～～争进,皆忘其劳。”

胈 bá 大腿上的毛。《韩非子·五蠹》:“禹之王天下也,身执耒锸以为民先,股无～,胫不生毛。”

軷 bá 祭祀路神。祭后以车轮碾过牲体,以示出行无艰险。《诗经·大雅·生民》:“取羝(dī)以～。”(羝:公羊。)

跋 bá ❶踏草而行或翻山越岭。《左传·襄公二十八年》:“～涉山川。”成语有“跋山涉水”。㊀踩,践踏。《诗经·豳风·狼跋》:“狼～其胡。”(胡:野兽脖子下的垂肉。)❷文体的一种,写在书籍或文章的后面,多用来评价内容或说明写作经过。沈括《梦溪笔谈》卷五:“后人题～多盈巨轴矣。”(题:题写在书籍、文章或书画前面的文字。巨轴:指大卷的著作。)❸[跋扈]蛮横霸道。《后汉书·梁冀传》:“帝少而聪慧,知冀骄横,尝朝群臣,目冀曰:‘此～～将军也。’”《北史·齐高祖纪》:“景专制河南十四年矣,常有飞扬～～志。”(景:侯景,人名。)又写作“拔扈”。成语有“飞扬跋扈”。

魃 bá [旱魃]传说中引起旱灾的鬼怪。《诗经·大雅·云汉》:“～～为虐,如惔(tán)如焚。”(惔:焚烧。)

把 bǎ ❶握,持。《战国策·燕策三》:“臣左手～其袖。”《论衡·顺鼓》:“操刀～杖以击之。”㊀控制,把守。《晏子春秋·内篇谏下》:“然则后世孰将～齐国?”杨万里《松关》诗:“竹林行尽到松关,分付双松为～门。”❷量词。束,把。《三国志·吴书·陆逊传》:“乃敕各持一～茅,以火攻拔之。”(敕:命令。)❸介词。将,把(后起意义)。白居易《戏醉客》诗:“莫～杭州刺史欺。”苏轼《饮湖上初晴后雨》诗:“欲～西湖比西子。”(西子:西施,春秋时代越国有名的美女。)❹pá 通“爬”。扒,搔。《后汉书·戴就传》:“以大针刺指爪中,使以～土,爪悉堕落。”

B

罢(罷) bà ❶停止。《论语·子罕》："欲～不能。"《史记·秦始皇本纪》："秦出兵，五国兵～。"㉤结束，完了。《韩非子·外储说左上》："及反，市～。"（到他回去时，集市已经散了。）❷罢免，停职。《史记·魏其武安侯列传》："窦太后大怒，乃～逐赵绾、王臧等。"❸（旧读bì）散，离散。《墨子·非攻中》："吴有离～之心。"❹pí通"疲"。疲劳，疲乏。《孙子兵法·军争》："劲者先，～者后。"㉤疲沓，无能。与"贤"相对。《荀子·王霸》："无国而不有贤士，无国而不有～士。"（无国：没有一个国家。）

靶 bà ❶马笼头。左思《吴都赋》："回～乎行邪，睨观鱼乎三江。"㉧缰绳。《汉书·王褒传》："王良执～。"（王良：古代善驾马者。）❷器物的把柄。《北齐书·徐之才传》："又有以骨为刀子～者，五色班斓。"（班：通"斑"。）㉧弓身的正中，开弓时手执握处。王维《出塞作》诗："玉～角弓珠勒马。"❸bǎ 箭靶(后起意义)。王实甫《丽春堂》第一折："～内先知箭有功。"

霸[覇] bà ❶pò 阴历月初时的月光。《汉书·律历志下》："惟四月哉生～。"（哉：开始。）这个意义又写作"魄"。❷春秋战国时诸侯的盟主。《商君书·更法》："五～不同法而霸。"（五霸：指春秋时齐桓公、晋文公等五个诸侯盟主。）❸做诸侯的盟主。《孟子·公孙丑上》："管仲以其君～。"㉤称霸。《三国志·蜀书·诸葛亮传》："诚如是，则～业可成。"❹胜过他人。刘勰《文心雕龙·事类》："主佐合德，文采必～。"【注意】古代汉语中"霸"没有"蛮横不讲理"的意义。

灞 bà 水名。渭水支流，在陕西境内。司马相如《上林赋》："终始～、浐(chǎn)，出入泾、渭。"（浐：水名。）

BAI

白 bái ❶白色。《荀子·荣辱》："目辨～黑美恶。"（辨：辨别。）㉤纯洁，干净。《韩非子·说疑》："竦(sǒng)心～意。"（竦：恭敬。）㉧天亮。李贺《致酒行》："雄鸡一声天下～。"❷清楚，明了。《荀子·天论》："功名不～。"《汉书·贡禹传》："罪～者伏其诛，疑者以与民。"㉤显著。《汉书·冯奉世传》："威功～著，为世使表。"❸下对上告诉，陈述。《史记·滑稽列传》："巫妪弟子是女子也，不能～事，烦三老为入～之。"柳宗元《童区寄传》："虚吏～州，州～大府。"（虚吏：管理集市的官吏。）❹空白。《旧唐书·苗晋卿传》："而奭(shì)手持试纸，竟日不下一字，时谓之曳(yè)～。"（奭：人名。）[白丁][白衣][白身]都指没有功名的平民。《隋书·李敏传》："谓公主曰：'李敏何官？'对曰：'一白丁耳。'"《晋书·陶侃传》："侃坐免官，王敦表以侃白衣领职。"（坐：因罪。）高适《送桂阳孝廉》诗："桂阳年少西入秦，数经甲科犹白身。"❺徒然，白白地(后起意义)。李白《越女词五首》之四："相看月未堕，～地断肝肠。"❻银子的代称。《汉书·淮南王安传》："又有中篇八卷，言神仙黄～之术。"（黄：黄金。）❼葱、蒜茎部下端白色的部分。《世说新语·俭啬》："及食，啖薤，庾因留～。"❽古时罚酒用的酒杯。刘向《说苑·善说》："饮不釂者，浮以大～。"（釂：饮尽。浮：罚酒。）

佰 bǎi ❶数词"百"的大写。❷（旧读bó）古时军队编制单位，百人为佰。㉧管辖一百人的长官。《史记·陈涉世家》："蹑足行伍之间，俛(fǔ)仰仟～之中。"（参加到队伍里，处在仟长、佰长这样的人中间。仟：管辖一千人的长官。）❸mò 通"陌"。田间小路。《汉书·匡衡传》："南以闽～为界。"（闽：田界的名称。）

捭 bǎi ❶两手分开横击。左思《吴都赋》："拉～摧藏。"❷[捭阖(hé)]或分开或联合。战国时纵横家的游说之术。《鬼谷子·捭阖》："～～者，天地之道。"成语有"纵横捭阖"。❸bò 通"擘"。掰开，分开。《礼记·礼运》："其燔黍～豚(tún)。"（燔：烧。豚：小猪。）

呗(唄) bài 梵文译音。意为"赞叹"，本指以短偈形式赞唱宗教颂歌。㉢诵经，诵经声。慧皎《高僧传·经师论》："天竺方俗，凡是歌咏法言，皆称为～。"刘长卿《秋夜北山精舍观体如师梵》诗："焚香奏仙～，向夕遍空山。"

败(敗) bài ❶毁坏，败坏。《诗经·大雅·桑柔》："大风有隧，贪人～类。"（有隧：风势急速的样子。）《韩非子·难一》："法～则国乱。"㉧食物变质变味。《论语·乡党》："鱼馁而肉～，不食。"（馁：指鱼腐烂。）㉤灾害，祸害。《吕氏春秋·孟夏》："(孟夏)行春令，则虫蝗为～。"《礼记·孔子闲居》："四方有～，必先知之。"㊕歉年。《穀梁传·庄公二十八年》："丰年补～。"❷打败仗。与"胜"相对。《孙子兵法·军形》："善战者立于不～之地。"㉧把对方打败。《史记·廉颇蔺相如列传》："秦数～赵军。"㉧事情不成功。《管子·禁藏》："事有成～，而意不能同。"❸ 衰落，凋残。李商隐《五月六日夜忆往岁与彻师同宿》诗："堕蝉翻～叶，栖鸟定寒枝。"

拜 bài ❶ 一种表示恭敬的礼节。《左传·僖公三十二年》："卜偃使大夫～。"（卜偃：人名。）《史记·绛侯周勃世家》："介胄（zhòu）之士不～，请以军礼见。"（介胄之士：穿铠甲戴战盔的军人。）㉤谒见，拜见。《论语·阳货》："孔子时其亡也，而往～之。"（时其亡：等到他不在家的时候。）❷ 授给官职。《三国志·蜀书·诸葛亮传》："～亮为丞相。"又"拜官"为旧时常用语。❸ 拔。《诗经·召南·甘棠》："勿翦勿～。"

稗 bài ❶ 稗子，稻田里的一种杂草。《潜夫论·述赦》："养稊（tí）～者，伤禾稼。"（稊：类似稗的植物。）这个意义又写作"粺"。❷ 微小的，琐细的。[稗官]小官。《汉书·艺文志》："小说家者流，盖出于～～。"（流：这一类的。）后来用作小说或小说家的代称。[稗史]记述遗闻琐事的书。如元代仇远著《稗史》一卷。有别于正史，故称稗史。

粺 bài ❶ 一种精米。《诗经·大雅·召旻》："彼疏斯～，胡不自替？"（疏：粗米。斯：此。）❷ 通"稗"。稗子。《孔子家语·相鲁》："若其不具，是用秕（bǐ）～。"（秕：不饱满的谷粒。）

BAN

肦 bān ❶ fén 头大。元稹《望云骓马歌》："骥～驴骡少颜色。"❷ 颁赐。《仪礼·聘礼》："～肉及廋（sōu）、车。"（廋：廋人，养马官。）

颁（頒） bān ❶ fén 头很大的样子。《诗经·小雅·鱼藻》："有～其首。"（有：形容词词头。）❷ 颁发，赐予。《周礼·春官·小宗伯》："遂～禽。"㉤公布，颁布。《礼记·明堂位》："制礼作乐，～度量，而天下大服。"《宋史·律历志》："诏太史局更造新历～之。"（更造：重新制作。）❸ [颁白]通"斑白"。鬓发花白。《孟子·梁惠王上》："谨庠序之教，申之以孝悌之义，～～者不负戴于道路矣！"㉤借指老人。《论衡·是应》："～～不提挈。"

班 bān ❶ 分玉。《尚书·舜典》："～瑞于群后。"（瑞：瑞玉，古代一种作为凭证的玉。群后：众诸侯。）㉤分开，摊开。《左传·襄公二十六年》："～荆相与食。"（把荆条摊在地上一起坐着吃饭。）李白《送友人》诗："挥手自兹去，萧萧～马鸣。"（班马：离群的马。）㉤遍布。《国语·晋语四》："车～外内。"❷ 颁布。《吕氏春秋·仲夏》："～马正。"（颁布养马的政令。正：政。）《后汉书·崔骃传》："强起～春。"（勉强出来颁布春天的政令。）❸ 排列。《韩非子·存韩》："～位于天下。"㉤等级，次第。《左传·文公六年》："辰嬴贱，～在九人。"㉤等同。《孟子·公孙丑上》："伯夷、伊尹于孔子，若是～乎？"❹ 返回。[班师]调回出去打仗的军队，也指出征的军队胜利归来。《尚书·大禹谟》："～～振旅。"《左传·襄公十年》："请～～。"❺ 通"斑"。杂色。屈原《离骚》："～陆离其上下。"（陆离：色彩繁杂的样子。）[班白]鬓发花白。《韩非子·外储说左下》："～～者多以徒行。"（徒行：步行。）㉤借指老人。《汉书·食货志上》："～～不提挈。"

斑 bān ❶ 杂色的花纹或斑点。《晋书·王献之传》："管中窥豹，时见一～。"（从竹管里看豹，有时也能看见豹身上的一块斑纹。）❷ [斑斓]色彩错杂鲜明的样子。王嘉《拾遗记·岱舆山》："玉梁之侧，有～～自然云霞龙凤之状。"又写作"斑兰"、"编斓"。❸ 头发花白。李白《南都行》："谁识卧龙客，长吟愁鬓～。"[斑白]鬓发花白。《礼记·祭义》："～～者不以其任行乎道路。"㉤借指老人。陶渊明《桃花源诗》："童孺纵行歌，～～欢游诣（yì）。"又写作"颁白"。

般 bān ❶ pán 旋转。常"般旋"、"般桓"、"般还"连用。《礼记·投壶》："宾再拜，受，主人～还。"㉦游乐。张衡《思玄赋》："惟～逸之无斁（yì）兮，惧乐往而哀来。"（斁：厌倦。）❷ 搬运。《旧唐书·裴延龄传》："若市送百万围草，即一府百姓，自冬历夏，～载不了。"这个意义后来写作"搬"。❸ 样，种类。张鷟《游仙窟》："一种天公，两～时节。"李煜《相见欢》："别是一～滋味在心头。"❹ pán 通"鞶"。囊。《穀梁传·桓公三年》："诸母～，申之曰：'谨慎从尔父母之言。'"（般：指赠予鞶囊。）❺ pán 通"磐"。山石。《汉书·郊祀志上》："鸿渐于～。"❻ 通"班"。1. 分给。《墨子·尚贤中》："～爵以贵之，裂地以封之。"2. 还，回。《汉书·赵充国传》："明主～师罢兵。"3. 分布。《汉书·礼乐志》："先以雨，～裔裔。"（裔裔：散布的样子。）❼ 通"斑"。1.斑纹。《周礼·天官·内饔》："马黑脊而～臂，蝼。"2. 杂乱。《汉书·贾谊传》："～纷纷其离此邮兮。"

瘢 bān 伤疤。《汉书·朱博传》："视其面，果有～。"㉥毛病，缺点。《后汉书·赵壹传》:"所好则钻皮出其毛羽,所恶则洗垢求其~痕。"

斒 bān [斒斓(lán)]同"斑斓"。灿烂多彩。元稹《台中鞫狱忆开元观旧事》诗:"文章甚~~。"

阪 bǎn ❶山坡。《诗经·小雅·伐木》:"伐木于~。"这个意义又写作"坂"。❷山腰小道。刘长卿《奉和李大夫同吕评事太行苦热行》:"朝辞羊肠~,夕望贝丘郭。"❸[阪田]土质坚硬不肥沃的田。《诗经·小雅·正月》:"瞻彼~~。"(瞻:看。)

坂[岅、阪] bǎn 山坡。《后汉书·皇甫嵩传》:"若欲辅难佐之朝,雕朽败之木,是犹逆~走丸。"李白《北上行》:"汲水涧谷阻,采薪陇~长。"(薪:柴。)

板 bǎn ❶木板。《诗经·秦风·小戎》:"在其~屋,乱我心曲。"㊕筑墙用的夹板。《史记·黥布列传》:"项王伐齐,身负~筑,以为士卒先。"(筑:捣土的杵。)㉒板状物。《朱子语类》卷二七:"千部万部虽多,只是一个印~。"❷诏板。帝王的诏书或官府文件。《后汉书·杨赐传》:"念官人之重,割用~之恩。"㊀以板授官。《南齐书·褚炫传》:"~炫补五官。"❸笏板,官吏上朝时所持的手板。《后汉书·礼仪志中》:"八能士各书~言事。"❹板结,结成硬块。宋应星《天工开物·乃粒·菽》:"遇大雨~土,则不复生。"❺[板板]邪僻,反常。《诗经·大雅·板》:"上帝~~,下民卒瘅。"(卒、瘅:都指因劳致病。)

版 bǎn ❶筑土墙用的夹板。《诗经·大雅·绵》:"其绳则直,缩~以载。"《汉书·英布传》:"身负~筑。"(筑:木杵,筑墙时用以夯实土。)㊀版筑的土墙。《左传·僖公三十年》:"朝济而夕设~焉。"㉑城墙的计量单位,八尺为版。《史记·赵世家》:"引汾水灌其城,城不浸者三~。"❷古时写字用的木片。《世说新语·方正》:"谢送~使王题之。"(谢:指谢安。王:指王献之。)❸图籍。《论语·乡党》:"式负~者。"(式:通"轼",伏轼行礼。)㉑名册和户籍。《周礼·天官·宫伯》:"宫伯掌王宫之士、庶子,凡在~者,掌其政令。"[版图]户籍和地图。《周礼·天官·小宰》:"听闾里以~~。"(乡里之中对土地有争议者依照户籍和地图判决。听:判决诉讼。)㉒国家的疆域。周昂《翠屏口七首》诗之三:"不须惊异域,曾在~~中。"❹古代大臣上朝时拿着的手板。《后汉书·范滂传》:"滂怀恨,投~弃官而去。"

蝂 bǎn [蝜(fù)蝂]见122页"蝜"字。

办(辦) bàn ❶办理,治理。《管子·中匡》:"民~军事矣,则可乎?"《史记·项羽本纪》:"每吴中有大繇(yáo)役及丧,项梁常为主~。"(繇:徭役。主:主持。)㊀处罚,惩办。《三国志·蜀书·费祎传》:"君信可人,必能~贼者也。"(君信可人:您确实是合适的人。)❷备办,做成。《后汉书·彭宠传》:"趣为诸将军~装。"(趣:赶快。)《晋书·石崇传》:"为客作豆粥,咄嗟(duōjiē)便~。"(咄嗟:仓促,很快。)

半 bàn ❶二分之一,一半。《庄子·天下》:"一尺之捶,日取其~,万世不竭。"(捶:通"棰",短木棍。竭:尽。)成语有"半壁江山"。㊀中,中间。《世说新语·任诞》:"或回至~路却返。"成语有"半途而废"。❷pàn 大块。《汉书·李陵传》:"令军士人持二升糒(bèi),一~冰。"(糒:干饭。)

伴 bàn ❶伙伴,伴侣。《三国志·蜀书·李严传》:"吾与孔明俱受寄托,忧深责重,思得良~。"吴融《倒次元韵》:"南陌来寻~。"(陌:道路。)㊀陪着,陪伴。《北史·李崇传》:"庶妻,元罗女也,庶亡后,岳使妻~之寝宿。"胡铨《戊午上高宗封事》:"天下望治,有如饥渴,而近~食中书,漫不敢可否事。"(近:人名。中书:官署名。)❷pàn [伴奂]见163页"奂"字。

拌 bàn ❶pàn 分开,剖开。《吕氏春秋·论威》:"今以木击木则~,以水投水则散。"《史记·龟策列传》:"镌石~蚌,传卖于市。"❷搅和。贾思勰《齐民要术·作豉法》:"细磨为面,以水~而蒸之。"

绊(絆) bàn ❶拴系马足的绳索。㉒拴鸟兽的绳索。傅玄《鹰赋》:"饰五采之华~。"㉑用绳索拴住马足。《淮南子·俶真》:"是犹两~骐骥而求其致千里也。"❷约束,牵制。杜甫《曲江二首》诗之一:"细推物理须行乐,何用浮荣~此身?"

靽 bàn 套在马后部的皮带。《左传·僖公二十八年》:"晋车七百乘,韅(xiǎn)、靷(yǐn)、鞅、~。"(韅:驾车的马两腋的皮带。靷:引车前行的皮带。鞅:马颈部的皮带。)

BANG

邦[邦] bāng ❶诸侯的封国。《诗经·大雅·皇矣》:"王(wàng)此大~。"(王:指统治。)㊀分封。《墨子·非攻下》:"唐叔与吕尚~齐、晋。"柳宗元《封建论》:"周有天下,裂土田而瓜分之,设五等,~群后。"(邦群后:分封了许多诸侯。后:指诸侯。）❷ 国家。《论语·子路》："一言而可以兴～。"杜甫《送顾八分文学适洪吉州》诗："～以民为本。"

榜[1] bǎng ❶ péng 矫正弓弩的工具。《韩非子·外储说右下》："～檠（qíng）矫直。"（榜檠是用来矫直的。檠：矫正弓弩的工具。）❷ péng 古代的一种刑罚，捶击，捶打。司马迁《报任安书》："受～箠。"（箠：鞭打。）❸ 告示，或特指公布应试录取名单的告示。《后汉书·崔骃传》："灵帝时，开鸿都门～卖官爵。"《新唐书·安禄山传》："诡言奉密诏讨杨国忠，腾～郡县。"（腾：传达。）"告示"义又写作"牓"。❹ 木片，木板。《宋书·邓琬传》："会琬送五千片～供胡军用。"㊊匾额。《世说新语·巧艺》："魏明帝起殿，欲安～，使仲将登梯题之。"（仲将：韦诞字仲将。）"匾额"义又写作"牓"。❺ bàng 划船的工具。屈原《九章·涉江》："乘舲船余上沅兮，齐吴～以击汰。"（舲船：有窗的小船。沅：沅江。齐：同时并举。吴：通"艎"，船。汰：水的波纹。）㊉指代船。李贺《马诗二十三首》之十："催～渡乌江。"㊉划船。范摅《云溪友议》卷中："时张祜～舟而至。"

榜[2]［牓］ bǎng ❶ 题榜，匾额。杜甫《八哀诗·故著作郎贬台州司户荥阳郑公虔》："文传天下口，大字犹在～。"❷ 告示。《北齐书·马嗣明传》："从驾往晋阳，至辽阳山中，数处见～。"㊉张贴告示。孟郊《织妇辞》："官家～村路，更索栽桑树。"

棓 bàng ❶ "棒"的本字。棍棒。《淮南子·诠言》："羿（yì）死于桃～。"（羿：后羿，古代传说中善于射箭的人。）㊉以棒打人。《战国策·秦策三》："勾践终～而杀之。"❷ 一种农具，即连枷。《方言》卷五："佥，……或谓之度，自关而西谓之～。"郭璞注："今连枷，所以打谷者。"

傍 bàng ❶ 靠近，临近。《木兰诗》："双兔～地走，安能辨我是雄雌？"李颀《古从军行》："黄昏饮马～交河。"（交河：水名。）双音词有"傍晚"。㊀依靠，依附。《晋书·王彪之传》："公阿衡皇家，便当倚～先代耳。"（阿衡：指辅佐。倚：依仗。）❷ páng 通"旁"。旁边，侧边。《史记·滑稽列传》："执法在～，御史在后。"《北史·周宗室传》："俄而水～有一小鸟，显和射中之。"（俄而：一会儿。显和：人名。）

谤（謗） bàng ❶ 公开指责别人的过失。《国语·周语上》："厉王虐，国人～王。"（厉王：周厉王。）❷ 毁谤。《史记·屈原贾生列传》："信而见疑，忠而被～。"（信而见疑：诚实却被人怀疑。）双音词有"谤议"。

【辨】谤，诽，讥。这三个字都是指责别人的过错或短处。但是，"谤"一般指公开地指责，"诽"是背地里议论、嘀咕，"讥"是微言讽刺。

蚌 bàng 同"蚌"。河蚌。《韩非子·五蠹》："民食果蓏（luǒ）～蛤，腥臊恶臭而伤害腹胃。"（蓏：瓜类植物的果实。）

BAO

包 bāo ❶ 裹。《诗经·召南·野有死麕》："野有死麕（jūn），白茅～之。"（麕：一种野兽。白茅：一种草。）㊀包围，围绕。《史记·苏秦列传》："劫韩～周，则赵氏自操兵。"郦道元《水经注·河水》："河水分流，～山而过。"❷ 包括，包容。郭璞《江赋》："总括汉、泗，兼～淮、湘。"（汉、泗、淮、湘：水名。）㊉囊括。李斯《谏逐客书》："～九夷，制鄢、郢。"❸ 量词。多用于成包的东西。《后汉书·杨由传》："五官掾（yuàn）献橘数～。"（五官掾：官名。）❹ 通"苞"。草木丛生、茂盛。《尚书·禹贡》："草木渐～。"❺ páo 通"庖"。厨房。《周易·姤》："～有鱼，无咎，不利宾。"

苞 bāo ❶ 席草，可编织席子和草鞋。司马相如《子虚赋》："其高燥则生葴（zhēn）菥（sī）～荔。"（葴、菥、荔：草名。）❷ 草木丛生、茂盛。《诗经·曹风·下泉》："冽彼下泉，浸彼～稂（láng）。"（冽：冷。稂：一种野草。）❸ 草木的根或茎。《诗经·商颂·长发》："～有三蘖。"❹ 花苞。谢灵运《酬从弟惠连》诗："山桃发红萼，野蕨（jué）渐紫～。"❺ 通"包"。包，裹。《荀子·非十二子》："恢然如天地之～万物。"

胞 bāo ❶ 胎衣。《论衡·四讳》："人之有～，犹木实之有扶也。包裹儿身，因与俱出。"［同胞］同父母所生的。《汉书·东方朔传》："～～之徒，无所容居，其故何也？"❷ páo 通"庖"。祭祀时割肉的小吏。《礼记·祭统》："～者，肉吏之贱者也。"㊉厨师。《庄子·庚桑楚》："汤以～人笼伊尹。"❸ pāo 通"脬"。膀胱。嵇康《与山巨源绝交书》："每常小便而忍不起，令～中略转乃起耳。"

褒［襃］ bāo ❶ 衣襟宽大。《淮南子·氾论》："岂必～衣博带句（gōu）襟委章甫哉？"（句襟：圆领衣。委：委貌冠，一种礼帽。章甫：一种礼帽。）李白《嘲鲁儒》诗："秦家丞相府，不重～衣人。"㊀广大。

《淮南子·主术》:“是故得道者不为丑饰,不为伪善,一人被之而不～,万人蒙之而不褊。”❷ 表扬,赞扬。与“贬”相对。《汉书·王成传》:“宣帝最先～之。”❸ 古国名。在今陕西勉县东南。《史记·周本纪》:“幽王嬖爱～姒。”(褒姒:褒国的女子,姓姒。)

宝(寶)[寳] bǎo ❶ 宝物,珍贵的东西。《礼记·檀弓上》:“南宫敬叔反,必载～而朝。”(反:返。)《史记·李斯列传》:“今陛下致昆山之玉,有随、和之～。”(随:指随侯珠。和:指卞和璧。)(喻)可贵的方法、东西。《老子》六十七章:“我有三～,持而保之。”佛教有“法宝”一词。(又)珍贵。《荀子·富国》:“佩～玉。”❷ 视……为宝,珍爱。《尚书·旅獒》:“不～远物,则远人格;所～惟贤,则迩人安。”(迩:近。)❸ 封建社会里称帝王的东西。如“宝位”、“宝驾”。(特)皇帝的印。《新唐书·车服志》:“至武后,改诸玺皆为～。”

【辨】珍,宝。见537页“珍”字。

保 bǎo ❶ 抱。《尚书·召诰》:“夫知～抱携持厥妇子,以哀吁天。”(引)抚养。《尚书·康诰》:“若～赤子。”(赤子:初生的婴儿。)(引)安抚,安定。《盐铁论·地广》:“以宽徭役,～士民。”[保氏]古时负责谏诤君主、教育贵族子弟的官员称保或保氏。《周礼·地官·保氏》:“～～掌谏王恶,而养国子以道,乃教之六艺。”❷ 守住,保住,保全,保护。《史记·秦始皇本纪》:“阻其山以～魏之河内。”(河内:地名。)《左传·昭公八年》:“民力雕尽……莫～其性。”(雕尽:竭尽。性:性命。)(又)保持。贾思勰《齐民要术·耕田》:“立春～泽,冻虫死,来年宜稼。”(泽:湿润。稼:种庄稼。)❸ 保证,担保。《管子·小匡》:“故卒伍之人,人与人相～。”(卒伍:指居住单位。)(又)户籍编制单位。《隋书·食货志》:“制人五家为～,～有长。”❹ 仆役。《史记·季布栾布列传》:“(布)穷困,赁(lìn)佣于齐,为酒人～。”(赁佣:为人雇用。齐:国名。)❺ 小土城。《庄子·盗跖》:“所过之邑,大国守城,小国入～。”(邑:城市。)这个意义后来写作“堡”。❻ 通“褓”。婴儿的被子。《后汉书·桓荣传》:“昔成王幼小,越在襁～。”

葆 bǎo ❶ 草木茂盛。《汉书·燕刺王旦传》:“头如蓬～,勤苦至矣。”❷ 一种把羽毛挂在竿头制成的仪仗,常用在车上。张衡《西京赋》:“垂翟～,建羽旗。”(翟:野鸡的羽毛。)❸ 通“保”。保全,保护。《墨子·号令》:“尽～其老弱粟米畜产。”(引)保姆。《管子·入国》:“五幼又予之～。”(五幼:指五个孤儿。予:给。)❹ 通“宝”。珍贵。《史记·乐书》:“天子之～龟也。”❺ 通“保”、“堡”。小土城。《史记·匈奴列传》:“匈奴右贤王入居河南地,侵盗上郡～塞蛮夷,杀略人民。”❻ 通“褓”。婴儿的被子。《史记·鲁周公世家》:“武王既崩,成王少,在强～之中。”(强葆:即襁褓。)❼ bāo 通“褒”。高大。《礼记·礼器》:“不乐～大。”❽ bāo 通“包”。包裹。《墨子·公孟》:“教人学而执有命,是犹命人～而去其冠也。”

堡 bǎo 城堡,小土城。《晋书·苻登载记》:“各聚众五千,据险筑～以自固。”

褓[緥] bǎo 婴儿的被子。刘绩《征夫词》:“但视～中儿。”(但:只。)[襁褓]见337页“襁”字。

鸨(鴇) bǎo ❶ 鸟名。比雁略大。《诗经·唐风·鸨羽》:“肃肃～羽,集于苞栩(xǔ)。”(肃肃:鸟振羽声。苞:丛生的。栩:柞树。)❷ 通“駂”。黑白杂色的马。《诗经·郑风·大叔于田》:“叔于田,乘(chéng)乘(shèng)～。”(田:打猎。乘乘鸨:乘坐四匹黑白杂色马拉的车。)

报(報) bào ❶ 断狱,判决罪人。《韩非子·五蠹》:“以为直于君而曲于父,～而罪之。”(直于君:对君主正直。曲于父:对父亲不正直。报而罪之:判决而治他罪。)❷ 报答,报复。《诗经·卫风·木瓜》:“投我以木桃,～之以琼瑶。”《左传·成公三年》:“无怨无德,不知所～。”成语有“报仇雪恨”。(又)报效。王勃《滕王阁序》:“孟尝高洁,空怀～国之情。”(引)古人认为“天”或“鬼神”的报应。如“善报”、“恶报”。❸ 报告,告知。《史记·蒙恬列传》:“使者还～。”李贺《秦王饮酒》诗:“宫门掌事～一更。”❹ 回信,答复。司马迁《报任安书》:“阙然久不～,幸勿为过。”❺ 酬劳。《论衡·祭意》:“～功以勉力,修先以崇恩。”(报功:酬报有功之人。)❻ 祭名。用以答谢神的恩德。《诗经·小雅·甫田》:“～以介福,万寿无疆。”(介:求。)❼ 指上下辈之间的淫乱行为。《左传·宣公三年》:“文公～郑子之妃。”❽ fù 通“赴”。疾速。《礼记·少仪》:“毋拔来,毋～往。”(拔:疾速。)

抱 bào ❶ 抱着。《诗经·卫风·氓》:“氓之蚩蚩,～布贸丝。”《史记·滑稽列传》:“即使吏卒共～大巫妪(yù)投之河中。”(即:就。使:命令。大巫妪:老巫婆。)(引)扶持。《吕氏春秋·下贤》:“周公旦～少主而成之。”(引)环绕。杜甫《江村》诗:“清江一曲～村流,长夏江村事事幽。”❷ 怀抱,怀有。《后汉书·蔡邕传下》:"或有～罪怀瑕,与下同疾,纲网弛纵,莫相举察。"王安石《上皇帝万言书》:"常～边疆之忧。"❸ 胸怀。《宋书·范晔传》:"然区区丹～,不负夙心。"韦应物《寒食日寄诸弟》诗:"念离独伤～。"(离:离别。)❹ 两臂合抱的距离。《史记·司马相如列传》:"槐檀木兰,豫章女贞,长千仞,大连～。"(女贞:树名。)

鲍(鮑) bào ❶ 盐渍鱼。《史记·货殖列传》:"～千钧。"㊀干鱼。《周礼·天官·笾人》:"朝事之笾,其实……～鱼、鱐(sù)。"(鱐:干鱼。)❷ 鳆鱼的别称,即石决明。徐珂《清稗类钞·动物类》:"鳆,亦称～鱼。"❸ 通"鞄"。鞣制皮革的工匠。《周礼·考工记》:"攻皮之工:函、～、韗(yùn)、韦、裘。"(韗:制鼓工匠。)

暴 bào ❶ pù 晒。《孟子·滕文公上》:"秋阳以～之。"《汉书·王吉传》:"夏则为大暑之所～炙。"(炙:烤。)这个意义后来写作"曝(pù)"。㊀暴露,显露。司马迁《报任安书》:"其所摧败,功亦足以～于天下矣。"❷ 凶恶残酷。《商君书·错法》:"不畏强～。"㊀残暴的人。《论衡·逢遇》:"武王诛残,太公讨～。"成语有"安良除暴"。❸ 又猛又急的。《礼记·月令》:"行夏令,则国多～风。"㊀突然。《史记·扁鹊仓公列传》:"太子病血气不时,交错而不得泄,～发于外,则为中害。"又如"暴雷"、"暴病"。❹ 欺凌,损害。《庄子·盗跖》:"自是之后,以强凌弱,以众～寡。"《世说新语·自新》:"并皆～犯百姓。"❺ 徒步搏击。《诗经·小雅·小旻》:"不敢～虎,不敢冯(píng)河。"(冯河:徒步过河。)

虣 bào ❶ 猛兽。鲍照《芜城赋》:"伏～藏虎。"❷ 通"暴"。徒步行猎。左思《吴都赋》:"～甝(hán)虪(shù)。"(甝:白虎。虪:黑虎。)㊀暴虐。《周礼·地官·大司徒》:"以刑教中,则民不～。"(中:中正。)㊀突然。《后汉书·五行志三》:"河南新城山水～出,突坏民田。"

BEI

陂 bēi ❶ 山坡,斜坡。《庄子·外物》:"青青之麦,生于陵～。"陆游《思故山》诗:"～南～北鸦阵黑,舍西舍东枫叶赤。"❷ 水边,水岸。《诗经·陈风·泽陂》:"彼泽之～,有蒲与荷。"(泽:水聚集的地方。)《国语·越语下》:"故滨于东海之～。"㊁旁边。《汉书·礼乐志》:"腾雨师,洒路～。"㊀靠近。《后汉书·冯衍传下》:"～山谷而闲处兮,守寂寞而存神。"❸ 壅塞。《国语·吴语》:"乃筑台于章华之上,阙为石郭,～汉,以象帝舜。"❹ 池塘,水泽。《盐铁论·贫富》:"夫寻常之污,不能溉～泽。"(小水坑里的水,不能灌满大的池泽。污:小水坑。)《淮南子·说林》:"十顷之～,可以灌四十顷。"❺ bì 倾斜,不平。《周易·泰》:"无平不～,无往不复。"❻ bì 通"诐"。邪恶。《荀子·成相》:"险～倾侧。"(险:奸险。倾侧:不正。)❼ pō [陂陁(tuó)]倾斜不平的样子。司马相如《哀秦二世赋》:"登～～之长阪兮。"(阪:山坡。)又写作"陂陀"。

卑 bēi ❶ 低下。与"高"相对。《礼记·中庸》:"譬如登高必自～。"❷ 低贱,卑微。《周易·系辞上》:"天尊地～。"诸葛亮《出师表》:"先帝不以臣～鄙,猥自枉屈,三顾臣于草庐之中。"(先帝:指刘备。鄙:见识短浅。)㊀贬低。《韩非子·有度》:"～主之名以显其身。"(名:名声。显:显示。)《左传·僖公二十三年》:"秦晋匹也,何以～我?"❸ 衰微,衰弱。《国语·周语上》:"王室其将～乎!"《史记·李斯列传》:"自秦孝公以来,周室～微,诸侯相兼。"(相兼:互相吞并。)❹ bǐ 通"俾"。使。《荀子·宥坐》:"～民不迷。"

碑 bēi ❶ 古时宫、庙门前用来观测日影及拴牲畜的竖石。《礼记·祭义》:"君牵牲……既入庙门,丽于～。"(丽:系,拴。)㊀墓穴旁引棺下葬用的木柱或石柱。《礼记·丧大记》:"君葬用輴(chūn),四綍(fú)二～。"(輴:载棺柩的车。綍:引棺的大绳。)❷ 石碑。石上刻着文字,作为纪念物或标记,也用以刻文告。秦代称刻石,汉以后称碑。《后汉书·祢衡传》:"(黄射)尝与衡俱游,共读蔡邕所作～文。"刘勰《文心雕龙·诔碑》:"自后汉以来,～碣(jié)云起。"(碣:石碑。)

北 běi ❶ bèi 相背。《尚书·舜典》:"庶绩咸熙,分～三苗。"(庶绩咸熙:众人功绩都大。三苗:古部族名。)《战国策·齐策六》:"士无反～之心。"❷ 北方。《诗经·邶风·北门》:"出自～门,忧心殷殷。"(殷殷:忧伤的样子。)❸ 打了败仗往回跑。《孙子兵法·军争》:"佯～勿从。"(敌人假装逃跑,不能追赶。)《史记·项羽本纪》:"未尝败～。"

贝(貝) bèi ❶ 贝壳类动物。《史记·司马相如列传》:"罔玳瑁,钓紫～。"㊀贝壳。《荀子·大略》:"玉～曰唅。"(把玉石贝壳放在死人嘴里叫作唅。)❷ 古代的货币。《汉书·食货志下》:"大～四寸八分以上,二枚为一朋,直二百一十六。"(直:

B

值。)

狈(狽) bèi [狼狈]见 238 页“狼”字。

孛 bèi ❶ 彗星出现时光芒四射的样子，因以为彗星的别称。《公羊传·昭公十七年》：“有星～于大辰。～者何？彗星也。”❷ 通“悖”。悖乱，相冲突。罗泌《路史·次民氏》：“类不～，虽久同理。”

悖 bèi ❶ 违背，相冲突。《周易·颐》：“十年勿用，道大～也。”《礼记·中庸》：“道并行而不相～。”这个意义又写作“誖”。㊀背叛，叛乱。《史记·匈奴列传》：“高后时单于书绝～逆。”❷ 谬误，荒谬。《公孙龙子·白马论》：“此天下之～言乱辞也。”《荀子·强国》：“若是其～缪也，而求有汤、武之功名，可乎？”❸ 惑乱，糊涂。《战国策·楚策四》：“先生老～乎？”❹ 遮蔽。《庄子·胠箧》：“故上～日月之明。”❺ bó 通“勃”。兴盛的样子。《左传·庄公十一年》：“禹、汤罪己，其兴也～焉。”[悖然]盛怒的样子。《韩非子·内储说下》：“王～～怒曰：‘劓(yì)之！’御因揄(yú)刀而劓美人。”(揄刀：引刀。)

誖 bèi 违背。《汉书·礼乐志》：“礼乐政刑四达而不～，则王道备矣。”这个意义又写作“悖”。

邶 bèi 周朝诸侯国。在今河南淇县以北、汤阴东南一带。《诗经》“国风”中有“邶风”，即邶地民歌。《左传·襄公二十九年》：“请观于周乐……为之歌《～》、《鄘》、《卫》。”

背 bèi ❶ 脊背。《盐铁论·利议》：“议论无所依，如膝痒而搔～。”(依：根据。)㊁物体的背面，反面。《史记·绛侯周勃世家》：“狱吏乃书牍～示之。”(书：写。牍：写字用的木片。示之：给他看。)㊀背后，背地里。《庄子·盗跖》：“好面誉人者，亦好～而毁之。”❷ 背对着。与“向”相对。《周礼·秋官·司仪》：“不正其主面，亦不～客。”柳宗元《唐铙歌鼓吹曲·铁山碎》：“～北海，专坤隅。”(专坤隅：独占大地的一方。)这个意义有时又写作“偝”。❸ 违反，违背。贾谊《治安策》：“若其它～理而伤道者，难遍以疏举。”(疏举：分条列举。)㊀背叛。《史记·高祖本纪》：“布果～楚。”(布：人名。)❹ 背离，离开。《汉书·食货志上》：“时民近战国，皆～本趋末。”曹植《洛神赋》：“～伊阙，越轘辕。”(伊阙、轘辕：地名。越：越过。)❺ 背诵，凭记忆念出。周必大《承务郎胡君泳墓志铭》：“六岁随先生谪新州，已能～诵《春秋》。”❻ bēi 背负。李商隐《李长吉小传》：“～一古破锦囊，遇有所得，即书投囊中。”这个意义后来写作“揹”，现又写作“背”。

偝 bèi 同“背”。背向。《荀子·非相》：“乡(xiàng)则不若，～则谩之。”(乡：面向。)㊀背弃。《礼记·坊记》：“利禄先死者而后生者，则民不～。”

备(備)[俻] bèi ❶ 完备，齐全。《荀子·天论》：“养～而动时，则天不能病。”(衣食齐备充足，又按时活动，那么天也不能使人生病。养：给养，指衣食。)成语有“德才兼备”、“求全责备”。㊀完全，尽。《左传·僖公二十八年》：“险阻艰难，～尝之矣。”❷ 防备，准备。《孙子兵法·计》：“攻其无～，出其不意。”杜甫《石壕吏》诗：“犹得～晨炊。”(还来得及准备早饭。)成语有“常备不懈”。㊀事先的准备，措施。《韩非子·五蠹》：“事异则～变。”(世上的事情变了，治理的措施就要改变。)

【辨】完，备。见 434 页“完”字。

惫(憊) bèi 疲乏，困顿。《周易·既济》：“三年克之，～也。”㊀衰惫，憔悴。《庄子·让王》：“孔子穷于陈蔡之间，七日不火食，藜羹不糁(sǎn)，颜色甚～。”(不糁：不加米粒。)王安石《送僧无惑归鄱阳》诗：“晚扶衰～寄人间。”(扶衰惫：指勉强支撑着衰老疲惫的身体。寄：寄居。)

糒 bèi 干饭，干粮。《汉书·李陵传》：“令军士人持二升～，一半(pàn)冰。”(半：大块。)贾思勰《齐民要术·飧饭》：“五月多作～，以供出入之粮。”

鞴 bèi ❶ 把鞍辔等套在马身上。杜甫《短歌行赠四兄》：“长安秋雨十日泥，我曹～马听晨鸡。”(曹：辈。)❷ bài 皮革制的鼓风囊。陈亮《贺新郎·酬辛幼安再用韵见寄》：“天地洪炉谁扇～？”❸ bù [鞴靫(chā)]盛箭器。刘祁《征妇词》：“恨妾不为金～～，在君腰下随风埃。”

倍 bèi ❶ 跟原数相同的数，一倍。《汉书·食货志上》：“田租口赋，盐铁之利，二十～于古。”㊂加倍，更加。《墨子·号令》：“皆～其爵赏。”王维《九月九日忆山东兄弟》诗：“独在异乡为异客，每逢佳节～思亲。”❷ 通“背”。背向，背着。《史记·淮阴侯列传》：“右～山陵。”(右：右面。)《淮南子·人间》：“单豹～世离俗，岩居谷饮，不衣丝麻，不食五谷。”(倍世：指脱离社会。)㊀违背。《荀子·天论》：“～道而妄行，则天不能使之吉。”(道：自然规律。)㊂背叛，反叛。《史记·楚世家》：“～齐而合秦。”

被 bèi ❶ 被子。《楚辞·招魂》：“翡翠珠～，烂齐光些。”(些：语气词。)㊀覆盖。

张衡《东京赋》:"芙蓉覆水,秋兰～涯。"❷施及,加于……之上。《尚书·尧典》:"光～四表。"(四表:四海之外。)《荀子·不苟》:"去乱而～之以治。"㊀蒙受,遭受。《墨子·尚贤中》:"下施之万民,万民～其利。"《汉书·赵充国传》:"身～二十余创。"(创:伤。)❸介词。表示被动。《史记·屈原贾生列传》:"信而见疑,忠而～谤。"❹pī 披在身上或穿在身上。《论语·宪问》:"微管仲,吾其～发左衽矣。"《史记·陈涉世家》:"将军身～坚执锐。"(坚:指坚固的铠甲。锐:指锐利的兵器。)这个意义后来写作"披"。❺pì 披在肩上的披风或斗篷。《左传·昭公十二年》:"王见之,去冠、～,舍鞭,与之语。"这个意义后来写作"帔"。❻pī [被离]纷乱的样子。屈原《九章·哀郢》:"忠湛湛而愿进兮,妒～～而鄣之。"(湛湛:忠厚的样子。进:被进用。妒:指妒忌的人。鄣:同"障",阻挡。)又写作"披离"。

【辨】衾,被。见342页"衾"字。

鞁 bèi 鞍辔等车驾具的统称。《国语·晋语九》:"吾两～将绝,吾能止之。"(绝:断。)

辈(輩) bèi ❶某一等级、某一类别的人或物。《史记·孙子吴起列传》:"马有上、中、下～。"《世说新语·政事》:"若不容置此～,何以为京都?"❷放在数字后面,表示同类的人或物的多数。孙樵《书褒城驿壁》:"一岁宾至者不下数百～。"(岁:年。宾:客人。)❸代,辈分(后起意义)。《晋书·吐谷浑传》:"当在汝之子孙～耳。"❹批。《史记·张耳陈余列传》:"使者往十余～辄死,若何以能得王?"

BEN

奔[奔] bēn ❶跑。屈原《离骚》:"忽～走以先后兮,及前王之踵武。"(及前王之踵武:追随先王的足迹,指继承先王的事业。)㊕战败逃跑。《左传·成公十六年》:"臣之卒实～,臣之罪也。"❷逃亡。《左传·隐公元年》:"五月辛丑,大叔出～共。"(大叔:指共叔段。共:地名。)《韩非子·难四》:"鲁阳虎欲攻三桓,不克而～齐。"(阳虎:人名。三桓:指鲁国季孙、孟孙和叔孙三家。克:攻下。齐:指齐国。)❸旧时把女子不依照旧礼教的规定而私自投奔所爱的男子称为"奔"。《史记·司马相如列传》:"文君夜亡～相如。"(文君:指卓文君。亡:逃跑。)

贲(賁) bēn ❶bì 装饰,打扮。《周易·贲》:"白～,无咎。"(白贲:以白为饰。)[贲然]装饰华美的样子。《诗经·小雅·白驹》:"皎皎白驹,～～来思。"(白色的小马,打扮得很美,来到这里。)❷指孟贲,古代勇士。《战国策·楚策三》:"～、诸怀锥刃,而天下为勇。"(诸:指专诸,古代勇士。)❸[虎贲]勇士。《尚书·牧誓》:"武王戎车三百两,～～三百人。"(戎车:战车。两:辆。)❹fén 大。《诗经·大雅·灵台》:"～鼓维镛(yōng)。"(维:语气词。镛:大钟。)❺通"奔"。奔走。《荀子·强国》:"下比周～溃以离上矣。"(下面的人相互勾结奔走溃散离开了国君。比周:勾结。)

犇 bēn "奔"的古字。奔跑。㊕逃跑。《荀子·议兵》:"劳苦烦辱则必～。"也用于人名。

本 běn ❶草木的根或茎干。《国语·晋语一》:"伐木不自其～,必复生。"㊀根源,来源。《礼记·乐记》:"乐者,音之所由生也,其～在人心之感于物也。"《韩非子·有度》:"奸邪之臣安利不以功,则奸臣进矣,此亡之～也。"(安利不以功:指不凭借功劳就获得利禄。进:晋升。亡:指亡国。)❷根本,基础的东西。《论语·学而》:"君子务～,～立而道生。"《汉书·赵充国传》:"臣闻兵以计为～,故多算胜少算。"(算:谋算。)㊕农桑业。《商君书·壹言》:"能事～而禁末者,富。"(末:指工商业。)❸本来的,原来的。萧统《文选序》:"变其～而加厉。"(厉:厉害。)㊂副词。本来。曹操《让县自明本志令》:"自以～非岩穴知名之士。"❹根据。《周易·乾》:"～乎天者亲上,～乎地者亲下。"㊂掌握。《汉书·爰盎传》:"是时绛侯为太尉,～兵柄。"❺自己一边的,现今的。《淮南子·氾论》:"立之于～朝之上。"又如"本国"、"本月"。❻底本,版本。《文选·左思〈魏都赋〉》注引刘向《别录》:"一人持～,一人读书。"(书:指书写在竹简上的文字。)❼本钱(后起意义)。《新唐书·柳宗元传》:"子～均。"(利息与本钱相等。)❽封建社会臣子给皇帝的奏章或书信(后起意义)。如"修本"、"奏本"。❾量词。株,棵,丛,撮。贾思勰《齐民要术·种薤》:"率七八支为一～。"(率:大致。)㊂用于计量书籍。册,部。沈括《梦溪笔谈》卷一八:"若印数十百千～,则极为神速。"

畚 běn 用蒲草编织的盛物工具。《左传·宣公二年》:"杀之,置诸～。"(诸:之于。)《列子·汤问》:"箕～运于渤海之尾。"(用箕畚把土石运到渤海边上。箕：竹编的盛物工具。）

B

坌 bèn ❶灰尘。元好问《戊戌十月山阳雨夜二首》诗之二：“霏霏散浮烟，霭霭集微～。”㊀用作动词。指飞尘落于物体。元稹《说剑》诗：“古今困泥滓，我亦～尘垢。”❷并，一齐。司马相如《哀秦二世赋》：“登陂陁（pōtuó）之长阪兮，～入曾宫之嵯峨（cuó'é）。”（陂陁：倾斜不平的样子。嵯峨：山势高峻的样子。）

BENG

伻 bēng 使，让。《尚书·立政》：“乃～我有夏。”（有夏：朝代名。）㊀使者。《尚书·洛诰》：“～来以图及献卜。”

祊 bēng 古代宗庙门内设祭的地方。《诗经·小雅·楚茨》：“祝祭于～。”

崩 bēng ❶山倒塌。《左传·成公五年》：“梁山～。”㊁倒塌，崩裂。曹植《求通亲亲表》：“～城陨霜，臣初信之。”沈括《梦溪笔谈》卷二一：“近岁延州永宁关大河岸～。”（岁：年。大河：黄河。）㊀用于抽象意义，表示崩溃。《论语·阳货》：“君子三年不为礼，礼必坏；三年不为乐，乐必～。”《左传·隐公元年》：“厚将～。”（厚：指势力大。）❷古代帝王或王后死叫“崩”。诸葛亮《出师表》：“先帝知臣谨慎，故临～寄臣以大事也。”（寄：托付。）《史记·楚元王世家》：“一岁而高后～。”

【辨】崩，薨，卒，死，没。这五个字都是古时对人死的称呼，它反映了奴隶社会和封建社会里严格的等级制度。《礼记·曲礼下》：“天子死曰崩，诸侯曰薨，大夫曰卒，士曰不禄，庶人曰死。”“没”等于说“去世”，后来写作“殁”。

絣 bēng ❶古代氐族的一种织品，用不同颜色的线织成。《说文·系部》：“絣，氐人殊缕布也。”❷穿甲的绳。《战国策·燕策一》：“妻自组甲～。”（组：织。）❸继续。《后汉书·班彪传》：“将～万嗣。”❹bīng 交错。《汉书·扬雄传下》：“～之以象类，播之以人事。”

菶 běng ❶［菶菶］1. 茂盛的样子。《诗经·大雅·卷阿》：“～～萋萋。”（萋萋：茂盛的样子。）2. 散乱的样子。张元一《又嘲》诗：“裹头极草草，掠鬓不～～。”❷［菶茸］茂密的样子。潘岳《射雉赋》：“稊（tí）菽丛糅，蘙（yì）荟～～。”（稊：一种类似稗子的草。菽：豆类。蘙荟：草木茂盛的样子。）

唪 běng ❶［唪唪］果实多的样子。《诗经·大雅·生民》：“瓜瓞（dié）～～。”（瓞：小瓜。）❷fěng 高声朗诵。富察敦崇《燕京岁时记·盂兰会》：“中元日各寺院设盂兰会，燃灯～经。”（盂兰会：也称盂兰盆会，梵文译音，一种于每年夏历七月十五日中元节举行的祭祀祖先的佛教仪式。）

琫［鞛］ běng 佩刀刀把处的装饰物。《诗经·大雅·公刘》：“维玉及瑶，鞞（bǐng）～容刀。”（瑶：美玉。鞞：刀剑套。容：指装饰。）《左传·桓公二年》：“藻、率、鞞、～、鞶（pán）、厉、游（liú）、缨，昭其数也。”（藻：垫玉的彩板。率：佩巾。鞶：束衣大带。厉：鞶带的垂饰。游：通“斿”，旌旗上悬垂的饰物。数：命数，礼数。）

迸 bèng ❶奔散，走散。《后汉书·樊准传》：“时饥荒之余，人庶流～，家户且尽。”《三国志·魏书·满宠传》：“督将～走，死伤过半。”❷喷射，涌流。潘岳《寡妇赋》：“口呜咽以失声兮，泪横～而沾衣。”郦道元《水经注·谷水》：“大水～瀑。”（瀑：水飞溅。）❸通“屏（bǐng）”。排除。《礼记·大学》：“唯仁人放流之，～诸四夷。”

堋 bèng ❶下棺木于土。《说文·土部》：“堋，丧葬下土也。”这个意义又写作“塴”。《左传·昭公十二年》：“朝而塴。”❷péng 挂箭靶的矮墙，即射堋。庾信《北园射堂新成》诗：“转箭初调筈，横弓先望～。”（筈：箭的尾端。）❸péng 分开水流的堤坝。郦道元《水经注·江水》：“李冰作大堰于此，壅江作～。”

BI

逼［偪］ bī ❶接近，迫近。《左传·昭公四年》：“姬在列者，蔡及曹、滕其先亡乎！～而无礼。”《晋书·苻坚载记下》：“列阵～肥水。”❷强迫，威胁。《孟子·万章上》：“而居尧之宫，～尧之子，是篡也，非天与也。”《古诗为焦仲卿妻作》：“我有亲父母，～迫兼弟兄。”㊀急迫，紧迫。《晋书·刁协传》：“今事～矣，安可不行！”❸狭窄。《荀子·赋》：“入郄（xì）穴而不～者。”（郄：隙，裂缝。）

鎞 bī ❶首饰名。即钗。《寒山诗·三月蚕犹小》：“罗袖盛梅子，金～挑笋芽。”❷古代医生用以治疗眼病的器械。《北史·张元传》：“其夜梦见一老翁以金～疗其祖目。”❸通“篦（bì）”。篦子。皮日休《鸳鸯》诗之二：“钿～雕镂费深功。”

鼻 bí ❶鼻子。《荀子·荣辱》："口辨酸咸甘苦，～辨芬芳腥臊。"❷器物上凸出以供把握的部位。《隋书·礼仪志六》："铜印铜～。"❸孔。庾信《七夕赋》："针～细而穿空。"❹初，开始。《方言》卷一三："鼻，始也。兽之初生谓之～，人之初生谓之首。梁益之间谓～为初，或谓之祖。"［鼻祖］最初的祖先。《汉书·扬雄传上》："有周氏之蝉嫣(chányān)兮，或～～于汾隅。"（我是有周氏的后代，有周氏有一分支是我最初的祖先，住在汾河边上。有周氏：氏族名。蝉嫣：连绵不绝，指后代。）

匕 bǐ ❶食器，勺子。《三国志·蜀书·先主传》："先主方食，失～箸(zhù)。"（箸：筷子。）❷箭头。《左传·昭公二十六年》："射之，中楯瓦……～入者三寸。"（之：指洩声子，人名。）❸［匕首］短剑。《史记·刺客列传》："曹沫执～～劫齐桓公。"柳宗元《古东门行》："冯敬胸中函～～。"（函：指插入。）

比 bǐ ❶并列，挨着。刘勰《文心雕龙·情采》："五音～而成韶夏。"（韶夏：指古代音乐。）《韩非子·难势》："是～肩随踵(zhǒng)而生也。"（踵：脚后跟。）［比邻］近邻。王勃《送杜少府之任蜀州》诗："海内存知己，天涯若～～。"❷接连。《汉书·外戚传下》："～三年日蚀。"［比比］每每，频频。《汉书·哀帝纪》："郡国～～地动。"（地动：地震。）(引)处处，到处。陆游《上殿劄子》："行之数年……帅臣监司之加职者又～～而有。"又如"比比皆是"。❸亲近。《周礼·夏官·形方氏》："使小国事大国，大国～小国。"(又)勾结。《论语·为政》："君子周而不～，小人～而不周。"（周：结合。）"比周"常连用。《韩非子·孤愤》："朋党～周以弊主。"（结党营私，蒙蔽君主。）成语有"朋比为奸"。❹及，等到。《孟子·梁惠王下》："～其反也，则冻馁其妻子。"（反：返。）《三国志·蜀书·先主传》："～到当阳，众十余万。"（当阳：地名。）上述❶—❹旧读 bì。❺顺从，和顺。《诗经·大雅·皇矣》："王此大邦，克顺克～。"（克：能。）❻比较。《周礼·天官·内宰》："～其小大与其粗良而赏罚之。"(引)考校，考核。《周礼·地官·乡大夫》："三年则大～，考其德行、道艺。"(又)比拟，比照。屈原《橘颂》："行～伯夷，置以为像兮。"《战国策·齐策四》："为之驾，～门下之车客。"(又)认为和……一样。《三国志·蜀书·诸葛亮传》："每自～于管仲、乐毅。"❼比喻。诗六艺之一，古代诗歌常用的一种表现方法。《诗经·大序》："故《诗》有六艺焉，一曰风，二曰赋，三曰～，四曰兴，五曰雅，六曰颂。"白居易《与元九书》："讽君子小人则引香草恶鸟为～。"（讽：用含蓄的话说明。）

妣 bǐ 母亲。《周易·小过》："遇其～。"(特)死去的母亲。《礼记·曲礼下》："生曰父、曰母、曰妻，死曰考、曰～、曰嫔。"《新唐书·高祖本纪》："追谥(shì)……～独孤氏曰元贞皇后。"（独孤：姓。）(又)祖母以上的女性祖先。《诗经·小雅·斯干》："似续～祖，筑室百堵。"欧阳修《泷冈阡表》："曾祖～，累封楚国太夫人。"

秕［粃］ bǐ ❶不饱满的谷粒。《尚书·仲虺之诰》："若苗之有莠，若粟之有～。"❷坏，不好。《国语·晋语七》："公使祁午为军尉，殁平公，军无～政。"(又)败坏。《后汉书·安帝纪赞》："安德不升，～我王度。"（度：法度。）

彼 bǐ ❶指示代词。那。与"此"相对。《孟子·公孙丑下》："～一时此一时也。"《战国策·秦策二》："息壤在～。"（息壤：地名。）❷别人，对方。与"己"、"我"相对。《孙子兵法·谋攻》："知～知己，百战不殆。"（殆：危险。）《荀子·议兵》："～畏我威。"(又)第三人称代词。他，他们。《韩非子·说疑》："～又使谲(jué)诈之士。"（谲诈：玩弄手段。）贾谊《治安策》："～且为我死。"

笔(筆) bǐ ❶笔，书写工具。《战国策·齐策六》："取～牍受言。"（牍：写字用的狭长木板。）❷书写，记载。《史记·孔子世家》："至于为《春秋》，～则～，削则削，子夏之徒不能赞一辞。"（削：指删除。）(引)文笔。《论衡·自纪》："口辩者其言深，～敏者其文沉。"❸笔迹，书画墨迹。《新唐书·李白传》："观公～奇妙，欲以藏家尔。"（藏：珍藏。）❹散文。与"韵文"相对。刘勰《文心雕龙·总术》："今之常言，有文有～，以为无韵者～也，有韵者文也。"

俾 bǐ ❶使。《诗经·邶风·绿衣》："我思古人，～无訧(yóu)兮。"（訧：过失。）陆机《辨亡论》上："乃～一介行人抚巡外域。"（一介：一个。行人：外交使节。）❷pì［俾倪(nì)］1. 同"埤堄"。城上齿状的矮墙。《墨子·备城门》："～～广三尺，高二尺五寸。"2. 同"睥睨"。斜视。有厌恶或傲慢意。《史记·魏公子列传》："（侯生）～～，故久立，与其客语。"

鄙 bǐ ❶周代基层行政区划，五百户为鄙。《周礼·地官·遂人》："五家为邻，五邻为里，四里为酂，五酂为～，五～为县。"❷边疆，边远的地方。《左传·僖公二十六

B

年》："齐孝公伐我北～。"《韩非子·存韩》："边～残。"（边疆残破。）❸ 庸俗，浅陋。《论语·子罕》："吾少也贱，故多能～事。"《左传·庄公十年》："肉食者～，未能远谋。"（肉食者：指有权位的贵族。）㊀ 俚俗。如"鄙谚"、"鄙语"。❹ 看不起，轻视。《左传·宣公十四年》："过我而不假道，～我也。"❺ 谦辞。谦称自己。《战国策·齐策一》："～臣不敢以死为戏。"白居易《答户部崔侍郎书》："垂问以～况。"（垂：敬辞，指对方。）又"鄙人"、"鄙夫"也用作谦辞。

币（幣） bì ❶ 古人用作祭祀或馈赠的丝织品。《吕氏春秋·仲春》："祀不用牺牲，用圭璧，更皮～。"《战国策·齐策三》："请具车马皮～，愿君以此从卫君游。"㊁ 用作礼物的玉、马、皮、帛等。《周礼·秋官·小行人》："合六～。"❷ 财物。《管子·国蓄》："以珠玉为上～，以黄金为中～，以刀布为下～。"❸ 货币。《史记·吴王濞列传》："乱天下～。"

必 bì ❶ 肯定，确定。《韩非子·问田》："逢遇不可～也，患祸不可斥也。"❷ 一定，必然。《论语·述而》："三人行，～有我师焉。"《商君书·更法》："治世不一道，便国不～法古。"（便国：对国家有利。法古：效法古代。）㊀ 表示一定要实行。《汉书·宣帝纪赞》："孝宣之治，信赏～罚。"（孝宣：汉宣帝。信赏必罚：奖赏守信用，刑罚坚决执行。）❸ 固执。《论语·子罕》："子绝四：毋意，毋～，毋固，毋我。"❹ 倘若，假如。《史记·廉颇蔺相如列传》："王～无人，臣愿奉璧往使。"杜荀鹤《题会上人院》诗："～能行大道，何用在深山？"

苾 bì 芳香。《大戴礼记·曾子疾病》："与君子游，～乎如入兰芷之室。"（兰、芷：香草名。）［苾芬］芬芳，香。《诗经·小雅·楚茨》："～～孝祀，神嗜饮食。"（孝祀：指奉献祭品。）后用以指代祭品。《后汉书·乐成靖王党传》："乃敢擅损牺牲，不备～～。"（牺牲：祭祀用的牲畜。）

泌 bì ❶ 泉水涌出的样子。㊀ 涌出的泉水。《诗经·陈风·衡门》："～之洋洋，可以乐饥。"（洋洋：水大的样子。乐饥：指乐而忘饥。）❷ 过滤渣滓。《灵枢经·营卫生会》："～糟粕，蒸津液，化其精微。"

柲 bì ❶ 兵器的柄。《周礼·考工记·庐人》："戈～六尺有六寸。"❷ 弓檠（qíng），保护弓的一种器具。《仪礼·既夕礼》："弓……有～。"

毖 bì ❶ 谨慎。《诗经·周颂·小毖》："予其惩而～后患。"（予：我。惩：警惧。）成语有"惩前毖后"。㊀ 告诫。《尚书·酒诰》："汝典听朕～，勿辩乃司民湎于酒。"❷ 操劳。《尚书·大诰》："无～于恤（xù）。"（恤：忧虑。）❸ 通"泌"。泉水冒出的样子。《诗经·邶风·泉水》："～彼泉水，亦流于淇。"左思《魏都赋》："温泉～涌而自浪。"

閟 bì ❶ 闭门。《左传·庄公三十二年》："初，公筑台临党氏，见孟任，从之，～，而以夫人言，许之。"（孟任：党氏之女。）❷ 停止，终尽。《诗经·鄘风·载驰》："视尔不臧，我思不～。"《左传·闵公二年》："今命以时卒，～其事也。"（时：指十二月，十二月为四时之终。）❸ 掩藏，掩蔽。《汉书·卢绾传》："绾愈恐，～匿。"㊂ 掩埋。白居易《唐太原白氏之殇墓志铭》："埋魂～骨长夜台。"❹ 谨慎。《尚书·大诰》："天～毖我成功所，予不敢不极卒宁王图事。"（毖：告诫。卒：指完成。宁王：指文王。）❺［閟宫］神庙。指周祖先后稷母姜嫄之庙。《诗经·鲁颂·閟宫》："～～有侐（xù），实实枚枚。"（有侐：清静。实实：坚固的样子。枚枚：细密的样子。）㊁ 祠堂。杜甫《古柏行》："忆昨路绕锦亭东，先主武侯同～～。"

駜 bì 马肥壮的样子。《诗经·鲁颂·有駜》："有～有～，～彼乘黄。"（有：形容词词头。乘黄：四匹黄马。）

毕（畢） bì ❶ 打猎用的有长柄的网。《论衡·偶会》："雁鹄集于会稽，去避碣石之寒，来遭民田之～。"（民田：指老百姓的田里。）㊀ 用毕猎取。《诗经·小雅·鸳鸯》："鸳鸯于飞，～之罗之。"（罗：用网捕捉。）❷ 完毕，结束。《左传·僖公二十七年》："楚子将围宋，使子文治兵于睽，终朝而～，不戮一人。"（睽：地名。）《荀子·王制》："王者之事～矣。"㊂ 用尽，竭尽。《列子·汤问》："吾与汝～力平险。"❸ 都，全部。《战国策·齐策四》："责～收，以何市而反？"（责：债。反：返。）《史记·太史公自序》："天下遗文古事，靡不～集。"成语有"原形毕露"。❹ 星宿名。二十八宿之一。《诗经·小雅·渐渐之石》："月离于～，俾滂沱矣。"

荜（蓽） bì ❶ 豆名。《新唐书·地理志一》："土贡：剪刀、火筯、～豆、澡豆、白蜜、地胆。"❷ 同"筚"。竹条或荆条编织的东西。《史记·楚世家》："～露蓝蒌，以处草莽。"（荜露：用荆竹编的车，即柴车。蓝蒌：形容衣服破烂。草莽：乡野。"荜露蓝蒌"比喻创业艰难，后多作"荜路蓝缕"。）陶渊明《止酒》诗："坐止高荫下，步止～门里。"

筚(篳) bì 竹条或荆条编织的东西。《左传·襄公十年》:"～门闺窦之人。"(筚门:用竹条或树枝编织的栅栏门。闺窦:小门。筚门闺窦:泛指穷苦人家。)《左传·宣公十二年》:"～路蓝缕,以启山林。"(驾着柴车,穿着破衣服以开垦土地。形容创业的艰苦。筚路:指柴车。蓝缕:形容衣服破烂。)成语有"筚路蓝缕"。

跸(蹕)[趩] bì 帝王出行时开路清道,禁止他人通行。《史记·佞幸列传》:"天子车驾～道未行。"《三国志·魏书·武帝纪》:"天子命王设天子旌旗,出入称警～。"(王:即魏王,指曹操。警:警戒。)㊀帝王出行的车驾。《北齐书·张耀传》:"帝驻～门外久之,催迫甚急。"(驻:停留。)

韠 bì 蔽膝,古代官服上一种皮制装饰。《诗经·桧风·素冠》:"庶见素～兮,我心蕴结兮。"《礼记·玉藻》:"～,君朱,大夫素。"

闭(閉) bì ❶ 关门。《左传·哀公十五年》:"门已～矣。"㉒闭上。《史记·张仪列传》:"愿陈子～口,毋复言。"(陈子:陈轸。)成语有"闭目塞听"。㊁闩门的孔。《礼记·月令》:"修键～,慎管籥(yuè)。"(键:木闩。管籥:锁钥。)❷ 隐藏。《史记·吴王濞列传》:"见责急,愈益～,恐上诛之。"❸ 堵塞,杜绝。《史记·乐书》:"礼者,所以～淫也。"《汉书·李寻传》:"～绝私路。"双音词有"闭塞"、"闭锁"。㊁禁止。《左传·僖公十五年》:"晋饥,秦输之粟;秦饥,晋～之籴(dí)。"(饥:饥荒。籴:买进粮食。)❹ 古时称立秋、立冬为"闭"。《左传·僖公五年》:"凡分、至、启、～,必书云物。"(分:春分、秋分。至:夏至、冬至。启:立春、立夏。云物:云的色彩。)❺ 通"柲"。弓檠,一种护弓的用具。《诗经·秦风·小戎》:"交韔(chàng)二弓,竹～绲(gǔn)縢。"(韔:弓袋。绲:绳。縢:缠束。)

庇 bì 遮蔽。《墨子·公输》:"天雨,～其閒中。"(庇其閒中:在里巷里避雨。)杜甫《茅屋为秋风所破歌》:"安得广厦千万间,大～天下寒士俱欢颜。"㊀庇护,保护。《国语·楚语下》:"夫从政者,以～民也。"

陛 bì 台阶。贾谊《治安策》:"人主之尊譬如堂,群臣如～,众庶如地。故～九级上,廉远地,则堂高。"(廉:房屋的边。)㊕皇宫的台阶。潘岳《西征赋》:"觅～殿之余基。"[陛下]对皇帝的敬称。《史记·秦始皇本纪》:"今～～兴义兵,诛残贼,平定天下。"

毙(斃)[獘] bì 因病或伤身体倒下去。《左传·哀公二年》:"郑人击简子中肩,～于车中。"㊀垮台。《左传·隐公元年》:"多行不义,必自～。"㊀死。《左传·僖公四年》:"与犬,犬～;与小臣,小臣亦～。"

【辨】偃,僵,仆,跌,毙,踣。见483页"偃"字。

狴 bì 监狱。焦延寿《易林·比之否》:"失意怀忧,如幽～牢。"《孔子家语·始诛》:"有父子讼者,夫子同～执之。"又如"狴牢"、"狴狱"。[狴犴(àn)]传说中的兽名。㊁监狱。《扬子法言·吾子》:"～～使人多礼乎?"(难道监狱能使人多礼吗?)

梐 bì [梐枑(hù)]古时设置在官府门前以阻挡行人的障碍物。也叫行马。《周礼·天官·掌舍》:"设～～再重。"

诐(詖) bì 偏颇,邪僻。《孟子·公孙丑上》:"～辞知其所蔽,淫辞知其所陷。"(淫:过分。)《孟子·滕文公下》:"息邪说,距～行。"(距:通"拒",拒绝。)

髲 bì 假发。《三国志·吴书·薛综传》:"珠崖之废,起于长吏睹其好发,髡(kūn)取为～。"(髡:剃去头发。)《世说新语·贤媛》:"湛头发委地,下为二～。"(湛:湛氏,陶侃母。下:指剪下来。)

畀 bì 给予。《诗经·鄘风·干旄》:"彼姝(shū)者子,何以～之?"(姝:美丽。)《左传·隐公三年》:"周人将～虢公政。"

痹[痺] bì 中医指由风、寒、湿等引起的肢体疼痛或麻木的病。《素问·痹论》:"风、寒、湿三气杂至,合而为～也。"㊀麻木。柳宗元《断刑论下》:"痒不得搔,～不得摇。"(摇:摇动,活动。)

庳 bì ❶ 房屋低矮。《吕氏春秋·召类》:"西家高,吾宫～。"(宫:房舍。)㉒低矮,低下。《吕氏春秋·博志》:"果实繁者木必～。"韩愈《进学解》:"计班资之崇～。"(班资:指官位、资历。)❷ [有庳]古地名。在今湖南道县北。

婢 bì 使女,女仆。《战国策·赵策三》:"叱嗟!而母,～也!"(而:你的。)《盐铁论·刺权》:"妇女被罗纨,～妾曳絺纻(chī-zhù)。"(絺纻:细苎麻布。)白居易《续古》诗:"豪家多～仆,门内颇骄奢。"(骄奢:骄横奢侈。)成语有"奴颜婢膝"。

裨 bì 见314页。

髀 bì ❶ 大腿。《礼记·深衣》:"带,下毋厌(yā)～。"(厌:压。)㊁大腿骨。《礼记·祭统》:"骨有贵贱,殷人贵～,周人贵肩。"❷ 测定日影的表。《晋书·天文志上》:"～,股也;股者,表也。"

B

敝 bì ❶ 破，破旧。《墨子·公输》："邻有～轝(yú)而欲窃之。"(轝：同"舆"，车。)成语有"敝帚自珍"。❷ 疲惫，衰败。《汉书·张敞传》："吏民凋～。"(凋：指衰落。)《左传·哀公元年》："吴日～于兵。"(吴国因兵事而日益衰败。) ❸ 弃。《礼记·郊特牲》："冠而～之可也。"❹ 对自己或自己一方的谦称。《左传·僖公二年》："侵～邑之南鄙。"(敝邑：对本国的谦称。鄙：边疆。)又如"敝姓"、"敝处"。❺ 通"蔽"。遮蔽。《汉书·东方朔传》："上临山林，主自执宰～膝，道入登阶就坐。"(敝膝：衣前盖膝的围裙。)㊀蒙蔽。《隋书·李密传》："因伪与和，以～其众。"

蔽 bì ❶ 遮住，遮掩。屈原《九歌·国殇》："旌～日兮敌若云。"(旌：旗子。)㊀掩饰，隐藏。《管子·内业》："全心在中，不可～匿。"柳宗元《三戒·黔之驴》："～林间窥(kuī)之。"(窥：从缝隙里看。) ❷ 蒙蔽。《荀子·解蔽》："凡人之患，～于一曲，而闇于大理。"(一曲：指事理的一端。闇：不明白。) ❸ 概括。《论语·为政》："《诗》三百，一言以～之，曰：'思无邪。'"❹ 判断，判决。《左传·昭公十四年》："叔鱼～罪邢侯。"❺ 博具。《楚辞·招魂》："菎～象棋，有六簙些。"(菎：通"琨"，美玉。象棋：象牙制的棋子。六簙：一种棋戏。些：语气词。) ❻ [蔽芾(fèi)]幼小的样子。《诗经·召南·甘棠》："～～甘棠，勿翦勿伐。"一说茂盛的样子。❼ piē 通"撇"。拂拭，擦。《史记·刺客列传》："太子逢迎，却行为导，跪而～席。"

【辨】蔽，掩。这两个字都有"遮盖"的意思。但是"蔽"比较抽象，"掩"比较具体。"蒙蔽"的意义是"掩"所没有的。

【辨】蔽，荫。"蔽"可以从前后左右遮住，也可以从上遮住。"荫"只能从上遮住，而且指遮住阳光。

弊 bì ❶ 破，破旧。《国语·晋语六》："今吾司寇之刀锯日～。"(司寇：官名。)《晏子春秋·内篇杂下》："乘～车，驾驽马。"❷ 困乏，疲惫。《三国志·蜀书·诸葛亮传》："曹操之众，远来疲～。"[弊弊]辛劳疲困的样子。《庄子·逍遥游》："之人也，之德也，将旁礴万物以为一世蕲(qí)乎乱，孰～～焉以天下为事！"(蕲：通"祈"，祈求。) ❸ 弊病，害处。《旧唐书·黄巢传》："皆指目朝政之～。"(指目：指责。)成语有"兴利除弊"。㊀有弊病的，有害的。王安石《上皇帝万言书》："变更天下之～法。"上述❶❷❸㊀又写作"獘"。❹ 通"蔽"。蒙蔽，欺骗。《韩非子·孤愤》："朋党比周以～主。"(朋党：指为争权夺利、排斥异己而结合起来的集团。比周：勾结。) ❺ 通"敝"。对自己或自己一方的谦称。《吕氏春秋·审应》："～邑不敢当也。"

贔(贔) bì ❶ [贔怒]气势盛大的样子。郦道元《水经注·河水》："其水尚崩浪万寻，悬流千丈，浑洪～～，鼓若山腾。"❷ [贔屃(xì)]猛壮有力的样子。张衡《西京赋》："巨灵～～。"

愎 bì 任性，固执。《左传·哀公二十六年》："君～而虐。"《韩非子·十过》："贪～喜利，则灭国杀身之本也。"

弼 bì ❶ 矫正弓弩的工具。㊀纠正。《尚书·益稷》："予违汝～，汝无面从，退有后言。"(予违汝弼：我违道，你当纠正过失。)《晋书·武帝纪》："择其能正色～违。"(正色：指严肃的态度。违：过失。) ❷ 辅佐，辅助。《尚书·泰誓上》："尔尚～予一人，永清四海。"㊁辅佐之人。《尚书·说命上》："梦帝赉(jī)予良～。"(赉：赠送。)

辟[1] bì ❶ 法度，法律。《诗经·小雅·雨无正》："～言不信，如彼行迈，则靡所臻(zhēn)。"(不听信合乎法度的话，就像走路没有目标。迈：走。靡：没有。臻：至。) ❷ 治理。《尚书·金縢》："我之弗～，我无以告我先王。"㊕治罪，惩罚。《左传·襄公二十五年》："先王之命，唯罪所在，各致其～。"㊁罪，罪行。《国语·周语上》："土不备垦，～在司寇。"(司寇：官名。) ❸ 君主。《诗经·大雅·文王有声》："皇王维～。"(皇王：指周武王。维：句中语气词。)又如"复辟"。❹ 征召。《晋书·谢安传》："初～司徒府，除佐著作郎。"(当初受司徒府的征召，拜官为佐著作郎。除：拜官。) ❺ 躲开，避免。《孟子·滕文公下》："～兄离母，处于於陵。"(於陵：地名。)《史记·张丞相列传》："高祖尝～吏。"这个意义后来又写作"避"。❻ [辟易]退走。《史记·项羽本纪》："项王瞋目而叱之，赤泉侯人马俱惊，～～数里。"❼ pì 开垦，开辟。《荀子·王制》："～田野，实仓廪。"《盐铁论·地广》："周宣王～国千里。"㊁开，打开。《左传·宣公二年》："晨往，寝门～矣。"㊀消除，排除。《荀子·成相》："～除民害。"这个意义后来写作"闢"。❽ pì 偏僻。《史记·范雎蔡泽列传》："秦国～远。"㊁邪僻。《商君书·弱民》："境内之民无～淫之心。"(辟淫：邪僻，淫乱。)这个意义后来又写作"僻"。❾ 通"躄"。腿瘸。《荀子·正论》："王梁、造父者，天下之善驭者也，不能以～马毁舆致远。"❿ pì 通"譬"。比如，打比方。《荀子·王霸》："～之是犹立直木而求其景(yǐng)之枉也。”(景:影子。枉:弯曲。)

擗 bì ❶ 捶胸。《孝经·丧亲》:“～踊哭泣,哀以送之。”(踊:顿脚。) ❷ 分开,裂开。屈原《九歌·湘夫人》:“罔薜荔兮为帷,～蕙櫋(mián)兮既张。”(分开蕙草以覆盖屋檐板。)曹植《送应氏》诗:“宫室尽烧焚,垣墙皆顿～。”[擗析]分析。梅尧臣《读月石屏诗》:“苏子苦豪迈,何用强引犀角蚌蛤巧～～。”

薜 bì ❶ [薜荔]一种常绿灌木。屈原《离骚》:“贯～～之落蕊。”(蕊:花。) ❷ bó 破裂。《周礼·考工记·旊人》:“凡陶旊(fǎng)之事,髻(yuè)垦(kěn)～暴不入市。”(旊:用黏土捏制陶器。髻:指形体歪斜。垦:损伤。暴:损坏。) ❸ pì 通“僻”。偏僻。《汉书·扬雄传上》:“狭三王之厄～。”(厄薜:指险要偏僻之处。)

壁 bì ❶ 墙。《汉书·司马相如传上》:“相如与(卓文君)驰归成都,家徒四～立。”(徒:仅仅。)〈引〉陡峭的山崖(后起意义)。郦道元《水经注·庐江水》:“高～缅然与霄汉连接。”(缅然:遥远的样子。霄汉:指天。) ❷ 军营的围墙。《史记·项羽本纪》:“及楚击秦,诸将皆从～上观。”〈引〉军营。《汉书·高帝纪上》:“晨驰入张耳、韩信～,而夺之军。”〈又〉用作动词。建立军营,驻扎。《史记·项羽本纪》:“项王军～垓下。” ❸ 星宿名。二十八宿之一。

嬖 bì 宠爱。《左传·襄公二十四年》:“晋侯～程郑,使佐下军。”(程郑:人名。)《史记·周本纪》:“幽王～爱褒姒(sì)。”(幽王:周幽王。褒姒:人名。)〈又〉受宠的人。《左传·僖公二十四年》:“弃～宠而用三良。”(良:贤良的人。)

璧 bì 平而圆、中心有孔的玉。《吕氏春秋·观表》:“酒酣而送我以～。”《史记·廉颇蔺相如列传》:“臣愿奉～往使。”(奉:捧。使:出使。)

襞 bì 折叠衣服。《汉书·扬雄传上》:“芳酷烈而莫闻兮,不如～而幽之离房。”(离房:别房,另外的房子。)[襞積(jī)]衣服上的褶子。司马相如《子虚赋》:“～～褰绉,纡徐委曲。”〈泛〉折叠。王勃《铜雀妓》诗:“锦衾(qīn)不复～。”(衾:被子。)刘禹锡《乐天寄忆旧游因作报白君以答》诗:“酒酣～笺飞逸韵,至今传在人人口。”

躄[躃] bì ❶ 两腿瘸。《礼记·王制》:“瘖(yīn)、聋、跛、～、断者、侏儒,百工各以其器食(sì)之。”(瘖:哑。)《史记·平原君虞卿列传》:“民家有～者,槃散行汲。”(槃散:蹒跚,走路不稳的样子。) ❷ 仆倒。法显《佛国记》:“王来见之,迷闷～地,诸臣以水洒面,良久乃苏。”

碧 bì 青绿色的玉石。《山海经·北山经》:“又北三百里,曰带山,其上多玉,其下多青～。”《汉书·司马相如传上》:“锡～金银,众色炫燿。”(炫燿:光彩夺目。)〈又〉浅蓝色或青绿色。杜甫《越王楼歌》:“孤城西北起高楼,～瓦朱甍(méng)照城郭。”(朱甍:红色的屋脊。)李白《望天门山》诗:“～水东流至此回。”成语有“金碧辉煌”。[碧落]天空。白居易《长恨歌》:“上穷～～下黄泉,两处茫茫皆不见。”

【辨】青,苍,碧,绿,蓝。见 343 页“青”字。

觱 bì ❶ [觱发(bō)]寒风撼物声。《诗经·豳风·七月》:“一之日～～。”(一之日:指周历一月,即夏历的十一月。) ❷ [觱沸(fèi)]泉水涌出的样子。《诗经·小雅·采菽》:“～～槛泉,言采其芹。”(槛泉:同“滥泉”,喷涌而出的泉水。言:动词词头。) ❸ [觱篥(lì)]古代一种管乐器。杜甫《夜闻觱篥》诗:“夜闻～～沧江上,衰年侧耳情所向。”

篦 bì 篦子,一种比梳子密的梳头用具。白居易《琵琶行》:“钿(diàn)头银～击节碎。”(钿头:两头镶有花钿。击节:打拍子。)〈又〉用作动词。用篦子梳头。杜甫《水宿遣兴奉呈群公》诗:“耳聋须画字,发短不胜～。”

BIAN

边(邊) biān ❶ 边界,边疆。《吕氏春秋·当赏》:“寇在～。”《盐铁论·利议》:“思念北～之未安。”〈引〉接壤,靠近。《史记·高祖本纪》:“齐～楚。” ❷ 边缘。《礼记·深衣》:“续衽钩～。”(衽:衣襟。钩:曲。)杜甫《登高》诗:“无～落木萧萧下,不尽长江滚滚来。”(落木:落叶。萧萧:落叶声。)〈引〉旁边。《木兰诗》:“暮宿黄河～。”

笾(籩) biān 古代祭祀和宴会时盛食品用的一种竹器。《左传·昭公元年》:“具五献之～豆于幕下。”(五献:指五种宴享用的食品。豆:一种木制器皿。)

砭 biān 治病刺穴的石针。《素问·异法方宜论》:“其治宜～石。”(宜:指应当用。石:石针。)〈又〉用石针刺穴治病。《史记·扁鹊仓公列传》:“法不当～灸。”(当:应当。)

编(編) biān ❶ 用来穿连竹简的皮条或绳子。刘歆《移书让太常博士》："或脱简，或脱～。"（或：有的。）《史记·孔子世家》："读《易》，韦～三绝。"㉠一部书或书的一部分。卢照邻《乐府杂诗序》："访遗～于四海。"㉡量词。用于书籍。《史记·留侯世家》："出一～书。"（出：拿出。）❷编写。《韩非子·难三》："法者，～著之图籍，设之于官府，而布之于百姓者也。"❸交织，编织。《荀子·劝学》："以羽为巢，而～之以发。"《晋书·孙登传》："夏则～草为裳。"❹排列，编排。《周礼·春官·宗伯》："击～钟。"《汉书·东方朔传》："目若悬珠，齿若～贝。"（贝：贝壳。）[编户][编户民][编人][编氓]均指编入户口的平民。《史记·货殖列传》："夫千乘之王，万家之侯，百室之君，尚犹患贫，而况匹夫编户之民乎？"《汉书·高帝纪下》："诸将故与帝为编户民。"（故：过去。）《宋史·汪大猷传》："贷钱射利，隐寄田产，害及编氓。"

【辨】编，篇。"编"多指成本的书，常做书名用，如"简编"、"上编"、"前编"；"篇"多指文章。"编"可以做动词，"篇"则不能。

甂 biān 盆一类的瓦器。刘向《说苑·反质》："瓦～，陋器也。"《淮南子·说林》："狗彘不择～瓯而食。"

鞭 biān ❶皮鞭，鞭子。《左传·宣公十五年》："虽～之长，不及马腹。"成语有"鞭长莫及"。[鞭策]皮鞭和竹鞭。《荀子·性恶》："前必有衔辔（pèi）之制，后有～～之威。"（衔辔：驾驭牲口用的嚼子和缰绳。制：控制。）㊖督促。归有光《示庙中诸生》："愿更加～～，以成远大。"❷鞭打。《左传·庄公八年》："～之，见血。"李白《赠友人》诗之二："骏马不劳～。"（不劳：指不用。）❸竹根。苏轼《东坡八首并序》之二："好竹不难栽，但恐～横逸。"

贬（貶） biǎn ❶减少。《左传·僖公二十一年》："～食省用。"㉠抑制。《三国志·魏书·文帝纪》："欲屈己以存道，～身以救世。"❷给予低的评价。与"褒"相对。《论衡·齐世》："采毫毛之善，～纤介之恶。"《新唐书·房琯传》："唐名儒多言琯德器有王佐材，而史载行事亦少～矣。"双音词有"贬低"。❸降低，降职。《诗经·大雅·召旻》："我位孔～。"（孔：甚，很。）《旧唐书·刘禹锡传》："～连州刺史。"（刺史：官名。）

窆 biǎn 落葬，将棺木下入墓穴。《周礼·地官·乡师》："及～，执斧以莅（lì）匠师。"（莅：临，到。）《后汉书·范式传》："既至圹，将～，而柩不肯进。"㉡埋葬。萧赜《加恩京师二县诏》："～枯掩骼（gé）。"（枯：指枯骨。）㉡墓穴。陆龟蒙《次幽独君韵》："如何孤～里，犹自读《三坟》？"（三坟：传说中古书名。）

扁 biǎn ❶扁，平而薄。《后汉书·东夷传》："（辰韩）儿生欲令其头～，皆押之以石。"（辰韩：民族名。令：使。押：压。）❷扁额，题字的长方形牌子，挂在门的上方或墙上。《宋史·吴皇后传》："梦至一亭，～曰侍康。"这个意义后来写作"匾"。❸ piān [扁舟]小船。陶渊明《归去来兮辞》："或命巾车，或棹～～。"（据《南史·陶潜传》）李白《还山留别金门知己》诗："书此谢知己，～～寻钓翁。"

褊 biǎn ❶衣服瘦小。《论衡·自纪》："夫形大，衣不得～。"（形：形体。）㉠地方狭小。《孟子·梁惠王上》："齐国虽～小，吾何爱一牛？"《北史·齐高祖纪》："土地～狭。"㉡气量狭小。《三国志·魏书·吕布传》："卓性刚而～。"（卓：董卓。）❷通"扁"。平而薄。贾思勰《齐民要术·种李》："盐入汁出，然后合盐晒令萎，手捻之令～。复晒更捻，极～乃止。"

卞 biàn ❶法，法规。《尚书·顾命》："临君周邦，率循大～。"（君：统治。率：率领。循：遵循。）❷性急。《左传·定公三年》："庄公～急而好洁。"（庄公性情急躁但又喜欢清洁。）

抃 biàn 鼓掌。《吕氏春秋·古乐》："帝喾（kù）乃令人～。"（帝喾：即高辛氏，传说中古帝名。）[抃舞]鼓掌跳舞，形容喜悦之状。《列子·汤问》："一里老幼，喜跃～～，弗能自禁。"

汴 biàn ❶水名。在今河南荥阳西南。❷[汴京]五代梁、晋、汉、周与北宋都定都于唐的汴州。正式称号是东京（梁称东都）开封府，当时也称汴京，在今河南开封。

忭 biàn 喜乐。谢庄《谢赐貂裘表》："臣欢～自歌。"

弁 biàn ❶古代用皮革做成的一种帽子。《左传·襄公二十五年》："不说（tuō）～而死于崔氏。"（说：通"脱"，脱掉。）㉡男子成年加冠称弁。《诗经·齐风·甫田》："未几见兮，突而～兮。"㉠放在最前面。龚自珍《送徐铁孙序》："乃书是言，以～君之诗之端。"又"弁言"即"序言"。❷手发抖，惊恐的样子。《汉书·王莽传下》："乃壬午餔时，有列风雷雨发屋折木之变，予甚～焉，予甚栗焉，予甚恐焉。"❸ pán 快乐的样子。《诗经·小雅·小弁》："～彼鸒斯，归飞提提。"

【辨】冠，冕，巾，弁，帽。见 139 页“冠”字。

拚 biàn 见 307 页。

变（變） biàn 变化，改变。《周易·系辞下》：“《易》穷则～，～则通，通则久。”《商君书·更法》：“虑世事之～。”㊀事变，兵变，突然发生的事件。《史记·李斯列传》：“陛下不图，臣恐其为～也。”㊕灾异，某种反常的自然现象。《汉书·杜周传》：“后有日蚀地震之～。”《宋史·王安石传》：“天～不足畏，祖宗不足法。”

便 biàn ❶有利，便利。《商君书·更法》：“治世不一道，～国不必法古。”[便宜]1. 利益，好处。㊕对国家有利的事。《汉书·娄敬传》：“臣愿见上言～～。”2. 不须请示灵活处置。《史记·萧相国世家》：“即不及奏上，辄(zhé)以～～施行。”(即：假如。不及奏上：来不及报告皇帝。辄：就。)❷灵便。《庄子·天地》：“猿狙(jū)之～自山林来。”㊀熟习。《三国志·魏书·吕布传》：“布～弓马。”❸时间副词。相当于现代汉语的“就”。《三国志·吴书·吴主传》：“旬日～退。”(旬日：十天。)❹大小便。《汉书·张安世传》：“郎有醉小～殿上。”❺pián 安，安逸。《墨子·天志中》：“百姓皆得暖衣饱食，～宁无忧。”(宁：平安。)《战国策·秦策三》：“食不甘味，卧不～席。”❻pián 能说会道。《古诗为焦仲卿妻作》：“～言多令才。”(令才：美才。)❼pián [便便]1. 善于辞令的样子。《论语·乡党》：“其在宗庙朝廷，～～言，唯谨尔。”2. 肥胖的样子。《后汉书·边韶传》：“边孝先，腹～～。懒读书，但欲眠。”❽pián [便嬖(bì)]君主左右的宠信小臣。《荀子·富国》：“观其～～，则其信者悫(què)，是明主已。”(悫：诚实。)又写作“便辟”。

遍[徧] biàn ❶周遍，普遍。《左传·庄公十年》：“小惠未～，民弗从也。”《荀子·性恶》：“足可以～行天下，然而未尝有能～行天下者也。”(足：脚。)❷量词。次，回。《三国志·魏书·贾逵传》注引《魏略》：“最好(hào)《春秋左传》，及为牧守，常自课读之，月常一～。”(课：规定分量。)

辨 biàn ❶分辨，辨别。《论语·颜渊》：“子张问崇德～惑。”《荀子·荣辱》：“目～白黑美恶。”❷通“辩”。辩论。《商君书·更法》：“曲学多～。”(曲学：指学识片面的人。)㊀言辞动听。《吕氏春秋·荡兵》：“故说虽强，谈虽～，文学虽博，犹不见听。”(文学：指文献。见：被。)❸通“遍”。普遍。《史记·礼书》：“万民和喜，瑞应～至。”❹bàn 通“办”。治理，办理。《荀子·议兵》：“城郭不～，沟池不拑。”(拑：“扣”之误字。扣：挖掘。)《盐铁论·世务》：“事不豫～，不可以应卒(cù)。”(豫：预先。应：应付。卒：指突变。)

辩（辯） biàn ❶辩论，申辩。《孟子·滕文公下》：“予岂好～哉！予不得已也。”㊀巧辩的话。《韩非子·难势》：“此则积～累辞。”㊀言辞动听。《墨子·修身》：“务言而缓行，虽～必不听。”(光说而行动跟不上，说得再动听也没人听他的。)㊀有口才。《韩非子·五蠹》：“子贡～智而鲁削。”❷通“辨”。辨别。《庄子·秋水》：“不～牛马。”《后汉书·仲长统传》：“目能～色，耳能～声。”❸通“变”。变化。《庄子·逍遥游》：“若夫乘天地之正，而御六气之～，以游无穷者，彼且恶乎待哉？”(正：正气。六气：阴、阳、风、雨、晦、明。恶乎：于何。)❹bàn 通“办”。治理，办理。《淮南子·泰族》：“苍颉之初作书，以～治百官，领理万事。”(领理：了解，处理。)❺通“遍”。普遍。《史记·五帝本纪》：“望于山川，～于群神。”

BIAO

杓 biāo ❶北斗第五、六、七颗星的名称。也叫斗柄、标。李商隐《送从翁从东川弘农尚书幕》诗：“少减东城饮，时看北斗～。”❷打击。《淮南子·兵略》：“故凌人者胜，待人者败，为人～者死。”❸sháo 舀酒的勺子。《韩诗外传》卷八：“譬犹渴操壶～就江海而饮之。”

标（標） biāo ❶树梢。《庄子·天地》：“上如～枝，民如野鹿。”(标枝：树梢的枝条。)卢谌《赠刘琨》诗：“绵绵女萝，施(yì)于松～。”(连绵不断的女萝，蔓延在松树梢上。女萝：植物名。施：蔓延。)㊀顶端。李白《秋日登扬州西灵塔》诗：“～出海云长。”(标：指塔顶。出：露出。)❷标杆，标记。《旧唐书·崔彦昭传》：“但立直～，终无曲影。”郭璞《江赋》：“玉垒作东别之～。”(玉垒：山名。东别：指沱江。)㊀标明，写明。孙绰《游天台山赋序》：“(天台山)名～于奇纪。”(奇纪：指《山海经》。)成语有“标新立异”。❸标格，风度。孔稚珪《北山移文》：“夫以耿介拔俗之～，萧洒出尘之想……吾方知之矣。”❹标准，楷模。杜甫《赠郑十八贲》诗：“示我百篇文，诗家一～准。”《世说新语·品藻》：“亡叔是一时之～，公是千载之英。”

B

彪 biāo ❶ 虎身上的斑纹。㊟文采。《扬子法言·君子》："以其弸（péng）中而～外也。"（弸：满。）[彪炳]文采焕发的样子。钟嵘《诗品》卷中："文体相辉，～～可玩。" ❷ 虎。庾信《枯树赋》："熊～顾盼，鱼龙起伏。"㊟身体魁梧。《北史·斛律光传》："马面～身，神爽雄杰。"

猋 biāo ❶ 犬奔跑的样子。㊀迅疾的样子。屈原《九歌·云中君》："灵皇皇兮既降，～远举兮云中。" ❷ 疾风。《汉书·息夫躬传》："矰若浮～，动则机兮。"这个意义又写作"飙"。

飙（飇）[飈、飚] biāo 暴风。《盐铁论·世务》："匈奴贪狼，因时而动，乘可而发，～举电至。"（飙举电至：像暴风起、闪电到一样迅猛。）㊁风。白居易《立秋夕有怀梦得》诗："是夕凉～起。"

骠（驃） biāo ❶（旧读 piào）有白斑的黄马。㊁马。杜甫《徒步归行》："妻子山中哭向天，须公枥上追风～。"（须：需要。公：对人尊称，您。枥：马槽。） ❷ piào 骁勇。吴昌裔《论三边防秋状》："敌之～悍，过于残金，师之出没，飘若风雨。" ❸ piào [骠骑]汉代将军名号。《史记·卫将军骠骑列传》："以冠军侯去病为～～将军。"（冠军侯：爵号。）

熛 biāo ❶ 火星迸飞。《淮南子·说林》："一家失～，百家皆烧。"㊇焚烧。左思《吴都赋》："火烈～林。"㊀闪光。《后汉书·班固传下》："海内云蒸，雷动电～。" ❷ 通"猋"。疾风。《史记·淮阴侯列传》："天下之士，云合雾集，鱼鳞杂遝（tà），～至风起。"

麃 biāo 见 310 页。

儦 biāo [儦儦]来回行走的样子。《诗经·齐风·载驱》："汶（wèn）水滔滔，行人～～。"一说众多的样子。㊇疾走的样子。《诗经·小雅·吉日》："～～俟俟，或群或友。"（俟俟：缓行的样子。）

瀌 biāo [瀌瀌]雨雪很大的样子。《诗经·小雅·角弓》："雨（yù）雪～～。"（雨：降落。）

镳（鑣） biāo ❶ 马嚼子。《楚辞·九叹·离世》："断～衔以驰骛（wù）兮。"（马挣断了嚼子狂奔起来。衔：马嚼子，衔在口内，镳在口外。驰骛：狂奔。）成语有"分道扬镳"。㊀骑的马。鲍照《拟青青陵上柏》："飞～出荆路，鹜服入秦川。" ❷ [镳镳]马饰盛美的样子。《诗经·卫风·硕人》："四牡有骄，朱幩（fén）～～。"（骄：指马高大强壮。朱幩：装饰在马镳上的朱帛。）

穮 biāo 耘田锄草。《左传·昭公元年》："譬如农夫，是～是蓘（gǔn），虽有饥馑，必有丰年。"（蓘：给庄稼培土。）

表 biǎo ❶ 穿在外面的衣服。《庄子·让王》："子贡乘大马，中绀（gàn）而～素。"（中：指里面的衣服。绀：深青带红的颜色。素：白色。）㊇衣服的表面。《盐铁论·利议》："文～而枲（xǐ）里。"（文：彩色的。枲：麻。） ❷ 外。与"里"相对。《左传·僖公二十八年》："若其不捷，～里山河，必无害也。" ❸ 中表，表亲。徐夤《赠表弟黄校书辂》诗："产破身穷为学儒，我家诸～爱诗书。" ❹ 标志。《墨子·备城门》："城上千步一～。"《庄子·天下》："以濡（rú）弱谦下为～。"（濡弱：柔弱。） ❺ 表现。《世说新语·文学》："故当是丈夫之德，～于事行；妇人之美，非诔不显。"㊇表明，表白。刘知几《史通·惑经》："或援誓以～心。"（援：援引。） ❻ 表彰，表扬。韦应物《石鼓歌》："刻石～功兮炜（wěi）煌煌。"（炜煌煌：指功业辉煌。） ❼ 古代测量日影、定时刻的标杆。《吕氏春秋·功名》："犹～之与影，若呼之与响。"（响：回声。）㊀标准，表率。《史记·太史公自序》："国有贤相良将，民之师～也。" ❽ 文章的一种，臣下给皇帝的奏章。如诸葛亮《出师表》、李密《陈情表》。㊇给皇帝上奏章。《三国志·蜀书·诸葛亮传》："亮自～后主。"㊕上表推荐某人。《三国志·吴书·吴主传》："曹公～权为骠骑将军。"（权：孙权。） ❾ 表格，图表。如《史记》有《十二诸侯年表》、《六国年表》等。

摽 biào ❶ 落。《诗经·召南·摽有梅》："～有梅，其实七兮。" ❷ piāo 击。《左传·哀公十二年》："长木之毙，无不～也。" ❸ 捶胸的样子。《诗经·邶风·柏舟》："静言思之，寤辟有～。" ❹ biāo 高举的样子。《管子·侈靡》："～然若秋云之远。" ❺ biāo 挥之使离去。《孟子·万章下》："～使者出诸大门之外。" ❻ pāo 抛弃。《公羊传·庄公十三年》："已盟，曹子～剑而去之。" ❼ biāo 通"标"。标志。《后汉书·皇甫嵩传》："一时俱起，皆著黄巾为～帜。"

BIE

别 bié ❶ 分，分开。《尚书·禹贡》："禹～九州。"㊇辨别，区别。《荀子·君道》："知国之安危臧否（pǐ），若～白黑。"（臧否：好坏。若:如同。)范缜《神灭论》:"有何～焉?"❷离别,告别。《世说新语·文学》:"身与君～多年,君义言了不长进。"杜甫《送韩十四江东省觐》诗:"此～还须各努力。"❸另,另外。《史记·高祖本纪》:"使沛公、项羽～攻城阳。"(沛公:刘邦。城阳:地名。)成语有"别开生面"。【注意】古代汉语中没有"另"字,"另"的意义都写成"别"。

襒 bié 拂拭。《史记·孟子荀卿列传》:"(驺衍)适赵,平原君侧行～席。"(适:往。襒席:用衣服拂拭座席。)

蹩 bié [蹩躠(xiè)]1.腿脚不便,尽力前行的样子。㊀用心尽力的样子。《庄子·马蹄》:"及至圣人～～为仁,踶跂(zhìqǐ)为义,而天下始疑矣。"(踶跂:勉力行走的样子。)2.盘旋起步的样子。卢照邻《五悲·悲人生》:"钟鼓玉帛,～～蹁跹。"(蹁跹:脚步多变,后多用来形容舞姿。)又写作"蹩躠"。张衡《南都赋》:"翘遥迁延,蹩躠蹁跹。"【注意】"蹩"的"扭折"义是很晚起的,古代汉语中无此用法。

BIN

邠 bīn ❶同"豳"。古国名。周代祖先公刘在此立国,在今陕西旬邑西南一带。《孟子·梁惠王下》:"昔者大王居～,狄人侵之。"(大王:指公刘的后代——周文王的祖父古公亶父。)❷通"彬"。有文采。扬雄《太玄·文》:"斐(fěi)如～如,虎豹文如。"(斐:有文采。)

宾(賓) bīn ❶客人。《诗经·小雅·鹿鸣》:"我有嘉～,鼓瑟吹笙。"《荀子·礼论》:"～出,主人拜送。"❷服从,归顺。《国语·周语上》:"侯卫～服。"《盐铁论·相刺》:"西～秦国。"❸bìn 排斥,抛弃。《庄子·徐无鬼》:"先生居山林……以～寡人,久矣夫。"这个意义后来写作"摈"。

【辨】宾,客。"宾"、"客"都有"客人"的意思,但"宾"的本义是贵客,"客"可以指门客、食客,意义不完全相同。

滨(濱) bīn ❶水边。《诗经·召南·采蘋》:"于以采蘋,南涧之～。"(于以:在何处。涧:山间小溪。)《史记·屈原贾生列传》:"屈原至于江～。"㊀边,边缘。《后汉书·袁安传》:"降者十余万人,议者欲置之～塞。"❷靠近,接近。《史记·货殖列传》:"邹、鲁～洙、泗,犹有周公遗风。"(邹、鲁:国名。洙、泗:水名。)《国语·齐语》:"是以～于死。"这个意义又写作"濒"。

缤(繽) bīn 繁,众多。屈原《离骚》:"九疑～其并迎。"(九疑山山神纷纷都来迎接。)[缤纷]1.繁多,众多。张衡《南都赋》:"男女姣服,骆驿～～。"(姣:美好。骆驿:来往不绝。)2.纷乱。屈原《离骚》:"时～～其变易兮。"(时:时世。)

彬 bīn [彬彬]文质兼备的样子。《论语·雍也》:"文质～～,然后君子。"(文:文采。质:质朴。文质彬彬:指既有文采,又有良好的道德品质。)后来又写作"斌斌"。㊁盛美的样子。《后汉书·冯衍传下》:"道德～～冯仲文。"

濒(瀕) bīn ❶水边。《汉书·地理志上》:"海～广潟(xì)。"(海边是一片广大的盐碱地。潟:咸水浸沤的地方。)❷接近,靠近。《汉书·地理志下》:"～南山,近夏阳。"(南山、夏阳:地名。)《宋史·河渠志六》:"东南～江海,水易泄而多旱。"

豳 bīn 古国名。周代祖先公刘在此立国,在今陕西旬邑西南一带。《诗经·大雅·公刘》:"笃公刘,于～斯馆。"(笃:厚,忠诚。馆:用作动词,指建馆舍。)《诗经》十五国风有豳风。

傧(儐) bìn ❶出外迎接宾客。《周礼·春官·大宗伯》:"王命诸侯则～。"[傧相]本指接引宾客或赞礼的人。苏辙《齐州闵子祠堂记》:"笾豆有列,～～有位。"(笾、豆:祭祀的器具。)后指举行婚礼时赞礼的人。这个意义现读bīn。❷陈列,摆放。《诗经·小雅·常棣》:"～尔笾豆。"(尔:你的。)❸bīn 敬。《礼记·礼运》:"山川,所以～鬼神也。"❹通"摈"。排斥,抛弃。《汉书·主父偃传》:"诸儒生相与排～,不容于齐。"

摈(擯) bìn ❶排斥,抛弃。《淮南子·说林》:"贤者～于朝。"《后汉书·赵壹传》:"而恃才倨傲,为乡党所～。"❷通"傧"。出迎,接引宾客。《周礼·秋官·小行人》:"凡四方之使者,大客则～。"(大客:指地位高的宾客。)㊁接引客人的人。《礼记·聘义》:"卿为上～。"

殡(殯) bìn 停放灵柩。《荀子·礼论》:"～久不过七十日。"《礼记·檀弓上》:"夏后氏～于东阶之上。"㊁灵柩。《左传·昭公五年》:"以书使杜洩告于～。"(杜洩:人名。)㊁埋。孔稚珪《北山移文》:"道帙长～,法筵久埋。"(道帙:指道家的书。法筵:讲佛法的座席。)

膑(臏)[髕] bìn 膝盖骨。《史记·秦本纪》:"王与孟说

(yuè)举鼎,绝～。"(武王和孟说比赛举鼎,折断了膝盖骨。鼎:古代一种三足铜器。)㊀古代的一种酷刑,剔掉膝盖骨。《韩非子·难言》:"孙子～脚于魏。"《汉书·刑法志》:"～罚之属五百。"(属:类。)

鬓(鬢) bìn 脸两旁靠近耳朵的头发。《国语·晋语九》:"美～长大则贤。"贺知章《回乡偶书二首》诗之一:"乡音无改～毛衰。"

BING

兵 bīng ❶兵器,武器。《诗经·秦风·无衣》:"修我甲～。"(甲:铠甲。)贾谊《过秦论》:"斩木为～,揭竿为旗。"(揭:举。)成语有"短兵相接"。㊁用兵器伤害人。《史记·伯夷列传》:"左右欲～之。"❷军事,战争。《孙子兵法·计》:"～者,国之大事。"《汉书·匈奴传下》:"～连祸结三十余年。"❸军队。《墨子·鲁问》:"今又举～将以攻郑。"曹操《置屯田令》:"夫定国之术,在于强～足食。"㊁兵士。《三国志·吴书·吴主传》:"将军贺达等将～万人。"(将:率领。)

【辨】兵,卒,士。上古时这三个字意义各不相同。"兵"一般指武器,可以泛指军队;"卒"是步兵;"士"是战斗时在战车上的战士。

掤 bīng 箭筒盖子。《诗经·郑风·大叔于田》:"抑释～忌。"(抑、忌:语气词。释:放下。)

丙 bǐng 天干的第三位。见125页"干[1]"字。又作"第三"的代称。[丙夜]汉魏以来把一夜分为五更,丙夜指三更,即晚上十二点。《南史·梁武帝纪下》:"先是一日～～,南郊令解涤之等到郊所履行。"唐彦谦《夜坐》诗:"愁鬓丁年白,寒灯～～青。"(丁年:壮年。)

柄 bǐng 斧柄。《墨子·备城门》:"长斧,～长八尺。"㊂器物的把儿。贾思勰《齐民要术·耕田》引《纂文》:"刬(chǎn)～长三尺。"(刬:一种农具。)㊃权柄,权力。《韩非子·问田》:"治天下之～。"《吕氏春秋·义赏》:"赏罚之～,此上之所以使也。"又如"国柄"、"政柄"。㊀根本。《周易·系辞下》:"谦,德之～也。"

炳 bǐng ❶光明,显著。《周易·革》:"大人虎变,其文～也。"(虎变:如虎的毛皮,至冬而变。文:斑纹。)《扬子法言·吾子》:"君子之道有四易:简而易用也,要而易守也,～而易见也,法而易言也。"[炳炳][炳然]光耀、显明的样子。《汉书·司马相如传下》:"采色玄耀,炳炳辉煌。"(玄耀:光彩夺目的样子。)《汉书·刘向传》:"使是非炳然可知。"❷点燃。刘向《说苑·建本》:"老而好学,如～烛之明。"

秉 bǐng ❶一把庄稼。《诗经·小雅·大田》:"彼有遗～,此有滞穗。"(彼:那边。遗秉:指收获后掉在田里一把一把的庄稼。)❷手拿着,持着。《诗经·邶风·简兮》:"右手～翟(dí)。"(翟:指山雉的尾羽。)成语有"秉烛待旦"。㊀主持,掌握。《三国志·魏书·吕布传》:"共～朝政。"熟语有"秉公执法"。㊁保持,坚持。《诗经·周颂·清庙》:"济济多士,～文之德。"(济济:众多的样子。文:指周文王。)❸古代容量单位。十六斛为一秉。《仪礼·聘礼》:"十斗曰斛(hú),十六斗曰籔(shǔ),十籔曰秉。"《论语·雍也》:"冉子与之粟五～。"(冉子:人名。)❹通"柄"。权力,权柄。《管子·小匡》:"治国不失～。"

屏 bǐng 见320页。

禀[稟] bǐng ❶受,承受。《左传·昭公二十六年》:"先王所～于天地,以为其民也。"柳宗元《非国语·戮仆》:"仆,～命者也。"(仆:指驾车的人。)❷天生的性情。陈琳《答东阿王笺》:"此乃天然异～。"[禀性][禀气]指天生的性情、气质。《后汉书·郦炎传》:"贤愚岂常类,禀性在清浊。"陶渊明《饮酒二十首》诗之九:"禀气寡所谐。"(生性和人很少合得来。)❸指下对上报告(后起意义)。《新唐书·王虔休传》:"帅亡当～天子。"又如"禀报"、"禀告"、"禀奏"。❹给予谷物。《后汉书·仲长统传》:"天灾流行,开仓库以～贷。"(贷:借。)❺lǐn 通"廪"。粮仓。《管子·轻重甲》:"请使州有一～。"

鞞[鞞] bǐng ❶刀剑套。《诗经·大雅·公刘》:"维玉及瑶,～琫(běng)容刀。"(琫:刀把上的装饰物。容刀:装饰过的佩刀。)这个意义又写作"鞞"。❷pí 通"鼙"。小鼓。《礼记·月令》:"是月也,命乐师修鞀(táo)～鼓。"(鞀:有柄的小鼓。)㊁一种军用小鼓。鲍照《王昭君》诗:"霜～旦夕惊,边笳中夜咽。"

并 bìng ❶合并,吞并。《孙膑兵法·威王问》:"营而离之,我～卒而击之。"(营而离之:迷惑敌人,使之分散兵力。营:迷惑。并卒:集中兵力。)《荀子·尧问》:"昔虞不用宫之奇而晋～之。"(昔:从前。虞:国名。宫之奇：人名。之：指虞国。）❷ 一起，一并。《战国策·燕策二》："渔者得而～擒之。" ❸ bǐng 通"屏"。抛弃。《庄子·天运》："国爵～焉。"（国家给的爵位抛弃不要。）❹ bǐng 屏住，抑制。《吕氏春秋·论威》："～气专精，心无有虑。" ❺ bīng ［并州］古地名。在今山西太原一带。

【辨】并，併，並［竝］。这三个字在古代并不完全通用。"并"和"併"是同义词，"并"和"並"不是同义词（古音也不相同）。"兼并"的意义写作"并"和"併"，不写作"並［竝］"。"一起"的意义一般写作"並［竝］"，很少写作"并"和"併"。"依傍"的意义只写作"並［竝］"，"抛弃"的意义只写作"并"和"併"。

併 bìng ❶ 并行，并列。《汉书·平帝纪》："亲迎，立轺（yáo），～马。"（立轺：站在小车上。轺：小车。）❷ 合并，兼并。《史记·秦本纪》："周室微，诸侯力政，争相～。"谢朓《赋贫民田》诗："敦本抑工商，均业省兼～。"（敦本：重视农业。抑：压制。均：平均。省：减少。）❸ 一起，一齐。贾谊《治安策》："高皇帝与诸公～起。" ❹ bǐng 通"屏"。抛弃。《荀子·强国》："～己之私欲。"

【辨】并，併，並［竝］。见 26 页"并"字。

並［竝］ bìng ❶ 并行，并列。《荀子·强国》："则欲自～乎汤武。"（就想把自己和商汤王、周武王并列。）❷ 一起，一齐。《孟子·滕文公上》："贤者与民～耕而食。"柳宗元《封建论》："杀守劫令而～起。"（守：郡守。令：县令。）成语有"相提并论"。❸ bàng 依傍，沿着。《史记·秦始皇本纪》："～阴山至辽东。"（阴山：山名。辽东：秦代郡名。）这个意义后来写作"傍"。

【辨】并，併，並［竝］。见 26 页"并"字。

病 bìng ❶ 病情加重。《论语·子罕》："子疾～。"㉒病，生病。《孟子·滕文公上》："吾固愿见，今吾尚～；～愈，我且往见。"《后汉书·王充传》："永元中，～卒于家。"（永元：年号。卒：死。）㊀精疲力尽。《韩非子·初见秦》："士民疲～于内，霸王之名不成。" ❷ 毛病，弊病。《庄子·让王》："学而不能行谓之～。"《新唐书·杜希全传》："献体要八章，砭切政～。" ❸ 担心，忧虑。《论语·卫灵公》："君子～无能焉，不～人之不己知也。"《左传·襄公二十四年》："郑人～之。" ❹ 辱，耻辱。《仪礼·士冠礼》："恐不能共事，以～吾子。"《晏子春秋·内篇杂下》："圣人非所与熙也，寡人反取～焉。"（熙：开玩笑。）❺ 失败。《国语·晋语三》："以韩之～，兵甲尽矣。"

【辨】病，疾。"病"常指病得很重，"疾"则常指一般的生病。"疾病"连用时有两种情况。一种情况，"病"含有"病重"的意思。比如《三国志·蜀书·诸葛亮传》："亮疾病，卒于军。"译成现代汉语是："诸葛亮病了，病得很重，死于军中。"另一种情况，"疾病"是同义搭配的双音词，和现代汉语没有区别。

BO

拨（撥） bō ❶ 去掉，除去。《史记·太史公自序》："秦～去古文，焚灭《诗》、《书》。"㉒拨开。李白《暖酒》诗："～却白云见青天。"双音词有"拨冗"。❷ 治理。《史记·高祖本纪》："高祖起微细，～乱世反之正，平定天下。" ❸ 拨动，弹拨。白居易《琵琶行》："转轴～弦三两声。"（转轴：转动琵琶上的弦柱。）㉒弹奏乐器时拨动弦的用具。白居易《琵琶行》："曲终收～当心画。"（曲子弹完用拨子在琵琶当心划一下。）❹ 折，断绝。《诗经·大雅·荡》："枝叶未有害，本实先～。" ❺ 不正。《荀子·正论》："不能以～弓曲矢中（zhòng）微。"（拨弓曲矢：不正的弓，弯曲的箭。中微：射中微小的目标。）

钵（鉢）［缽］ bō 佛教徒盛饭的器具。《晋书·佛图澄传》："澄即取～盛水。"双音词有"衣钵"。

剥 bō ❶ 去皮，剥去，剥落。《诗经·小雅·楚茨》："或～或亨（pēng）。"（有的人剥皮，有的人煮肉。亨：同"烹"，煮。）《晋书·苏峻传》："裸～士女。"（指强扒人衣服。）㊀去掉表面的东西。《荀子·强国》："然而不～脱，不砥厉，则不可以断绳。"（剥脱：指除去刚刚铸成的剑上表面粗糙的部分。砥厉：指在磨刀石上磨。）㊀搜刮，剥削。元稹《钱货议状》："又以为黎庶之重困，不在于赋税之阛加，患在于～夺之不已。"《梁书·贺琛传》："故为吏牧民者，竞为～削。" ❷ 脱落。《庄子·人间世》："实熟则～。"（实：果实。）❸ pū 通"扑"。击，打。《诗经·豳风·七月》："八月～枣，十月获稻。" ❹ bó 通"驳"。辩驳。《后汉书·胡广传》："若事下之后，议者～异，异之则朝失其便，同之则王言已行。"

播 bō ❶ 撒种。《诗经·豳风·七月》："其始～百谷。" ❷ 散布。张衡《思玄赋》："～余香而莫闻。"（余：我。）㉒传扬，传布。《颜氏家训·后娶》："～扬先人之辞迹，暴露祖考之长短。"柳宗元《敌戒》："道大名～。" ❸ 分。《尚书·禹贡》："又北～为九河。"（又往北

B

分为九条河道。）❹ 舍弃。《楚辞·九叹·思古》："～规矩以背度兮。"（舍弃规矩，违反法度。）❺ 迁移，流亡。庾信《哀江南赋》："彼凌江而建国，始～迁于吾祖。"《后汉书·史弼传》："周有～荡之祸，汉有爰盎之变。"（爰盎：人名。）❻ bǒ 通"簸"。摇，扬。《庄子·人间世》："鼓筴～精，足以食十人。"（鼓：指抖动。筴：小簸箕。精：精米。）

磻 bō ❶ 石制的箭头。《战国策·楚策四》："被礛（jiān）～，引微缴（zhuó），折清风而抎（yǔn）矣。"（被：遭受。礛：锐利。引：指拖着。缴：系于箭上的丝绳。抎：通"陨"，坠落。）这个意义又写作"碆"。❷ pán［磻石］同"磐石"。巨石。《后汉书·西南夷传》："高山岐峻，缘崖～～。"

伯 bó ❶ 排行第一的，老大。《诗经·小雅·何人斯》："～氏吹埙（xūn），仲氏吹篪（chí）。"（哥哥吹埙，弟弟吹篪。埙、篪：古乐器名。）㉂ 伯父（后起意义）。李密《陈情表》："既无～叔，终鲜兄弟。"杜甫《醉歌行》："汝～何由发如漆？"❷ 古代五等爵位（公、侯、伯、子、男）的第三等。《左传·僖公三十年》："晋侯秦～围郑。"❸ 古代一方的首领。《周礼·春官·大宗伯》："九命作～。"（九命：官爵的最高一级。）❹ bà 通"霸"。春秋时诸侯的盟主。《韩非子·难四》："桓公，五～之上也。"㉂ 称霸，做诸侯的盟主。《荀子·儒效》："一朝而～。"（一朝：一个早晨，指非常短促的时间。）❺ bǎi 通"佰"。数目单位。《孟子·滕文公上》："或相什～，或相千万。"（伯：百倍。）晁错《论贵粟疏》："亡（wú）农夫之苦，有仟～之得。"（亡：无。仟、伯：千钱和百钱。）❻ mò 通"陌"。田间小路。《汉书·食货志上》："孝公用商君，坏井田，开仟～。"

帛 bó 丝织品的总称。《孟子·梁惠王上》："五十者可以衣～矣。"（衣：穿衣。）《史记·陈涉世家》："乃丹书～曰：'陈胜王'。"（丹书：用红色写。）［帛书］写在白细绢上的文字、书信等。《汉书·苏武传》："天子射上林中，得雁，足有系～～，言武等在某泽中。"

泊 bó ❶ 停船。《晋书·王濬传》："风利不得～也。"（风利：指风很大。）杜甫《绝句四首》之三："窗含西岭千秋雪，门～东吴万里船。"㊀ 止息。陈子昂《古意》诗："栖～灵台侧。"❷ 恬静，安静。《老子》二十章："我独～兮其未兆。"（未兆：指没有产生欲望。）❸ pō 湖泊（后起意义）。如"梁山泊"。❹ 通"薄"。不浓。《论衡·率性》："酒之～厚。"（酒味的浓淡。）㉂ 微少。《论衡·自纪》："官卑而禄～。"文天祥《与颜县尉复古书》："谨上状，并致～礼。"

舶 bó 大船。郦道元《水经注·江水》："昔孙权装大船，名之曰长安，亦曰大～。"

箔 bó ❶ 竹帘子。《新唐书·卢怀慎传》："门不施～。"（施：安置。）㉂ 养蚕的器具，像筛子或席子。王建《簇蚕辞》："蚕欲老，～头做茧丝皓皓。"（皓皓：形容颜色白。）❷ 金属制成的薄片。《南齐书·高帝纪上》："不得以金银为～。"

驳（駁）［駮］ bó ❶ 传说中的兽名。《山海经·西山经》："有兽焉，其状如马……其名曰～。"❷ 马毛色不纯。《庄子·田子方》："乘～马。"㊀ 混杂，杂乱。刘禹锡《天论上》："法小弛则是非～。"（弛：松弛。）❸ 驳斥，反驳。《后汉书·胡广传》："广复与敞、虔上书～之。"《旧唐书·王世充传》："或有～难之者，世充利口饰非，辞议锋起。"（难：非难。锋起：指滔滔不绝。）［驳议］臣属向皇帝上书的一种，多指在书中驳斥别人的意见。如柳宗元有《驳复仇议》。

勃 bó ❶ 兴盛，旺盛。《后汉书·冯衍传下》："至汤、武而～兴。"徐弘祖《徐霞客游记·滇游日记》："烟气郁～。"（郁：烟气浓的样子。）成语有"生气勃勃"。❷［勃然］1. 突然的样子。《庄子·天地》："忽然出，～～动。"2. 奋发的样子。《颜氏家训·勉学》："～～奋厉。"3. 盛怒的样子。《孟子·万章下》："王～～变乎色。"❸ 指渤海。《史记·天官书》："故中国山川东北流，其维首在陇、蜀，尾没于～、碣。"［勃澥］［勃解］渤海。司马相如《子虚赋》："浮勃澥，游孟诸。"（孟诸：泽名。）扬雄《解嘲》："譬若江湖之雀，勃解之鸟。"

浡 bó 兴起。《孟子·梁惠王上》："天油然作云，沛然下雨，则苗～然兴之矣。"㊀ 涌出。《淮南子·原道》："原流泉～，冲而徐盈。"（原：源。徐：缓慢地。）

渤 bó ❶ 海名。即今渤海。《列子·汤问》："投诸～海之尾、隐土之北。"❷ 水波腾涌的样子。元稹《有酒诗》之八："鲸归穴兮～溢，鳌载山兮低昂。"

亳 bó 古地名。商汤时的国都，在今河南商丘境内。《史记·殷本纪》："汤始居～。"

艴 bó ［艴然］恼怒的样子。《孟子·公孙丑上》："曾西～～不悦。"

博 bó ❶ 宽广，广博。屈原《离骚》："思九州之～大兮。"（九州：指天下。）㉂ 众多。

《墨子·非攻下》:"为利人也～矣。"柳宗元《与裴埙书》:"何其优裕者～而局束者寡。"(局束:局促。)成语有"地大物博"。❷ 广泛。《论语·雍也》:"君子～学于文。"《荀子·天论》:"风雨～施。"㊕知识渊博,通达。《韩非子·外储说左上》:"其学甚～。"成语有"博古通今"。❸ 古代一种赌输赢的游戏(与棋相仿)。《史记·游侠列传》:"剧孟行大类朱家,而好～。"(剧孟、朱家:人名。行:行为。大类:很像。)❹ 换取,讨取(后起意义)。杨万里《长句寄周舍人子充》诗:"省斋先生太高寒,肯将好官～好山!"

搏 bó ❶ 对打,搏斗。《左传·僖公二十八年》:"晋侯梦与楚子～。"❷ 抓,扑。《管子·兵法》:"善者之为兵也,使敌若据虚,若～景(yǐng)。"(若:如同。据:依据。虚:空。景:影子。)柳宗元《三戒·黔之驴》:"(虎)终不敢～。"㊋捕捉。《周礼·夏官·环人》:"～谍贼。"(谍贼:做间谍的坏人。)㊕用手指抓取。张衡《西京赋》:"摭(zhí)紫贝,～耆(qí)龟。"(摭:拾取。耆龟:老龟。)❸ 拍,打。李斯《谏逐客书》:"弹筝～髀(bì)。"(髀:大腿。搏髀:指在腿上打节拍。)

膊 bó ❶ pò 暴露,指陈尸。《左传·成公二年》:"杀而～诸城上。"❷ pò 切成块的肉。《淮南子·缪称》:"故同味而嗜厚～者,必其甘之者也。"❸ 胳膊。㊢身体的上部。梁元帝《金楼子·箴戒》:"大怒,令此人袒～正立。"成语有"赤膊上阵"。

镈(鎛) bó ❶ 古代锄田去草的农具。《诗经·周颂·臣工》:"命我众人,庤(zhì)乃钱～。"(庤:准备。乃:你们的。钱:古代农具,类似铁铲。)❷ 大钟,一种打击乐器。《国语·周语下》:"细钧有钟无～,昭其大也。大钧有～无钟。"(细钧:指五音中的角、徵[zhǐ]、羽。大钧:指五音中的宫、商。)❸ 以金饰物。蔡邕《独断》下:"金根箱轮皆以金～,正黄。"(金根:车名。)

薄 bó ❶ 草木丛生的地方。屈原《九章·涉江》:"死林～兮。"(死于草木丛生的地方。)❷ 帘子。《庄子·达生》:"有张毅者,高门悬～,无不走也。"(高门:指富贵人家。)㊋养蚕的器具,像筛子或席子。《宋书·礼志一》:"蚕宫生蚕著(zhuó)～上。"(著:放在。)上述❷㊋后来写作"箔"。❸ 薄。与"厚"相对。《诗经·小雅·小旻》:"战战兢兢,如临深渊,如履～冰。"(履:踩。)㊀微小,少。《荀子·非相》:"知行浅～。"成语有"薄物细故"。㊋不淳厚,不厚道。《汉书·艺文志》:"亦可以观风俗,知～厚云。"(云:语气词。)又如"刻薄"。❹ 稀薄,不浓。《庄子·胠箧》:"鲁酒～而邯郸围。"《三国志·魏书·臧洪传》:"使作～粥,众分歠(chuò)之。"(歠:喝。)❺ (土地)贫瘠。《三国志·蜀书·诸葛亮传》:"成都有桑八百株,～田十五顷。"❻ 减轻,减损。《孟子·梁惠王上》:"省刑罚,～税敛。"❼ 轻视,看不起。《史记·孙子吴起列传》:"其母死,起终不归,曾子～之。"杜甫《戏为六绝句》之五:"不～今人爱古人。"成语有"厚今薄古"。❽ 迫近。李密《陈情表》:"日～西山,气息奄奄。"(奄奄:呼吸微弱的样子。)㊀止,停止。屈原《九章·哀郢》:"凌阳侯之泛滥兮,忽翱翔之焉～。"❾动词词头。《诗经·周南·葛覃》:"～污我私,～浣我衣。"

簙 bó 古代一种棋戏。《楚辞·招魂》:"菎(kūn)蔽象棋,有六～些。"(菎:通"琨",美玉。蔽:博棋时所投之箸。象棋:象牙制的棋子。些:语气词。)又写作"博"。

欂 bó [欂栌(lú)]立柱上的短木,即斗栱。《淮南子·本经》:"标株～～,以相支持。"(标株:柱子。)司马相如《长门赋》:"施瑰木之～～兮。"又写作"薄栌"。

礴 bó [磅礴]见309页"磅"字。

僰 bó 我国古代西南部的一个民族。《吕氏春秋·恃君》:"离水之西,～人、野人……多无君。"

踣 bó ❶ 仆倒,跌倒。《左传·襄公十四年》:"譬如捕鹿,晋人角(jué)之,诸戎掎(jǐ)之,与晋～之。"(角:比试较量。掎:抓住,拖住。)㊀颠覆,毁坏。《左传·襄公十一年》:"～其国家。"《吕氏春秋·行论》:"将欲～之,必高举之。"❷ 倒毙,死亡。《国语·鲁语上》:"(夏)桀奔南巢,(商)纣～于京。"(南巢:地名。京:京都。)《周礼·秋官·掌戮》:"凡杀人者～诸市,肆之三日。"(踣:使倒毙,即杀死。)

【辨】偃,僵,仆,跌,毙,踣。见483页"偃"字。

襮 bó ❶ 绣有花纹的衣领。《诗经·唐风·扬之水》:"素衣朱～。"❷ 外衣。《吕氏春秋·忠廉》:"臣请为～。"㊀外表,表面上。班固《幽通赋》:"单(shàn)治里而外凋兮,张修～而内逼。"(单:单豹,人名。张:张毅,人名。)❸ 表明,暴露。《新唐书·李晟传》:"将务持重,岂宜自表～,为贼饵哉!"

跛 bǒ ❶ 瘸了一条腿。《周易·履》:"～能履,不足以与行也。"《荀子·修身》:"故跬(kuǐ)步而不休,～鳖千里;累土而不辍,丘山崇成。"(跬:古半步,即今一步。跛鳖千里:瘸了一条腿的鳖也能走千里之远,比喻条件虽差只要努力不懈也能取得成就。) ❷ bì 一只脚站着。《礼记·曲礼上》:"游毋倨,立毋～。"[跛倚]站立不正。《礼记·礼器》:"有司～～以临祭,其为不敬大矣。"㊀偏向。王安石《上田正言书》之一:"介然立朝,无所～～。"

簸 bǒ ❶ 用簸箕盛粮食等上下颠动,扬去糠秕、尘土等物。《诗经·大雅·生民》:"或～或蹂。"(蹂:踩。)《世说新语·排调》:"～之扬之,糠秕在前。"㊀颠簸摇动。张衡《西京赋》:"荡川渎,～林薄。"(林薄:草木丛生的地方。)韩愈《别赵子》诗:"婆娑海水南,～弄明月珠。" ❷ bò [簸箕]扬去谷物中秕糠、尘土的器物。贾思勰《齐民要术·种槐柳楸梓梧柞》:"至秋,任为～～。"

檗[蘗] bò 树名。即黄檗。司马相如《子虚赋》:"桂椒木兰,～离朱杨。"(离:樆,即山梨。)鲍照《拟行路难十八首》之九:"剉～染黄丝。"

擘 bò ❶ 大拇指。《尔雅·释鱼》:"首大如～。"[巨擘]喻指杰出人物。《孟子·滕文公下》:"于齐国之士,吾必以仲子为～～焉。"(仲子:人名。) ❷ 剖,分裂。《史记·刺客列传》:"专诸～鱼,因以匕首刺王僚。"(专诸、王僚:人名。)贾思勰《齐民要术·种红蓝花栀子》:"取醋石榴两三个,～取子。"(醋石榴:酸石榴。)[擘画]筹划,谋划。《淮南子·要略》:"财制礼义之宜,～～人事之终始者也。"

BU

逋 bū ❶ 逃亡,逃跑。《左传·哀公十六年》:"蒯聩得罪于君父君母,～窜于晋。"《汉书·晁错传》:"外内咸怨,离散～逃。"(咸:都。) ❷ 欠交,拖欠。《汉书·昭帝纪》:"三年以前～更赋未入者,皆勿收。"(更赋:一种出钱代役的赋税。)㊁拖延,迟延。《晋书·蔡谟传》:"司徒谟顷以常疾,久～王命。"

晡 bū 申时,即下午三时至五时。《汉书·武五子传》:"～时至定陶。"(定陶:地名。)杜甫《徐步》诗:"荒庭日欲～。"㊀傍晚。杜甫《白帝城放船四十韵》:"绝岛容烟雾,环洲纳晓～。"[晡食]晚餐。柳宗元《段太尉逸事状》:"吾未～～。"

餔 bū ❶ 申时食曰餔。㊀吃。《孟子·离娄上》:"孟子谓乐正子曰:'子之从于子敖来,徒～啜(chuò)也。我不意子学古之道,而以～啜也。'"(子敖:人名。啜:喝。) ❷ 给人吃。《史记·高祖本纪》:"吕后与两子居田中耨,有一老父过请饮,吕后因～之。" ❸ 通"晡"。申时,即下午三时至五时。《淮南子·天文》:"(日)至于悲谷,是谓～时。"(悲谷:古代传说中的山谷名。)一本作"晡"。

卜 bǔ 占卜。古人根据龟甲被烧后的裂纹来预测凶吉。《尚书·召诰》:"太保朝至于洛,～宅,厥既得～,则经营。"(洛:地名。卜宅:这里指卜占建都的地方。)后用其他方法预测凶吉也叫卜。辛弃疾《祝英台近·春晚》:"试把花～归期。"(把:用。)㊀估计,猜测,预料。嵇康《与山巨源绝交书》:"自～已审,若道尽涂穷,则已耳。"柳宗元《答韦中立论师道书》:"仆自～固无取。"(无取:指没有可取的地方。)

【辨】卜,筮,占。古代算卦用龟壳叫"卜",用蓍草叫"筮",根据龟壳的裂纹和蓍草的排列预测凶吉叫"占"。

补(補) bǔ ❶ 补衣服。《庄子·山木》:"庄子衣大布而～之。"㊀修整破损的东西。《淮南子·览冥》:"于是女娲炼五色石以～苍天。"杜甫《佳人》诗:"牵萝～茅屋。"(萝:一种植物。) ❷ 弥补。晁错《贤良文学对策》:"～主之过。" ❸ 补充。《左传·成公十六年》:"～卒乘,缮甲兵。"(卒:步兵。乘:兵车。)贾思勰《齐民要术·种谷》:"稀豁(huō)之处,锄而～之。"(稀豁:稀疏。)㊁填补官职空缺。《史记·平准书》:"人物者～官,出货者除罪。"㊀补助。《荀子·王制》:"收孤寡,～贫穷。"㊁补益,滋补。《庄子·外物》:"静然可以～病。"(静然:安静的样子。)

哺 bǔ ❶ 口中含嚼的食物。《庄子·马蹄》:"含～而熙,鼓腹而游。"《史记·留侯世家》:"汉王辍食吐～。"(辍:停止。)成语有"握发吐哺"。 ❷ 喂食,喂养。贾谊《治安策》:"抱～其子。"杜甫《杜鹃行》:"群鸟至今为～雏。"(雏:指小鸟。)㊁食,吃。《后汉书·赵孝传》:"天下乱,人相食……弟季,出遇赤眉,将为所～。"

不 bù ❶ 副词。不。表示否定。《论语·公冶长》:"敏而好学,～耻下问。"《商君书·开塞》:"圣人～法古,～修今。" ❷ fǒu 相当于"否"。《史记·廉颇蔺相如列传》:"秦王以十五城请易寡人之璧,可予～?"(易:交换。璧:指和氏璧,宝玉名。予:给予。)

【辨】弗,不。见116页"弗"字。

布 bù ❶ 麻布。《诗经·卫风·氓》:"氓之蚩蚩,抱～贸丝。"《礼记·礼运》:"治其麻丝，以为～帛（bó）。”（帛：丝织品的总称。）［布衣］1.麻布衣服。《汉书·王吉传》：“去位家居，亦～～疏食。”2.平民，老百姓。古代平民穿麻布衣服，所以“布衣”就成为平民的代称。《盐铁论·非鞅》：“商君起～～。”（商君：商鞅。）❷古代一种货币。《周礼·天官·外府》：“外府掌邦～之入出。”❸铺开，分布。贾思勰《齐民要术·种葱》：“收葱子，必薄～阴干。”《三国志·吴书·吴主传》：“天下英豪～在州郡。”㊇公布，宣告。《韩非子·难三》：“法者……设之于官府，而～之于百姓者也。”上述❸㊇后来写作“佈”，现写作“布”。

怖 bù ❶惊惶，害怕。《淮南子·诠言》：“福至则喜，祸至则～。”《三国志·魏书·郭嘉传》：“虏卒（cù）闻太祖至，惶～合战。”（虏：对敌人的蔑称。）❷恐吓。《后汉书·第五伦传》：“巫祝有依托鬼神诈～愚民，皆案论之。”（巫：巫婆。祝：祭祷时向“鬼神”祷告的人。案论：审问定罪。）《列子·仲尼》：“怒其妻而～之。”

步 bù ❶行走。《战国策·赵策四》：“老臣今者殊不欲食，乃自强（qiǎng）～，日三四里。”（强：勉强。）㊀脚步，步伐。张衡《东京赋》：“驾不乱～。”（马的脚步不乱。驾：指驾车的马。）双音词有“步伐”。❷举足两次为一步。《荀子·劝学》：“不积跬（kuǐ）～，无以至千里。”（没有一步一步的积累，就不能达到千里远。跬：相当于现在的一步。至：达到。）㊀长度单位。历代不一，如周代以八尺为步，秦代以六尺为步。《史记·秦始皇本纪》：“舆（yú）六尺，六尺为～。”（舆：车。）成语有“步步为营”。❸水边停船的地方（后起意义）。柳宗元《永州铁炉步志》：“江之浒（hǔ），凡舟可縻（mí）而上下者曰～。”（浒：水边。縻：拴。上下：指上下船。）这个意义后来写作“埠”。

部 bù ❶统率，指挥。《史记·项羽本纪》：“汉王～五诸侯兵，凡五十六万人。”❷部分，类别。曹操《整齐风俗令》：“父子异～。”（父子不在同一派别。）《晋书·李充传》：“以类相从，分作四～。”❸官署，行政机关。《古诗为焦仲卿妻作》：“还～白府君。”（白：告诉。府君：指太守。）又如“工部”、“刑部”。❹量词。用于书籍等。《魏书·刘昶传》：“又以其文集一～赐昶。”❺古时军队编制单位。《史记·李将军列传》：“及出击胡，而广行无～伍行阵。”（广：李广。）㊁部队。《三国志·吴书·周瑜传》：“瑜为前～大督。”（大督：官名。）❻pǒu［部娄（lǒu）］同“培塿”。小土丘。《左传·襄公二十四年》：“～～无松柏。”

瓿 bù 古代盛酱醋之类的小瓮。《战国策·东周策》：“夫鼎者，非效醯（xī）壶酱～耳。”（醯：醋。）

蔀 bù ❶席棚。《周易·丰》：“丰其～，日中见斗。”㊀覆盖。《周易·丰》：“丰其屋，～其家。”❷古代历法专有名词。十九年为一章，四章为一蔀。《后汉书·律历志下》：“章首分尽，四之俱终，名之曰～。”

簿 bù ❶登记事物的册子。《史记·张释之冯唐列传》：“上问上林尉诸禽兽～。”（皇帝问上林尉登记各种禽兽的册子的情况。上林尉：官名。）❷文书，档案或审讯的记录。《史记·李将军列传》：“大将军使长史急责广之幕府对～。”（广：李广。）《论衡·谢短》：“儒生所短，不徒以不晓～书。”（徒：只，仅。晓：懂得。）❸笏，上朝所拿的手板，上面可以记事。《三国志·蜀书·秦宓传》：“宓以～击颊。”❹bó 竹制的养蚕器具。杨衒之《洛阳伽蓝记·正觉寺》：“本为～上蚕，今作机上丝。”这个意义后来写作“箔”。

C

C

CAI

猜 cāi 怀疑。《左传·昭公七年》:"虽吾子亦有～焉。"《后汉书·申屠刚传》:"平帝时,王莽专政,朝多～忌。"㊞忌恨。《文选·潘岳〈马汧督诔〉》:"忘尔大劳,～尔小利。"【注意】古代汉语中"猜"字不当"猜测"讲。

才¹ cái ❶才能。《论语·泰伯》:"如有周公之～之美,使骄且吝,其余不足观也已。"成语有"才疏学浅"。㊂人才,有才能的人。《国语·齐语》:"夫管子,天下之～也。"曹操《求贤令》:"唯～是举,吾得而用之。"❷通"才²(纔)"。副词。仅仅。《晋书·谢混传》:"～小富贵,便豫人家事。"(豫:干预。)❸通"材"。资质,品质。《孟子·告子上》:"若夫为不善,非～之罪也。"❹通"裁"。裁决。《战国策·赵策一》:"今有城市之邑七十,愿拜内(nà)之于王,唯王～之。"(内:纳,交纳。)

才²(纔) cái ❶副词。刚刚,方才。《汉书·晁错传》:"救之,少发则不足,多发,远县～至,则胡又已去。"(远县:指远县的军队。胡:指匈奴。)❷副词。仅仅,只。《汉书·贾山传》:"然身死～数月耳,天下四面而攻之。"陶渊明《桃花源记》:"初极狭,～通人。"

材 cái ❶木材,木料。《韩非子·内储说上》:"～木尽则无以为守备。"(守备:指防备用的器物。)㊞材料,原料。《管子·小问》:"致天下之精～,来天下之良工,则有战胜之器矣。"(致:使……到来。器:用具。)㊕棺材。《陈书·周弘直传》:"气绝已后,便买市中见(xiàn)～,～必须小形者。"❷资质,品质。《荀子·宥坐》:"夫遇不遇者,时也;贤不肖者,～也。"❸通"才¹"。才能。《史记·淮南衡山列传》:"～干绝人。"柳宗元《答韦中立论师道书》:"仆～不足。"(仆:自称的谦辞,相当于"我"。)㊞有才能的。《韩非子·饰邪》:"奸臣愈进而～臣退,则主惑而不知所行。"(主:君主。惑:迷惑。)❹通"裁"。成,成就。《荀子·富国》:"治万变,～万物,养万民。"

财(財) cái ❶财物。《韩非子·说难》:"暮而果大亡其～。"(果:果然。亡:丢失。)㊂财富,财产。《荀子·成相》:"务本节用～无极。"(务本:致力于农业。极:穷尽。)《太平天国天朝田亩制度》:"凡天下婚姻不论～。"❷通"裁"。成,成就。《荀子·非十二子》:"～万物,长养人民。"❸通"材"。木材,木料。贾思勰《齐民要术序》:"殖～种树。"(殖:植。)㊂材料。《墨子·尚贤下》:"有一衣裳之～不能制,必索良工。"❹通"裁"。裁决。晁错《言兵事疏》:"唯陛下～择。"❺通"才¹"。才能。《孟子·尽心上》:"有成德者,有达～者。"❻通"才²(纔)"。副词。仅仅。《汉书·李广利传》:"士～有数千。"

裁 cái ❶裁制衣服。《古诗为焦仲卿妻作》:"十三能织素,十四学～衣。"(素:白色的生绢。)㊟裁制,制作。《论衡·幸偶》:"长数仞之竹,大连抱之木,工技之人～而用之。"杜甫《江亭》诗:"故林归未得,排闷强～诗。"㊞剪裁,删减。刘勰《文心雕龙·镕裁》:"剪截浮词谓之～。"(截:去掉。浮词:指无用的话。)《国语·吴语》:"～其有余,使贫富皆利之。"❷裁度,衡量。《淮南子·主术》:"及至乱主,取民则不～其力。"《后汉书·来歙传》:"太中大夫段襄,骨鲠可任,愿陛下～察。"㊂裁决。《韩非子·初见秦》:"臣愿悉言所闻,唯大王～其罪。"(唯:表示希望。)[自裁]自杀。贾谊《治安策》:"其有大罪者,闻命则北面再拜,跪而～～。"❸成,成就。《荀子·王制》:"故序四时,～万物,兼利天下。"❹样式,风格。张衡《西京赋》:"取殊～于八都。"(从八方取来不同的建筑样式。八都:指八方。)《宋书·谢灵运传论》:"延年之体～明密。"(颜延之的文章风格明白细致。)❺通"才²(纔)"。副词。仅仅。《汉书·高惠高后文功臣表》:"户口可得而数,～什二三。"(户口可以统计出来的,仅有十分之二三。)❻通"才²(纔)"。副词。刚刚。《世说新语·假谲》:"范～坐,桓便谢其远来意。"(范:范汪,人名。桓:桓温,人名。)

采 cǎi ❶摘取。《诗经·周南·关雎》:"参差(cēncī)荇(xìng)菜,左右～之。"(参差:不齐的样子。荇菜:一种水生植物。)㊞采集,收集。《盐铁论·复古》:"～铁石鼓铸,煮海为盐。"《汉书·艺文志》:"古有～诗之官。"㊂选择,采取。《史记·秦始皇本纪》:"～上古帝位号,号曰'皇帝'。"这个意义后来写作"採",现写作"采"。❷彩色的丝织品。晁错《论贵粟疏》:"衣必文～。"(文:指色彩华美。）这个意义后来写作“綵”。❸ 彩色。《荀子·正论》：“衣被则服五～。”（衣被：指衣着。服：穿。）这个意义后来写作“彩”。㊀文章的辞藻，文采。刘勰《文心雕龙·情采》：“繁～寡情，味之必厌。”（堆砌辞藻、缺乏思想感情的文章，读起来必然令人厌烦。）㊁神采，神态。《汉书·霍光传》：“天下想闻其风～。”李白《白马篇》：“酒后竞风～，三杯弄宝刀。”（竞：比。弄：耍弄。）❹ 树名。即栎（lì）。也叫柞树。《韩非子·五蠹》：“～椽（chuán）不斲（zhuó）。”（采椽：柞木椽子。斲：指修饰。）【注意】这个意义只用在“采椽”这个词组里，后来又写作“棌”。❺ 理睬，理会（后起意义）。杜荀鹤《登灵山水阁贻钓者》诗：“未胜渔父闲垂钓，独背斜阳不～人。”这个意义后来写作“睬”。❻ cài 古代卿大夫受封的土地。也称“采地”、“采邑”、“食邑”。《汉书·刑法志》：“此卿大夫～地之大者也。”这个意义后来写作“寀”、“埰”。

採 cǎi 摘取。《吕氏春秋·本味》：“有侁氏女子～桑，得婴儿于空桑之中。”《汉书·盖宽饶传》：“臣闻山有猛兽，藜藿为之不～。”（藜藿：指野菜。）㊀收集，选择。《晋书·谢尚传》：“尚于是～拾乐人，并制石磬，以备太乐。”上述义项又写作“采”。

彩 cǎi ❶ 彩色，光彩。张衡《南都赋》：“金～玉璞。”（璞：未经雕琢的玉石。）李白《早发白帝城》诗：“朝辞白帝～云间，千里江陵一日还。”㊀文章的辞藻。《宋书·颜延之传》：“延之与陈郡谢灵运俱以词～齐名。”㊁神采，神态。《晋书·王戎传》：“幼而颖悟，神～秀彻。”❷ 博戏中的胜利品。李白《送外甥郑灌从军》诗：“六博争雄好～来，金盘一掷万人开。”

【辨】綵，彩。见下“綵”字。

寀 cǎi ❶ cài 采地，古代卿大夫的封地。字本作“采”。❷ 官吏，官员。《晋书·王戎传》：“虽位总鼎司，而委事僚～。”（鼎司：指三公的职位。僚寀：同僚，同事的官员。）

【注意】现在“寀”写作正字“采”。

綵 cǎi 彩色的丝织品。《后汉书·安帝纪》：“食不兼味，衣无二～。”（兼味：指两种以上的食品。二彩：指两种色彩的衣服。）

【辨】綵，彩。古代“綵”和“彩”是两个字，“綵”仅用于彩色的丝织品，而“彩”则当“彩色”、“光彩”讲。

蔡 cài ❶ 野草。左思《魏都赋》：“～莽螫刺，昆虫毒噬。”❷ 占卜用的大龟。《左传·襄公二十三年》：“且致大～焉。”（致：献上。）❸ 周代诸侯国。在今河南上蔡和新蔡一带。❹ sà 通“𣏌”。流放。《左传·昭公元年》：“周公杀管叔而～蔡叔。”（管叔、蔡叔：人名。）

CAN

参（參） cān ❶ sān 配合成三的。《商君书·赏刑》：“此臣所谓～教也。”（参教：指赏、刑、教三事。）㊁三分。《左传·隐公元年》：“先王之制，大都不过～国之一。”（大都：指大都邑的城墙。国：指国都的城墙。）❷ 参加，参与。《汉书·赵充国传》：“朝庭每有四夷大议，常与～兵谋。”❸［参乘（shèng）］在车右边陪乘。《史记·孝文本纪》：“乃命宋昌～～。”㊁在车右边陪乘的人。《史记·项羽本纪》：“沛公之～～樊哙者也。”（沛公：指刘邦。樊哙：人名。）又写作“骖乘”。❹ 检验。《韩非子·显学》：“无～验而必之者，愚也。”（必：肯定。）❺ 古代下级见上级叫参。《战国策·秦策四》：“臣之义不～拜。”双音词有“参见”、“参谒”。❻ cēn［参差（cī）］长短不齐的样子。《诗经·周南·关雎》：“～～荇（xìng）菜，左右采之。”（荇菜：一种水生植物。）❼ shēn 星宿名。二十八宿之一。《诗经·召南·小星》：“嘒（huì）彼小星，维～与昴（mǎo）。”（嘒：微小的样子。昴：星宿名。）［参商］参星和商星。这两个星宿不同时出现在天空中，因此常用来比喻相隔遥远不能见面。曹植《与吴季重书》：“面有逸景之速，别有～～之阔。”（面：见面。逸：飞奔。景：光阴。阔：远。）❽ shēn 参类植物的总称。如人参、丹参、苦参等。

【辨】参（sān），三。“三”的意义比“参”广。“参”只用于“配合成三”或“三分”。该用“参”的地方有时可以用“三”，但该用“三”的地方不能用“参”。“三”在古代汉语中有时表示多数，“参”则无此用法。

骖（驂） cān ❶ 三匹马驾一辆车。《诗经·小雅·采菽》：“载～载驷。”（载：动词词头。驷：四匹马驾一辆车。）❷ 车前驾马中辕马边上的马。屈原《九歌·国殇》：“左～殪（yì）兮右刃伤。”（殪：被箭射死。刃伤：为兵刃所伤。）❸［骖乘（shèng）］同“参乘”。在车右边陪乘。《左传·文公十八年》：“（齐懿公）纳阎职之妻，而使职～～。”㊁在车右边陪乘的人。《韩非子·难三》：“知伯出，魏宣子御，韩康子为～～。”

餐［湌、飡］ cān ❶ 吃（饭）。《诗经·魏风·伐檀》：“彼君子兮，不素～兮。”李白《北上行》：“草木不可～，饥饮零露浆。”（零露：露水。）成语有“餐风饮露”。❷ 饭食。《韩非子·十过》：“充之以～。”（充：充满。）李绅《古风》之二：“谁知盘中～，粒粒皆辛苦！”

残（殘） cán ❶ 杀害，伤害。《周礼·夏官·大司马》：“放弑其君，则～之。”柳宗元《断刑论下》：“秋冬之有霜雪也，举草木而～之。”（举：全部。）㉑消灭，毁灭。《战国策·中山策》：“魏文侯欲～中山。”❷ 凶暴，残忍。《论语·子路》：“善人为邦百年，亦可以胜～去杀矣。”《孟子·梁惠王下》：“～贼之人，谓之一夫。”㉡凶暴残忍的人。《史记·张耳陈余列传》：“将军瞋目张胆，出万死不顾一生之计，为天下除～也。”《论衡·逢遇》：“武王诛～，太公讨暴。”❸ 残缺，不完整。司马迁《报任安书》：“顾自以为身～处秽，动而见尤。”《后汉书·儒林传》：“礼乐分崩，典文～落。”㉑残余，剩余。杜审言《大酺》诗：“梅花落处疑～雪。”

惨（慘） cǎn ❶ 残酷，狠毒。《荀子·议兵》：“～如蜂虿。”（虿：蝎类毒虫。）《汉书·陈汤传》：“～毒行于民。”❷ 忧愁。《诗经·陈风·月出》：“劳心～兮。”❸ 凄惨，悲惨。《后汉书·章帝纪》：“又久旱伤麦，忧心～切。”《晋书·刑法志》：“有酸～之声。”㊕丧事。《晋书·王忱传》：“妇父尝有～，忱乘醉吊之。”❹ 通“黪”。色彩暗淡。蒋凝《望思台赋》：“烟昏日～。”张固《幽闲鼓吹》：“末座～绿少年，何人也？”［惨惨］昏暗的样子。王粲《登楼赋》：“风萧瑟而并兴兮，天～～而无色。”

黪（黲） cǎn ❶ 浅青黑色。《宋史·礼志二十八》：“大祥，素纱软脚折上巾，～公服，白鞓锡带。”（鞓：皮带。）沈括《梦溪笔谈》卷二：“以～衣蒙之。”❷ 色彩暗淡。朱熹《通鉴纲目》卷四一下：“自是太后常御紫宸殿，施～紫帐以视朝。”［黪黩(dú)］混浊不清。杜甫《三川观水涨二十韵》：“何时通舟车？阴气不～～。”

噆 cǎn ❶ zā 口衔。《淮南子·览冥》：“人榛薄，食荐梅，～味含甘。”❷ 叮咬。《庄子·天运》：“蚊虻～肤，则通昔不寐矣。”

憯［㦧］ cǎn ❶ 痛，悲痛。《礼记·表记》：“中心～怛，爱人之仁也。”（怛：悲苦。）这个意义又写作“惨”。❷ 副词。用来加强否定语气。《诗经·小雅·十月之交》：“胡～莫惩？”（为什么竟没有人因此而警诫呢？）❸ 通“惨”。残酷，狠毒。《汉书·晁错传》：“法令烦～。”

粲 càn ❶ 上等白米。《诗经·郑风·缁衣》：“予授子之～兮。”（予：我。子：您。）❷ 明亮，鲜明。曹植《赠徐干》诗：“众星～以繁。”《诗经·唐风·葛生》：“角枕～兮，锦衾烂兮。”［粲然］1. 鲜明，明白的样子。《汉书·兒宽传》：“光辉充塞，天文～～。”《吕氏春秋·达郁》：“～～恶丈夫之状也。”2. 笑的样子。形容笑时露出洁白的牙齿。郭璞《游仙》诗之二：“灵妃顾我笑，～～启玉齿。”（灵妃：神话中的仙人。顾：回头看。）［粲烂］同“灿烂”。光亮鲜明的样子。司马相如《上林赋》：“皓齿～～，宜笑的皪(dìlì)。”（的皪：光亮、鲜明的样子。）㉡文辞华丽。《三国志·吴书·薛综传》：“卒造文义，信辞～～。”

璨 càn 明亮。《旧唐书·柳宗元传》：“精裁密致，～若珠贝。”［璨璨］明亮的样子。白居易《黑龙饮渭赋》：“气默默以黯黯，光～～而烂烂。”

CANG

仓（倉） cāng ❶ 粮仓。《商君书·去强》：“～府两虚，国弱。”❷ 船舱。杨万里《初二日苦热》诗：“船～周围各五尺。”这个意义后来写作“舱”。❸ 通“苍”。青色。《礼记·月令》：“驾～龙。”（龙：指大马。）❹［仓卒］［仓猝］匆忙急迫的样子。《世说新语·言语》：“司徒、丞相、扬州官僚问讯，仓卒不知何辞。”《论衡·逢遇》：“仓猝之业，须臾之名。”

伧（傖） cāng 粗野，粗俗。《陈书·周铁虎传》：“周铁虎，不知何许人也。梁世南渡，语音～重，膂力过人。”㉡粗野、鄙俗的人。《世说新语·简傲》：“傲主人，非礼也；以贵骄人，非道也。失此二者，不足齿之～耳。”［伧父(fǔ)］粗野鄙贱的人。《晋书·左思传》：“此间有～～，欲作《三都赋》。”

苍（蒼） cāng ❶ 深蓝色或深绿色。《诗经·秦风·黄鸟》：“彼～者天，歼我良人。”李白《庐山谣寄卢侍御虚舟》诗：“谢公行处～苔没。”（谢公：谢灵运。）㉡灰白色。杜甫《赠卫八处士》诗：“少壮能几时？鬓发各已～。”［苍苍］1. 深蓝色。《庄子·逍遥游》：“天之～～，其正色邪？”（正色：真正的颜色。）2. 灰白色。白居易《卖炭翁》诗：“满面尘灰烟火色，两鬓～～十指黑。”3. 茂盛的样子。《诗经·秦风·蒹葭》：“蒹葭～～，白露为霜。”❷［苍生］百姓，众人。《晋书·王衍传》：“然误天下～～者，未必非此人也。”

【辨】青，苍，碧，绿，蓝。见 343 页“青”字。

沧（滄） cāng ❶ 寒冷。《逸周书·周祝》：“天地之间有～热，善用道者终不竭。”[沧沧]寒冷的样子。《列子·汤问》：“日初出，～～凉凉。”这个意义又写作“滄”。❷ 通“苍”。青绿色。任昉《赠郭桐庐诗》：“～江路穷此，湍险方自兹。”[沧海]大海。海水青绿色，故称。曹操《步出夏门行·观沧海》：“东临碣石，以观～～。”（临：登临。碣石：山名。）成语有“沧海桑田”。[沧浪（láng）] 1. 青绿的水色。陆机《塘上行》：“垂影～～泉。” 2. 古水名。一说为汉水。《楚辞·渔父》：“～～之水清兮。”

鸧（鶬） cāng ❶ 鸟名。也叫鸧鸹（guā）。司马相如《子虚赋》：“双～下，玄鹤加。”[鸧鸹]白顶鹤。班固《西都赋》：“鸟则玄鹤白鹭，黄鹄䴔䴖，～～鸨鸨，凫鹭鸿雁。”❷ [鸧鹒]鸟名。即黄鹂。宋玉《登徒子好色赋》：“～～喈喈，群女出桑。”（喈喈：鸟鸣声。）❸ 传说中怪鸟名。郭璞《江赋》：“若乃龙鲤一角，奇～九头。”❹ qiāng 金属饰物好看的样子。《诗经·周颂·载见》：“鞗（tiáo）革有～，休有烈光。”（鞗：辔头。休：美。）[鸧鸧]同“锵锵”。象声词。形容铃声、鸣声等。《诗经·商颂·烈祖》：“八鸾～～。”

藏 cáng ❶ 把谷物保藏起来。《荀子·王制》：“春耕，夏耘，秋收，冬～。”㊀收藏，储藏。《墨子·天志下》：“有书之竹帛，～之府库。”《抱朴子·时难》：“～器俟时者，所以百无一遇。”❷ 隐藏，埋藏。《韩非子·难三》：“术者，～之于胸中。”（术：指君主控制群臣的策略。）《吕氏春秋·节丧》：“葬不可不～也。”❸ zàng 贮藏财物的仓库。《左传·僖公二十四年》：“晋侯之竖头须，守～者也。”（竖：宫中小臣。头须：人名。）❹ zàng 埋葬。《列子·杨朱》：“及其死也，无瘗（yì）埋之资，一国之人受其施者，相与赋而～之。”㊂葬地。《金史·世纪》：“号其～曰光陵。”❺ zàng 内脏。《论衡·论死》：“人死五～腐朽。”这个意义后来写作“臟”，现简化为“脏”。❻ zàng 佛教道教经典的总称。如“道藏”、“大藏经”。

CAO

操 cāo ❶ 拿着，握在手里。屈原《九歌·国殇》：“～吴戈兮被犀甲。”（吴戈：指吴国制造的戈。被：披。犀甲：犀牛皮制成的铠甲。）㊀掌握，控制。《韩非子·定法》：“～杀生之柄。”《史记·平原君虞卿列传》：“且虞卿～其两权，事成，～右券以责。”（右券：指凭证。）㊂做，操作。《吕氏春秋·任地》：“～事则苦。”《世说新语·方正》：“嵇侍中善于丝竹，公可令～之。”刘禹锡《天论中》：“若知～舟乎？”（若：你。）成语有“操之过急”。❷ 操守，能坚持自己认为正确的行为的一种品质。《论衡·知实》：“欲观隐者之～。”㊀品德，品行。《史记·酷吏列传》：“汤之客田甲，虽贾（gǔ）人，有贤～。”（田甲：人名。贾人：商人。）双音词有“节操”、“操行”。❸ 琴曲名。如“箕子操”、“龟山操”。

曹 cáo ❶ 对，双。《楚辞·招魂》：“分～并进。”㊂群。《诗经·大雅·公刘》：“乃造其～，执豕于牢。”（造：到……去。）杜甫《曲江三章章五句》诗之一：“哀鸿独叫求其～。”❷ 辈。可以翻译为现代汉语的“们”。《汉书·东方朔传》：“今欲尽杀若～。”（若：你。）杜甫《戏为六绝句》之二：“尔～身与名俱灭，不废江河万古流。”❸ 分科办事的官署或部门。《后汉书·百官志》：“成帝初置尚书四人，分为四～。”❹ 周代诸侯国。在今山东菏泽、定陶、曹县一带。

漕 cáo 通过水道运送粮食。《史记·萧相国世家》：“萧何转～关中，给食不乏。”（给食：指供应军队。）㊂供运输的河道。班固《西都赋》：“东郊则有通沟大～。”

螬 cáo [蛴（qí）螬]见 326 页“蛴”字。

屮 cǎo 草。《荀子·富国》：“刺～殖谷。”（刺：铲除。殖：种植。）《汉书·卜式传》：“式既为郎，布衣～蹻（juē）而牧羊。”（屮蹻：指草鞋。）这个意义后来写作“艸”、“草”。

草［艸］ cǎo ❶ 草。《诗经·小雅·谷风》：“无～不死，无木不萎。”《世说新语·尤悔》：“简文见田稻不识，问是何～。”❷ 草野，未开垦过的荒地。《韩非子·显学》：“耕田垦～以厚民产也。”（厚民产：增加人民的财产。）㊀乡野，民间。李白《梁甫吟》：“君不见高阳酒徒起～中。”❸ 粗糙。《史记·陈丞相世家》：“以恶～具进楚使。”（把粗糙的食物给楚的使者吃。）❹ 草书，汉字字体的一种。汉代初期就已流行，特点是笔画相连，写起来快。《晋书·王羲之传》：“因书之，真～相半。”又如“狂草”、“真草隶篆”。❺ 初稿。《三国志·魏书·崔琰传》：“琰从训取表～视之。”（训：人名。）㊂起草。《南史·蔡景历传》：“召令～檄（xí）。”（檄：檄文。）❻ [草草] 1. 忧劳、操心的样子。《诗经·小雅·巷伯》：“骄人好好，劳人～

～。”2. 骚扰不安的样子。《魏书·外戚传上》:“太祖崩,京师～～。”3. 匆忙仓促的样子。李白《南奔书怀》诗:“～～出近关,行行昧前算。”4. 草率。《金史·豫王永成传》:“临文～～,直写所怀。”

C

懆 cǎo [懆懆]忧愁的样子。《诗经·小雅·白华》:“念子～～,视我迈迈。”(迈迈:不高兴的样子。)

CE

册[冊] cè ❶ 简册,编串好的许多竹简。《尚书·多士》:“殷先人有～有典。”(殷:商朝。典:典籍。)后指书册。陆游《纵笔》诗之三:“归从～府犹披卷。”(册府:帝王藏书的地方。) ❷ 君主、帝王对臣下封土授爵或免官的文书。《新唐书·百官志二》:“临轩册命,则读～。”(临轩:指皇帝在殿前平台上召见臣属。)㊟册封,帝王封臣下。《新唐书·百官志二》:“～太子则授玺绶。” ❸ 通“策”。计策,计谋。《汉书·赵充国传》:“此全师保胜安边之～。”(全师:保全军队。)

厕(厠)[廁] cè ❶ 厕所。《史记·项羽本纪》:“沛公起如～。”(如:到……去。) ❷ 猪圈。《汉书·燕刺王旦传》:“～中豕(shǐ)群出。”(豕:猪。) ❸ 置身于,参加。司马迁《报任安书》:“向者仆亦常～下大夫之列。”(向者:过去。仆:我。常:尝,曾经。下大夫:官名。) ❹ 通“侧”。旁边。《史记·张释之冯唐列传》:“从行至霸陵,居北临～。”(从行:跟皇帝出行。霸陵:地名。临厕:指在霸陵边上。)

侧(側) cè ❶ 旁边。《商君书·修权》:“君好言,则毁誉之臣在～。”(毁誉:说好话和说坏话。)苏轼《题西林壁》诗:“横看成岭～成峰。” ❷ 斜,倾斜。《史记·项羽本纪》:“樊哙～其盾以撞。”《汉书·周昌传》:“吕后～耳于东箱听。”[侧目]斜着眼睛看。表示畏惧或愤恨等情绪。《战国策·秦策一》:“妻～～而视,倾耳而听。”《汉书·邹阳传》:“太后怫郁泣血,无所发怒,切齿～～于贵臣矣。”柳宗元《童区寄传》:“乡之行劫缚者,～～莫敢过其门。” ❸ 通“厕”。置身于。《淮南子·原道》:“处穷僻之乡,～溪谷之间。”又如“侧足”。

测(測) cè ❶ 水的深度。《淮南子·说林》:“篙终而以水为～,惑矣。”㊟测量水的深浅。《淮南子·说林》:“以篙～江。”㊀测量。沈括《梦溪笔谈》卷七:“天文家有浑仪,～天之器。” ❷ 估计,猜度,预料。《国语·晋语一》:“君之使我,非欢也,抑欲～吾心也。”《左传·庄公十年》:“夫大国,难～也,惧有伏焉。”魏征《十渐不克终疏》:“事之不～,其可救乎?”

恻(惻) cè ❶ 悲痛,忧伤。《汉书·成帝纪》:“未闻在位有～然者,孰当助朕忧之。”《旧唐书·柳宗元传》:“为骚文十数篇,览之者为之凄～。”(骚文:《离骚》一类的文体。) ❷ 诚恳。常“恳恻”连用。《后汉书·史弼传》:“诏书疾恶党人,旨意恳～。”

叒 cè ❶ [叒叒]锋利的样子。《诗经·周颂·良耜》:“～～良耜(sì)。”(耜:农具名。) ❷ 清晰。干宝《搜神记》卷二〇:“风静水清,犹见城郭楼橹～然。” ❸ 整齐。萧统《殿赋》:“阑槛参差,栋宇齐～。”

策[筞] cè ❶ 竹制的马鞭。《礼记·曲礼上》:“君车将驾,则仆执～立于马前。”贾谊《过秦论》:“振长～而御宇内。”(振:挥动。御:驾驭,控制。宇内:天下。)㊟鞭打,鞭策。《史记·管晏列传》:“拥大盖,～驷(sì)马。”(盖:古代车上伞形的篷子。驷马:同驾一辆车的四匹马。)《宋史·叶适传》:“可以～励期望者谁乎?” ❷ 竹杖,拐杖。《淮南子·地形》:“夸父弃其～。”㊟拄着,扶着(拐杖)。曹植《苦思行》:“～杖从我游。” ❸ 成编的竹简。《左传·隐公十一年》:“不书于～。” ❹ 帝王对臣下封土、授爵或免官的文书。《左传·僖公二十八年》:“(晋侯)受～以出。”㊟帝王封臣下。《三国志·蜀书·诸葛亮传》:“先主于是即帝位,～亮为丞相。” ❺ 策问。从汉代起,皇帝为选拔人才举行考试,事先把问题写在竹简上,叫“策”。《汉书·公孙弘传》:“上～诏诸儒。”(皇帝提出问题诏问儒生。)[对策]应考的人按策上的问题陈述自己的见解。如晁错的《举贤良对策》。刘勰《文心雕龙·议对》:“～～者,应诏而陈政也。” ❻ 计策,计谋。《三国志·魏书·荀攸传》:“公达前后凡画奇～十二。”(公达:即荀攸。画:谋划。)㊟谋划。《孙子兵法·虚实》:“故～之而知得失之计。” ❼ 古代占卜用的蓍(shī)草。《楚辞·卜居》:“詹尹乃释～而谢。”(詹尹:人名。释:放下。谢:辞谢。)这个意义又写作“筴”。㊀预知,预料。《后汉书·刘宽传》:“以先～黄巾逆谋,以事上闻。”

筴 cè ❶ 古时占卜用的蓍(shī)草。《礼记·曲礼上》:“龟为卜,～为筮。” ❷ 竹简,用竹片编成的书简。《国语·鲁语上》:“季子之言不可不法也,使书以为三～。” ❸ 计谋。《史记·留侯世家》:“留侯善画计～。”

上述❶❷❸义与“策”同，后来一般写作“策”。❹ jiā 箸类，夹东西的用具。陆羽《茶经·器》：“火～，一名箸。”王安石《游土山示蔡天启秘校》诗：“虽无膏污鼎，尚有羹濡～。”㊀挟制，钳制。韩愈《曹成王碑》：“掇(duō)黄冈，～汉阳。”(掇：夺取。)

CEN

岑 cén ❶ 小而高的山。张衡《南都赋》：“幽谷嶜(qín)～，夏含霜雪。”(嶜：高锐的样子。)㊁山峰，山顶。陆机《猛虎行》：“静言幽谷底，长啸高山～。”柳宗元《零陵春望》诗：“云断岣嵝～。”(岣嵝：衡山主峰，也是衡山的别名。)㊀高而锐的样子。《孟子·告子下》：“方寸之木，可使高于～楼。”❷ 崖岸，河岸。《庄子·徐无鬼》：“夜半于无人之时而与舟人斗，未始离于～。”(未始：未曾。)❸ [岑寂]寂静。鲍照《舞鹤赋》：“去帝乡之～～。”(帝乡：指仙境。)❹ [岑岑]胀痛的样子。《汉书·孝宣许皇后传》：“我头～～也，药中得无有毒？”

涔 cén ❶ 连续下雨，积水成涝。《淮南子·主术》：“时有～旱灾害之患。”㊁路上的积水。《淮南子·俶真》：“夫牛蹄之～，无尺之鲤。”㊁泪流不止的样子。江淹《杂体诗·谢法曹赠别》：“芳尘未歇席，～泪犹在袂(mèi)。”(袂：衣袖。)❷ [涔涔] 1. 形容雨水、汗、泪不断地流下。杜甫《秦州杂诗二十首》之十：“云气接昆仑，～～塞雨繁。”在诗赋中也省作“涔”。2. 天气阴沉的样子。黄庭坚《送杜子卿归西淮》诗：“雪意～～满面风。”3. 病痛的样子。杜甫《风疾舟中伏枕书怀》诗：“行药病～～。”

CENG

层(層) céng ❶ 重叠。《楚辞·招魂》：“～台累榭，临高山些。”(些：语气词。)王勃《滕王阁序》：“～峦耸翠，上出重霄。”(翠：翠绿。)成语有“层出不穷”。❷ 量词。层。王之涣《登鹳雀楼》诗：“欲穷千里目，更上一～楼。”

曾 céng ❶ zēng 指与自己隔着两代的亲属。祖父之父为曾祖，孙之子为曾孙。《晋书·荀勖传》：“荀勖字公曾，颍川颍阴人，汉司空爽～孙也……从外祖魏太傅钟繇曰：‘此儿当及其～祖。’”❷ zēng 副词。用来加强语气，常与“不”连用，可以译为“连……都……”。《论语·八佾》：“～谓泰山不如林放乎？”《列子·汤问》：“～不若孀妻弱子。”(孀妻：死了丈夫的妇女。)❸ 曾经。《吕氏春秋·顺民》：“失民心而立功名者，未之～有也。”李白《猛虎行》：“萧曹～作沛中吏。”(沛：沛县。)❹ zēng 通“增”。增加。《孟子·告子下》：“～益其所不能。”❺ 通“层”。重叠。杜甫《望岳》诗：“荡胸生～云。”(荡：动荡。)

嶒 céng [嶒崚(léng)]山势高险的样子。张协《七命》：“琼巘(yǎn)～～。”(琼巘：神话中玉的山顶。)又写作“嶒棱”。

蹭 cèng [蹭蹬(dèng)]失势的样子。木华《海赋》：“或乃～～穷波，陆死盐田。”(盐田：指海边。)㊀遭遇挫折。李白《赠张相镐》诗之二：“晚途未云已，～～遭谗毁。”

CHA

差 chā ❶ 差别，相差。《韩非子·解老》：“义者，君臣上下之事，父子贵贱之～也。”《史记·萧相国世家》：“攻城略地，大小各有～。”(略：夺。)《汉书·东方朔传》：“失之豪厘，～以千里。”(豪厘：毫厘，指非常少。)㊀辨别，区别。《韩非子·用人》：“废尺寸而～短长，王尔不能半中。”(王尔：人名。)❷ 差错，错误。《庄子·则阳》：“有所正者有所～。”《抱朴子·清鉴》：“终如其言，一无～错。”❸ 副词。表示程度。稍微，比较地。《后汉书·光武帝纪下》：“今军士屯田，粮储～积。”《后汉书·吴汉传》：“吴公～强人意。”(吴汉比较使人满意。)❹ chāi 选择。宋玉《高唐赋》：“必先斋戒，～时择日。”㊁差使，差遣(后起意义)。白居易《山石榴花》诗：“好～青鸟使，封作百花王。”❺ chài 病好了。《后汉书·郭玉传》：“帝乃令贵人羸服变处，一针即～。”(羸服：指穿破旧的衣服。)沈括《梦溪笔谈》卷二四：“因病危甚，服医朱严药，遂～。”(朱严：人名。)这个意义后来写作“瘥”。❻ cī [差池]不齐的样子。《诗经·邶风·燕燕》：“燕燕于飞，～～其羽。”又写作“柴池”。[参差(cēncī)]见 33 页“参(cān)”字。❼ cuō [差跌] 通“蹉跌”。失足跌倒，比喻失误。《汉书·陈遵传》：“足下讽诵经书，苦身自约，不敢～～。”《宋书·临川王道规传》：“若来攻城，宗之未必能固，脱有～～，大事去矣。”(脱：如果。)

靫 chā [鞴(bù)靫]见 14 页“鞴(bèi)”字。

锸(鍤)[臿] chā 铁锹。挖土用的工具。《韩非子·五

C

躉》："（禹）身执耒（lěi）～。"（身执：亲自拿着。耒：一种农具。）

垞 chá 小土山。范成大《闰月四日石湖众芳烂熳》诗："北～南冈总是家，儿童随逐任欢哗。"

楂 chá 见531页。

槎 chá ❶用刀或斧砍。《国语·鲁语上》："且夫山不～蘖（niè），泽不伐夭（ǎo）。"（山不槎蘖：山中不砍伐树上刚生出的枝条。蘖：树木被砍伐后又生出的枝条。）❷用竹木编成的筏。张华《博物志》卷三："年年八月有浮～，去来不失期。"（失：耽误，错过。）这个意义又写作"楂"。

詧 chá "察"的古字。观察，看清楚。《史记·秦本纪》："（缪公）因与由余曲席而坐，传器而食，问其地形与其兵势尽～，而后令内史廖以女乐二八遗戎王。"

察 chá ❶观察，仔细看。《周易·系辞上》："仰以观于天文，俯以～于地理。"成语有"察言观色"。㊀看清楚。《商君书·禁使》："上别飞鸟，下～秋豪。"（秋豪：鸟兽在秋天新长的细毛。豪：通"毫"。）㊀明察，详审。东方朔《答客难》："水至清则无鱼，人至～则无徒。"这个意义又写作"詧"。❷考察。《论语·卫灵公》："众恶（wù）之，必～焉；众好之，必～焉。"《韩非子·外储说左上》："夫信不然之物而诛无罪之臣，不～之患也。"（不然之物：不可能的事情。）❸考察后予以推荐，选举。《史记·刺客列传》："严仲子乃～举吾弟困污之中而交之，泽厚矣。"《三国志·吴书·吴主传》："郡～孝廉，州举茂才。"（孝廉、茂才：汉魏时期国家选拔人才的科目。）❹［察察］洁白，清洁的样子。《楚辞·渔父》："安能以身之～～，受物之汶汶者乎？"（汶汶：污垢。）

侘 chà ❶［侘傺（chì）］失意的样子。《楚辞·九叹·愍命》："怀忧含戚，何～～兮！"（戚：悲伤。）❷通"诧"。夸耀。《史记·韩长孺列传》："即欲以～鄙县，驱驰国中，以夸诸侯。"（鄙：边远的地方。）

诧（詫） chà ❶告知。《庄子·达生》："有孙休者，踵门而～子扁庆子。"❷夸耀。《史记·司马相如列传》："子虚过～乌有先生。"（子虚、乌有：司马相如在文章中虚构的人名。）㊀诳，欺骗。《晋书·司马休之传》："甘言～方伯，袭之以轻兵。"（甘：甜。）❸惊讶，诧异。《新唐书·戴胄传》："阅十数年，父子继为宰相，世～其荣。"魏学洢《核舟记》："魏子详瞩既毕，～曰：'嘻，技亦灵怪矣哉！'"

咤 chà 见531页。

姹 chà ❶同"妊"。少女。［姹女］1.少女。《后汉书·五行志一》："河间～～工数钱。"（河间：地名。工：善于。）2.道家炼丹，称水银为姹女。魏伯阳《周易参同契》中："河上～～，灵而最神。得火则飞，不见埃尘。"❷美丽。韩愈《县斋有怀》诗："闲爱老农愚，归弄小女～。"韩维《和如晦游临淄园示元明》："桃夭杏～通园蹊（xī）。"（夭：茂盛。蹊：小道。）成语有"姹紫嫣红"。❸通"诧"。夸耀。《汉书·司马相如传上》："子虚过～乌有先生。"

刹 chà ❶梵语。土地，世界。杜牧《题孙逸人山居》诗："尘～无应免别离。"❷佛塔。张乔《兴善寺贝多树》诗："势随双～直，寒出四墙遥。"㊀佛寺。许浑《僧院影堂》诗："僧～残灯壁半斜。"❸"刹那"的省称。短时间。沈约《千佛颂》："一～靡停，三念齐往。"［刹那］梵语音译。极短时间。白居易《和梦游春》："欢荣～～促。"

CHAI

钗（釵） chāi 妇女的一种首饰，形状像叉。白居易《长恨歌》："钿合金～寄将去。"

差 chāi 见37页。

侪（儕） chái ❶辈，类。《左传·僖公二十三年》："晋郑同～。"《后汉书·仲长统传》："或曾与我为等～矣。"（有的曾经与我为同辈。）❷共同，一起。《列子·汤问》："长幼～居。"

柴 chái ❶枯枝。《庄子·达生》："无入而藏，无出而阳，～立其中央。"《汉书·沟洫志》："是时东郡烧草，以故薪～少。"（薪：柴火。）㊀烧柴祭祀。《礼记·郊特牲》："天子适四方，先～。"《尚书·舜典》："～，望秩于山川。"（烧柴祭天，并遥望远处山川按次序而奠祭。）❷zhài 堵塞。《三国志·吴书·吕蒙传》："分遣三百人～断险道。"❸zhài 通"寨"。树枝编成的篱栅。《三国志·吴书·甘宁传》："羽闻之，住不渡，而结～营。"（羽：关羽。）❹cī［柴池］同"差池"。不齐的样子。《史记·司马相如列传》："～～茈虒（cǐzhì），旋环后宫。"（茈虒：不齐的样子。）

祡 chái 祭名。烧柴祭天。《史记·五帝本纪》："岁二月，东巡狩，至于岱宗，～。"又写作"柴"。

茝 chǎi 见546页。

蚤（蠆） chài ❶ 蝎子一类的毒虫。《左传·僖公二十二年》："蜂～有毒，而况国乎？"《诗经·小雅·都人士》："彼君子女，卷发如～。" ❷［蚤芥］义同"蒂（dì）芥"。梗塞之物，比喻积在心中的小小不快。张衡《西京赋》："睚眦（yázì）～～，尸僵路隅。"（睚眦：怒目而视。）

CHAN

佔 chān ❶ 视。［佔毕］照书本诵读。《礼记·学记》："今之教者，呻其～～。"（呻：诵读。毕：简。呻其佔毕：诵读其所看的书本。） ❷ zhān ［佔佔］低语的样子。《史记·匈奴列传》："嗟土室之人，顾无多辞，令喋喋而～～，冠固何当？"【注意】"佔"在清代以前没有"佔有"的意义。"佔有"的"佔"现写作"占"。

觇（覘） chān 偷看，侦察。《淮南子·俶真》："其兄掩户而入，～之。"《三国志·吴书·甘宁传》："张辽～望知之，即将步骑奄至。"（奄至：突然来到。）

幨 chān ❶ 车帷。皇甫冉《送崔使君赴寿州》诗："列郡专城分国忧，彤～皂盖古诸侯。"［幨幌］帷幔。谢灵运《日出东南隅行》："晨风拂～～，朝日照闺轩。" ❷ 衣襟。《管子·揆度》："列大夫豹～。"（列大夫：指中大夫。）

襜 chān ❶ 系在身前的围裙。《诗经·小雅·采绿》："终朝采蓝，不盈一～。"（终朝：整个早晨。）［襜褕（yú）］一种短的便衣。《史记·魏其武安侯列传》："元朔三年，武安侯坐衣～～入宫，不敬。" ❷ 车帷。《后汉书·刘盆子传》："乘轩车大马，赤屏泥，绛～络。"（屏泥：车前挡泥的部件。绛：深红色。络：马笼头。）这个意义又写作"幨"。㊀帷帐。刘向《新序·杂事五》："（天子）不出～幄而知天下者，以有贤左右也。" ❸［襜如］［襜襜］摇动的样子。《论语·乡党》："衣前后，襜如也。"《楚辞·九叹·逢纷》："裳襜襜而含风兮，衣纳纳而掩露。"（纳纳：浸湿的样子。）

谗（讒） chán 说别人的坏话。《荀子·修身》："伤良曰～，害良曰贼。"（良：好人。）㊁说别人坏话的人。《荀子·成相》："远贤近～。"（贤：贤人。）㊁谗言。《后汉书·五行志三》："安帝信～，无辜死者多。"

毚 chán 狡兔。《诗经·小雅·巧言》："跃跃～兔，遇犬获之。"

儳 chán ❶ 杂乱不整齐。《左传·僖公二十二年》："声盛致志，鼓～可也。"（鼓儳：指击鼓进攻杂乱不齐，即未列阵的敌军。）㊀苟且，不严肃。《礼记·表记》："君子不以一日使其躬～焉。"（躬：自身。） ❷ chàn 疾，迅速。郑丰《答陆士龙诗·兰林》："趯趯（tìtì）～兔。"（趯趯：跳跃的样子。）㊁迅疾，便捷。《后汉书·何进传》："进惊，驰从～道归营。"（儳道：捷径。） ❸ chàn 打断别人说话插言。《礼记·曲礼上》："长者不及，毋～言。"

巉 chán 险峻。《新唐书·西域传下》："有铁门山，左右～峭，石色如铁。"［巉岩］高峻险要的样子。李白《蜀道难》诗："畏途～～不可攀。"又写作"孱颜"。㊁险峻的高山。宋玉《高唐赋》："登～～而下望兮。"［巉巉］高峻险要的样子。岑参《入剑门作》诗："凛凛三伏寒，～～五丁迹。"（三伏天还很冷，五个大力士曾走过的路险峻陡拔。）又写作"嶄嶄"。

欃 chán ❶［欃檀］檀树的别称。司马相如《上林赋》："～～木兰。" ❷［欃枪（chēng）］彗星名。《淮南子·俶真》："～～衡杓（biāo）之气，莫不弥靡而不能为害。"（衡：北斗七星的第五星。杓：北斗七星柄部的三颗星。）

镵（鑱） chán ❶ 锐利，用以形容治病的石针。《素问·汤液醪醴论》："必齐毒药攻其中，～石针艾治其外也。"［镵针］中医"九针"之一。《灵枢经·九针十二原》："～～者，头大末锐，去写阳气。"（写：泻。） ❷ 针刺。《淮南子·泰族》："夫刻肌肤，～皮革。"㊀开凿。《新唐书·崔湜传》："自商～山出石门，抵北蓝田，可通輓道。"（镵山：凿山。） ❸ 一种掘土工具。杜甫《乾元中寓居同谷县作歌七首》之二："长～长～白木柄，我生托子以为命。"

婵（嬋） chán ❶［婵媛］牵引，牵连。屈原《九章·哀郢》："心～～而伤怀兮。"又写作"撣援"。 ❷［婵娟］美好的样子。孟郊《婵娟》诗："花～～，泛春泉。竹～～，笼晓烟。"（笼晓烟：笼罩着晨烟。）又写作"蝉蜎"。㊁指代明月。苏轼《水调歌头·中秋》："但愿人长久，千里共～～。"

禅（禪） chán 见370页。

蝉（蟬） chán ❶ 一种昆虫。也叫知了。《荀子·大略》："饮而不食者，～也。" ❷ 蝉冠。古代侍从官的冠饰。陶弘景《冥通记》卷一："著朱衣赤帻（zé），上

C

戴～，垂缨极长。”（帻：头巾。）后因以“蝉冠”指代显贵。❸［蝉联］连续不断的样子。左思《吴都赋》：“～～陵丘。”《梁书·王筠传》：“自开辟已来，未有爵位～～，文才相继，如王氏之盛者也。”❹［蝉蜎（juān）］同“婵娟”。美好的样子。左思《吴都赋》：“檀栾～～，玉润碧鲜。”

孱 chán ❶懦弱，弱小。《史记·张耳陈余列传》：“吾王，～王也。”㊟衰弱。杜甫《秋日夔府咏怀》：“勇猛为心极，清羸任体～。”陆游《寄别李德远》诗：“中原乱后儒风替，党禁兴来士气～。”㊀浅薄。宋祁《授龙图阁谢恩表》：“伏念臣识局庸浅，术学肤～。”（术学：指道术学识。）❷谨小慎微。《大戴礼记·曾子立事》：“君子博学而～守之，微言而笃行之。”❸［孱颜］同“巉岩”。高峻险要的样子。李华《含元殿赋》：“峥嵘～～，下视南山。”（峥嵘：高峻的样子。）

潺 chán ❶［潺潺］1. 流水声。欧阳修《醉翁亭记》：“山行六七里，渐闻水声～～。”㊟雨声。李煜《浪淘沙·帘外雨潺潺》：“帘外雨～～，春意阑珊。”2. 水慢慢流动的样子。曹丕《丹霞蔽日行》：“谷水～～，木落翩翩。”（翩翩：飘落的样子。）❷［潺湲（yuán）］水慢慢流动的样子。屈原《九歌·湘夫人》：“观流水兮～～。”㊟流泪的样子。屈原《九歌·湘君》：“横流涕兮～～。”（涕：泪。）

缠（纏） chán ❶盘绕，扎束。《战国策·秦策五》：“～之以布。”刘禹锡《葡萄歌》：“野田生葡萄，～绕一枝蒿。”㊀纠缠。《后汉书·班固传下》：“汉兴已来，旷世历年，兵～夷狄，尤事匈奴。”❷通“躔”。日月五星运行时经过天空中某一区域。《汉书·王莽传中》：“岁～星纪，在雒阳之都。”（岁缠星纪：木星移到“星纪”的位置上。岁：岁星，即木星。星纪：日月五星运行轨道一段的名称。）

廛［鄽］ chán ❶古代一户人家所占的房地。《孟子·滕文公上》：“愿受一～而为氓。”❷集市中储藏、堆积货物的栈房。《周礼·地官·廛人》：“廛人掌敛市……～布而入于泉府。”（布：指税钱。）㊀卖东西的店铺。左思《魏都赋》：“廓三市而开～。”（廓：扩大。三市：指早市、午市、晚市。）

躔 chán ❶行进中停留。左思《吴都赋》：“未知英雄之所～也。”❷日月五星（金、木、水、火、土）在黄道上运行。也指运行时经过天空某一区域的轨迹。《汉书·律历志上》：“日月初～，星之纪也。”成公绥《笔赋》：“书日月之所～。”（书：记录。）❸足迹，行迹。罗泌《路史·钜灵氏》：“或云治蜀，盖以其迹～焉。”（有人说钜灵氏曾治蜀，那是凭他的足迹推断的。）

鋋 chán 铁把小矛。《史记·匈奴列传》：“其长兵则弓矢，短兵则刀～。”（兵：兵器。）㊟用作动词。刺杀。司马相如《上林赋》：“格虾蛤，～猛氏。”（虾蛤、猛氏：兽名。）

澶 chán ❶［澶渊］古湖泊名。在今河南濮阳西。❷［澶湉（tián）］水流平缓的样子。左思《吴都赋》：“莫测其深，莫究其广，～～漠而无涯。”（没有谁能探测它的深度，也没有谁能探究它的广度，水流平缓，广阔无边。）❸ dàn［澶漫］1. 恣意，放荡不羁。《后汉书·仲长统传》：“～～弥流，无所底极。”（放荡不羁越来越厉害，没有终止的时候。）2. 宽阔、广远的样子。张衡《西京赋》：“～～靡迤，作镇于近。”杜甫《承闻河北诸道节度入朝》诗之八：“～～山东一百州，削成如案抱青丘。”（案：指桌面。抱：指围绕。青丘：山名。）

蟾 chán ［蟾蜍（chú）］1. 也叫癞蛤蟆。《淮南子·原道》：“使蟹捕鼠，～～捕蚤。”也简称“蟾”。元好问《蟾池》诗：“小～徐行腹如鼓，大～张颐（yí）怒于虎。”（徐行：慢慢走。颐：腮。）㊟蟾形器物。《后汉书·张衡传》：“下有～～张口承之。”又写作“詹诸”。2. 传说月中有蟾蜍，因而又用为月的代称。杜甫《八月十五夜月》诗之二：“刁斗皆催晓，～～且自倾。”也简称“蟾”。《宋史·乐志十五》：“残霞弄影，孤～浮天。”

产（產） chǎn ❶生，生育。《史记·高祖本纪》：“已而有身，遂～高祖。”《晋书·羊祜传》：“有私牛于官舍～犊（dú）。”㊟生长。《吕氏春秋·义赏》：“春气至则草木～。”㊀产生，发生。《管子·任法》：“彼幸而不得，则怨日～。”❷出产。柳宗元《捕蛇者说》：“永州之野～异蛇。”㊟出产的东西。陆机《齐讴行》：“海物错万类，陆～尚千名。”❸财产，产业。《韩非子·显学》：“耕田垦草以厚民～也。”

刬（剗） chǎn ❶铲子。贾思勰《齐民要术·耕田》引《纂文》：“～柄长三尺。”❷削去，铲平。贾思勰《齐民要术·耕田》：“以～地除草。”这个意义后来写作“铲”。㊀铲除，消灭。《战国策·齐策一》：“～而类，破吾家。”（而：你。）❸通“栈（zhàn）”。在险绝的山上用竹木架成的道路。《史记·田叔列传·褚少孙曰》：“谷口，蜀～道，近山。”

弗 chǎn 串肉烧烤用的器具。韩愈《赠张籍》诗：“试将诗义授，如以肉贯～。”㊟

用作动词。用弗贯穿。贾思勰《齐民要术·炙法》："以竹弗～之。"

谄(諂)[讇] chǎn 巴结，奉承。《论语·学而》："贫而无～，富而无骄。"《荀子·修身》："～谀(yú)我者，吾贼也。"(谀：阿谀奉承。)

【辨】谀，谄。见514页"谀"字。

啴(嘽) chǎn ❶宽舒、和缓的样子。《礼记·乐记》："其乐心感者，其声～以缓。" ❷tān [啴啴]1.喘气的样子。《诗经·小雅·四牡》："～～骆马。"2.众多而强盛的样子。《诗经·大雅·常武》："王旅～～。"

阐(闡) chǎn ❶开，开辟。班固《东都赋》："于是圣皇乃握乾符，～坤珍。"(坤珍：指洛书。)《史记·秦始皇本纪》："～并天下。"(并：合并，兼并。)潘岳《为贾谧作赠陆机》诗："粤有生民，伏羲始君。结绳～化，八象成文。"(粤：句首语气词。化：教化。) ❷公开，显露。《吕氏春秋·决胜》："隐则胜～矣，微则胜显矣。"㊀阐发，阐明。刘勰《文心雕龙·神思》："至精而后～其妙。"颜延之《皇太子释奠会作》诗："～扬文令。"(扬：宣扬。文令：指关于文化的政令。)

燀(燀) chǎn ❶炊，烧火做饭。《左传·昭公二十年》："水、火、醯(xī)、醢(hǎi)、盐、梅，以烹鱼肉，～之以薪。"(薪：柴。) ❷chān 火起的样子。《国语·周语下》："火无灾～。"(灾：天然起的火。) ❸火焰，光焰。《史记·秦始皇本纪》："威～旁达。"(旁达：到达四方。) ❹炽热，炎热。何晏《景福殿赋》："故冬不凄寒，夏无炎～。" ❺dǎn 过度。《吕氏春秋·重己》："味不众珍，衣不～热。"

冁(囅) chǎn [冁然]笑的样子。《庄子·达生》："桓公～～而笑。"

蒇(蕆) chǎn 完成，解决。《左传·文公十七年》："寡君又朝，以～陈事。"(朝：指郑国国君朝见晋侯。陈：国名。)后来把事情办完、办好叫"蒇事"。袁甫《余干县先贤祠堂记》："作新堂以祠之……～事之日，观听竦然。"

羼 chàn 掺杂。《颜氏家训·书证》："典籍错乱……皆由后人所～，非本文也。"

CHANG

伥(倀) chāng ❶无所适从的样子。岳珂《桯史·张元吴昊》："～无所适，闻夏酋有意窥中国，遂叛而往。"[伥伥]迷惘不知所措。《荀子·修身》："人无法则～～然。"(没有法律，人就无所适从。) ❷传说，被老虎咬死的人变成鬼，又去引导老虎吃人，这种鬼叫作"伥"或"伥鬼"。后因此比喻充当恶人的爪牙，帮助干坏事。成语有"为虎作伥"。

昌 chāng ❶壮大美好的样子。《诗经·齐风·猗嗟》："猗嗟(yījiē)～兮，颀(qí)而长兮。"(猗嗟：叹词。颀：身体长的样子。) ❷昌盛。《荀子·成相》："君谨守之，下皆平正，国乃～。" ❸美善，正当。《汉书·扬雄传上》："又览累之～辞。"嵇康《太师箴》："治乱之原，岂无～教？"[昌言]1.善言，正当的言论。《尚书·大禹谟》："禹拜～～。"(大禹接受善言。)2.书名。全名是《仲长子昌言》，东汉仲长统著。

菖 chāng 草名。菖蒲。《吕氏春秋·任地》："冬至后五旬七日，～始生。～者，百草之先生者也。"

猖 chāng ❶[猖狂]随心所欲，肆意而行。《庄子·在宥》："～～，不知所往。"㊁狂妄而放肆。《三国志·魏书·董二袁刘传评》裴松之注："袁术无毫芒之功，纤(xiān)介之善，而～～于时，妄自尊立。"(纤介：细微。)㊁形容气势猛烈或奔放。元稹《有酒》诗之八："飓风作兮昼夜～～。"柳宗元《答韦珩示韩愈相推以文墨事书》："不若退之～～恣睢、肆意有所作。" ❷[猖獗]1.凶猛而放肆。贾谊《新书·俗激》："其余～～而趋之者，乃豕羊驱而往。"2.倾覆。《三国志·蜀书·诸葛亮传》："而智术短浅，遂用～～，至于今日。"上述1、2又写作"猖蹶"、"猖蹷"。

阊(閶) chāng [阊阖(hé)]1.神话传说中的天门。屈原《离骚》："吾令帝阍(hūn)开关兮，倚～～而望予。"(帝阍：神话中掌管天门的人。予：我。)2.皇宫的正门。白居易《中书寓直》诗："缭绕宫墙围禁林，半开～～晓沉沉。"(禁林：皇宫里的林木。晓：拂晓。沉沉：深远的样子。)

长(長) cháng ❶长。与"短"相对。屈原《九歌·国殇》："带～剑兮挟秦弓。"(挟：用胳膊夹着。秦弓：秦国制造的弓，指好弓。)㊁长度。《论语·乡党》："必有寝衣，～一身有半。"㊀长久。《诗经·大雅·卷阿》："尔受命～矣。"成语有"天长日久"。 ❷经常。《论语·述而》："君子坦荡荡，小人～戚戚。"王安石《书湖阴先生壁》诗："茅檐～扫净无苔。" ❸长处，专长。《晏子春秋·内篇问上》："任人之～，不强其

C

短。"㊂擅长。《孟子·公孙丑上》:"敢问夫子恶乎～?"《世说新语·文学》:"乐令善于清言,而不～于手笔。"❹ zhǎng 生长,成长,增长。《孟子·公孙丑上》:"宋人有闵其苗之不～而揠(yà)之者。"(揠:拔。)㊀抚养。晁错《论贵粟疏》:"养孤～幼在其中。"(孤:孤儿。)❺ zhǎng 年纪大的。与"幼"相对。《荀子·荣辱》:"～幼之差。"㊂长大,成年。《荀子·劝学》:"生而同声,～而异俗。"㊀位高者,上级。《孟子·梁惠王上》:"入以事其父兄,出以事其～上。"㊂排行第一。《三国志·魏书·荀彧传》:"太祖以女妻彧(yù)～子恽(yùn)。"(妻:嫁给。)❻ zhǎng 首领。《尚书·益稷》:"咸建五～。"(咸:全。五长:管理五个诸侯国的方伯。)㊂做人君长,做首领。《周易·乾》:"君子体仁,足以～人。"㊕秦汉时万户以下的县的长官。《后汉书·虞诩传》:"诩(xǔ)为朝歌～。"(朝歌:古县名。)❼(旧读 zhàng)[长物]多余的东西。《世说新语·德行》:"恭作人无～～。"(恭:王恭自称。)

苌(萇) cháng [苌楚]一种植物。也叫羊桃,或称猕猴桃。《诗经·桧风·隰有苌楚》:"隰(xí)有～～。"(隰:低湿的地方。)

场(場)[塲] cháng ❶平坦的空地。多指翻晒、碾轧粮食的地方。《诗经·豳风·七月》:"十月涤～。"(涤场:把打谷场清扫干净。)㊂种瓜菜的地方。《墨子·天志下》:"入人之～园,取人之桃李瓜姜者,上得且罚之。"❷祭坛周围的平地。《史记·淮阴侯列传》:"择良日,斋戒,设坛～。"❸量词(后起意义)。李白《短歌行》:"大笑亿千～。"❹ chǎng 处所,场所。多人聚集或事情发生的地方。《史记·天官书》:"大水处,败军～。"❺ chǎng 市肆。班固《西都赋》:"九市开～,货别隧分。"❻ chǎng 科举时代考试的地方。《旧唐书·哀帝纪》:"永不许入举～。"

尝(嘗)[甞] cháng ❶品尝,辨别滋味。《荀子·荣辱》:"～之而甘于口。"(甘:好吃。)这个意义后来写作"嚐",现写作"尝"。㊀食,吃。《诗经·唐风·鸨羽》:"不能艺稻粱,父母何～?"㊀试一试,试探。《孟子·梁惠王上》:"我虽不敏,请～试之。"苏洵《权书·心术》:"故古之贤将能以兵～敌。"㊂用于抽象意义,表示经历。《左传·僖公二十八年》:"险阻艰难,备～之矣。"(备:全部,全都。)❷秋祭名。《诗经·小雅·天保》:"禴(yuè)祠烝(zhēng)～,于公先王。"(禴:夏祭。祠:春祭。烝:冬祭。)❸副词。曾经。《论语·卫灵公》:"俎豆之事,则～闻之矣。"《史记·陈涉世家》:"陈涉少时,～与人佣耕。"(佣:被雇用。)

偿(償) cháng ❶偿还,赔偿。《战国策·齐策四》:"使吏召诸民当～者,悉来合券。"晁错《论贵粟疏》:"有卖田宅鬻(yù)子孙以～责者矣。"(鬻:卖。责:债。)㊂抵偿,抵充。《战国策·韩策一》:"五国罢,必攻市丘,以～兵费。"(罢:疲。)熟语有"杀人偿命"。㊂实现。成语有"如愿以偿"。❷回报,回答。《史记·范雎蔡泽列传》:"一饭之德必～。"《左传·僖公十五年》:"西邻责言,不可～也。"(责言:责备的话。)

常 cháng ❶绘有日月的一种旗帜。《国语·吴语》:"载～建鼓,挟经秉枹。"❷永久的,固定的。《韩非子·五蠹》:"不期修古,不法～可。"(期:希望。修:指学习。法:效法。常可:指永久合适的制度和习惯。)㊀常规,准则。《管子·幼官》:"明法审数,立～备能,则治。"《荀子·天论》:"天行有～。"㊕人伦的准则,伦常。《尚书·君陈》:"狃于奸宄,败～乱俗。"又如"三纲五常"、"纲常"。❸经常,常常。《列子·天瑞》:"～生～化者,无时不生,无时不化。"(化:变化。)❹普通,平常。《史记·扁鹊仓公列传》:"扁鹊,非～人也。"(扁鹊:古代名医。)㊂日常。《世说新语·政事》:"望卿摆拨～务,应对玄言。"❺古代长度单位,八尺为"寻",两寻为"常"。《韩非子·扬权》:"上失扶寸,下得寻～。"(扶:长度单位,四寸为扶。)❻通"尝"。曾经。《荀子·天论》:"夫日月之有蚀,风雨之不时,怪星之党(tǎng)见(xiàn),是无世而不～有之。"(党:通"傥",偶然。见:出现。)

徜 cháng [徜徉]徘徊,自由自在地往来行走。宋玉《风赋》:"～～中庭。"又写作"倘佯"、"尚羊"、"儴(xiāng)徉"。

裳 cháng 古人穿的下衣。《诗经·邶风·绿衣》:"绿衣黄～。"(衣:上衣。)㊁衣服。郦道元《水经注·江水》:"巴东三峡巫峡长,猿鸣三声泪沾～。"【注意】古代男女都穿"裳",不是裤子,是裙的一种,但不同于现在的裙子。

昶 chǎng ❶白天时间长。《说文新附》:"昶,日长也。"❷通"畅(chàng)"。舒畅,通畅。嵇康《琴赋》:"雅～唐尧,终咏微子。"(微子:名启,商纣王庶兄。)

惝 chǎng ❶[惝怳(huǎng)] 1. 失意的样子。《楚辞·远游》:"怊(chāo)～～而乖怀。"(怊:失意。乖:违背。)2. 模糊不清的样子。《楚辞·远游》:"听～～而无闻。"又写作"敞怳"。❷[惝然]怅惘失意的样子。《庄子·则阳》:"客出,而君～～若有亡也。"

敞 chǎng ❶宽阔。杨衒之《洛阳伽蓝记·修梵寺》:"皆高门华屋,斋馆～丽。"❷敞开。陶渊明《桃花源诗》:"奇踪隐五百,一朝～神界。"(奇异的胜地隐没了五百年,如今突然敞开了这神妙的地方。)❸[敞怳(huǎng)]同"惝怳"。模糊不清的样子。司马相如《大人赋》:"视眩泯而亡(wú)见兮,听～～而亡闻。"(亡:无。)

氅 chǎng ❶用羽毛编成的外衣。也叫鹤氅。《世说新语·企羡》:"尝见王恭乘高舆,被(pī)鹤～裘。"(被:披着。)❷仪仗中用羽毛装饰的旗幡之类。《新唐书·仪卫志上》:"第一行,长戟,六色～。"

怅(悵) chàng 失意,不称心,不痛快。司马相如《长门赋》:"日黄昏而望绝兮,～独托于空堂。"[怅恨]失意遗憾的样子。《史记·陈涉世家》:"辍耕之垄上,～～久之。"[怅然]失意的样子。《三国志·吴书·吴主传》:"闻此～～。"

韔 chàng 弓套。《诗经·秦风·小戎》:"虎～镂膺(yīng)。"(虎韔:虎皮制的弓套。镂膺:镂金的马带。膺:胸,指正面。)㉆用作动词。把弓放在弓套里。《诗经·小雅·采绿》:"之子于狩,言～其弓。"(之子:此人。狩:打猎。于、言:动词词头。)

畅(暢) chàng ❶畅通,无阻碍。《韩非子·说林上》:"登台四望,三面皆～。"㉇通晓。诸葛亮《出师表》:"晓～军事。"❷舒畅。《庄子·则阳》:"旧国旧都,望之～然。"《晋书·刘舆传》:"皆人人欢～,莫不悦附。"(附:归附。)㉇尽情,充分。王羲之《兰亭集序》:"一觞一咏,亦足以～叙幽情。"❸繁盛。《孟子·滕文公上》:"草木～茂,禽兽繁殖。"

倡 chàng ❶chāng 表演歌舞的人。《史记·范雎蔡泽列传》:"吾闻楚之铁剑利而～优拙。"(利:锋利。优:演剧的人。拙:笨拙。)❷chāng 妓女。白行简《李娃传》:"长安之～女也。"这个意义后来写作"娼"。❸领唱。《诗经·郑风·萚兮》:"叔兮伯兮,～予和女。"㉇唱歌。屈原《九歌·东皇太一》:"陈竽瑟兮浩～。"(陈:陈列。竽、瑟:乐器。浩:大。)上述❸㉇后来写作"唱"。❹带头,倡导。《汉书·晁错传》:"陈胜行戍至于大泽,为天下先～。"

唱 chàng ❶领唱。《荀子·乐论》:"～和有应,善恶相象。"这个意义又写作"倡"。㉇唱歌。王勃《滕王阁序》:"渔舟～晚。"(渔船上的渔民在傍晚唱歌。)❷高声报,大声念。《南史·檀道济传》:"道济夜～筹量沙,以所余少米散其上。"双音词有"唱名"、"唱票"。㉆称诵。刘向《说苑·君道》:"堂上～善,若出一口。"㉆宣讲,谈论。《世说新语·文学》:"王荀子来,与共语,便使其～理。"❸带头,倡导。《史记·陈涉世家》:"为天下～,宜多应者。"这个意义又写作"倡"。

鬯 chàng ❶古代祭祀用的香酒。《汉书·宣帝纪》:"荐～之夕。"(荐:献。)[秬(jù)鬯]见213页"秬"字。❷郁金草。《论衡·儒增》:"食白雉(zhì),服～草。"(雉:野鸡。)❸通"畅"。畅通。《汉书·律历志上》:"然后阴阳万物靡不条～该成。"(条:通达。该:齐备。)❹通"畅"。繁盛。《汉书·郊祀志上》:"草木～茂。"❺通"韔"。盛弓器。《诗经·郑风·大叔于田》:"抑～弓忌。"(鬯弓:把弓藏在弓袋里。忌:语气词。)

CHAO

抄 chāo ❶掠夺。《后汉书·郭伋传》:"时匈奴数～郡界,边境苦之。"❷用瓢或勺取物。杜甫《与鄠县源大少府宴渼陂》诗:"饭～云子白。"(盛出来的饭像云子石那么白。云子:碎云母石。)❸从侧面近路过去。《晋书·阎鼎传》:"流人谓北道近河,惧有～截。"❹抄写。《世说新语·巧艺》:"戴安道就范宣学,视范所为,范读书亦读书,范～书亦～书。"

钞(鈔) chāo ❶强取,掠夺。《后汉书·公孙瓒传》:"攻～郡县。"❷抄写(后起意义)。杜甫《赠李八秘书别三十韵》:"乞米烦佳客,～诗听小胥。"(胥:吏。)上述❶❷后来写作"抄"。❸纸币,钞票(后起意义)。《金史·食货志三》:"遂制交～,与钱并用。"(交钞:纸币的一种。)❹miǎo 通"杪"。末尾,最后。《管子·幼官》:"教行于～。"(教:政教。钞:这里指一年的末尾,即冬季。)

怊 chāo [怊乎][怊然]失意怅惘的样子。《庄子·天地》:"怊乎若婴儿之失其母也。"《新唐书·隐逸传序》:"使人君常有所慕企,怊然如不足。"[怊怊]怅惘的样子。《楚辞·九思·守志》:"乌鹊惊兮哑哑,余顾瞻兮～～。"[怊怅]失意的样子。宋玉《高唐赋》:"悠悠忽忽,～～自失。"

弨 chāo ❶弓弦松弛的样子。《诗经·小雅·彤弓》:"彤弓～兮,受言藏之。"(言:动词词头。)❷弓。韩愈《雪后寄崔二十六丞公》诗："大～挂壁无由弯。"

超 chāo ❶一跃而上。《左传·僖公三十三年》："秦师过周北门，左右免胄而下，～乘者三百乘。"（超乘者三百乘：有三百辆车子的士兵都是一跃而上。超乘：跳跃上车，后来指勇士、武士。）㊀跳过。《墨子·兼爱下》："犹挈（qiè）泰山以～江河也。"（挈：用手提。）㊁超出，胜过。《韩非子·五蠹》："～五帝、侔三王者，必此法也。"魏征《十渐不克终疏》："听言则远～于上圣。"❷遥远。屈原《九歌·国殇》："平原忽兮路～远。"（忽：空旷辽阔的样子。）

【辨】过，越，逾，超。见145页"过"字。

晁［鼂］ cháo ❶zhāo 通"朝"。早晨。《汉书·严助传》："边境之民为之早闭晏开，～不及夕。"❷姓。如汉代有晁错。

巢 cháo ❶鸟窝。《荀子·劝学》："南方有鸟焉，名曰蒙鸠（jiū），以羽为～。"㊀筑巢。丘迟《与陈伯之书》："燕～于飞幕之上。"㊃敌人盘踞的地方。《新唐书·杜牧传》："不数月，必覆贼～。"（覆：覆灭。）❷古国名。在今安徽巢湖市东北。

朝 cháo ❶zhāo 早晨。《诗经·小雅·北山》："偕偕士子，～夕从事。"李白《早发白帝城》诗："～辞白帝彩云间，千里江陵一日还。"㊁一日，一天。《孟子·告子下》："虽与之天下，不能一～居也。"❷朝见。《韩非子·五蠹》："割地而～者三十有六国。"㊀接受群臣的朝见。《荀子·尧问》："王～而有忧色。"❸朝廷。《史记·萧相国世家》："赐带剑履上殿，入～不趋。"（趋：快走。）❹拜见。《史记·司马相如列传》："临邛（qióng）令缪（miù）为恭敬，日往～相如。"（缪：诈，装作。日：每天。）❺官府的大堂。《后汉书·刘宠传》："山谷鄙生，未尝识郡～。"（鄙生：见识不广的人。）❻朝代。如"唐朝"、"宋朝"。㊀一代君主统治的时期。张籍《赠道士宜师》诗："两～侍从当时贵。"（两朝侍从：两朝都在君王身边当侍从。）❼对着，向着（后起意义）。李白《江西送友人之罗浮》诗："桂水分五岭，衡山～九疑。"❽zhāo［朝歌］古地名。商朝曾在这里建都，在今河南淇县。

【辨】朝，觐。"朝"指诸侯春季朝见天子，"觐"原指诸侯在秋季朝见天子，后来都泛指朝见帝王。"朝"用的范围比较广，除见帝王外，子见父母也可以叫"朝"。

嘲［謿］ cháo ❶嘲笑。《世说新语·文学》："卫玠～之曰：'一言可辟，何假于三？'"李商隐《行次西郊作》诗："公卿辱～叱（chì），唾弃如粪丸。"（叱：斥骂。）成语有"冷嘲热讽"。这个意义又写作"謿"。❷zhāo［嘲哳（zhā）］形容声音烦杂而细碎。白居易《琵琶行》："呕哑～～难为听。"（呕哑：杂乱的乐曲声。）又写作"啁哳"、"嘲哳"。

CHE

车（車） chē ❶车子。《礼记·中庸》："今天下～同轨，书同文。"㊕兵车，即战车。屈原《九歌·国殇》："～错毂（gǔ）兮短兵接。"（错：相交错。毂：车轮中心的圆木。兵：兵器。）㊁利用轮轴来旋转的器具（后起意义）。《宋史·河渠志五》："地高则用水～。"❷牙床。《左传·僖公五年》："辅～相依，唇亡齿寒。"（辅：面颊。）

【辨】车，舆，辇，轺。这四个字都是指车子。"车"是各种车子的统称。"舆"原指车厢，后泛指车子，也指轿子。"辇"原指人力拉的车，汉以后特指帝王乘坐的车。"轺"是指一匹马驾驶的轻便、快速的马车。

彻（徹） chè ❶通达，贯通。《列子·汤问》："汝心之固，固不可～。"（固：固执。）江淹《西洲曲》："置莲怀袖中，莲心～底红。"㊁深透，透彻。刘禹锡《西山兰若试茶歌》："清峭～骨烦襟开。"（清峭：指茶清凉。）❷剥取。《诗经·豳风·鸱鸮》："～彼桑土，绸缪牖户。"（桑土：指桑根。）❸整治。《诗经·大雅·公刘》："度其隰原，～田为粮。"❹周代的田税制度，十一而税。《孟子·滕文公上》："周人百亩而～，其实皆什一也。"❺通"撤"。撤去。《左传·襄公二十三年》："平公不～乐。"㊀拆除。《诗经·小雅·十月之交》："～我墙屋。"㊀撤退。《三国志·吴书·吴主传》："合肥未下，～军还。"（下：攻下。）

坼 chè 分裂，裂开。《战国策·赵策三》："天崩地～。"《淮南子·本经》："天旱地～。"㊁裂缝。《管子·四时》："补缺塞～。"

呫 chè ❶［呫嗫（niè）］附耳小语。《史记·魏其武安侯列传》："今日长者为寿，乃效女儿～～耳语！"❷［呫呫］喋喋不休。柳宗元《读韩愈所著〈毛颖传〉后题》："犹～～然动其喙。"（喙：嘴。）

掣 chè ❶牵引，拉。潘岳《西征赋》："～三牵两。"岑参《白雪歌送武判官归京》："风～红旗冻不翻。"后以"掣肘"比喻从旁牵制。❷抽。《晋书·王献之传》："羲之密从后～其笔不得。”❸［掣电］电光划过，比喻疾速。杜甫《高都护骢马行》：“长安壮儿不敢骑，走过～～倾城知。”（走：跑。倾城：全城。）

撤 chè ❶撤去。《晏子春秋·内篇谏上》：“损肉～酒。”❷拆除。《商君书·兵守》：“发梁～屋。”（取下屋梁，拆除房子。）(引)消除。王粲《公讌诗》：“凉风～蒸暑，清云却炎晖。”❸撤退。《三国志·吴书·吕蒙传》：“羽闻之，必～备兵。”（羽：关羽。）

澈 chè ❶水清。郦道元《水经注·沅水》：“湾状半月，清潭镜～。”（清潭镜澈：潭里水清如镜。）❷通“彻”。透。柳宗元《至小丘西小石潭记》：“日光下～，影布石上。”

CHEN

琛 chēn 珍宝。《诗经·鲁颂·泮水》：“来献其～。”

嗔 chēn 怒，生气。《世说新语·德行》：“丞相见长豫辄喜，见敬豫辄～。”（长豫、敬豫：丞相王导二子。）杜甫《丽人行》：“慎莫近前丞相～。”（慎莫：千万不要。）(引)抱怨，责怪。李贺《野歌》：“男儿屈穷心不穷，枯荣不等～天公。”

瞋 chēn 发怒时睁大眼睛。《庄子·盗跖》：“案剑～目，声如乳虎。”（案：按。乳虎：刚生子的母虎。）(引)生气，发怒。《后汉书·华佗传》：“因～恚（huì），吐黑血数升而愈。”（恚：发怒。愈：病好。）《世说新语·规箴》：“郗遂大～，冰衿而出，不得一言。”（郗：郗鉴，人名。冰衿：指神情凛严。）

臣 chén ❶男性奴隶。《韩非子·五蠹》：“虽～虏之劳，不苦于此矣。”（虽：即使。）❷做官的人。《荀子·君道》：“～不能而诬能，则是～诈也。”（诬能：自以为能。）(泛)群臣百姓。《诗经·小雅·北山》：“率土之滨，莫非王～。”❸官吏、百姓对君主的自称。《商君书·更法》：“～闻之：‘疑行无成，疑事无功。’”(又)秦汉以前在一般人面前表示谦卑也可以自称“臣”。《汉书·蒯通传》：“通说范阳令徐公曰：‘～范阳百姓蒯通也。’”（说：游说。令：县令。）❹统治，役使。《战国策·秦策四》：“而欲以力～天下之主。”(又)称臣，做臣子。《晏子春秋·内篇杂上》：“晏子～于庄公，公不说（yuè）。”［臣服］称臣降服。《汉书·匈奴传下》：“权时施宜，覆以威德，然后单于稽首～～。”

尘（塵） chén ❶尘土。《左传·成公十六年》：“甚嚣，且～上矣。”晁错《论贵粟疏》：“春不得避风～，夏不得避暑热。”(引)尘污，尘染。《诗经·小雅·无将大车》：“无将大车，祇自～兮。”［烟尘］比喻战争。高适《燕歌行》：“汉家～～在东北。”❷踪迹，事迹。《后汉书·党锢传序》：“盖前哲之遗～，有足求者。”《宋史·南唐李氏世家》：“思追巢、许之余～。”（巢、许：指巢父、许由两个传说中的人物。）成语有“步人后尘”。❸人间，现实社会。陶渊明《赴假还江陵》诗：“闲居三十载，遂与～事冥。”（冥：远离。）王维《愚公谷》诗：“寄言～世客，何处欲归临？”成语有“看破红尘”。

辰 chén ❶地支的第五位。见125页“干[1]”字。(又)十二时辰之一，等于现在的上午七时至九时。(泛)日子，时辰。《仪礼·士冠礼》：“吉月令～，乃申尔服。”（令：美好。）贾思勰《齐民要术·耕田》：“择元～。”（元：好。）❷星的统称。《荀子·礼论》：“星～以行，江河以流。”［北辰］北极星。谢灵运《拟魏太子邺中集诗·魏太子》：“百川赴巨海，众星环～～。”（环：围绕。）㊕心宿。二十八宿之一。也叫商星。《盐铁论·相刺》：“犹～参（shēn）之错。”（辰星夏季出现，参星冬季出现，所以互不相见。错：岔开。）❸［三辰］日、月、星。《左传·桓公二年》：“～～旂（qí）旗。”（画着日、月、星的旗帜。）❹通“晨”。早晨。《诗经·齐风·东方未明》：“不能～夜，不夙则莫（mù）。”（夙：早晨。莫：暮。）

宸 chén ❶屋檐。何晏《景福殿赋》：“芸若充庭，槐枫被～。”（芸香、杜若充满了庭院，槐树、枫树覆盖着屋檐。）❷帝王住的地方，宫殿。王勃《九成宫颂》：“～扉（fēi）既辟。”（皇宫的大门已经打开。）(引)王位、帝王的代称。陈子昂《为永昌父老劝追尊中山王表》：“汉祖登～，加上皇之号。”李乂《奉和幸长安故城未央宫应制》：“肆览飞～札，称觞引御杯。”

沈[1]［沉］ chén ❶没入水中。与“浮”相对。《诗经·小雅·菁菁者莪》：“泛泛杨舟，载～载浮。”刘禹锡《酬乐天扬州初逢席上见赠》诗：“～舟侧畔千帆过，病树前头万木春。”(引)沉埋，埋没。杜牧《赤壁》诗：“折戟～沙铁未销。”❷溺于所好，入迷。《吕氏春秋·达郁》：“～于乐者反于忧。”(又)陷于。《战国策·赵策二》：“学者～于所闻。”❸深入。萧统《文选序》：“事出于～思。”(又)程度深。杜甫《新婚别》诗：“～痛迫中肠。”❹沉着。《汉书·赵充国传》：“为人～勇有大略。”（大略：远大的谋略。）上述义项后来写作“沉”。❺shěn 姓。

C

忱 chén ❶诚信,真诚而有信用。《尚书·大诰》:"天棐(fěi)~辞,其考我民。"(棐:辅助。)㉑真诚的心意。刘基《癸巳正月在杭州作》诗:"微微蝼蚁~,郁郁不得吐。"(蝼蚁忱:比喻自己微小的心意。郁郁:抑郁,忧闷。)❷信任。《诗经·大雅·大明》:"天难~斯,不易维王。"(斯:句末语气词。)元稹《桐花》诗:"五者苟不乱,天命乃可~。"

C

陈(陳) chén ❶陈列,陈设。《左传·隐公五年》:"~鱼而观之。"㊇排列。《荀子·王制》:"钻龟~卦。"❷显示。《国语·齐语》:"相示以巧,相~以功。"㊇施展。《论语·季氏》:"~力就列,不能者止。"❸陈述。《史记·老子韩非列传》:"韩非欲自~,不得见。"❹zhèn 交战时的战斗队列。《孙子兵法·军争》:"勿击堂堂之~。"(堂堂:整齐强大。)㊇排列为阵。《商君书·兵守》:"~而待敌。"这个意义后来写作"阵"。❺堂下至大门的过道。《诗经·小雅·何人斯》:"彼何人斯,胡逝我~?"[下陈]宾主相接陈列礼品、站列婢妾之处。位于堂下,故称。《战国策·齐策四》:"狗马实外厩,美人充~~。"❻旧。与"新"相对。《荀子·富国》:"年谷复孰,而~积有余。"成语有"新陈代谢"。❼周代诸侯国。在今河南淮阳一带。❽朝代名(公元557—589年)。南朝之一,第一代君主是陈霸先。

【辨】说,陈,叙,述。见397页"说"字。

谌(諶) chén ❶相信。《诗经·大雅·荡》:"天生烝民,其命匪~。"(烝民:众多的百姓。其命:指上帝的命令。)❷诚,确实。屈原《九章·哀郢》:"外承欢之汋(chuò)约兮,~荏(rěn)弱而难持。"(汋约:美好的样子。荏弱:懦弱的样子。)

煁 chén 可移动的炉灶。《诗经·小雅·白华》:"樵彼桑薪,卬(áng)烘于~。"(卬:我。)

踸 chěn [踸踔(chuō)]跳着走的样子。《庄子·秋水》:"吾以一足~~而行,予无如矣。"(予无如:不如我。)

疢 chèn 热病。《诗经·小雅·小弁》:"心之忧矣,~如疾首。"㉑灾祸。《孟子·尽心上》:"人之有德慧术知者,恒存乎~疾。"㊇毛病,缺点。《抱朴子·博喻》:"小疵不足以损大器,短~不足以累长才。"

龀(齔) chèn 儿童换牙。《列子·汤问》:"邻人京城氏之孀妻有遗男,始~,跳往助之。"(孀:寡。始龀:刚换牙,指七八岁。)㉑年幼。《后汉书·阎皇后纪》:"显、景诸子年皆童~,并为黄门侍郎。"

称(稱) chèn 见46页。

榇(櫬) chèn 棺材。《左传·襄公二年》:"穆姜使择美槚,以自为~。"(槚:楸树别名。)杜甫《别蔡十四著作》诗:"扶~归咸秦。"(咸秦:指都城。)

谶(讖) chèn 古人认为将来能应验的预言或征兆。《史记·赵世家》:"公孙支书而藏之,秦~于是出矣。"(公孙支:人名。)[谶纬]谶书和纬书。纬书附会六经,谶书则诡为隐语,预言吉凶。《后汉书·廖扶传》:"专精经典,尤明天文、~~、风角、推步之术。"(风角:以八方之风占卜吉凶。推步:推算天文历法。)左思《魏都赋》:"藏气~~,闷象竹帛。"[图谶]见427页"图"字。

CHENG

柽(檉) chēng 树名。柽柳。也叫三春柳、红柳。《诗经·大雅·皇矣》:"启之辟之,其~其椐(jū)。"(椐:一种灌木。)

琤 chēng 玉声。《说文》:"琤,玉声也。"[琤琤]1.玉石声。李商隐《燕台诗四首·春》:"香眠冷衬~~珮。"2.琴声。孟郊《听琴》诗:"前溪忽调琴,隔林寒~~。"3.水声。《梁书·张缵传》:"风瑟瑟以鸣松,水~~而响谷。"

称(稱) chēng ❶chèng 称量物体轻重的器具。《淮南子·时则》:"钧衡石,角(jué)斗~。"(角:指校正。)这个意义后来写作"秤"。❷称量。《商君书·算地》:"度而取长,~而取重。"❸举起。《诗经·豳风·七月》:"~彼兕觥(sìgōng)。"(兕觥:用犀牛角做的酒器。)㊇推举,举用。《左传·襄公三年》:"祁奚请老,晋侯问嗣焉,~解(xiè)狐。"(解狐:人名。)[称兵]举兵,兴兵。《左传·襄公八年》:"女(rǔ)何故~~于蔡?"(女:你。)❹称颂,赞许。《韩诗外传》卷八:"人之所以好富贵安荣,为人所~誉者,为身也。"㊇说,称说。《世说新语·言语》:"《易》~:'二人同心,其利断金;同心之言,其臭如兰。'"❺称作,号称。《史记·李斯列传》:"今秦王欲吞天下,~帝而治。"成语有"称王称霸"。㊇称呼,名称。《世说新语·排调》:"此药又名小草,何一物而有二~?"㉑声言,声称。《三国志·魏书·武帝纪》:"~疾归乡里。"❻chèn 相称,合适,配得上。《荀子·富国》:"德必~位,位必~禄,禄必~用。"《世说新语·贤媛》:"若不~

职，臣受其罪。”成语有“称心如意”。⊗随，按照。《韩非子·五蠹》：“故罚薄不为慈，诛严不为戾，～俗而行也。”

赪(赬)[浾] chēng 红色。《诗经·周南·汝坟》：“鲂(fáng)鱼～尾。”(鲂：一种淡水鱼。)陆游《养疾》诗：“枫林晓渐～。”

噌 chēng [噌吰(hóng)]象声词。形容钟鼓声。司马相如《长门赋》：“声～～而似钟音。”苏轼《石钟山记》：“大声发于水上，～～如钟鼓不绝。”

瞠 chēng 瞪着眼睛直视。《管子·小问》：“～然视。”成语有“瞠目结舌”。

成 chéng ❶ 完成，实现。《诗经·大雅·灵台》：“庶民攻之，不日～之。”李斯《谏逐客书》：“使秦～帝业。”⊗使完成，成全。《论语·颜渊》：“君子～人之美，不～人之恶。”㉑成功。与“败”相对。《三国志·蜀书·诸葛亮传》：“～败之机，在于今日。”❷ 成为。《礼记·学记》：“玉不琢，不～器。”⊗成长，长成。《荀子·天论》：“(万物)各得其养以～。”(养：指滋养。)㊕成年。《史记·五帝本纪》：“长而敦敏，～而聪明。”❸ 定，平定。《国语·吴语》：“夫一人善射，百夫决拾，胜未可～也。”《春秋·桓公二年》：“三月，公会齐侯、陈侯、郑伯于稷，以～宋乱。”⊗已定的，现成的。《诗经·周颂·昊天有成命》：“昊天有～命，二后受之。”(二后：指文王、武王。)《三国志·蜀书·蒋琬费祎传评》：“咸承诸葛之～规，因循而不革。”❹ 讲和，和解，不打仗。《左传·成公十一年》：“秦晋为～。”❺ 重叠。《史记·李斯列传》：“刑者相半于道，而死人日～积于市。”⊗重，层。《吕氏春秋·音初》：“为之九～之台。”❻ 十里见方的田地为一成。《左传·哀公元年》：“有田一～。”

诚(誠) chéng ❶ 真心，不虚伪。《礼记·乐记》：“著～去伪，礼之经也。”《列子·汤问》：“帝感其～。”❷ 确实，的确。《史记·留侯世家》：“沛公～欲倍项羽邪？”(倍：背。)❸ 表示假设，相当于现代汉语的“果真”。《史记·张耳陈余列传》：“～听臣之计，可不攻而降城。”王安石《上皇帝万言书》：“～贤能也，然后随其德之大小，才之高下而官使之。”

城 chéng ❶ 城墙。《诗经·邶风·静女》：“静女其姝，俟我于～隅。”李贺《雁门太守行》：“黑云压～～欲摧。”⊗修筑城墙。《汉书·高帝纪下》：“令天下县邑～。”❷ 城邑。《史记·孙子吴起列传》：“魏文侯以为将，击秦，拔五～。”(以为将：指让吴起做将军。)

【辨】城，郭。“城”与“郭”并称时，“城”指内城，“郭”指外城。“城郭”连用时，泛指城。

宬 chéng 容纳。《说文》：“宬，屋所容受也。”[皇宬][皇史宬]明清皇帝收藏历代帝王实录、秘典的地方。黄宗羲《谈孺木墓表》：“皇宬烈焰，国灭而史亦随灭。”《清史稿·礼志八》：“乾隆间，定实录、圣训归皇史宬。”

丞 chéng ❶ 辅助。《汉书·百官公卿表上》：“相国、丞相，皆秦官，金印、紫绶，掌～天子助理万机。”(掌：主管。万机：指国家政事。)[丞相]宰相。《汉书·周勃传》：“于是乃以太尉勃为右～～。”❷ 秦汉以后各级地方长官的副职。韩愈《蓝田县丞厅壁记》：“～之职，所以贰令，于一邑无所不当问。”如“县丞”、“府丞”。❸ 通“承”。秉承，承受。《史记·酷吏列传》：“于是～上指，请造白金及五铢钱。”(上指：皇帝的意旨。)❹ zhěng 通“拯”。救。扬雄《羽猎赋》：“～民乎农桑。”(乎：于。)

呈 chéng ❶ 呈现，显出。曹植《洛神赋》：“皓质～露。”《梁书·王筠传》：“此诗指物～形，无假题署。”❷ 恭敬地送上。《世说新语·文学》：“庾仲初作《扬都赋》成，以～庾亮。”李白《与韩荆州书》：“缮写～上。”(缮写：抄写。)❸ 通“程”。定量。《史记·秦始皇本纪》：“日夜有～，不中～不得休息。”

程 chéng ❶ 度量衡的总名。《荀子·致士》：“～者，物之准也。”(准：标准。)❷ 限额，定量。《汉书·刑法志》：“昼断狱，夜理书，自～决事。”(自程决事：自己按定额处理事情。)❸ 法度，法规。《韩非子·难一》：“中(zhòng)～者赏，弗中～者诛。”(中：合乎。弗：不。)《吕氏春秋·慎行》：“始而相与，久而相信，卒而相亲，后世以为法～。”⊗效法。《楚辞·远游》：“高阳邈以远兮，余将焉所～？”(高阳：颛顼[zhuānxū]，五帝之一。邈：远。)❹ 衡量，估量。《汉书·东方朔传》：“武帝既招英俊，～其器能，用之如不及。”(器能：才能。)成语有“计日程功”。❺ 表现，显示。陆机《文赋》：“辞～才以效伎，意司契而为匠。”⊗施展。《韩非子·五蠹》：“民～于勇而吏不能胜也。”《后汉书·仲长统传》：“拥甲兵与我角才智，～勇力与我竞雌雄。”(甲兵：指军队。角：较量。)❻ 路程(后起意义)。白居易《同李十一醉忆元九》诗：“忽忆故人天际去，计～今日到梁州。”

裎 chéng ❶ 裸体。《战国策·韩策一》：“秦人捐甲徒～以趋敌。”(捐：弃。徒：赤

C

脚。）❷ 系玉佩的带子。《方言》卷四："佩紟(jīn)谓之～。"(紟:丝带。)

酲 chéng 酒醉后神志不清有如患病的状态。《诗经·小雅·节南山》："忧心如～，谁秉国成？"《晏子春秋·内篇谏上》："景公饮酒，～，三日而后发。"(发:指起身。)

枨(棖) chéng ❶ 竖立在门两旁的木柱。《礼记·玉藻》："大夫中～与闑(niè)之间。"(闑:竖立在门中央的短柱。) ❷ 通"振(chéng)"。触动，碰撞。《抱朴子·疾谬》："不～人之所讳。" ❸ 通"橙"。橙子。梅尧臣《述酿赋》："渍(zì)以椒桂，侑(yòu)以～橘。"(渍:浸泡。侑:劝人进食。)

承 chéng ❶ 捧着。《左传·襄公二十五年》："～饮而进献。"(饮:喝的东西。)㉠ 敬辞。相当于现代汉语"奉陪"、"奉送"中的"奉"。白居易《与元九书》："常欲～答来旨。"(来旨:来信中。) ❷ 接受，承受，表示在下的接受在上的命令或吩咐。《左传·僖公十五年》："苟列定矣，敢不～命？" ❸ 继承，接续。《后汉书·班彪传》："汉～秦制。"成语有"承上启下"。❹ 通"乘"。趁着。《荀子·王制》："伺强大之间，～强大之敝。"(伺:观察。间:缝隙。敝:指衰败。) ❺ 通"丞"。辅助。《左传·哀公十八年》："使帅师而行，请～。"(请承:指请王任命辅佐者。)

乘[乗] chéng ❶ 驾车，驱马拉车。《墨子·亲士》："良马难～，然可以任重致远。"㉠ 乘船。《诗经·邶风·二子乘舟》："二子～舟。" ❷ 登，升。《列子·黄帝》："俱～高台。"《史记·高祖本纪》："兴关内卒～塞。"(乘塞:登塞，即守塞。) ❸ 趁着，凭借。《孟子·公孙丑上》："虽有智慧，不如～势。"《三国志·吴书·吕蒙传》："将士～胜，进攻其城。" ❹ 压服，欺压。《尚书·西伯戡黎》："周人～黎。"(黎:周代国名。)《荀子·强国》："三国必起而～我。" ❺ 追逐。《吕氏春秋·权勋》："卒北，天下兵～之。"《汉书·陈汤传》："吏士喜，大呼～之。" ❻ 计量，计算。《周礼·天官·宰夫》："～其财用之出入。"《韩非子·难一》："为人臣者，～事而有功则赏。"㉠ 计算的一种方法，即算术中的乘法。《淮南子·天文》："以五～八，五八四十。" ❼ shèng 春秋时晋国史书叫"乘"。后因此称一般史书为"史乘"。❽ shèng 量词。古时一车四马叫"乘"。《史记·陈涉世家》："车六七百～，骑千余，卒数万人。"㉠ 乘车驾四马，所以"乘"有时作为"四"的代称。《诗经·郑风·大叔于田》："大叔于田，乘～马。"又如"乘矢"、"乘壶"。[乘舆]帝王乘的车子。《孟子·梁惠王下》："今～～已驾矣。"贾谊《新书·等齐》："天子车曰～～。"㉠ 帝王的代称。班固《东都赋》："损～～之服御。"(损:减少。服御:指帝王的衣物等用品。)㉡ 马车。《潜夫论·赞学》："是故造父疾趋，百步而废，自托～～，坐致千里。"(造父:传说古代善于驾驭车马的人。疾趋:指快步行走。)

惩(懲) chéng ❶ 因受打击而引起警惧或不再干。《诗经·周颂·小毖》："予其～而毖后患。"(予:我。其:语气词，表示期望。毖:谨慎。)屈原《九歌·国殇》："首身离兮心不～。"(首身离:头与身体分开。) ❷ 责罚，处罚。《三国志·蜀书·诸葛亮传》："无恶不～，无善不显。"(显:指表扬。)成语有"惩一警百"。❸ 苦于。《列子·汤问》："～山北之塞，出入之迂也。"(塞:阻塞。迂:绕远路。)

椉 chéng "乘"的本字。❶ 乘坐，驾驭。屈原《离骚》："吾令丰隆～云兮，求宓妃之所在。"(丰隆:云神。宓妃:女神。)《汉武帝内传》："或驾龙虎，或～狮子。" ❷ shèng 兵车。宋玉《九辩》："前轻輬(liáng)之锵锵兮，后辎～之从从。"(轻:轻捷的车。輬:开有窗户的卧车。从从:连续随行的样子。)

塍[堘] chéng 田间的土埂。干宝《搜神记》卷一八："有一妇人过其田，自～上度。"

澂 chéng "澄"的古字。水清。《说文·水部》："澂，清也。"㉠ 使清。《后汉书·张衡传》："～淟涊(tiǎnniǎn)而为清。"(淟涊:污浊。)也用于人名。

澄 chéng ❶ 水清。《淮南子·说山》："人莫鉴于沫雨，而鉴于～水者，以其休止不荡也。"王安石《桂枝香·金陵怀古》："千里～江似练。"(练:一种白色的丝织品。)这个意义又写作"澂"。㉠ 安定。《后汉书·光武帝纪赞》："三河未～，四关重扰。" ❷ dèng 澄清，使液体里的杂质沉淀下去。《三国志·吴书·孙静传》："顷连雨水浊，兵饮之多腹痛，令促具罂缶(yīngfǒu)数百口～水。"(顷:近来。罂缶:瓦罐之类。)

逞 chěng ❶ 满足。《左传·僖公三十三年》："使归就戮于秦，以～寡君之志。"㉠ 称心，称意。《左传·僖公二十三年》："淫刑以～，谁则无罪？"(淫:指滥用。)㉠ 放任，放肆。《左传·桓公六年》："今民馁而君～欲。"柳宗元《三戒》："不知推己之本，而乘物以～。"(而乘物以逞:靠外界条件而放纵逞强。) ❷ 炫耀，显示。《韩非子·说林下》：

“故势不便，非所以～能也。”（情势不便，就不能显示才能。）

骋（騁） chěng ❶纵马奔驰。屈原《离骚》：“乘骐骥以驰～兮。”（骐骥：传说一日行千里的良马。）❷尽情施展，不受拘束。《荀子·君道》：“莫不～其能，得其志。”㊀放纵，放任。《吕氏春秋·下贤》：“富有天下而不～夸。”《后汉书·仲长统传》：“乃奔其私嗜（shì），～其邪欲。”（奔：指放纵。嗜：爱好。）

称（稱） chèng 见46页。

CHI

吃 chī ❶（旧读jī）口吃。《汉书·周昌传》：“昌为人～。”㊀行动迟缓的样子。孟郊《冬日》诗：“冻马四蹄～。”❷qī［吃吃］笑声。蒲松龄《聊斋志异·婴宁》：“但闻室中～～，皆婴宁笑声。”【注意】古代汉语中“吃东西”的意义一般不写作“吃”。

鸱（鴟）［雖］ chī ❶一种凶猛的鸟。也叫鹞鹰。《庄子·秋水》：“～得腐鼠。”［鸱鸮（xiāo）］1.古代指鷦鷯（jiāoliáo），一种小鸟。《诗经·豳风·鸱鸮》：“～～～～，既取我子，无毁我室。”（室：指鸟巢。）2.猫头鹰一类的鸟。李商隐《随师东》诗：“岂假～～在泮（pàn）林？”（泮林：学宫前的树林。）又写作“鸱枭”。［鸱鸺（xiū）］猫头鹰。《庄子·秋水》：“～～夜撮蚤。”（撮：抓。蚤：跳蚤。）❷传说中的怪鸟名。《山海经·西山经》：“（三危之山）有鸟焉，一首而三身，其状如鸈（luò），其名曰～。”❸用皮革制作的酒囊。苏轼《和赠羊长史》：“不特两～酒，肯借一车书。”（不特：不但，不仅。）

蚩 chī ❶痴呆，无知。任昉《奉答敕示七夕诗启》：“～鄙已彰。”（痴呆粗野已经很明显了。彰：明显。）［蚩蚩］憨厚的样子。《诗经·卫风·氓》：“氓之～～，抱布贸丝。”❷欺侮。张衡《西京赋》：“～眩边鄙。”（眩：迷惑。边鄙：指边远地区的人。）❸丑陋。《后汉书·赵壹传》：“孰知辨其～妍（yán）。”（孰：谁。妍：美好。）这个意义后来写作“媸”。❹通“嗤”。讥笑，嘲笑。《三国志·吴书·吕蒙传》：“他日与蒙会，又～辱之。”❺［蚩尤］传说中东方九黎族的首领。《史记·五帝本纪》：“遂禽杀～～。”（禽：擒。）

嗤 chī 讥笑，嘲笑。《后汉书·樊宏传》：“尝欲作器物，先种梓漆，时人～之。”柳宗元《哭连州凌员外司马》诗：“今为众所～。”成语有“嗤之以鼻”。

媸 chī 丑陋。与“妍（yán）”相对。柳宗元《掩役夫张进骸》诗：“枯朽无妍～。”（妍：美好。）

絺（絺） chī 用葛纤维织成的细布。《论语·乡党》：“当暑，袗（zhěn）～绤（xì），必表而出之。”（袗：单衣，这里用作动词，穿单衣。绤：粗葛布。表而出：指露在外边。）《史记·五帝本纪》：“尧乃赐舜～衣。”

笞 chī 用竹板、荆条打。《史记·陈涉世家》：“尉果～广。”（广：吴广。）㊕古代的一种刑罚。《汉书·刑法志》：“加～与重罪无异。”（重罪：死刑。）

喫 chī 吃。《世说新语·任诞》：“友闻白羊肉美，一生未曾得～，故冒求前耳。”杜甫《病后遇王倚饮赠歌》：“但使残年饱～饭。”（残年：指老年。）杜甫《送李校书二十六韵》：“临岐意颇切，对酒不能～。”㊀经受。陆游《夏日》诗：“～亏堪笑贺知章。”成语有“吃一堑，长一智”。【注意】在六朝以后“饮”、“食”都可以说“喫”，但一般不写作“吃”。现“喫”写作“吃”。

摛 chī 舒展，铺陈。班固《西都赋》：“若～锦布绣。”刘勰《文心雕龙·杂文》：“及枚乘～艳，首制《七发》。”㊀传布。扬雄《剧秦美新》：“宜命贤哲作《帝典》一篇……～之罔极。”（罔：无。）

螭 chī ❶传说中一种没有角的龙。屈原《九章·涉江》：“驾青虬（qiú）兮骖白～。”㊀古代建筑或工艺品上的螭形饰物。《新唐书·郑朗传》：“文宗与宰相议政，适见朗执笔～头下，谓曰：‘向所论事，亦记之乎？’”❷［螭魅（mèi）］同“魑魅”。传说中山林里能害人的怪物。《左传·文公十八年》：“投诸四裔，以御～～。”

魑 chī ［魑魅（mèi）］传说中山林里能害人的怪物。杜甫《天末怀李白》诗：“～～喜人过。”又写作“螭魅”。

痴［癡］ chī ❶傻。《论衡·道虚》：“～愚之人，尚知怪之。”（尚：尚且。）《世说新语·赏誉》：“王蓝田为人晚成，时人乃谓之～。”㊀迷恋，入迷。《新唐书·窦威传》：“独威尚文，诸兄诋为书～。”成语有“痴心妄想”。❷癫狂。《论衡·率性》：“有～狂之疾，歌啼于路，不晓东西。”❸停滞不动。陆游《芒种后经旬无日不雨偶得长句》：“～云不散常遮塔，野水无声自入池。”［痴雨］久雨不止。张养浩《久雨初霁》诗：

"～～歇檐滴，顽云开日华。"

池 chí ❶ 护城河。《孟子·公孙丑下》："城非不高也，～非不深也。"《韩非子·存韩》："筑城～以守固。"成语有"金城汤池"。❷ 池塘。《荀子·王制》："污～渊沼川泽。"（污池：贮水的池塘。渊沼：深水池。）❸ 承溜。房檐上安的接雨水用的长水槽。《汉书·宣帝纪》："金芝九茎产于函德殿铜～中。"

弛 chí ❶ 放松弓弦。《左传·襄公十八年》："乃～弓，而自后缚之。"东方朔《七谏·谬谏》："弧弓～而不张。"〔引〕放松，松懈。《韩非子·解老》："万物必有盛衰，万事必有～张。"（张：紧张。）《商君书·靳令》："农～奸胜，则国必削。"（农：农业。）❷ 延缓。《战国策·魏策二》："请～期更日。"（更日：改变日期。）❸ 减弱。《韩非子·说难》："及弥子色衰爱～，得罪于君。"❹ 解除。《左传·庄公二十二年》："免于罪戾，～于负担。"《三国志·蜀书·诸葛亮传》裴松之注："愿缓刑～禁，以慰其望。"❺ 毁坏，废弛。《国语·鲁语上》："文公欲～孟文子之宅。"《史记·河渠书》："延道～兮离常流。"（离常流：水离开河道乱流。）

驰（馳） chí ❶ 使劲赶马。《诗经·唐风·山有枢》："弗～弗驱。"（弗：不。驱：赶马。）〔特〕驱马进击。《左传·庄公十年》："齐师败绩，公将～之。"（败绩：军队大败。）〔引〕车马疾行。《庄子·秋水》："骐骥骅骝一日而～千里。"（骐骥、骅骝：良马名。）王安石《祭欧阳文忠公文》："快如轻车骏马之奔～。"【注意】"驰"原来是人赶马的行为，后来才指马的动作。〔又〕疾行。诸葛亮《诫子书》："年与时～，意与日去。"成语有"心驰神往"。❷ 传扬。常璩《华阳国志·后贤志》："辞章粲丽，～名当世。"（辞章：指文章。）❸ 向往。《隋书·史祥传》："身在边隅，情～魏阙。"（魏阙：指朝廷。）

迟（遲） chí ❶ 缓慢。《左传·昭公十三年》："元戎十乘，以先启行，～速唯君。"贾谊《新书·大政上》："自古至于今，与民为仇者，有～有速，而民必胜之。"〔引〕晚。《战国策·楚策四》："亡羊而补牢，未为～也。"《金史·食货志二》："地寒，稼穑～熟。"❷ 迟钝。《三国志·吴书·孙奂传》："初吾忧其～钝，今治军，诸将少能及者，吾无忧矣。"（及：比得上。）〔又〕迟疑，犹豫。白居易《琵琶行》："寻声暗问弹者谁，琵琶声停欲语～。"❸ 长久。欧阳修《苏氏文集序》："～久而不相及。"❹ zhì 等待。《后汉书·章帝纪》："朕思～直士。"（我思念期待着正直之士。）谢安《与支遁书》："终日戚戚，触事惆怅，唯～君来，以晤言消之。"［迟明］黎明，天快亮的时候。《史记·卫将军骠骑列传》："～～，行二百余里。"

坻 chí ❶ 水中的小洲或高地。《诗经·秦风·蒹葭》："溯游从之，宛在水中～。"❷ dǐ 山坡。张衡《西京赋》："右有陇～之隘。"❸ zhǐ 止。［坻伏］潜藏不出。《左传·昭公二十九年》："官宿其业，其物乃至；若泯弃之，物乃～～。"（宿：安。泯：灭。）

持 chí ❶ 拿着，握着。《庄子·秋水》："庄子～竿不顾。"《战国策·赵策四》："媪之送燕后也，～其踵为之泣。"（踵：脚后跟。）❷ 掌握。《汉书·刘歆传》："王莽～政。"〔又〕执行。《汉书·黄霸传》："闻霸～法平，召以为廷尉正。"❸ 保持。《诗经·大雅·凫鹥序》："太平之君子，能～盈守成。"《韩非子·五蠹》："夫仁义辩智，非所以～国也。"成语有"持之以恒"。❹ 一只手从下托扶。《庄子·渔父》："左手据膝，右手～颐以听。"〔又〕支撑。《淮南子·主术》："十围之木，～千钧之屋。"〔又〕扶持，扶助。《论语·季氏》："危而不～，颠而不扶，则将焉用彼相矣？"张衡《东京赋》："西朝颠覆而莫～。"（西朝：西京长安。莫：没有人。）❺ 控制，挟制。《史记·酷吏列传》："为任侠，～吏长短，出从数十骑。"（短：指短处。）❻ 对立，对峙。《三国志·魏书·郭嘉传》："太祖与袁绍相～于官渡。"（太祖：指曹操。官渡：地名。）

篪 chí 见243页。

墀 chí 殿堂上涂饰过的地面。《韩非子·十过》："四壁垩～，茵席雕文。"《汉书·梅福传》："故愿壹登文石之陛，涉赤～之涂。"（陛：宫殿的台阶。）〔引〕涂色的阶。班固《西都赋》："于是玄～釦砌，玉阶彤庭。"（釦砌：在门槛上镀金。）〔又〕台阶。白居易《庭槐》诗："我家渭水上，此树荫前～。"（荫：遮住。前墀：房前的台阶。）

踟 chí ［踟蹰（chú）］1. 徘徊不前。《诗经·邶风·静女》："爱而不见，搔首～～。"曹植《洛神赋》："步～～于山隅。"（隅：边。）又写作"踟躇"。2. 相连的样子。王延寿《鲁灵光殿赋》："西厢～～以闲宴。"（西厢与阁旁小室相连，而且很清静。宴：安静。）

篪［箎］ chí ❶ 一种竹子。郦道元《水经注·湘水》："山多～竹。"❷ 一种管乐器。《诗经·小雅·何人斯》："伯氏吹埙，仲氏吹～。"（伯氏：指兄长。仲氏：指弟弟。）《礼记·月令》："调竽笙～簧。"

尺 chǐ ❶ 长度单位。十寸为一尺。《荀子·非相》："身长七～。"【注意】古代的尺寸一般比现代短。[尺牍][尺纸]都指书信。《汉书·陈遵传》："性善书，与人尺牍，主皆藏去以为荣。"《宋书·沈璞传》："聊因尺纸，使卿等具知厥心。"㉂量长度的器具。《古诗为焦仲卿妻作》："左手持刀～，右手执绫罗。" ❷ 中医切脉部位名称之一。《难经》："脉有三部九候……三部者，寸、关、～也。"

齿（齒） chǐ ❶ 门牙。《韩非子·存韩》："唇亡则～寒。"㉂牙齿。桓谭《新论·祛蔽》："～堕发白。"（堕：脱落。）㊕象牙。《国语·晋语四》："羽旄～革，则君地生焉。"㊗排列如齿状的物品。贾思勰《齐民要术·耕田》："耕荒毕，以铁～鎉楱（lòuzòu）再遍杷（bà）之。"（鎉楱：耙一类的农具。杷：把土块弄碎。）❷ 岁数，年龄。《汉书·赵充国传》："臣位至上卿……犬马之～七十六。"（犬马之齿：指自己的年龄。）❸ 并列，排列。《左传·隐公十一年》："寡人若朝于薛，不敢与诸任～。"《庄子·天下》："百官以此相～。" ❹ 录用。《三国志·蜀书·诸葛亮传》："循名责实，虚伪不～。"

【辨】齿，牙。"齿"的本义指门牙，"牙"的本义指口腔后部的槽牙。"齿"的其他意义，"牙"都没有。

侈 chǐ ❶ 奢侈，浪费。与"俭"相对。《韩非子·解老》："多费之谓～。"《吕氏春秋·节丧》："～靡者以为荣，俭节者以为陋。"㉑多余的。刘向《说苑·修文》："故其民虽有余财～物而无仁义功德，则无所用其余财～物。" ❷ 放纵，放肆。《孟子·梁惠王上》："苟无恒心，放辟邪～，无不为已。"《荀子·正论》："暴国独～，安能诛之。"（安：连词，于是就。诛：讨伐。）❸ 大，广。《国语·吴语》："伯父秉德已～大哉！"《汉书·王莽传中》："莽为人～口蹶（jué）顩（hàn）。"

哆 chǐ ❶ 张口的样子。《诗经·小雅·巷伯》："～兮侈兮，成是南箕。"（箕：星宿名，二十八宿之一，形如簸箕。）❷ [哆然]涣散的样子。《穀梁传·僖公四年》："齐人者齐侯也。其人之何也？于是～～外齐侯也。" ❸ 同"侈"。放荡。《扬子法言·吾子》："述正道而稍邪～者有矣。"

胣 chǐ 把腹部破开掏出肠子。《庄子·胠箧》："昔者龙逢斩，比干剖，苌弘～，子胥靡。"（靡：糜烂。）

耻[恥] chǐ ❶ 耻辱，可耻的事情。《吕氏春秋·顺民》："越王苦会稽之～。"（会稽：地名。）㉂使耻辱，侮辱。《国语·越语上》："昔者夫差～吾君于诸侯之国。" ❷ 羞愧。《孟子·尽心上》："人不可以无～。"柳宗元《与顾十郎书》："其或少知～惧。"（或：有的人。）

【辨】羞，耻，辱。见471页"羞"字。

豉 chǐ 豆豉，一种用豆类制成的调味食品。王羲之《豉酒帖》："小服～酒至佳。"《世说新语·言语》："有千里莼（chún）羹，但未下盐～耳。"

褫 chǐ ❶ 夺去衣服或衣带。《周易·讼》："或锡之鞶（pán）带，终朝三～之。"（锡：赐。鞶带：皮带。终朝：指一个早上。）㉂脱去，解下。谢惠连《雪赋》："解珮而～绅。"（珮：衣带上佩的玉。绅：系在腰间的大带子。）㉑剥夺，革除。谢庄《上搜才表》："张勃进陈汤而坐以～爵。"（张勃因为推荐陈汤而被革除爵位。坐：因为……过错。）㉒夺去。张衡《东京赋》："罔然若酲，朝罢（pí）夕倦，夺气～魄之为者。"（酲：醉酒。）❷ 通"弛（chí）"。松弛，废弛。《荀子·非相》："守法数之有司，极礼而～。"（极：疲。）

彳 chì [彳亍（chù）] 1. 慢步行走。潘岳《射雉赋》："～～中辍。" 2. 徘徊，犹豫。柳宗元《答周君巢书》："～～而无所趋。"袁宏道《初度戏题》诗："欲留色枯槁，欲归心～～。"

叱 chì ❶ 大声呵斥。《礼记·曲礼上》："尊客之前不～狗。"《三国志·魏书·庞德传》："庞德授命～敌。" ❷ 呼喝，呼喊。《晋书·赵至传》："闻父耕～牛声。"成语有"叱石成羊"。[叱咤（zhà）]怒喝。李白《上云乐》诗："～～四海动。"成语有"叱咤风云"（形容声势威力很大）。

斥 chì ❶ 排斥，斥退。《汉书·武帝纪》："与闻国政而无益于民者～。"《盐铁论·利议》："是孔丘～逐于鲁君，曾不用于世也。" ❷ 责备，斥责。《穀梁传·僖公五年》："目晋侯～杀，恶晋侯也。"王夫之《论秦始皇废分封行郡县》："～秦之私，而欲私其子孙以长存，又岂天下之大公哉？" ❸ 指。《诗经·周颂·雝》"假哉皇考"郑玄笺："皇考，～文王也。"柳宗元《六逆论》："盖～言择嗣（sì）之道。"（大概指的是选择继承人的道理。）❹ 开拓，扩大。《盐铁论·非鞅》："～地千里。"㉑大。刘向《说苑·奉使》："赐之～带，则不更其造。"《后汉书·马融传上》："暴～虎，搏狂兕。" ❺ 出，拿出。韩愈《答元侍御书》："～其余以救人之急。"双音词有"斥资"。❻ 侦察，探测。《左传·襄公十八年》："晋人使司马～山泽之险。"[斥候]侦察敌情的士兵。《汉书·贾谊传》："～～望烽燧，不得卧。"《三国志·吴书·诸葛恪传》："远遣～～。"又写作"斥堠"。❼ 碱卤，盐碱地。《管子·地员》："五沃之土，干而不～。"（五沃之土：一种较好的土壤。）[斥卤]盐碱地。《吕氏春秋·乐成》："终古～～，生之稻粱。"

C

赤 chì ❶ 红色。《周礼·考工记·画繢》："杂五色，东方谓之青，南方谓之～。"贾思勰《齐民要术·种椒》："色～椒好。" ❷ 空，一无所有。《韩非子·十过》："晋国大旱，～地三年。"成语有"赤手空拳"。㊀杀光，诛灭。杜甫《壮游》诗："朱门任倾夺，～族迭罹殃。" ❸ 光着，裸露。杜甫《早秋苦热》诗："安得～脚踏层冰？"熟语有"赤膊上阵"。❹ 忠诚。《后汉书·光武帝纪上》："萧王推～心置人腹中。"成语有"赤胆忠心"。

【辨】赤，朱，丹，绛，红。这五个字都表示红色，按其由深及浅的不同程度排列，应是绛、朱、赤、丹、红。到后来"赤"和"红"没有区别。

饬（飭） chì ❶ 整顿，整治。《诗经·小雅·六月》："戎车既～。"《汉书·燕刺王旦传》："～武备。"双音词有"整饬"。㊀教导。《国语·齐语》："旦暮从事施于四方，以～其子弟，相语以事，相示以巧，相陈以功。" ❷ 谨慎。《宋史·吴潜程元凤等传论》："程元凤谨～有余而乏风节。"（乏风节：缺少气节。） ❸ 通"敕"。告诫，（帝王）命令。《汉书·黄霸传》："宜令贵臣明～长吏守丞。"（明：明白地。）《汉书·五行志上》："又～众官，各慎其职。"（慎：谨慎，指慎守。） ❹ shì "饰"之讹字。修饰，妆饰。《吕氏春秋·先己》："钟鼓不修，子女不～。"㊁巧饰。《战国策·秦策一》："文士并～，诸侯乱惑，万端俱起。"

抶 chì 鞭打。《左传·文公十年》："无畏～其仆以徇(xùn)。"（无畏：人名。徇：示众。）

炽（熾） chì ❶ 火旺。《韩非子·内储说下》："奉～炉，炭火尽赤红。"《北史·齐纪总论》："火既～矣，更负薪以足之。"（负薪：背柴。）㊀旺盛，强盛。《论衡·艺增》："齐虽～盛，不能如此。" ❷ 通"饎(chì)"。烹煮。《论衡·异虚》："畅草可以～酿。"（畅草：一种香草。）

眙 chì ❶ 直视，瞪着眼看。屈原《九章·思美人》："思美人兮，揽(lǎn)涕而伫～。"（揽：收。涕：眼泪。伫：久立。）㊀惊视。王延寿《鲁灵光殿赋》："观艺于鲁，睹斯而～。" ❷ yí [盱(xū)眙]见 471 页"盱"字。

敕[勅] chì ❶ 告诫，嘱咐。《三国志·魏书·武帝纪》："公～诸将：关西兵精悍，坚壁勿与战。"《世说新语·贤媛》："（王经）被收，涕泣辞母曰：'不从母～，以至今日。'"（王经：人名。收：逮捕。）㊕皇帝的命令或诏书。《汉书·平帝纪》："其明～百寮。"（其：语气词。明：明白地。）《宋书·谢弘微传》："书皆是太祖手～。"（太祖：指宋文帝刘义隆。手敕：亲手写的诏书。） ❷ 通"饬"。整顿，整治。《韩非子·主道》："贤者～其材，君因而任之。"㊁谨慎。《汉书·元后传》："舜素谨～，太后雅爱信之。"（舜：人名。）上述❶㊕❷又写作"勑"。

啻 chì 仅仅，只有。常和"不"、"岂"、"奚"、"何"等连用。《国语·鲁语上》："臣以死奋笔，奚～其闻之也！"[不啻] 1. 不异，和……一样。《尚书·秦誓》："其心好之，～～如自其口出。" 2. 不仅，不只。《后汉书·冯衍传上》："死亡之数，～～太半。" 3. 不过。《颜氏家训·文章》："且《太玄》今竟何用乎？～～覆酱瓿(bù)而已。"

傺 chì [侘(chà)傺]见 38 页"侘"字。

饎[糦] chì ❶ 酒食。《诗经·小雅·天保》："吉蠲(juān)为～，是用孝享。"（吉：善。蠲：清洁，干净。孝享：指祭献鬼神。） ❷ 烹煮。《仪礼·特牲馈食礼》："主妇视～爨(cuàn)于西堂下。"（爨：烧火做饭。） ❸ 黍稷。《诗经·商颂·玄鸟》："龙旂十乘，大糦是承。"《玉篇·食部》引作"大饎是承"。（是：代词，复指前置宾语"大糦"。承：捧着进献。）

CHONG

冲[1][沖] chōng ❶ 向上冲。《韩非子·喻老》："虽无飞，飞必～天。" ❷ 虚，空虚。《老子》四十五章："大盈若～，其用不穷。"（大盈：指非常充足。若：像，如同。） ❸ 淡泊，谦虚。《晋书·乐广传》："性～约，有远识。"《三国志·魏书·荀彧传》："皆谦～节俭。" ❹ 幼小。谢朓《齐敬皇后哀策文》："方年～藐。"（正在年纪幼小的时候。藐：小。）[冲人]幼童。《梁书·袁昂传》："藐藐～～，未达朱紫。"（朱紫：指是非、优劣。）㊕古代帝王自称的谦辞。《尚书·金縢》："昔公勤劳王家，惟予～～弗及知。"

冲[2]（衝） chōng ❶ 交通要道。《左传·昭公元年》："执戈逐之，及～，击之以戈。"《汉书·郦食其传》："夫陈留，天下之～，四通五达之郊也。”（陈留：地名。郊：指要道。）❷ 冲击，撞。《战国策·齐策一》：“使轻车锐骑～雍门。”（雍门：齐国国都的西门。）㉡刺。《汉书·贾谊传》：“剡手以～仇人之匈。”㉢冲撞敌城的战车。《淮南子·原道》：“是故革坚则兵利，城成则～生。”陆机《辨亡论》上：“～棚（péng）息于朔野，齐民免干戈之患。”（棚：瞭望用的战车。朔：北方。）❸［冲风］暴风。屈原《九歌·少司命》：“与女游兮九河，～～至兮水扬波。”❹ chòng 向，对着。《山海经·海外北经》：“有一蛇，虎色，首～南方。”（虎色：虎皮色。首：头。）【注意】古代汉语中“冲”和“衝”是两个字，意义各不相同。上述义项都不写作“冲”。汉字简化后，“衝”写作“冲”。参见52页“冲¹［沖］”字。

忡［懫］ chōng 忧愁的样子。《诗经·邶风·击鼓》：“不我以归，忧心有～。”（以：与。有：词头。）也常叠用。《诗经·召南·草虫》：“未见君子，忧心～～。”

翀 chōng 直向上（飞）。杜挚《赠毌丘荆州》诗：“鹄（hú）飞举万里，一飞～昊苍。”（鹄：天鹅。昊苍：天。）又写作“冲”。

充 chōng ❶ 塞。《诗经·卫风·淇奥》：“～耳琇莹。”成语有“充耳不闻”。㉡满，实。《孟子·梁惠王下》：“而君之仓廪实，府库～。”《荀子·儒效》：“～虚之相施易也。”（实和虚互相变化。施：移。易：变。）㉢充实，充足。《三国志·蜀书·诸葛亮传》：“调其赋税，以～军实。”❷ 充当，当作。白居易《卖炭翁》诗：“半匹红绡一丈绫，系向牛头～炭直。”（系向牛头：系在牛头上。直：值，价值。）成语有“滥竽充数”。

舂 chōng ❶ 把谷类的壳捣掉。《诗经·大雅·生民》：“或～或揄（yú），或簸或蹂。”（揄：舀。）❷ 通“冲²（衝）”。撞击。《史记·鲁周公世家》：“富父终甥～其喉，以戈杀之。”（富父终甥：人名。）

惷 chōng 愚蠢。《淮南子·氾论》：“愚夫～妇皆能论之。”常与“愚”连用，义同。《战国策·魏策一》：“寡人～愚，前计失之。”

憧 chōng ❶［憧憧］往来不停的样子。《周易·咸》：“～～往来，朋从尔思。”白居易《和大嘴乌》：“慈乌尔奚为？来往何～～！”（慈乌：乌鸦。）㉢摇曳不定的样子。《盐铁论·刺复》：“心～～若涉大川，遭风而未薄。”❷ zhuàng 愚昧。《史记·三王世家》：“愚～而不逮事。”

艟 chōng ［艨（méng）艟］见277页“艨”字。

虫¹（蟲） chóng 昆虫，虫子。《诗经·齐风·鸡鸣》：“～飞薨薨。”（薨薨：虫子飞的声音。）《荀子·劝学》：“肉腐出～。”㉢动物的通称。《庄子·应帝王》：“而曾二～之无知。”（曾：语气词。二虫：指鸟和鼷鼠。）［大虫］指老虎。李肇《唐国史补》卷上：“～～老鼠，俱为十二相属。”参见168页“虫²”字。

重 chóng 见550页。

崇 chóng ❶ 高。司马相如《上林赋》：“～山矗矗。”（矗矗：高耸的样子。）成语有“崇山峻岭”。❷ 尊崇，推崇。《尚书·武成》：“～德报功。”韩愈《进学解》：“登～畯良。”（登：选拔提升。）㉡被尊崇的人。《左传·宣公十二年》：“师叔，楚之～也。”（师叔：人名。）❸ 充满。柳宗元《送薛存义序》：“～酒于觞（shāng）。”（觞：酒杯。）❹ 增长。《左传·成公十八年》：“今将～诸侯之奸，而披其地。”❺ 终尽，终了。《荀子·赋》：“周流四海，曾不～日。”《三国志·魏书·凉茂传》：“而将军乃欲称兵西向，则存亡之效，不～朝而决，将军其勉之！”

宠（寵） chǒng ❶ 荣耀。《国语·楚语上》：“抚征南海，训及诸夏，其～大矣。”（抚征：安定征服。训：教。诸夏：我国古代对中原地区的称呼。）㉡使荣耀，尊崇。《史记·蒙恬列传》：“蒙恬威振匈奴，始皇甚尊～蒙氏。”❷ 宠爱。《左传·昭公二年》：“少姜有～于晋侯。”（少姜：人名，晋侯的妃子。）㉢受宠爱的人。《左传·僖公十七年》：“易牙入，与寺人貂因内～以杀群吏。”❸ 骄纵。张衡《东京赋》：“好殚（dān）物以穷～。”（好用尽财物来满足穷奢极侈的生活。殚：尽。）

CHOU

抽 chōu ❶ 拔出，抽出。《左传·昭公二十一年》：“～矢，城射之。”（城：人名。）李白《宣州谢朓楼饯别校书叔云》诗：“～刀断水水更流。”㉡提取。元稹《织妇词》：“今年丝税～征早。”㉡植物出芽或出穗。束皙《补亡诗》六首之四：“草以春～。”（草在春天发芽。）孔平仲《风雨有秋色率然成小诗》：“蓼花～穗出墙端。”❷ 拔掉，去除。《诗经·小雅·楚茨》：“楚楚者茨，言～其棘。”（楚楚：茂盛。茨：蒺藜。言：动词词头。棘：带刺的灌木。）㉡提拔。《南史·颜延之传》：“延之昔坐事屏斥，复蒙～进。”❸ 抒发。屈原《九章·

C

抽思》："与美人～怨兮。"

瘳 chōu ❶病好了。《诗经·郑风·风雨》："既见君子，云胡不～！"（胡：何。）《后汉书·华佗传》："病皆～。"㉃治，治愈。《庄子·列御寇》："国其有～乎？"《晋书·王坦之传》："良药效于～疾。"❷益，有益。《国语·晋语二》："君不度而贺大国之袭，于己也何～？"《左传·昭公十三年》："若为夷弃之，使事齐、楚，其何～于晋？"

仇 chóu ❶qiú 同伴。《诗经·周南·兔罝》："赳赳武夫，公侯好～。"㉆配偶。曹植《浮萍篇》："结发辞严亲，来为君子～。"❷仇敌。《诗经·秦风·无衣》："王于兴师，修我戈矛，与子同～。"这个意义又写作"雠"。［仇雠］仇敌。《史记·秦始皇本纪》："属疏远，相攻击如～～。"（属：亲属。）成语有"同仇敌忾"。㉆仇恨。《史记·游侠列传》："雒阳人有相～者。"（雒：洛。）❸qiú 姓。

怞 chóu ❶不平静。《诗经·小雅·鼓钟》："忧心且妯。"《说文》引作"忧心且怞"。❷yóu ［怞怞］忧愁的样子。《楚辞·九怀·危俊》："永余思兮～～。"

紬 chóu ❶丝织品。《盐铁论·散不足》："茧～缣练者，婚姻之嘉饰也。"这个意义后来写作"绸"。❷chōu 缀集。《史记·太史公自序》："（父）卒三岁而迁为太史令，～史记石室金匮之书。"❸chōu 抽引。宋玉《高唐赋》："～大弦而雅声流，冽风过而增悲哀。"［紬绎（yì）］引出头绪。《汉书·谷永传》："燕见～～，以求咎愆（jiùqiān）。"（燕见：指在皇帝内廷朝见。咎愆：过失。）

俦（儔） chóu 同伴，伴侣。颜延之《重释何衡阳》诗："田家节隙，野老为～。"李白《赠崔郎中宗之》诗："时哉苟不会，草木为我～。"㉆同类，类别。《三国志·魏书·崔林传》："忠直不回，则史鱼之～。"（回：邪恶。史鱼：人名。）㉃相比。杜甫《陪王侍御同登东山最高顶宴姚通泉》诗："姚公美政谁与～？"【注意】汉代以前，"俦"一般都写作"畴"。如《荀子·劝学》："草木畴生。"（同类的草木生长在一起。）

帱（幬） chóu ❶床帐。《楚辞·招魂》："蒻（ruò）阿（ē）拂壁，罗～张些。"（蒻：细而软。阿：细缯。些：语气词。）㉇帷幕。韩缜《东山寺》诗："像设严珠殿，经声隐绛～。"❷车帷。《史记·礼书》："大路之素～也。"（路：车。）❸dào 覆盖。《左传·襄公二十九年》："如天之无不～也，如地之无不载也。"

畴（疇） chóu ❶已耕种的田地。《荀子·富国》："其田～秽。"（秽：荒芜。）㉇田亩。《吕氏春秋·慎大》："朝不易位，农不去～。"㉆用作动词。培土。《淮南子·俶真》："～以肥壤。"❷谁。《列子·天瑞》："运转亡已，天地密移，～觉之哉？"❸同类，类别。《荀子·劝学》："草木～生，禽兽群焉，物各从其类也。"《战国策·齐策三》："物各有～。"这个意义后来写作"俦"。❹［畴人］历算家。《史记·历书》："～～子弟分散。"清代阮元著有《畴人传》。❺［畴昔］过去，以前。《左传·宣公二年》："～～之羊，子为政；今日之事，我为政。"

筹（籌） chóu ❶计数的用具。《汉书·五行志下之上》："～所以纪数。"双音词有"筹码"。❷算计，揣度。《后汉书·邓禹传》："光武～赤眉必破长安。"❸谋划，计划。《史记·黥布列传》："果如薛公～之。"《盐铁论·非鞅》："夫蓄积～策，国家之所以强也。"㉆计策，计谋。《晋书·宣帝纪》："非经国远～。"（经国：治国。）成语有"一筹莫展"。

踌（躊） chóu ［踌躇］1. 徘徊，犹豫。曹丕《出妇赋》："马～～而回顾，野鸟翩（piān）而高飞。"（翩：急飞。）向秀《思旧赋》："心徘徊以～～。"（以：而。）又写作"踌蹰"、"踌伫"。2. 从容自得的样子。《庄子·养生主》："提刀而立，为之四顾，为之～～满志。"

惆 chóu ［惆怅］［惆然］伤感，失意。陶渊明《归去来兮辞》："奚惆怅而独悲？"（奚：为什么。）《荀子·礼论》："则其于志意之情者惆然不嗛（qiè）。"（嗛：满足。）

绸（綢） chóu ❶缠绕。《尔雅·释天》："素锦～杠。"（素：白。杠：旗杆。）屈原《九歌·湘君》："薜荔柏兮蕙～。"［绸缪］1. 缠绕。《诗经·唐风·绸缪》："～～束薪。"（束薪：成捆的柴。）成语有"未雨绸缪"（比喻事先做好准备）。2. 情意缠绵。《三国志·蜀书·先主传》："先主至京见权，～～恩纪。"（权：孙权，人名。）又如"情意绸缪"。❷绸缎，一种丝织品。《周书·武帝纪下》："初令民庶已上，唯听衣～、绵～、丝布、圆绫、纱、绢、绡、葛、布等九种。"这个意义又写作"紬"。❸通"稠"。多而密。《北史·北海王详传》："往来～密。"

稠 chóu 多而密。《史记·魏其武安侯列传》："～人广众，荐宠下辈。"《汉书·百官公卿表上》："县大率方百里，其民～则减，稀则旷。"成语有"地窄人稠"。㉃浓厚。与

“稀”相对。贾思勰《齐民要术·种谷》:“挠令洞洞如～粥。”(搅拌使它像浓粥一样。洞洞:很浓的样子。)

裯 chóu 单被。《诗经·召南·小星》:“肃肃宵征,抱衾与～。”㉒被子。杨万里《霜夜无睡闻画角孤雁》诗:“拥～起坐何人伴? 只有残灯半晕青。”

酬[酧、醻] chóu ❶客人给主人祝酒后,主人再次给客人敬酒。《诗经·小雅·楚茨》:“为宾为客,献～交错。”杜牧《念昔游》诗:“樽(zūn)前自献自为～。”(樽:酒器。献:主人给客人敬酒。)[酬酢]主客相互敬酒。《世说新语·赏誉》:“寻温元甫、刘王乔、裴叔则俱至,～～终日。”(酢:客人向主人回敬酒。)❷酬报,报答。《左传·昭公二十七年》:“为惠已甚,吾无以～之。”李白《走笔赠独孤驸马》诗:“壮心剖出～知己。”㉛应对,赠答。《颜氏家训·勉学》:“问一言辄～数百。”谢灵运《拟魏太子邺中集诗·应玚》:“调笑辄～答。”(辄:就,即。)❸偿付,偿还。《新唐书·李朝隐传》:“成安公主夺民园,不～直。”(直:价钱。)❹实现(志愿)。李频《春日思归》诗:“壮志未～三尺剑,故乡空隔万重山。”

愁 chóu 忧虑,发愁。《左传·襄公二十九年》:“哀而不～,乐而不荒。”李白《秋浦歌》之十五:“白发三千丈,缘～似个长。”(缘:因为。个:这般。)㉕形容凄惨、惨淡的景象。谢惠连《雪赋》:“寒风积,～云繁。”辛弃疾《鹧鸪天·赋牡丹》:“～红惨绿今宵看,恰似吴宫教阵图。”

雠(讎)[讐] chóu ❶应答。《诗经·大雅·抑》:“无言不～,无德不报。”㉛相应,应验。《汉书·灌夫传》:“于是上使御史簿责婴所言灌夫颇不～。”(簿:文书。婴:窦婴,人名。灌夫:人名。)《史记·封禅书》:“其方尽,多不～。”(方:方术。尽:用完了。)❷相当,相匹配。《汉书·霍光传》:“卒不得遂其谋,皆～有功。”(雠有功:指其功相等。)❸售,卖出去。《墨子·经下》:“贾(jià)宜则～。”(贾:价。)《史记·高祖本纪》:“高祖每酤留饮,酒～数倍。”❹同“仇”。仇敌,仇人。《尚书·微子》:“小民方兴,相为敌～。”㉕仇恨。屈原《九章·惜诵》:“又众兆之所～。”(众兆:众人。)❺[雠校]校对,校勘。《后汉书·邓皇后纪》:“乃博选诸儒刘珍等……诣东观～～传记。”(东观:东汉皇帝藏书的地方。)

丑[1] chǒu 地支第二位。丑属牛。㉕十二时辰之一,等于现在的凌晨一时至三时。见125页“干[1]”字。

丑[2](醜) chǒu ❶相貌难看。与“美”相对。《史记·滑稽列传》:“呼河伯妇来,视其好～。”(河伯:指河神。好:美。)❷恶,不好。《诗经·小雅·十月之交》:“日有食之,亦孔之～。”《汉书·项籍传》:“今尽王故王于～地。”㉛羞耻,耻辱。《庄子·外物》:“终身之～。”㉕憎恶。《荀子·荣辱》:“我甚～之。”❸类。《国语·楚语下》:“官有十～。”《尔雅·释鸟》:“凫(fú),雁～。”(凫:野鸭。)㉛类似。《孟子·公孙丑下》:“今天下地～德齐,莫能相尚。”❹指恶人,敌人。《晋书·陶侃传》:“无征不克,群～破灭。”成语有“跳梁小丑”。【注意】古代汉语中“丑”和“醜”是两个字,意义各不相同。上述义项都不写作“丑”。现“醜”简化为“丑”。

臭 chòu ❶xiù 气味。《周易·系辞上》:“同心之言,其～如兰。”《荀子·王霸》:“口欲綦(qí)味,鼻欲綦～。”(綦:极,尽。味:滋味。)❷xiù 嗅,闻。《荀子·荣辱》:“彼～之而无嗛(qiè)于鼻,尝之而甘于口。”(嗛:满足。)这个意义后来写作“嗅”、“齅”。❸臭。与“香”相对。《后汉书·仲长统传》:“三牲之肉,～而不可食。”(三牲:指牛、羊、猪。)

CHU

出 chū ❶出去。与“入”相对。屈原《九歌·国殇》:“～不入兮往不反。”(反:返。)《战国策·赵策四》:“必以长安君为质,兵乃～。”❷发出。《商君书·更法》:“于是遂～垦草令。”《古诗为焦仲卿妻作》:“何意～此言!”❸拿出,交纳。《汉书·文翁传》:“富人至～钱以求之。”曹操《抑兼并令》:“户～绢二匹。”❹出产,生产。《荀子·富国》:“田肥以易则～实百倍。”(以:而且。易:治理,这里指管理得好。实:果实。)㉕出生,生育。《荀子·礼论》:“无先祖,恶(wū)～?”㉛产生,发生。《荀子·劝学》:“肉腐～虫。”❺出现,显露。《墨子·备城门》:“凤鸟之不～。”苏轼《后赤壁赋》:“山高月小,水落石～。”㉛至,到。《世说新语·栖逸》:“少孤未尝～京邑,人士思欲见之。”❻超出,超过。《论语·乡党》:“祭肉不～三日。”白居易《与元九书》:“自思所陈亦无～足下之见。”(陈:陈述。足下之见:您的见解。)❼释放,放出。《世说新语·方正》:“后数日,诏～周,群臣往省之。”(周:指周伯仁。)㉕遗弃。《孟子·离娄下》："～妻屏子，终身不养焉。"❽出逃，逃亡。《国语·晋语三》："以师奉公子重耳，臣之属内作，晋君必～。"

初 chū ❶开始。《周易·既济》："～吉终乱。"《史记·屈原贾生列传》："年少～学。"❷当初。多用于追述往事时。《左传·隐公元年》："～，郑武公娶于申。"《后汉书·华佗传》："～，军吏李成苦欬(ké)，昼夜不寐……后五六岁，有里人如成先病，请药甚急。"(欬：咳，咳嗽。岁：年。)❸第一个。表示次序。《史记·秦本纪》："二年～伏，以狗御蛊。"白居易《暮江吟》："可怜九月～三夜，露似珍珠月似弓。"❹副词。才，刚刚。《史记·秦始皇本纪》："天下～定，又复立国，是树兵也。"(立国：指建立诸侯国。)❺副词。与否定词"不"、"无"等连用，表示强调。《后汉书·盖勋传》："群臣～无是言也。"(初无：从来没有，并没有。)《世说新语·品藻》："谢遏诸人共道'竹林'优劣，谢公云：'先辈～不臧贬七贤。'"(初不：从不。)

貙(貙) chū 一种野兽。柳宗元《罴说》："鹿畏～，～畏虎，虎畏罴(pí)。"

樗 chū ❶樗树，即臭椿树。《诗经·豳风·七月》："采荼(tú)薪～。"(荼：苦菜。薪樗：以樗为柴。)㊕无用之材。杜甫《送郑十八虔贬台州司户》诗："郑公～散鬓成丝，酒后常称老画师。"(樗散：本指像樗树那样被散置的无用之材，比喻不合世用。)❷[樗蒲]古代赌博。《世说新语·方正》："王子敬数岁时，尝看诸门生～～，见有胜负，因曰：'南风不竞。'"

刍(芻) chú ❶割草。《汉书·赵充国传》："令军毋燔聚落，～牧田中。"(刍牧田中：在田里割草放牧牲口。)㊇割草的人。《诗经·大雅·板》："先民有言，询于～荛。"(荛：打柴的人。)㊕卑微鄙陋的人。谢庄《上搜才表》："陈愚于侧，敢露～言。"❷牲口吃的草。《庄子·列御寇》："子见夫牺牛乎？衣以文绣，食以～叔。"(叔：即菽，豆子。)㊇用作动词。用草料喂牲口。《周礼·地官·充人》："～之三月。"[刍豢]指家畜。《庄子·齐物论》："民食～～，麋鹿食荐。"(荐：草。)

雏(雛) chú 小鸡。《礼记·内则》："～尾不盈握，弗食。"㊈幼禽。《孟子·告子下》："力不能胜一匹～，则为无力人矣。"白居易《晚燕》诗："百鸟乳～毕。"(乳：指孵出幼禽。)㊕幼儿，幼小的动物。杜甫《彭衙行》："众～烂漫睡。"(烂漫：睡得很香的样子。)李商隐《骄儿诗》："探～入虎穴。"㊀幼小的，年轻的。李商隐《韩冬郎即席为诗相送》："～凤清于老凤声。"龚自珍《点绛唇·补记四月之游》："窗三面，推开扇，故使～鬟见。"(雏鬟：指年轻女孩。)

除 chú ❶台阶。张衡《东京赋》："乃羡公侯卿士，登自东～。"❷清除，去掉。《史记·秦始皇本纪》："诛乱～害。"成语有"除恶务尽"。[除夕]阴历一年最后一天的夜晚。❸修治，修整。《左传·昭公十三年》："将为子～馆于西河，其若之何？"贾思勰《齐民要术·种谷》："虾蟆(háma)鸣燕降而通路～道矣。"(蛤蟆叫、燕子到来的时候就开始修整道路。)❹任命，授职。李密《陈情表》："～臣洗(xiǎn)马。"(洗马：官名。)❺数学计算方法之一。

滁 chú ❶古州名。在今安徽滁州。欧阳修《醉翁亭记》："环～皆山也。"❷水名。在今安徽、江苏境内。

蜍 chú [蟾蜍]见40页"蟾"字。

篨 chú [籧(qú)篨]见350页"籧"字。

厨[廚、厨] chú ❶厨房。《孟子·梁惠王上》："是以君子远庖～也。"㊇厨师。《吕氏春秋·知分》："鹿生于山，而命悬于～。"❷柜子。《晋书·顾恺之传》："恺之尝以一～画糊题其前寄桓玄。"(糊题：指贴封条。)这个意义后来写作"橱"。

蹰[躕] chú [踟蹰]见50页"踟"字。

鉏 chú ❶同"锄"。翻土及除草的农具。《汉书·龚遂传》："诸持～钩田器者，皆为良民。"(钩：镰刀。)㊇用作动词。锄地。《东观汉记·桓帝纪》："戴异～田得金印。"㊀铲除。《史记·齐悼惠王世家》："非其种者，～而去之。"❷jǔ [鉏铻(yǔ)]同"龃龉"。不相合，相抵触。宋玉《九辩》："圜凿而方枘(ruì)兮，吾固知其～～而难入。"(枘：榫子。)❸xú 古国名。在今河南滑县。㊇姓。

躇 chú [踌躇]见54页"踌"字。

处(處)[処、處] chǔ ❶停留。《孙子兵法·军争》："卷甲而趋，日夜不～。"(卷甲：卷起盔甲。趋：奔赴。)❷居住。屈原《九章·涉江》："幽独～乎山中。"(幽：寂寞。)㊀处于，处在。《论衡·逢遇》："～尊居显未必贤。"[处士]隐居的人。《荀子·非十二子》："今之所谓～～者，无能而云能者也。”（云：说。）❸ 占，占据。《商君书·徕民》：“地方百里者，山陵～什一，薮泽～什一。”（什一：十分之一。薮泽：湖泊。）❹ 相处，交往。《庄子·德充符》：“久与贤人～则无过。”❺ 处理，安排。《左传·文公十八年》：“先君周公制周礼曰：‘则以观德，德以～事，事以度功，功以食民。’”《三国志·蜀书·诸葛亮传》：“将军量力而～之。”❻ chù 地方，位置，处所。《孙子兵法·虚实》：“角之而知有余不足之～。”《汉书·张骞传》：“知水草～，军得以不乏。”（乏：缺乏。）

杵 chǔ ❶ 舂米的棒槌。《周易·系辞下》：“断木为～，掘地为臼。”杜甫《暂往白帝复还东屯》诗：“落～光辉白，除芒子粒红。”（芒：稻谷的皮。）㉒捣物的棒槌。《孟子·尽心下》：“以至仁伐至不仁，而何其血之流～也？”张籍《筑城词》：“筑城处，千人万人齐把～。”㊀捣，捶。贾谊《新书·春秋》：“舂筑者不相～。”陆游《捣药鸟》诗：“幽禽似欲嘲衰病，故学禅房～药声。”❷ 古兵器。《宋史·呼延赞传》：“及作破阵刀、降魔～，铁折上巾，两旁有刃，皆重十数斤。”

础（礎） chǔ 柱子底下的石礅。《淮南子·说林》：“山云蒸，柱～润。”范成大《次韵汉卿舅即事》：“晚来～汗南风壮，会有溪云载雨过。”（汗：指石上冒出水珠。会：当，该。）成语有“月晕而风，础润而雨”。

楮 chǔ ❶ 一种树，树皮可以造纸。《山海经·西山经》：“鸟危之山，其阳多磬（qìng）石，其阴多檀～。”（鸟危：山名。阳：指山南。磬石：可以制磬的石头。磬：古乐器名。阴：指山北。）❷ 纸的代称。苏轼《书鄢陵王主簿所画折枝》诗之二：“春色入毫～。”（毫：笔。）[楮墨]纸和墨，借指诗文或书画。浦起龙《史通通释·暗惑》：“无礼如彼，至性如此，猖狂生态，正复跃见～～间。”❸ 一种纸币。用楮纸印行的钱币。《宋史·常楙传》：“值水灾，捐万～以振之。”（值：遇到。振：赈救。）

储（儲） chǔ ❶ 储存，积蓄。《盐铁论·力耕》：“丰年岁登，则～积以备乏绝。”《汉书·何並传》：“～兵马以待之。”❷ 古称皇太子为“储”。李肇《唐国史补》卷中：“上召学士郑絪于小殿，令草立～诏。”也称储君、储贰或储副、储嗣。《后汉书·郑众传》：“太子～君，无外交之义。”《晋书·礼志下》：“皇太子虽国之～贰，犹在臣位。”《后汉书·皇后纪上》：“及元兴、延平之际，国无～副。”（元兴、延平：年号。）❸ 等待。张衡《东京赋》：“并夹既设，～乎广庭。”（并夹：从箭靶上取下箭来的工具。）

楚 chǔ ❶ 一种矮小丛生的木本植物。也叫荆。《诗经·周南·汉广》：“翘翘错薪，言刈其～。”《韩非子·十过》：“公宫之垣皆以荻蒿楛（hù）～墙之。”（垣：墙。荻：苇草。蒿：蒿草。楛：荆一类植物。墙：用作动词，筑墙。）❷ 打人的荆条。《礼记·学记》：“夏～二物，收其威也。”㉛打。《新唐书·严郢传》：“即逮捕河中观察使赵惠伯下狱，～掠惨棘。”（掠：拷打。）❸ 痛苦。《史记·孝文本纪》：“何其～痛而不德也。”傅咸《斑鸠赋》：“慨感物而哀鸣，声～切以怀伤。”❹ [楚楚] 1. 茂盛的样子。《诗经·小雅·楚茨》：“～～者茨，言抽其棘。”（茨：蒺藜。）2. 鲜明、华美的样子。《诗经·曹风·蜉蝣》：“蜉蝣之羽，衣裳～～。”3. 凄苦的样子。元稹《听庾及之弹乌夜啼引》：“后人写出乌啼引，吴调哀弦声～～。”❺ 粗俗。《宋书·长沙景王道怜传》：“道怜素无才能，言音甚～。”❻ 周代诸侯国。战国时为七雄之一。原来在今湖北和湖南一带，后来扩展到今河南、安徽、江苏、浙江、江西、重庆和四川。

亍 chù ❶ 慢步行走。左思《魏都赋》：“矞（yù）云翔龙，泽马～阜。”（矞云：一种彩云。泽马：传说中的一种神马。阜：土山。）㊀步。颜延之《赭白马赋》：“纤骊接趾，秀骐齐～。”（纤骊、秀骐：好马。接趾：形容一匹接一匹。齐亍：形容行走整齐。）❷ [彳(chì)亍]见 51 页“彳”字。

处（處）[処、處] chù 见 56 页。

怵 chù ❶ 恐惧，害怕。《庄子·应帝王》：“劳形～心者也。”❷ 警惕。《庄子·养生主》：“～然为戒。”[怵惕] 1. 害怕，提心吊胆。《尚书·冏命》：“～～惟厉。”（厉：祸害。）李白《古风五十九首》之二十四：“行人皆～～。”2. 惊惧，戒惧。《孟子·公孙丑上》：“今人乍见孺子将入于井，皆有～～恻隐之心。”杜甫《北征》诗：“拜辞诣阙下，～～久未出。”❸ 悲伤。《礼记·祭统》：“心～而奉之以礼。”❹ xù 诱惑，引诱。《汉书·食货志下》：“善人～而为奸邪。”（好人被引诱去做坏事。）

绌（絀） chù ❶ 不足。《荀子·非相》：“缓急嬴～。”（嬴：通“赢”，盈余。）成语有“相形见绌”。❷ 屈，屈服。这个意义通常作“诎”。《荀子·不苟》：“君子能则宽容易直以开道人，不能则恭敬縛～以畏事人。”（縛：通“搏”，抑制。）❸ 通“黜”。废，贬退。《左传·庄公八年》：“僖公之母弟曰夷仲年，生公孙无知，有宠于僖公，衣服礼秩如适（dí），襄公～之。”（适：嫡子，太子。）《荀子·成相》：“展禽三～。”（展禽：人名。）

C

黜 chù ❶ 废，贬退。《左传·文公十八年》：“莒（jǔ）纪公生大子仆，又生季佗，爱季佗而～仆。”（莒：国名。大子：太子。）柳宗元《封建论》：“有罪得以～，有能得以赏。”❷ 消除，去掉。《三国志·魏书·武帝纪》：“克～其难。”（克：能够。）《旧唐书·礼仪志六》：“当圣上严禋（yīn）敬事之时，会相公尚古～华之日。”（禋：升烟祭天。华：指浮华。）㊂减少。《左传·襄公十年》：“子驷与尉止有争，将御诸侯之师而～其车。”

俶 chù ❶ 开始。《诗经·大雅·既醉》：“高朗令终，令终有～。”《管子·弟子职》：“～衽（rèn）则请。”（衽：席子，这里指铺席。）❷ 作，筑。《诗经·大雅·崧高》：“有～其城。”（有：动词词头。）❸ tì ［俶傥（tǎng）］同“倜傥”。1. 卓越。《论衡·超奇》：“非～～之才不能任也。”2. 不拘于俗，豪爽洒脱。《后汉书·仲长统传》：“统性～～，敢直言。”

畜 chù ❶ 家畜。《墨子·杂守》：“民献粟米、布帛、金钱、牛马～产，皆为置平贾（jià）。”贾思勰《齐民要术·种谷》：“教民养育六～。”（六畜：马、牛、羊、鸡、狗、猪。）❷ xù 畜养。《论语·乡党》：“君赐生，必～之。”㊂养育，培养。《诗经·小雅·蓼莪》：“拊我～我，长我育我。”《周易·大畜》：“君子以多识前言往行以～其德。”❸ xù 积聚，储藏。《三国志·魏书·高柔传》：“～财积谷而有忧患之虞者，未之有也。”㊂积蓄，财物。《穀梁传·庄公二十八年》：“国无三年之～。”上述❸㊂又写作“蓄”。

搐 chù 抽搐，牵动。贾谊《新书·大都》：“一二指～，身固无聊也。”（聊：依赖。）

滀 chù ❶ 水聚积。《盐铁论·授时》：“通～水，出轻系，使民务时也。”（轻系：指罪轻的囚犯。）㊀郁结。《庄子·达生》：“夫忿～之气，散而不反，则为不足。”❷ 湍急。《后汉书·公孙瓒传》：“鸟厄（è）归人，～水陵高。”（厄：受困。）❸ 勃然变色的样子。《庄子·大宗师》：“～乎进我色也，与乎止我德也。”（与乎：宽厚随和的样子。）

蓫 chù 草名。即羊蹄草。《诗经·小雅·我行其野》：“我行其野，言采其～。”

触（觸） chù ❶ 用角顶撞。《周易·大壮》：“羝羊～藩。”（藩：篱笆。）《淮南子·兵略》：“有角者～。”㊀碰撞，接触。《韩非子·五蠹》：“兔走～株，折颈而死。”（走：跑。）《战国策·赵策一》：“～尘埃，蒙霜露。”❷ 触动，触犯。《汉书·食货志下》：“民摇手～禁，不得耕桑。”（摇手：指稍一举动。禁：禁令。）成语有“触类旁通”。

矗 chù 直通。谢灵运《山居赋》：“直陌～其东西。”（直陌：笔直的小路。）㊂直立，高耸。杜牧《阿房宫赋》：“蜂房水涡，～不知其几千万落。”王安石《桂枝香·金陵怀古》：“背西风，酒旗斜～。”（酒旗：酒店的标志。）

CHUAI

揣 chuǎi 测量。《左传·昭公三十二年》：“计丈数，～高卑，度厚薄。”（高卑：高低。）㊀估量，猜测。《史记·郦生陆贾列传》：“生～我何念？”（生：先生。）《三国志·蜀书·魏延传》：“仪令祎往～延意指。”（仪：杨仪，人名。祎：费祎，人名。）

嘬 chuài ❶ 叮，咬。《孟子·滕文公上》：“狐狸食之，蝇蚋（ruì）姑～之。”（蚋：蚊子。）❷ 吞，一口吃下去。《礼记·曲礼上》：“毋～炙。”

CHUAN

川 chuān ❶ 水道，河流。《周礼·考工记·匠人》：“两山之间，必有～焉。”《商君书·弱民》：“济大～而无舡（xiāng）楫（jí）也。”（济：渡。舡：船。楫：船桨。）❷ 平野，平地。崔颢《黄鹤楼》诗：“晴～历历汉阳树，芳草萋萋鹦鹉洲。”［平川］1. 平地的河流。杜甫《白帝城放船四十韵》：“不有～～决，焉知众壑趋。”（壑：沟。）2. 平地。《新五代史·周德威传》：“～～广野，骑兵之所长也。”

穿 chuān ❶ 穿透，穿破。《诗经·召南·行露》：“谁谓雀无角？何以～我屋！”《三国志·蜀书·诸葛亮传》：“强弩之末，势不能～鲁缟。”（鲁缟：鲁地生产的薄绸子。）㊂挖掘，凿通。《吕氏春秋·察传》：“及其家～井。”《汉书·沟洫志》：“皆～渠为溉田。”（溉：灌溉。）❷ 穿过孔洞。《论衡·状留》：“针锥所～，无不畅达。”㊀通过。徐弘祖《徐霞客游记·滇游日记》：“为东江～峡之所。”（东江：水名。）❸ 洞，孔。《宋书·刘秀之传》：“厅事柱有一～，穆之谓子弟及秀之曰：‘汝等试以栗遥掷此柱，若能入～，后必得此郡。’”㊕墓穴。《汉书·外戚传下》：“时有群燕数千，衔土投丁姬～中。”❹ 贯串，贯通。刘勰《文心雕龙·杂文》："欲～明珠，多贯鱼目。"白居易《与元九书》："贯～今古。" ❺ 穿戴衣帽鞋袜（后起意义）。《世说新语·雅量》："帻堕几上，以头就～取。"

传（傳） chuán 见556页。

遄 chuán 快，迅速。《诗经·邶风·泉水》："～臻（zhēn）于卫。"（很快地到了卫国。臻：至，到。）曹植《应诏诗》："指日～征。"（指日：时间不长，为期不远。征：出发，出征。）王勃《滕王阁序》："遥襟俯畅，逸兴～飞。"

篅 chuán 盛谷物的圆囤。贾思勰《齐民要术·水稻》："（稻种）渍经三宿，漉出，内（nà）草～中裛（yì）之。"（内：纳，收进。裛：包裹。）

椽 chuán 椽子，放在檩（lǐn）上架着屋顶的圆木条。《韩非子·五蠹》："茅茨（cí）不翦，采～不斲（zhuó）。"（茅草盖的屋顶不加修剪，栎木做的椽子也不砍削。茨：用草盖的屋顶。采：栎木。斲：砍削。）㊀ 量词。表示房屋的间数（后起意义）。陆游《夜雨》诗之二："寒雨连三夕，幽居只数～。"

舛 chuǎn ❶ 相违背，错乱。贾谊《治安策》："本末～逆。"（本末：指主次。）《梁书·陶弘景传》："言无烦～。" ❷ 困厄，不顺利。王勃《滕王阁序》："时运不齐，命途多～。"

喘［歂］ chuǎn 喘气，急促呼吸。《史记·扁鹊仓公列传》："令人～，逆气，不能食。"［喘喘］呼吸急促。《庄子·大宗师》："俄而子来有病，～～然将死。"（子来：人名。）

踳 chuǎn 同"舛"。乖违，相背。《淮南子·泰族》："趋行～驰不归善者，不为君子。"（趋：快走。踳驰：相背而奔驰。）

钏（釧） chuàn 手镯。《南史·王玄象传》："女臂有玉～。"杜甫《喜闻官军已临贼境二十韵》："家家卖钗～，只待献春醪（láo）。"（醪：浊酒，泛指酒。）

CHUANG

创（創） chuāng ❶ 创伤，伤口。《战国策·燕策三》："秦王复击轲，轲被八～。"《后汉书·华佗传》："四五日～愈。"成语有"创巨痛深"。㊀ 伤害。《汉书·薛宣传》："欲令～咸面目，使不居位。"（咸：人名。）❷ 疮疖。《礼记·杂记下》："首有～则沐。"《论衡·书虚》："吾君背有疽～。"（疽：毒疮。）这个意义后来写作"疮"。❸ chuàng 开创，首创。《孟子·梁惠王下》："君子～业垂统，为可继也。"《后汉书·黄琼传》："～基冰泮（pàn）之上。"（冰泮：比喻处境危险。）❹ chuàng 惩，惩戒。《汉书·匈奴传下》："兵连祸结三十余年，中国罢（pí）耗，匈奴亦～艾（yì）。"（艾：通"忞"，惩戒。）上述❸❹又写作"刱"、"剏"。

摐 chuāng ❶ 撞，打。司马相如《子虚赋》："～金鼓，吹鸣籁。" ❷ 高耸。扬雄《太玄·逃》："乔木维～，飞鸟过之或止降。" ❸［摐摐］1. 众多的样子。陆龟蒙《和忆洞庭观步十韵》："闻君游静境，雅具更～～。" 2. 象声词。形容弦索声。王建《霓裳词》："弦索～～隔彩云，五更初发满宫闻。"

床［牀］ chuáng ❶ 供坐卧的器具。《诗经·豳风·七月》："十月蟋蟀入我～下。"《古诗为焦仲卿妻作》："媒人下～去，诺诺复尔尔。" ❷ 安放器物的架子。徐陵《玉台新咏序》："翡翠笔～，无时离手。" ❸ 井上围栏。《宋书·乐志四》："后园凿井银作～，金瓶素绠汲寒浆。" ❹ 量词。架，座。《北史·源贺传》："城置万人，给强弩十二～。"

幢 chuáng ❶ 古时作仪仗用的一种旗帜。《汉书·韩延寿传》："千人持～旁毂（gǔ）。"（旁毂：指站在车旁。）❷ 经幢，佛教刻写经文的石柱或圆形绸伞。岑参《酬畅当嵩山寻麻道士见寄》诗："阴洞石～微有字，古坛松树半无枝。" ❸ zhuàng 车船上的帘子。《隋书·礼仪志五》："乌漆轮毂黄金雕装，上加青油～。"（乌：黑。毂：车轮中心的圆木可以插轴的部分。青油：乌臼木榨出来的油。）❹［幢幢］摇晃的样子。元稹《闻乐天授江州司马》诗："残灯无焰影～～，此夕闻君谪九江。"

橦 chuáng ❶ 木杆，木柱。张衡《西京赋》："乌获扛鼎，都卢寻～。"（乌获：古代力士。都卢：指都卢国人，善攀高。）木华《海赋》："决帆摧～。"（决：断。）❷ chōng 刺，击。《战国策·秦策一》："宽则两军相攻，迫则杖戟相～。" ❸ tóng 一种树木，花可织布。左思《蜀都赋》："布有～华。"（华：古"花"字。）❹ zhōng 量词。用于计量木头。《资治通鉴·唐太宗贞观十四年》："尚书左丞韦悰句（gōu）司农木～价贵于民间，奏其隐没。"（句：查考。）❺ chōng 通"幢"。古代冲锋车。《宋书·索虏传》："虏以～攻城。"

创（創） chuàng 见59页。

怆（愴） chuàng ❶ 悲伤。曹操《让县自明本志令》："孤每读此二人书，未尝不～然流涕也。”（孤：曹操自称。二人：指乐毅、蒙恬。）❷ chuǎng［怆怳(huǎng)］失意的样子。宋玉《九辩》：“～～懭悢兮，去故而就新。”（懭悢：不得志的样子。）

C

CHUI

吹 chuī ❶ 合拢嘴唇用力出气。《韩非子·大体》：“不～毛而求小疵。”㉑吹奏乐器。《诗经·小雅·鹿鸣》：“我有嘉宾，鼓瑟～笙。”杜甫《遣兴》诗：“高楼夜～笛。”㉒风吹拂。陶渊明《归去来兮辞》：“风飘飘而～衣。”❷（旧读 chuì）管乐。陶渊明《述酒》诗：“王子爱清～。”（清：指幽雅的。）杜牧《题扬州禅智寺》诗：“谁知竹西路，歌～是扬州。”

【辨】吹，嘘。这两个字都是“呼气”的意思，但“吹”是急呼气，也可以是一般的呼气，而“嘘”是指缓慢地呼气。

歜 chuī 同“吹”。吹奏。《周礼·春官·籥师》：“籥（yuè）师掌教国子舞羽～籥。”（籥：管乐器。）

垂 chuí ❶ 边疆。《荀子·臣道》：“边境之臣处，则疆～不丧。”（处：用。）《后汉书·李膺传》：“今三～蠢动，王旅未振。”这个意义后来写作“陲”。㉑边，旁边。王粲《咏史》：“妻子当门泣，兄弟哭路～。”❷ 垂挂。《庄子·逍遥游》：“鹏之背不知其几千里也。怒而飞，其翼若～天之云。”柳宗元《三戒·临江之麋》：“群犬～涎。”（涎：口水。）㉑施，赐。《盐铁论·本议》：“陛下～大惠。”❸ 流传。《荀子·王霸》：“名～乎后世。”（乎：于。）成语有“永垂不朽”。❹ 临近。杜甫《垂老别》诗：“四郊未宁静，～老不得安。”成语有“垂暮之年”。❺ 敬辞。表示对方高于自己。白居易《答户部崔侍郎书》：“～问以鄙况。”（鄙况：指我的情况。鄙：谦称自己。）

倕 chuí 古代传说中的巧匠名。贾思勰《齐民要术·耕田》：“～作耒耜（lěisì）。”（耒耜：耕地的农具。）

陲 chuí 边疆。《史记·律书》：“连兵于边～。”（连兵：陈兵。）㉑边缘地方。王维《从军行》：“日暮沙漠～，战声烟尘里。”

捶 chuí ❶ 用棍棒打。《论衡·变动》：“张仪游于楚，楚相掠之，被～流血。”❷ 锻打，锻炼。《庄子·知北游》：“臣之年二十，而好～钩。”（钩：带钩。）刘孝标《广绝交论》：“雕刻百工，炉～万物。”❸ 通“棰”。棍棒。《庄子·天下》：“一尺之～，日取其半，万世不竭。”（竭：尽。）

棰［箠］ chuí ❶ 木棍。江淹《杂体诗·孙廷尉杂述》：“静观尺～义，理足未尝少。”㉒用棍打，杖刑。《荀子·儒效》：“笞（chī）～暴国，齐一天下。”（笞：鞭打。）❷ 鞭子。《史记·秦始皇本纪》：“执～拊以鞭笞天下，威振四海。”【注意】古代汉语中“木棍”的意思多写作“棰”，“鞭子”的意思多写作“箠”，但也有两者通用的。

甀 chuí 小口瓮。《淮南子·氾论》：“抱～而汲。”

锤（鍾） chuí ❶ 古代重量单位。一说八铢（一两的二十四分之一）为一锤。《淮南子·说山》：“有千金之璧，而无锱（zī）～之礛（jiān）诸。”（璧：玉。锱：比锤还轻的重量单位，六铢为锱。礛诸：磨玉石。）❷ 锤子。《论衡·辨祟》：“不动钁（jué）～，不更居处。”（钁：钁头。）❸ 通“垂”。垂挂。扬雄《太玄·周》：“～以玉环。”

椎 chuí ❶ 槌子，敲击的器具。《史记·留侯世家》：“为铁～，重百二十斤。”㉒用作动词。槌打。《史记·魏公子列传》：“朱亥袖四十斤铁椎，～杀晋鄙。”（朱亥、晋鄙：人名。）❷ 朴实。《史记·绛侯周勃世家》：“勃不好文学，每召诸生说士，东乡坐而责之：‘趣为我语。’其～少文如此。”（东乡：向东。趣：通“促”，赶快。少文：缺少文采。）❸ zhuī 脊椎骨。《素问·刺热》：“三～下间主胸中热。”（三椎：指第三节脊椎骨。）

CHUN

杶 chūn 树名。即香椿。《尚书·禹贡》：“厥贡羽毛齿革，惟金三品，～、干、栝（kuò）、柏。”（厥：其。干：柘树。栝：桧树。）

春［旾］ chūn ❶ 四季的第一季。《荀子·王制》：“～耕，夏耘，秋收，冬藏，四者不失时，故五谷不绝。”㉓年。高适《人日寄杜二拾遗》诗：“一卧东山三十～。”（卧：指居住。）❷ 指男女情欲。《诗经·召南·野有死麕》：“有女怀～，吉士诱之。”❸ 唐人称酒为春。司空图《二十四诗品·典雅》：“玉壶买～，赏雨茆屋。”

椿 chūn ❶ 香椿。《太平御览》卷九六一引《左传·襄公十八年》：“孟庄子斩雍门之～为公琴。”今本《左传》作“櫄”。［大椿］树名。《庄子·逍遥游》：“上古有～～者，以八千岁为春，八千岁为秋。”后“椿寿”、“椿年”、“椿岁”、“椿龄”成为祝人长寿之词。杜甫《寄刘峡州伯华使君四十韵》：“但求～寿永，莫虑杞天崩。"钱起《柏崖老人命予赋诗》："帝力言何有，～年喜渐长。"吴筠《步虚词》之七："绵绵庆不极，谁谓～龄多。"❷父亲的代称，取"大椿"高寿之义。牟融《送徐浩》诗："知君此去情偏切，堂上～萱雪满头。"（萱：代指母亲。）

輴 chūn ❶古代用于泥泞路上的交通工具。《吕氏春秋·慎势》："水用舟，陆用车，涂用～。"（涂：泥。）❷载灵柩的车。《吕氏春秋·节丧》："世俗之行丧，载之以大～。"

纯（純） chún ❶丝。《论语·子罕》："麻冕，礼也。今也～，俭，吾从众。"《汉书·王褒传》："难与道～绵之丽密。"❷纯正，纯粹。《汉书·礼乐志》："既畏兹威，惟慕～德，附而不骄，正心翊翊。"❸诚信，真诚。《左传·隐公元年》："颍考叔，～孝也，爱其母，施及庄公。"㊀善，美。《史记·汉兴以来诸侯王年表》："非德不～，形势弱也。"❹zhǔn 衣服鞋帽的镶边。《荀子·正论》："赭（zhě）衣而不～。"（赭衣：古代犯人穿的赤褐色的衣服。纯：这里用作动词，指镶边。）❺tún 捆，包。《诗经·召南·野有死麕》："野有死鹿，白茅～束。"㊀量词。匹。《史记·苏秦列传》："锦绣千～。"

肫 chún 见558页。

莼（蒓）［蓴］ chún 莼菜，水葵。《世说新语·言语》："有千里～羹，但未下盐豉耳。"李贺《南园十三首》诗之十一："手牵苔絮长～花。"成语有"莼羹鲈脍"。

淳［湻］ chún ❶质朴，朴实。《汉书·朱邑传》："为人～厚。"陶渊明《扇上画赞》："三五道邈，～风日尽。"（三五：指三皇五帝。）❷zhūn 浇，灌。《周礼·考工记·钟氏》："～而渍（zì）之。"（渍：染。）❸通"纯"。纯粹。《潜夫论·本训》："～粹之气。"❹通"醇"。酒味厚，纯。《论衡·自然》："～酒味甘，饮之者醉不相知。"

錞（錞） chún ❶古代一种军乐器。也叫錞于。《周礼·地官·鼓人》："以金～和鼓。"（和：应和。）《国语·晋语五》："是故伐备钟鼓，声其罪也；战以～于、丁宁，儆（jǐng）其民也。"（丁宁：乐器名。儆：告诫。）❷依附。《山海经·西山经》："又西二百五十里曰騩（guī）山，是～于西海，无草木，多玉。"❸duì 古代武器矛和戟柄末端平底的铜套。《诗经·秦风·小戎》："厹（qiú）矛鋈（wù）～。"（厹矛：有三棱锋刃的矛。鋈：用白铜镀的。）

鹑（鶉） chún ❶鸟名。鹌鹑。《诗经·魏风·伐檀》："不狩不猎，胡瞻尔庭有县（xuán）～兮？"（胡：为什么。县：悬挂。）❷星宿名。十二星次中有鹑首、鹑火、鹑尾，此三星次包括南方朱雀七宿井、鬼、柳、星、张、翼、轸。《国语·周语下》："昔武王伐殷，岁在～火，月在天驷。"（天驷：星宿名。）❸tuán 通"鷻"。雕类猛禽。《诗经·小雅·四月》："匪～匪鸢，翰飞戾（lì）天。"（匪：彼。翰：高飞。戾：至，到。）

醇［醕］ chún ❶酒味厚，纯。《史记·曹相国世家》："至者，参辄饮以～酒。"（参：曹参，人名。）❷通"淳"。朴实，质朴。《汉书·景帝纪赞》："黎民～厚。"（黎民：老百姓。）［醇化］敦厚的教化。《晋书·乐志上》："～～既穆，王道协隆。"❸通"纯"。纯粹。《汉书·食货志上》："自天子不能具～驷。"（具：具备。醇驷：毛色一样的四匹驾车的马。）

漘 chún 水边。《诗经·魏风·伐檀》："坎坎伐轮兮，寘之河之～兮。"（寘：放置。）

惷 chǔn ❶动乱。《说文》："惷，乱也……《春秋传》曰：'王室日～～焉。'"今本《左传·昭公二十四年》作"蠢蠢"。❷愚笨。《礼记·哀公问》："寡人～愚冥烦。"

【辨】惷，蠢。这两个字本义不同，但古今读音相同，在"蠢动"、"愚蠢"的意义上亦相通，后代多用"蠢"而少用"惷"。

蠢 chǔn ❶昆虫慢慢地爬动。傅玄《阳春赋》："幽蛰（zhé）～动，万物乐生。"（幽：隐藏的。蛰：冬眠动物。）成语有"蠢蠢欲动"。❷骚动。《后汉书·李膺传》："今三垂～动，王旅未振。"（垂：陲，边疆。）❸愚昧无知，愚笨。《论衡·自然》："时人愚～，不知相绳责也。"上述❷❸又写作"惷"。

【辨】惷，蠢。见上"惷"字。

CHUO

逴 chuō 远。《史记·卫将军骠骑列传》："取食于敌，～行殊远，而粮不绝。"（殊远：很远。）［逴跞（luò）］超越，超过。班固《西都赋》："封畿之内，厥土千里，～～诸夏，兼其所有。"（诸夏：指中原地区。）

趠 chuō ❶远走。《晋书·曹毗传》："游不践绰约之室，～不希騄駬之踪。"（绰约：柔美的样子。騄駬：良马名。）❷通"踔"。跳跃，腾跃。左思《吴都赋》："狖（yòu）鼯猓然，腾～飞超。"（狖：一种似狸的兽。鼯：飞鼠。猓然：长尾猴。）❸ zhuō　通“卓”。特出，高超。许有壬《文丞相传序》：“丞相文公，少年～厉，有经济之志。”

踔 chuō　❶ 跳，腾跃。《后汉书·马融传上》：“～蕁（xún）枝，杪标端。”（蕁：长枝条。）韩愈《陆浑山火和皇甫湜用其韵》：“天跳地～颠乾坤。”㊀超越。《后汉书·蔡邕传下》：“～宇宙而遗俗兮，眇翩翩而独征。”（征：远行。）［踔绝］超越寻常。《汉书·孔光传》：“尚书以久次转迁，非有～～之能，不相逾越。”❷［踸（chěn）踔］见 46 页“踸”字。❸ zhuō　远。《史记·货殖列传》：“地～远，人民希。”

擉 chuō　戳，刺。《庄子·则阳》：“冬则～鳖于江。”

辵 chuò　忽走忽停。《说文》：“辵，乍行乍止也。”［辵辵］行走踌躇的样子。卫元嵩《元包经·孟阴》：“睛睒（shǎn）睒，步～～。”（睒睒：目光闪烁的样子。）

娖 chuò　❶［娖娖］拘谨的样子。《史记·张丞相列传》：“～～廉谨，为丞相备员而已。”❷ 整齐。《后汉书·中山简王焉传》：“今五国各官骑百人，称～前行。”

龊（齪） chuò　❶［龊龊］拘谨，谨小慎微的样子。《史记·货殖列传》：“俗好儒，备于礼，故其民～～。”❷ 整齐，整治。《三朝北盟会编》卷二一：“日久整～兵马，为必取之计。”❸［龌（wò）龊］见 444 页“龌”字。

啜 chuò　❶ 尝。枚乘《七发》：“抟（tuán）之不解，一～而散。”（抟：把东西揉成团。）㊁吃。《荀子·天论》：“君子～菽饮水，非愚也，是节然也。”（菽：豆类总称，这里指粗粮。）❷ 饮，喝。杜甫《重过何氏五首》诗之三：“落日平台上，春风～茗时。”（茗：茶。）❸ 哭时抽咽的样子。《诗经·王风·中谷有蓷》：“有女仳（pǐ）离，～其泣矣。”（仳离：夫妻离散。）

惙 chuò　❶ 忧愁。《说文》：“惙，忧也。”［惙惙］忧愁的样子。《诗经·召南·草虫》：“未见君子，忧心～～。”❷ 疲乏，衰弱。《魏书·任城王澄传》：“疾患淹年，气力～弊。”（终年生病，气力不足，身体疲惫。）❸ chuì　气短，呼吸急促。陆龟蒙《奉酬袭美先辈吴中苦雨》诗：“其时心力愦，益使气息～。”❹ 通“辍”。停止。《庄子·秋水》：“孔子游于匡，宋人围之数匝，而弦歌不～。”

辍（輟） chuò　停止，废止。《荀子·天论》：“天不为人之恶寒也～冬。”《庄子·人间世》：“匠伯不顾，遂行不～。”元陶宗仪有《南村辍耕录》（简称《辍耕录》）。

歠 chuò　饮，喝。《楚辞·渔父》：“众人皆醉，何不餔其糟而～其釃（lí）。”（餔：吃。釃：薄酒。）㊁用作名词。指饮用之物。《战国策·燕策一》：“即酒酣乐，进热～。”

绰（綽） chuò　❶ 宽，舒缓。《诗经·卫风·淇奥》：“宽兮～兮，猗重较（jué）兮。”（重较：古代卿士乘坐的一种车子。）《后汉书·蔡邕传下》：“～有余裕。”成语有“绰绰有余”。❷ 姿态柔美。曹植《洛神赋》：“柔情～态，媚于语言。”［绰约］姿态柔美的样子。《庄子·逍遥游》：“肌肤若冰雪，～～若处子。”（处子：处女。）白居易《长恨歌》：“楼阁玲珑五云起，其中～～多仙子。”（五云：五色云。）又写作“淖约”。

CI

疵 cī　❶ 小毛病。《韩非子·大体》：“不吹毛而求小～。”（求：找。）㊀缺点，过失。刘勰《文心雕龙·程器》：“古之将相，～咎（jiù）实多。”（咎：过失。）［疵厉］灾害。《列子·黄帝》：“人无夭恶，物无～～。”又写作“疵疠”。❷ 挑毛病。《吕氏春秋·精谕》：“殷虽恶周，不能～矣。”《三国志·蜀书·廖立传》：“诽谤先帝，～毁众臣。”

骴［髊］ cī　肉未烂完的骸骨。《周礼·秋官·蜡氏》：“蜡氏掌除～。”

词（詞） cí　❶ 言辞，词句。《盐铁论·刑德》：“惑于愚儒之文～。”（惑于：被……迷惑。）这个意义又写作“辞”。成语有“义正词严”。㊁文辞，辞章。曹丕《典论·论文》：“然不能持论，理不胜～。”㊕虚词。《说文》：“皆、俱，词也。”清王引之著有《经传释词》。❷ 一种韵文形式。也叫长短句。如“宋词”、“辛弃疾词”。

【辨】辞，词。见 63 页“辞”字。

祠 cí　❶ 春祭。《诗经·小雅·天保》：“禴（yuè）～烝尝。”（禴：夏祭。烝：冬祭。尝：秋祭。）㊀祭祀。《汉书·元帝纪》：“～后土。”（后土：土地神。）㊁祠庙，祭神的地方。《史记·陈涉世家》：“又间令吴广之次所旁丛～中。”（丛：树丛。）❷ 祠堂。同姓族人供奉祖宗或生前有功德的人的房屋（后起意义）。陶宗仪《南村辍耕录》卷二四：“又为立～，岁时享之。”（岁时享之：逢年过节用食物祭祀她。）

茈 cí　［鬼茈］见 117 页“鬼”字。

雌 cí ❶ 母的。与"雄"相对。《诗经·小雅·小弁》:"雉之朝雊,尚求其～。"《木兰诗》:"双兔傍地走,安能辨我是雄～?"㊞柔弱。《晋书·桓温传》:"形甚似,恨短,声甚似,恨～。"(形:体形。)[雌雄]雌性与雄性。㊞胜负,高下。《宋史·虞允文传》:"愿一战,以决～～。" ❷ [雌黄]矿物名。可做颜料,古时用来涂改文字。沈括《梦溪笔谈》卷一:"馆阁新书净本有误书处,以～～涂之。"㊀更改文字。《颜氏家训·勉学》:"观天下书未遍,不得妄下～～。"㊞信口更改,随便乱说。《晋书·王衍传》:"义理有所不安,随即改更,世号口中～～。"(不安:不妥当。世号:世人称作。)成语有"信口雌黄"。

茨 cí ❶ 用芦苇、茅草盖屋。《庄子·让王》:"环堵之室,～以生草。"㊂用芦苇、茅草盖的屋顶。《韩非子·说林上》:"舍茅～之下。"(舍:居住。) ❷ 堆积。《淮南子·泰族》:"掘其所流而深之,～其所决而高之。" ❸ 蒺藜。《诗经·鄘风·墙有茨》:"墙有～,不可埽也。"(埽:同"扫"。)

餈 cí 糯米糕饼。《周礼·天官·笾人》:"羞笾之实,糗饵,粉～。"干宝《搜神记》卷一九:"(蛇)闻～香气,先啖食之。"后多写作"糍"。

薋 cí ❶ 草多的样子。《说文》:"薋,草多貌。"㊀积聚。屈原《离骚》:"～菉葹以盈室兮,判独离而不服。"(菉:荩草,一种野草。葹:苍耳。)一说"薋"是"茨"的假借,草名,即蒺藜。❷ 古县名。在今河北遵化境内。

兹[茲] cí 见 560 页。

慈 cí ❶ 慈爱。《庄子·盗跖》:"尧不～,舜不孝。"㊀母亲。谢朓《齐敬皇后哀策文》:"闵予不佑,～训早违。"㊂对父母的孝敬。《庄子·渔父》:"事亲则～孝。" ❷ [慈石]天然的吸铁石。《管子·地数》:"上有～～者,下有铜金。"后来又写作"磁石"。

鹚(鷀)[鶿] cí [鸬鹚]见 262 页"鸬"字。

辞(辭)[辤] cí ❶ 讼辞,口供。《周礼·秋官·乡士》:"听其狱讼,察其～。"柳宗元《断刑论下》:"使犯死者自春而穷其～。"㊀解说,申辩。《左传·僖公四年》:"子～,君必辩焉。" ❷ 言辞,文辞。《庄子·盗跖》:"多～缪说。"《周易·乾》:"修～立其诚。"㊀说词,借口。《论语·季氏》:"君子疾夫舍曰欲之而必为之～。"《三国志·吴书·周瑜传》:"挟天子以征四方,动以朝廷为～。"㊂告诉,讲话。《礼记·檀弓上》:"使人～于狐突。"(狐突:人名。)柳宗元《段太尉逸事状》:"请～于军。"(请让我对军队说一说。) ❸ 推辞,不接受。《论语·雍也》:"与之粟九百,～。"曹操《让县自明本志令》:"固～不受。"(固:坚决。)成语有"不辞辛苦"。❹ 告别。陶渊明《桃花源记》:"停数日,～去。" ❺ 文体的一种。如汉武帝《秋风辞》、陶渊明《归去来兮辞》。

【辨】辞,词。在"言辞"这个意义上,"辞"和"词"是同义词。在较古的时代,一般只说"辞",不说"词"。汉代后逐渐以"词"代"辞"。

此 cǐ 指示代词。这。与"彼"相对。《孟子·公孙丑下》:"彼一时,～一时也。"《左传·襄公二十四年》:"～之谓不朽。"㊂这样,这般。庾信《哀江南赋》:"天何为而～醉!"(何为:为什么。)

佌 cǐ 小,卑微。《管子·轻重乙》:"～诸侯度百里。"[佌佌]小的样子。《诗经·小雅·正月》:"～～彼有屋。"

泚 cǐ ❶ 清澈的样子。谢朓《始出尚书省》诗:"寒流自清～。" ❷ 汗水流出的样子。《孟子·滕文公上》:"其颡有～,睨而不视。"苏轼《蜜酒歌》:"六月田夫汗流～。" ❸ [泚笔]用笔蘸墨。《新唐书·岑文本传》:"敕吏六七人～～待。"(敕:命令。待:等待。) ❹ 通"玼"。鲜明的样子。《诗经·邶风·新台》:"新台有～。"(有:形容词词头。)

玼 cǐ ❶ 鲜明的样子。《诗经·鄘风·君子偕老》:"～兮～兮,其之翟(dí)也。"(翟:指绘有野鸡花纹的衣服。) ❷ cī 玉上的斑点。《盐铁论·晁错》:"夫以玙璠(yúfán)之～而弃其璞。"(玙璠:美玉。璞:未雕琢的玉。)㊞缺点,毛病。《后汉书·吕强传》:"愿陛下详思臣言,不以记过见～为责。"

次 cì ❶ 行军时驻扎和住宿。《左传·僖公四年》:"师退,～于召陵。"(师:军队。召陵:地名。)《尚书·泰誓中》:"王～于河朔。"㊀止,停留。屈原《九歌·湘君》:"鸟～兮屋上,水周兮堂下。"㊂临时住宿之处。《周易·旅》:"旅即～。" ❷ 中,间。《庄子·田子方》:"喜怒哀乐,不入于胸～。"《世说新语·轻诋》:"言～及刘真长死,孙流涕。"(孙:孙绰,人名。) ❸ 次序。《左传·桓公十三年》:"及鄢,乱～以济,遂无～。"㊂按顺序排列,等次。《荀子·王制》:"贤能不待～而举。"(待次:指按等次。举:提拔。) ❹ 在排列上次一等。《孙子兵法·谋攻》:"凡用兵之法……全军为上,破军～之。"(全军为上:使敌人全军完整地投降是上策。) ❺ 量词。

C

表示动作的次数(后起意义)。张籍《祭退之》诗:"三～论诤退,其志亦刚强。"

佽 cì ❶相次,有序。《诗经·小雅·车攻》:"决拾既～,弓矢既调。"(决:扳指,套在右拇指上,用来勾开弓。拾:臂套,射箭时用以护臂的。)❷帮助。《诗经·唐风·杕杜》:"人无兄弟,胡不～焉?"(胡:何,为什么。)杜牧《唐故歙州刺史邢君墓志铭》:"日夕闻(邢)涣思～助并州,钜细合宜。"

刺 cì ❶扎,用尖利的东西刺。《韩非子·外储说左下》:"树枳(zhǐ)棘者,成而～人。"(树:栽种。枳棘:枳树与棘树,均多刺。)《史记·李斯列传》:"利剑～之。"❷尖利像针的东西。陆龟蒙《蔷薇》诗:"中含芒～欲伤人。"成语有"芒刺在背"。❸斥责,指责。《战国策·齐策一》:"能面～寡人之过者,受上赏。"❹刺探。《汉书·丙吉传》:"驭吏因随驿骑至公车～取,知虏人云中、代郡。"(驭吏:掌管车马的官。驿骑:为朝廷传达信件的骑者。公车:官署名。云中、代郡:地名。)❺撑。多用于"刺船",即撑船。《庄子·渔父》:"乃～船而去。"《史记·陈丞相世家》:"平恐,乃解衣裸而佐～船。"❻名帖,相当于后来的名片。《论衡·骨相》:"通～倪宽。"(送名帖给倪宽。倪宽:人名。)❼[刺促][刺蹙]忙碌的样子。《世说新语·政事》"山公以器重朝望"注引王隐《晋书》:"和峤刺促不得休。"李白《古风五十九首》之四十:"凤饥不啄粟,所食唯琅玕。焉能与群鸡,刺蹙争一餐。"(琅玕:一种像珠子的美石。)

赐(賜) cì ❶赏赐。《论语·乡党》:"君～食,必正席先尝之。"《史记·留侯世家》:"汉王～良金百溢。"(良:张良。溢:通"镒",古时二十两为一镒。)㉂赏赐的财物。《左传·昭公三十二年》:"大夫皆受其～。"❷尽。潘岳《西征赋》:"若循环之无～。"这个意义又写作"儩"。

CONG

枞(樅) cōng ❶树名。松叶柏身。张衡《西京赋》:"木则～、栝(kuò)、棕、楠。"(栝:桧树。)❷悬挂钟磬的木架上所刻锯齿状物。也叫崇牙。《诗经·大雅·灵台》:"虡(jù)业维～,贲(fén)鼓维镛。"(虡:悬挂钟磬的木架的立柱。业:立柱间的横木。贲鼓:大鼓。镛:大钟。)

鏦 cōng ❶小矛。《淮南子·兵略》:"修铩(shā)短～。"(修:长。铩:长矛。)㉂用作动词。用矛撞刺。《汉书·南粤王传》:"太后怒,欲～嘉以矛。"(嘉:吕嘉,人名。)❷chuāng 撞击。唐太宗《伐龟兹诏》:"～金悬米之源,掩河津而电击。"[鏦鏦]金属撞击声。欧阳修《秋声赋》:"其触于物也,～～铮铮,金铁皆鸣。"

葱[蔥] cōng ❶葱,一种蔬菜。贾思勰《齐民要术·种葱》:"七月可种大小～。"㉃青绿色。《诗经·小雅·采芑》:"朱芾斯皇,有玱～珩。"(玱:佩玉声。葱珩:青绿色佩玉。)❷[葱葱][葱翠][葱茏]草木青翠茂盛的样子。《论衡·吉验》:"见其郁郁葱葱耳。"潘岳《射雉赋》:"尔乃擎(pó)场拄翳,停僮葱翠。"(擎场:除地为场。拄翳:在草地上竖起障蔽物。停僮:遮蔽的样子。)柳宗元《酬贾鹏山人》诗之一:"积雪表明秀,寒花助葱茏。"

骢(驄)[騘] cōng 青白杂毛的马。《古诗为焦仲卿妻作》:"金车玉作轮,踯躅(zhízhú)青～马。"(踯躅:踏步不前。)㉄骏马。杜甫《渝州候严六侍御不到先下峡》诗:"闻道乘～发,沙边待至今。"

聪(聰) cōng ❶听力好。《荀子·性恶》:"目明而耳～。"(目明:视力好。)㉃听清楚。《荀子·劝学》:"目不能两视而明,耳不能两听而～。"(两视:同时看两处。)❷聪明,有智慧。《三国志·蜀书·诸葛亮传》:"瞻今已八岁,～慧可爱。"(瞻:人名。)

从(從) cóng ❶跟随。《论语·微子》:"子路～而后。"《史记·李斯列传》:"乃～荀卿学帝王之术。"(帝王之术:辅助帝王治理国家的方法。)㉃追赶。《孙子兵法·军争》:"佯北勿～。"(佯:假装。北:败退。)㉂使……随从。《史记·项羽本纪》:"沛公旦日～百余骑来见项王。"这个用法旧读 zòng。❷顺从,听从。《左传·庄公十年》:"小惠未遍,民弗～也。"《荀子·天论》:"～天而颂之,孰与制天命而用之?"㉃任凭,听凭。杜甫《屏迹三首》诗之二:"失学～儿懒,长贫任妇愁。"❸参与。《论语·微子》:"已而已而,今之～政者殆而。"(殆:危险。而:语气词。)❹介词。由,自。柳宗元《至小丘西小石潭记》:"～小丘西行百二十步。"❺(旧读 zòng)堂房亲属。《晋书·谢安传》:"谢安,字安石,尚～弟也。"(尚:人名。)❻(旧读 zòng)副。与"正"相对。《唐六典》卷二:"司封郎中、员外郎掌邦之封爵,凡有九等。一曰王,正一品,食邑一万户;二曰郡王，～一品，食邑五千户。”（凡：共。食邑：封地。）❼ zòng 南北方向。《诗经·齐风·南山》：“衡～其亩。”（衡：东西方向。亩：田垄。）㊕合纵。战国时期六国反对秦国的联盟。李斯《谏逐客书》：“遂散六国之～。”这个意义后来写作“纵”。❽ zòng 放纵，纵容。《汉书·晁错传》：“其行罚也，非以忿怒妄诛而～暴心也。”这个意义后来写作“纵”。❾［从容］1. 不慌不忙。《史记·留侯世家》：“良尝闲～～步游下邳（pī）圯（yí）上。”（良：张良。下邳：地名。圯：桥。）成语有“从容不迫”。2. 怂恿，鼓动人做坏事。《史记·淮南衡山列传》：“日夜～～王密谋反事。”

丛（叢）［菆、藂］ cóng ❶ 聚集。司马相如《上林赋》：“攒（cuán）立～倚，连卷欐佹。”（攒：聚集。倚：靠。）㊂丛生的树木。《淮南子·俶真》：“兽走～薄之中。”（薄：丛生的草。）❷ 众多，繁杂。柳宗元《永州刺史崔公墓志》：“政令烦拏（ná），贡举～沓。”（烦拏：纷乱。）

淙 cóng ❶［淙淙］［淙潺］1. 流水声。白居易《草堂前新开一池》诗：“淙淙三峡水，浩浩万顷陂。”（陂：池。）陆游《游圆觉乾明祥符三院至暮》诗：“洗耳古涧听淙潺。”（洗耳：指洗去尘俗之声。）又写作“潨潨”。2. 乐器声。元结《补乐歌·六英》：“我有金石兮，击拊（fǔ）淙淙。”（拊：拍，击。）❷ 流水，急流。刘克庄《题龙眠十八尊者》诗：“或踞怪石临飞～。”［悬淙］瀑布。沈约《守山东》诗：“万仞倒危石，百丈注～～。”

悰 cóng ❶ 欢乐。谢朓《游东田》诗：“戚戚苦无～，携手共行乐。”（戚戚：忧愁的样子。）❷ 思绪，心情。陆游《无题》诗：“画阁无人昼漏稀，离～病思两依依。”

琮 cóng 八角形的玉，中间有圆孔。《周礼·考工记·玉人》：“璧～九寸，诸侯以享天子。”（九寸：指玉的直径。享：献。）

潨 cóng ❶ 水流相汇的地方。《诗经·大雅·凫鹥》：“凫鹥（fúyī）在～。”❷ 急流。李白《送王屋山人魏万还王屋》诗：“龙潭下奔～。”❸［潨潨］同“淙淙”。流水声。李白《玉真公主别馆》诗二首之二：“～～奔溜闻，浩浩惊波转。”

COU

凑［湊］ còu ❶ 会合，聚集。郭璞《江赋》：“川流之所归～。”王融《永明十一年策秀才文》：“～其智略。”（智略：才智谋略。）㊂会聚的地方。《论衡·儒增》：“五脏，气之主也，犹头，脉之～也。”❷ 奔向。《战国策·燕策一》：“乐毅自魏往，邹衍自齐往，剧辛自赵往，士争～燕。”❸［凑理］通“腠理”。肌肤的纹理。《盐铁论·大论》：“扁鹊攻于～～，绝邪气，故痈疽不得成形。”

辏（輳） còu 车轮上的辐条集中于毂上。《周髀算经》：“如辐～毂。”［辐辏］见 119 页“辐”字。

腠 còu 肌肤的纹理。《素问·生气通天论》：“清静则肉～闭拒。”司马相如《难蜀父老》：“躬～胝（zhī）无胈（bá）。”（胝：皮肤起茧。胈：汗毛。）［腠理］肌肤的纹理。《史记·扁鹊仓公列传》：“君有疾在～～，不治将深。”又写作“凑理”。㊁事物的条理。《吕氏春秋·先己》：“啬其大宝，用其新，弃其陈，～～遂通。”（啬：吝啬。）

CU

粗［觕、麤］ cū ❶ 粗米，粗粮。《左传·哀公十三年》：“粱则无矣，～则有之。”（粱：精美的饭食。）㊂粗糙，粗略。《荀子·正名》：“～布之衣。”《荀子·正名》：“故愚者之言，芴（hū）然而～。”（芴然：没有根据的样子。）❷ 粗大。《礼记·月令》：“其器高以～。”（以：而。）㊂声大，气壮。《礼记·乐记》：“其声～以厉。”顾况《从军行》：“少年胆气～。”❸ 大概，大致。诸葛亮《谕谏》：“纲纪～定。”（纲纪：法规。）❹ 鲁莽，粗鲁。《三国志·吴书·吕蒙传》：“甘宁～暴好杀。”（甘宁：人名。）

徂 cú ❶ 往。《诗经·大雅·桑柔》：“自西～东，靡所定处。”（靡：无。）［徂暑］盛夏的开始。《诗经·小雅·四月》：“四月维夏，六月～～。”白居易《庐山草堂记》：“洞北户，来阴风，防～～也。”（草堂北面开门，引来北风，预防盛暑。）❷ 通“殂”。死亡。《史记·伯夷列传》：“于嗟～兮，命之衰矣。”颜真卿等《登岘山观李左相石尊联句》崔弘句：“怀贤久～谢。”（谢：凋谢，指死亡。）❸［徂来］山名。在山东。又写作“徂徕”。

殂 cú 死亡。《尚书·舜典》：“二十有八载，帝乃～落，百姓如丧考妣。”诸葛亮《出师表》：“先帝创业未半，而中道崩～。”（中道：中途。）

促 cù ❶ 靠近。左思《蜀都赋》：“合樽（zūn）～席。”成语有“促膝谈心”。㊂紧迫。柳宗元《与萧翰林俛书》：“长来觉日月益～。”㊂急促，赶快。《三国志·魏书·武帝纪》：

“太祖乃自力劳军，令军中～为攻具。”❷催促，促成。李白《鲁郡尧祠送吴五之琅琊》诗：“日色～归人。”《晋书·宣帝纪》：“亮欲～其事，乃遣郭模诈降。”❸短，短促。陆机《吊魏武帝文》：“何命～而意长？”（何：为什么。）㉂狭小。《世说新语·言语》：“江左地～，不如中国。”㉃缩短。《抱朴子·广譬》：“大川不能～其涯以适速济之情。”

猝 cù 突然，出乎意料。《新唐书·兵志》：“而禁兵不精，其数削少，后有～故，何以待之？”（故：变故。）张溥《五人墓碑记》：“非常之谋，难于～发。”

醋 cù ❶zuò 客人向主人回敬酒。《仪礼·有司》：“宾受爵，易爵于篚，洗酌～于主人。”❷醋，酸性调味液体。本作“酢”。贾思勰《齐民要术·作酢法》：“酢，今～也。”㉂味道酸。白居易《东院》诗：“老去齿衰嫌橘～，病来肺渴觉茶香。”

踧 cù ❶［踧踖(jí)］1.恭敬的样子。《论语·乡党》：“复其位，～～如也。”2.局促不安的样子。《后汉书·东平宪王苍传》：“每会见，～～无所措置。”❷通“蹙”。紧迫，窘迫。《三国志·魏书·钟会传》：“壹等穷～归命。”（孙壹等人穷困窘迫，归顺了魏国。）❸通“蹙”。紧缩，皱。《后汉书·五行志一》：“～眉啼泣。”❹通“蹴”。踩踏，踢。《后汉书·陈蕃传》：“遂执蕃送黄门北寺狱，黄门从官驺蹋～蕃。”（驺：骑马的侍从。）❺dí［踧踧］平坦的样子。《诗经·小雅·小弁》：“～～周道，鞫为茂草。”（鞫：尽。）

簇 cù ❶聚集。韦庄《听赵秀才弹琴》诗：“蜂～野花吟细韵。”成语有“花团锦簇”，双音词有“簇拥”。❷量词。丛，用于成堆成团的东西。杜甫《江畔独步寻花七绝句》之五：“桃花一～开无主，可爱深红爱浅红。”

蹙 cù ❶紧迫，窘迫。《诗经·小雅·小明》：“曷云其还，政事愈～。”《三国志·吴书·吕蒙传》：“兵迫～击。”柳宗元《捕蛇者说》：“而乡邻之生日～。”㉂逼近，使紧迫。《三国志·吴书·陆逊传》：“逊督促诸军四面～之。”❷紧缩。《诗经·大雅·召旻》：“昔先王受命，有如召公，日辟国百里。今也日～国百里。”㉂皱。柳宗元《乞巧文》：“眉矉(pín)頞(è)～。”（矉：颦，皱眉。頞：鼻梁。）❸［蹙蹙］［蹙然］局促不安的样子。《诗经·小雅·节南山》：“我瞻四方，蹙蹙靡所骋。”《荀子·富国》：“墨子大有天下，小有一国，将蹙然衣粗食恶，忧戚而非乐。”（非乐：否定、排斥音乐。）❹通“蹴”。踩，踏。苏轼《申王画马图》诗：“扬鞭一～破霜蹄，万骑如风不能及。”㉂踢。王定保《唐摭言·慈恩寺题名游赏赋咏杂纪》：“新进士集于月灯阁为～鞠之会。”（鞠：一种用来踢打玩耍的球。）

蹵 cù 同“蹙”。紧缩，缩小。《左传·成公十六年》：“国～王伤，不败何待？”㉂皱缩。柳宗元《河间传》：“闻河间之名，则掩鼻～頞(è)。”（頞：鼻梁。）

顣 cù 同“蹙”。皱缩。《孟子·滕文公下》：“他日归，则有馈其兄生鹅者，己频～曰：‘恶(wū)用是鶃(yì)鶃者为哉？’”（恶：何。鶃鶃：指鹅。）

蹴［蹵］ cù ❶踩，踏。《汉书·贾谊传》：“～其刍(chú)者有罚。”（刍：喂牲畜的草。）成语有“一蹴而就”。❷踢。《汉书·枚皋传》：“临山泽，弋猎射驭狗马～鞠(jū)刻镂。”（弋猎：射猎。鞠：一种用来踢打玩耍的球。）❸［蹴然］吃惊不安的样子。《庄子·田子方》：“诸大夫～～。”

CUAN

攒（攢） cuán ❶聚集。《墨子·备城门》：“城上为～火。”张衡《西京赋》：“～珍宝之玩好。”❷停棺待葬（后起意义）。《宋史·哲宗孟皇后传》：“遗命择地～殡，俟军事宁，归葬园陵。”❸zuān 通“钻”。穿孔。《礼记·内则》：“柤(zhā)梨曰～之。”（指穿孔看其虫孔。）【注意】古代汉语中“攒”没有“积蓄”的意义，也不读 zǎn。

巑 cuán ［巑岏(wán)］峻峭的山峰。《楚辞·九叹·忧苦》：“登～～以长企兮。”㉂高峻的样子。宋玉《高唐赋》：“盘岸～～。”（盘岸：盘曲的崖岸。）

窜（竄） cuàn ❶躲藏。贾谊《吊屈原赋》：“鸾凤伏～兮，鸱枭(chī xiāo)翱翔。”（鸾凤：传说中凤凰一类的灵鸟。鸱枭：猫头鹰一类的凶恶的鸟。）李白《猛虎行》：“～身南国避胡尘。”（南国：中国南部。胡尘：指安史之乱。）㉃奔逃。《世说新语·德行》：“王仆射在江州，为殷、桓所逐，奔～豫章。”成语有“抱头鼠窜”。❷放逐，贬官。《尚书·舜典》：“～三苗于三危。”（三苗：古部族名。三危：山名。）孙樵《书何易于》：“明府公免～海裔(yì)耶？”（明府公：对县令的尊称。海裔：海边，这里泛指边远的地方。）❸删改。《三国志·魏书·武帝纪》：“公又与遂书，多所点～。”（遂：韩遂。点：涂抹。）

篡［簒］ cuàn ❶非法地夺取。《墨子·天志上》：“处大国不攻小国，处大家不～小家。"(处:处于。家:大夫的封地。)《汉书·梁孝王传》:"谋～死罪囚。"(图谋劫取已判死罪的囚犯。)㊕臣子夺取君位。《后汉书·逸民传》:"王莽～位。"❷中医指人体会阴部位。《素问·骨空论》:"(督脉)其络循阴器,合～间,绕～后。"

爨 cuàn ❶烧火做饭。《孟子·滕文公上》:"许子以釜甑(zèng)～,以铁耕乎?"(釜甑:做饭瓦器。)杜甫《空囊》诗:"不～井晨冻,无衣床夜寒。"㊀煮,烧。《论衡·感虚》:"夫熯(hàn)一炬火～一镬水,终日不能热也。"郦道元《水经注·漯水》:"以草～之,则烟腾火发。"❷灶。《墨子·备城门》:"二舍共一井～。"(两户共用一口井一个灶。)《礼记·礼器》:"燔柴于～。"

CUI

缞(縗) cuī 古代丧服,用麻布制成,披在胸前。《左传·襄公十七年》:"齐晏桓子卒,晏婴粗～斩。"(斩:丧服不缝下边。)

榱 cuī 房屋的椽子。《左传·襄公三十一年》:"栋折～崩。"《孟子·尽心下》:"堂高数仞,～题数尺。"(榱题:屋檐的椽子头。)

摧 cuī ❶折断。焦延寿《易林·坤·屯》:"苍龙单独,与石相触,～折两角。"范仲淹《岳阳楼记》:"樯(qiáng)倾楫(jí)～。"(樯:桅杆。倾:倒。楫:桨。)❷摧毁,毁坏。李贺《雁门太守行》:"黑云压城城欲～。"成语有"无坚不摧"。❸悲伤。常"摧藏"、"摧伤"、"悲摧"、"摧怆"连用。《古诗为焦仲卿妻作》:"未至二三里,～藏马悲哀。"《古诗为焦仲卿妻作》:"阿母大悲～。"《三国志·吴书·孙皎传》:"临书～怆,心悲泪下。"

漼 cuǐ ❶水深的样子。《诗经·小雅·小弁》:"有～者渊,萑苇淠(pì)淠。"(淠淠:茂盛的样子。)❷落泪的样子。陆机《吊魏武帝文》:"指季豹而～焉。"❸cuī 通"摧"。摧毁。《后汉书·崔骃传》:"王纲～以陵迟。"(陵迟:衰败。)❹cuī [漼溰(ái)](霜雪)积聚的样子。《楚辞·九思·悯上》:"霜雪兮～～。"

璀 cuǐ [璀璨(càn)]玉石有光泽,色彩鲜明。孙绰《游天台山赋》:"建木灭景于千寻,琪树～～而垂珠。"(琪树:玉树。)刘胜《文木赋》:"制为枕案,文章～～。"(枕案:枕头和小桌。文章:指花纹。)又写作"璀采"、"翠粲"、"璀粲"、"璀璀"。

倅 cuì ❶副。《周礼·夏官·戎仆》:"戎仆掌驭戎车,掌王～车之政。"《旧唐书·裴向传》:"天下方镇副～多自选于朝。"[倅贰]辅佐的官,副职。《宋史·刑法志二》:"每岁冬夏,诏提刑行郡决囚,提刑惮行,悉委～～。"❷cù 通"猝"。[倅然]突然。《墨子·鲁问》:"今有刀于此,试之人头,～～断之,可谓利乎?"

萃 cuì ❶聚集。屈原《天问》:"苍鸟群飞,孰使～之?"(苍鸟:指鹰。孰:谁。)㊋人群,物类。《孟子·公孙丑上》:"出于其类,拔乎其～。"❷停止。屈原《天问》:"北至回水～何喜?"(北面到达回水就停止了,为什么高兴呢?回水:地名。)❸通"悴"。劳苦,困病。《荀子·富国》:"劳苦顿～而愈无功。"(顿:困顿。愈:越。)

啐 cuì 尝,饮。《礼记·杂记下》:"主人之酢也,嚌(jì)之,众宾兄弟则皆～之。"(嚌:指放到嘴边。)

淬 cuì 淬火,制作刀剑时,把烧红了的刀剑浸入水或其他液体中,急速冷却,使之硬化。王褒《圣主得贤臣颂》:"清水～其锋。"㊀锤炼。范仲淹《南京书院题名记》:"～词为锋,则浮云我决,良玉我切。"[淬励][淬厉]磨炼,锻炼。常璩《华阳国志·先贤士女总赞》:"少读五经,不为章句,处陋巷,淬励金石之志。"苏轼《策略四》:"是以人人各尽其材,虽不肖者亦自淬厉,而不至于怠废。"

悴[顇] cuì ❶忧愁,悲伤。赵至《与嵇茂齐书》:"吁其悲矣,心伤～矣。"❷面色黄瘦,憔悴。谢灵运《长歌行》:"朽貌改鲜色,～容变柔颜。"❸劳苦,困病。《晋书·简文帝纪》:"干戈未戢(jí),公私疲～。"(戢:停止。)

焠 cuì ❶烧灼。《荀子·解蔽》:"有子恶卧而～掌,可谓能自忍矣。"(有子:人名。)❷淬火,把烧红的金属放入水中冷却使之坚硬。《汉书·王褒传》:"清水～其锋。"这个意义后来写作"淬"。㊀浸染。《史记·刺客列传》:"使工以药～之。"

瘁 cuì ❶劳苦,困病。《诗经·小雅·蓼莪》:"哀哀父母,生我劳～。"成语有"鞠躬尽瘁"。㊀憔悴,枯槁。《抱朴子·畅玄》:"与之不荣,夺之不～。"❷忧伤,悲伤。宋玉《高唐赋》:"愁思无已,叹息垂泪,登高远望,使人心～。"

粹 cuì ❶纯粹。《淮南子·说山》:"貂裘而杂,不若狐裘而～。"㊀精华。《后汉书·张衡传》:"朋精～而为徒。"王安石《读史》诗:"糟粕所传非～美。"❷通"萃"。聚集。《荀子·正名》:"凡人之取也,所欲未尝～而来也。"❸suì 通"碎"。破碎。《荀子·

C

儒效》："舍～折无适也。"（除了破碎折断没有别的出路。）

翠 cuì 一种青绿色的鸟。也叫翠鸟。左思《蜀都赋》："孔～群翔，犀象竞驰。"（孔：孔雀。驰：奔跑。）㉑翠鸟的羽毛。如"翠被"、"翠盖"。㉑青绿色。司马相如《上林赋》："扬～叶，扤（wù）紫茎。"（扤：摇动。）李白《庐山谣寄卢侍御虚舟》诗："～影红霞映朝日。"

綷 cuì ❶ 错杂，五色相杂。《史记·司马相如列传》："屯余车其万乘兮，～云盖而树华旗。"左思《吴都赋》："孔雀～羽以翱翔。" ❷［綷粲（càn）］象声词。形容衣服摩擦声。陆机《百年歌》五："罗衣～～金翠华，言笑雅舞相经过。"

脆［脃］ cuì ❶ 易折，易碎。与"韧"相对。《老子》七十六章："万物草木之生也柔～，其死也枯槁。"柳宗元《读韩愈所著〈毛颖传〉后题》："肥皮厚肉，柔筋～骨。"㉑软弱，脆弱。《吕氏春秋·介立》："～弱者拜请以避死。"《宋史·夏国传下》："若～怯无他伎者，迁河外耕作。"（他伎：其他的技能。河外：指黄河以北。） ❷ 声音清脆。顾云《池阳醉歌》："弦索紧快管声～。"

毳 cuì ❶ 鸟兽的细毛。《汉书·晁错传》："鸟兽～毛，其性能寒。"（能：通"耐"。） ❷ 毡。《文选·李陵〈答苏武书〉》："韦鞲（gōu）～幕，以御风雨；膻肉酪浆，以充饥渴。" ❸ 通"脆"。易碎。《汉书·丙吉传》："数奏甘～食物。"（数奏：多次进献。甘：甜。）㉑脆弱。《荀子·议兵》："是事小敌～，则偷可用也。"（对付脆弱的小敌还勉强可以使用。偷：苟且，勉强。） ❹ qiāo 通"橇"。一种在泥路上滑行的交通工具。《汉书·沟洫志》："水行乘舟，泥行乘～。"

窾 cuì ❶ 掘地为墓穴。《周礼·春官·小宗伯》："卜葬兆甫～，亦如之。"（甫：开始。）㉑掘（地）。徐弘祖《徐霞客游记·滇游日记》："～地丈许。" ❷ 墓穴。《周礼·夏官·量人》："掌丧祭奠～之俎实。"（俎：盛祭品的礼器。）㉑窟，洞穴。颜延之《宋郊祀歌》之一："月～来宾。"（月窾：指月亮，传说月亮上有兔窟。宾：指归服。）

CUN

皴 cūn ❶ 皮肤皱裂。贾思勰《齐民要术·种红蓝花栀子》："令手软滑，冬不～。"㉑物体表面起皱褶，粗糙。白居易《与沈杨二舍人阁老同食敕赐樱桃玩物感恩因成十四韵》："肉嫌卢橘厚，皮笑荔枝～。"袁枚《游丹霞记》："山皆突起平地，有横～，无直理。" ❷ 中国画的一种技法。用侧笔染擦，以表现山石等的脉络纹理及凹凸向背。

存 cún ❶ 存在。与"亡"相对。《孟子·离娄上》："顺天者～，逆天者亡。"㉑保全，保存。《汉书·叙传上》："申重茧以～荆。"（申：申包胥，人名。荆：指楚国。）《后汉书·盖勋传》："～活者千余人。"成语有"存心养性"。 ❷ 思念。《诗经·郑风·出其东门》："出其东门，有女如云；虽则如云，匪我思～。"《论衡·订鬼》："凡天地之间有鬼，非人死精神为之也，皆人思念～想之所致也。" ❸ 看望，问候。《战国策·秦策五》："无一介之使以～之。"曹操《短歌行》："越陌度阡，枉用相～。" ❹ 抚恤。《礼记·月令》："养幼少，～诸孤。"沈括《梦溪笔谈》卷二五："录用材能，～抚良善，号令严明，所至一无所犯。"

蹲 cún ❶ 用脚踢。《公羊传·宣公六年》："祁弥明逆而～之。"（祁弥明：人名。逆：迎着。） ❷ zūn 蹲，两腿弯曲如坐，但臀不着地。《庄子·外物》："纪他闻之，帅弟子而～于窾（kuǎn）水。"（纪他：人名。窾水：古水名。） ❸ qūn 退，退去。张衡《东京赋》："千品万官，已事而～。"

忖 cǔn 思量，揣度。《三国志·蜀书·诸葛亮传》："昔萧何荐韩信，管仲举王子城父（fǔ），皆～己之长，未能兼有故也。"［忖度（duó）］1. 推测。《诗经·小雅·巧言》："他人有心，予～～之。"曹操《让县自明本志令》："妄相～～。"（胡乱猜测。妄：胡乱。） 2. 思量。《后汉书·郑玄传》："吾自～～，无任于此。"

寸 cùn ❶ 长度单位。十寸为一尺。《商君书·靳令》："四～之管无当，必不满也。"（当：底。）㉑短小。如"寸土"、"寸草"、"寸步"、"寸阴"。 ❷ 中医切脉，称离手掌一寸的手腕经脉部位为"寸口"，简称"寸"。《难经》："脉有三部九候……三部者，～、关、尺也。"（关、尺：切脉的部位。）

CUO

瑳 cuō ❶ 玉色洁白，光润。《诗经·鄘风·君子偕老》："～兮～兮，其之展也。"（展：一种用红或白绉纱做的单衣。）常"瑳瑳"连用。《宋史·乐志十四》："琱（diāo）珉～～。"（琱珉：雕刻过的玉石。）㉑笑而见齿的样子。《诗经·卫风·竹竿》："巧笑之～，佩玉之傩。"（傩：行走有节奏。） ❷［切瑳］通"切磋"。

共同商讨研究。《荀子·天论》："日～～而不舍也。"

磋 cuō 把骨、角磨制成器物。《诗经·卫风·淇奥》："如切如～，如琢如磨。"（琢：雕刻玉石。）㊀研讨。《管子·弟子职》："相切相～，各长其仪。"［切磋］共同商讨研究。《后汉书·马援传》："言君臣邪？固当谏争；语朋友邪？应有～～。"又写作"切瑳"。

蹉 cuō ❶差误。扬雄《并州牧箴》："宗周罔职，日用爽～。"（爽：违背。）❷通过。张华《轻薄篇》："孟公结重关，宾客不得～。"❸［蹉跌］失足跌倒，比喻失误。《后汉书·董卓传》："诸将有言语～～，便戮于前。"又写作"差跌"。❹［蹉跎］1. 失足。《楚辞·九怀·株昭》："骥垂两耳兮，中坂～～。"（坂：坡。）2. 时光过去，虚度光阴。《世说新语·自新》："并云欲自修改，而年已～～。"陈亮《上孝宗皇帝第一书》："日月～～，而老将至矣。"

撮 cuō ❶用指爪取物，多指粒状物。《庄子·秋水》："鸱鸺（chīxiū）夜～蚤。"（鸱鸺：猫头鹰。蚤：跳蚤。）㊀摘录，提取。《史记·太史公自序》："采儒、墨之善，～名、法之要。"❷聚集，聚合。《后汉书·袁绍传》："拥一郡之卒，～冀州之众。"（冀州：地名。）❸容量单位。六粟为一圭，十圭为一撮。《汉书·律历志上》："量多少者，不失圭～。"（量容量多少，连圭撮那样小的单位都没有差错。）

嵯 cuó ［嵯峨（é）］山势高峻。《史记·司马相如列传》："于是乎崇山巃嵸（lóngzōng），崔巍～～。"（巃嵸：山势险峻。崔巍：山高不平。）李白《早秋单父南楼酬窦公衡》诗："泰山～～夏云在。"

痤 cuó ❶疫病。《诗经·小雅·节南山》："天方荐～，丧乱弘多。"（老天正在接连地降灾病。荐：重，频。弘：大。）❷ chài 病愈，病好了。《宋书·何偃传》："世祖遇偃既深，备加治疗。名医上药，随所宜须，乃得～。"

醝 cuó 白酒。张华《轻薄篇》："苍梧竹叶青，宜城九醖～。"

痤 cuó 疖子，一种皮肤病。《韩非子·六反》："弹～者痛，饮药者苦。"（弹：用手指挤弄。）《素问·生气通天论》："汗出见湿，乃生～痱。"

脞 cuǒ 烦琐细碎。《宋史·王信传》："论除官～冗之敝。"［丛脞］细碎。《尚书·益稷》："元首～～哉，股肱（gōng）惰哉。"（君主没有大谋略，大臣就会懒惰。）陆龟蒙《笠泽丛书序》："丛书者，～～之书也。"

剉 cuò ❶折损。《吕氏春秋·必己》："廉则～。"（刀口锋利就容易折损。廉：锋利。）这个意义又写作"挫"。❷磋磨东西。贾思勰《齐民要术·种谷》："取马骨，～一石，以水三石煮之。"（石：容量单位。）❸通"莝"。铡碎。《世说新语·贤媛》："～诸荐以为马草。"（荐：草垫。）

挫 cuò ❶折损。《淮南子·时则》："锐而不～。"（锐：锐利。）❷挫折，失败。《史记·屈原贾生列传》："兵～地削。"（地削：地被割去。）这个意义又写作"锉"。❸压制。《后汉书·史弼传》："弼为政，特～抑强豪。"（特：独，只）。❹屈辱。《韩非子·亡征》："～辱大臣而狎（xiá）其身。"（狎：亲慢。）［顿挫］语调、音律的停顿转折。陆机《文赋》："箴（zhēn）～～而清壮。"（箴：一种以规劝、告诫为目的的文体。）

莝 cuò 铡草。《说文》："莝，斩刍（chú）也。"（刍：牲口吃的草。）㊁铡碎的草。《史记·范雎蔡泽列传》："坐须贾于堂下，置～豆其前。"（须贾：人名。）

锉（銼） cuò ❶小锅。杜甫《闻斛斯六官未归》诗："荆扉深蔓草，土～冷疏烟。"❷通"挫"。挫败。《史记·楚世家》："亡地汉中，兵～蓝田。"（蓝田：地名。）

剒 cuò ❶把犀角雕刻成器物。《尔雅·释器》："犀谓之～。"周邦彦《汴都赋》："～犀剫（duó）玉。"（剫：雕刻。）❷ zhuó 通"斮"。斩，割。《北齐书·齐纪总论》："刳（kū）～被于忠良，禄位加于犬马。"（刳：挖空腹。被：施加。）

厝 cuò ❶放置，安放。贾谊《治安策》："抱火～之积薪之下而寝其上。"（积薪：柴堆。）这个意义又写作"措"。❷葬。潘岳《寡妇赋》："将迁神而安～。"（神：指灵柩。）㊀把棺材浅埋等待改葬（后起意义）。归有光《与沈养吾书》："山妻在殡，便欲权～。"（山妻：指自己的妻子，是一种客套话。殡：停棺待葬。权：暂且。）❸通"错"。交错，交叉。《汉书·地理志下》："是故五方杂～，风俗不纯。"

措 cuò ❶放置，安放。《论语·子路》："刑罚不中，则民无所～手足。"《潜夫论·德化》："放之大荒之外，～之幽冥之内。"（放：驱逐。大荒：边远的地方。幽冥：昏暗的地方。）这个意义又写作"厝"。❷施行。《周易·系辞上》："举而～之天下之民，谓之事业。"一本作"错"。㊁处理，置办。《宋史·徽宗纪》："令工部侍郎孟揆亲往～置。"❸废弃，放弃。柳宗元《断刑论下》："此刑之所以不～也。"❹ zé 通"笮"。挤压。《史记·梁孝王世家》："李太后与争门，～指。"（指：手指。）

C

错（錯） cuò ❶ 镶嵌。《盐铁论·散不足》："金～蜀杯。"㉛涂饰。《战国策·赵策二》："被发文身，～臂左衽。"❷ 磨刀石。《诗经·小雅·鹤鸣》："它山之石，可以为～。"㉛磨。《潜夫论·赞学》："虽有玉璞……不琢不～，不离砾（lì）石。"（玉璞：未经雕琢过的美玉。不离砾石：与一般的石头没有差别。）❸ 交错，交叉。《战国策·秦策三》："秦韩之地形，相～如绣。"❹ 不合。《汉书·五行志上》："刘向治《穀梁春秋》……与仲舒～。"（治：研究。）㉛错误（后起意义）。王定保《唐摭言·误放》："主司头脑太冬烘，～认颜标作鲁公。"【注意】上古"错"不当"错误"讲，后来文言中也多用"误"，不用"错"。❺ 通"厝"。放置，安放。《庄子·达生》："～之牢筴（cè）之中。"（牢筴：指牲口圈。）❻ 通"措"。施行。《商君书·错法》："～法而民无邪。"❼ 通"措"。废弃，放弃。《荀子·天论》："小人～其在己者，而慕其在天者，是以日退也。"

D

DA

达(達) dá ❶ 通。《荀子·君道》:“公道～而私门塞矣,公义明而私事息矣。”(塞:堵塞。)成语有“四通八达”。㊀到达。《荀子·修身》:“横行天下,虽～四方,人莫不弃。”李白《秋浦歌》之一:“遥传一掬泪,为我～扬州。”㊁通晓。《汉书·元帝纪》:“且俗儒不～时宜,好是古非今。”❷豁达,心怀宽阔。《汉书·高帝纪下》:“高祖不修文学,而性明～。”(不修:不学习。)双音词有“达观”。❸表达,传达。《论语·卫灵公》:“子曰:‘辞～而已矣。’”《史记·滑稽列传》:“《书》以道事,《诗》以～意。”❹得志,显贵。与“穷”相对。《孟子·尽心上》:“穷则独善其身,～则兼善天下。”杜甫《哀王孙》诗:“又向人家啄大屋,屋底～官走避胡。”❺通行的,共同的。《礼记·中庸》:“知(zhì)、仁、勇三者,天下之～德也。”

怛 dá ❶痛苦,忧伤。《诗经·桧风·匪风》:“顾瞻周道,中心～兮。”(周道:大路。中心:心中。)《盐铁论·诛秦》:“支体伤而心憯～。”(支体:肢体。憯:通“惨”。)[怛怛]忧伤不安的样子。杜甫《秋日夔府咏怀奉寄郑监李宾客》:“别离忧～～。”❷惊恐。《史记·孝文本纪》:“为之～惕不安。”(惕:害怕。)㊀使害怕,吓唬。柳宗元《三戒·临江之麋》:“群犬垂涎,扬尾皆来,其人怒,～之。”

妲 dá ❶用于人名。[妲己]商纣王的妃子。《国语·晋语一》:“殷辛伐有苏,有苏氏以～～女焉。”❷dàn 通“诞”。荒诞。《宋书·颜延之传》:“窃议以迷寡闻,～语以敌要说。”

笪 dá ❶粗竹席。用于覆盖房顶等。《南史·徐嗣伯传》:“闻～屋中有呻吟声。”❷拉船用的竹索。《齐东野语·舟人称谓有据》:“百丈者,牵船篾,内地谓之～。”❸击,鞭挞。乐府古辞《妇病行》:“有过慎莫～笞(chī)。”(笞:用竹板或荆条打。)这个意义又读 dàn。

大 dà ❶大。与“小”相对。《诗经·鄘风·载驰》:“控于～邦,谁因谁极。”《论衡·说日》:“见日出入时～,日中时小也。”(日中:正午。)㊀用作动词。以为大,重视。《荀子·天论》:“～天而思之,孰与物畜而制之?”❷远大的,重要的。《左传·襄公二十五年》:“崔子将有～志。”《论语·子路》:“见小利则～事不成。”[大方]大道理,引申为专家、内行。《庄子·秋水》:“吾长见笑于～～之家。”❸年长的,排行第一的。《木兰诗》:“阿爷无～儿,木兰无长兄。”❹敬辞。多用于称呼前。如“大禹”、“大唐”、“大王”。[大夫]1. 官职。位于卿之下,士之上。大夫又分上、中、下三级。2. 官名。如卿大夫、冢大夫、公族大夫、御史大夫、光禄大夫等。3. 宋医官有大夫、郎、医效、祗候等官阶。后称医生为大夫。此“大”字念 dài。❺大大地。表示范围广,程度深。《庄子·天地》:“～惑者终身不解,～愚者终身不灵。”《史记·孙子吴起列传》:“～破梁军。”成语有“大动干戈”。❻tài 太。《左传·昭公十九年》:“～子奔晋。”(晋:国名。)这个意义后来写作“太”。❼tài 通“泰”。平安,安定。《荀子·富国》:“天下～而富。”【注意】上古“太”、“泰”多写作“大”。

DAI

代 dài ❶代替。《庄子·秋水》:“庄子来,欲～子相。”❷交替,轮流。屈原《离骚》:“春与秋其～序。”(其:句中语气词。序:次序。)❸朝代。《史记·秦始皇本纪》:“三～之事,何足法也。”(三代:指夏、商、周三个朝代。法:效法。)❹父子相继为一代,世代。王维《李陵咏》:“三～将门子。”【注意】这个意义唐代以前写作“世”,唐人为避唐太宗李世民的讳,多将“世”写作“代”,后人一直沿用了这个意义。

【辨】世,代。见 385 页“世”字。

岱 dài 泰山的别称。也叫岱宗、岱岳。《管子·小匡》:“地南至于～阴,西至于济。”(阴:山的北边。济:水名。)杜甫《望岳》诗:“～宗夫如何,齐鲁青未了。”

玳[瑇] dài [玳瑁]一种大海龟。《淮南子·泰族》:“瑶碧玉珠,翡翠～～。”《古诗为焦仲卿妻作》:“头上～～光。”又写作“毒瑁”。

贷(貸) dài ❶施予。《左传·文公十六年》:“宋饥,竭其粟而～之。”(饥:荒年。)㊀借出。《潜夫论·忠贵》:“宁积粟腐仓而不忍～人一斗。”（不忍：舍不得。）㊗借入。《史记·平津侯主父列传》：“家贫，假～无所得。”❷ 宽恕，宽免。《后汉书·袁安传》：“示中国优～，而使边人得安。”成语有“严惩不贷”。❸ tè 通“忒”。失误。《礼记·月令》：“毋有差～。”

黛 dài 青黑色的颜料。古代女子用以画眉。《楚辞·大招》：“粉白～黑，施芳泽只。”（只：句末语气词。）㊀青黑色。杜甫《古柏行》：“～色参天二千尺。”㊇女子的眉毛。白居易《醉后题李、马二妓》诗：“愁凝歌～欲生烟。”（歌黛：指歌者眉毛。）

轪（軑） dài ❶ 车毂端头的帽盖。屈原《离骚》：“屯余车其千乘（shèng）兮，齐玉～而并驰。”㊗车轮。韩愈等《秋雨联句》：“深路倒羸（léi）骖，弱途拥行～。”（羸：瘦弱。骖：辕马两旁的马。）❷ 古地名。1. 西汉侯国。汉初封长沙相利仓于此。故址在今河南光山西北息县界。2. 晋代县名。故址在今湖北浠水一带。

迨 dài ❶ 及，趁着。《诗经·小雅·伐木》：“～我暇矣，饮此湑（xǔ）矣。”（暇：闲空。湑：漉过的酒。）《公羊传·僖公二十二年》：“请～其未毕陈（zhèn）而击之。”（未毕陈：没有完全摆好阵势。）❷ 等到，到。《宋书·谢弘微传》：“若年～六十，必至公辅。”上述义项又写作“逮”。

绐（紿） dài ❶ 哄骗，欺骗。《史记·项羽本纪》：“项王至阴陵，迷失道，问一田父，田父～曰：‘左。’”（田父：种田人。）❷ 至。《淮南子·氾论》：“出百死而～一生，以争天下之权。”

殆 dài ❶ 危险。《孙子兵法·谋攻》：“知彼知己，百战不～。”❷ 近于。《荀子·王制》：“若是，则大事～乎弛，小事～乎遂。”（弛：松弛。遂：通“坠”，坠失。）㊗几乎。沈括《梦溪笔谈》卷一七：“用笔极新细，～不见墨迹。”（新细：新颖细致。）❸ 副词。大概，恐怕。《史记·赵世家》：“吾尝见一子于路，～君之子也。”（尝：曾。子：小孩。）《汉书·赵充国传》：“此～空言，非至计也。”（至计：最好的主意。）❹ 通“怠”。懒惰。《商君书·农战》：“农者～则土地荒。”

怠 dài ❶ 怠慢，轻慢，不恭敬。《荀子·儒效》：“以是尊贤畏法而不敢～傲。”《宋史·杨愿传》：“守卒皆～。”❷ 懒惰，松懈。《商君书·弱民》：“民畏死，事乱而战，故兵农～而国弱。”《盐铁论·击之》：“耕～者无获也。”❸ 疲倦。宋玉《高唐赋》：“昔者，先王尝游高唐，～而昼寝。”柳宗元《蝜蝂传》：“及其～而踬（zhì）也。”（直到它疲倦不堪而摔倒了。踬：跌倒。）

带（帶） dài ❶ 腰带。《论语·公冶长》：“束～立于朝。”《荀子·儒效》：“逢衣浅～。”（逢：大。浅带：指宽阔的腰带。）成语有“衣不解带”。㊇被围绕。郦道元《水经注·渐江水》：“亭～山临江。”❷ 佩带。《汉书·龚遂传》：“民有～持刀剑者。”㊀带着，夹杂着。杜甫《别赞上人》诗：“颇～憔悴色。”❸ 兼任，兼管。《宋书·蔡兴宗传》：“改授臣府元僚，兼～军郡。”❹ 相连的地区，地带。《宋史·李纲传》：“如鼎澧岳鄂若荆南一～，皆当屯宿重兵。”（鼎、澧、岳、鄂、荆：地名。若：及，与。）

待 dài ❶ 等待，等候。《左传·隐公元年》：“多行不义必自毙，子姑～之。”成语有“枕戈待旦”。㊀依靠。《商君书·农战》：“国～农战而安。”（安：安全。）❷ 防备。《韩非子·外储说左上》：“今城郭不完，兵甲不备，不可以～不虞。”（不虞：意外。）❸ 对待。《左传·僖公三十三年》：“相～如宾。”《三国志·吴书·吴主传》：“吾～蜀不薄。”❹ 须。《史记·天官书》：“至天道命，不传；传其人，不～告；告非其人，虽言不著。”❺ 招待（后起意义）。《北史·齐本纪上》：“出瓮中酒，烹羊以～客。”

【辨】俟，待，等，候。见 401 页“俟”字。

埭 dài 堵水的土坝。郦道元《水经注·渐江水》：“～下开渎（dú），直指南津。”（渎：水沟。津：渡口。）庾信《明月山铭》：“船横～下，树夹津门。”

逮 dài ❶ 及，达到。《论语·里仁》：“古者言之不出，耻躬之不～也。”《荀子·尧问》：“魏武侯谋事而当，群臣莫能～。”（魏武侯：魏国的国君。当：恰当。）❷ 趁，趁着。《左传·定公四年》：“～吴之未定，君其取分焉。”❸ 捉拿，逮捕。《史记·孝文本纪》：“诏狱～徙系长安。”（诏狱：奉诏命关押犯人的牢狱。）

【辨】捕，逮，捉。“捕”和“逮”都指捉人，“捕”还可用于其他动物，如“捕鱼”、“捕鹿”。“捉”在上古是“握”的意思，如“捉发”、“捉刀”，“捕捉”的意义大约在中古才开始使用。

叇（靆） dài ［叆（ài）叇］见 2 页“叆”字。

戴 dài ❶ 头上戴着。《荀子·正名》：“乘轩～絻（miǎn）。”（轩：大夫乘的车子。絻：通“冕”，大夫戴的帽子。）㊇头顶着。《吕氏春秋·离俗》：“于是乎夫负妻～，携子以入于海。”成语有“披星戴月”。❷ 拥护，爱戴。

《国语·周语上》："庶民不忍，欣～武王。"㉣感激。《史记·五帝本纪》："四海之内，咸～帝舜之功。"《三国志·吴书·朱桓传》："士民感～之。"（感戴：感激。）

DAN

丹 dān ❶丹砂，朱砂。《史记·货殖列传》："巴寡妇清，其先得～穴，而擅其利数世。"（清：人名。先：祖先。穴：指矿井。擅其利：专有其利。）❷红色。杜甫《垂老别》诗："积尸草木腥，流血川原～。"（川原：山川、平原。）㉢变红色。李白《幽州胡马客歌》："白刃洒赤血，流沙为之～。"[丹心]赤诚的心。文天祥《过零丁洋》诗："人生自古谁无死，留取～～照汗青。"（汗青：指史册。）❸古代方士用丹砂、丹汞炼制的所谓"长生不老"药。江淹《别赋》："守～灶而不顾。"㉡一种依成方制成的中药，通常是颗粒状或粉末状的。❹[丹青]红色和青色的颜料。《管子·小称》："～～在山，民知而取之。"㉡绘画。《晋书·顾恺之传》："尤善～～，图写特妙。"㉢史籍。文天祥《正气歌》："时穷节乃见，一一垂～～。"

【辨】赤，朱，丹，绛，红。见52页"赤"字。

单（單） dān ❶单一，单独。《荀子·正名》："～足以喻则～，～不足以喻则兼。"（喻：说明白。兼：双，复。）《论衡·率性》："久居～处，性必变易。"成语有"单枪匹马"。❷薄弱，单薄。《后汉书·耿恭传》："耿恭以～兵固守孤城。"白居易《卖炭翁》诗："可怜身上衣正～。"㉣贫寒。赵壹《刺世疾邪赋》："恩泽不逮于～门。"❸记载事物的纸条（后起意义）。胡太初《昼帘绪论·听讼》："令每遇决一事……不若令自逐一披览案卷，切不要案吏具～。"❹通"殚（dān）"。竭尽。《荀子·富国》："事之以货宝，则货宝～而交不结。"（事：侍奉。结：结交。）❺dǎn 通"亶"。忠厚，诚实。《诗经·小雅·天保》："俾尔～厚，何福不除（zhù）！"（除：予，赐给。）❻chán [单于]匈奴君长的称号。《后汉书·南匈奴传》："～～骄踞。"（骄踞：傲横，不恭敬。）❼shàn 姓。

郸（鄲） dān ❶[邯郸]见146页"邯"字。❷通"但（dàn）"。副词。表范围，只，仅。《扬子法言·渊骞》："～闻以德诎人矣，未闻以德诎于人也。"

殚（殫） dān ❶尽，竭尽。《吕氏春秋·本味》："相为～智竭力，犯危行苦，志欢乐之。"张衡《东京赋》："征税尽，人力～。"成语有"殚精竭虑"。❷通"惮"。惊恐。班固《西都赋》："六师发逐，百兽骇～。"

箪（簞） dān 古代盛饭的圆形竹器。《论语·雍也》："一～食，一瓢饮，在陋巷。"《孟子·梁惠王下》："～食壶浆，以迎王师。"（箪食壶浆：竹篮里盛了干粮，壶里盛了饮料。）㉡盛物的竹器。《左传·哀公二十年》："与之一～珠。"

禅 dān 单衣。《礼记·玉藻》："～为䌹（jiǒng），帛为褶（dié）。"（䌹：单衣。褶：夹衣。）㉣单，单薄。《吕氏春秋·淫辞》："今子之衣，～缁也。"

眈 dān [眈眈]注视的样子。《周易·颐》："虎视～～，其欲逐逐。"《文选·陆机〈汉高祖功臣颂〉》："烈烈黥布，～～其眄。"㉢深邃（suì）的样子。左思《魏都赋》："翼翼京室，～～帝宇。"（翼翼：庄严的样子。帝宇：皇宫。）

耽 dān ❶耳朵大而且下垂。《淮南子·地形》："夸父～耳，在其北方。"❷沉溺，爱好而沉浸其中。《韩非子·十过》："～于女乐，不顾国政，则亡国之祸也。"李白《赠闾丘处士》诗："且～田家乐。"这个意义又写作"躭"。㉣耽误。《金史·五行志》："～误尽，少年人。"

聃［耼］ dān ❶耳朵又长又大。苏轼《补禅月罗汉赞》："～耳属肩，绮（qǐ）眉覆颧。"（绮：美丽。）❷通"耽"。沉溺，迷恋。《列子·杨朱》："方其～于色也，屏亲昵，绝交游，逃于后庭，以昼足夜。"❸周代诸侯国。后为郑国所灭。❹古代哲学家老子的字。《史记·老子韩非列传》："老子者……姓李氏，名耳，字～。"

儋 dān ❶同"担（擔）"。肩挑。《世说新语·黜免》："殷中军废后，恨简文曰：'上人著百尺楼上，～梯将去。'"《汉书·西域传上》："负水～粮，送迎汉使。"❷dàn 量词。十斗为一儋。《史记·淮阴侯列传》："守～石之禄者，阙卿相之位。"❸通"甔"。瓦器。《汉书·货殖传》："浆千～。"

甔 dān 瓦器，似瓮，口小腹大。《史记·货殖列传》："浆千～。"古书中常借"担"、"儋"为甔。㉢酒坛。皮日休《奉和鲁望秋日遣怀次韵》："酒～香竹院，鱼笼挂茅檐。"

统（紞） dǎn ❶古代冠冕上用以系瑱（塞耳玉）的丝带。《国语·鲁语下》："王后亲织玄～。"❷缝在被头上的丝带。《礼记·丧服大记》："紟（jìn）五幅，无～。"（紟：单被。）❸象声词。形容鼓声。

欧阳修《御街行》:"落星沉月,～～城头鼓。"苏轼《永遇乐》:"～如三鼓,铿然一叶,黯黯梦云惊断。"

黕 dǎn 黑斑,污垢。宋玉《九辩》:"窃不自聊而愿忠兮,或～点而污之。"⊗黑的样子。潘岳《藉田赋》:"青坛蔚其岳立兮,翠幕～以云布。"

亶 dǎn ❶忠厚,诚实。《诗经·大雅·板》:"不实于～。"(没有足够的诚意。)⊗诚然,实在。《诗经·小雅·常棣》:"～其然乎?"(确实是这样吗?) ❷dàn 通"但"。只,仅仅。贾谊《治安策》:"非～倒悬而已。"⊗徒然,空。扬雄《解难》:"～费精神于此。"

黵 dǎn ❶大污点。《说文》:"黵,大污也。"〔引〕黑色,苍黑色。李德裕《剑门铭》:"翠岭中横,～然黛色。" ❷［黵面］古代的一种刑罚,南朝梁律,死刑遇赦免死者,于面部刺"劫"字,涂以墨。《隋书·刑法志》:"遇赦降死者,～～为'劫'字。" ❸涂改。黄伯思《东观余论下·跋昌谷别集后》:"某尽记贺篇咏,然～改处多。"(贺:李贺。)

旦 dàn ❶天明,早晨。与"暮"相对。《论衡·变动》:"晨将～而鸡鸣。"《木兰诗》:"～辞爷孃去,暮宿黄河边。"(爷:父亲。)成语有"枕戈待旦"。〔引〕天,日。《战国策·赵策四》:"一～山陵崩,长安君何以自托于赵?" ❷［旦旦］1. 诚恳的样子。《诗经·卫风·氓》:"信誓～～。"(誓言很诚恳。) 2. 天天。柳宗元《捕蛇者说》:"岂若吾乡邻之～～有是哉?"(哪里像我的乡邻那样天天有担惊害怕的事呢?) ❸［城旦］秦汉时的一种刑罚,判刑的人罚做苦工,白天侦察贼寇,晚上修筑长城,所以叫城旦。《史记·秦始皇本纪》:"令下三十日不烧,黥为～～。"(黥:在犯人脸上刺字。) ❹戏曲中扮演妇女的角色(后起意义)。如小旦、花旦、老旦等。

但 dàn ❶只,仅。《史记·扁鹊仓公列传》:"太子起坐,更适阴阳,～服汤二旬而复故。"《三国志·魏书·武帝纪》:"～赏功而不罚罪,非国典也。"(国典:国法。)⊗不过。曹丕《与吴质书》:"公干有逸气,～未遒(qiú)耳。"(公干:刘桢,人名。逸气:超出一般的气概。遒:指文章刚健有力。) ❷徒然。《汉书·匈奴传上》:"何～远走,亡匿(nì)于幕北寒苦无水草之地为?"(亡匿:逃亡隐藏。幕:沙漠。何……为:表示"要……干什么"。) ❸通"诞"。欺诈。《淮南子·说山》:"媒～者非学谩他,～成而生不信。"

【注意】古代汉语中"但"字不当"但是"讲。"但是"的意义用"然"或"而"来表示。

鴠 dàn ［鶡(hé)鴠］见153页"鶡"字。

诞(誕) dàn ❶荒诞,没有事实根据的。《荀子·成相》:"信～以分赏罚必。"(真实的和荒诞的就能分辨清楚,该赏就一定赏,该罚就一定罚。)刘向《说苑·尊贤》:"口锐者多～而寡信。"〔引〕诈,欺骗。《吕氏春秋·应言》:"宜阳令许绾～魏王。"《列子·黄帝》:"吾不知子之有道而～子。"(子:您。有道:指德行高超。) ❷大,宽阔。《汉书·叙传下》:"国之～章,博载其路。"(诞章:大宪章。)《诗经·邶风·旄丘》:"旄(máo)丘之葛兮,何～之节兮。"(旄丘上的葛,为什么节长得那么宽啊?葛:一种草本植物。) ❸放纵,放荡。《后汉书·窦融传》:"子孙纵～,多不法。"杜甫《寄题江外草堂》诗:"我生性放～。" ❹诞生。《后汉书·襄楷传》:"昔文王一妻,～致十子。"［降诞日］生日。《旧唐书·德宗纪下》:"庚辰,上～～～。" ❺句首语气词。《诗经·大雅·生民》:"～弥厥(jué)月。"(弥:满。厥月:指怀胎的十个月。)

僤(僤) dàn 厚,盛。《诗经·大雅·桑柔》:"我生不辰,逢天～怒。"

惮(憚) dàn ❶畏惧,害怕。《论语·学而》:"过则勿～改。"《管子·乘马》:"民不～劳苦。" ❷通"瘅"。因劳成病。《诗经·小雅·大东》:"哀我～人。" ❸dá 通"怛"。惊恐,使害怕。《周礼·考工记·矢人》:"虽有疾风,亦弗之能～矣。"

弹(彈) dàn ❶弹弓。《战国策·楚策四》:"左挟～,右摄丸。"(左手夹着弹弓,右手拿着弹丸。) ❷tán 用弹弓射。《左传·宣公二年》:"从台上～人,而观其辟丸也。"〔引〕用手指轻敲。《楚辞·渔父》:"新沐者必～冠。"(沐:洗头。冠:帽子。)⊗弹奏乐器。《荀子·富国》:"击鸣鼓,吹笙竽,～琴瑟,以塞其耳。"(塞:充满。) ❸tán 批评,抨击。曹植《与杨德祖书》:"仆常好人讥～其文,有不善者,应时改定。"(仆:自称的谦辞。)⊗弹劾,检举。《后汉书·史弼传》:"州司不敢～纠。" ❹tán 以针砭治病。《韩非子·说林下》:"秦医虽善除,不能自～也。"

瘅(癉) dàn ❶因劳成病。《诗经·大雅·板》:"上帝板板,下民卒～。"(板板:反常。) ❷憎恨。《尚书·毕命》:"彰善～恶。"(表彰善的,憎恨恶的。) ❸dān 消渴症,今名糖尿病。《素问·奇病论》:"此五气之溢也,名曰脾～。"(五气:五脏之气。溢:充满而流出来。) ❹dǎn 通"燀"。过度。《汉书·严助传》:"南方暑湿,近夏～热。”(近：接近。) ❺ dǎn 通“疸”。黄疸病。《山海经·西山经》：“(翼望之山)有兽焉，其状如狸……服之已～。”(已疸：治黄疸病。)

萏 dàn [菡萏]见 148 页“菡”字。

啖[啗、噉] dàn ❶ 吃。《汉书·霍光传》：“与从官饮～。”(从官：随从的官员。)《世说新语·排调》：“顾长康～甘蔗，先食尾。人问所以，云渐至佳境。”㊀给……吃。李白《侠客行》：“将炙(zhì)～朱亥。”(将：拿着。炙：烤肉。朱亥：人名。)㊁利诱，引诱。《史记·高祖本纪》：“～以利，因袭攻武关，破之。”(袭攻：袭击，攻打。)上述❶㊀㊁又写作“啗”、“噉”。❷ 通“淡”。味薄，清淡。《史记·刘敬叔孙通列传》：“吕后与陛下攻苦食～。”【注意】“啗”还有“口颤动的样子”的意义。

淡 dàn (味)淡。《老子》三十五章：“～乎其无味。”《抱朴子·广譬》：“味～则加之以盐。”㊁含某种成分少，稀薄。与“浓”相对。杨万里《过百家渡四绝句》之四：“一晴一雨路干湿，半～半浓山叠重。”㊁清淡，没有意味。《庄子·山木》：“且君子之交～若水，小人之交甘若醴。”苏轼《游庐山次韵章传道》：“莫笑吟诗～生活，当令阿买为君书。”㊀淡泊。《世说新语·赏誉》：“简文道王怀祖，才既不长，于荣利又不～。”[淡淡] 1.(颜色)浅。杜甫《行次盐亭》诗：“云溪花～～。”(云溪：上面有烟云的溪流。) 2. 隐隐约约的样子。《列子·汤问》：“～～焉若有物存，莫识其状。”(莫识：没有人认识。) 3. 水波动的样子。潘岳《金谷集作》诗：“绿池泛～～，青柳何依依。”(依依：轻柔的样子。)

餤 dàn ❶ tán 进食。㊁增加。《诗经·小雅·巧言》：“盗言孔甘，乱是用～。”(盗：指小人。孔：很。是用：因此。) ❷ 同“啖”。吃。杜牧《罪言》：“食尽，～尸以战。”㊉以利诱人。《史记·赵世家》：“秦非爱赵而憎齐也，欲亡韩而吞二周，故以齐～天下。”(二周：指战国时的两个小国西周、东周。) ❸ 饼类食物。冯贽《云仙杂记·洛阳岁节》：“腊日造脂花～。”

髧 dàn 头发下垂的样子。《诗经·鄘风·柏舟》：“～彼两髦，实维我特。”(髦：古代儿童下垂至眉的短发。特：配偶。)

澹 dàn ❶ 荡，波动。《汉书·礼乐志》：“相放悉，震～心。” ❷ [澹澹] 1. 波浪起伏或流水迂回的样子。曹操《步出夏门行·观沧海》：“水何～～，山岛竦峙(sǒngzhì)。”(竦峙：耸立。) 2. 恬静的样子。《楚辞·九叹·愍命》：“情～～其若渊。” ❸ 平静，安静。《淮南子·俶真》：“蜂虿螫指，而神不能～。”贾谊《鹏鸟赋》：“～乎若深渊之静。” ❹ 通“淡”。浅淡，薄。与“浓”相对。《吕氏春秋·本味》：“辛而不烈，～而不薄。”杜甫《两当县吴十侍御江上宅》诗：“寒城朝烟～。”㊀淡泊。《新唐书·韦述传》：“～荣利，为人纯厚长者。” ❺ shàn 通“赡”。富足，充足。《荀子·王制》：“物不能～则必争。”

憺 dàn ❶ 安然。屈原《九歌·东君》：“羌声色兮娱人，观者～兮忘归。”(羌：句首语气词。)㊀清静，淡泊。《淮南子·本经》：“～然无欲，而民自朴。” ❷ 忧虑。宋玉《九辩》：“心烦～兮忘食事。” ❸ 通“惮”。畏惧。《汉书·李广传》：“是以名声暴于夷貉，威棱～乎邻国。”(棱：威势。)

黮 dàn ❶ 黑色。《淮南子·主术》：“问瞽师曰：‘白素何如？’曰：‘缟然。’曰：‘黑何若？’曰：‘～然。’”[黮黵(duì)]黑的样子。左思《魏都赋》：“榱(cuī)题～～。”(榱题：屋檐的椽子头。) ❷ 不明的样子。柳宗元《吊苌弘文》：“版上帝以飞精兮，～寥廓而殄(tiǎn)绝。”(殄：尽，灭。)[黮闇]不明的样子。《庄子·齐物论》：“我与若不能相知也，则人固受其～～，吾谁使正之？” ❸ shèn 通“葚”。桑葚。《诗经·鲁颂·泮水》：“食我桑～，怀我好音。”

DANG

当(當) dāng ❶ 对着，面对。《礼记·檀弓上》：“既歌而入，～户而坐。”《论衡·变动》：“盛夏之时，～风而立。”成语有“当机立断”。㊁挡住。《庄子·人间世》：“汝不知夫螳螂乎，怒其臂以～车辙。”(汝：你。夫：那个。) ❷ 处在某个地方或某个时候。如“当场”。《墨子·兼爱下》：“然～今之时。”㊁占着，把着。李白《蜀道难》诗：“一夫～关，万夫莫开。” ❸ 担当，承担。《孟子·离娄下》：“不祥之实，蔽贤者～之。”㊁掌管，主持。《左传·襄公二年》：“于是子罕～国。” ❹ 适应，相当。《商君书·更法》：“各～时而立法。” ❺ 判罪。《史记·蒙恬列传》：“～高罪死。”(判赵高死罪。) ❻ 应当。《后汉书·皇甫嵩传》：“苍天已死，黄天～立。”㊀将要。《后汉书·卓茂传》：“知王莽～篡，乃变名姓，抱经书隐避林薮。” ❼ dàng 抵押。《左传·哀公八年》：“以王子姑曹～之而后止。” ❽ dàng 当作。《战国策·齐策四》:"安步以～车。"(安步:慢慢地步行。)❾ dàng 适合,得当。《礼记·乐记》:"古者天地顺而四时～。"《吕氏春秋·义赏》:"岂非用赏罚～邪?" ❿ dàng 器皿的底部。《韩非子·外储说右上》:"今有千金之玉卮,通而无～,可以盛水乎?"

D

珰(璫) dāng ❶ 瓦当。司马相如《上林赋》:"华榱(cuī)璧～。"(榱:椽子。璧珰:以璧为瓦当,装饰在椽头上。) ❷ 汉代武官的冠饰。《后汉书·舆服志下》:"武冠,一曰武弁大冠,诸武官冠之。侍中、中常侍加黄金～。"(侍中、中常侍:多为皇帝近臣。)㊀东汉以后,侍中等专以宦者充任,因而"珰"也用来指称宦官。夏允彝《幸存录·门户大略》:"东林初负气节,每与内～为难。" ❸ 古代妇女的耳饰。《古诗为焦仲卿妻作》:"耳著明月～。"(明月:指明月珠,珠宝名。) ❹ 玉佩。李贺《洛姝真珠》诗:"高楼唱月敲悬～。" ❺ [珰琅]象声词。形容击鼓声。卢仝《月蚀诗》:"始捶天鼓鸣～～。"

铛(鐺) dāng ❶ [铛铛]象声词。形容金声或更漏声。徐陵《与杨仆射书》:"～～晓漏。" ❷ [锒(láng)铛]见239页"锒"字。❸ 耳饰。《北史·真腊传》:"足履革屣,耳悬金～。" ❹ chēng 温酒器。《北史·孟信传》:"乃自出酒,以铁～温之。" ❺ chēng 一种铁锅。《世说新语·德行》:"吴郡陈遗,家至孝,母好食～底焦饭。" ❻ tāng [铛謦(tà)]象声词。形容鼓声。《史记·司马相如列传》:"金鼓迭起,铿鎗～～。"(铿鎗:同"铿锵",形容声音洪亮有节奏。)

党¹ dǎng ❶ [党项]古代民族名。汉西羌的一支。❷ 姓。

党²(黨) dǎng ❶ 古代的一种居民组织,五百家为一党。《周礼·地官·大司徒》:"五族为～。"(族:一百家。)㊀乡里。《论语·子路》:"吾～有直躬者,其父攘羊,而子证之。" ❷ 集团。屈原《离骚》:"惟夫～人之偷乐兮,路幽昧以险隘。"《盐铁论·禁耕》:"私门成～。"(私门:指官僚贵族私人的门下。)【注意】"党"指集团时,古代汉语中一般只用于贬义,与现代汉语不同。㊀结为同党。《论语·述而》:"吾闻君子不～。" ❸ 亲族。《三国志·魏书·常林传》:"年七岁,有父～造门。"(造门:登门拜访。) ❹ 袒护,偏袒。《尚书·洪范》:"无偏无～,王道荡荡。"《韩非子·外储说左下》:"子～于师人。"(子:您。师人:指老上司。)成语有"党同伐异"。❺ tǎng 偶然。《荀子·天论》:"怪星之～见(xiàn)。"(见:出现。) ❻ 通"谠"。正直,敢于直言。《荀子·非相》:"博而～正。"(知识广博,直言公正。) ❼ zhǎng 姓。如春秋时有党氏。【注意】古代汉语中"党"和"黨"是两个字,意义各不相同。上述义项都不写作"党"。现"黨"简化为"党"。

谠(讜) dǎng 正直,敢于直言。《汉书·叙传上》:"今日复闻～言。"曹操《拒王芬辞》:"昌邑即位日浅,未有贵宠,朝乏～臣。"

当(當) dàng 见75页。

砀(碭) dàng ❶ 有花纹的石头。何晏《景福殿赋》:"墉垣～基,其光昭昭。"(墉垣:高墙。) ❷ 通"荡"。荡溢出来,振荡。《庄子·庚桑楚》:"吞舟之鱼,～而失水,则蚁能苦之。" ❸ 通"荡"。广大。《淮南子·本经》:"当此之时,玄元至～而运照。"(玄元:指天。) ❹ 地名。汉有砀山、砀县。

荡(蕩) dàng ❶ 摇动。《韩非子·外储说左上》:"蔡女为桓公妻,桓公与之乘舟。夫人～舟,桓公大惧。"㊀动摇,不安定。《荀子·劝学》:"是故权利不能倾也,群众不能移也,天下不能～也。" ❷ 震荡,激荡。《礼记·乐记》:"地气上齐,天气下降,阴阳相摩,天地相～。" ❸ 放纵,放荡。《论语·阳货》:"古之狂也肆,今之狂也～。"《荀子·荣辱》:"～悍者常危害。"[荡然] 1. 放纵的样子。《史记·鲁仲连邹阳列传》:"～～肆志,不诎于诸侯。"(肆志:放任自己的心意。诎:屈。) 2. 败坏的样子。王安石《上皇帝万言书》:"风俗～～。" ❹ 涤除,洗掉。《史记·乐书》:"万民咸～涤邪秽。"(咸:皆。)《晋书·刘琨传》:"扫～仇耻。"上述❶—❹都可以写作"盪"。❺ 平坦。《诗经·齐风·南山》:"鲁道有～,齐子由归。"(有:形容词词头。)㊀广大。《左传·襄公二十九年》:"美哉～乎,乐而不淫。"[荡荡] 1. 平坦的样子。《楚辞·九叹·离世》:"路～～其无人兮。" 2. 广大的样子。《汉书·礼乐志》:"大海～～水所归。"又写作"盪盪"。

逿 dàng ❶ 跌倒。《汉书·王式传》:"式耻之,阳醉～墬(dì)。"(墬:同"地"。) ❷ táng 摇动,冲击。《史记·扁鹊仓公列传》:"周身热,脉盛者为重阳,重阳者,～心主。"

盪 dàng ❶ 动荡,摇动。《左传·昭公二十六年》:"兹不穀震～播越,窜在荆蛮。"《周易·系辞上》:"刚柔相摩,八卦相～。" ❷ 洗涤,冲击。《汉书·艺文志》:"聊以～意平心，同死生之域，而无怵惕于胸中。”（怵惕：担心害怕。）柳宗元《晋问》：“若江汉之水，疾风驱涛，击山～壑。”㉡清除。《汉书·食货志下》：“后二年，世祖受命，～涤烦苛，复五铢钱，与天下更始。”❸放荡，放纵。《汉书·西吉传》：“不得令晨夜去皇孙敖～。”❹碰撞，撞击。《晋书·刘曜载记》：“丈八蛇矛左右盘，十～十决无当前。”❺táng 通“搪”。涂抹。《新唐书·食货志四》：“江淮多铅锡钱，以铜～外。”

簜 dàng 大竹。《尚书·禹贡》：“瑶琨篠（xiǎo）～。”（瑶、琨：美玉名。篠：小竹。）㉢竹管制的乐器。《仪礼·大射仪》：“～在建鼓之间。”（建鼓：大鼓。）

宕 dàng ❶摇动，振荡。《宋书·袁淑传》：“绝波之鳞，～流则枯。”❷流动，流荡。《穀梁传·文公十一年》：“弟兄三人，佚～中国。”㉢放纵。《后汉书·孔融传》：“发辞偏～，多致乖忤。”《晋书·姚兴载记上》：“刑网峻急，风俗奢～。”

DAO

刀 dāo ❶切割工具，古代也是兵器。《庄子·养生主》：“良庖岁更～，割也。”《三国志·吴书·吴主传》：“于安平之世而～剑不离于身。”［刀笔］刀和笔，书写时的用具。古代书写时用笔写在竹简上，错了就用刀刮去。《史记·酷吏列传》：“临江王欲得～～，为书谢上。”（为书谢上：写信向皇帝道歉。）㉢称掌刀笔、管文书的小官为“刀笔吏”，简称“刀笔”。《战国策·秦策五》：“臣少为秦～～。”《史记·汲郑列传》：“天下谓～～吏不可以为公卿。”❷古代一种钱币，因形状如刀而得名。《荀子·富国》：“厚～布之敛以夺之财。”（加重征收货币以掠夺人民的钱财。布：古代钱币。）❸小船。《诗经·卫风·河广》：“谁谓河广？曾不容～。”这个意义后来写作“舠”。

忉 dāo 忧伤。《李翊夫人碑》：“谁不～兮作哀声。”［忉忉］1. 忧思的样子。《诗经·齐风·甫田》：“无思远人，劳心～～。”2. 唠叨，絮烦。欧阳修《与王懿敏公书》：“客多，偷隙作此简，鄙怀欲述者多，不觉～～。”［忉怛（dá）］忧伤、悲哀的样子。《文选·李陵〈答苏武书〉》：“异方之乐，祇令人悲，增～～耳。”

舠 dāo 小船。刘勰《文心雕龙·夸饰》：“是以言峻则嵩高极天，论狭则河不容～。”李白《酬张卿夜宿南陵见赠》诗：“河汉挂户牖，欲济无轻～。”

导（導） dǎo ❶疏导，流通。《尚书·禹贡》：“～黑水至于三危，入于南海。”（三危：山名。）《国语·周语上》：“为川者决之使～。”（治河的人决除障碍使水流通。）❷开发。《后汉书·马援传》：“开～水田，劝以耕牧。”❸引，引导。《史记·孙子吴起列传》：“善战者因其势而利～之。”《北史·西域传序》：“发使～路。”㉢向导，引路的人。《史记·大宛列传》：“乌孙发～译送骞还。”（乌孙：西域国名。译：翻译。骞：张骞。）❹导源，发源。郦道元《水经注·巨洋水》：“丹水有二源，各～一山。”❺开导，教导，启发。《墨子·非儒下》：“其道不可以期世，其学不可以～众。”柳宗元《封建论》：“明谴而～之。”（公开批评并劝导他们。）❻择。《文选·司马相如〈封禅文〉》：“～一茎六穗于庖。”❼发饰用具，引发入冠帻。《晋书·桓玄传》：“玄拔头上玉～与之。”

捣（擣）［擣］ dǎo ❶捣，舂。贾思勰《齐民要术·种谷》：“～麋（mí）鹿羊矢。”（麋：鹿的一种。矢：屎。）李白《捣衣篇》：“夜～戎衣向明月。”（戎衣：军服。）❷攻击，攻打。《史记·孙子吴起列传》：“批亢～虚。”（批：攻击。亢：吭，咽喉。比喻要害。）《新唐书·苏定方传》：“逾岭驰～贼营。”

祷（禱） dǎo 祈祷。《论语·八佾》：“获罪于天，无所～也。”《淮南子·主术》：“汤之时，七年旱，以身～于桑林之际。”（汤：商汤王。）

蹈 dǎo ❶踩，踏。《尚书·君牙》：“心之忧危，若～虎尾。”成语有“赴汤蹈火”。㉡踏上，奔赴。《史记·鲁仲连邹阳列传》：“则连有～东海而死耳，吾不忍为之民也。”❷顿足，踏地。《孟子·离娄上》：“恶（wū）可已，则不知足之～之手之舞之。”（恶：何。已：止。）蔡琰《胡笳十八拍》：“羌胡～舞兮共讴歌。”（讴：唱歌。）❸遵循，实行。《荀子·王制》：“聚敛者，召寇、肥敌、亡国、危身之道也，故明君不～也。”（聚敛：搜刮钱财。）成语有“循规蹈矩”。❹动，变动不定。《诗经·小雅·菀柳》：“上帝甚～，无自昵焉。”

【辨】履，践，蹈，蹑。见 265 页“履”字。

到 dào ❶到，到达。《论语·季氏》：“民～于今称之。”《三国志·吴书·吴主传》：“蒙～，二郡皆服。”（蒙：吕蒙，人名。）《旧唐书·李渤传》：“似投石井中，非～底不止。”㊕前往任职，到任。《世说新语·文学》：“王东亭～桓公吏。”❷周到。《后汉书·谅辅传》：

“为民祈福，精诚恳～。”❸ 颠倒。《庄子·外物》：“草木之～植者过半，而不知其然。”《吕氏春秋·爱类》：“公之学去尊，今又王齐王，何其～也？”这个意义后来写作“倒”。

盗[盜] dào ❶ 盗窃，偷东西。《荀子·修身》：“窃货曰～。”㊂偷东西的人。《庄子·胠箧》：“将为胠箧（qūqiè）探囊发匮之～。”（胠箧：从旁打开箱子。探囊：掏口袋。发匮：打开柜子。）❷ 强盗。《庄子·盗跖》：“天下何故不谓子为～丘？”（谓：称。子：您。）㊀从事暗杀活动的人。《左传·宣公三年》：“使～杀子臧于陈、宋之间。”❸ 指地位低贱的小人。《诗经·小雅·巧言》：“君子信～，乱是用暴。”

【辨】盗，贼。“盗”、“贼”两字，古代和现代的意义几乎相反：现代普通话所谓“贼”（偷东西的人），古代叫“盗”；现在所谓“强盗”（抢东西的人），古代也可以叫“盗”，但一般都称“贼”。

悼 dào ❶ 悲伤。《诗经·卫风·氓》：“静言思之，躬自～矣。”（躬自：指自己。）㊀悼念。元稹《遣悲怀》诗：“潘岳～亡犹费词。”（亡：指亡妻。犹：还。）❷ 恐惧。《吕氏春秋·论威》：“敌人之～惧惮恐。”㊂战栗。《三国志·魏书·文帝纪》注引《献帝传》：“心慄手～，书不成字。”

【辨】哀，悲，戚，悼。见1页“哀”字。

道 dào ❶ 路。《诗经·小雅·大东》：“周～如砥，其直如矢。”《史记·陈涉世家》：“会天大雨，～不通。”（会：恰巧。）成语有“任重道远”。㊀途径，方法，措施。《论语·里仁》：“富与贵，是人之所欲也；不以其～得之，不处也。”（处：居，指占有。）《商君书·更法》：“治世不一～，便国不必法古。”（便：有利。）❷ 规律，道理。《庄子·养生主》：“臣之所好者～也，进乎技矣。”（进乎：超过。）《荀子·天论》：“修～而不贰，则天不能祸。”（遵循事物的道理而坚定不移，就是天也不能给人祸害。）㊀道义。《孟子·公孙丑下》：“得～者多助，失～者寡助。”❸ 指道家，道教。《三国志·魏书·张鲁传》：“祖父陵，客蜀，学～鹄鸣山中，造作～书，以惑百姓。”白居易《首夏同诸校正游开元观因宿玩月》诗：“沈沈～观中，心赏期在兹。”（道观：道教的庙宇。）❹ 主张，思想，学说。《论语·里仁》：“吾～一以贯之。”《孟子·滕文公上》：“从许子之～，则市贾不贰。”㊂技艺，技能。《论语·子张》：“虽小～，必有可观者焉。”❺ 从，由。《管子·禁藏》：“凡治乱之情，皆～上始。”（上：君主。）《史记·高祖本纪》：“太尉周勃～太原入，定代地。”❻ 说，讲。《诗经·鄘风·墙有茨》：“中冓之言，不可～也。”（中冓之言：指内室中淫僻的话。）《盐铁论·遵道》：“饰虚言以乱实，～古以害今。”❼ dǎo 引导。《论语·为政》：“～之以德，齐之以礼。”《汉书·张骞传》：“唯王使人～送我。”（唯：语气词，表示希望。）❽ dǎo 通，疏导。《左传·襄公三十一年》：“不如小决使～。”（不如决一个小口子，疏导河水。）上述❼❽后来写作“导”。❾ 量词。用于光线等。元稹《望喜驿》诗：“子规惊觉灯又灭，一～月光横枕前。”❿ 古代行政区划名。汉代在某些少数民族聚居区所设的县称道；唐代分全国为十道；清朝在省与府、州之间设道。

翿 dào 古乐舞中所用的上有羽毛装饰的旗子。《诗经·王风·君子阳阳》：“君子陶陶，左执～。”㊂葬礼中用以引导灵柩的旗帜。《周礼·地官·乡师》郑玄注：“匠人执～以御柩。”

纛 dào ❶ 古代用牦牛尾或野鸡尾做成的舞具，也用来做帝王车上的装饰物。《隋书·音乐志下》：“二人执～，引前，在舞人数外，衣冠同舞人。”张籍《寒食内宴》诗：“彩～鱼龙四面稠。”《汉书·高帝纪上》：“纪信乃乘王车，黄屋左～。”（纪信：人名。黄屋：黄缎子做衬里的车盖。左：指车前横木左上方。）❷ 军中大旗（后起意义）。欧阳修《相州昼锦堂记》：“高牙大～。”（牙：牙旗，将军的旗子。）

DE

得 dé ❶ 得到，获得。与“失”相对。《孙子兵法·军争》：“不用乡导者，不能～地利。”《后汉书·班超传》：“不入虎穴，不～虎子。”㊀心得，收获。《南史·陶潜传》：“开卷有～，便欣然忘食。”❷ 成功，事情做对了。《汉书·叙传上》：“历古今之～失。”㊂得意。《史记·管晏列传》：“意气扬扬，甚自～也。”（自得：自认为得意。）㊀投合。《史记·魏其武安侯列传》：“相～欢甚，无厌，恨相知晚也。”❸ 表示情况允许，有“能够”、“可以”的意思。晁错《论贵粟疏》：“春不～避风尘，夏不～避暑热。”❹ 表示完成（后起意义）。《世说新语·假谲》：“已觅～婚处，门地粗可。”聂夷中《咏田家》：“医～眼前疮，剜却心头肉。”

德[悳] dé ❶ 道德，品行。《荀子·王制》：“无～不贵，无能不官。”❷ 恩德，恩惠。《韩非子·解老》：“有道之君，外无怨雠于邻敌，而内有～泽于人民。"《史记·秦始皇本纪》："刻石颂秦～。"⊗感激。《韩非子·外储说左下》："以功受赏，臣不～君。"❸ 心意。《诗经·卫风·氓》："士也罔极，二三其～。"（罔极：无常，没有定准。二三其德：指变了心。）成语有"同心同德"。

DENG

登 dēng ❶ 升，由低处到高处。《荀子·劝学》："故不～高山，不知天之高也。"《左传·庄公十年》："～轼而望之。"⊗踏上。杜甫《石壕吏》诗："天明～前途，独与老翁别。"❷ 进献。《礼记·月令》："是月也，农乃～谷，天子尝新，先荐寝庙。"❸ 进用。《后汉书·仲长统传》："善者早～，否者早去。"杜甫《上韦左相二十韵》："才杰俱～用，愚蒙但隐沦。"❹ 记载，登记。《周礼·秋官·司民》："司民掌～万民之数。"（司民：官名。掌：主管。）❺ 庄稼成熟。《孟子·滕文公上》："五谷不～。"成语有"五谷丰登"。❻ 副词。当即。郦道元《水经注·洛水》："自晨至中，紫云沓起，甘雨～降。"

簦 dēng 古时有柄的笠，类似后代的伞。《国语·吴语》："（夫差）遵汶（wèn）伐博，～笠相望于艾陵。"（遵：沿着。汶：水名。博、艾陵：古地名。）《吕氏春秋·介立》："或遇之山中，负釜盖～。"

等 děng ❶ 相同，一样。《淮南子·主术》："有法者而不用，与无法～。"成语有"等量齐观"。❷ 等级，次序。《礼记·文王世子》："正君臣之位、贵贱之～焉。"《三国志·蜀书·诸葛亮传》："请自贬三～。"㊕台阶的层级。《吕氏春秋·召类》："故明堂茅茨蒿柱，土阶三～，以见节俭。"⊗区分等级、次序。《荀子·君子》："～贵贱，分亲疏，序长幼。"❸ 衡量。孟浩然《闺情》诗："裁缝无处～，以意忖情量。"❹ 等待（后起意义）。范成大《州桥》诗："父老年年～驾回。"❺ 用在人称代词或指人、物的名词后，表示多数或列举未尽。《史记·陈涉世家》："公～遇雨，皆已失期。"《三国志·蜀书·诸葛亮传》："亮与张飞、赵云～率众溯江。"贾思勰《齐民要术·杂说》："如去城郭近，务须多种瓜菜、茄子～。"

【辨】俟，待，等，候。见 401 页"俟"字。

磴［墱、隥］ dèng ❶ 石阶。庾信《和从驾登云居寺塔》："危～九层台。"（危：高。）这个意义又写作"墱"、"隥"。❷ 有台阶的石桥。孙绰《游天台山赋》："跨穹隆之悬～，临万丈之绝冥。"（穹隆：中间高起。）❸ tèng 增益，增加。郭璞《江赋》："～之以瀿（fán）瀷（yì），渫（xiè）之以尾闾。"（瀿瀷：暴涨急流的水。渫：泄漏。尾闾：传说中海水汇合处。）

镫（鐙） dèng ❶ dēng 古代盛放熟食的器具。《仪礼·公食大夫礼》："实于～，宰右执～左执盖，由门入。"（宰：厨师。右：右手。左：左手。）这个意义又写作"登"。❷ dēng 油灯。刘桢《赠五官中郎将》诗："众宾会广座，明～熺（xī）炎光。"（熺：炽。）这个意义后来写作"燈"，现简化为"灯"。❸ 马鞍两旁的脚踏（后起意义）。李白《赠从弟南平太守之遥》诗："龙驹雕～白玉鞍。"（龙驹：指骏马。）

蹬 dèng ［蹭（cèng）蹬］见 37 页"蹭"字。

DI

氐 dī 见 81 页。

羝 dī 公羊。《诗经·大雅·生民》："取～以軷（bá）。"（軷：祭祀路神。）《后汉书·左慈传》："忽有一老～屈前两膝。"

堤［隄］ dī ❶ 河堤，堤坝。《管子·度地》："令甲士作～大水之旁……大者为之～，小者为之防。"李白《赠清漳明府侄聿》诗："河～绕绿水。"⊗用作动词。筑堤。《管子·度地》："地高则沟之，下则～之。"上述❶⊗又写作"隄"。❷ 陶器的底座。《淮南子·诠言》："瓶瓯（ōu）有～。"（瓯：杯盆一类的陶器。）

鍉 dī ❶ 古代歃血为盟时用以盛血的盆一类的器皿。《后汉书·隗嚣传》："牵马操刀，奉盘错～，遂割牲而盟。"（奉：捧。错：措，置。割：宰。盟：订立盟约。）❷ dí 通"镝"。箭头。贾谊《过秦论》："收天下之兵聚之咸阳，销锋～，铸以为金人十二。"（兵：兵器。）

鞮 dī ❶ 皮革制的鞋。《说文》："鞮，革履也。"《盐铁论·散不足》："古者庶人贱骑绳控，革～皮廌而已。"（廌：当作"荐"，马鞍垫子。）❷［鞮译］翻译。《新唐书·李蔚传赞》："～～差殊，不可研诘。"［狄鞮］古代做翻译工作的人。《礼记·王制》："五方之民，言语不通，嗜欲不同；达其志，通其欲，东方曰寄，南方曰象，西方曰～～，北方曰译。"

滴 dī ❶ 液体一点一点落下来。李白《金陵城西楼月下吟》："白露垂珠～秋月。"

杜甫《发同谷县》诗："临歧别数子，握手泪再～。"成语有"滴水成冰"。❷ 水点。贾岛《感秋》诗："朝云藏奇峰，暮雨洒疏～。"（疏：稀疏。）❸ 量词。用于液体等。王建《伤邻家鹦鹉词》："十日不饮一～浆。"（浆：指水。）

狄 dí ❶ 我国古代北方一个民族。后又泛称北方诸少数民族。《尚书·仲虺之诰》："南征北～怨。" ❷ 通"翟（dí）"。野鸡尾巴上的长毛。《礼记·乐记》："干戚旄（máo）～以舞之。"（拿着盾、斧、牦牛尾、野鸡羽来舞蹈。）❸ tì 通"逖"。远，疏远。《荀子·赋》："修洁之为亲而杂污之为～者邪！"（亲近品行清廉的人而疏远品行肮脏的人。）❹ tì 通"剔"。剪除，整治。《诗经·鲁颂·泮水》："桓桓于征，～彼东南。"（桓桓：威武的样子。）❺ tì ［狄狄］同"趯趯"。跳得很快的样子。《荀子·非十二子》："其容简连，填填然，～～然。"

荻 dí 一种多年生草本植物。《韩非子·十过》："公宫之垣（yuán），皆以～、蒿、楛（hù）、楚墙之。"（垣：墙。楛、楚：荆棘类植物。墙：用作动词，筑墙。）白居易《琵琶行》："浔阳江头夜送客，枫叶～花秋瑟瑟。"

迪 dí ❶ 道路。屈原《九章·怀沙》："易初本～兮，君子所鄙。"（易初本迪：改变最初的道路。）㊀道理。《尚书·大禹谟》："惠～吉，从逆凶。"（惠：遵循。）❷ 行，行动。《尚书·微子》："诏王子出～。" ❸ 开导，引导。《尚书·太甲上》："启～后人。"（启：启发。）❹ 遵循，因袭。《扬子法言·先知》："为国不～其法而望其效。"《汉书·叙传下》："汉～于秦，有革有因。" ❺ 进用，引进。《诗经·大雅·桑柔》："维此良人，弗求弗～。"（求：寻求。）❻ 句首、句中语气词。《尚书·立政》："古之人～惟有夏。"

籴（糴） dí 买进粮食。《商君书·垦令》："使商无得～，农无得粜（tiào）。"（粜：卖出粮食。）《史记·晋世家》："晋饥而秦贷我，今秦饥请～，与之何疑？"

敌（敵） dí ❶ 仇敌，敌人。《左传·僖公三十三年》："一日纵～，数世之患也。"贾谊《新书·大政》："与民为～者，民必胜之。" ❷ 抵挡，抵抗。《史记·项羽本纪》："剑，一人～，不足学。学万人～。"成语有"寡不敌众"。❸ 相当，匹敌。《孙子兵法·谋攻》："五则攻之，倍则分之，～则能战之。"成语有"势均力敌"。

滌 dí ❶ ［滌滌］贪利的样子。《汉书·叙传下》："六世眈眈，其欲～～。"（眈眈：注视的样子。）❷ yóu ［滌滌］水流的样子。《楚辞·大招》："东有大海，溺（ruò）水～～只。"（溺：通"弱"，柔弱。只：句尾语气词。）

涤（滌） dí ❶ 洗。《韩非子·说林下》："器有～则洁矣。" ❷ 打扫，扫除。《诗经·豳风·七月》："十月～场。"（十月打扫打谷场。）㊁清除。《汉书·路温舒传》："～烦文，除民疾。" ❸ 古时饲养祭祀用的牛羊的房子。《公羊传·宣公三年》："帝牲在于～三月。"（帝牲：祭祀天帝的牛羊。）❹ ［涤涤］光秃秃没有草木的样子。《诗经·大雅·云汉》："旱既大甚，～～山川。"

【辨】濯，涤，洗。见 560 页"濯"字。

靮 dí 马缰绳。《礼记·少仪》："牛则执纼（zhèn），马则执～。"（纼：牛鼻绳。）

觌（覿） dí 见，相见。《论语·乡党》："私～，愉愉如也。"曹植《洛神赋》："尔有～于彼者乎？"（你看见那个人了吗？）㊀看，察看。《淮南子·主术》："简子欲伐卫，使史黯往～焉。"㊁显现。郭璞《山海经图赞·北山经》："昼隐夜～。"

髢 dí （旧读 dì）假发。《左传·哀公十七年》："见已氏之妻发美，使髡（kūn）之以为吕姜～。"（髡：剃发。）㊀装假发。《诗经·鄘风·君子偕老》："鬒（zhěn）发如云，不屑～也。"（鬒发：又黑又密的头发。）

嫡 dí 正妻。与"庶"相对。《诗经·召南·江有汜序》："有～不以其媵备数。"（媵：随嫁女子。）㊀正妻所生的儿子。有时也专指正妻所生的长子。《左传·文公十七年》："归生佐寡君之～夷。"（归生辅佐我国国君的嫡子夷。归生、夷：人名。）㊁正宗，正支。《聊斋志异·宦娘》："少喜琴筝，筝已颇能谙之，独此技未有～传。"

甋 dí ［瓴（líng）甋］见 256 页"瓴"字。

镝（鏑） dí 箭头。《史记·秦楚之际月表》："堕坏名城，销锋～。"张华《博物志》卷二："以燋铜为～，涂毒药于～锋，中人即死。"（燋铜：烧过的铜。中：射中。）㊁箭。《史记·匈奴列传》："以鸣～射单于善马。"上述义项又写作"鍉"。

蹢 dí ❶ 蹄子。《诗经·小雅·渐渐之石》："有豕白～。"（豕：猪。）❷ zhí ［蹢躅（zhú）］［蹢躅］同"踯躅"。徘徊不前。《庄子·秋水》："蹢躅而屈伸，反要而语极。"韩驹《题双牛图》诗："騃（ái）牛蹢躅知何事。"（騃：笨。）❸ zhì 通"擿"。抛弃，投。《庄子·徐无鬼》："齐人～子于宋者，其命阍也不以完。"（阍：指看门人。不以完：不能保全。）

翟 dí 见531页。

篴 dí “笛”的古字。一种管乐器。《周礼·春官·笙师》：“掌教吹竽、笙、埙(xūn)、籥(yuè)、箫、篪(chí)、～、管。”(埙：一种陶土烧制的乐器。籥、篪：两种管乐器。)

鍉 dí 见79页。

氐 dǐ ❶根本。《诗经·小雅·节南山》：“尹氏大师，维周之～。”(太师尹氏地位重要，是周朝的根本。大师：即太师，周代官名。) ❷[大氐]大都，大概。《汉书·礼乐志》：“～～皆因秦旧事焉。”(因：沿袭。秦旧事：指秦代的制度、规矩。)又写作“大抵”。❸dī 通“低”。低廉。《汉书·食货志下》：“其贾(jià)～贱减平者，听民自相与市。”(如果卖价低于政府规定的平价，就听凭百姓到市上去自由买卖。) ❹dī 我国古代西部的一个民族。晋时曾建立前秦、后凉、成汉等国。❺星宿名。二十八宿之一。《汉书·天文志》：“荧惑入～中。”

邸 dǐ ❶古时王、侯或朝见皇帝的官员在京城的住所。《史记·吕太后本纪》：“迎代王于～。”㉒官员办事或居住的处所。查继佐《徐光启传》：“宦～萧然。”(萧然：清静寂寞。)双音词有“官邸”、“府邸”。❷旅舍，客店。《宋史·黄榦传》：“时大雪，既至而熹它出，榦因留客～。”(熹：朱熹。榦：黄榦。)㉘店铺。《新唐书·德宗纪》：“禁百官置～贩鬻。”❸停留。屈原《九章·涉江》：“～余车兮方林。”(余：我。方林：地名。)[邸阁]粮食仓库。《三国志·蜀书·后主传》：“亮使诸军运米，集于斜谷口，治斜谷～～。”(亮：诸葛亮。斜谷：地名。) ❹通“抵”。到。《史记·河渠书》：“令凿泾水自中山西～瓠(hù)口为渠。”(中山、瓠口：地名。)㉘投奔。《汉书·张耳传》：“外黄富人女甚美，庸奴其夫，亡～父客。”❺通“柢”。根柢，物的底部。《周礼·春官·典瑞》：“四圭有～以祀天、旅上帝。”

诋(詆) dǐ ❶毁谤，诬蔑。《史记·酷吏列传》：“所治即豪，必舞文巧～。”(即：如果。)㉛责骂(后起意义)。文天祥《指南录后序》：“～大酋当死，骂逆贼当死。”❷通“柢”。根底，重要的事情。《淮南子·兵略》：“兵有三～。”❸通“抵”。抵偿。《史记·酷吏列传》：“吏卒格信时，射中上林苑门，宣下吏～罪。”(信、宣：人名。)

阺 dǐ ❶山的侧坡。宋玉《高唐赋》：“登巉岩而下望兮，临大～之稸(xù)水。”(巉岩：险峻的高山。稸：同“蓄”，积聚。) ❷山旁突出欲坠的部分。《汉书·扬雄传下》：“功若泰山，响若～隤(tuí)。”(隤：坠落。)

抵 dǐ ❶推，挤。《后汉书·桓谭传》：“憙非毁俗儒，由是多见排～。”(憙：同“喜”，喜欢。) ❷用角顶，触。扬雄《羽猎赋》：“犀兕(sì)之～触。”(兕：雌的犀牛。)㉛触犯，抵触。《汉书·礼乐志》：“习俗薄恶，民人～冒。”柳宗元《辩文子》：“其意绪文辞叉牙相～而不合。”(意绪：指思想内容。叉牙：交错。) ❸否认，抵赖。《汉书·田延年传》：“延年～曰……” ❹抵偿。《三国志·魏书·武帝纪》：“败军者～罪，失利者免官爵。”㉛抵得上，相当。杜甫《春望》诗：“烽火连三月，家书～万金。”❺到达。《史记·蒙恬列传》：“始皇欲游天下，道九原，直～甘泉。”(道：取道。九原、甘泉：地名。)㉘投奔。《后汉书·彭宠传》：“即与乡人吴汉亡至渔阳，～父时吏。”㉘拜访。李白《与韩荆州书》：“三十成文章，历～卿相。”❻zhǐ 同“扺”。击。《盐铁论·崇礼》：“崑山之旁，以玉璞～乌鹊。”㉛掷，扔。《明史·海瑞传》：“帝得疏，大怒，～之地。”

牴[觝] dǐ 用角顶，触。《淮南子·说山》：“兕(sì)牛之动以～触。”(兕：雌的犀牛。)[牴牾]抵触，矛盾。刘知几《史通·自叙》：“流俗鄙夫，贵远贱近，传兹～～，自相欺惑。”这个意义又写作“抵”。

底 dǐ ❶最下面，底端。《列子·汤问》：“有大壑焉，实惟无～之谷。”柳宗元《酬贾鹏山人》诗：“青松遗涧～。”(涧：山涧。)㉘里，里面。杜甫《昼梦》诗：“故乡门巷荆棘～，中原君臣豺虎边。”㉛尽头，末了。徐弘祖《徐霞客游记·楚游日记》：“数转达洞～。”又如“年底”。❷至，到。《列子·天瑞》：“林类年且百岁，～春被裘。”(林类：人名。且：将。被裘：披上皮衣。)㉛达到，具有。《汉书·杨恽传》：“恽材朽行秽，文质无所～。”❸止，停滞不流通。柳宗元《天说》：“人之血气败逆壅～。”(壅：堵塞。) ❹何，什么(后起意义)。范成大《双燕》诗：“～处飞双燕，衔泥上药栏。”(药栏：药园的栏杆。) ❺通“砥”。磨刀石。《孟子·万章下》：“周道如～，其直如矢。”㉛磨炼。《汉书·邹阳传》：“圣王～节修德。”

弤 dǐ 雕弓。《孟子·万章上》：“干戈，朕；琴，朕；～，朕。”(朕：指归我。)

柢 dǐ 树根，根底。《韩非子·解老》：“～固则生长。”(固：结实，牢靠。)《后汉书·东夷传》：“万物～地而出。”(柢地：以地做根柢。)㉛底部。《论衡·是应》：“司南之杓，投之于地，其～指南。”[根柢]树根。《史记·鲁仲连邹阳列传》：“蟠(pán)木～～，轮囷离诡。”(蟠结的树根弯曲奇特。)㉑基础。左思《吴都赋》：“霸王之所～～，开国之所基趾。”(基趾：基础。)

砥 dǐ ❶质地很细的磨刀石。《诗经·小雅·大东》：“周道如～，其直如矢。”《淮南子·说山》：“厉利剑者，必以柔～。”(厉：磨。柔：不硬。)㉑磨。刘向《说苑·权谋》：“晋人已胜智氏，归而缮甲～兵。”㉑磨炼。《淮南子·道应》：“文王～德修政。”[砥砺]1.磨刀石。《山海经·西山经》：“崦嵫(yānzī)之山……其中多～～。”2.磨炼，锻炼。《荀子·王制》：“～～百姓。”又写作“砥厉”。《史记·鲁仲连邹阳列传》：“臣闻盛饰入朝者不以利污义，砥厉名号者不以欲伤行。”❷平。鲍照《登大雷岸与妹书》：“东则～原远隰(xí)。”(隰：低湿地。)㉑均平。《国语·鲁语下》：“藉田以力，而～其远迩。”❸阻挡。徐弘祖《徐霞客游记·粤西游日记二》：“又数丈有石～中流。”❹通“底”。止，停滞。《管子·法法》：“商无废利，民无游日，财无～墆。”(墆：积滞。)

地 dì ❶大地，田地。《庄子·德充符》：“夫天无不覆，～无不载。”《管子·形势解》：“～生养万物。”❷地区，区域。《史记·秦始皇本纪》：“王翦遂定荆江南～。”(王翦：人名。)❸处所，地点。《孙子兵法·虚实》：“先处战～而待敌者佚。”(佚：安逸，这里指以逸待劳。)㉑处境，境地。《史记·李斯列传》：“久处卑贱之位，困苦之～。”❹地位。《孟子·离娄下》：“禹、稷、颜子，易～则皆然。”㉑门第。骆宾王《代李敬业讨武氏檄》：“伪临朝武氏者，性非和顺，～实寒微。”❺质地，底子。《三国志·魏书·东夷传》：“今以绛～交龙锦五匹……答汝所献贡直。”❻副词词尾(后起意义)。《世说新语·方正》：“使君如馨～，宁可斗战求胜！”李白《越女词五首》之四：“相看月未堕，白～断肝肠。”❼通“第”。副词。但，只。《汉书·丙吉传》：“西曹～忍之，此不过污丞相车茵耳。”

杕 dì ❶树木挺立的样子。《诗经·唐风·杕杜》：“有～之杜，其叶湑湑(xǔxǔ)。”(湑湑：茂盛的样子。)❷duò 通“柁”。船舵。《淮南子·说林》：“毁舟为～。”

釱 dì ❶古代脚镣类的刑具。《汉书·陈咸传》：“或私解脱钳～。”(钳：古代束颈刑具。)㉑用作动词。脚镣戴上脚。《史记·平准书》：“敢私铸铁器煮盐者，～左趾。”(趾：脚。)❷dài 通“轪”。车毂端头的帽盖。扬雄《甘泉赋》：“陈众车于东阬兮，肆玉～而下驰。”(肆：放开。)

玓 dì [玓瓅(lì)]光亮、鲜明的样子。《史记·司马相如列传》：“明月珠子，～～江靡(mǐ)。”(江靡：江边。)又写作“的皪”。

弟 dì ❶弟弟。《诗经·小雅·斯干》：“兄及～矣，式相好矣。”【注意】古代汉语中有对妹妹也称“弟”或“女弟”的。《史记·陈丞相世家》：“樊哙……且又乃吕后～吕嬃之夫。”[弟子]1.年轻人。《仪礼·乡射礼》：“命～～设丰。”(丰：一种器皿。)2.学生，门徒。《史记·孔子世家》：“孔子～～多仕于卫。”❷次序，等第。《汉书·朱博传》：“以高～入为长安令。”(长安令：长安地方的行政长官。)❸副词。但，只管。《史记·孙子吴起列传》：“君～重(zhòng)射，臣能令君胜。”(重射：重重地打赌。令：使。)上述❷❸又写作“第”。❹tì 弟弟顺从兄长。《论语·学而》：“孝～也者，其为仁之本与?”(与：语气词，吧。)这个意义后来写作“悌”。

递(遞) dì ❶轮流，顺次。《荀子·天论》：“列星随旋，日月～炤。”(炤：照。)《宋史·真宗纪》：“死罪以下，～减一等。”❷传递(后起意义)。沈括《梦溪笔谈》卷一一：“驿传旧有三等，曰步～，马～，急脚～。”(驿传：古代传递公文的车马、人员。)㉑驿站车马。白居易《缚戎人》诗：“黄衣小使录姓名，领出长安乘～行。”

【辨】递，传。这两个字都有“传递”的意思，但“传”多是“传给后人或后代”的意思，而“递”是指一个接一个地更替。

娣 dì ❶古代妇女出嫁时随嫁的女子。《诗经·大雅·韩奕》：“诸～从之，祁祁如云。”❷古代妾中的年幼者。《旧唐书·独孤皇后传》：“内和群～。”❸古代兄弟之妻即妯娌中的年幼者。《新唐书·窦皇后传》：“元贞太后羸(léi)老有疾，而性素严，诸姒～皆畏，莫敢侍。”(姒：兄弟之妻中的年长者。)

睇 dì 斜视。屈原《九章·怀沙》：“离娄微～兮，瞽以为无明。”(离娄：相传古代视力极好的人。)㉒看，视。张衡《思玄赋》：“亲所～而弗识兮。”

第 dì ❶次第，次序。《左传·哀公十六年》：“楚国～，我死，令尹、司马，非胜而谁?”(楚国第：依照楚国用人的次序。令尹、司马：官职。胜：人名。)《论衡·程材》：“设置三科，以～补吏。”❷按一定等级建造的大宅院。㉒官僚和贵族的大住宅。《三国志·魏书·曹真传》：“帝自幸其～省疾。”❸科举考试的等级。《宋史·王安石传》："擢(zhuó)进士上～。"(擢：提拔。上第：前几名。)又如"及第"(科举考中)、"落第"(科举没考中)。❹ 表次序的词头。《汉书·叙传下》："述贾谊传～十八。"❺ 副词。但，只管。《后汉书·贾复传》："大司马刘公在河北，必能相施，～持我书往。"

的 dì ❶ 鲜明、明亮的样子。宋玉《神女赋》："朱唇～其若丹。"(朱：红色。其：语气词。丹：丹砂，一种鲜红色的矿物。)[的皪(lì)]光亮、鲜明的样子。《汉书·司马相如传上》："明月珠子，～～江靡。"又写作"的历"、"的砺"、"玓珠"。韦应物《横塘行》："玉盘的历双白鱼。"张衡《思玄赋》："颜的砺以遗光。"❷ 箭靶的中心，一说指箭靶。《韩非子·外储说左上》："设五寸之～，引十步之远。"成语有"有的放矢"。㉖目的，目标。《韩非子·外储说左上》："人主之听言也，不以功用为～。"❸ 古代女子点在额上作为装饰的红点。傅咸《镜赋》："点双～以发姿。"(发姿：显现出美貌。)❹ dí 真实。《三国志·蜀书·董允传》裴松之注："以此疑习氏之言为不审～也。"㉖确实。白居易《出斋日喜皇甫十早访》诗："～应不是别人来。"

菂 dì 莲子。王延寿《鲁灵光殿赋》："绿房紫～，窋咤(zhúzhà)垂珠。"(窋咤：从穴中突出来的样子。)

帝 dì ❶ 天帝。宗教或神话中称宇宙的创造者和主宰者。《尚书·吕刑》："上～监民。"屈原《九歌·少司命》："夕宿兮～郊。"❷ 帝王，君主。《战国策·赵策三》："秦所以急围赵者，前与齐闵王争强为～。"

谛(諦) dì ❶ 细察，详审。《关尹子·九药》："～毫末者，不见天地之大。"㉖详细，仔细。《列子·汤问》："王～料之。"白居易《霓裳羽衣歌和微之》："当时乍见惊心目，凝视～听殊未足。"㉖弄清楚，明了。《刘子·专学》："若心不在学而强讽诵，虽入于耳，而不～于心。"(讽诵：背诵。)❷ 佛教用语。指真实无谬的道理。㉗真理。常"真谛"连用。周权《游山寺》诗："偶逢赤髭(zī)侣，嘱我听真～。"(髭：胡须。侣：僧侣。)❸ tí 通"啼"。啼哭。《荀子·礼论》："歌谣謸笑，哭泣～号。"(謸：戏谑，开玩笑。)

蒂[蔕] dì 花、叶或瓜、果与枝茎连接的部分。《后汉书·五行志二》："有瓜异本共生，八瓜同～。"杜甫《寒雨朝行视园树》诗："叶～辞枝不重苏。"(辞：指离开。不重苏：不能再重新活过来。)成语有"瓜熟蒂落"。[蒂芥]梗塞之物，比喻积在心中的小小不快。《汉书·贾谊传》："细故～～，何足以疑！"又写作"蚃芥"、"芥蒂"。

缔(締) dì 结在一起。屈原《九章·悲回风》："气缭转而自～。"(缭转：缭绕。)㉖缔结。贾谊《过秦论》："合从～交，相与为一。"(采用合纵的策略，缔结盟约，结为一体。)㉖连接。王谠《唐语林·方正》："车马相接，～以组绣。"

禘 dì 古代祭祀名。指帝王诸侯祀始祖。《左传·僖公八年》："秋七月，～于太庙。"《后汉书·章帝纪》："～祭光武皇帝、孝明皇帝。"㉖宗庙中夏季举行的祭祀。《礼记·王制》："天子诸侯宗庙之祭，春曰礿(yuè)，夏曰～，秋曰尝，冬曰烝。"

棣 dì ❶ 一种树。即常棣。《诗经·秦风·晨风》："山有苞～。"(苞：丛生的。)潘岳《闲居赋》："梅、杏、郁、～之属。"(郁：树名。属：类。)❷ dài [棣棣]从容文静的样子。李华《吊古战场文》："穆穆～～，君臣之间。"(穆穆：庄重的样子。)❸ tì [棣通]相通，通达。《汉书·律历志上》："万物～～。"

墬 dì "地"的古字。大地，田地。《淮南子·墬形》："～形之所载，六合之间，四极之内。"(六合：天地四方。)

蝃(蝃)[蝃] dì ❶ [蝃蝀(dōng)]虹。《诗经·鄘风·蝃蝀》："～～在东，莫之敢指。"(莫：没有人。)《晋书·夏统传》："～～之气见(xiàn)，君子尚不敢指。"❷ dài 虫名。蜂子。扬雄《太玄·坚》："小蜂营营，～其蛹，蛹不介，在坚～。"

踶 dì ❶ 踢。《庄子·马蹄》："怒则分背相～。"㉖踩踏。陆龟蒙《采药赋》："莺～枝而易落。"❷ chí 通"驰"。快跑。《汉书·武帝纪》："马或奔～而致千里。"❸ zhì [踶跂(qǐ)]勉力行走的样子。《庄子·马蹄》："～～为义，而天下始疑矣。"

DIAN

滇 diān ❶ [滇池]湖名。在云南昆明西南。❷ 战国时西南地区国名。《史记·西南夷列传》："西南夷君长以百数，独夜郎、～受王印。"(夜郎：古国名。)❸ tián [滇滇]盛大的样子。《汉书·礼乐志》："泛泛～～从高斿(yóu)，殷勤此路胪所求。"(泛泛：广大无边的样子。斿：遨游。胪：陈述。)

瘨 diān ❶ "癫"的本字。癫狂，精神失常。《素问·腹中论》："石药发～，芳草发狂。"❷ 病，疾苦。《诗经·大雅·云汉》："胡宁～我以旱？憯(cǎn)不知其故！"(瘨：用作使动。愶：副词。曾，用以加强否定语气。）㉛晕倒。《战国策·楚策一》："水浆无入口，～而殚闷，旄不知人。"（旄：通"眊"，昏。）

颠（顛） diān ❶ 头顶。《诗经·秦风·车邻》："有车邻邻，有马白～。"㉛物体的顶部。《史记·孝武本纪》："乃令人上石立之泰山～。"㈦起始。刘克庄《重修太平陂记》："复属笔于予，俾纪～末。"❷ 跌倒，倒下。《论语·季氏》："危而不持，～而不扶，则将焉用彼相矣？"柳宗元《逐毕方文》："民气不舒兮，僵踣（bó）～颓。"（僵踣：倒下。颓：崩坏，倒塌。）㉒跌下。《左传·隐公十一年》："颍考叔取郑伯之旗蝥弧以先登，子都自下射之，～。"㉛颠倒，倒置。《楚辞·九叹·愍命》："今反表以为里兮，～裳以为衣。"❸ 精神失常。张籍《罗道士》诗："持花歌咏似狂～。"这个意义后来写作"癫"。

蹎 diān ❶ 跌倒。《荀子·正论》："～跌碎折，不待顷矣。"（顷：顷刻。）❷［蹎蹎］安详缓慢的样子。《淮南子·览冥》："其行～～，其视瞑瞑。"

巅（巔） diān 山顶。《诗经·唐风·采苓》："采苓采苓，首阳之～。"（首阳：山名。）李白《蜀道难》诗："可以横绝峨眉～。"（绝：越过。峨眉：山名。）

典 diǎn ❶ 重要的文献、书籍。《尚书·五子之歌》："有～有则，贻厥子孙。"《左传·昭公十五年》："司晋之～籍。"（司：掌管。晋：晋国。）❷ 法则，制度。《三国志·魏书·武帝纪》："但赏功而不罚罪，非国～也。"❸ 前代的文物、制度、故事。《左传·昭公十五年》："数（shǔ）～而忘其祖。"（数：讲说。祖：祖业。）双音词有"典故"。❹ 典雅，多指文章写得规范，不粗俗。萧统《答玄圃园讲颂启令》："辞～文艳，既温且雅。"❺ 主管。《三国志·吴书·是仪传》："专～机密。"❻ 典当，用实物做抵押借钱。过期不赎，所抵实物则被没收。白居易《杜陵叟》诗："～桑卖地纳官租，明年衣食将何如？"《金史·百官志》："民间质～，利息重者至五、七分。"（质：抵押。五、七分：五、七成。）❼ 典礼。《宋书·蔡廓传》："朝廷仪～，皆取定于亮。"（亮：人名。）

点（點） diǎn ❶ 小黑点。㉒斑点。《晋书·袁宏传》："如彼白珪，质无尘～。"（珪：一种玉器。质：质地。）㉛污辱，玷污。司马迁《报任安书》："终不可以为荣，适足以见笑而自～耳。"❷ 用笔所做的点。王羲之《题卫夫人笔阵图后》："每作一～，常隐锋而为之。"（锋：指笔锋。）㉒用笔点。《世说新语·巧艺》："顾长康画人，或数年不～目精。"成语有"画龙点睛"。㉒涂抹，涂改。《三国志·魏书·武帝纪》："公又与遂书，多所～窜。"（与遂书：给韩遂信。窜：改动。）❸ 一触即起。杜甫《曲江二首》诗之二："穿花蛱蝶深深见，～水蜻蜓款款飞。"（款款：缓慢的样子。）❹ 检查，核对。辛弃疾《破阵子·为陈同甫赋壮词以寄之》："沙场秋～兵。"（沙场：指战场。）❺ 燃火。岑参《自潘陵尖还少室居止秋夕凭眺》诗："火～伊阳村。"❻ 液体的滴。陆游《雨》诗："实厌空阶～滴声。"（阶：台阶。）❼ 更点。古代用铜壶滴漏计时，把一夜分为五更，一更分为五点。《元史·兵志四》："一更三～钟声绝，禁人行。"（绝：指停。）

电（電） diàn 闪电。《诗经·小雅·十月之交》："烨烨震～，不宁不令。"（烨烨：闪光的样子。令：善。）《世说新语·容止》："双眸闪闪若岩下～。"

佃 diàn ❶ tián 耕种土地。郦道元《水经注·河水一》："其人山居，～于石壁间。"❷ 租种土地。《宋史·食货志上一》："公租额重而纳重，则～不堪命。"（公租：国家的租税。）㉒佃户。《宋史·食货志上一》："订其主～。"（确定地主和佃户的关系。）❸ tián 打猎。《周易·系辞下》："作结绳而为网罟，以～以渔。"《潜夫论·贤难》："有似于司原之～也。"（和司原打猎很相似。司原：管理山林野兽的官。）这个意义又写作"畋"。

【辨】田，佃，畋。见 420 页"田"字。

甸 diàn ❶ 上古时国都城外百里以内称"郊"，郊外称"甸"。《左传·昭公九年》："入我郊～。"㉒都城的郊外，田野。谢朓《晚登三山还望京邑》诗："杂英满芳～。"（英：花。）❷ 田野的出产物，指布帛和珍品。《礼记·少仪》："臣为君丧，纳货贝于君，则曰纳～于有司。"（纳：交纳。有司：主管官吏。）❸ 治理。《诗经·小雅·信南山》："信彼南山，维禹～之。"（维：语气词。）❹ tián［甸甸］象声词。形容车马声。《古诗为焦仲卿妻作》："府吏马在前，新妇车在后，隐隐何～～，俱会大道口。"（隐隐：车马声。）❺ shèng 古代划分田地或居所的单位。《汉书·刑法志》："四井为邑，四邑为丘……四丘为～。"❻ tián 通"畋"。打猎。《周礼·春官·司服》："凡～，冠弁服。"

钿（鈿） diàn ❶ 用金翠珠宝等制成的形如花朵的首饰。刘孝威《采莲曲》："露花时湿钏，风茎乍拂～。"（乍：忽然。）白居易《长恨歌》："花～委地无人收。"(委地:指掉在地上。) ❷ 以金、银、贝等镶嵌的器物。李贺《春怀引》:"～合碧寒龙脑冻。"(合:盒。龙脑:一种香料。)又如"宝钿"、"螺钿"(一种把贝壳镶嵌在器物上的工艺品)。㊇用作动词。用金银、玉石等镶嵌器物。《魏书·食货志》:"镂以白银,～以玫瑰。"

阽 diàn 临近。《汉书·文帝纪》:"而吾百姓鳏寡孤独穷困之人或～于死亡。"(或:有人。)[阽危]面临危险。贾谊《论积贮疏》:"安有为天下～～者若是而上不惊者?"(安:哪里。若是:像这样。)

坫 diàn 古代设于堂中供祭祀、宴会时放礼器和酒具的土台。低者用来供诸侯相会饮酒后放置空杯,叫反坫。《论语·八佾》:"邦君为两君之好,有反～。"《新唐书·礼乐志二》:"受虚爵复于～。"(接过空酒器放回土台上。爵:酒器。)

玷 diàn ❶ 缺损。《诗经·大雅·抑》:"白圭之～,尚可磨也。"(圭:一种玉器。) ❷ 白玉上的斑点。郑愔《贬降至汝州广城驿》诗:"荆玉终无～,随珠忽已弹。"㊀缺点,过失。《世说新语·德行》:"攸素有德业,言行无～。"(攸:邓攸,人名。) ❸ 弄脏,玷污。《论衡·累害》:"以～污言之,清受尘而白取垢(gòu)。"《晋书·苻坚载记上》:"何可盘于游田,以～圣德。"㊇用作谦辞,犹"忝",忝列(后起意义)。杜甫《春日江村五首》诗之三:"岂知牙齿落,名～荐贤中。"(名字列在被推荐的贤人中,玷污了那些贤人。)

垫(墊) diàn ❶ 下陷,沉没。《汉书·王莽传下》:"武功中水乡民三舍～为池。"(武功:县名。中水乡:地名。)柳宗元《愚溪对》:"西海有水,散涣而无力,不能负芥,投之则委靡～没,及底而后止,故其名曰弱水。"㊀困苦。《左传·成公六年》:"民愁则～隘,于是乎有沉溺重腿之疾。" ❷ 用东西支、铺或衬着(后起意义)。复音词有"垫脚石"。

淀[1] diàn 浅水湖泊。左思《魏都赋》:"掘鲤之～。"《颜氏家训·归心》:"凡数年,向幽州～中捕鱼。"

【辨】淀,澱。本是两个不同的字,"淀"的本义是浅水湖泊,"澱"的本义是淤泥。"澱"也通用为"淀",指浅水湖泊,但"淀"一般不指淤泥。现"澱"简化为"淀"。

淀[2](澱) diàn ❶ 淤泥。沈括《梦溪笔谈》卷二五:"汴渠有二十年不浚,岁岁堙～。" ❷ 浅水湖泊。郭璞《江赋》:"栫(jiàn)～为涔(qián)。"(栫:用柴木壅塞。涔:聚积柴木于水中以捕鱼。) ❸ 蓝靛,蓝色染料。《通志·昆虫草木一》:"蓝有三种:……三蓝(蓼蓝、大蓝、槐蓝)皆可作～。"

【辨】淀,澱。见上"淀[1]"字。

奠 diàn ❶ 用酒食祭祀死者。《诗经·召南·采蘋》:"于以～之,宗室牖下。"《仪礼·士丧礼》:"～脯醢醴酒。" ❷ 献。《仪礼·乡饮酒礼》:"主人坐,～爵于阶前。"(爵:酒器。) ❸ 放置。《礼记·内则》:"～之而后取之。" ❹ 定。扬雄《太玄·太玄摛》:"天地～位。"又如"奠基"。

殿 diàn ❶ 高大的房屋。《庄子·说剑》:"庄子入～门不趋,见王不拜。"《后汉书·蔡茂传》:"梦坐大～。"㊕帝王朝会或宗教徒供奉神佛的地方。《晋书·谢安传》:"诏以甲仗百人入～。"(甲仗:披铠甲执锐器的卫士。)杨衒之《洛阳伽蓝记·永宁寺》:"浮图北有佛～一所。"(浮图:塔。)[殿下] 1. 殿阶下面。《庄子·说剑》:"使奉剑于～～。"(奉:两手捧着。) 2. 臣子对诸侯王或皇太子的尊称。《旧唐书·隐太子建成传》:"～～何以自安?" ❷ 行军走在最后的。《左传·襄公二十六年》:"晋人寘诸戎车之～,以为谋主。"(戎车:兵车。诸:之于。谋主:出谋划策的人。)[殿最]古代考核军功、政绩划分的等级,上等为最,下等为殿。《汉书·宣帝纪》:"丞相御史课～～以闻。"(课:考核。) ❸ 镇守。《诗经·小雅·采菽》:"乐只君子,～天子之邦。"

簟 diàn ❶ 竹席。《诗经·小雅·斯干》:"下莞(guān)上～,乃安斯寝。"(莞:莞草编成的席。) ❷ 竹名。王维《林园即事寄舍弟紞》诗:"青～日何长,闲门昼方静。"

DIAO

刁 diāo [刁斗]古代军中用具,白天用来烧饭,晚上用来打更。《汉书·西域传上》:"夜击～～自守。"【注意】"刁"在唐宋以前没有"狡猾"、"无赖"的意思。

凋 diāo 草木衰落。《史记·伯夷列传》:"岁寒,然后知松柏之后～。"杜牧《寄扬州韩绰判官》诗:"秋尽江南草木～。"㊇使草木衰落。薛耀《子夜冬歌》:"朔风扣群木,严霜～百草。"㊀衰败,使衰败。李白《邯郸才人嫁为厮养卒妇》诗:"自倚颜如花,宁知有～歇!"陆游《楼上醉书》诗:"八年梁益～朱颜。"(梁益:梁州和益州。凋朱颜:指衰老。)

【辨】雕,鵰,琱,彫,凋。见86页"雕"字。

彫 diāo ❶刻，画。司马相如《子虚赋》："乘～玉之舆。"（舆：车子。）《左传·宣公二年》："晋灵公不君，厚敛以～墙。"（厚：多。敛：税收。以：用来。）❷通"凋"。草木衰落。《论语·子罕》："岁寒，然后知松柏之后～也。"㉿损伤，衰败。《荀子·子道》："劳苦～萃。"（萃：通"悴"，憔悴。）《后汉书·仲长统传》："时政～敝，风俗移易。"（敝：败坏。）

【辨】雕，鵰，琱，彫，凋。见下"雕"字。

琱 diāo ❶对玉进行雕琢加工。《汉书·王吉传》："古者工不造～瑑（zhuàn）。"（工：做工的人。瑑：玉器上高起的花纹。）❷通"彫"。雕饰，刻画。《汉书·贡禹传》："墙涂而不～。"

【辨】雕，鵰，琱，彫，凋。见下"雕"字。

雕 diāo ❶一种凶猛的鸟。《史记·李将军列传》："是必射～者也。"这个意义又写作"鵰"。❷刻，画。《论语·公冶长》："朽木不可～也。"《韩非子·十过》："茵席～文，此弥侈矣。"（茵：古代车子上垫席。文：纹。弥：更，更加。侈：浪费。）这个意义又写作"琱"、"彫"。㉿文辞上的修饰。刘勰《文心雕龙·情采》："绮（qǐ）丽以艳说，藻饰以辩～。"（绮：美。藻饰：修饰。）❸通"凋"。衰败。《宋书·礼制二》："魏武帝以天下～弊，下令不得厚葬。"

【辨】雕，鵰，琱，彫，凋。"雕"与"鵰"在"凶猛的鸟"的意义上，"琱"、"彫"与"雕"在"刻，画"的意义上，"凋"与"彫"在"草木衰落"的意义上，分别是同义词。"雕"偶尔也可以通"凋"，表示"衰败"的意义。但"鵰"、"琱"、"凋"除此之外，再无其他意义。

鵰 diāo 一种凶猛的鸟。《汉书·李广传》："是必射～者也。"杜甫《寄董卿嘉荣十韵》："落日思轻骑，秋天忆射～。"（轻骑：装备轻快、行动迅速的骑兵。）成语有"一箭双雕"。

【辨】雕，鵰，琱，彫，凋。见上"雕"字。

貂 diāo 一种哺乳动物。皮毛轻暖。也叫貂鼠。《战国策·秦策一》："黑～之裘弊，黄金百斤尽。"（弊：破旧。）

吊［弔］ diào ❶慰问。《左传·庄公十一年》："秋，宋大水，公使～焉。"㉿悼念死者。《汉书·贾山传》："死则往～哭之。"❷伤痛。《诗经·桧风·匪风》："顾瞻周道，中心～兮。"（周道：大道。中心：心中。）❸忧虑，怜悯。《左传·襄公十四年》："有君不～，有臣不敏。"（不吊：指不忧虑国事。）❹善。《左传·昭公二十六年》："帅群不～之人，以行乱于王室。"❺dì至，到。《诗经·小雅·天保》："神之～矣，诒（yí）尔多福。"（诒：送给，留给。）

【辨】吊，唁。"吊"是悼念死人，"唁"是对和死者有关的活人表示同情或慰问。

调（調） diào ❶tiáo 协调，调和。《史记·历书》："阴阳～，风雨节。"（节：节制，指不过分。）㉾调节。《战国策·秦策三》："夫商君为孝公平权衡，正度量，～轻重。"《汉书·食货志下》："以～盈虚。"❷tiáo 训练野兽或牲畜。《盐铁论·利议》："御之良者善～马。"（御：驾车的人。）❸tiáo 挑逗，嘲笑。谢灵运《拟魏太子邺中集·应场》："～笑辄酬答。"（辄：就。）《世说新语·排调》："康僧渊目深而鼻高，王丞相每～之。"（康僧渊：人名。）❹调动，调迁。《汉书·爰盎传》："～为陇西都尉。"㉾征调。《三国志·蜀书·诸葛亮传》："～其赋税，以充军实。"❺计算。《汉书·晁错传》："要害之处，通川之道，～立城邑，毋下千家。"（调立城邑：计算建立城邑。）❻音调，曲调。颜延之《秋胡》诗："声急由～起。"《世说新语·任诞》："踞胡床，为作三～。"❼风度，风格。谢灵运《七里濑》诗："谁谓古今殊，异世可同～。"秦韬玉《贫女》诗："谁爱风流高格～。"

掉 diào ❶摇动，摆动。《左传·昭公十一年》："末大必折，尾大不～，君所知也。"《史记·孟尝君列传》："过市朝者，～臂而不顾。"❷交替。《三国志·魏书·典韦传》："未及还，会布救兵至，三面～战。"（布：吕布。）㉾调转，回转。《庄子·在宥》："鸿蒙拊髀雀跃～头曰：'吾弗知！吾弗知！'"❸抛弃，落下（后起意义）。韩愈《元和圣德诗》："～弃兵革，私习簋簠。"元稹《和李校书新题乐府十二首·五弦弹》："促节频催渐繁拨，珠幢斗绝金铃～。"

蓧 diào ❶一种竹制的耘田锄草农具。《论语·微子》："子路从而后，遇丈人，以杖荷（hè）～。"（丈人：老人。荷：扛。）❷tiáo 草名。即羊蹄草。《三国志·吴书·诸葛恪传》："藜～稂（láng）莠，化为善草。"（藜、稂、莠：危害庄稼的杂草。）

DIE

跌 diē ❶失足跌倒，摔倒。《新语·辅政》："以赵高、李斯为杖，故有倾仆～伤之祸。"《后汉书·黄琼传》："任力危而不～。"㊍挫折。《汉书·晁错传》："～而不振。"（振：奋起。）❷差误。《荀子·王霸》："此夫过举跬(kuǐ)步而觉～千里者夫。”(走错半步就会差误千里。跬:半步。觉跌:差误。觉:差也。)张衡《思玄赋》:“遵绳墨而不～。”❸脚掌。傅毅《舞赋》:“跗(fū)蹋摩～。”(跗:脚背。蹋:踏。摩:摩擦。)❹[跌宕]放纵不拘。《三国志·蜀书·简雍传》:“性简傲～～。”又写作“跌踼”、“跌荡”。

【辨】偃,僵,仆,跌,踣,踣。见483页“偃”字。

迭 dié ❶交替地,轮流地。《庄子·天运》:“四时～起,万物循生。”《孟子·万章下》:“～为宾主。”❷接连,连续。《吕氏春秋·知分》:“以处于晋,而～闻晋事。”《后汉书·袁绍传》:“分为奇兵,乘虚～出。”❸通“叠”。堆积,重叠(后起意义)。周密《癸辛杂识续集下·捕狸法》:“然狸性至灵,每于穴中～土作台以处。”❹yì 通“轶”。袭击。《左传·成公十三年》:“～我殽(xiáo)地。”(殽:地名。)❺yì 通“逸”。奔逸,超越。张衡《思玄赋》:“烂漫丽靡,藐以～逖。”

眣 dié ❶日过午偏斜。《汉书·游侠传》:“诸客奔走市买,至日～皆会。”(会:聚合,集合。)❷yì [眣丽]漂亮,好看。《战国策·齐策一》:“邹忌修八尺有余,身体～～。”(修:高,长。身体:指形貌。)

瓞 dié 小瓜。《诗经·大雅·绵》:“绵绵瓜～。”(绵绵:接连不断的样子。)

垤 dié 蚂蚁做窝时堆在穴口的小土堆。也叫蚁封、蚁冢。《诗经·豳风·东山》:“鹳(guàn)鸣于～。”(鹳鸟在蚁穴口的小土堆上叫。)㉠小土堆。《韩非子·六反》:“山者大,故人顺之;～微小,故人易之也。”(顺:通“慎”,谨慎,小心。易:轻视。)

绖(絰) dié 用麻做的丧带,服丧时系在腰上或头上。《礼记·檀弓上》:“孔子之丧,二三子皆～而出。”(二三子:指学生们。)《三国志·吴书·吴主传》:“要～而处事。”(腰上结着丧带去办事。要:腰。)

耋 dié 年老。《诗经·秦风·车邻》:“今者不乐,逝者其～。”(逝者:将来。)《左传·僖公九年》:“以伯舅～老,加劳,赐一级无下拜。”(以:因为。劳:慰劳。)㉠八十岁老人。㉠老人。《魏书·崔光传》:“白首之～,欣遇牺年。”(牺年:太平盛世。)

谍(諜) dié ❶刺探,侦察。《左传·桓公十二年》:“罗人欲伐之,使伯嘉～之。”(罗:国名。伯嘉:人名。)㉠侦探消息的人。《左传·宣公八年》:“晋人获秦～。”❷通“牒”。谱谍,簿册。《史记·三代世表》:“余读～记,黄帝以来皆有年数。”(余:我。谍记:指记载远古帝王世系的书。)❸[谍谍]同“喋喋”。形容说话多。《史记·张释之冯唐列传》:“此两人言事曾不能出口,岂敩(xiào)此啬(sè)夫～～利口捷给哉!”(敩:效法。啬夫:官名。利口捷给:能言善辩。)

堞 dié 城上如齿状的矮墙。《墨子·备梯》:“行城之法,高城二十尺,上加～,广十尺。”㉠筑堞。《左传·襄公二十七年》:“使卢蒲嫳帅甲以攻崔氏,崔氏～其宫而守之。”(卢蒲嫳:人名。帅:率领。甲:带甲的士兵。)

喋 dié ❶[喋喋]形容说话多。《汉书·张释之传》:“～～利口。”《元史·太祖纪》:“汝乃～～不已耶?”又写作“谍谍”。成语有“喋喋不休”。❷zhá [唼(shà)喋]见369页“唼”字。❸通“蹀”。践踏。[喋血]形容激战而血流得很多。《史记·淮阴侯列传》:“新～～阏与(yùyú)。”(新:新近。阏与:地名。)(见《汉书·文帝纪》:“新喋血京师。”颜师古注:“喋……本字当作蹀。”)

惵 dié 恐惧。《后汉书·班固传下》:“～然意下,捧手欲辞。”

牒 dié ❶简札,古人在发明造纸前写字用的小而薄的木片、竹片等。《汉书·路温舒传》:“截以为～,编用写书。”(写书:抄书。)❷书籍,簿册。王安石《送江宁彭给事赴阙》诗:“壮志异时开史～,妙龄终日对书龛。”(异时:指将来。)《后汉书·质帝纪》:“其高第者上名～。”(高第:名次在前的。名牒:名册。)㉠谱牒。刘知几《史通·烦省》:“家～宗谱,各成私传。”❸文书。李商隐《行次西郊作》诗:“夜半军～来,屯兵万五千。”(屯兵:驻扎军队。)❹通“叠”。重叠。《淮南子·本经》:“积～旋石。”(旋:通“璇”,玉。)

褋 dié 单衣。《方言》卷四:“衣,江、淮、南楚之间谓之衣～。”屈原《九歌·湘夫人》:“捐余袂(mèi)兮江中,遗余～兮澧浦。”(袂:袖子。澧:水名。浦:岸边。)

艓 dié 小船。《宋书·沈攸之传》:“轻～一万,截其津要。”杜甫《最能行》:“富豪有钱驾大舸,贫穷取给行～子。”

蹀 dié ❶踏,跺,顿。《淮南子·俶真》:“足～阳阿之舞。”(阳阿:古代名倡。)《列子·黄帝》:“康王～足。”❷骑乘。张说《温泉冯刘二监客舍观妓》诗:“佳人～骏马,乘月夜相过。”㉠奔跑。谢庄《从驾顿上》诗:“冀马依风～,边箫当夜闻。”❸[蹀蹀]小步行走的样子。范成大《三月十五日华容湖尾看月出》诗:"~~恐颠坠。"(颠坠:掉下来。)㊀物体缓慢飘落的样子。鲍照《过铜山掘黄精》诗:"~~寒叶离,瀎瀎秋水积。"❹[蹀躞(xiè)]1.小步行走。温庭筠《春洲曲》:"紫骝(liú)~~金衔嘶。"(紫骝:紫色的马。)又写作"躞蹀"。2.衣带饰物。司马光《涑水记闻》卷九:"衣绯,佩~~。"

D

鲽(鰈) dié 鱼名。即比目鱼。刘勰《文心雕龙·封禅》:"然则西鹣(jiān)东~,南茅北黍。"(鹣:鹣鹣,比翼鸟。)

跕 dié ❶坠落。元稹《和乐天送客游岭南二十韵》:"鸢~方知瘴,蛇苏不待春。"[跕跕]坠落的样子。《后汉书·马援传》:"仰视飞鸢~~堕水中。"❷ tiē 拖着鞋走路。《史记·货殖列传》:"女子则鼓鸣瑟,~屣(xǐ),游媚贵富。"(屣:鞋。)❸ tiē 贴近。宋之问《为韦特进已下祭汝南王文》:"鸢忌南而~水,雁爱北而随车。"

嵽(嵽) dié ❶[嵽嵲(niè)]高山或山的高峻处。杜甫《自京赴奉先县咏怀五百字》:"凌晨过骊山,御榻在~~。"❷ dì [岧(tiáo)嵽]见421页"岧"字。

叠[疊、曡、疉] dié ❶重叠,一层加一层。郦道元《水经注·江水》:"重岩~嶂,隐天蔽日。"(嶂:高峻的山。)成语有"叠床架屋"。㊀折叠。王建《宫词一百首》之五:"内人对御~花笺,绣坐移来玉案边。"㊀接连,连续。岳飞《奉诏移伪齐檄》:"驿骑交驰,羽檄~至。"❷乐曲重复地演奏、演唱。如"阳关三叠"。白居易《何满子》诗:"一曲四调歌八~。"(歌:唱。)❸恐惧。刘孝标《广绝交论》:"四海~其燻灼。"杜牧《为中书门下请追尊号表》:"震~雷霆。"(像雷霆一样使人震恐。)❹振动。左思《吴都赋》:"钲鼓~山,火烈熛林。"㊁击打。岑参《献封大夫破播仙凯歌六章》:"鸣笳~鼓拥回军,破国平蕃昔未闻。"

氎 dié 细棉布。杜甫《大云寺赞公房诗》之二:"细软青丝履,光明白~巾。"《新唐书·南蛮传》:"古贝,草也。缉其花为布,粗曰贝,精曰~。"

DING

丁 dīng ❶健壮。《论衡·无形》:"齿落复生,身气~强。"❷成年男子。白居易《新丰折臂翁》诗:"无何天宝大征兵,户有三~点一~。"(无何:不久。天宝:唐玄宗年号。)㊁从事某种劳动的人。《庄子·养生主》:"庖~为文惠君解牛。"范成大《咏怀自嘲》:"园~应窃笑,犹自说心灰。"❸人口。《南史·何承天传》:"计~课仗。"(仗:兵器。)❹天干的第四位。见125页"干¹"字。❺当,遭逢。《楚辞·九叹·惜贤》:"~时逢殃,可奈何兮。"[丁忧]遭到父母的丧事。《晋书·袁悦之传》:"始为谢玄参军,为玄所遇,~~去职。"(参军:官名。)也称"丁艰"。《世说新语·仇隙》:"蓝田于会稽丁艰,停山阴治丧。"(蓝田:指王述。会稽、山阴:地名。)❻钉子。《晋书·陶侃传》:"及桓温伐蜀,又以侃所贮竹头作~装船。"❼ zhēng 伐木声。《诗经·小雅·伐木》:"伐木~~。"

仃 dīng [伶仃]见255页"伶"字。

酊 dǐng [酩(mǐng)酊]见285页"酩"字。

鼎 dǐng ❶古代烹煮用的器物,多用青铜制成,圆形三足两耳,也有方形四足的。《庄子·徐无鬼》:"吾能冬爨(cuàn)~而夏造冰矣。"(爨:烧火做饭。)[鼎沸]鼎水沸腾,比喻形势或人心动荡。《晋书·祖逖传》:"四海~~,豪杰并起。"㊉三方并立。《三国志·吴书·陆凯传》:"近者汉之衰末,三家~立。"成语有"鼎足三分"。❷古代曾用鼎作为传国的宝器,因以喻王位、帝业或三公宰辅之职。《左传·宣公三年》:"桀有昏德,~迁于商。"《宋书·武帝纪中》:"~祚(zuò)再隆。"(祚:指王位,君主的统治。隆:兴盛。)《后汉书·陈球传》:"公出自宗室,位登台~。"❸显赫。左思《吴都赋》:"其居则高门~贵。"❹通"正"。正,正要。《汉书·匡衡传》:"无说《诗》,匡~来。"(无:不要。《诗》:指《诗经》。匡:匡衡,当时人认为他善于解说《诗经》。)

订(訂) dìng ❶评议,评定。《论衡·案书》:"二论相~,是非乃见。"㊀订正,改正。《晋书·荀崧传》:"亦足有所~正。"❷订立,约定(后起意义)。辛文房《唐才子传》卷三"戎昱":"有女国色,欲以妻昱,而不喜其姓戎,能改则~议。"❸效法。《新唐书·黎干传》:"我以神尧为始祖,~夏法汉,于义何嫌?"

飣 dìng 堆叠果蔬在器皿中以供陈设。韩愈《赠刘师服》诗:"妻儿恐我生怅望,盘中不~栗与梨。"[飣餖(dòu)]堆叠果蔬在器皿中,以供陈设。韩愈《南山》诗:"或如临食案,肴核纷~~。"(肴核:肉类、果类食品。)又写作"餖飣"。田汝成《西湖游览志余》卷三:"进杂煎品味,如春盘餖飣,羊羔儿酒。"㊀堆砌,罗列。杨万里《归涂观刘寺新叠石山》诗："细看分明非～～，如何雕得许玲珑。"

定 dìng ❶安定，稳定。《周易·家人》："正家而天下～矣。"曹操《置屯田令》："夫～国之术，在于强兵足食。"（术：办法。）㊉平定。《史记·绛侯周勃世家》："沛公～魏地。"（沛公：指刘邦。）㊀停止。《诗经·小雅·节南山》："不吊昊天，乱靡有～。"❷决定，确定。《商君书·更法》："君亟（jí）～变法之虑。"（亟：赶快。虑：指计划。）《北史·邢峦传》："于是开地～境，东西七百，南北千里。"（定境：确定疆界。）❸副词。确实，一定。《史记·项羽本纪》："项梁闻陈王～死，召诸别将会薛计事。"（薛：地名。）杜甫《寄高适》诗："～知相见日，烂漫倒芳尊。"（芳尊：指酒杯。）❹副词。到底，究竟（后起意义）。《世说新语·言语》："卿云'艾艾'，～是几艾？"李白《答族侄僧中孚赠玉泉仙人掌茶》诗："举世未见之，其名～谁传。"❺星宿名。即营室，二十八宿之一。《诗经·鄘风·定之方中》："～之方中，作于楚宫。"（方：正。中：指南方中天。）

DONG

蛛（蝀） dōng ［螮蛛］见 83 页"螮"字。

涷 dōng ❶［涷雨］暴雨。屈原《九歌·大司命》："令飘风兮先驱，使～～兮洒尘。"❷水名。郦道元《水经注·浊漳水》："漳水又东，～水注之。"【注意】"涷"和"冻"是两个字，形音义都不同。

董 dǒng ❶督察，监督。《尚书·大禹谟》："～之用威。"《三国志·魏书·夏侯玄传》："惧宰官之不修，立监牧以～之。"❷正，整顿。屈原《九章·涉江》："余将～道而不豫兮。"（董道：使道正。豫：犹豫。）❸深藏。《史记·扁鹊仓公列传》："年六十已上，气当大～。"

动（動） dòng ❶运动，活动，振动。与"静"相对。《周易·豫》："天地以顺～。"《左传·襄公二十三年》："夫鼠昼伏夜～。"李商隐《瑶池》诗："黄竹歌声～地哀。"（黄竹：歌名。）㊀行动。《孙膑兵法·见威王》："事备而后～。"（事备：指做好战争的准备。）❷变动。《后汉书·班固传下》："君臣～色，左右相趋。"❸感动。《史记·绛侯周勃世家》："天子为～，改容式车。"（式车：指靠在车上致敬。）❹副词。动不动，常常。《汉书·食货志上》："又～欲慕古，不度时宜。"（慕：羡慕。度：度量。）成语有"动辄得咎"。

冻（凍） dòng ❶冻结，水遇冷凝结。《礼记·月令》："水始冰，地始～。"岑参《白雪歌送武判官归京》："纷纷暮雪下辕门，风掣红旗～不翻。"❷寒冷。《墨子·非命上》："是以衣食之财不足，而饥寒～馁之忧至。"

栋（棟） dòng 正梁。《周易·系辞下》："上古穴居而野处，后世圣人易之以宫室，上～下宇，以待风雨。"㊜担负国家重任的人。《左传·襄公三十一年》："子于郑国，～也。"《国语·晋语一》："太子，国之～也。"成语有"栋梁之材"。

洞 dòng ❶疾流。班固《西都赋》："东郊则有通沟大漕，溃渭～河。"❷孔穴，窟窿。张衡《西京赋》："赴～穴，探封狐。"徐弘祖《徐霞客游记·楚游日记》："水由～出。"❸贯穿，穿透。《汉书·司马相如传上》："弓不虚发，中必决眦（zì），～胸达掖。"《南史·蔡道恭传》："道恭用四石乌漆大弓射，所中皆～甲饮羽。"（饮羽：指箭尾羽毛都射到里面去了。）❹通，通达。袁宏《后汉纪·桓帝纪下》："第舍十六区皆高楼，四周连阁～殿。"白居易《草堂记》："～北户，来阴风。"❺通晓。《晋书·郭璞传》："由是遂～五行、天文、卜筮之术。"㊉明察。《晋书·刘曜载记》："神鉴～远。"❻深入，透彻。《论衡·实知》："先知之见、方来之事，无达视～听之聪明。"刘知几《史通·叙事》："～识此心，始可言史矣。"双音词有"洞察"、"洞晓"。成语有"洞若观火"。❼［洞然］恭敬貌。《荀子·非十二子》："訾然～～。"❽ tóng ［澒（hòng）洞］见 156 页"澒"字。

湩 dòng ❶乳汁。《穆天子传》卷四："因具牛羊之～，以洗天子之足。"❷象声词。形容鼓声。《管子·轻重甲》："～然击鼓，士忿怒。"

DOU

兜［兠］ dōu ❶［兜鍪（móu）］头盔，打仗时戴的盔。《三国志·吴书·太史慈传》："慈亦得策～～。"（策：孙策。）❷蒙蔽，迷惑。《国语·晋语六》："在列者献诗，使勿～。"❸便轿（后起意义）。《宋史·占城国传》："国人多乘象或软布～。"这个意义又写作"篼"。

斗¹ dǒu ❶古代盛酒器。《诗经·大雅·行苇》："酌以大～，以祈黄耇（gǒu）。"

(黄耇:指老人长寿。)《史记·项羽本纪》:"玉～一双,欲与亚父。"(亚父:指范增。) ❷ 量器。《庄子·胠箧》:"为之～斛以量之。" ❸ 容量单位。十升为一斗。《汉书·律历志上》:"十升为～,十～为斛。"[斗筲(shāo)]形容才识短浅。《论语·子路》:"～～之人,何足算也。" ❹ 通"陡"。陡峭。《汉书·郊祀志上》:"盛山～入海。"(盛山:山名,即成山。)㊀突然。韩愈《答张十一功曹》:"吟君诗罢看双鬓,～觉霜毛一半加。" ❺ 星宿名。二十八宿之一。也叫南斗。苏轼《赤壁赋》:"月出于东山之上,徘徊于～牛之间。"(牛:星宿名。)㊂北斗星。《淮南子·齐俗》:"夫乘舟而惑者,不知东西,见～极则寤矣。"(极:北极星。寤:醒悟。) ❻ [斗擞]同"抖擞"。抖动,振动。贾思勰《齐民要术·作豉法》:"急～～筐,令极净,水清乃止。"

抖 dǒu 振动,抖动。张宪《读战国策》诗:"～尽祖龙囊底智,咸阳回首亦成尘。"(祖龙:指秦始皇。)[抖擞] 1. 抖动,振动。孟郊《夏日谒智远禅师》诗:"～～尘埃衣,谒师见真宗。"王炎《夜半闻雨》诗:"～～胸中三斗尘。"又写作"斗擞"。2. 振作,奋发。龚自珍《己亥杂诗》:"我劝天公重～～,不拘一格降人才。"

枓 dǒu ❶ [枓栱(gǒng)]栱是建筑上弧形承重结构,枓是垫栱的方木块,合称枓栱。段谷《市中狂吟》:"～～斜攲(qī),看著倒也。"(攲:倾斜。) ❷ zhǔ 勺子。《礼记·丧大记》:"浴水用盆,沃水用～。"(沃:浇。)

斗²(鬥)[鬦、鬭、鬪] dòu ❶ 争斗,打架。《论语·季氏》:"及其壮也,血气方刚,戒之在～。"《荀子·荣辱》:"凡～者,必自以为是而以人为非也。"㊂战斗。《史记·李将军列传》:"且引且战,连～八日。" ❷ 比赛争胜。《史记·项羽本纪》:"吾宁～智,不能～力。" ❸ 凑在一起,合在一处。《国语·周语下》:"谷、洛～,将毁王宫。"(谷、洛:水名。)李贺《梁台古意》诗:"台前～玉作蛟龙,绿粉扫天愁露湿。"(斗玉:指将玉石斗合为栏。)

【注意】古代汉语中"鬥[鬦、鬭、鬪]"和"斗"是两个字,意义各不相同。上述义项都不写作"斗"。现"鬥"简化为"斗"。参见 89 页"斗¹"字。

豆 dòu ❶ 古代一种盛食物的器皿,形似高脚盘。《国语·吴语》:"觞酒～肉箪食。"(觞:酒器。箪:盛饭的圆形竹器。) ❷ 豆类植物的总称。贾思勰《齐民要术·大豆》:"四月时雨降,可种大小～。" ❸ 古代容量单位。四升为一豆。《左传·昭公三年》:"齐旧四量:～、区(ōu)、釜、钟。四升为～。"(齐旧四量:齐国原来的四种容量单位。)㊂重量单位。刘向《说苑·辨物》:"十六黍为一～,六～为一铢,二十四铢重一两。"

【辨】豆,菽。上古时"豆"是一种盛食品的器皿,与"菽"的意义完全不同。汉代以后,"豆"才逐渐代替"菽",成为豆类的总称。

脰 dòu 脖子。《史记·田单列传》:"自奋绝～而死。"(自奋:自己用力。绝:断。)㊃山腰至山峰之间。王夫之《小云山记》:"自麓至山之～,皆高柯丛樾(yuè)。"(麓:山脚下。高柯丛樾:枝干高大,树叶茂密。)㊂头。张溥《五人墓碑记》:"有贤士大夫发五十金,买五人之～而函之,卒与尸合。"

餖 dòu [飣(dìng)餖]见 88 页"飣"字。

窦(竇) dòu ❶ 孔穴,洞。《左传·哀公元年》:"后缗方娠(shēn),逃出自～。"(缗:人名。娠:怀孕。)㊂水道。《韩非子·五蠹》:"泽居苦水者,买庸而决～。"(住在低洼处饱受水涝之灾的人,要雇人挖水道。庸:佣。)㊂地窖。《吕氏春秋·仲秋》:"是月也,可以筑城郭,建都邑,穿～窌(jiào)。"(窦窌:地窖。)㊂侧门,小门。《左传·襄公十七年》:"阖门塞～,乃自后逾。" ❷ 穿通,决开。《国语·周语下》:"不防川,不～泽。"(泽:水聚集的地方。)

DU

都 dū ❶ 大城市。《荀子·富国》:"田畴秽,～邑露。"(秽:荒芜。邑:小城市。露:败坏。)㊕有先君宗庙的城市。《左传·庄公二十八年》:"凡邑,有宗庙先君之主曰～。"㊀首都。《三国志·吴书·吴主传》:"秋九月,权迁～建业。"(权:孙权。建业:地名。)[都会] 1. 诸侯的都城。柳宗元《封建论》:"秦有天下,裂～～而为之郡邑。" 2. 繁华的大城市。《史记·货殖列传》:"然邯郸亦漳、河之间一～～也。"(漳:漳河。河:黄河。) ❷ 古代行政区划名。历代建制不一。《周礼·地官·小司徒》:"四县为～。"《管子·度地》:"州十为～。"《宋史·袁燮传》:"合保为～,合～为乡,合乡为县。" ❸ 优美,漂亮。《诗经·郑风·有女同车》:"彼美孟姜,洵美且～。"《三国志·吴书·孙韶传》:"身长八尺,仪貌～雅。" ❹ 叹词。表示赞美。《尚书·皋陶谟》:"皋陶曰:'～! 在知人,在安民。’” ❺ 汇聚，汇总。《史记·夏本纪》：“淮海维扬州，彭蠡既～，阳鸟所居。” ❻ 居，处在。东方朔《答客难》：“苏秦张仪，壹当万乘之主，而身～卿相之位。” ❼ 总，总共。《汉书·食货志下》：“置平准于京师，～受天下委输。”（平准：调整物价的机构。委输：货物运输。）曹丕《与吴质书》：“顷撰其遗文，～为一集。”（顷：近来。撰：指汇编。） ❽ dōu 副词。全，都（后起意义）。《论衡·谢短》：“儒不能～晓古今，欲各别说其经。”《世说新语·术解》：“殷中军妙解经脉，中年～废。”

【辨】京，都。见 205 页“京”字。

阇（闍） dū ❶ 城门上的台。《诗经·郑风·出其东门》：“出其闉（yīn）～，有女如荼（tú）。”（闉：城门外的曲城。荼：茅、苇的白花，形容女子白净可爱。） ❷ shé ［阇黎（梨）］梵语音译。高僧。也泛称和尚。《梁书·侯景传》：“人并呼为～～，景甚信敬之。”

督 dū ❶ 监察，监督。《盐铁论·刑德》：“法者所以～奸也。”（奸：坏人。）《三国志·蜀书·诸葛亮传》：“亮使马谡（sù）～诸军在前。”（马谡：人名。）㉠ 统率诸军的将领。《后汉书·郭躬传》：“军征，校尉一统于～。” ❷ 正，纠正。《逸周书·本典》：“能～民过者，德也。”㉠ 责罚。《三国志·蜀书·诸葛亮传》：“请自贬三等，以～厥咎。”（厥：其，那。咎：过失。） ❸ 中，中间。扬雄《太玄·周》：“植中枢，立～虑也。”

裻 dū 衣背缝。《国语·晋语一》：“使申生伐东山，衣之偏～之衣。”㉧ 衫襦的横腰。《史记·佞幸列传》：“顾见其衣～带后穿。”

毒 dú ❶ 毒物，有毒的。《周易·噬嗑》：“六三，噬（shì）腊肉，遇～。”（噬：吃。）《汉书·贾捐之传》：“多～草虫蛇水土之害。”㉧ 放毒，毒死。《左传·襄公十四年》：“秦人～泾上流，师人多死。”（泾：水名。师人：军人。）《山海经·西山经》：“有白石焉，其名曰礜（yù），可以～鼠。” ❷ 毒害，危害。柳宗元《捕蛇者说》：“孰知赋敛之～，有甚是蛇者乎？”（哪里知道搜括钱粮的毒害比这些毒蛇更厉害呢？）王夫之《论秦始皇废分封立郡县》：“交兵～民。”（诸侯交战，危害百姓。） ❸ 痛恨，憎恨。《后汉书·袁绍传》：“每念灵帝，令人愤～。” ❹ 猛烈，凶狠。《国语·吴语》：“以与楚昭王～逐于中原柏举。”（柏举：地名。）白居易《夏日与闲禅师林下避暑》诗：“每因～暑悲亲故，多在炎方瘴海中。”又如“毒手”。 ❺ dài ［毒瑁］同“玳瑁”。一种大海龟。《汉书·司马相如传上》：“其中则有神龟蛟鼍，～～鳖鼋。”

独（獨） dú ❶ 单独。《左传·定公十三年》：“与其害于民，宁我～死。”《礼记·大学》：“故君子慎其～也。”成语有“无独有偶”。㉠ 独特。《庄子·人间世》：“回闻卫君其年壮，其行～。”（回：颜回，人名。）㊕ 老而无子。如“鳏（guān）寡孤独”。（鳏：老而无妻。）［独夫］1. 独身男子。《管子·问》：“问～～寡妇孤寡疾病者几何人也。”（几何：多少。）2. 残暴无道，为人民所憎恨的统治者。萧衍《净业赋序》：“～～既除，苍生苏息。”成语有“独夫民贼”。 ❷ 独自。柳宗元《捕蛇者说》：“而吾以捕蛇～存。” ❸ 副词。仅，只有。《世说新语·贤媛》：“密觇之，～见一女子，状貌非常。”陈亮《甲辰答朱晦书》：“～亮自以为死灰有时而复然也。”（然：燃。） ❹ 副词。表示转折或强调。却，偏偏。《论语·颜渊》：“人皆有兄弟，我～亡。”（亡：无。） ❺ 副词。表示反问，相当于“难道”。《韩非子·说林上》：“子～不闻涸（hé）泽之蛇乎？”（子：您。涸泽：干枯了的湖泽。）《史记·廉颇蔺相如列传》：“相如虽驽（nú），～畏廉将军哉？”

读（讀） dú ❶ 诵读，宣读。《周礼·地官·州长》：“正月之吉，各属其州之民而～法。”㉧ 阅读，看。《庄子·天道》：“桓公～书于堂上。” ❷ 说出，宣扬。《诗经·鄘风·墙有茨》：“中冓之言，不可～也。” ❸ dòu 不足一句，而读时须稍有停顿的地方叫读。何休《公羊传解诂序》：“援引他经，失其句～。”（援引：引用。失：指弄错。）

渎（瀆） dú ❶ 小水沟，小水渠。贾谊《吊屈原赋》：“彼寻常之污～兮，岂能容夫吞舟之巨鱼！”（那小小的池塘和水沟，怎能容下能吞舟船的大鱼！）㉡ 河川。《韩非子·五蠹》：“天下大水而鲧（gǔn）禹决～。”（鲧：传说是禹的父亲。决：挖掘，疏通。） ❷ 滥。《礼记·缁衣》：“子曰：‘好贤如缁衣，恶恶如巷伯，则爵不～而民作愿，刑不试而民咸服。’” ❸ 败坏。《韩非子·八经》：“废置无度则权～，赏罚下共则威分。” ❹ 通“嬻”。轻慢，亵渎。《左传·昭公二十六年》：“国有外援，不可～也。”《左传·成公十六年》：“～齐盟而食话言。”（轻视同盟而自食其言。） ❺ 通“黩”。贪。《左传·昭公十三年》：“晋有羊舌鲋者，～货无厌。”（渎货：贪财。无厌：毫不满足。） ❻ dòu 通“窦”。洞，穴。《左传·襄公三十年》：“晨自墓门之～入。”（墓门：指春秋时期郑国城门。）

D

D

椟（櫝）［匵］ dú ❶木柜，木匣。《韩非子·外储说左上》："郑人买其～而还其珠。"㊀用椟装。孙樵《书褒城驿壁》："囊帛～金。"（囊：指用口袋装。帛：丝织品。）❷棺材。《左传·昭公二十九年》："（马）堑（qiàn）而死，公将为之～。"（堑：壕沟，这里指掉入壕沟。）

犊（犢） dú 小牛。《韩非子·内储说上》："有黄～食苗道左者。"

牍（牘） dú ❶古代写字用的狭长的木板。杨修《答临淄侯笺》："握～持笔。"㊀书籍，文书。《后汉书·荀悦传》："所见篇～，一览多能诵记。"（览：看。）❷乐器名。《周礼·春官·笙师》："春～、应、雅，以教祴乐。"

黩（黷） dú ❶污浊。孔稚珪《北山移文》："先贞而后～。"（先前坚贞，后来却变成污秽了。）㊀黑色。左思《吴都赋》："林木为之润～。"（润：潮湿。）❷轻慢，亵渎。《公羊传·桓公八年》："～则不敬。"《抱朴子·尚博》："世俗率神贵古昔，而～贱同时。"［黩武］滥用武力。《后汉书·刘虞传》："虞患其～～。"（患：忧虑。）❸贪求。《南史·刘善明传》："及累为州郡，颇～财贿。"［黩货］贪财。柳宗元《封建论》："列侯骄盈，～～事戎。"（骄盈：骄傲自满。事戎：好战。）这个意义又写作"渎"。

嬻 dú 亵渎，侮辱。《国语·周语中》："弃其伉俪妃嫔，而帅其卿佐以淫于夏氏，不亦～姓矣乎？"

殰［㱩］ dú 动物未出生而死。《礼记·乐记》："胎生者不～。"

韇 dú ❶古时占卜用的蓍草筒。《仪礼·士冠礼》："筮（shì）人执策抽上～。"（筮人：负责用蓍草占卜者。策：蓍草。）❷藏箭的器具。《说文》："韇，弓矢韇也。"又写作"韣"。也叫韇丸。《后汉书·南匈奴传》："弓鞬（jiān）韇丸一，矢四发。"（弓鞬：藏弓的器具。）

讟 dú 诽谤，怨言。《左传·宣公十二年》："君无怨～，政有经矣。"屈原《九章·惜往日》："何贞臣之无辜兮，被～谤而见尤。"（见尤：被加罪。）

髑 dú ［髑髅（lóu）］死人头骨。《庄子·至乐》："庄子之楚，见空～～，髐（xiāo）然有形。"（髐：枯骨暴露的样子。）

韣 dú 弓袋，弓套。《吕氏春秋·仲春》："带以弓～，授以弓矢。"

笃（篤） dǔ ❶厚重。《诗经·唐风·椒聊》："彼其之子，硕大且～。"㊀忠诚，厚道。《论语·泰伯》："君子～于亲，则民兴于仁。"❷坚定，专一。《荀子·修身》："～志而体。"（意志坚定，并且努力去实践。）《南史·沈德威传》："虽处乱离，而～学无倦。"㊀深，甚。《南史·文学传序》："盖由时主儒雅，～好文章。"㊕（病）重。《三国志·蜀书·诸葛亮传》："孙权病～。"

堵 dǔ 古代建筑墙的单位。堵的长度诸说不一，多认为长高各一丈为一堵。《诗经·小雅·鸿雁》："之子于垣，百～皆作。"《三国志·魏书·管宁传》："环～筚（bì）门，偃息穷巷。"（环堵：四面围墙各一堵，比喻院子很小。筚门：柴门。）㊁墙。杜甫《莫相疑行》："集贤学士如～墙，观我落笔中书堂。"（集贤：集贤院。如堵墙：形容人多而密集。）

睹［覩］ dǔ ❶见，看见。《荀子·王霸》："其谁能～是而不乐也哉！"（是：此，这个。）《史记·伯夷列传》："余悲伯夷之意，～轶诗可异焉。"（轶诗：未编入三百篇之诗。轶：通"佚"。）成语有"耳闻目睹"、"熟视无睹"。❷察看，观察。《吕氏春秋·召类》："赵简子将袭卫，使史默往～之。"

杜 dù ❶棠梨，一种木本植物。《诗经·唐风·杕杜》："有杕（dì）之～，其叶萋萋。"（杕：挺立的样子。）贾思勰《齐民要术·插梨》："～树大者插五枝，小者或三或二。"❷香草名。杜衡。杨衒之《洛阳伽蓝记·景林寺》："芳～匝阶。"（匝：环绕。）❸杜绝，堵塞。李斯《谏逐客书》："强公室，～私门。"（公室：指王室。私门：指贵族的家族。）魏征《十渐不克终疏》："此直意在～谏者之口。"（直：简直是。）成语有"防微杜渐"。❹［杜撰］没有根据，凭自己的想象去捏造。王楙《野客丛书》卷二〇："杜默为诗，多不合律，故言事不合格者为～～。"（杜默：人名。律：指诗词的格律。）❺［杜康］传说为古代造酒的人，借指酒。曹操《短歌行》："何以解忧，惟有～～。"

妒［妬］ dù 妇女相忌妒。《左传·襄公二十一年》："叔向之母～叔虎之母美而不使。"《世说新语·惑溺》："贾公闾后妻郭氏酷～。"㊁忌妒。《荀子·大略》："君有～臣，则贤人不至。"（妒臣：忌妒贤者的臣子。）

度 dù ❶duó 量长短。《孟子·梁惠王上》："～，然后知长短。"枚乘《上书谏吴王》："寸寸而～之。"㊀揣度，推测。《史记·陈涉世家》："会天大雨，道不通，～已失期。"（会：适逢，恰巧。）❷量长短的标准。《汉书·律历志上》："～者，分、寸、尺、丈、引也，所以度长短也。”（引：十丈为引。）㉠限度，尺度。贾谊《论积贮疏》：“生之有时，而用之亡（wú）～，则物力必屈。”（生：生产，出产。亡：无。屈：竭，穷尽。）❸ 制度，法度。《左传·昭公三年》：“公室无～。”《史记·孝文本纪》：“居处毋～，出入拟于天子。”❹ 度量，气度。《汉书·高帝纪上》：“常有大～，不事家人生产作业。”《潜夫论·交际》：“有～之士。”❺ 渡过，越过。贾谊《治安策》：“犹～江河亡（wú）维楫（jí）。”（犹：如同。亡：无。维：系船的绳子。楫：船桨。）“渡水”的意义后来写作“渡”。❻ 量词。表示次数（后起意义）。王勃《滕王阁》诗：“物换星移几～秋。”（物换：景物变换。）❼ 装饰金属物表面的一种工艺。《南齐书·高帝纪上》：“马乘具不得金银～。”这个意义后来写作“镀”。

蠹［蝨、蠧］ dù ❶ 蛀虫。《商君书·修权》：“～众而木折。”❷ 蛀蚀。《庄子·人间世》：“散木也……以为柱则～。”韩愈《杂诗》：“岂殊～书虫，生死文字间。”成语有“流水不腐，户枢不蠹”。㉠损害，败坏。《后汉书·宦者传序》：“败国～政之事，不可单书。”范缜《神灭论》：“浮屠害政，桑门～俗。”（浮屠：指佛教。桑门：指僧尼。）

DUAN

端 duān ❶ 事物的一头或一方。《孙子兵法·势》：“循环之无～，孰能穷之？”（孰：谁。穷：找到尽头。）㉠开头。《荀子·君道》：“法者，治之～也。”㉡头绪，方面。《三国志·魏书·郭嘉传》：“多～寡要，好谋无决。”（头绪多可是缺少要领，喜欢谋划、想主意可是没有决断。）《论语·为政》：“攻乎异～。斯害也已。”㉠端由。陆机《君子行》：“祸集非无～。”❷ 端正。《墨子·非儒下》：“席不～，弗坐。”《荀子·成相》：“水至平，～不倾。”㉠正直。贾谊《治安策》：“于是皆选天下之～士孝悌博闻、有道术者以卫翼之，使与太子居处出入。”（卫翼：保卫辅助。）［端门］宫殿或都城的南正门。《史记·吕太后本纪》：“代王即夕入未央宫，有谒者十人持戟卫～～。”❸ 仔细，详审。司空图《障车文》：“且子细思量，内外～相，事事相称，头头相当。”❹ 祭服。玄端。《论语·先进》：“～章甫，愿为小相焉。”（端：名词活用为动词，穿玄端。）❺ 量词。布帛的长度单位。倍丈为端，一说六丈为一端。《盐铁论·力耕》：“一～之缦（màn）。”（缦：没有花纹的帛。）《世说新语·雅量》：“南郡太守刘肇，遗筒中笺布五～。”❻ 副词。恰巧，正好。《汉书·外戚传下》：“妾薄命，～遇竟宁前。”（竟宁：汉元帝年号。）❼ 副词。终究，真正（后起意义）。鲍照《行药至城东桥》诗：“容华坐销歇，～为谁苦辛？”蔡伸《满庭芳·鹦鹉洲边》：“～不负生平。”（负：辜负。生平：平生。）

短 duǎn ❶ 短。与“长”相对。《庄子·至乐》：“绠（gěng）～者不可以汲深。”（绠：汲水用的绳子。汲：从井里打水。）《吕氏春秋·大乐》：“四时代兴，或暑或寒，或～或长。”❷ 不足，缺陷。《荀子·大略》：“言其所长而不称其所～也。”㉡浅短，浅陋。鲍照《代升天行》：“穷途悔～计，晚志重长生。”《抱朴子·微旨》：“世人信其臆断，仗其～见，自谓所度，事无差错。”❸ 陷害，说别人的坏话。《史记·屈原贾生列传》：“令尹子兰闻之大怒，卒使上官大夫～屈原于顷襄王。”

段 duàn ❶ 锤打。《周礼·考工记·辀人》：“～氏为镈器。”（段氏：锻铸工。）这个意义后来写作“锻”。❷ 量词。节，段落，部分。《晋书·邓遐传》：“遐挥剑截蛟数～而出。”（蛟：蛟龙。）❸ 把整体或条形物分开，截断。《孙膑兵法·擒庞涓》：“于是～齐城、高唐为两，直将蚁傅平陵。”❹ 缎子。杜甫《戏为双松图歌》：“我有一匹好素绢，重之不减锦绣～。”（素绢：白色的精细丝织品。重：珍重。不减：不亚于。）这个意义后来写作“缎”。

腶 duàn 用姜与桂腌制的干肉。也称“腶脩”或“腶脯”。《仪礼·有司》：“取糗（qiǔ）与～脩，执以出。”（糗：小米干饭。）《左传·哀公十一年》：“道渴，其族辕咺（xuǎn）进稻醴、粱糗、～脯焉。”（辕咺：人名。稻醴：稻米酿的甜酒。）

碫 duàn 磨刀石。《说文》：“碫，砺石也。”㉢石头。《孙子兵法·势》：“兵之所加，如以～投卵者。”

锻（鍛） duàn ❶ 打铁。《尚书·费誓》：“～乃戈矛，砺乃锋刃。”（乃：你们的。）《世说新语·简傲》：“康方大树下～，向子期为佐鼓排。”（康：嵇康。向子期：向秀。）㉠捶击。《庄子·列御寇》：“其子没于渊，得千金之珠。其父谓其子曰：‘取石来～之。’”㉠用酷刑罗织罪名，给人定罪。《隋书·嗣王集传》：“宪司希旨，～成其狱。”❷ 捶锻金属所用的砧石。《诗经·大雅·公刘》：“取厉取～。”这个意义又写作“碫”。❸ 通“腶”。肉脯。《穀梁传·庄公二十四年》：“妇人之贽，枣栗～脩。”（贽：初见尊长时所送的礼物。脩：干肉。）

毈 duàn 鸟卵孵不出小雏。《吕氏春秋·明理》："鸡卵多～。"

断（斷） duàn ❶截断，断开。《周易·系辞上》："二人同心，其利～金。"《史记·孝文本纪》："刑至～支体，刻肌肤。"㊀断绝，中止。李白《大堤曲》："天长音信～。"❷判断，决断。《国语·晋语九》："及～狱之日，叔鱼抑邢侯。"（狱：诉讼。）《史记·春申君列传》："语曰：'当～不～，反受其乱。'"成语有"当机立断"。❸绝对，一定。《周易·系辞下》："介如石焉，宁用终日，～可识矣。"李商隐《无题》诗："～无消息石榴红。"

踹 duàn ❶顿足，跳脚。《淮南子·人间》："追者至，～足而怒。"❷shuàn 胫肠，小腿肚。《灵枢经·经脉》："脾足太阴之脉……上内踝前廉，上～内。"【注意】"踹"在宋代以前没有"踢"、"踩"义，也不读chuài。

DUI

磓 duī ❶撞击。木华《海赋》："五岳鼓舞而相～。"（五岳：形容海浪似五岳一样高。）❷坠落。李白《上崔相百忧章》："火焚昆山，玉石相～。"❸堆积。《敦煌变文集·无常经讲经文》："垒珍珠，～白玉。"❹zhuì 通"硾"。捣。李贺《官街鼓》诗："～碎千年日长白，孝武秦皇听不得。"

队（隊） duì ❶zhuì 从高处掉下来。《荀子·天论》："夫星之～，木之鸣，是天地之变。"（木之鸣：树木发出响声。变：指反常现象。）㊀失掉。《国语·楚语下》："自先王莫～其国。"（莫：没有一个人。）上述❶㊀后来写作"坠"。❷军队的编制，一百人为一队。《史记·孙子吴起列传》："孙子分为二～，以王之宠姬二人各为～长。"（孙子：孙武。）㊁队列。司马相如《子虚赋》："车按行，骑就～。"❸suì 通"隧"。隧道。《穆天子传》卷一："天子猎于钘（xíng）山之西阿，于是得绝钘山之～。"

对（對） duì ❶回答。《论语·述而》："叶公问孔子于子路，子路不～。"《史记·张释之冯唐列传》："～上所问禽兽簿甚悉。"（上：指皇帝。禽兽簿：记载有关禽兽的簿册。悉：详细。）【注意】古代汉语中"对"多用于对上的回答或对话。㊕一种文体，即奏对，对策。刘勰《文心雕龙·议对》："公孙之～，简而未博，然总要以约文，事切而情举。"（公孙：指公孙弘。）❷对着，向着。曹操《短歌行》："～酒当歌，人生几何。"韦应物《休暇日访王侍御不遇》诗："门～寒流雪满山。"㊁相对。《世说新语·方正》："遂举觞～语，宾主无愧色。"㊀适合。如"对症下药"。❸敌对，对立。《三国志·蜀书·诸葛亮传》："而所与～敌，或值人杰。"（值：遇着。）㊁敌手。《三国志·吴书·陆逊传》："刘备天下知名，曹操所惮，今在境界，此强～也。"❹对付。《韩非子·初见秦》："夫一人奋死可以～十，十可以～百。"（奋死：奋力死战。）❺配偶。《后汉书·梁鸿传》："择～不嫁。"（择：选择。）❻对偶，对仗。刘勰《文心雕龙·丽辞》："言～为易，事～为难。反～为优，正～为劣。"❼量词（后起意义）。双，套。皮日休《重元寺双矮桧》诗："一～狻猊相枕眠。"白居易《缭绫》诗："春衣一～直千金。"（直：值。）

怼（懟） duì 怨恨。《管子·宙合》："厚藉敛于百姓，则万民～怨。"（藉敛：收税。）《史记·周本纪》："今杀王太子，王其以我为雠而～怒乎？"

曊 duì 茂盛的样子。宋玉《高唐赋》："其始出也，～兮若松榯（shí）。"（榯：树木直立的样子。）

兑 duì ❶八卦之一，代表沼泽。见138页"卦"字。❷直。《诗经·大雅·皇矣》："松柏斯～。"❸通行。《诗经·大雅·绵》："行道～矣。"❹洞穴。《老子》五十二章："塞其～，闭其门。"❺兑换（后起意义）。丁仙芝《余杭醉歌赠吴山人》："十千～得余杭酒。"（十千：指十千文钱。余杭：地名。）❻yuè 通"悦"。高兴。《荀子·不苟》："见由则～而倨（jù），见闭则怨而险。"（被进用则得意忘形而傲慢，不被进用则满腹牢骚而狠毒。）❼ruì 通"锐"。尖。《史记·天官书》："三月生天枪，长数丈，两头～。"

祋 duì 古代撞击用的兵器。《诗经·曹风·候人》："彼候人兮，何（hè）戈与～。"（何：荷，扛着。）《后汉书·马融传上》："～殳（shū）狂击，头陷颅碎。"（殳：兵器名。）

碓 duì 用木、石制成的捣米用具。杜甫《雨》诗："柴扉临野～，半湿捣香粳。"

憞 duì ❶同"憝"。怨恨，憎恶。《扬子法言·重黎》："楚～群策而自屈其力。"❷［憞溷（hùn）］烦乱。宋玉《风赋》："故其风中人，状直～～郁邑。"（郁邑：忧愁的样子。）

憝［譈］ duì ❶怨恨，憎恶。《尚书·康诰》："暋（mǐn）不畏死，罔弗～。"（暋：强横。罔：无。）《孟子·万章下》："凡民罔不～。"❷奸恶（è），恶人。《后汉书·宦者传》："故郑众得专谋禁中，终除大～。"《新唐书·李晟传》："晟荡夷凶～，而市不易廛。"

鎚 duì ［黮（dàn）鎚］见75页"黮"字。

DUN

惇 dūn ❶敦厚，厚道，诚实。《国语·晋语七》："荀家～惠。"（荀家：人名。）《韩非子·诡使》："～悫（què）纯信，用心怯言。"（悫：诚实。）㉘注重，推崇。《尚书·武成》："～信明义，崇德报功。" ❷专一，勤勉。《国语·晋语四》："行年五十矣，守学弥～。"《汉书·翼奉传》："奉～学不仕。"

敦 dūn ❶厚。《国语·周语上》："夫民之大事在农……～庞纯固，于是乎成。"（敦庞：指厚大，丰足。）《荀子·儒效》："知之而不行，虽～必困。"（敦：指知识渊博。）㉛厚道。《韩非子·难言》："～祗（zhī）恭厚。"（祗：恭敬。）㉘注重，推崇。《礼记·曲礼上》："～善行而不怠。"谢朓《赋贫民田》诗："～本抑工商，均业省兼并。"（本：指农业。）❷敦促，督促。《孟子·公孙丑下》："使虞～匠事。"《晋书·谢安传》："累下郡县～逼，不得已赴召。"（累：屡次。赴召：应召前往。）❸duì古时盛黍稷的器具。《礼记·明堂位》："有虞氏之两～。"❹tún通"屯"。驻扎。扬雄《甘泉赋》："～万骑于中营兮，方玉车之千乘。"（中营：指皇帝的军营。）

墩［墪］ dūn 土堆。李白《登金陵冶城西北谢安墩》诗："冶城访古迹，犹有谢安～。"㉒堆状物。高适《同李员外贺哥舒大夫破九曲》诗："唯有关河渺，苍茫空树～。"《宋史·丁谓传》："遂赐坐，左右欲设～。"

燉 dūn 火盛。《玉篇·火部》："燉，火盛貌。"［温燉］温暖。白居易《别毡帐火炉》诗："婉软蛰鳞苏，～～冻肌活。"【注意】古代汉语中"燉"没有"烹煮"的意义。

蹲 dūn ❶蹲坐。《庄子·外物》："～乎会稽，投竿东海。"（会稽：地名。竿：指钓鱼竿。）❷cǔn 聚集，叠合。《左传·成公十六年》："潘尪之党与养由基～甲而射之，彻七札焉。"❸cún［蹲蹲］1.跳舞的样子。《诗经·小雅·伐木》："～～舞我。"2.举止庄重的样子。《汉书·扬雄传上》："穆穆肃肃，～～如也。"

囤 dùn ❶储粮食的盛器。《淮南子·精神》："与守其篅（chuán）～，有其井，一实也。"（篅：储存粮食的器具。）《魏书·高祖纪上》："诏诸仓～谷麦充积者，出赐贫民。"❷tún 囤积，贮存。黄生《义府·诸贾人》："贮积诸物，如今之～户。"成语有"囤积居奇"。

沌 dùn ❶［沌沌］蒙昧无知的样子。《老子》二十章："我愚人之心也哉，～～兮。"❷tún［沌沌］水势汹涌的样子。枚乘《七发》："～～浑浑，状如奔马。"（浑浑：大水奔流的样子。）

钝（鈍） dùn ❶不锋利。与"锐"、"利"相对。《潜夫论·考绩》："剑不试则利～暗。"（暗：不清楚。）㉛不顺利。诸葛亮《后出师表》："至于成败利～，非臣之明所能逆睹也。"（逆：指预先。）❷迟钝，愚笨。《汉书·鲍宣传》："臣宣呐～于辞。"（呐：同"讷"，言语迟钝。）刘知几《史通·叙事》："夫以～者称敏，则明贤达所嗤。"（被愚笨的人称为聪敏，那就表明他是被贤明通达人所讥笑的。）

顿（頓） dùn ❶叩，磕。《史记·秦始皇本纪》："群臣皆～首。""顿首"旧时常用于书信首尾。㉘跺，踏。杜甫《兵车行》："牵衣～足拦道哭，哭声直上干云霄。"（干云霄：冲云霄。）❷上下抖动使整齐，整顿。陆机《演连珠》："～网探渊。"（整顿好渔网，到深渊里去捕鱼。）❸停顿，屯驻。陆机《赴洛道中作》诗："～辔倚嵩岩。"（停下马来倚在高峻的山崖上。）《史记·淮阴侯列传》："～之燕坚城之下。"㉘停宿的地方。《隋书·炀帝纪下》："每之一所，辄数道置～。"（之：到……去。辄：总是。道：隋唐时行政区域。置：设置。）❹倒下。《汉书·陈遵传》："～仆坐上。"（仆：倒下。坐：座位。）❺困顿，疲敝。《左传·昭公元年》："师徒不～，国家不罢（pí）。"（罢：通"疲"。）㉘废坏，败坏。《韩非子·初见秦》："兵甲～，士民病。"（兵甲：指武器。）❻立刻，马上。《列子·天瑞》："凡一气不～进，一形不～亏，亦不觉其成，不觉其亏。"❼量词。顿，次（后起意义）。《旧唐书·食货志上》："痛杖一～处死。"（杖：用棍棒打。）❽通"钝"。不锋利。《史记·屈原贾生列传》："莫邪（yé）为～兮，铅刀为銛（xiān）。"（莫邪：传说中的宝剑名。铅刀：指软而钝的刀。銛：锋利。）❾zhūn［顿顿］诚恳的样子。《荀子·王制》："我今将～～焉，日日相亲爱也。"❿dú［冒（mò）顿］见273页"冒（mào）"字。

盾 dùn 盾牌。古代打仗时用来护卫身体，挡住敌人刀箭的兵器。《史记·项羽本纪》:"哙(kuài)即带剑拥～入军门。"(哙:樊哙。拥:拿,持。)又写作"楯"。

遁[遯] dùn ❶逃。《左传·庄公二十八年》:"楚师夜～。"(师:军队。)㉤回避。《后汉书·杜林传》:"法不能禁,令不能止,上下相～,为敝弥深。"(敝:通"弊"。弥:更加。) ❷隐匿。《淮南子·俶真》:"若藏天下于天下,则无所～其形矣。"柳宗元《始得西山宴游记》:"莫得～隐。"成语有"遁迹销声"。❸欺骗,欺蒙。《淮南子·缪称》:"世莫不举贤,或以治,或以乱,非自～,求同乎己者也。"❹qūn[遁巡]同"逡巡"。有顾虑而徘徊或退却。《汉书·陈胜项籍传赞》:"九国之师～～而不敢进。"

【辨】遁,逃。这两个字都指逃离某个地方,但"遁"比"逃"更隐蔽,多指悄悄地溜走,不知去向。

楯 dùn 见397页。

DUO

多 duō ❶多。与"少"相对。《诗经·小雅·小旻》:"谋夫孔～。"(孔:甚。)《左传·隐公元年》:"～行不义必自毙。"❷称赞。《史记·商君列传》:"反古者不可非,而循礼者不足～。"(非:责怪。不足:不值得。)❸大多,大都。《后汉书·顺帝纪》:"而即位仓卒,典章～缺。"《世说新语·政事》:"谢公时,兵厮逋亡,～近窜南塘下诸舫中。"❹只,仅仅。《论语·子张》:"～见其不知量也。"

咄 duō 叹词。表示呵叱或轻蔑。《汉书·东方朔传》:"朔笑之曰:'～!'"(笑:讥笑。)[咄嗟]1.叹词。表示呵叱悲叹。李白《金陵歌送别范宣》:"扣剑悲吟空～～。"2.一呼一应的工夫,即一霎时。《晋书·石崇传》:"崇为客作豆粥,～～便办。"(便办:就做成了。)[咄咄]叹词。表示惊异、惊叹。《后汉书·严光传》:"～～子陵,不可相助为理邪!"(子陵:严光。理:指治理国家。)成语有"咄咄怪事"、"咄咄逼人"。

剟 duō ❶削,删改。《商君书·定分》:"有敢～定法令,损益一字以上,罪死不赦。"㉤割取。《汉书·贾谊传》:"盗者～寝户之帘。"❷刺。《史记·张耳陈余列传》:"吏治榜笞数千,刺～,身无可击者,终不复言。"

掇 duō ❶拾取。《诗经·周南·芣苢》:"采采芣苢(fúyǐ),薄言～之。"(采采:茂盛的样子。芣苢:一种草,这里指它结的籽。薄、言:句首语气词。)《论衡·知实》:"颜渊炊饭,尘落甑中……～而食之。"㉤摘取,选取。《汉书·贾谊传》:"凡所著述五十八篇,～其切于世事者著于传云。"(凡:一共。切于世事:与当代的事关系密切。著于传:写到传记里。云:语气词。)❷通"剟"。削。《汉书·王嘉传》:"上于是定躬、宠告东平本章,～去宋弘,更言因董贤以闻。"《世说新语·赏誉》:"谢公称蓝田～皮皆真。"

夺(奪) duó ❶丧失,耽误。《荀子·富国》:"罕兴力役,无～农时,如是则国富矣。"《史记·郦生陆贾列传》:"方今楚易取而汉反却,自～其便,臣窃以为过矣。"❷强取,夺取。《左传·文公十八年》:"人～女妻而不怒。"《史记·萧相国世家》:"毋为势家所～。"(毋:不要。)㉤强行改变。《论语·子罕》:"三军可～帅也,匹夫不可～志也。"《汉书·梅福传》:"诸侯～宗,圣庶～适(dí)。"(适:嫡。)

铎(鐸) duó 大铃,古代宣布政教法令时或有战事时使用。《韩非子·存韩》:"边鄙残,国固守,鼓～之声于耳,而乃用臣斯之计,晚矣。"《汉书·食货志上》:"行人振木～徇(xùn)于路。"(行人:指传达命令的官。振:摇动。徇于路:指巡行各地传达政令。)㉤风铃(后起意义)。杨衒之《洛阳伽蓝记·永宁寺》:"宝～含风,响出天外。"

朵[朶] duǒ ❶花朵。白居易《画木莲花图寄元郎中》诗:"花房腻似红莲～,艳色鲜如紫牡丹。"(腻:光滑,润滑。)❷量词。用于花。杜甫《江畔独步寻花七绝句》之六:"黄四娘家花满蹊,千～万～压枝低。"(蹊:小路。)❸[朵颐]鼓动腮颊嚼食。柳宗元《游南亭夜还叙志七十韵》:"～～进芰(jì)实,擢手持蟹螯。"❹通"垛"。建筑物两侧的突出部分。《宋史·仪卫志一》:"陈腰舆、小舆于东西～殿。"

埵 duǒ ❶防水的土坝。《淮南子·说林》:"窟穴者托～防,便也。"(窟穴者:指钻洞的鼠类。)❷冶炉风箱的铁管。《淮南子·本经》:"鼓橐(tuó)吹～,以销铜铁。"(橐:风箱。)❸duò[埵堁(kè)]小土堆。《淮南子·说山》:"泰山之容,巍巍然高,去之千里,不见～～,远之故也。"

亸(嚲)[軃] duǒ ❶垂,下垂。刘禹锡《和乐天鹦鹉》:"敛毛睡足难销日,～翅愁时愿见风。"岑参《和刑部成员外秋夜寓直寄台省知己》:"竹喧交砌叶,柳～拂窗条。"❷摆动。白居易《酬郑侍御多雨春空过诗三十韵》:"楚柳腰肢～,湘筠涕泪滂。"

鬌 duǒ ❶ 毛发脱落。《说文》:"鬌,发堕也。"❷ 幼儿剪发时留下的头发。《礼记·内则》:"三月之末,择日剪发为～。"

堕(墮) duò ❶ 落,掉下来。《史记·屈原贾生列传》:"怀王骑,～马而死。"(怀王:指梁怀王。) ❷ huī 毁坏。《史记·秦始皇本纪》:"～坏城郭。"(城郭:指各诸侯国的旧城墙。)这个意义又写作"隳"。❸ 通"惰"。懈怠。《盐铁论·散不足》:"作业～怠,食必趣时。"

陊 duò 狭长的小山。《诗经·周颂·般》:"～山乔岳。"(乔:高。)

惰 duò 懒,懈怠。《孙子兵法·军争》:"避其锐气,击其～归。"(避开敌军初来时的锐气,等到敌人疲惫懈怠而退却时再打他。)《荀子·非十二子》:"佚(yì)而不～,劳而不僈。"(佚:逸。僈:怠慢。)

D

E

E

阿

ē 见1页。

婀[娿]

ē [媕(ān)婀]见3页"媕"字。

讹(訛)[譌]

é ❶谣言。《汉书·成帝纪》:"京师无故～言大水至。"㊀错误。刘知几《史通·自叙》:"～音鄙句。"(鄙:简陋,肤浅。)成语有"以讹传讹"。❷感化。《诗经·小雅·节南山》:"式～尔心,以畜万邦。"(式:语气词。尔:你。畜:养育。)❸通"吪"。行动。《诗经·小雅·无羊》:"或降于阿,或饮于池,或寝或～。"(寝:睡觉。)

吪

é ❶行动。《诗经·王风·兔爰》:"逢此百罹,尚寐无～。"❷感化。《诗经·豳风·破斧》:"周公东征,四国是～。"

俄

é ❶倾斜。《诗经·小雅·宾之初筵》:"侧弁之～,屡舞傞傞(suōsuō)。"(弁:皮帽子。傞傞:醉舞的样子。)张华《鹪鹩赋》:"鹰鹯(zhān)过犹～翼,尚何惧于罿罻(tóngwèi)。"(鹯:一种猛禽。罿罻:捕鸟的小网。)❷顷刻,片刻。萧子良《请停台使检课表》:"～刻十催。"(催:催促。)杜甫《别蔡十四著作》诗:"忆念凤翔都,聚散～十春。"[俄而][俄尔]不久。《三国志·蜀书·诸葛亮传》:"俄而表卒。"(表:刘表。卒:死。)《晋书·五行志下》:"有一马尾有烧状……俄尔不见。"

莪

é 莪蒿,一种多年生草本植物。《诗经·小雅·菁菁者莪》:"菁菁(jīngjīng)者～,在彼中阿(ē)。"(菁菁:草木茂盛的样子。阿:大山。)

哦

é 吟诵。韩愈《蓝田县丞厅壁记》:"对树二松,日～其间。"

峨[峩]

é ❶山高。常"峨峨"连用。张衡《西京赋》:"华岳～～。"(华岳:指华山。)㊀高。李贺《河南府试十二月乐词·二月》:"金翘～髻(jì)愁暮云。"(金翘:妇女首饰。髻:梳在头顶上的发结。)又如"峨冠博带"。❷峨眉山的简称。郦道元《水经注·江水》:"乃当抗峰岷～。"(抗峰:比山峰高低。岷:指岷山。)

娥

é ❶美好。《方言》卷一:"娥、嬴,好也。秦曰～,宋、魏之间谓之嬴。"常"娥娥"、"娥媌"、"娥姣"等连用,形容女子美貌。《古诗十九首·青青河畔草》:"～～红粉妆。"《列子·周穆王》:"简郑卫之处子,～媌(miáo)靡曼者。"(简:选择。处子:未婚女子。靡曼:美丽。)《列子·杨朱》:"乡有处子之～姣者。"❷美女。谢灵运《江妃赋》:"天台二～,宫亭双媛。"(天台:山名。宫亭:湖名,即今鄱阳湖。媛:美女。)❸指女子眉毛。王粲《神女赋》:"扬～微眄,悬藐流离。"(眄:斜视。)

睋

é ❶望。班固《西都赋》:"于是睎秦岭,～北阜。"(睎:望。)❷通"俄"。[睋而]不久,一会儿。《公羊传·定公八年》:"～～曰:'彼哉彼哉!'"

蛾

é ❶虫名。蛾子。《荀子·赋》:"蛹以为母,～以为父。"张协《杂诗十首》之一:"飞～拂明烛。"㊁女子眉毛。刘长卿《王昭君歌》:"纤腰不复汉宫宠,双～长向胡天愁。"[蛾眉]蚕蛾的触须细长,因以喻女子的眉毛。《诗经·卫风·硕人》:"螓首～～,巧笑倩兮。"(螓:蝉的一种。)㊂形容女子容貌美丽。屈原《离骚》:"众女嫉余之～～兮。"❷通"俄"。[蛾而]不久。《汉书·班倢伃传》:"帝初即位选入后宫。始为少使,～～大幸,为倢伃(jiéyú)。"❸yǐ 通"蚁"。蚂蚁。《礼记·学记》:"～子时术之。"屈原《天问》:"蜂～微命,力何固?"

頟

é ❶"额"的本字。前额。《汉书·赵皇后传》:"～上有壮发,类孝元皇帝。"❷[頟頟]1.无休止的样子。《尚书·益稷》:"傲虐是作,罔昼夜～～。"(傲虐:肆虐害民。罔:无。)2.高大而坚固的样子。韩愈《平淮西碑》:"～～蔡城,其壃千里。"(壃:同"疆",疆域。)

额(額)

é ❶额头,脑门。《史记·滑稽列传》:"叩头且破,～血流地。"❷牌匾(后起意义)。《太平广记》卷二〇六"萧何":"前汉萧何善篆籀(zhòu),为前殿成,覃思三月,以题其～,观者如流。"(籀:大篆。覃思:深思。)❸规定的数目(后起意义)。《新唐书·崔衍传》:"蠲(juān)减租～。"(蠲:免除。)

厄

è ❶穷困,灾难。《公羊传·宣公十五年》:"君子见人之～则矜之。"《后汉书·马融传上》:"伏见元年已来,遭值～运。"左思《魏都赋》:"能济其～。"(济:救。)㉧遭遇困境,使……遭遇困境。《孟子·尽心下》:"君子之～于陈蔡之间,无上下之交也。"《史记·季布栾布列传》:"两贤岂相～哉!"上述❶㉧又写作"阸"、"隘"。❷两边高峻的狭窄地势。《孙膑兵法·八阵》:"险则多其骑,～则多其弩。"上述❶㉧❷又写作"戹"。❸阻遏,扼制。《史记·太史公自序》:"亚夫驻于昌邑,以～齐、赵。"这个意义后来写作"扼"。❹通"轭"。驾车时套在牲口脖子上的曲木。《诗经·大雅·韩奕》:"鞗(tiáo)革金～。"(鞗革:马络头的下垂装饰。)

阨[隘] è ❶阻塞,险要的(地势)。《史记·汉兴以来诸侯王年表》:"秉其～塞地利,强本干,弱枝叶之势也。"(秉:把握,掌握。厄塞地利:险要难通行的有利地势。)《汉书·西域传上》:"东则接汉,～以玉门、阳关。"㉧阻塞险要之地。《吕氏春秋·长攻》:"岂能逾五湖九江、越十七～以有吴哉!"❷穷困,灾难。《史记·平津侯主父列传》:"我～日久矣。"《汉书·元帝纪》:"百姓仍遭凶～。"㉧受困,使受困。《汉书·景十三王传》:"孔子～于陈、蔡。"董仲舒《春秋繁露·王道》:"不鼓不成列,不～人。"这个意义又写作"厄"。❸ ài 通"隘"。狭隘。《汉书·赵充国传》:"道～狭,充国徐行驱之。"(徐:慢慢。驱:驱赶。)

扼 è ❶用力掐住。《汉书·李陵传》:"力～虎,射命中。"双音词有"扼腕"。㊀扼制,控制。《新唐书·高崇文传》:"鹿头山南距成都百五十里,～二川之要。"❷通"轭"。驾车时套在牲口脖子上的曲木。《庄子·马蹄》:"夫加之以衡～。"(衡:车辕前面的横木。)

轭(軛)[軶] è 驾车时套在牲口脖子上的曲木。《古诗十九首·明月皎夜光》:"牵牛不负～。"(牵牛星不能负轭拉车。)

垩(堊) è ❶白色土,可用来粉饰墙壁。司马相如《子虚赋》:"其土则丹、青、赭(zhě)、～。"(赭:红褐色的土。)㉒可用来涂饰的有色土。《山海经·北山经》:"(天池之山)其中多黄～。"❷粉刷墙。《周礼·考工记·匠人》郑玄注:"以蜃(shèn)灰～墙。"(蜃灰:蛤蜊壳烧成的灰粉。)

恶(惡) è ❶罪恶,不良行为。与"善"相对。《论语·颜渊》:"攻其～,无攻人之～。"(其:指自己。)《三国志·蜀书·诸葛亮传》:"无～不惩,无善不显。"(显:指表彰。)㉧恶人,坏人。《荀子·王制》:"元～不待教而诛。"(元恶:首恶分子。诛:杀。)❷丑。与"美"相对。《韩非子·说林上》:"今子美而我～。"(子:您。)㊀坏,不好。贾思勰《齐民要术·耕田》:"田虽薄～,收可亩十石。"(亩:指每亩。)❸ wù 讨厌,不喜欢。与"好"(hào)相对。《荀子·天论》:"天不为人之～寒也辍(chuò)冬。"(辍:停止。)㊀诽谤,说人坏话。《战国策·燕策一》:"人有～苏秦于燕王者。"❹ wū 疑问代词。哪里,怎么。《孟子·尽心上》:"路～在?"《战国策·赵策三》:"先生又～能使秦王烹醢(hǎi)梁王。"(烹、醢:古代两种杀人的酷刑。)[恶乎]从哪里,在哪里。《荀子·劝学》:"学～～始,～～终。"(学习从哪里开始,在哪里结束呢?)❺ wū 叹词。表示感叹。《孟子·公孙丑上》:"～,是何言也!"

咢 è ❶只击鼓而不歌唱。《诗经·大雅·行苇》:"或歌或～。"❷屋檐的棱。《晋书·赫连勃勃载记》:"飞檐舒～,似翔鹏之矫翼。"❸通"锷"。刀剑的刃。《汉书·王褒传》:"清水焠(cuì)其锋,越砥敛其～。"(焠:淬火,金属热处理的一种工艺。越砥:越地出产的磨刀石。)❹[咢咢]1.直言的样子。《汉书·韦贤传》:"睮睮(yúyú)谄夫,～～黄发,如何我王,曾不是察!"(睮睮:谄媚的样子。黄发:指长寿老人。)2.冠高的样子。《后汉书·张衡传》:"冠～～其映盖兮,佩綝纚(línlí)以辉煌。"(綝纚:盛装的样子。)

鄂 è ❶殷代古国名。在今河南沁阳西北。《史记·殷本纪》:"以西伯昌、九侯、～侯为三公。"❷古地名。在今湖北鄂州。《史记·楚世家》:"乃兴兵伐庸、杨粤,至于～。"❸古邑名。春秋晋邑,在今山西乡宁。❹通"愕"。惊讶。《汉书·霍光传》:"群臣皆惊～失色,莫敢发言,但唯唯而已。"❺通"谔"。直言。马融《长笛赋》:"蒯聩(kuì)能退敌,不占成节～。"(不占:人名。)[鄂鄂]直言进谏的样子。《史记·赵世家》:"诸大夫朝,徒闻唯唯,不闻周舍之～～。"❻通"萼"。花萼。《诗经·小雅·常棣》:"常棣之华,～不(fū)韡(wěi)韡。"(不:通"柎",花托。韡韡:鲜明茂盛的样子。)❼通"堮"。边际。《文选·扬雄〈甘泉赋〉》:"攒并闾与茇葀(bákuò)兮,纷被(pī)丽其亡～。"(并闾:树。茇葀:草名。被丽:分散的样子。)

谔(諤) è 言语正直。《列子·力命》:"在朝～然,有敖朕之色。"[谔谔]直言进谏的样子。《楚辞·惜誓》:"或直言之～～。"《史记·商君列传》:"千人之诺诺,不如一士之～～。"又写作"愕愕"。

堮 è 边际。张协《七命》:“旌拂霄～,轨出苍垠(yín)。”(垠:岸,边际。)

萼[蕚] è 花萼。束皙《补亡诗》六首之二:“白华朱～。”谢灵运《酬从弟惠连》诗:“山桃发红～。”[萼跗(fū)]花萼和花托。比喻兄弟。张愿《秀士张点墓志》:“痛～～之不禄,悲涕泗之无从。”

遌 è ❶ 抵触。马融《长笛赋》:“掌距劫～,又足怪也。”❷ wù 遇到。屈原《九章·怀沙》:“重华不可～兮。”(重华:虞舜的名。)这个意义又写作“遻”。

崿 è [岝(zuó)崿]见566页“岝”字。

愕 è ❶ 惊讶。《战国策·燕策三》:“群臣惊～。”[愕然]吃惊的样子。沈括《梦溪笔谈》卷一四:“其人～～无对。”❷ 通“谔”。言语正直。《后汉书·陈蕃传》:“謇(jiǎn)～之操,华首弥固。”(謇:正直。华首:指年老。弥:更加。)[愕愕]同“谔谔”。直言进谏的样子。《盐铁论·国疾》:“闻诸生之～～,此乃公卿之良药针石。”

鹗(鶚) è 雕类猛禽,栖于江河湖泽。也叫鱼鹰。宋玉《高唐赋》:“雕～鹰鹞,飞扬伏窜。”

锷(鍔) è ❶ 刀剑的刃。《庄子·说剑》:“天子之剑,以燕谿石城为锋,齐岱为～。”骆宾王《在军中赠先还知己》诗:“胡霜如剑～,汉月似刀环。”❷ 通“堮”。边际。张衡《西京赋》:“在彼灵囿之中,前后无有垠～。”

鳄(鰐)[鱷] è 鳄鱼。左思《吴都赋》:“鼍鼊(gōubì)鲭(qīng)～,涵泳乎其中。”(鼍鼊:龟类。鲭:鱼名。)

饿(餓) è 严重的饥饿。《韩非子·饰邪》:“家有常业,虽饥不～。”(常业:指有固定的生产作业。饥:肚子饿。)【辨】饥,饿。见174页“饥¹(飢)”字。

阏(閼) è ❶ 阻塞。蔡邕《樊惠渠歌》:“我有长流,莫或～之。”(长流:指泾水。莫或:没有谁。)❷ 挡水的堤坝。《汉书·召信臣传》:“开通沟渎(dú),起水门提～,凡数十处,以广溉灌。”(渎:水渠。起:指兴建。提阏:即堤堰。)❸ yān [阏氏(zhī)]汉时匈奴王后的称号。《史记·匈奴列传》:“后有所爱～～,生少子。”❹ yù [阏与(yú)]地名。在今山西。

堨 è ❶ 拦水的土堰。《三国志·魏书·刘馥传》:“兴治芍陂及茹陂、七门、吴塘诸～,以溉稻田。”㉂用作动词。拦截水流。郦道元《水经注·涞水》:“故公私共～水径,防其淫滥。”❷ ài 尘埃。《淮南子·兵略》:“扬尘起～。”

遏 è 阻止,阻拦。《诗经·大雅·民劳》:“式～寇虐,无俾民忧。”《三国志·魏书·武帝纪》:“～淇水入白沟,以通粮道。”㉂抑制。《周易·大有》:“君子以～恶扬善,顺天休命。”成语有“怒不可遏”。

搤 è ❶ 掐住,捉住。《战国策·魏策一》:“莫不日夜～腕瞋目切齿。”扬雄《长杨赋》:“～熊罴,拕(tuō)豪猪。”(拕:“拖”的本字。)❷ 握持。《史记·周本纪》:“养由基怒,释弓～剑。”㉂扼守。《新唐书·逆臣传下》:“即发兵三万～蓝田道。”

頞[齃] è 鼻梁。《孟子·梁惠王下》:“举疾首蹙～而相告。”(举:皆,全都。疾首:头痛。)《后汉书·周燮传》:“(周)燮生而钦颐折～,丑状骇人。”(钦:弯曲。)

噩 è ❶ 可怕的,惊人的。[噩梦]可怕的梦。范成大《江州庾楼夜宴》诗:“客从三峡来,～～随奔泷(lóng)。”(奔泷:奔腾的流水。)又如“噩耗”(指人死的消息)。❷ 严正。贾谊《新书·劝学》:“既遇老聃,～若慈父。”[噩噩]严正的样子。《扬子法言·问神》:“虞夏之书浑浑尔,商书灏灏尔,周书～～尔。”

嶺 è [岝(zuó)嶺]见566页“岝”字。

EN

恩 ēn ❶ 恩惠。《孟子·梁惠王上》:“今～足以及禽兽,而功不至于百姓者,独何与?”(独何与:却是为什么呢?与:语气词。)魏征《谏太宗十思疏》:“～所加,则思无因喜以谬赏。”(谬赏:指奖赏不当。)㉂施恩惠。贾谊《新书·傅职》:“天子不～于亲戚。”❷ 亲爱,有情义。《韩非子·六反》:“不养～爱之心而增威严之势。”(养:培养。)《三国志·蜀书·刘晔传》:“且关羽与备,义为君臣,～犹父子。”

ER

儿(兒) ér ❶ 儿童。《史记·扁鹊仓公列传》:“闻秦人爱小～,即为小～医。”❷ 儿子。《木兰诗》:“阿爷无大～,木兰无长兄。”㉂青年男子。干宝《搜神记》卷一一:“王梦见一～,眉间广尺,言欲报仇。”❸ 年轻女子的自称。《古诗为焦仲卿妻作》:"兰芝惭阿母,~实无罪过。"(兰芝:人名。惭阿母:指惭愧地对母亲说。) ❹ 指人。《世说新语·赏誉》:"桓温行经王敦墓边过,望之云:'可~,可~!'" ❺ 名词词尾(后起意义)。杜甫《水槛遣兴》诗:"细雨鱼~出,微风燕子斜。"

咿 ér ❶ [嚅(rú)咿]见 362 页"嚅"字。❷ wā [咿呕(ōu)]小儿语声。《荀子·富国》:"垂事养民,拊(fǔ)循之,~~之。"(拊循:抚摩,安抚。)

而 ér ❶ 第二人称代词。你,你的。《左传·昭公二十年》:"余知~无罪也。"(余:我。)《史记·项羽本纪》:"必欲烹~翁,则幸分我一杯羹。"(烹:煮。翁:父亲。) ❷ 连词。表示前后两个词或词组之间的并列、转折、相承等关系。《韩非子·定法》:"故其国富~兵强。"《盐铁论·和亲》:"知文~不知武,知一~不知二。"《荀子·劝学》:"林木茂~斧斤至焉。" ❸ 连词。连接状语和中心语。《庄子·养生主》:"提刀~立。"《列子·汤问》:"北山愚公者,年且九十,面山~居。" ❹ 连词。连接主语和谓语,含有"如果"或"却"的意思。《左传·襄公三十年》:"子产~死,谁其嗣之?"(子产:人名。嗣:继承。)《战国策·赵策三》:"先生独未见夫仆乎? 十人~从一人者,宁力不胜,智不若耶?"(宁:难道。) ❺ 语气词。用于句末表示感叹。《论语·微子》:"已~,已~! 今之从政者殆~。" ❻ 如,像。《荀子·强国》:"黭(yǎn)然~雷击之,如墙厌(yā)之。"(黭:通"奄",突然,急速。厌:压。) ❼ néng 通"能"。能够。《墨子·尚同下》:"然计天下之所以治者,何也? 唯~以尚同一义为政故也。" ❽ néng 通"能"。能力。《庄子·逍遥游》:"故夫知效一官,行比一乡,德合一君,~征一国者,其自视也,亦若此也。"

耏 ér ❶ 颊须。《后汉书·章帝纪》:"沙漠之北,葱领之西,冒~之类,跋涉悬度。"(冒耏:连鬓胡子。) ❷ 水名。在今山东淄博西北。《左传·襄公三年》:"(齐侯)乃盟于~外。" ❸ nài 古代一种轻的刑罚,剃除颊须。《说文》:"耏,罪不至髡(kūn)也。"《新唐书·波斯传》:"刑有髡、钳、刖、劓,小罪~。"这个意义又写作"耐"。

洏 ér ❶ 煮熟。《说文》:"洏,洝也,一曰煮熟也。" ❷ 流泪的样子。陶渊明《形赠影》诗:"但余平生物,举目情凄~。"[涟洏]见 248 页"涟"字。

栭 ér ❶ 柱顶上支持屋梁的小方木。也叫枓。张衡《西京赋》:"雕楹玉碣(xì),绣~云楣。"(碣:柱下石。楣:门框上的横木。) ❷ 木头上长的菌类植物。《礼记·内则》:"芝~蔆椇(jǔ),枣栗榛柿。"(椇:树名。) ❸ [栭栗]一种果类植物,即茅栗。李时珍《本草纲目·果部·栗》:"栗之大者为板栗……小如指顶者为茅栗,即《尔雅》所谓~~也。"

胹 ér 煮熟。《左传·宣公二年》:"宰夫~熊蹯(fán)不熟,杀之。"(蹯:兽足。)

輀 ér 古代的丧车。《汉书·王莽传下》:"百官窃言,此似~车,非仙物也。"

鲕(鮞) ér ❶ 鱼苗,小鱼。《国语·鲁语上》:"鱼禁鲲(kūn)~。"(鱼:同"渔",捕鱼。鲲:鱼子。) ❷ 一种鱼。《吕氏春秋·本味》:"鱼之美者,洞庭之鱄(zhuān),东海之~。"(鱄:鱼名。)

尔(爾)[尒] ěr ❶ 第二人称代词。你(们),你(们)的。《庄子·盗跖》:"~作言造语,妄称文武。"(作言造语:编造一些谎话。妄:荒谬的。文武:周文王、周武王。)《诗经·卫风·氓》:"以~车来,以我贿迁。"(以我贿迁:把我的财物运走。贿:财物。) ❷ 指示代词。这,那。《世说新语·赏誉》:"~夜风恬月朗。"(恬:静。)《南齐书·张敬儿传》:"~时盘石之心既固,义无贰计。"㊀这样,如此。陶渊明《饮酒二十首》诗之五:"问君何能~。"《晋书·阮咸传》:"未能免俗,聊复~耳。"(聊:姑且。复:也。) ❸ 近。《周礼·地官·肆长》:"名相近者相远也,实相近者相~也。"㊀浅近。《荀子·天论》:"其说甚~。"上述❸㊀又写作"迩"。 ❹ 形容词或副词词尾。《论语·阳货》:"夫子莞(wǎn)~而笑。"(莞尔:微笑的样子。)陆机《文赋》:"或操觚(gū)以率~。"(操觚:指写文章。率尔:轻率的样子。) ❺ 语气词。表示肯定。《公羊传·僖公二年》:"君若用臣之谋,则今日取郭而明日取虞~。"(若:如果。郭、虞:国名。) ❻ 通"耳"。语气词。相当于"而已"。《荀子·非相》:"诛白公,定楚国,如反手~。"(定:平定。)

迩(邇) ěr 近。《尚书·太甲下》:"若升高,必自下;若陟遐,必自~。"(遐:远。)《史记·屈原贾生列传》:"其称文小而其指极大,举类~而见义远。"(称文:指写文章。举类:用类似的事物举例。)㊀浅近。《礼记·中庸》:"舜好问,而好察~言。"(迩言:浅近俚俗之言。)

耳 ěr ❶ 耳朵。《老子》十二章:"五音令人~聋。"㊀附于物体两边的。《史记·封禅书》:"有雉登鼎~雊(gòu)。"(雊:雉鸣。) ❷ 听,听说。欧阳修《赠潘景温叟》诗:

"通宵～高论，饮恨知何涯。"❸语气词。相当于"而已"、"罢了"。《论语·阳货》："前言戏之～。"《史记·郦生陆贾列传》："如反覆手～。"❹语气词。表示肯定。《史记·刺客列传》："且吾所为者极难～。"《世说新语·识鉴》："恨吾老，不见其盛时～。"

饵（餌） ěr ❶糕饼。史游《急就篇》卷二："饼～、麦饭、甘豆羹。"（甘豆羹：甜豆粥。）㉒食物。《老子》三十五章："乐与～，过客止。"（乐：音乐。）❷钓饵。《淮南子·说林》："无～之钓，不可以得鱼。"刘禹锡《楚望赋》："罟（gǔ）张～啖（dàn），不可遁伏。"（罟：渔网。啖：引诱。遁伏：逃跑，躲藏。）㊖引诱。《三国志·魏书·武帝纪》："此所以～敌，如何去之！"（去：离开。）㉒用作引诱的东西，诱饵。《汉书·司马迁传》："足历王庭，垂～虎口。"❸服食，吃。《后汉书·马援传》："援在交阯，常～薏苡实。"（交阯：地名。薏苡实：即薏仁米，可以吃，也可以入药。）王维《赠李颀》诗："闻君～丹砂，甚有好颜色。"❹药物。柳宗元《捕蛇者说》："得而腊之以为～，可以已大风、挛踠、瘘疠。"❺牲畜的筋腱。《礼记·内则》："每物与牛若一，捶反侧之，去其～。"

洱 ěr 洱海，在云南大理东。［洱水］1. 古水名。故道在今河南境内。《汉书·地理志上》："又有～～，东南至鲁阳，亦入沔。"2. 指洱海。吴伟业《赠苍雪》诗："～～与苍山，佛教之齐鲁。"

珥 ěr ❶用珠玉做的耳饰。《史记·外戚世家》："帝谴责钩弋夫人，夫人脱簪～叩头。"❷剑鼻。屈原《九歌·东皇太一》："抚长剑兮玉～，璆（qiú）锵鸣兮琳琅。"（璆：美玉。琳琅：玉石声。）❸日、月晕的一种。《隋书·天文志下》："月晕有两～，白虹贯之，天下大战。"❹插戴，一般指插在帽上。潘岳《秋兴赋》："～蝉冕而袭纨绮之士，此焉游处。"❺ èr 古时打猎，割取所获禽兽的左耳以报功。《周礼·地官·山虞》："植虞旗于中，致禽而～焉。"❻ èr 通"衈"。割牲血涂祭。《周礼·夏官·小子》："而掌～于社稷，祈于五祀。"《周礼·秋官·士师》："凡刉～，则奉犬牲。"

毦 ěr ❶用羽毛做的装饰品。《后汉书·单超传》："金银罽（jì）～，施于犬马。"（罽：一种毛织品。）❷草花。郭璞《江赋》："扬皓～，擢紫茸。"（皓：白。擢：拔。紫茸：植物的紫色细茸花。）

駬 ěr ［騄（lù）駬］见263页"騄"字。

二 èr ❶数词。《荀子·劝学》："问一而告～谓之囋（zá）。"（囋：啰唆。）㉒第二。杜牧《山行》诗："停车坐爱枫林晚，霜叶红于～月花。"❷不专一，不一致。《汉书·王陵传》："毋以老妾故持～心。"（妾：古时女子对自己的谦称。）《后汉书·韩康传》："口不～价。"

【辨】两，二。见250页"两"字。

贰（貳）［弍］ èr ❶副，副的。《周礼·天官·大宰》："建其正，立其～。"《国语·鲁语下》："谁为之～？"㉛副贰，辅佐。《后汉书·仲长统传》："冢宰～王而理天下。"㉛匹敌，并列。《左传·哀公七年》："且鲁赋八百乘，君之～也。"❷不专一。《诗经·卫风·氓》："女也不爽，士～其行。"《荀子·解蔽》："～则疑惑。"㉒不一致，两样。《荀子·王制》："法不～后王。"㉛从属二主。《左传·僖公三十年》："以其无礼于晋，且～于楚也。"（贰于楚：在从属于晋的同时又从属于楚。）㉛离心，背叛。《左传·襄公二十四年》："夫诸侯之贿聚于公室，则诸侯～。"（贿：财物。则：于是。）❸重复。《论语·雍也》："有颜回者好学，不迁怒，不～过。"❹数词"二"的大写。

刵 èr 古代的一种刑罚，割去耳朵。《尚书·康诰》："无或劓（yì）～人。"（劓：古代割去鼻子的刑罚。）

佴 èr ❶贰，副。《尔雅·释言》："佴，贰也。"郭璞注："佴，次，为副贰。"㉛随后，居次。司马迁《报任安书》："李陵既生降（xiáng），隤（tuí）其家声，而仆又～之蚕室，重为天下观笑。"（隤：堕落，败坏。蚕室：宫刑狱室。）❷ nài 姓。如汉有佴毋伤，晋有佴湛。

F

FA

发¹（發） fā ❶把箭射出去。《史记·孙子吴起列传》："于是令齐军善射者万弩，夹道而伏，期曰：'暮见火举而俱～。'"（期：约定。）成语有"百发百中"。㊀量词。用于箭矢。《汉书·匈奴传下》："弓一张，矢四～。"（矢：箭。）❷出发，派遣。《楚辞·九怀·通路》："朝～兮葱岭。"《史记·秦始皇本纪》："王知之，令相国昌平君、昌文君～卒攻毐（ǎi）。"（毐：嫪毐，人名。）❸兴起，产生。《韩非子·显学》："猛将必～于卒伍。"（卒伍：军队基层组织。）《淮南子·主术》："是故草木之～若蒸气。"（是故：因此。）㊀发作。多指疾病。《后汉书·华佗传》："此病后三期当～。"❹表现，显露。《荀子·礼论》："歌谣謸笑，哭泣谛号，是吉凶忧愉之情～于声音者也。"（謸：戏谑，开玩笑。谛：通"啼"。）❺打开，开掘。《韩非子·难二》："使桓公～仓囷（qūn）而赐贫穷。"（囷：圆形的谷仓。）《三国志·吴书·吴主传》："穿堑～渠。"㊁启发。《论语·述而》："不愤不启，不悱不～。"㊀花开。李商隐《无题》诗："春心莫共花争～。"❻掀开，揭发。《史记·项羽本纪》："于是大风从西北而起，折木～屋。"《汉书·郑当时传》："司马安为淮阳太守，～其事。"❼发放。《韩非子·外储说右下》："～五苑之蓏（luǒ）蔬枣栗足以活民。"（五苑：指帝王养禽兽种果木的地方。蓏：瓜。活民：使民活。）㊁发布。《淮南子·主术》："天子～号令，行禁止。"

乏 fá ❶缺少，贫乏。《战国策·齐策四》："孟尝君使人给其食用，无使～。"《盐铁论·力耕》："丰年岁登，则储积以备～绝。"（岁登：大丰收。绝：完，尽。）㊕官位空缺。《左传·成公二年》："敢告不敏，摄官承～。"❷疲乏。《新五代史·周德威传》："因其劳～而乘之，可以胜也。"（乘：追击。）❸荒废。《战国策·燕策三》："光不敢以～国事也。"（光：人名。）

伐 fá ❶砍伐。《诗经·小雅·伐木》："～木丁丁，鸟鸣嘤嘤。"《汉书·赵充国传》："入山～材木。"成语有"伐性之斧"。㊀敲打。高适《燕歌行》："摐（chuāng）金～鼓下榆关。"（摐金：指敲锣。榆关：即山海关。）❷讨伐，进攻。《商君书·农战》："兴兵而～，必取。"（兴兵：起兵。）㊀声讨。成语有"口诛笔伐"、"党同伐异"。❸功劳。《左传·庄公二十八年》："且旌（jīng）君～。"（旌：表彰。）㊁夸耀。《庄子·山木》："自～者无功。"

茷 fá ❶草叶茂盛。柳宗元《始得西山宴游记》："斫（zhuó）榛莽，焚茅～。"❷pèi 通"旆"。大旗。《左传·定公四年》："分康叔以大路、少帛、綪（qiàn）～、旃旌、大吕。"（綪茷：红旗。）[茷茷]旗帜飘扬的样子。《诗经·鲁颂·泮水》："其旂～～，鸾声哕哕（huìhuì）。"（哕哕：车铃声。）

垡 fá ❶翻耕土地。韩愈《送文畅师北游》诗："余期报恩后，谢病老耕～。"❷翻起的土块。贾思勰《齐民要术·大豆》："若泽多者，先深耕讫，逆～掷豆，然后劳之。"

阀（閥） fá ❶功劳。《新唐书·张献诚传》："子煦，积～亦至夏州节度使。"㊕仕宦之家门前旌表功绩的柱子。杜甫《奉赠卢五丈参谋琚》诗："门～冠云霄。"❷名门巨室，即有权势有地位的世家。《新唐书·柳玭传》："子孙众盛，实为名～。"韩愈《送文畅师北游》诗："声誉耀前～。"上述"阀"的义项，古籍中也常用"阀阅"表示。

罚（罰）[罸] fá ❶处分，惩罚。《荀子·王制》："无功不赏，无罪不～。"《三国志·蜀书·诸葛亮传》："犯法怠慢者虽亲必～。"❷出钱赎罪。《周礼·秋官·职金》："掌受士之金～货～。"（受：接受。金罚：用金银赎罪。货罚：用货币赎罪。）❸过错。刘向《列女传·陈女夏姬》："贪色为淫，淫为大～。"

瞂 fá 古兵器名。盾。《逸周书·王会》："鲛～利剑为献。"（鲛瞂：鲛鱼皮制的盾。）

法 fǎ ❶法令，法律，制度。《荀子·王制》："～不贰后王。"（贰：不一致，指背离。）《韩非子·和氏》："燔（fán）《诗》、《书》而明～令。"（燔：焚烧。《诗》、《书》：《诗经》和《尚书》。）《孟子·离娄上》："遵先王之～而过者，未之有也。"❷方法。《孙子兵法·九变》："故用兵之～，无恃（shì）其不来，恃吾有以待也。"（用兵的方法，不要幻想敌人不来，而要依靠自己有准备。）❸效法。《商君书·更法》："治世不一道，便国不必～古。"（道：方法。便：有利。）❹准则，标准。《盐铁论·相刺》："居则为人师，用则为世～。"㊀规范的。如"法帖"（习字帖）。

【辨】法，律。"法"所指的范围大，多偏重于法令、制度。"律"所指的范围小，多着重在具体的规则、条文。所以"变法"不能说成"变律"。用作动词时，"法"是效法、仿效，如"法后王"；"律"是根据一定的准则来要求，如"律己甚严"、"自律"。

发[2]（髮） fà 头发。《东汉民谣》："小民～如韭，剪复生。"《论衡·无形》："人少则～黑，老则～白。"【注意】古代汉语中"發"和"髮"是两个字，意义各不相同。"头发"的意义不写作"發"。现"發"、"髮"都简化为"发"。参见 103 页"发[1]（發）"字。

F

FAN

帆［颿］ fān ❶ 帆，利用风力使船前进的布篷。李白《行路难》诗："直挂云～济沧海。"（济：渡。）㊁借指船。刘禹锡《酬乐天扬州初逢席上见赠》诗："沉舟侧畔千～过，病树前头万木春。" ❷ fàn 张帆行驶。韩愈《除官赴阙》诗："不枉故人书，无因～江水。"

番 fān ❶ 更替，替代，轮流。《北史·贺若弼传》："请广陵顿兵一万，～代往来。"（广陵：地名。顿：驻守。）《新唐书·马怀素传》："与褚无量同为侍读，更日～入。"（褚无量：人名。侍读：官名。更日番入：隔日轮流入宫。） ❷ 量词。次，回。辛弃疾《摸鱼儿·置酒小山亭》："更能消几～风雨。" ❸ 我国古代西南部民族的统称。㊂少数民族的。张籍《旧宫人》诗："全家没～地，无处问乡程。"㊁外国的。宋濂《阅江楼记》："～舶接迹而来廷。" ❹ 通"藩"。篱笆。《荀子·礼论》："抗折，其貌以象镘茨～阏也。"（抗折：一种葬具。镘茨：用泥涂饰茅草屋顶。番阏：用篱笆封闭。） ❺ bō ［番番］勇武的样子。《尚书·秦誓》："～～良士。" ❻ pó ［番番］同"皤皤"。头发雪白的样子。《史记·秦本纪》："黄发～～。"

蕃 fān 见 105 页。

幡 fān ❶ 挑起来直着挂的长条形旗子。《汉书·鲍宣传》："博士弟子济南王咸举～太学下。"（太学：古代的最高学府。）这个意义又写作"旛"。❷ 冠上的巾饰。《后汉书·舆服志下》："负赤～，青翅燕尾，诸仆射～皆如之。" ❸ ［幡然］很快而彻底地（改变）。《荀子·大略》："君子之学如蜕，～～迁之。"（学：学习。蜕：蝉蜕壳。）后来写作"翻然"。

藩 fān ❶ 篱笆。《周易·大壮》："羝羊触～。"（羝羊：公羊。）曹植《鰕䱇篇》："燕雀戏～柴，安识鸿鹄（hú）游！"（戏：玩耍。）㊀屏障。《汉书·叙传下》："建设～屏，以强守圉。"（守圉：守卫。）㊁用作动词。做屏障，捍卫。《汉书·王莽传上》："所以～汉国，辅汉宗也。" ❷ 遮盖。《荀子·荣辱》："以相～饰。"（饰：文饰。） ❸ 藩车，四面有帷帐的车。《左传·襄公二十三年》："以～载栾盈。"（栾盈：人名。） ❹ 封建王朝分给诸侯王的封国。《后汉书·明帝纪》："骠骑将军东平王苍罢归～。"（苍：人名。罢：免职。）㊁属国，属地。《三国志·吴书·吴主传》："魏辽东太守公孙渊……称～于权。"（权：孙权。）［藩镇］唐朝在边境及重要的州设置节度使，掌管一个地区的军政大权，这些重要的军事设防区叫藩镇。后来节度使的权力逐渐扩大，兼管民政、财政，形成军人割据。

翻 fān ❶（鸟）飞。王维《辋川闲居》诗："白鸟向山～。" ❷ 翻腾，翻动。李白《姑孰十咏》其一："波～晓霞影。"（晓：早晨。）岑参《白雪歌送武判官归京》："风掣红旗冻不～。" ❸ 翻转，倾倒。杜甫《白帝》诗："白帝城下雨～盆。"㊀推翻，改变。《世说新语·政事》："陆太尉诣王丞相咨事，过后辄～异。" ❹ 翻译。《旧唐书·姚崇传》："今之佛经，罗什所译，姚兴执本与什对～。"（罗什、姚兴：人名。）上述❷❹又写作"繙"。❺ 同"反"。回返。王维《同比部杨员外十五夜游有怀》诗："夜出曙～归，倾城满南陌。"㊁反切。❻ 副词。反而。李白《猛虎行》："胡马～衔洛阳草。"（胡：指安禄山的军队。衔：指吃。）上述❶❷❻又写作"飜"。

旛 fān 同"幡"。挑起来直着挂的长条形旗子。《后汉书·礼仪志上》："立青～。"刘禹锡《西塞山怀古》诗："千寻铁锁沉江底，一片降～出石头。"（石头：指石头城。）

轓 fān 车厢两旁用以遮蔽尘土的屏障。《汉书·景帝纪》："令长吏二千石车朱两～。"（长吏：官吏中位尊秩高的人。二千石：俸禄二千石的官吏。朱：用作动词，染红或做成红色。）㊁指代车。谢朓《三日侍宴曲水代人应诏》诗："华～徒驾，长缨未饰。"

飜 fān 同"翻"。❶（鸟）飞。曹植《临观赋》："俯无鳞以游遁，仰无翼以～飞。" ❷ 翻转，翻覆。鲍照《拟古诗》之三："汉虏方未和，边城屡～覆。" ❸ 副词。反而。

《梁书·武帝纪上》："俾我危城，～为强镇。"

凡[凢] fán ❶ 凡是，表示概括。《礼记·中庸》："～事豫则立，不豫则废。"[大凡]大概，大致。柳宗元《封建论》："（殷周）～～乱国多，理国寡。"（理：治理得好。）❷ 总共，一共。《史记·陈涉世家》："陈胜王～六月。"贾思勰《齐民要术序》："～九十二篇，分为十卷。"❸ 大概，大要。《汉书·扬雄传下》："请略举～，而客自览其切焉。"成语有"发凡起例"。❹ 平凡，平常。《三国志·蜀书·诸葛亮传》："尽众人～士。"㊀尘世，世俗的。王恽《灵岩寺》诗："地灵连海岱，境胜隔仙～。"李逢吉《石壁禅寺甘露义坛碑》："不严重何以肃～心。"

氾 fán ❶ 古地名。春秋郑邑。有南氾、东氾，两地均在今河南。《左传·僖公二十四年》："鄙在郑地～。"㊁水名。氾水，在今河南。另一氾水，在今山东曹县北，史云汉高祖即位处。《史记·高祖本纪》："甲午，乃即皇帝位～水之阳。"❷ 姓。如汉代有氾胜之。❸ fàn 见106页"泛"。

烦（煩） fán ❶ 烦躁，烦闷。蔡邕《释诲》："瞻仰此事，体躁心～。"《三国志·魏书·华佗传》："胸中～懑（mèn），面赤不食。"（懑：闷。）❷ 繁多，烦琐。《尚书·说命中》："礼～则乱。"《商君书·农战》："～言饰辞，而无实用。"（烦言饰辞：言语啰唆，辞藻华丽。）㊀烦扰。《左传·昭公三年》："唯惧获戾，岂敢惮～。"《史记·乐书》："水～则鱼鳖不大。"（鳖：甲鱼。）❸ 烦劳，相烦。《史记·滑稽列传》："～大巫妪（yù）为入报河伯。"（烦劳大巫婆为我到河里去报告河伯。）

袢 fán ❶ 夏天穿的白色内衣。《诗经·鄘风·君子偕老》："蒙彼绉絺（chī），是绁（xiè）～也。"（蒙：覆盖。绉：极细的葛布。絺：细葛布。绁：通"亵"，贴身的内衣。）❷ 溽热。赵长卿《谒金门》："今夜雨，扫尽一番～暑。"

笲 fán 盛物的竹器。《仪礼·士昏礼》："妇执～枣、栗，自门入。"

墦 fán 坟墓。《孟子·离娄下》："卒之东郭～间，之祭者，乞其余。"（卒：最后。之：[走]到。祭者：祭扫坟墓的人。余：指剩余菜饭。）

蕃 fán ❶ 茂盛。《周易·坤》："天地变化，草木～。"《荀子·天论》："繁启～长于春夏，畜积收臧于秋冬。"（繁：繁多。启：萌芽。长：生长。畜：蓄，积聚。）㊀多。《汉书·食货志下》："今农事弃捐，而采铜者日～。"❷ 繁殖，滋生。《周礼·地官·大司徒》："以阜人民，以～鸟兽。"《管子·四时》："五谷～息。"❸ fān 通"番"。少数民族的。如"蕃兵"。㊁外国的。《新唐书·孔戣传》："～舶泊步。"（泊：停靠。步：埠，船埠。）❹ fān 通"藩"。屏障。《三国志·吴书·陆抗传》："西陵建平，国之～表。"（表：指屏障。）❺ fān 通"藩"。封建王朝分封的诸侯国。《汉书·司马相如传上》："今齐列为东～而外私肃慎。"㊁属国，属地。《汉书·息夫躬传》："且匈奴赖先帝之德，保塞称～。"

璠 fán ❶ 宝玉。陆云《答顾秀才》诗之五："有斐君子，如珪如～。"（有斐：有文采的样子。珪：上圆下方的玉。）❷ [玙（yú）璠]见513页"玙"字。

膰 fán 古代祭祀用的烤肉。《穀梁传·定公十四年》："脤（shèn）者何也？……祭肉也。生曰脤，熟曰～。"

燔 fán ❶ 焚烧。《韩非子·和氏》："～《诗》、《书》而明法令。"㊁烧炙（肉食）。《诗经·小雅·瓠叶》："炮之～之。"❷ 通"膰"。古代祭祀用的烤肉。《左传·襄公二十二年》："与执～焉。"（与：参与。）

蹯 fán 野兽的足掌。《左传·文公元年》："冬十月，以宫甲围成王，王请食熊～而死。"（请：请求。）

樊 fán ❶ 关鸟兽的笼子。《庄子·养生主》："泽雉十步一啄，百步一饮，不蕲（qí）畜乎～中。"（泽雉：泽地的野鸡。蕲：通"祈"，求。）❷ 篱笆。《诗经·小雅·青蝇》："营营青蝇，止于～。"（营营：往来盘旋的样子。）黄庭坚《庚申宿观音院》诗："僧屋无陶瓦，剪茅苍竹～。"（剪茅：指用剪过的茅草做屋顶。）㊁用篱笆围住。《诗经·齐风·东方未明》："折柳～圃。"（圃：种植蔬菜瓜果的园子。）❸ 边，旁。《庄子·则阳》："夏则休乎山～。"（乎：于。）白居易《中隐》诗："大隐住朝市，小隐入丘～。"❹ [樊然]纷杂的样子。《庄子·齐物论》："～～淆（xiáo）乱。"（淆乱：混乱。）

繁[緐] fán ❶ 多，盛。《诗经·小雅·正月》："正月～霜，我心忧伤。"魏征《谏太宗十思疏》："善始者实～，能克终者盖寡。"（克终：指坚持到底。盖：表示不肯定的语气。）㊁频繁，多次。《世说新语·言语》："管弦～奏，钟、夔先听其音。"这个意义又写作"緐"。❷ 繁杂。《后汉书·郑玄传论》："删裁～诬，刊改漏失。"（诬：欺骗。）❸ 茂盛。李商隐《和马郎中移白菊见示》诗："～花疑自月中生。"❹ 繁殖。《管子·八观》："荐草多衍，则六畜易～也。"❺ pó 姓。

蘩 fán 植物名。即白蒿。《诗经·召南·采蘩》："于以采～，于沼于沚。"

瀿 fán 水暴溢。郭璞《江赋》："磴(tèng)之以～瀷(yì)。"(磴：增益。瀷：疾流的雨水。)

反 fǎn ❶ 翻转。《荀子·非相》："诛白公，定楚国，如～手尔。"(尔：通"耳"，语气词。) ❷ 反。与"正"相对。《庄子·秋水》："知东西之相～而不可以相无。"㉃ 违反。《商君书·更法》："～古者未必可非，循礼者未足多是也。"(非：非难，责备。循：遵守，依照。多：赞美，推重。) ❸ 返回。《孟子·公孙丑下》："孟子自齐葬于鲁，～于齐，止于嬴。"这个意义后来写作"返"。㉇ 归还。《左传·僖公二十三年》："公子受飧～璧。"(飧：熟食，饭食。) ❹ 回复。《世说新语·贤媛》："～书责侃。"(侃：陶侃，人名。)㉃ 重复。《论语·述而》："子与人歌而善，必使～之。" ❺ 反叛，造反。贾谊《治安策》："十年之间，～者九起。" ❻ 副词。反而。《荀子·王制》："是强者之所以～弱也。"杜甫《兵车行》："信知生男恶，～是生女好。" ❼ 即反切。我国古代的一种注音方法，用两个字拼成一个字的音，即用上一字的声母，和下一字的韵母和声调相拼。如："南，那含反(或称'那含切')"，就表示"南"的读音是 n＋án＝nán。❽ fān 通"翻"。倾倒。《后汉书·光武帝纪上》："～水不收。"㉃ 翻案。《史记·平准书》："杜周治之，狱少～者。"(杜周：人名。狱：官司，案件。) ❾ fàn 通"贩"。做买卖。《荀子·儒效》："积～货而为商贾(gǔ)。"(商贾：商人。)

犯 fàn ❶ 触犯，侵犯。《韩非子·五蠹》："儒以文乱法，侠以武～禁。"(禁：禁令。)《三国志·吴书·吴主传》："数～边境。"㉇ 犯罪。《北齐书·祖珽传》："珽自知有～。"㉃ 犯人。方苞《狱中杂记》："及他～同谋多人者，止主谋一二人立决。" ❷ 危害，损害。《国语·楚语下》："若防大川焉，溃而所～必大矣。"《礼记·檀弓下》："季子皋葬其妻，～人之禾。" ❸ 遭遇，冒犯。《庄子·山木》："吾～此数患，亲交益疏，徒友益散。"柳宗元《捕蛇者说》："触风雨，～寒暑。"

范1 fàn ❶ 铸造器物的模子。《荀子·强国》："刑～正，金锡美。"(刑：型。美：指质地好。) ❷ 规范。扬雄《太玄·文》："鸿文无～。"(鸿：大。) ❸ 姓。

范2(範)[笵] fàn ❶ 铸造器物的模子。王融《永明九年策秀才文五首》："事兹镕～。"(做这种用模子铸钱的事。镕范：钱模。)㉃ 用模子铸造。《抱朴子·任命》："洪陶～物，大象流形。" ❷ 规范，模范。《三国志·魏书·邓艾传》："文为世～，行为士则。"王勃《滕王阁序》："宇文新州之懿(yì)～。"(宇文新州：指姓宇文的一个新任州官。懿范：好的模范。)【注意】古代汉语中"范"和"範"是两个字。"范"本草名，在作姓时，也只能用"范"。

汎[氾] fàn ❶ 泛滥，大水漫流。《汉书·武帝纪》："河水决濮阳，～郡十六。" ❷ 漂浮。《诗经·邶风·柏舟》："～彼柏舟。"陆云《答车茂安书》："～船长驱，一举千里。"[汎滥] 1. 大水漫流。《论衡·感虚》："洪水之时，～～中国。" 2. 漂浮游荡。《史记·司马相如列传》："～～水嬉兮。" ❸ 广泛，普遍。《庄子·天下》："墨子～爱兼利而非斗。"《楚辞·九叹·思古》："且倘佯而～观。"(倘佯：从容往来。)【注意】"氾"作地名、水名和姓氏人名时音 fán。

饭(飯) fàn ❶ 吃饭。《论语·述而》："～疏食，饮水。"(吃粗米饭，喝生冷水。)辛弃疾《永遇乐·京口北固亭怀古》："廉颇老矣，尚能～否？"㉇ 给……吃，喂。《史记·淮阴侯列传》："有一母见信饥，～信。"(信：韩信。)《盐铁论·论儒》："百里以～牛要穆公。"(百里：百里奚，人名。要：求取信任。穆公：秦穆公。)㉈ 将珠、玉、米等放在死人口中。《战国策·赵策三》："生则不得事养，死则不得～含。"(含：指将珠玉等放在死者的口中。) ❷ 饭食。《庄子·大宗师》："裹～而往食(sì)之。"(包上饭食给他吃。)徐弘祖《徐霞客游记·滇游日记》："食携～于路隅(yú)。"(隅：边。)

泛 fàn ❶ 漂浮。汉武帝《秋风辞》："～楼船兮济汾河。"(楼船：有楼的大船。济：渡。) ❷ 泛滥。郦道元《水经注·河水》："河水盛溢，～浸瓠(hù)子。"(瓠子：水名。)成语有"泛滥成灾"。❸ 广泛，普遍。《三国志·吴书·诸葛瑾传》："～论物理。"(论：论述。物理：事物的道理。)上述❶❷❸又写作"汎"、"氾"。❹ fěng 通"覂"。翻，覆。《汉书·武帝纪》："夫～驾之马……亦在御之而已。"(御：驾驭。)

梵 fàn ❶ 佛教用语。清净，寂静。《妙法莲华经》卷三："净修～行。" ❷ 与佛教有关的事物。如"梵钟"、"梵学"、"梵宇"、"梵服"。❸ 古印度的事物。如"梵语"、"梵文"、"梵历"。

FANG

方 fāng ❶ 方形。《荀子·王霸》："犹规矩之于～圆也。"(规：圆规。矩：曲尺。)㉇

正直。《三国志·魏书·邴原传》："志行忠～。"（志行：志向和行为。）❷ 古代称面积的用语，"方十里"即纵横十里。《列子·汤问》："太行、王屋二山，～七百里。" ❸ 方向，方位。《荀子·君道》："尚贤使能，则民知～。"《韩非子·扬权》："事在四～，要在中央。"（要：指大权。）㊀区域，地方。《孟子·滕文公上》："远～之人闻君行仁政。" ❹ 地的代称。古时有人认为天是圆的，地是方的。《淮南子·本经》："戴圆履～。"（圆：指天。履：踩，踏。）❺ 方法，办法。《荀子·大略》："博学而无～。"（博：广，多。而：但是。）㊀处方，药方。《后汉书·华佗传》："精于～药。" ❻ 两船并行。《史记·郦生陆贾列传》："蜀汉之粟，～船而下。"㊀两车并行。《后汉书·马防传》："临洮（táo）道险，车骑不得～驾。"（临洮：地名。车骑：车马。驾：车乘。）❼ 比拟，相比。魏征《十渐不克终疏》："论功则汤武不足～。"（汤：商汤王。武：周武王。）❽ 副词。正在。《史记·刺客列传》："秦王～环柱走，卒惶急，不知所为。"㊁将要。枚乘《上书谏吴王》："系～绝，又重镇之。"

坊 fāng ❶ 城市中的住宅区。《魏书·世宗纪》："筑京师三百二十～。"白居易《失婢》诗："～门帖榜迟。"（帖榜：指张贴文告。）❷ 店铺。孟元老《东京梦华录》卷三："各有茶～酒店。" ❸ 工场，作坊。《隋书·食货志》："官置酒～收利。"《旧五代史·史弘肇传》："闻作～锻甲之声。" ❹ 牌坊（后起意义）。旧时表彰功德等而立的建筑物。如"贞节坊"、"忠孝坊"等。❺ 官署名。白居易《琵琶行》："名属教～第一部。" ❻ fáng 通"防"。堤防。《礼记·郊特牲》："祭～与水庸。"（水庸：水沟。）㊁防止，防备。《礼记·坊记》："命以～欲。"（命：教令，法令。欲：贪欲。）

芳 fāng ❶ 花草发出的香味。《荀子·宥坐》："芷（zhǐ）兰生于深林，非以无人而不～。"（芷、兰：香草名。以：因。）㊁花草。杜甫《叹庭前甘菊花》诗："篱边野外多众～。" ❷ 美好的。李白《望瓦屋山怀古赠同旅》诗："～名动千古。"（动：震动，影响。）王勃《滕王阁序》："接孟氏之～邻。"㊁美好的名声。《世说新语·尤悔》："既不能流～后世，亦不足复遗臭万载邪？"㊉贤德之人。屈原《离骚》："昔三后之纯粹兮，固众～之所在。"（三后：指夏禹、商汤和周文王。）

枋 fāng ❶ 树名。《庄子·逍遥游》："我决起而飞，抢（qiāng）榆～。"（决：快速。抢：突过。）❷ 大木桩。郦道元《水经注·淇水》引卢谌《征艰赋》："后背洪～巨堰。" ❸ bìng 通"柄"。器物的把儿。《仪礼·士冠礼》："加柶（sì）面～。"（柶：古礼器。）㊁权柄。《周礼·春官·内史》："内史掌王之八～之法。" ❹ fǎng 通"舫"。[枋箄（pái）]木筏。《后汉书·岑彭传》："公孙述遣其将任满、田戎、程汎将数万人乘～～下江关。"

防 fáng ❶ 堤坝。《商君书·算地》："薮（sǒu）泽堤～足以畜。"（湖泊池泽的堤坝足以蓄水。）❷ 筑堤防，堵塞。《左传·襄公三十一年》："然犹～川，大决所犯，伤人必多。"㊀防止，防备。《三国志·吴书·吴主传》："夫法令之设，欲以遏（è）恶～邪。"（遏：制止。）成语有"防患未然"、"防微杜渐"。上述❶和❷之㊀又写作"坊"。㊀作防卫的工事。《史记·苏秦列传》："虽有长城钜～，恶足以为塞。" ❸ 比，相当。《诗经·秦风·黄鸟》："维此仲行，百夫之～。"

坊 fáng 见107页。

妨 fáng ❶ 损害，有害于。《荀子·解蔽》："不以自～也。"（不用这些来伤害自己。）❷ 阻碍，妨碍。杜甫《雨晴》诗："今朝好晴景，久雨不～农。"

房 fáng ❶ 正室两边的房间。《尚书·顾命》："垂之竹矢，在东～。"（垂：人名。）㊂住室。杜甫《病后遇王倚饮赠歌》："遣人向市赊香粳，唤妇出～亲自馔。"㊀结构或作用似房室的物体。《淮南子·氾论》："蜂～不容鹄卵。" ❷ 官署单位名。《北史·柳庆传》："君职典文～。"（职：任职。典文房：主管文书的机构。）又如唐代政制有"兵房、户房、刑礼房、枢机房"等。❸ 星宿名。二十八宿之一（即东方苍龙七宿之第四宿）。《吕氏春秋·季秋》："季秋之月，日在～。" ❹ 家族的分支。《新唐书·宰相世系表·李氏》分陇西、赵郡二支，陇西有四房，赵郡有六房。❺ páng [阿房]秦宫名。❻ páng [房皇]同"仿偟"。徘徊。《史记·礼书论》："～～周浃（jiā）。"（周浃：普遍。）

【辨】房，屋，室。这三个字本义不同。"房"和"室"比较接近。"室"指内室，古代堂的内中为正室，正室的两边为房。这两个字都是指的房间、住室。但"房"的引申义指整个房舍，"室"则无此用法。"屋"的本义是房顶。《诗经·豳风·七月》："亟其乘屋。"（快登上那房顶。）此"屋"字不能换成"房"或"室"。后来"屋"也可指室，方言里还可用于整个房舍。

鲂（魴） fáng 一种淡水鱼。也叫鳊鱼，今名武昌鱼。《诗经·齐风·

敝笱》："敝笱在梁，其鱼～鱮(xù)。"(敝笱：破旧的捕鱼器。梁：鱼梁，拦鱼的堤坝。鱮：鱼名，即鲢鱼。)杜甫《观打鱼歌》："～鱼肥美知第一。"

仿 fǎng ❶ 照样做，效法。《盐铁论·未通》："民相～效。"这个意义又写作"倣"。❷[仿佛]好像，似乎。扬雄《甘泉赋》："犹～～其若梦。"《汉书·眭弘等传赞》："察其所言，～～一端。"又写作"彷彿"、"髣髴"。❸ páng [仿偟(huáng)]徘徊，游移不定。《国语·吴语》："屏营～～于山林之中。"又写作"彷徨"、"傍徨"、"傍偟"、"方皇"、"房皇"等。

访(訪) fǎng ❶ 询问。《左传·僖公三十二年》："穆公～诸蹇(jiǎn)叔。"(诸：之于。蹇叔：人名。)【注意】上古"访"字只有"询问"的意思，没有"拜访"义。❷看望，拜访(后起意义)。韩翃《送丹阳刘太真》诗："相～不辞千里远。"㊂寻求，探寻。王勃《滕王阁序》："～风景于崇阿。"(崇阿：高大的山岭。)❸ 查访，侦察(后起意义)。方苞《狱中杂记》："九门提督所～缉纠诘，皆归刑部。"(九门提督：守卫京城的官。访缉纠诘：查访缉捕，纠举查究。刑部：司法部门。)

彷 fǎng ❶[彷佛]同"仿佛"。好像，似乎。干宝《搜神记》卷一："策既杀吉，每独坐，～～见吉在左右。"❷ páng [彷徨(huáng)]同"仿偟"。徘徊，游移不定。《庄子·逍遥游》："～～乎无为其侧，逍遥乎寝卧其下。"❸ páng [彷徉]徘徊，游荡。《楚辞·招魂》："～～无所倚，广大无所极些。"《史记·吴王濞列传》："故吴王欲内以晁错为讨，外随大王后车，～～天下。"又写作"仿佯"。

纺(紡) fǎng ❶ 把丝、麻等纤维制成纱或线。《左传·昭公十九年》："及老，托于纪鄣，～焉以度而去之。"(托：指寄居。纪鄣：地名。度：指量城的高度。去：指藏起来。)❷ 一种丝织品。《仪礼·聘礼》："迎大夫贿，用束～。"

昉 fǎng 天明。㊂开始。《公羊传·隐公二年》："始不亲迎，～于此乎？"

舫 fǎng 并舟，相并的两船。《战国策·楚策一》："～船载卒，一～载五十人。"㊁船。《世说新语·德行》："时夏月，暴雨卒至，～至狭小而又大漏，殆无复坐处。"

髣 fǎng [髣髴]同"仿佛"。好像，似乎。《楚辞·远游》："时～～以遥见兮。"陶渊明《桃花源记》："山有小口，～～若有光。"

放 fàng ❶ 驱逐，流放。《楚辞·卜居》："屈原既～，三年不得复见。"(既：已经。复：再。)❷ 释放，解脱。《管子·小匡》："～旧罪。"(释放拘禁已久的罪人。)❸ 放纵，放任。《汉书·严延年传》："宾客～为盗贼。"《世说新语·尤悔》："又～船从横，撞人触岸，公初不呵谴。"成语有"放荡不羁"。❹ 开放。杜甫《留别公安太易沙门》诗："江县红梅已～春。"❺ 放置，搁。《晋书·谢安传》："便摄～床上。"(摄：拿来。)❻ fǎng 通"仿"。依照，仿效。《后汉书·吕强传》："竞相～效。"

FEI

飞(飛) fēi ❶ 鸟飞。屈原《天问》："苍鸟群～。"(苍鸟：指鹰。)㊁飞。刘邦《大风歌》："大风起兮云～扬。"㊄很快的。李白《自巴东舟行》诗："～步凌绝顶。"❷ 无根据的，无缘无故的。《后汉书·梁松传》："乃县(xuán)～书诽谤，下狱死。"(县：悬，指张贴。飞书：匿名信。)上述❶❷又写作"蜚"。❸ 意外的。《后汉书·周荣传》："若卒遇～祸，无得殡敛。"(卒：猝，突然。殡敛：入殓和停灵。)

妃 fēi ❶ 配偶，常指妻。《礼记·曲礼下》："天子之～曰后。"《仪礼·少牢馈食礼》："以某～配某氏。"㊕古代帝王的妾或太子、王侯的妻。《左传·文公十四年》："邾文公元～齐姜生定公。"(元妃：正妻。齐姜：人名。)❷ pèi 通"配"。匹配，婚配。《左传·昭公九年》："火，水～也。"《商君书·画策》："夫妇～匹之合。"(合：结合。)

非 fēi ❶ 不对的，不合理的。与"是"相对。《荀子·王制》："是～不乱，则国家治。"陶渊明《归去来兮辞》："实迷途其未远，觉今是而昨～。"成语有"文过饰非"。❷ 非难，责怪。《吕氏春秋·慎行》："莫不～令尹。"《史记·商君列传》："反古者不可～，而循礼者不足多。"(循：遵循。足：值得。多：称赞。)❸ 不是。《庄子·秋水》："子～鱼，安知鱼之乐？"《史记·老子韩非列传》："今者所养～所用，所用～所养。"❹ 无。《史记·孔子世家》："夫子则～罪。"左思《三都赋序》："虽宝～用。"❺ fěi 诽谤。《汉书·晁错传》："～谤不治，铸钱者除。"

菲 fēi 见109页。

骈(騑) fēi ❶ 驾车时辕马两边的马。也叫骖。《墨子·七患》："彻骖～，涂不芸。"(彻：通"撤"，撤去。芸：锄草。)㊁马。班彪《北征赋》："纷吾去此旧都兮，～

迟迟以历兹。”❷[骈骈]马行走不停的样子。《诗经·小雅·四牡》：“四牡～～，周道倭(wēi)迟。”(牡：雄[马]。周道：大路。倭迟：弯曲长远的样子。)

绯(緋) fēi (帛)红色。《晋书·安平献王司马孚传》：“衣一袭，～练百匹。”韩愈《送区弘南归》诗：“佩服上色紫与～。”

扉 fēi 门扇。《左传·襄公二十八年》：“子尾抽桷(jué)击～三。”(子尾：人名。桷：方形椽子。)杜甫《草阁》诗：“柴～永不关。”

蜚 fēi 见110页。

霏 fēi 雨雪或烟云很盛的样子。常叠用。《诗经·邶风·北风》：“雨雪其～。”(其：形容词词头。)杜甫《望兜率寺》诗：“～～云气重，闪闪浪花翻。”王维《送友人归山歌二首》之二：“云冥冥兮雨～～。”

肥 féi ❶肥，胖。《孟子·梁惠王上》：“庖有～肉，厩有～马。”《世说新语·言语》：“君何所欣说(yuè)而忽～?”(说：悦。)㊀茁壮，粗大。贾思勰《齐民要术·种葵》：“蘖(niè)生～嫩。”(蘖：根部新生的枝条。)❷油脂多的。蔡邕《为陈留县上孝子状》：“臣为设食，但用麦饭寒水，不食～腻。”❸肥沃，富饶。《韩非子·说林下》：“争～饶之地。”

淝 féi [淝水]水名。在安徽。也称肥水。《晋书·谢玄传》：“(苻坚)众号百万……列阵临肥水。”

腓 féi 屋角隐蔽之处。《仪礼·士虞礼》：“彻设于西北隅；如其设也，几在南，～用席。”(几：几案。)

腓 féi ❶胫后肌肉。俗称腿肚子。《韩非子·扬权》：“～大于股，难以趣(qū)走。”(趣走：奔跑。)❷古代的一种刑罚，剔去膝盖骨。也叫膑、刖。班固《白虎通·五刑》：“～者，脱其膑也。”❸枯萎。《诗经·小雅·四月》：“秋日凄凄，百卉具～。”㊁疾病。鲍照《代苦热行》：“毒泾尚多死，渡泸宁具～。”❹隐蔽，庇护。《诗经·小雅·采薇》：“君子所依，小人所～。”

痱 féi 病名。中风。《灵枢经·热病》：“～之为病也，身无痛者，四肢不收。”《史记·魏其武安侯列传》：“病～，不食欲死。”【注意】“痱(fèi)子”古代汉语中多写作“痱”。《素问·生气通天论》：“汗出见湿，乃生痤(cuó)痱。”(痤：疖子。)

朏 fěi ❶月初生明。《尚书·召诰》：“三月，惟丙午～。”㊁用作阴历每月初三的代称。庾阐《海赋》：“～魄昏微，乍明乍没。”(朏魄：本指阴历每月初三晚上的月光，引申为新月的光亮。)❷[朏朏]1.天刚发亮。《楚辞·九思·疾世》：“时～～兮且旦，尘漠漠兮未晞。”2.尘埃高积。葛洪《西京杂记》卷六：“床上石枕一枚，尘埃～～甚高。”3.兽名。《山海经·中山经》：“(霍山)有兽焉，其状如狸，而白尾有鬣，名曰～～，养之可以已忧。”(已：止。)

匪 fěi ❶圆形的盛物竹器。《周礼·春官·肆师》：“共设～瓮之礼。”这个意义后来写作“篚”。❷非，不是。《诗经·邶风·柏舟》：“我心～石，不可转也。”[匪人]不是自己亲近的人。《周易·比》：“比之～～，不亦伤乎?”㊀行为不正的人。李朝威《柳毅传》：“不幸见辱于～～。”❸指示代词。义同“彼”。《诗经·桧风·匪风》：“～风发兮，～车偈兮。顾瞻周道，中心怛兮。”(偈：疾驱的样子。)【注意】古代汉语中“匪”字不当“土匪”讲。

诽(誹) fěi 批评，指责过失。《墨子·经说下》：“以理之可～，虽多～，其～是也。”《韩非子·八经》：“赏者有～焉，不足以劝；罚者有誉焉，不足以禁。”㊁毁谤，说别人的坏话。《荀子·非十二子》：“是以不诱于誉，不恐于～。”(不为赞誉所引诱，不因毁谤而恐惧。)

【辨】谤，诽，讥。见11页“谤”字。

菲 fěi ❶一种蔬菜，属萝卜一类。《诗经·邶风·谷风》：“采葑(fēng)采～，无以下体。”(葑：蔬菜名，即芜菁。)❷微薄。萧衍《入屯阅武堂下令》：“～食薄衣。”[菲薄]轻视。诸葛亮《出师表》：“不宜妄自～～。”❸fēi 常“芳菲”连用，形容花草芳香。陆龟蒙《阖闾城北有卖花翁》诗：“十亩芳～为旧业。”❹fēi [菲菲]1.花草芳香的样子。屈原《九歌·东皇太一》：“芳～～兮满堂。”2.花美的样子。左思《吴都赋》：“郁兮蓶(ruì)茂，晔(yè)兮～～。”(蓶：草初生的样子。晔：光辉。)3.错乱的样子。扬雄《太玄·昆》：“白黑～～。”4.上下不定的样子。《后汉书·梁鸿传》：“志～～兮升降。”❺fèi 通“屝”。草鞋。古乐府《孤儿行》：“足下无～。”

悱 fěi 想说而说不出来。《论语·述而》：“不愤不启，不～不发。举一隅不以三隅反，则不复也。”(愤：憋闷。发：启发。)

棐 fěi ❶辅助。《尚书·洛诰》：“朕教汝于～民彝。”(彝：常道，正常伦理。)❷通“非”。菲薄。《汉书·武五子传》：“毋作～德。”❸通“榧”。树名。《晋书·王羲之传》：“尝诣门生家，见～几滑净，因书之，真草相半。"(棐几:用榧木做的几案。)❹通"篚"。圆形的盛物竹器。《汉书·地理志上》:"厥贡漆丝,厥～织文。"❺古地名。春秋郑邑。《左传·文公十三年》:"公还自晋,郑伯会公于～。"

斐 fěi 有文采。《论衡·案书》:"文辞～炳。"(炳:鲜明。)[斐斐]1.有文采的样子。《三国志·蜀书·杨戏传》:"藻丽辞理,～～有光。"(理:条理。)2.很轻的样子。谢惠连《泛湖归出楼中玩月》诗:"～～气幂(mì)岫(xiù)。"(幂:覆盖,罩。岫:山。)

F

榧 fěi 树名。果实名榧子,可以食用。李德裕《平泉山居草木记》:"木之奇者,有天台之金松、琪树,稽山之海棠、～、桧。"

蜚 fěi ❶一种有害的小飞虫。《左传·庄公二十九年》:"秋,有～为灾也。"❷传说中的一种怪兽。《山海经·东山经》:"(太山)有兽焉,其状如牛而白首,一目而蛇尾,其名曰～。"❸fēi 通"飞"。鸟飞。《韩非子·外储说左上》:"墨子为木鸢(yuān),三年而成,～一日而败。"(为:做。鸢:一种鹰。败:失败。)㉂无根据的,无缘无故的。《史记·魏其武安侯列传》:"乃有～语,为恶言闻上。"(闻上:使皇帝听到。)成语有"流言蜚语"。

翡 fěi ❶一种羽毛红色的鸟。《管子·轻重丁》:"请挟弹怀丸游水上,弹～燕小鸟。"❷[翡翠]1.鸟名。羽毛可做装饰品。司马相如《子虚赋》:"揜(yǎn)～～。"(揜:捕捉。)2.绿色的硬玉。《淮南子·泰族》:"瑶碧玉珠,～～玳瑁,文彩明朗,润泽若濡。"

篚 fěi 圆形的盛物竹器。《孟子·滕文公下》:"其君子实玄黄于～,以迎其君子。"(玄黄:指彩色的丝帛。)

芾 fèi 见117页。

柹 fèi 削木片。潘岳《马汧督诔》:"～梠(lǚ)桷(jué)之松。"(梠:屋檐。桷:方椽子。)㉂木片。《晋书·王濬传》:"濬(jùn)造船于蜀,其木～蔽江而下。"【注意】"柹"字与果树"柿(shì)"形体相近,而音义殊异,不可混同。

肺 fèi ❶肺,呼吸器官。《诗经·大雅·桑柔》:"自有～肠,俾民卒狂。"(俾:使。卒:尽。狂:惑,困惑。)㊅内心。《新唐书·封伦传》:"人莫能探其膺～。"(膺:胸。)❷pèi [肺肺]茂盛的样子。《诗经·陈风·东门之杨》:"东门之杨,其叶～～。"

吠 fèi 狗叫。陶渊明《归园田居》诗之一:"狗～深巷中,鸡鸣桑树巅。"成语有"狂犬吠日"。㉂动物鸣叫。蔡琰《悲愤诗》:"豺狼号且～。"

狒 fèi [狒狒]兽名。《尔雅·释兽》:"～～如人,被(pī)发迅走,食人。"又写作"㵒㵒"。左思《吴都赋》:"猩猩啼而就禽,㵒㵒笑而被格。"(禽:擒。格:打。)

沸 fèi ❶水翻腾的样子。《诗经·小雅·十月之交》:"百川～腾,山冢崒崩。"㉂水烧开时翻滚的状态。贾思勰《齐民要术·种红蓝花栀子》:"数～后便缓火微煎。"(缓火:小火。)成语有"扬汤止沸"。❷fú 洒,飞溅。李白《望庐山瀑布二首》之一:"飞珠散轻霞,流沫～穹石。"㉂波涛澎湃之声。司马相如《上林赋》:"～乎暴怒,汹涌澎湃。"

费(費) fèi ❶花费,耗损。《商君书·垦令》:"商贾(gǔ)少则上不～粟。"㉂浪费。《老子》四十四章:"甚爱必大～,多藏必厚亡。"㊕言语浪费,不节约。《礼记·缁衣》:"口～而烦。"❷费用。《盐铁论·非鞅》:"足军旅之～。"(使军队的费用充足。)❸(旧读 bì)地名。即今山东费县。《论语·先进》:"子路使子羔为～宰。"

废(廢) fèi ❶崩坏,倒塌。《淮南子·览冥》:"往古之时,四极～,九州裂。"❷衰败。《汉书·楚元王传》:"而国家有～兴。"❸废弃,停止。《韩非子·问田》:"～先王之教。"《论语·卫灵公》:"不以人～言。"成语有"废寝忘食"、"半途而废"。㊀黜废,罢官。《管子·明法解》:"不胜其任者～免。"❹残废。《盐铁论·诛秦》:"无手足则支体～。"

剕[跳] fèi 古代断足刑。《尚书·吕刑》:"～辟(bì)疑赦。"(犯了断足罪而事有可疑的人应予赦免。辟:法,刑法。)

陫 fèi [陫侧]忧伤的样子。屈原《九歌·湘君》:"隐思君兮～～。"

屝 fèi 草鞋。《左传·僖公四年》:"共其资粮～屦(jù)。"(屦:用麻、葛等制成的鞋。)

俷 fèi 背弃,败坏。《史记·三王世家》:"毋作怨,毋～德。"

FEN

分 fēn ❶分开。《史记·秦始皇本纪》:"～天下以为三十六郡。"㊀区别,分辨。《论语·微子》:"丈人曰:'四体不勤,五谷不～,孰为夫子?'"㊀一半。《列子·周穆王》:"人生百年,昼夜各～。"㊕春分,秋分。《左传·昭公十七年》："日过～而未至。"（至：指夏至。）❷ 分给，分配。《左传·庄公十年》："衣食所安，弗敢专也，必以～人。"（衣食所安：衣食一类用来安身的东西。弗：不。专：专有。以：用。）㉟分享。扬雄《解嘲》："～人之禄。"❸ 单位名：1. 长度单位。十分为一寸。2. 土地面积单位。十分为一亩。3. 重量单位。十分为一钱。❹ fèn 名分，职分。《荀子·正论》："犯～乱理。"（犯：触犯。）❺ fèn 料想。《汉书·苏武传》："自～已死久矣。"❻ fèn 情分，关系或感情。曹植《赠白马王彪》诗："恩爱苟不亏，在远～日亲。"（苟：假如。亏：指损害。）❼ fèn 量词。份（后起意义）。贾思勰《齐民要术·笨麴并酒》："看酿多少，皆平分米作三～，一～一炊。"

芬 fēn ❶ 香，香气。《荀子·荣辱》："鼻辨～芳腥臊。"傅咸《感别赋》："兰蕙含～。"㉡美名。《晋书·桓彝传》："扬～千载之上。"（扬：传扬。载：年。）❷ 通"纷"。众多的样子。《汉书·礼乐志》："～哉芒芒。"

纷（紛） fēn ❶ 缀在旗上的飘带。扬雄《羽猎赋》："青云为～。"❷ 众多的样子。屈原《离骚》："～吾既有此内美兮。"杜甫《故武卫将军挽歌三首》之三："路人～雨泣。"（雨泣：泣泪如雨。）❸ 乱，扰乱。《国语·周语下》："出令不信，刑政～放。"（放：放纵。）《墨子·尚同中》："当此之时，本无有敢～天子之教者。"❹ 纠纷，争执。《老子》四章："塞其兑，闭其门；挫其锐，解其～；和其光，同其尘，是谓玄同。"《史记·滑稽列传》："谈言微中，亦可以解～。"

氛 fēn ❶ 凶气，预示不祥的云气。《左传·襄公二十七年》："楚～甚恶，惧难。"㉢云气。《左传·昭公二十年》："梓慎望～。"（梓慎：人名。）㉟雾气。《礼记·月令》："～雾冥冥。"❷［氛氲］1. 雨雪盛的样子。谢惠连《雪赋》："其为状也，散漫交错，～～萧索。"（萧索：回旋的样子。）2. 愁思、心绪纷乱的样子。高适《蓟门行》之一："蓟门逢故老，独立思～～。"

雰 fēn ❶ 雾气。《素问·六元正纪大论》："寒～结为霜雪。"❷［雰雰］雪下得很大的样子。《诗经·小雅·信南山》："雨雪～～。"（雨雪：下雪。）

饙［饋］ fēn 蒸饭。《诗经·大雅·泂酌》："可以～饎（chì）。"（饎：酒食。）㉟蒸熟的饭。贾思勰《齐民要术·造神麴并酒等》："良久，水尽，～极熟软。"

坟（墳） fén ❶ 土堆，高地。屈原《九章·哀郢》："登大～以远望兮。"㉟大堤。《诗经·周南·汝坟》："遵彼汝～，伐其条枚。"（沿着汝水边那条大堤砍伐树枝和树干。条：树枝。枚：树干。）❷ 有封土的墓。㉢坟墓。《史记·孝文本纪》："不治～，欲为省。"（治：修。欲为省：想节约。）❸ 大。《诗经·小雅·苕之华》："牂（zāng）羊～首。"（牂羊：母羊。）❹ 古代典籍。《颜氏家训·勉学》："夫文字者，～籍根本。"［三坟］传说中远古时代三皇所作的书。《左传·昭公十二年》："能读～～五典。"（五典：传说中远古时五帝所作的书。）❺ fèn 高起。《国语·晋语二》："公祭之地，地～。"

【辨】坟，墓。"坟"有"土堆"的意义，"墓"没有。作"坟墓"讲时，上古"坟"和"墓"也有区别：坟高，墓平。所以《礼记·檀弓上》说："古也墓而不坟。"

汾 fén 水名。汾河，黄河支流。在山西境内。《诗经·魏风·汾沮洳》："彼～沮洳（jùrù），言采其莫。"（沮洳：低湿地。言：动词词头。莫：草名。）

枌 fén ❶ 一种乔木。即白榆树。《诗经·陈风·东门之枌》："东门之～，宛丘之栩（xǔ）。"（宛丘：平而圆的高地。栩：树名。）❷ 通"棼"。阁楼的栋。张协《七命》："～栱嵯峨。"（嵯峨：高大的样子。）

蚡 fén ❶ 同"鼢"。田鼠。《新唐书·东夷传·高丽》："狼狐入城，～穴于门，人心危骇。"（穴：用作动词，打洞穴。）❷［蚡缊］纷乱纠结的样子。马融《长笛赋》："～～繙纡（fānyū）。"（繙纡：杂乱的样子。）

棼 fén ❶ 阁楼的栋。《三国志·吴书·太史慈传》："贼于屯里缘楼上行詈（lì），以手持楼～，慈引弓射之，矢贯手著～。"（詈：骂。）❷ 麻布。《周礼·春官·巾车》："素车～蔽。"❸ 纷乱。《左传·隐公四年》："臣闻以德和民，不闻以乱。以乱，犹治丝而～之也。"［棼棼］纷乱的样子。《尚书·吕刑》："民兴胥渐，泯泯～～。"（胥：皆。泯泯：纷扰。）

鼢 fén 鼢鼠，即田鼠。也叫鼹（yǎn）鼠。《说文》："鼢，地行鼠，伯劳所化也，一曰偃（yǎn）鼠。"李时珍《本草纲目·兽部·鼹鼠》："《别录》曰：鼹鼠在土中行。五月取令干，燔之。弘景曰：此即～鼠也。"

焚 fén 烧。《韩非子·难一》："～林而田，偷取多兽，后必无兽。"（田：畋，打猎。偷取：苟且获取。）㉟古代的一种酷刑，用火烧死。《左传·僖公二十一年》："夏大旱，公欲～巫尪。"（巫尪：女巫。）

濆（濆） fén ❶ 水边，河旁高地。《诗经·大雅·常武》："铺敦淮～，仍执丑虏。”（铺敦：指陈屯军队。敦：通“屯”。）❷ 汝水的岔流。《尔雅·释水》：“河有灉（yōng），汝有～。”❸ pēn 水从地下涌出。《公羊传·昭公五年》：“叔弓帅师败莒（jǔ）师于～泉。～泉者何？直泉也。直泉者何？涌泉也。”［濆薄］水波腾涌的样子。左思《吴都赋》：“百川派别，归海而会……～～沸腾，寂寥长迈。”

隫 fén ❶ 水边高地。《管子·地员》：“五粟之土，若在陵、在山、在～、在衍。”（衍：沼泽地。）❷ 通“坟”。坟墓。曾慥《类说》卷二八引沈既济《任氏传》：“自北之东，谁氏之宅？旧～墉弃地也。”（墉：墙垣。）

蕡 fén ❶ 草木果实硕大。《诗经·周南·桃夭》：“桃之夭夭，有～其实。”❷ fèi 大麻，大麻的种子。《周礼·天官·笾人》：“朝事之笾，其实麷（fēng）～。”（麷：炒麦。）

幩 fén 缠在马嚼子上的帛，可以起扇汗作用。《诗经·卫风·硕人》：“四牡有骄，朱～镳镳（biāobiāo）。”（骄：高大强壮。镳镳：马饰繁盛的样子。）

豶（豶） fén 阉割过的猪。《周易·大畜》：“六五，～豕之牙，吉。”

鼖 fén 古代军中用的大鼓。《周礼·考工记·鼓人》：“以～鼓鼓军事。”

分 fén 见110页。

坋 fèn ❶ 尘土。《说文》：“坋，尘也。”❷ 涂饰。《后汉书·东夷传》：“并以丹朱～身，如中国之用粉也。”

忿 fèn 愤怒，怨恨。《孙子兵法·谋攻》：“不胜其～。”（非常愤怒。）曹操《让县自明本志令》：“为强豪所～。”

奋（奮） fèn ❶ 鸟类展翅。《诗经·邶风·柏舟》：“不能～飞。”㉠举起来。《史记·张耳陈余列传》：“陈王～臂，为天下倡始。”㉠奋力，尽力。《史记·田单列传》：“遂经其颈于树枝，自～绝脰而死。”（脰：脖颈。）❷ 振作，发扬。贾谊《过秦论》：“及至始皇，～六世之余烈。”（余烈：遗留下来的功业。）李白《代寿山答孟少府移文书》：“～其智能，愿为辅弼。”㉧奋起。《盐铁论·褒贤》：“（陈胜）～于大泽，不过旬月。”

偾（僨） fèn ❶ 仆倒，跌倒。《庄子·天运》：“一死一生，一～一起。”㉠倒毙。晁错《言守边备塞疏》：“输者～于道。”（运输的人倒毙在路上。）㉠覆败，灭亡。韩愈《衢州徐偃王庙碑》：“上下相贼害，卒～其国而沈其宗。”《宋史·南唐李氏世家》：“薄伐太原，遂～北汉，而海内一矣。”❷ 奋起。《左传·僖公十五年》：“张脉～兴，外强中干。”（张脉：中医的一种脉象。）㉧突起，鼓起。陶宗仪《辍耕录》卷三：“石上血～起，如始写时，不为风雨所剥蚀。”

愤（憤） fèn ❶ 懑闷。《论语·述而》：“不～不启，不悱不发。”《后汉书·王符传》：“志意蕴～。”（心中烦闷。）［发愤］1. 发泄心中的不平。屈原《九章·惜诵》：“～～以抒情。”2. 因愤激而决心努力。《论语·述而》：“～～忘食，乐以忘忧。”成语有“发愤图强”。❷ 愤怒。陈子昂《感遇诗三十八首》之三十四：“每～胡兵入，常为汉国羞。”陈亮《上孝宗皇帝第三书》：“盖国家之大耻而天下之公～也。”

粪（糞） fèn ❶ 扫除，除去秽土。《荀子·强国》：“堂上不～，则郊草不瞻旷芸（yún）。”（郊：野外。芸：耘，除草。）［粪土］脏土。《论语·公冶长》：“～～之墙不可圬也。”❷ 屎（后起意义）。贾思勰《齐民要术·耕田》：“其美与蚕矢熟～同。”（矢：屎，粪便。熟粪：经过发酵的粪肥。）❸ 施肥。《礼记·月令》：“（季夏之月）可以～田畴，可以美土疆。”沈括《梦溪笔谈》卷二六：“一亩之稼，则～溉者先牙。”（粪溉：施肥灌溉。牙：发芽。）

瀵 fèn ❶ 地底喷出来的水。《列子·汤问》：“有水涌出，名曰神～。”㉧用作动词。指水自地下喷出。刘禹锡《机汲记》：“虽～涌于庭，莫尚其霈洽也。”（霈洽：水量充沛。）❷ 浸。郭璞《江赋》：“翘茎～蘂，濯颖散裹。”（蘂：同“蕊”。颖：穗。裹：草实。）

FENG

丰¹ fēng ❶ 容貌丰满、美好的样子。《诗经·郑风·丰》：“子之～兮，俟（sì）我乎巷兮。”（子：对男子的称呼。俟：等待。乎：于。）［丰茸］茂盛的样子。司马相如《长门赋》：“罗～～之游树兮。”❷ 通“风”。风度。蒲松龄《聊斋志异·娇娜》：“偶过其门，一少年出，～采甚都。”（都：美好，漂亮。）

丰²（豐） fēng ❶ 茂密，茂盛。《诗经·小雅·湛露》：“湛湛露斯，在彼～草。”（湛湛：露水浓重的样子。）曹操《步出夏门行·观沧海》：“树木丛生，百草～茂。”㉠盛，多。《吕氏春秋·当染》：“从属弥众，弟子弥～，充满天下。”❷ 丰收。柳宗元《田家三首》诗三：“今年幸少～。”（少丰：年成稍好。）成语有“人寿年丰”。❸ 富足，丰富。贾思勰《齐民要术序》：“家家～实。”

刘知几《史通·叙事》："文约而事～。"（约：简要。）❹ 大，高大。《列子·杨朱》："～屋美服，厚味姣色。"成语有"丰功伟绩"。❺ 古代放酒器的托盘。《仪礼·公食大夫礼》："饮酒实于觯（zhì），加于～。"（觯：古代酒器。加：放在上面。）【注意】古代汉语中"丰"和"豐"是两个字，意义各不相同。"丰"一般只用来形容容貌和神态，"豐"形容各种事物，如"豐草"、"豐年"。现"豐"简化为"丰"。参见 112 页"丰¹"字。

沣（灃） fēng 水名。在陕西境内。《史记·封禅书》："霸、产、长水、～、涝、泾、渭皆非大川。"

酆 fēng ❶ 古地名。在今陕西西安鄠邑区。《史记·匈奴列传》："武王伐纣而营雒邑，复居于～、鄗（hào）。"（鄗：同"镐"，周武王的国都。）❷ 通"丰²（豐）"。丰盛，丰富。《论衡·须颂》："汉德～广，日光海外也。"

葑 fēng 同"葑"。即芜菁。《方言》卷三："葑、荛，芜菁也。陈、楚之郊谓之～。"曹操《步出夏门行·土不同》："锥不入地，～藾深奥。"（藾：草名，即蒿。）

风（風） fēng ❶ 风。《诗经·郑风·萚兮》："萚（tuò）兮萚兮，～其吹女（rǔ）。"（萚：草木脱落的皮或叶。女：汝，你。）许浑《咸阳城东楼》诗："山雨欲来～满楼。"[风伯]风神。也叫飞廉。《论衡·祀义》："～～、雨师、雷公，是群神也。"㊉势头。《三国志·吴书·吴主传》："是时曹公新得表众，形势甚盛，诸议者皆望～畏惧。"（是时：这时。表众：指刘表的军队。议者：参加讨论的人。）❷ 风俗，风气。《荀子·乐论》："移～易俗。"㊋政教，风化。《史记·秦始皇本纪》："秦并海内，兼诸侯，南面称帝，以养四海，天下之士斐然乡～。"（乡：向。）❸ 作风，风度。《魏书·杜铨传》："铨学涉，有长者～。"（学涉：指学问渊博。）❹ 民歌，歌谣。《左传·隐公三年》："～有《采蘩》、《采蘋》。"（《采蘩》、《采蘋》：《诗经》"国风"里的篇名。）[风骚]《诗经》和《离骚》。《宋书·谢灵运传》："原其飙（biāo）流所始，莫不同祖～～。"（推究一下他们的渊源，都是效法《诗经》和《离骚》。原：推究根源。飙流：风和水。祖：效法。）❺ 某些疾病的名称。《后汉书·华佗传》："操积苦头～眩。"（操：曹操。积苦：久病。）❻ 走失。《左传·僖公四年》："君处北海，寡人处南海，唯是～马牛不相及也。"（意指两国相隔很远，即使马牛走失也不会跑到对方境内去。）❼ fěng 通"讽"。含蓄地暗示、劝告。《汉书·田蚡传》："蚡乃微言太后～上。"

封 fēng ❶ 加土培育树木。《左传·昭公二年》："宿敢不～殖此树！"（宿：人名。殖：植，种植。）㊂聚土筑坟。《左传·文公三年》："～殽（xiáo）尸而还。"（殽：地名。）❷ 古代帝王在泰山上筑坛祭天。《史记·秦始皇本纪》："乃遂上泰山，立石，～，祠祀。"（遂：于是。祠祀：祭祀。）❸ 封闭，封合。《史记·李斯列传》："书已～，未授使者，始皇崩。"（崩：称帝王死。）成语有"故步自封"。㊋量词。封（后起意义）。杜甫《述怀》诗："自寄一～书。"（书：信。）❹ 边界，界域。《史记·商君列传》："开阡陌～疆。"（阡陌：田间小路。封疆：疆界。）《左传·僖公三十年》："又欲肆其西～。"（肆：指扩张。）❺ 帝王授予臣子土地或封号。《孔丛子·答问》："（陈涉曰）六国之后君，吾不能～也。"《史记·李斯列传》："使秦无尺土之～。"❻ 大，厚。屈原《离骚》："羿淫游以佚畋兮，又好射夫～狐。"成语有"封豕长蛇"。

葑 fēng ❶ 菜名。即芜菁。也叫蔓菁。《诗经·邶风·谷风》："采～采菲，无以下体。"（无：勿，不。下体：指根、茎。）❷ fèng 菰根，即茭白根。《晋书·毛璩传》："四面湖泽，皆是菰～。"

烽[熢] fēng 古代边防报警举的火。《史记·魏公子列传》："公子与魏王博，而北境传举～，言'赵寇至，且入界'。"蔡谟《与弟书》："军中耳目，当用～鼓，～可遥见，鼓可遥闻，形声相传，须臾百里。"（须臾：极短的时间。）[烽燧（suì）]古时遇敌人来犯，边防人员点火报警，夜里点的火叫烽，白天烧的烟叫燧。贾谊《治安策》："斥候望～～不得卧，将吏被介胄而睡。"（斥候：侦察兵。介胄：盔甲。）

锋（鋒） fēng ❶ 兵器锐利的部分。《荀子·议兵》："兑则若莫邪之利～，当之者溃。"（兑：锐，锐利。莫邪：传说中古代的宝剑。）㊋借指兵器。《晋书·慕容垂载记》："时出挑战，～戈屡交。"㊂器物尖锐犀利的部分。沈括《梦溪笔谈》卷二四："方家以磁石磨针～，则能指南。"（方家：指方术之士。）❷ 作战或行军时的先头部队。《三国志·魏书·张郃传》："从讨柳城，与张辽俱为军～。"（从：跟随。）❸ 锋利。《宋史·兵志十一》："京师所制军器，多不～利。"㊂锐气，战斗气势。《汉书·吴王濞传》："吴（楚）兵锐甚，难与争～。"❹ 农具名。《论衡·幸偶》："等之金也，或为剑戟，或为～

铦。"用作动词。用锋翻地。贾思勰《齐民要术·耕田》:"凡秋收之后……即移羸速～之,地恒润泽而不坚硬。"

蜂[蠭] fēng ❶一种昆虫。有蜜蜂、胡蜂、细腰蜂等。《管子·轻重戊》:"～螫(shì)也。"(螫:蜇人。)屈原《天问》:"～蛾微命,力何固?"成语有"蜂目豺声"。㊕蜜蜂。如"蜂蜜"、"蜂蜡"。《论衡·言毒》:"蜜为～液。"㊓成群地。《史记·项羽本纪论》:"豪杰～起。"成语有"蜂拥而至"。❷通"锋"。锋利。《新唐书·高叡传》:"突厥～锐。"

冯(馮) féng ❶píng 盛,大。屈原《天问》:"康回～怒。"(康回:人名。)❷píng 烦闷。《楚辞·哀时命》:"愿舒志而抽～兮。"❸píng 登。《荀子·宥坐》:"百仞(rèn)之山而竖子～而游焉。"(竖子:小孩子。仞:古时以八尺或七尺为一仞。)❹píng 欺凌。《左传·襄公十三年》:"小人伐其技,以～君子。"(伐:夸耀。技:才能。)❺píng 涉水。《诗经·小雅·小旻》:"不敢暴虎,不敢～河。"(暴虎:徒步打老虎。)❻píng 依靠,依据。《汉书·王莽传下》:"读军书倦,因～几寐。"《左传·哀公七年》:"～恃其众。"(依仗着他人多。)上述❶—❻后来都写作"凭²(憑)"。❼古地名。春秋周邑。在今河南荥阳西。❽姓。

沨(渢) féng ❶水声。《玉篇·水部》:"沨,水声。"[沨沨]象声词。形容水声、风声、雷声等。司马光《潜虚·行图·声》:"空谷来风,有声～～。"石介《庆历圣德颂》:"大声～～,震摇六合。"❷fán [沨沨]形容乐声婉转抑扬。《左传·襄公二十九年》:"为之歌《魏》,(季札)曰:'美哉,～～乎!'"

逢 féng ❶遭遇。《诗经·邶风·柏舟》:"薄言往愬,～彼之怒。"㊀遇见,遇到。李白《古风五十九首》之二十四:"路～斗鸡者,冠盖何辉赫。"❷迎接。王维《与卢象集朱家》诗:"主人能爱客,终日有～迎。"㊁迎合,讨好。《孟子·告子下》:"～君之恶其罪大。"成语有"阿谀逢迎"。❸大。《礼记·儒行》:"衣～掖之衣。"(逢掖:大袖子。)❹péng [逢逢]象声词。形容鼓声。《诗经·大雅·灵台》:"鼍(tuó)鼓～～。"(鼍:鳄鱼的一种,皮可蒙鼓。)❺páng 姓。如古有逢丑父(《左传·成公二年》)、逢蒙(《孟子·离娄下》)。这个意义后来写作"逄"。

讽(諷) fěng ❶背诵。《荀子·大略》:"少不～诵。"(少:年少。)❷用含蓄的话暗示或劝告。《史记·滑稽列传》:"常以谈笑～谏(jiàn)。"(谏:规劝君主。)刘勰《文心雕龙·杂文》:"然～一劝百,势不自反。"【注意】唐代以前"讽"没有"恶意讽刺"义。

覂 fěng ❶翻覆,倾覆。孔颖达《礼记正义序》:"～驾之马,设衔策以驱之。"(覂驾:覆驾,指不受驾驭。衔:指马嚼子。策:马鞭。)❷fá 通"乏"。缺乏,疲乏。《新唐书·宋务光传》:"公私～竭,户口减耗。"

凤(鳳) fèng 凤凰,古代传说中的鸟王。一说雄的叫"凤",雌的叫"凰",通常都称作"凤"。《论语·微子》:"～兮～兮,何德之衰!"宋玉《对楚王问》:"鸟有～而鱼有鲲(kūn)。"(鲲:古代传说中的一种大鱼。)

奉 fèng ❶两手捧着。《史记·廉颇蔺相如列传》:"臣愿～璧往使。"㊀进献,送。《汉书·匈奴传下》:"即遣弟右贤王舆～马牛,随将率入谢。"(舆:人名。率:通"帅"。)❷恭敬地接受。《三国志·吴书·吴主传》:"鲁肃乞～命吊表二子。"㊁遵从,遵守。《史记·李斯列传》:"谨～法令。"(谨:谨慎。)成语有"克己奉公"。❸尊奉,信奉。柳宗元《封建论》:"必求其嗣(sì)而～之。"(必:一定。嗣:后嗣,子孙。)《世说新语·排调》:"二郗～道,二何～佛。"(二郗:郗愔、郗昙。二何:何充、何准。)成语有"奉若神明"、"奉为圭臬"。❹敬辞。如"奉答"、"奉和"。双音词有"奉陪"。❺供给,供养。《韩非子·和氏》:"损不急之枝官,以～选练之士。"《潜夫论·浮侈》:"以一～百。"❻俸禄,薪俸。《战国策·赵策四》:"～厚而无劳。"这个意义后来写作"俸"。

俸 fèng 俸禄,薪俸。旧时官吏所得的薪金。《韩非子·奸劫弑臣》:"尊官厚～。"

赗(賵) fèng 送车马等给人办丧事。《仪礼·既夕礼》:"公～玄纁束马两。"㊁送给丧家的车马等财物。《左传·隐公元年》:"天王使宰咺(xuǎn)来归(kuì)惠公、仲子之～。"(宰:官名。咺:人名。归:通"馈",赠送。)

FO

佛 fó ❶bì 辅助。《诗经·周颂·敬之》:"～时仔肩,示我显德行。"(时:是,指示代词。仔肩:担负。)这个意义后来写作"弼"。❷fú 通"拂"。拗转。《礼记·曲礼上》:"献鸟者～其首,畜鸟者则勿～也。"❸

fú ［仿佛］见 108 页“仿”字。❹ 佛陀的简称。义为“大觉有行者”，指释迦牟尼及其创立的佛教。《魏书·释老志》：“（司徒崔浩）尤不信～，与帝言，数加非毁。”

FOU

紑 fóu 衣服整洁鲜明的样子。《诗经·周颂·丝衣》：“丝衣其～。”（其：形容词词头。）

缶 fǒu ❶ 盛酒浆的瓦器。李商隐《行次西郊作》诗：“浊酒盈瓦～。”（浊酒：自酿的没有过滤的酒。盈：满。）❷ 打水用的瓦器。《左传·襄公九年》：“具绠（gěng）～，备水器。”（具：备办。绠：汲水用的绳子。）❸ 瓦制的打击乐器。李斯《谏逐客书》：“击瓮（wèng）叩～。”（瓮：一种瓦制的打击乐器。叩：敲打。）❹ 量词。十六斗为一缶。

缻 fǒu 同“缶”。❶ 盛水、酒等的瓦器。《墨子·备城门》：“水～，容三石以上，小大相杂。”❷ 瓦制的打击乐器。《史记·廉颇蔺相如列传》：“秦王不肯击～。”

否 fǒu ❶ 不然，不是这样。《战国策·魏策四》：“～，非若是也。”（不，不是这个样子。）❷ 在用肯定、否定式表示选择的句子里，表示否定的一方面。李斯《谏逐客书》：“不问可～，不论曲直。”（曲直：是非。）❸ pǐ 恶，邪恶。《史记·秦始皇本纪》：“善～陈前，靡有隐情。”（陈：陈列，指呈现。靡有：没有。）❹ pǐ 闭塞不通。《素问·六元正纪大论》：“地气腾，天气～隔。”［否泰］本是《周易》的两个卦名，天地相交，通顺叫“泰”，天地不相交，不通顺叫“否”。后来把运气的好坏称为“否泰”。《古诗为焦仲卿妻作》：“～～如天地。”成语有“否极泰来”。

FU

夫 fū ❶ 成年男子。贾谊《论积贮疏》：“一～不耕，或受之饥。”（或受之饥：有人就要挨饿。）李白《蜀道难》诗：“一～当关，万～莫开。”［夫子］1. 古代对男子的尊称。李白《赠孟浩然》诗：“吾爱孟～～，风流天下闻。”（孟夫子：指孟浩然。）2. 学生称老师。《论语·微子》：“子路问曰：‘子见～～乎？’”［夫人］诸侯的妻子或皇帝的妾。《左传·桓公二年》：“晋穆侯之～～姜氏。”《礼记·曲礼下》：“天子有后，有～～。”后来官吏的妻子也称“夫人”。❷ 丈夫。《庄子·让王》：“于是～负妻戴。”（负：背东西。戴：头顶着东西。）❸ 古代井田制，一夫受田百亩，故以百亩为一夫。《周礼·地官·小司徒》：“九～为井。”❹ fú 指示代词。这，那。《左传·成公十六年》：“则～二人者，鲁国社稷（jì）之臣也。”（社稷之臣：国家所倚靠的大臣。）㊀彼。《左传·襄公二十六年》：“～独无族姻乎？”❺ fú 语气词。放在句首，表示将发议论。《左传·庄公十年》：“～战，勇气也。”㊀放在句尾，表示感叹。《论语·子罕》：“逝者如斯～！”柳宗元《三戒·黔之驴》：“悲～！”

玞 fū ［珷（wǔ）玞］见 446 页“珷”字。

肤（膚） fū ❶ 皮肤。《商君书·算地》：“衣不暖～。”㊀肤浅，浅薄。张衡《东京赋》：“所谓末学～受。”（末学：没有根底的学问。受：感受。）❷ 古代长度单位。一指为寸，四指为肤。［肤寸］较短的距离。《战国策·秦策三》：“昔者齐人伐楚……～～之地无得者，岂齐不欲地哉，形弗能有也。”（无得：没得到。）❸ 大。《诗经·小雅·六月》：“薄伐玁狁，以奏～公。”（公：通“功”，功绩。）

【辨】皮，革，肤。见 313 页“皮”字。

砆 fū ［碔（wǔ）砆］见 446 页“碔”字。

鈇（鈇） fū ❶ 切草的刀，即铡刀。《汉书·尹翁归传》：“极者至以～自刭而死。”㊀杀人的刑具。《史记·廉颇蔺相如列传》：“请就～质之诛。”（就：指接受。质：锧，杀人时垫在下面的砧板。）❷ fǔ 通“斧”。斧头。《列子·说符》：“人有亡～者，意其邻之子。”（亡：丢失。意：怀疑。）

荴 fū 敷布，散开。《汉书·外戚传上》：“函荾（suī）～以俟风兮，芳杂袭以弥章。”（荾：花蕊。）

趺 fū ❶ 花托。束晳《补亡诗》六首之二：“白华绛～，在陵之陬（zōu）。”（陬：角落。）这个意义又写作“柎”、“跗”。❷ 石碑、雕刻佛像的底座。《隋书·礼仪志三》：“三品以上立碑，螭首龟～。”❸ 通“跗”。脚背。《北史·马嗣明传》：“嗣明为灸两足～上各三七壮，便愈。”（壮：指中药艾灸，一灼为一壮。）㊁脚。苏轼《菩萨蛮·咏足》：“偷穿宫样稳，并立双～困。”㊀脚印。《宋史·张九成传》：“在南安十四年，每执书就明，倚立庭砖，岁久，双～隐然。”［跏（jiā）趺］见 184 页“跏”字。❹ 通“俯”。趴伏。杨泉《蚕赋》：“仰似龙腾，伏似虎～。”

泭 fū 筏，竹排或木排。《国语·齐语》：“方舟设～，乘桴济河。”（方舟：两船相并。）

柎 fū ❶悬挂钟磬木架的脚。❷花托（花萼的底部）。《山海经·西山经》："有木焉，员叶而白～。"（员：圆。）❸fǔ 凭依，倚仗。《管子·轻重戊》："父老～枝而论，终日不归。"❹fù 木板。《左传·昭公二十五年》："唯是褊～所以藉干者。"（褊柎：棺中垫尸体的木板。藉：垫。干：指躯干。）《晋书·卫恒传》："每书辄削而焚其～。"❺同"泭"。竹木筏子。《管子·小匡》："方舟投～，乘桴济河，至于石沈。"（河：黄河。石沈：地名。）❻fǔ 通"弣"。弓把的中部。《周礼·考工记·弓人》："于挺臂中有～焉，故剽。"❼fù 通"附"。附着，涂注。《仪礼·士冠礼》："素积白屦，以魁～之。"（魁：蜃蛤。）

胕 fū ❶同"肤"。皮肤。《战国策·楚策四》："服盐车而上太行，蹄申膝折，尾湛～溃。"（申：伸展。湛：湿润。）❷fú 浮肿。《素问·五常政大论》："寒热～肿。"❸fǔ 通"腐"。腐烂。《素问·异法方宜论》："其民嗜酸而食～。"

跗 fū ❶脚背。《庄子·秋水》："赴水则接腋持颐，蹶泥则没足灭～。"㉒脚。刘祁《归潜志》卷一二："有蛇四～。"㉑器物的底托。《后汉书·祭祀志上》："距石下皆有石～，入地四尺。"❷花托。《管子·地员》："其种雁膳黑实，朱～黄实。"（雁膳：菰米。）

尃［旉］ fū 同"敷"。敷布，散布。《周易·说》："震为雷，为龙，为玄黄，为～。"《史记·司马相如列传》："旁魄四塞，云～雾散。"

敷 fū ❶普遍。《尚书·伊训》："～求哲人。"《诗经·周颂·般》："～天之下。"❷布，施。《尚书·大禹谟》："文命～于四海。"《孟子·滕文公上》："举舜而～治焉。"㉑搽，涂（后起意义）。《聊斋志异·侠女》："为之洗创～药。"❸铺，铺展。贾思勰《齐民要术·养鹅鸭》："于笼中高处，～细草，令寝处其上。"㉑陈述，铺陈。谢灵运《山居赋》："～文奏怀。"（奏怀：表明自己的想法。）刘勰《文心雕龙·镕裁》："引而申之，则两句～为一章。"

稃 fū 谷皮。《尔雅·释草》："秠（pī），一～二米。"（秠：一种黑黍，一实有二米。）㉑草籽的壳。贾思勰《齐民要术·种紫草》："九月中，子熟，刈（yì）之，候～燥载聚，打取子。"（刈：割。）

鄜 fū 鄜县，古地名。在今陕西富县。《史记·封禅书》："文公梦黄蛇自天下属地，其口止于～衍。"（衍：山坡。）

夫 fú 见115页。

扶 fú ❶搀扶，扶着。《战国策·齐策四》："民～老携幼，迎君道中。"《汉书·贾山传》："～杖而往听之。"❷扶植，扶持。《荀子·劝学》："蓬生麻中，不～而直。"㉓扶助，支援。《战国策·宋卫策》："～梁伐赵。"（伐：讨伐。）成语有"救死扶伤"。❸沿着。陶渊明《桃花源记》："便～向路，处处志之。"（向路：原来的路。志：做标志。）❹古代长度单位。四寸为扶。《礼记·投壶》："筹，室中五～，堂上七～。"（筹：竹签。）［扶寸］较短的距离。《韩非子·扬权》："故上失～～，下得寻常。"（寻：八尺。常：十六尺。）又写作"肤寸"。❺pú［扶服］［扶伏］同"匍匐"。1. 趴在地上爬行。《礼记·檀弓下》："凡民有丧，扶服救之。"《左传·昭公二十一年》："扶伏而击之，折轸。"2. 趴伏在地上。《汉书·霍光传》："中孺扶服叩头。"焦延寿《易林·否》："扶伏听命，不敢动摇。"

芙 fú ［芙蓉］1. 荷花的别名。屈原《离骚》："制芰（jì）荷以为衣兮，集～～以为裳。"（芰：菱。裳：下裙。）2. 一种落叶乔木，即木芙蓉。江总《南越木槿赋》："千叶～～讵（jù）相似，百枝灯花复羞燃。"（讵：哪里。）［芙蕖］荷花。刘禹锡《赏牡丹》诗："庭前芍药妖无格，池上～～净少情。"

蚨 fú ［青蚨］一种母子不相离的水虫。也叫蚨母。干宝《搜神记》卷一三："南方有虫……又名～～，形似蝉而稍大。"《鬼谷子·内揵》："若蚨母之从其子也。"传说用青蚨血涂钱，可引钱还归，因以青蚨指代钱。《寒山诗·个是何措大》："囊里无～～，箧中有黄绢。"

弗 fú ❶副词。不。《左传·隐公元年》："公～许。"《韩非子·有度》："法之所加，智者～能辞，勇者～敢争。"❷通"祓"。祭名。祭以祓除不祥。《诗经·大雅·生民》："克禋克祀，以～无子。"

【辨】 弗，不。都表示一般的否定。"不"用的范围广，凡用"弗"的地方都可以用"不"。但在先秦时期"弗"字后面的动词一般不带宾语。

剕 fú 刀砍。《左传·昭公二十六年》："苑子～林雍，断其足。"

拂 fú ❶拂拭，轻轻擦过。《仪礼·大射仪》："一小射正授弓～弓。"（小射正：侍候射箭的人。）李白《扶风豪士歌》："梧桐杨柳～金井。"熟语有"春风拂面"。㉑除去。韩愈《重答张籍书》："～其邪心，增其所未高。"❷碰触，击打。《世说新语·巧艺》："客着葛巾角，低头～棋。"《北史·斛律金传》："神武据鞍未动，金以鞭～马，神武乃还。" ❸ 振动，抖动。谢灵运《述祖德》诗："高揖七州外，～衣五湖里。"成语有"拂袖而去"。❹ 违背，不顺。《韩非子·外储说左上》："忠言～于耳。" ❺ 连枷，脱谷农具。《汉书·王莽传中》："予之北巡，必躬载～。" ❻ bì 通"弼"。辅助。《汉书·盖宽饶传》："乃欲以太古久远之事匡～天子。"（匡：辅助。）

茀 fú ❶ 草多塞路。《国语·周语中》："道～不可行。" ❷ 除草。《诗经·大雅·生民》："～厥丰草，种之黄茂。"（黄茂：嘉谷。）❸ 古代车上的遮蔽物。《诗经·卫风·硕人》："翟～以朝。"（翟：指翟车，即用野鸡羽毛装饰的车子，贵族妇女所乘。）❹ 通"髴"。妇女的首饰。《周易·既济》："妇丧其～。" ❺ 通"福"。幸福，福气。《诗经·大雅·卷阿》："尔受命长矣，～禄尔康矣。" ❻ 通"绋"。引棺的绳索。《左传·宣公八年》："冬，葬敬嬴，旱，无麻，始用葛～。"（敬嬴：人名。）❼ bó 通"勃"。呼吸急促或暴怒的样子。《庄子·人间世》："兽死不择音，气息～然，于是并生心厉。"（心厉：心生伤人恶念。）

咈 fú 乖戾，违背。《尚书·大禹谟》："罔～百姓以从己之欲。"（罔：不要。）

岪 fú 山势曲折的样子。《楚辞·招隐士》："山曲～。"［岪郁］山势曲折险要的样子。司马相如《子虚赋》："其山则盘纡～～。"

彿 fú ［彷彿］见 108 页"彷"字。

怫 fú ❶ 郁结。《素问·六元正纪大论》："其病气～于上。"［怫郁］心情不舒畅。曹操《苦寒行》："我心何～～。"（何：多么。）❷［怫然］生气、发怒的样子。《庄子·天地》："则～～作色。"《战国策·魏策四》："秦王～～怒。" ❸ bèi 通"悖"。违反，违背。柳宗元《断刑论下》："知权者不以常人～吾虑。"（权：权宜，变通。）

绋（紼） fú ❶ 大绳。《诗经·小雅·采菽》："汎汎杨舟，～纚（lí）维之。"（汎汎：漂流的样子。纚：绳索。）㊕引棺的绳索。《左传·昭公三十年》："晋之丧事，敝邑之间，先君有所助执～矣。" ❷ 通"绂"。系印章的丝绳。《汉书·丙吉传》："临当封，（丙）吉疾病，上将使人加～而封之。"

髴 fú ❶ 妇女首饰。欧阳修《班班林间鸠寄内》诗："又云子亦病，蓬首不加～。" ❷［髣（fǎng）髴］见 108 页"髣"字。❸ fèi 通"狒"。［髴髴］同"狒狒"。动物名。《尚书大传·略说》："～～，周成王时州靡国献之。"

伏 fú ❶ 趴。贾谊《治安策》："～中行说（yuè）而笞其背。"（中行说：人名。笞：鞭打。）㊀敬辞。用于上疏或章表，对君主表示恭敬。［伏惟］伏着想。下对上（多用于对皇帝）陈述自己的想法时用的敬辞。魏征《十渐不克终疏》："～～陛下年甫弱冠。" ❷ 藏匿，埋伏。《老子》五十八章："祸兮福之所倚，福兮祸之所～。"《左传·庄公十年》："惧有～焉。" ❸ 屈服，接受。《左传·隐公十一年》："许既～其罪矣。"（许：许庄公。）㊁降伏。如"伏魔"、"降龙伏虎"。❹ 受到（应得的惩罚）。《三国志·吴书·吴主传》："后壹奸罪发露～诛。"（后来吕壹的罪恶暴露而被杀了。）❺ 伏天。《汉书·东方朔传》："～日，诏赐从官肉。"（诏：皇帝命令。从官：身边的官吏。）❻ 祭名。［伏腊］夏祭为伏，冬祭为腊。杨恽《报孙会宗书》："田家作苦，岁时～～，烹羊炮羔，斗酒自劳。"（岁时：年节。自劳：慰劳自己。）❼ fù 孵化。《庄子·庚桑楚》："越鸡不能～鹄卵。"（鹄卵：鹤蛋。）❽ 通"服"。敬佩，信服。韩愈《与崔群书》："～其为人。"庾信《谢赵王赉丝布启》："自然心～。"㊁适应，习惯。如"不伏水土"。

茯 fú ［茯苓］一种寄生在松树根上的块状菌。《淮南子·说山》："千年之松，下有～～。"又写作"伏灵"。《史记·龟策列传》："伏灵者，千岁松根也，食之不死。"

洑 fú ❶ 回流，漩涡。郦道元《水经注·沔水》："夏水急盛，川多湍～，行旅苦之。" ❷ 水伏流地下。杜甫《崔驸马山亭宴集》诗："～流何处入，乱石闭门高。"

凫（鳧）［鳬］ fú ❶ 野鸭。《诗经·郑风·女曰鸡鸣》："将翱将翔，弋～与雁。"（弋：用带有绳子的箭射。）❷［凫茈（cí）］荸荠。《后汉书·刘玄传》："王莽末，南方饥馑，人庶群入野泽，掘～～而食之。"

芾 fú ❶ 通"韨"。古代贵族祭祀时戴的蔽膝。《诗经·曹风·候人》："彼其之子，三百赤～。" ❷ fèi ［蔽芾］见 20 页"蔽"字。

芣 fú ［芣苢（yǐ）］车前子，多年生草本植物。《诗经·周南·芣苢》："采采～～，薄言采之。"（薄言：动词词头。）

罘 fú ❶ 捕兔的网。《礼记·月令》："田猎，罝（jū）～、罗罔、毕翳、馁兽之药，毋出九门。"（罝：捕兔网，泛指捕兽网。毕：长柄网。翳：通"弋"，用矰缴射飞鸟。）㊂捕鸟兽的网。《吕氏春秋·慎人》："编蒲苇，结～网。" ❷［罘罳（sī）］1. 古代一种屏风，设在门外。刘熙《释名·释宫室》："～～在门外。罘，复也；罳，思也，臣将入请事，于此复重思之也。”2. 设在宫阙上呈网状的窗棂。《汉书·文帝纪》：“六月癸酉，未央宫东阙～～灾。”㊁设在屋檐下或窗户上防鸟雀的金属网。杜甫《大云寺赞公房》诗：“黄鹂度结构，紫鸽下～～。”

孚 fú ❶ 信用。《诗经·大雅·下武》：“永言配命，成王之～。”㊁为人所信服。《左传·庄公十年》：“小信未～。”熟语有“深孚众望”。❷ fū 鸟孵卵。《淮南子·人间》：“夫鸿鹄之未～于卵也。”

郛 fú 外城。《左传·隐公五年》：“伐宋，入其～。”（宋：宋国。）又写作“垺”。

莩 fú ❶ 芦苇秆里的薄膜。《汉书·中山靖王传》：“今群臣非有葭（jiā）～之亲，鸿毛之重。”（葭莩：比喻微薄，常用来指疏远的亲戚。葭：初生的芦苇。）❷ 种子的外皮。贾思勰《齐民要术·插梨》：“梨叶微动为上时，将欲开～为下时。”❸ piǎo [饿莩]通“饿殍”。饿死的人。《孟子·梁惠王上》：“民有饥色，野有～～。”

浮 fú ❶ 漂，漂浮。与“沉”相对。《史记·滑稽列传》：“令女居其上，～之河中。”李白《古风五十九首》之三：“挥剑决～云。”（决：断。）㊀行船。《史记·秦始皇本纪》：“～江下。”（乘船沿长江而下。）❷ 虚浮。《世说新语·言语》：“而虚谈废务，～文妨要。”魏征《十渐不克终疏》：“必先淳朴而抑～华。”（先：指倡导。抑：压制。）❸ 浮躁，轻浮。《国语·楚语上》：“教之乐，以疏其秽而镇其～。”《后汉书·公孙瓒传》：“性本淫乱，情行～薄。”❹ 超过，多余。《礼记·表记》：“耻名之～于行也。”龚自珍《平均篇》：“则取其～者而挹（yì）之乎？不足者而注之乎？”（挹：舀，把液体盛出来。）成语有“人浮于事”。❺ 罚人饮酒。刘向《说苑·善说》：“饮不釂（jiào）者，～以大白。”（釂：饮尽。白：指酒杯。）❻ 通“蜉”。[浮蝣]一种昆虫，生存期极短。《荀子·大略》：“饮而不食者，蝉也；不饮不食者，～～也。”❼ [浮图][浮屠]1. 佛。《后汉书·襄楷传》：“宫中立黄老浮屠之祠。”（黄老：黄帝和老子，道教把他们尊为始祖。）2. 和尚。王安石《游褒禅山记》：“唐浮图慧褒始舍于其址。”（慧褒：人名。舍：建房舍。）3. 佛塔。韩愈《张中丞传后叙》：“抽矢射佛寺浮图。”（矢：箭。）

桴 fú ❶ 房屋的二梁。班固《西都赋》：“荷栋～而高骧（xiāng）。”（荷：扛。高骧：高举。）❷ 鼓槌。《韩非子·功名》：“至治之国，君若～，臣若鼓。”（至治之国：治理得最好的国家。若：如，像。）这个意义又写作“枹”。❸ 竹木筏子。《论语·公冶长》：“道不行，乘～浮于海。”

烰 fú ❶ [烰烰]蒸气上升的样子。《说文》：“烰，烝也……《诗》曰：烝之～～。”今本《诗经·大雅·生民》作“浮浮”。❷ [烰人]庖人，即厨师。《吕氏春秋·本味》：“其君令～～养之。”

蜉 fú ❶ [蜉蝣]一种昆虫，生存期极短。《诗经·曹风·蜉蝣》：“～～之羽，衣裳楚楚。”郭璞《游仙》诗：“借问～～辈，宁知龟鹤年？”（宁：难道。）又写作“蜉蝤”。㊄浅薄的人。白居易《酬吴七见寄》诗：“莫忘～～内，进士有同年。”❷ [蚍蜉]见314页“蚍”字。

苻 fú ❶ 草名。即鬼目草。《尔雅·释草》：“苻，鬼目。”❷ 通“莩”。芦苇秆里的薄膜。《淮南子·俶真》：“芦～之厚。”❸ [萑（huán）苻]见163页“萑”字。❹ 姓。

符 fú ❶ 古代朝廷传达命令或征调兵将用的凭证，双方各执一半，以验真假。《史记·魏公子列传》：“如姬果盗晋鄙兵～与公子。”（如姬、晋鄙：人名。与：给予。）㊁出入关口的凭证。《后汉书·郭丹传》：“后从师长安，买～入函谷关。”㊀符合。《韩非子·用人》：“发矢中的，赏罚当～。”沈括《梦溪笔谈》卷七：“与天行相～。”（天行：指天体的运行。）❷ 符箓。方士画的所谓能驱使鬼神、消灾求福的图形或线条。《后汉书·刘焉传》：“造作～书，以惑百姓。”❸ 符命。古指表明君主“受命于天”的祥瑞征兆。董仲舒《举贤良对策一》：“此盖受命之～也。”《史记·张丞相列传》：“鲁人公孙臣上书，言汉土德时，其～有黄龙当见。”

帗 fú ❶ 用五色帛制成的舞具。《周礼·春官·乐师》：“凡舞，有～舞，有羽舞。”❷ 通“韨”。蔽膝。《穆天子传》卷一：“天子大服，冕袆（huī）～带。”

绂（紱） fú ❶ 系印章或佩玉用的丝带。绂的颜色依官位品级而不同。《汉书·匈奴传下》：“解故印～奉上，将率受，著新～。”这个意义又写作“韨”。❷ 通“韨”。蔽膝。《周易·困》：“困于酒食，朱～方来。”

韨（韍） fú ❶ 古代贵族祭祀时戴的蔽膝，用熟皮做成，遮在膝前。《汉书·王莽传上》：“服天子～冕。”（冕：帝王的帽子。）这个意义又写作“黻”。❷ 通“绂”。系印章或佩玉用的丝带。《汉书·诸侯王表》：“奉上玺（xǐ）～。”（玺：皇帝的印。）

祓 fú 古代为了除灾求福而举行的祭祀活动。《韩非子·说林下》：“巫咸虽善祝，不能自～也。”（咸：相传是古代最著名的神巫。）㊀消除。姜夔《翠楼吟》：“天涯情味，仗酒～清愁。”

黻 fú ❶古代礼服上青黑相间的花纹。《周礼·考工记·画缋》：“画缋（huì）之事……黑与青谓之～。”（画缋之事：指在衣服上绘画的事。缋：通“绘”。）❷通“韨”。古代贵族祭祀时戴的蔽膝，用熟皮做成，遮在膝前。古诗《借隐歌》：“我～子佩。”（子：您。）❸通“绂”。系印章或佩玉用的丝带。江淹《杂体诗·谢光禄郊游》：“云装信解～，烟驾可辞金。”（云装：云衣。）

服 fú ❶衣服，服装。屈原《九章·涉江》：“余幼好此奇～兮。”㊕丧服。《史记·魏其武安侯列传》：“会仲孺有～。”（仲孺：人名。有服：有丧服在身，指在丧期。）❷穿，戴。《论衡·语增》：“～五采之服。”《论语·卫灵公》：“乘殷之辂，～周之冕。”㊀佩带。李斯《谏逐客书》：“～太阿之剑。”❸从事，做。《尚书·盘庚上》：“若农～田力穑。”㊀承当（劳役与刑罚）。晁错《论贵粟疏》：“今农夫五口之家，其～役者不下二人。”❹执持。《国语·吴语》：“夜中，乃令～兵擐甲。”❺服从。《荀子·王制》：“甲兵不劳而天下～。”㊀降服。《韩非子·二柄》：“夫虎之所以能～狗者，爪牙也。”❻敬佩，信服。《三国志·蜀书·诸葛亮传》：“权既宿～仰备。”（权：孙权。备：刘备。）这个意义又写作“伏”。❼习惯，适应。《汉书·晁错传》：“卒不～习。”（卒：士卒。）《宋书·索虏传》：“道里来远，或不～水土。”❽吃（药）。《史记·扁鹊仓公列传》：“但～汤二旬而复故。”（只服汤药，二十天就恢复健康。）㊀量词。中药一剂称一服。这种量词的用法读fù。❾驾，拉车。《盐铁论·本议》：“～牛驾马。”贾谊《吊屈原赋》：“骥垂两耳，～盐车兮。”❿古代一车驾四马，居中的两匹叫“服”。《诗经·郑风·大叔于田》：“两～上襄，两骖雁行。”（上襄：指马头昂举。两骖：两服外边的两匹马。）⓫上古王畿之外，五百里为一服，即甸服、侯服、绥服、要服、荒服。《尚书·禹贡》：“五百里甸～。”⓬盛箭的器具。《国语·齐语》：“弢无弓，～无矢。”⓭鸟名。《史记·屈原贾生列传》：“庚子日施兮，～集予舍。”这个意义又写作“鵩”。

菔 fú ［芦菔］萝卜。《后汉书·刘盆子传》：“掘庭中～～根，捕池鱼而食之。”又写作“莱菔”、“萝服”。

箙 fú 用竹、木或兽皮制作的盛箭器。《周礼·夏官·缮人》：“凡乘车，充其笼～，载其弓弩。”

鵩 fú 一种鸟。也叫山鸮。贾谊《鵩鸟赋》：“庚子日斜兮，～集予舍。”

枹 fú 同“桴”。鼓槌。屈原《九歌·国殇》：“霾两轮兮絷四马，援玉～兮击鸣鼓。”（援：拿起。）

匐 fú ［匍匐］见323页“匍”字。

葍 fú 一种多年生蔓草，根可食。《诗经·小雅·我行其野》：“我行其野，言采其～。”

幅 fú ❶布帛的宽度。《汉书·食货志下》：“布帛广二尺二寸为～。”㊁宽度。《淮南子·天文》：“黄钟之律修九寸，物以三生……故～广二尺七寸。”［幅员］幅为宽度，员为周围，合指领土面积。柳宗元《岭南节度使飨军堂记》：“内之～～万里。”❷量词。用于布帛等。韩愈《桃源图》诗：“流水盘回山百转，生绡数～垂中堂。”（绡：生丝织成的薄纱。）❸绑腿布，古称行縢。《诗经·小雅·采菽》：“赤芾（fú）在股，邪～在下。”（赤芾：蔽膝。）

辐（輻） fú 车轮的辐条。《老子》十一章：“三十～共一毂（gǔ）。”（毂：车轮中心的圆木，可以插轴的部分。）［辐辏］比喻人或物聚集一处。《汉书·叔孙通传》：“人人奉职，四方～～。”

福 fú ❶幸福。与“祸”相对。《老子》五十八章：“祸兮～之所倚，～兮祸之所伏。”（倚：依托。伏：隐藏。）㊀用作动词。赐福，保佑。《左传·庄公十年》：“小信未孚，神弗～也。”❷祭过神的酒肉。《国语·晋语二》：“骊姬受～。”（骊姬：人名。受：接受。）

涪 fú ❶水名。涪江，发源于今四川，流经今重庆，入嘉陵江。郦道元《水经注·涪水》：“水发平洛郡西溪，西南流，屈而东，南流入于～。”❷古州名。在今重庆涪陵。杜甫《长江二首》诗之一：“众水会～万，瞿塘争一门。”

紼 fú ❶大绳索。《礼记·缁衣》：“王言如丝，其出如纶；王言如纶，其出如～。”㊕引棺的绳索。《礼记·杂记下》：“升正柩，诸侯执～五百人。”❷［如紼］帝王的诏书。刘禹锡《谢贷钱物表》：“远承～～之旨，特假聚人之财。”

榑 fú ［榑桑］传说中的神树，在日出的地方。《淮南子·览冥》：“朝发～～，日入落棠。”又写作“榑木”。《吕氏春秋·求人》：“禹东至榑木之地。”

幞 fú ［幞头］古代男子用的一种头巾。《新唐书·车服志》：“～～起于后周。”

F

抚（撫） fǔ ❶抚摩。《国语·晋语八》："叔向见司马侯之子，～而泣之。"（叔向、司马侯：人名。）㊀拍，弹。《三国志·吴书·鲁肃传》："权～掌欢笑。"庾信《春赋》："鸣弦暂～。"（暂：初。）❷按，握。《左传·襄公二十三年》："右～剑，左援带。"（援：指拉着。）❸抚慰，安抚。《史记·高祖本纪》："镇国家，～百姓。"（镇：安定。）㊁抚养。《三国志·吴书·吴主传》："～其老弱。"㊀占有，据有。《左传·昭公三年》："若惠顾敝邑，～有晋国，赐之内主……举群臣实受其贶。"上述义项除"抚有"外，又写作"拊"。

F

嘸 fǔ ［嘸然］惊讶的样子。《汉书·韩信传》："诸将皆～～。"

甫 fǔ ❶古代在男子名字下加的美称。《诗经·大雅·烝民》："肃肃王命，仲山～将之。"（肃肃：严肃。仲山甫：人名。将：奉行。）这个意义又写作"父"。后代尊称别人的字，叫"台甫"。❷开始，刚刚。《汉书·匈奴传上》："伤痍者～起。"（受伤的人刚刚能起来。）❸大。《诗经·齐风·甫田》："无田～田。"（不要种大田。）

莆 fǔ ❶［蓮（shà）莆］见369页"蓮"字。❷pú 水草名。即蒲草。屈原《天问》："咸播秬（jù）黍，～雚（huán）是营。"（咸：皆，都。秬：黑黍。雚：草名。）❸pú［莆田］地名。在福建。

脯 fǔ 干肉。《诗经·大雅·凫鹥》："尔殽伊～。"（伊：句中语气词。）㊁脱水处理的瓜果。贾思勰《齐民要术·种枣》："枣～法：切枣曝之，干如～也。"

辅（輔） fǔ ❶车轮外的两条直木，用以增强车辐的承载力。《诗经·小雅·正月》："其车既载，乃弃尔～。"❷面颊。黄庭坚《进叔》诗："小儿丰颊～。"成语有"辅车相依，唇亡齿寒"。❸辅助，协助。《孙子兵法·谋攻》："夫将者，国之～也。"（将：将领。）㊁辅佐的人，指宰相。《世说新语·容止》："相王作～，自然湛若神君。"㊀护卫。王勃《送杜少府之任蜀州》诗："城阙～三秦，烽烟望五津。"［辅弼］1.辅佐皇帝。《汉书·汲黯传》："天子置公卿～～之臣。"（置：设置。公卿：三公九卿，指朝廷中的高级官员。）2.辅佐皇帝的大臣，常指宰相。《后汉书·伏湛传》："柱石之臣，宜居～～。"❹古代称京城附近的地区。鲍照《代升天行》："家世宅关～。"

鬴 fǔ ❶古代量器。《周礼·考工记·㮚氏》："量之以为～。"❷同"釜"。古代一种锅。《汉书·匈奴传下》："胡地秋冬甚寒，春夏甚风，多赍（jī）～鍑（fù）薪炭。"（赍：携带。鍑：大口锅。）陆游《午枕》诗："清泉洗～煎山茗。"

簠 fǔ 古代盛食物的方形器具。《周礼·地官·舍人》："凡祭祀，共～簋（guǐ）。"（共：供。簋：古代盛食物的圆形器具。）

黼 fǔ 古代礼服上绣的黑白相间的花纹。《周礼·考工记·画缋》："画缋（huì）之事……白与黑谓之～。"（画缋之事：指在衣服上绘画的事。）㊁绣有黑白相间斧形花纹的礼服。《礼记·礼器》："礼，有以文为贵者，天子龙衮，诸侯～。"［黼黻（fú）］古代礼服所绣的花纹。㊂花纹和有文采。刘勰《文心雕龙·情采》："五色杂而成～～。"

拊 fǔ ❶抚摩。《史记·吴王濞列传》："因～其背。"（因：于是。）㊀拍，敲击。《三国志·魏书·武帝纪》："～手欢笑。"屈原《九歌·东皇太一》："扬枹兮～鼓。"（枹：鼓槌。）❷抚慰，安抚。《左传·宣公十二年》："王巡三军，～而勉之。"㊀抚养。《诗经·小雅·蓼莪》："～我畜我。"（畜：养活。）上述❶㊀❷㊀又写作"抚"。❸柄。《礼记·少仪》："削授～。"（曲刀交给人时要给人刀把儿。削：曲刀。）❹一种乐器，即搏拊。《周礼·春官·大师》："令奏击～。"

府 fǔ ❶古时国家收藏文书或财物的地方。《左传·僖公五年》："藏于盟～。"（盟府：收藏盟书的地方。）《商君书·去强》："金粟两生，仓～两实，国强。"（金：金钱。粟：指粮食。仓：粮仓。实：充实。）㊃事物聚集的地方。《左传·昭公十二年》："吾不为怨～。"❷官府。诸葛亮《出师表》："宫中～中俱为一体。"（府中：指丞相府。）［府帖］官府征兵文书。杜甫《新安吏》诗："～～昨夜下，次选中男行。"㊁达官贵人的住宅。杨炯《夜送赵纵》诗："送君还旧～，明月满前川。"❸唐宋时大州称府。明清时府是县以上的行政区域。如唐朝的"京兆府"、清朝的"奉天府"。❹脏腑。《吕氏春秋·达郁》："五藏六～。"（藏：脏。）这个意义后来写作"腑"。

【辨】府，库。古代藏文书或财物的地方叫府，藏兵车的地方叫库。《左传·昭公十八年》讲到"府人"、"库人"。可见"府"和"库"是有分别的。后来"府"、"库"变成了同义词，都可以指藏财物的地方。

弣 fǔ 弓把中部。《仪礼·乡射礼》："有司左执～，右执弦而授弓。"㊂弓把。《仪礼·大射》："执弓，挟乘矢，于弓外见镞于～，右巨指钩弦。"

俯 fǔ ❶ 低头。与"仰"相对。《荀子·解蔽》:"～而出城门。"成语有"俯首帖耳"。❷ 蛰伏。动物冬眠。贾思勰《齐民要术·耕田》:"季秋之月,蛰(zhé)虫咸～。"(季秋之月:阴历九月。蛰虫:藏伏在土中过冬的虫子。咸:都。)上述❶❷又写作"俛"。❸ 敬辞。尊称对方的行为。杜牧《上盐铁裴侍郎书》:"伏惟～察愚衷,不赐罪责。"双音词有"俯允"、"俯念"等。

拊 fǔ ❶ 捍卫。扬雄《太玄·迎》:"见血入门,～迎中庭。" ❷ 同"抚"。安抚。《汉书·赵充国传》:"选择良吏知其俗者～循和辑。"(拊循:抚巡,抚慰。和辑:和睦团结。)

軵 fǔ 推送。《淮南子·览冥》:"～车奉饷。"(饷:粮饷。)

腐 fǔ ❶ 腐烂,腐臭。《荀子·劝学》:"肉～出虫,鱼枯生蠹。"(枯:干枯。蠹:蛀虫。)成语有"流水不腐,户枢不蠹"。㉘思想陈腐。《史记·黥布列传》:"为天下安用～儒。"(为:治。安:哪里。) ❷ 宫刑。《汉书·景帝纪》:"赦徒作阳陵者死罪,欲～者许之。"[腐刑]即宫刑。古代的一种酷刑,阉割男子生殖器。司马迁《报任安书》:"最下～～极矣。"(最下:指侮辱最大的。极:到了头。)

斧 fǔ ❶ 斧子,伐木的工具。《荀子·劝学》:"林木茂而～斤至焉。"(斤:斧子的一种。)㊀用斧子砍。曹操《苦寒行》:"～冰持作糜。"(砍碎冰块拿来煮粥。糜:粥。) ❷ 古代的兵器。《国语·晋语八》:"偃也以～钺从于张孟。"(偃:人名。钺:一种兵器。张孟:人名。)

釜 fǔ ❶ 古代炊具,一种锅。曹植《七步诗》:"萁在～下然,豆在～中泣。"(萁:豆茎。然:燃。)成语有"釜底抽薪"。❷ 古代量器,也是容量单位。六斗四升为一釜。《左传·昭公三年》:"齐旧四量:豆、区(ōu)、～、钟。"(量:量器。豆、区、钟:容量单位。)

俛 fǔ ❶ 同"俯"。向下,低头。与"仰"相对。《史记·货殖列传》:"～有拾,仰有取。"韩愈《应科目时与人书》:"若～首帖耳,摇尾而乞怜者,非我之志也。" ❷ miǎn 通"勉"。努力。《礼记·表记》:"～焉日有孳孳。"

頫(頫) fǔ ❶ 同"俯"、"俛"。低头。《汉书·陈胜项籍传赞》:"百粤之君～首系颈,委命下吏。" ❷ tiào 通"眺"、"覜"。望。张衡《思玄赋》:"流目～夫衡阿(ē)兮,睹有黎之圮(pǐ)坟。"(衡:山名。阿:大山。有黎:即祝融,古代传说中帝喾高辛氏的火官,死后为火神。圮:毁坏。)

父 fù ❶ 父亲。《韩非子·五蠹》:"～母之爱不足以教子。"[大父]祖父。《史记·蒙恬列传》:"恬～～蒙骜(ào)。"㊀对和父亲同辈的男性亲属的称呼。如"季父"、"从父"。❷ fǔ 对老年人的尊称。《史记·张释之冯唐列传》:"(文帝问冯唐)曰:'吾居代时,吾尚食监高祛数为我言赵将李齐之贤……～知之乎?'"《汉书·张良传》:"有一老～,衣褐,至良所。"㉘称从事某种职业的老年男子。柳宗元《钴鉧潭西小丘记》:"农夫渔～过而陋之。"(过:路过。陋之:看不起它。) ❸ fǔ 古代在男子名字下加的美称。如"仲父"(称管仲)、"尼父"(称孔子)。《史记·齐太公世家》:"封师尚～于齐营丘。"(把齐国营丘这个地方封给了师尚父。)这个意义又写作"甫"。

讣(訃) fù 报丧,报告人死了的消息。《论衡·书虚》:"齐乱,公薨三月乃～。"颜延之《陶征士诔》:"省～却赙(fù)。"(人死了少通知亲友,不受丧礼。却:推辞。赙:拿财物帮别人办丧事。)双音词有"讣闻"、"讣告"。

赴 fù ❶ 奔赴,投入。《孟子·梁惠王上》:"天下之欲疾其君者,皆欲～愬于王。"《古诗为焦仲卿妻作》:"揽裙脱丝履,举身～清池。"㊕奔赴危险的境地。《汉书·晁错传》:"～汤火,视死如生。"成语有"赴汤蹈火"。❷ 报丧,讣告。《战国策·赵策三》:"周烈王崩,诸侯皆吊,齐后往。周怒,～于齐。"这个意义后来写作"讣"。

负(負) fù ❶ 背,用背驮东西。《庄子·盗跖》:"～石自投于河。"成语有"负荆请罪"。㊀承载,承受。《庄子·逍遥游》:"风之积也不厚,则其～大翼也无力。"㉘蒙受,遭受。《管子·法禁》:"废上之法制者,必～以耻。" ❷ 背靠着。《商君书·兵守》:"四战之国贵守战,～海之国贵攻战。"(四战之国:四面受敌的国家。贵:重视。)㉘依仗。《史记·魏其武安侯列传》:"武安～贵而好权。"(贵:尊贵。好权:喜欢玩弄权术。)成语有"负隅顽抗"。❸ 违背,背弃。《史记·高祖本纪》:"项羽～约。"㉘辜负,对不起。《战国策·齐策四》:"孟尝君笑曰:'客果有能也!吾～之,未尝见也。'" ❹ 失败。与"胜"相对。《孙子兵法·谋攻》:"不知彼而知己,一胜一～。" ❺ 亏欠。《汉书·邓通传》:"通家尚～责数巨万。"(责:债。数巨万:数量很大。)

【辨】负,任,担,荷。这四个字都是表示携带东西的方式。"负"是背,"任"是抱,"担"

F

是挑，“荷”是扛。这四个字都可以用来泛指携带东西。

偩 fù ❶依照，依顺。《礼记·乐记》：“礼乐～天地之情。”❷同“负”。依恃。《淮南子·诠言》：“自～而辞助。”

蝜 fù ［蝜蝂(bǎn)］一种小虫。柳宗元《蝜蝂传》：“～～者，善负小虫也。”

妇(婦) fù ❶已婚的女子。《周易·渐》：“～孕不育。”杜甫《石壕吏》诗：“听～前致辞，三男邺(yè)城戍。”(听到妇人上前说，三个儿子都在邺城当兵。)㊀妻子。《古诗为焦仲卿妻作》：“十七为君～。”㊀儿媳。《论衡·偶会》：“父殁(mò)而子嗣，姑死而～代。”(殁：死。嗣：继承。姑：丈夫的母亲。)成语有“妇姑勃谿(xī)”。(勃谿：争斗)。❷女性的通称。《韩非子·外储说右下》：“丈夫二十而室，～人十五而嫁。”(丈夫：男子。妇人：女子。)《礼记·昏义》：“祖庙既毁，教于宗室，教以～德、～言、～容、～功。”

附 fù ❶附着。《左传·襄公三十一年》：“衣服～在吾身。”㊀增益。《荀子·礼论》：“刻生而～死谓之惑。”(对活人刻薄，对死人厚待叫作糊涂。惑：迷乱，糊涂。)❷依附。《三国志·魏书·武帝纪》：“长吏多阿～贵戚。”(阿：迎合，奉承。贵戚：皇帝的亲属。)《古诗十九首·冉冉孤竹生》：“与君为新婚，兔丝～女萝。”这个意义又写作“傅”。㊀归附。《三国志·蜀书·诸葛亮传》：“荆州之民～操者，逼兵势耳，非心服也。”(操：曹操。逼：威胁。)❸靠近。《淮南子·说林》：“～耳之言，闻于千里也。”❹捎(信)。杜甫《石壕吏》诗：“一男～书至，二男新战死。”

驸(駙) fù 驾副车或备用的马。张衡《东京赋》：“～承华之蒲梢。”(用承华厩中名叫“蒲梢”的骏马做驸马。)［驸马］驸马都尉的简称。原是汉代官名，魏晋以后皇帝的女婿必担任驸马都尉一职。后来“驸马”成为皇帝女婿的专称。

祔 fù ❶祭名。合祭新亡者与祖先，叫作祔祭。《左传·僖公三十三年》：“凡君薨，卒哭而～，～而作主。”(主：木主，灵牌。)❷合葬。《礼记·檀弓下》：“卫人之～也离之，鲁人之～也合之。”韩愈《扶风郡夫人墓志铭》：“～于其夫之封。”

鲋(鮒) fù ❶鲫鱼。《墨子·公输》：“江汉之鱼鳖鼋(yuán)鼍(tuó)为天下富，宋所为无雉兔～鱼者也。”(据《太平御览》引)❷蛤蟆。《周易·井》：“九二，井谷射～。”

阜 fù ❶土山。《诗经·小雅·天保》：“如山如～。”《荀子·赋》：“生于山～。”❷肥大，高大。《诗经·小雅·车攻》：“田车既好，四牡孔～。”(孔：甚，很。)㊀盛，丰富，兴盛。张衡《西京赋》：“百物殷～。”(殷：丰富。)《左传·襄公二十六年》：“韩氏其昌～于晋乎！”❸繁衍，生长。《周礼·地官·大司徒》：“以～人民，以蕃鸟兽。”《国语·鲁语上》：“助生～也。”❹［阜螽］蝗虫幼虫。《诗经·召南·草虫》：“喓喓草虫，趯趯(tìtì)～～。”(喓喓：虫鸣声。趯趯：跳跃的样子。)

复¹(複) fù ❶夹衣。《世说新语·夙惠》：“晋孝武年十二时，冬天昼日不着(zhuó)～衣。”(昼日：白天。着：穿。)㊀夹层的。《旧唐书·王锷传》：“作～垣(yuán)洞穴，实金钱于其中。”(垣：墙。实：指装。)❷繁复，重复。陆游《游山西村》诗：“山重水～疑无路，柳暗花明又一村。”《三国志·蜀书·诸葛亮传》：“辄删除～重，随类相从，凡为二十四篇。”

【辨】復，複，覆。见下“复²(復)”字。

复²(復) fù ❶回来，回去。屈原《九章·哀郢》：“至今九年而不～。”㊀恢复。《史记·孟尝君列传》：“王召孟尝君而～其相位。”❷报复。《盐铁论·本议》：“有北面～匈奴之志。”❸再，又。《韩非子·五蠹》：“冀～得兔，兔不可～得。”(冀：希望。)《东汉民谣》：“小民发如韭，剪～生，头如鸡，割～鸣。”❹回答。《史记·司马相如列传》：“王辞而不～。”❺免除赋税徭役。《史记·高祖本纪》：“沛幸得～，丰未～。”(沛、丰：地名。)❻通“复¹(複)”。夹层的。《汉书·张良传》：“从～道望见诸将往往数人偶语。”(复道：古代宫中楼阁相通，上下都有通道，上面架空的通道叫“复道”。偶语：相对私语。)㊀重复。《左传·桓公十七年》：“～恶已甚矣。”《史记·秦始皇本纪》：“五帝不相～，三代不相袭。”

【辨】復，複，覆。这三个字很少通用。只有“複”字的“夹层的”、“重复”的意义，“覆”字的“翻过来”的意义有时写作“復”；“復”的“回答”意义也有写作“覆”的。如“複道”写作“復道”，“反覆”写作“反復”，“復信”写作“覆信”。但是“復”字的❶❷❸❺各项意义都不写作“複”或“覆”。现“復”和“複”都简化为“复”。

腹 fù ❶肚子。《庄子·马蹄》：“含哺而熙，鼓～而游。”(熙：嬉戏。)晁错《论贵粟疏》：“～饥不得食。”㊉中心部分。《盐铁论·刺复》：“方今为天下～居，郡诸侯并臻(zhēn)。”

（臻：到，达到。）❷ 怀抱。《诗经·小雅·蓼莪》："出入～我。"㊞内心的（想法）。《左传·宣公十二年》："敢布～心，君实图之。"

蝮 fù 蝮蛇，一种毒蛇。《史记·田儋列传》："～螫手则斩手，螫足则斩足。"

輹 fù 车厢下面钩住车轴的木头。《左传·僖公十五年》："车说(tuō)其～。"（说：通"脱"，脱落。）

鍑 fù 大口锅。《汉书·匈奴传下》："胡地秋冬甚寒，春夏甚风，多赍(jī)鬴(fǔ)～薪炭。"（赍：携带。鬴：同"釜"。）

覆 fù ❶ 遮盖，掩蔽。《庄子·天下》："天能～之而不能载之；地能载之而不能～之。"蔡琰《悲愤诗》："白骨不知谁，从横莫～盖。"㊀伏兵。《左传·隐公九年》："君为三～以待之。"（为：布置。）❷ 翻，翻转过来。《荀子·王制》："水则载舟，水则～舟。"《史记·郦生陆贾列传》："如反～手耳。"（耳：而已。）成语有"天翻地覆"。㊀覆没。《商君书·赏刑》："战必～人之军。"❸ 倾覆，颠覆。《后汉书·仲长统传》："信天道而背人事者，是昏乱迷惑之主，～国亡家之臣也。"❹ 审察。《汉书·元帝纪》："今不良之吏～案小罪，征召证案，兴不急之事，以妨百姓。"❺ 反，反而。《诗经·小雅·节南山》："不惩其心，～怨其正。"

【辨】復，複，覆。见 122 页"复²（復）"字。

馥 fù 香，香气。谢朓《思归赋》："晨露晞(xī)而草～。"（晞：干。）杨衒之《洛阳伽蓝记·景明寺》："流香吐～。"

鰒 fù 一种海生软体动物，即鲍鱼。《汉书·王莽传下》："莽忧懑不能食，亶(dàn)饮酒，啖(dàn)～鱼。"（亶：通"但"，仅，只。啖：吃。）

副 fù ❶ 副的。与"正"相对。《汉书·张骞传》："骞即分遣～使使大宛、康居、月氏、大夏。"（使：出使。）㊕图籍、文书的副本。《史记·太史公自序》："为太史公书……藏之名山，～在京师。"❷ 相称，符合。《后汉书·黄琼传》："阳春之曲，和者必寡，盛名之下，其实难～。"（阳春之曲：古代一种高雅的歌曲。）成语有"名副其实"。❸ 帮助。《素问·疏五过论》："为万民～。"（为：给。）❹ 贵族妇女的头饰。《诗经·鄘风·君子偕老》："君子偕老，～笄六珈。"（笄：簪子。六珈：头饰上玉珠有六。）❺ 量词。套。《唐会要》卷一七："造两～供用。"❻ pì 剖开，剖分。《礼记·曲礼上》："为天子削瓜者～之。"

富 fù ❶ 财产多，富裕。《诗经·鲁颂·閟宫》："俾尔寿而～。"《管子·形势解》："地大国～，民众兵强。"㊁丰富，多。潘岳《马汧督诔》："城小粟～。"枚乘《七发》："太子方～于年。"（这是一种修辞方法，指太子年岁还轻，来日方长。）❷ 通"福"。降福，福佑。《诗经·大雅·瞻卬》："何神不～？"

赋（賦） fù ❶ 赋税。《管子·小匡》："省刑罚，薄～敛，则民富矣。"（省：减少。薄：减轻。敛：征收。）㊁兵赋，交纳的兵甲车马等。《左传·成公二年》："此城濮之～也。"（城濮：地名，晋楚两国曾在此大战。）❷ 授予，给予。《韩非子·八奸》："～禄者称其功。"（称：适合，相称。）❸ 论述，陈述。《论衡·对作》："～奸伪之说。"㊁朗诵（诗）。《左传·文公十三年》："文子～《采薇》之四章。"（文子：人名。）㊁创作。陶渊明《归去来兮辞》："临清流而～诗。"❹ 古代诗歌的一种表现手法。钟嵘《诗品序》："直书其事，寓言写物，～也。"㊁一种文体，有韵，句式像散文。如宋玉有《风赋》。

傅 fù ❶ 教导、辅佐帝王或王子的人。《史记·商君列传》："刑其～公子虔(qián)。"（公子虔：人名。）㊁教导、辅佐帝王或王子。《史记·屈原贾生列传》："故令贾生～之。"（故：因此。贾生：指贾谊。）❷ 通"附"。附着，靠近。《左传·僖公十四年》："皮之不存，毛将安～？"（安：哪里。）《诗经·大雅·卷阿》："凤皇于飞，翙翙(huìhuì)其羽，亦～于天。"㊀依附，依据。《淮南子·兵略》："～堞而守。"《汉书·张汤传》："汤决大狱，欲～古义。"[傅会] 1. 把……合在一起。《列子·汤问》："皆～～革木胶漆白黑丹青之所为。"2. 指组织文句。《后汉书·张衡传》："精思～～，十年乃成。"（精思：精密构思。乃：然后。）3. 随声附和。《续资治通鉴·宋高宗绍兴八年》："顷者孙近～～桧议。"（桧：秦桧。）❸ 通"附"。增益，增加。《韩非子·难势》："毋为虎～翼。"❹ fū 通"敷"。分布，涂。《荀子·成相》："禹～土，平天下。"《后汉书·华佗传》："～以神膏。"

缚（縛） fù 捆绑。《史记·陈涉世家》："宫门令欲～之。"（宫门令：守宫门的官吏。）㊁捆绑东西的绳索。柳宗元《童区寄传》："童自转，以～即炉火，烧绝之。"（即：靠近。绝：断。）㊀束缚。《韩非子·备内》："～于势而不得不事也。"

【辨】束，缚。见 394 页"束"字。

赗（賵） fù 送布帛财物助人办丧事。《春秋·隐公三年》："秋，武氏子来求～。"《后汉书·中山简王焉传》："嗣王薨，～钱千万，布万匹。"

F

G

GAI

该(該) gāi 具备。《管子·小问》:“昔者天子中立,地方千里,四言者～焉。”枚乘《七发》:“滋味杂陈,肴糅(yáo-róu)错～。”(滋味:美味。肴糅:各色菜肴。)㉠完备,包括。《庄子·天下》:“不～不遍,一曲之士也。”曹植《与杨德祖书》:“吾王于是设天网以～之。”这个意义又写作“赅”。㉠广博。《晋书·祖逖传》:“后乃博览书记,～涉古今。”【注意】古代汉语中“该”没有“应该”的意义。

陔 gāi ❶台阶的层次。《汉书·郊祀志上》:“具泰一祠坛……三～。”(泰一:坛名。三陔:三重,三层。)这个意义又写作“垓”。❷田埂。束皙《补亡诗》六首之一:“循彼南～,言采其兰。”(循:沿着。南陔:南边的田埂。言:动词词头。)

垓 gāi ❶八极之内的广大土地。扬雄《大鸿胪箴》:“经通～极。”(治理八极之内的广大区域。)❷界限。扬雄《卫尉箴》:“重垠(yín)累～,以难不律。”(设置了重重界限,以阻难不法者。垠:边。)❸数词。古代万万为垓。《太平御览》卷七五〇引应劭《风俗通》:“十万谓之亿,十亿谓之兆,十兆谓之经,十经谓之～。”❹通“陔”。台阶的层次。《史记·封禅书》:“坛三～。”(坛:祭祀用的高台。)[九垓] 1. 九重天。《史记·司马相如列传》:“上畅～～,下泝(sù)八埏(yán)。”(畅:达。泝:流。埏:地的边际。)2. 八极之内的土地。萧纲《南郊颂序》:“～～同轨。”

荄 gāi 草根。《论衡·自然》:“霈然而雨,物之茎叶根～莫不洽濡。”葛洪《抱朴子·广譬》:“惊风摧千仞之木,不能拔弱草之～。”

赅(賅) gāi 完备,包括。《庄子·齐物论》:“百骸(hái)、九窍、六藏～而存焉。”(百骸:指全身的骨头。六藏:六脏。)成语有“言简意赅”。又写作“该”。

改 gǎi 改变,更正。《诗经·小雅·都人士》:“彼都人士,狐裘黄黄,其容不～,出言有章。”《荀子·臣道》:“故因其惧也而～其过。”

【辨】更,改。见130页“更”字。

丐[匄、匃] gài ❶乞求。《左传·昭公六年》:“不强～。”㉡乞丐。柳宗元《寄许京兆孟容书》:“皂隶佣～,皆得上父母丘墓。”❷施予,给予。《汉书·西域传下》:“秦人,我～若马。”(若:你们。)上述❶❷又写作“匄”、“匃”。❸免除。《晋书·慕容皝载记》:“以久旱,～百姓田租。”

盖(蓋) gài ❶用芦苇或茅草编的覆盖物。《左传·襄公十四年》:“被苫(shàn)～,蒙荆棘。”(苫盖:用草编成的覆盖物。)㉡搭盖。王褒《僮约》:“治舍～屋。”❷车盖,伞盖。《史记·管晏列传》:“拥大～,策驷马。”❸器物的盖子。《仪礼·公食大夫礼》:“宰右执镫,左执～。”(镫:一种器皿。)❹遮蔽,掩盖。《商君书·禁使》:“不能相为弃恶～非。”(弃恶:放任别人的恶行。)㉡胜过,超过。《史记·秦始皇本纪》:“功～五帝。”《三国志·蜀书·诸葛亮传》:“英才～世。”❺崇尚。《国语·吴语》:“夫固知君王之～威以好胜也。”❻副词。大概。《论语·里仁》:“～有之矣,我未之见也。”❼连词。连接上句或上一段,表示推论原因。《史记·屈原贾生列传》:“屈平之作《离骚》,～自怨生也。”(屈平:即屈原。)❽句首语气词。《史记·孝文本纪》:“朕闻～天下万物之萌生,靡不有死。”(朕:皇帝自称。靡:没有。)❾hé 通“盍”。何不。《诗经·小雅·黍苗》:“我行既集,～云归哉。”(集:成。云、哉:语气词。)㉡何。《庄子·养生主》:“善哉!技～至此乎?”

溉 gài ❶洗涤。《诗经·桧风·匪风》:“谁能亨(pēng)鱼,～之釜鬵(qín)。”(亨:烹。鬵:大锅。)❷灌溉。《史记·河渠书》:“西门豹引漳水～邺,以富魏之河内。”

概 gài ❶量米粟时刮平斗斛(hú)用的木板。《韩非子·外储说左下》:“～者,平量者也。”㉠刮平,削平。《管子·枢言》:“釜鼓满,则人～之。”(釜、鼓:量器。)❷大略,大体。《史记·伯夷列传》:“其文辞不少～见。”❸节操,风度。《后汉书·周黄徐姜申屠传序》:“若二三子,可谓识去就之～。”《晋书·桓温传》:“温豪爽有风～。”❹景象,状况(后起意义)。杜甫《奉留赠集贤院崔于二学士》诗:“故山多药物,胜～忆桃源。”(胜概:美丽的景象。)

GAN

干1 gān ❶ 盾牌。《尚书·大禹谟》："舞～羽于两阶。"（羽：用羽毛做成的舞具。）［干戈］泛指兵器，多用来比喻战争。王粲《从军》诗："身服～～事，岂得念所私？" ❷ 冒犯，冲犯。《左传·文公四年》："其敢～大礼以自取戾！"（戾：罪。）㊀冲。杜甫《兵车行》："哭声直上～云霄。" ❸ 求，求取。《吕氏春秋·举难》："甯戚欲～齐桓公。"（甯戚：人名。）《论语·为政》："子张学～禄。"（子张：孔子弟子。） ❹ 干预，涉及（后起意义）。《后汉书·董皇后纪》："后每欲参～政事，太后辄相禁塞。"《晋书·王衍传》："好～预人事。"㊀关涉，关系。李清照《凤凰台上忆吹箫》："新来瘦，非～病酒，不是悲秋。" ❺ 水边，河岸。《诗经·魏风·伐檀》："坎坎伐檀兮，置之河之～兮。" ❻［干支］天干和地支的合称。天干有十个：甲乙丙丁戊己庚辛壬癸。地支有十二个：子丑寅卯辰巳午未申酉戌亥。古代以天干和地支搭配，组合成"甲子"、"乙丑"……"癸亥"共六十个干支数，用来纪年、纪日，周而复始，循环使用。

【辨】干，乾，榦，幹。见 126 页"干⁴［榦］"字。

干2**（乾）** gān 干。与"湿"相对。《韩非子·外储说左上》："材～则直，涂～则轻。"（材：木材。涂：泥。）㊀枯竭，尽。《左传·僖公十五年》："张脉偾兴，外强中～。"（偾兴：突起。）参见 334 页"乾"字。

【辨】干，乾，榦，幹。见 126 页"干⁴［榦］"字。

玕 gān ［琅玕］见 239 页"琅"字。

甘 gān ❶ 甜。《诗经·邶风·谷风》："谁谓荼苦？其～如荠。"㊀味美，味道好。《礼记·月令》："其味～，其臭（xiù）香。"（臭：气味。）㊁认为味美。《史记·货殖列传》："民各～其食，美其服。"㊁味美好吃的东西。《韩非子·外储说右上》："～肥周于堂。"（周：遍布。） ❷ 美好，动听。《左传·昭公十一年》："今币重而言～，诱我也，不如无往。" ❸ 情愿，甘心乐意。《诗经·齐风·鸡鸣》："虫飞薨薨，～与子同梦。"成语有"不甘示弱"。 ❹ 爱好，喜好。《尚书·五子之歌》："～酒嗜音，峻宇彫墙。" ❺ 松，宽。《庄子·天道》："徐则～而不固，疾则苦而不入。"

【辨】甘，旨。"甘"除了泛指美味以外，还有"甜"的含义。现代汉语"甜"的意思，在秦以前多用"甘"表示。"旨"仅指一般味美好吃的东西。

泔 gān ❶ 淘米水。王衮《博济方·秘金散》："用米～煮熟，淡吃，每个作三服。"㊁用淘米水浸渍。《荀子·大略》："曾子食鱼有余，曰：'～之。'" ❷ hàn ［泔淡］盈满的样子。扬雄《甘泉赋》："秬鬯（jùchàng）～～。"（秬鬯：用黑黍酿的香酒。）

皯 gǎn 面色黝黑。《列子·黄帝》："焦然肌色～䵳（měi），昏然五情爽惑。"（䵳：黑。）

笴 gǎn 箭杆。《周礼·考工记·矢人》："参分其长而杀其一，五分其长而羽其一，以其～厚，为之羽深。"

敢 gǎn ❶ 勇敢。《荀子·非十二子》："刚毅勇～。"㊀敢于。《汉书·赵充国传》："用兵深入～战者吉。" ❷ 谦辞。有"冒昧"的意思。《左传·宣公十二年》："～布腹心。"（布腹心：指讲出心里话。） ❸ 副词。用于反问，有"岂敢"的意思。《左传·僖公四年》："～不共给？"（共：供。）

感 gǎn ❶ 感动。《荀子·乐论》："其～人深。"㊀感应。《周易·咸》："天地～而万物化生。" ❷ 感触，感慨。曹植《洛神赋序》："～宋玉对楚王神女之事，遂作斯赋。"（斯：这。）《北史·刘璠传》："尝卧疾居家，对雪兴～。" ❸ 感觉，感受。《庄子·刻意》："～而后应，迫而后动。" ❹ 碰触。《庄子·山木》："（异鹊）～周之颡而集于栗林。"（周：庄周。） ❺ hàn 通"憾"。不满意。《左传·昭公十一年》："王贪而无信，唯蔡于～。"（蔡于感：对蔡国不满意。） ❻ hàn 通"撼"。摇动。枚乘《七发》："夏则雷霆霹雳之所～也。"【注意】古代汉语中"感"字单用时一般不当"感谢"讲。

簳 gǎn ❶ 小竹。张衡《南都赋》："其竹则籦笼篁篾，筱～箛箠。" ❷ 箭杆，也指箭。《列子·汤问》："乃以燕角之弧、朔蓬之～射之。"白居易《答箭镞》诗："插以青竹～，羽之赤雁翎。"

干3**（幹）** gàn ❶ 树干。左思《蜀都赋》："擢修～，竦长条。"（修：长。）徐弘祖《徐霞客游记·游黄山日记》："柏虽大～如臂，无不平贴石上。"㊁躯干。南北朝乐府《陇上歌》："陇上壮士有陈安，躯～虽小腹中宽。"（陇上：地名。陈安：人名。腹中宽：指度量大。）㊀根本。《汉书·五行志中之上》："礼，国之～也。" ❷ 才干。《三国志·蜀书·诸葛亮传》："理民之～优于将略。"（理：治理。优于：胜过。将略：用兵的谋略。） ❸ 管理，治理。《周易·乾》："贞固足以～事。"《后汉书·史弼传》："弼有～国之

G

器。"（器：才能。）❹ hán 井栏。《庄子·秋水》："出跳梁乎井～之上。"

【辨】干，乾，榦，幹。见下"干⁴[榦]"字。

干⁴[榦] gàn ❶ 筑土墙时两边所用的木板。[桢干]见 537 页"桢"字。❷ 树干，树的主干。《淮南子·主术》："枝不得大于～。"㉑根本。《淮南子·原道》："是故柔弱者，生之～也。"❸ 树名。柘树。《尚书·禹贡》："杶～栝柏。"（杶、栝：树名。）

【辨】干，乾，榦，幹。古代"干"、"乾"、"幹"是完全不同的三个字，各不相通。在古书中，乾湿的"乾"、树幹的"幹"，都不写作"干"。"榦"和"幹"在"树榦"的意义上通用，但是才幹的"幹"，一般不写作"榦"。现都写作"干"。

G

旰 gàn ❶ 晚。《左传·襄公十四年》："日～不召。"成语有"宵衣旰食"。❷ hàn [旰旰]盛大的样子。《史记·河渠书》："皓皓～～兮，閭殚为河！"（皓皓：盛大。）

绀(紺) gàn 一种深青带红的颜色。《论语·乡党》："君子不以～緅(zōu)饰。"（緅：青赤色的帛。）祢衡《鹦鹉赋》："～趾丹觜，绿衣翠衿。"

赣(贛) gàn ❶ gòng 赐给。《淮南子·精神》："今～人敖仓，予人河水。"贾谊《新书·匈奴》："出好衣闲，且自为～之。"❷ zhuàng 通"戇"。愚笨而刚直。《墨子·非儒下》："以为实在，则～愚甚矣。"❸ 水名。在今江西。

GANG

冈(岡) gāng 山脊。《诗经·周南·卷耳》："陟彼高～，我马玄黄。"（陟：登。玄黄：指马病。）

刚(剛) gāng ❶ 坚硬。与"柔"相对。《诗经·大雅·烝民》："柔则茹之，～则吐之。"（茹：吃。）成语有"以柔克刚"。㉑刚强，坚强。《论语·公冶长》："吾未见～者。"《世说新语·规箴》："才拙而性～。"❷ 强劲，旺盛。《论语·季氏》："及其壮也，血气方～，戒之在斗。"❸ 钢铁（后起意义）。《新唐书·元德秀传》："颖士若百炼之～，不可屈。"这个意义后来写作"钢"。❹ 方才，刚才（后起意义）。苏轼《花影》诗："～被太阳收拾去，却教明月送将来。"（却：又，再。）

纲(綱) gāng ❶ 渔网上的总绳。《尚书·盘庚上》："若网在～，有条而不紊。"（紊：乱。）成语有"纲举目张"。㉑起决定作用的部分。《北史·源贺传》："为政贵当举～。"㉑准则，法度。《诗经·大雅·卷阿》："岂弟(kǎitì)君子，四方为～。"（岂弟：恺悌。）[纲常]封建社会伦理道德"三纲五常"的简称。（三纲：君为臣纲，父为子纲，夫为妻纲。五常：仁、义、礼、智、信。）❷ 唐、宋时成批运输货物的组织。如"茶纲"、"盐纲"、"花石纲"。

犅 gāng 公牛。《公羊传·文公十三年》："周公用白牡，鲁公用骍(xīng)～。"（骍：赤色马。）

扛 gāng 双手举。《史记·项羽本纪》："籍长八尺余，力能～鼎。"㉒抬。《后汉书·费长房传》："又令十人～之，犹不举。"

杠 gāng ❶ 竹木杆子。《仪礼·乡射礼》："以白羽与朱羽糅～。"《尔雅·释天》："素锦绸～。"❷ 独木桥，小桥。《孟子·离娄下》："岁十一月，徒～成；十二月，舆梁成。"㉒桥。左思《魏都赋》："石～飞梁，出控漳渠。"（漳渠：漳河。）❸ 通"扛"。抬。康有为《东事战败》诗："～棺摩拳，击鼓三挝。"

釭 gāng ❶ 车毂中用以穿轴的金属孔眼。刘向《新序·杂事二》："淳于髡曰：'方内而员～，如何？'"（内：通"枘"，榫子。员：通"圆"。）㉒形状如釭的东西。《汉书·赵皇后传》："壁带往往为黄金～，函蓝田璧，明珠、翠羽饰之。"（壁带：壁上的横木露出如带者。）❷ 油灯。王融《咏幔》诗："但愿置樽酒，兰～当夜明。"

罡 gāng ❶ 北斗七星的斗柄。也叫天罡。《抱朴子·杂应》："又思作七星北斗，以魁覆其头，以～指前。"（魁：北斗七星中排列成方形像斗一样的那四颗星的总称。）❷ 通"冈"。山冈。郦道元《水经注·涢(yín)水》："城北有尉他墓，墓后有大～。"（尉他：人名。）

GAO

皋[臯、皐] gāo ❶ 沼泽。《诗经·小雅·鹤鸣》："鹤鸣于九～，声闻于天。"（九皋：深泽。）❷ 水边的地。屈原《离骚》："步余马于兰～兮。"曹操《步出夏门行·艳》："云行雨步，超越九江之～。"（雨步：下雨。九江：指沿海各河道。）❸ [皋比]虎皮。《左传·庄公十年》："公子偃……自雩门窃出，蒙～～而先犯之。"❹ [皋陶(yáo)]人名。相传是舜臣，掌刑法。

槔[槹] gāo [桔(jié)槔]见 199 页"桔"字。

高[髙] gāo ❶ 高。与"低"相对。《荀子·劝学》:"不登～山,不知天之～也。"㊁高度。《列子·汤问》:"太行、王屋二山,方七百里,～万仞。"(仞:古代七尺或八尺为一仞。) ❷ 等级或程度高。《孟子·离娄上》:"惟仁者宜在～位。"李白《夜宿山寺》诗:"不敢～声语,恐惊天上人。"㊁年龄大。《战国策·秦策五》:"王年～矣。" ❸ 高超,高尚。《汉书·晁错传》:"臣窃观皇太子材智～奇,驭射伎艺过人绝远。"(窃观:私下看。这是一种自谦的说法。)《韩非子·五蠹》:"轻辞天子,非～也,势薄也。"(辞:辞去不做。)成语有"高风亮节"。㊁尊敬,崇尚。《商君书·君臣》:"行不中法者,不～也。"(中:符合。)

膏 gāo ❶ 油脂,脂肪。《诗经·桧风·羔裘》:"羔裘如～,日出有曜。"《三国志·吴书·周瑜传》:"实以薪草,～油灌其中。"(实:塞满。薪:柴火。)㊀药膏。《后汉书·华佗传》:"既而缝合,傅以神～。"(傅:敷。) ❷ [膏肓(huāng)]古代医学家把心尖脂肪叫"膏",心脏与膈膜之间叫"肓"。《左传·成公十年》:"疾不可为也,在肓之上,膏之下。"孙楚《为石仲容与孙皓书》:"夫治～～者,必进苦口之药。"(膏肓者:比喻病情极为严重。)成语有"病入膏肓"。 ❸ 肥沃。《史记·货殖列传》:"～壤沃野千里。"仲长统《昌言·理乱》:"豪人之室,连栋数百,～田满野。"(连栋:指房屋相连。)[膏腴]肥沃。《后汉书·公孙述传》:"蜀地沃野千里,土壤～～。" ❹ gào 滋润。《诗经·曹风·下泉》:"芃芃(péngpéng)黍苗,阴雨～之。"(芃芃:茂盛的样子。)㊁用油脂涂抹。韩愈《送李愿归盘谷序》:"～吾车兮秣吾马。"

櫜 gāo ❶ 收藏衣甲或弓矢的袋子。《左传·昭公元年》:"伍举知其有备也,请垂～而入。"《礼记·檀弓下》:"军有忧,则素服哭于库门之外,赴车不载～韔(chàng)。"(韔:盛放弓的袋子。) ❷ 将弓矢收藏在袋里。《诗经·周颂·时迈》:"载～弓矢。"《后汉书·隗嚣传》:"然后还师振旅,～弓卧鼓。"

鼛 gāo 大鼓。《诗经·小雅·鼓钟》:"鼓钟伐～。"《周礼·地官·鼓人》:"以～鼓鼓役事。"

杲 gǎo 明亮。《管子·内业》:"～乎如登于天,杳乎如入于渊。"[杲杲]形容太阳明亮。《诗经·卫风·伯兮》:"其雨其雨,～～出日。"

缟(縞) gǎo ❶ 白绢。《韩非子·说林上》:"鲁人身善织屦(jù),妻善织～。"(身:自己。屦:草鞋。) ❷ 白色。《礼记·王制》:"～衣而养老。"张载《扇赋》:"飘～羽于清霄,拟妙姿于白雪。"(清霄:指天空。拟:比。)[缟素]白色丧服。《汉书·高帝纪上》:"寡人亲为发丧,兵皆～～。"

槁[槀] gǎo ❶ 草木枯干。《墨子·耕柱》:"譬若匠人然,智～木也,而不智生木。"(智:知。)《孟子·公孙丑上》:"其子趋而往视之,苗则～矣。"㊁干枯的草木。《荀子·王霸》:"及以燕赵起而攻之,若振～然。"㊂干,枯干。《孟子·滕文公下》:"夫蚓上食～壤,下饮黄泉。"《庄子·知北游》:"形若～骸。"(骸:尸骨。)成语有"形容枯槁"。 ❷ kǎo 通"考"。敲打。潘岳《河阳县作诗二首》之一:"颎如～石火,瞥若截道飙。"

稿[稾、藁] gǎo ❶ 禾秆,稻草。《汉书·萧何传》:"长安地陿,上林中多空地,弃,愿令民得入田,毋收～为兽食。" ❷ 诗文的草稿。《史记·屈原贾生列传》:"怀王使屈原造为宪令,屈平属草～未定,上官大夫见而欲夺之。" ❸ [稿本]草药名。《淮南子·氾论》:"夫乱人者,芎䓖(xiōngqióng)之与～～也……此皆相似者。"(芎䓖:香草名。)

告 gào ❶ 告诉。《庄子·庚桑楚》:"吾固～汝曰……"(固:本来。汝:你。)㊁报告。《史记·绛侯周勃世家》:"越人斩吴王头以～。" ❷ 告诫,劝勉。《论语·颜渊》:"忠～而善道之。" ❸ 请求。《国语·鲁语上》:"国有饥馑,卿出～籴(dí)。"(籴:买粮食。)双音词有"告假"、"告饶"、"告退"。 ❹ 告发,控告。《商君书·开塞》:"赏施于～奸。"(赏给告发奸邪的人。) ❺ 古代官吏休假。《史记·汲郑列传》:"黯多病,病且满三月,上常赐～者数。"(上:指皇帝。赐:赐予。数:多次。)

【辨】告,诰,诏。"告"和"诰"原来都是"告诉"的意思,后来用法不同,下告上叫"告",上告下叫"诰"或"诏"。秦以后"诏"只限于皇帝下命令用。宋以后"诰"只限于皇帝任命高级官吏或封爵时用。

【辨】诉,告。见404页"诉"字。

诰(誥) gào ❶ 告诉。《尚书·太甲下》:"伊尹申～于王。"(伊尹:人名。申:再,重。) ❷ 皇帝给臣子的命令。李阳冰《草堂集序》:"潜草诏～,人无知者。"(潜草:秘密起草。诏:皇帝的诏书。) ❸ 告诫,劝勉。《国语·楚语上》:"近臣谏,远臣谤,舆人诵,以自～也。"(谤:公开指出过失。舆:

众。诵:述说。)《尚书·多方》:"成王归自奄,在宗周,～庶邦。"❹ 文体的一种,用于告诫或勉励。刘勰《文心雕龙·辨骚》:"故其陈尧舜之耿介,称汤武之祗敬,典～之体也。"
【辨】告,诰,诏。见127页"告"字。

GE

戈 gē 一种长柄兵器。《荀子·议兵》:"古之兵,～、矛、弓、矢而已矣。"(兵:兵器。已矣:罢了。)

哥 gē ❶ 歌唱。《史记·燕召公世家》:"召公卒,而民人思召公之政,怀棠树不敢伐,～咏之,作《甘棠》之诗。"这个意义后来写作"歌"。❷ 兄(后起意义)。白居易《祭浮梁大兄文》:"再拜跪奠大～于座前。"《新五代史·伶官传》:"三司使孔谦兄事之,呼为八～。"❸ 唐时或称父为哥。《旧唐书·王琚传》:"玄宗泣曰:'四～仁孝,同气唯有太平……'"(太平:指太平公主。)

歌[謌] gē ❶ 唱。《诗经·魏风·园有桃》:"心之忧矣,我～且谣。"《论语·微子》:"楚狂接舆～而过孔子。"成语有"歌舞升平"。❷ 歌曲,能唱的诗。《尚书·舜典》:"诗言志,～永言。"《诗经·小雅·四牡》:"是用作～,将母来谂(shěn)。"(谂:思念。)㊂作歌,编歌。《诗经·陈风·墓门》:"～以讯之。"(编歌来劝告他。讯:劝告。)❸ 歌颂。《论衡·须颂》:"虞氏天下太平,夔～舜德。"

割 gē ❶ 用刀切断,截下。《左传·襄公三十一年》:"犹未能操刀而使～也。"陆游《初夏幽居》诗:"雨霁(jì)郊原～麦忙。"(雨霁:雨停天晴。)㊕切肉,宰割。《论语·阳货》:"～鸡焉用牛刀。"《韩非子·说疑》:"～烹、刍(chú)牧、饭牛之事。"(烹:指烹调。刍牧:放牧。饭牛:喂牛。)❷ 分割,划分。《史记·项羽本纪》:"～鸿沟以西者为汉,鸿沟而东者为楚。"《汉书·贾谊传》:"～而为四。"㊂割去,割取。《世说新语·黜免》:"应～近情,以存远计。"《史记·李斯列传》:"～膏腴之壤。"(割取肥沃的土地。)

革 gé ❶ 去了毛的兽皮。《诗经·召南·羔羊》:"羔羊之～。"㊂人的皮肤。《礼记·礼运》:"四体既正,肤～充盈。"❷ 用革制成的甲胄。《礼记·乐记》:"贯～之射息也。"(贯:穿通。息:停止。)《史记·礼书》:"故坚～利兵不足以为胜。"❸ 兵车。《史记·留侯世家》:"殷事已毕,偃～为轩。"㊂兵卒。《三国志·蜀书·彭羕传》:"老～荒悖,可复道邪?"[兵革] 1. 军队。《战国策·秦策一》:"～～大强,诸侯畏惧。" 2. 战争。《论衡·命义》:"～～并起,不得终其寿。"(不得终其寿:指在战争中死去。)❹ 八音(金、石、土、木、丝、竹、匏、革)之一。鼓一类的乐器。见503页"音"字。❺ 改变,变革。《周易·革》:"天地～而四时成。"《尚书·多士》:"殷～夏命。"㊂除去。《魏书·食货志》:"今～旧从新,为里党之法。"成语有"革故鼎新"。❻ 马笼头。《诗经·小雅·蓼萧》:"既见君子,鞗～忡忡。"㊂马缰绳。《韩非子·外储说右下》:"使王良操左～而叱咤之。"❼ 鸟翼。《诗经·小雅·斯干》:"如鸟斯～,如翚斯飞。"❽ jí 急,重。《礼记·檀弓上》:"夫子之病～矣。"
【辨】皮,革,肤。见313页"皮"字。

愅 gé 改变,变动。《荀子·礼论》:"～诡唈僾,而不能无时至焉。"(愅诡唈僾:指人感动或忧郁的情感。)

阁(閣) gé ❶ 存放食物的木橱柜。《礼记·内则》:"大夫七十而有～。"㊀放东西的木架子。《晋书·庾翼传》:"此辈宜束之高～。"❷ 用木材架于空中的道路。《战国策·齐策六》:"故为栈道木～,而迎王与后于城阳山中。"诸葛亮《与兄瑾言赵云烧赤崖阁道书》:"前赵子龙退军,烧坏赤崖以北～道。"㊂楼与楼之间架空的通道。《史记·秦始皇本纪》:"殿屋复道周～相属(zhǔ)。"(属:接连。)❸ 一种小楼。《木兰诗》:"开我东～门。"杜牧《阿房宫赋》:"五步一楼,十步一～。"成语有"空中楼阁"。㊂收藏书籍或供佛的地方。《汉书·扬雄传下》:"时雄校书天禄～上。"(校书:校订书籍。天禄阁:汉朝的书楼名。)今故宫有"文渊阁",颐和园有"佛香阁"。❹ 官署。陆机《答张士然》诗:"絜身跻秘～。"(絜:洁。跻:登,升。秘阁:秘书省。)上述❸❹又写作"閤"。❺ 放置,搁置。《新唐书·刘知几传》:"～笔相视。"这个意义后来写作"搁"。
【辨】亭,臺,榭,楼,阁。见423页"亭"字。

格 gé ❶ 树木的长枝条。庾信《小园赋》:"枝～相交。"㊀栅栏。杜甫《潼关吏》诗:"连云列战～。"(战格:作战时用来阻止敌人的栅栏。)㊀架子,格子。《梁书·王茂传》:"梦钟磬在～,无故自堕。"沈括《梦溪笔谈》卷一:"窗～上有火燃处。"❷ 格式,标准。《礼记·缁衣》:"言有物而行有～也。"成语有"不拘一格"。㊕法律条文。《旧唐书·刑法志》:"武德二年,颁新～五十三条。"㊂风格。沈括《梦溪笔谈》卷一七:"徐熙至京师,送图画院品其画～。”（徐熙：人名。）成语有“别具一格”。❸ 阻止，阻碍。《史记·孙子吴起列传》：“形～势禁。”（被形势所阻止。）《汉书·淮南王安传》：“～明诏，当弃市。”成语有“格格不入”。㊀抵挡，抵御。《荀子·议兵》：“服者不禽，～者不舍。”（禽：擒。舍：放弃。）《汉书·晁错传》：“劲弩长戟，射疏及远，则匈奴之弓弗能～也。”（弩：一种弓。戟：一种兵器。疏：远。弗：不。）❹ 击，打。《史记·殷本纪》：“手～猛兽。”双音词有“格杀”、“格斗”。❺ 推究，研究。《礼记·大学》：“致知在～物。”成语有“格物致知”。❻ 正，纠正。《孟子·离娄上》：“惟大人为能～君心之非。”❼ 至，到。《尚书·君奭》：“～于皇天。”（皇：大。）㊂来。《尚书·汤誓》：“～，尔众庶！”（尔众庶：你们大家。）

骼 gé ❶ 禽兽之骨。㊂枯骨。《三国志·魏书·崔琰传》：“宜敕郡县掩～埋胔（zì）。”（胔：尚存残肉的骨殖。）❷ 通“胳”。牲畜的后胫骨。《仪礼·有司》：“司士设俎于豆北，羊～一。”

葛 gé 一种植物，纤维可以织布。《诗经·周南·葛覃》：“～之覃兮，施（yì）于中谷，维叶萋萋。”（覃：延，延伸。施：蔓延。）《韩非子·五蠹》：“冬日麑（ní）裘，夏日～衣。”（麑裘：用鹿皮制的皮袄。）

轕 gé ［轇（jiāo）轕］见 194 页“轇”字。

蛤 gé ❶ 一种有介壳的软体动物。《国语·晋语九》：“雀入于海为～。”《韩非子·五蠹》：“民食果蓏蜯～。”❷ há 蛤蟆，青蛙类动物。刘恂《岭表录异》卷上：“闻田中有～鸣。”

閤 gé ❶ 旁门，小门。《史记·滑稽列传》：“建章宫后～重栎中有物出焉。”（栎：栏杆。）《汉书·公孙弘传》：“开东～以延贤人。”（延：迎接。）❷ 一种小楼。《世说新语·尤悔》：“因在卞太后～共围棋，并啖枣。”白居易《两朱阁》诗：“妆～伎楼何寂静，柳似舞腰池似镜。”❸ 官署。《汉书·朱博传》：“于是府丞诣～，博乃见丞。”（诣：到官署中请见。）上述❷❸又写作“阁”。❹ hé 全（后起意义）。如“閤家”。这个意义又写作“阖”。

鞈 gé ❶ 革制的胸甲。《管子·小匡》：“轻罪入兰盾～革二戟。”❷ 坚固。《荀子·议兵》：“楚人鲛革犀兕以为甲，～如金石。”❸ tà 通“鼛”。鼓声。《淮南子·兵略》：“善用兵若声之与响，若镗之与～。”

韐 gé 蔽膝。《仪礼·士丧礼》：“设～带，搢笏。”也称韎（mèi）韐。见 275 页“韎”字。

隔 gé ❶ 隔开，隔离。《韩非子·难一》：“一人之力能～君臣之间。”《古诗为焦仲卿妻作》：“誓不相～卿，且暂还家去。”㊂阻隔，隔阂。《史记·西南夷列传》：“患匈奴～其道。”李白《君马黄》诗：“马色虽不同，人心本无～。”㊂（时间）相隔，间隔。杜甫《奉待严大夫》诗：“不知旌节～年回。”（旌节：指节度使所持的旌旗和符节。）❷ 通“膈”。膈膜。《管子·水地》：“五脏已具，而后生肉：脾生～，肺生骨……”

槅 gé ❶ 车轭，驾车时套在牛颈上的曲木。张衡《西京赋》：“商旅联～，隐隐展展。”《晋书·潘岳传》：“发～写鞍，皆有所憩。”❷ hé 通“核”。指有核的果品。左思《蜀都赋》：“金罍中坐，肴～四陈。”

膈 gé ❶ 膈膜，体腔中分隔胸腔和腹腔的肌肉膜。《灵枢经·经脉》：“其支者复从肝，别贯～，上注肺。”❷ 悬钟的木格。《史记·礼书》：“县一钟尚拊～。”

哿 gě ❶ 嘉，好。《诗经·小雅·正月》：“～矣富人，哀此茕独。”《诗经·小雅·雨无正》：“～矣能言，巧言如流。”❷ jiā 通“珈”。古代妇女的首饰。扬雄《太玄·瞢》：“男子折笄，妇人易～。”

舸 gě 大船。左思《吴都赋》：“弘～连舳（zhú）。”（弘：大。舳：船尾。）㊁船。李白《赠江夏韦太守良宰》诗：“万～此中来，连帆过扬州。”

个1 gè ❶ 量词。用于竹，后泛用。《史记·货殖列传》：“竹竿万～。”《国语·吴语》：“譬如群兽然，一～负矢，将百群皆奔。”（负矢：中箭，带箭。）这个意义又写作“箇”、“個”，现写作“个”。❷ 厢房。《礼记·月令》：“天子居青阳左～。”（青阳：古代诸侯朝见天子的地方叫“明堂”，共分四室，青阳是明堂的东室。）

个2（個）［箇］ gè ❶ 量词。用于竹，后泛用。《汉书·景武昭宣元功成功臣表》：“入竹二万～。”（入：交纳。）贾思勰《齐民要术·种瓜》：“大豆三～。”❷ 这，此。李白《秋浦歌》之十五：“白发三千丈，缘愁似～长。”（缘：因为。）

GEN

亘［亙］ gèn 横贯。张衡《西京赋》：“～雄虹之长梁。”（横贯着像彩虹一样的殿梁。雄虹：虹分雄雌，双虹出现时，颜色鲜明者叫雄虹，也叫主虹。梁：殿梁。)㊀绵延。《晋书·许孜传》:"列植松柏～五六里。"[亘古]自古以来,从古到现在。鲍照《河清颂》:"～～通今。"成语有"亘古未有"。

艮 gèn ❶卦名。八卦之一,象征山。《周易·说》:"～为山。"《三国志·魏书·管辂传》:"又鼻者～,此天中之山。"❷止。朱熹《斋居感兴》诗:"反躬～其背,肃容正冠襟。"❸艰难。扬雄《太玄·守》:"象～有守。"❹方位名。指东北。《论衡·难岁》:"人或以立春东北徙,抵～之下,不被凶害。"《梁书·沈约传》:"回余眸于～域,觌(dí)高馆于兹岭。"❺时辰名。约指深夜一时至三时。《旧唐书·吕才传》:"若依葬书,多用乾、～二时,并是近半夜,此即文与礼违。"

GENG

更 gēng ❶改变。《商君书·更法》:"贤者～礼。"(更礼:改变旧礼制。)㊁调换,交替。《庄子·养生主》:"良庖岁～刀,割也。"《汉书·晁错传》:"然令远方之卒守塞,一岁而～。"❷经过,经历。《汉书·张骞传》:"欲通使,道必～匈奴中。"《韩非子·外储说左上》:"～日久则涂干而椽燥。"(涂:泥。)❸抵偿。《史记·平准书》:"悉巴蜀租赋不足以～之。"(悉:尽。巴、蜀:地名,今重庆、四川一带。)❹gèng 另,另外。《后汉书·班超传》:"～立元孟为焉耆王。"(元孟:人名。)㊀再。王之涣《登鹳雀楼》诗:"欲穷千里目,～上一层楼。"(穷:尽,极。)❺gèng 更加。《战国策·韩策一》:"弃前功,而后～受其祸。"❻夜里的计时单位,一夜分为五更,每更约两小时(后起意义)。李贺《秦王饮酒》诗:"宫门掌事报一～。"(宫门掌事:指掌管内外宫门的官吏。)熟语有"夜半三更"。㊀更鼓。杜甫《晓望》诗:"白帝～声尽,阳台曙色分。"(白帝:白帝城。)

【辨】更,改。"更"除了有"改变"的意义,还有"调换"、"交替"的意义,而"改"字没有此意义。

庚 gēng ❶天干第七位。见125页"干[1]"字。❷年龄。如"年庚"、"同庚(同岁)"。❸赔偿。《礼记·檀弓下》:"季子皋葬其妻,犯人之禾,申祥以告,曰:'请～之。'"(季子皋、申祥:人名。犯:侵害。禾:庄稼。)

赓(賡) gēng ❶继续,连续。《尚书·益稷》:"乃～载歌曰……"《宋史·杨微之传》:"献《雍熙词》,上～其韵以赐。"(上:皇帝。赓其韵:指接着《雍熙词》的用韵填词。赐:赏赐。)双音词有"赓续"、"赓和(hè)"。❷抵偿,补偿。《管子·国蓄》:"智者有什倍人之功,愚者有不～本之事。"(什倍:十倍。本:本钱。)

鹒(鶊) gēng [鸧(cāng)鹒]见35页"鸧"字。

絚[緪、縆] gēng ❶粗索。《三国志·魏书·王昶传》:"昶诣江陵,两岸引竹～为桥,渡水击之。"❷紧,急。《淮南子·缪称》:"治国譬若张瑟,大弦～则小弦绝矣。"❸gèn 通"亘"。通贯两头,贯通。班固《西都赋》:"自未央而连桂宫,北弥明光而～长乐。"(未央、桂宫、明光、长乐:宫名。)

羹 gēng 用肉或菜调和五味做成的带汤的食物。《荀子·非相》:"啜(chuò)其～,食其胾(zì)。"(啜:喝。胾:大块的肉。)《韩非子·五蠹》:"藜(lí)藿(huò)之～。"(藜、藿:两种野生植物。)

【辨】羹,汤。"羹",在上古是指用肉或菜等做成的带汁的食物,和"菜汤"不同。"汤",在唐以前一般只指热水,后来才指菜汤。

耿 gěng ❶光明。《尚书·立政》:"以觐文王之～光,以扬武王之大烈。"屈原《离骚》:"～吾既得此中正。"(中正:指正道。)㊁照耀。《国语·晋语三》:"其光～于民矣。"[耿介]光明正大,正直。《韩非子·五蠹》:"人主不除此五蠹之民,不养～～之士,则海内虽有破亡之国,削灭之朝,亦勿怪矣。"(虽有:即使有。勿怪:不足为奇。)❷刚正。《北史·魏辽西公意烈传》:"意烈性雄～。"❸心里有事,不安。杜甫《遣闷》诗:"百年从万事,故国～难忘。"❹[耿耿]1.形容心中不安的样子。《诗经·邶风·柏舟》:"～～不寐,如有隐忧。"2.微明的样子。白居易《上阳白发人》诗:"～～残灯背壁影。"

绠(綆) gěng 井绳。《荀子·荣辱》:"短～不可以汲深井之泉。"(汲:从井里打水。)成语有"绠短汲深"。

梗 gěng ❶植物的枝或茎。《战国策·齐策三》:"有土偶人与桃～相与语。"沈括《梦溪笔谈》卷二四:"自后人有为蜂螫者,挼芋～傅之则愈。"❷正直。屈原《九章·橘颂》:"淑离不淫,～其有理兮。"(美丽无邪,正直而有法度。离:指独立。)㊀强硬,顽固。《商君书·赏刑》:"强～焉,有常刑而不赦。"[梗直]刚直。《北史·景穆十二王传上》:"子文都性～～。"(文都:人名。)❸阻塞。郦道元《水经注·河水》:"其山虽辟,尚～湍流。”（辟：开辟。尚：还。湍：急流的水。）双音词有“梗塞”。❹ 害，祸患。《诗经·大雅·桑柔》：“谁生厉阶，至今为～。”❺［梗概］大概，大略。左思《吴都赋》：“略举其～～。”

鲠（鯁） gěng ❶ 鱼骨，鱼刺。杜牧《感怀》诗：“茹～喉尚隘，负重力未壮。”㊉鱼刺卡在喉咙里。《汉书·贾山传》：“祝䬾（yē）在前，祝～在后。”（先祝愿别噎着，又祝愿别让鱼刺卡着。䬾：通“噎”。）❷ 直爽，正直。《后汉书·任隗传》：“～言直议，无所回隐。”（回隐：回避，隐藏。）㊉正直的人。《抱朴子·臣节》：“匡过弼违者，社稷之～也。”上述❶㊉❷㊉又写作“骾”。❸ 害，祸患。《国语·晋语六》：“除～而避强，不可谓刑。”❹ 通“梗”。阻塞。《后汉书·孔融传》：“虑～大业。”庾肩吾《乱后行经吴御亭》诗：“獯戎～伊洛。”❺ 通“哽”。哽咽。《后汉书·何皇后纪》：“太后～涕，群臣含悲莫敢言。”

更 gèng 见 130 页。

堩 gèng 道路。《仪礼·既夕礼》：“唯君命止柩于～，其余则否。”

GONG

工 gōng ❶ 工匠。《论语·卫灵公》：“～欲善其事，必先利其器。”㊀纺织、刺绣、雕刻等手工艺方面的工作。《管子·问》：“处女操～事者几何人？”（操：指从事，做。几何：多少。）❷ 乐工，乐人。《左传·襄公二十九年》：“使～为之歌《周南》、《召南》。”（为之歌：为他歌唱。）❸ 精，精巧。《吕氏春秋·知接》：“说者虽～，不能喻矣。”柳宗元《与李睦州论服气书》：“如是十年，以为极～。”成语有“异曲同工”。㊀善于，擅长。《韩非子·五蠹》：“～文学者非所用，用之则乱法。”（非所用：不应该使用。）❹ 官吏。《尚书·益稷》：“百～熙哉。”（熙：高兴。）❺ 通“功”。功效。《尚书·皋陶谟》：“天～人其代之。”《韩非子·五蠹》：“此言多资之易为～也。”（多资：指物质条件好。）

功 gōng ❶ 工作，事情。《诗经·豳风·七月》：“上入执宫～。”❷ 成绩，功效。《荀子·劝学》：“驽马十驾，～在不舍。”（驽马：不好的马。十驾：十天的路程。舍：放弃。）成语有“事半功倍”。㊀功业，事业。《孟子·公孙丑上》：“管仲晏子之～，可复许乎？”❸ 功劳，功勋。《史记·项羽本纪》：“劳苦而～高如此。”❹ 功能。《荀子·天论》：“以全其天～。”（天功：自然功能。）❺ 精善。《管子·七法》：“器械不～。”❻ 丧服名。大功丧服期九个月，小功五个月。

攻 gōng ❶ 攻打。《孙子兵法·形》：“不可胜者守也，可胜者～也。”㊀以药物治疗疾病。《墨子·兼爱上》：“譬之如医之～人之疾者然，必知疾之所自起。”（如：像。疾：病。然：那样。）❷ 抨击，指责。《论语·先进》：“小子鸣鼓而～之，可也。”《世说新语·文学》：“时人～难之，莫能折。”❸ 制作。《诗经·大雅·灵台》：“庶民～之，不日成之。”㊕工匠及其他手工业的工作。《左传·襄公十五年》：“使玉人为之～之。”（使玉人替他雕琢玉石。玉人：雕琢玉石的工匠。）㊀深入钻研。韩愈《师说》：“闻道有先后，术业有专～。”柳宗元《与李睦州论服气书》：“独得国故书，伏而～之。”双音词有“攻读”。❹ 精善。柳宗元《说车赠杨诲之》：“材良而器～。”这个意义又写作“功”、“工”。❺ 坚固。《诗经·小雅·车攻》：“我车既～，我马既同。”

公 gōng ❶ 公正，无私。《论语·尧曰》：“宽则得众，信则民任焉，敏则有功，～则说。”❷ 公家。与“私”相对。《论语·雍也》：“非～事，未尝至于偃之室也。”《孟子·滕文公上》：“方里而井，井九百亩，其中为～田。”❸ 共同的。《韩非子·孤愤》：“此人主之所～患也。”（患：祸患。）❹ 公然，公开地。贾谊《论积贮疏》：“残贼～行。”❺ 古代五等爵位的第一等。《公羊传·隐公五年》：“王者之后称～，其余大国称侯，小国称伯、子、男。”㊉先秦时诸侯的通称。如齐桓公、晋文公、秦穆公。❻ 古代以太师、太傅、太保为三公，是最高级的官。［公卿］三公九卿。㊁朝廷中的高级官员。李白《行路难》诗：“汉朝～～忌贾生。”（忌：嫉妒。）❼ 对人的尊称。《史记·留侯世家》：“吾求～数岁，～辟逃我。”（求：找。辟逃：逃避。）㊉称祖父或父亲。《吕氏春秋·异用》：“子之～不有恙乎？”（公：指祖父。）《战国策·魏策一》：“其子陈应止其～之行。”㊉丈夫的父亲。《古诗为焦仲卿妻作》：“便可白～姥，及时相遣归。”❽ 通“功”。功绩，功劳。《诗经·小雅·六月》：“薄伐玁狁，以奏肤～。”

肱 gōng 胳膊由肘到肩的部分。㊁手臂。《诗经·小雅·无羊》：“麾之以～。”（用手臂赶它们。麾：挥，指赶。）

宫 gōng ❶ 房屋，住宅。《墨子·号令》：“父母妻子，皆同其～。”㊕帝王的房屋、宫殿。《史记·秦始皇本纪》：“作～阿房，故天下谓之阿房～。”（作：建造。）❷ 宗庙。

《公羊传·文公十三年》:“周公称大庙,鲁公称世室,群公称～。”(鲁公:指周公的儿子伯禽。群公:指伯禽以外鲁国历代国君。)㉡神庙。吴自牧《梦粱录·龙翔宫》:“诏建道～,赐名龙翔。”❸五音(宫、商、角、徵[zhǐ]、羽)之一。见503页“音”字。❹古代的一种刑罚,阉割男性生殖器。司马迁《报任安书》:“诟(gòu)莫大于～刑。”(诟:耻辱。)

【辨】宫,室。先秦时代“宫”与“室”是同义词。后来“宫”专指宫殿,与“室”的意义就不同了。

恭 gōng 恭敬,谦逊有礼。《论语·公冶长》:“其行己也～,其事上也敬。”《史记·萧相国世家》:“相国年老,素～谨。”(相国:官名,指萧何。素:向来。)

【辨】恭,敬。“恭”与“敬”是同义词。“恭”着重在外貌方面,“敬”着重在内心方面。

躬[躳] gōng 身体。《尚书·牧誓》:“尔所弗勖,其于尔～有戮。”(尔:你,你们。弗:不。勖:勉力。)《汉书·元帝纪》:“百姓愁苦,靡所错～。”(靡:无。错躬:指安身。错:措,放置。)㉠自身,自己。《史记·孝文本纪》:“百官之非,宜由朕～。”《世说新语·假谲》:“庾乃引咎责～,深相逊谢。”㉠亲自。贾思勰《齐民要术序》:“～劝耕农。”

觥[觵] gōng ❶古代一种酒器。《诗经·周南·卷耳》:“我姑酌彼兕(sì)～。”(我姑且用那个兕牛角杯斟酒。兕:雌性犀牛。)成语有“觥筹交错”。❷大,丰盛。《国语·越语下》:“谚有之曰:‘～饭不及壶飧。’”❸[觥觥] 1. 刚强正直的样子。《后汉书·郭宪传》:“常闻‘关东～～郭子横’,竟不虚也。”(郭子横:郭宪。)2. 健壮魁梧的样子。龚自珍《题王子梅盗诗图》诗:“君状亦～～,可啖(dàn)健牛百。”(啖:吃。)

巩(鞏) gǒng ❶用皮革捆东西。《周易·革》:“～用黄牛之革。”㉠坚固,巩固。《诗经·大雅·瞻卬》:“藐藐昊天,无不克～。”(没有不能巩固的。克:能够。)❷通“恐”。恐惧,害怕。《荀子·君道》:“恭而不难,敬而不～。”(难:通“戁[nǎn]”,惧怕。)

拱 gǒng ❶拱手。两手在胸前相合,表示恭敬。《论语·微子》:“子路～而立。”(子路:人名,孔子弟子。)❷两手合围,常用来表示树木的粗细。《左传·僖公三十二年》:“尔墓之木～矣。”(尔:你。墓:坟墓。木:树。)❸环绕。傅玄《明君》诗:“众星～北辰。”(北辰:北极星。)

珙 gǒng 大璧。梁僧祐《续撰失译杂经录》:“言贵～璧,况法施哉。”元稹《蛮子朝》诗:“求天叩地持双～。”

拲 gǒng 两手同械。《周礼·秋官·掌囚》:“凡囚者,上罪梏～而桎。”《隋书·刑法志》:“凡死罪枷而～,流罪枷而梏。”

栱 gǒng 传统建筑中梁、柱间的弓形承重结构。何晏《景福殿赋》:“栾～夭蟜而交结。”[枓栱]见90页“枓”字。

蛬 gǒng 蟋蟀。鲍照《拟古》诗之七:“秋～扶户吟,寒妇成夜织。”尚颜《送独孤处士》诗:“喧～壁近床。”

共 gòng ❶共有,共享。《论语·公冶长》:“愿车马,衣轻裘,与朋友～,敝之而无憾。”《世说新语·栖逸》:“衣食有无,常与村人～。”㉡共同,一道。《汉书·晁错传》:“幼则同游,长则～事。”㉠总共。徐弘祖《徐霞客游记·楚游日记》:“北下龙头岭,～五里。”㉠介词。与,和。《世说新语·文学》:“稍～诸生叙其短长。”王勃《滕王阁序》:“秋水～长天一色。”❷gōng 供给。《左传·僖公四年》:“尔贡包茅不入,王祭不～,无以缩酒。”《史记·扁鹊仓公列传》:“适其～养。”(适:舒适。)这个意义后来写作“供”。❸gǒng 拱手。两手在胸前相合,表示恭敬。《荀子·赋》:“圣人～手。”❹gǒng 环绕。《论语·为政》:“居其所而众星～之。”上述❸❹又写作“拱”。❺gōng 通“恭”。恭敬。《史记·屈原贾生列传》:“～承嘉惠兮,俟罪长沙。”(承:接受。嘉惠:美好的恩惠。俟罪:待罪,指做官。)

供 gòng ❶gōng 供给,供应。《尚书·费誓》:“我惟筑,无敢不～。”(筑:指修建城堡。)《孟子·梁惠王上》:“王之诸臣,皆足以～之。”❷供奉,奉献。多指在祭祀时摆设祭品。《孟子·滕文公下》:“无以～牺牲也。”(牺牲:祭祀用的牲畜。)《南史·晋安王子懋传》:“有献莲华～佛者。”(华:花。)㉡供奉的东西。《世说新语·雅量》:“竟日皆美～。”❸受审者陈述案情(后起意义)。刘克庄《书考》诗:“考中～状是吟诗。”陈襄《州县提纲二·面审所供》:“吏辈责～,多不足凭。”

【辨】贡,献,供。见下“贡”字。

贡(貢) gòng ❶把物品进献给君主。《左传·桓公十五年》:“诸侯不～车服。”㉡进献的物品。《左传·僖公四年》:“～之不入,寡君之罪也。”杜甫《洗兵马》诗:“寸地尺天皆入～。”❷赋税。传说中夏代的租赋制度。《孟子·滕文公上》："夏后氏五十而～。"❸ 推荐，选举。《后汉书·章帝纪》："举人～士。"

【辨】贡，献，供。这三个字都有"奉"、"献"的意思。但是"贡"一般指献东西给君主。"献"则只表示恭敬地把东西送给人。"供"指供给、供奉等，与"贡"和"献"的区别较大。

GOU

勾 gōu ❶ 弯曲。刘桢《斗鸡》诗："轻举奋～喙，电击复还翔。"❷ 用笔打钩，涂去。韩元吉《跋司马公倚几铭》："～注涂改甚多。"❸ 钩住。刘向《新序·义勇》："直兵将推之，曲兵将～之。"[勾留]逗留。章孝标《上浙东元相》："雪晴山水～～客。"又写作"句留"。❹ 捕，捉。《北史·毕义云传》："令普～伪官，专以车辐考掠，所获甚多。"❺ gòu 同"够"。能够，足够。秦观《满园花》："从今后，休道共我，梦见也不能得～。"❻ 不等腰直角三角形中构成直角的较短的边。见 213 页"句"字。

沟(溝) gōu ❶ 田间水沟。《周礼·地官·遂人》："十夫有～。"（十夫：指十户所种的田。）㉒ 水道。《汉书·晁错传》："丈五之～。"❷ 护城河。《礼记·礼运》："城郭～池以为固。"《史记·齐世家》："楚方城以为城，江汉以为～。"（方城：山名。江：长江。汉：汉水。）❸ 壕沟。《韩非子·说林下》："将军怒，将深～高垒。"❹ kòu [沟瞀(mào)]同"怐愗"。愚昧无知。《荀子·儒效》："愚陋～～。"

钩(鈎)[鉤] gōu ❶ 衣带上的钩。《左传·僖公二十四年》："齐桓公置射～而使管仲相。"㉑ 钓鱼或挂物用的钩。陆机《文赋》："若游鱼衔～。"❷ 连接车厢和车轴的零件。《周礼·考工记·车人》："凡为辕，三其轮崇，参分其长，二在前，一在后，以凿其～。"❸ 马颔下的带饰。《韩非子·外储说右下》："马欲进，则～饰禁之。"❹ 钩取。《左传·襄公二十三年》："或以戟～之。"成语有"钩深致远"。㉑牵引，连接。李白《蜀道难》诗："天梯石栈相～连。"❺ 木匠用来画圆的工具。《庄子·马蹄》："曲者中～，直者应绳。"（中：符合。应：指合乎。绳：墨绳，木匠用来取直的工具。）❻ 一种兵器。左思《吴都赋》："吴～越棘。"（吴国的钩，越国的戟。棘：通"戟"。）❼ 镰刀。《汉书·龚遂传》："诸持鉏～田器者皆为良民。"（鉏：同"锄"。）

篝 gōu 竹笼。《楚辞·招魂》："秦～齐缕，郑绵络些。"《史记·滑稽列传》："瓯窭满～，污邪满车。"（瓯窭：高狭之地。污邪：地势低洼的田地。）

鞲[韝] gōu 臂套。《史记·张耳陈余列传》："赵王朝夕袒～蔽，自上食。"元稹《酬翰林白学士代书一百韵》："逸骥初翻步，～鹰暂脱羁。"

苟 gǒu ❶ 苟且，不严肃。《周礼·地官·大司徒》："以祀礼教敬，则民不～。"陈亮《上孝宗皇帝第一书》："一日之～安，数百年之大患也。"成语有"一丝不苟"。❷ 姑且，暂且。《三国志·蜀书·诸葛亮传》："～全性命于乱世，不求闻达于诸侯。"❸ 连词。如果，假设。《商君书·更法》："～可以利民，不循其礼。"（循：遵守。礼：指旧的礼制。）《礼记·大学》："～日新，日日新，又日新。"

岣 gǒu [岣嵝(lǚ)]山名。在今湖南境内。

耇[耈] gǒu 年老，寿高。《汉书·韦贤传》："岁月其徂，年其逮～。"㉒ 老年人。《尚书·召诰》："今冲子嗣，则无遗寿～。"

笱 gǒu 竹制的捕鱼器具。《诗经·邶风·谷风》："毋逝我梁，毋发我～。"《庄子·胠箧》："钩饵网罟罾～之知多，则鱼乱于水矣。"

构(構) gòu ❶ 架(木)，搭建。《韩非子·五蠹》："～木为巢，以避群害。"柳宗元《凌助教蓬屋题诗序》："家本吴地，欲归而不可得，遂～蓬室。"㉑ 建立。《梁书·蔡道恭传》："王业肇～，致力陕西。"（肇：始。）❷ 构成，造成。《孟子·梁惠王上》："～怨于诸侯。"㉒ 构成的事物(房屋、诗文等)。《世说新语·言语》："柏梁云～，工匠先居其下。"（柏梁：柏梁台。）徐弘祖《徐霞客游记·滇游日记》："不意殊方反得此神～也。"（殊方：指边远地方。）又如"佳构"。❸ 交接。《战国策·秦策四》："秦楚之兵～而不离。"又如"构兵"（交战）。❹ 图谋，谋划。《淮南子·说林》："纣醢梅伯，文王与诸侯～之。"（纣：商纣王。梅伯：人名。）㉒ 把某些事情牵合在一起作为罪状陷害人。《左传·桓公十六年》："宣姜与公子朔～急子。"（急子：人名。）

购(購) gòu ❶ 重赏征求，重金收买。《史记·项羽本纪》："吾闻汉～我头千金，邑万户，吾为若德。"（若：你们。）《汉书·高帝纪下》："乃多以金～豨(xī)将，豨将多降。"（豨：陈豨，人名。）❷ 通"媾"。

讲和。《史记·韩世家》:"将西～于秦。"

【辨】购,买。古代"购"和"买"不是同义词。购的东西往往不是商品,跟"买"的性质不相同。直到宋代,"购"字也只能表示重金收买,跟"买"还有区别。

冓 gòu ❶木材交积。[中冓]内室。《诗经·鄘风·墙有茨》:"～～之言,不可道也。" ❷ gōu 数目字。十亿为兆,十兆为京,十京为垓,十垓为秭,十秭为冓。

遘 gòu ❶遇,遭遇。《楚辞·哀时命》:"夫何予生之不～时。"《三国志·蜀书·诸葛亮传》:"～疾陨丧。"(陨丧:去世。)这个意义又写作"覯"。❷通"构"。造成,结成。王粲《七哀诗三首》之一:"豺虎方～患。"(方:正。)

G

媾 gòu ❶结亲,结婚。《国语·晋语四》:"今将婚～以从秦。" ❷交合。《魏书·世宗纪》:"男女怨旷,务令～会。" ❸讲和,求和。《史记·平原君虞卿列传》:"割六县而～。" ❹厚待,宠爱。《诗经·曹风·候人》:"彼其之子,不遂其～。"

覯(覯) gòu ❶遇,遇见。《诗经·邶风·柏舟》:"～闵既多,受侮不少。"(闵:忧患。)《诗经·豳风·伐柯》:"我～之子。"(我遇见这个人。)这个意义又写作"遘"。㊀看见。《诗经·大雅·公刘》:"乃陟(zhì)南冈,乃～于京。"(登上南冈,就看见高高的丘陵。陟:登高。京:高的丘陵。)❷通"构"。造成,结成。《左传·成公六年》:"其恶易～。"(恶:灾患。)

诟(詬)[詢] gòu ❶耻辱。《荀子·解蔽》:"厚颜而忍～。"司马迁《报任安书》:"～莫大于宫刑。"(宫刑:古代阉割男性生殖器的刑罚。)❷辱骂,骂。《左传·哀公八年》:"曹人～之。"《旧唐书·黄巢传》:"及巢见诏,大～执政。"(执政:即执政者。)

垢 gòu ❶污秽,尘土一类的脏东西。《韩非子·大体》:"不洗～而察难知。"(察:看。)成语有"藏污纳垢"。❷耻辱。《左传·宣公十五年》:"国君含～。"(含垢:容忍耻辱。)

姤 gòu ❶《周易》卦名。《周易·姤》:"彖曰:～,遇也。" ❷善,美好。《管子·地员》:"士女皆好,其民工巧,其泉黄白,其人夷～。"(夷:平。)

彀 gòu 拉满弓,张满弩。《列子·汤问》:"甘蝇,古之善射者,～弓而兽伏鸟下。"《韩非子·外储说左上》:"～弩而射。"(弩:利用机械发射的弓。)[彀者]善于射箭的人。《史记·廉颇蔺相如列传》:"～～十万人。"[彀中]指射出的箭所能达到的有效范围。《庄子·德充符》:"游于羿(yì)之～～。"(羿:后羿,传说他善于射箭。)㊣牢笼,圈套。王定保《唐摭言·述进士上》:"天下英雄,入吾～～矣。"

雊 gòu 野鸡鸣叫。《诗经·小雅·小弁》:"雉之朝～,尚求其雌。"《史记·封禅书》:"其声殷云,野鸡夜～。"

GU

苽 gū ❶同"菰"。生长在池沼中的多年生草本植物。俗称茭白。《周礼·天官·食医》:"鱼宜～。"《淮南子·原道》:"浸潭～蒋。" ❷ guā 通"瓜"。《南齐书·韩灵敏传》:"兄弟共种～半亩。"

呱 gū 小儿啼哭声。《诗经·大雅·生民》:"鸟乃去矣,后稷～矣。"[呱呱]小儿啼哭声。《尚书·益稷》:"启～～而泣,予弗子。"

孤 gū ❶幼年死去父亲。《淮南子·原道》:"童子不～,妇人不孀。"《三国志·蜀书·先主传》:"先主少～,与母贩履织席为业。"(少:年幼时。贩:贩卖。履:鞋。)㊀幼年死去父亲的人。《论语·泰伯》:"可以托六尺之～。" ❷孤独,孤单。《韩非子·奸劫弑臣》:"是以主～于上而臣成党于下。"《史记·张仪列传》:"今闭关绝约于齐,则楚～。" ❸封建时代王侯对自己的谦称。《老子》三十九章:"是以侯王自谓～、寡、不穀。"曹操《让县自明本志令》:"设使国家无有～,不知当几人称帝,几人称王。"(设使:假使。当:将。)成语有"称孤道寡"。❹辜负。《后汉书·袁敞传》:"臣～恩负义。"

罛 gū 捕鱼的大网。《诗经·卫风·硕人》:"施～濊濊(huòhuò)。"(濊濊:撒网入水声。)《淮南子·说山》:"好鱼者先具罟与～。"(罟:网。)

菰 gū ❶生长在池沼中的多年生草本植物。俗称茭白。《史记·司马相如列传》:"莲藕～芦。" ❷菌类植物。俗称蘑菇。

軱 gū 大骨。《庄子·养生主》:"技经肯綮之未尝,而况大～乎?"

觚 gū ❶一种酒器。《论语·雍也》:"～不～,～哉,～哉!"(觚不觚:觚不像觚。)《论衡·语增》:"文王饮酒千钟,孔子百～。"(钟:酒器。)❷棱角,棱形。《汉书·郊祀志下》:"甘泉泰畤紫坛,八～宣通象八方。"《汉书·律历志上》:"二百七十一枚而成六～。"(把二百七十一根竹棍捆成六棱状。)❸古代用来写字的木简。陆机《文赋》："操～以率尔。"（操觚：拿木简写文章。率尔：轻率地，漫不经心地。）❹ 剑柄。《淮南子·主术》："操其～，招其末，则庸人能以制胜。"

箛 gū ❶ 竹名。张衡《南都赋》："其竹则籦笼篁篾，篠簳～箠。" ❷ 一种乐器，即笳。《宋书·乐志一》："唯有骑执～。"

沽 gū ❶ 买。《墨子·公孟》："当为子～酒。"成语有"沽名钓誉"。㊀卖。《论语·子罕》："有美玉于斯，韫椟而藏诸，求善贾而～诸？"陆龟蒙《酒垆》诗："当垆自～酒。"（当：对着。垆：酒店里安放酒瓮的土台子。）成语有"待价而沽"。❷ gǔ 卖酒的人。《旧唐书·黄巢传》："（唐军）佣雇负贩屠～及病坊穷人以为战士。"（负：挑担的。贩：小贩。屠：屠夫。病坊：收容贫病者的地方。）❸ gǔ 简略，粗疏。《礼记·檀弓上》："杜桥之母之丧，宫中无相，以为～也。"（相：主持礼仪者。）

【辨】酤，卖，沽，售。见 520 页"酤"字。

姑 gū ❶ 父亲的姊妹。《荀子·仲尼》："～姊妹之不嫁者七人。" ❷ 丈夫的母亲。《左传·昭公二十八年》："子容之母走谒诸～。"（子容：人名。谒：拜见。）杜甫《新婚别》诗："妾身未分明，何以拜～嫜。"（妾：古代妇女对自己的谦称。嫜：丈夫的父亲。）❸ [小姑]丈夫的妹妹。《古诗为焦仲卿妻作》："新妇初来时，～～始扶床。"（扶床：刚刚学走路。）❹ 副词。姑且，暂且。《韩非子·说林下》："子～待之。"（子：您。）

蛄 gū ❶ 蝼蛄，农作物害虫。李贺《宫娃歌》："啼～吊月钩栏下。" ❷ [蛄䗐(shī)]一种米麦中的小黑虫。❸ [蟪蛄]见 170 页"蟪"字。

辜 gū ❶ 罪。《诗经·小雅·正月》："民之无～。"成语有"死有余辜"。[伏辜]服罪，承担罪责而死。《史记·太史公自序》："京师行诛，七国～～。"㊁祸害。《汉书·哀帝纪》："朕之不德，民反蒙～。" ❷ 古代的一种酷刑，分裂肢体。《韩非子·内储说上》："罪莫重～磔(zhé)于市。"（磔：古代分裂肢体的酷刑。）❸ 辜负，对不起（后起意义）。杜甫《后出塞五首》诗之五："跃马二十年，恐～明主恩。"《资治通鉴·唐高祖武德三年》："今君既～付托，徇利求全，妾将如君何！"

酤 gū ❶ 酒。《诗经·商颂·烈祖》："既载清～。"（载：设。）❷ 买酒。《诗经·小雅·伐木》："无酒～我。"（没酒就去给我买酒。）㊀卖酒。《史记·司马相如列传》："买一酒舍～酒。"

扢 gǔ ❶ 摩拭。《汉书·礼乐志》："～嘉坛，椒兰芳。" ❷ qì 奋舞的样子。《庄子·让王》："子路～然执干而舞。"

估 gǔ ❶ 物价。《抱朴子·审举》："中正、吏部并为魁侩，各责其～。"（中正、吏部：指州郡办理贡举的官吏。魁侩：居间买卖的人。）李商隐《行次西郊作》诗："高～铜与铅。" ❷ gū 估量物的价值或数量（后起意义）。何薳《春渚纪闻》卷四："令监库使臣如市酤酝酒，各～其值。" ❸ 通"贾"。商人。《后汉书·灵帝纪》："帝著商～服。"（帝：指汉灵帝。著：穿。）

诂（詁） gǔ 解释古代语言文字。《后汉书·东平宪王苍传》："特令校书郎贾逵为之训～。"（校书郎：官名。贾逵：人名。训：解释词义。）

牯 gǔ 公牛。《隋书·礼仪志二》："牲用黄～牛。"陆龟蒙《祝牛宫辞》："四牸(zì)三～，中一去乳。"（牸：母牛。）

罟 gǔ 网。《墨子·公孟》："是犹无鱼而为鱼～也。"（是犹：这如同。为：制作。）

钴（鈷） gǔ [钴𬭁]熨斗。又写作"钴鉧"。柳宗元有《钴鉧潭西小丘记》一文。

盬 gǔ ❶ 古盐池名。在今山西运城南。㊀盐。《周礼·天官·盐人》："凡齐事，鬻～以待戒令。" ❷ 不坚牢。《汉书·息夫躬传》："器用～恶，孰当督之！" ❸ 止息。《诗经·唐风·鸨羽》："王事靡～，不能艺稷黍。"（艺：种植。）❹ 吸饮。《左传·僖公二十八年》："晋侯梦与楚子搏，楚子伏己而～其脑。"

谷[1] gǔ ❶ 两山之间的水道或夹道。《荀子·强国》："山林川～美。"（川：河流。）㊉困境，没有出路。《诗经·大雅·桑柔》："进退维～。"（无论是进还是退，都处在困境之中。）❷ 深坑。《庄子·天运》："在～满～，在阬满阬。" ❸ 针灸穴位。《素问·气穴论》："肉之大会为～，肉之小会为谿。" ❹ 通"谷²（穀）"。粮食的总称。《新语·慎微》："弃二亲，捐骨肉，绝五～。" ❺ yù [吐谷浑]见 428 页"吐"字。

谷[2]**（穀）** gǔ 庄稼和粮食的总称。《诗经·豳风·七月》："其始播百～。"

【辨】穀，禾，粟，黍，稷。"穀"是庄稼和粮食的总称。"禾"原指穀子，"粟"原指穀子颗粒（小米），后来"禾"字常用作庄稼的代称，"粟"字常用作粮食的代称。"黍"是黏黄米，也叫黍子。"稷"指穀子。

汩 gǔ ❶ 治水，疏通。屈原《天问》："不任～鸿，师何以尚之。"（不任：不胜任。鸿：指洪水。师：众。尚：荐举。）❷ 弄乱，扰乱。《尚书·洪范》："～陈其五行。"（弄乱了五行的序列。五行：即金、木、水、火、土。）❸ yù 水流迅疾的样子。屈原《九章·怀沙》："浩浩沅湘，分流～兮。"（沅：沅江。湘：湘江。）㊀快，迅疾。江淹《恨赋》："悲风～起。"❹ 淹没。韩愈《杂说》之一："水下土，～陵谷。"[汩没]沉没，沉溺。李白《日出行》："汝奚～～于荒淫之波？"（奚：为什么。荒淫：指浩瀚无边。）㊂埋没。杜甫《赠陈二补阙》诗："世儒多～～，夫子独声名。"❺ [汩汩] 1. yùyù 水流很急的样子。枚乘《七发》："恍兮忽兮，聊兮慄兮，混～～兮。"㊃文思勃发。韩愈《答李翊书》："当其取于心而注于手也，～～然来矣。" 2. gǔgǔ 象声词。形容水急流的声音。木华《海赋》："崩云屑雨，浤浤～～。"

股 gǔ ❶ 大腿。从胯到膝盖的部分。《左传·僖公二十二年》："宋师败绩，公伤～。"《韩非子·奸劫弑臣》："贾举射公，中其～。"[股肱(gōng)]比喻辅助的大臣。《尚书·益稷》："臣作朕～～耳目。"（朕：我。）㊂用作动词。辅佐。《左传·僖公二十六年》："～～周室。"❷ 车辐近毂较粗的部分。《周礼·考工记·轮人》："参分其～围，去一以为骹围。"❸ 不等腰直角三角形中构成直角的较长的边。沈括《梦溪笔谈》卷一八："又以半径减去所割数，余者为～。"❹ 事物的分支或总体的一部分。《汉书·沟洫志》："诸渠皆往往～引取之。"❺ 量词。用于条形的东西（后起意义）。白居易《长恨歌》："钗留一～合一扇。"（钗：一种首饰。合：盒。）

【辨】股，胫，腿。"股"是大腿。"胫"是小腿，指从膝盖到脚腕的部分。"腿"是后出现的字，开始专指小腿，后来成为大腿和小腿的总称。

羖 gǔ 黑色的公羊。《史记·秦本纪》："请以五～羊皮赎之。"

骨 gǔ ❶ 骨头。《战国策·燕策一》："马已死，买其～五百金。"❷ 人的品质、气概。《世说新语·赏誉》："王右军目陈玄伯垒块有正～。"（目：品评。）又如"傲骨"、"媚骨"。❸ 比喻文学作品的刚健风格。刘勰《文心雕龙·风骨》："结言端直，则文～成焉。"（结言：用词造句。）

愲 gǔ 心乱。《汉书·息夫躬传》："涕泣流兮萑(huán)兰，心结～兮伤肝。"（萑兰：同"汍兰"，泪流纵横的样子。）

鹘（鶻） gǔ ❶ [鹘鸼(zhōu)]一种像山鹊而体小的鸠鸟。张衡《东京赋》："～～春鸣。"❷ hú 一种鹰类猛禽。杜甫《送率府程录事还乡》诗："莫作翻云～，闻呼向禽急。"❸ hé [回鹘]同"回纥"。见167页"回¹[囬]"字。

贾（賈） gǔ 见185页。

蛊（蠱） gǔ ❶ 古人所说的害人的毒虫。《周礼·秋官·庶氏》："庶氏掌除毒～。"（庶氏：官名。）❷ 害人的邪术。指祈祷鬼神、诅咒。《史记·酷吏列传》："治陈皇后～狱，深竟党与。"[巫蛊]用巫术毒害人。《汉书·江充传》："奏言上疾祟在～～。"❸ 指伤害人的热毒恶气。《史记·秦本纪》："初伏，以狗御～。"❹ 诱惑，欺骗。《左传·庄公二十八年》："楚令尹子元欲～文夫人。"《墨子·非儒下》："孔某盛容脩饰以～世。"（孔某：指孔丘。脩：同"修"。）❺ 陈谷中所生的虫。《论衡·商虫》："谷虫曰～，～若蛾矣。"

淈 gǔ ❶ 混浊，混乱。㊂搅浑，搅乱。《楚辞·渔父》："世人皆浊，何不～其泥而扬其波？"《扬子法言·吾子》："书恶淫辞之～法度也。"[淈淈] 1. 水泉涌出的样子。司马相如《上林赋》："潏潏～～，湁潗(chìjí)鼎沸。"（潏潏：水涌出的样子。湁潗：水涌起的样子。）2. 混乱的样子。《楚辞·九思·怨上》："哀哉兮～～，上下兮同流。"❷ 通"屈"。竭，枯竭。《逸周书·五权》："极赏则～，～得不食。"《荀子·宥坐》："其洸洸乎不～尽，似道。"

鹄（鵠） gǔ 见159页。

鼓[皷] gǔ ❶ 鼓，一种打击乐器。《诗经·小雅·采芑》："伐～渊渊。"（渊渊：鼓声。）《荀子·礼论》："钟～管磬琴瑟竽笙，所以养耳也。"❷ 击鼓。《诗经·唐风·山有枢》："子有钟鼓，弗～弗考。"（子：您。弗：不。考：敲。）㊕击鼓进攻。《左传·庄公十年》："公将～之。"（公：指鲁庄公。之：指敌军。）㊀弹奏、敲击乐器。《诗经·小雅·鹿鸣》："我有嘉宾，～瑟吹笙。"《史记·乐书》："吾闻～琴音。"❸ 古代夜间击鼓报时，一夜报五次。"三鼓"、"五鼓"就是"三更"、"五更"。❹ 振动。《庄子·盗跖》："摇唇～舌，擅生是非。"《论衡·道虚》："～翼邪飞，趋西北之隅。"㊕鼓风（用以冶铁）。《史记·货殖列传》："即铁山～铸。"❺ 鼓起，突起。《庄子·马蹄》:“含哺而熙,～腹而游。”

瞽 gǔ ❶ 瞎眼。《荀子·解蔽》:“～者仰视而不见星。” ❷ 古代以瞽者为乐官,故为乐官的代称。《汉书·贾谊传》:“～史诵诗。”(史:史官。)

毂(轂) gǔ 车轮中心的圆木,周围与车辐的一端相接,中有圆孔,可以插轴。《老子》十一章:“三十辐共一～。”(辐:辐条。)屈原《九歌·国殇》:“车错～兮短兵接。”㊟车。《汉书·食货志下》:“转～百数。”(百数:指数量多。)[毂下]辇毂之下,指京城。《隋书·杨玄感等传论》:“既而祸生～～。”

榖 gǔ ❶ 俸禄。《荀子·王霸》:“～禄莫厚焉。”(俸禄再没有比这多的了。)㊟做官领俸禄。《论语·宪问》:“邦无道,～,耻也。” ❷ 养活。《诗经·小雅·甫田》:“以～我士女。” ❸ 活着。《诗经·王风·大车》:“～则异室,死则同穴。” ❹ 善,好。《诗经·陈风·东门之枌》:“～旦于差。”(选了好时光。榖旦:美好的早晨。于:动词词头。差:选择。)《周礼·春官·典瑞》:“～圭以和难。”[不榖]不善,古代诸侯自称的谦辞。《左传·僖公四年》:“齐侯曰:‘岂～～是为?’” ❺ 小孩。《庄子·骈拇》:“臧与～,二人相与牧羊。”(臧:奴仆。相与:指一起。)【注意】上述义项的“榖”不简化为“谷”。参见135页“谷[2](穀)”字。

固 gù ❶ 坚固。㊕地形险要和城郭坚固。《荀子·王制》:“兵劲城～。”(劲:强。)《战国策·秦策一》:“东有肴、函之～。”(肴:又写作“殽”,山名。函:指函谷关。)㊖坚持。《史记·齐世家》:“管仲～谏,不听。”㊟固定,稳固。《韩非子·五蠹》:“法莫如一而～。”《左传·宣公二年》:“君能有终,则社稷之～也。”㊟固执,顽固。《列子·汤问》:“汝心之～,～不可彻。”(彻:通。) ❷ 鄙陋。司马相如《上林赋》:“鄙人～陋,不知忌讳。” ❸ 副词。本来。司马迁《报任安书》:“人～有一死,或重于泰山,或轻于鸿毛。”(或:有的。) ❹ 通“故”。连词。所以,因此。柳宗元《封建论》:“吾～曰:非圣人之意也,势也。”(势:指事物发展的必然性。)

故 gù ❶ 事,事故。《周礼·地官·乡大夫》:“国有大～,则令民各守其闾。”(闾:古代居民编制单位,二十五家为闾。)李商隐《行次西郊作》诗:“中原遂多～。” ❷ 旧。与“新”相对。《韩非子·五蠹》:“古今异俗,新～异备。”(备:指政治措施。)㊖旧有的,原来的。《史记·孝文本纪》:“徙立～琅邪王泽为燕王。”(徙:调动官职。泽:人名。)㊖老朋友。曹丕《与吴质书》:“昔年疾疫,亲～多离其灾。”(离:遭受。) ❸ 原因,缘故。《诗经·郑风·狡童》:“维子之～,使我不能餐兮。”《世说新语·排调》:“郝隆七月七日出日中仰卧,人问其～,答曰:‘我晒书。’”成语有“无缘无故”。❹ 副词。故意。《史记·陈涉世家》:“广～数言欲亡,忿恚(huì)尉。”(广:吴广。亡:逃亡。忿恚:使……愤怒。)成语有“明知故犯”。❺ 副词。本来。《韩非子·难一》:“微君言,臣～将谒之。”(微:如果没有。谒:指报告。)㊟仍然,依旧。《抱朴子·对俗》:“江淮间居人为儿时,以龟枝床。至后老死,家人移床,而龟～生。”(生:活着。)㊟必定。《战国策·秦策三》:“吴不亡越,越～亡吴。” ❻ 连词。所以,因此。《论语·先进》:“求也退,～进之。”(冉求做事退缩不前,所以鼓励他。求:冉求,孔子学生。)《汉书·赵充国传》:“臣闻兵以计为本,～多算胜少算。”

锢(錮) gù ❶ 用熔化的金属堵塞空隙。《汉书·贾山传》:“合采金石,冶铜～其内,桼涂其外。”(桼:漆。) ❷ 禁锢,禁止人做官或参加政治活动。《左传·成公二年》:“子反请以重币～之。”(子反:人名。)《晋书·谢安传》:“有司奏安被召,历年不至,禁～终身。”(有司:官吏。)㊖监禁。《后汉书·崔寔传》:“～之,锒铛铁锁。” ❸ 独占,垄断。《汉书·货殖传》:“上争王者之利,下～齐民之业。” ❹ 通“痼”。经久难愈的疾病。《汉书·贾谊传》:“失今不治,必为～疾。”(失:失掉。)

痼 gù 经久难愈的疾病。刘桢《赠五官中郎将》诗:“余婴沉～疾。”(婴:缠绕。)㊖长期养成的不容易克服的习惯。如“痼习”、“痼癖”。

顾(顧) gù ❶ 回头看。屈原《离骚》:“瞻前而～后兮。”(瞻:向前看。)㊖看。《论衡·谈天》:“从雒阳北～,极正在北。”《新五代史·秦王从荣传》:“君臣相～,泣下沾襟。”(泣:眼泪。) ❷ 探望,拜访。诸葛亮《出师表》:“三～臣于草庐之中。” ❸ 关心,照顾。《诗经·魏风·硕鼠》:“三岁贯女,莫我肯～。”(贯:侍奉。女:同“汝”,你。)《商君书·修权》:“大臣争于私而不～其民。”㊟顾及。《后汉书·张宗传》:“将军有亲弱在营,奈何不～?”㊖思念。潘岳《杨仲武诔》:“～恋慈母。” ❹ 返回。《韩非子·外储说左上》:“曾子之妻之市,其子随之而泣。其母曰:‘女还,～反为女杀彘。’” ❺ 副词。表示轻微的转折,相当于“而”、“不过”。《后汉

G

书·马援传》："卿非刺客，～说客耳。"（说客：游说的人。耳：罢了。）❻ 副词。反而，却。《汉书·贾谊传》："足反居上，首～居下。"（首：头。）❼ 通"雇"。酬，酬报。《汉书·晁错传》："敛民财以～其功。"

梏 gù ❶ 木制的手铐。《礼记·月令》："命有司，省囹圄（língyǔ），去桎～。"（囹圄：监狱。桎：脚镣。）《史记·鲁仲连邹阳列传》："束缚桎～，辱也。"㊂戴上手铐。《左传·成公十七年》："执而～之。"❷ 监禁。《山海经·海内西经》："帝乃～之疏属之山。"（疏属：山名。）

雇［僱］ gù ❶ 雇用。出钱让别人替自己做事。《后汉书·虞诩传》："开漕船道，以人僦直～借佣者。"（僦直：租钱。借：义同"雇"。佣者：被雇用的人。）这个意义后来写作"僱"，现写作"雇"。❷ 付报酬。《后汉书·张让传》："黄门常侍辄令谴呵不中者，因强折贱买，十分～一。"

GUA

鸹（鴰） guā ［鸧（cāng）鸹］见 35 页"鸧"字。

緺 guā ❶ 紫青色的丝绸带子。《史记·滑稽列传》："及其拜为二千石，佩青～出宫门，行谢主人。"❷ guō 一种妇女发髻（后起意义）。李煜《长相思》："云一～，玉一梭，淡淡衫儿薄薄罗。"

騧 guā 黑嘴的黄马。《诗经·秦风·小戎》："～骊是骖。"杜甫《韦讽录事宅观曹将军画马图》诗："昔日太宗拳毛～，近时郭家师子花。"［騧騟（yú）］良马名。传为周穆王八骏之一。

剐（剮） guǎ 古代一种残酷的死刑，即把犯人的皮肉一块块地割下来。也叫凌迟。陶宗仪《说郛》卷二九："遂擒赪（chēng），钉于车上，将～之。"（赪：人名。）

寡 guǎ ❶ 少。《论语·季氏》："不患～而患不均。"《孟子·公孙丑下》："得道者多助，失道者～助。"［寡人］君主自称。《史记·老子韩非列传》："秦王见《孤愤》、《五蠹》之书，曰：'嗟乎，～～得见此人与之游，死不恨矣。'"（嗟乎：叹词。游：交游，交往。）❷ 老而无夫的人。《墨子·辞过》："振孤～。"（振：通"赈"，救济。）【注意】上古男子丧妻也称寡，后多指妇人丧夫。㊀死了丈夫。《史记·司马相如列传》："卓王孙有女文君新～。"

【辨】寡，少。"寡"和"少"是同义词。"少"与"多"相对；"寡"除了与"多"相对外，还与"众"相对。

卦 guà 古代占卜用的符号，以阳爻（⚊）和阴爻（⚋）相配合而成。基本的有"八卦"，即☰（乾）、☷（坤）、☳（震）、☴（巽）、☵（坎）、☲（离）、☶（艮）、☱（兑）。每卦代表同一属性的若干事物。八卦相互排列组合为六十四卦。

诖（詿） guà ❶ 牵累，连累。常"诖误"连用。《战国策·韩策一》："夫不顾社稷之长利，而听须臾之说，～误人主者，无过于此者矣。"❷ 欺骗。《史记·吴王濞列传》："～乱天下，欲危社稷。"（社稷：指国家。）

挂［掛］ guà ❶ 悬挂。《世说新语·任诞》："以百钱～杖头。"李白《襄阳歌》："车傍侧～一壶酒。"❷ 钩住，牵绊。崔骃《达旨》："冠～不顾。"（冠挂：帽子被牵挂在树上。）曹植《责躬》诗："举～时网，动乱国经。"（一举一动都和当时的规矩相抵触。）又如"挂怀"、"挂念"。

罣 guà ❶ 悬挂。㊕挂网捕鱼。《淮南子·说林》："钓者静之，罛者扣舟，罩者抑之，～者举之，为之异，得鱼一也。"❷ 牵挂，牵连。苏辙《次韵孔平仲著作见寄》之四："因缘～罪罟，未许即潜伏。"双音词有"罣碍"。

絓 guà 绊住，阻碍。《左传·成公二年》："将及华泉，骖～于木而止。"《韩非子·说林下》："君闻大鱼乎？网不能止，缴不能～也，荡而失水，蝼蚁得意焉。"㊀触犯。《论衡·辨祟》："故发病生祸，～法入罪。"

GUAI

乖 guāi 违背，不协调。《韩非子·亡征》："内外～者，可亡也。"【注意】古代汉语中"乖"字不当"乖巧"讲。

怪［恠］ guài ❶ 奇异的，不常见的。《荀子·天论》："～星之党（tǎng）见。"（党：通"傥"，偶然。）㊂怪物，怪事。《庄子·逍遥游》："齐谐者，志～者也。"（齐谐：书名。志：记。）❷ 奇怪，惊疑。《史记·商君列传》："民～之，莫敢徙。"（徙：迁移。）❸ 责怪，埋怨。《荀子·正论》："不～朱象而非尧舜。"（朱、象：人名。）

GUAN

关（關） guān ❶ 门闩。《左传·襄公二十三年》："臧纥（hé）斩鹿门之～以出。”(臧纥:人名。鹿门:城门名。)(引)关闭。陶渊明《归去来兮辞》:“门虽设而常～。”❷关口,要塞。《左传·襄公十四年》:“从近～出。”(引)关卡,税关。《商君书·垦令》:“重～市之赋。”(重:加重。市:市场。赋:赋税。)双音词有“海关”。❸[关节]骨与骨相连接、可活动的部分。《后汉书·华佗传》:“引挽腰体,动诸～～,以求难老。”(引挽:牵引。难老:不容易衰老。)❹中医切脉部位名称之一。《难经》:“脉有三部九候……三部者,寸、～、尺也。”❺机械的发动处。《后汉书·张衡传》:“施～发机。”(施:设置。发:发动。)❻贯,穿。《汉书·王嘉传》:“大臣括发～械,裸躬就笞。”(括:结。械:指枷等刑具。躬:身体。笞:鞭打。)❼牵连,涉及(后起意义)。《后汉书·井丹传》:“自是隐闭不～人事。”刘知几《史通·叙事》:“言有～涉,事便显露。”(又)交接,关联。《后汉书·西羌传》:“隔绝羌胡,使南北不得交～。”❽经由,经过。《史记·酷吏列传》:“事大小皆～其手。”❾关白,告知。《汉书·元后传》:“此小事,何须～大将军?”❿古代公文的一种,平行机关互相质询时使用。刘勰《文心雕龙·书记》:“百官询事,则有～、刺、解、牒。”

观(觀) guān ❶仔细看。《周易·系辞下》:“仰则～象于天,俯则～法于地。”(泛)看。《史记·孙子吴起列传》:“吴王从台上～,见且斩爱姬,大骇。”(引)观察。《荀子·议兵》:“～敌之变动。”成语有“察言观色”、“听其言,观其行”。❷观赏。《三国志·蜀书·诸葛亮传》:“琦乃将亮游～后园。”(琦:刘琦,人名。将:带领。)(引)值得观赏的景物和景象。范仲淹《岳阳楼记》:“此则岳阳楼之大～也。”❸给人看,显示。《吕氏春秋·博志》:“此其所以～后世已。”又如“观兵”(炫耀兵力)。❹认识,看法。《后汉书·黄香传》:“左右莫不改～。”❺guàn 宗庙或宫廷大门外两旁的高建筑物。《礼记·礼运》:“出游于～之上。”(又)宫廷中高大华丽的楼台。《史记·廉颇蔺相如列传》:“大王见臣列～。”(列观:一般的台观。)❻guàn 道教的庙宇,道观(后起意义)。刘禹锡《玄都观桃花》诗:“玄都～里桃千树,尽是刘郎去后栽。”

【辨】庙,寺,观(guàn)。见282页“庙”字。

官 guān ❶官府,办公的地方。《礼记·玉藻》:“在～不俟屦,在外不俟车。”(俟:等待。屦:鞋。)(引)行政机关。柳宗元《童区寄传》:“愿以闻于～。”(希望把这件事报告给官府。)(又)属于官方的,国家的。《韩非子·五蠹》:“州部之吏操～兵。”(兵:兵器。)❷官职,官位。《尚书·咸有一德》:“任～惟贤材。”《荀子·正论》:“量能而授～。”(又)职责。《韩非子·难一》:“耕、渔与陶,非舜～也。”《荀子·解蔽》:“则万物～矣。”❸官员,官吏。《论衡·明雩》:“百～共职于下。”(又)做官,使……做官。郦道元《水经注·沁水》:“鲁国孔氏,～于洛阳。”曹操《论吏士行能令》:“故明君不～无功之臣。”❹感觉器官,耳、目、口、鼻、身称五官。《庄子·养生主》:“～知止而神欲行。”(又)功能。《孟子·告子上》:“心之～则思。”

【辨】官,吏。古代,特别是在两汉之前,“官”通常是指行政机关或职务,“吏”则专指官吏。荀子著作里多次提到“官人”,意思是“政府里的人”。“官”本身不是“官员”的意思。汉以后,“官”有时指一般官员,而“吏”则指低级官员,但“官”字“行政职务”的意义仍旧沿用。

倌 guān [倌人]驾车的小臣。《诗经·鄘风·定之方中》:“灵雨既零,命彼～～,星言夙驾,说于桑田。”

冠 guān ❶帽子。《楚辞·渔父》:“新沐者必弹～。”(沐:洗头。弹冠:掸掸帽子。)成语有“怒发冲冠”。(又)像帽子的东西。徐陵《斗鸡诗》:“花～已冲力,芥爪复惊媒。”(又)guàn 戴帽子。《汉书·郦食其传》:“沛公不喜儒,诸客～儒冠来者,沛公辄解其冠。”(辄:总是。解:指摘掉。)[冠盖]旧指做官人的冠服和他们车乘的篷盖。晁错《论贵粟疏》:“～～相望,乘坚策肥。”(坚:指好车。肥:指好马。)(喻)做官的人。杜甫《梦李白》诗:“～～满京华。”(京华:国都。)❷guàn 古代的一种礼仪。男子二十岁举行冠礼,表示已经成人。《礼记·曲礼上》:“男子二十～而字。”(字:取字。)❸guàn 位居第一。《史记·萧相国世家》:“位～群臣,声施后世。”(施:传。)双音词有“冠军”。(又)加在前头或上头。孔安国《尚书序》:“各～其篇首。”

【辨】冠,冕,巾,弁,帽。“冠”是帽子的总称。“冕”是帝王、诸侯、卿、大夫所戴的礼帽。“巾”是扎在头上的织物。“弁”是用皮革做成的帽子。“帽”是后起字。

莞 guān ❶蒲草,水葱一类的植物。王褒《僮约》:“种～织席。”(引)莞草编的席。《诗经·小雅·斯干》:“下～上簟(diàn)。”(簟:竹席。)❷wǎn [莞尔]微笑的样子。《楚辞·渔父》:“渔父～～而笑。”

G

瘝 guān ❶病。《尚书·康诰》："小子封，恫～乃身，敬哉！"❷旷废。《尚书·冏命》："非人其吉，惟货其吉，若时～厥官。"

鳏（鰥） guān ❶一种大鱼。《孔丛子·抗志》："卫人钓于河，得～鱼焉。"❷老而无妻，也指死了妻子的人。《诗经·周南·桃夭序》："婚姻以时，国无～民也。"《管子·五辅》："恤～寡，问疾病。"（恤：救济。寡：老而无夫的人。）成语有"鳏寡孤独"。

馆（館）［舘］ guǎn ❶宾馆，客舍。《左传·襄公三十一年》："乃筑诸侯之～。"㊀住在宾馆、客舍里。《左传·僖公五年》："师还，～于虞。"（师：军队。虞：周代国名。）❷华丽的房屋、住宅（后起意义）。《晋书·谢安传》："又于土山营墅，楼～林竹甚盛。"（营：建筑。墅：别墅。）

琯 guǎn 古代一种乐器，玉管。《大戴礼记·少间》："西王母来献其白～。"

痯 guǎn ［痯痯］疲劳的样子。《诗经·小雅·杕杜》："檀车幝幝（chǎnchǎn），四牡～～。"（幝幝：破旧的样子。）

管 guǎn ❶一种像笛的管乐器。《诗经·商颂·那》："嘒嘒～声。"（嘒嘒：清亮的声音。）《荀子·乐论》："～籥（yuè）发猛。"（籥：一种管乐器。）㊀管乐器的统称。《世说新语·言语》："～弦繁奏，钟夔先听其音。"（钟、夔：指钟子期和舜乐官夔。）李商隐《齐宫词》："梁台歌～三更罢。"❷竹管。曹操《论吏士行能令》："一似～窥虎欤！"（好像是从竹管里看老虎一样。一似：好像。欤：语气词。）成语有"管中窥豹"。㊀笔管，笔。刘孝标《答刘之遴借类苑书》："搦～联册，纂兹英奇。"❸钥匙。《左传·僖公三十二年》："郑人使我掌其北门之～。"❹掌管，管理。《史记·李斯列传》："进入秦宫，～事二十余年。"

筦 guǎn ❶络丝的竹管。《说文·竹部》："筦，竹孚也。"筦的本义是缩丝的工具。❷一种管乐器。《汉书·董仲舒传》："圣王已没，钟鼓～弦之声未衰。"❸钥匙。《战国策·赵策三》："天子巡狩，诸侯辟（bì）舍，纳于～键。"❹掌管，管理。《史记·平准书》："而桑弘羊为治粟都尉，领大农，尽代（孔）仅～天下盐铁。"㊀管理机构。《汉书·王莽传下》："牺和鲁匡设六～，以穷工商。"上述❷❸❹又写作"管"。

毌 guàn ❶"贯"的古字。❷姓。

贯（貫） guàn ❶穿钱的绳索。《史记·平准书》："京师之钱累巨万，～朽而不可校。"（朽：腐坏。校：数。）㊀古代的铜钱用绳穿，一千个为一贯。《金史·宣宗纪》："兴定宝泉，每一～当通宝四百～。"（泉：钱。当：相当。）❷穿，穿连。《诗经·齐风·猗嗟》："射则～兮。"屈原《离骚》："～薜荔之落蕊。"（薜荔：一种蔓生的香草。蕊：花心。）㊀通，贯通。《论语·里仁》："吾道一以～之。"成语有"融会贯通"。❸连贯，连续。《汉书·谷永传》："以次～行，固执无违。"《三国志·魏书·邓艾传》："将士皆攀木缘崖，鱼～而进。"❹籍贯。《汉书·元帝纪》："惟德浅薄，不足以充入旧～之居。"白居易《新丰折臂翁》诗："翁云～属新丰县。"❺事例。《论语·先进》："仍旧～，如之何？"❻通"惯"。熟习，熟练。《左传·襄公三十一年》："譬如田猎，射御～则能获禽。"（比如打猎，射箭、驾车习惯了就能捕获野兽。）㊀习惯。《孟子·滕文公下》："我不～与小人乘。"❼wān 通"弯"。弯曲。《史记·伍子胥列传》："伍胥～弓执矢向使者。"

掼（摜） guàn ❶"惯"的本字。习惯。《说文·手部》："掼，习也……《春秋传》曰：'～渎鬼神。'"今《左传·昭公二十六年》作"贯渎鬼神"。❷披戴。《抱朴子·博喻》："～甲缨胄，非庙堂之饰。"

丱 guàn 儿童束发成两角的样子。《诗经·齐风·甫田》："婉兮娈兮，总角～兮。"

冠 guàn 见139页。

涫 guàn ❶沸滚，沸腾。《史记·龟策列传》："寡人念其如此，肠如～汤。"［涫涫］沸腾的样子。《荀子·解蔽》："～～纷纷，孰知其形。"❷通"盥"。洗手。《列子·黄帝》："进～漱巾栉。"

悺［悹］ guàn 忧。贾谊《新书·匈奴》："天子不忧，人民～之。"

祼 guàn ❶一种祭祀仪式，斟酒浇地以降神。《尚书·洛诰》："王入太室～。"《礼记·祭统》："君执圭瓒～尸。"❷斟酒敬客。《周礼·春官·典瑞》："～圭有瓒，以肆先王，以～宾客。"

盥 guàn ❶洗手。《左传·僖公二十三年》："奉匜沃～，既而挥之。"（奉：捧着。匜：洗手时盛水的器具。沃：浇水。）《论衡·讥日》："洗去足垢，～去手垢，浴去身垢。"❷盥洗的器皿。庾信《周安昌公夫人郑氏墓志铭》："承姑奉～，训子停机。"❸通"祼"。一种祭祀仪式，斟酒浇地以降神。

《周易·观》："～而不荐，有孚颙若。"

雚 guàn ❶同"鹳"。一种水鸟。《说文·隹部》："《诗》曰：'～鸣于垤。'"今《诗经·豳风·东山》作"鹳鸣于垤"。❷huán 同"萑"。荻。《墨子·旗帜》："凡守城之法……～苇有积。"《汉书·货殖传》："五谷六畜及至鱼鳖鸟兽～蒲材干器械之资。"

灌 guàn ❶浇，灌溉。《庄子·逍遥游》："时雨降矣，而犹浸～。"《史记·滑稽列传》："引河水～民田。"❷注入，倒进去。《韩非子·说疑》："不能饮者以筒～其口。"（筒：竹筒。）㊀浇铸。《论衡·奇怪》："烁一鼎之铜，以～一钱之形，不能成一鼎。"（烁：熔化。形：型，模型。）❸一种祭祀仪式，奠酒献神。《论语·八佾》："禘自既～而往者，吾不欲观之矣。"❹丛生的矮小树木。《诗经·周南·葛覃》："黄鸟于飞，集于～木。"白居易《庐山草堂记》："松下多～丛。"

瓘 guàn 一种玉，即圭。《左传·昭公十七年》："若我用～、斝、玉瓒，郑必不火。"（火：着火，指发生火灾。）

爟 guàn [爟火]为消除不祥而举的火。《吕氏春秋·本味》："汤得伊尹，祓之于庙，爝以～～。"㊕烽火。庾信《周上柱国齐王宪神道碑》："匈奴突于武川，～～通于灞上。"

鹳(鸛) guàn 一种水鸟。《诗经·豳风·东山》："～鸣于垤，妇叹于室。"（垤：小土堆。）李白《淮阴书怀寄王宗成》诗："大舶夹双橹，中流鹅～鸣。"

GUANG

光 guāng ❶光芒，光亮。《孟子·尽心上》："日月有明，容～必照焉。"陶渊明《桃花源记》："山有小口，髣髴若有～。"❷发光。《世说新语·言语》："夜～之珠，不必出于孟津之河。"㊖光彩，光荣。《荀子·不苟》："言己之～美。"《诗经·小雅·南山有台》："乐只君子，邦家之～。"❸发扬光大。诸葛亮《出师表》："以～先帝遗德。"❹光阴。左思《悼离赠妹》诗："仰瞻曜灵，爱此寸～。"

洸 guāng ❶水波荡漾闪光。郭璞《江赋》："澄澹汪～。"（澄：清。澹：安静。汪：深广。）❷[洸洸]1.威武的样子。《诗经·大雅·江汉》："江汉汤汤，武夫～～。"2.huànghuàng 汹涌的样子。《荀子·宥坐》："其～～乎不淈尽，似道。"（淈：枯竭。）❸huàng [洸洋]水势盛大的样子。比喻言辞等恣肆。《史记·老子韩非列传》："其言～～自恣以适己。"

广(廣) guǎng ❶大，宏大。《荀子·修身》："君子贫穷而志～。"㊀扩大。《史记·乐毅列传》："破宋，～地千余里。"㊁多，广泛地。《论衡·定贤》："且～交多徒，求索众心者，人爱而称之。"《汉书·食货志上》："～畜积，以实仓廪，备水旱。"㊁广博。《抱朴子·崇教》："学之～，在于不倦。"❷宽阔。与"狭"相对。《诗经·卫风·河广》："谁谓河～，曾不容刀。"（刀：小船。）《汉书·晁错传》："平原～野，此车骑之地。"㊀宽慰。司马迁《报任安书》："欲以～主上之意。"❸guàng 春秋时楚国兵制，兵车十五辆为一广。《左传·宣公十二年》："其君之戎，分为二～。"（戎：兵车。）❹guàng 横向距离、东西距离为广。与"袤"相对。《仪礼·士丧礼》："（握手）长尺二寸，～五寸。"白居易《庐山草堂记》："前有平地，轮～十丈。"（轮：南北距离。）[广袤]指土地面积的宽和长。东西距离叫广，南北距离叫袤。《汉书·西域传上》："蒲昌海……～～三百里。"【注意】古代汉语中"广(yǎn)"和"廣"是两个字，意义各不相同。上述义项都不写作"广"。现"廣"简化为"广"。

犷(獷) guǎng 凶猛，强悍。《后汉书·段颎传》："招降～敌。"刘希夷《谒汉世祖庙》诗："～兽血涂地，巨人声沸天。"

俇 guàng ❶[俇俇]心神不定的样子。《楚辞·九叹·思古》："魂～～而南行兮。"❷[俇攘(ráng)]慌乱的样子。宋玉《九辩》："悼余生之不时兮，逢此世之～～。"

GUI

归(歸) guī ❶女子出嫁。《诗经·周南·桃夭》："之子于～，宜其室家。"（之子：这个女子。）❷返回。《孙子兵法·军争》："避其锐气，击其惰～。"（惰：懈怠。）成语有"返璞归真"。❸归还。《汉书·陈平传》："平惧诛，乃封其金与印，使使～项王。"（使使：派遣使者。）❹归附，归属。《孟子·公孙丑上》："天下～殷久矣。"㊁归到一处。《三国志·蜀书·诸葛亮传》："若水之～海。"❺归趋，归宿。《周易·系辞下》："天下同～而殊涂。"（涂：道路。）❻kuì 通"馈"。赠送。《左传·闵公二年》："～公乘马。"（乘马：四匹马。）

圭 guī ❶用作凭信的玉，形状上圆（或上尖）下方。《汉书·扬雄传下》："析人之

～。"(析:分。)㊕帝王、诸侯在举行朝会、祭祀的典礼时拿的一种玉器。《仪礼·聘礼》:"执～入门,鞠躬焉,如恐失之。"《后汉书·明帝纪》:"亲执～璧,恭祀天地。"这个意义又写作"珪"。❷测日影的器具。张衡《东京赋》:"土～测景。"(景:日影。)❸容量单位。一升的万分之一。《汉书·律历志一》:"量多少者不失～撮。"(撮:一升的千分之一。)❹[圭田]卿大夫士供祭祀用的田地。《礼记·王制》:"夫～～无征。"《孟子·滕文公上》:"卿以下必有～～,～～五十亩。"

闺(閨) guī ❶上圆下方的小门。《荀子·解蔽》:"俯而出城门,以为小之～也,酒乱其神也。"(俯:低头。)❷内室。枚乘《七发》:"宫居而～处。"(住在深宫内室之中。)㊕女子居住的内室。《后汉书·刘瑜传》:"女嬖(bì)令色,充积～帷。"(女嬖令色:指宫女、妃子。)

珪 guī 同"圭"。上圆(或上尖)下方的玉器。《左传·襄公三十年》:"用两～质于河。"《史记·仲尼弟子列传》:"三复白～之玷。"

袿 guī ❶妇女的上衣。宋玉《神女赋》:"振绣衣,被～裳。"《后汉书·邓皇后纪》:"簪珥光采,～裳鲜明。"❷衣袖。夏侯湛《雀钗赋》:"理～襟,整服饰。"元稹《青云驿》诗:"各各扬轻～。"❸衣后襟。嵇康《兄秀才公穆入军赠诗》之十六:"微风动～,组帐高褰。"

龟(龜) guī ❶乌龟。《尚书·禹贡》:"九江纳锡大～。"《史记·龟策列传》:"江傍家人常畜～。"(傍:通"旁"。畜:养。)❷占卜用的龟甲。《楚辞·卜居》:"～策诚不能知事。"(策:占卜用的蓍草。诚:确实。)㊂秦以前用作货币的龟甲。《周易·损》:"十朋之～。"(朋:两串为一朋。)❸jūn 皮肤受冻开裂。《庄子·逍遥游》:"宋人有善为不～手之药者。"范成大《次韵李子永雪中长句》:"手～笔退不可捉。"这个意义后来写作"皲"。❹qiū [龟兹(cí)]汉代西域国名。在今新疆库车。

规(規) guī ❶圆规,画圆形的工具。《荀子·赋》:"圆者中(zhòng)～,方者中矩。"(中:符合。矩:画方形的工具。)㊀圆形。沈括《梦溪笔谈》卷七:"图为一圆～,乃画极星于～中。"❷法度,准则。《史记·司马相如列传》:"创业垂统,为万世～。"㊂效法,取法。韩愈《进学解》:"上～姚姒,浑浑无涯。"❸规划,谋划。《三国志·蜀书·诸葛亮传》:"与豫州协～同力。"(豫州:指刘备。)㊂谋求。《商君书·错法》:"是以明君之使其民也,使必尽力以～其功。"(是以:因此。使:役使。)❹告诫。《荀子·成相》:"不听～谏忠是害。"(忠是害:残害忠良。)《左传·襄公十一年》:"有备无患,敢以此～。"❺kuī 通"窥"。窥测。《管子·君臣上》:"大臣假于女之能,以～主情。"(假:凭借,借助。)

瞡 guī [瞡瞡]浅陋的样子。《荀子·非十二子》:"吾语汝学者之嵬容……莫莫然,～～然。"(嵬容:怪容,丑态。)

皈 guī ❶同"归"。返回。杨万里《晚皈再度西桥》诗:"～近溪桥东复东,蓼花迎路舞西风。"❷[皈依]佛家称归向佛教。李颀《宿莹公禅房闻梵》诗:"始觉浮生无住著,顿令心地欲～～。"

傀 guī ❶伟大。《庄子·列御寇》:"达生之情者～。"❷[傀然]独立的样子。《荀子·性恶》:"天下不知之,则～～独立天地之间而不畏,是上勇也。"❸怪异。《周礼·春官·大司乐》:"大～异灾。"❹kuǐ [傀儡]木偶戏中的木偶人。段成式《酉阳杂俎》卷八"黥":"(宋元素)右臂上刺葫芦,上出人首,如～～戏郭公者。"

瑰 guī ❶次于玉的美石。《诗经·秦风·渭阳》:"何以赠之,琼～玉佩。"(琼:美玉。)❷奇异,珍奇。《淮南子·诠言》:"圣人无屈奇之服,无～异之行。"王安石《游褒禅山记》:"～怪非常之观。"这个意义又写作"瓌"。

嶲[巂] guī ❶鸟名。也叫子嶲。❷xī [越嶲]汉代郡名。在今四川境内。

瓌 guī 奇异,珍奇。宋玉《神女赋》:"～姿玮(wěi)态。"(玮:奇。)又写作"瑰"。

氿 guǐ 泉水从侧面流出。《诗经·小雅·大东》:"有冽～泉,无浸获薪。"《列子·黄帝》:"～水之潘为渊。"(潘:漩涡。)[氿滥]小泉。《后汉书·黄宪传》:"奉高之器,譬诸～～,虽清而易挹。"

宄 guǐ 犯法作乱的人。《尚书·盘庚中》:"颠越不恭,暂遇奸～。"《三国志·魏书·武帝纪》:"禁断淫祀,奸～逃窜。"

轨(軌) guǐ ❶车两轮间的距离。《史记·秦始皇本纪》:"车同～,书同文字。"㊀车辙。《孟子·尽心下》:"城门之～,两马之力与?"❷轨道,一定的路线。《淮南子·本经》:"五星循～而不失其行。"(循:沿着。行:行列。)❸法则,法度。《管子·山国轨》:"国有～。"《汉书·叙传下》:"东平失～。”（东平：东平王。）㊀遵循，符合。《韩非子·五蠹》：“是境内之民，其言谈者必～于法。”（是：这样。）❹ 通“宄”。犯法作乱的人。《汉书·辛庆忌传》：“奸～不得萌动而破灭。”

匭（匭） guǐ ❶ 同“簋”。盛黍稷的器具。《史记·李斯列传》：“饭土～，啜土铏（xíng）。”（铏：古代盛汤的器具。）❷ 匣子，箱子。《旧唐书·则天皇后纪》：“初置～于朝堂，有进书言事者听投之。”

庋 guǐ ❶ 搁放器物的架子。《世说新语·贤媛》：“王家见二谢，倾筐倒～。”洪迈《夷坚丁志·蔡河秀才》：“见床内小板～上乌纱帽存。”❷ 收藏食物。《礼记·内则》郑玄注：“阁以板为之，～食物也。”㊁收藏，保存。《新唐书·牛仙客传》：“前后锡与，缄～不敢用。”（锡：赐。缄：封。）双音词有“庋藏”。

佹 guǐ ❶ 乖戾。《周礼·考工记·轮人》郑玄注：“菑与爪不相～。”❷ 诡异。《荀子·赋》：“天下不治，请陈～诗。”《淮南子·齐俗》：“争为～辩，久稽而不决。”

诡（詭） guǐ ❶ 要求。《汉书·京房传》：“今臣得出守郡，自～效功。”（效：献出。）❷ 欺诈。《汉书·苏武传》：“匈奴～言武死。”❸ 差异，差别。《淮南子·说林》：“衡虽正必有差，尺寸虽齐必有～。”㊀奇异。班固《西都赋》：“殊形～制，每各异观。”《新唐书·吐蕃传上》：“上宝器数百具，制冶～殊。”❹ 违背，违反。《吕氏春秋·淫辞》：“言行相～，不祥莫大焉。”

垝 guǐ 毁坏，倒塌。《诗经·卫风·氓》：“乘彼～垣，以望复关。”㊂倒塌的墙。《管子·霸形》：“东山之西，水深灭～。”

恑 guǐ 变异。《庄子·齐物论》：“恢～憰怪，道通为一。”（憰怪：奇怪。）

姽 guǐ ［姽婳（huà）］美好的样子。宋玉《神女赋》：“既～～于幽静兮，又婆娑乎人间。”

鬼 guǐ ❶ 迷信的人认为人死后有“灵魂”，称之为“鬼”。屈原《九歌·国殇》：“子魂魄兮为～雄。”《论衡·死伪》：“物死不能为～，人死何故独能为～？”㊂万物的精灵。《诗经·小雅·何人斯》：“为～为蜮，则不可得。”成语有“鬼蜮伎俩”。㊃隐秘，不可捉摸。《韩非子·八经》：“其用人也～。”成语有“鬼鬼祟祟”。❷［鬼方］殷周时活动于今陕西北部的一个民族。❸ 星宿名。二十八宿之一。

癸 guǐ 天干的第十位。见 125 页“干[1]”字。

晷 guǐ ❶ 日影。张衡《西京赋》：“白日未及移其～。”㊃时光，时间。潘尼《赠陆机》诗：“寸～惟宝。”（寸晷：一寸光阴。惟宝：是宝贝。）❷ 按照日影测定时刻的仪器。《晋书·鲁胜传》：“立～测影。”❸ 通“轨”。轨道。《汉书·叙传下》：“五星同～。”

簋 guǐ 古代盛食物的圆形器具。《韩非子·十过》：“饭于土～，饮于土铏（xíng）。”（铏：古代盛汤的器具。）

刿（劌） guì 刺伤，划伤。《老子》五十八章：“廉而不～。”（有棱角但不至于把人划伤。廉：侧边。）也用于人名。春秋时有曹刿（见《左传·庄公十年》）。

贵（貴） guì ❶ 物价高。与“贱”相对。《左传·昭公三年》：“国之诸市，屦贱踊～。”陆游《首春连阴》诗：“今年米～如黄金。”㊀珍贵，宝贵。《论语·学而》：“礼之用，和为～。”《潜夫论·赞学》：“天地之所～者人也。”❷ 显贵，禄位高。与“贱”相对。《老子》三十九章：“故～以贱为本，高以下为基。”（本：根本。基：基础。）㊂显贵的人，权贵。《韩非子·有度》：“法不阿～。”（阿：偏袒。）❸ 重视，崇尚。《商君书·画策》：“圣王者不～义而～法。”《礼记·中庸》：“贱货而～德。”❹ 敬辞。放在要称说的事物前面，表示尊敬。《三国志·蜀书·张裔传》：“～土风俗何以乃尔乎？”（乃尔：如此，这样。）双音词有“贵姓”。

鐀 guì 同“匮”。柜子。一种收藏东西的用具。《汉书·司马迁传》：“卒三岁而迁为太史令，紬（chōu）史记石室金～之书。”

桧（檜） guì ❶ 树名。一种常绿乔木。也叫桧柏。《诗经·卫风·竹竿》：“淇水滺滺，～楫松舟。”❷ 古代棺盖上的装饰。《左传·成公二年》：“椁有四阿，棺有翰～。”❸ huì 用于人名。如宋代有秦桧。

襘 guì 衣领交叉的地方。《左传·昭公十一年》：“衣有～，带有结。”（带：指衣带。）

獩 guì 壮勇。左思《吴都赋》：“猿臂骿胁，狂趭犷～。”（骿胁：肋骨并成一片。）

跪 guì ❶ 跪着。古人席地而坐，坐时两膝着地，以臀部放在脚跟上。跪时则伸直腰股。《礼记·曲礼上》：“主人～正席。”［长跪］挺直上身而跪，以示庄重恭敬。《史记·留侯世家》：“因～～履之。”（履之：给他穿上鞋。）❷ 跪拜。《汉书·贾谊传》：“～而自裁。”（自裁：自杀。）❸ 脚。《韩非子·内储说下》：“门者刖（yuè）～。”（门者：看门的人。刖：古代砍掉脚的刑罚。）《荀子·劝学》：

“蟹六～而二螯。”(螯:螃蟹等节肢动物的第一对脚。)

【辨】跪,坐。在古代,跪、坐都是两膝着地。抬起臀部,保持要拜伏的姿势叫“跪”;臀部放在脚后跟上叫“坐”。

鳜(鱖) guì 鱼名。一种肉味鲜美的淡水鱼。张志和《渔歌子》:“桃花流水～鱼肥。”元结《雪中怀孟武昌》诗:“烧柴为温酒,煮～为作沈。”(沈:汁。)

GUN

衮[袞] gǔn ❶ 古代帝王或三公(古代最高的官)穿的礼服。《后汉书·张衡传》:“服～而朝。”(服:穿。朝:上朝。)㊂用作动词。穿上帝王或三公的礼服。《周礼·春官·司服》:“享先王则～冕。”㊀三公。张衡《思玄赋》:“董弱冠而司～兮。”(董:指董贤。弱冠:二十岁左右年纪。司衮:做三公。)[衮职]天子或三公之职。《诗经·大雅·烝民》:“～～有阙。”(阙:缺失。)《后汉书·杨赐传》:“五登～～。”(五次登上三公之位。)❷[衮衮]连续不断。杜甫《醉时歌》:“诸公～～登台省。”(台省:尚书省、中书省、门下省。)成语有“衮衮诸公”。

绲(緄) gǔn ❶ 织成的带子。《后汉书·南匈奴传》:“遗冠帻,绛单衣三袭,童子佩刀、～带各一。”❷ 绳子。《诗经·秦风·小戎》:“交韔二弓,竹闭～縢。”❸ 量词。捆,束。《战国策·宋卫策》:“卫君惧,束组三百～,黄金三百镒,以随使者。”

鲧(鯀)[鮌] gǔn 人名。夏禹的父亲。相传治水无功,被杀。《左传·昭公七年》:“昔尧殛～于羽山。”(殛:诛杀。)

GUO

郭 guō ❶ 在城的外围加筑的一道城墙,外城。《管子·度地》:“内为之城,城外为之～。”❷ 物体的外围四周。《汉书·食货志下》:“卒铸大钱,文曰‘宝货’,肉好(hào)皆有周～。”(肉:指钱边。好:指钱孔。)

【辨】城,郭。见47页“城”字。

聒 guō 喧扰,声音嘈杂。《左传·襄公二十六年》:“左师闻之,～而与之语。”嵇康《与山巨源绝交书》:“宾客盈坐,鸣声～耳。”(盈:满。)双音词有“聒噪”。

蝈(蟈) guō 蛙。《淮南子·时则》:“蝼～鸣,邱螾出。”(蝼:蝼蛄。邱螾:蚯蚓。)

国(國)[囯] guó ❶ 国家。《尚书·吕刑》:“惟吕命,王享～百年。”《商君书·更法》:“治世不一道,便～不必法古。”(道:方法。便:有利。法:效法。)❷ 周代诸侯国及汉以后王或侯的封地、食邑。《左传·僖公二十八年》:“楚一言而定三～。”《战国策·齐策四》:“孟尝君就～于薛。”柳宗元《封建论》:“汉兴,天子之政行于郡,不行于～。”(政:政令。行:推行。)❸ 国都,京城。屈原《九章·哀郢》:“出～门而轸(zhěn)怀兮。”(轸:悲痛。怀:怀念。)

帼(幗)[簂] guó 古代妇女的发饰。《后汉书·乌桓传》:“饰以金碧,犹中国有～步摇。”李贤注引《续汉舆服志》曰:“公卿列侯夫人绀缯～。”[巾帼]见201页“巾”字。

虢 guó 周代诸侯国。1. 在今陕西宝鸡东,后来迁到今河南三门峡市陕州区东南。也称西虢。2. 在今河南荥阳境内。也称东虢。

馘 guó ❶ 战争中割取的敌人的左耳(用以计数报功)。《左传·僖公二十八年》:“献俘受～,饮至大赏。”《三国志·魏书·武帝纪》:“献～万计。”这个意义又写作“聝”。❷ xù 面孔。《庄子·列御寇》:“槁项黄～。”(槁:枯槁。项:脖子。)

果 guǒ ❶ 果子,果实。《韩非子·五蠹》:“民食～蓏(luǒ)蚌蛤。”(果蓏:瓜果。)这个意义后来又写作“菓”。[因果]佛教认为人做善事或恶事必然会产生相应的结果,称为“因果”。《南史·范缜传》:“贵贱虽复殊途,～～竟在何处?”(贵贱虽然很不一样,但究竟有什么因果呢?)❷ 成为事实,实现。《孟子·梁惠王下》:“君是以不～来也。”陶渊明《桃花源记》:“闻之,欣然规往,未～。”(规:计划。)❸ 充实,饱。《庄子·逍遥游》:“三餐而反,腹犹～然。”成语有“食不果腹”。❹ 坚决,果敢。《论语·子路》:“言必信,行必～,硁硁然小人哉!”双音词有“果断”。❺ 副词。果然,果真。《国语·晋语一》:“骊姬～作难。”(骊姬:人名。)❻ 副词。究竟。《荀子·君道》:“～何道而便?”(便:便利。)《战国策·秦策一》:“张仪入,问王曰:‘陈轸～安之?’”(安之:何往。)

猓 guǒ [猓然]长尾猴。左思《吴都赋》:“狖(yòu)鼯(wú)～～,腾趠(chuō)飞超。”

蜾 guǒ [蜾蠃(luǒ)]一种黑色细腰蜂。《诗经·小雅·小宛》:“螟蛉有子,～～负之。"

裹 guǒ 包，缠。《左传·庄公十二年》："以犀革～之。"（犀革：犀牛皮。）㊁包裹着的物品。王维《酬黎居士淅川作》诗："松龛（kān）藏药～。"㊕花房。宋玉《高唐赋》："绿叶紫～，丹茎白蒂。"㊀包括。《吕氏春秋·本生》："其于物无不受也，无不～也，若天地然。"《淮南子·兵略》："（楚人地）西包巴蜀，东～郯（tán）邳（pī）。"（郯、邳：古地名，在今山东、江苏。）

輠 guǒ ❶车上盛脂膏的器具。《史记·孟子荀卿列传》裴骃集解引刘向《别录》："～者，车之盛膏器也。"《晋书·儒林传赞》："炙～流誉，解颐飞辩。"（炙輠：比喻言辞滔滔不绝。）❷ huà 车毂转动。《礼记·杂记下》："叔孙武叔朝，见轮人以其杖关毂而～轮者。"（輠轮：使车轮转动。）

椁[槨] guǒ 棺材外面套的大棺材。《论语·先进》："鲤也死，有棺而无～。"（鲤：人名，孔子的儿子。）

过（過） guò ❶走过，经过。《孟子·滕文公上》："三～其门而不入。"《韩非子·外储说左上》："乘白马而～关。"㊀过去。杜甫《阻雨不得归瀼西甘林》诗："三伏适已～。"（三伏：三伏天。适：恰好。）㊀婉辞。指人去世。曹植《赠白马王彪》诗："存者忽复～，亡没身自衰。"❷胜过，超越。《论语·公冶长》："由也好勇～我。"（由：仲由，孔子学生。）《左传·隐公元年》："大都不～参国之一。"（参国之一：国都三分之一。）成语有"过犹不及"。㊁过分，太甚。《世说新语·夙惠》："陛下昼～冷，夜～热，恐非摄养之术。"❸错误，过失。《商君书·开塞》："夫～有厚薄，则刑有轻重。"（厚薄：指大小。）㊁犯错误。《论语·学而》："～则勿惮改。"（惮：害怕。）❹访，探望。《史记·田叔列传》："会贤大夫少府赵禹来～卫将军。"（会：恰好。）❺量词。表示行为次数。《世说新语·纰漏》："时道此，非复一～。"

【辨】过，越，逾，超。这四个字是同义词，但也有细微差别。"过"指一般经过，"越"、"逾"有时表示爬过，如"越墙"、"逾墙"。"超"的本义是跳过。

G

H

HAI

哈 hāi ❶嗤笑。屈原《九章·惜诵》："又众兆之所～。"（众兆：众多的人。）❷喜悦，欢笑。左思《吴都赋》："东吴王孙輾（chǎn）然而～。"（輾然：笑的样子。）王安石《彭蠡》诗："观者胆堕余方～。"（胆堕：吓破了胆。余：我。）❸［哈台］人睡时呼吸声。《世说新语·雅量》："许上床便～～大鼾。"（许：指许璪，人名。）

孩 hái ❶小儿笑。《老子》二十章："如婴儿之未～。"（未孩：还不会笑。）这个意义又写作"咳"。［孩提］刚会笑而处于提抱之中。《孟子·尽心上》："～～之童，无不知爱其亲者。"㊀幼小。《国语·吴语》："今王播弃黎老而～童焉比谋。"（比：合。）❷小孩（后起意义）。杜甫《山寺》诗："自哂同婴～。"（哂：笑。）

骸 hái ❶胫骨，小腿骨。《素问·骨空论》："～下为辅。"（辅：腓骨。）❷人骨，骨骼。《公羊传·宣公十五年》："易子而食之，析～而炊之。"（炊：烧火做饭。）❸身体，形体。《吕氏春秋·重己》："其为舆马衣裘也，足以逸身暖～而已矣。"《列子·黄帝》："有七尺之～。"双音词有"形骸"、"遗骸"。

海 hǎi ❶海洋。《韩非子·说林上》："失火而取水于～……远水不救近火也。"［四海］［海内］古人认为我国疆土四面滨海，因此称全国、国内为"四海"、"海内"。《三国志·蜀书·诸葛亮传》："遂破荆州，威震四海。"王勃《送杜少府之任蜀州》诗："海内存知己，天涯若比邻。"㊁古代也称大的湖泊为海。如"蒲菖海"（即今罗布泊）。㊃巨大或数量多的事物。徐光启《刻几何原本序》："百家之学～。"双音词有"海量"、"人海"、"火海"。❷从海外传进来的花木称"海"。江总《山庭春日》诗："岸绿开河柳，池红照～榴。"（海榴：即石榴。）双音词有"海棠"。

醢 hǎi 肉酱。《诗经·大雅·行苇》："醓（tǎn）～以荐，或燔或炙。"（醓：肉酱的汁。）㊁做成肉酱。《左传·昭公二十九年》："龙一雌死，潜～以食夏后。"㊁古代的一种刑罚，把人杀死后剁成肉酱。《左传·襄公十九年》："～卫于军。"（卫：人名。）

亥 hài 地支的第十二位。㊁十二时辰之一，等于现在的晚上九时至十一时。见125页"干[1]"字。

骇（駭） hài ❶马受惊。《左传·哀公二十三年》："知伯视齐师，马～，遂驱之。"（知伯：人名。）㊀害怕，吃惊。《韩非子·说林下》："人见蛇则惊～。"《史记·孙子吴起列传》："吴王从台上观，见且斩爱姬，大～。"❷惊扰，骚动。《吕氏春秋·审应》："盖闻君子犹鸟也，～则举。"《左传·昭公二十七年》："吴新有君，疆埸日～。"（疆埸：边界。）❸起。陆机《辨亡论》上："于是群雄蜂～，义兵四合。"

害 hài ❶损害，伤害。《周易·节》："节以制度，不伤财，不～民。"《商君书·靳令》："法已定矣，不以善言～法。"❷杀害。《三国志·魏书·武帝纪》："为陶谦所～。"（为：被。陶谦：人名。）❸祸害，害处。《荀子·臣道》："除国之大～。"《战国策·赵策三》："凡强弱之举事，强受其利，弱受其～。"❹险要之地。张衡《东京赋》："守位以仁，不恃隘～。"❺忌妒。《史记·屈原贾生列传》："上官大夫与之同列，争宠而心～其能。"❻hé 通"曷"。何。《诗经·周南·葛覃》："～浣～否，归宁父母。"（浣：洗。归宁：回娘家看望父母。）《孟子·梁惠王上》："时日～丧，予及女偕亡。"（时：通"是"，此。日：太阳。予：我。女：你。偕：一起。）

HAN

顸（頇） hān ［颟（mān）顸］见269页"颟"字。

酣 hān 酒喝得很畅快。《战国策·赵策三》："平原君乃置酒，酒～，起前，以千金为鲁连寿。"（平原君：人名。鲁连：鲁仲连，人名。）《史记·廉颇蔺相如列传》："秦王饮酒～。"㊀畅快，尽情。曹丕《善哉行》："朝日乐相乐，～饮不知醉。"㊃浓，盛。《论衡·感虚》："战～，日暮，公援戈而麾之。"王安石《题西太一宫壁》诗："荷花落日红～。"

憨 hān 傻，痴。刘勰《文心雕龙·程器》："文举傲诞以速诛，正平狂～以致戮。"陈羽《古意》诗："姑嫜严肃有规矩，小姑娇～意难取。"

邯 hán ［邯郸］地名。战国时赵国都城，在今河北邯郸西南。《战国策·赵策三》："秦围赵之～～。"

含 hán ❶ 含在嘴里。《庄子·马蹄》："～哺而熙，鼓腹而游。"（哺：口里嚼的食物。熙：嬉戏。鼓腹：吃饱肚子。）❷ hàn 古代给贵族办丧事时，塞在死人口里的珠、玉等物。《左传·文公五年》："王使荣叔来～且赗（fèng）。"（荣叔：人名。赗：用财物帮助别人办丧事。）这个意义又写作"唅"、"琀"。❸ 包含，包容。《周易·坤》："～万物而化光。"杜甫《绝句四首》之三："窗～西岭千秋雪。"❹ 心里怀着。《战国策·秦策一》："～怒日久。"《后汉书·皇后纪下》："群臣～悲，莫敢言。"

函［圅］ hán ❶ 包含，包容。《诗经·周颂·载芟》："播厥百谷，寔～斯活。"《淮南子·诠言》："夫～牛之鼎沸，而蝇蚋（ruì）弗敢入。"（函牛：容得下一头牛。鼎：古代煮东西的器具。蚋：蚊类。弗：不。）❷ 铠甲。《孟子·公孙丑上》："矢人惟恐不伤人，～人惟恐伤人。"（函人：做铠甲的人。）❸ 匣子，套子。《战国策·燕策三》："荆轲奉樊於期头～，而秦武阳奉地图匣，以次进至陛下。"《晋书·张华传》："得一石～。"❹ 信封。吴质《答东阿王书》："发～伸纸。"（打开信封，拿出信纸。）㊀ 书信。《三国志·魏书·刘晔传》注引《傅子》："每有疑事，辄（zhé）以～问晔。"（辄：总是。）双音词有"来函"、"公函"。❺ 指函谷关，在河南峭山，常连称"崤函"。贾谊《过秦论》："秦孝公据殽～之固，拥雍州之地。"

涵 hán ❶ 沉浸。《管子·度地》："水之性，行至曲必留退……倚则环，环则中，中则～。"㊀ 沉浸于某事物中。左思《吴都赋》："～泳乎其中。"❷ 包含，包容。《诗经·小雅·巧言》："乱之初生，僭始既～。"（僭：虚假。）辛弃疾《木兰花慢·席上送张仲固帅兴元》："正江～秋影雁初飞。"❸［涵澹］水摇荡的样子。苏轼《石钟山记》："山下皆石穴罅……微波入焉，～～澎湃而为此。"

韩（韓） hán ❶ 周代诸侯国。❷ 战国时七雄之一。原是晋国的一部分（参见 203 页"晋"字），在今河南中部和山西东南部。

寒 hán ❶ 凉，冷。《荀子·劝学》："冰，水为之，而～于水。"（为：生成。）㊀ 使寒，冷却。《孟子·告子上》："一日暴之，十日～之。"❷ 贫困。《史记·范雎蔡泽列传》："范叔一～如此哉。"双音词有"寒门"、"贫寒"。❸ 痛心、害怕。常"寒心"、"胆寒"连用。《战国策·秦策四》："梁氏～心。"（梁氏：魏国。）《新唐书·席豫传》："乃上疏请立皇太子，语深切，人为～惧。"❹ 背弃。《左传·哀公十二年》："（盟）若可寻也，亦可～也。"（寻：信守，重温。）

罕 hǎn ❶ 一种捕鸟的网。宋玉《高唐赋》："弓弩不发，罘～不倾。"（罘：捕兔的网。）左思《吴都赋》："罼（bì）～琐结。"（罼：一种捕鸟的网。琐结：指联结得很密。）❷ 旌旗。《史记·周本纪》："百夫荷～旗以先驱。"（荷：扛。先驱：在前面走。）❸ 少。《论语·子罕》："子～言利与命与仁。"《荀子·富国》："～兴力役，无夺农时。"（力役：劳役。无夺：不耽误。）

嘞（嚂） hǎn 虎怒吼。柳宗元《三戒·黔之驴》："因跳踉大～，断其喉，尽其肉，乃去。"

汉（漢） hàn ❶ 汉水。《诗经·周南·汉广》："～之广矣，不可泳思。"（泳：游泳。思：句末语气词。）❷ 银河。曹丕《燕歌行》："明月皎皎照我床，星～西流夜未央。"（央：尽。）柳宗元《行路难三首》诗之一："披霄决～出沆漭。"（披霄：拨开云霄。沆漭：指无边的太空。）成语有"气冲霄汉"。❸ 男子（后起意义）。《北齐书·魏兰根传》："何虑无人作官职，苦用此～何为？"（苦用：硬要用。何为：干什么。）❹ 朝代名。1. 公元前 206—公元 220 年，第一代君主是刘邦，都城在长安（今陕西西安）。公元 8 年王莽代汉称帝，国号新。公元 25 年刘秀重建汉朝，建都洛阳。史称公元前 206—公元 8 年为"西汉"或"前汉"，公元 25—220 年为"东汉"或"后汉"。2. 公元 947—950 年，五代之一，也称后汉，第一代君主是刘知远。

扞 hàn ❶ 抵御。《战国策·西周策》："设以国为王～秦，而王无之～也。"（设：施设，安排。）《三国志·魏书·杨阜传》："无～难之功。"㊀ 保卫。《左传·文公六年》："尽具其帑（nú），与其器用财贿，亲帅～之，送致诸竟。"（帑：通"孥"，妻子儿女。财贿：财产。帅：率领。送致诸竟：送到国境上。）《汉书·刑法志》："若手足之～头目。"❷ 拉开，张开。《淮南子·原道》："射者～乌号之弓。"（乌号之弓：良弓名。）❸ 射箭手的一种皮质护袖。《汉书·尹赏传》："被铠～，持刀兵。"（被：披。铠：铠甲。）❹ 触犯，冲犯。《史记·游侠列传》："虽时～当世之文罔。"（文罔：指法网。罔：网。）

汗 hàn ❶ 汗水。《战国策·齐策一》："举袂成幕，挥～成雨。"（袂：衣袖。）《史记·陈丞相世家》："～出沾背，愧不能对。"㊀ 出汗，使出汗。《世说新语·言语》："卿何以不～？"《韩非子·五蠹》："弃私家之事而必～马之劳。"成语有"汗牛充栋"。❷［汗漫］广阔无边的样子。《淮南子·俶真》："而徙倚于～～之宇。"㉛没有标准，不着边际。《新唐书·选举志上》："舍是则～～而无所守。"（是：此。）❸ hán ［可（kè）汗］见 225 页"可（kě）"字。

閈 hàn ❶ 闾里的门，巷门。《管子·立政》："审闾～，慎管键。"（闾：里巷的门。管键：锁钥。）㉒门。《左传·襄公三十一年》："高其～闳，厚其墙垣。"（闳：门。）㉛闾里，乡里。《汉书·叙传下》："绾自同～，镇我北疆。"（绾：指卢绾，和汉高祖刘邦同里。）❷ 墙。张衡《西京赋》："～庭诡异，门千户万。"（诡异：奇异。）❸ 防备。韩愈《汴州东西水门记》："乃作水门，为邦之郛，以固风气，以～寇偷。"

馯 hàn 同"䮧"。马凶悍。《淮南子·氾论》："欲以朴重之法，治既弊之民，是犹无镝衔橛策錣（zhuì）而御～马也。"（镝衔：马口所衔铁。橛：马口所衔横木。策錣：马鞭和前端的针刺。）

捍 hàn ❶ 抵御。《礼记·祭法》："能～大患则祀之。"《史记·楚世家》："吴三公子奔楚，楚封之以～吴。"（奔：投奔，投靠。）㉗保卫。《商君书·赏刑》："若有～城者，攻将凌其城。"（凌：登上，指攻陷。）❷ 射箭手的一种皮质护袖。《礼记·内则》："右佩玦（jué）～。"（玦：一种佩玉。）❸ 坚实。《管子·地员》："五浮之状，～然如米。"（五浮：一种土壤。）❹ 通"悍"。勇猛，强悍。《史记·货殖列传》："而民雕～少虑。"（雕捍：像雕一样强悍。）

悍 hàn ❶ 勇猛。《庄子·盗跖》："勇～果敢，聚众率兵。"贾谊《治安策》："陛下之臣虽有～如冯敬者，适启其口匕首已陷其匈矣。"（冯敬：人名。）㉛强劲。《史记·游侠列传》："解为人短小精～，不饮酒。"❷ 凶狠，蛮横。《韩非子·说林下》："有与～者邻，欲卖宅而避之。"柳宗元《捕蛇者说》："～吏之来吾乡。"❸ 猛烈，迅急。《淮南子·兵略》："故水激则～，矢激则远。"

睅 hàn （眼睛）瞪大突出。《左传·宣公二年》："～其目，皤（pó）其腹。"（瞪着眼睛，鼓着肚子。皤：大。）

䮧 hàn 马凶悍。《韩非子·五蠹》："如欲以宽缓之政，治急世之民，犹无辔策而御～马。"（辔：缰绳。）㉒凶悍。《史记·卫将军骠骑列传》："诛獟（xiāo）～，获首虏八千余级。"（獟：勇悍。）

唅 hàn ❶ 古代把玉贝等物放入死者口中。《荀子·礼论》："饭以生稻，～以槁骨。"（槁骨：乃"犒贝"之讹，白色贝。）这个意义又写作"含"、"琀"。❷ hán 通"含"。含在口里。《汉书·货殖传》："～菽饮水。"

颔（頷） hàn ❶ 下巴颏。《公羊传·宣公六年》："祁弥明逆而踆（cún）之，绝其～。"（祁弥明：人名。逆：迎。踆：用脚踢。）白居易《东南行》："满～白髭须。"❷ 点头。《左传·襄公二十六年》："逆于门者，～之而已。"（逆：迎。）❸［顑（kǎn）颔］见 222 页"顑"字。

菡 hàn ［菡萏（dàn）］荷花。《诗经·陈风·泽陂》："彼泽之陂，有蒲～～。"刘桢《公讌》诗："～～溢金塘。"（溢：满。金塘：指池塘。）

顄 hàn ❶ 下巴。《汉书·王莽传中》："莽为人侈口蹷（jué）～。"（侈：大。蹷：短。）❷［顄淡］水摇荡的样子。马融《长笛赋》："～～滂流，碓投瀺（chán）穴。"（碓投：如舂米之石碓投下，形容水冲击力之强。瀺穴：水冲入岩穴。）

暵 hàn ❶ 干枯。《诗经·王风·中谷有蓷》："中谷有蓷，～其干矣。"㉗干旱。《周礼·春官·女巫》："旱～则舞雩。"（雩：祭祀求雨。）❷ 翻晒田地。贾思勰《齐民要术·大小麦》："大小麦皆须五月六月～地。"

熯 hàn ❶ 干燥。《周易·说》："燥万物者，莫～乎火。"❷ 晒。郭璞《山海经图赞·海外西经》："十日并～，女丑以毙。"（女丑：神名。）❸ 烧。《论衡·谴告》："今～薪燃釜，火猛则汤热。"❹ rǎn 恭敬。《诗经·小雅·楚茨》："我孔～矣，式礼莫愆。"（孔：甚。愆：过失。）

撼 hàn 摇动。贾思勰《齐民要术·种枣》："收法：日日～而落之为上。"《宋史·岳飞传》："～山易，～岳家军难。"成语有"蚍蜉撼树"。㉛用言语打动人。《宋史·徐勣传》："微言～之。"（微言：隐晦的语言。）

憾 hàn ❶ 遗憾，心感不足，不满意。《论语·公冶长》："愿车马衣裘与朋友共，敝之而无～。"《左传·庄公十四年》："人又不念寡人，寡人～焉。"（人：指回国。）❷ 怨恨。《世说新语·仇隙》："孙秀既恨石崇不与绿珠，又～潘岳昔遇之不以礼。"

【辨】憾，恨，怨。"憾"和"恨"是同义词，都表示遗憾。先秦一般用"憾"，汉以后多用"恨"。"怨"和"恨"不是同义词。古代汉语中"怨"表示仇视、怀恨，"恨"不表示仇视、怀恨。只有"怨恨"连用时才有"仇恨"的意思。

翰 hàn ❶天鸡。也叫锦鸡、山鸡。《逸周书·王会》："文～者，若皋鸡。"（文：彩色的。皋鸡：一种羽毛很美丽的野鸭。）⊗羽毛。左思《吴都赋》："理翮整～，容与自玩。" ❷毛笔。曹丕《典论·论文》："古之作者，寄身于～墨，见意于篇籍。"（寄身：寄托自身。见意：表达自己的志向。篇籍：指文章。）(引)文辞。萧统《文选序》："事出于沉思，义归乎～藻。"（藻：文采。）(特)书信。宋之问《答田征君》诗："忽枉岩中～。"（忽然收到你从山中寄来的信。枉：谦辞。）❸高飞。《诗经·小雅·小宛》："宛彼鸣鸠，～飞戾天。"（宛：小。戾：至，到。）❹gàn 通"干^4[榦]"。骨干，栋梁。《诗经·小雅·桑扈》："之屏之～，百辟为宪。"（屏：屏障。辟：君。宪：法则。）

瀚 hàn ❶[瀚海]两汉六朝时指北方的一个湖泊。其地众说不一，一说即今贝加尔湖。唐代泛称从蒙古高原大沙漠以北直到今准噶尔盆地一带广大地区。《通志·匈奴》："临～～而还。" ❷[瀚瀚][浩瀚]广大的样子。《淮南子·俶真》："浩浩瀚瀚，不可隐仪揆度而通光耀者。"刘勰《文心雕龙·事类》："夫经典沈深，载籍浩瀚。"

HANG

行 háng 见468页。

迒 háng 野兽或车辆经过后留下的痕迹。许慎《说文解字叙》："见鸟兽蹏～之迹。"张衡《东京赋》："轨尘掩～，匪疾匪徐。"（轨尘：车轮轧起的尘土。掩：覆盖。）⊗小路。张衡《西京赋》："结罝(jū)百里，～杜蹊(xī)塞。"（罝：捕兽的网。杜：堵塞。蹊：小路。）

杭 háng ❶渡。《诗经·卫风·河广》："谁谓河广，一苇～之。"（河：黄河。苇：芦苇。）⊗渡船。《史记·司马相如列传》："～绝浮渚而涉流沙。"（绝：渡过。）⊗连船而成的浮桥。《水经注·浙江水》："溪广二百步，上立～以相通。" ❷kāng [杭庄]同"康庄"。宽阔平坦的大道。《管子·轻重丁》："请以令决瓁洛之水，通之～～之间。"（瓁洛：水名。）❸kàng [杭杭]高的样子。沈亚之《文祝延二阕》诗之一："闽山之～～兮，水堋堋。"

航[斻] háng ❶船。张衡《思玄赋》："譬临河而无～。"杜甫《壮游》诗："东下姑苏台，已具浮海～。" ❷船相连为桥。《晋书·五行志上》："朱雀大～缆断，三艘流入大江。"（朱雀：地名。）❸以船渡河。《后汉书·杜笃传》："造舟于渭，北～泾流。"(引)在水上行船。《宋史·张藏英传》："～海归周。"

颃(頏) háng ❶[颉(xié)颃]见464页"颉"字。❷gāng 同"亢"。咽喉。《说文·亢部》："亢，人颈也……或从页。"

沆 hàng ❶[沆漭(mǎng)]广阔无边的样子。柳宗元《行路难三首》诗之一："披霄决汉出～～。"（披霄决汉：拨开云霄，决开银河。沆漭：指无边的太空。）❷[沆瀣(xiè)] 1. 夜间的水汽。司马相如《大人赋》："呼吸～～兮餐朝霞。" 2. 比喻意气相投（后起意义）。冯桂芬《重建张忠敏公祠记》："盖有瓣香之诚，～～之契焉。"成语有"沆瀣一气"。

HAO

蒿 hāo ❶草名。即蒿子。《诗经·小雅·鹿鸣》："呦呦鹿鸣，食野之～。"[蒿莱]野草，杂草。《韩诗外传》卷一："环堵之室，茨以～～。"（茨：以草盖屋。）⊗野外，草野。陈子昂《感遇诗三十八首》之三十五："感时思报国，拔剑起～～。"[蒿里]墓地。李贺《绿章封事》诗："休令恨骨填～～。" ❷通"耗"。损耗，消耗。《国语·楚语上》："若敛民利以成其私欲，使民～焉忘其安乐而有远心，其为恶也甚矣。"柳宗元《憎王孙文》："故王孙之居山恒～然。"（王孙：猴子。）

嚆 hāo [嚆矢]会发出响声的箭。响声先于箭到达，故比喻事物的开端、先声。《庄子·在宥》："焉知曾史之不为桀跖～～也。"

薅 hāo 去掉田草。《诗经·周颂·良耜》："其镈斯赵，以～荼蓼。"（荼蓼：草名。）韩愈《平淮西碑》："大慝(tè)适去，稂(láng)莠不～。"（稂莠：危害庄稼的杂草。）

号(號) háo 见150页。

毫 háo ❶长而尖细的毛。《孟子·梁惠王上》："明足以察秋～之末。"（明：视力，眼力。）《荀子·赋》："精微乎～毛。"（和毫毛一样精微。）这个意义又写作"豪"。(喻)极细小的东西。《老子》六十四章："合抱之木，生于～末。" ❷毛笔。陆机《文赋》："或含～而邈然。"黄庭坚《病起荆江亭即事》诗："对客挥～秦少游。"（秦少游：人名。）❸长度单位。十丝为一毫，十毫为一厘。《抱朴子·道意》："有丘山之损，无～厘之益。"

嗥[嘷] háo ❶野兽吼叫。《左传·襄公十四年》："狐狸所居，豺狼所

～。”❷ 号哭。《庄子·庚桑楚》：“儿子终日～而嗌不嗄。”（嗌：咽喉，嗓子。嗄：沙哑。）

豪 háo ❶ 豪猪。《山海经·西山经》：“（鹿台之山）其兽多牸牛、羬羊、白～。”㊕长而刚硬的毛。《山海经·北山经》：“（谯明之山）有兽焉，其状如貆而赤～，其音如榴榴。”［豪猪］一种动物，肩至尾部密布长而刚硬的刺。也叫箭猪。扬雄《长杨赋》：“捕熊罴、～～。”❷ 卓越的人物，豪杰。《管子·七法》：“收天下之～杰。”㊀强横，有势力。《汉书·尹齐传》：“～恶吏伏匿，而善吏不能为治。”成语有“巧取豪夺”。㊂强横的人，豪强。《史记·酷吏列传》：“所居郡，必夷其～。”❸ 豪爽，豪迈，行为不拘常格。《史记·魏公子列传》：“平原君之游，徒～举耳，不求士也。”李白《扶风豪士歌》：“扶风～士天下奇。”（扶风：唐代郡名。奇：奇特。）❹ 豪富，奢侈。《世说新语·汰侈》：“石崇与王恺争～，并穷绮丽以饰舆服。”❺ 通“毫”。长而尖细的毛。《商君书·弱民》：“离娄见秋～之末。”（离娄：人名，相传其视力极好。秋豪：通“秋毫”，鸟兽秋天身上长的细毛。末：末梢。）

【辨】英，豪，俊，杰。见506页“英”字。

濠 háo ❶ 水名。在安徽。《庄子·秋水》：“庄子与惠子游于～梁之上。”（梁：断水捕鱼的堰。）［濠上］指自得其乐的境地。慧皎《高僧传·竺道壹》：“一吟一咏，有～～之风。”❷ 护城河。刘禹锡《浙西李大夫述梦四十韵》：“山是千重障，江为四面～。”这个意义又写作“壕”。

好 hǎo ❶ 容貌美。《战国策·赵策三》：“鬼侯有子而～。”（鬼侯：商代诸侯名。子：这里指女儿。）㊀美好，善。《诗经·周南·关雎》：“窈窕淑女，君子～逑。”（逑：配偶。）贾思勰《齐民要术·收种》：“选～穗纯色者。”❷ 友好。《诗经·卫风·木瓜》：“匪报也，永以为～也。”（匪：非，不是。）《三国志·蜀书·诸葛亮传》：“外结～孙权。”❸ hào 喜欢，喜爱。《孟子·离娄上》：“人之患在～为人师。”陶渊明《五柳先生传》：“～读书，不求甚解。”❹ hào 古代圆形有孔的钱币或玉器，孔外叫“肉”，孔内叫“好”。《汉书·食货志下》：“肉～皆有周郭。”（周郭：边壁四周。）

号（號） hào ❶ háo 大声喊叫。屈原《天问》：“妖夫曳衒，何～于市？”柳宗元《童区寄传》：“因大～，一虚皆惊。”（虚：集市。）㊂动物长鸣，大风吼叫。《史记·历书》：“时鸡三～，卒明。”杜甫《茅屋为秋风所破歌》：“八月秋高风怒～。”㊀大声哭。《庄子·养生主》：“秦失吊之，三～而出。”（秦失：人名。）李白《北上行》：“悲～绝中肠。”（绝中肠：断肠，形容悲痛到极点。）❷ 宣称，称。《史记·高祖本纪》：“沛公兵十万，～二十万。”（沛公：指刘邦。）杨衒之《洛阳伽蓝记·开善寺》：“民间～为王子坊。”❸ 号令，命令。《庄子·田子方》：“何不～于国中？”《韩非子·初见秦》：“秦之～令赏罚，地形利害，天下莫若也。”（莫若：没有一个比得上。）❹ 称号。《史记·秦始皇本纪》：“采上古帝位～，～曰‘皇帝’。”（采：采取。）㊂别号，指人名字以外的自称。陶渊明《五柳先生传》：“宅边有五柳树，因以为～焉。”（因以为号焉：就把“五柳”作为自己的别号。）

【辨】哭，号，泣，啼。见228页“哭”字。

好 hào 见150页。

昊 hào 大。常用来指天。［昊天］苍天。《诗经·小雅·节南山》：“不吊～～。”（吊：好，善。）《尚书·尧典》：“乃命羲和，钦若～～，历象日月星辰，敬授人时。”又写作“皞天”。［昊苍］［苍昊］天。班固《答宾戏》：“超忽荒而躆昊苍也。”《梁书·武帝纪上》：“上达苍昊，下及川泉。”

耗 hào ❶ 亏损，消耗。《礼记·王制》：“视年之丰～。”《汉书·刑法志》：“百姓贫～。”《后汉书·西羌传》：“摇动数州之境，日～千金之资。”❷ 消息，音信。李商隐《即日》诗：“赤岭久无～，鸿门犹合围。”（赤岭、鸿门：地名。）㊂多指坏消息。如“噩耗”。❸ máo 尽，完。《汉书·高惠高后文功臣表》：“靡有孑（jié）遗，～矣。”（没有一个遗留下来，完全灭绝了。）❹ mào 通“眊”。昏昧，糊涂。《史记·日者列传》：“官～乱不能治。”

浩 hào ❶ 大，盛大，广大。《汉书·扬雄传上》：“涣若天星之罗，～如涛水之波。”《后汉书·隗嚣传》：“则爵禄获全，有～大之福矣。”㊂多。李白《秋日登扬州西灵塔》诗：“露～梧楸（qiū）白，霜催橘柚黄。”（梧、楸：树名。）［浩浩］1. 水大的样子。《尚书·尧典》：“荡荡怀山襄陵，～～滔天。”（怀：包围。襄：上升。）又写作“灏灏”。㊀广大。《诗经·小雅·雨无正》：“～～昊天。”（昊天：苍天。）2. 心胸开阔、舒畅的样子。《孔子家语·弟子行》：“其骄大人也，常以～～，是以眉寿。”又写作“皞皞”。❷［浩汗］水势浩大的样子。《宋书·沈庆之传》：“夏水～～，河水流通。”《晋书·孙楚传》：“三江五湖～～无涯。”又写作“澔汗”。❸［浩荡］1. 水势盛大而壮阔的样子。潘岳《河阳县作诗二首》之一：

"洪流何～～。"2. 广阔远大的样子。李白《梦游天姥吟留别》："青冥～～不见底。"(青冥：指天空。) 3. 糊涂。屈原《离骚》："怨灵修之～～兮，终不察夫民心。"(灵修：指楚怀王。) ❹ 通"皓"。白。枚乘《七发》："纯驰～蜺，前后络绎。"

皓[皜] hào ❶ 明，明亮。《诗经·陈风·月出》："月出～兮。"范仲淹《岳阳楼记》："～月千里。" ❷ 白。《楚辞·大招》："朱唇～齿。"《后汉书·刘宠传》："有五六老叟，龙眉～发。"(龙：杂色，指花白。)㊟ 老翁。扬雄《解嘲》："四～采荣于南山。"(四皓：秦汉时的四个年老的隐士。采荣：取得荣誉。) ❸ 通"昊"。大。常用来指天。左思《咏史八首》诗之五："～天舒白日。"(舒：展。)

滈 hào ❶ 水名。滈水。在今陕西。❷ 通"镐"。镐京，西周初年的国都。在今陕西西安西南。《荀子·议兵》："古者汤以薄，武王以～，皆百里之地也。" ❸ [滈汗] 同"浩汗"。水势浩大的样子。郭璞《江赋》："～～六州之域。"

镐(鎬) hào 西周初年的国都，在今陕西西安西南。又写作"鄗"。

皞[皡、皥] hào ❶ 明亮。《广韵·皓韵》："皞，明也。" ❷ 通"昊"。大。[皞天]同"昊天"。苍天。《庄子·人间世》："易之者～～不宜。"(不宜：不允许。) ❸ [皞皞]同"浩浩"。心胸开阔、舒畅的样子。《孟子·尽心上》："王者之民～～如也。"

颢(顥) hào ❶ 白色的(天光或云气)。《楚辞·大招》："天白～～。"柳宗元《桂州裴中丞作訾家洲亭记》："列星下布，～气回合。"(列星：群星。回合：曲折环绕。) ❷ 通"昊"。大。《汉书·司马相如传下》："伊上古之初肇，自～穹生民。"(肇：始。)

灏(灝) hào 广大、无边无际的样子。司马相如《上林赋》："然后～溔潢漾，安翔徐回。"(灏溔、潢漾：水大的样子。)柳宗元《始得西山宴游记》："悠悠乎与～气俱，而莫得其涯。"[灏灏]同"浩浩"。水大的样子。《扬子法言·寡见》："～～之海，济，楼航之力也。"

HE

诃(訶) hē 大声呵斥。《韩非子·内储说下》："明日，王出而～之，曰：'谁溺于是？'"

【辨】呵，诃。见下"呵"字。

呵 hē ❶ 怒责，大声呵斥。《史记·田叔列传》："主家皆怪而恶之，莫敢～。"张溥《五人墓碑记》："厉声以～。"这个意义又写作"诃"。❷ 哈气使暖。《关尹子·二柱》："衣摇空得风，气～物得水。"欧阳修《诉衷情·眉意》："清晨帘幕卷轻霜，～手试梅妆。"(梅妆：古代贵族妇女的一种妆饰。)㊂[呵护]爱护，保护。李商隐《骊山有感》诗："九龙～～玉莲房。"

【辨】呵，诃。在"大声呵斥"意义上，这两个字通用。"呵"的其他意义，均不用"诃"。

欱 hē 吸啜。班固《东都赋》："吐爓生风，～野歕山。"

禾 hé 谷子。《诗经·豳风·七月》："～麻菽麦。"(菽：豆类。)㊂ 稻子(后起意义)。张舜民《打麦》诗："麦秋正急又秧～。"㊁ 庄稼。《诗经·魏风·伐檀》："不稼不穑，胡取～三百廛兮。"聂夷中《田家》诗："六月～未秀，官家已修仓。"(秀：庄稼吐穗开花。)

【辨】榖，禾，粟，黍，稷。见 135 页"谷²(榖)"字。

和 hé ❶ 音乐和谐。《老子》二章："音声相～。"㊁ 和睦，协调。《左传·襄公二十六年》："秦、晋不～久矣。"《论语·子路》："君子～而不同，小人同而不～。" ❷ 温和，暖和。陶渊明《桃花源》诗："草荣识节～，木衰知风厉。"李白《雉朝飞》诗："春天～，白日暖。"成语有"风和日丽"。㊂ 和悦。《战国策·齐策三》："齐王～其颜色。" ❸ 棺材两头的木板。《吕氏春秋·开春》："见棺之前～。" ❹ 调和。《国语·郑语》："～五味以调口……～六律以聪耳。"㊁ 掺和。杜甫《岁晏行》："今许铅锡～青铜。"㊂ 连带。杜荀鹤《山中寡妇》诗："时挑野菜～根煮，旋斫生柴带叶烧。"成语有"和盘托出"。❺ 连词。与，和。岳飞《满江红·写怀》："八千里路云～月。" ❻ 介词。连……都。秦观《阮郎归·湘天风雨破寒初》："衡阳犹有雁传书，郴(chēn)阳～雁无。"(衡阳、郴阳：地名。) ❼ 车轼上的铃。《荀子·正论》："～鸾(luán)之声。"(鸾：车铃。) ❽ hè 跟着唱。《诗经·郑风·萚兮》："叔兮伯兮，倡，予～女。"(倡：唱。)《后汉书·黄琼传》："阳春之曲，～者必寡。"(阳春之曲：古代一种高雅的歌曲。)㊁ 依照别人诗词的格律或内容写作诗词。白居易《初冬早起寄梦得》诗："诗成遣谁～，还是寄苏州。" ❾ huò 拌和。贾思勰《齐民要术·饼法》："面一石，白米七八升作粥，以白酒六七升酵中，著火上，酒鱼眼沸，绞去滓，以～面，面起可作。"

龢 hé 古“和”字。❶ 和谐，协调。《吕氏春秋·孝行》：“正六律，～五声，杂八音，养耳之道也。”❷ 和睦。《国语·周语下》：“言惠必及～。”

合 hé ❶ 闭合，合拢。与“开”相对。《战国策·燕策二》：“蚌方出曝，而鹬啄其肉，蚌～而拑其喙。”谢灵运《从斤竹涧越岭溪行》诗：“岩下云方～。”（方：刚刚。）(引)符合。《荀子·性恶》：“～于文理。”❷ 会合。《论语·宪问》：“桓公九～诸侯，不以兵车，管仲之力也。”(又)联合。《战国策·韩策三》：“齐楚～，燕赵不敢不听。”❸ 和谐，和睦。《诗经·小雅·常棣》：“妻子好～，如鼓琴瑟。”❹ 匹配，配偶。《诗经·大雅·大明》：“文王初载，天作之～。”❺ 盒子。贾思勰《齐民要术·种红蓝花栀子》：“作香粉法：唯多著丁香于粉～中，自然芬馥。”白居易《长恨歌》：“惟将旧物表深情，钿～金钗寄将去。”这个意义后来写作“盒”。❻ 两军交锋。《左传·成公二年》：“自始～，而矢贯余手及肘。”《史记·萧相国世家》：“多者百余战，少者数十～。”❼ 全，满。《后汉书·陈蕃传》：“事觉系狱，～门桎梏。”《旧唐书·陆德明传》：“～朝赏叹。”❽ 应当（后起意义）。杜甫《岁晏行》：“好恶不～长相蒙。”（长：长久。蒙：蒙骗。）❾ gě 容量单位。一升的十分之一。《汉书·律历志上》：“十～为升，十升为斗。”

纥（紇） hé ［回纥］见 167 页“回[1]［囬］”字。

龁（齕） hé 咬。《荀子·正论》：“彼乃将食其肉而～其骨也。”《韩非子·外储说右上》：“夫大臣为猛狗而～有道之士矣。”

麧［籺］ hé 糠里的粗屑。(喻)粗食。元结《漫酬贾沔州》诗：“岂欲皂枥中，争食～与藖（xián）。”（藖：未能铡碎的草茎节。）

何 hé ❶ hè 背，扛。《诗经·小雅·无羊》：“～蓑（suō）～笠（lì）。”《诗经·曹风·候人》：“～戈与祋（duì）。”（祋：一种兵器。）这个意义后来写作“荷”。❷ 疑问代词。什么。《商君书·更法》：“前世不同教，～古之法？”（何古之法：效法哪一个古代呢？）(又)怎么，为什么。《论语·公冶长》：“赐也～敢望回？”（赐：子贡，孔子弟子。回：颜回，孔子弟子。）《论语·先进》：“夫子～哂由也？”（哂：讥笑。由：仲由，孔子弟子。）［何则］相当于“为什么？这是因为……”（用于自问自答）。《荀子·宥坐》：“百仞之山，任负车登焉。～～？陵迟故也。”（仞：古代长度单位，七尺或八尺为一仞。任负车：载重的车。陵迟：山势逐渐倾斜。）［何如］怎么样。《公羊传·昭公二十五年》：“季氏为无道……吾欲弑之，～～？”（弑：古称子杀父或臣杀君为弑。）❸ 副词。多么。《汉书·东方朔传》：“受赐不待诏，～无礼也！”李白《古风五十九首》之三：“秦王扫六合，虎视～雄哉！”（六合：天地四方。虎视：像猛虎怒视一样。）［何其］多么。《左传·僖公十五年》：“二三子～～戚也！”《世说新语·言语》：“足下言～～谬也！故不相答。”［一何］多么。《史记·外戚世家》：“帝非我不得立，已而弃捐吾女，～～不自喜而倍本乎！”❹ 通“呵”。呵斥，谴责。《史记·秦始皇本纪》：“陈利兵而谁～。”

河 hé ❶ 黄河的专称。《尚书·禹贡》：“伊、洛、瀍、涧，既入于～。”《韩非子·有度》：“燕襄王以～为境。”(引)一般的河流（后起意义）。《三国志·吴书·吴主传》：“信著金石，义盖山～。”（信：信用。著金石：指被刻写在铜器和石碑上。）❷ 银河。谢朓《暂使下都夜发新林至京邑》诗：“秋～曙耿耿。”（曙：天快亮时。耿耿：微明的样子。）

荷 hé ❶ 荷花，莲。《诗经·陈风·泽陂》：“彼泽之陂，有蒲与～。”杨衒之《洛阳伽蓝记·开善寺》：“朱～出池，绿萍浮水。”❷ hè 扛，担。《列子·汤问》：“遂率子孙～担者三夫。”（夫：成年男子。）(引)承当，担任。张衡《东京赋》：“～天下之重任。”❸ kē 通“苛”。烦琐。《汉书·郦食其传》：“食其闻其将皆握齱（chuò）好～礼自用，不能听大度之言，食其乃自匿。”（握齱：同“龌龊”，器量狭隘。）

【辨】负，任，担，荷。见 121 页“负”字。

劾 hé ❶ 判罪。《史记·淮南衡山列传》：“王怒，故～庆死罪。”（庆：人名。）❷ 揭发罪状。《汉书·楚元王传》：“吏～更生铸伪黄金，系当死。”（更生：人名。）王安石《上皇帝万言书》：“为在事者所～。”（在事者：当权的人。）双音词有“弹劾”。❸ 用符咒降服鬼魅。干宝《搜神记》卷二：“能～百鬼众魅，令自缚见形。”

阂（閡） hé ❶ 阻碍，阻隔。《后汉书·隗嚣传》：“（嚣）又多设支～，帝知其终不为用，叵欲讨之。”（叵：就。）《抱朴子·博喻》：“学而不思，则疑～实繁。”双音词有“隔阂”。(引)界限。陆机《文赋》：“恢万里而无～。”（恢：扩大。）❷ 止。郭璞《山海经图赞·海外北经》：“厥形惟大，斯脚则企。跳步雀踊，踵不～地。”❸ gāi 通“陔”。台阶的层次。［九阂］九重天。《汉书·礼乐志》：

"专精厉意逝～～。"

核 hé ❶果核。《礼记·玉藻》:"食枣桃李,弗致于～。"《世说新语·俭啬》:"王戎有好李,卖之,恐人得其种,恒钻其～。"马中锡《中山狼传》:"我杏也,往年老圃种我时,费一～耳。"(老圃:老园丁。)㊞有核的果实。常"殽核"或"肴核"连用。苏轼《赤壁赋》:"肴～既尽,杯盘狼藉。"❷核心。《论衡·量知》:"文吏不学,世之教无～也。"❸核实,审查。《庄子·人间世》:"克～大至,则必有不肖之心应之。"《论衡·问孔》:"～道实义,证定是非。"(核道实义:核实道理和含义。)❹真实,实在。《汉书·司马迁传赞》:"其文直,其事～。"❺gāi 通"荄"。草根。《论衡·超奇》:"且浅意于华叶之言,无根～之深,不见大道体要,故立功者希。"

曷 hé ❶疑问代词。何,什么。《诗经·王风·扬之水》:"怀哉怀哉,～月予还归哉?"(予:我。)《汉书·王褒传》:"其得意若此,则胡禁不止,～令不行?"(胡:何。)㊀怎么,为什么。《尚书·盘庚上》:"汝～弗告朕?"(朕:我。)㊕何时。《尚书·汤誓》:"时日～丧,予及汝皆亡。"《左传·昭公元年》:"赵孟曰:'吾子其～归?'"❷岂,难道。《荀子·强国》:"～若是而可以持国乎?"(若是:如此。持:保持。)❸通"盍"。何不。《诗经·唐风·杕杜》:"中心好之,～饮食之?"(中心:心里。)❹è 通"遏"。遏止。《诗经·商颂·长发》:"如火烈烈,则莫我敢～。"

毼 hé ❶毛织的布。《新唐书·突厥传上》:"牧马之童,乘羊之隶,赍毳～邀利者,相错于路。"(赍:拿着,抱着。)❷[氀(lǘ)毼]见 264 页"氀"字。❸通"鹖"。鹖鸡,一种善斗的鸟。《后汉书·西南夷传》:"有五角羊、麝香、轻毛～鸡。"

鹖(鶡) hé 鹖鸡,一种善斗的鸟。《山海经·中山经》:"辉诸之山……其鸟多～。"(辉诸:山名。)[鹖鴠(dàn)]一种报晓的鸟。《盐铁论·利议》:"～～夜鸣,无益于明。"(无益:无用。)

蝎 hé ❶木中蛀虫。《论衡·商虫》:"桂有蠹,桑有～。"❷xiē 一种毒虫,蝎子。干宝《搜神记》卷一八:"乃握剑至昨夜应处,果得老～。"

鞨 hé ❶[靺(mò)鞨]见 287 页"靺"字。❷mò [鞨巾]古代男子束发的头巾。《列子·汤问》:"北国之人,～～而裘。"

盍[盇] hé ❶合。[盍簪]指衣冠会合。《周易·豫》:"朋～～。"后用于指朋友相聚。杜甫《杜位宅守岁》诗:"～～喧枥马,列炬散林鸦。"❷何不。《论语·公冶长》:"～各言尔志?"《史记·楚世家》:"伍奢有二子,不杀者,为楚国患,～以免其父召之,必至。"(免其父:免了他父亲的罪。召:召唤。)㊀何。《管子·戒》:"～不出从乎?"(为什么不跟从出去呢?)

阖(闔) hé ❶门扇,门板。《礼记·月令》:"是月也,耕者少舍,乃修～扇。"(是:这。少舍:稍停。)㊁门。《荀子·儒效》:"故外～不闭。"❷关闭。《左传·定公八年》:"筑者～门。"柳宗元《三戒·永某氏之鼠》:"～门撤瓦灌穴。"❸全。《汉书·武帝纪》:"今或至～郡而不荐一人。"(或:有的。至:甚至于。)❹通"合"。符合。《战国策·秦策三》:"意者臣愚而不～于王心耶?"(也许是自己愚昧而不能符合王的心意吧?)❺通"盍"。何,何不。《管子·小称》:"桓公谓鲍叔牙曰:'～不起为寡人寿乎?'"(寿:奉酒祝寿。)《庄子·天地》:"夫子～行邪?"

涸 hé 水干。《庄子·大宗师》:"泉～,鱼相与处于陆。"《韩非子·说林上》:"子独不闻～泽之蛇乎?"㊞竭,尽。《管子·牧民》:"积于不～之仓,藏于不竭之府。"

貉 hé ❶一种野兽。《列子·汤问》:"～逾汶则死矣。"(逾汶:过了汶水。)❷mò 我国古代东北部一个民族。《荀子·劝学》:"干越夷～之子,生而同声,长而异俗。"

翮 hé 羽毛中间的硬管。刘向《说苑·尊贤》:"鸿鹄高飞远翔,其所恃者六～也。"《世说新语·言语》:"有人遗其双鹤,少时翅长欲飞,支意惜之,乃铩其～。"(支:支遁,人名。铩:伤残。)㊁鸟的翅膀。曹植《送应氏》诗:"愿为比翼鸟,施～起高翔。"(比翼鸟:一起飞的鸟。施:展。翔:飞。)

覈 hé ❶核实。张衡《东京赋》:"研～是非。"(研:审。)㊞考核。仲长统《昌言·损益》:"～才蓺(yì)以叙官宜。"(蓺:艺。叙:按次序排列。)㊀研究,考索。《后汉书·张衡传》:"遂乃研～阴阳。"❷真实,确实。《后汉书·班固传论》:"迁文直而事～,固文赡而事详。"(迁:司马迁。固:班固。)㊞深刻,峻刻。《后汉书·第五伦传》:"峭～为方,非夫恺悌之士。"❸果实的核。《周礼·地官·大司徒》:"其植物宜～物。"这个意义后来写作"核"。❹麦糠中的粗屑。《史记·陈丞相世家》:"亦食糠～耳。"(糠:同"糠"。)这个意义后来写作"麧"、"籺"。

贺(賀) hè ❶奉送礼物表示庆祝。《诗经·大雅·下武》:"受天之

H

祜,四方来～。”(祜:福。)《史记·楚世家》:“宣王六年,周天子～秦献公。”㉒庆祝,庆贺。杜甫《雨》诗:“始～天休雨,还嗟地出雷。”(嗟:叹。)❷嘉奖,犒赏。《吴越春秋·夫差内传》:“故使贱臣以奉前王所藏甲二十领……以～军吏。”

喝 hè ❶恫吓,吓唬。《史记·苏秦列传》:“是故恫疑虚～,骄矜而不敢进。”❷大声喊叫,呵责。《晋书·刘毅传》:“裕厉声～之,即成卢焉。”❸yè 声音嘶哑。司马相如《子虚赋》:“榜人歌,声流～。”(榜人:船夫。)

褐 hè ❶粗布或粗布衣服。《诗经·豳风·七月》:“无衣无～,何以卒岁?”(卒岁:过完一年。)❷指贫贱的人。《左传·哀公十三年》:“旨酒一盛兮,余与～之父睨之。”❸黄黑色。白居易《三适赠道友》诗:“～绫袍厚暖。”(绫:一种丝织品。)

嗃 hè ❶[嗃嗃]严酷的样子。《周易·家人》:“家人～～。”❷xiāo 吹管的声音。《庄子·则阳》:“夫吹管也,犹有～也。”❸xiào 大声呼号。马融《长笛赋》:“铮镄(hōng)～。”(镄:大声。)[嗃嗃]嚎叫。《南齐书·五行志》:“野猪虽～～,马子空闾渠。”

赫 hè ❶火红色。《诗经·邶风·简兮》:“～如渥赭(zhě)。”(渥:浓厚。赭:红褐色。)❷显著,显赫。《荀子·天论》:“故日月不高,则光晖不～。”(晖:辉。)李白《古风五十九首》之二十四:“路逢斗鸡者,冠盖何辉～。”(冠盖:指仕宦的衣帽车盖。)❸发怒、威严的样子。《诗经·大雅·皇矣》:“王～斯怒,爰整其旅。”《晋书·挚虞传》:“皇震其威,～如雷霆。”(雷霆:暴雷。)❹[赫然]1.触目惊心的样子。《公羊传·宣公六年》:“赵盾就而视之,则～～死人也。”(就:靠近。)2.声威盛大的样子。《三国志·吴书·吕蒙传》:“陈列～～,兵人练习。”3.发怒的样子。《后汉书·张纲传》:“天子～～震怒。”

嚇 hè (又读 xià)❶怒叱声。《庄子·秋水》:“鸱得腐鼠,鹓鶵过之,仰而视之曰:‘～!’”杜甫《赤霄行》:“江中淘河～飞燕。”(淘河:鹈鹕,一种食鱼的水鸟。)❷恐吓。鲍照《芜城赋》:“饥鹰厉吻,寒鸱～雏。”❸张开。郭璞《江赋》:“或～鳃乎岩间。”

皠[**皬、翯**] hè 白。《史记·司马相如列传》:“吾乃今日睹西王母～然白首。”[皠皠]羽毛洁白的样子。何晏《景福殿赋》:“悠悠玄鱼,～～白鸟。”

壑 hè ❶蓄水的洼地。《庄子·秋水》:“擅(shàn)一～之水。”(擅:占据。)㉒坑,沟。《孟子·滕文公上》:“其亲死,则举而委之于～。”《礼记·郊特牲》:“土反其宅,水归其～。”㉒海。《庄子·天地》:“夫大～之为物也,注焉而不满,酌焉而不竭。”❷山沟,山谷。《国语·晋语八》:“溪～可盈。”(盈:充满。)㉒山中溪流。《世说新语·言语》:“千岩竞秀,万～争流。”徐弘祖《徐霞客游记·游黄山日记》:“四顾奇峰错列,众～纵横。”

HEN

痕 hén 疮伤痊愈后留下的疤。《后汉书·赵壹传》:“洗垢求其瘢(bān)～。”(瘢:疮伤的疤。)㉒痕迹,留下的迹印。刘禹锡《陋室铭》:“苔～上阶绿。”(苔:青苔。阶:台阶。)

佷 hěn 乖戾,不听从。《国语·晋语九》:“宣子曰:‘宵也～。’”(宵:人名。)

很 hěn ❶违背,不听从。《国语·吴语》:“今王将～天而伐齐。”《史记·项羽本纪》:“猛如虎,～如羊,贪如狼。”❷争讼。《礼记·曲礼上》:“～毋求胜,分毋求多。”❸通“狠”。心狠,残忍。《左传·襄公二十六年》:“大子痤美而～,合左师畏而恶之。”(大:太。合左师:人名。)【注意】“很”直到明代才有“甚”的意义。

恨 hèn ❶遗憾,不满意。《荀子·尧问》:“禄厚者民怨之,位尊者君～之。”(禄厚者:俸禄高的人。位尊者:地位尊贵的人。)《史记·魏其武安侯列传》:“侯自我得之,自我捐之,无所～。”(侯:指侯的爵位。捐:抛弃。)❷通“很”。不听从,违逆。《战国策·齐策四》:“今不听,是～秦也;听之,是～天下也。”

【辨】憾,恨,怨。见148页“憾”字。

HENG

亨 hēng ❶通达,顺利。《周易·坤》:“品物咸～。”(品:众。咸:都。)许浑《送人之任邛州》诗:“～衢(qú)自有横飞势。”(衢:大路。)成语有“官运亨通”。❷xiǎng 献。《周易·大有》:“公用～于天子。”这个意义一般写作“享”。❸pēng 煮。《诗经·豳风·七月》:“～葵及菽(shū)。”(葵:冬葵,古代的一种主要蔬菜。菽:豆类。)这个意义后来写作“烹”。

恒[**恆**] héng ❶经常,常常。《诗经·小雅·小明》:“嗟尔君子,无～安处。”(无:不要。)柳宗元《答韦中立论师道书》："庸蜀之南，～雨少日。"（庸蜀：指今四川。）成语有"持之以恒"。❷ 固定的，永久的。《孟子·梁惠王上》："无～产而有～心者，惟士为能。"柳宗元《送韦七秀才下第求益友序》："其文懿且高，其行愿以～。"㉠常规，准则。《国语·越语下》："因阴阳之～，顺天地之常。"㊕恒心。《论语·子路》："人而无～，不可以作巫医。"❸ 平常，一般。《战国策·秦策二》："甘茂贤人，非～士也。"（甘茂：人名。）❹ 恒山，在山西，五岳中的北岳。

姮 héng ［姮娥］即嫦娥。传说是月中女神。《淮南子·览冥》："譬若羿请不死之药于西王母，～～窃以奔月。"

珩 héng 佩上的横玉。《国语·楚语下》："若夫白～，先王之玩也，何宝之焉？"《宋书·乐志二》："鸣～佩，观典章。"

桁 héng ❶ 屋梁上的横木，檩子。何晏《景福殿赋》："～梧复叠，势合形离。"❷ háng 夹在犯人颈上、小腿上的刑具。用作动词。用这种刑具施刑。《隋书·刑法志》："流罪已上加杻械，死罪者～之。"❸ háng 浮桥。《晋书·成帝纪》："新作朱雀浮～。"❹ háng 量词。用于成行的东西。韦庄《灞陵道中作》诗："春桥南望水溶溶，一～晴山倒碧峰。"❺ hàng 衣架。《宋书·乐志三》："盎中无斗储，还视～上无县衣。"（县：悬。）

胻 héng 人的小腿。《史记·龟策列传》："圣人剖其心，壮士斩其～。"

横 héng ❶ 门前的栏木。《乐府诗集·子夜歌》："摛门不安～，无复相关意。"❷ 横。与"纵"相对。地理上东西为横，南北为纵。《淮南子·览冥》："纵～间之，举兵而相角。"（间：挑拨离间。）柳宗元《岭南节度飨军堂记》："～八楹（yíng），从十楹。"（楹：柱子。从：纵。）这个意义又写作"衡"。㉥成横状，横着。《墨子·备穴》："左右～行。"韦应物《滁州西涧》诗："野渡无人舟自～。"（渡：指渡口。）㊕连横。战国时齐楚六国分别与秦交好的策略。《战国策·秦策三》："破～散从，使驰说之士无所开其口。"（从：纵，合纵，六国联合抗秦的策略。）❸ 纵横错杂。《孟子·滕文公上》："洪水～流，泛滥于天下。"❹ 充溢。《礼记·祭义》："置之而塞乎天地，溥（fū）之而～乎四海。"㉠广，广阔。范仲淹《岳阳楼记》："浩浩汤汤，～无际涯。"❺ hèng 蛮横，残暴。《史记·魏其武安侯列传》："武安日益～。"❻ hèng 出乎意料地。《三国志·吴书·吴主五子传》："～遇飞祸矣。"（飞祸：意外的祸患。）

衡 héng ❶ 车辕头上套牲畜用的横木。《庄子·马蹄》："加之以～扼。"（扼：通"轭"，驾车时套在牲口脖子上的曲木。）❷ 秤杆，秤。《庄子·胠箧》："为之权～以称之，则并与权～而窃之。"《史记·五帝本纪》："同律度量～。"㉥衡量，称量。《淮南子·主术》："～之于左右，无私轻重。"❸ 楼殿周围的栏杆。《史记·袁盎晁错列传》："千金之子坐不垂堂，百金之子不骑～。"❹ 衡山，在湖南，五岳中的南岳。❺ 通"横"。横。与"纵"相对。《诗经·齐风·南山》："～从其亩。"（从：纵。亩：播种的垄。）㊕连横。《史记·苏秦列传》："故从合则楚王，～成则秦帝。"

蘅 héng ❶ 即杜蘅，一种香草。《楚辞·九思·伤时》："～芷彫兮莹嫇。"（芷：白芷，一种香草。莹嫇：光彩暗淡。）❷［蘅芜］香草名。王嘉《拾遗记·前汉上》："梦李夫人授帝～～之香。"

HONG

訇 hōng 形容声音大。李白《梦游天姥吟留别》："洞天石扇，～然中开。"

渹 hōng ❶［渹溶（huò）］波涛冲击声。周光镐《黄河赋》："莫不～～澎湃。"❷ qìng 冰凉，冷。《世说新语·排调》："时盛暑之月，丞相以腹熨弹棋局，曰：'何乃～！'"

烘 hōng ❶ 烧。《诗经·小雅·白华》："樵彼桑薪，卬～于煁（chén）。"（卬：我。煁：灶。）㉥烤。韩偓《此翁》诗："玉寒曾试几炉～。"❷ 渲染（后起意义）。范成大《春后微雪一宿而晴》诗："朝暾不与同云便，～作晴空万缕霞。"（朝暾：早晨的太阳。同云：一色之云，要下雪的征兆。）

薨 hōng ❶ 死。周代诸侯死叫作"薨"。唐代以后二品以上的官死也叫作"薨"。《左传·昭公三十二年》："鲁文公～而东门遂杀适（dí）立庶。"（东门遂：人名。适：正妻所生的儿子。）❷［薨薨］象声词。形容虫群飞声。《诗经·周南·螽斯》："螽斯羽，～～兮。"㉥形容填土声。《诗经·大雅·绵》："捄之陾陾，度之～～。"

【辨】崩，薨，卒，死，没。见 16 页"崩"字。

弘 hóng 大。《诗经·小雅·节南山》："丧乱～多。"《论衡·问孔》："世间～才大知。"（知：智。）㉥扩大，光大。《论语·卫灵公》："人能～道，非道～人。"《汉书·叙传下》："思～祖业。"

泓 hóng ❶ 水深的样子。郭璞《江赋》："极～量而海运，状滔天以淼茫。"㉠深

H

彻。《世说新语·赏誉》："入理～然，我已上人。"㊀深而广的水。杜甫《刘九法曹郑瑕丘石门宴集》诗："晚来横吹好，～下亦龙吟。"（横吹：指笛子。）❷量词。用于水。李贺《梦天》诗："一～海水杯中泻。"

红（紅） hóng ❶粉红。《论语·乡党》："～紫不以为亵服。"（亵服：平日穿的内衣。）刘勰《文心雕龙·情采》："间色屏（bǐng）于～紫。"（把粉红、紫色这些不正的颜色除掉。间色：不正的颜色。屏：除去，抛弃。）㊀大红（后起意义）。白居易《忆江南》："日出江花～胜火。"❷gōng 通"工"。指妇女纺织、刺绣等工作。《汉书·哀帝纪》："（绮绣）害女～之物，皆止。"【注意】这个意义先秦写作"工"或"功"。两汉后多作"红"。❸gōng 通"功"。丧服名。《汉书·文帝纪》："服大～十五日，小～十四日。"【辨】赤，朱，丹，绛，红。见52页"赤"字。

吰 hóng ❶[噌（chēng）吰]见47页"噌"字。❷同"宏"。大。《文选·司马相如〈难蜀父老〉》："必将崇论～议，创业垂统，为万世规。"

闳（閎） hóng ❶巷门。《左传·成公十七年》："与妇人蒙衣乘辇（niǎn）而入于～。"（辇：车。）❷宏大，宽广。《韩非子·难言》："～大广博，妙远不测。"

宏 hóng 大，广大，宏大。《尚书·康诰》："汝惟小子，乃服惟～。"柳宗元《柳浑年七十四状》："度量～大。"㊀使宏大，发扬。《颜氏家训·勉学》："汉时贤俊，皆以一经～圣人之道。"㊕声音大，洪亮。《周礼·考工记·梓人》："其声大而～。"

纮（紘） hóng ❶系于颔下的帽带。《左传·桓公二年》："衡、紞、～、綖，昭其度也。"（衡：把冠固定在发髻上的簪子。紞：冠两边挂玉石饰物的带子。綖：一种帽饰。）❷编磬成组的绳子。《仪礼·大射仪》："鼗（táo）倚于颂磬西～。"（鼗：一种长柄小鼓。）㊁绳子。班固《西都赋》："罘网连～，笼山络野。"（罘：网。）❸罗网。扬雄《羽猎赋》："遥噱乎～中。"（噱：张口吐舌，形容禽兽疲于奔命的样子。）❹维系。《淮南子·原道》："～宇宙而章三光。"（三光：指日、月、星。）[八纮]指八方极远的地方。《史记·司马相如列传》："遍览～～而观四荒兮。"❺通"宏"。广大。《淮南子·精神》："天地之道，至～以大。"

竑 hóng 量度。《周礼·考工记·轮人》："故～其辐广，以为之弱，则虽有重任，毂不折。"

耾 hóng [耾耾]形容大的声音。宋玉《风赋》："～～雷声，回穴错迕。"

浤 hóng [浤浤]形容波浪汹涌。木华《海赋》："崩云屑雨，～～汩汩（gǔgǔ）。"

硡 hóng 深，大。《汉书·司马相如传下》："必将崇论～议，创业垂统，为万世规。"

洪 hóng ❶大水。《诗经·商颂·长发》："～水芒芒，禹敷下土方。"屈原《天问》："～泉极深，何以寘（tián）之？"（洪水的渊泉很深，用什么把它填满呢？）❷大。张衡《西京赋》："～钟万钧。"（钧：三十斤。）

鸿（鴻） hóng ❶大型雁类的泛称。司马迁《报任安书》："人固有一死，或重于泰山，或轻于～毛。"❷大。《论衡·自纪》："盖贤圣之材～，故其文语与俗不通。"刘禹锡《陋室铭》："谈笑有～儒，往来无白丁。"❸通"洪"。洪水。《荀子·成相》："禹有功，抑下～。"（抑：遏止。）

黉（黌） hóng 古代学校称黉。《后汉书·仇览传》："农事既毕，乃令子弟群居，还就～学。"

讧（訌） hòng 争吵，混乱。《诗经·大雅·召旻》："蟊贼内～。"《新唐书·郭子仪传》："外阻内～。"

澒 hòng ❶[澒濛]宇宙形成以前的混沌状态。《淮南子·精神》："古未有天地之时……～～鸿洞，莫知其门。"又写作"濛澒"。❷[澒溶]形容水深广。左思《吴都赋》："～～沆瀁，莫测其深，莫究其广。"❸[澒洞（tóng）]弥漫无际的样子。贾谊《旱云赋》："运清浊之～～兮，正重沓而并起。"❹gǒng 水银。《淮南子·地形》："黄～五百岁生黄金。"

閧 hòng ❶争斗。《孟子·梁惠王下》："邹与鲁～。"❷xiàng 巷。《扬子法言·学行》："一～之市，不胜异意焉。"

HOU

侯 hóu ❶箭靶。《诗经·齐风·猗嗟》："终日射～，不出正兮。"（正：靶的中心。）❷古代五等爵位的第二等。《礼记·王制》："王者之制禄爵，公、～、伯、子、男凡五等。"（禄爵：俸禄和爵位。凡：共。）㊀秦汉以后仅次于王的爵位。《史记·陈涉世家》："王～将相宁有种乎！"（宁：难道。）㊁对士大夫的尊称。《世说新语·文学》："羊～，羊～，百口赖卿。"（羊侯：指羊孚。赖：依赖，仰仗。）❸美丽。《诗经·郑风·羔裘》："羔裘如濡，洵直且～。"❹何。表示疑问。《史记·司马相如列传》：

“君乎君乎，～不迈哉？”《扬子法言·先知》：“法无限，则庶人田～田，处～宅，食～食，服～服。”

锻(鍭) hóu ❶一种箭。《周礼·夏官·司弓矢》：“杀矢、～矢，用诸近射田猎。”❷箭头。班固《西都赋》：“尔乃期门佽飞，列刃钻～。”❸通“猴”。量词。根，用于计算羽毛。《后汉书·南蛮传》：“其民户出幏布八丈二尺，鸡羽三十～。”

篌 hóu [箜篌]见227页“箜”字。

糇[餱] hóu 干粮。《诗经·小雅·无羊》：“或负其～。”(负：背。)《左传·宣公十一年》：“具～粮，度有司。”

猴 hóu ❶量词。根，用于计算羽毛。《九章算术·粟米》：“买羽二千一百～。”❷同“锻”。一种箭。《仪礼·既夕礼》：“～矢一乘。”

后¹ hòu ❶君主，帝王。《尚书·说命上》：“惟木从绳则正，～从谏则圣。”《左传·襄公四年》：“有穷～羿(yì)。”(有穷：国名。羿：人名。)❷君王的正妻。《后汉书·郭皇后纪》：“～叔父梁，早终。”(梁：人名。)❸通“后²(後)”。时间或位置在后的。与“先”或“前”相对。《墨子·尚贤上》：“敬之誉之，然～国之良士亦将可得而众也。”(誉：称颂，赞美。)

后²(後) hòu ❶走在后面，落在后面。《论语·微子》：“子路从而～，遇丈人。”(子路：孔子弟子。)《韩非子·外储说左上》：“君不亟(jí)伐，将～齐、燕。”(亟：赶快。伐：征伐。)❷时间或位置在后的。与“先”或“前”相对。《左传·文公二年》：“先大～小，顺也。”《孙子兵法·虚实》：“前不能救～，～不能救前。”❸后代，子孙。《孟子·梁惠王上》：“始作俑者，其无～乎？”(俑：古代殉葬用的木偶或陶人。)【注意】古代汉语中“后”和“後”是两个字，意义差别很大。“君王”、“君王的妻子”两个意义都不写作“後”。而“先後”、“前後”的“後”，也很少写作“后”。现“後”简化为“后”。参见上“后¹”字。

逅 hòu [邂逅]见466页“邂”字。

厚 hòu ❶厚。与“薄”相对。《荀子·劝学》：“不临深谿，不知地之～也。”(谿：山谷。)❷重，深。《商君书·修权》：“赏～而利，刑重而威必。”杜甫《石笋行》：“政化错迕失大体，坐看倾危受～恩。”㉒看重。屈原《离骚》：“伏清白以死直兮，固前圣之所～。”(伏清白：做清白的事情。以：而。死直：指为正义的事业而死。)❸忠厚，厚道。《论语·学而》：“慎终追远，民德归～矣。”《史记·绛侯周勃世家》：“勃为人木强敦～。”(木强：性格质直倔强。)❹醇厚，味道浓。《韩非子·扬权》：“～酒肥肉。”

候 hòu ❶守望，放哨。《墨子·备穴》：“城内为高楼，以谨～望适(dí)人。”(适：仇敌，敌人。)㉒哨所。《史记·律书》：“愿且坚边设～。”(坚边：加强边防。)这个意义又写作“堠”。㉒侦察兵。《韩非子·说林上》：“子胥出走，边～得之。”❷窥伺，侦察。《吕氏春秋·贵因》：“武王使人～殷。”㊈观测。沈括《梦溪笔谈》卷七：“天文家有浑仪，测天之器，设于崇台，以～垂象者。”(崇：高。垂象：天象。)❸问候。《汉书·张禹传》：“上临～禹。”❹等候。陶渊明《归去来兮辞》：“僮仆欢迎，稚子～门。”(稚子：小孩子。)❺五天为一候。《素问·藏象论》：“五日谓之～，三～谓之气，六气谓之时，四时谓之岁。”❻征候，征兆。《晋书·天文志中》：“凡游气蔽天，日月失色，皆是风雨之～也。”(游气：指云。)【辨】俟，待，等，候。见401页“俟”字。

堠 hòu ❶瞭望敌情的土堡，哨所。陈子昂《感遇诗三十八首》之三：“亭～何摧兀(wù)。”❷记里程的土堆。柳宗元《诏追赴都回寄零陵亲故》诗：“岸傍古～应无数，次第行看别路遥。”

HU

乎 hū ❶介词。用法相当于“于”。屈原《九章·涉江》：“吾又何怨～今之人。”《荀子·劝学》：“学至～没而后止也。”(学到死那天然后停止。没：殁，死。)韩愈《答李翊书》：“志～古必遗～今。”❷语气词。用在句末表示疑问或反问。相当于现代汉语的“吗”或“呢”。《论语·卫灵公》：“君子亦有穷～？”《史记·陈涉世家》：“王侯将相宁有种～？”(宁：难道。)❸语气词。用在句末表示感叹。相当于现代汉语的“啊”、“呀”。《孟子·滕文公上》：“荡荡～，民无能名焉。”《史记·孙子吴起列传》：“美哉～，山河之固！”❹语气词。用在句中表示语气和缓或停顿。《论语·子路》：“子曰：‘苟正其身矣，于从政～何有？不能正其身，如正人何？’”❺形容词词尾。司马相如《上林赋》：“汩(yù)～混流，顺阿而下。”(汩：水势急促。混：水势盛大。阿：大山。)

呼 hū ❶吐气。与“吸”相对。《庄子·刻意》：“吹呴(xǔ)～吸，吐故纳新。”(呴：张

H

嘴出气。）❷ 呼叫，呼号。《韩非子·显学》：“慈母治之，然犹啼～不止。”杜甫《北风》诗：“三更鸟兽～。” ❸ 呼唤。《后汉书·华佗传》：“～佗视脉。”(引)称举，称道。《荀子·儒效》：“～先王以欺愚者而求衣食焉。”(引)称呼。《庄子·天道》：“昔者子～我牛也，而谓之牛。”《世说新语·方正》：“太傅醉，～王为小子。” ❹ xū 叹词。表示感叹。《礼记·檀弓上》：“曾子闻之，瞿然曰：‘～！’” ❺ hè 叹词。表示愤怒。《左传·文公元年》：“江芈怒曰：‘～，役夫！宜君王之欲杀女而立职也。’”

忽 hū ❶ 不注意，不重视。《韩非子·存韩》：“愿陛下幸察愚臣之计，无～。”（察：审察。）❷ 快速。《左传·庄公十一年》：“其亡也～焉。”(引)忽然。《晋书·谢安传》：“金鼓～破。”(引)轻捷，轻易。《荀子·强国》：“（莫邪剑）劙（lí）盘盂、刎牛马～然耳。”（劙：割。盘盂：指铜器。刎：杀。）❸ 灭亡，堙没。《诗经·大雅·皇矣》：“是伐是肆，是绝是～。”《大戴礼记·武王践阼》：“黄帝颛顼之道存乎？意亦～不可得见与？” ❹ 辽阔渺茫的样子。屈原《九歌·国殇》：“平原～兮路超远。”（超远：遥远。）［忽忽］恍惚。司马迁《报任安书》：“居则～～若有所亡。”（居：指在家时。亡：失。）❺ 古代长度单位。尺的百万分之一。《孙子算经》卷上：“十～为一丝，十丝为一毫。”

惚 hū ❶［惚恍（huǎng）］模糊不清。潘岳《西征赋》：“寥廓～～，化一气而甄三才。” ❷［恍惚］见 166 页“恍”字。

嘑 hū ❶ 同“呼”。呼叫，呼唤。《周礼·春官·御史》：“及墓，～启关陈车。”（关：墓门。）❷ hù ［嘑尔］没礼貌地喊叫别人。《孟子·告子上》：“～～而与之，行道之人弗受。”

謼 hū 呼唤，叫喊。《汉书·息夫躬传》：“躬仰天大～，因僵仆。”

幠 hū ❶ 覆盖。《仪礼·士丧礼》：“死于适（dí）室，～用敛衾。”（适室：正寝之室。）❷ 大。《诗经·小雅·巧言》：“无罪无辜，乱如此～。” ❸ 怠慢。《礼记·投壶》：“毋～毋敖。”

膴 hū ❶ 大块鱼肉。《礼记·少仪》：“羞濡鱼者进尾，冬右腴，夏右鳍，祭～。” ❷ 无骨的干肉。《周礼·天官·腊人》：“凡祭祀，共豆脯，荐脯、～、胖。” ❸ 法则。《诗经·小雅·小旻》：“民虽靡～，或哲或谋。” ❹ wǔ 盛，厚。《诗经·小雅·节南山》：“琐琐姻亚，则无～仕。”㊕土地肥美。刘禹锡《连州刺史厅壁记》：“原鲜而～，卉物柔泽。”

狐 hú ❶ 狐狸。《战国策·楚策一》：“虎求百兽而食之，得～。” ❷［狐疑］怀疑，犹豫。屈原《离骚》：“心犹豫而～～。”

弧 hú ❶ 木弓。《左传·僖公十五年》：“寇张之～。”《周易·系辞下》：“弦木为～。”［弧矢］1. 弓和箭。《周易·系辞下》：“～～之利，以威天下。” 2. 星名。《宋史·天文志》：“～～九星，在狼星东南，天弓也。”(又)用以撑开旗子的竹弓。《礼记·明堂位》：“载～韣（dú）。”（韣：盛放弓的袋子。）❷ 弯曲。《周礼·考工记·辀人》：“凡揉辀欲其孙而无～深。”（辀：车辕。孙：顺其纹理。）❸ 歪曲。东方朔《七谏·谬谏》：“邪说饰而多曲兮，正法～而不公。”（正法弧而不公：正法被歪曲，人心就背公而向私。）

胡 hú ❶ 兽颈下的垂肉。《诗经·豳风·狼跋》：“狼跋（bá）其～。”（跋：踩。）(又)颈。《汉书·金日磾传》：“日磾捽～投何罗殿下。” ❷ 疑问代词。什么。《礼记·檀弓上》：“古之人～为而死其亲乎？”(又)怎么，为什么。《诗经·魏风·伐檀》：“不稼不穑（sè），～取禾三百亿兮？”（稼：播种。穑：收获。亿：十万，指禾束的数目大。）❸ 长寿。常“胡考”、“胡耇”连用。《诗经·周颂·丝衣》：“～考之休。”（休：福。）❹ 我国古代西北部民族的统称。秦汉时多指匈奴。贾谊《过秦论》：“～人不敢南下而牧马。”(泛)外国的。杨衒之《洛阳伽蓝记·白马寺》：“～人号曰佛。”（号曰：叫作。）❺［东胡］先秦时我国东北部的一个民族，后分为乌桓、鲜卑两族。❻ 通“瑚”。古代祭器。《左传·哀公十一年》：“仲尼曰：‘～簋之事，则尝学之矣。’”

瑚 hú ❶［瑚琏］古代宗庙盛放黍稷的祭器。比喻有用的人才。《论语·公冶长》：“子贡问曰：‘赐也何如？’子曰：‘女器也。’曰：‘何器也？’曰：‘～～也。’”杜甫《赠左仆射郑国公严公武》诗：“郑公～～器，华岳金天晶。” ❷［珊（shān）瑚］见 369 页“珊”字。

糊［餬］ hú 稠粥。［糊口］食粥以维持生命。《庄子·人间世》：“挫针治繲，足以～～；鼓筴播精，足以食十人。”《晋书·王濬传》：“室如悬磬，～～江滨。”

醐 hú ［醍（tí）醐］见 418 页“醍”字。

壶（壺） hú ❶ 古代容器，腹大口小，多用来盛酒浆或粮食。《诗经·大雅·韩奕》：“清酒百～。”《孟子·梁惠王下》：“箪食～浆，以迎王师。” ❷ 古代计时器，滴水以计时。也叫壶漏。《周礼·夏官·挈壶氏》：“凡丧，县～以代哭者，皆以水火守之，分以日夜。”（县：悬。）❸ 投壶，古代宴饮时宾主投矢娱乐的器具。《礼记·投壶》：“投～之礼，主人奉矢，司射奉中，使人执～。”❹ 通“瓠”。常指瓠瓜。《诗经·豳风·七月》：“七月食瓜，八月断～。”

斛 hú ❶ 古代量器，也是容量单位。十斗为一斛，南宋末年改五斗为一斛。《庄子·胠箧》：“为之斗～以量之，则并与斗～而窃之。”《史记·李斯列传》：“平斗～度量文章，布之天下。”《三国志·魏书·武帝纪》：“是岁谷一～五十余万钱。”（是岁：这一年。）❷ 较量。扬雄《太玄·太玄棿》：“日月相～，星辰不相触。”

搰 hú ❶ 掘出。《国语·吴语》：“狐埋之而狐～之。”❷ kū ［搰搰］用力的样子。《庄子·天地》：“～～然用力甚多而见功寡。”杜甫《秋行官张望督促东渚耗稻向毕》诗：“功夫竞～～，除草置岸旁。”

鹄（鵠） hú ❶ 天鹅。《庄子·天运》：“夫～不日浴而白。”《史记·陈涉世家》：“燕雀安知鸿～之志哉！”㉑白色。《后汉书·吴良传赞》：“大仪～发，见表宪王。”（大仪：吴良字。宪王：指刘苍。）❷ gǔ 箭靶子。《礼记·射义》：“射者各射己之～。”❸ hè 通“鹤”。李商隐《圣女祠》诗：“寡～迷苍壑，羁凰怨翠梧。”［鹄卵］鹤之卵。形体大于一般鸟卵，用以比喻大材。《庄子·庚桑楚》：“越鸡不能伏～～。”《淮南子·氾论》：“蜂房不容～～，小形不足以包大体也。”

縠 hú 有绉纹的纱。《战国策·齐策四》：“王之忧国爱民，不若王爱尺～也。”《史记·滑稽列传》：“为治新缯绮～衣。”

觳 hú ❶ 同“斛”。古代量器，也是容量单位。一说一斗二升为一觳。《周礼·考工记·陶人》：“鬲（lì）实五～。”（鬲：古器皿。实：充，装。）❷ què 脚背。《仪礼·既夕礼》：“有前后裳，不辟，长及～。”❸ ［觳觫（sù）］恐惧的样子。《孟子·梁惠王上》：“吾不忍其～～。”❹ què 通“确[1]”。薄。《管子·地员》：“刚而不～。”❺ jué 通“角”。较量。《韩非子·用人》：“强弱不～力，冰炭不合形。”［觳抵］通“角抵”。摔跤。《史记·李斯列传》：“作～～优俳（pái）之观。”（优俳：演戏。观：状态，样子。）

浒（滸） hǔ 水边。《诗经·王风·葛藟》：“绵绵葛藟，在河之～。”柳宗元《送薛存义序》：“追而送之江之～。”

琥 hǔ ❶ 雕成虎形的玉器。《左传·昭公三十二年》：“赐子家子双～一环一璧。”❷ ［琥珀］矿物名。黄褐色透明的化石。可做香料及装饰品。《梁书·诸夷传》：“多大秦珍物，珊瑚、～～、金碧珠玑……”

互 hù ❶ 挂肉的架子。《周礼·地官·牛人》：“凡祭祀，共其牛牲之～。”张衡《西京赋》：“置～摆牲。”❷ 交错，交替。《文选·李陵〈答苏武书〉》：“侧耳远听，胡笳～动，牧马悲鸣。”《汉书·谷永传》：“百官盘～，亲疏相错。”《世说新语·文学》：“左太冲作《三都赋》初成，时人～有讥訾（zǐ）。”㉑互相。何晏《论语集解序》：“所见不同，～有得失。”范仲淹《岳阳楼记》：“渔歌～答。”❸ 差错。《后汉书·乐恢传》：“天地乖～，众物夭伤。”

沍［冱］ hù ❶ 冰冻，冻结。《庄子·齐物论》：“大泽焚而不能热，河汉～而不能寒。”张衡《思玄赋》：“清泉～而不流。”㉑寒冷。杜甫《西枝村寻置草堂地夜宿赞公土室》诗：“要求阳冈暖，苦涉阴岭～。”❷ 闭塞。张养浩《上都道中》诗：“穷～惟沙漠，昔闻今信然。”

枑 hù 古时设置在官府门前以阻挡行人的障碍物。也叫梐（bì）枑、行马。潘岳《藉田赋》：“封人壝（wěi）宫，掌舍设～。”（封人、掌舍：官名。壝：矮墙。）

户 hù ❶ 单扇的门。㉒门。《诗经·豳风·七月》：“塞向墐～。”（向：朝北的窗子。墐：涂。）《吕氏春秋·尽数》：“流水不腐，～枢不蝼，动也。”晁错《募民徙塞下疏》：“门～之闭。”❷ 住户。在户籍中，一家为一户。《史记·秦始皇本纪》：“徙（xǐ）天下豪富于咸阳十二万～。”❸ 洞穴。《礼记·月令》：“蛰虫咸动，启～始出。”《淮南子·天文》：“百虫蛰伏，静居闭～。”❹ 阻止。《左传·宣公十二年》：“屈荡～之。”（屈荡：人名。）❺ 酒量。白居易《久不见韩侍郎》诗：“～大嫌甜酒，才高笑小诗。”

护（護） hù ❶ 保卫，保护。《史记·萧相国世家》：“高祖为布衣时，何数以吏事～高祖。”（布衣：百姓，平民。）㉒爱护。《汉书·张良传》：“烦公幸卒调～太子。”❷ 庇护，袒护。曹丕《与吴质书》：“观古今文人，类不～细行。”《抱朴子·勤求》：“又多～短匿愚，耻于不知。”❸ 统辖，统率。《史记·陈丞相世家》：“今日大王尊官之，令～军。”❹ 监视，监督。《史记·留侯世家》：“上虽病，强载辎车中，卧而～之，诸将不敢不尽力。”❺ 占据。《宋书·羊玄保传》：“占山～泽，强盗律论。”

扈 hù ❶ 止，制止。《左传·昭公十七年》：“～民无淫者也。”（无淫：使之不要邪

H

恶。）❷ 披。屈原《离骚》："～江离与辟芷兮。"（江离：香草名。辟：幽静。芷：香草名，即白芷。）❸ 一种鸟。《诗经·小雅·小宛》："交交桑～。"（交交：鸟叫的声音。）❹［扈从］皇帝出巡时的侍从、护卫人员。司马相如《上林赋》："～～横行。"❺ 养马人。《公羊传·宣公十二年》："厮役～养死者数百人。"❻［扈扈］广大，宽阔。《礼记·檀弓上》："尔毋从从尔，尔毋～～尔。"（从从：高的样子。）❼ 古国名。在今陕西西安鄠邑区。《左传·昭公元年》："夏有观～。"

鳸 hù 与农桑关系密切的候鸟。《通志·昆虫草木二》："～之类多，皆雀属也。"㊂农官名。《左传·昭公十七年》："九～为九农正。"

H

岵 hù 有草木的山。《诗经·魏风·陟岵》："陟彼～兮，瞻望父兮。"

怙 hù 依仗，凭借。《诗经·小雅·蓼莪》："无父何～？无母何恃？"柳宗元《封建论》："～势作威。"（势：权势。）双音词有"怙恃"。成语有"怙恶不悛（quān）"。㊕父亲。白居易《祭乌江十五兄文》："孩失其～，幼丧所亲。"（孩：婴儿。）

祜 hù 福。《诗经·周颂·载见》："永言保之，思皇多～。"何晏《景福殿赋》："其～伊何？"（伊：语气词。）

笏 hù 古代朝见时大臣所执的手板，用以记事。《礼记·玉藻》："凡有指画于君前，用～。"柳宗元《答韦中立论师道书》："荐～言于卿士。"（荐：插。）

瓠 hù ❶ 蔬果名。长条状的今称瓠瓜，短颈大腹的今称葫芦。《庄子·逍遥游》："魏王贻我大～之种，……剖之以为瓢。"《韩非子·外储说左上》："夫～所贵者，谓其可以盛也。"❷ hú 瓦壶。贾谊《吊屈原赋》："斡弃周鼎宝康～兮。"（康：空。）

嫭［嫮］ hù ❶ 貌美。《楚辞·大招》："朱唇皓齿，～以姱只。"（姱：美好。）㊀貌美的人，美女。《汉书·扬雄传上》："知众～之嫉妒兮，何必飏累之蛾眉？"❷ 夸耀。《汉书·韩安国传》："车旗皆帝所赐，即以～鄙小县，驱驰国中，欲夸诸侯。"

頀 hù 商汤时的一种音乐。董仲舒《春秋繁露·楚庄王》："汤之时，民乐其救之于患害也，故《～》。～者，救也。"

HUA

砉 huā 见 471 页。

划¹ huá 拨水前进。张镃《崇德道中》诗："破艇争～忽罢喧，野童村女闯篱边。"参见 161 页"划²（劃）"字。

华（華） huá ❶ huā 花。《诗经·周南·桃夭》："灼灼其～。"（灼灼：鲜艳的样子。）［华发］花白头发。辛弃疾《清平乐·独宿博山王氏庵》："平生塞北江南，归来～～苍颜。"（苍颜：苍老的脸色。）㊂开花。《淮南子·时则》："桃李始～。"成语有"华而不实"。❷ huā 从当中剖开。《礼记·曲礼上》："为国君（削瓜）者～之。"❸ 华丽，美丽。《史记·滑稽列传》："衣以文绣，置之～屋之下。"㊀精华，精美的东西。王勃《滕王阁序》："物～天宝。"㊂文才。刘勰《文心雕龙·程器》："昔庾元规才～清英。"（庾元规：人名。）❹ 浮华。《后汉书·王符传》："是以朋党用私，背实趋～。"❺ 光彩。《淮南子·地形》："末有十日，其～照下地。"（末：树梢。十日：十个太阳。）㊀显贵，显耀。《潜夫论·论荣》："所谓贤人君子者，非必高位厚禄，富贵荣～之谓也。"❻ 搽脸的粉。曹植《洛神赋》："芳泽无加，铅～弗御。"❼ 汉族的古称。《左传·襄公十四年》："我诸戎饮食衣服不与～同。"（戎：民族名。）［华夏］1. 汉族的古称。《尚书·武成》："～～蛮貊（mò），罔不率俾。"（俾：服从。）2. 古代称我国中原地区。《三国志·蜀书·关羽传》："羽威震～～。"❽ huà 华山，在陕西，五岳中的西岳。❾ huà 姓。

哗（嘩）［譁］ huá 喧哗，声大而杂乱。《孙子兵法·军争》："以静待～。"《史记·秦本纪》："听无～，余誓告汝。"（无：不要。）宗泽《早发》诗："眼中形势胸中策，缓步徐行静不～。"（策：策略，谋略。）㊀言辞浮夸。《韩诗外传》卷三："夫慎于言者不～，慎于行者不伐。"成语有"哗众取宠"（用浮夸的言辞博取众人的喜爱）。

骅（驊） huá ［骅骝］良马。《庄子·秋水》："骐骥～～一日而驰千里。"《汉书·扬雄传上》："骋～～以曲艰兮。"（曲艰：曲折险阻之地。）

猾 huá ❶ 扰乱。《尚书·舜典》："蛮夷～夏，寇贼奸宄（guǐ）。"（夏：古代称我国中原地区。奸宄：违法作乱。）《国语·晋语二》："君若求置晋君以成名于天下，则不如置不仁以～其中，且可以进退。"❷ 狡诈，狡猾。《左传·昭公二十六年》："奖顺天法，无助狡～。"《史记·高祖本纪》："项羽为人僄（piào）悍～贼。"（僄悍猾贼：轻捷勇悍，狡猾凶狠。）

滑 huá ❶ 滑溜，光滑，不粗涩。《周礼·考工记·鲍人》："进而握之，欲其柔而～也。"《三国志·魏书·王肃传》："加之以霖雨，山坂峻～。"（霖雨：久雨，连绵大雨。山坂：山坡。）❷ gǔ ［滑稽］古代一种盛酒的器具，能不断地往外流酒。扬雄《酒箴》："鸱（chī）夷～～，腹如大壶。尽日盛酒，人复借酤。"（鸱夷：皮袋。）⑩能言善辩，语言流畅。《史记·滑稽列传》："～～多辩，数使诸侯未尝屈辱。"（使：出使。）❸ 通"猾"。狡猾。《史记·酷吏列传》："～贼任威。"（任：放任。）❹ gǔ 通"汩"。弄乱，扰乱。《淮南子·齐俗》："～乱万民。"

化 huà ❶ 变化，改变。《庄子·逍遥游》："北冥有鱼，其名为鲲……～而为鸟，其名为鹏。"㉄消除。《韩非子·五蠹》："钻燧取火以～腥臊。"❷ 造化，大自然的功能。《素问·五常政大论》："～不可代，时不可违。"❸ 教化，用教育感化的方法改变人心风俗。《礼记·学记》："君子如欲～民成俗，其必由学乎？"《论衡·佚文》："无益于国，无补于～。"㉂风俗，风气。《汉书·叙传下》："败俗伤～。"❹ 表示死的一种委婉说法。陶渊明《自祭文》："余今斯～，可以无恨。"（余：我。斯：语气词。）

划²（劃） huà ❶ huá 割开，分开。孟浩然《行出东山望汉川》诗："万壑归于汉，千峰～彼苍。"❷ 划分。《颜氏家训·归心》："九州未～，列国未分。"❸ 忽然（后起意义）。韩愈《调张籍》诗："垠崖～崩豁，乾坤摆雷硠。"❹ ［划然］1. 忽然，突然。韩愈《听颖师弹琴》诗："～～变轩昂，勇士赴敌场。"2. 象声词。形容声响。苏轼《后赤壁赋》："～～长啸，草木震动，山鸣谷应，风起水涌。"【注意】古代汉语中"划"和"劃"是两个字，意义各不相同。"割开"、"分开"的意义不写作"划"。现"劃"简化为"划"。参见160页"划¹"字。

画（畫） huà ❶ 划分，划分界线。《孙子兵法·虚实》："虽～地而守之，敌不得与我战。"㉄划地为限，停止。《论语·雍也》："力不足者，中道而废，今女～。"这个意义后来写作"劃"，现简化为"划"。❷ 绘画。《战国策·齐策二》："请～地为蛇，先成者饮酒。"《韩非子·十过》："墨染其外，而朱～其内。"㉂图画。《世说新语·巧艺》："顾长康～，有苍生来所无。"《东坡题跋·书摩诘蓝关烟雨图》："味摩诘之诗，诗中有～；观摩诘之～，～中有诗。"❸ 汉字的一笔叫一画。王羲之《题卫夫人笔阵图后》："每作一横～，如列阵之排云。"❹ 谋划，筹划。《左传·哀公二十六年》："君请六子～。"㉂计策。《史记·太史公自序》："为国家树长～。"柳宗元《封建论》："谋臣献～。"❺ 署名，画押（后起意义）。《陈书·世祖沈皇后传》："仍自草敕请～，以师知付廷尉治罪。"（师知：人名。）

婳（嫿） huà ［姽（guǐ）婳］见143页"姽"字。

樗［摦］ huà 宽，洪大。《左传·昭公二十一年》："而钟，音之器也……小者不窕（tiǎo），大者不～，则和于物。"（窕：细微而不饱满。）《汉书·五行志下之上》引《左传》作"摦"。

HUAI

怀（懷） huái ❶ 胸前。《论语·阳货》："子生三年，然后免于父母之～。"❷ 揣着，怀抱。《史记·屈原贾生列传》："于是～石遂自投汨罗以死。"（汨罗：汨罗江。）㉂怀（胎）。《论衡·奇怪》："母之～子，犹土之育物也。"（犹：如同。）❸ 心里包藏着某种思想感情。《战国策·魏策四》："～怒未发。"㉄心意，心情，情绪。《史记·高祖本纪》："慷慨伤～，泣数行下。"（慷慨：情绪激昂。泣：眼泪。）成语有"正中下怀"。❹ 包围。《尚书·尧典》："荡荡～山襄陵，浩浩滔天。"（襄陵：冲上高处。）❺ 想念，怀念。《诗经·周南·卷耳》："嗟我～人，寘彼周行。"（寘：安置。周行：大路。）曹操《苦寒行》："远行多所～。"㉄留恋，爱惜。《管子·立政》："民不～其产，国之危也。"曹植《白马篇》："弃身锋刃端，性命安可～。"❻（人心）归向。《尚书·大禹谟》："黎民～之。"（黎民：百姓。）❼ 安抚。贾谊《论积贮疏》："～敌附远。"（附远：使远方归附。）［怀柔］用政治手段笼络人心，使归附自己。《左传·僖公二十四年》："其～～天下也，犹惧有外侮。"❽ 馈赠，赠送。《诗经·桧风·匪风》："谁将西归，～之好音。"

徊 huái ［徘徊］见306页"徘"字。

踝 huái ❶ 踝骨及踝关节。杨衒之《洛阳伽蓝记·开善寺》："唯融与陈留侯李崇负绢过任，蹶倒伤～。"❷ 脚跟。《礼记·深衣》："负绳及～以应直。"（负绳：指衣和裳的背缝。）

坏¹（壞） huài ❶ 倒塌。《商君书·修权》："蠹（dù）众而木折，隙大而墙～。"（蠹众：蛀虫多。隙：缝。）㉄毁坏，拆毁。《论衡·佚文》："恭王～孔子宅以为宫。"❷ 衰败。《论语·阳货》："君子三年不为礼，礼必～。"贾谊《新书·大政上》："国以民为兴～。"（国家以民为兴亡的依据。）❸ 战败。《三国志·吴书·周瑜传》注引《江表传》："北军大～，曹公退走。"❹ 变质。贾思勰《齐民要术·养羊》："作干酪法……又曝使干，得经数年不～，以供远行。"【注意】古代汉语中"坏（pī）"和"壞"是两个字，意义各不相同。上述义项都不写作"坏"。现"壞"简化为"坏"。

HUAN

欢（歡）［懽］ huān ❶ 喜悦，高兴。《孟子·梁惠王上》："文王以民力为台为沼，而民～乐之。"《汉书·高帝纪下》："沛父老诸母故人日乐饮极～。"（沛：地名。）这个意义又写作"驩"、"讙"。(引) 交好。《战国策·秦策二》："吾欲伐齐，齐楚方～。"❷ 古乐府中常用作相爱男女的互称。乐府诗《莫愁乐》："闻～下扬州，相送楚山头。"陆龟蒙《子夜变歌》三首之一："人传～负情，我自未尝见。"

嚾 huān 大声呼叫。《抱朴子·酒诫》："仰～天堕，俯呼地陷。"［嚾嚾］喧哗叫嚷。《荀子·非十二子》："世俗之沟犹瞀（mào）儒，～～然不知其所非也。"（沟犹瞀儒：愚昧无知。）［嚾呼］呼叫。《全唐诗·汴州人歌》："阒道～～，公来之初。"

讙 huān ❶ 喧哗。《墨子·号令》："救火者无敢～哗。"《史记·陈丞相世家》："（汉王）乃拜平为都尉……诸将尽～。"❷ 通"欢"。喜悦，高兴。贾谊《过秦论》："四海之内，皆～然各自安乐其处。"

驩 huān ❶ 喜悦，高兴。《左传·昭公五年》："君若～焉好逆使臣，滋敝邑休殆，而忘其死，亡无日矣。"《孟子·尽心上》："霸者之民，～虞如也。"（虞：通"娱"，快乐。）(引) 交好。《左传·昭公四年》："寡人愿结～于二三君。"上述义项又写作"欢"。❷［驩兜］传说中的古代部族首领。《尚书·舜典》："流共工于幽洲，放～～于崇山。"

还（還） huán ❶ 返回。《左传·文公十四年》："使贼杀子孔，不克而～。"（子孔：人名。）李白《蜀道难》诗："问君西游何时～。"(引) 恢复，复原。《汉书·史丹传》："（上）谓丹曰：'吾病寖加，恐不能自～。'"❷ 交还，归还。《史记·滑稽列传》："诸侯振惊，皆～齐侵地。"（齐：齐国。）《世说新语·巧艺》："作书与母取剑，仍窃去不～。"（仍：于是。）㊕交纳。杜甫《岁晏行》："割慈忍爱～租庸。"（庸：抵偿劳役的布帛。）❸ xuán 旋转。《庄子·庚桑楚》："寻常之沟，巨鱼无所～其体。"（八尺为寻，十六尺为常。）❹ xuán 轻快敏捷的样子。《诗经·齐风·还》："子之～兮，遭我乎峱（náo）之间兮。"（子：您。峱：齐国山名。）❺ 仍然（后起意义）。柳宗元《田家三首》诗之一："子孙日已长，世世～复然。"（还复然：仍然是原来的样子。）(又)更，更加。《后汉书·邓皇后纪》："故天下复平，岁～丰穰。"(又)却，反而。《汉书·刑法志》："穷武极诈，士民不附，卒隶之徒，～为敌仇。"❻ 通"环"。环绕。《战国策·燕策三》："荆轲逐秦王，秦王～柱而走。"（走：跑。）《汉书·食货志上》："～庐树桑。"（庐：房舍。树：种。）

环（環） huán ❶ 玉圈。《左传·昭公十六年》："宣子有～。"（宣子：人名。）(泛)环形之物。曹植《美女篇》："皓腕约金～。"［环玦（jué）］指官员的内召和外贬。古人常以环暗示回还、复好，以玦（有缺口的玉环）暗示决绝。刘禹锡《望赋》："俟（sì）～～兮思帝乡。"（俟环玦：等待着朝廷内召或外贬的决定。帝乡：京都。）❷ 围绕。《孟子·公孙丑下》："～而攻之而不胜。"《史记·刺客列传》："秦王～柱而走。"❸ 遍，周遍。韩愈《进学解》："昔者孟轲好辩，孔道以明，辙～天下。"❹ 正方形。《仪礼·士丧礼》："布巾～幅，不凿。"

圜 huán ❶ 围绕。《列子·说符》："～流九十里。"❷ yuán 牢狱。《周礼·秋官·司寇》："司～中士六人。"❸ yuán 指钱币。《汉书·食货志下》："太公为周立九府～法。"（九府：管理钱币的机构。）❹ yuán 通"圆"。圆形。《墨子·经上》："～，一中同长也。"（圆是一个圆心，同样长的半径。）(引) 天。屈原《天问》："～则九重，孰营度之？"（孰：谁。营度：营谋，设计。）

澴 huán ❶ 水流回旋涌起的样子。郦道元《水经注·河水四》："激石云洄，～波怒溢。"❷ 水名。澴水。在今湖北。

寰 huán ❶ 靠近国都的地方。《穀梁传·隐公元年》："～内诸侯，非有天子之命，不得出会诸侯。"❷ 广大的地域。魏征《十渐不克终疏》："道洽～中，威加海外。"（洽：周遍。）双音词有"寰宇"。❸ 通"环"。围绕。柳宗元《岭南节度飨军堂记》："～观于远迩，礼成乐遍，以叙而贺。"(引) 居住。韩愈《题炭谷湫祠堂》诗："万生都阳明，幽暗鬼所～。"

嬛 huán ❶[嫏(láng)嬛]见 238 页“嫏”字。❷ qióng [嬛嬛]孤独无依的样子。《诗经·周颂·闵予小子》:“遭家不造,~~在疚。”(疚:病。) ❸ yuān [嬛嬛]柔美的样子。《史记·司马相如列传》:“柔桡~~,妩媚姌袅。”

缳(繯) huán ❶捕捉野兽的绳套。《吕氏春秋·上农》:“然后制四时之禁,山不敢伐材下木……~网罝罦不敢出于门。”(罝:捕兽的网。罦:捕鸟的网。) ❷绳套,绞索。《后汉书·吴祐传》:“因投~而死。”❸旗上的系结。扬雄《羽猎赋》:“青云为纷,红蜺为~。”❹缠绕,包络。马融《广成颂》:“揫(jiū)敛九薮之动物,~橐四野之飞征。”

镮(鐶) huán 同“环”。圆形有孔可贯穿的东西。如耳镮,刀镮。《战国策·齐策五》:“矛戟折,~弦绝。”李贺《公莫舞歌》:“大旗五丈撞双~。”

阛 huán 围绕市区的墙。张衡《西京赋》:“尔乃廓开九市,通~带阓(huì)。”(阓:市区的门。)[阛阓]市区。左思《蜀都赋》:“~~之里,伎巧之家。”

鬟 huán ❶古代妇女梳的一种环形发髻。刘禹锡《同乐天和微之深春二十首》之十六:“双~梳顶髻。”《宋书·五行志一》:“民间妇人结发者,三分发,抽其~直向上,谓之‘飞天紒’。”❷婢女。梅尧臣《听文都知吹箫》诗:“欲买小~试教之。”

垸 huán ❶转动。《淮南子·时则》:“规之为度也,转而不复,员而不~。”(员:圆。) ❷通“丸(wán)”。泥丸,弹丸。《列子·黄帝》:“累~二而不坠。”❸通“锾”。古代重量单位。《周礼·考工记·冶氏》:“冶氏为杀矢,刃长寸,围寸,铤十之,重三~。”

桓 huán ❶古代立在驿站、官署等建筑物旁做标志的木柱,后称华表。《汉书·尹赏传》:“瘗(yì)寺门~东。”(瘗:掩埋尸体。寺:官署。) ❷盘桓。《庄子·应帝王》:“鲵~之审为渊。”(审:水深处。) ❸忧。《逸周书·祭公》:“祭公拜手稽首曰:‘允乃诏,毕~于黎民般。’”❹[桓桓]威武的样子。《诗经·鲁颂·泮水》:“~~于征,狄彼东南。”杜甫《北征》诗:“~~陈将军,仗钺奋忠烈。”

貆 huán ❶小貉。《诗经·魏风·伐檀》:“不狩不猎,胡瞻尔庭有县~兮?”(县:悬。) ❷通“獂”。豪猪。《山海经·北山经》:“(谯明之山)有兽焉,其状如~而赤豪。”❸ huān 通“貛”。貛子,猪貛。《周礼·地官·草人》:“渴泽用鹿,鹹潟用~。”

萑 huán ❶芦类植物。《诗经·豳风·七月》:“七月流火,八月~苇。”《汉书·晁错传》:“~苇竹萧。”(萧:艾蒿。) ❷[萑苻(fú)]古代湖泽名。《左传·昭公二十年》:“郑国多盗,取人于~~之泽。”❸ tuī 通“蓷”。益母草。

锾(鍰) huán ❶古代重量单位。《尚书·吕刑》:“墨辟疑赦,其罚百~。”❷通“环”。环形之物。《汉书·外戚传下》:“仓琅根,宫门铜~也。”㉑钱币。段成式《酉阳杂俎》续集卷八“支动”:“贩药人徐仲,以五~获之。”

獂[豲、貆] huán 豪猪。《逸周书·周祝》:“故狐有牙而不敢以噬,~有爪而不敢以撅。”

缓(緩) huǎn ❶宽,松。《汉书·贾山传》:“平狱~刑,天下莫不说喜。”(说:悦。)《古诗十九首·行行重行行》:“相去日已远,衣带日已~。”❷慢,迟缓。与“急”相对。《孟子·滕文公上》:“民事不可~也。”李白《嘲鲁儒》诗:“~步从直道,未行先起尘。”❸怠慢。《墨子·亲士》:“~贤忘士而能以其国存者,未曾有也。”

【辨】徐,缓,慢。见 472 页“徐”字。

幻 huàn ❶欺诈,惑乱。《尚书·无逸》:“民无或胥譸张为~。”(百姓没有相欺诳骗的惑乱。)《六韬·文韬》:“不祥之言,~惑良民。”❷变化。《列子·周穆王》:“因形移易者谓之化,谓之~。”张衡《西京赋》:“奇~倏忽,易貌分形,吞刀吐火,云雾杳冥。”❸虚幻。《列子·周穆王》:“有生之气,有形之状,尽~也。”白居易《对酒》诗:“~世如泡影,浮生抵眼花。”

奂 huàn ❶众多,盛大。《礼记·檀弓下》:“美哉轮焉!美哉~焉!”(轮:高大。)成语有“美轮美奂”。[伴(pàn)奂]广大而有文采。《诗经·大雅·卷阿》:“~~尔游矣,优游尔休矣。”❷[奂奂]华丽,光辉鲜明。丘光庭《补新宫》诗:“~~新宫,礼乐其融。”

涣 huàn ❶离散,散开。《老子》十五章:“~兮若冰之将释。”柳宗元《愚溪对》:“西海有水,散~而无力,不能负芥。”(负:指浮起。芥:小草。)成语有“涣然冰释”。❷[涣涣]水流盛大的样子。《诗经·郑风·溱洧》:“溱(zhēn)与洧(wěi)方~~兮。”(溱、洧:水名。) ❸通“焕”。鲜明。《淮南子·说山》:“夫玉润泽而有光,其声舒扬,~乎其有似也。”

H

焕 huàn 鲜明，光亮。《论语·泰伯》："～乎其有文章。"班固《西都赋》："～若列宿。"（宿：星宿。）成语有"焕然一新"。

宦 huàn ❶ 贵族的奴仆。《国语·越语上》："卑事夫差，～士三百人于吴。"（卑下地侍奉吴王夫差，送三百人给吴国做奴仆。）《韩非子·喻老》："越王入～于吴。" ❷ 外出游历学为官事。《左传·宣公二年》："～三年矣，未知母之存否。"㊀做官。《世说新语·赏誉》："年二十八始～。" ❸ 宦官，太监。《三国志·蜀书·后主传》："～人黄皓（hào）始专政。"（专政：掌握政权。）

浣［澣］ huàn ❶ 洗涤。《公羊传·庄公三十一年》："临民之所漱～也。"《史记·扁鹊仓公列传》："湔（jiān）～肠胃，漱涤五藏（zàng）。"（湔：洗。藏：脏器。）㊀消除，排遣。马戴《岐阳逢曲阳故人话旧》诗："积愁何计遣，满酌～相思。" ❷ 唐代规定官吏每十天休息沐浴一次叫浣。李白《朝下过卢郎中叙旧游》诗："复此休～时，闲为畴昔言。"（畴昔：过去。）㊀每月上旬、中旬、下旬为上浣、中浣、下浣。

睆 huàn ❶ 浑圆的样子。《诗经·小雅·杕杜》："有杕之杜，有～其实。" ❷ 明亮的样子。《诗经·小雅·大东》："～彼牵牛，不以服箱。" ❸ 华美。刘禹锡《汴州郑门新亭记》："帘炉茵帟，文椸（yí）～榻。"（椸：衣架。） ❹ 同"睅（hàn）"。眼睛瞪大突出。东方虬《蟾蜍赋》："～目锐头皤（pó）腹。"（皤腹：大肚子。）

患 huàn ❶ 担忧，忧虑。《论语·学而》："不～人之不己知，～不知人也。"《商君书·错法》："地诚任，不～无财。"（地诚任：土地真正被利用。）㊀不满意。《新唐书·敬播传》："玄龄～颜师古注《汉书》文繁，令掇其要为四十篇。" ❷ 忧患，灾祸。《韩非子·内储说下》："苟成其私利，不顾国～。"（苟：如果。）《诗经·周颂·小毖》："予其惩而毖后～。"成语有"有备无患"。㊀缺点，毛病。《孟子·离娄上》："人之～在好为人师。"㊀疾病。《太平广记》卷一〇三"尼修行"："儿小时染～，遂杀一螃蟹，取汁涂疮得差。"㊂得……病。《晋书·桓石虔传》："时有～疟疾者。"

漶 huàn ［漫漶］模糊不可辨别的样子。韩愈《新修滕王阁记》："盖瓦级砖之破缺者，赤白之～～不鲜者，治之则已。"

逭 huàn ❶ 逃避。《尚书·太甲中》："天作孽，犹可违；自作孽，不可～。"《新唐书·张说传》："后～暑三阳宫，汔（qì）秋未还。"（汔：终。） ❷ 饶恕，免除（后起意义）。沈德符《万历野获编》卷二二："愿夺官以～其罪，如郭子仪之雪李白。"

豢 huàn ❶ 喂养，饲养。《礼记·乐记》："夫～豕为酒，非以为祸也。"（豕：猪。）双音词有"豢养"。㊀以草和谷料喂养的牲畜。曹植《七启》："玄熊素肤，肥～脓肌。"［刍豢］见56页"刍"字。㊀以利引诱、收买。《左传·哀公十一年》："是～吴也夫。" ❷ 贪图。岳珂《桯史·张元吴昊》："边帅～安，皆莫之知。"

擐 huàn ❶ 穿戴。《左传·成公二年》："～甲执兵，固即死也。"《后汉书·蔡邕传下》："～甲扬锋。"（锋：指兵器。） ❷ juǎn 系，拴。《乐府诗集·横吹曲辞五·折杨柳歌辞》："出入～郎臂，蹀座郎膝边。" ❸ xuān 通"揎"。捋起。《礼记·王制》郑玄注："～衣出其臂胫。"

轘 huàn ❶ 古代的一种酷刑，用车马分裂人的肢体。《左传·桓公十八年》："齐人杀子亹而～高渠弥。"刘熙《释名·释丧制》："车裂曰～，～散也，肢体分散也。" ❷ huán ［轘辕］1. 山名。在今河南。《史记·高祖本纪》："因张良遂略韩地～～。" 2. 险要的路。《管子·地图》："凡兵主者，必先审知地图～～之险。"

HUANG

肓 huāng 心脏和膈膜之间。［膏肓］见127页"膏"字。

荒 huāng ❶ 荒芜。《庄子·渔父》："故田～室露，衣食不足。"㊂荒地。聂夷中《田家》诗："父耕原上田，子斸（zhú）山下～。"（斸：刨，挖。）㊀荒废。《荀子·王霸》："主好要则百事详，主好详则百事～。"（君主善于提纲挈领，百事都可以处理得好，如果抓不住要领则百事都要荒废。） ❷ 荒年，年成不好。《后汉书·鲍永传》："时岁多～灾，唯南阳丰穰。"（丰穰：丰收。）《旧唐书·黄巢传》："乾符中，仍岁凶～。"（乾符：年号。仍岁：连年。） ❸ 远方。《三国志·魏书·陈留王奂传》："乞赐褒奖，以慰边～。"柳宗元《登柳州城楼寄漳汀封连四州》诗："城上高楼接大～。"［荒服］边远地区。《论衡·恢国》："唐虞国界，吴为～～。"（吴：吴国。）［八荒］八方。贾谊《过秦论》："有席卷天下、包举宇内、囊括四海之意，并吞～～之心。"［荒唐］广大，漫无边际。《庄子·天下》："以谬悠之说～～之言。"［荒忽］1. 隐约不清的样子。

屈原《九歌·湘夫人》:“~~兮远望。”2.神志不定的样子。《后汉书·王衍传》:“衍后病~~。”❹逸乐过度,放纵。《诗经·大雅·抑》:“颠覆厥德,~湛(dān)于酒。”(湛:沉溺。)《史记·吴太伯世家》:“乐而不~。”❺掩盖,覆盖。《诗经·周南·樛木》:“南有樛木,葛藟~之。”㊀占有。《诗经·周颂·天作》:“天作高山,大王~之。”❻通“肓”。膏肓。《史记·扁鹊仓公列传》:“搦髓脑,揲~爪幕。”

皇 huáng ❶大。《诗经·大雅·文王有声》:“~王维辟。”(辟:君主。)㊀美好。《诗经·大雅·文王》:“思~多士,生此王国。”㊁对已故长辈的尊称。如“皇考”、“皇祖”。❷[皇皇]1.美盛鲜明的样子。《诗经·小雅·皇皇者华》:“~~者华。”(华:花。)2.心神不安的样子。《礼记·檀弓下》:“~~焉,如有求而弗得。”3.匆匆忙忙的样子。《楚辞·九叹·怨思》:“征夫~~,其孰依兮。”上述2、3又写作“遑遑”。❸传说中远古的帝王。《庄子·天运》:“余语女三~五帝之治天下。”(语:告诉。)[皇帝]封建社会的最高统治者。《史记·秦始皇本纪》:“朕为始~~。”(朕:皇帝的自称。)后来“皇帝”也简称“皇”或“帝”。❹传说中的雌凤。屈原《九章·涉江》:“鸾(luán)鸟凤~,日以远兮。”(鸾鸟:类似凤凰的鸟。)这个意义后来写作“凰”。参见114页“凤”字。❺毛色黄白相杂的马。《诗经·鲁颂·駉》:“薄言駉者,有驈有~。”(驈:身黑股白的马。)❻通“遑”。闲暇,闲空。《左传·昭公三十二年》:“不~启处,于今十年。”(不皇启处:没有闲空安居。启处:指安居。)❼通“况(kuàng)”。况且。《尚书大传·甫刑》:“君子之于人也,有其语也,无不听者,~于听狱乎?”(狱:讼事。)❽通“匡(kuāng)”。纠正。《诗经·豳风·破斧》:“周公东征,四国是~。”

凰 huáng 传说中的雌凤。《孟子·公孙丑上》:“凤~之于飞鸟,泰山之于丘垤,河海之于行潦,类也。”

隍 huáng 没有水的护城壕。《列子·周穆王》:“藏诸~中。”(把它藏在护城壕里边。诸:之于。)

喤 huáng [喤喤]1.形容小儿啼声洪亮。《诗经·小雅·斯干》:“其泣~~。”2.形容洪亮而和谐的声音。《诗经·周颂·执竞》:“钟鼓~~。”

遑 huáng 闲暇,空闲。《诗经·小雅·小弁》:“心之忧矣,不~假寐。”(假寐:不脱衣帽而睡。)㊀何暇,怎能。《诗经·邶风·谷风》:“我躬不阅,~恤我后。”[遑遑]1.心神不安的样子。《后汉书·明帝纪》:“忧惧~~,未知其方。”柳宗元《兴州江运记》:“相与怨咨,~~如不饮食。”(相与怨咨:大家都怨叹。)又写作“惶惶”。2.匆匆忙忙的样子。《梁书·韦叡传》:“弃骐骥而不乘,焉~~而更索?”(骐骥:良马。焉:为什么。更:另。索:求。)上述1、2又写作“皇皇”。

徨 huáng ❶[徨徨]心神不安的样子。《汉书·扬雄传上》:“徒回回以~~兮。”❷[彷(páng)徨]见108页“彷(fǎng)”字。

惶 huáng ❶恐惧,惊慌。《潜夫论·卜列》:“孟贲(bēn)狎(xiá)猛虎而不~。”(孟贲:人名。狎:接近,亲近。)[惶惶]恐惧的样子。《世说新语·言语》:“战战~~,汗出如浆。”❷通“遑”。空闲。《世说新语·雅量》:“子猷遽走避,不~取屐。”

煌 huáng ❶光明,明亮。张衡《东京赋》:“~火驰而星流。”[煌煌]明亮。《诗经·陈风·东门之杨》:“明星~~。”㊁鲜明。宋玉《高唐赋》:“~~荧荧,夺人目精。”(荧荧:光艳。目精:即目睛。)❷[煌灼]焦虑不安。张九龄《薛王薨上损膳请复膳状》:“伏闻寝膳有改乎常,臣等下情不安,夙夜~~。”

锽(鍠) huáng ❶古代一种兵器。崔豹《古今注·舆服》:“秦改铁钺作~,秦制也。”❷象声词。形容钟声。孟郊、韩愈《城南联句》:“铁钟孤舂~。”

篁 huáng ❶竹田。《史记·乐毅列传》:“蓟丘之植,植于汶~。”❷竹林。屈原《九歌·山鬼》:“余处幽~兮,终不见天。”[篁竹]丛生的竹子。柳宗元《至小丘西小石潭记》:“隔~~闻水声,如鸣佩环。”❸竹子。白居易《奉酬侍中夏中雨后游城南庄见示八韵》:“新~千万竿。”陆游《初夏幽居》诗:“微风解箨看新~。”㊀竹制的管形乐器。韩愈《听颖师弹琴》诗:“嗟余有两耳,未省听丝~。”

艎 huáng [艅(yú)艎]见514页“艅”字。

黄 huáng ❶黄色。《诗经·邶风·绿衣》:“绿兮衣兮,绿衣~裳。”李商隐《行次西郊作一百韵》:“旱久多~尘。”㊕草木枯黄。《诗经·小雅·何草不黄》:“何草不~,何日不行。”[黄口]指幼儿。《淮南子·氾论》:“古之伐国不杀~~。”[黄耇]指老人,也指长寿。《诗经·小雅·南山有台》:“乐只君子,遐不~~。”(遐:何。)《论衡·无形》:“~~无疆。”[花黄]古时妇女的面饰。《木兰诗》:“当窗理云鬓，对镜帖～～。”❷黄帝（传说中的古代帝王）的简称。《汉书·叙传下》：“自昔～唐，经略万国。”（唐：唐尧，传说中的古代帝王。经略：治理。）❸［雌黄］见63页“雌”字。

潢 huáng ❶积水池。木华《海赋》：“决陂～而相浚。”❷huàng［潢然］水深广的样子。《荀子·富国》：“～～兼覆之。”（兼覆：指全部覆盖。）❸染纸。贾思勰《齐民要术·杂说》：“染～及治书法。”注：“凡～纸，灭白便是，不宜太深。”❹guāng［潢潢］威武的样子。《盐铁论·徭役》：“《诗》云：‘武夫～～，经营四方。’”

璜 huáng ❶半璧形的玉器。《周礼·春官·大宗伯》：“以玄～礼北方。”《潜夫论·赞学》：“夏后之～，楚和之璧。”（夏后：夏后氏，即夏代。楚：楚国。和：人名。）❷［璜璜］威武的样子。《扬子法言·孝至》：“武义～～，兵征四方。”

簧 huáng ❶乐器中发声的薄片。《诗经·小雅·鹿鸣》：“吹笙鼓～，承筐是将。”［簧舌］指善于言辞。陆龟蒙《感事》诗：“古来信～～，巧韵凄锵曲。”成语有“巧舌如簧”。［簧言］谎言。李白《雪谗诗赠友人》：“坦荡君子，无悦～～。”❷笙。《诗经·王风·君子阳阳》：“左执～，右招我由房。”

怳 huǎng ❶失意的样子。屈原《九歌·少司命》：“望美人兮未来，临风～兮浩歌。”❷［怳忽］1. 隐隐约约，看不清楚的样子。《淮南子·原道》：“乘云车，入云蜺，游微雾，骛（wù）～～。”又写作“慌忽”。2. 神志不定的样子。宋玉《神女赋序》：“精神～～，若有所喜。”【注意】古代汉语中“怳”和“恍”是不同的两个字，部分字义相通。现“怳忽”写作“恍惚”。

恍 huǎng ❶模糊，不清楚。《老子》二十一章：“～兮惚兮，其中有物。”［恍惚］模糊不清。《韩非子·忠孝》：“～～之言，恬淡之学，天下之惑术也。”又写作“恍忽”。《史记·司马相如列传》：“芒芒恍忽，视之无端，察之无崖。”❷［恍然］1. 猛然明白。陈亮《甲辰答朱元晦书》：“发读～～。”（发：打开。）成语有“恍然大悟”。2. 仿佛。范成大《吴船录》：“平江亲戚故旧来相迓者，陆续于道，～～如隔世焉。”

慌 huǎng ［慌忽］同“怳忽”。隐隐约约，看不清楚的样子。《后汉书·张衡传》：“追～～于地底兮，轶无形而上浮。”又写作“慌惚”。《三国志·蜀书·刘琰传》：“琰失志慌惚。”【注意】“慌”直到元代才有“恐慌”的意义，读huāng。

幌 huǎng ❶帷幔，窗帘。谢灵运《燕歌行》：“辟窗开～弄秦筝。”杜甫《月夜》诗：“何时倚虚～，双照泪痕干。”李贺《恼公》诗：“细管吟朝～，芳醪落夜枫。”❷酒店的招子。陆龟蒙《和袭美初冬偶作》：“小炉低～还遮掩，酒滴灰香似去年。”

滉 huàng ❶［滉漾］水广大无边的样子。潘岳《西征赋》：“～～弥漫，浩如河汉。”《抱朴子·博喻》：“沧海～～，不以含垢累其无涯之广。”❷［瀇（wǎng）滉］见436页“瀇”字。

HUI

扐（撝） huī ❶剖开，破开。《后汉书·马融传上》：“～介鲜，散毛族。”（介鲜：指禽兽。）❷谦逊。王俭《褚渊碑文》：“功成弗有，固秉～挹。”（秉：保持。挹：通“抑”，指不骄傲。）❸通“挥”。指挥，挥动。《公羊传·宣公十二年》：“庄公亲自手旌，左右～军，退舍七里。”程公许《念奴娇·中秋玩月》：“谁与冰轮～玉斧，恰好今宵圆足。”㉤指斥，指责。《淮南子·览冥》：“武王……瞋目而～之曰：‘余在，天下谁敢害吾意者。’”［指扐］1. 指点，指挥。《淮南子·兵略》：“修政庙堂之上，而折冲千里之外，拱揖～～而天下响应，此用兵之上也。”2. 所指，意向。许慎《说文解字叙》：“会意者，比类合谊，以见～～。”

挥（揮） huī ❶挥动，舞动。刘琨《扶风歌》：“～手长相谢，哽咽不能言。”李白《古风五十九首》之三：“～剑决浮云。”（决：断。）❷甩出，散出（液体）。《战国策·齐策一》：“举袂成幕，～汗成雨。”㉤饮酒。范云《赠张徐州谡》诗：“恨不具鸡黍，得与故人～。”❸弹奏。《韩非子·外储说右下》：“令田连、成窍共琴，人抚一弦而～，则音必败，曲不遂矣。”❹［挥霍］疾速的样子。陆机《文赋》：“纷纭～～，形难为状。”李商隐《行次西郊作一百韵》：“奚寇西北来，～～如天翻。”（奚寇：指安禄山军队。）❺通“翚”。飞。潘岳《西征赋》：“不尤眚以掩德，终奋翼而高～。”【注意】古代汉语中“挥霍”很少作“任意花钱”讲。

晖（暉） huī 阳光。陆机《日出东南隅行》：“扶桑升朝～，照此高台端。”（扶桑：指东方日出处。）李白《春日独酌》诗：“水木荣春～。”（荣：指欣欣向荣。）㉒光辉。陆机《拟迢迢牵牛星》诗：“昭昭清汉

～。"(清汉:指银河。)(又)用作动词。发光,映照。左思《蜀都赋》:"金铺交映,玉题相～。"《世说新语·宠礼》:"使太阳与万物同～,臣下何以瞻仰?"(使:假使。)(引)昌明,光大。《庄子·天下》:"不侈于后世,不靡于万物,不～于数度。"(数度:指礼法。)

辉(輝) huī ❶光彩,光辉。《后汉书·李膺传》:"虹蜺扬～。"(虹蜺:彩虹。)曹植《求自试表》:"萤烛末光,增～日月。"❷照耀。《淮南子·道应》:"昭昭之光,～烛四海。"

翚(翬) huī ❶具有五彩的野鸡。《诗经·小雅·斯干》:"如～斯飞,君子攸跻(jī)。"(攸跻:就登上。)❷飞。张衡《西京赋》:"若夫游鷮(jiāo)高～,绝阬逾斥。"(鷮:野雉。斥:小泽。)

煇 huī ❶光辉,光彩。《诗经·小雅·庭燎》:"庭燎有～。"(燎:火炬。)《汉书·韦玄成传》:"四方遐尔,观国之～。"❷ xūn 通"熏"。烧烤,熏灼。《史记·吕太后本纪》:"太后遂断戚夫人手足,去眼,～耳,饮瘖药,使居厕中。"❸ yùn 通"晕"。日晕。《周礼·春官·眡祲》:"眡祲掌十～之法,以观妖祥,辨吉凶。"【注意】古代汉语中"煇"和"辉(輝)"是两个不同的字,部分字义相通。现"煇"的义项❶写作"辉"。

恢 huī ❶广大,宽广。《荀子·非十二子》:"～然如天地之苞万物。"(苞:通"包"。)[恢恢]大,广大。《老子》七十三章:"天网～～,疏而不失。"❷扩大。《汉书·叙传下》:"～我疆宇,外博四荒。"《三国志·魏书·文帝纪》:"～文武之大业。"[恢复]收复。多指收复失地。《新五代史·南唐世家·李景》:"苟不能～～内地,申画边疆,便议班旋。"岳飞《南京上高宗书略》:"～～故疆。"❸周全,完备。《吕氏春秋·君守》:"有识则有不备矣,有事则有不～矣。"

袆(褘) huī ❶蔽膝,古代男子佩于前身的佩巾。曹植《鼙舞歌·灵芝篇》:"退咏《南风》诗,洒泪满～抱。"❷王后的祭服。《礼记·明堂位》:"夫人副～立于房中。"(副:首饰。)

豗 huī ❶撞击。木华《海赋》:"磊匒匌(dákē)而相～。"(匒匌:重叠的样子。)韩愈《祭河南张员外文》:"风涛相～,中作霹雳。"❷喧闹的声音。李白《蜀道难》诗:"飞湍瀑流争喧～。"

麾 huī ❶指挥作战用的旗子。《墨子·号令》:"城上以～指之。"[麾下]1.将帅的大旗下。《史记·魏其武安侯列传》:"驰入吴军,至吴将～～。"2.将帅的部下。《史记·李将军列传》:"广谓其～～。"3.尊称将帅。《三国志·吴书·张纮传》:"今～～恃盛壮之气。"(恃:依靠,凭借。)❷指挥,挥动。《尚书·牧誓》:"王左杖黄钺,右秉白旄以～。"曹操《步战令》:"～不闻令,而擅前后左右者斩。"(擅:擅自。)《论衡·感虚》:"恶日之暮,以此一戈～。"

徽 huī ❶三股线合成的绳索。《周易·坎》:"系用～纆。"(纆:两股线合成的绳索。)(引)捆绑,束缚。扬雄《解嘲》:"～以纠墨,制以锧铁(zhìfū)。"(用绳子捆绑,用锧铁杀人。纠墨:绳索。锧铁:杀人的刑具。)(特)琴徽,系琴弦的绳子。陆机《文赋》:"犹弦幺而～急。"(幺:短。急:指紧。)❷佩巾。张衡《思玄赋》:"扬杂错之袿(guī)～。"(杂错:指色彩缤纷。袿:妇女的上衣。)❸标识,符号。左思《魏都赋》:"～帜以变,器械以革。"(革:改革。)❹美好。《诗经·大雅·思齐》:"大姒嗣～音,则百斯男。"鲍照《数诗》:"宾友仰～容。"❺通"挥"。弹奏。《淮南子·主术》:"夫荣启期一弹而孔子三日乐,感于和;邹忌一～而威王终夕悲,感于忧。"

隳 huī ❶毁坏。《吕氏春秋·顺说》:"～人之城郭。"《韩非子·八经》:"是以法令～。"(是以:因此。)[隳突]冲撞,破坏。柳宗元《捕蛇者说》:"悍吏之来吾乡,叫嚣乎东西,～～乎南北。"(悍吏:凶暴的官吏。乎:于。)❷ duò 通"惰"。懒惰。《韩非子·六反》:"凡人之生也,财用足则～于用力。"

回^1[囘] huí ❶旋转。《荀子·致士》:"水深而～。"(又)掉转。屈原《离骚》:"～朕车以复路兮。"(朕:我。复路:到原来的道路。)(引)违背,违逆。《诗经·大雅·常武》:"徐方不～,王曰还归。"(引)改变志向。柳宗元《与韩愈论史官书》:"道苟直,虽死不可～也。"(苟:如果。)成语有"百折不回"。❷奸邪。《诗经·小雅·鼓钟》:"淑人君子,其德不～。"双音词有"奸回"。❸回来,回去(后起意义)。李白《将进酒》诗:"黄河之水天上来,奔流到海不复～。"❹量词。次(后起意义)。刘禹锡《酬乐天偶题酒瓮见寄》诗:"世路荣枯见几～。"❺[回纥(hé)]隋唐时代我国西北部的一个民族。又写作"回鹘"。

【辨】迴,回。见下"回^2(迴)[廻]"字。

回^2(迴)[廻] huí ❶旋转。屈原《九章·悲回风》:"悲～风之摇蕙兮,心冤结而内伤。"(又)掉转。

《史记·司马相如列传》:"道尽涂殚,~车而还。"(殚:尽。)㉝改变志向。《北史·骨仪传》:"开皇初,为御史,处法平当,不为势利所~。"❷回来,回去(后起意义)。贾思勰《齐民要术·园篱》:"匪直奸人惭笑而返,狐狼亦自息望而~。"(匪直:不但。惭笑:羞愧地笑。息:停止。)㉝回避。《晋书·熊远传》:"协醉,使绋避之,绋不~。"(协:刁协,人名。绋:卢绋,人名。)❸量词。次(后起意义)。杜甫《漫兴》诗:"渐老逢春能几~?"

【辨】迴,回。"迴"是后起字,它的意义早先写作"回"。后来两字相通,但"迴"字没有"奸邪"的意思。"迴"、"廻"现写作"回"。

洄 huí ❶曲折的水道。《诗经·秦风·蒹葭》:"遡~从之,道阻且长。"❷水回旋而流。《后汉书·王景传》:"十里立一水门,令更相~注。"《宋书·张兴世传》:"江有~洑,船下必来泊。"(洑:漩涡。)

虫2 huǐ 毒蛇。《山海经·南山经》:"羽山……多蝮~。"又写作"虺"。参见53页"虫1(蟲)"字。

虺 huǐ ❶毒蛇。屈原《天问》:"雄~九首。"(首:脑袋。)❷huī[虺虺]象声词。形容雷声。《诗经·邶风·终风》:"~~其雷。"❸huī[虺隤(tuí)]疲病的样子。《诗经·周南·卷耳》:"我马~~。"

悔 huǐ ❶懊悔,悔恨。《论语·述而》:"暴虎冯河,死而无~者,吾不与也。"❷灾祸,不吉利。与"吉"相对。张衡《思玄赋》:"占既吉而无~兮。"

毁 huǐ ❶破坏,毁坏。《诗经·豳风·鸱鸮》:"无~我室。"《孙子兵法·谋攻》:"~人之国。"[毁齿]儿童换牙。㊀儿童换牙的年龄。柳宗元《童区寄传》:"自~~已上。"㊕哀痛过度而伤害身体。《韩非子·内储说上》:"宋崇门之巷人服丧而~,甚瘠。"(崇门:地名。巷人:指平民。瘠:消瘦。)❷亏缺,减损。《论衡·偶会》:"月~于天,螺消于渊。"❸诽谤,讲别人的坏话。与"誉"相对。《庄子·盗跖》:"好面誉人者,亦好背而~之。"(面誉人:当面说人好话。)这个意义后来写作"譭",现写作"毁"。

燬 huǐ ❶烈火。《诗经·周南·汝坟》:"虽则如~,父母孔迩。"杜甫《种莴苣》诗:"枯旱于其中,炎方惨如~。"❷燃烧。《晋书·温峤传》:"峤遂~犀角而照之。"

卉 huì 草的总称。《诗经·小雅·四月》:"秋日凄凄,百~具腓。"(腓:病。)㊕花。梅尧臣《寄题周源员外衢州萃贤亭》诗:"~萼人未识,鸟哢日可听。"

汇1**(彙)** huì ❶同类。扬雄《太玄·周》:"物继其~。"《周易·泰》:"拔茅茹,以其~。"(茅茹:茅草之根。)❷繁密。《汉书·叙传上》:"柯叶~而灵茂。"❸汇集,聚集。《新唐书·儒学传序》:"博~群书至六万卷,经籍大备。"❹wèi通"猬"。刺猬。《山海经·中山经》:"有兽焉,其状如~。"《尔雅·释兽》:"彙,毛刺。"

汇2**(滙)** huì 河流相会合。《尚书·禹贡》:"东~泽为彭蠡。"韩愈《岳阳楼别窦司直》诗:"南~群崖水,北注何奔放。"

会(會) huì ❶会合,聚会。《尚书·禹贡》:"灉沮~同。"(灉、沮:水名。)阮籍《咏怀八十二首》之六:"嘉宾四面~。"(嘉宾:贵宾。)㊕盟会,宴会。《孟子·告子下》:"葵丘之~,诸侯束牲载书而不歃血。"㊀会见,会面。《史记·留侯世家》:"与上~留。"(上:皇帝。留:地名。)❷相合,符合。《世说新语·识鉴》:"山涛不学孙、吴,而暗与之理~。"❸时机,机会。《论衡·命禄》:"逢时遇~。"成语有"适逢其会"。❹领悟,理解。陶渊明《五柳先生传》:"好读书,不求甚解。每有~意,便欣然忘食。"成语有"心领神会"。❺副词。正好,恰巧。《史记·陈涉世家》:"~天大雨,道不通。"【注意】在这个意义上"会"与"适"同义,所以这两个字可连用。司马迁《报任安书》:"适会召问,即以此指推言陵之功。"(陵:李陵。)❻通"绘"。五彩的图案。《尚书·益稷》:"日月星辰山龙华虫作~。"❼必然,一定。《古诗为焦仲卿妻作》:"吾已失恩义,~不相从许。"李白《行路难》诗:"长风破浪~有时,直挂云帆济沧海。"(济:渡。)❽kuài 算账。[会计][计会]算账的工作。《周礼·地官·舍人》:"岁终则会计其政。"(岁终:年底。政:指用谷的多少。)《战国策·齐策四》:"谁习计会能为文收责于薛者乎?"(习:熟习,精通。)❾kuài[会稽(jī)]古地名。今浙江绍兴(秦和西汉时指今江苏苏州)。

荟(薈) huì ❶草多的样子。郭璞《江赋》:"潜~葱茏。"(葱茏:青翠而茂盛。)[荟蔚]1.草木茂盛的样子。柳宗元《永州龙兴寺东丘记》:"幽荫~~。"2.云雾弥漫的样子。木华《海赋》:"~~云雾。"❷汇集。陆云《大安二年夏四月大将军出祖……被命作此诗》六首之四:"我有高夏,如云斯~。"双音词有"荟萃",多用于指人才和精美物品的汇集。

绘(繪) huì ❶彩绣。刘勰《文心雕龙·总术》:"视之则锦~。"㉝图画。殷璠《河岳英灵集·王维》："词秀调雅，意新理惬，在泉为珠，著壁成～。" ❷ 绘画。《论语·八佾》："～事后素。"（先有白色底子，然后绘画。）

讳（諱） huì ❶ 避忌。因有所顾忌而躲开某些事或不说某些话。《战国策·秦策一》："公平无私，罚不～强大。"《左传·庄公十八年》："不言其来，～之也。"㊀避忌的事物。东方朔《七谏·谬谏》："恐犯忌而干～。" ❷ 封建社会称死去的帝王或尊长的名。《三国志·魏书·武帝纪》："太祖武皇帝，沛国谯人也，姓曹，～操。"（谯：地名。）

诲（誨） huì 教导，指教。《论语·述而》："学而不厌，～人不倦。"《孟子·告子上》："使弈秋～二人弈。"（弈秋：人名。弈：下棋。）

晦 huì ❶ 阴历每月的最后一天。《左传·僖公十五年》："（九月）己卯～，震夷伯之庙。"《史记·孝文本纪》："十一月～，日有食之。"（日有食之：日食。）㊕唐代的一个节日，正月的最后一天。长孙正隐《晦日宴高氏林亭》诗："～晚属烟霞，遨游重岁华。" ❷ 昏暗。《诗经·郑风·风雨》："风雨如～，鸡鸣不已。"㊀天黑，晚上。屈原《天问》："自明及～，所行几里？"（及：到。） ❸ 隐晦，不显著。《左传·成公十四年》："《春秋》之称，微而显，志而～。"（志：记。）㊀隐藏。《晋书·隐逸传论》："君子之行殊涂，显～之谓也。"杜甫《岳麓山道林二寺行》："昔遭衰世皆～迹。"（迹：踪迹。） ❹ 草木凋零。江淹《杂体诗·王征君养疾》："寂历百草～，欻吸鹍鸡悲。"

恚 huì 恼怒，发怒。《史记·陈涉世家》："广故数言欲亡，忿～尉。"《三国志·吴书·吕蒙传》："归以告蒙母，母～，欲罚之。"（蒙：吕蒙。）

贿（賄） huì ❶ 财物。《诗经·卫风·氓》："以尔车来，以我～迁。" ❷ 赠送财物。《左传·文公十二年》："厚～之。"（送他很多财物。） ❸ 贿赂，用财物收买。《左传·襄公十年》："今自王叔之相也，政以～成，而刑放于宠。"《世说新语·政事》："亮亦寻为～败。"（亮：陆亮，人名。）柳宗元《答元饶州论政理书》："弊政之大，莫若～赂行而征赋乱。"（弊政：腐败的政治。） ❹ 贪财。《国语·晋语九》："吾主以不～闻于诸侯，今以梗阳之贿殃之，不可。"

彗 huì ❶ 扫帚。《汉书·高帝纪下》："太公拥～，迎门却行。"（拥：拿着。）㊀扫。《后汉书·光武帝纪下》："高锋～云。"（强大的兵势像风扫残云一样。） ❷ 彗星。也叫扫帚星。《左传·昭公十七年》："～，所以除旧布新也。"屈原《九歌·少司命》："登九天兮抚～星。"

嘒 huì ❶ 明亮的样子。《诗经·召南·小星》："～彼小星，三五在东。"杜甫《宿凿石浦》诗："回塘澹暮色，日没众星～。" ❷ ［嘒嘒］象声词。1. 形容蝉鸣声。《诗经·小雅·小弁》："菀彼柳斯，鸣蜩～～。"潘岳《秋兴赋》："蝉～～而寒吟兮。" 2. 形容乐管声。《诗经·商颂·那》："鞉（táo）鼓渊渊，～～管声。" 3. 形容车行时的铃声。《诗经·小雅·采菽》："鸾声～～。"

慧 huì ❶ 聪明，有才智。《左传·成公十八年》："周子有兄而无～，不能辨菽麦。"（菽：豆类。）《荀子·富国》："所以说之者，必将雅文辩～之君子也。" ❷ 狡黠。《三国志·蜀书·董允传》："皓便辟佞～。"（皓：黄皓，人名。）

槥 huì 粗陋的小棺材。《汉书·高帝纪下》："令士卒从军死者为～，归其县。"

篲 huì 同"彗"。扫帚。《庄子·达生》："（田）开之操拔～以侍门庭，亦何闻于夫子。"《史记·高祖本纪》："后高祖朝，太公拥～，迎门却行。"（却行：向后倒行。）㊀用作动词。扫。枚乘《七发》："凌赤岸，～扶桑，横奔似雷行。"

秽（穢） huì ❶ 杂草多，荒芜。《荀子·富国》："民贫则田瘠以～。"（瘠：指不肥沃。） ❷ 邪恶的行为或杂乱的文辞。《荀子·劝学》："邪～在身，怨之所构。"（人有邪恶的行为，怨恨就会集中在他身上。构：集结。）刘勰《文心雕龙·熔裁》："芟繁剪～，弛于负担。"㊀淫乱。《韩非子·亡征》："后妻淫乱，主母畜～。"（畜：蓄，藏。） ❸ 污秽。班固《东都赋》："涤瑕荡～。"㊖丑陋。《晋书·卫玠传》："珠玉在侧，觉我形～。" ❹ 粪便。《世说新语·文学》："何以将得位而梦棺器，将得财而梦矢～？"（矢：粪便。）

翙（翽） huì ❶ ［翙翙］1. 象声词。形容鸟飞的声音。《诗经·大雅·卷阿》："凤皇于飞，～～其羽。" 2. 繁杂琐细的样子。《越绝书·请籴内传》："申胥为人臣也，辨其君何必～～乎？" ❷ 指鸟飞。韩愈等《秋雨联句》："毛羽皆遭冻，离褷不能～。"（离褷：濡湿的样子。）

濊 huì ❶ 水深。［汪濊］很深的样子。司马相如《难蜀父老》："威武纷纭，湛恩～～。"《乐府诗集·汉郊祀歌》："泽～～，辑万国。”❷ 通“秽”。浑浊。《淮南子·齐俗》：“河水欲清，沙石～之。”❸ huò［濊濊］象声词。形容撒网入水声。《诗经·卫风·硕人》：“施罛～～，鳣鲔发发(bōbō)。”❹ wèi 古地名与民族名。《后汉书·东夷传》：“国出铁，～、倭、马韩并从市之。”(马韩：民族名。)

惠 huì ❶ 仁慈，仁爱。《诗经·小雅·节南山》：“昊天不～，降此大戾。”(戾：乖戾，指反常事。)《盐铁论·忧边》：“故民流溺而弗救，非～君也。”(流溺：指处于苦难之中。弗：不。)❷ 恩惠。《论语·卫灵公》：“群居终日，言不及义，好行小～，难矣哉！”《韩非子·有度》：“不为～于法之内。”(一切依法办事，不行恩惠。)㊂给予好处。《荀子·君道》：“以～天下。”❸ 柔顺，柔和。《诗经·邶风·燕燕》：“终温且～。”(终：既。)王羲之《兰亭集序》：“～风和畅。”❹ 一种兵器，三棱矛。《尚书·顾命》：“二人雀弁执～。”(雀弁：一种帽子，这里指戴这种帽子。)❺ 通“慧”。聪明。《列子·汤问》：“甚矣，汝之不～。”

蕙 huì ❶ 一种香草。俗称佩兰。屈原《离骚》：“余既滋兰之九畹兮，又树～之百亩。”㊀芳香，美好。左思《魏都赋》：“～风如薰，甘露如醴。”鲍照《芜城赋》：“南国丽人，～心纨质，玉貌绛唇。”(纨：洁白的细绢。)❷ 蕙兰，一种多年生草本植物。罗愿《尔雅翼·释草》：“今野人谓兰为幽兰，～为蕙兰。”

蟪 huì ［蟪蛄］一种比较小的蝉。《庄子·逍遥游》：“～～不知春秋。”

喙 huì ❶ 鸟兽的嘴。《战国策·燕策二》：“鹬啄其肉，蚌合而拑其～。”《汉书·匈奴传下》：“摧饿虎之～。”㊂人的嘴。《庄子·秋水》：“今吾无所开吾～。”［喙息］指用口呼吸的动物。《史记·匈奴列传》：“跂行～～蠕动之类。”(跂行：指有脚能走的动物。蠕动：指能蠕动的昆虫。)❷ 疲困。《国语·晋语五》：“郤献子伤，曰：‘余病～。’”

繢 huì ❶ 成匹布帛的头尾，可用来系物，也可做装饰品。也叫机头。《说文·糸部》：“繢，织余也。”㊀带子。杨衒之《洛阳伽蓝记·开善寺》：“以五色～为绳。”❷ 通“绘”。五彩的刺绣或图画。《周礼·考工记·画繢》：“画～之事，杂五色。”《礼记·曲礼上》：“饰羔雁者以～。”㊂用作动词。绘画，画。柳宗元《永州龙兴寺修净土院记》：“余遂周延四阿，环以廊庑，～二大士之像。”

闠 huì ［闤(huán)闠］见 163 页“闤”字。

頮［類］ huì 洗脸。《礼记·内则》：“其间面垢，燂(qián)潘请～。”(燂：烧热。潘：淘米水。)

HUN

昏［昬］ hūn ❶ 天黑，傍晚。《诗经·陈风·东门之杨》：“～以为期。”(以黄昏为约会的时候。)㊀黑暗，无光。魏伯阳《周易参同契》中：“～久则昭明。”(昭：光明。)成语有“天昏地暗”。❷ 惑乱，糊涂。《左传·襄公二十五年》：“君～不能匡，危不能救。”《南史·刘显传》：“老夫～忘，不可受策。”(策：策问。)❸ 眼睛不明。韩愈《与崔群书》：“目视～花，寻常间便不分人颜色。”《新唐书·魏征传》：“臣眊～，不能见。”❹ 神志不清。《战国策·赵策四》：“此皆能乘王之醉～，而求所欲于王者也。”《三国志·吴书·贺邵传》：“偶有逆迕，～醉之言耳。”❺ 结婚。《诗经·邶风·谷风》：“宴尔新～，如兄如弟。”《汉书·晁错传》：“男女有～，生死相恤。”(恤：救济。)这个意义后来写作“婚”。❻ mǐn 通“暋”。尽力。《尚书·盘庚上》：“惰农自安，不～作劳。”《三国志·魏书·武帝纪》：“穑人～作，粟帛滞积。”(穑人：农夫。)

阍(閽) hūn ❶ 守门的人。《左传·襄公二十九年》：“吴人伐楚，获俘焉，以为～。”《汉书·五行志下之下》：“后～戕(qiāng)吴子。”(戕：杀害。)❷ 门。常指天门或宫门。扬雄《甘泉赋》：“选巫咸兮叫帝～，开天庭兮延群神。”

惛［惽］ hūn ❶ 不明白，糊涂。《战国策·秦策一》：“今之嗣主，忽于至道，皆～于教。”《论衡·论死》：“病则～乱，精神扰也。”❷ 神志不清。《南史·宋孝武帝纪》：“仍复命饮，俄顷数斗，凭几～睡，若大醉者。”(仍：于是。)［惛惛］1. 默默无闻。《荀子·劝学》：“无～～之事者，无赫赫之功。”2. 糊涂，神志不清。《汉书·王温舒传》：“～～不辩。”(辩：通“辨”，辨别。)❸ 通“悯(mǐn)”。怜恤。《汉书·刘向传》：“死者恨于下，生者愁于上……臣甚～焉。”❹ 通“吻(wěn)”。嘴唇。《吕氏春秋·察今》：“口～之命不愉。”

荤(葷) hūn ❶ 指葱姜蒜等辛辣味的菜。《荀子·哀公》：“黼衣黻裳者不茹～，非口不能味也，服使然也。”(黼衣、黻裳：绣有花纹的礼服。)❷ 指肉食。宗懔《荆楚岁时记》：“梁有天下不食～，荆自此不复食鸡子。”❸ xūn ［荤粥(yù)］我国古代北方匈奴族。《史记·五帝本纪》：“北逐～～。”又写作“荤允”、“薰育”、“薰粥”、“熏鬻”、“獯鬻”。

浑(渾) hún ❶ gǔn 水势盛大。[浑浑]1. gǔngǔn 水势很大的样子。《荀子·富国》：“财货～～如泉源。”2. húnhún 浑浊的样子。陆云《九愍·考志》：“世～～其难澄。”（澄：澄清。）❷ 浑浊。《老子》十五章：“～兮其若浊。”杜甫《示从孙济》诗：“淘米少汲(jí)水，汲多井水～。”（汲：打水。）❸ 未分剖的。《晋书·王戎传》：“尝目山涛如璞玉～金。”（目：把……看作。山涛：人名。璞玉：未雕琢的玉。）❹ hùn 杂，掺和在一起。《汉书·刘向传》：“贤不肖～淆，白黑不分。”（淆：杂乱。）《论衡·案书》：“阴阳相～，旱湛相报，天道然也。”❺ 全，满。李白《少年行》：“～身装束皆绮罗。”❻ 简直。杜甫《春望》诗：“白头搔更短，～欲不胜簪。”

圂 hùn ❶ 猪圈。《汉书·五行志中之下》：“燕王宫永巷中豕出～，坏都灶。”㊀厕所。《说文·口部》：“～，厕也。”❷ huàn 通“豢”。指猪、犬。《礼记·少仪》：“君子不食～腴。”（腴：指猪、犬的肠、胃。）

溷 hùn ❶ 混浊，污浊。屈原《离骚》：“世～浊而嫉贤兮，好蔽美而称恶。”（蔽美而称恶：指压抑好的，推崇坏的。）㊀污秽之物，粪便。《世说新语·排调》：“就而视之，其根则群狐所托，下聚～而已。”❷ 混乱。《后汉书·陈宠传》：“时司徒辞讼，久者数十年，事类～错。”❸ 通“圂”。猪圈。《论衡·吉验》：“捐于猪～中。”（扔到猪圈里。捐：抛弃，扔。）❹ 通“圂”。厕所。《南史·范缜传》：“（花）自有关篱墙落于粪～之中。”（关：穿过。）❺ 通“慁”。打扰，烦扰。《汉书·陆贾传》：“毋久～女为也。”

慁 hùn ❶ 忧，忧虑。《左传·昭公六年》：“舍不为暴，主不～宾。”❷ 打扰，烦扰。《史记·范雎蔡泽列传》：“是天以寡人～先生而存先王之宗庙也。”❸ 污辱。《礼记·儒行》：“不～君王，不累长上。”❹ 混乱。刘勰《文心雕龙·议对》：“烦而不～者，事理明也。”

混 hùn ❶ 水势盛大。司马相如《上林赋》：“汩(yù)乎～流，顺阿而下。”（汩：水流急促。阿：大山。）❷ 污浊，混浊。孙樵《书褒城驿壁》：“视其沼，则浅～而污。”（沼：池。）❸ [混然]未分剖的样子。《荀子·非十二子》：“使天下～～不知是非。”❹ 杂，掺和在一起。《老子》十四章：“～而为一。”柳宗元《永州韦使君新堂记》：“远～天碧。”（和远处天空的蔚蓝色混合在一起。）成语有“鱼目混珠”。

HUO

騞(騞) huō 刀割裂开物的声音。《庄子·养生主》：“奏刀～然，莫不中音。”《列子·汤问》：“其触物也，～然而过。”

豁 huō 见173页。

佸 huó 相会，来会。《诗经·王风·君子于役》：“君子于役，不日不月，曷其有～？”

活 huó ❶ 生存。与“死”相对。《韩非子·解老》：“以肠胃为根本，不食则不能～。”㊁使……活，救活。《后汉书·华佗传》：“此可以～人。”❷ 活计，谋生的手段。杜甫《闻斛斯六官未归》诗：“本卖文为～。”❸ 活动，不固定。沈括《梦溪笔谈》卷一八：“有布衣毕昇，又为～板。”（布衣：平民。毕昇：人名。活板：活字排版。）❹ 生动，活泼。杜牧《池州送孟迟先辈》诗：“雨余山态～。”（雨余：雨后。态：姿态。）❺ guō [活活]象声词。形容流水声。《诗经·卫风·硕人》：“河水洋洋，北流～～。”李白《江上寄元六林宗》诗：“流水鸣～～。”

火 huǒ ❶ 火焰。《尚书·盘庚上》：“若～之燎于原。”《论衡·言毒》：“若～灼人。”（灼：烧。）㊁用作动词。着火，发生火灾。《礼记·曾子问》：“太庙～，则从天子救火。”㊕火把。《庄子·天地》：“厉之人夜半生其子，遽取～而视之。”[火急]紧急。柳宗元《叠后》诗：“劝君～～添功用。”❷ 古时兵制，十人为一火。《新唐书·兵志》：“十人为～，～有长。”[火伴]同伴。《木兰诗》：“出门看～～，～～皆惊惶。”“火伴”的“火”后来写作“伙”。❸ 星名。也叫大火，即心宿。《诗经·豳风·七月》：“七月流～，九月授衣。”【注意】这个义项的“火”不是五大行星的火星。火星古代称“荧惑”。❹ 五行（金、木、水、火、土）之一。见468页“行”字。

夥 huǒ 多。《史记·司马相如列传》：“鱼鳖欢声，万物众～。”《新唐书·突厥传序》：“晋地狭而人～。”[夥颐]叹词。表示惊讶或感叹。《史记·陈涉世家》：“～～！涉之为王沈沈者。”（沈沈：宫殿深邃的样子。）

或 huò ❶ 有的，有的人。《论语·为政》：“～谓孔子曰：‘子奚不为政？’”（奚：为什么。）司马迁《报任安书》：“人固有一死，～重于泰山，～轻于鸿毛。”❷ 有。《诗经·召南·殷其雷》：“何斯违斯，莫敢～遑。”❸ 也许，或许。《左传·宣公三年》：“天～启之，必将为君。”李白《梦游天姥吟留别》：“云霞明灭～可睹。”（明灭：或明或暗。睹：看见。）㉿表示选择，或者。《汉书·韩安国传》：“吾势已定，～营其左，～营其右，～当其前，～绝其后，单于可禽。”❹又。《诗经·小雅·宾之初筵》：“既立之监，～佐之史。”（监、史：指奴隶主贵族宴饮时的辅佐人员。）❺语气词。常用在否定句中加强否定语气。《孟子·滕文公上》：“虽使五尺之童适市，莫之～欺。”贾谊《论积贮疏》：“残贼公行，莫之～止。”（莫之或止：没有人制止它。）❻通“惑”。迷惑。《汉书·霍去病传》：“别从东道，～失道。”（别：另外。）

惑 huò ❶疑惑。《左传·桓公十五年》：“雍氏舍其室而将享子于郊，吾～之，以告。”韩愈《师说》：“师者，所以传道受业解～也。”㉿糊涂。《孟子·离娄下》：“乡邻有斗者，被发缨冠而往救之，则～也。”㉿怀疑。曾巩《本朝政要策·任将》：“取董遵诲于仇雠，取姚内斌于俘虏，皆用之不～。”❷迷惑，蛊惑。《韩非子·孤愤》：“～主败法，以乱士民。”❸佛教称烦恼为惑。王中《头陀寺碑文》：“理胜则～亡。”（亡：无。）

货（貨） huò ❶财物。《尚书·洪范》：“一曰食，二曰～。”《商君书·立本》：“治行则～积。”（治行：指国家治理得好。）❷钱，货币。《汉书·食货志下》：“百姓愦乱，其～不行，民私以五铢钱市买。”（五铢钱：汉代的一种钱币。）❸行贿。《孟子·公孙丑下》：“无处而馈之，是～之也。”（处：原因。馈：馈赠。）《后汉书·黄琼传》：“诛税民受～者九人。”❹出卖。柳宗元《钴鉧潭西小丘记》：“～而不售。”（不售：卖不出去。）❺给报酬。柳宗元《零陵郡复乳穴记》：“徒吾役而不吾～也。”

获[1]（獲） huò ❶猎得禽兽。《诗经·秦风·驷驖》：“舍拔则～。”（舍拔：指射箭。）㉿俘获，缴获。李斯《谏逐客书》：“～楚魏之师。”（师：军队。）❷得到。《论语·雍也》：“仁者，先难而后～。”《盐铁论·诛秦》：“初虽劳苦，卒～其庆。”（卒：终了。庆：福。）❸能够，得以。王粲《从军诗》之一：“所愿～无违。”❹女奴隶。《墨子·大取》：“爱～之爱人也，生于虑～之利。”［臧获］见527页“臧”字。❺通“获[2]（穫）”。收获庄稼。《荀子·富国》：“今是土之生五谷也，人善治之……一岁而再～之。”（岁：年。再：两次。）

【辨】獲，穫。见下“获[2]（穫）”字。

获[2]（穫） huò 收割庄稼。《诗经·豳风·七月》：“八月剥枣，十月～稻。”《汉书·食货志上》：“春耕，夏耘，秋～，冬臧（cáng）。”（臧：收藏。）

【辨】獲，穫。捕获人或鸟兽写作“獲”，获得农产品写作“穫”。有时候，农业收成也写作“獲”，但捕获不写成“穫”。现在，这两个字都简化为“获”。

祸（禍）［旤］ huò ❶灾害，祸害。《老子》五十八章：“～兮福之所倚，福兮～之所伏。”❷危害。《左传·昭公元年》：“子木有～人之心。”（子木：人名。）成语有“祸国殃民”。❸罪过。《荀子·成相》：“罪～有律，莫得轻重威不分。”

涺 huò ❶［澒（hōng）涺］见155页“澒”字。❷［漰（pēng）涺］见312页“漰”字。

臛［臒］ huò 带汁的肉（不加菜的）。《楚辞·招魂》：“露鸡～蠵（xī），厉而不爽些。”㉿用作动词。烹煮。曹植《七启》：“～江东之潜鼍。”

靃 huò ❶鸟疾飞的声音。《说文·雔部》：“～，飞声也。”㉿疾速的样子。司马相如《大人赋》：“焕然雾除，～然云消。”❷［靃靃］1.闪动疾速的样子。刘子翚《谕俗》诗：“晚电明～～。”2.磨刀声。《木兰诗》：“磨刀～～向猪羊。”❸通“藿”。豆叶。《汉书·鲍宣传》：“使奴从宾客，浆酒～肉。”（靃：动词，把……当作豆叶。）❹通“矐”。使目失明。苏轼《四菩萨阁记》：“吾眼可～，吾足可斲，吾画不可夺。”

藿 huò ❶豆类植物的叶子。《诗经·小雅·白驹》：“皎皎白驹，食我场～。”《史记·李斯列传》：“冬日鹿裘，夏日葛衣，粢粝之食，藜～之羹。”❷一种草，即藿香，茎叶可入药。左思《吴都赋》：“草则～蒳豆蔻。”

矐 huò 使目失明。《史记·刺客列传》：“秦皇帝惜其善击筑，重赦之，乃～其目。”

嚄 huò ❶叹词。表示惊讶。《史记·外戚世家》：“武帝下车泣曰：‘～！大姊，何藏之深也！’”❷［嚄唶（zé）］呼笑大声，表示勇悍。《史记·魏公子列传》：“晋鄙～～宿将，往恐不听，必当杀之。”

濩 huò ❶煮。《诗经·周南·葛覃》：“维叶莫莫，是刈是～。”❷［濩渃（ruò）］水势激荡的样子。《楚辞·九思·疾世》：“望江汉兮～～。”❸［濩落］空廓。韩愈《赠徐州族侄》诗：“萧条资用尽，～～门巷空。”❹hù 同“頀”。商汤时乐名。也称大濩。《庄子·天下》：“禹有大夏，汤有大～。”《晋书·庾阐传》：“虽有惠音，莫过韶～。”❺hù［布濩］散布，遍布。张衡《东京赋》：“声教～～，盈溢天区。”

臒 huò 赤石风化后的东西，可为颜料。《尚书·梓材》："若作梓材，既勤朴斲(zhuó)，惟其涂丹～。"

镬(鑊) huò 古代的一种大锅。《吕氏春秋·察今》："尝一脟肉，而知一～之味，一鼎之调。"(一脟肉：一小块肉。)

蠖 huò ❶尺蠖，蛾类的幼虫，行动时身体先屈后伸。俗称吊死鬼。《晋书·庾阐传》："是以道隐则～屈，数感则凤睹。"❷[温蠖]昏聩。《史记·屈原贾生列传》："宁赴常流而葬乎江鱼腹中耳，又安能以皓皓之白而蒙世俗之～～乎！"

謋 huò [謋然]迅速分离的样子。《庄子·养生主》："视为止，行为迟，动刀甚微。～～已解，如土委地。"

豁 huò ❶开阔的山谷。张协《七命》："画长～以为限，带流溪以为关。"㉠开阔。郭璞《江赋》："～若天开。"(若：像。)㉡大度。《史记·高祖本纪》："仁而爱人，喜施，意～如也。"[豁然]开阔的样子。陶渊明《桃花源记》："复行数十步，～～开朗。"[豁达]心胸开阔。《旧唐书·高祖本纪》："倜傥(tìtǎng)～～。"(倜傥：洒脱，不拘束。)❷消散，散开。郭璞《江赋》："集若霞布，散如云～。"❸空虚。陆机《文赋》："兀若枯木，～若涸流。"❹深。徐悱《古意酬到长史溉》诗："此江称～险。"❺免除(后起意义)。王士禛《书剑侠二事》："传令吏归舍，释妻子，～其赔偿。"双音词有"豁免"。❻huō 缺。贾思勰《齐民要术·种谷》："稀～之处，锄而补之。"❼huō 舍弃。《世说新语·德行》："勿以我受任方州，云我～平昔时意。"

濩 huò [濩濩]象声词。形容流水声。韩愈《蓝田县丞厅壁记》："水～～循除鸣。"

J

JI

几¹ jī 矮而小的桌子，用以陈放东西或倚靠休息。《孟子·公孙丑下》："隐～而卧。"（隐：倚，靠。）《史记·吴王濞列传》："文帝弗忍，因赐～杖。"（弗：不。杖：拐杖。）

几²（幾） jī 见179页。

讥（譏） jī ❶讥讽。《左传·隐公元年》："称郑伯，～失教也。"苏辙《李氏园》诗："游人足～骂，百世遭舌讨。"❷非难，指责。《三国志·蜀书·孟光传》："（光）好《公羊春秋》而～呵左氏。"（左氏：指《春秋左氏传》。）《世说新语·任诞》："阮籍嫂尝还家，籍见与别，或～之。籍曰：'礼岂为我辈设也？'"❸检查，查看。《礼记·王制》："关～而不征。"（关：关卡。征：收税。）

【辨】谤，诽，讥。见11页"谤"字。

饥¹（飢） jī ❶吃不饱，饿。《孟子·公孙丑上》："～者易为食，渴者易为饮。"《韩非子·饰邪》："家有常业，虽～不饿。国有常法，虽危不亡。"（常业：指有固定的产业。饿：极度的饿。）❷通"饥²（饑）"。饥荒。《汉书·翼奉传》："今东方连年～馑。"

【辨】饥，饿。"饥"指一般的肚子饿；"饿"是严重的饥饿，指没有饭吃而受到死亡的威胁，不当一般的"肚子饿"讲。

【辨】飢，饑。"飢"指肚子饿，"饑"指饥荒。在先秦不相混同，到后来才逐渐通用。

饥²（饑） jī ❶饥荒，年成不好。《商君书·垦令》："多岁不加乐，则～岁无裕利。"（岁：年。裕利：指商人所获的厚利。）《史记·天官书》："四时不出，天下大～。"❷通"饥¹（飢）"。饿。与"饱"相对。《孟子·梁惠王上》："黎民不～不寒。"

【辨】飢，饑。见上"饥¹（飢）"字。

【辨】饑，馑。分开讲时，五谷没有收成叫"饑"，蔬菜和野菜都吃不上叫"馑"。但连用时"饑"、"馑"无区别。

玑（璣） jī ❶不圆的珠子。李斯《谏逐客书》："傅～之珥。"（镶着珠子的耳环。傅：附着。）❷［玑衡］即璇（xuán）玑玉衡。古代观察天象的仪器。沈括《梦溪笔谈》卷七："天文家有浑仪，测天之器，设于崇台，以候垂象者，则古～～是也。"（浑仪：浑天仪。崇：高。候：指观察。垂象：指天象。）❸北斗七星中的第三颗星。《隋书·天文志上》："北斗第二星名璇，第三星名～。"

机（機） jī ❶弓弩上发射箭的机件。《韩非子·说林下》："操弓关～。"（操：持。关：拉动。）㉁作战设备或其他机械。《战国策·宋卫策》："公输般为楚设～。"（公输般：鲁班。设：设置。）㊕织布机。《史记·樗里子甘茂列传》："其母投杼（zhù）下～。"（投：放下。杼：织布机上的梭子。）❷关键，要点。《潜夫论·本政》："故国家存亡之本，治乱之～，在于明选而已矣。"❸时机，机会。《三国志·蜀书·诸葛亮传》："成败之～，在于今日。"❹机灵。《三国志·魏书·武帝纪》："太祖少～警。"（少：年少时。）❺通"几²（幾）"。事情的苗头或预兆。《三国志·蜀书·先主传》："睹其～兆。"（兆：征兆。）㊋机密。《后汉书·宦者传序》："帝数宴后庭，或潜游离馆，故请奏～事，多以宦人主之。"㊋事务。《汉书·百官公卿表》："相国、丞相……掌丞天子，助理万～。"（掌丞天子：主管辅佐皇帝。）❻通"几²（幾）"。危险。《淮南子·原道》："处高而不～。"

【辨】幾，机。见179页"几²（幾）"字。

肌 jī ❶肌肉。《史记·扁鹊仓公列传》："乃割皮解～。"（乃：就，于是。解：解剖。）❷指皮肤。宋玉《登徒子好色赋》："眉如翠羽，～如白雪。"

【辨】肌，肉。在先秦时，这两个字有严格的区别。一般地说，"肌"是指人的肉，"肉"是指禽兽的肉。汉代以后，"肉"也用来指人的肌肉，但"肌"却不能指称禽兽的肉。

矶（磯） jī ❶大石激水。㉁激怒。《孟子·告子下》："亲之过小而怨，是不可～也。"❷水边突出的大石。李贺《昌谷诗》："竹薮添堕简，石～引钩饵。"

击（擊） jī ❶敲击，敲打。《诗经·邶风·击鼓》："～鼓其镗（tāng）。"（镗：击鼓声。）㉁碰撞，接触。《战国策·齐策一》："临淄之途，车毂～，人肩摩。"（到临淄去的路上，车挨着车，人挨着人。毂：车轮中心的圆木。摩：摩擦，挨近。）❷攻击，攻打。《孙子兵法·虚实》："兵之形，避实而～虚。"（兵之形：指作战的方法、规律。）㉁击杀。《后汉书·马援传》："援乃～牛酾（shī）

酒，劳飨（xiǎng）军士。”（酾酒：斟酒。劳飨：以酒肉慰劳。）

枅 jī 柱上的横木。《淮南子·主术》：“短者以为朱儒～栌（lú）。”（栌：柱上承梁的方木。）

笄 jī 古代盘头发或别住帽子用的簪子。《列子·周穆王》：“施芳泽，正娥眉，设～珥（ěr）。”（珥：用玉石做的耳环。）㊀女子可以插笄的年龄，即成年。《国语·郑语》：“既～而孕。”

奇 jī 见 328 页。

剞 jī ❶［剞劂（jué）］1. 雕刻用的刀。《楚辞·哀时命》：“握～～而不用兮，操规矩而无所施。”2. 雕版。韩愈《送文畅师北游》：“先生閟（bì）穷巷，未得窥～～。”❷抢夺。左思《吴都赋》：“劫～熊罴之室，剽掠虎豹之落。”

畸 jī ❶零星，剩余。贾谊《新书·铜币》：“以调盈虚，以收～羡。”（羡：多余的。）❷不整齐。《荀子·天论》：“墨子有见于齐，无见于～。”（齐：整齐。）㊀偏。《荀子·天论》：“中则可从，～则不可为。”❸单数。《新唐书·李逊传》：“故事，天子以～日听政，对群臣。”

隮（隮） jī ❶登上。《尚书·顾命》：“王麻冕黼裳，由宾阶～。”（黼裳：绣有花纹的礼服。宾阶：堂前西面的台阶。）《抱朴子·守埼》：“夫欲～阆风，陟嵩、华者，必不留行于丘垤。”❷升起。《诗经·鄘风·蝃蝀》：“朝～于西，崇朝其雨。”（早晨云从西边升起，整个早晨都下雨。）《史记·乐书》：“地气上～，天气下降。”❸坠落。《尚书·微子》：“王子弗出，我乃颠～。”

跻（躋） jī ❶升，登。《诗经·豳风·七月》：“～彼公堂。”《后汉书·韦彪传》：“爵位不～。”❷坠落。《史记·宋微子世家》：“今女无故告予，颠～，如之何其？”

唧 jī 象声词。［唧唧］1. 形容叹息声。《木兰诗》：“～～复～～，木兰当户织。”2. 形容虫鸟鸣叫声。白居易《闻虫》诗：“暗虫～～夜绵绵。”［啾唧］小声嘀咕。《寒山诗·有乐且须乐》：“寄世是须臾，论钱莫～～。”

积（積） jī ❶堆积谷物。《诗经·周颂·载芟》：“有实其～，万亿及秭。”（实：广大。秭：数目，十亿为秭。）曹操《步出夏门行·冬十月》：“钱镈停置，农收～场。”（钱、镈：两种农具。）㊀堆积，聚积。《荀子·儒效》：“～土而为山，～水而为海。”❷积蓄，积累。《盐铁论·错币》：“故人主～其食，守其用，制其有余，调其不足。”（制：控制。调：调剂。）㊁滞积。《庄子·天道》：“天道运而无所～，故万物成。”❸多。《汉书·食货志下》：“夫县法以诱民，使入陷阱，孰～于此？”（县：悬，张设。）㊁久。《世说新语·文学》：“明公启晨光于～晦，澄百流以一源。”

屐 jī 木头鞋。《晋书·宣帝纪》：“使军士二千人著软材平底木～前行。”㊀穿木鞋。《汉书·爰盎传》：“盎解节旄怀之，～步行七十里。”

姬 jī ❶帝王之妾。《史记·孙子吴起列传》：“以王之宠～二人各为队长。”❷汉代宫中女官名。《汉官仪》卷下：“～，内官也。”❸古时对妇女的美称，也称美女。《诗经·陈风·东门之池》：“彼美淑～，可与晤歌。”李白《玩月金陵城西》诗：“半道逢吴～。”（吴姬：吴地的女子。）

基 jī ❶地基，墙基。《诗经·周颂·丝衣》：“自堂徂～。”（徂：往。）贾思勰《齐民要术·园篱》：“于墙～之所，方整深耕。”（于：在。）❷基础，根本。《老子》三十九章：“贵以贱为本，高以下为～。”《左传·昭公十三年》：“足以为国～矣。”❸开始。《诗经·周颂·昊天有成命》：“成王不敢康，夙夜～命宥密。”（康：安乐。宥：宽仁。密：安宁。）

期²［朞］ jī ❶一周（年、月）。《尚书·尧典》：“～，三百有六旬有六日。”（一年有三百六十六天。）［期年］一周年。《左传·襄公九年》：“行之～～，国乃有节。”［期月］一整月。《韩诗外传》卷三：“～～，四方之士相导而至矣。”❷期服。服为期一年的丧服。《墨子·公孟》：“伯父、叔父、兄弟，～。”❸语气词。《诗经·小雅·頍弁》：“有頍者弁，实维何～？”

锜（錡） jī ［镃（zī）锜］见 560 页“镃”字。

諆 jī 见 326 页。

赍（賫）［賷、齎］ jī ❶送物给人。《荀子·大略》：“非其人而教之，～盗粮，借贼兵也。”（兵：兵器。）❷携带。《史记·李斯列传》：“秦王乃拜斯为长史，听其计，阴遣谋士，～持金玉以游说诸侯。”（长史：官名。阴：暗地。）㊀怀着。江淹《恨赋》：“～志没地。”（没地：死去。）【注意】“齎”又音 zī，为“钱财”义。

缉（緝） jī ❶qī 绩，把麻搓捻成线。《管子·事语》：“女勤于～绩徽织。”（徽：搓绳。）㊀缝（衣边）。《仪礼·丧服》：“斩者何？不～也。”❷qī 继续。《诗经·大雅·行苇》："肆筵设席，授几有～御。"❸ jí 编辑，整理。《晋书·陈寿等传论》："咸能综～遗文，垂诸不朽。"❹ 捉拿，搜捕(后起意义)。如"缉拿"、"缉获"、"缉私"。❺ jí 通"辑"。聚集。颜延之《阳给事诔》："立乎将卒之间，以～华裔之众，罢困相保，坚守四旬。"(裔：后代。) ❻ jí 通"辑"。和睦。《后汉书·蔡茂传》："使执平之吏永申其用，以厌远近不～之情。"(执平：办事公平。申：发挥。厌：使……协调。远近：指各地。)

禨(禨) jī ［襞(bì)禨］见 21 页"襞"字。

稽 jī ❶ 考证，考核。《荀子·正名》："无～之言。"❷ 计较，争辩。《汉书·贾谊传》："妇姑不相说，则反唇而相～。"(说：悦。) ❸ 停留，拖延。《管子·君臣上》："令出而不～。"❹ 至，到。《庄子·逍遥游》："大浸～天而不溺。"(大浸：大水。) ❺ 合，相合。《韩非子·解老》："道者，万物之所然也，万理之所～也。"❻ qǐ 叩头。［稽首］古时的一种礼节。跪下，拱手至地，头也至地。《左传·僖公五年》："士蔿(wěi)～～而对曰：'臣闻之……'"(士蔿：人名。)［稽颡(sǎng)］古时(居父母之丧时对宾客)额至地的跪拜礼。《礼记·檀弓上》："拜而后～～，颡乎其顺也。"

齑(齏)［虀］ jī ❶ 切碎的姜、葱、蒜等。屈原《九章·惜诵》："惩于羹者而吹～兮。"(被羹烫过的人，存了戒心，对齑也要吹一吹。惩：因受打击而警惧。)《世说新语·汰侈》："韭蓱～是捣韭根，杂以麦苗尔。"(韭蓱齑：一种细碎的咸菜。) ❷ 捣碎。《庄子·大宗师》："～万物而不为义，泽及万世而不为仁。"❸ ［齑粉］粉末，常用以比喻粉身碎骨。《梁书·武帝纪上》："而一朝～～，孩稚无遗。"《新五代史·苏逢吉传》："史公一处分，吾～～矣。"(史公：指史弘肇。)

畿 jī ❶ 国都四周的广大地区。《诗经·商颂·玄鸟》："邦～千里，维民所止。"(邦畿：以国都为中心的广大土地。维：语气词。止：居住。)㊀京城所管辖的地区。魏征《十渐不克终疏》："～内户口，并就关外。"❷ 地域，地区。宋之问《送李侍御》诗："南登指吴服，北走出秦～。"㊀田野。萧纲《雉朝飞操》诗："晨光照麦～，平野度春翚。"❸ 门槛，门限。《诗经·邶风·谷风》："不远伊迩，薄送我～。"(薄：动词词头。)㊂边，际。颜延之《归鸿》诗："相鸣去涧汜，长引发江～。"

墼 jī ❶ 已烧成的砖。《隶辨》卷五："永初七年官～。"❷ 未烧的砖坯。《后汉书·周纡传》："纡廉洁无资，常筑～以自给。"

激 jī ❶ 阻遏水流，使腾涌或飞溅。《孙子兵法·兵势》："～水之疾，至于漂石者，势也。"(疾：急速。)《论衡·书虚》："水～沸起，故腾为涛。"㊂冲刷，冲击。沈括《梦溪笔谈》卷七："象天之器，以水～之。"(象天之器：指浑天仪。) ❷ 急速，猛烈。《史记·屈原贾生列传》："矢～则远。"(矢：箭。)王羲之《兰亭集序》："又有清流～湍。"(湍：水流急速。)双音词有"激变"。❸ 指声调的高亢激昂。柳宗元《陪永州崔使君游宴南池序》："匏(páo)竹～越。"(匏竹：指乐器。越：响亮。) ❹ 激励，激发。《战国策·燕策一》："苏代欲以～燕王。"司马迁《报任安书》："至～于义理者不然。"(义理：正义和道理。然：这样。)㊂激动。柳宗元《贞符序》："臣不胜奋～。"［感激］由于感动而激发出某种情绪。《汉书·淮南王安传》："其群臣宾客……以厉王迁死～～安。"诸葛亮《出师表》："由是～～，遂许先帝以驱驰。"【注意】由于感动可以激发出不同的情绪，"感激"专用于表示感谢是较晚的事。❺ jiào 鲜明。《庄子·盗跖》："唇如～丹，齿如齐贝。"

禨 jī ❶ 信神，向神求福的举动。《列子·说符》："楚人鬼而越人～。"❷ jì 洗头之后饮酒。《礼记·少仪》："饮酒者、～者、醮者，有折俎不坐。"㊀洗头之后饮的酒。《礼记·玉藻》："进～进羞，工乃升歌。"

鐖 jī ❶ 鱼钩的倒刺。《类篇·金部》："～，钩逆鋩。"❷ qí 大镰刀。《史记·淮南衡山列传》："非直适戍之众，～凿棘矜也。"❸ 通"机"。指弓弩发射的机件。《淮南子·齐俗》："若夫工匠之为连～运开。"

鞿 jī 马嚼子。《汉书·刑法志》："是犹以～而御駻突。"(駻突：凶悍的马。)㊂束缚。韩愈《山石》诗："人生如此自可乐，岂必局束为人～！"

羁(羈)［羇、覊］ jī ❶ 马笼头。曹植《白马篇》："白马饰金～。"㊀将马笼头套在马上。贾谊《吊屈原赋》："使骐骥可得系而～兮，岂云异夫犬羊？"(骐骥：良马。)㊂拘束，束缚。司马迁《报任安书》："仆少负不～之才。"(仆：谦称，我。负：指具有。不羁：指不受拘束。)成语有"放荡不羁"。［羁縻(mí)］1. 拘留，束缚。文天祥《指南录后序》："予～～不得还。"(予：我。) 2. 笼络。《史记·孝武本纪》："天子益怠厌方士之怪迂语矣，然终～～弗绝。”❷ 寄居在外。《史记·陈杞世家》：“～旅之臣，幸得免负担。”㊁寄居在外的人，外乡人。《左传·昭公七年》：“单（shàn）献公弃亲用～。”

及 jí ❶ 赶上，追上。《左传·成公二年》：“故不能推车而～。”❷ 到，至。《荀子·王制》：“自古～今，未尝闻也。”（未尝：未曾。）㊀涉及，牵扯。《论语·卫灵公》：“群居终日，言不～义。”《盐铁论·毁学》：“邪行不～于己。”㊁参与。《左传·襄公四年》：“两君相见之乐也，臣不敢～。”❸ 趁着。《左传·僖公二十二年》：“彼众我寡，～其未既济也，请击之。”（济：渡河。）❹ 如，比得上。李白《赠汪伦》诗：“桃花潭水深千尺，不～汪伦送我情。”❺ 和，与。《诗经·豳风·七月》：“女心伤悲，殆（dài）～公子同归。”（殆：只怕。公子：指贵族之子。）《史记·南越列传》：“称病，不肯见王～使者。”

岌 jí ［岌岌］1. 很高的样子。屈原《离骚》：“高余冠之～～兮。”（余：我。冠：帽子。）2. 危险。《汉书·韦贤传》：“～～其国。”成语有“岌岌可危”。也可省作“岌”。《管子·小问》：“危哉！君之国～乎。”

汲 jí ❶ 从井里取水。《荀子·荣辱》：“短绠（gěng）不可以～深井之泉。”（绠：井绳。）㊁打水，取水。《韩非子·五蠹》：“夫山居而谷～者，媵（lóu）腊而相遗（wèi）以水。”（住在山上要到溪谷里去打水的人，节日里把水作为互相赠送的礼品。媵腊：指节日。遗：赠送。）㊀荐举，提拔。《汉书·刘向传》：“禹、稷与皋陶传相～引，不为比周。”（比周：结党营私。）㊀引导。《穀梁传·襄公十年》：“～郑伯，逃归陈侯。”❷［汲汲］1. 心情急切的样子。《汉书·扬雄传上》：“不～～于富贵，不戚戚于贫贱。”2. 惶恐不安的样子。《三国志·魏书·陈思王植传》：“常～～无欢，遂发疾薨。”

伋 jí 同“急”。迫切。《淮南子·缪称》：“～于不己知者，不自知也。”

级（級） jí ❶ 等级。《韩非子·定法》：“斩一首者爵一～。”颜延之《陶征士诔》：“蔑彼名～。”（轻视名誉和等级地位。）❷ 台阶。《左传·僖公二十三年》：“公降一～而辞焉。”徐弘祖《徐霞客游记·楚游日记》：“在石隙中转折数～而下。”❸ 首级。《汉书·赵充国传》：“斩虏数百～。”

极¹（極） jí ❶ 脊檩，房脊。张衡《西京赋》：“跱（zhì）游～于浮柱。”（跱：置。游：指凌空的。浮柱：梁上的柱子。）㊀最高处。《庄子·则阳》：“其邻有夫妻臣妾登～者。”《世说新语·文学》：“佛经以为祛练神明，则圣人可致。简文云：‘不知便可登峰造～不？’”❷ 尽头，极点。《诗经·唐风·鸨羽》：“悠悠苍天，曷其有～？”李贺《秦王饮酒》诗：“秦王骑虎游八～。”（八极：指八方最远的地方。）㊀终了，竭尽。《吕氏春秋·大乐》：“天地车轮，终则复始，～则复反。”《战国策·秦策三》：“夫公孙鞅事孝公，～身毋二，尽公不还私，信赏罚以致治。”❸ 最，非常。《庄子·盗跖》：“子之罪大～重。”❹ 底线，准则。《诗经·卫风·氓》：“士也罔～，二三其德。”刘禹锡《天论上》：“建～闲邪。”（树立标准，防止邪恶。）❺ 疲乏，疲劳。《汉书·王褒传》：“匈喘肤汗，人～马倦。”（匈：胸。）《世说新语·言语》：“丞相小～，对之疲睡。”❻ 通“亟”。急。《荀子·赋》：“出入甚～，莫知其门。”【注意】古代汉语中“极”和“極”是两个字，意义各不相同。上述义项都不写作“极”。现“極”简化为“极”。参见下“极²”字。

极² jí 放在驴背上用来驮物的架子。《说文·木部》：“极，驴上负也。”

笈 jí 书箱。《晋书·王裒传》：“负～游学。”（背着书箱到远处去求学。）㊀以笈放置，携带。柳宗元《送辛殆庶下第游南郑序》：“遂～典坟，袖文章，北来王都。”

吉 jí ❶ 吉祥，吉利。与“凶”相对。《穀梁传·哀公元年》：“卜之不～则如之何？”成语有“凶多吉少”。❷ 善，好。《诗经·唐风·无衣》：“不如子之衣，安且～兮。”

佶 jí 壮健。《诗经·小雅·六月》：“四牡既～，既～且闲。”

即 jí ❶ 走近，靠近。《诗经·卫风·氓》：“来～我谋。”（谋：商量。）柳宗元《童区寄传》：“以缚～炉火烧绝之。”（缚：指捆在手上的绳子。绝：断。）成语有“若即若离”、“可望而不可即”。［即位］就位。指做皇帝或诸侯。《史记·东越列传》：“吾初～～。”❷ 就，依凭。《史记·吴王濞列传》：“～山铸钱，煮海水为盐。”《汉书·赵充国传》：“召黄门郎扬雄～充国图画而颂之。”❸ 介词。当。《汉书·高帝纪上》：“项伯许诺，～夜复去。”❹ 副词。立即，马上。《三国志·蜀书·诸葛亮传》：“～遣兵三万人以助备。”（备：刘备。）❺ 副词。加强肯定语气。《左传·襄公八年》：“民死亡者，非其父兄，～其子弟。”❻ 副词。便，就。《史记·李将军列传》：“度不中不发，发～应弦而倒。”❼ 连词。如果，假如。《史记·高祖本纪》：“萧相国～死，令谁代之？”❽ 连词。即使。《史记·魏公子列传》:"公子～合符,而晋鄙不授公子兵而复请之,事必危矣。"

塈 jí ❶烧土为砖。《礼记·檀弓上》:"夏后氏～周。"(塈周:烧土为砖,放在棺材的四周。)❷烛灰。《礼记·檀弓上》郑玄注引《弟子职》:"右手折～。"❸通"疾"。憎恨。《尚书·舜典》:"朕～谗说殄行。"

蝍 jí [蝍蛆(jū)]1.蟋蟀。《淮南子·说林》:"腾蛇游雾,而殆于～～。"(殆:畏惧。)2.蜈蚣。又写作"蝍且"。《庄子·齐物论》:"蝍且甘带,鸱鸦耆鼠。"(带:蛇。)

亟 jí ❶急,赶快。《商君书·更法》:"君～定变法之虑。"《史记·陈涉世家》:"趣(cù)赵兵～入关。"(趣:通"促",催促。)❷qì 屡次。《左传·隐公元年》:"～请于武公。"

慖 jí 急,性急。《毛诗传笺通释》卷一八:"《淮南·览冥训》:'安之不～。'高注:'～,急也。'"

殛 jí 诛杀。《尚书·舜典》:"～鲧(gǔn)于羽山。"(鲧:人名,夏禹的父亲。)《左传·僖公二十八年》:"有渝此盟,明神～之。"(渝:改变。)㉠惩罚。《尚书·康诰》:"爽惟天其罚～我,我其不怨。"

急 jí ❶(性情)急躁。《韩非子·观行》:"西门豹之性～。"❷迫切,紧急。《孟子·尽心上》:"尧舜之知而不遍物,～先务也。"杜甫《兵车行》:"县官～索租,租税从何出?"㉠急需的、紧急严重的事情。《论语·雍也》:"君子周～不继富。"(周:救济。)《盐铁论·非鞅》:"盐铁之利,所以佐百姓之～。"(佐:指帮助解决。)成语有"当务之急"。㉡危急。《左传·僖公三十年》:"吾不能早用子,今～而求子,是寡人之过也。"❸快,急速。郦道元《水经注·河水》:"水流迅～,势同三峡。"❹紧,紧缩。《后汉书·吕布传》:"操笑曰:'缚虎不得不～。'乃命缓布缚。"贾思勰《齐民要术·种桃柰》:"桃性皮～。"

疾 jí ❶病。《尚书·金縢》:"武王有～,周公作《金縢》。"㉡生病。《韩非子·外储说左上》:"婴～甚,且死。"(婴:人名。且:将。)㉠痛苦,疾苦。《管子·小问》:"凡牧民者,必知其～。"《史记·萧相国世家》:"汉王所以具知天下阨塞,户口多少强弱之处,民所～苦者,以何具得秦图书也。"㉠缺点,毛病。《荀子·修身》:"不由礼则触陷生～。"《孟子·梁惠王下》:"寡人有～,寡人好货。"❷厌恶,憎恨。《论语·泰伯》:"人而不仁,～之已甚,乱也。"成语有"疾恶如仇"。❸妒忌。《史记·孙子吴起列传》:"庞涓恐其贤于己,～之。"(庞涓:人名。)上述❷❸又写作"嫉"。❹快,急速。《周礼·考工记·鲍人》:"鼓大而短,则其声～而短闻。"《三国志·魏书·武帝纪》:"～雷不及掩耳。"㉠急切地从事。《商君书·弱民》:"万民～于耕战。"

【辨】病,疾。见27页"病"字。

【辨】快,速,疾,捷。见230页"快"字。

蒺 jí [蒺藜]1.一种长刺的野生植物。古乐府《孤儿行》:"拔断～～肠月中。"(肠:腓肠,即小腿肚子。月:同"肉"。)2.用来御敌的一种器具,有尖刺,像蒺藜。《墨子·备城门》:"皆积絫石～～。"(絫石:礌石。)

嫉 jí 嫉妒。屈原《离骚》:"世溷(hùn)浊而～贤兮。"(溷:浊。)《世说新语·言语》:"淳酪养性,人无～心。"㉡憎恨。《史记·孟子荀卿列传》:"荀卿～浊世之政。"(浊世:乱世。)

棘 jí ❶酸枣树。《诗经·邶风·凯风》:"吹彼～薪。"(棘薪:指酸枣树已长成薪柴。)㉢有刺的灌木。如"荆棘"。㉠刺,刺伤。黄庭坚《龙眠操》诗:"我为直兮～余趾。"❷通"戟"。一种兵器。《左传·隐公十一年》:"子都拔～以逐之。"(子都:人名。)❸通"急"。急迫。《诗经·小雅·采薇》:"岂不日戒?玁狁孔～。"(玁狁:我国古代北方民族。孔:甚。)㉡急躁。王夫之《船山记》:"蠲(juān)其不欢,迎其不～。"(蠲:弃。)❹通"瘠"。瘠薄。《吕氏春秋·任地》:"～者欲肥。"

襋 jí 衣领。《诗经·魏风·葛屦》:"要之～之,好人服之。"(缝腰又缝领,美人穿上衣。)

戢 jí ❶收藏兵器。《诗经·周颂·时迈》:"载～干戈。"(载:句首语气词。)㉠记住。《世说新语·方正》刘注引《孙绰集》:"永～话言,口诵心悲。"㉠止息,禁止。《左传·隐公四年》:"夫兵犹火也,弗～,将自焚也。"《宋史·度宗纪》:"申严～贪之令。"❷收敛。陶渊明《归鸟》诗:"翼翼归鸟,～羽寒条。"(翼翼:翅膀一扇一扇的样子。条:树枝。)❸聚集。《国语·周语上》:"夫兵～而时动,动则威。"❹通"辑"。和睦。《孟子·梁惠王下》:"思～用光。"(用光:以为荣光。)

楫[檝] jí 船桨。《商君书·弱民》:"背法而治,此任重道远而无马牛,济大川而无舡～也。"(任:背负。济:渡。舡:船。)

辑(輯) jí ❶车厢。㉢车子。《列子·汤问》:"齐～乎辔(pèi)衔之际。"(齐:齐整,整备。辔:马缰绳。衔:马嚼子。)❷聚集。《韩非子·说林下》:"甲～而兵聚。"(甲:铠甲。兵:兵器。)㉡纂集,编辑。

《国语·晋语八》："端刑法，～训典。"（训典：训辞和礼仪规范。）❸ 和睦。《左传·僖公十五年》："群臣～睦，甲兵益多。"㊀安抚，安定。柳宗元《封建论》："卧而委之以～一方可也。"（委：委托。）❹ 敛。《礼记·丧大记》："大夫于君所则～杖。"（辑杖：指收起拐杖。）❺ qī 通"缉"。连缀。《韩非子·外储说左上》："为木兰之柜，薰以桂椒，缀以珠玉，饰以玫瑰，～以羽翠。"

濈 jí ❶ 水向外流。张衡《南都赋》："流湍投～。"张仲景《金匮要略·妇人杂病》："～然汗出者愈。"❷ 形容迅速。曹植《七启》："翔尔鸿翥（zhù），～然凫没。"❸［濈濈］聚集的样子。《诗经·小雅·无羊》："尔羊来思，其角～～。"

集 jí ❶ 群鸟停在树上。《诗经·周南·葛覃》："黄鸟于飞，～于灌木。"㊁降落。《韩非子·解老》："时雨降～，旷野闲（xián）静。"㊀停留。屈原《离骚》："欲远～而无所止兮，聊浮游以逍遥。"❷ 聚集。贾谊《过秦论》："天下云～而响应。"❸ 齐，一致。《汉书·晁错传》："士不选练，卒不服习，起居不精，动静不～。"❹ 诗文集子。《三国志·蜀书·诸葛亮传》："亮言教书奏多可观，别为一～。"（言教书奏：四种文体。）❺ 成功。《左传·襄公二十六年》："今日之事幸而～，晋国赖之；不～，三军暴骨。"（事：指秦、晋和好。幸：侥幸。）《左传·成公二年》："此车一人殿之，可以～事。"❻ 安定。《史记·秦始皇本纪》："天下初定，远方黔首未～。"

耤 jí ❶［耤田］名义上由皇帝亲自耕种的田地。又写作"藉田"。《汉书·文帝纪》："其开藉田，朕亲率耕。"❷ jiè 借。《汉书·郭解传》："以躯～友报仇。"

踖 jí ❶ 跨越。《礼记·曲礼上》："毋～席。"❷［踧（cù）踖］见 66 页"踧"字。

藉 jí ❶ jiè 用草编的垫。屈原《九歌·东皇太一》："蕙肴（yáo）蒸兮兰～。"（用蕙草包着肉食放在用兰草编的垫子上。肴蒸：古代的一种肉食。）㊁动词。垫。柳宗元《捕蛇者说》："往往而死者相～也。"㊀坐卧在某物上。孙绰《游天台山赋》："～萋萋之纤草。"（萋萋：草茂盛的样子。纤草：小草。）❷ 践踏，欺凌。《汉书·灌夫传》："我在也，而人皆～吾弟。"❸ jiè 凭借。《商君书·开塞》："～刑以去刑。"【注意】这个意义的"藉"在现代汉语中写作"借"。❹ jiè 借给，供给。李斯《谏逐客书》："此所谓～寇兵而赍盗粮者也。"❺ jiè 假使。《史记·陈涉世家》："～第令毋斩，而戍死者固十六七。"（假使能免于斩刑，去守边也要死掉十分之六七的人。）❻ 进贡。《穀梁传·哀公十三年》："（吴）欲因鲁之礼，因晋之权，而请冠端，而袭其～于成周。"❼ 束缚。《庄子·应帝王》："虎豹之文来田，猨狙之便、执斄之狗来～。"

【辨】藉，籍。这两个字古多通用。但"户籍"、"典籍"、"书籍"、"籍没"的"籍"不写作"藉"，"草垫"的意义一般也不写作"籍"。

籍 jí ❶ 名册，户口册。《史记·平准书》："河南上富人助贫人者～。"《汉书·高帝纪上》："萧何尽收秦丞相府图～文书。"㊀登记。《汉书·武帝纪》："～吏民马。"［门籍］写有朝臣姓名状貌的竹签，悬挂在宫门上，查对相符，朝臣才得入宫门。《史记·魏其武安侯列传》："太后除窦婴～～，不得入朝请。"（窦婴：人名。朝：指春天朝见天子。请：指秋天朝见天子。）❷ 典籍，书籍。《孟子·万章下》："诸侯恶其害己也，而皆去其～。"《汉书·艺文志》："皆灭去其～。"❸ jiè 通"藉"。凭借。《韩非子·五蠹》："是故乱国之俗，其学者则称先王之道以～仁义。"❹ 通"藉"。践踏，欺凌。应劭《风俗通·穷通》："～夫子者不禁。"

【辨】藉，籍。见上"藉"字。

瘠 jí ❶ 瘦。与"肥"相对。《荀子·非相》："叶公子高，微小短～，行若将不胜其衣。"《史记·刘敬叔孙通列传》："今臣往，徒见羸～老弱。"㊁贫困。《国语·楚语上》："民实～矣，君安得肥。"《三国志·吴书·陆逊传》："民～国强者，未之有也。"㊀地力贫弱。《国语·鲁语下》："择～土而处之。"❷ 薄，少。《左传·襄公二十九年》："何必～鲁以肥杞？"《荀子·富国》："若是则～，～则不足欲。"❸ 疾疫。《公羊传·庄公二十年》："大灾者何？大～也。大～者何？痢也。"❹ zì 通"胔"。尚存残肉的骨殖。《荀子·荣辱》："是其所以不免于冻饿，操瓢囊为沟壑中～者也。"文天祥《正气歌》："一朝蒙雾露，分作沟中～。"

鹡（鶺） jí ［鹡鸰（líng）］1. 一种鸟。东方朔《答客难》："譬若～～，飞且鸣矣。"2. 比喻兄弟。袁宏《三国名臣序赞》："岂无～～？固慎名器。"

蹐 jí 走小碎步，即后脚脚尖紧接着前脚脚跟。《诗经·小雅·正月》："谓地盖厚，不敢不～。"（地该是很厚的，但不敢不小步走。形容受压抑。）成语有"蹐地跼天"（跼：弯着腰）。

几²（幾） jǐ ❶ jī 隐微，不明显。《周易·系辞上》："～事不密则害成。"《后汉书·陈宠传》："今不蒙忠能之赏，而计～微之故，诚伤辅政容贷之德。”㊕事情的苗头或预兆。《周易·系辞下》：“君子见～而作。”㊄危险。《左传·宣公十二年》：“利人之～，而安人之乱。”❷ jī 事务。多见于“万几”，指政事。《尚书·皋陶谟》：“一日二日万～。”上述❶❷又写作“机”。❸ jī 将近，接近。贾谊《论积贮疏》：“汉之为汉，～四十年矣。”㊂差一点儿，几乎。《世说新语·排调》：“民虽吴人，～为伧鬼。”文天祥《指南录后序》：“～自刭(jǐng)死。”(刭：割脖子。) ❹ 表示疑问。问数量。《孟子·离娄上》：“子来～日矣？”《汉书·赵充国传》：“当用～人？” ❺ jī 通“讥”。检查，查看。《荀子·王制》：“关市～而不征。”(关市：关卡和市场。征：收税。) ❻ qǐ 通“岂”。难道。《荀子·大略》：“～为知计哉？” ❼ jì 通“冀”。希望。《左传·哀公十六年》：“国人望君，如望岁焉，日月以～。”【注意】古代汉语中“幾”和“几”是两个字，意义各不相同。上述义项都不写作“几”。现“幾”简化为“几”。参见174页“几[1]”字。

【辨】幾，机。“幾”的本义是微，“机”的本义是机械。“幾”除了义项❶❷后来也写作“机”以外，其他意义都不写作“机”。“机械”的意义也不写作“幾”。

虮(蟣) jǐ ❶ 虱子的卵。《韩非子·喻老》：“甲胄生～虱，燕雀处帷幄。” ❷ 酒上的泡沫。《晋书·张载传》：“浮～星沸，飞华萍接。”

己 jǐ ❶ 自己。《论语·颜渊》：“～所不欲，勿施于人。”《孙子兵法·谋攻》：“知彼知～，百战不殆(dài)。”(殆：危险。) ❷ 天干的第六位。见125页“干[1]”字。

给(給) jǐ ❶ 足，丰足。《孟子·梁惠王下》：“秋省敛而助不～。”贾思勰《齐民要术序》：“岁岁开广，百姓充～。”(岁岁开广：指开垦的土地逐年增多。) ❷ 供给，供应。《战国策·齐策四》：“孟尝君使人～其食用。”成语有“自给自足”。❸ 供事，供职。《史记·萧相国世家》：“何乃～泗水卒史事。”(何：萧何，人名。泗水：地名。卒史：官名。)《三国志·魏书·吕布传》：“以骁武～并州。” ❹ 及。《汉书·晁错传》：“匈奴之足弗能～也。” ❺ 口齿伶俐。《荀子·非十二子》：“辩说譬谕齐～便利。”(譬谕：比喻。齐：快。便利：敏捷。)【注意】古代汉语中“给”字不表示“给予”，只表示“供给”。“给予”的意思用“与”、“予”表示。

脊 jǐ ❶ 脊椎骨。《庄子·则阳》：“忌也出走，然后抶(chì)其背，折其～。”(抶：鞭打。)㊂脊背。《周礼·天官·内饔》：“马黑～而般臂。”(般：通“斑”，斑纹。) ❷ 物体中间高起的部分。《汉书·郊祀志上》：“江淮间一茅三～，所以为藉也。”《宋书·谢灵运传》：“山～曰冈。”《梁书·康绚传》：“依岸以筑土，合～于中流。”㊣事物的关键或要害部分。《战国策·楚策一》：“席卷常山之险，折天下之～。” ❸ 条理。《诗经·小雅·正月》：“维号斯言，有伦有～。”

掎 jǐ ❶ 抓住，拖住。《诗经·小雅·小弁》：“伐木～矣，析薪杝(zhì)也。”(伐木要拖住它防止倒错了方向，劈柴要顺着木头的纹理。)《汉书·叙传上》：“昔秦失其鹿，刘季逐而～之。”㊄牵制。《三国志·魏书·满宠传》：“羽所以不敢遂进者，恐吾军～其后耳。”(羽：关羽，人名。)[掎角]分兵牵制或夹击。《三国志·吴书·陆逊传》：“～～此寇，正在今日。” ❷ 发射。班固《西都赋》：“机不虚～，弦不再控。”

戟[戟] jǐ ❶ 古代一种兵器。《诗经·秦风·无衣》：“王于兴师，修我矛～。”《三国志·魏书·典韦传》：“帐下壮士有典君，提一双～八十斤。”㊄伸出食指和中指指人，其状似戟。《左传·哀公二十五年》：“公～其手。” ❷ 刺激(后起意义)。柳宗元《与崔饶州论石钟乳书》：“～喉痒肺。”

撠 jǐ ❶ 击刺。《史记·孙子吴起列传》：“救斗者不搏～。” ❷ 接触。《汉书·扬雄传下》：“不阶浮云，翼疾风，虚举而上升，则不能～胶葛，腾九闳。”(胶葛：上清之气。九闳：九天之门。)㊄握持。荀悦《前汉纪》卷六：“高后梦见物如苍狗，～后腋。”

计(計) jì ❶ 算账，计算。《战国策·齐策四》：“谁习～会。”(会：年终算账。)诸葛亮《出师表》：“可～日而待也。”㊄考察，审核。《管子·八观》：“行其田野，视其耕芸，～其农事，而饥饱之国可以知也。”㊄记载，登记。《左传·襄公十九年》：“夫铭，天子令德，诸侯言时～功，大夫称伐。”《管子·立政》：“州长以～于乡师。”(州长把情况登记在乡师那里。州长、乡师：官名。)㊄账簿。《汉书·武帝纪》：“受～于甘泉。”(受：接受。甘泉：地名。) ❷ 考核官吏。董仲舒《春秋繁露·考功名》：“前后三考而绌陟，命之曰～。” ❸ 盘算，谋划。《战国策·赵策四》：“父母之爱子，则为之～深远。” ❹ 计谋，策略。《盐铁论·利议》：“诸生无能出奇～。”

【辨】计，虑。这两个字在“盘算”、“谋划”的意义上，只有细微的分别。“计”着重在计划或策划，“虑”是反复思考。

【辨】计，谋。这两个字当名词使用时基本意思相同，都有“计谋”、“计策”的意思。当动词使用时，“计”大多表示个人进行谋划，而“谋”除了表示个人谋划之外，还常常表示多人进行谋划商讨。

记（記） jì ❶ 记住。与“忘”相对。《尚书·益稷》：“挞以～之。”（鞭挞使记住过错。）《后汉书·应奉传》：“凡所经履，莫不暗～。” ❷ 记载，记述。《战国策·东周策》：“《春秋》～臣弑君者以百数。”范仲淹《岳阳楼记》：“属予作文以～之。”（属：嘱托。予：我。）(引)史册文书，典籍。《盐铁论·结和》：“藏于～府。” ❸ 文体的一种。如《钴鉧潭西小丘记》、《岳阳楼记》。❹ 印章。《宋史·职官志七》：“铸铜～给之。”

【辨】记，纪。在“记载”这个意义上，这两个字相通。但各有一些习惯用法，不相混淆。如《秦始皇本纪》不作《秦始皇本记》，而《史记》也不作《史纪》。“记”又是一种文体，如奏记、游记、杂记，而“纪”作为文体是指纪传体史书中记述帝王事迹的部分。

纪（紀） jì ❶ 丝的头绪。《墨子·尚同上》：“譬若丝缕之有～，网罟(gǔ)之有纲。”（譬若：比如。罟：网的总称。纲：提网的总绳。）❷ 法度，准则。《墨子·小取》：“审治乱之～。”《后汉书·邓禹传》：“师行有～。”㊕人与人之间的道德关系。《吕氏春秋·贵公》：“无乱人之～。”（无：不要。）[纪纲] 1. 法度。《左传·哀公六年》：“乱其～～。” 2. 治理。《国语·晋语四》：“此大夫管仲之所以～～齐国。” ❸ 治理，管理。《国语·周语上》：“～农协功。”（管理农事，协同工作。）❹ 记年单位。1. 十二年为一纪。《尚书·毕命》：“既历三～。” 2. 一代为一纪。史岑《出师颂》：“历～十二。” ❺ 古代纪传体史书中记述帝王历史事迹的部分。如《史记·秦始皇本纪》、《汉书·高帝纪》。❻ 通“记”。记载。《论衡·须颂》：“司马子长～黄帝以至孝武。”（司马子长：司马迁。黄帝：传说中的古代帝王。孝武：汉武帝。）

【辨】记，纪。见上“记”字。

忌 jì ❶ 憎恨。《管子·大匡》：“诸侯加～于君。”（加：施加。）(又)嫉妒。《史记·陈丞相世家》：“项王为人，意～信谗。” ❷ 顾忌，畏惧。《荀子·大略》：“齐人欲伐鲁，～卞庄子。”（卞庄子：人名。）《三国志·吴书·吕蒙传》：“羽不足～。”（羽：关羽，人名。）❸ 忌讳，禁忌。《韩非子·外储说左下》：“公室卑，则～直言。”（卑：低下，卑贱。）(又)敬畏。《左传·昭公元年》：“幼而不～，不事长也。” ❹ 语气词。《诗经·郑风·大叔于田》：“叔善射～，又良御～。”（大叔善于射箭，又善于驾车。御：驾车。）

跽[曁] jì 长跪，挺直上身两膝着地。《战国策·秦策三》：“秦王～曰：‘先生是何言也！’”《史记·项羽本纪》：“项王按剑而～，曰：‘客何为者？’”

諅 jì 告诫。《淮南子·缪称》：“目之精者，可以消泽，而不可以昭～。”（消泽：消释，消亡。）

伎 jì ❶ 技艺。《荀子·王制》：“案谨募选阅材～之士。”（于是严格谨慎地招募选择有才能技艺的人。案：于是，就。）这个意义又写作“技”。❷ 歌女。李白《寄韦南陵冰》诗：“闻君携～访情人，应为尚书不顾身。”这个意义又写作“妓”。

技 jì 技艺，本领。《左传·襄公十三年》：“小人伐其～以冯君子。”（伐：夸耀。冯：欺凌。）《后汉书·华佗传》：“佗之绝～，皆此类也。”㊕工匠。《荀子·富国》：“百～所成。”

芰 jì 菱角。《国语·楚语上》：“屈到嗜～。”杜甫《壮游》诗：“剑池石壁仄，长洲荷～香。”

际（際） jì ❶ 交界处，边缘处。《左传·定公十年》：“居齐鲁之～而无事，必不可矣。”李白《黄鹤楼送孟浩然之广陵》诗：“孤帆远影碧空尽，唯见长江天～流。” ❷ 先后交接的时候。《史记·秦楚之际月表》：“太史公读秦楚之～。”（太史公：指司马迁。秦楚之际：指秦朝和楚汉时期相交接时的历史。）(引)时候。《论语·泰伯》：“唐、虞之～，于斯为盛。”岳飞《南京上高宗书略》：“（乘）敌穴未固之～，亲帅六军，迤逦(yǐlǐ)北渡。”（敌穴未固：敌人巢穴还不稳固。迤逦：曲折绵延的样子。）❸ 彼此之间。《韩非子·难一》：“君臣之～，非父子之亲也。” ❹ 会合，交际。《周易·坎》：“刚柔～也。”《庄子·则阳》：“不应诸侯之～。”（不参加诸侯之间的交际。）❺ 机会，机遇。《晋书·杨佺期传》：“恒慷慨切齿，欲因事～以逞其志。” ❻ 到，接近。《庄子·刻意》：“上～于天，下蟠于地。”《汉书·严助传》：“～天接地。”

季 jì ❶ 排行在后的。《诗经·召南·采蘋》：“有齐～女。”《新唐书·李勣传》：“～弟感年十五。”（感：人名。）❷ 一个季节或一个朝代的末了。刘桢《赠五官中郎将》诗：“～冬风且凉。”蔡琰《悲愤诗》：“汉～失权柄，董卓乱天常。”[季月] 每季的最后一月。

《北史·魏孝文帝本纪》："自今选举，每以～～。"❸ 三个月为一季，一年分春、夏、秋、冬四季(后起意义)。张蠙《次韵和友人冬月书斋》："四～多花木，穷冬亦不凋。"(穷冬：指冬末。凋：凋落，枯萎。)【注意】"四季"这个意义在上古称为"四时"。

悸 jì 因害怕而心跳。《楚辞·九思·悼乱》："惶～兮失气。"(惶：恐惧。失气：气快要断了。)㊀心跳病。《汉书·田延年传》："使我至今病～。"这个意义后来写作"痵"。

剂(劑) jì ❶ 剪断，割破。贾谊《新书·谕诚》："豫让～面而变容。"(豫让：人名。)㊀齐平。元稹《和乐天早春见寄》："湖添水～消残雪，江送潮头涌漫波。"❷ 商业交易用的一种契约。左思《魏都赋》："质～平而交易。"(质：契约的一种。平：平等。)❸ 调和。《后汉书·刘梁传》："和如羹焉，酸苦以～其味。"❹ 药剂。《新唐书·吴凑传》："诏侍医敦进汤～。"❺ 量词。中药一服为一剂。《宋书·范晔传》："为合汤一～，耀疾即损。"(耀：许耀，人名。损：减轻。)

荠(薺) jì ❶ 荠菜。《诗经·邶风·谷风》："谁谓荼苦？其甘如～。"❷ cí 通"茨"。蒺藜。

济(濟) jì ❶ 过河，渡。《公羊传·僖公二十二年》："楚人～泓而来。"(泓：水名。)成语有"同舟共济"。❷ 贯通。《淮南子·原道》："天下之物莫柔弱于水，然而大不可极……利贯金石，强～天下。"❸ 成。《左传·文公十八年》："世～其美，不陨其名。"(陨：坠落。)《三国志·蜀书·先主传》："夫～大事必以人为本。"❹ 帮助，接济。《后汉书·何颙传》："为求援救，以～其患。"㊁有利，有益。《周易·系辞下》："万民以～。"❺ 停止。《淮南子·天文》："大风～。"❻ jǐ 水名。故道在今山东。❼ jǐ［济济］众多的样子。《诗经·大雅·旱麓》："瞻彼旱麓，榛楛～～。"(榛、楛：两种树名。)成语有"人才济济"。

霁(霽) jì 雨雪停止，云雾散，天放晴。《晏子春秋·内篇谏上》："雨雪三日而不～。"《韩非子·难势》："云罢雾～。"成语有"光风霁月"。㊀明朗。吴筠《秋日望倚帝山》诗："秋天已晴朗，晚日更澄～。"㊇怒气消除，气色转和。《汉书·魏相传》："相心善其言，为～威严。"《新唐书·裴度传》："帝色～，乃释寰。"(释：释放。寰：人名。)

哜 jì 品尝。《礼记·杂记下》："小祥之祭，主人之酢也，～之。"㊀品味。苏轼《洞酌亭》诗："既味我泉，亦～我诗。"

齌 jì 猛火急炊。《说文·火部》："齌，炊餔疾也。"㊀疾，盛。屈原《离骚》："荃不察余之中情兮，反信谗而～怒。"

穧 jì 割了而未收起的谷物。《诗经·小雅·大田》："彼有不获穉，此有不敛～。"(不获穉：没有收割的嫩庄稼。)

迹［跡、蹟］ jì ❶ 脚印。《孟子·滕文公上》："兽蹄鸟～之道交于中国。"《汉书·枚乘传》："人性有畏其景而恶其～者。"(景：影子。)㊀痕迹，遗迹。沈括《梦溪笔谈》卷一七："用笔极新细，殆(dài)不见墨～。"(殆：几乎。)李白《登金陵冶城西北谢安墩》诗："冶城访古～，犹有谢安墩。"㊁事迹。《史记·秦始皇本纪》："从臣思～。"㊁人物形象。韩愈《送杨少尹序》："汉史既传其事，而后世工画者又图其～。"❷ 至，蹈。韩愈《上考功崔虞部书》："足不～公卿之门。"❸ 追踪行迹。《汉书·季布传》："汉求将军急，～且至臣家。"(且：将要。)❹ 推究，考察。贾谊《治安策》："臣窃～前事，大抵强者先反。"(臣：我。窃：谦辞。私下。)

洎 jì ❶ 往锅里添水。《吕氏春秋·应言》："市丘之鼎以烹鸡，多～之则淡而不可食，少～之则焦而不熟。"(市丘：地名。鼎：古代烹煮用的器具。烹：煮。)㊀汤汁。《左传·襄公二十八年》："去其肉，而以其～馈(kuì)。"(馈：送。)❷ 浸泡，浸润。《管子·水地》："越之水，浊重而～。"(越地的水很混浊而且向外浸润。)❸ 到，至。《庄子·寓言》："后仕，三千钟而不～，吾心悲。"张衡《东京赋》："泽～幽荒。"(泽：恩泽。幽荒：偏远的地方。)《论衡·程材》："～人文吏之科，坚守高志，不肯下学。"(下学：降低学问的标准。)❹ 连词。及，与。柳宗元《曹溪第六祖赐谥大鉴禅师碑并序》："公命部吏～州司功掾，告于其祠。"

既 jì ❶ 尽，完了，终了。《左传·僖公二十二年》："楚人未～济。"(济：渡河。)孙樵《书褒城驿壁》："语未～，有老氓(méng)笑于旁。"(老氓：指老农民。)❷ 副词。已经。《诗经·周南·汝坟》："～见君子，不我遐弃。"《韩非子·外储说左下》："三军～成陈，使士视死如归。"(陈：阵。)❸ 副词。既然(后起意义)。《世说新语·识鉴》："～与人同乐，亦不得不与人同忧。"沈括《梦溪笔谈》卷一四："～云孟子不见诸侯，因何见梁惠王？"(云：说。因何：为什么。)❹ 副词。不久。常"既而"连用。《左传·文公元年》："～又欲立王子职，而黜太子商臣。"《后汉书·华佗传》:"～而缝合。"❺[既……且……][既……又……]表示两种情况同时存在。《孙子兵法·谋攻》:"三军既惑且疑。"曹操《让县自明本志令》:"既为子孙计,又已败则国家倾危。"

塈 jì ❶用泥涂抹屋顶。《尚书·梓材》:"若作室家,既勤垣墉,惟其涂～茨。"(盖房子既要垒好墙,也要用泥涂抹好茅草屋顶。)《汉书·谷永传》:"凶年不～涂。"❷取。《诗经·召南·摽有梅》:"摽有梅,顷筐～之。"❸休息,安宁。《诗经·大雅·假乐》:"不解于位,民之攸～。"(在上者不懈怠,民所以得安宁。一说"塈"为"归附"义。)

概 jì 稠密(多用于农作物的密植)。《史记·齐悼惠王世家》:"深耕～种,立苗欲疏。"

暨 jì ❶和,同。《左传·定公十年》:"母弟辰～仲佗、石弧(kōu)出奔陈。"(辰、仲佗、石弧:人名。陈:国名。)❷到,至。《庄子·列御寇》:"跣而走,～乎门。"魏征《十渐不克终疏》:"～乎今岁,天灾流行。"(岁:年。)这个意义又写作"洎"。

勣(勣) jì 功。刘勰《文心雕龙·封禅》:"劳深～寡,飙焰缺焉。"(飙焰:气势雄壮。)

绩(績) jì ❶缉线,把麻搓成绳或线。《诗经·陈风·东门之枌》:"不～其麻。"㊖蚕吐丝。韩愈《圬者王承福传》:"粟,稼而生者也。若布与帛,必蚕～而后成者也。"㊀继承。《左传·昭公元年》:"子盍亦远～禹功而大庇民乎?"❷成绩,功绩。《穀梁传·成公五年》:"伯尊其无～乎?"

鲚 jì ❶一种小贝。《尔雅·释鱼》:"大者魧,小者～。"❷鲫鱼。《楚辞·大招》:"煎～膗雀,遽爽存只。"

觊(覬) jì 希望得到。《汉书·游侠传》:"众庶荣其名迹,～而慕之。"柳宗元《童区寄传》:"自毁齿已上,父兄鬻(yù)卖,以～其利。"(毁齿:指儿童换牙的年龄。已:以。鬻:卖。)[觊觎(yú)]非分的希望和企图。《三国志·魏书·武帝纪》:"群凶～～,分裂诸夏。"(诸夏:我国古代对中原地区的称呼。)

继(繼) jì ❶连续不断。屈原《离骚》:"吾令凤鸟飞腾兮,～之以日夜。"❷承接,继承。《荀子·儒效》:"工匠之子,莫不～事。"《汉书·昭帝纪》:"昔周成以孺子～统。"❸接着,跟着。《孟子·公孙丑下》:"～而有师命。"《韩非子·和氏》:"泣尽而～之以血。"❹增益。《论语·雍也》:"君子周急不～富。"(周:救济。)《墨子·非命上》:"绝长～短,方地百里。"

紒 jì 束发为髻。《仪礼·士冠礼》:"将冠者,采衣,～。"

寄 jì ❶寄居,依附。《战国策·齐策四》:"使人属孟尝君,愿～食门下。"(属:嘱托。)《世说新语·言语》:"～人国土,心常怀惭。"❷寄托,托付。《论语·泰伯》:"可以托六尺之孤,可以～百里之命。"诸葛亮《出师表》:"先帝知臣谨慎,故临崩～臣以大事也。"(臣:诸葛亮自称。临崩:临死。)㊀寄存。《北齐书·高德政传》:"德政妻出宝物满四床,欲以～人。"❸传送(后起意义)。沈括《梦溪笔谈》卷五:"弯弓莫射云中雁,归雁如今不～书。"(莫:不要。书:书信。)

寂 jì ❶没有声音。《老子》二十五章:"～兮寥兮。"(无声无形。寥:空廓,没有形体。)[寂然]安静的样子。《周易·系辞上》:"～～不动,感而遂通。"《晋书·谢安传》:"既而～～。"(既而:不久。)❷寂寞。《论衡·程材》:"儒者～于空室,文吏哗于朝堂。"

惎 jì ❶毒害。《左传·定公四年》:"管蔡启商,～间王室。"(管蔡:管叔和蔡叔。)❷憎恨。《左传·哀公二十七年》:"赵襄子由是～知伯。"❸教导。《左传·宣公十二年》:"晋人或以广队不能进,楚人～之脱扃。"(脱扃:抽去车前横木。)张衡《西京赋》:"天启其心,人～之谋。"

蓟(薊) jì ❶一种多年生草本植物。沈括《梦溪笔谈》卷二五:"大～茇(bá)如车盖。"(茇:草根。)❷古地名。在今北京西南。《战国策·燕策二》:"～丘之植,植于汶皇。"

稷 jì ❶谷类,一说即谷子。《诗经·王风·黍离》:"彼黍离离,彼～之苗。"陶渊明《桃花源诗》:"桑竹垂余荫,菽～随时艺。"(荫:阴影。菽:豆类。艺:种植。)❷古代掌农事的官。《左传·昭公二十九年》:"～,田正也。"㊁谷神。《礼记·祭法》:"其子曰农,能殖百谷……故祀以为～。"[社稷]见374页"社"字。❸[稷下]古地名。在今山东淄博市临淄区西北。

【辨】穀,禾,粟,黍,稷。见135页"谷²(穀)"字。

髻 jì 发髻。《史记·货殖列传》:"贾(gǔ)椎～之民。"(与椎髻之民通商。椎髻:椎形的发髻。)《世说新语·贤媛》:"有人走从门入,出～中疏示重。"(重:李重,人名。)

冀 jì ❶古九州之一。《尚书·禹贡》:"～州既载。"❷希望。《韩非子·五蠹》:

"～复得兔。"(复:再。)《世说新语·言语》:"～罪止于身。"

骥(驥) jì 骏马,好马。《荀子·修身》:"夫～一日而千里。"曹操《步出夏门行·龟虽寿》:"老～伏枥,志在千里。"(枥:马槽。)

穄 jì 穄子,一种谷物。《后汉书·乌桓传》:"其土地宜～及东墙。"(东墙:黏黍子。)

罽 jì 一种毛织品。《汉书·东方朔传》:"木土衣绮绣,狗马被缋(huì)～。"(缋:通"绘"。)《后汉书·杜笃传》:"烧～帐,系阏氏(yānzhī)。"

JIA

加 jiā ❶加在……上面,放上。《庄子·马蹄》:"夫～之以衡扼(è)。"(之:指马。衡:车辕上的横木。扼:通"轭",驾车时搁在牛马脖子上的曲木。)㊀施加。诸葛亮《赏罚》:"刑罚知其所～,则邪恶知其所畏。"(知道刑罚如何施加,邪恶的人也就知道害怕什么了。)❷增加。《公羊传·昭公十九年》:"乐正子春之视疾也,复～一饭则脱然愈。"❸副词。更,更加。《左传·昭公三年》:"其如旧而～敬焉。"《孟子·梁惠王上》:"邻国之民不～少,寡人之民不～多。"❹连词。加上,加之。《后汉书·袁术传》:"术兵弱,大将死,众情离叛。～天旱岁荒,士民冻馁,江淮间相食殆尽。"

珈 jiā 古代妇女首饰。《诗经·鄘风·君子偕老》:"君子偕老,副笄六～。"

枷 jiā ❶一种打谷用的农具。也叫连枷。《国语·齐语》:"耒耜～芟(shān)。"(芟:大镰刀。)❷一种套在犯人脖子上的刑具。《北史·流求国传》:"狱无～锁,唯用绳缚。"㊁用作动词。上枷。《北齐书·厍狄干传》:"其子尝啖官厨饼,士文～之于狱累日,杖之二百。"❸jià 通"架"。衣架。《礼记·曲礼上》:"男女不杂坐,不同椸(yí)～。"(椸:衣架。)

笳 jiā 胡笳。一种乐器,类似笛子。《后汉书·董祀妻传》:"胡～动兮边马鸣。"杜甫《后出塞五首》诗之二:"悲～数声动,壮士惨不骄。"(悲:悲壮。)

跏 jiā [跏趺(fū)]佛教徒的一种坐法,即双足交叉盘腿而坐。白居易《在家出家》诗:"中宵入定～～坐,女唤妻呼多不应。"

嘉 jiā ❶好,美好。《诗经·小雅·頍弁》:"尔酒既旨,尔殽既～。"(旨:味美。)屈原《离骚》:"肇(zhào)锡余以～名。"(肇:始。锡:赐。余:我。)㊀吉庆,幸福。《汉书·礼乐志二》:"休～砰隐溢四方。"(休:欢乐。砰隐:洪大,响亮。)❷赞美,嘉奖。曹操《表论田畴功》:"畴文武有效,节义可～。"(畴:人名。效:功。节义:节操。)

夹(夾) jiā ❶在两旁。《荀子·正论》:"庶士介而～道。"(庶士:指军士。介:指穿着铠甲。)《史记·伍子胥列传》:"与楚～汉水而陈。"(陈:排列为阵。)㊀夹物的工具。《周礼·夏官·射鸟氏》:"射则取矢,矢在侯高,则以并～取之。"㊀夹辅。《史记·鲁周公世家》:"已杀纣,周公把大钺,召公把小钺,以～武王。"❷江河汉口停泊船只的地方。陆游《长歌行》:"朝浮杜若洲,暮宿芦花～。"❸jiá 双层的。陆游《示客》诗:"漠漠新寒试～衣。"这个意义后来写作"袷"。❹jiá 通"铗"。剑把。《庄子·说剑》:"以豪桀士为～。"(以豪杰人士作为剑把。桀:杰。)❺xiá 通"狭"。狭窄。《后汉书·东夷传》:"其地东西～,南北长。"

浃(浹) jiā ❶沾湿,湿透。《后汉书·伏皇后纪》:"操出,顾左右,汗流～背。"❷通,透。《荀子·解蔽》:"其所以贯理焉,虽亿万,已不足以～万物之变。"《淮南子·原道》:"不浸于肌肤,不～于骨髓。"❸普遍,周遍。《后汉书·和帝纪》:"餘虽颇登,而多不均～。"《汉书·礼乐志》:"于是教化～洽,民用和睦。"[浃日]从甲日到癸日,其周期是十天。《国语·楚语下》:"远不过三月,近不过～～。"又写作"挟日"。[浃辰]从子日到亥日,其周期是十二天。《左传·成公九年》:"～～之间,而楚克其三都。"❹xiá [浃渫(dié)]水流的样子。郭璞《江赋》:"长波～～,峻湍崔嵬。"

梜(梜) jiā ❶匣子。沈辽《德相惠新茶复次前韵奉谢》:"修竹为之规,黄金为之～。"❷箸,筷子。《礼记·曲礼上》:"羹之有菜者,用～。"

佳 jiā 美,好。屈原《九章·抽思》:"好姱～丽兮,牉独处此异域。"(牉:离开,分离。)陶渊明《饮酒二十首》诗之七:"秋菊有～色。"贾思勰《齐民要术·耕田》:"必须燥湿得所为～。"(必须干湿合适才好。)[佳人]1.美女。《汉书·外戚传上》:"北方有～～,绝世而独立。"2.美好的人。常用以指自己所想念的人。汉武帝《秋风辞》:"兰有秀兮菊有芳,怀～～兮不能忘。"3.有才干的人。《三国志·魏书·曹爽传》注引《魏氏春秋》:"曹子丹～～,生汝兄弟,犊耳!"

家 jiā ❶家庭。《诗经·周颂·访落》:“维予小子,未堪～多难。”《韩非子·显学》:“儒者破～而葬,服丧三年。”(儒家主张倾家荡产来举行丧礼,守孝三年。)沈琼莲《送弟溥试春官》诗:“少小离～侍禁闱,人间天上两依稀。”㉑安家,定居。《史记·乐毅列传》:“乐羊死,葬于灵寿,其后子孙因～焉。”❷卿大夫统治的地方叫家。《左传·襄公二十九年》:“大夫皆富,政将在～。”(大夫都很富足,政权将移到他们手中去了。)❸学派。《汉书·艺文志》:“诸子十～,其可观者九～而已。”㉑掌握某种专门学识或从事某种专门活动的人(后起意义)。沈括《梦溪笔谈》卷七:“天文～有浑仪。”(浑仪:浑天仪。)❹gū [大家]同“大姑”。对女子的尊称。《后汉书·曹世叔妻传》:“令皇后诸贵人师事焉,号曰～～。”

葭 jiā ❶初生的芦苇。《诗经·召南·驺虞》:“彼茁者～。”(茁:植物才生长出来的样子。)[葭莩]芦苇秆里的薄膜,比喻疏远的亲戚。《汉书·中山靖王传》:“非有～～之亲。”❷通“笳”。胡笳。一种乐器,类似笛子。谢灵运《九日从宋公戏马台集送孔令》诗:“鸣～戾朱宫。”(戾:到。朱宫:帝王豪华的宫殿。)

豭 jiā 公猪。《左传·隐公十一年》:“郑伯使卒出～。”《史记·秦始皇本纪》:“夫为寄～,杀之无罪。”

麚 jiā 雄鹿。《楚辞·招隐士》:“白鹿麏～兮,或腾或倚。”(麏:獐子。)

恝 jiá 忽视,不在意。《孟子·万章上》:“夫公明高以孝子之心为不若是～。”

戛[戞] jiá ❶长矛,一种兵器。张衡《东京赋》:“立戈迤～。”(立:直竖。迤:斜靠着。)❷常礼,常法。《尚书·康诰》:“不率大～。”❸敲击,弹奏。《尚书·益稷》:“～击鸣球,搏拊琴瑟以咏。”元稹《华原磬》诗:“铿(kēng)金～瑟徒相杂。”(铿:撞击。金、瑟:两种乐器。徒:徒然。)❹刮平,削平。木华《海赋》:“～岩嶅,偃高涛。”❺象声词。形容鸟鸣声等。白居易《画雕赞》:“～然欲鸣。”成语有“戛然而止”。❻[戛戛]1. 象声词。形容马蹄等声音。郭湜《高力士外传》:“行欲至夹城,忽闻～～声。上惊回顾,见辅国领铁骑数百人,便逼近御马。”2. 费力的样子。韩愈《答李翊书》:“当其取于心而注于手也,惟陈言之务去,～～乎其难哉!”

铗(鋏) jiá ❶剑把。《战国策·齐策四》:“居有顷,复弹其～。”(过了不久,又敲弹他的剑把。)㉒剑。屈原《九章·涉江》:“带长～之陆离兮。”(带着长长的剑。陆离:长的样子。)❷铗子,夹取东西的工具。庾信《对烛赋》:“铁～染浮烟。”萧纲《对烛赋》:“夜久唯烦～,天寒不畏蛾。”(烦:烦劳。)

颊(頰) jiá 脸的两侧。《左传·定公八年》:“偃且射子鉏,中～,殪。”㉒两边,侧面。《魏书·李谧传》:“户之两～裁各七尺耳。”

蛱(蛺) jiá [蛱蝶]蝴蝶。又写作“蛱蜨”。《抱朴子·官理》:“髫孺背千金而逐蛱蜨。”

跲 jiá 绊倒。《吕氏春秋·不广》:“鼠前而兔后,趋则～,走则颠。”㉑言语窘迫。《礼记·中庸》:“言前定则不～,事前定则不困。”

甲 jiǎ ❶草木萌芽时种子所带的皮。《周易·解》:“雷雨作,而百果草木皆～坼。”(坼:裂开。)贾思勰《齐民要术·大豆》:“戴～而生。”(戴:带。)❷动物身上起保护作用的硬壳。《山海经·中山经》:“有兽焉,其状如犬,虎爪,有～,其名曰獜(lìn)。”❸古代军人穿的皮做的护身衣服。《左传·成公二年》:“擐(huàn)～执兵。”(擐:穿。兵:兵器。)屈原《九歌·国殇》:“操吴戈兮被犀～。”(被:披。犀:犀牛皮。)㉒铠甲。黄巢《不第后赋菊》诗:“满城尽带黄金～。”㉑披甲的士兵。《左传·宣公二年》:“伏～将攻之。”❹天干的第一位。见125页“干[1]”字。㉑居第一位或顺序的第一。《汉书·货殖传》:“秦杨以田农而～一州。”今有“桂林山水甲天下”之语。❺户口编制单位。王安石《上五事劄子》:“惟免役也,保～也,市易也。此三者有大利害焉。”❻xiá 通“狎”。亲近。《诗经·卫风·芄兰》:“虽则佩韘,能不我～。”(韘:扳指。)

岬 jiǎ 山间。左思《吴都赋》:“倾薮(sǒu)薄,倒～岫(xiù)。”(薮薄:指杂草丛生的地方。岫:洞穴。)

贾(賈) jiǎ ❶gǔ 买。《左传·昭公二十九年》:“平子每岁～马。”㉒做买卖。《韩非子·五蠹》:“长袖善舞,多钱善～。”《汉书·甯成传》:“仕不至二千石,～不至千万,安可比人乎!”(至:到。)❷gǔ 商人。《孟子·梁惠王上》:“商～皆欲藏于王之市。”《盐铁论·轻重》:“笼天下盐铁诸利,以排富商大～。”(笼:掌握。)❸gǔ 谋取。《国语·晋语八》:“谋于众,不以～好。”㉒招引,招惹。如“贾祸”、“贾害”。❹jià 价格。

《论语·子罕》:"求善～而沽诸?"(沽:卖。诸:之乎。)《汉书·食货志上》:"当具有者半～而卖。"这个意义后来写作"價",现简化为"价"。❺ 姓。

【辨】商,贾。见 372 页"商"字。

檟(檟)[榎] jiǎ ❶ 楸树的别称。《左传·襄公四年》:"初,季孙为己树六～于蒲圃东门之外。" ❷ 茶树的古称。陆羽《茶经·源》:"其名一曰茶,二曰～。"

假 jiǎ ❶ 借。《左传·僖公二年》:"～道于虞以伐虢(guó)。"(虞、虢:国名。)㊀ 凭借,借助。《荀子·劝学》:"君子生非异也,善～于物也。"(生非异:不是本性与别人不同。)㊁ 出租。《汉书·甯成传》:"乃贳貣(tè)陂田千余顷,～贫民。"(贳貣:租借。)㊁ 给予。《战国策·燕策二》:"～寡人五年,寡人得其志矣。" ❷ 宽容。《史记·春申君列传》:"敌不可～,时不可失。"《北史·魏世祖纪》:"大臣犯法,无所宽～。" ❸ 连词。如果,假如。刘向《新序·杂事四》:"～有贤于子方者,君又何以加之?"曹操《与王脩书》:"～有斯事,亦庶钟期不失听也。"(假如真有这种事,也希望你像知音的钟子期一样不致误听。)[假令][假使]连词。如果。《史记·淮阴侯列传赞》:"假令韩信学道谦让,不伐己功,不矜其能,则庶几哉。"《颜氏家训·杂艺》:"假使吾不知书,可不至今日邪!" ❹ 非正式的。《史记·陈涉世家》:"乃以吴叔为～王。"(吴叔:吴广。) ❺ 假。与"真"相对(后起意义)。《世说新语·雅量》:"庾太尉风仪伟长,不轻举止,时人皆以为～。"【注意】这个意义在上古不说"假",只说"伪"或"赝(yàn)"。❻ jià 假期,休假。《三国志·魏书·胡质传》注引《晋阳秋》:"请～还家。"

【辨】伪,假。见 439 页"伪"字。

嘏 jiǎ (又读 gǔ)福。《诗经·鲁颂·閟宫》:"天锡公纯～,眉寿保鲁。"柳宗元《贞符》:"载扬于雅,承天之～。"双音词有"祝嘏"。

瘕 jiǎ ❶ 腹中鼓胀病。《史记·扁鹊仓公列传》:"蛲(náo)～为病,腹大。"《山海经·南山经》:"其中多育沛,佩之无～疾。" ❷ xiá 通"瑕"。污点,缺点。柳宗元《同刘二十八院长述旧言怀》诗:"敢辞亲耻污,唯恐长疵～。"

斝[斚] jiǎ 一种铜制酒器。《诗经·大雅·行苇》:"或献或酢,洗爵奠～。"(奠:放置。)

驾(駕) jià ❶ 把车套在马身上。《诗经·小雅·采薇》:"戎车既～,四牡业业。"(戎车:兵车。牡:雄马。业业:健壮的样子。)《战国策·齐策四》:"为之～,比门下之车客。" ❷ 驾驶。《韩非子·难一》:"～往救之。"(驾车去救他。)韩愈《送石处士序》:"若驷马～轻车,就熟路。"㊀ 驾驭,控制。《吕氏春秋·贵因》:"其乱至矣,不可以～矣。"(至:极。) ❸ 车。《左传·定公十三年》:"齐侯曰:'比君之～也,寡人请摄。'"《后汉书·窦融传》:"官属宾客相随,～乘千余两。"(官属:属下官吏。两:辆。)㊕ 帝王的车。㊁ 帝王。《旧唐书·王希夷传》:"及玄宗东巡,敕州县以礼征召,至～前,年已九十六。" ❹ 凌驾,超越。《左传·昭公元年》:"子木之信,称于诸侯,犹诈晋而～焉。"李白《古风五十九首》之三:"大略～群才。" ❺ 马驾车行一日的路程为一驾。《荀子·劝学》:"驽马十～,功在不舍。" ❻ 通"架"。构架。杜甫《桔柏渡》诗:"青冥寒江渡,～竹为长桥。"(青冥:指秋季天高气爽的景象。) ❼ jiā 通"加"。增加。《吕氏春秋·贵因》:"其乱至矣,不可以～矣。"

嫁 jià ❶ 女子出嫁。《诗经·大雅·大明》:"来～于周,曰嫔于京。"《韩非子·外储说左上》:"昔秦伯～其女于晋公子。" ❷ 往。《列子·天瑞》:"国不足,将～于卫。" ❸ 转移,转嫁。《史记·赵世家》:"韩氏所以不入于秦者,欲～其祸于赵也。" ❹ 嫁接,以某种方法使果实增多。贾思勰《齐民要术·种李》:"～李法,正月一日或十五日,以砖石著李树歧中,令实繁。"

稼 jià ❶ 耕种,种田。《诗经·魏风·伐檀》:"不～不穑,胡取禾三百廛兮?"《荀子·解蔽》:"好～者众矣。" ❷ 庄稼。《诗经·豳风·七月》:"十月纳禾～。"沈括《梦溪笔谈》卷二六:"一亩之～,则粪溉者先牙。"(同一亩地的庄稼,上过粪和浇过水的则先发芽。牙:发芽。)[稼穑(sè)] 1. 泛指农业生产。《史记·货殖列传》:"好～～,殖五谷。" 2. 庄稼。《金史·食货志二》:"～～迟熟。"

JIAN

戋(戔) jiān [戋戋] 1. 众多的样子。《周易·贲》:"贲于丘园,束帛～～。"白居易《买花》诗:"灼灼(zhuózhuó)百朵红,～～五束素。"(灼灼:形容花的艳盛。素:白色的生绢。) 2. 少,微薄。《聊斋志异·小官人》:"～～微物,想太史亦无所用。"

笺(箋)[牋] jiān ❶ 一种文体,写给尊贵者的书信。《晋书·谢安传》："安投～求归。"又如陈琳《答东阿王笺》、吴质《答魏太子笺》。❷ 一种注释。《后汉书·卫宏传》："后马融作《毛诗传》，郑玄作《毛诗～》。" ❸ 精美的纸张，供题诗或写字用。李白《草书歌行》："～麻素绢排数箱。"（麻、素、绢：这里都是用来写字的物品。）杜甫《秋日夔府咏怀》："佳句染华～。"双音词有"信笺"。

奸 jiān ❶ gān 干涉，干扰。《左传·襄公十四年》："君制其国，臣敢～之？"（制：控制。）❷ gān 通"干[1]"。求取。《史记·齐太公世家》："以渔钓～周西伯。" ❸ 通"姦"。邪恶，狡诈。《晋书·王敦传》："以诛～臣。"

【辨】奸，姦。古代"奸"和"姦"是两个字，音义各不相同。"奸"是"干扰"的意思，"姦"是"邪恶"的意思。到了后代，"姦"也可以写作"奸"。

歼（殲） jiān 杀尽，消灭。《诗经·秦风·黄鸟》："彼苍者天，～我良人。"《左传·僖公二十二年》："宋师败绩，公伤股，门官～焉。"

瀸 jiān ❶ 浸渍。曹植《谏伐辽东表》："退则有归涂不通，道路～洳。"（洳：地低湿。）左思《魏都赋》："隰壤～漏而沮洳，林薮石留而芜秽。" ❷ 和洽。《吕氏春秋·圜道》："～于民心，遂于四方。" ❸ 通"歼（殲）"。消灭。《公羊传·庄公十七年》："齐人～于遂。"（遂：地名。）

坚（堅） jiān ❶ 坚硬，坚固，结实。《周易·坤》："履霜～冰，阴始凝也。"《韩非子·难势》："誉其楯之～，物莫能陷也。"（夸耀他的盾很坚固，没有任何东西可以刺穿它。）［中坚］古代中军所率领的部队，是全军的主力。《后汉书·光武帝纪上》："敢死者三千人，从城西水上冲其～～。"㊁充实。《诗经·大雅·生民》："实发实秀，实～实好。"（实：庄稼的籽粒。）《吕氏春秋·任地》："子能使穗大而～均乎？"㊀坚强，坚定。《后汉书·马援传》："穷当益～，老当益壮。" ❷ 坚持。《战国策·魏策一》："不敢～战。"㊁固执。《荀子·非十二子》："行辟而～，饰非而好。" ❸ 安定，稳定。《史记·留侯世家》："群臣见雍齿封，则人人自～矣。"

间（間）［閒］ jiān ❶ jiàn 夹缝，间隙，空隙。《史记·管晏列传》："晏子为齐相，出，其御之妻从门～而窥其夫。"（御：赶车人。窥：从缝隙中看。）㊀乘隙，利用……空子。《国语·鲁语下》："齐人～晋之祸，伐取朝歌。" ❷ jiàn 间隔，间断。《汉书·西域传下》："～以河山。"㊀间或，断断续续地。《战国策·齐策一》："数月之后，时时而～进。" ❸ jiàn 隔阂，疏远。《左传·哀公二十七年》："君臣多～。"㊀离间。《史记·廉颇蔺相如列传》："赵王信秦之～。" ❹ jiàn 秘密地，悄悄地。《战国策·赵策三》："魏王使客将军辛垣衍～入邯郸。"［间行］从小路走。《史记·项羽本纪》："道芷阳～～。"（芷阳：地名。）❺ 中间，期间。《论语·先进》："千乘之国，摄乎大国之～。"《孟子·梁惠王上》："七八月之～旱，则苗槁矣。" ❻ jiàn 置身其间，参与。《左传·庄公十年》："肉食者谋之，又何～焉？"㊁间谍。《史记·廉颇蔺相如列传》："秦之～言曰：'秦之所恶，独畏马服君赵奢之子赵括为将耳。'"㊁刺探。《韩非子·外储说右上》："今人君之左右，出则为势重而收利于民，入则比周而蔽恶于君，内～主之情以告外。" ❼ 近来。《汉书·叙传上》："帝～颜色瘦黑。" ❽ 量词。用于房屋。《世说新语·赏誉》："三～瓦屋，士龙住东头，士衡住西头。"（士龙、士衡：人名。）杜甫《茅屋为秋风所破歌》："安得广厦千万～。" ❾ xián 空闲。《后汉书·东平宪王苍传》："忧念遑遑，未有～宁。"（遑遑：心神不安的样子。）这个意义后来写作"闲"。❿ xián 熟悉。《荀子·王制》："养六畜，～树艺。"㊁文雅。《史记·司马相如列传》："相如之临邛，从车骑，雍容～雅甚都。"

【辨】閒，间，闲。上古没有"间"字，后代写作"间"的，上古都写作"閒"。后代把读 jiān 和 jiàn 的写作"间"，把读 xián 的写作"閒"。"闲"的本义是栅栏，在一般情况下，"閒"和"闲"是不相通的；只有在"空閒"的意义上有时写作"闲"。汉字简化后，"空閒"的意义写作"闲"。

蕑［蔄、菅］ jiān 兰草的古称。《诗经·郑风·溱洧》："士与女，方秉～兮。"

肩 jiān ❶ 肩膀。《韩非子·难势》："是比～随踵而生也。"（比：并。踵：脚后跟。）㊁动物肢体和躯干相连的部分。《史记·项羽本纪》："则与一生彘～。"（彘：猪。）❷ 任用。《尚书·盘庚下》："朕不～好（hào）货。"（朕：我。好货：指贪财的人。）

艰（艱） jiān ❶ 艰难，困难。《尚书·说命中》："非知之～，行之惟～。"屈原《离骚》："哀民生之多～。"㊀艰险，险恶。《周易·泰》："无平不陂，无往不复，～贞无咎。"（艰贞：艰险而守正。）《诗经·小雅·何人斯》："彼何人斯？其心孔～。" ❷ 父母丧。王俭《褚渊碑文》："又以居母～去官。"又如"丁艰"（遭遇父母丧事）。

J

囏 jiān 同“艰(艱)”。《周礼·地官·乡师》:“以岁时巡国及野,而赒(zhōu)万民之～阨。”(赒:救济。)

姦 jiān ❶邪恶,狡诈。《商君书·农战》:“不可巧取则～不生。”㊙邪恶、狡诈的人。《尚书·泰誓下》:“崇信～回。”《后汉书·李膺传》:“纠罚～倖。”(倖:宠臣。)❷男女私通。《左传·庄公二年》:“夫人姜氏会齐侯于禚,书～也。”《后汉书·李业传》:“信侍婢亦对信～通。”(信:冯信,人名。)

【辨】奸,姦。见187页“奸”字。

监(監) jiān 见191页。

礛 jiān ❶[礛诸]治玉的石头。《淮南子·说山》:“玉待～～而成器。”❷通“劚”。锋利。《战国策·楚策四》:“被～磻,引微缴,折清风而抎矣。”(飞鸟被系着细绳的锋利石头击中,从空中陨落。)

兼 jiān ❶同时进行几件事或具有几样东西。《荀子·君道》:“～听齐明而百事不留。”《孟子·告子上》:“鱼我所欲也,熊掌亦我所欲也,二者不可得～。”❷兼并,吞并。《尚书·仲虺之诰》:“～弱攻昧,取乱侮亡。”(昧:政治黑暗的国家。)曹操《置屯田令》:“秦人以急农～天下。”(急农:把农业生产放在重要地位。)㊀整个,全部。《商君书·画策》:“～天下之众,莫敢不为其所好,而辟其所恶。”㊀倍,加倍。《三国志·魏书·郭嘉传》:“轻兵～道以出,掩其不意。”(兼道:指加倍赶路。)❸尽,竭尽。《晏子春秋·内篇谏上》:“(婴)遂走而出,公从之,～于涂而不能逮。”(涂:路。逮:赶上。)《荀子·解蔽》:“圣人纵其欲,～其情,而制焉者理矣。”❹连词。表示并列。和,与。《尚书·康王之诰》:“宾称奉圭～币。”

蒹 jiān 没长穗的芦苇。《诗经·秦风·蒹葭》:“～葭苍苍,白露为霜。”(葭:初生的芦苇。)

缣(縑) jiān 双丝的细绢。《汉书·外戚传上》:“媪为翁须作～单衣。”《后汉书·王丹传》:“丹乃怀～一匹,陈之于主人前。”

菅 jiān 一种多年生的草。《诗经·陈风·东门之池》:“东门之池,可以沤～。”《楚辞·招魂》:“五谷不生,丛～是食些(suò)。”(丛:丛生。些:语气词。)[草菅]草和菅。《汉书·贾谊传》:“其视杀人,若艾(yì)～～然。”(艾:刈,割。)成语有“草菅人命”。

豜 jiān 三岁的猪。㊂大兽。《诗经·豳风·七月》:“言私其豵,献～于公。”(豵:一岁的猪,泛指小兽。)

鳽 jiān [犛(lí)鳽]见243页“犛”字。

犍 jiān ❶阉割过的公牛。《魏书·蠕蠕传》:“每来抄掠,驾犉牛奔遁,驱～牛随之。”㊙阉割。贾思勰《齐民要术·养猪》:“其子三日掐尾,六十日后～。”❷qián[犍为]县名。在今四川。《史记·大宛列传》:“乃令骞因蜀～～发间使,四道并出。”

韉 jiān 马上盛弓箭的器具。《汉书·韩延寿传》:“骑士从者带弓～罗后。”(罗:列。)

湔 jiān ❶洗涤。《史记·扁鹊仓公列传》:“～浣肠胃,漱涤五藏(zàng)。”(浣:洗。五藏:五脏。)《三国志·魏书·华佗传》:“病若在肠中,便断肠～洗。”㊀洗刷(污垢、耻辱)。《旧唐书·刘晏传》:“使仆～洗瑕秽,率罄愚懦。”(率罄:尽除。)❷水名。在今四川。❸jiàn 通“溅”。溅洒。《战国策·齐策三》:“臣请以臣之血～其衽。”

煎[熑] jiān ❶煮熬。《战国策·魏策二》:“易牙乃～敖燔炙,和调五味而进之。”❷熔炼。《周礼·考工记·㮚氏》:“改～金锡则不耗。”❸焦虑。《古诗为焦仲卿妻作》:“恐不任我意,逆以～我怀。”

缄(緘) jiān ❶捆东西的绳索。《庄子·胠箧》:“唯恐～縢扃鐍之不固也。”(縢:绳子。扃:门闩。鐍:锁钥。)《汉书·外戚传下》:“使客子解箧(qiè)～。”(客子:人名。箧:箱子。)㊀束缚。《墨子·节葬下》:“榖木之棺,葛以～之。”㊙封锁。《三国志·魏书·钟会传》:“～制众城,罔罗迸逸。”❷封闭,收敛。《晋书·顾恺之传》:“玄乃发其厨后,窃取画,而～闭如旧以还之。”(玄:桓玄,人名。)李白《秋浦感主人归燕寄内》诗:“寄书道中叹,泪下不能～。”㊀闭口。《南齐书·豫章文献王传》:“所以息意～默,一委时运。”《宋史·郑侠传》:“御史～默不言。”成语有“缄口不言”。❸书信。王禹偁《回襄阳周奉礼同年因题纸尾》诗:“两月劳君寄两～。”(劳君:麻烦你。)这个意义又写作“椷”。

椷 jiān ❶杯子。《方言》卷五:“盃、椷……杯也。秦晋之郊谓之盃,自关而东赵魏之间曰～。”《广韵·咸韵》:“椷,杯也。”❷小箱子。《说文·木部》:“椷,箧也。”《广雅·释器》:“匧谓之～。”❸hán 通“含”。容纳。《汉书·天文志》:“辰星过太白,间可～剑。”❹通“缄”。信函,信件(后起意义)。郑东《和郭熙仲》诗:“麻姑相许寄银～。”

熸 jiān ❶火灭。蔡邕《释诲》:"惧烟炎之毁～。"❷溃败。《左传·昭公二十三年》:"吴人御诸钟离,子瑕卒,楚师～。"

鞯(韉) jiān 垫马鞍的东西。《木兰诗》:"东市买骏马,西市买鞍～。"李贺《马诗二十三首》之十一:"内马赐宫人,银～刺骐驎。"

柬 jiǎn ❶选择。《荀子·修身》:"安燕而血气不惰,～理也。"❷通"简"。信札。《汉书·京房传》:"皆持～与淮阳王。"

俭(儉) jiǎn ❶俭省,节省。《尚书·大禹谟》:"克勤于邦,克～于家。"(克:能,能够。)《汉书·辛庆忌传》:"居处恭～,食饮被服尤节约。"(居处:指平日居住生活。)❷约束,不放纵。《左传·僖公二十三年》:"晋公子广而～,文而有礼。"《礼记·乐记》:"恭～而好礼者,宜歌《小雅》。"❸歉收,年成不好。《晋书·食货志》:"丰则籴,～则粜。"(籴:买进粮食。粜:卖出粮食。)

检(檢) jiǎn ❶封书函的标签。《后汉书·公孙瓒传》:"(袁绍)矫刻金玉,以为印玺,每有所下,辄皂囊施～,文称诏书。"(皂:黑色。)❷法式,法度,法则。《荀子·儒效》:"礼者,人主之所以为群臣寸尺寻丈～式也。"曹丕《典论·论文》:"节奏同～。"刘勰《文心雕龙·物色》:"然物有恒姿,而思无定～。"(恒姿:常态。思:思想。)❸约束,收敛。《尚书·伊训》:"与人不求备,～身若不及。"成公绥《啸赋》:"宁子～手而叹息。"(宁子:指宁戚。)㉑节操。《三国志·蜀书·向朗传》:"朗少时虽涉猎文学,然不治素～。"❹查看,查验。曹操《抑兼并令》:"郡国守相明～察之。"

睑(瞼) jiǎn ❶眼皮。《周书·姚僧垣传》:"口不能言,～垂覆目,不复瞻视。"❷收敛。《鬼谷子·反应》:"欲闻其声反默,欲张反～。"❸唐时南诏人称州为睑。《新唐书·南蛮传上》:"夷语～若州,曰云南～、白厓～。"

趼 jiǎn 手、脚上因摩擦而生的硬皮。《庄子·天道》:"百舍重～而不敢息。"(舍:三十里。)

帴 jiǎn ❶狭小。《周礼·考工记·鲍人》:"若苟自急者先裂,则是以博为～也。"❷jiān 通"鞯"。垫马鞍的东西。《晋书·张方传》:"于是军人便乱入宫閤,争割流苏武帐而为马～。"

减[減] jiǎn 减少。与"加"相对。宋玉《登徒子好色赋》:"增之一分则太长,～之一分则太短。"《三国志·吴书·吴主传》:"～征赋。"㉑少于,次于。《世说新语·假谲》:"王右军年～十岁时,大将军甚爱之。"(王右军:王羲之。大将军:指王敦。)《晋书·谢安传》:"此儿风神秀彻,后当不～王东海。"(风神:风度,神态。王东海:王承,曾任东海内史。)

揃 jiǎn ❶剪下,剪断。《仪礼·士丧礼》:"蚤～如他日。"(蚤:通"爪",指甲。)《史记·蒙恬列传》:"及成王有病甚殆,公旦自～其爪以沉于河。"(河:指黄河。)❷剪除,消灭。《魏书·明亮传》:"卿欲为朕拓定江表,～平萧衍。"❸分割。《史记·西南夷列传》:"西夷后～,剽分二方,卒为七郡。"(剽:分。)

谫(譾)[譾] jiǎn 浅薄。《史记·李斯列传》:"能薄而材～。"(材:才能。)又如"谫陋"。

翦 jiǎn ❶割断。《诗经·召南·甘棠》:"蔽芾甘棠,勿～勿伐。"(蔽芾:小的样子。)贾思勰《齐民要术·种韭》:"韭高三寸,便～之。"㉑裁去,铲去。刘知几《史通·二体》:"～截班史,篇才三十。"《南齐书·孔珪传》:"门庭之内,草莱不～。"❷削弱,消灭,灭掉。《左传·成公十三年》:"又欲阙(quē)～我公室。"(阙:破坏。公室:指诸侯所拥有的权力和财富。)《左传·成公二年》:"余姑～灭此而朝食。"(余:我。姑:暂且。此:指敌军。朝食:吃早饭。)❸用剪刀铰(后起意义)。杜甫《戏题王宰画山水图歌》:"焉得并州快翦刀,～取吴松半江水。"这个意义后来写作"剪"。

锏(鐧) jiǎn ❶jiàn 嵌在车轴上的铁,用以减少轮毂与轴之间的摩擦。《吴子·治兵》:"膏～有余,则车轻人。"(润锏的油充足,则车载着人不显得重。)❷古代兵器,形状像鞭,有棱(后起意义)。《封神演义》四十回:"魔礼寿使两根～,似猛虎摇头,杀将过来。"

简(簡) jiǎn ❶竹简。《韩非子·外储说左上》:"昭王读法十余～而睡卧矣。"(昭王:秦昭王。法:法律。)㉑书信。柳宗元《答贡士元公瑾论仕进书》:"辱致来～,受赐无量。"(承蒙您来信,受益不浅。)❷简易,简略。《论语·雍也》:"居敬而行～。"《礼记·乐记》:"大乐必易,大礼必～。"❸忽视,怠慢。《韩非子·五蠹》:"服事者～其业。"《吕氏春秋·骄恣》:"自骄则～士,自智则专独。"❹选拔,选择。《尚书·冏命》:"慎～乃僚。"诸葛亮《出师表》:"是以先帝～拔以遗陛下。"(先帝:指刘备。遗:留给。)㉑抛弃,剔除。《礼记·王制》:"上贤以

J

崇德，～不肖以绌恶。”（上：尚，尊崇。）❺检阅，检查。《左传·昭公十八年》：“乃～兵大蒐。”（蒐：检阅。）《三国志·吴书·吕蒙传》：“及～日，陈列赫然。”（及：到。赫然：威武雄壮的样子。）

戬 jiǎn ❶剪除，灭除。《说文·戈部》引《诗》：“实始～商。”今《诗经·鲁颂·閟宫》作“翦”。❷吉祥，福。《诗经·小雅·天保》：“天保定尔，俾尔～谷。”《隋书·音乐志下》：“方凭～福，伫咏丰年。”

蹇 jiǎn ❶跛，行动迟缓。《庄子·达生》：“无中道夭于聋盲跛～。”（中道：中途，半道。夭：夭折。）东方朔《七谏·谬谏》：“驾～驴而无策兮，又何路之能极？”㊀劣马或跛驴。孟浩然《唐城馆中早发寄杨使君》诗：“策～赴前程。”（策：鞭打。）㊁行走。《荀子·赋》：“印印兮天下之咸～也。”（咸蹇：指都走遍。）❷困苦，不顺利。屈原《九章·哀郢》：“～侘傺（chàchì）而含慼。”（侘傺：失意的样子。慼：悲伤。）❸句首语气词。屈原《九歌·湘君》：“君不行兮夷犹，～谁留兮中洲？”（夷犹：犹豫。中洲：洲中。）❹口吃，结巴。庾信《谢滕王集序启》：“言辞～吃，更甚扬雄。”（甚：超过。扬雄：人名。）❺qiān 通“褰”。提起。《庄子·山木》：“～裳躩步，执弹而留之。”❻qiān 通“搴”。拔取。《管子·四时》：“毋～华绝芋。”

謇 jiǎn ❶口吃。《北史·李谐传》：“因～而徐言。”（徐言：慢慢地说话。）［謇吃］口吃。《世说新语·排调》：“此数子者，或～～无宫商，或尪（wāng）陋希言语。”（尪：孱弱。）❷忠诚，正直。《后汉书·胡广传》：“虽无～直之风，屡有补阙之益。”《北史·徐纥传》：“外似～正，内实谄谀。”（谄谀：谄媚讨好，阿谀奉承。）［謇謇］忠诚正直的样子。屈原《离骚》：“余固知～～之为患兮，忍而不能舍也。”❸句首语气词。屈原《离骚》：“～朝谇（suì）而夕替。”（谇：谏。替：废。）

见（見） jiàn ❶看见。《诗经·王风·采葛》：“一日不～，如三秋兮。”《史记·老子韩非列传》：“寡人得～此人与之游，死不恨矣。”（寡人：帝王的自称。得：能够。游：交往。恨：遗憾。）㊂拜见，谒（yè）见。《左传·庄公十年》：“曹刿（guì）请～。”❷见解，见识。《晋书·王浑传》：“敢陈愚～。”双音词有“远见”。❸表示被动，相当于“被”。《孟子·尽心下》：“盆成括～杀。”❹放在动词前，表示对自己怎么样。《世说新语·言语》：“先公以礼～待，故得以礼进退。”王安石《答司马谏议书》：“冀君实或～恕也。”（冀：希望。君实：司马光。或：或许。见恕：原谅我。）双音词有“见教”、“见谅”。❺xiàn 出现。《三国志·吴书·吴主传》：“彗星～于东方。”㊂表现。《荀子·儒效》：“造父者，天下之善御者也，无舆马，则无所～其能。”㊂现成的。《史记·项羽本纪》：“今岁饥民贫，士卒食芋菽，军无～粮。”❻xiàn 推荐，介绍。《左传·昭公二十年》：“初，齐豹～宗鲁于公孟，为骖乘焉。”【注意】上古没有“现”字，凡“出现”的意义都写作“见”。

【辨】视，见。见387页“视”字。

间（間）［閒］ jiàn 见187页。

涧（澗） jiàn 夹在两山间的水沟。《韩非子·内储说上》：“行石邑山中，见深～，峭如墙。”（石邑：地名。峭：陡。）

【辨】谿，涧。见449页“谿”字。

瞷［覸］ jiàn ❶窥探。《孟子·离娄下》：“王使人～夫子。”这个意义又写作“覸”。❷xián ［瞷然］英武的样子。潘岳《马汧督诔》：“～～马生，傲若有余。”【注意】“覸”有“错杂”义，无xián音。

諓（諓） jiàn ［諓諓］能言善辩的样子。《公羊传·文公十二年》：“惟～～善竫（jìng）言。”（竫言：造作巧饰之辞。）《汉书·李寻传》：“昔秦穆公说（yuè）～～之言，任仡仡之勇，身受大辱，社稷几亡。”

饯（餞） jiàn 用酒食送行。《诗经·大雅·崧高》：“王～于郿。”（郿：地名。）鲍照《数》诗：“五侯相～送。”双音词有“饯别”、“饯行”。

贱（賤） jiàn ❶物价低。与“贵”相对。《商君书·外内》：“食～则农贫，钱重则商富。”（食：指粮食。重：贵重。）❷地位低下，卑贱。与“贵”相对。《论语·子罕》：“吾少也～，故多能鄙事。”曹操《举贤勿拘品行令》：“昔伊挚、傅说出于～人。”（伊挚、傅说：人名。）❸鄙视，轻视。《尚书·旅獒》：“不贵异物～用物，民乃足。”贾思勰《齐民要术序》：“明君贵五谷而～金玉。”（明君：明智的君主。）❹谦辞。用于称跟自己有关的人或事物。《战国策·赵策四》：“老臣～息舒祺。”（息：子女。）司马迁《报任安书》：“又迫～事。”（又被自己的烦琐私事所迫。）

俴 jiàn 浅，薄。《诗经·秦风·小戎》：“小戎～收。”（小戎：兵车。收：指车厢。）《管子·参患》：“甲不坚密，与～者同实。”

践（踐） jiàn ❶踩，践踏。《诗经·大雅·行苇》：“敦彼行苇，牛羊勿

～履。"贾思勰《齐民要术·收种》："以马～过为种。"（种：种子。）㉑踏上，登上。《吕氏春秋·离俗》："无道之世，不～其土。"（土：国土。）❷ 履行，实践。《左传·僖公十二年》："往～乃职，无逆朕命。"又如"践言"、"践约"。❸ 依循，按照。《论语·先进》："子曰：'不～迹，亦不入于室。'" ❹ 通"翦"。消灭，灭掉。《尚书·蔡仲之命》："成王既～奄，将迁其君于蒲姑。"（奄：国名。蒲姑：地名。）【辨】履，践，蹈，蹑。见 265 页"履"字。

建 jiàn ❶ 设立，建立。《尚书·说命中》："明王奉若天道，～邦设都。"《史记·李斯列传》："六国皆弱，无可为～功者。" ❷ 竖起，树立。《诗经·小雅·出车》："设此旐矣，～彼旄矣。"（旐：画有龟蛇图案的旗。旄：用牦牛尾做装饰的旗。）❸ 建议。《汉书·邹阳传》："爰盎等皆～以为不可。"（爰盎：人名。）❹ 建造（后起意义）。郦道元《水经注·庐江水》："（龙泉精舍）沙门释慧远所～也。"（精舍：佛堂。沙门释惠远：惠远和尚。）

健 jiàn ❶ 强壮有力。《荀子·王制》："材技、股肱、～勇、爪牙之士，彼将日日挫顿竭之于仇敌。"《晋书·郭璞传》："得～夫二三十人。"㉑刚强。《周易·泰彖》："内～而外顺。"㉑健康。《三国志·魏书·华佗传》："好自将爱，一年便～。" ❷ 有才能。《战国策·秦策二》："楚客来使者，多～。" ❸ 善，善于（后起意义）。《后汉书·冯异传》："诸将非不～斗，然好虏掠。"白居易《偶作寄朗之》诗："老来多～忘。"双音词有"健谈"。

楗 jiàn ❶ 门闩。《老子》二十七章："善闭，无关～而不可开。"《淮南子·人间》："其家无筦籥之信、关～之固。" ❷ 在河堤缺口处打下的竹木桩。《史记·河渠书》："而下淇园之竹以为～。"㉑堵塞。《墨子·兼爱中》："以～东土之水，以利冀州之民。" ❸ jiǎn 通"蹇"。跛。《周礼·考工记·辀人》："终日驰骋，左不～。"（左：指左面的马。）

键（鍵） jiàn ❶ 门闩。《礼记·月令》："修～闭，慎管籥（yuè）。"（籥：通"钥"，锁，钥匙。）❷ 锁簧。旧式锁可以插入和拔出的部分。《周礼·地官·司门》："司门掌授管～，以启闭国门。"（司门：官名。掌：掌管。管：钥匙。）㉑钥匙。郭璞《尔雅序》："诚九流之津涉，六艺之钤～。" ❸ 闭锁。《晋书·陶侃传》："至使西门不～。" ❹ 车轴两端管住车轮使不脱落的装置。《尸子》："文轩六玦，题无四寸之～，则车不行。"

荐（薦） jiàn ❶ 动物能吃的草。《庄子·齐物论》："麋鹿食～。"（麋：鹿的一种。）❷ 草席，草垫。曹植《九咏》："茵～兮兰席。"㉑用作动词。垫。贾谊《吊屈原赋》："章甫～履。"（章甫：一种礼帽。履：鞋。）❸ 一再，频频。《国语·鲁语上》："饥馑～降。" ❹ 献，进献祭品。《诗经·周颂·潜》序："潜，季冬～鱼，春献鲔也。"《汉书·晁错传》："上以～先帝之宗庙。" ❺ 推荐。《孟子·万章上》："诸侯能～人于天子。"《三国志·魏书·郭嘉传》："彧（yù）～嘉。"（彧：荀彧。嘉：人名。）【注意】古代汉语中"荐"和"薦"是两个字。在❹❺两个意义上，古代不写作"荐"。现"薦"简化为"荐"。

洊 jiàn 再。《周易·坎》："水～至，习坎。"王融《永明九年策秀才文》："下贫无兼辰之业，中产阙～岁之赀。"

栫 jiàn 用柴木壅塞。《左传·哀公八年》："囚诸楼台，～之以棘。"

监（監） jiàn ❶ 照影。《尚书·酒诰》："人无于水～，当于民～。"《左传·昭公二十六年》："我无所～。"这个意义又写作"鑑"、"鉴"。❷ 借鉴。《论语·八佾》："周～于二代。"（二代：指夏、商。）《荀子·解蔽》："成汤～于夏桀。" ❸ jiān 自上视下。《诗经·大雅·皇矣》："～观四方。"㉑监视，监督。《史记·陈涉世家》："～诸将以西击荥阳。"双音词有"监督"。❹ 古代主管检察的官名。《史记·秦始皇本纪》："郡置守、尉、～。"㉑官署名。如国子监、钦天监。㉑太监。《史记·秦本纪》："（卫鞅）因景～求见孝公。"（卫鞅：指商鞅。因：依靠。景：人名。）

槛（檻） jiàn ❶ 围野兽的栅栏。《庄子·天地》："而虎豹在于囊～。"司马迁《报任安书》："猛虎处深山，百兽震恐，及其在阱～之中，摇尾而求食。"（阱：陷阱。）㉑栏杆。屈原《九歌·东君》："照吾～兮扶桑。"王勃《滕王阁》诗："阁中帝子今何在？～外长江空自流。"（帝子：指滕王。）❷ 囚禁犯人的槛车或牢笼。《晋书·纪瞻传》："瞻觉其诈，便破～出之。"[槛车]囚禁押解犯人的车。《史记·陈丞相世家》："哙受诏，即反接载～～，传诣长安。"㉑关在牢笼里。《吕氏春秋·顺说》："管子得于鲁，鲁束缚而～之。" ❸ 舰船。左思《吴都赋》："弘舸连轴，巨～接舻。" ❹ kǎn 门槛。《明史·太祖纪一》："移兵两河，破其籓篱，拔潼关而守之，扼其户～。"

渐（漸） jiàn ❶ jiān 浸，浸染。《诗经·卫风·氓》："淇水汤汤，～车帷裳。"（汤汤：水势大的样子。帷裳：车围篷。）《汉书·龚遂传》："今大王亲近群小，～

渍邪恶。”（渍：浸染。）❷ jiān 慢慢流入。《尚书·禹贡》：“东～于海。”㉠疏导。《史记·越王句践世家》：“禹之功大矣，～九川。”❸渐进，逐步发展。《周易·坤》：“非一朝一夕之故，其所由来者～矣。”《史记·太史公自序》：“其～久矣。”㉠副词。逐渐，慢慢地。《世说新语·排调》：“～至佳境。”❹端倪，兆头。《史记·宋微子世家》：“舆马宫室之～自此始。”《论衡·纪妖》：“吉凶之～，若天告之。”㉡起始，开端。《新唐书·王绯传》：“及建言不斥太子名，以动群臣，示中兴之～。”❺加重。《尚书·顾命》：“（周成王）疾大～。”（疾：病。）❻ jiān 欺诈。《荀子·正论》：“上幽险则下～诈矣。”（幽险：阴险。）❼ jiān ［渐渐］麦芒之状。《史记·宋微子世家》：“麦秀～～兮，禾黍油油。”❽ chán ［渐渐］1. 同“巉巉”。高峻的样子。《诗经·小雅·渐渐之石》：“～～之石，维其高矣。”2. 泪下流的样子。《楚辞·九叹·远逝》：“涕～～其若屑。”

谏（諫） jiàn 规劝君主、尊长或朋友，使之改正错误和过失。《战国策·赵策四》：“太后不肯，大臣强～。”（强：竭力。）㉠纠正。《论语·微子》：“往者不可～，来者犹可追。”

鉴（鑒）［鑑］ jiàn ❶古代用来盛水或冰的大盆。《周礼·天官·凌人》：“春始治～。”❷照影。《庄子·德充符》：“人莫～于流水，而～于止水。”❸镜子。《左传·庄公二十一年》：“王以后之鞶（pán）～予之。”（鞶：革带。）《新唐书·魏征传》：“以铜为～，可正衣冠。”❹可以引为借鉴或教训的事。《诗经·大雅·荡》：“殷～不远，在夏后之世。”㉠借鉴。《国语·吴语》：“今齐侯壬不～于楚。”王安石《上皇帝万言书》：“臣愿陛下～汉唐五代之所以乱亡。”（所以乱亡：混乱灭亡的原因。）❺察看，审察。《吕氏春秋·离谓》：“～其表而弃其意。”《世说新语·言语》：“纷纭之议，裁之圣～。”㉠审察、识别能力。《梁书·到洽传》：“乐安任昉，有知人之～。”（乐安：地名。）

僭 jiàn ❶超越本分。《公羊传·昭公二十五年》：“诸侯～于天子，大夫～于诸侯，久矣。”㉠过分。《荀子·致士》：“赏不欲～。”（不欲：不要。）❷虚假，不真实。《左传·昭公八年》：“小人之言，～而无征。”（征：证明。）

箭 jiàn ❶一种竹子，可以做箭杆。《韩非子·显学》：“夫必恃自直之～，百世无矢。”《史记·河渠书》：“且褒斜材木竹～之饶，拟于巴蜀。”❷用弓弩发射的兵器。《战国策·齐策五》：“坚～利金，不得弦机之利，则不能远杀矣。”司马相如《子虚赋》：“左乌号之雕弓，右夏服之劲～。”❸漏箭，放在漏壶中用来计时的带刻度的标尺。杜甫《奉和贾至舍人》：“五夜漏声催晓～。”

JIANG

江 jiāng 长江的专称。《尚书·禹贡》：“～汉朝宗于海。”㉢一般的江河。《史记·秦始皇本纪》：“临浙～，水波恶。”柳宗元《江雪》诗：“孤舟蓑笠翁，独钓寒～雪。”（蓑笠：防雨用具。）

将（將） jiāng ❶扶，持。《诗经·小雅·无将大车》：“无～大车，只自尘兮。”《木兰诗》：“爷娘闻女来，出郭相扶～。”（郭：外城。）㉡供养，奉献。《诗经·小雅·四牡》：“王事靡盬，不遑～父。”（靡盬：没完没了。）《诗经·周颂·我将》：“我～我享，维羊维牛，维天其右之。”㉠抽象意义。拿，用。《战国策·赵策一》：“而～其头以为饮器。”成语有“将功赎罪”。❷行。《诗经·大雅·烝民》：“肃肃王命，仲山甫～之。”❸带领。《论衡·道虚》：“～我上天。”李白《送窦明府薄华还西京》诗：“遂～三五少年辈，登高远望形神开。”（形神开：指喜笑颜开。）❹送。《诗经·召南·鹊巢》：“之子于归，百两～之。”《孟子·万章下》：“以君命～之。”❺ jiàng 带兵。《国语·晋语一》：“公～上军，太子申生～下军。”㉡带兵的人，将领。《史记·陈涉世家》：“王侯～相宁有种乎！”（宁：难道。）❻副词。将要。《左传·僖公十四年》：“皮之不存，毛～安傅？”（安傅：附在哪里。）❼副词。且，又。《诗经·小雅·谷风》：“～恐～惧。”成语有“将信将疑”。❽连词。和，与，同。李白《月下独酌》诗：“暂伴月～影。”❾ qiāng 请，愿。《诗经·郑风·将仲子》：“～仲子兮，无逾我墙。”

浆（漿） jiāng 古代一种带酸味的饮料，用来代酒。《诗经·小雅·大东》：“或以其酒，不以其～。”（或：有人。以：用。）《孟子·梁惠王下》：“箪食壶～以迎王师。”㉠酒。《列子·杨朱》：“朝之室也，聚酒千钟……糟～之气逆于人鼻。”（朝：公孙朝，人名。）

螿 jiāng ［寒螿］一种蝉。谢惠连《捣衣》诗：“肃肃莎鸡羽，烈烈～～啼。”

僵 jiāng ❶向后倒下。《战国策·燕策一》：“乃阳～弃酒。”（阳：假装。）❷僵硬。《史记·淮南衡山列传》:"～尸千里,流血顷亩。"这个意义又写作"殭"。

【辨】偃,僵,仆,跌,毙,踣。见 483 页"偃"字。

缰(繮)[韁] jiāng 系马的绳子。班固《白虎通·诛伐》:"人衔枚,马勒～,昼伏夜行为袭也。"《晋书·五行志中》:"青青御路杨,白马紫游～。"

疆 jiāng ❶ 边界,边境。《诗经·大雅·皇矣》:"依其在京,侵自阮～。"(阮:诸侯国名。)《史记·秦始皇本纪》:"圣法初兴,清理～内。"㊉田界。[疆埸(yì)]田界。《诗经·小雅·信南山》:"中田有庐,～～有瓜。"张衡《东京赋》:"兆民劝于～～。"(兆民:百姓。劝:受到勉励。) ❷ 极限,尽头。《诗经·豳风·七月》:"万寿无～。"

讲(講) jiǎng ❶ 研究,商讨。《国语·鲁语上》:"夫仁者～功,而智者处物。"《史记·太史公自序》:"～业齐鲁之都。"㊀练习。《国语·周语上》:"三时务农,而一时～武。"㊀讲究,讲求。《礼记·礼运》:"选贤与能,～信修睦。" ❷ 讲和,和解。《战国策·秦策四》:"寡人欲割河东而～。"《史记·穰侯列传》:"今王背楚赵而～秦。"(楚、赵:国名。) ❸ 讲解,解释。《庄子·德充符》:"请～以所闻。"《梁书·阮孝绪传》:"后于钟山听～。"(于:在。) ❹ 通"顜"。明确。《汉书·曹参传》:"萧何为法,～若画一,曹参代之,守而勿失。"【注意】古代汉语中"讲"字不当"说话"讲。

奖(奬)[獎] jiǎng ❶ 劝勉,勉励。《左传·昭公二十二年》:"无亢不衷,以～乱人。"(亢:保护。不衷:不善。)诸葛亮《出师表》:"当～率三军。" ❷ 奖励(后起意义)。《北齐书·赵彦深传》:"提～人物,皆行业为先。"(行业:品行学业。) ❸ 辅助。《左传·僖公二十八年》:"皆～王室,无相害也。"(王室:指天子。)

顜 jiǎng 直白,明确。《史记·曹相国世家》:"萧何为法,～若画一。"

匠 jiàng ❶ 木工。《庄子·马蹄》:"陶～善治埴木。"(陶:陶工。埴:黏土。)《孟子·梁惠王下》:"～人斫而小之。"㉂手工业工人。《韩非子·定法》:"夫～者手巧也,而医者齐药也。"(齐药:和药,配药。齐:剂,调剂。) ❷ 制作。屈原《天问》:"女娲有体,孰制～之?"

降 jiàng ❶ 从高处往下走。《左传·僖公二十三年》:"公～一级而辞焉。"(降一级:走下一层台阶。)㊀降下,降落。《荀子·议兵》:"若时雨之～,莫不说喜。"(说:悦。)㊉下降,降低。《史记·李斯列传》:"如此不禁,则主势～乎上,党与成乎下。"(党与:朋党。) ❷ 降生。屈原《离骚》:"惟庚寅吾以～。" ❸ xiáng 投降。《史记·吴王濞列传》:"不～者灭之。"㊉使……投降。《汉书·苏建传》:"欲因此时～武。"(武:苏武,人名。) ❹ xiáng 悦服。《诗经·小雅·出车》:"既见君子,我心则～。" ❺ 通"洚"。[降水]洪水。《尚书·大禹谟》:"～～儆予。"

洚 jiàng 大水泛滥。[洚水]洪水。《孟子·告子下》:"～～者,洪水也。"

绛(絳) jiàng 深红色。《墨子·公孟》:"～衣博袍,以治其国。"《三国志·吴书·吕蒙传》:"为兵作～衣行縢(téng)。"(行縢:绑腿布。)

【辨】赤,朱,丹,绛,红。见 52 页"赤"字。

JIAO

J

交 jiāo ❶ 纵横交错,交叉。《孟子·滕文公上》:"兽蹄鸟迹之道,～于中国。"屈原《九歌·国殇》:"矢～坠兮士争先。"(矢:箭。坠:落。)㊀接触。《世说新语·简傲》:"傍若无人,移时不～一言。"又如"交兵"、"交战"。㊉用作名词。交接的时候。《国语·晋语二》:"其九月、十月之～乎?" ❷ 交往,结交。屈原《九歌·湘君》:"～不忠兮怨长。"㊀交情。《史记·廉颇蔺相如列传》:"为刎颈之～。"㊉交流。《盐铁论·本议》:"～庶物而便百姓。"(庶物:各种物品。) ❸ 交配。《吕氏春秋·仲冬》:"鹖鴠不鸣,虎始～。" ❹ 互相。《左传·隐公三年》:"周郑～恶。"(恶:憎恨。)㊉并,一起。陈亮《甲辰答朱元晦书》:"风雨云雷,～发而并至。"

郊 jiāo ❶ 上古时代国都城外百里以内称"郊"。㉂城外,野外。《战国策·齐策一》:"军于邯郸之～。"(军:驻扎。) ❷ 古代皇帝每年冬至在南郊祭天。《礼记·中庸》:"～社之礼,所以事上帝也。"

茭 jiāo ❶ 干草饲料。《尚书·费誓》:"峙(zhì)乃刍～,无敢不多。"(峙:储备。刍:草料。) ❷ 植物名。《尔雅·释草》:"茭,牛蕲。" ❸ 篾缆,用竹片或芦苇编成的绳索。《史记·河渠书》:"搴长～兮沉美玉,河伯许兮薪不属。" ❹ 蔬菜名。茭白。也叫菰。李时珍《本草纲目·草部》:"江南人呼菰为～。" ❺ jī 辅正弓弩的器具。《周礼·考工记·弓人》:"今夫～解中有变焉。"

姣 jiāo ❶ 美好。《孟子·告子上》:"不知子都之～者,无目者也。"(子都:人名。)张衡《南都赋》:"男女～服。"(服:衣服。) ❷

xiáo 淫乱。《左传·襄公九年》:"弃位而～,不可谓贞。"

蛟 jiāo ❶古代传说中能发水的一种龙。屈原《九歌·湘夫人》:"～何为兮水裔?"❷鳄鱼类动物。《晋书·周处传》:"因投水搏～。"

鲛(鮫) jiāo 鲨鱼。《史记·秦始皇本纪》:"蓬莱药可得,然常为大～鱼所苦,故不得至。"

浇(澆) jiāo ❶灌溉。《三国志·魏书·邓艾传》:"宜开河渠,可以引水～溉。"杜甫《佐还山后寄三首》诗:"几道泉～圃。"❷使……变薄。《汉书·黄霸传》:"～淳散朴,并行伪貌。"㉂刻薄,不淳厚。《淮南子·齐俗》:"于是百姓糜沸豪乱,暮行逐利,烦挐(rú)～浅。"(挐:纷乱。)李世民《执契静三边》诗:"～俗庶反淳,替文聊就质。"双音词有"浇薄"。❸nào 水回旋的样子。《楚辞·九叹·离世》:"波澧澧而扬～兮,顺长濑之浊流。"❹ào 人名。这个意义又写作"奡"。

娇(嬌) jiāo ❶美好可爱。杜甫《宿昔》诗:"花～迎杂树。"㉂宠爱,娇惯。李白《上元夫人》诗:"偏得王母～。"❷困倦,倦怠。白居易《长恨歌》:"侍儿扶起～无力。"(侍儿:婢女。)❸通"骄"。骄横。《汉书·西域传上》:"有求则卑辞,无欲则～嫚。"

骄(驕) jiāo ❶马高大健壮的样子。《诗经·卫风·硕人》:"四牡有～。"(牡:公马。)❷自满,自高自大。《论语·学而》:"贫而无谄,富而无～。"《商君书·战法》:"王者之兵,胜而不～,败而不怨。"(怨:悔恨。)成语有"戒骄戒躁"。㉁放纵。《史记·扁鹊仓公列传》:"～恣不论于理。"(恣:放纵。论:讲。)❸骄宠,宠爱。《孙子兵法·地形》:"譬若～子,不可用也。"嵇康《与山巨源绝交书》:"少加孤露,母兄见～。"成语有"天之骄子"。

【辨】骄,傲。"骄"是自满,是一种心理状态;"傲"是傲慢,没礼貌,是一种行为表现。

憍 jiāo 同"骄"。骄傲,骄纵。屈原《九章·抽思》:"～吾以其美好兮,敖朕辞而不听。"《论衡·非韩》:"贪故能立功,～故能轻生。"

教 jiāo 见196页。

椒 jiāo ❶花椒。《诗经·陈风·东门之枌》:"视尔如荍(qiáo),贻我握～。"(荍:荆葵花。贻我握椒:送我一把花椒籽。)《史记·礼书》:"～兰芬茝,所以养鼻也。"(茝:通"芷",白芷。)❷山顶。《汉书·外戚传上》:"释舆马于山～兮。"谢庄《月赋》:"菊散芳于山～。"

僬 jiāo [僬侥(yáo)]古代传说中的矮人。《列子·汤问》:"从中州以东四十万里得～～国,人长一尺五寸。"又写作"焦侥"。

蕉 jiāo ❶蕉麻。白居易《东城晚归》诗:"晚入东城谁识我,短靴低帽白～衫。"❷芭蕉。庾信《奉和夏日应令》:"衫含～叶气,扇动竹花凉。"❸qiáo 通"憔"。[蕉萃]同"憔悴"。《左传·成公九年》:"虽有姬姜,无弃～～。"❹qiáo 通"樵"。柴。《列子·周穆王》:"恐人见之也,遽而藏诸隍中,覆之以～。"(遽:匆忙。隍:护城壕。覆:遮盖。)

嶕 jiāo [嶕峣(yáo)]高耸的样子。《汉书·扬雄传下》:"泰山之高,不～～则不能浡滃云而散歊烝。"张衡《西京赋》:"闾阖之内,别风～～。"(闾阖:宫门。别风:阙名。)

燋 jiāo ❶引火之物。《礼记·少仪》:"凡饮酒为献,主者执烛抱～。"❷通"焦"。火伤。《论衡·说日》:"生物入火中,～烂而死焉。"㉁焦急。《后汉书·朱浮传》:"上下～心,相望救护。"❸qiáo 通"憔"。憔悴。《庄子·天地》:"孝子操药以修慈父,其色～然,圣人羞之。"❹zhuó 通"灼"。烧灼,灼热。班固《白虎通·五行》:"其火～金。"《论衡·雷虚》:"烧石色赤,投于井中,石～井寒,激声大鸣。"

鹪(鷦) jiāo [鹪鹩(liáo)]一种捕食小虫的小鸟。也叫巧妇。《庄子·逍遥游》:"～～巢于深林,不过一枝。"

蟭 jiāo [蟭螟(míng)]一种小虫。《抱朴子·刺骄》:"～～屯蚊眉之中,而笑弥天之大鹏。"

鐎 jiāo [鐎斗]古代一种温器,三足有柄,也可用以煮物。也叫刁斗。《史记·李将军列传》"不击刁斗以自卫"裴骃集解引孟康曰:"以铜作鐎器,受一斗,昼炊饭食,夜击持行,名曰刁斗。"

轇 jiāo [轇輵(gé)]1.广阔深远的样子。《史记·司马相如列传》:"张乐乎～～之宇。"又写作"漻澫"。木华《海赋》:"襄陵广舄,漻澫浩汗。"2.交错纵横的样子。又写作"轇轕"。《楚辞·九叹·远游》:"潺湲轇轕,雷动电发。"

角 jiǎo ❶动物的角。《墨子·经说下》:"牛有～,马无～。"㉁形状像角的东西。《诗经·卫风·氓》:"总～之宴,言笑晏晏。"(总角:小孩子的角形发髻,这里指童年时候。宴:快乐。晏晏:和悦的样子。)[羊角]旋风名。《庄子·逍遥游》:"抟扶摇～～而上者九万里。"(抟:盘旋。扶摇:暴风。)[角立]1.超群出众。《后汉书·徐稺传》:"～～杰出,宜当为先。"(宜当:应当。)2.对立。陈亮《上孝宗皇帝第一书》:"南北～～之时。"❷额角。《孟子·尽心下》:"若崩厥～稽首。"❸ jué 较量。仲长统《昌言·理乱》:"与我～才智。"❹古代军中的一种乐器。李贺《雁门太守行》:"～声满天秋色里。"❺ jué 五音(宫、商、角、徵[zhǐ]、羽)之一。见503页"音"字。❻ jué 古代一种酒器。《仪礼·特牲馈食礼》:"主人左执～。"❼古代量器。《管子·七法》:"尺寸也,绳墨也,规矩也,衡石也,斗斛也,～量也,谓之法。"❽角落(后起意义)。《世说新语·惑溺》:"唯东北～如有人迹,而墙高非人所逾。"杜甫《雨过苏端》诗:"红稠屋～花,碧委墙隅草。"❾星宿名。二十八宿之一。《国语·周语中》:"夫辰～见而雨毕。"

侥(僥) jiǎo ❶ yáo [僬(jiāo)侥]见194页"僬"字。❷贪求。《魏书·清河王怿传》:"五利～,终婴于显戮。"苏轼《上梅直讲书》:"苟其～一时之幸……亦何以易此乐也。"❸[侥幸]同"儌倖"。由于偶然的原因得到成功或免去不幸的事。《潜夫论·述赦》:"或抱罪之家,～～蒙恩。"(或:有的。蒙:受。)

佼 jiǎo ❶美好。《诗经·陈风·月出》:"月出皎兮,～人僚兮。"(僚:美好的样子。)《论衡·骨相》:"陈平贫而饮食不足,貌体～好而众人怪之。"❷轻侮。《淮南子·览冥》:"凤皇之翔至德也……而燕雀～之。"❸通"狡"。狡诈。《管子·七臣七主》:"好～反而行私请。"(好:喜欢。)❹ jiāo 通"交"。交往。《管子·明法解》:"则群臣皆忘主而趋私～矣。"

狡 jiǎo ❶健壮。《淮南子·俶真》:"～狗之死也。"㊀凶暴。《墨子·节用中》:"猛禽～兽,暴人害民。"㊀伤害。《大戴礼记·子张问入官》:"胜之无犯民之言,量之无～民之辞。"❷狡猾。《战国策·齐策四》:"～兔有三窟,仅得免其死耳。"❸通"绞"。急切。王褒《洞箫赋》:"时奏～弄。"

绞(絞) jiǎo ❶用绳索勒。《左传·哀公二年》:"若其有罪,～缢以戮。"《史记·楚世家》:"围入问王疾,～而弑之。"❷缠绕。《墨子·节葬下》:"葛以缄之,～之不合。"柳宗元《晋问》:"根～怪石,不土而植。"㊂缠尸用的带子。《礼记·丧大记》:"小敛布～。"❸拧,挤压。贾思勰《齐民要术·作菹、藏生菜法》:"生布薄～去汁,即下杭汁。"❹急切。《论语·泰伯》:"直而无礼则～。"

皎 jiǎo 洁白明亮。《诗经·陈风·月出》:"月出～兮。"[皎皎]洁白的样子。《诗经·小雅·白驹》:"～～白驹。"㊀明亮的样子。屈原《九歌·东君》:"夜～～兮既明。"

矫(矯) jiǎo ❶把弯曲的东西弄直。《荀子·性恶》:"枸木必将待檃栝(yǐnkuò)烝～然后直。"(枸木:弯曲的木料。檃栝:矫正曲木的工具。烝:用火烤。)㊂纠正。《三国志·魏书·管宁传》:"足以～俗。"成语有"矫枉过正"。❷违背。《韩非子·问辩》:"官府有法,民以私行～之。"❸假托,假传(命令)。《穀梁传·宣公十五年》:"～王命以杀之。"❹举起,抬起来。陶渊明《归去来兮辞》:"时～首而遐(xiá)观。"(首:头。遐观:远望。)❺刚强的样子。《礼记·中庸》:"至死不变,强哉～!"

撟 jiǎo ❶举起,翘起。扬雄《甘泉赋》:"仰～首以高视兮,目冥眴而亡见。"《史记·扁鹊仓公列传》:"舌～然而不下。"❷揉,使……弯曲。《周礼·考工记·弓人》:"～干欲孰于火而无赢。"(孰:熟。赢:过度。)㊃使屈服。《荀子·臣道》:"率群臣百吏而相与强君～君。"㊂纠正。《汉书·诸侯王表》:"可谓～拄过其正矣。"(拄:通"枉"。)《汉书·燕刺王旦传》:"寡人欲～邪防非。"❸假传(命令)。《汉书·齐悼惠王刘肥传》:"～制以令天下。"❹刚强的样子。《荀子·臣道》:"忠信而不谀,谏争而不谄,～然刚折端志而无倾侧之心。"

敽 jiǎo 系连。《尚书·费誓》:"善敹(liáo)乃甲胄,～乃干。"(敹:缝缀。干:盾牌。)

脚[腳] jiǎo ❶小腿。《韩非子·难言》:"孙子膑(bìn)～于魏。"(膑:古代剐去膝盖骨的刑罚。)❷脚,足(后起意义)。《宋书·胡藩传》:"以刀头穿岸,少容～指,于是径上。"杜甫《乾元中寓居同谷县作》诗:"手～冻皴(cūn)皮肉死。"(皴:皮冻裂。)㊂根部,最下部分。张耒《宿樊溪》诗:"扁舟横江来,山～系吾缆。"(扁舟:小船。)㊀搬运费用(后起意义)。刘禹锡《夔州论利害表》之二:"漕运七百万石,省～三十余万贯。"【注意】"脚"在上古的意义是"小腿",后来"脚"才有了"足"的意义。

剿[勦、勦] jiǎo ❶消灭。《尚书·甘誓》:"天用～绝其命。"(用:因而。)《后汉书·窦宪传》:"铄王师兮征荒裔，～凶虐兮截海外。”❷ 劳。《左传·宣公十二年》：“无及于郑而～民。”❸ chāo 抄袭。《礼记·曲礼上》：“毋～说，毋雷同。”[剿袭]套用窃取别人的文章或言论以为己说。《红楼梦》二十一回：“无端弄笔是何人？～～《南华》庄子文。”【注意】“勦”又音 chāo，为“轻捷”义。

徼 jiǎo ❶ jiào 边界。《史记·司马相如列传》：“南至牂牁（zāngkē）为～。”（牂牁：地名。）❷ jiào 巡察。《汉书·百官公卿表》：“中尉，秦官，掌～循京师。”❸ yāo 求，求取。《左传·成公二年》：“吾子惠～齐国之福。”㉀拦截。《史记·司马相如列传》：“～麋鹿之怪兽。”上述❸㉀后来写作“邀”。❹[徼倖]又写作“侥幸”。见 195 页“侥”字。❺ jiāo 抄袭，剽窃。《论语·阳货》：“恶～以为知者。”

J

缴（繳） jiǎo ❶ zhuó 拴在箭上的生丝绳。《战国策·楚策四》：“不知夫射者方将修其莽（bō）卢，治其缯～，将加己乎百仞之上。”（莽卢：弓箭名。莽：一本作“碆”。）《淮南子·说山》：“好弋（yì）者先具～与矰（zēng）。”（弋：用带着绳子的箭射鸟。具：准备。矰：带有丝绳的短箭。）❷[缴绕]缠绕，纠缠不清。《史记·太史公自序》：“名家苛察～～，使人不得反其意。”白居易《早梳头》诗：“年事渐蹉跎，世缘方～～。”（蹉跎：时间白白地过去。世缘：世间的事情。方：正在。）❸ 交出，付出（后起意义）。苏辙《为兄轼下狱上书》：“向者曾经臣寮～进，陛下置而不问。”

皦 jiǎo ❶ 白，明亮。《诗经·王风·大车》：“谓予不信，有如～日。”《魏书·高闾传》：“忠者发心以附道。譬如玉石，～然可知。”[皦皦]洁白明亮的样子。《后汉书·黄琼传》：“峣峣者易缺，～～者易污。”左思《杂诗》：“明月出云崖，～～流素光。”❷ 清晰，分明。《论语·八佾》：“乐其可知也。始作，翕如也。从之，纯如也，～如也。”㉀廉洁。《后汉书·乐恢传》：“恢独～然不污于法。”

珓 jiào 占卜用的器具。陆游《入蜀记》卷四：“拥兵过庙下，相率卜～。”[杯珓]用来占卜吉凶的器具。韩愈《谒衡岳庙遂宿岳寺题门楼》诗：“手持～～导我掷，云此最吉余难同。”

校 jiào 见 463 页。

较（較） jiào ❶ jué 古代车厢上两旁的横木。《诗经·卫风·淇奥》：“宽兮绰兮，猗重～兮。”（猗：通“倚”，靠。）张衡《西京赋》：“戴翠帽，倚金～。”❷ jué 竞逐。《孟子·万章下》：“鲁人猎～。”❸ 比较，较量。《老子》二章：“长短相～，高下相倾。”钱珝《为中书崔相公让官第六表》：“论才～智。”这个意义又写作“校”。❹ 明显。《史记·平津侯主父列传》：“身行俭约，轻财重义，～然著明。”❺[大较]大概，大略。《史记·货殖列传》：“此其～～也。”❻ 相差（后起意义）。杜甫《狂歌行赠四兄》：“与兄行年～一岁。”

轿（轎） jiào 古代过山用的小车。《汉书·严助传》：“舆～而隃领。”（隃：越过。领：山岭。）㉒肩舆，轿子。《朱子语类》卷一二八：“南渡以前，士大夫皆不甚用～。”

窌 jiào 地窖。《吕氏春秋·季春》：“命有司，发仓～，赐贫穷。”

教 jiào ❶ 教育，教导。《论语·卫灵公》：“子曰：‘有～无类。’”《荀子·劝学》：“生而同声，长而异俗，～使之然也。”（声：声音。俗：习俗。然：这样。）成语有“教学相长”。㊕政教，教化。《商君书·更法》：“前世不同～，何古之法？”❷ 诸侯王公的文告。如萧统《文选》有傅亮为南朝宋刘裕所作的《修张良庙教》。❸ 宗教。《新唐书·后妃传上》：“佛老异方～耳。”❹ jiāo 使。《国语·鲁语上》：“今鱼方别孕，不～鱼长，又行网罟。”白居易《琵琶行》：“曲罢曾～善才服。”（曲罢：乐曲奏完。善才：乐师。服：佩服。）❺ jiāo 教授，传授。《史记·扁鹊仓公列传》：“臣意～以上下经脉五诊。”《汉书·项籍传》：“籍曰：‘书足记姓名而已。剑一人敌，不足学，学万人敌耳。’于是梁奇其意，乃～以兵法。”

斠 jiào ❶ 古代量谷物时刮平斗斛的器具。《说文·斗部》：“斠，平斗斛也。”㉀平，划一。如“斠然一概”（像刮板刮过的那样绝对平均）。❷ 通“校”。校正。通常用于书名，如《说文解字斠诠》。

嘂 jiào ❶ 高声大呼。《周礼·秋官·衔枚氏》：“禁～呼叹鸣于国中者。”❷ 一种古乐器。《尔雅·释乐》：“大埙（xūn）谓之～。”（埙：一种陶制乐器。）

噍 jiào ❶ 嚼，吃东西。《荀子·荣辱》：“呥呥（ránrán）而～，乡乡而饱。”（呥呥：咀嚼的样子。乡乡：吃得很满足的样子。）[噍类]能吃东西的动物。㊕活着的人。《汉书·高帝纪上》：“尝攻襄城，襄城无～～。”❷ jiū [噍噍]象声词。形容鸟叫声。扬雄《羽猎赋》：“～～昆鸣。”（昆：共同，一起。)❸ jiāo 急促。《史记·乐书》:"其声～以杀。"(以:而。杀:声音细小。)

趭 jiào 奔跑。《汉书·司马相如传下》:"蔑(miè)蒙踊跃,腾而狂～。"(蔑蒙:飞扬。)

醮 jiào ❶ 古代用于冠礼和婚礼的一种斟酒仪式。《仪礼·士昏礼》:"使人～之。"❷ 旧时称妇女出嫁。《晋书·刑法志》:"既～之妇,从夫家之罚。"《聊斋志异·陆判》:"未嫁而丧二夫,故十九犹未～也。"❸ 祭祀,祈祷。宋玉《高唐赋》:"～诸神。"《竹书纪年》卷上:"见大鱼,杀五牲以～之。"㉠道士设坛祭祀。王建《同于汝锡游降圣观》诗:"闻说开元斋～日。"(开元:年号。斋:指人祭祀前整洁身心。)❹ 尽。《荀子·礼论》:"利爵之不～也。"(利爵:佐食的人所献的酒。不醮:不把酒喝尽。)❺ qiáo 通"憔"。憔悴。《庄子·盗跖》:"满心戚～,求益而不止,可谓忧矣。"

嗷 jiào ❶ 号呼声。《礼记·曲礼上》:"毋侧听,毋～应。"司马相如《长门赋》:"白鹤～以哀号兮。"❷ 形容声音响亮,激越。《公羊传·昭公二十五年》:"昭公于是～然而哭。"[嗷嗷]象声词。形容哭声、鸣声等。阮瑀《驾出北郭门行》:"顾闻丘林中,～～有悲啼。"❸ qiào 口。《汉书·货殖传》:"马蹄～千,牛千足。"(马蹄嗷千:马之蹄与口共一千,即二百匹马。)❹[嗷咷(tiào)]放声歌唱。《汉书·韩延寿传》:"望见延寿车,～～楚歌。"

皭[皭] jiào 白色。《广韵·笑韵》:"皭,白色也。"㉠洁净。左思《蜀都赋》:"蔚若相如,～若君平。"(相如、君平:人名。)[皭皭][皭然]洁净的样子。《韩诗外传》卷一:"莫能以己之皭皭,容人之混污然。"《史记·屈原贾生列传》:"不获世之滋垢,皭然泥而不滓者也。"

釂 jiào 把杯中酒喝干。《礼记·曲礼上》:"长者举未～,少者不敢饮。"

JIE

阶(階)[堦] jiē ❶ 台阶。《尚书·顾命》:"立于侧～。"《荀子·乐论》:"三揖(yī)至于～。"(揖:拱手礼。)㉠梯子。《盐铁论·刑德》:"犹释～而欲登高。"(犹:如同。释:放下,舍弃。)㊋根由,原因。《国语·周语中》:"夫婚姻,祸福之～也。"❷ 凭借。《汉书·异姓诸侯王表》:"汉亡尺土之～……五载而成帝业。"(亡:无,没有。五载:五年。)❸ 旧时官员的品级。《旧唐书·职官志一》:"文武普加二～。"(普:普遍。)❹ 升,登。扬雄《太玄·上》:"鸣鹤升自深泽,～天不怍。"(怍:畏惧。)陆云《答兄平原》诗:"漫漫长路,或降或～。"

皆 jiē ❶ 普遍。《诗经·周颂·丰年》:"降福孔～。"(孔:甚,很。)❷ 俱,一同。《尚书·汤誓》:"予及汝～亡。"(予:我。汝:你。)❸ 都,全。《论语·颜渊》:"人～有兄弟,我独亡。"(亡:无。)《庄子·盗跖》:"丘之所言～吾之所弃也。"成语有"放之四海而皆准"。

喈 jiē ❶ 象声词。形容鸟叫的声音。常"喈喈"连用。《诗经·周南·葛覃》:"黄鸟于飞,集于灌木,其鸣～～。"㉢象声词。形容和谐的声音。《诗经·小雅·鼓钟》:"鼓钟～～。"❷ 风疾的样子。《诗经·邶风·北风》:"北风其～,雨雪其霏。"

湝 jiē [湝湝]水流盛大的样子。《诗经·小雅·鼓钟》:"淮水～～,忧心且悲。"

接 jiē ❶ 接触。《孟子·梁惠王上》:"兵刃既～,弃甲曳兵而走。"《汉书·晁错传》:"剑戟相～。"成语有"短兵相接"。❷ 连接,连续。屈原《九章·哀郢》:"忧与愁其相～。"❸ 缚,捆绑。《史记·陈丞相世家》:"高帝顾谓信曰:'若毋声!而反,明矣!'武士反～之。"❹ 承接。《史记·平准书》:"汉兴,～秦之弊。"(弊:指衰败。)❺ 接待。《史记·屈原贾生列传》:"出则～遇宾客。"(遇:会见。)❻ jié 敏捷,迅速。《荀子·大略》:"先事虑事谓之～,～则事优成。"

秸[稭] jiē 农作物收获以后的茎秆。《尚书·禹贡》:"三百里纳～服。"(服:指劳役。)《资治通鉴·梁武帝中大通三年》:"谷～之税,足济军资。"

痎 jiē 一种疟疾。《素问·生气通天论》:"夏伤于暑,秋为～疟。"柳宗元《吕侍御恭墓志》:"至广州,病～疟加瘧(zhì)。"(瘧:痢疾。)

揭 jiē ❶ 高举,举。《诗经·小雅·大东》:"维北有斗,西柄之～。"贾谊《过秦论》:"斩木为兵,～竿为旗。"(斩木为兵:砍下树木作为武器。)㉠翘起。《战国策·韩策二》:"唇～者,其齿寒。"㊇持,拿着。《后汉书·冯衍传下》:"～节奉使。"(节:古代使者拿来做凭证的符节。)❷ 扛。《庄子·胠箧》:"负匮(guì)～箧(qiè)担囊而趋。"(负:背。匮:柜子。箧:箱子。囊:口袋。趋:快走。)❸ 揭开(后起意义)。白居易《醉吟先生传》:"～瓮(wèng)拨醅(pēi)。"(瓮:酒坛。醅:未滤

J

过的酒。)㊂公布。陆游《老学庵笔记》卷五:“吏人遂书榜～于市。”❹标志。郭璞《江赋》:“峨嵋为泉阳之～。”❺qì 提起衣服过河。《诗经·邶风·匏有苦叶》:“深则厉,浅则～。”(厉:和衣而渡。)司马相如《上林赋》:“涉冰～河。”

嗟 jiē ❶表示感叹或叹息。《诗经·周南·卷耳》:“～我怀人,寘彼周行。”李白《扶风豪士歌》:“洛阳城中人怨～。”㊂赞叹。贾思勰《齐民要术·园篱》:“行人见者,莫不～叹。”❷表示召唤。《礼记·檀弓下》:“～!来食!”

孑 jié ❶孤单,孤独。张衡《思玄赋》:“～不群而介立。”李密《陈情表》:“茕(qióng)茕～立,形影相吊。”(茕茕:孤独无依的样子。吊:慰问。)[孑遗]经过变故以后遗留下来的人。《诗经·大雅·云汉》:“周餘黎民,靡有～～。”❷戟。古代一种兵器。《左传·庄公四年》:“授师～焉。”(把戟授给了军队。)

节(節) jié ❶植物分枝长叶的地方。《诗经·邶风·旄丘》:“旄丘之葛兮,何诞之～兮?”《后汉书·虞诩传》:“不遇槃根错～,何以别利器乎?”(别:区别。)㊀人或动物的骨节。《素问·生气通天论》:“五藏十二～。”(藏:脏。)❷时节,季节。《列子·汤问》:“寒暑易～,始一反焉。”(寒暑易节:指一年。反:返。)㊀节日。刘沧《送李休秀才归岭中》诗:“故园新过重阳～。”(故园:故乡。)❸符节。古代用来做凭证的东西。《汉书·苏武传》:“杖汉～牧羊。”(杖:拄着。汉:指汉朝。)❹气节,节操。《汉书·高帝纪下》:“上壮其～,为流涕。”文天祥《正气歌》:“时穷～乃见。”(时穷:困难的时候。)㊂礼节。《论语·微子》:“长幼之～,不可废也。”㊕贞节。封建礼教所提倡的女子不“失身”、不改嫁的道德。《二程遗书》卷二二:“饿死事极小,失～事极大。”❺节制,节约。《荀子·天论》:“强本而～用,则天不能贫。”㊂适度。《墨子·辞过》:“风雨～而五谷孰。”❻一种用竹编成的,可起和弦作用的古乐器。左思《蜀都赋》:“巴姬弹弦,汉女击～。”(巴姬、汉女:指蜀地的妇女。)㊀节拍。屈原《九歌·东君》:“应律兮合～。”《盐铁论·相刺》:“(歌者)贵在中～。”❼事物的某一段。《淮南子·说林》:“见象牙乃知其大于牛,见虎尾乃知其大于狸,一～见而百～知也。”

讦(訐) jié 攻击或揭发别人的短处。《论语·阳货》:“恶～以为直者。”《商君书·赏刑》:“周官之人,知而～之上者,自免于罪。”(他周围的官吏,有知道他的罪行,向上级揭发出来的,自己就免了罪。)双音词有“攻讦”。

劫[刦、刧、刼] jié ❶强夺,掠取。《史记·高祖本纪》:“今乃与王黄等～掠代地。”《三国志·吴书·吴主传》:“逆臣乘衅,～夺国柄。”(国柄:国家的政权。)❷威逼,威胁。《荀子·王制》:“桓公～于鲁庄。”《史记·高祖本纪》:“因～众,众不敢不听。”❸佛教用语,梵(fàn)语“劫波”的简称。佛经把天地的一成一败叫一劫,表示一段很长的时间。李白《短歌行》:“苍穹浩茫茫,万～太极长。”(苍穹:苍天。)

岊 jié 山的曲折隐秘处。左思《吴都赋》:“夤缘山岳之～,幂历江海之流。”(夤缘:攀缘。幂历:遍历。)

杰[傑] jié ❶才能出众的人。屈原《九章·怀沙》:“非俊疑～兮,固庸态也。”(诽谤、怀疑俊杰,本来就是小人的一种常态。)❷特异的,超出一般的。《三国志·蜀书·诸葛亮传》:“雄姿～出。”陆游《夜读岑嘉州诗集》诗:“崔嵬(wéi)多～句。”(崔嵬:高的样子,指诗句奇特。)

【辨】英,豪,俊,杰。见506页“英”字。

桀 jié ❶鸡栖的木桩。《诗经·王风·君子于役》:“鸡栖于～。”❷凶暴。《韩非子·亡征》:“官吏弱而人民～。”《史记·货殖列传》:“～黠奴,人之所患也。”(黠:狡猾。)❸优秀,杰出,高出。《诗经·卫风·伯兮》:“邦之～兮。”(邦国中杰出的人物。)郦道元《水经注·江水》:“比之诸岭,尚为竦(sǒng)～。”(尚:还。竦:高耸。)❹举。《左传·成公二年》:“～石以投人。”❺夏朝末代君主。相传是暴君。

诘(詰) jié ❶责问,追问。《国语·鲁语上》:“明日有司复命,公～之。”《左传·襄公二十五年》:“士庄伯不能～。”(士庄伯:人名。)㊀查,查办。《礼记·月令》:“～诛暴慢。”(慢:怠慢。)❷[诘屈]弯曲,崎岖。曹操《苦寒行》:“羊肠坂～～,车轮为之摧。”(羊肠坂:地名。为之:因此。摧:坏。)❸[诘朝][诘旦]次日早晨。《左传·僖公二十八年》:“诘朝将见。”《北史·齐安德王延宗传》:“诘旦还攻东门,克之。”(克:攻克。)

【辨】问,讯,诘。见442页“问”字。

拮 jié ❶[拮据(jū)]操作劳苦,以致手病,伸屈不能自如。《诗经·豳风·鸱鸮》:

"予手～～。"㉖困顿，窘迫。杜甫《秋日荆南送石首薛明府》诗："文物陪巡狩，亲贤病～～。"后指经济窘迫。❷ jiá 逼迫。《战国策·秦策三》："大夫种为越王垦草创邑，辟地殖谷……勾践终～而杀之。"（种：人名。）

洁（潔） jié 干净，清洁。《韩非子·说林下》："宫有垩（è），器有涤，则～矣。"（涤：洗。）㉑纯洁。《吕氏春秋·贵公》："清廉～直。"双音词有"廉洁"。㉒简洁。刘勰《文心雕龙·议对》："文以辨～为能，不以繁缛为巧。"

结（結） jié ❶打结。《庄子·胠箧》："民～绳而用之。"（结绳：古时以结绳记事。）㉒绳子的结。《论衡·实知》："天下事有不可知，犹～有不可解也。"㉖问题所在处。《史记·扁鹊仓公列传》："尽见五藏症～。"（藏：内脏。）㉒凝结。《古诗为焦仲卿妻作》："寒风摧树木，严霜～庭兰。"❷系，扎缚。屈原《九歌·山鬼》："乘赤豹兮从文狸，辛夷车兮～桂旗。"《史记·张释之冯唐列传》："为我～袜。"成语有"张灯结彩"。❸缔结，结交。《左传·隐公七年》："齐侯使夷仲年来聘，～艾之盟也。"《三国志·蜀书·诸葛亮传》："外～好孙权。"❹结果实。杜甫《少年行》："江花～子也无多。"（子：籽。）❺终了。《淮南子·缪称》："故君子行思乎其所～。"❻搭，构建。陶渊明《饮酒二十首》诗之五："～庐在人境。"（结庐：盖房子。人境：人间。）❼ jì 通"髻"。发髻。《汉书·李陵传》："两人皆胡服椎～。"

桔 jié ［桔槔（gāo）］一种用杠杆从井中汲水的装置。《庄子·天运》："且子独不见夫～～者乎？引之则俯，舍之则仰。"李白《赠张公洲革处士》诗："井无～～事，门绝刺绣文。"

袺 jié 提衣襟盛东西。《诗经·周南·芣苢》："采采芣苢，薄言～之。"

倢 jié ❶敏捷。《方言》卷一"虔……宋楚之间谓之倢"郭璞注："言便～也。"❷［倢伃（yú）］同"婕妤"。汉代宫中女官名。一直沿用到明代。《汉书·昭帝纪》："母曰赵～～。"

捷［㨗］ jié ❶胜利，成功。《诗经·小雅·采薇》："一月三～。"《史记·卫将军骠骑列传》："军大～，皆诸校尉力战之功也。"（校尉：武官名。）❷战利品。《左传·襄公二十五年》："郑子产献～于晋。"（郑、晋：国名。子产：人名。）❸迅速，敏捷。《韩非子·难言》："～敏辩给。"（辩给：口才好。）曹植《七启》："蹻（jiǎo）～若飞。"（蹻：强壮。）❹抄近路。《左传·成公五年》："待我，不如～之速也。"双音词有"捷径"。

【辨】快，速，疾，捷。见 230 页"快"字。

婕 jié ［婕妤（yú）］汉代宫中女官名。一直沿用到明代。《史记·外戚世家》："常从～～迁为皇后。"（迁：升。）又写作"倢伃"。

睫 jié ❶眼睫毛。《韩非子·喻老》："能见百步之外，而不能自见其～。"《汉书·爰盎传》："陛下不交～解衣。"❷眨眼。《列子·仲尼》："矢来注眸子而眶不～。"

偈 jié ❶勇武。扬雄《太玄·閷》："其人晖且～。"（晖：阳光，这里指人的性格开朗。）这个意义又写作"朅"。㉖快速有力的样子。宋玉《高唐赋》："～兮若驾驷马。"❷ jì 佛经中的唱诵词。李白《登梅冈望金陵赠族侄高座寺僧中孚》诗："谈经演金～。"（演：发挥。）❸ qì 通"憩"。休息。扬雄《甘泉赋》："度三峦兮～棠黎。"（度：过。三峦、棠黎：宫殿名。）

楬 jié ❶用作标记的小木桩。《周礼·秋官·蜡氏》："若有死于道路者，则令埋而置～焉。"《封氏闻见记》卷六："然则物有标榜皆谓之～。"❷ qià 古代用以终止乐声的一种乐器。即敔（yǔ）。《礼记·乐记》："然后圣人作为鞉、鼓、椌、～、埙、篪。"

碣 jié ❶耸峙的样子。《汉书·扬雄传上》："鸿濛沆茫，～以崇山。"❷圆顶的碑石。《三国志·蜀书·诸葛亮传》注引《蜀记》："晋永兴中，镇南将军刘弘至隆中，观亮故宅，立～表闾。"柳宗元《故御史周君碣》："柳宗元立～于其墓左。"❸一种文体，墓前石刻上的文字。萧统《文选序》："篇辞引序，碑～志状，众制锋起，源流间出。"❹地名。指碣石。《史记·天官书》："故中国山川东北流，其维首在陇、蜀，尾没于勃、～。"［碣石］山名。曹操《步出夏门行·观沧海》："东临～～，以观沧海。"

竭 jié ❶负载。《礼记·礼运》："五行之动，迭相～也。"❷干涸。《左传·成公五年》："故山崩川～，君为之不举。"曹操《步出夏门行·河朔寒》："水～不流，冰坚可蹈。"（蹈：踩。）❸完，尽。《庄子·天下》："一尺之捶（chuí），日取其半，万世不～。"（捶：通"棰"，短木棍。）❹亡，丧失。《吕氏春秋·权勋》："唇～而齿寒。"❺遏止。《盐铁论·疾贪》："犹水之赴下，不～不止。"

羯 jié ❶被阉的公羊。《说文·羊部》："羯，羊羖犗也。"㉒羊。蔡琰《胡笳十八拍》："～膻为味兮，枉遏我情。"（把羊肉做的食品给我吃，也没能阻止我怀念家乡的心情。枉:徒然,白白地。遏:阻止。) ❷ 我国古代北方的一个民族。东晋时曾建立后赵。

睫 jié ❶ 同"睫"。眼睫毛。《史记·扁鹊仓公列传》:"流涕长潸,忽忽承～。" ❷ jiá 一只眼睛闭着。《韩非子·说林上》:"今有人见君,则～其一目,奚如?"

楶 jié 柱头斗栱。《汉书·叙传上》:"～棁(zhuō)之材不荷栋梁之任。"(棁:梁上短柱。)

截 jié ❶ 断,割断。《战国策·赵策三》:"夫吴干之剑,肉试则断牛马,金试则～盘匜(yí)。"(匜:一种盛水的容器。)《论衡·量知》:"～竹为筒。"成语有"斩钉截铁"。❷ 整齐,整治。《诗经·商颂·殷武》:"有～其所,汤孙之绪。"《诗经·大雅·常武》:"～彼淮浦,王师之所。" ❸ 拦截。《三国志·魏书·张既传》:"胡果争奔之,因发伏～其后。" ❹ [截然]态度严正的样子。严羽《沧浪诗话·诗辨》:"～～谓当以盛唐为法。" ❺ 横渡。郭璞《江赋》:"鼓帆迅越,趠(pò)涨～涧。"(趠:越过。) ❻ 量词。段(后起意义)。《朱子语类》卷六:"譬如水,若一些子碍,便成两～。"

解 jiě ❶ 分割动物的肢体。《庄子·养生主》:"庖丁为文惠君～牛。"《仪礼·士虞礼》:"杀于庙门西,主人不视豚～。" ❷ 把系着的东西解开。《韩非子·难一》:"桓公～管仲之束缚而相之。"(相之:拜他为相。) ❸ 分解,融化。仲长统《昌言·理乱》:"土崩瓦～。"贾思勰《齐民要术·水稻》:"二月冰～。" ❹ 调解,排解,和解。《战国策·赵策三》:"为人排患、释难、～纷乱而无所取也。"(无所取:不取报酬。)《史记·项羽本纪》:"项王、范增疑沛公之有天下,业已讲～,又恶负约,恐诸侯叛之。" ❺ 消除。《荀子·臣道》:"遂以～国之大患。" ❻ 解释。《论衡·问孔》:"孔子自～,安能～乎?" ❼ 理解,懂得。《庄子·天地》:"大惑者终身不～。" ❽ 乐曲或诗歌的章节。《乐府诗集·相和歌辞》:"伧歌以一句为一～,中国以一章为一～。" ❾ xiè 懈怠,松弛。《诗经·大雅·烝民》:"夙(sù)夜匪～。"(夙夜:早晚。匪:不。)这个意义后来写作"懈"。 ❿ xiè 姓。

介 jiè ❶ 界线,疆界。《诗经·周颂·思文》:"无此疆尔～。"(不分这个那个界线。尔:那。)这个意义后来写作"界"。㊀间隔。《汉书·翼奉传》:"后～大河。"(后:后面。) ❷ 居中,在中间。《左传·襄公九年》:"～居二大国之间。"(夹在两个大国中间。)㊀传宾主之言的人。《荀子·大略》:"诸侯相见,卿为～。"㊀介绍。《战国策·赵策三》:"胜请为绍～而见之于将军。"(胜:人名。)李康《运命论》:"其所以相亲也,不～而自亲。" ❸ 接近。《穀梁传·文公十五年》:"其远之,何也? 不以难～我国也。" ❹ 助。《诗经·豳风·七月》:"为此春酒,以～眉寿。" ❺ 赐予。《诗经·小雅·小明》:"神之听之,～尔景福。" ❻ 凭借,依靠。《左传·文公六年》:"～人之宠,非勇也。" ❼ 独,独特。《庄子·庚桑楚》:"夫函车之兽,～而离山。"郦道元《水经注·庐江水》:"又有孤石,～立大湖中。" ❽ 耿介,操守。《孟子·尽心上》:"柳下惠不以三公易其～。" ❾ 铠甲。《韩非子·显学》:"国平则养儒侠,难至则用～士。"㊀甲士。《左传·宣公二年》:"既而与为公～。"㊀虫或水族动物的甲壳。《吕氏春秋·孟秋》:"～虫败谷,戎兵乃来。" ❿ 大。《诗经·大雅·崧高》:"锡尔～圭。"《诗经·小雅·楚茨》:"报以～福,万寿无疆。" ⓫ [一介] 1. 一个。《尚书·秦誓》:"如有～～臣。" 2. 谦辞。表示藐小,微贱。王勃《滕王阁序》:"勃三尺微命,～～书生。" ⓬ 通"芥"。比喻微小。《战国策·齐策四》:"无纤～之祸者。"(纤:细。)

价 jiè ❶ 善,大。《诗经·大雅·板》:"～人维藩。"(藩:藩篱,屏障。) ❷ 仆役,差人(后起意义)。《宋史·曹彬传》:"会邻道守将走～驰书来诣。"

芥 jiè ❶ 小草。《庄子·逍遥游》:"覆杯水于坳堂之上,则～为之舟。"㊉微小的。《论衡·累害》:"行完迹洁,无纤～之毁。"(纤:细。) ❷ 芥菜。贾思勰《齐民要术·种蜀芥芸苔芥子》:"七月八月可种～。"

界 jiè ❶ 地域的界限。《孟子·公孙丑下》:"域民不以封疆之～。"《史记·秦始皇本纪》:"发兵守其西～。"㊀不同事物的分界。《后汉书·马融传上》:"奢俭之中,以礼为～。" ❷ 地域,境域。《论衡·感虚》:"使一郡皆寒,贤者长一县,一县之～能温乎?"《三国志·魏书·武帝纪》:"禁断淫祀,奸宄(guǐ)逃窜,郡～肃然。"(奸宄:坏人。肃然:安宁。) ❸ 毗连,接连。《战国策·齐策三》:"三国之与秦壤～而患急。" ❹ 离间,使疏远。扬雄《解嘲》:"～泾阳抵穰(rǎng)侯而代之。"(离间泾阳君与秦王的关系,排挤穰侯并取代他的职位。)

疥 jiè 疥疮。《礼记·月令》:"民多～疠。"《论衡·商虫》:"人之病～,亦希非常。"

髫 jiè 以簪固定的发髻。《南史·夷貊传下》:"男女皆露～。"

戒 jiè ❶警戒，戒备。《诗经·小雅·采薇》："岂不日～？玁狁孔棘。"（玁狁：我国古代北方民族。孔：甚。棘：通"亟"，急。）贾谊《新书·大政上》："～之哉！与民为敌者，民必胜之。"❷告诫，警告。《左传·宣公十二年》："军政不～而备。"《荀子·成相》："观往事，以自～。"这个意义后来写作"诫"。❸戒除。《三国志·魏书·管辂传》："恩使客节酒～肉慎火。"（恩：人名。）❹斋戒。《庄子·达生》："十日～，三日齐。"（齐：通"斋"，斋戒。）❺一种文体，用于匡正和警诫。萧统《文选序》："～出于弼匡。"

诫（誡） jiè ❶告诫，警告。《史记·鲁周公世家》："作此以～成王。"❷警戒，戒备。《左传·桓公十一年》："郧人军其郊，必不～。"贾谊《治安策》："前车覆，后车～。"（覆：翻倒。）❸一种文体，用于规劝和告诫。《后汉书·杜笃传》："所著……《七言》、《女～》及杂文，凡十八篇。"

届［屆］ jiè ❶至，到达。《诗经·小雅·小弁》："譬彼舟流，不知所～。"《三国志·魏书·武帝纪》："致～官渡。"（到达官渡。）双音词有"届期"、"届时"。❷极，尽。《诗经·大雅·瞻卬》："蟊贼蟊疾，靡有夷～。"

借 jiè ❶借，借出，借进。《论语·卫灵公》："有马者～人乘之。"《穀梁传·僖公二年》："公遂～道而伐虢。"（虢：国名。）㊀帮助。《汉书·朱云传》："少时通轻侠，～客报仇。"㊁凭借，借助。《左传·成公二年》："子又不许，请收合余烬，背城～一。"（一：指一战。）❷假使。《诗经·大雅·抑》："～曰未知，亦既抱子。"常"借使"连用。《三国志·魏书·荀攸传》："～使二子和睦以守其成业，则天下之难未息也。"（息：停止。）这个意义又写作"藉"。

喈 jiè ❶赞叹。《后汉书·光武帝纪论》："（望气者）遥望见春陵郭，～曰：'气佳哉！郁郁葱葱然。'"❷［喈喈］1. zézé 喧闹声。柳宗元《憎王孙文》："王孙之德躁以嚣，勃诤号呶，～～强强，虽群不相告也。"2. jījí 鸟鸣声。《淮南子·原道》："故夫乌之哑哑，鹊之～～，岂尝为寒暑燥湿变其声哉！"❸zé ［嚄(huò)喈］见 172 页"嚄"字。❹shòu 吮吸。《史记·佞幸列传》："文帝尝病痈，邓通常为～吮之。"

藉 jiè 见 179 页。

犗 jiè 阉割过的牛。《庄子·外物》："任公子为大钩巨缁，五十～以为饵。"（缁：黑色绳子，这里指钓鱼的绳索。）《世说新语·排调》："故是千斤～特。"

JIN

巾 jīn ❶古代擦抹用的布，相当于今天的手巾。《三国志·魏书·武帝纪》注引《曹瞒传》："被服轻绡，身自佩小鞶囊，以盛手～细物。"张俞《蚕妇》诗："昨日入城市，归来泪满～。遍身罗绮者，不是养蚕人。"（罗：轻软有稀孔的丝织品。绮：有花纹的丝织品。）❷裹头或缠束、覆盖用的丝麻织品。《汉书·贾山传》："怜其亡发，赐之～。"李白《嘲鲁儒》诗："首戴方山～。"（方山巾：一种儒生所戴的头巾。）［巾帼］古代妇女的头巾或发饰，后用作妇女的代称。如"巾帼英雄"。❸包裹，覆盖。《庄子·天运》："盛以箧衍，～以文绣。"（箧衍：浅竹筐。）㊀给车子装上帷幕。潘尼《赠陆机出为吴王郎中令》诗："我车既～，我马既秣。"

【辨】冠，冕，巾，弁，帽。见 139 页"冠"字。

斤 jīn ❶斧子一类的工具。《荀子·劝学》："林木茂而斧～至焉。"❷重量单位。十六两为一斤。《史记·绛侯周勃世家》："赐金五千～。"❸［斤斤］1. 明察的样子。《诗经·周颂·执竞》："奄有四方，～～其明。"（奄：覆盖，占有。）2. 谨慎的样子。《后汉书·吴汉传》："及在朝廷，～～谨质，形于体貌。"

钘（釿） jīn ❶斫木的斧头。《庄子·在宥》："于是乎～锯制焉。"❷重量单位。斤两。

今 jīn ❶现在。《诗经·小雅·采薇》："昔我往矣，杨柳依依；～我来思，雨雪霏霏。"《论语·子罕》："后生可畏，焉知来者之不如～也？"❷即将，就。《战国策·韩策一》："十日之内，数万之众，～涉魏境。"❸若，如果。《孟子·梁惠王下》："～王与百姓同乐，则王矣。"

衿 jīn ❶衣领。《诗经·郑风·子衿》："青青子～，悠悠我心。"❷衣襟。《庄子·让王》："捉～而肘见。"王粲《七哀》诗："白露霑衣～。"（霑：沾。）这个意义又写作"襟"、"衿"。❸胸怀，胸襟。陆机《猛虎行》："人生诚未易，曷云开此～？"❹系，结。扬雄《反离骚》："～芰(jì)茄之绿衣兮，被夫容之朱裳。"（芰：菱，这里指菱角的叶。茄：指荷叶。夫容：芙蓉。）

矜 jīn ❶qín 矛柄。《汉书·徐乐传》："起穷巷，奋棘～。"（棘：通"戟"，一种兵器。）这个意义又写作"穜"。❷怜悯，同情。《左传·僖公十五年》："吾怨其君而～其民。"《论语·子张》："嘉善而～不能。" ❸ 奋动。《吕氏春秋·重言》："手足～者，兵革之色也。" ❹ 危险。《诗经·小雅·菀柳》："曷予靖之，居以凶～？" ❺ 持重，慎重。《论语·卫灵公》："君子～而不争。" ㊈庄重。《汉书·冯参传》："参为人～严，好修容仪。"［矜持］竭力保持庄重。《晋书·王羲之传》："然闻信至，咸自～～。"（信：使者。咸：全，都。）❻ 骄傲。《老子》三十章："果而勿～。"（果：指得到胜利。）㊈夸耀。《史记·孝文本纪》："今又～其功，受上赏，处尊位。" ❼ 注重，崇尚。《汉书·贾谊传》："婴以廉耻，故人～节行。" ❽ guān 通"鳏"。年老无妻的人。《诗经·大雅·烝民》："不侮～寡。"（侮：欺侮。）

紟 jīn ❶ 系衣带。《礼记·内则》："～缨綦屦。"（系好帽带、鞋带。）❷ jìn 单被。《礼记·丧服大记》："布～二衾。"

金 jīn ❶ 金属。《周易·系辞上》："二人同心，其利断～。"（利：锋利。）《荀子·劝学》："锲(qiè)而不舍，～石可镂(lòu)。"（锲：用刀刻。舍：停止。镂：雕刻。）㊕黄金。《史记·孝文本纪》："不得以～、银、铜、锡为饰。" ㊋像金属一样坚固。《韩非子·用人》："不谨萧墙之患，而固～城于远境。" ㊋金属制的乐器或兵器。《汉书·李陵传》："闻～声而止。"（金声：指锣声。）《荀子·劝学》："～就砺则利。"（砺：磨刀石。利：锋利。）［金革］武器和盔甲，常用来比喻战争。扬雄《解嘲》："天下已定，～～已平。" ❷ 古代计算货币的单位。1. 先秦以黄金二十两为一镒，一镒称一金。《墨子·公输》："请献十～。" 2. 汉代以黄金一斤为一金。3. 后来以银为货币，银一两称一金。❸ 五行(金、木、水、火、土)之一。见 468 页"行"字。❹ 朝代名(公元 1115—1234 年)。第一代君主是完颜阿骨打。

觔 jīn ❶ 同"筋"。《论衡·书虚》："举鼎用力，力由～脉，～脉不堪，绝伤而死。" ❷ 重量单位。斤。《淮南子·天文》："十六两而为一～。"《旧唐书·文宗纪上》："每一石灰得盐一十二～一两。"（石：重量单位，一百二十斤为一石。）这个意义又写作"斤"。

津 jīn ❶ 渡口。《论语·微子》："长沮桀溺耦而耕，孔子过之，使子路问～焉。"《史记·秦始皇本纪》："缮～关，据险塞。"（缮：修缮。关：关口。）❷ 渡。潘岳《西征赋》："～便门以右转，究吾境之所暨。" ㊋传。刘义恭《艳歌行》："倾首伫春燕，为我～辞语。" ❸ 中医指人体内分泌出的液体。《素问·调经论》："人有精气～液。" ㊕唾液，口水。陆佃《埤雅·释草·芥》："今人望梅生～。" ❹ 润泽。《周礼·地官·大司徒》："二曰川泽……其民黑而～。"

仅(僅) jǐn ❶ 只，不过。《庄子·人间世》："方今之时，～免刑焉。"《三国志·吴书·吴主传》："刘备奔走，～以身免。" ❷ jìn 几乎，将近(后起意义)。杜甫《泊岳阳城下》诗："山城～百层。"

尽²(儘) jǐn 任凭。武衍《宫词》："惟有落红官不禁，～教飞舞出宫墙。"（落红：落花。）

卺［巹］ jǐn 古代婚礼用的酒器，以瓢为之。《仪礼·士昏礼》："三酳(yìn)用～。"（酳：食毕用酒漱口。）［合卺］新婚夫妇喝交杯酒。《礼记·昏义》："～～而酳。"

堇 jǐn ❶ 堇菜，一种多年生草本植物。《诗经·大雅·绵》："周原膴膴(wǔwǔ)，～荼如饴。"李时珍《本草纲目·菜部》："～菜野生，非人所种，叶似蕺菜，花紫色。" ❷ 一种毒草，是药用植物，块根有剧毒。也叫乌头。《国语·晋语二》："骊姬受福，乃置鸩于酒，置～于肉。"

谨(謹) jǐn ❶ 谨慎，小心。《论语·学而》："弟子入则孝，出则悌，～而信。"《史记·李斯列传》："～奉法令。"（奉：遵守，奉行。）㊋严，严格。《荀子·宥坐》："嫚令～诛，贼也。"（法令松弛而诛杀甚严，是残害的行为。嫚：慢。）❷ 恭敬。《韩非子·外储说右上》："宋人有酤酒者，升概甚平，遇客甚～。"

馑(饉) jǐn ❶ 饥荒。蔬菜和野菜都吃不上。常"饥(饑)馑"连用。《左传·昭公元年》："虽有饥～，必有丰年。"《韩非子·显学》："征赋钱粟以实仓库，且以救饥～、备军旅也。"（备军旅：指备战。军旅：军队。）❷ 缺乏。《盐铁论·通有》："财物流通，有以均之，是以多者不独衍，少者不独～。" ❸ jìn 通"殣"。饿死。《后汉书·来歙传》："今西州新破，兵人疲～。" ㊈饿死的人。班彪《王命论》："夫饿～流隶，饥寒道路。"

【辨】饑，馑。见 174 页"饥²(饑)"字。

廑［厪］ jǐn ❶ 仅，才。《汉书·贾谊传》："诸公幸者乃为中涓，其次～得舍人。" ❷ qín 通"勤"。勤劳。《汉书·扬雄传下》："三旬有余，其～至矣。"

瑾 jǐn 美玉。常"瑾瑜"连用。屈原《九章·怀沙》："怀～握瑜兮穷不知所示。"（瑜：美玉。）《山海经·西山经》："其阳多～瑜之玉。"（阳：山的南坡。）

槿 jǐn 木槿，一种落叶灌木。《宋书·乐志二》："水雨方降木～荣。"《南齐书·祥瑞志》："乌程县陈文则家～树连理。" ㊂木槿花。《北齐书·魏收传》："～荣于枝，望暮而萎。"

锦（錦） jǐn ❶ 有彩色花纹的丝织品。《诗经·秦风·终南》："～衣狐裘。" ❷ 色彩鲜艳华丽。李群玉《瀏鶒(xīchì)》诗："～羽相呼暮沙曲。"

尽[1]（盡） jìn ❶ 完，没有了。《左传·襄公八年》："楚师辽远，粮食将～，必将速归。"晁错《言守边备塞疏》："(胡人)美草甘水则止，草～水竭则移。"(甘水：指可以饮用的水。止：指驻扎下来。) ❷ 竭尽，全部用出。《商君书·错法》："功分明则民～力。" ❸ 达到顶点。《论语·八佾》："子谓《韶》～美矣，又～善也。"(《韶》：舜时乐曲名。) ❹ 都，全部。《孟子·尽心下》："～信《书》，则不如无《书》。"(《书》：指《尚书》。)黄巢《不第后赋菊》诗："满城～带黄金甲。" ❺ jǐn 尽可能，尽量。《礼记·曲礼上》："虚坐～后，食坐～前。"(虚坐：指闲坐。) ❻ jǐn 任凭。白居易《题山石榴花》诗："争及此花檐户下，任人采弄～人看？" ❼ 通"赆"。费用。《管子·乘马》："黄金一镒，百乘一宿之～也。"

荩（藎） jìn ❶ 一种野草，可用来编织器物。元稹《遣悲怀》诗："顾我无衣搜～箧(qiè)。"(荩箧：用荩草编的小箱子。) ❷［荩臣］忠臣。《诗经·大雅·文王》："王之～～。"

赆（贐）［賮］ jìn ❶ 赠送的路费或财物。《孟子·公孙丑下》："行者必以～。"《梁书·杨公则传》："～送一无所取。" ❷ 进贡的财物。颜延之《赭白马赋》："或逾远而纳～。"(有的远道而来交纳贡品。逾：跨越。)

烬（燼）［夷］ jìn ❶ 物体燃烧后的灰。《北史·吕思礼传》："烛～夜有数升。"杜甫《壮游》诗："哭庙灰～中，鼻酸朝未央。"(朝未央：指皇帝于宫中接受朝拜。未央：宫殿名。) ❷ 受灾后残余的人。《左传·成公二年》："请收合余～，背城借一。"(借一：指凭借一战。)《左传·襄公四年》："收二国之～。"

进（進） jìn ❶ 前进。与"退"相对。《论语·雍也》："非敢后也，马不～也。"《孙子兵法·军争》："勇者不得独～，怯者不得独退。" ㊀到朝廷。《商君书·农战》："～则曲主，退则虑私。"(曲主：曲意讨好君主。退：退朝，指回家。虑私：谋私利。) ㊂出来做官。《荀子·大略》："君子～则能益上之誉而损下之忧。"(益上之誉：增加在上者的好名声。损下之忧：减少在下者的忧患。) ❷ 超过。《庄子·养生主》："臣之所好者道也，～乎技矣。" ❸ 进献。宋玉《高唐赋》："～纯牺，祷璇室。"《战国策·齐策一》："群臣～谏。"(谏：规劝使改正错误。) ❹ 推荐。《史记·孙子吴起列传》："于是忌～孙子于威王。"(忌：田忌，人名。孙子：指孙膑。威王：齐威王。) ❺ 进入(后起意义)。王嘉《拾遗记·秦始皇》："驾朱马而至宫门，云欲见秦王子婴，阍者许～焉。" ❻ 通"赆"。赠送的财物。《史记·高祖本纪》："萧何为主吏，主～。"(主：主管。)

【辨】进，入。在上古时代，"进"和"入"是两个不同的概念。"进"的反面是退，"入"的反面是出。现代汉语所谓"进去"、"进来"，古人只说"入"，不说"进"。

近 jìn ❶ 近。与"远"相对。《论语·卫灵公》："人无远虑，必有～忧。"《韩非子·说林上》："远水不救～火也。" ❷ 亲近，接近。《战国策·赵策一》："襄子必～幸子。"(子：对人的尊称。) ㊀受到宠爱。《战国策·齐策三》："齐王夫人死，有七孺子皆～。"(孺子：指齐王的妾。) ㊂君主亲近的人。《新唐书·高适传》："擢谏议大夫，负气敢言，权～侧目。" ❸ 浅近。《孟子·尽心下》："言～而指远者，善言也。"(指：意思，意义。)《新唐书·高骈传》："语言俚(lǐ)～。"(俚：粗俗。) ❹ 相近，近似。张俨《默记·述佐》："昔子产治郑，诸侯不敢加兵，蜀相其～之矣。"(加：施加。蜀相：指诸葛亮。其：语气词。)

靳 jìn ❶ 套在辕马胸部的皮革，也用作辕马的代称。《左传·定公九年》："吾从子如骖之～。"(我跟随你就像骖马跟随辕马一样。骖：辕马两旁的马。) ❷ 吝惜，吝啬。《后汉书·崔寔传》："悔不小～。"(小靳：稍微吝啬一点儿。) ❸ 奚落，嘲笑。《左传·庄公十一年》："宋公～之。"

晋［晉］ jìn ❶ 前进，上进。班固《幽通赋》："盍(hé)孟～以迨(dài)群兮？"(为什么不勉力上进而赶上大家呢？盍：何不。孟：勉力。迨：赶上。)又如"晋见"。 ❷ 通"搢"。插。《周礼·春官·典瑞》："王～大圭。"(圭：玉制礼器。) ❸ 周代诸侯国。在今山西、河北南部和陕西中部等地，公元前403年分为韩、赵、魏三国。 ❹ 朝代名。1. 公元265—420年，第一代君主是司马炎。原建都洛阳，公元317年迁都到建康(今南京市),迁都以前称为西晋,迁都以后称为东晋。2.公元936—947年,五代之一,也称后晋,第一代君主是石敬瑭。

搢 jìn ❶插。《商君书·赏刑》:"~笏(hù)作为乐,以申其德。"(笏:古代官僚上朝时手里拿着的手板。)[搢绅]1.古代高级官吏的装束。《庄子·天下》:"《诗》、《书》、《礼》、《乐》者,邹鲁之士,~~先生,多能明之。"2.古代有官职或做过官的人的代称。《史记·封禅书》:"~~之属皆望天子封禅改正度也。"《晋书·舆服志》:"所谓~~之士者,搢笏而垂绅带也。"(绅:腰间大带。)上述1、2又写作"缙绅"、"荐绅"。❷振,摇。《国语·吴语》:"被甲带剑,挺铍~铎。"

缙(縉)[𦁗] jìn ❶浅赤色。《后汉书·蔡邕传》:"济济多士,端委~绖。"(端:一种礼服。委:一种冠。绖:系佩玉的丝带。)❷[缙绅]同"搢绅"。1.古代高级官吏的装束。《荀子·礼论》:"~~而无钩带矣。"2.古代有官职或做过官的人的代称。《汉书·郊祀志上》:"~~之属皆望天子封禅改正度也。"文天祥《指南录后序》:"~~大夫士萃于左丞相府,莫知计所出。"(萃:汇集。)

浸 jìn ❶泡,淹没。《诗经·小雅·大东》:"有冽氿泉,无~获薪。"(凉凉的泉水,不要浸湿了我砍的柴。)《史记·赵世家》:"引汾水灌其城,城不~者三版。"❷灌溉。《诗经·小雅·白华》:"滮池北流,~彼稻田。"《庄子·天地》:"有械于此,一日~百畦,用力甚寡。"㊀润泽,滋润。张衡《东京赋》:"泽~昆虫。"❸大水,湖泽。《庄子·逍遥游》:"之人也,物莫之伤。大~稽天而不溺,大旱金石流、土山焦而不热。"(稽:至,到。)顾炎武《答人书》:"正值淫雨,沂沭下流,并为巨~。"❹渐渐,逐渐。许慎《说文解字叙》:"字者,言孳乳而~多也。"这个意义又写作"寖"。❺qīn[浸淫]渗透。《汉书·司马相如传下》:"六合之内,八方之外,~~衍溢。"㊀逐渐扩展,逐渐接近。东方朔《七谏·沉江》:"贤俊慕而自附兮,日~~而合同。"韩愈《送孟东野序》:"孟郊东野始以其诗鸣……其他~~乎汉氏矣。"❻qīn[浸浔(yín)]见478页"浔(xún)"字。

祲 jìn ❶古人所说的不祥之气。《左传·昭公十五年》:"吾见赤黑之~,非祭祥也。"❷盛大。班固《东都赋》:"天官景从,~威盛容。"

寖 jìn ❶渗透。《汉书·沟洫志》:"泉流灌~,所以育五谷也。"❷qīn 渐,逐渐。《史记·酷吏列传》:"故盗贼~多。"《后汉书·皇后纪下》:"逆害饮食,~以沈困。"

唫 jìn ❶闭口。《吕氏春秋·重言》:"君呿(qū)而不~。"(呿:张开口。)❷吸。扬雄《太玄·太玄摛》:"嘘则流体,~则凝形。"(嘘:呼。)❸yín 同"吟"。吟咏。屈原《九章·悲回风》:"孤子~而抆(wěn)泪兮。"(抆:擦。)《汉书·匈奴传上》:"今歌~之声未绝。"❹yín 通"崟"。高峻的山岩。《穀梁传·僖公三十三年》:"女死必于殽之岩~之下。"

禁 jìn ❶禁止。《荀子·性恶》:"重刑罚以~之。"㊀禁令。《韩非子·五蠹》:"侠以武犯~。"(侠:游侠。)㊁禁忌。《礼记·曲礼上》:"入竟而问~,入国而问俗。"(竟:境。)❷监禁。《魏书·高阳王雍传》:"别房幽~,不得关豫内政。"㊀监狱。《晋书·苻丕载记》:"于重~之中若有人导之者。"❸皇帝居住的地方。《史记·秦始皇本纪》:"二世常居~中。"(二世:指秦二世胡亥。)❹jīn 禁得起,受得住。白居易《杨柳枝》诗:"小树不~攀折苦,乞君留取两三条。"(乞:求。君:你。留取:留下。)成语有"弱不禁风"。

僸 jìn ❶我国古代一种北方民族音乐。班固《东都赋》:"~侏兜离,罔不具集。"(四方民族音乐,无不具备。)❷yǐn 仰头。《汉书·司马相如传下》:"~祲寻而高纵兮,纷鸿溶而上厉。"(抬头仰望而身体渐渐高纵啊,纷然腾跃疾飞上天。)

噤 jìn 闭口,不说话。《史记·袁盎晁错列传》:"臣恐天下之士~口不敢复言也。"成语有"噤若寒蝉"。㊀关闭。潘岳《西征赋》:"有~门而莫启。"

墐 jìn ❶用泥涂塞。《诗经·豳风·七月》:"穹窒熏鼠,塞向~户。"(堵好窟窿熏老鼠,封起北窗涂门缝。)❷沟上的路。《国语·齐语》:"陆、阜、陵、~、井、田、畴均,则民不憾。"(均:有序。)❸通"殣"。掩埋。《诗经·小雅·小弁》:"行有死人,尚或~之。"

觐(覲) jìn ❶古代诸侯秋天朝见帝王。《周礼·秋官·大行人》:"春朝诸侯而图天下之事,秋~以比邦国之功。"㊁朝见帝王。《穀梁传·僖公五年》:"天子微,诸侯不享~。"(微:衰弱。享:进献。)㊀祭祀。班固《东都赋》:"~明堂,临辟雍。"(辟雍:太学名。)❷拜见。《左传·昭公十六年》:"宣子私~于子产。"(宣子、子产:人名。)❸显现。《尚书·立政》:"以~文王之耿光,以扬武王之大烈。"(耿:明亮的。)

【辨】朝,觐。见44页"朝"字。

殣 jìn ❶ 饿死。《大戴礼记·千乘》:"道无～者。"⊗饿死的人。《后汉书·马融传上》:"米谷踊贵,自关以西,道～相望。"(踊贵:价格上涨。道殣相望:指道路上饿死的人很多。) ❷ 掩埋,埋葬。《荀子·礼论》:"刑余罪人之丧……不得昼行,以昏～。"(昏:黄昏。)

JING

京 jīng ❶ 高丘,高冈。《诗经·鄘风·定之方中》:"望楚与堂,景山与～。"(景山:大山。)㊕人工筑起的高土堆。《三国志·魏书·公孙瓒传》:"于堑(qiàn)里筑～,皆高五六丈。"(堑:壕沟。) ❷ 谷仓。《史记·扁鹊仓公列传》:"见建家～下方石,即弄之。"(建:人名。弄:玩弄。之:指方石。) ❸ 大。《左传·庄公二十二年》:"八世之后,莫之与～。"(莫之与京:没有人比他更大的。) ❹ 数目名。徐岳《数术记遗》:"黄帝为法……十兆曰～也。" ❺ 国都,首都。《汉书·赵充国传》:"遂克西戎,还师于～。"岳飞《南京上高宗书略》:"为今之计,莫若请车驾还～。"(车驾:皇帝乘坐的车,这里代指皇帝。)[京师][京国][京华]国都。《后汉书·王充传》:"后到京师,受业太学。"

【辨】京,都。"京"的本义是"大"。在先秦,"京师"连用才指国都,"京"指国都是后来的事。"都"本指大城市,汉以后才可指国都。

惊(驚) jīng ❶ 马受惊。《战国策·赵策一》:"襄子至桥而马～。"㊀惊骇,震惊。《史记·淮阴侯列传》:"一军皆～。" ❷ 惊动,震动。李白《猛虎行》:"战鼓～山欲倾倒。"成语有"惊天动地"。 ❸ 警戒。《墨子·号令》:"卒有～事,中军疾击鼓者三。"

泾(涇) jīng 泾水。发源于甘肃,流入陕西与渭水相合。[泾渭]泾水和渭水。古人认为泾浊渭清(实际上是泾清渭浊),所以用来比喻清浊或是非。任昉《出郡传舍哭范仆射》诗:"伊人有～～,非余扬浊清。"(伊人:那个人。)成语有"泾渭分明"。

经(經) jīng ❶ 织布的纵线叫"经",横线叫"纬"。刘勰《文心雕龙·情采》:"～正而后纬成,理定而后辞畅。"(理:文理,文章内容。辞:文辞。)㊀道路以南北为"经",东西为"纬"。《周礼·考工记·匠人》:"国中九～九纬。" ❷ 中医把人体气血运行通路的主干叫"经"。如"经络"、"经脉"。 ❸ 常规,原则。《尚书·大禹谟》:"与其杀不辜,宁失不～。"(不经:不合常法。)成语有"荒诞不经"。《史记·太史公自序》:"守～事而不知其宜,遭变事而不知其权。" ❹ 常,时常。《后汉书·朱晖传》:"是时谷贵,县官～用不足,朝廷忧之。" ❺ 经典,中国古代以《易》、《书》、《诗》、《礼》、《乐》、《春秋》为六经。⊗载一事一艺的专书。如《黄帝内经》、《山海经》等。 ❻ 经过。《汉书·五行志中之上》:"还～鲁地。"⊗经历。杨衒之《洛阳伽蓝记·开善寺》:"～河阴之役,诸元歼尽。"(河阴:地名。役:变故。诸元:指元姓贵族。) ❼ 度量,划分。《周礼·天官·冢宰》:"体国～野。"(划分城中区域,度量郊外土地。)《盐铁论·相刺》:"古者～井田。"㊀治理。《史记·秦始皇本纪》:"皇帝明德,～理宇内。"(宇内:指国家。) ❽ 上吊。《史记·田单列传》:"～其颈于树枝。" ❾ jìng 通"径"。1. 直径。《墨子·备蛾傅》:"广七寸,～尺一。"2. 途径,方法。《荀子·劝学》:"学之～莫速乎好其人。"3. 直。《论衡·吉验》:"母见其上若一匹练状,～上天。"

荆 jīng ❶ 一种灌木。李商隐《行次西郊作》诗:"下田长～榛。"(榛:一种灌木。)㊀用荆条做的刑杖。《史记·廉颇蔺相如列传》:"肉袒负～。"(肉袒:光着上身。负:背。) ❷ 对人谦称自己的妻子。刘克庄《盖竹庙》诗:"寄书报与～妻说。" ❸ 周代诸侯国。楚国的别称。见57页"楚"字。

菁 jīng ❶ 韭菜的花。张衡《南都赋》:"秋韭冬～。"㊁花。宋玉《高唐赋》:"江离载～。" ❷ 指芜菁。《吕氏春秋·本味》:"云梦之芹,具区之～。"[芜菁]一种植物,块根可食。贾思勰《齐民要术·蔓菁》:"七月可种～～。" ❸ 水草。司马相如《上林赋》:"唼喋(shàzhá)～藻。"(唼喋:水鸟或鱼吃食。) ❹ [菁华]同"精华"。刘知几《史通·书志》:"撮其机要,收彼～～。"(撮:摘取。) ❺ [菁菁]茂盛的样子。《诗经·唐风·杕杜》:"其叶～～。"

精 jīng ❶ 上等细米。与"粗"相对。《庄子·人间世》:"鼓筴(cè)播～。"(用小簸箕簸细米。)㊀精细。《论语·乡党》:"食不厌～,脍不厌细。" ❷ 精华,精粹。《汉书·律历志上》:"铜为物之至～。"杜牧《阿房宫赋》:"齐楚之～英。"⊗精锐,精良。《史记·项羽本纪》:"使人收下县,得～兵八千人。" ❸ 精心,专诚。《荀子·解蔽》:"倾则不～。"(倾:指心另有偏向。) ❹ 精通。《汉书·楚元王传》:"闻申公为《诗》最～,以为博士。"韩愈《进学解》:"业～于勤。" ❺ 指精气。《论衡·论死》:"夫生人之～在于身中。"(生人:活人。)

㉦精液。《周易·系辞下》:“男女构～,万物化生。”❻ 精神。《汉书·宣帝纪》:“其赦天下,与士大夫厉～更始。”(厉精更始:振奋精神重新开始。)王安石《上皇帝万言书》:“使其耗～疲神。”成语有“励精图治”。❼ 精灵,神怪。杜甫《陪郑广文游何将军山林十首》诗之七:“山～白日藏。”❽ 明亮。《汉书·李寻传》:“日月光～。”

旌 jīng ❶ 古时一种用五色羽毛装饰的旗子。《国语·吴语》:“建～提鼓。”㉦旗子的通称。屈原《九歌·国殇》:“～蔽日兮敌若云。”(蔽:遮掩。若:像。)熟语有“旌旗招展”。❷ 表彰。《左传·僖公二十四年》:“且～善人。”❸ 表明,标识。《左传·昭公九年》:“服以～礼,礼以行事。”

旍 jīng ❶ 同“旌”。旗的一种。屈原《九歌·少司命》:“孔盖兮翠～。”《吕氏春秋·季秋》:“命仆及七驺(zōu)咸驾,载～旐(zhào)。”(驺:养马兼管驾车的人。旐:画有龟蛇的旗子。)❷ 表彰。《三国志·吴书·贺邵传》:“～贤表善,以康庶政。”

粳[稉、秔] jīng 一种不黏的稻。《汉书·扬雄传下》:“驰骋～稻之地。”《后汉书·杜笃传》:“浙泽成川,～稻陶遂。”(陶:畅。遂:生。)

兢 jīng [兢兢]1. 小心谨慎的样子。《诗经·小雅·小旻》:“战战～～,如临深渊,如履薄冰。”2. 强健的样子。《诗经·小雅·无羊》:“尔羊来思,矜矜～～,不骞不崩。”(尔:你。思:语气词。矜矜:坚强。骞:瘦小。崩:疫病。)

井 jǐng ❶ 水井。《荀子·荣辱》:“短绠不可以汲深～之泉。”(绠:打水用的绳子。汲:从井里打水。)[井田]我国奴隶制时代井字形的方块田。《穀梁传·宣公十五年》:“古者三百步为里,名曰～～。～～者,九百亩,公田居一。”❷ [井井]整齐,有秩序。《荀子·儒效》:“～～兮其有理也。”(理:条理。)成语有“井井有条”。❸ 星宿名。二十八宿之一。

阱[穽] jǐng 为防御或捕捉野兽而挖的坑。《孟子·梁惠王下》:“为～于国中。”李白《君马黄》诗:“猛虎落陷～。”㉡拘囚人的地方。《楚辞·九叹·愍命》:“庆忌囚于～室兮,陈不占战而赴围。”(庆忌、陈不占:人名。)《汉书·谷永传》:“又以掖庭狱大为乱～。”

刭(剄) jǐng 用刀割脖子。《左传·定公十四年》:“遂自～也。”《史记·孙子吴起列传》:“庞涓自知智穷兵败,乃自～。”(庞涓:人名。)

景 jǐng ❶ 日光。班固《东都赋》:“吐金～兮歊浮云。”(歊:气上升的样子。)江淹《别赋》:“日出天而耀～,露下地而腾文。”(耀:照耀。文:文采。)❷ 景象,景色。《汉书·梅福传》:“阴盛阳微,金铁为飞,此何～也!”《世说新语·容止》:“秋夜气佳～清。”李白《游敬亭寄崔侍御》诗:“良辰与美～。”双音词有“光景”。❸ 仰慕。《后汉书·刘恺传》:“百僚～式,海内归怀。”《南齐书·王融传》:“窃～前修,敢蹈轻节。”[景仰]佩服尊敬。《后汉书·刘恺传》:“今恺～～前修,有伯夷之节。”❹ 大。《诗经·鄘风·定之方中》:“～山与京。”(京:高丘。)❺ yǐng 影子。贾谊《过秦论》:“天下云集响应,赢(yíng)粮而～从。”(赢粮:背粮。)这个意义后来写作“影”。

憬 jǐng 远行的样子。《诗经·鲁颂·泮水》:“～彼淮夷,来献其琛。”(琛:珍宝。)双音词有“憧憬”。一说觉悟的样子。双音词有“憬悟”。

儆 jǐng ❶ 警备,戒备。《左传·襄公九年》:“令司宫、巷伯～宫。”(司宫、巷伯:管理宫内事务的官。)❷ 告诫,警告。《尚书·大禹谟》:“降水～予。”《三国志·吴书·吴主传》:“夫法令之设,欲以遏(è)恶防邪,～戒未然也。”(遏:阻止。未然:未发生的事。)成语有“惩一儆百”。❸ 紧急的情况或消息。《后汉书·郭伋传》:“并部尚有卢芳之～。”(并部:地区名。卢芳:人名。)

憼 jǐng 同“儆”。警备,戒备。《荀子·赋》:“无私罪人,～革贰兵。”(不要姑息罪犯,努力增强武备。)

警 jǐng ❶ 告诫,警告。《左传·庄公三十一年》:“王以～于夷。”❷ 戒备。《左传·宣公十二年》:“军卫不彻,～也。”(彻:通“撤”,撤除。)❸ 紧急的情况或消息。《汉书·终军传》:“边境时有风尘之～。”上述❶❷❸又写作“儆”。❹ 敏锐,敏感。《三国志·魏书·武帝纪》:“太祖少机～,有权数。”(少:年少时。权数:指应变的机智。)

劲(勁) jìng ❶ 强,坚强有力。《孙子兵法·军争》:“～者先,疲者后。”贾谊《过秦论》:“良将～弩,守要害之处。”(弩:一种利用机械力量射箭的弓。)成语有“疾风知劲草”。❷ 正直,刚正。《荀子·儒效》:“行法至坚,不以私欲乱所闻;如是,则可谓～士矣。”

径(徑) jìng ❶ 小路。《论语·雍也》:“行不由～。”㉡取道,经过。

《史记·高祖本纪》:"夜～泽中。"❷直往。《汉书·王莽传下》:"李松遣偏将军韩臣等～西至新丰。"(新丰:地名。)㊂直截了当。《荀子·性恶》:"少言则～而省。"(省:简略。)❸直径。郦道元《水经注·渐江水》:"下有石井,口～七尺。"❹即,就。《史记·滑稽列传》:"俯伏而饮,不过一斗～醉矣。"❺[径庭]相差太远。《庄子·逍遥游》:"大有～～,不近人情焉。"成语有"大相径庭"。上述❶㊀❷㊂❸❺又写作"逕"。

胫(脛) jìng 小腿。《论语·宪问》:"以杖叩其～。"(叩:敲打。)《韩非子·五蠹》:"股无胈(bá),～不生毛。"(股:大腿。胈:腿上的毛。)

【辨】股,胫,腿。见136页"股"字。

痉(痙) jìng 痉挛。俗称抽筋。《灵枢经·热病》:"热而～者死。"

竞(競) jìng ❶争逐,比赛。屈原《离骚》:"众皆～进以贪婪兮,凭不厌乎求索。"(凭不厌乎求索:已经得到了许多利益,却还不满足,还在贪婪地求索。凭:满。)《商君书·错法》:"功赏明,则民～于功。"❷强劲。《左传·襄公十八年》:"南风不～。"

竟 jìng ❶完毕,终了。《史记·司马穰苴列传》:"余读司马兵法,闳廓深远,虽三代征伐,未能～其义。"《论衡·正说》:"义穷理～,文辞备足。"《晋书·谢安传》:"看书既～。"(既:已经。)㊀终于。《史记·陈涉世家》:"陈胜虽已死,其所置遣侯王将相～亡秦,由涉首事也。"(首事:首倡其事。)❷从头至尾。如"竟世"、"竟天"。曹叡《善哉行》:"轻舟～川。"❸究竟,终究。《世说新语·品藻》:"人问抚军:'殷浩谈～何如?'"❹追究。《汉书·霍光传》:"此县官重太后,故不～也。"(县官:指皇帝。)❺竟然,居然。《史记·伯夷列传》:"暴戾恣睢,聚党数千人横行天下,～以寿终。"❻边境,国境。《商君书·徕民》:"～内不失须臾之时。"(须臾:时间很短。时:指农时。)这个意义后来写作"境"。

境 jìng ❶边境,国境。《孟子·梁惠王下》:"臣始至于～,问国之大禁。"㊀地方,区域。《史记·越王句践世家》:"愿齐之试兵南阳莒地,以聚常、郯之～。"(常、郯:地名。)沈括《梦溪笔谈》卷二四:"鄜(fū)、延～内有石油。"(鄜、延:鄜州、延州,地名。)❷境地,处境。《世说新语·排调》:"人问所以,云:'渐至佳～。'"❸[境界]1.疆界。《后汉书·仲长统传》:"当更制其～～,使远者不过二百里。"2.境况,情景。陆游《怀昔》诗:"老来～～全非昨。"3.事物所达到的程度。《无量寿经》卷上:"比丘白佛,斯义弘深,非我～～。"

獍 jìng 传说中的一种恶兽,生下来就吃生它的母兽。也叫破镜。庾信《哀江南赋序》:"大则有鲸有鲵,小则为枭为～。"

竫 jìng ❶安静。《吕氏春秋·贵因》:"～立安坐而至者,因其械也。"❷[竫言]造作巧饰之辞。《公羊传·文公十二年》:"惟诶诶善～～。"

静 jìng ❶静止。与"动"相对。《庄子·天道》:"水～则明烛须眉。"《韩诗外传》卷九:"树欲～而风不止。"❷平静,安静。《诗经·卫风·氓》:"～言思之,躬自悼矣。"杜甫《甘林》诗:"喧～不同科。"(科:类别。)㊂娴雅。《诗经·邶风·静女》:"～女其姝,俟我于城隅。"❸通"净"。清洁。张衡《东京赋》:"涤濯(zhuó)～嘉。"(涤濯:洗涤。嘉:美好。)

婧 jìng ❶旧时称有才的女子。多用于人名。刘向《列女传·齐管妾婧》:"妾～者,齐相管仲之妾也。"《南齐书·皇后传》:"郁林王何妃名～英,庐江灊(qián)人。"(灊:古县名。)❷美好。《后汉书·张衡传》:"舒妙～之纤腰兮。"

靓(靚) jìng ❶妆饰,打扮。《汉书·司马相如传上》:"～庄刻饰,便嬛绰约。"《后汉书·南匈奴传》:"昭君丰容～饰,光明汉宫。"❷通"静"。平静。《汉书·贾谊传》:"澹虖若深渊之～。"《后汉书·张衡传》:"潜服膺以永～兮。"

靖 jìng ❶安定,平定。《左传·僖公九年》:"君务～乱。"双音词有"绥靖"。㊂安静。《左传·昭公二十五年》:"～以待命犹可。"❷谋议。《诗经·大雅·召旻》:"实～夷我邦。"(夷:平。邦:国。)❸恭敬。《管子·大匡》:"士处～,敬老与贵。"(处:居处。)

敬 jìng ❶严肃,慎重。《管子·内业》:"～慎无忒(tè)。"(忒:差错。)《荀子·礼论》:"～始而慎终。"❷尊敬,尊重。《论语·先进》:"门人不～子路。"(子路:人名,孔子弟子。)《三国志·蜀书·诸葛亮传》:"又睹亮奇雅,甚～重之。"❸警惕,戒备。《诗经·大雅·常武》:"既～既戒,惠此南国。"

【辨】恭,敬。见132页"恭"字。

JIONG

坰 jiōng 遥远的郊野。《列子·黄帝》:"出行经～外。"

驷(駉) jiōng ［驷驷］形容马肥壮。《诗经·鲁颂·驷》："～～牡马，在坰之野。"(坰：远郊。)

扃 jiōng ❶从外面关门的门闩。《礼记·曲礼上》："入户奉～。"白居易《游悟真寺》诗："门户无～关。"❷门户。鲍照《野鹅赋》："瞰东西之绣户，眺左右之金～。"❸上闩，关门。任昉《齐竟陵文宣王行状》："玉关靖柝，北门寝～。"(柝：巡夜打更用的梆子。)杜甫《奉酬薛十二丈判官见赠》诗："卓氏近新寡，豪家朱门～。"❹车上插兵器或插旗的横木。张衡《西京赋》："旗不脱～。"❺用以抬鼎的横杠。《周礼·考工记·匠人》："庙门容大～七个。"❻jiǒng［扃扃］明察的样子。《左传·襄公五年》："《诗》曰：'周道挺挺，我心～～。'"

冏 jiǒng ❶［冏冏］明亮的样子。江淹《张廷尉杂述》诗："～～秋月明。"又写作"炯炯"。❷［冏然］1.明亮的样子。郭璞《井赋》："乃回澄以静映，状～～而镜灼。"2.鸟飞的样子。木华《海赋》："～～鸟逝。"

迥［逈］ jiǒng ❶远。《汉书·叙传上》："梦登山而～眺兮。"王粲《登楼赋》："路逶迤(wēiyí)而修～兮。"(逶迤：曲折而长。修：长。)㉀差别很大。沈括《梦溪笔谈》卷三："其色清明……与常铁～异。"成语有"迥然有别"。❷独立的样子。杜甫《秦州杂诗二十首》之五："哀鸣思战斗，～立向苍苍。"

泂 jiǒng ❶远。《诗经·大雅·泂酌》："～酌彼行潦，挹彼注兹。"(挹：舀。)❷深广。郭璞《江赋》："鼓帆迅越，趠(pò)涨截～。"(趠：越过。)［泂泂］深广的样子。《北史·颜恶头传》："登高临下水～～，唯闻人声不见形。"

絅(絅)［褧］ jiǒng 罩在外面的单衣。《礼记·中庸》："《诗》曰'衣锦尚～'，恶其文之著也。"

炯［烱］ jiǒng 明亮，光亮。《抱朴子·安塉》："向～烛而背白日。"(烛：烛光。)成语有"目光炯炯"。

炅 jiǒng ❶光。《广韵·迥韵》："炅，光也。"㉀明亮。李白《明堂赋》："～乎琼华之室。"❷热。《素问·举痛论》："卒然而痛，得～则痛立止。"

颎(熲) jiǒng ❶火光。《说文·火部》："颎，火光也。"❷光明。《诗经·小雅·无将大车》："无思百忧，不出于～。"［颎颎］光明的样子。《楚辞·九思·哀岁》："神光兮～～。"❸警枕，一种用圆木做成的枕头，使人易醒。《礼记·少仪》："～、杖、琴、瑟……其执之，皆尚左手。"

窘 jiǒng ❶生活或处境困迫，没有办法。《诗经·小雅·正月》："终其永怀，又～阴雨。"贾思勰《齐民要术序》："穷～之来，所由有渐。"双音词有"窘促"、"窘迫"。❷急迫。屈原《离骚》："何桀纣之猖披兮，夫唯捷径以～步。"

JIU

纠(糾) jiū ❶绳子。贾谊《鹏鸟赋》："夫祸之与福兮，何异～纆(mò)！"(祸福像绳子一样连在一起。纆：两股搓成的绳索。)㉀缠绕，纠缠。《史记·陈丞相世家》："常出奇计，救纷～之难，振国家之患。"(纷：杂乱。振：拯救。)❷纠集，集合。《左传·僖公二十六年》："桓公是以～合诸侯。"《后汉书·荀彧传》："收离～散。"(离、散：指散兵游勇。)❸督察。《周礼·秋官·司寇》："以五刑～万民。"《荀子·王制》："严刑罚以～之。"双音词有"纠察"。❹检举。《后汉书·桓谭传》："今可令诸商贾自相～告。"《梁书·丘迟传》："为有司所～。"❺矫正，纠正。《尚书·冏命》："绳愆～谬，格其非心。"(绳愆：纠正错误。格：纠正。)《周礼·夏官·大司马》："以～邦国。"

赳 jiū ［赳赳］雄壮威武的样子。《诗经·周南·兔罝》："～～武夫，公侯腹心。"《汉书·赵充国传》："充国作武，～～桓桓。"(桓桓：威武的样子。)

鸠(鳩) jiū ❶鸟名。也叫鸤鸠、斑鸠。《诗经·召南·鹊巢》："维鹊有巢，维～盈之。"❷聚集，收集。《三国志·魏书·王朗传》："～集兆民，于兹魏土。"孔颖达《礼记正义·序》："俱以所见，各记旧闻，错总～聚，以类相附。"这个意义又写作"勼"。❸安定。《左传·隐公八年》："君释三国之图以～其民，君之惠也。"《左传·定公四年》："若～楚竟，敢不听命。"❹度量(土地)。《左传·襄公二十五年》："度山林，～薮泽。"《庄子·天下》："禹亲自操橐耜而～杂天下之川。"(鸠杂：又写作"九杂"，度量并汇合。)❺一种行于沙路的车。《吕氏春秋·慎势》："涂用輴，沙用～，山用樏。"

究 jiū ❶到底，终极。《韩非子·难一》："有擅主之臣，则君令不下～。"(擅主：独断专行。不下究：不能贯彻到底。)㉀终究。《诗经·小雅·鸿雁》："虽则劬劳，其～安宅。"(劬劳：辛苦，劳累。)❷研究，探求。《世说新语·文学》："初，注《庄子》者数十家，莫能～其旨要。"㊀明白，清楚。《后汉书·应劭传》："邹靖居近边塞，～其态诈。"㊁追究。《诗经·小雅·节南山》："家父作诵，以～王讻。"

啾 jiū 象声词。形容鸣叫声。屈原《离骚》："鸣玉鸾之～～。"《木兰诗》："但闻燕山胡骑鸣～～。"

摎 jiū ❶ 缠绕，纠结。《汉书·五行志中之下》："天雨草而叶相～结，大如弹丸。"郭璞《江赋》："骊虬～其址。" ❷ 求。《后汉书·张衡传》："～天道其焉如。" ❸ jiǎo ［摎蓼(lǎo)］搜索。张衡《西京赋》："～～泙浪，干池涤薮。"(泙浪：惊扰不安的样子。)

樛 jiū ❶ 树枝向下弯曲。《诗经·小雅·南有嘉鱼》："南有～木，甘瓠累之。"杜甫《画鹘行》："充君眼中物，乌鹊满～枝。" ❷ 缠绕，纠结。杜甫《乾元中寓居同谷县作歌七首》之六："古木巃嵸枝相～。"［樛流］缭绕。班彪《北征赋》："涉长路之绵绵兮，远纡回以～～。"

九 jiǔ 数词。㊁多数或多次。屈原《离骚》："亦余心之所善兮，虽～死其犹未悔。"成语有"九死一生"。

旧(舊) jiù ❶ 久，历时长的。《尚书·无逸》："其在高宗，时～劳于外。"㊀陈旧的，过时的。《盐铁论·论儒》："孟轲守～术，不知世务。"(术：思想，学说。)㊀原来的，从前的。《论语·公冶长》："～令尹之政，必以告新令尹。"杜甫《散愁》诗："收取～山河。" ❷ 故交，老交情。《三国志·蜀书·诸葛亮传》："玄素与荆州牧刘表有～。"(玄：人名。荆州：地名。牧：官名。)双音词有"怀旧"、"故旧"。

臼 jiù 舂米的器具。贾思勰《齐民要术·作酱》："择满～，舂之而不碎。"(选择好的装满了臼，舂击但不舂碎。)

舅 jiù ❶ 舅舅，母亲的兄弟。《左传·昭公十九年》："丝以告其～。"(丝：人名。) ❷ 公公，丈夫的父亲。《礼记·檀弓下》："昔者吾～死于虎，吾夫又死焉，今吾子又死焉。" ❸ 丈人，妻子的父亲。《礼记·坊记》："昏礼，婿亲迎，见于～姑，～姑承子以授婿。"(婿：女儿的丈夫。姑：妻子的母亲。子：指女儿。) ❹ 妻子的兄弟。《战国策·楚策四》："李园不治国，王之～也。"(李园：人名。) ❺ 古代天子称异姓诸侯，诸侯称异姓大夫为舅。《诗经·小雅·伐木》："既有肥牡，以速诸～。"(速：招致，招请。)

咎 jiù ❶ 灾祸。《左传·昭公八年》："诸侯必叛，君必有～。" ❷ 罪过，过失。《诗经·小雅·伐木》："宁适不来，微我有～。"(宁可去请他不来，不许我有过失。)《世说新语·假谲》："庾乃引～责躬，深相逊谢。"(庾：庾亮，人名。)㊀归罪，责怪。《左传·僖公二十二年》："国人皆～公。"㊁追究过失。《论语·八佾》："成事不说，遂事不谏，既往不～。"

疚 jiù ❶ 久病。《韩非子·显学》："无饥馑疾～祸罪之殃。"(殃：灾。) ❷ 忧苦，内心痛苦。《诗经·小雅·大东》："使我心～。"双音词有"负疚"、"愧疚"。 ❸ 贫困。《诗经·大雅·召旻》："维昔之富不如时，维今之～不如兹。"

柩［匶］ jiù 装有尸体的棺材。《左传·昭公十八年》："里析死矣，未葬，子产使舆三十人迁其～。"(里析：人名。舆：奴隶。)

救 jiù ❶ 止，阻止。《左传·襄公三十一年》："濯以～热。"(濯：洗。)《论语·八佾》："季氏旅于泰山。子谓冉有曰：'女弗能～与？'"(旅：祭祀山川。)双音词有"救火"。 ❷ 挽救，拯救。《孟子·滕文公下》："～民于水火之中。"《后汉书·华佗传》："遇良医可～。"㊁援助，帮助。《诗经·邶风·谷风》："凡民有丧，匍匐～之。"

【辨】拯，救。见 541 页"拯"字。

厩［廄、廐］ jiù 马圈。《诗经·小雅·鸳鸯》："乘马在～，摧之秣之。"(乘马：拉车的四匹马。摧：用干草喂。秣：用粟喂。)《孟子·梁惠王上》："庖有肥肉，～有肥马，民有饥色，野有饿莩。"

就 jiù ❶ 接近，靠近，趋向。《荀子·劝学》："金～砺则利。"(砺：磨刀石。)《商君书·定分》："避祸～福。" ❷ 完成，达到。《战国策·齐策四》："三窟已～。"(三窟：指三个安身之处。)李斯《谏逐客书》："河海不择细流，故能～其深。"(不择细流：指对大小流水不加选择，一律容纳。) ❸ 即使。《三国志·魏书·荀彧传》："～能破之，尚不可有也。"(破：击破。有：占有。)

僦 jiù 租赁，雇。曹操《加枣祗子处中封爵并祀祗令》："～牛输谷。"(输：运输。)㊕雇车运送。《史记·平准书》："而天下赋输或不偿其～费。"㊁雇车的运费。《商君书·垦令》："令送粮无取～。"(取：收取。)

鹫(鷲) jiù 雕，一种很凶猛的鸟。《史记·大宛列传》张守节正义引《括地志》："山是青石，石头似～。"《梁书·诸夷传》："山非过高……中有～鸟啖(dàn)羊。"(啖：吃。)

J

JU

拘 jū ❶拘留，拘禁。《尚书·酒诰》："尽执～以归于周。"《庄子·盗跖》："小盗者～，大盗者为诸侯。"❷拘泥，拘束。《史记·孟子荀卿列传》："鄙儒小～。"（庸俗的儒者拘泥于小节。）⊗束缚，限制。《商君书·更法》："贤者更礼，而不肖者～焉。"（拘焉：指受礼制的束缚。）❸gōu 取。《礼记·曲礼上》："不然则自下～之。"❹gōu 遮蔽。《礼记·曲礼上》："以袂～而退，其尘不及长者。"❺gōu 弯曲，痉挛。《淮南子·泰族》："夫指之～也，莫不事申也。"

苴 jū ❶麻的籽。《诗经·豳风·七月》："九月叔～。"（叔：拾取。）⊗结籽的麻。《庄子·让王》："～布之衣。"❷枯草。屈原《九章·悲回风》："草～比而不芳。"（比：挨在一起。）❸用草做成的鞋垫。⊗用作动词。衬，垫。贾谊《治安策》："冠虽敝，不以～履。"（帽子虽然破了，也不拿它做鞋垫。敝：破。苴履：垫鞋。）㉑填补，修补。韩愈《进学解》："补～罅（xià）漏，张皇幽眇。"（罅：裂缝。）❹包裹。《三国志·魏书·武帝纪》："封君为魏公，锡君玄土，～以白茅。"（锡：赐。玄：黑色。）成语有"苴茅裂土"（指帝王分封土地）。❺zhǎ 渣滓，糟粕。《庄子·让王》："道之真以治身，其绪余以为国家，其土～以治天下。"

岨［砠］ jū ❶戴土的石山。阮籍《咏怀八十二首》之三十五："登彼列仙～，采此秋兰芳。"❷jǔ［岨峿（yǔ）］同"龃龉"。不相合，相抵触。陆机《文赋》："或妥帖而易施，或～～而不安。"❸zǔ 险要的地方。《诗经·周颂·天作》："彼～矣岐。"这个意义又写作"阻"。

狙 jū ❶猕猴。《庄子·齐物论》："众～皆怒。"❷窥伺，暗中观察动静。《管子·七臣七主》："从～而好小察。"（从狙：采取暗中观察的办法。）双音词有"狙击"。

罝 jū 捕兽的网。《诗经·周南·兔罝》："肃肃兔～，施于中林。"（肃肃：齐整的样子。）张衡《西京赋》："结～百里，迒杜蹊塞。"（迒：道。杜：堵塞。）

疽 jū 一种毒疮。《史记·项羽本纪》："行未至彭城，～发背而死。"

蛆 jū ［蝍（jí）蛆］见178页"蝍"字。

趄 jū ［趑（zī）趄］见561页"趑"字。

雎 jū ［雎鸠］一种水鸟。《诗经·周南·关雎》："关关～～，在河之洲。"（关关：雌雄二鸟相互应和的叫声。河：黄河。洲：水中的陆地。）

居 jū ❶坐。《论语·阳货》："～，吾语女。"（女：汝。）㉑处于。《史记·孙子吴起列传》："～辎（zī）车中。"（辎车：有帷幔的车。）成语有"居安思危"。❷居住。《列子·汤问》："北山愚公者，年且九十，面山而～。"（且：将近。）⊗住处。《左传·宣公二年》："问其名～。"（名：姓名。）❸留，停留。《左传·僖公二十八年》："不有～者，谁守社稷？不有行者，谁扞牧圉？"❹处在某种地位或某个地方。《世说新语·品藻》："但布衣超～宰相之位。"（布衣：指平民百姓。）柳宗元《永州龙兴寺息壤记》："永州～楚越间。"❺占，占据。《礼记·王制》："数各～其上之三分。"❻积蓄。《史记·吕不韦列传》："此奇货可～。"《汉书·张汤传》："～物致富。"❼平时。《论语·先进》："～则曰：'不吾知也。'如或知尔，则何以哉？"双音词有"平居"、"居常"。❽用于"有顷"、"久之"、"顷之"等前面，表示相隔一段时间，意义较虚。《战国策·齐策四》："～有顷，倚柱弹其剑。"（居有顷：过了不久。）《史记·屈原贾生列传》："～顷之，拜贾生为梁怀王太傅。"（居顷之：过了不久。拜：授予官职。太傅：官名。）❾jī 语气词。表示感叹或疑问。《诗经·邶风·柏舟》："日～月诸，胡迭而微？"《左传·襄公二十三年》："国有人焉，谁～？其孟椒乎！"

据1 jū ❶［拮（jié）据］见198页"拮"字。❷jù 通"据²（據）"。依凭。《汉书·酷吏传赞》："赵禹～法守正。"❸jù 通"倨"。傲慢。《战国策·齐策四》："～慢骄奢，则凶从之。"《吕氏春秋·怀宠》："子之在上无道，～傲荒怠，贪戾虐众，恣睢自用也。"

琚 jū 古人佩戴的一种玉。《诗经·卫风·木瓜》："投我以木瓜，报之以琼～。"贾谊《新书·容经》："～瑀以杂之。"（瑀：一种美石。）

裾 jū ❶衣服的前襟。《晋书·温峤传》："其母崔氏固止之，峤绝～而去。"李贺《钓鱼诗》："为看烟浦上，楚女泪沾～。"㉑衣服宽大。《淮南子·齐俗》："楚庄王～衣博袍。"❷jù 通"据²（據）"。依据。左思《魏都赋》："由重山之束阨，因长川之～势。"❸jù 通"倨"。傲慢。《汉书·赵禹传》："禹为人廉～，为吏以来，舍无食客。"

捄 jū ❶盛土于器。《诗经·大雅·绵》："～之陾陾（réngréng），度之薨薨。"（陾隩：众多的样子。薨薨：装土的声音。）❷ qiú 曲而长的样子。《诗经·小雅·大东》："有～棘匕。"❸ jiù 救援。《战国策·秦策五》："诸侯必惧，惧而相～。"《汉书·翼奉传》："已诏吏虚仓廪，开府藏，振～贫民。"

挶 jū ❶ 握持。《说文·手部》："挶，戟持也。"㉠附着。孟郊、韩愈《城南联句》："干穟（suì）纷拄地，化虫枯～茎。"（穟：谷穗。）❷ 运土的器具。《左传·襄公九年》："陈畚（běn）～，具绠缶。"（绠缶：带绳的打水器具。）❸ 一种耳病。《吕氏春秋·尽数》："精不流则气郁……处耳则为～为聋。"

痀 jū （又读 gōu）[痀偻（lǚ）]驼背。《庄子·达生》："仲尼适楚，出于林中，见～～者承蜩，犹掇之也。"（承蜩：用竿粘蝉。掇：拾取。）

掬[匊] jū ❶ 双手捧取。《公羊传·宣公十二年》："晋师大败。晋众之走者，舟中之指可～矣。"《礼记·曲礼上》："受珠玉者以～。"❷ 量词。一捧。《诗经·唐风·椒聊》："椒聊之实，蕃衍盈～。"杜甫《佳人》诗："采柏动盈～。"

鞠 jū ❶ 古代一种用来踢打玩耍的球。《史记·苏秦列传》："其民无不吹竽鼓瑟，弹琴击筑，斗鸡走狗，六博蹋～者。"曹植《名都篇》："连翩击～壤，巧捷惟万端。"（连翩：轻快地，一个接一个。壤：古代一种游戏用品。）❷ 养育，抚养。《诗经·小雅·蓼莪》："父兮生我，母兮～我。"㉠幼小。《尚书·康诰》："兄亦不念～子哀，大不友于弟。"❸ 弯曲。《史记·滑稽列传》："若亲有严客，髡帣（juǎn）韝（gōu）～跽（jì），侍酒于前。"（髡：人名。帣：卷束衣袖。韝：加套袖。跽：长跪。）[鞠躬]弯腰，表示恭敬谦逊。《论语·乡党》："入公门，～～如也。"㉠小心谨慎。诸葛亮《后出师表》："臣～～尽力，死而后已。"❹ 大。《诗经·小雅·节南山》："昊天不佣，降此～讻。"❺ 高的样子。张衡《南都赋》："～巍巍其隐天，俯而观乎云霓。"❻ 告诫。《诗经·小雅·采芑》："钲人伐鼓，陈师～旅。"❼ 通"鞫"。穷困。《尚书·盘庚》："尔惟自～自苦。"❽ 通"鞫"。审讯，审问。《史记·李斯列传》："辄下高，令～治之。"（高：人名。）❾ 通"鞫"。尽，皆。《后汉书·儒林传序》："学舍颓敝，～为园蔬。"

鞫 jū ❶ 审讯，审问。《后汉书·酷吏传论》："袁安未尝～人臧罪，而猾恶自禁。"《新唐书·百官志四下》："参军事，掌～狱。"（参：参与。狱：官司，案件。）❷ 穷困。《诗经·大雅·云汉》："～哉庶正。"（庶正：指众官。）❸ 穷究。《诗经·大雅·瞻卬》："～人忮忒，谮始竟背。"❹ 尽，皆。《诗经·小雅·小弁》："踧踧周道，～为茂草。"❺ 水边向外突处。《诗经·大雅·公刘》："止旅乃密，芮～之即。"（芮：通"汭"，河流弯曲处。）

局 jú ❶ 弯曲。《诗经·小雅·正月》："谓天盖高，不敢不～。"❷ 局限，拘束。潘尼《乘舆箴》："意～而辞野。"❸ 棋盘。《史记·宋微子世家》："遂以～杀湣（mǐn）公于蒙泽。"（蒙泽：地名。）㉢棋局。《南史·萧惠基传》："自食时至日暮，一～始竟。"（竟：完了。）❹ 部分。《礼记·曲礼上》："各司其～。"（司：掌管。）❺ 官署名。如"中药藏局"（专门收藏中药的部门）、"导客局"（负责引导客人的部门）。❻ 度量，器量。《晋书·任恺传》："通敏有智～。"（通敏：通达敏锐。）❼ 近。曹丕《与吴质书》："涂路虽～，官守有限。"

跼 jú ❶ 曲身。《后汉书·仲长统传》："当君子困贱之时，～高天，蹐厚地，犹恐有镇厌之祸也。"（蹐：小步走路。）❷ [跼蹙]同"局促"。拘束，窘迫。贺铸《答杜仲观登丛台见寄》诗："老步失腾骧，短辕甘～～。"❸ [跼躅（zhú）]徘徊不前。《史记·淮阴侯列传》："骐骥之～～，不如驽马之安步。"

椈 jú 柏树。《礼记·杂记上》："臼以～，杵以梧，枇以桑。"（臼：舂米的容器。杵：舂米的棒槌。枇：木勺。）

輂 jú ❶ 用马驾的大车。《史记·淮南衡山列传》："以～车四十乘反谷口。"❷ 运土的器具。《汉书·五行志上》："陈畚～，具绠缶，备水器。"（畚：盛土等的器具。绠：井绳。缶：汲水瓦器。）

鶪（䴗） jú 一种鸟。也叫伯劳。《吕氏春秋·仲夏》："小暑至，螳螂生，～始鸣。"

咀 jǔ ❶ 品味，细嚼。司马相如《上林赋》："～嚼菱藕。"（菱：菱角。）韩愈《进学解》："沈浸醲郁，含英～华。"❷ 通"诅（zǔ）"。诅咒。李心传《建炎以来系年要录》卷一二一："与前世巫蛊咒～不同，何足深罪？"

沮 jǔ ❶ jù 低湿地带。《孙子兵法·军争》："不知山林险阻～泽之形者，不能行军。"（山林险阻沮泽：六种地形。）❷ 阻止。《左传·宣公十七年》："左右或～之。"（或：有的人。）《商君书·靳令》："其次，为赏劝罚～。"（赏：赏赐。劝：勉励。）㉢停止，终止。《诗经·小雅·巧言》："乱庶遄（chuán）～。"（祸乱可以很快终止。庶：表示希望和可能。遄：快。）❸ 败坏，毁坏。《韩非子·

二柄》:“妄举,则事~不胜。”(妄举:乱举,指不选择有贤能的人。不胜:不能胜任。) ❹ 丧气,颓丧。嵇康《幽愤诗》:“神辱志~。”(神:精神。志:意志。)

龃(齟) jǔ [龃龉(yǔ)]上下牙齿对不上。徐渭《秦望山花蕊峰》诗:“宛如齿~~,张吻讼所苦。”喻不相合,相抵触。何逊《还渡五洲》诗:“方圆既~~,贫贱岂怨尤?”(方圆:指正直和邪恶。贫贱:指自己处于贫贱。怨尤:怨恨。)又写作“鉏铻”、“岨峿”。

莒 jǔ 周代诸侯国。在今山东莒县一带。《左传·宣公四年》:“~人不肯,公伐~。”

筥 jǔ ❶ 圆形的竹筐。《诗经·召南·采蘋》:“于以盛之?维筐及~。”《仪礼·聘礼》:“米百~。” ❷ 量名。古代四秉(指刈割的禾把)为筥。《仪礼·聘礼》:“四秉曰~,十~曰稯(zōng)。”

J

枸 jǔ ❶ 枳椇,一种落叶乔木。《诗经·小雅·南山有台》:“南山有~,北山有楰(yú)。”(楰:楸树。) ❷ 树名。果实可做酱,出蜀中。《史记·西南夷列传》:“南越食蒙蜀~酱。” ❸ gǒu [枸杞]一种落叶灌木,果实可食用或入药。《金史·地理志上》:“产铁、荆三棱、~~。” ❹ gōu 弯曲。《荀子·性恶》:“故~木必将待檃栝烝矫然后直。”(檃栝:矫正弯木的工具。)

矩[榘] jǔ ❶ 画直角或方形的工具。《荀子·赋》:“圆者中规,方者中~。”(中:符合。规:画圆形的仪器。)㊀ 法度。《论语·为政》:“七十而从心所欲,不逾~。”成语有“循规蹈矩”。❷ 指地。古人认为天圆地方,故名。《吕氏春秋·序意》:“大圜在上,大~在下。” ❸ 做标记。《周礼·考工记·轮人》:“凡斩毂之道,必~其阴阳。”

举(舉) jǔ ❶ 举起,抬起。《孟子·梁惠王上》:“吾力足以~百钧。”李白《静夜思》诗:“~头望明月,低头思故乡。”㊂ 向上的动作。《庄子·胠箧》:“今遂至使民延颈~踵曰‘某所有贤者’,赢粮而趣之。”㊀ 提出,举出。《论语·述而》:“~一隅不以三隅反,则不复也。” ㊂ 发动。《韩非子·外储说左上》:“~兵而伐中山。”《三国志·魏书·武帝纪》:“~义兵以诛暴乱。” ❷ 推荐,推举。《左传·襄公三年》:“~其偏,不为党。”(偏:指任副职的人。)㊂ 检举,告发。《论衡·语增》:“吏见知弗~与同罪。”(见知:发现。弗:不。) ❸ 行,行事。《管子·禁藏》:“~事而不时,力虽尽,其功不成。”《庄子·让王》:“曾子居卫……三日不~火,十年不制衣。”双音词有“举债”、“举丧”。㊂ 举动。《韩非子·五蠹》:“~行如此。” ❹ 攻下,占领。《穀梁传·僖公二年》:“献公亡虢(guó),五年而后~虞。”(献公:晋献公。虢、虞:古代国名。) ❺ 全。《左传·哀公六年》:“君~不信群臣乎?”成语有“举国欢腾”、“举世无双”。

椇 jǔ ❶ 枳椇,一种落叶乔木。果实可食。《礼记·曲礼下》:“妇人之挚,~、榛、脯、脩、枣、栗。”(挚:指初次见面时的礼品。) ❷ 祭祀时放牲的木架。《礼记·明堂位》:“殷以~,周以房俎。”(殷:殷代。)

踽 jǔ ❶ [踽踽]独自走路孤零零的样子。《诗经·唐风·杕杜》:“独行~~,岂无他人?不如我同父。”(同父:指兄弟。)《孟子·尽心下》:“古之人,行何为~~凉凉?”(凉凉:寂寞的样子。) ❷ [踽偻(lǚ)]弯腰曲背的样子。宋玉《登徒子好色赋》:“其妻蓬头挛耳,齞(yǎn)唇历齿,旁行~~。”(挛耳:耳朵卷曲。齞唇:豁嘴唇。历齿:门牙稀疏。)

巨 jù ❶ 大。《尚书·说命上》:“若济~川,用汝作舟楫。”《三国志·蜀书·诸葛亮传》:“事无~细,亮皆专之。”(无:无论。专:指亲自处理。) ❷ 通“讵”。难道,哪里。《汉书·高帝纪上》:“沛公不先破关中兵,公~能入乎?”

讵(詎) jù ❶ 副词。1. 表示反问,相当于现代汉语的“难道”、“哪里”。《公孙龙子·迹府》:“~士也?见侮而不斗,辱也。”《世说新语·排调》:“阿翁,~宜以子戏父?”李白《行路难》诗:“华亭鹤唳~可闻?”(华亭:地名。) 2. 曾经。潘岳《悼亡诗三首》之三:“尔祭~几时?朔望忽复尽。” ❷ 连词。假如。《国语·晋语六》:“~非圣人,不有外患,必有内忧。”

拒 jù ❶ 抵御,抵抗。《荀子·君道》:“内以固城,外以~难。”(固:巩固。难:指战乱。) ❷ 拒绝。《论语·子张》:“可者与之,其不可者~之。”《孟子·尽心下》:“来者不~。” ❸ 至。《隋书·党项传》:“东接临洮、西平,西~叶护。” ❹ jǔ 军队排列的方阵。《左传·桓公五年》:“郑子元请为左~以当蔡人、卫人,为右~以当陈人。”(子元:人名。当:抵挡。)

岠 jù ❶ 大山。《玉篇·山部》:“岠,大山也。” ❷ 通“距”。距离,到。《汉书·食货志下》:“元龟~冉长尺二寸。”(冉:龟甲边缘。) ❸ 通“拒”。抵御,抗拒。《汉书·五行志下之下》:“后郑~王师,射桓王。”

岠 jù ❶ 同“拒”。抵御。《宋书·刘钟传》:“钟率麾下~栅。”(岠栅:据栅抵御。）❷ 超越。《汉书·扬雄传上》："腾空虚，～连卷。" ❸ 通"距"。至，距离。《汉书·叙传下》："自兹～汉，北亡八支。"

炬 jù ❶ 火把。《淮南子·说山》："亡者不敢夜揭～。"（揭：举。）㊀用作动词。烧一把火。杜牧《阿房宫赋》："楚人一～，可怜焦土。" ❷ 蜡烛。李商隐《无题》诗："蜡～成灰泪始干。"

钜（鉅） jù ❶ 钢铁。《荀子·议兵》："宛～铁釶，惨如蜂虿。"（宛：地名。釶：矛。）❷ 钩子。潘岳《西征赋》："于是弛青鲲于网～。"（弛：松弛，解下。鲲：传说中的一种大鱼。）❸ 通"巨"。大。《史记·礼书》："宜～者～，宜小者小。"［钜万］万万。形容数量极多。《汉书·食货志上》："京师之钱累百～～。" ❹ 通"讵"。难道，哪里。《荀子·正论》："是岂～知见侮之为不辱哉？"

秬 jù 黑色的黍。《诗经·鲁颂·閟宫》："有稷有黍，有稻有～。"屈原《天问》："咸播～黍，莆雚（huán）是营。"（雚：草名。）［秬鬯（chàng）］用黑黍酿成的香酒。《三国志·吴书·吴主传》："锡君～～一卣（yǒu）。"（锡：赐。卣：古代盛酒的器皿。）

距 jù ❶ 鸡爪。《左传·昭公二十五年》："季、郈（hòu）之鸡斗，季氏介其鸡，郈氏为之金～。"（季、郈：季平子、郈昭伯，人名。介：铠甲。金：金属。）㊕公鸡脚爪后面突出像脚趾的部分。《后汉书·五行志一》："未央宫雌鸡化为雄，不鸣无～。" ❷ 钓钩上的倒刺。《淮南子·原道》："虽有钩箴芒～，微纶芳饵……犹不能与网罟争得也。" ❸ 到达。《史记·苏秦列传》："不至四五日而～国都矣。" ❹ 时间或空间相隔。《国语·周语上》："～今九日。"《盐铁论·力耕》："珠玑犀象出于桂林，此～汉万有余里。"㊀距离。贾思勰《齐民要术·园篱》："至明年春，剥去横枝，剥必留～。" ❺ 通"拒"。抗拒，抵御。《战国策·齐策六》："今公又以弊聊之民，～全齐之兵。"《史记·高祖本纪》："与项羽相～岁余。"（岁余：一年多。）㊀拒绝。《论衡·问孔》："～或人之谏也。"（或人：有的人。）❻ 通"巨"。大。《管子·国蓄》："前有千乘之国，而后有万乘之国，谓之～国。"（乘：一车四马。）

句 jù ❶ gōu 弯曲。《礼记·月令》："～者毕出，萌者尽达。"《史记·天官书》："钩云～曲。"（钩云：一种云。）㊀勾住。《左传·哀公十七年》："越子为左右～卒。"（越子：人名。句卒：勾住阵脚的部队。）《史记·天官书》："其两旁各有三星，鼎足～之。"（鼎足句之：像鼎足那样勾住它。）［句留］同"勾留"。逗留。白居易《春题湖上》诗："未能抛得杭州去，一半～～是此湖。" ❷ gōu 不等腰直角三角形中构成直角的较短的一边。《九章算术》卷九："今有～三尺股四尺，问为弦几何。"上述❶㊀❷后来写作"勾"。❸ 句子。《论衡·效力》："况乃连～结章，篇至十百哉？"李贺《南园十三首》诗之六："寻章摘～老雕虫。"［句读（dòu）］现在所说的句子和分句末尾的停顿处，古人叫"句"，句中语气停顿的地方，古人叫"读"。"句读"指标点、读通文章。韩愈《师说》："彼童子之师，授之书而习其～～者。" ❹ gòu 通"彀"。张满弓。《诗经·大雅·行苇》："敦弓既～，既挟四鍭。"

具 jù ❶ 准备，备办。《左传·隐公元年》："缮甲兵，～卒乘。"《孙子兵法·谋攻》："～器械。"㊁具备，完备。郦道元《水经注·江水》："须发皆～，因名曰人滩也。"王安石《上皇帝万言书》："今朝廷法严令～，无所不有。" ❷ 饭食，酒肴。《战国策·齐策四》："食以草～。"（草具：粗劣的饭食。）《史记·陈丞相世家》："汉王为太牢～。"（为：准备。太牢具：有牛肉、羊肉、猪肉的饭食。）㊀用作动词。准备饭食或酒席。《汉书·灌夫传》："请语魏其～，将军旦日蚤临。"（魏其：魏其侯。蚤：通"早"。）❸ 全，都。《诗经·小雅·节南山》："民～尔瞻。"《史记·项羽本纪》："良乃入，～告沛公。"（良：张良。）❹ 陈述。《宋史·梁克家传》："命条～风俗之弊。"（命：命令。条具：逐条陈述。）❺ 器械，器具。《三国志·魏书·武帝纪》："令军中促为攻～。"（促为：急速准备。攻具：进攻的器具。）《世说新语·任诞》："观君船上当有脍～，是故来耳。"（脍具：切鱼肉的工具。）❻ 才能。《三国志·魏书·武帝纪》注引皇甫谧《逸士传》："儁（jùn）亦称公有治世之～。"（儁：人名。公：指曹操。）❼ 量词。用于器物。《史记·货殖列传》："旃（zhān）席千～。"（旃席：毛毯。）

【辨】俱，具。见下"俱"字。

俱 jù ❶ 在一起。《战国策·齐策二》："衍也吾雠，而仪与之～。"（衍、仪：人名。）㊁副词。一起。《孟子·告子上》："虽与之～学，弗若之矣。"贾思勰《齐民要术·种葵》："春暖草生，葵亦～生。"（亦：也。）❷ 一样，相同。《论衡·逢遇》："伊尹、箕子才～也，伊尹为相，箕子为奴，伊尹遇成汤，箕子遇商纣也。" ❸ 副词。全，都。《世说新语·德行》："王戎、和峤同时遭大丧，～以孝称。"杜甫《春夜喜雨》诗："野径云～黑，江船火独明。"

【辨】俱，具。这两个字都有"全"、"都"的意思，但"俱"的主要意义是两个以上的人同做一件事，在这个意义上一般不写作"具"。

惧(懼) jù ❶害怕，恐惧。《论语·宪问》："勇者不～。"《孟子·滕文公下》："一怒而诸侯～。"㊀使恐惧。《老子》七十四章："民不畏死，奈何以死～之？"㊁担心。《史记·汲郑列传》："公卿皆为黯～。"❷戒惧，警惕。《论语·述而》："必也临事而～，好谋而成者也。"❸qú 惊惶失措的样子。《汉书·东方朔传》："于是吴王～然易容，捐荐去几，危坐而听。"

倨 jù ❶傲慢。《左传·襄公二十九年》："直而不～，曲而不屈。"《汉书·汲黯传》："(黯)为人性～少礼。"❷微曲。《晏子春秋·内篇谏上》："～身而扬声。"❸通"踞"。蹲坐。《庄子·天运》："老聃(dān)方将～堂。"(老聃：老子。)㊀分开两腿坐。《史记·郦生陆贾列传》："沛公方～床，使两女子洗足。"

剧(劇) jù ❶厉害，严重。《荀子·非十二子》："犹然而材～志大，闻见杂博。"《汉书·赵充国传》："即疾～，留屯毋行。"(屯：驻扎。毋：不。)❷疾速。扬雄《剧秦美新》："二世而亡，何其～与！"❸复杂，繁难。与"易"相对。《三国志·吴书·吕蒙传》："子明少时，孤谓不辞～易，果敢有胆而已。"(子明：吕蒙。孤：我，孙权自称。)《商君书·算地》："事～而功寡。"(寡：少。)❹嬉戏。李白《长干行二首》之一："妾发初覆额，折花门前～。"❺戏剧(后起意义)。杜牧《西江怀古》诗："魏帝缝囊真戏～。"

据²(據) jù ❶靠着。《庄子·盗跖》："～轼低头，不能出气。"(轼：车前的横木。)㊀按着。《庄子·渔父》："左手～膝。"㊁依靠，凭借。《诗经·邶风·柏舟》："亦有兄弟，不可以～。"《论语·述而》："～于德，依于仁。"❷依据，根据。《后汉书·鲁丕传》："难者必明其～，说者务立其义。"(难：反驳，质问。)《宋史·范质传》："律条繁冗，轻重无～。"成语有"引经据典"。❸占据，盘踞。《史记·廉颇蔺相如列传》："先～北山上者胜，后至者败。"《三国志·蜀书·诸葛亮传》："孙权～有江东。"【注意】古代汉语中"據"和"据"是两个字，音义各不相同。

踞 jù ❶蹲坐。《韩诗外传》卷九："孟子妻独居，～。"㊀两腿分开坐。《史记·高祖本纪》："沛公方～床，使两女子洗足。"[箕踞]坐时随意伸开两腿，像个簸箕，是一种不拘礼节的坐法。《战国策·燕策三》："轲自知事不就，倚柱而笑，～～以骂。"《世说新语·简傲》："唯阮籍在坐，～～啸歌，酣放自若。"又写作"箕倨"、"踑踞"。❷倚靠。《史记·留侯世家》："汉王下马，～鞍而问曰……"❸通"倨"。骄傲，傲慢。《汉书·萧望之传》："至不奉法自修，～慢不逊攘……请逮捕系治。"(攘：谦让。)《抱朴子·行品》："捐贫贱之故旧，轻人士而～傲者，骄人也。"(故旧：老朋友。轻：轻视。)

冣 jù 积聚，蓄积。《史记·殷本纪》："大～乐戏于沙丘。"【注意】"冣"和"最"篆文形体相近，古书中有时两字相混。

虡[簴] jù 悬挂钟磬的架子两旁的柱子。《礼记·檀弓上》："有钟磬而无簨(sǔn)～。"(簨：悬挂钟磬的横木。)《汉书·司马相如传上》："立万石之～。"又写作"鐻"。

聚 jù ❶村落，居民点。《战国策·赵策二》："禹无百人之～，以王诸侯。"《史记·五帝本纪》："一年而所居成～，二年成邑。"(邑：小城镇。)❷聚集，积聚。《周易·系辞上》："方以类～，物以群分。"(方：事。)

窭(窶) jù 贫寒。《诗经·邶风·北门》："终～且贫，莫知我艰。"《后汉书·桓荣传》："贫～无资。"

屦(屨) jù ❶用麻、葛等制成的鞋。《庄子·列御寇》："列子提～，跣(xiǎn)而走。"(跣：光脚。)❷践踏。扬雄《羽猎赋》："～般首。"(般首：猛兽。)

遽 jù ❶送信的快车或快马。《左传·昭公二年》："乘～而至。"❷迅速，急速。《左传·僖公二十四年》："仆人以告，公～见之。"㊀匆忙，仓促。《韩非子·外储说左上》："景公～起。"㊁劳碌。《淮南子·诠言》："神劳于谋，智～于事。"❸就，竟。《吕氏春秋·察今》："其父虽善游，其子岂～善游哉？"《淮南子·人间》："塘有万穴，塞其一，鱼何～无由出？"(塞：堵。由：从。)❹恐惧。屈原《九章·惜诵》："众骇～以离心兮。"《世说新语·雅量》："孙、王诸人色并～。"(色：脸色。并：一起。)

懅 jù ❶慌张，惶恐。《后汉书·徐登传》："主人见之惊～。"江淹《丹砂可学赋》："～生死于半气。"❷羞愧。《后汉书·王霸传》："市人皆大笑，举手邪揄之，霸惭～而还。"(邪揄：揶揄。)

醵 jù 凑钱喝酒。《礼记·礼器》："周礼其犹～与？"《旧唐书·严挺之传》："合～为欢。"㉒众人凑钱。陶宗仪《南村辍耕录》卷十一："邻里～金治具。"

踞 jù ❶兽相持争斗。扬雄《太玄·众》："～战喈喈，若熊若螭。"❷占据。《汉书·叙传上》："超忽荒而～颢苍也。"（颢苍：指天。）

鐻 jù ❶悬挂钟磬的架子两旁的柱子。《史记·秦始皇本纪》："收天下兵，聚之咸阳，销以为钟～。"（兵：兵器。销：熔炼。）这个意义又写作"虡"。❷一种乐器。《庄子·达生》："梓（zǐ）庆削木为～。"（梓庆：人名，传说为古代木工。）❸qú 古代少数民族用的金或银耳环。《后汉书·张奂传》："先零酋长又遗（wèi）金～八枚，奂并受之。"（先零：民族名。）

JUAN

捐 juān ❶弃，舍弃。屈原《九歌·湘君》："～余玦（jué）兮江中。"（玦：环形有缺口的佩玉。）《史记·魏其武安侯列传》："侯自我得之，自我～之。"❷除去。《史记·孙子吴起列传》："～不急之官。"（不急之官：指无关紧要的官。）❸捐献，捐助。《汉书·货殖传》："唯毋盐氏出～千金贷。"（毋盐氏：人名。贷：借给。）【注意】古代汉语中这个用法很少。

涓 juān ❶细小的水流。《后汉书·周纡传》："～流虽寡，浸成江河。"（浸：渐渐。）[涓涓]细水缓慢流动的样子。陶渊明《归去来兮辞》："木欣欣以向荣，泉～～而始流。"❷除去，清除。《汉书·礼乐志》："～选休成。"（除去恶的，选取好而成功的。休：美，善。）[涓人]宫中掌洒扫的官员。《史记·陈涉世家》："陈王故～～将军吕臣为仓头军。"又写作"鋗人"。❸选择。左思《魏都赋》："～吉日。"

娟 juān 美好。韩愈《殿中少监马君墓志铭》："幼子～好静秀。"[娟娟]美好，多指姿态美。杜甫《小寒食舟中作》诗："～～戏蝶过闲幔。"双音词有"娟秀"。

鹃（鵑） juān [杜鹃]1. 一种鸟。也叫杜宇、布谷、子规。《乐府诗集·清商曲辞·子夜四时歌之春歌》："～～竹里鸣，梅花落满道。"2. 常绿或落叶灌木。也叫映山红。李白《泾溪东亭寄郑少府谔》诗："～～花开春已阑，归向陵阳钓鱼晚。"

鋗 juān ❶xuān 古代一种烹煮器。《说文·金部》："鋗，小盆也。"❷xuān 击玉发声。《汉书·礼乐志》："展诗应律～玉鸣，函宫吐角激徵清。"❸[鋗人]同"涓人"。宫中掌洒扫的官员。《史记·楚世家》："王行，遇其故～～。"

朘 juān ❶剥削。《汉书·董仲舒传》："民日削月～，寖以大穷。"（寖：逐渐。）㉑减缩。《新唐书·沙陀传》："文楚～损用度，下皆怨。"❷zuī 男孩的生殖器。《老子》五十五章："未知牝牡之合而～作，精之至也。"

镌（鎸）[鐫] juān ❶凿，开掘。《汉书·沟洫志》："患底柱隘（ài），可～广之。"（底柱：即砥柱，山名。）㉑刻。《后汉书·蔡邕传下》："使工～刻，立于太学门外。"❷规劝，晓谕。刘向《说苑·反质》："（齐）景公喜奢而忘俭，幸有晏子以俭～之。"❸官吏降级。《宋史·食货志上四》："扰民及不实者～罚。"（不实：指虚报情况。）㉒降低，削减（后起意义）。赵彦卫《云麓漫钞》卷四："知江阴军赵雋之稍～房金，民间乐之。"

蠲 juān ❶除去，免除。《史记·太史公自序》："～除肉刑。"《周书·武帝纪下》："逋租悬调，兵役残功，并宜～免。"❷清洁，干净。《墨子·节用中》："其中～洁。"❸显明，显示。《左传·襄公十四年》："惠公～其大德。"（惠公：指晋惠公。）

卷¹（捲） juǎn ❶把东西弯曲卷成圆筒形。庾信《咏画屏风》："玉柙珠帘～。"《世说新语·排调》："不如～角牸，有盘辟之好。"（牸：母牛。盘辟：盘旋。）崔珏《岳阳楼晚望》诗："楼上北风斜～席。"❷quán 握拳。《淮南子·兵略》："夫五指之更弹，不若～手之一挃。"（挃：撞击。）

臇 juǎn 少汁的羹。⊗用作动词。指烹制少汁的肉羹。《楚辞·招魂》："鹄酸～凫，煎鸿鸧些。"曹植《名都篇》："脍鲤～胎鰕，寒鳖炙熊蹯。"

卷² juàn ❶juǎn 弯曲成圆筒形。《诗经·邶风·柏舟》："我心匪席，不可～也。"（匪席：不是席子。匪：非，不是。）这个意义后来写作"捲"，现简化为"卷"。❷juǎn 收敛，收藏。《论语·卫灵公》："邦无道，则～而怀之。"❸quán 弯曲。《庄子·逍遥游》："其小枝，～曲而不中规矩。"（规：画圆形的工具。矩：画方形的工具。）❹古代的书写在帛或纸上，卷起来收藏，因此书的数量论卷，一部书可以分成多少卷，后代沿用下来指书籍的册本或篇章。《论衡·超奇》："通书千篇以上，万～以下。"葛洪《西京杂记》卷六："作传百三十～。"㉑书。《三国志·吴书·鲁肃传》注引《吴书》："虽在军陈，手不释～。"（陈：阵。释：放下。）

倦[勌] juàn ❶ 疲劳，劳累。《荀子·修身》："劳～而容貌不枯。"《史记·屈原贾生列传》："劳苦～极。" ❷ 厌倦，不耐烦。《论语·述而》："学而不厌，诲人不～。"

惓 juàn ❶ 病情严重。《淮南子·人间》："是犹病者已～而索良医也。"（索：求。） ❷ 同"倦"。疲倦。扬雄《太玄·太玄文》："仰天而天不～，俯地而地不怠。" ❸ quán [惓惓]诚恳的样子。《汉书·戾太子刘据传》："臣不胜～～，出一旦之命，待罪建章阙下。"

桊 juàn ❶ 口袋。《说文·巾部》："桊，囊也。今盐官三斛为一桊。" ❷ juǎn 卷束衣袖。《史记·滑稽列传》："髡～鞲(gōu)鞠跽(jì)，侍酒于前。"（髡：人名。鞲：加套袖。跽：长跪。）

眷 juàn ❶ 回顾的样子。《诗经·大雅·皇矣》："乃～西顾。"（西顾：回头向西看。）㊀留恋，思慕。潘岳《哀永逝文》："想孤魂兮～旧宇。"柳宗元《愚溪诗序》："能使愚者喜笑～慕，乐而不能去也。"（去：离开。） ❷ 关怀，器重。《世说新语·宠礼》："王珣、郗超并有奇才，为大司马所～拔。" ❸ 亲属（后起意义）。白居易《自咏老身示诸家属》："～属幸团圆。"

隽[雋] juàn ❶ 鸟肉肥美，味道好。㊀言辞、文章含蓄有内容。常"隽永"连用。赵蕃《次韵斯远三十日见寄》："书味真～永。"（隽永：意味深长。） ❷ jùn 通"俊"。才智出众。《汉书·礼乐志》："至武帝即位，进用英～。"

狷 juàn ❶ 心胸狭窄，急躁。《后汉书·范冉传》："以～急不能从俗，常佩韦于朝。"（以：因为。） ❷ 洁身自好。《国语·晋语二》："小心～介，不敢行也。"（介：耿直。）《论语·子路》："狂者进取，～者有所不为也。"

悁 juàn ❶ 急躁。《南史·王准之传》："然寡风素，情～急，不为时流所重。" ❷ yuān 生气，气愤。《战国策·赵策二》："然而心忿～含怒之日久矣。" ❸ yuān 忧愁。江淹《杂体诗·谢法曹赠别》："无陈心～劳，旅人岂游遨？"

绢(絹) juàn ❶ 一种生丝织成的丝织品，古代多作书画、装潢用。《管子·乘马》："无金则用其～。"《史记·孝武本纪》张守节正义："书～帛上为怪言语，以饲牛。" ❷ 通"罥"。挂，系。《淮南子·齐俗》："～以绮绣，缠以朱丝。"

罥 juàn ❶ 牵绊，挂碍。鲍照《芜城赋》："泽葵依井，荒葛～涂。"李白《公无渡河》诗："公乎公乎挂～于其间。" ❷ 网。蔡邕《琴操·思亲操》："深谷鸟鸣兮嘤嘤，设置张～兮，思我父母力耕。"

羂 juàn ❶ 用绳索系住野兽。《汉书·司马相如传上》："～要褭(niǎo)，射封豕。"（要褭：良马名。封豕：大野猪。） ❷ 同"罥"。网。扬雄《太玄·翕》："撝(huī)其罦(fú)，绝其～，殆。"（撝：挥动。罦：鸟网。）

JUE

屩 juē 用麻、草编的鞋。《史记·范雎蔡泽列传》："夫虞卿蹑～檐簦，一见赵王，赐白璧一双。"（檐簦：背着斗笠。）《史记·平准书》："式乃拜为郎，布衣～而牧羊。"

蹻 juē 见 338 页。

决[決] jué ❶ 排除阻塞物，疏通水道。《孟子·滕文公上》："～汝汉，排淮泗，而注之江。"贾思勰《齐民要术·种谷》："禹～江疏河。"（疏：疏通。）㊀水把堤防冲开。《汉书·武帝纪》："河水～濮阳，泛郡十六。"（濮阳：地名。泛：泛滥。） ❷ 断，绝。《礼记·曲礼上》："濡肉齿～，干肉不齿～。"李白《古风五十九首》之三："挥剑～浮云，诸侯尽西来。" ❸ 决定。《楚辞·卜居》："余有所疑，愿因先生～之。"（余：我。因：依靠。）㊀一定。胡铨《上高宗封事》："太后～不可复。" ❹ 判决。《史记·陈丞相世家》："天下一岁～狱几何？"（岁：年。狱：诉讼。几何：多少。）㊁处死。《三国志·魏书·仓慈传》："自非殊死，但鞭杖遣之，一岁～刑曾不满十人。" ❺ 辞别，告别。《史记·外戚世家》："姊去我西时，与我～于传舍中。"（去：离开。西：往西去。传舍：供旅客暂宿的房屋。）这个意义后来写作"诀"。 ❻ xuè 迅疾的样子。《庄子·逍遥游》："我～起而飞，抢(qiāng)榆枋而止。"（抢：触碰。榆、枋：两种树。） ❼ 通"抉"。挖出。《史记·刺客列传》："因自皮面～眼，自屠出肠，遂以死。" ❽ quē 通"缺"。破裂。《庄子·让王》："捉衿而肘见，纳履而踵～。"

诀(訣) jué ❶ 辞别，告别。《史记·孙子吴起列传》："东出卫郭门，与其母～。"（郭门：城门。） ❷ 高明的办法，秘诀。《晋书·鲍靓传》："靓尝见仙人阴君，授道～。"文同《送棋僧惟照》诗："学成《九章》开方～。"（《九章》：《九章算术》，古代的数学著作。）

抉 jué ❶ 挑(tiǎo)出，挖出。《庄子·盗跖》："比干剖心，子胥～眼。"《史记·伍子胥列传》："～吾眼县吴东门之上。"（县：悬。吴东门：指吴国国都的东门。）❷ 选取。陆龟蒙《甫里先生传》："～擿微旨。"双音词有"抉择"。❸ 托举。《左传·襄公十年》："县门发，鄹人纥～之，以出门。"❹ 戳，穿。《左传·襄公十七年》："以杙（yì）～其伤而死。"（杙：尖锐的小木条。）

驮（駃） jué ❶［驮騠（tí）］1. 驴骡。《史记·鲁仲连邹阳列传》："王按剑而怒，食以～～。"2. 一种骏马。《史记·李斯列传》："郑卫之女不充后宫，而骏良～～不实外厩。"《淮南子·齐俗》："故六骐骥、驷～～，以济江河。"❷ kuài 快速。崔豹《古今注·杂注》："曹真有～马，名为惊帆。"

玦 jué 环形而有缺口的佩玉。屈原《九歌·湘君》："捐余～兮江中。"（捐：抛弃。余：我的。）

趹 jué ❶ 马奔跑时用力蹬后蹄。《战国策·韩策一》："秦马之良，戎兵之众，探前～后，蹄间三寻者，不可称数也。"㊀疾行。《淮南子·修务》："淬霜露，敕蹻～，跋涉山川。"❷ guì 马用后蹄踢。《淮南子·兵略》："有角者触，有齿者噬，有毒者螫，有蹄者～。"

觖 jué ❶［觖如］不满的样子。《淮南子·缪称》："禹无废功，无废财，自视犹～～也。"❷［觖望］失望，怨。《汉书·卢绾传》："上欲王绾，为群臣～～。"柳宗元《送辛殆庶下第游南郑序》："方之于钓者，丝纶不属，钩喙甚直，怀有美饵，而～～获鱼之暮，则善取者皆指而笑之。"❸ kuì 希望，希求。《后汉书·李通传论》："况乃亿测微隐，猖狂无妄之福，污灭亲宗，以～一切之功哉！"［觖望］希求。《后汉书·臧洪传》："今王室衰弱，无扶翼之意，而欲因际会～～非冀，多杀忠良，以立奸威。"❹ 通"抉"。挑剔。《汉书·孙宝传》："故欲擿～以扬我恶。"（擿：挑。）

鴂［鴃］ jué ❶［鸋（níng）鴂］见 300 页"鸋"字。❷［鹈（tí）鴂］见 417 页"鹈"字。

角 jué 见 194 页。

泬 jué ❶ 水从洞穴中奔泻出来。《说文·水部》："泬，水从孔穴疾出也。"❷［泬水］同"潏水"。在今陕西。郦道元《水经注·渭水》："渭水又东北径渭城南……南有～～注之。"❸［回泬］参差不齐的样子。《后汉书·王充王符仲长统列传》："用明居晦，～～于曩时。"（曩时：过去，以往。）㊁邪僻不正。潘岳《西征赋》："事～～而好还。"❹ xuè ［泬寥］寥阔空虚的样子。宋玉《九辩》："～～兮，天高而气清。"庾信《和颍川公秋夜》："～～空色远，叶黄凄序变。"

珏［瑴、玨］ jué 合在一起的两块玉。《左传·庄公十八年》"皆赐玉五瑴，马三匹"陆德明释文："瑴，字又作珏。"又用于人名。《新唐书》有李珏传。

觉（覺） jué ❶ 省悟。《荀子·成相》："不～悟，不知苦。"❷ 发觉。《史记·秦始皇本纪》："长信侯毐（ǎi）作乱而～。"（毐：嫪毐，人名。）㊁感觉，感到。贾思勰《齐民要术·园篱》："不～白日西移。"❸（旧读 jiào）睡醒。《诗经·王风·兔爰》："逢此百忧，尚寐无～。"柳宗元《始得西山宴游记》："～而起。"【注意】古代汉语中"睡觉"没有"睡眠"的意思，只表示"睡醒"的意思。❹ jiào 通"较"。相差。《世说新语·捷悟》："我才不及卿，乃～三十里。"

绝（絕） jué ❶ 断，断绝。《论语·卫灵公》："在陈～粮，从者病，莫能兴。"《淮南子·天文》："天柱折，地维～。"（维：绳。）㊀竭，尽。《庄子·渔父》："疾走不休，～力而死。"❷ 灭绝。《国语·齐语六》："国～无嗣。"❸ 拒绝。《后汉书·张奂传》："董卓慕之，使其兄遗缣百匹。奂恶卓为人，～而不受。"❹ 极，非常。《史记·伍子胥列传》："秦女～美，王可自取。"《后汉书·东夷传》："所在～远，不可往来。"❺ 超越，超过。《世说新语·惑溺》："寿蹻捷～人，逾墙而入，家中莫知。"㊁高超，绝妙。《三国志·魏书·华佗传》："佗之～技，凡此类也。"❻ 横渡，横穿。《荀子·劝学》："假舟楫（jí）者，非能水也，而～江河。"（假：凭借。楫：桨。能水：指能游泳。）陆游《夜泊水村》诗："老子犹堪～大漠。"（老子：老汉。犹堪：还能。大漠：沙漠。）

倔 jué ❶ 顽强，固执。《盐铁论·论功》："～强倨敖。"（倨敖：傲慢。）❷ 通"崛"。突出。《史记·秦始皇本纪》："～起什伯之中。"（什伯：古代军队编制，十人为什，百人为伯，这里泛指军队基层。）

掘 jué ❶ 挖。《周易·系辞下》："～地为臼。"《孟子·尽心上》："～井九轫而不及泉。"（轫：通"仞"，七尺或八尺为一仞。）❷ 竭尽。扬雄《太玄·太玄文》："是以圣人仰天则常穷神～变，极物穷情。"❸ 通"崛"。高起，突出。《汉书·扬雄传上》："洪台～其独出兮。"❹ kū 通"窟"。洞穴。《战国策·秦策一》："苏秦特穷巷～门桑户棬枢之士耳。"

崛 jué 高起，突出。《潜夫论·慎微》："凡山陵之高，非削成而～起也。"

J

厥 jué ❶代词。他的，那个。《尚书·武成》："予小子其承～志。"《诗经·小雅·大田》："俶载南亩，播～百谷。"（俶：开始。）❷副词。乃，就。《史记·太史公自序》："左丘失明，～有《国语》。"（左丘：指左丘明。）❸昏厥，晕倒。《素问·生气通天论》："使人薄～。"㊕一种病，冷气从脚下上升。《素问·五藏生成篇》："凝于足者为～。"❹挖掘。《山海经·海外北经》："禹～之三仞。"（禹：夏禹。仞：七尺或八尺为一仞。）❺通"橛"。木桩，树墩。《庄子·达生》："吾处身也，若～株枸。"❻通"蹶"。摔倒，失败。《孙膑兵法·擒庞涓》："吾攻平陵不得而亡齐城、高唐，当术而～。"

劂 jué ［剞(jī)劂］见175页"剞"字。

撅 jué ❶拔起。《韩诗外传》卷二："草木根荄浅，未必～也。"（荄：根。）❷挖掘。《论衡·效力》："锸所以能～地者，跖蹈之也。"（跖：脚。）㊀撬开。《三国志·魏书·杨阜传》注："时适有解毒药良汤，～口灌之，良久乃苏。"❸击。《新唐书·褚遂良传》："昔侯君集、李靖皆庸人尔，犹能～高昌。"❹guì 撩起衣服。《礼记·内则》："不涉不～。"

蕨 jué 一种多年生草本植物。嫩叶可食。也叫蕨菜。《诗经·召南·草虫》："陟彼南山，言采其～。"杜甫《遣遇》诗："石间采～女，鬻市输官曹。"

獗 jué ［猖獗］见41页"猖"字。

橛［橜］ jué ❶短木桩。卫杰《蚕桑萃编·染政》："苗高二三尺，每路打～，缚绳横阑，以备狂风拗折。"❷树木或庄稼的残根。《诗经·小雅·大田》孔颖达疏："以冬土定，故稼～于地与地平，孟春土气升长而冒覆于～，则旧陈之根可拔。"❸马口中衔的横木。《庄子·马蹄》："前有～饰之患，而后有鞭筴(cè)之威。"（鞭筴：打马的工具。）《汉书·司马相如传下》："且夫清道而后行，中路而驰，犹时有衔～之变。"❹量词。一小段。《五灯会元·石头希迁禅师》："师乃指一～柴曰：'马师何似这个？'"❺通"撅"。击，打。《山海经·大荒东经》："以其皮为鼓，～以雷兽之骨，声闻五百里。"

蹶［蹷］ jué ❶倒下，跌倒。《吕氏春秋·慎小》："人之情不～于山，而～于垤(dié)。"（垤：小土堆。）成语有"一蹶不振"。㊀受挫折。《三国志·蜀书·诸葛亮传》："必～上将军。"❷踩，踏。《庄子·秋水》："～泥则没足灭跗。"（跗：脚背。）班固《西都赋》："～崭岩。"（崭岩：高峻的岩石。）㊀踢。《论衡·论死》："使舒手而击，举足而～，则所击～无不破折。"❸竭尽，枯竭。贾谊《论积贮疏》："生之者甚少而靡之者甚多，天下财产何得不～？"（靡：浪费。）❹guì 急速，急忙。《国语·越语下》："～而趋之，唯恐弗及。"《韩非子·说疑》："奸臣闻此，～然举耳以为是也。"（举耳：竖起耳朵。）❺guì 动，摇动。宋玉《风赋》："～石伐木。"

谲（譎） jué ❶欺诈，玩弄手段。《论语·宪问》："齐桓公正而不～。"❷奇，奇异。《汉书·匈奴传下》："时奇～之士、石画之臣甚众。"傅毅《舞赋》："瑰姿～起。"［谲诡］奇异。张衡《东京赋》："龙雀蟠蜿，天马半汉。瑰异～～，灿烂炳焕。"❸差异。《庄子·天下》："相里勤之弟子……俱诵《墨经》，而倍～不同，相谓别墨。"❹通"决"。决断。《荀子·儒效》："故明主～德而序位，所以为不乱也。"

潏 jué ❶水名。潏水，在今陕西。《汉书·地理志上》"右扶风……鄠"注："酆水出东南，又有～水。"❷水涌出。江淹《学梁王兔园赋》："奔水激集，瀴溟洁渠，～湟吐吸。"岑参《石犀》诗："江水初荡～，蜀人几为鱼。"［潏潏］水涌出的样子。屈原《九章·悲回风》："泛～～其前后兮，伴张弛之信期。"《汉书·司马相如传上》："～～淈淈，湁(chì)潗鼎沸。"

镢（鐍）［觼］ jué ❶有舌的环。《后汉书·舆服志下》："紫绶以上，縌绶之间，得施玉环～云。"❷箱子上安锁的环状物。《庄子·胠箧》："则必摄缄縢，固扃～。"

爵 jué ❶古代一种酒器。《左传·庄公二十一年》："虢(guó)公请器，王予之～。"（虢：古国名。请：请求赏赐。）❷爵位，君主国家所封的等级。《荀子·儒效》："君子无～而贵。"《韩非子·定法》："官～之迁与斩首之功相称也。"（迁：提升。斩首之功：杀敌的功劳。）❸què 通"雀"。鸟雀。《孟子·离娄上》："为丛驱～者，鹯也。"

爝 jué 火炬，火把。《庄子·逍遥游》："日月出矣，而～火不息。"㊀用作动词。指以火祓除不祥。《吕氏春秋·本味》："汤得伊尹，祓之于庙，～以爟火。"（爟火：为消除不祥而举的火。）

臄 jué 口盖，即上腭。《诗经·大雅·行苇》："嘉殽脾～，或歌或咢(è)。"（咢：只击鼓而不歌唱。）

矍 jué ❶左右惊顾。班固《东都赋》："主人之辞未终，西都宾～然失容。"❷［矍铄(shuò)]形容老年人精神好。《后汉书·马援传》:"帝笑曰:'～～哉是翁也。'"李白《答杜秀才五松山见赠》诗:"陶公～～呵赤电。"

攫 jué 用爪迅速抓取。《荀子·哀公》:"鸟穷则啄,兽穷则～。"柳宗元《笼鹰词》:"下～狐兔腾苍茫。"(腾苍茫:指飞上青天。)㉃夺取。《列子·说符》:"因～其金而去。"

玃 jué ❶大母猴。张衡《南都赋》:"虎豹黄熊游其下,縠(hù)～猱挺戏其巅。"(縠:兽名。)❷通"攫"。抓取。《吕氏春秋·本味》:"肉～者臊,草食者膻。"

戄 jué [戄然]惶遽的样子。东方朔《非有先生论》:"于是吴王～～易容。"《史记·管晏列传》:"晏子～～,摄衣冠谢。"

蠼 jué ❶传说中一种像龙的动物。也指像龙的卷曲形貌。《史记·司马相如列传》:"诎折隆穷～以连卷。"❷qú [蠼螋(sōu)]一种昆虫。段成式《酉阳杂俎》卷一"广知":"古～～、短狐、踏影蛊,皆中人影为害。"❸通"玃"。大母猴。《论衡·遭虎》:"豺狼蜼(wèi)～,皆复杀人。"(蜼:长尾猿。)

躩 jué ❶跳。《淮南子·精神》:"熊经鸟伸,凫浴猨～。"李白《东海有勇妇》诗:"十步两～跃,三呼一交兵。"❷快步行走。《庄子·山木》:"蹇裳～步,执弹而留之。"(蹇:通"褰",提起衣服。)[躩如]走得很快的样子。《论语·乡党》:"君召使摈,色勃如也,足～～也。"(摈:通"傧",出迎。)

钁 jué 大锄。《淮南子·齐俗》:"今之修干戚而笑～插。"㉄用作动词。挖掘,铲除。《后汉书·杜笃传》:"燔(fán)～株林。"(燔:铲除。)

JUN

军(軍) jūn ❶驻扎。《左传·桓公六年》:"楚武王侵随……～于瑕以待之。"(随:国名。瑕:地名。)《史记·绛侯周勃世家》:"以河内守亚夫为将军,～细柳。"(亚夫:人名。细柳:地名。)❷包围,围攻。《周礼·秋官·朝士》:"凡盗贼～乡邑及家人,杀之无罪。"❸军队。《战国策·秦策四》:"秦取楚汉中,再战于蓝田,大败楚～。"❹军队的编制单位。《管子·小匡》:"万人为一～。"

皲(皸) jūn 皮肤因寒冷或干燥而破裂。《汉书·赵充国传》:"将军士寒,手足～瘃(zhú)。"(瘃:生冻疮。)《旧五代史·郑云叟传》:"虽寒风大雪,临檐对局,手足～裂,亦无倦焉。"

均 jūn ❶平均,均匀。《诗经·小雅·北山》:"大夫不～,我从事独贤。"《论语·季氏》:"不患寡而患不～。"㉃协调。《诗经·小雅·皇皇者华》:"我马维骃(yīn),六辔(pèi)既～。"(骃:毛色浅黑杂白的马。辔:驾驭牲口的缰绳。既:已经。)❷同,同样的。《左传·僖公五年》:"～服振振,取虢(guó)之旂。"(均服:一式的战衣。振振:衣装整齐的样子。虢:古国名。旂:旗帜。)㉄皆,全都。《墨子·尚同下》:"其乡里未之～闻见也。"❸制造陶器所用的转轮。《管子·七法》:"不明于则,而欲出号令,犹立朝夕于运～之上。"(立朝夕:指测定东西向的方位。)这个意义又写作"钧"。❹权衡,比较。《史记·廉颇蔺相如列传》:"～之二策,宁许以负秦曲。"❺yùn 通"韵"。韵律。成公绥《啸赋》:"音～不恒,曲无定制。"

钧(鈞) jūn ❶古代重量单位。三十斤为一钧。《孟子·梁惠王上》:"吾力足以举百～。"枚乘《上书谏吴王》:"系千～之重。"(系:挂。)成语有"千钧一发"。❷制作陶器所用的转轮。《墨子·非命上》:"譬犹运～之上而立朝夕者也。"(立朝夕:指测定东西向的方位。)《盐铁论·遵道》:"转若陶～。"❸通"均"。1.平均。《荀子·议兵》:"明道而分～之。"2.权衡。《战国策·秦策四》:"～吾悔也,宁亡三城而悔,无危咸阳而悔也。"3.同样。《论衡·累害》:"人才高下,不能～同。"

君 jūn ❶君主。《论语·八佾》:"～使臣以礼,臣事～以忠。"《荀子·非相》:"彼后王者,天下之～也。"㉃治理,统治。《管子·权修》:"有地不务本事,～国不能一民,而求宗庙社稷之无危,不可得也。"❷封号。如"商君"、"春申君"。❸对对方的尊称,相当于"您"。《战国策·齐策四》:"今～有一窟,未得高枕而卧也。"《三国志·魏书·武帝纪》:"能安之者,其在～乎!"(安:安定。其:大概。)❹[君子]1.贵族,做官的人。《孟子·滕文公上》:"无～～莫治野人,无野人莫养～～。"2.道德高尚的人。《荀子·致士》:"刑滥则害及～～。"(刑滥:乱用刑罚。)

麇[麏] jūn ❶獐子。《诗经·召南·野有死麇》:"野有死～,白茅包之。"❷qún 成群。颜延之《皇太子释奠会作》:"怀仁憬(jǐng)集,抱智～至。"(憬:远行。)❸kǔn 通"捆"。捆绑。《左传·哀公二年》:"繁羽御赵罗,宋勇为右,罗无勇,～之。"

俊[儁、㑺] jùn ❶才智出众。《荀子·大略》："国有～士，世有贤人。"㊂才智出众的人。《孟子·公孙丑上》："尊贤使能，～杰在位。"❷容貌出众，美好。《世说新语·容止》："裴令公有～容仪，脱冠冕，粗服乱头皆好。"

【辨】英，豪，俊，杰。见506页"英"字。

峻 jùn ❶高而陡峭。《礼记·孔子闲居》："嵩高惟岳，～极于天。"《韩非子·奸劫弑臣》："上高陵之颠，堕～谿(xī)之下而求生，必不几矣。"(高陵：高山。峻谿：深谷。不几：没有希望。)㊄高，大。《尚书·五子之歌》："～宇雕墙。"屈原《离骚》："冀枝叶之～茂兮。"(冀：希望。茂：茂盛。)❷严厉，严峻。《史记·酷吏列传》："吏务为严～。"《论衡·非韩》："严刑～法，富国强兵。"

浚[濬] jùn ❶疏通。《左传·庄公九年》："冬，～洙。"(洙：水名。)《汉书·赵充国传》："～沟渠。"❷深。《诗经·小雅·小弁》："莫高匪山，莫～匪泉。"(没有高度不是山，没有深度不是泉。)《晋书·谢安传》："临～谷。"上述❶❷又写作"濬"。❸取，榨取。《国语·晋语九》："～民之膏泽以实之。"(民之膏泽：人民的血汗。实之：充实仓库。)

骏(駿) jùn ❶好马。东方朔《七谏·谬谏》："驽～杂而不分兮。"《列子·周穆王》："命驾八～之乘。"(八骏：神话传说中的八种好马。)㊄急速。《诗经·周颂·清庙》："～奔走在庙。"❷通"俊"。才智出众。《盐铁论·讼贤》："当此之时，非无远筋～才也。"(远筋：指具有能够远行千里的筋骨的马。)㊂才智出众的人。《管子·七法》："收天下之豪杰，有天下之～雄。"❸通"峻"。1. 高而陡峭。《诗经·大雅·崧高》："～极于天。"(山高大，以至顶天。极：至。)2. 严苛。《史记·商君列传》："刑黥太子之师傅，残伤民以～刑，是积怨畜祸也。"

焌 jùn 点火。《周礼·春官·菙氏》："凡卜，以明火爇(ruò)燋，遂吹其～契，以授卜师。"(爇燋：点燃烧灼龟甲用的柴草。契：刻龟甲用的凿子。)

畯 jùn ❶古代管农事的官。《诗经·小雅·大田》："馌(yè)彼南亩，田～至喜。"(馌：送饭到田里吃。)❷通"俊"。才智出众。《史记·宋微子世家》："～民用章。"(用：因此。)㊂才智出众的人。韩愈《进学解》："拔去凶邪，登崇～良。"[寒畯]指贫寒的读书人。《资治通鉴·唐玄宗天宝六年》："不若用～～胡人，胡人则勇决习战，寒族则孤立无党。"

竣 jùn 退，返回。《管子·小匡》："有司已于事而～。"(有司：指官吏。)㊄完毕。周煇《清波杂志》卷六："往贺虏酋生辰，～事而旋。"双音词有"竣工"。

餕 jùn ❶吃剩的食物。《礼记·曲礼上》："～余不祭。"㊂用作动词。指吃剩余的食物。《礼记·玉藻》："日中而～。"❷sūn 通"飧"。熟食。《公羊传·昭公二十五年》："吾寡君闻君在外，～饔(yōng)未就。"(饔：熟肉。)柳宗元《祭崔氏外甥文》："庶几来归，～以侑(yòu)兮。"(侑：劝人饮食。)

鵔 jùn [鵔鸃(yí)]鸟名。即锦鸡。《楚辞·九叹·远逝》："抚朱爵与～～。"又写作"鵕鸃"。

郡 jùn 古代的行政区域。《史记·秦始皇本纪》："分天下以为三十六～。"

捃[攟、攈] jùn 摘取，拾取，搜集。《墨子·贵义》："舍言革思者，是犹舍获而～粟也。"《史记·十二诸侯年表》："及如荀卿、孟子、公孙固、韩非之徒，各往往～摭(zhí)《春秋》之文以著书。"(摭：拾取。)陆法言《切韵序》："欲更～选精切，除削疏缓。"

菌 jùn ❶蕈，菌类植物。《庄子·齐物论》："乐出虚，蒸成～。"庾信《枯树赋》："莫不苔埋～压，鸟剥虫穿。"[朝菌]生长期很短的菌类植物，因朝生暮死，故称。《庄子·逍遥游》："～～不知晦朔。"潘岳有《朝菌赋》。❷郁结的样子。马融《长笛赋》："充屈郁律，瞋～碨柍。"(碨柍：汹汹的样子。)❸通"箘"。竹笋。《吕氏春秋·本味》："和之美者，阳朴之姜，招摇之桂，越骆之～，鳣鲔之醢。"

箘[簵] jùn ❶一种竹子，可以做箭杆。《山海经·中山经》："其木多棕、楠、荆、芑、竹箭、䉋、～。"也称"箘簬"或"箘簵"。《尚书·禹贡》："惟箘簬(lù)楛(hù)，三邦厎(dǐ)贡厥名。"(楛：一种树。厎：致。)❷竹笋。

K

KAI

开（開） kāi ❶ 开门。《老子》二十七章：“善闭，无关楗而不可～。”（关楗：关门用的木闩。）㉃打开，张开。《史记·陈涉世家》：“秦人～关而延敌。”（延：引进。）《庄子·盗跖》：“～口而笑者。”㉃开阔。陶渊明《桃花源记》：“复行数十步，豁然～朗。”㉃花朵开放，放。黄巢《题菊花》诗：“他年我若为青帝，报与桃花一处～。”㉅云雾等消散。陶渊明《咏贫士》：“朝霞～宿雾，众鸟相与飞。”㉅冰雪融化。鲍照《拟古》诗之六：“河渭冰未～。”❷ 分开。杜甫《雨》诗：“蛟龙斗不～。”❸ 开辟，开发。《汉书·张骞传》：“骞～外国道。”贾思勰《齐民要术·耕田》：“草干即放火，至春而～垦。”❹ 开创，开始。《潜夫论·思贤》：“三代～国建侯。”❺ 开导，启发。《潜夫论·卜列》：“移风易俗之本，乃在～其心而正其精。”（本：根本。精：精神。）❻ 开设，摆开，设置。《后汉书·班固传上》：“窃见幕府新～，广延群俊。”李商隐《行次西郊作》诗：“五里一换马，十里一～筵。”

剀（剴） kǎi ❶ 讽喻，以此喻彼。《周礼·春官·大司乐》“以乐语教国子兴道”郑玄注：“道读若导。导者，言古以～今也。”《新唐书·杜如晦传》：“监察御史陈师合上《拔士论》，谓一人不可总数职，阴～讽如晦等。”（监察御史：官名。上：呈上。总：指兼任。阴：暗中。）❷ 中肯，切实。《新唐书·刘昌裔传》：“为环檄李纳，～晓大谊。”（环：人名。）［剀切］切合事理，切实。《新唐书·魏征传》：“凡二百余奏，无不～～当帝心者。”（奏：奏章，奏书。当：符合。）

凯（凱） kǎi ❶ 军队打胜仗后所奏的乐曲。《后汉书·蔡邕传下》：“城濮捷而晋～入。”刘克庄《破阵曲》：“六军张～声如雷。”［凯旋］得胜归来。宋之问《军中人日登高赠房明府》诗：“闻道～～乘骑入，看君走马见芳菲。”❷［凯风］南风。《诗经·邶风·凯风》：“～～自南。”潘岳《河阳县作诗二首》之一：“～～扬微绡。”（绡：生丝织成的薄纱。）❸ 通“恺”。欢乐，和乐。陆机《演连珠》：“是以万邦～乐。”（邦：国。）

垲（塏） kǎi 地势高而干燥。《左传·昭公三年》：“子之宅近市，湫隘嚣尘……请更诸爽～者。”

闿（闓） kǎi ❶ 开。《论衡·奇怪》：“蝉之生复育也，～背而出。”❷ 通“恺”。欢乐，和乐。司马相如《封禅文》：“昆虫～怿（yì）。”（怿：高兴。）

恺（愷） kǎi ❶ 欢乐，和乐。《汉书·主父偃传》：“天下既平，天子大～。”［恺悌］平易近人。《后汉书·贾逵传》：“性～～，多智思。”又写作“岂弟”、“凯悌”。❷ 通“凯”。军队打胜仗后所奏的乐曲。《周礼·春官·大司乐》：“王师大献，则令奏～乐。”

铠（鎧） kǎi 古代打仗时穿的一种战衣，上面缀有金属片，用来保护身体。《汉书·尹赏传》：“被～扞（hàn），持刀兵者。”（扞：射箭手的一种皮质护袖。）

慨 kǎi 感慨，叹息。《礼记·檀弓下》：“既葬，～焉如不及，其反而息。”《晋书·谢安传》：“自以本志不遂，深自～失。”（遂：实现。）［慨然］1. 感慨的样子。陶渊明《有会而作》诗：“岁云夕矣，～～永怀。”（岁云夕矣：将要年终了。）2. 情绪激昂的样子。《宋史·王安石传》：“～～有矫世变俗之志。”（矫：纠正。世：世道。）［慷慨］见 223 页“慷”字。

楷 kǎi ❶ jiē 楷树。也叫黄连木。《说文·木部》：“楷，木也。孔子冢盖树之者。”段成式《酉阳杂俎》续集卷十“支植下”：“蜀中有木类柞……蜀人呼为～木。”㉅刚直。刘邵《人物志·体别》：“强～坚劲，用在桢干，失在专固。”（桢干：支柱，骨干。）❷ 法式，典范。《礼记·儒行》：“今世行之，后世以为～。”❸ 楷书，现在通行的一种汉字字体。《晋书·卫恒传》：“上谷王次仲始作～法。”（上谷：地名。王次仲：人名。）

锴（鍇） kǎi ❶ 铁。张衡《南都赋》：“铜锡铅～，赭垩流黄。”㉆好铁。左思《吴都赋》：“其琛赂则琨瑶之阜，铜～之垠。”（垠：指山谷。）❷ 坚固。《方言》卷二：“锴，坚也。自关而西，秦晋之间曰～。”

忾（愾） kài ❶ 愤恨，愤怒。《左传·文公四年》：“诸侯敌王所～而献其功。”（敌王所忾：指抗击王所痛恨的人。）成语有“同仇敌忾”。❷ 叹息的样子。《诗经·曹风·下泉》：“～我寤（wù）叹。”（寤：不寐，睡不着觉。）❸ qì 通"迄"。到，遍及。《礼记·哀公问》："君行此三者，则～乎天下矣。"

KAN

刊〔栞〕 kān ❶ 砍削。《左传·襄公二十五年》："井堙木～。"（水井被堵塞，树木被砍伐。）《礼记·杂记》："毕用桑，长三尺，～其柄与末。"（毕：捕捉禽兽的长柄网。）㉖除去，失掉。徐弘祖《徐霞客游记·游黄山日记》："洞南向，正对天都之阴，僧架阁连板于外，而内犹穹然，天趣未尽～也。" ❷ 改定（文字）。杜预《春秋左氏传序》："其教之所存，文之所害，则～而正之。"〔不刊〕无可删改。扬雄《答刘歆书》："是县诸日月～～之书也。" ❸ 刻石。班固《封燕然山铭》："乃遂封山～石，昭铭盛德。"㉖刻版。《宋史·毕士安传》："真宗然之，遂命～刻。"

勘 kān ❶ 校订，核对。如"校勘"、"勘误"。白居易《题诗屏风绝句》："自书自～不辞劳。"苏舜钦《送韩三子华还家》诗："～书春雨静，煮药夜火续。" ❷ 调查，查问。《新唐书·徐坚传》："诏使者～当，得实辄决。"（辄：就。）㉖审问。《旧唐书·来俊臣传》："请付来俊臣推～，必获实情。" ❸ 通"戡"。用武力平定。王禹偁《建谿处士赠大理评事柳府君墓碣铭》："有唐以武～乱，以文化人。"

堪 kān ❶ 经得起，承受得住。《左传·隐公元年》："今京不度，非制也，君将不～。"《荀子·正论》："老者不～其劳而休也。"（休：休息，休养。）成语有"疲惫不堪"、"不堪其辱"。㉖胜任。《后汉书·牟融传》："帝数嗟叹，以为才～宰相。" ❷ 能够，可以。《韩非子·难三》："君令不二。除君之恶，惟恐不～。蒲人翟人，余何有焉！"杜甫《房兵曹胡马》诗："所向无空阔，真～托死生。"成语有"不堪设想"。

嵁 kān 〔嵁岩〕峭壁。《庄子·在宥》："故贤者伏处大山～～之下，而万乘之君忧栗乎庙堂之上。"柳宗元《永州新堂记》："将为穹谷～～渊池于郊邑之中。"

戡 kān 攻克，平定。《尚书·西伯戡黎》："西伯既～黎，祖伊恐。"《新唐书·郭子仪传》："昔回纥涉万里，～大憝，助复二京。"（大憝：大恶之人。）

龛（龕） kān ❶ 佛塔。许浑《送僧南归》诗："绕～藤叶盖禅床。"㊕葬僧人的塔。贯休《送人归夏口》诗："倘经三祖寺，一为礼～坟。"（倘经：倘若经过。礼：礼拜。）❷ 供奉神佛像的石室或柜子。江总《摄山栖霞寺碑》："庄严～像，首于西峰石壁。" ❸ 通"戡"。平定。《扬子法言·重黎》："刘～南阳，项救河北。"（刘：指刘邦。项：指项羽。）

坎 kǎn ❶ 坑穴。《周易·坎》："～不盈。"贾思勰《齐民要术·大豆》："～方深各六寸，相去二尺。"（相去：相距。）㉖掘坑。《左传·昭公六年》："柳闻之，乃～，用牲，埋书。"〔坎井〕浅井。《荀子·正论》："～～之蛙不可与语东海之乐。" ❷ 象声词。形容敲击乐器的声音。《诗经·陈风·宛丘》："～其击鼓。"〔坎坎〕1. 象声词。形容伐木声。《诗经·魏风·伐檀》："～～伐檀兮。"（檀：檀树。）2. 心绪不平。柳宗元《吊屈原文》："哀余衷之～～兮，独蕴愤而增伤。" ❸ 〔坎坷（kě）〕1. 不平坦。《汉书·扬雄传上》："濊（huì）南巢之～～兮，易豳岐之夷平。"（濊：通"秽"，污浊。）2. 不得志，不顺利。杜甫《醉时歌》："德尊一代常～～，名垂万古知何用？"文天祥《平原》诗："崎岖～～不得志。"上述1、2又写作"埳坷"、"轗轲"。❹ 〔坎廪（lǐn）〕不平的样子，比喻不得志。宋玉《九辩》："～～兮，贫士失职而志不平。" ❺ 八卦之一。代表水。见138页"卦"字。

侃〔偘〕 kǎn ❶ 〔侃侃〕从容不迫的样子。《论语·乡党》："朝与下大夫言，～～如也。"（如：形容词词尾。）成语有"侃侃而谈"。❷ 〔侃然〕刚毅正直的样子。《后汉书·向栩传》："每朝廷大事，～～正色，百官惮之。"《三国志·魏书·杨阜传》："阜常～～以天下为己任。"

埳 kǎn ❶ 同"坎"。坑，地洞。《墨子·节葬下》："满～无封。"〔埳井〕废井。《庄子·秋水》："子独不闻乎～～之鼃乎？" ❷ 〔埳坷〕同"坎坷"。1. 不平坦。《论衡·宣汉》："夷～～为平均，化不宾为齐民。"（不宾：不服从、不归顺的人。）2. 不得志，不顺利。《后汉书·冯衍传下》："非惜身之～～兮，怜众美之憔悴。"【注意】现代汉语中"埳"是"坎"的异体字。

欿 kǎn ❶ 〔欿然〕不自满。《孟子·尽心上》："如其自视～～，则过人远矣。" ❷ 忧愁的样子。《楚辞·哀时命》："～愁悴而委惰兮，老冉冉而逮之。" ❸ 通"坎"。坑，挖坑。《左传·襄公二十六年》："至则～，用牲，加书征之。"（加书：把盟书放在祭祀用的牺牲上。）

顑 kǎn 〔顑颔（hàn）〕憔悴。屈原《离骚》："苟余情其信姱（kuā）以练要兮，长～～

亦何伤!”(姱:美好。)

轗[輡] kǎn [轗轲]同“坎坷”。1. 不平坦。《北史·文苑传序》:“道～～而未遇,志郁抑而不申。”2. 不得志,不顺利。《楚辞·七谏·怨世》:“年既已过太半兮,然～～而留滞。”

看 kàn ❶以手遮目而望。王筠《说文句读》:“凡物见不审,则手遮目～之。”㉠看望,探访。《韩非子·外储说左下》:“梁车新为邺令,其姊(zǐ)往～之。”(梁车:人名。邺:地名。)❷瞧,看。杜甫《九日蓝田崔氏庄》诗:“醉把茱萸仔细～。”(把:持,握。)㉡观察。《三国志·吴书·周鲂传》:“～伺空隙,欲复为乱。”❸用在动词后,表示尝试。白居易《眼病》诗之二:“人间方药应无益,争得金篦试刮～。”❹(旧读 kān)看待。高适《咏史》:“不知天下士,犹作布衣～。”(布衣:平民。)

衎 kàn ❶快乐。《诗经·小雅·南有嘉鱼》:“君子有酒,嘉宾式燕以～。”(式燕:宴饮。)《诗经·商颂·那》:“奏鼓简简,～我烈祖。”❷[衎然]安定的样子。四库本《孔子家语·七十二弟子解》:“原宪衣敝衣冠,并日蔬食,～～有自得之志。”❸[衎衎]1. 和乐的样子。《周易·渐》:“鸿渐于磐,饮食～～,吉。”2. 刚直的样子。《汉书·张敞传赞》:“张敞～～,履忠进言。”

阚(闞) kàn ❶俯视。嵇康《琴赋》:“俯～海湄。”(湄:岸边水草相接处。)❷hǎn [阚如][阚然]1. 老虎发威的样子。《诗经·大雅·常武》:“进厥虎臣,阚如虓(xiāo)虎。”2. 雄辩的样子。《庄子·天道》:“而口阚然,而状义然。”

瞰[矙] kàn ❶远望。扬雄《羽猎赋》:“东～目尽,西畅亡厓。”㉡俯视。《后汉书·光武帝纪上》:“云车十余丈,～临城中。”(云车:可以把人升高以瞭望敌情的车子。)❷窥探。《孟子·滕文公下》:“阳货～孔子之亡也,而馈孔子蒸豚。”这个意义又写作“矙”。

KANG

康 kāng ❶平安,安乐。《诗经·唐风·蟋蟀》:“无已大～,职思其居。”❷健康。《古诗为焦仲卿妻作》:“命如南山石,四体～且直。”❸赞美,表扬。《礼记·祭统》:“～周公,故以赐鲁也。”❹空。《诗经·小雅·宾之初筵》:“酌彼～爵。”贾谊《吊屈原赋》:“斡(wò)弃周鼎,宝～瓠(hú)兮。”(斡弃:抛弃。周鼎:宝鼎,比喻杰出之士。宝康瓠:把空酒器看作宝贝。康瓠:空酒器,比喻庸才。)❺[康庄]宽阔平坦的大道。《史记·孟子荀卿列传》:“为开第～～之衢。”沈约《郊居赋》:“固无情于轮奂,非有欲于～～。”(轮奂:高大美丽的房子。)又写作“杭庄”。

慷[忼] kāng [慷慨]1. 情绪激昂。屈原《九章·哀郢》:“憎愠惀之修美兮,好夫人之～～。”(愠惀:忠诚厚道。)成语有“慷慨激昂”。2. 感慨,叹息。《汉书·高帝纪下》:“～～伤怀。”《古诗十九首·西北有高楼》:“一弹再三叹,～～有余哀。”3. 胸怀大志。《抱朴子·擢才》:“贾谊～～怀经国之术。”(经:理,治理。)魏征《述怀》诗:“～～志犹存。”【注意】现代汉语中“慷慨”有“不吝啬”的意思,古代汉语中没有这个意思。

槺[康] kāng [槺梁]屋宇空阔的样子。司马相如《长门赋》:“施瑰木之欂栌兮,委参差以～～。”

骯 kǎng [骯髒(zǎng)]1. 体胖。庾信《拟连珠》:“～～之马,无复千金之价。”2. 刚直的样子。李白《鲁郡尧祠送张十四游河北》诗:“有如张公子,～～在风尘。”【注意】现代“骯”字又读 āng,“骯髒”是“不洁净”的意思,为“肮脏”的繁体,与古代“骯”字的音义都不同。

亢 kàng ❶gāng 咽喉,喉咙。《汉书·张耳传》:“乃仰绝～而死。”(绝:割断。)❷高。《庄子·人间世》:“牛之白颡(sǎng)者,与豚(tún)之～鼻者。”(颡:额。豚:猪。)双音词有“高亢”。❸极,非常。《三国志·吴书·陆逊传》:“县连年～旱。”❹遮蔽,庇护。《左传·昭公元年》:“吉不能～身,焉能～宗?”(吉:人名。焉能:怎能。宗:宗族。)❺刚强,刚直。《三国志·魏书·杜恕传》:“论议～直。”❻断绝。扬雄《解嘲》:“西揖强秦之相,搤其咽而～其气。”❼通“抗”。抵御,抵抗。《左传·宣公十三年》:“～大国之讨。”(讨:讨伐。)㉠担负,承受。《楚辞·卜居》:“宁与骐骥～轭乎?将随驽马之迹乎?”㉡匹敌,相当。扬雄《赵充国颂》:“料敌制胜,威谋靡～。”(预料敌情,出奇制胜,威严远谋,无人匹敌。)❽星宿名。二十八宿之一。

伉 kàng ❶配偶,常“伉俪(lì)”连用。《左传·成公十一年》:“己不能庇其～俪而亡之。”(庇:庇护,保护。俪:配偶。亡:失去。)❷强健。《汉书·赵充国传》:“发郡骑及属国胡骑～健各千。”(属国:从属国。)㉡刚强,刚直。《史记·酷吏列传》:“郅(zhì)都

～直。”（郅都：人名。）❸ 通“抗”。抵御，抵抗。《战国策·秦策一》：“天下莫之能～。”㊀匹敌，相当。《韩非子·外储说左上》：“～礼下布衣之士。”（布衣：平民。）❹ 通“亢”。高。《诗经·大雅·绵》：“皋门有～。”㊀极。《荀子·王制》：“～隆高。”

坑 kàng 见226页。

抗 kàng ❶ 违抗，抵御。《荀子·臣道》：“有能～君之命。”《三国志·蜀书·诸葛亮传》：“安能～此难乎？”（安能：怎么能。）❷ 匹敌，相当。《墨子·非攻中》：“计其土地之博，人徒之众，欲以～诸侯，以为英名。”《史记·货殖列传》：“礼～万乘，名显天下。”（万乘：指帝王。）郦道元《水经注·江水》：“有大巫山，非惟三峡所无，乃当～峰岷、峨。”（非惟：不只。当：应当。岷、峨：山名。）成语有“分庭抗礼”。❸ 救援。《国语·晋语四》：“未报楚惠而～宋，我曲楚直。”❹ 刚正不屈。文天祥《指南录后序》：“～辞慷慨。”（辞：言辞。）❺ 竖，举起。《诗经·小雅·宾之初筵》：“大侯既～，弓矢斯张。”（大侯：大箭靶子。）曹植《洛神赋》：“～罗袂（mèi）以掩涕兮。”（罗：一种丝织品。袂：袖子。掩涕：掩面流泪。）❻ 通“亢”。高。沈括《梦溪笔谈》卷五：“边兵每得胜回，则连队～声凯歌。”

闶（閌） kàng 门高大的样子。左思《魏都赋》：“古公草创，而高门有～。”㊀高大。扬雄《甘泉赋》：“～阆阆其寥廓兮，似紫宫之峥嵘。”（阆阆：高大的样子。）

KAO

尻 kāo 脊骨末端，屁股。《庄子·大宗师》：“浸假而化予之～以为轮，以神为马。”

考 kǎo ❶ 老，年纪大。《诗经·小雅·楚茨》：“使君寿～。”❷ 父亲。《尚书·康诰》：“大伤厥～心。”㊀死去的父亲。《礼记·曲礼下》：“生曰父、曰母、曰妻，死曰～、曰妣、曰嫔。”屈原《天问》：“遂成～功。”（遂：终于。）成语有“如丧考妣”。❸ 落成，完成。《左传·隐公五年》：“～仲子之宫。”（仲子：人名。）❹ 终，至。《楚辞·九叹·怨思》：“身憔悴而～旦兮，日黄昏而长悲。”❺ 考察，考核。《尚书·周官》：“王乃时巡，～制度于四岳。”《尚书·舜典》：“三载～绩。”㊀拷问。《后汉书·皇后纪上》：“有因实不杀人，而被～自诬。”上述❸❺又写作“攷”。❻ 敲。《庄子·天地》：“故金石有声，不～不鸣。”（金、石：乐器。）❼ 玉上的斑点、裂纹。《淮南子·说林》：“白璧有～，不得为宝。”

栲 kǎo ❶ 树名。也叫山樗。《诗经·小雅·南山有台》：“南山有～，北山有杻。”❷［栲栳（lǎo）］一种用竹或柳条编的盛物器具。贾思勰《齐民要术·作酢法》：“量饭著盆中或～～中。”❸ 通“拷”。拷打。《周书·苏绰传》：“然后～讯以法，不苛不暴。”

薧 kǎo 干鱼干肉。《周礼·天官·庖人》：“凡其死、生、鲜、～之物，以共王之膳。”

犒 kào 用酒食款待、犒劳军队。《左传·僖公二十六年》：“公使展喜～师。”（展喜：人名。师：军队。）㊁以酒食财物慰劳人。《左传·僖公二十六年》：“使下臣～执事。”（执事：办事人员。）双音词有“犒劳”。

KE

苛 kē ❶ 烦琐，繁杂。《国语·晋语八》：“内无～慝。”（慝：恶念。）王褒《四子讲德论》：“去烦蠲（juān）～。”（蠲：免除。）成语有“苛捐杂税”。㊀烦扰，骚扰。《国语·晋语一》：“朝夕～我边鄙。”（边鄙：边境。）❷ 苛刻，狠。《礼记·檀弓下》：“～政猛于虎也。”❸ hē 通“呵”。怒责，大声呵斥。《汉书·王莽传中》：“夜过奉常亭，亭长～之。”（奉常亭：地名。亭长：官名。）❹ 通“疴”。病。《吕氏春秋·审时》：“殉（xiōng）气不入，身无～殃。”（殉：恶。）

珂 kē 像玉的美石，多用为马笼头上的装饰品。张华《轻薄篇》：“文轩树羽盖，乘马鸣玉～。”

柯 kē ❶ 斧柄。《诗经·豳风·伐柯》：“伐～如何？匪斧不克。”《国语·晋语八》：“今若大其～，去其枝叶，绝其本根，可以少间。”（祸乱之因好比一棵树，加大斧柄削去树的枝叶，破坏树桩和树根，祸乱就会平息。少间：逐渐平息。）❷ 树枝。贾思勰《齐民要术·园篱》：“交～错叶。”

轲（軻） kē ❶ 轴为两木接成的车。㊁一般的车。《说文·车部》：“轲，接轴车也。”❷ kě［轗（kǎn）轲］见223页“轗”字。❸ 通“柯”。斧柄。《管子·轻重乙》：“一车必有一斤一锯一釭一钻一凿一銶一～，然后成为车。”

疴 kē 病。《汉书·五行志中之上》：“时则有下体生上之～。”（下体生上：指怪胎，如牛腿生于背上。）韦应物《闲居赠友》诗：“闲居养～瘵（zhài）。”（瘵：病。）

痾 kē ❶（旧读 ē）疾病。潘岳《闲居赋》："旧～有痊。"⑫灾祸。张协《洛禊赋》："祈休吉，蠲百～。"❷（旧读 ē）旧仇。《后汉书·袁绍刘表传附袁谭》："愿捐弃百～。"❸ ē 通"屙"。排泄（大便）。苏轼《醉僧图颂》："今年且～东禅屎。"

科 kē ❶品级，类别。《论语·八佾》："射不主皮，为力不同～，古之道也。"《论衡·幸偶》："与此同～。"❷法律条文。《三国志·蜀书·诸葛亮传》："～教严明，赏罚必信。"（信：守信。）成语有"金科玉律"。[科取]依法征收。《三国志·魏书·任峻传》注引《魏武故事》："～～官牛。"㉑依法判决。《晋书·王濬传》："大不敬，付廷尉～罪。"❸科举制取士的名目。如"进士科"。⑫科举考试。《宋史·选举志一》："（太宗）谓侍臣曰：'朕欲博求俊彦于～场中。'"（俊彦：人才。）❹颗粒。贾思勰《齐民要术·种红蓝花栀子》："亦有锄掊而掩种者，子～大而易料理。"❺量词。棵。贾思勰《齐民要术·种谷》："良田，率一尺留一～。"（率：大概，大约。）这个意义后来写作"棵"。❻[科头]不戴冠盔，裸露发髻。《战国策·韩策一》："虎挚之士，跿跔（tújū）～～，贯颐、奋戟者，至不可胜计也。"（跿跔：赤脚。贯颐：两手捧腮，不执兵器，表示蔑视敌人。）❼通"窠"。坑，坎。《孟子·离娄下》："原泉混混，不舍昼夜，盈～而后进。"

颏（頦） kē 下巴。韩愈《记梦》诗："石坛坡陀可坐卧，我手承～肘拄座。"

窠 kē ❶巢穴。左思《蜀都赋》："穴宅奇兽，～宿异禽。"白居易《问鹤》诗："乌鸢（yuān）争食雀争～。"（乌：乌鸦。鸢：老鹰。）双音词有"窠臼"。㉑坑，穴。岑参《送李卿赋得孤岛石》诗："绿～攒剥藓，尖顶坐鸬鹚。"（藓：苔藓。）⑩人们聚会或安居的处所。辛弃疾《鹧鸪天·三山道中》："抛却山中诗酒～。"❷篆印的界格。李贺《沙路曲》："金～篆字红屈盘。"❸织物上的团花图案。李贺《梁公子》诗："御笺银沫冷，长簟凤～斜。"❹通"棵"。量词。株。李煜《长相思》："帘外芭蕉三两～。"

榼 kē 盛酒或贮水的器具。《左传·成公十六年》："使行人执～承饮。"

磕 kē ❶[磕磕]象声词。形容水石相击的声音。屈原《九章·悲回风》："惮涌湍之～～兮，听波声之汹汹。"❷撞击。张融《海赋》："电战雷奔，倒地相～。"

咳 ké ❶ hái 小儿笑。《礼记·内则》："父执子之右手，～而名之。"《史记·扁鹊仓公列传》："曾不可以告～婴之儿。"（咳婴：刚会笑的婴儿。）❷咳嗽。柳宗元《宥蝮蛇文》："闻人～喘步骤。"❸通"阂"。阻隔。《晏子春秋·外篇不合经术者》："颈尾～于天地。"

可 kě ❶可以。《尚书·盘庚上》："若火之燎于原，不～向迩。"⑫许可，允许。《论语·先进》："小子鸣鼓而攻之～也。"❷合宜，适合。《庄子·天运》："其味相反，而皆～于口。"❸大约，约计。《史记·高祖本纪》："夺其军，～四千余人。"❹正，当。刘禹锡《生公讲堂》诗："一方明月～中庭。"❺ kè[可汗（hán）]我国古代鲜卑、突厥、回纥等少数民族的君长的称号。《木兰诗》："昨夜见军帖，～～大点兵。"《新唐书·突厥传上》："至吐门，遂强大，更号～～，犹单于（chányú）也。"

渴 kě ❶口渴。《诗经·王风·君子于役》："君子于役，苟无饥～。"⑩急忙，迫切。《公羊传·隐公三年》："不及时而日，～葬也。"（不及时而日：不按照规定的月份和日子。）范成大《洪景卢内翰使还入境》诗："国人～望公颜色。"（颜色：指容貌。）❷ jié 水干。《周礼·地官·草人》："凡粪种……坟壤用麋，～泽用鹿。"（坟壤：高处的地。）

克[1] kè ❶能够。《尚书·大禹谟》："～勤于邦，～俭于家。"成语有"克勤克俭"。❷战胜，攻破。《左传·庄公十年》："彼竭我盈，故～之。"《三国志·蜀书·诸葛亮传》："操遂能～绍。"（操：曹操。遂：终于。绍：袁绍。）成语有"克敌制胜"。㉑完成。《左传·宣公八年》："日中而～葬。"❸克制。《论语·颜渊》："～己复礼为仁。"成语有"克己奉公"。❹约定或限定（时间）。《潜夫论·交际》："怀不来而外～期。"（担心不来而违了约定的期限。）《三国志·魏书·武帝纪》："公乃与～日会战。"（公：指曹操。）上述❷❸❹又写作"剋"、"尅"、"尅"。

克[2]**（剋）［勊、尅］** kè ❶战胜，攻破。《庄子·让王》："汤遂与伊尹谋伐桀，～之。"《韩非子·初见秦》："秦战未尝不～，攻未尝不取。"❷克制。《后汉书·周泽传》："奉公～己，矜恤孤羸。"（矜：怜悯。恤：周济。羸：弱。）❸约定或限定（时间）。《后汉书·钟离意传》："与～期俱至，无或违者。"（俱：一起。无或：没有人。违：违背。）❹通"刻"。刀刻，雕刻。《史记·李斯列传》："更～画，平斗斛（hú）、度量、文章。"（更改器物上刻的徽饰，统一升斗、度量的制度和书奏文牍的格式。）❺ 通“刻”。苛刻。《宋书·朱脩之传》：“然性俭～，少恩情。”

刻 kè ❶ 刀刻，雕刻。《史记·秦始皇本纪》：“～石颂秦德。”成语有“刻舟求剑”。❷ 刻薄，苛刻。柳宗元《封建论》：“奸利浚(jùn)财，怙(hù)势作威，大～于民者。”（奸利：非法取利。浚：搜刮。怙势：依靠权势。）❸ 减损，削减。《荀子·礼论》：“～生而附死谓之惑。”（削减活人的耗费而增加死人的葬品叫作糊涂。附：增益。）[刻意] 1. 约束自己的心意。《庄子·刻意》：“～～尚行，离世异俗。”《后汉书·党锢传》：“夫～～则行不肆。” 2. 用尽心思。《新唐书·张九龄传》：“必～～修饰。” ❹ 计时单位。古时用漏壶计时，一昼夜共一百刻。《汉书·宣帝纪》：“烛燿齐宫，十有余～。”（燿：照亮。）❺ 通“克”。1. 约定或限定（时间）。《宋史·张浚传》：“～日决战。” 2. 克制。《论衡·物势》：“五行之虫以气性相～。”

恪 kè 谨慎，恭敬。《诗经·商颂·那》：“温恭朝夕，执事有～。”（有：形容词词头。）

客 kè ❶ 外来的人。《周易·需》：“有不速之～三人来。”（速：招致。）李斯《谏逐客书》：“臣闻吏议逐～，窃以为过矣。”㊕ 请来的客人。李白《赠范金乡》诗：“爱～多逢迎。”㊀ 寄居他乡。杜甫《去蜀》诗：“五载～蜀郡。”（载：年。蜀郡：地名。）❷ 门客，食客。即寄食于贵族豪门并为他们服务的人。《战国策·齐策四》：“孟尝君出记，问门下诸～。” ❸ 从事某种活动的人。《后汉书·马廖传》：“吴王好剑～。”《后汉书·西域传》：“商胡贩～，日款于塞下。”（款：至。）

【辨】宾，客。见 25 页“宾”字。

峈［喀、咯］ kè 吐血。《国语·晋语九》：“郑人击我，吾伏韬(tāo)～血，鼓音不衰。”（韬：盛弓的袋子。）

课（課） kè ❶ 按一定的标准检验，考核。《管子·七法》：“成器不～不用，不试不藏。”（成器：指已制成的兵器。）《汉书·京房传》：“房奏考功～吏法。” ❷ 督促完成指定的工作（后起意义）。《南齐书·武帝纪》：“宜严～农桑。”㊊ 按规定的内容和分量学习或教授。白居易《与元九书》：“苦节读书，二十已来，昼～赋，夜～书，间又～诗。”（苦节：刻苦。间：有时候。）❸ 按规定的数额和时间征收赋税（后起意义）。《宋书·孝武帝本纪》：“是岁，始～南徐州侨民租。”（是岁：这年。侨民：当时从北方流亡到南方的人。）㊀ 赋税。鲍照《拟古》诗：“岁暮井赋讫(qì)，程～相追寻。”（讫：完结。程课：赋税。）❹ 占卜的一种（后起意义）。惠洪《冷斋夜话》：“有日者能～，使之～，莫不奇中。”

堁 kè ❶ 尘土。宋玉《风赋》：“夫庶人之风，塕然起于穷巷之间，堀～扬尘。”《淮南子·主术》：“譬犹扬～而弭尘，抱薪以救火也。” ❷ [埵(duò)堁] 见96页“埵(duǒ)”字。

溘 kè 山旁洞穴。张衡《南都赋》：“潜～洞出。”

溘 kè ❶ 忽然，突然。屈原《离骚》：“宁～死以流亡兮，余不忍为此态也。”（宁：宁愿。）成语有“溘然而逝”。❷ [溘溘] 1. 象声词。形容水声。李贺《塘上行》：“塘水声～～。” 2. 寒冷的样子。刘崧《江南弄》：“沙堤十里寒～～。”

KEN

肯［肎］ kěn ❶ 贴附在骨上的肉。《庄子·养生主》：“技经～綮(qìng)之未尝，而况大軱(gū)乎？”（綮：骨肉相合处。軱：大骨。）双音词有“中肯”。❷ 愿意。《左传·成公四年》：“楚虽大，非吾族也，其～字我乎？”（字：爱护。）《韩非子·人主》：“今人主非～用法术之士。”（非：不。）㊀ 许可。《国语·晋语四》：“楚众欲止，子玉不～。”

恳（懇） kěn 诚恳，真诚。《后汉书·东平宪王苍传》：“辞甚～切。”薛逢《题筹笔驿》诗：“出师表上留遗～，犹自千年激壮夫。”王安石《上皇帝万言书》：“以吾至诚～恻之心，力行而为之倡。”（恻：诚恳。倡：领头，带头。）

KENG

阬 kēng ❶ gāng 大土山。扬雄《甘泉赋》：“陈众车于东～兮，肆玉轪而下驰。”（轪：车轮。）❷ 山谷，土坑。《史记·货殖列传》：“驰～谷。”《南史·齐本纪下》：“不避～阱。”（阱：陷阱。）❸ 活埋。《史记·秦始皇本纪》：“乃自除犯禁者四百六十余人，皆～之咸阳。”

坑 kēng ❶ 地面上凹下去的地方。东方朔《七谏·初放》：“死日将至兮，与麋鹿同～。”贾思勰《齐民要术·种椒》：“先作小～，圆深三寸。” ❷ 活埋。孔安国《尚书序》：“及秦始皇，灭先代典籍，焚书～儒。”《盐铁论·利议》：“秦王燔(fán)去其术而不行，～之渭中而不用。”（燔：焚烧。渭中：指咸阳。）❸ kàng 用土坯等砌成的睡觉的台。《旧唐书·高丽传》："其俗贫寠(jù)者多冬月皆作长～，下燃煴火以取暖。"(寠：贫穷。煴：没有火苗的火。)这个意义后来写作"炕"。

硁(硜)[磤] kēng ❶象声词。形容击石声。《史记·乐书》："石声～，～以立别，别以致死，君子听磬声则思死封疆之臣。"❷[硁硁]浅陋而固执的样子。《论语·子路》："言必信，行必果，～～然小人哉！"

謍 kēng [謍謍]奔逐而无知的样子。《庄子·至乐》："吾观夫俗之所乐，举群趣者，～～然如将不得已。"(举群趣者：指众人群起追求。)

铿(鏗) kēng ❶象声词。形容比较响的声音。《论语·先进》："鼓瑟希，～尔。"杜甫《桃竹杖引》："怜我老病赠两茎，出入爪甲～有声。"[铿锵(qiāng)]形容声音洪亮。《汉书·张禹传》："优人管弦～～。"❷撞击。《楚辞·招魂》："～钟摇虡(jù)。"(虡：悬挂钟磬的架子两旁的柱子。)班固《东都赋》："～华钟。"

KONG

空 kōng ❶空，什么都没有。《诗经·小雅·大东》："小东大东，杼柚(zhú)其～。"(东方小国和大国，织布机上空荡荡。)《管子·五辅》："仓廪实而囹圄～。"(囹圄：牢狱。)㊞深，大。《诗经·小雅·白驹》："在彼～谷。"❷空洞，不实际。《史记·老子韩非列传》："皆～语无事实。"㊞徒然，白白地，只是。《汉书·匈奴传上》："兵不～出。"李白《醉后赠从甥高镇》诗："丈夫何事～啸傲？"(啸傲：傲然长啸。)李颀《古从军行》："年年战骨埋荒外，～见蒲萄入汉家。"❸天空，空中。《列子·黄帝》："乘～如履实。"沈括《梦溪笔谈》卷三："若鸢(yuān)飞～中。"(鸢：老鹰。)❹佛教用语。佛教认为世界一切皆空。因此佛教也称"空门"。如"遁入空门"。❺kòng 贫穷。《诗经·小雅·节南山》："不宜～我师。"(师：众，众人。)❻kòng 间隙，空子。《三国志·吴书·周鲂传》："看伺～隙，欲复为乱。"❼kǒng 通"孔"。洞，通道。《史记·五帝本纪》："舜穿井为匿～旁出。"(舜把井壁穿一暗孔通到别的井而出来。)《汉书·张骞传》："骞凿～，诸后使往者皆称博望侯。"(凿：开辟。)

倥 kōng ❶[倥侗(tóng)]蒙昧，无知。《汉书·扬雄传下》："天降生民，～～颛蒙。"柳宗元《贞符》："孰称古初朴蒙～～而无争？"(谁说古代初始阶段人们蒙昧无知而没有斗争？)❷kǒng[倥偬(zǒng)] 1.困苦。《楚辞·九叹·思古》："悲余生之无欢兮，愁～～于山陆。"(山陆：指山岭。)《后汉书·张衡传》："诚所谓将隆大位必先～～之也。"2.事多，繁忙。孔稚珪《北山移文》："牒(dié)诉～～装其怀。"(繁多的文书、诉讼充塞他的胸怀。牒：文书。诉：诉讼，官司。)成语有"戎马倥偬"。

崆 kōng ❶[崆峒(tóng)]山名。在今甘肃。《太平寰宇记》卷三三："西至于～～。"❷[崆峒(dòng)]山洞。高适《赴彭州山行之作》诗："峭壁连～～。"❸[崆岘(yáng)]山石高峻的样子。张衡《南都赋》："其山则～～嶱嵑(kěkě)。"(嶱嵑：高峻的样子。)

悾 kōng [悾悾]诚恳的样子。《论语·泰伯》："狂而不直……～～而不信，吾不知矣。"

箜 kōng [箜篌(hóu)]古代乐器，似瑟而较小。《古诗为焦仲卿妻作》："十五弹～～，十六诵诗书。"

孔 kǒng ❶很，甚。《诗经·豳风·东山》："其新～嘉，其旧如之何？"(嘉：好。如之何：怎么样呢？)❷小洞，窟窿。《山海经·海外西经》："一臂国在其北，一臂，一目，一鼻～。"杜甫《枯楠》诗："万～虫蚁萃。"(萃：聚积。)❸通。《汉书·西域传上》："去长安六千三百里，辟在西南，不当～道。"(去：离。辟：偏僻。不当孔道：不在通道上。)

恐 kǒng ❶惊恐，害怕。《左传·僖公二十六年》："室如悬罄，野无青草，何恃而不～？"《荀子·非十二子》："是以不诱于誉，不～于诽。"(是以：因此。诽：毁谤。)㊀威吓，吓唬。《史记·秦始皇本纪》："李斯因说秦王，请先取韩以～他国。"(韩：诸侯国名。)❷恐怕。《孟子·梁惠王上》："此惟救死而～不赡，奚暇治礼义哉？"(不赡：来不及。)《史记·廉颇蔺相如列传》："偿城～不可得。"(偿：补偿。)

控 kòng ❶拉。㊕拉住马缰，勒马。《诗经·郑风·大叔于田》："抑磬～忌，抑纵送忌。"(抑：表示选择，或者。磬控：勒住缰绳。忌：语气词。)㊞控制。《穀梁传·僖公五年》："桓～大国，扶小国。"李白《赠江夏韦太守良宰》诗："秉旄(máo)～强楚。"(秉旄：持节，指任节度使。)❷开弓。《史记·刘敬叔孙通列传》："冒顿为单于，兵强，～弦三十万。"班固《西都赋》："弦不再～，矢不单杀。"❸告，控诉。《诗经·鄘风·载驰》："～于大邦，谁因谁极？"❹投，落下。《庄子·逍遥游》：

K

"时则不至,而～于地而已矣。"(有时或者飞不到,那就落到地上来罢了。) ❺ qiāng 打。《庄子·外物》:"儒以金椎～其颐。"

鞚 kòng 带嚼子的马络头。李白《走笔赠独孤驸马》诗:"银鞍紫～照云日。"㊀马。岑参《青门歌送东台张判官》:"须臾望君不可见,扬鞭飞～疾如箭。"㊁驾驭马。苏轼《虢国夫人夜游图》诗:"佳人自～玉花骢,翩如惊燕蹋飞龙。"

KOU

抠(摳) kōu ❶ 提起(衣服)。《礼记·曲礼上》:"～衣趋隅,必慎唯诺。" ❷ 投,掷。《列子·黄帝》:"以瓦～者巧,以钩～者惮,以黄金～者惛。"【注意】在明代以前,"抠"没有"用手挖"的意义。

弧(彄) kōu ❶ 弓弩两端系弦处。蔡邕《黄钺铭》:"马不带鞅,弓不受～。"(鞅:马的一种饰品。弓不受弧:不给弓上弦。) ❷ 环状物。葛洪《西京杂记》卷一:"戚姬以百炼金为～环,照见指骨。"

口 kǒu ❶ 嘴。《孟子·告子上》:"～之于味,有同耆也。"(耆:嗜。) ❷ 人口。《孟子·梁惠王上》:"百亩之田,勿夺其时,八～之家可以无饥矣。"《商君书·垦令》:"食～众者,败农者也。"(食口众:不劳而食的人口多。败:败坏。)[生口]活人。指奴隶、俘虏等。《汉书·李陵传》:"捕得～～,言李陵教单于为兵以备汉军。"《三国志·魏书·东夷传》:"献男～～四人,女～～六人。" ❸ 出入通过的地方。陶渊明《桃花源记》:"山有小～,髣髴若有光。"柳宗元《小石城山记》:"自西山道～,径北逾黄茅岭而下。"(逾:越过。) ❹ 中医诊脉,把离手掌后一寸的手腕经脉部位叫"寸口",简称为"寸"或"口"。《史记·扁鹊仓公列传》:"切其脉时,右～气急。"(切:按。) ❺ 量词。用于器物。《晋书·刘曜载记》:"献剑一～。"

叩 kòu ❶ 敲打。《论语·宪问》:"以杖～其胫。"李斯《谏逐客书》:"击瓮～缶(fǒu)。"(瓮、缶:瓦制的乐器。)[叩头]磕头。《汉书·元后传》:"左右～～争之。"又写作"扣头"。❷ 发问,询问。《论语·子罕》:"我～其两端而竭焉。"(两端:指事物的首尾。)方苞《狱中杂记》:"余～所以。"(所以:为什么会这样。)蒲松龄《聊斋志异·香玉》:"生～生平。"双音词有"叩问"。❸ 通"扣"。拉住,牵住。《史记·伯夷列传》:"伯夷叔齐～马而谏。"

扣 kòu ❶ 拉住,牵住。《左传·襄公十八年》:"太子与郭荣～马。"(与:替。) ❷ 通"叩"。1. 敲打。《荀子·法行》:"～之其声清扬而远闻。"苏轼《日喻》:"～槃而得其声。"(槃:盘。)[扣头]同"叩头"。磕头。《论衡·儒增》:"人之～～,痛者血流。"2. 询问。元稹《授杜元颖户部侍郎依前翰林学士制》:"授之以诏而益办,～之以疑而益明。"

怐 kòu [怐愗(mào)]愚昧无知。宋玉《九辩》:"直～～而自苦。"又写作"沟瞀"、"佝瞀"。

寇 kòu ❶ 劫掠,入侵。《尚书·费誓》:"无敢～攘。"(攘:窃取。)《宋史·寇瑊传》:"既赦贷其罪,复来～边。"(赦贷:赦免。复:又,再。) ❷ 盗匪。《左传·昭公三年》:"民闻公命,如逃～雠。"(公命:指国君的命令。雠:仇敌。)㊁入侵者。《吕氏春秋·壅塞》:"左右有言秦～之至者。"

彀 kòu 待母哺食的幼鸟。《国语·鲁语上》:"鸟翼～卵。"

KU

矻 kū [矻矻]勤劳不倦的样子。王褒《圣主得贤臣颂》:"劳筋苦骨,终日～～。"

刳 kū ❶ 挖空。《周易·系辞下》:"～木为舟。" ❷ 剖,剖开。《后汉书·华佗传》:"～破腹背,抽割积聚。"

枯 kū ❶ 草木枯萎。《管子·度地》:"伐～木而去之。"㊀干涸。《荀子·致士》:"川渊～则龙鱼去之。" ❷ 干瘪,憔悴。《荀子·修身》:"劳倦而容貌不～。"

哭 kū 啼哭,悲痛出声。《论语·先进》:"颜渊死,子～之恸。"㊕为哀悼死者而哭泣,是一种礼仪。《仪礼·士丧礼》:"主人要节而踊,皆如朝夕～之仪。"㊁吊唁。《淮南子·说林》:"(夏)桀辜谏者,(商)汤使人～之。"(辜:古代分裂人的肢体的酷刑。)

【辨】哭,号,泣,啼。这四个字都是表示"哭"的意义,但有细微差别。一般来说,"哭"是有声有泪;"泣"是有泪无声;"号"则哭而有言;"啼"是"号"、"哭"的同义词,后来多用于小儿哭。

堀 kū ❶ 同"窟"。洞穴。《左传·昭公二十七年》:"光伏甲于～室而享王。"(享:宴请。)㊀挖洞。《荀子·法行》:"夫鱼鳖鼋鼍,犹以渊为浅而～其中。" ❷ 扬起。宋玉《风赋》:"～堁扬尘。"

窟 kū 洞穴。《战国策·齐策四》:"狡兔有三～,仅得免其死耳。"(狡兔:狡猾的兔子。）又写作“堀”。㊀水洼。陈琳《饮马长城窟行》：“饮马长城～，水寒伤马骨。”㊁人或物的汇集处。郭璞《游仙诗》之一：“京华游侠～，山林隐遁栖。”

苦 kǔ ❶苦菜。《诗经·唐风·采苓》：“采～采～，首阳之下。”㊀苦味。与“甜”、“甘”相对。《诗经·邶风·谷风》：“谁谓荼（tú）～，其甘如荠（jì）。”（荼：苦菜。荠：荠菜。）❷劳苦，辛苦。《商君书·外内》：“农之用力最～。”㊁刻苦。白居易《与元九书》：“盖以～学力文所致。”（盖以：大概是因为。）㊁竭，极力。《战国策·赵策二》：“常～出辞断绝人之交。”《世说新语·识鉴》：“杨朗～谏不从。”❸苦恼，痛苦。《后汉书·华佗传》：“病者不堪其～。”❹甚，很。曹操《短歌行》：“譬如朝露，去日～多。”❺gǔ 通“盬”。粗劣，不坚固。《国语·齐语》：“辨其功～。”（功：坚固。）

楛 kǔ ❶hù 一种树，可做箭杆。《诗经·大雅·旱麓》：“瞻彼旱麓，榛～济济。”《韩非子·十过》：“有～高至于丈。”❷粗糙，不坚固。《荀子·议兵》：“兵革窳（yǔ）～。”（兵器粗制滥造而不坚固。窳：恶劣，坏。）㊁恶劣，不正当。《荀子·劝学》：“问～者，勿告也；告～者，勿问也。”（问不正当事物的人，不必教导他；讲述不正当事物的人，不必向他求教。）

库（庫） kù 存放兵甲战车的地方。《左传·昭公十八年》：“使府人、～人各儆其事。”《韩非子·十过》：“仓无积粟，府无储钱，～无甲兵。”㊂存放物品的地方。《礼记·月令》：“是月也，命工师令百工审五～之量。”《宋史·艺文志》：“又分三馆书万余卷，别为书～。”

【辨】府，库。见120页“府”字。

袴［絝］ kù ❶无裆的套裤。《礼记·内则》：“衣不帛襦～。”《韩非子·外储说左下》：“危子曰：‘吾父独冬不失～。’”旧注：“刖足者不衣～。”［袴褶（xí）］一种军服，上身服褶，下身套袴。李贺《追赋画江潭苑》诗：“罗薰～～香。”㊀一般的裤子。《汉书·叙传上》：“（班伯）出与王、许子弟为群，在于绮襦纨～之间，非其好也。”❷kuà 通“胯”。两腿之间。《史记·淮阴侯列传》：“信能死，刺我；不能死，出我～下。”

喾（嚳）［俈］ kù 传说中的“五帝”之一。《史记·五帝本纪》：“帝～高辛者，黄帝之曾孙也。”

酷 kù ❶酒味浓，香气浓。司马相如《上林赋》：“芬香沤郁，～烈淑郁。”曹植《七启》：“浮蚁鼎沸，～烈馨香。”（浮蚁：酒表面的泡沫。）温庭筠《病中书怀呈友人》诗：“蕊多劳蝶翅，香～坠蜂须。”㊀程度深的，甚，很。《吕氏春秋·本味》：“酸而不～。”《晋书·何无忌传》：“何无忌，刘牢之之甥，～似其舅。”双音词有“酷爱”、“酷暑”。❷残酷，暴虐。《韩非子·显学》：“今上急耕田垦草，以厚民产也，而以上为～。”晁错《贤良文学对策》：“刑罚暴～，轻绝人命。”（轻绝：轻率地杀害。）❸惨痛。《三国志·魏书·邓艾传》：“昔秦民怜白起之无罪，吴人伤子胥之冤～，皆为立祠。”

KUA

夸¹ kuā ❶奢侈，过度。《荀子·仲尼》：“贵而不为～。”❷夸口，夸耀。《吕氏春秋·下贤》：“富有天下，而不骋～。”《南史·袁淑传》：“淑喜～，每为时人所嘲。”❸通“姱”。美好。《淮南子·修务》：“曼颊皓齿，形～骨佳。”傅毅《舞赋》：“～容乃理。”（理：装饰。）❹kuà 通“跨”。兼有。《汉书·诸侯王表》：“而藩国大者，～州兼郡，连城数十。”

夸²（誇） kuā ❶夸大，夸口。《论衡·道虚》：“自知以必然之事见责于世，则作～诞（dàn）之语。”（诞：虚妄，欺诈。）㊁夸耀。扬雄《长杨赋》：“上将大～胡人以多禽兽。”❷大，粗。《汉书·外戚传下》：“妾～布服，粝食。”❸通“姱”。美好。《抱朴子·外篇·行品》：“觌艳逸而心荡，饰～绮而思邪者，淫人也。”

侉 kuā ❶疲惫。《说文·人部》：“侉，惫词。”❷通“夸²（誇）”。夸大。《尚书·毕命》：“骄淫矜～，将由恶终。”

姱 kuā 美好。《楚辞·招魂》：“～容修态，絙（gèn）洞房些。”（修态：优美的姿态。絙：贯通。）

胯［骻］ kuà ❶大腿和大腿之间。《史记·淮阴侯列传》：“（韩）信至国……召辱己之少年令出～下者，以为楚中尉。”❷腰胯骨。《梁书·武帝纪上》：“两～骈骨，顶上隆起。”上述❶❷又写作“骻”。❸古代革带上的饰物。《新唐书·李靖传》：“靖破萧铣时，所赐于阗玉带十三～，七方六刓。”

KUAI

蒯 kuǎi ❶一种多年生草本植物。《左传·成公九年》：“《诗》曰：‘虽有丝麻，无弃胥～。'" ❷ 地名。在今河南洛阳西南。《左传·昭公二十三年》:"丙寅攻～,～溃。"

凷 kuài "块(塊)"的本字。土块。《汉书·律历志下》引《左传》:"野人举～而与之。"

块(塊) kuài ❶ 土块。《左传·僖公二十三年》:"乞食于野人,野人与之～。"[大块]天地宇宙。《庄子·齐物论》:"夫～～噫气,其名为风。" ❷ 孤独。宋玉《九辩》:"～独守此无泽兮,仰浮云而永叹。"(无:芜,荒芜。)[块然] 1. 孤独的样子。《庄子·应帝王》:"～～独以其形立。" 2. 安然自得的样子。《穀梁传·僖公五年》:"王世子,子也。～～受诸侯之尊己,而立乎其位,是不子也。" 3. 浑然一体的样子。陈亮《又乙巳春书之一》:"天地而可架漏过时,则～～一物也。" ❸ 量词。块(后起意义)。《宋史·帝昺纪》:"赵氏一～肉。"

快 kuài ❶ 高兴,痛快。《战国策·秦策五》:"文信侯去而不～。"宋玉《风赋》:"～哉此风。"成语有"大快人心"。❷ 放纵,放肆。《战国策·赵策二》:"恭于教而不～,和于下而不危。" ❸ 快。与"慢"相对(后起意义)。杨衒之《洛阳伽蓝记·开善寺》:"～马健儿。" ❹ 锐利,锋利(后起意义)。李商隐《行次西郊作》诗:"～刀断其头。" ❺ 善于,能。白居易《有感三首》诗之二:"马肥～行走,妓长能歌舞。"【注意】"快"在上古只作"高兴"、"痛快"讲。

【辨】快,速,疾,捷。这四个字都有"快速"的意思。"快"表示"快速"是后起意义,在上古只作"愉快"讲,而"快速"这个意思却常用"速"表示。"疾"一般比"速"快一些。"捷"指动作轻快、敏捷。

侩(儈) kuài 买卖的中间人。《汉书·货殖传》:"节驵～。"(节制马匹交易的经纪人。)《后汉书·逢萌传》:"～牛自隐。"(侩牛:撮合牛买卖。)

郐(鄶) kuài 周代诸侯国。在今河南新密东北。郐国很小,成语有"自郐以下",比喻其余不值一提的部分。

哙(噲) kuài ❶ 鸟兽的嘴。《淮南子·俶真》:"蚑(qí)行～息。" ❷ [哙哙]宽敞明亮的样子。《诗经·小雅·斯干》:"～～其正。"㊂[哙然]愉快的样子。《淮南子·精神》:"当此之时,～～得卧。"

狯(獪) kuài 狡猾。《宋史·侯陟传》:"性狡～好进,善事权贵。"(好进:喜欢往上爬。善:善于。)

浍(澮) kuài 田间大沟渠。《孟子·离娄下》:"沟～皆盈。"《荀子·王制》:"修堤梁,通沟～,行水潦,安水臧。"

脍(膾) kuài 细切的肉、鱼。《论语·乡党》:"食不厌精,～不厌细。"《孟子·尽心下》:"公孙丑问曰:'～炙与羊枣孰美?'孟子曰:'～炙哉!'"成语有"脍炙人口"。㊂细切(肉或鱼)。《诗经·小雅·六月》:"饮御诸友,炰鳖～鲤。"

鲙(鱠) kuài 细切的鱼肉。《吴越春秋·阖闾内传》:"吴王闻三师将至,治鱼为～。"㊂细切(鱼肉)。柳宗元《设渔者对智伯》:"脱其鳞,～其肉。"

廥 kuài 储存草料的房屋。《韩非子·内储说下》:"有烧仓～窌(窌)者而不知其人。"《史记·赵世家》:"邯郸～烧。"

旝 kuài 一种旗。《左传·桓公五年》:"～动而鼓。"

KUAN

宽(寬) kuān ❶ 宽阔,宽广。《后汉书·刘般传》:"府寺～敞。"(府寺:官署。) ❷ 宽宏,度量大。《荀子·不苟》:"君子～而不僈。"(僈:懈怠。) ❸ 松缓,和平。《史记·老子韩非列传》:"～则宠名誉之人,急则用介胄之士。"(介胄之士:指武士。)㊂放宽,放松。《盐铁论·诛秦》:"～徭役。"

髋(髖) kuān 胯骨。《汉书·贾谊传》:"至于～髀之所,非斤则斧。"

梡 kuǎn ❶ huán 树名。❷ huán 未破开的木柴。❸ huán 刮摩。《扬子法言·吾子》:"断木为棋,梡革为鞠,亦皆有法焉。"(鞠:一种用来踢打玩耍的球。) ❹ 带四足的案板。《礼记·明堂位》:"俎,有虞氏以～。"(俎:置食的礼器。以:用。)

款[欵] kuǎn ❶ 诚恳,恳切。《荀子·修身》:"愚～端悫(què),则合之以礼乐。"(愚:老实。端:端正。悫:忠厚。)魏征《十渐不克终疏》:"莫能申其忠～。" ❷ 款待,招待(后起意义)。戴复古《汪见可约游青原》诗:"一茶可～从僧话。" ❸ 敲,叩。《吕氏春秋·爱士》:"广门之官夜～门而谒。"《史记·商君列传》:"～关请见。"(关:关塞。)㊁到。张衡《西京赋》:"绕黄山而～牛首。"(牛首:山名。) ❹ 顺从。《三国志·吴书·吴主传》:"初权外托事魏,而诚心不～。" ❺ 缓慢。梅尧臣《送胥裴二子回马上作》诗:"岂惟游子倦,疲马行亦～。" ❻ [款识(zhì)]古代钟鼎彝器上铸刻的文字。《汉书·郊祀志下》:"今此鼎细小,又有～

～。”❼［款款］1. 忠实诚恳的样子。司马迁《报任安书》：“诚欲效其～～之愚。”2. 徐缓的样子。杜甫《曲江二首》诗之一：“点水蜻蜓～～飞。”❽ 通“窾”。空，不真实。《汉书·司马迁传》：“～言不听，奸乃不生。”

窾 kuǎn 空。《庄子·养生主》：“批大郤，导大～。”《淮南子·说山》：“见～木浮而知为舟。”（看到了中空的树木浮在水上，就知道了造船。）㊈挖空，掏空。《汉书·杨王孙传》：“～木为椟（dú）。”（椟：小棺材。）

KUANG

匡 kuāng ❶ 饭器。《周易·归妹》：“有女承～。”这个意义又写作“筐”。❷ 正，纠正。《左传·襄公十四年》：“善则赏之，过则～之。”㊈端正。《庄子·让王》：“上漏下湿，～坐而弦。”（弦：弹琴。）❸ 辅助。《国语·晋语九》：“今范、中行氏之臣，不能～相其君，使至于难。”㊈救助。《左传·成公十八年》：“～乏困。”❹ 眼眶。《史记·淮南衡山列传》：“涕满～而横流。”（涕：眼泪。）❺ 弯曲。《周礼·考工记·轮人》：“轮虽敝不～。”（轮：车轮。敝：破。不匡：指辐条不弯曲。）

筐 kuāng ❶ 方形竹器。《诗经·周南·卷耳》：“采采卷耳，不盈顷～。”（顷：倾斜。）㊈用作动词。用筐盛。《诗经·小雅·采菽》：“采菽采菽，～之筥（jǔ）之。”（菽：豆类。筥：圆形竹器，此处也用作动词。）㊀方形的。《淮南子·诠言》：“心有忧者，～床衽（rèn）席，弗能安也。”❷［筐篚（fěi）］两种竹制盛物器。㊊皇帝的恩赐。杜甫《自京赴奉先县咏怀五百字》：“圣人～～恩，实欲邦国活。”❸ 小簪。《淮南子·齐俗》：“柱不可以摘齿，～不可以持屋。”

狂 kuáng ❶ 狗发疯。《晋书·五行志中》：“旱岁，犬多～死。”（岁：年。）㊀失却常态，疯癫。《老子》十二章：“驰骋田猎令人心发～。”《后汉书·翟酺传》：“臣闻微子佯～而去殷。”（微子：人名。佯：装作。）㊈愚顽。《韩非子·解老》：“耳不能别清浊之声则谓之聋，心不能审得失之地则谓之～。”❷ 放荡，不受拘束。《国语·周语下》：“气佚则不和，于是乎有～悖之言。”杜甫《狂夫》诗：“欲填沟壑唯疏放，自笑～夫老更～。”［狂简］有大志而少谋略。《论语·公冶长》：“吾党之小子～～，斐然成章，不知所以裁之。”［狂狷］勇于进取与洁身自好。《论语·子路》：“不得中行而与之，必也～～乎？狂者进取，狷者有所不为也。”❸ 气势猛烈。韩愈《进学解》：“障百川而东之，回～澜于既倒。”李白《司马将军歌》：“～风吹古月。”

诳（誑） kuáng 欺骗，迷惑。《韩非子·和氏》：“王以和为～，而刖其左足。”（和：人名。）《史记·乐毅列传》：“设诈～燕军。”（设诈：设假象。）

懭 kuǎng ［懭悢（lǎng）］失意，不得志的样子。宋玉《九辩》：“怆怳～～兮，去故而就新。”《楚辞·九叹·惜贤》：“心～～以冤结兮，情舛错以曼忧。”

丱 kuàng “矿（礦）”的古字。《周礼·地官·丱人》：“～人，掌金玉锡石之地。”

圹（壙） kuàng ❶ 墓穴。《礼记·檀弓下》：“吊于葬者必执引，若从柩及～，皆执绋。”❷ 旷野，野外。《孟子·离娄上》：“民之归仁也，犹水之就下、兽之走～也。”❸ 通“旷”。荒废。《管子·七法》：“不失天时，毋～地利。”《荀子·议兵》：“敬事无～。”❹ 通“旷”。历时久远。《汉书·孝武李夫人传》：“托沉阴以～久兮。”（托：寄托。沉阴：指地下。）

纩（纊）［絖］ kuàng 丝绵絮。《仪礼·士丧礼》：“瑱（tiàn）用白～。”（人死后用白纩塞耳。）《庄子·逍遥游》：“宋人有善为不龟手之药者，世世以洴澼（píngpì）～为事。”（洴澼：漂洗。）

旷（曠） kuàng ❶ 明朗，开朗。《后汉书·窦融传》：“义士则～若发蒙。”（发蒙：让盲人恢复视力。蒙：眼睛失明。）成语有“心旷神怡”。❷ 广大，空阔。《诗经·小雅·何草不黄》：“匪兕匪虎，率彼～野。”陶渊明《桃花源记》：“土地平～。”❸ 历时久远。《后汉书·朱儁传》：“皆～年历载，乃能克敌。”㊈遥远。陆机《拟涉江采芙蓉》诗：“故乡一何～！”❹ 空着，空缺。《孟子·离娄上》：“～安宅而弗居，舍正路而不由。”刘禹锡《秋霖即事联句》：“欢娱久～焉。”［旷古］古来所没有的。《北史·赵彦深传》：“～～绝伦。”（绝伦：指超群。）双音词有“旷课”、“旷工”。❺ 荒废。《吕氏春秋·无义》：“以义动，则无～事矣。”《汉书·贾山传》：“～日十年。”《北史·李元忠传》：“庭室芜～。”成语有“旷日持久”。

爌 kuàng ❶ huǎng 明亮，照亮。《汉书·扬雄传上》：“北～幽都，南炀丹厓。”❷ kuǎng 火光，灯光。王勃《广州宝庄严寺舍利塔碑》：“传灯继～，曳组成阴。”❸［爌熀（huǎng）］宽敞明亮的样子。王延寿《鲁灵光殿赋》：“鸿～～以爣（tǎng）阆，飂萧条而清泠。”（爣阆：宽敞明亮的样子。飂：风很凉

K

的样子。)

穬 kuàng 有芒的谷物。㊕去了壳的大麦。潘岳《马汧督诔并序》:“内焚～火薰之,潜氏歼焉。”

况[況] kuàng ❶比拟,比较。《盐铁论·忧边》:“乃欲以闾里之治,而～国家之大事。”(闾里:乡里。)[自况](以某人、某事)自比。《宋书·陶潜传》:“潜少有高趣,尝著《五柳先生传》以～～。”❷情况(后起意义)。杜荀鹤《赠秋浦张明府》诗:“他日亲知问官～,但教吟取杜家诗。”❸连词。何况,况且。表示更进一层。《左传·隐公元年》:“蔓草犹不可除,～君之宠弟乎?”❹副词。更加。《国语·晋语一》:“众～厚之。”❺通“贶”。赐,赏赐。《国语·鲁语下》:“君以诸侯之故,～使臣以大礼。”司马相如《封禅文》:“号以～荣。”

贶(貺) kuàng 赐,赏赐。《左传·昭公六年》:“小国之事大国也,苟免于讨,不敢求～。”又如“厚贶”、“嘉贶”、“贶赠”。

K

KUI

亏(虧) kuī ❶欠缺,短少。《管子·白心》:“日极则仄(zè),月满则～。”(日极:太阳到了正午。仄:偏斜。)成语有“功亏一篑(kuì)”(只欠一筐土没有成功)。❷毁坏。《诗经·鲁颂·閟宫》:“不～不崩。”(崩:崩溃。)㉿损害。《墨子·兼爱上》:“子自爱,不爱父,故～父而自利。”《晋书·王戎传》:“～败风俗。”㉿违背。《吕氏春秋·察今》:“其时已与先王之法～矣。”

刲 kuī ❶刺、割(羊)。《周易·归妹》:“士～羊。”《国语·楚语下》:“必自射牛,～羊,击豕。”❷割取(土地)。《战国策·齐策三》:“今又劫赵魏,疏中国,～卫之东野。”

岿(巋) kuī [岿然]高大独立的样子。《庄子·天下》:“～～而有余。”王延寿《鲁灵光殿赋》:“而灵光～～独存。”(灵光:灵光殿。)

悝 kuī 嘲讽。张衡《东京赋》:“由余以西戎孤臣,而～缪公于宫室。”(由余:人名。)

窥(窺) kuī ❶从小孔或缝隙里看。《礼记·少仪》:“不～密,不旁狎,不道旧故,不戏色。”《孟子·滕文公下》:“不待父母之命,媒妁之言,钻穴隙相～,逾墙相从,则父母国人皆贱之。”成语有“管中窥豹”。㊀观察,侦探。《荀子·议兵》:“～敌观变,欲潜以深。”(潜以深:指行动机密。)㉿探索。《礼记·中庸》:“非道同志一,莫～其奥。”㉿企求,希望达到。封演《封氏闻见记·铨曹》:“士子皆乐乡土,不～仕进。”❷kuǐ 通“跬”。现在的两步古代称“步”,现在的一步古代称“跬”。《汉书·息夫躬传》:“京师虽有武蜂精兵,未有能～左足而先应者也。”(武蜂:军队名号。窥左足:左脚迈出一步。应:响应。)【注意】“闚”与“窥”在“窥视”、“偷看”的意义上同音同义,今这个意义的“闚”写作“窥”,但“窥❷”不写作“闚”。

闚 kuī ❶同“窥❶”。从门中或小孔中看。《晏子春秋·内篇杂上》:“晏子为齐相,出,其御之妻从门间而～。”权德舆《早春南亭即事》诗:“～镜叹华颠。”(华颠:指头发花白。)㉿偷看。宋玉《登徒子好色赋》:“然此女登墙～臣三年,至今未许也。”㊀探索。《史记·老子韩非列传》:“其学无所不～,然其要本归于老子之言。”❷炫示。《史记·刺客列传》:“～以重利,秦王贪,其势必得所愿矣。”

奎 kuí ❶胯,两条大腿之间。《庄子·徐无鬼》:“～蹄曲限,乳间股脚,自以为安室利处。”(猪身上的虱子选择胯下蹄边、大腿根部、乳腹小腿等毛疏的地方安身。曲限:指大腿根部。)❷星宿名。二十八宿之一。西方十六星,像两条大腿,故曰奎。

逵[馗] kuí 四通八达的道路。《左传·隐公十一年》:“子都拔棘以逐之,及大～,弗及。”(子都:人名。棘:通“戟”。逐:追。弗及:没有追上。)王粲《从军诗》之五:“馆宅充廛里,士女满庄～。”(庄:四通八达的路。)

揆 kuí ❶度量,考察。《诗经·鄘风·定之方中》:“～之以日,作于楚室。”《汉书·律历志上》:“准者,所以～平取正也。”(准:一种测定水平的工具。)㊀揣测,估量。陆机《演连珠》:“临渊～水,而浅深难察。”(渊:深水。)❷准则,道理。《孟子·离娄下》:“先圣后圣,其～一也。”刘知几《史通·疑古》:“以古方今,千载一～。”(方:比。)❸管理。《左传·文公十八年》:“以～百事,莫不时序。”㊀官职。《尚书·舜典》:“纳于百～。”㊕宰相。《晋书·礼志上》:“桓温居～,政由己出。”双音词有“阁揆”。

葵 kuí ❶菜名。即冬葵。也叫冬寒菜。《诗经·豳风·七月》:“七月亨(pēng)～及菽。”(亨:煮。菽:豆类。)❷[蒲葵]树名。叶可做蒲扇。《晋书·谢安传》:“有～～扇五万。”❸向日葵(后起意义)。司马光《居洛初夏》诗:“更无柳絮因风起,惟有～花向日倾。”❹通“揆”。度量,考察。《诗经·

大雅·板》："民之方殿屎（xī），则莫我敢～。"（殿屎：痛苦呻吟。）

骙（騤） kuí ❶［骙骙］马强壮的样子。《诗经·小雅·采薇》："驾彼四牡，四牡～～。" ❷［骙瞿（qú）］急遽奔走的样子。张衡《西京赋》："百禽倰遽，～～奔触。"

睽 kuí ❶背离，不合。刘勰《文心雕龙·杂文》："或文丽而义～，或理粹而辞驳。"杜甫《奉赠太常张卿均二十韵》："吹嘘人所羡，腾跃事仍～。"这个意义又写作"暌"。❷［睽睽］同"睽睽"。睁大眼睛注视的样子。司马光《上谨习疏》："是以在上者惴惴焉畏其下，在下者～～焉伺其上。"

戣 kuí 古兵器名。似戟。《尚书·顾命》："一人冕执～，立于东垂。"

暌 kuí ❶背离，不合。《庄子·天运》："下～山川之精。"谢朓《敬亭山》诗："兹理庶无～。"（兹：此。庶：庶几，差不多。）❷［暌暌］睁大眼睛注视的样子。韩愈《郓州溪堂诗序》："万目～～。"又写作"睽睽"。

魁 kuí ❶勺子，调羹。贾思勰《齐民要术·种榆白杨》："十年之后，～、碗、瓶、榼（hé）、器皿，无所不任。"（榼：酒杯。）❷头目，首领。《汉书·游侠传》："闾里之侠，原涉为～。"（闾里：乡里。原涉：人名。）成语有"罪魁祸首"。㊀科举考试中第一名。《宋史·章衡传》："卿为仁宗朝～甲。"（魁甲：第一名，即状元。）❸高大，魁梧。《史记·孟尝君列传》："始以薛公为～然也，今视之，乃眇小丈夫耳。"《汉书·张良传》："闻张良之智勇，以为其貌～梧奇伟。"❹星名。北斗七星中形成斗形的四颗星。《三国志·吴书·吴主传》："犯～第二星而东。"（犯：指经过。）❺小土山。刘禹锡《天论中》："流之溯洄不能峭为～也。"❻蚶的别名。《仪礼·士冠礼》："素积白屦，以～柎之。"

頯 kuí ❶颧骨。《睡虎地秦墓竹简·法律答问》："黥颜～。"这个意义又写作"頄"。❷质朴的样子。《庄子·大宗师》："其容寂，其頯～。"（頯：额头。）❸中央宽两头尖。《尔雅·释鱼》："蚆，博而～。"（蚆：一种鱼。）

夔 kuí ❶古代传说中的一种怪物。《国语·鲁语下》："木石之怪曰～、蝄蜽。"❷［夔夔］敬惧的样子。《尚书·大禹谟》："～～斋慄。"（斋：恭敬。慄：害怕。）《孟子·万章上》："祗载见瞽瞍，～～斋栗。"❸［夔州］古地名。在今重庆奉节一带。

頍（頍） kuǐ 古代固冠的一种发饰。《诗经·小雅·頍弁》："有～者弁，实维在首。"

跬［趌、蹞］ kuǐ 古代的半步。《荀子·劝学》："不积～步，无以至千里。"（积：积累。）贾谊《新书·审微》："故墨子见衢路而哭之悲，一～而缪千里也。"（缪：通"谬"，错误。）【注意】现在的两步上古称"步"，现在的一步上古称"跬"。㊙眼前的，一时的。《庄子·骈拇》："敝～誉无用之言。"（为眼前的名誉和无用的言论而奔波。敝：疲，劳累。）

磈 kuǐ ❶［磈磥（lěi）］不平的样子。郭璞《江赋》："蜛蝫（jūzhū）森衰以垂翘，玄蛎～～而碨硊。"（蜛蝫：一种水生动物。玄蛎：牡蛎的一种。）❷ wěi ［磈硊（wěi）］山石高险的样子。《楚辞·招隐士》："嵚岑碕礒兮，碅磳～～。"

匮（匱） kuì ❶ guì 柜子。《尚书·金縢》："乃纳册于金縢之～中。"这个意义后来写作"柜"。❷缺乏，不足。《吕氏春秋·长攻》："财～而民恐，悔无及也。"《商君书·算地》："国贫则上～赏。"双音词有"匮乏"。❸通"篑"。盛土的竹筐。《尚书·旅獒》："为山九仞，功亏一～。"（堆起九仞高的山，只差一筐土，没有成功。仞：七尺或八尺。）

蒉（蕢） kuì 草编的筐子。《论语·宪问》："有荷～而过孔氏之门者。"

馈（饋）［餽］ kuì ❶馈赠，以食物送人。《左传·桓公六年》："齐人～之饩（xì）。"（饩：生肉。）㊁赠送。《孟子·公孙丑下》："前日于齐，王～兼金一百而不受。"（兼金：优质的金。）《宋史·宗室四·子潚传》："迁户部郎中，总领江淮军马钱粮，诸司～礼。"❷吃饭。《淮南子·汜论》："一～而十起。"（吃一顿饭站起来十次。）❸通"匮"。缺乏。《墨子·七患》："四谷不收谓之～。"上述❶㊁❸又写作"餽"。

溃（潰） kuì ❶水冲破堤坝。《国语·晋语二》："恐其如壅大川，～而不可救御也。"㊀冲破（包围）。《三国志·吴书·孙坚传》："坚与数十骑～围而出。"❷散乱，瓦解。《左传·僖公四年》："齐侯以诸侯之师侵蔡，蔡～，遂伐楚。"成语有"溃不成军"。❸烂。《周礼·天官·疡医》："掌肿疡、～疡、金疡、折疡之祝药。"《素问·气交变大论》："其灾霖～。"（霖溃：久雨而草木溃烂。）双音词有"溃烂"、"溃疡"。

愦（憒） kuì 昏乱，糊涂。《战国策·齐策四》："文倦于事，～于忧。"《汉书·王莽传中》："政令烦多……前后相乘，～眊不渫（xiè）。"（眊：昏乱。渫：通畅。）［愦愦］

K

糊涂的样子。《庄子·大宗师》："彼又恶能～～然为世俗之礼，以观众人之耳目哉！"

聩（聵） kuì ❶耳聋。《国语·晋语四》："聋～不可使听。"《旧唐书·司空图传》："耄而～。"成语有"振聋发聩"。❷糊涂无知。扬雄《太玄·太玄摛》："晓天下之～～，莹天下之晦晦者，其唯玄乎？"（莹：照亮。）韩愈《朝归》诗："坐食取其肥，无堪等聋～。"

篑（簣） kuì 盛土的竹筐。《论语·子罕》："譬如为山，未成一～。"成语有"功亏一篑"。

喟 kuì 叹息。《论语·先进》："夫子～然叹曰：'吾与点也。'"（与：赞同。点：曾点，人名。）[喟喟]象声词。形容叹息声。《楚辞·九叹·愍命》："声～～兮。"

愧 kuì 惭愧，羞愧。《诗经·大雅·抑》："尚不～于屋漏。"《孟子·尽心上》："仰不～于天，俯不怍于人。"（怍：惭愧。）成语有"问心无愧"。又写作"媿"。

KUN

坤[堃] kūn 八卦之一，代表地。《周易·系辞上》："天尊地卑，乾～定矣。"杜甫《后苦寒行》："杀气南行动～轴。"见138页"卦"字。㊂女性的，阴性的。《周易·系辞上》："乾道成男，～道成女。"《汉书·王莽传中》："驾～六马。"（用六匹母马驾车。）双音词有"坤角"、"坤表"等。

昆 kūn ❶兄。《诗经·王风·葛藟》："终远兄弟，谓他人～。"《汉书·张骞传》："汉遣公主为夫人，结～弟，其势宜听。"❷后裔，子孙。《国语·晋语二》："天降祸于晋国，谗言繁兴，延及寡君之绍续～裔。"左思《吴都赋》："虞、魏之～。"❸一齐，共同。扬雄《羽猎赋》："噍噍（jiūjiū）～鸣。"（噍噍：鸟叫声。）㊀众。《荀子·富国》："然后～虫万物生其间。"❹[昆阳]古地名。在今河南。公元23年东汉刘秀曾在这里打败王莽的军队。

崑[崐] kūn ❶[崑仑]山名。《庄子·大宗师》："以袭～～。"❷高。《后汉书·荀爽传》："察法于地，则～山象夫，卑泽象妻。"

琨 kūn 一种玉。《尚书·禹贡》："厥贡惟金三品，瑶、～、篠簜。"

焜 kūn ❶光明。《左传·昭公三年》："～耀寡人之望。"《新唐书·李适之传》："褒册典物，～照都邑。"❷通"昆"。同，齐。《汉书·扬雄传上》："樵蒸～上，配藜四施。"

鹍（鵾）[鶤] kūn [鹍鸡]1.一种像鹤的鸟。宋玉《九辩》："雁廱廱而南游兮，～～啁哳而悲鸣。"2.琴曲名。李白《夜泛洞庭寻裴侍御清酌》诗："抱琴出深竹，为我弹～～。"

锟（錕） kūn [锟铻（wú）]山名。㊂产于此山的剑。《列子·汤问》："西戎献～～之剑……用之切玉如切泥焉。"

鲲（鯤） kūn ❶鱼子，鱼苗。《国语·鲁语上》："泽不伐夭，鱼禁～鲕。"❷传说中的一种大鱼。《庄子·逍遥游》："北冥有鱼，其名为～。"（北冥：北海。）

蜫 kūn ❶兄。陆游《幽居即事九首》诗之五："野人求其类，金塤实弟～。"这个意义又写作"昆"。❷[蜫孙]五世孙。《尔雅·释亲》："玄孙之子为来孙，来孙之子为～～。"

裈（褌）[幝] kūn 有裆的裤子。《史记·司马相如列传》："相如身自著犊鼻～，与保庸杂作。"

髡[髨] kūn 剃去头发。屈原《九章·涉江》："接舆～首兮，桑扈裸行。"（接舆、桑扈：人名。）㊂古代的剃发之刑。《周礼·秋官·掌戮》："～者使守积。"㊀剪去树的枝梢。贾思勰《齐民要术·栽树》："大树～之，小则不～。"

捆 kǔn ❶编织时敲打使密实牢固。《孟子·滕文公上》："～屦（jù）织席以为食。"（屦：鞋。）❷织具，相当于梭。《列女传·鲁季敬姜》："持交而不失，出入不绝者，～也。"❸捆扎（后起意义）。徐弘祖《徐霞客游记·滇游日记》："闻人声在绝壁下，乃樵者拾枯枝于此，～缚将返。"

阃（閫） kǔn ❶门槛。扬雄《甘泉赋》："天～决兮，地垠开。"（垠：边界。）《南史·沈颛传》："送迎不越～。"㊕城门的门槛。《史记·张释之冯唐列传》："～以内者寡人制之，～以外者将军制之。"㊀统兵在外的将帅。文天祥《指南录后序》："即具以北虚实告东西二～。"（北：指北方的敌人。）❷通"壸"。古代宫中的路。㊀妇女居住的内室。《后汉书·皇后纪上》："内无出～之言，权无私溺之授。"[阃闱]宫闱，后妃居住的地方。班固《述成纪》："～～恣赵。"（恣：放纵。赵：指赵飞燕姊妹。）

悃 kǔn 诚恳，诚实。《楚辞·九叹·愍命》："亲忠正之～诚兮，招贞良与明智。"[悃款]忠诚的样子。《楚辞·卜居》："吾宁悃悃款款朴以忠乎？将送往劳来斯无穷乎？"柳宗元《吊乐毅文》："仁夫对赵之～～兮，诚不忍其故邦。”

梱 kǔn ❶ 门槛。《礼记·曲礼上》:“外言不入于～,内言不出于～。” ❷ 叩,敲击。《晏子春秋·内篇谏下》:“吾将左手拥格,右手～心,立饿枯槁而死。”(格:通“辂”,车前的横木。) ❸ kùn 使齐平。《仪礼·大射仪》:“既拾,取矢～之。”(取矢梱之:取回箭矢,摆放整齐。)

稛[稛] kǔn 用绳索捆。《国语·齐语》:“诸侯之使垂橐而入,～载而归。”

壸(壼) kǔn 古代宫中的路。㉦内宫。《诗经·大雅·既醉》:“其类维何? 室家之～。”

困 kùn ❶ 困窘,困难。《荀子·儒效》:“知之而不行,虽敦必～。”《史记·屈原贾生列传》:“齐竟怒不救楚,楚大～。”(竟:终于,最终。)《史记·魏公子列传》:“公子能急人之～。”㉦被困,困住。诸葛亮《后出师表》:“其用兵也,仿佛孙、吴,然～于南阳。”(孙、吴:孙武、吴起。南阳:地名。)成语有“困兽犹斗”。❷ 贫乏,贫困。《史记·宋微子世家》:“岁饥民～。” ❸ 困倦,疲乏。《盐铁论·击之》:“犹耕者倦休而～止也。”(就像农民因困倦而休息,因疲乏而停止耕作一样。) ❹ 门槛。《墨子·备城门》:“试藉车之力,而为之～。”这个意义后来写作“梱”。

KUO

括 kuò ❶ 结扎,束结。《庄子·寓言》:“向也～而今也被发。”(从前束结头发,而现在披头散发。向:过去。被:披。)成语有“括囊守禄”。㉦约束。《孔丛子·执节》:“以礼～其君,使入于善。” ❷ 到来,会合。《诗经·王风·君子于役》:“日之夕矣,牛羊下～。” ❸ 包容,包括。贾谊《过秦论》:“有席卷天下、包举宇内、囊～四海之意。”㉦搜求。《北史·孙搴传》:“时大～人为军士。” ❹ 箭的末端。张衡《西京赋》:“寻景追～。”(景:日光。)㉦箭。刘向《说苑·谈丛》:“～既离弦,虽有所悔焉,不可从而追已。”

适2 kuò 疾速。多用于人名。《论语·宪问》:“南宫～出。”

阔(闊)[濶] kuò ❶ 远,疏远。《诗经·邶风·击鼓》:“于嗟～兮,不我活兮。”扬雄《太玄·断》:“尔仇不～。” ❷ 宽缓,放宽。《汉书·王莽传下》:“～其租赋。” ❸ 宽阔,广阔。杜甫《旅夜书怀》诗:“星垂平野～,月涌大江流。”[阔达]豁达,心胸开阔。《后汉书·马武传》:“武为人嗜(shì)酒,～～敢言。”(嗜:特别爱好。) ❹ 远于实际。《史记·孟子荀卿列传》:“梁惠王不果所言,则见以为迂远而～于事情。”[迂阔]不切合实际。《三国志·魏书·杜畿传》:“竞以儒家为～～。” ❺ 久别。嵇康《与山巨源绝交书》:“时与亲旧叙～,陈说平生。”[阔别]久别。王羲之《杂帖》四:“～～稍久。” ❻ 长。白居易《寄微之》诗:“有江千里～。”

髺[鬠] kuò 束发。《仪礼·士丧礼》:“主人～发。”

廓 kuò ❶ 空阔,广大。《诗经·大雅·皇矣》:“上帝耆之,憎其式～。”(耆:厌恶。式:因而。)张衡《思玄赋》:“～荡荡其无涯兮。”(空阔广大而没有边际。) ❷ 开拓,扩大。《荀子·修身》:“狭隘褊小,则～之以广大。”《孙子兵法·军争》:“～地分利。”(扩大地盘,分兵把守对我有利的地方。) ❸ 空寂,空虚。曹植《王仲宣诔》:“虚～无见。”㉦清除。王禹偁《桑魏公》诗:“挥手～氛霾,放出扶桑日。”双音词有“廓清”。❹ 通“郭”。外城。《晏子春秋·外篇不合经术者》:“婢妾,在～之野人也。”杨衒之《洛阳伽蓝记·永明寺》:“皆因城～而居。”㉦轮廓,边沿。徐弘祖《徐霞客游记·楚游日记》:“北为马蹄石,皆～高里降,有同釜底。”

鞹[鞟] kuò ❶ 去了毛的兽皮。《诗经·齐风·载驱》:“簟茀朱～。”(簟茀:竹席。)《论语·颜渊》:“虎豹之～,犹犬羊之～。”李贺《送秦光禄北征》诗:“虎～先蒙马,鱼肠且断犀。”(鱼肠:剑名。) ❷ 用皮革捆缚。《吕氏春秋·赞能》:“使吏～其拳,胶其目。”

彍[彉] kuò ❶ 拉满弓。《孙子兵法·势》:“势如～弩,节如发机。” ❷ 乘,驾驭。韩愈《送穷文》:“驾尘～风,与电争先。”

K

L

LA

拉 lā 摧折,扳断。《史记·郑世家》:"齐襄公使彭生醉~杀鲁桓公。"邹阳《狱中上梁王书》:"范雎~胁折齿于魏。"【注意】古代汉语中"拉"字不当"拉开"讲。

擸[拹] lā 同"拉"。折断。《公羊传·庄公元年》:"于其乘焉,~干而杀之。"(干:指躯干。)

剌 là 违背。司马迁《报任安书》:"今少卿乃教以推贤进士,无乃与仆私心~谬乎?"《汉书·杜钦传》:"外戚亲属无乖~之心。"(乖:违背。)

腊[1](臘) là 古代阴历十二月的一种祭祀。《左传·僖公五年》:"宫之奇以其族行,曰:'虞不~矣。'"《韩非子·五蠹》:"夫山居而谷汲者,膢(lóu)~而相遗(wèi)以水。"(谷汲者:从山谷中取水的人。膢:春秋战国时代楚国人的一种祭祀。遗:赠给。)[腊月]阴历十二月。贾思勰《齐民要术·种葵》:"~~中汲井水。"(汲:取水。)【注意】古代汉语中"臘"和"腊(xī)"是两个字,意义各不相同。上述义项都不写作"腊"。现"臘"简化为"腊"。参见 448 页"腊[2]"字。

LAI

来(來) lái ❶ 小麦。《诗经·周颂·思文》:"贻我~牟。"(贻:赠送。牟:大麦。)这个意义后来写作"麳"。❷ 来。与"往"相对。《孟子·梁惠王上》:"不远千里而~。"㉃招来,使……来。《孟子·滕文公上》:"劳之~之,匡之直之。"《史记·孝文本纪》:"将何以~远方之贤良?"这个意义又写作"徕"。❸ lài 慰劳,勉励。《诗经·小雅·大东》:"东人之子,职劳不~。"《汉书·王莽传中》:"力~农事,以丰年谷。"❹ 将来。《荀子·解蔽》:"不慕往,不闵~。"(不羡慕过去,也不忧虑未来。闵:忧虑。)㉑某一时间以后。晁错《言兵事疏》:"臣闻汉兴以~,胡虏数入边地。"(数:屡次。)❺ 句尾语气词。相当于现代汉语的"咧"。《庄子·人间世》:"尝以语我~。"(尝:尝试。)

莱(萊) lái ❶ 草名。即藜。俗称胭脂菜。《诗经·小雅·南山有台》:"南山有台,北山有~。"(台:通"薹",即薹草。)《韩非子·难势》:"此味非饴蜜也,必苦~亭历也。"(亭历:一种野菜。)㉑杂草。张衡《西京赋》:"焚~平场。"杜甫《夏日叹》诗:"万人尚流冗,举目唯蒿~。"❷ 长满杂草,荒芜。《诗经·小雅·十月之交》:"田卒污~。"❸ 休耕的田。《周礼·地官·县师》:"掌邦国都鄙稍甸郊里之地域,而辨其夫家人民田~之数。"㉑荒地。《孟子·离娄上》:"辟草~任土地者次之。"❹ 除草。《周礼·地官·山虞》:"若大田猎,则~山田之野。"❺ 古国名。在今山东。《左传·襄公六年》:"齐侯灭~。"

崃(崍) lái [邛(qióng)崃]见 345 页"邛"字。

徕(徠) lái ❶ 招来,使……来。《商君书·徕民》:"~三晋之民,而使之事本。"(三晋:指赵、韩、魏三国。事本:指从事农业。)❷ 同"来"。与"往"相对。屈原《九歌·少司命》:"望孅人兮未~。"《汉书·武帝纪》:"氐羌~服。"❸ lài 通"勑"。慰劳。《隋书·律历志中》:"于是高祖引孝孙、胄玄等,亲自劳~。"

騋 lái 七尺以上的马。《诗经·鄘风·定之方中》:"~牝三千。"

斄 lái ❶(又读 lí)西南边远地区一种黑色野牛。《庄子·逍遥游》:"今夫~牛,其大若垂天之云。"❷ tái 古邑名。即邰。在今陕西武功西南。《汉书·郊祀志下》:"后稷封于~。"

勑 lài ❶ [劳勑]勉励,慰问。《淮南子·氾论》"以劳天下之民"高诱注:"劳,读~~之劳。"又写作"劳来"、"劳倈"。❷ chì 通"敕"。皇帝的命令或诏书。杜甫《送杨六判官使西蕃》诗:"~书怜赞普,兵甲望长安。"❸ chì 通"饬"。整治,整顿。《尚书·皋陶谟》:"天叙有典,~我五典五惇(dūn)哉!"(惇:厚道,诚实。)《周易·噬嗑》:"先王以明罚~法。"㉑命令。《后汉书·光武帝纪下》:"往年已~郡国,异味不得有所献御。"

赉(賚) lài 赏赐。《论语·尧曰》:"周有大~。"《新唐书·许景先传》:"~绢三千遣之。"

睐(睞) lài 向旁边看。《南史·梁简文帝纪》:"眄~则目光烛人。"

（眄：斜看。烛：照耀。）

赖（賴） lài ❶利益，好处。《国语·齐语六》："相语以利，相示以～。"《国语·晋语一》："仓廪盈，四邻服，封疆信，君得其～。"❷依赖，依靠。《尚书·吕刑》："一人有庆，兆民～之。"［无赖］1.生活无依靠，游手好闲。《史记·高祖本纪》："始大人常以臣～～，不能治产业。"（始：开始。大人：指刘邦的父亲。以：以为。）2.流氓（后起意义）。胡铨《上高宗封事书》："王伦本一狎邪小人，市井～～。"（王伦：人名。狎邪：轻佻邪恶。市井：街市。）

濑（瀨） lài 流得很急的水。左思《吴都赋》："直冲涛而上～，常沛沛以悠悠。"

藾 lài ❶蒿类植物，即萍。也叫藾萧。曹操《步出夏门行·土不同》："锥不入地，蘴～深奥。"❷庇荫。《庄子·人间世》："见大木焉，有异，结驷千乘，隐将芘其所～。"（芘：掩蔽。）

籁（籟） lài 古代一种三孔管乐器。《淮南子·说山》："物莫不因其所有而用其所无，以为不信，视～与竽。"《汉书·司马相如传上》："吹鸣～。"㉑从孔穴中发出的声音。《庄子·齐物论》："地～则众窍是已。"（地籁就是许多孔穴发出来的声音。）㉒一般的声响。如"万籁俱寂"。双音词有"天籁"。

LAN

兰（蘭） lán ❶兰草。一种香草。《周易·系辞上》："同心之言，其臭如～。"屈原《离骚》："扈江离与辟芷兮，纫秋～以为佩。"（纫：连缀。）❷通"栏"。栅栏。《汉书·王莽传中》："（秦）又置奴婢之市，与牛马同～。"《后汉书·东夷传》："复徙于马～。"

岚（嵐） lán 山林中的雾气。谢灵运《晚出西射堂》诗："晓霜枫叶丹，夕曛～气阴。"李贺《南园十三首》诗之十三："古刹疏钟度，遥～破月悬。"

婪 lán 贪食，贪心。常"贪婪"连用。《左传·僖公二十四年》："狄固贪～，王又启之。"

【辨】贪，婪。见412页"贪"字。

惏 lán ❶同"婪"。贪食，贪心。《左传·昭公二十八年》："贪～无餍。"现代汉语中这个义项写作"婪"。❷ lín ［惏悷（lì）］悲伤的样子。宋玉《高唐赋》："令人～～憯凄。"

阑（闌） lán ❶门前的栅栏。《史记·楚世家》："令仪亦不得为门～之断也。"（仪：张仪。厮：仆役。）㉑栏杆（后起意义）。周邦彦《满庭芳·夏日溧水无想山作》："凭～久。"（凭：倚靠。）这个意义又写作"栏"。❷阻隔，分割。《史记·魏世家》："国去梁千里，有河山以～之。"❸擅自（出入）。《史记·汲郑列传》："～出财物于边关。"❹残尽。《史记·高祖本纪》："酒～，吕公因目固留高祖。"（目：使眼色。高祖：指刘邦。）陆游《十一月四日风雨大作》诗："夜～卧听风吹雨。"（夜阑：夜将尽。）［阑珊（shān）］将尽，衰落的样子。白居易《咏怀》："诗情酒兴渐～～。"成语有"意兴阑珊"。❺［阑干］1.纵横交错的样子。白居易《长恨歌》："玉容寂寞泪～～。"2.栏杆。李白《清平调三首》之三："沉香亭北倚～～。"

谰（讕） lán 诬陷，欺骗。董仲舒《春秋繁露·深察名号》："诘其名实，观其离合，则是非之情不可以相～已。"《新唐书·儒学传中》："使者十辈临按，余庆谩～。"（临：到来。按：查。余庆：人名。谩：欺骗。）［抵谰］抵赖。《汉书·文三王传》："王阳病～～。"（阳：通"佯"，假装。）双音词有"谰言"。

澜（瀾） lán ❶大波澜。《孟子·尽心上》："观水有术，必观其～。"❷［澜澜］泪涌下的样子。元稹《听庾及之弹乌夜啼引》："乌啼啄啄泪～～。"❸［澜汗］水势浩大的样子。木华《海赋》："洪涛～～，万里无际。"❹ làn ［澜漫］1.杂乱的样子。《淮南子·览冥》："道～～而不修。"2.兴会淋漓的样子。嵇康《琴赋》："留连～～，嗢噱终日。"3.色彩鲜艳的样子。左思《娇女诗》："浓朱衍丹唇，黄吻～～赤。"

斓（斕） lán ［斑斓］见9页"斑"字。

籣［韊］ lán 装箭的袋子。《汉书·韩延寿传》："被甲鞮鍪居马上，抱弩负～。"

蓝（藍） lán ❶一种草本植物，叶子可以提制蓝色染料。《荀子·劝学》："青，取之于～而青于～。"熟语有"青出于蓝而胜于蓝"。㉑蓝色（后起意义）。杜甫《冬到金华山观》诗："上有蔚～天。"❷［蓝缕］同"褴褛"。形容衣服破烂。《左传·宣公十二年》："筚路～～，以启山林。"

【辨】青，苍，碧，绿，蓝。见343页"青"字。

褴（襤） lán ［褴缕（lǚ）］形容衣服破烂。《方言》卷三："南楚凡人贫，衣被丑敝，谓之须捷，或谓之褛裂，或谓

L

之～～。"《梁书·康绚传》:"寒月见省官～～,辄遗以襦衣。"(辄:总是。遗:送。襦:短衣。)又写作"蓝缕"、"襤褛"等。

览(覽) lǎn 看。屈原《离骚》:"～椒兰其若兹兮。"《韩非子·外储说左上》:"人主～其文而忘有用。"㉀采纳。《战国策·齐策一》:"大王～其说,而不察其至实。"

揽(攬)[擥] lǎn ❶执,把持。宋玉《登徒子好色赋》:"遵大路兮,～子祛。"㉀主持,总揽。荀悦《汉纪·元帝纪下》:"总百蛮之军,～城郭之兵。"❷收拢,引取。《庄子·在宥》:"而欲为人之国者,此～乎三王之利,而不见其患者也。"㉀招引,拉拢。《三国志·蜀书·诸葛亮传》:"总～英雄,思贤如渴。"❸采摘。屈原《离骚》:"朝搴(qiān)阰(pí)之木兰兮,夕～洲之宿莽。"(搴:拔。阰:山名。宿莽:香草名。)❹[揽涕]擦干眼泪。屈原《九章·思美人》:"思美人兮,～～而伫眙(chì)。"(伫眙:站着呆看。)

L

缆(纜) lǎn 系船用的粗绳。谢灵运《邻里相送方山》诗:"解～及流潮,怀旧不能发。"杜甫《舟中》诗:"结～排鱼网。"(结:系。)㉀系船。韩愈《岳阳楼别窦司直》诗:"夜～巴陵州,丛芮才可傍。"

烂(爛) làn ❶煮烂。《吕氏春秋·本味》:"熟而不～。"㉀腐烂,溃烂。《庄子·人间世》:"咶(shì)其叶,则口～而为伤。"(咶:同"舐",用舌头舔。)㊂火烧伤。《汉书·霍光传》:"焦头～额为上客。"❷有光芒,灿烂。《诗经·郑风·女曰鸡鸣》:"明星有～。"王安石《祭欧阳文忠公文》:"～如日星之光辉。"❸[烂漫]1.散乱、消散的样子。《楚辞·哀时命》:"忽～～而无成。"2.光彩分布的样子。杜甫《春日江村五首》诗之三:"种竹交加翠,栽桃～～红。"3.任意,无拘束的样子。杜甫《驱竖子摘苍耳》诗:"～～任远适。"4.坦率的样子。夏文彦《图绘宝鉴五·郑思肖》:"天真～～,超出物表。"

滥(濫) làn ❶大水漫出,泛滥。《孟子·滕文公上》:"洪水横流,泛～于天下。"《后汉书·班固传上》:"～瀛洲与方壶。"(瀛洲、方壶:地名。)㉀过度,无节制。《荀子·致士》:"刑不欲～。"❷失真,不切实。《左传·昭公八年》:"民听～也。"❸贪。《吕氏春秋·权勋》:"(晋)假道于虞以伐虢,虞公～于宝与马而欲许之。"❹jiàn[滥泉]涌出的泉水。潘岳《金谷集作诗》:"～～龙鳞涧,激波连珠挥。"❺jiàn 通"鉴"。大盆。《庄子·则阳》:"夫灵公有妻三人,同～而浴。"

爁 làn [爁焱(yàn)]火势蔓延。《淮南子·览冥》:"火～～而不灭,水浩洋而不息。"

LANG

郎 láng ❶春秋鲁国地名。《礼记·檀弓下》:"战于～。"❷官职名。帝王侍从官侍郎、中郎、郎中等的统称。《汉书·张骞传》:"建元中为～。"(建元:汉武帝年号。)❸对青年男子的美称。《三国志·吴书·周瑜传》:"瑜时年二十四,吴中皆呼为周～。"成语有"郎才女貌"。㊕妇女对其所爱的男人的称呼。南朝民歌《西洲曲》:"忆～～不至,仰首望飞鸿。"(忆:思念。)㊂年轻女子称为"女郎"。《木兰诗》:"同行十二年,不知木兰是女～。"❹对从事某种职业者的称呼。许浑《灞上逢元九处士东归》诗:"旧交已变新知少,却伴渔～把钓竿。"

廊 láng ❶厢房。《韩非子·十过》:"平公恐惧,伏于～室之间。"(平公:晋平公。)[廊庙]朝廷。《战国策·秦策一》:"式于～～之内。"(式:用。)杜甫《自京赴奉先县咏怀五百字》:"当今～～具,构厦岂云缺?"❷正屋两旁屋檐下的过道。《史记·魏其武安侯列传》:"所赐金,陈之～庑下。"

嫏 láng [嫏嬛(huán)]神话中天帝藏书的地方。

狼 láng ❶兽名。《诗经·齐风·还》:"并驱从两～兮。"(从:指追逐。)❷[狼戾]1.散乱,杂乱。《淮南子·览冥》:"流涕～～不可止。"2.凶狠。《三国志·魏书·董二袁刘传评》:"董卓～～贼忍,暴虐不仁。"❸[狼藉]1.纵横散乱。《史记·滑稽列传》:"履舄(xì)交错,杯盘～～。"(履、舄:鞋。)2.行为不法。《后汉书·张酺传》:"闻其儿为吏,放纵～～。"上述1、2又写作"狼籍"。成语有"声名狼藉"。❹[狼狈]仓皇失据,困窘。李密《陈情表》:"臣之进退,实为～～。"❺[狼顾]狼性多疑,常回头看,比喻人疑虑不安。《魏书·尉元传》:"百姓～～。"❻星名。《史记·天官书》:"其东有大星曰～。"[天狼]星名。古人以为主侵略和残暴。屈原《九歌·东君》:"举长矢兮射～～。"

阆(閬) láng ❶[阆阆]高大的样子。扬雄《甘泉赋》:"闶～～其寥廓兮,似紫宫之峥嵘。"❷空旷。《庄子·外物》:"胞有重～,心有天游。"❸没有水的城壕。《管子·度地》："城外为之郭，郭外为之土～。"❹ liǎng 通"魉"。[罔阆]见 436 页"罔"字。

琅 láng ❶[琅玕(gān)] 1. 像珠子一样的美石。《尚书·禹贡》："厥贡惟球、琳、～～。"曹植《美女篇》："腰佩翠～～。"(佩：佩带。翠：青绿色。)诗赋中也省作"琅"。2. 传说中的宝树。江淹《杂体诗·嵇中散言志》："朝食～～实，夕饮玉池津。"(实：果实。津：水。) 3. 竹子的美称。杜甫《郑驸马宅宴洞中》诗："留客夏簟清～～。"❷[琅琅]象声词。形容清脆的声音。苏舜钦《秀州通越门外》诗："珍禽无数语～～。"诗赋中也省作"琅"。❸[琅当]用铁链锁住。《汉书·王莽传下》："以铁锁～～其颈。"❹[琅邪(yá)]山名。在山东。又秦汉郡名，辖地在今山东半岛东南部。又写作"琅琊"。

硠 láng ❶[雷硠]象声词。形容山崩声。左思《吴都赋》："菈擸～～，崩峦弛岑。"❷[硠硠] 1. 象声词。形容石头撞击声。司马相如《子虚赋》："礧石相击，～～磕磕。"2. 坚强的样子。潘岳《马汧督诔》："慨慨马生，～～高致。"

锒(鋃) láng [锒铛(dāng)]铁锁链。《后汉书·崔骃传》："董卓以是收烈，付郿狱，锢之～～铁锁。"成语有"锒铛入狱"。

稂 láng 一种危害庄稼的草。《诗经·小雅·大田》："既坚既好，不～不莠(yǒu)。"《后汉书·王符传》："夫养～莠者伤禾稼，惠奸轨者贼良民。"(奸轨：犯奸作乱。贼：害。)

筤 láng ❶幼竹。元稹《生春》诗："斫～天虽暖，穿区冻未融。"❷ làng 仪仗中的曲柄伞。张孝祥《贺郊祀庆成》诗："日照云裳委，风含彩～低。"

朗 lǎng ❶明朗。《诗经·大雅·既醉》："昭明有融，高～令终。"王羲之《兰亭集序》："天～气清。"❷高明。袁宏《三国名臣序赞》："公瑾英达，～心独见。"❸响亮。《论衡·气寿》："儿生，号啼之声鸿～高畅者寿。"李白《劳劳亭歌》："～咏清川飞夜霜。"双音词有"朗诵"。

烺 lǎng [烺烺]明亮的样子。柳宗元《答韦中立论师道书》："及长，乃知文者以明道，是固不苟为炳炳～～，务采色，夸声音而以为能也。"

埌 làng [圹埌]原野空旷的样子。《庄子·应帝王》："而游无何有之乡，以处～～之野。"

浪 làng ❶波浪。曹植《王仲宣诔》："游鱼失～，归鸟忘栖。"❷放荡，放纵。《诗经·邶风·终风》："谑(xuè)～笑敖，中心是悼。"(谑：开玩笑。悼：悲伤。)㉡随便，任意。杜甫《泛舟送魏十八仓曹还京》诗："见酒须相忆，将诗莫～传。"❸徒然，白白地。韩愈《秋怀诗十一首》之一："胡为～自苦？得酒且欢喜。"❹ láng [浪浪][浪然]流动的样子。屈原《离骚》："揽茹蕙以掩涕兮，沾余襟之浪浪。"柳宗元《与顾十郎书》："因言感激，浪然出涕。"❺ láng [沧浪]见 35 页"沧"字。

LAO

劳(勞) láo ❶费力，吃力。《庄子·天运》："是犹推舟于陆也，～而无功。"(是犹：这样就像。)成语有"一劳永逸"。㉡疲劳，劳累。《左传·僖公三十二年》："～师以袭远，非所闻也。"《汉书·赵充国传》："以逸击～，取胜之道也。"❷功劳。《诗经·大雅·民劳》："无弃尔～，以为王休。"(不要抛弃你的功劳，因而成就王的美政。)《韩非子·显学》："儒侠毋军～。"(毋：无，没有。)❸(旧读 lào)慰劳。《左传·桓公五年》："郑伯使祭足～王。"《史记·孝文本纪》："帝亲自～军。"❹忧愁。《诗经·邶风·燕燕》："瞻望弗及，实～我心。"❺ liáo 通"辽"。广阔。《诗经·小雅·渐渐之石》："山川悠远，维其～矣。"

【辨】劬(qú)，劳。见 350 页"劬"字。

簩 láo 竹名。左思《吴都赋》："柚梧有篁，簩～有丛。"

牢 láo ❶饲养牲畜的栏圈。《战国策·楚策四》："亡羊而补～，未为迟也。"(亡：失掉，跑掉。补：修补。)❷做祭品用的牛羊猪。《礼记·王制》："天子社稷(jì)皆太～，诸侯社稷皆少～。"(社稷：古代帝王、诸侯所祭的土神和谷神。太牢：牛羊猪三样齐全。少牢：只有羊猪。)❸监牢。司马迁《报任安书》："故士有画地为～，势不可入。"(画地：在地上画个范围。)❹牢固。《韩非子·难一》："东夷之陶者器苦窳，舜往陶焉，期年而器～。"柳宗元《童区寄传》："愈束缚～甚。"(愈：更加。束缚：捆绑。)成语有"牢不可破"。❺官方发给的粮食。《后汉书·应劭传》："多其～赏。"

醪 láo 汁渣混合的酒。《庄子·盗跖》："今富人耳营钟鼓管籥之声，口嗛于刍豢～醴之味。"《汉书·爰盎传》："买二石醇～。"

老 lǎo ❶年老，衰老。《论语·述而》："发愤忘食，乐以忘忧，不知～之将至云尔。"㊀衰竭，疲怠。《左传·僖公二十八年》："楚师～矣。"㊁寿终。《荀子·仲尼》："桀纣舍之，厚于有天下之埶(shì)而不得以匹夫～。"(埶：同"势"。) ❷对年纪大的人的尊称。《诗经·小雅·十月之交》："不慭(yìn)遗一～。"(慭：愿。)《孟子·梁惠王上》："老吾～，以及人之～。" ❸陈旧。《荀子·成相》："治之道，美不～。" ❹老练，富有经验。《国语·晋语一》："既无～谋，而又无壮事。"杜甫《奉汉中王手札》诗："枚乘文章～。" ❺对公卿大夫的总称。《左传·昭公元年》："将不得为寡君～。"㊁卿大夫的家臣。《国语·周语下》："单之～送叔向。"(单：单靖公，周王的卿士。叔向：人名。)

栳 lǎo ［栲栳］见224页"栲"字。

潦 lǎo 见251页。

轑 lǎo ❶车篷骨架。《初学记》卷二五引沈约《宋书》："翠羽盖黄里，所谓黄屋也。金华施～。" ❷ láo 刮。《汉书·楚元王传》："嫂厌叔与客来，阳为羹尽，～釜，客以故去。"(阳：假装。轑釜：刮锅底。) ❸通"橑(liǎo)"。屋椽。《汉书·张敞传》："敞自将郡国吏……果得之殿屋重～中。" ❹ liǎo 通"燎"。燃烧。《汉书·杜周传》："排挤英俊，托公报私……欲以熏～天下。"

涝(澇) lào ❶雨水过多，淹了庄稼。《三国志·魏书·郑浑传》："郡界下湿，患水～，百姓饥乏。"《晋书·袁甫传》："雨久成水，故其域恒～也。" ❷ láo 大波浪。木华《海赋》："飞～相磢(chuǎng)，激势相沏(qiè)。"(磢：碰撞。沏：冲击。)鲍照《登大雷岸与妹书》："浴雨排风，吹～弄翮。" ❸ láo 河流名。在今陕西。

酪 lào ❶乳酪，乳制羹状食品。晁错《言守边备塞疏》："食肉而饮～。" ❷醋。《礼记·礼运》："以亨以炙，以为醴～。"

LE

仂 lè 余数，零数。《礼记·王制》："祭用数之～。"(祭用：祭祀的开销。)

玏 lè ［瑊(jiān)玏］似玉的美石。

勒 lè ❶带嚼子的笼头。《仪礼·既夕礼》："缨辔贝～。"㊀约束。《后汉书·马廖传》："廖性宽缓，不能教～子孙。"㊀强制。《隋书·食货志》："于是侨居者各～还本属。"双音词有"勒令"。❷统率，率领。《史记·项羽本纪》："阴以兵法部～宾客及子弟。"柳宗元《封建论》："～兵而夷之耳。"(夷：平定。) ❸雕刻。《礼记·月令》："物～工名，以考其诚。"陆游《夜泊水村》诗："腰间羽箭久凋零，太息燕然未～铭。"(凋零：凋残零落。太息：叹息。燕然：山名。铭：刻在器皿或石头上记事的文字。)

乐(樂) lè 见522页。

LEI

累²(纍) léi ❶绳索。《汉书·李广传》："禹从落中以剑斫(zhuó)绝～。"(斫绝：砍断。)㊀捆绑。《左传·成公三年》："两释～囚以成其好。"(两国同时释放囚犯，来促成双方的和好。)㊁缠绕。《诗经·周南·樛木》："南有樛木，葛藟～之。" ❷被迫害致死的人。《汉书·扬雄传上》："钦吊楚之湘～。" ❸ lèi 牵累，牵制。《战国策·楚策三》："东有越～，北无晋，而交未定于齐、秦，是楚孤也，不如速和。" ❹［累累］1. 颓丧的样子。《史记·孔子世家》："～～若丧家之狗。" 2. 连缀不绝的样子。《礼记·乐记》："～～乎端如贯珠。"

嫘 léi ［嫘祖］传说是黄帝的妃子，发明养蚕的人。《史记·五帝本纪》："黄帝居轩辕之丘，而娶于西陵之女，是为～～。"

缧(縲) léi 捆绑犯人的大绳子。《论语·公冶长》："子谓公冶长：'可妻也，虽在～绁之中，非其罪也。'"［缧绁］拘禁，囚禁。司马迁《报任安书》："何至自沈溺～～之辱哉？"(沈溺：指陷于。)［系缧］捆缚，拘禁。司马相如《难蜀父老》："幼孤为奴虏，～～号泣。"又写作"系纍"、"系累"、"系垒"。

羸 léi ❶瘦弱。《国语·鲁语上》："饥馑荐降，民～几卒。"(荐：频频。)《史记·扁鹊仓公列传》："形～不能服药。"(形：指身体。)㊀凋零。《吕氏春秋·首时》："秋霜既下，众林皆～。" ❷粗恶，破旧。《汉书·陈遵传》："公府掾史率皆～车小马。"《后汉书·羊续传》："乃～服间行。" ❸毁坏。《周易·井》："～其瓶，是以凶也。" ❹通"累²(纍)"。缠绕。《周易·大壮》："羝(dī)羊触藩，～其角。"(羝羊：公羊。藩：篱笆。)

罍 léi 盛酒或水的器具。《诗经·周南·卷耳》："我姑酌彼金～。"李贺《送秦光禄北征》诗："呵臂悬金斗，当唇注玉～。"这个意义又写作"櫑"。

轠 léi ❶ 撞击。《汉书·游侠传》:"一旦叀(zhuān)碍,为瓽所～。"(叀:悬挂。) ❷ [轠轠]象声词。形容车马声。焦延寿《易林·蛊之坤》:"輷輷(tiántián)～～,岁暮偏蔽。"(輷輷:众车声。) ❸ [轠轳(lú)]往来不绝的样子。扬雄《羽猎赋》:"缤纷往来,～～不绝。"

靁 léi "雷"的古字。《诗经·召南·殷其靁》:"殷其～,在南山之阳。"(殷:雷声。)

虆 léi ❶ 藤蔓。葛洪《西京杂记》卷四:"援葛～,攀乔枝。"㊀ 缠绕。《楚辞·九叹·忧苦》:"葛藟～于桂树兮,鸱鸮集于木兰。" ❷ 盛物的筐。《孟子·滕文公上》:"盖归反～梩而掩之。"这个意义又写作"蔂"。《盐铁论·诏圣》:"任刑必诛,劓鼻盈蔂。"

耒 lěi ❶ 古代的一种农具,形状像木叉。《汉书·郦食其传》:"农夫释～。"(释:放下。) ❷ [耒耜(sì)]古代一种翻土的农具,木把叫"耒",下端叫"耜"。《国语·齐语》:"～～枷(jiā)芟(shān)。"(枷:连枷,打谷用的农具。芟:大镰刀。)

诔(誄) lěi ❶ 叙述死者生前事迹,表示哀悼(多用于上对下)。《墨子·鲁问》:"鲁君之嬖(bì)人死,鲁君为之～。"(嬖人:被宠爱的人。)㊀ 文体的一种,用于叙述死者生前事迹。《后汉书·桓谭传》:"所著赋、～、书、奏,凡二十六篇。"(凡:共。) ❷ 祈祷文。《论语·述而》:"～曰:'祷尔于上下神祇。'"

垒(壘) lěi ❶ 防护军营的墙壁或建筑物。《管子·制分》:"故善用兵者,无沟～而有耳目。"《韩非子·说林下》:"深沟高～。" ❷ 堆砌。李白《襄阳歌》:"～麴便筑糟丘台。"(麴:酒母。糟:酒糟。)[垒垒]重叠堆积的样子。曹丕《善哉行》:"还望故乡,郁何～～!"《世说新语·术解》:"～～三坟。" ❸ léi [系垒]同"系缧"。捆缚,拘禁。《荀子·大略》:"氐羌之虏也,不忧其～～也,而忧其不焚也。"

累[1] lěi ❶ 堆叠,积累。《老子》六十四章:"九层之台,起于～土。"㊀ 重叠。《韩非子·五蠹》:"虽倍赏～罚而不免于乱。"(倍赏:加倍奖赏。)㊀ 连续,屡次。《史记·孔子世家》:"～世不能殚其学。" ❷ 重量单位。《孙子算经》:"称之所起起于黍,十黍为一～。" ❸ lèi 带累,牵累。《左传·隐公十一年》:"相时而动,无～后人。"㊀ 烦劳,劳累。《韩非子·外储说右上》:"吾欲以国～子,子必勿泄也。"《庄子·天下》:"不～于俗,不饰于物。" ❹ lèi 指家眷。《晋书·戴洋传》:"混欲迎其家～。" ❺ lèi 忧患,祸害。《盐铁论·地广》:"烽燧(suì)一动,有没身之～。"(烽燧:古代边防报警的信号。)㊀ 毛病。嵇康《与山巨源绝交书》:"而有好尽之～。"(好尽:喜欢直言不讳。) ❻ léi [系累]同"系缧"。捆缚,拘禁。扬雄《长杨赋》:"～～老弱。"

磊 lěi 石头多。木华《海赋》:"～匒匌(dákē)而相豗(huī)。"(石头重叠而互相碰撞。)[磊磊]乱石堆积的样子。屈原《九歌·山鬼》:"石～～兮葛蔓蔓。"(乱石堆积,葛藤蔓延。)[磊落]1. 多而杂乱的样子。潘岳《闲居赋》:"石榴蒲陶之珍,～～蔓衍乎其侧。"(珍贵的石榴葡萄,交错蔓延在屋的旁边。) 2. 宏伟壮观的样子。郭璞《江赋》:"衡霍～～。"(衡、霍:山名。) 3. 俊伟的样子。《晋书·索靖传》:"体～～而壮丽。" 4. 胸怀坦白,光明正大。张说《齐黄门侍郎卢思道碑》:"～～标奇。"(标奇:杰出。)

儡 lěi ❶ 败坏。《淮南子·俶真》:"孔墨之弟子皆以仁义之术教导于世,然而不免于～身。" ❷ [傀(kuǐ)儡]见142页"傀(guī)"字。 ❸ [儡儡]颓丧的样子。班固《白虎通·寿命》:"～～如丧家之狗。"又写作"儽儽"。

藟 lěi ❶ 藤。《诗经·王风·葛藟》:"绵绵葛～,在河之浒。"(浒:水边。)㊀ 缠绕。王绩《古意》诗六首之三:"渔人递往还,网罟相萦～。" ❷ 通"蕾"。花蕾。秦观《早春题僧舍》诗:"东园紫梅初破～。"

礨 lěi ❶ 地势突然高起的样子。司马相如《上林赋》:"丘虚堀～。" ❷ [礨空(kǒng)]蚂蚁洞。《庄子·秋水》:"计四海之在天地之间也,不似～～之在大泽乎?" ❸ 堆砌。王褒《僮约》:"～石薄岸。"

儽 lěi [儽儽]1. 疲困的样子。《老子》二十章:"如婴儿之未孩,～～兮若无所归。" 2. 同"儡儡"。颓丧的样子。《玉篇·人部》:"儽,……〈家语〉云:'～～若丧家之狗。'"

泪[淚] lèi ❶ 眼泪。《韩非子·和氏》:"和(氏)乃抱其璞而哭于楚山之下,三日三夜,～尽而继之以血。" ❷ lì [泪泪]劲疾的样子。卢谌《蟋蟀赋》:"风～～而动柯。"(柯:树干。)

【辨】涕,泗,泪。见419页"涕"字。

类(類) lèi ❶ 种类。《周易·系辞上》:"方以～聚,物以群分。"(方:事。)㊀ 类推。《墨子·公输》:"义不杀少而杀众,不可谓知～。" ❷ 类似,像。《国语·吴语》:"臣观吴王之色,～有大忧。"《论

L

衡·论死》:“其形不～生人之形。”(生人:活人。) ❸ 大抵,大致。《汉书·贾谊传》:“夫移风易俗,使天下回心而乡道,～非俗吏之所能为也。”(乡道:向着正道。) ❹ 条例。《荀子·君道》:“故法不能独立,～不能自行,得其人则存,失其人则亡。”㊀榜样,标准。屈原《九章·怀沙》:“明告君子,吾将以为～兮。” ❺ 古祭名,祭天。《尚书·舜典》:“肆～于上帝。”这个意义又写作“禷”。❻ 善。《国语·楚语上》:“余恐德之不～,兹故不言。” ❼ 通“纇”。偏颇,不公正。《左传·昭公十六年》:“子产怒曰:‘发命之不衷,出令之不信,刑之颇～……侨之耻也。’”

酹 lèi 把酒洒在地上表示祭奠。《汉书·外戚传下》:“饮酒～地,皆祝延之。”《后汉书·张奂传》:“以酒～地。”

礧 lèi ❶ 推石自高而下。《汉书·司马相如传上》:“～石相击,琅琅礚礚。”㊕战争中防守的一方从高处推下打击敌人的木石。《后汉书·杜笃传》:“一卒举～,千夫沉滞。” ❷ léi 撞击。郭璞《江赋》:“触曲厓以萦绕,骇崩浪而相～。” ❸ lěi [礧礧]石众多堆积的样子。杜甫《白沙渡》诗:“水清石～～,沙白滩漫漫。”

纇 lèi ❶ 丝上的结。吴澄《道德真经注》卷三:“若丝之有～而不匀。”㊀不平。《老子》四十一章:“夷道若～。”㊀偏颇,不公平。李德裕《近倖论》:“故君听不惑,政无颇～。” ❷ 毛病,缺点。《淮南子·说林》:“若珠之有～,玉之有瑕,置之而全,去之而亏。” ❸ 乖张。《左传·昭公二十八年》:“贪惏(lán)无餍,忿～无期。”(惏:同“婪”。无期:无边。)

LENG

崚 léng [崚嶒(céng)]山高大突出的样子。杜甫《望岳》诗:“西岳～～竦处尊。”(西岳:华山。竦:高耸。)

棱[稜] léng ❶ 四方木。《后汉书·班固传上》:“设璧门之凤阙,上觚(gū)～而栖金雀。”(觚:带棱的木。)㊀棱角。杜甫《西阁雨望》诗:“径添沙面出,湍减石～生。” ❷ 威严,威势。《后汉书·王允传》:“允性刚～疾恶。”《南史·梁武帝纪上》:“公～威直指,势逾风电。” ❸ [棱棱] 1. 严寒的样子。鲍照《芜城赋》:“～～霜气,蔌蔌风威。” 2. 威严的样子。《新唐书·崔从传》:“从为人严伟,立朝～～有风望。” ❹ lèng 田中土垄,可以用作估计土地面积的单位。陆龟蒙《奉酬袭美苦雨见寄》诗:“我本曾无一～田,平生啸傲空渔船。”上述❶㊀❷❸❹又写作“稜”。❺ líng [穆棱]市名。在黑龙江。

LI

厘[釐] lí ❶ 治理。《尚书·尧典》:“允～百工。”(确实能治理百官。允:确实。百工:百官。)㊀更改。《后汉书·梁统传》:“施行日久,岂一朝所～!”[厘正]订正,改正。《新唐书·颜师古传》:“诏师古于秘书省考定,多所～～。” ❷ lài 赐,给予。《诗经·大雅·江汉》:“～尔圭瓒。”(尔:你。圭瓒:玉器。) ❸ 长度单位。十毫为一厘。《汉书·赵充国传》:“失之毫～,差以千里。” ❹ 通“嫠”。寡妇。《后汉书·西羌传》:“兄亡则纳～嫂。”(纳:指娶。) ❺ xǐ (旧读 xī) 通“禧”。福。《汉书·文帝纪》:“今吾闻祠官祝～。” ❻ xī 通“禧”。祭余的肉。《汉书·贾谊传》:“上方受～坐宣室。”(上:皇帝。方:正。宣室:宫殿名。) ❼ lái 通“来”。小麦。《汉书·刘向传》:“饴我～麰(móu)。”(饴:贻,赠。麰:大麦。)【注意】现代汉语中“釐”读 lí 时写作“厘”,读其他音时仍写作“釐”。

狸 lí 狸子。也叫野猫、山猫。《庄子·秋水》:“捕鼠不如～狌(shēng)。”(狌:黄鼠狼。)又写作“貍”。

棃 lí 见 401 页。

离(離) lí ❶ 离开。《史记·孝文本纪》:“今右贤王～其国。”㊀背离,违背。《商君书·画策》:“失法～令。”㊁分散。《淮南子·精神》:“于是乃别为阴阳,～为八极。”㊀罗列,陈列。《左传·昭公元年》:“楚公子围设服～卫。” ❷ 经历。《汉书·西域传上》:“～一二旬,则人畜弃捐旷野而不反。”(反:返。) ❸ 通“罹”。遭遇。《诗经·王风·兔爰》:“有兔爰爰,雉～于罗。”贾谊《吊屈原赋》:“独～此咎。”(咎:灾祸。) ❹ 通“蓠”。香草名。屈原《离骚》:“扈江～与辟芷兮,纫秋兰以为佩。” ❺ 通“缡”。古代女子系在身前的佩巾。《汉书·班倢伃传》:“申佩～以自思。” ❻ lì 通“丽”。附丽,附着。《汉书·扬雄传下》:“哀帝时,丁、傅、董贤用事,诸附～之者,或起家至二千石。” ❼ chī 通“螭”。无角的龙。《后汉书·班固传》:“虎～其师,革灭天邑。”

蓠(蘺) lí ❶ [江蓠]一种香草。《楚辞·九叹·惜贤》:“佩～～之葽斐。”❷ 通“篱”。篱笆。《敦煌变文校注·维摩诘经讲经文》：“作朝廷之～屏。”

漓¹ lí ❶ 水渗入地。扬雄《河东赋》：“云霏霏而来迎兮，泽渗～而下降。”❷ 薄。与“厚”相对。沈约《为南郡王侍皇太子释奠宴诗》：“政缺雅乖，风～化改。”陆游《何君墓表》：“一卷之诗有淳～，一篇之诗有善病。”❸［淋漓］见 254 页“淋”字。

漓²（灕） lí ❶ 流动的样子。《战国策·东周策》：“夫鼎者，非效醯壶酱瓿耳，可怀挟提挈以至齐者；非效鸟集乌飞，兔兴马逝，～然止于齐者。”❷［漓江］水名。在广西。

缡（縭）［褵］ lí ❶ 古代女子系在身前的佩巾。《诗经·豳风·东山》：“亲结其～，九十其仪。”《尔雅·释器》：“妇人之袆谓之～。”［结缡］系上佩巾。(又)女子出嫁。张华《女史箴》：“施衿～～，虔恭中馈。”(乙)结婚。《唐大诏令集·诫励氏族婚姻诏》：“～～必归于富室。”❷ 带子。《文选·张衡〈思玄赋〉》：“献环琨与琛～兮，申厥好以玄黄。”【注意】“褵褷”不写作“缡褷”。

醨 lí 薄酒。王延寿《王孙赋》：“好餔糟而啜～。”(引)淡薄。沈括《梦溪笔谈》卷三：“今酒之至～者，每秫一斛不过成酒一斛五斗。”韩愈《讼风伯》：“风伯之怒兮谁使？云屏屏兮吹使～之。”

骊（驪） lí ❶ 黑色的马。《诗经·齐风·载驱》：“四～济济，垂辔濔濔。”《礼记·檀弓上》：“夏后氏尚黑……戎事乘～。”❷ 黑色的。《庄子·列御寇》：“使～龙而寤，子尚奚微之有哉？”（倘使骊龙醒了，你［将被吃尽］还能剩下什么呢？）［骊珠］传说中骊龙颔下之珠。丘丹《奉酬韦使君送归山》诗：“涉海得～～。”❸ 并列的，成对的。《汉书·王莽传上》：“赐以束帛加璧，大国乘车、安车各一，～马二驷。”《后汉书·寇恂传》：“时军食急乏，恂以辇车～驾转输，前后不绝。”❹［骊山］山名。在今陕西临潼，秦始皇墓所在地。

鹂（鸝） lí ［鹂黄］鸟名。也叫黄鹂、黄莺、仓庚等。宋玉《高唐赋》：“王雎～～。”（王雎：鸟名。）

犁［犂］ lí ❶ 耕田的农具。《管子·乘马》：“丈夫二～，童五尺一～。”(又)用作动词。耕田。《古诗十九首·去者日以疏》：“古墓～为田，松柏摧为薪。”❷ 摧毁。《新唐书·吐蕃传下》：“唐兴，四夷有弗率者，皆利兵移之……～其廷而后已。”❸ 杂色。《论语·雍也》：“～牛之子骍（xīng）且角。”（骍：赤色。）❹ 比及，到。《史记·晋世家》：“～二十五年，吾冢上柏大矣。”《史记·吕太后本纪》：“～明孝惠还，赵王已死。”❺ 通“黧”。黑中带黄的颜色。《战国策·秦策一》：“形容枯槁，面目～黑。”

剺 lí 割，划破。扬雄《长杨赋》：“分～单于，磔（zhé）裂属国。”［剺面］古代西北一些民族用割面流血表示忠诚或哀痛的风俗。杜甫《哀王孙》诗：“花门～～请雪耻。”《新唐书·回鹘传上》：“可汗死……（宁国公主）～～哭。”

嫠 lí 寡妇。《左传·襄公二十五年》：“～也何害？先夫当之矣。”苏轼《赤壁赋》：“泣孤舟之～妇。”

漦 lí （又读 chí）传说龙所吐的涎沫。《国语·郑语》：“卜请其～而藏之，吉。”

犛 lí ❶ 西南边远地区一种黑色野牛。《国语·楚语上》：“巴浦之犀、～、兕、象，其可尽乎？”❷［犛靬（jiān）］1. 即大秦国。我国古代对罗马帝国的称呼。2. 古县名。在今甘肃永昌南。

L

黎 lí ❶ 黑中带黄的颜色。《尚书·禹贡》：“厥土青～。”《史记·李斯列传》：“面目～黑。”这个意义又写作“黧”。❷ 众多。《诗经·大雅·桑柔》：“民靡有～，具祸以烬。”❸［黎民］百姓。《史记·秦始皇本纪》：“亲巡远方～～。”也称蒸黎、黎元等。❹ 及，到。［黎明］天蒙蒙亮的时候。《史记·高祖本纪》：“～～，围宛城三匝（zā）。”（匝：环绕一周。）❺ 民族名。1. 远古时期我国北部的一个民族。也称九黎。2. 我国宋朝以来居住在海南岛一带的一个民族。

藜 lí ❶ 一种植物。嫩叶可食，老茎可为杖。《左传·昭公十六年》：“斩之蓬、蒿、～、藋，而共处之。”❷［蒺藜］见 178 页“蒺”字。

黧 lí 黑中带黄的颜色。《韩非子·外储说左上》：“手足胼胝（piánzhī），面目～黑，劳有功者也。”（胼胝：手脚上长的老茧。）

罹 lí ❶ 遭遇。《尚书·洪范》：“不协于极，不～于咎。”（不协于极：不走极端。）《三国志·魏书·武帝纪》：“河北～袁氏之难。”（袁氏：袁绍。难：灾难。）❷ 忧患，苦难。《诗经·王风·兔爰》：“我生之后，逢此百～。”

䍦［䍦］ lí ［接䍦］一种头巾。杜甫《陪郑广文游何将军山林十首》诗之八：“狂遗白～～。”

蠡 lí 用瓠做的瓢。《汉书·东方朔传》：“以筦闚天，以～测海。”（用管来观天，用瓢来测量海水。)

劙 lí 分割,分解。《荀子·强国》:"(莫邪剑)剥脱之砥厉之,则~盘盂、刎牛马忽然耳。"(忽然:指只在瞬间。)

礼(禮) lǐ ❶祭神。《仪礼·觐礼》:"~山川丘陵于西门外。"《管子·幼官》:"将以~上帝。"❷礼节,仪式。《论语·阳货》:"君子三年不为~,~必坏。"㊀古代社会的法则、礼仪。《论语·为政》:"殷因于夏~,所损益,可知也。"❸以礼相待,礼貌。《左传·襄公二十二年》:"执事不~于寡君。"(执事:指晋国国君。寡君:指郑国国君。)❹礼物。《礼记·表记》:"无辞不相接也,无~不相见也。"《晋书·陆纳传》:"及受~,唯酒一斗,鹿肉一柈(pán)。"(斗:古时盛酒的器皿。柈:通"盘"。)

里¹ lǐ ❶古代一种居民组织,先秦以二十五家为里。《诗经·郑风·将仲子》:"无逾我~。"(逾:越过。)㊁乡里,家乡。《庄子·庚桑楚》:"~人有病,~人问之。"江淹《别赋》:"离邦去~。"(邦:国。去:离开。)❷长度单位。《左传·僖公三十二年》:"且行千~,其谁不知?"李商隐《行次西郊》诗:"五~一换马,十~一开筵(yán)。"(筵:酒席。)

里²(裏)[裡] lǐ 衣服里层。《诗经·邶风·绿衣》:"绿兮衣兮,绿衣黄~。"㊀里面,内部。《左传·僖公二十八年》:"表~山河。"【注意】古代汉语中"裏[裡]"和"里"是两个字,意义各不相同。上述义项不写作"里",现"裏"简化为"里"。参见上"里¹"字。

俚 lǐ ❶民间的,不文雅的。《汉书·司马迁传》:"辨而不华,质而不~。"左思《魏都赋》:"非鄙~之言所能具。"[俚歌]民歌。苏轼《和王胜之》:"不惜阳春和~~。"❷依赖,依托。《广雅·释言》:"俚,赖也。"《汉书·季布传赞》:"夫婢妾贱人感慨而自杀,非能勇也,其画无~之至耳。"(画:计划,决定。)

理 lǐ ❶雕琢,加工玉石。《韩非子·和氏》:"使玉人~其璞(pú)而得宝焉。"(玉人:加工玉石的工匠。璞:没有雕琢加工的玉石。)㊀治理,整理。《荀子·天论》:"本事不~……夫是之谓人祆(yāo)。"(农事得不到治理……这就是人为的灾害。祆:妖,灾害。)《木兰诗》:"阿姊闻妹来,当户~红妆。"(当户:对着门户。)㊀治理得好。《后汉书·蔡邕传下》:"运极则化,~乱相承。"❷从事。《韩非子·忠孝》:"世之所为烈士者,离众独行……而~恍惚之言。"❸温习。《颜氏家训·勉学》:"吾七岁时,诵《灵光殿赋》,至于今日,十年一~,犹不遗忘。"❹辩白。《论衡·累害》:"不~身冤,不弭流言,受垢取毁,不求洁完。"❺理睬(后起意义)。《抱朴子·讥惑》:"虽见指笑,余亦不~也。"❻纹理,条理。晁错《言守边备塞疏》:"其人密~。"(密理:皮肤纹理细密。)《荀子·儒效》:"井井兮其有~也。"(井井:整齐不乱的样子。)❼道理,规律。《孟子·告子上》:"故~义之悦我心,犹刍豢之悦我口。"《庄子·养生主》:"依乎天~。"❽法官。《管子·小匡》:"弦子旗为~。"(弦子旗:人名。)❾[行理]使者。《左传·昭公十三年》:"~~之命,无月不至。"

逦(邐) lǐ [逦迤]同"迤逦"。见496页"迤"字。

澧 lǐ ❶水名。在今湖南西北部,流入洞庭湖。❷通"醴"。甘美的泉水。《列子·汤问》:"甘露降,~泉涌。"

醴 lǐ ❶甜酒。《荀子·大略》:"有酒~则辞。"(辞:辞让,不接受。)❷甜美的泉水。司马相如《上林赋》:"~泉涌于清室。"

历¹(歷)[厯] lì ❶经过。《战国策·秦策一》:"横~天下。"㊂时间上的经历。《汉书·诸侯王表序》:"强大弗之敢倾,~载八百余年。"《晋书·谢安传》:"有司奏安被召,~年不至。"❷越过,跨越。《孟子·离娄下》:"礼,朝廷不~位而相与言,不逾阶而相揖也。"❸察看。《礼记·郊特牲》:"简其车赋,而~其卒伍。"❹选择。《史记·司马相如列传》:"于是~吉日以齐戒。"❺稀疏。宋玉《登徒子好色赋》:"其妻蓬头挛耳,齞唇~齿。"❻马厩。《汉书·梅福传》:"伏~千驷,臣不贪也。"这个意义后来写作"枥"。❼逐个,一一地。《尚书·盘庚下》:"今予其敷心腹肾肠,~告尔百姓于朕志。"(敷:陈述,发布。)《汉书·艺文志》:"~记成败存亡祸福古今之道。"(道:道理。)[历历]清晰分明。杜甫《历历》诗:"~~开元事,分明在眼前。"(开元:唐玄宗年号。)成语有"历历在目"。❽历法,历术。《汉书·律历志上》:"黄帝调律~。"(律历:音律和历法。)这个意义后来写作"曆"。❾通"鬲"。似鼎炊具。《后汉书·礼仪志下》:"以木为重,高九尺,广容八~。"

历²(曆)[厤] lì ❶历术,历法,推算日月星辰运行及季节时令的方法。《周易·革》:"君子以治~明时。"(明时:确定时节。)《淮南子·本经》："星月之行，可以～推得也。"㊁历书。《旧唐书·历志一》："玄宗召见，令造新～。"（玄宗：唐玄宗。）❷ 数。《管子·海王》："终月，大男食盐五升少半，大女食盐三升少半，吾子食盐二升少半，此其大～也。"❸ 所谓由"天命"预定的帝王统治的时间。《汉书·诸侯王表》："周过其～，秦不及期。"【注意】"歴"和"曆"是古今字。"曆"字本写作"歴"，现简化为"历"。参见 244 页"历[1]（歷）[歴]"字。

沥（瀝） lì ❶ 下滴。赵晔《吴越春秋·勾践入臣外传》："今大王好听须臾之说……不灭～血之仇，不绝怀毒之怨。"❷ 水滴，酒滴。《史记·滑稽列传》："侍酒于前，时赐餘～。"

枥（櫪） lì ❶ 同"栎"。树名。柞树，一种乔木。韩愈《山石》诗："山红涧碧纷烂漫，时见松～皆十围。"（围：两手合围。）❷ 马槽。曹操《步出夏门行·龟虽寿》："老骥伏～，志在千里。"（骥：千里马。）

雳（靂） lì ［霹雳］见 313 页"霹"字。

厉（厲） lì ❶ 磨刀石。《诗经·大雅·公刘》："涉渭为乱，取～取锻。"（乱：横渡。锻：锤打金属器具用的砧石。）《史记·高祖功臣侯者年表》："使河如带，泰山若～。"㊀磨。《韩非子·五蠹》："坚甲～兵以备难。"（厉兵：磨利兵器。）上述❶㊀后来写作"砺"。㊁磨炼。柳宗元《答韦中立论师道书》："参之穀梁氏以～其气，参之孟、荀以畅其支。"（气：指文气。支：指条理。）❷ 勉励，激励。《战国策·齐策六》："乃～气循城，立于矢石之所。"《三国志·蜀书·诸葛亮传》："亲秉旄钺（máoyuè），以～三军。"（秉：拿着。旄钺：指挥军队的旗子和兵器。）这个意义又写作"励"。❸ 严肃，严厉。《论语·子张》："望之俨然，即之也温，听其言也～。"《世说新语·汰侈》："声色甚～。"成语有"声色俱厉"。❹ 不脱衣服涉水。《诗经·邶风·匏有苦叶》："深则～，浅则揭。"（揭：提起衣服过河。）❺ 剧烈，猛。《庄子·齐物论》："～风济。"（济：停止。）❻ 祸患，危害。《诗经·大雅·瞻卬》："降此大～。"❼ 恶鬼（迷信）。《左传·成公十年》："晋侯梦大～。"❽ 腰带下垂的样子。《诗经·小雅·都人士》："彼都人士，垂带而～。"❾ lài 癞疮。《韩非子·奸劫弑臣》："形之苦痛也，必甚于～矣。"这个意义后来写作"癞"。

疠（癘） lì ❶ 恶疮。《战国策·楚策四》："～人怜王。"《素问·脉要精微论》："脉风成为～。"（脉风：风寒由外侵入血管。）❷ 瘟疫。《左传·昭公四年》："～疾不降，民不夭札。"（夭札：未成年死去。）❸ 杀。《管子·五行》："不～雏鷇。"

砺（礪） lì ❶ 磨刀石。《荀子·劝学》："金就～则利。"（刀剑放在磨刀石上磨则锋利。就：接近。）㊀磨。《尚书·费誓》："～乃锋刃，无敢不善。"《史记·伍子胥列传》："胜自～剑。"（胜：白公胜，人名。）❷ 钻研。刘勰《文心雕龙·养气》："钻～过分，则神疲而气衰。"

蛎（蠣） lì 牡蛎。也叫蠔。李时珍《本草纲目·介部二·牡蛎》："南海人以其～房砌墙，烧灰粉壁，食其肉，谓之～黄。"

粝（糲） lì 粗粮，粗米。《韩非子·外储说左下》："孙叔敖相楚，栈车，牝马，～饭菜羹。"（栈车：柴车。牝马：母马。）㊀粗糙。《论衡·艺增》："豆麦虽～，亦能愈饥。"

濿 lì 渡河。《楚辞·九叹·离世》："棹舟杭以横～兮，济湘流而南极。"

岃 lì ［岃崱（zè）］同"崱岃"。山峰高耸的样子。顾祖禹《读史方舆纪要》卷九七："（小鹫峰）～～奇秀，状如鹫鸟。"

立 lì ❶ 站立。《庄子·养生主》："提刀而～。"㊀竖立。《荀子·君道》："犹～枉木而求其景之直也。"（犹：如同。枉：弯曲。景：影。）❷ 设立，建立。《论语·学而》："君子务本，本～而道生。"《商君书·更法》："各当时而～法。"（当时：针对当时的形势。）㊀存在，生存。《荀子·富国》："百里之国足以独～矣。"❸ 登上帝王或诸侯的位置。《左传·隐公元年》："爱共叔段，欲～之。"《史记·秦本纪》："庄襄王卒，子政～，是为秦始皇帝。"㊁登上某一地位。《汉书·高帝纪上》："高祖乃～为沛公。"❹ 副词。立刻，马上。《史记·项羽本纪》："～诛杀曹无伤。"（曹无伤：人名。）❺ 通"莅"。临。《史记·范雎蔡泽列传》："臣闻明主～政，有功者不得不赏。"❻ wèi 通"位"。处于……地位。《管子·宙合》："君出令佚，故～于左；臣任力劳，故～于右。"

苙 lì ❶ 猪圈。《孟子·尽心下》："今之与杨墨辩者，如追放豚，既入其～，又从而招之。"（招：拴住脚。）❷ 药草名。即白芷。元稹《西斋小松》诗："柔～渐依条，短莎还半委。"

莅［涖、蒞］ lì 从上监视着，统治。《老子》六十章："以道～

天下。”㊂到。《诗经·小雅·采芑》：“方叔～止，其车三千。”（方叔：人名。）张说《岳州别梁六入朝》诗：“远～长沙渚，欣逢贾谊才。”（渚：水中的小洲。）

笠 lì 用竹篾编成的帽子。《诗经·小雅·无羊》：“何蓑何～，或负其糇。”（何：负荷。糇：干粮。）

粒 lì ❶米粒，谷粒。《孟子·滕文公上》：“乐岁，～米狼戾，多取之而不为虐。”（狼戾：狼藉。）杜甫《张望补稻畦水归》诗：“玉～足晨炊。”（晨炊：早饭。）㊂小颗粒。刘禹锡《和兵部郑侍郎省中四松》：“翠～晴悬露。”（晴天的翠松满挂着露珠。）❷进食。《尚书·益稷》：“烝民乃～，万邦作乂。”（乂：治理。）《颜氏家训·涉务》：“三日不～，父子不能相存。”❸量词。用于细小的颗粒状物。李绅《悯农》诗：“谁知盘中餐，～～皆辛苦！”

吏 lì 官吏。春秋以前，大小官都可以称为吏。战国以后一般指低级的官。《左传·成公二年》：“王使委于三～。”（周王使他属于三吏管辖。三吏：指三公，即司徒、司马、司空。）《史记·李斯列传》：“为郡小～。”熟语有“封疆大吏”。㊀为官，治理。高适《观李九少府翥树宓子贱神祠碑》诗：“吾友～兹邑，亦尝怀宓公。”

【辨】官，吏。见 139 页“官”字。

丽（麗） lì ❶成对，成双。《周礼·夏官·校人》：“～马一圉（yǔ），八～一师。”（圉：养马人。）刘勰《文心雕龙·丽辞》：“～辞之体，凡有四对。”（词句对偶的文体，共有四种对偶的方法。）❷附着，依附。《周易·离》：“百谷草木～乎土。”（乎：于。）双音词有“附丽”。㊀施加。《吕氏春秋·贵卒》：“荆国之法，～兵于王尸者，尽加重罪，逮三族。”❸华丽，华美。《尚书·毕命》：“敝化奢～，万世同流。”（敝化：旧风俗。）《韩非子·亡征》：“滥于文～而不顾其功者，可亡也。”（文：有文采。功：实际效果。）㊀美貌，漂亮。《后汉书·襄楷传》：“今陛下淫女艳妇，极天下之～。”杜甫《丽人行》：“长安水边多～人。”❹lí 通“罹”。遭遇，落入。《诗经·小雅·鱼丽》：“鱼～于罶。”（罶：捕鱼的竹器。）

郦（酈） lì ❶zhí 古地名。在今河南南阳西北。《史记·楚世家》：“楚之故地汉中、析、～可得而复有也。”❷姓。如汉代有郦食其（yìjī）。

俪（儷） lì ❶配偶。《左传·成公十一年》：“鸟兽犹不失～，子将若何？”（子：您。）❷成对，成双。《仪礼·士昏礼》：“纳征，玄纁、束帛、～皮，如纳吉礼。”（俪皮：一对鹿皮。）刘知几《史通·杂说下》：“对语～辞，盛行于俗。”㊀并列，比。《淮南子·精神》：“凤凰不能与之～，而况斥鴳乎？”（斥鴳：一种小鸟。）

攦 lì 折断。《庄子·胠箧》：“～工倕之指，而天下始人有其巧矣。”（倕：传说中的巧匠名。）

欐 lì ❶房梁。《列子·汤问》：“昔韩娥东之齐……鬻歌假食。既去，而余音绕梁～，三日不绝。”❷小船。曹植《盘石篇》：“呼吸吞船～。”❸［欐欐］众多的样子。枚乘《梁王菟园赋》：“～～若飞雪之重弗丽也。”

利 lì ❶锐利，锋利。与“钝”相对。《墨子·明鬼下》：“勇力强武，坚甲～兵。”《韩非子·难一》：“矛之～，于物无不陷也。”（矛锐利，任何东西都可以戳穿。）㊀言辞锋利，会说话。《论衡·物势》：“辩口～舌。”❷利益，好处。《论语·里仁》：“君子喻于义，小人喻于～。”（喻：明白，懂得。）《商君书·算地》：“～出于地，则民尽力。”❸顺利。《史记·高祖本纪》：“因与俱攻秦军，战不～。”（因：于是。俱：一起。）❹利润。《史记·越王句践世家》：“逐什一之～。”（逐：追求。什一：十分之一。）❺腹泻。《三国志·魏书·华佗传》：“饮寒水，中泄～。”这个意义后来写作“痢”。

猁 lì ［猞猁］见 374 页“猞”字。

浰 lì 水流急。㊂迅疾。《史记·司马相如列传》：“倏眒（shēn）凄～，雷动熛（biāo）至。”（倏眒：疾速。熛：通“猋”，疾风。）

例 lì ❶类，列。《公羊传·僖公元年》：“臣子一～也。”《三国志·魏书·王粲传》：“而不在此七人之～。”㊀类似，像。文天祥《指南录后序》：“进退不由，殆～送死。”（不由：不能自主。殆：几乎。）❷旧例，惯例。《汉书·何武传》：“欲除吏，先为科～，以防请托。”杜甫《送樊二十三侍御赴汉中判官》诗：“朝廷无此～。”㊀副词。照例。韩愈《柳子厚墓志铭》：“遇用事者得罪，～出为刺史。”㊀一概，大抵。陆游《书叹》诗：“布衣儒生～骨立，纨袴市儿皆瓠肥。”

沴 lì ❶气不和而相伤。《庄子·大宗师》：“阴阳之气有～。”❷灾气，恶气。《汉书·孔光传》：“六～之作，岁之朝曰三朝，其应至重。”文天祥《正气歌》：“如此再寒暑，百～自辟易。”（辟易：整治。）

戾 lì ❶弯曲。《吕氏春秋·尽数》：“饮必小咽，端直无～。”❷乖张，违背。《荀子·荣辱》：“果敢而振，猛贪而～。”《淮南子·

览冥》："举事～苍天，发号逆四时。"双音词有"乖戾"。❸ 凶暴，猛烈。《战国策·秦策二》："虎者～虫，人者甘饵也。"《荀子·修身》："勇胆猛～。"潘岳《秋兴赋》："劲风～而吹帷。"（帷：帐幕。）❹ 罪，罪过。《国语·鲁语上》："职贡业事之不共而获～。"曹植《责躬》诗："危躯授命，知足免～。"（躯：身体。）❺ 至，到。《诗经·大雅·旱麓》："鸢（yuān）飞～天。"（鸢：老鹰。）❻ 安定。《国语·晋语四》："今～久矣，～久将底。"（底：停滞。）❼ 风干，晾干。《礼记·祭义》："风～以食之。"❽ liè 扭转。潘岳《射雉赋》："～翳旋把，萦随所历。"（翳：伞盖。）

唳 lì 鹤鸣。《晋书·陆机传》："华亭鹤～，岂可复闻乎？"（华亭：地名。）成语有"风声鹤唳"。

悷 lì ［惏（lín）悷］见 237 页"惏（lán）"字。

綟 lì ❶ 草名。《宋书·礼志五》："綟，草名也，其色绿。"❷ 用綟草染成的一种黑黄而近绿的颜色。《东观汉记·百官表》："建武元年，复设诸侯王，金玺～绶。"❸ 丝麻的计量单位。《新唐书·百官志三》："丝五两为絇，麻三斤为～。"

隶（隸）［隷］ lì ❶ 古代一个卑贱的等级。《左传·昭公七年》："舆臣～。"（舆的下一级是隶。舆：古代一个卑贱的等级。）㊀ 奴隶。《左传·襄公二十三年》："斐豹，～也。"（斐豹：人名。）㊁ 差役。司马迁《报任安书》："视徒～则心惕息。"❷ 附属，属于。《后汉书·冯异传》："乃更部分诸将，各有配～。"（更：再。部分：部署，约束。）❸ 役使。《荀子·议兵》："功赏相长也，五甲首而～五家。"❹ 检查。《史记·酷吏列传》："关东吏～郡国出入关者。"❺ 一种汉字字体，即隶书。

珠（瓅） lì ［玓（dì）珠］见 82 页"玓"字。

栎（櫟） lì ❶ 柞树，一种乔木。《诗经·秦风·晨风》："山有苞～，隰有六驳。"❷ 栏杆。《史记·滑稽列传》："建章宫后閤（gé）重～中，有物出焉，其状似麋（mí）。"（閤：小门。麋：一种像鹿的动物。）❸ 刮器具使发声。《史记·楚元王世家》："嫂详为羹尽，～釜。"（详：假装。羹：带汁的食物。釜：锅。）❹ 搏击。潘岳《射雉赋》："～雌妒异，倏来忽往。"

轹（轢） lì ❶ 车轮碾轧。张衡《西京赋》："当足见蹍，值轮被～。"（遇到脚就被踩，遇到车轮就被轧。见：被。值：遇到。）❷ 欺压，欺凌。《吕氏春秋·慎大》："干辛任威，凌～诸侯以及兆民。"《史记·孝文本纪》："陵～边吏。"❸ 敲击。张衡《西京赋》："～辐轻骛，容于一扉。"❹ 经过。江淹《伤友人赋》："～四代而式昌。"

砾（礫） lì ❶ 小石，碎石。《汉书·霍去病传》："大风起，沙～击面。"❷ luò ［卓砾］超绝卓越。《论衡·命义》："～～时见，往往皆然。"

跞（躒） lì ❶ 跳跃，跨越。《大戴礼记·劝学》："骐骥一～，不能千里。"❷ luò ［逴（chuō）跞］见 61 页"逴"字。❸ luò ［卓跞］卓越，杰出。《三国志·吴书·张温传》："～～冠群，炜晔曜世。"

皪 lì ［的（dì）皪］见 83 页"的"字。

鬲 lì ❶ 鼎一类的烹饪器，三足中空。《汉书·郊祀志上》："（鼎）其空足曰～。"柳宗元《非国语上·三川震》："夫釜～而爨（cuàn）者。"（釜：锅。）❷ gé 膈膜。《三国志·魏书·华佗传》："太祖苦头风，每发，心乱目眩，佗针～，随手而差。"（针鬲：用针刺横膈膜的穴位。差：瘥，病好了。）这个意义又写作"膈"。❸ è 车轭。《周礼·考工记·车人》："～长六尺。"❹ gé 通"隔"。隔离。《汉书·薛宣传》："阴阳否（pǐ）～。"（否：不通。）

栗 lì ❶ 栗树，栗子。《诗经·唐风·山有枢》："山有漆，隰（xí）有～。"（隰：低湿的地方。）杜甫《从驿次草堂复至东屯茅屋》诗："山家蒸～暖。"❷ 籽实饱满。《诗经·大雅·生民》："实颖实～。"㊀ 坚硬。《荀子·法行》："（玉）～而理。"（理：有文理。）❸ 严肃。《尚书·舜典》："直而温，宽而～。"㊀ 谨严，周密。《荀子·法行》："～而理，知也。"❹ 通"慄"。害怕得发抖。《论语·八佾》："夏后氏以松，殷人以柏，周人以栗，曰使民战～。"《汉书·杨恽传》："不寒而～。"❺ liè 通"裂"。劈开，裂开。《诗经·豳风·东山》："烝在～薪。"

慄 lì ❶ 害怕得发抖。《战国策·秦策一》："战战～～，日慎一日。"《庄子·大宗师》："登高不～。"㊀ 哆嗦。《素问·疟论》："寒～鼓颔（hàn）。"（鼓：振动。颔：下巴颏。）❷ 恐惧，害怕。《庄子·人间世》："吾甚～之。"

【注意】古代汉语中"慄"和"栗"在某些意义上可以通用。但"栗"的"栗子"和"坚硬"义，不能写作"慄"。现在"慄"写作"栗"。参见上"栗"字。

篥 lì ❶ 竹名。《山海经·中山经》："（云山）有桂竹。"郭璞注："交趾有～竹，实中，劲强。”❷［髳(bì)箖］见21页“髳”字。

鹂 lì ［鹠(liú)鹂］见258页“鹠”字。

荔 lì ［薜(bì)荔］见21页“薜”字。

飔 lì 急风。《山海经·北山经》：“鸡号之山，其风如～。”

詈 lì 骂。《尚书·无逸》：“小人怨汝～汝。”⊘责备。屈原《离骚》：“女媭(xū)之婵媛兮，申申其～余。”（申申：反复，一再。）

盭 lì ❶弯曲。《吕氏春秋·遇合》：“陈有恶人焉……长肘而～。”㉑违背，乖戾。《汉书·张耳陈余传赞》：“何乡者慕用之诚，后相背之～也？”⊘狠戾。《史记·司马相如列传》：“～夫为之垂涕，况乎上圣，又恶能已？”❷通“綟”。用綟草染成的一种黑黄而近绿的颜色。《汉书·百官公卿表上》：“金玺～绶。”

LIAN

奁(奩)［匳、籢］ lián 古代妇女梳妆用的镜匣和盛化妆品的器皿。《后汉书·皇后纪上》：“视太后镜～中物。”⊘精巧的匣子。《宋书·范晔传》：“义康饷熙先铜匕(bǐ)、铜镊(niè)、袍段、棋～等物。”（义康、熙先：人名。饷：赠送。匕：羹匙。镊：镊子。段：缎。）

连(連) lián ❶一种人拉的车。《马王堆汉墓帛书·战国纵横家书·触龙见赵太后章》：“老妇持～而睘(xuán)。”（睘：往来，行动。）❷连接。《庄子·骈拇》：“是故骈于足者，～无用之肉也。”郦道元《水经注·江水》：“两岸～山。”⊘联合。《孟子·离娄上》：“故善战者服上刑，～诸侯者次之。”《三国志·蜀书·诸葛亮传》：“外～东吴。”㉑连续，不停止。《汉书·高帝纪上》：“时～雨，自七月至九月。”杜甫《春望》诗：“烽火～三月。”❸同时获得。《列子·汤问》：“一钓而～六鳌(áo)。”（鳌：传说中海里的大龟。）❹姻亲关系。《史记·南越列传》：“（吕嘉）及苍梧秦王有～。”（苍梧秦王：苍梧王赵光。）❺古代十个诸侯国为连。《礼记·王制》：“十国以为～。”❻通“链”。铅矿。《史记·货殖列传》：“长沙出～锡。”

涟(漣) lián ❶水面的波纹。《诗经·魏风·伐檀》：“河水清且～猗。”李贺《溪晚凉》诗：“轻～不语细游溶。”［涟漪］水面的波纹。左思《吴都赋》：“剖巨蚌于回渊，濯明月于～～。”范成大《白莲堂》诗：“古木参天护碧池，青钱弱叶战～～。”❷［涟涟］［涟洏］泪流不断的样子。《诗经·卫风·氓》：“不见复关，泣涕涟涟。”杜甫《秋日夔府咏怀奉寄郑监李宾客一百韵》：“别离忧怛怛，伏腊涕涟涟。”王粲《赠蔡子笃诗》：“中心孔悼，涕泪涟洏。”（孔：很。悼：悲伤。）❸河流名。1.在今湖南。2.在今江苏。❹lán 同“澜”。大浪。木华《海赋》：“噏波则洪～踧蹜，吹涝则百川倒流。”

謰 lián ［謰謱(lóu)］言语啰唆而混乱。《楚辞·九思·疾世》：“嗟此国兮无良，媒女诎兮～～。”

怜(憐) lián ❶怜悯，同情。《国语·晋语四》：“晋公子之亡，不可不～也。”《韩非子·用人》：“忧悲不哀～。”❷怜爱，爱惜。《庄子·秋水》：“夔～蚿，蚿～蛇。”《战国策·赵策四》：“丈夫亦爱～其少子乎？”（亦：也。）［可怜］1.可爱。《古诗为焦仲卿妻作》：“东家有贤女，自名秦罗敷。～～体无比，阿母为汝求。”杜甫《江畔独步寻花七绝句》之四：“百花高楼更～～。”2.值得同情。白居易《卖炭翁》诗：“～～身上衣正单。”（单：单薄。）【注意】古代汉语中“怜”和“憐”是两个字。“怜”还可以读líng，“聪明伶俐”的意思。现“憐”简化为“怜”。

【辨】怜，悯。这两个字都有“同情”、“怜悯”的意义。但“怜”字有“怜爱”的意思，“悯”字有“忧愁”的意思，在这两个意义上两字互不相通。

帘¹ lián 古代酒家用作标志的旗子。《广韵》：“帘，青～，酒家望子。”李中《江边吟》：“闪闪酒～招醉客。”

帘²(簾) lián 门帘，窗帘。《汉书·外戚传下》：“美人当有以予女，受来，置饰室中～南。”刘禹锡《陋室铭》：“草色入～青。”（入：映入。）【注意】古代汉语中“簾”和“帘”是两个字，意义各不相同。门帘的“帘”古代写作“簾”，不写作“帘”。现“簾”简化为“帘”。参见上“帘¹”字。

廉 lián ❶厅堂的侧边。《仪礼·乡饮酒礼》：“设席于堂～东上。”贾谊《治安策》：“陛九级上，～远地，则堂高。”㉑有棱角。《吕氏春秋·孟秋》：“其器～以深。”❷正直。《韩非子·五蠹》：“今兄弟被侵必攻者，～也。”❸不贪，廉洁。《荀子·修身》：“无～耻而嗜乎饮食，则可谓恶少者矣。”（嗜：喜好，爱好。恶少：恶少年。）❹考察，查访。《管子·正世》：“人君不～而变，则暴人不胜，邪乱不止。”《汉书·高帝纪下》：“且～问，有不如吾诏者，以重论之。”（不如吾诏者：不按我诏书办事的人。论：定罪。）❺ 价格低（后起意义）。王禹偁《黄冈竹楼记》：“其价～而工省也。”（省：节省。）

鬑 lián ［鬑鬑］须发稀疏的样子。汉乐府《陌上桑》：“为人洁白皙，～～颇有须。”

琏（璉） liǎn 宗庙盛黍稷的礼器。《礼记·明堂位》：“夏后氏之四连。”陆德明《经典释文》：“‘连’，本又作‘琏’。”《论语·公冶长》：“曰：‘何器也？’曰：‘瑚～也。’”（瑚：亦黍稷之器。瑚琏，或单称，或连用。）

敛（斂） liǎn ❶ 收，聚集。《墨子·三辩》：“农夫春耕夏耘，秋～冬藏。”（耘：锄草。秋敛：指收获。）㉁ 征收。《左传·宣公二年》：“晋灵公不君，厚～以彫墙。”《韩非子·显学》：“今上征～于富人，以布施于贫家。”成语有“横征暴敛”。❷ 收整，约束。《战国策·楚策一》：“一国之众，见君莫不～衽而拜。”（敛衽：整理衣襟，表示敬意。）《汉书·陈万年传》：“皆令闭门自～，不得逾法。”（逾：越过。）❸ 装殓。《汉书·赵广汉传》：“给～葬具。”这个意义后来写作“殓”。

脸（臉） liǎn ❶ 两颊的上部。白居易《昭君怨》诗：“眉销残黛～销红。”（销：消失。）❷ jiǎn 同“睑”。眼睑。白居易《吴宫辞》：“睡～初开似剪波。”【注意】“脸”是后起字，它的最初意义和现在的“脸”不一样，现在“脸”字的意义在古代汉语中用“面”来表示。

【辨】脸，面。“脸”最初指颊，并经常指妇女目下颊上搽胭（yān）脂的地方，后来逐渐与“面”同义。

溓 liǎn ❶ lián 水静的样子。《宋书·礼志三》：“诸侯轨道，河～海夷。”❷［溓溓］水初结薄冰的样子。潘岳《寡妇赋》：“水～～以微凝。”❸ nián 通“黏”。《周礼·考工记·轮人》：“虽有深泥，亦弗之～也。”

练（練） liàn ❶ 把丝麻或织品煮得柔软而洁白。《周礼·天官·染人》：“凡染，春暴～。”（暴：晒。）《淮南子·说林》：“墨子见～丝而泣之。”㉁ 使洁净。《汉书·王吉传》：“吸新吐故以～臧。”（臧：通“脏”，内脏。）㉂ 染。《论衡·率性》：“白纱入缁，不～自黑。”❷ 使熟练，训练。《战国策·楚策一》：“臣请令山东之国，奉四时之献……～士厉兵，在大王之所用之。”㉁ 熟练，精练。《三国志·蜀书·诸葛亮传》：“庶事精～。”（庶：众。）❸ 白色的熟绢。《论衡·累害》：“青蝇所污，常在～素。”（青蝇：苍蝇。素：白色的生绢。）❹ 祭祀名。《礼记·杂礼上》：“士～而归。”❺ jiǎn 通“柬”。选择。《大戴礼记·保傅》：“由此观之，王左右不可不～也。”❻ 通“鍊”。熔炼。《列子·汤问》：“昔者女娲氏～五色石以补其阙。”

楝 liàn 一种落叶乔木。《淮南子·时则》：“七月官库，其树～。”

潋（瀲） liàn ❶ 水边。潘岳《西征赋》：“华莲烂于渌沼，青蕃蔚乎翠～。”❷ 漂浮。郭璞《江赋》：“或泛～于潮波。”❸［潋滟（yàn）］1. 液体满溢的样子。白居易《对新家醖玩自种花》诗：“玲珑五六树，～～两三杯。”2. 水波相连的样子。苏轼《饮湖上初晴后雨》诗：“水光～～晴方好，山色空濛雨亦奇。”

澰 liàn 浸渍。木华《海赋》：“尔其为大量也，则南～朱崖，北洒天墟。”

LIANG

良 liáng ❶ 良好。《荀子·修身》：“～农不为水旱不耕。”《韩非子·外储说左上》：“～药苦于口。”［良人］1. 优秀的人才。《诗经·秦风·黄鸟》：“歼我～～。”（歼：杀。）2. 妇女称丈夫。《孟子·离娄下》：“～～者，所仰望而终身也。”❷ 和悦，善良。《论语·学而》：“夫子温～恭俭让以得之。”《荀子·非十二子》：“其衣逢，其容～。”（逢：宽大。）❸ 甚，很。《战国策·燕策三》：“左右既前斩荆轲，秦王目眩～久。”《史记·秦始皇本纪》：“始皇默然～久。”❹ 的确，确实。《孟子·告子上》：“人之所贵者，非～贵也。”《史记·赵世家》：“诸将以为赵氏孤儿～已死。”柳宗元《三戒·临江之麋》：“以为犬～我友。”

俍 liáng ❶ 善，好。《庄子·庚桑楚》：“夫工乎天而～乎人者，惟全人能之。”❷ lǎng ［俍倡］通“踉跄”。脚步歪斜的样子。宋玉《九辩》“然潢洋而不遇兮”王逸注：“～～后时，无所逮也。”

粮（糧） liáng ❶ 旅行用的干粮。《荀子·议兵》：“赢（yíng）三日之～，日中而趋百里。”（赢：担负。）㉁ 谷类，粮食。《商君书·靳令》：“民有余～。”❷ 田赋（后起意义）。《明季北略》卷一九：“开了大门迎闯王，闯王来时不纳～。”（闯王：指明末农民起义军领袖李自成。）

凉［涼］ liáng ❶ 稍冷，微寒。《诗经·邶风·北风》：“北风其～，雨雪其雱。”❷ 少，薄。《左传·庄公三十二年》：

"虢多～德。"(虢:国名。) ❸ liàng 辅助。《诗经·大雅·大明》:"～彼武王。" ❹ liàng 把东西放在通风处,使其干燥。《新唐书·百官志一》:"以卫尉幕士暴～之。"(卫尉:官名。暴:曝,晒。)

辌(輬) liáng [辒(wēn)辌]见 442 页"辒"字。

梁 liáng ❶ 桥。《庄子·马蹄》:"泽无舟～。"(泽:水聚积的地方。)双音词有"桥梁"。[鱼梁]水中筑的用来捕鱼的堰。柳宗元《钴鉧潭西小丘记》:"当湍而浚者,为～～。"(在急流水深的地方是鱼梁。) ❷ 房梁。《庄子·人间世》:"仰而视其细枝,则拳曲而不可以为栋～。"《后汉书·陈寔传》:"有盗夜入其室,止于～上。"成语有"偷梁换柱"。这个意义后来写作"樑"。 ❸ 周代诸侯国。战国时期魏国迁都大梁(今河南开封)后的别称。参见 441 页"魏"字。 ❹ 朝代名。1. 公元 502—557 年,南朝之一,第一代君主是萧衍。2. 公元 907—923 年,五代之一,也称后梁,第一代君主是朱温。

粱 liáng 粟,谷子。《诗经·小雅·甫田》:"黍稷稻～,农夫之庆。"㉆精细的小米。《左传·哀公十三年》:"～则无矣,粗则有之。"[粱肉]指精美的膳食。《韩非子·难势》:"今待尧、舜之贤乃治当世之民,是犹待～～而救饿之说也。"

量 liáng 见 250 页。

两(兩) liǎng ❶ 成对的两个。《诗经·鄘风·柏舟》:"髧彼～髦,实维我仪。"(髦:古代儿童下垂至眉的短发。仪:配偶。)《史记·孙子吴起列传》:"则以法刑断其～足而黥(qíng)之。"(黥:古代在犯人脸上刺字的刑罚。)㉆二。《史记·陈涉世家》:"陈胜佐之,并杀～尉。"(佐:辅助。) ❷ 双方施行或遭受同一行为。《荀子·劝学》:"目不能～视而明,耳不能～听而聪。"成语有"两全其美"、"两败俱伤"。 ❸ 量词。1. 双,用于鞋袜等成双的东西。《诗经·齐风·南山》:"葛屦(jù)五～。"(葛屦:用葛布制成的鞋。) 2. 重量单位。古代二十四铢(zhū)为一两,十六两为一斤。《汉书·武帝纪》:"罢三铢钱,行半～钱。" 3. 匹,用于布帛。《左传·闵公二年》:"重锦三十～。"(锦:彩色花纹的丝织品。) ❹ liàng 量词。用于车辆。《汉书·赵充国传》:"卤马牛羊十万余头,车四千余～。"(卤:通"掳",掠夺。)这个意义后来写作"辆"。

【辨】两,二。"二"表示一般的数目,"两"常用来指称本来成双或被认为成双的事物(先秦很少例外)。"两"字可以放在动词或形容词之前做主语,"二"字则不能。"势不两立"不能写成"势不二立"。

魉(魎) liǎng [魍魉]见 436 页"魍"字。

亮 liàng ❶ 明亮。《后汉书·苏竟传》:"且火德承尧,虽昧必～。"嵇康《杂诗》:"皎皎～月。"㉆明白,聪慧。《后汉书·陈蕃传》:"聪明～达。"㉆响亮。何承天《朱路篇》:"兹音～且和。" ❷ 相信,信任。《楚辞·九叹·愍命》:"昔皇考之嘉志兮,喜登能而～贤。" ❸ 确实。《古诗十九首·冉冉孤生竹》:"君～执高节,贱妾亦何为?" ❹ 通"谅"。诚信。《孟子·告子下》:"君子不～,恶乎执?"《三国志·魏书·卢毓传》:"～直清方,则司隶校尉崔林。"(亮直清方:诚信正直而廉洁。司隶校尉:官名。) ❺ 通"谅"。料想。《挥麈后录》卷四:"～元帅智周万物。"

悢 liàng ❶ 惆怅。赵至《与嵇茂齐书》:"临书～然,知复何云!" ❷ [悢悢] 1. 悲恨。嵇康《与山巨源绝交书》:"顾此～～,如何可言!" 2. 眷念。《后汉书·陈蕃传》:"天之于汉,～～无已。" ❸ lǎng [懭(kuǎng)悢]见 231 页"懭"字。

踉 liàng ❶ 行走跌跌撞撞的样子。《庄子·徐无鬼》:"夫逃虚空者……～位其空。"[踉蹡]脚步歪斜的样子。潘岳《射雉赋》:"蹇微罟以长眺,已～～而徐来。"又写作"俍倡"。 ❷ liáng [跳踉]跳跃的样子。《晋书·诸葛长民传》:"眠中惊起,～～,如与人相打。"又写作"跳梁"。

谅(諒) liàng ❶ 诚信。《论语·季氏》:"友直,友～,友多闻。"屈原《离骚》:"惟此党人之不～兮。"(党人:指狼狈为奸的人。惟:语气词。)㉆固执,闭塞。《论语·宪问》:"岂若匹夫匹妇之为～也?" ❷ 相信。《诗经·鄘风·柏舟》:"母也天只,不～人只。"(只:语气词。)㉆体谅,原谅。欧阳修《与刁景纯学士书》:"未必～某此心也。"(某:我。) ❸ 确实。屈原《九章·惜往日》:"～聪不明而蔽壅兮,使谗谀而日得。" ❹ 料想。郑玄《诗谱·序》:"诗之兴也,～不于上皇之世。"《后汉书·马援传》:"～为烈士,当如此矣。"

量 liàng ❶ 以容积量物的量器。《论语·尧曰》:"谨权～,审法度。"(权:秤,秤锤,指计量轻重的器具。)㉆容量,度量衡的规定。《史记·秦始皇本纪》:"器械一～。" ❷ liáng 用计算容积的量器计量。《庄子·胠篋》："为之斗斛以～之。"㊀衡量。《韩非子·有度》："使法～功，不自度也。"❸ 气量，抱负。《三国志·蜀书·诸葛亮传》："刘备以亮有殊～，乃三顾亮于草庐之中。"（殊：特殊的，不平常的。顾：探望。）❹ 量词。双。皇甫规《与马融书》："谨上袜一～。"

LIAO

辽（遼） liáo ❶ 遥远。《墨子·非攻》："道路～远。"㊀开阔。白居易《截树》诗："开怀东南望，目远心～然。"㊁长久。阮籍《咏怀八十二首》之八十一："人生乐长久，百年自言～。"❷ 朝代名（公元907—1125 年）。907 年建国，初名契丹。947 年改国号为辽。第一代君主是耶律阿保机。❸ 水名。即今辽河。

聊 liáo ❶ 依靠，依赖。《战国策·秦策一》："上下相愁，民无所～。"［聊赖］凭借，寄托。蔡琰《悲愤诗》："虽生何～～！"❷ 姑且，暂且。屈原《九章·哀郢》："登大坟以远望兮，～以舒吾忧心。"（坟：高地。舒：舒散。）《左传·襄公二十一年》："～以卒岁。"（勉强度过一年。卒：终结。）

僚 liáo ❶ 官。《尚书·皋陶谟》："百～师师。"（百官各师其师。）左思《咏史八首》之二："世胄蹑高位，英俊沈下～。"（胄：后代。蹑：登。）㊕一起做官的人。《诗经·大雅·板》："我虽异事，及尔同～。"《后汉书·郑玄传》："显誉成于～友，德行立于己志。"㊁属官。《新唐书·崔咸传》："日与宾客～属痛饮。"❷ 古代一个卑贱的等级。《左传·昭公七年》："隶臣～，～臣仆。"（隶、仆：古代两个卑贱的等级。臣：统属。）❸ liǎo 美好的样子。《诗经·陈风·月出》："佼（jiǎo）人～兮。"（佼人：美人。）

嘹 liáo 动物长而响的叫声。李贺《昌谷诗》："～～湿蛄声，咽源惊溅起。"［嘹亮］声音高而响亮。刘孝绰《三日侍华光殿曲水宴》诗："妍歌已～～，妙舞复纡余。"又写作"憀亮"。

嶛［嶚］ liáo 山高的样子。左思《魏都赋》："剑阁虽～，凭之者蹶。"（蹶：跌倒。）

獠 liáo ❶ 兽名。曹植《七启》："顿纲纵网，罴～回迈。"❷ 夜间打猎。《管子·四称》："～猎毕弋，暴遇诸父。"❸ lǎo 古代南方少数民族名。《晋书·李势载记》："初，蜀土无～，至此始从山而出。"❹ lǎo 骂人之词。《新唐书·褚遂良传》："武氏从幄后呼曰：'何不扑杀此～？'"

潦 liáo ❶ lǎo 雨水。《左传·襄公十年》："水～将降，惧不能归。"《列子·汤问》："百川水～归焉。"（百川和雨水都归向海洋。）㊁积水。王勃《滕王阁序》："～水尽而寒潭清。"❷［潦倒］1. 放荡不羁。嵇康《与山巨源绝交书》："足下旧知吾～～粗疏。"2. 颓丧，失意。杜甫《登高》诗："艰难苦恨繁霜鬓，～～新停浊酒杯。"❸ lào 通"涝"。雨大成灾。《庄子·秋水》："禹之时，十年九～。"

寮 liáo ❶ 小窗。萧纲《侍皇太子宴》诗："烟生翠幕，日照绮～。"（绮：指雕饰华丽的。）❷ 小屋。陆游《贫居》诗："屋窄似僧～。"❸ 通"僚"。官，官职。《三国志·魏书·苏则传》："与董昭同～。"㊕一起做官的人。《左传·文公七年》："同官为～。吾尝同～，敢不尽心乎？"夏侯湛《东方朔画赞》："戏万乘若～友。"（万乘：指皇帝。）㊁属官。《晋书·孟嘉传》："～佐毕集。"

缭（繚） liáo ❶ 缠绕。屈原《九歌·湘夫人》："～之兮杜衡。"（用杜衡缠绕。杜衡：一种香草。）㊀环绕。班固《西都赋》："～以周墙，四百余里。"❷ 量词。绺。《旧唐书·后妃传上》："乃引刀剪发一～附献。"

燎 liáo ❶ 放火焚烧草木。《诗经·小雅·正月》："～之方扬，宁或灭之？"（宁：岂。）❷ 古代用以照明的火炬。《诗经·小雅·庭燎》："庭～之光。"❸ liǎo 烘烤。《后汉书·冯异传》："光武对灶～衣。"㊁烧焦。《三国志·魏书·王粲传》："以此行事，无异于鼓洪炉以～毛发。"（鼓：指鼓风。）❹ liào 烧柴祭天。《白虎通·封禅》："～祭天，报之义也。"㊁柴薪。元稹《赛神》诗："积～曾欲燔。"❺ liào 夜猎。《潜夫论·贤难》："昔有司原氏者，～猎中野。"

鹩（鷯） liáo ［鷦（jiāo）鹩］见 194 页"鷦"字。

镣（鐐） liáo ❶ 上等的银子。何晏《景福殿赋》："～质轮菌。"（镣质：以白银铸造的形质。轮菌：高大的样子。）❷ liào 刑具，脚镣（后起意义）。《元史·刑法志三》："带～居役，役满放还。"

簝 liáo 古代宗庙用于盛祭肉的竹器。《周礼·地官·牛人》："凡祭祀，共其牛牲之互，与其盆～，以待事。"

飉 liáo ❶［飉飉］微风吹拂的样子。陆机《羽扇赋》："翩姗姗以微振，风～～以垂婉。"❷［飉厉］歌声嘹亮。左思《蜀都赋》:"起西音于促柱,歌江上之～～。"

漻 liáo ❶ 水清澈的样子。《庄子·天地》:"夫道,渊乎其居也,～乎其清也。"李贺《南山田中行》诗:"秋野明,秋风白,塘水～～虫啧啧。" ❷ 流动。《吕氏春秋·古乐》:"通大川,决壅塞,凿龙门,降通～水以导河。"[漻淚(lì)]水急流的样子。张衡《南都赋》:"长输远逝,～～淢汩(yùyù)。"(淢汩:水流动的样子。) ❸ liú 变化的样子。《庄子·知北游》:"人生天地之间若白驹之过郤……油然～然,莫不入焉。" ❹ [寂漻]通"寂寥"。空虚,寂静。宋玉《九辩》:"～～兮收潦而水清。"

憀 liáo ❶ 依赖,依托。《淮南子·兵略》:"上下不相宁,吏民不相～。"李商隐《梓州罢吟寄同舍》:"楚雨含情皆有托,漳滨卧病竟无～。" ❷ 悲恨的情绪。陆龟蒙《自遣》诗:"谁使寒鸦意绪娇,云晴山晚动情～。" ❸ [憀亮]同"嘹亮"。声音高而响亮。嵇康《琴赋》:"新声～～,何其伟也!"

寥 liáo 空虚。《老子》二十五章:"寂兮～兮,独立而不改。"[寂寥]空虚,寂静。《楚辞·九叹·惜贤》:"声嗷嗷以～～兮。"刘禹锡《秋词》:"自古逢秋悲～～。"又写作"寂漻"。[寥廓]空阔,高远。《楚辞·远游》:"下峥嵘而无地兮,上～～而无天。"

膋 liáo 牛肠中的脂肪。《诗经·小雅·信南山》:"执其鸾刀,以启其毛,取其血～。"

敹 liáo 缝缀。《尚书·费誓》:"善～乃甲胄。"

了¹ liǎo ❶ 结束,完毕。仲长统《昌言·损益》:"人远则难绥,事总则难～。"(绥:安抚。总:汇聚。) ❷ 全。多用于否定句。《晋书·谢安传》:"～无喜色。" ❸ 毕竟,终究。《新唐书·姚南仲传》:"虽欲自近,～复何益?" ❹ 懂得,明白。《南史·蔡撙传》:"卿殊不～事。"(殊:很。)

了²(瞭) liǎo ❶ 眼珠明亮。《孟子·离娄上》:"胸中正则眸子～焉。"㊀明白,明了。《论衡·自纪》:"言～于耳,则事味于心。" ❷ 高远。宋玉《九辩》:"尧舜之抗行兮,～冥冥而薄天。"

蓼 liǎo ❶ 植物名。种类很多,味辛辣。《诗经·周颂·良耜》:"以薅荼(tú)～,荼～朽止,黍稷茂止。"(荼:苦菜。)李贺《春归昌谷》诗:"逸目骈甘华,羁心如荼～。"柳宗元《田家三首》诗之三:"～花被堤岸,陂水寒更绿。" ❷ 比喻辛苦。《诗经·周颂·小毖》:"未堪家多难,予又集于～。"《颜氏家训·序致》:"年始九岁,便丁荼～。"(丁:遭逢。) ❸ 周代诸侯国。1. 在今河南唐河。《左传·桓公十一年》:"郧人军于蒲骚,将与随、绞、州、～伐楚师。"这个意义又写作"鄝"。2. 在今河南固始。《左传·文公五年》:"臧文仲闻六与～灭。" ❹ lù 长(cháng)大的样子。《诗经·小雅·蓼萧》:"～彼萧斯。"《诗经·小雅·蓼莪》:"～～者莪。"

憭 liǎo ❶ 明白,清楚。韦昭《国语解叙》:"其所发明,大义略举,为已～矣。" ❷ liáo [憭慄(lì)]凄凉的样子。宋玉《九辩》:"～～兮若在远行,登山临水兮送将归。"朱熹《民安道中》诗:"～～起寒襟。"又写作"憀慄"、"憭栗"。

橑 liǎo ❶ 屋椽。司马相如《上林赋》:"仰攀～而扪天。" ❷ 薪柴。《管子·侈靡》:"雕～然后爨之。" ❸ lǎo 通"轑"。车篷骨架。《论衡·说日》:"系明月之珠于车盖之～。"

料 liào ❶ 计算,统计。《国语·周语上》:"宣王既丧南国之师,乃～民于太原。"(料民:统计人口。) ❷ 估计,料想。《汉书·赵充国传》:"～敌制胜。"辛弃疾《贺新郎·把酒长亭说》:"～当初、费尽人间铁。"成语有"料事如神"。 ❸ 料理,照料。《三国志·吴书·陆逊传》:"将家属来者,使就～视。" ❹ liáo 触,碰。《庄子·盗跖》:"疾走～虎头。" ❺ 材料(后起意义)。《宋史·河渠志一》:"储积物～。"㊀官俸以外的食料钱。《新唐书·食货志五》:"乾元元年,亦给外官半～。"(乾元:唐肃宗年号。) ❻ 饲料(后起意义)。皮日休《华亭鹤》诗:"菰米正残三日～。"

LIE

列 liè ❶ 割,分。《荀子·大略》:"古者～地建国。"这个意义又写作"裂"。 ❷ 行列,位次。《左传·僖公二十二年》:"既济,而未成～。"(已经过了河,还没有排成行列。)《论语·季氏》:"陈力就～。"《史记·屈原贾生列传》:"上官大夫与之同～。"㊀排列。《后汉书·刘盆子传》:"公卿皆～坐殿上。" ❸ 众,各。《韩非子·五蠹》:"求人主之必及仲尼,而以世之凡民皆如～徒,此必不得之数也。"《史记·天官书》:"天则有～宿,地则有州域。" ❹ 通"迾"。阻遏,封禁。《礼记·玉藻》:"山泽～而不赋。" ❺ 通"烈"。猛烈。《汉书·王莽传下》:"壬午,～风毁王路西厢及后阁更衣中室。"㊀[列士]刚烈之士。《汉书·贾谊传》:"贪夫徇财,～～徇名。"

洌 liè ❶寒冷。《诗经·曹风·下泉》："～彼下泉，浸彼苞稂。"成公绥《啸赋》："横郁鸣而滔涸，～飘眇而清昶。"[凛洌]见255页"凛"字。❷通"冽"。清澈。柳宗元《至小丘西小石潭记》："伐竹取道，下见小潭，水尤清～。"

茢 liè ❶草名。❷笤帚。《左传·襄公二十九年》："乃使巫以桃～先祓殡。"（祓殡：祛除灵柩旁的鬼魅。）

迾 liè ❶阻遏，多指列队警卫。《汉书·武五子传》："以王家钱取卒，～宫清中备盗贼。"❷通"列"。排列。《汉书·扬雄传上》："穷冥极远者，相与～虖高原之上。"

冽 liè ❶清澈。《周易·井》："井～寒泉，食。"欧阳修《醉翁亭记》："泉香而酒～。"❷通"洌"。寒冷。《诗经·小雅·大东》："有～氿泉，无浸获薪。"（获薪：打下的柴。）

栵 liè ❶树名。《尔雅·释木》："栵，栭。"郭璞注："树似槲樕而庳小，子如细栗可食。"❷树木成行列。《诗经·大雅·皇矣》："修之平之，其灌其～。"（灌：指灌木丛。）

烈 liè ❶（火）猛。《左传·昭公二十年》："夫火～，民望而畏之。"㊀放火（烧）。《孟子·滕文公上》："益～山泽而焚之。"（益：人名。）㊁猛烈，强烈。《尚书·舜典》："纳于大麓，～风雷雨弗迷。"❷威严，刚正。《吕氏春秋·慎人》："孔子～然返瑟而弦，子路抗然执干而舞。"❸浓重。《吕氏春秋·尽数》："凡食，无强厚味，无以～味重酒。"❹光明，显赫。《国语·晋语九》："君有～名。"❺事业，功绩。《诗经·周颂·武》："於皇武王，无竞维～。"（於：叹词。皇：伟大。无竞：无能相比。）《孟子·公孙丑上》："管仲得君如彼其专也，行乎国政如彼其久也，功～如彼其卑也。"贾谊《过秦论》："及至始皇，奋六世之余～，振长策而御宇内。"（余烈：留传下来的事业。振长策：挥动长鞭。御宇内：驾驭天下。）❻刚毅，有节操。《史记·伍子胥列传》："非～丈夫孰能致此哉？"[烈士] 1. 刚烈之士。《庄子·秋水》："白刃交于前，视死若生者，～～之勇也。" 2. 积极建立功业的人。曹操《步出夏门行·龟虽寿》："～～暮年，壮心不已。"（已：停止。）❼通"列"。行列。《诗经·郑风·大叔于田》："火～具举。"（火：指火炬。）

裂 liè ❶裁，剪。《左传·昭公元年》："～裳帛而与之。"（与：给予。）㊁割，分。《庄子·逍遥游》："～地而封之。"❷破裂，裂开。《战国策·秦策三》："百人诚舆瓢，瓢必～。"（舆：用作动词，载，这里指掌控、持有。）杜甫《自京赴奉先县咏怀五百字》："岁暮百草零，疾风高岗～。"

劣 liè ❶弱小。曹植《辩道论》："骨体强～，各有人焉。"❷不好。《论衡·气寿》："优～异名。"㊀低下。《三国志·吴书·陆凯传》："智慧浅～。"❸副词。仅，只。《宋书·刘怀慎传》："德愿善御车，尝立两柱，使其中～通车轴，乃于百余步上，振辔（pèi）长驱，未至数尺，打牛奔从柱间直过。"（德愿：人名。辔：缰绳。）

埒 liè ❶矮墙。《三国志·魏书·鲍勋传》："时营垒未成，但立标～。"[马埒]古时跑马射箭的场所，四面围以矮墙。刘禹锡《题于家公主旧宅》诗："～～蓬蒿藏狡兔。"❷堤坝，田埂。谢朓《赋贫民田》诗："旧～新塍（chéng）分，青苗白水映。"（塍：田埂。）㊁界限。《淮南子·兵略》："夫有形～者，天下讼见之。"❸山上的水流。《列子·汤问》："一源分为四～，注于山下。"❹等同。《史记·平准书》："富～天子。"《汉书·李延年传》："其爱幸～韩嫣。"（韩嫣：人名。）

脟 liè ❶禽兽肋骨部分的肉。❷luán同"脔"。切成小块的肉。《吕氏春秋·察今》："尝一～肉，而知一镬之味，一鼎之调。"

捩 liè ❶扭转。韩愈《送穷文》："～手覆羹，转喉触讳。"（覆：翻倒。转喉：指说出话来。）苏辙《入峡》诗："～柁破渍旋，畏与乱石遭。"❷折。陆龟蒙《引泉》诗："凌风～桂柂。"❸lì 琵琶拨子。萧纲《咏内人昼眠》诗："攀钩落绮障，插～举琵琶。"

猎（獵） liè ❶打猎，捕捉野兽。《诗经·魏风·伐檀》："不狩不～，胡瞻尔庭有县貆兮？"《韩非子·说林上》："孟孙～，得麑（ní）。"（孟孙：人名。麑：小鹿。）❷取，搜求。《旧五代史·常思传》："彼必是来～酒也。"❸侵犯。《国语·吴语》："今大夫国子兴其众庶，以犯～吴国之师徒。"❹通"躐"。踩，践踏。《荀子·议兵》："不～禾稼。"㊁越过，掠过。宋玉《风赋》："故其清凉雄风……～蕙草。"（雄风：大风。）❺通"擸"。持，指持而正之。《史记·日者列传》："～缨正襟危坐。"（缨：帽带。危坐：端正地坐着。）

擸 liè 持，用手拿。《仪礼·聘礼》："降筵北面，以栖兼诸觯尚～，坐啐醴。"（栖：一种舀酒的礼器。觯：一种饮酒器。）

躐 liè ❶踩，践踏。屈原《九歌·国殇》："凌余阵兮～余行。"（侵犯我们的阵地，践踏我们的行列。）❷越过，超越。《礼记·学记》："学不～等也。"《新唐书·李峤传》：

“冒级～阶。”又如“躐等”、“躐进”(不依次序前进)。❸ 通“擸”。持,指持而正之。《后汉书·崔骃传》:“～缨整襟,规矩其步。”(缨:帽带。规矩其步:使其步伐规矩合于礼仪。)

鬣 liè ❶ 胡须。《左传·昭公十七年》:“使长～者三人潜伏于舟侧。”❷ 兽类颈上的毛。陆德明《经典释文》卷四:“骝(liú),音留,赤马黑～也。”❸ 鱼类、鲸等动物颔边的鬐。李贺《白虎行》:“鲸鱼张～海波沸,耕人半作征人鬼。”❹ 鸟头上的长毛。枚乘《七发》:“鵷鶵鵁鶄,翠～紫缨。”❺ 松针。段成式《酉阳杂俎》卷一八“广动植之三”:“大堂前有五～松两株。”❻ 扫帚。《礼记·少仪》:“泛扫曰扫,扫席前曰拚(fèn),拚席不以～。”(拚:扫。)

LIN

邻(鄰)[隣] lín ❶ 古代的一种居民组织。五家为邻。《周礼·地官·遂人》:“五家为～,五～为里。”㉑邻居,邻国。《老子》十五章:“犹兮若畏四～。”《左传·僖公三十年》:“～之厚,君之薄也。”❷ 相邻,邻近。《左传·襄公二十九年》:“～于善,民之望也。”❸［邻邻］1. 成群结队的样子。屈原《九歌·河伯》:“鱼～～兮媵予。”2. 同“辚辚”。象声词。形容车行声。《诗经·秦风·车邻》:“有车～～,有马白颠。”

林 lín ❶ 成片的树木、竹子。《孟子·梁惠王上》:“斧斤以时入山～,材木不可胜用也。”㉑人或物会聚处。司马迁《报任安书》:“然后可以托于世,而列于君子之～矣。”萧统《文选序》:“历观文囿,泛览辞～。”❷ 盛多的样子。《诗经·小雅·宾之初筵》:“百礼既至,有壬有～。”(有:通“又”。壬:大。)双音词有“林立”。［林林］众多的样子。柳宗元《贞符》:“惟人之初,总总而生,～～而群。”成语有“林林总总”。

淋 lín ❶ 浇。贾思勰《齐民要术·笨麴并酒》:“不过数斛汤,回转翻覆,通头面痛～。”㉒沾湿。杜荀鹤《送项山人归天台》诗:“露～秋桧鹤声清。”❷［淋漓］1. 沾湿或下滴的样子。韩愈《醉后》诗:“～～身上衣。”韩愈《和虞部卢四酬翰林钱七赤藤杖歌》:“赤龙拔须血～～。”2. 盛多的样子。宋之问《龙门应制》诗:“羽从～～拥轩盖。”(羽从:指护驾的军队与侍从。)3. 酣畅的样子。陆游《哀郢二首》诗之二:“～～痛饮长亭暮。”❸ lìn 病名。《素问·六元正纪大论》:“小便黄赤,甚则～。”这个意义又写作“痳”。

琳 lín 美玉,青碧色的玉。《史记·司马相如列传》:“玫瑰碧～,珊瑚丛生。”张衡《西京赋》:“珊瑚～碧。”［琳琅］1.美玉。《世说新语·容止》:“触目见～～珠玉。”㉔优美珍贵的东西。如“琳琅满目”。2. 象声词。形容玉石相击声。屈原《九歌·东皇太一》:“抚长剑兮玉珥,璆锵鸣兮～～。”

霖 lín 久下不停的雨。《左传·隐公九年》:“凡雨自三日以往为～。”(以往:以上。)《三国志·魏书·毛玠传》:“急当阴～,何以反旱?”

临(臨) lín ❶ 从高处往低处看。《荀子·劝学》:“不～深谿,不知地之厚也。”(谿:山谷。)成语有“居高临下”。㉑从上监视着,统治。《穀梁传·哀公七年》:“春秋有～天下之言焉。”❷ 降临,由上到下。《史记·淮阴侯列传》:“信尝过樊将军哙,哙跪拜送迎,言称臣。曰:‘大王乃肯～臣。’”㉑到。《三国志·吴书·吴主传》:“而曹公已～其境。”《抱朴子·勤求》:“至老不改,～死不悔。”❸ 面对。曹操《步战令》:“～战,兵弩不可离阵。”(兵弩:指弓弩手。)成语有“如临大敌”。❹ 对着书画范本摹仿学习(后起意义)。如“临摹”、“临帖”。❺ lìn 哭吊。《吕氏春秋·悔过》:“缪公闻之,素服庙～。”《汉书·高帝纪上》:“于是汉王为义帝发丧,袒而大哭,哀～三日。”

粼 lín ［粼粼］同“磷磷”。水石明净的样子。《诗经·唐风·扬之水》:“扬之水,白石～～。”高启《湘中弦》诗:“凉风袅袅月～～,竹色兰香秋水滨。”

嶙 lín ❶［嶙嶙］山势起伏不平的样子。欧阳修《盘车图》诗:“浅山～～,乱石矗矗。”❷［嶙峋(xún)］山崖参差层叠峻峭的样子。扬雄《甘泉赋》:“岭巆～～,洞亡厓兮。”成语有“瘦骨嶙峋”。

遴 lín ❶ 选择,挑选(后起意义)。《新唐书·魏玄同传》:“太平多士,则～柬髦俊而使之。”(柬:选择。)［遴选］慎重地选择。《金史·陈规传》:“～～学术该博、通晓世务、骨鲠敢言者。”(该博:广博。骨鲠:刚直,鲠直。)❷ lìn 通“吝”。吝惜,吝啬。《汉书·王莽传上》:“班赏亡(wú)～。”(班赏:指行赏。亡:无。)

潾 lín ［潾潾］1. 水清澈的样子。杜甫《杂述》:“泰山冥冥崒以高,泗水～～弥以清。”2. 波光闪烁的样子。温庭筠《三洲歌》:“月随波动碎～～,雪似梅花不堪折。”

璘 lín ［璘彬］玉光泽鲜艳文采缤纷的样子。张衡《西京赋》:“珊瑚琳碧,瓀珉～～。”

辚(轔) lín ❶车轮。《仪礼·既夕礼》"迁于祖用轴"贾公彦疏："汉时名转轴为转～，～，轮也。"❷[辚辚]象声词。形容车子行走的声音。屈原《九歌·大司命》："乘龙兮～～，高驰兮冲天。"张衡《东京赋》："戎士介而扬挥……肃肃习习，隐隐～～。"杜甫《兵车行》："车～～，马萧萧。"❸门槛。《淮南子·说林》："虽欲谨，亡马，不发户～。"❹lìn 车轮碾轧。《史记·司马相如列传》："掩兔～鹿。"《后汉书·廉范传》："虏自相～藉，死者千余人。"

燐 lín ❶燐火。《淮南子·氾论》："老槐生火，久血为～，人弗怪也。"❷[燐烂]光亮闪烁的样子。潘岳《安石榴赋》："若珊瑚之映绿水，光明～～。"

磷 lín ❶[磷磷]1. 水石明净的样子。刘桢《赠从弟》诗："汎汎东流水，～～水中石。"宋之问《始安秋日》诗："碎石水～～。"又写作"粼粼"。2. 色彩鲜明的样子。司马相如《上林赋》："～～烂烂，采色澔汗。"❷同"燐"。燐火。欧阳修《祭石曼卿文》："风凄露下，走～飞萤。"❸lìn 磨薄，减损。《论语·阳货》："不曰坚乎，磨而不～；不曰白乎，涅而不缁。"杜甫《夔府书怀四十韵》："文园终寂寞，汉阁自～缁。"

瞵 lín ❶瞪大眼睛看。左思《吴都赋》："鹰～鹗视。"潘岳《射雉赋》："～悍目以旁睐。"❷[瞵瑞(bīn)]文采缤纷的样子。扬雄《甘泉赋》："翠玉树之青葱兮，璧马犀之～～。"

麟 lín [麒麟]见 328 页"麒"字。

凛[凜] lǐn ❶寒冷。潘岳《闲居赋》："～秋暑退。"[凛冽]寒冷的样子。杜甫《西阁曝日》诗："～～倦玄冬，负暄嗜飞阁。"李白《大猎赋》："严冬惨切，寒气～～。"[凛凛]1. 寒冷的样子。潘岳《悼亡诗三首》之二："～～凉风升。"2. 恐惧的样子。《三国志·蜀书·法正传》："侍婢百余人，皆亲执刀侍立，先主每入，衷心常～～。"（先主：指刘备。）❷[凛然]严厉、严肃的样子。《孔子家语·致思》："夫子～～曰：'美哉德也！'"

廪[廩] lǐn ❶米仓。《孟子·滕文公上》："滕有仓～府库，则是厉民而以自养也。恶得贤？"《商君书·农战》："仓～虽满，不偷于农。"（偷：怠惰。）❷官方供给的粮食。《管子·问》："问死事之寡，其饩(xì)～何如。"（死事之寡：为国事而死的人的遗属。饩：国家供给的粮食等生活物资。）㊈官方供给（粮食）。晁错《言守边备塞疏》："予冬夏衣，～食。"（予：给予。）❸积聚。《素问·皮部论》："～于肠胃。"❹[廪廪]同"懔懔"。恐惧的样子。贾谊《论积贮疏》："可以为富安天下，而直为此～～也。"

懔[懍] lǐn ❶危惧，看见危险而害怕。《尚书·五子之歌》："～乎若朽索之驭六马。"（朽：腐朽。）潘岳《关中》诗："主忧臣劳，孰不祇(zhī)～？"（孰不祇懔：有谁不敬畏。祇：恭敬。）❷[懔懔]1. 恐惧的样子。陆机《文赋》："心～～以怀霜。"又写作"廪廪"。2. 严正的样子。《世说新语·品藻》："廉颇、蔺相如虽千载上死人，～～恒如有生气。"

吝[悋] lìn ❶吝惜，吝啬。《论语·泰伯》："如有周公之才之美，使骄且～，其余不足观也已。"㊁顾惜，不舍。陶渊明《五柳先生传》："既醉而退，曾不～情去留。"❷耻辱。张衡《应间》："得之不休，不获不～。"（休：善。）㊁遗憾，后悔。《后汉书·马援传》："援与妻子生诀，无悔～之心。"

赁(賃) lìn ❶给人做雇工。《左传·襄公二十七年》："申鲜虞来奔，仆～于野。"《史记·季布栾布列传》："穷困，～佣于齐。"（齐：齐国。）❷租借。《穆天子传》卷三："～车受载。"王禹偁《书斋》诗："年年～宅住闲坊。"

蔺(藺) lìn ❶草名。即灯芯草。可编席。史游《急就篇》卷三："蒲蒻～席帐帷幢。"❷通"躏"。践踏。《汉书·司马相如传上》："～玄鹤，乱昆鸡。"㊁压。贾思勰《齐民要术·大小麦》："冬雨雪止，以物辄～麦上，掩其雪，勿令从风飞去。"❸姓。如战国时赵国有蔺相如。

躏(躪) lìn [躏轹]践踏。李白《大猎赋》："虽～～之已多，犹拗怒而未歇。"[蹂躏]见 361 页"蹂"字。

轥 lìn ❶车轮碾压，经过。潘岳《西征赋》："～枍诣而轹承光。"（枍诣、承光：台观名。）❷[轥轹(lì)]1. 车轮碾压。司马相如《上林赋》："徒车之所～～，步骑之所蹂若。"2. 超越。《隋书·杨玄感传》："足以～～轩唐，奄吞周汉。"

橉 lìn ❶树名。郭璞《江赋》："～杞稹薄于浔涘，栛槤森岭而罗峰。"❷lǐn 门槛。《淮南子·氾论》："枕户～而卧者，鬼神蹠其首。"（蹠：踩踏。）

LING

伶 líng ❶乐官。《国语·周语下》："问之～州鸠。"（州鸠：人名。）㊁伶人，表演歌舞的人。《新唐书·礼乐志十二》:"帝制新曲,教女～数十百人,衣珠翠缇绣,连袂而歌。"(衣:穿戴。缇:丹黄色。) ❷ 被役使的人。白居易《府斋感怀酬梦得》诗:"府～呼唤争先到。" ❸ [伶仃]同"零丁"。见下"零"字。❹ [伶俜(pīng)] 1. 孤单的样子。潘岳《寡妇赋》:"少～～而偏孤兮,痛切怛以摧心。"杜甫《新安吏》诗:"肥男有母送,瘦男独～～。" 2. 漂泊流离的样子。柳宗元《祭万年裴令文》:"契阔～～,分形间质。"(契阔:离合。)

苓 líng ❶ 药草名。大苦,即甘草。《诗经·唐风·采苓》:"采～采～,首阳之巅。" ❷ 指茯苓,药草名。虞集《为范尊师赋云林清游》诗:"斸(zhú)～春雾重,煮术(zhú)晚烟轻。"(斸:砍。术:指白术或苍术,中药名。) ❸ [苓落]同"零落"。衰颓败落。《汉书·叙传上》:"得气者蕃滋,失时者～～。" ❹ lián 通"莲"。莲花。枚乘《七发》:"蔓草芳～。"

岭2 líng ❶ [岭嶒(yíng)]山深的样子。扬雄《甘泉赋》:"～～嶙峋,洞亡厓兮。" ❷ [岭嶙]象声词。形容叩石声。扬雄《蜀都赋》:"叩岩～～。"

L

囹 líng [囹圄(yǔ)]监狱。《韩非子·三守》:"至于守司～～,禁制刑罚,人臣擅之,此谓刑劫。"(守司:主管。)又写作"囹圉(yǔ)"。

泠 líng ❶ 轻妙。《庄子·逍遥游》:"列子御风而行,～然善也。"(御:驾驭。) ❷ 清凉。柳宗元《钴鉧潭西小丘记》:"清～之状与目谋。" ❸ 晓喻。《庄子·山木》:"舜之将死,真～禹曰:'汝戒之哉!'"(真:当作"乃"。) ❹ [泠泠] 1. 声音清脆。陆机《文赋》:"音～～而盈耳。" 2. 清凉的样子。东方朔《七谏·初放》:"下～～而来风。" ❺ 通"伶"。乐官,伶人。《左传·成公九年》:"问其族,对曰:'～人也。'"

玲 líng ❶ [玲珑] 1. 象声词。形容金玉声。班固《东都赋》:"和鸾～～。"(鸾:帝王车上的铃。) 2. 明澈、空明的样子。左思《吴都赋》:"珊瑚幽茂而～～。"㊕梅花或雪。韩愈《春雪间早梅》诗:"～～开已遍。"王安石《次韵王胜之咏雪》:"～～蓊水空中堕。" ❷ [玲玲]象声词。形容玉声。刘勰《文心雕龙·声律》:"～～如振玉。"

瓴 líng ❶ 一种盛水的瓶子。《淮南子·修务》:"今夫救火者,汲(jí)水而趋之,或以瓮～,或以盆盂。"(汲:从井中取水。或:有的人。瓮:盛水的陶器。)成语有"高屋建瓴"。❷ [瓴甋(dí)]砖。张协《杂诗十首》之五:"～～夸玙璠(yúfán)。"(夸:夸耀。玙璠:美玉。)

鸰(鴒) líng [鹡(jí)鸰]见 179 页"鹡"字。

聆 líng ❶ 细听。扬雄《剧秦美新》:"镜纯粹之至精,～清和之正声。"谢灵运《登池上楼》诗:"倾耳～波澜。" ❷ [聆聆]明了。《淮南子·齐俗》:"不通于道者若迷惑,告以东西南北,所居～～。"

【辨】聆,听。"聆"和"听"是同义词,但也有细微的区别:"聆"是倾耳细听,"听"是一般的听。

蛉 líng [螟(míng)蛉]见 285 页"螟"字。

舲 líng 有窗的小船。《淮南子·俶真》:"越～蜀艇,不能无水而浮。"㊀船窗。庾信《舟中望月》诗:"舟子夜离家,开～望月华。"

翎 líng 鸟翅或尾上的长羽毛。白居易《放旅雁》诗:"拔汝翅～为箭羽。"

軨 líng ❶ 古代车厢的木围栏。宋玉《九辩》:"倚结～兮长太息。" ❷ 车轮。《礼记·曲礼上》:"已驾,仆展～效驾。"

詅 líng 叫卖。《颜氏家训·文章》:"吾见世人,至无才思,自谓清华,流布丑拙,亦以众矣。江南号为～痴符。"

零 líng ❶ 下雨。《诗经·豳风·东山》:"～雨其濛。"(濛:雨很细的样子。)㊀落下,凋落。《古诗十九首·迢迢牵牛星》:"泣涕～如雨。"屈原《离骚》:"惟草木之～落兮。"成语有"感激涕零"。❷ 零碎,零散。李白《月下独酌》诗:"我歌月徘徊,我舞影～乱。" ❸ [零丁]孤独的样子。李密《陈情表》:"臣少多疾病,九岁不行,～～孤苦,至于成立。"又写作"伶仃"。【注意】古代汉语中"零"不当"零数"讲。

灵(靈)[霛] líng ❶ 女巫。屈原《九歌·东皇太一》:"～偃蹇(jiǎn)兮姣(jiāo)服。"(偃蹇:形容跳舞的姿态。姣服:美好的服装。) ❷ 神灵。《汉书·礼乐志》:"～之下,若风马。"(风马:像风一般迅速奔跑的马。)㊀灵魂。温庭筠《过陈琳墓》诗:"词客有～应识我。" ❸ 威灵,福。《左传·僖公二十三年》:"若以君之～得反晋国。"(反:返。) ❹ 属于死人的。曹植《赠白马王彪》诗:"～柩(jiù)寄京师。"(柩:装着尸体的棺材。)双音词有"灵堂"、"灵车"。❺ 人的精神意志。刘勰《文心雕龙·情采》:"综述性～,敷写器象。"(敷:陈述。器象：指万物。）❻ 灵验，应验。《史记·龟策列传》："龟藏则不～，蓍久则不神。"❼ 知晓。《庄子·天地》："大愚者，终身不～。"❽ 善，美好。《诗经·鄘风·定之方中》："～雨既零，命彼倌人。"

棂（欞）［櫺］ líng ❶ 窗户或栏杆上雕花的格子。班固《西都赋》："舍～槛而却倚，若颠坠而复稽。"（稽：留止。）❷ 屋檐。《营造法式·大木作制度》二："檐，其名有十四……七曰～。"

凌 líng ❶ 冰。《诗经·豳风·七月》："二之日凿冰冲冲，三之日纳于～阴。"《周礼·天官·凌人》："～人，掌冰。正岁十有二月，令斩冰，三其～。"（三其凌：三倍纳冰。）双音词有"冰凌"。❷ 升，登。《管子·兵法》："～山阬，不待钩梯。"《商君书·赏刑》："攻将～其城。"❸ 乘，凌驾。《史记·司马相如列传》："飘飘有～云之气。"李白《赠僧朝美》诗："水客～洪波。"杜甫《春日戏题恼郝使君兄》诗："使君意气～青霄。"（青霄：高空。）成语有"壮志凌云"。㊅越过。《吕氏春秋·论威》："虽有江河之险，则～之。"❹ 压倒，侵犯，欺侮。《战国策·秦策一》："今欲并天下，～万乘，诎敌国，制海内，子元元，臣诸侯，非兵不可。"屈原《九歌·国殇》："终刚强兮不可～。"❺ 暴，急。《扬子法言·吾子》："震风～雨。"❻ 迫近，临近。刘孝威《帆渡吉阳洲》："江风～晓急。"

【辨】凌，淩，陵。"凌"的本义是冰。"淩"的本义是水名。"陵"的本义是大山。这三个字的本义差别很大，但是由于音同形近的缘故，在"登"、"乘"、"侵犯"等意义上，三个字通用。

陵 líng ❶ 大土山。《孙子兵法·军争》："用兵之法，高～勿向。"成语有"陵迁谷变"。㊀帝王陵墓。《后汉书·董卓传》："又使吕布发诸帝～。"郦道元《水经注·渭水》："秦名天子冢曰山，汉曰～。"❷ 升，登。《左传·成公二年》："齐侯亲鼓，士～城。"张衡《西京赋》："～重巘，猎昆骆。"（重巘：重山。昆骆：类似马的一种动物，善登山。）❸ 乘，凌驾。《三国志·魏书·邓艾传》："勇气～云。"㊅越过。《史记·秦始皇本纪》："皇帝匡饬异俗，～水经地。"❹ 侵犯，欺侮。《史记·酷吏列传》："甯成者……好气，为人小吏，必～其长吏。"《潜夫论·交际》："少而好～长。"❺ 严峻，严密。《荀子·致士》："凡节奏欲～，而生民欲宽。"（节奏：指法度。生民：养民。）❻ 战栗。刘向《说苑·善说》："登高临危而目不眴，而足不～者，此工匠之勇悍也。"❼ 磨砺。《荀子·君道》："兵刃不待～而劲。"（劲：指锋利。）❽［陵迟］［陵夷］1. 山坡平缓。《荀子·宥坐》："三尺之岸，而虚车不能登也。百仞之山，任负车登焉。何则？陵迟故也。"2. 衰落。《三国志·蜀书·先主传》："今汉室陵迟。"《汉书·成帝纪》："帝王之道，日以陵夷。"

【辨】凌，淩，陵。见上"凌"字。

【辨】陵，山，嶺，丘。古时把石头大山称为"山"，大土山称为"陵"，小而尖的山称为"嶺"，夹在大山中间的小土山称为"丘"。

淩 líng ❶ 水名。❷ 升，登。《抱朴子·对俗》："是以萧史偕翔风以～虚。"木华《海赋》："飞骏鼓楫，泛海～山。"❸ 乘，凌驾。屈原《九章·哀郢》："～阳侯之泛滥兮。"（乘着波涛漂游。阳侯：古代传说中水波之神，这里指波涛。）❹ 侵犯，欺侮。《史记·游侠列传》："豪暴侵～孤弱。"❺ 急行。《楚辞·大招》："冥～浃行，魂无逃只。"（浃：遍。）❻ 冒着。孙绰《游天台山赋》："八桂森挺以～霜。"❼ 冰。贾岛《冬夜》诗："～结浮萍水，雪和衰柳风。"

【辨】凌，淩，陵。见上"凌"字。

绫（綾） líng ❶ 一种有花纹的丝织品。白居易《卖炭翁》诗："半匹红纱一丈～，系向牛头充炭直。"（直：值，价值。）成语有"绫罗绸缎"。❷［缯（zēng）绫］见530页"缯"字。

醽 líng 酒名。潘岳《笙赋》："披黄包以授甘，倾缥瓷以酌～。"［醽醁（lù）］酒名。《抱朴子·嘉遁》："寒泉旨于～～。"

岭[1]（嶺） lǐng ❶ 小而尖的山。谢灵运《初去郡》诗："登～始山行。"㊁山。王羲之《兰亭集序》："此地有崇山峻～，茂林修竹。"李白《题元丹丘颍阳山居》诗："却顾北山断，前瞻南～分。"（却顾：回头看。）㊀山脉。苏轼《题西林壁》诗："横看成～侧成峰。"❷ 专指五岭，即大庾岭、越城岭、都庞岭、萌渚岭、骑田岭，在今江西、湖南和广东、广西交界处。《晋书·吴隐之传》："朝廷欲革～南之弊。"（革：改革。岭南：即五岭之南，指今广东。）【注意】古代汉语中"岭（líng）"和"嶺"是两个字，意义各不相同。上述义项都不写作"岭"。现"嶺"简化为"岭"。

【辨】陵，山，嶺，丘。见上"陵"字。

领（領） lǐng ❶ 脖子。《左传·昭公七年》："引～北望。"（引领：伸长脖子。）❷ 衣领。《荀子·劝学》："若挈（qiè）裘～。"（挈：提。裘：皮衣。）［要领］主要之点。《汉书·张骞传》:"竟不能得月氏(zhī)～～。"(月氏:民族名。)成语有"提纲挈领"。❸ 统率,率领。《韩非子·奸劫弑臣》:"下不能～御其众以安其国。"《三国志·吴书·吴主传》:"各～万人,与备俱进。"(备:指刘备。)㊀兼任较低的官职。《晋书·谢安传》:"又～扬州刺史。"㊁治理,管理。《后汉书·景丹传》:"欲令强起～郡事。"❹ 领会,欣赏。陶渊明《饮酒二十首》诗之十三:"醒醉还相笑,发言各不～。"陆游《初春书怀》诗:"共～人间第一香。"㊀受取(后起意义)。《晋书·桓伊传》:"铠五百领……请勒所属～受。"❺ 量词。多用于衣服。曹操《与太尉杨彪书》:"今赠足下锦裘二～。"(足下:对人的敬称。)❻ 通"岭¹(嶺)"。山岭。《汉书·严助传》:"舆(yú)轿而隃(yú)～。"(舆:竹篼。隃:通"踰",越过。)

【辨】领,颈,项。"领"和"颈"同义。但"颈"又特指脖子前部。《史记·廉颇蔺相如列传》:"为刎颈之交。""刎颈"不能说成"刎领"。"项"是脖子后部。《后汉书·左雄传》:"项背相望。"这个"项"不能换成"领"和"颈"。

令 lìng ❶ 命令。《诗经·齐风·东方未明》:"倒之颠之,自公～之。"《韩非子·难势》:"身不肖而～行者,得助于众也。"(不肖:不贤。)❷ 使,让。《老子》十二章:"五色～人目盲,五音～人耳聋。"《史记·孙子吴起列传》:"臣能～君胜。"(我能使你胜。)㊀假使。《史记·魏其武安侯列传》:"今我在也,而人皆藉吾弟;～我百岁后,皆鱼肉之矣。"❸ 善,美好。《诗经·大雅·卷阿》:"～闻～望。"双音词有"令尊"。❹ 县令。《史记·滑稽列传》:"魏文侯时,西门豹为邺～。"㊁政府部门的长官。如"中书令"。❺ 时令,季节(后起意义)。如"夏令"。

【辨】命,令。见285页"命"字。

LIU

溜 liū ❶ liù 小水流。潘岳《射雉赋》:"泉涓涓而吐～。"❷ liù 滑动,圆转。欧阳修《玉楼春》:"佳人向晚新妆就,圆腻歌喉珠欲～。"㊀目光一瞥。吕渭老《千秋岁》:"洞房晚,千金未直横波～。"❸ 溜走,偷跑(后起意义)。石君宝《秋胡戏妻》第四折:"不如只做送李大户到县去,暗地～了。"❹ liù 通"霤"。屋檐下接水的沟槽。《左传·宣公二年》:"三进及～,而后视之。"

刘(劉) liú ❶ 杀,戮。《左传·成公十三年》:"虔～我边陲。"(虔:杀。边陲:指边疆的人民。)❷ 斧钺一类的兵器。《尚书·顾命》:"一人冕执～。"(冕:指戴着帽子。执:拿着。)❸ 凋残。《诗经·大雅·桑柔》:"捋采其～。"(捋取桑叶后枝叶稀疏。捋:捋取。)

浏(瀏) liú ❶ 水流清亮的样子。《诗经·郑风·溱洧》:"溱(zhēn)与洧(wěi),～其清矣。"(溱、洧:水名。)❷ 风刮得很紧的样子。《楚辞·九叹·逢纷》:"秋风～以萧萧。"(萧萧:风声。)

斿 liú ❶ 旌旗的下垂饰物。《周礼·考工记·辀人》:"熊旗六～。"❷ 帝王诸侯冕前后悬垂的玉串。《周礼·弁师》:"诸侯之缫(zǎo)～九就。"(缫:通"藻",帝王冕上系玉的彩绳。)❸ yóu 通"游"。遨游。《汉书·礼乐志二》:"泛泛滇滇从高～。"[斿车]帝王田猎或巡行所乘的车。《周礼·春官·司常》:"道车载旞,～～载旌。"也可单称"斿"。王融《三月三日曲水诗序》:"七萃连镳,九～齐轨。"(九斿:天子出行,斿车九乘。)

留[畱] liú ❶ 停留,留下。屈原《离骚》:"欲少～此灵琐兮,日忽忽其将暮。"《史记·廉颇蔺相如列传》:"城入赵而璧～秦。"(璧:指和氏璧。)㊀扣留。《战国策·楚策二》:"楚王入秦,秦王～之。"《史记·李斯列传》:"赵高因～所赐扶苏玺(xǐ)书。"(因:于是。扶苏:秦始皇的长子。玺书:封口处盖有玉玺的诏书。)❷ 拖延,延迟。《战国策·宋卫策》:"徐其攻而～其日。"❸ 留存。《庄子·秋水》:"此龟者宁其死为～骨而贵乎?"❹ liù 等待,待机。《庄子·山木》:"执弹而～之。"

骝(騮)[駵] liú ❶ 黑鬃黑尾的红马。《汉书·郊祀志上》:"其牲用～驹、黄牛、羝羊各一云。"❷ [骅(huá)骝]见160页"骅"字。

飗(飀) liú ❶ [飗飗]微风吹拂的样子。《艺文类聚》卷一引湛方生《风赋》:"亦有飘泠之气……～～微扇。"❷ [飕(sōu)飗]见402页"飕"字。

鹠(鶹) liú ❶ [鹠鷅(lì)]鸟名。即枭。❷ [鸺(xiū)鹠]见470页"鸺"字。

流 liú ❶ 水流动。《诗经·大雅·常武》:"如川之～。"㊀流动。《盐铁论·力耕》:"外国之物内～,而利不外泄也。"㊀流传,传布。《尚书·泰誓》:"有夏桀弗克若天,～毒下国。"《孟子·公孙丑上》:"其故家遗俗,～风善政,犹有存者。"❷ 河流。《楚辞·渔父》:"宁赴湘～,葬于江鱼之腹中。"㊁河流的主干。《荀子·君道》:"原清则～清,原浊则～浊。"(原:源。)❸漂泊,流浪。《史记·万石张叔列传》:"元封四年中,关东～民二百万口。"《汉书·食货志上》:"至昭帝时,～民稍还,田野益辟,颇有蓄积。"(益辟:逐渐开辟。)❹放纵。《管子·宙合》:"君失音则风律必～,～则乱败。"❺古代的一种刑罚,流放。《尚书·舜典》:"～共工于幽州,放驩兜于崇山。"❻流派,派别。《汉书·艺文志》:"法家者～,盖出于理官。"《后汉书·王充传》:"遂博通众～百家之言。"成语有"三教九流"。❼[流连]1.乐而忘返。《孟子·梁惠王下》:"先王无～～之乐,荒亡之行。"2.流离失所。《汉书·师丹传》:"百姓～～,无所归心。"❽求取。《诗经·周南·关雎》:"参差荇菜,左右～之。"

旒 liú ❶古代旗帜边缘上悬垂的装饰品。《国语·齐语》:"龙旗九～,渠门赤旂。"《论衡·变动》:"旌旗垂～。"❷古代帝王礼帽上前后悬垂的玉串。《礼记·礼器》:"天子之冕,朱绿藻,十有二～。"东方朔《答客难》:"冕而前～。"(冕:古代帝王的礼帽。)上述义项又写作"斿(liú)"。

飗 liú ❶西风。《吕氏春秋·有始》:"西方曰～风。"❷飘浮。《老子》二十章:"澹兮其若海,～兮若无止。"❸liáo[飗戾(lì)]象声词。形容风声。潘岳《西征赋》:"吐清风之～～,纳归云之郁蓊。"

柳 liǔ ❶柳树。《诗经·小雅·采薇》:"昔我往矣,杨～依依。"(依依:轻柔的样子。)❷星宿名。二十八宿之一。《吕氏春秋·有始》:"南方曰炎天,其星舆鬼、～、七星。"(舆鬼:星宿名,即鬼宿,二十八宿之一。)❸liú 通"瘤"。瘤子。《庄子·至乐》:"俄而～生其左肘。"

罶 liǔ 竹制的捕鱼工具。《诗经·小雅·鱼丽》:"鱼丽于～。"(丽:通"罹",落网。)

懰 liǔ ❶美好。《诗经·陈风·月出》:"月出皓兮,佼人～兮。"❷liú[懰慄]忧伤的样子。《楚辞·九怀·昭世》:"志怀逝兮心～～。"❸liú 宿留。潘岳《笙赋》:"～檄(xí)汆以奔邀,似将放而中匮。"(檄汆:迅疾的样子。)

鹨(鷚) liù ❶鸟名。即云雀。❷野鸡雏。左思《吴都赋》:"岩穴无豜豵,翳荟无麛(nuàn)～。"(豜、豵:野猪。麛:幼鹿。)

霤 liù ❶屋顶上的水往下流。《礼记·月令》:"其祀中～。"孔颖达疏:"复穴皆开其上取明,故雨～之,是以后因名室为中霤也。"㉒屋顶上流下来的水。潘岳《寡妇赋》:"～泠泠以夜下兮。"(泠泠:声音清脆。)㉒往下滴流的水。枚乘《谏吴王书》:"泰山之～穿石。"❷[中霤]室中央。《公羊传·哀公六年》:"使力士举巨囊而至于～～。"❸屋檐下接水的沟槽。《左传·定公九年》:"先登,求自门出,死于～下。"㉛屋檐。左思《魏都赋》:"上累栋而重～。"

LONG

龙(龍) lóng ❶古代传说中的一种神异的动物。《礼记·礼运》:"麟、凤、龟、～,谓之四灵。"《韩非子·难势》:"飞～乘云。"成语有"叶公好龙"。❷封建时代象征帝王或指帝王用的东西。如"龙颜"、"龙床"。❸[龙钟]1.衰老、行动不灵活的样子。贯休《寄中条道者》诗:"常恨～～也,无因接话言。"成语有"老态龙钟"。2.潦倒、不得意的样子。白居易《赋七言十七韵以赠微之》:"莫问～～恶官职,且听清脆好文篇。"3.沾湿的样子。岑参《逢入京使》诗:"故园东望路漫漫,双袖～～泪不干。"❹骏马。《周礼·夏官·廋人》:"马八尺以上为～。"

茏(蘢) lóng [葱茏]见64页"葱"字。

泷(瀧) lóng ❶湍急的水流。韩愈《潮州刺史谢上表》:"涛～壮猛。"❷[泷泷]象声词。形容流水声。苏轼《二十七日自阳平至斜谷宿于南山中蟠龙寺》诗:"谷中暗水响～～,岭上疏星明煜煜。"❸shuāng 水名。源出今湖南临武。

珑(瓏) lóng 玉石。《抱朴子·地真》:"玄芝被崖,朱草蒙～。"(玄芝:仙草。被、蒙:覆盖。)[珑玲]象声词。形容金玉声。《汉书·扬雄传上》:"和氏～～。"《文选》作"玲珑"。见256页"玲"字。

栊(櫳) lóng ❶关养禽兽的牢笼。祢衡《鹦鹉赋》:"顺～槛以俯仰。"❷窗棂,有格子的窗户。《汉书·外戚传下》:"房～虚兮风泠泠。"

眬(矓) lóng [朦胧]见277页"朦"字。

砻(礱) lóng ❶以石磨物。《荀子·性恶》:"钝金必将待～厉然后利。"㉛切磋,研讨。韩愈等《纳凉联句》:"殷勤相劝勉,左右加～斲。"❷磨掉谷壳的农具。宋应星《天工开物·粹精·攻稻》:"凡稻,去壳用～。"

笼(籠) lóng ❶竹制的圆形器物。用于各种用途，如盛土、盛物、畜养鸟兽等。《汉书·王莽传上》："负～荷锸。"《新五代史·王镕传》："匿昭诲于茶～中。"(昭诲：人名。)《庄子·庚桑楚》："以天下为之～，则雀无所逃。"㉑囚禁犯人的刑具。如"囚笼"。❷lǒng 笼罩。杜牧《泊秦淮》诗："烟～寒水月～沙。"(月：指月光。)㉑独揽，控制。《盐铁论·轻重》："～天下盐铁诸利，以排富商大贾。"(贾：商人。)

隆 lóng ❶山地中央高起的地方。《孙子兵法·行军》："战～无登。"(打仗时，敌人在高处，不要去仰攻。)㉑高，升高。《后汉书·张衡传》："合盖～起，形似酒尊。"《战国策·齐策一》："虽～薛之城到于天，犹之无益也。"(薛：地名。犹之：还，仍旧。)❷盛，隆盛。《韩非子·爱臣》："主威之重，主势之～也。"(主：君主。)《三国志·魏书·王昶传》："松柏之茂，～寒不衰。"双音词有"隆重"、"隆冬"。㉑兴盛，使兴隆。《礼记·檀弓上》："道～则从而～，道污则从而污。"潘岳《西征赋》："与政～替。"(替：衰颓。)《三国志·魏书·任峻传》注引《魏武故事》："摧灭群逆，克定天下，以～王室。"(克定：平定。)❸尊重，尊崇。《荀子·修身》："故君子～师而亲友。"

癃 lóng 疲病，衰老病弱。《晏子春秋·内篇问下》："公所身见～老者七十人，振赡之。"(振：救济。赡：供养。)㉖小便不畅。《素问·五常政大论》："其病～閟，邪伤肾也。"(閟：指大便不利。)

陇(隴) lǒng ❶山名。在今陕西甘肃交界处。《史记·留侯世家》："夫关中左殽函，右～蜀，沃野千里。"㉑地名。今甘肃一带。成语有"得陇望蜀"。❷山，土岗子。孔稚珪《北山移文》："北～腾笑。"❸通"垄"。田埂。[陇亩]田地。《史记·项羽本纪》："然羽非有尺寸，乘势起～～之中。"㉑农田中农作物的行。杜甫《晚登瀼上堂》诗："山田麦无～(一本作"垄")。"❹通"垄"。坟。鲍照《芜城赋》："边风急兮城上寒，井径灭兮丘～残。"(井径：水井和道路，指家园。)

垄(壟)[壠] lǒng ❶田埂。《史记·陈涉世家》："辍(chuò)耕之～上。"(停止耕作走到田埂上。辍：停止。)❷坟。《荀子·礼论》："故圹(kuàng)～，其貌(mào)象室屋也。"(圹：墓穴。貌：貌。)《史记·田单列传》："燕军尽掘～墓，烧死人。"❸[垄亩]田地。《战国策·齐策三》："与农夫居～～之中。"

哢 lòng [唵(ǎn)哢]见3页"唵"字。

LOU

娄(婁) lóu ❶星宿名。二十八宿之一。《礼记·月令》："季冬之月，日在婺女，昏～中，旦氐中。"(婺女、氐：星宿名。)❷lǚ 曳，牵拉。《诗经·唐风·山有枢》："子有衣裳，弗曳弗～。"❸lǚ 拴系。《公羊传·昭公二十五年》："牛马维～。"(维：拴系。)❹lǒu [部(pǒu)娄]见31页"部(bù)"字。❺lǚ 通"屡"。多次。《诗经·周颂·桓》："绥万邦，～丰年。"(绥：安抚。)❻通"貗"。母猪。《左传·定公十四年》："既定尔～猪，盍归吾艾豭?"(盍：何不。艾豭：美好的公猪。)

搂(摟) lóu 牵引，拉。《孟子·告子下》："五霸者，～诸侯以伐诸侯者也。"【注意】在清代以前"搂"没有"搂抱"义，也不读lǒu。

膢(膢) lóu 古代祭名。祭祀时伴以酒食馈赠。《韩非子·五蠹》："夫山居而谷汲者，～腊而相遗(wèi)以水。"(膢腊：指年终举行的祭祀。腊：祭名。遗：赠送。)

耧(耬) lóu 播种用的农具。崔寔《政论》："下种挽～。"

蝼(螻) lóu 蝼蛄。一种对农作物有害的昆虫。《庄子·列御寇》："在上为乌鸢食，在下为～蚁食。"《韩非子·喻老》："千丈之堤以～蚁之穴溃。"(以：因。溃：水冲破堤坝。)

髅(髏) lóu [髑(dú)髅]见92页"髑"字。

謱 lóu [謰(lián)謱]见248页"謰"字。

塿(塿) lǒu ❶坟头。《方言》卷一三："冢……自关而东谓之丘，小者谓之～。"❷[培(pǒu)塿]见310页"培(péi)"字。

嵝(嶁)[𡾋] lǒu ❶山顶。《后汉书·马融传上》："廋疏～领，犯历嵩峦。"(廋疏：搜索。)❷lǚ [岣(gǒu)嵝]见133页"岣"字。

陋 lòu ❶边远地区。《左传·成公八年》："辟～在夷，其孰以我为虞?"(其孰以我为虞：谁希望得到我这地方? 虞：望。)《论语·子罕》："子欲居九夷。或曰～。"❷狭小，简陋。《庄子·让王》："颜阖(hé)守～闾

(lǘ)。”(颜阖:人名。闾:指里巷。)刘禹锡《陋室铭》:“斯是～室。”(这是简陋的房子。)成语有“因陋就简”。㊀见闻少,知识浅薄。《荀子·修身》:“少见曰～。”成语有“孤陋寡闻”。㊁粗劣。《宋书·孔觊传》:“衣裘器服,皆择其～者。”❸丑,坏。《后汉书·梁冀传》:“容貌甚～,不胜冠带。”《旧唐书·卢杞传》:“杞形～而心险。”(形:外形,外貌。)双音词有“陋规”、“陋习”。❹轻视,鄙视。柳宗元《钴鉧潭西小丘记》:“农夫渔父过而～之。”

镂(鏤) lòu ❶钢。《尚书·禹贡》:“厥(jué)贡:璆(qiú)、铁、银、～、砮(nǔ)、磬(qìng)。”(厥:其。璆:美玉。砮:石制的箭头。磬:磬石。)❷雕刻。《荀子·劝学》:“金石可～。”成语有“镂骨铭心”。❸凿通。司马相如《难蜀父老》:“～灵山。”

瘘(瘻) lòu ❶病名。颈部淋巴结核,即脖颈肿疮。《淮南子·说山》:“狸头愈鼠,鸡头已～。”❷lǚ 驼背。柳宗元《种树郭橐驼传》:“病～,隆然伏行。”(隆然:背部高起的样子。)

漏 lòu ❶水从孔缝透过或滴下。《荀子·富国》:“穷阎～屋。”(阎:里巷。)❷遗漏,泄露。《荀子·修身》:“易忘曰～。”《汉书·酷吏传》:“罔～吞舟之鱼。”(罔:网。)《后汉书·蔡邕传下》:“悉宣语左右,事遂～露。”(悉:全部。宣语:公开告诉。)㊀溢出。《后汉书·陈忠传》:“青、冀之域淫雨～河。”❸古代计时用的漏壶。杜甫《和贾舍人早朝》:“五夜～声催晓箭。”❹孔洞。《论衡·骨相》:“舜目重瞳,禹耳三～。”

LU

卢(盧) lú ❶黑色。《尚书·文侯之命》:“～弓一,～矢百。”㊕黑色犬或瞳仁。《诗经·齐风·卢令》:“～令令,其人美且仁。”(令令:猎犬脖子上的铃声。)《汉书·扬雄传上》:“玉女无所眺其清～兮。”❷矛、戟的柄。《国语·晋语四》:“侏儒扶～。”❸古时赌博,掷五子全黑者称卢,为胜彩。陆游《风顺舟行甚疾戏书》诗:“呼～喝雉连暮夜。”❹酒店前放置酒瓮的土台子。《汉书·司马相如传上》:“买酒舍,乃令文君当～。”(文君:卓文君,人名。)这个意义后来写作“垆”、“罏”。❺头盖骨。《淮南子·修务》:“蹶蹄足以破～陷匈。”《汉书·武五子传赞》:“头～相属于道。”(属:连接。)这个意义后来写作“颅”。❻简陋的房屋。《淮南子·说林》:“匠人处狭～。”这个意义后来写作“庐”。❼火炉。《后汉书·五行志五》:“魏郡男子张博送铁～诣太官。”这个意义后来写作“鑪”、“炉”。

芦(蘆) lú [芦菔(fú)]见119页“菔”字。

庐(廬) lú ❶简陋的房屋。《诗经·小雅·信南山》:“中田有～。”㊁居住。张衡《西京赋》:“恨阿房(páng)之不可～。”(阿房:阿房宫。)❷宾客住的宿舍。《周礼·地官·遗人》:“十里有～,～有饮食。”❸古代官吏轮流应差住的房子。《汉书·金日磾传》:“日磾小疾卧～。”(疾:病。)

垆(壚) lú ❶黑色坚硬的土。《尚书·禹贡》:“下土坟～。”(坟:高起。)❷通“罏”。古代酒店前放酒瓮的土台子,也用作酒店的代称。《南史·谢几卿传》:“诣道边酒～。”(诣:到……去。)❸通“炉”。盛火的器具。陆游《山行过僧庵不入》诗:“茶～烟起知高兴。”

炉(爐)[鑪] lú ❶盛火的器具,取暖、烧饭或冶炼用。《墨子·备蛾傅》:“五步一灶,灶门有～炭。”《韩非子·内储说下》:“奉炽～炭,火尽赤红。”《论衡·寒温》:“火之在～,水之在沟。”❷熏炉。李清照《孤雁儿·藤床》:“沉香断续玉～寒。”❸通“罏”。古代酒店前放酒瓮的土台子,也用作酒店的代称。《史记·司马相如列传》:“买一酒舍酤酒,而令文君当～。”(酒舍:酒店。酤:卖酒。文君:卓文君,人名。当炉:坐在炉前卖酒。)

泸(瀘) lú 古水名。在今四川、云南境内。《三国志·蜀书·诸葛亮传》:“故五月渡～,深入不毛。”

栌(櫨) lú ❶果名。《吕氏春秋·本味》:“果之美者……有甘～焉。”❷树名。即黄栌。司马相如《上林赋》:“华枫枰～。”❸柱头上承大梁的方木。《淮南子·主术》:“短者以为朱儒枅(jī)～。”(枅:柱上承梁的方木。)

轳(轤) lú [辘(lù)轳]见241页“辘”字。

胪(臚) lú ❶腹前部。《素问·六元正纪·大论》:“虐,心腹满热,～胀,甚则胕肿。”(胕:同“肤”,皮肤。)❷额头。张君房《云笈七签》卷一一:“七液洞流冲～间。”❸传布,罗列。《国语·晋语六》:“风听～言于市,辨祆祥于谣。”❹lǚ 祭名。《史记·六国年表》:“位在藩臣而～于郊祀。”

L

鸬（鸕） lú ［鸬鹚（cí）］一种水鸟。俗称鱼鹰。

舻（艫） lú ❶船头。左思《吴都赋》："弘舸连舳，巨槛接～。"㊀船。《新唐书·东夷传·高丽》："而平壤在鸭渌东南，以巨～济人。"❷［舳（zhú）舻］见553页"舳"字。

鲈（鱸） lú 鱼名。《后汉书·左慈传》："今日高会，珍羞略备，所少吴松江～鱼耳。"

矑 lú 眼珠。扬雄《甘泉赋》："玉女无所眺其清～兮，宓妃曾不得施其蛾眉。"

罏 lú ❶小口的瓦罐。《景德镇陶录》："其～、瓮诸色，几与哥窑等价。"❷古代酒店安放酒坛的土台。辛延年《羽林郎》诗："胡姬年十五，春日独当～。"

纑 lú ❶麻线。皮日休《徐诗》："吾衣任縠～，吾食甘糠覈。"（覈：麦糠中的粗屑。）❷练麻，沤麻。《孟子·滕文公下》："身织屦，妻辟～。"（自己织草鞋，妻子搓麻线、沤麻。辟：搓麻线。）❸苎麻一类的植物。《史记·货殖列传序》："夫山西饶材、竹、榖、～、旄、玉石。"

旅 lú 黑色。《左传·僖公二十八年》："赐之……～弓矢千。"

卤（鹵） lǔ ❶不生长谷物的盐碱地。《吕氏春秋·乐成》："决漳水，灌邺旁，终古斥～，生之稻粱。"（斥：盐碱地。）《史记·河渠书》："穿洛以溉重泉以东万余顷故～地。"（洛：水名。重泉：地名。）㊀盐碱地所产的盐。也叫盐卤。《史记·货殖列传》："山东食海盐，山西食盐～。"❷通"鲁"。笨，愚钝。刘桢《赠五官中郎将》诗："小臣信顽～。"（信：确实。）❸通"橹"。大盾牌。《战国策·中山策》："流血漂～。"❹通"掳"。掠夺。《汉书·赵充国传》："～马牛羊十万余头，车四千余两。"（两：辆。）

虏（虜） lǔ ❶俘获。《战国策·秦策四》："父子老弱系～，相随于路。"《汉书·周亚夫传》："其将固可袭而～也。"㊁把人抢走。《三国志·吴书·吴主传》："～其人民而还。"上述❶㊁后来写作"掳"。❷俘虏。《史记·张仪列传》："左挈人头，右挟生～。"《盐铁论·诛秦》："斩首捕～十余万。"㊁奴隶。《韩非子·五蠹》："虽臣～之劳不苦于此矣。"（臣：奴隶。）❸对敌人的蔑称。《史记·高祖本纪》："汉王伤匈，乃扪足曰：'～中吾指。'"（中：射中。指：脚趾。）

艣［艪］ lǔ 船上划水的工具，多安于船尾。李白《淮阴书怀寄王宗成》诗："大舶夹双～，中流鹅鹳鸣。"又写作"橹"。

鲁（魯） lǔ ❶笨，愚钝。《论语·先进》："参也～。"（参：曾参，人名。）❷周代诸侯国。在今山东南部一带。

橹（櫓） lǔ ❶大盾牌。《左传·襄公十年》："建大车之轮，而蒙之以甲，以为～。"❷望楼，瞭望观察敌情的建筑。司马相如《上林赋》："泰山为～。"㊁一种战车。《六韬·军用》："陷坚陈，败强敌，武翼大～……提翼小～。"❸船上划水的工具。《三国志·吴书·吕蒙传》："蒙至寻阳，尽伏其精兵𦩷𦪇（gōulù）中，使白衣摇～，作商贾人服，昼夜兼行。"（𦩷𦪇：大船。）刘禹锡《步出武陵东亭临江寓望》诗："津晚～声促。"这个意义又写作"艣"、"艪"。

陆（陸） lù ❶陆地。《周礼·考工记》："作车以行～，作舟以行水。"㊁大土山。《楚辞·九叹·忧苦》："巡～夷之曲衍兮。"（夷：平地。衍：沼泽。）❷道路。张衡《西京赋》："复～重阁。"（复陆：复道。古代宫中楼阁相通，上下都有通道，上面架空的叫复道。）❸跳跃。《庄子·马蹄》："龁（hé）草饮水，翘足而～，此马之真性也。"（龁：咬。）这个意义后来写作"踛"。［陆梁］猖獗，横行。《三国志·魏书·曹髦传》："蜀贼～～边陲。"❹［陆离］1.色彩繁杂、变化多端的样子。屈原《离骚》："纷总总其离合兮，斑～～其上下。"（总总：众多的样子。）成语有"光怪陆离"。2.分散的样子。左思《蜀都赋》："毛群～～。"（毛群：兽类。）

录（録） lù ❶记载，登记。《韩非子·外储说左下》："～功而与官。"㊁记载言行和事物的册籍。如欧阳修《集古录》。复音词有"备忘录"。㊀录取，任用。《论衡·别通》："或观读采取，或弃捐不～。"柳宗元《为裴中丞贺克东平赦表》："无不甄（zhēn）～。"（甄：审查，鉴别。）㊀收集，收纳。《世说新语·政事》："官用竹，皆令～厚头，积之如山。"❷抄录，写（后起意义）。《宋史·选举志一》："八年始置誊～院，令封印官封试卷，付之集书吏～本。"（置：设立。集书吏：文书。）❸lǜ 审查记录囚犯的罪状。《汉书·何武传》："及武为刺史，行部～囚徒。"❹逮捕。《世说新语·政事》："王安期作东海郡，吏～一犯夜人来。"（吏：差役。犯夜人：触犯夜行禁令的人。）❺总领。《三国志·蜀书·诸葛亮传》："亮以丞相～尚书事。"（尚书：官名。）㊁监管。《荀子·修身》："辟违而不悫，程役而不～。"（悫：诚。程役：工程劳役。）❻ 次第。《国语·吴语》："今大国越～，而造于弊邑之军垒。"

渌 lù ❶ 清澈。曹植《洛神赋》："灼若芙蕖出～波。"张衡《东京赋》："～水澹澹。" ❷ 清酒。杜甫《醉为马坠诸公携酒相看》诗："共指西日不相贷，喧呼且覆杯中～。"

騄（騄） lù ［騄駬］良马名。《商君书·画策》："骐驎～～，每一日走千里。"

琭 lù ［琭琭］坚硬珍贵的样子。《老子》三十九章："不欲～～如玉，珞珞如石。"（珞珞：高大坚硬的样子。）

禄 lù ❶ 福气。《诗经·大雅·既醉》："其胤维何？天被尔～。"（胤：后代。被：指施给。）《战国策·赵策二》："臣无隐忠，君无蔽言，国之～也。" ❷ 君主赏赐给贵族、官员的田邑、粟米或钱财。《韩非子·外储说左下》："因能而受～，录功而与官。"

碌 lù ［碌碌］1. 平庸无能。《史记·酷吏列传》："九卿～～奉其官。"又写作"录录"。2. 象声词。形容车轮声。陆游《季秋已寒节令颇正喜而有赋》诗："风色萧萧生麦陇，车声～～满鱼塘。" 3. 玉石美好的样子。《后汉书·冯衍传下》："冯子以为夫人之德，不～～如玉……夫岂守一节哉！" 4. 劳苦的样子。王建《行见月》诗："箧中有帛仓有粟，岂向天涯走～～！"

盝 lù ❶ 同"漉"。过滤。《周礼·考工记·㡛氏》："清其灰而～之。" ❷ 盒子。《旧唐书·李德裕传》："（敬宗）诏浙西造银～子妆具二十事进内。"

箓（籙） lù ❶ 符命，所谓帝王得到天命的凭证。张衡《东京赋》："高祖膺～受图，顺天行诛。" ❷ 簿册。《三国志·吴书·孙策传》注引《江表传》："今此子已在鬼～，勿复费纸笔也。" ❸ 符箓，道教的秘文秘录。《隋书·经籍志四》："其受道之法，初受五千文～，次受三洞～……～皆素书。"

醁 lù ［醽（líng）醁］见 257 页"醽"字。

辂（輅） lù ❶ 绑在车辕上用来牵引车子的横木。《仪礼·既夕礼》："宾奉币，由马西，当前～，北面致命。"《史记·刘敬叔孙通列传》："娄敬脱挽～。"（娄敬放下拉车用的横木。娄敬：即刘敬。）㊀牵引车子。《管子·小匡》："负任担荷，服牛～马。"（服牛辂马：用牛马拉车。） ❷ 车子。《论语·卫灵公》："乘殷之～。" ❸ yà 通"迓"。迎上前去。《左传·僖公十五年》："～秦伯，将止之。"

赂（賂） lù ❶ 赠送财物。《左传·桓公二年》："以郜大鼎～公。"《汉书·武帝纪》："朕饰子女以配单于（chán-yú），金币文绣，～之甚厚。"（饰：装饰，打扮。配：婚配。单于：匈奴的君主。）㊀奉送。《韩非子·说林下》："乃割露山之阴五百里以～之。"贾谊《过秦论》："于是从散约解，争割地而～秦。" ❷ 财物。《荀子·富国》："货～将甚厚。"（厚：丰富。） ❸ 贿赂（后起意义）。《后汉书·冯绲传》："不行贿～。"《晋书·谢安传》："贼厚～泓，使云'南军已败'。"【注意】上古"赂"并不作"贿赂"讲，"贿赂"在上古叫"赇（qiú）"。《汉书·刑法志》："吏坐受赇枉法。""赂"由"赠送"的意义引申为"贿赂"是后起的。

鹿 lù ❶ 兽名。《诗经·小雅·鹿鸣》："呦呦～鸣，食野之苹。"㊃政权或在位者。《史记·淮阴侯列传》："秦失其～，天下共逐之。"扬雄《解嘲》："往昔周网解结，群～争逸。"成语有"逐鹿中原"。 ❷ 粗，粗劣。《吕氏春秋·贵生》："～布之衣。"《梁书·阮孝绪传》："所居室唯有一～床。" ❸ 粮仓。《国语·吴语》："市无赤米，而囷～空虚。"（赤米：不带糠的米。囷：粮仓。） ❹ 通"麓"。山脚。《左传·僖公十四年》："秋八月辛卯，沙～崩。"

漉 lù ❶ 淘干，使干涸。《礼记·月令》："仲春之月……毋～陂池。"《论衡·指瑞》："焚林而畋，～池而渔。"㊀捞取。白居易《寄皇甫七》诗："邻女偷新果，家僮～小鱼。" ❷ 渗出，过滤。《战国策·楚策四》："夫骥之齿至矣，服盐车而上太行……～汁洒地，白汗交流。"《汉书·司马相如传下》："滋液渗～，何生不育！" ❸ ［漉漉］潮湿的样子。《素问·疟论》："无刺浑浑之脉，无刺～～之汗。"复音词有"湿漉漉"。

簏 lù 竹箱。李商隐《咏怀寄秘阁旧僚二十六韵》："自哂成书～，终当呪酒卮。"

麓 lù ❶ 山脚下的林木。班固《西都赋》："林～薮泽，陂池连乎蜀汉。"㊀主管山林苑囿的官吏。《国语·晋语九》："主将适蝼，而～不闻。"（蝼：苑囿名。） ❷ 山脚。《诗经·大雅·旱麓》："瞻彼旱～，榛楛济济。"

路 lù ❶ 道路。屈原《九歌·国殇》："平原忽兮～超远。"（忽：辽阔渺茫。超远：遥远。）㊀思想或行动的途径。屈原《九章·惜诵》："愿陈志而无～。"沈约《瑞石像铭》："心～照通。"诸葛亮《出师表》："以塞忠谏之～也。"（塞：堵塞。谏：直言批评君主。）㊃仕途，权位。《孟子·公孙丑上》："夫子当～于齐。”❷ 大。《史记·孝武本纪》：“～弓乘矢，集获坛下。”❸ 车。《左传·宣公十二年》：“筚(bì)～蓝缕，以启山林。”(筚路：荆条编成的柴车。蓝缕：形容衣服破烂。启：开发。)❹ 宋、元时行政区域名。宋代的“路”相当于现代的“省”，元代的“路”相当于现代的“地区”。

璐 lù 美玉。屈原《九章·涉江》：“被明月兮佩宝～。”

鹭(鷺) lù 水鸟名。即白鹭。《诗经·周颂·振鹭》：“振～于飞，于彼西雝。”(西雝：西边水泽。)［鹭序］白鹭飞行有序，形容官员上朝秩序井然。宋无《上冯集贤》诗：“玉笋晓班联～～，紫檀春殿对龙颜。”

簬[簵] lù 见220页“箘”字。

露 lù ❶ 露水。《诗经·秦风·蒹葭》：“蒹葭苍苍，白～为霜。”成语有“风餐露宿”。㉛滋润。《国语·晋语六》：“是先主覆～子也。”晁错《贤良文学对策》：“覆～万民。”(覆：遮盖，这里指保护。)❷ 露天，在室外。《韩非子·外储说右上》：“于是太子乃还走，避舍～宿三日。”❸ 显露，暴露。《庄子·渔父》：“故田荒室～，衣食不足。”杜甫《柳边》诗：“黄鹂不～身。”《后汉书·蔡邕传下》：“事遂漏～。”❹ 通“辂”。车。《史记·楚世家》：“昔我先王熊绎辟在荆山，荜～蓝蒌以处草莽。”

稑[穋] lù ❶ 后种先熟的谷物。《周礼·地官·司稼》：“掌巡邦野之稼，而辨穜～之种。”❷ 成熟。《绎史》卷九六上：“不乱民功，不逆天时，五谷～孰，民乃蕃滋。”

踛 lù 跳跃。郭璞《江赋》：“夔䍧(hǒu)翘～于夕阳，鸳雏弄翮(hé)乎山东。”(夔䍧：一种牛。)

僇 lù ❶ 侮辱，羞辱。《吕氏春秋·当染》：“故国残身死，为天下～。”《史记·范雎蔡泽列传》：“故～辱以惩后，令无妄言者。”❷［僇力］通“勠力”。并力，合力。《史记·商君列传》：“～～本业，耕织致粟帛多者复其身。”❸ 通“戮”。杀戮。《韩非子·孤愤》：“不～于吏诛，必死于私剑矣。”《史记·夏本纪》：“不用命，～于社。”

勠 lù ❶ 勉力。陆机《文赋》：“虽兹物之在我，非余力之所～。”❷［勠力］并力，合力。《韩非子·存韩》：“昔秦、韩～～一意以不相侵，天下莫敢犯。”《汉书·高帝纪上》：“臣与将军～～攻秦。”(臣：谦辞，刘邦自称。)又写作“戮力”、“僇力”。

戮 lù ❶ 斩，杀。《韩非子·二柄》：“杀～之谓刑，庆赏之谓德。”❷ 羞辱，耻辱。《左传·文公六年》：“贾季～臾骈。”(臾骈：人名。)《荀子·王霸》：“而身死国亡，为天下大～。”(为：成为。)❸［戮力］通“勠力”。并力，合力。《左传·昭公二十五年》：“～～壹心。”

LÜ

闾(閭) lǘ ❶ 古代的一种居民组织单位。《周礼·地官·大司徒》：“五家为比……五比为～。”㉗军制单位。《尉缭子·伍制令》：“军中之制……百人为～。”❷ 里巷的大门。《韩非子·难三》：“郑子产晨出，过东匠之～，闻妇人之哭。”(子产：人名。东匠：里巷名。)㉗里巷。《庄子·列御寇》：“夫处穷～阨巷，困窘织屦。”

氀 lǘ［氀毼(hé)］毡类毛织物。《后汉书·乌桓传》：“妇人能刺韦作文绣，织～～。”

吕 lǚ ❶ 脊梁骨。史游《急就篇》卷三：“尻髋脊膂腰背～。”❷ 古代音乐十二律中的阴律，有六种，总称“六吕”。《汉书·律历志上》：“律十有二。阳六为律，阴六为～。”

挦 lǚ 见267页。

旅 lǚ ❶ 古代军队五百人为一旅。《左传·哀公元年》：“有众一～。”(众：指军队。)㉛军队。《尚书·大禹谟》：“班师振～。”《盐铁论·非鞅》：“盐铁之利，所以佐百姓之急，足军～之费。”(佐：辅助，帮助。)㉗众人。《左传·昭公三年》：“敢烦里～？”❷ 共同。《礼记·乐记》：“今夫古乐，进～退～。”❸ 次序。《仪礼·燕礼》：“宾以～酬于西阶上。”❹ 陈列。《诗经·小雅·宾之初筵》：“笾豆有楚，殽核维～。”❺ 祭山。《论语·八佾》：“季氏～于泰山。”❻ 寄居，旅行。《左传·庄公二十二年》：“羁～之臣。”杜甫《与严二归奉礼别》诗：“题书报～人。”(题书：写信。)㉗旅客。范仲淹《岳阳楼记》：“商～不行。”❼ 不种而自生的。古诗《十五从军征》：“中庭生～谷，井上生～葵。”❽ 道路。《尚书·禹贡》：“蔡、蒙～平。”

膂 lǚ 脊梁骨。《尚书·君牙》：“今命尔予翼，作股肱心～。”(予翼：辅佐我。)［膂力］体力。《三国志·魏书·吕布传》：“～～过人，号为飞将。”

偻(僂) lǚ ❶ 屈，弯曲。《晏子春秋·内篇谏上》：“～身而下声。”(下声：指说话声音低。)❷ 驼背。《穀梁传·成公元年》：“曹公子手～。”(公子手：人名。)

❸ 很快。《荀子·儒效》："彼宝也者……卖之不可～售也。"（售：卖出去。）

屦（屨） lǚ 连续多次。《左传·成公十六年》："其御～顾。"（顾：回头望。）

缕（縷） lǚ ❶ 麻线，丝线。《墨子·尚同上》："譬若丝～之有纪，网罟之有纲。"（纪：线的头。）成语有"千丝万缕"。㊀一条一条地，详尽地。枚乘《七发》："固未能～形其所由然也。"（形：形容，表现。）[覼（luó）缕]见 268 页"覼"字。❷ [蓝缕]见 237 页"蓝"字。

褛（褸） lǚ [褴褛]见 237 页"褴"字。

履 lǚ ❶ 践踏，踩。《诗经·小雅·小旻》："如临深渊，如～薄冰。"（临：面临。）㊀实行，做。《礼记·表记》："处其位而不～其事，则乱也。"《后汉书·吕强传》："宜～行其事。"（宜：应该，应当。）❷ 鞋。《韩非子·外储说左上》："郑人有欲买～者。"《史记·留侯世家》："孺子下取～。"（孺子：小子，指张良。）

【辨】履，践，蹈，蹑。"履"和"践"都是"行走在……上"的意思。"履"带有郑重色彩。"践"含有轻视意味。"蹈"是"踩踏"的意思，常带有冒险的意味，如"蹈火"、"蹈海"、"蹈河"等。"蹑"是有意识地踩上去，所以能引申出"登上高位"的意义来。

律 lǜ ❶ 法律，法令。《荀子·成相》："罪祸有～，莫得轻重威不分。"（莫：不。）㊕刑法的条文。《汉书·高帝纪下》："命萧何次～令。"（次：编次。）❷ 规则。《商君书·战法》："兵大～在谨。"（用兵的重大规则在于谨慎。）㊀应该遵守的格式，准则。杜甫《遣闷戏呈路十九曹长》诗："晚节渐于诗～细，谁家数去酒杯宽？"（晚节：晚年。）㊁效法。《荀子·非十二子》："劳知而不～先王，谓之奸心。"❸ 节气，气候。陆游《春望》诗："天地回春～。"❹ 古代音乐中用来正音的一种竹管。《庄子·胠箧》："擢（zhuó）乱六～。"（擢：拔。）㊁用律管定出来的音也叫律。有十二律。《周礼·春官·典同》："凡为乐器，以十有二～为之数度，以十有二声为之齐量。"㊁古代音乐十二律中的阳律，有六种，总称"六律"。《汉书·律历志上》："律十有二。阳六为～，阴六为吕。"

【辨】法，律。见 103 页"法"字。

虑（慮） lǜ ❶ 考虑，打算。《论语·卫灵公》："人无远～，必有近忧。"《史记·淮阴侯列传》："智者千～，必有一失；愚者千～，必有一得。"成语有"深谋远虑"。㊀心思，意念。《楚辞·卜居》："心烦～乱，不知所从。"❷ 担忧（后起意义）。杜甫《寄刘峡州伯华使君》诗："莫～杞天崩。"❸ [无虑] 1. 不考虑，不计算。《后汉书·光武帝纪下》："初作寿陵，将作大匠窦融上言，园陵广袤，～～所用。" 2. 不要干扰。《吕氏春秋·长利》："夫子盍行乎？～～吾农事。" 3. 大凡，大概。《汉书·冯奉世传》："今反虏～～三万人。"

【辨】计，虑。见 180 页"计"字。

【辨】忧，虑。见 510 页"忧"字。

率 lǜ 见 396 页。

绿（綠） lǜ ❶ 绿色。《诗经·邶风·绿衣》："～兮衣兮，～衣黄裳。"㊁乌黑色。吴均《和萧洗马子显古意》："～鬓愁中改，红颜啼里灭。"❷ lù 符箓。《墨子·非攻下》："河出～图。"这个意义后来写作"箓"。❸ lù 通"菉"。一种野草。也叫王刍。《诗经·小雅·采绿》："终朝采～，不盈一掬。"

【辨】青，苍，碧，绿，蓝。见 343 页"青"字。

LUAN

峦（巒） luán ❶ 小而尖的山。屈原《九章·悲回风》："登石～以远望兮，路眇眇之默默。"李白《梦游天姥吟留别》："丘～崩摧。"❷ 山脊，山梁。左思《蜀都赋》："岗～纠纷，触石吐云。"王勃《滕王阁序》："桂殿兰宫，列冈～之体势。"

孪（孿） luán 双生。《吕氏春秋·疑似》："夫～子之相似者，其母常识之，知之审也。"

娈（孌） luán 美好。《诗经·邶风·静女》："静女其～。"

栾（欒） luán ❶ 树名。即栾华。《山海经·海内南经》："弱水……有木……其实如～。"❷ 钟口的两角（有一种钟钟口呈向上的弧形，故有两个角）。《周礼·考工记·凫氏》："凫氏为钟，两～谓之铣。"❸ 立柱上端承托屋梁的曲木。张衡《西京赋》："跱游极于浮柱，结重～以相承。"❹ [栾栾]瘦瘠的样子。《诗经·桧风·素冠》："棘人～～兮。"❺ 通"孪"。双生子。《韩非子·外储说右上》："薛公知之，故与二～博。"❻ 通"銮"。皇帝车驾所用的铃。㊁皇帝车驾。《史记·封禅书》："木禺龙～车一驷。"（木禺：木偶。）

挛（攣） luán ❶ 连在一起。《周易·小畜》："有孚～如，不独富也。"

（孚：信用。）❷ 蜷曲不能伸直。《史记·范雎蔡泽列传》："先生曷鼻、巨肩……膝～。"潘岳《西征赋》："悟山潜之逸士……陋吾人之拘～。"柳宗元《捕蛇者说》："可以已大风、～踠、瘘疠，去死肌，杀三虫。"双音词有"痉挛"。❸ liàn 通"恋"。爱慕不舍。《汉书·孝武李夫人传》："上所以～～顾念我者，乃以平生容貌也。"

鸾（鸞） luán ❶ 古代传说中的一种神鸟。《山海经·西山经》："西南三百里曰女床之山……有鸟焉，其状如翟（dí）而五彩文，名曰～鸟。"（翟：长尾的野鸡。文：纹。）❷ 通"銮"。一种铃，常饰于帝王的车子上。《诗经·小雅·蓼萧》："和～雍雍。"（和：车铃。雍雍：和谐的样子。）

脔（臠） luán 切成小块的肉。《庄子·至乐》："不敢食一～。"又如"脔割"（分割，切碎）。

銮（鑾） luán 一种铃，常饰于帝王的车子上。张衡《东京赋》："～声哕哕（huìhuì）。"（哕哕：铃声。）㊕皇帝车驾。如"随銮"、"迎銮"。

L

乱（亂） luàn ❶ 紊乱。《左传·庄公十年》："吾视其辙～，望其旗靡，故逐之。"❷ 无秩序，不太平。与"治"相对。《荀子·天论》："应之以治则吉，应之以～则凶。"㊈扰乱。《韩非子·五蠹》："儒以文～法，侠以武犯禁。"❸ 叛乱。《论语·学而》："不好犯上，而好作～者，未之有也。"《史记·秦始皇本纪》："长信侯毐（ǎi）作～而觉。"（毐：嫪毐，人名。觉：被发觉。）❹ 弥漫，纷繁。鲍照《代阳春登荆山行》诗："花木～平原，桑柘盈平畴。"❺ 治理。《尚书·泰誓中》："予有～臣十人。"《庄子·逍遥游》："世蕲乎～。"❻ 横渡。《诗经·大雅·公刘》："涉渭为～。"❼ 乐曲的最后一章。《论语·泰伯》："师挚之始，《关雎》之～，洋洋乎盈耳哉！"㊈辞赋中最后总括全篇要旨的一段。

LÜE

掠 lüè ❶ 抢劫，夺取。《左传·襄公十一年》："纳斥候，禁侵～。"（斥候：侦察兵。）《史记·高祖本纪》："诸所过毋得～卤。"（卤：通"掳"。）❷ 拷打。《礼记·月令》："毋肆～，止狱讼。"《南史·柳仲礼传》："毒～百姓。"❸ 砍伐。《穆天子传》卷五："命虞（yú）人～林。"（虞人：掌管山泽的官。）❹ 轻轻地擦过或拂过（后起意义）。方干《送朱二十赴涟水》诗："～地斜飞上太虚。"（太虚：指天空。）❺ 书法的长撇。

略［畧］ lüè ❶ 疆界。《左传·庄公二十一年》："王与之武公之～，自虎牢以东。"（与：给予。虎牢：地名。）❷ 巡行，巡视。《左传·昭公二十四年》："楚子为舟师，以～吴疆。"（楚子：即楚王。为：训练。舟师：水军。）❸ 掠夺，夺取。《史记·萧相国世家》："攻城～地。"《后汉书·戴封传》："封后遇贼，财物悉被～夺。"❹ 谋略，计谋。《左传·定公四年》："吾子欲复文武之～，而不正其德，将如之何？"李白《古风五十九首》之三："大～驾群才。"❺ 简略，不充足。《荀子·天论》："养～而动罕，则天不能使之全。"刘知几《史通·叙事》："加以一字太详，减其一字太～。"❻ 大概，大致。《孟子·万章下》："然而轲也尝闻其～也。"司马迁《报任安书》："书不能悉意，～陈固陋。"（书：信。）熟语有"略有所闻"。［略无］毫无。郦道元《水经注·江水》："两岸连山，～～阙处。"❼ 锋利。《诗经·周颂·载芟》："有～其耜。"

LUN

仑（侖）［崙、崘］ lún ［崑仑］见234页"崑"字。

伦（倫） lún ❶ 人伦。人与人之间的道德关系。古代以君臣、父子、夫妻、兄弟、朋友为五伦。《孟子·滕文公上》："教以人～，父子有亲，君臣有义，夫妇有别，长幼有序，朋友有信。"❷ 条理，顺序。《荀子·解蔽》："是故众异不得相蔽以乱其～也。"（众异：事物的差异。）❸ 类。贾谊《过秦论》："吴起、孙膑……之～制其兵。"（制：控制。）成语有"不伦不类"。❹ 类比，匹敌。扬雄《剧秦美新》："拔擢～比，与群贤并。"曹植《学官颂》："德～三五，配皇作烈。"（三五：指三皇五帝。）成语有"无与伦比"。❺ 通"抡"。选择。《后汉书·崔骃传》："游不～党。"

抡（掄） lún ❶ 选择，选拔。《国语·晋语八》："君～贤人之后有常位于国者而立之。"［抡材］1. 挑选木材。《周礼·地官·山虞》："凡邦工入山林而～～，不禁。"2. 选拔人才。《旧唐书·刘迺传》："今夫文部既始之以～～，终之以授位。"❷ lūn 用力挥动（后起意义）。《水浒传》二回："那后生～着棒又赶入来。"

沦（淪） lún ❶ 微波。《诗经·魏风·伐檀》："河水清且～猗（yī）。"（且：而且。猗：语气词。）❷ 沉，沉没。《汉书·郊祀志上》："而鼎～没于泗水彭城下。"马融《广成颂》："～灭潭渊。"㊀陷没。《尚书·微子》："商其～丧，我罔为臣仆。"《宋史·丘崇传》："中原～陷且百年。"双音词有"沦陷"。❸ 落下。《楚辞·远游》："微霜降而下～兮，悼芳草之先零。"❹ 渗入。《汉书·邹阳传》："德～于骨髓，恩加于无穷。"

纶（綸） lún ❶ 系印用的青丝绶带。《礼记·缁衣》："王言如丝，其出如～。王言如～，其出如綍（fú）。"（綍：大绳索。）仲长统《昌言·损益》："身无半通青～之命，而窃三辰龙章之服。"（三辰龙章之服：有日月星辰龙样花纹的衣服。）㊇有关皇帝诏令的。江淹《萧重让扬州表》："复降～册，徽采兼明。"（册：册命。徽：德，善。）[纶音]帝命，诏书。刘禹锡《谢赐冬衣表》："三军挟纩，俯听～～。"❷ 钓丝。《史记·老子韩非列传》："走者可以为罔，游者可以为～，飞者可以为矰。"刘勰《文心雕龙·情采》："翠～桂饵，反所以失鱼。"（用翡翠装饰钓丝，用肉桂做鱼食，反而因此钓不到鱼。）㊀整理（线状物等）。《诗经·小雅·采绿》："之子于钓，言～之绳。"《周易·系辞上》："故能弥～天地之道。"❸ guān [纶巾]古代用青丝带做的头巾。《晋书·谢万传》："万著白～～。"苏轼《念奴娇·赤壁怀古》："羽扇～～。"

轮（輪） lún ❶ 车轮。《左传·成公二年》："自始合，而矢贯余手及肘，余折以御，左～朱殷。"屈原《九歌·国殇》："埋两～兮絷四马。"㊂代指车。《公羊传·僖公三十三年》："匹马只～无反者。"㊉像车轮的东西。潘岳《西征赋》："徒观其鼓枻（yì）回～，洒钓投网。"（枻：船桨。轮：指钓具之轮。）杜甫《江月》诗："银河没半～。"❷ 造车轮的工匠。《孟子·尽心下》："梓匠、～舆，能与人规矩，不能使人巧。"❸ 轮流。《太平广记》卷八"张道陵"："使诸弟子随事～出米、绢、器物、纸笔、樵薪、什物等。"❹ 纵向，南北的距离。《周礼·地官·大司徒》："周知九州之地域广～之数。"❺ 周长，边沿。张衡《西京赋》："于是量径～，考广袤。"《旧唐书·肃宗纪》："新铸大钱，文如乾元重宝，而重其～。"双音词有"轮廓"。❻ 高大。《礼记·檀弓下》："美哉～焉！美哉奂焉！"成语有"美轮美奂"。❼ 转动。《吕氏春秋·大乐》："天地车～，终则复始。"❽ lūn 用力挥动（后起意义）。关汉卿《哭存孝》："你～不动那鞭锏挝槌。"这个意义后来写作"抡"。

论（論） lùn ❶ 讨论，研究。《韩非子·五蠹》："～世之事，因为之备。"（研究当时的社会情况，从而相应地采取措施。）㊀议论，评论。诸葛亮《出师表》："每与臣～此事。"《商君书·禁使》："赏随功，罚随罪，故～功察罪，不可不审也。"㊂辩论。《史记·魏其武安侯列传》："今日廷～。"（廷：朝廷。）❷ 判罪。《史记·吕后本纪》："其群臣或窃馈，辄（zhé）捕～之。"（馈：赠送食物。辄：就。）❸ 言论，主张。公孙龙子《迹府》："为守白之～。"（守白之论：即指白马非马论。）㊂文体的一种，用于评论古今时世人物或经史之言。萧统《文选序》："～则析理精微。"（析理：分析道理。）❹ lún 通"伦"。条理，顺序。《荀子·性恶》："～而法。"（有条理而合乎法度。）❺ lún 通"抡"。选择。《管子·五辅》："～贤人，用有能，而民可使治。"

【辨】议，论。见497页"议"字。

LUO

捋 luō ❶ 手握住条状物向一端滑动。《诗经·周南·芣苢》："采采芣苢（fúyǐ），薄言～之。"（采采：茂盛的样子。芣苢：一种植物。薄、言：动词词头。）❷ lǚ 用手指顺着抹过去，使物体顺溜或干净（后起意义）。汉乐府《陌上桑》："行者见罗敷，下担～髭须。"《北齐书·李元忠传》："～高祖须而大笑。"

罗（羅） luó ❶ 捕鸟兽的网。《诗经·王风·兔爰》："有兔爰爰，雉离于～。"（爰爰：行动舒缓的样子。离：通"罹"，遭遇。）《韩非子·难三》："以天下为之～，则雀不失矣。"成语有"天罗地网"。㊀招致，网罗。《庄子·天下》："万物毕～，莫足以归。"王安石《上皇帝万言书》："所以～天下之士。"双音词有"罗致"。❷ 分布，罗列，排列。《史记·五帝本纪》："旁～日月星辰。"《汉书·贾山传》："从车～骑。"成语有"星罗棋布"。❸ 稀疏而轻软的丝织品。《战国策·齐策四》："下宫糅～纨，曳绮縠。"杨衒之《洛阳伽蓝记·开善寺》："冰～雾縠，充积其内。"❹ 遭遇。《论衡·辨祟》："抵触县官，～丽刑法。"（丽：指触犯。）

萝（蘿） luó ❶ 一种蔓生植物。郦道元《水经注·渐江水》："扳～扪葛，然后能升。"杜甫《佳人》诗："牵～补茅屋。"❷ [女萝]地衣类植物，寄生于松柏。也叫松萝。《诗经·小雅·頍弁》："茑（niǎo）与～～，施（yì）于松柏。"（茑：寄生小灌木。施：蔓延。）屈原《九歌·山鬼》："被（pī）薜荔兮带～～。"(被:通"披"。)

覼[覶] luó [覼缕(lǚ)]逐一详细陈述。王延寿《王孙赋》:"忽踊逸而轻迅,羌难得而～～。"又写作"覶覼"。

蓏 luǒ 瓜类植物的果实。《庄子·人间世》:"夫柤(zhā)梨橘柚果～之属。"(夫:句首语气词。)

蠃 luǒ ❶[蠃虫]没有鳞甲和毛羽的动物。《汉书·五行志中之下》:"时则有草妖,时则有～～之孽。" ❷[蜾(guǒ)蠃]见144页"蜾"字。❸ luó 通"螺"。一种水生动物。《韩非子·外储说右上》:"故市木之价不加贵于山,泽之鱼盐龟鳖～蚌不加贵于海。"

羸 luǒ ❶裸露,赤身露体。《左传·昭公三十一年》:"赵简子梦童子～而转以歌。"这个意义又写作"裸"。《韩非子·内储说下》:"令公子裸而解发。"现在以"裸"为正字,"羸"为异体字。❷通"骡"。《汉书·霍去病传》:"单于遂乘六～……直冒汉围西北驰去。"

荦(犖) luò ❶杂色的牛。陆龟蒙《杂讽》诗:"斯为朽关键,怒～抉以人。"(朽关键:指腐朽的门闩。抉:指撞破。)❷[荦荦]1.分明,明显。《史记·天官书》:"此其～～大者。"2.卓绝。韩愈《代张籍与李浙东书》:"惟阁下心事～～,与俗辈不同。"❸[卓荦]卓越,杰出。左思《咏史八首》之一:"～～观群书。"

骆(駱) luò ❶白身黑鬃的马。《诗经·小雅·皇皇者华》:"我马维～,六辔沃若。"(沃若:有光泽的样子。)白居易《卖骆马》诗:"乐天别～岂无情?" ❷[骆驼]哺乳动物,大型力畜。《后汉书·梁慬传》:"获生口数千人,～～畜产数万头。" ❸古代部族名。即骆越,百越的一支。《史记·南越列传》:"财物赂遗闽越、西瓯、～。" ❹[骆漠]奔驰的样子。傅毅《舞赋》:"～～而归,云散城邑。" ❺[骆驿]往来不绝。枚乘《七发》:"前后～～。"又写作"络绎"。

络(絡) luò ❶缠绕,缠裹。《楚辞·招魂》:"秦篝齐缕,郑绵～些。"刘向《说苑·权谋》:"袁氏之妇～而失其纪。"㉖环绕,包罗覆盖。《山海经·海内经》:"南海之内……有九丘,以水～之。"班固《西都赋》:"笼山～野。" ❷罩住。《淮南子·原道》:"～马之口,穿牛之鼻者,人也。"㉖马笼头。萧纲《西斋行马》诗:"晨风白金～。"(晨风:马名。)❸网。张衡《西京赋》:"振天维,衍地～。"(维:大绳子。衍:撒开。)❹人体的络脉。是由经脉分出的呈网状的大小分支。《素问·缪刺论》:"(此)～病者。"㊕身体浅表的血管。《素问·调经论》:"视其血～,刺出其血。" ❺[络绎]同"骆驿"。往来不绝。《古诗为焦仲卿妻作》:"交语速装束,～～如浮云。"成语有"络绎不绝"。

珞 luò [璎(yīng)珞]见506页"璎"字。

落 luò ❶叶落,花落。《诗经·卫风·氓》:"桑之未～,其叶沃若。"㉖落下。《论衡·知实》:"颜渊炊饭,尘～甑中。"杜甫《复阴》诗:"牙齿半～左耳聋。"㉗衰落,零落。《管子·宙合》:"盛而不～者,未之有也。"《史记·汲郑列传》:"家贫,宾客益～。" ❷居住的地方。《后汉书·仇览传》:"吾近日过舍,庐～整顿。"王维《渭川田家》诗:"斜光照墟～。"(墟落:村落。)❸始。《诗经·周颂·访落》:"访予～止。"(止:语气词,谋划我开始执政之事。)㉗宫室刚筑成时举行的祭祀典礼。《左传·昭公七年》:"楚子成章华之台,愿与诸侯～之。"(楚子:即楚王。章华:台名。)双音词有"落成"。㉗钟铸成时用动物的血涂抹之也叫"落"。《左传·昭公四年》:"叔孙为孟钟,曰:……飨大夫以～之。"(飨大夫以落之:在宴请大夫的同时为孟钟举行落礼。飨:宴请。)❹通"络"。1.网。《汉书·李广传》:"禹从～中以剑斫绝累,欲刺虎。"2.经络。《汉书·李寻传》:"百川理,～脉通。"3.套。《庄子·秋水》:"～马首,穿牛鼻,是谓人。"

雒 luò ❶白鬃黑马。《诗经·鲁颂·駉》:"有騮(liú)有～。"(騮:黑鬃黑尾的红马。)❷水名。发源于今陕西洛南。《左传·昭公元年》:"馆于～汭(ruì)。"(汭:河湾。)❸古都邑名。即洛阳。《左传·桓公二年》:"武王克商,迁九鼎于～邑。"

M

MA

麻 má ❶ 一种植物。也叫大麻。《管子·牧民》："养桑～，育六畜，则民富。"㊀麻的茎皮纤维。《左传·宣公八年》："冬，葬敬嬴，旱，无～，始用葛茀（fú）。"（敬嬴：人名。茀：引棺的绳索。）㊀麻的籽实，可食。《礼记·月令》："食～与犬。" ❷ 古代用麻布做的丧帽、丧带、丧服。《礼记·杂记下》："～者不绅。"（穿丧服时，不结大带。绅：束在衣外的大带。） ❸ 唐宋时任命大臣用黄白麻纸起草诏书，故这种诏书称"麻"。《新唐书·李栖筠传》："帝心善之，故制～自中以授。"[宣麻]宣布诏书。唐庚《上张天觉内前行》："内前车马拨不开，文德殿下～～回。"

祃（禡） mà 古代军队在驻扎地祭神的活动。《礼记·王制》："～于所征之地。"

MAI

薶 mái ❶ "埋"的本字。埋藏，埋葬。《尔雅·释天》："祭地曰瘗（yì）～。"（瘗：埋。）《淮南子·时则》："（立春之日）掩骼～骴。"㊀堵塞，填埋。《元史·河渠志三》："其为埽台及推卷、牵制、～挂之法。" ❷ wō 玷污。《淮南子·俶真》："夫鉴明者，尘垢弗能～。"

霾 mái ❶ 风夹着尘土。《诗经·邶风·终风》："终风且～。"（终……且……：既……又……。风：指刮风。）《后汉书·郎顗传》："时气错逆，～雾蔽日。"㊀云雾遮蔽。苏轼《生日王朗以诗见庆次其韵》："不嫌雾谷～松柏。"㊀隐没。孟郊《吊元鲁山十首》诗之四："贤人多自～，道理与俗乖。" ❷ 通"埋"。埋没。屈原《九歌·国殇》："～两轮兮絷（zhí）四马。"（絷：拴。）

劢（勱） mài 勉力，努力。《尚书·立政》："其惟吉士，用～相我国家。"

迈（邁） mài ❶ 行，行进。《诗经·鲁颂·泮水》："无小无大，从公于～。"㊕帝王巡行。《诗经·周颂·时迈》："时～其邦，昊天其子之。"㊀远，远离。屈原《九章·哀郢》："众踥蹀而日进兮，美超远而逾～。" ❷ 超过，超越。《三国志·魏书·高堂隆传》："三王可～，五帝可越。"㊀超然不俗。《晋书·裴楷传》："楷风神高～，容仪俊爽。" ❸ 时光消逝。《诗经·唐风·蟋蟀》："今我不乐，日月其～。"㊀年老，年迈。《三国志·魏书·曹真传》："臣虽朽～，敢忘往言？"杜甫《上白帝城》诗："衰～久风尘。" ❹ 通"劢"。勉力，努力。《尚书·大禹谟》："皋陶～种德，德乃降。"

脉[脈] mài ❶ 血管。《素问·脉要精微论》："夫～者，血之府也。"《潜夫论·德化》："骨著～通，与体俱生。" ❷ 中医指脉搏的脉象。《史记·扁鹊仓公列传》："不待切～、望色、听声、写形，言病之所在。"㊀中医诊脉。《后汉书·华佗传》："佗～之，曰：'府君胃中有虫，欲成内疽，腥物所为也。'" ❸ 像血管一样连贯而成系统的东西。《史记·蒙恬列传》："（长城）起临洮，属之辽东，城堑万余里，此其中不能无绝地～哉？"王建《隐者居》诗："雪缕青山～，云生白鹤毛。" ❹ mò [脉脉] 1. 相互凝视的样子。《古诗十九首·迢迢牵牛星》："盈盈一水间，～～不得语。"（盈盈：水清的样子。）又写作"眽眽（mòmò）"。2. 含情欲吐的样子。辛弃疾《摸鱼儿·更能消几番风雨》："～～此情谁诉？"

霡[霢] mài [霡霂（mù）]小雨。《诗经·小雅·信南山》："雨雪雰雰，益之以～～。"㊀汗多的样子。白居易《香山寺石楼潭夜浴》诗："摇扇风甚微，褰裳汗～～。"

MAN

颟（顢） mān [颟顸（hān）] 1. 大的样子。和凝《宫词百首》之一二："～～冰面莹池心，风刮瑶阶腊雪深。" 2. 糊涂而马虎。朱熹《答石子重书》："却恐～～儱侗（lǒngtǒng），非圣门求仁之学也。"（儱侗：浑然无分别。）

悗 mán ❶ 迷惑。《吕氏春秋·审分》："夫说以智通，而实以过～。"㊀烦闷。《灵枢经·五乱》："清浊相干，乱于胸中，是谓大～。" ❷ měn 无心的样子。《庄子·大宗师》："～乎忘其言也。"

鞔 mán ❶ 鞋帮。㊀鞋。《吕氏春秋·召类》："南家，工人也，为～者也。" ❷ 用皮革蒙罩住。《周礼·考工记·舆人》郑玄注：

"饰车，谓革～舆也。"㉠把(制作鼓面的)皮革绷紧。段成式《酉阳杂俎》卷一二"语资"："宁王尝夏中挥汗～鼓。"❸ mèn 通"懑"。闷胀。《吕氏春秋·重己》："味众珍则胃充，胃充则中大～。"

蛮(蠻) mán ❶我国古代对南部民族的称呼。《孟子·滕文公上》："今也南～鴃舌之人，非先王之道。"㉠南，南方。曹植《朔风》诗："思彼～方。"《北齐书·陆法和传》："时有所论，则雄辩无敌，然犹带～音。"㉡四方边远地区的少数民族。《周礼·夏官·职方氏》："其外方五百里曰～服。"[蛮荒]边远地区。柳宗元《礼部贺册尊号表》："臣获守～～。"❷强悍，粗野。欧阳修《自岐江山行至平陆驿》诗："攀跻诚畏涂，习俗羡～犷。"【注意】古代汉语中"蛮"没有"野蛮"、"蛮横"的意思。

谩(謾) mán ❶欺瞒，欺骗。屈原《九章·惜往日》："或忠信而死节兮，或訑(tuó)～而不疑。"(訑：欺诈。)㉡抵赖。《史记·孝文本纪》："民或祝诅上，以相约结而后相～。"❷诋毁。《荀子·非相》："乡则不若，偝则～之。"(乡：向。若：顺从。偝：同"背"。)❸ màn 莫，不要(后起意义)。朱淑真《读史》诗："王伯～分心与迹，到成功处一般难。"❹ màn 通"漫"。散漫，烦琐。《庄子·天道》："大～，愿闻其要。"(大：太。要：要点。)㉡徒自，白白地(后起意义)。姚合《送王求》诗："愿君似醉肠，莫～生忧感。"戴叔伦《过贾谊旧居》诗："～有长书忧汉室，空将哀些吊沅湘。"❺ màn 通"慢"。怠慢，傲慢。《史记·孝武本纪》："后世～怠。"《汉书·翟方进传》："轻～宰相。"㉡慢慢，缓慢。皮日休《九讽系述·遇谤》："又～～而不诀。"

鬘 mán ❶形容头发美。夏完淳《与李舒章求宽侯民书》："家慈之～云既脱，四寡共居。"❷梵语 soma 译音的省称。璎珞之类的装饰物。白居易《游悟真寺》诗："叠霜为袈裟，贯雹为华～。"

瞒(瞞) mán ❶眼睑低垂的样子。[瞒瞒]闭眼的样子。《荀子·非十二子》："酒食声色之中，则～～然，瞑瞑然。"❷ mén 惭愧。《庄子·天地》："子贡～然惭，俯而不对。"❸ mén 们(后起意义)。刘焘《花心动·偏忆江南》："问桃杏贤～，怎生向前争得？"❹通"谩"。隐瞒，欺骗。《寒山诗·我见瞒人汉》："我见～人汉，如篮盛水走。"《朱子语类》卷七四："秀才不识，便被他～。"

矕 mǎn ❶视，看。马融《长笛赋》："长～远引，旋复回皇。"❷覆盖。班固《答宾戏》："浮英华，湛道德，～龙虎之文，旧矣。"

曼 màn ❶长。《诗经·鲁颂·閟宫》："孔～且硕。"(孔：很。硕：大。)㉠延长。屈原《九章·哀郢》："～余目以流观兮，冀壹反之何时？"❷柔美，美丽。《韩非子·扬权》："～理皓齿。"(理：皮肤的纹理。皓：洁白。)司马迁《报任安书》："今虽欲自雕琢，～辞以自饰，无益，于俗不信，适足取辱耳。"

慢 màn ❶怠慢，懈怠。《荀子·非十二子》："佚(yì)而不惰，劳而不～。"(佚：安乐。)❷轻慢，轻视。《荀子·非十二子》："上功用，大俭约，而～差等。"❸通"漫"。污秽。《荀子·荣辱》："污～突盗，常危之术也。"(突：欺凌。)

墁 màn ❶涂抹。韩愈《蓝田县丞厅壁记》："斯立易桷(jué)与瓦，～治壁，悉书前任人名氏。"(桷：方形椽子。)❷粉饰过的墙壁。《孟子·滕文公下》："有人于此毁瓦画～。"❸同"镘"。抹子，涂墙的工具。萧振《修黄陵庙记》："圬～云布，畚锸星罗。"

蔓 màn 草本蔓生植物的枝茎。贾思勰《齐民要术·种瓜》："～广则歧多，歧多则饶子。"(广：长。歧：枝杈。饶子：果实繁多。)㉠蔓延。《左传·隐公元年》："无使滋～，～，难图也。"(无：不要。)㉠芜杂，烦冗。李纲《论御寇用兵札子》："臣不敢远引前古，多设～词。"

幔 màn ❶帐幕。《墨子·非攻下》："～幕帷盖，三军之用。"❷用于覆盖或遮挡的大幕布。《三国志·吴书·周瑜传》裴松之注引《江表传》："取轻利舰十舫载燥荻枯柴积其中，灌以鱼膏，赤～覆之。"《南齐书·东昏侯纪》："巷陌悬～为高障。"

漫 màn ❶水涨，淹。储光羲《酬綦毋校书梦耶溪见赠之作》诗："春看湖水～。"王安石《白日不照物》诗："妇子夜号呼，西南～为壑。"[弥漫]见278页"弥[2](瀰)"字。❷无边无际。《荀子·正名》："长夜～兮。"㉠遍。贾思勰《齐民要术·种葵》："～散子。"(散：撒。子：种子。)成语有"漫山遍野"。㉡全，都。胡铨《戊午上高宗封事》："～不敢可否事。"(凡遇事都不敢说行不行。)❸放纵，散漫。王安石《再用前韵寄蔡天启》："或嗤元郎～，或訾(zǐ)白翁嗫。"(訾：诋毁。)㉠随便。杜甫《闻官军收河南河北》诗："～卷诗书喜欲狂。"(卷：卷起。)㉡徒然。杜甫《宾至》诗："～劳车马驻江干。"(劳：烦劳。江干：江边。)❹玷污。《庄子·让王》："又欲以其辱行～我。”（辱行：坏品行。）(又)欺骗。苏轼《游灵隐寺戏赠开轩李居士》诗：“若教从此成千里，巧历如今也被～。”❺ 模糊。《后汉书·祢衡传》：“始达颍川，乃阴怀一刺，既而无所之适，至于刺字～灭。”双音词有“漫漶”。❻ 莫，不要。张谓《赠赵使君美人》诗：“罗敷独向东方去，～学他家作使君。”

慢 màn ❶ 傲慢，不敬。《吕氏春秋·上德》：“去郑之荆，荆成王～焉。”《史记·淮阴侯列传》：“王素～无礼，今拜大将如呼小儿耳。”❷ 怠慢，懈怠。《左传·庄公八年》：“君使民～，乱将作矣。”《吕氏春秋·开春》：“闻善为国者，赏不过而刑不～。”❸ 慢慢地走。《诗经·郑风·大叔于田》：“叔马～忌。”（叔：共叔段，人名。忌：语气词。）(引)缓慢。白居易《琵琶行》：“轻拢～捻抹复挑。”（拢、捻、抹、挑：弹琵琶的动作。）❹ 白白地，徒然。周邦彦《水龙吟·咏梨花》：“恨玉容不见，琼英～好，与何人比？”❺ 通“漫”。污。《庄子·徐无鬼》：“郢人垩～其鼻端，若蝇翼。”（垩：白土。）❻ 通“曼”。柔美，美丽。李煜《菩萨蛮·蓬莱院闭天台女》：“脸～笑盈盈，相看无限情。”

【辨】徐，缓，慢。见472页“徐”字。

嫚 màn ❶ 轻慢，侮辱。《左传·昭公二十年》：“其言僭～于鬼神。”《汉书·季布传》：“单于尝为书～吕太后。”（单于：匈奴君主。为书：写信。）❷ 通“慢”。怠慢，懈怠。《荀子·宥坐》：“～令谨诛，贼也。”《汉书·刑法志》：“刑蕃而民愈～。”(又)缓慢，和缓。《淮南子·主术》：“是以器械不苦，而职事不～。”

缦（縵） màn ❶ 没有花纹的丝织品。《韩非子·十过》：“～帛为茵。”（茵：垫子。）(泛)没有花纹的。《国语·晋语五》：“乘～不举。”（乘缦：坐没有花纹的车。不举：指不奏乐。）❷ 通“慢”。缓慢，懈怠。《庄子·齐物论》：“～者，窖者，密者。”❸ 通“漫”。遍。刘禹锡《途中早发》诗：“流水隔远村，～山多红树。”❹ 通“幔”。帐幕。白居易《斋居偶作》诗：“卷～看天色，移斋近日阳。”

镘（鏝）[槾] màn ❶ 抹子，涂墙的工具。《荀子·礼论》：“抗折，其貌以象～茨番阏也。”❷ 涂抹墙壁。杜甫《课伐木》诗序：“～为墙，实以竹。”【注意】“槾”还有“屋檐”的意义。

MANG

邙 máng 山名。在河南。也叫北邙山。应璩《与程文信书》：“南临洛水，北据～山。”

芒 máng ❶ 一种茅草。可制作绳索和草鞋。陈师道《绝句四首》之二：“～鞋竹杖最关身。”❷ 谷类植物种子壳上或草木上的针状物。潘岳《射雉赋》：“麦渐渐以擢（zhuó）～。”（擢芒：指长出麦芒。）❸ 刀枪的锋芒，刀尖。《汉书·贾谊传》：“一朝解十二牛，而～刃不顿者，所排击剥割，皆众理解也。”左思《吴都赋》：“莫不衄（nǜ）锐挫～。”（衄：挫。）这个意义后来写作“鋩”。❹ 光芒。《史记·天官书》：“以八月与柳、七星、张晨出，曰长王，作作有～。”任昉《王文宪集序》：“昴（mǎo）宿垂～。”（昴宿：星宿名。）❺ huǎng 同“恍”。恍惚。《鹖冠子·夜行》：“芴（hū）乎～乎，中有象乎？”（芴：恍惚。）[芴（hū）芒]见446页“芴（wù）”字。❻ 通“茫”。模糊不清。《庄子·盗跖》：“目～然无见。”(引)昏昧无知。《庄子·齐物论》：“其我独～，而人亦有不～者乎？”（其：表示疑问的语气词。）

杗 máng 栋梁。韩愈《进学解》：“夫大木为～，细木为桷（jué）。”（桷：方形椽子。）

盲 máng ❶ 眼睛失明。《老子》十二章：“五色令人目～。”《世说新语·排调》：“～人骑瞎马，夜半临深池。”(引)眼睛失明的人。成语有“问道于盲”。❷ 昏暗。《荀子·赋》：“旦暮晦～。”（旦：早晨。暮：傍晚。晦：幽暗。）

龙 máng ❶ 多毛的狗。《诗经·召南·野有死麕》：“无使～也吠。”❷ 杂色的。《左传·闵公二年》：“衣之～服，远其躬也。”❸ méng 杂乱。柳宗元《与吕道州温论〈非国语〉书》：“尝读《国语》，病其文胜而言～。”[龙茸（róng）]杂乱的样子。《左传·僖公五年》：“狐裘～～，一国三公。”❹ páng 通“庞”。庞大。柳宗元《三戒·黔之驴》：“虎见之，～然大物也。”

厖 máng ❶ 广大。《汉书·司马相如传下》：“湛恩～洪。”❷ 厚重，厚道。屈原《九章·惜往日》：“心纯～而不泄兮，遭谗人而嫉之。”❸ 杂乱。《尚书·周官》：“推贤让能，庶官乃和，不和政～。”

駹 máng ❶ 面部和额头均为白色的马。《说文·马部》：“駹，马面颡皆白也。”❷ 青色的马。《汉书·匈奴传上》：“匈奴骑，其西方尽白，东方尽～，北方尽骊（lí），南方尽骍（xīng）马。”（骊：黑色的马。骍：赤色的马。）❸ 杂色牲畜。《周礼·秋官·犬人》：“凡几珥沈辜，用～可也。”(泛)杂色。柳宗元《晋问》：“或赤或黄，或玄或苍，或醇或～。”

莽 mǎng ❶ 茂密的草，草丛。《左传·哀公元年》：“吴日敝于兵，暴骨如～。”(引)草木丛生的地方。《周易·同人》：“伏戎于

～。”(戎:军队。)双音词有“草莽”。㊂草。《吕氏春秋·精通》:“若草～之有华实也。”❷广大,广阔。《后汉书·马融传上》:“骋望千里,天与地～。”❸渺茫。陈与义《夜赋》:“强弱与兴衰,今古～难评。”❹粗疏,鲁莽。文天祥《先君子革斋先生事实》:“娓娓谈他事,若～于寻绎。”❺[莽莽]1. 草木茂盛的样子。屈原《九章·怀沙》:“草木～～。”2. 无边无际。杜甫《秦州杂诗二十首》之七:“～～万重山,孤城山谷间。”❻[卤莽]粗鲁,不精细。《庄子·则阳》:“昔予为禾,耕而～～之。”(予:我。为禾:种稻。)又写作“鲁莽”。

漭 mǎng ❶形容水广大无边。韩愈《宿曾江口示侄孙湘》诗:“云昏水奔流,天水～相围。”[漭漭][漭沆(hàng)]水广阔无边际的样子。宋玉《高唐赋》:“涉漭漭,驰苹苹。”(涉:渡过。苹苹:指丛生的草。)张衡《西京赋》:“沧池漭沆。”❷辽远而渺茫。陆游《寓怀》诗之三:“华夷～不辨,日月互吐吞。”

MAO

毛 máo ❶鸟兽的毛。《左传·僖公十四年》:“皮之不存,～将安附?”成语有“茹毛饮血”。㊕野兽。范仲淹《雕鹗在秋天》诗:“下盱群～遁,横过百鸟睽。”㊂人的毛发。《左传·僖公二十二年》:“君子不重伤,不禽二～。”(二毛:指头发花白。)贺知章《回乡偶书二首》诗之一:“少小离家老大回,乡音未改鬓～衰。”❷地表生长的小草木。《列子·汤问》:“以残年余力,曾不能毁山之一～。”㊂庄稼五谷。《左传·昭公七年》:“食土之～,谁非君臣?”成语有“不毛之地”。❸无,没有。《后汉书·冯衍传上》:“饥者～食,寒者裸跣。”

旄 máo ❶用牦牛尾做装饰的旗帜。《诗经·鄘风·干旄》:“孑孑干～,在浚之郊。”岑参《轮台歌》:“上将拥～西出征。”(上将:大将军。)㊂用牦牛尾系在杆头上做成的器物,用以指挥。《尚书·牧誓》:“右秉(bǐng)白～。”(右:右手。秉:执。)❷牦牛尾。《荀子·王制》:“西海则有皮革文～焉。”《盐铁论·本议》:“陇蜀之丹漆～羽。”(陇蜀:地名。丹:朱砂。)㊕牦牛。《韩非子·喻老》:“象箸(zhù)玉杯……则必～象豹胎。”(用象牙筷和玉杯……就必然要吃牦牛、象、豹的胎。)❸mào 通“耄”。年老(多指八九十岁)。《史记·春申君列传》:“后制于李园,～矣。”(李园:人名。)㊂昏迷,昏乱。《战国策·楚策一》:“瘨(diān)而殚闷,～不知人。”(瘨:晕倒。)

酕 máo [酕醄(táo)]大醉的样子。李商隐《道士胡君新井碣铭》:“～～过市,酩酊经垆。”姚合《闲居遣怀十首》诗之六:“遇酒～～饮,逢花烂熳看。”

髦 máo ❶古代儿童垂在前额的齐眉短发。《诗经·鄘风·柏舟》:“髧(dàn)彼两～,实维我仪。”(髧:头发下垂的样子。)❷比普通毛发更长的头发。㊕马鬃。《仪礼·既夕礼》:“马不齐～。”❸俊杰。《诗经·大雅·棫朴》:“奉璋峨峨,～士攸宜。”(奉:两手捧着。璋:一种贵重的玉器。峨峨:庄严的样子。攸:所。)❹通“旄”。用牦牛尾做装饰的旗帜。张协《七命》:“建云～,启雄芒。”㊂牦牛。张协《七命》:“～残象白。”(残、白:指煮的肉。)❺通“髳”。古代西南方少数民族名。《诗经·小雅·角弓》:“如蛮如～,我是用忧。”

矛 máo 古代一种顶端有金属尖头的长柄兵器。《诗经·秦风·无衣》:“王于兴师,修我～戟。”

髳 máo ❶同“髦”。古代儿童垂在前额的齐眉短发。王先谦《诗三家义集疏》:“‘髧彼两髦,实维我仪。’[注]齐韩‘髧’作‘紞’,‘髦’作‘髳’,亦作‘～’。”❷古代西南方少数民族名。《尚书·牧誓》:“及庸、蜀、羌、～、微、卢、彭、濮人。”

蝥 máo ❶[斑蝥]一种危害瓜豆花生的昆虫。❷[蝥贼]同“蟊贼”。吃禾苗的害虫。比喻对人或国家有危害的灾害、人或事。《左传·昭公三十二年》:“～～远屏,晋之力也。”杜甫《送韦讽上阆州录事参军》诗:“必若救疮痍,先应去～～。”❸wú [蛛蝥]蜘蛛的别称。左思《魏都赋》:“无异～～之网。”(无异:和……没有区别。)

蟊 máo 一种吃禾苗根的害虫。[蟊贼]吃禾苗根的害虫叫“蟊”,吃禾苗节的害虫叫“贼”。《诗经·小雅·大田》:“去其螟螣(tè),及其～～。”(螟、螣:害虫名。)㊙对人或国家有危害的灾害、人或事。《后汉书·冯衍传上》:“攘其～～,安其疆宇。”李白《酬裴侍御对雨感时见赠》诗:“～～陷忠谠,渺然一水隔。”(忠谠:指忠诚而敢于直言的人。)又写作“蝥贼”、“蛑贼”。

卯 mǎo ❶地支的第四位。用于纪年。有时十天干与十二地支相配。见125页“干[1]”字。《尔雅·释天》:“(太岁)在～曰单阏(chányè)。”(单阏:卯的别称。)❷表示东方。韩愈《毛颖传》:“养万物有功,因封于

～地。”㊂十二时辰之一。等于现在的上午五时至七时。韩愈《贺太阳不亏状》：“自～及巳，当亏不亏。”［点卯］［应卯］古代官署办公从卯时开始，因此后来把点名叫“点卯”，应名叫“应卯”、“画卯”。

茆 mǎo ❶水草名。即莼菜。《诗经·鲁颂·泮水》：“思乐泮水，薄采其～。”❷máo 通“茅”。茅草。《韩非子·外储说右上》：“楚国之法，车不得至于～门。”

昴 mǎo 星宿名。二十八宿之一。《尚书·尧典》：“日短星～，以正仲冬。”邹阳《狱中上梁王书》：“太白食～，昭王疑之。”

芼 mào ❶择，择取。《诗经·周南·关雎》：“参差荇菜，左右～之。”❷杂在肉汤里的菜。《礼记·内则》：“雉兔皆有～。”陆游《成都书事》诗：“～羹笋似稽山美，斫脍鱼如笠泽肥。”㊀用菜拌和。韩愈《初南食贻元十八协律》诗：“调以咸与酸，～以椒与橙。”❸máo 可食用的野菜或水草。《晏子春秋·外篇重而异者》：“今岁凶饥，蒿种～敛不半。”柳宗元《游南亭夜还叙志》诗：“野蔬盈倾筐，颇杂池沼～。”

眊 mào ❶眼睛失神，看不清楚。《孟子·离娄上》：“胸中正，则眸子瞭焉；胸中不正，则眸子～焉。”㊀昏聩不明。《汉书·刑法志》：“周道既衰，穆王～荒。”❷年老。《汉书·武帝纪》：“哀夫老～孤寡鳏独。”这个意义又写作“耄”。

耄 mào 年老。多指八九十岁。《左传·隐公四年》：“老夫～矣。”双音词有“耄耋”。㊀昏乱，糊涂。《国语·周语下》：“尔老～矣，何知？”柳宗元《敌戒》：“纵欲不戒，匪愚伊～。”（戒：警惕。匪：非。伊：是。）

茂 mào ❶草木繁盛。《诗经·小雅·天保》：“如松柏之～，无不尔或承。”《韩非子·解老》：“冬日之闭冻也不固，则春夏之长草木也不～。”㊀美盛，繁盛。《管子·五行》：“岁农丰，年大～。”任昉《宣德皇后令》：“元功～勋，若斯之盛。”❷美好。《诗经·齐风·还》：“子之～兮，遭我乎狃（náo）之道兮。”（子：您。遭：遇。狃：山名。）㊀优秀，卓越。《汉书·朱邑传》：“明主游心太古，广延～士。”韩愈《顺宗实录二》：“诸色人中，有才行兼～明于理体者。”❸通“懋（mào）”。勤勉，努力。《史记·周本纪》：“先王之于民也，～正其德而厚其性。”

冒 mào ❶帽子。《汉书·隽不疑传》：“有一男子……著黄～。”这个意义后来写作“帽”。❷覆盖，遮盖。《诗经·邶风·日月》：“日居月诸，下土是～。”（居、诸：语气词。）《汉书·翟方进传》：“善恶相～。”㊂淹没，漫溢。《汉书·王商传》：“自古无道之国，水犹不～城郭。”❸顶着，冒着。司马迁《报任安书》：“士无不起……～白刃北向争死敌者。”《三国志·蜀书·王连传》：“不宜以一国之望～险而行。”㊂假托，假冒。《汉书·卫青传》：“故青～姓为卫氏。”《后汉书·张衡传》：“彼无合其何伤兮，患众伪之～真。”❹触犯，冒犯。《战国策·楚策三》：“麋知猎者张网前而驱己也，因还走而～人至数。”《汉书·霍去病传》：“直～汉围西北驰去。”❺贪婪，贪图。《汉书·翟方进传》：“～浊苟容，不顾耻辱。”❻冒失，冒昧。王安石《上皇帝万言书》：“～言天下之事。”［冒昧］见 275 页“昧”字。❼mò［冒顿（dú）］汉初匈奴单于（chányú）名。❽通“瑁（mào）”。天子接见诸侯时所拿的玉。《周礼·考工记·玉人》：“天子执～四寸，以朝诸侯。”

媢 mào 嫉妒。《汉书·五行志中之下》：“刘向以为时夫人有淫齐之行，而桓有妒～之心。”《论衡·论死》：“妒夫～妻，同室而处。”

瑁 mào ❶天子接见诸侯时所拿的玉。《尚书·顾命》：“太保承介圭，上宗奉同～。”❷［玳瑁］见 71 页“玳”字。

贸（貿） mào ❶交换财物，交易。《诗经·卫风·氓》：“抱布～丝。”双音词有“贸易”。❷变，改变。《淮南子·诠言》：“公孙龙粲于辞而～名，邓析巧辩而乱法。”❸混杂，杂乱。《汉书·董仲舒传》：“廉耻～乱，贤不肖浑淆。”❹通“牟（móu）”。夺取，求取。《盐铁论·本议》：“是以县官不失实，商贾无所～利。”

袤 mào 南北纵向的长度。与“广”相对。《墨子·杂守》：“庐广十尺，～丈二尺。”双音词有“广袤”。㊁长，长度。《史记·蒙恬列传》：“筑长城……延～万余里。”

楙 mào ❶同“茂”。草木茂盛。《汉书·司马相如传上》：“夸条直畅，实叶葰～。”❷美。《汉书·晁错传》：“是以大禹能亡失德，夏以长～。”❸通“贸”。交换，交易。《汉书·食货志上》：“～迁有无，万国作乂。”

懋 mào ❶勤勉，努力。《尚书·胤征》：“其尔众士～戒哉！”㊂劝勉，勉励。《国语·晋语四》：“～穑劝分，省用足财。”❷美，盛大。《尚书·大禹谟》：“予～乃德，嘉乃丕绩。”《晋书·王导传》：“厚爵以答～勋。”（勋：功勋。）㊂完美，美好。《后汉书·章帝纪》：“乌呼～哉！”㊂喜悦。张衡《东京赋》：“四灵～而允怀。”❸通“贸”。交易，交换。

M

《尚书·益稷》："～迁有无化居。"

愗 mào [怐(kòu)愗]见228页"怐"字。

瞀 mào ❶眼睛昏花。《庄子·徐无鬼》："予适有～病。"(予:我。适:恰好。)❷昏乱,烦乱。屈原《九章·惜诵》："中闷～之忳忳(túntún)。"(中:指心中。忳忳:忧伤的样子。)❸愚昧。《荀子·非十二子》："世俗之沟犹～儒。"王夫之《周易外传》卷五："老氏～于此。"(老氏:老子。)[沟(kòu)瞀]见133页"沟(gōu)"字。㊀天色昏暗。王安石《和吴冲卿雪》诗："云连昼已～,风助宵仍汹。"

貌 mào ❶面容,容貌。《战国策·赵策三》："今吾视先生之玉～,非有求于平原君者。"《史记·魏其武安侯列传》："武安者,～侵,生贵甚。"(侵:丑陋。)㊀仪容,神态。《论语·季氏》："色思温,～思恭。"贾谊《鹏鸟赋》："止于坐隅兮,～甚闲暇。"(坐隅:座位的边上。)❷外表,外观,表面上。《韩非子·解老》："实厚者～薄,父子之礼是也。"《三国志·吴书·吴主传》："形～奇伟。"❸礼貌,礼敬。《论语·乡党》："见冕者与瞽者,虽亵,必以～。"❹mò 描述,描绘。《墨子·经说上》："知也者,以其知过物而能～之若见。"杜甫《丹青引》："屡～寻常行路人。"

皃 mào 同"貌"。形貌。《荀子·礼论》："故圹垄,其～象室屋也。"

MEI

玫 méi [玫瑰]1.一种次于玉的美石。《韩非子·外储说左上》："缀以珠玉,饰以～～。"《史记·司马相如列传》："其石则赤玉～～。"2.一种落叶灌木,花可供观赏,可制作香料。温庭筠《握柘词》："杨柳萦桥绿,～～拂地红。"

枚 méi ❶树干。《诗经·周南·汝坟》："伐其条～。"❷马鞭。《左传·襄公十八年》："以～数(shǔ)阖(hé)。"(用马鞭指点着数门扇。阖:门扇。)❸古代行军时为防止喧哗,让士兵衔在口中的竹片或木片。《周礼·秋官·衔枚氏》："军旅田役,令衔～。"❹逐一,逐个。《尚书·大禹谟》："～卜功臣,惟吉之从。"成语有"不可枚举"。❺量词。个,只,件。谢惠连《祭古冢文》："有五铢钱百余～。"《论衡·书虚》："使人多设罗,得鹳数十～。"

莓 méi ❶植物名。种类很多,常见的是草莓,果实可食用。贾思勰《齐民要术·莓》："～,草实,亦可食。"❷青苔。王淇《春暮游小园》诗："开到荼蘼花事了,丝丝天棘出～墙。"[莓苔]青苔。孙绰《游天台山赋》："践～～之滑石,搏壁立之翠屏。"❸[莓莓]草茂盛的样子。左思《魏都赋》："兰渚～～,石濑汤汤。"又写作"每每"。《左传·僖公二十八年》："原田每每。"

鋂 méi 猎犬脖颈上套的环。《诗经·齐风·卢令》："卢重～,其人美且偲。"

湄 méi 岸边水草相接处。《诗经·秦风·蒹葭》："所谓伊人,在水之～。"

楣 méi ❶门框上的横木,门楣。屈原《九歌·湘夫人》："桂栋兮兰橑,辛夷～兮药房。"陆游《夏雨叹》诗："蜗舍入门～触额,黄泥壁作龟兆坼。"❷房屋的次级横梁。《仪礼·乡射礼》："序则物当栋,堂则物当～。"(序:东西厢。物:指射箭站立之处。当:对着。)李如圭《仪礼释宫》："堂之屋,南北五架,中脊之架曰栋,次栋之架曰～。"❸屋檐口椽端的横板。谢灵运《山居赋》："因丹霞以赪(chēng)～,附碧云以翠椽。"(赪:红色。)

煤 méi ❶屋上烟气所积的黑尘,烟灰。《吕氏春秋·任数》："～炱(tái)入甑中,弃食不祥。"(炱:烟灰。)❷制墨的烟灰。沈括《梦溪笔谈》卷二四："试扫其～以为墨。"㊕墨。韩偓《横塘》诗："蜀纸麝～添笔兴。"❸煤炭(后起意义)。宋应星《天工开物·燔石·煤炭》："凡～炭,普天皆生,以供锻炼金石之用。"

禖 méi 古代为求子所做的祭祀活动。柳宗元《天对》："喾狄祷～,契形于胞。"(契:人名。)㊂古代为求子所祭之神。《吕氏春秋·仲春》："是月也,玄鸟至。至之日,以太牢祀于高～。"《汉书·戾太子传》："上年二十九乃得太子,甚喜,为立～。"

塺 méi 尘土,灰尘。《楚辞·九叹·惜贤》："俟时风之清激兮,愈氛雾其如～。"[塺塺]尘土飞扬的样子。《楚辞·九怀·陶壅》："浮云郁兮昼昏,霾土忽兮～～。"

黴 méi ❶面垢黑色。《淮南子·修务》："舜～黑,禹胼胝。"❷霉点。衣物受潮发霉而产生的黑斑。方以智《通雅》卷一二："阴湿之色曰～黰(zhěn)……湿气着衣物,生斑沫也。"(黰:发霉所生的黑点。)这个意义后来写作"霉"。

每 měi ❶每一,每个。《墨子·旗帜》："～鼓三、十击之。"(每个鼓打三下或十下。)《论语·八佾》："子入太庙,～事问。"㊂每次,每逢。《左传·襄公二十二年》："王～见之必泣。"白居易《与元九书》："～与人言,多询时务。"❷常常,屡次。曹操《让县自明本志令》:"～用耿耿。"(心中常常不能忘记。)[每每]1. 常常,往往。陶渊明《杂诗十二首》之五:"～～多忧虑。"2. 同"莓莓"。草茂盛的样子。《左传·僖公二十八年》:"原田～～,舍其旧而新是谋。"❸ 虽然。《诗经·小雅·常棣》:"～有良朋,况也永叹。"❹ mèi [每每]昏昧的样子。欧阳詹《与王式书》:"以本心～～,驰恋若此。"

美 měi ❶ 味美。《孟子·尽心下》:"脍炙与羊枣孰～?"《韩非子·扬权》:"夫香～脆味,厚酒肥肉,甘口而病形。"㊀美好,美丽。《左传·昭公二十八年》:"娶妻而～。"❷ 善的,好的。与"恶"相对。《战国策·东周策》:"夫存危国,～名也。"屈原《离骚》:"好蔽～而称恶。"(蔽:遮掩。称:宣扬。)❸ 赞美。《韩非子·五蠹》:"今有～尧、舜、鲧(gǔn)、禹、汤、武之道于当今之世者,必为新圣笑矣。"(鲧:人名。)《战国策·齐策一》:"吾妻之～我者,私我也。"

浼 měi ❶ 污染。《淮南子·人间》:"若痈疽之必溃也,所～者多矣。"❷ 托请,央求(后起意义)。陶宗仪《南村辍耕录》卷七:"整复～人言之。"(刘整又请求他进去通报。)❸ miǎn [浼浼]水大的样子。《诗经·邶风·新台》:"河水～～。"

媺 měi 同"美"。美,善。与"恶"相对。《周礼·春官·天府》:"季冬,陈玉,以贞来岁之～恶。"

沬 mèi ❶ 春秋时卫邑,在今河南淇县南。❷ huì 洗脸。司马迁《报任安书》:"～血饮泣,更张空拳(quān)。"(拳:弩弓。)❸ 通"昧"。微暗。《周易·丰》:"日中见～。"㊀已,止。屈原《离骚》:"芳菲菲而难亏兮,芬至今犹未～。"

昧 mèi ❶ 暗。屈原《离骚》:"路幽～以险隘。"(幽:暗。隘:狭窄。)[昧爽][昧旦][昧明]黎明,拂晓。《礼记·内则》:"昧爽而朝。"《诗经·郑风·鸡鸣》:"女曰鸡鸣,士曰昧旦。"(士:男子。)《国语·吴语》:"昧明,王乃秉枹(fú)。"(枹:鼓槌。)㊀目视不明。刘禹锡《聚蚊谣》:"～者不分聪者惑。"❷ 愚昧,昏乱。《庄子·大宗师》:"～者不知也。"《左传·宣公十二年》:"兼弱攻～。"(兼:兼并。)[梼昧]见416页"梼"字。㊀贪昧。《左传·襄公二十六年》:"晋楚将平,诸侯将和,楚王是故～于一来。"庾亮《让中书令表》:"偷荣～进,日尔一日。"❸ 蒙蔽,掩盖。曾巩《新序目录序》:"皆明其所长而～其短。"❹ [昧昧]1. 昏暗的样子。屈原《九章·怀沙》:"日～～其将暮。"2. 沉思的样子。《尚书·秦誓》:"～～我思之。"3. 醇厚的样子。《淮南子·俶真》:"至伏羲氏,其道～～芒芒然。"❺ [冒昧]轻率,鲁莽。《后汉书·蔡邕传》:"死期垂至,～～自陈。"(垂至:将到。陈:陈述。)[昧死]冒昧而犯死罪。这是封建时代臣子对君主的客套话。《韩非子·初见秦》:"臣～～愿望见大王。"

寐 mèi 睡。《诗经·卫风·氓》:"夙(sù)兴夜～。"(早起晚睡。夙:早。兴:起。)[假寐]不脱衣帽坐着打盹。《诗经·小雅·小弁》:"心之忧矣,不遑～～。"(不遑:不暇,没工夫。)㊀死。《古诗十九首·驱车上东门》:"潜～黄泉下,千载永不寤。"

【辨】寝,卧,眠,寐,睡。见342页"寝"字。

魅[彪] mèi ❶ 迷信认为物老而变成的精怪。《左传·宣公三年》:"螭～罔两,莫能逢之。"㊁迷信传说中的鬼怪。《韩非子·外储说左上》:"齐王问曰:'画孰最难者?'曰:'犬马最难。''孰易者?'曰:'鬼～最易。'"❷ 迷惑,惑乱。洪迈《夷坚丁志·蛇妖》:"蛇最能为妖,化形～人。"

韎 mèi ❶ 染制皮革所形成的赤黄色。《左传·成公十六年》:"有～韦之跗注。"(韦:皮革。跗注:军服。)❷ [韎韐(gé)]赤黄色的蔽膝。为古代士的祭服,或为武士所服。《诗经·小雅·瞻彼洛矣》:"～～有奭(shì)。"(奭:赤红色。)❸ wà 通"袜"。袜子。《南齐书·徐孝嗣传》:"孝嗣登殿不著～。"

袂 mèi 衣袖,袖子。屈原《九歌·湘夫人》:"捐余～兮江中。"《史记·苏秦列传》:"连衽成帷,举～成幕。"

痗 mèi 因忧伤而病。《诗经·卫风·伯兮》:"愿言思伯,使我心～。"㊁病。刘禹锡《谒柱山会禅师》诗:"安能咎往事?且欲去沉～。"

媚 mèi ❶ 谄媚,讨好。《孟子·尽心下》:"阉然～于世也者,是乡原也。"《史记·孝武本纪》:"康后闻文成已死,而欲自～于上。"❷ 美好,可爱。《史记·司马相如列传》:"妩～孅弱。"(体态美好苗条。)㊀喜爱。《左传·宣公三年》:"以兰有国香,人服～之如是。"繁钦《定情》诗:"我既～君姿,君亦悦我颜。"

MEN

门(門) mén ❶ 门。包括两个门扇的家门、屋门、院门、城门等。《墨子·号令》:"～常闭。"㊁进出口。徐弘祖《徐霞客游记·楚游日记》:"洞～甚隘。"(隘:

M

狭窄。）㊀攻打城门或守卫城门。《左传·庄公十八年》：“巴人叛楚而伐那处，取之，遂～于楚。”《左传·哀公四年》：“以两矢～之，众莫敢进。”❷做事情的方法、关键。《老子》一章：“玄之又玄，众妙之～。”《商君书·君臣》：“臣闻道民之～，在上所先。”（道：引导。）❸家，家族。《三国志·蜀书·先主传》：“汝勿妄语，灭吾～也。”㊀宗派，门派。《论衡·率性》：“孔～弟子七十之徒，皆任卿相之用。”［门人］1.学生，弟子。《论语·子张》：“子夏之～～问交于子张。”2.门客。《战国策·齐策三》：“见孟尝君～～公孙戍。”3.看守门的人。《公羊传·襄公二十九年》：“阍者何？～～也。”❹类别，门类。《旧唐书·杜佑传》：“书凡九～，计二百卷。”（凡：总计。）

扪（捫） mén ❶持，握。《诗经·大雅·抑》：“莫～朕舌，言不可逝矣。”❷摸。《史记·高祖本纪》：“乃～足曰：‘虏中吾指。’”（乃：于是。虏：指敌人。）双音词有“扪心”。

璊（璊） mén 玉赤色。《诗经·王风·大车》：“大车哼哼（tūntūn），毳（cuì）衣如～。”（哼哼：慢吞吞的样子。毳：毛制的衣服。）

M

虋［穈］ mén 一种茎秆红色的良种谷类。《诗经·大雅·生民》：“诞降嘉种……维～维芑（qǐ）。”（芑：茎秆白色的良种谷类。）沈括《梦溪笔谈》卷二六：“丹黍谓之～。”

闷（悶） mèn ❶烦闷。《周易·乾》：“遁世无～，不见是而无～。”❷［闷闷］愚昧，浑浑噩噩的样子。《老子》五十八章：“其政～～，其民淳淳。”❸mēn（旧读 mén）沉默的样子。梅尧臣《史尉还乌程》诗：“闭门陋巷中，～默阅书史。”㊀闷热，不爽。《素问·风论》：“闭则热而～。”

懑（懣） mèn 烦闷。《礼记·问丧》：“悲哀志～气盛，故袒而踊之。”《后汉书·华佗传》：“陈登忽患匈中烦～。”（匈：胸。）㊁愤慨。刘知几《史通·疑古》：“目睹其事，犹怀愤～。”

MENG

氓［甿］ méng 老百姓。《管子·八观》：“～家无积而衣服修。”这个意义又写作“甿”。㊕外来的百姓。《孟子·公孙丑上》：“则天下之民皆悦，而愿为之～矣。”【注意】古代汉语中“氓”没有“流氓”的意思，也不读 máng。

䖟 méng ❶昆虫名。一种吮吸人畜血液的大蝇子。《史记·项羽本纪》：“夫搏牛之～，不可以破虮虱。”这个意义又写作“虻”、“寍”。❷通“莔（méng）”。药草名。即贝母。《诗经·鄘风·载驰》：“陟彼阿丘，言采其～。”

萌 méng ❶草木发芽。《礼记·月令》：“草木～动。”双音词有“萌芽”。㊖开始，发生。《战国策·赵策二》：“智者见于未～。”班固《东都赋》：“惧其侈心之将～。”（侈：奢侈。）❷锄草。《周礼·秋官·薙氏》：“春始生而～之。”❸通“氓”。老百姓。《韩非子·问田》：“齐民～之度。”（齐：整治。度：法度。）

盟 méng ❶古代诸侯在神位前杀牲歃血立誓缔约。《左传·僖公三十年》：“秦伯说（yuè），与郑人～。”（说：悦。）㊁诸侯之间所缔结的誓约。《战国策·齐策三》：“是足下倍先君～约而欺孟尝君也。”㊀一般的誓约。陆游《新晴》诗：“寄语沙鸥勿败～。”（败：指破坏。）成语有“山盟海誓”。❷发誓。《史记·孙子吴起列传》：“与其母诀，啮臂而～曰：‘起不为卿相，不复入卫。’”

蒙¹ méng ❶遮盖，覆盖。《左传·昭公十三年》：“以幕～之。”（幕：幕布。）㊀蒙蔽，欺骗。《左传·僖公二十四年》：“上下相～。”❷承受，遭受。《汉书·杜钦传》：“申生～无罪之辜。”《论衡·累害》：“已用也，身～三害。”㊀冒着。《汉书·晁错传》：“～矢石，赴汤火，视死如生。”（矢：箭。）㊁继承。贾谊《过秦论》：“孝公既没，惠文、武、昭～故业，因遗策。”❸愚昧，无知。《战国策·韩策一》：“民非～愚也。”双音词有“启蒙”、“蒙昧”。❹谦称自己（愚笨）。张衡《西京赋》：“岂欲之而不能，将能之而不欲欤？～窃惑焉。”㊁敬辞。承，承蒙（后起意义）。王安石《答司马谏议书》：“昨日～教。”

蒙²（矇） méng ❶眼睛失明。《诗经·大雅·灵台》毛传：“有眸子而无见曰～。”㊁失明的人，盲人。《国语·晋语四》：“～瞍不可使视。”㊕乐师。古代以盲人为乐师。《国语·周语上》：“瞍赋，～诵。”《左传·襄公十五年》：“若犹有人，岂其以千乘之相易淫乐之～？”❷昏暗不明。《淮南子·修务》：“明镜之始下型，～然未见形容。”㊀蒙昧无知。《论衡·量知》：“人未学问曰～。”

幪 méng ❶盖物的布巾。《尚书大传·甫刑》：“有虞氏上刑赭衣不纯，中刑杂屦，下刑墨～。”❷覆盖。《隋书·西域传》：“其妻有髻，～以皂巾。”❸［帡(píng)幪］见320页“帡”字。❹měng［幪幪］茂盛的样子。《诗经·大雅·生民》：“麻麦～～。”

濛 méng ❶微雨的样子。《诗经·豳风·东山》：“我来自东，零雨其～。”这个意义简化写作“蒙”。［溟濛］见285页“溟”字。❷弥漫，笼罩。李山甫《寒食》诗二首之一：“柳凝东风一向斜，春阴澹澹～人家。”❸［濛濛］1. 云雨细密的样子。《楚辞·哀时命》：“雾露～～，其晨降兮。”2. 模糊不清的样子。岑参《与高适薛据同登慈恩寺塔》诗：“五陵北原上，万古青～～。”❹［澒濛］见156页“澒”字。

朦 méng ❶［朦胧］1. 月光不明亮的样子。来鹄《寒食山馆书情》诗：“楚魂吟后月～～。”2. 模糊，不清楚。李峤《早发苦竹馆》诗：“～～烟雾晓。”❷遮掩，掩蔽。萧纲《旦出兴业寺讲诗》：“由来六尘缚，宿昔五缠～。”

艨 méng ［艨艟(chōng)］古代一种战舰。《旧五代史·贺瓌传》：“以～～战舰阨其中流。”又写作“艨衝”、“蒙衝”，简化为“艨冲”、“蒙冲”。

甍 méng ❶屋栋，屋脊。《左传·襄公二十八年》：“犹援庙桷(jué)，动于～。”(桷：方形椽子。)左思《魏都赋》：“云雀踶～而矫首，壮翼摛镂于青霄。”❷屋顶四角伸出的飞檐。鲍照《咏史》：“飞～各鳞次。”❸房屋。《周书·武帝纪下》：“～宇杂物，分赐穷民。”

瞢 méng ❶眼睛不明。《山海经·中山经》：“其下有草焉……名曰䔰，可以已～。”(已：指治愈。)❷昏暗。屈原《天问》：“冥昭～暗，谁能极之？”❸烦闷。《左传·襄公十四年》：“不与于会，亦无～焉。”❹惭愧。《国语·晋语三》：“臣得其志，而使君～，是犯也。”❺mèng 通“梦”。做梦。《晏子春秋·内篇杂下》：“夜～与二日斗，不胜。”❻mèng 通“梦”。指云梦泽。《汉书·叙传上》：“子文初生，弃于～中，而虎乳之。”

霿 méng ❶天色昏暗。《素问·六元正纪大论》：“天气下降，地气上腾，原野昏～。”❷mào 昏昧。《尚书大传·洪范五行传》：“思心之不容，是谓不圣，厥咎～。”❸wù 同“雾”。雾气。柳宗元《唐铙歌鼓吹曲·奔鲸沛》：“披攘蒙～，开海门。”

猛 měng ❶凶猛，凶暴。《韩非子·外储说右上》：“汝狗～耶？”(汝：你。)《史记·仲尼弟子列传》：“吴王为人～暴，群臣不堪。”㉠勇猛，健壮。《荀子·不苟》：“刚强～毅。”杜甫《朝献太清宫赋》：“张～马，出腾虬(qiú)。”(虬：一种无角龙。)❷坚强，顽强。陶渊明《读〈山海经〉十三首》诗之十：“刑天舞干戚，～志故常在。”❸严厉，严苛。《左传·昭公二十年》：“大叔为政，不忍～而宽。”❹气势壮，猛烈。白居易《香山避暑二绝》之一：“六月滩声如～雨。”《论衡·状留》：“沙石遭～流而转。”❺忽然，突然。林逋《杏花》诗：“等莺期蝶～成团。”

艋 měng ［舴(zé)艋］见530页“舴”字。

懵 měng ❶mèng 不明白。谢庄《月赋》：“昧道～学，孤奉明恩。”❷［懵懂］昏昧，糊涂。汪元亨《醉太平》之二十：“且达时知务暗包笼，权妆个～～。”❸无知的样子。白居易《与元九书》：“除读书属文外，其他～然无知。”

蠓 měng ❶蚊类昆虫。《列子·汤问》：“春夏之月有～蚋(ruì)者，因雨而生，见阳而死。”(蚋：蚊类昆虫。)❷［蠓蠛(miè)］［蠛蠓］见282页“蠛”字。

孟 mèng ❶子女中排行第一的。《史记·鲁周公世家》：“庄公筑台临党氏，见～女，说(yuè)而爱之。”(说：悦。)班固《白虎通·姓名》：“适(dí)长称伯，伯禽是也。庶长称～，鲁大夫孟氏是也。”(适：正妻所生的儿子。伯：排行第一的。)㉠四季中月份在开头的。《管子·立政》：“～春之朝，君自听朝。”曹操《步出夏门行·冬十月》：“～冬十月，北风徘徊。”❷［孟津］古地名。在今河南孟州市南，周武王姬发灭商时曾在这里与诸侯会盟。也叫盟津。

MI

弥[1]（**瀰**） mí ❶满，遍。《汉书·司马相如传上》：“～山跨谷。”(布满整个山谷。)成语有“弥天大谎”。这个意义也可以写作“瀰”，简化写作“弥”。㉠覆盖。张衡《西京赋》：“～皋被冈。”❷终点，终极。王粲《登楼赋》：“北～陶牧，西接昭丘。”❸弥补。《左传·昭公二年》：“敢拜子之～缝敝邑。”(子：您。敝邑：对自己国家的谦称。)沈括《梦溪笔谈》卷一八：“盖钉板上下～束，六幕相联。”❹长，久。《史记·刺客列传》：“太傅之计，旷日～久，心惛然，恐不能须臾。”❺［弥留］1. 久病不愈。《尚书·顾命》：“病日臻，既～～。”2. 病重将死。如“弥留之际”。❻更加。屈原《离骚》：“芳

M

菲菲其～章。”（芬芳的香味更加显著。章：彰，显著。）成语有“欲盖弥彰”。

弥²（瀰） mí ❶［弥弥］水满的样子。《诗经·邶风·新台》：“河水～～。”❷［弥漫］1. 水满的样子。王昌龄《采莲》诗：“湖上水～～，清江初可涉。”2. 充满，到处都是。韩愈《荐士》诗：“东都渐～～，派别百川导。”

迷 mí ❶ 迷乱，分辨不清。《老子》二十七章：“虽智大～，是谓要妙。”㊕迷路。屈原《九章·涉江》：“～不知吾所如。”（如：往。）❷ 沉醉，迷恋。《汉书·五行志下之上》：“时幽王暴虐……～于褒姒，废其正后。”李白《梦游天姥吟留别》：“～花倚石忽已暝。”（暝：日落。）㊐使迷惑，使陶醉。《论语·阳货》：“怀其宝而～其邦，可谓仁乎？”冯子振《登金山》诗：“云外楼台～鸟雀。”❸ 昏迷。《列子·汤问》：“扁鹊遂饮二人毒酒，～死三日。”❹ 通“弥¹（瀰）”。充满，弥漫。杜甫《送灵州李判官》诗：“血战乾坤赤，氛～日月黄。”

眯 mí ❶（旧读 mǐ）异物进入眼中使视线不清。《庄子·天运》：“夫播糠～目，则天地四方易位矣。”❷ mì 梦魇（yǎn）。梦中受惊吓而不能说话动弹。《庄子·天运》：“游居寝卧其下，彼不得梦，必其数～焉。”

M

糜 mí ❶ 粥。《礼记·月令》：“是月也，养衰老，授几杖，行～粥饮食。”《世说新语·夙惠》：“炊忘箸箄（bì），饭今成～。”（炊：做饭。箸：放置。箄：同“箅”，指锅内的箅子。）❷ 碎烂，粉碎。《汉书·贾山传》：“万钧之所压，无不～灭者。”㊐毁伤。《孟子·尽心下》：“梁惠王以土地之故，～烂其民而战之，大败。”❸ 通“靡”。浪费。《晋书·何充传》：“～费巨亿而不吝也。”

縻 mí ❶ 系牛的绳子。《史记·司马相如列传》：“盖闻天子之于夷狄也，其义羁～勿绝而已。”刘禹锡《因论·叹牛》：“叟揽～而对。”（叟：老头。揽：拉着。）㉒绳索。刘琨《答卢谌》诗：“乃奋长～。”郦道元《水经注·涞水》：“～锁之迹，仍今存焉。”㊐拴，系。柳宗元《永州铁炉步志》：“江之浒，凡舟可～而上下者曰步。”❷ 牵制，束缚。《孙子兵法·谋攻》：“不知军之不可以进而谓之进，不知军之不可以退而谓之退，是谓～军。”（谓之：指命令它。）❸ 通“靡”。浪费。刘基《卖柑者言》：“坐～廪粟而不知耻。”

靡 mí ❶ mǐ 倒下。《左传·庄公十年》：“吾视其辙乱，望其旗～，故逐之。”［披靡］见 313 页“披”字。❷ mǐ 细小。《礼记·月令》：“～草死，麦秋至。”㊐细腻。《楚辞·招魂》：“～颜腻理。”（理：肌肤。）㊉美好，华丽。《汉书·韩信传》：“～衣媮（tōu）食。”（媮：苟且。）❸ mǐ 无，没有。《诗经·大雅·荡》：“～不有初，鲜克有终。”㊉不。《史记·外戚世家》：“其详～得而记焉。”（那些详细的情况不可能都记在这里。）❹ mǐ 边，崖。《史记·司马相如列传》：“明月珠子，玓瓅（dìlì）江～。”（玓瓅：珠子发光的样子。）❺ 分散。《周易·中孚》：“我有好爵，吾与尔～之。”㊉碎，烂。《庄子·胠箧》：“昔者……子胥～。”❻ 浪费，奢侈。《战国策·中山策》：“秦民之死者厚葬，伤者厚养……以～其财。”贾谊《论积贮疏》：“生之者甚少，而～之者甚多。”（生：生产。之：指粮食。）㊉损害。《国语·越语下》：“王若行之，将妨于国家，～王躬身。”❼ mó 通“摩”。摩擦，蹭。《庄子·马蹄》：“（马）喜则交颈相～。”

蘼 mí ［蘼芜（wú）］一种香草。也叫江蓠。《古诗十九首·上山采蘼芜》：“上山采～～，下山逢故夫。”

麋 mí ❶ 麋鹿。也叫驼鹿、四不像。屈原《九歌·湘夫人》：“～何食兮庭中？蛟何为兮水裔（yì）？”（裔：边沿。）❷ 通“糜”。烂，碎。焦延寿《易林·艮之损》：“卵与石斗，～碎无疑。”❸ 通“糜”。粥。韩愈《送穷文》：“慕彼糠～。”❹ méi 通“湄”。岸边水草相接处。《诗经·小雅·巧言》：“彼何人斯？居河之～。”❺ méi 通“眉”。眉毛。《荀子·非相》：“伊尹之状，面无须～。”《睡虎地秦墓竹简·法律答问》：“或与人斗，缚而尽拔其须～。”

麛 mí ❶ 幼鹿。《吕氏春秋·乐成》：“～裘而韠（bì），投之无戾。”（穿着裘皮衣和鹿皮蔽膝的人，抛弃他也不犯错误。韠：皮革制的蔽膝。）㉒幼兽。《礼记·曲礼下》：“士不取～卵。”❷ 捕猎幼兽。《淮南子·时则》：“毋覆巢杀胎夭，毋～毋卵。”

芈 mǐ ❶ 羊叫。《说文·羊部》：“芈，羊鸣也。”❷ 春秋时楚国祖先的族姓。

弭 mǐ ❶ 两端没有丝绳缠绕的弓。《左传·僖公二十三年》：“左执鞭～。”（左：左手。）㊉弓的两个末端。《诗经·小雅·采薇》：“四牡翼翼，象～鱼服。”（四匹马训练有素，还有象骨装饰的弓和鲨鱼皮做的箭囊。）❷ 消除，停止。《国语·周语上》：“吾能～谤矣。”❸ 安抚，安定。《史记·田敬仲完世家》：“治国家而～人民。”㊐顺服，服从。《后汉书·吴汉传》：“城邑莫不望风～从。”（城邑：大小城市。）

敉 mǐ 安定，安抚。《尚书·立政》：“亦越武王，率惟～功。”

瀰 mǐ ❶［瀰瀰］水涨满的样子。《诗经·邶风·新台》："新台有泚(cǐ)，河水～～。"(泚：鲜明的样子。) ❷ nǐ ［瀰瀰］众多的样子。《诗经·齐风·载驱》："四骊(lí)济济，垂辔～～。"(骊：黑马。)

汨 mì ［汨罗］水名。汨罗江。在今湖南。《史记·屈原贾生列传》："怀石遂自投～～以死。"

觅(覓)［覔］ mì 寻找。《三国志·魏书·管辂传》："招呼妇人，～索余光。"赵至《与嵇茂齐书》："披榛～路。"(披：分开。榛：灌木丛。)㊂挑选，求取。《世说新语·雅量》："王家诸郎，亦皆可嘉，闻来～婿，咸自矜持。"王昌龄《闺怨》诗："忽见陌头杨柳色，悔教夫婿～封侯。"

密 mì ❶ 稠密，细密。《周易·小畜》："～云不雨，自我西郊。"柳宗元《登柳州城楼》诗："～雨斜侵薜荔墙。"(薜荔：植物名。)㊀亲近，亲密。《三国志·蜀书·诸葛亮传》："于是与亮情好日～。"㊂周密，精密。《荀子·儒效》："其知虑多当矣，而未周～也。"❷ 隐蔽的地方。《礼记·少仪》："不窥～。"㊀秘密。《韩非子·说难》："事以～成。"㊂封闭。《礼记·乐记》："使之阳而不散，阴而不～。"❸ 平静，寂静。《管子·大匡》："夫诈～而后动者胜。"张衡《东京赋》："京室～清。"㊂安定，安宁。《诗经·周颂·昊天有成命》："成王不敢康，夙夜基命宥(yòu)～。"(周成王不敢安乐，日夜谋划安民良策。宥：宽厚。)

谧(謐) mì 安宁，平静。《晋书·袁瓌传》："朝野无虞，江外～静。"归有光《上总制书》："诸土恭顺，四边宁～。"㊂静止。潘岳《笙赋》："泄之反～，厌焉乃扬。"

幂［冪、羃］ mì ❶ 覆盖物品的布。《仪礼·公食大夫礼》："簠(fǔ)有盖～。"(簠：祭祀或宴享时盛食品的器皿。) ❷ 覆盖。《周礼·天官·幂人》："祭祀，以疏布巾～八尊。" ❸ 涂抹，粉刷。左思《魏都赋》："葺墙～室，房庑杂袭。"

塓 mì 涂刷(墙壁)。《左传·襄公三十一年》："圬(wū)人以时～馆宫室。"(圬人：泥瓦匠。)

幎 mì ❶ 同"幂"。用布巾覆盖。㊁覆盖。《仪礼·士丧礼》："～目用缁(zī)。"(缁：黑色。) ❷ 均匀。《周礼·考工记·轮人》："望而视其轮，欲其～尔而下迤也。"

鼏 mì ❶ 鼎盖。多用茅草制作。《仪礼·公食大夫礼》："甸人陈鼎七，当门南面西上，设扃(jiōng)～，～若束若编。"(扃：大鼎的抬杠。束：捆扎。编：编织。) ❷ 同"幂"。覆盖物品的布。《礼记·礼器》："牺尊疏布～。"

幦 mì 古代车前扶手上的覆盖物。《公羊传·昭公二十五年》："以～为席。"

MIAN

眠 mián ❶ 睡觉。《后汉书·第五伦传》："吾子有疾，虽不省视而竟夕不～。"杜甫《宿江边阁》诗："不～忧战伐。"㊕休眠。某些动物在一个时期内不吃不动的状态。庾信《燕歌行》："春分燕来能几日，二月蚕～不复久。"双音词有"冬眠"。❷ 闭眼装死。《山海经·东山经》："(余峨之山)有兽焉，……见人则～。" ❸ 横卧，平放。令狐楚《白杨神新庙碑》："巨柢交柯，龙翔虎～。"元稹《遣风诗》："前宗到浦已～桅。"

【辨】寝，卧，眠，寐，睡。见 342 页"寝"字。

绵(綿)［緜］ mián ❶ 丝绵，蚕丝结成的片或团。《战国策·秦策一》："(苏秦)受相印，革车百乘，～绣千纯。"白居易《新制布裘》诗："桂布白似雪，吴～软于云。"(桂、吴：地名。)㊀像棉絮状的物品。陆游《沈园》诗之二："梦断香消四十年，沈园柳老不吹～。" ❷ 连续不断。《后汉书·西羌传》："～地千里。"［绵邈］1. 时间久。《晋书·天文志上》："年代～～。"2. 距离远。李白《留别曹南群官之江南》诗："怀君路～～。" ❸ 薄弱，软弱。《汉书·严助传》："越人～力薄材，不能陆战。"(越人：百越之人。) ❹［芊绵］见 332 页"芊"字。

矊 mián ❶ 黑眼珠。借指眼睛。皮日休《九讽·见逐》："既怒～以相向兮，遂裹足而南征。" ❷ 眼睛含情脉脉。《楚辞·招魂》："靡颜腻理，遗视～些。" ❸［矊眇(miǎo)］远视的样子。郭璞《江赋》："江妃含颦而～～。"

婂 mián 眼睛美丽的样子。《楚辞·大招》："青色直眉，美目～只。"

櫋 mián 屋檐椽端的横板。屈原《九歌·湘夫人》："罔薜荔兮为帷，擗蕙～兮既张。"

免 miǎn ❶ 脱去，去掉。《左传·哀公十六年》："乃～胄而进。"(胄：头盔。)㊂赦免。《管子·大匡》："～公子者为上，死者为下。"㊂罢免。《史记·吕后本纪》："王陵遂病～归。"《汉书·贡禹传》："～官削爵。" ❷ 免除，避免。《礼记·乐记》："夫乐者，乐也，人情之所不能～也。"《荀子·荣辱》："是其所以不～于冻饿。”㊕免于祸。《左传·成公二年》：“郑周父御佐车，宛茷为右，载齐侯以～。”㊀解除，离开。《论语·阳货》：“子生三年，然后～于父母之怀。”❸分娩，生育。《国语·越语上》：“将～者以告。”这个意义后来写作“娩”。❹wèn 一种丧礼。脱去帽子，以麻布束发。《礼记·檀弓上》：“公仪仲子之丧，檀弓～焉。”（公仪仲子、檀弓：人名。）这个意义后来写作“絻”。❺通“勉”。勉励。《汉书·薛宣传》：“二人视事数月而两县皆治，宣因移书劳～之。”

勉 miǎn ❶尽力，努力。《韩非子·外储说左下》：“愿子～为寡人治之。”（子：您。）[勉强]强迫自己去做。《礼记·中庸》：“或～～而行之。”杜甫《法镜寺》诗：“身危适他州，～～终劳苦。”❷鼓励，使人努力。《左传·宣公十二年》：“王巡三军，拊而～之。”颜延之《阳给事诔》：“～慰痍（yí）伤。”（痍：创伤。）❸赶快，赶紧。《吕氏春秋·具备》：“子之书甚不善，子～归矣。”

娩[挽] miǎn ❶分娩，妇女生孩子。《北史·尔朱荣传》：“言看皇后～难。”这个意义又写作“挽”。❷wǎn [婉娩]见434页“婉”字。

冕 miǎn 大夫以上的贵族所戴的礼帽。《左传·哀公十五年》：“服～乘轩。”（服：指戴。轩：高级官员乘的车。）㊕帝王的礼帽。《汉书·东方朔传》：“～而前旒（liú）。”（旒：帝王礼帽前后悬垂的玉串。）双音词有“加冕”。㊂戴礼帽。《礼记·曾子问》：“诸侯适天子，必告于祖，奠于祢，～而出视朝。”

【辨】冠，冕，巾，弁，帽。见139页“冠”字。

沔 miǎn ❶水名。流经陕西，汉水的上游。《尚书·禹贡》：“浮于潜，逾于～。”❷水满的样子。《诗经·小雅·沔水》：“～彼流水，朝宗于海。”❸通“湎”。沉迷。《史记·乐书》：“流～沈佚，遂往不反。”

眄 miǎn ❶斜着眼看。《列子·黄帝》：“自吾之事夫子友若人也……心不敢念是非，口不敢言利害，始得夫子一～而已。”《史记·鲁仲连邹阳列传》：“臣闻明月之珠，夜光之璧，以暗投人于道路，人无不按剑相～者。”㊂看，望。曹植《与吴季重书》：“左顾右～，谓若无人。”王勃《滕王阁序》：“穷睇～于中天，极娱游于暇日。”❷照看。《晋书·石勒载记》：“明公当察勒微心，慈～如子也。”

勔 miǎn 勤勉，勉力。《后汉书·张衡传》：“～自强而不息兮。”

偭 miǎn ❶面向。《说文·人部》引《礼记·少仪》：“尊壶者，～其鼻。”❷背向。贾谊《吊屈原赋》：“～蟂（xiāo）獭以隐处兮，夫岂从虾（há）与蛭螾？”（蟂獭：水獭类动物。虾：蛤蟆。蛭螾：蚂蟥蚯蚓类小虫。）❸违背。屈原《离骚》：“固时俗之工巧兮，～规矩而改错。”

湎 miǎn 沉迷于酒。《诗经·大雅·荡》：“天不～尔以酒。”《吕氏春秋·当务》：“舜有不孝之行，禹有淫～之意。”㊂沉迷。《礼记·乐记》：“慢易以犯节，流～以忘本。”

缅（緬） miǎn ❶遥远。《国语·楚语上》：“～然引领南望。”（引领：伸着脖子。）郦道元《水经注·庐江水》：“高壁～然，与霄汉连接。”（霄汉：指天空。）❷消失而不显现。潘岳《西征赋》：“窥秦墟于渭城，冀阙～其堙尽。”❸思念。杜甫《八哀诗·故秘书少监武功苏公源明》：“反为后辈亵，予实苦怀～。”[缅怀]追想已往的事迹。陶渊明《扇上画赞》：“～～千载。”

靦 miǎn ❶tiǎn 人脸的面貌。《诗经·小雅·何人斯》：“有～面目，视人罔极。”❷tiǎn 惭愧。王定保《唐摭言·好及第恶登科》：“愧彼为裘之义，～乎析薪之喻。”㊀不知惭愧。丘迟《与陈伯之书》：“将军独～颜借命，驱驰毡裘之长，宁不哀哉！”❸[靦覥]害羞的样子。关汉卿《拜月亭》四折：“俺兀那姊妹儿的新郎又忒～～。”又写作“腼腆”。

渑（澠） miǎn ❶[渑池]1.水名。在今河南渑池县。2.地名。因水而得名。韩愈《殿中侍御史李君墓志铭》：“葬河南洛阳县，距其祖～～令府君侨墓十里。”❷shéng 古水名。源出于今山东淄博。《左传·昭公十二年》：“有酒如～，有肉如陵。”

面[靣] miàn ❶脸。《战国策·赵策四》：“老妇必唾其～。”㊂脸色。《孟子·公孙丑下》：“谏于其君而不受则怒，悻悻然见于其～。”㊀表现在脸色上。《荀子·大略》：“君子之于子，爱之而勿～。”❷面向，面对着。《列子·汤问》：“北山愚公者，年且九十，～山而居。”（且：将，近。）【注意】古代汉语中“南面”、“北面”是“面向南”、“面向北”的意思。㊀见面。《晋书·张华传》：“一～如旧。”❸当面。《庄子·盗跖》：“好～誉人者，亦好背而毁之。”㊀背对着。《汉书·张欧传》：“不可者，不得已，为涕泣，～而封之。”❹物体的表面。毛文锡《虞美人·鸳鸯对浴银塘暖》：“鸳鸯对浴银塘暖，水～蒲梢短。”❺前面。《尚书·顾命》：“大辂，在宾阶～。”㊀方向，方面。《史记·项羽本纪》："令四～骑驰下。"《史记·留侯世家》："独韩信可属大事，当一～。"【注意】"面粉"的意义只写作"麵"、"麪"，现写作"面"。【辨】脸，面。见 249 页"脸"字。

MIAO

苗 miáo ❶ 没有吐穗的庄稼。《诗经·王风·黍离》："彼黍离离，彼稷之～。"㉂初生的植物。杜甫《投简成华两县诸子》诗："南山豆～早荒秽。"㉈某些初生的动物。范成大《梅雨》诗："雨霁云开池面光，三年鱼～如许长。"❷ 事物的征兆、苗头。白居易《读张籍古乐府》诗："言者志之～。"❸ 后裔，后代。《三国志·魏书·蒋济传》："济以为舜本姓妫，其～曰田。"[苗裔(yì)]后代。屈原《离骚》："帝高阳之～～兮。"(高阳：传说中的帝王。) ❹ 民众。《扬子法言·重黎》："播其虐于黎～。"❺ 夏季打猎。《左传·隐公五年》："春蒐(sōu)、夏～、秋狝(xiǎn)、冬狩。"(蒐：春天打猎。狝：秋天打猎。狩：冬天打猎。) ❻ 我国古代的一个民族。秦汉时居住在江淮流域。也称三苗。

媌 miáo (女子)轻盈美好。《列子·周穆王》："简郑卫之处子娥～靡曼者。"

杪 miǎo ❶ 树枝的细梢。《史记·司马相如列传》："夭蟜枝格，偃蹇～颠。"王维《送梓州李使君》诗："山中一夜雨，树～百重泉。"❷ 物体的末端。欧阳修《洛阳牡丹记》："叶～深红一点。"㉛年、月、季节的最后。《礼记·王制》："冢宰制国用，必于岁之～。"谢灵运《登临海峤初发疆中作》诗："～秋寻远山。"❸ 细小。常"杪小"、"杪杪"连用。《后汉书·冯衍传下》："阔略～小之礼。"(阔略：指不拘泥。)

眇 miǎo ❶ 一只眼睛失明。《公羊传·成公二年》："客或跛或～。"《三国志·魏书·陈思王植传》裴松之注引《魏略》："即使其两目盲，尚当与女，何况但～？"(与女：嫁女给他。但：只。)㉂目盲。苏轼《日喻》："生而～者不识日。"❷ 眼睛小。《周易·履》："～能视，跛能履。"㉛眯着眼睛看，仔细看。《汉书·叙传上》："离娄～目于豪分。"(离娄：人名，相传其视力极好。)[矊(mián)眇]见 279 页"矊"字。[瞟眇]见 318 页"瞟"字。❸ 微小。《管子·水地》："察于微～。"㉈衰微。《后汉书·冯衍传下》："匡衰世之～风。"❹ 高远，遥远。陆机《文赋》："心懔懔以怀霜，志～～而临云。"屈原《九章·哀郢》："～不知其所蹠(zhí)。"(不知其所蹠：不知哪里是落脚的地方。蹠：脚踏地。)㉛高。《荀子·王制》："彼王者不然，仁～天下。"㉈高尚。屈原《九章·悲回风》："介～志之所惑兮，窃赋诗之所明。"❺ miào 通"妙"。美，好。《汉书·扬雄传下》："声之～者不可同于众人之耳。"(同于：指合于。)

渺 miǎo ❶ 同"淼"。大水无边际的样子。殷尧藩《送客游吴》诗："吴国水中央，波涛白～茫。"❷ 遥远，深远。李白《寻高凤石门山中元丹丘》诗："苍崖～难涉。"[渺渺]无边无际的样子。《管子·内业》："～～乎如穷无极。"❸ 渺茫，模糊不清。赵飞燕《归风送远操》："凉风起兮天陨霜，怀君子兮～难望。"❹ 微小。苏轼《赤壁赋》："～沧海之一粟。"

緲(緲) miǎo [缥(piāo)缈]见 318 页"缥"字。

淼 miǎo 大水无边际的样子。屈原《九章·哀郢》："～南渡之焉如？"(焉如：到哪里去。)[淼茫]大水无边际的样子。郭璞《江赋》："状滔天以～～。"

藐 miǎo ❶ 小，幼稚。《左传·僖公九年》："以是～诸孤辱在大夫，其若之何？"(把这弱小的孤儿托付给大夫，怎么样？)潘岳《寡妇赋》："孤女～焉始孩。"(孩：笑。) ❷ 小看，轻视。《孟子·尽心下》："说大人，则～之，勿视其巍巍然。"韦孟《讽谏》诗："既～下臣，追欲纵逸。"(追：追求。纵：放纵。逸：逸乐。) ❸ 通"邈"。广远。屈原《九章·悲回风》："～蔓蔓之不可量兮。"(蔓蔓：没有边际的样子。量：估量。)

邈 miǎo ❶ 远，久远，遥远。屈原《九章·怀沙》："汤禹久远兮，～而不可慕。"李白《古风五十九首》之十六："吴水深万丈，楚山～千重。"[绵邈]见 279 页"绵"字。❷ 高远，超卓。蔡邕《彭城姜伯淮碑》："～矣先生，应天淑灵。"❸ 通"藐"。轻视。刘向《战国策序》："上小尧舜，下～三王。"

妙 miào ❶ 微妙，玄妙，奥妙。《老子》一章："故常无欲，以观其～。"《北史·高允传》："天下～理至多。"❷ 美妙，美好。《战国策·楚策一》："韩、魏、齐、燕、赵、卫之～音美人，必充后宫矣。"宋玉《登徒子好色赋》："赠以芳华辞甚～。"㉈巧妙，奇妙。《论衡·须颂》："弦歌为～异之曲。"成语有"妙手回春"。❸ 年少。《潜夫论·思贤》："年虽童～，未脱桎梏。"❹ miǎo 小，微小。马融《长笛赋》："微风纤～，若存若亡。"(纤：细。) ❺ miǎo 通"渺"。深远。《韩非子·难言》："～远不测。"

M

庙(廟) miào ❶宗庙。供奉、祭祀祖先的处所。《穀梁传·僖公十五年》:"天子至于士皆有～。"[庙号]皇帝死后,在太庙立室奉祀时特起的名号,如"高祖"、"太宗"等。有时也简称"庙"。《魏书·太宗纪》:"上谥曰明元皇帝……～称太宗。"❷进行祭祀活动。韩愈《原道》:"郊焉而天神假,～焉而人鬼飨。"❸封建时代供奉、祭祀有才德的人的处所。《三国志·蜀书·诸葛亮传》:"诏为亮立～于沔(miǎn)阳。"(诏:皇帝命令。沔阳:地名。)㊂供奉、祭祀神、佛的处所。《史记·封禅书》:"于是作渭阳五帝～。"《晋书·何准传》:"唯诵佛经,修营塔～而已。"❹朝廷。帝王处理政事的地方。如"庙堂"、"廊庙"。

【辨】庙,寺,观(guàn)。上古时这三个字的区别很大。庙是祖庙,寺是官府,观是台观。后来,庙是一般的庙宇,其中奉祀的是"神"。寺是佛教的,其中奉祀的是"佛"。观是道教的,其中奉祀的是"仙"。

MIE

灭(滅) miè ❶火熄灭。《诗经·小雅·正月》:"燎之方扬,宁或～之?"❷淹没。郦道元《水经注·河水四》:"高阜～之,名曰洪水。"㊀掩盖。《荀子·臣道》:"暗主妒贤畏能而～其功。"❸消失。杜甫《戏为六绝句》之二:"尔曹身与名俱～,不废江河万古流。"❹消灭,消除。《史记·孟尝君列传》:"斫击杀数百人,遂～一县以去。"㊀灭亡。《左传·昭公八年》:"楚师～陈。"姚合《从君行》:"又无远筹略,坐使虏～亡。"㊂死亡。白居易《赠王山人》诗:"不如学无生,无生即无～。"

蔑[1] miè ❶消灭。《周易·剥》:"剥床以足,～贞,凶。"㊂抛弃。《国语·周语中》:"不夺民时,不～民功。"❷微小。《扬子法言·学行》:"视日月而知众星之～也。"㊀轻视,瞧不起。《韩非子·外储说左上》:"吾闻宋君无道,～侮长老。"双音词有"蔑视"。❸末,末尾。《逸周书·祭公》:"兹申予小子追学于文武之～。"❹无,没有。《左传·僖公十年》:"臣出晋君,君纳重耳,～不济矣。"㊂不。《国语·晋语二》:"吾有死而已,吾～从之矣。"

蔑[2](衊) miè ❶污血。《素问·气厥论》:"鼻渊者,浊涕下不止也,传为衄～瞑目。"❷以血或污物涂染。《新唐书·田悦传》:"大夫亲断逆首,血～衅衣袖。"(衅:涂抹。)《新唐书·崔绘妻卢传》:"是夕,出自窦,粪秽～面。"(窦:地窖。)㊀毁谤,诬蔑。《汉书·文三王传》:"污～宗室。"《新唐书·桓彦范传》:"恐为仇家诬～,请遣御史按实。"

幭 miè 车前扶手的覆盖物。《诗经·大雅·韩奕》:"鞹鞃(kuòhóng)浅～。"(用皮革包裹车前扶手。鞹鞃:用鞹裹的车轼中段。浅幭:用浅毛虎皮做的车轼覆盖物。)㊀头巾。《管子·小称》:"(桓公)乃援素～以裹首而绝。"

曦 miè 一种眼眶红肿的眼病。《吕氏春秋·尽数》:"处目则为～为盲。"

蠛 miè [蠛蠓]1.一种小飞虫。宋玉《小言赋》:"附～～而遨游。"又写作"蠓蠛"。2.小人物,被鄙视的人。储光羲《登秦岭作时陷贼归国》诗:"网罗～～时,顾齿熊罴锋。"

篾 miè ❶薄竹片,细长条的竹皮。《尚书·顾命》:"牖间南向,敷重～席。"《南史·周迪传》:"内有女伎,挼(ruó)绳破～,傍若无人。"(挼:揉搓。)双音词有"竹篾"。❷竹名。即桃枝竹。张衡《南都赋》:"其竹则籦笼、篁、～。"

MIN

民 mín ❶人,人类。《左传·昭公二十五年》:"～有好恶喜怒哀乐。"《诗经·大雅·生民》:"厥初生～,时维姜嫄。"❷平民,老百姓。与"君"、"官"相对。《左传·文公十三年》:"利于～而不利于君。"❸指从事某种职业的人。《穀梁传·成公元年》:"古者有四～,有士～,有商～,有农～,有工～。"❹别人,他人。《诗经·邶风·谷风》:"凡～有丧,匍匐救之。"

岷[嶓] mín 山名。在今四川甘肃交界处。《尚书·禹贡》:"～山导江。"

珉[玟、碈] mín 次于玉的美石。《荀子·法行》:"君子之所以贵玉而贱～者何也?为夫玉之少而～之多邪?"

旼 mín [旼旼]和乐的样子。司马相如《封禅文》:"～～穆穆,君子之态。"

旻 mín ❶天,天空。陶渊明《自祭文》:"茫茫大块,悠悠高～。"[旻天]1.上天。《尚书·大禹谟》:"日号泣于～～。"2.秋天。《楚辞·九思·哀岁》:"～～兮清凉,玄气兮高朗。"❷秋季的天空。杜甫《寄薛三郎中》诗:"高秋却束带,鼓枻(yì)视青～。"(鼓枻:

划桨，泛舟。）

忞 mín ❶自强。《说文·心部》："忞，强也……《周书》曰：'在受德～。'"❷wěn［忞忞］蒙昧不明的样子。《扬子法言·问神》："传千里之～～者，莫如书。"

缗（緡） mín ❶钓鱼的丝线。《诗经·召南·何彼襛矣》："其钓维何？维丝伊～。"㊀钓取（鱼类）。韩愈《河之水二首寄子侄老成》诗之二："采蕨于山，～鱼于渊。"❷施加在上面。有时指给弓或乐器安装弦线。《诗经·大雅·抑》："荏染柔木，言～之丝。"❸穿铜钱的绳子。㊀成串的铜钱。古代一千文钱为一缗。《汉书·武帝纪》："初算～钱。"《旧唐书·昭宗纪上》："李茂贞自镇来朝，赐宴于寿春殿，进钱数万～。"㊁钱。胡理《苍梧杂志·酒债》："不治生产，尝欠人酒～。"

瘏 mín 病名。患者精神恍惚。《诗经·大雅·桑柔》："多我觏～，孔棘我圉。"

皿 mǐn 器皿。碗、碟、杯、盘一类用具的总称。《墨子·节葬下》："使百工行此，则必不能修舟车、为器～矣。"

闵（閔） mǐn ❶哀怜，怜悯。《诗经·豳风·东山序》："序其情而～其劳。"（序：同"叙"，叙述。）韩愈《太学生何蕃传》："～亲之老，不自克。"㊂忧愁。马融《琴赋》："怀～抱思。"上述❶㊂后来写作"悯"。［闵闵］1.忧愁的样子。《左传·昭公三十二年》："～～焉如农夫之望岁，惧以待时。"2.昏暗的样子。《老子》五十八章："其政～～。"❷忧患，凶丧。《诗经·邶风·柏舟》："觏（gòu）～既多，受侮不少。"（觏：遭遇。）《左传·宣公十二年》："寡君少遭～凶。"（寡君：对别人称自己的国君。）㊂忧虑，担心。《孟子·公孙丑上》："宋人有～其苗之不长而揠之者。"❸［闵勉］［闵免］同"黾勉"。勤勉，努力。《汉书·五行志中之上》："闵勉遁乐，昼夜在路。"（遁：逃避。）❹病。《荀子·礼论》："夫忠臣孝子亦知其～已。"❺强横。《孟子·万章下》："杀越人于货，～不畏死。"❻昏昧。《史记·范雎蔡泽列传》："窃～然不敏，敬执宾主之礼。"

悯（憫） mǐn ❶愤懑。《孟子·公孙丑上》："阨穷而不～。"❷忧患，忧愁。《淮南子·诠言》："乐恬而憎～。"成语有"悯时病俗"。❸哀怜，怜悯。《汉书·陈汤传》："明主哀～百姓。"白居易《新乐府序》："《隋堤柳》，～亡国也。"成语有"悲天悯人"。

【辨】怜，悯。见248页"怜"字。

黾（黽） mǐn ❶měng 一种青蛙。韩愈《杂诗四首》之四："蛙～鸣无谓，阁阁只乱人。"❷［黾勉］勤勉，努力。《诗经·小雅·十月之交》："～～从事，不敢告劳。"（告：诉说。劳：劳苦。）又写作"僶俛（miǎn）"、"闵勉"、"闵免"。

僶 mǐn ［僶俛（miǎn）］1.同"黾勉"。勤勉，努力。贾谊《新书·劝学》："然则舜～～而加志，我儃僈（dànmàn）而弗省耳。"（儃僈：放纵。）2.勉强。陆机《文赋》："在有无而～～，当浅深而不让。"3.须臾，时间短暂。颜延之《秋胡诗》："孰知寒暑积，～～见荣枯。"王定保《唐摭言·慈恩寺题名游赏赋咏杂纪》："数辈惭沮，～～而去。"

泯 mǐn ❶消亡，消灭。《左传·哀公十一年》："越不为沼，吴其～矣。"《抱朴子·论仙》："～人社稷。"❷死的婉称。任昉《为范始兴作求立太宰碑表》："阮略既～。"（阮略：人名。）［泯没（mò）］1.死的婉称。《三国志·吴书·张昭传》："～～之后，有可称述。"2.消失。俞文豹《吹剑四录》："正理在人心，未尝～～。"3.埋没，掩盖。柳宗元《贞符》："念终～～蛮夷，不闻于时。"❸混乱。《尚书·康诰》："天惟与我民彝大～乱。"

敏 mǐn ❶迅速，敏捷。《论语·学而》："～于事而慎于言。"陆游《老学庵笔记》卷五："欲矜其～，取纸追书之。"［敏给（jǐ）］敏捷。《庄子·徐无鬼》："～～搏捷矢。"（搏捷矢：抓住飞箭。）❷聪明，机智。《孟子·梁惠王上》："我虽不～，请尝试之。"《汉书·景帝纪》："朕既不～，弗能胜识。"❸努力，奋勉。《论语·公冶长》："～而好学，不耻下问。"《汉书·东方朔传》："～行而不敢怠也。"❹才干，才能。《国语·齐语六》："尽其四支之～，以从事于田野。"❺脚的大拇指。《诗经·大雅·生民》："履武帝～歆（xīn）。"（歆：欣喜而心动。）

湣 mǐn ❶忧患。《史记·屈原贾生列传》："离～而不迁兮，愿志之有象。"（离：通"罹"，遭遇。）这个意义又写作"闵"。❷通"泯"。消亡，消灭。刘向《战国策序》："～然道德绝矣。"❸［滑（gǔ）湣］［湣湣］昏乱的样子。只用于联绵词或叠音词。《庄子·齐物论》："置其滑湣，以隶相尊。"《楚辞·七谏·怨世》："处湣湣之浊世兮。"

暋 mǐn ❶勉力，努力。《尚书·盘庚上》："不～作劳。"《宋书·何尚之传》："～作肆力之氓，徒勤不足以供赡。"❷强横。《尚书·康诰》："杀越人于货，～不畏死。"❸mín 烦闷。《庄子·外物》："心若县于天地之间，慰～沉屯。”（县：悬挂。慰：喜。沉：沉溺。屯：迍邅，遭遇困境。）

愍 mǐn ❶忧患，忧伤。屈原《九章·惜诵》：“惜诵以致～兮，发愤以抒情。”❷怜悯，哀怜。《汉书·叙传上》：“会（班）伯病卒，年三十八，朝廷～惜焉。”❸凶丧，祸乱。《三国志·魏书·武帝纪》：“朕以不德，少遭～凶。”

MING

名 míng ❶名字，名称。《庄子·逍遥游》：“北冥有鱼，其～为鲲。”（冥：海。）《史记·秦始皇本纪》：“立～为皇帝。”（立：创立。）成语有“名落孙山”。㊁命名，称名。屈原《离骚》：“～余曰正则兮，字余曰灵均。”㊁称说，形容，描述。《论语·泰伯》：“荡荡乎，民无能～焉。”《论衡·累害》：“然而太山之恶，君子不得～。”❷名义，名分。与“实”相对。《左传·昭公三十二年》：“慎器与～。”《论语·子路》：“必也，正～乎！”㊀名目，种类。《孙膑兵法·五名五恭》：“兵有五～。”❸名誉，名望。《庄子·养生主》：“为善无近～，为恶无近刑。”《史记·滑稽列传》：“西门豹为邺（yè）令，～闻天下。”（邺令：邺县县令。）㊀有名的，著名的。《吕氏春秋·季夏》：“令民无不咸出其力，以供皇天上帝，～山大川，四方之神。”刘禹锡《陋室铭》：“山不在高，有仙则～。”❹文字。《仪礼·聘礼》：“不及百～书于方。”❺名家，名家学派。春秋战国时诸子百家之一。

茗 míng ❶茶叶品种中晚采的茶叶。《尔雅·释木》郭璞注：“今呼早采者为茶，晚取者为～。”《世说新语·纰漏》：“便问人云：‘此为茶为～？’”㊂茶叶，茶水。许次纾《茶疏·择水》：“精～蕴香，借水而发。”杜甫《重过何氏五首》诗之三：“落日平台上，春风啜～时。”❷［茗艼（dǐng）］通“酩酊”。大醉的样子。《世说新语·任诞》：“山公时一醉，径造高阳池。日暮倒载归，～～无所知。”

铭（銘） míng ❶铭文。铸刻在器物上记述生平、事业、功绩或警诫自己的文字。一般多铸刻于金属器物或石碑上。《韩非子·外储说左上》：“钟鼎之～。”（钟鼎：两种金属器物。）《后汉书·巴肃传》：“刺史贾琮刊石立～以记之。”陆游《夜泊水村》诗：“太息燕（yān）然未勒～。”（燕然：山名。勒：刻。）㊀（在器物或石碑上）刻字记功，铭刻。《国语·晋语七》：“魏颗以其身却退秦师于辅氏，亲止杜回，其勋～于景钟。”李白《古风五十九首》之三：“～功会稽岭。”（功：功德。会稽：山名。）㊉铭记在心上永远不忘。《三国志·吴书·周鲂传》：“～心立报。”（铭记在心，决心报答。）❷文体的一种。如刘禹锡《陋室铭》。今有熟语“座右铭”。❸铭旌。灵柩前书写逝者官衔姓名的旗幡。《礼记·丧服小记》：“复与书～，自天子达于士，其辞一也。”

明 míng ❶明亮。《荀子·天论》：“在天者莫～于日月。”㊀白天。汤式《湘妃引·有所赠》：“三般儿寄语娇姿，昏迷着无～无夜。”［昧明］见275页“昧”字。㊁照亮。王安石《游褒禅山记》：“火尚足以～也。”（尚：还。）❷明白，清楚。《老子》六十五章：“古之善为道者，非以～民，将以愚之。”《楚辞·卜居》：“物有所不足，智有所不～。”㊁明艳，鲜明。李白《庐山谣寄卢侍御虚舟》诗：“影落～湖青黛光。”范仲淹《岳阳楼记》：“至若春和景～，波澜不惊。”㊁明显。《荀子·正名》：“是非之形不～。”（形：指外部表现。）❸证明，说明，明确。《韩非子·难势》：“何以～其然也？”（用什么证明它是这样的呢？）《孟子·公孙丑上》：“～其政刑，虽大国必畏之矣。”《史记·李斯列传》：“～法度，定律令，皆以始皇起。”❹懂得，明白。《史记·礼书》：“御史大夫晁错～于世务刑名。”㊁明白地。《后汉书·邓皇后纪》：“其～加检敕，勿相容护。”❺英明，明智，高明。《商君书·君臣》：“～王之治天下也，缘法而治，按功而赏。”（缘：依照。）《老子》三十三章：“知人者智，自知者～。”（智：聪明。）㊀尊重，尊敬。《管子·牧民》：“顺民之经，在～鬼神，祗山川。”❻指人世间。《礼记·乐记》：“～则有礼乐，幽则有鬼神。”❼神灵，神明。《左传·襄公十四年》：“敬之如神～。”㊀与祭祀有关的物品。如祭神所穿服装为“明衣”，祭祀所用水为“明水”。《论语·乡党》：“齐必有～衣。”《周礼·秋官·司烜氏》：“以鉴取～水于月。”㊁［明器］冥器，专门为随葬而制作的器物。《礼记·檀弓下》：“其曰～～，神明之也。”❽视力。司马迁《报任安书》：“左丘失～。”（左丘：左丘明。）㊁视力好。《管子·制分》：“聪耳～目。”成语有“明察秋毫”。❾次一个，下一个。用于今年、今日之后的年、日。《左传·僖公十六年》：“～年齐有乱。”《左传·襄公二十六年》：“～日将战。”❿朝代名。公元1368—1644年，第一代君主是朱元璋，开始建都南京，1421年朱棣迁都北京。

鸣（鳴） míng ❶鸟叫。《诗经·小雅·伐木》：“鸟～嘤嘤。”㊂飞禽、走兽、昆虫等鸣叫。《诗经·小雅·鹿鸣》:"呦呦鹿～。" ❷ 发响,使发响。《史记·扁鹊仓公列传》:"闻其耳～而鼻张。"《孟子·离娄上》:"小子～鼓而攻之可也。"今有熟语"掌声雷鸣"。❸ 呼唤。《列子·黄帝》:"饮则相携,食则～群。" ❹ 闻名,著称。《元史·杨载传》:"亦以文～江东。"

冥 míng ❶ 昏暗。《老子》二十一章:"窈兮～兮,其中有精。"《汉书·五行志下之上》:"其庙独～。"㊀黑夜。枚乘《七发》:"～火薄天。"(薄:迫近。)㊀迷信所说人死后进入的世界,阴间。如"冥间"。❷ 暗中。柳宗元《骂尸虫文》:"～持札牍兮,摇动祸机。"㊁暗合。高允《征士颂》:"神与理～。" ❸ 眼睛昏花。《后汉书·邓皇后纪》:"夫人年高目～。"㊀愚昧无知。刘宰《和李果州同游茅山》诗:"一语开～顽。"成语有"冥顽不灵"。❹ 高远,深远。《后汉书·蔡邕传》:"沈精重渊,抗志高～。"杜牧《阿房宫赋》:"高低～迷,不知西东。"㊀深入地(思索)。成语有"冥思苦索"。❺ 消失,远离。陶渊明《自祭文》:"候颜已～,聆音愈漠。"陶渊明《辛丑岁七月赴假还江陵夜行涂口》诗:"闲居三十载,遂与尘事～。" ❻ 海。《庄子·逍遥游》:"是鸟也,海运则将徙于南～。南～者,天池也。"这个意义后来写作"溟"。❼ 通"瞑"。闭眼。《韩非子·外储说左上》:"虽～而妄发,其端未尝不中秋毫也。"㊀睡眠。《庄子·列御寇》:"甘～乎无何有之乡。"

蓂 míng [蓂荚]传说中的一种吉祥草。《汉书·王莽传上》:"甘露降,神芝生,～～、朱草……同时并至。"

溟 míng ❶ 海。张协《杂诗十首》之十:"云根临八极,雨足洒四～。" ❷ [溟沐(mù)][溟濛]细雨迷蒙的样子。扬雄《太玄·少》:"密雨溟沐。"张昱《船过临平湖》诗:"只因一霎溟濛雨,不得分明看好山。"

暝 míng ❶ 幽暗,昏暗。欧阳修《醉翁亭记》:"若夫日出而林霏开,云归而岩穴～。"《汉书·五行志下之上》:"正昼皆～。" ❷ 日落,天黑。《古诗为焦仲卿妻作》:"晻晻日欲～,愁思出门啼。"卢照邻《葭川独泛》诗:"山～行人断。"

瞑 míng ❶ 闭上眼睛。《左传·文公元年》:"谥之曰'灵',不～;曰'成',乃～。"曹丕《与吴质书》:"通夜不～。"[瞑目] 1. 闭眼。《晋书·杨轲传》:"轲～～不答。" 2. 死。李白《雉朝飞》诗:"～～归黄泥。" ❷ 眼睛昏花。《晋书·山涛传》:"臣耳目聋～。"㊀两眼失明,眼盲。《逸周书·太子晋》:"师旷对曰:'～臣无见。'"(师旷:人名,春秋时晋国的目盲的乐师。) ❸ miàn [瞑眩]服药后头晕眼花。《尚书·说命上》:"若药弗～～,厥疾弗瘳。" ❹ mián 通"眠"。小睡。《庄子·德充符》:"倚树而吟,据槁梧而～。"㊁睡眠。陆游《代乞分兵取山东札子》:"夙夜忧惧,寝不能～。"

螟 míng 螟蛾的幼虫。一种吃禾心的害虫。《诗经·小雅·大田》:"去其～螣(tè),及其蟊贼。"(螣:一种吃禾苗的害虫。)《后汉书·鲁恭传》:"建初七年,郡国～伤稼。"[螟蛉] 1. 螟蛾的幼虫。《诗经·小雅·小宛》:"～～有子,蜾蠃(guǒluǒ)负之。"(蜾蠃:一种细腰蜂。) 2. 养子的代称。蜾蠃常捕食螟蛉喂其幼虫,古人误以为蜾蠃养螟蛉为己子,后遂以"螟蛉"称养子。《旧唐书·昭宗纪上》:"言珂～～,不宜缵袭。"(珂:王珂,人名。)

酩 mǐng [酩酊(dǐng)]大醉的样子。《易林·井之师》:"醉客～～,披发夜行。"李商隐《道士胡君新井碣铭》:"酕醄(máotáo)过市,～～经垆(lú)。"(酕醄:大醉的样子。垆:酒店。)又写作"茗艼"。

命 mìng ❶ 使令,差遣。《后汉书·史弼传》:"～左右引出。"㊁教导。《诗经·大雅·抑》:"匪面～之,言提其耳。"成语有"耳提面命"。❷ 命令,王命。《荀子·臣道》:"从～而利君谓之顺,从～而不利君谓之谄(chǎn)。"(从:听从。利君:有利于君主。顺:忠顺。谄:奉承。)《史记·五帝本纪》:"蚩尤作乱,不用帝～。"㊀帝王的诏令文书。《颜氏家训·文章》:"诏～策檄,生于《书》者也。"㊀任命。柳宗元《命官》:"官之～,宜以材耶?抑以姓乎?" ❸ 天命,命运。《论语·颜渊》:"死生有～,富贵在天。"《孟子·万章上》:"莫之为而为者,天也。莫之致而至者,～也。" ❹ 生命,性命。《论语·雍也》:"不幸短～死矣。"曹操《选军中典狱令》:"夫刑,百姓之～也。"[拚命]见307页"拚"字。㊀生活,生存。李密《陈情表》:"母孙二人,更相为～。" ❺ 取名,命名。《商君书·境内》:"公爵自二级已上至不更,～曰卒。"(不更:秦时爵名,在第四级。)《史记·伍子胥列传》:"因～曰胥山。" ❻ 同"名"。名称,名字。《管子·法法》:"正也者,所以正定万物之～也。"《史记·张耳陈余列传》:"张耳尝亡～游外黄。"(外黄:地名。)

【辨】命,令。"命"专指上级命令下级,"令"有时还表示"使"的意思。

MIU

谬(謬) miù ❶错误，荒谬。《荀子·儒效》：“故闻之而不见，虽博必～。”㉁差误。《汉书·司马迁传》：“差以毫厘，～以千里。”㉂有悖于，违背。《史记·三代世表》：“父皆黄帝子也，得无与《诗》～乎？”《后汉书·班固传》：“以为是非颇～于圣人。”❷故意装假。《旧唐书·刘黑闼传》：“德威～为诚敬，涕泣固请。”（德威：人名。）

缪(繆) miù 见289页。

MO

谟(謨) mó ❶计谋，谋略。《尚书·伊训》：“圣～洋洋，嘉言孔彰。”袁宏《三国名臣序赞》：“遂献宏～。”❷谋划。《庄子·大宗师》：“古之真人，不逆寡，不雄成，不～士。”（士：通“事”，事情。）

【辨】谋，谟。见289页“谋”字。

嫫 mó 传说中的古代丑女。白居易《杏园中枣树》诗：“枣亦在其间，如～对西子。”［嫫母］传说中的古代丑女。于濆《苦辛吟》：“我愿燕赵姝，化为～～姿。”

摹 mó ❶规划。韩愈《河南令舍池台》诗：“规～虽巧何足夸，景趣不远真可惜。”㉁规制，法度。张衡《东京赋》：“眇天末以远期，规万世而大～。”❷效法，模仿。《后汉书·仲长统传》：“若是，三代不足～，圣人未可师也。”❸临摹，照着样子描画、写字。潘岳《西征赋》：“乃～写旧丰，制造新邑。”（于是照旧丰城的样子，建造新城。丰：地名。）❹描写。朱松《西湖泛舟》诗：“不用新诗～绝境，定知长到梦魂间。”

模 mó ❶mú 模子。制造器物的模型。《论衡·物势》：“埏（shān）埴作器，必～范为形。”（用黏土做器具，必须要用模子做出它的形状。）赵希鹄《洞天清录》：“古者铸器，必先用蜡为～。”㉁标准，规范。左思《咏史八首》之八：“可为达士～。”（达士：通达事理的人。）㉂形状，样子。李白《明堂赋》：“人物禽兽，奇形异～。”❷仿效，效法。陆倕《石阙铭》：“色法上圆，制～下矩。”（色彩效法天，式样效仿地。上圆：指天。制：式样。下矩：指地。）双音词有“模仿”。❸临摹，照着样子描画、写字。《北史·冀儁传》：“善隶书，特工～写。”苏轼《传神记》：“使人就壁～之。”❹描写。元稹《唐故工部员外郎杜君墓系铭序》：“～写物象，及《乐府》歌诗。”

摩 mó ❶物体相摩擦。《战国策·齐策一》：“鎋（xiá）击～车而相过。”（鎋：车轴两端固定车轮的销钉。）㉁按摩，抚摩，搓蹭。《礼记·内则》：“濯手以～之，去其皽（zhāo）。”（皽：皮肉上的薄膜。）《史记·酷吏列传》：“汤自往视疾，为谒居～足。”（谒居：人名。）《陈书·徐陵传》：“手～其顶。”成语有“摩肩接踵”。［摩挲（suō）］见408页“挲”字。❷接近，迫近。《淮南子·人间》：“物类之相～近。”《左传·宣公十二年》：“～垒而还。”（垒：军营的围墙。）❸揣测，切磋，体会。《战国策·秦策一》：“得太公阴符之谋，伏而诵之，简练以为揣～。”薛逢《上中书李舍人启》：“心～意揣。”双音词有“观摩”。❹通“磨”。磨砺物体使其明亮、锋利。《论衡·率性》：“～拭朗白。”（朗：明亮。）《战国策·燕策一》：“其姊闻之，～笄以自刺也。”㉁磨灭，磨炼。《庄子·徐无鬼》：“反己而不穷，循古而不～。”《汉书·董仲舒传》：“渐民以仁，～民以谊，节民以礼。”

磨 mó ❶用磨擦的方法制造石器。《诗经·卫风·淇奥》：“如切如磋，如琢如～。”㉁摩擦。《论语·阳货》：“不曰坚乎，～而不磷（lìn）。”（磷：减损。）❷磨去，消失。《诗经·大雅·抑》：“白珪之玷，尚可～也。”《后汉书·南匈奴传》：“百世不～矣。”❸研讨，切磋。刘向《说苑·建本》：“相观于善之曰～。”❹磨难，折磨。白居易《春晚咏怀赠皇甫朗之》：“少处兼遭病折～。”㈤磨炼。韩愈《南内朝贺归呈同官》诗：“法吏多少年，～淬出角圭。”（淬：淬火，指历练。）❺mò 石磨。把谷物碾成粉末的石制用具。王安石《拟寒山拾得》诗之六：“作牛便推～。”

橅 mó 同“模”。法式，规范。《汉书·萧望之传》：“今将军规～云若管晏而休，遂行日仄至周召乃留乎？”

劘 mó ❶物体相互摩擦。《论衡·明雩》：“砥石～厉，欲求銛（xiān）也。”（銛：锋利。）❷切磋，谏诤。《汉书·贾山传赞》：“贾山自下～上。”❸迫近。杜甫《壮游》诗：“气～屈贾垒，目短曹刘墙。”（屈：屈原。贾：贾谊。曹：曹植。刘：刘桢。）

万² mò ［万俟（qí）］复姓。如北齐有万俟普。参见435页“万¹(萬)”字。

末 mò ❶树梢。《左传·昭公十一年》：“～大必折。”㉁前端，端头。《孟子·梁惠王上》：“明足以察秋毫之～。”❷末了，末尾。《战国策·秦策五》：“《诗》云：‘行百里者半于九十。’此言～路之难。”《三国志·魏书·

武帝纪》："光和～，黄巾起。"（光和：汉灵帝的年号。黄巾：黄巾军，东汉末期的农民起义军。）魏学洢《核舟记》："左手执卷～，右手指卷。"㊕晚年，末年。《礼记·中庸》："武王～受命。"《后汉书·刘玄传》："王莽～，南方饥馑。" ❸ 微小，浅薄。《南史·钟嵘传》："嵘虽位～名卑，而所言或有可采。"《陈书·沈不害传》："～学小生，词无足算。" ❹ 不重要的事。《荀子·议兵》："今女（rǔ）不求之于本而索之于～，此世之所以乱也。"（女：你。本：指根本的东西。索：求。）成语有"本末倒置"。㊕工商。旧时以农为本，工商为末。《盐铁论·通有》："农商交易，以利本～。" ❺ 粉末。《晋书·鸠摩罗什传》："乃以五色丝作绳结之，烧为灰～。" ❻ 无。《论语·子罕》："虽欲从之，～由也已。"

眛 mò ❶ 眼睛不明。❷ 通"冒"。不顾（危险）。左思《吴都赋》："相与～潜险，搜瓌奇。"

秣 mò ❶ 喂牲畜的饲料。《周礼·天官·大宰》："以九式均节财用，……七曰刍～之式。"杜甫《敬简王明府》诗："骥病思偏～，鹰秋怕苦笼。"（骥：好马。） ❷ 喂养（牲畜）。《汉书·贡禹传》："～马不过八匹。"㊕喂饱战马。《左传·成公十六年》："～马利兵，修陈固列。"（兵：兵器。陈：阵。固列：指加强队列。） ❸（牲畜）吃饲料。《荀子·劝学》："伯牙鼓琴，而六马仰～。"

靺 mò ❶［靺鞨（hé）］1. 我国古代民族名。居住于东北黑龙江、松花江一带。《隋书·靺鞨传》："～～，在高丽之北。" 2. 宝石名。《旧唐书·肃宗纪》："楚州刺史崔侁献定国宝玉十三枚……七曰红～～，大如巨栗，赤如樱桃。" ❷ 赤黄色。韩愈《陆浑山火和皇甫湜用其韵》："颓胸垤（dié）腹车掀辕，缇（tí）颜～股豹两鞬（jiān）。"（垤：凸起。缇：橘红色。鞬：弓袋。） ❸ wà 同"袜"。袜子。《隋书·礼仪志六》："赤舄（xì），绛～。"（舄：一种鞋。）

没 mò ❶ 沉没，淹没。《荀子·议兵》："若赴水火，入焉焦～耳。"《史记·滑稽列传》："水来漂～，溺其人民。"（溺：淹死。）㊀潜水。《史记·秦始皇本纪》："使千人～水求之。"（求：找。）㊁埋没，隐没。韦元甫《木兰歌》："胡沙～马足，朔风裂人肤。"王昌龄《塞下曲·饮马渡秋水》："平沙日未～，黯黯见临洮。" ❷ 超过。《论衡·艺增》："称美过其善，进恶～其罪。" ❸ 消失。范缜《神灭论》："未闻刃～而利存。"（没听说过刀刃没有了而锋利还存在。）㊁完，尽。《论语·阳货》："旧谷既～，新谷既升。"㊁覆没，灭亡。《史记·卫将军骠骑列传》："遂～其军。" ❹ 陷落。《三国志·吴书·吴主传》："攻～诸县。" ❺ 没收。《史记·平准书》："敢私铸铁器煮盐者，釱（dì）左趾，～入其器物。"（釱：一种刑罚，用铁圈夹住身体某部位。） ❻ 死。《孟子·滕文公下》："尧舜既～，圣人之道衰。"这个意义后来写作"殁"。［泯没］见283页"泯"字。

【辨】崩，薨，卒，死，没。见16页"崩"字。

殁 mò ❶ 死亡。《战国策·韩策二》："父母既～矣，兄弟无有。"《史记·秦始皇本纪》："其身未～，诸侯倍叛。"（倍：背。） ❷ 终了，尽头。《国语·晋语七》："公使祁午为军尉，～平公，军无秕政。"《后汉书·刘瑜传》："从幼至长，幽藏～身。"［殁世］终生。《墨子·节用中》："是以终身不厌，～～而不卷。" ❸ 杀死，消灭。《后汉书·耿恭传》："道逢匈奴骑多，皆为所～。" ❹ 通"没（mò）"。沦没。李公佐《南柯太守传》："因～虏中，不知存亡。" ❺ wěn 通"刎"。刎颈（自杀）。《吕氏春秋·上德》："还～头前于孟胜。"（孟胜：人名。）

殇 mò ❶ 同"殁（mò）"。死亡。郑虎臣《吴都文粹》引蔡京《南双庙记》："勇于纳谏，以至～身。"㊀尽。扬雄《太玄·瞏》："诎其节，执其术，共所～。" ❷ wěn 通"刎"。刎颈（自杀）。《荀子·强国》："是犹欲寿而～颈也。"

陌 mò ❶ 田界。田间东西方向的小路。南北方向的小路为"阡"。《楚辞·九思·悯上》："逡巡兮圃薮，率彼兮畛～。"《后汉书·崔琦传》："客见琦耕于～上，怀书一卷，息辄偃而咏之。"㊀路。曹操《短歌行》之一："越～度阡，枉用相存。"㊁街。辛弃疾《永遇乐·京口北固亭怀古》："斜阳草树，寻常巷～，人道寄奴曾住。" ❷ 通"佰（bǎi）"。钱一百为"佰"。《旧五代史·王章传》："官库出纳缗（mín）钱，皆以八十为～。"（缗：穿铜钱的绳子。）

貊 mò ❶ 我国古代对北方少数民族的蔑称。又写作"貉"。㊂少数民族。《论语·卫灵公》："言忠信，行笃敬，虽蛮～之邦行矣。" ❷ 一种动物。《后汉书·西南夷列传》："（哀牢）出……～兽。"（哀牢：我国古代民族名。） ❸ 静，清静。《诗经·大雅·皇矣》："～其德音，其德克明。"

莫 mò ❶ 代词。没有什么，没有谁。《荀子·天论》："在天者～明于日月。"（明：明亮。）《三国志·蜀书·诸葛亮传》："非刘豫州

～可以当曹操者。”(刘豫州:指刘备。当:抵挡。)❷ 副词。无,不,没有。《诗经·邶风·终风》:“～往～来,悠悠我思。”《诗经·小雅·小旻》:“人知其一,～知其他。”❸ 副词。相当于“不要”、“不能”(后起意义)。《史记·商君列传》:“秦惠王车裂商君以徇,曰:‘～如商鞅反者!’”李白《蜀道难》诗:“一夫当关,万夫～开。”❹ 通“谟”。谋划。《诗经·小雅·巧言》:“秩秩大猷(yóu),圣人～之。”(猷:计划。)❺ 通“漠”。广大。《庄子·逍遥游》:“广～之野。”❻ 通“瘼”。病,疾苦。《诗经·大雅·皇矣》:“监观四方,求民之～。”❼ mù 日落的时候,傍晚。《诗经·齐风·东方未明》:“不夙则～。”(夙:早。)这个意义后来写作“暮”。㊀ 昏暗。《荀子·成相》:“悖乱昏～,不终极。”❽ mù 晚。虞世南《北堂书钞·务农》:“嗟嗟保介,唯～之春。”㊁ 岁月将尽。《诗经·小雅·采薇》:“岁亦～止。”(止:语气词。)

蓦(驀) mò ❶ 上马。左思《吴都赋》:“～六驳(bó),追飞生。”(驳:青白相杂的马。飞生:鼯鼠。)❷ 超越,越过。敦煌变文《伍子胥变文》:“今日登山～岭,粮食罄穷。”❸ 忽然,突然。辛弃疾《青玉案·元夕》:“～然回首,那人却在,灯火阑珊处。”

M

漠 mò ❶ 寂静无声。《楚辞·远游》:“野寂～其无人。”扬雄《解嘲》:“惟寂惟～。”这个意义又写作“寞”。[漠然] 1. 寂静无声的样子。《汉书·冯奉世传》:“玄成等～～莫有对者。”(玄成:人名。) 2. 冷淡,不关心。《庄子·天道》:“老子～～不应。”(老子:人名。)成语有“漠不关心”。❷ 清静淡泊。《庄子·知北游》:“澹而静乎!～而清乎!”❸ 沙漠。《汉书·王莽传中》:“又令匈奴却塞于～北。”王维《使至塞上》诗:“大～孤烟直,长河落日圆。”

镆(鏌) mò [镆铘(yé)]同“莫邪”。古代著名宝剑名。《庄子·大宗师》:“金踊跃曰:‘我且必为～～。’”

瘼 mò ❶ 病,疾病。方干《上杭州姚郎中》诗:“能除疾～似良医。”㊁ 疾苦。《三国志·蜀书·马超传》:“求民之～。”(求:寻求。)❷ 弊病。王安石《送郓州知府宋谏议》诗:“文明诚得主,政～尚烦砭。”

眽 mò ❶ 视,看。扬雄《河东赋》:“瞰帝唐之嵩高兮,～隆周之大宁。”❷ [眽眽]见 269 页“脉(mài)”字。

覛 mò ❶ 察看。《国语·周语上》:“古者,太史顺时～土。”❷ mì 同“觅”。寻觅。张衡《西京赋》:“～往昔之遗馆。”

墨 mò ❶ 墨,黑色颜料。《庄子·田子方》:“舐(shì)笔和～。”(舐:舔。和墨:研墨。)㊀ 黑色。《宋书·礼志五》:“州刺史铜印～绶。”(刺史:官名。绶:系印的丝带。)㊁ 黑暗。《荀子·解蔽》:“～以为明。”❷ 使变黑,染成黑色。沈括《梦溪笔谈》卷二四:“石炭烟亦大,～人衣。”㊀ 晦暗变黑的脸色。《孟子·滕文公上》:“君薨,听于冢宰,歠(chuò)粥,面深～,即位而哭。”(歠:喝。)❸ 诗文书画等作品。孟浩然《还山贻湛法师》诗:“～妙称古绝,词华惊世人。”❹ 木匠所用的墨线。《荀子·大略》:“如权衡之于轻重也,如绳～之于曲直也。”(权衡:指秤。)㊀ 准则,法度。《孙子兵法·九地》:“践～随敌,以决战事。”❺ 贪污,行为污浊。《左传·昭公十四年》:“贪以败官为～。”《论衡·自纪》:“身贵而名贱,则居洁而行～。”❻ 墨刑。古代的一种刑罚,在脸上刺字后涂上墨。也叫黥(qíng)。《尚书·伊训》:“臣下不匡,其刑～。”(不匡:指不纠正君主的过失。)❼ 墨家,墨家学派。春秋战国时诸子百家之一。《荀子·礼论》:“～者将使人两丧之者也。”❽ 通“默”。沉默。《史记·屈原贾生列传》:“孔静幽～。”(孔:很,甚。)

缕(纆)[纆] mò 两股搓成的绳索。《周易·坎》:“系用徽～。”(徽:三股搓成的绳索。)

MOU

牟 móu ❶ 象声词。形容牛叫的声音。柳宗元《牛赋》:“～然而鸣。”❷ 夺取,求取。《战国策·楚策四》:“上干主心,下～百姓。”权德舆《进士策问》之三:“欲使操奇赢者无所～利。”❸ 加倍。《楚辞·招魂》:“成枭而～,呼五白些。”㊁ 博大。《吕氏春秋·谨听》:“贤者之道,～而难知,妙而难见。”❹ 通“侔”。相等,等同。《汉书·司马相如传下》:“德～往初。”(往初:指过去的帝王。)❺ 通“眸”。瞳仁。《荀子·非相》:“尧舜参～子。”(参:三。)❻ 通“麰(móu)”。大麦。《诗经·周颂·思文》:“贻我来～。”(来:小麦。)❼ 通“鍪”。古代的一种釜属器皿。《礼记·内则》:“敦(duì)、～、卮(zhī)、匜(yí),非餕(jùn)莫敢用。”(敦、卮、匜:古代器皿。餕:吃剩的食物。)❽ 通“鍪”。兜鍪,头盔。《后汉书·祢衡传》:“更著岑～单绞之服。”(岑:高而尖锐。单绞:一种暗黄色薄衣。)❾ mù 用于地名,如牟平,在今山东。

侔 móu ❶ 相等，等同。《韩非子·五蠹》："超五帝，～三王者，必此法也。"《庄子·外物》："海水震荡，声～鬼神。"成语有"侔色揣称"。❷ 衡量，相比较。姚宽《西溪丛语》卷上："东溟自定海吞余姚、奉化二江，～之浙江，尤其狭逼。"❸ 通"牟"。夺取，求取。《韩非子·五蠹》："商工之民……蓄积待时而～农夫之利。"

恈 móu ［恈恈］贪爱的样子。《荀子·荣辱》："～～然唯利饮食之见，是狗彘之勇也。"

眸 móu 眸子，眼珠。《孟子·离娄上》："胸中正，则～子瞭焉；胸中不正，则～子眊(mào)焉。"(眊：眼花。)(引)眼睛。曹植《洛神赋》："明～善睐(lài)。"(睐：向旁边看。)刘桢《鲁都赋》："和颜扬～，眄(miǎn)风长歌。"(眄：看，望。)

蛑 móu ❶ máo 同"蟊"。食苗根的害虫。柳宗元《游南亭夜还叙志七十韵》："螟～愿亲燎，荼堇甘自薅。"(喻)剥削残害百姓。刘禹锡《讯氓》："其下也，鸷其理而～其赋，民弗堪命。"［蛑贼］同"蟊贼"。指危害国家百姓的灾害、人或事。袁准《袁子正书·政略》："夫有不急之官，则有不急之禄，国之～～也。"❷［蝤(jiū)蛑］见348页"蝤(qiú)"字。

麰 móu 大麦。《孟子·告子上》："今夫～麦，播种而耰(yōu)之。"(耰：覆土保护种子。)(泛)麦类谷物。王安石《与孟逸书》："蚕～之人，今岁如何？"

谋(謀) móu ❶ 咨询和征求解决疑难的意见和办法。《左传·襄公四年》："咨难为～。"(引)谋划，商量办法。《左传·庄公十年》："肉食者～之。"《史记·陈涉世家》："陈胜、吴广乃～曰……"成语有"不谋而合"。(引)谋求，图谋。《论语·卫灵公》："君子～道不～食。"《后汉书·李固传》："昔秦欲～楚。"❷ 计谋，计策。《论语·卫灵公》："小不忍则乱大～。"《史记·管晏列传》："九合诸侯，一匡天下，管仲之～也。"

【辨】计，谋。见 180 页"计"字。

【辨】谋，谟。这两个字意义相近，有时可以互换使用。"谋"字使用较多，"谟"字使用较少，常用作名词。

缪(繆) móu ❶［绸缪］见 54 页"绸"字。❷ jiū 绞结。《礼记·檀弓下》："其妻，鲁人也，衣衰而～绖。"❸ liáo 缠绕。贾谊《新书·容经》："威之与德，交若～纆(mò)。"(纆：一种绳索。)❹ miù 通"谬"。错误，荒谬。《庄子·盗跖》："多辞～说，不耕而食，不织而衣。"(又)伪诈，欺骗。《汉书·司马相如传上》："临邛令～为恭敬，日往朝相如。"❺ mù 通"穆"。宗庙的左右排列次序之一。《荀子·王制》："分未定也，则有昭～。"见 535 页"昭"字。❻ mù 通"穆"。恭敬。《史记·鲁周公世家》："武王有疾，不豫，……太公、召公乃～卜。"(又)古代用作帝王的谥号，如秦缪公。❼ miào 姓。

鍪 móu 古代一种锅。史游《急就篇》卷二："铁铁钻锥釜鍑～。"(引)兜鍪。形状像鍪的头盔。《新唐书·仪卫志上》："居骁卫之次，～甲、弓箭、刀楯皆白。"(引)形状像兜鍪的帽子。《荀子·礼论》："荐器则冠有～而毋縰(xǐ)。"(毋：无。縰：束发用的帛。)

某 mǒu ❶ 代词。代替不明确指出的时间、事物、处所或人。《论语·卫灵公》："子告之曰：'～在斯，～在斯。'"《汉书·孝成许皇后传》："欲作～屏风，张于～所。"(张：摆开。)柳宗元《三戒·永某氏之鼠》："永有～氏者。"(永：永州。)【注意】"某"做代词时，所指代者有三种情况，需要加以区别：第一种情况是虽然没有明确指出，但是实际上所指代者是确定的(如例句一)；第二种情况是不确定的泛指(如例句二)；第三种情况是由于忘记或失传而无法明确的或不愿明确指出的(如例句三)。❷ 谦称。常用在对话或书信中，相当于"我"。《史记·高祖本纪》："今～之业所就孰与仲多？"

M

MU

母 mǔ ❶ 母亲。《诗经·邶风·凯风》："有子七人，莫慰～心。"［母仪］1. 作为人母的仪范。多用于皇后。《旧唐书·罗艺传》："妃骨相贵不可言，必当～～天下。"2. 为母之道。王维《工部杨尚书夫人墓志铭》："妇道允谐，～～俱美。"(泛)女性长辈。《礼记·内则》："择于诸～与可者，必求其宽裕、慈惠、温良、恭敬、慎而寡言者，使为子师。"郑玄注："诸母，众妾也。"(引)养育，哺育。《新五代史·唐淑妃王氏传》："明宗后宫有生子者，命妃～之。"❷ 中老年妇女。《史记·淮阴侯列传》："信钓于城下，诸～漂。"(漂：洗衣。)❸ 雌性的。《孟子·尽心上》："五～鸡，二～彘。"贾思勰《齐民要术·养猪》："～猪，取短喙无柔毛者良。"(喙：嘴。)(引)经营的本钱。与"息(利息)"相对。焦延寿《易林·履之蛊》："嫁娶有息，利得过～。"❹ 物品中大而重的。与"子(小而轻的)"相对。阮籍《咏怀八十二首》之六："(东陵瓜)连畛距阡陌，子～相钩带。”❺ 根源。《商君书·说民》：“慈仁，过之～也。”

姆 mǔ ❶ 女师。以妇道教育女子的女教师。《礼记·内则》：“女子十年不出，～教婉娩听从。”❷ 保姆。服侍夫人或子女的人。韩愈《殿中少监马君墓志》：“～抱幼子立侧。”

鉧（鉧）[鏻] mǔ ［钴（gǔ）鉧］见135 页“钴”字。

牡 mǔ ❶ 雄性鸟兽。与“牝（雌性鸟兽）”相对。《诗经·邶风·匏有苦叶》：“雉（zhì）鸣求其～。”（雉：野鸡。）《史记·封禅书》：“马行用一青～马。”㊀男性。与“牝（女性）”相对。《老子》五十五章：“未知牝～之合而朘作，精之至也。”㊁男性生殖器。与“牝（女性生殖器）”相对。《神异记》：“男露其～，女张其牝。”❷ 锁簧，钥匙。古代可以从锁孔插入和拔出的开锁部件。与“牝（带锁孔的锁身）”相对。《汉书·五行志中之上》：“长安章城门门～自亡。”（亡：丢失。）❸ 丘陵。《大戴礼记·易本命》：“丘陵为～，溪谷为牝。”

亩（畝）[晦] mǔ ❶ 田垄。《左传·成公二年》：“使齐之封内尽东其～。”（东其亩：让田垄都东西向。）㊂农田，田野。《诗经·小雅·采芑》：“于彼新田，于此菑（zī）～。”（新田：开垦二年的田地。菑：开垦一年的田地。）《战国策·齐策四》：“故舜起农～，出于野鄙，而为天子。”［南亩］田垄南北向的田地。㊂农田。贾谊《论积贮疏》：“末技游食之民，转而缘～～。”❷ 量词。土地面积单位。《孟子·梁惠王上》：“五～之宅，树之以桑。”

姥 mǔ ❶ 老妇人。《晋书·王羲之传》：“又尝在蕺（jí）山见一老～，持六角竹扇卖之。”（蕺山：山名，在浙江绍兴。）❷ 丈夫的母亲，婆母。《古诗为焦仲卿妻作》：“便可白公～，及时相遣归。”

木 mù ❶ 树。《诗经·小雅·伐木》：“伐～丁丁，鸟鸣嘤嘤。”《孟子·梁惠王上》：“以若所为，求若所欲，犹缘～而求鱼也。”㊁树叶。杜甫《登高》诗：“无边落～萧萧下，不尽长江滚滚来。”❷ 木头，木材。《荀子·劝学》：“～直中（zhòng）绳。”（木材直，合于墨线。中：合于。绳：木工的墨线。）㊕木制的刑具。司马迁《报任安书》：“衣赭衣，关三～。”（赭衣：囚徒穿的衣服。三木：木制的刑具枷、桎、梏。）㊕棺木。《后汉书·耿纯传》：“老病者皆载～自随。”成语有“行将就木”。❸ 质朴，朴实。《论语·子路》：“刚、毅、～、讷，近仁。”《史记·绛侯周勃世家》：“勃为人～强敦厚。”（强：倔强。敦厚：老实。）❹ 五行（金、木、水、火、土）之一。见468 页“行”字。❺ 八音（金、石、土、木、丝、竹、匏、革）之一。见503 页“音”字。

【辨】木，树。这两个字表示“树木”的意思是相同的，其他义项各不相同。

沐 mù ❶ 洗头。《左传·僖公二十八年》：“叔武将～，闻君至，喜，捉发走出。”《史记·屈原贾生列传》：“新～者必弹冠，新浴者必振衣。”❷ 洗澡，沐浴。宋玉《神女赋》：“～兰泽，含若芳。”［沐浴］1. 洗澡。《孟子·离娄下》：“斋戒～～。”2. 沉浸在某种环境之中。皇甫谧《三都赋序》：“二国之士，各～～所闻，家自以为我土乐，人自以为我民良。”3. 受润泽，得到恩惠。《史记·乐书》：“～～膏泽而歌咏勤苦，非大德谁能如斯！”曹植《求自试表》：“～～圣泽。”❸ 芟除枝叶。贾思勰《齐民要术·种榆白杨》：“不剶（chuān）不～，十年成毂。”（剶：砍削树枝。）㊀整治。《礼记·檀弓下》：“原壤，其母死，夫子助之～椁。”（原壤：人名。）❹ 湿润，润泽。《后汉书·明帝纪》：“京师冬无宿雪，春不燠（yù）～。”（京师：指都城。燠：温暖。）❺ 休沐。古代称官员休假。《汉书·孔光传》：“～日归休，兄弟妻子燕语。”鲍照《数诗》：“三朝国庆毕，休～还旧邦。”❻［溟沐］见285 页“溟”字。

霂 mù ［霢（mài）霂］见269 页“霢”字。

目 mù ❶ 眼睛。《荀子·劝学》：“～不能两视而明。”（眼睛不能同时看清两件东西。）❷ 看，注视。《史记·陈涉世家》：“皆指～陈胜。”（全都指着和看着陈胜。）《汉书·樊哙传》：“项羽～之。”㊁递眼色。《史记·项羽本纪》：“范增数～项王。”（范增：人名。数：屡次。）❸ 渔网的网眼。郑玄《诗谱序》：“举一纲，而万～张。”（举：提起。纲：渔网的总绳。张：张开。）成语有“纲举目张”。㊁木材上的节疤。《礼记·学记》：“善问者如攻坚木，先其易者，后其节～。”❹ 条目，细目。《论语·颜渊》：“请问其～。”❺ 名称。刘知几《史通序》：“予既在史馆而成此书，故便以《史通》为～。”（予：我。）㊁称呼。郦道元《水经注·巨洋水》：“源麓之侧有一祠，～之为冶泉祠。”［题目］见418 页“题”字。❻ 品评。《世说新语·赏誉》：“世～周侯，嶷（nì）如断山。”（嶷：高峻的样子。）

牧 mù ❶ 放牧（牲畜）。《庄子·骈拇》：“二人相与～羊。”（相与：一起。）㊀放牧的人。《诗经·小雅·无羊》："尔～来思，何蓑何笠，或负其糇。"王安石《谢公墩》诗："问樵樵不知，问～～不言。"（樵：打柴的人。）㉝牧场，郊外。《诗经·小雅·出车》："我出我车，于彼～矣。"（彼：那个。）《史记·周本纪》："麋鹿在～，蜚鸿满野。" ❷ 统治，治理。《管子·牧民》："凡有地～民者，务在四时，守在仓廪。"《汉书·元帝纪》："失～民之术。" ❸ 统治者。《孟子·梁惠王上》："今夫天下之人～，未有不嗜杀人者也。"㉝官名。《周礼·天官·冢宰》："乃施典于邦国而建其～。"㊕汉代州长称"牧"。《后汉书·刘焉传》："太仆黄琬为豫州～，宗正刘虞为幽州～。"（太仆、宗正：官名。） ❹ 修养。《后汉书·侯瑾传》："常以礼自～。"

罞 mù ［罞罞］1. 蒙昧的样子。《汉书·鲍宣传》："极竭～～之思。" 2. 风吹动的样子。柳宗元《上帝追摄王远知易总》："舟回如飞羽，但觉风～～而过。"

募 mù 广泛征求、征招。《荀子·王制》："谨～选阅材伎之士。"柳宗元《捕蛇者说》："～有能捕之者。"㊕招兵。曹操《让县自明本志令》："后还到扬州更～，亦复不过三千人。"

幕 mù ❶ 帐篷的顶布。《战国策·齐策一》："举袂(mèi)成～。"（把袖子举起来可以成幕，形容人多。袂：袖子。）㉝帐篷。《左传·成公十六年》："张～矣。"杜甫《西山》诗："风动将军～。"［幕府］1. 将帅的营帐。《史记·李将军列传》："大将军使长史急责广之～～对簿。" 2. 官员的府署。《后汉书·班固传上》："～～新开，广延群俊。"（延：引进。俊：有才能的人。）㉝帘幕，帷幕（后起意义）。鲍照《拟行路难十八首》之三："文窗绣户垂绮～。"（文窗：有花纹的窗。绮：一种丝织品。）岑参《白雪歌送武判官归京》："散入珠帘湿罗～。" ❷ 覆盖。《庄子·则阳》："解朝服而～之。"㉝遮蔽，笼罩。庾信《周大将军义兴公萧公墓志铭》："霜芬～月。" ❸ 古代战士臂部和腿部的护甲。《史记·苏秦列传》："当敌则斩坚甲铁～。"（当敌：面对敌人。） ❹ mò 通"漠"。沙漠。《史记·匈奴列传》："匈奴单于闻之，远其辎重，以精兵待于～北。"

【辨】帷，幕，帏，帐。见 438 页"帷"字。

暮 mù "莫"的后起字。❶ 日落的时候，傍晚。《荀子·儒效》："朝食于戚，～宿于百泉。"（戚、百泉：地名。）杜甫《石壕吏》诗："～投石壕村，有吏夜捉人。"成语有"朝三暮四"。㉑夜。《楚辞·九叹·离世》："～去次而敢止。" ❷ 晚，末。《吕氏春秋·谨听》："夫自念斯，学德未～。"曹操《步出夏门行·龟虽寿》："烈士～年，壮心不已。"（不已：不止。） ❸ 年老。杜甫《重过何氏五首》诗之五："蹉跎～容色，怅望好林泉。"［迟暮］年老。屈原《离骚》："惟草木之零落兮，恐美人之～～。"

慕 mù ❶ 想念，依恋。《孟子·万章上》："人少则～父母……有妻子则～妻子。" ❷ 羡慕，贪慕。《淮南子·原道》："诱～于名位。"曹操《让县自明本志令》："是以不得～虚名而处实祸。" ❸ 敬仰。《三国志·蜀书·诸葛亮传》："众士～仰。"成语有"慕名而来"。 ❹ 仿效。柳宗元《种树郭橐驼传》："他植者虽窥伺效～，莫能如也。"

睦 mù 和好，和睦。《尚书·尧典》："九族既～。"㉝亲密，亲近。王粲《酒赋》："纠骨肉之～亲，成朋友之欢好。"

楘 mù 束在车辕上用以加固的皮带。也可作为装饰。《诗经·秦风·小戎》："小戎俴(jiàn)收，五～梁辀(zhōu)。"（战车轻小车厢浅，五根皮条缠车辕。小戎：较小的兵车。俴收：浅的车厢。梁辀：曲辕。）

鞪 mù ❶ 同"楘"。束在车辕上用以加固的皮带。 ❷ móu 通"鍪"。头盔。《汉书·韩延寿传》："令骑士兵车四面营阵，被甲鞮～居马上。"

穆 mù ❶ 美好。《诗经·周颂·惟天之命》："惟天之命，于～不已。"㉝温和，和畅。《诗经·大雅·烝民》："～如清风。" ❷ 恭敬。屈原《九歌·东皇太一》："吉日兮辰良，～将愉兮上皇。" ❸［穆穆］严肃的样子。《诗经·大雅·假乐》："～～皇皇。"（皇皇：美好的样子。）㉝［沕穆］见 446 页"沕"字。 ❹ 宗庙的次序之一。见 535 页"昭"字。 ❺ 通"睦"。和睦。《后汉书·臧洪传》："袁、曹方～，而洪为绍所用。"（袁、绍：袁绍。曹：曹操。）《三国志·魏书·荀恽传》："而与夏侯尚不～。"（夏侯尚：人名。） ❻ 通"默"。沉默，宁静。荀悦《汉纪·高祖纪四》："是以圣上～然惟文之恤，瞻前顾后。"

M

N

NA

拏 ná ❶ 连接，牵引。扬雄《百官箴·豫州牧箴》："田田相～，庐庐相距。"《后汉书·冯衍传上》："祸～未解，兵连不息。" ❷ 相持，搏持。张彦远《法书要录》四张怀瓘《文字论》："或若擒虎豹有强梁～攫之形，执蛟螭见蚴蟉盘旋之势。" ❸ 握持，取（后起意义）。《警世通言·万秀娘仇报山亭儿》："～起一条柱杖，看着尹宗落夹背便打。"㊂ 拘捕（后起意义）。《京本通俗小说·菩萨蛮》："教人分付临安府差人去灵隐寺～可常和尚。"上述❸㊂后来写作"拿"。

【辨】拏（ná），拿。见 362 页"拏（rú）"字。

那 nà ❶（旧读 nuò）指示代词。那个，那边，那里（后起意义）。与"这"相对。张鷟《朝野佥载》卷二："余庆得而读之，曰：'必是～狗。'"（余庆：人名。）辛弃疾《丑奴儿近·博山道中效李易安体》："青旗卖酒，山～畔别有人家。"【注意】"这"、"那"的"那"是唐代才产生的。㊂语气词。表示感叹语气（后起意义）。《晋书·愍怀太子传》："不孝～！天与汝酒饮，不肯饮，中有恶物邪？"㊂语气词。表示疑问语气（后起意义）。《后汉书·韩康传》："公是韩伯休～？乃不二价乎？" ❷ nuó 多。《诗经·商颂·那》："猗与～与！"（猗：叹美之辞。） ❸ nuó 安适。《诗经·小雅·鱼藻》："鱼在在藻，依于其蒲；王在在镐，有～其居。"王安石《上执政书》："皆得其所安而乐生，是以能～其居也。"㊂美好。《国语·楚语上》："使富都～竖赞焉，而使长鬣之士相焉，臣不知其美也。"（富都那竖：指服装华美的纨绔子弟。长鬣：美髯。） ❹ nuó 奈何。《左传·宣公二年》："牛则有皮，犀兕尚多，弃甲则～。" ❺ nǎ 疑问代词。岂，如何，怎么。《古诗为焦仲卿妻作》："处分适兄意，～得自任专？"《东观汉记·刘玄载记》："（王）莽不如此，帝～得为之？"《三国志·魏书·田豫传》裴松之注引《魏略》："西门豹古之神人，～可葬于其边乎？"

纳（納） nà ❶ 收入，收进。《尚书·舜典》："夙夜出～朕命，惟允。"《诗经·豳风·七月》："十月～禾稼。"成语有"吐故纳新"。㊄接纳，收容。《韩非子·说林上》："温人之周，周不～客。"（温：地名。之：到。周：国名。）成语有"藏污纳垢"。㊂接受，采纳。《三国志·吴书·吕蒙传》："权深～其策。"（权：孙权。策：计策。）成语有"纳谏如流"。❷ 取得。《史记·秦始皇本纪》："得韩王安，尽～其地。"㊂娶。《诗经·邶风·新台序》："刺卫宣公也，～伋之妻。"（伋：卫宣公之子。） ❸ 结交，联合。《汉书·楚元王传》："宜～宗室，又多与大臣共事。" ❹ 上交，交纳。《左传·庄公二十二年》："冬，公如齐～币。"《三国志·吴书·吴主传》："兼～纤（xiān）絺（chī）南方之贡。"（纤、絺：两种纺织品。） ❺ 通"衲"。粗缝，缝补。《三国志·魏书·武帝纪》裴松之注引王沈《魏书》："帷帐屏风，坏则补～。"【注意】上古时"纳"多写作"内"，后来才写作"纳"。

衲 nà ❶ 缝补，缝缀。钟嵘《诗品序》："拘挛补～，蠹文已甚。" ❷ 僧衣。常以多块碎布缝制。也叫百衲衣。白居易《赠僧自远禅师》诗："自出家来长自在，缘身一～一绳床。" ❸ 僧人的自称或代称。戴叔伦《题横山寺》诗："老～供茶碗，斜阳送客舟。"

軜 nà 驷马驾车时两旁的骖马左侧的缰绳。《诗经·秦风·小戎》："龙盾之合，鋈（wù）以觼（jué）～。"（车上装载着描龙的盾牌，骖马缰绳的环扣用白金装饰。鋈：白金，白铜。觼：控制马缰绳的金属环扣。）

NAI

乃［迺、廼］ nǎi ❶ 第二人称代词。你，你的，你们，你们的。《尚书·康诰》："朕心朕德，惟～知。"《汉书·翟义传》："今欲发之，～肯从我乎？"（发：发兵。）陆游《示儿》诗："王师北定中原日，家祭无忘告～翁。"（翁：父亲。） ❷ 副词。表示承接。于是。《尚书·舜典》："玄德升闻，～命以位。" ❸ 副词。就，这才。《三国志·蜀书·诸葛亮传》："～三顾亮于草庐之中。"柳宗元《三戒·黔之驴》："断其喉，尽其肉，～去。"（尽：吃尽。）㊂副词。却，竟然。《诗经·郑风·山有扶苏》："不见子都，～见狂且。"《史记·吴王濞列传》："当改过自新，～益骄溢。"㊂副词。只，仅仅。《吕氏春秋·义赏》："天下胜者众矣，而霸者～五。"《史记·项羽本纪》："至东城，～有二十八骑。" ❹ 副词。

相当于"是"、"即"、"就是"。《战国策·齐策四》:"孟尝君怪之,曰:'此谁也?'左右曰:'～歌夫长铗归来者也。'"《史记·张仪列传》:"臣非知君,知君～苏君。" ❺[乃尔]如此。《三国志·蜀书·吕凯传》:"臣不意永昌风俗敦直～～。"(意:料想。永昌:地名。敦直:淳朴。)熟语有"何其相似乃尔"。

奈 nài 本作"柰"。❶对付,处置。《淮南子·兵略》:"唯无形者无可～也。" ❷无奈,怎奈。韩愈《醉后》诗:"煌煌东方星,～此众客醉。"[奈何]如何,怎么办。屈原《九歌·大司命》:"愁人兮～～。"晏殊《浣溪沙·一曲新词酒一杯》:"无可～～花落去。"[奈……何]对……怎么样,怎么对付。《韩非子·难三》:"韩、魏能～我～!"

柰 nài ❶果树名。也指该树的果实。左思《蜀都赋》:"素～夏成。"(白柰果夏季成熟。) ❷[柰何]如何,怎么办。《荀子·强国》:"然则～～?"《汉书·项籍传》:"骓不逝兮可～～。"(骓:马名。逝:跑。)这个意义后来多写作"奈何"。[柰……何]对……怎么样,怎么对付。《史记·酷吏列传》:"陛下纵自轻,～宗庙太后～?" ❸通"耐"。禁得起,受得住。欧阳修《四月九日幽谷见绯桃盛开》诗:"深红浅紫看虽好,颜色不～东风吹。"

耐 nài ❶禁得起,受得住。贾思勰《齐民要术·种椒》:"此物性不～寒。"成语有"耐人寻味"。㊀容忍。《新五代史·史弘肇传》:"弘肇不喜宾客,尝言:'文人难～,呼我为卒。'" ❷通"耏(nài)"。古代一种较轻的刑罚,剃掉胡须。《后汉书·陈宠传》:"今律令死刑六百一十,～罪千六百九十八。"见101页"耏(ér)"字。❸néng 通"能"。能够。《礼记·乐记》:"故人不～无乐。"

鼐 nài 大的鼎。《诗经·周颂·丝衣》:"～鼎及鼒(zī)。"(鼒:小鼎。)《战国策·楚策四》:"故昼游乎江河,夕调乎鼎～。"

NAN

男 nán ❶男性的。与"女"相对。《诗经·小雅·斯干》:"乃生～子。"㊀男子,男人。《荀子·富国》:"～女之合,夫妇之分。"[男女]指两性生活。《礼记·礼运》:"饮食～～,人之大欲存焉。" ❷儿子。《史记·孝文本纪》:"太仓公无～,有女五人。"(太仓公:指太仓令淳于意。) ❸男爵。古代五等爵位的最后一等。《礼记·王制》:"王者之制禄爵,公、侯、伯、子、～,凡五等。"(禄爵:俸禄和爵位。)

难(難) nán ❶难,困难。与"易"相对。《孟子·滕文公上》:"是故以天下与人易,为天下得人～。"李白《蜀道难》诗:"蜀道～,～于上青天。"㊁使困难,为难。《左传·哀公十四年》:"所～子者,上有天,下有先君。"㊁认为难,以为难。《史记·樗里子甘茂列传》:"应侯欲攻赵,武安君～之。" ❷nàn 灾难,患难。《周易·否》:"君子以俭德辟～。"㊁战乱,战争。《韩非子·五蠹》:"坚甲厉兵以备～。"(厉兵:磨快兵器。) ❸nàn 反驳,质问对方。《孟子·离娄下》:"于禽兽又何～焉?"《史记·廉颇蔺相如列传》:"(赵括)尝与其父言兵事,奢不能～。"(奢:赵奢,赵括的父亲。)《论衡·问孔》:"追～孔子,何伤于义?"(追:追究。)㊁责备。《左传·襄公二十七年》:"齐人～之。"(齐国的人责备他。)㊁诘责,责问。《汉书·高帝纪上》:"以问张良,良发八～。" ❹nàn 仇敌,怨仇。《战国策·秦策一》:"昔者纣为天子……以与周武为～。"(周武:周武王。) ❺nuó 驱除疫鬼。《周礼·夏官·方相氏》:"帅百隶而时～,以索室殴疫。" ❻nàn 通"戁(nǎn)"。恐惧。《荀子·君道》:"故君子恭而不～,敬而不巩。"(巩:恐。)

楠[枏、柟] nán 一种常绿乔木。其木材为用木良材。《战国策·宋卫策》:"荆有长松、文梓、楩、～、豫章。"【注意】枏又音 rán,即梅。

諵 nán [諵諵]同"喃喃"。低声说话。韩愈《酬司门卢四兄云夫院长望秋作》诗:"日来省我不肯去,论诗说赋相～～。"

赧 nǎn ❶惭愧,因惭愧而脸红。扬雄《答刘歆书》:"今举者怀～而低眉,任者含声而冤舌。"[赧赧然][赧然]惭愧脸红的样子。《孟子·滕文公下》:"未同而言,观其色赧赧然,非由之所知也。"吴质《答东阿王书》:"赧然汗下。" ❷忧惧。《国语·楚语上》:"夫子践位则退,自退则敬,否则～。"

戁 nǎn 恐惧。《诗经·商颂·长发》:"不～不竦,百禄是总。"(竦:恐惧。总:聚集。)

NANG

囊 náng ❶有底的口袋。《诗经·大雅·公刘》:"乃裹糇(hóu)粮,于橐于～。"(糇粮:干粮。)㊀形状像口袋的物体。宋玉《风赋》:"盛怒于土～之口。" ❷(用口袋)盛(chéng)装。《韩非子·外储说右下》:"引其纲而鱼已～矣。"《宋书·沈攸之传》:"大得

N

～米。”㉠收敛，收藏。《管子·任法》：“皆～于法以事其主。”❸ 盖住，蒙住。柳宗元《童区寄传》：“二豪贼劫持反接，布～其口。”【辨】囊，橐。这两个字的本义都是口袋。“囊”是有底的口袋。“橐”是没有底的口袋，两头都是口，用时以绳将底口扎紧。“囊橐”常连用，泛指口袋。

曩 nǎng 以往，从前。《韩非子·外储说左下》：“寡人～不知子，今知矣。”

NAO

呶[詉] náo 喧哗，喧闹声。《诗经·小雅·宾之初筵》：“宾既醉止，载号载～。”（宾客喝醉了，又号叫又喧哗。）[呶呶] 1. 喧闹声。卢仝《苦雪寄退之》诗：“饥婴哭乳声～～。” 2. 形容说话唠叨（使人讨厌）。张耒《读戚公恕进卷》诗：“人皆喜～～，子语不出口。”

怓 náo 混乱。《诗经·大雅·民劳》：“无纵诡随，以谨惛（hūn）～。”（不要放纵诡诈欺骗，谨防歹人奸计乱政。惛：欺骗。）

挠（撓） náo ❶ 扰乱，搅扰。《左传·成公十三年》：“～乱我同盟，倾覆我国家。”《汉书·晁错传》：“匈奴之众易～乱也。”㉠搅，搅动。《荀子·议兵》：“以指～沸。”（沸：滚开的水。）《淮南子·说林》：“使水浊者，鱼～之。”㉠挥动，摇动。《庄子·天地》：“手～顾指，四方之民莫不俱至。”❷ 通“桡（náo）”。弯曲。《墨子·经说下》：“加重焉而不～。”㉡邪曲不正。《吕氏春秋·知度》：“枉辟邪～之人退矣。”❸ 通“桡”。屈服。《墨子·经下》：“贞而不～。”成语有“不屈不挠”、“百折不挠”。㉠削弱。苏轼《上皇帝书》：“郦生谋～楚权，欲复六国。”

桡（橈） náo ❶ 弯曲。《周礼·考工记·辀人》：“唯辕直且无～也。”《列子·汤问》：“竿不～。”㉠冤枉，冤屈。《新唐书·陆贽传》：“废兵之冗食，蠲法之～人。”（冗：多余的。蠲：免除。）❷ 屈服，挫败。《左传·成公二年》：“畏君之震，师徒～败。”（震：威。师徒：指军队。）㉠削弱。《汉书·张良传》：“汉王忧恐，与郦食其（yìjī）谋～楚权。”（汉王：刘邦。）❸ 搅动，搅乱。《资治通鉴·秦昭襄王五十二年》：“譬之以卵投石，以指～沸。”《史记·韩长孺列传》：“犯上禁，～明法。”❹ ráo 船桨。《淮南子·主术》：“夫七尺之～而制船之左右者，以水为资。”李白《入清溪行山中》诗：“停～向余景。”㉡摇桨，划船。蒋吉《石城》诗：“江人～艇子，将谓莫愁来。”㉡小船。贾岛《忆江上吴处士》诗：“兰～殊未返，消息海云端。”

铙（鐃） náo ❶ 古代指挥军队退却时击打的一种独体乐器。《周礼·地官·鼓人》：“以金～止鼓。”❷ 类似钹的一种双体击打乐器。孟元老《东京梦华录·驾幸临水殿观争标锡宴》：“左右招舞，鸣小锣鼓～铎之类。”❸ 通“挠”。搅动，扰乱。《庄子·天道》：“万物无足以～心者，故静也。”

譊 náo 喧闹嘈杂。《魏书·高允传》：“今之大会，内外相混，酒醉喧～。”[譊譊]争辩声，喧闹声。《庄子·至乐》：“彼唯人言之恶闻，奚以夫～～为乎？”《乐府诗集·孤儿行》：“里中一何～～。”

猱 náo 一种猿猴类动物。《诗经·小雅·角弓》：“毋教～升木，如涂涂附。”（如涂涂附：如同用泥涂墙一样容易。）曹植《白马篇》：“仰手接飞～，俯身散马蹄。”（接：迎面射中。散马蹄：射碎箭靶。）

獿[獶] náo ❶ 同“猱（náo）”。一种猿猴类动物。《尸子》卷下：“余左执太行之～，而右搏雕虎。”❷ [獿杂]混杂。《礼记·乐记》：“～～子女。”❸ [獿人]古代的泥瓦匠。《汉书·扬雄传下》：“～～亡，则匠石辍斤而不敢妄斲。”

淖 nào ❶ 泥沼。《左传·成公十六年》：“有～于前。”㉠泥泞。《汉书·韦玄成传》：“天雨，～，不驾驷马车而骑至庙下。”❷ zhào 柔，柔和。《管子·水地》：“夫水，～弱以清。”❸ chuò [淖约]同“绰约”。姿态柔美的样子。《庄子·逍遥游》：“～～若处子。”（处子：未婚少女。）

臑 nào ❶ 动物的前肢。《史记·龟策列传》：“取前足～骨穿佩之。”㉠人的上肢。《灵枢经·经脉》：“肩似拔，～似折。”❷ rú 肱骨。《仪礼·少牢馈食礼》：“司马升羊右胖，髀不升，肩、臂、～、膊、骼。”❸ nuǎn 暖，热。江淹《泣赋》：“视左右而不～，具衣冠而自凉。”❹ ér 通“胹”。煮熟。《楚辞·大招》：“鼎～盈望，和致芳只。”

NE

讷（訥） nè 语言迟钝，不善于讲话。《老子》四十五章：“大巧若拙，大辩若～。”《史记·李将军列传》：“广～口少言。”㉠慎言寡语。《论语·里仁》：“君子欲～于言而敏于行。”

N

NEI

馁(餒) něi ❶ 饥饿。《孟子·梁惠王下》："王之臣有托其妻子于其友而之楚游者，比其反也，则冻～其妻子，则如之何？"㊀心气或才气不足。《孟子·公孙丑上》："行有不慊（qiè）于心，则～矣。"（慊：满足。）《文心雕龙·事类》："有学饱而才～，有才富而学贫。" ❷ 鱼腐烂、不新鲜。《论语·乡党》："鱼～而肉败。"

餧 něi ❶ 同"馁"。饥饿。《国语·楚语下》："民之羸～，日已甚矣。" ❷ 同"馁"。鱼腐烂。《南史·傅昭传》："或有暑月荐昭鱼者……遂～于门侧。"上述❶❷又写作"餒"，现简化为"馁"。❸ wèi 喂。《礼记·月令》："～兽之药毋出九门。"这个意义又写作"餵"，现写作"喂"。

内 nèi ❶ 里面。与"外"相对。《左传·定公八年》："与阳氏战于南门之～。"㊀内部。《左传·僖公二十七年》："靖诸～而败诸外。"（靖：安定。诸：同"之于"。）㊁内心。《论语·阳货》："色厉而～荏。"《三国志·蜀书·诸葛亮传》："而～怀犹豫之计。" ❷ 内脏。《淮南子·精神》："大忧～崩，大怖生狂。" ❸ 内室。晁错《募民徙塞下疏》："家有一堂二～。"㊀家室内的。《礼记·内则》："男不言～，女不言外。" ❹ 皇宫。白居易《长恨歌》："西宫南～多秋草。"㊁朝廷。《史记·汲郑列传》："以数切谏，不得久留～，迁为东海太守。"㊀皇宫内的。《国语·周语中》："～官不过九御，外官不过九品。" ❺ 旧时指妻妾、宫人。《左传·僖公十七年》："齐侯好～。"（好：喜好。）㊂女子，妇女。《周礼·天官·宫正》："辨外～而时禁。"（外：指男子。） ❻ 暗地里，暗中。《三国志·魏书·杜畿传》："河东人卫固、范先外以请邑为名，而～实与干通谋。"（卫固、范先、邑、干：人名。）㊀亲近。《周易·泰》："～君子而外小人。"（外：疏远。） ❼ nà 进入，放入。《潜夫论·德化》："乃以防奸恶而救祸败，检淫邪而～正道尔。"郦道元《水经注·漯水》："以草～之则不燃。"㊀收容，接纳。《孟子·公孙丑上》："非所以～交于孺子之父母也。"李斯《谏逐客书》："向使四君却客而不～。"（向使：假使。四君：指秦国的四个国君。却：不接受。）㊁交纳。《史记·秦始皇本纪》："百姓～粟千石，拜爵一级。"（粟：粮食。拜：授。）上述❼㊀㊁后来写作"纳"。

NENG

能 néng ❶ 能力，才能。《荀子·王制》："无～不官，无功不赏。"㊀有能力。诸葛亮《出师表》："先帝称之曰～。"（先帝：指刘备。）㊁有能力的人。《孟子·公孙丑上》："尊贤使～，俊杰在位，则天下之士皆悦。"司马迁《报任安书》："招贤进～，显岩穴之士。" ❷ 有能力（做到），胜任。《孟子·梁惠王上》："故王之不王，不为也，非不～也。"《论语·先进》："非曰～之，愿学焉。"㊁及，达到。《战国策·燕策一》："于是不～期年，千里马之至者三。"柳宗元《钴鉧潭西小丘记》："丘之小不～一亩，可以笼而有之。"成语有"难能可贵"。㊀助动词。能够。《史记·孙子吴起列传》："寡人已知将军～用兵矣。"《史记·淮阴侯列传》："信～死，刺我。不～死，出我袴下。" ❸ 和睦。《诗经·大雅·民劳》："柔远～迩，以定我王。"《左传·襄公二十一年》："范鞅……故与栾盈为公族大夫而不相～。"（范鞅、栾盈：人名。）【注意】这个意义多用于"不相能"这个词组里。❹ 如此，这样（后起意义）。汪藻《即事》诗："双鹭～忙翻白雪，平畴许远涨清波。" ❺ 通"而（ér）"。连词。表示转折。《墨子·天志下》："今有人于此，～少尝之甘谓甘，多尝谓苦。" ❻ nài 通"耐"。禁得起，受得住。《汉书·晁错传》："鸟兽希毛，其性～暑。"（希：稀，稀少。） ❼ 通"乃（nǎi）"。就是，于是。《左传·昭公十二年》："中美～黄，上美为元。"《孙子兵法·虚实》："故敌佚～劳之，饱～饥之，安～动之。" ❽ tài 通"态"。形状，形态。《素问·阴阳应象大论》："此阴阳更胜之变，病之形～也。"

NI

妮 nī （旧读 ní）［妮子］1. 婢女。《新五代史·晋高祖皇后李氏传》："吾有梳头～～，窃一药囊以奔于晋，今皆在否？" 2. 对少女的昵称。《元曲选·争报恩》："那～～又不知三年乳哺恩，那里晓怀躭十月胎。"

尼 ní ❶ 安宁。洪适《隶释·汉山阳太守祝睦后碑》："乘蕃远逊，竟界～康。" ❷ 尼姑。"比丘尼"的省称。信佛出家的女人。杨衒之《洛阳伽蓝记·胡统寺》："入道为～，遂居此寺。"㊁女子出家（做尼姑）。《新唐书·窦参传》："女～于郴州。" ❸ ［尼父］指孔子。孔子名丘，字仲尼。王粲《登楼赋》：

"昔～～之在陈兮，有归欤之叹音。"❹ nì 阻止。《孟子·梁惠王下》："行或使之，止或～之。"❺ nì 通"昵"。亲近。《尸子》卷下："悦～而来远。"

泥 ní ❶ 泥。《庄子·秋水》："蹶～则没足灭跗。"（蹶：踏。跗：脚背。）㉛像泥一样的东西。《世说新语·汰侈》："石以椒为～。"（石：石崇，人名。）又如"印泥"、"枣泥"。❷ nì 涂抹。《晋书·王恂传》："用赤石脂～壁。"（赤石脂：一种风化了的红色陶土。）❸ nì 固执，拘泥。《荀子·君道》："知明制度权物称用之为不～也。"《宋史·刘几传》："儒者～古。"㊂行不通，阻滞。《论语·子张》："虽小道，必有可观者焉，致远恐～。"❹ nì 软求，缠住不放（后起意义）。元稹《遣悲怀三首》诗之一："～他沽酒拔金钗。"❺ niè 通"涅"。一种黑色染料。《大戴礼记·曾子制言上》："白沙在～，与之俱黑。"㉛染黑。《史记·屈原贾生列传》："不获世之滋垢，皭然～而不滓者也。"

怩 ní ［忸怩］见 301 页"忸"字。

倪 ní ❶ 小孩子，儿童。《孟子·梁惠王下》："王速出令，反其旄～。"（旄：通"耄"，老人。）《旧唐书·玄宗纪下》："于时垂髫之～，皆知礼让。"❷ 端头，边际。韩愈《南海神庙碑》："乾端坤～，轩豁呈露。"柳宗元《非国语上·三川震》："天地之无～。"［端倪］头绪。《庄子·大宗师》："反覆终始，不知～～。"❸ nì ［俾（pì）倪］见 17 页"俾（bǐ）"字。

猊 ní ［狻（suān）猊］见 405 页"狻"字。

輗（輗） ní 大马车的车辕前端与驾辕的横木相衔接的销子。《论语·为政》："大车无～，小车无軏（yuè），其何以行之哉？"（軏：小马车的车辕前端与驾辕的横木相衔接的销子。）［輗軏］比喻事物的关键。扬雄《太玄·闲》："拔我～～，贵以信也。"

霓 ní ❶ 副虹。雨后天空中与虹同时出现的彩色圆弧。《孟子·梁惠王下》："民望之，若大旱之望云～也。"柳宗元《笼鹰词》："云披雾裂虹～断。"（披：分开。）这个意义又写作"蜺"。㉛虹。苏颋《晓发方骞驿》诗："片阴常作雨，微照已生～。"❷ 彩云，云霞。《楚辞·九怀·蓄英》："修余兮袿（guī）衣，骑～兮南上。"（袿衣：衣服。）❸ 天边云气。班固《东都赋》："羽旄（máo）扫～，旌旗拂天。"（羽旄：指旗帜。）

鲵（鯢） ní ❶ 一种两栖动物。俗称娃娃鱼。《尔雅·释鱼》："～大者谓之鰕。"李时珍《本草纲目·鳞部四》："～生山溪中，似鲇。"❷ 雌鲸。左思《吴都赋》："长鲸吞航，修～吐浪。"❸ 一种小鱼。《庄子·外物》："夫揭竿累，趣灌渎，守～鲋，其于得大鱼难矣。"❹ ［鲵齿］通"齯齿"。老人齿落后复生的牙齿。代指长寿者。张衡《南都赋》："于是乎～～、眉寿、鲐背之叟，皤皤然被黄发者，喟然相与歌。"

麑 ní 幼鹿，小鹿。《韩非子·说林上》："孟孙猎，得～。"《韩非子·五蠹》："冬日～裘，夏日葛衣。"

拟（擬） nǐ ❶ 忖度，估量。《周易·系辞上》："～之而后言。"《扬子法言·孝至》："君子动则～诸事，事则～诸礼。"㊂准备，打算。荀悦《汉纪·高祖纪一》："乃围宛。宛急，南阳太守吕齮～自杀。"李清照《武陵春·春晚》："闻说双溪春尚好，也～泛轻舟。"❷ 比，比拟。《荀子·不苟》："言己之光美，～于舜禹，参于天地，非夸诞也。"《史记·管晏列传》："管仲富～于公室。"（公室：诸侯的家族。）这个意义又写作"儗（nǐ）"，现写作"拟"。❸ 比画，用手势和物体做某种样子。《汉书·苏武传》："复举剑～之，武不动。"❹ 模拟，模仿。《汉书·扬雄传上》："常～之以为式。"（式：规格。）❺ 起草，撰写。《元史·成宗纪》："诏自今以后专令中书～奏。"《宋史·李纲传上》："～章将再上。"

儗 nǐ ❶ 比，比拟。《礼记·曲礼下》："～人必于其伦。"《汉书·文三王传》："～于天子。"㊂准备，打算。林逋《偶书》诗："闲看是斯文，无秦～自焚。"上述❶㊂又写作"擬"，现简化为"拟"。❷ ［儗儗］茂盛的样子。《汉书·食货志上》："故～～而盛也。"❸ yì ［佁（chì）儗］见 496 页"佁（yǐ）"字。

薿 nǐ ［薿薿］茂盛的样子。《诗经·小雅·甫田》："今适南亩，或耘或耔，黍稷～～。"

柅 nǐ ❶ 树名。果实如梨。❷ 临时放到车轮下用以阻止车轮前进的木块。《周易·姤》："系于金～。"㉛遏止。《新唐书·牛徽传》："徽治以刚明，～杜干请，法度复振。"❸ ［柅柅］草木茂盛的样子。左思《蜀都赋》："总茎～～。"

旎 nǐ ［旖（yǐ）旎］见 496 页"旖"字。

昵［暱］ nì 亲近，亲昵。《左传·隐公元年》："不义不～，厚将崩。"《韩非子·难言》："～近习亲。"（习：亲近。）［私昵］所亲近、宠幸的人。《尚书·说命中》：

"官不及～～,唯其能。"《太平广记》卷三一一"田布":"而铉未尝一出口于亲戚～～。"(铉:崔铉,唐朝宰相。)

逆 nì ❶ 迎,迎接。与"送"相对。《左传·成公十四年》:"宣伯如齐～女。"(如齐:到齐国去。)《左传·桓公元年》:"目～而送之。" ❷ 接受,受命。《史记·苏秦列传》:"以有尽之地而～无已之求。"《仪礼·聘礼》:"众介皆～命不辞。" ❸ 迎敌,迎战。《国语·吴语》:"越王勾践起师～之。"《资治通鉴·汉献帝建安十三年》:"将兵与备并力～操。"(备:刘备。操:曹操。) ❹ 揣测。《孟子·万章上》:"故说《诗》者……以意～志,是谓得之。" ❺ 预先。诸葛亮《后出师表》:"凡事如是,难可～见。" ❻ 反着的,倒(dào)着的。《荀子·非十二子》:"言辩而～,古之大禁也。"《韩非子·说难》:"然其喉下有～鳞径尺。"㊂向相反方向活动。《孟子·滕文公下》:"当尧之时,水～行,泛滥于中国。"郦道元《水经注·江水》:"水～流百余里,涌起数十丈。" ❼ 抵触,违背,不顺。与"顺"相对。《史记·留侯世家》:"忠言～耳利于行。"㊀背叛,叛逆。《史记·淮阴侯列传》:"乃谋畔～。"(畔:通"叛"。)曹操《加枣祗子处中封爵并祀祗令》:"摧灭群～。"

匿 nì ❶ 隐藏,躲藏。《孟子·滕文公上》:"禽兽逃～。"㊀隐瞒。《商君书·垦令》:"过举不～,则官无邪人。"(过举:错误的行为。)《汉书·灌夫传》:"乃～其家,窃出上书。" ❷ tè 同"慝"。邪恶。《管子·七法》:"百～伤上威,奸吏伤官法。"

惄 nì 忧愁的样子。《诗经·小雅·小弁》:"我心忧伤,～焉如捣。"

睨 nì ❶ 斜看。《庄子·山木》:"虽羿、蓬蒙不能眄～也。"《史记·廉颇蔺相如列传》:"相如持其璧～柱,欲以击柱。"[睥睨]见315页"睥"字。㊀斜着眼。《礼记·中庸》:"～而视之,犹以为远。"㊁看,望。屈原《离骚》:"陟升皇之赫戏兮,忽临～夫旧乡。" ❷ 偏斜。《庄子·天下》:"日方中方～,物方生方死。"

溺 nì ❶ 沉于水,淹没。《庄子·秋水》:"火弗能热,水弗能～。"《孟子·离娄上》:"嫂～不援,是豺狼也。"㊂淹死的人。《礼记·檀弓上》:"死而不吊者三:畏、厌、～。"(畏:恐惧而死。厌:通"压",物体压死。)㊀陷于危难或困境。《孟子·离娄上》:"天下～,援之以道。" ❷ 拘泥,沉迷不悟。《商君书·更法》:"学者～于所闻。"㊂沉湎,无节制。韩偓《即日》诗:"万古离怀憎物色,几生愁绪～风光。" ❸ niào 尿液,小便。《庄子·知北游》:"在屎～。"㊂撒尿,排尿。《史记·范雎蔡泽列传》:"宾客饮者醉,更～雎。"(更:轮流。)这个意义后来写作"尿"。

嶷 nì ❶ 高峻的样子。《世说新语·赏誉》:"世目周侯～如断山。" ❷ (童年)聪明。《诗经·大雅·生民》:"克岐克～,以就口食。"(祖先后稷小时候又懂事又聪明,自己会觅食吃饱。克:能。岐:知意。)《南史·宋江夏文献王义恭传》:"幼而明～,姿颜端丽。" ❸ yí [九嶷]本作"九疑"。山名。在今湖南宁远南。相传舜葬于此。《汉书·武帝纪》:"望祀虞舜于～～。"

NIAN

年 nián ❶ 收成,年景。《穀梁传·桓公三年》:"五谷皆熟,为有～也。"《论语·颜渊》:"～饥,用不足。" ❷ 时间单位。年,岁。《庄子·秋水》:"汤之时,八～七旱。"(汤:商汤。)㊀年节。陈师道《早春》诗:"度腊不成雪,迎～遽得春。" ❸ 年龄,年岁。《论语·阳货》:"～四十而见恶焉,其终也已。"《史记·屈原贾生列传》:"是时贾生～二十余,最为少。"(是时:这时。少:年轻。)㊀寿命。《庄子·秋水》:"～不可举,时不可止。" ❹ 岁月,年代。曹植《求自试表》:"虽身分蜀境,首悬吴阙,犹生之～也。"左思《魏都赋》:"虽逾千祀,而怀旧蕴于遐～。" ❺ 帝王的年号。《三国志·吴书·吴主传》:"改～为延康。"(延康:汉献帝刘协的年号。)

涊 niǎn ❶ 冒汗的样子。枚乘《七发》:"～然汗出,霍然病已。" ❷ [淟(tiǎn)涊]见420页"淟"字。

淰 niǎn ❶ 水浊。《说文》:"淰,浊也。" ❷ shěn 鱼受惊游走的样子。《礼记·礼运》:"故龙以为畜,故鱼鲔(wěi)不～。"(鲔:鲟鱼。)[淰淰]散乱不定的样子。杜甫《放船》诗:"江市戎戎暗,山云～～寒。"

辇(輦) niǎn ❶ 依靠人力推拉的车子。《战国策·赵策四》:"老妇恃(shì)～而行。"(恃:依靠。)㊂秦汉以后专指帝王和后妃的车子。潘岳《藉田赋》:"天子乃御玉～,荫华盖。"《宋史·寇准传》:"琼即麾(huī)卫士进～,帝遂渡河。"(琼:高琼,人名。麾:指挥。)[辇下]帝辇之下。指京城。杜牧《冬至日遇京使发寄舍弟》诗:"尊前岂解愁家国,～～唯能忆弟兄。" ❷ 人推拉(车子)。《诗经·小雅·黍苗》:"我任我～,我车我牛。" ❸ 乘坐(车子)。《荀子·大略》:

"诸侯～舆就马,礼也。"(舆:车。)❹运载、运送(货物)。《淮南子·人间》:"一鼓,民被甲括矢,操兵弩而出。再鼓,负～粟而至。"陆游《闻虏乱次前辈韵》:"～金输虏庭。"(虏庭:敌人的朝廷。)

【辨】车,舆,辇,轺。见44页"车"字。

跈 niǎn 践踏。《庄子·外物》:"哽而不止则～,～则众害生。"

撚 niǎn ❶用手指拿、取东西。杜牧《重送》诗:"手～金仆姑,腰悬玉辘轳。"白居易《眼病二首》诗之二:"案上谩铺龙树论,盒中虚～决明丸。"❷揉搓。杨万里《观雪》诗:"倩谁细～成汤饼,换却人间烟火肠。"❸弹奏弦乐器的一种指法。白居易《琵琶行》:"轻拢慢～抹复挑。"刘禹锡《和杨师皋给事伤小姬英英》:"～弦花下呈新曲。"❹践踏。《淮南子·兵略》:"前后不相～,左右不相干。"

碾 niǎn ❶碾子。把东西轧碎或压平的滚动器具。《魏书·崔亮传》:"遂教民为～。"❷碾轧,研磨。白居易《春来》诗:"金谷蹋花香骑入,曲江～草钿车行。"㉑研磨玉石。李贺《春怀引》:"蟾蜍～玉挂明弓,捍拨装金打仙凤。"

蹍[蹑] niǎn 踏,踩。《庄子·庚桑楚》:"～市人之足。"张衡《西京赋》:"当足见～,值轮被轹(lì)。"(轹:车轮轧。)

念 niàn ❶想念,惦念。《战国策·赵策四》:"～悲其远也。"(惦念、怜悯她嫁到远方去。)㉑思考,考虑。《史记·李将军列传》:"将军自～,岂尝有所恨乎?"㉑念头,想法。班固《西都赋》:"摅(shū)怀旧之蓄～,发思古之幽情。"(摅:抒发。)❷怜爱,可爱。韩愈《殿中少监马君墓志》:"眉眼如画,发漆黑,肌肉玉雪可～。"㉑可怜。杜甫《述古》诗:"竹花不结实,～子忍朝饥。"❸诵读。《汉书·张禹传》:"欲为《论》,～张文。"(《论》:《论语》。)《六祖坛经·机缘》:"法达即高声～经至《譬喻品》。"

NIANG

娘 niáng ❶少女或年轻女子。《乐府诗集·子夜歌》:"见～喜容媚,愿得结金兰。"㉑妇女。陆泳《吴下田家志》:"～养花蚕郎种田。"❷母亲。敦煌变文《父母恩重经讲经文》:"不思耶～有大恩德,不生恭敬。"(耶:父亲。)

孃 niáng 通"娘"。母亲。《木兰诗》:"旦辞爷～去,暮宿黄河边。"

酿(釀) niàng ❶酿造,造酒。《史记·孟尝君列传》:"得息钱十万,乃多～酒。"贾思勰《齐民要术·法酒》:"～法酒皆用春酒曲(qū)。"(法酒:按一定规格酿成的酒。曲:能引起发酵的东西。)㉑酒(后起意义)。《晋书·何充传》:"令人欲倾家～。"(令:使。)❷酝酿,逐渐形成。《论衡·率性》:"善以化渥,～其教令,变更为善。"❸杂合,掺杂。《礼记·内则》:"鹑羹、鸡羹、鴽(rú),～之蓼(liǎo)。"(鴽:一种小鸟。蓼:一种有辛辣味的草,可做调味料。)

NIAO

茑(蔦) niǎo 一种缠绕于其他树上生长的灌木。也叫寄生树。《诗经·小雅·頍弁》:"～与女萝,施于松柏。"

袅(裊)[嬝、嫋、褭] niǎo ❶用丝带装饰马。《汉书·百官公卿表上》:"爵:一级曰公士,二上造,三簪～。"❷摇曳、扭动、飘动的样子。陆云《为顾彦先赠妇往返四首》诗之二:"雅步～纤腰,巧笑发皓齿。"❸[袅袅]1.草木柔弱细长的样子。卓文君《白头吟》:"竹竿何～～。"2.体态柔美的样子。左思《吴都赋》:"～～素女。"3.烟气缭绕的样子。苏轼《青牛岭高绝处有小寺》诗:"炉烟～～十里香。"4.形容声音婉转悠扬。杜甫《猿》诗:"～～啼虚壁。"5.微风吹拂的样子。屈原《九歌·湘夫人》:"～～兮秋风。"6.摇曳、扭动、飘动的样子。李白《送萧三十一之鲁中》诗:"夫子如何涉江路,云帆～～金陵去。"❹[袅娜]1.草木柔弱细长摇摆的样子。萧纲《赠张缵》诗:"洞庭枝～～。"2.体态轻盈柔美的样子。蒲松龄《聊斋志异·红玉》:"女～～如随风欲飘去。"上述❷❸❹又写作"嬝"、"嫋"。

嬲 niǎo ❶纠缠,烦扰。嵇康《与山巨源绝交书》:"足下若～之不置,不过欲为官得人。"《隋书·经籍志四》:"释迦之苦行也,是诸邪道并来～恼,以乱其心,而不能得。"❷戏弄。韩驹《送子飞弟归荆南》诗:"弟妹乘羊车,堂前走相～。"

NIE

苶 nié [苶然]疲劳的样子。《庄子·齐物论》郭象注:"凡物各以所好役其形骸,至于疲困～～。"

隉[隉] niè ❶[隉杌(wù)]危惧不安。《朱子语类》卷三四:"而其心举无～～之虑。"❷[杌隉]见446页"杌"字。

涅[涅] niè ❶黑泥。《荀子·劝学》:"白沙在～,与之俱黑。"㊀一种矿物。黑色矾石。古代用作黑色染料。《山海经·北山经》:"(孟门之山)其下多黄垩(è),多～石。"(黄垩:粉饰用的黄土。)❷用黑色染,染黑。《论语·阳货》:"不曰白乎,～而不缁。"《新唐书·刘仁恭传》:"～其面。"㊕用黑色文身。《新唐书·刘仁恭传》:"士人则～于臂曰'一心事主'。"❸填塞,堵塞。《仪礼·既夕礼》:"隶人～厕。"❹[涅槃]佛教指超度、圆寂(死)。《魏书·释老志》:"～～译云灭度,或言常乐我净。"白居易《游悟真寺》诗:"云昔迦叶佛,此地坐～～。"

臬 niè ❶射箭的靶子,目标。张衡《东京赋》:"桃弧棘矢,所发无～。"(桃弧:桃木做的弓。棘矢:棘做的箭。)❷古代用来测日影定方位的标杆。陆倕《石阙铭》:"陈圭置～,瞻星揆地。"(圭:古代测日影的器具。瞻:往上看。揆:测量。)❸法度,准则。《尚书·康诰》:"汝陈时～。"(你要陈述此法。汝:你。)双音词有"圭臬"。❹终点,极限。王粲《游海赋》:"其深不测,其广无～。"

嵲 niè [嵽(dié)嵲]见88页"嵽"字。

闑(闑) niè 古代竖立在大门中部形成三个门的两根木柱。君主走中门,大臣走旁门。《礼记·玉藻》:"君入门,介拂～。"

臲 niè [臲卼(wù)]不安的样子。《周易·困》:"困于葛藟(lěi),于～～。"(葛藟:两种攀附缠绕的藤本植物。)《朱子语类》卷一四:"安,只是无～～之意。"

啮(嚙)[齧、囓] niè 咬。《庄子·天运》:"今取猨(yuán)狙(jū)而衣以周公之服,彼必龁(hé)～挽裂,尽去而后慊(qiè)。"(猨:猿。狙:猕猴。龁:咬。慊:满足。)柳宗元《捕蛇者说》:"以～人,无御之者。"㊀侵蚀。李白《金陵白下亭留别》诗:"汉水～古根。"(古根:古树根。)

敜 niè 填塞。《尚书·费誓》:"～乃阱。"

鎳 niè 小钗。古代妇女头上的一种饰物。王粲《七释》:"戴明中之羽雀,杂华～之葳蕤(wēiruí)。"(葳蕤:艳丽的样子。)

嗫(囁) niè (说话)吞吞吐吐。王安石《寄蔡天启》诗:"或嗤元郎漫(mán),或訾(zǐ)白翁～。"(漫:放纵。訾:诋毁。)[嗫嚅(rú)]1. 窃窃私语。《楚辞·七谏·怨世》:"改前圣之法度兮,喜～～而妄作。"2. 欲言又止。韩愈《送李愿归盘谷序》:"足将进而趑趄(zījū),口将言而～～。"(趑趄:欲行又止。)

镊(鑷) niè ❶镊子。《南史·齐郁林王纪》:"高帝笑谓左右曰:'岂有为人作曾祖而拔白发者乎?'即掷镜、～。"㊀用镊子拔除(须发)。韦庄《镊白》诗:"白发太无情,朝朝～又生。"❷古代簪钗上的饰物。《后汉书·舆服志下》:"簪以玳瑁为擿(zhì),长一尺……下有白珠,垂黄金～。"(擿:妇女佩戴在头部的一种首饰。)

蹑(躡) niè ❶踩,踏。《史记·陈丞相世家》:"汉王大怒而骂,陈平～汉王。"(蹑汉王:踩刘邦的脚,暗示请他息怒。)贾思勰《齐民要术·种瓜》:"又以土一斗,薄散粪上,复以足微～之。"❷穿(鞋袜)。《古诗为焦仲卿妻作》:"足下～丝履,头上玳瑁光。"蔡邕《青衣赋》:"绮绣丹裳,～蹈丝扉。"❸追随,追踪。《尉缭子·经卒令》:"莫敢当其前,莫敢～其后。"《三国志·魏书·邓艾传》:"欣等追～于强川口。"(欣:人名。强川口:地名。)㊀前往,到达。陆龟蒙《奉和袭美初夏游楞伽精舍次韵》:"僮能～孤刹,鸟惯亲摐(chuāng)铎。"(摐:撞击。铎:屋檐下悬挂的铃铛。)❹攀登,登上(高位)。《史记·司马相如列传》:"然后～梁父,登泰山。"(梁父:山名,位于山东。)左思《咏史八首》之二:"世胄(zhòu)～高位,英俊沈下僚。"(世胄:世家子弟。沈下僚:做下级官吏。)㊀超越,胜过。《晋书·陆机陆云传论》:"故足远超枚、马,高～王、刘。"(枚、马、王、刘:人名。)

【辨】履,践,蹈,蹑。见265页"履"字。

槷 niè ❶观测日影的木杆。《周礼·考工记·匠人》:"置～以县,眡以景,为规识日出之景与日入之景。"❷箭靶的中心。《小尔雅·广器》:"射有张皮,……正方二尺,正中者谓之～。"❸门橛。古代竖立在大门中部形成三个门的两根木柱。《穀梁传·昭公八年》:"置旃以为辕门,以葛覆质以为～。"❹xiè 木楔。《周礼·考工记·轮人》:"牙(yà)得则无～而固,不得则有～必足见也。"(牙:车轮的外框。得:合适,做对了。)

孽[孼、蘖] niè ❶庶子。与"嫡子"相对。宗法制度下指家庭的旁支。《吕氏春秋·慎势》:"适(dí)～无别则宗族乱。"(适:嫡。)《史记·韩信卢绾列

N

传》:"韩王信者,故韩襄王～孙也。" ❷ 妖孽,妖怪。《后汉书·陈蕃传》:"除妖去～。"《庄子·庚桑楚》:"巨兽无所隐其躯,而～狐为之祥。"㊀灾祸,罪恶。《左传·昭公十年》:"蕴利生～。"(蕴:积聚。)《三国志·吴书·吴主传》:"天下未定,～类犹存。" ❸ 危害。《吕氏春秋·遇合》:"贤圣之后,反而～民。"㊁邪恶、作乱的人。韩愈《与鄂州柳中丞书》:"淮右残～,尚守巢窟。" ❹ 通"蘖(niè)"。幼芽。刘禹锡《畲田行》:"下种暖灰中,乘阳拆牙～。"㊁通"糵(niè)"。酝酿。《汉书·司马迁传》:"今举事壹不当,而全躯保妻子之臣随而媒～其短。"

蘖[櫱、枿] niè ❶ 被砍去或倒下的树木再生的枝芽。《诗经·商颂·长发》:"苞有三～,莫遂莫达。"(苞:本,树桩。)《汉书·货殖传》:"然犹山不茬～。"(茬:劈削。)㊀植物的嫩芽或新枝。黄彻《䂬溪诗话》卷七:"下种暖灰中,乘阳拆芽～。"上述❶㊀又写作"枿"。❷ 萌生,开始。苏舜钦《复辨》:"阳之始生,则有～育万物之意。" ❸ 通"孽(niè)"。妖孽,邪恶的人。魏源《圣武记》卷一四:"狱者变之薮,库者劫之招,径窦者贼之媒,所以除～也。"

糵[糱] niè ❶(麦、豆等谷物籽粒长出的)芽。李时珍《本草纲目·谷四·糵米》:"有粟、黍、谷、麦、豆诸～,皆水浸胀,候生芽曝干去须。" ❷ 酿酒制酱时发酵用的曲。《礼记·礼运》:"故礼之于人也,犹酒之有～也。"《吕氏春秋·仲冬》:"是月也……乃命大酋,秫稻必齐,曲～必时。"㊀酝酿,酿成。《汉书·李陵传》:"今举事一不幸,全躯保妻子之臣随而媒～其短。"

NING

宁¹(寧)[甯] níng ❶ 安定,安宁,平息。《诗经·小雅·常棣》:"丧乱既平,既安且～。"柳宗元《捕蛇者说》:"虽鸡狗不得～焉。"《国语·晋语八》:"闻子与和未～。"(和:人名。) ❷[归宁]出嫁的女子回娘家探视父母。《诗经·周南·葛覃》:"～～父母。" ❸ nìng 副词。岂,难道。《周易·系辞下》:"介如石焉,～用终日?断可识矣。"《史记·陈涉世家》:"王侯将相～有种乎?" ❹ nìng 宁可,宁愿。《韩非子·外储说左上》:"～信度,无自信也。"(度:指尺寸。)贾思勰《齐民要术·耕田》:"若水旱不调,～燥不湿。"成语有"宁死不屈"、"宁为玉碎,不为瓦全"。❺ nìng 竟,乃。《诗经·小雅·小弁》:"心之忧矣,～莫之知。"【注意】古代汉语中"宁(zhù)"和"寧"、"甯"不是一个字,意义不相同。上述义项都不写作"宁"。现"寧"、"甯"写作"宁"。参见 554 页"宁²"字。

苧 níng 纷乱的样子。《楚辞·九思·悯上》:"须发～悴兮顠(piǎo)鬓白。"(顠:头发斑白。)

狞(獰) níng 凶恶。李贺《感讽五首》诗之一:"县官骑马来,～色虬紫须。"刘餗《隋唐嘉话》卷中:"你情知此汉～,何须犯他百姓?"㊀凶猛。韩愈《送无本师归范阳》诗:"～飙搅空衢,天地与顿撼。"贯休《观怀素草书歌》:"醉来把笔～如虎,粉壁素屏不问主。"

鬡 níng [鬇(zhēng)鬡]见 540 页"鬇"字。

鸋 níng [鸋鴂(jué)] 1. 鸟名。也叫鷦鷯(jiāoliáo)。陈琳《檄吴将校部曲文》:"～～之鸟,巢于苇苕。" 2. 鸟名。一说是鸱鸮(chīxiāo)。多以喻恶人。蔡邕《吊屈原文》:"～～轩翥,鸾凤挫翮。"

凝 níng ❶ 结冰。《周易·坤》:"履霜坚冰,阴始～也。"岑参《走马川行》:"幕中草檄(xí)砚水～。"(草檄:起草檄文。)㊀凝结,凝聚。《诗经·卫风·硕人》:"肤如～脂。"傅玄《杂诗》:"～气结为霜。" ❷ 注意力集中,专注。《庄子·达生》:"用志不分,乃～于神。"鲍照《芜城赋》:"～思寂听。"(寂:静。) ❸ 停止。陆机《演连珠》:"牵乎动则静～,系乎静则动贞。" ❹ 稳定,巩固。《荀子·议兵》:"兼并易能也,唯坚～之难焉。"(兼并容易做到,然而使它稳定巩固是困难的。) ❺ 形成。《礼记·中庸》:"苟不至德,至道不～焉。"

佞 nìng ❶ 能说会道。《论语·公冶长》:"雍也仁而不～。"(雍:冉雍,人名。)㊀巧言谄媚。《论衡·答佞》:"何必为～以取富贵?"双音词有"佞臣"。❷[不佞]没有才智。多用作谦辞。《左传·成公十三年》:"寡人～～,其不能以诸侯退矣。"陈亮《上孝宗皇帝第一书》:"臣～～,自少有驱驰四方之志。"

泞(濘) nìng ❶ 烂泥。韩愈《答柳柳州食虾蟆》诗:"跳踯虽云高,意不离～淖。" ❷ 泥泞难行。《国语·晋语三》:"晋师溃,戎马～而止。"陆游《感旧》诗:"道～愁车辙,桥危避驼铃。" ❸ nì 像烂泥一样黏着,陷入泥中。《管子·地员》:"不～车轮,不污手足。"范仲淹《宋故卫尉少卿分司西京胡公神道碑》:"而兵夫散走,旋～而死者百余人。"

NIU

狃 niǔ ❶ 习以为常而不加重视。《诗经·郑风·大叔于田》："将叔无～，戒其伤女。"（希望大叔不要对打猎的事习以为常而不加重视，当心野兽伤害你。女：你。）⑳熟习，习惯。王安石《上皇帝万言书》："在位者数徙……故上不能～习而知其事，下不肯服驯而安其教。"（数徙：多次调动。）❷ 贪。《国语·晋语一》："嗛嗛（qiànqiàn）之食，不足～也。"（嗛嗛：形容数量少。）❸ 充当，充任。《国语·晋语七》："日君乏使，使臣～中军之司马。"

忸 niǔ ❶ 惭愧。陶弘景《答虞中书书》："不亦皎洁当年，而无～前修也。"［忸怩］1. 羞惭。《尚书·五子之歌》："郁陶乎予心，颜厚有～～。" 2. 犹豫。韩偓《送人弃官入道》诗："～～非壮志，摆脱是良图。" ❷ 通"狃"。习惯。《荀子·议兵》："～之以庆赏，鰌（qiú）之以刑罚。"（鰌：逼迫。）

纽（紐） niǔ ❶（用绳带）系结打扣。史游《急就篇》卷三："冠帻簪簧结发～。"㉛结扣，纽扣。《礼记·玉藻》："居士锦带，弟子缟带，并～约用组。" ❷ 器物上可以系带或把持的部位。《淮南子·说林》："龟～之玺，贤者以为佩。"双音词有"枢纽"。⑳系挂。孔稚珪《北山移文》："至其～金章，绾墨绶。"㉣把持（事物的根本、关键）。《庄子·人间世》："禹舜之所～也。"（禹舜把这个道理当作根本。）❸ 汉语音韵学名词。声母，声纽。

杻 niǔ ❶ 树名。《诗经·唐风·山有枢》："山有栲（kǎo），隰（xí）有～。"（栲：树名。隰：低湿的地方。）❷ chǒu 手铐。杜甫《草堂》诗："眼前列～械，背后吹笙竽。"（械：脚镣手铐。）

NONG

农（農） nóng ❶ 耕种。《左传·襄公九年》："其庶人力于～穑。"⑳农事，农业。《国语·周语上》："夫民之大事在～。"双音词有"农时"。❷ 耕种的人，农民。《论语·子路》："樊迟请学稼。子曰：'吾不如老～。'"《商君书·弱民》："～辟地，商致物。" ❸ 传说中农业的发明者"神农氏"的省称。《魏书·崔浩传》："变风易俗，化洽四海，自与羲、～齐列。"（羲：伏羲氏。）⑳农家，农家学派。春秋战国时诸子百家之一，主张劝农桑、足衣食。《后汉书·班固传上》李贤注："九流，谓道、儒、墨、名、法、阴阳、～、杂、纵横。" ❹ 农官。古代管理农事的官吏。《礼记·郊特牲》："飨～及邮表畷（zhuì）、禽兽。"（需要祭祀农官、农舍、田间道路和禽兽。畷：田间道路。）❺ 勤勉。《左传·襄公十三年》："小人～力以事其上。"《管子·大匡》："用力不～。" ❻ 通"醲"。厚。《尚书·洪范》："～用八政。"

侬（儂） nóng ❶ 我。古代吴人自称。《晋书·会稽王道子传》："道子颔曰：'～知，～知。'"李白《横江词》之一："人道横江好，～道横江恶。" ❷ 人。韩愈《泷吏》诗："比闻此州囚，亦有生还～。"

脓（膿） nóng ❶ 疮口溃烂所生的脓液。《论衡·幸偶》："聚为痈，溃为疽，创流血出～。"㉛腐烂。贾思勰《齐民要术·水稻》："陈草复起，以镰侵水芟之，草悉～死。" ❷ 肥。曹植《七启》："玄熊素肤，肥豢～肌。" ❸ 通"醲"。味道浓厚的酒。枚乘《七发》："甘脆肥～，命曰腐肠之药。"

秾（穠） nóng ❶ 花木繁盛的样子。高适《自淇涉黄河途中作十三首》诗之十一："孟夏桑叶肥，～阴夹长津。" ❷ 丰满，肥胖。《全上古三代文·宋玉〈神女赋〉》："～不短，纤不长。"叶适《祭周宗夷文》："质完而～，行方而臞（qú）。"（臞：消瘦。）［秾纤］指胖瘦。岳珂《桯史·部胥增损文书》："笔势～～无少异，同列不之觉。" ❸ 艳丽，美丽。李白《清平调三首》之二："一枝～艳露凝香，云雨巫山枉断肠。"元稹《山枇杷》诗："～姿秀色人皆爱，怨眉羞容我偏别。" ❹ 浓郁，深。苏轼《和刘孝叔会虎丘》诗二首之一："白简威犹凛，青山兴已～。"

醲（醲） nóng 味道浓厚的酒。《淮南子·主术》："肥～甘脆，非不美也。"㉛酒味浓厚。张雨《梅雪斋雅集分题得酒香》诗："～郁芬香味更严，瓮间飘满读书帘。"㉛浓，重。《韩非子·难势》："夫有盛云～雾之势而不能乘游者，螾蛭之材薄也。"《后汉书·马援传》："夫明主～于用赏，约于用刑。"

襛 nóng ❶ 衣厚的样子。《文选·宋玉〈神女赋〉》："振绣衣，被袿（guī）裳，～不短，纤不长。"（袿：女子的上衣。）❷ 茂盛，众多。《诗经·召南·何彼襛矣》："何彼～矣，唐棣之华。" ❸ 丰满的样子。曹植《洛神赋》："～纤得衷，修短合度。"

弄 nòng ❶ 用手玩弄。《诗经·小雅·斯干》："载衣之裳，载～之璋。"《汉书·赵尧传》："高祖持御史大夫印，～之。"（御史大夫：官名。）㉛戏耍，游戏。《左传·僖公九年》："夷吾弱不好～。”（夷吾：人名。弱：年轻。）苏轼《水调歌头·明月几时有》：“起舞～清影。”(又)玩赏。谢灵运《怨晓月赋》：“卧洞房兮当何悦，灭华烛兮～晓月。”❷作弄，戏弄。《左传·襄公四年》：“愚～其民，而虞羿于田。”（虞：娱。羿：后羿，人名。）《战国策·赵策四》：“赵豹、平原君数欺～寡人。”❸演奏乐器。《史记·司马相如列传》：“及饮卓氏，～琴。”《晋书·桓伊传》：“～毕，便上车去。”（去：离开。）(又)乐曲，曲调。《韩非子·难三》：“弦不调，～不明。”王褒《洞箫赋》：“时奏狡～。”（狡：急。）古乐府有《江南弄》。(引)乐曲一首称为一弄。古琴曲有“梅花三弄”。❹lòng 小巷（后起意义）。《南史·齐废帝郁林王纪》：“萧谌领兵先入宫……（帝）出西～，遇弑。”

【辨】戏，弄。见452页“戏”字。

NOU

耨 nòu ❶古代锄一类的锄草工具。《战国策·燕策一》：“鄙人不敏，窃释鉏～而干大王。”这个意义又写作“鎒”。❷锄草。《孟子·梁惠王上》：“彼夺其民时，使不得耕～以养其父母。”

獳 nòu ❶犬发怒的样子。《山海经·中山经》：“有兽焉，名曰獭（xié），其状如～犬而有鳞。”（獭：獭。）❷rú［朱獳］传说中的异兽。《山海经·东山经》：“（耿山）有兽焉，其状如狐而鱼翼，其名曰～～。”

檽 nòu ❶树名。《后汉书·王符传》：“今者京师贵戚，必欲江南～、梓、豫章之木。”（梓、豫章：树名。）❷ruǎn 果树名。黑枣树。孙光宪《北梦琐言》卷三：“庭有～枣树，婆娑异常。”

NU

奴 nú ❶奴隶。《论语·微子》：“微子去之，箕子为之～，比干谏而死。”《史记·季布栾布列传》：“布为人所略卖，为～于燕。”（略：抢。）(又)奴婢，奴仆。陆游《岁暮感怀》诗：“富豪役千～，贫老无寸帛。”（帛：丝织品。）(特)男性奴隶、奴仆。韩愈《寄卢仝》诗：“一～长须不裹头，一婢赤脚老无齿。”❷鄙称他人。《晋书·刘曜载记》：“叛逆胡～，要当生缚此～。”❸谦称自己。敦煌变文《金刚丑女姻缘》：“我缘一国帝王身，眷属由来宿业因。争那就〔中〕容仪乍，交～耻见国朝臣。”（乍：差。）

孥 nú ❶子女。《国语·越语上》：“将焚宗庙，系妻～，沉金玉于江。”《后汉书·仲长统传》：“妻～无苦身之劳。”(又)妻子和儿女的统称。《国语·晋语二》：“以其～适西山。”（适：到……去。）上述❶(又)又写作“帑（nú）”。❷通“奴”。奴婢，奴仆。苏辙《次韵子瞻游孤山》：“翩然独往不携～。”（翩然：潇洒的样子。）

驽（駑） nú 劣等马匹。《荀子·劝学》：“～马十驾，功在不舍。”东方朔《七谏·哀命》：“～骏杂而不分兮。”(又)劣等牲畜。《战国策·秦策四》：“此犹两虎相斗，而～犬受其弊。”《世说新语·品藻》：“～牛可以负重致远。”(喻)才能低下，软弱。《战国策·燕策三》：“此国之大事，臣～下，恐不足任使。”《史记·廉颇蔺相如列传》：“相如虽～，独畏廉将军哉？”（独：难道。）双音词有“驽钝”。

笯 nú 鸟笼。屈原《九章·怀沙》：“凤皇在～兮，鸡鹜翔舞。”

努 nǔ ❶奋勉，勉力。《乐府古辞·长歌行》：“少壮不～力，老大徒伤悲。”❷凸显，突出。唐彦谦《采桑女》诗：“春风吹蚕细如蚁，桑芽才～青鸦嘴。”

弩 nǔ 弩弓，一种使用机械力量发射箭的弓。《史记·高祖本纪》：“项羽大怒，伏～射中汉王。”

砮 nǔ 石名。可做箭镞。《尚书·禹贡》：“厥贡璆、铁、银、镂、～磬。”(引)石制的箭镞。《国语·鲁语下》：“有隼集于陈侯之庭而死，楛矢贯之石～，其长尺有咫。”

怒 nù ❶生气，愤怒。《诗经·卫风·氓》：“将子无～，秋以为期。”杜甫《石壕吏》诗：“吏呼一何～，妇啼一何苦。”成语有“怒发冲冠”。(引)谴责。《礼记·内则》：“姑教之，若不可教而后～之。”❷形容气势强盛。《庄子·逍遥游》：“～而飞，其翼若垂天之云。”(引)旺盛，猛烈。《庄子·外物》：“春雨日时，草木～生。”杜甫《茅屋为秋风所破歌》：“八月秋高风～号。”熟语有“鲜花怒放”。❸奋起，奋发。《庄子·人间世》：“～其臂以当车辙。”

【辨】愠，怒。见525页“愠”字。

NÜ

女 nǚ ❶女性的。与“男”相对。《诗经·小雅·斯干》：“乃生～子。”(又)妇女，女人，女子。《周易·序》：“有男～，然后有夫妇。”《周易·家人》：“～正位乎内，男正位乎外。”［男女］见293页“男”字。(特)未婚女子。《诗经·周南·关雎》：“窈窕淑～，君子好逑。”（逑：配偶。）❷女儿。《木兰诗》：“不闻爷娘唤～声。”（爷：父亲。）❸nù 以女嫁人。《左传·桓公十一年》：“宋雍氏～于郑庄公。”

N

❹ rǔ 第二人称代词。你，你们。《荀子·议兵》："今～不求之于本，而索之于末，此世之所以乱也。"（索：求取。）这个意义后来写作"汝"。❺ 星宿名。二十八宿之一。罗隐《暇日投钱尚父》诗："牛斗星边～宿间，栋梁虚敞丽江关。"㊀织女星。❻［女真］我国古代东北部的一个游牧民族。曾建立金朝。是现代满族的祖先。

恧 nǜ 惭愧。《史记·司马相如列传》："以登介丘，不亦～乎？"张衡《思玄赋》："苟中情之端直兮，莫吾知而不～。"

衄［衂］ nǜ ❶ 鼻孔出血。《伤寒论·辨脉法》："脉浮、鼻中燥者，必～也。"《太平广记》卷二一五"赵达"："鼻～，灸脚而愈。"㊁身体某部位、某器官出血。李时珍《本草纲目·主治一·血汗》："血汗即肌～……血自毛孔出。"❷ 失败，受挫。曹植《求自试表》："流闻东军失备，师徒小～。"❸ 畏缩，退缩。《晋书·蔡豹传》："未战而退，先自摧～，亦古之所忌。"㊀缩小，缩紧。《韩非子·说林上》："夫死者，始死而血，已血而～，已～而灰，已灰而土。"❹ 耻辱，羞耻。欧阳修《送黎生下第还蜀》诗："一败不足～，后功掩前羞。"

朒 nǜ ❶ 朔月。阴历每月月初的夜晚出现在东方而有亏损的月亮。谢庄《月赋》："～朓警阙，朏魄示冲。"❷ 亏缺，不足。《九章算术》七刘徽注："盈者谓之朓，不足者谓之～。"㊀收缩，缩小。《后汉书·律历志下》："虽有变化万殊，赢～无方。"

NUAN

渜 nuǎn ❶ 温水。《仪礼·士丧礼》："～濯弃于坎。"（坎：墓穴。）❷ nuán 水名。即滦河，在今河北。

NÜE

虐 nüè ❶ 虐待，残害。《左传·文公十五年》："君子之不～幼贱，畏于天也。"《史记·刘敬叔孙通列传》："不欲依阻险，令后世骄奢以～民也。"❷ 残暴，凶狠。《国语·周语上》："厉王～，国人谤王。"❸ 灾害，祸害。《左传·襄公十三年》："是以上下无礼，乱～并生。"

NUO

那 nuó 见 292 页。

傩（儺） nuó ❶ 行走有节度。《诗经·卫风·竹竿》："巧笑之瑳，佩玉之～。"（瑳：笑而见齿的样子。）❷ 古时一种驱除疫鬼的仪式。《论语·乡党》："乡人～，朝服而立于阼阶。"

诺（諾） nuò ❶ 答应，同意。《老子》六十三章："夫轻～必寡信。"（寡信：少信用。）成语有"千金一诺"。❷ 应答声。表示同意。《战国策·赵策四》："太后曰：'～。恣君之所使之。'"（恣君之所使之：听凭您去派遣他。）［诺诺］连续答应的声音。表示服从。《韩非子·八奸》："未使而～～。"成语有"唯唯诺诺"。

喏 nuò ❶ 同"诺"。应答声。《淮南子·道应》："子发曰：'～。'"❷ rě 唱喏。古代男子相见时双手作揖、口念颂词的礼节。周必大《玉堂杂记》卷上："东院录事某人以下躬～讫。"

搦 nuò ❶ 按，压制。曹植《幽思赋》："～素笔而慷慨，扬《大雅》之哀吟。"左思《魏都赋》："～秦起赵。"（起：指扶持。）❷ 握，拿。《后汉书·臧洪传》："抚弦～矢。"郭璞《江赋》："舟子于是～棹（zhào）。"（舟子：指摇船的人。棹：划船工具。）❸ 磨，摩。班固《答宾戏》："当此之时，～朽摩钝，铅刀皆能一断。"贾思勰《齐民要术·法酒》："～黍令散。"（拨动黍米让它散开。）

懦［愞、愋］ nuò 软弱，怯懦。《左传·僖公二年》："～而不能强谏。"双音词有"懦夫"。㊀柔软。《韩非子·内储说上》："水形～，人多溺。"

N

O

ou

讴（謳） ōu ❶唱(歌谣、歌曲)。指清唱,不用乐器伴奏。《汉书·高帝纪上》:“诸将及士卒皆歌～思东归。”《荀子·议兵》:“故近者歌～而乐之。”(近者:指近处的人。)❷歌谣,歌曲。《汉书·艺文志》:“自孝武立乐府而采歌谣,于是有代赵之～,秦楚之风,皆感于哀乐,缘事而发。”曹植《箜篌引》:“阳阿奏奇舞,京洛出名～。”(京洛:指京都洛阳。)❸唱歌谣、歌曲的人。《周书·孝闵帝纪》:“故玄象征见于上,～讼奔走于下。”

瓯（甌） ōu ❶一种盛物的小瓦盆。《淮南子·说林》:“狗彘不择甂(biān)～而食。”(甂:小瓦盆。)杨衒之《洛阳伽蓝记·开善寺》:“金瓶银瓮百余口,～、檠、盘、盒称是。”㊀奏乐的瓦盆。段安节《乐府杂录·击瓯》:“善击～,率以邢～、越～共十二只,旋加减水于其中,以筯击之。”❷一种饮酒具。李煜《渔父·一棹春风一叶舟》:“花满渚,酒满～。”[金瓯]饮酒具。常比喻国土完整。㊀国土。《南史·朱异传》:“我国家犹若～～,无一伤缺。”❸[瓯窭(lóu)]狭小的高地。《史记·滑稽列传》:“～～满篝,污邪满车。”❹[瓯脱]1.边境上用于屯守的土屋。《史记·匈奴列传》:“各居其边为～～。”2.指边地。陆游《送霍监丞出守盱眙》诗:“空闻～～嘶胡马,不见浮屠插霁烟。”

欧（歐） ōu ❶ǒu 呕吐。《汉书·严助传》:“～泄霍乱之病相随属也。”❷通“讴”。唱(歌谣、歌曲)。洪适《隶释·三公山碑》:“百姓～歌,得我惠君。”❸通“殴”。殴打。《汉书·张良传》:“良愕然,欲～之。”❹qū 通“殴(qū)”。驱赶,驱使。《大戴礼记·礼察》:“或导之以德教,或～之以法令。”

殴（毆） ōu ❶殴打,击打。《后汉书·梁冀传》:“～击吏卒,所在怨毒。”(怨毒:极端怨恨。)这个意义又写作“毆”。❷qū 驱赶,驱使。宋玉《风赋》:“～温致湿。”《汉书·食货志上》:“今～民而归之农,皆著于本。”❸ǒu 通“呕”。呕吐。《华阳国志·后贤志》:“稷～血死。”(稷:人名。)

鸥（鷗）[鴎] ōu 水鸟名。海鸥。谢灵运《于南山往北山经湖中瞻眺》诗:“海～戏春岸,天鸡弄和风。”范仲淹《岳阳楼记》:“沙～翔集,锦鳞游泳。”

鏂 ōu 古代容量单位。一说二斗为一鏂。《管子·轻重丁》:“今齐西之粟釜百泉,则～二十也。”

呕（嘔） ǒu ❶呕吐。《左传·哀公二年》:“吾伏弢～血,鼓音不衰。”(弢:弓袋。)❷ōu 通“讴”。唱(歌谣、歌曲)。《汉书·朱买臣传》:“其妻亦负戴相随,数止买臣毋歌～道中。”[呕哑]象声词。1.形容幼童学语声。白居易《念金銮子》诗:“～～初学语。”2.形容小鸟鸣叫声。欧阳修《赠无为军李道士》诗:“李师一弹凤凰声,空山百鸟停～～。”3.形容管弦乐曲声。杜牧《阿房宫赋》:“管弦～～,多于市人之言语。”4.形容舟车行走声。曹邺《四怨》诗:“手推～～车,朝朝暮暮耕。”❸xū [呕煦(xǔ)]抚育。焦延寿《易林·旅之巽》:“～～成熟,使我福德。”❹xū [呕呕]和悦的样子。《史记·淮阴侯列传》:“项王见人,恭敬慈爱,言语～～。”

偶 ǒu ❶偶像,木偶,土偶。《战国策·齐策三》:“有土～人与桃梗相与语。”《论衡·自然》:“～人千万,不名为人者,何也?鼻口耳目,非性自然也。”(不名为人:不能叫作人。非性自然也:不是自然生成的。)❷双,成双。与“奇(jī)”相对。《庄子·天下》:“以觭～不仵之辞相应。”刘勰《文心雕龙·丽辞》:“奇～适变。”(适变:根据情况而变化。)㊁对仗,对偶。《颜氏家训·文章》:“今世音律谐靡,章句～对。”叶适《徐道晖墓志铭》:“或仅得一～句,便已名世矣。”❸配偶。《北史·刘延明传》:“妙选良～。”㊀婚配。班固《白虎通·嫁娶》:“阴阳之数备,有相～之志。”❹相对,面对。《荀子·修身》:“～视而先俯,非恐惧也。”《新唐书·狄仁杰传》:“黄卷中方与圣贤对,何暇～俗吏语耶。”[偶语]相对私语。《史记·秦始皇本纪》:“有敢～～《诗》、《书》者弃市。”(弃市:斩首于市。)㊁谐和,适应。颜延之《五君咏·嵇中散》:“中散不～世,本自餐霞人。”(中散:指嵇康。)❺同伴,同辈。《史记·黥布列传》:“乃率其曹～,亡之江中为群盗。”㊀等同,匹敌。《穀梁传·僖公四年》:“有二事～,则以后事致。后事小,则以先事致。”❻碰巧,偶然。嵇康《与山巨源绝交书》："～与足下相知。"（足下：指你。）

耦 ǒu ❶二人并肩耕作。《论语·微子》："长沮、桀溺～而耕。"（长沮、桀溺：人名。）❷双，成双。与"奇（jī）"相对。《左传·襄公二十九年》："射者三～。"《三国志·吴书·吴主传》："车中八牛以为四～。"❸配偶。《左传·桓公六年》："人各有～。"❹对手，匹敌。《左传·襄公二十五年》："弈者举棋不定，不胜其～。"《韩非子·内储说上》："尊魏姬以～世姬。"上述❷❸❹后来写作"偶"。❺谐和，适应。《汉书·霍去病传》："然而诸宿将常留落不～。"❻通"偶"。偶像，木偶，土偶。刘向《说苑·正谏》："见一土～人，方与木梗人语。"

沤（漚） òu ❶浸泡。《诗经·陈风·东门之池》："东门之池，可以～麻。"双音词有"沤肥"。❷ōu 浮沤，水中气泡。范成大《会同馆》诗："万里孤臣致命秋，此身何止一～浮。"双音词有"沤泡"。❸ōu 通"鸥"。海鸥。《列子·黄帝》："海上之人有好～鸟者，每旦之海上，从～鸟游。"

P

PA

葩 pā ❶花。张衡《思玄赋》:"天地烟煴,百卉含～。"双音词有"奇葩"。❷华美。韩愈《进学解》:"《易》奇而法,《诗》正而～。"❸[纷葩]繁多的样子。马融《长笛赋》:"～～烂漫,诚可喜也。"

爬 pá ❶搔。北魏吉迦夜共昙曜译《杂宝藏经》卷八:"欲如疥疮,而向于火,～之转剧。"白居易《春日闲居三首》之一:"饱竟快搔～,筋骸无检束。"❷(手足并用)攀登(后起意义)。《西游记》二十三回:"这一向～山过岭,身挑着重担,老大难挨也。"㉂人或动物伏地慢行。吴宽《是日往观果刻本乃复次韵》:"浓书銕把纯绵裹,深刻蟹上潮泥～。"

怕 pà ❶bó 恬淡。司马相如《子虚赋》:"～乎无为,憺乎自持。"支遁《咏怀诗五首》之四:"憺～为无德,孤哉自有邻。"❷害怕,畏惧(后起意义)。杜甫《官定后戏赠》诗:"老夫～趋走,率府且逍遥。"㉑担心,忧虑(后起意义)。施肩吾《古别离二首》之二:"不愁寒无衣,不～饥无粮。"

PAI

拍 pāi ❶用手掌轻击。《韩非子·功名》:"一手独～,虽疾无声。"㉂击打。苏轼《念奴娇·赤壁怀古》:"乱石穿空,惊涛～岸。"❷乐曲的段落。蔡琰《胡笳十八拍》:"笳一会兮琴一～,心愤怨兮无人知。"㉂乐曲的节奏。白居易《霓裳羽衣歌》:"散序六奏未动衣,阳台宿云慵不飞。中序擘騞初入～,秋竹竿裂春冰拆。"自注:"散序六遍无～,故不舞也。中序始有～,亦名拍序。"❸迎合,奉承。《后汉书·赵壹传》:"妪㑂(qǔ)名埶(shì),抚～豪强。"(妪㑂:恭谨的样子。埶:同"势",有权势的人。)❹古代一种战具。用以投掷石块或火种等。《陈书·侯瑱传》:"发～,中于贼舰。"❺bó 肩胛。《周礼·天官·醢人》:"豚～,鱼醢(hǎi)。"(醢:肉酱。)

俳 pái ❶杂戏,滑稽戏。《史记·李斯列传》:"是时二世在甘泉,方作觳抵优～之观。"(觳抵:摔跤。)㉂演杂戏、滑稽戏的人。《汉书·枚皋传》:"诙笑类～倡。"(类:好像。倡:演员。)❷滑稽,幽默。《北史·李文博传》:"好为～谐杂说,人多爱狎(xiá)之。"(为:做。狎之:亲近他。)❸[俳佪]同"徘徊"。见下"徘"字。

排 pái ❶推。《礼记·少仪》:"～阖说屦于户内者,一人而已矣。"(阖:门。说:通"脱"。)成语有"排山倒海"。㉑击打,攻击。扬雄《幽州箴》:"强秦北～。"❷排挤,排斥。《后汉书·贾逵传》:"诸儒内怀不服,相与～之。"❸排除,消除。《战国策·赵策三》:"为人～患、释难、解纷乱而无所取也。"(无所取:不要报酬。)❹分解开。《汉书·贾谊传》:"屠牛坦一朝解十二牛,而芒刃不顿者,所～击剥割,皆众理解也。"(坦:人名。)㉑疏通。《孟子·滕文公上》:"决汝汉,～淮泗,而注之江。"❺安排,准备。元稹《梁州梦》诗:"亭吏呼人～去马,忽惊身在古梁州。"❻排列。白居易《春题湖上》诗:"松～山面千重翠,月点波心一颗珠。"㉂编排,编次。白居易《编集拙诗成一十五卷》诗:"莫怪气粗言语大,新～十五卷诗成。"❼bài 鼓风吹火的工具。《三国志·魏书·韩暨传》:"旧时冶,作马～。"

徘 pái [徘徊]1. 往返回旋,来回地走。《荀子·礼论》:"过故乡,则必～～焉。"《汉书·高后纪》:"殿门弗内,～～往来。"(弗内:不纳,指不让进去。)2. 犹豫不定。向秀《思旧赋》:"心～～以踌躇。"3. 留恋,流连。曹植《上责躬诗表》:"是以愚臣～～于恩泽,而不敢自弃者也。"上述1、2、3又写作"俳佪"。

箄 pái ❶用竹木编扎的筏子。《后汉书·岑彭传》:"乘枋～下江关。"❷bēi 一种竹制的捕鱼器具。陆龟蒙《渔具诗序》:"矢鱼之具……编而沉之,曰～。"❸bì 通"箅"。用甑做饭时放在甑中的箅子。《世说新语·夙惠》:"炊忘箸～,饭落釜中。"

派 pài ❶江河的支流。左思《吴都赋》:"百川～别,归海而会。"(别:分开。)㉒江河的水流。孟迟《发蕙风馆遇阴不见九华山有作》诗:"山青水碧千万丈,奇峰急～何纵横。"❷流派,支系。李商隐《赠送前刘五经映》诗:"别～驱杨墨,他镳并老庄。"(杨墨:指杨朱和墨翟。老庄:指老子和庄子。)❸量词。片,阵(后起意义)。多用以指气象、景色、声音等。乔吉《扬州梦》第四折:

"喜的是楚腰纤细掌中擎，爱的是一～笙歌醉后听。"

湃 pài ❶［湃湃］象声词。形容波浪声。苏轼《又次前韵赠贾耘老》："仙坛古洞不可到，空听余澜鸣～～。" ❷［彭（pēng）湃］见 312 页"彭（péng）"字。［澎（pēng）湃］见 312 页"澎"字。❸［滂（pēng）湃］见 308 页"滂（pāng）"字。

PAN

拚 pān ❶ biàn 同"抃（biàn）"。拍手，击掌。《旧唐书·孔巢父传》："士众欣悚喜～曰……" ❷ fèn 扫除。《礼记·少仪》："扫席前曰～。"这个意义又写作"拚（fèn）"。❸ 舍弃，豁出去。王沂孙《水龙吟·晓寒慵揭珠帘》："把酒花前，剩～醉了，醒来还醉。"［拚命］豁出性命。章定《名贤氏族言行类稿》二六："能自～～者能杀人也。"又写作"拼（pīn）命"。❹ fān 通"翻"。飞。《诗经·周颂·小毖》："肇允彼桃虫，～飞维鸟。"（肇：始。允：相信。桃虫：鹪鹩。）

潘 pān ❶ 淘米水。《左传·哀公十四年》："遗之～沐，备酒肉焉。"（潘沐：古时用淘米水洗头，故淘米水称"潘沐"。）❷ fān 水溢出。《管子·五辅》："决～渚。" ❸ pán 水旋流。《列子·黄帝》："流水之～为渊。"

攀 pān ❶ 牢牢抓住。《汉书·朱云传》："御史将云下，云～殿槛，槛折。" ❷ 用手扶持着往上爬，攀登。《庄子·马蹄》："乌鹊之巢可～援而窥。"韩愈《华山女》诗："仙梯难～俗缘重，浪凭青鸟通丁宁。"㊥攀附、依附（有钱有权势的人）。《宋史·张逊传》："逊小心谨慎，徒以～附至贵显。"㊂追攀。杜甫《戏为六绝句》之五："窃～屈宋宜方驾，恐与齐梁作后尘。" ❸ 拉，牵，挽。李商隐《行次西郊作》诗："大妇抱儿哭，小妇～车轓（fān）。"（轓：车厢两旁用以遮蔽尘土的屏障。）㊂摘取，折下。李白《江夏送张丞》诗："借草依流水，～花赠远人。"

柈 pán 同"盘"。（盛饭食或汤水的）盘子。《论衡·无形》："冶者用铜为～杅（yú）。"（杅：盛汤的餐具。）

盘（盤） pán 《说文》作"槃"。❶ 盥洗或沐浴时的盛水用具。《礼记·丧大记》："沐用瓦～。"㊂盘子。可盛饭食，也可盛汤水。《左传·僖公二十三年》："乃馈～飧，置璧焉。"《礼记·大学》："汤之～铭曰：'苟日新，日日新，又日新。'"双音词有"盘馔"。❷ 回绕，弯曲。《隋书·百济传》："女辫发垂后，已出嫁则分为两道，～于头上。"沈括《梦溪笔谈》卷三："用柔铁屈～之。"（柔铁：熟铁。）成语有"盘根错节"。这个意义又写作"蟠"。㊄盘旋。徐弘祖《徐霞客游记·滇游日记》："～空而升。" ❸ 徘徊，逗留。罗烨《醉翁谈录·张时与福娘再会》："少年游学至建康，～旋数日。"［盘桓］1. 徘徊，逗留。曹植《洛神赋》："怅～～而不能去。"（怅：惆怅，伤感。去：离去。）2. 广大的样子。陆机《拟青青陵上柏》诗："名都一何绮，城阙郁～～。" 3. 环曲的样子。郦道元《水经注·桓水》："其道～～旋曲而上。" ❹ 游乐。《尚书·无逸》："文王不敢～于游田。"（田：打猎。）❺ 通"磐"。巨大的石头。《荀子·富国》："国安于～石。"

媻 pán ❶［媻姗（shān）］同"蹒跚"。（因腿脚不便而）走路缓慢、摇摆的样子。司马相如《子虚赋》："～～勃窣上金堤。" ❷ pó［媻娑（suō）］同"婆娑"。见 321 页"婆"字。

槃 pán ❶（供人洗用时承接污水的）木盘。《仪礼·士虞礼》："匜水错于～中。"《吕氏春秋·慎势》："功名著乎～盂，铭篆著乎壶鉴。"这个意义又写作"盘（盤）"、"鎜"。❷ 回旋，弯曲。《淮南子·齐俗》："古者非不知繁升降～还之礼也。"《后汉书·虞诩传》："不遇～根错节，何以别利器乎？" ❸ 犁辕前边可以转动的部分。陆龟蒙《耒耜经》："横于辕之前末曰～，言可转也。" ❹ 通"般（pán）"。游乐。《后汉书·杨震传》："况以先王法服而私出～游。" ❺［涅槃］见 299 页"涅"字。

磐 pán ❶ 巨大的石头。《周易·渐》："鸿渐于～。"［磐石］巨大的石头。《韩非子·显学》："～～千里，不可谓富。"又写作"磻石"。❷ 通"盘"。徘徊，逗留。《后汉书·宋意传》："久～京邑。"

蹒 pán 同"蹣"。❶［蹒跚］同"蹒跚"。（因腿脚不便而）走路缓慢、摇摆的样子。陆游《园中小饮》诗："鬓毛虽萧飒，脚力未～～。" ❷［蹒躄（bì）］退缩徘徊的样子。《南齐书·王融传》："婆娑～～，困而不能前已。"

鞶 pán ❶ 束衣的大腰带。《左传·桓公二年》："～厉游缨，昭其数也。" ❷ 束于腰带上的小口袋。俗称荷包。《礼记·内则》："男～革，女～丝。"

蹣（蹒） pán ［蹣跚］1.（因腿脚不便而）走路缓慢、摇摆的样子。皮日休《上真观》诗："天钧鸣响亮，天禄行～

～。”（天钧：传说中天上的美好音乐。天禄：传说中的神兽名。）陆游《戏作野兴》诗之四：“客散茅檐寂，～～自闭门。”又写作“媻姗”、“蹣跚”。2. 舞步翩跹的样子。窦泉《述书赋》上：“婆娑～～，绰约文质。”

蟠 pán ❶ 盘曲，盘绕。左思《蜀都赋》：“潜龙～于沮(jù)泽。”（沮泽：水草聚集的地方。）郦道元《水经注·漾水》：“羊肠～道，三十六回。”㊀弯曲。李白《咏山樽二首》其一：“～木不雕饰。”❷ 遍及，充满。《庄子·刻意》：“上际于天，下～于地。”

判 pàn ❶ 分，分开，分离。《墨子·备穴》：“令陶者为月明，长二尺五寸，六围，中～之，合而施之穴中。”柳宗元《封建论》：“遂～为十二，合为七国。”（遂：于是。十二：指春秋时代十二个诸侯国。）㊀整体的一半，半个。《公羊传·定公八年》：“璋～白。”㊕两半相合，婚配。《周礼·地官·媒氏》：“媒氏掌万民之～。”❷ 区别，分辨。《庄子·天下》：“～天地之美，析万物之理。”（析：分析。理：道理。）成语有“判若两人”。❸ 评判，判断（后起意义）。唐庚《有所叹》诗之二：“是非已付渔樵～。”（付：交给。渔樵：渔夫和打柴的人。）㊕判决，裁决。柳宗元《段太尉逸事状》：“太尉～状辞甚巽(xùn)。”（状：状纸，状子。辞甚巽：言辞很恭顺。）㊁判决书。柳宗元《段太尉逸事状》：“取～铺背上，以大杖击二十。”❹ 高位兼低职或出任地方官（后起意义）。《宋史·韩琦传》：“除镇安武胜军节度使、司徒兼侍中，～相州。”（除：拜官授职。侍中：官名。相州：地名。）❺ pān 通“拚”。豁出去。《吴越春秋·勾践伐吴外传》：“一士～死兮而当百夫。”

泮 pàn ❶ 冰化开。《诗经·邶风·匏有苦叶》：“迨冰未～。”（迨：及。）㊀分开，分解。《老子》六十四章：“其脆易～，其微易散。”《史记·郦生陆贾列传》：“自天地剖～未始有也。”❷ 古代诸侯举行宴会或射礼的宫殿。《诗经·鲁颂·泮水》：“鲁侯戾止，在～饮酒。”（戾：至，到。）㊕学校。蒲松龄《聊斋志异·婴宁》：“王子服，莒之罗店人，早孤，绝慧，十四入～。”（莒：地名。）［泮宫］1. 古代诸侯举行宴会或射礼的宫殿。《诗经·鲁颂·泮水》：“既作～～，淮夷攸服。”2. 古代诸侯设立的学宫、学校。《晋书·凉武昭王传》：“又立～～，增高门学生五百人。”又写作“頖宫”。❸ 通“畔”。岸边，水边。《诗经·卫风·氓》：“淇则有岸，隰则有～。”（淇：水名。）

牉 pàn ❶（把整物从中间）分为两半。屈原《九章·惜诵》：“背膺～以交痛兮，心郁结而纡轸。”㊀离开，分离。屈原《九章·抽思》：“好姱佳丽兮，～独处此异域。”❷［牉合］两性相合。《仪礼·丧服》：“故父子首足也，夫妻～～也。”

胖 pàn ❶ 古代祭祀用的半体牲。《仪礼·少牢馈食礼》：“司马升羊右～。”（右胖：右半边。）❷ bǎn 胁侧的薄肉。《礼记·内则》：“鹄鸮～。”❸ pán 舒展，安舒。《礼记·大学》：“富润屋，德润身，心广体～。”

【注意】“胖”在唐宋以前没有“肥胖”的意义，也不读 pàng。

畔 pàn ❶ 田界。《左传·襄公二十五年》：“行无越思，如农之有～。”（越：超越，越过。）㊁疆界。《后汉书·杜笃传》：“昔在强秦，爰初开～。”双音词有“畔际”。❷ 岸边，水边。《楚辞·九叹·愍命》：“丛林之下无怨士兮，江河之～无隐夫。”㊀旁边。《后汉书·周燮传》：“有先人草庐，结于冈～。”刘禹锡《酬乐天扬州初逢席上见赠》诗：“沉舟侧～千帆过，病树前头万木春。”❸ 通“叛”。混乱的样子。《汉书·叙传上》：“～回冗其若兹兮，北叟颇识其倚伏。”❹ 通“叛”。背叛，叛乱。《孟子·公孙丑下》：“寡助之至，亲戚～之。”㊁违背，背离。《论语·雍也》：“君子博学于文，约之以礼，亦可以弗～矣夫。”㊁回避，逃避。《汉书·冯奉世传》：“今乃有～敌之名，大为中国羞。”

頖 pàn ［頖宫］同“泮宫”。古代诸侯设立的学宫、学校。《礼记·王制》：“大学在郊，天子曰辟雍，诸侯曰～～。”

盼 pàn ❶ 眼珠黑白分明。形容眼睛美丽。《诗经·卫风·硕人》：“巧笑倩兮，美目～兮。”❷ 看重，重视。《宋书·谢晦传》：“臣……与羡之、亮等同被齿～。”（羡之、亮：人名。齿：收录，录用。）㊂看。陈琳《为曹洪与魏文帝书》：“顾～千里。”成语有“左顾右盼”。

襻 pàn 系衣裙的带子。韩愈《崔十六少府摄伊阳以诗及书见投因酬三十韵》：“男寒涩诗书，妻瘦剩腰～。”㊁拴系衣物或器物开口处的扣襻。王筠《行路难》诗：“～带虽安不忍缝，开孔裁穿犹未达。”

PANG

雱 pāng 雪很大的样子。《诗经·邶风·北风》：“北风其凉，雨雪其～。”

滂 pāng ❶ 大水涌流的样子。《汉书·宣帝纪》：“醴泉～流，枯槁荣茂。”㊂涌流。韦庄《和郑拾遗秋日感事一百韵》：“话别心

P

重结，伤时泪一～。”㊀广大。《后汉书·崔骃传》：“圣德～以横被兮，黎庶恺以鼓舞。”❷[滂沱]1. 雨大的样子。《诗经·小雅·渐渐之石》：“月离于毕，俾～～矣。”(月亮行经毕宿处就要下大雨。毕：星宿名。) 2. 流泪、流血很多的样子。《诗经·陈风·泽陂》：“寤寐无为，涕泗～～。”《三国志·蜀书·蒋琬传》：“流血～～。” 3. 物品丰盛的样子。《抱朴子·道意》：“常车马填溢，酒肉～～。”❸[滂沛]1. 雨大的样子。《史记·司马相如列传》：“贯列缺之倒景兮，涉丰隆之～～。” 2. 水波大的样子。《楚辞·九叹·逢纷》：“波逢汹涌，濆～～兮。”❹pēng [滂湃]水势浩大。郦道元《水经注·渭水》：“山雨～～，洪津泛洒。”

霶 pāng [霶霈(pèi)]1. 雨很大的样子。扬雄《甘泉赋》：“云飞扬兮雨～～。” 2. 盛大，繁多。独孤及《酬皇甫侍御望天灊山见示之作》诗：“天旋物顺动，德布泽～～。”

庞(龐) páng ❶高大，庞大。《国语·周语上》：“敦～纯固，于是乎成。”王夫之《小云山记》：“大云～然大也。”(大云：山名。)成语有“庞然大物”。❷坚固，厚实。《淮南子·氾论》：“古者人醇工～，商朴女重。”❸多而杂乱。富大用《古今事文类聚外集》卷一五：“汴州水陆所凑，邑居～杂。”(凑：聚合。邑：城市。)❹lóng [庞庞]强壮的样子。《诗经·小雅·车攻》：“四牡～～，驾言徂东。”

逄 páng ❶[逄逄]象声词。形容鼓声。韩愈《病中赠张十八》诗：“不蹋晓鼓朝，安眠听～～。”❷姓。如后汉有逄安。

旁 páng ❶侧面，旁边。《荀子·大略》：“欲近四～，莫如中央。”《史记·孙子吴起列传》：“马陵道狭，而～多阻隘，可伏兵。”(马陵：地名。隘：险要地方。)成语有“旁若无人”。㊀别的，其他的。《魏书·长孙稚传》：“稚雅相爱敬，～无姻妾。”❷邪，不正。《荀子·议兵》：“～辟曲私之属。”成语有“旁门左道”。❸边际。秦观《与子瞻会松江》诗：“松江浩无～，垂虹跨其上。”[旁魄(bó)]见322页“魄(pò)”字。❹广泛，普遍。《尚书·说命下》：“～招俊乂。”(俊乂：特出的人才。)成语有“旁征博引”。❺bàng 依傍，靠近。《庄子·齐物论》：“～日月，挟宇宙。”《汉书·赵充国传》：“匈奴大发十余万骑，南～塞，至符奚庐山。”㊂辅佐。屈原《九章·惜颂》：“吾使厉神占之兮，曰有志极而无～。”

徬 páng ❶[徬徨(huáng)]同“仿偟”。徘徊，游移不定。《太平广记》卷四○○“苏遏”：“出于堂，～～而行。”❷bàng 通“傍”。依附。《周礼·地官·牛人》：“凡会同军旅行役，共其兵车之牛，与其牵～，以载公任器。”

磅 páng [磅礴]1. 广大无边际。陆机《挽歌》诗三首之三：“～～立四极，穹隆放苍天。”《宋史·乐志八》：“～～罔测。”(罔：无，没有。) 2. 充满的样子。文天祥《正气歌》：“是气所～～，凛烈万古存。”(是气：这股正气。凛烈：庄严正直。)上述1、2又写作“旁薄”、“旁礴”、“旁魄”。

篣 páng ❶竹名。戴凯之《竹谱》：“百叶参差，生自南垂，伤人则死，医莫能治，亦曰～竹。”❷péng (用竹板、杖、鞭子)击打。《后汉书·陈宠传》：“断狱者急于～格酷烈之痛，执宪者烦于诋欺放滥之文。”

PAO

脬 pāo 膀胱。《史记·扁鹊仓公列传》：“风瘅(dàn)客～，难于大小溲，溺赤。”(瘅：病。客：入侵。)

咆 páo ❶(猛兽)怒吼、嗥叫。《楚辞·招隐士》：“虎豹斗兮熊罴～。”❷[咆烋(xiāo)]骄矜气盛，咆哮。左思《魏都赋》：“克翦方命，吞灭～～。”

狍 páo [狍鸮(xiāo)]神话中的一种兽。《山海经·北山经》：“有兽焉，其状如羊身人面……名曰～～。”【注意】古代汉语中“狍”没有“狍子”义。

庖 páo ❶厨房。《诗经·小雅·车攻》：“大～不盈。”(盈：满。)❷厨师。《庄子·养生主》：“良～岁更刀。”成语有“庖丁解牛”。❸烹调。戴表元《许长卿诗序》：“而善～者调之，能使之无味。”㊂肴馔，美食。《晋书·石崇传》：“丝竹尽当时之选，～膳穷水陆之珍。”

炰 páo ❶同“炮”。烧烤。《诗经·小雅·六月》：“饮御诸友，～鳖脍鲤。”《汉书·杨恽传》：“岁时伏腊，烹羊～羔。”❷[炰烋(xiāo)]咆哮。《诗经·大雅·荡》：“女～～于中国，敛怨以为德。”

炮 páo ❶用泥涂裹肉食烧烤。㊁烧烤。《诗经·小雅·瓠叶》：“有兔斯首，～之燔之。”应劭《风俗通·皇霸》：“燧人始钻木取火，～生为熟。”㊂焙烤(中药)。陆游《离家示妻子》诗：“儿为检药笼，桂姜手～煎。”❷焚烧。《左传·昭公二十七年》：“令尹～之，尽灭郤氏之族党。”❸通“庖”。厨师。《韩非子·内储说下》：“平公趣杀～人。”【注意】

"炮"表示"大炮"的意义是很晚才有的。

袍 páo ❶有夹层而内着棉絮的长袍，棉袍。《论语·子罕》："衣敝缊(yùn)～，与衣狐貉者立而不耻者，其由也与?"(缊：旧絮。)白居易《自咏老身示诸家属》："粥美尝新米，～温换故绵。"㊂长衣，长袍。《史记·范雎蔡泽列传》："乃取其一绨(tí)～以赐之。"(绨：粗绸。)成语有"袍笏登场"。㊕军服，战袍。《木兰诗》："脱我战时～，著我旧时裳。"❷bào 衣服的前襟。《公羊传·哀公十四年》："反袂拭面，涕沾～。"

匏 páo ❶匏瓜。即瓢葫芦。《诗经·邶风·匏有苦叶》："～有苦叶。"❷用匏瓜制成的容器、酒器。《盐铁论·散不足》："庶人器用，即竹柳陶～而已。"双音词有"匏斗"、"匏尊"。❸八音(金、石、土、木、丝、竹、匏、革)之一。葫芦制作的管乐器。《国语·周语下》："～以宣之，瓦以赞之。"见503页"音"字。❹通"鞄(páo)"。皮革匠人。《墨子·节用中》："轮车、鞼(guì)～、陶冶、梓匠，使各从事其所能。"(鞼：有文采的皮革。)

跑 páo ❶(兽类)用脚刨地。葛洪《西京杂记》卷四："马鸣跼不肯前，以足～地久之。"韦应物《调笑令·胡马》："胡马，胡马，远放燕支山下。～沙～雪独嘶，东望西望路迷。"㊂刨地。王子一《误入桃源》第三折："往时节将嫩苗～土栽。"❷pǎo 奔跑(后起意义)。元无名氏《陈州粜米》杂剧："拣着好东西揣着就～。"

麃 páo ❶兽名。即麋鹿。《史记·孝武本纪》："获一角兽，若～然。"❷兽名。即麅(páo)。《辽史·国语解》："辽俗好射～鹿，每出猎，必祭其神以祈多获。"❸biāo [麃麃]1. 勇武的样子。《诗经·郑风·清人》："清人在消，驷介～～。"2. 盛大的样子。《汉书·楚元王传》："《诗》又云'雨雪～～，见晛(xiàn)聿消。'"(晛：日光。)❹biāo 通"穮"。耘田，除草。《诗经·周颂·载芟》："厌厌其苗，绵绵其～。"

疱[皰、靤] pào (皮肤上长出的)水泡、小疙瘩。《淮南子·说林》："溃小～而发痤疽。"慧琳《一切经音义》卷七引《桂苑珠丛》："人面上热气所生疮名～。"

PEI

醅 pēi (酿制之后)未过滤的酒。杜甫《客至》诗："盘飧市远无兼味，樽酒家贫只旧～。"㊋[酦(pō)醅]见321页"酦"字。

阫 péi 房屋的后墙。《庄子·庚桑楚》："正昼为盗，日中穴～。"

陪 péi ❶重叠的，附属的。《后汉书·袁绍传》："拔于～隶之中。"(陪隶：指最低等的奴隶。)[陪臣]1. 诸侯的大夫对天子自称为"陪臣"。《礼记·曲礼下》："列国之大夫入天子之国曰'某士'，自称曰'～～某'。"2. 诸侯的使臣相对于其他诸侯也是"陪臣"。司马光《涑水记闻》卷九："宗道曰……若夏主自来，当相为宾主，尔～～也，安得为主人。"❷增加，增益。《左传·僖公三十年》："焉用亡郑以～邻。"❸伴随，陪同。司马迁《报任安书》："仆亦常厕下大夫之列，～奉外廷末议。"李白《秋夜独坐怀故山》诗："出～玉辇行。"(玉辇：皇帝乘坐的车。)❹辅助，辅佐。杨恽《报孙会宗书》："～辅朝廷之遗忘。"《史记·孝文本纪》："淮南王，弟也，秉德以～朕。"❺比拟，相比。李山甫《山中依韵答刘书记见赠》："谢公寄我诗，清奇不可～。"❻通"赔"。赔偿。处默《织妇》诗："成缣犹自～钱纳，未直青楼一曲歌。"(直：值。)

培 péi ❶培土。《礼记·丧服四制》："坟墓不～。"《礼记·中庸》："故栽者～之。"㊀覆盖，掩埋。段成式《酉阳杂俎》卷三"支诺皋下"："散钱～棕。"㊀培养或扶植人才。《金史·韩企先传》："专以～植奖励后进为己责任。"❷房屋的后墙。《淮南子·齐俗》："凿～而遁之。"(凿：打开。遁：逃。)这个意义又写作"坏(péi)"、"阫(péi)"。❸凭借，依靠。《庄子·逍遥游》："则风斯在下矣，而后乃今～风。"❹pǒu [培塿(lǒu)]小土丘。柳宗元《始得西山宴游记》："然后知是山之特立，不与～～为类。"(特立：直立。类：同类。)又写作"部娄"。❺pǒu 壁垒。《国语·晋语九》："必堕其垒～。"❻pǒu 田侧，田边。《吕氏春秋·辩土》："高～则拔。"

沛 pèi ❶盛大、广阔的样子。《庄子·天地》："则韬乎其事心之大也，～乎其为万物逝也。"李白《送王屋山人》诗："～然乘天游。"[滂沛]见308页"滂"字。❷充足、充沛的样子。《公羊传·文公十四年》："力～若有余。"❸行动迅速的样子。屈原《九歌·湘君》："～吾乘兮桂舟。"❹水草丛生的沼泽地。《管子·揆度》："焚～泽，逐禽兽。"❺通"旆(pèi)"。旌旗。《周易·丰》："丰其～，日中见沬(mèi)。"(沬：通"昧"，暗。)

旆[斾] pèi ❶古代旗帜的下边缘下垂的装饰品。《诗经·小雅·六月》："白～央央。"(白：帛。央央：鲜明的样子。)㉒旌旗,旗帜。《诗经·商颂·长发》:"武王载~,有虔秉钺。"李白《九日登巴陵置酒》诗:"旌~何缤纷。" ❷[旆旆] 1. 旗帜飘扬的样子。《诗经·小雅·出车》:"彼旟(yú)旐(zhào)斯,胡不~~?"(旟:绘有鸟隼的旗。旐:绘有龟蛇的旗。) 2. 生长茂盛的样子。《诗经·大雅·生民》:"荏菽~~。"

霈 pèi ❶ 雨雪下得很大的样子。《初学记》卷二引《孟子》:"油然作云,~然下雨。"孙逖《为宰相贺雪表》:"既溥既~,足表西成之征。"[霶霈]见 309 页"霶"字。㉑浓重,充满。陆机《行思赋》:"商秋肃其发节,玄云~而垂阴。" ❷ 雨水。沈璜《贺雨赋》:"喜甘~之流滋。"㊥恩泽。苏轼《正辅既见和复次前韵慰鼓盆劝学佛》:"我亦沾~渥,渐解钟仪囚。"㉒赐予恩泽。苏舜钦《杜公求退第二表》:"垂闵蝼蚁之诚,下~云霓之泽。" ❸[霈然]自满的样子。《孔丛子·答问》:"今王~~自得而不设备。"

佩 pèi ❶ 系在衣带上的装饰品。屈原《离骚》:"纫秋兰以为~。"(纫:连缀。)㉑佩带,佩挂。《韩非子·观行》:"西门豹之性急,故~韦以自缓。"(韦:柔软的熟皮子。缓:和缓。)《晋书·张华传》:"当得宝剑~之。"㉑携带,持有。《白虎通·衣裳》:"农夫~其耒耜,工匠~其斧斤。" ❷ 担负,承受。《新唐书·李晟传赞》:"身~安危而气不少衰者。" ❸(将恩泽和钦敬)铭记、感念。曹植《谢妻改封表》:"衔~弘惠,没而后已。" ❹ 敬佩,佩服(后起意义)。杜甫《湘江宴饯裴二端公赴道州》诗:"鄙人奉末眷,~服自早年。"双音词有"钦佩"。 ❺(水流)环绕。郦道元《水经注·渭水》:"兰渠川水出自北山,带~众溪,南流注于渭。"

珮 pèi 同"佩"。系在衣带上做装饰用的玉。《墨子·辞过》:"铸金以为钩,珠玉以为~。"李白《感兴八首》诗之二:"解~欲西去。"㉑佩戴。屈原《九章·涉江》:"被明月兮~宝璐。"

配 pèi ❶ 配合,匹配。《孟子·公孙丑上》:"其为气也,~义与道。"《庄子·天道》:"故曰帝王之德~天地。"㉒匹敌,媲美。《尚书·君牙》:"对扬文武之光命,追~于前人。" ❷ 婚配,结为夫妻。《左传·隐公八年》:"陈鍼子送女,先~而后祖。"李白《感兴八首》诗之六:"安得~君子,共乘双飞鸾(luán)。"(鸾:传说中的一种鸟。)㉒配偶。多指妻子。《诗经·大雅·皇矣》:"天立厥~,受命既固。"《穀梁传·庄公二十二年》:"以其为公~,可以言小君也。" ❸ 陪伴。杜甫《四松》诗:"我生无根蒂,~尔亦茫茫。"㉒陪衬,辅助。王延寿《鲁灵光殿赋》:"乃立灵光之秘殿,~紫微而为辅。"双音词有"配殿"。 ❹ 配享。在祭祀时附带被祭。《公羊传·宣公三年》:"王者必以其祖~。" ❺ 分配,配给(后起意义)。《晋书·殷仲堪传》:"割此三郡,~隶益州。"(隶:隶属。)㉑调配。陶宗仪《南村辍耕录》卷二四:"错纱~色,综线挈花,各有其法。"(错纱:使纱线交错。挈花:指提花。) ❻ 发配,流放(后起意义)。杜甫《敬寄族弟唐十八使君》诗:"除名~清江。"(清江:地名。)

辔(轡) pèi 骑乘、驾驭牲口用的缰绳。《诗经·秦风·小戎》:"四牡孔阜,六~在手。"(牡:公马。孔阜:很高大。)[辔头]马嚼子和缰绳。《木兰诗》:"南市买~~。"㉑骑乘,驾驭。王禹偁《唐河店妪传》:"闻虏之至,或父母~马,妻子取弓矢。"

PEN

歕 pēn ❶ 吹气。《说文·欠部》:"歕,吹气也。"班固《东都赋》:"吐爓(yàn)生风,欱(hē)野~山。"(爓:火焰。欱:吸吮。) ❷ 同"喷"。喷射。《穆天子传》卷五:"黄之池,其马~沙……黄之泽,其马~玉。"(黄:地名。)

盆 pén ❶ 一种盛物的器皿。《淮南子·兵略》:"今使陶人化而为埴(zhí),则不能成~盎。"(埴:黏土。) ❷ 古代量器,也是容量单位。十二斗八升为一盆。《荀子·富国》:"今是土之生五谷也,人善治之,则亩数~。"(亩数盆:指一亩能产数盆的谷物。) ❸ 浸在盆水中。《礼记·祭义》:"及良日,夫人缫,三~手。"

湓 pén ❶ 水上涌。《汉书·沟洫志》:"是岁,勃海、清河、信都河水~溢,灌县邑三十一。" ❷ 水名。在今江西。白居易《琵琶行》:"住近~江地低湿,黄芦苦竹绕宅生。"

PENG

亨 pēng 见 154 页。

烹 pēng ❶ 烧煮,烹制。《左传·昭公二十年》:"以~鱼肉。"成语有"狡兔死,走狗烹"。㉑冶炼。李白《武昌宰韩君去思颂碑》:"既~且烁。" ❷ 古代的一种酷刑,用鼎煮杀人。《战国策·齐策一》:"臣请三言而已矣，益一言，臣请～。”（三言：三个字。益：多。）㉿杀，消灭。《史记·秦始皇本纪》：“～灭强暴，振救黔首。”

抨 pēng ❶弹射，射箭。白居易《河阳石尚书破回鹘》诗：“剑拔青鳞蛇尾活，弦～赤羽火星流。”❷弹劾。《新唐书·温造传》：“夏州节度使李祐拜大金吾，违诏进马，造正衙～劾。”双音词有“抨击”。❸拂掠，拍击。《梁书·沈约传》：“翅～流而起沫，翼鼓浪而成珠。”❹bēng 遣，使。《汉书·扬雄传上》：“～雄鸩以作媒兮，何百离而曾不壹耦。”

怦 pēng ［怦怦］1.心急的样子。宋玉《九辩》：“私自怜兮何极，心～～兮谅直。”2.心跳的样子。柳宗元《河间传》：“心～～恒若危柱之弦。”

澎 pēng ［澎湱(huò)］象声词。形容水冲击声。郭璞《江赋》：“～～㶁灂(xiào-zhuó)。”（均为波涛相击声。）

澎 pēng ［澎湃(pài)］1.波涛冲击的样子。嵇康《琴赋》：“汹涌腾薄，奋沫扬涛。瀄汩～～，蜿蟺相纠。”又写作“彭湃”。2.象声词。形容波涛相击发出的声音。韩愈《送惠师》诗：“微风吹木石，～～闻韶钧。”

芃 péng ❶草或禾苗茂盛的样子。叶清臣《悯农》诗：“膏泽叹苦晚，～苗惜遽衰。”［芃芃］草或禾苗茂盛的样子。《诗经·鄘风·载驰》：“我行其野，～～其麦。”❷兽毛蓬松的样子。《诗经·小雅·何草不黄》：“有～者狐，率彼幽草。”

P

朋 péng ❶货币单位。上古以贝壳为货币，五贝为一系，两系为一朋。《诗经·小雅·菁菁者莪》：“锡我百～。”（锡：赐给。）❷朋友。《论语·学而》：“有～自远方来，不亦乐乎？”李白《陈情赠友人》诗：“斯人无良～。”（斯人：这个人。）㉿伙伴，伴侣。方岳《送史子贯归觐且迎妇也》诗：“久住西湖梦亦佳，鹭～鸥侣自烟沙。”㉿成群，群聚。《隋书·柳彧传》：“每以正月望夜，充街塞陌，聚戏～游。”❸朋党。欧阳修《朋党论》：“大凡君子与君子以同道为～，小人与小人以同利为～。”㉿结为朋党，互相勾结。屈原《离骚》：“世并举而好～兮。”（并举：指随声附和。）双音词有“朋比”。❹比，伦比。《诗经·唐风·椒聊》：“硕大无～。”❺同，齐。《山海经·北山经》：“有鸟焉，群居而～飞。”《后汉书·李固杜乔传赞》：“～心合力。”

弸 péng ❶强劲的弓。❷弓弦。扬雄《太玄·止》：“绝～破车。”❸充满。《扬子法言·君子》：“或问：‘君子言则成文，动则成德，何以也？’曰：‘以其～中而彪外也。’”

鹏（鵬） péng 古代传说中的一种大鸟。《庄子·逍遥游》：“鲲之大，不知其几千里也。化而为鸟，其名为～。”

彭 péng ❶鼓声。《说文·壴部》：“彭，鼓声也。”❷páng 通“旁”。旁边。《墨子·备穴》：“若～有水浊非常者，此穴土也。”❸bāng ［彭彭］1.盛多的样子。《诗经·齐风·载驱》：“行人～～。”2.行进的样子。《诗经·大雅·烝民》：“四牡～～。”（牡：公马。）❹pēng ［彭湃(pài)］同“澎湃”。波涛冲击的样子。《汉书·司马相如传上》：“沸乎暴怒，汹涌～～。”❺古国名。在今四川彭山。❻春秋时地名。在今河南。

搒 péng ❶笞击，拷打。《后汉书·朱穆传》：“各言官无见财，皆当出民，～掠割剥，强令充足。”袁宏《后汉纪·明帝纪下》：“闻卿为吏～妇公，不过从兄饭。”❷bàng 通“榜[1]”。撑船。《宋书·朱百年传》：“辄自～船送妻还孔氏。”

蓬 péng ❶蓬草。也叫飞蓬、蓬蒿。《荀子·劝学》：“～生麻中，不扶而直。”（麻：大麻，茎最直。）［蓬户］用蓬草编成的门户。指简陋的房屋。《史记·游侠列传》：“终身空室～～。”❷蓬松，散乱。《山海经·海内经》：“（幽都之山）其上有玄鸟、玄蛇……玄狐～尾。”《晋书·王徽之传》：“～首散带。”（首：头。）❸［蓬勃］1.旺盛、盛大的样子。贾谊《旱云赋》：“遥望白云之～～兮，滃澹澹而妄止。”2.兴起、盛起的样子。张鷟《朝野佥载》卷三：“开门则香气～～。”

PI

丕 pī ❶大，宏大。《尚书·大禹谟》：“嘉乃～绩。”（嘉：赞赏。乃：你的。绩：功绩。）❷尊奉。《汉书·郊祀志下》：“～天之大律。”❸连词。乃，于是。《尚书·盘庚中》：“先后～降与汝罪疾。”（汝：你。）❹语气词。《尚书·康诰》：“女～远惟商耇(gǒu)成人。”（女：汝，你。惟：想。耇：老。）

邳 pī 古地名。分为上邳、下邳。上邳在今山东滕州南，下邳在今江苏邳州西南。《左传·定公元年》：“奚仲迁于～。”

伾 pī ❶山名。《尚书·禹贡》：“东过洛汭，至于大～。”❷［伾伾］有力的样子。《诗经·鲁颂·駉》：“薄言駉者，……以车～～。”

坯 pī ❶一重(chóng)山。❷烧制砖瓦陶器之前的毛坯。《淮南子·精神》：“夫造化者既以我为～矣，将无所违之矣。”《朱子语类》卷六四："上面一截便是一个～子。"

狉 pī ［狉狉］群兽奔跑的样子。柳宗元《封建论》："草木榛榛，鹿豕～～。"

驲(駓) pī ❶毛色黄白相杂的马。《诗经·鲁颂·駉》："有骓有～。"❷［驲驲］奔跑的样子。《楚辞·招魂》："逐人～～些。"［驲騃(sì)］奔跑的样子。张衡《西京赋》："众鸟翩翩，群兽～～。"

秠 pī 黑黍的一种。一壳有二米。《诗经·大雅·生民》："诞降嘉种，维秬维～。"

髬 pī ［髬髵(ér)］［髬耏(ér)］1. 猛兽发怒时鬃毛竖起的样子。张衡《西京赋》："及其猛毅髬髵，隅目高眶。"2. 指猛兽。刘基《郁离子·灵丘丈人》："髬耏问于赤羽雕曰：'盗日杀而日多，何也？'"3. 头发竖起。李观《吊韩弇没胡中文》："羌戎髬髵，坐刃我师。"

坏[2] pī ❶土丘，一重(chóng)山。范成大《长安闸》诗："千车拥孤隧，万马盘一～。"❷péi 用泥涂塞(空隙)、修补(墙垣)。《礼记·月令》："修宫室，～墙垣，补城郭。"❸péi 屋子的后墙。扬雄《解嘲》："故士或自盛以橐，或凿～以遁。"❹通"坯"。烧制砖瓦陶器之前的毛坯。《扬子法言·先知》："刚则甈，柔则～。"㊂制坯。《后汉书·崔骃传》："参差同量，～冶一陶。"(冶：冶炼。)参见 161 页"坏[1](壞)"字。

批 pī ❶用手打。《左传·庄公十二年》："(宋万)遇仇牧于门，～而杀之。"(宋万、仇牧：人名。)㊀攻击，冲击。《史记·孙子吴起列传》："～亢捣虚。"(亢：咽喉，这里指要害。)何逊《七召》："手羁铁顶，足～铜头。"❷排除，消除。《史记·范雎蔡泽列传》："～患折难。"(排除忧患，解决困难。)《史记·魏其武安侯列传》："及魏其侯失势，亦欲倚灌夫引绳～根生平慕之后弃之者。"❸劈，削(后起意义)。杜甫《李鄠县丈人胡马行》："头上锐耳～秋竹。"(马耳朵的形状，就像秋竹削成的一样。)❹评判，批示。《旧唐书·李藩传》："制敕有不可，遂于黄敕后～之。"罗大经《鹤林玉露》乙编卷二："东坡～答吕大防辞免恩命云……"㊂评语。米芾《书史》："王献之《日寒帖》，有唐氏杂迹，印后有两行谢安～。"

纰(紕) pī ❶pí (在衣冠或旗帜上)绣花边。《诗经·鄘风·干旄》："素丝～之。"(素丝：白丝。)㊀(衣冠或旗帜上)所绣的花边。《礼记·玉藻》："缟冠素～。"❷(丝织品的丝缕)稀疏松散。赵明道《夜行船·寄香罗帕》套曲："幅尺阔全无半缕～。"㊀疏漏，错误。沈作喆《寓简》卷六："朝混乱而多制者，其政益～。"［纰缪(miù)］错误。裴骃《史记集解序》："虽时有～～，实勒成一家。"(虽然有些小错误，确实能成为一家之说。勒：编。)

披 pī ❶分开，裂开。《史记·项羽本纪》："哙遂入，～帷西向立。"(哙：樊哙。帷：帐幕。)《战国策·秦策三》："木实繁者～其枝。"(木实：树的果实。)㊀披露，表露。邹阳《狱中上梁王书》："～心腹，见(xiàn)情素。"(见情素：表现出真情实意。)成语有"披肝沥胆"。❷打开。王勃《滕王阁序》："～绣闼，俯雕甍。"㊂开辟。班固《西都赋》："～三条之广路，立十二之通门。"❸翻开，翻阅。韩愈《进学解》："手不停～于百家之编。"㊂剖析。《魏书·礼制一》："～究往说，各有其理。"❹披，穿。韦应物《寄冯著》诗："～衣出茅屋。"成语有"披坚执锐"。❺倒下，退下。《后汉书·种劭传》："军士皆～。"［披靡］草木随风倒伏。常用来比喻军队溃败。《史记·项羽本纪》："项王大呼驰下，汉军皆～～。"成语有"所向披靡"。

铍(鈹) pī ❶一种医用器具。针刀。用以破痈排脓。《灵枢经·九针论》："～针取法于剑锋……主大痈脓。"㊀刺破，割破。刘悚《隋唐嘉话》卷中："因～面凿骨，置楔于其间。"❷剑一类的兵器。《左传·昭公二十七年》："门阶户席，皆王亲也，夹之以～。"❸矛一类的兵器。刘禹锡《壮士行》："叱之使人立，一发如～交。"

翍 pī 同"披"。分散，分开。扬雄《甘泉赋》："～桂椒，郁移杨。"刘敞《观林洪范禹贡山川图》诗："～山泻泽魑魅走。"

狴 pī 错误。扬雄《解嘲》："故有造萧何之律于唐虞之世，则～矣。"

鈚(釽) pī ❶裁割，破开。《汉书·艺文志》："及謷(jiào)者为之，则苟钩～析乱而已。"(謷：攻击他人之短。)㊀分析，剖析。皮日休《移成均博士书》："摭其微言，～其大义。"上述❶㊀又写作"釽"。❷剑锋。袁康《越绝书·外传·记宝剑》："观其～，烂如列星之行。"

霹 pī ❶响声很大的雷。张君房《云笈七签》卷一一二："日光猛炽，便震～一声。"［霹雳(lì)］响声很大的雷。杜甫《热三首》诗之一："雷霆空～～，云雨竟虚无。"❷雷击。《太平广记》卷三九四"叶迁韶"："避雨于大树下，树为雷～。"

皮 pí ❶剥去皮。《史记·刺客列传》："因自～面决眼。"(因：于是。决：通"抉"，挖掉。）❷ 动物的或植物的皮。《左传·僖公十四年》："～之不存，毛将安傅？"（安：哪里。傅：附着。）《汉书·晁错传》："木～三寸。"（木皮：树皮。）㊀（制作服装或器物的）皮毛、皮革。《尚书·禹贡》："岛夷～服。"韩愈《进学解》："败鼓之～。"㊕皮侯，兽皮制的箭靶。《仪礼·乡射礼》："射不主～。"（射箭要中的，不在于穿透靶子。）❸ 物体的表面。韩愈《题于宾客庄》诗："榆荚车前盖地～。"㊀表面的，浅薄的。《史记·郦生陆贾列传》："以目～相，恐失天下之能士。"（以目皮相：只用眼从表面上看，即只看外表。）成语有"皮里阳秋"。❹ 人的皮肤（后起意义）。蒲松龄《聊斋志异·画皮》："铺人～于榻上。"

【辨】皮，革，肤。"皮"、"革"是兽皮，带毛的叫"皮"，去掉毛的叫"革"。"肤"是人皮的专称。"皮"也可以指树皮，到汉代也可以指人的皮肤。

阰 pí 山名，位于古代楚国。屈原《离骚》："朝搴～之木兰兮，夕揽洲之宿莽。"

毗［毘］ pí ❶ 辅助。《诗经·小雅·节南山》："天子是～，俾（bǐ）民不迷。"（俾：使。）❷［毗卢］佛教用语。指佛真身。意为光明普照。苏辙《夜坐》诗："知有～～一径通，信脚直前无别巧。"

蚍 pí ［蚍蜉］大蚂蚁。傅玄《短歌行》："～～愉乐，粲粲其荣。"韩愈《调张籍》诗："～～撼大树，可笑不自量。"

陴 pí ❶ 女墙，城上用于防守而有瞭望孔的凹凸形的矮墙。《左传·宣公十二年》："守～者皆哭。"❷ 城墙。白居易《代书诗一百韵寄微之》："思乡多绕泽，望阙独登～。"❸ 守城。岳珂《桯史·二将失律》："～者曰：'是一家人犹尔，我辈何以脱于戮？'"

埤 pí ❶ 增加，增补。《诗经·邶风·北门》："王事适我，政事一～益我。"鲍照《登大雷岸与妹书》："削长～短，可数百里。"❷ bēi 低湿的地方。《国语·晋语八》："拱木不生危，松柏不生～。"（拱木：可用两手围抱的大树。）❸ pì 矮墙。杜甫《题省中院壁》诗："掖垣竹～梧十寻，洞门对雪常阴阴。"［埤垷（nì）］女墙，城上用于防守而有瞭望孔的凹凸形的矮墙。《孙膑兵法·陈忌问垒》："发者，所以当～～也。"又写作"俾倪"、"睥睨"。❹ bēi 通"卑"。卑下，卑贱。《荀子·非相》："鄙夫反是，好其实，不恤其文，是以终身不免～污佣俗。"

椑 pí ❶ 一种椭圆形盛酒器。《太平御览》卷七六一引谢承《后汉书》："传车有美酒一～。"❷ 椭圆形。《周礼·考工记·庐人》："是故句兵～，刺兵抟。"❸ bēi 树名。柿的一种。《宋书·谢灵运传》："～柿被实于长浦。"❹ bì 内棺。《礼记·檀弓上》："君即位而为～，岁一漆之。"

裨 pí ❶ 古代的次等礼服。多为大夫穿用。《荀子·富国》："大夫～冕。"（冕：礼帽。）❷ 副的，辅佐的。《史记·卫将军骠骑列传》："自大将军出，未尝斩～将。"《晋书·东海王越传》："自顷胡寇内逼，偏～失利。"㊀附属的。韩愈《寄崔二十六立之》诗："观名计之利，讵（jù）足相陪～？"（讵：难道。）㊀小。张衡《西京赋》："～贩夫妇。"❸ bì 增益，增加。《国语·郑语》："若以同～同，尽乃弃矣。"㊂弥补，补助。《国语·晋语八》："子若能以忠信赞君，而～诸侯之阙。"诸葛亮《出师表》："必能～补阙漏。"（阙：缺。）成语有"大有裨益"。

鼙 pí ❶ 一种军用小鼓。《六韬·虎韬·军略》："击雷鼓，振～铎。"（铎：一种大铃。）李白《战城南》诗："妾家夫与儿，俱在～声里。"［鼓鼙］击打鼙鼓。常用来比喻战争。刘长卿《送李判官之润州行营》诗："万里辞家事～～。"（事：从事。）❷ 乐队的小鼓。《汉书·史丹传》："或置～鼓殿下。"

罴（羆） pí 一种熊。也叫马熊。《诗经·大雅·韩奕》："有熊有～，有猫有虎。"曹操《步出夏门行·冬十月》："熊～窟栖。"

貔 pí ❶ 猛兽名。《史记·司马相如列传》："生～豹，搏豺狼。"㊕勇猛的军队、将士。韩愈《永贞行》："北军百万虎与～，天子自将非他师。"❷［貔貅（xiū）］1. 古代传说中的猛兽。《逸周书·周祝》："山之深也，虎豹～～何为可服？"《史记·五帝本纪》："教熊罴～～貙（chū）虎，以与炎帝战于阪泉之野。"（貙：一种猛兽。）2. 勇猛的军队、将士。刘禹锡《送唐舍人出镇闽中》诗："忽拥～～镇粤城。"（镇：镇守。）

匹 pǐ ❶ 量词。计算布和绸缎的长度单位。古代四丈为一匹。《战国策·秦策二》："因以文绣千～，好女百人，遗义渠君。"《汉书·食货志下》："布帛广二尺二寸为幅，长四丈为～。"这个意义又写作"疋"。㊂量词。测量长度的单位。郦道元《水经注·清水》："天门山石自空，状若门焉，广三丈，高两～。"❷ 量词。计算马驴骡的头数的单位。《左传·庄公十八年》："皆赐玉五珏，马三～。"《史记·大宛列传》："乌孙多马，其富人至有四五千～马。"❸ 单独（一人一马）。

《公羊传·僖公三十三年》："～马只轮无反者。"陆游《诉衷情·当年万里觅封侯》："～马戍梁州。"（戍：防守。梁州：地名。）成语有"单枪匹马"。❹［匹夫］1. 一人。含有轻蔑意味。《孟子·梁惠王下》："此～～之勇，敌一人者也。"2. 平民，老百姓。《韩非子·有度》："刑过不避大臣，赏善不遗～～。"成语有"天下兴亡，匹夫有责"。❺ 成双，成对。屈原《九章·怀沙》："怀质报情，独无～兮。"《文子·上德》："神龙不～，猛兽不群。"㊄配偶。曹植《赠王粲》诗："中有孤鸳鸯，哀鸣求～俦（chóu）。"（俦：伴侣。）❻ 同类，同辈。《诗经·大雅·假乐》："无怨无恶，率由群～。"❼ 力量相当，相等。《左传·僖公二十三年》："秦、晋～也。"双音词有"匹敌"。㊇比较，相比。《庄子·逍遥游》："而彭祖乃今以久特闻，众人～之，不亦悲乎！"❽ pì 通"譬"。比如，比方。白居易《九江春望》诗："此地何妨便终老，～如元是九江人。"

庀 pǐ ❶ 具备。《左传·襄公五年》："季文子卒……宰～家器，为葬备。"❷ 治理。《国语·鲁语下》："内朝，子将～季氏之政焉。"❸ 庇护。《左传·襄公十年》："我实不能御楚，又不能～郑。"

圮 pǐ 毁灭。《尚书·尧典》："方命～族。"㊇毁坏，坍塌。《金史·商衡传》："因地震城～。"

仳 pǐ ❶ 离别，分别。萧颖士《菊荣一篇五章并序》："怆其～别，终然永叹。"［仳离］离别。㊕女子因被丈夫抛弃而分开。《诗经·王风·中谷有蓷》："有女～～，啜其泣矣。"❷ 通"比"。并，比连。《论衡·骨相》："晋公子重耳～胁，为诸侯霸。"

嚭 pǐ 大。用于人名。《国语·越语上》："越人饰美女八人，纳之太宰～。"

帔 pì ❶ 裙。《方言》卷四："裙，陈魏之间谓之～，自关而东或谓之摆。"《新唐书·颜师古传》："乃阖门谢宾客，巾褐群～，放情萧散，为林墟之适。"❷ pèi 披肩。《南史·任昉传》："西华冬月著葛～练（shū）裙。"（西华：人名。练：粗麻布。）熟语有"凤冠霞帔"。

淠 pì ❶ 水名。在今河南境内。❷ 行船的样子。《诗经·大雅·棫朴》："～彼泾舟。"❸［淠淠］茂盛的样子。《诗经·小雅·小弁》："有漼者渊，萑（huán）苇～～。"（萑苇：芦苇一类植物。）❹ pèi［淠淠］飘动的样子。《诗经·小雅·采菽》："其旂～～。"

睥 pì ❶ 看，视。顾况《游子吟》："引烛窥洞穴，凌波～天琛。"❷［睥睨（nì）］1. 斜视。有厌恶或傲慢意。《淮南子·修务》："过者莫不左右～～而掩鼻。"又写作"俾倪"。2. 窥伺。《颜氏家训·诫兵》："～～宫阃（kǔn），幸灾乐祸。"（宫阃：后宫。）3. 同"埤堄（pìnì）"。女墙，城上用于防守而有瞭望孔的凹凸形的矮墙。郦道元《水经注·谷水》："城上西面列观，五十步一～～。"（列观：一般的台观。）4. 一种仪仗。《宋史·仪卫志六》："～～如华盖而小。"（华盖：古代帝王车子上的伞形遮盖物。）

辟[1] pì 见 20 页。

辟[2]**（闢）** pì ❶ 开，打开。《左传·宣公二年》："晨往，寝门～矣。"郦道元《水经注·河水》："其山虽～，尚梗湍流。"（梗：阻塞。湍：急速。）❷ 开垦，开辟。《商君书·弱民》："农～地。"《诗经·大雅·召旻》："昔先王受命，有如召公，日～国百里。"❸ 排除，驳斥。《荀子·解蔽》："～耳目之欲，可谓能自强矣。"陈善《扪虱新话》："退之《原道》～佛老。"

僻 pì ❶ 偏僻。《荀子·王霸》："虽在～陋之国，威动天下，五伯是也。"（五伯：即五霸。）㊇避让。《史记·樗里子甘茂列传》："今公言善韩以备楚，是外举不～仇也。"❷ 不正，邪僻。《庄子·胠箧》："人含其德，则天下不～矣。"《韩非子·八说》："弱子有～行，使之随师。"（弱子：指年幼的儿子。师：老师。）❸ 孤僻，冷僻。韩愈《上考功崔虞部书》："行已颇～，与时俗异态。"洪迈《容斋随笔·薛能诗》："虽有才语，但文字太～。"㊇怪癖。杜甫《江上值水如海势聊短述》诗："为人性～耽佳句，语不惊人死不休。"❹ 通"癖"。癖好。曹邺《对酒》诗："爱酒知是～，难与性相舍。"

澼 pì ［洴（píng）澼］见 320 页"洴"字。

甓 pì 砖。《诗经·陈风·防有鹊巢》："中唐有～。"《晋书·陶侃传》："侃在州，无事，辄朝运百～于斋外，暮运于斋内。"

譬 pì ❶ 比方，比喻。《诗经·大雅·抑》："取～不远。"《论语·为政》："为政以德，～如北辰，居其所而众星共之。"❷ 了解，领会。《后汉书·鲍永传论》："言之者虽诚，而闻之未～。"❸ 晓谕，劝导（后起意义）。《后汉书·第五种传》："羽请往～降之。"（羽：人名。）

媲 pì ❶ 配偶。《诗经·大雅·皇矣》毛传："配，～也。"王安石《胡笳十八拍》之一："良人持戟明光里，所慕灵妃～箫史。"❷

P

匹敌，比得上。韩愈《醉赠张秘书》诗：“险语破鬼胆，高词～皇坟。”❸ 比如，比拟。刘知几《史通·叙事》：“鸟兽以～贤愚，草木以方男女。”（方：比拟。）

擗[䵨] pì 破开，剖开。《韩非子·显学》：“夫婴儿不剔首则腹痛，不～痤（cuó）则寖（jìn）益。”（剔：剃。痤：疖痈。寖益：逐渐加重。）

澼 pì ❶ 在水中漂洗絮。❷［澼澼］鱼游水的样子。潘岳《秋兴赋》：“澡秋水之涓涓兮，玩游鯈（tiáo）之～～。”（鯈：鱼名。）❸ piē［澼洌（liè）］水流轻疾的样子。《史记·司马相如列传》：“横流逆折，转腾～～。”

PIAN

偏 piān ❶ 不正，偏向。《尚书·洪范》：“无～无陂，遵王之义。”《后汉书·中山简王焉传》：“帝以焉郭太后～爱，特加恩宠。”（皇帝由于郭太后偏爱刘焉，对他也特别宠爱。）❷ 侧，边。《左传·隐公十一年》：“郑伯使许大夫百里奉许叔以居许东～。”❸ 辅佐，部属。《左传·襄公三年》：“举其～，不为党。”❹ 半边，部分。《庄子·盗跖》：“禹～枯。”《荀子·天论》：“万物为道一～。”（万物都体现了自然规律的一部分。）㉑ 片面。《潜夫论·明暗》：“君之所以明者，兼听也；其所以暗者，～信也。”❺ 偏僻，边远。《史记·扁鹊仓公列传》：“～国寡臣幸甚。”陶渊明《饮酒二十首》诗之五：“问君何能尔？心远地自～。”❻ 副词。却，偏偏（后起意义）。表示出乎意料。杨万里《夜闻风声》诗：“只有夜声殊可憎，～搅愁人五更睡。”❼ 副词。特别，最。表示程度深。《庄子·庚桑楚》：“有庚桑楚者，～得老聃之道。”（老聃：老子。）郦道元《水经注·沔水》：“沔水又东～浅，冬月可涉渡。”（东：东流。冬月可涉渡：冬季可以蹚过河。）❽ 副词。只有，单单。表示范围小。鲍照《梅花落》诗：“中庭杂树多，～为梅咨嗟。”❾ 副词。正好，恰恰。表示时间一致。陆游《长歌行》：“成都古寺卧秋晚，落日～傍僧窗明。”

篇 piān ❶ 成册的竹简，完整的著作。古代文章写在竹简上，把首尾完整的诗或文用绳子或皮条编在一起叫作“篇”。以后把有首有尾的完整著作就称为一篇。刘知几《史通·叙事》：“章积而～成。”❷ 章。整部著作的组成部分。《史记·孟子荀卿列传》：“作《孟子》七～。”❸ 完整的文章或整首的诗歌。《论衡·案书》：“管仲相齐，造《轻重》之～。”王安石《安丰张令修芍陂》诗：“楚相祠堂仍好在，胜游思为子留～。”❹ 量词。用于诗文。《墨子·贵义》：“昔者周公旦，朝读书百～。”司马迁《报任安书》：“《诗》三百～。”❺［篇什］《诗经》中的“雅”、“颂”十篇为一什，因称诗篇为“篇什”。钟嵘《诗品》：“永嘉时，贵黄老，稍尚虚谈，于时～～，理过其辞，淡乎寡味。”

【辨】编，篇。见21页“编”字。

翩 piān 疾飞。《诗经·鲁颂·泮水》：“～彼飞鸮，集于泮林。”㉑ 轻快、敏捷的样子。曹植《洛神赋》：“～若惊鸿。”（鸿：大雁。）［翩翩］1. 轻快飞舞的样子。《诗经·小雅·四牡》：“～～者鵻，载飞载止。”白居易《燕诗示刘叟》：“梁上有双燕，～～雄与雌。”2. 形容风度、文采的优美。《史记·平原君虞卿列传论》：“平原君，～～浊世之佳公子也。”曹丕《与吴质书》：“元瑜书记～～。”（元瑜：阮瑀的字。书记：指书札、奏记。）3. 高耸凌空的样子。《后汉书·班固传》：“然后增周旧，修洛邑，～～巍巍，显显翼翼。”

便 pián 见23页。

媥 pián ［媥娟］1. 美丽的样子。沈约《湘夫人》诗：“扬蛾一含睇，～～好且修。”2. 苗条修长的样子。庾信《邛竹杖赋》：“～～高节，寂历无心。”3. 回环曲折的样子。王延寿《鲁灵光殿赋》：“旋室～～以窈窕。”4. 婉转悠扬。司空图《成均讽》：“要平靡漫之娱，竞袅～～之奏。”

楩 pián 树名。木材很贵重。《墨子·公输》：“荆有长松、文梓、～、楠、豫章。”

骈（駢） pián ❶ 两马并驾一车。《尚书大传·皋陶谟》：“命于其君，然后得乘饰车～马。”嵇康《琴赋》：“～驰翼驱。”㉑ 并列。牛僧孺《玄怪录·张左》：“户外～植花竹，泉石萦绕。”㉒ 文句对偶。柳宗元《乞巧文》：“～四俪六，锦心绣口。”（每句四字或六字相对偶，文辞像锦绣那样精细美丽。）❷ 连接，合并。《庄子·骈拇》：“是故～于足者，连无用之肉也。”成语有“骈拇枝指”。❸ 聚集，罗列。《后汉书·班固传下》：“陈师案屯，～部曲，列校队。”

胼 pián 手脚上的老茧。皮日休《鲁望昨以五百言见贻过有褒美内揣庸陋弥增愧悚因成一千言》诗：“苟无切玉刀，难除指上～。”成语有“胼手胝（zhī）足”。［胼胝］手脚上的老茧。《韩非子·外储说左上》：“手足～～，面目黧（lí）黑，劳有功者也。”（黧黑：黑色。）

P

跰 pián ❶[跰蹮(xiān)]脚步不稳的样子。《庄子·大宗师》:"其心闲而无事,～～而鉴于井。"❷[跰跹(xiān)]同"蹁跹"。形容旋转的舞姿。陆游《除夜》诗:"椒酒辟瘟倾潋滟,蓝袍俘鬼舞～～。"

蹁 pián ❶脚歪斜。贾谊《新书·容经》:"若夫立而跂,坐而～,体怠懈……皆禁也。"❷[蹁跹(xiān)]形容旋转的舞姿。张衡《南都赋》:"翘遥迁延,蹩躠～～。"又写作"跰跹"。

谝(諞) piǎn 花言巧语。《尚书·秦誓》:"惟截截善～言,俾君子易辞。"(截截:浅薄的样子。俾:使。易辞:轻忽怠惰。)

片 piàn ❶pàn 分开,分成一半。陈鼎《滇黔纪游》:"瓠匏可盛粟二十斛,～之可为舟航。"㊀破开的木片或草片。《南史·齐武陵昭王晔传》:"乃破荻(dí)为～。"(荻:一种草本植物。)❷部分,偏的。《论语·颜渊》:"～言可以折狱者,其由也与?"❸扁而薄的东西。杜甫《寄杨五桂州谭因州参军段子之任》诗:"雪～一冬深。"❹单个的,单只的。鲍照《飞白书势铭》:"盈尺锦两,～字金溢。"㊁少的,短的,零星的。杜甫《高楠》诗:"卧此～时醒。"陆机《谢平原内史表》:"～言只字。"成语有"只言片语",双音词有"片刻"。❺量词。片。杜甫《曲江二首》诗之一:"一～花飞减却春。"(减却:减去。)王昌龄《芙蓉楼送辛渐》诗之一:"洛阳亲友如相问,一～冰心在玉壶。"

PIAO

票 piāo ❶飞腾的火光,飞光。扬雄《太玄·沈》:"见～如累,明利以正于王。"❷[票然]轻举的样子。《汉书·礼乐志》:"～～逝,旗逶蛇(yí)。"(逶蛇:弯曲延伸的样子。)❸摇动。《汉书·扬雄传下》:"横巨海,～昆仑。"❹piào 疾速,轻捷。《汉书·扬雄传上》:"亶观夫～禽之绁(yì)隃,犀兕之抵触。"(绁:超越。)[票姚]汉代武官名号。《汉书·霍去病传》:"大将军受诏予壮士,为～～校尉。"后代也写作"嫖姚"。见下"嫖"字。[票骑]汉代将军名号。《汉书·霍去病传》:"元狩二年春,为～～将军。"后代也写作"骠骑"。见 24 页"骠"字。【注意】在明清以前,"票"没有"票(piào)据"的意义。

剽 piāo ❶抢劫。《汉书·贾谊传》:"～吏而夺之金。"(抢劫官吏而夺取他的钱。)㊀剽窃,抄袭。韩愈《南阳樊绍述墓志铭》:"惟古于词必己出,降而不能乃～贼。"❷轻捷,敏捷。《周礼·考工记·弓人》:"则其为兽必～。"《汉书·陈汤传》:"其人～悍。"(悍:勇敢。)❸削除。《后汉书·贾复传》:"乃与高密侯邓禹并～甲兵,敦儒学。"(高密侯:爵号。并:一起。甲兵:指军队。)㊁分割。《史记·西南夷列传论》:"西夷后揃,～分二方,卒为七郡。"❹[剽剥]1.攻击,批驳。李翱《祭吏部韩侍郎文》:"气萎体败,～～不让。"2.击杀。司马光《涑水记闻》卷一一:"平乘马即入贼军中,从者不得入,皆见～～。"(平:人名。)❺biǎo 末梢。《荀子·赋》:"长其尾而锐其～者邪。"(长其尾:指线。锐其剽:指针。锐:尖锐。)

彯 piāo ❶轻捷,敏捷。挚虞《思游赋》:"睎玉女之纷～兮,执懿筐于扶木。"[彯摇]同"嫖姚"。轻捷的样子。王融《三月三日曲水诗序》:"～～武猛,扛鼎揭旗之士。"❷飘带。张濛《镇国军节度使李公功德颂》:"乃剔镬(huò)鼓为兵,撤毡～为甲。"(镬:一种鼎。)❸通"飘"。吹动。木华《海赋》:"～沙峃(què)石。"(峃:水击石声。)❹[彯彯]飞扬的样子。左思《魏都赋》:"增构峨峨,清尘～～。"

漂 piāo ❶漂浮。《尚书·武成》:"血流～杵。"㊀冲毁,冲走。《孙子兵法·势》:"激水之疾,至于～石者,势也。"《宋史·河渠志五》:"屯田司浚(jùn)塘水,～招贤乡六千户。"(浚:疏通河道。)㊁流浪,奔波。王褒《洞箫赋》:"长辞远逝,～不还兮。"杜甫《送高司直寻封阆州》诗:"伏枕闻别离,畴能忍～寓。"❷动摇,摇荡。扬雄《长杨赋》:"横巨海,～昆仑。"[漂摇]摇荡的样子。《诗经·豳风·鸱鸮》:"予室翘翘,风雨所～～。"❸[漂然]高远、洒脱的样子。《汉书·杨恽传》:"夫西河魏土,……～～皆有节概,知去就之分。"❹piǎo 漂洗。《史记·淮阴侯列传》:"信钓于城下,诸母～,有一母见信饥,饭信。"(信:韩信。)❺piào 快速,迅疾。王褒《洞箫赋》:"迅～巧兮。"《南史·康绚传》:"堰将合,淮水～疾,复决溃。"❻通"飘"。吹。《诗经·郑风·萚兮》:"萚兮萚兮,风其～女。"

嫖 piāo 轻捷的样子。《汉书·广川惠王刘越传》:"背尊章,～以忽。"[嫖姚]轻捷的样子。汉代用作武官的名号,写作"票姚",后代也写作"嫖姚"。杜甫《后出塞五首》诗之二:"借问大将谁?恐是霍～～。"(霍:指霍去病,西汉抗击匈奴名将,曾任嫖姚校尉。)又写作"彯摇"。【注意】在明代以前,"嫖"没有"嫖妓"的意义,也不读作piáo。

P

缥(縹) piāo ❶ piǎo 青白色的丝织品。杨衒之《洛阳伽蓝记·开善寺》:"当时四海晏清,八荒率职,～囊纪庆,玉烛调辰。"萧纲《登城》诗:"小堂倦～书。"(缥书:用青白色丝织品做书套的书,这里泛指书。)㊀淡青色,青白色。《淮南子·人间》:"爝(jué)火在～烟之中。"(爝火:小火把。)❷ 同"飘"。飞扬。《史记·司马相如列传》:"～乎忽忽,若神仙之仿佛。"❸[缥缈]1.隐隐约约、若有若无的样子。白居易《长恨歌》:"忽闻海上有仙山,山在虚无～～间。"又写作"缥眇"、"瞟眇"、"飘渺"。2.随风飘扬,随水漂流。李白《愁阳春赋》:"～～兮翩绵,见游丝之萦烟。"陈允平《垂杨·银屏梦觉》:"飞花满地谁为扫,甚薄幸,随波～～。"

飘(飄)[飃] piāo ❶ 旋风,暴风。常"飘风"连用。《庄子·天下》:"若～风之还,若羽之旋。"(还:回旋。羽:羽毛。)《老子》二十三章:"故～风不终朝,骤雨不终日。"❷ 吹,吹拂。屈原《九歌·山鬼》:"东风～兮神灵雨。"曹植《侍太子坐》诗:"寒冰辟炎景,凉风～我身。"❸ 飘动,飞扬。《世说新语·容止》:"时人目王右军～如游云,矫若惊龙。"❹ 飘落,坠落。《庄子·达生》:"虽有忮(zhì)心者,不怨～瓦。"(忮:忌恨。)❺ 漂泊,流浪。韩愈《祭河南张员外文》:"君～临武,山林之牢。"

螵 piāo [螵蛸(xiāo)]1.螳螂的卵块。中医可入药。《魏书·陆彰传》:"药中须桑～～。"2.乌贼鱼。罗愿《尔雅翼·释虫二》:"海中有乌贼鱼,背如樗蒲(chūpú)形,亦有～～之名。"(樗蒲:古代一种博具。)3.乌贼鱼骨。中医可入药。李时珍《本草纲目·鳞部·乌贼鱼》:"乌贼鱼,时珍曰:'骨名～～。'"

殍 piǎo 饿死的人。《孟子·尽心下》:"君子用其一,缓其二。用其二而民有～,用其三而父子离。"《辽史·杨佶传》:"燕地饥疫,民多流～。"(流:流亡。)又写作"莩"。[饿殍]饿死的人。仲长统《昌言·损益》:"坐视战士之蔬食,立望～～之满道。"(立:站着。)又写作"饿莩"。

瞟 piǎo ❶[瞟眇]同"缥缈"。隐隐约约、若有若无的样子。王延寿《鲁灵光殿赋》:"忽～～以响像,若鬼神之髣髴。"❷ 偷看,斜看(后起意义)。《金瓶梅词话》五十八回:"他佯打耳睁的不理我,还拿眼儿～着我。"

皫 piǎo 鸟羽毛变色无光泽。《礼记·内则》:"鸟～色而沙鸣。"

僄 piào 轻捷。《荀子·议兵》:"轻利～遬(sù)。"(遬:迅速。)㊁轻忽。《荀子·修身》:"怠慢～弃。"

骠(驃) piào 见24页。

PIE

瞥 piē ❶ 眼光掠过,匆匆一看。《淮南子·说林》:"鳖无耳而目不可以～,精于明也。"《梁书·王筠传》:"虽偶见～观,皆即疏记。"❷ 短暂地出现一下,闪现。裴铏《传奇·昆仑奴》:"～若翅翎,疾同鹰隼。"[瞥瞥]短暂地出现一下,闪现。《楚辞·九思·守志》:"日～～兮西没,道遐迥兮阻叹。"沈佺期《入少密溪》诗:"游鱼～～双钓童,伐木丁丁一樵叟。"❸ 倏忽,突然。辛弃疾《玉楼春·戏赋云山》:"西风～起云横渡,忽见东南天一柱。"

PIN

玭 pín 蚌的珠,珍珠。何晏《景福殿赋》:"流羽毛之威蕤,垂环～之琳琅。"

贫(貧) pín ❶ 缺乏财物,贫穷。与"富"相对。《商君书·去强》:"国富而～治,曰重富,重富者强。"(贫治:当作贫国来治理,勤俭持国。重富:富上加富。)[贫窭(jù)]1.贫穷,贫困。《荀子·大略》:"～～者有所窜其手。"(窜:放置。)2.贫困的人。《管子·五辅》:"匡～～,振罢(pí)露。"(罢露:疲惫裸露者。)❷ 穷人,贫民。《左传·昭公十四年》:"分～振穷。"❸ 使贫穷。《庄子·大宗师》:"天地岂私～我哉?"❹ 缺少,不足。刘勰《文心雕龙·练字》:"富于万篇,～于一字。"(虽能写万篇文章,有时也会缺少一个合适的字。)

【辨】穷,贫。见345页"穷"字。

频(頻) pín ❶ 频繁,连续多次。《列子·黄帝》:"汝何去来之～?"双音词有"频仍"。㊀并,一起。《国语·楚语下》:"群神～行。"㊁先后。王俭《褚渊碑文》:"～作二守。"(二守:指两个地方的太守。)❷ 危急。《诗经·大雅·桑柔》:"国步斯～。"(步:指命运。斯:语气词。)❸ 皱眉头。常"频顣(cù)"、"频蹙"连用。陆云《晋故散骑常侍陆府君诔》:"～顣厄运。"(顣:皱眉头。厄运:恶运。)这个意义后来写作"颦"、"矉"、"嚬","嚬"现写作"颦"。❹ bīn 水边。《诗经·大雅·召旻》:"池之竭矣,不云自～。”（水池枯竭了，却不说是由于外边没有水流入。）这个意义后来写作“滨”。❺ bīn 濒临，接近。潘岳《马汧督诔》：“俾百姓流亡，～于涂炭。”这个意义后来写作“濒”。

蘋（蘋） pín 一种水草。宋玉《风赋》：“夫风生于地，起于青～之末。”【注意】古代汉语中“蘋”没有“苹果”的意义。

顰（顰）[嚬] pín ❶ 皱眉头。《韩非子·内储说上》：“吾闻明主之爱，一～一笑。～有为～，而笑有为笑。”杜甫《江月》诗：“烛灭翠眉～。”（翠眉：指女子的眉毛。）❷ 忧愁。骆宾王《畴昔篇》：“昨夜琴声奏悲调，旭旦含～不成笑。”

嬪（嬪） pín ❶ 帝王的女儿出嫁。《尚书·尧典》：“厘降二女于妫汭，～于虞。”㉒出嫁。柳宗元《乞巧文》：“今兹秋孟七夕，天女之孙将～于河鼓。”❷ 宫廷里的女官。也指帝王的侍妾。《礼记·昏义》：“古者天子后立六宫，三夫人，九～。”❸ 对妇人的美称。《周礼·天官·大宰》：“七曰～妇。”㊂对死去的妻子的美称。《礼记·曲礼下》：“生曰父、曰母、曰妻，死曰考、曰妣、曰～。”❹［嬪然］众多的样子。《汉书·王莽传上》：“～～成行。”

矉 pín ❶ 怒目而视。《说文·目部》：“矉，恨张目也。”❷ 通“顰”。皱眉头。《庄子·天运》：“故西施病心而～其里。”

品 pǐn ❶ 众多。《周易·乾》：“～物流形。”左思《吴都赋》：“混～物而同廛(chán)。”（把众多的货物都放在一所房子里。廛：市场上给商贩建立的货仓。）❷ 类，种。《尚书·禹贡》：“厥贡惟金三～。”沈括《梦溪笔谈》卷一一：“盐之～至多。”㊀等级。《汉书·匈奴传上》：“给缯(zēng)絮食物有～。”（缯：丝织品。）㊕官级。《国语·周语中》：“外官不过九～。”❸ 品质，品德。沈约《奏弹王源》：“人～庸陋。”❹ 品评，评定。《宋书·恩幸传》：“以才～人。”❺ 物品，物件。慧净《杂言》诗：“扰扰三界溺邪津，浑浑万～忘真匠。”

牝 pìn ❶ 雌性鸟兽。与“牡（雄性鸟兽）”相对。《周易·离》：“畜～牛，吉。”《史记·龟策列传》：“禽兽有～牡。”㊂女性，阴性。与“牡（男性，阳性）”相对。《老子》五十五章：“未知～牡之合而朘作，精之至也。”㊀女性生殖器。与“牡（男性生殖器）”相对。《神异记》：“男露其牡，女张其～。”❷ 锁孔（古代可以容纳锁簧插入和拔出的锁身开孔），门闩的插孔。与“牡（锁簧、钥匙，门闩）”相对。《礼记·月令》孔颖达疏：“凡鏁(suǒ)器入者谓之牡，受者谓之～。”（鏁：锁。）❸ 溪谷。《大戴礼记·易本命》：“丘陵为牡，溪谷为～。”殷仲文《南州桓公九井作》诗：“爽籁惊幽律，哀壑叩虚～。”（秋风吹着凄凉的山谷和空虚的溪沟。）

娉 pìn ❶ pīng［娉婷(tíng)］1. 姿态美好的样子。辛延年《羽林郎》诗：“不意金吾子，～～过我庐。”2. 美女。乔知之《绿珠篇》：“石家金谷重新声，明珠十斛买～～。”（石：西晋富豪石崇。金谷：石崇家的金谷园。）❷（男方以财物交付女方）问名订婚或聘女子为妻。《荀子·富国》：“婚姻～内，送逆无礼。”（内：纳，娶。）❸ 通“聘”。聘请，招请。洪适《隶释·汉巴郡太守樊敏碑》：“再奉朝～，十辟外台。”

聘 pìn ❶ 访问，探问。《诗经·小雅·采薇》：“我戍未定，靡使归～。”（我们守边驻防的地方未定，没有使者回家代我探问。）㊕古代诸侯之间或诸侯与天子之间派使节问候致意。《左传·宣公十年》：“季文子初～于齐。”《礼记·王制》：“诸侯之于天子也，比年一小～，三年一大～。”❷ 聘请，招请。《战国策·齐策四》：“梁王虚上位……遣使者……往～孟尝君。”《三国志·吴书·吴主传》：“招延俊秀，～求名士。”（延：请。）❸（男方以财物交付女方）问名订婚或聘女子为妻。《礼记·内则》：“～则为妻，奔则为妾。”《史记·陈丞相世家》：“乃假贷币以～，予酒肉之资以内妇。”（假贷：借给。予：给予。内：纳，娶。）㊂女子接受订婚或出嫁。孙光宪《北梦琐言》卷三：“爱女未～。”《宋史·刑法志三》：“登州奏有妇阿云，母服中～于韦。”（服：丧期。韦：姓韦的人。）

PING

俜 pīng ［伶(líng)俜］见 255 页“伶”字。

頩 pīng ❶ 面色有光泽的样子。《楚辞·远游》：“玉色～以脕颜兮，精醇粹而始壮。”❷ pǐng 敛容，板起脸发怒的样子。宋玉《神女赋》：“～薄怒以自持兮，曾不可乎犯干。”

平 píng ❶ 平坦。《周易·泰》：“无～不陂，无往不复。”晁错《言兵事疏》：“～原广野。”❷ 削平，铲平。《列子·汤问》：“山不加增，何苦而不～？”❸ 平息，平定。《左传·庄公十三年》：“会于北杏，以～宋乱。”

(北杏:地名。)《诗经·大雅·江汉》:“四方既～,王国庶定。”(庶:表示推测。)㉑平复,康复。贾岛《酬慈恩寺文郁上人》诗:“期登野阁闲应甚,阻宿山房疾未～。”❹安定,太平。《荀子·天论》:“上明而政～。”(上:指君主。)[升平]见378页“升”字。[昇平]见378页“昇”字。㉑平和,宁静。《吕氏春秋·大乐》:“欢欣生于～,～生于道。”杨炯《从军行》:“烽火照西京,心中自不～。”㉒整治,治理。《尚书·大禹谟》:“地～天成。”《淮南子·时则》:“审决狱,～词讼。”❺公平,平均。《管子·任法》:“法不～,令不全,是亦夺柄失位之道也。”(柄:权柄。)成语有“不平则鸣”。㉑服气,信服。《史记·吕太后本纪》:“今吕氏王,大臣弗～。”❻媾和,讲和。《左传·僖公二十四年》:“宋及楚～。”❼普通,平常。常“平平”、“平常”连用。《后汉书·班超传》:“我以班君当有奇策,今所言～平耳。”《论衡·正说》:“失～常之事,有怪异之说。”❽平声。古代汉语“平、上、去、入”四声之一。❾通“评”。评议。《商君书·更法》:“孝公～画。”(画:计划。)

苹 píng ❶草名。藾(lài)蒿。也叫牛尾蒿。《诗经·小雅·鹿鸣》:“呦呦鹿鸣,食野之～。”❷通“萍”。浮萍。《大戴礼记·夏小正》:“七月……湟潦生～。”❸通“屏”。屏蔽。《周礼·春官·车仆》:“～车之萃。”【注意】古代汉语中“苹”没有“苹果”的意义。

P

枰 píng ❶树名。《汉书·司马相如传上》:“华枫～栌。”❷棋盘,棋局。《晋书·杜预传》:“时帝与中书令张华围棋,而预表适至,华推～敛手。”欧阳修《新开棋轩呈元珍表臣》诗:“独收万虑心,于此一～竞。”[楸枰]见347页“楸”字。

冯(馮) píng 见114页。

凭[1] píng 靠着,倚靠。杜甫《遣闷》诗:“哀筝犹～几,鸣笛竟沾裳。”岳飞《满江红·怒发冲冠》:“怒发冲冠,～栏处、潇潇雨歇。”

凭[2]**(憑)** píng ❶靠着,倚靠。《尚书·顾命》:“相被冕服～玉几。”㉑依靠,依据。《南史·梁武帝纪》:“～险作守,兵食兼资。”《隋书·礼仪志一》:“丈尺规矩,皆有准～。”❷欺凌,侵犯。《周礼·夏官·大司马》:“～弱犯寡。”[凭陵]欺凌。《左传·襄公二十五年》:“介恃楚众,以～～我敝邑。”(介恃:凭恃。敝邑:对本国的谦称。)❸登临。韦庄《婺州水馆重阳日作》诗:“异国逢佳节,～高独苦吟。”又如“凭眺”。❹涉水。杨衒之《洛阳伽蓝记·永宁寺》:“兆不由舟楫,～流而渡。”(兆:人名。楫:桨。)❺盛,大。《列子·汤问》:“帝～怒。”㉒充满,满足。屈原《离骚》:“众皆竞进以贪婪兮,～不厌乎求索。”❻烦闷。张衡《西京赋》:“心犹～而未摅(shū)。”(摅:抒发,发表出来。)❼请,请求(后起意义)。杜牧《赠猎骑》诗:“～君莫射南来雁,恐有家书寄远人。”(家书:家信。)❽凭信,证据。《宣和遗事》前集:“归家切恐公婆责,乞赐金杯作照～。”❾任凭。王建《原上新居》诗之十一:“古碣～人拓,闲诗任客吟。”【注意】古代汉语中“凭”和“憑”是两个字,除“靠着”的意义外,上述义项都不写作“凭”。现“憑”简化作“凭”。

帡 píng [帡幪(méng)]1.帐幕。2.用来覆盖遮蔽的东西。《扬子法言·吾子》:“震风陵雨,然后知夏屋之为～～也。”(陵雨:暴雨。夏屋:大房子。)

洴 píng [洴澼(pì)]漂洗。《庄子·逍遥游》:“宋人有善为不龟(jūn)手之药者,世世以～～纩(kuàng)为事。”(龟:皲裂。纩:棉絮。)

屏 píng ❶照壁,对着门的小墙。《荀子·大略》:“天子外～,诸侯内～。”(天子的照壁设在门外边,诸侯的照壁设在门里边。)㉑屏风。李贺《屏风曲》:“月风吹露～外寒。”❷屏障。《宋史·李纲传》:“三镇国之～蔽,割之何以立国?”(三镇是国家安全的屏障,如果割让给敌人,国家还能存在吗?)❸bǐng 隐藏。《尚书·金縢》:“尔不许我,我乃～璧与珪。”㉒遮蔽。《左传·昭公二十七年》:“～王之耳目,使不聪明。”❹bǐng 除去,排除。《礼记·王制》:“～之远方。”《论语·尧曰》:“尊五美,～四恶。”❺bǐng 退,隐退。《礼记·曲礼上》:“左右～而待。”《后汉书·王充传》:“归乡里～居教授。”㉒使退避。《史记·孟子荀卿列传》:“惠王～左右。”❻bǐng 守卫,保护。《国语·齐语》:“以诛无道,以～周室。”《汉书·王莽传上》:“周公～成王而居摄。”❼bīng [屏营]彷徨的样子。《国语·吴语》:“王亲独行,～～彷徨于山林之中。”

瓶[缾] píng ❶盛酒或水的小型瓦器。《左传·定公三年》:“阍以～水沃廷。”(阍:看门人。沃:浇。)杜甫《少年行》:“不通姓氏粗豪甚,指点银～索酒尝。”❷汲水的瓦器。白居易《井底引银瓶》诗:“井底引银～,银～欲上丝绳绝。”❸

炊具。《礼记·礼器》："盛于盆，尊于～。"

蓱 píng ❶ 同"萍"。水草名。浮萍。张衡《南都赋》："浮蚁若～。" ❷ 雨神。屈原《天问》："～号起雨，何以兴之。"雨神又称"蓱翳"、"屏翳"。❸ 通"苹"。草名。藾(lài)蒿。谢灵运《拟魏太子邺中集诗·阮瑀》："自从食～来，唯见今日美。"

軿 píng 四周用帷幕遮蔽的车。妇女多用。《汉书·张敞传》："礼，君母出门则乘辎～。"㊁车上的帷幕。刘向《列女传·齐孝孟姬》："今立车无～，非所敢受命也。"

PO

泊 pō 见28页。

颇(頗) pō ❶ 偏差，偏斜。屈原《离骚》："举贤而授能兮，循绳墨而不～。"(循：遵循。绳墨：木工画直线用的工具。)双音词有"偏颇"。❷ 奸邪，邪佞。牛肃《纪闻·牛腾》："言无伪，行无～。" ❸ 都，全部。《史记·孟尝君列传》："薛岁不入，民～不与其息。" ❹ 副词。表示程度大小，可译为"稍微"、"相当地"、"很"等。《颜氏家训·诫兵》："～读兵书，微有经略。"《史记·儒林列传》："襄，其天姿善为容，不能通《礼经》；延～能，未善也。"(襄、延：人名。)李白《猛虎行》："～似楚汉时，翻覆无定止。"(颇似：很像。) ❺ pǒ 通"叵"。不可。卢仝《哭玉碑子》诗："～奈穷相驴，行动如跛鳖。"

酦(醱) pō ［酦醅(pēi)］酒重酿。庾信《春赋》："石榴聊泛，蒲桃～～。"李白《襄阳歌》："遥看汉水鸭头绿，恰似葡萄初～～。"

婆 pó ❶［婆娑］1. 舞蹈的样子。《诗经·陈风·东门之枌》："子仲之子，～～其下。" 2. 逍遥。班彪《北征赋》："登鄣隧而遥望兮，聊须臾以～～。" 3. 滞留，徘徊。卢照邻《释疾文》："宛转匡床，～～小室。"宋玉《神女赋》："又～～乎人间。" 4. 奔波，劳碌。应劭《风俗通·十反》："杜密～～府县，干与王政。"(杜密：人名。) 5. 脚步不稳的样子。《抱朴子·酒诫》："汉高～～巨醉。" 6. 枝叶延伸的样子。王建《神树祠》："老身长健树～～，万岁千年作神主。" 7. 声音婉转悠扬。王褒《洞箫赋》："风鸿洞而不绝兮，优娆娆以～～。"上述1—7又写作"媻娑"。❷ 母亲或母亲辈分的女人。《乐府诗集·折杨柳枝歌》："阿～不嫁女，那得孙儿抱？"陆游《家世旧闻》："先世以来，庶母皆称知～。"【注意】元代以前"婆"没有"丈夫的母亲"的意义。❸ 祖母或祖母辈分的女人。《太平广记》卷一一二"史世光"："其家有六岁儿见之，指语祖母曰：'阿爷飞上天，～为见否？'"韩愈《祭滂文》："十八翁及十八～卢氏。" ❹ 旧时称某种特殊职业的女人。陶宗仪《南村辍耕录》卷一〇："六～者，牙～、媒～、师～、虔～、药～、稳～也。"(牙婆：贩卖妇女儿童的女人。师婆：巫婆。虔婆：妓院老鸨。药婆：以贩卖保胎、堕胎药为主的女药师。稳婆：接生婆。)

鄱 pó ［鄱阳］1. 汉代地名。在今江西鄱阳。《史记·高祖本纪》："追得斩布～～。"(布：人名。) 2. 湖名。鄱阳湖。古称"彭蠡"、"彭泽"，隋改为"鄱阳"。

皤 pó ❶ 须发皆为白色。白居易《写真》诗："勿叹韶华子，俄成～叟仙。"㊁老人。宋祁《宋景文公笔记·释俗》："蜀人谓老为～。" ❷ 白色。《周易·贲》："贲如～如，白马翰如。" ❸［皤皤］1. 头发雪白的样子。陆机《汉高祖功臣颂》："～～董叟。"(董叟：姓董的老头。)又写作"番番"。2. 丰盛的样子。左思《魏都赋》："行庖(páo)～～。"(行庖：烹饪。) ❹ (肚子)大。《左传·宣公二年》："睅(hàn)其目，～其腹，弃甲而复。"(睅：眼睛突出。)

叵 pǒ ❶ 不可，不。"不可"二字的合音。《三国志·魏书·张邈传》："是儿最～信者。"《新唐书·安禄山传》："禄山答书慢甚，～可忍。"成语有"居心叵测"。❷ 遂，就。《后汉书·班超传》："超欲因此～平诸国，乃上疏请兵。"(平：平定。) ❸［叵罗］饮酒器，酒杯。李白《对酒》诗："蒲萄酒，金～～。"(蒲萄：葡萄。)

迫［廹］ pò ❶ 靠近，接近。屈原《离骚》："望崦嵫而勿～。"司马迁《报任安书》："涉旬月，～季冬。"(涉旬月：过一个月。季冬：指十二月。) ❷ 逼迫。《左传·襄公十四年》："昔秦人～逐乃祖吾离于瓜州。"(吾离：人名。)《汉书·吴王濞传》："～劫万民，伐杀无罪。"㊁窘迫。《韩非子·存韩》："夫韩尝一背秦而国～地侵。" ❸ 危急，急促。《史记·项羽本纪》："此～矣！臣请入，与之同命。"仲长统《昌言·损益》："安宁勿懈堕，有事不～遽(jù)。"(懈堕：懈怠。遽：急忙。)成语有"从容不迫"、"迫不及待"。㊁催促。杜甫《戏题画山水图歌》："能事不受相促～。" ❹ 狭窄，局促。《后汉书·窦融传》："西州地势局～。"(西州：地名。局迫：窄小。)

珀 pò ［琥珀］见159页“琥”字。

魄［䰢］ pò ❶魂魄。迷信者所说的依附于人的形体、人死后可以继续存在的精神。《左传·昭公七年》：“匹夫匹妇强死，其魂～犹能冯依于人以为淫厉。”（强死：暴死。冯：依。淫厉：指恶鬼。）成语有“魂飞魄散”。❷夏历月初出或将没时的微光。《尚书·康诰》：“惟三月哉生～。”《论衡·調时》：“月三日～，八日弦，十五日望。”（每月初三的月光叫魄，初八叫弦，十五叫望。）㉒月光。卢仝《月蚀》诗：“初露半个璧，渐吐满轮～。”㉑月亮亏缺的部分。张衡《灵宪》：“故月光生于日之所照，～生于日之所蔽。”上述❷㉒㉑又写作“霸（pò）”。❸同“粕”。糟粕。《庄子·天道》：“然则君之所读者，古人之糟～已夫。”❹bó ［旁魄］同“磅礴”。广大无边际。《荀子·性恶》：“杂能～～而无用。”（杂能：能耐很多且很杂。）❺tuò ［落魄］穷困不得志。《史记·郦生陆贾列传》：“家贫～～，无以为衣食业。”（业：职业。）又写作“落泊”、“落拓”、“落托”。

破 pò ❶破碎，残破，破损。《荀子·劝学》：“卵～子死。”杜甫《春望》诗：“国～山河在，城春草木深。”《史记·屈原贾生列传》：“亡国～家相随属。”❷破坏，打破。《诗经·豳风·破斧》：“既～我斧，又缺我斨。”柳宗元《断刑论下》：“～巨石，裂大木。”成语有“势如破竹”、“破釜沉舟”。㉑打败，攻克。《墨子·备梯》：“有此必～军杀将。”《旧唐书·黄巢传》：“袭～沂州据之。”（袭击并攻占了沂州。）❸破费，耗损。温庭筠《苏小小歌》：“买莲莫～券，买酒莫解金。”㉑破除，解除。杜甫《诸将》诗五首之一：“多少材官守泾渭，将军且莫～愁颜。”❹剖析，分析。《礼记·中庸》：“故君子语大，天下莫能载焉；语小，天下莫能～焉。”㉑破解，揭穿。《南齐书·王僧虔传》：“谈故如射，前人得～，后人应解。”白居易《杜陵叟》诗：“长吏明知不申～，急敛暴征求考课。”

POU

剖 pōu ❶破开，分开。《庄子·逍遥游》：“魏王贻我大瓠之种，我树之成……～之以为瓢。”㉑分割，切割。柳宗元《封建论》：“～海内而立宗子。”❷辨明，分析。《北史·裴政传》：“簿案盈几，～决如流。”（文书案卷堆满桌子，分析决断如同流水一般。）双音词有“剖析”。

抔 póu ❶用双手捧。《礼记·礼运》：“污尊而～饮。”❷量词。一捧。《史记·张释之冯唐列传》：“假令愚民取长陵一～土，陛下何以加其法乎？”

掊 póu ❶用手扒土。《史记·封禅书》：“见地如钩状，～视得鼎。”❷积聚。《新唐书·封伦传》：“（杨）素营仁寿宫……文帝怒曰：‘素殚百姓力，为吾～怨天下。’”［掊克］1.搜刮民财。《诗经·大雅·荡》：“曾是强御，曾是～～。”2.搜刮民财者，贪官。《孟子·告子下》：“土地荒芜，遗老失贤，～～在位。”❸pǒu 击，击破。《庄子·胠箧》：“～斗折衡，而民不争。”（衡：秤。）《庄子·逍遥游》：“吾为其无用而～之。”❹bó 放倒，倒覆。《史记·吕太后本纪》：“乃顾麾左右执戟者～兵罢去。”❺通“抔（póu）”。量词。一捧。《论衡·調时》：“河决千里，塞以一～之土，能胜之乎？”

裒 póu ❶聚集。《诗经·小雅·常棣》：“原隰～矣，兄弟求矣。”《陈书·侯安都传》：“～敛无厌。”（敛：指搜刮。）㉑众多。《诗经·周颂·般》：“敷（fū）天之下，～时之对。”（敷：遍。裒时之对：共享祭祀。）❷减少。《周易·谦》：“君子以～多益寡。”（益：增加。）❸bāo 衣襟宽大。《盐铁论·利议》：“文学～衣博带。”❹通“俘”。俘虏。《诗经·商颂·殷武》：“罙（shēn）入其阻，～荆之旅。”（罙：深。荆：九州之一。）

PU

仆¹ pū 向前倒下。《史记·项羽本纪》：“樊哙侧其盾以撞，卫士～地。”柳宗元《蝜蝂传》：“卒踬（zhì）～不能起。”（卒：终于。踬：被绊倒。）成语有“前仆后继”。㉒倒下。张溥《五人墓碑记》：“抶（chì）而～之。”（抶：打。）

【辨】偃，僵，仆，跌，踣，踣。见483页“偃”字。

扑¹ pū ❶击，打。《吕氏春秋·安死》：“于是乎聚群多之徒，以深山广泽林薮～击遏夺。”（林薮：指山林。）❷一种刑具。以夏（槚树）、楚（荆条）制成戒尺、鞭子用来打人。《尚书·舜典》：“～作教刑。”㉑鞭打。孔稚珪《北山移文》：“敲～喧嚣犯其虑。”❸通“仆¹”。倒下，使倒下。《史记·周本纪》：“秦破韩魏，～师武。”

扑²（撲） pū ❶打，击。《淮南子·说林》：“为雷电所～。”《尚书·盘庚上》：“若火之燎于原，不可向迩，其犹可～灭。”成语有“颠扑不破”。㉑扑打，拍打。

杜牧《秋夕》诗："银烛秋光冷画屏，轻罗小扇～流萤。"❷[扑地]遍地。鲍照《芜城赋》："廛閈(hàn)～～，歌吹沸天。"(廛閈：指房舍。)❸ 通"仆[1]"。倒下。韩愈《纳凉联句》："危檐不敢凭，朽机惧倾～。"

铺(鋪) pū ❶ 门环的底座。也叫铺首。左思《蜀都赋》："金～交映。"❷ 陈设，铺开。《诗经·大雅·常武》："～敦淮溃。"(敦：屯，驻扎。淮溃：淮水的岸。)白居易《与元九书》："引笔～纸。"(引笔：指提笔。)㊀普遍，广泛。刘勰《文心雕龙·明诗》："～观列代。"❸ pù 床铺。《乐府诗集·琅琊王歌辞》："孟阳三四月，移～逐阴凉。"❹ pù 店铺(后起意义)。孟元老《东京梦华录·宣德楼前省府宫宇》："南则唐家金银～。"❺ pù 驿站(后起意义)。《元史·兵志四》："元制，设急递～，以达四方文书之往来。"上述❸❹❺又写作"舖"，现写作"铺"。❻ 通"痡(pū)"。病苦。《诗经·小雅·雨无正》："若此无罪，沦胥以～。"(沦胥：陷入。)

痡 pū ❶ 疲困不堪，困顿。《诗经·周南·卷耳》："我马瘏(tú)矣，我仆～矣。"(瘏：病。)㊀衰竭。《潜夫论·叙录》："福从善来，祸由德～。"❷ 危害，病苦。《尚书·泰誓》："作威杀戮，毒～四海。"

仆²(僕) pú ❶ 古代奴隶中一个卑微的等级。《左传·昭公七年》："僚臣～，～臣台。"(僚、台：古代奴隶中两个卑微的等级。)㊁奴隶。《诗经·小雅·正月》："民之无辜，并其臣～。"❷ 奴仆，仆人。韩愈《祭河南张员外文》："～来告言。"徐弘祖《徐霞客游记·楚游日记》："顾～守衣洞外。"㊀对自己的谦称。司马迁《报任安书》："～非敢如是也。"❸ 驾车的人。《国语·晋语七》："公子扬干乱行于曲梁，魏绛斩其～。"[仆夫]1.驾车的人。屈原《离骚》："～～悲余马怀兮。"2.管理马匹的官。《周礼·夏官·校人》："六系为厩，厩一～～。"㊂驾车。《论语·子路》："子适卫，冉有～。"❹ 官名。《三国志·蜀书·谯周传》："后主立太子，以周为～。"[仆射(yè)]秦汉官名。唐宋为宰相。【注意】古代汉语中"仆"和"僕"是两个字，意义各不相同。上述义项都不写作"仆"。

匍 pú [匍匐]1.在地上爬行。《孟子·滕文公上》："赤子～～将入井，非赤子之罪也。"又写作"蒲伏"、"蒲服"。2.趴伏在地上。《礼记·问丧》："孝子亲死，悲哀志懑，故～～而哭之。"上述1、2又写作"扶服"、"扶伏"。3.尽力。《诗经·邶风·谷风》："凡民有丧，～～救之。"上述1、2、3又写作"匍伏"。

蒲 pú ❶ 蒲草。《诗经·陈风·泽陂》："彼泽之陂，有～与荷。"❷ 蒲柳。即水杨。《世说新语·言语》："～柳之姿，望秋而落。"❸ 菖蒲。李咸用《和殷衙推春霖即事》："柳眉低带泣，～剑锐初抽。"(蒲剑：指菖蒲的叶子。)❹[蒲伏][蒲服]同"匍匐"。在地上爬行。《左传·昭公十三年》："怀锦奉壶饮冰，以蒲伏焉。"《战国策·秦策三》："坐行蒲服，乞食于吴市。"

酺 pú ❶(古代有吉庆时由君主特赐或准许臣民的)聚会饮酒。有些朝代比如汉代法律不准许三人以上无故聚众饮酒。《史记·秦始皇本纪》："五月，天下大～。"❷ 古人认为能够给人或物带来灾害的神。《周礼·地官·司徒》："春秋祭～亦如之。"

墣 pú 土块。《淮南子·说林》："土胜水者，非以一～塞江也。"

璞 pú 含有玉的石头或未雕琢过的玉。《韩非子·和氏》："王乃使玉人理其～而得宝焉。"(玉人：雕琢玉的人。理：雕琢。)㊃质朴，淳朴。《战国策·齐策四》："归真反～，则终身不辱。"蔡邕《释诲》："颜歜(chù)抱～。"(颜歜保持淳朴的品格。颜歜：人名。)

濮 pú ❶ 古水名。流经春秋卫地。《韩非子·十过》："师延东走，至于～水而自投。"《礼记·乐记》："桑间～上之音，亡国之音也。"❷ 古代西南地区民族名。《尚书·牧誓》："及庸、蜀、羌……～人。"

朴¹ pǔ ❶ pò 树皮。崔骃《博徒论》："肤如桑～，足如熊蹄。"[厚朴]一种落叶乔木。树皮可供药用。《史记·司马相如列传》："楟柰(tíngnài)～～。"(楟柰：果树名。)❷ 大。屈原《天问》："恒秉季德，焉得夫～牛？"㊂大木材。屈原《九章·怀沙》："材～委积兮，莫知余之所有。"❸ 通"朴²(樸)"。本质，本性。《荀子·性恶》："今人之性，生而离其～。"❹ 通"朴²(樸)"。质朴，淳朴。《荀子·王霸》："农夫～力而寡能。"(朴力：质朴而尽力耕作。寡：少。能：指奸邪。)❺ pū 通"扑"。击打。《史记·刺客列传》："举筑～秦皇帝。"㊂击打人的器具。《史记·陈涉世家》："执敲～以鞭笞天下。"

朴²(樸) pǔ ❶ 未加工的木材。《老子》二十八章："～散则为器。"《论衡·量知》："无刀斧之断者谓之～。"(断：指加工。)㊀未经整治的，未经训练的。《荀子·臣道》："若驭～马，若养赤子。"❷ 本钱，成本。《商君书·垦令》："贵酒肉之价，重其租，令十倍其～。"（提高酒肉的价格，加重酒肉的税收，使税额比成本高十倍。）❸本质，本性。《老子》十九章："见素抱～，少私寡欲。"《吕氏春秋·论人》："故知知一，则复归于～。"成语有"返朴归真"。❹质朴，淳朴。《荀子·强国》："观其风俗，其百姓～。"《汉书·黄霸传》："浇淳散～。"❺整治，治理。左思《魏都赋》："匪～匪斲，去泰去甚。"❻pú 丛生的树。《诗经·大雅·棫朴》："芃芃（péngpéng）棫（yù）～。"（芃芃：草木茂盛的样子。棫：一种树。）［朴樕（sù）］丛生的小树。《诗经·召南·野有死麕》："林有～～。"❼pú 附着，依附。《商君书·垦令》："奸民无～，则农民不败。"

圃 pǔ ❶种植蔬菜瓜果的园子。《韩非子·外储说左上》："中牟之人弃其田耘，卖宅～。"（中牟：地名。田耘：指农活。）❷种植蔬菜瓜果的人。《论语·子路》："樊迟请学稼。子曰：'吾不如老农。'请学为圃，曰：'吾不如老～。'"❸事物聚集的地方。《史记·司马相如列传》："修容乎礼园，翱翔乎书～。"❹繁盛，大。《国语·周语中》："薮（sǒu）有～草。"（薮：湖泽。）

浦 pǔ ❶水边，岸边。《诗经·大雅·常武》："率彼淮～。"❷小河流入江海的入口处。《晋书·徐宁传》："至广陵寻亲旧，还遇风，停～中。"❸港汊，水湾。洪迈《夷坚丙志·林翁要》："约行百余里，随流入小～中。"

溥 pǔ ❶广大。《诗经·大雅·公刘》："逝彼百泉，瞻彼～原。"❷普遍。《诗经·小雅·北山》："～天之下，莫非王土。"❸通"浦（pǔ）"。水边。《汉书·扬雄传上》："储与乎大～，聊浪乎宇内。"❹fū 通"敷"。分布。《礼记·祭义》："夫孝，置之而塞乎天地，～之而横乎四海。"

普 pǔ ❶普遍，全面。《孟子·万章上》："～天之下，莫非王土。"《史记·秦始皇本纪》："～施明法。"《三国志·吴书·吴主传》："～天一统，于是定矣。"❷广大。《墨子·尚贤中》："圣人之德，若天之高，若地之～。"

谱（譜） pǔ ❶记录事物类别或系统的书籍。如"家谱"、"年谱"、"食谱"。《汉书·刘歆传》："考定律历，著《三统历～》。"《旧唐书·经籍志上》："十二曰～系，以纪世族继序。"㊕曲谱，乐谱。白居易《霓裳羽衣歌和微之》："由来能事皆有主，杨氏创声君造～。"《宋史·乐志五》："自历代至于本朝，雅乐皆先制乐章而后成～。"❷编排记录，编写（谱册）。《史记·三代世表》："自殷以前诸侯不可得而～。"（殷：商朝。）㊕按照词牌谱写乐曲，谱曲（后起意义）。辛弃疾《浣溪沙·别成上人并送性禅师》："惯听禽声应可～，饱观鱼阵已能排。"

铺（鋪） pù 见323页。

曝 pù ❶晾晒。《战国策·燕策二》："今者臣来，过易水，蚌方出～。"陶渊明《自祭文》："冬～其日，夏濯（zhuó）其泉。"（濯：洗。）成语有"一曝十寒"。❷暴露。《北史·魏高祖纪上》："公给衣衾棺椟葬埋之，不得～露。"《隋书·李德林传》："～骨履肠，间不容砺。"

Q

QI

妻 qī ❶ 妻子，男子的嫡配偶。《战国策·秦策一》："～不以我为夫，嫂不以我为叔。"《史记·孙子吴起列传》："吴起取齐女为～。"（取：娶。齐：齐国。）❷ qì 以女嫁人。《论语·先进》："孔子以其兄之子～之。"（子：女儿。）《三国志·魏书·荀彧传》："太祖以女～彧（yù）长子恽。"㊀娶妻。《史记·鲁周公世家》："宋女至而好，惠公夺而自～之。"

萋 qī ❶ 草木茂盛的样子。张协《杂诗十首》之一："房栊无行迹，庭草～以绿。"叶适《题潘彦庶群书辨正》："汉沔之间，草树～迷。"❷［萋萋］1. 草木茂盛的样子。《楚辞·招隐士》："王孙游兮不归，春草生兮～～。"2. 云飘动的样子。鲍溶《范真传侍御累有寄因奉酬》诗之九："～～巫峡云，楚客莫留恩。"3. 华丽的样子。潘岳《藉田赋》："袭春服之～～兮，接游车之辚辚。"❸ 帛上文采交错的样子。《诗经·小雅·巷伯》："～兮斐兮，成是贝锦。"（贝锦：有贝形花纹的锦缎。）

悽 qī ❶ 悲痛，悲伤。《礼记·祭义》："霜露既降，君子履之，必有～怆之心。"刘勰《文心雕龙·诔碑》："道其哀也，～焉如可伤。"❷ 寒冷，寒凉。《汉书·王褒传》："袭貂狐之暖者，不忧至寒之～怆。"上述义项现写作"凄"。

栖［棲］ qī ❶ 鸟类停留、歇宿。《诗经·王风·君子于役》："鸡～于埘（shí）。"（埘：凿墙洞做成的鸡窝。）张衡《西京赋》："南翔衡阳，北～雁门。"（翔：飞翔。）㊁停留，居住。《国语·越语上》："越王勾践～于会稽之上。"李白《万愤词投魏郎中》诗："吾将安～？"（安：哪里。）［栖迟］游玩休息。《诗经·陈风·衡门》："衡门之下，可以～～。"❷ 栖息、居住的地方。《论衡·辨祟》："鸟有巢～，兽有窟穴。"郭璞《游仙》诗："京华游侠窟，山林隐遁～。"❸ 床。《孟子·万章上》："二嫂使治朕～。"❹ xī ［栖栖］1. 忙碌不安。《论语·宪问》："丘何为是～～者与？"又写作"恓恓"。2. 孤寂零落的样子。白居易《胶漆契》诗："陋巷饥寒士，出门甚～～。"

桤（榿） qī 树名。杜甫《堂成》诗："～林碍日吟风叶，笼竹和烟滴露梢。"

攲 qī ［攲嶇］1. 倾斜不平。庾信《小园赋》："～～兮狭室，穿漏兮茅茨。"2. 经历坎坷。《宋书·庐江王袆传》："徼幸～～，仅得自免。"

戚 qī ❶ 斧。古代一种兵器。《韩非子·五蠹》："执干～舞。"（干：盾。）❷ 亲近，亲密。《庄子·盗跖》："尧杀长子，舜流母弟，疏～有伦乎？"（流：流放。疏：疏远。伦：人伦。）《列子·力命》："管夷吾、鲍叔牙二人相友甚～。"㊀亲戚，亲属。《史记·秦本纪》："法之不行，自于贵～。"（自：从。）《吕氏春秋·论人》："何谓六～？父、母、兄、弟、妻、子。"双音词有"亲戚"。【注意】古代汉语中"亲戚"包括父母子女，和现代的用法不同。［亲戚］见 342 页"亲"字。❸ 忧愁，悲伤。《庄子·大宗师》："哭泣无涕，中心不～。"❷之㊀和❸又写作"慼"，现写作"戚"。❹［戚戚］心动的样子。《孟子·梁惠王上》："夫子言之，于我心有～～焉。"

【辨】哀，悲，戚，悼。见 1 页"哀"字。

慼 qī ❶ 忧愁，悲伤。《诗经·小雅·小明》："心之忧矣，自诒伊～。"（诒：留下。伊：此。）李白《北上行》："惨～冰雪里，悲号绝中肠。"❷ 亲戚，亲属。洪适《隶释·汉小黄门谯敏碑》："寮朋亲～，莫不失声。"上述义项又写作"戚"。

娸 qī 诋毁，丑化。《汉书·枚乘传》："故其赋有诋～东方朔，又自诋～。"

期¹ qī ❶ 约会。《诗经·鄘风·桑中》："～我乎桑中。"（桑中：地名。）㊁预定的时间，规定的期限。《左传·隐公元年》："大叔完聚，缮甲兵，具卒乘，将袭郑。夫人将启之。公闻其～，曰：'可矣！'"《史记·陈涉世家》："会天大雨，道不通，度（duó）已失～。"（会：适逢。度：估计。失：耽误。）❷ 期望，要求。《韩非子·五蠹》："不～修古，不法常可。"㊀限度。苏轼《渔父四首》诗之一："酒无多少醉为～。"㊀必，必定。《汉书·路温舒传》："刻木为吏，～不对。"❸ jī 周期。指一周年，一整月。《左传·襄公九年》："行之～年，国乃有节。"（行：施行。节：节余。）《后汉书·耿纯传》："～月之间，兄弟称王。"❹ jī 期服。旧时为亲属服丧一年。《墨子·公孟》："伯父叔父兄弟～。"上述❸❹又写作

"朞",现写作"期"。

欺 qī ❶欺骗,欺诈。《论语·子罕》:"吾谁～,～天乎?"《韩非子·孤愤》:"其行～主也。"成语有"童叟无欺"。❷欺凌,欺负。贾谊《新书·解县》:"匈奴～侮侵掠,未知息时。"(息:止息。)杜甫《茅屋为秋风所破歌》:"南村群童～我老无力。"成语有"欺霜傲雪"。❸辜负。《史记·刺客列传论》:"不～其志,名垂后世。"❹压倒,超过(后起意义)。杜牧《张好好诗》:"飘然集仙客,讽赋～相如。"

僛 qī ❶[僛僛]1.醉舞的样子。《诗经·小雅·宾之初筵》:"乱我笾豆,屡舞～～。"2.摇摆的样子。王安石《春雨》诗:"城云如梦柳～～。"❷相貌丑陋。庾信《竹杖赋》:"宿昔～丑,俄然耆耋。"

諆 qī ❶欺骗。❷jī 谋划。《后汉书·张衡传》:"回志朅来从玄～,获我所求夫何思。"

魌[魌、倛] qī 相貌丑陋。㊀状貌丑恶的面具。《慎子·威德》:"毛嫱、西施,天下之至姣也,衣之以皮～,则见者走。"[魌头]状貌丑恶的面具。《周礼·夏官·方相氏》郑玄注:"冒熊皮者,以惊驱疫疠之鬼,如今～～也。"

攲[攱] qī ❶倾斜。《荀子·宥坐》:"吾闻宥坐之器者,虚则～,中则正,满则覆。"❷依靠,倚靠。元好问《读书山月夕》诗之二:"墙东有洿池,～枕听鸣蛙。"

踦 qī ❶一只脚。《管子·侈靡》:"其狱,一～腓,一～屦(jù)而当死。"(砍去犯人一只脚,让他一只脚穿鞋,可以抵死罪。腓:古代砍脚的刑罚。)㊁瘸子,腿脚有毛病的。焦延寿《易林·归妹之睽》:"兔跛鹿～,缘山坠堕。"[踦跂(qí)]瘸子,腿脚有毛病的。《国语·鲁语下》:"～～毕行,无有处人。"(处人:指留着不走的人。)❷亏缺,不足。《元史·忠义传》:"量之～赢,出于元降。"❸偏,偏重。《韩非子·八经》:"大臣两重,提衡而不～。"(提衡:指平衡。)❹jī 单只,单数。贾谊《新书·谕诚》:"楚国虽贫,岂爱一～屦哉?"双音词有"踦偶"。㊀数奇(jī),运气不好。苏舜钦《哀穆先生文》:"然由赋数～只,常罹兵贼恶少辈所辱困。"❺yǐ 用力顶住。《庄子·养生主》:"足之所履,膝之所～。"㊀依靠,依据。《公羊传·成公二年》:"二大夫出,相与～闾而语。"《大戴礼记·子张问入官》:"失言勿～。"

觭 qī ❶角一俯一仰的样子。《尔雅·释畜》:"角一俯一仰,～。"㊁偏向一边。鲍彪本《战国策·赵策四》:"齐秦非复合也,必有～重者也。"❷jī 单,只。《汉书·五行志中之下》:"匹马～轮无反者。"(反:返。)❸jī 通"奇"。数目不成双的。与"偶"相对。《新唐书·朱泚传》:"时四方无事,天子～日视朝。"

亓 qí "其"的古字。见 327 页"其"字。

齐(齊) qí ❶整齐,一致。《孟子·滕文公上》:"夫物之不～,物之情也。"《孙子兵法·九地》:"兵合而不～。"㊀一同,一齐。刘禹锡《插田歌》:"～唱田中歌。"㊁相同,同等。屈原《九歌·云中君》:"与日月兮～光。"《盐铁论·地广》:"安危劳佚不～,独不当调邪?"❷齐备,齐全。《荀子·王霸》:"无它故焉,四者～也。"韩翃《送客之潞府》诗:"佳期别在春山里,应是人参五叶～。"㊀整治,整理。《礼记·大学》:"欲治其国者,先～其家。"杜甫《西郊》诗:"傍架～书帙,看题检药囊。"❸敏捷。《商君书·弱民》:"～疾而均,速若飘风。"(疾:快。均:整齐。)❹肚脐。《左传·庄公六年》:"后君噬～。"(噬:咬。)这个意义后来写作"脐"。❺周代诸侯国。战国时为七雄之一。在今山东北部一带。❻朝代名。公元 479—502 年,南朝之一,又称南齐,第一代君主是萧道成。❼朝代名。公元 550—577 年,北朝之一,又称北齐,第一代君主是高洋。❽jì 调剂。《韩非子·定法》:"医者～药也。"这个意义后来写作"剂"。❾zhāi 庄重,恭敬。《礼记·祭义》:"敬～之色,不绝于面。"㊀斋戒。《仪礼·士冠礼》:"～则缁之。"上述❾㊀后来写作"斋(齋)"。❿zī [齐盛(chéng)]通"粢盛"。祭祀时装在器物中的谷物。《礼记·祭统》:"以共～～。"(共:供。)⓫jī 通"跻"。升起。《礼记·乐记》:"地气上～,天气下降。"

蛴(蠐) qí ❶[蛴螬(cáo)]地蚕。金龟子的幼虫。《庄子·至乐》:"乌足之根为～～,其叶为胡蝶。"❷[蝤(qiú)蛴]见 348 页"蝤"字。

懠 qí 愤怒。《诗经·大雅·板》:"天之方～,无为夸毗。"(夸毗:谄媚。)

祁 qí ❶盛,大。《尚书·君牙》:"冬～寒,小民亦惟曰怨咨。"❷[祁祁]1.众多的样子。《诗经·豳风·七月》:"春日迟迟,采蘩～～。"2.舒缓和顺的样子。班固《灵台诗》:"习习祥风,～～甘雨。"

圻 qí ❶同"畿(jī)"。京畿。天子都城周围千里之地。《左传·襄公二十五年》:

“且昔天子之地一～。”㉑地方千里为圻。《左传·昭公二十三年》：“今土数～，而郢是城，不亦难乎？”㉒边界，地域。陆机《辨亡论》上：“化协殊裔，风衍遐～。”❷岸。《论衡·死伪》：“栾水击滑山之尾，犹河、泗之流湍滨～也。”王维《送沈子福之江东》诗：“杨柳渡头行客稀，罟师荡桨向临～。”❸yín 同“垠”。边界，边际。《淮南子·俶真》：“四达无境，通于无～。”

祈 qí （向老天或鬼神）祷告恳求。《诗经·小雅·甫田》：“以御田祖，以～甘雨。”韩愈《潮州祭神文》：“～于太湖神之灵。”㉑请求，希望。《南史·刘峻传》：“闻有异书，必往～借。”（异：特殊的。）叶适《中奉大夫曾公墓志铭》：“遂以亲嫌乞免，且以病力～去。”

颀（頎） qí ❶身体修长的样子。《诗经·卫风·硕人》：“硕人其～。”❷kěn 哀痛。《礼记·檀弓上》：“稽颡而后拜，～乎其至也。”（稽颡：古时一种跪拜礼。）

旂 qí 上画两龙相交、杆头系铃的旗帜。《周礼·春官·司常》：“王建大常，诸侯建～。”㉒旗帜。韩愈《谴疟鬼》诗：“呼吸明月光，手掉芙蓉～。”

蕲（蘄） qí ❶qín 一种药草。也叫山蕲、当归。❷马嚼子。张衡《西京赋》：“旗不脱扃，结驷方～。”❸通“祈”。求。《庄子·养生主》：“泽雉十步一啄，百步一饮，不～畜乎樊中。”❹通“圻(qí)”。边界。《荀子·儒效》：“跨天下而无～。”

岐 qí ❶山名。在今陕西岐山县东北。也叫天柱山。《尚书·禹贡》：“导岍及～。”❷同“歧”。岔路。《后汉书·邓彪传》：“迟迟于～路之间也。”㉑分开，分岔。《淮南子·原道》：“故牛～蹄而戴角，马被髦而全足者，天也。”

歧 qí ❶岔路。徐元太《喻林·人事门·乱真》引《吕氏春秋·疑似》：“故墨子见～道而哭之。”《列子·说符》：“～路之中又有～焉。”成语有“歧路亡羊”。㉑非正当的途径。《旧唐书·韦澳传》：“必以吾他～得之。”❷分开，分岔。《后汉书·张堪传》：“桑无附枝，麦穗两～。”王安石《寄虔州江阴二妹》诗：“又如～首蛇，南北两欲驰。”这个意义又写作“岐”。

蚑 qí ❶虫名。枚乘《七发》：“～、蟜、蝼、蚁闻之，拄喙而不能前。”㉒虫类。李时珍《本草纲目·主治下·诸虫》：“杀虫术……蓝叶，杀虫～。”❷[蚑行]虫类爬行或动物行走。《淮南子·修务》：“～～蛲动之虫，喜而合，怒而斗。”《淮南子·天文》：“～～喙(huì)息，莫贵于人。”（喙息：用嘴呼吸。）又写作“跂行”。

跂 qí ❶多生出的脚趾。《庄子·骈拇》：“故合者不为骈(pián)，而枝者不为～。”（骈：指脚的大拇指与二指连在一起。枝：通“支”，分支。）❷[踦跂]见326页“踦”字。❸qǐ 踮起脚后跟。《荀子·劝学》：“吾尝～而望矣，不如登高之博见也。”❹[跂行]通“蚑行”。虫类爬行或动物行走。《史记·匈奴列传》：“～～喙(huì)息蠕动之类。”（喙息：用嘴呼吸。）

其 qí ❶第三人称代词。表示领有。相当于“他的”、“她的”、“它的”、“他们的”。《论语·卫灵公》：“工欲善～事，必先利～器。”成语有“各得其所”、“自圆其说”。㉒相当于“他”、“她”、“它”、“他们”（后起意义）。《三国志·魏书·华佗传》：“当须刳(kū)割者，便饮～麻沸散。”（刳：割。麻沸散：一种麻药。）成语有“任其自流”、“知其不可而为之”。❷指示代词。相当于“这”、“这些”、“那”、“那些”。柳宗元《捕蛇者说》：“有蒋氏者，专～利三世矣。”《史记·项羽本纪》：“今欲举大事，将非～人不可。”成语有“不厌其烦”。㉒其中的。《庄子·山木》：“～一能鸣，～一不能鸣。”❸连词。表示假设。相当于“如果”、“假使”。《荀子·劝学》：“兰槐之根是为芷(zhǐ)，～渐之滫(xiǔ)，君子不近，庶人不服。”（芷：一种香草。渐：浸。滫：臭水。服：佩戴。）㉒表示选择。相当于“或者”、“还是”。《庄子·徐无鬼》：“～欲干酒肉之味邪？～寡人亦有社稷之福邪？”❹句中语气词。表示揣测、反问、期望或命令。《孟子·梁惠王上》：“始作俑者，～无后乎？”《左传·僖公十年》：“欲加之罪，～无辞乎？”《尚书·益稷》：“帝～念哉！”❺形容词词头。《诗经·邶风·北风》：“北风～凉，雨雪～雱(pāng)。”（雱：雪很大的样子。）❻jī 句末语气词。表示疑问。《诗经·小雅·庭燎》：“夜如何～？夜未央。”

萁 qí ❶豆茎。《世说新语·文学》：“～在釜下燃，豆在釜中泣。”❷jī 草名。《汉书·五行志下之上》：“女童谣曰：‘檿(yǎn)弧～服，实亡周国。’”（檿：树名。弧：指弓。服：箭袋。）❸jī 树名。《淮南子·时则》：“爨(cuàn)～燧火。”（爨：烧。）

淇 qí 水名。淇水。在今河南北部，源出淇山。《诗经·邶风·泉水》：“毖彼泉水，亦流于～。”

骐（騏） qí ❶有青黑色纹理的马。《诗经·鲁颂·駉》：“有骓有驱，

Q

有骍有～。”❷ 青黑色。《诗经·曹风·鸤鸠》：“其带伊丝，其弁伊～。”❸［骐骥］1. 骏马。《庄子·秋水》：“～～骅骝，一日而驰千里。”2. 贤才。《世说新语·雅量》刘孝标注：“此吾家～～也，必兴吾宗。”❹［骐骥］1. 骏马。《商君书·画策》：“～～騄駬，每一日走千里。”2. 同“麒麟”。传说中象征祥瑞的神兽。《战国策·赵策四》：“刳胎焚夭而～～不至。”

琪 qí ❶ 美玉。陆龟蒙《袭美先辈……用伸酬谢》诗：“因知昭明前，剖石呈清～。”［琪树］仙境中的玉树。孙绰《游天台山赋》：“建木灭景于千寻，～～璀璨而垂珠。”❷ 美好，珍奇。王毂《梦仙谣三首》之一：“前程渐觉风光好，～花片片粘瑶草。”

祺 qí 吉祥，福气。《诗经·大雅·行苇》：“寿考维～。”（既长寿又吉祥。考：老。维：句中语气词。）［祺然］安详而不忧惧的样子。《荀子·非十二子》：“俨然，壮然，～～，蕼（sì）然。”（蕼然：宽舒的样子。）

綦 qí ❶ 青黑色。《诗经·郑风·出其东门》：“缟衣～巾。”（缟：素色的绢。巾：佩巾。）❷ 鞋带。《礼记·内则》：“偪屦著～。”（绑上裹腿，穿上鞋，系上鞋带。著綦：指系鞋带。）❸ 脚印，鞋印。左思《娇女诗》：“务蹑霜雪戏，重～常累积。”❹ 通“极[1]（極）”。极点，顶极。《荀子·王霸》：“目欲～色，耳欲～声。”

旗 qí ❶ 画有熊虎图案的军将的旗帜。《周礼·春官·司常》：“熊虎为～。”㉒旗帜。《韩非子·外储说左下》：“夫爵禄～章，所以异功伐别贤不肖也。”贾谊《过秦论》：“斩木为兵，揭竿为～。”（兵：武器。揭：高举。）❷ 事物的标志。《左传·闵公二年》：“佩，衷之～也。”（身上佩戴的东西，是内心的标志。）

琪 qí 古代皮冠上的玉饰。《周礼·夏官·弁师》：“王之皮弁会五采玉～。”（会：缝合处。）

麒 qí ［麒麟］1. 传说中象征祥瑞的神兽。《孟子·公孙丑上》：“～～之于走兽，凤凰之于飞鸟。”又写作“骐骥”。2. 杰出的人才。李山甫《赴举别所知》诗：“黄祖不怜鹦鹉客，志公偏赏～～儿。”

奇 qí ❶ 奇异的，罕见的，不寻常的。《老子》五十七章：“人多伎巧，～物滋起。”（滋起：产生出来。）《史记·商君列传》：“公孙鞅年虽少，有～才。”㉒以为奇异，看重。《史记·淮阴侯列传》：“滕公～其言。”❷ 出人意料的。《老子》五十七章：“以正治国，以～用兵。”成语有“出奇制胜”。❸ 很，非常。段成式《酉阳杂俎》卷一二“语资”：“今岁～寒。”❹ jī 单数。与“偶”、“耦”相对。《周易·系辞下》：“阳卦～，阴卦耦。”《资治通鉴·唐敬宗宝历二年》：“每～日，未尝不视朝。”（视朝：君主临朝听政。）⑲命运不好。常“数奇”连用。《史记·李将军列传》：“以为李广老，数～，毋令当单于。”❺ jī（整数之后的）余数、零数。《汉书·食货志下》：“（货布）首长八分有～。”

埼 qí 弯曲的岸边。《史记·司马相如列传》：“触穹石，激堆～。”

崎 qí ❶ 倾斜的样子。宋玉《高唐赋》：“磐石险峻，倾～崖隤（tuí）。”（隤：倒塌。）❷［崎岖］1. 山路高低不平的样子。张衡《南都赋》：“上平衍而旷荡，下蒙笼而～～。”李白《送友人入蜀》诗：“～～不易行。”又写作“陭岖”。2. 比喻处境困难。《史记·燕召公世家》：“燕北迫蛮貉，内措齐晋，～～强国之间。”文天祥《平原》诗：“～～坎坷不得志，出入四朝老忠节。”（坎坷：指遭遇不幸。）3. 跋涉，奔波。《颜氏家训·杂艺》：“～～碑碣之间，辛苦笔砚之役。”4. 情意缠绵曲折。《乐府诗集·西乌夜飞五》：“感郎～～情，不复自顾虑。”❸［嵚崎］见 341 页“嵚”字。

骑（騎） qí ❶ 骑马。《战国策·赵策二》：“今吾将胡服～射，以教百姓。”《史记·樊郦滕灌列传》：“沛公留车骑，独～一马，与樊哙等四人步从。”㉑跨骑，乘坐。《汉书·爰盎传》：“百金之子不～衡。”（衡：栏杆。）《庄子·齐物论》：“乘云气，～日月。”成语有“骑虎难下”。❷（旧读 jì）骑兵，骑马的人。《史记·项羽本纪》：“沛公旦日从百余～来见项王。”白居易《卖炭翁》：“翩翩两～来是谁？”㉑骑马的侍从。《韩非子·说林下》：“公孙弘断发而为越王～。”❸（旧读 jì）骑乘的马。王融《三月三日曲水诗序》：“重英曲瑵（zhǎo）之饰，绝景追风之～。”（瑵：车盖弓端伸出的爪形部分。）❹［票骑］见 317 页“票”字。［骠（piào）骑］见 24 页“骠（biāo）”字。

琦 qí ❶ 美玉。《抱朴子·博喻》：“沟浍（kuài）之中，无宵朗之～。”（浍：田间水沟。）❷ 珍奇，美好。仲长统《昌言·理乱》：“～赂宝货，巨室不能容。”（赂：财物。）❸ 通“奇”。奇异的，诡异的。《荀子·非十二子》：“好治怪说，玩～辞。”（治：研究。玩：卖弄。）

碕 qí ❶ 同“埼”。弯曲的岸边。《楚辞·九叹·离世》：“遵江曲之逶移兮，触石～而衡游。”❷ 山漫长而起伏的样子。郭璞《江赋》："～岭为之岩崿。"❸ qǐ ［碕礒（yǐ）］山石错落不平的样子。《楚辞·招隐士》："嵚岑～～兮，硱磳（jūnzēng）磈硊（wěiwěi）。"（硱磳、磈硊：山石高危的样子。）

锜（錡） qí ❶凿子一类的工具。《诗经·豳风·破斧》："既破我斧，又缺我～。"❷一种三只脚的锅。《诗经·召南·采蘋》："于以湘之，维～及釜。"❸ yǐ 悬挂弓弩的兵器架。张衡《西京赋》："武库禁兵，设在兰～。"（兰：兵器架。）

祇 qí ❶地神。《论语·述而》："祷尔于上下神～。"（替你向天神地祇祈祷。）❷大。《后汉书·郎𫖮传》："思过念咎，务消～悔。"❸ zhǐ 副词。仅仅，只。《诗经·小雅·何人斯》："～搅我心。"㊉副词。适，恰好。《国语·晋语五》："病未若死，～以解志。"

【注意】❸㊉上古又写作"秖"、"衹"、"袛"，宋代以后多作"只"。

【辨】衹，祇，祗，秖，秪，只。见545页"祗"字。

疧 qí 病。《诗经·小雅·白华》："之子之远，俾我～兮。"

耆 qí ❶年老，老人。《庄子·寓言》："以期年～者。"《礼记·檀弓上》："天不遗～老。"［耆艾］指年老或老人。古代称六十岁的人为"耆"，五十岁的人为"艾"。《荀子·致士》："～～而信，可以为师。"《汉书·武帝纪》："然则于乡里先～～，奉高年，古之道也。"❷强横。《左传·昭公二十三年》："不僭不贪，不懦不～。"❸憎恶。《诗经·大雅·皇矣》："上帝～之，憎其式廓。"❹ zhǐ 致，奉献。《国语·晋语九》："及臣之壮也，～其股肱以从司马。"❺ shì 通"嗜"。喜好。《孟子·告子上》："～秦人之炙。"（炙：烤肉。）

鳍（鰭） qí 鱼鳍。鱼类的运动器官。郭璞《江赋》："扬～掉尾，喷浪飞涎（xián）。"（涎：唾沫。）

鬐 qí ❶马鬃，马颈上的长毛。《尉缭子·制谈》："彼驽马～兴角逐，何能绍吾气哉？"㊈动物颈背的长毛。李公佐《古岳渎经》："状有如猿，白首长～。"❷通"鳍"。鱼类的背鳍。《庄子·外物》："已而大鱼食之……骛扬而奋～，白波若山，海水震荡。"

畦 qí ❶土地面积单位。五十亩为一畦。❷田间划分的小区。《庄子·天地》："（子贡）见一丈人方将为圃～。"《韩非子·外储说左上》："庸客致力而疾耘耕者，尽巧而正～陌～畤者，非爱主人也。"双音词有"畦陇"。㊈田园。谢朓《和沈祭酒行园》："霜～纷绮错，秋町郁蒙茸。"㊉灌溉田园。《孟子·滕文公下》："胁肩谄笑，病于夏～。"❸分畦种植。屈原《离骚》："～留夷与揭车兮，杂杜衡与芳芷。"

乞 qǐ ❶乞求，乞讨。《左传·隐公四年》："宋公使来～师。"（师：军队。）㊕讨饭。《韩非子·难言》："伯里子道～。"❷索取。《陈书·宗元饶传》："遣使就渚敛鱼，又于六郡～米。"❸ qì 给予。《汉书·朱买臣传》："妻自经死，买臣～其夫钱，令葬。"李白《少年行》："好鞍好马～与人。"

芑 qǐ ❶一种粟。《诗经·大雅·生民》："诞降嘉种……维穈维～。"❷苦菜。《诗经·小雅·采芑》："薄言采～，于彼新田。"❸通"杞"。树名。《山海经·东山经》："（余峨之山）其上多梓楠，其下多荆～。"

屺 qǐ ❶不长草木的山。《诗经·魏风·陟岵》："陟彼～兮，瞻望母兮。"❷［屺岵（hù）］指代父母。颜惟贞《萧思亮墓志》："未极庭闱之养，遂缠～～之悲。"

岂（豈） qǐ ❶副词。表示反问。可以翻译为"难道"、"怎么"。《庄子·盗跖》："子之道～足贵邪？"❷副词。表示疑问。可以翻译为"是否"。《三国志·蜀书·诸葛亮传》："将军～愿见之乎？"❸连词。表示意思转折。可以翻译为"况且"。曹操《上书让费亭侯》："先臣虽有扶辇微劳，不应受爵，～逮臣三叶。"❹ kǎi 快乐，和乐。《诗经·小雅·鱼藻》："～乐饮酒。"这个意义又写作"恺"。❺ kǎi ［岂弟］同"恺悌"。平易近人。《诗经·小雅·青蝇》："～～君子，无信谗言。"

玘 qǐ 玉名。谢灵运《答中书》诗："矧乃良朋，贻我琼～。"

杞 qǐ ❶灌木名。枸杞。《诗经·小雅·杕杜》："陟彼北山，言采其～。"（陟：登。彼：那。言：动词词头。）❷树名。杞柳。《诗经·郑风·将仲子》："无折我树～。"（不要折断我种的杞柳。树：种植。）❸周代诸侯国。在今河南杞县。《列子·天瑞》："～国有人，忧天地崩坠，身亡所寄。"（亡：无。）成语有"杞人忧天"。

起 qǐ ❶出发，动身。《庄子·秋水》："予蓬蓬然～于北海而入于南海也。"㊉站起，起来。《庄子·齐物论》："曩子坐，今子～。"（曩：过去。子：您。）李白《嘲鲁儒》诗："未行先～尘。"❷起床。《孟子·尽心上》："鸡鸣而～，孳孳为善者，舜之徒也。"㊈病愈，治愈。《史记·扁鹊仓公列传》："此自当生者，越人能使之～耳。"❸兴起。《荀子·天论》："一废一～。"㊉发动。《三国志·蜀书·诸葛亮传》："将军～兵，据有江东。"❹

Q

表示向上、向外的状态。可以翻译为“立起”、“凸起”、“升起”等。《尚书·金縢》：“王出郊，天乃雨，反风，禾则尽～。”《后汉书·张衡传》：“合盖隆～，形似酒尊。”韦应物《园林晏起寄昭应韩明府卢主簿》诗：“田家已耕作，井屋～晨烟。”❺ 起用，征召。《战国策·秦策二》：“～樗(chū)里子于国。”（樗里子：人名。）㊂出仕，应征。刘僎《念奴娇·长沙赵帅席上作》：“草庐如旧，卧龙知为谁～。”㊂出身，起家。《汉书·萧何曹参传赞》：“萧何、曹参，皆～秦刀笔吏。”❻ 出现，产生。《荀子·天论》：“上明而政平。则是虽并世～，无伤也。”（并世：指同时。）㊀开始。《史记·李斯列传》：“明法度，定律令，皆以始皇～。”❼ 兴建，建造。《后汉书·顺帝纪》：“缮～太学。”（缮：修治。）《三国志·吴书·吴主传》：“诏诸郡县治城郭，～谯(qiáo)楼。”（谯楼：城门上建的望楼。）❽ 启发。《论语·八佾》：“～予者商也！”（商：人名。）

企 qǐ ❶ 踮起脚后跟。《老子》二十四章：“～者不立，跨者不行。”《汉书·高帝纪上》：“日夜～而望归。”㊀站立，耸立。何晏《景福殿赋》：“鸟～山峙。”谢灵运《从斤竹涧越岭溪行》诗：“～石挹飞泉，攀林摘叶卷。”❷ 仰望，盼望。《北史·阳休之传》：“乡曲人士，莫不～羡焉。”（乡曲：穷乡僻壤。）潘岳《射雉赋》：“甘疲心于～想。”（甘：情愿。疲心：使心疲倦。）❸ 企及，赶上。《新唐书·王勃传》：“勃文章宏放，非常人所及，炯、照邻可以～之。”（炯、照邻：人名。）

启(啓)[啟] qǐ ❶ 开门，打开。《左传·襄公二十五年》：“门～而入。”㊀开发，开拓。《韩非子·有度》：“齐桓公并国三十，～地三千里。”㊂古代称立春、立夏为“启”。《左传·僖公五年》：“凡分、至、～、闭，必书云物。”（分：春分、秋分。至：夏至、冬至。闭：立秋、立冬。）❷ 开通。《梁书·文帝纪》：“凿河津于孟门，百川复～。”㊀开导，启发。《左传·昭公二十七年》：“～叔孙氏之心。”双音词有“启迪”。㊂引发，招致。《左传·文公七年》：“今臣作乱，而君不禁，以～寇仇。”❸ [启处(chǔ)] 指安居。“启”指古人伸直腰股坐，也叫跪或长跪；“处”指两膝着地，臀部靠着脚跟坐。《诗经·小雅·采薇》：“不遑～～。”（不遑：没有空闲。）❹ 萌芽，开始。《荀子·天论》：“繁～蕃长于春夏。”《三国志·魏书·武帝纪》：“首～戎行。”（戎行：军队。）双音词有“启程”。❺ 禀告，陈述。《商君书·开塞》：“非明主莫有能听也，今日愿～之以效。”王安石《答司马谏议书》：“某～：昨日蒙教。”（某：作者自称。蒙教：承蒙指教。）双音词有“启事”。❻ 指奏疏、公文、书函等文体。刘勰《文心雕龙·奏启》：“至魏国笺记，始云～闻。”沈作喆《寓简》卷八：“秦熺状元及第，汪彦章以～贺会之。”（秦熺、汪彦章、会之：人名。）❼ 军队的左翼或前锋。《左传·襄公二十三年》：“～，牢成御襄罢师。”（牢成、襄罢师：人名。）《周礼·地官·乡师》贾公彦疏：“军在前曰～，在后曰殿。”

棨 qǐ ❶ 古代用木制的一种符信。《后汉书·窦武传》：“取～信，闭诸禁门。”❷ 古代官吏出行时的一种形状像戟、外有缯衣的木制仪仗。也叫棨戟。《汉书·韩延寿传》：“建幢～，植羽葆。”（幢：古代用作仪仗的一种旗帜。）王勃《滕王阁序》：“都督阎公之雅望，～戟遥临。”

綮 qǐ 小腿肚子。《山海经·海外北经》：“无～之国在长股东，为人无～。”

绮(綺) qǐ ❶ 有花纹的丝织品。《汉书·高帝纪下》：“贾人毋得衣锦、绣、～……”张俞《蚕妇》诗：“遍身罗～者，不是养蚕人。”（罗：轻软有稀孔的丝织品。）❷ 美丽，华丽。《后汉书·宦者列传序》：“侍儿、歌童、舞女之玩，充备～室。”苏轼《水调歌头·明月几时有》：“转朱阁，低～户，照无眠。”㊀精美，珍贵。李白《扶风豪士歌》：“雕盘～食会众客。”❸ 纵横交错。班固《西都赋》：“周庐千列，徼(jiào)道～错。”（周庐：皇宫周围的警卫庐舍。徼道：巡行警戒的道路。）

气(氣)[炁] qì ❶ 气，气体。《吕氏春秋·观表》：“天为高矣，而日月星辰云～雨露未尝休矣。”《木兰诗》：“朔～传金柝(tuò)。”（柝：古代打更用的器具。）㊕气息，呼吸。《论语·乡党》：“摄齐升堂，鞠躬如也，屏～似不息者。”（屏气：抑制呼吸。）㊀力气，力量。《史记·周本纪》：“少焉～衰力倦。”❷ 自然界冷热阴阳等现象。《左传·昭公元年》：“天有六～。”（六气：指阴、阳、风、雨、晦、明。）㊂节气。《论衡·无形》：“岁月推移，～变物类。”[气候] 1. 古代以五日为一候，三候为一气，六气为一时，四时为一年。2. 天气。江淹《杂体诗·谢临川游山》：“南中～～暖。”❸ 气味。曹植《洛神赋》：“～若幽兰。”❹ 景象，气氛。王羲之《兰亭集序》：“天朗～清，惠风和畅。”㊂风尚，风气。《华阳国志·巴志》：“俗素朴，无造次辨丽之～。”❺ 人的精神状态。指勇气、怒气等。《商君书·算地》：“勇士资在于～。"《战国策·赵策四》："太后盛～而揖之。"（揖：应作"胥"，等待。）〔又〕气节。陶弘景《寻山志》："轻死重～，名贵于身。"❻古代哲学概念。指构成宇宙万物的物质性的东西。《荀子·王制》："水火有～而无生。"（生：生命。）❼古代哲学概念。指人的主观精神。《孟子·公孙丑上》："我善养吾浩然之～。"❽古代文论术语。指作家的气质和反映在作品中的气势风格。曹丕《典论·论文》："文以～为主，～之清浊有体。"❾中医指元气、脉气或病象。《荀子·修身》："以治～养生。"《素问·调经论》："～有余则写其经隧。"《敦煌曲子词·定风波》："情怯，有风有～有食结。"

讫（訖） qì ❶终止，完毕。《尚书·吕刑》："典狱，非～于威。"贾思勰《齐民要术·大豆》："刈(yì)～则速耕。"（刈：收割。）❷毕竟，终究。《汉书·王莽传中》："莽以钱币～不行，复下书。"❸通"迄"。至，到。《汉书·成帝纪》："～今不改。"

迄 qì ❶至，到。《诗经·大雅·生民》："后稷肇祀，庶无罪悔，以～于今。"❷毕竟，终究。《后汉书·孔融传》："才疏意广，～无成功。"（才疏意广：志大才疏。）

汔 qì ❶水干涸。《抱朴子·广譬》："败源失本，鲜不枯～。"❷尽，完成。岳珂《桯史·部胥增损文书》："君第～事，何庸知我。"❸庶几，差不多。《诗经·大雅·民劳》："民亦劳止，～可小康。"❹至，到。《新唐书·田承嗣传》："两军相持，自秋～冬。"

弃[棄] qì ❶抛弃，舍去。《孟子·梁惠王上》："～甲曳兵而走。"[弃市]在闹市执行死刑，并将尸体暴露在街头示众。《史记·秦始皇本纪》："有敢偶语《诗》、《书》者～～。"❷废弃，废除。朱敬则《请除滥刑疏》："～无用之费，捐不急之官。"❸忘记。王僧达《答颜延年》诗："结游略年义，笃顾～浮沉。"❹违背，背叛。《左传·宣公二年》："～君之命，不信。"郦道元《水经注·清水》："太祖曰：'唯种不～孤。'"（种：人名。）❺离开，离去。王粲《七哀诗三首》之一："复～中国去，远身适荆蛮。"

泣 qì ❶无声哭或小声哭。《战国策·赵策四》："持其踵为之～。"（踵：脚跟。）成语有"泣不成声"、"向隅而泣"。❷眼泪。《吕氏春秋·长见》："吴起抿～而应之。"《史记·吕后本纪》："太后哭，～不下。"

【辨】哭，号，泣，啼。见228页"哭"字。

湇[湆] qì 肉汁。《礼记·少仪》："凡羞有～者不以齐。"（羞：美食。齐：指加盐梅调和。）

契 qì ❶古代占卜时用刀在龟甲兽骨上灼刻文字。《诗经·大雅·绵》："爰始爰谋，爰～我龟。"〔泛〕用刀刻（物体）。《吕氏春秋·察今》："遽～其舟。"（遽：立即。）上述❶〔泛〕又写作"栔"、"锲"。〔又〕甲骨文。刻在龟甲兽骨上的文字。《周易·系辞下》："上古结绳而治，后世圣人易之以书～。"❷凿刻工具。干宝《晋纪总论》："如室斯构而去其凿～。"❸券，符契，契约。古代符契，刻字之后，剖为两半，双方收存以做凭证。《韩非子·主道》："符～之所合，赏罚之所生也。"（符：古代国君传达命令或调兵将用的凭证。生：产生。）〔引〕盟约，要约。李公佐《南柯太守传》："时年四十七，将符宿～之限矣。"❹相合，投合。曹植《玄畅赋》："上同～于稷离(xiè)，降合颖于伊望。"（稷、离、伊、望：人名。）司空图《二十四诗品·超诣》："少有道～，终与俗违。"双音词有"契合"。〔又〕志趣投合的人。陶渊明《桃花源诗》："愿言蹑清风，高举寻吾～。"❺契机。司空图《连珠》："闻道三千，谁悟入神之～。"❻qiè［契阔］1. 离合。《诗经·邶风·击鼓》："死生～～。"2. 久别。曹操《短歌行》："～～谈宴。"3. 辛苦。《后汉书·傅毅传》："～～夙夜，庶不懈忒。"（夙夜：早晚。庶：表示期望。忒：差错。）❼xiè 人名。传说中商的始祖。《尚书·舜典》："帝曰：'～！……汝作司徒，敬敷五教。'"《史记·殷本纪》："～兴于唐、虞、大禹之际，功业著于百姓。"❽［契丹］我国古代东北部的一个民族。公元907—1125年曾建立辽国。

葺 qì ❶用茅草覆盖房屋。《左传·襄公三十一年》："缮完～墙，以待宾客。"❷修补、修建（房屋）。《旧唐书·柳仲郢传》："聊因旧趾增～。"（聊：姑且。因：依据。趾：地址。）陆游《老学庵笔记》卷四："洪水坏之，今复～于旁里许。"❸整理，整治。《北史·许善心传》："随见补～，略成七十卷。"薛能《题逃户》诗："几世～农桑，凶年竟失乡。"❹重叠，积累。屈原《九章·悲回风》："鱼～鳞以自别兮，蛟龙隐其文章。"左思《吴都赋》："～鳞镂甲。"（镂：雕刻。）

愒 qì ❶同"憩"。休息。《诗经·大雅·民劳》："民亦劳止，汔可小～。"❷kài 怠废，荒废。《左传·昭公元年》："主民，玩岁而～日，其与几何？"❸kài 贪图。曹操《气出唱》之一："心恬淡，无所～欲。"❹kài 急。岳珂《桯史·刘蕴古》："自知失言，内～不得对。"❺hè 恐吓。《史记·苏秦列传》：

"是故夫衡人日夜务以秦权恐～诸侯，以求割地。"

碛（磧） qì ❶浅水中的沙石。张衡《西京赋》："僵禽毙兽，烂若～砾。"❷沙石地，沙漠。《北史·魏本纪》："北征蠕蠕，追破之于大～南商山下。"王维《出塞作》诗："暮云空～时驱马，秋日平原好射雕。"

瓶 qì ❶瓦器。柳宗元《井铭》："始州之人，各以罂～负江水，莫克井饮。"❷yì（瓦器）破裂。《扬子法言·先知》："刚则～，柔则坏。"

槭 qì ❶树名。萧颖士《江有枫》诗："想彼～矣，亦类其枫。"❷sè 叶落枝空的样子。潘岳《秋兴赋》："庭树～以洒落兮，劲风戾而吹帷。"❸sè［槭槭］象声词。形容树叶被风吹动发出的声音。刘禹锡《秋声赋》："树～～兮虫咿咿。"

器 qì ❶陶器。《老子》十一章："埏埴（shānzhí）以为～。"（埏埴：和泥土。）㉒器具，工具。《韩非子·显学》："冰炭不同～而久，寒暑不兼时而至。"《论语·卫灵公》："工欲善其事，必先利其～。"㉑重器。古代能够标志名位、爵号的钟鼎等器物，也是权力的象征。《后汉书·来歙传》："愚闻为国者慎～与名。"《周易·序》："主～者莫若长子。"❷人体器官。范缜《神灭论》："比干之心七窍列角，伯约之胆其大若拳，此心～之殊也。"❸技能，才能。《礼记·王制》："百工，各以其～食之。"《三国志·蜀书·诸葛亮传》："亮之～能政理，抑亦管、萧之亚匹也。"（政理：管理政事。管、萧：管仲、萧何。亚匹：指同类。）㉑认为有才能，器重。《后汉书·陈宠传》："朝廷～之。"㉑人才。《抱朴子·正郭》："知人则哲，盖亚圣之～也。"成语有"大器晚成"。❹气量，度量。《论语·八佾》："管仲之～小哉。"蔡邕《郭林宗碑》："～量弘深。"（弘：大。）❺哲学概念。指有形的具体事物。与"道"相对。《周易·系辞上》："形而上者谓之道，形而下者谓之～。"

憩［憇］ qì 休息，歇息。《诗经·召南·甘棠》："蔽芾甘棠，勿翦勿败，召伯所～。"（蔽芾：幼小的样子。）

QIA

帢 qià 古代一种便帽。《三国志·魏书·武帝纪》注引《傅子》："魏太祖以天下凶荒，资财乏匮，拟古皮弁，裁缣帛以为～，合于简易随时之义，以色别其贵贱。"

洽 qià ❶沾湿，湿润。《论衡·自然》："霈（pèi）然而雨，物之茎叶根垓（gāi），莫不～濡。"（霈然：形容雨很大的样子。垓：通"荄"，草根。濡：湿。）❷和谐，融洽。《诗经·大雅·江汉》："矢其文德，～此四国。"《汉书·贾谊传》："谊以为汉兴二十余年，天下和～。"❸广博，普遍。《汉书·司马迁传》："博物～闻。"（博：见识很广。）❹通达。《管子·国蓄》："故民爱可～于上也。"

髂 qià ❶腰部下面腹部两侧的骨头。《素问·长刺节论》："刺两～髎（liáo）季胁肋间。"（髎：骨间的穴位。）㉑腰部。韩愈《县斋有怀》诗："朝食不盈肠，冬衣才掩～。"❷gé 同"骼"。骨。《汉书·扬雄传下》："范雎，魏之亡命也，折胁拉～。"

QIAN

仟 qiān ❶古代军中千人之长。《史记·陈涉世家》："蹑足行伍之间，俯仰～佰之中。"❷指千钱。《汉书·食货志上》："商贾……亡农夫之苦，有～伯之得。"❸［仟佰（mò）］通"阡陌"。田间小路。《汉书·地理志下》："孝公用商君……开～～，东雄诸侯。"❹墓道。《汉书·原涉传》："京兆尹曹氏葬茂陵，民谓其道为'京兆～'。"❺［仟仟］同"芊芊"。草木茂盛的样子。《文选·潘岳〈在怀县作二首〉诗之一》："稻栽肃～～，黍苗何离离。"❻［仟眠］1. 同"芊眠"。茂密繁盛的样子。《楚辞·九思·悼乱》："萑苇兮～～。"2. 昏暗不明的样子。《楚辞·九怀·通路》："远望兮～～，闻雷兮阗阗。"

阡 qiān ❶古代的田界，田间南北方向的小路。㉒田间小路。潘岳《藉田赋》："遐～绳直，迩陌如矢。"㉑道路。沈约《宿东园》诗："野径既盘纡，荒～亦交互。"❷田地，农田。柳宗元《田家三首》诗之一："驱牛向东～。"［阡陌］1. 田间小路。南北方向叫"阡"，东西方向叫"陌"。《史记·商君列传》："开～～封疆。"（封疆：疆界。）又写作"仟佰"。2. 田野。江淹《杂体诗·陶征君田居》："苗生满～～。"❸墓道，坟墓。欧阳修《泷冈阡表》："其子修始克表于其～。"（克：能够。）❹［阡阡］同"芊芊"。草木茂盛的样子。萧纲《南郊颂序》："郁郁～～。"（郁郁：茂盛的样子。）

芊 qiān ❶［芊芊］草木茂盛的样子。宋玉《高唐赋》："仰视山巅，肃何～～。"又写作"仟仟"、"阡阡"。❷［芊眠］［芊绵］茂密繁盛的样子。陆机《文赋》："或藻思绮合，

Q

清丽芊眠。”谢灵运《山居赋》：“孤岸竦秀，长洲芊绵。”又写作“仟眠”。

迁（遷） qiān ❶迁移，迁徙。《诗经·小雅·伐木》：“出自幽谷，～于乔木。”《史记·秦始皇本纪》：“～其民于临洮。”（临洮：地名。）㊀搬运、移动（物品）。《诗经·卫风·氓》：“以尔车来，以我贿～。”㊁变更，变动。《韩非子·五蠹》：“主施赏不～，行诛无赦。”❷调动官职。一般是升官。《管子·禁藏》：“夏赏五德，满爵禄，～官位。”《史记·屈原贾生列传》：“孝文帝说之，超～，一岁中至太中大夫。”（说：悦。一岁：一年。）[乔迁]见338页“乔”字。㊀贬官，降职。柳宗元《哭连州凌员外司马》诗：“出守乌江浒，老～湟水湄。”成语有“迁客骚人”。[左迁]贬官，降职。《三国志·魏书·卢毓传》：“心犹恨之，遂～～毓。”❸放逐，流放。《尚书·皋陶谟》：“何忧乎驩兜，何～乎有苗。”柳宗元《封建论》：“然后掩捕而～之。”（然后才能逮捕流放他们。）❹避开，离散。《诗经·小雅·巷伯》：“岂不尔受，既其女～。”

【辨】迁，徙。在“调职”的意义上，“迁”多表示升官，“左迁”则表示降职。“徙”可表示一般的调职，也可表示贬谪。在《史记》、《汉书》中，这两个字的区别尤为明显。

佥（僉） qiān ❶都，皆。《尚书·舜典》：“～曰：伯禹作司空。”（禹：大禹。）❷众人的，大家的。白居易《除裴垍中书侍郎同平章事制》：“宜登中枢，以副～望。”（中枢：指中央政府机关。副：符合。）❸通“签”。签名。周密《志雅堂杂抄·图画碑帖》：“凡枢密院官皆只押字，不～名。”

汧 qiān ❶河水溢出而形成的沼泽。《列子·黄帝》：“～水之潘为渊。”（潘：回旋的水流。）❷水名。即今陕西千河，渭河支流。《竹书纪年》卷下：“十年，秦还于～、渭。”

牵（牽） qiān ❶拉，牵引向前。《孟子·梁惠王上》：“有～牛而过堂下者。”❷连累，牵制。元结《招陶别驾家阳华作》诗：“无或毕婚嫁，竟为俗务～。”（无或：指不要。毕：完毕。）㊀引发。王安石《与微之同赋梅花得香字三首》之二：“少陵为尔～诗兴，可是无心赋海棠。”❸拘束，拘泥。《吕氏春秋·离俗》：“不漫于利，不～于执。”《史记·六国年表》：“学者～于所闻。”❹指牛、羊、猪等。《左传·僖公三十三年》：“吾子淹久于敝邑，唯是脯资饩（xì）～竭矣。”（饩：赠送给人的食物。）❺qiàn 纤绳。高启《赠杨荥阳》诗：“渡河自撑篙，水急船断～。”这个意义后来写作“縴”，现简化为“纤”。

悭（慳） qiān ❶吝啬，节省。《宋书·王玄谟传》：“刘秀之俭吝，呼为‘老～’。”❷缺少，欠缺。王贞白《度关山》诗：“石响铃声远，天寒弓力～。”

掔 qiān ❶坚固，牢固。《墨子·迎敌祠》：“令命昏纬狗纂马，～纬。”（纬：捆束。）❷除去。《庄子·徐无鬼》：“君将黜嗜欲，～好恶，则耳目病矣。”❸wàn 通“腕”。手腕。《墨子·大取》：“断指以存～。”❹通“牵”。拉，牵引向前。《史记·郑世家》：“郑襄公肉袒～羊以迎。”

谦（謙） qiān ❶谦让，谦逊。《尚书·大禹谟》：“满招损，～受益。”成语有“谦恭下士”。❷qiè 通“慊”。满足，满意。《礼记·大学》：“如恶恶臭，如好好色，此之谓自～。”

愆[諐] qiān ❶罪过，过失。《尚书·伊训》：“惟兹三风十～，卿士有一于身，家必丧。”（三风：三种不好的风俗。）《三国志·蜀书·诸葛亮传》：“街亭之役，咎（jiù）由马谡，而君引～。”（咎：过失。引愆：引以为自己的过错。）㊀错误的。《国语·吴语》：“今越王勾践恐惧而改其谋，舍其～令。”（舍其愆令：废除错误的法令。）❷差错，违背。《左传·文公元年》：“履端于始，序则不～。”颜延之《陶征士诔》：“有合谥典，无～前志。”❸失去，丧失。王安石《代人上明州到任表》：“余年且索，旅力已～。”❹延误，超过。《诗经·卫风·氓》：“匪我～期，子无良媒。”《太平广记》卷一九二“马勋”：“来复命，～约半日。”❺恶疾。陶弘景《真诰·甄命授三》：“复使～痾填籍，忧哀塞抱。”

骞（騫） qiān ❶腹部低陷。《周礼·考工记·梓人》：“……小体、～腹，若是者谓之羽属。”❷亏缺，损伤。《诗经·小雅·天保》：“如南山之寿，不～不崩。”❸惊惧。颜延之《车驾幸京口三月三日侍游曲阿后湖作》诗：“人灵～都野，鳞翰耸渊丘。”❹举头的样子。《楚辞·大招》：“鰅鳙短狐，王虺（huǐ）～只。”（王虺：大蛇。只：句末语气词。）❺高。杜牧《池州送孟迟先辈》诗：“寺楼最～轩，坐送飞鸟没。”❻通“騫（xiān）”。飞。张衡《西京赋》：“凤～翥于甍标，咸溯风而欲翔。”❼通“搴（qiān）”。拔取。《汉书·杨仆传》：“将军之功，独有先破石门寻陿（xiá），非有斩将～旗之实也。”（陿：峡谷。）❽通“褰（qiān）”。提起（衣服）。《汉书·王莽传上》：“方今天下闻崇之反也，咸欲～衣手剑而叱之。”（崇：人名。）❾通“愆”。过失。《荀子·正名》：“长夜漫兮,永思～兮。”

搴 qiān ❶拔取,取。屈原《九歌·湘君》:“采薜荔兮水中,～芙蓉兮木末。”司马迁《报任安书》:“有斩将～旗之功。”❷通“褰”。提起、撩起(衣服等)。卢照邻《释疾文》:“于是裹粮寻师,～裳访古。”蒲松龄《聊斋志异·阿宝》:“以掺(shān)手～帘。”(掺手:美手。)

褰 qiān ❶套裤。《左传·昭公二十五年》:“征～与襦。”(征:取。襦:短袄。)❷提起(衣服)。《诗经·郑风·褰裳》:“子惠思我,～裳涉溱。”这个意义后来写作“攓”。㉑提起,撩起。李商隐《行次西郊作》诗:“珠帘亦高～。”❸张开,散开。孙绰《游天台山赋》:“尔乃羲和亭午,游气高～。”❹断绝。陆机《拟行行重行行》:“惊飚～反信,归云难寄音。”❺折叠,紧缩。《史记·司马相如列传》:“襞(bì)积～绉(zhòu)。”(裙幅褶绉重叠细密。襞积:衣褶。绉:皱纹。)

攓 qiān ❶拔取,提取。《庄子·至乐》:“列子行食于道……～蓬而指之。”《淮南子·俶真》:“擢拔吾性,～取吾情。”❷用手提起(衣服)。《淮南子·人间》:“江水之始出于岷山也,可～衣而越也。”❸简慢。《淮南子·齐俗》:“望我而笑,是～也。”

钤(鈐) qián ❶车辖。车轴头上用以固定车轮的键。《玉篇·金部》:“钤……车辖也。”㉑管束,钳制。吕温《京兆韦府君神道碑》:“智～豪右。”㉑钳刀,刀。《资治通鉴·齐武帝永明五年》:“诏尽出……内库弓矢刀～十分之八。”❷锁。《隋书·天文志中》:“房之～键,天之管籥。”【注意】古代汉语中“钤”没有“印章”的意义。

黔 qián ❶黑色。《左传·襄公十七年》:“邑中之～,实慰我心。”马融《广成颂》:“鸷(zhì)兽毅虫,倨牙～口。”(鸷兽:凶猛的兽。倨:弯曲的。)[黔首]平民。《史记·李斯列传》:“夫斯乃上蔡布衣,闾巷之～～。”㉑变黑,染黑。沈括《梦溪笔谈》卷一:“渴则饮砚水,人人皆～其吻。”❷古地名。秦时置黔中郡,唐代置黔中道,辖境在今贵州大部分和四川一部分。今贵州别称“黔”。柳宗元《三戒·黔之驴》:“～无驴,有好事者船载以入。”成语有“黔驴技穷”。

前 qián ❶向前,前进。《战国策·齐策四》:“齐宣王见颜斶,曰:‘斶～!’斶亦曰:‘王～!’”(颜斶:人名。)《史记·魏其武安侯列传》:“及出壁门,莫敢～。”(及:到。壁:营垒。)成语有“勇往直前”。㉑导引,走在前边。《仪礼·士虞礼》:“祝～尸出户,踊如初。”❷方位在正面的、前面的。与“后”相对。《论语·子罕》:“瞻之在～,忽焉在后。”辛弃疾《清平乐·独宿博山王氏庵》:“眼～万里江山。”❸时间在先前的、过去的。与“后”相对。《商君书·更法》:“～世不同教,何古之法?”(法:效法。)❹时间在未来的、将来的。姚合《答韩湘》诗:“三十登高科,～涂浩难测。”㉒提前,预先。《礼记·中庸》:“事～定则不困。”

虔 qián ❶威武的样子。《诗经·商颂·长发》:“武王载旆,有～秉钺。”❷恭敬,虔诚。《诗经·大雅·韩奕》:“夙夜匪解,～共尔位。”❸削裁,砍伐。《诗经·商颂·殷武》:“是断是迁,方斲是～。”㉒强取,掠夺。《尚书·吕刑》:“鸱义奸宄(guǐ),夺攘矫～。”(鸱义奸宄:丧尽天良,犯法作乱。宄:犯法作乱的人。)❹杀。《左传·成公十三年》:“～刘我边陲。”(杀害我边疆的人民。刘:杀。陲:边疆。)

钱(錢) qián ❶jiǎn 古代一种农具。类似现在的铁铲。《诗经·周颂·臣工》:“命我众人,庤(zhì)乃～镈(bó)。”(庤:准备。乃:你们的。镈:类似锄头的农具。)❷金属钱币,铜钱。《商君书·外内》:“食贱则农贫,～重则商富。”(食:粮食。重:贵。)㉒钱财。杜甫《最能行》:“富豪有～驾大舸,贫穷取给行艓子。”❸重量单位。十钱为一两。《后汉书·华佗传》:“与散两～服之。”(与:给。散:药末。)

揵 qián ❶举起,扬起。《史记·司马相如列传》:“～鳍擢尾,振鳞奋翼。”❷竖立。《后汉书·冯衍传下》:“～六枳而为篱兮,筑蕙若而为室。”❸掮,用肩扛。《后汉书·舆服志上》:“～弓韣(dú)九鞬(jiān)。”(韣:弓袋。鞬:马上的弓袋。)❹jiàn 闭塞,堵塞。《汉书·沟洫志》:“是时东郡烧草,以故薪柴少,而下淇园之竹以为～。”㉑建立封界。《汉书·贾谊传》:“淮阳包陈以南,～之江。”㉒通“楗(jiàn)”。门闩。张衡《南都赋》:“排～陷扃(jiōng),蹴蹈咸阳。”(扃:门户。)

乾 qián ❶《易经》八卦之一。代表天。《周易·说》:“～,天也。”[乾坤]乾和坤都是卦名。二字连用指天地。班固《东都赋》:“俯仰乎～～,参象乎圣躬。”杜甫《江汉》诗:“江汉思归客,～～一腐儒。”(江汉:长江和汉水。)❷指太阳、阳性、男性、君王、父亲、丈夫等。《元史·后妃传一》:“月之道循右行,明同贞于～曜。”《周易·系辞上》:“～道成男。”《周易·说》:“～为天、为圆、为君。”张载《西铭》:“～称父。”❸刚健。孙奕《履斋示儿编·总说·天帝》:"健而不息者,～也。" ❹ gān 见125页"干²(乾)"字。

潜[濳] qián ❶ 潜水,在水下面活动。《诗经·小雅·鹤鸣》:"鱼～在渊,或在于渚。"谢灵运《江妃赋》:"或～泳浮海。" ❷ 隐藏,隐蔽。《荀子·议兵》:"窥敌观变,欲～以深。"范仲淹《岳阳楼记》:"日星隐曜,山岳～形。" ❸ 偷偷地,秘密地。《左传·僖公三十二年》:"若～师以来,国可得也。"《三国志·魏书·武帝纪》:"～以舟载兵入渭。"(渭:渭水。) ❹ 深,深处。班固《答宾戏》:"颜～乐于箪瓢,孔终篇于西狩。"(颜:颜回。孔:孔子。)韩愈《苦寒》诗:"虎豹僵穴中,蛟螭死幽～。" ❺ 专一,潜心。江淹《知己赋》:"～志百氏,沉神六经。"

燂 qián 烧热。《礼记·内则》:"五日则～汤请浴。"㊀烤烂。《周礼·考工记·弓人》:"撟(jiǎo)角欲孰于火而无～。"(撟:用火烤加热揉制弓。孰:熟。)

浅(淺) qiǎn ❶ 水浅。与"深"相对。《诗经·邶风·匏有苦叶》:"深则厉,～则揭。"(厉:不脱衣服渡水。揭:提起衣服过河。)㊀学识浅。《荀子·非相》:"知行～薄。"㊁道理浅显,明白易懂。《论衡·自纪》:"何以为辩? 喻深以～。" ❷ 时间短。贾谊《过秦论》:"施及孝文王、庄襄王,享国之日～。"(施:延续。享国:指封建君主在位。)㊀感情浮泛。《战国策·赵策四》:"今外臣交～而欲深谈可乎?"㊀尺寸短小。《管子·幼官》尹知章注:"倮兽,谓～毛之兽,虎豹之属。"白居易《钱塘湖春行》诗:"乱花渐欲迷人眼,～草才能没马蹄。" ❸ 分量轻,颜色浅。李贺《后园凿井歌》:"水声繁,弦声～。"张华《鹪鹩赋》:"色～体陋,不为人用。" ❹ 狭窄,小。《管子·八观》:"国地小而食地～也。"钱起《赋得浦口望斜月》:"动摇生～浪,明灭照寒沙。" ❺ jiān [浅浅]水流很快的样子。屈原《九歌·湘君》:"石濑(lài)兮～～。"(石濑:从石头上流过的急水。)这个意义后来写作"溅溅"。

遣 qiǎn ❶ 送走,释放。《左传·僖公二十三年》:"姜与子犯谋,醉而～之。"《汉书·张骞传》:"大宛以为然,～骞。"(大宛:国名。)㊀派遣,差遣。《墨子·非儒下》:"乃～子贡之齐,因南郭惠子以见田常。"《三国志·蜀书·诸葛亮传》:"～兵三万人以助备。"(备:刘备。) ❷ 贬谪,放逐。《左传·哀公二十五年》:"挥在朝,使吏～诸其室。"韩愈《柳子厚墓志铭》:"中山刘梦得禹锡亦在～中。"(中山:地名。) ❸ 休妻,丈夫单方将妻子休弃。《颜氏家训·后娶》:"王亦凄怆,不知所容,旬月求退,便以礼～。" ❹ 排遣,抒发(后起意义)。任昉《出郡传舍哭范仆射》诗:"欲以～离情。"元稹《白氏长庆集序》:"闲适之诗长于～。" ❺ 运用,使用(后起意义)。苏洵《上欧阳内翰书五首》之一:"陆贽之文,～言措意,切近的当。"《新唐书·徐浩传》:"～辞赡速,而书法至精。" ❻ 令,使(后起意义)。李白《劳劳亭》诗:"春风知别苦,不～柳条青。"

谴(譴) qiǎn ❶ 责备,谴责。《战国策·东周策》:"太卜～之曰……"(太卜:官名。)任昉《齐竟陵文宣王行状》:"此天～也,无所改修。"[谴告]上天降下灾异警告人君。《后汉书·孝桓帝纪》:"灾异日食,～～累至。"㊁贬谪。韦嗣立《奉和张岳州王潭州别诗序》:"后承朝～,各自东西。"(承:受。) ❷ 罪过(后起意义)。《新唐书·张廷珪传》:"御史有～,当杀杀之,不可辱也。"

缱(繾) qiǎn [缱绻(quǎn)] 1. 牢固不离。《诗经·大雅·民劳》:"无纵诡随,以谨～～。" 2. 感情深厚缠绵。白居易《寄元九》诗:"岂是贪衣食,感君心～～。" 3. 男女幽会。陆游《避暑漫抄》:"不过执衣侍膳,未尝得一～～。"

欠 qiàn ❶ 呵欠,疲倦困顿时不由自主张大口吸气呼气。《仪礼·士相见礼》:"君子～伸,问日之早晏。" ❷ 亏欠(后起意义)。《旧唐书·宣宗纪》:"今后凡隐盗～负,请如官典犯赃例处分。"(欠负:指亏欠财物。)㊀缺少,不足。陆游《老学庵笔记》卷一:"甚妙,但似～四字耳。" ❸ 欠身,将身体略微抬起前伸(后起意义)。《宋史·赵普传》:"太祖～伸徐起。"

嵌 qiàn ❶ qiān 山石像张开的样子。扬雄《甘泉赋》:"～岩岩其龙鳞。"㊀险峻。韦应物《游西山》诗:"挥翰题苍峭,下马历～丘。" ❷ qiān 深陷。岑参《江上阻风雨》诗:"积浪成高丘,盘涡为～窟。"㊁深洞。韦庄《李氏小池亭十二韵》:"引泉疏地脉,扫絮积山～。" ❸ 镶嵌(后起意义)。赵希鹄《古钟鼎彝器辨》:"余尝见夏琱戈,于铜上相～以金,其细如发。"

伣(俔) qiàn ❶ 譬如,好比。《诗经·大雅·大明》:"大邦有子,～天之妹。" ❷ 古代船上用来观测风向的羽毛。《淮南子·齐俗》:"譬若～之见风也,无须臾之间定矣。"

茜 qiàn 草名。根可做红色染料。《史记·货殖列传》:"若千亩卮(zhī)～,千畦姜

Q

韭，此其人皆与千户侯等。”（卮：植物名，可制作胭脂。）㉛大红色。白居易《城东闲行因题尉迟司业水阁》诗：“病乘篮舆出，老著～衫行。”上述义项又写作“蒨”。

倩 qiàn ❶笑时面颊美的样子。《诗经·卫风·硕人》：“巧笑～兮，美目盼兮。”❷古代男子的美称。《汉书·朱邑传》：“昔陈平虽贤，须魏～而后进。”（魏倩：指魏无知。）❸（姿容）美好。梅尧臣《五倩篇》：“～然五蛾眉，妙曲动金弦。”吴融《还俗尼》诗：“柳眉梅额～妆新。”❹女婿。《史记·扁鹊仓公列传》：“黄氏诸～。”❺请别人代自己做事。杜甫《九日蓝田崔氏庄》诗：“笑～旁人为正冠。”（正：戴正。）

绮（綪） qiàn ❶赤色。《左传·定公四年》：“分康叔以大路，少帛，～茷（pèi）。”（康叔：人名。大路、少帛：旗帜名。茷：指旗帜。）❷zhēng 屈曲。《礼记·玉藻》：“齐则～结佩而爵鞞（bǐng）。”（鞞：刀剑套。）

蒨 qiàn ❶同“茜”。草名。可染绛红色。刘勰《文心雕龙·通变》：“夫青生于蓝，绛生于～。”㉛大红色。杜牧《村行》：“蓑唱牧牛儿，篱窥～裙女。”❷鲜明，鲜艳。谢灵运《山居赋》：“水香送秋而擢～，林兰近雪而扬猗。”❸树名。《山海经·中山经》：“北望河林，其状如～如举。”❹青翠茂盛的样子。左思《吴都赋》：“夏晔冬～。”[蒨蒨] 1. 青翠茂盛的样子。韩愈《庭楸》诗：“夜月来照之，～～自生烟。”2. 鲜明的样子。束皙《补亡诗》六首之二：“～～士子，涅而不渝。”

堑（塹）[壍] qiàn 护城河，壕沟。《墨子·备城门》：“～中深丈五，广比扇。”《史记·高祖本纪》：“使高垒深～，勿与战。”（垒：防守用的建筑物。）㉜挖沟，挖掘。《左传·昭公十七年》：“环而～之。”韩愈《乌氏庙碑铭》：“～原累石，绵四百里。”

椠（槧） qiàn ❶古代写字用的木片。《论衡·量知》：“断木为～，析（xī）之为板，力加刮削，乃成奏牍。”（析：剖分。）❷简札，书信。王令《赠别晏成绩懋父太祝》诗：“幸因西南风，时作寄我～。”❸书籍，刻本（后起意义）。无可《李常侍书堂》诗：“涂油窗日早，阅～幌风轻。”王士禛《居易录》卷一四：“雕行古书，颇仿宋～，坊刻皆所不逮。”[椠本]书籍的刻本。黄伯思《东观余论下·跋洛阳所得杜少陵诗后》：“所录杜子美诗，颇与今行～～小异。”

慊 qiàn ❶满足。《吕氏春秋·知士》：“划（chǎn）而类，揆（kuí）吾家，苟可以～剂貌辨者，吾无辞为也。”（划：除掉。而：你。揆：估量。剂貌辨：人名。）❷侍从，仆役。《旧唐书·裴度传》：“已杀其二～，悟救之获免。”（悟：人名。）[慊从]侍从。《旧唐书·封常清传》：“每出军，奏～～三十余人。”

歉 qiàn ❶吃不饱，缺食。李商隐《行次西郊作》诗：“健儿立霜雪，腹～衣裳单。”㉛缺少，不足。《宋书·明帝纪》：“且久岁不登，公私～弊。”㉜欠缺。《论衡·答佞》：“聪明蔽塞，推行谬误，人之所～也。”❷年岁歉收，收成不好。与“丰”相对。《管子·枢言》：“一日不食，比岁～。”《宋史·黄廉传》：“是使民遇丰年而思～岁也。”（岁：年。）双音词有“歉年”。❸惭愧，内疚（后起意义）。王安石《酬吴季野见寄》诗：“俯仰谬恩方自～，惭君将比洛阳人。”双音词有“抱歉”、“道歉”。

QIANG

抢（搶） qiāng ❶碰，撞。《战国策·魏策四》：“免冠徒跣（xiǎn），以头～地尔。”（徒跣：光着脚走。）这个意义又写作“枪”。❷逆，反方向。庾阐《扬都赋》：“艇子～风。”【注意】在元代以前，“抢”没有“抢夺”的意义。

玱（瑲） qiāng ❶象声词。形容玉相互撞击的声音。《诗经·小雅·采芑》：“服其命服，朱芾斯皇，有～葱珩。”❷[玱玱]象声词。形容像铃的声音。《诗经·小雅·采芑》：“约軧错衡，八鸾～～。”

跄（蹌） qiāng ❶步伐从容有节奏。《诗经·齐风·猗嗟》：“美目扬兮，巧趋～兮。”[跄跄]步伐从容而有节奏的样子。《诗经·大雅·公刘》：“～～济济，俾筵俾几。”又写作“鎗鎗”。㉜起舞。鲍照《舞鹤赋》：“始连轩以凤～，终宛转而龙跃。”❷qiàng [跄踉（liàng）]走路不稳的样子（后起意义）。刘弇《赠贾仲武》诗：“绝倒顿足争～～，罢去追惜成恨恨。”成语有“踉踉跄跄”。

鎗 qiāng ❶象声词。形容钟声。《淮南子·说山》：“范氏之败，有窃其钟负而走者，～然有声。”㉜象声词。形容清脆的声音。韩愈、孟郊《城南联句》：“宝唾拾未尽，玉啼堕犹～。”[鎗鎗] 1. 象声词。形容乐器声。《后汉书·马融传上》：“锽锽～～，奏于农郊大路之衢。”2. 同“跄跄”。步伐从容而有节奏的样子。《荀子·大略》：“朝廷之美，济济～～。”❷同“枪”。一种有尖头的木柄兵器。张鷟《朝野佥载》卷六："上马盘～逆拒，刺马擒人而还。"(引)火铳，土枪（后起意义）。周密《齐东野语·二张援襄》："各船置火～、火炮。"上述❷(引)现写作"枪"。❸ chēng 一种三足炊具（后起意义）。《南史·孝义传上》："初吴郡人陈遗……母好食～底饭。"❹ chēng 温酒器（后起意义）。《南史·何点传》："子良欣悦无已，遗点、嵇叔夜酒杯，徐景山酒～。"❺ qiàng 在器物上填嵌金银等饰物的一种工艺。陶宗仪《南村辍耕录》卷三〇："凡器用什物……若～金，则调雌黄。"

羌 qiāng ❶ 我国古代西部的一个民族。东晋时曾建立后秦。《诗经·商颂·殷武》："自彼氐、～，莫敢不来享。"❷ 句首语气词。屈原《离骚》："～内恕己以量人兮。"（内恕己：自己宽恕自己。）❸ 连词。相当于"乃"。屈原《离骚》："余以兰为可恃兮，～无实而容长。"

戕 qiāng ❶ 残杀，杀害。《左传·宣公十八年》："凡自内虐其君曰弑，自外曰～。"曹操《蒿里行》："势利使人争，嗣(sì)还自相～。"（嗣：随后。）柳宗元《天对》："后夷卒～。"（后羿终于被杀害。后夷：即后羿。）❷ 毁坏，损伤。《左传·襄公二十八年》："陈无宇济水而～舟发梁。"（发梁：拆毁桥梁。）《国语·晋语一》："可以小～，而不能丧国。"

斨 qiāng 方形柄孔的斧头。《诗经·豳风·七月》："蚕月条桑，取彼斧～，以伐远扬。"

锵（鏘） qiāng ❶ 象声词。形容金属或玉石相碰的声音。《礼记·玉藻》："然后玉～鸣也。"柳宗元《愚溪诗序》："清莹秀澈，～鸣金石。"(引)奏乐声。谢朓《七夕赋》："回龙驾之容裔，乱凤管之凄～。"❷ [锵锵] 1. 象声词。形容铃声、鸣声等。《诗经·大雅·烝民》："八鸾～～。"《吕氏春秋·古乐》："其音若熙熙凄凄～～。" 2. 高峻的样子。张衡《思玄赋》："命王良掌策驷兮，逾高阁之～～。" 3. 步伐从容有节奏的样子。《颜氏家训·序致》："～～翼翼，若朝严君。" 4. 美好的样子。《管子·形势》："鸿鹄～～，唯民歌之。"❸ [铿(kēng)锵] 见 227 页"铿"字。

蹡 qiāng ❶ [蹡蹡] 同"跄跄"。步伐从容而有节奏的样子。《广雅·释训》："蹡蹡，走也。"❷ qiàng [踉(liàng)蹡] 见 250 页"踉"字。

强[強、彊] qiáng ❶ 弓有力。《战国策·韩策一》："天下之～弓劲弩皆自韩出。"(又)强劲有力的弓。杜甫《前出塞》诗："挽弓当挽～，用箭当用长。"❷ 强大，强盛。与"弱"相对。《盐铁论·非鞅》："秦任商君，国以富～。"(又)加强，增强。《荀子·天论》："～本而节用，则天不能贫。"（本：指农业。）李斯《谏逐客书》："～公室，杜私门。"(又)坚强，坚定。《墨子·修身》："志不～者智不达。"❸ 有余，略多。《木兰诗》："赏赐百千～。"(又)超过，胜过。《史记·平原君虞卿列传》："毛先生以三寸之舌，～于百万之师。"❹ [强葆] 同"襁褓"。婴儿的包裹。《史记·鲁周公世家》："成王少，在～～之中。"❺ [强御] 强暴。《诗经·大雅·烝民》："不侮矜(guān)寡，不畏～～。"（矜：通"鳏"，年老无妻的人。）❻ qiǎng 竭力，尽力。《战国策·赵策四》："太后不肯，大臣～谏。"《史记·老子韩非列传》："子将隐矣，～为我著书。"(引)勉强。《史记·留侯世家》："留侯病，自～起。"（留侯：指张良。）成语有"强词夺理"。[勉强] 见 280 页"勉"字。❼ jiàng 倔强，不随和。《世说新语·文学》："卿莫作～口马，我当穿卿鼻。"

蔷（薔） qiáng ❶ sè 草名。《管子·地员》："山之材，其草兢与～。"❷ [蔷薇] 花木名。陶渊明《问来使》诗："～～叶已抽，秋兰气当馥。"

嫱（嬙） qiáng 古代朝廷内的女官。实即帝王侍妾。《左传·哀公元年》："今闻夫差……宿有妃～嫔御焉。"

樯（檣） qiáng 船上的桅杆。范仲淹《岳阳楼记》："商旅不行，～倾楫摧。"(引)船帆。陆游《醉后草书歌诗戏作》："宝刀出匣挥雪刃，大舸破浪驰风～。"(引)帆船。《宋书·谢灵运传》："灵～千艘。"

廧 qiáng ❶ 同"墙"。墙壁。《墨子·经说上》："～外之利害，未可知也。"(引)筑墙，垒墙。《战国策·赵策一》："公宫之垣，皆以狄蒿苫楚～之。"(引)屏障，屏蔽。《战国策·楚策一》："请悉楚国之众也，以～于齐。"❷ sè [廧夫] 古代官名。《战国策·东周策》："因令人谓相国御展子，～～空。"（空：人名。）

镪（鏹） qiǎng 穿钱的绳子。(引)钱贯，成串的钱。左思《蜀都赋》："藏～巨万。"(又)银子，银锭。《南史·循吏传》："累金积～。"

襁 qiǎng ❶ 背负婴儿用的宽带。《论语·子路》："则四方之民～负其子而至矣。"（襁负：用背负婴儿的宽带背负着。）(又)用背负婴儿的宽带背负。《大戴礼记·保傅》："成王生，仁者养之，孝者～之。"❷ [襁褓] 1. 婴儿的包裹。《论衡·初禀》："昌在～～之中。”(昌:指周文王姬昌。)又写作“强葆”、“繈褓”。2. 指婴幼儿。黄庭坚《寄耿令几父过新堂邑作》诗:“白头晏起饭,～～语呕哑。”上述1、2又写作“强褓”、“襁保”、“襁緥”。

繈 qiǎng ❶绳索。《汉书·兒宽传》:“大家牛车,小家担负,输租～属不绝。”❷古代穿钱用的绳子。借指钱贯或成串的钱。《管子·国蓄》:“使千室之都必有千钟之藏,藏～百万。”❸通“襁”。背负婴儿用的宽带。[繈褓(bǎo)]同“襁褓”。婴儿的包裹。《史记·卫将军骠骑列传》:“臣青子在～～中。”

QIAO

硗(磽) qiāo ❶土地坚硬而贫瘠。《国语·楚语上》:“故先王之为台榭也……瘠～之地,于是乎为之。”《汉书·贾山传》:“地之～者,虽有善种,不能生焉。”㊀坚硬。舒元舆《坊州按狱》诗:“风冷木长瘦,石～人亦劳。”❷败坏。《后汉书·窦武传》李贤注引《续汉志》:“京师童谣曰:‘……嚼复嚼,今年尚可后年～。’”

跷(蹺) qiāo 抬脚。丁谓《蹴踘》诗:“蹑来行数步,～后立多时。”

墝 qiāo 土地瘠薄。《荀子·儒效》:“相高下,视～肥,序五种,君子不如农人。”[墝埆(què)]1. 土地瘠薄。《墨子·亲士》:“～～者,其地不育。”2. 险要的地方。《后汉书·南匈奴传》:“～～之人,屡婴涂炭。”

敲 qiāo ❶击,击打。《左传·定公二年》:“夺之杖以～之。”㊀叩(后起意义)。贾岛《题李凝幽居》诗:“鸟宿池边树,僧～月下门。”❷短杖。贾谊《过秦论》:“执～扑以鞭笞天下。”(扑:鞭子。)

骹 qiāo ❶胫,小腿。《尔雅·释畜》:“四～皆白,驓。”㊀脚。梅尧臣《潘歙州话庐山》诗:“坐石浸两～。”㊁物体的较细的末端。《周礼·考工记·轮人》:“参分其股围,去一以为～围。”(股:木轮车辐条较粗的部分。)❷肋骨与胸骨及胸椎下部相交处。《灵枢经·本藏》:“广胸反～者肝高,合胁兔～者肝下。”❸xiāo 响箭。元稹《江边四十韵》:“隐锥雷震蛰,破竹箭鸣～。”

橇 qiāo 在泥路上滑行的工具,形似两端翘起的小船。《史记·夏本纪》:“泥行乘～。”

幧 qiāo [幧头]古代男子束发的头巾。司马光《和王介甫烘虱》:“黑者抱发亦忧疑,逃入～～默相贺。”又写作“峭(qiào)头”。

繑 qiāo 套裤的带子。《管子·轻重戊》:“道路扬尘,十步不相见,绁(xiè)～而踵相随。”(绁:拴系。)

蹻 qiāo ❶抬起(脚)。《汉书·高帝纪下》:“大臣内畔,诸将外反,亡可～足待也。”(蹻足待:形容来得很快。)❷jué 草鞋。《史记·平原君虞卿列传》:“蹑～担簦(dēng)。”(蹑:指穿。簦:一种雨具。)❸jiǎo 矫健,勇武。《新五代史·史弘肇传》:“为人～勇。”

乔(喬) qiáo ❶高。《诗经·周南·汉广》:“南有～木。”[乔迁]指迁居或升官。张籍《赠殷山人》诗:“满堂虚左待,众目望～～。”❷矛的前部捆扎羽毛处。《诗经·郑风·清人》:“二矛重～。”❸jiāo 通“骄”。骄纵。《礼记·表记》:“～而野,朴而不文。”

侨(僑) qiáo ❶高。《说文·人部》:“侨,高也。”❷寄居(他乡)。《韩非子·亡征》:“羁旅～士,重帑在外。”鲍照《拟行路难十八首》之十四:“我初辞家从军～,荣志溢气干云霄。”㊀寄居他乡的人。《晋书·桓宣传》:“宣久在襄阳,绥抚～旧,甚有称绩。”(侨:指迁居到襄阳的北方人。旧:指襄阳本地人。)

峤(嶠) qiáo ❶尖峭的高山。颜延之《和谢监灵运》:“跂(qǐ)予间衡～。”(抬起脚后跟看远方,但被衡山的山尖隔开。间:隔开。衡:衡山。)㊁山岭。《后汉书·郑弘传》:“弘奏开零陵、桂阳～道。”㊕五岭。《后汉书·马援传》:“～南悉平。”❷举步的样子。《汉书·扬雄传上》:“～高举而大兴。”❸jiào 山道。苏轼《和寄天选长官》:“何时命巾车,共陟云外～。”

桥(橋) qiáo ❶jiāo 桔槔(jiégāo)。井上利用杠杆原理提水的工具。也指桔槔的横梁。刘向《说苑·反质》:“为机,重其后轻其前,命曰～。”❷桥梁。《战国策·赵策一》:“居顷之,襄子当出,豫让伏所当过～下。”㊀架设桥梁。《史记·司马相如列传》:“～孙水以通邛都。”(孙水:水名。邛都:地名。)❸jiǎo 山行的工具。《史记·河渠书》:“山行即～。”

趫 qiáo ❶行动敏捷且善于爬高。张衡《西京赋》:“非都卢之轻～,孰能超而究升?”㊁矫健。颜延之《赭白马赋》:“岂不以国尚威容,军駚(fú)～迅而已。”(駚:马名。)㊀雄壮。《吕氏春秋·悔过》:“袭国邑,以车不过百里,以人不过三十里,皆以其气之～

与力之盛至。”❷翘脚，抬脚。凌濛初《二刻拍案惊奇》：“～着脚儿把管箫吹一曲。”

荍 qiáo ❶植物名。荆葵。也叫锦葵。《诗经·陈风·东门之枌》：“视尔如～，贻我握椒。”❷通“荞”。荞麦。苏轼《中秋月》诗：“但见古河东，～麦花铺雪。”这个意义现写作“荞”。

翘（翹） qiáo ❶鸟尾的长羽毛。曹植《七启》：“扬翠羽之双～。”㉒鸟尾，尾巴。《楚辞·九叹·远游》：“摇～奋羽。”郭璞《江赋》：“蝁蝫森衰以垂～。”㉓妇女的一种首饰。萧纲《三月三日率尔成诗》：“金鞍汗血马，宝髻珊瑚～。”❷举起，抬起。《庄子·马蹄》：“龁（hé）草饮水，～足而陆。”（龁：咬。陆：跳跃。）庾信《思旧铭》：“幕府昔开，贤俊～首。”㉓使显露，揭露。《礼记·儒行》：“粗而～之。”罗大经《鹤林玉露》卷四：“好尽言以～人之过。”❸特出的，杰出的。《颜氏家训·文章》：“凡此诸人，皆其～秀者。”❹［翘翘］1. 高出的样子。《诗经·周南·汉广》：“～～错薪，言刈其楚。”2. 高而危殆的样子。《诗经·豳风·鸱鸮》：“予室～～，风雨所漂摇。”

谯（譙） qiáo ❶qiào 责备。《韩非子·五蠹》：“父母怒之弗为改，乡人～之弗为动。”这个意义又写作“诮”。❷城门上建的望楼。程大昌《演繁露·六更》：“禁中钟鼓院在和宁门～上。”［谯楼］1. 城门上建的望楼。《三国志·吴书·吴主传》：“起～～，穿堑发渠，以备盗贼。”2. 建有望楼的城门。《史记·项羽本纪》：“独守丞与战～～中。”❸［谯谯］羽毛残敝的样子。《诗经·豳风·鸱鸮》：“予羽～～，予尾翛翛（xiāoxiāo）。”（翛翛：羽毛残破的样子。）

憔 qiáo ［憔悴］1. 瘦弱萎靡的样子。《楚辞·渔父》：“颜色～～。”2. 劳苦，困病。《左传·昭公七年》：“或～～事国。”（事国：为国家服务。）《三国志·吴书·胡综传》：“群生～～。”3. 忧虑，烦恼。《楚辞·九叹·忧苦》：“倚石岩以流涕兮，忧～～而无乐。”上述1、2、3又写作“顦顇（现写作‘憔悴’）”、“焦瘁”。

樵 qiáo ❶木柴。《左传·桓公十二年》：“请无扞（hàn）采～者以诱之。”（扞：阻止。）晁错《论贵粟疏》：“伐薪～，治官府。”㉓打柴。《左传·昭公六年》：“不入田，不～树。”㉑打柴的人，樵夫。王安石《谢公墩》诗：“问～～不知，问牧牧不言。”（牧：放牧的人。）❷焚烧，用柴烧。《公羊传·桓公七年》：“焚之者何？～之也。”❸通“谯（qiáo）”。谯楼，建有望楼的城门。《汉书·赵充国传》：“为堑垒木～。”（堑：壕沟。）

巧 qiǎo ❶技巧，技艺。《商君书·外内》：“末事不禁，则技～之人利。”（末事：指工商。利：获利。）❷灵敏，灵巧。《韩非子·难四》：“事以微～成，以疏拙败。”《三国志·蜀书·诸葛亮传》：“亮性长于～思。”（长于：善于。）㉓擅长，善于。《荀子·哀公》：“昔舜～于使民，而造父～于使马。”❸美好。《诗经·卫风·硕人》：“～笑倩兮，美目盼兮。”❹虚伪不实，欺诈。《庄子·盗跖》：“此夫鲁国之～伪人孔丘非邪？”成语有“巧取豪夺”、“花言巧语”。❺恰巧，恰好。韩愈《符读书城南》诗：“两家各生子，提孩～相如。”

悄 qiǎo ❶忧愁的样子。《诗经·陈风·月出》：“劳心～兮。”（劳心：忧心。）谢庄《月赋》：“～焉疚（jiù）怀。”（疚怀：心里痛苦。疚：忧苦。）［悄悄］1. 忧愁的样子。阮籍《咏怀八十二首》之十四：“～～令人悲。”（悲：伤心。）2. 寂静的样子。白居易《西楼夜》诗：“～～复～～，城隅隐林杪（miǎo）。”（隅：角落。杪：树枝的细梢。）❷寂静，没有声音或声音很低。白居易《琵琶行》：“东船西舫～无言。”（舫：船。）苏轼《蝶恋花·春景》：“笑渐不闻声渐～，多情却被无情恼。”

愀 qiǎo ❶容色改变。王安石《日出堂上饮》诗：“主人笑而歌，客子叹以～。”［愀然］1. 容色改变的样子。《荀子·修身》：“见不善，～～必以自省也。”《史记·司马相如列传》：“于是二子～～改容，超若自失。”2. 忧愁的样子。《荀子·富国》：“～～忧戚，非乐而日不和。”❷［愀怆（chuàng）］悲伤。嵇康《琴赋》：“是故怀戚者闻之，莫不憯懔惨凄，～～伤心。”

诮（誚） qiào 责备。《尚书·金縢》：“公乃为诗以贻王……王亦未敢～公。”㉑讥讽。孔稚珪《北山移文》：“列壑争讥，攒峰竦～。”

峭［陗］ qiào ❶高陡，险峻。《韩非子·内储说上》：“见深涧，～如墙，深百仞。”（仞：七尺或八尺为一仞。）㉑严峻，严厉。《史记·袁盎晁错列传》：“错为人～直刻深。”《新唐书·李鄘传》：“鄘当官以～法操下。”（操下：控制部下。）❷急峻，尖利。孟郊《秋怀》诗：“冷露滴梦破，～风梳骨寒。”上述❶㉑❷又写作“陗”。❸形容诗文的立意和用词奇险、秀拔。王安石《寄慎伯筠》诗：“多为～句不姿媚，天骨老硬无皮肤。”

帩 qiào ［帩头］古代男子束发的头巾。汉乐府《陌上桑》：“少年见罗敷，脱帽著～～。”

鞘 qiào ❶刀剑的套子。葛洪《西京杂记》卷一:"开匣拔～,辄有风气,光彩射人。"❷ shāo 鞭梢。《晋书·苻坚载记下》:"长～马鞭击左股。"

窍(竅) qiào ❶孔,洞。《庄子·齐物论》:"其名为风,是唯无作,作则万～怒呺(háo)。"(呺:呼啸。)㊀人的口鼻眼耳等器官的孔。《庄子·应帝王》:"人皆有七～。"❷凿洞,打孔。沈既济《枕中记》:"其枕青瓷,而～其两端。"❸通,贯通。《淮南子·俶真》:"乃至神农黄帝,剖判大宗,～领天地。"

撽 qiào 旁击,击打。《庄子·至乐》:"庄子之楚,见空髑髅,髐然有形,～以马捶。"(马捶:马鞭。)

躈 qiào 马的肛门。《史记·货殖列传》:"马蹄～千,牛千足。"(蹄躈:四蹄一躈为一匹。)

QIE

切 qiē ❶用刀切开、切断。《礼记·少仪》:"牛与羊鱼之腥,聂而～之为脍。"《列子·汤问》:"西戎献锟铻之剑……用之～玉如～泥焉。"(锟铻:剑名。)❷磨(mó)制骨器。《论衡·量知》:"骨曰～,象曰瑳(cuō),玉曰琢,石曰磨。～瑳琢磨,乃成宝器。"(瑳:通"磋",加工象牙。)㊀商讨,切磋。韩愈《答冯宿书》:"朋友道缺绝久,无有相箴规磨～之道。"双音词有"切磋"。❸ qiè 摩擦,接触。《史记·刺客列传》:"此臣之日夜～齿腐心也。"㊀贴近,接近。《荀子·劝学》:"《诗》、《书》故而不～。"(故:前代的掌故。不切:指不切近现实。)㊀恳切,深切。《史记·平津侯主父列传》:"臣闻明主不恶～谏以博观。"(博:广泛。)❹ qiè 要领,重点。孔平仲《续世说·直谏》:"宪宗问时所～,登以纳谏为对。"㊁切合,确切。刘勰《文心雕龙·物色》:"故巧言～状,如印之印泥。"❺ qiè 急,急迫。《论语·子张》:"～问而近思。"辛弃疾《贺新郎·别茂嘉十二弟》:"杜鹃声～。"㊀激烈。韩愈《为裴相公让官表》:"旋以论事过～,为宰臣所非。"㊁严酷,苛刻。《魏书·毛修之传》:"严威～法,控勒蜀人。"❻ qiè 悲戚,凄凉。杜甫《十二月一日》诗三首之二:"新亭举目风景～,茂陵著书消渴长。"❼ qiè 责备。《史记·三王世家》:"陛下让文武,躬自～。"❽ qiè 按脉,切脉。《史记·扁鹊仓公列传》:"不待～脉望色听声写形,言病之所在。"(不待:不需要。)

且 qiě ❶连词。而且,并且。《论语·述而》:"不义而富～贵,于我如浮云。"柳宗元《捕蛇者说》:"余悲之,～曰……"(余:我。)[既……且……]见 182 页"既"字。[且……且……]表示"又……又……"或"一边……一边……"。《史记·淮阴侯列传》:"上～怒～喜。"(上:皇帝。)晁错《言兵事疏》:"～驰～射。"❷连词。况且。《三国志·蜀书·诸葛亮传》:"曹操之众,远来疲弊……～北方之人,不习水战。"(众:指军队。)[且夫]用于句首,表示更进一层。可译为"再说"。《韩非子·难一》:"～～以身为苦而后化民者,尧舜之所难也。"(以身为苦:以身作则吃苦在先。化:教育。)❸连词。尚且。《史记·樊郦滕灌列传》:"臣死～不辞,岂特卮(zhī)酒乎?"(岂特:岂但。卮:盛酒的器皿。)㊁抑或,还是。《礼记·曾子问》:"日有食之,则有变乎?～不乎?"❹连词。即使,纵然。杜甫《寄岑嘉州》诗:"外江三峡～相接,斗酒新诗终日疏。"㊁假使,如果。《吕氏春秋·知士》:"～静郭君听辨而为之也,必无今日之患也。"❺副词。暂且,姑且。《汉书·陈汤传》:"县官～顺听群臣言。"(县官:指皇帝。)㊁将要,快要。《列子·汤问》:"北山愚公者,年～九十。"❻语气词。用于句首。《史记·魏世家》:"～子之言克于子之君者,岂将比周以求大官哉?"❼ jū 语气词。用于句中或句尾。《诗经·郑风·出其东门》:"匪我思～。"(不是我想念的。)

切 qiè 见 340 页。

窃(竊) qiè ❶偷盗,偷窃。《荀子·正论》:"～其猪彘(zhì)。"(彘:猪。)㊁盗贼。《庄子·天道》:"边竟有人焉,其名为～。"㊀抄袭,剽窃。王逸《楚辞章句序》:"取其要妙,～其华藻。"❷不应当而获取,非分占有。《世说新语·言语》:"虽有～秦之爵,千驷之富,不足贵也。"❸男女私通。刘勰《文心雕龙·程器》:"相如～妻而受金。"❹副词。偷偷地,暗中。《韩非子·内储说上》:"丽水之中生金,人多～采金。"《史记·孙子吴起列传》:"～载与之齐。"❺谦辞。私自,私下。《战国策·赵策四》:"老臣～以为媪(ǎo)之爱燕后,贤于长安君。"(媪:对年老妇女的尊称,这里指赵太后。贤于:超过。)

抾 qiè 捕取。《汉书·扬雄传上》:"～灵蠵(xī)。"(蠵:一种大龟。)

怯 qiè 害怕,畏惧。与"勇"相对。《孙子兵法·军争》:"勇者不得独进,～者不得独退。"《朱子语类》卷一三二:"虏人大败,方有～中国之意。”

朅 qiè ❶ 离去，舍弃。《吕氏春秋·士容》：“富贵弗就而贫贱弗～。” ❷ 勇武的样子。《诗经·卫风·硕人》：“庶姜孽孽，庶士有～。” ❸ hé 通“曷”。何，何时。《吕氏春秋·贵因》：“胶鬲曰：‘～至？’武王曰：‘将以甲子至殷郊。’”

妾 qiè ❶ 女奴隶。《尚书·费誓》：“臣～逋(bū)逃。”（臣：男奴隶。逋逃：逃跑。）❷ 侧室，偏房。旧时男子在妻子之外另娶的女人。《战国策·齐策一》：“臣之妻私臣，臣之～畏臣。”（私：偏爱。）❸ 古代女子表示谦卑的自称。孟郊《织妇辞》：“夫是田中郎，～是田中女。”

踥 qiè ［踥蹀(dié)］1. 小步快走的样子。秦韬玉《紫骝马》诗：“生狞弄影风随步，～～冲尘汗满沟。”2. 形容奔走钻营的样子。屈原《九章·哀郢》：“众～～而日进兮，美超远而逾迈。”

挈 qiè ❶ 提着，提起。《荀子·劝学》：“若～裘领。”成语有“提纲挈领”。㊀ 带着，领着。沈约《齐故安陆昭王碑文》：“～妻荷子。”（荷：背着。）㊁ 握着，拿着。《汉书·韩信传》：“信～其手，与步于庭数匝。” ❷ 地界连接，接壤。《战国策·赵策一》：“秦尽韩、魏之上党，则地与国都邦属而壤～者七百里。” ❸ qì 缺少，断绝。《汉书·司马相如传下》：“～三神之欢，缺王道之仪。” ❹ qì 通“契”。用刀刻。《汉书·叙传上》：“旦算祀于～龟。”（旦：周公旦。算祀：计算年代。龟：龟甲。）❺ qì 通“契”。契约。《汉书·沟洫志》：“今内史稻田租～重。”（内史：政区名。租挈：收租的契约。）

惬（愜）［悏］ qiè ❶ 心意满足。《汉书·文帝纪》：“天下人民，未有～志。”（志：指心愿。）双音词有“惬意”。❷ 合适，恰当。张九龄《请御注道德经及疏施行状》：“词约而理丰，文省而事～。”

箧（篋） qiè 小箱子。《庄子·胠箧》：“然而巨盗至，则负匮揭～担囊而趋。”（匮：通“柜”。揭：扛着。）《盐铁论·相刺》：“故玉屑满～，不为有宝。”

锲（鍥） qiè ❶ 用刀刻。《荀子·劝学》：“～而不舍，金石可镂。” ❷ 截断。《战国策·宋卫策》：“～朝涉之胫。”（朝涉：早晨涉水过河的人。胫：小腿。）

QIN

钦（欽） qīn ❶ 恭敬，敬重。《尚书·尧典》：“～若昊天。”（若：顺从。）《晋书·王献之传》：“谢安甚～爱之。”（谢安：人名。）双音词有“钦佩”。㊁ 仰慕，佩服。嵇康《琴赋》：“慕老童于騩(guī)隅，～泰容之高吟。”（老童：神名。騩：山名。泰容：黄帝的乐师。）何晏《景福殿赋》：“～先王之允塞，悦重华之无为。” ❷ 封建社会对于皇帝所做事情的敬称（后起意义）。如“钦差大臣”、“钦赐”、“钦定”。❸ 弯曲。《后汉书·周燮传》：“燮生而～颐折頞(è)，丑状骇人。”（颐：下巴。頞：鼻梁。）

嵚（嶔） qīn ❶ 山高险。《公羊传·僖公三十三年》：“尔即死，必于殽之～岩。”㊀ 高峻的山峰。张九龄《赴使泷峡》诗：“溪路日幽深，寒空入两～。” ❷ ［嵚崎］1. 山崖高峻的样子。王延寿《王孙赋》：“生深山之茂林，处崭岩之～～。”（崭岩：山险峻的样子。）2. 品格卓异超群。秦观《南都新亭行寄王子发》诗：“亭下～～淮海客，末路逢公诗酒共。”

侵 qīn ❶ 进犯，侵犯。《左传·僖公四年》：“齐侯以诸侯之师～蔡。”（蔡：蔡国。）㊁ 侵蚀。《魏书·李崇传》：“加以风雨稍～，渐致亏坠。”㊀ 侵袭。韩愈《县斋读书》诗：“南方本多毒，北客恒惧～。” ❷ 欺凌，欺负。《庄子·渔父》：“～人自用谓之贪。”《三国志·蜀书·诸葛亮传》：“强不～弱。” ❸ 侵占，夺取。《左传·桓公二年》：“哀侯～陉庭之田。” ❹ 逐渐。《列子·汤问》：“帝凭怒，～减龙伯之国使厄。”（天帝盛怒，逐渐削减龙伯的国土，使它地域狭隘。龙伯：神话中的国名。）［侵晨］天蒙蒙亮。《三国志·吴书·吕蒙传》：“～～进攻。”［侵寻］逐渐扩展。归有光《乞致仕疏》：“见今病势～～，不能前迈。”㊀ 临近。苏轼《是日宿水陆寺寄北山清顺僧》诗之一：“农事未休～小雪，佛灯初上报黄昏。” ❺ 荒年，庄稼歉收。《穀梁传·襄公二十四年》：“五谷不升，谓之大～。”（升：成熟。）❻ qǐn 相貌丑陋。《汉书·田蚡传》：“蚡(fén)为人貌～。”（貌：相貌。）这个意义又写作“寑”。

骎（駸） qīn ［骎骎］1. 马疾行的样子。《诗经·小雅·四牡》：“驾彼四骆，载骤～～。”2. 疾速，急迫。萧纲《如影》诗：“朝光照皎皎，夕漏转～～。”范成大《大暑舟行含山道中雨骤至》诗：“～～失高丘，扰扰暗古县。”3. 渐进的样子。李翱《故处士侯君墓志》：“每激发，则为文达意，其高处～～乎有汉魏之风。”4. 兴盛的样子。张耒《春日杂兴》诗之五：“飞花去寂寂，新叶来～～。”

Q

亲(親) qīn ❶爱，亲爱。《孟子·梁惠王下》："君行仁政，斯民～其上，死其长矣。"《后汉书·寇恂传》："久为吏人所～。"㊀亲近，接触。《韩非子·爱臣》："爱臣太～，必危其身。"《孟子·离娄上》："男女授受不～，礼也。"㊂亲近的人。李白《蜀道难》诗："所守或匪～，化为狼与豺。"❷友好，结交。《史记·苏秦列传》："连六国从～，此其智有过人者。"❸父母。《庄子·养生主》："可以全生，可以养～。"[亲戚]内外亲属，包括父母和兄弟等。《墨子·节葬下》："秦之西有仪渠之国者，其～～死，聚柴薪而焚之，熏上谓之登遐，然后成为孝子。"此指父母。《左传·僖公二十四年》："故(周公)封建～～，以蕃屏周。"此指子弟。❹亲人，亲戚。《论语·泰伯》："君子笃于～则民兴于仁。"杜甫《登岳阳楼》诗："～朋无一字，老病有孤舟。"(无一字：指无音信。)成语有"亲痛仇快"。❺亲自。《诗经·大雅·韩奕》："王～命之。"《史记·秦始皇本纪》："～巡天下，周览远方。"❻qìng [亲家]姻亲关系。也作夫妻双方父母互称。《潜夫论·思贤》："将相权臣，必以～～。"

衾 qīn ❶大被。《诗经·召南·小星》："肃肃宵征，抱～与裯(chóu)。"(裯：单被。)❷覆盖尸体的单被。《荀子·正论》："太古薄葬，棺厚三寸，衣～三领。"(三领：三件。)

【辨】衾，被。先秦时"被子"的意义不用"被"字表示，小被称为"寝衣"，大被称为"衾"。后来"衾"、"被"没有分别。

芩 qín ❶草名。《诗经·小雅·鹿鸣》："呦呦鹿鸣，食野之～。"❷[黄芩]草药名。

秦 qín ❶周代封邑名。位于今甘肃一带。周孝王封伯益之后非子于秦邑。《史记·秦本纪》："邑之～，使复续嬴氏祀，号曰秦嬴。"❷周代诸侯国。秦襄公始立国。战国时为七雄之一。位于今陕西中部和甘肃东部一带。公元前221年统一中国，建立了秦朝。《庄子·寓言》："老聃西游于～。"❸朝代名(公元前221—前206年)。第一代君主是嬴政(秦始皇)。王昌龄《出塞》诗："～时明月汉时关，万里长征人未还。"❹地域名。指今陕西、甘肃一带。杜甫《奉送严公入朝十韵》："此生那老蜀，不死会归～。"❺朝代名。东晋时十六国之一。公元351年苻健建都长安。史称前秦。❻朝代名。东晋时十六国之一。公元386年姚苌建都长安。史称后秦。❼汉代西域各国对中国的称谓。《汉书·西域传下》："匈奴缚马前后足，置城下，驰言：'～人，我丐若马。'"(丐：给予。若：你们。)

螓 qín 一种方头宽额的蝉。[螓首]形容女子容貌美丽的样子。《诗经·卫风·硕人》："～～蛾眉，巧笑倩兮，美目盼兮。"

禽 qín ❶猎物。《周易·师》："田有～。"❷捕捉，制伏。《左传·哀公二十三年》："知伯亲～颜庚。"《史记·秦始皇本纪》："～灭六王。"这个意义后来写作"擒"。❸鸟兽的总称。《三国志·魏书·华佗传》："吾有一术，名五～之戏。"(术：指锻炼身体的方法。五禽之戏：指模仿虎、鹿、熊、猿、鸟五种鸟兽动作的一种体操。)㊕鸟类。《韩非子·五蠹》："妇人不织，～兽之皮足衣也。"㊕兽类。《论衡·遭虎》："虎亦诸～之雄也。"

勤 qín ❶辛劳，辛苦。与"逸"相对。《论语·微子》："四体不～，五谷不分，孰为夫子？"(孰：谁。)《左传·僖公三十二年》："～而无所，必有悖心。"㊀忧虑，愁苦。《扬子法言·修身》："乐天则不～，知命则不忧。"❷努力，尽力。与"惰"相对。《国语·鲁语上》："以死～事则祀之。"《三国志·吴书·吴主传》："～求俊杰，将与戮力。"(俊杰：才智出众的人。戮力：合力。)❸为……尽力，帮助。《左传·僖公三年》："齐方～我，弃德不祥。"(齐：齐国。)[勤王] 1. 为王事辛劳。《晋书·谢安传》："夏禹～～，手足胼胝。" 2. 指以兵力救援王朝。《后汉书·袁绍传》："不闻～～之师，而但擅相讨伐。"㊂慰劳，慰问。扬雄《羽猎赋》："加劳三皇，勖(xù)～五帝，不亦至乎！"(勖：勉励。)❹穷尽，枯竭。《文子·上仁》："力～财尽，有旦无暮。"❺急切，殷切。韩愈《答渝州李使君书》："钦想所为，益深～企。"❻多次，经常。韩愈《木芙蓉》诗："愿得～来看，无令便逐风。"

寝(寢) qǐn ❶躺着休息，睡觉。《论语·乡党》："食不语，～不言。"㊉横卧的。《荀子·解蔽》："见～石，以为伏虎也。"㊂卧病。常"寝疾"、"寝病"连用。《左传·昭公七年》："寡君～疾，于今三月矣。"《后汉书·宋均传》："均常～病。"❷卧室，寝室。《左传·宣公二年》："晨往，～门辟矣。"㊕君王的宫室，寝宫。《周礼·天官·宫人》："宫人掌王之六～之修。"❸陵寝。古代帝王陵墓上的正殿。张载《七哀诗二首》之一："园～化为墟，周墉无遗堵。"[寝庙]古代宗庙分两部分，后面停放牌位和先人遗物的地方叫"寝"，前面祭祀的地方叫"庙"，合称"寝庙"。《诗经·小雅·巧言》："奕奕～～。"(奕奕：高大的样子。)❹平息，停止。《汉书·礼乐志》："其议遂～。"王褒《四子讲德论》:"秦人～兵。"㊀扣压,搁置。《梁书·丘迟传》:"为有司所纠,高祖爱其才,～其奏。"(纠:检举。) ❺ 相貌丑陋。《吴越春秋·勾践阴谋外传》:"不以鄙陋～容,愿纳以供箕帚之用。"《新唐书·郑注传》:"貌～陋。"

【辨】寝,卧,眠,寐,睡。"寝"指在床上睡觉,或躺在床上,不一定睡着。《公羊传·僖公二年》:"寡人夜者寝而不寐。""卧"是靠在几上睡觉,引申为躺在床上,也不一定睡着。"眠"的本义是闭上眼睛,引申为睡眠。"寐"是睡着。"睡"是坐着打瞌睡。中古以后,"睡"是睡着,与"寐"同义;又表示睡觉,与"寝"同义。

沁 qìn 浸,渗入。唐彦谦《咏竹》诗:"醉卧凉阴～骨清,石床冰簟(diàn)梦难成。"(簟:竹席。)成语有"沁人心脾"。

QING

青 qīng ❶ 蓝色。《荀子·劝学》:"～,取之于蓝而～于蓝。"(蓝:一种草本植物,叶子可以提制蓝色染料。)㊁深绿色。庾信《春赋》:"麦才～而覆雉。"刘禹锡《陋室铭》:"草色入帘～。"(入:映入。)㊁青绿色的东西。杜甫《绝句》:"江边踏～罢,回首见旌旗。" ❷ 用于书写的青色的竹简。刘勰《文心雕龙·诸子》:"杀～所编。"[青史]在竹简上的记事。㊂史书。杜甫《赠郑十八贲》诗:"古人日已远,～～字不泯。"[青简]写在竹简上的文章。㊂书籍。白居易《秘书省中忆旧山》诗:"厌从薄宦校～～。"(从:从事。薄宦:小官。) ❸ 指春天。江淹《别赋》:"镜朱尘之照烂,袭～气之烟煴。" ❹ 指东方。《周礼·考工记·画缋》:"东方谓之～。" ❺ 黑色。《尚书·禹贡》:"厥土～黎。"李白《将进酒》:"君不见高堂明镜悲白发,朝如～丝暮成雪。"

【辨】青,苍,碧,绿,蓝。"青"是蓝色,"苍"是深蓝,"碧"是浅蓝,本是有分别的,但有时候也混用。青天又叫苍天,也叫碧落或碧空,青草又叫碧草,青苔又叫苍苔。绿色和青色距离较远,混用的情况较少,绿草指嫩绿色的草,与青草的意义不尽相同。"蓝"字在上古不用来表示颜色,只用来指可以做染料的植物,这种染料染出来的颜色就是青(所以说青出于蓝)。

圊 qīng ❶ 厕所。《三国志·蜀书·诸葛亮传》注引《袁子》:"所至营垒、井灶、～溷(hùn)、藩篱、障塞皆应绳墨。"(溷:厕所。) ❷ 猪圈。苻朗《苻子》:"豕也,非大～不居。" ❸ 排污,除秽。《伤寒论·厥阴》:"必～脓血,以有热故也。"

清 qīng ❶(水或液体)清澈。与"浊"相对。《诗经·魏风·伐檀》:"河水～且涟猗。"《诗经·大雅·凫鹥》:"尔酒既～,尔殽既馨。"㊀清澈的水。郦道元《水经注·江水》:"则素湍绿潭,回～倒影。" ❷ 干净,洁净。张衡《东京赋》:"京室密～。"(密:安静。)㊀清洗,清除。陆云《盛德颂》:"泛时雨以～天,洒狂尘以肃地。"㊀明晰,清楚。《荀子·解蔽》:"凡观物有疑,中心不定,则外物不～。"江淹《杂体诗·王侍中怀德》:"日暮山河～。" ❸ 清高,清廉。《史记·伯夷列传》:"举世混浊,～士乃见。"《三国志·魏书·毛玠传》:"少为县吏,以～公称。"(公:公正。)㊀鲜明,清秀。《山海经·西山经》:"丹木五岁,五色乃～。"杜甫《与李十二白同寻范十隐居》诗:"入门高兴发,侍立小童～。" ❹(政治)清明,太平。《孟子·万章下》:"当纣之时,居北海之滨,以待天下之～也。"李白《古风五十九首》之三十四:"澹然四海～。"㊀治理。潘岳《藉田赋》:"于是乃使甸帅～畿。"㊀安静,清静。《庄子·在宥》:"必静必～,无劳女形。"杜甫《大云寺赞公房》诗:"心～闻妙香。" ❺ 清爽,清凉。宋玉《九辩》:"泬(xuè)寥兮天高而气～。"(泬寥:空旷清朗。)辛弃疾《水龙吟·登建康赏心亭》:"楚天千里～秋。"㊀(声音)清越,清亮。《礼记·聘义》:"叩之,其声～越以长。"钱起《宴郁林观张道士房》诗:"竹坛秋月冷,山殿夜钟～。" ❻ qìng 凉,冷。《庄子·人间世》:"爨(cuàn)无欲～之人。"(爨:烧火。) ❼ 朝代名(公元1616—1911年)。1616年爱新觉罗努尔哈赤建国,初名后金。1636年改国号为清。1644年爱新觉罗福临入关,定都北京。

轻(輕) qīng ❶ 分量小。与"重"相对。《楚辞·卜居》:"蝉翼为重,千钧为～。"司马迁《报任安书》:"人固有一死,或重于泰山,或～于鸿毛。"㊀价值低贱。《汉书·食货志下》:"钱益多而～,物益少而贵。"㊁轻便,轻快。《淮南子·原道》:"虽有～车良马……不能与之争先。"李白《早发白帝城》诗:"两岸猿声啼不住,～舟已过万重山。"成语有"轻歌曼舞"。 ❷ 轻微,浅薄。《孟子·尽心下》:"民为贵,社稷次之,君为～。"诸葛亮《与参军掾属教》:"任重才～。"㊁程度浅,数量少。杜牧《朱坡绝句》之二:"烟深苔巷唱樵儿,花落寒～倦客归。"《续资治通鉴·元成宗元贞二年》:"所赐诸王、公主、驸马、勋臣,为数不～。" ❸ 减少,减轻。

Q

《管子·权修》："而求权之无～，不可得也。"《三国志·吴书·孙休传》："今欲广开田业，～其赋税。"❹ 轻视，看不起。《老子》六十九章："祸莫大于～敌。"㊂轻易，随便。《盐铁论·刑德》："千仞之高，人不～凌。"（凌：指登上。）成语有"掉以轻心"。❺ 轻佻，轻浮。韩愈《送郑尚书序》："蛮夷悍～。"

倾（傾） qīng ❶ 侧偏，倾斜。《管子·牧民》："国有四维，一维绝则～，二维绝则危。"《盐铁论·利议》："虚心～耳以听。"㊀邪恶，行为不正。叶适《宋邹卿墓志铭》："淳心之成，其行不～。"❷ 倒塌，倾覆。《诗经·大雅·瞻卬》："哲夫成城，哲妇～城。"李白《梁甫吟》："杞国无事忧天～。"❸ 排挤，倾轧。晁错《论贵粟疏》："以利相～。"㊀压倒，胜过。《北史·卢鲁元传》："父子有宠两宫，势～天下。"❹ 钦佩，倾慕。《汉书·司马相如传上》："一坐尽～。"（一坐：满座的人。）❺ 倒出来。陶渊明《乞食》诗："谈谐终日夕，觞至辄～杯。"李白《赠崔秋浦三首》之二："见客但～酒。"㊀倾泻，倾吐。杨万里《次出门韵》："好怀非自閟，且道向谁～？"㊃竭尽，尽其所有。《三国志·蜀书·董和传》："～家竭产。"❻ qǐng 顷刻，不久。《吕氏春秋·执一》："～造大难，身不得死焉。"

卿 qīng ❶ 古代高官名、爵位名。在公之下、大夫之上。《商君书·赏刑》："自～相将军以至大夫庶人。"[客卿]对其他诸侯国来本国做官的人的称呼。《史记·李斯列传》："秦王拜斯为～～。"❷ 对人表示尊敬、亲热的称呼。可用于君对臣、长辈对晚辈、朋友之间以及夫妻情人之间。《晋书·谢安传》："～累违朝旨。"（累：屡次。）《古诗为焦仲卿妻作》："我自不驱～，逼迫有阿母。"

勍 qíng ❶ 强，强劲。《左传·僖公二十二年》："且今之～者，皆吾敌也。"❷ 竞争，较量。皮日休《霍山赋》："岳之大，与地角壮，与天～势。"

黥[剠] qíng ❶ 古代的一种刑罚，用刀刺刻犯人的面额，再涂上墨。也叫墨刑。《战国策·秦策一》："法及太子，～劓（yì）其傅。"（劓：割鼻子。）❷ 文身。在身上刺写带颜色的文字或花纹图案。《隋书·东夷传》："妇人以墨～手，为虫蛇之文。"

情 qíng ❶ 感情。《荀子·正名》："性之好恶喜怒哀乐谓之～。"李贺《金铜仙人辞汉歌》："天若有～天亦老。"㊕爱情。陈鸿《长恨歌传》："定～之夕，授金钗钿合以固之。"❷ 实情，真情。《左传·庄公十年》："小大之狱，虽不能察，必以～。"㊁情况。《列子·黄帝》："备知万物～态。"㊀本性。《孟子·滕文公上》："夫物之不齐，物之～也。"❸ 志向，意愿。《南史·刘湛传》："弱年便有宰物～。"❹ 兴致，情趣。元稹《任醉》诗："本怕酒醒浑不饮，因君相劝觉～来。"

檠[橄] qíng ❶ 矫正弓弩的器具。《荀子·性恶》："繁弱、巨黍，古之良弓也，然而不得排～，则不能自正。"㊀矫正（弓弩）。《汉书·苏武传》："武能网纺缴，～弓弩。"❷ 灯架，烛台。韩愈《短灯檠歌》："长～八尺空自长，短～二尺便且光。"㊂灯。王安石《自舒州追送朱氏女弟》诗："投僧避夜雨，古～昏无膏。"❸ jìng 有脚的盘碟类器皿。杨衒之《洛阳伽蓝记·开善寺》："金瓶银瓮百余口，瓯、～、盘、盒称是。"❹ 通"擎"。举，向上托。韩愈《燕河南府秀才》诗："柿红蒲萄紫，肴果相扶～。"

擎 qíng ❶ 举，向上托。束皙《饼赋》："～器者舐唇，立侍者干咽。"❷ 拿取，手持。裴铏《传奇·裴航》："～一瓯浆来，郎君要饮。"

顷（頃） qǐng ❶ qīng 侧偏，倾斜。《诗经·周南·卷耳》："采采卷耳，不盈～筐。"（顷筐：口沿前低后高的筐。）《汉书·王褒传》："不单～耳而听已聪。"（单：尽。聪：听觉灵敏。）这个意义后来写作"倾"。❷ 土地面积单位。百亩为一顷。《三国志·蜀书·诸葛亮传》："薄田十五～。"❸ 时间短。与"久"相对。《荀子·性恶》："天下之悖（bèi）乱而相亡不待～矣。"（悖乱：混乱。）[有顷][顷之]不久。《史记·留侯世家》："有顷，父亦来。"《战国策·秦策二》："顷之，一人又告之曰：'曾参杀人。'"❹ 时间，时候。《史记·循吏列传》："相曰：'如此几何～乎？'市令曰：'三月～。'"《颜氏家训·归心》："未杀之～，牛解。"❺ 副词。近来，刚才，不久前。《三国志·吴书·吴主传》："～闻诸将出入，各尚谦约。"（约：指约束自己。）❻ kuǐ 通"跬"。半步。古代以左右脚各迈一次为一步，单脚迈一次为半步。《大戴礼记·曾子大孝》："故君子～步之不敢忘也。"

请（請） qǐng ❶ 谒见，拜见。《汉书·张汤传》："其造～诸公，不避寒暑。"（造：指前往。）❷ 请求。《左传·隐公元年》："若弗与，则～除之。"（弗与：不给。）《三国志·蜀书·诸葛亮传》："事急矣，～奉命求救于孙将军。"成语有"请君入瓮"。【注意】"请"字后面带动词时,有两种不同的意义。第一种是请你做某事,如第一例。第二种是请你允许我做某事,如第二例。古代汉语中后者比较常见。❸ 请求给予。《史记·吕太后本纪》:"朱虚侯～卒,太尉予卒千余人。"❹ 询问。叶适《草庐先生墓志铭》:"少而广问博～。"❺ 邀请。《汉书·孝宣许皇后传》:"乃置酒～之。"(置:设。)㊂聘请。《后汉书·鲁恭传》:"郡数以礼～,谢不肯应。"❻ qìng 古代秋季朝会名。《史记·吴王濞列传》:"及后使人为秋～。"❼ qíng 通"情"。真情,实情。《荀子·正名》:"正名而期,质～而喻。"

謦 qǐng [謦欬(kài)][謦咳] 1. 咳嗽。《吕氏春秋·顺说》:"惠盎见宋康王,康王蹀足謦欬。"2. 言笑。《庄子·徐无鬼》:"夫逃虚空者……闻人足音跫(qióng)然而喜矣,又况乎昆弟亲戚之謦欬其侧者乎!"(跫然:脚步声。)苏轼《黄州还回太守毕仲远启》:"神驰铃下,如闻謦咳之音。"

庆(慶) qìng ❶ 庆贺,祝贺。《战国策·燕策一》:"武安君苏秦为燕说齐王,再拜而贺,因仰而吊。齐王桉戈而却曰:'此一何～吊相随之速也?'"《后汉书·王充传》:"绝～吊之礼。"❷ 奖赏。《孟子·告子下》:"则有～,～以地。"常"庆赏"连用。《管子·牧民》:"严刑罚,则民远邪。信～赏,则民轻难。"(轻难:指敢于赴难。)❸ 福,幸福。《周易·坤》:"积善之家,必有余～。"《盐铁论·诛秦》:"初虽劳苦,卒获其～。"(卒:终。)❹ 善,善事。《诗经·大雅·皇矣》:"则友其兄,则笃其～。"

清 qìng 凉,冷。《管子·宙合》:"辟之也犹夏之就～,冬之就温焉。"

磬 qìng ❶ 古代打击乐器名。其形似曲尺,用石、玉或金属制成,悬挂在木架上。《荀子·乐论》:"～似水。"(磬声如流水。)[磬折]像磬的形状一样弯着腰。形容十分恭敬。《史记·滑稽列传》:"西门豹簪笔～～,向河立待良久。"(簪笔:在头上插戴用毛装饰的簪。)❷ 寺院中僧人敲打的形状如钵的铜铁铸的鸣器(后起意义)。卢纶《宿定陵寺》诗:"古塔荒台出禁墙,～声初尽漏声长。"❸ (把人)吊起绞杀。《礼记·文王世子》:"公族其有死罪,则～于甸人。"(甸人:掌管郊野的官。)❹ 通"罄"。空,尽。《淮南子·览冥》:"～龟无腹。"

罄 qìng ❶ (器皿)中空无物。《诗经·小雅·蓼莪》:"瓶之～矣,维罍之耻。"❷ 尽,用尽。范缜《神灭论》:"粟～于惰游,货殚于土木。"(惰游:指游手好闲的僧侣。)《旧唐书·李密传》:"～南山之竹,书罪未穷。"成语有"罄竹难书"。❸ 通"磬"。古代打击乐器名。《大戴礼记·礼三本》:"县一～而尚拊搏。"❹ 通"磬"。(把人)吊起绞杀。《新唐书·刑法志》:"死刑有五,曰:～、绞、斩、枭、裂。"

QIONG

邛 qióng ❶ 小土山。《诗经·陈风·防有鹊巢》:"防有鹊巢,～有旨苕。"❷ 忧患,疾病。《诗经·小雅·巧言》:"匪其止共,维王之～。"❸ 国名。汉代西南部民族所建。《史记·司马相如列传》:"～、筰、冉、駹者近蜀,道亦易通。"❹ [邛崃]山名。在今四川。李刘《水调歌头·寿赵茶马》:"万里碧鸡使,叱驭问～～。"

筇 qióng 竹名。可做手杖。戴凯之《竹谱》:"竹之堪杖,莫尚于～。"㊀手杖。黄庭坚《次韵德孺新居病起》:"稍喜过从近,扶～不驾车。"

穷(窮) qióng ❶ 终极,完结。《吕氏春秋·下贤》:"与物变化,而无所终～。"㊀穷究,追究到底。《后汉书·济南安王康传》:"不忍～竟其事。"㊂从始至终,始终。《楚辞·大招》:"～身永乐。"❷ 阻塞不通。与"通"相对。《庄子·列御寇》:"夫处～闾(lǘ)厄(ài)巷。"(住在狭窄的小胡同里。)成语有"日暮途穷"。㊀困厄,走投无路。《吕氏春秋·慎人》:"孔子～于陈蔡之间,七日不尝食。"《颜氏家训·省事》:"然而～鸟入怀,仁人所悯。"熟语有"追穷寇"。㊂极力,竭尽全力。任昉《奏弹曹景宗》:"遂令孤城～守。"❸ 止息。《礼记·儒行》:"儒有博学而不～,笃行而不倦。"㊀词穷,无言以对。《孟子·公孙丑上》:"遁辞,知其所～。"成语有"理屈词穷"。❹ 不得志,不显贵。与"达"相对。《孟子·尽心上》:"故士～不失义,达不离道。"❺ 贫苦,生活困难。《战国策·齐策四》:"振困～,补不足。"(振:救济。)㊂鳏(年老无妻子)、寡(年老丈夫死)、孤(孤儿)、独(年老无子)四种无依靠的人。《淮南子·时则》高诱注:"鳏、寡、孤、独曰～。"❻ 荒远,偏僻。《战国策·赵策二》:"～乡多异,曲学多辨。"成语有"穷乡僻壤"。

【辨】穷,贫。在古代,缺乏衣食钱财一般叫"贫"。不得志,仕途没有出路或者鳏、寡、孤、独叫"穷"。"困穷"连用时,包含有"贫穷"的意思。

Q

茕(煢)[惸] qióng 没有弟兄的人。《尚书·洪范》:"无虐～独。"(无:不要。独:老而无子。)㊀孤单,孤独。曹植《闺情二首》之一:"佳人在远道,妾身单且～。"[茕茕]1.忧思的样子。《诗经·小雅·正月》:"忧心～～,念我无禄。"2.孤独无依的样子。屈原《九章·思美人》:"独～～而南行兮。"李密《陈情表》:"～～孑(jié)立,形影相吊。"(孑:孤单的样子。)又写作"睘睘"。

穹 qióng ❶物体中间隆起的样子。㊀帐房,毡帐。李如璧《明月》诗:"昭君失宠辞上宫,娥眉婵娟卧毡～。"[穹庐]北方游牧民族用的毡帐。北朝民歌《敕勒歌》:"天似～～,笼盖四野。"㊀天。李中《下蔡春偶作》诗:"采兰扇枕何时遂,洗虑焚香叩上～。"[苍穹]指天。岑参《与高适薛据登慈恩寺浮图》诗:"七层摩～～。"❷大,高。张衡《思玄赋》:"寒风凄其永至兮,拂～岫之骚骚。"《汉书·司马相如传上》:"触～石,激堆埼。"❸深。班固《西都赋》:"其阳则崇山隐天,幽林～谷。"(阳:南面。)❹尽,终。《诗经·豳风·七月》:"～窒熏鼠,塞向墐户。"❺穷困。《逸周书·籴匡解》:"刑法不修,舍用振～。"

琼(瓊) qióng 美玉。《诗经·卫风·木瓜》:"投我以木瓜,报之以～琚。"(琚:一种佩玉。)苏轼《次韵答王巩》:"我有方外客,颜如～之英。"㊁美好的事物。《楚辞·招魂》:"华酌既陈,有～浆些。"(华酌:指华丽的酒器。陈:陈设。些:语气词。)

蛩 qióng ❶蝗虫。《淮南子·本经》:"飞～满野。"❷[蛩蛩]忧思的样子。《楚辞·九叹·离世》:"心～～而怀顾兮,魂眷眷而独逝。"❸gǒng 蟋蟀。白居易《禁中闻蛩》诗:"西窗独闇坐,满耳新～声。"❹gǒng 虫名。蛐蜒。一说为马陆。

跫 qióng 脚步声。范成大《留游子明》诗:"得得～音喜,恩恩笑口开。"[跫然]脚步声。《庄子·徐无鬼》:"夫逃虚空者……闻人足音～～而喜矣。"

睘[瞏] qióng ❶惊恐瞪眼的样子。《素问·诊要经终论》:"少阳终者,耳聋,百节皆纵,目～绝系。"❷[睘睘]同"茕茕"。孤独无依的样子。《诗经·唐风·杕杜》:"独行～～,岂无他人?"

QIU

丘 qiū ❶土山,小土山。《商君书·徕民》:"秦四境之内,陵阪(bǎn)～隰(xí),不起十年征。"(秦国四界之内,岭坡、土山、洼湿的土地,十年不收赋税。阪:山坡。)柳宗元《钴鉧潭西小丘记》:"梁之上有～焉。"❷坟墓。常"丘墓"、"丘陇"连用。《周礼·春官·冢人》:"以爵等为～封之度。"司马迁《报任安书》:"亦何面目复上父母之～墓乎。"❸废墟。屈原《九章·哀郢》:"曾不知夏之为～兮。"(夏:厦。)❹古代田地区划单位。《周礼·地官·小司徒》:"九夫为井,四井为邑,四邑为～。"❺居邑,村落。鲍照《代结客少年场行》:"去乡三十载,复得还旧～。"❻大。《汉书·楚元王传》:"高祖微时,常避事,时时与宾客过其～嫂食。"❼空。《后汉书·庞参传》:"故县～城,可居者多。"

【辨】陵,山,岭,丘。见257页"陵"字。

秋[烁] qiū ❶谷物成熟,收成。《论衡·气寿》:"物先～后～,则亦如人死。"《尚书·盘庚上》:"若农服田力穑(sè),乃亦有～。"(服田:从事耕作。穑:收割庄稼。)双音词有"麦秋"。❷秋季,秋天。《管子·四时》:"～聚收,冬闭藏。"㊀三个月的时间,季节。《管子·轻重乙》:"夫岁有四～,而分有四时。"㊂衰老,破败。庾信《竹杖赋》:"并皆年华未暮,容貌先～。"蒋捷《高阳台·送翠英》:"飞莺纵有风吹转,奈旧家苑已成～。"❸阴阳五行中以"秋"为"金",配五色之白色、四方之西方、五音之商音等。李白《秋浦歌》之十五:"不知明镜里,何处得～霜。"张衡《东京赋》:"飞云龙于春路,屯神虎于～方。"(春:东方。)谢庄《月赋》:"听朔管之～引。"俗语有"金秋"。❹年。《韩非子·显学》:"今巫祝之祝人曰:'使若千～万岁。'"李白《金陵歌送别范宣》:"四十余帝三百～。"成语有"千秋万代"。㊂时候,时期。诸葛亮《出师表》:"此诚危急存亡之～也。"❺飞舞,腾跃。《汉书·礼乐志》:"飞龙～,游上天。"[秋秋]飞舞的样子。《荀子·解蔽》:"凤凰～～。"

萩 qiū ❶草名。一种蒿类植物。《马王堆汉墓帛书·五十二病方》:"青蒿者,荆名曰～。"❷通"楸"。树名。《左传·襄公十八年》:"及秦周,伐雍门之～。"

湫 qiū ❶jiǎo 低下。《左传·昭公三年》:"子之宅近市,～隘嚣尘,不可以居。"(隘:狭窄。嚣尘:喧嚣多尘。)❷空洞。《吕氏春秋·审分》:"此之谓定性于大～。"㊀水池,深潭。杜甫《乾元中寓居同谷县作》诗:"南有龙兮在山～。"❸集聚不散。《左传·昭公元年》:"勿使有所壅闭～底。"(底:

停滞。）❹ jiū 凉的样子。宋玉《高唐赋》：“～兮如风，凄兮如雨。”

楸 qiū ❶ 树名。屈原《九章·哀郢》：“望长～而太息兮，涕淫淫其若霰。”❷ 棋盘。古代多用楸木制作，故名。段成式《观棋》：“闲对弈～倾一壶，黄羊枰上几成都。”［楸枰（píng）］棋盘。陆游《自嘲》诗：“遍游竹院寻僧语，时拂～～约客棋。”

鹙（鶖） qiū 一种水鸟。也叫秃鹙。《诗经·小雅·白华》：“有～在梁，有鹤在林。”

鞧［緧］ qiū 马车车具的后鞧。套车时拴在驾辕牲口后腿后方的皮带。《晋书·潘岳传》：“王济、裴楷等并为帝所亲遇，岳内非之，乃题阁道为谣曰：‘阁道东，有大牛。王济鞅，裴楷～。’”（鞅：套车时拴在牲口颈部的皮带。）

厹 qiú ❶ 三棱矛。《诗经·秦风·小戎》：“～矛鋈（wù）錞（duì）。”（鋈：用白铜镀物品。錞：矛柄的金属套。）❷ róu 踩踏。《尔雅·释兽》：“狸、狐……其足蹯（fán），其迹～。”（蹯：野兽的脚掌。）

艽 qiú ❶ 禽兽巢穴中垫的草。《淮南子·修务》：“虎豹有茂草，野彘有～莦。”❷ 荒远。《诗经·小雅·小明》：“我征徂西，至于～野。”❸ jiāo ［秦艽］药草名。出产于秦地，故名。

鼽 qiú ❶ 鼻塞不通。《礼记·月令》：“（季秋之月）民多～嚏。”❷ 颧骨。《素问·气府论》：“手太阳脉气所发者三十六穴……～骨下各一。”

囚 qiú ❶ 拘禁。《韩非子·说林上》：“吏因～之。”㊀束缚。孟郊《冬日》诗：“万事有何味，一生虚自～。”❷ 俘获。《左传·宣公十二年》：“射公子縠臣，～之。”㊀囚犯，被拘禁的人。《诗经·鲁颂·泮水》：“在泮献～。”白居易《歌舞》诗：“岂知阌（wén）乡狱，中有冻死～。”（阌乡：古县名。）

泅 qiú 游水。《列子·说符》：“人有滨河而居者，习于水，勇于～。”

求 qiú ❶ 寻找，寻求。《战国策·楚策一》：“虎～百兽而食之。”成语有“刻舟求剑”。㊀探求，探索。《论语·述而》：“我非生而知之者，好古，敏以～之者也。”㊀求得，追求。《论语·述而》：“富而可～也，虽执鞭之士，吾亦为之。”《淮南子·说山》：“～美则不得美。”❷ 要求，需求。《论语·微子》：“无～备于一人。”魏征《谏太宗十思疏》：“臣闻～木之长者，必固其根本。”成语有“求全责备”。㊀选择，选取。《论衡·讥日》：“作车不～良辰，裁衣独～吉日。”❸ 乞求，请求。《战国策·赵策四》：“赵氏～救于齐。”

俅 qiú ［俅俅］冠饰华美的样子。《诗经·周颂·丝衣》：“载弁～～。”一说恭顺的样子。

逑 qiú ❶ 聚合。《诗经·大雅·民劳》：“惠此中国，以为民～。”❷ 配偶。《诗经·周南·关雎》：“窈窕淑女，君子好～。”㊀匹配，匹配的人。扬雄《甘泉赋》：“乃搜～索耦。”

球 qiú ❶ 美玉。《尚书·禹贡》：“厥贡惟～、琳、琅玕。”❷ 玉磬。《尚书·益稷》：“戛击鸣～。”【注意】古代汉语中“球”没有现代“球类”的意义。

赇（賕） qiú 贿赂，行贿。《宋史·食货志上三》：“操舟者～诸吏。”㊀行贿的财物。《史记·滑稽列传》：“又恐受～枉法。”（枉法：歪曲和破坏法律。）㊀受贿，接受贿赂。《新唐书·苏瓌传》：“以～被杖。”

铼（銶） qiú 凿子一类的工具。《诗经·豳风·破斧》：“既破我斧，又缺我～。”

裘 qiú 皮衣。《诗经·豳风·七月》：“取彼狐狸，为公子～。”㊁穿皮衣。《礼记·月令》：“是月也，天子始～。”

絿 qiú 急，急躁。《诗经·商颂·长发》：“不竞不～，不刚不柔。”

觩［觓］ qiú 兽角弯曲的样子。《诗经·小雅·桑扈》：“兕觥其～，旨酒思柔。”㊁物体弯曲的样子。《诗经·鲁颂·泮水》：“角弓其～，束矢其搜。”（搜：箭矢飞行的声音。）

虬［虯］ qiú 古代传说中的一种龙。屈原《天问》：“焉有～龙，负熊以游？”（焉有：哪有。）㊀像虬龙那样盘曲、蜷曲。《新五代史·皇甫遇传》：“为人有勇力，～髯善射。”杜牧《题青云馆》诗：“～蟠千仞剧羊肠，天府由来百二强。”（蟠：盘曲。剧羊肠：比羊肠还要曲折。）

酋 qiú ❶ 陈酒，久酿的酒。《周礼·天官·酒正》郑玄注：“昔酒，今之～久白酒。”㊀积久成熟。《国语·郑语》：“毒之～腊者，其杀也滋速。”❷ 掌管酒的长官。《礼记·月令》：“乃命大～，秫稻必齐。”（秫：糯米。）㊁酿酒、掌酒的女奴。《墨子·天志下》：“妇人以为舂、～。”❸ 酋长，部落的首领。颜延之《三月三日曲水诗序》：“卉（huì）服之～。”（卉服：用草做衣服，指落后的部落。）❹ 终止，完成。《诗经·大雅·卷阿》：“似先公～矣。”《汉书·叙传上》：“《说难》既～，其身乃囚。”

遒 qiú ❶ 迫近。《楚辞·招魂》:“分曹并进,～相迫些。”《史记·司马相如列传》:“～孔鸾(luán),促鵔鸃(jùnyí)。”(孔鸾:孔雀。鵔鸃:鸟名。)㊀聚集。《诗经·商颂·长发》:“百禄是～。”❷ 尽,终止。潘岳《秋兴赋》:“悟时岁之～尽兮。”❸ 刚劲,有力。鲍照《浔阳还都道中》诗:“猎猎晚风～。”(猎猎:风声。)刘孝标《广绝交论》:“～文丽藻。”(藻:文采。)双音词有“遒劲”。❹ 坚固。《诗经·豳风·破斧》:“周公东征,四国是～。”

蝤 qiú ❶ [蝤蛴]天牛的幼虫。因其体色洁白而用于比喻女子的脖颈。《诗经·卫风·硕人》:“领如～～,齿如瓠犀。”(领:脖子。)❷ yóu [蜉蝤]同“蜉蝣”。一种昆虫,生存期极短。《汉书·王褒传》:“蟋蟀俟秋唫,～～出以阴。”❸ jiū [蝤蛑(móu)][蝤蝥(máo)]一种海蟹。俗称梭子蟹。段成式《酉阳杂俎》卷一七“广动植之二”:“蝤蛑大者长尺余,两螯至强。”刘恂《岭表录异》卷下:“蝤蝥,乃蟹之巨而异者。”

璆 qiú ❶ 同“球”。美玉。刘琨《重赠卢谌》诗:“握中有悬璧,本自荆山～。”㊁磬。《国语·晋语四》:“籧篨蒙～。”❷ 象声词。形容佩玉相击声。《史记·孔子世家》:“夫人自帷中再拜,环珮玉声～然。”

糗 qiǔ (将谷类炒熟去壳制作的)干粮。《尚书·费誓》:“峙乃～粮,无敢不逮。”

QU

区(區) qū ❶ 隐藏,藏匿。《左传·昭公七年》:“吾先君文王作仆～之法。”(仆:隐藏。)❷ 区分,区别。《论语·子张》:“譬诸草木,～以别矣。”《汉书·黄霸传》:“霸具为～处。”(黄霸都分别做了处置。)❸ 区域,地域。潘岳《藉田赋》:“洪钟越乎～外。”[区夏]我国古代对中原地区的称呼。《尚书·康诰》:“用肇造我～～。”㊁范围,范畴。刘勰《文心雕龙·杂文》:“总括其名,并归杂文之～。”❹ 畦。种菜的小地块。刘向《说苑·反质》:“终日溉韭百～不倦。”❺ [区区] 1. 少,小。贾谊《过秦论》:“然秦以～～之地,致万乘之势。”2. 诚挚。《古诗为焦仲卿妻作》:“新妇谓府吏:‘感君～～怀。’”3. 自称的谦辞。归有光《山舍示学者》:“则～～与诸君,论此于荒山寂寞之滨。”❻ 房屋,住所。《汉书·张敞传》:“敞以耳目发起贼主名～处。”❼ 量词。用于房屋或宅院。《汉书·苏武传》:“赐钱二百万,公田二顷,宅一～。”❽ ōu 古代容量单位。四升为豆,四豆为区。《左传·昭公三年》:“齐旧四量:豆、～、釜、钟。”

岖(嶇) qū [崎岖]见 328 页“崎”字。

驱(驅) qū ❶ 赶马快跑。《诗经·唐风·山有枢》:“子有车马,弗驰弗～。”《史记·越王句践世家》:“乘坚～良。”(坚:指坚固的车。良:指良马。)[驱驰] 1. 赶马快跑。《史记·张耳陈余列传》:“令范阳令乘朱轮华毂,使～～燕赵郊。”2. 奔走效力。诸葛亮《出师表》:“由是感激,遂许先帝以～～。”❷ 驱赶,驱逐。《左传·桓公十二年》:“～楚役徒于山中。”《史记·平津侯主父列传》:“行盗侵～。”(侵驱:侵扰边境,驱掠人畜。)贾思勰《齐民要术·种麻》:“麻生数日中,常～雀。”㊀驱使,迫使。陶渊明《乞食》诗:“饥来～我去,不知竟何之。”❸ 奔驰,行走。刘勰《文心雕龙·神思》:“我才之多少,将与风云而并～矣。”成语有“并驾齐驱”。上述义项又写作“敺”,现写作“驱”。

躯(軀) qū ❶ 身体,躯体。《荀子·劝学》:“小人之学也,入乎耳,出乎口,口耳之间则四寸耳,曷足以美七尺之～哉!”㊕怀孕,身孕。《三国志·魏书·华佗传》:“其母怀～。”❷ 量词。多用于佛像、宝塔等。杨衒之《洛阳伽蓝记·平等寺》:“寺门外有金像一～。”

傴 qū [倚(qí)傴]见 493 页“倚(yī)”字。

敺 qū ❶ 同“驱”。驱赶。《孟子·离娄上》:“故为渊～鱼者,獭也。”现写作“驱”。❷ ōu 通“殴”。击打。《汉书·文三王传》:“后数复～伤郎。”

曲 qū ❶ 弯曲。与“直”相对。《礼记·经解》:“犹衡之于轻重也,绳墨之于～直也。”㊀水流弯曲处。《诗经·魏风·汾沮洳》:“彼汾一～。”㊀曲折周到。《荀子·天论》:“其行～治,其养～适。”成语有“曲尽其妙”。❷ 偏邪,不正直。《韩非子·有度》:“能去私～,就公法者,民安而国治。”㊀理屈。《逸周书·武称》:“直胜～,众胜寡。”❸ 局部,不全。《荀子·解蔽》:“凡人之患,蔽于一～,而闇(àn)于大理。”(蔽于一曲:拘于一隅的偏见。闇:不明白。)㊀深隐、偏僻的地方。《诗经·秦风·小戎》:“在其板屋,乱我心～。”双音词有“乡曲(指偏僻的地方,也指乡里)”。❹ 军队编制单位。《后汉书·百官志一》:“～有军候一人,比六百石。”❺ 蚕箔。用竹子或芦苇编制的养蚕工具。《吕氏春秋·

季春》:"具栚(zhèn)～蘧(qú)筐,后妃斋戒,亲东乡躬桑。"(栚:放置蚕箔的横木。蘧:草名。)❻尽,遍。韩愈《为裴相公让官表》:"恩私～被,性命获全。"❼qǔ 乐曲,歌曲。《后汉书·黄琼传》:"阳春之～,和者必寡。"㊕元曲。一种文体。❽qǔ 量词。首,用于乐曲、歌曲。《魏书·乐志》:"得古雅乐一部,正声歌五十～。"

诎(詘) qū ❶弯曲。《荀子·劝学》:"～五指而顿之。"(顿:抖动。)㊀枉曲,冤枉。《吕氏春秋·壅塞》:"宋王因怒而～杀之。"❷屈服,折服。《墨子·公输》:"公输盘之攻械尽,子墨子之守圉有余,公输盘～。"(公输盘:人名。)《战国策·秦策一》:"今欲并天下,凌万乘,～敌国……非兵不可。"㊂屈尊,降低身份。曾巩《唐论》:"～己从谏,仁心爱人,可谓有天下之志。"❸言语钝拙。《史记·李斯列传》:"辩于心而～于口。"❹缺少,穷尽。《荀子·正论》:"故百事废,财物～,而祸乱起。"❺chù 通"黜"。使退却,贬黜。《战国策·韩策三》:"彼公仲者,秦势能～之。"《晋书·何曾传》:"然于考课之限,罪亦不至～免。"

屈 qū ❶弯曲。《孟子·告子上》:"今有无名之指,～而不信。"(信:通"伸"。)❷屈服。《孟子·滕文公下》:"富贵不能淫,贫贱不能移,威武不能～。"㊀理亏。《周易·系辞下》:"失其守者,其辞～。"❸委屈。《三国志·蜀书·诸葛亮传》:"此人可就见,不可～致也。"(这个人可以去见他,而不能让他降低身份来这里。)❹jué 竭,尽。贾谊《论积贮疏》:"生之有时,而用之亡度,则物力必～。"(亡:无。)

詘 qū ❶曲折,弯曲。《淮南子·氾论》:"～寸而伸尺,圣人为之。"❷[詘诡]诡异。左思《吴都赋》:"倜傥之极异,～～之殊事,藏理于终古。"

阹 qū 依凭山谷等地形为牛马圈。《汉书·司马相如传上》:"江河为～,泰山为橹。"(橹:望楼。)㊂围猎的围圈。扬雄《长杨赋序》:"以网为周～,纵禽兽其中。"㊂利用地形围猎(禽兽)。左思《吴都赋》:"～以九疑,御以沅、湘。"

呿 qū 张口。《庄子·秋水》:"公孙龙口～而不合,舌举而不下。"

胠 qū ❶腋下。《素问·欬论》:"甚则不可以转,转则两～下满。"❷军阵的右翼军队。古代军阵右翼为"胠",左翼为"启"。《左传·襄公二十三年》:"～,商子车御侯朝,桓跳为右。"(商子车、侯朝、桓跳:人名。)❸从旁撬开(器物)。《庄子·胠箧》:"将为～箧探囊发匮之盗而为守备。"(胠箧:从旁撬开箱子进行偷窃。)㊁打开。欧阳修《释秘演诗集序》:"已老,～其橐(tuó),尚得三四百篇。"(橐:一种口袋。)❹搁浅。《荀子·荣辱》:"(鱼)～于沙而思水,则无逮矣。"

袪 qū ❶除去,消除。庾信《奉和永丰殿下言志》十首之七:"茂陵体犹瘠,淮阳疾未～。"❷[袪袪]强健的样子。《诗经·鲁颂·駉》:"有驔有鱼,以车～～。"

祛 qū ❶衣袖,袖口。《诗经·郑风·遵大路》:"遵大路兮,掺执子之～兮。"叶适《太令人胡氏挽词》:"已刻《溪西志》,潸然泪满～。"❷举,撩起。《吕氏春秋·知分》:"次非攘臂～衣,拔宝剑。"(次非:人名。)❸分开,开启。扬雄《剧秦美新》:"权舆天地未～。"❹通"袪(qū)"。除去。蔡邕《郭林宗碑》:"用～其蔽。"

趋(趨) qū ❶跑,快走。《公羊传·桓公二年》:"～而救之,皆死焉。"《论语·微子》:"孔子下,欲与之言,～而辟之,不得与之言。"(辟:避。)㊂小步快走。表示恭敬。《战国策·赵策四》:"入而徐～,至而自谢。"《史记·萧相国世家》:"赐带剑履上殿,入朝不～。"❷趋向,奔向。贾谊《论积贮疏》:"今背本而～末,食者甚众,是天下之大残也。"(残:害。)《孙子兵法·虚实》:"水之形避高而～下。"[趋舍]取舍,进取或退止。《韩非子·解老》:"人无愚智,莫不有～～。"又写作"趣舍"。㊀归向,依附。《墨子·非命上》:"闻文王者,皆起而～之。"韩愈《庭楸》诗:"权门众所～,有客动百千。"❸追逐,追求。《管子·宙合》:"为臣者不忠而邪,以～爵禄。"㊀遵循,遵行。王安石《上仁宗皇帝言事书》:"变更天下之弊法,以～先王之意。"❹qù 志趣,旨意。刘向《说苑·君道》:"务在博爱,～在任贤。"❺cù 通"促"。催促。《周礼·地官·县正》:"～其稼事而赏罚之。"㊂赶快。《汉书·高帝纪上》:"若不～降汉,今为虏矣。"㊂急促,短促。《礼记·乐记》:"卫音～数烦志。"《庄子·外物》:"有人于彼,修上而～下。"

趍 qū 同"趋"。跑,快走。《淮南子·兵略》:"猎者逐禽,车驰人～。"《淮南子·修务》:"自鲁～而十日十夜。"㊂奔向,奔赴。《淮南子·修务》:"今夫救火者,汲水而～之。"

麴 qū 酒母。酿酒或制酱时使用的发酵物。《礼记·月令》:"秫稻必齐,～蘖必时。"这个意义又写作"麯"。㊂酒。元稹《解秋十首》诗之六:"亲烹园内葵,凭买家家～。"

Q

劬 qú ❶劳苦，劳累。张衡《归田赋》："虽日夕而忘～。"[劬劳]劳苦。《诗经·小雅·蓼莪》："哀哀父母，生我～～。"[劬录]劳碌，劳苦。《淮南子·主术》："而加之以勇力、辩慧，捷疾、～～，巧敏、迟利。"又写作"軥录"。❷慰劳。《礼记·内则》："食子者三年而出，见于公宫则～。"

【辨】劬，劳。这两个字都有"劳累"的意思，但程度不同，"劬"的程度重一些。

朐 qú ❶曲状的干肉。《礼记·曲礼上》："以脯脩置者，左～右末。"㉒弯曲。《盐铁论·非鞅》："此所谓恋～之智，而愚人之计也。"❷通"軥(qú)"。车轭前端夹住马颈的曲木。俗称夹板。《左传·昭公二十六年》："射之中楯瓦，繇～汰辀(zhōu)。"(繇：由。汰：穿过。辀：辕。)

鸲(鴝) qú ❶[鸲鹆(yù)]鸟名。即八哥。《淮南子·原道》："～～不过济。"又写作"鸜(qú)鹆"。❷gòu 同"雊(gòu)"。野鸡鸣叫。潘岳《射雉赋》："麦渐渐以擢芒，雉鷕鷕(yǎoyǎo)而朝～。"(鷕鷕：野鸡的叫声。)

軥 qú ❶车轭前端夹住马颈的曲木。俗称夹板。《左传·襄公十四年》："射两～而还。"❷[軥牛]驾车的小牛。《汉书·朱家传》："乘不过～～。"❸[軥录]同"劬录"。劳碌，劳苦。《荀子·荣辱》："孝弟原悫(què)，～～疾力。"(悫：恭谨。)

渠 qú ❶水渠，人工开凿的水道。《史记·滑稽列传》："西门豹即发民凿十二～，引河水灌民田，田皆溉。"㉛开凿水渠。《新唐书·强循传》："循教人～水以浸田。"❷大，巨大。杜光庭《中和秦中化龙池醮词》："扫～凶于北陆，清氛雾于中原。"㉜首领。揭傒斯《故赠奉训大夫滕州知州飞骑尉追封滕县男文君墓铭》："在昌国获海寇数十，其～言……"[渠魁]古代称敌对方的首领。《尚书·胤征》："歼厥～～。"(厥：其，那个。)又写作"魁渠"。❸车轮的外圈。《周礼·考工记·车人》："～三柯者三。"❹盾牌。《国语·吴语》："奉文犀之～。"❺第三人称代词。他(后起意义)。《三国志·吴书·赵达传》："女婿昨来，必是～所窃。"❻jù 通"遽"。就。《荀子·王制》："岂～得免夫累乎!"(难道就能免掉忧累吗!)❼jù 通"讵"。岂。《汉书·孙宝传》："掾(yuàn)部～有其人乎?"(掾部：官署。)

蕖 qú 荷花。陶渊明《杂诗十二首》之三："昔为三春～，今作秋莲房。"[芙蕖]见116页"芙"字。

璩 qú ❶耳环。《说文新附·玉部》："璩，环属。"❷玉名。邹阳《酒赋》："绡绮为席，犀～为镇。"

蘧 qú ❶草名。可供观赏并入药。❷[蘧篨(chú)]1.同"籧篨(qúchú)"。用苇或竹编的粗席。陆游《舟中作》诗："～～作帆三版船，渔灯夜泊阊门边。"2.同"籧篨"。有残疾不能俯身的人。王钦若等《册府元龟·规讽》："～～不可使俯，戚施不可使仰。"(戚施：驼背。)3.谄谀、献媚的人。《汉书·叙传下》："舅氏～～，几陷大理。"❸[蘧庐]旅店。《庄子·天运》："仁义，先王之～～也，止可以一宿，而不可以久处。"❹jù [蘧然]惊喜的样子。《庄子·大宗师》："成然寐，～～觉。"❺通"蕖"。荷花。张衡《西京赋》："～藕拔，蜃蛤剥。"❻jù [蘧蘧]1.情景清晰的样子。《庄子·齐物论》："俄然觉，则～～然周也。"2.高耸的样子。王延寿《鲁灵光殿赋》："飞梁偃蹇以虹指，揭～～而腾凑。"

籧 qú ❶[籧篨(chú)]1.用苇或竹编的粗席。《晋书·皇甫谧传》："以～～裹尸。"2.有残疾不能俯身的人。《诗经·邶风·新台》："燕婉之求，～～不鲜。"上述1、2又写作"蘧篨(qúchú)"。❷jǔ 一种养蚕的圆筐箩。《礼记·月令》："具曲、植、～筐。"(曲、植、筐：养蚕器具名。)

瞿 qú ❶兵器名。戟类。《尚书·顾命》："一人冕，执～，立于西垂。"❷jù 惊视的样子。《礼记·檀弓上》："曾子闻之，～然曰：'呼!'"㉛惊惧，惊悸。《礼记·杂记下》："见似目～，闻名心～。"《尸子》卷上："听言，耳目不～。"❸jù [瞿瞿]1.张目四视的样子。《诗经·齐风·东方未明》："折柳樊圃，狂夫～～。"2.小心谨慎的样子。《诗经·唐风·蟋蟀》："好乐无荒，良士～～。"

氍 qú [氍毹(shū)]毛织的毯子，地毯。《古乐府·陇西行》："请客北堂上，坐客毡～～。"

癯[臞] qú 瘦。《论衡·道虚》："心愁忧苦，形体羸～。"柳宗元《国子司业阳城遗爱碣》："～者既肥。"(既：已经。)

衢 qú ❶四通八达的道路。《左传·昭公二年》："尸诸周氏之～。"柳宗元《国子司业阳城遗爱碣》："填街盈～。"(盈：满。)双音词有"通衢"。[衢道][衢路]歧路，岔道。《荀子·劝学》："行衢道者不至，事两君者不容。"贾谊《新书·审微》："故墨子见衢路而哭之，悲一跬而缪千里也。"(跬：半步。)❷树枝的分杈，树杈。《山海经·中山经》："叶状如杨,其枝五～。”(杨:杨树。)

曲 qǔ 见 348 页。

取 qǔ ❶ 割取,捕获。《周礼·夏官·大司马》:“获者～左耳。”《诗经·豳风·七月》:“～彼狐狸,为公子裘。”❷ 拿,索取。与“舍”相对。《孟子·告子上》:“二者不可得兼,舍鱼而～熊掌者也。”㊀取得,获得。《汉书·赵充国传》:“以逸击劳,～胜之道也。”❸ 从中取出,提取。《荀子·劝学》:“青,～之于蓝而青于蓝。”㊀选取,采用。《孟子·离娄下》:“夫尹公之他端人也,其～友必端矣。”李斯《谏逐客书》:“今～人则不然。”(然:这样,如此。)㊀招致,遭到。《晏子春秋·内篇杂下》:“寡人反～病焉。”成语有“咎由自取”。❹ 攻下,夺取。《商君书·去强》:“兴兵而伐必～,～必能有之。”❺ 娶妻。《诗经·齐风·南山》:“～妻如之何?必告父母。”《史记·孙子吴起列传》:“吴起～齐女为妻。”这个意义后来写作“娶”。❻ [取次]任意,随便。杜甫《送元二适江左》诗:“～～莫论兵。”(兵:指军事。)❼ qū 通“趋”。快走。古乐府《孤儿行》:“上高堂,行～殿下堂。”

竘 qǔ 高大雄壮的样子。《淮南子·人间》:“(匠人)受令而为室,其始成,～然善也。”

齲(齲) qǔ 蛀牙。《淮南子·说山》:“掘室而求鼠,割唇而治～。”㊁牙痛。嵇康《难自然好学论》:“袭章服则转筋,谭礼典则齿～。”

去 qù ❶ 离开。《诗经·魏风·硕鼠》:“逝将～女,适彼乐土。”《韩非子·外储说左下》:“阳虎～齐走赵。”(走赵:跑到赵国去。)㊁使离开,赶走。《汉书·五行志下之上》:“夏帝卜杀之,～之。”❷ 死亡,去世。陶渊明《杂诗十二首》之三:“日月还复周,我～不再阳。”❸ 除掉,去掉。《尚书·大禹谟》:“任贤勿贰,～邪勿疑。”曹操《让县自明本志令》:“除残～秽。”成语有“去粗取精”。㊀舍弃,抛弃。《孟子·告子下》:“是君臣、父子、兄弟终～仁义。”㊁损失,失去。《后汉书·梁鸿传》:“鸿乃寻访烧者,问所～失。”孟云卿《悲哉行》:“孤儿～慈亲,远客丧主人。”❹ 距,距离。《韩非子·五蠹》:“～门十里以为界。”❺ 刚过去的。李白《江夏行》:“～年下扬州。”㊁后,以后。陶渊明《游斜川》诗:“未知从今～,当复如此不?”❻ 前往,到……去(后起意义)。李白《与史郎中钦听黄鹤楼上吹笛》诗:“一为迁客～长沙,西望长安不见家。”❼ 去声。古代汉语“平、上、去、入”四声之一。❽ jǔ 通“弆”。收藏。《汉书·陈遵传》:“主皆藏～以为荣。”

【辨】去,往。在上古“去”是“离开”的意思。如“去秦”是离开秦国,而不是到秦国去。而“往”相当于现代的“去”,但先秦多不带宾语,目的地根据上下文可知。

阒(闃) qù ❶ 寂静。《周易·丰》:“窥其户,～其无人。”周邦彦《早梅芳近·别恨》:“花竹深,房栊好,夜～无人到。”❷ 空。王禹偁《酬安秘丞歌诗集》:“今来相去千百年,寥落乾坤～无睹。”

趣 qù ❶ qū 跑,快步走。《列子·汤问》:“～走往还,无跌失也。”㊁趋向,奔赴。《吕氏春秋·为欲》:“犯白刃,冒流矢,～水火,不敢却也。”《史记·孙子吴起列传》:“兵法,百里而～利者蹶上将。”(蹶:挫败。)[趣舍]同“趋舍”。取舍,进取或退止。《庄子·秋水》:“吾辞受～～,吾终奈何?”(辞:拒绝。受:接受。)❷ 意旨,志向。《史记·李斯列传》:“非主以为名,异～以为高。”嵇康《琴赋序》:“览其旨～,亦未达礼乐之情也。”㊀韵味,乐趣,趣味。《晋书·王献之传》:“献之骨力远不及父,而颇有媚～。”杜甫《送高司直寻封阆州》诗:“荒山甚无～。”陶渊明《归去来兮辞》:“园日涉以成～。”❸ cù 通“促”。催促。《礼记·月令》:“乃～狱刑,毋留有罪。”《史记·陈涉世家》:“～赵兵亟入关。”(亟:赶快。)㊁促使,促成。《墨子·非儒下》:“知人不忠,～之为乱。”㊁赶快,急促。《史记·绛侯周勃世家》:“～为我语。”

觑(覷)[覰、覻] qù 窥探,窥视。《新唐书·张说传》:“北有胡寇～边。”㊂看,视。韩愈《秋怀诗十一首》之七:“不如～文字,丹铅事点勘。”成语有“面面相觑”。

QUAN

卷 quān 弩弓。一种使用机械力量发射箭的弓。司马迁《报任安书》:“更张空～,冒白刃,北向争死敌者。”

棬 quān ❶ 曲木。《战国策·秦策一》:“且夫苏秦,特穷巷掘门桑户～枢之士耳。”❷ 曲木制成的盂类器具。《孟子·告子上》:“子能顺杞柳之性而以为杯～乎?”❸ juàn 牛鼻环。《吕氏春秋·重己》:“使五尺竖子引其～,而牛恣所以之,顺也。”❹ quán [棬棬]用力的样子。《吕氏春秋·离俗》:“～～乎后之为人也,葆力之士也。”

悛 quān ❶改过，悔改。《左传·隐公六年》："长恶不～。"《韩非子·难四》："过而不～，亡之本也。"成语有"怙(hù)恶不悛(坚持作恶，不肯悔改)"。㉠止。《晏子春秋·内篇谏上》："改月而君病～。"❷次序。《左传·哀公三年》："自大庙始，外内以～。"❸xún［悛悛］诚谨忠厚的样子。《史记·李将军列传》："余睹李将军～～如鄙人。"

权(權) quán ❶秤，秤锤。《论语·尧曰》："谨～量，审法度。"《北史·元匡传》："所据铜～，形如古志。"㉠称量(物体的重量)。《孟子·梁惠王上》："～，然后知轻重；度，然后知长短。"❷衡量，比较。《荀子·王霸》："～物而称用。"(衡量万物，根据它的不同特性来使用。)㉠均衡。苏轼《上皇帝书》："使内外相制，轻重相～。"❸权势，权力。《管子·任法》："邻国诸侯能以其～置子立相。"(置子：指确立君主的继承人。)苏轼《上皇帝书》："人轻而～重。"㉡威势，威力。罗隐《谗书·风雨对》："风雨雪霜，天地之～也。"❹权变，灵活变通。《孟子·离娄上》："男女授受不亲，礼也。嫂溺援之以手者，～也。"《三国志·魏书·武帝纪》："太祖少机警，有～数。"(权数：指应变的机智。)成语有"通权达变"。㉠计谋，权诈。荀悦《汉纪·高祖纪二》："～不可预设。"❺权且，暂且。《南齐书·刘善明传》："凡诸土木之费，且可～停。"❻暂代官职(后起意义)。陈亮《上孝宗皇帝第一书》："以京官～知，三年一易。"(知：主管。)

全 quán ❶纯色的玉。《周礼·考工记·玉人》："天子用～，上公用龙。"❷齐全，完整。《管子·任法》："法不平，令不～，是亦夺柄失位之道也。"(柄：权柄。)㉡整个，全部。《庄子·养生主》："三年之后，未尝见～牛也。"贾岛《赠李金州》诗："登岸见～军。"❸保全，成全。《史记·吕太后本纪》："夫～社稷，定刘氏之后，君亦不如臣。"《史记·司马相如列传》："王者之丕业，不可贬也，愿陛下～之。"(丕：大。)❹完全，都(后起意义)。杜甫《腊日》诗："腊日常年暖尚遥，今年腊日冻～消。"❺通"痊"。病愈。《周礼·天官·医师》："十～为上，十失一次之。"

佺 quán ［偓(wò)佺］见443页"偓"字。

诠(詮) quán ❶解释，阐明(事理)。《淮南子·要略》："差择微言之眇，～以至理之文。"《晋书·武陔传》："文帝甚亲重之，数与～论时人。"❷道理，规律。《淮南子·兵略》："发必中～，言必合数。"［真诠］1. 阐述真理的语句。卢藏用《衡岳十八高僧序》："年代悠邈，故老或遗～～。"2. 真理。杜甫《秋日夔府咏怀》："衣褐向～～。"❸［诠次］选择和编次。陶渊明《饮酒诗序》："既醉之后，辄题数句自娱。纸墨遂多，辞无～～。"

荃 quán ❶一种香草。也叫菖蒲。屈原《离骚》："～蕙化而为茅。"(蕙：一种香草。)㉢君主。屈原《离骚》："～不察余之中情兮，反信谗而齌(jì)怒。"(齌：盛。)❷通"筌(quán)"。用竹或草编制的捕鱼器具。《庄子·外物》："～者，所以在鱼，得鱼而忘～。"

辁(輇) quán ❶用整木制成的没有辐条的小车轮。《礼记·丧大记》郑玄注："輴(chūn)，皆当为载以～车之～。"(輴：装运灵柩的车。)❷［辁才］小才。《庄子·外物》："已而后世～～讽说之徒皆惊而相告也。"又写作"辁材"。

牷 quán 古代用作祭品的纯一色全牛。《左传·桓公六年》："吾牲～肥腯(tú)。"(腯：肥壮。)

铨(銓) quán ❶秤。《汉书·王莽传中》："考量以～。"(用秤来考察重量。)㉠称量(轻重)。《论衡·答佞》："不患无铨衡，所～非其物故也。"㉡衡量，鉴别。《国语·吴语》："无以～度天下之众寡。"(度：估量。)❷选拔(官吏)。《北齐书·赵郡王叡传》："实未闻如此～授。"

痊 quán ❶病愈，病体康复。《庄子·徐无鬼》："今予病少～。"谢灵运《辨宗论·答王卫军问》："药验者疾易～。"❷医治，治愈。《抱朴子·用刑》："是以灸刺惨痛而不可止者，以～病也。"

筌 quán 用竹或草编制的捕鱼器具。李白《送族弟凝之滁求婚崔氏》诗："忘～已得鱼。"成语有"得鱼忘筌"。㉢工具，手段。范仲淹《圣人抱一为天下式赋》："岂不以一者道之本，式者治之～。"［筌蹄］捕鱼捕兔的器具。㉢某种工具或手段。白居易《禽虫十二章序》："多假虫鸟，以为～～。"

泉 quán ❶泉水，水源。《诗经·小雅·小弁》："莫高匪山，莫浚匪～。"㉠地下水源。《荀子·荣辱》："短绠不可以汲深井之～。"❷黄泉，地下冥间。潘岳《悼亡诗三首》之一："之子归穷～，重壤永幽隔。"双音词有"泉下"、"泉台"。❸古代钱币的名称。《汉书·食货志下》："私铸作～布者，与妻子没入为官奴婢。"

拳 quán ❶拳头。《后汉书·皇甫嵩传》："虽僮儿可使奋～以致力。"㉠握拳。

Q

《汉书·钩弋倢伃传》:"女两手皆～。"㊀拳术,拳法。《北史·齐高祖纪》:"元家儿～正如此。"(元:姓氏。)❷搏击。元稹《有鸟》诗:"俊鹘(hú)无由～狡兔,金雕不得擒魅狐。"(鹘:鹰类猛禽。)❸勇力,力气。《诗经·小雅·巧言》:"无～无勇,职为乱阶。"❹弯曲,卷曲。《庄子·人间世》:"则～曲而不可以为栋梁。"张耒《萧朝散惠石本韩干马图马亡后足》诗:"君不见太宗战马～腹毛。"❺[拳拳]1. 牢握不舍的样子。《礼记·中庸》:"得一善则～～服膺而弗失之矣。"2. 诚恳,恳切。司马迁《报任安书》:"～～之忠,终不能自列。"(列:陈述。)又写作"绻绻"。❻quān 通"眷"。弩弓。一种使用机械力量发射箭的弓。《汉书·李广传》:"士张空～,冒白刃。"

齤 quán ❶缺齿。㊀牙齿弯曲。❷笑而露齿的样子。《淮南子·道应》:"若士者～然而笑。"

蜷[踡] quán 身体弯曲,蜷曲。《伤寒论》卷六:"恶寒而～卧。"[蜷局]弯曲不伸的样子。屈原《离骚》:"仆夫悲余马怀兮,～～顾而不行。"

鬈 quán ❶头发美。《诗经·齐风·卢令》:"其人美且～。"❷古代年轻女子家居时的一种发型名称。束发为结,分垂两侧。《礼记·杂记下》:"妇人执其礼,燕则～首。"(燕:燕居,闲居。)❸头发弯曲。李贺《龙夜吟》:"～发胡儿眼睛绿,高楼夜静吹横竹。"

縓 quán 浅红色。《礼记·檀弓上》:"练,练衣黄里,～缘。"(练:一种祭祀仪式。缘:衣服的边沿装饰。)

甽 quǎn ❶田间的水沟。《后汉书·杜笃传》:"～渎润淤,水泉灌溉。"㊀田中的垄沟。《汉书·食货志上》:"播种于～中。"(种:种子。)上述❶㊀又写作"畎"。❷田野。《南史·萧颖达传》:"子敏嗣,位新安太守,好射雉,未尝在郡,辞讼者迁于～焉。"[甽亩]1. 田野,田地。《庄子·让王》:"居于～～之中。"2. 民间。《后汉书·章帝纪》:"每寻前世举人贡士,或起～～。"3. 农民。张说《喜雨赋》:"寰海浃而康乐,～～欣而相顾。"❸山谷,两山中间的水道。《尚书·禹贡》:"羽～夏翟(dí)。"(羽山的山谷中出产夏翟。夏翟:一种色彩美丽的鸟。)❹[甽戎]我国古代西部的一个少数民族。❺[甽夷]我国古代西部的一个少数民族。

绻(綣) quǎn ❶弯曲,屈服。《淮南子·人间》:"兵横行天下而无所～,威服四方而无所诎(qū)。"(诎:屈服。)❷[绻绻]诚恳,恳切。韩愈《答殷侍御书》:"务张而明之,其孰能勤勤～～若此之至。"❸[缱(qiǎn)绻]见335页"缱"字。

劝(勸) quàn ❶勉励,奖励。《韩非子·难势》:"无庆赏之～。"(庆赏:赏赐。)[劝进]1. 鼓励,促进。《汉书·王莽传中》:"上下同心,～～农业。"曹冏《六代论》:"～～贤能。"2. 劝说并促使称帝。《文选》有刘琨《劝进表》。㊀受到鼓励,勤勉。《韩非子·显学》:"夫有功者必赏,则爵禄厚而愈～。"《庄子·徐无鬼》:"庶人有旦暮之业则～。"❷奋力,有力。《战国策·宋卫策》:"荆王大说,许救甚～。"(说:悦。)❸劝说,劝导。《史记·商君列传》:"～秦王显岩穴之士,养老存孤。"(显:尊显。岩穴之士:指隐居不做官的人。)

券 quàn 契据。古代协约时刻木为券,分左右两半,双方各执其一以为凭证。《战国策·齐策四》:"使吏召诸民当偿者,悉来合～。"《管子·轻重乙》:"使无～契之责。"(责:债。)㉒纸质的凭证、票据(后起意义)。高启《赠杨荥阳》诗:"客中虽无钱,自写赊酒～。"《金史·食货志三》:"今千钱之～仅直数钱。"(直:同"值"。)

QUE

缺 quē ❶残缺,破损。《诗经·豳风·破斧》:"既破我斧,又～我斨。"《世说新语·豪爽》:"以如意打唾壶,壶口尽～。"(如意:器物名。)㊁衰败。《史记·汉兴以来诸侯王年表》:"厉、幽之后,王室～,侯伯强国兴焉。"(厉、幽:指周厉王和周幽王。)㊁废弃不用。《史记·孔子世家》:"礼乐废,诗书～。"❷缺少,空缺。《史记·赵世家》:"愿得补黑衣之～,以卫王宫。"(黑衣:指卫士。)㊀缺口,空隙。《史记·孔子世家》:"昔吾入此,由彼～也。"㊀缺点,过失。苏轼《岐亭》诗五首之五:"吾非固多矣,君岂无一～?"❸欠缺,不完美。《庄子·逍遥游》:"尧让天下于许由,曰:'……吾自视～然,请致天下。'"

【辨】阙,缺。见354页"阙"字。

缺 quē 同"缺"。残缺,破损。河上公本《老子》四十五章:"大成若～,其用不弊。"陆游《入蜀记》卷一:"有碑,～坏磨灭之余,时时可读。"

却[卻] què ❶退。《商君书·农战》:"敌不敢至,虽至必～。"成语有"却步不前"。㊁推后,后。《三国志·魏书·

武帝纪》:"~十五日为汝破绍。"(绍:袁绍。)《北史·杜弼传》:"弼又请先除内贼,~讨外寇。"㊀回,返。欧阳修《减字木兰花·留春不住》:"说似残春,一老应无~少人。"❷ 推辞,拒绝。《孟子·万章下》:"~之为不恭。"李斯《谏逐客书》:"王者不~众庶。"成语有"却之不恭"。❸ 消除,除去。《太平广记》卷三八○"王璹":"耳当聋,吾为汝~其中物。"❹ 用在动词之后表示动作完成。聂夷中《咏田家》:"医得眼前疮,剜~心头肉。"❺ 副词。还,且。表示轻微的转折。李商隐《夜雨寄北》诗:"何当共剪西窗烛,~话巴山夜雨时。"❻ xì 通"隙"。嫌隙,隔阂。《史记·项羽本纪》:"夫将军居外久,多内~。"

埆 què ❶ 土地多石贫瘠。《三国志·吴书·薛综传》:"其方土寒~,谷稼不殖。"[墝(qiāo)埆]见338页"墝"字。❷ jué 考校,考核。应劭《风俗通·山泽》:"岳者,~功考德,黜陟幽明也。"

确[1] què ❶ 土地瘠薄多石。左思《吴都赋》:"庸可共世而论巨细,同年而议丰~乎?"❷ [确荦(luò)]山多大石的样子。刘禹锡《伤我马词》:"结为~~,融为坳堂。"又写作"荦确"。韩愈《山石》诗:"山石荦确行径微,黄昏到寺蝙蝠飞。"❸ 缺欠,匮乏。宋祁《宋景文公笔记·杂说》:"其生物寡,其财~。"❹ 敲击。《世说新语·文学》:"乐亦不复剖析文句,直以麈尾柄~几。"(乐:乐广。)❺ 通"确²(碻)"。确实。《后汉书·崔寔传》:"论当世便事数十条,名曰《政论》,指切时要,言辩而~。"❻ jué 通"角"。较量。《汉书·李广传》:"李广材气,天下亡双,自负其能,数与虏~。"

确[2](碻) què ❶ 坚固。《汉书·师丹传》:"~然有柱石之固,临大节而不可夺。"㊀坚决。《新唐书·郭子仪传》:"进拜尚书令……子仪~让。"❷ 确实,准确。《新唐书·卢从愿传》:"数充校考使,升退详~。"

岩(礐) què ❶ 水击石。木华《海赋》:"影沙~石。"❷ [岩硞(kè)]水击石汹涌的样子。郭璞《江赋》:"幽涧积岨(zǔ),~~䃯(luò)礭(què)。"(岨:险阻。䃯礭:石头撞击声。)❸ 多大石的山。《尔雅·释山》:"多大石,~。"❹ 坚定。贾谊《新书·道德说》:"其受此具也,~然有定矣。"

悫(愨)[慤] què 诚谨,谨慎。《史记·孝文本纪》:"法正则民~,罪当则民从。"

阕(闋) què ❶ 停止,结束。周邦彦《浪淘沙慢·晓阴重》:"南陌脂车待发,东门帐饮乍~。"(陌:道路。脂车:用脂油涂车轴。乍:刚刚。)㊕乐曲终止。谢灵运《九日从宋公戏马台集送孔令》诗:"指景待乐~。"(景:日光。)❷ 平息,止息。《诗经·小雅·节南山》:"俾民心~。"(俾:使。)❸ 尽,完。张协《七命》:"繁肴既~,亦有寒羞。"(寒羞:冷食。)❹ 空虚,空缺。《庄子·人间世》:"瞻彼~者,虚室生白。"《潜夫论·边议》:"寄其身者,各取一~。"㊀缺乏。江淹《拜中书郎表》:"智罕效官,志~从政。"❺ 乐曲。马融《长笛赋》:"曲终~尽,余弦更兴。"❻ 量词。首。乐曲每一次终止为一阕。《史记·留侯世家》:"歌数~。"㊀词(韵文长短句)有两段者,称为"前阕"、"后阕"。

阙(闕) què ❶ 古代王宫、祠庙前面道路两边的楼台。《史记·扁鹊仓公列传》:"虢君闻之大惊,出见扁鹊于中~。"(虢:国名。扁鹊:战国时名医。)㊀古代仕宦家门前用以旌表的建筑物。《旧唐书·朱敬则传》:"三代旌表,门标六~。"㊀陵墓前的牌坊。《新五代史·张全义传》:"铲去墓~。"❷ 宫殿。江淹《诣建平王上书》:"升降承明之~,出入金华之殿。"(承明、金华:宫殿名。)㊀朝廷。《汉书·朱买臣传》:"诣(yì)~上书,书久不报。"(诣:到。)㊀京城。颜延之《祭屈原文》:"身绝郢~,迹遍湘干。"❸ quē 豁口,空隙。《孙子兵法·军争》:"归师勿遏,围师必~。"郦道元《水经注·江水》:"自三峡七百里中,两岸连山,略无~处。"❹ quē 损害,损伤。《左传·僖公三十年》:"若不~秦,将焉取之?"❺ quē 缺点,过错。嵇康《与山巨源绝交书》:"而有慢弛之~。"❻ quē 缺少,空缺。杜甫《岁晏行》:"去年米贵~军食,今年米贱大伤农。"曾巩《战国策目录序》:"《崇文总目》称第十一篇者~。"❼ jué 通"掘"。挖掘。《左传·隐公元年》:"若~地及泉。"

【辨】阙,缺。"阙"的本义是宫阙,"缺"的本义是器破。"宫阙"的"阙"不能写作"缺"。"阙"、"缺"虽然都有"缺点"、"过错"的意义,但在古代习惯上常写作"阙",不写作"缺"。

榷 què ❶ 独木桥。程大昌《演繁露·阑出》:"~者,水上独木之桥也。"❷ 专营,专卖。《汉书·武帝纪》:"初~酒酤(gū)。"(开始由国家管理和经营酒的买卖。)❸ 征税。沈括《贺枢密薛侍郎启》:"~六路之饶,转江淮之粟。"㊀税,税收。韩

Q

愈《论变盐法事宜状》："商人纳～，粜与百姓。"❹商讨，商榷。《史通·书志》："～而为论，未见其宜。"[商榷]商讨，商量。《北史·崔孝芬传》："～～古今，间以嘲谑。"

QUN

囷 qūn ❶圆形谷仓。《诗经·魏风·伐檀》："不稼不穑，胡取禾三百～兮？"[囷鹿]粮仓。鹿本指方形谷仓。《国语·吴语》："而大荒荐饥，市无赤米，而～～空虚。"（荐饥：连年歉收。）❷[囷囷]曲折回旋的样子。杜牧《阿房宫赋》："盘盘焉，～～焉，蜂房水涡，矗不知其几千万落。"

逡 qūn ❶退让，退却。《汉书·公孙弘传》："有功者上，无功者下，则群臣～。"[逡巡]1. 有顾虑而徘徊或退却。《庄子·让王》："子贡～～而有愧色。"（子贡：人名。）又写作"逡巡"。2. 迅速，片刻。李商隐《春日寄怀》诗："世间荣落重～～，我独丘园坐四春。"（重：甚。）陆游《除夜》诗："相看更觉光阴速，笑语～～即隔年。"❷ jùn 通"骏"。急速。《礼记·大传》："遂率天下诸侯执豆笾，～奔走。"

鵔 qūn 狡兔。刘向《新序·杂事五》："昔者齐有良兔曰东郭～。"李白《留别于十一兄逖裴十三游塞垣》诗："钓周猎秦安黎元，小鱼～兔何足言。"

裙[裠、帬] qún 下裳。古时男女都穿裙。《三国志·魏书·管宁传》："宁常著皂帽，布襦袴、布～。"《古诗为焦仲卿妻作》："著我绣夹～，事事四五通。"

群[羣] qún ❶羊群。《诗经·小雅·无羊》："谁谓尔无羊，三百维～。"（尔：你。）㉠动物群，家畜群。《诗经·小雅·吉日》："或～或友。"㉡聚在一起的人或物。《礼记·檀弓上》："吾离～而索居。"成语有"群策群力"。❷成群地。屈原《九章·怀沙》："邑犬之～吠兮，吠所怪也。"㉢同类的。《周易·系辞上》："物以～分。"❸聚集，会合。《论语·卫灵公》："君子矜而不争，～而不党。"❹众，众多的。《礼记·祭法》："王为～姓立社。"成语有"群贤毕至"。❺量词。用于成群的人、动物或事物。陈琳《为袁绍檄豫州》："长戟百万，胡骑千～。"

Q

R

RAN

袡[**袇**] rán ❶ 衣服的边缘。《仪礼·士昏礼》:"纯衣纁(xūn)~。"(纁:浅红色。) ❷ 蔽膝。古代遮盖膝部的围裙。《方言》卷四:"蔽膝,齐鲁之郊谓之~。"

蚺[**蚦**] rán 蟒蛇,大蛇。刘恂《岭表录异》卷下:"~蛇,大者五六丈,围四五尺。"

髯[**髥、頿、顮**] rán 两颊的胡须。㉒胡须。《汉书·高帝纪上》:"高祖……美须~。"㉛动物的咽喉下的毛。《山海经·西山经》:"其状如雉,以其~飞。"《史记·封禅书》:"有龙垂胡~下迎黄帝。"

然 rán ❶ 燃烧。《墨子·备穴》:"以须炉火之~也。"(须:等待。)这个意义后来写作"燃"。❷ 指示代词。这样,那样。《荀子·劝学》:"生而同声,长而异俗,教使之~也。"[然则]这样……那么。《周易·系辞上》:"子曰:'书不尽言,言不尽意。'~~圣人之意,其不可见乎?" ❸ 是的,对的。《战国策·齐策二》:"昭阳以为~,解军而去。"(昭阳:人名。)㊝认为……是对的,认可。《史记·高祖本纪》:"沛公~其计,从之。"㊝表示肯定的回答。《论语·阳货》:"~,有是言也。" ❹ 应允,许诺。许浑《题卫将军庙诗序》:"既而以孝敬睦闺门,以~信居乡里。" ❺ 形容词词尾。相当于"……的样子"。《列子·汤问》:"杂~相许。" ❻ 连词。表示转折。不过,但是。《史记·高祖本纪》:"周勃重厚少文,~安刘氏者必勃也。"㊝连词。表示承接。然后,才。《隋书·李密传》:"待士马肥充,~可与人争利。" ❼ 副词。乃,竟然。《汉书·丙吉传》:"君侯为汉相,奸吏成其私,~无所惩艾。" ❽ 句末语气词。焉,也。《论语·先进》:"若由也不得其死~。"

䕼 rán 同"然"。燃烧。《汉书·召信臣传》:"昼夜~蕴火。"(蕴火:储存火种。)

冉[**冄**] rǎn ❶[冉冉]1. 渐进的样子。屈原《离骚》:"老~~其将至兮,恐修名之不立。"又写作"苒苒"。2. 柔弱下垂的样子。曹植《美女篇》诗:"柔条纷~~,落叶何翩翩。" ❷ 龟甲的边缘,裙边。《汉书·食货志下》:"元龟岠(jù)~,长尺二寸。"(岠:距离。)

苒 rǎn ❶[苒苒]1. 草木茂盛的样子。唐彦谦《移莎》诗:"~~齐芳草,飘飘笑断蓬。"2. 轻柔的样子。元稹《莺莺传》:"华光犹~~,旭日渐曈曈。"3. 同"冉冉"。渐进的样子。刘禹锡《酬窦员外旬休早凉见示》诗:"四时~~催容鬓,三爵油油忘是非。" ❷[荏(rěn)苒]见357页"荏"字。

姌[**娚**] rǎn [姌袅(niǎo)]细长柔弱的样子。《史记·司马相如列传》:"妩媚~~。"

RANG

蘘 ráng ❶[蘘荷]草名。根可入药。潘岳《闲居赋》:"~~依阴。" ❷ 通"穰"。秸秆。贾思勰《齐民要术·收种》:"还以所治~草蔽窖。"

瀼 ráng ❶[瀼瀼]露水很浓的样子。《诗经·小雅·蓼萧》:"蓼彼萧斯,零露~~。" ❷ shāng [瀼瀼]波涛开合的样子。木华《海赋》:"惊浪雷奔……开合解会,~~湿湿。" ❸ ràng 蜀地称流入大江的山溪为"瀼"。陆游《入蜀记》卷六:"土人谓山间之流通江者曰~。"

禳 ráng 古代一种消灾求福的祭祀活动。《左传·昭公二十六年》:"齐有彗星,齐侯使~之。"

穰 ráng ❶ 庄稼的茎秆。贾思勰《齐民要术·种谷》:"烧黍~。" ❷ 庄稼丰收。《韩非子·五蠹》:"~岁之秋,疏客必食。"贾谊《论积贮疏》:"世之有饥~,天之行也。"(行:指规律。) ❸ rǎng 人口众多,兴盛。《汉书·张敞传》:"长安中浩~。"[穰穰]众多的样子。《诗经·周颂·执竞》:"降福~~。"《史记·滑稽列传》:"五谷蕃熟,~~满家。" ❹ 通"瓤"。果类的肉(后起意义)。杜甫《秋日夔府咏怀一百韵》:"色好梨胜颊,~多栗过拳。" ❺ 通"禳"。求福。《史记·滑稽列传》:"今者臣从东方来,见道傍有~田者。"

壤 rǎng ❶ 松软的土。屈原《离骚》:"苏粪~以充帏兮。"㉛地,土地。《管子·白心》:"~土而与生。"成语有"天壤之别"。㊝地区,疆域。《吕氏春秋·知化》:"夫吴之与越也……~交通属。"《汉书·武帝纪》:"两国接～。”❷ ráng 通“穰”。丰收。《庄子·庚桑楚》：“居三年，畏垒大～。”（畏垒：山名。）

攘 rǎng ❶ 排斥，排除。《庄子·胠箧》：“～弃仁义。”❷ 偷，窃取。《墨子·非攻上》：“～人犬豕鸡豚。”㊀侵夺。《庄子·渔父》：“诸侯暴乱，擅相～伐。”❸ 扰乱，纷扰。《淮南子·兵略》：“故至于～天下，害百姓。”袁宏《后汉纪·光武帝纪七》：“本无业徒，因～扰之时，擅有山川之利。”❹ 撩起，挽起。刘伶《酒德颂》：“奋袂～襟。”❺ 容忍。屈原《离骚》：“屈心而抑志兮，忍尤而～诟。”❻ ràng 通“让”。退让，谦让。《礼记·曲礼上》：“左右～辟。”《汉书·礼乐志》：“盛揖～之容。”（揖：拱手礼。）

让（讓） ràng ❶ 责备，责怪。《左传·僖公五年》：“公使～之。”❷ 退让，谦让，辞让。《荀子·非十二子》：“虽能必～，然后为德。”李斯《谏逐客书》：“泰山不～土壤，故能成其大。”㊈转让（好处、权力、职位等）。《论语·泰伯》：“三以天下～。”❸ 逊色，不及（后起意义）。洪咨夔《更漏子·次黄宰夜闻桂香》：“风流不～梅。”❹ 容许，任凭（后起意义）。杨巨源《春雪题兴善寺广宣上人竹院》诗：“竹风吹淅沥，花雨～飘飖。”❺ rǎng 通“攘”。窃取，夺取。《管子·君臣下》：“治轩冕者，不敢～赏。”

RAO

荛（蕘） ráo 柴草。《管子·轻重甲》：“则是农夫得居装而卖其薪～。”（薪：木柴。）㊀打柴。《孟子·梁惠王下》：“文王之囿方七十里，刍（chú）～者往焉，雉兔者往焉。”（刍：打柴草。）㊀打柴的人。《诗经·大雅·板》：“先民有言，询于刍～。”

饶（饒） ráo ❶ 富足，多。《汉书·赵充国传》：“今虏马肥，粮食方～。”李白《古风五十九首》之十四：“胡关～风沙。”㊀剩余。《三国志·蜀书·诸葛亮传》：“子弟衣食，自有余～。”❷（土地）肥沃。《孙子兵法·九地》：“掠于～野，三军足食。”㊂安逸。《淮南子·修务》：“沃地之民多不才者，～也。”❸ 宽容，宽恕。鲍照《拟行路难十八首》之十七：“日月流迈不相～。”杜甫《立秋后题》诗：“日月不相～，节序昨夜隔。”（节：节气。）❹ 逊色，不如。李白《上皇西巡南京歌》十首之三：“柳色未～秦地绿，花光不减上阳红。”

扰（擾） rǎo ❶ 乱，搅乱。《史记·高祖本纪》：“天下方～，诸侯并起。”[扰扰]纷乱的样子。《国语·晋语六》：“唯有诸侯，故～～焉。”❷ 打扰，侵扰。《三国志·吴书·吴主传》：“当农桑时，以役事～民者，举正以闻。”（役事：指徭役。举正以闻：如实汇报给我。）❸ 安抚。《尚书·周官》：“司徒掌邦教，敷五典，～兆民。”㊀和顺。曾巩《光禄少卿晁公墓志铭》：“里安户～，罔有不咸。”❹ 驯服。《荀子·性恶》：“以～化人之情性而导之也。”㊂驯养。王安石《杂咏八首》之二：“神龙豢可致，猛虎～亦留。”㊀驯养的牲畜、家禽。《周礼·夏官·职方氏》：“其畜宜六～。”（六扰：指六种驯养的牲畜马、牛、羊、豕、犬、鸡。）

娆（嬈） rǎo ❶ 烦扰，扰乱。《淮南子·原道》：“其魂不躁，其神不～。”《汉书·晁错传》：“废去淫末，除苛解～。”❷ ráo [妖娆]妩媚的样子。曹植《感婚赋》：“顾有怀兮～～，用搔首兮屏营。”❸ ráo [娆娆]柔弱的样子。王褒《洞箫赋》：“风鸿洞而不绝兮，优～～以婆娑。”

REN

壬 rén ❶ 天干的第九位。见 125 页“干[1]”字。❷ 大。《诗经·小雅·宾之初筵》：“百礼既至，有～有林。”（林：盛大。）❸ 巧言谄媚，奸佞。《尚书·皋陶谟》：“何畏乎巧言令色孔～。”《汉书·元帝纪》：“是故～人在位，而吉士雍蔽。”

仁 rén ❶ 对人亲善，仁爱。《庄子·天地》：“爱人利物之谓～。”㊀仁者，有仁德的人。《论语·学而》：“泛爱众，而亲～。”❷ 存念，思慕。《礼记·仲尼燕居》：“郊社之义，所以～鬼神也。”❸ 身体的感觉灵敏。《素问·痹论》：“其不痛不～者，病久入深。”❹ 果仁。果核中可吃的部分。《颜氏家训·养生》：“邺中朝士有单服杏～、枸杞、黄精、术、车前，得益者甚多。”

忍 rěn ❶ 忍耐，容忍。《论语·八佾》：“是可～也，孰不可～也？”㊂抑制，克制。《荀子·儒效》：“志～私，然后能公。”成语有“忍俊不禁”。❷ 忍心。《孟子·梁惠王上》：“臣固知王之不～也。”㊂舍得，甘愿。《后汉书·王符传》：“宁见朽贯千万，而不～贷人一钱。”❸ 狠心（加害）。《韩非子·内储说下》：“公不～之，彼将～公。”（公：你。）㊀残忍。《后汉书·荀爽传》：“爽见董卓～暴滋甚，必危社稷。”

荏 rěn ❶ 一种一年生草本植物。也叫白苏。贾思勰《齐民要术·荏蓼》：“～子秋未成。”❷ 软弱，怯懦。《论语·阳货》：“色厉而内～。”（表面上很刚强，内心却很怯懦。）❸［荏苒］1. 时光渐渐过去。张华《励志》诗：“日与月与，～～代谢。”（与：语气词。代谢：交替。）2. 柔弱的样子。傅咸《羽扇赋》：“体～～以轻弱。”

稔 rěn ❶ 庄稼成熟。《国语·吴语》：“吴王夫差既杀申胥，不～于岁。”《后汉书·明帝纪》：“岁比登～。”（比：屡屡。）㉠年，一年。《左传·僖公二年》：“不可以五～。”㉠事物酝酿成熟。《论衡·偶会》：“夏殷之朝适穷，桀纣之恶适～。”陈琳《为曹洪与魏文帝书》：“而来示乃以为彼之恶～。”（来示：来信。）❷ 熟悉，了解。孙传庭《报收发甘兵晋兵日期疏》：“于兵之利钝，用兵之得失，窥之颇～。”双音词有“熟稔”。❸ 平素，素常。刘禹锡《唐故中书侍郎平章事韦公集纪》：“～闻其德，尤所钦倚。”

刃 rèn ❶ 刀口，刀锋。《荀子·议兵》：“莫邪（yé）之长～。”（莫邪：古代传说中的宝剑。）㉡刀剑等。《淮南子·氾论》：“铸金锻铁以为兵～。”❷（用刀剑）杀。《史记·廉颇蔺相如列传》：“左右欲～相如。”

仞 rèn ❶ 长度单位。古代以七尺或八尺为一仞。《荀子·劝学》：“临百～之渊。”❷ 测量深度。《左传·昭公三十二年》：“度厚薄，～沟洫（xù）。”（度：量长度。沟洫：田间水道。）❸ 通“牣（rèn）”。满。《史记·司马相如列传》：“充～其中者，不可胜记。”❹ 通“认”。承认。《淮南子·人间》：“非其事者勿～也。”

讱（訒） rèn 言语谨慎，不轻易开口。《论语·颜渊》：“仁者，其言也～。”

纫（紉） rèn ❶ 搓绳，捻线。《楚辞·惜誓》：“并～茅丝以为索。”（茅：一种草。索：大绳。）㉠连缀。屈原《离骚》：“～秋兰以为佩。”（佩：佩戴的装饰物。）㉡结系，连接。白居易《议文章》：“且古之为文者，上以～王教系国风。”❷ 缝（后起意义）。《新唐书·孙孝哲传》：“孝哲箴缕素具，徐为～绽。”（箴：针。绽：绽裂。）❸ 以线穿针。《礼记·内则》：“衣裳绽裂，～箴请补缀。”❹ 通“韧（rèn）”。柔韧。《古诗为焦仲卿妻作》：“蒲苇～如丝，磐石无转移。”

轫（軔） rèn ❶ 放在地面阻止车轮滚动的木头。屈原《离骚》：“朝发～于苍梧兮，夕余至乎县圃。”双音词有“发轫”。㉠止住车，停车。《战国策·秦策五》：“陛下尝～车于赵矣。”❷ 坚韧，柔韧。《管子·制分》：“故凡用兵者，攻坚则～，乘瑕则神。”❸ 通“仞”。七尺或八尺为一仞。《孟子·尽心上》：“掘井九～而不及泉，犹为弃井也。”

牣 rèn ❶ 满。《诗经·大雅·灵台》：“王在灵沼，於～鱼跃。”（於：叹词，赞美声。）司马相如《子虚赋》：“充～其中，不可胜记。”❷ 通“韧（rèn）”。柔韧。《吕氏春秋·别类》：“白所以为坚也，黄所以为～也。”

任 rèn ❶ rén 抱。《国语·齐语》：“负～担荷，服牛轺（yáo）马，以周四方。”（轺：轻车。）郭璞《江赋》：“悲灵均之～石。”（灵均：指屈原。任石：指抱石投江。）❷ rén 担负，担任。《孟子·万章上》：“其自～以天下之重如此。”《史记·蒙恬列传》：“恬～外事，而毅常为内谋。”（恬：蒙恬。毅：蒙毅。）㉠承当，抵挡。《左传·僖公十五年》：“重怒难～。”㉡胜任，能够。屈原《天问》：“不～汩（gǔ）鸿，师何以尚之？”（汩：治理。鸿：指洪水。师：众。尚：推举。）❸ 负荷，担子。《商君书·弱民》：“背法而治，此～重道远而无马牛，济大川而无舡（xiāng）楫也。”（背：指抛弃。济：渡。舡楫：船和桨。）㉠责任，职责。《韩非子·难三》：“中期善承其～。”（中期：人名。）㉡行李。《孟子·滕文公上》：“门人治～将归。”❹ 信任。《史记·屈原贾生列传》：“王甚～之。”㉠担保，保举。《汉书·赵充国传》：“其言常是，臣～其计可必用也。”《史记·汲郑列传》：“信～宏，宏亦再至九卿。”（信、宏：人名。）❺ 任用。《吕氏春秋·乐成》：“此二君者，达乎～人也。”柳宗元《六逆论》：“胡亥～赵高而族李斯。”（族：灭族。）❻ 能力。《韩非子·定法》：“因～而授官。”㉡有能力的人。《韩非子·心度》：“故赏功爵～，而邪无所关。”❼ 凭借。《史记·平津侯主父列传》：“昔秦皇帝～战胜之威，蚕食天下。”❽ 听凭，听任。陶渊明《归去来兮辞》：“曷不委心～去留？”㉡放任，无拘束。贾思勰《齐民要术·种谷》：“～情返道，劳而无获。”（返道：指违反客观规律。）❾ 人质。《三国志·魏书·武帝纪》：“（马超）固请割地，求送～子。”❿ 通“妊”。怀孕。《汉书·叙传上》：“刘媪～高祖。”

【辨】负，任，担，荷。见121页“负”字。

饪（飪） rèn 烹饪，煮熟。《论语·乡党》：“失～不食。”

妊［姙］ rèn 怀孕。《论衡·吉验》：“传言黄帝～二十月而生。”曹植《行女哀辞》：“或怀～而逢灾。”［妊娠（shēn）］怀孕。《论衡·命义》：“谓～～之时

R

遭得恶物也。”

纴（紝） rèn ❶织布帛的丝缕。《礼记·内则》：“治丝茧，织～组紃(xún)。”（组紃：编织似绳条的带子。）❷纺织。《战国策·秦策一》：“妻不下～，嫂不为炊。”常“纴织”、“织纴”连用。《韩非子·难二》：“丈夫尽于耕农，妇人力于织～，则入多。”（入多：收入多。）

衽 rèn ❶衣襟，前襟。上衣或袍子的前幅。古代习惯将前幅从右方压盖住后幅。《论语·宪问》：“微管仲，吾其被发左～矣。”《汉书·张良传》：“楚必敛～而朝。”（敛：指整理。）㉑整理衣襟。《后汉书·左周黄传论》：“拂巾～褐，以企旌车之招矣。”❷衣袖，袖口。刘向《列女传·鲁季敬姜》：“文伯引～攘卷而亲馈之。”❸床席，卧席。《管子·弟子职》：“振～扫席。”（振：抖动。）[衽席] 1. 床席，卧席。《庄子·达生》：“～～之上，饮食之间。”2. 宴会的席位。《礼记·坊记》：“～～之上，让而坐下。”

RENG

仍 réng ❶因袭，沿袭。《论语·先进》：“～旧贯，如之何？”《魏书·食货志》：“夏殷之政，……周～其旧。”❷重复，屡次。《国语·周语下》：“晋～无道而鲜胄，其将失之矣。”《汉书·武帝纪》：“今大将军～复克获。”双音词有“频仍”。㉒连续，接续。杨万里《和周仲容春日二律句》：“旧雨～新雨，今年胜去年。”❸副词。因而，于是。《南史·宋武帝纪》：“帝平齐，～有定关洛意。”❹副词。仍旧，仍然（后起意义）。白居易《早兴》诗：“半销宿酒头～重。”❺副词。而且，又。杨万里《和谢张功父》：“老夫最爱嚼香雪，不但解酲(chéng)～涤热。”（酲：酒醉后神志不清有如患病的状态。）

艿 réng ❶草。㉑新旧相因的茂密的草。《新唐书·裴延龄传》：“长安、咸阳间得陂(bēi)～数百顷，愿以为内厩牧地。”（陂：山坡。）❷ rèng 旧草割去后又生新草。《逸周书·商誓》：“尔百姓献民，其有缀～。”（献：贤。）

陾 réng [陾陾]众多的样子。《诗经·大雅·绵》：“捄(jū)之～～，度之薨薨。”（捄：把土装到筐里。）

扔 rèng ❶牵引，拉。《老子》三十八章：“上礼为之而莫之应，则攘臂而～之。”❷摧毁。《后汉书·马融传上》：“窜伏～轮。”（野兽被车轮所灭。）【注意】在清代以前“扔”没有“抛掷”、“抛弃”的意义，也不读作rēng。

RI

驲（馹） rì 驿站专用的车或马。《左传·文公十六年》：“楚子乘～，会师于临品。”元稹《酬乐天东南行诗一百韵》：“～骑来千里，天书下九衢。”

衵 rì 内衣。《左传·宣公九年》：“陈灵公与孔宁、仪行父通于夏姬，皆衷其～服以戏于朝。”（衷：穿在里面。）

RONG

戎 róng ❶武器，兵器。《礼记·月令》：“以习五～。”（五戎：五种兵器。）㉑兵车。柳宗元《岭南节度飨军堂记》：“其大小之～，号令之用，则听于节度使焉。”❷士兵，军队。《左传·成公二年》：“臣辱～士，敢告不敏。”《三国志·蜀书·诸葛亮传》：“～阵整齐。”❸军事，战争。《吕氏春秋·孟春》：“兵～不起。”柳宗元《封建论》：“黩(dú)货事～。”（黩货：贪财。事：从事。）❹大。《诗经·周颂·烈文》：“念兹～功，继序其皇之。”❺帮助。《诗经·小雅·常棣》：“每有良朋，烝也无～。”❻第二人称代词。你，你们。《诗经·大雅·民劳》：“～虽小子，而式弘大。”❼我国古代西部民族的统称。[畎戎]见353页“畎”字。

肜 róng ❶殷代祭祀名。根据卜辞记载为殷王庙号之日祭祀该王的祭礼，比如于甲日祭祀太甲。《尚书·高宗肜日》：“高宗～日，越有雊(gòu)雉。”（雊：野鸡鸣叫。）❷[肜肜]同“融融”。和乐的样子。张衡《思玄赋》：“聆广乐之九奏兮，展泄泄以～～。”

茸 róng ❶草初生的细芽。谢灵运《于南山往北山经湖中瞻眺》诗：“初篁(huáng)苞绿箨(tuò)，新蒲含紫～。”（篁：一种竹名。箨：竹笋皮。蒲：蒲草。）❷[龙(méng)茸]见271页“龙(máng)”字。[茸茸]细密的样子。陆游《醉舞》诗：“～～胎发朝盈栉，炯炯神光夕照梁。”❸柔细的兽毛。杜牧《扬州三首》诗之一：“喧阗(tián)醉年少，半脱紫～裘。”（阗：充满。）❹ rǒng [阘(tà)茸]见410页“阘”字。

荣（榮） róng ❶树名。梧桐树。陶渊明《荣木》诗：“采采～木，结根于兹。”❷草木的花。屈原《九章·橘颂》：“绿叶素～，纷其可喜兮。”《管子·内业》："无根无茎，无叶无～。"㊁草木开花。陶渊明《桃花源诗》："草～识节和。"㊂谷类秀穗。《国语·晋语四》："黍稷无成不能为～。"❸茂盛。陶渊明《归去来兮辞》："木欣欣以向～。"（欣欣：草木茂盛。）㊁多，丰富。《荀子·大略》："宫室～与？妇谒盛与？"❹光荣，荣耀。与"辱"相对。《荀子·劝学》："～辱之来。"《三国志·吴书·吴主传》："～福喜戚，相与共之。"（戚：忧愁，悲伤。）㊁显荣，富贵。《吕氏春秋·务本》："三王之佐，其名无不～者。"❺屋檐两头翘起的部分。《汉书·扬雄传上》："列宿乃施于上～兮。"（列宿：诸星。施：延，延至。）❻迷惑，惑乱。《韩非子·内储说下》："～其意而乱其政。"

嵘（嶸） róng ［峥嵘］见540页"峥"字。

容 róng ❶容纳。《韩非子·诡使》："无宅～身。"㊂采纳。王安石《本朝百年无事札子》："正论非不见～，然邪说亦有时而用。"㊂容量，容积。《论衡·骨相》："犹察斗斛以知～矣。"❷宽容，容忍。《荀子·不苟》："（君子）恭敬谨慎而～。"《史记·汲郑列传》："不能～人之过。"❸许可，允许。《左传·昭公元年》："五降之后，不～弹矣。"❹容貌，仪容。《孟子·万章上》："舜见瞽瞍（sǒu），其～有蹙（cù）。"（瞽瞍：舜的父亲。蹙：不安。）《盐铁论·利议》："鞠躬踧踖（cù-jí），窃仲尼之～。"（鞠躬踧踖：恭敬的样子。）㊕修饰面容，打扮。《史记·刺客列传》："士为知己者死，女为悦己者～。"㊁事物的形状、面貌。《文子·自然》："天道嘿嘿，无～无则。"《淮南子·说山》："泰山之～，巍巍然高。"❺副词。或许，可能。《后汉书·李固传》："宫省之内，～有阴谋。"（宫省：皇宫和中央部门。）❻一种屏风。《荀子·正论》："居则设张～。"（张：帐。）❼［容与］1. 逍遥自在的样子。屈原《九歌·湘夫人》："聊逍遥兮～～。"（聊：暂且。）2. 徘徊不进的样子。班固《西都赋》："～～徘徊。"3. 迟疑不定的样子。屈原《九章·思美人》："然～～而狐疑。"❽［容容］1. 变化不定的样子。屈原《九歌·山鬼》："表独立兮山之上，云～～兮而在下。"2. 无主见的样子。《汉书·翟方进传》："何持～～之计，无忠固意。"

蓉 róng ［芙（fú）蓉］见116页"芙"字。

溶 róng ❶水盛大的样子。《楚辞·九叹·远逝》："波淫淫而周流兮，鸿～溢而滔荡。"［溶溶］1. 水盛大的样子。《楚辞·九叹·逢纷》："扬流波之潢潢兮，体～～而东回。"2. 云雾盛大的样子。沈约《石塘濑听猿》诗："噭噭夜猿鸣，～～晨雾合。"卢照邻《怀仙引》："回首望群峰，白云正～～。"3. 心宽广的样子。《楚辞·九叹·愍命》："心～～其不可量兮，情澹澹其若渊。"4. 众多的样子。沈约《和竟陵王游仙诗》："玉銮隐云雾，～～纷上驰。"5. 洁白的样子。萧纲《水月》诗："圆轮既照水，初生亦映流。～～如渍璧，的的似沉钩。"❷安闲的样子。扬雄《甘泉赋》："览樛（jiū）流于高光兮，～方皇于西清。"（樛流：高低错落的样子。）❸［溶滴（yì）］水波荡漾的样子。宋玉《高唐赋》："水澹澹而盘纡兮，洪波淫淫之～～。"【注意】古代汉语中"溶"没有"溶化"的意义。

镕（鎔） róng ❶铸造金属物品的模型。《潜夫论·德化》："方圆薄厚，随～制尔。"㊕钱模。《汉书·食货志下》："冶～炊炭，奸钱日多。"㊂铸造。《隋书·食货志》："私家多～钱。"❷熔化，冶炼。韩愈《镜潭》诗："非铸复非～，泓澄忽此逢。"❸（写作时）提炼文意。刘勰《文心雕龙·辨骚》："虽取～经意，亦自铸伟辞。"❹矛一类的兵器。史游《急就篇》卷三："鈒戟铍～剑镡铩。"

融［螎］ róng ❶融化，消融。杜甫《晚出左掖》诗："楼雪～城湿。"（楼：城楼。）㊂融汇，融合。杨炯《王勃集序》："契将往而必～，防未来而先制。"成语有"融会贯通"。❷流通，通达。何晏《景福殿赋》："品物咸～。"（品物：指万物。）❸长远，久长。《北史·崔宏传》："陛下春秋富盛，圣业方～。"❹大明，大亮。《左传·昭公五年》："明而未～。"㊁显明，昌盛。陶渊明《命子》诗："在我中晋，业～长沙。"❺［融融］1. 和乐的样子。《左传·隐公元年》："其乐也～～。"又写作"肜肜"。成语有"融融泄泄"。2. 暖和的样子。杜牧《阿房宫赋》："歌台暖响，春光～～。"

冗［宂］ rǒng ❶闲散。《汉书·申屠嘉传》："故～官居其中。"［流冗］逃散，流离失所。《汉书·成帝纪》："关东～～者众。"（众：多。）❷繁杂，多余。《新唐书·康承训传》："承训罢～费，市马益军。"（市：买。）双音词有"冗长"、"冗杂"。❸平庸，低劣。《宋书·周朗传》："吾虽疲～，亦尝听君子之余论。"❹忙，繁忙。刘宰《走笔谢王去非》诗："知君束装～，不敢折简致。"（束装：整装。折简致：写信邀请。）

氄 rǒng 鸟兽（入冬前生长的）细软保温的绒毛。《尚书·尧典》："鸟兽～毛。"

R

ROU

柔 róu ❶柔韧。《诗经·小雅·巧言》:"荏染～木,君子树之。"(荏染:柔弱的样子。)⑫柔嫩。《诗经·小雅·采薇》:"采薇采薇,薇亦～止。"(止:语气词。) ❷柔软,柔弱。与"刚"相对。《庄子·天运》:"其声能短能长,能～能刚。" ❸柔和,和顺。《诗经·大雅·崧高》:"申伯之德,～惠且直。"⑫温和。《礼记·内则》:"问所欲而敬进之,～色以温之。" ❹怀柔,安抚。《诗经·大雅·民劳》:"～远能迩,以定我王。"(能迩:安抚近处。)

揉 róu ❶使木弯曲或伸直(以造器物)。《管子·七法》:"朝～轮而夕欲乘车。"⑤安抚,使顺服。《诗经·大雅·崧高》:"～此万邦。" ❷揉搓,用手来回搓或擦(后起意义)。王建《照镜》诗:"暖手～双目。" ❸通"糅"。混杂,错杂。《世说新语·文学》:"皆粲然成章,不相～杂。"(粲然:鲜明、有文采的样子。)

辋(輮) róu ❶木制车轮的外周。也叫牙、辋(wǎng)。《周礼·考工记·车人》:"行泽者反～,行山者仄～。"王褒《僮约》:"持斧入山,断～裁辕。" ❷通"揉"。使木弯曲或伸直(以造器物)。《荀子·劝学》:"木直中绳,～以为轮。" ❸通"蹂"。践踏。《汉书·项籍传》:"乱相～蹈。"(蹈:踩,踏。)

糅 róu 混杂,错杂。屈原《九章·怀沙》:"同～玉石兮,一概而相量。"(玉和石相错杂,同等看待。比喻好坏不分。)双音词有"杂糅"。

蹂 róu ❶践踏。《史记·项羽本纪》:"余骑相～践争项王。"[蹂躏(lìn)] 1. 践踏。《汉书·王商传》:"大水至,百姓奔走相～～。" 2. 比喻用暴力欺压、侮辱、侵害他人。唐顺之《答廖东雩提学》:"连年虏骑入太原,～～之惨,二百年来晋人所未见。" ❷侵袭。《新唐书·李嗣业传》:"贼大出,掩追骑,还～王师。" ❸通"揉"。揉搓,用手来回搓或擦。《诗经·大雅·生民》:"或舂或揄,或簸或～。"

肉 ròu ❶动物的肉。《孟子·梁惠王下》:"七十者可以食～矣。"杜甫《自京赴奉先县咏怀五百字》:"朱门酒～臭,路有冻死骨。"⑫人体的肌肉。韩愈《张君墓志铭》:"父母妻子皆屠死,～餧(wèi)狗鼠鸱鸦。"(餧:喂养。)⑫果肉。某些蔬菜、水果去皮核后可以吃的部分。贾思勰《齐民要术·椰》:"(椰)～正白,如鸡子。" ❷(古代圆形有孔的钱币或玉器的)孔的外围叫"肉"。其孔内叫"好(hào)"。《汉书·食货志下》:"卒铸大钱……～好皆有周郭。"(周郭:边壁四周。) ❸声音丰满。《礼记·乐记》:"使其曲直、繁瘠、廉～、节奏,足以感动人之善心而已矣。"【辨】肌,肉。见174页"肌"字。

RU

如 rú ❶前往,到……去。《管子·大匡》:"公将～齐,与夫人皆行。"《三国志·吴书·吴主传》:"权将～吴。" ❷像,如同。《孙子兵法·军争》:"不动～山。"成语有"如火如荼"。⑤及,比得上(常用于否定或反问)。《史记·老子韩非列传》:"斯自以为不～非。"(斯:李斯。)⑤相匹,相敌。《史记·匈奴列传》:"单于自度战不能～汉兵。"⑤表示举例。比如。欧阳修《六一诗话》:"'太瘦生',唐人语也,至今犹以生为语助,～'作么生'、'何似生'之类是也。" ❸依从,按照。柳宗元《三戒·临江之麋》:"犬皆～人意。"⑫应当,还不如。《墨子·贵义》:"子～劝我者也,何故止我?"《左传·僖公二十二年》:"若爱重伤,则～勿伤。" ❹连词。假如,如果。《论语·述而》:"～不可求者,从吾所好。"《三国志·蜀书·诸葛亮传》:"～其不才,君可自取。" ❺连词。相当于"而"。《盐铁论·世务》:"今匈奴……见利～前,乘便而起。" ❻连词。相当于"或"。《论语·先进》:"安见方六七十～五六十而非邦也者?" ❼连词。相当于"和"、"同"。《仪礼·乡饮酒礼》:"公～大夫人。" ❽介词。于。《吕氏春秋·爱士》:"人之困穷,甚～饥寒。" ❾形容词词尾。相当于"……的样子"。《论语·述而》:"子之燕居,申申～也,夭夭～也。"《汉书·诸侯王表》:"海内晏～。"(晏:平安。)成语有"突如其来"。❿[如何] 1. 怎样。《诗经·小雅·庭燎》:"夜～～其,夜未央。"(其:语气词。) 2. 怎么办,奈何。《诗经·秦风·晨风》:"～～～～!忘我实多。"白居易《上阳白发人》诗:"少亦苦,老亦苦,少苦老苦两～～?" 3. 怎么,为什么。《左传·僖公二十二年》:"伤未及死,～～勿重?"[如……何]对……怎么办,把……怎么样。《孟子·梁惠王下》:"君～彼～哉?强为善而已矣。"

茹 rú ❶吃。《诗经·大雅·烝民》:"柔则～之,刚则吐之。"萧统《文选序》:"～毛饮血之世。"成语有"茹毛饮血"。⑤含着,忍着。范成大《相州》诗："～痛含辛说乱华。"成语有"含辛茹苦"。㉛包容，容纳。皇甫湜《韩文公墓志铭》："～古涵今，无有端涯。"❷蔬菜的总称。枚乘《七发》："白露之～。"（白露时节的蔬菜。）❸柔软。《韩非子·亡征》："柔～而寡断。"❹度量，估计。《诗经·小雅·六月》："玁狁（xiǎnyǔn）匪～。"（玁狁：我国古代民族名。匪：不。）㉜猜测，猜想。《诗经·邶风·柏舟》："我心匪鉴，不可以～。"❺植物根部相互牵连的样子。《周易·泰》："拔茅～以其汇。"（汇：类。）❻腐臭。《吕氏春秋·功名》："以～鱼去蝇，蝇愈至不可禁。"

帤 rú ❶大巾。《方言》卷四："大巾……谓之～。"㊕破旧的巾。张君房《云笈七签·黄庭内景经隐影章》："人间纷纷臭～如。"❷弓干上的衬木。《周礼·考工记·弓人》："厚其～则木坚，薄其～则需（ruǎn）。"（需：柔软。）

挐 rú ❶牵引，纠缠。宋玉《九辩》："叶菸邑而无色兮，枝烦～而交横。"㉛纷乱。《淮南子·览冥》："美人～首墨面而不容。"（容：修饰，打扮。）㉛混杂，杂糅。《楚辞·招魂》："稻粢穱麦，～黄粱些。"❷ná 通"拏（ná）"。持，抓。张衡《西京赋》："熊虎升而～攫，猨狖超而高援。"❸ráo 通"桡"。船桨。《庄子·渔父》："方将杖～而引其船。"

【辨】挐（ná），拏。"挐"为牵引，"拏"为持，古代音义都不同。但后来两字常常混用。"拏"的这个意义现写作"拿"。

袽 rú 破旧的棉絮、衣布。《周易·既济》："繻（rú）有衣～。"（繻：通"濡"，浸水。）

絮 rú ❶黏着。《史记·张释之冯唐列传》："以北山石为椁，用纻絮斮（zhuó）陈～漆其间，岂可动哉！"（斮：斩断。）❷［絮藘（lǘ）］茜草。一种蔓生植物，其根可做绛红色染料。

濡 rú 同"濡"。沾湿。《庄子·大宗师》："泉涸，鱼相与处于陆……相～以沫。"

儒 rú ❶春秋时用《诗》、《书》、《礼》、《乐》和射、御进行礼仪教育的知识分子。《周礼·天官·冢宰》："～以道得民。"❷儒家。孔子创立的学派。《荀子·礼论》："是～墨之分也。"（墨：墨家。）㉛信奉儒家经典的人，儒家学派的人。《韩非子·五蠹》："～以文乱法。"❸读书人。刘禹锡《陋室铭》："谈笑有鸿～，往来无白丁。"王安石《答司马谏议书》："～者所争，尤在于名实。"❹通"懦（nuò）"。懦弱。《北史·王宪传》："性～缓不断。"（断：决断。）

嚅 rú ❶［嚅唲（ér）］强笑的样子。《楚辞·卜居》："将呢訾栗斯，喔咿～～，以事妇人乎？"❷［嗫（niè）嚅］见299页"嗫"字。

濡 rú ❶浸渍，沾湿。《诗经·邶风·匏有苦叶》："济盈不～轨。"（济：渡。盈：水满。轨：车辙。）《韩非子·内储说上》："被～衣而走火者，左三千人，右三千人。"（走火：指跑去救火。）㊖施受恩泽。王褒《四子讲德论》："令百姓遍晓圣德，莫不沾～。"❷稽留，停留。江淹《郊外望秋答殷博士》诗："云精无永滞，水碧岂惭～。"［濡滞］稽留，停留。《孟子·公孙丑下》："三宿而后出昼，是何～～也。"（昼：地名。）❸ruǎn 柔软。《淮南子·说山》："击钟磬者必以～木。"㉜柔顺。《庄子·天下》："以～弱谦下为表。"（表：外表。）❹ér 带汁水烹煮。《礼记·内则》："～豚，包苦实蓼（liǎo）。"（煮小猪时，外面包上苦菜，腹内塞入蓼菜。）

孺 rú ❶幼童。《尚书·金縢》："公将不利于～子。"❷亲睦。《诗经·小雅·常棣》："兄弟既具，和乐且～。"（具：聚集在一起。）❸［孺人］1. 大夫的妻子。《礼记·曲礼下》："天子之妃曰后，诸侯曰夫人，大夫曰～～。"2. 某类妇女的称号或封号。唐代称王的妾，宋代为五品官的母亲或妻子的封号，明清为七品官的母亲或妻子的封号。《资治通鉴·唐玄宗天宝十一载》："棣王琰有二～～，争宠。"3. 妻子的通称。江淹《恨赋》："左对～～，顾弄稚子。"（顾弄稚子：回头抚弄幼子。）❹rù 鸟类孵生。《庄子·天运》："乌鹊～。"

𦈡（繻） rú ❶丝织品。《抱朴子·疾谬》："举足不离绮～纨袴之侧，游步不去势利酒客之门。"❷帛制的通行证。《汉书·终军传》："步入关，关吏予军～。"❸通"襦（rú）"。短衣，短袄。《南史·康绚传》："见省官有褴褛者，辄遣遗以～衣。"

襦 rú ❶短衣，短袄。《汉书·霍光传》："太后被珠～。"❷围嘴儿。白居易《阿崔》诗："腻剃新胎发，香绷小绣～。"❸细密的罗网。《周礼·夏官·罗氏》："蜡（zhà）则作罗～。"（蜡：古代年终的祭祀。）

蠕 rú （旧读ruǎn）❶蠕动。虫类爬行的样子。《史记·匈奴列传》："～动之类，莫不就安利而辟危殆。"㉜微动的样子。《荀子·劝学》："端而言，～而动，一可以为法则。"❷［蠕蠕］1. 蠕动。虫类爬行的样子。李贺《感讽五首》诗之一："越妇未织作，吴蚕始～～。"上述❶㉜❷1又写作"蝡"。2. 古代北方部族名。也称柔然。曹丕《大墙上蒿行》："下有～～地，今我难得久来履。"

醹 rú　味道醇厚的酒。《诗经·大雅·行苇》："曾孙维主，酒醴维～。"

女 rǔ　见302页。

汝 rǔ　❶第二人称代词。你，你的。《战国策·秦策一》："长者詈(lì)～，少者和～。"(詈：骂。)《列子·汤问》："～心之固，固不可彻。"(彻：贯通。)❷水名。淮河的支流。《荀子·议兵》："～颍以为险。"(颍：水名。)

乳 rǔ　❶生孩子。《论衡·气寿》："妇人疏字者子活，数～者子死。"(妇女生孩子稀疏，孩子容易养活；生子稠密的，孩子就容易死。字：生子。数：稠密。)㊀刚生子的，哺乳期的。《庄子·盗跖》："声如～虎。"㊀刚孵出的，幼小的。如"乳燕"、"乳莺"。❷哺乳，喂奶。《左传·宣公四年》："邧夫人使弃诸梦中，虎～之。"(梦：楚国沼泽名。)贾思勰《齐民要术·养羊》："羊羔～食其母。"㊁喝，饮服。《后汉书·王允传》："岂有～药求死乎？"❸乳房。魏学洢《核舟记》："袒胸露～。"㊀像乳房的。徐弘祖《徐霞客游记·滇游日记》："上多倒垂之～。"(乳：指钟乳石。)❹乳汁。《魏书·王琚传》："常饮牛～。"

辱 rǔ　❶耻辱。与"荣"相对。《商君书·靳令》："其竟内之民争以为荣，莫以为～。"(竟：境。)❷辱没。《论语·子路》："使于四方，不～君命。"❸侮辱，玷辱。《礼记·儒行》："(儒)可杀而不可～也。"司马迁《报任安书》："太上不～先，其次不～身。"❹屈辱，受屈。《左传·襄公三十年》："使吾子～在泥涂久矣。"㊕使人枉驾前来。《史记·汲郑列传》："越人相攻，固其俗然，不足以～天子之使。"❺谦辞。相当于承蒙。意思是使对方受屈辱了。《左传·僖公四年》："～收寡君，寡君之愿也。"(寡君：臣子对别国人谦称自己的国君。)❻污浊。《老子》四十一章："上德若谷，大白若～。"

【辨】羞，耻，辱。见471页"羞"字。

擩 rǔ　❶沾染，浸染。《仪礼·公食大夫礼》："取韭菹(zū)以辩～于醢(hǎi)，上豆之间祭。"(菹：腌菜。辩：普遍。醢：肉酱。)韩愈《清河郡公房公墓碣铭》："目～耳染，不学以能。"❷ruán　用手揉摩。《新唐书·文艺传序上》："美才辈出，～哜道真，涵泳圣涯。"

入 rù　❶进入。与"出"相对。《孟子·滕文公上》："三过其门而不～。"㊕进入朝廷。傅亮《为宋公求加赠刘前军表》："出征～辅，幸不辱命。"❷收入，收纳。《韩非子·难二》："丈夫尽于耕农，妇人力于织纴，则～多。"《礼记·王制》："量～以为出。"成语有"入不敷出"。❸接纳，采纳。《史记·魏世家》："商君亡秦归魏，魏怒，不～。"《史记·商君列传》："吾说公以王道而未～也。"㊀切合，符合。《淮南子·主术》："譬犹方员之不相盖，而曲直之不相～。"(员：通"圆"，圆形。)㊀没收。《后汉书·王畅传》："诸受臧二千万以上不自首实者，尽～财物。"❹交纳。晁错《勿收农民租疏》："边食足以支五岁，可令～粟郡县矣。"❺嫁，出嫁。刘向《列女传·晋羊叔姬》："雍子～其女于叔鱼以求直。"(雍子、叔鱼：人名。)❻入声。古代汉语"平、上、去、入"四声之一。

【辨】进，入。见203页"进"字。

洳 rù　潮湿。柳宗元《闵生赋》："壤污潦以坟～兮，蒸沸热而恒昏。"［沮(jù)洳］地低湿。《诗经·魏风·汾沮洳》："彼汾～～，言采其莫。"㊁低湿的地方。司马光《稷下赋》："譬若兰芷蒿莎，布濩(hù)于云梦之～。"(濩：散布。云梦：楚国沼泽名。)

蓐 rù　草席，草垫子。《左传·文公七年》："秣马～食，潜师夜起。"(蓐食：在寝蓐上吃饭。)李密《陈情表》："而刘夙婴疾病，常在床～。"

溽 rù　❶湿润。郭璞《江赋》："林无不～，岸无不津。"㊀湿热，闷热(后起意义)。沈括《梦溪笔谈》卷七："众以谓频日晦～，尚且不雨。"［溽暑］湿热。《礼记·月令》："土润～～，大雨时行。"❷味道浓厚。《礼记·儒行》："其饮食不～。"

缛(縟) rù　❶繁密的彩色装饰。张衡《西京赋》："其馆室次舍，采饰纤～。"(纤：细巧。)㊁繁多，烦琐。《仪礼·丧服传》："丧成人者其文～。"《宋史·李若水传》："欲加～礼。"成语有"繁文缛节"。❷通"褥"。褥子。谢惠连《雪赋》："援绮衾兮坐芳～。"

RUAN

堧［壖］ ruán　空地，余地。《史记·河渠书》："五千顷故尽河～弃地。"㊕城或宫庙(内墙以外、外墙以内)的余地、空地。《汉书·翟方进传》："税城郭～及园田。"(税：征收赋税。)《汉书·晁错传》："内史府居太上庙～中。"(内史府：官署名。)

耎 ruǎn　❶软弱，怯懦。《战国策·楚策一》："郑、魏者，楚之～国；而秦，楚之强敌也。”❷柔软。《汉书·王吉传》:“数以～脆之玉体,犯勤劳之烦毒。”❸退缩。《史记·天官书》:“其已出三日而复,有微入,入三日而乃复盛出,是谓～。”

瑌[瑌、碝、礝] ruǎn 美石。《礼记·玉藻》:“世子佩瑜玉而綦(qí)组绶,士佩～珉(mín)而缊(wēn)组绶。”(綦:青黑色。组绶:系玉的丝带。珉:次于玉的美石。缊:浅红色。)

RUI

緌 ruí ❶帽带(在下巴颏下打结后)下垂的部分。《诗经·齐风·南山》:“葛屦五两,冠～双止。”❷下垂的装饰品。如穗子等。曹植《七启》:“垂宛虹之长～。”㊂以牦牛尾饰于杆上的一种旗帜。《礼记·明堂位》“夏后氏之绥”郑玄注:“‘绥’当为‘緌’。……緌,谓注旄牛尾于杠首,所谓大麾。”[緌緌]下垂的样子。杜牧《杜秋娘》诗:“壮发绿～～。”❸蝉的腹部用以吸收树木汁液的针形喙。虞世南《蝉》诗:“垂～饮清露,流响出疏桐。”

蕤 ruí ❶草木花下垂的样子。[葳(wēi)蕤]见437页“葳”字。㊀下垂的装饰物。《礼记·杂记上》:“大白冠,缁布之冠皆不～。”左思《吴都赋》:“羽旄扬～。”❷花。陆机《文赋》:“播芳～之馥馥,发青条之森森。”㊀草木开花。谢庄《宋明堂歌·歌青帝》:“雁将向,桐始～。”❸[蕤宾]1.古乐十二律之一。《汉书·律历志上》:“律以统气类物……四曰～～。”2.五月。古代以十二律对应十二月,“蕤宾”对应五月。陶渊明《和胡西曹示顾贼曹》:“～～五月中,清朝起南飔(sī)。”(飔:凉风。)

蕊[橤] ruǐ ❶花蕊,花心。白居易《牡丹芳》诗:“黄金～绽红玉房。”㊂花苞,花朵。谢朓《咏蔷薇》:“新花对白日,故～逐行风。”❷[蕊蕊]花落的样子。卢谌《时兴》诗:“摵摵(shèshè)芳叶零,～～芬华落。”(摵摵:象声词。)

繠 ruǐ ❶下垂。《左传·哀公十三年》:“佩玉～兮,余无所系之。”❷花蕊。《后汉书·张衡传》:“屑瑶～以为糇(hóu)兮,𣂶(jū)白水以为浆。”(糇:干粮。𣂶:舀取。)

芮 ruì ❶粗丝绵。《吕氏春秋·必己》:“不食谷实,不衣～温。”❷系盾的带子。《史记·苏秦列传》:“坚甲铁幕,革抉吷～。”❸通“汭(ruì)”。河流弯曲处。《诗经·大雅·公刘》:“止旅乃密,～鞫之即。”❹通“蚋(ruì)”。蚊虫。《庄子·至乐》:“瞀～生乎腐蠸。”❺[芮芮]草短小柔细的样子。李时珍《本草纲目·草六·石龙芮》引陶弘景《名医别录》:“生于石上,其叶～～短小,故名。”❻周代诸侯国。《史记·秦本纪》:“秦灭梁、～。”

汭 ruì ❶河流弯曲处。《左传·庄公四年》:“随侯且请为会于汉～而还。”❷古水名。泾水支流。在今宁夏、甘肃境内。《周礼·夏官·职方氏》:“其川泾～。”❸古水名。黄河支流。在今山西永济境内。郦道元《水经注·河水四》:“(历山)有舜井,妫～二水出焉。”

枘 ruì 榫(sǔn)子,榫头。宋玉《九辩》:“圜凿而方～兮,吾固知其鉏铻(jǔyǔ)而难入。”(圜:通“圆”。凿:卯眼。鉏铻:不相配合。)成语有“圆凿方枘”。

蚋[蜹] ruì 蚊子一类的昆虫。《荀子·劝学》:“醯(xī)酸而～聚焉。”(醯:醋。)【注意】蜹,蠛蠓,也叫醯鸡。

莌 ruì 草初生的样子。左思《吴都赋》:“郁兮～茂,晔兮菲菲。”

锐(鋭) ruì ❶尖的,尖锐的。顶小底大的形状。《孙子兵法·行军》:“尘高而～者,车来也。”杜甫《久雨期王将军不至》诗:“～头将军来何迟。”㊀细小。《左传·昭公十六年》:“且吾以玉贾罪,不亦～乎?”(贾罪:指获罪。)❷锐利,锋利。《管子·七法》:“论百工之～器。”(器:指兵器。)㊂兵器,锐器。《汉书·高帝纪下》:“朕亲被坚执～。”❸锐气,锋芒。《老子》五十六章:“挫其～,解其纷。”㊂气势旺盛。《孙子兵法·军争》:“是故朝气～,昼气惰,暮气归。”❹精锐。《墨子·杂守》:“厉吾～卒,慎无使顾。”《论衡·非韩》:“六国之兵非不～。”㊂敏锐,精细。刘勰《文心雕龙·才略》:“祢衡思～于为文。”❺迅速,急切。《孟子·尽心上》:“其进～者其退速。”陆机《五等诸侯论》:“夫进取之情～。”

瑞 ruì ❶用作凭证的玉器。《左传·哀公十四年》:“司马请～焉。”(司马:官名。请:请求。)❷古代所说的凶吉的预兆。《论衡·指瑞》:“传舍人不吉之～矣。”杜预《春秋左氏传序》:“麟凤五灵,王者之嘉～也。”㊕古代所说的吉兆、祥瑞。《新唐书·郑仁表传》:“天～有五色云。”㊀吉利的。孟浩然《寒夜张明府宅宴》诗:“～雪初盈尺。”

睿[叡] ruì 明智,通达。《礼记·中庸》:“为能聪明～知。”(知:智。)双音词有“睿哲”。㊕帝王圣明。谢庄

《宋明堂歌·送神歌》："～化凝，孝风炽。"

RUN

犉 rún 黄毛黑唇的牛。《诗经·小雅·无羊》："谁谓尔无牛，九十其～。"

闰（閏） rùn ❶ 多数，余数。指历法纪年和地球环绕太阳一周运行时间的差数，多余的叫闰，如"闰月"。《尚书·尧典》："期(jī)三百有六旬有六日，以～月定四时成岁。"（期：指周年。）❷ 非正统的。与"正"相对。《宋史·宋庠传》："又辑《纪年通谱》，区别正～。"

润（潤） rùn ❶ 滋润。《周易·说》："风以散之，雨以～之。"《论衡·雷虚》："雨～万物。"㉿恩泽。《晋书·应詹传》："～同江海，恩犹父母。"㉿惠及，加惠。《汉书·路温舒传》："泽加百姓，功～诸侯。" ❷ 教化，熏陶。杜荀鹤《读友人诗》诗："名应高日月，道可～公卿。" ❸ 潮湿。《墨子·辞过》："高足以避～湿。"周邦彦《满庭芳·风老莺雏》："衣～费罏烟。"（罏：通"炉"。）㉿润泽，光润。柳宗元《红蕉》诗："晚英值穷节，绿～含朱光。"（英：花。）❹ 雨水。《后汉书·钟离意传》："比日密云，遂无大～。"（比：连续。）

RUO

挼［捼］ ruó 两手揉搓。《晋书·刘毅传》："（刘裕）因～五木久之。"

若 ruò ❶ 香草名。即杜若。宋玉《神女赋》："沐兰泽，含～芳。" ❷ 顺，顺从。《穀梁传·庄公元年》："不～于道者，天绝之也。" ❸ 选择。《国语·晋语二》："吾谁使先，～夫二公子而立之。" ❹ 像，如，好像。《孟子·梁惠王上》："～寡人者，可以保民乎哉?"王勃《送杜少府之任蜀州》诗："海内存知己，天涯～比邻。"成语有"若明若暗"。㉿及，比得上（常用于否定或反问）。《列子·汤问》："曾不～孀妻弱子。" ❺ 第二人称代词。你，你的。《庄子·齐物论》："～胜我，我不～胜。"柳宗元《捕蛇者说》："更～役，复～赋，则何如?" ❻ 指示代词。此，这个。《孟子·梁惠王上》："以～所为，求～所欲。" ❼ 连词。假如，如果。《左传·隐公元年》："～阙地及泉，隧而相见，其谁曰不然。"李贺《金铜仙人辞汉歌》："天～有情天亦老。"㉿与，和。《史记·魏其武安侯列传》："愿取吴王～将军头，以报父之仇。"㉿或，或者。《汉书·食货志上》："时有军役～遭水旱，民不困乏。" ❽ 连词。而。表示承接。《周易·夬》："君子夬夬(guàiguài)，独行遇雨。～濡有愠，无咎。"（夬夬：果断。）❾ 至，至于。《国语·晋语五》："病未～死。"［若夫］句首语气词。用以引起下文，有"至于说到……"的意思。范仲淹《岳阳楼记》："～～霪雨霏霏，连月不开。" ❿ 奈，怎样。《左传·僖公十五年》："寇深矣，～之何?" ⓫ 助词。用于句首，无意义。《尚书·吕刑》："～古有训，蚩尤惟始作乱。"㉿形容词词尾。……的样子。《诗经·卫风·氓》："桑之未落，其叶沃～。" ⓬ 古水名。若水。即雅砻江，位于今四川。⓭ 传说中的海神名。《庄子·秋水》："望洋向～而叹。"

渃 ruò ［濩(huò)渃］见 172 页"濩"字。

箬 ruò ❶ 竹笋的外壳。王彪之《闽中赋》："缃～素笋，彤竿绿筒。" ❷ 竹名。箬竹。其叶片较宽，有多种用途。《南史·徐伯珍传》："伯珍少孤贫，学书无纸，常以竹箭、～叶、甘蕉及地上学书。"㉿箬竹的叶子。柳宗元《柳州峒氓》诗："青～裹盐归峒客，绿荷包饭趁虚人。"

弱 ruò ❶ 弱小。与"强"相对。《商君书·错法》："有土者不可以言贫，有民者不可以言～。"成语有"恃强凌弱"。㉿不足，略少。《晋书·天文志上》："黄道……与赤道东交于角五少～。" ❷ 柔软，松软。王安石《洪范传》："故木挠而水～，金坚而火悍。"束皙《饼赋》："～似春绵，白若秋练。" ❸ 丧失，减少。《左传·昭公三年》："又～一个焉。" ❹ 年少。《国语·楚语上》："昔庄王方～。"［弱冠］指男子二十岁左右的年纪。古代男子二十岁行冠礼。《后汉书·章帝纪》："朕在～～，未知稼穑之艰难。"

蒻 ruò ❶ 草名。嫩的香蒲。可以织席。史游《急就篇》卷三："蒲～蔺席帐帷幢。"㉿蒻席。一种细蒲草席。《楚辞·招魂》："～阿拂壁，罗帱张些。" ❷ 藕鞭。李时珍《本草纲目·藕》："藕芽种者最易发，其芽穿泥成白～。"

爇 ruò 烧。《左传·昭公二十七年》："遂令攻郤氏，且～之。"㉿点燃。宋濂《闽二妇传》："自起～灯，呼儿诵书。"

R

S

SA

洒[1] sǎ ❶ xǐ 洗涤。《左传·襄公二十一年》："在上位者～濯其心。"㉃洗雪。《孟子·梁惠王上》："愿比死者一～之。"❷散落。孟浩然《还山贻湛法师》诗："平石藉琴砚，落泉～衣巾。"㉃散发，分散。《逸周书·大匡》："赋～其币，乡正保贷。"❸分开，分流。《墨子·兼爱中》："～为底柱，凿为龙门。"❹ xiǎn 肃敬的样子。《礼记·玉藻》："君子之饮酒也，受一爵而色～如也。"㉂寒栗的样子。《素问·风论》："腠理开则～然寒，闭则热而闷。"❺ cuǐ 高峻的样子。《诗经·邶风·新台》："新台有～，河水浼浼。"❻ sěn 惊异的样子。《庄子·庚桑楚》："吾～然异之。"❼通"洒[2]（灑）"。洒水。《论语·子张》："子夏之门人小子，当～扫、应对、进退则可矣。"

【辨】洒，灑。"洒"和"灑"古代是两个字。"洒"的本义是"洗"，音 xǐ；"灑"的本义是"洒水"，音 sǎ。但"洒"也通"灑"，有"洒水"的意义，音 sǎ；"灑"也通"洒"，有"洗"的意义，音 xǐ。此外，两个字的意义还有不同。现"灑"在音 sǎ 时简化为"洒"。

洒[2]（灑） sǎ ❶洒水。《礼记·内则》："～扫室堂及庭。"㉃淋雨。李康《运命论》："弃室而～雨者，不过濡身。"㉂风吹拂。杜甫《七月一日题终明府水楼二首》诗之一："高栋曾轩已自凉，秋风此日～衣裳。"❷物体散落。杜甫《茅屋为秋风所破歌》："茅飞度江～江郊。"㉂散播。《管子·白心》："视则不见，听则不闻，～乎天下满。"❸投抛，挥动。潘岳《西征赋》："～钓投网。"李白《献从叔当涂宰阳冰》诗："落笔～篆文。"❹分开，分流。《史记·河渠书》："九川既疏，九泽既～。"❺ xǐ 通"洒[1]"。洗。枚乘《七发》："澡概胸中，～练五脏。"

【辨】洒，灑。见上"洒[1]"字。

飒（颯）［颯］ sà ❶象声词。形容风声。宋玉《风赋》："有风～然而至。"❷［飒飒］1.象声词。形容风声。屈原《九歌·山鬼》："风～～兮木萧萧。"黄巢《题菊花》诗："～～西风满院栽。"2.象声词。形容雨声。杜甫《乾元中寓居同谷县作歌七首》之五："寒雨～～枯树湿。"3.迅疾。高启《太湖》诗："茫茫雁飞迟，～～帆度快。"❸吹拂。徐安人《秋扇》诗："西风～高梧。"❹迅疾，顿时。岑参《陪狄员外早秋登府西楼》诗："知己犹未报，鬓毛～已苍。"李白《游谢氏山亭》诗："谢公池塘上，春草～已生。"❺凋零，衰老。张九龄《登古阳云台》诗："庭树日衰～。"❻［飒爽］1.寒凉，清爽。强至《九日二首》诗之二："秋声～～侵蓬鬓。"司马光《晚食菊羹》诗："神明顿～～，毛发皆萧然。"2.豪迈矫健的样子。杜甫《丹青引》："英姿～～来酣战。"

挱 sà ❶侧手击打。《公羊传·庄公十二年》："万臂～仇牧，碎其首。"（万：宋万，人名。）❷散开。杜牧《池州送孟迟先辈》诗："荆璧横抛～。"❸［抹挱］扫灭，完全勾销。韩愈《贞曜先生墓志》："唯其大玩于词而与世～～，人皆劫劫，我独有余。"

SAI

塞 sāi ❶阻塞，堵塞。《诗经·豳风·七月》："～向墐户。"韩愈《原道》："不～不流，不止不行。"成语有"塞井夷灶"。【注意】这个意义现在读 sè。㉂约束，禁止。《商君书·画策》："善治者～民以法。"❷填塞，充满。《孟子·公孙丑上》："以直养而无害，则～于天地之间。"杜甫《往在》诗："士庶～关中。"㉃满足。《史记·汲郑列传》："以谢天下之苦，～百姓之心。"❸弥补，补救。《汉书·于定国传》："将欲何施，以～此咎？"双音词有"塞责"。【注意】这个意义现在读 sè。❹答，回答。《后汉书·班超传》："以报～天恩。"《三国志·魏书·臧洪传》："既学薄才钝，不足～诘。"❺困厄，困窘。与"通"相对。潘岳《西征赋》："生有修短之命，位有通～之遇。"❻ sài 边界上的险要地方。《礼记·月令》："备边竟，完要～。"《荀子·强国》："兵不复出于～外。"成语有"塞翁失马"。❼ sài 酬神。《墨子·号令》："事已，～祷。"❽ sài 通"簺"。古代的一种棋类博戏。《管子·四称》："流于博～。"

簺 sài ❶古代的一种棋类博戏。也叫格五。《南齐书·沈文季传》："尤善～及弹棋。"❷（用竹木编成的）拦水捕鱼的工具。《新唐书·高宗纪》："禁作～捕鱼、营圈取兽者。"

S

SAN

三 sān ❶ 数词。三。《商君书·错法》:“此～者治之本也。” ❷ 序数词。第三。《商君书·修权》:“一曰法,二曰信,～曰权。”李白《扶风豪士歌》:“洛阳～月飞胡沙。” ❸ 三倍。《周礼·考工记·庐人》:“凡兵无过～其身。” ❹ 名词。指远古三皇。袁康《越绝书·篇叙·外传记》:“兴败有数,承～继五。”(五:指远古五帝。)㊂天、地、人。《国语·周语下》:“纪之以～。”㊂君、父、师。《国语·晋语一》:“民生于～,事之如一。” ❺ 再三,多次。《战国策·赵策三》:“鲁仲连辞让者～。”熟语有“三思而后行”。【注意】古代汉语中“三”和“九”往往不是具体的数字,而是泛指多次。【辨】参(sān),三。见 33 页“参”字。

糁(糝)[糂] sǎn ❶ 以米和(huò)羹。《荀子·宥坐》:“七日不火食,藜羹不～。”㊂羹。陆游《赛神曲》:“鲤鱼～美出神厨。” ❷ 米粒,饭粒。《晋书·江统传》:“若有穷乏～粒不继者。”《续传灯录·普贤元素禅师》:“囊无系蚁之丝,厨乏聚蝇之～。” ❸ 散布的粒状物。韩愈《送无本师归范阳》诗:“始见洛阳春,桃枝缀红～。”周邦彦《大酺》:“红～铺地,门外荆桃如菽。” ❹ 散布,散落。李白《春感》诗:“榆荚钱生树,杨花玉～街。” ❺(用粉末状的物品)填塞。魏学洢《核舟记》:“左刻‘清风徐来,水波不兴’,石青～之。”㊂混杂。苏轼《格物粗谈·果品》:“冬瓜切碎者,以石灰～之则不烂。”

散 sàn ❶ 分散,散布。《周易·说》:“雷以动之,风以～之。”《史记·周本纪》:“命南宫括～鹿台之财。”㊃纷乱,杂乱。《淮南子·原道》:“不与物～,粹之至也。” ❷ 排解,排遣。《后汉书·冯衍传下》:“诵古今以～思兮。” ❸ 罢休。《后汉书·王畅传》:“会赦,事得～。” ❹ sǎn 不自检束,散漫。《荀子·劝学》:“不隆礼,虽察辩,～儒也。” ❺ sǎn 闲散。韩愈《进学解》:“投闲置～,乃分之宜。” ❻ sǎn 一种酒尊。《礼记·礼器》:“贵者献以爵,贱者献以～。” ❼ sǎn 粉屑状的中药。《后汉书·华佗传》:“乃令先以酒服麻沸～。” ❽ sǎn 琴曲名。《晋书·嵇康传》:“《广陵～》于今绝矣。”

SANG

颡(顙) sǎng ❶ 额头。《孟子·告子上》:“今夫水,搏而跃之,可使过～。”㊂头。杜甫《义鹘行》:“巨～拆老拳。” ❷ 叩头。《公羊传·昭公二十五年》:“再拜～。”[稽(qǐ)颡]见 176 页“稽(jī)”字。

丧(喪) sàng ❶ 丧失,失掉。《论语·子路》:“一言而～邦乎?”《韩非子·五蠹》:“偃王行仁义而～其国。”(偃王:徐偃王。)成语有“玩物丧志”。 ❷ 失败,灭亡。《论语·宪问》:“子言卫灵公之无道也,康子曰:‘夫如是,奚而不～?’”㊂逃亡。《礼记·檀弓下》:“～人无宝,仁亲以为宝。” ❸ 悲伤,哀伤。《商君书·更法》:“狂夫之乐,贤者～焉。” ❹ 死亡。《诗经·小雅·常棣》:“～乱既平,既安且宁。”陶渊明《归去来兮辞序》:“寻程氏妹～于武昌。”(寻:不久。) ❺ sāng 死人的事情,丧事。《左传·僖公三十三年》:“秦不哀吾～。”王安石《上皇帝万言书》:“婚～祭养。”(祭:祭祀。)㊂办丧事。《礼记·檀弓上》:“子上之母死而不～。” ❻ sāng 灵柩。《春秋·桓公十八年》:“公之～至自齐。”㊂尸体,遗体。《三国志·魏书·武帝纪》:“购求信～不得,众乃刻木如信形状。”(信:鲍信。) ❼ sāng 指祸难。《诗经·邶风·谷风》:“凡民有～,匍匐救之。”

SAO

搔 sāo ❶ 挠,用手指甲轻抓。《诗经·邶风·静女》:“～首踟蹰。”杜甫《春望》诗:“白头～更短。” ❷ 通“骚”。动乱,扰乱。《三国志·吴书·陆凯传》:“所在～扰,更为烦苛。” ❸ zhǎo 通“爪”。手指甲。《仪礼·士虞礼》:“沐浴栉(zhì)～翦(jiǎn)。”(栉:梳头。翦:修剪。)

骚(騷) sāo ❶ 动乱,扰乱。《国语·郑语》:“九年而王室始～。”《新唐书·安禄山传》:“句剥苛急,百姓愈～。” ❷ 忧虑,忧愁。《史记·屈原贾生列传》:“离～者,犹离忧也。” ❸《离骚》的省称。《宋书·谢灵运传》:“莫不同祖《风》、《～》。”㊂诗体的一种。骚体。也称楚辞体,由屈原的《离骚》得名,如宋玉的《九辩》,贾谊的《吊屈原赋》。[骚人]诗人。因屈原作《离骚》,后人称诗人为骚人。范仲淹《岳阳楼记》:“迁客～～,多会于此。”(迁客:指被贬在外的人。) ❹ 通“臊”。腥气,臊臭气味。《墨子·经说上》:“～之利害,未可知也。” ❺ sǎo 通“扫”。扫除。《史记·李斯列传》:“由灶上～除足以灭诸侯,成帝业。”㊂聚集,尽其所有。《史记·黥布列传》:“大王宜～淮南之兵渡淮。”

缫(繅) sāo ❶ 同"缲(sāo)"。把蚕茧放在滚水里煮过后抽丝。《孟子·滕文公下》:"夫人蚕～,以为衣服。" ❷ zǎo 通"藻"。帝王冕上系玉的彩色丝绳。《周礼·夏官·弁师》:"五采～十有二就。"

臊 sāo ❶ 臊气。肉类的腥臭气味。《韩非子·五蠹》:"民食果蓏(luǒ)蚌蛤,腥～恶臭而伤害腹胃。"(蓏:瓜类植物的果实。)《吕氏春秋·本味》:"水居者腥,肉獲(jué)者～,草食者膻。"(獲:通"攫",抓取。) ❷ 不好的(名声)。《魏书·抱嶷传》:"～声布于朝野,丑音被于行路。"

SE

色 sè ❶ 脸色,表情。《论语·颜渊》:"察言而观～。"《史记·滑稽列传》:"～如死灰。"㊕怒色。《战国策·赵策四》:"太后之～少解。" ❷ 变色,作色。《左传·昭公十九年》:"谚所谓'室于怒,市于～'者。"㊂和颜悦色。《诗经·鲁颂·泮水》:"载～载笑。" ❸ 颜色。《后汉书·仲长统传》:"苟目能辩～。"王勃《滕王阁序》:"秋水共长天一～。"㊀景色,景象。叶绍翁《游园不值》诗:"春～满园关不住,一枝红杏出墙来。"陆游《鹅湖夜坐书怀》诗:"看花身落魄,对酒～凄凉。" ❹ 女色,美色。《淮南子·俶真》:"声～不能淫也。"㊂男女之间的情欲。《孟子·告子上》:"食～性也。" ❺ 种类,类别(后起意义)。陆贽《奉天改元大赦制》:"诸～名目,悉宜停罢。"熟语有"诸色人等"。 ❻ 佛教指可以感知的物质。《心经》:"～即是空,空即是～。"

啬(嗇) sè ❶ 节省,节俭。《老子》五十九章:"治人事天莫若～。"《管子·五辅》:"纤～省用,以备饥馑(jǐn)。"(纤:吝惜。饥馑:灾荒。)㊂爱惜。《吕氏春秋·先己》:"必先治身,～其大宝。"㊀过于俭省,吝啬。《战国策·韩策一》:"公仲～于财。" ❷ 贪求,贪图。《左传·襄公二十六年》:"夫小人之性,衅于勇,～于祸。"(衅:冲动。) ❸ 通"穑"。收割庄稼。《礼记·郊特牲》:"主先～而祭司～也。"㊁农事。《汉书·成帝纪》:"服田力～。"(服田:指耕田。) ❹ 通"涩"。不通,不顺畅。《史记·扁鹊仓公列传》:"切之肾脉也,～而不属。"

穑(穡) sè ❶ 收割庄稼。《诗经·魏风·伐檀》:"不稼不～,胡取禾三百亿兮?"(稼:种庄稼。亿:捆,束。)㊂成熟该收获的谷物。袁康《越绝书·外传·记地传》:"后稷产～。"㊂收获的谷物。《诗经·小雅·信南山》:"曾孙之～,以为酒食。" ❷ 农事,耕作收获。《尚书·汤誓》:"舍我～事,而割正夏。"《左传·襄公九年》:"力于农～。" ❸ 种植庄稼。《诗经·大雅·生民》:"诞后稷之～,有相之道。" ❹ 勾连,牵连。《管子·度地》:"树以荆棘,上相～著者,所以为固也。" ❺ 通"啬"。节省,吝惜。《左传·昭公元年》:"大国省～而用之。"

瑟 sè ❶ 一种弹拨弦乐器。通常有二十五根弦。《诗经·周南·关雎》:"窈窕淑女,琴～友之。"《史记·廉颇蔺相如列传》:"赵王鼓～。" ❷ 繁茂众多的样子。《诗经·大雅·旱麓》:"～彼柞棫。" ❸ 洁净明亮的样子。《诗经·大雅·旱麓》:"～彼玉瓒。" ❹ 庄严的样子。《诗经·卫风·淇奥》:"～兮僩兮。" ❺[瑟瑟]1. 象声词。形容风的声音。刘桢《赠从弟》诗:"～～谷中风。"2. 形容秋天的寒意。白居易《琵琶行》:"枫叶荻花秋～～。"3. 形容暗绿的颜色。白居易《暮江吟》:"一道残阳铺水中,半江～～半江红。" ❻[瑟缩]1. 收缩,蜷缩。《吕氏春秋·古乐》:"筋骨～～不达。"2. 象声词。形容风声。苏轼《洞庭春色赋》:"卧松风之～～。"3. 迟缓,迟疑。牛僧孺《相国崔群家庙碑》:"九州岁贡,～～不集。"

SHA

杀(殺) shā ❶ 杀死,杀戮。《史记·陈涉世家》:"尉剑挺,广起,夺而～尉。"(尉:官名。)《论语·颜渊》:"子为政,焉用～。"㊀死。《老子》七十三章:"勇于敢则～,勇于不敢则活。"《晋书·武帝纪》:"伊、洛、河溢,流居人四千余家,～三百余人。"㊂攻杀。《后汉书·鲁恭传》:"今匈奴为鲜卑所～。" ❷ 灭除,败坏。《庄子·大宗师》:"～生者不死,生生者不生。"卢仝《与马异结交》诗:"不知药中有毒药,药～元气天不觉。" ❸ 草木枯萎。《吕氏春秋·名类》:"及禹之时,天先见草木秋冬不～。"㊀收割,砍伐。《吕氏春秋·圜道》:"衰乃～,～乃藏。" ❹ 用在动词后,表示极度。李白《猛虎行》:"杨花茫茫愁～人。" ❺ shài 降等,减少。《荀子·儒效》:"法后王,一制度,隆礼义而～《诗》、《书》。"沈括《梦溪笔谈》卷一一:"然势必～半。" ❻ shài 衰微,衰败。《吕氏春秋·长利》:"是故地日削,子孙弥～。" ❼ shài 等差,等级。《唐会要》卷一八:"是以簠簋有数,笾豆有～。" ❽ sà 颜色暗淡。《史记·扁鹊仓公列传》:"故伤脾之

S

色也，望之～然黄。"

铩(鎩) shā ❶一种长矛。《史记·秦始皇本纪》："鉏櫌棘矜，非铩于句戟长～也。"❷伤残，摧折。颜延之《五君咏·嵇中散》："鸾翮有时～，龙性谁能驯？"[铩羽]比喻失意、受挫。刘孝标《与宋玉山元思书》："是以贾生怀琬琰而挫翮，冯子握玙璠而～～。"

莎 shā ❶[莎鸡]昆虫名。俗称纺织娘。《诗经·豳风·七月》："六月～～振羽。"❷ suō 草名。即莎草。《淮南子·览冥》："路无～薠。"(泛)草。范成大《四时田园杂兴》诗："两蛩相应语～丛。"❸ suō 树名。贾思勰《齐民要术·莎木》引《广志》："～树……收面不过一斛。"❹ suō 通"蓑"。蓑衣。司空图《杂题》诗："苔湿挂～衣。"

萐 shà ❶[萐莆(fǔ)]古代神话传说中的一种瑞草。《说文·屮部》："～～，瑞草也。"《三国志·魏书·高堂隆传》："～～嘉禾，必生此地。"❷扇的别名。《论衡·是应》："人夏月操～，须手摇之，然后生风。"

啑 shà ❶通"唼"。(鱼或水鸟)吃食。梅尧臣《双野凫》诗："惊飞带波起，行～拂萍开。"❷通"歃(shà)"。饮，喝。张祜《雁门太守行》："前头～血心不回。"❸ dié 通"蹀"。践踏(满地的血)。《史记·孝文本纪》："今已诛诸吕，新～血京师。"

唼 shà ❶(鱼或水鸟)吃食。宋玉《九辩》："凫雁皆～夫粱藻兮。"[唼喋(zhá)](鱼或水鸟)吃食。郑愔《采莲曲》："鱼鸟争～～。"❷通"歃(shà)"。饮，喝。[唼血]通"歃血"。古代盟会时杀牲饮血以示诚意。《汉书·王陵传》："始与高帝～～而盟。"

厦[廈] shà 高大的房屋。《淮南子·本经》："大～曾加。"杜甫《茅屋为秋风所破歌》："安得广～千万间。"

歃 shà 饮，喝。吴隐之《酌贪泉赋诗》："古人云此水，一～怀千金。"(特)歃血。古代盟会时杀牲饮血以示诚意。《国语·晋语八》："楚人固请先～。"[歃血]古代盟会时杀牲饮血以示诚意。《穀梁传·庄公二十七年》："未尝有～～之盟也。"又写作"唼血"。

煞 shà ❶传说中的凶恶的神。周密《齐东野语·降仙》："辨善五星，每以八～为说。"(辨：人名。)成语有"凶神恶煞"。❷败坏，毁坏。楼钥《次韵沈使君怀浮冈梅花》："毋庸高牙～风景。"❸极，很。卢延让《八月十六夜月》诗："桂老犹全在，蟾深未～忙。"《朱子语类》卷八七："东汉诸儒～好。"❹用在动词后，表示极度(后起意义)。柳永《迎春乐》："别后相思～。"❺ shā "杀"的俗字。杀死，杀害。《鹖冠子·备知》："比干、子胥好忠谏，而不知其主之～之也。"⊗杀伤。班固《白虎通·五行》："西方～伤成物。"⊗消灭，结束。班固《白虎通·五行》："法四时，先生后～也。"

SHAN

芟 shān ❶割草。《诗经·周颂·载芟》："载～载柞(zé)。"(载：语气词。柞：砍伐树木。)贾思勰《齐民要术·耕田》："～艾之草，干即放火。"(艾：通"刈"，割。)(引)除去，消灭。刘勰《文心雕龙·镕裁》："～繁剪秽，弛于负担。"《三国志·蜀书·诸葛亮传》："今操～夷大难。"(操：曹操。夷：平定。)❷大镰刀。《国语·齐语》："耒耜(sì)枷(jiā)～。"(耒、耜、枷：农具名。)

删[刪] shān ❶删除，除去。《汉书·律历志上》："故～其伪辞。"刘勰《文心雕龙·镕裁》："善～者，字去而意留。"韩愈《雪后寄崔二十六丞公》诗："心之纷乱谁能～？"❷节取，节要。《汉书·艺文志》："今～其要，以备篇籍。"《后汉书·孔奋传》："奇博通经典，作《春秋左氏～》。"

姗[姍] shān ❶[姗姗]女子走路缓慢从容的样子。《汉书·外戚传上》："偏何～～其来迟。"又写作"珊珊"。[媻姗]见307页"媻"字。❷ shàn 同"讪"。讥笑，讥讽。《汉书·诸侯王表序》："～笑三代，荡灭古法。"《汉书·石显传》："显恐天下学士～己。"

珊[珊] shān ❶[珊珊]1. 象声词。形容佩玉或金属撞击的声音。杜甫《郑驸马宅宴洞中》诗："时闻杂佩声～～。"梅尧臣《依韵和郭秘校昭亭山偶作》："殿角虚宝铎，微风声～～。"(铎：屋檐下的铃铛。)2. 象声词。形容风或雨的声音。元稹《琵琶歌》："珠幢夜静风～～。"白居易《题卢秘书夏日新栽竹》诗："珠洒雨～～。"3. 明洁晶莹的样子。韦庄《白樱桃》诗："泻得～～白露珠。"4. 同"姗姗"。女子走路缓慢从容的样子。宋无名氏《李师师外传》："见姥拥一姬～～而来。"❷[珊瑚]海中珊瑚虫分泌堆积成的树状物。可做装饰品。《史记·司马相如列传》："～～丛生。"

跚 shān ❶[蹒(pán)跚]见307页"蹒"字。❷[蹁跚]见307页"蹁"字。

埏 shān ❶用水和(huó)泥土。《老子》十一章："～埴以为器，当其无，有器之用。”（埴：黏土。）《管子·任法》：“犹埴之在～也，唯陶之所以为。”❷ 陶冶，培养。潘岳《西征赋》：“士无常俗，而教有定式。上之迁下，均之～埴。”❸ yán 大地的边际。司马相如《封禅文》：“上畅九垓，下溯八～。”（九垓：九重天。）❹ yán 墓道。《后汉书·陈蕃传》：“葬亲而不闭～隧，因居其中。”

痁 shān ❶ 疟疾。《左传·哀公二年》：“～作而伏。”㊀患疟疾。《左传·昭公二十年》：“齐侯疥，遂～。”❷ diàn 通“阽”。临近。《礼记·曾子问》：“不以人之亲～患。”

煽 shān ❶ 炽盛，热烈。《诗经·小雅·十月之交》：“艳妻～方处。”❷ 煽惑，鼓动。李纲《乞修军政札子》：“～摇惑众者并行军法。”陆游《排闷》诗：“幺然性命微，日畏谗口～。”

潸［潸］ shān 流泪的样子。《诗经·小雅·大东》：“～焉出涕。”（涕：眼泪。）㊀流眼泪。柳宗元《酬韶州裴曹长》诗：“思贤泪自～。”㊀眼泪，泪痕。陆游《楼上醉书》诗：“明日茵席留余～。”

羶［羴、膻］ shān 羊或羊肉的臊（sāo）气。《庄子·徐无鬼》：“羊肉～也。”㊀似羊臊的气味。《列子·周穆王》：“～恶而不可亲。”《吕氏春秋·本味》：“水居者腥，肉玃（jué）者臊，草食者～。”（玃：通“攫”，抓取。）这两个义项又写作“膻”。㊀肉类。白居易《赠韦处士六年夏大热旱》诗：“汗巾束头鬓，～食熏襟抱。”

掺（摻） shǎn ❶ 执持，拿着。《墨子·耕柱》：“一人～火，将益之。”❷ shān 女子的手纤细美好的样子。《太平广记》卷三四二“华州参军”：“后帘徐褰（qiān），见～手如玉。”（褰：提起。）［掺掺］1. 女子的手纤细美好的样子。《诗经·魏风·葛屦》：“～～女手，可以缝裳。”2. 指女子的手。王朗《浪淘沙·闺情》三首之二：“罗袖护～～。”❸ sēn 众多的样子。《后汉书·马融传上》：“旃旝～其如林。”❹ càn 击鼓的调子。李商隐《听鼓》诗：“欲问渔阳～，时无祢正平。”（渔阳掺：一种击鼓调。）

讪（訕） shàn ❶ 诽谤，诋毁。《礼记·少仪》：“为人臣下者，有谏而无～。”《论语·阳货》：“恶居下流而～上者。”❷ 讥笑，讽刺。《孟子·离娄下》：“与其妾～其良人。”《新唐书·韩愈传赞》：“虽蒙～笑，跲（jiá）而复奋。”（跲：绊倒。）

汕 shàn ❶［汕汕］鱼游动的样子。《诗经·小雅·南有嘉鱼》：“南有嘉鱼，烝然～～。”❷ 一种渔网。王士禛《西陵竹枝四首》诗之二：“十二碚边初起～。”㊀用汕网捕鱼。韩愈《酬崔十六》诗：“鲂鳟可罩～。”

疝 shàn 一种腹痛的病症。《素问·长刺节论》：“病在少腹，腹痛不得大小便，病名曰～。”

苫 shàn ❶ 用草、席、布等覆盖。陆游《幽居岁暮》诗：“刈茅～鹿屋。”❷ shān 用茅草等编成的覆盖物。《左传·襄公十四年》：“乃祖吾离被～盖。”㊕居丧时睡的草垫子。《仪礼·既夕礼》：“寝～枕块。”

扇 shàn ❶ 门扇。《礼记·月令》：“耕者少舍，乃修阖～。”李白《梦游天姥吟留别》：“洞天石～，訇（hōng）然中开。”（洞天：传说中神仙居住的地方。訇然：形容大声。）❷ 扇子。《晋书·谢安传》：“有蒲葵～五万。”㊀帝王的仪仗之一。障尘蔽日的障扇。杜甫《秋兴八首》诗之一：“云移雉尾开宫～，日绕龙鳞识圣颜。”❸ 布巾。《世说新语·假谲》：“女以手披纱～。”❹ 量词。用于门窗等扁平物品。何逊《南苑》诗：“苑门辟千～，苑户开万扉。”❺ shān 扇风，风吹。束皙《补亡诗》六首之五：“四时递谢，八风代～。”㊀摇动翅膀。习嘏《长鸣鸡赋》：“～六翮以增晖，舒毛毳而下垂。”㊀鼓动，造谣。《晋书·谢安传》：“奸谄（chǎn）颇相～构。”（奸谄：说坏话的人。构：捏造罪名。）❻ shān 炽热，旺盛。《汉书·谷永传》：“阎妻骄～。”㊀传播，显扬。李白《留别金陵诸公》诗：“地～邹、鲁学，诗腾颜、谢名。”❼ 通“骟（shàn）”。阉割。《新五代史·郭崇韬传》：“当尽去宦官，至于～马，亦不可骑。”

墠（墠） shàn 经过清理除草的平地。《诗经·郑风·东门之墠》：“东门之～，茹藘在阪。”㊕经过清理以用于祭祀或会盟的平地。《礼记·祭法》：“是故王立七庙，一坛一～。”

禅（禪） shàn ❶ 古代帝王祭地。《史记·秦始皇本纪》：“议封～望祭山川之事。”（封：古代帝王祭天礼。望：古代祭祀山川的专名。）❷ 禅让。古代帝王让位给子孙以外的贤者。《三国志·魏书·文帝纪》：“帝尧～位于虞舜。”㊀帝王传位。《史记·惠景间侯者年表》：“至孝惠时，唯独长沙全～五世，以无嗣绝。”㊀取代，代替。《庄子·寓言》：“万物皆种也，以不同形相～。”❸ chán 静思。佛教用语。如“坐禅”。苏轼《沐浴启圣僧舍与赵德麟邂逅》诗：“睡稳如～息息匀。”㊁有关佛教的事物。如“禅师”、“禅宗”、“禅林”。白居易《重到江州》诗：“～僧出郭迎。”

鳣 shàn ❶ tuó 同“鼍”。鳄类爬行动物。李斯《谏逐客书》：“树灵～之鼓。”❷ 通“鳝”。黄鳝。《淮南子·说林》：“今～之与蛇，蚕之与蠋，状相类而爱憎异。”

掞 shàn ❶ 抒发，舒展。《梁书·昭明太子统传》：“摛文～藻。”左思《蜀都赋》：“摛藻～天庭。”❷ 竭尽。刘知几《史通自叙》：“上穷王道，下～人伦。”❸ yàn 光芒。《汉书·礼乐志》：“长丽前～光耀明。”㊂艳丽。《三国志·蜀书·邓芝传》：“丁厷～张。”《新唐书·上官昭容传》：“内掌诏命，～丽可观。”❹ yǎn 通“剡”。锐利。《淮南子·俶真》：“撢～挺挏世之风俗。”

善 shàn ❶ 好，好的，善良的。与“恶”相对。《论语·八佾》：“子谓《韶》：‘尽美矣，又尽～也。’”《韩非子·有度》：“赏～不遗匹夫。”㊂认为是好的。《孟子·梁惠王下》：“王如～之，则何为不行。”㊂处理好，做好。《论语·卫灵公》：“工欲～其事，必先利其器。”《孟子·尽心上》：“穷则独～其身。”❷ 友好，亲善。《战国策·秦策二》：“齐、楚之交～。”㊂和善，慈善。《管子·心术下》：“～气迎人，亲如弟兄。”❸ 善于，擅长。《史记·孙子吴起列传》：“～战者因其势而利导之。”㊂容易。《诗经·鄘风·载驰》：“女子～怀，亦各有行。”（怀：忧虑。）《左传·襄公二十八年》：“庆氏之马～惊。”❹ 爱惜，喜好。《荀子·强国》：“～日者王，～时者霸。”（日：指一天的时间。时：指一季的时间。）❺ 信仰佛法。《法苑珠林》卷八九：“教化是恶人辈，令生大乘～信。”成语有“善男信女”。❻ 应答之词。表示同意。《三国志·魏书·郭嘉传》：“太祖曰：‘～。’乃南征。”❼ 副词。好好地。《左传·昭公十二年》：“子～视之。”（子：您。）

缮（繕） shàn ❶ 修补，整治，使完善。《左传·襄公三十年》：“聚禾粟，～城郭。”《史记·高祖本纪》：“～治河上塞(sài)。”（河上：地名。塞：关塞。）㊕整治军备。《左传·哀公二十四年》：“军吏令～，将进。”❷ 保养。《庄子·缮性》：“～性于俗。”❸ 抄写。李白《与韩荆州书》：“～写呈上。”

膳［饍］ shàn ❶ 烹调（食物）。《周礼·天官·庖人》：“春行羔豚～膏香。”㊂饭食。《汉书·宣帝纪》：“其令太官损～省宰。”（太官：掌管皇帝饮食的官。）㊂吃。《礼记·文王世子》：“食下，问所～。”❷ 送饭，进献食物。《吕氏春秋·悔过》：“～以十二牛。”《吕氏春秋·上德》：“太子祠而～于公。”

擅 shàn ❶ 独揽。《史记·货殖列传》：“而～其利数世。”㊀任意，擅自。《国语·晋语九》：“非司寇而～杀。”（司寇：掌管刑法的官。）㊂专横，妄为。曹操《抑兼并令》：“使豪强～恣，亲戚兼并。”❷ 拥有，据有。《战国策·秦策三》：“方五百里，赵独～之。”❸ 善于，擅长。任昉《宣德皇后令》：“文～雕龙。”陆游《世事》诗：“何人今～丹青艺？”㊂出众，超群。张说《崔司业挽歌二首》之一：“风流满天下，人物～京师。”❹ 通“禅”。禅让。古代帝王让位给子孙以外的贤者。《荀子·正论》：“尧舜～让，是虚言也。”

嬗 shàn ❶ 更替，变迁。《史记·秦楚之际月表》：“号令三～。”《汉书·贾谊传》：“形气转续，变化而～。”❷ 古“禅”字。把帝位让给别人。《汉书·律历志下》：“尧～以天下。”❸ 传给。龚自珍《答人问关内侯》：“无尺土以～其子孙。”

赡（贍） shàn ❶ 富足，充足。《墨子·节葬下》：“力不足，财不～。”《孟子·公孙丑下》：“非心服也，力不～也。”㊂满足。《荀子·荣辱》：“然则从人之欲，则势不能容，物不能～也。”㊀充满。《盐铁论·本议》：“山海不能～溪壑。”❷ 供给，供养。《盐铁论·本议》：“是以先帝建铁官以～农用。”（铁官：管理冶铁的官方机构。）《晋书·羊祜传》：“皆以～给九族，赏赐军士。”㊀救济，周济。《史记·齐太公世家》：“设轻重鱼盐之利，以～贫穷。”

SHANG

伤（傷） shāng ❶ 损伤，受伤。《左传·成公二年》：“郤(xì)克～于矢。”（郤克：人名。）㊂受伤的人。司马迁《报任安书》：“虏救死扶～不给。”㊂伤口。《韩非子·备内》：“医善吮人之～。”❷ 伤害。《荀子·正论》：“～人者刑。”㊂妨害。《战国策·楚策三》：“且魏臣不忠不信，于王何～？”㊂诋毁，中伤。《吕氏春秋·举难》：“人～尧以不慈之名。”❸ 悲伤，哀痛。《战国策·秦策一》：“天下莫不～。”柳永《雨霖铃·寒蝉凄切》：“多情自古～离别。”❹ 丧祭。《管子·君臣下》：“明君饰食饮吊～之礼。”❺ 过于，太。《北史·苏威传》：“所修格令章程，并行于当世，颇～烦碎。”李商隐《俳谐》诗：“柳讶眉～浅，桃猜粉太轻。”

殇（殤） shāng ❶ 未成年而死。江淹《杂体诗·张廷尉杂述》：“因谓～子夭。”（于是称未成年而死的人为夭亡。）

㉗未成年死者的葬礼或丧事。《礼记·檀弓下》:"鲁人欲勿～重(tóng)汪踦。"(重:当作"童",童子。汪踦:人名。)❷指战死者。陈子昂《为副大总管屯营大将军苏宏晖谢表》:"～魂共愤。"[国殇]为国捐躯的死难者。鲍照《代出自蓟北门行》:"投躯报明主,身死为～～。"

觞(觴) shāng ❶盛满酒的酒杯。《韩非子·十过》:"平公提～而起为师旷寿。"(师旷:人名,春秋时晋国的目盲的乐师。)㉒喝酒用的器具。《史记·魏其武安侯列传》:"武安膝席曰:'不能满～。'"❷(向他人)敬酒,劝饮。《左传·襄公二十三年》:"伏之而～曲沃人。"(曲沃:地名。)《战国策·韩策》:"于是严遂乃具酒,～聂政母前。"❸自己饮酒。范成大《路过大通相送至罗江分袂留诗为别》:"把酒不能～,有泪若儿女。"

商 shāng ❶计算,估量。韩愈《进学解》:"若夫～财贿之有亡。"《汉书·赵充国传》:"虏必～军进退,稍引去。"㉗商量,商讨。《后汉书·宦者传》:"成败之来,先史～之久矣。"[商榷]见354页"榷"字。❷商人,商业。《左传·宣公十二年》:"～农工贾不败其业。"《史记·苏秦列传》:"周人之俗,治产业,力工～。"㉗经商,行商。郭璞《江赋》:"或渔或～。"[商旅]1.经商旅行贩运。《汉书·货殖传序》:"～～之民多。"2.商人和旅客。范仲淹《岳阳楼记》:"～～不行。"❸星名。心宿。二十八宿之一。也叫辰、大火。《左传·昭公元年》:"故辰为～星。"(辰:辰星。)[参(shēn)商]见33页"参(cān)"字。❹五音(宫、商、角、徵[zhǐ]、羽)之一。见503页"音"字。宋玉《对楚王问》:"引～刻羽,杂以流徵。"❺指秋天。古人以五音对应四季,商为秋季。李白《登单父陶少府半月台》诗:"置酒望白云,～飙起寒梧。"❻朝代名(公元前1600—前1046年)。第一代君主是汤,定都亳(今河南商丘)。公元前1300年,商王盘庚迁都于殷(今河南安阳西北),所以也称"殷"。《左传·庄公三十二年》:"虞夏～周皆有之。"

【辨】商,贾。运货贩卖的叫"商",囤积营利的叫"贾",所以说"行商坐贾"。后来这两个字才渐渐没有区别。

赏(賞) shǎng ❶赏赐,奖赏。与"罚"相对。《荀子·王制》:"无功不～。"《战国策·齐策一》:"能面刺寡人之过者,受上～。"㉑所赏赐、奖赏的财物。《后汉书·应劭传》:"得～既多,不肯去。"❷给予,送给。柳宗元《送薛存义序》:"故～以酒肉,而重之以辞。"(重之以辞:加上这些话。)❸赞赏,赞扬。《左传·襄公十四年》:"善则～之,过则匡之。"(匡:纠正。)《世说新语·文学》:"因此相要(yāo),大相～得。"(要:邀请。)❹欣赏,赏玩。陶渊明《移居二首》诗之一:"奇文共欣～,疑义相与析。"杜甫《越王楼歌》:"君王旧迹今人～,转见千秋万古情。"❺cháng 通"偿"。回报,酬报。《韩非子·饰邪》:"群臣卖官于上,取～于下。"❻shàng 通"尚"。尊重,崇尚。《荀子·王霸》:"～贤使能以次之。"

上 shàng ❶位置在高处的,上方。与"下"相对。《荀子·劝学》:"西方有木焉……生于高山之～。"㉑等级、地位高的。《史记·郦生陆贾列传》:"足下位为～相。"㊕君主,帝王。《史记·孝武本纪》:"～乃下诏。"王安石《上皇帝万言书》:"凡在左右通贵之人,皆以～之欲而服行之。"❷指天。《尚书·文侯之命》:"昭升于～。"❸质量高的,上等的。《韩非子·内储说左上》:"有能徙此南门之外者,赐之～田～宅。"㉗时间、次序在前的,前面。《吕氏春秋·安死》:"自此以～者,亡国不可胜数。"《汉书·晁错传》:"窃观～世之君。"❹登上,升起。杜甫《兵车行》:"哭声直～干云霄。"㉑送上,进献。《史记·孝文本纪》:"太尉乃跪～天子玺符。"㉗上奏,呈报。《史记·高祖本纪》:"人有～变事告楚王信谋反。"❺向前,上前。《战国策·秦策二》:"三鼓之而卒不～。"㉗去,到。《颜氏家训·勉学》:"～荆州必称陕西。"❻凌驾于上,欺凌。《国语·周语中》:"民可近也,而不可～也。"❼用于名词之后,表示处所、方位等。韩愈《晚泊江口》诗:"二女竹～泪,孤臣水底魂。"《论语·子罕》:"子在川～曰……"《孟子·梁惠王上》:"王坐于堂～。"❽shǎng 上声。古代汉语"平、上、去、入"四声之一。《通志·七音序》:"江左之儒知纵有平～去入为四声。"❾通"尚"。崇尚,尊重。《史记·秦始皇本纪》:"～农除末,黔首是富。"❿通"尚"。尚且,还要。《诗经·豳风·七月》:"我稼既同,～入执宫功。"㉗副词。表祈求或命令。《诗经·魏风·陟岵》:"～慎旃哉,犹来无死。"

尚 shàng ❶超过,高出。《论语·里仁》:"好仁者,无以～之。"《盐铁论·相刺》:"文学言治～于唐虞。"(唐虞:指尧、舜。)㉑上位。《孟子·万章下》:"舜～见帝。"㉑凌驾,欺凌。《新唐书·杨恭仁传》:"既贵,不以势～人。"❷早先,久远。《史记·三代世表

S

序》："五帝三代之记，～矣。"❸ 崇尚，尊重。《论语·阳货》："君子～勇乎？"《荀子·王制》："～贤使能。"㊀夸耀，炫耀。《礼记·表记》："不自～其功。"㊀爱好，盛行。《国语·晋语八》："其为人也，刚而～宠。"陈鸿《长恨歌传》："焚香于庭，号为'乞巧'，宫掖间尤～之。"❹ 仰攀婚姻，事奉。《史记·司马相如列传》："卓王孙喟然而叹，自以得使女～司马长卿晚。"（司马长卿：司马相如。）㊕娶公主为妻。《史记·李斯列传》："诸男皆～秦公主。"❺ 主管帝王的事务。《史记·吕太后本纪》："襄平侯通～符节。"（通：人名。）❻ 尚且。《史记·货殖列传》："千乘之王，万家之侯，百室之君，～犹患贫，而况匹夫编户之民乎？"（编户：指一般老百姓。）❼ 还。《史记·廉颇蔺相如列传》："赵王使使者视廉颇～可用否。"司马迁《报任安书》："如仆～何言哉？"❽ 差不多，几乎。《礼记·大学》："以能保我子孙黎民，～亦有利哉。"❾ 副词。表示祈求或命令。《左传·昭公二十一年》："平公之灵，～辅相余。"

SHAO

捎 shāo ❶ 拂，掠。扬雄《羽猎赋》："立历天之旂，曳～星之旃。"㊀挥动。李贺《贵主征行乐》诗："走马～鞭上空绿。"㊀击打。张衡《东京赋》："～魑魅，斮獝狂。"❷ 芟除。《史记·龟策列传》："以夜～兔丝去之。"㊀破除，除去。曹植《野田黄雀行》："拔剑～罗网，黄雀得飞飞。"❸ xiāo 清除，挖去。《周礼·考工记·轮人》："以其围之阞（lè）～其薮（còu）。"（阞：余数，这里指三分之一。薮：通"辏"，车毂上集中安放辐条的空腔。）【注意】古代汉语中"捎"没有"捎带"的意义。

梢 shāo ❶ 树木高耸而无旁枝。㊀木棍，杆子。《汉书·礼乐志》："饰玉～以舞歌。"❷ 树枝的末端。杜甫《送韦郎司直归成都》诗："抽～合过墙。"㊀末尾，末端。杨万里《月下果饮七首》诗之三："一年遇暑一番愁，六月～时七月头。"《宋史·宋琪传》："阵～不可轻动，盖防横骑奔冲。"㊀船的舵尾。柳宗元《游朝阳岩》诗："扁舟枉长～。"❸ 击打。宋玉《风赋》："～杀林莽。"

稍 shāo ❶ 逐渐，慢慢地。《左传·昭公十年》："子尾多受邑，而～致诸君。"《史记·魏公子列传》："其后秦～蚕食魏。"❷ 稍微，略为（后起意义）。方勺《泊宅编》："～不如意，则鞭笞酷虐。"❸ 很，甚。江淹《恨赋》："紫台～远，关山无极。"《旧唐书·王叔文传》："而叔文颇任气自许……顺宗～敬之。"❹ 小。《周礼·天官·膳夫》："凡王之～事。"❺ 廪（lǐn）食。官府发放的粮食。《仪礼·聘礼》："赴者至，则衰而出，唯～受之。"［稍食］官吏的月俸。《周礼·天官·宫正》："均其～～。"❻ 通"梢"。树枝的末端。欧阳修《生查子·去年元夜时》："月上柳～头，人约黄昏后。"

蛸 shāo ❶［蟏蛸］见 462 页"蟏"字。❷ xiāo［螵（piāo）蛸］见 318 页"螵"字。

筲［籍］ shāo 一种竹器。多用于盛粮或盛饭。《后汉书·礼仪志下》："～八盛（chéng），容三升。"（筲八盛：筲里放了八种供祭祀用的粮食。）《新唐书·南蛮传》："饭用竹～。"［斗筲］见 89 页"斗[1]"字。

勺 sháo ❶ 舀酒水或饮酒的工具。《周礼·考工记·梓人》："梓人为饮器，～一升。"《左传·定公四年》："～饮不入口七日。"❷ 容量单位。约为一升的百分之一。《孙子算经》卷上："十抄为一～，十～为一合。"❸ 形容少量、细微。王禹偁《酬种放征君》诗："行年过半世，功业无圭～。"❹［勺药］同"芍药"。一种花。与牡丹相似。《诗经·郑风·溱洧》："赠之以～～。"❺ zhuó 乐舞名。《礼记·内则》："学乐，诵诗，舞～。"❻ zhuó 通"酌"。舀取水酒等（液体）。《汉书·礼乐志》："～椒浆。"㊀所舀取的水酒等。《楚辞·招魂》："瑶浆蜜～。"

韶 sháo ❶ 传说中的虞舜时代的乐曲名。《论语·述而》："子在齐闻《～》，三月不知肉味。"《荀子·乐论》："舞《～》歌《武》。"（《武》：周武王时的乐曲。）❷ 美好。柳宗元《题所植海石榴树》诗："～艳朱颜竟不同。"柳永《笛家弄·花发西园》："～光明媚。"

少 shǎo ❶ 数量少。与"多"相对。《孙子兵法·谋攻》："敌则能战之，～则能逃之。"（敌：兵力相等。）㊀欠缺，缺少。王维《九月九日忆山东兄弟》诗："遥知兄弟登高处，遍插茱萸～一人。"㊀稍微。《战国策·赵策四》："太后之色～解。"（解：消除。）❷ 削弱，减少。贾谊《治安策》："欲天下之治安，莫若众建诸侯而～其力。"❸ 轻视，看不起。《论衡·程材》："世俗共短儒生，儒生之徒亦自相～。"（短儒生：认为儒生无用。）陆游《复斋记》："诸老先生不敢～之。"❹ 不多时，一会儿。《孟子·万章上》："～则洋洋焉，攸然而逝。"❺ shào 年幼，年轻。与"老"相对。《论语·公冶长》："老者安之，朋友信之，～者怀之。"《史记·陈涉世家》："陈涉～时，尝与人佣耕。”㉿年轻人，少年。韩愈《寄卢仝》诗：“隔墙恶～恶难似。”❻shào 小。陆游《成都书事》诗：“大城～城柳已青。”❼shào 副职。《汉书·贾谊传》：“于是为置三～……曰～保、～傅、～师。”❽shào 次序排在后边的。《战国策·赵策一》：“长子之韩，次子之魏，～子之齐。”

【辨】寡，少。见138页“寡”字。

邵 shào ❶地名。春秋时晋邑。在今河南济源西。《左传·襄公二十三年》：“戍郫、～。”❷通“劭”。美好。《扬子法言·孝至》：“年弥高而德弥～。”《扬子法言·修身》：“公仪子、董仲舒之才之～也。”

劭 shào ❶劝勉，鼓励。《汉书·成帝纪》：“先帝～农，薄其租税。”㉿自强。《三国志·魏书·韩暨传》：“老而益～者也。”❷美好。潘岳《河阳县作》诗：“谁谓邑宰轻？令名患不～。”（令名：美好的名声。患：忧虑。）成语有“年高德劭”。

绍（紹） shào ❶继续，接续。《尚书·盘庚上》：“～复先王之大业。”《三国志·蜀书·诸葛亮传》：“～世而起。”㉿继承人。《诗经·大雅·抑》：“弗念厥～。”❷紧紧缠绕。《乐府诗集·有所思》：“用玉～缭之。”❸介绍。《晏子春秋·内篇问下》：“诸侯之交，～而相见。”[绍介]介绍人。《史记·鲁仲连邹阳列传》：“请为～～，交之于将军。”

SHE

奢 shē ❶奢侈，浪费。与“俭”相对。《论语·八佾》：“礼，与其～也，宁俭。”《墨子·辞过》：“富贵者～侈，孤寡者冻馁（něi）。”（馁：饥饿。）㉠矜夸，矜骄。《左传·隐公三年》：“骄～淫泆，所自邪也。”❷过分，过度。《老子》二十九章：“是以圣人去甚，去～，去泰。”（泰：过分。）双音词有“奢望”、“奢愿”。❸多，丰厚。张华《轻薄篇》：“赀财亦丰～。”

赊（賒）[賖] shē ❶赊欠，赊账。买卖物品时迟收或迟付款。《后汉书·刘盆子传》：“少年来酤者，皆～与之。”《宋书·刘秀之传》：“时～市百姓物，不还钱。”（市：购买。）❷迟缓，宽松。元稹《遣春十首》诗之五：“梅芳勿自早，菊秀勿自～。”谢朓《和王主簿怨情》：“徒使春带～，坐惜红妆变。”❸稀疏，缺少。张说《岳州作》诗：“物土南州异，关河北信～。”叶适《修路疏》：“尚～甃砌之功，难免颠跻之患。”❹长久，遥远。何逊《秋夕》诗：“寸心怀是夜，寂寂漏方～。”（漏：古代计时的器具。）王勃《滕王阁序》：“北海虽～，扶摇可接。”（扶摇：旋风。）❺语气词。韦应物《池上》诗：“郡中卧病久，池上一来～。”❻通“奢”。奢侈。《后汉书·仲长统传》：“楚楚衣服，戒在穷～。”

猞 shē [猞猁（lì）]一种猫科动物。毛皮珍贵。也叫林独（yì）、猞猁狲。

畲 shē ❶火耕。古代一种耕作方法，将地里草木用火烧后耕作，可以提高地力。杜甫《秋日夔府咏怀奉寄郑监李宾客一百韵》：“烧～度地偏。”㉿地里草木用火烧过的田地。刘长卿《赠元容州》诗：“湘山独种～。”❷东南地区少数民族名。《宋史·张世杰传》：“诸～兵攻蒲寿庚，不下。”这个意义又写作“畬”。❸yú 已开垦二三年的熟田。《诗经·周颂·臣工》：“如何新～？”

设（設） shè ❶陈列，设置。《周易·系辞上》：“圣人～卦观象。”《孟子·滕文公上》：“～为庠序学校以教之。”㉠采用。《荀子·臣道》：“故正义之臣～，则朝廷不颇。”❷施行。《周易·观》：“圣人以神道～教而天下服矣。”❸完备。《史记·刺客列传》：“居处兵卫甚～。”㉿适合，符合。《礼记·礼器》：“礼也者，合于天时，～于地财。”❹（设置器械）捕捉（禽兽）。《淮南子·说林》：“～鼠者机动，钓鱼者泛杭。”❺设想，谋划。柳宗元《寄韦珩》诗：“饥行夜坐～方略。”❻佳肴，美食。《世说新语·雅量》：“客来蚤者并得佳～。”㉠饮宴，宴请。柳宗元《为杨湖南谢设表》：“赐臣长乐驿～者，恩荣特殊。”❼连词。假如，如果。《史记·魏其武安侯列传》：“～百岁后，是属宁有可信者乎？”（是属：这些人。）

社 shè ❶土地神。《左传·昭公二十九年》：“后土为～。”[社稷]“社”是土地神，“稷”是谷神。古代帝王都祭祀社稷，以后社稷就成了国家和政权的代称。《论语·季氏》：“是～～之臣也，何以伐为？”《史记·孝文本纪》：“计～～之安。”❷祭祀土地神。《礼记·月令》：“择元日，命民～。”《史记·陈丞相世家》：“里中～，平为宰，分肉食甚均。”（平：陈平。）㉠祭祀土地神的节日。杜甫《遭田父泥饮美严中丞》诗：“今年大作～。”又如“春社”、“秋社”。㉿社宫，社庙。祭土地神的地方。《左传·文公十五年》：“伐鼓于～。”（伐鼓：击鼓。）❸古代一种居民组织。二十五家为一社。《左传·昭公二十五年》：“自莒（jǔ）疆以西，请致千～。”（莒：国名。）㉠民间社团组织。苏轼《次韵刘景文送钱蒙仲三首》之二:"寄语竹林～友,同书桂籍天伦。"

舍 shè ❶ 客房,宾馆。《庄子·说剑》:"夫子休就～。"㊀房舍,住宅。韩愈《感春四首》诗之二:"平明出门暮归～。" ❷ 在外住宿。《左传·宣公二年》:"宣子田于首山,～于翳(yì)桑。"(田:打猎。翳桑:地名。)㊁休息,止息。《汉书·韩安国传》:"定～以待其劳。"《论语·子罕》:"逝者如斯夫,不～昼夜。"㊀止息之处。《鬼谷子·本经阴府》:"故静固志意,神归其～。" ❸ 置,安置。《战国策·魏策二》:"王不如～需于侧,以稽二人者之所为。"(需:人名。)㊁保留。《墨子·节葬下》:"无敢～余力,隐谋遗利。" ❹ 对年龄或辈分低于自己的亲属的谦称。戎昱《逢陇西故人忆关中舍弟》诗:"数年家陇地,～弟殁胡军。" ❺ 行军一宿为一舍。《左传·庄公三年》:"凡师一宿为～,再宿为信,过信为次。"㊁行军三十里为一舍。《左传·僖公二十三年》:"其辟君三～。"(辟:避。)成语有"退避三舍"。❻ 赦免。《汉书·朱博传》:"奸以事君,常刑不～。" ❼ shě 放弃,不要。《管子·任法》:"～法而任智,故民～事而好誉。"㊁除去,离开。《孟子·公孙丑下》:"当今之世,～我其谁也。"㊁施舍,赐予。《左传·昭公十三年》:"施～不倦,求善不厌。"上述❼㊁㊁后来写作"捨",现简化为"舍"。

射 shè ❶ 射箭。《左传·成公二年》:"～其左,越于车下。"㊁射手。《孟子·尽心上》:"羿不为拙～变其彀率。" ❷ 射出,喷射。鲍照《代苦热行》:"含沙～流影。"李白《天门山铭》:"光～岛屿。"㊁指责,攻击。张衡《西京赋》:"街谈巷议,弹～臧否。" ❸ 猜度。《吕氏春秋·重言》:"是何鸟也?王～之。"《汉书·东方朔传》:"上尝使诸数家～覆。"(覆:指覆盖着的东西。) ❹ 比赛,赌博。《列子·说符》:"博者～。"(博:古代一种棋类游戏。)《史记·孙子吴起列传》:"田忌信然之,与王及诸公子逐～千金。"(田忌:人名。逐:竞赛。) ❺ 追求,攫取。《新唐书·食货志四》:"江淮豪贾～利。" ❻ yè [仆射]见323页"仆[2](僕)"字。❼ yì 厌,厌弃。《诗经·大雅·抑》:"神之格思,不可度思,矧(shěn)可～思。"(格:至。思:句末语气词。矧:况且。)

麝 shè ❶ 一种鹿类动物。其腹部能分泌麝香。俗称香獐。嵇康《养生论》:"～食柏而香。" ❷ 麝香。一种中药,也可做香料。陶渊明《杂诗十二首》之十:"沉阴拟薰～。"㊁香气。杜甫《丁香》诗:"晚堕兰～中。"

涉 shè ❶ 蹚水过河。屈原《九章·哀郢》:"江与夏之不可～。"㊀渡过。屈原《离骚》:"麾蛟龙使梁津兮,诏西皇使～予。"(命蛟龙作为桥梁,令西皇把我渡过水去。梁津:在渡口上架桥。)㊁渡口。《诗经·邶风·匏有苦叶》:"匏有苦叶,济有深～。" ❷ 上路,跋涉。南朝萧齐求那毗地译《百喻经·小儿得欢喜丸喻》:"有一乳母,抱儿～路。"谢灵运《登上戍石鼓山》诗:"故乡路遥远,川陆不可～。"㊁进入,到。《左传·僖公四年》:"不虞(yú)君之～吾地也。"(虞:料想。) ❸ 经历。《管子·兵法》:"厉士利械,则～难而不匮。"白居易《与元微之书》:"仆自到九江,已～三载。" ❹ 牵涉,牵连。刘知几《史通·叙事》:"而言有关～,事便显露。" ❺ 学习,阅读。《后汉书·仲长统传》:"博～书记。"(书记:书籍。)[学涉]博览群书。《北史·杜铨传》:"铨～～,有长者风。"双音词有"涉猎"。❻ dié [涉血]流血,杀人。《战国策·赵策四》:"君之所以求安平君者,以齐之于燕也,茹肝～～之仇耶?"丘迟《与陈伯之书》:"朱鲔(wěi)～～于友于。"(朱鲔:人名。友于:兄弟。)

赦 shè ❶ 赦免罪犯。《韩非子·五蠹》:"施赏不迁,行诛无～。"(迁:变易。)㊁释放囚徒。《左传·襄公十一年》:"庚辰,～郑囚,皆礼而归之。"㊁宽恕,饶恕。《周易·解》:"君子以～过宥罪。" ❷ 减免租税。《汉书·食货志上》:"可时～,勿收农民租。" ❸ 舍弃,放弃。《左传·宣公十二年》:"得国无～。"杨万里《迓使客夜归》诗:"笔下何知有前辈,醉中未肯～空瓶。"

摄(攝) shè ❶ 提拉,牵拽。《论语·乡党》:"～齐升堂。"(摄齐:提起衣襟。)《汉书·张耳陈余传》:"吏尝以过笞余,余欲起,耳～使受笞。"㊁吸引。顾况《广陵白沙大云寺碑》:"磁石～铁,不～鸿毛。"㊁执,拿。《左传·成公十六年》:"临事而食言,不可谓暇,请～饮焉。"《晋书·谢安传》:"看书既竟,便～放床上。"(书:信。) ❷ 掌管,管辖。《晋书·麴允传》:"总～百揆(kuí)。"(百揆:百官。) ❸ 拘捕。《国语·吴语》:"～少司马兹与王士五人。"(少司马:官名。兹:人名。王士:吴王的士兵。) ❹ 收拢,收敛。《庄子·胠箧》:"～缄縢(téng),固扃(jiōng)鐍(jué)。"(缄縢:绳子。扃:门闩。鐍:锁钥。)㊁整理。《仪礼·士冠礼》:"再醮

～酒。”《东观汉记·铫期传》：“～帻(zé)复战。”(帻：包头发的巾。) ❺ 辅助，帮助。《诗经·大雅·既醉》：“朋友攸～，～以威仪。”《潜夫论·赞学》：“～之以良朋，教之以明师。”㉔代理，兼职。《左传·昭公十三年》：“羊舌鲋～司马。”(羊舌鲋：人名。)《论语·八佾》：“官事不～，焉得俭。” ❻ 巩固。《后汉书·朱穆传》：“徒感王纲之不～，惧天网之久失。”㉔保养。《老子》五十章：“善～生者。”《世说新语·任诞》：“君饮太过，非～生之道。” ❼ 夹处。《论语·先进》：“千乘之国，～乎大国之间。” ❽ niè 安定的样子。《汉书·严助传》：“天下～然，人安其生。” ❾ 通“慑”。畏惧，害怕。《盐铁论·诛秦》：“东～六国，西畏于秦。”㉔威慑，使害怕。《史记·刺客列传》：“吾曩者目～之。”

慑(懾)[慴] shè ❶ 恐惧，害怕。《史记·项羽本纪》：“诸将皆～服。”㉔丧气。《管子·戒》：“身在草茅之中而无～意。” ❷ 震慑，使屈服。《淮南子·氾论》：“威动天地，声～海内。”阮籍《为郑冲劝晋王笺》：“名～三越。”【注意】“慴”没有“丧气”的意义。

SHEN

申 shēn ❶ 舒展，伸直。班彪《北征赋》：“行止屈～。”《三国志·蜀书·诸葛亮传》：“使己志不～。”这个意义后来写作“伸”。❷ 重复，再三。《尚书·太甲下》：“伊尹～诰于王。”《左传·成公十三年》：“～之以盟誓，重之以昏姻。” ❸ 申述，表明。屈原《九章·抽思》：“愿自～而不得。”《后汉书·陈重传》：“主疑重所取，重不自～说。”㉔伸张，昭雪。《新唐书·徐有功传》：“使～其冤。”㉔向上级行文报告。《旧唐书·宪宗纪上》：“但令准式～报有司。”双音词有“申报”、“申诉”、“申文”、“申送”、“申状”等。❹ 告诫，约束。《史记·孙子吴起列传》：“即三令五～之。”陆机《辨亡论》上：“～之以节俭。” ❺ 延缓，延期。《宋书·孝武帝纪》：“逋租未入者，可～至秋登。” ❻ 至，到。潘岳《西征赋》：“夜～旦而不寐，忧天宝之未定。” ❼ 地支的第九位。《论衡·物势》：“～，猴也。”见125页“干[1]”字。㉔十二时辰之一，等于现在的下午三时至五时。❽ 周代诸侯国。在今河南南阳北。《左传·隐公元年》：“郑武公娶于～。”

伸 shēn ❶ 舒展，伸直。《周易·系辞上》：“引而～之。”《荀子·乐论》：“执其干戚，习其俯仰屈～。”(干戚：盾和斧两种兵器。这里指舞具。)㉔拉直，使伸直。《论衡·效力》：“身能负荷千钧，手能决角～钩。”㉕伸张，昭雪。诸葛亮《便宜十六策》：“怨声不闻，则枉者不得～。” ❷ 陈述，说明。杜甫《兵车行》：“长者虽有问，役夫敢～恨？”㉔显示，展现。《战国策·秦策四》：“是王不用甲，不～威，而出百里之地。”上述义项都可以写作“申”。

呻 shēn 诵读。《礼记·学记》：“今之教者，～其佔(chān)毕。”(佔毕：竹简，指书本。)[呻吟]1. 曼声吟诵，诵读。《庄子·列御寇》：“郑人缓也，～～裘氏之地。”(缓：人名。)《论衡·案书》：“刘子政玩弄左氏，童仆妻子，皆～～之。”(左氏：指《左传》。) 2. 病痛或劳苦时的低哼声。《三国志·魏书·华佗传》：“佗闻其～～，驻车往视。”

绅(紳) shēn ❶ (古代士大夫或贵族)腰间所系的大带子。㉔腰间所系大带子的下垂的部分。《论语·乡党》：“加朝服，拖～。”李白《酬王补阙惠翼庄庙宋丞泚赠别》诗：“永言铭佩～。”(铭：铭记。)㉔绅士。岳珂《桯史·紫宸廊食》：“一日长春节，欲尽宴廷～。” ❷ 约束。《韩非子·外储说左上》：“～之束之。”

身 shēn ❶ 人或动物的躯干。屈原《九歌·国殇》：“首～离兮心不惩。”(不惩：不戒悔。)㉕身体。《荀子·非相》：“卫灵公有臣曰公孙吕，～长七尺。”㉔物体的主干。《尔雅·释木》：“枞，松叶柏～。” ❷ [有身]怀孕。《诗经·大雅·大明》：“大(tài)任～～。”(大任：人名。) ❸ 自身，自己。《韩非子·五蠹》：“兔不可复得，而～为宋国笑。”㉕品德、才力、行为等。《论语·学而》：“吾日三省吾～。”《晏子春秋·内篇问上》：“称～就位，计能定禄。” ❹ 自己的生命。《国语·晋语八》：“是以没平公之～无内乱也。”㊕一生，毕生。《公羊传·隐公八年》：“故终其～不氏。” ❺ 亲自，亲身经历。《韩非子·五蠹》：“禹之王天下也，～执耒锸(chā)以为民先。”(王天下：做天下的王。锸：一种农具。)《史记·项羽本纪》：“吾起兵至今八岁矣，～七十余战。” ❻ 我。《三国志·蜀书·张飞传》：“～是张益德也。” ❼ 地位，身份。杜甫《新婚别》诗：“妾～未分明。” ❽ yuān [身毒]国名。我国古代对印度的称呼。《史记·西南夷列传》：“从东南～～国，可数千里。”

侁 shēn [侁侁]1. 往来奔走的样子。《楚辞·招魂》：“豺狼从目，往来～～些。”

2. 众多的样子。傅咸《皇太子释奠颂》："济济儒生，～～胄子。"（胄子：指国子学生员。）

诜（詵） shēn ❶ 众人纷纷传言。柳宗元《天对》："孺贼厥～。" ❷ [诜诜]众多的样子。《诗经·周南·螽斯》："螽斯羽，～～兮。"

莘 shēn ❶ 长长（chángcháng）的样子。《诗经·小雅·鱼藻》："鱼在在藻，有～其尾。" ❷ [莘莘]众多的样子。《国语·晋语四》："～～征夫，每怀靡及。" ❸ 古代诸侯国。❹ xīn 细莘。一种多年生草本植物，可做中药。也叫细辛。

娠 shēn ❶ 怀孕。《左传·哀公元年》："后缗（mín）方～。"（后缗：夏后相的王后。）❷ 包含，包孕。苏轼《桂酒颂》："水～黄金山空青，丹砂晨暾珠夜明。"

深 shēn ❶ 水深。与"浅"相对。《诗经·邶风·匏有苦叶》："～则厉，浅则揭。"李白《赠汪伦》诗："桃花潭水～千尺。" ❷ 从面到底、从外到里的距离大。《汉书·高帝纪上》："高垒～堑勿战。"《荀子·哀公》："寡人生于～宫之中。"㊀隐蔽，收缩。《周礼·考工记·梓人》："必～其爪，出其目。"㊀高，高度。《左传·文公十二年》："～垒固军以待之。"《仪礼·觐礼》："坛十有二寻，～四尺。" ❸ 时间久。白居易《琵琶行》："夜～忽梦少年事。"李贺《龙夜吟》："蜀道秋～云满林。" ❹ 深入，周密。《汉书·司马相如传下》："计～虑远。"㊀深奥，精微。《周易·系辞上》："唯～也，故能通天下之志。" ❺ 深重，重大。《三国志·魏书·陈思王传》："位益高者，责益～。" ❻ 精通。《宋史·郑樵传》："博学，～象数。" ❼ 颜色浓重。杨万里《新柳》诗："柳条百尺拂银塘，且莫～青只浅黄。"㊀茂盛。杜甫《春望》诗："国破山河在，城春草木～。" ❽ 表示程度深。深切，十分地。《汉书·张耳陈余传》："不意君之望臣～也。"《资治通鉴·汉献帝建安十三年》："～失所望。"

神 shén ❶ 天神，神灵。《左传·僖公五年》："～必据我。"㊀传说中人死后的灵魂。屈原《九歌·国殇》："身既死兮～以灵。"㊀灵验。《诗经·小雅·大田》："田祖有～。" ❷ 灵柩。潘岳《寡妇赋》："将迁～而安厝。" ❸ 指自然规律。《荀子·天论》："不见其事，而见其功，夫是之谓～。" ❹ 精神，意识。《荀子·天论》："形具而～生。"㊀神态，表情。《后汉书·刘宽传》："宽～色不异。" ❺ 特别高超，神奇。《周易·系辞上》："阴阳不测之谓～。"刘禹锡《观八阵图》诗："蜀相运～机。"双音词有"神笔"、"神速"、"神医"。㊀神韵，韵味。李肇《唐国史补》卷上："后见公孙氏舞剑器而得其～。"

沈²（瀋） shěn 汁液。《左传·哀公三年》："无备而官办者，犹拾～也。"贾思勰《齐民要术·种红蓝花栀子》："布绞取～，以和花汁。"【注意】"瀋阳"的"瀋"现简化为"沈"。

审（審） shěn ❶ 详知，知悉。《史记·礼书》："君子～礼，则不可欺以诈伪。"㊀详细，周密。《礼记·中庸》："博学之，～问之。"《论衡·问孔》："用意详～。"㊀慎重。《韩非子·存韩》："兵者，凶器也，不可不～用也。" ❷ 真实，确实。文莹《玉壶清话》卷六："臣实得报，恐未～，候旦夕得其详。"《论衡·知实》："孔子如～先知，当早易道。" ❸ 审察，弄明白。《荀子·非相》："欲知亿万，则～一二。"贾谊《治安策》："为人主计者，莫如先～取舍。"成语有"审时度势"。❹ 审定。《韩非子·扬权》："故～名以定位，明分以辩类。" ❺ 讯问犯人（后起意义）。《宋史·刘敞传》："敞移府问何以不经～讯。"

哂 shěn 微笑。李白《寻高凤石门山中元丹丘》诗："顾我忽而～。"（顾：看。）㊀讥笑。《论语·先进》："夫子何～由也。"（由：人名。）刘知几《史通·自叙》："莫不～其徒劳。"

矧 shěn ❶ 何况，况且。《诗经·大雅·抑》："不可度思，～可射思。"（思：语气词。）柳宗元《敌戒》："～今之人，曾不是思。"（曾：竟。是思：想这个。）❷ 亦，也。《尚书·康诰》："元恶（è）大憝（duì），～惟不孝不友。"（最大的罪恶，也就是不孝顺不友爱。憝：奸恶。）❸ 齿根，齿龈。《礼记·曲礼上》："笑不至～。"

谂（諗） shěn ❶ 告诫，规劝。《国语·鲁语上》："使吾无忘～。"《左传·闵公二年》："昔辛伯～周桓公。" ❷ 思念。《诗经·小雅·四牡》："是用作歌，将母来～。" ❸ 通"审"。知悉，详知。戴良《跋钱舜举所临阎立本西域图》："博雅君子，必有能～之者。" ❹ 通"淰（shěn）"。鱼受惊游走的样子。《孔子家语·礼运》："故龙以为畜而鱼鲔不～。"

甚 shèn ❶ 过分。《庄子·至乐》："死不哭亦足矣，又鼓盆而歌，不亦～乎。"㊀厉害，严重。《国语·周语上》："防民之口，～于防川。"柳宗元《三戒·永某氏之鼠》："盗暴尤～。" ❷ 大，盛。《北史·魏纪三》："路中雨～。" ❸ 真是，的确。《战国策·秦策四》："左右皆曰：'～然。'" ❹ 副词。很，非常。

S

《左传·昭公二十八年》："～美必有～恶。"《后汉书·华佗传》："汉世异术之士～众。"❺什么，为什么（后起意义）。刘过《六州歌头·镇长淮》："水东流，～时休？"辛弃疾《八声甘州·夜读〈李广传〉》："～当时健者也曾闲？"

葚 shèn 桑树结的果实，桑葚。《诗经·卫风·氓》："于嗟鸠兮，无食桑～。"

脤［裖、脤］ shèn 古代祭祀用的生肉。《公羊传·定公十四年》："腥曰～，熟曰燔（fán）。"（腥：生的肉食。燔：祭祀用的烤肉。）［脤膰（fán）］古代祭祀用的肉。《周礼·春官·大宗伯》："以～～之礼，亲兄弟之国。"（古代帝王祭祀用过的肉，作为嘉礼，赐给同姓的诸侯国。）

蜃 shèn ❶一种大蛤蜊。《国语·晋语九》："雀入于海为蛤，雉入于淮为～。"❷蚌壳烧成的用于防潮的灰。《周礼·地官·掌蜃》："以共闉（yīn）圹之～。"（共闉圹：供填埋墓穴。）❸一种绘有蜃形的祭器。《周礼·春官·鬯人》："凡山川四方用～。"❹传说中一种能吐气（形成海市蜃楼）的蛟龙。王维《送秘书晁监还日本国序》："黄雀之风动地，黑～之气成云。"［蜃楼］海市蜃楼。夏季沿海或沙漠中因太阳光折射形成的虚幻城市楼阁形象。也叫蜃市、蜃气。陈允平《渡江云·三潭印月》："烟沉雾回，怪～～飞入清虚。"

慎［昚、㥲］ shèn ❶谨慎，慎重。《诗经·小雅·巷伯》："～尔言也。"《论语·学而》："敏于事而～于言。"❷实在，确实。《诗经·小雅·巧言》："昊天已威，予～无罪。"❸千万，切切。多与"毋"、"无"、"勿"等否定词连用。《史记·越王句践世家》："～毋留。"《史记·吴王濞列传》："～无反。"《古诗为焦仲卿妻作》："多谢后世人，戒之～勿忘。"

S

SHENG

升 shēng ❶容量单位。一斗的十分之一。《庄子·外物》："君岂有斗～之水而活我哉？"贾思勰《齐民要术·种谷》："良地一亩，用子五～。"（子：种子。）㉥量器。能够容纳一升的容量。《搜神后记》卷一〇："忽见石窠中有二卵大如～。"❷织布时所用线、麻的粗细缕数，以八十缕为一升。《礼记·杂记上》："朝服十五～。"❸上升，登。《诗经·小雅·天保》："如月之恒，如日之～。"《周易·坎》："天险不可～也。"㉤晋升，升官。《后汉书·王符传》："而符独耿介不同于俗，以此遂不得～进。"❹举荐，进献。《礼记·王制》："命乡论秀士，～之司徒，曰选士。"《吕氏春秋·孟秋》："农乃～谷，天子尝新。"❺谷物成熟。《穀梁传·襄公二十四年》："五谷不～为大饥。"❻［升平］太平。《三国志·魏书·王朗传》："蒸庶欣欣，喜遇～～。"（蒸庶：老百姓。欣欣：高兴的样子。）❼点燃，生火。王祯《农书》卷二〇："诘旦～香，割鸡设醴。"

【辨】升，昇，陞。升斗的"升"只写作"升"。"上升"的意义一般写作"升"。"太阳升"、"升平"的意义写作"昇"或"升"。"升官"的意义本来写作"升"或"昇"。"陞"字在唐以前罕见，唐朝以后，一般只用于"升官"的意义。

昇 shēng ❶太阳升起。江淹《石劫赋》："日照水而东～。"㉤登上。《楚辞·九思·哀岁》："～车兮命仆，将驰兮四荒。"（四荒：四方。）❷晋升，升官。《旧唐书·马周传》："欲有擢～宰相，必先试以临人。"上述㉤❷又写作"陞"。❸［昇平］太平。张居正《辛未会试程策二》："建～～之业。"上述义项又写作"升"，现都写作"升"。

【辨】升，昇，陞。见上"升"字。

陞 shēng ❶上升，登上。韩愈《南海神庙碑》："公遂～舟，风雨少弛。"❷晋升，升官。王安石《本朝百年无事札子》："～擢之任。"（提升选拔官吏的工作。）上述义项又写作"升"或"昇"，现都写作"升"。

【辨】升，昇，陞。见上"升"字。

生 shēng ❶草木生长。《荀子·劝学》："草木畴（chóu）～。"（畴：类。）㉤出生，诞生。《史记·秦始皇本纪》："（秦始皇帝）以秦昭王四十八年正月～于邯郸。"㉥生育，养育。《诗经·小雅·斯干》："乃～男子，载寝之床。"❷活着，生存。与"死"相对。《孙子兵法·九地》："陷之死地然后～。"㉤活，活的。《国语·晋语九》："请杀其～者而戮其死者。"（戮：陈尸示众。）㉥使生存，救活。《史记·扁鹊仓公列传》："闻太子不幸而死，臣能～之。"❸生命。《荀子·王制》："草木有～而无知。"㉥生存的期间，一辈子。李商隐《马嵬》诗："他～未卜此～休。"双音词有"一生"、"毕生"。㉥本性，天性。《荀子·劝学》："君子～非异也，善假于物也。"❹生活。《史记·循吏列传》："各得其所便，民皆乐其～。"❺生产，出产。《礼记·大学》："～财有大道。"《国语·晋语四》："羽旄齿革，则君地～焉。"㉥产生，发生。《荀子·劝学》："肉腐出虫，鱼枯～蠹。"❻生的，未加工熟的。

与"熟"相对。《史记·项羽本纪》:"则与一～彘(zhì)肩。"(彘肩:猪腿。)⑫生疏。王建《村居即事》诗:"自别城中礼数～。"❼对读书人的称呼。如贾谊称为"贾生"。《论衡·语增》:"诸～不师今而学古。"⑫学生。韩愈《进学解》:"招诸～立馆下。"❽子继父位。《公羊传·庄公三十二年》:"鲁一～一及。"(及:弟继兄位。)❾通"牲"。供祭祀或宴享的牲畜。《论语·乡党》:"君赐～,必畜之。"

狌 shēng ❶同"鼪(shēng)"。黄鼬。俗称黄鼠狼。《庄子·秋水》:"捕鼠不如狸～。"❷xīng [狌狌]同"猩猩"。《山海经·南山经》:"有兽焉……其名曰～～。"

牲 shēng 供祭祀用的全牛。⑫供祭祀或宴享用的牛、羊、猪或兽类。《左传·昭公二十五年》:"为六畜,五～,三牺。"⑫(用牲畜)祭祀。谢惠连《祭古冢文》:"酒以两壶,～以特豚(tún)。"(特豚:一头猪。)

笙 shēng ❶具有多根竹簧管的一种乐器。《诗经·小雅·鹿鸣》:"我有嘉宾,鼓瑟吹～。"❷竹席。左思《吴都赋》:"桃～象簟(diàn)。"(簟:竹席。)

甥 shēng ❶姊妹的子女,外甥。《诗经·大雅·韩奕》:"韩侯取妻,汾王之～。"❷女婿。《孟子·万章下》:"舜尚见帝,帝馆～于贰室。"(帝:指尧。尧把女儿嫁给舜。)❸古代对姑之子、舅之子、妻之兄弟、姊妹之夫的通称。《尔雅·释亲》:"姑之子为～,舅之子为～,妻之晜(kūn)弟为～,姊妹之夫为～。"(晜:兄。)

声(聲) shēng ❶声音。《荀子·劝学》:"生而同～,长而异俗。"⑫发出声音。《淮南子·原道》:"雷～雨降,并应无穷。"❷音阶。指宫、商、角、徵、羽五个音阶。《尚书·舜典》:"律和～。"⑫音乐。《论语·阳货》:"恶郑～之乱雅乐也。"❸汉字的平、上、去、入四种声调。如周颙有《四声切韵》,沈约有《四声谱》。⑫声母。《玉篇·辨字五音法》:"唇～并饼。"⑫汉字形声字中表声的偏旁。《说文·耒部》:"耡,从耒,助～。"❹言语,音讯。《孟子·公孙丑上》:"恶～至,必反之。"《汉书·赵广汉传》:"界上亭长寄～谢我。"❺名义。与"实"相对。《韩非子·说林》:"臣恐其攻齐为～而以袭秦为实也。"⑫名声,声望。司马迁《报任安书》:"～闻邻国。"成语有"声名鹊起"。⑫声势。《战国策·齐策一》:"吾三战而三胜,～威天下。"❻宣布,宣扬。《国语·周语上》:"为令闻嘉誉以～之。"《国语·晋语五》:"～其罪也。"❼量词。声音的次数。白居易《琵琶行》:"转轴拨弦三两～。"

绳(繩) shéng ❶绳子,绳索。《周易·系辞下》:"上古结～而治。"《商君书·禁使》:"探渊者知千仞之深,县～之数也。"(县:悬。)㉑捆缚。《颜氏家训·书证》:"又寸断五色丝,横著线股间～之。"❷木工用于取直的墨线。《荀子·劝学》:"木直中～。"㉑直,正。《淮南子·说林》:"出林者不得直道,行险者不得履～。"❸标准,法则。《商君书·开塞》:"王道有～。"㉑按一定的标准去衡量,纠正。《尚书·冏命》:"～愆(qiān)纠谬。"(愆:过错。)⑫约束,制裁。《盐铁论·轻重》:"明法以～天下。"成语有"绳之以法"。❹称赞。《吕氏春秋·古乐》:"以～文王之德。"❺继续,继承。《诗经·大雅·下武》:"～其祖武。"❻mǐn [绳绳] 1. 众多的样子。《诗经·周南·螽斯》:"宜尔子孙～～兮。"2. 谨慎的样子。《管子·宙合》:"故君子～～乎慎其所先。"3. 绵延不绝的样子。卢照邻《释疾文》:"夏日长兮～～,炎风暑雨兮相蒸。"❼yìng 草类结籽。《周礼·秋官·薙氏》:"秋～而芟之。"

【辨】绳,索。"绳"指大绳子,"索"指小绳子。

省 shěng ❶xǐng 视察,检查。《史记·秦始皇本纪》:"皇帝春游,览～远方。"㉑反省。《论语·学而》:"吾日三～吾身。"⑫明白,领悟。《史记·留侯世家》:"良为他人言,皆不～。"❷xǐng 探视,问候。《礼记·曲礼上》:"昏定而晨～。"㊕古代天子的使臣(看望诸侯)的礼节和使命。《周礼·秋官·小行人》:"存、頫、～、聘、问,臣之礼也。"❸xǐng 记得,记忆。许浑《听唱山鹧鸪》诗:"夜来～得曾闻处,万里月明湘水秋。"❹简约,少。《孔丛子·刑论》:"古之刑～,今之刑繁。"㉑减少。《三国志·吴书·吴主传》:"～徭役,减征赋。"⑫节省,节约。《左传·僖公二十一年》:"贬食～用。"❺撤销,废止。常璩《华阳国志·蜀志》:"潜街县,汉末置,晋初～。"❻宫禁。《北齐书·神武帝纪下》:"孙腾带仗入～。"⑫国家中央级官署名。如"尚书省"、"中书省"、"门下省"。《旧唐书·职官志一》:"尚书、门下、中书、秘书、殿中、内侍为六～。"❼元以后行政区域名。初名"行中书省",简称"行省",后简称"省"。《元史·世祖纪》:"宜立～以抚绥之。"洪秀全《原道醒世诏》:"以此～此府此县而憎彼～彼府彼县。"❽通"眚(shěng)"。灾祸。《公羊传·庄公二十二年》:"肆大～。"⑫过失。《史记·秦始皇本纪》:"饰～宣义。"❾

S

xiǎn 通“狝”。秋猎。《礼记·玉藻》：“惟君有黼(fǔ)裘以誓～。”(黼：君主服饰上的黑白相间的花纹。)

眚 shěng ❶眼睛上长膜。范成大《晚步宣华旧苑》诗：“目～昏花烛穗垂。”㉄日食或月食。《左传·庄公二十五年》：“非日月之～不鼓。”❷过失。《左传·僖公三十三年》：“且吾不以一～掩大德。”❸灾祸。《国语·楚语下》：“夫谁无疾～，能者早除之。”潘岳《关中》诗：“虞我国～，窥我利器。”❹疾苦。张衡《东京赋》：“勤恤民隐，而除其～。”(恤：忧。隐：痛。)㉃疾病。沈既济《任氏传》：“果见一人牵马求售者，～在左股。”❺通“省”。削减，减省。《周礼·夏官·大司马》：“冯弱犯寡则～之。”《周礼·地官·大司徒》：“七曰～礼。”

圣(聖) shèng ❶通达事理。《诗经·邶风·凯风》：“母氏～善。”(母氏：母亲。)❷具有最高智慧和道德的。《论语·子罕》：“固天纵之将～，又多能也。”㉃圣人。《周易·鼎》：“而大亨以养～贤。”柳宗元《六逆论》：“若贵而愚，贱而～且贤，以是而妨之，其为理本大矣。”(理：治理。)❸具有最高超技艺的人。《抱朴子·辨问》：“世人以人所尤长，众所不及者，便谓之～。”双音词有“诗圣”、“草圣”(草：草书)。❹尊称皇帝。《史记·秦始皇本纪》：“秦～临国，始定刑名。”双音词有“圣旨”、“圣驾”。【注意】古代汉语中“圣(kū)”和“聖”是两个字，上述义项都不写作“圣”。现“聖”简化为“圣”。

胜¹(勝) shèng ❶(旧读 shēng)能承担，能承受。《诗经·商颂·玄鸟》：“武王靡不～。”晁错《论贵粟疏》：“数石之重，中人弗～。”(石：一百二十斤为一石。中人：指中等体力的人。)成语有“胜任愉快”。❷(旧读 shēng)尽。《孟子·梁惠王上》：“谷不可～食也。”成语有“不胜枚举”。❸胜利。与“负”相对。《孙子兵法·虚实》：“能因敌变化而取～者，谓之神。”成语有“百战百胜”。㉃制服，战胜。《孟子·告子上》：“仁之～不仁也，犹水之～火。”❹胜过，超过。《潜夫论·巫列》：“妖不～德。”杜甫《北征》诗：“颜色白～雪。”❺兴盛，旺盛。《管子·治国》：“农事～则入粟多。”❻优美的。范仲淹《岳阳楼记》：“予观夫巴陵～状，在洞庭一湖。”㉃优美的山水或古迹。柳宗元《永州崔中丞万石亭记》：“见怪石特出，度其下必有殊～。”成语有“引人入胜”，双音词有“胜地”、“胜景”。❼妇女的首饰。《山海经·西山经》：“蓬发戴～。”【注意】古代汉语中“胜(xīng)”和“勝”是两个字，上述义项都不写作“胜”。现“勝”简化为“胜”。参见 468 页“胜²(xīng)”字。

晟 shèng ❶光明。郝经《原古上元学士》诗：“昂头冠三山，俯瞰旭日～。”❷兴盛，旺盛。《西陲石刻录·周李君修佛龛碑》：“自秦创兴，于周转～。”(周：北周。)

盛 shèng ❶chéng 放在容器内用来祭祀的谷类。《左传·桓公六年》：“奉～以告。”(奉：端着。)[齐(zī)盛]见 326 页“齐(qí)”字。㉄用器物盛装(物品)。《庄子·逍遥游》：“以～水浆。”㉃容器。《礼记·丧大记》：“食粥于～。”❷chéng 容纳，承受。《吕氏春秋·君守》：“身以～心，心以～智。”❸兴旺，旺盛。与“衰”相对。《左传·襄公二十九年》：“美哉！周之～也。”《韩非子·解老》：“有死生，有～衰。”㉃充足，多。韩愈《答李翊书》：“气～则言之短长与声之高下者皆宜。”《后汉书·翟酺传》：“学者滋～，弟子万数。”㉃大，盛大。《史记·春申君列传论》：“吾适楚，观春申君故城，宫室～矣哉。”❹茂盛。《庄子·山木》：“见大木枝叶～茂。”㉄程度深，极，甚。《国语·鲁语上》：“使君～怒以暴露于敝邑之野。”《搜神后记》卷二：“将军好马甚爱惜，今死，～懊惋。”❺美盛，丰盛。《左传·襄公二十九年》：“节有度，守有序，～德之所同也。”王勃《滕王阁序》：“胜地不常，～筵难再。”❻赞美。张衡《东京赋》：“～夏后之致美，爰敬恭于明神。”❼养育，抚育。《尚书大传·金縢》：“周公～养成王。”

剩[賸] shèng ❶剩余，多余。《魏书·前废帝广陵王纪》：“～员非才他转之。”韩愈《唐故江西观察使韦公墓志铭》：“公好施与，家无～财。”❷增加，增多。陈岘《郡圃依绿亭》诗：“净扫莓苔分径岸，～添桃李结亭台。”㉃多多地。刘克庄《戊辰即事》诗：“从此西湖休插柳，～栽桑树养吴蚕。”❸颇，更加。岑参《送张秘书》诗：“鲈鲙～堪忆，莼羹殊可餐。”高适《赠杜二拾遗》诗：“听法还应难，寻经～欲翻。”❹尽管，尽量。欧阳修《蝶恋花·尝爱西湖春色早》：“凭君～把芳尊倒。”晏几道《鹧鸪天·彩袖殷勤捧玉钟》：“今宵～把银釭(gāng)照。”(釭：灯。)

SHI

尸 shī ❶古代祭祀时代表死者受祭的活人。《仪礼·士虞礼》：“祝延～。”(祝：祭

S

祀时祝祷的人。延：迎接。）㉆木制的死者牌位。《盐铁论·复古》：“载～以行，破商擒纣。”❷ 主管，主持。《左传·襄公二十七年》：“小国固必有～盟者。”（尸盟：主持盟会。）㊀不做事情，空占职位。白居易《纳粟》诗：“连授四命官，坐～十年禄。”[尸位]不做事情而空占职位。《汉书·朱云传》：“今朝廷大臣，上不能匡主，下亡以益民，皆～～素餐。”❸ 尸体。《礼记·曲礼下》：“在床曰～，在棺曰柩。”《庄子·则阳》：“伏～数万。”这个意义又写作“屍”，现写作“尸”。㊀收尸。《穀梁传·僖公三十三年》：“我将～女于是。”（女：汝，你。）㊀陈列尸体（示众）。《国语·晋语六》：“杀三郤（xì）而～诸朝。”（郤：姓。）❹ 布阵。《左传·宣公十二年》：“荆～而举。”（荆：指楚国。举：发兵。）

鸤(鳲) shī [鸤鸠]布谷鸟。《诗经·曹风·鸤鸠》：“～～在桑，其子七兮。”又写作“尸鸠”。《山海经·西山经》：“兽多猛豹，鸟多尸鸠。”

失 shī ❶ 丧失，失掉。与“得”相对。《韩非子·孤愤》：“主～势而臣得国。”曹操《败军抵罪令》：“～利者免官爵。”㉆背离，放弃。《孟子·尽心上》：“故士穷不～义。”㉆耽误，错过。《史记·陈涉世家》：“会天大雨，道不通，度已～期。”❷ 不见，消失。苏轼《次韵孔毅父久旱已而甚雨三首》之一：“梦中一饱百忧～。”㉆迷失。《左传·哀公十四年》：“～道于弇（yǎn）中。”（弇中：狭道。）❸ 过错，过失。《史记·淮阴侯列传》：“智者千虑，必有一～。”柳宗元《封建论》：“～在于政，不在于制。”（制：指郡县制。）❹ 失控，禁不住。宋之问《牛女》诗：“～喜先临镜，含羞未解罗。”❺ yì 通“逸”。逃走。《荀子·哀公》：“其马将～。”❻ yì 通“佚”。放荡。《汉书·主父偃传》：“齐王内有淫～之行。”

师(師) shī ❶ 古代军队编制单位。二千五百人为一师。《周礼·地官·小司徒》：“五～为军。”㉒军队。《左传·庄公十年》：“齐～伐我。”㊀出师，驻扎。《新唐书·段秀实传》：“嗣业因固请宰遂东～。”（嗣业、宰：人名。）《左传·僖公二十五年》：“秦伯～于河上。”❷ 众人。《左传·成公十八年》：“～逃于夫人之宫。”❸ 古代行政区划单位。㉒大城市。《诗经·大雅·公刘》：“京～之野，于时处处。”㉆官长，负责人。《尚书·益稷》：“州十有二～。”❹ 老师，教师。韩愈《师说》：“～者，所以传道授业解惑也。”❺ 以……为师。秦观《袁绍论》：“是故～士者王，友士者霸。”㉆效法，学习。《史记·秦始皇本纪》：“诸生不～今而学古。”❻ 有专门特长或技艺的人。《孟子·梁惠王下》：“必使工～求大木。”㊕乐官，乐师。《盐铁论·相刺》：“～旷鼓琴。”（师旷：人名，春秋时晋国的目盲的乐师。）❼ 狮子。《汉书·西域传上》：“有桃拔、～子、犀牛。”（桃拔：兽名，鹿类。）

诗(詩) shī 文体的一种。诗歌。《尚书·舜典》：“～言志。”㊕《诗经》。《论语·为政》：“《～》三百。”《论语·季氏》：“不学《～》，无以言。”在古代汉语中凡称“《诗》曰”、“《诗》云”都是指《诗经》。

施 shī ❶ 散布。《周易·乾》：“云行雨～。”❷ 施行，实行。贾谊《过秦论》：“仁义不～而攻守之势异也。”王安石《上皇帝万言书》：“欲有所～为变革。”㉆加，施加。《论语·卫灵公》：“己所不欲，勿～于人。”沈括《梦溪笔谈》卷一七：“略～丹粉而已。”㉆用，使用。韩愈《送张道士序》：“大匠无弃材，寻尺各有～。”❸ 给予。《国语·吴语》：“～民所欲，去民所恶。”《旧唐书·黄巢传》：“遇穷民于路，争行～遗（wèi）。”（遗：赠送。）㊀施舍。范缜《神灭论》：“务～阙于周给。”（周：周济。）㉆恩惠，好处。《左传·僖公二十七年》：“报～救患。”❹ 摆放，设置。《荀子·劝学》：“～薪若一，火就燥也。”《三国志·蜀书·诸葛亮传》：“立法～度，整理戎旅。”㉆陈列尸体（示众）。《左传·昭公十四年》：“乃～邢侯而尸雍子与叔鱼于市。”❺ 小便。《韩诗外传》卷九：“顾望无人，意欲～之。”❻ yì 蔓延，延续。《诗经·周南·葛覃》：“葛之覃兮，～于中谷。”（葛：一种植物。覃：延，延伸。中谷：山谷中。）李斯《谏逐客书》：“功～到今。”❼ yí 逶迤，斜行。《孟子·离娄下》：“～从良人之所之。”❽ chí 通“弛”。弃置，改变。《论语·微子》：“君子不～其亲。”

铊(鉈)[鍦、鉇、鍦] shī 一种短矛。《荀子·议兵》：“宛钜铁～。”左思《吴都赋》：“藏～于人。”

湿(濕)[溼] shī ❶ 湿润，潮湿。与“（干）燥”相对。《周易·乾》：“水流～，火就燥。”《礼记·王制》：“天地寒暖燥～。”㊀沾湿。王昌龄《采莲曲二首》之一：“争弄莲舟水～衣。”上述❶㊀又写作“溼”。❷ [湿湿] 1. 摇动的样子。《诗经·小雅·无羊》：“其耳～～。”2. 浪涛开合的样子。木华《海赋》：“开合解会，瀼瀼～～。”❸ tà 水名。这个意义又写作“漯”。

S

【辨】溼,濕。据许慎《说文解字》:“溼(shī)”为潮湿,“濕(tà)”为水名。但古籍中潮湿(溼)也可作“濕”。这两个字现均写作“湿”。

蓍 shī 草名。蓍草。可入药。《诗经·曹风·下泉》:“浸彼苞～。”(浸泡着那些丛生的蓍草。苞:草丛生。)㊀蓍草茎。古代常用以占卜。《周易·系辞上》:“以定天下之吉凶,成天下之亹亹(wěiwěi)者,莫大乎～龟。”(亹亹:勤勉不倦的样子。)《史记·龟策列传》:“王者决定诸疑,参以卜筮(shì),断以～龟。”(筮:用蓍草占卜。龟:占卜用的龟甲。)

酾(釃) shī ❶将酒过滤(以去掉酒糟)。《诗经·小雅·伐木》:“伐木许许,～酒有藇(xù)。”(藇:美好的样子。)❷疏导,分流。《汉书·沟洫志》:“乃～二渠以引其河。”《宋史·河渠志一》:“～为二渠。”㊁流注。苏轼《表忠观碑》:“积骸为城,～血为池。”❸(又读 shāi)斟酒或斟茶(后起意义)。苏轼《赤壁赋》:“～酒临江。”❹ lí 通“醨”。薄酒。《楚辞·渔父》:“众人皆醉,何不餔其糟而歠(chuò)其～?”(歠:饮。)

什 shí ❶集体名词。以十为一个单位的。军队中十人为一什,户籍中十家为一什,《诗经》中的“雅”和“颂”以十篇为一什。《左传·昭公元年》:“以～共车,必克。”《管子·立政》:“十家为～。”《诗经》有《鹿鸣之什》、《清庙之什》。㊀数词。十。《史记·淮南衡山列传》:“～事九成。”㊀十等分(之几)。《荀子·王制》:“田野～一。”(赋税征收十分之一。)《史记·高祖本纪》:“士卒堕指者～二三。”❷十倍。《孟子·滕文公上》:“或相倍蓰(xǐ),或相～百,或相千万。”(蓰:五倍。)❸杂,多样。《汉书·薛宣传》:“处置～器。”❹《诗经》中“小雅”、“大雅”和“周颂”中每十篇诗为一组,后因称诗文的篇、章、卷为“什”。柳宗元《兵部郎中杨君墓碣》:“君之文若干～,皆可以传于世。”

S

石 shí ❶石头。《诗经·小雅·鹤鸣》:“它山之～,可以为错。”(错:磨刀石。)《荀子·议兵》:“譬之若以卵投～。”㊀战争中抛射的石块。《韩非子·难二》:“立于矢～之所不及。”㊀陨石。《隋书·五行志上》:“～陨于武安、滏阳间十余。”❷碑石。《史记·秦始皇本纪》:“刻～颂秦德。”❸治病用的石针。《史记·扁鹊仓公列传》:“厉针砥～。”(厉:砺,磨刀石。砥:磨刀石。这里厉、砥用作动词,指磨。)㊀用石针治病,针砭。《素问·腹中论》:“灸之则瘖(yīn),～之则狂。”(瘖:哑。)㊀石药,药石。《史记·扁鹊仓公列传》:“～之为药精悍。”❹坚实。《素问·示从容论》:“沉而～者,是肾气内著也。”❺量词。容量单位。十斗为一石。《管子·揆度》:“脯二束,酒一～。”㊀量词。重量单位。一百二十斤为一石。《汉书·律历志上》:“三十斤为钧,四钧为～。”❻乐器名。石制的磬。八音(金、石、土、革、丝、木、匏、竹)之一。《史记·五帝本纪》:“予击～拊～,百兽率舞。”见 503 页“音”字。

祏 shí 宗庙中收藏木神主的石匣。《左传·哀公十六年》:“使贰车反～于西圃。”

鼫 shí ❶鼠的一种。梧鼠。也叫五技鼠。《大戴礼记·劝学》:“～鼠五伎而穷。”蔡邕《劝学篇》:“～鼠五能,不成一技。”❷鼠的一种。石鼠。也叫鼩(zhuó)鼠、雀鼠、鼨(jùn)鼠。李时珍《本草纲目·兽部·鼫鼠》:“似鼠而大也。关西方音转～为鼩,讹鼩为雀,蜀人谓之鼨鼠。”

时(時) shí ❶季,季节。指春、夏、秋、冬。《尚书·尧典》:“历象日月星辰,敬授人～。”《荀子·不苟》:“四～不言而百姓期焉。”(期焉:指推知四时的演变。)❷时间,时候,时辰。《吕氏春秋·首时》:“天不再与,～不久留。”李白《梦游天姥吟留别》:“别君去兮何～还。”《旧唐书·吕才传》:“多用乾艮二～,并是近半夜。”❸时代,时期。《韩非子·心度》:“～移而治不易者乱。”㊀合乎时宜。《孟子·万章下》:“孔子,圣之～者也。”㊁时尚,时髦。朱庆余《闺意》诗:“画眉深浅入～无?”❹善,好。《诗经·小雅·頍弁》:“尔酒既旨,尔殽既～。”㊀时机,机会。《史记·淮阴侯列传》:“～者难得而易失。”㊀时运。《史记·项羽本纪》:“～不利兮骓(zhuī)不逝。”(骓:马名。逝:跑。)❺按时。《论语·学而》:“学而～习之。”❻那时,当时。《三国志·蜀书·诸葛亮传》:“～人莫之许也。”《三国志·吴书·周瑜传》:“～曹公军众已有疾病。”❼时常,经常。《史记·吕太后本纪》:“～与出游猎。”㊀有时,偶尔。《世说新语·排调》:“桓豹奴是王丹阳外生,形似其舅,……宣武云:‘不恒相似,～似耳!恒似是形,～似是神!’”李白《访戴天山道士不遇》诗:“树深～见鹿,溪午不闻钟。”❽通“是”。此,这。《尚书·汤誓》:“～日曷丧?”❾通“莳”。栽种。《尚书·舜典》:“汝后稷播～百谷。”❿通“伺”。伺候。《庄子·人间世》:“～其饥饱。”㊀窥伺。《论语·阳货》:“孔子～其亡也,而往拜之。”

埘(塒) shí 凿墙洞形成的鸡窝。《诗经·王风·君子于役》:“鸡栖于

～。"杜牧《商山麻涧》诗："牛巷鸡～春日斜。"

识（識） shí ❶知道，懂得。《诗经·大雅·皇矣》："不～不知，顺帝之则。"《孙子兵法·谋攻》："～众寡之用者胜。"㊂知识，见识。王逸《楚辞章句序》："智弥盛者其言博，才益劭者其～远。"❷认识，识别。李白《与韩荆州书》："生不用封万户侯，但愿一～韩荆州。"《资治通鉴·唐宪宗元和十四年》："弘正初得师道首，疑其非真，召夏侯澄使～之。"㊂相知的朋友。刘禹锡《元日感怀》诗："异乡无旧～。"❸zhì 记忆，记住。《三国志·蜀书·诸葛亮传》："瞻工书画，强～念。"（瞻：人名。工：擅长，善于。）《论语·述而》："默而～之，学而不厌。"㊀标记。《后汉书·冯异传》："进止皆有表～。"㊂加标记，做记号。《周礼·考工记·匠人》："为规，～日出之景与日入之景。"❹zhì 记载。《资治通鉴·魏文帝黄初二年》："不可无岁时月日以～事之先后。"㊂铸刻在钟鼎上凸起的文字称为识。与凹下的文字合称"款识"。《汉书·郊祀志下》："今此鼎细小，又有款～。"

实（實） shí ❶财物，物资。《礼记·表记》："耻费轻～。"《左传·宣公十二年》："无日不讨军～而申儆之。"❷果实，种子。《韩非子·五蠹》："草木之～足食也。"成语有"春华秋实"。㊂结果实。《论语·子罕》："秀而不～者有矣夫。"❸坚实，充满。与"虚"相对。《孙子兵法·虚实》："避～而击虚。"《孟子·梁惠王下》："仓廪～。"㊂富足，富裕。《汉书·食货志上》："国～民富。"❹实际，事实。与"名"相对。《国语·晋语八》："吾有卿之名而无其～。"《后汉书·臧宫传》："传闻之事，恒多失～。"㊂诚实。诸葛亮《出师表》："此皆良～。"㊂证实，核实。《尚书·吕刑》："阅～其罪。"❺实行，实践。《左传·宣公十二年》："栾伯善哉！～其言，必长晋国。"❻实惠，实利。《吕氏春秋·下贤》："既受吾～，又责吾礼。"❼实在，的确。《左传·庄公八年》："我～不德。"❽通"寔"。是，此。《诗经·邶风·燕燕》："瞻望弗及，～劳我心。"《左传·僖公五年》："鬼神非人～亲。"

拾 shí ❶拾起，捡起。《世说新语·德行》："饭粒脱落盘席间，辄～以啖（dàn）之。"（啖：吃。）❷收拾，敛聚。《论衡·别通》："萧何入秦，收～文书。"❸射韝（gōu）。古代射箭时用的皮革护袖。《诗经·小雅·车攻》："决～既佽（cì），弓矢既调。"（决：扳指。佽：排列有序。）《礼记·曲礼下》："野外军中无挚，以缨、～、矢可也。"（挚：礼物。）❹数字"十"的大写。敦煌变文《伍子胥变文》："手垂过膝，～指纤长。"❺shè［拾级］逐级登阶。《礼记·曲礼上》："～～聚足，连步以上。"

食 shí ❶吃，吃饭。《礼记·大学》："～而不知其味。"《论语·述而》："发愤忘～。"［食言］不兑现承诺。《尚书·汤誓》："尔无不信，朕不～～。"㊂喝，饮。陆羽《茶经·煮》："腾波鼓浪为三沸。已上，水老不可～也。"❷食物，吃的东西。《左传·隐公元年》："公赐之～。"㊕（旧读 sì）饭。《论语·雍也》："一箪～，一瓢饮。"㊂粮食。《论语·颜渊》："足～足兵。"❸接受，享用。《史记·晋世家》："不～其禄。"《史记·齐悼惠王世家》："立肥为齐王，～七十城。"㊕俸禄。《周礼·天官·医师》："稽其医事以制其～。"㊂取得俸禄。《左传·昭公二十九年》："失官不～。"❹sì 供养，给……吃。《商君书·农战》："先实公仓，收余以～亲。"（亲：指父母。）㊂喂养，饲养。《史记·商君列传》："被褐～牛。"柳宗元《捕蛇者说》："谨～之，时而献焉。"❺耕种。《礼记·檀弓上》："我死，则择不～之地而葬我焉。"❻日食或月食。《左传·宣公十二年》："如日月之～焉。"这个意义后来写作"蚀"。

蚀（蝕） shí ❶侵蚀。梅尧臣《刘原甫古钱劝酒》诗："精铜不蠹（dù）～。"（蠹：虫蛀。）双音词有"侵蚀"、"腐蚀"。❷日食或月食。《荀子·天论》："夫日月之有～。"㊅星球相互侵蚀。《史记·鲁仲连邹阳列传》："太白～昴。"

湜 shí ［湜湜］1. 水流清澈的样子。《诗经·邶风·谷风》："泾以渭浊，～～其沚。"2. 人品清正的样子。柳宗元《邕州刺史李公墓志铭》："～～左丞，惟道之宣。"

寔 shí ❶实，实在。《尚书·仲虺之诰》："～繁有徒。"（这类人实在很多。）《南齐书·氐传》："～有可嘉。"❷此，这。张衡《西京赋》："～为咸阳。"

史 shǐ ❶史官。古代负责掌管法典或记录帝王、诸侯言行和国事的官。《左传·昭公十二年》："是良～也。"❷历史书。《论语·卫灵公》："吾犹及～之阙文也。"㊂历史。刘知几《史通·叙事》："～之烦芜。"（烦芜：繁杂。）❸古时官长的属吏。《史记·汲郑列传》："择丞～而任之。"

驶（駛） shǐ ❶马快速地跑。萧纲《春日想上林》诗："～马黄金羁。"

S

❷ 疾速，迅速。《搜神后记》卷三："经青草湖，时正帆风～。"王维《赠从弟司库员外絿》诗："欲缓携手期，流年一何～。"㊀很快消逝。萧纲《春情》诗："莺啼春欲～。"❸ 行驶。梅尧臣《送新安张尉乞侍养归淮甸》诗："任意归舟～。"

矢 shǐ ❶ 箭。屈原《九歌·国殇》："～交坠兮士争先。"成语有"有的放矢"。㊀古时投壶用的筹码。《礼记·投壶》："主人奉～。"❷ 正直，端正。《宋书·刘怀肃传》："情不违顺，屡进～言。"❸ 发誓。《诗经·卫风·考槃》："永～弗谖（xuān）。"（弗谖：不忘。）❹ 陈列，陈述。《诗经·大雅·卷阿》："～诗不多，维以遂歌。"《尚书·大禹谟》序："皋陶～厥谟。"❺ 粪便。《左传·文公十八年》："杀而埋之马～之中。"这个意义后来写作"屎"。

豕 shǐ 猪。《墨子·鲁问》："取其狗～食粮衣裘。"《孟子·尽心上》："与鹿～游。"[豕牢] 1. 猪圈。《后汉书·夫余传》："王令置于～～。" 2. 厕所。《国语·晋语四》："少溲（sōu）于～～。"（少溲：小便。）

【辨】豕，彘，猪，豚。先秦时"豕"、"彘"指大猪，"猪"、"豚"指小猪。后来，这些字一般就不带有大小的分别了。

使 shǐ ❶ 命令，派遣。《左传·桓公五年》："郑伯～祭足劳王。"（祭足：人名。）《史记·秦始皇本纪》："～王翦、辛胜攻燕。"（王翦、辛胜：人名。）㊀使，让。《荀子·性恶》："～天下皆出于治。"㊀役使，使唤。韩愈《论淮西事宜状》："待之既薄，～之又苦。"❷ 任用，支配。《荀子·王制》："尚贤～能。"李白《君道曲》："如心之～臂。"㊀使用，驱使。《商君书·外内》："故轻法不可以～之。"❸ 致使，以致。韩愈《秋怀诗十一首》之八："其言有感触，～我复悽酸。"❹（旧读 shì）出使。《史记·老子韩非列传》："乃遣非～秦。"㊀使者，使臣。《左传·成公九年》："兵交，～在其间可也。"《三国志·蜀书·诸葛亮传》："瞻怒，斩艾～。"（瞻、艾：人名。）㊕负责某种政务的官员。如"转运使"、"节度使"。❺ 放纵，放任。《史记·季布栾布列传》："复有言其勇，～酒难近。"❻ 连词。假使，假若。《论语·泰伯》："如有周公之才之美，～骄且吝，其余不足观也已。"《史记·魏其武安侯列传》："～武安侯在者，族矣！"（族：灭族。）

始 shǐ ❶ 开始。与"终"、"末"相对。《老子》六十四章："千里之行，～于足下。"成语有"有始有终"。㊀当初，最初。与"今"相对。《论语·公冶长》："～吾于人也，听其言而信其行。今吾于人也，听其言而观其行。"㊀先，首先。与"后"相对。韩愈《赠张童子序》："～自县考试，定其可举者，然后升于州若府。"❷ 根本，本源。《国语·晋语二》："坚树在～。"《荀子·王制》："天地者，生之～也。"❸ 才，方才。《列子·汤问》："孀妻有遗男，～龀（chèn）。"（龀：儿童换牙。）白居易《琵琶行》："千呼万唤～出来。"❹ 只，仅仅。《世说新语·术解》："～服一剂汤，便愈。"韩偓《仙山》诗："水清无底山如削，～有仙人骑鹤来。"❺ 正，正在。江淹《杂体诗·休上人怨别》："露彩方泛艳，月华～徘徊。"❻ 曾经。《庄子·齐物论》："有以为未～有物者。"成语有"未始不可"。

屎 shǐ ❶ 大便，粪。《庄子·知北游》："在～溺。"㊁排泄大便。郦道元《水经注·沔水》引《本蜀论》："以金置尾下，言能～金。"❷ xī [殿屎]呻吟。《诗经·大雅·板》："民之方～～。"

士 shì ❶ 男子。《诗经·郑风·女曰鸡鸣》："女曰'鸡鸣'，～曰'昧旦'。"（昧旦：黎明。）㊕未婚男子。《诗经·小雅·甫田》："以谷我～女。"（谷：养活。）❷ 古代贵族的最低一级。《穀梁传·僖公十五年》："天子七庙，诸侯五，大夫三，～二。"（庙：指祭祀祖先的庙宇。）[士大夫] 1. 做官的人。《荀子·富国》："～～～众则国贫。" 2. 将士。《汉书·李广传》："彼其中心诚信于～～～也。"（李广待部下诚恳讲信用。）❸ 具有某种品质、技能的人。《论语·泰伯》："～不可以不弘毅，任重而道远。"《后汉书·仲长统传》："以才智用者谓之～。"❹ 士兵，武士。《荀子·王制》："故王者富民，霸者富～。"刘邦《大风歌》："安得猛～兮守四方。"❺ 读书人。《三国志·魏书·邓艾传》："文为世范，行为～则。"❻ 官吏，做官的人。《礼记·杂记上》："～次于公馆。"㊕执法官。《尚书·大禹谟》："汝作～，明于五刑。"❼ 通"仕"。做官。《邓析子·无厚》："长卢之不～。"❽ 通"事"。事情。《论语·述而》："虽执鞭之～，吾亦为之。"㊀从事。《诗经·豳风·东山》："制彼裳衣，勿～行枚。"（行枚：指行军打仗。）

【辨】兵，卒，士。见 26 页"兵"字。

仕 shì ❶ 做官。《荀子·大略》："学者非必为～。"《论语·子张》："学而优则～。"㊀官职。《左传·僖公二十三年》："夫有大功而无贵～。"❷ 审察，考察。《诗经·小雅·节南山》："弗问弗～，勿罔君子。"❸ 通

"事"。做事。《诗经·大雅·文王有声》："武王岂不～。" ❹ 通"士"。具有某种品质、技能的人。《孟子·公孙丑下》："有～于此，而子悦之。"㊀读书人。《旧唐书·崔融传》："～农工商，四人有业。"

氏 shì ❶ 上古同姓贵族的几个分支各有称号，叫"氏"。贵族有氏，平民无氏。如屈原是楚王的后代，姓芈（mǐ），"屈"是他这一分支的氏。在远古传说中的部族、首领、人物名后面，在世袭的职官名后面以及在朝代名后面，都可以加"氏"，如"伏羲氏"、"太史氏"、"夏后氏"。也有以封邑、祖父的谥号或字为氏的。后来"姓"和"氏"没有区别。《左传·隐公八年》："天子建德，因生以赐姓，胙（zuò）之土而命之～。"（胙：赏赐。）《后汉书·马援传》："其先赵奢为赵将，号曰马服君，子孙因为～。"柳宗元《捕蛇者说》："有蒋～者。" ❷ 在学有专长的人的姓或姓名后面加"氏"表示尊重。孔安国《尚书序》："《左～传》曰……"（左氏：指左丘明。） ❸ 旧时放在妇女所在国姓、父姓或夫姓的后面来称呼已婚妇女。如出嫁自齐国称为"姜氏"，出嫁自鲁国称为"姬氏"。潘岳《杨仲武诔》："八岁丧父，其母郑～。"㊀置于长辈称谓之后，表敬称。《诗经·秦风·渭阳》："我送舅～。" ❹ 对学术、流派或宗教的称呼。刘知几《史通·补注》："斯则义涉儒家，言非史～。"《世说新语·尤悔》："于是结恨释～。"（释：指佛教。） ❺ 取名，命名。郦道元《水经注·滱水》："故县亦因水名而～曲逆矣。"（曲逆：古地名。） ❻ zhī［月氏］我国古代西北部的一个民族。《汉书·张骞传》："骞以郎应募，使～～。"又写作"月氏"、"月支"。

舐 shì 用舌头舔（东西）。《庄子·列御寇》："～痔者，得车五乘。"《后汉书·杨彪传》："犹怀老牛～犊之爱。"成语有"舐犊情深"。

示 shì ❶ 上天对人类显现吉凶祸福。古人把自然界的某些现象与人世联系在一起。扬雄《太玄·度》："于天～象，垂其范。" ❷ 给人看。《庄子·胠箧》："国之利器，不可以～人。"《史记·廉颇蔺相如列传》："秦王大喜，传以～美人及左右。"㊁显示，表示。《左传·文公七年》："叛而不讨，何以～威？"《孟子·万章上》："天不言，以行与事～之而已矣。" ❸ 告诉，告知。《战国策·秦策二》："医扁鹊见秦武王，武王～之病。" ❹ 教导，指示。《礼记·檀弓下》："国奢则～之以俭，国俭则～之以礼。"㊁对他人所说或来信所述的敬称（后起意义）。王安石《答曾公立书》："～及青苗事。"【注意】《汉书》中多把"示"写作"视"。

世［古］ shì ❶ 古代称三十年为一世。《论语·子路》："如有王者，必～而后仁。" ❷ 一生，一辈子。《史记·淮南衡山列传》："人生一～间，安能邑邑如此。"（邑邑：忧闷不乐。）［殁世］见 287 页"殁"字。 ❸ 父子相继为一世。《左传·昭公七年》："从政三～矣。"㊁继承。《汉书·贾谊传》："贾嘉最好学，～其家。"（家：指家业。）㊁后代，继承人。《国语·晋语一》："非德不及～。" ❹ 家世。《荀子·君子》："以族论罪，以～举贤。"㊀世族，世系。《论语·尧曰》："兴灭国，继绝～，举逸民。"㊀世世代代相承的。如"世卿"、"世禄"。董仲舒《春秋繁露·王道》："观乎～卿，知移权之败。"《孟子·梁惠王下》："仕者～禄。" ❺ 年，岁。《汉书·食货志上》："～之有饥穰，天之行也。" ❻ 时代。《韩非子·五蠹》："～异则事异。"㊁当时的。《盐铁论·论儒》："孟轲守旧术，不知～务。"㊀时俗，世俗。苏轼《老翁井》诗："改颜易服与～同，无使～人知有翁。" ❼ 天下，世间。《商君书·更法》："治～不一道，便国不必法古。"柳宗元《天说》："彼上而玄者，～谓之天。" ❽ 朝代。《诗经·大雅·荡》："殷鉴不远，在夏后之～。"刘勰《文心雕龙·诠赋》："秦～不文，颇有杂赋。"［叔世］见 391 页"叔"字。

【辨】世，代。上古时父子相继为一世，"代"则指朝代，如"三代"指三个朝代，不指三代人，而三世则指祖孙三代。唐太宗李世民避讳"世"字，从此，"世"的这个意义便为"代"字所取代。

贳（貰） shì ❶ 租借，赊欠。《史记·汲郑列传》："县官无钱，从民～马。" ❷ 借贷。王安石《上五事札子》："今以百万缗之钱，权物价之轻重，以通商而～之，令民以岁入数万缗息。" ❸ 典押。梅尧臣《莱宣遗酒》诗："倘有佳客过，未免～袍笏。" ❹ 买。徐弘祖《徐霞客游记·滇游日记十》："～烧酒饮四五杯乃行。" ❺ 赦免，宽大。《汉书·张敞传》："因～其罪。"

市 shì ❶ 集市，交易市场。《战国策·秦策一》："争利者于～。"《木兰诗》："东～买骏马。"［市井］街市，市场。《管子·小匡》："处商必就～～。"（处商：安置商人。）㊀集镇，城镇，城市。《后汉书·廖扶传》："常居先人冢侧，未曾入城～。" ❷ 买，购买。《论语·乡党》："沽酒～脯不食。"《木兰诗》："愿为～鞍马，从此替爷征。"㊁收买。《新唐书·

S

裴耀卿传》:"我知其不～恩也。"❸ 做买卖,交易。《荀子·修身》:"良贾不为折阅不～。"又用于比喻义。《史记·项羽本纪》:"赵亦不杀田角、田间以～于齐。"㉄卖,卖出。《韩非子·外储说右上》:"故～木之价不加贵于山。"㉇求得,换取。《老子》六十二章:"美言可以～尊。"

式 shì ❶ 法式,标准,模范。《周礼·天官·大宰》:"以九～均节财用。"《东观汉记·邓彪传》:"以廉让率下,为百僚～。"㉄效法。《诗经·大雅·烝民》:"古训是～。"❷ 用,施行。《左传·成公二年》:"蛮夷戎狄不～王命。"《扬子法言·重黎》:"(伍子胥)谋越谏齐不～。"❸ 副词。表示劝令。《诗经·小雅·斯干》:"兄及弟矣,～相好矣,无相犹矣。"❹ 句首语气词。《诗经·邶风·式微》:"～微～微,胡不归?"(微:衰微。胡:何。)❺ 通"轼"。古代车厢前用作扶手的横木。《礼记·曲礼上》:"国君抚～。"㉇(在车上)扶着轼敬礼。《史记·绛侯周勃世家》:"天子为动,改容～车。"(为动:被感动。容:面容。)

试(試) shì ❶ 用,任用。《礼记·乐记》:"兵革不～,五刑不用。"柳宗元《哭连州凌员外司马》诗:"灭名竟不～。"(灭名:直到死。)❷ 尝。《穀梁传·僖公十年》:"食自外来者,不可不～也。"❸ 试探。《韩非子·外储说左下》:"不肖则饰奸而～之。"㉄试验,比试。白居易《放言》诗:"～玉要烧三日满。"南朝萧齐求那毗地译《百喻经·五百欢喜丸喻》:"谁有勇健,能共我～。"㉄尝试。《庄子·让王》:"～往观焉。"❹ 考试,考察。《后汉书·周防传》:"世祖巡狩汝南,召掾史～经。"韦昭《博弈论》:"设程～之科。"(程:衡量。)❺ 姑且,试着。杜甫《奉赠韦左丞丈二十二韵》:"丈人～静听,贱子请具陈。"

S

拭 shì 擦,揩。《仪礼·聘礼》:"贾人北面坐,～圭。"杜甫《羌村三首》诗之一:"惊定还～泪。"

轼(軾) shì ❶ 古代车厢前用作扶手的横木。《左传·庄公十年》:"登～而望之。"《庄子·盗跖》:"据～低头。"(据:倚着。)❷(在车上)扶着轼敬礼。《淮南子·修务》:"魏文侯过其闾而～之。"(闾:巷门。)

弑 shì 古代称子杀父、臣杀君为"弑"。《左传·宣公二年》:"赵盾～其君。"《史记·高祖本纪》:"项羽使人阴～义帝江南。"(阴:暗中。)㉅杀。《公羊传·昭公二十五年》:"昭公将～季氏。"

戺[戹] shì ❶ 堂前台阶两旁的斜石。《尚书·顾命》:"执戈上刃夹两阶～。"张衡《西京赋》:"金～玉阶。"❷ 门槛。《新唐书·董昌传》:"属兵列护门～。"

势(勢) shì ❶ 势力,权力。《庄子·渔父》:"上无君侯有司之～,而下无大臣职事之官。"成语有"势均力敌"。㉄位置,地位。《韩非子·孤愤》:"处～卑贱。"❷ 势头,力量的趋向。曹操《让县自明本志令》:"兵～强盛。"㉄趋势。《荀子·富国》:"百姓之～,待之而后安。"❸ 形势。《汉书·晁错传》:"起兵而不知其～。"成语有"大势所趋"。㉇时机。《孟子·公孙丑上》:"虽有智慧,不如乘～。"❹ 样式,款式。徐陵《奉和山池》:"楼台非一～,临玩自多奇。"㉇姿势,姿态。阮阅《诗话总龟·苦吟门》:"(贾岛)于驴上吟哦,时时引手作推敲之～。"❺ 男性生殖器。《晋书·刑法志》:"淫者割其～。"

事 shì ❶ 事情。《诗经·召南·采蘩》:"于以用之,公侯之～。"《韩非子·五蠹》:"世异则～异。"㉄事故,变故。李格非《书洛阳名园记后》:"天下常无～则已,有～,则洛阳必先受兵。"㉇事业,功业。《三国志·蜀书·先主传》:"立功立～,在于今日。"❷ 从事,做。李白《邺中赠王大》诗:"龙蟠～躬耕。"(隐居不做官而亲自从事耕作。)《庄子·徐无鬼》:"予又奚～焉?"(我又做什么呢?)㉇任用,使用。《韩非子·亡征》:"境内之杰不～,而求封外之士。"㉇治理。《晏子春秋·内篇问上》:"劳力～民而不责焉。"❸ 奉事,为……服务。《左传·昭公二十五年》:"寡人不佞,不能～父兄。"《史记·孙子吴起列传》:"庞涓既～魏。"(庞涓:人名。)㉇求学从师。《史记·老子韩非列传》:"(非)与李斯俱～荀卿。"❹ 职务,官位。《韩非子·五蠹》:"无功而受～。"㉇职业。《汉书·樊哙传》:"以屠狗为～。"❺ 典故(后起意义)。《颜氏家训·文章》:"自古宏才博学用～误者有矣。"❻ 量词。事物一件叫一事(后起意义)。白居易《张常侍池凉夜闲宴》诗:"管弦三两～。"❼ zì 通"剚"。插入,刺。《汉书·蒯通传》:"慈父孝子所以不敢～刃于公之腹者,畏秦法也。"

侍 shì ❶ 在尊长旁边陪着。《论语·公冶长》:"颜渊、季路～。"《韩非子·外储说左上》:"少者～长者饮。"㉄服侍,伺候。《史记·萧相国世家》:"何守关中,～太子。"㉇侍从,侍女。《后汉书·梁冀传》:"宫卫近～,并所亲树。"《北齐书·上洛王思宗传》:"广纳姬

～。"❷进谏，进言。《史记·赵世家》："荀欣～以选练举贤。"（荀欣：人名。）

恃 shì ❶依靠，依赖。《诗经·小雅·蓼莪》："无父何怙（hù）？无母何～？"（怙：依仗。）贾谊《论积贮疏》："故其畜积足～。"成语有"有恃无恐"。❷母亲的代称（后起意义）。梅尧臣《赠陈孝子庸》诗："岂彼人兮忘～怙。"（怙：指父亲。）

饰（飾） shì ❶刷洗，擦拭。《周礼·地官·封人》："凡祭祀，～其牛牲。"❷打扮，装饰。《左传·昭公元年》："子皙盛～入。"《史记·孝文本纪》："不得以金银铜锡为～。"㊇装饰品。刘禹锡《浪淘沙》诗："美人首～侯王印，尽是沙中浪底来。"❸掩饰，粉饰。刘知几《史通·惑经》："文过～非。"❹chì 通"饬"。整顿，整治。《韩非子·说难》："直指是非以～其身。"贾谊《过秦论》："以～法设刑，而天下治。"❺chì 通"饬"。（帝王）命令。杜牧《战论》："是六郡之师，严～护疆。"

视（視） shì ❶看。《荀子·劝学》："目不能两～而明。"㊀看待，对待。《论语·先进》："回也～予犹父也。"《潜夫论·交际》："见贱如贵，～少如长。"成语有"视如敝屣"。㊇观察，考察。《论语·为政》："～其所以，观其所由。"❷治理，处理。元稹《册文武孝德皇帝赦文》："～人不勤，～盗不谨。"[视事]办公。《史记·留侯世家》："因疾不～～。"上述❶㊀㊇❷又写作"眎"。❸比照，和……一样。《孟子·万章下》："天子之卿受地～侯。"㊇比较。范成大《吴郡志》卷六："壮观～昔有加。"《吕氏春秋·仲秋》："量小大，～长短，皆中度。"㊇效法。《尚书·太甲中》："～乃厥祖。"❹照顾，照料。《后汉书·刘虞传》："皆收～温恤。"❺生存，活着。《吕氏春秋·重己》："莫不欲长生久～？"❻通"示"。向……表示。《汉书·高帝纪上》："亦～项羽无东意。"（也向项羽表示没有东进的意思。）上述❶㊀㊇❷❸❹❻又写作"眎"。

【辨】视，见。"视"表示看的动作，"见"是看的结果。

是 shì ❶正确。与"非"相对。《论语·阳货》："偃之言～也。"陶渊明《归去来兮辞》："觉今～而昨非。"㊇以为正确，认为正确。《墨子·尚同上》："国君之所～，必皆～之。"❷指示代词。这，这个，这样。《荀子·王霸》："若～则百吏莫不畏法而遵绳矣。"（遵绳：遵守法度。）㊇这样看来，由此看来。《韩非子·孤愤》："～明法术而逆主上者，不僇（lù）于吏诛，必死于私剑矣。"（僇：戮，杀。）范仲淹《岳阳楼记》："～进亦忧，退亦忧。"[是以][是故]因此。《韩非子·五蠹》："是以圣人不期修古，不法常可。"《论语·先进》："其言不让，是故哂之。"❸代词。放在前置宾语和动词之间，复指前置宾语。《诗经·小雅·节南山》："四方～维。"《三国志·魏书·武帝纪》："唯才～举。"成语有"唯命是从"。❹系词。是。《史记·刺客列传》："此必～豫让也。"《论衡·死伪》："余～所嫁妇人之父也。"❺凡是，所有的。贾岛《送孙逸人》诗："～药皆谙（ān）性。"（谙：熟悉。）

谌（諟） shì 正，订正。《礼记·大学》："顾～天之明命。"《陈书·姚察传》："尤好研核古今，～正文字。"

适[1]（適） shì ❶到……去。《诗经·魏风·硕鼠》："逝将去女，～彼乐土。"㊀归向。《左传·昭公十五年》："民知所～，事无不济。"❷女子出嫁。欧阳修《江邻几墓志铭》："女三人，长～秘书丞钱衮（gǔn），余尚幼。"（秘书丞：官名。）❸适合，适宜。《诗经·郑风·野有蔓草》："邂逅相遇，～我愿兮。"㊀顺从，满足。《战国策·魏策一》："攻楚而～秦。"《汉书·贾山传》："（秦王）穷困万民，以～其欲也。"㊇舒适。李商隐《登乐游原》诗："向晚意不～。"❹副词。恰好。《三国志·蜀书·先主传》："先主斜趋汉津，～与羽船会。"（汉津：地名。羽：关羽。）㊇偶然。范成大《时叙火后意不释然作诗解之》："浮生～来且～去。"❺副词。刚才，刚刚。《韩非子·内储说下》："王～有言，必亟听从王言！"㊇只，仅仅。鲍照《重与世子启》："久应知退，非～今日。"❻dí 敌人，仇敌。《墨子·备城门》："则有深怨于～，而有大功于上。"㊇匹敌，相当。《史记·晋世家》："重耳去之楚，楚成王以～诸侯礼待之。"㊇抵挡。《史记·李斯列传》："群臣百官皆畔，不～。"（畔：通"叛"，背叛。）❼dí 专主，主张。《诗经·卫风·伯兮》："岂无膏沐，谁～为容？"《韩非子·心度》："故贤君之治国也，～于不乱之术。"❽dí 旧时指正妻。《汉书·杜钦传》："此必～妾将有争宠。"㊇正妻所生的儿子。有时也专指正妻所生的长子。《左传·文公十八年》："杀～立庶。"（庶：非正妻之子。）㊇嫡传的。《史记·吕太后本纪》："推本言之，高帝～长孙可立也。"上述❽㊇㊇后来写作"嫡"。❾zhé 责备，惩罚。《诗经·商颂·殷武》："岁事来辟，勿予祸～。"《孟子·离娄上》："人不足与～也。"㊇被流放或贬职。《史记·屈原贾生列传》："又以～

去。”(以:因为。)[适戍]被强迫去戍边。《史记·陈涉世家》:“发闾左～～渔阳。”上述❾㊇又写作“谪”。【注意】古代汉语中“适”和“谪”是两个字,意义各不相同。上述义项都不写作“适”。现“谪”简化为“适”。参见235页“适²”字。

室 shì ❶正室,内室。《礼记·问丧》:“人～又弗见也。”㊁房屋。《周易·系辞下》:“后世圣人易之以宫～。”仲长统《昌言·理乱》:“豪人之～,连栋数百。”❷家。《左传·桓公十八年》:“女有家,男有～。”柳宗元《捕蛇者说》:“今其～十无一焉。”㊇家族。《三国志·蜀书·诸葛亮传》:“将军既帝～之胄(zhòu)。”(胄:后代。)㊇家人。《列子·汤问》:“聚～而谋。”❸家产。《国语·楚语上》:“施二帅而分其～。”❹妻子。《礼记·曲礼上》:“三十曰壮,有～。”潘岳《西征赋》:“鳏(guān)夫有～,愁民以乐。”(鳏夫:无妻的人。)㊇用作动词。娶妻、为子娶妻或以女嫁人。《韩非子·外储说右下》:“丈夫二十而～。”《国语·鲁语下》:“公父文伯之母欲～文伯。”《左传·宣公十四年》:“卫人以为成劳,复～其子。”❺王室,王朝。刘知几《史通·古今正史》:“汉～龙兴。”❻墓穴。《诗经·唐风·葛生》:“百岁之后,归于其～。”❼刀剑的鞘。《史记·春申君列传》:“刀剑～以珠玉饰之。”《史记·刺客列传》:“剑长,操其～。”❽星宿名。二十八宿之一。

【辨】房,屋,室。见107页“房”字。

【辨】宫,室。见131页“宫”字。

逝 shì ❶往,离去。《论语·子罕》:“子在川上曰:‘～者如斯夫。’”㊀跑。《史记·项羽本纪》:“时不利兮骓不～。”(骓:马名。)❷死,死去。曹丕《与吴质书》:“徐、陈、应、刘,一时俱～,痛可言邪!”(邪:语气词。)❸句首语气词。表示强调。《诗经·邶风·日月》:“乃如之人兮,～不古处。”❹通“誓”。发誓。《诗经·魏风·硕鼠》:“～将去女,适彼乐土。”

誓 shì ❶古代告诫、约束将士的言辞。如《汤誓》(汤讨伐桀时告诫将士的言辞)。㊇出征前告诫约束将士、表示决心。班固《东都赋》:“勒三军,～将帅。”(勒:率领。)❷立誓,发誓。《左传·隐公元年》:“～之曰:‘不及黄泉,无相见也。’”成语有“誓不两立”。㊇盟约,诺言。《左传·昭公四年》:“周武有孟津之～。”曹植《武帝诔》:“张、陈背～。”(张、陈:张耳、陈余。)❸受命。《周礼·春官·典命》:“凡诸侯之适(dí)子,～于天子。”(适子:嫡子。)❹谨慎。《礼记·文王世子》:“曲艺皆～之。”

莳(蒔) shì 移栽,分秧插种。柳宗元《酬贾鹏山人郡内新栽松寓兴见赠》诗:“擢(zhuó)～兹庭中。”(擢:拔。兹:此。)李时珍《本草纲目·薤》:“薤(xiè),八月栽根,正月分～。”(薤:一种蔬菜。)㊀栽种,种植。王夫之《小云山记》:“庐下～杂花。”(庐:屋舍。)

释(釋) shì ❶放下。《韩非子·五蠹》:“因～其耒而守株。”(耒:一种农具。)㊇释放,放弃。《左传·成公三年》:“两～累囚以成其好。”《韩非子·难势》:“～势委法。”(委:丢弃。)❷消融,熔化。《老子》十五章:“涣兮若冰之将～。”(涣:离散。)《盐铁论·褒贤》:“消坚～石,当世无双。”❸解开。《左传·僖公三十三年》:“～左骖,以公命赠孟明。”㊀脱掉。杜甫《白水县崔少府十九翁高斋三十韵》:“东郊何时开,带甲且未～。”㊇排解,解除。《战国策·赵策三》:“为人排患、～难、解纷乱而无所取也。”❹解说,解释。《左传·襄公二十九年》:“公在楚,～不朝正于庙也。”《后汉书·蔡邕传》:“通经～义。”双音词有“诠释”、“注释”。❺指佛教或僧人。《周书·武帝纪》:“集百僚、道士、沙门等讨论～、老义。”双音词有“释教”、“释子”。❻ yì 喜悦。嵇康《琴赋》:“其康乐者闻之,则欨(xū)愉欢～。”(欨愉:和悦。)

谥(謚)[諡] shì 古代帝王、贵族、大臣或其他有地位的人死后被追加的带有褒贬意义的称号。如汉武帝谥“武”,王安石谥“文”。《礼记·乐记》:“闻其～,知其行也。”㊇追加谥号。《左传·宣公十年》:“改葬幽公,～之曰灵。”《三国志·蜀书·诸葛亮传》:“～君为忠武侯。”㊀称为,号作。司马相如《喻巴蜀檄》:“～为至愚。”

嗜 shì 喜欢,特殊的爱好。《诗经·小雅·楚茨》:“神～饮食。”《史记·齐太公世家》:“～酒好猎。”㊀贪。《宋书·颜延之传》:“廉～之性不同。”

筮 shì 古代用蓍(shī)草占卜。《诗经·卫风·氓》:“尔卜尔～。”(尔:你。卜:用龟占卜。)㊁占卜。王勃《益州夫子庙碑》:“玉策～亡秦之兆。”

【辨】卜,筮,占。见30页“卜”字。

噬 shì ❶吃,咬。《周易·噬嗑》:“～腊肉。”柳宗元《封建论》:“人不能搏～。”(搏:抓,扑。)❷侵占,侵吞。《新唐书·萧嵩传》:“吐蕃倚其健～边。”

澨 shì ❶水边的堤坝。《左传·成公十五年》:“则决睢～。”㊇水边,江河边。《左

S

传·宣公四年》:"师于漳～。"屈原《九歌·湘夫人》:"夕济兮西～。"❷[三澨]水名。汉水支流,在今湖北境内。也叫三参水。《尚书·禹贡》:"过～～,至于大别。"

奭 shì ❶赤色。《诗经·小雅·采芑》:"路车有～。"❷消散无碍的样子。《庄子·秋水》:"～然四解。"❸因恼怒而加害。《汉书·窦婴传》:"扬主之过,有如两宫～将军。"

螫 shì ❶毒虫刺蜇(zhē)或毒蛇咬。《史记·淮阴侯列传》:"猛虎之犹豫,不若蜂虿(chài)之致～。"(虿:蝎子一类的毒虫。)陆龟蒙《别离》诗:"蝮蛇一～手。"㉠毒害,危害。班固《西都赋》:"流大汉之恺悌,荡亡秦之毒～。"(恺悌:和乐平易。)❷因恼怒而加害。《史记·魏其武安侯列传》:"有如两宫～将军。"

SHOU

收[収] shōu ❶逮捕,拘捕。《后汉书·华佗传》:"乃～付狱讯。"❷收获,收取。《史记·太史公自序》:"春生夏长,秋～冬藏。"李斯《谏逐客书》:"北～上郡,南取汉中。"㉡收获物。曹操《步出夏门行·孟冬十月》:"农～积场。"❸收拢,聚集。《史记·秦始皇本纪》:"～天下兵,聚之咸阳。"(兵:兵器。)㉠征收。《盐铁论·非鞅》:"～山泽之税。"❹收回,收复。李白《代别情人》诗:"覆水不可～。"杜甫《送樊侍御赴汉中判官》诗:"二京陷未～。"㉡没收。《孟子·离娄下》:"去三年不反,然后～其田里。"❺收容,接纳。《荀子·王制》:"～孤寡,补贫穷。"《史记·酷吏列传》:"～接天下名士大夫。"❻收敛,约束。《晏子春秋·外篇不合经术者》:"寡人犹且淫佚而不～。"❼停止,结束。《礼记·月令》:"雷始～声。"㉡消失,消散。于鹄《途中寄杨涉》诗:"日色云～处,蛙声雨歇时。"

守 shǒu ❶防守,保卫。与"攻"相对。《墨子·公输》:"杀臣,宋莫能～,可攻也。"㉡留守,守卫。《史记·萧相国世家》:"何～关中。"㉡守护者。《国语·晋语四》:"居者为社稷之～。"❷守候。《韩非子·五蠹》:"因释其耒而～株,冀复得兔。"㉡看守。《史记·酷吏列传》:"汤为儿～舍。"❸遵守,奉行。《盐铁论·论儒》:"孟轲～旧术,不知世务。"(术:思想,学说。)㉡节操,操守。《吕氏春秋·论人》:"喜之以验其～。"(让他高兴,以便来检验他的操守。)❹保持,保有。《左传·成公十五年》:"圣达节,次～节,下失节。"《史记·刘敬叔孙通列传》:"儒者难与进取,可与～成。"❺掌管,管理。《左传·昭公二十年》:"山林之木,衡鹿～之。"(衡鹿:官名。)❻shòu 官名。郡州一级的最高长官。《史记·孙子吴起列传》:"吴起为西河～。"㉡任职。专指任郡守、太守、刺史等职。李公佐《南柯太守传》:"自～郡二十载,风化广被。"㊕(唐代以后职别较低者)暂摄、署理(较高职务)。韩愈《送湖南李正字序》:"今愈以都官郎～东都省。"❼shòu 职责。《孟子·公孙丑下》:"我无官～,我无言责也。"

首 shǒu ❶头。《列子·黄帝》:"牛～虎鼻。"㉠顶端。《礼记·曲礼上》:"进剑者左～。"㉠首领。《庄子·盗跖》:"成者为～,不成者为尾。"成语有"罪魁祸首"。❷首先,第一。《史记·陈涉世家》:"且楚～事,当令于天下。"(楚:陈涉所建的国号。事:起事。)《战国策·齐策六》:"九合诸侯,为五伯～。"(五伯:五霸。)成语有"首当其冲"、"首屈一指"。㉠初,始,开头。《老子》三十八章:"夫礼者,忠信之薄而乱之～。"❸要领。《尚书·秦誓》:"予誓告汝群言之～。"❹朝,向。《史记·淮阴侯列传》:"北～燕路。"❺自首。《汉书·文三王传》:"恐复不～实对。"(恐怕他又不自首老实答对。)㉡服从,服罪。《南史·范晔传》:"诏收综等,并皆款服,唯晔不～。"(综、晔:人名。)❻量词。诗、文、词、赋等一篇叫一首。韩愈《与陈给事书》:"献近所为《复志赋》已下十～。"

寿(壽) shòu ❶长寿。《韩非子·显学》:"使子必智而～。"㉠寿命。《后汉书·华佗传》:"阿从其言,～百余岁。"(阿:人名。)成语有"寿终正寝"。❷指老年人。《诗经·鲁颂·閟宫》:"三～作朋。"❸敬酒或用礼物赠人以表示祝人长寿。《史记·项羽本纪》:"若入前为～,～毕,请以剑舞。"(若:你。)❹婉称与丧葬有关的事物。《后汉书·侯览传》:"豫作～冢。"

受 shòu ❶接受。《论语·乡党》:"康子馈药,拜而～之。"《三国志·吴书·吴主传》:"权辞让不～。"(权:孙权。)成语有"受宠若惊"。㉠承受。《史记·秦始皇本纪》:"莫不～德,各安其宇。"(宇:居住的地方。)㉡容纳。《论衡·命禄》:"器～一升。"❷师学,习学。杜预《春秋经传集解序》:"左丘明～经于仲尼。"❸遭受,遭到。贾谊《论积贮疏》:"一夫不耕,或～之饥。"(或:有的人。)双音词有"受灾"、"受阻"。❹授予,给予。《韩非子·外储说左上》:"因能而～官。"㉡传

S

授。韩愈《师说》："师者，所以传道～业解惑也。"上述❹㊀后来写作"授"。❺收取，收回。《管子·海王》："釜十五，吾～，而官出之以百。"《周礼·春官·司干》："舞者既陈，则授舞器，既舞，则～之。"

授 shòu ❶授给，给予。《诗经·豳风·七月》："七月流火，九月～衣。"《史记·秦始皇本纪》："书已封……未～使者。"㊀交还。《韩非子·难二》："周公旦假为天子七年，成王壮，～之以政。"㊕授官，任命。《汉书·翟方进传》："遣使者持黄金印、赤韨繸（fúnì），朱轮车，即军中拜～。"（赤韨繸：系印的红丝带。）❷传授，教。《汉书·孔光传》："霸亦治《尚书》……以选～皇太子经。"㊀传达（意图）。《三国志·蜀书·王平传》："口～作书，皆有意理。"双音词有"授意"。❸通"受"。接受。《韩非子·难二》："惠公没，文公～之。"

绶（綬） shòu 用来拴系玉饰或印章的丝带。《史记·范雎蔡泽列传》："怀黄金之印，结紫～于要。"（要：腰。）㊁拴系用的丝带。《周礼·天官·幕人》："掌帷幕幄（wò）帟（yì）～之事。"（幄、帟：帐幕。）

狩 shòu ❶冬季打猎。《左传·隐公五年》："春蒐（sōu），夏苗，秋狝（xiǎn），冬～。"（蒐：春季打猎。苗：夏季打猎。狝：秋季打猎。）㊁打猎。《诗经·魏风·伐檀》："不～不猎。"❷帝王出巡。颜延之《车驾幸京口侍游曲阿后湖作》诗："虞风载帝～，夏谚颂王游。"[巡狩]帝王出巡。《史记·李斯列传》："明年，又～～。"又写作"巡守"。❸婉指帝王逃亡或被俘虏。《挥麈后录》卷四："二圣北～。"

售 shòu ❶卖出去。《荀子·儒效》："卖之不可偻（lǚ）～也。"（偻：快。）柳宗元《钴鉧潭西小丘记》："货而不～。"（货：出卖。）㊁卖。《刘子新论·言苑》："～药者欲人之疾。"❷实现。张衡《西京赋》："挟邪作蛊，于是不～。"㊀考试得中。韩愈《祭虞部张员外》："司我明试，时维邦彦，各以文～，幸皆少年。"㊀嫁出去。杜甫《负薪行》："更遭丧乱嫁不～。"❸施展（奸计）。成语有"以售其奸"、"其计不售"。❹买。岳珂《桯史·武夷先生》："会市肆有刊武夷先生集者……文肃之子适相国寺，偶～得之。"

【辨】鬻，卖，沽，售。见520页"鬻"字。

SHU

殳 shū 古代一种有棱无刃的竹木兵器。《诗经·卫风·伯兮》："伯也执～，为王前驱。"《司马法·定爵》："弓矢御，～矛守。"

书（書） shū ❶记载，书写。《左传·隐公元年》："不～即位。"《史记·孙子吴起列传》："斫（zhuó）大树白而～之曰：'庞涓死于此树之下。'"（斫：砍削。庞涓：人名。）❷文字。《荀子·解蔽》："故好～者众矣。"《史记·孙子吴起列传》："读其～未毕，齐军万弩俱发。"㉛书法，字体。《颜氏家训·杂艺》："（王羲之）举世惟知其～。"《汉书·艺文志》："六体者，古文、奇字、篆～、隶～、缪篆、虫～。"[六书]古人所说的汉字六种造字方法。即：象形、指事、会意、形声、转注、假借。❸书信。杜甫《春望》诗："家～抵万金。"❹文书，文件。《汉书·刑法志》："昼断狱，夜理～。"❺书籍。《史记·老子韩非列传》："申子、韩子皆著～，传于后世。"（申子：申不害。）❻书名。《尚书》。主要内容是我国上古帝王的文诰。《史记·高祖功臣侯者年表》："《～》曰：'协和万国。'"❼文体的一种，内容、体裁不一。李斯《谏逐客书》是对政事的陈述，《史记》中的八书是对礼、乐、天文、河渠等的记载。

疋 shū ❶脚。《管子·弟子职》："问～何趾。"❷pǐ 同"匹"。匹配，相当。白居易《效陶潜体》诗："万物无与～。"❸pǐ 同"匹"。量词。多用于纺织品或马匹等。《汉书·叔孙通传》："乃赐通帛二十～。"《战国策·魏策一》："骑五千～。"❹yǎ 通"雅"。正，高雅。谢章铤《赌棋山庄词话》卷四："顾附庸风～。"

抒 shū ❶表达，抒发。《墨子·小取》："以辞～意。"屈原《九章·惜诵》："发愤以～情。"❷舀出。法显共佛陀跋陀罗译《摩诃僧祇律》卷一六："比丘自～井。"❸通"纾"。解除，排除。《左传·文公六年》："难必～矣。"

纾（紓） shū ❶延缓，舒缓。《左传·文公十六年》："姑～死焉。"（姑：姑且。）《宋史·李虁传》："民力稍～，得以尽于农亩。"❷（经济）宽裕。苏轼《答开元明座主九首》之四："岁丰人～，会当成耳。"❸解除，排除。《后汉书·庞参传》："季子来归，鲁人喜其～难。"《左传·成公十六年》："可以～忧。"❹通"抒"。抒发。《楚辞·哀时命》："独便悁（yuān）而烦毒兮，焉发愤而～情。"（便悁：忿恨。）

舒 shū ❶展开，舒展。《韩非子·十过》："延颈而鸣，～翼而舞。"（延：伸长。）❷抒发，发泄。屈原《九章·怀沙》："～忧娱哀兮。"司马迁《报任安书》："是仆终已不得～

愤懑以晓左右。”❸ 迟缓，舒缓。鲍照《尺蠖赋》：“值夷～步。”（碰到平的地方就慢慢走。）《礼记·大学》：“为之者疾，用之者～。”㊀松懈，怠慢。《史记·五帝本纪》：“富而不骄，贵而不～。”❹ 安详，平和。《淮南子·原道》：“柔弱以静，～安以定。”杜甫《五盘》诗：“坦然心神～。”

枢（樞） shū ❶ 门上的转轴。《吕氏春秋·尽数》：“流水不腐，户～不蝼（一作“蠹”）。”《后汉书·华佗传》：“血脉流通，病不得生，譬犹户～，终不朽也。”成语有“户枢不蠹”。㊀事物的关键枢纽或中心部分。《周易·系辞上》：“言行，君子之～机。”《荀子·王霸》：“礼法之～要。”㊁器物发动的机关。《吴越春秋·勾践阴谋外传》：“琴氏乃横弓着臂，施机设～。”❷ 国家政权或天子之位。陈子昂《劝封禅表》：“伏惟陛下应天受命，握纪登～。”㊁代指相位或宰辅。《旧唐书·王玙传》：“人物时望，素不为众所称，及当～务，声问顿减。”❸ 初始，本原。《淮南子·原道》：“经营四隅，还反于～。”❹ 古星名。北斗第一星。也叫天枢。《后汉书·蔡邕传》：“地将震而～星直。”❺ ōu 一种小乔木。也叫刺榆。《诗经·唐风·山有枢》：“山有～。”

叔 shū ❶ 拾取。《诗经·豳风·七月》：“九月～苴（jū）。”（苴：麻籽。）❷ 兄弟间排行第三的。古时兄弟多以伯、仲、叔、季排行。柳宗元《哭连州凌员外司马》诗：“仲～继幽沦。”（幽沦：死亡。）❸ 丈夫的弟弟。《战国策·秦策一》：“妻不以我为夫，嫂不以我为～。”❹ 叔父（后起意义）。李密《陈情表》：“既无伯～，终鲜兄弟。”❺ [叔末][叔世]末世。《后汉书·党锢传》：“叔末浇讹。”《左传·昭公六年》：“三辟之兴，皆叔世也。”❻ 通“菽”。豆类。《墨子·非乐上》：“耕稼树艺，多聚～粟。”

菽 shū 豆类的总称。《诗经·豳风·七月》：“禾麻～麦。”梅尧臣《田家语》诗：“水既害我～，蝗又食我粟。”

【辨】豆，菽。见 90 页“豆”字。

淑 shū ❶ 明朗，清湛。《淮南子·本经》：“日月～清而扬光。”❷ 美好，贤良。《诗经·周南·关雎》：“窈窕～女。”㊁善良，温和。诸葛亮《出师表》：“将军向宠，性行～均。”陆机《悲哉行》：“蕙草饶～气。”❸ 吉祥，幸运。谢朓《和王著作八公山》：“平生仰令图，吁嗟命不～。”

姝 shū ❶ 美丽，美好。《诗经·邶风·静女》：“静女其～。”宋玉《神女赋》：“貌丰盈以庄～兮。”（庄：庄重。）❷ 美女。汉乐府《陌上桑》：“使君遣吏往，问是谁家～。”

殊 shū ❶ 死。常“殊死”连用。《史记·淮南衡山列传》：“太子即自刭，不～。”《三国志·魏书·武帝纪》：“士卒皆～死战。”㊁受重创。《史记·苏秦列传》：“使人刺苏秦，不死，～而走。”❷ 断绝。《左传·昭公二十三年》：“武城人塞其前，断其后之木而弗～。”❸ 不同，区别。《周易·系辞下》：“天下同归而～涂。”（涂：路途。）《史记·太史公自序》：“法家不别亲疏，不～贵贱。”㊀特别，特殊。汉乐府《陌上桑》：“坐中数千人，皆言夫婿～。”㊁超过。《后汉书·梁竦传》：“母氏年～七十。”❹ 副词。很，非常，根本。《战国策·赵策四》：“老臣今者～不欲食。”（今者：近来。）《吕氏春秋·去宥》：“～不见人，徒见金耳。”❺ 副词。犹，尚。谢灵运《南楼中望所迟客》诗：“圆景早已满，佳人～未适。”❻ 副词。竟，乃。孙楚《为石仲容与孙皓书》：“此犹魏武侯却指河山以自强大，～不知物有兴亡，则所美非其地也。”

倏［倐、儵］ shū 迅速，极快。常“倏忽”连用。屈原《九歌·少司命》：“～而来兮忽而逝。”《战国策·楚策四》：“～忽之间，坠于公子之手。”【注意】“儵”还有“黑色”和“儵（tiáo）鱼”的意义。

疏［疎］ shū ❶ 疏通。《孟子·滕文公上》：“禹～九河。”（禹：夏禹。）❷ 清洗，清除。《国语·楚语上》：“教之乐，以～其秽而镇其浮。”❸ 分，分给。《淮南子·道应》：“襄子～队而击之。”《盐铁论·毁学》：“～爵分禄以褒贤。”㊁分开陈列。屈原《九歌·湘夫人》：“～石兰兮为芳。”❹ 疏远。与“亲”相对。《左传·昭公二十八年》：“唯善所在，亲～一也。”《汉书·元帝纪》：“繇（yóu）是～太子而爱淮阳王。”（繇：由。）㊀冷淡，淡漠。陆游《南堂杂兴》诗：“燕欲委巢雏尽去，扇犹在手意先～。”❺ 撤退。《国语·晋语四》：“公令～军而去之。”❻ 稀疏。与“密”相对。《老子》七十三章：“天网恢恢，～而不失。”❼ 粗糙，粗劣。《诗经·大雅·召旻》：“彼～斯粺（bài）。”（那是粗糙的米，这是精细的米。）杜甫《逃难》诗：“～布缠枯骨。”㊀疏忽，不周密。《史记·范雎蔡泽列传》：“其于计～矣。”❽ 浅薄，不精。陆游《大风登城》诗：“才～志大不自量。”李斗《扬州画舫录序》：“～于经史。”❾ 雕刻，刻画。《韩非子·外储说左上》：“刻～人迹其上。”❿ 窗户。骆宾王《同崔驸马晓初登楼思京》诗：“绮～低晚魄，镂槛肃初寒。”⓫（旧读

S

shù）分条陈述。《汉书·苏武传》："数～光过失。"（光：人名。）(引)文体的一种，臣子给皇帝的奏议。如贾谊《论积贮疏》、晁错《论贵粟疏》。《汉书·贾谊传》："谊数上～陈政事。"⓬（旧读shù）书信。曹丕《与吴质书》："虽书～往返，未足解其劳结。"⓭（旧读shù）注释的一种。对古书进行注释，并对前人所做的注释加以引申和说明。《隋书·经籍志三》："《庄子义～》八卷。"⓮通"蔬"。蔬菜。《汉书·地理志》："～食果实。"

摅（攄） shū ❶散布，抒发。《史记·司马相如列传》："～之无穷。"《汉书·叙传上》："独～意虖宇宙之外。"（虖：乎。）(又)舒展，施展。挚虞《思游赋》："思～翼乎八荒。"《南史·宋武帝纪》："运奇～略，英谟不世。"（谟：谋略。）❷腾跃。《后汉书·张衡传》："仆夫俨其正策兮，八乘～而超骧(xiāng)。"（俨：整齐的样子。骧：奔驰。）

输（輸） shū ❶运送，运输。《左传·僖公十三年》："秦于是乎～粟于晋。"(又)输送，传递。《战国策·秦策一》："陈轸为王臣，常以国情～楚。"❷缴纳（贡品或赋税）。柳宗元《田家三首》诗之二："蚕丝尽～税。"(又)捐献，贡献。《史记·平准书》："愿～家之半县官助边。"曹植《求自试表》："欲逞其才力，～能于明君也。"(又)交出。用于抽象意义。《三国志·蜀书·诸葛亮传》："服罪～情者虽重必释。"❸毁坏，败坏。《公羊传·隐公六年》："～平者何？～平犹堕成也。"❹败（后起意义）。与"赢"相对。杜甫《遣怀》诗："百万攻一城，献捷不云～。"（献捷：进献俘虏或战利品。）(又)不及。吴曾《能改斋漫录》卷一七："浮名浮利总～闲。"

毹 shū [氍(qú)毹]见350页"氍"字。

秫 shú ❶有黏性的谷米（俗称黏黄米）或稻米（俗称糯米）。《礼记·内则》："菽麦蕡(fèi)稻黍粱～唯所欲。"（蕡：大麻籽。）萧统《陶渊明传》："公田悉令吏种～。"❷shù通"鉥"。长针。《战国策·赵策二》："鳀(tí)冠～缝。"（鳀：大鲇鱼。）

孰 shú ❶熟，煮熟了的。《后汉书·方术列传下》："既而爨(cuàn)～。"（爨：炊，做饭。）❷植物的果实、种子成熟。《荀子·富国》："寒暑和节，而五谷以时～。"(又)庄稼有收成，丰收。《后汉书·曹褒传》："其秋大～，百姓给足。"❸仔细，周详。《商君书·更法》："愿～察之。"上述❶❷(又)❸后来都写作"熟"。❹疑问代词。什么，谁。《论语·八佾》："是可忍也，～不可忍也？"韩愈《师说》："人非生而知之者，～能无惑？"(又)哪一个，哪一样。用于比较。《老子》四十四章："名与身～亲。"成语有"孰是孰非"。[孰与]与……比，哪一个，哪里比得上。《战国策·齐策一》："我～～城北徐公美？"《荀子·天论》："从天而颂之，～～制天命而用之？"【辨】孰，谁。"孰"可以指人，也可以指物；"谁"专指人。

塾 shú ❶宫门外两侧的房屋。《后汉书·礼仪志中》："太史令与八能之士即坐于端门左～。"(引)正门内两侧的房屋。《仪礼·士冠礼》："具馔于西～。"《汉书·食货志上》："里胥平旦坐于右～。"（里胥：里长，古代的一种小吏。）❷古代家庭或家族内设立的学堂。《礼记·学记》："古之教者，家有～。"

熟 shú ❶熟，煮熟了的。《论语·乡党》："君赐腥，必～而荐之。"（腥：生肉。）❷植物的果实、种子成熟。《汉书·晁错传》："五谷～。"贾思勰《齐民要术·园篱》："秋上酸枣～。"成语有"瓜熟蒂落"。(引)庄稼有收成，丰收。《尚书·金縢》："岁则大～。"❸熟练。《论衡·超奇》："博览多闻，学问习～。"成语有"熟能生巧"。(又)习惯，常见。《新唐书·选举志》："目～朝廷事。"成语有"熟视无睹"。(又)好话，美言。《史记·大宛列传》："汉使者往既多，其少从率多进～于天子。"❹深入，周详。《韩非子·存韩》："愿陛下～图之。"成语有"深思熟虑"。❺熟悉（后起意义）。陆游《初夏杂兴》诗："水长沙鸥向人～。"❻沉睡，酣睡。《宋书·檀道济传》："道济就寝便～。"❼热，暖和。《素问·疏五过论》："五脏菀(yùn)～。"（菀：聚积。）叶适《再过吴江赠僧了洪》诗："～风无失舟。"❽土质松软熟化（便于耕作）。贾思勰《齐民要术·耕田》："耕不深，地不～。"

赎（贖） shú ❶（用财物）换回抵押的人或抵押品。《诗经·秦风·黄鸟》："如可～兮，人百其身。"《左传·宣公二年》："宋人以兵车百乘，文马百驷，以～华元于郑。"（驷：四匹马。华元：人名。）❷（用财物或某种行动）抵偿刑罚或过失。《汉书·张骞传》："骞后期当斩，～为庶人。"曹植《责躬》诗："庶立毫厘，微功自～。"成语有"立功赎罪"。

暑 shǔ 天气炎热。《周易·系辞上》："日月运行，一寒一～。"《汉书·晁错传》："其性能～。"（能：耐。）(特)盛夏，夏季。《左传·襄公二十一年》："方～，阙地下冰而床焉。"《淮南子·人间》："民春以力耕，～以强耘。"

署 shǔ ❶布置，安排。《汉书·高帝纪上》："部～诸将。"❷衙门，官署。官吏办公的场所。《史记·张释之冯唐列传》："为中郎～长。"《新唐书·李程传》："学士入～，常视日影为候。"㊀岗位，职守。《墨子·号令》："擅离～，戮。"❸ 委任，任命。《后汉书·刘永传》："遂招诸豪杰沛人周建等，并～为将帅。"㊁代理，暂任。《三国志·蜀书·诸葛亮传》："以亮为军师将军，～左将军府事。"❹ 签名，题写。《汉书·苏武传》："～其官爵姓名。"

黍 shǔ ❶ 黍子。碾成的米叫黏黄米。《管子·轻重乙》："～者，谷之美者也。"孟浩然《过故人庄》诗："故人具鸡～，邀我至田家。"❷ 古代长度单位。一分。一尺为一百黍。《世说新语·术解》："荀试以校己所治钟鼓金石丝竹，皆觉短一～。"㊁古代重量单位。一两为二千四百黍。《孙子算经》卷上："称之所起起于～，十～为一絫(lěi)，十絫为一铢(zhū)。"(絫、铢：古代重量单位。)㊁古代容量单位。一升为二万四千黍。《汉书·律历志上》："一龠(yuè)容千二百～，重十二铢。"(龠：古代容量单位。)

【辨】穀，禾，粟，黍，稷。见 135 页"谷[2](穀)"字。

属(屬) shǔ ❶ zhǔ 连接。《史记·蒙恬列传》："起临洮(táo)～之辽东。"(临洮：地名。)㊀撰写，撰著。《抱朴子·行品》："口不能吐片奇，笔不能～半句。"[属文]作文章。《晋书·谢安传》："出则渔弋山水，入则言咏～～。"(渔弋：打鱼射鸟。)㊁跟着。《史记·项羽本纪》："项王渡淮，骑能～者百余人耳。"❷ zhǔ 委托，交付。《史记·李斯列传》："以兵～蒙恬。"㊕交给官吏治罪。《史记·高祖本纪》："乃以秦王～吏。"❸ zhǔ 嘱托，嘱咐。范仲淹《岳阳楼记》："～予作文以记之。"(予：我。)这个意义后来写作"嘱"。❹ zhǔ 聚集。《孟子·梁惠王下》："乃～其耆(qí)老而告之。"(耆老：老人。)❺ zhǔ 倾注。《仪礼·士昏礼》："酌玄酒，三～于尊。"㊀专注，瞩目。《国语·晋语五》："则恐国人之～耳目于我也。"❻ zhǔ 劝请，邀请。《史记·魏其武安侯列传》："及饮酒酣，夫起舞～丞相。"❼ zhǔ 带，佩戴。韩愈《顺宗实录三》："入谒，从容步进，不袜首，～戎器。"(袜首：武士束发的头巾，这里用作动词。)❽ zhǔ 副词。适逢。《左传·成公二年》："下臣不幸，～当戎行。"㊁适才，刚刚。《史记·留侯世家》："天下～安定，何故反乎?"❾ 种类。《韩非子·五蠹》："而养游侠私剑之～。"(私剑：指私人所养的武士。)㊀亲属。《史记·秦始皇本纪》："周文武所封子弟同姓甚众，然后～疏远，相攻击如仇雠(chóu)。"(仇雠：仇敌。)㊁等辈。《史记·项羽本纪》："若～皆且为所虏。"❿ 官属，部属。《尚书·周官》："六卿分职，各率其～。"柳宗元《封建论》："以安其～。"⓫ 隶属，属于。《三国志·吴书·吴主传》："长沙、江夏、桂阳以东～权。"(权：孙权。)㊕(十二属相中)归属。张读《宣室志》卷四："其父曰：'～龙。'"⓬ zhǔ 通"瞩"。看。《世说新语·文学》："眼往～万形，万形来入眼不?"

蜀 shǔ ❶"蠋"的古字。蛾蝶类的幼虫。《说文·虫部》："蜀，葵中蚕也……《诗》曰：'蜎蜎者～。'"❷ 周代诸侯国。在今四川成都一带。常璩《华阳国志·蜀志》："～之为国，肇于人皇。"❸ 地域名。在今四川一带。李白《蜀道难》诗："～道之难，难于上青天。"❹ 朝代名。1. 公元 221—263 年，三国之一，在今四川东部和云南、贵州北部以及陕西汉中一带，又称蜀汉，第一代君主是刘备。2. 公元 907—925 年，五代时王建所建，史称前蜀。3. 公元 934—965 年，五代时孟知祥所建，史称后蜀。

术[1](術) shù ❶ 道路。《孙膑兵法·擒庞涓》："齐城、高唐当～而大败。"(齐城、高唐两地的军队在行军的路上大败。)❷ 方法，手段。《礼记·祭统》："惠～也，可以观政矣。"贾思勰《齐民要术序》："桑弘羊之均输法，益国利民，不朽之～也。"㊕君主控制和使用群臣的策略、手段。《韩非子·定法》："君无～则弊于上。"(弊：败坏。)㊁权术，计谋。《吕氏春秋·先己》："巧谋并行，诈～递用。"❸ 思想，学说。《史记·外戚世家》："读黄帝老子，尊其～。"❹ 技艺，学业。《韩非子·喻老》："子之教我御，～未尽也。"(子：您。御：驾驶车马。)韩愈《师说》："闻道有先后，～业有专攻。"㊁学习(技艺)。罗大经《鹤林玉露》卷九："必时～焉，无一时不～也。"❺ 方术。指医、卜、星、相等。刘勰《文心雕龙·正纬》："于是伎数之士，附以诡～。"❻ 通"述"。陈述，述说。《墨子·非命下》："穷人所～，非仁者之言也。"《汉书·贾山传》："～追厥功。"❼ suì 通"遂"。周代的行政区划。《管子·度地》："故百家为里，里十为～，～十为州。"《礼记·学记》："～有序，国有学。"【注意】古代汉语中"術"和"术(zhú)"是两个字，意义各不相同，上述义项都不写作"术"。现"術"简化为"术"。参见 553 页"术[2](zhú)"字。

述 shù ❶ 遵循，依照。《尚书·五子之歌》："～大禹之戒以作歌。"《后汉书·梁

S

皇后纪》:"～遵先世。"❷陈述,记述。《史记·太史公自序》:"～往事。"范仲淹《岳阳楼记》:"前人之～备矣。"㊕阐述、传承前人成说。《论语·述而》:"～而不作。"㊋著述。《晋书·孔衍传》:"凡所撰～,百余万言。"❸文体名。1. 史书最后对各篇内容的概括。《史记》称"作",《汉书》称"述"。《汉书·叙传下》:"皇矣汉祖,……赫赫明明。～高纪第一。"2. 论的变体,前面是散文,后面是韵文。如邯郸淳《魏受命述》。3. 即行状,对人生平的叙述。如《叶梦得行述》。

【辨】说,陈,叙,述。见 397 页"说"字。

钵(鉥) shù ❶长针。《管子·轻重乙》:"一女必有一刀、一锥、一箴(zhēn)、一～。"(箴:同"针"。)❷刺。宋濂《故诗人徐方舟墓铭》:"方舟悉取而讽咏之,～肝刿(guì)肾。"(刿:划伤。)❸xù 引导。《国语·晋语二》:"子盍入乎?吾请为子～。"(子:您。)

戍 shù ❶防守边疆。《汉书·晁错传》:"置～卒焉。"㊂驻守某一地方。《左传·宣公十年》:"诸侯之师～郑。"杜甫《石壕吏》诗:"三男邺城～。"❷守边的士兵。《左传·定公元年》:"乃归诸侯之～。"❸边防的营垒或城堡。《魏书·源怀传》:"可以筑城置～之处。"

束 shù ❶绑,捆。《史记·廉颇蔺相如列传》:"其势必不敢留君,而～君归赵矣。"成语有"束手无策"。㊋结,系。《论语·公冶长》:"～带立于朝。"❷约束,束缚。李白《留别广陵诸公》诗:"空名～壮士。"[约束] 1. 束缚。《庄子·骈拇》:"～～不以纆(mò)索。"(纆索:绳子。)2. 规定,规章。《史记·孙子吴起列传》:"～～既布,乃设铁(fū)钺。"(铁钺:杀人的刑具。)《史记·廉颇蔺相如列传》:"赵括既代廉颇,悉更～～。"(悉:全部。更:改变。)㊋拘泥。诸葛亮《诫外生书》:"徒碌碌滞于俗,默默～于情。"㊋狭窄。韩愈《贞女峡》诗:"江盘峡～春湍豪。"❸聚集。黄庭坚《次韵文潜休沐不出二首》之二:"著书洒风雨,枯笔～如林。"❹量词。小把,小捆。《诗经·小雅·白驹》:"生刍一～。"[束脩] 1. 十条干肉。古时多用作礼物赠人。《论语·述而》:"自行～～以上,吾未尝无诲焉。"后专指教师的酬金。2. 约束。《后汉书·邓皇后纪》:"故能～～,不触罗网。"

【辨】束,缚。这两个字都有"捆绑"的意思。但"束"字多用于物,"缚"字多用于人。"束缚"连用时也多用于人。

树(樹) shù ❶栽种,种植。《诗经·郑风·将仲子》:"无折我～杞(qǐ)。"(杞:一种树。)《孟子·梁惠王上》:"五亩之宅,～之以桑。"㊀竖立,直立。《三国志·魏书·武帝纪》:"连车～栅。"❷建立,设立。《三国志·蜀书·先主传》:"厚～恩德,以收众心。"《左传·文公十三年》:"天生民而～之君。"㊋培养人。《韩非子·外储说左下》:"吾闻子善～人。"成语有"十年树木,百年树人"。❸树木。屈原《九章·橘颂》:"后皇嘉～。"《韩诗外传》卷九:"～欲静而风不止。"[琪树]见 328 页"琪"字。㊀量词。株,棵。贾思勰《齐民要术序》:"种甘橘千～。"❹门屏,影壁。《礼记·郊特牲》:"台门而旅～。"

【辨】木,树。见 290 页"木"字。

竖(竪)[豎] shù ❶竖立,直立。《陈书·侯安都传》:"安都乃令军士多伐松木,～栅列营。"韩愈《送穷文》:"毛发尽～,竦肩缩颈。"㊋纵,竖直。与"横"相对。《晋书·陶侃传》:"君左手中指有～理,当为公。"❷家童,童仆。《列子·说符》:"杨子之邻人亡羊,既率其党,又请杨子之～追之。"(党:亲族。)㊋对人的蔑称。《宋书·徐爰传》:"损德害民,皆由此～。"[竖子] 1. 童仆。《庄子·山木》:"命～～杀雁而烹之。"(雁:鹅。)2. 小子。对人的蔑称。《晋书·阮籍传》:"时无英雄,使～～成名。"[竖儒]对儒生的蔑称。《史记·留侯世家》:"～～,几败而公事!"❸宫中小臣。《左传·僖公二十四年》:"晋侯之～头须。"(头须:人名。)❹短小。《荀子·大略》:"衣则～褐不完。"(褐:粗布衣。)

恕 shù ❶推己及人。《论语·卫灵公》:"子贡问曰:'有一言而可以终身行之者乎?'子曰:'其～乎!己所不欲,勿施于人。'"任昉《齐竟陵文宣王行状》:"人有不及,内～诸己。"❷宽恕,原谅。《战国策·赵策四》:"老臣病足,曾不能疾走,不得见久矣,窃自～。"成语有"恕己及人"。

庶 shù ❶众多。《诗经·大雅·卷阿》:"君子之车,既～且多。"《庄子·渔父》:"寒暑不时,以伤～物。"㊕人多。《论语·子路》:"子曰:'～矣哉。'冉有曰:'既～矣,又何加焉。'"班固《西都赋》:"既～且富。"双音词有"富庶"。❷百姓,平民。杜甫《丹青引赠曹将军霸》:"将军魏武之子孙,于今为～为清门。"[庶人]百姓,平民。《荀子·王制》:"君者,舟也。～～者,水也。"❸旧时指非正妻所生之子或家族的旁支。与"嫡"相对。

S

《左传·文公十八年》:"杀适(dí)立～。"(适:正妻所生的儿子。)双音词有"庶母(父亲的妾)"、"庶兄"。❹ 差不多。《左传·襄公二十六年》:"晋其～乎!"(晋国差不多能治理好了。) ❺ 副词。表示揣测或希望。《左传·桓公六年》:"君姑修政而亲兄弟之国,～免于难。"诸葛亮《出师表》:"～竭驽钝,攘(rǎng)除奸凶。"(希望竭尽自己的力量,扫除凶顽。驽钝:比喻才力低下。)[庶几] 1.差不多。《孟子·梁惠王下》:"王之好乐甚,则齐国其～～乎!" 2.副词。表示揣测或希望。《庄子·田子方》:"～～乎民有瘳(chōu)乎。"(百姓差不多能得救了。瘳:病好。)曹植《与杨德祖书》:"～～戮力上国。"(戮力上国:为国家效劳。)

裋 shù 粗布的衣服。贾谊《过秦论》:"夫寒者利～褐,而饥者甘糟糠。"(褐:粗布衣。)

腧 shù ❶ 人体的穴位。《灵枢经·本输》:"其～在膺中。" ❷ yú 通"腴"。肌肤丰满,丰腴。《太平广记》卷八二"吕翁":"观子肤极～,体胖无恙。"

数(數) shù ❶ 数目,数量。王安石《上皇帝万言书》:"计之以～。"㊕六艺之一。算术。《周礼·地官·大司徒》:"三曰六艺:礼、乐、射、御、书、～。" ❷ 几,几个。表示二以上不确定的数目。《孟子·梁惠王上》:"～口之家,可以无饥矣。" ❸ 规律,必然性。刘禹锡《天论中》:"夫物之合并,必有～存乎其间焉。" ❹ 天命,命运。《汉书·李广传》:"以为李广～奇(jī),毋令当单于。"(奇:命运不好。单于:古代匈奴的君主。) ❺ 方略,方法。《商君书·算地》:"故为国之～,务在垦草。"㊂谋略,权术。《世说新语·假谲》:"范玄平为人好用智～。" ❻ 方术,技艺。指占卜、下棋等。《楚辞·卜居》:"～有所不逮,神有所不通。"(逮:及。)《孟子·告子上》:"今夫奕之为～,小～也。" ❼ 顺序,次序。《荀子·劝学》:"其～则始乎诵经,终乎读《礼》。"㊂礼数。应贞《晋武帝华林园集》诗:"贻宴好会,不常厥～。" ❽ cù 稠密。与"疏"相对。《论衡·气寿》:"妇人疏字者子活,～乳者子死。"(字、乳:生孩子。)㊂次数频繁。《伤寒论·辨脉法》:"其脉浮而～。" ❾ shǔ 计算。《庄子·秋水》:"杂而下者不可胜～也。"㊀算在数目以内。郦道元《水经注·庐江水》:"庐山,彭泽之山也。虽非五岳之～……" ❿ shǔ 称赞,称道。《后汉书·祢衡传》:"余子碌碌,莫足～也。"㊂(最杰出的)就属于。杜甫《韦讽录事宅观曹将军画马图》诗:"国初已来画鞍马,神妙独～江都王。" ⓫ shǔ 一一列举。贾谊《治安策》:"何不壹令臣得孰～之于前。"㊂列举罪状加以责备。《左传·昭公二年》:"使吏～之。" ⓬ shuò 多次,屡次。《三国志·吴书·吴主传》:"～犯边境。"

墅 shù ❶ 田野的草房,农舍。李商隐《访隐者不遇成二绝》之一:"秋水悠悠浸～扉(fēi)。"(扉:门。) ❷ 别墅,家宅以外另建的供游玩休息的园林房屋。《晋书·谢安传》:"于土山营～,楼馆林竹甚盛。"(营:建造。)

漱[潄] shù ❶ 漱口。《礼记·内则》:"鸡初鸣,咸盥～。" ❷ 洗涤。《礼记·内则》:"冠带垢,和灰请～。"㊂冲刷。《周礼·考工记·匠人》:"善沟者,水～之。" ❸ 吸吮,饮。张衡《思玄赋》:"～飞泉之沥液兮。"李商隐《酬令狐郎中见寄》诗:"夜读～僧瓶。"㊀汲取。陆机《文赋》:"～六艺之芳润。"

澍 shù ❶ 及时的雨水。《后汉书·明帝纪》:"长吏各絜斋祷请,冀蒙嘉～。"㊀降雨。常"澍雨"连用。《后汉书·谅辅传》:"天云晦合,须臾～雨。"㊀润泽,滋润。《淮南子·泰族》:"若春雨之灌万物也……无地而不～。" ❷ zhù 通"注"。灌注,注入。王褒《洞箫赋》:"扬素波而挥连珠兮,声礚礚(kēkē)而～渊。"(礚礚:水石相击声。)

SHUAI

衰 shuāi ❶ suō 蓑衣。一种草编雨具。《国语·越语上》:"譬如～笠,时雨既至,必求之。" ❷ 衰退,衰弱。与"盛"相对。《周易·杂》:"损益,盛～之始也。"《史记·李斯列传》:"物极则～。"㊂衰老。《战国策·赵策四》:"而臣～。" ❸ 减少。《战国策·赵策四》:"日食饮得无～乎?" ❹ cuī 等级次第的差别。《左传·桓公二年》:"皆有等～。" ❺ cuī 通"缞"。古代丧服的一种。《荀子·礼论》:"无～麻之服。"

帅(帥) shuài ❶ 带领,率领。《左传·隐公元年》:"命子封～车二百乘以伐京。"《三国志·蜀书·诸葛亮传》:"亮～众出武功。"(武功:地名。)㊀带头,表率。《北齐书·神武娄后传》:"手缝戎服,以～左右。"《汉书·循吏传序》:"相国萧、曹以宽厚清静为天下～。"(萧、曹:人名。) ❷ 遵循。《礼记·王制》:"命乡简不～教者以告。" ❸ 主将,统帅。《论语·子罕》:"三军可夺～

S

也。”《汉书·赵充国传》：“为人沈勇有大略，少好将～之节。”（沈：沉着。）㉣地方的长官。《国语·齐语》：“三乡为县，县有县～。”㉣起主导作用的事物。《孟子·公孙丑上》：“夫志，气之～也。”上述义项都可以写作“率”。

率 shuài ❶张网捕捉（飞禽）。张衡《东京赋》：“悉～百禽。”❷遵循，沿着。《诗经·大雅·常武》：“～彼淮浦。”（沿着那淮水。）❸带领，率领。《列子·汤问》：“遂～子孙荷担者三夫。”《三国志·蜀书·诸葛亮传》：“亮～众南征。”㉣表率，楷模。《汉书·何武传》：“上所委任，一州表～也。”❹主将，统帅。《荀子·富国》：“将～不能则兵弱。”㉣起主导作用的事物。《战国策·齐策五》：“夫权藉者，万物之～也。”上述❷❸㉣❹㉣又写作“帅”。❺直率，坦率。《南史·齐武陵昭王晔传》：“俭重其～真，为饱食尽欢而去。”（俭：人名。）《梁书·王瞻传》：“瞻性～亮。”❻［率尔］［率然］轻率的样子。《论语·先进》：“子路率尔而对。”《后汉书·贾复传》：“复率然对曰……”❼大致，一般。贾谊《治安策》：“进谋者～以为是。”㉡一律，一概。韩愈《进学解》：“占小善者～以录。”（录：任用。）［大率］大约。《汉书·百官公卿表上》：“～～十里一亭，亭有长。”❽lǜ 标准，条例。《史记·商君列传》：“有军功者，各以～受上爵。”❾lǜ 比率。《汉书·梅福传》：“日食地震，以～言之，三倍春秋。”

SHUANG

双（雙） shuāng ❶两只鸟。《左传·襄公二十八年》：“公膳，日～鸡。”㉡成双的，一对。班固《西都赋》：“矢不单杀，中必叠～。”《三国志·吴书·吴主传》：“权投以～戟。”（权：孙权。）㉡组成双，配对。刘向《列女传·鲁寡陶婴》：“黄鹄之早寡兮，七年不～。”❷偶数，双数。与“单”相对。《宋史·礼志十九》：“唐朝故事……只日视事，～日不坐。”（过去唐朝的典章制度……单日坐堂办公，双日不坐堂。）❸匹敌。《史记·淮阴侯列传》：“国士无～。”《古诗为焦仲卿妻作》：“精妙世无～。”

霜 shuāng ❶霜。《周易·坤》：“履～坚冰至。”氾胜之《氾胜之书》：“夏至后八十、九十日，常夜半候之，天有～。”㉡白色粉末。苏轼《送金山乡僧归蜀开堂》诗：“冰盘荐琥珀，何似糖～美。”㉥白色。范云《送别》诗：“不愁书难寄，但恐鬓将～。”❷比喻高洁。陆机《文赋》：“心懔懔以怀～。”㉥严厉。《南史·陆慧晓传》：“恒如怀冰，暑月亦有～气。”❸借指秋季。李商隐《所居》诗：“～日曝衣轻。”㉣年。李白《古风五十九首》之十四：“白骨横千～。”

孀 shuāng 死了丈夫的妇人，寡妇。《列子·汤问》：“曾不若～妻弱子。”（曾不若：连……都不如。）㉡成为寡妇。《淮南子·原道》：“童子不孤，妇人不～。”㉣妇女独居。李商隐《和韩录事送宫人入道》：“凤女颠狂成久别，月娥～独好同游。”

骦（驦） shuāng ［骕（sù）骦］见404页“骕”字。

鹴（鷞） shuāng ［鹔（sù）鹴］见404页“鹔”字。

爽 shuǎng ❶明亮。《左传·昭公三年》：“子之宅近市，湫隘嚣尘，不可以居，请更诸～垲（kǎi）者。”（湫：低下。隘：狭窄。嚣尘：喧嚣多尘。垲：干燥的高地。）李白《酬裴侍御对雨感时见赠》诗：“风严清江～。”（风严：指风刮得很紧。）［昧爽］见275页“昧”字。❷开阔，宽阔。欧阳修《会圣宫颂》：“地～而洁，宇敞而邃。”㉣开朗，豪爽。《晋书·桓温传》：“温豪～有风概。”（风：风度。概：气概。）❸清爽，畅快。《晋书·王徽之传》：“西山朝来致有～气耳。”（朝：早晨。）王勃《滕王阁序》：“酌贪泉而觉～。”成语有“秋高气爽”。［飒爽］见366页“飒”字。❹败坏，伤害。《老子》十二章：“五味令人口～。”《楚辞·招魂》：“厉而不～些（suò）。”（味浓而不败坏胃口。些：语气词。）❺违背。李商隐《为张周封上杨相公启》：“宁～约于虞人。”（爽约：失约。虞人：管理山泽的官员。）❻过失，差错。《诗经·卫风·氓》：“女也不～，士贰其行。”❼心神，魂魄。曹植《释愁文》：“去来无方，乱我精～。”

SHUI

水 shuǐ ❶水。《荀子·劝学》：“冰，～为之，而寒于～。”成语有“水能载舟，亦能覆舟”。㉢汁液。《世说新语·假谲》：“乃令曰：‘前有大梅林……’士卒闻之，口皆出～。”❷河流。《诗经·卫风·氓》：“淇～汤汤。”《左传·僖公四年》：“君其问诸～滨。”㉢江河湖海。《国语·越语上》：“陆人居陆，～人居～。”❸游泳。《荀子·劝学》：“假舟楫者，非能～也。”❹水灾。《汉书·食货志上》：“故尧禹有九年之～。”❺放水淹没敌方。《战国策·赵策一》：“围晋阳而～之。”㉣用水浸泡、润泽。《周礼·秋官·柞氏》：“令剥

S

阴木而～之。”❻ 五行(金、木、水、火、土)之一。《尚书·洪范》:“五行:一曰～,二曰火。”见468页“行”字。❼ 水星。《左传·庄公二十九年》:“～昏正而栽。”

帨 shuì ❶ 古代妇女用于擦拭污垢的佩巾。《诗经·召南·野有死麕》:“无感我～兮。”(感:撼,摇动。)❷ 擦拭。《新唐书·礼乐志七》:“皇帝～手取觶(zhì)。”(觶:一种饮酒器。)

涚 shuì 温水。《周礼·考工记·㡛氏》:“湅(liàn)丝以～水。”(湅:把生丝煮熟。)㊀滤酒,使酒清。《礼记·郊特牲》:“醆(zhǎn)酒～于清。”(醆酒:微清的浊酒。)

税 shuì ❶ 田税。《穀梁传·庄公二十八年》:“古者～什一。”㊁税收。《盐铁论·非鞅》:“收山泽之～。”㊂交纳或征收赋税。《孟子·公孙丑上》:“耕者助而不～。”《后汉书·左雄传》:“视民如寇仇,～之如豺虎。”❷ 赠送财物。《礼记·檀弓上》:“未仕者不敢～人。”❸ 租借,租用。白行简《李娃传》:“闻兹地有隙院,愿～以居。”❹ 释放,解脱。《左传·成公九年》:“郑人所献楚囚也,使～之。”《吕氏春秋·慎大》:“乃～马于华山,～牛于桃林。”[税驾]停下车驾。曹植《洛神赋》:“尔乃～～乎蘅皋。”❺ tuō 通“脱”。脱掉。《孟子·告子下》:“不～冕而行。”❻ yuè 通“悦”。和悦。《史记·礼书》:“凡礼始乎脱,成乎文,终乎～。”(脱:简略。)

睡 shuì 坐着打瞌睡。《战国策·秦策一》:“读书欲～,引锥自刺其股。”《史记·商君列传》:“孝公时时～,弗听。”㊀睡着,睡觉。杜甫《茅屋为秋风所破歌》:“自经丧乱少～眠,长夜沾湿何由彻。”

【辨】寝,卧,眠,寐,睡。见342页“寝”字。

SHUN

吮 shǔn 吮吸(液体)。《韩非子·备内》:“医善～人之伤,含人之血。”李白《蜀道难》诗:“磨牙～血,杀人如麻。”

楯 shǔn ❶ 栏杆的横木。《史记·司马相如列传》:“宛虹拖于～轩。”㊁栏杆。《新唐书·吐蕃传》:“中有高台,环以宝～。”❷ 拔擢。《淮南子·俶真》:“引～万物,群美萌生。”❸ dùn 通“盾”。盾牌。《韩非子·难一》:“楚人有鬻～与矛者。”《新唐书·百官志三》:“左执～而导之。”❹ chūn 通“輴(chūn)”。泥泞路上使用的一种交通工具。《史记·河渠书》裴骃集解引《尸子》:“行涂以～。”

顺(順) shùn ❶ 顺应,顺从。与“逆”相对。《诗经·大雅·皇矣》:“不识不知,～帝之则。”晁错《论贵粟疏》:“～于民心。”成语有“顺之者昌,逆之者亡”。㊀顺理,顺理的。《论语·子路》:“名不正则言不～。”㊂和顺。《诗经·郑风·女曰鸡鸣》:“知子之～之,杂佩以问之。”❷ 通顺。韩愈《南阳樊绍述墓志铭》:“文从字～各识职。”❸ 任情,放任。《孟子·公孙丑下》:“今之君子,过则～之。”❹ 顺着(同一方向)。《荀子·劝学》:“～风而呼。”㊀沿着,循着。苏轼《赤壁赋》:“～流而东。”❺ 顺序,次序。《左传·宣公四年》:“以贤则去疾不足,以～则公子坚长。”(去疾、公子坚:人名。)㊂依序,使合乎顺序。《左传·隐公五年》:“辨等列,～少长。”

眴 shùn ❶ 眼睛转动。屈原《九章·怀沙》:“～兮杳杳,孔静幽默。”❷ 眨眼,使眼色。《史记·项羽本纪》:“须臾,梁～籍曰:‘可行矣!’”(梁、籍:人名。)❸ 眼神惊慌。《庄子·德充符》:“适见豚(tún)子食于其死母者,少焉～若,皆弃之而走。”(豚:小猪。)❹ xuàn 通“眩”。目眩,眼睛昏花。扬雄《剧秦美新》:“臣常有颠～病。”

舜 shùn ❶ 同“蕣(shùn)”。木槿。一种落叶灌木。《诗经·郑风·有女同车》:“颜如～华。”(颜:容貌。华:花。)❷ 传说中的远古帝王。五帝之一。也叫虞舜。《孟子·万章上》:“尧以天下与～。”

蕣 shùn 木槿。一种落叶灌木。郭璞《游仙诗》之七:“～荣不终朝,蜉蝣岂见夕。”

瞬 shùn 眨眼。《列子·汤问》:“虽锥末倒眦(zì)而不～也。”(倒:扎,刺。眦:眼眶。)㊀一眨眼的时间。极言时间短促。陆机《文赋》:“观古今于须臾,抚四海于一～。”双音词有“瞬间”、“瞬时”、“瞬息”。

SHUO

说(說) shuō ❶ 陈述,解说。《荀子·正名》:“～不喻然后辨。”(喻:明白。辨:辨明。)㊂告诉,讲。《国语·吴语》:“夫差将死,使人～于子胥。”❷ 言论,主张,学说。《周易·系辞上》:“故知死生之～。”《韩非子·难一》:“矛楯之～也。”(楯:通“盾”。)《论衡·问孔》:“伐孔子之～,何逆于理?”㊂意思,意义。韩愈《赠张童子序》:“皆诵之,又约知其大～。”❸ 文体的一种。如韩愈《师说》,柳宗元《天说》。❹ shuì 劝说，说服。《三国志·魏书·郭嘉传》："太祖欲引军还，嘉～太祖急攻之。"❺ shuì 止息，休息。《诗经·鄘风·定之方中》："星言夙驾，～于桑田。"❻ yuè 喜欢，高兴。《论语·学而》："学而时习之，不亦～乎？"㊇取悦。《国语·楚语下》："又能上下～于鬼神。"上述❻㊇后来写作"悦"。❼ tuō 通"脱"。解开，脱下。《礼记·檀弓上》："使子贡～骖(cān)而赙(fù)之。"(骖：辕马两旁的马。赙：送布帛财物助人办丧事。)㊇开脱，赦免。《左传·定公四年》："初罪必尽～。"

【辨】说，陈，叙，述。这四个字都有"向别人说话"、"讲述"的意思。"说"字重在解说道理或陈述事实；"陈"字主要是罗列各件事情进行陈述；"叙"字是叙述事情来龙去脉的过程和因果；"述"字经常用于述说曾说过的话或曾发生过的事。

妁 shuò ［媒妁］媒人。《孟子·滕文公下》："父母之命，～～之言。"

烁(爍) shuò ❶ 发光的样子。《新唐书·天文志》："甲夜有大流星长数丈，光～如电。"(电：闪电。)㊀照射，闪耀。鲍照《侍宴覆舟山二首》诗之一："明晖～神都，丽气冠华甸。"❷ 热，烤。苏轼《送宋君用游辇下》诗："安知赤日～，沸浪生浮沤。"❸ 通"铄"。熔化金属。《周礼·考工记·序》："～金以为刃。"㊀削弱，损伤。《战国策·赵策四》："赵自消～。"

铄(鑠) shuò ❶ 熔化金属。《国语·周语下》："众口～金。"《盐铁论·诏圣》："～金在炉。"㊀削弱，损伤。《战国策·秦策五》："秦先得齐宋，则韩氏～。"㊀渗入，渗透。《孟子·告子上》："仁义礼智，非由外～我也，我固有之也。"❷ 美盛。《诗经·周颂·酌》："於～王师。"(於：叹词。)㊇光彩，明亮。韩愈等《晚秋郾城夜会联句》："蹂野马云腾，映原旗火～。"

朔 shuò ❶ 阴历的每月初一日。《左传·桓公十七年》："冬十月～，日有食之。"《史记·秦始皇本纪》："改年始，朝贺皆自十月～。"❷ 初，始。《礼记·礼运》："皆从其～。"㊇拂晓，天刚亮时。《庄子·逍遥游》："朝菌不知晦～。"㊕月出。《后汉书·马融传上》："大明生东，月～西陂(bēi)。"(陂：山坡。)❸ 北，北方。《木兰诗》："～气传金柝。"(朔气：北方的寒气。)《三国志·魏书·乌丸传》："威振～土。"双音词有"朔风"。［朔方］1. 北方。《尚书·尧典》："申命和叔，宅～～，曰幽都。"2. 郡名。治所在朔方，今内蒙古杭锦旗北。《汉书·卫青传》："皆领属车骑将军，俱出～～。"

槊 shuò ❶ 长矛。《魏书·杨津传》："不畏利～坚城。"苏轼《赤壁赋》："酾(shī)酒临江，横～赋诗。"(酾：斟酒。)❷ 古时博戏的一种。韩愈《示儿》诗："酒食罢无为，棋～以相娱。"

硕(碩) shuò (又读 shí) ❶ 大，高大。《周易·剥》："～果不食。"柳宗元《种树郭橐驼传》："视驼所种树，或移徙，无不活，且～茂蚤实以蕃。"(移徙：移植。蚤：通"早"。实：结果实。蕃：多。)成语有"硕大无朋"、"硕果仅存"。❷ 博学。何晏《景福殿赋》："宏儒～生。"❸ 深远。左思《魏都赋》："～画精通。"❹ shí 坚固，牢固。阮瑀《为曹公与孙权书》："忍绝王命，明弃～交。"(忍绝：忍心拒绝。硕交：交情牢靠的朋友。)❺ shí 通"石"。容量单位。十斗为一硕。布燮《听妓洞云歌》："一饮一～犹自醉。"

SI

司 sī ❶ 主管，掌管。《左传·僖公二十一年》："实～大皞与有济之祀。"(大皞：人名。有济：济水。)《史记·太史公自序》："命南正重以～天。"(南正：古代官员名。重：人名。天：指天文。)㊇官员，官吏。《左传·桓公十三年》："训诸～以德。"［有司］主管相关部门的官吏。《孟子·梁惠王下》："～～莫以告。"《三国志·蜀书·诸葛亮传》："若有作奸犯科及为忠善者，宜付～～论其刑赏。"(科：法律条文。)❷ 官署。李商隐《为举人上翰林萧侍郎启》："图书之府，鼎鼐(nài)之～。"(鼎鼐：这里指宰相。鼐：大鼎。)㊇职守，职责。韩愈《除崔群户部侍郎制》："往慎乃～，以服嘉命。"❸ 观察。《山海经·大荒西经》："～日月之长短。"❹ sì 通"伺"。侦察，探察。《汉书·灌夫传》："太后亦已使人候～。"㊇守候，等待。《战国策·赵策三》："夫良商不与人争买卖之贾，而谨～时。"(贾：价格。)

丝(絲) sī ❶ 蚕丝。《诗经·卫风·氓》："抱布贸～。"聂夷中《咏田家》："二月卖新～。"㊀丝织品。《汉书·公孙弘传》："妾不衣～。"㊇丝线，线。杜甫《重过何氏五首》诗之三："翡翠鸣衣桁(héng)，蜻蜓立钓～。"(衣桁：衣架。)陆佃《埤雅·释鸟·鸢》："今人乘风放纸鸢(yuān)，鸢辄引～而上。"(纸鸢：风筝。)❷ 纤细如丝的东西。李白《同族侄评事黯游昌禅师山池二首》诗之二："疏杨挂绿～。"(疏：稀疏。)㊒白头发。韦庄《镊白》诗："始因～一缕，渐至雪千茎。"

S

❸ 细微，微小。《礼记·缁衣》："王言如～，其出如纶。"[丝毫]形容微小的事物。《新唐书·辛云京传》："治谨于法，下有犯，虽～～比，不肯贷。"（贷：宽免。）❹ 微小的计量单位。十丝为一毫。❺ 八音（金、石、土、木、丝、竹、匏、革）之一。指弦乐器。见503页"音"字。《周礼·春官·大师》："皆播之以八音：金石土革～木匏竹。"《史记·乐书》："～声哀。"❻ [菟丝]见428页"菟"字。

私 sī ❶ 私人的，自己的。可以泛指，也可以具体指私人的田地、利益、欲望、家族、家臣等。与"公"相对。《左传·文公六年》："以～害公，非忠也。"《史记·李斯列传》："强公室，杜～门。"（杜：杜绝。）《诗经·小雅·大田》："雨我公田，遂及我～。"《左传·宣公十七年》："请以其～属。"《仪礼·士相见礼》："某也夫子之贱～。"㊀谦称。我。《晋书·荀勖传》："～谓九寺可并于尚书。"❷ 偏私，偏爱。《战国策·秦策一》："赏不～亲近。"《战国策·齐策一》："吾妻之美我者，～我也。"㊀私人占有。《诗经·豳风·七月》："言～其豵（zōng），献豜（jiān）于公。"（豵：小猪。豜：大猪。）❸ 私自，私下，偷偷地。《左传·僖公二十八年》："不如～许复曹、卫以携之。"《史记·项羽本纪》："项伯乃夜驰之沛公军，～见张良。"（之：到……去。）㊁私交，秘密的活动。《史记·项羽本纪》："项王乃疑范增与汉有～。"❹ 私通。男女不正当的性关系。《战国策·燕策一》："其妻～人。"❺ 阴部，生殖器。伶玄《赵飞燕外传》："早有～病，不近妇人。"❻ 小便。《左传·襄公十五年》："师慧过宋朝，将～焉。"（师慧：人名。宋：宋国。）

思 sī ❶ 想念，怀念。《诗经·郑风·褰裳》："子惠～我，褰裳涉溱。"李白《静夜思》诗："举头望明月，低头～故乡。"㊀思考，想。《荀子·劝学》："吾尝终日而～矣，不如须臾之所学也。"㊁悲愁，伤感。张华《励志》诗："吉士～秋。"韩愈《与鄂州柳中丞书》："行者有羁旅离别之～。"❷ 句首、句中、句末语气词。《诗经·鲁颂·駉》："～马斯臧。"（马都很健壮。）《诗经·小雅·桑扈》："旨酒～柔。"（旨酒：美酒。柔：指好。）《诗经·小雅·采薇》："今我来～，雨雪霏霏。"（雨雪：下雪。霏霏：形容雪下得紧密的样子。）❸（旧读 sì）心情，思绪。曹植《王仲宣诔》："～若涌泉。"柳宗元《登柳州城楼》诗："海天愁～正茫茫。"

缌（緦） sī 古时制作丧服的细麻布。《周礼·天官·典枲》："掌布～缕纻之麻草之物。"[缌麻]五服中最疏远的亲属穿的丧服。白居易《与元九书》："中朝无～～之亲。"

飔（颸） sī ❶ 凉风。柳宗元《哭连州凌员外司马》诗："孤旐（zhào）凝寒～。"（旐：古代插在灵柩前的旗子。）㊀凉爽。《乐府诗集·有所思》："秋风肃肃晨风～。"❷ 急风。曹植《磐石篇》："一举必千里，乘～举帆幢。"

罳 sī ❶ [罳顶]天花板。陆佃《埤雅·释草·藻》："亦曰绮井，又谓之覆海，亦或谓之～～。"❷ [罘（fú）罳]见117页"罘"字。

斯 sī ❶ 劈开。《诗经·陈风·墓门》："墓门有棘，斧以～之。"（棘：酸枣树。）㊀分开。《庄子·则阳》："～而析之，精至于无伦。"㊁离开，距离。《列子·黄帝》："不知～齐国几千万里。"❷ 指示代词。此。《论语·子罕》："有美玉于～。"《楚辞·渔父》："何故至于～。"❸ 连词。那么，就。《孟子·滕文公下》："如知其非义，～速已矣。"柳宗元《封建论》："夫天下之道，理安，～得人者也。"（理安：指太平。）❹ 句中、句末语气词。《诗经·鲁颂·駉》："思马～臧。"（马都很健壮。思：语气词。）《诗经·豳风·破斧》："哀我人～。"❺ 卑贱。《后汉书·左雄传》："乡官部吏，职～禄薄。"❻ [斯须]须臾，片刻。《礼记·祭义》："礼乐不可～～去身。"

厮[廝] sī ❶ 服杂役的人。《淮南子·览冥》："～徒马圉（yǔ）。"（徒：服杂役的人。马圉：养马的人。）❷ 互相。辛弃疾《夜游宫·苦俗客》："才～见，说山说水。"❸ 分开。《史记·河渠书》："乃～二渠。"《新唐书·高俭传》："士廉附故渠，～引旁出，以广溉道。"（士廉：高俭的字。附：依傍。故渠：旧有的渠道。）

嘶 sī ❶ 声音沙哑。《汉书·王莽传中》："大声而～。"《北史·高允传》："崔公声～股战，不能一言。"（股战：两腿发抖，形容恐惧到极点。）成语有"声嘶力竭"。㊀声音凄楚。孟郊《连州吟》之三："南风～舜琯，苦竹动猿音。"❷ 马牛等牲畜鸣叫。庾信《伏闻游猎》诗："马～山谷响。"《古诗为焦仲卿妻作》："其日牛马～。"❸ 虫鸟的鸣声。萧纲《夜望单飞雁》诗："一雁声～何处归。"苏轼《青溪辞》："雁南归兮寒蜩（tiáo）～。"（寒蜩：蝉的一种。）

澌 sī ❶ 尽。欧阳修《送徐无党南归序》："一归于腐坏～尽泯灭而已。"（一：全，都。）❷ 冰河解冻时流动的冰块。《后汉书·王霸传》："河水流～，无船，不可济。"❸ 细小的水流。曹松《信州闻通寺题僧砌下泉》诗："净罅吐微～。"❹[澌澌]象声词。形容雨雪落下的声音。李商隐《肠》诗："隔树～～雨，通池点点荷。"王建《宫词一百首》之五十五："玉阶金瓦雪～～。"

巳 sì ❶ 地支的第六位。❷ 十二时辰之一，等于现在的上午九时至十一时。见125页"干[1]"字。❸ "上巳节"的省称。古代以阴历三月上旬第一个巳日（或三月三日）为"上巳节"，人们到河边洗污除垢。陆机《櫂歌行》："元吉隆初～，濯秽游黄河。"

汜 sì ❶ 从主流分流出来再流回主流的水流。《诗经·召南·江有汜》："江有～，之子归。"❷ 通"涘"。水边。刘希夷《江南曲》："城临大江～。"❸ 水名。汜水。在今河南荥阳西边，向北流入黄河。韩愈《此日足可惜赠张籍》诗："黄昏次～水。"

祀 sì ❶ 祭祀。《左传·襄公九年》："～盘庚于西门之外。"(又)祭祀的地方。《礼记·檀弓下》："过墓则式，过～则下。"❷ 年。《尚书·洪范》："惟十有三～。"《尚书·太甲中》："惟三～十有二月朔。"(引)世，代。柳宗元《与友人论为文书》："固有文不传于后～，声遂绝于天下者矣。"

寺 sì ❶ shì 宦官，太监。《诗经·大雅·瞻卬》："匪教匪诲，时维妇～。"班固《西都赋》："阉尹阍～。"[寺人]1. 古代宫中小臣。《周礼·天官·寺人》："～～掌王之内人及女宫之戒令。"2. 宦官，太监。《左传·襄公二十六年》："～～惠墙伊戾为太子内师。"（惠墙伊戾：人名。）❷ 古代中央机构名。如"大理寺"、"太常寺"。(又)官署。《后汉书·左雄传》："或官～空旷，无人案事。"❸ 寺庙。韩愈《论佛骨表》："不许创立～观。"柳宗元《岳州圣安寺无姓和尚碑》："岳州大和尚终于圣安～。"（终：死。）

【辨】庙，寺，观（guàn）。见282页"庙"字。

似 sì ❶ 类似，像。《庄子·大宗师》："凄然～秋，暖然～春。"（凄：寒冷。）❷ 似乎。《世说新语·品藻》："吾～有一日之长。"❸ 给予。贾岛《剑客》诗："今日把～君，谁有不平事。"晏几道《长相思·长相思》："欲把相思说～谁。"❹ 介词。表示比较，相当于"超过"。刘克庄《浪淘沙·纸帐素屏遮》："今年衰～去年些。"❺ 通"嗣"。继承。《诗经·周颂·良耜》："以～以续，续古之人。"柳宗元《井铭》："畴肯～于政，其来日新。"

姒 sì ❶ 古代称呼（同一丈夫的）几个妾中的年长者。刘向《列女传·秦穆公姬》："婢子娣～，不能相教。"❷ 古代称呼妯娌中的年长者，或称呼哥哥的妻子，妯娌之间也可以互称。《左传·昭公二十八年》："长叔～生男。"（长叔：指叔向。）《资治通鉴·唐昭宗乾宁四年》："夫人请见之，瑾妻拜，夫人答拜，且泣曰：'……约为兄弟，以小故恨望，起兵相攻，使吾～辱于此。'"❸ 姐姐。刘向《列女传·鲁公乘姒》："鲁公乘～者，鲁公乘子皮之～也。"

兕 sì 犀牛。《论语·季氏》："虎～出于柙（xiá）。"（柙：关兽类的木笼。）枚乘《七发》："～虎并作。"（并作：同时出现。）

伺 sì ❶ 窥察，探察。《周书·文帝纪上》："包藏凶逆，～我神器。"❷ 等待，侦候。《后汉书·张衡传》："斯契船而求剑、守株而～兔也。"柳宗元《罴说》："～其至，发火而射之。"❸[伺候]1. 侦察，侦候。《后汉书·侯览传》："览～～遮截。"（遮截：拦截。）2. 等候，候望。韩愈《送李愿归盘谷序》："～～于公卿之门。"3. 侍候，侍奉。《太平广记》卷三三一"李霸"："众人于庭～～。"

笥 sì 一种盛（chéng）装饭食或衣物的方形竹器。《汉书·贡禹传》："输物不过十～。"

嗣 sì ❶ 继承，延续。《左传·襄公三十年》："子产而死，谁其～之？"(又)继承人。《左传·襄公三年》："祁奚请老，晋侯问～焉。"柳宗元《封建论》："卒不能定鲁侯之～。"（卒：终究。）❷ 子孙，后代。《尚书·大禹谟》："罚弗及～，赏延于世。"《晋书·王濬传》："恩宠之号坠于近～。"❸ 随后。曹操《蒿里行》："势利使人争，～还自相戕（qiāng）。"（戕：杀害。）

泗 sì ❶ 鼻涕。《诗经·陈风·泽陂》："涕～滂沱。"（滂沱：形容涕泪如雨下。）(引)鼻涕和眼泪。李朝威《柳毅传》："悲～淋漓，诚怛（dá）人心。"（怛：忧伤。）❷ 水名。泗水。流经山东、江苏。《尚书·禹贡》："达于淮～。"（淮：淮河。）

【辨】涕，泗，泪。见419页"涕"字。

驷（駟） sì ❶ 同驾一辆车的四匹马。《史记·平准书》："自天子不能具钧～。"（钧：指毛色纯一。）(又)由四匹马驾的车。《左传·僖公二十八年》："～介百乘，徒兵千。"(泛)马。《史记·孙子吴起列传》："今以君之下～与彼上～。"❷ 量词。四匹马为一"驷"，四匹马拉的车也为一"驷"。《世说新语·言语》："千～之富。"《孙子兵法·作战》："驰车千～，革车千乘。"❸ 乘，驾。屈原《离骚》："～玉虬（qiú）以乘鷖（yì）兮。"（虬：传说的龙。鷖：传说的凤凰。）❹ 星宿名。即房星。《国语·周语中》："～见而陨霜。"

俟[竢] sì 等候,等待。《诗经·邶风·静女》:"静女其姝(shū),～我于城隅。"(姝:美丽。)㉂期待。柳宗元《捕蛇者说》:"以～夫观人风者得焉。"

【辨】俟,待,等,候。"俟"和"待"在先秦时期都有"等待"的意义。"等"和"候"作"等待"讲则是后起意义。"等"在上古多作"同样"或"等级"讲。《史记·陈涉世家》:"等死,死国可乎?"其中的"等死"不是"等待死",而是"(两种做法)同样是死"。

涘 sì ❶水边,岸边。《诗经·秦风·蒹葭》:"在水之～。"❷边际。《新唐书·回鹘传上》:"道虽通,而虏求取无～。"

耜 sì ❶古代一种类似锹的翻土农具。《庄子·天下》:"禹亲自操橐(tuó)～。"(橐:盛土的工具。)㉇用耜翻土。《周礼·秋官·薙氏》:"冬日至而～之。"❷[耒耜]见241页"耒"字。

梩 sì (又读 lí)同"耜"。古代一种类似锹的翻土农具。孟郊《怀南岳隐士二首》诗之二:"枫～搘(zhī)酒瓮,鹤虱落琴床。"(搘:支撑。)

肆 sì ❶散开,散发。傅亮《芙蓉赋》:"徼旭露以滋采,靡朝风而～芳。"㉇延伸,扩展。《左传·僖公三十年》:"既东封郑,又欲～其西封。"㉂减缓,赦免。《尚书·舜典》:"眚灾～赦。"(由于过失而为害则减缓或赦免。)《左传·庄公二十二年》:"春王正月,～大眚。"❷尽力,无拘束。《三国志·魏书·钟毓传》:"开荒地,使民～力于农。"曾巩《天长朱君墓志铭》:"与其屈于人,孰若～吾志哉!"❸放肆,放任。《左传·昭公十二年》:"昔穆王欲～其心。"成语有"肆无忌惮"。㉂放开。《扬子法言·五百》:"～笔而成书。"❹陈设,陈列。《诗经·大雅·行苇》:"～筵设席。"(筵:竹制的垫席。)㉇显明。《周易·系辞下》:"其言曲而中,其事～而隐。"㉂古时处死刑后陈尸于市叫"肆"。《周礼·秋官·掌戮》:"凡杀人者,踣(bó)诸市,～之三日。"(踣:使倒毙,即杀死。诸:之于。)❺作坊。《论语·子张》:"百工居～以成其事。"㉂店铺。《后汉书·王充传》:"家贫无书,常游洛阳市～,阅所卖书。"❻因此。《尚书·无逸》:"昔在殷王中宗,严恭寅畏……不敢荒宁,～中宗之享国七十有五年。"❼数目字"四"的大写。❽量词。指成组的钟磬。《左传·襄公十一年》:"歌钟二～,及其镈、磬。"❾ tì 分解牲畜肢体。《诗经·小雅·楚茨》:"(牛羊)或剥或亨,或～或将。"㉂分解后的牲畜肢体。《周礼·春官·大宗伯》:"以～献祼(guàn)享先王。"(祼:祭祀名。)❿ yì 通"肄"。研习,练习。嵇康《释私论》:"～乎所始,名其所终。"㉂剩余。《礼记·玉藻》:"～束及带,勤者有事则收之。"

SONG

忪 sōng ❶ zhōng 心跳,惊恐。《巢氏诸病源候总论·谷疸候》:"食毕头眩心～。"❷ zhōng [怔忪]见541页"怔"字。❸[惺忪]见468页"惺"字。

凇 sōng 水汽遇冷凝结成的冰花。曾巩《冬夜即事》诗:"月澹千门雾～寒。"

崧 sōng 同"嵩"。❶山大而高。《诗经·大雅·崧高》:"～高维岳,骏极于天。"❷山名。嵩山。原名崇高、嵩高。五岳中的中岳,位于河南。韩愈《送侯参谋赴河中幕》诗:"三月～少步。"(少:少室山。)

娀 sōng [有娀]古氏族名。有娀氏。《诗经·商颂·长发》:"～～方将,帝立子生商。"(将:广大。)

嵩 sōng ❶山大而高。《后汉书·马融传》:"犯历～峦。"㉇高大。扬雄《河东赋》:"瞰帝唐之～高兮。"❷山名。嵩山。原名崇高、嵩高。五岳中的中岳,位于河南。《史记·封禅书》:"中岳,～高也。"《汉书·武帝纪》:"翌日亲登～高。"沈约《游沈道士馆》诗:"无事适华～。"(适:往。华:华山。)

怂(慫) sǒng ❶惊惧。张衡《西京赋》:"怵悼栗而～兢。"❷[怂恿(yǒng)]从旁劝说鼓动。王安石《和吴冲卿雪》诗:"填空忽汗漫,造物谁～～。"

耸(聳) sǒng ❶耳聋。马融《广成颂》:"子野听～,离朱目眩。"❷高起,高耸。柳宗元《种柳戏题》诗:"～干会参天。"(干:树干。)王勃《滕王阁序》:"层峦～翠,上出重霄。"㉂抬起,举起,扬起。杨万里《寒食雨作》诗:"唤惊昼梦～诗肩。"王勃《拜南郊颂序》:"孙叔奉轡,王良～策。"陆龟蒙《奉和袭美太湖诗·初入太湖》:"乍如开雕笯(nú),～翅忽飞出。"(笯:鸟笼。)❸鼓励,崇尚。《国语·楚语上》:"为之～善而抑恶焉。"❹通"悚"。惊惧,恐惧。《韩非子·内储说上》:"吏皆～惧。"㉂惊动,震动。江淹《别赋》:"惊驷马之仰秣,～渊鱼之赤鳞。"(仰秣:抬头咀嚼。赤鳞:红色鳞片的鱼。)❺通"悚"。恭敬,敬畏。《国语·楚语上》:"能～其德,至于神明。"

悚 sǒng ❶恐惧,惊恐。《韩非子·内储说上》:"皆～惧其所而不敢为非。"潘岳《射

S

雉赋》："情骇而神～。"（情：心情。神：精神。）成语有"毛骨悚然"。❷ 恭敬。韩愈《上贾滑州书》："是宜小子刻心～慕。"

竦 sǒng ❶ 直立，竦立。张衡《思玄赋》："～余身而顺止兮，遵绳墨而不跌。"㊀企立，伸长脖子、提起脚跟站着。曹植《求自试表》："夫临博而企～。"《汉书·韩信传》："～而望归。"❷ 执持。屈原《九歌·少司命》："～长剑兮拥幼艾。"鲍照《咏史》："游客～轻辔。"❸ 高起，高耸。《抱朴子·穷达》："嵩、岱不托地，则不能～峻极。"这个意义后来写作"耸"。❹ 肃敬，恭敬。《汉书·礼乐志》："听者无不虚己～神。"《后汉书·黄宪传》："淑～然异之。"（淑：人名。异之：认为他很不一般。）❺ 劝说，鼓动。《汉书·扬雄传下》："整舆～戎。"❻ 通"悚"。惊惧，恐惧。《诗经·商颂·长发》："不震不动，不戁(nǎn)不～。"（戁：恐惧。）《韩非子·初见秦》："弃甲负弩，战～而却。"（却：退却。）㊁震惊，震动。《后汉书·南匈奴传》："～动左右。"《汉书·李广传》："怒形则千里～。"

讼(訟) sòng ❶ 争论，争辩。《淮南子·俶真》："儒墨乃始列道而议，分徒而～。"㊀诉讼，打官司。《论语·颜渊》："听～，吾犹人也。"张协《七命》："争宝之～解。"（宝：宝物。解：解决。）㊀控告。《史记·田叔列传》："～王取其财物百余人。"❷ 为人辩冤。《汉书·陈汤传》："太中大夫谷永上疏～汤。"（太中大夫：官名。谷永：人名。）《宋史·岳飞传》："太学生程宏图上书～飞冤。"❸ 责备，检讨。《论语·公冶长》："吾未见能见其过而内自～者也。"㊁埋怨。《汉书·东方朔传》："因自～独不得大官。"❹ 公开。《史记·吕太后本纪》："太尉尚恐不胜诸吕，未敢～言诛之。"❺ 通"颂"。歌颂，颂扬。《汉书·王莽传上》："深～莽功德。"

颂(頌) sòng ❶ róng 仪容。《汉书·儒林传》："抠衣登堂，～礼甚严。"这个意义又写作"容"。❷ róng 宽容。《汉书·惠帝纪》："有罪当盗械者，皆～系。"❸ 歌颂，颂扬。《史记·秦始皇本纪》："刻石～秦德。"❹《诗经》"风、雅、颂、赋、比、兴"六艺之一。包括《周颂》、《鲁颂》、《商颂》，均为庙堂祭祀时所使用的舞曲歌辞。《论语·子罕》："雅、～各得其所。"❺ 古代占卜的卦辞。《周礼·春官·大卜》："其～皆千有二百。"❻ 文体的一种，用以颂扬。刘勰《文心雕龙·颂赞》："～惟典雅。"❼ 朗读，背诵。《孟子·万章下》："～其诗，读其书。"

宋 sòng ❶ 周代诸侯国。在今河南商丘一带。《左传·僖公二十二年》："楚人伐～以救郑。"❷ 朝代名。公元420—479年，南朝之一，第一代君主是刘裕，建都建康（今江苏南京）。❸ 朝代名。公元960—1279年，第一代君主是赵匡胤(yìn)，原建都汴梁（今河南开封），公元1127年迁都到临安（今浙江杭州），迁都以前史称北宋，迁都以后史称南宋。

诵(誦) sòng ❶ 朗诵，背诵。《汉书·贾谊传》："以能～诗书属文称于郡中。"（属文：写文章。）孔融《荐祢衡表》："目所一见，辄～于口。"❷ 述说，陈述。《孟子·告子下》："子服尧之服，～尧之言。"韩愈《答陈生书》："聊为足下～其所闻。"❸ 颂扬，称颂。《左传·襄公三十一年》："文王之功，天下～而歌舞之。"❹ 诗篇。《诗经·小雅·节南山》："家父作～，以究王訩(xiōng)。"（究：追究。訩：昏乱。）❺ 委婉的讽谏。《左传·襄公四年》："国人～之曰……"❻ 通"讼"。公开。《汉书·高后纪》："未敢～言诛之。"

SOU

搜[捜] sōu ❶ 搜索，搜查。曹植《七启》："～林索险。"《庄子·秋水》："～于国中三日三夜。"❷ 选择，寻找。扬雄《甘泉赋》："～逑(qiú)索偶。"（逑：配偶。）《世说新语·纰漏》："王安丰选女婿，从挽郎～其胜者。"（挽郎：贵族出殡时牵引灵柩唱挽歌的青少年男子，多为官宦子弟。）

廋[廀] sōu ❶ 隐藏，藏匿。《论语·为政》："人焉～哉。"❷ 说隐语。《新唐书·郑注传》："注本姓鱼……人～谓曰'水族'。"[廋辞]隐语，谜语。《国语·晋语五》："有秦客～～于朝，大夫莫之能对也。"❸ sǒu 山水弯曲的地方。《楚辞·九叹·忧苦》："步从容于山～。"❹ 通"搜"。搜索，搜查。《汉书·赵广汉传》："直突入其门，～索私屠酤。"（屠酤：旧指以宰杀牲畜和卖酒为职业的人。）

飕(颼) sōu ❶ 小风。《初学记》卷一引应劭《风俗通》："小风曰'～'。"❷ [飕飗(liú)] 1. 象声词。形容风雨声。左思《吴都赋》："飕(yǒu)浏～～。"（飕浏：风声。）张彦远《历代名画记》卷一〇："风雨～～。"2. 寒风凛冽的样子。王安石《杜甫画像》诗："不忍四海赤子寒～～。"

螋 sōu [蠼(qú)螋]见 219 页“蠼(jué)”字。

蒐 sōu ❶ 草名。茜草。《山海经·中山经》:“其阳多玉,其阴多～。”❷ 春天打猎。《国语·齐语》:“春以～振旅。”❸ 检阅,检查。《左传·襄公二十六年》:“简兵～乘。”(简:检阅。乘:车。)❹ 隐藏,隐蔽。《左传·文公十八年》:“服谗(chán)～慝(tè),以诬盛德。”(服:施行。谗:说别人坏话。慝:邪恶。诬:欺骗。盛德:指有盛德的人。)❺ 聚集。《新唐书·郭元振传》:“请郭虔瓘使拔汗那～其铠马以助军。”❻ 寻找。《宋史·李植传》:“～选强壮,以重军势。”这个意义现写作“搜”。

叟 sǒu ❶ 对老年男子的称呼。《列子·汤问》:“河曲智～亡以应。”(亡:无。)❷ 汉代称西南一些少数民族。常璩《华阳国志·南中志》:“夷人大种曰昆,小种曰～。”《后汉书·董卓传》:“吕布军有～兵内反。”

溲 sǒu ❶ 浸泡。《仪礼·士虞礼》:“明齐～酒。”(明齐:洁净的水。)贾思勰《齐民要术·种谷》:“先种二十日时,以～种。”❷ 用液体调和。张鷟《朝野佥载》卷一:“仆附耳语曰:‘～几许面?’”㊀拌和。张君房《云笈七签》卷七四:“以药～干饭讫。”❸ sōu 排泄小便,便溺。《国语·晋语四》:“少～于豕牢。”㊁排泄大小便。《史记·扁鹊仓公列传》:“不得前后～三日矣。”㊀尿液。《后汉书·张湛传》:“湛至朝堂,遗失～便。”

瞍 sǒu 盲人。㊕乐师。古代乐师多为盲人。《诗经·大雅·灵台》:“蒙～奏公。”(蒙:盲人。)

嗾 sǒu 用嘴发出声音(用以驱使狗)。《左传·宣公二年》:“公～夫獒(áo)焉。”(獒:猛犬。)㊖怂恿,唆使。查继佐《徐光启传》:“～台臣论劾(hé)。”(唆使御史弹劾徐光启。台臣:御史。劾:弹劾。)㊀招惹,逗引。刘禹锡《秋词》:“岂如春色～人狂。”

擞(擻) sǒu [抖擞]见 90 页“抖”字。

薮(藪) sǒu ❶ 大泽,湖泊。《周礼·夏官·职方氏》:“其山镇曰会稽,其泽～曰具区。”㊆水少而草木茂盛的湖泽。《诗经·郑风·大叔于田》:“叔在～,火烈具举。”《荀子·王制》:“山林～泽。”❷ 人或物聚集的地方。郭璞《奏请平刑书》:“密迩(ěr)奸～。”(密迩:紧挨着。)《抱朴子·汉过》:“云观变为狐兔之～。”蔡邕《胡广黄琼颂》:“惟道之渊,惟德之～。”❸ 乡野,民间。湛方生《后斋》诗:“解缨复褐,辞朝归～。”❹ 通“搜(sōu)”。寻找。《晋书·李重传》:“耽道穷～,老而弥新。”

嗽[嗽] sòu ❶ 咳嗽。《周礼·天官·疾医》:“冬时有～,上气疾。”❷ shuò 吸吮。《汉书·佞幸传》:“文帝尝病痈,邓通常为上～吮之。”❸ shù 通“漱”。漱口。《史记·扁鹊仓公列传》:“即为苦参汤,日～三升。”

SU

苏(蘇) sū ❶ 植物名。紫苏。枚乘《七发》:“秋黄之～。”㊁柴草。《宋书·羊玄保传》:“贫弱者薪～无托。”❷ 取草,割草。《庄子·天运》:“～者取而爨(cuàn)之而已。”(爨:烧。)㊀割草的人。鲍照《登大雷岸与妹书》:“樵～一叹,舟子再泣。”㊆取。屈原《离骚》:“～粪壤以充帏(wéi)兮。”(粪壤:指肮脏的东西。帏:佩戴在身上的香囊。)❸ 死而复生,苏醒过来。《史记·扁鹊仓公列传》:“有间,太子～。”(有间:一会儿。)㊆(在困顿中)得到解救或缓解。《孟子·梁惠王下》:“徯(xī)我后,后来其～。”(徯:等待。后:君主。)杜甫《江汉》诗:“落日心犹壮,秋风病欲～。”㊀拯救,解救。王安石《京东提点刑狱陆君墓志铭》:“～饥息穷。”上述❸㊆㊀又写作“甦”,现写作“苏”。❹ 下垂的装饰物。《史记·司马相如列传》:“蒙鹖～,绔白虎。”双音词有“流苏”。❺ 通“傃(sù)”。朝,向。《荀子·议兵》:“顺刃者生,～刃者死。”

稣(穌) sū 苏醒,死而复生。刘义庆《幽明录》:“石长和死,四日～。”(石长和:人名。)

甦 sū ❶ 死而复生,苏醒过来。赵师侠《一剪梅·丙辰冬长沙作》:“暖日烘梅冷未～。”萧衍《净业赋序》:“独夫既除,苍生～息。”(苍生:老百姓。)❷ 缓解,稍缓。李商隐《哭虔州杨侍郎》诗:“齐民困未～。”古文中上述义项多写作“甦”,又写作“蘇”,现写作“苏”。

窣 sū ❶ 纵跃,纵身跳。《孔氏谈苑·皇甫偰深刻》:“如闭目～身入水。”❷ 突然。李隆基《初入秦川路逢寒食》诗:“灞岸垂杨～地新。”❸ 拂,甩动。李从善《蔷薇》诗:“新条～草垂。”❹ 象声词。形容细碎的摩擦声。李贺《南园十三首》诗之二:“黄桑饮露～宫帘。”[窸(xī)窣]见 449 页“窸”字。

俗 sú ❶ 风俗,习惯。《尚书·君陈》:“败常乱～。”《荀子·乐论》:“移风易～,天下皆宁。”❷平庸的，世俗的。杜甫《李鄠县丈人胡马行》：“始知神龙别有种，不比～马空多肉。”《孟子·梁惠王下》：“直好世～之乐耳。”⊗民众，百姓。《新唐书·戴叔伦传》：“为作均水法，～便利之。”⊗庸俗的，鄙俗的。与“雅”相对。王安石《兼并》诗：“～儒不知变。”❸佛教称在世间、在家。与“出家(为僧)”相对。《宋书·徐湛之传》：“世祖命使还～。”

夙 sù ❶早晨。《诗经·卫风·氓》：“～兴夜寐。”⊗时候早，时间靠前。谢灵运《山居赋》：“愧班生之～悟，惭尚子之晚研。”(班生、尚子：人名。)⊗早年。李密《陈情表》：“臣以险衅，～遭闵凶。”(闵凶：丧亲之忧。)❷平素，以往。杜甫《骢马行》：“～昔传闻思一见。”《宋史·苏辙传》：“欲稍引用，以平～怨。”

诉(訴) sù ❶诉说，诉苦。《乐府诗集·伤歌行》：“舒愤～穹苍。”《后汉书·邓皇后纪》：“举头若欲自～。”❷控诉，告状。《后汉书·陈宠传》：“吏多奸贪，～讼日百数。”《三国志·魏书·郭嘉传》：“数廷～嘉。”(屡次在朝廷上告郭嘉的状。)⊗诽谤，说别人的坏话。《左传·成公十六年》：“而～公于晋侯。”(公：鲁公。)❸辞谢饮酒。陆游《蝶恋花·禹庙兰亭今古路》：“鹦鹉杯深君莫～，他时相遇知何处。”

【辨】诉，告。这两个字在古代不同义。现代“告诉”的意义在古代只说“告”，不说“诉”。“诉”在古代主要是“诉说”的意思，“诉”的内容是自己的怨苦。

肃(肅) sù ❶收敛，萎缩。张协《杂诗十首》之二：“天高万物～。”《礼记·月令》：“寒气时发，草木皆～。”⊗肃杀。王安石《桂枝香·金陵怀古》：“正故国晚秋，天气初～。”❷恭敬。《左传·僖公二十三年》：“其从者～而宽。”(宽：待人宽大。)(引)恭敬地引导。《礼记·曲礼上》：“主人～客而入。”❸深深地作揖。《左传·成公十六年》：“三～使者而退。”❹严峻，严肃。《礼记·礼运》：“刑～而俗敝。”《三国志·蜀书·诸葛亮传》：“赏罚～而号令明。”(引)整顿。范仲淹《推委臣下论》：“～朝廷之仪，触缙绅之邪。”(引)警诫。《抱朴子·明本》：“不赏而劝，不罚而～。”❺清除。《魏书·元鸾传》：“准法寻愆，应加～黜。”

骕(驌) sù ［骕骦(shuāng)］［骕骦(shuāng)］良马名。张协《七命》：“骖唐公之骕骦。”《后汉书·马融传上》：“六骕骦之玄龙。”又写作“鹔鹴”、“鹔鹴”。

鹔(鷫) sù ［鹔鹴(shuāng)］［鹔鹴(shuāng)］1. 一种雁。《楚辞·大招》：“鸿鹄代游，曼鹔鹴只。”2. 传说中西方的神鸟。杨炯《盂兰盆赋》：“鸣鹔鹴与鸑鷟(yuèzhuó)。”(鸑鷟：凤凰一类的鸟。)3. 同“骕骦(sùshuāng)”。良马名。刘禹锡《寄唐州杨八归厚》诗：“浅草遥迎鹔鹴马。”

素 sù ❶没有染色的绢。《玉台新咏·古诗八首》之一：“新人工织缣(jiān)，故人工织～。”(工：擅长。缣：细绢。)(引)写字用的丝绸或纸张。王冑《白马篇》：“不羡山河赏，唯希竹～传。”❷白色的。《诗经·召南·羔羊》：“～丝五紽(tuó)。”(紽：量词。)(引)(白色的)盐、雪等物。张融《海赋》：“熬波出～。”谢朓《阻雪》诗：“飘～莹檐溜。”⊗空，白白地。《诗经·魏风·伐檀》：“不～餐兮。”❸(无荤腥的)植物类食品。与“荤”相对。《墨子·辞过》：“古之民未知为饮食时，～食而分处。”❹朴素，质朴。《老子》十九章：“见～抱朴。”《淮南子·本经》：“其事～而不饰。”⊗根本，本质。刘向《说苑·反质》：“是谓伐其根～，流于华叶。”《淮南子·俶真》：“平易者道之～。”❺真情。邹阳《狱中上梁王书》：“披心腹，见情～。”(披：剖开。见：现，露出。)这个意义后来写作“愫”。❻清贫。《晋书·武帝纪》：“举清能，拔寒～。”❼向来，平素。《史记·陈涉世家》：“吴广～爱人，士卒多为用者。”(引)平素的(表现、修养等)。《汉书·梅福传》：“听言不求其能，举功不考其～。”⊗旧交。刘禹锡《重祭柳员外文》：“其他赴告，咸复于～。”❽预先。《国语·吴语》：“夫谋，必～见成事焉，而后履之。”

愫 sù 真情，诚意。陈亮《中兴五论序》：“尝欲输肝胆，效情～。”

速 sù ❶快，迅速。《论语·子路》：“欲～则不达。”《三国志·魏书·郭嘉传》：“兵贵神～。”(引)急迫，紧急。杜甫《发阆中》诗：“女病妻忧归意～，秋花锦石谁复数。”⊗催促。韩愈《贞曜先生墓志铭》：“樊子使来～铭……乃序而铭之。”❷招致。《左传·闵公二年》：“危身以～罪。”(危身：危及自身。)❸迎请，邀请。《荀子·乐论》：“主人亲～宾及介，而众宾皆从之。”(介：替宾客传话的人。)成语有“不速之客”。

【辨】快，速，疾，捷。见230页“快”字。

馀(餗) sù 鼎中的食物。《周易·鼎》：“鼎折足，覆公～。”(通)美味佳肴。王令《古庙》诗：“～肴丰鲜牲鱼肥。”叶适《承事郎致仕黄君墓志铭》：“种之炊之，有实其～。”

S

觫 sù [觳(hú)觫]见159页“觳”字。

宿 sù ❶ 住宿，过夜。《荀子·儒效》：“暮～于百泉。”（百泉：地名。）㊀住所，住宿的地方。《周礼·地官·遗人》：“三十里有～，～有路室。”㊀隔夜的，隔年的。《论语·颜渊》：“子路无～诺。”《礼记·檀弓上》：“朋友之墓，有～草而不哭焉。”双音词有“宿雨”、“宿根”。❷ 停留，驻扎。杜甫《宿江边阁》诗：“薄云岩际～。”陈亮《上孝宗皇帝第一书》：“故京师常～重兵以为固。”❸ 平素，旧有的。《三国志·蜀书·诸葛亮传》：“～服仰备。”（备：刘备。）《新唐书·李道宗传》：“长孙无忌、褚遂良与道宗有～怨。”（长孙无忌、褚遂良、道宗：人名。）❹ 多年的。曹叡《长歌行》：“～屋邪草生。”❺ 年岁大。《周书·文帝纪上》：“虽操行无闻，而年齿已～。”㊀老成的，久于其事的。《后汉书·刘表传》：“奸猾～贼。”[宿将]有经验的老将。《战国策·魏策二》：“田肦，～～也。”（田肦：人名。）❻ xiǔ 量词。用以计算整夜。贾思勰《齐民要术·水稻》：“净淘种子，渍(zì)经五～。”（渍：泡。）❼ xiù 星宿。㊕二十八宿。《列子·天瑞》：“日月星～不当坠邪。”

粟 sù ❶ 谷子。去皮后称为小米。《旧唐书·食货志下》：“其～麦粳稻之属各依土地。”㊁粮食。李斯《谏逐客书》：“地广者～多。”❷ 指俸禄。殷仲文《解尚书表》：“退不能辞～首阳，拂衣高谢。”（首阳：引用伯夷、叔齐不食周粟而隐居首阳山的典故。）❸ 沙粒等细小之物。《山海经·南山经》：“英水出焉，西南流注于赤水，其中多白玉，多丹～。”（丹：红。）❹ 皮肤因寒冷而起鸡皮疙瘩。陆游《雪后苦寒行饶抚道中有感》诗：“重裘犹～肤。”（重裘：两层皮袄。）

【辨】榖，禾，粟，黍，稷。见135页“谷²(穀)”字。

谡(謖) sù ❶ 立起，起来。《列子·黄帝》：“若夫没人，则未尝见舟而～操之者也。”（没人：善于游泳的人。操：指使用。）❷ 肃敬的样子。《后汉书·蔡邕传》：“公子～尔敛袂(mèi)而兴。”（敛袂：收敛袖子。兴：起。）❸ [谡谡] 1. 峻拔的样子。赵孟頫《题西溪图》诗：“长松～～含苍烟。” 2. 形容连续不断的声音。陆机《感时赋》：“风～～而妄作。”洪迈《夷坚丙志·蔡州禳灾》：“其下～～如人行。”

遡 sù ❶ 逆水流而上。《诗经·秦风·蒹葭》：“～洄从之，道阻且长。”㊀追溯。刘昌诗《芦浦笔记叙》：“～其源而循其流。”❷ 面向，向着。张衡《西京赋》：“咸～风而欲翔。”刘禹锡《答容州窦中丞书》：“挟弓注矢～空而发。”上述❶㊀❷又写作“溯”、“泝(sù)”，现写作“溯”。❸ 通“愬”。诉说。《战国策·齐策五》：“告～于魏。”

溯[泝] sù ❶ 逆水流而上。《左传·哀公四年》：“吴将～江入郢。”㊀追溯。班固《典引》：“～测其源。”❷ 面向，向着。张衡《东京赋》：“～洛背河。”

愬 sù ❶ 诉说，诉苦。《诗经·邶风·柏舟》：“薄言往～，逢彼之怒。”（薄言：动词词头。）这个意义现写作“诉”。㊀进谗言，诽谤。《论语·宪问》：“～子路于季孙。”❷ 向着。潘岳《西征赋》：“～黄巷以济潼。”（黄巷：亭名。济：渡。潼：水名。）❸ sè 惊恐。《公羊传·宣公六年》：“～而再拜。”

蔌 sù ❶ 蔬菜的总称。《诗经·大雅·韩奕》：“其～维何？维笋及蒲。”❷ [蔌蔌] 1. 简陋的样子。《诗经·小雅·正月》：“佌佌(cǐcǐ)彼有屋，～～方有谷。”（佌佌：小的样子。）2. 风疾劲的样子。鲍照《芜城赋》：“～～风威。” 3. 花叶纷纷落下的样子。元稹《连昌宫词》：“风动落花红～～。” 4. 水流动的样子。苏轼《食柑》诗：“清泉～～先流齿。”

簌 sù ❶ 摇动，抖动。王祯《农书》卷一六：“一捣一～，既省人搅，米自匀细。”❷ [簌簌] 1. 连续落泪的样子。李璟《摊破浣溪沙·菡萏香销翠叶残》：“～～泪珠多少恨。” 2. 象声词。形容连续发出的微弱的声音。苏轼《浣溪沙·簌簌衣巾落枣花》：“～～衣巾落枣花。”

SUAN

狻 suān [狻猊(ní)]狮子。《穆天子传》卷一：“～猊□野马，走五百里。”也单用“狻”。苏轼《记所见开元寺吴道子画佛灭度以答子由》诗：“西方真人谁所见？衣被七宝从双～。”

筭 suàn ❶ 古代计算时用的筹码。多用竹子制成。《山海经·海外东经》：“右手把～。”《世说新语·文学》：“如筹～，虽无情，运之者有情。”❷ 计算。枚乘《七发》：“持筹而～之。”《新唐书·杨国忠传》：“计～钩画，分铢不误。”❸ 计划，筹谋。陆机《吊魏武帝文》：“长～屈于短日。”（长筭：长远的计划。屈：屈服，受挫折。短日：指寿命短。）

算[祘] suàn ❶ 数(shǔ)，计算。《汉书·律历志上》：“数者，一、十、百、千、万也，所以～数事物。”㊀数额，限额。《仪礼·士丧礼》：“明衣不在～。”《礼记·檀弓下》：“有～，为之节文也。”[无算]无法计算。形容极多。《北史·崔浩传》：“人畜～～。”❷征税。荀悦《汉纪·武帝纪六》：“～至船车，租及六畜。”❸计划，筹谋。《汉书·赵充国传》：“臣闻兵以计为本，故多～胜少～。”成语有“算无遗策”。㊀推测，预料。姜夔《扬州慢》：“～而今重到须惊。”张先《系裙腰·惜霜蟾照夜云天》：“～一年年，又能得几番圆。”❹算卦，算命。《晋书·郭璞传》：“妙于阴阳～历。”❺通“筭”。古代计算时用的筹码。《仪礼·乡射礼》：“一人执～以从之。”上述❶❸❺又写作“祘”。

SUI

虽(雖) suī ❶虽然。《诗经·大雅·文王》：“周～旧邦，其命维新。”贾思勰《齐民要术·耕田》：“田～薄恶，收可亩十石。”❷即使，纵然。《孟子·告子下》：“～与之天下，不能一朝居也。”《墨子·公输》：“～杀臣，不能绝也。”❸wéi 通“惟”。仅，只有。《管子·君臣下》：“决之则行，塞之则止。～有明君能决之又能塞之。”

睢 suī ❶huī 仰目。[睢睢]仰视的样子。《汉书·五行志中之下》：“万众～～，惊怪连日。”❷怒目而视。《战国策·燕策一》：“若恣～奋击。”❸通“濉”。河流名。濉河。流经今河南、安徽、江苏等地。《史记·高祖本纪》：“～水为之不流。”

濉 suī 河流名。濉河。流经今河南、安徽、江苏等地。《韩诗外传》卷三：“～漳江汉，楚之望也。”

绥(綏) suí ❶登车时做拉手用的绳子。《左传·哀公二年》：“子良授太子～而乘之。”❷安，安抚。《诗经·大雅·民劳》：“惠此中国，以～四方。”《三国志·蜀书·诸葛亮传》：“思靖百姓，惧未能～。”（靖：安定。）双音词有“绥靖”。❸临阵退却。曹操《败军令》：“将军死～。”❹ruí 通“緌”。以牦牛尾饰于杆上的一种旗帜。《礼记·王制》：“天子杀则下大～。”㊀旗的缨穗。《礼记·曲礼上》：“武车～旌。”柳宗元《起废答》：“络以和铃，缨以朱～。”❺tuǒ 通“妥”。落下，下垂。《礼记·曲礼下》：“大夫则～之，士则提之。”

隋 suí ❶tuǒ 古代祭祀名。《周礼·春官·小注》郑玄注：“～，尸之祭也。”❷周代诸侯国。在今湖北随州一带。杜甫《酬郭十五判官》诗：“只同燕石能星陨，自得～珠觉夜明。”❸朝代名。公元581—618年，第一代君主是杨坚，建都大兴（今陕西西安）。白居易《新乐府·二王后》：“周亡天下传于～，～人失之唐得之。”❹duò 通“堕”。堕落，下垂。《史记·天官书》：“廷藩西有～星五。”㊀通“惰”。怠慢，懒惰。《晏子春秋·内篇问下》：“奉官从上不敢～。”《淮南子·时则》：“民气解～。”❺huī 通“隳”。毁坏。《国语·晋语八》：“若受君赐，是～其前言。”《马王堆汉墓帛书·经法·国秩》：“～其城郭。”

随(隨) suí ❶随，跟随。《左传·文公十七年》：“～蔡侯以朝于执事。”杜甫《春夜喜雨》诗：“～风潜入夜。”成语有“夫唱妇随”。㊀沿着，顺着。《淮南子·修务》：“～山刊木。”（刊：砍。）成语有“随波逐流”。㊀追求，追逐。《周易·随》：“～有求，得。”❷依从，照着办。《扬子法言·渊骞》：“萧也规，曹也～。”（萧何订立规章制度，曹参照着办。）㊀依靠，依据。司马光《乞实行治国用疏上殿札子》：“乞～材用人。”❸听任，任随。《史记·魏世家》：“听使者之恶之，～安陵氏而亡之。”韩愈《进学解》：“行成于思毁于～。”❹副词。随即，接着。《史记·留侯世家》：“良殊大惊，～目之。”❺周代诸侯国。在今湖北随州一带。又称隋。《左传·桓公六年》：“汉东之国～为大。”❻tuǒ 椭圆形。《淮南子·齐俗》：“于盘水则员，于杯则～。”（员：圆。）❼duò 懈怠，懒惰。《管子·形势解》：“臣下～而不忠。”

岁(歲)[嵗] suì ❶星名。木星。或指假想的“岁星（太岁）”。《左传·襄公二十八年》：“～在星纪。”《论衡·难岁》：“丑亥之民东西徙，触～之位。”❷年。《诗经·王风·采葛》：“一日不见，如三～兮。”㊀时间，光阴。《论语·阳货》：“日月逝矣，～不我与。”《三国志·吴书·吴主传》：“欲以虚辞引～。”（虚辞：空话。引岁：拖延时间。）❸量词。表示年龄的单位。《史记·秦始皇本纪》：“年十三～，庄襄王死，政代立为秦王。”（政：嬴政，即秦始皇。）㊀年纪，年岁。韩愈《入关咏马》：“～老岂能充上驷。”❹年景，收成。《管子·小问》：“厚收善～，以充仓廪(lǐn)。”（仓廪：仓库。）

谇(誶) suì ❶责备，责骂。《国语·吴语》：“吴王还自伐齐，乃～申胥。”（申胥：人名。）贾谊《治安策》：“母取箕帚，立而～语。”❷问讯，责问。《庄子·山木》：“虞人逐而～之。”❸谏诤。屈原《离骚》："謇（jiǎn）朝～而夕替。"（謇：句首语气词。替：废。）❹ 告知。《汉书·叙传上》："既～尔以吉象兮，又申之以炯戒。" ❺ 辞赋篇末总括之词。贾谊《吊屈原赋》："～曰：'已矣，国其莫吾知兮。'"

祟 suì ❶（鬼神作怪）造成灾害。《左传·昭公元年》："实沈、台骀（tái）为～。"（实沈、台骀：神名。）❷ 灾害，灾祸。《史记·田叔列传》："久乘富贵，祸积为～。"

遂 suì ❶ 前进，前往。《周易·大壮》："不能退，不能～。"谢灵运《九日从宋公戏马台集送孔令》诗："归客～海嵎。"㊀进荐，举荐。《吕氏春秋·简选》："～其贤良，顺民所喜。" ❷ 成就，顺利地做到。司马迁《报任安书》："四者无一～。"㊀称心，如意。杜甫《羌村三首》诗之一："世乱遭飘荡，生还偶然～。" ❸ 放任，任从。《商君书·算地》："夫弃天物，～民淫者，世主之务过也。" ❹ 生长，养育。《韩非子·难二》："六畜～，五谷殖。"《管子·兵法》："定宗庙，～男女。" ❺ 田间水沟。《周礼·地官·遂人》："夫间有～，～上有径。" ❻ 通，达。《国语·周语下》："节之鼓而行之，以～八风。"《淮南子·精神》："何往而不～。"㊀水中的通道。《荀子·大略》："迷者不问路，溺者不问～。"㊁路径，通道。苏辙《巫山赋》："蹊～芜灭而不可陟兮。" ❼ 于是，就。《韩非子·说林上》："乃掘地，～得水。" ❽ 终，竟，终于。《汉书·梅福传》："福复上书……上～不纳。" ❾ 先秦时指京城远郊或郊外的行政区域。《尚书·费誓》："鲁人三郊三～。"王安石《周公》："故三代之制，立庠于党，立序于～，立学于国。" ❿ 古代取火的工具。《周礼·秋官·司烜氏》："掌以夫～取明火于日。"这个意义后来写作"燧"。⓫ 通"邃"。深远。屈原《天问》："～古之初，谁传道之。" ⓬ 通"坠（zhuì）"。坠失。《荀子·王制》："则大事殆乎弛，小事殆乎～。"

隧 suì ❶ 通道，道路。《庄子·马蹄》："山无蹊～，泽无舟梁。"张衡《西京赋》："俯察百～。" ❷ 地道，隧道。《左传·隐公元年》："大～之中。"㊀挖隧道。《左传·隐公元年》："若阙地及泉，～而相见。"㊕墓道。《左传·僖公二十五年》："请～，弗许。"（请隧：请求做墓道埋葬。）❸ [亭隧][障隧]烽火台。《汉书·匈奴传下》："建塞徼，起亭隧。"班彪《北征赋》："登障隧而遥望兮。" ❹ 钟因受敲击而磨光处。《周礼·考工记·凫氏》："于上之攠（mí）谓之～。"（于：钟唇。攠：磨错处。）❺ 通"遂"。远郊地。《史记·鲁周公世家》："鲁人三郊三～。" ❻ zhuì 通"坠"。落下，掉下。《淮南子·说林》："悬垂之类，有时而～。"

燧 suì ❶ 古代取火的器具。《韩非子·五蠹》："钻～取火以化腥臊。" ❷ 火，火把。曹植《应诏诗》："前驱举～，后乘抗旌。" ❸ 燃，点火。苏轼《中山松醪赋》："～松明而识浅。"㊕古代边防报警燃的火。《史记·司马相如列传》："闻烽举～燔，皆摄弓而驰，荷兵而走。"㊀烽火台。《墨子·号令》："北至城者三表，与城上烽～相望。"见 113 页"烽"字。[亭燧]烽火台。《后汉书·西羌传》："于是障塞～～出长城外数千里。" ❹ 燧人氏的简称。张九龄《龙池圣德颂》："巢、～之前，寂寞无纪。"

邃 suì ❶ 深远。《抱朴子·论仙》："～古之事，何可亲见。"柳宗元《永州韦使君新堂记》："窍穴逶～。"（窍穴：山洞。逶：曲折。）❷ 精深，精通。《汉书·任敖传》："无所不通，而尤～律历。"《新唐书·韦夏卿传》："少～于学。"（少：少年。）

SUN

孙（孫） sūn ❶ 儿子的子女，孙子或孙女。《史记·屈原贾生列传》："举贾生之～二人至郡守。"（举：荐举，举用。）㊀与孙子同辈的侄孙、外孙等。元好问《示侄孙伯安》诗："幸此掌中～，未染如素丝。"这里是侄孙。《诗经·召南·何彼襛矣》："平王之～，齐侯之子。"这里是外孙。㊁孙子以后的各代。如"曾孙"、"玄孙"等。《汉书·曹参传》："至哀帝时，乃封参玄～之孙本始为平阳侯。"（本始：人名。）❷ 植物再生、孽生的（枝叶）。嵇康《琴赋》："乃斫（zhuó）～枝。"（斫：砍去。）㊀细小的。《素问·气穴论》："愿闻～络豁谷。"（络：脉络。）❸ xùn 通"逊"。恭顺。《论语·述而》："奢则不～。"《史记·晋世家》："郑不～。" ❹ xùn 通"逊"。辞让、退出（职位）。洪适《隶释·吉成侯州辅碑》："后以病～位。" ❺ xùn 通"逊"。逃亡。《左传·庄公元年》："夫人～于齐。"（齐：齐国。）

荪（蓀） sūn 一种香草。也叫荃（quán）。屈原《九歌·湘君》："～桡兮兰旌。"曹植《与杨德祖书》："兰茝（chǎi）～蕙之芳，众人所好。"（兰、茝、蕙：香草名。芳：香气。）

飧 sūn ❶ 吃晚饭，晚饭。《国语·晋语二》："不～而寝。"柳宗元《种树郭橐驼

S

传》："吾小人辍～饔(yōng)以劳吏者。"(辍：停止。饔：早饭。)❷熟食，饭食。《左传·僖公二十三年》："公子受～反璧。"(反：返还。)杜甫《客至》诗："盘～市远无兼味。"(市远：离集市较远。无兼味：指肴菜不丰富。)❸用汤水浇饭。《礼记·玉藻》："君未覆手，不敢～。"❹便宴。《仪礼·聘礼》："宰夫朝服设～。"上述义项又写作"飧"。

损(損) sǔn ❶减少。与"增"、"益"相对。《老子》七十七章："～有余而补不足。"[损抑]退让。《宋书·王僧绰传》："惧其太盛，劝令～～。"❷损害。与"益"相对。《尚书·大禹谟》："满招～，谦受益。"㉝伤害。《三国志·吴书·楼玄传》："劳～圣虑。"㉝损毁，毁坏。史达祖《杏花天·细风微月垂杨院》："栖莺未觉花梢颤，踏～残红几片。"❸丧失，损失。《商君书·慎法》："以战必～其将。"北魏吉迦夜共昙曜译《杂宝藏经》卷八："佛说有七种施，不～财物，获大果报。"❹谦抑，克制。王禹偁《答晁礼丞书》："某褊狷(biǎnjuàn)刚直为众所知，虽强～之，未能尽去。"(褊狷：心胸狭小拘谨。)

笋[筍] sǔn ❶竹芽，竹笋。《诗经·大雅·韩奕》："维～及蒲。"❷芦荻的嫩芽。张籍《凉州词》："芦～初生渐欲齐。"❸悬挂乐器的架子的横梁。《周礼·考工记·梓人》："梓人为～虡(jù)。"(虡：悬挂乐器的架子两旁的柱子。)【注意】"筍"还有"榫头"的意义。

隼 sǔn 一种猛禽。也叫鹘(hú)。《国语·鲁语下》："有～集于陈侯之庭而死。"

SUO

娑 suō ❶[娑娑]轻轻舞动的样子。张衡《思玄赋》："修初服之～～兮。"❷[婆娑]见321页"婆"字。

挲[抄] suō [摩挲]又写作"摩娑"、"摩莎"。1.揉搓。《礼记·郊特牲》郑玄注："摩莎泲(jǐ)之，出其香汁。"(泲：过滤。)2.抚摸。《后汉书·方术传》："与一老公共摩挲铜人。"

梭 suō ❶梭子。织布时穿引纬线左右运行的工具。《晋书·谢鲲传》："女投～，折其两齿。"成语有"穿梭不停"。❷量词。用于计算梭子运行的次数。王建《织锦曲》："一～声尽重一～。"

蓑 suō ❶蓑衣。《诗经·小雅·无羊》："尔牧来思，何～何笠。"(何：荷，披戴。)张志和《渔歌子》："青箬笠，绿～衣。"❷用草覆盖以掩蔽。《公羊传·定公元年》："仲几之罪何？不～城也。"(仲几：人名。)❸suī[蓑蓑]下垂的样子。张衡《南都赋》："布绿叶之萋萋，敷华蕊之～～。"

缩(縮) suō ❶减少，亏欠。《淮南子·时则》："孟春始赢，孟秋始～。"㉝节省。《资治通鉴·唐宪宗元和十三年》："～衣节食。"㉝蜷，收缩。《素问·举痛论》："脉寒则～蜷。"杜甫《前苦寒行》："汉时长安雪一丈，牛马毛寒～如猬。"(猬：刺猬。)[瑟缩]见368页"瑟"字。❷退后。《史记·屈原贾生列传》："固自～而远去。"❸用绳子捆起来。《诗经·大雅·绵》："其绳则直，～版以载。"(版：打土墙用的夹板。)❹取。《国语·楚语上》："若于目观则美，～于财用则匮。"皎然《周长史昉画毗沙门天王歌》："降魔大戟～在手。"❺将酒过滤。《左传·僖公四年》："无以～酒。"❻竖直。《礼记·檀弓上》："古者冠～缝，今也衡缝。"(衡：横。)㉝正直。《孟子·公孙丑上》："自反而～，虽千万人，吾往矣。"

所 suǒ ❶处所。《墨子·号令》："夜以火指鼓～。"(指：指示。)㉝适宜的地位。《周易·系辞下》："交易而退，各得其～。"诸葛亮《出师表》："必能使行阵和睦，优劣得～。"❷代词。放在动词前面，组成名词性词组，表示"……的人"、"……的事物"、"……的地方"等。曹操《举贤勿拘品行令》："其各举～知，勿有～遗。"陶渊明《桃花源记》："此人一一为具言～闻。"《左传·襄公十四年》："赐我南鄙之田，狐狸～居，豺狼～嗥。"[所以]1.表示"……的原因"。《商君书·农战》："国之～～兴者，农战也。"2.表示"用来……的东西"。《韩非子·五蠹》："夫仁义辩智，非～～持国也。"(辩：口才。智：智慧。持国：保卫国家。)❸[为……所……]表示被动。《三国志·魏书·武帝纪》："术怒攻布，为布所破。"(术：袁术。布：吕布。破：打败。)❹表示大概的数目。《史记·留侯世家》："父去里～，复还。"(里所：一里路左右。)❺假若，如果。《论语·雍也》："予～否者，天厌之！天厌之！"❻量词。1.用于房屋、建筑物。相当于"套、座"。班固《西都赋》："离宫别馆，三十六～。"2.用于地点、位置。相当于"处"。《史记·扁鹊仓公列传》："臣意即灸其足蹶阴之脉，左右各一～。"3.用于山、岛等。相当于"座"。李泰《括地志》卷八："百济国西南海中有大岛十五～。"

索 suǒ ❶ 大绳子。《尚书·五子之歌》：“若朽～之驭六马。”㊂绳索。《列子·天瑞》：“鹿裘带～。”㊅使……成绳状。《论衡·语增》：“传语又称纣力能～铁伸钩。”（纣：商纣王。伸钩：使钩伸直。）❷ 法度。《左传·定公四年》：“疆以周～。”（周：周朝。）❸ 求取，寻找。《韩非子·孤愤》：“求～不得，货赂不至。”《庄子·外物》：“曾不如早～我于枯鱼之肆。”成语有“探赜索隐”。㊅搜索。《史记·秦始皇本纪》：“乃令天下大～十日。”㊅索取，讨要。南朝萧齐求那毗地译《百喻经·伎儿作乐喻》：“譬如伎儿，王前作乐，王许千钱。后从王～，王不与之。”❹ 尽，完结。《韩非子·初见秦》：“士民病，蓄积～。”㊅全，都。《史记·滑稽列传》：“淳于髡仰天大笑，冠缨～绝。”❺ 孤独。《礼记·檀弓上》：“吾离群而～居，亦已久矣。”成语有“离群索居”。

【辨】绳，索。见379页“绳”字。

琐（瑣） suǒ ❶ 琐碎，细小。陆机《演连珠》：“事有～而助洪。”（洪：大。）㊀卑微。权德舆《答左司崔员外书》：“德舆器用～薄。”❷ 记录。《汉书·丙吉传》：“召东曹案边长吏，～科条其人。”❸ 连环，连锁。仲长统《述志》诗：“委曲如～。”（委曲：委婉曲折。）㊅（门窗上雕刻或描绘的）连环形的花纹。鲍照《玩月城西门廨中》诗：“玉钩隔～窗。”㊀宫门。长孙佐辅《宫怨》诗：“忆昔妆成候仙仗，宫～玲珑日新上。”❹ 锁闭，上锁。韩愈《奉和李相公题萧家林亭》：“岩洞幽深门尽～。”

T

TA

他 tā ❶别的，其他的。《管子·内业》："心无～图。"（图：考虑。）成语有"他山之石，可以攻玉"。❷第三人称代词（后起意义）。《寒山诗·有汉姓傲慢》诗："百事被～嫌。"

它 tā 别的，其他的。《诗经·小雅·鹤鸣》："～山之石，可以为错。"（错：磨刀石。）《荀子·议兵》："无～故焉。"（故：原因。）

獭（獺） tǎ 兽名。水獭。《孟子·离娄上》："故为渊驱鱼者～也。"

拓[1]［搨］ tà 把石碑或器物上的文字、图像拓印在纸上。王建《原上新居》诗："古碣（jié）凭人～。"（碣：石碑。）【注意】"搨"除"拓印"外还有"垂下"的意义。

沓 tà ❶会合，重叠。屈原《天问》："天何所～？"（天在哪里与地会合？）柳宗元《天对》："～阳而九。"（阳：阳气。九：指九重天。）❷纷多，众多。常"沓杂"、"杂沓"连用。枚乘《七发》："～杂似军行。"（行：行列。）成语有"纷至沓来"。❸［沓沓］1. 语多的样子。《孟子·离娄上》："《诗》曰：'天之方蹶，无然泄泄。''泄泄'犹'～～'也。"2. 急行的样子。《汉书·礼乐志》："旌容容，骑～～。"❹贪婪。《国语·郑语》："其民～贪而忍。"❺轻慢，懈怠。《国语·郑语》："其民怠～其君。"《新唐书·李愿传》："骄骜怠～。"❻量词。用于成套的器物。《世说新语·任诞》："定是二百五十～乌樏（lěi）。"（乌樏：一种类似盘子的黑色食具。）❼dá 量词。用于重叠成摞的纸张等薄的东西。陶宗仪《南村辍耕录》卷一三："朱书符命一～。"

踏 tà ❶踩，践踏。贾思勰《齐民要术·种葵》："足～使坚平。"㊀歌舞时用脚踏地打拍子。骆宾王《畴昔篇》："共～《春江曲》，俱唱《采菱歌》。"㊁踢。《汉书·戾太子刘据传》："山阳男子张富昌为卒，足～开户。"上述❶㊀㊁又写作"蹋"、"蹹"。❷游览风景。韩愈《送李六协律归荆南》诗："莫忘～芳菲。"双音词有"踏青"。❸亲临现场调查。《元史·刑法志一》："诸郡县灾伤，过时不申，或申不以实，及按治官不以时检～，皆罪之。"（按治官：考察实情的官吏。）双音词有"踏看"、"踏勘"。

挞（撻） tà ❶用鞭子或棍子打。《仪礼·乡射礼》："射者有过，则～之。"《晋书·潘岳传》："岳恶其为人，数～辱之。"（恶：厌恶。）❷拍打。李贺《上之回》诗："悬红云，～凤尾。"

闼（闥） tà ❶门内。《诗经·齐风·东方之日》："彼姝者子，在我～兮。"❷宫门或官署门。《后汉书·张步传》："带剑至宣德后～。"（宣德：宫殿名。）《后汉书·黄香传》："昼夜不离省～。"㊁门。王安石《书湖阴先生壁》诗："两山排～送青来。"❸疾速的样子。嵇康《琴赋》："～尔奋逸，风骇云乱。"

嗒 tà ［嗒然］沮丧的样子。白居易《隐几赠客》诗："有时犹隐几，～～无所偶。"（隐几：靠着小桌。）

遝 tà ❶到，达到。《墨子·迎敌祠》："城之外，矢之所～。"❷［杂遝］众多。曹植《洛神赋》："众灵～～。"

阘（闒） tà ❶楼上门户。《说文·门部》："阘，楼上户也。"❷［阘茸（rǒng）］1. 卑贱的人。贾谊《吊屈原赋》："～～尊显兮，谗谀得志。"司马迁《报任安书》："今已亏形为扫除之隶，在～～之中。"又写作"阘茸"。《汉书·孝武李夫人传》颜师古注："言嫉妒阘茸之徒不足与夫人为程品也。"（程品：法式。）也写作"茸阘"。蔡邕《让高阳乡侯章》："况臣蝼蚁无功德，而散怠茸阘，何以居之。"2. 驽劣。《楚辞·九叹·忧苦》："杂斑驳与～～。"《盐铁论·利议》："诸生～～无行。"❸通"踏"。踢。《资治通鉴·周显王三十六年》："临淄甚富而实，其民无不斗鸡走狗，六博～鞠。"（临淄：地名。鞠：一种用来踢打玩耍的球。）

榻 tà ❶窄而低的床。刘熙《释名·释床帐》："长狭而卑曰～。"㊁床。《古诗为焦仲卿妻作》："移我琉璃～，出置前窗下。"（琉璃榻：镶嵌着琉璃的床。）❷几案。《三国志·吴书·鲁肃传》："合～对饮。"❸拓印，摹写。皮日休《奉和鲁望寄南阳广文次韵》："八会旧文多～写。"

鞳 tà ［鞺（tāng）鞳］见76页"鞺（dāng）"字。

T

TAI

胎 tāi ❶ 母体中未生的幼体，胚胎。《后汉书·华佗传》：“佗曰：‘脉理如前，是两～。’” ❷ 开端，根源。枚乘《上书谏吴王》：“祸生有～。” ❸ 培养，养育。曾巩《杂诗》四首之四：“心～太极气。”

台¹ tái ❶ yí 第一人称代词。我，我的。《尚书·说命上》：“朝夕纳诲，以辅～德。”（纳：进，贡献。诲：教诲。）❷ yí 何，什么。《尚书·汤誓》：“夏罪其如～？”（夏：指夏桀。）班固《典引》：“今其如～独阙也？”（阙：缺。）❸ 星名。即三台（六颗星）。《晋书·天文志上》：“在人曰三公，在天曰三～。”韦庄《秦妇吟》：“妖光暗射～星折。”㊀对他人的敬称。古代用“三台”比“三公”（古代最高的官位），旧时常用“台”作为对别人的敬称。欧阳修《与程文简公书》：“某顿首，伏承～诲。”双音词有“兄台”、“台甫（向别人请问表字时的敬称）”。❹ yí 通“怡”。愉快。《史记·太史公自序》：“唐尧逊位，虞舜不～。”（唐尧、虞舜：传说中的古代帝王。逊位：让位。）

【辨】臺，台。见下“台²（臺）”字。

台²（臺） tái ❶ 土筑的高台。供观察瞭望用。《老子》六十四章：“九层之～，起于累土。”（累：堆积。）㊀台状的器物。韩偓《席上有赠》诗：“莫道风流无宋玉，好将心力事妆～。” ❷ 指朝廷。《晋书·张昌传》：“诈言～遣其募人讨流。”（流：人名。）㊁古代官署名。如汉代称尚书为“中台”，御史为“宪台”，谒者为“外台”。应劭《汉官仪》：“尚书郎初入～为郎中。”陈琳《为袁绍檄豫州》：“坐领三～，专制朝政。”㊀对高级官吏或平辈人的敬称。如“抚台（巡抚）”、“藩台（布政使）”、“兄台”等。王世贞《觚不觚录》：“起兵备大名，抚～为温公如璋。” ❸ 奴隶中最低的一个等级。《左传·昭公七年》：“仆臣～。”（仆：奴隶的一个等级。臣：统属。）❹ 通“薹”。即莎草。《诗经·小雅·南山有台》：“南山有～。”

【辨】臺，台。本是两个字。“臺”是土筑的高坛，又表示古代官署名，如“楼臺”、“臺省”，古代不写作“楼台”、“台省”。“台”有两读：读 yí 时有“我”、“何”、“愉快”等意义，读 tái 时是星宿名。古代“台”都不写作“臺”。

【辨】亭，臺，榭，楼，阁。见 423 页“亭”字。

骀（駘） tái ❶ 马嚼子脱落。《后汉书·崔寔传》：“马～其衔，四牡横奔。”（衔：马嚼子。牡：指雄马。）❷ 劣马，不好的马。宋玉《九辩》：“却骐骥而不乘兮，策驽（nú）～而取路。”（驽：劣马。）㊉庸才，能力低下。王韶之《赠潘综吴逵举孝廉》诗：“伊余朽～。”（伊：语气词。余：我。）米芾《天马赋》：“色妙才～。” ❸ ［骀藉］践踏。《史记·天官书》：“兵相～～，不可胜数。” ❹ dài ［骀荡］1. 放荡。《庄子·天下》：“惜乎惠施之才，～～而不得。”（惠施：人名。）2. 舒缓荡漾。形容音乐或景色。马融《长笛赋》：“安翔～～，从容阐缓。”（音调平缓悠扬，和悦轻松。）谢朓《直中书省》诗：“春物方～～。” ❺ dài 懈怠，疲惫。《北史·王思政传论》：“率疲～之兵，当劲勇之卒。”

炱［炲］ tái 煤烟凝积的黑灰。《吕氏春秋·任数》：“向者煤～入甑中。”㊀黑色。《素问·风论》：“其色～。”

鲐（鮐） tái ❶ 一种体侧有斑纹的海鱼。也叫鲭（qīng）。《盐铁论·通有》：“莱、黄之～，不可胜食。” ❷ 高寿的老人。人老背如鲐的斑纹。陆龟蒙《彼农二章》诗之一：“大耋（dié）既～。”（耋：八十岁老人。）［鲐背］高寿的老人。柳宗元《愈膏肓疾赋》：“善养命者，～～鹤发成童儿。”

太 tài ❶ 极大。㊀最，极。《吕氏春秋·恃君》：“～古尝无君矣。”《韩非子·说疑》：“～上禁其心，其次禁其言，其次禁其事。”㊁过于，过分。《庄子·天下》：“其为人～多，其自为～少。” ❷ 对高一辈的人的尊称。《史记·高祖本纪》：“高祖五日一朝～公。”（太公：指刘邦的父亲。）㊁对远祖的尊称。扬雄《长杨赋》：“奉～尊之烈。” ❸ ［太息］长叹。《史记·陈涉世家》：“陈涉～～曰：‘嗟乎，燕雀安知鸿鹄之志哉！’”【注意】“太”、“泰”、“大”三个字古代汉语中常常通用。

汰［汏］ tài ❶ 淘洗。《世说新语·排调》：“洮之～之，沙砾在后。”㊁去掉差的，淘汰。刘克庄《象奕》诗：“冗卒要精～。”［洮汰］见 415 页“洮”字。❷ 简选，选取。王融《永明十一年策秀才文》：“顷深～珪符，妙简铜墨。”（珪符、铜墨：指郡守、县令各级官吏。）❸ 水波。屈原《九章·涉江》：“乘舲船余上沅兮，齐吴榜以击～。”（舲船：有窗的小船。沅：沅江。齐：同时并举。吴：通“艅”，船。榜：船桨。）❹ 通过，掠过。《左传·宣公四年》：“伯棼射王，～辀（zhōu）。”（辀：车辕。）❺ 通“泰”。骄奢，过度。《世说新语·识鉴》：“后诸王骄～，轻构祸难。”

态（態） tài ❶ 姿态，态度。屈原《离骚》：“余不忍为此～也。”㊀容

T

貌，体态。宋玉《神女赋》："瑰姿玮（wěi）～，不可胜赞。"（玮：美好。）⊗形态，形状。《列子·黄帝》："备知万物情～。"柳宗元《始得西山宴游记》："凡是州之山水有异～者。"（是：此，这。）❷ 通"慝（tè）"。邪恶，欺诈。《资治通鉴·汉成帝绥和二年》："毋听女谒、邪臣之～。"

泰 tài ❶ 过分，过甚。《老子》二十九章："是以圣人去甚，去奢，去～。"《管子·八观》："俭财用，禁侈～。"㉑最，极。《淮南子·原道》："～古二皇。"⊗太。《论衡·自纪》："今不曰所言非，而云～多。"❷ 大。《汉书·礼乐志》："扬金光，横～河。"《汉书·食货志上》："收～半之赋。"❸ 宽裕，大方。《荀子·议兵》："凡虑事欲孰而用财欲～。"（孰：熟，深思熟虑。）⊗奢侈。《国语·晋语八》："恃其富宠，以～于国。"⊗骄纵。柳宗元《非国语·虢梦》："虢，小国也，而～。"❹ 通，通畅。白居易《采诗官》诗："下流上通上下～。"❺ 平安，安定。《潜夫论·慎微》："政教积德，必致安～之福。"《晋书·刘颂传》："～日少，乱日多。"㉑安舒。《论语·子路》："君子～而不骄。"⊗善，好。《抱朴子·疾谬》："以同此者为～，以不尔者为劣。"❻ 泰山。在山东。五岳中的东岳。也叫岱宗、岱岳。《论语·八佾》："季氏旅于～山。"

TAN

贪（貪） tān ❶ 贪财。《左传·襄公二十三年》："～货弃命。"㉑不知满足地追求。韩愈《进学解》："～多务得，细大不捐。"（捐：丢弃。）成语有"贪得无厌"。❷ 贪求，贪图。《左传·僖公二十四年》："～天之功以为己力。"⊗贪恋。《汉书·司马迁传》："夫人情莫不～生恶死。"李煜《浪淘沙·帘外雨潺潺》："梦里不知身是客，一晌～欢。"⊗希望，想要。《后汉书·阎皇后纪》："太后欲久专国政，～立幼年。"❸ 探求，探取。《国语·周语上》："淫而得神，是谓～祸。"

【辨】贪，婪。"贪"原指贪财，"婪"原指贪食。后来都可以泛指贪得无厌，贪心不足。

啴（嘽） tān 见 41 页。

坛（壇） tán ❶ 土石筑的高台。用于朝会、盟誓和祭祀等。《尚书·金縢》："为～于南方，北面，周公立焉。"《史记·陈涉世家》："为～而盟，祭以尉首。"（尉：官名。首：头，首级。）⊗筑坛。郦道元《水经注·汾水》："乃～于霍太山。"❷ 庭院中的土台。屈原《九歌·湘夫人》："荪（sūn）壁兮紫～。"（用荪草装饰墙壁，用紫贝砌坛。荪：一种香草。）㉑庭院。《淮南子·说林》："腐鼠在～，烧薰于宫。"❸ 基础，地基。《庄子·则阳》："观于大山，木石同～。"❹ 场所。《淮南子·要略》："人间者，所以……标举终始之～也。"❺ 指从事某种相同职业的社会团体。如"文坛"、"诗坛"。欧阳修《答梅圣俞》诗："文会忝予盟，诗～推子将。"❻ shàn 清除场地。《周礼·夏官·大司马》："暴内陵外，则～之。"

谈（談） tán ❶ 谈论，说。《诗经·小雅·节南山》："忧心如惔（tán），不敢戏～。"（惔：焚烧。）《商君书·算地》："～说之士资在于口。"㉑交谈，对话。《孟子·离娄下》："遍国中无与立～者。"❷ 观点，言论。《荀子·儒效》："慎、墨不得进其～。"（慎、墨：慎到、墨翟。）《公羊传·闵公二年》："鲁人至今以为美～。"成语有"无稽之谈"。

惔 tán ❶ 火烧，焚烧。《诗经·小雅·节南山》："忧心如～。"❷ dàn 通"淡"。淡泊，恬静。《庄子·刻意》："虚无恬～，乃合天德。"

弹（彈） tán 见 74 页。

覃 tán ❶ 长（cháng）。《诗经·大雅·生民》："实～实訏（xū），厥声载路。"（訏：大。厥：其。）❷ 延，延伸。《诗经·周南·葛覃》："葛之～兮，施于中谷。"陆机《五等诸侯论》："祸止畿甸，害不～及。"（畿甸：都城郊外。）⊗延及，到达。《后汉书·袁安传论》："其仁心足以～乎后昆。"（后昆：后代子孙。）《后汉书·刘陶传》："访～幽微，不遗穷贱。"❸ 深。孔安国《尚书序》："于是遂研精～思，博考经籍。"❹ yǎn 通"剡"。锋利。《诗经·小雅·大田》："以我～耜，俶载南亩。"（俶：始。）

谭（譚） tán ❶ 延伸，延及。《管子·侈靡》："而祀～次祖。"❷ 扩展，扩大。《大戴礼记·子张问入官》："富恭有本能图，修业居久而～。"❸ 通"谈"。谈论，说。《庄子·则阳》："夫子何不～我于王？"⊗（所说的）话语。《三国志·魏书·管辂传》："此老生之常～。"

潭 tán ❶ 深水，深渊。屈原《九章·抽丝》："长濑湍流，溯江～兮。"㉑深水池。李白《赠汪伦》诗："桃花～水深千尺。"㉑通"覃"。深。《管子·侈靡》："～根之毋伐，固事之毋入。"❷ xún 通"浔"。水边。张若虚《春江花月夜》诗："江～落月复西斜。"

醰 tán 酒味厚。㊀醇厚，纯美。左思《魏都赋》："宅心～粹。"[醰醰]韵味厚。王褒《洞箫赋》："良～～而有味。"

儃 tán ❶[儃佪][儃回]徘徊的样子。屈原《九章·涉江》："入溆浦余儃佪兮，迷不知吾所如。"（溆浦：水名。如：往。）《楚辞·惜誓》："寿冉冉而日衰兮，固儃回而不息。"❷tǎn [儃儃]悠闲的样子。《庄子·田子方》："有一史后至者，～～然不趋。"（史：指画师。趋：小步快走，表示恭敬。）❸shàn 通"禅"。禅让，让位。《扬子法言·问明》："允哲尧～舜之重，则不轻于由矣。"（允：诚。哲：知。轻：指轻易让位。由：人名。）

坦 tǎn ❶平坦，宽广。《世说新语·言语》："其地～而平，其水淡而清。"㊀开阔，广大。张衡《西京赋》："虽斯宇之既～。"㊁豁达，开朗。《论语·述而》："君子～荡荡。"《后汉书·孔僖传》："～如日月。"❷铲平。韩愈《太原王公神道碑铭》附诗："～之敞之，必绝其径。"❸露出（腹部）。《世说新语·雅量》："唯有一郎在东床上，～腹卧。"❹[坦然]安然，无所顾虑的样子。元稹《捉捕歌》："主人～～意，昼夜安寝寤。"

袒[襢] tǎn ❶脱去外衣露出（胳膊、肩膀、上身或内衣）。《汉书·高后纪》："为吕氏右～，为刘氏左～。"《史记·廉颇蔺相如列传》："肉～负荆。"㊀解开。《礼记·少仪》："～櫜（gāo）奉胄。"（櫜：收藏衣甲或弓矢的袋子。胄：头盔。）上述❶㊀又写作"襢"。❷偏袒，袒护。柳宗元《奉平淮夷雅表》："士获厥心，大～高骧。"【注意】"襢"又音 zhàn，襢衣，古代一种礼服。

菼 tǎn 初生的荻草。《诗经·王风·大车》："大车槛槛，毳（cuì）衣如～。"（毳：鸟兽的细毛。）

醓 tǎn [醓醢（hǎi）]带汁的肉酱。《诗经·大雅·行苇》："～～以荐。"

叹（嘆）[歎] tàn ❶感叹，叹息。《论语·先进》："夫子喟然～曰……"诸葛亮《出师表》："夙（sù）夜忧～。"（夙夜：早晚。）㊀赞叹，赞许。《三国志·吴书·吴主传》："曹公望权军，～其齐肃。"（权：孙权。齐肃：整齐严肃。）❷（于歌尾）唱和。《礼记·乐记》："壹倡而三～。"（倡：歌唱。）㊀唱歌，吟诵。陆机《日出东南隅行》："冶容不足咏，春游良可～。"【注意】"歎"还是古代乐府诗体名，"嘆"没有这个意义。

探 tàn ❶掏，把手伸进去取东西。《新五代史·南唐世家·李景》："取江南如～囊中物尔。"㊀伸出。《战国策·韩策一》："～前趹（jué）后，蹄间三寻者，不可称数也。"（趹：马奔跑时用力蹬后蹄。）❷探测，试探。《商君书·禁使》："～渊者知千仞之深。"（渊：深潭。仞：古代长度单位，七尺或八尺为一仞。）双音词有"勘探"。❸探讨，探寻。《晋书·潘尼传》："～幽穷赜（zé）。"（探讨穷究深奥的道理。赜：深奥。）王维《蓝田山石门精舍》诗："～奇不觉远。"（奇：指奇景。）成语有"探赜索隐"。❹侦察，打听。张籍《关山月》诗："军中～骑暮出城。"㊁探望。李商隐《无题》诗："青鸟殷勤为～看。"❺预先。姚合《武功县中作三十首》诗之十七："每旬常乞假，隔月～支钱。"

TANG

汤（湯） tāng ❶热水，开水。屈原《九歌·云中君》："浴兰～兮沐芳。"《论语·季氏》："见不善如探～。"成语有"赴汤蹈火"。㊁温泉。封演《封氏闻见记·温汤》："海内温～甚众，有新丰骊山～。"㊀温泉浴池。《新唐书·安禄山传》："为卿别治一～。"❷中医汤药、汤剂。《三国志·魏书·华佗传》："其疗疾，合～不过数种。"❸菜汤，菜羹（后起意义）。王建《新嫁娘词三首》之三："洗手作羹～。"❹人名。成汤。商朝的第一代君主。《周易·革》："～、武革命。"❺shāng [汤汤]水大的样子。范仲淹《岳阳楼记》："浩浩～～，横无际涯。"❻tàng 加热。《山海经·西山经》："～其酒百樽。"❼tàng 游荡。《诗经·陈风·宛丘》："子之～兮，宛丘之上兮。"（宛丘：地名。）

【辨】羹，汤。见130页"羹"字。

镗（鏜） tāng 象声词。形容钟鼓的声音。《诗经·邶风·击鼓》："击鼓其～。"[镗鞳（tà）]钟鼓的声音。白居易《敢谏鼓赋》："音锵锵以～～，响容与以徘徊。"

唐 táng ❶朝堂前或宗庙门内的大路。《诗经·陈风·防有鹊巢》："中～有甓（pì）。"（甓：砖。）❷广大。扬雄《甘泉赋》："平原～其坛曼兮。"❸空，白白地。王安石《再用前韵寄蔡天启》："昔功恐～捐。"（捐：舍弃。）❹堤坝，堤岸。《淮南子·人间》："且～有万穴，塞其一，鱼何遽无由出？"❺草名。俗称菟丝。《诗经·鄘风·桑中》："爰采～矣，沬之乡矣。"❻代指中国。程大昌《考古编·诗论十四》："唐人用事于西，故羌人至今尚以中国为～。"❼周代诸侯国。后改称"晋"。❽朝代名。1.传说中虞舜之前的朝代，君主是尧。2. 公元 618—907 年，第一代君主是李渊，都城在长安(今陕西西安)。3. 公元 923—936 年，五代之一，又称后唐，第一代君主是李存勖(xù)，都城为洛阳。4. 公元 937—975 年，十国之一，史称南唐，第一代君主是李昪(biàn)，都城金陵(今江苏南京)。

塘 táng ❶ 堤岸，堤防。《庄子·达生》："被发行歌，而游于～下。"《新唐书·地理志二》："绕州郭有堤～百八十里。"(州郭：指许州城。) ❷ 水池，水塘。刘桢《赠徐干》诗："方～含清源。"杜甫《茅屋为秋风所破歌》："下者飘转沉～坳(ào)。"(坳：低洼的地方。)

螗 táng ❶ 一种较小的蝉。《诗经·大雅·荡》："如蜩(tiáo)如～。"(蜩：蝉。) ❷ 螳螂。梅尧臣《秋日咏蝉》："虚腹曾何竟，常忧～斧侵。"[螗螂]同"螳螂"。陈琳《为袁绍檄豫州》："欲以～～之斧，御隆车之隧。"(隧：道路。)

堂 táng ❶ 正屋，厅堂。《论语·先进》："由也升～矣，未入于室也。"(由：人名。)㊀殿堂。《荀子·儒效》："诸侯趋走～下。"(趋：快走。)㊁公堂，官吏办公的地方。李商隐《行次西郊作》诗："巍巍政事～。"(巍巍：高大的样子。) ❷ 宽大平坦的山岗。《诗经·秦风·终南》："终南何有？有纪有～。"㊀方形的土台或地基。《礼记·檀弓上》："吾见封之若～者矣。"㊀高。张衡《西京赋》："刊层平～。"(刊：砍削。层：高。平：削平。) ❸ 同祖的亲属关系(后起意义)。《新唐书·韦縚传》："～姨舅出外曾祖。"【注意】同祖的亲属，秦汉时叫"从"，六朝叫"同堂"，唐代才开始称"堂"。❹［堂堂］1. 盛大的样子。《孙子兵法·军争》："勿击～～之陈(zhèn)。"(陈：阵。)《史记·滑稽列传》："以楚国～～之大，何求不得？"2. 容貌俊伟出众的样子。《后汉书·伏湛传》："湛容貌～～。"3. 公然无顾忌的样子。王安石《次韵东厅韩侍郎斋居晚兴》："华年相背去～～。"陆游《涉白马渡慨然有怀》诗："袁曹百战相持处，边敌～～自来去。"4. 明亮的样子。方干《送婺州许录事》诗："白日～～著锦衣。"

帑 tǎng ❶ 国家收藏钱财的仓库。《后汉书·郑弘传》："人食不足，而～藏殷积。"㊀钱币，财物。《韩非子·亡征》："羁旅侨士，重～在外。"(寄居在本国的游士，大量的钱财存放在外。) ❷ nú 通"孥"。子女。《诗经·小雅·常棣》："乐尔妻～。"(尔：你。)㊀妻子和儿女。《汉书·晁错传》："肉刑不用，罪人亡(wú)～。"(罪人亡帑：指罪及自身，不连累罪人的妻子和儿子。亡：无，没有。) ❸ nú 通"孥"。俘虏。《后汉书·朱冯虞郑周传赞》："鲂用降～，延感归囚。"(鲂、延：人名。)

倘 tǎng ❶ 假如，倘若。庾信《寄徐陵》诗："故人～思我，及此平生时。"(平生：素常，平时。)㊀或许，可能。曹操《让县自明本志令》："兵多意盛，与强敌争，～更为祸始。"(倘更为祸始：或许又成为祸患的开始。) ❷ 惊疑的样子。《庄子·在宥》："云将见之，～然止，贽(zhì)然立。"(云将：神话中管云的神将。贽然：不动的样子。) ❸ cháng［倘佯(yáng)］同"徜徉"。徘徊，自由自在地来回走。《楚辞·九叹·思古》："临深水而长啸兮，且～～而汎观。"

傥(儻) tǎng ❶ 精神恍惚的样子。《庄子·田子方》："文侯～然，终日不言。"(文侯：魏文侯。) ❷ 倘若，假如。刘知几《史通·杂说中》："～湮灭不行，良可惜也。" ❸ 或许，可能。《史记·东越列传》："计杀余善，自归诸将，～幸得脱。"(用计杀死余善，向汉将投降，或许能侥幸脱身不死。余善：东越国王。)上述❷❸又写作"倘"。❹ tàng 偶然。《新唐书·纪王慎传》："况荣宠贵盛～来物也。" ❺［倜傥］见 419 页"倜"字。

TAO

叨 tāo ❶ 贪。《后汉书·党锢传》："以贪～诛死。"任昉《百辟劝进今上笺》："匪～天功。" ❷ 忝。用于贬抑或自谦，表示不够格或受之有愧。陈子昂《为副大总管苏将军谢罪表》："臣妄以庸才，谬～重任。"王勃《滕王阁序》："他日趋庭，～陪鲤对。"(过几天就要到父亲那里接受教诲了。鲤：孔子之子。) ❸ dāo 话多。双音词有"絮叨"、"唠叨"。

绦(絛)[縧] tāo 丝带。《淮南子·说林》："～可以为繶(yì)。"(繶：装饰鞋的圆丝带。)杜牧《鹦鹉》诗："雕槛系红～。"

焘(燾) tāo ❶ dào 覆盖。《逸周书·作雒》："～以黄土。"《史记·吴太伯世家》："德至矣哉，大矣，如天之无不～也。" ❷ 人名用字。

滔 tāo ❶ 大水弥漫。《论衡·吉验》："洪水～天，蛇龙为害。"成语有"罪恶滔天"。㊀使大水弥漫。《淮南子·本经》："共工振～

洪水。”（共工：古代水官名。）㊀大的样子。《淮南子·精神》：“～乎莫知其所止息。”❷［滔滔］1. 水大的样子。《诗经·小雅·四月》：“～～江汉。”2. 雄壮的样子。《诗经·大雅·江汉》：“武夫～～。”3. 时光流逝的样子。东方朔《七谏·谬谏》：“年～～而自远兮。”4. 世道混乱的样子。《论语·微子》：“～～者，天下皆是也。”❸怠慢，傲慢。《左传·昭公二十六年》：“士不滥，官不～。”（滥：失职。）

慆 tāo ❶喜悦，快乐。《尚书·大传三》：“师乃～，前歌后舞。”㊀喜欢，喜爱。白居易《人之困穷由君之奢欲策》：“～郑卫之音，厌燕赵之色。”❷掩藏。《左传·昭公三年》：“以乐～忧。”㊀消逝。《诗经·唐风·蟋蟀》：“今我不乐，日月其～。”❸怠慢。《尚书·汤诰》：“无即～淫。”❹疑惑，怀疑。《北史·周明帝纪》：“是知天命有底，庸可～乎？”❺［慆慆］1. 时间长久。《诗经·豳风·东山》：“～～不归。”2. 混乱，纷乱。班固《幽通赋》：“安～～而不萉（féi）兮。”（萉：躲避。）王禹偁《待漏院记》：“私心～～，假寐而坐。”

韬（韜） tāo ❶盛弓的袋子。《管子·小匡》：“～无弓，服无矢。”（服：箙，箭袋。）㊁袋子，套子。《左传·成公十六年》：“乃内旌于～中。”《史记·乐书》：“车甲～而藏之府库。”❷收藏，敛束。左思《吴都赋》：“桃笙（shēng）象簟（diàn），～于筒中。”（笙、簟：席子。）《新唐书·东谢蛮传》：“俗椎髻，～以绛，垂于后。”㊀遮掩，隐藏。《后汉书·姜肱传》：“以被～面。”陆机《汉高祖功臣颂》：“彭越观时，～迹匿光。”❸容纳。潘岳《寡妇赋》：“有～世之量。”❹宽余，优长。《南史·梁元帝纪》：“我～于文士，愧于武夫。”❺用兵的谋略。李德裕《寒食日三殿侍宴奉进》诗：“不劳《孙子》法，自得《太公》～。”（《太公》：古代兵书《太公六韬》。）上述❶㊁❷㊀❺又写作“弢”。❻ tào 臂套。元稹《阴山道》诗：“臂鹰小儿云锦～。”

謟 tāo ❶疑惑，可疑。《左传·昭公二十六年》：“天道不～，不贰其命。”㊀迷惑，使疑惑。《管子·五辅》：“以上～君上，而下惑百姓。”❷通“韬”。遮掩，隐藏。《晏子春秋·内篇问下》：“不～过，不责得。”

饕 tāo ❶贪得无厌。《庄子·骈拇》：“决性命之情而～贵富。”《韩非子·亡征》：“～贪而无厌，近利而好得者，可亡也。”㊕贪吃。苏轼《老饕赋》：“盖聚物之夭（yāo）美，以养吾之老～。”（夭：茂盛。）［饕餮（tiè）］1. 传说中的一种贪食的恶兽。古代钟鼎彝器上多刻其头部形状作为装饰。《吕氏春秋·先识》：“周鼎著～～，有首无身。”（著：指刻。）2. 贪婪凶恶的人。《左传·文公十八年》：“缙（jìn）云氏有不才子……天下之民以比三凶，谓之～～。”（缙云氏：古代部落氏族名。）❷凶猛，残暴。韩愈《祭河南张员外文》：“雪虐风～。”

咷 táo ❶［号（háo）咷］放声大哭。《周易·同人》：“同人先～～而后笑。”杜甫《自京赴奉先县咏怀五百字》：“入门闻～～，幼子饥已卒。”又作“号啕”。❷ tiào ［噭（jiào）咷］见197页“噭”字。

逃 táo ❶逃走，逃亡。《孟子·滕文公上》：“禽兽～匿。”柳宗元《童区寄传》：“～未及远。”❷回避，躲避。《左传·襄公十年》：“今我～楚，楚必骄。”孟郊《寒地百姓吟》：“霜吹破四壁，苦痛不可～。”❸脱离，离开。《礼记·曲礼下》：“三谏而不听，则～之。”

【辨】遁，逃。见96页“遁”字。

洮 táo ❶洗手。《尚书·顾命》：“王乃～頮（huì）水。”（頮：洗脸。）❷淘洗（以除去杂质）。《世说新语·排调》：“～之汰之，沙砾在后。”［洮汰］清除，洗濯。《后汉书·陈元传》：“～～学者之累惑。”这个词现写作“淘汰”。❸河流名。洮河。今甘肃内黄河支流。王昌龄《从军行》：“前军夜战～河北。”

陶 táo ❶陶器。用黏土烧制的器物。《礼记·郊特牲》：“器用～匏（páo）。”（匏：指匏瓜做的水瓢。）㊀用黏土制的（器物）。《韩非子·难一》：“～器不窳（yǔ）。”（窳：粗劣。）❷制作陶瓦器的人。《庄子·马蹄》：“伯乐善治马，而～匠善治埴木。”（匠：木匠。埴：制作陶器的黏土。）㊀制作陶瓦器。梅尧臣《陶者》诗：“～尽门前土，屋上无片瓦。”［陶冶］1. 陶工和铸工。《墨子·节用中》：“～～梓（zǐ）匠，使各从事其所能。”（梓匠：木匠。）2. 烧制陶器和冶炼金属。《荀子·王制》：“农夫不斲（zhuó）削，不～～而足械用。”（斲：砍。）3. 培养，锻炼。王安石《上皇帝万言书》：“所谓～～而成之者何也？亦教之、养之、取之、任之有其道而已。”4. 怡情养性。《旧唐书·刘禹锡传》：“禹锡在朗州十年，唯以文章吟咏，～～情性。”❸造就，培养。王安石《上皇帝万言书》：“～成天下之才。”❹快乐，欢喜。谢灵运《酬从弟惠连》诗：“共～暮春时。”［陶然］快乐的样子。李白《赠江夏韦太守良宰》诗：“百里独太古，～～卧羲皇。”多指酒醉而快乐。白居易《达哉乐天行》：“妻孥不悦甥侄闷，而我醉卧方～～。”❺ yáo［陶陶］1. 快乐高兴的样子。《诗经·王风·君子阳阳》：“君子～～。”2. 漫长的样子。《楚辞·九思·哀岁》：“冬夜兮～～。”❻ yáo［郁陶］见 517 页“郁²(鬱)”字。❼ yáo［皋陶］见 126 页“皋”字。❽ dào［陶陶］马奔驰的样子。《诗经·郑风·清人》：“驷介～～。”

驹(騊) táo［騊駼(tú)］一种名马。《淮南子·主术》：“伊尹，贤相也，而不能与胡人骑騵(yuán)马而服～～。”(騵：赤毛白腹的马。服：用牛马驾车。)

绹(綯) táo 绳索。《诗经·豳风·七月》：“宵尔索～。”

醄 táo［酕(máo)醄］见 272 页“酕”字。

梼(檮) táo ❶［梼杌(wù)］1. 传说中的神名。《国语·周语上》：“商之兴也，～～次于丕山。”2. 传说中的恶兽名。东方朔《神异经·西荒经》：“西方荒中有兽焉……搅乱荒中，名～～。”3. 传说中的恶人名。尧舜时的“四凶”之一。《左传·文公十八年》：“流四凶族，浑敦、穷奇、～～、饕餮。”4. 恶人。《抱朴子·审举》：“小人道长，则～～比肩。”5. 楚国史书名。《孟子·离娄下》：“楚之《～～》，鲁之《春秋》，一也。”❷［梼昧］愚昧无知的样子。多作自谦之辞。欧阳修《南省试策第五道》：“猥惟～～之微，举皆管浅之说。”❸ dǎo 捣，捣碎。屈原《九章·惜诵》：“～木兰以矫蕙兮。”(矫：揉碎。)

讨(討) tǎo ❶ 探求，研究。《商君书·更法》：“～正法之本。”《论语·宪问》：“世叔～论之。”㊀寻找，寻访。李白《江上望皖公山》诗：“但爱兹岭高，何由～灵异。”❷ 治理，整顿。《左传·宣公十二年》：“在军，无日不～军实而申儆(jǐng)之。”(军实：指军备。申儆：告诫。)❸ 声讨，谴责。《左传·宣公二年》：“反不～贼。”㊁讨伐，征伐。《史记·秦始皇本纪》：“皇帝哀众，遂发～师。”(哀：怜悯。)《史记·三王世家》：“外～强暴。”❹ 索取，乞求(后起意义)。陈造《吟诗自笑》：“～饭充肠上岳阳。”

TE

忒 tè ❶ 差错。《周易·豫》：“日月不过，而四时不～。”《孙子兵法·形》：“不～者，其所措必胜。”(所措：采取的措施。)㊁过失。《韩非子·主道》：“闻其主之～。”❷ 邪恶。陈琳《为袁绍檄豫州》：“而操遂承资跋扈，肆行凶～。”❸ 变化，变更。柳宗元《祭吕衡州温文》：“推而下之，法度不～。”❹ 过于，太(后起意义)。杨万里《题张坦夫腴庄图三首》之二：“一时奄有～伤廉。”(奄：全部。)

貣 tè ❶ 乞讨。《荀子·儒效》：“虽行～而食，人谓之富矣。”❷ 借贷。《汉书·司马相如传上》：“从昆弟假～，犹足以为生。”❸ 饶恕，宽恕(后起意义)。《新唐书·酷吏传·崔器传》：“乃以六等定罪，多所厚～。”❹ 通“忒”。差错。《管子·正》：“如四时之不～，如星辰之不变。”

特 tè ❶ 公牛。张缵《南征赋》：“云怒～之来奔。”㊂雄性牲畜。《周礼·夏官·校人》：“凡马，～居四之一。”❷ 三岁或四岁的牲畜。《诗经·魏风·伐檀》：“胡瞻尔庭有县～兮？”❸ 一头牲。《三国志·魏书·明帝纪》：“遣使者以～牛祠中岳。”(祠：祭祀。中岳：山名。)❹ 单独，独自。《韩非子·孤愤》：“处势卑贱，无党孤～。”㊀特此，特别。《三国志·吴书·吴主传》：“～下燕国。”(下：到。)❺ 杰出的。《诗经·秦风·黄鸟》：“百夫之～。”㊁奇异，异常。柳宗元《始得西山宴游记》：“以为凡是州之山水有异态者，皆我有也，而未始知西山之怪～。”❻ 配偶。《诗经·小雅·我行其野》：“不思旧姻，求尔新～。”❼ 只，仅，独，不过。《三国志·蜀书·诸葛亮传》：“然建～不与皓和好往来。”(建、皓：人名。)柳宗元《非国语上·三川震》：“山川者，～天地之物也。”［非特］不但，不仅。《韩非子·六反》：“此～～无术也，又乃无行。”❽ 却，竟然。《战国策·中山策》：“不知者～以为神，力言不能及也。”

慝 tè ❶ 差错，过失。《诗经·鄘风·柏舟》：“之死矢靡～。”董仲舒《雨雹对》：“无有差～。”❷ 邪恶，恶念。《庄子·渔父》：“称誉诈伪以败恶人谓之～。”《三国志·魏书·武帝纪》：“吏无苛政，民无怀～。”❸ 灾害，祸患。《旧唐书·陆贽传》：“太上消～于未萌。”❹ 阴气，潮气。《左传·庄公二十五年》：“唯正月之朔，～未作。”刘禹锡《砥石赋序》：“地～而伤物。”❺ nì 通“匿”。隐藏。《墨子·尚贤下》：“隐～良道，而不相教诲也。”

TENG

幐 téng 袋子，口袋。《战国策·赵策一》：“赢～负书担橐。”(赢：背着。)

腾(騰) téng ❶ 传，传递。《后汉书·隗嚣传》：“因数～书陇蜀。”

（数：数次。陇、蜀：地名。）〔又〕传播。《新唐书·颜真卿传》："～布中外。" ❷ 跳跃。《汉书·李广传》："虎～，伤广，广亦射杀之。"〔引〕扬起，抬起。曹植《七启》："翼不暇张，足不及～。" ❸ 上升，飞腾。《礼记·月令》："天气下降，地气上～。"柳宗元《笼鹰词》："下攫狐兔～苍茫。"（攫：抓取。苍茫：天空。）〔又〕腾跃，翻动。左思《蜀都赋》："～波沸涌。"〔喻〕物价上涨，昂贵。《后汉书·光武帝纪下》："谷价～跃。" ❹ 超越，超过。杨衒之《洛阳伽蓝记·景明寺》："文宗学府，～班马而孤上。"（班马：班固和司马迁。） ❺ 奔驰。潘尼《赠河阳》诗："逸骥～夷路。"（逸骥：超群的千里马。夷：平坦。） ❻ 乘，骑。《楚辞·九叹·愍命》："～驴骡以驰逐。" ❼ 腾挪，移出（后起意义）。王禹偁《量移后自嘲》诗："旧笼～倒入新笼。"王建《贫居》诗："蠹生～药纸，字暗换书签。"

誊（謄） téng 抄写，誊写。吴曾《能改斋漫录》卷一："其后袁州人李夷宾上言，请别加～录。"宋有"誊录院"。

滕 téng ❶ 腾扬。《周易·咸》："咸其辅颊舌，～口说也。" ❷ 周代诸侯国。在今山东滕州西南。《孟子·滕文公上》："有为神农之言者许行，自楚之～。"

螣 téng ❶ ［螣蛇］传说中一种能飞的神蛇。《荀子·劝学》："～～无足而飞。" ❷ tè 一种食禾苗的害虫。《诗经·小雅·大田》："去其螟～。"

縢 téng ❶ 缄封，封闭。《后汉书·阳球传》："诸奢饰之物，皆各缄～。" ❷ 捆扎，缠绕。《诗经·秦风·小戎》："竹闭绲（gǔn）～。"（闭：檠，校正弓的器具。绲：绳子。）〔引〕绳子。《诗经·鲁颂·閟宫》："公车千乘，朱英绿～。"《庄子·胠箧》："唯恐缄～扃（jiōng）鐍（jué）之不固也。"（缄：捆东西的绳索。扃：门闩。鐍：锁钥。） ❸ 绑腿布。《战国策·秦策一》："羸（léi）～履蹻（juē）。"（缠着绑腿布，穿着草鞋。羸：通"累²"，缠绕。蹻：草鞋。） ❹ 通"幐"。袋子。《后汉书·儒林传》："小乃制为～囊。"

TI

剔 tī ❶ 分解骨肉。《史记·龟策列传》："太卜官因以吉日～取其腹下甲。"（太卜官：主管占卜的官。甲：壳。）〔引〕挑（tiǎo）起，剔除。唐彦谦《无题》诗："满园芳草年年恨，～尽灯花夜夜心。"《后汉书·王涣传》："纠～奸盗。" ❷ 疏导。《淮南子·要略》："～河而道九岐。" ❸ tì 通"剃"。剃头，用刀刮去毛发。司马迁《报任安书》："其次～毛发婴金铁受辱。"（婴：缠绕。金铁：指镣铐。）

荑 tí ❶ 初生的茅草。《诗经·卫风·硕人》："手如柔～，肤如凝脂。"〔泛〕草木初生的嫩芽。谢灵运《登石门最高顶》诗："心契九秋干，目玩三春～。"〔又〕发芽。谢灵运《从游京口北固应诏》诗："原隰（xí）～绿柳。"（原隰：广平和低湿的地方。） ❷ yí 割去田地里的草。《周礼·地官·稻人》："凡稼泽，夏以水殄（tiǎn）草而芟（shān）～之。"（殄：消灭。芟：除去。） ❸ 通"稊（tí）"。稗子一类的草。籽实可食。《孟子·告子上》："五谷者，种之美者也，苟为不熟，不如～稗。"

绨（綈） tí 一种粗厚光滑的丝织品。《史记·孝文本纪》："上常衣～衣……以示敦朴。"左思《魏都赋》："土无～锦。"

稊 tí ❶ 稗子一类的草。籽实可食。《庄子·秋水》："不似～米之在大仓乎？" ❷ 通"荑（tí）"。草木初生的嫩芽。《周易·大过》："枯杨生～。"

鹈（鵜） tí ❶ 即鹈鹕（hú）。一种善捕鱼的水鸟。《诗经·曹风·候人》："维～在梁，不濡其翼。"（梁：鱼梁，水中修筑的捕鱼的围堰。）［鹈鹕］一种善捕鱼的水鸟。《三国志·魏书·文帝纪》："有～～鸟集灵芝池。" ❷ ［鹈鴂（jué）］杜鹃。屈原《离骚》："恐～～之先鸣兮。"

提 tí ❶ 垂手拿着，提着。《庄子·养生主》："～刀而立。"杜甫《题李尊师松树障子歌》："手～新画青松障。"（障：幛，画幛，一轴画。）〔又〕拉起。杜甫《又观打鱼》诗："设网～纲万鱼急。"成语有"提纲挈领"、"耳提面命"。 ❷ 提拔。《北史·魏收传》："～奖后辈，以名行为先。"（名行：名望和德行。） ❸ 携带。《墨子·兼爱下》："～挈妻子而寄托之。"（挈：带着。）〔又〕率领。岳飞《五岳祠盟记》："今又～一旅孤军。"（一旅孤军：单独一支军队。）〔又〕旧时凡属提调、领官的文武职官，多以提为名。如"提学"、"提刑"、"提督"等。 ❹ 举出，提出。《淮南子·要略》："～名责实。"（责：求。）韩愈《进学解》："记事者必～其要。" ❺ 量词。用于无确数的钱币等。《管子·山权数》："君请起十乘之使，百金之～。" ❻ dǐ 掷击。《战国策·燕策三》："侍医夏无且以其所奉药囊～轲。"（侍医：侍奉王侯的医生。夏无且：人名。奉：捧，托。

轲：荆轲。）

騠(騠) tí ［駃(jué)騠］见217页“駃”字。

缇(緹) tí 橘红色的丝织品。柳宗元《邕州刺史李公墓志铭》：“有～五两。”㉛橘红色。《史记·滑稽列传》：“张～绛帷，女居其中。”［缇衣］古时武士服装。其服装多为橘红色。《周礼·春官·司服》郑玄注：“今时伍伯～～，古兵服之遗色。”

禔 tí ❶安，安稳。《汉书·司马相如传下》：“中外～福。”《扬子法言·修身》：“士何如斯可以～身？”❷通“衹(zhǐ)”。副词。恰恰，只不过。《史记·韩长孺列传》：“～取辱耳。”

题(題) tí ❶额头，脑门。《史记·司马相如列传》：“赤首圜(yuán)～。”(圜：通“圆”。)㉕物体的顶端。《孟子·尽心下》：“堂高数仞，榱(cuī)～数尺。”(榱：屋檐的椽子。)❷标志。《左传·襄公十年》：“舞师～以旌夏。”㉕标签，书签。杜甫《西郊》诗：“看～检药囊。”李白《感兴》诗八首之三：“蠹鱼坏其～。”(蠹鱼：一种蛀蚀衣物和图书的小虫。)❸题名，命名。《韩非子·和氏》：“悲夫宝玉而～之以石。”(题之以石：把它叫作石头。)❹书写，题写。许浑《秋日行次关西》诗：“～字满河桥。”❺品评。《后汉书·许劭传》：“每月辄更其品～。”❻题目。《宋史·晏殊传》：“请试他～。”［题目］1.命题。杜甫《奉留赠集贤院崔于二学士》诗：“天老书～～。”(天老：指三公。)2.书籍的标目。《南史·王僧虔传》：“取《三国志》聚置床头百日许……汝曾未窥其～～。”3.名称。《北史·念贤传》：“时行殿初成，未有～～。”(行殿：指观风行殿。)4.借口，名义。白居易《送吕漳州》诗：“独醉似无名，借君作～～。”5.品评。《世说新语·政事》：“举无失才，凡所～～，皆如其言。”❼奏章，题本。《旧五代史·唐明宗纪四》：“缄～罔避于嫌疑。”❽dì 看。《诗经·小雅·小宛》：“～彼脊令，载飞载鸣。”

T

醍 tí ❶tǐ 一种浅红色清酒。《礼记·礼运》：“粢～在堂，澄酒在下。”❷［醍醐(hú)］1.从牛奶中提制的奶油。为奶制佳品。沈佺期《从幸香山寺应制》诗：“愿以～～参圣酒。”2.佛教指最高的佛性和佛法。顾况《行路难》之二：“岂知灌顶有～～。”3.美酒。白居易《将归一绝》：“更怜家酝迎春熟，一瓮～～待我归。”

啼［嗁］ tí ❶出声地哭，痛哭。杜甫《石壕吏》诗：“吏呼一何怒，妇～一何苦。”李商隐《行次西郊作》诗：“存者皆面～，无衣可迎宾。”(存者：活着的人。)❷叫，鸣。《左传·庄公八年》：“豕人立而～。”曹操《苦寒行》：“熊罴对我蹲，虎豹夹路～。”

【辨】哭，号，泣，啼。见228页“哭”字。

蹄［蹏］ tí ❶马、牛、羊、猪等趾端带有角质物的动物的脚。《庄子·马蹄》：“马，～可以践霜雪。”㉕计算动物蹄脚数量的词。四蹄为一只。《史记·货殖列传》：“故曰陆地牧马二百～。”❷捕兔的器具。《庄子·外物》：“～者所以在兔，得兔而忘～。”［筌蹄］见352页“筌”字。❸跑，奔驰。魏源《栈道杂诗七首》之六：“瞬息～百里。”❹(旧读dì)踢，踏。柳宗元《三戒·黔之驴》：“驴不胜怒，～之。”郦道元《水经注·沔水下》：“杨泉《五湖赋》曰：‘头首无锡，足～松江。’”

体(體) tǐ ❶肢体，身体的部分。《史记·项羽本纪》：“郎中骑杨喜、骑司马吕马童、郎中吕胜、杨武各得其一～。”(郎中骑、骑司马、郎中：官名。)［四体］四肢，手足。《论语·微子》：“～～不勤，五谷不分，孰为夫子？”㉒身体。《后汉书·华佗传》：“～有不快。”㉕身份，地位。《孟子·告子上》：“～有贵贱，有大小。”❷部分，局部。《墨子·经上》：“～，分于兼也。”(兼：全体。)㉕区分，分解。《周礼·天官·序官》：“～国经野，设官分职。”《孔子家语·问礼》：“～其犬豕牛羊。”❸本体，实体。《论衡·自然》：“地以土为～。”范缜《神灭论》：“名殊而～一也。”(名称不同而实体一样。)㉛主体，根本。《庄子·大宗师》：“以刑为～，以礼为翼。”贾谊《陈政事疏》：“使少知治～者，得佐下风，致此非难也。”㉕整体，总体。《仪礼·丧服》：“父子一～也，夫妻一～也。”❹占卜的卦象、卦兆。《诗经·卫风·氓》：“尔卜尔筮，～无咎言。”❺内容。《管子·五辅》：“义有七～。”❻形体，形状。《周易·系辞上》：“故神无方而易无～。”㉕体裁，风格。《旧唐书·刘禹锡传》：“禹锡精于古文，善五言诗；今～文章，复多才丽。”(复：又。才丽：指文章有才气而且华丽。)❼书法的字体。《颜氏家训·杂艺》：“莫不得羲之之～。”❽准则。《荀子·天论》：“君子有常～矣。”㉕依靠，依据。《管子·君臣上》：“则君～法而立矣。”㉕效法。《淮南子·本经》：“帝者～太一，王者法阴阳。”❾体察、体会(他人)。《礼记·中庸》：“敬大臣也，～群臣也。”双音词有“体谅”、“体恤”。㉕体现。《周易·系辞下》："以～天地之撰。"㊞亲近，接近。《礼记·学记》："就贤～远。" ❿（亲身）实践、体验。《淮南子·氾论》："故圣人以身～之。"【注意】古代汉语中只有"體"字，宋代以后出现"体"字。"体"原读 bèn，是"粗笨"、"粗鲁"的意思。上述义项都不作"体"。现"體"简化为"体"。

洟 tì （又读 yí）鼻涕。《礼记·檀弓上》："待于庙，垂涕～。"左思《悼离赠妹诗》之九："衔杯不饮，涕～纵横。"㊂流鼻涕，擤鼻涕。张煌言《旅愁》诗："梦自惺忪涕自～。"《礼记·内则》："不敢唾～。"

剃［鬀］ tì "鬀"为"剃"的本字。剃头，用刀刮去毛发。《淮南子·齐俗》："屠牛吐一朝解九牛而刀以～毛。"（屠牛吐：人名。）

涕 tì ❶眼泪。《列子·汤问》："悲愁垂～相对。"㊂流泪，落泪。陈亮《念奴娇·登多景楼》："登高怀远，也学英雄～。" ❷鼻涕。王褒《僮约》："目泪下落，鼻～长一尺。"【辨】涕，泗，泪。古代一般"涕"指眼泪，"泗"指鼻涕。后来"泪"代替了"涕"，"涕"代替了"泗"，而"泗"一般不用了。

悌 tì 敬爱、顺从兄长。《孟子·滕文公下》："入则孝，出则～。"㊞敬重长辈或同辈。《晋书·武帝纪》："不长～于族党。"《新唐书·李元素传》："元素少孤，奉长姊谨～。"

倜 tì ❶［倜然］1. 突出地，特殊地。《荀子·君道》："～～乃举太公于州人而用之。"（太公：姜太公。州：古国名。）2. 远离的样子。《荀子·非十二子》："～～无所归宿。" ❷［倜傥（tǎng）］1. 卓越。李白《赠韦太守》诗："叹君～～才，标举冠群英。" 2. 不拘于俗，豪爽洒脱。《三国志·魏书·王粲传》："～～放荡。"上述1、2又写作"俶（tì）傥"。

逖［逿］ tì ❶远。《诗经·大雅·抑》："用～蛮方。"《隋书·音乐志中》："百蛮非众，八荒非～。"㊞使远，疏远。《尚书·多方》："离～尔土。" ❷［逖逖］忧惧的样子。屈原《九章·悲回风》："悼来者之～～。"又写作"惕惕"。《国语·晋语四》："四方诸侯，其谁不惕惕以从君命。"

惕 tì ❶谨慎小心，提心吊胆。《左传·襄公二十二年》："无日不～，岂敢忘职！"双音词有"警惕"。❷忧伤。卢谌《答魏子悌》诗："乖离令我感，悲欣使情～。" ❸［惕然］1. 忧愁的样子。嵇康《与山巨源绝交书》："～～不喜。" 2. 猛醒的样子。《史记·龟策列传》："元王～～而悟。" ❹疾速。《国语·吴语》："一日～，一日留。"（留：迟缓。）

替 tì ❶废弃。《尚书·大诰》："不敢～上帝命。"屈原《九章·怀沙》："常度未～。"（度：法度。）㊞泯灭，消亡。《国语·鲁语上》："今先君俭而君侈，令德～矣。" ❷衰落，衰弱。《旧唐书·魏征传》："以古为镜，可以知兴～。"㊞停止。皮日休《寄同年韦校书》诗："唯有故人怜未～。" ❸代替（后起意义）。《木兰诗》："愿为市鞍马，从此～爷征。" ❹抽屉（后起意义）。《南史·殷淑仪传》："遂为通～棺，欲见，辄引～睹尸。"

揥 tì ❶用以搔头或梳头的簪子。《诗经·鄘风·君子偕老》："玉之瑱（tiàn）也，象之～也。"（瑱：一种玉质首饰。象：象牙。） ❷ dì 抛弃，舍弃。陆机《文赋》："意徘徊而不能～。"

薙 tì ❶割去野草。王中《头陀寺碑文》："为之～草开林，置经行之室。"［剃氏］古代管除草的官。张衡《东京赋》："其遇民也，若～～之芟（shān）草。"（芟：割草。）㊂割下的野草。《礼记·月令》："烧～行水，利以杀草。" ❷删除。《晋书·束皙传》："～圣籍之荒芜。" ❸通"剃"。剃头，用刀刮去毛发。庄季裕《鸡肋编》卷中："既～度，乃成礼。"（薙度：剃发出家为僧。）

趯 tì ❶跳。梅尧臣《观居宁画草虫》诗："跃者～其股，顾者注其目。"［趯趯］跳得很快的样子。《诗经·召南·草虫》："～～阜螽（zhōng）。"（阜螽：蝗虫的幼虫。）又写作"跃跃"、"狄狄"。❷踢。段成式《酉阳杂俎》卷五"诡习"："常于福感寺～鞠（jū）。"（鞠：一种用来踢打玩耍的球。） ❸ yuè 通"跃"。跳跃，跃过。《后汉书·班固传下》："北动幽崖，南～朱垠。"（幽崖、朱垠：指极远的边疆。）

TIAN

T

天 tiān ❶天，天空。与"地"相对。《论衡·谈天》："察当今～去地甚高，古～与今无异。"㊂天体，天象。《晋书·天文志上》："～运近南。"《史记·太史公自序》："命南正重以司～。"㊂神话中的天上世界，天宫。屈原《九歌·大司命》："广开兮～门。" ❷指自然界。《荀子·天论》："～行有常。"（自然界的运动变化有一定规律。）㊞天然的，自然生成的。《魏书·邢峦传》："剑阁～险，古来所称。"双音词有"天灾"。㊂天性与生命。《吕氏春秋·大乐》："能以一治其身者，免于灾,终其寿,全其～。”❸ 人们想象中的万物的主宰。《尚书·泰誓》:“～佑下民。”㊂命运,天命。《论语·颜渊》:“死生有命,富贵在～。”㊂所依存或依赖者。《史记·郦生陆贾列传》:“王者以民人为～,而民人以食为～。”❹ 称君王或父母、丈夫。乐史《杨太真外传》:“虢国不施妆粉,自衒美艳,常素面朝～。”❺ 天气,气候。白居易《卖炭翁》诗:“心忧炭贱愿～寒。”㊂季节。杜甫《春日忆李白》诗:“渭北春～树,江东日暮云。”❻ 人的头顶。《山海经·海外西经》:“刑～与帝至此争神,帝断其首。”㊀古代的一种刑罚,在人的额头刺字涂墨。《周易·睽》:“其人～且劓(yì)。”(劓:古代割掉鼻子的刑罚。)

田 tián ❶ 农田。《孟子·梁惠王上》:“百亩之～,勿夺其时。”㊂田野。《周易·乾》:“见龙在～。”㊂农官,田官。《礼记·月令》:“命～舍东郊。”❷ 耕种。《史记·高祖本纪》:“皆令人得～之。”㊂一种农田面积计量单位。《管子·乘马》:“五制为一～。”❸ 指春季打猎或练兵。《穀梁传·桓公四年》:“春曰～,夏曰苗。”㊁打猎。《韩非子·难一》:“焚林而～,偷取多兽,后必无兽。”(偷:苟且,姑且。)双音词有“田猎”。上述❷❸㊁又写作“畋(tián)”、“佃(tián)”。

【辨】田,佃,畋。在“打猎”、“耕种”的意义上这三个字通用,但“田”有“田地”的意义,而“佃”、“畋”则没有。“佃”后来指农民租种官府或地主的土地,或指佃户,读为 diàn,“田”、“畋”则没有这个意义。

畋 tián ❶ 打猎。《吕氏春秋·直谏》:“以～于云梦。”魏征《十渐不克终疏》:“外绝～猎之源。”❷ 通“佃”。耕种。《尚书·多方》:“今尔尚宅尔宅,～尔田。”《三国志·魏书·齐王芳纪》注引《汉晋春秋》:“孙权自十数年以来,大～江北,缮治甲兵。”

【辨】田,佃,畋。见上“田”字。

恬 tián ❶ 安静,心神安适。《世说新语·赏誉》:“尔夜风～月朗。”李白《下途归石门旧居》诗:“～然但觉心绪闲。”❷ 淡泊,淡漠。《后汉书·韦彪传》:“安贫乐道,～于进趣。”❸ 安逸,舒适。白居易《问秋光》诗:“身心转～泰。”❹ 满不在乎,坦然。《荀子·富国》:“轻非誉而～失民。”(轻非誉:不顾毁誉。)成语有“恬不知耻”、“恬不为怪”。

湉 tián [澶(chán)湉]见 40 页“澶”字。

填 tián ❶ 充塞,填塞。《战国策·赵策四》:“愿及未～沟壑而托之。”刘熙《释名·释地》:“田,～也,五稼～满其中也。”㊀充满。江淹《恨赋》:“悲来～膺。”(膺:胸。)❷ 按照固定格式填写文字。如“填词”。阮阅《诗话总龟后集》卷三二引《艺苑》:“得非～词柳三变乎?”(柳三变:柳永。)㊂给器物着色。韩愈《谒衡岳庙遂宿岳寺题门楼》诗:“鬼物图画～青红。”又如“填金”、“填漆”。❸ zhèn 通“镇”。安定。《汉书·高帝纪下》:“～国家,抚百姓。”❹[填填]1. 满足的样子。《荀子·非十二子》:“～～然,狄狄然。”(狄狄然:跳跃的样子。)2. 象声词。形容雷声或鼓声。屈原《九歌·山鬼》:“雷～～兮雨冥冥。”《隋书·音乐志中》:“鼗(táo)鼓～～。”(鼗:一种像鼓的乐器。)❺ zhèn [填填]通“正正”。端庄整齐的样子。《淮南子·兵略》:“不击～～之旗。”

阗(闐) tián ❶ 填塞,充满。班固《西都赋》:“～城溢郭。”《韩诗外传》卷一:“精气～溢。”❷[阗阗]1. 盛大的样子。《诗经·小雅·采芑》:“振旅～～。”薛逢《上白相公启》:“飞龙在天,云雨～～。”2. 形容声音宏大。宋玉《九辩》:“属雷师之～～。”左思《蜀都赋》:“车马雷骇,轰轰～～。”

忝 tiǎn 有愧于,辱没。《尚书·尧典》:“否德,～帝位。”《汉书·叙传下》:“陵不引决,～世灭姓。”(陵:李陵。引决:指自杀。)㊀惭愧。李商隐《筹笔驿》诗:“管乐有才真不～。”(管乐:管仲和乐毅。)㊂谦辞。《后汉书·杨赐传》:“臣受恩偏特,～任师傅。”成语有“忝列门墙”(愧在师门)。

殄 tiǎn ❶ 消灭,绝尽。《史记·秦始皇本纪》:“武～暴逆。”(以武力消灭暴逆。)《尚书·毕命》:“余风未～,公其念哉?”成语有“暴殄天物”。❷ 疲敝,衰败。《国语·鲁语上》:“固民之～病是待。”❸ 昏迷。《论衡·论死》:“人～不悟,则死矣。”(悟:醒。)

浀 tiǎn ❶ 污浊。枚乘《七发》:“输写～浊。”❷[浀涊(niǎn)]1. 污浊,卑污。《楚辞·九叹·惜贤》:“切～～之流俗。”2. 软弱,怯懦。《宋史·欧阳修传》:“文章体裁……～～弗振。”3. 温暖,濡热。王粲《大暑赋》:“就清泉以自沃,犹～～而不凉。”

腆 tiǎn ❶ 丰盛,丰厚。《左传·襄公十四年》:“我先君惠公有不～之田,与女剖分而食之。”(女:汝,你。)曹丕《与钟大理书》:“嘉贶(kuàng)益～,敢不钦承。”(贶:赏赐。)㊀厚颜。沈约《为安陆王谢荆州章》:“～冒斯颜,膺此谬荷。”❷ 善,美好。《礼记·郊特牲》:“币必诚,辞无不～。”❸ 羞惭,羞愧。《宋书·颜延之传》:“衔声茹气,～

T

默而归。”

覥 tiǎn [靦(miǎn)覥]见 280 页“靦”字。

餂 tiǎn ❶ 取，诱取。《孟子·尽心下》：“士未可以言而言，是以言～之也。”❷ 舔。用舌头接触或取物(后起意义)。曾瑞《斗鹌鹑·风情》套曲：“鼻凹里砂糖怎～。”这个意义后来写作“舔”。

瑱 tiàn ❶ 冠冕两侧塞耳的玉饰。《诗经·鄘风·君子偕老》：“玉之～也，象之揥(tì)也。”(象：象牙。揥：一种簪子。)❷ 玉石。江淹《杂体诗·颜特进侍宴》：“荣重馈兼金，巡华过盈～。”(盈瑱：一尺多长的玉石。)❸ 填充。郭璞《江赋》：“金精玉英～其里，瑶珠怪石琗其表。”❹ zhèn 通“镇”。压物的器具。屈原《九歌·东皇太一》：“瑶席兮玉～，盍将把兮琼芳。”

TIAO

佻 tiāo ❶ 苟且，不厚道。《左传·昭公十年》：“～之谓甚矣，而壹用之，将谁福哉？”❷ 轻佻，轻浮。屈原《离骚》：“雄鸠之鸣逝兮，余犹恶其～巧。”(鸠：鸟名。逝：离去。恶：嫌恶。巧：巧诈。)❸ 窃取。《国语·周语中》：“～天之功以为己力。”❹ yáo 延缓。《荀子·王霸》：“百工将时斩付，～其期日，而利其巧任。”

挑 tiāo ❶ tiǎo 拨，拨动，挑动。《史记·项羽本纪》：“乃自披甲持戟～战。”辛弃疾《破阵子·为陈同甫赋壮词以寄之》：“醉里～灯看剑。”(引)弹奏弦乐器的一种指法。白居易《琵琶行》：“轻拢慢撚抹复～。”❷ tiǎo 挑逗，引诱。《史记·司马相如列传》：“而以琴心～之。”❸ tiǎo 挖，掘。杜荀鹤《山中寡妇》诗：“时～野菜和根煮。”❹ tiǎo 揭露，显露。《韩非子·说难》：“贵人有过端，而说者明言礼义以～其恶。”❺ tiǎo 用杆子把东西悬挂起来(后起意义)。马致远《岳阳楼》：“将酒望子～起来。”(酒望子：酒店门前招徕酒客的幌子。)❻ 取。《淮南子·人间》：“婴儿过之则～其卵。”❼ 担，挑(后起意义)。戚继光《练兵实纪·练伍法》：“用铁尖扁担，便于肩～。”❽ 通“佻”。轻佻，不庄重。《荀子·强国》：“其服不～。”(服：衣服。)

祧 tiāo ❶ 远祖的庙。《礼记·祭法》：“远庙为～。”(远庙：指高祖以上的庙。)(泛)宗庙。沈约《立太子诏》：“守器承～。”(器：神器，指帝位。)❷ 古代帝王七庙，世次较远之祖，其神主迁入祧庙，称“祧”。《新唐书·礼乐志三》：“已～之主，不得复入太庙。”[不祧]始祖之神主永远不迁，称为“不祧”。《宋史·礼志九》：“今太祖受命开基，太宗缵(zuǎn)承大宝，则百世～～之庙矣。”(缵：继承。)❸ [承祧]承继为后嗣。韩愈《顺宗实录三》：“付尔以～～之重。”

条(條) tiáo ❶ 树名。一说山楸，一说柚。《诗经·秦风·终南山》：“终南何有？有～有梅。”❷ 枝条，小枝。《诗经·周南·汝坟》：“伐其～枚。”(枚：树干。)(又)修剪枝条。干宝《搜神记》卷九：“因～桑，为斧伤而死。”(引)长条的，长的。庾信《七夕赋》：“缕～紧而贯矩。”《尚书·禹贡》：“厥木惟～。”❸ 条理。《尚书·盘庚上》：“若网在纲，有～而不紊。”❹ 项目，条目。《汉书·刘向传》：“比类相从，各有～目。”㊕法令，条文。岳飞《奉诏移伪齐檄》：“尽除戎索，咸用汉～。”❺ 分条陈述，列举。白居易《与元微之书》：“其余事况，～写如后。”苏轼《辩试馆职策问札子》之二：“光即与臣论当今要务，～其所欲行者。”(光：司马光。)(又)逐一登录。苏轼《御试制科策》：“臣愿陛下～天下之事。”❻ 量词。用于分列项目或计量条状的东西。《旧唐书·刑法志》：“约法为十二～。”张鷟《朝野佥载》：“与之绳万～，以为钱贯。”❼ 通达。《汉书·礼乐志》：“声气远～。”

苕 tiáo ❶ 一种草。陵苕。即紫葳。也叫凌霄花。《诗经·小雅·苕之华》：“～之华，芸其黄矣。”(又)一种草。苕饶。即紫云英。《诗经·陈风·防有鹊巢》：“邛(qióng)有旨～。”(小丘上有很美的紫云英。邛：小丘，小土山。)❷ 芦苇的花穗。《荀子·劝学》：“系之苇～，风至～折。”(系：拴。)❸ [苕苕]1. 同“迢迢”。遥远的样子。谢灵运《述祖德》诗：“～～历千载。”2. 同“岧岧”。高的样子。郦道元《水经注·河水》：“北面列观临河，～～孤上。”(北面许多楼台靠近黄河，高高地孤拔直上。)

岧[岹] tiáo ❶ [岧峣(yáo)]高峻的样子。崔颢《行经华阴》诗：“～～太华俯咸京。”白居易《月夜登阁避暑》诗：“行行都门外，佛阁正～～。”❷ [岧嵽(dì)]高的样子。王延寿《鲁灵光殿赋》：“浮柱～～以星悬。”❸ [岧岧]高的样子。张衡《西京赋》：“干云雾而上达，状亭亭以～～。”又写作“苕苕”。

迢 tiáo [迢迢]1. 遥远的样子。《古诗十九首·迢迢牵牛星》：“～～牵牛星。”又写作"苕苕"。成语有"千里迢迢"。2. 高峻的样子。陆机《拟西北有高楼》诗："高楼一何峻，～～峻而安。"3. 深幽的样子。李涉《六叹》诗之二："～～碧甃(zhòu)千余尺。"(甃：井壁。) 4. 时间漫长的样子。戴叔伦《雨》诗："历历愁心乱，～～独夜长。"【注意】"迢"一般不单用，除"迢迢"叠用外，还常"迢递"、"迢遥"等连用。

龆(齠) tiáo ❶ 儿童换牙。《韩诗外传》卷一："八岁而～齿。"[龆龀(chèn)]儿童换牙的年龄。指童年。《东观汉记·伏湛传》："～～励志，白首不衰。"❷ 童年。《宋书·明帝纪》："人面兽心，见于～日。"❸ 通"髫"。儿童头部下垂的短发。《三国志·魏书·毛玠传》："臣垂～执简。"

髫 tiáo ❶ 儿童头部下垂的短发。陶渊明《桃花源记》："黄发垂～，并怡然自乐。"(黄发：指老人。垂髫：指儿童。)(引)儿童。《北史·柳遐传》："～岁便有成人之量。"(量：度量，气度。)❷ 通"龆"。儿童换牙。《后汉书·董卓传》："其子孙虽在～龀(chèn)，男皆封侯，女为邑君。"(龀：儿童换牙。)

蜩 tiáo 蝉。《诗经·豳风·七月》："四月秀葽(yāo)，五月鸣～。"(葽：草名。)王褒《洞箫赋》："秋～不食。"

挑 tiǎo 见421页。

窕 tiǎo ❶ 宽绰而有空隙，不充实。《荀子·赋》："充盈大宇而不～。"(大宇：太空。)(引)虚浮，不实。《韩非子·难二》："君子不听～言。"(引)闲暇。司马穰苴《司马法·严位》："击其倦劳，避其闲～。"❷ yáo 妖艳。《荀子·礼论》："故其立文饰也，不至于～冶(yě)。"(文饰：指修饰。冶：过分地打扮。)❸ 通"挑(tiǎo)"。挑逗，引诱。枚乘《七发》："目～心与。"(心与：心中暗暗相许。)❹ tiāo 通"佻"。轻佻，轻浮。《左传·成公十六年》："楚师轻～。"❺ [窈窕]见490页"窈"字。

T

誂 tiǎo ❶ 逗引，诱惑。《战国策·秦策一》："楚人有两妻者，人～其长者。"《史记·吴王濞列传》："于是乃使中大夫应高～胶西王。"(应高：人名。)❷ 通"佻(tiāo)"。轻佻，轻浮。《吕氏春秋·音初》："流辟～越慆滥之音出。"(流辟：淫邪放纵。慆滥：放荡过分。)❸ diào 猝然，仓猝。《淮南子·兵略》："虽～合刃于天下，谁敢在于上者。"

眺 tiào ❶ 斜视，看。潘岳《射雉赋》："亦有目不步体，邪～旁剔。"《国语·齐语》："以骤骋～于诸侯。"❷ 远看，眺望。《礼记·月令》："可以居高明，可以远～望。"谢灵运《登池上楼》诗："举目～岖嵚(qīn)。"(岖嵚：指高而险的峰峦。)

跳 tiào ❶ 跳跃。《列子·汤问》："～往助之。"(引)走路瘸跛。《荀子·非相》："禹～汤偏。"❷ 跳越，跨越。《晋书·刘牢之传》："牢之策马～五丈涧，得脱。"❸ 舞弄，挥舞。《晋书·王濬传》："左右人皆～刀大呼云：'要当为陛下一死战决之。'"❹ [跳梁]通"跳踉(liáng)"。1. 蹦跳。《庄子·逍遥游》："东西～～，不辟高下。"2. 横行，跋扈。《汉书·萧望之传》："今羌虏一隅小夷，～～于山谷间。"❺ táo 通"逃"。逃跑。《史记·高祖本纪》："遂围成皋，汉王～。"

粜(糶) tiào 卖出粮食。聂夷中《咏田家》："二月卖新丝，五月～新谷。"(泛)卖出货物。韩愈《论变盐法事宜状》："差人自～官盐。"

TIE

帖 tiē ❶ 安定。魏征《十渐不克终疏》："脱因水旱，谷麦不收，恐百姓之心，不能如前日之宁～。"(脱：如果。)(又)顺从。王安石《彰武军节度使侍中曹穆公行状》："遂～服，皆为用。"(又)稳妥，妥帖。韩愈《石鼓歌》："安置妥～平不颇。"❷ tiě 官署的文书、告示。《木兰诗》："昨夜见军～，可汗大点兵。"杜甫《新安吏》诗："府～昨夜下，次选中男行。"(引)票据，便条，柬帖。《南齐书·萧坦之传》："家赤贫，唯有质钱～子数百。"(质：典当，抵押。)双音词有"请帖"。(又)古代妇女存放针线的纸夹。李子中《仙吕·赏花时》："最难熬，更漏迢迢，线～儿翻腾耳谩(màn)搔。"(谩：慢慢。)❸ tiè 书法、绘画所摹仿的样本或拓本。苏轼《虔州吕倚承奉》诗："家藏古今～，墨色照箱筥(jǔ)。"(筥：箱子。)❹ 通"贴"。贴近，挨紧。《梁书·羊侃传》："能反腰～地。"(又)粘，黏附。《木兰诗》："当窗理云鬓，对镜～花黄。"(又)砌，垒。杜甫《早起》诗："～石防隤(tuí)岸。"(隤：倒塌。)❺ 通"贴"。典当，典押。《新唐书·李峤传》："有卖舍、～田供王役者。"

贴(貼) tiē ❶ 典当，以物品做抵押借钱。《旧唐书·宪宗纪下》："一任～典货卖。"(一任：完全听任。)❷ 黏附。沈括《梦溪笔谈》卷一八："每字有二十余印，以备一板内有重复者，不用则以纸～之。"(印：指字模。)(引)挨近，靠近。徐弘祖《徐霞客游记·西南游日记》："背腹摩～，足后耸。"

(背部和腹部都贴近上下石壁,脚向后翘起。) ❸ 安定,稳当。《资治通鉴·唐贞元元年》:"易帅之际,军中烦言,乃其常理,泌到,自妥～矣。"(泌:人名。)㊀顺从。《北齐书·库狄干传》:"法令严肃,吏人～服。"㊁合适,妥当。梅尧臣《次韵和长吉上人淮甸相遇》:"文字皆妥～。"

铁(鐵) tiě ❶ 一种金属。铁。《史记·货殖列传》:"邯郸郭纵以～冶成业。"(郭纵:人名。)㊕铁制的(耕具、兵器、刑具、铠甲等)器具。《孟子·滕文公上》:"(许子)以～耕乎?"刘长卿《从军行》:"手中无尺～。"司马迁《报任安书》:"婴金～受辱。"(婴金铁:戴镣铐。)宋无《战城南》诗:"寒肤著～肤皲(jūn)裂。"(皲裂:皮肤因干燥寒冷而破裂。)㊇坚固,坚定不移。刘勰《文心雕龙·祝盟》:"刘琨～誓,精贯霏(fēi)霜。"(精贯:指精诚横贯。霏霜:浓霜。) ❷ 黑色,像铁一样的颜色。庾信《华林园马射赋》:"～骊蹋空。"(骊:黑马。蹋空:跑得像在空中飞那样快。蹋:同"踏"。)

驖 tiě 赤黑色的马。《诗经·秦风·驷驖》:"驷～孔阜。"(孔阜:非常肥硕。)

餮 tiè [饕(tāo)餮]见 415 页"饕"字。

TING

汀 tīng 水边平地,小洲。屈原《九歌·湘夫人》:"搴(qiān)～洲兮杜若。"(搴:采摘。杜若:一种香草。)范仲淹《岳阳楼记》:"岸芷～兰,郁郁青青。"

听[1](聽) tīng ❶ 听。《荀子·劝学》:"耳不能两～而聪。"(聪:听得清楚。)㊀听从,接受。《史记·李斯列传》:"秦王乃拜斯为长史,～其计。"(拜:任用。长史:官名。)成语有"言听计从"。❷ 耳目,间谍。《荀子·议兵》:"将有百里之～。"㊁侦察,探听。《战国策·东周策》:"请谓王～东方之处。"❸ 治理,处理。《史记·秦始皇本纪》:"兼～万事。"(同时处理很多事情。)㊁判决。《汉书·礼乐志》:"断狱～讼。"(狱、讼:官司,诉讼。) ❹ 厅堂。《世说新语·黜免》:"大司马府～前有一老槐。"这个意义后来写作"厅(廳)"。❺ (旧读 tìng) 听凭,任凭。《汉书·薛宣传》:"卖买～任富吏。"成语有"听之任之"。㊁允许。干宝《搜神记》卷一九:"父母慈怜,终不～去。"【注意】古代汉语中"聽"和"听(yǐn)"是两个字,意义各不相同。上述义项都不写作"听"。现"聽"简化为"听"。参见 505 页"听[2](yǐn)"字。【辨】聆,听。见 256 页"聆"字。

廷 tíng ❶ 朝廷。封建时代君主接受朝拜和处理政事的地方。《庄子·渔父》:"～无忠臣。"《史记·廉颇蔺相如列传》:"相如～叱之。"❷ 官署,地方官办理公事的厅堂。《后汉书·郭太传》:"早孤,母欲使给事县～。"(孤:幼年失去父亲。) ❸ 通"庭"。庭院,院子。《诗经·唐风·山有枢》:"子有～内,弗洒弗扫。"

莛 tíng ❶ 草茎。《汉书·东方朔传》:"以筦窥天,以蠡(lí)测海,以～撞钟。"(筦:竹管。蠡:葫芦瓢。)梅尧臣《种药》诗:"枯～带空荚。"❷ tǐng 通"梃"。木棍。欧阳修《钟莛说》:"削木为～,以～叩钟。"

庭 tíng ❶ 庭院,院子。《诗经·魏风·伐檀》:"胡瞻尔～有县貆兮?"(县:通"悬"。)柳宗元《田家三首》诗之二:"～际秋虫鸣。"(际:边。) ❷ 厅堂。《诗经·大雅·抑》:"洒埽(sǎo)～内。"(埽:同"扫"。)《礼记·檀弓上》:"孔子哭子路于中～。"❸ 古代称少数民族辖地或边疆地区。《汉书·李广传》:"臣愿以少击众,步兵五千人涉单于～。"杜甫《兵车行》:"边～流血成海水。"❹ 通"廷"。朝廷,宫廷。《汉书·匈奴传下》:"群臣～议。"魏征《十渐不克终疏》:"奏事入朝,思睹阙～,将陈所见。"(阙:皇宫门前两边的楼。陈:陈述。)㊀朝觐,朝贡。《诗经·大雅·常武》:"四方既平,徐方来～。"㊁公堂,官署。《旧唐书·李适之传》:"昼决公务,～无留事。"

霆 tíng ❶ 雷,疾雷。《汉书·贾山传》:"雷～之所击,无不摧折者。"仲长统《昌言·理乱》:"暴风疾～不足以方其怒。"(方:比拟。)成语有"雷霆万钧"。❷ 震动。《管子·七臣七主》:"天冬雷,地冬～。"❸ 闪电。《淮南子·兵略》:"疾雷不及塞耳,疾～不暇掩目。"

亭 tíng ❶ 设在道路旁(供旅客食宿)的公房。李白《菩萨蛮·平林漠漠烟如织》:"何处是归程,长～更短～。"㊁在边疆(用来观察敌情)的建筑物。《韩非子·内储说上》:"秦有小～临境。"❷ 秦汉时期的一种基层行政单位。《汉书·百官公卿表上》:"大率十里一～,～有长,十～一乡。"(大率:大抵。) ❸ 亭子(后起意义)。欧阳修《醉翁亭记》:"有～翼然临于泉上者,醉翁～也。"(翼然:像鸟张开翅膀一样。) ❹ 公平处理。《汉书·张汤传》:"乃请博士弟子……平～疑法。"❺ 水流停滞而聚积。《史记·秦始皇本纪》："决河～水，放之海。" ❻ 成熟，长成。《老子》五十一章："长之育之，～之毒之。"（毒之：使他成熟。）❼ [亭亭]耸立的样子。曹丕《杂诗》："西北有浮云，～～如车盖。"（车盖：车的顶篷。）❽ [亭午]正午。李白《古风五十九首》之二十四："大车扬飞尘，～～暗阡陌。"（阡陌：指道路。）

【辨】亭，臺，榭，楼，阁。"亭"在上古只指旅宿的亭和观察瞭望用的亭。"园亭"的"亭"的意义是后起的。"园亭"的"亭"有顶无墙，和"臺"、"榭"、"楼"都不同。"臺"的特点是筑土很高，也就是一种高坛。"榭"是臺上的房子。"楼"是重屋，上下层都可以住人。"阁"是架空的楼，不同于一般的"楼"。

停 tíng ❶ 停止，停留。《庄子·德充符》："平者，水～之盛也。"杜牧《山行》诗："～车坐爱枫林晚。"㊂积聚。郦道元《水经注·沔水》："～水数十亩。" ❷ 停放，储存。《后汉书·孝质帝纪》："或支骸不敛，或～棺莫收。"（支：通"肢"，四肢。）贾思勰《齐民要术·造神麴并酒等》："此麴(qū)得三年～，陈者弥好。"（麴：酒。）❸ 留住，居住。《南史·侯安都传》："拜其母为清远国太夫人，仍迎赴都，母固求～乡里。"

渟 tíng ❶ 水流停滞而聚积。《史记·李斯列传》："决～水，致之海。"㊀停止，静止。王安石《我所思寄黄吉甫》诗："月澹星～尤可喜。" ❷ 深。韦承庆《灵台赋》："其深也，如海之～，如渊之邃。" ❸ [渟滢(yíng)]清澈的样子。《魏书·阳固传》："越弱水之～～兮。"（弱水：河流名。）❹ [渟潆(yíng)] 1. 池小水少的样子。杜笃《论都赋·序》："且洛邑之～～，曷足以居乎万乘哉。" 2. 水流回旋的样子。郦道元《水经注·比水》："时人目之为～～水。"

婷 tíng ❶ [婷婷]姿态美好的样子。陈师道《黄梅》诗："～～花下人。" ❷ [娉(pīng)婷]见 319 页"娉(pìn)"字。

T

町 tǐng ❶ 田界。《庄子·人间世》："彼且为无～畦。"㊂田地，田亩。《魏书·高闾传》："嘉谷秀～。"㊂划分田块。《左传·襄公二十五年》："～原防。"（划分堤防间的狭小耕地。）❷ tiǎn [町畽(tuǎn)][町疃(tuǎn)]田舍旁禽兽践踏的空地。《诗经·豳风·东山》："町畽鹿场。"许敬宗《掖庭山赋》："荫町疃之毛群。"

挺 tǐng ❶ 拔，拔出。《战国策·魏策四》："～剑而起。"㊀生出。左思《蜀都赋》："旁～龙目，侧生荔枝。"（龙目：植物名，即龙眼。）❷ 突出，杰出。《三国志·蜀书·吕凯传》："今诸葛丞相英才～出。"《宋史·沈辽传》："幼～拔不群，长而好学。"㊂伸直，举起。《荀子·劝学》："虽有槁暴不复～者。"《新唐书·顾少连传》："少连～笏曰……"㊂起身，探身。《宋史·侯益传》："～身出斗。"刘向《说苑·谈丛》："猿得木而～。" ❸ 僵硬，强硬。《汉书·盖宽饶传》："夫君子直而不～，曲而不诎(qū)。"（诎：屈服。）❹ 宽缓。《后汉书·臧宫传》："宜小～缓，令得逃亡。"（小：略微。）❺ 动摇。《吕氏春秋·忠廉》："不足以～其心矣。" ❻ 量词。根。《南史·沈攸之传》："赐攸之烛十～。" ❼ 通"梃"。棍棒。《汉书·诸侯王表》："陈、吴奋其白～。"（陈、吴：陈胜、吴广。）❽ tíng 通"莛"。草茎。刘向《说苑·善说》："建天下之鸣钟，而撞之以～。"

珽 tǐng 帝王上朝时拿的玉笏(hù)板。也叫大圭。《左传·桓公二年》："衮冕黻(fú)～。"（帝王穿戴的礼服、礼帽、蔽膝和拿的玉笏。黻：蔽膝。）赵昂《攻玉赋》："直以为～，圆而作璧。"

梃 tǐng ❶ 棍棒。《孟子·梁惠王上》："杀人以～与刃，有以异乎？"柳宗元《封建论》："负锄～谪(zhé)戍之徒。"（负：背着。谪戍：被罚防守边境。）❷ 量词。根。《魏书·李孝伯传》："骏遣人献酒二器，甘蔗百～。"（骏：人名。）

脡 tǐng ❶ 直条的干肉。《公羊传·昭公二十五年》："执箪食与四～脯。"㊂直。《礼记·曲礼下》："鲜鱼曰～祭。" ❷ 量词。用于肉条等物。《仪礼·士虞礼》："脯四～。"

铤(鋌) tǐng ❶ dìng 未经冶铸或未成器的铜铁坯料。《论衡·率性》："其本～，山中之恒铁也。"（本：本质。恒：普通的。）❷ dìng 古代重五两或十两的金银货币。《旧唐书·薛收传》："今赐卿黄金四十～。"这个意义后来写作"锭"。❸ dìng 箭铤，箭足。箭头嵌入箭杆的部分。《周礼·考工记·冶氏》："冶氏为杀矢，刃长寸，围寸，～十之。" ❹ 快跑的样子。《左传·文公十七年》："～而走险，急何能择？"

TONG

通 tōng ❶ 通行，到达，通到。《韩非子·说林下》："道难不～。"（难：险。）《三国志·蜀书·诸葛亮传》："西～巴蜀。"（巴、蜀：地名。）㊀开辟，疏通。《礼记·月令》："开～道路，毋有障塞。"㊂连接，连通。李商隐《无题》诗："心有灵犀一点～。" ❷ 通报，传达。

《史记·陈涉世家》:“不肯为～。”㊁陈述,述说。封演《封氏闻见记·饮茶》:“手执茶器,口～茶名。”❸ 畅通,没有阻碍。司马迁《报任安书》:“～邑大都。”(邑:城镇。都:大城市。)❹ 得志。白居易《与元九书》:“小～则以诗相戒,小穷则以诗相勉。”㊁地位显达,显贵。王安石《上皇帝万言书》:“凡在左右～贵之人,皆顺上之欲而服行之。”❺ 通晓,精通。《汉书·辛庆忌传》:“～于兵事。”㊁渊博。《论衡·超奇》:“博览古今者为～人。”❻ 交往。《汉书·季布传》:“吾闻曹丘生非长者,勿与～。”(曹丘生:人名。长者:品行高尚的人。)㊀交换。《荀子·儒效》:“～财货。”❼ 共同的,通常的。沈约《立左降诏》:“减秩居官,前代～则。”(秩:官职,品位。)❽ 全部,整个。《孟子·告子上》:“弈秋,～国之善弈者也。”(秋:人名。)《晋书·佛图澄传》:“～夜不寝。”❾ 不正当的男女关系,通奸。《公羊传·庄公二十七年》:“公子庆父、公子牙～乎夫人。”❿ 灵活,变通。刘勰《文心雕龙·镕裁》:“变～以趋时。”(趋时:追随时势,指适应情况。)⓫ 马粪。《后汉书·戴就传》:“以马～薰之。”⓬ 田地单位名。《汉书·刑法志》:“地方一里为井,井十为～。”(方一里:一里见方。井:田地单位名。)⓭ 量词。用于文书,表示一份。《后汉书·崔寔传》:“仲长统曰:‘凡为人主,宜写一～,置之坐侧。’”(人主:皇帝。宜:应该。)㊁用于击鼓,相当于一阵、一曲、一遍。曹操《步战令》:“严鼓一～。”

同 tóng ❶ 相同,一样。与“异”相对。《论语·卫灵公》:“道不～,不相为谋。”《商君书·开塞》:“有法不胜其乱,与不法～。”(胜:克服,制服。)成语有“求同存异”。㊁等同。元稹《五弦弹》诗:“一贤得进胜累百,两贤得进～周、召(shào)。”(周、召:周公和召公。)❷ 整齐。《诗经·小雅·车攻》:“我马既～。”㊁随和,附和。《论语·子路》:“君子和而不～。”❸ 安定,和谐。《礼记·礼运》:“盗窃乱贼而不作,故外户而不闭,是谓大～。”㊁统一。陆游《示儿》诗:“但悲不见九州～。”❹ 古代诸侯共同朝见天子。王安石《赠贾魏公神道碑》:“四夷来～。”㊁共同,一起。《韩非子·说林上》:“～事之人,不可不审察也。”㊁偕同,与。《诗经·豳风·七月》:“～我妇子,馌(yè)彼南亩。”(馌:送饭到田里给耕者吃。)成语有“同舟共济”。❺ 聚集。《诗经·豳风·七月》:“我稼既～,上入执宫功。”❻ 同一个。《三国志·吴书·吴主传》:“～船济水。”(济:渡,过河。)

侗 tóng ❶ 幼稚无知。《论语·泰伯》:“狂而不直,～而不愿。”(狂妄而不正直,无知而不谨慎。)[倥(kōng)侗]见 227 页“倥”字。㊁年幼,儿童。《尚书·顾命》:“在后之～,敬迓(yà)天威。”(迓:迎接。)❷ tōng 高大。《论衡·气寿》:“人民～长。”

峒 tóng ❶ [崆(kōng)峒]见 227 页“崆”字。❷ dòng [崆峒]见 227 页“崆”字。

彤 tóng ❶ 朱红色。《诗经·邶风·静女》:“贻我～管。”(管:笔。)㊁用红色涂饰(器物)。《左传·哀公元年》:“器不～镂。”(镂:雕刻。)❷ 彤管,毛笔。王融《三月三日曲水诗序》:“书笏珥～。”(史官记录君主的言论。)

童 tóng ❶ 男奴仆。《汉书·货殖传》:“富至～八百人。”这个意义又写作“僮”。❷ 儿童,少年。《史记·秦始皇本纪》:“于是遣徐市(fú)发～男女数千人。”(徐市:人名。)杜牧《清明》诗:“牧～遥指杏花村。”㊀未长成的,幼小的。《诗经·大雅·抑》:“彼～而角。”《周易·大畜》:“～牛之牿(gù)。”(牿:缚在牛角以防触人的横木。)❸ 幼稚无知,愚昧无知。《国语·晋语四》:“～昏不可使谋。”贾谊《新书·道术》:“反慧为～。”❹ 山无草木。《荀子·王制》:“故山林不～而百姓有余材也。”㊀牛羊无角。《诗经·小雅·宾之初筵》:“由醉之言,俾出～羖(gǔ)。”(羖:黑色公羊。)㊀人无头发。韩愈《进学解》:“头～齿豁。”㊁把树砍光。苏轼《东坡志林·梁工说》:“～东山之木,汲西江之水。”❺ 通“瞳”。瞳仁,瞳孔。《汉书·项籍传》:“舜盖重～子,项羽又重～子。”

僮 tóng ❶ 儿童,少年。李密《陈情表》:“内无应门五尺之～。”(内:家里。)《史记·乐书》:“～男～女七十人俱歌。”㊀蒙昧无知。扬雄《太玄·童》:“阳气始窥,物～然,咸未有知。”❷ 僮仆,奴仆。《史记·货殖列传》:“富至～千人。”

罿 tóng 一种设有机关装置的捕鸟兽的网。也叫覆车网。《诗经·王风·兔爰》:“有兔爰爰,雉离于～。”(爰爰:缓慢的样子。离:通“罹”,遭遇。)

穜 tóng 先种而后熟的谷类。《周礼·天官·内宰》:“生～稑(lù)之种,而献之于王。”(稑:后种先熟的谷类。)

䂈 tóng 赤色。《管子·地员》:“其种大苗、细苗,～茎黑秀。”

统(統) tǒng ❶ 丝的头绪。《淮南子·泰族》:“茧之性为丝,然非得工女煮以热汤而抽其～纪,则不能成丝。”(纪:丝的头绪。)㉑一脉相传的系统。《尚书·微子之命》:“～承先王。”《三国志·蜀书·诸葛亮传》:“奉承大～,兢兢业业。”(奉承:承受的敬辞。)双音词有“传统”、“系统”。❷纲要,纲领。《荀子·非十二子》:“略法先王而不知其～。”(略法:取法。)❸总括,统一。《荀子·儒效》:“～礼义,一制度。”王夫之《周易外传·系辞上传·十二章》:“～之乎一形。”(形:指物质。)㉗综合地,全面地。《后汉书·和帝纪》:“内有公卿大夫～理本朝。”成语有“统筹兼顾”。❹治理,管理。《三国志·吴书·陆逊传》:“臣愚以为诸王幼冲,未～国事。”㉗统领,率领。吴质《在元城与魏太子笺》:“～东郡之任。”(东郡:地名。)《三国志·蜀书·诸葛亮传》:“今将军诚能命猛将～兵数万。”

恸(慟) tòng 极度悲哀。《论语·先进》:“颜渊死,子哭之～。”柳宗元《哭连州凌员外司马》诗:“我歌诚自～,非独为君悲。”㉗痛哭。《世说新语·伤逝》:“公往临殡(bìn),一～几绝。”(殡:灵柩。)

【辨】恸,痛。这两个字都有“悲哀”的意义,但“恸”的悲哀程度比“痛”要深些。此外,“痛”还有别的意义,不能写作“恸”。

痛 tòng ❶疼痛。《韩非子·外储说右上》:“夫痤(cuó)疽(jū)之～也,非刺骨髓,则烦心不可支也。”(痤:疖子。疽:毒疮。支:受得住。)㉑痛苦,身心难受。《汉书·路温舒传》:“夫人情安则乐生,～则思死。”㉑悲痛。《礼记·三年问》:“哀～未尽。”《史记·秦本纪》:“寡人思念先君之意,常～于心。”❷痛恨,怨恨。《左传·昭公二十年》:“神怒民～,无悛(quān)于心。”(悛:悔改。)㉗怜惜。孟郊《古兴》诗:“～玉不～身。”❸彻底地。《管子·七臣七主》:“奸臣～言人情以惊主。”成语有“痛改前非”。㉗尽情地,痛快地。《宋史·岳飞传》:“直抵黄龙府,与诸君～饮耳。”(黄龙府:地名。)

【辨】恸,痛。见上“恸”字。

T

TOU

偷 tōu ❶刻薄,不厚道。《论语·泰伯》:“故旧不遗,则民不～。”张衡《东京赋》:“示民不～。”(示民:向百姓显示。)❷苟且,得过且过。《国语·晋语一》:“其下～以幸。”《韩非子·难二》:“夫赏无功,则民～幸而望于上。”❸偷窃,偷盗。《淮南子·道应》:“楚有善为～者。”【注意】先秦的“偷”不当“偷窃”讲,两汉时也很少用。㉗窃贼,小偷。《晋书·蔡裔传》:“尝有二～入室。”❹暗中,悄悄地。《庄子·渔父》:“～拔其所欲。”㉑暗中慢慢取得。《淮南子·说林》:“狗彘(zhì)不择甂(biān)瓯(ōu)而食,～肥其体而顾近其死。”(彘:猪。甂、瓯:瓦盆。)

投 tóu ❶投掷,投入。《史记·滑稽列传》:“即使吏卒共抱大巫妪(yù)～之河中。”(大巫妪:老巫婆。)成语有“自投罗网”。㉗跌跤。《左传·昭公十三年》:“自～于车下。”㉗投赠,赠给。《诗经·卫风·木瓜》:“～我以木瓜。”成语有“投桃报李”。❷扔掉,抛弃。魏征《述怀》诗:“中原初逐鹿,～笔事戎轩(xuān)。”(逐鹿:指争夺政权。事戎轩:指从军。)㉗挥去,甩开。《左传·宣公十四年》:“～袂而起。”❸投合,迎合。元好问《赠答刘御史云卿》诗:“户牖徒自开,胶漆本易～。”成语有“投其所好”、“情投意合”。㉗呈交,投寄。王谠《唐语林·补遗三》:“有举子～卷。”❹安置。《礼记·乐记》:“～殷之后于宋。”㉗寄托。刘禹锡《伤柳仪曹诗引》:“赋诗以～吊。”❺投靠,投奔。《史记·淮阴侯列传》:“足下右～则汉王胜,左～则项王胜。”㉗到……住宿,投宿。杜甫《石壕吏》诗:“暮～石壕村。”❻到,接近。王安石《观明州图》诗:“～老心情非复昔,当时山水故依然。”(依然:依旧。)㉗触,撞。《韩非子·解老》:“兕无所～其角。”❼踏,跳。《吕氏春秋·古乐》:“～足以歌八阕。”❽赌博,赌注。《史记·范雎蔡泽列传》:“或欲大～。”㉗赌博的骰子。班固《奕旨》:“博悬于～。”❾朝,向。王实甫《西厢记》第四本第三折:“车儿～东,马儿向西。”

透 tòu ❶跳,投。《隋书·音乐志下》:“并二人戴竿,其上有舞,忽然腾～而换易之。”《南史·后妃传下》:“妃知不免,乃～井死。”❷通过,穿透。贾岛《病鹘吟》:“有时～雾凌空去。”㉑透彻。杜牧《题白蘋洲》诗:“溪光初～彻,秋色正清华。”❸透露,显露。韩玉《感皇恩·远柳绿含烟》:“远柳绿含烟,土膏才～。”(土膏:土壤的肥沃成分。)❹shū 惊慌的样子。左思《吴都赋》:“惊～沸乱。”

TU

突 tū ❶[突如][突而]突然。《周易·离》:“突如其来如。”(如:语气词。)《诗经·齐风·甫田》:“未几见兮,突而弁(biàn)兮。”(弁:男子成年加冠。)❷突击,急速地向前或向外冲。《三国志·魏书·武帝纪》:“驰～

火出。"(骑马急速冲出火阵。)双音词有"突围"。㊀触,碰。《三国志·吴书·吴主传》:"知有科禁,公敢干～。"(科禁:指法律条文所禁止的。公:公然。干:犯。)《后汉书·寇荣传》:"是以不敢触～天威。"❸挖掘,穿掘。《左传·襄公二十五年》:"宵～陈城,遂入之。"❹高地,山峰。《吕氏春秋·任地》:"子能以室为～乎?"㊂鼓起,凸出来。徐弘祖《徐霞客游记·滇游日记》:"东北一峰东～。"❺烟囱。《韩非子·喻老》:"百尺之室,以～隙之烟焚。"(很大的房子,被烟囱缝里冒出的火烧毁。)❻[突兀][突杌]高耸的样子。杜甫《茅屋为秋风所破歌》:"何时眼前突兀见此屋。"木华《海赋》:"鱼则横海之鲸,突杌孤游。"

图(圖) tú ❶想,反复考虑。《韩非子·存韩》:"愿陛下熟～之。"㊂谋划。《三国志·蜀书·诸葛亮传》:"本欲与将军共～王霸之业。"成语有"图谋不轨"。㊂设法对付。《左传·隐公元年》:"蔓难～也。"❷对付,谋取。《史记·孙子吴起列传》:"则诸侯～鲁矣。"(鲁:鲁国。)《三国志·魏书·武帝纪》:"吾急之则并力,缓之则自相～。"成语有"图财害命"。㊂意图,抱负。杜甫《过南岳入洞庭湖》诗:"帝子留遗恨,曹公屈壮～。"❸料想,猜度。《论语·述而》:"不～为乐之至于斯也!"《论衡·解除》:"形既不可知,心亦不可～。"❹画,描绘。沈括《梦溪笔谈》卷一七:"直以彩色～之。"(直:直接。)❺图画,肖像。《庄子·田子方》:"宋元君将画～。"成语有"图文并茂"。[图谶(chèn)]方士、巫师所说的隐语或预言叫"谶",谶附有图,因此叫"图谶"。《隋书·经籍志一》:"光武以～～兴。"(光武:指汉光武帝刘秀。)㊂地图,版图。《周礼·夏官·职方氏》:"掌天下之～。"李贺《出城别张又新酬李汉》诗:"皇～跨四海。"㊕河图。传说中的一种神图。《论语·子罕》:"河不出～,吾已矣夫!"❻法度。屈原《九章·怀沙》:"前～未改。"

荼 tú ❶一种苦菜。《诗经·邶风·谷风》:"谁谓～苦?其甘如荠(jì)。"(荠:荠菜。)❷茅、苇类植物的白花。《国语·吴语》:"万人以为方阵,皆白裳、白旂、素甲、白羽之矰(zēng),望之如～。"(矰:一种射鸟的短箭。)成语有"如火如荼"。❸[荼毒]毒害,残害。嵇康《太师箴》:"秦皇～～,祸流四海。"❹chá 茶。《尔雅·释木》郭璞注:"今呼早采者为～,晚取者为茗。"这个意义后来写作"茶"。❺通"涂²(塗)"。泥。孙楚《为石仲容与孙皓书》:"生人陷～炭之艰。"(生人:百姓。)❻shū 通"舒"。舒缓,慢慢地。《周礼·考工记·弓人》:"斲(zhuó)目必～。"(斲:砍,削。目:指树干上的节。)

途 tú 道路。《孙子兵法·军争》:"故迂其～而诱之以利。"(所以迂回绕道而用小利引诱敌人。)这个意义又写作"涂"、"塗(简化为"涂")"。㊀途径,方法。《盐铁论·本议》:"开本末之～。"㊕仕途。元稹《寄吴士矩端公五十韵》:"时辈多得～,亲朋屡相敕(chì)。"(敕:嘱咐。)

涂¹ tú 道路。《战国策·赵策三》:"假～于邹。"(假:借。邹:国名。)又写作"途"、"塗(简化为"涂")"。

涂²(塗) tú ❶泥。《韩非子·外储说左上》:"～干则轻。"㊂抹泥。贾思勰《齐民要术·造神麴并酒等》:"还令～户,莫使风入。"㊂污染。《庄子·让王》:"其并乎周以～吾身也,不如避之以洁吾行。"㊂堵塞,蒙蔽。陆容《菽园杂记》卷一二:"未有不托鬼神协助,以～人之耳目者。"❷道路。《史记·管晏列传》:"晏子出,遭之～。"㊀途径,方法。《商君书·画策》:"削国之所以取爵禄者多～。"(削国:日见削弱的国家。)上述❷㊀又写作"途"。❸涂饰,涂抹。《穀梁传·襄公二十四年》:"台榭不～。"沈括《梦溪笔谈》卷七:"以粉～其半。"㊂涂改,删去(后起意义)。《新唐书·百官志二》:"诏敕不便者,～窜而奏还。"李商隐《韩碑》诗:"～改《清庙》、《生民》诗。"(《清庙》、《生民》:《诗经》中的篇名。)【注意】古代汉语中"泥"的意义不写作"涂"。现"塗"简化为"涂"。

骁(駼) tú [骗(táo)骁]见416页"骗"字。

稌 tú 稻子。《诗经·周颂·丰年》:"丰年多黍多～。"王安石《后元丰行》:"水秧绵绵复多～。"

酴 tú ❶酒曲,酒母。朱肱《北山酒经》:"酝酿须～米偷酸。"(偷:暗中慢慢取得。)❷酒酿,江米酒,醪(láo)糟。许浑《天竺寺题葛洪井》诗:"仍闻酿仙酒,此水过琼～。"❸[酴醿(mí)]1.名酒名。朱敦儒《朝中措·红稀绿暗掩重门》:"不是～～相伴,如何过得黄昏。"2.花名。陆游《东阳观酴醿》诗:"已见～～压架开。"上述1、2又写作"酴醾"、"酴醿"。

徒 tú ❶徒步,步行。《韩非子·外储说左下》:"班白者多～行。"(班白者:指老年人。)㊀步兵。《左传·昭公二十五年》:"帅～以往。"(帅:率领。)❷徒党,同一派别的

T

人。《韩非子·五蠹》:"其带剑者,聚～属,立节操。"(带剑者:指游侠。立节操:标榜气节和品格。)《孟子·尽心上》:"孳孳(zīzī)为善者,舜之～也。"(孳孳:勤勉的样子。)㉑门徒,徒弟。《论衡·问孔》:"孔门之～。"㉑徒众,同一类的人。《尚书·仲虺之诰》:"寔繁有～。"(这类人实在很多。)❸部下,随从。《左传·宣公二年》:"倒戟以御公～,而免之。"❹某一类人(贬义)。《北史·崔㥄传》:"轻薄～耳。"双音词有"赌徒"、"歹徒"。❺被罚服劳役的人。《史记·陈涉世家》:"秦令少府章邯免郦山～。"(少府:官名。章邯:人名。)㉑古代官府中役使的人。《荀子·王霸》:"宫室有度,人～有数。"❻空。刘禹锡《天论上》:"夫实已丧而名～存。"双音词有"徒手"。㉑白白地,徒然。《史记·廉颇蔺相如列传》:"秦城恐不可得,～见欺。"成语有"徒劳无功"。❼只,仅仅。《盐铁论·结和》:"用兵,非～奋怒也。"❽通"途"。途径。《老子》五十章:"生之～十有三。"

屠 tú ❶宰杀(牲畜)。《史记·樊郦滕灌列传》:"以～狗为事。"(事:职业。)㉑屠夫。《后汉书·郭太传》:"召公子、许伟康并出～酤。"(出:出身于。酤:卖酒的人。)❷屠杀,杀戮。韩愈《张君墓志铭》:"同恶者父母妻子皆～死。"

瘏 tú 劳累而致病,困顿。《诗经·周南·卷耳》:"陟(zhì)彼砠(jū)矣,我马～矣。"(陟:登山。砠:有土的石山。)李德裕《幽州纪圣功碑》:"竟得人病马～,缩衄(nǜ)而退。"(缩衄:行动迟缓的样子。)

腯 tú 肥壮。《左传·桓公六年》:"吾牲牷(quán)肥～。"(牷:古代用作祭品的纯一色全牛。)左思《吴都赋》:"草木节解,鸟兽～肤。"

土 tǔ ❶泥土,土壤。《荀子·劝学》:"积～成山。"㉑土地,田地。《周易·离》:"百谷草木丽乎～。"㉑尘土。《楚辞·九怀·陶壅》:"浮云郁兮昼昏,霾～忽兮塺塺(méiméi)。"(塺塺:尘土飞扬的样子。)❷(用土)筑城或建房屋。《诗经·邶风·击鼓》:"～国城漕。"《晋书·江统传》:"窃见禁～,令不得缮修墙壁。"❸测量土地。《周礼·地官·大司徒》:"以土圭～其地而制其域。"❹乡土,故乡。《论语·里仁》:"小人怀～。"《后汉书·班超传》:"久在绝域,年老思～。"㉑本地的,土著。《宋史·河渠志七》:"招收～军五十人。"《宋书·文帝纪》:"城邑高明,～风淳壹。"(风:风俗。淳壹:淳厚而单一。)❺国土,领土。《三国志·魏书·夏侯玄传》:"分疆画界,各守～境。"㉑地方,地区。《诗经·魏风·硕鼠》:"适彼乐～。"韩愈《元和圣德诗》:"疆外之险,莫过蜀～。"❻社神,土地神。《公羊传·僖公三十一年》:"诸侯祭～。"㉑祭祀土地神的地方。《诗经·大雅·绵》:"乃立冢～。"❼土星。《史记·天官书》:"木星与～合。"❽五行(金、木、水、火、土)之一。见468页"行"字。❾八音(金、石、土、木、丝、竹、匏、革)之一。见503页"音"字。

吐 tǔ ❶(把东西)吐出。《荀子·赋》:"食桑而～丝。"《史记·鲁周公世家》:"一饭三～哺。"成语有"扬眉吐气"。❷说出来,发声。《汉书·刘向传》:"发明诏,～德音。"双音词有"谈吐"。㉑抒发,抒写。《文选·左思〈吴都赋〉》:"其奏乐也,则木石润色;其～哀也,则凄风暴兴。"❸开放,出现。岑参《青木香丛》诗:"六月花新～,三春叶已长。"梅尧臣《夜行忆山中》诗:"低迷薄云开,心喜淡月～。"㉑生出,发出。雍陶《和刘补阙秋园寓兴六首》之四:"疏篁抽晚笋,幽药～寒芽。"刘光祖《江城子·梅花》:"只有梅花,依旧～幽芳。"❹tù 呕吐。《魏书·高凉王传》:"子华母房氏,曾就亲人饮食,夜还大～。"(子华:人名。)❺[吐谷(yù)浑]我国古代西北部的一个民族。是鲜卑族的一支,曾建立吐谷浑国。《旧唐书·高祖纪》:"丙寅,～～～内附。"

菟 tù ❶tú[於(wū)菟]见514页"於(yú)"字。❷[菟丝]蔓生附生植物名。籽可入药。也叫菟丘。《玉台新咏·古诗八首》之三:"与君为新婚,～～附女萝。"(女萝:附生植物名。)《山海经·中山经》:"其实如菟丘。"❸通"兔"。兔子。屈原《天问》:"厥利维何,而顾～在腹。"(腹:月中。)

TUAN

湍 tuān 水势急。《孟子·告子上》:"性犹～水也。"《论衡·累害》:"水～之岸不得峭。"㉑急流的水。郦道元《水经注·江水》:"素～绿潭,回清倒影。"㉑冲击。李康《运命论》:"堆出于岸,流必～之。"

团(團) tuán ❶圆。吴均《八公山赋》:"桂皎月而常～。"㉑圆形或球形物品。杨万里《走笔谢吉守赵判院分饷三山生荔子》诗:"晓风冻作水晶～。"❷揉和。贾思勰《齐民要术·造神麴并酒等》:"～麴(qū)之人,皆是童子小儿。"(麴:酒母。)㉑聚集,集合。林逋《小圃春日》诗:"草长～粉蝶,林暖坠青虫。"㉑凝聚,凝结。

卢象《乡试后自巩还田家作》诗："峰暗雪犹积，涧深冰已～。"❸ 军队的编制单位。《隋书·礼仪志三》："又步卒八十队分为四～，～有偏将一人。"❹ 地方行政单位。《资治通鉴·后周世宗显德五年》："诏诸州并乡村，率以百户为～。"❺ 量词。用于团状的事物。陆游《岁暮》诗："啖（dàn）饭着衣常苦懒，为谁欲理一～丝？"（啖：吃。）

抟（摶） tuán ❶（用手把碎东西）捏聚成团。贾思勰《齐民要术·和齑》注："～作圆子，大如李或饼子。"㊀结聚，集中。《商君书·农战》："国力～者强。"❷ 盘旋，旋转。《庄子·逍遥游》："～扶摇而上者九万里。"庾信《晚秋》诗："～风卷落槐。"❸ 执，持。司马相如《长门赋》："～芬若以为枕兮。"❹ zhuàn （把东西）卷紧、捆束。《周礼·考工记·鲍人》："卷而～之，欲其无迤（yǐ）也。"（迤：斜倚。）《墨子·备城门》："疏束树木，令足以为柴～。"❺ 通"团"。圆。屈原《九章·橘颂》："圜（yuán）果～兮。"（圜：通"圆"。）❻ zhuān 通"专"。专一。《史记·秦始皇本纪》："～心揖志。"（揖：聚集。）

剸 tuán ❶ 割断，截断。《礼记·文王世子》："其刑罪，则纤～。"《淮南子·修务》："水断龙舟，陆～犀甲。"❷ 裁决，治理。杨侃《皇畿赋》："发伏禁奸，亲～繁剧。"❸ zhuān 通"专"。专擅。《荀子·荣辱》："信而不见敬者，好～行也。"㊁专一。《汉书·萧何传》："上以此～属任何关中事。"

漙 tuán 露水浓的样子。《诗经·郑风·野有蔓草》："野有蔓草，零露～兮。"姚合《松坛》诗："日出露尚～。"

慱 tuán ❶［慱慱］忧劳的样子。《诗经·桧风·素冠》："劳心～～兮。"❷ 通"团"。圆。扬雄《太玄·中》："月阙其～，明始退也。"

彖 tuàn ❶ 彖传（zhuàn），彖辞。《周易》中判断和统论一卦之义的言辞。《周易·乾》："～曰：大哉乾元。"❷ 判断。欧阳修《新营小斋凿地炉辄成五言三十七韵》："周公～凶吉。"

TUI

推 tuī ❶ 用手推，推。《左传·成公二年》："苟有险，余必下～车。"陈亮《甲辰答朱元晦书》："～倒一世之智勇。"㊁推移，更换。《周易·系辞下》："寒暑相～而岁成焉。"《淮南子·修务》："倏（shū）忽变化，与物～移。"（倏忽：忽然，极快地。）㊁推让，推送。《史记·淮阴侯列传》："（汉王）解衣衣我，～食食我。"❷ 推究，推求。《淮南子·本经》："星月之行，可以历～得也。"㊀推论。《韩非子·五蠹》："～是言之，是无乱父子也。"（由此推论，那就没有不敬父亲的儿子了。）❸ 推广。《史记·平津侯主父列传》："愿陛下令诸侯得～恩分子弟以地侯之。"（侯之：让他们为侯。）❹ 推荐，推举。王安石《上皇帝万言书》："使众人～其所谓贤能。"㊁推崇，赞许。《晋书·刘寔传》："天下所共～，则天下士也。"❺ 执行，推行。《韩非子·五蠹》："～公法，而求索奸人。"❻ 排除，除去。《诗经·大雅·云汉》："旱既太甚，则不可～。"成语有"推陈出新"。❼ 辞让，推却（后起意义）。孙作《谢马善卿送菜》诗："鹅掌～不受。"（受：接受。）双音词有"推辞"。❽ 推诿，推托（后起意义）。辛弃疾《临江仙·簪花屡堕戏作》："一枝簪不住，～道帽檐长。"

蓷 tuī 益母草。可入药。也叫茺蔚。《诗经·王风·中谷有蓷》："中谷有～。"

隤（隤） tuí ❶ 坠落，落下。班固《西都赋》："钜石～，松柏仆。"阮籍《咏怀八十二首》之八："灼灼西～日。"（灼灼：光明灿烂的样子。）㊀降下。韦元旦《五言夏日游神泉》序："～祥应运，非醴泉欤。"❷ 倒塌，使倒塌。宋玉《高唐赋》："倾崎崖～。"《史记·司马相如列传》："～墙填堑。"（堑：沟。）㊓败坏。司马迁《报任安书》："～其家声。"（声：名声，声誉。）《汉书·苏武传》："士众灭兮名已～。"❸ 跌倒。《淮南子·原道》："先者～陷，则后者以谋。"（陷：陷落。以谋：因此而考虑。）❹［虺（huī）隤］见 168 页"虺（huǐ）"字。❺［隤然］柔顺的样子。《后汉书·黄宪传》："以为宪～～其处顺。"

颓（頹）［穨］ tuí ❶ 下坠，落下。潘岳《寡妇赋》："岁云暮兮日西～。"㊀崩塌，倒塌。《礼记·檀弓上》："泰山其～乎？"谢惠连《祭古冢文》："便房已～。"㊓倾覆，灭亡。诸葛亮《出师表》："亲小人，远贤臣，此后汉所以倾～也。"❷ 跌倒。欧阳修《河南府司录张君墓表》："虽醉未尝～堕。"❸ 水向下流。《史记·河渠书》："水～以绝商颜。"（商颜：山名。）曹植《王仲宣诔》："经历山河，泣涕如～。"㊁向下刮的旋风。《诗经·小雅·谷风》："维风及～。"❹ 流逝。陶渊明《杂诗十二首》之五："荏苒岁月～。"❺ 萎靡，衰败。李白《古风五十九首》之五十四："晋风日已～。"欧阳修《送张生》诗："一别相逢十七春，～颜衰发互相询。"❻ 恭顺的样子。《礼记·檀弓上》：

"～乎其顺也。"《北史·庾信传》:"容止～然。"上述除❻外又写作"穨"。

退 tuì ❶向后走,退却。与"进"相对。《周易·乾》:"进～无恒。"《韩非子·五蠹》:"～则死于诛。"(后退就要被处死。)⊗使后退,击退。《论语·先进》:"由也兼人,故～之。"(由:人名。)《左传·哀公二年》:"～敌于下。"㊀归,返回。《论语·季氏》:"鲤～而学《诗》。"(鲤:人名,孔子的儿子。)《周易·系辞下》:"交易而～。"(交易:交换。)❷辞去官职。潘岳《闲居赋》:"于是～而闲居于洛之涘(sì)。"(涘:水边。)⊗撤销或降低职务。王安石《上皇帝万言书》:"不敢以其不胜任而辄～之。"❸减退,衰退。陈亮《甲辰答朱元晦书》:"笔力日以荒～。"(写作能力一天天荒废减退。)⊗使减退,使衰退。《吕氏春秋·仲夏》:"～嗜欲,定心气。"❹退缩,谦让。《论语·先进》:"求也～,故进之。"《新唐书·郑覃传》:"覃清正～约。"

蜕 tuì ❶(蛇、蝉等动物)脱下的皮。《庄子·寓言》:"予,蜩(tiáo)甲也,蛇～也,似之而非也。"(我就和蝉壳、蛇蜕一样,像蝉和蛇可又不是蝉和蛇。蜩:蝉。)❷(蛇、蝉等动物)脱去皮壳。《史记·屈原贾生列传》:"蝉～于浊秽。"⊗脱去,除掉。李绅《泛五湖》诗:"范子～冠履,扁舟逸霄汉。"❸解脱,死。道家和佛家对人死的讳称。王适《潘尊师碣》:"吾其～矣。"

TUN

吞 tūn ❶整个咽下去。《史记·屈原贾生列传》:"彼寻常之污渎(dú)兮,岂能容～舟之鱼?"(渎:小水沟。)成语有"狼吞虎咽"。㊉忍受着不发作出来。《后汉书·曹节传》:"群公卿士,杜口～声,莫敢有言。"(杜口:堵住嘴巴,不说话。)成语有"忍气吞声"。❷兼并,吞灭。《战国策·西周策》:"兼有～周之意。"《盐铁论·轻重》:"其后强～弱,大兼小,并为六国。"❸包含,包容。司马相如《子虚赋》:"～若云梦者八九。"(云梦:古大泽名。)范仲淹《岳阳楼记》:"衔远山,～长江。"❹压倒,超过。唐彦谦《玉蕊》诗:"秀掩丛兰色,艳～秾李芳。"

暾 tūn ❶初升的太阳。屈原《九歌·东君》:"～将出兮东方。"唐庚《喜雨》诗:"屋上晨～仍杲杲(gǎogǎo)。"(杲杲:形容太阳明亮。)㊀渐出的样子。潘岳《射雉赋》:"～出苗以入场,愈情骇而神悚。"❷温暖。《寒山诗·以我栖迟处》:"午时庵内坐,始觉日头～。"[暾暾]日光明亮温暖的样子。岑参《春寻河阳陶处士别业》诗:"风暖日～～,黄鹂飞近村。"

屯 tún ❶zhūn 艰难。《后汉书·皇后纪上》:"五子作乱,冢嗣遘～。"(冢嗣:长子。遘:遇,遭受。)[屯邅(zhān)]困顿,处境艰难。左思《咏史八首》之七:"英雄有～～。"又写作"迍(zhūn)邅"。❷聚集。屈原《离骚》:"～余车其千乘兮。"(乘:辆。)熟语有"聚草屯粮"。㊀堵塞。郦道元《水经注·河水四》:"长津硕浪,无宜以微物～流。"❸驻扎,戍守。《三国志·吴书·吴主传》:"使鲁肃以万人～巴丘以御关羽。"(巴丘:地名。)[屯田]政府安排士兵在驻扎的地区种地或招募农民垦荒种地以解决军饷。曹操《置屯田令》:"孝武以～～定西域。"(孝武:汉武帝。)⊗戍所,防区。《后汉书·郭躬传》:"彭在别～而辄以法斩人。"(彭:人名。)⊗戍卒。《盐铁论·结和》:"发～乘城,挽辇而赡之。"❹村庄。韩愈《贺徐州张仆射白兔书》:"其始实得之符离安阜～。"(符离:地名。安阜屯:村名。)❺土山,土坡。《庄子·至乐》:"生于陵～。"

忳 tún ❶忧伤,忧愁。屈原《离骚》:"～郁邑余侘傺(chàchì)兮。"(侘傺:失意的样子。)[忳忳]忧愁烦闷的样子。屈原《九章·惜颂》:"中闷瞀(mào)之～～。"(瞀:烦乱。)❷dùn [忳忳]无知的样子。贾谊《新书·先醒》:"～～然犹醉也。"❸zhūn [忳忳]诚恳的样子。宋玉《九辩》:"纷～～之愿忠兮,妒被离而鄣(zhàng)之。"(鄣:通"障",阻隔。)

豚[**豘**] tún ❶小猪,猪。《韩非子·外储说左下》:"郑县人卖～。"❷dūn 通"墩"。土墩。《三国志·魏书·蒋济传》:"豫作土～,遏断湖水。"(豫:预先。)【辨】豕,彘,猪,豚。见384页"豕"字。

TUO

托 tuō ❶用手掌托举(物体)。李煜《捣练子·深院静》:"斜～香腮春笋懒。"戚继光《纪效新书·束伍》:"一手～铳(chòng),一手点火。"(铳:旧式火枪。)㊀衬,衬托。韩偓《屐子》诗:"白罗绣屧(xiè)红～里。"(屧:鞋的木衬底。)成语有"烘云托月"。❷寄托,依靠。孔平仲《西行》诗:"乾坤何处～身安。"❸托付,委托。辛弃疾《瑞鹤仙·赋梅》:"瑶池旧约,鳞鸿更仗谁～。"(瑶池:传说西王母住的地方。鳞鸿:指书信。)❹推

T

托，借故推诿。《宋史·礼志二十六》："有称疾～故不赴者。"❺托盘，托座。程大昌《演繁露·托子》："～始于唐，前世无有也。"

【辨】托，讬。上古没有"托"字。唐宋以后产生了"托"字，表示用手承着东西，如"托钵"，并且有引申义，如"衬托"。现"讬"写作"托"。

讬 tuō ❶托付，委托。《论语·泰伯》："可以～六尺之孤。"《新唐书·李勣传》："勣(jì)既忠力，帝谓可～大事。"❷寄托，依靠。《战国策·赵策四》："长安君何以自～于赵？"《韩非子·诡使》："附～有威之门以避徭赋。"⊗假托。《三国志·吴书·周瑜传》："～名汉相，挟天子以征四方。"❸用手掌托举（物体）。敦煌变文《大目乾连冥间救母变文》："青提夫人一个手，～住狱门回顾盼。"❹推托，借故推诿。《后汉书·华佗传》："因～妻疾，数期不反。"（反：返。）上述义项又写作"托"。

【辨】托，讬。见430页"托"字。

捝 tuō ❶"脱"的古字。解脱，脱落。《老子》五十四章："善抱者不～。"㉃遗漏。《清史稿·张穆传》："遂～失踳(chuǎn)驳不可读。"（踳驳：杂乱。）❷捶打。《穀梁传·宣公十八年》："戕，犹残也，～杀也。"❸shuì 擦拭。《仪礼·乡射礼》："坐～手执爵。"❹shuì 通"说"。说服，劝说。《类说》卷一七引魏泰《东轩笔录》："郴州蔡丞禧进～曰……"

脱 tuō ❶肉去掉皮骨。《礼记·内则》："肉曰～之，鱼曰作之。"㉃人体消瘦。《列子·天瑞》："其状若～。"❷脱落，脱去。谢庄《月赋》："洞庭始波，木叶微～。"李白《扶风豪士歌》："～吾帽，向君笑。"⊗遗漏。《汉书·艺文志》："～字数十。"❸脱离，离开。《老子》三十六章："鱼不可～于渊。"⊗逃脱，逃出。《左传·襄公十八年》："齐侯见之，畏其众也，乃～归。"《史记·吕太后本纪》："自以为不得～长安。"［脱然］解脱、轻松的样子。韩愈《答张籍书》："～～若沉疴(kē)去体。"（沉疴：久病，重病。）❹出，说出。《管子·霸形》："言～于口，而令行乎天下。"⊗冒出。《史记·平原君虞卿列传》："颖(yǐng)～而出。"（颖：物体末端的尖锐部分。）❺简略。《史记·礼书》："凡礼始乎～。"（凡是礼开始于简略。）⊗疏略，轻慢。《左传·僖公三十三年》："轻则寡谋，无礼则～。"❻副词。或许。《后汉书·李通传》："事既未然，～可免祸。"⊗偶尔。《世说新语·赏誉》："济～时过，止寒温而已。"❼连词。倘若，如果。薛用弱《集异记·王涣之》："～是吾诗，子等当须列拜床下，奉吾为师。"❽tuì 通"蜕"。（蛇、蝉等动物）脱去的皮壳。李山甫《酬刘书记见赠》诗："石涧新蝉～，茅檐旧燕窠。"❾tuì［脱脱］舒缓的样子。《诗经·召南·野有死麕》："舒而～～兮。"❿［瓯(ōu)脱］见304页"瓯"字。

佗 tuó ❶tuò 加。《诗经·小雅·小弁》："舍彼有罪，予之～矣。"❷通"驮"。负荷。《汉书·赵充国传》："以一马自～，负三十日食。"❸［佗佗］1. 美好的样子。《诗经·鄘风·君子偕老》："委委～～，如山如河。"2. 纵横错杂的样子。《史记·司马相如列传》："～～籍籍，填阬(kēng)满谷。"（阬：土坑。）❹tuō 通"拖"。披，散。《史记·龟策列传》："因以醮(jiào)酒～发，求之三宿而得。"（醮酒：奠酒。）❺tā（旧读 tuō）通"他"。别的。曹丕《燕歌行》："慊慊思归恋故乡，何为淹留寄～方。"陶渊明《挽歌诗》："亲戚或余悲，～人亦已歌。"❻yí［委(wēi)佗］从容行走的样子。《后汉书·任光等传赞》："～～还旅。"

陀 tuó ❶［陂(pō)陀］见13页"陂(bēi)"字。❷山坡。袁桷《次韵伯宗同行至上都》："侧身复登～。"❸量词。用于小块的东西。曾瑞《端正好·自序》："黄菊东篱栽数科，野菜西山锄几～。"（科：棵。）❹duò 崩塌。《淮南子·缪称》："城峭者必崩，岸崝(zhēng)者必～。"（崝：陡峭。）

沱 tuó ❶长江支流的通称。《诗经·召南·江有汜》："江有～。"❷流泪多的样子。《周易·离》："出涕～若。"❸［滂沱］见308页"滂"字。❹duò［淡沱］风光明净的样子。陆游《暮春》诗："湖上风光犹～～。"

驼（駝） tuó ［骆驼］见268页"骆"字。

酡 tuó 酒后脸红。《楚辞·招魂》："美人既醉，朱颜～些。"刘子翚《次韵陈成季郡会》："喜客温颜似醉～。"㉂脸红。杨衡《白纻辞》："香汗微渍朱颜～。"

跎 tuó ［蹉(cuō)跎］见69页"蹉"字。

陁 tuó ❶［陂(pō)陁］见13页"陂(bēi)"字。❷zhì 毁坏，崩塌。《后汉书·蔡邕传》："王涂坏，太极～。"扬雄《太玄·锐》："陵峥岸峭，～。"

橐［槖］ tuó ❶一种口袋。《战国策·秦策一》："负书担～。"（负：背着。）⊗用口袋装，收藏。《吕氏春秋·悔过》："过天子之城，宜～甲束兵。"❷（冶铁的）

T

风箱。《墨子·备穴》:"具炉～。"❸ luò 骆驼。《汉书·百官公卿表》:"又牧～、昆蹄令丞皆属焉。"(昆蹄:骏马名。)[橐驼]骆驼。《史记·苏秦列传》:"燕、代～～良马必实外厩。"(燕、代:诸侯国名。)❹[橐橐]象声词。形容敲击声。《诗经·小雅·斯干》:"约之阁阁,椓(zhuó)之～～。"(约:打墙前捆扎筑板。椓:垒墙时击打夯土。)

【辨】囊,橐。见 293 页"囊"字。

鼍(鼉)[鼊] tuó 扬子鳄。也叫猪婆龙。《山海经·中山经》:"其中多良龟、多～。"[鼍鼓]用鼍皮蒙制的鼓。《诗经·大雅·灵台》:"～～逢逢(péngpéng)。"

妥 tuǒ ❶安坐,坐定。《诗经·小雅·楚茨》:"以～以侑(yòu)。"(侑:劝人饮食。)《仪礼·士相见礼》:"～而后传言。"㊀安稳,安定。《汉书·武五子传》:"北州以～。"双音词有"稳妥"。❷[妥帖]1. 安定,稳定。杜甫《故司徒李公光弼》诗:"千里初～～。"(初:刚。)2. 恰当,合适。陆机《文赋》:"或～～而易施。"(易施:平稳。)❸落下。杜甫《重过何氏五首》诗之一:"花～莺捎蝶。"(捎:掠取。)

拓2 tuò ❶ zhí 同"摭"。拾取,折取。《说文·手部》:"拓,拾也……拓或从庶。"《后汉书·张衡传》:"躔建木于广都兮,～若华而踌躇。"❷推,举。《列子·说符》:"孔子之劲,能～国门之关,而不肯以力闻。"杜甫《醉为马坠诸公携酒相看》诗:"罢酒酣歌～金戟(jǐ)。"(戟:一种兵器。)❸开拓,扩大。《后汉书·杜笃传》:"～地万里,威震八荒。"双音词有"拓荒"。❹ tà 通"拓[1][搨]"。把石碑或器物上的文字、图像拓印在纸上。《隋书·经籍志一》:"其相承传～之本,犹在秘府。"(承:继承。秘府:皇宫中藏书的地方。)

柝[欜、檯] tuò ❶巡夜打更用的梆子。《周易·系辞下》:"重门击～,以待暴客。"(暴客:强盗,盗贼。)柳宗元《段太尉逸事状》:"候卒击～卫太尉。"(候卒:负责巡逻警卫的士兵。)❷通"拓[2]"。开拓,扩大。《淮南子·原道》:"廓四方,～八极。"(廓:扩大。八极:八方极远之处。)

跅 tuò [跅弛(chí)]放荡,无拘束。《汉书·武帝纪》:"夫泛驾之马,～～之士,亦在御之而已。"(泛驾:颠覆车子。)陈亮《戊申再上孝宗皇帝书》:"才者以～～而弃,不才者以平稳而用。"

萚(蘀) tuò ❶草木脱落的皮或叶。《诗经·豳风·七月》:"八月其获,十月陨(yǔn)～。"(陨:凋落。)❷草名。《山海经·中山经》:"其下有草焉……名曰～。"

箨(籜) tuò 竹笋的外皮,笋壳。李贺《昌谷北园新笋四首》诗之一:"～落长竿削玉开。"

唾 tuò ❶唾液,唾沫。扬雄《解嘲》:"涕～流沫(huì)。"(沫:洗脸。)㊀吐唾沫。表示羞辱对方。《战国策·赵策四》:"老妇必～其面。"[唾手]比喻极易办到。《新唐书·褚遂良传》:"～～可取。"成语有"唾手可得"。❷吐出。《礼记·曲礼上》:"让食不～。"㊇轻视,鄙弃。李商隐《行次西郊作》诗:"公卿辱嘲叱,～弃如粪丸。"

T

W

WA

哇 wā ❶ 吐。《孟子·滕文公下》："出而～之。" ❷ 淫邪的音乐。嵇康《养生论》："目惑玄黄，耳务淫～。" ❸ guī 唱歌，歌声。《文选·张协〈七命〉》："若乃追清～，赴严节。"

窊 wā 低下。《文子·自然》："江海无为以成其大，～下以成其广。"㉠ 地势低下。左思《吴都赋》："原隰殊品，～隆异等。"㉠ 地位低下。《后汉书·桓彬传》："辞隆从～，洁操也。"

娲(媧) wā ［女娲］古代神话中炼石补天的神。传说是伏羲之妹。《淮南子·览冥》："于是～～炼五色石以补苍天，断鳌足以立四极。"

鼃［鼁］ wā ❶ 青蛙。《庄子·秋水》："子独不闻夫埳井之～乎？"这个意义又写作"蛙"。❷ 通"哇"。淫邪的音乐。《汉书·叙传上》："淫～而不可听者。"

娃 wá ❶ 美女。扬雄《反离骚》："资娵（jū）～之珍髢（dí）兮，鬻九戎而索赖。"（资：以，凭借。髢：假发。）江淹《空青赋》："赵妃、燕后，秦娥、吴～，溺爱靡意，魂飞心离。" ❷ 少女（后起意义）。柳永《望海潮·东南形胜》："嬉嬉钓叟莲～。"

瓦 wǎ ❶ 用陶土烧制的器皿。《荀子·性恶》："夫陶人埏埴而生～。"《韩非子·外储说右上》："夫～器至贱也，不漏，可以盛酒。"㊕ 陶制的纺锤。《诗经·小雅·斯干》："乃生男子……载弄之璋。……乃生女子……载弄之～。" ❷ 屋上的瓦片。《史记·廉颇蔺相如列传》："秦军鼓噪勒兵，武安屋～尽振。"

WAI

外 wài ❶ 外面，外部。与"内"相对。《左传·成公十六年》："自非圣人，～宁必有内忧。"㉠ 外表。《扬子法言·修身》："其为中也弘深，其为～也肃括。"㉡ 置之于外，疏远。《老子》七章："是以圣人后其身而身先，～其身而身存。"《韩非子·爱臣》："此君人者所～也。"（君人者：指国君。）双音词有"见外"。❷ 称父系血统之外的亲属。如"外父（岳父）"、"外祖（母亲之父）"、"外甥（姊妹之子）"、"外孙（女儿之子）"等。❸ 旧时妻子称丈夫为"外"。如刘令娴有《答外诗》。

WAN

蜿 wān ❶ ［蜿蜒］龙蛇曲折爬行的样子。《史记·司马相如列传》："驂赤螭青虬之蠖蜷～～。"又写作"蛩蜑"。❷ wǎn ［蜿蟺（shàn）］1. 曲折盘旋的样子。嵇康《琴赋》："～～相纠。" 2. 蚯蚓。

丸 wán ❶ 弹丸。《左传·宣公二年》："从台上弹人，而观其辟～也。"（辟：避，躲避。）㉠ 药丸。《金匮要略方论·疟病》："以鳖甲煎和诸药为～。"㉡ 小而圆的东西。李商隐《行次西郊作一百韵》："唾弃如粪～。" ❷ 搓成小而圆的东西。《三国志·吴书·吴主传》注引《江表传》："粮食乏尽，妇女或～泥而吞之。" ❸ 量词。用于小而圆的东西。曹植《善哉行》："奉药一～。"（奉：献。）

芄 wán ［芄兰］草名。《诗经·卫风·芄兰》："～～之叶，童子佩韘。"

汍 wán ［汍澜］眼泪纵横的样子。欧阳建《临终诗》："挥笔涕～～。"

纨(紈) wán 白色细绢。《战国策·齐策四》："下宫糅（róu）罗～，曳（yè）绮縠（hú）。"（糅：混杂。曳：拖。罗、绮、縠：丝织品。）［纨袴］古代贵族子弟穿的细绢裤。常用来指富贵人家的子弟（多含贬义）。杜甫《奉赠韦左丞丈二十二韵》："～～不饿死，儒冠多误身。"

刓 wán ❶ 削去或磨损棱角。屈原《九章·怀沙》："～方以为圜（yuán）兮，常度未替。"（度：法度。替：废。）《史记·淮阴侯列传》："至使人有功当封爵者，印～敝，忍不能予。"㉠ 磨钝。韩愈《请上尊号表》："尧诛九婴以定下土，血兵～刃，仅就厥功。"（九婴：古代神话里的水火之怪。）㉠ 圆形。《新唐书·李靖传》："所赐于阗玉带十三胯，七方六～。" ❷ 削刻（后起意义）。苏舜钦《检书》："器成必～琢。"㉠ 残损。白居易《与元九书》："于时六义始～矣。"

抏 wán ❶ 消耗。《汉书·吾丘寿王传》："及至周室衰微，上无明王，诸侯力政，强侵弱，众暴寡，海内～敝。" ❷ 通"玩"。观赏。《荀子·王霸》："齐桓公闺门之内，县乐奢泰游～之修。"

岏 wán ［巑(cuán)岏］见66页“巑”字。

忨 wán 苟安。《国语·晋语八》：“今～日而潵(kài)岁，怠偷甚矣。”(潵：通“愒”，荒废。)

完 wán ❶完整，完好。《孟子·离娄上》：“故曰城郭不～，兵甲不多。”成语有“完璧归赵”。㊀坚固。《荀子·王制》：“尚～利，便备用。”杨倞注：“完，坚也。”❷使完整、完好。《左传·隐公元年》：“大叔～聚，缮甲兵，具卒乘，将袭郑。”杜预注：“完城郭，聚人民。”㊀修缮。《孟子·万章上》：“父母使舜～廪(lǐn)。”(廪：仓库。)㊀保全。《史记·范雎蔡泽列传》：“子胥智而不能～吴。”(子胥：人名。)【注意】古代汉语中“完”没有“完了”、“完毕”的意义。

【辨】完，备。这两个字都有“全”的意思，但侧重点不同。“完”着重在完整，杜甫《石壕吏》诗“出入无完裙”，不能换成“出入无备裙”。“备”着重在数量，有“应有尽有”的意思，“养备而动时”不能换成“养完而动时”。

玩［翫］ wán ❶玩弄，戏弄。《尚书·旅獒》：“～人丧德，～物丧志。”❷观赏，欣赏。韦应物《月下会徐十一草堂》诗：“暂辍(chuò)观书夜，还题～月诗。”㊁供玩赏的东西。《国语·楚语下》：“若夫白珩(héng)，先王之～也。”(珩：佩玉上端的横玉。)❸琢磨，研究。《周易·系辞上》：“居则观其象而～其辞，动则观其变而～其占。”❹轻视，习惯而不经心。《左传·昭公二十年》：“夫火烈，民望而畏之，故鲜死焉。水懦弱，民狎而～之，则多死焉。”

顽（頑） wán ❶愚蠢。《尚书·尧典》：“父～，母嚚(yín)，象傲。”(嚚：愚蠢而顽固。)㊀迟钝，固执。《北史·张伟传》：“虽有～固，问至数十，伟告喻殷勤，曾无愠色。”㊀顽固，不驯服。《尚书·毕命》：“毖殷～民，迁于洛邑。”❷贪婪。《孟子·万章下》：“～夫廉，懦夫有立志。”❸坚硬(后起意义)。杨巨源《奉酬窦郎中早入省苦寒见寄》诗：“空山～石破，幽涧层冰裂。”

W

宛 wǎn ❶弯曲，曲折。《汉书·扬雄传下》：“是以欲谈者～舌而固声。”(固：指闭。)❷仿佛，逼真地。《诗经·秦风·蒹葭》：“～在水中央。”❸小的样子。《诗经·小雅·小宛》：“～彼鸣鸠。”❹枯萎的样子。《诗经·唐风·山有枢》：“～其死矣，他人是愉。”❺yù 通“郁²(鬱)”。郁结。《史记·扁鹊仓公列传》：“寒湿气～笃不发，化为虫。”❻yuān ［大宛］古代西域国名。《汉书·张骞传》：“骞身所至者，～～、大月氏、大夏、康居。”

惋 wǎn 怅恨，叹惜。《战国策·秦策二》：“受欺于张仪，王必～之。”陶渊明《桃花源记》：“此人一一为具言所闻，皆叹～。”

婉 wǎn ❶婉转，委婉。《左传·成公十四年》：“～而成章。”(章：篇章。)［婉约］委婉的样子。《国语·吴语》：“夫固知君王之盖威以好胜也，故～～其辞以从逸王志。”㊁顺从，温顺。《史记·佞幸列传》：“此两人非有材能，徒以～佞(nìng)贵幸。”(徒：只。佞：说好话，献媚。贵：地位高。幸：受到宠爱。)［婉娩(wǎn)］柔顺的样子。《礼记·内则》：“姆教～～听从。”❷美好。《诗经·郑风·野有蔓草》：“有美一人，～如清扬。”(婉如：美好的样子。清扬：眉目清秀。)❸简约。《左传·襄公二十九年》：“大而～，险而易行。”(险：当为“俭”，俭省。)

琬 wǎn ❶［琬圭］上端圆形的圭。《周礼·考工记·玉人》：“～～九寸而缫以象德。”❷［琬琰(yǎn)］美玉。《淮南子·说山》：“～～之玉，在洿泥之中，虽廉者弗释。”(弗释：不舍弃。)也单用“琬”。《淮南子·俶真》：“目观玉辂～象之状，耳听《白雪》、《清角》之声。”㊃美德。《抱朴子·任命》：“崇～～于怀抱之内，吐琳瑯于毛墨之端。”

畹 wǎn 古代土地面积单位。三十亩(一说十二亩)为一畹。屈原《离骚》：“余既滋兰之九～兮。”(余：我。滋：培植。)㊁园圃。杜牧《许七侍御弃官东归》诗：“兰～晴香嫩，筠溪翠影疏。”

挽 wǎn ❶牵引，拉。杜甫《前出塞》诗：“～弓当～强，用箭当用长。”❷哀丧，悼念。《新唐书·承天皇帝倓传》：“泌为～词二解，追述倓志。”(泌：人名。)❸卷起(后起意义)。苏轼《送周朝议守汉州》诗：“召还当有诏，～袖谢邻里。”

晚 wǎn ❶傍晚。《汉书·天文志》：“伏见蚤～。”(蚤：通“早”。)❷时间靠后。《战国策·楚策四》：“见兔而顾犬，未为～也；亡羊而补牢，未为迟也。”㊀接近终了，一个时期的后一段。《宋书·刘康祖传》：“太祖欲大举北伐，康祖以岁月已～，请待明年。”《旧唐书·刘禹锡传》：“禹锡～年，与少傅白居易友善。”(少傅：官名。)

輓 wǎn ❶牵引，拉。《左传·襄公十四年》：“或～之，或推之。”《后汉书·江革传》：“自在辕中～车，不用牛马。”❷用车运输。《史记·平津侯主父列传》：“又使天下蜚刍～粟。”(蜚：通“飞”。)㊁运输。《史记·

留侯世家》："河渭漕～天下，西给京师。" ❸ 哀丧，悼念。杜甫《故武卫将军輓歌三首》之三："哀～青门去。" ❹ 通"晚"。时间靠后的。《史记·货殖列传》："～近世涂民耳目，则几无行矣。"【注意】"輓"、"挽"是古今字。上古时多用"輓"，"挽"比"輓"晚些。"輓近"的"輓"不写作"挽"，"挽袖"的"挽"不写作"輓"。现作为"挽"的异体字，但"輓近"仍不作"挽近"。

莞 wǎn　见 139 页。

脘 wǎn　胃的内腔。《素问·评热病论》："食不下者，胃～隔也。"

皖 wǎn　地名。汉代有皖县，在今安徽。

盌[椀] wǎn　碗。《方言》卷五："盂，宋、楚、魏之间或谓之～。"《三国志·吴书·甘宁传》："宁先以银～酌酒自饮两～。"后来写作"碗"。

绾(綰) wǎn　❶ 系。《史记·绛侯周勃世家》："绛侯～皇帝玺(xǐ)，将兵于北军。"(绛侯：指周勃。玺：皇帝的印。将：统率。)孔稚珪《北山移文》："至其纽金章，～墨绶。"㊂盘结。梅尧臣《桓妒妻》诗："妾初见主来，～髻(jì)下庭隅。"(髻：发结。庭隅：庭院的角落。) ❷ 统管，总揽。《史记·货殖列传》："东～秽貉、朝鲜、真番之利。"《史记·张仪列传》："独擅～事。"

万[1](萬) wàn　❶ 数词。《左传·襄公三十年》："然则二～六千六百有六旬也。"㊀数量多，程度高。柳宗元《古东门行》："～金宠赠不如土。" ❷ 绝对。韩愈《柳子厚墓志铭》："且～无母子俱往理。" ❸ 古代一种舞名。《左传·庄公二十八年》："为馆于其宫侧而振～焉。"㊂跳万舞。《左传·隐公五年》："九月，考仲子之宫，将～焉。"【注意】古代汉语中数词"萬"很少写作"万"。复姓"万俟"中的"万(mò)"不读wàn。参见 286 页"万[2]"字。

掔 wàn　手腕。《汉书·游侠传》："搤～而游谈。"

WANG

尪 wāng　❶ 脊椎弯曲，仰面向天。《吕氏春秋·尽数》："苦水所多～与伛人。"(伛：驼背。) ❷ 孱弱。《抱朴子·遐览》："唯余～羸，不堪他劳。"《北齐书·孙腾传》："腾性～怯，无威略。"

汪 wāng　❶ 深广的样子。《淮南子·俶真》："天地未剖，阴阳未判，四时未分，万物未生，～然平静，寂然清澄，莫见其形。"[汪汪]1. 深广的样子。蔡邕《郭有道碑》："浩浩焉，～～焉，奥乎不可测已。" 2. 眼泪盈眶的样子。韩偓《新秋》诗："桃花脸里～～泪，忍到更深枕上流。"[汪洋]深广的样子。《楚辞·九怀·蓄英》："临渊兮～～，顾林兮忽荒。"刘孝威《重光》诗："风神洒落，容止～～。" ❷ 池。《左传·桓公十五年》："祭仲杀雍纠，尸诸周氏之～。"

亡 wáng　❶ 逃亡。《史记·陈涉世家》："今～亦死，举大计亦死，等死，死国可乎？"(举大计：指举行起义。等死：同是死。死国：为国事而死。)㊕逃亡到国外。《韩非子·外储说左上》："寡人出～二十年，乃今得反国。"(乃：至。反：返。) ❷ 出外，不在。《论语·阳货》："孔子时其～也，而往拜之。"(孔子趁阳货不在家的时候去拜访他。时：通"伺"，窥伺。) ❸ 失去，丢失。《列子·说符》："人有～铁者，意其邻之子。"成语有"亡羊补牢"。㊂不存在。《荀子·天论》："天行有常，不为尧存，不为桀～。" ❹ 灭亡。《孟子·告子下》："入则无法家拂(bì)士，出则无敌国外患者，国恒～。" ❺ 死亡。《论衡·书虚》："夫谶书言始皇还，到沙丘而～。" ❻ 忘记。《韩非子·说林下》："人不能自止于足，而～其富之涯乎。"(足：满足，知足。涯：边。) ❼ wú 无，没有。贾谊《论积贮疏》："用之～度，则物力必屈。" ❽ wú 不。《汉书·胡建传》："正～属将军。"(正：军正，执法官。) ❾ wú 无论。《汉书·郑当时传》："当时为大吏，戒门下：'客至，～贵贱亡留门者。'"

王 wáng　❶ 帝王。战国以前只有天子称"王"，战国时诸侯也称"王"。《荀子·王霸》："故百～之法不同。" ❷ 秦汉以后帝王改称皇帝，"王"成为封爵的最高一级。柳宗元《封建论》："制其守宰，不制其侯～。"(制：控制。守宰：指郡县的长官。) ❸ 诸侯或外族来朝见天子。《尚书·大禹谟》："四夷来～。" ❹ 大。《周礼·天官·鳖人》："春献～鲔。" ❺ wàng 称王，统治天下。《商君书·更法》："三代不同礼而～。"(三代：指夏、商、周。礼：指制度。)㊂封……为王。《汉书·高五王传》："又杀三赵王，灭梁、赵、燕，以～诸吕。"

枉 wǎng　❶ 弯曲。与"直"相对。《荀子·王霸》："是犹立直木而求其影之～也。"(犹：如同。)㊂不正直，不正派。《盐铁论·相刺》："言直而行之～。" ❷ 歪曲(法律)。

《吕氏春秋·高义》:"事君～法,不可谓忠臣。"㊀冤屈。《三国志·吴书·朱异传》:"为孙綝所～害。"双音词有"冤枉"。❸ 屈尊,屈就,地位高的人降低自己的身份。扬雄《解嘲》:"或～千乘于陋巷。"(或:有的。千乘:指千乘之国的国君。陋巷:小巷。)❹ 副词。徒然,白白地。杜甫《岁晏行》:"汝休～杀南飞鸿。"(汝:你。休:不要。鸿:大雁。)

罔 wǎng ❶ 渔猎用的网。《周易·系辞下》:"作结绳而为～罟。"㊁张网捕捉。司马相如《子虚赋》:"～玳瑁。"㊀联结。屈原《九歌·湘夫人》:"～薜荔(bìlì)兮为帷。"(薜荔:一种常青的灌木。帷:幔帐。)上述❶㊁㊀后来写作"網",现简化为"网"。㊄法网。《汉书·循吏传》:"汉兴之初,反秦之敝,与民休息,凡事简易,禁～疏阔。"❷ 骗取,欺骗。《商君书·赏刑》:"则不能以非功～上利。"(非功:指对国家无益的东西。上:指君主。)曹操《整齐风俗令》:"此皆以白为黑,欺天～君者也。"❸ 无,没有。《史记·秦始皇本纪》:"初并天下,～不宾服。"(宾服:服从。)❹ 迷惘。《论语·为政》:"学而不思则～,思而不学则殆。"[罔然]失意,精神恍惚的样子。张衡《东京赋》:"～～若酲(chéng)。"(精神恍惚就像喝醉了酒一样。)后来写作"惘然"。❺ 副词。不。《尚书·盘庚下》:"～罪尔众。"(不归罪于你们。)❻ 副词。不要。《尚书·大禹谟》:"～失法度,～游于逸,～淫于乐。"(逸:安逸。淫:过度,沉溺。)❼ [罔阆(liǎng)]传说中的山川精怪。《史记·孔子世家》:"木石之怪,夔、～～。"又写作"罔两"、"蝄蜽"、"魍魉"。

惘 wǎng [惘然]失意,精神恍惚的样子。李商隐《锦瑟》诗:"只是当时已～～。"成语有"惘然若失"。

辋(輞) wǎng 车轮的四周。《后汉书·舆服志上》:"重～缦轮。"

魍 wǎng [魍魉]同"罔阆"。传说中的山川精怪。杜甫《崔少府高斋三十韵》:"～～森惨戚。"(森:众多。)

往 wǎng ❶ 去,到……去。与"来"、"返"相对。屈原《九歌·国殇》:"出不入兮～不反。"(反:返。)[往往] 1. 处处。班固《西都赋》:"神池灵沼,～～而在。"2. 常常。杜甫《饮中八仙歌》:"醉中～～爱逃禅。"❷ 过去,从前。《论语·八佾》:"成事不说,遂事不谏,既～不咎。"《战国策·秦策一》:"臣敢言～昔。"㊕死,死者。《左传·僖公九年》:"送～事居。"(居:活着的人。)❸ 以后,以下。《周易·系辞下》:"过此以～,未之或知也。"❹ 送去。曹植《与杨德祖书》:"今～仆少小所著辞赋一通相与。"(仆:谦辞,我。少小:年轻时,小时候。一通:一份。)❺ wàng 归向。《礼记·郊特牲》:"虎豹之皮,示服猛也。束帛加璧,～德也。"(往德:意谓归向于天子之德。)

【辨】去,往。见 351 页"去"字。

瀇 wǎng ❶ [瀇瀁(yǎng)]水广阔无涯的样子。枚乘《七发》:"浩～～兮,慌旷旷兮。"❷ [瀇滉(huàng)]水深广的样子。郭璞《江赋》:"澄澹汪洸,～～困泫。"

王 wàng 见 435 页。

迋 wàng ❶ 往,前往。《左传·襄公二十八年》:"君使子展～劳于东门之外。"❷ guàng 通"诳"。欺骗。《诗经·郑风·扬之水》:"无信人之言,人实～女。"❸ guàng 通"恇"。恐吓。《左传·昭公二十一年》:"子无我～,不幸而后亡。"

望 wàng ❶ 远望。《左传·庄公十年》:"吾视其辙乱,～其旗靡(mǐ)。"(辙:车辙。靡:倒。)❷ 盼望,期望。《孟子·滕文公下》:"民之～之,若大旱之望雨也。"㊀瞻望,景仰。《周易·系辞下》:"君子知微知彰,知柔知刚,万夫之～。"❸ 名望,声望。《诗经·大雅·卷阿》:"如圭如璋,令闻令～。"(令:美好的。)成语有"德高望重"。[望族]有声望的世家。秦观《王俭论》:"自晋以阀阅用人,王谢二氏最为～～。"❹ 祭祀山川。《尚书·舜典》:"～于山川,遍于群神。"㊀所祭祀的山川。《尔雅·释山》:"梁山,晋～也。"❺ 埋怨,责怪。《史记·商君列传》:"商君相秦十年,宗室贵戚多怨～者。"❻ 指月光满盈时,即阴历小月十五日,大月十六日。枚乘《七发》:"将以八月之～,与诸侯远方交游兄弟,并往观涛乎广陵之曲江。"❼ [望洋]仰视,远视。《庄子·秋水》:"于是焉河伯始旋其面目,～～向若而叹。"(若:海神名。)又写作"望羊"、"望阳"。

妄 wàng ❶ 胡乱。《荀子·天论》:"倍道而～行。"(倍:违反。)成语有"轻举妄动"。㊁行为不正,不法。《左传·哀公二十五年》:"彼好专利而～。"(彼:他。)❷ 荒诞,荒谬。《论衡·问孔》:"此言～也。"

WEI

危 wēi ❶ 高。《庄子·盗跖》:"使子路去其～冠,解其长剑。"李白《蜀道难》诗:"～乎高哉!蜀道之难,难于上青天。"❷

危险。《韩非子·十过》:"其君之～,犹累卵也。"(累卵:把蛋重叠起来。)⊗危害。《荀子·王制》:"聚敛者,召寇、肥敌、亡国、～身之道也。"(身:自己。) ❸ 以……为危,忧虑。《汉书·主父偃传》:"夫匈奴,兽聚而鸟散,从之如搏景。今以陛下盛德攻匈奴,臣窃～之。" ❹ 正,端正。范成大《峨眉山行记》:"炽炭拥炉～坐。"成语有"正襟危坐"。❺ 屋脊。《史记·魏世家》:"上屋骑～。" ❻ "跪"的省文。脚。《韩非子·外储说左下》:"齐有狗盗之子与刖(yuè)～子戏而相夸。"(刖:古代砍去脚的刑罚。) ❼ 星宿名。二十八宿之一。

【辨】危,险。"危"作"危险"讲时,含有"不稳定"或"危急"的意思,多做形容词。"险"只是表示地势险要或道路险阻等,多做名词。上古表示"危险"的意义时,一般用"危"不用"险"。

威 wēi ❶ 威力,威风。《史记·陈涉世家》:"～振四海。"㉑威严。《论语·述而》:"子温而厉,～而不猛。" ❷ 害怕,恐惧。《诗经·小雅·常棣》:"死丧之～,兄弟孔怀。"⊗震慑,使……害怕。《墨子·七患》:"赏赐不能喜,诛罚不能～。"

葳 wēi [葳蕤(ruí)] 1. 草木茂盛枝叶下垂的样子。王粲《公讌诗》:"昊天降丰泽,百卉挺～～。" 2. 纷乱的样子。《史记·司马相如列传》:"纷纶～～堙灭而不称者,不可胜数也。" 3. 华丽的样子。《古诗为焦仲卿妻作》:"妾有绣腰襦,～～自生光。"

崴 wēi [崴嵬(wéi)]山石高峻不平的样子。屈原《九章·抽思》:"轸石～～,蹇吾愿兮。"

逶 wēi [逶迤(yí)] 1. 绵延曲折的样子。《古诗十九首·东城高且长》:"东城高且长,～～自相属(zhǔ)。"(属:连。) 2. 从容自得的样子。《后汉书·杨秉传》:"～～退食,足抑苟进之风。"(退食:退朝回家吃饭。) 3. 依顺的样子。李康《运命论》:"俛仰尊贵之颜,～～势利之间。"上述 1、2、3 又写作"逶蛇"、"委蛇"、"逶迤"、"委移"等。

巍 wēi 高大。《论衡·书虚》:"太山之高～然。"(太山:泰山。)

偎 wēi ❶ 亲爱。《山海经·海内经》:"东海之内,北海之隅,有国名曰朝鲜、天毒。其人水居,～人爱之。"(天毒:即印度。) ❷ 挨傍,贴近。温庭筠《南湖》诗:"野船著岸～春草,水鸟带波飞夕阳。"

隈 wēi ❶ 山或水弯曲的地方。《管子·形势》:"大山之～。" ❷ 隅,角落(后起意义)。韩愈《咏雪赠张籍》:"度前铺瓦陇,发本积墙～。"

微 wēi ❶ 隐蔽,藏匿。《左传·哀公十六年》:"白公奔山而缢(yì),其徒～之。"(白公:人名。缢:上吊。徒:同党,同伙。)㉑不显露的。《韩非子·外储说右下》:"桓公～服而行于民间。"(微服:国君或官吏穿着一般人的衣服。)⊗暗中。柳宗元《童区寄传》:"童～伺(sì)其睡。" ❷ 深奥,微妙。刘禹锡《天论中》:"其理～。"(理:道理。)成语有"微言大义"。❸ 微小,轻微。《韩非子·六反》:"垤(dié)～小。"(垤:小土堆。)《庄子·养生主》:"动刀甚～。"(甚:很。) ❹ 稍微。贾思勰《齐民要术·种瓜》:"两行～相近。" ❺ 地位低下,卑贱。《史记·高祖本纪》:"大王起～细。"(微细:地位低。) ❻ 衰败,衰弱。《史记·李斯列传》:"周室卑～,诸侯相兼。" ❼ 如果不是,如果没有。《论语·宪问》:"～管仲,吾其被发左衽矣。"⊗非。《诗经·邶风·柏舟》:"～我无酒,以敖以游。"⊗无。萧统《文选序》:"积水曾～增冰之凛。"

薇 wēi 山菜名。《诗经·小雅·采薇》:"采～采～,～亦柔止。"《史记·伯夷列传》:"(伯夷、叔齐)义不食周粟,隐于首阳山,采～而食之。"

韦(韋) wéi ❶ 熟皮,加工过的皮子。《韩非子·观行》:"西门豹之性急,故佩～以自缓。"(缓:和缓。)《史记·孔子世家》:"孔子晚而喜《易》……读《易》,～编三绝。"(韦编:用熟皮条子编联的简册。) ❷ 通"围"。量词。两臂合抱的圆周长。《汉书·成帝纪》:"是日大风,拔甘泉畤(zhì)中大木十～以上。"(是日:这天。畤:祭祀天地和五帝的地方。木:树。)

违(違) wéi ❶ 离开,避开。《左传·哀公二十七年》:"～穀七里,穀人不知。"(穀:地名。)《论衡·知实》:"当早易道,以～其害。"(当:应当。易道:改变道路。) ❷ 违背,违反。《孟子·梁惠王上》:"不～农时,谷不可胜食也。" ❸ 邪恶。《左传·桓公二年》:"将昭德塞～。"(发扬好的品德,杜绝邪恶。)

围(圍) wéi ❶ 环绕。《庄子·则阳》:"大至于不可～。" ❷ 包围。《孙子兵法·谋攻》:"十则～之。"(兵力十倍于敌就包围它。)⊗守城。《公羊传·庄公十年》:"～不言战。" ❸ 包围圈。《史记·陈丞相世家》:"高帝用陈平奇计,使单于(chán-yú)阏氏(yānzhī),～以得开。"(单于:匈奴首领。阏氏:匈奴首领的正妻。)⊗圈子。

W

贾思勰《齐民要术·种韭》："布子于～内。"（布子：撒籽。）㊕打猎的围场。《隋书·礼仪志三》："布～，围阙南面，方行而前。"❹周围。徐弘祖《徐霞客游记·楚游日记》："四～垂幔(màn)。"（幔：帐幕。）❺量词。两臂合抱的圆周长，或两手大拇指与食指合拢的圆周长。柳宗元《行路难三首》诗之二："万～千寻妨道路。"（万围千寻的大树阻碍道路。寻：长度单位，八尺为一寻。）干宝《搜神记》卷一九："有大蛇……大十余～。"

帏（幃） wéi ❶佩带的香囊。屈原《离骚》："苏粪壤以充～兮，谓申椒其不芳。"（苏：取，拿。）❷帷帐。《史记·孝文本纪》："令衣不得曳地，～帐不得文绣。"❸裙正面的一幅。《国语·郑语》："王使妇人不～而噪之。"

【辨】帷，幕，帏，帐。见下"帷"字。

闱（闈） wéi ❶宫中小门。《左传·哀公十四年》："攻～与大门，皆不胜。"［宫闱］皇后和妃子居住的地方。《后汉书·皇后纪上》："后正位～～。"（皇后处在宫闱的正位。）❷内室的门。《古诗十九首·凛凛岁云暮》："既来不须臾，又不处重～。"张铣注："闱，闺门也。"［庭闱］父母居住的地方。㊀父母。杜甫《送韩十四江东省觐》诗："我已无家寻弟妹，君今何处访～～。"❸科举考试的考场（后起意义）。刘长卿《洛阳主簿叔知和驿承恩赴选伏辞》诗："铨～就明试。"（铨闱：指考场。铨：衡量才能。）㊀科举考试。如"春闱"、"秋闱"。姚合《别胡逸》诗："记得春～同席试。"

为（爲）［為］ wéi ❶做。《论语·为政》："见义不～，无勇也。"《战国策·齐策四》："孟尝君～相数十年。"㊀治理。《商君书·农战》："善～国者，仓廪虽满，不偷于农。"（偷：怠惰，忽视。）❷作为，当作。李白《梦游天姥吟留别》："霓～衣兮风～马。"《孙子兵法·军争》："以分合～变者也。"㊀变为，成为。《庄子·逍遥游》："北冥有鱼，其名为鲲……化而～鸟，其名为鹏。"（北冥：北海。）❸是。《左传·宣公三年》："余～伯儵，余而祖也。"（伯儵：人名。而：你的。）❹如果，假如。《战国策·秦策四》："秦～知之，必不救也。"❺介词。被。《三国志·吴书·吕蒙传》："～张辽等所袭。"❻wèi 介词。给，替。《庄子·养生主》："庖(páo)丁～文惠君解牛。"（庖丁：厨师。解：宰割。）❼wèi 帮助。《论语·述而》："冉有曰：'夫子～卫君乎？'"❽wèi 介词。因为。《荀子·天论》："天行有常，不～尧存，不～桀亡。"（天行：指自然界的运动变化。有常：有一定规律。）㊀为了。《史记·货殖列传》："天下熙熙，皆～利来；天下壤壤，皆～利往。"❾句末语气词。表示反问或感叹。《庄子·外物》："死何含珠～？"《汉书·赵皇后传》："今故告之，反怒～！"❿wèi 通"谓"。对……说。《韩非子·内储说上》："嗣公～关吏。"㊀认为。《穀梁传·宣公二年》："孰～盾而忍弑其君者乎？"（孰：谁。盾：赵盾。弑：杀。）【注意】"为"是一个意义相当广泛的动词，其基本意义是"做"，但在不同上下文中，可以表示多种具体的意义。如表示制作、修筑：《周礼·考工记·舆人》"舆人为车"；《史记·陈涉世家》"为坛而盟"。表示医治：《左传·成公十年》"疾不可为也"。表示研治：《孟子·滕文公上》"有为神农之言者许行"。

唯 wéi ❶wěi 应答声。《礼记·玉藻》："父命呼，～而不诺。"《韩非子·八奸》："人主未命而～～，未使而诺诺。"（诺：应答声。）成语有"唯唯诺诺"。❷只，只有。《史记·鲁仲连邹阳列传》："方今～秦雄天下。"（雄天下：称雄天下。）❸介词。由于。《左传·昭公二十年》："～不信，故质其子。"（质：做人质。）❹连词。虽然。《荀子·大略》："天下之人，～各特意哉，然而有所共予也。"（各特意：认识看法各不相同。予：赞许。）❺句首语气词。《汉书·张良传》："今乃立六国后，～无复立者。"（六国后：指秦以外的六国后代。无复立：指无法再立别人了。）㊀句首语气词。表示希望。《左传·僖公三十年》："～君图之。"（图：考虑。）

【辨】惟，唯，维。见下"惟"字。

帷 wéi 围在四周的幕布。《史记·陈涉世家》："入宫，见殿屋～帐。"（殿屋：宫殿。）

【辨】帷，幕，帏，帐。都是布帐。"帷"是围在四周的幕布，没有顶子。"幕"是帐篷。"帏"本通"帷"，后来一般用来指帐子（如"罗帏"）。"帐"是帐子，有时也指帐篷（如"帐饮"）。

惟 wéi ❶思，考虑。《诗经·大雅·生民》："载谋载～。"郑笺："惟，思也。"（载：动词词头。）贾谊《治安策》："臣窃～事執。"（臣：我。窃：私下。）❷只，只有。《商君书·修权》："～明主爱权重信，而不以私害法。"（信：信用。害法：损害法度。）❸介词。由于。《尚书·盘庚中》："亦～汝故。"❹连词。和，与，同。《尚书·禹贡》："齿革羽毛～木。"❺连词。虽然。《史记·淮阴侯列传》："～信亦为大王不如也。"❻句首语气词。《尚书·召诰》："～二月既望，越六日乙未。王朝步自周，则至于丰。"㊀句中语气词。用以帮助判断。《尚书·说命》："非知之艰，行之～艰。"上述❻㉆又写作"维"。

【辨】惟，唯，维。"惟"的本义是思，"唯"的本义是答应，"维"的本义是绳子。在本义上，这三个字各不相同。但是在"思"的意义上，"惟"和"维"通用；在"虽然"的意义上，"惟"和"唯"通用；表示"只"、"由于"和句首语气词，这三个字都通用。

维（維） wéi ❶系物的大绳子。《淮南子·天文》："共工……怒而触不周之山，天柱折，地～绝。"㉃对事物起重要作用的东西，常与"纲"连用，指国家的法度。《管子·禁藏》："法令为～纲。"❷系，联结。《荀子·宥坐》："四方是～。"❸隅，角落。《淮南子·天文》："东北为报德之～也。"❹只，只有。《诗经·郑风·扬之水》："终鲜兄弟，～予与女。"❺介词。由于。《诗经·郑风·狡童》："～子之故，使我不能餐兮。"❻连词。和，与，同。《诗经·大雅·灵台》："虡业～枞，贲（fén）鼓～镛。"（虡：悬挂钟磬的木架的立柱。业：立柱间的横木。枞：业上所刻的锯齿状物。贲鼓：大鼓。镛：大钟。）❼句首语气词。《诗经·小雅·大东》："～南有箕，不可以簸扬。"㉆句中语气词。用以帮助判断。《史记·秦始皇本纪》："是～皇帝。"❽通"惟"。思考。《史记·秦楚之际月表》："～万世之安。"

【辨】惟，唯，维。见438页"惟"字。

嵬 wéi 高大耸立。李白《明堂赋》："巃嵸颓沓，若～若嶪（yè）。"（嶪：高耸的样子。）［崔嵬］［嵬嵬］都是形容山石高大而不平的样子。《诗经·小雅·谷风》："习习谷风，维山崔嵬。"张融《海赋》："重彰岌岌，攒岭聚立……嵬嵬磊磊，若相追而下及。"

伟（偉） wěi ❶高大，壮美。《三国志·蜀书·诸葛亮传》："身长八尺，容貌甚～。"❷伟大，才识卓越。《庄子·大宗师》："～哉造化。"（造化：指大自然。）《三国志·魏书·钟繇传》："此三公者，乃一代之～人也。"成语有"丰功伟绩"。❸奇特的，特异的。《管子·任法》："无～服，无奇行。"

纬（緯） wěi ❶织物上的横线。刘勰《文心雕龙·情采》："经正而后～成，理定而后辞畅。"㉃道路以南北为经，东西为纬。《周礼·考工记·匠人》："国中九经九～。"❷编织。《庄子·列御寇》："河上有家贫恃～萧而食者。"（纬萧：编蒿为帘。）❸治理。刘勰《文心雕龙·程器》："摛文必在～军国，负重必在任栋梁。"❹纬书，汉朝人附会儒家经典所作的书。❺行星。［五纬］指金、木、水、火、土五大行星。张衡《西京赋》："～～相汁（xié）。"（汁：通"叶[1]"，和谐。）

玮（瑋） wěi 美好，珍贵。《淮南子·俶真》："何况怀瑰～之道，忘肝胆，遗耳目。"《后汉书·南蛮西南夷传论》："藏山隐海之灵物，沉沙栖陆之～宝。"㉃以……为美。《后汉书·党锢传》："梁惠王～其照乘之珠。"

炜（煒） wěi 光彩鲜明的样子。《诗经·邶风·静女》："彤管有～，说怿女美。"王延寿《鲁灵光殿赋》："瀖濩燐乱，～～煌煌。"

韪（韙） wěi ❶是，对。常"不韪"连用。《左传·隐公十一年》："犯五不～，而以伐人，其丧师也，不亦宜乎！"㉆以为是。《左传·昭公二十年》："仲尼曰：'守道不如守官。'君子～之。"成语有"冒天下之大不韪"。❷善，美。《南齐书·王融传》："集三烛于兰席，聆万岁之祯声，岂不盛哉！岂不～哉！"

韡 wěi ［韡韡］［韡晔（yè）］明盛的样子。《诗经·小雅·常棣》："常棣之华，鄂不韡韡。"张衡《西京赋》："流景曜之韡晔。"

伪（僞）［偽］ wěi ❶人为的。《荀子·性恶》："可学而能，可事而成之在人者，谓之～。"（通过学习而能做到，通过人去从事而成功的，叫作人为的。）❷诡诈，不诚实。《孟子·滕文公上》："从许子之道，相率而为～者也，恶（wū）能治国家？"（恶：怎么。）㉃虚假，不是真的。《汉书·宣帝纪》："使真～毋相乱。"（毋：不要。）㉃非法的，对敌对政权的贬称。李密《陈情表》："且臣少事～朝。"（少：年轻时。事：为……服务。）

【辨】伪，假。"假"字作"不是真的"意义讲是后起的。在先秦，表示"不是真的"的意思时，一般只用"伪"，不用"假"。"伪"字兼有"诡诈"、"虚伪"的意思，"假"字则没有。

尾 wěi ❶尾巴。《周易·履》："履虎～。"《三国志·魏书·许褚传》："褚乃出陈前，一手逆曳（yè）牛～行百余步。"（陈：阵。逆曳：倒拉着。）成语有"狗尾续貂"。㉃末尾，末端。《汉书·儒林传》："又采《左氏传》、《书叙》为作首～，凡百二篇。"㉆在后面。《后汉书·岑彭传》："嚣出兵～击诸营。"（嚣：人名。）❷鸟兽鱼虫等交配。《尚书·尧典》："鸟兽孳（zī）～。"（孳：繁殖。）❸星宿名。二十八宿之一。❹量词。用于计量鱼。条（后起意义）。柳宗元《游黄溪记》："有鱼数百～。"

娓 wěi ❶顺从。《说文·女部》："娓，顺也。"❷[娓娓]同"亹亹"。勤勉不倦的样子。王珣《歌太宗简文皇帝》："～～心化，日用不言。"

委 wěi ❶积，聚积。扬雄《甘泉赋》："瑞穰穰兮～如山。"（瑞：祥瑞。穰穰：丰盛的样子。）[委输]运送积聚的货物。《史记·留侯世家》："顺流而下，足以～～。"❷托付，委托。《史记·秦始皇本纪》："王年少，初即位，～国事大臣。"（委国事大臣：把国事委托给大臣。）熟语有"委以重任"。㊀致送。《左传·昭公元年》："郑徐吾犯之妹美，公孙楚聘之矣，公孙黑又使强～禽焉。"❸抛弃，舍弃。《韩非子·难势》："释势～法，尧舜户说(shuì)而人辩之，不能治三家。"（释：放弃。）㊁推卸。《晋书·王裒传》："司马欲～罪于孤邪？"（司马：官名。孤：晋文帝自称。）❹放置。《后汉书·范式传》："乃～素书于柩上，哭别而去。"❺曲折。《史记·天官书》："若至～曲小变，不可胜道。"（道：说。）双音词有"委婉"。❻江河的下游。《礼记·学记》："或源也，或～也。"沈括《梦溪笔谈》卷二四："胡人言黑水原下～高，水曾逆流。"（原：水源。）㊂末尾。元稹《骠国乐》诗："教化从来有源～。"双音词有"原委"。❼通"萎"。衰颓，枯萎。曹植《赠丁仪》诗："黍稷(jì)～畴(chóu)陇，农夫安所获？"（陇：通"垄"。）❽ wēi [委蛇(yí)]同"逶迤"。1. 绵延曲折的样子。屈原《离骚》："驾八龙之婉婉兮，载云旗之～～。"2. 从容自得的样子。《诗经·召南·羔羊》："退食自公，～～～～。"3. 依顺的样子。《庄子·应帝王》："吾与之虚而～～。"（指无心而随物变化。）

诿(諉) wěi 推诿，推托。《汉书·贾谊传》："然尚有可～者，曰疏。"（还有可推托的理由，说是由于疏远。）㊀委托，托付。《新唐书·娄师德传》："子，台辅器也，当以子孙相～。"

痿 wěi 病名。肢体无力，不能动作。《吕氏春秋·尽数》："处足则为～为蹶。"

洧 wěi 水名。在今河南。《诗经·郑风·溱洧》："溱与～，方涣涣兮。"

痏 wěi ❶殴人而流血。《汉书·薛宣传》："遇人不以义而见疻(zhǐ)者，与～人之罪钧。"（疻：殴人而瘀血。）㊁创伤。左思《吴都赋》："所以挂扢而为创～，冲踤而断筋骨。"❷疮。《吕氏春秋·至忠》："齐王疾～，使人之宋迎文挚。"

鲔(鮪) wěi 鲟鱼。《诗经·周颂·潜》："有鳣有～。"陆机《拟行行重行行》诗："王～怀河岫，晨风思北林。"

骫 wěi ❶弯曲。《吕氏春秋·必己》："尊则亏，直则～，合则离。"㊀枉曲。刘向《说苑·至公》："奉国法而不党，施刑戮而不～，可谓公平。"❷枯萎。《吕氏春秋·报更》："昔赵宣孟将上之绛，见～桑之下有饿人卧不能起者。"❸通"委"。聚集。扬雄《太玄·积》："小人积非，祸所～也。"

猥 wěi ❶众多。《后汉书·仲长统传》："所恃者寡，所取者～。"㊀总。《管子·八观》："以人～计其野。"㊁一起。《论衡·宣汉》："周有三圣，文王武王周公并时～出。"❷平庸，卑贱。《抱朴子·百里》："庸～之徒，器小志近。"《颜氏家训·风操》："田里～人，方有此言耳。"❸杂，琐碎。《晋书·刘弘传》："又酒室中云齐中酒、听事酒、～酒，同用麴米。"《明史·刑法志三》："家人米盐～事，宫中或传为笑谑。"❹苟且，随便地。杨恽《报孙会宗书》："然窃恨足下不深惟其终始，而～随俗之毁誉也。"❺突然。《汉书·王莽传中》："貉人犯法……宜令州郡且尉安之。今～被以大罪，恐其遂畔。"（畔：通"叛"。）❻谦辞。表示自己的谦卑。《后汉书·隗嚣传》："望无耆耇(qígǒu)之德，而～托宾客之上，诚自愧也。"（望：人名，方望自称。耆耇：高寿。）或表示对方屈尊就卑。诸葛亮《出师表》："先帝不以臣卑鄙，～自枉屈，三顾臣于草庐之中。"

亹 wěi ❶[亹亹]1. 勤勉不倦的样子。《诗经·大雅·文王》："～～文王，令闻(wèn)不已。"（令闻：美好的名声。）又写作"娓娓"。2. 不知疲倦的样子。《后汉书·班固传论》："若固之序事，不激诡，不抑抗，赡而不秽，详而有体，使读之者～～而不猒。"（固：班固。猒：同"厌"。）3. 行进的样子。宋玉《九辩》："时～～而过中兮，蹇淹留而无成。"这里指时间推移。❷ mén 水流在山峡中，两岸对峙像门一样。《诗经·大雅·凫鹥》："凫鹥在～。"

卫(衛)[衞] wèi ❶卫士，卫兵。《左传·僖公二十四年》："秦伯送～于晋三千人。"㊀保卫，防护。《战国策·赵策四》："以～王宫。"❷箭上的羽毛。《论衡·儒增》："见寝石，以为伏虎，将弓射之，矢没其～。"（箭射入连箭尾的羽毛都看不见了。没：埋没，看不见。）❸驴的别称。范摅《云溪友议·南黔南》："衣布缕，乘牝～。"❹周代诸侯国。在今河北南部和河南北部一带。

为(爲)[為] wèi 见438页。

未 wèi ❶ 没有，不曾。《荀子·天论》："故水旱～至而饥。"（饥：指挨饿。）❷ 不。《史记·范雎蔡泽列传》："人固～易知，知人亦～易也。"（易知：容易了解。）❸ 用在句末表示疑问。《三国志·蜀书·诸葛亮传》："言出子口，入于吾耳，可以言～？"（子：您。可以言未：可以说了吗？）❹ 地支的第八位。见 125 页"干[1]"字。㊂十二时辰之一，等于现在的下午一时至三时。

味 wèi ❶ 滋味，味道。《礼记·大学》："食而不知其～。"㊁食物一种叫一味。《韩非子·外储说左下》："食不二～。"❷ 辨别味道。《荀子·哀公》："非口不能～也。"㊁体会事物的道理。杜甫《秋日夔府咏怀》："虚心～道玄。"（道玄：深奥的道理。）双音词有"体味"。

位 wèi ❶ 位置。《左传·昭公十六年》："苟有～于朝，无有不共恪。"（共恪：恭敬。）㊂方位。《周礼·天官·冢宰》："辨方正～。"❷ 座位。《左传·成公十七年》："以戈杀驹伯、苦成叔于其～。"（戈：长矛。驹伯、苦成叔：人名。）❸ 官位，爵位。《战国策·赵策四》："～尊而无功。"㊂爵位的等次。《孟子·万章下》："天子一～，公一～，侯一～，伯一～，子男同一～，凡五等也。"㊕帝王或诸侯之位。《史记·秦始皇本纪》："王年少，初即～，委国事大臣。"（委国事大臣：把国事委托给大臣。）❹ 鬼神的灵位。《礼记·奔丧》："诸臣在他国，为～而哭。"❺ 任职。《汉书·辛庆忌传》："历～朝廷。"

畏 wèi ❶ 害怕，恐惧。《老子》七十四章："民不～死，奈何以死惧之？"《商君书·错法》："不～强暴。"㊂使害怕，吓唬。《汉书·广川惠王传》："前杀昭平，反来～我。"（昭平：人名。）❷ 敬服。《三国志·蜀书·诸葛亮传》："邦域之内，咸～而爱之。"（邦域：国家的疆域。咸：都。）❸ 通"威"。威严。《韩非子·主道》："其行罚也，～乎如雷霆。"

谓（謂） wèi ❶ 告诉，对……说。《韩非子·外储说左上》："楚王～田鸠（jiū）曰：'墨子者，显学也。'"（田鸠：人名。显学：著名的学者。）㊂说。《战国策·秦策二》："此乃公孙衍之所～也。"常用于评论人或物。《论语·公冶长》："子～子产，有君子之道四焉。"❷ 叫作，称为。《孙子兵法·虚实》："能因敌变化而取胜者，～之神。"（因：根据。）㊂意指，说的是。《左传·僖公五年》："谚所谓'辅车相依，唇亡齿寒'者，其虞虢之～也。"❸ 认为，以为。《左传·文公十六年》："夫麇与百濮～我饥不能师，故伐我也。"（麇、百濮：古代部族名。）王安石《上皇帝万言书》："窃～在位之人才不足。"（窃：私下。）❹ 通"为"。因为。《汉书·王嘉传》："丞相岂儿女子邪？何～咀药而死？"（咀：嚼。）【辨】谓，曰。这两个字都是"说"的意思，后面都有所说的话。但"谓"不与所说的话紧接，而"曰"则与所说的话紧接。

猬［蝟］ wèi 刺猬。《史记·龟策列传》："～辱于鹊。"鲍照《出自蓟北门行》："马毛缩如～，角弓不可张。"

渭 wèi 渭水，在陕西。见 205 页"泾"字。

娼 wèi 妹。《公羊传·桓公二年》："若楚王之妻～，无时焉可也。"

尉 wèi ❶ 古代的武官。《史记·陈涉世家》："广起，夺而杀～。"（广：吴广。）❷ 通"慰"。安慰。《汉书·车千秋传》："～安众庶。"❸ yù ［尉迟］复姓。

蔚 wèi ❶ 一种蒿草。《诗经·小雅·蓼莪》："匪莪（é）伊～。"（不是莪而是蔚。莪：一种生长在水田里的蒿草。）❷ 草木茂盛。陈子昂《感遇诗三十八首》之二："芊（qiān）～何青青！"（多么青翠茂盛啊！芊：草木茂盛。）㊁盛大。❸ 云气兴起的样子。《诗经·曹风·候人》："荟（huì）兮～兮，南山朝隮。"（朝：早晨。隮：云上升。）❹ 文辞华美，有文采。陆机《答贾长渊》："～彼高藻，如玉之阑。"（他的文辞很华美，像玉一样灿烂。藻：文辞。阑：烂。）

罻 wèi 小网。左思《吴都赋》："罿～普张。"刘禹锡《答柳子厚》诗："会待休车骑，相随出～罗。"

遗（遺） wèi 见 495 页。

熭 wèi 暴晒。《汉书·贾谊传》："日中必～，操刀必割。"

轊［軎］ wèi 车轴末端的金属筒状物。《史记·田单列传》："以～折车败，为燕所虏。"

鐖 wèi 一种小鼎。《淮南子·说林》："水火相憎，～在其间。"

魏 wèi ❶ 周代诸侯国。后为晋所灭。㊂战国七雄之一。原是晋国的一部分。在今河南北部和山西西南部一带。参见 203 页"晋"字。❷ 朝代名。1. 公元 220—265 年，三国之一，在今黄河流域各省和湖北、安徽、江苏北部、辽宁中部一带，第一代君主是曹丕（pī）。2. 公元 386—534 年，北朝之一，也称北魏，第一代君主是拓跋珪，后来分裂为东魏（公元 534—550 年）和西

W

魏(公元535—556年)。❸宫门的台观。《文选·班固〈典引〉》:"是以来仪,集羽族于观~。"[魏阙]古代宫门外两边高耸的楼观。借指朝廷。《庄子·让王》:"身在江海之上,心居乎~~之下。"

讆 wèi 称誉不肖之人。《管子·形势》:"訾~之人,勿与任大。"(訾:毁谤贤者。)

WEN

温 wēn ❶暖。《礼记·乡饮酒义》:"天地~厚之气始于东北而盛于东南。"《论衡·寒温》:"夫近水则寒,近火则~。"❷和气,柔和。《管子·形势解》:"~良宽厚,则民爱之。"❸温习。《论语·为政》:"~故而知新。"❹温病,热病。《素问·生气通天论》:"冬伤于寒,春必~病。"❺yùn 通"蕴"。蕴藏,蕴积。《荀子·荣辱》:"其流长矣,其~厚矣。"

辒(輼) wēn 古代一种有帐幔、可供卧息的车。《韩非子·内储说上》:"吾闻数夜有乘~车至李史门者。"后也用作丧车。权德舆《德宗皇帝挽歌词三首》之三:"玉斝恩波遍,灵~烟雨霏。"[辒辌]本为卧车,后因载丧,遂为丧车。《汉书·霍光传》:"载光尸柩以~~车。"

瘟 wēn 瘟疫。《抱朴子·微旨》:"经~疫则不畏。"叶盛《水东日记》卷三二:"父母妻孥半病~。"

文 wén ❶线条交错的图形,花纹。《周易·系辞下》:"物相杂,故曰~。"《论衡·言毒》:"蝮(fù)蛇多~。"(蝮蛇:一种毒蛇。)这个意义后来写作"纹"。㊂刺花纹。《庄子·逍遥游》:"越人断发~身。"(断:指剪短。文身:在身上刺花纹。)[文章]1.错综华美的色彩或花纹。张衡《思玄赋》:"~~奂以粲烂兮。"(奂:鲜明。)2.礼乐制度。《礼记·大传》:"考~~,改正朔。"3.文辞。《史记·儒林列传》:"~~尔雅。"(辞句文雅正确。)❷华美,有文采。与"质"相对。《论语·雍也》:"~质彬彬,然后君子。"(彬彬:配合适当。)❸文字。许慎《说文解字叙》:"罢其不与秦~合者。"❹文章,文辞。刘勰《文心雕龙·情采》:"昔诗人什篇,为情而造~。"㊕韵文。与"笔"相对。刘勰《文心雕龙·总术》:"今之常言,有~有笔,以为无韵者笔也,有韵者~也。"❺文献,典籍。《论语·学而》:"行有余力,则以学~。"❻法令条文。《史记·酷吏列传》:"与赵禹共定诸律令,务在深~。"❼文化。包括礼乐典章制度。《论语·子罕》:"文王既没,~不在兹乎?"[文学]1.文化知识,书本知识。《荀子·大略》:"人之于~~也,犹玉之于琢磨也。"2.汉代选拔人才的一种科目,被选中的人也称"文学"。《史记·袁盎晁错列传》:"以~~为太常掌故。"(太常掌故:官名。)❽非军事的。与"武"相对。《史记·郦生陆贾列传》:"~武并用,长久之术也。"❾钱一枚为一文(后起意义)。《宋书·徐羡之传》:"可以钱二十八~埋宅四角。"❿(旧读wèn)文饰,掩饰。《论语·子张》:"小人之过也必~。"

纹(紋) wén 丝织品上的花纹。杜甫《小至》诗:"刺绣五~添弱线。"㊂花纹。张说《游洞庭湖》诗:"江寒天一色,日静水重~。"

雯 wén 云形成的文采。《三坟·爻卦大象》:"日云赤昙,月云素~。"

闻(聞) wén ❶听见。《诗经·小雅·何人斯》:"我~其声,不见其身。"㉛听说。《商君书·更法》:"臣~之。"成语有"闻所未闻"。㊕使上级听见,报告上级。《韩非子·五蠹》:"令尹诛而楚奸不上~。"(令尹:官名。)❷闻名,著称。《隋书·李士谦传》:"事母以孝~。"㊂所传达的消息或文书。《宋史·韦贤妃传》:"徽宗及郑皇后崩,~至,帝号恸。"❸见闻,知识。《史记·屈原贾生列传》:"博~强志。"(见闻广博,记忆力强。志:记。)❹(旧读wèn)声誉,名声。《诗经·大雅·卷阿》:"令~令望。"(令:好的。望:名望。)❺用鼻子嗅,嗅到。《韩非子·内储说下》:"王谓夫人曰:'新人见寡人常掩鼻何也?'对曰:'不已知也。'王强问之,对曰:'顷尝言恶~王臭。'"

刎 wěn 割颈部。《吕氏春秋·士节》:"又退而自~。"《史记·廉颇蔺相如列传》:"为~颈之交。"㉒割断。《韩非子·外储说右下》:"抽刀而~其脚。"

吻 wěn 嘴唇。《墨子·尚同中》:"使人之~,助己言谈。"

抆 wěn 擦。屈原《九章·悲回风》:"孤子唫而~泪兮,放子出而不还。"

紊 wěn 乱。《尚书·盘庚上》:"若网在纲,有条而不~。"《南史·梁武帝纪中》:"政刑弛~。"(政治和刑法松弛紊乱。)成语有"有条不紊"。

问(問) wèn ❶问,询问。与"答"相对。《论语·阳货》:"子张~仁于孔子。"❷追究,考察。《左传·僖公四年》:"昭王南征而不复,寡人是~。"(复:返回。)王安石《上皇帝万言书》:"欲审知其德,

W

～以行。”（要想了解他的品德，就要考察他的行为。）成语有“问牛知马”。㊂审讯，审问。《诗经·鲁颂·泮水》：“淑～如皋陶。”（淑：善。）❸管，干预。柳宗元《童区寄传》：“恣所为不～。”（任其所为而不加干预。恣：放任。）❹慰问，问候。《论语·雍也》：“伯牛有疾，子～之。”《三国志·吴书·吕蒙传》：“周游城中，家家致～。”㊕诸侯之间互相访问。《战国策·齐策四》：“齐王使使者～赵威后。”❺音信，书信。《晋书·陆机传》：“久无家～。”❻赠送。《诗经·郑风·女曰鸡鸣》：“杂佩以～之。”❼通“闻”。声誉，名声。《诗经·大雅·绵》：“亦不陨厥～。”【注意】春秋时期“问”后面是询问的内容（而且问的一般是抽象的道理，而不是具体事物），如果要说出询问的对象，一般要加“于”。如“子张问仁于孔子”，“仁”是询问的内容，“孔子”是询问的对象。

【辨】问，讯，诘。“问”的意义很广，既表示一般的问，也可以表示审问。“讯”字则较多用于审问。“诘”字较多用于追问。

汶 wèn ❶古水名。在今山东境内。❷mín 水名。即岷江。❸mén［汶汶］污垢。《楚辞·渔父》：“安能以身之察察，受物之～～者乎？”

揾 wèn ❶没入水中。李肇《国史补》上：“（张）旭饮酒辄草书，挥笔而大叫，以头～水墨中而书之。”❷用手指按，揩拭。辛弃疾《水龙吟·旅次登楼作》：“倩何人唤取，红巾翠袖，～英雄泪。”

絻 wèn ❶古代的一种丧服。去冠，以麻布裹发髻。《左传·哀公二年》：“使大子～。”❷吊丧时所执的绳索。《公羊传·昭公二十五年》“齐侯唁公于野井”何休注：“吊所执绋曰～。”❸miǎn 同“冕”。古代贵族所戴的帽子。《荀子·正名》：“乘轩戴～。”

璺 wèn 器皿的裂纹。段成式《酉阳杂俎》卷一〇“物异”：“茶盌如旧，但有微～耳。”

WENG

翁 wēng ❶父亲。《后汉书·华佗传》：“必是逢我～也。”㊂祖父。《世说新语·排调》：“阿～讵宜以子戏父。”㊂岳父，公公。如“翁婿”、“翁姑”。❷老人。白居易《卖炭翁》诗：“卖炭～，伐薪烧炭南山中。”（薪：柴。）熟语有“醉翁之意不在酒”。

蓊 wěng 草木茂盛的样子。范成大《马鞍驿饭罢纵步》诗：“意行踏芳草，萧艾～生香。”㊂聚集的样子。宋玉《高唐赋》：“滂洋洋而四施兮，～湛湛而弗止。”［蓊郁］形容草木或云气盛。张衡《南都赋》：“杳蔼～～于谷底，森荨荨而刺天。”谢朓《歌赤帝》：“族云～～温风扇，兴雨祁祁黍苗遍。”

滃 wěng ❶云气腾涌。《汉书·扬雄传上》：“郁萧条其幽蔼兮，～汎沛以丰隆。”❷水大的样子。欧阳修《丰乐亭记》：“中有清泉，～然而仰出。”

瓮［甕、罋］ wèng 一种大口的盛水或酒的器具。《韩非子·外储说右上》：“或令孺子怀钱挈壶～而往酤。”

WO

倭 wō ❶wēi ［倭迟（chí）］迂回历远的样子。《诗经·小雅·四牡》：“四牡騑騑，周道～～。”❷我国古代对日本的称呼。《汉书·地理志下》：“乐浪海中有～人，分为百余国。”

涡（渦） wō ❶漩涡。郭璞《江赋》：“盘～谷转，凌涛山颓。”㊕酒窝。苏轼《百步洪》诗之二：“不知诗中道何语，但觉两颊生微～。”❷guō 水名。涡河。在今安徽。

猧 wō 小狗。成彦雄《寒夜吟》：“～儿睡魇唤不醒，满窗扑落银蟾影。”

沃 wò ❶灌溉，浇水。《左传·僖公二十三年》：“奉匜（yí）～盥。”（奉：捧。匜：盛水洗手的器具。）贾思勰《齐民要术·大豆》：“临种～之。”㊀灌，淹。《韩非子·初见秦》：“决白马之口以～魏氏。”（白马：指白马津，地名。魏氏：魏国。）❷润泽。《诗经·卫风·氓》：“桑之未落，其叶～若。”❸肥美，肥沃。韩愈《答李翊书》：“膏之～者其光晔。”《史记·河渠书》：“关中为～野，无凶年。”（关中：地名。凶年：荒年。）

卧［臥］ wò ❶伏在几上休息。《孟子·公孙丑下》：“孟子去齐，宿于昼。有欲为王留行者，坐而言，不应，隐几而～。”㊂（禽兽）趴伏。李白《寻雍尊师隐居》诗：“花暖青牛～。”❷躺。《史记·孙子吴起列传》：“～不设席，行不骑乘。”（席：席子。）成语有“卧雪眠霜”。㊀寝室。《汉书·韩信传》：“即其～，夺其印符。”㊃平放着。杜甫《重过何氏五首》诗之四：“雨抛金锁甲，苔～绿沉枪。”❸指隐居。李白《送梁四归东平》诗：“莫学东山～，参差老谢安。”

【辨】寝，卧，眠，寐，睡。见342页“寝”字。

偓 wò ❶［偓促］局促庸陋的样子。《楚辞·九叹·忧苦》：“～～谈于廊庙兮。”（廊

W

庙：指朝廷。）❷［偓佺（quán）］传说中的仙人名。《史记·司马相如列传》："～～之伦，暴于南荣。"

握 wò ❶攥（zuàn）在手里，执持。屈原《九章·怀沙》："怀瑾～瑜兮。"（瑾、瑜：美玉。）㊈曲手，握拳。《庄子·庚桑楚》："终日～而手不挩（yì）。"（挩：弯曲。）㊀掌握。《韩非子·主道》："谨执其柄而固～之。"（柄：国柄，指政权。固：牢固。）❷量词。一握即今所谓一把。《诗经·陈风·东门之枌》："贻（yí）我～椒。"（贻：赠送。）

幄 wò 帐幕。《汉书·高帝纪下》："夫运筹帷（wéi）～之中，决胜千里之外，吾不如子房。"（运筹：指谋划。帷：帐幕。子房：指张良。）

渥 wò ❶沾湿，沾润。《诗经·小雅·信南山》："益之以霢霂（màimù），既优既～。"（霢霂：小雨。）❷深厚，浓郁。《汉书·班倢伃传》："蒙圣皇之～惠兮，当日月之盛明。"《论衡·商虫》："甘香～味之物，虫生常多。"❸òu 通"沤"。浸泡。《周礼·考工记·㡛人》："湅帛以栏为灰，～淳其帛。"

龌（齷） wò ［龌龊］狭隘，局促。鲍照《代放歌行》："小人自～～，安知旷士怀。"【注意】"龌龊"表示"肮脏"的意义很晚才产生，大约到元曲中才有。

涴 wò ❶污，弄脏。杨巨源《大堤曲》："自传芳酒～红袖，谁调妍妆回翠娥。"❷wǎn ［涴演］水势回曲的样子。郭璞《江赋》："阳侯砐硪以岸起，洪澜～～而云回。"

斡 wò ❶旋转。谢惠连《七月七日咏牛女》："倾河易回～。"（倾河：银河。）㊀事物的运转，往复。贾谊《鵩鸟赋》："万物变化兮，固无休息。～流而迁兮，或推而还。"（斡流：运转。迁：变迁。推：指推移变化。还：回，指循环反复。）［斡旋］调解。《宋史·辛弃疾传》："弃疾善～～，事皆立办。"❷guǎn 主管，掌管。《汉书·食货志下》："浮食奇民欲擅～山海之货。"

WU

乌（烏） wū ❶乌鸦。《诗经·邶风·北风》："莫赤匪狐，莫黑匪～。"（匪：不是。）曹操《短歌行》："月明星稀，～鹊南飞。"（鹊：喜鹊。）❷黑。《三国志·魏书·邓艾传》："身披～衣，手执耒耜（lěisì），以率将士。"（耒耜：指耕地用的农具。率将士：做将士的表率。）❸副词。哪，怎么。柳宗元《永州龙兴寺息壤记》："土～能神？"❹［乌虖］同"呜呼"。叹词。表示感叹。《汉书·晁错传》："～～，戒之。"（戒：警惕。）

呜（嗚） wū ❶［呜呜］象声词。形容歌唱声。李斯《谏逐客书》："而歌呼～～快耳者，真秦之声也。"❷［呜咽］低声哭泣。蔡琰《悲愤诗》："观者皆歔欷（xūxī），行路亦～～。"（歔欷：哭泣时抽噎。行路：过路的行人。）❸［呜呼］叹词。表示感叹。柳宗元《捕蛇者说》："～～，孰知赋敛之毒有甚是蛇者乎？"（孰：谁。敛：征收。有甚是蛇者：有比毒蛇还要毒的。）又写作"乌虖"。

圬［杇］ wū 泥瓦工人用的抹子。㊀抹灰等泥瓦工作。《论语·公冶长》："粪土之墙不可～也。"《左传·襄公三十一年》："～人以时塓（mì）馆宫室。"（圬人：泥瓦工人。塓：涂抹。）

污［汚、汙］ wū ❶停积不流的水。贾谊《吊屈原赋》："彼寻常之～渎（dú）兮，岂能容夫吞舟之巨鱼？"（渎：小水沟。）㊀地形低。潘岳《西征赋》："体川陆之～隆。"（隆：高起。）❷污秽，不干净。《左传·宣公十五年》："川泽纳～，山薮藏疾。"《史记·滑稽列传》："怀其余肉持去，衣尽～。"（怀：怀揣。）㊈玷污。王安石《上皇帝万言书》："以～陛下之聪明，而终无补于世。"❸奸邪，行为不正。《商君书·慎法》："此其势正使～吏有资，而成其奸险。"（此其势：指这种情况。有资：有所凭借。）❹yū 迂曲。《左传·成公十四年》："春秋之称微而显，志而晦，婉而成章，尽而不～。"

巫 wū 古代以降神、祈祷、占卜、治病为职业的人。《韩非子·显学》："此人所以简～祝也。"（简：轻视。祝：指给人求神祝福的人。）㊕女巫。《荀子·正论》："出户而～觋（xí）有事。"（觋：男巫。）

诬（誣） wū ❶言语不真实，欺骗。《韩非子·显学》："非愚则～也。"❷捏造罪状陷害人。《宋史·秦桧传》："其顽钝无耻者，率为桧用，争以～陷善类为功。"❸加罪于无辜。《国语·周语上》："其刑矫～，百姓携贰。"

洿 wū ❶停积不流的水。《孟子·梁惠王上》："数（cù）罟不入～池，鱼鳖不可胜食也。"（数罟：密网。）《新语·道基》："规～泽，通水泉。"❷挖掘。《礼记·檀弓下》："杀其人，坏其室，～其宫而猪焉。"（猪：通"潴"，水积聚。）❸污秽。班固《典引》："司马相如～行无节，但有浮华之辞，不周于用。"❹沾污。《战国策·齐策四》："必以其血～其衣。"

屋 wū ❶房屋。《诗经·秦风·权舆》:“於我乎,夏～渠渠。”(夏:大。渠渠:深广的样子。)㊂屋顶。《诗经·小雅·十月之交》:“彻我墙～,田卒污莱。”(彻:拆掉,拆毁。)❷用布帛做的用以覆盖的帐幔。《礼记·杂记》:“素锦以为～而行。”《史记·秦始皇本纪》:“冠玉冠,佩华绂,车黄～。”

【辨】房,屋,室。见107页“房”字。

无(無) wú ❶没有。《诗经·豳风·七月》:“～衣～褐,何以卒岁?”❷不分,不论。李斯《谏逐客书》:“地～四方,民～异国。”❸没有人。《汉书·高帝纪上》:“臣少好相人,相人多矣,～如季相。”❹句末语气词。表示疑问(后起意义)。杜甫《入奏行》:“江花未落还成都,肯访浣花老翁～?”❺通“毋”。不,不要。《左传·成公二年》:“唯吾子戎车是利,～顾土宜。”《史记·李斯列传》:“使天下～以古非今。”

芜(蕪) wú ❶田地荒废。《老子》五十三章:“田甚～,仓甚虚。”(虚:空。)❷丛生的草。杜甫《徐步》诗:“整履(lǚ)步青～。”(履:鞋。步:指踩,踏。)㊂草木茂盛。《后汉书·班固传下》:“庶卉(huì)蕃～。”(卉:草。)❸繁杂。多指文章。刘知几《史通·表历》:“改表为注,名目虽巧,～累亦多。”(表:指史书中的表。)

毋 wú ❶别,不要。表示禁止。《礼记·大学》:“所谓诚其意者,～自欺也。”❷无,没有。《管子·度地》:“山之沟,一有水,一～水者,命曰谷水。”❸不。《韩非子·说林下》:“君子安可～敬也。”❹没有人。《史记·魏其武安侯列传》:“上察宗室诸窦,～如窦婴贤,乃召婴。”

吾 wú 第一人称代词。我(们),我(们)的。《论语·为政》:“～十有五而志于学,三十而立,四十而不惑。”《左传·桓公六年》:“我张～三军而被～甲兵。”

梧 wú ❶树名。梧桐。《吕氏春秋·去宥》:“邻父有与人邻者,有枯～树。”❷屋梁上的支柱。何晏《景福殿赋》:“桁～复叠,势合形离。”❸wù 抵触。《汉书·司马迁传》:“甚多疏略,或有抵～。”

铻(鋙) wú ❶[锟铻]见234页“锟”字。❷yǔ [鉏(jǔ)铻]见56页“鉏(chú)”字。

鼯 wú 一种像蝙蝠的小鼠。卢照邻《羁卧山中》诗:“夜伴饥～宿,朝随驯雉行。”

吴 wú ❶周代诸侯国。在今长江下游一带。❷朝代名(公元222—280年)。三国之一,在长江中下游和东南沿海一带,第一代君主是孙权。

午 wǔ ❶地支的第七位。见125页“干[1]”字。㊂十二时辰之一,等于现在的中午十一时至一时。❷纵横交错。《仪礼·特牲馈食礼》:“～割之。”❸通“迕”。相遇。《荀子·富国》:“～其军,取其将。”❹通“迕”。违反,抵触。《礼记·哀公问》:“～其众以伐有道。”

仵 wǔ ❶违逆。《管子·心术上》:“自用则不虚,不虚则～于物矣。”❷同,同类。《庄子·天下》:“以坚白、同异之辩相訾,以觭偶不～之辞相应。”

忤 wǔ 违反,抵触。《韩非子·难言》:“且至言～于耳而倒于心。”(至言:最有道理的话。倒:不顺。)

迕 wǔ ❶违反,抵触。晁错《论贵粟疏》:“上下相反,好恶乖～。”(乖:违背。)❷相遇。《后汉书·陈蕃传》:“王甫时出,与蕃相～,适闻其言。”(王甫:人名。适:刚巧。)㊂交错。宋玉《风赋》:“耾耾雷声,回穴错～。”

伍 wǔ ❶古代军队编制。五人为一伍。《周礼·夏官·司马》:“凡制军……五人为～,～皆有长。”㊀军队的行列。《孟子·公孙丑下》:“一日而三失～。”㊂古代的一种居民组织,五家为一伍。晁错《募民徙塞下疏》:“使五家为～,～有长。”(长:伍长。)❷同类,一伙。《史记·淮阴侯列传》:“生乃与哙等为～!”(生:指韩信。哙:樊哙。)《宋史·安焘传》:“羞与群儿～。”❸通“五”。数词。《国语·齐语》:“参其国而～其鄙。”(参:叁,分为三。伍:分成五份。鄙:郊外的地区。)

庑(廡) wǔ ❶高堂下周围的廊房,厢房。《后汉书·梁鸿传》:“依大家皋伯通,居～下,为人赁(lìn)舂。”(大家:大户人家。皋伯通:人名。赁舂:雇用舂米。)❷房屋。《史记·李斯列传》:“居大～之下。”❸wú 通“芜”。草木茂盛。张衡《东京赋》:“草木蕃(fán)～。”(蕃:茂盛的样子。)

怃(憮) wǔ [怃然]失意的样子。《论语·微子》:“夫子～～。”《孟子·滕文公上》:“夷子～～为间曰:‘命之矣。’”

妩(嫵) wǔ [妩媚]形容姿态美好可爱。司马相如《上林赋》:“柔桡嫚嫚,～～纤弱。”《旧唐书·魏征传》:“人言魏征举动疏慢,我但觉～～,适为此耳。”

甒 wǔ 瓦制酒器。《仪礼·大射仪》:“膳尊两～在南。”

武 wǔ ❶脚印。屈原《离骚》:“及前王之踵～。”(跟上前王的脚步。前王:指楚国过去强盛时期的君主。踵:脚后跟。)❷古时以六尺为步,半步为武。《国语·周语下》:"不过步~尺寸之间。"❸勇猛,勇敢。《诗经·郑风·羔裘》:"孔~有力。"(孔:甚,很。)❹与军事、战争有关的事物。与"文"相对。《尚书·武成》:"偃~修文。"(偃:止息。)㊉武职人员。《晋书·谢安传》:"文~用命。"(用命:指服从命令。)❺周代乐曲名。《论语·八佾》:"子谓《韶》:'尽美矣,又尽善也。'谓《~》:'尽美矣,未尽善也。'"

珷 wǔ [珷玞]同"碔砆"。似玉的石。《三国志·魏书·高堂隆传》:"怪石~~,浮于河淮。"

碔 wǔ [碔砆]似玉的石。王褒《四子讲德论》:"故美玉蕴于~~。"萧纲《侍游新亭应令》诗:"顾怜~~质,何以俪琼瓌?"又写作"珷玞"。

侮 wǔ 轻慢,怠慢。《荀子·君子》:"故刑当罪则威,不当罪则~。"㊂侮辱,欺负。《左传·僖公二十四年》:"兄弟阋于墙,外御其~。"

牾 wǔ ❶违逆。《汉书·陈平传》"平伪听之"颜师古注:"谓且顺从之,不乖~也。"❷通"遻(wù)"。遇见。《史记·屈原贾生列传》:"重华不可~兮,孰知余之从容。"

舞 wǔ ❶舞蹈。《韩非子·五蠹》:"执干戚~。"(干戚:盾和斧两种兵器,这里指舞具。)㊈飞舞,舞动。《列子·汤问》:"鸟~鱼跃。"李白《高句骊》诗:"翩翩~广袖。"❷舞弄文字、权术等。《论衡·程材》:"~文巧法,徇私为己。"《史记·酷吏列传》:"~智以御人。"(御:控制。)

兀 wù ❶高而上平的样子。㊈山秃。杜牧《阿房宫赋》:"蜀山~,阿房出。"❷茫然无知的样子。柳宗元《读书》诗:"临文乍(zhà)了了,彻卷~若无。"(乍:短暂。了了:明白。彻卷:指读完一卷。)❸[兀者]受过刖刑(即砍掉一只脚)的人。《庄子·德充符》:"鲁有~~王骀(tái)。"

屼[岏] wù 山秃的样子。左思《吴都赋》:"嵬嶷峣~。"

杌 wù ❶[杌陧(niè)]动摇不安。《尚书·秦誓》:"邦之~~,曰由一人。"❷摇动。《史记·司马相如列传》:"扬翠叶,~紫茎。"❸树木没有枝丫。《三国志·魏书·高堂隆传》:"由枝干既~,本实先拔也。"❹凳子(后起意义)。贾思勰《齐民要术·种桑柘》:"春采者,必须长梯高~。"

卼 wù [卼(niè)卼]见299页"卼"字。

勿 wù ❶别,不要。《论语·颜渊》:"己所不欲,~施于人。"❷不。《史记·曹相国世家》:"曹参代之,守而~失。"

芴 wù ❶植物名。即葸(xī)菜。❷hū 通"忽"。恍惚,不分明。《庄子·至乐》:"芒乎~乎,而无从出乎?~乎芒乎,而无有象乎?"[芴芒(huǎng)]恍恍惚惚。形容不可辨认或不可捉摸。《鹖冠子·世兵》:"~~无貌。"

沕 wù ❶[沕穆]深微的样子。贾谊《鹏鸟赋》:"~~无穷兮,胡可胜言!"❷mì 深藏的样子。贾谊《吊屈原赋》:"袭九渊之神龙兮,~深潜以自珍。"

物 wù ❶杂色的牛。《诗经·小雅·无羊》:"三十维~,尔牲则具。"❷颜色。《左传·僖公五年》:"必书云~。"❸东西,事物。《荀子·天论》:"一~为万~一偏。"(一偏:一个方面。)㊂事情。《周礼·地官·大司徒》:"以乡三~教万民,而宾兴之。一曰六德:知、仁、圣、义、忠、和。二曰六行:孝、友、睦、姻、任、恤。三曰六艺:礼、乐、射、御、书、数。"❹别人,众人。魏征《十渐不克终疏》:"损己以利~。"㊂除自己以外的物和人。江淹《杂体诗·孙廷尉杂述》:"~我俱忘怀。"[物议]众人的议论,舆论。《北史·齐高祖纪》:"杜绝~~。"❺精怪。《论衡·订鬼》:"鬼者,老~精也。"❻实质内容。《周易·家人》:"君子以言有~,而行有恒。"❼察,看。《周礼·地官·卝人》:"则~其地图而授之。"双音词有"物色"。

戊 wù 天干的第五位。见125页"干[1]"字。

务(務) wù ❶致力,从事。《荀子·成相》:"~本节用财无极。"(极:穷尽。)贾谊《过秦论》:"~耕织。"㊂要求得到,追求。《韩非子·五蠹》:"糟糠不饱者,不~粱肉。"(粱肉:指精美的饭食。粱:当作"粱"。)❷事务,事情。《史记·孝文本纪》:"农,天下之本,~莫大焉。"(本:根本。务莫大焉:事情没有比它再重要的了。)❸副词。一定,务必。柳宗元《断刑论下》:"赏~速而后有劝,罚~速而后有惩。"(赏一定要及时,才能起到勉励的作用;罚一定要及时,才能起到惩治的作用。)❹wǔ 通"侮"。侮辱。《诗经·小雅·常棣》:"兄弟阋(xì)于墙,外御其~。"(阋:争吵。)

坞(塢)[隖] wù ❶土堡。《后汉书·顺帝纪》:"令扶风、汉阳筑陇道~三百所,置屯兵。"❷四周高中间低的地方。梁武帝《子夜四时歌·春歌之四》:"花~蝶双飞,柳堤鸟百舌。"羊士谔《山阁闻笛》诗:"临风玉管吹参差,山~春深日又迟。”

误(誤)[悮] wù ❶错误，荒谬。《史记·萧相国世家》：“群臣议皆～。”❷耽误，使受害。《新唐书·韩偓传》：“涣作宰相，或～国。”(涣：人名。)杜甫《奉赠韦左丞丈二十二韵》：“纨袴不饿死，儒冠多～身。”(纨袴：指富贵人家子弟。儒冠：指儒生。)❸迷惑。《史记·齐太公世家》：“桓公之中钩，详死以～管仲。”(详：通“佯”，假装。)

恶(惡) wù 见99页。

悟 wù ❶理解，明白。《后汉书·张酺传》：“数月，出为东郡太守，酺自以尝经亲近，未～见出。”(未悟见出：不明白被放为东郡太守的原因。)㊀醒悟。柳宗元《三戒·临江之麋》：“麋(mí)至死不～。”(麋：一种鹿。)❷聪慧。常“颖悟”、“秀悟”连用。《宋书·谢灵运传》：“灵运幼便颖～。”❸通“寤”。睡醒。《论衡·问孔》：“适有卧厌不～者。”(厌：做噩梦。)

晤 wù ❶相遇，见面。王安石《答司马谏议书》：“无由会～。”(没有机会见面。)㊁面对面。《诗经·陈风·东门之池》：“彼美淑姬，可以～歌。”杜甫《大云寺赞公房》诗：“～语契深心。”(契：合。)❷通“悟”。聪敏，明白。《新唐书·李至远传》：“少秀～。”

寤 wù ❶睡醒。与“寐”相对。《诗经·陈风·泽陂》：“～寐无为，辗转伏枕。”(寐：睡着。无为：没有办法。)㊁醒过来。《盐铁论·忧边》：“若醉而新～。”❷通“悟”。醒悟。张衡《东京赋》：“盍(hé)亦览东京之事以自～乎？”(盍：何不。览：看。以：用来。)

婺 wù ❶[婺女]星宿名。即女宿。二十八宿之一。❷[婺水]水名。在今江西。[婺州]古地名。在今浙江金华一带。

骛(騖) wù ❶乱跑，纵横奔驰。《汉书·东方朔传》：“驰～禾稼稻粳之地。”司马相如《子虚赋》：“王车驾千乘，选徒万骑……～于盐浦。”(盐浦：指海边的盐滩。)㊀急跑。班固《东都赋》：“骁骑电～。”(骁：好马。)㊁急，快。《素问·大奇论》：“肝脉～暴。”❷通“务”。追求。元稹《解秋十首》诗之三：“同时～名者，次第鹓鹭行。”成语有“好高骛远”。

鹜(鶩) wù ❶鸭子。《楚辞·卜居》：“将与鸡～争食乎？”㊁野鸭。王勃《滕王阁序》：“落霞与孤～齐飞，秋水共长天一色。”❷通“骛”。奔驰。《穆天子传》卷一：“天子西征，～行至于阳纡之山。”

雾 wù ❶同“雾”。刘禹锡《楚望赋》：“天濡而～，土泄而泥。”❷méng 通“霿”。天色昏暗。袁宏《三国名臣序赞》：“百六道丧，干戈迭用。苟非命世，孰扫雰～。”

鋈 wù 白铜一类金属。㊁镀上白铜。《诗经·秦风·小戎》：“厹(qiú)矛～錞(duì)。”(厹矛：有三棱锋刃的矛。錞：矛和戟柄末端平底的铜套。)

W

X

XI

夕 xī ❶傍晚，日落的时候。《周易·坤》："非一朝一～之故。"成语有"朝不保夕"。㊁帝王祭祀月亮。《汉书·贾谊传》："春朝朝日，秋暮～月。"㊂傍晚朝见君主。《左传·昭公十二年》："右尹子革～。"（右尹：官名。子革：人名。）❷夜。任昉《奏弹刘整》："终～不寐。"（寐：睡着。）

汐 xī 夜间的海潮。《梁书·张缵传》："青溢、赤岸，控～引潮。"

穸 xī ［窀(zhūn)穸］见558页"窀"字。

兮 xī 语气词。多用于诗赋中，相当于现代汉语的"啊"、"呀"。《诗经·魏风·伐檀》："坎坎伐檀～。"刘邦《大风歌》："大风起～云飞扬。"

希 xī ❶少。《论语·公冶长》："伯夷叔齐不念旧恶，怨是用～。"《史记·货殖列传》："地广人～。"㊁稀疏。《论语·先进》："鼓瑟～。"上述❶㊁后来写作"稀"。❷望，看。《墨子·备蛾傅》："城上～薄门而置搗。"（搗：当作"楬"。）这个意义后来写作"睎"。㊀仰慕。《后汉书·赵壹传》："仰高～骥。"（仰高：仰视高山。骥：骏马。）㊁迎合。《史记·儒林列传》："弘～世用事，位至公卿。"（世：世俗。）❸希求（后起意义）。柳宗元《冉溪》诗："少时陈力～公侯。"

唏 xī 叹息。《淮南子·说山》："纣为象箸而箕子～。"

晞 xī ❶晒干。《诗经·秦风·蒹葭》："白露未～。"㊁晒。郭璞《江赋》："琼蚌～曜以莹珠。"（曜：日光。莹珠：使珍珠发光。）❷天色微明。《诗经·齐风·东方未明》："东方未～。"

欷 xī 哭泣时抽噎，哽咽。《汉书·中山靖王胜传》："悲者不可为累～。"（累：屡屡，接连着。）㊀悲叹。宋玉《九辩》："憯(cǎn)凄增～兮，薄寒之中人。"（薄寒：微寒。中：指侵袭。）这个意义又写作"唏"。

豨［狶］ xī 猪。屈原《天问》："封～是射。"（封：大。）

昔 xī ❶从前，过去。与"今"相对。《诗经·小雅·小明》："～我往矣，日月方奥(yù)。"（奥：暖。）❷夜。《庄子·天运》："则通～不寐矣。"（寐：睡着。）㊁终了，末尾。《吕氏春秋·任地》："孟夏之～，杀三叶而获大麦。"

惜 xī ❶痛惜，哀伤。《楚辞·惜誓》："～余年老而日衰兮。"㊁可惜。《左传·宣公二年》："～也，越竟乃免。"（竟：境。）❷爱惜。《韩非子·难二》："～草茅者耗禾穗，惠盗贼者伤良民。"（耗：减损。惠：给人好处。）❸吝惜，舍不得。蔡琰《悲愤诗》："岂敢～性命。"

腊2 xī ❶干肉。《周易·噬嗑》："噬～肉，遇毒。"㊀把肉晾干，晒干。柳宗元《捕蛇者说》："然得而～之以为饵。"（饵：药饵。）㊁皮肤皴皱。《山海经·西山经》："其脂可以已～。"（已：医治好。）❷极，很。《国语·周语下》："厚味寔～毒。"参见236页"腊1(臘)"字。

析 xī ❶劈，劈木头。《诗经·齐风·南山》："～薪如之何？匪斧不克。"（薪：木柴。匪：非。克：能，成功。）㊀剖开。邹阳《狱中上书自明》："剖心～肝。"❷分散，分离。《论语·季氏》："邦分崩离～，而不能守也。"❸分析，辨析。陶渊明《移居二首》诗之一："奇文共欣赏，疑义相与～。"

淅 xī ❶淘米。《仪礼·既夕礼》："夏祝～米。"《淮南子·兵略》："～米而储之。"❷［淅淅］象声词。形容风声。杜甫《秋风》诗："秋风～～吹巫山，上牢下牢修水关。"❸［淅沥］象声词。形容雨雪声、落叶声、风声。谢惠连《雪赋》："霰～～而先集，雪纷糅而遂多。"柳宗元《笼鹰词》："凄风～～飞严霜。"❹［淅飒］象声词。形容轻微的动作声。吴师道《晚霜曲》："僵禽～～动庭竹，城上啼乌怨如哭。"❺水名。在今河南。

晰［晳］ xī ❶明白，清楚。《后汉书·张衡传赞》："不有玄虑，孰能昭～？"（玄：深。虑：考虑，思虑。昭：明显。）双音词有"明晰"、"清晰"。❷通"皙"。白，多指皮肤。杜甫《送李校书二十六韵》："人间好妙年，不必须白～。"（妙年：少年。）

皙 xī 皮肤白。《左传·昭公二十六年》："有君子白～，鬒须眉。"㊀白色。《左传·定公九年》："～帻而衣狸制。"

肸 xī ［肸蚃(xiǎng)］传播，散布。司马相如《上林赋》："众香发越，～～布写。"

恓 xī ❶悲伤。李白《江夏行》："一种为人妻，独自多悲～。"❷［恓恓］同"栖栖”。忙碌不安。《论衡·指瑞》：“圣人～～忧世。”[恓惶] 1. 忙碌不安。欧阳修《投时相书》：“抱关击柝，～～奔走。” 2. 凄凉，悲伤。张籍《送韦评事归华阴》诗：“老大谁相识？～～又独归。”

牺（犧） xī ❶ 古代做祭品用的毛色纯一的牲畜。《诗经·鲁颂·閟宫》：“享以骍(xīng)～，是飨是宜。”(骍：赤色)。《史记·老子韩非列传》：“子独不见郊祭之～牛乎？”(子：您。)[牺牲]古代祭祀用的牲畜。《左传·庄公十年》：“～～玉帛，弗敢加也，必以信。”【注意】现代汉语中“牺牲”表示为了正义的目的舍弃自己的生命或利益。古代汉语中“牺牲”一词没有这个意义。❷ suō [牺尊]古代一种牛形的酒器。《诗经·鲁颂·閟宫》：“～～将将(qiāng-qiāng)。”(将将：象声词。)

息 xī ❶ 呼吸。《论语·乡党》：“屏气似不～者。”㊀叹息。《史记·陈涉世家》：“陈涉太～曰：‘嗟乎，燕雀安知鸿鹄(hú)之志哉！’”(安：哪里。鸿鹄：天鹅。) ❷ 停止。《周易·乾》：“天行健，君子以自强不～。”《国语·周语上》：“今吾闻子颓歌舞不～。”(子颓：人名。)成语有“息事宁人”。㊀灭，熄灭。《周易·革》：“水火相～。”《史记·晋世家》：“晋焚楚军，火数日不～。”㊀休息。《孟子·梁惠王下》：“饥者弗食，劳者弗～。” ❸ 生长，增长。《淮南子·地形》：“禹乃以～土填洪水。”《韩非子·爱臣》：“是以奸臣蕃～，主道衰亡。”(蕃：繁殖。)㊀繁殖。《荀子·大略》：“有国之君不～牛羊，错质之臣不～鸡豚……从士以上皆羞利而不与民争业。” ❹ 子女。《战国策·赵策四》：“老臣贱～舒祺，最少，不肖。”(舒祺：人名。不肖：指不成才。) ❺ 利息。王安石《答曾公立书》：“无二分之～可乎？”

奚 xī ❶ 女奴隶。《周礼·秋官·禁暴氏》：“凡～隶聚而出入者，则司牧之。”(凡是男女奴隶聚众出入的，都要严加监视管理。)㊀奴仆。《新唐书·李贺传》：“每旦日出，骑弱马，从小～奴。” ❷ 疑问代词。什么，哪里。《孟子·滕文公上》：“曰：‘～冠？’曰：‘冠素。’”《庄子·逍遥游》：“彼且～适也？”(适：到……去。)㊀为什么。《韩非子·和氏》：“子～哭之悲也？”(子：您。)

傒 xī 系，拘系。《淮南子·本经》：“～人之子女。”

徯 xī ❶ 等待。《尚书·仲虺之诰》：“～予后。”(予：我。后：君王。) ❷ 通“蹊”。小路。《汉书·货殖传》：“矰(zēng)弋(yì)不施于～隧。”(矰弋：用拴着丝绳的箭射鸟。徯隧：小道。)

蹊 xī 小路。《庄子·马蹄》：“山无～隧，泽无舟梁。”(隧：道。梁：桥。)成语有“桃李不言，下自成蹊”。㊀走过，践踏。《左传·宣公十一年》：“牵牛以～人之田，而夺之牛。”

谿 xī 山间的流水道。《荀子·劝学》：“不临深～，不知地之厚也。”

【辨】谿，涧。“谿”是山中的流水道，有水无水都叫“谿”。“涧”是山中的水流。

鼷 xī 小鼠。《春秋·成公七年》：“～鼠食郊牛角。”

悉 xī ❶ 详尽。《汉书·张释之传》：“对上所问禽兽簿甚～。”(对：对答。上：指汉文帝。禽兽簿：记载有关禽兽的簿册。)㊀详尽地叙述，详尽地知道。司马迁《报任安书》：“书不能～意。”《三国志·蜀书·诸葛亮传》：“丞相亮其～朕意。”(朕：皇帝自称。)㊀尽。《左传·襄公十一年》：“诸侯～师以复伐郑。” ❷ 副词。都，全。《史记·燕召公世家》：“齐～复得其故城。”(齐：齐国。)

窸 xī [窸窣(sū)]象声词。形容轻微细碎的声音。杜甫《自京赴奉先县咏怀五百字》：“河梁幸未拆，枝撑声～～。”

翕 xī ❶ 收缩，收敛。枚乘《七发》：“飞鸟闻之，～翼而不能去。” ❷ 和好，和谐。《诗经·小雅·常棣》：“兄弟既～。”(既：已经。) ❸ [翕然] 1. 一致的样子。《史记·汲郑列传》：“山东士诸公以此～～称郑庄。”(称：称赞。郑庄：人名。) 2. 安定的样子。《梁书·孙谦传》：“郡境～～，威信大著。”

噏 xī ❶ 吸。《汉书·扬雄传上》：“～青云之流瑕兮，饮若木之露英。” ❷ 收。河上公本《老子》三十六章：“将欲～之，必固张之。”

歙 xī ❶ 吸。鲍照《石帆铭》：“吐湘引汉，～蠡吞沱。” ❷ 收。王弼本《老子》三十六章：“将欲～之，必固张之。” ❸ [歙然]一致的样子。《汉书·匡衡传》：“学士～～归仁。”㊀安定的样子。《汉书·张敞传》：“吏民～～，国中遂平。” ❹ xié [歙肩]耸肩缩项，形容讨好的样子。《后汉书·张衡传》：“捷径邪至，我不忍以投步；干进苟容，我不忍以～～。” ❺ shè 地名。歙县，在今安徽。

犀 xī ❶ 犀牛。《孟子·滕文公下》：“驱虎豹～象而远之。”㊀用犀牛的角或皮制作的器物。《扬子法言·孝至》：“被我纯缋，带我金～。” ❷ 坚固。《韩非子·奸劫弑臣》：“治国之有法术赏罚，犹若陆行之有～车良马也。”双音词有“犀利”。

锡(錫) xī ❶一种金属。锡。《荀子·强国》："金～美，工冶巧。"（美：好。工冶：加工冶炼。）㊕僧人的锡杖。王中《头陀寺碑文》："宗法师行絜珪璧，拥～来游。"❷cì 通"赐"。赐给。《尚书·洪范》："天乃～禹洪范九畴。"❸通"緆"。细麻布。《列子·周穆王》："衣阿～。"（衣：穿。阿：地名。）

裼 xī ❶古代冬日服裘，裘外有裼衣，裼衣外又有正服。袒开正服的前襟露出裼衣叫"裼"，是一种礼节。《仪礼·聘礼》："～降立。"❷袒开或脱去上衣露出身体。《孟子·公孙丑上》："尔为尔，我为我，虽袒～裸裎于我侧，尔焉能浼我哉！"《史记·张仪列传》："秦人捐甲徒～以趋敌。"❸tì 婴儿的衣被。《诗经·小雅·斯干》："乃生女子，载寝之地，载衣之～，载弄之瓦。"

緆 xī ❶细麻布。司马相如《子虚赋》："于是郑女曼姬，被阿～，揄纻缟。"❷裳的下缘。《仪礼·既夕礼》："縓綼～。"

熙 xī ❶暴晒，使东西干燥。卢谌《赠刘琨》诗："仰～丹崖，俯澡绿水。"❷光明。曹植《七启》："～天曜(yào)日。"（曜：明亮。）❸兴起，兴盛。《尚书·尧典》："庶绩咸～。"（绩：功。）❹嬉戏。《淮南子·俶真》："鼓腹而～。"这个意义后来写作"嬉"。[熙熙]安乐的样子。《老子》二十章："众人～～，如享太牢，如登春台。"❺福，吉祥。《汉书·礼乐志》："忽乘青玄，～事备成。"

僖 xī 乐。古代用作帝王的谥号，如鲁僖公。

嘻 xī 叹词。表示感叹。《公羊传·宣公十二年》："庄王曰：'～！吾两君不相好，百姓何罪？'"[嘻嘻]象声词。形容欢笑声。《周易·家人》："妇子～～，终吝。"

嬉 xī 游戏。《史记·司马相如列传》："若此辈者，数千百处，～游往来。"

熹 xī ❶亮，明亮。杨万里《明发陈公径过摩舍那滩石峰下》诗："东暾澹未～，北吹寒更寂。"❷炽，火旺。木华《海赋》："～炭重燔。"

熺 xī ❶亮，明亮。《管子·侈靡》："有时而星～。"❷炽，旺。萧颖士《有竹一篇七章》诗之四："冬之宵，霰雪斯瀌。我有金炉，～其以歊。"❸chì 通"饎"。炊，煮。《淮南子·时则》："湛～必洁，水泉必香。"

羲 xī ❶[羲和] 1. 羲氏与和氏。古代传说中唐尧时执掌天文的官吏。《尚书·尧典》："乃命～～，钦若昊天，历象日月星辰，敬授民时。"2. 古代神话中为太阳驾车的神。屈原《离骚》："吾令～～弭节兮，望崦嵫而勿迫。"3. 古代神话中太阳的母亲。《山海经·大荒南经》："～～者，帝俊之妻，生十日。"❷指伏羲氏，古代传说中的帝王。张衡《东京赋》："龙图授～。"[羲皇]即伏羲氏。陶渊明《与子俨等疏》："常言五六月中，北窗下卧，遇凉风暂至，自谓是～～上人。"

曦 xī 阳光，太阳。陶渊明《闲情赋》："悲晨～之易夕，感人生之长勤。"郦道元《水经注·江水》："自非停午夜分，不见～月。"（停午：正午。）

醯 xī ❶醋。《荀子·劝学》："～酸而蜹(ruì)聚焉。"（蜹：蚊子一类的小虫。）《史记·货殖列传》："～酱千瓨(xiáng)。"（瓨：容器名。）❷[醯鸡] 1. 小虫名。蠛蠓。《列子·天瑞》："～～生乎酒。"2. 尘埃。吴融《梅雨》诗："扑地暗来飞野马，舞风斜去散～～。"

嚱 xī 叹词。表示感慨。李白《蜀道难》诗："噫吁～！危乎高哉！"

巇 xī ❶险，险峻。王褒《洞箫赋》："泡溲泛㴑，趋～道兮。"[险巇]世途艰难险恶。宋玉《九辩》："何～～之嫉妒兮，被以不慈之伪名？"又写作"巇险"。陆龟蒙《彼农二章》诗之一："世路巇险，淳风荡除。"❷缝隙。《鬼谷子·抵巇》："～始有朕，可抵而塞。"柳宗元《乞巧文》："变情徇势，射利抵～。"

觿 xī 用来解结的工具，也用为佩饰。《诗经·卫风·芄兰》："芄兰之支，童子佩～。"

习(習) xí ❶鸟屡次拍着翅膀飞。《礼记·月令》："鹰乃学～。"❷[习习] 1. 鸟飞来飞去。左思《咏史八首》之八："～～笼中鸟，举翮(hé)触四隅。"（翮：翅膀。隅：角落。）2. 风和舒的样子。《诗经·邶风·谷风》："～～谷风，以阴以雨。"❸反复练习。《论语·学而》："学而时～之。"㊀学习。《韩非子·五蠹》："莫如修行义而～文学。"❹通晓，熟悉。晁错《言守边备塞疏》："～地形，知民心。"❺习惯。《国语·齐语》："令夫士，群萃而州处，闲燕则父与父言义，子与子言孝，其事君者言敬，其幼者言悌。少而～焉，其心安焉，不见异物而迁焉。"《商君书·战法》："民～以力攻难，故轻死。"❻[近习]帝王的亲信。《韩非子·孤愤》："而听左右～～之言。"

席 xí ❶席子。《仪礼·公食大夫礼》："上大夫蒲筵加萑(huán)～。"（筵：垫席。萑：芦类植物。）这个意义后来写作"蓆"。㊕船帆。古人用布做帆，也用席做帆。杜甫《早发》诗："早行篙师怠，～挂风不正。"（篙师:撑船的人。) ❷ 席位,座位。《晋书·谢安传》:"安从容就～。" ❸ 酒筵。《南史·徐孝克传》:"孝克每侍宴,无所食啖。至～散,当其前膳羞损减。"(当其前:在他前面。膳羞:指食物。) ❹ 凭借,倚仗。《汉书·刘向传》:"吕产、吕禄～太后之宠。"

【辨】筵,席。见482页"筵"字。

蓆 xí ❶ 席子。《韩非子·存韩》:"出则为扞(hàn)蔽,入则为～荐。"(扞:捍。荐:草席。) ❷ 大。《诗经·郑风·缁衣》:"缁(zī)衣之～兮。"(缁:黑色。)【注意】古代汉语中"席"和"蓆"是两个字,在"大"的意义上不写作"席"。现在在"席子"的意义上,把"蓆"作为"席"的异体字。

觋(覡) xí 男巫。《国语·楚语下》:"民之精爽不携贰者……如是则明神降之。在男曰～,在女曰巫。"《荀子·正论》:"出户而巫～有事,出门而宗祀有事。"(祀:当作"祝"。)

袭(襲) xí ❶ 加穿衣服。《吕氏春秋·顺民》:"味禁珍,衣禁～,色禁二。"㉀穿衣。司马相如《上林赋》:"～朝服,乘法驾。" ❷ 量词。一副,一套。《汉书·昭帝纪》:"有不幸者赐衣被一～。" ❸ 重叠。屈原《九章·怀沙》:"重仁～义兮。"㉀重复。《左传·哀公十年》:"事不再令,卜不～吉。"(令:发出命令。卜:占卜。) ❹ 合,合并。《荀子·不苟》:"天地比,齐秦～。" ❺ 因循,沿袭。《史记·秦始皇本纪》:"五帝不相复,三代不相～。"(三代:指夏、商、周。)㊈继承、承袭封爵或职位。《史记·秦始皇本纪》:"太子胡亥～位。" ❻ 侵袭。《淮南子·精神》:"忧患不能入也,而邪气不能～。"㉀触及。屈原《九歌·少司命》:"绿叶兮素枝,芳菲菲兮～予。" ❼ 乘人不备而进攻。《左传·僖公三十二年》:"劳师以～远,非所闻也。"

隰 xí ❶ 低湿的地方。《诗经·邶风·简兮》:"山有榛,～有苓。"㉁原野。《世说新语·规箴》:"每田狩,车骑甚盛,五六十里中,旌旗蔽～。" ❷ 新开发的田地。《诗经·周颂·载芟》:"千耦其耘,徂～徂畛。"

檄 xí 古代用来征召、声讨的文书。《汉书·高帝纪下》:"吾以羽～征天下兵。"(羽檄:檄文上插上鸟羽,表示事急。)《史记·黥布列传》:"并齐取鲁,传～燕赵。"㊈用檄文征召、声讨。《晋书·王雅传》:"少知名,州～主簿。"刘知几《史通·疑古》:"陈琳为袁～魏。"(袁:指袁绍。魏:指曹操。)

洗 xǐ ❶ 洗脚。《汉书·黥布传》:"汉王方踞床～。"(踞:坐。) ❷ 洗涤,用水去掉污垢。《仪礼·有司》:"主人～爵。"杜甫《泛溪》诗:"得鱼已割鳞,采藕不～泥。"㊉清除,扫除,弄光。《周易·系辞上》:"圣人以此～心。"岳飞《五岳祠盟记》:"～荡巢穴,亦且快国仇之万一。"成语有"洗心革面"。 ❸ 古代一种洗具。《仪礼·士冠礼》:"设～直于东荣。"今有"笔洗"。 ❹ xiǎn [洗马] 1. 马前卒。《韩非子·喻老》:"身执干戈为吴王～～。" 2. 官名。《汉书·汲黯传》:"黯姊(zǐ)子司马安亦少与黯为太子～～。"(姊子:姐姐的儿子。) ❺ xiǎn [洗然] 1.肃敬的样子。潘岳《夏侯常侍诔》:"子乃～～,变色易容。慨焉叹曰:'道固不同。'" 2.安适的样子。《旧唐书·朱克融传》:"僧孺对曰:'……臣固曰不足烦圣虑。'上大喜曰:'如卿之言,吾～～矣。'"又写作"洒然"。见366页"洒[1]"字。

【辨】濯,涤,洗。见560页"濯"字。

枲 xǐ 大麻的雄株。《周礼·夏官·职方氏》:"其利林漆丝～。"㊈麻布。《盐铁论·利议》:"文表而～里,乱实者也。"

玺(璽) xǐ 印。秦以后专指皇帝的印。《韩非子·外储说左下》:"夺之～而免之令。"(令:县令。)《汉书·霍光传》:"受～以来二十七日。"(受玺:接受皇帝的印,即做皇帝。)[玺书]古代封口处盖有印信的文书。秦以后专指皇帝的诏书。《左传·襄公二十九年》:"～～追而与之。"(与:给。)《史记·秦始皇本纪》:"上病益甚,乃为～～赐公子扶苏。"

徙 xǐ ❶ 迁移。《周礼·地官·邻长》:"～于他邑。" ❷ 调职。《史记·淮阴侯列传》:"～齐王信为楚王。" ❸ 贬谪,流放。《汉书·武帝纪》:"济东王彭离有罪,废～上庸。"(上庸:地名。)[徙边]流放到边远地区去服刑。《汉书·陈汤传》:"其免汤为庶人,～～。"

【辨】迁,徙。见333页"迁"字。

葰 xǐ 五倍。《孟子·滕文公上》:"夫物之不齐,物之情也。或相倍～,或相什百,或相千万。"

屣[蹝、躧] xǐ 鞋。《史记·封禅书》:"吾视去妻子如脱～耳。"成语有"弃之如敝屣"。㊕拖鞋。《汉书·地理志下》:"女子弹弦跕(tiē)～。"(跕屣:拖着拖鞋走路。)㊈拖着鞋。《后汉书·王符传》:"衣不及带,～履出迎。"

縰 xǐ ❶ [縰縰]众多的样子。宋玉《高唐赋》:"～～莘莘(shēnshēn),若生于鬼,若出于神。"(莘莘:众多的样子。) ❷ 同"纚"。束发用的帛。扬雄《解嘲》:"戴～垂缨而谈者，皆拟于阿衡。”左思《魏都赋》：“岌岌冠～，累累辫发。”

葸 xǐ 畏缩，胆怯。《论语·泰伯》：“慎而无礼则～。”《后汉书·班固传下》：“虽云优慎，无乃～欤？”（虽然说为人谨慎，但是未免有点胆小怕事了吧？优慎：谨慎。）成语有“畏葸不前”。

諰 xǐ 忧惧。常“諰諰”连用。《荀子·强国》：“～～然常恐天下之一合而轧己也。”

憙 xǐ 同“喜”。喜悦。《战国策·赵策一》：“而韩魏之君无～志而有忧色。”㉁喜欢。《穀梁传·桓公六年》：“陈侯～猎，淫猎于蔡。”

禧 xǐ （旧读 xī）福，喜庆。隋牛弘《诚夏》：“恭神务穑，受～降祉。”

蟢 xǐ 一种小蜘蛛。《刘子新论·鄙名》：“今野人昼见～子者，以为有喜乐之瑞。”

謑［譲］ xǐ ［謑诟］辱骂。《楚辞·九思·遭厄》：“起奋迅兮奔走，违群小兮～～。”

纚 xǐ ❶ 古代用来束发的帛。《仪礼·士冠礼》：“缁～，广终幅，长六尺。” ❷ 群行的样子。司马相如《子虚赋》：“车案行，骑就队，～乎淫淫，般乎裔裔。” ❸ lí 绳索。《诗经·小雅·采菽》：“汎汎杨舟，绋～维之。”㉁系住。张衡《思玄赋》：“前祝融使举麾兮，～朱鸟以承旗。” ❹ sǎ 一种渔网。㉁用网捕鱼。张衡《西京赋》：“然后钓鲂鳢，～鰋鲉。”

戏（戲） xì ❶ 嬉戏，游戏。《韩非子·外储说左上》：“夫婴儿相与～也，以尘为饭，以涂为羹。”（相与：互相。）㉂戏弄，开玩笑。曹丕《典论·论文》：“杂以嘲～。” ❷ 角力。《国语·晋语九》：“少室周为赵简子之右，闻牛谈有力，请与之～，弗胜，致右焉。”（右：车右。致右：把车右的职位让给他。） ❸ 歌舞、杂技等表演。《晋书·王戎传》：“于宣武场观～。” ❹ xī 通“巇”。［险戏］险峻。《楚辞·七谏·怨世》：“何周道之平易兮，然芜秽而～～。”㉂危险。陆云《吊陈永长书》：“了不知有此患，～～之灾，遂不可救。” ❺ huī 通“麾”。军队中的帅旗。《汉书·灌夫传》：“驰入吴军，至～下。”㉁指挥。《汉书·扬雄传上》：“～八镇而开关。” ❻ hū ［於（wū）戏］见 514 页“於（yú）”字。

【辨】戏，弄。在“戏耍”的意义上，这两个字是同义词。在古代汉语中，“戏”一般可以用于形体动作方面，也可以用于语言行为方面。“弄”则偏重于手的动作方面。

饩（餼） xì 赠送人的谷物、饲料或牲口。《国语·周语中》：“廪人献～。”（廪人：掌管粮食的人。）㉁赠送人的活牲口、生肉。《周礼·秋官·掌客》：“掌四方宾客之牢礼～献。”（牢：指祭祀用的猪、牛、羊。）㉂赠送谷物、饲料或牲口。《左传·僖公十五年》：“是岁晋又饥，秦伯又～之粟。”（是岁：这一年。秦伯：秦国国君。）

鬩 xì ［叆（yǐ）鬩］见 2 页“叆（ài）”字。

系¹ xì ❶ 挂，悬。曹植《辅臣论》：“群言～于口。” ❷ 拴，绑。《淮南子·精神》：“～绊其足。” ❸ 继，连接。班固《东都赋》：“～唐统，接汉绪。” ❹ 带子。《后汉书·舆服志下》：“以青～为绲（gǔn）。”（绲：帽上的带子。） ❺ 世系，系统。杜甫《赠比部萧郎中十兄》诗：“汉朝丞相～，梁日帝王孙。”

【辨】系，係，繫。在“拴绑”、“连接”和“带子”的意义上，这三个字可以通用。但“世系”、“系统”的意义一般写作“系”，不写作“係”、“繫”。在“关联”的意义上，一般写作“繫”和“係”，不写作“系”。“係”在古白话中还可以用作“是”（“实係此人”），这种用法是“系”、“繫”所没有的。

系²（繫） xì ❶ 挂，悬。《荀子·劝学》：“以羽为巢，而编之以发，～之苇苕。”（苇苕：芦苇的穗。） ❷ 拴，绑。刘琨《扶风歌》：“～马长松下。”（长：高大。）㉂拘囚。《史记·陈涉世家》：“陈王怒，捕～武臣等家室。”（家室：家属。）㉂拘束。贾谊《鵩鸟赋》：“愚士～俗兮，窘若囚拘。”（俗：指习惯势力。窘：困迫。囚拘：指被囚禁的犯人。） ❸ 继，连接。《新唐书·元结传》：“百姓转徙，踵～不绝。” ❹ 联系，关联。柳宗元《封建论》：“大业弥固，何～于诸侯哉？”（国家基业更加巩固，这与分封诸侯有什么关系呢？弥：更加。） ❺ 带子。《韩非子·外储说左下》：“袜～解。”

【辨】系，係，繫。见上“系¹”字。

系³（係） xì ❶ 拴，绑。《左传·襄公十八年》：“献子以朱丝～玉二珏（jué）而祷。”（珏：一双玉。）《史记·秦始皇本纪》：“子婴即～颈以组，白马素车，奉天子玺符，降轵道旁。”（子婴：人名。组：丝带。奉：捧。轵道：亭名。） ❷ 继，连接。《晋书·郤诜传》：“圣明～踵。”（系踵：接踵而来。） ❸ 关联。嵇康《声无哀乐论》：“音声有自然之和，而无～于人情。” ❹ 带子。汉乐府《陌上桑》：“青丝为笼～，桂枝为笼钩。”

【辨】系，係，繫。见上“系¹”字。

屃（屓）［屭］ xì ［赑（bì）屃］见 20 页“赑”字。

X

郄 xì 同"郤"。空隙,缝隙。《荀子·赋》:"充盈大宇而不窕,人～穴而不逼者与?"㊥感情上的裂痕。《战国策·燕策三》:"今臣使秦,而赵系之,是秦赵有～。"㊈有病。《战国策·赵策四》:"而恐太后玉体之有所～也。"

细(細) xì ❶微小。与"大"、"巨"相对。《老子》六十三章:"图难于其易,为大于其～。"《三国志·蜀书·诸葛亮传》:"事无巨～,亮皆专之。"(专:亲自处理。)[细人]小人。《韩非子·喻老》:"不宜为～～用。"㊈细。与"粗"相对。《庄子·人间世》:"仰而视其～枝,则拳曲而不可以为栋梁。"❷详细,仔细。杜甫《春日忆李白》诗:"何时一樽(zūn)酒,重与～论文。"(樽:盛酒的器具。)范成大《水调歌头·细数十年事》:"～数十年事,十处过中秋。"❸精细,细密。《潜夫论·浮侈》:"衣必～致,履必獐麂。"㊈苛细。《左传·襄公二十九年》:"其～已甚,民弗堪也。"

盻 xì 恨视的样子。《孟子·滕文公上》:"为民父母,使民～～然,将终岁勤动,不得以养其父母。"

咥 xì ❶笑的样子。《诗经·卫风·氓》:"兄弟不知,～其笑矣。"❷dié 咬。《周易·履》:"是以履虎尾,不～人。"

郤 xì 空隙,裂缝。《庄子·知北游》:"人生天地之间,若白驹之过～。"(若白驹之过郤:像白马经过缝隙那样快。)㊥感情上的裂痕。《史记·绛侯周勃世家》:"梁孝王与太尉有～。"

绤(綌) xì 粗葛布。《诗经·周南·葛覃》:"为絺(chī)为～,服之无斁(yì)。"(絺:细葛布。斁:厌。)陶渊明《自祭文》:"絺～冬陈。"(陈:陈列。)

阋(鬩) xì 不和,争吵。《诗经·小雅·常棣》:"兄弟～于墙,外御其务。"(御:抵抗。务:通"侮"。)

舄[舃] xì ❶有木底的鞋子。《诗经·豳风·狼跋》:"公孙硕肤,赤～几几。"㊟鞋。《史记·滑稽列传》:"履～交错,杯盘狼藉。"❷盐碱地。《汉书·沟洫志》:"溉～卤之地四万余顷。"这个意义后来写作"潟"。❸柱下石。《墨子·备穴》:"二尺一柱,柱下傅～。"这个意义后来写作"碣"。

潟 xì 盐碱地。《史记·夏本纪》:"海滨广～,厥田斥卤。"《史记·货殖列传》:"故太公望封于营丘,地～卤,人民寡。"

隙[隟、𨻶] xì ❶墙交界处的裂缝。《左传·昭公元年》:"人之有墙,以蔽恶也。墙之～坏,谁之咎也?"㊥感情上的裂痕。《三国志·蜀书·先主传》:"嫌～始构矣。"(嫌:仇怨,仇恨。构:形成。)《史记·范雎蔡泽列传》:"已而与武安君白起有～,言而杀之。"❷一般物体的裂缝,孔、洞。徐弘祖《徐霞客游记·楚游日记》:"石～低而隘(ài)。"(隘:狭小。)㊂漏洞,空子,机会。曹植《谏伐辽东表》:"东有待衅之吴,西有伺～之蜀。"(衅:缝,空子。)❸空闲。《左传·隐公五年》:"皆于农～以讲事也。"(讲事:指练兵。)❹邻近,接近。《汉书·地理志》:"北～乌丸、夫余。"(乌丸、夫余:民族名。)

虩 xì 恐惧的样子。《周易·震》:"震来～～,笑言哑哑。"

赩 xì 大红色。左思《蜀都赋》:"丹沙～炽出其坂。"

禊 xì 古人春秋两季在水边举行的祓除不祥的仪式。张衡《南都赋》:"于是暮春之～,元巳之辰。"王羲之《兰亭集序》:"永和九年,岁在癸丑,暮春之初,会于会稽山阴之兰亭,修～事也。"

衋 xì 伤痛。《尚书·酒诰》:"民罔不～伤心。"

XIA

呀 xiā ❶大而空的样子。班固《西都赋》:"建金城其万雉,～周池而成渊。"杜甫《南池》诗:"～然阆城南,枕带巴江腹。"[谽(hān)呀]山谷空旷的样子。司马相如《上林赋》:"～～豁閜。"❷张口。柳宗元《永州崔中丞万石亭记》:"抉其穴,则鼻口相～。"[呀呀]张口的样子。李贺《荣华乐》诗:"金蟾～～兰烛香。"

呷 xiā 吸,饮。杨衒之《洛阳伽蓝记·景宁寺》:"～啜莼羹,唼嗍蟹黄。"

鰕 xiā ❶鱼名。即鲵鱼。曹植《名都篇》:"脍鲤臇(juǎn)胎～,寒鳖炙熊蹯。"(臇:烹制肉羹。)❷大鲵。虞荔《鼎录》:"宋文帝得～鱼,遂作一鼎,其文曰:'～鱼四足。'"❸同"虾(蝦)"。曹植《鰕䱇篇》:"～䱇(shàn)游潢潦,不知江海流。"杜甫《赠韦七赞善》诗:"洞庭春色悲公子,～菜忘归范蠡船。"

侠(俠) xiá ❶侠士,侠客。《韩非子·五蠹》:"儒以文乱法,～以武犯禁。"(禁:禁令。)㊈侠义。《三国志·魏书·张邈传》:"少以～闻。"❷jiā 通"夹"。在两边夹住。《汉书·叔孙通传》:"殿下郎中～

陛。"(郎中:官名。陛:皇宫的台阶。)

硖(硤) xiá 同"峡"。两山夹水处。杜甫《寒硖》诗:"寒～不可度,我实衣裳单。"

陿 xiá ❶同"狭"。狭窄。《汉书·天文志》:"其伏见蚤晚、邪正、存亡、虚实、阔～。"❷同"峡"。两山夹水处。《楚辞·九叹·思古》:"聊浮游于山～兮,步周流于江畔。"

狎 xiá ❶亲近而不庄重。《左传·襄公六年》:"宋华弱与乐辔(pèi)少相～。"(宋:国名。华弱、乐辔:人名。少:年纪小的时候。)㊀亲近。《礼记·曲礼上》:"贤者～而敬之,畏而爱之。"㊀拥挤。傅毅《舞赋》:"车骑并～。"❷轻视,忽视。《左传·昭公二十年》:"水懦弱,民～而玩之,则多死焉。"㊀轻侮。《韩非子·十过》:"～徐君,拘齐庆封。"(徐君:徐国国君。)❸安于,习惯于。《国语·周语中》:"未～君政,故未承命。"❹更迭,交替。《左传·襄公二十七年》:"且晋楚～主诸侯之盟也久矣。"(晋、楚:国名。主:主持。)

柙 xiá ❶关兽类的木笼。《论语·季氏》:"虎兕出于～,龟玉毁于椟中,是谁之过与?"❷匣子。张载《七哀诗二首》之一:"珠～离玉体,珍宝见剽虏。"❸jiǎ 一种树。张衡《南都赋》:"枫～栌枥,帝女之桑。"

祫 xiá 天子诸侯合祭祖先。《礼记·曾子问》:"～祭于祖,则祝迎四庙之主。"

遐 xiá ❶远。《尚书·太甲下》:"若陟～,必自迩。"(迩:近。)成语有"遐迩闻名"。㊁远去。张衡《东京赋》:"俟(sì)阊(chāng)风而西～。"(俟:等。阊风:秋风。)㊁久远。《诗经·小雅·鸳鸯》:"君子万年,宜其～福。"[遐龄]高龄,年纪大。《魏书·常景传》:"以知命为～～。"❷何,为什么。《诗经·小雅·隰桑》:"心乎爱矣,～不谓矣?"(谓:说。)

瑕 xiá ❶赤色的玉。司马相如《上林赋》:"赤～驳荦。"❷玉上面的斑点。《左传·宣公十五年》:"瑾瑜匿～。"(瑾、瑜:两种美玉。匿:隐藏。)成语有"瑕瑜互见"。㊉缺点,过失。《三国志·吴书·朱据传》:"以功覆过,弃～取用。"(覆:掩盖。)❸空隙,薄弱环节。《管子·制分》:"攻坚则轫(rèn),乘～则神。"(轫:指攻不动,难入。神:指很快瓦解。)❹何,为什么。《礼记·表记》:"心乎爱矣,～不谓矣?"

暇 xiá ❶空闲。《孟子·梁惠王上》:"此惟救死而恐不赡,奚～治礼义哉?"白居易《草堂记》:"应接不～。"❷闲散,悠闲。《尚书·酒诰》:"不敢自～自逸。"❸jiǎ 通"假"。借。《文选·王粲〈登楼赋〉》:"登兹楼以四望,聊～日以销忧。"

霞 xiá 早晚的彩云。谢朓《晚登三山还望京邑》诗:"余～散成绮。"(绮:有花纹的丝织品。)㊉色彩艳丽。孟郊《送谏议十六叔至孝义渡》诗:"晓渡明镜中,～衣相飘飖。"

牽 xiá 安在车轴末端的挡铁,用以防止车轮脱落。《诗经·小雅·车舝》:"间关车之～兮,思娈季女逝兮。"㊀上车辖。《诗经·邶风·泉水》:"载脂载～,还车言迈。"(脂:涂上油膏。)后来多写作"辖"、"鎋"。

辖(轄) xiá ❶安在车轴末端的挡铁,用以防止车轮脱落。《韩非子·内储说上》:"西门豹为邺令,佯亡其车～。"(佯:假装。亡:丢掉。)这个意义又写作"鎋"。❷管辖。任昉《答刘孝绰》诗:"直史兼褒贬,～司专疾恶。"(直史:正直的史官。辖司:指主管官吏。)

黠 xiá 狡猾。《汉书·薛宣传》:"桀～无所畏忌。"(桀:凶恶。)㊀聪明。《北史·后妃列传下》:"慧～,能弹琵琶,工歌舞。"(工:擅长。)

下 xià ❶位置在低处。与"上"相对。《周易·乾》:"上不在天,～不在田。"柳宗元《封建论》:"使贤者居上,不肖者居～。"(不肖:不贤。)㊁次序、等级在后的。《论衡·问孔》:"案贤圣之言,上～多相违。"(案:考察。)《墨子·非攻下》:"死命为上,多杀次之,身伤者为～。"❷低。与"高"相对。《老子》二章:"高～相倾。"《南史·谢灵运传》:"饴(sì)以～客之食。"(饴:通"饲",送东西给人吃。)㊕在下位的人。《三国志·蜀书·诸葛亮传》:"群～劝先主称尊号。"(称尊号:称帝。)㊀用作对自己的谦称。《晋书·陆纳传》:"欲与公一醉,以展～情。"❸从高处到低处。《左传·庄公十年》:"～视其辙(zhé)。"(辙:车迹。)㊀屈尊,降低身份。《论语·公冶长》:"敏而好学,不耻～问。"❹降落,落下。屈原《九歌·湘夫人》:"洞庭波兮木叶～。"❺去,到……去。《史记·秦始皇本纪》:"于是使斯～韩。"(斯:李斯。韩:诸侯国名。)❻颁布,下达。《史记·孙子吴起列传》:"趣使使～令。"(急忙派使者传下命令。)㊀派遣,发出。《战国策·楚策一》:"秦～兵攻卫、阳晋。"❼攻克,攻下。李白《梁甫吟》:"东～齐城七十二。"❽少于,低于。晁错《言守边备塞疏》:"要害之处,通川之道,调立城邑,毋～千家。"(城邑:城市。毋:不要。)❾量词。用于动作的次数。《汉书·王莽传下》："亲举筑三～。"

夏 xià ❶ 四季的第二季。《尚书·洪范》："日月之行，则有冬有～。" ❷ 我国古代对中原地区的称呼。也称"华夏"、"诸夏"。《荀子·儒效》："居楚而楚，居越而越，居～而～。"（居楚而楚：居住在楚地就养成楚地的习惯。）❸ 大。《诗经·秦风·权舆》："於我乎～屋渠渠。"（渠渠：高大的样子。）㉄ 高大的房屋。屈原《九章·哀郢》："曾不知～之为丘兮。"（丘：废墟。）❹ 朝代名（约公元前2070—前1600年）。第一代君主是禹。

罅 xià 裂开。左思《蜀都赋》："紫梨津润，㮕栗～发。"㉂ 裂缝。韦应物《同元锡题琅琊寺》诗："山中清景多，石～寒泉洁。"

XIAN

仙［僊］ xiān ❶ 仙人。神话和宗教中称有种种神通、可以长生不老的人。《史记·秦始皇本纪》："臣等求芝奇药～者常弗遇。"白居易《长恨歌》："忽闻海上有～山，山在虚无缥缈间。" ❷ 轻松，自在。杜甫《览镜呈柏中丞》诗："行迟更觉～。"

秈［秈］ xiān 一种早熟的无黏性的稻。元结《演兴四首·初祀》："献水芸兮饭霜～，与太灵兮千万年。"

先 xiān ❶ 走在前面。屈原《九歌·国殇》："矢交坠兮士争～。"成语有"争先恐后"。㉂ 先于，前于。《左传·文公二年》："不～父食久矣。"成语有"身先士卒"。㉂ 先为致意。《礼记·檀弓上》："将之荆，盖～之以子夏。"（荆：楚国。先之以子夏：让子夏先为致意。）❷ 首要的事情。《后汉书·韦彪传》："士宜以才行为～。" ❸ 副词。指事情、行为发生在前。《史记·高祖本纪》："与诸将约，～入定关中者王之。"（定：平定。王：称王。）成语有"先发制人"。❹ 祖先，上代。《史记·蒙恬列传》："蒙恬者，其～齐人也。"（其：他的。齐：齐国。）❺ 已经死去的。多指上代或长辈。如"先王"、"先君"。❻ 称古代的人。如"先农"、"先民"。❼ 先生。《汉书·梅福传》："夫叔孙～非不忠也。"（叔孙：人名。）

纤（纖） xiān ❶ 细纹丝织品。《史记·孝文本纪》："服大红（gōng）十五日，小红十四日，～七日。"（大红、小红：即大功、小功，两种丧服用的熟麻布。）❷ 细小。《三国志·蜀书·诸葛亮传》："善无微而不赏，恶无～而不贬。"韩愈《八月十五夜赠张功曹》诗："～云四卷天无河。"㉂ 身材纤细。张衡《思玄赋》："舒妙婧之～腰兮，扬杂错之袿徽。" ❸ 吝啬。《史记·货殖列传》："周人既～，而师史尤甚。"（师史：人名。尤甚：更厉害。）

孅 xiān ❶ 同"纤（纖）"。细。贾谊《论积贮疏》："古之治天下，至～至悉也。"㉂ 身材纤细。司马相如《上林赋》："妩媚～弱。" ❷ 吝啬。《汉书·货殖传》："周人既～，而师史尤甚。"

跹（躚） xiān 舞蹈时旋转的样子。左思《蜀都赋》："纡长袖而屡舞，翩～～以裔裔。"［蹁（pián）跹］见317页"蹁"字。

銛 xiān ❶ 锋利。《墨子·亲士》："今有五锥，此其～，～者必先挫。" ❷ 一种武器。《韩非子·五蠹》："共工之战，铁～短者及乎敌。"

鲜（鮮） xiān ❶ 鲜鱼，活鱼。《老子》六十章："治大国若烹小～。"㉄ 新猎获的禽兽，新鲜的。《左传·宣公十二年》："射一麋以顾献，曰：'子有军事，兽人无乃不给于～？敢献于从者。'"枚乘《七发》："～鲤之鲙（kuài）。"（鲙：细切的鱼。）❷ 新而华美，新。《汉书·广川惠王刘越传》："衣服常～于我。"曹植《名都篇》："被服丽且～。"㉄ 鲜艳，鲜明。李白《子夜吴歌·春歌》："红妆白日～。" ❸ 夭折，早死。《左传·昭公五年》："葬～者自西门。"（自：从。）❹ xiǎn 少。《左传·定公十三年》："富而不骄者～。" ❺ xiàn 献。《礼记·月令》："天子乃～羔开冰，先荐寝庙。"

闲（閑） xián ❶ 栅栏。《周礼·夏官·虎贲氏》："舍则守王～。"（舍：指王外出止宿之处。）❷ 马厩，养马的圈。《周礼·夏官·校人》："天子十有二～，马六种。"㉂ 范围，界限。《论语·子张》："大德不逾～。" ❸ 防止。《周易·乾》："～邪存其诚。"㉂ 捍卫。《孟子·滕文公下》："吾为此惧，～先圣之道，距杨墨，放淫辞。" ❹ 熟习。《战国策·燕策二》："～于兵甲，习于战攻。"（兵甲：指军队。战攻：指打仗。）这个意义后来写作"娴"。❺ 文雅，雅静。宋玉《登徒子好色赋》："体貌～丽。"这个意义又写作"娴"。❻ 通"閒"。清闲，空闲。李白《庐山谣》："～窥石镜清我心。"（窥：观看。）㉄ 静，安静。嵇康《赠秀才入军十九首》诗之十五："～夜肃清，朗月照轩。"（轩：窗子。）

【辨】閒，间，闲。见187页"间"字。

娴（嫻）［嫺］ xián ❶ 文雅，雅静。《后汉书·马援传》："辞言～雅。"《论衡·定贤》："骨体～丽。"❷ 熟习。《史记·屈原贾生列传》："明于治乱，～于辞令。"

痫（癇） xián 癫痫，即羊角风。《后汉书·王符传》："婴儿常病伤于饱也……哺乳多则生～病。"

贤（賢） xián ❶ 有道德有才能。《论语·雍也》："～哉回也！一箪食，一瓢饮，在陋巷。人不堪其忧，回也不改其乐。"㊈有道德有才能的人。《荀子·王制》："尚～使能。"（尚：崇尚，尊重。）㊈好，善。《礼记·内则》："若富，则具二牲，献其～者于宗子。"❷ 尊重，赏识。《礼记·礼运》："以～勇知，以功为己。"❸ 胜过，甚于。《战国策·赵策四》："老臣窃以为媪（ǎo）之爱燕后～于长安君。"（媪：年老的妇人，指赵太后。燕后：赵太后的女儿。长安君：赵太后的儿子。）❹ 劳苦。《诗经·小雅·北山》："我从事独～。"

弦 xián ❶ 弓弦。《韩非子·外储说左上》："夫工人张弓也，伏檠（qíng）三旬而蹈～。"（檠：校正方弩的器具。）曹植《白马篇》："控～破左的。"（控：指拉开。的：箭靶子。）㊉正直。《后汉书·李固传赞》："世载～直。"❷ 乐器上用来发音的丝线、铜丝或绳状物。《庄子·徐无鬼》："鼓之，二十五～皆动。"（鼓：弹奏。）上述❶❷又写作"絃"。❸ 月亮半圆。阴历初七、初八月亮缺上半，叫上弦；二十二、二十三月亮缺下半，叫下弦。杜甫《月三首》诗之三："万里瞿塘峡，春来六上～。"❹ 不等腰直角三角形中的斜边。沈括《梦溪笔谈》卷一八："各自乘，以股除～，余者开方除为勾。"

舷 xián 船的两侧。郭璞《江赋》："忽忘夕而宵归，咏采菱以叩～。"

咸 xián 全，都。《孟子·万章上》："四罪而天下～服。"㊀周遍。《国语·鲁语上》："小赐不～。"（赐：赏赐。）【注意】在汉字简化以前，"有盐味"的意义写作"鹹"，不写作"咸"。

涎 xián 唾沫，口水。柳宗元《三戒·临江之麋》："群犬垂～扬尾皆来。"成语有"垂涎三尺"。

X

衔（銜） xián ❶ 马嚼子。《楚辞·九叹·离世》："断镳～以驰骛兮，暮去次而敢止。"❷ 用嘴含。《后汉书·张衡传》："（地动仪）外有八龙，首～铜丸。"㊀包含，含有。范仲淹《岳阳楼记》："～远山，吞长江，浩浩汤汤，横无际涯。"❸ 藏在心中。蔡琰《胡笳十八拍》："～悲畜恨兮何时平！"㊕怀恨。《汉书·外戚传上》："景帝心～之。"❹ 奉，接受。《礼记·檀弓上》："～君命而使。"❺ 相接。《盐铁论·力耕》："是以骡驴馲驼，～尾入塞。"❻ 头衔（后起意义）。白居易《闻行简恩赐章服》诗："官～俱是客曹郎。"上述除❻外又写作"啣"。

嗛 xián ❶ 嘴含物。《史记·大宛列传》："乌～肉，蜚其上。"（蜚：通"飞"。）㊀怀恨。《史记·外戚世家》："景帝恚，心～之而未发也。"❷ qiǎn 猴鼠之类颊中藏食处。柳宗元《憎王孙文》："充～果腹兮，骄傲欢欣。"❸ qiàn 通"歉"。不足。《汉书·郊祀志下》："今谷～未报。"［嗛嗛］1. 少。《国语·晋语一》："～～之德，不足就也……～～之食，不足狃也。"2. 不足。《潜夫论·交际》："（鸾凤）呼吸阳露，旷旬不食，其意尚犹～～如也。"❹ qiān 通"谦"。谦逊。《荀子·仲尼》："主尊贵之，则恭敬而僔；主信爱之，则谨慎而～。"❺ qiè 通"慊"。满足，快意。《荀子·礼论》："则其于志意之情者惆然不～。"《战国策·魏策二》："齐桓公夜半不～。"

慊 xián ❶ 嫌疑。《汉书·赵充国传》："媮得避～之便。"（媮：苟且。）❷ qiǎn 嫌恨，不满足。《孟子·公孙丑下》："彼以其爵，我以吾义，吾何～乎哉？"❸ qiè 满足，快意。《战国策·齐策一》："苟可～齐貌辨者，吾无辞为之。"（齐貌辨：人名。）《史记·乐毅列传》："先王以为～于志，故裂地而封之。"

嫌 xián ❶ 疑惑，疑忌。《礼记·礼运》："是故礼者君之大柄也，所以别～明微。"李白《长干行二首》之一："两小无～猜。"❷ 仇怨，仇恨。《三国志·蜀书·先主传》："于是璋收斩松，～隙始构矣。"（璋、松：人名。隙：感情上的裂痕。）❸ 厌恶，不满意。《荀子·正名》："其累百年之欲，易一时之～。"（累：积累。）❹ 近似，接近。《吕氏春秋·贵直》："出若言非平论也，将以救败也，固～于危。"

狝（獮） xiǎn 秋天打猎。《管子·小匡》："秋以田曰～。"（田：打猎。）㊀杀死。张衡《西京赋》："白日未及移其晷（guǐ），已～其什七八。"（晷：日影。）

显（顯） xiǎn ❶ 明显，显著。《周易·系辞下》："夫《易》彰往而察来，而微～阐幽。"《韩非子·难三》："故法莫如～，而术不欲见。"㊀显贵，显赫。《战国策·齐策四》："百乘，～使也。"❷ 显露。柳宗元《钴鉧潭西小丘记》："美竹露，奇石～。"❸ 显扬，传扬。《史记·孙子吴起列传》："孙膑以此名～天下，世传其兵法。"

险(險) xiǎn ❶地势不平坦。《左传·成公二年》:"苟有~,余必下推车。"王安石《游褒禅山记》:"夫夷以近,则游者众;~以远,则至者少。"(夷:平坦。以:而。)❷险要,险阻。《三国志·吴书·吴主传》:"蜀军分据~地,前后五十余营。"❸险恶。《荀子·天论》:"上闇(àn)而政~。"(上:指统治者。闇:昏暗,昏庸。)㉂阴险。《韩非子·说疑》:"内~以贼其外。"(贼:害。)❹危险。贾谊《吊屈原赋》:"见细德之~征兮,遥曾击而去之。"(细德:指道德卑鄙之人。险征:危险的征兆。)❺特殊的,奇异的。韩愈《醉赠张秘书》诗:"~语破鬼胆,高词媲皇坟。"(媲:匹敌,比美。皇坟:传说中三皇著的书。)又如"险衣"、"险妆"等。

【辨】危,险。见436页"危"字。

崄(嶮) xiǎn 同"险"。险要,险阻。《汉书·蒯通传》:"锐气挫于~塞,粮食尽于内藏。"[崄巇(xī)]艰险难行。嵇康《琴赋》:"丹崖~~,青壁万寻。"

猃(獫) xiǎn ❶一种长嘴的猎狗。《诗经·秦风·驷驖》:"輶车鸾镳,载~歇骄。"(歇骄:短嘴的猎狗。)❷[猃狁(yǔn)]先秦时我国北方的一个民族。《史记·匈奴列传》:"唐虞以上有山戎、~~、荤粥,居于北蛮。"又写作"玁狁"。

尟[尠] xiǎn 同"鲜"。少。《楚辞·九思·疾世》:"居嵺廓兮~畴。"

跣 xiǎn 赤脚。《左传·襄公三年》:"公~而出。"《韩非子·说林上》:"越人~行。"

燹 xiǎn ❶火。常"兵燹"连用。指兵火。《宋史·选举志六》:"时郡县数罹兵~。"[烽燹]烽火。高启《次韵杨孟载早春见寄》:"久闻离乱今始见,烟火高低变~~。"❷焚烧。《新唐书·罗让传》:"让惨然为~券。"(让:人名。)

幰 xiǎn 车帷。徐陵《洛阳道二首》诗之二:"闻珂知马蹀,傍~见甍开。"

玁 xiǎn [玁狁]同"猃狁"。先秦时我国北方的一个民族。《诗经·小雅·采薇》:"岂不日戒?~~孔棘。"(棘:急。)

韅 xiǎn 驾车的马两腋(一说背上)的革带。《左传·僖公二十八年》:"晋车七百乘,~靷鞅靽。"

县(縣) xiàn ❶xuán 悬挂。《诗经·魏风·伐檀》:"不狩不猎,胡瞻尔庭有~貆(huán)兮?"(貆:小貉,一种兽。)㉇公开揭示。《管子·明法解》:"~爵禄以劝其民。"《汉书·食货志下》:"~法以诱民。"上述❶㉇后来写作"悬"。㉇系属。《三国志·魏书·华佗传》:"佗术实工,人命所~,宜含宥之。"❷xuán 距离远,悬殊。《荀子·修身》:"彼人之才性之相~也,岂若跛鳖之与六骥足哉?"(人的才能哪里有跛腿的鳖和六匹千里马相差得那样远呢?)❸xuán 称量。《汉书·刑法志》:"自程决事,日~石之一。"❹古代帝王所居之州界。《礼记·王制》:"天子之~内。"❺行政区的一级。春秋战国时县大于郡,秦以后县属于郡或州。《左传·哀公二年》:"克敌者上大夫受~,下大夫受郡。"柳宗元《封建论》:"州~之设,固不可革也。"(设:设置。固:确实。革:除掉。)

岘(峴) xiàn ❶小而险的山。谢灵运《从斤竹涧越岭溪行》诗:"逶迤傍隈隩,迢递陟陉~。"❷山名。在今湖北。

晛(睍) xiàn [晛睆(huàn)]美好的样子。《诗经·邶风·凯风》:"~~黄鸟,载好其音。"㉇象声词。形容鸟鸣声。徐夤《宫莺》诗:"~~只宜陪阁凤,间关多是问宫娃。"

限 xiàn ❶险阻。《战国策·秦策一》:"南有巫山黔中之~。"(巫山:山名。黔中:今贵州一带。)❷界限,边界。谢朓《和王著作八公山》:"东~琅邪台。"(琅邪台:地名。)❸限制,限定。《世说新语·政事》:"敕船官悉录锯木屑,不~多少。"㉂事物的限度。《晋书·傅玄传》:"六年之~。"❹门槛。《后汉书·臧宫传》:"夜使锯断城门~。"

宪(憲) xiàn ❶法令。《管子·立政》:"君乃出令布~于国。"(布:公布。)❷效法,模仿。《诗经·大雅·崧高》:"王之元舅,文武是~。"(文武是宪:效法文王、武王。)《三国志·蜀书·郤正传》:"俯~坤典,仰式乾文。"(坤、乾:这里指天地。)㉂榜样。《诗经·小雅·六月》:"文武吉甫,万邦为~。"❸公布。《周礼·天官·小宰》:"~禁于王宫。"《周礼·地官·乡大夫》:"各~之于其所治国。"

陷 xiàn ❶陷阱。《礼记·中庸》:"驱而纳诸罟擭(huò)~阱之中。"(擭:装有机关的捕兽木笼。)《新唐书·百官志一》:"凡坑~井穴,皆有标。"(标:标志。)㉇坠落,陷入。《庄子·天下》:"问天地所以不坠不~风雨雷霆之故。"柳宗元《田家三首》诗之二:"车毂~泥泽。"❷陷害。《史记·酷吏列传》:"三长史皆害汤,欲~之。"(长史:官名。)❸刺穿。《韩非子·难一》:"吾楯之坚,物莫能~也。"(楯:通"盾"。)❹攻破。《旧唐书·黄巢传》:“逼潼关,～华州。”(逼:逼近。)

羡[羨] xiàn ❶ 希望获得。《淮南子·说林》:“临河而～鱼,不如归家织网。”㉒羡慕。《楚辞·远游》:“奇傅说之托星辰兮,～韩众之得一。” ❷ 剩余,有余。《管子·国蓄》:“钧～不足。”(钧:通“均”,平均。) ❸ 超过。司马相如《上林赋》:“功～于五帝。”㉑泛滥。《汉书·沟洫志》:“河灾之～溢,害中国也尤甚。”(河:黄河。) ❹ yàn 延请,邀请。张衡《东京赋》:“乃～公侯卿士,登自东除。”(除:台阶。) ❺ yán 通“埏”。墓道。《史记·秦始皇本纪》:“闭中～,下外～门。”(下:降下。)

献(獻) xiàn ❶ 献祭。《诗经·豳风·七月》:“四之日其蚤,～羔祭韭。”㉑奉献。《史记·秦始皇本纪》:“魏～地于秦。”㊕主人敬酒给宾客。《诗经·小雅·楚茨》:“为宾为客,～酬交错。”(酬:主人再次敬酒。) ❷ 贤人。《论语·八佾》:“文～不足故也。”(文:典籍。) ❸ suō 刻镂纹饰。《礼记·明堂位》:“夏后氏以楬豆,殷玉豆,周～豆。”(献豆:刻镂纹饰的豆。豆:古代的一种礼器。)

【辨】贡,献,供。见132页“贡”字。

僩 xiàn ❶ 威武的样子。《诗经·卫风·淇奥》:“瑟兮～兮。”(瑟:庄矜的样子。) ❷ 宽大。《荀子·荣辱》:“夫塞者俄且通也,陋者俄且～也。” ❸ 通“娴”。娴静。董仲舒《春秋繁露·天道施》:“以谏争～静为宅,以礼义为道则文德。”㉒娴熟。贾谊《新书·傅职》:“不博古之典传,不～于威仪之数。”

霰 xiàn 小雪珠,多在下雪前降下。《诗经·小雅·頍弁》:“如彼雨雪,先集维～。”白居易《秦中吟·重赋》:“夜深烟火尽,～雪白纷纷。”

XIANG

乡(鄉) xiāng ❶ 古代的一种居民组织,一万二千五百户为一乡。《周礼·地官·大司徒》:“五州为～。”(州:二千五百家为一州。)㉑家乡。晁错《论贵粟疏》:“不农则不地著,不地著则离～轻家。”(地著:定居在一个地方。)㉒处所,位置。《荀子·赋》:“天地易位,四时易～。” ❷ xiàng 面对着,面向。《史记·孙子吴起列传》:“守西河而秦兵不敢东～。”(东乡:向东去。)㉒方向,趋向。《国语·周语上》:“明利害之～。”上述❷㉒又写作“向”、“嚮”。❸ xiàng 通“向”。窗户。《仪礼·士虞礼》:“祝从,启牖～如初。”(启:打开。) ❹ xiàng 从前,过去。贾谊《过秦论》:“非及～时之士也。”(非及:比不上。)这个意义又写作“向”。❺ xiǎng 通“享”、“飨”。享受。《汉书·文帝纪》:“专～独美其福。” ❻ xiǎng 通“响”。回声。《汉书·董仲舒传》:“夫善恶之相从,如景～之应形声也。”(景:影子。)

芗(薌) xiāng ❶ 谷类的香气。《礼记·曲礼下》:“黍曰～合,粱曰～萁。”㉒香。《礼记·内则》:“春宜羔豚,膳膏～;夏宜腒(jū)鱐(sù),膳膏臊。”(腒:干雉。鱐:干鱼。) ❷ 一种香草。《礼记·内则》:“～,无蓼。”

相 xiāng 见460页。

厢[廂] xiāng 厢房,正房前面两边的房子。《史记·吴王濞列传》:“错趋避东～,恨甚。”

湘 xiāng ❶ 水名。在今湖南。❷ 烹煮。《诗经·召南·采蘋》:“于以～之?维锜及釜。”

缃(緗) xiāng ❶ 浅黄色的帛,古代常用作书套。[缃帙][缃素]指书籍。萧统《文选序》:“词人才子,则名溢于缥囊;飞文染翰,则卷盈乎缃帙。”《梁书·昭明太子统传》:“遍该缃素,殚极丘坟。” ❷ 浅黄色。王僧达《朱樱》诗:“～叶未开蕊,红葩已发光。”

箱 xiāng ❶ 车厢。车上坐人或载物的部分。《诗经·小雅·大东》:“睆彼牵牛,不以服～。” ❷ 箱子,收藏衣物的器具。贾谊《新书·俗激》:“刀笔之吏,务在筐～,而不知大体。” ❸ 通“厢”。厢房。《史记·张丞相列传》:“吕后侧耳于东～听。”

舡 xiāng 船。《商君书·弱民》:“背法而治,此任重道远而无马牛,济大川而无～楫也。”《后汉书·董卓传》:“使李乐先度具舟～。”

襄 xiāng ❶ 升到高处。《尚书·尧典》:“荡荡怀山～陵,浩浩滔天。”(怀:包围。襄陵:指大水涨到山上。)㉑向上举。《汉书·邹阳传》:“臣闻交龙～首奋翼。”㉒高。郦道元《水经注·河水》:“河中竦(sǒng)石杰出,势连～陆。”(陆:陆地。) ❷ 成。《左传·定公十五年》:“葬定公,雨,不克～事。”(不克:不能。) ❸ 除去。《诗经·鄘风·墙有茨》:“墙有茨,不可～也。”(茨:蒺藜。)

骧(驤) xiāng ❶ 向上举。邹阳《上吴王书》:“臣闻蛟龙～首奋翼,则浮云出流,雾雨咸集。” ❷ 奔驰。王延寿

《鲁灵光殿赋》："虬龙腾～以蜿蟺。"

缥(纕) xiāng 佩带。屈原《离骚》："既替余以蕙～兮，又申之以揽茝。"

瓖 xiāng 马带上的装饰物。张衡《东京赋》："钩膺玉～。"

瓨 xiáng 长身的瓮坛。《史记·货殖列传》："醯(xī)酱千～。"(醯：醋。)

详(詳) xiáng ❶ 详细，详尽。《孟子·离娄下》："博学而～说之。"㊂详情。《孟子·万章下》："其～不可得闻。"㊀详细地知道。陶渊明《五柳先生传》："亦不～其姓字。"❷ 详细地说明。《诗经·鄘风·墙有茨》："中冓之言，不可～也。"《后汉书·西域传》："山经所未～。"❸ 广泛，周遍。《盐铁论·利议》："～延有道之士。"(广泛征召有才能的人。)❹ 审慎。《后汉书·明帝纪》："～刑慎罚。"(使用刑罚要审慎。)❺ 安详。陶渊明《闲情赋》："神仪妩媚，举止～妍。"❻ yáng 通"佯"。假装。《史记·李将军列传》："行十余里，广～死。"(广：李广。)

庠 xiáng 古代地方学校。《孟子·滕文公上》："夏曰校，殷曰序，周曰～。"[庠序]泛指学校。《孟子·梁惠王上》："谨～～之教。"

祥 xiáng ❶ 凶吉的预兆。《左传·僖公十六年》："是何～也，吉凶焉在？"(焉在：在哪里。)《战国策·楚策四》："先生老悖乎？将以为楚国袄～乎？"(袄祥：不好的预兆。袄：妖。)㊕吉兆。《三国志·吴书·吴主传》："有赤乌之～。"㊀吉利，吉祥。贾谊《吊屈原赋》："逢时不～。"❷ 一种丧祭。古代在父母死后十三个月而祭，叫作小祥；二十五个月而祭，叫作大祥。大祥表示丧服期已满。《仪礼·士虞礼》："期(jī)而小～……又期而大～。"(期：指周年。)❸ 通"详"。详细。《史记·太史公自序》："尝窃观阴阳之术，大～而众忌讳，使人拘而多所畏。"

降 xiáng 见 193 页。

翔 xiáng ❶ 盘旋地飞。《战国策·楚策四》："飞～乎天地之间。"㊀疾行。曹植《泰山梁甫行》："柴门何萧条，狐兔～我宇。"❷ 通"详"。详细，详尽。常"翔实"连用。《汉书·西域传上》："其土地山川，王侯户数，道里远近～实矣。"(道里：路的里数。)❸ 通"祥"。祥和。《论衡·是应》："～风起，甘露降。"

享 xiǎng ❶ 用食物供奉祖先、鬼神或天子。《尚书·盘庚上》："兹予大～于先王。"(兹：现在。予：我。)㊀宴享，用食物招待人。《左传·襄公二十七年》："郑伯～赵孟于垂陇。"(垂陇：地名。)㊀献。《周礼·考工记·玉人》："璧琮九寸，诸侯以～天子。"(琮：一种玉器。)❷ 鬼神享用祭品。《孟子·万章上》："使之主祭而百神～之。"㊀享受。《左传·襄公九年》："其民人不获～其土利。"

响(響) xiǎng ❶ 回声。《周易·系辞上》："其受命也如～。"(如响：如响之应声。)郦道元《水经注·江水》："空谷传～。"❷ 声音。萧纲《大法颂序》："鸿钟吐～。"(鸿：大。)成语有"响遏行云"。㊀声音大，洪亮。刘长卿《湘中纪行·浮石濑》诗："空江人语～。"㊂发出声音。吴均《与顾章书》："蝉吟鹤唳，水～猿啼。"(鹤唳：鹤鸣。)❸ 音讯。《三国志·蜀书·后主传》注引王隐《蜀记》："衔命来征，思闻嘉～，果烦来使，告以德音。"

饷(餉)[饟] xiǎng ❶ 给在田间劳动的人送饭。《孟子·滕文公下》："有童子以黍肉～。"㊂给田间劳动的人所送的饭食。《诗经·周颂·良耜》："其～伊黍。"㊀馈赠。《三国志·魏书·文帝纪》注引《吴历》："帝以素书所著《典论》及诗赋～孙权。"❷ 粮饷。《史记·高祖本纪》："丁壮苦军旅，老弱罢转～。"(罢：通"疲"，疲劳。转饷：运输军粮。)【注意】"饟"是"餉"的古字，两字音义相同。现"饟"字不用，"餉"简化为"饷"。

飨(饗) xiǎng ❶ 乡人相聚饮酒。《诗经·豳风·七月》："朋酒斯～，曰杀羔羊。"(朋酒：两樽酒。)❷ 用酒食招待人。《汉书·高帝纪上》："于是～士。"(士：兵士。)㊀供奉鬼神。《礼记·月令》："以共皇天上帝社稷之～。"(共：供。)❸ 通"享"。鬼神享用祭品。《国语·周语上》："神～而民听。"㊀享受。《荀子·臣道》："明主尚贤使能而～其盛。"(使：使用。盛：功业。)

想 xiǎng ❶ 想象。《韩非子·解老》："人希见生象也，而得死象之骨，案其图以～其生也。"《吕氏春秋·知度》："故有道之主因而不为，责而不诏，去～去意，静虚以待。"❷ 思想，思考。傅毅《舞赋》："游心无垠，远思长～。"❸ 想念，怀念。杜甫《客居》诗："览物～故国。"(览物：看到景物。)㊂料想。《世说新语·言语》："～君小时，必当了了。"(了了：敏悟。)㊂希望。刘琨《劝进表》："四海～中兴之美，群生怀来苏之望。"

向1 xiàng ❶ 朝北的窗户。《诗经·豳风·七月》："塞～墐(jìn)户。"(墐：用

X

泥堵塞。）❷ 朝向，向着。李白《赠崔郎中宗之》诗："水～天边流。"(引)对待，看待。高适《别韦参军》诗："世人～我同众人，惟君于我最相亲。"（惟：只。）❸ 趋向，奔向。《三国志·吴书·吴主传》："是岁，权～合肥新城。"（是岁：这年。）(引)接近，将近，将要。陶渊明《岁暮和张常侍》："～夕长风起，寒云没西山。"（夕：傍晚。）❹ 归向，向往。《韩非子·外储说左下》："今西伯昌，人臣也，修义而人～之。"《后汉书·寇恂传》："沮～化之心，生离畔之隙。"❺ 从前，往昔。《庄子·山木》："～也不怒，而今也怒。"(又)刚才。《三国志·吴书·鲁肃传》："～察众人之议，专欲误将军，不足与图大事。"❻ 假使，假如。柳宗元《三戒·黔之驴》："～不出其技，虎虽猛，疑畏，卒不敢取。"（卒：终究。）

向²（嚮） xiàng ❶ 朝向，对着。《史记·项羽本纪》："沛公北～坐，张良西～侍。"❷ 趋向，奔向。《商君书·慎法》："民倍主位而～私交。"（倍：背叛。主位：指君主。私交：私下的结交。）(又)接近，将近。《周易·说》："～明而治。"（向明：接近天亮。）又如"向晚"、"向夕"。❸ 归向，向往。《史记·周本纪》："西伯积善累德，诸侯皆～之。"《韩诗外传》卷七："列国诸侯莫不从义～风。"❹ 从前，往昔。司马迁《报任安书》："～者仆亦常厕下大夫之列。"（仆：谦辞，我。厕：置身于。）❺ 假使，假如。柳宗元《捕蛇者说》："～吾不为斯役，则久已病矣。"（斯役：这个差事。病：指困苦不堪。）❻ 窗户。《荀子·君道》："便嬖左右者，人主之所以窥远收众之门户牖（yǒu）～。"（牖：窗户。）❼ xiǎng 通"享"。享受。《史记·游侠列传》："已～其利者为有德。"❽ xiǎng 通"响"。回声。《庄子·在宥》："若形之于影，声之于～。"【注意】古代汉语中"向"和"嚮"是两个字。在"享受"的意义上不写作"向"。现"嚮"简化为"向"。参见459页"向¹"字。

项（項） xiàng ❶ 脖子的后部。《左传·成公十六年》："与之两矢，使射吕锜（qí），中～伏弢（tāo）。"（吕锜：人名。弢：弓的套子。）(泛)脖子。张衡《西京赋》："修额短～。"（修：长。）❷ 大。《诗经·小雅·节南山》："驾彼四牡，四牡～领。"（四牡：四匹公马。）❸ 种类，款目（后起意义）。李心传《建炎以来朝野杂记》卷三："宰相王季海曰：'此～钱几六十万缗，系属户部岁计。'"

【辨】领，颈，项。见257页"领"字。

巷［衖］ xiàng 里中的道路。《诗经·郑风·叔于田》："叔于田，～无居人。"［巷伯］宦官。《左传·襄公九年》："令司宫、～～儆宫。"【注意】"巷伯"不写作"衖伯"。

相 xiàng ❶ 仔细看，审察。《诗经·小雅·四月》："～彼泉水，载清载浊。"《韩非子·说林下》："伯乐教其所憎者～千里之马，教其所爱者～驽（nú）马。"（伯乐：传说古代善于相马的人。驽马：劣马。）❷ 容貌。《荀子·非相》："长短、小大、善恶形～，非吉凶也。"（人体的长短、大小和容貌的善恶，与吉凶无关。）(引)以人的体形、相貌，来判断命运的迷信活动。《左传·文公元年》："王使内史叔服来会葬，公孙敖闻其能～人也，见其二子焉。"❸ 辅助，帮助。《左传·昭公元年》："乐桓子～赵文子。"（乐桓子、赵文子：人名。）(特)扶助盲人或扶助盲人的人。《论语·卫灵公》："固～师之道也。"《礼记·仲尼燕居》："犹瞽之无～与。"❹ 辅助君主掌管国事的最高官吏。后来称作宰相、丞相、相国。《史记·陈涉世家》："王侯将～宁有种乎？"（宁：难道。）❺ 古代主持礼节仪式的人。《论语·先进》："宗庙之事，如会同，端章甫，愿为小～焉。"❻ xiāng 质地。《诗经·大雅·棫朴》："追琢其章，金玉其～。"❼ xiāng 互相。《商君书·更法》："帝王不～复，何礼之循？"（帝王不相沿袭，遵循哪种礼制？）(又)表示动作偏指一方。《列子·汤问》："杂然～许。"

象 xiàng ❶ 一种哺乳动物。象。《韩非子·解老》："人希见生～也，而得死～之骨，案其图以想其生也。"（希：稀，少。生：活的。案：考察。图：图像。）(又)象牙。李斯《谏逐客书》："犀～之器不为玩好。"（犀：犀牛角。玩好：指玩赏的东西。）❷ 景象。范仲淹《岳阳楼记》："朝晖夕阴，气～万千。"成语有"万象更新"。(又)形象。《周易·系辞上》："在天成～，在地成形。"❸ 肖像，相貌。《晋书·顾恺之传》："尝图裴楷～。"这个意义又写作"像"。❹ 效法，模仿。《左传·襄公三十一年》："作事可法，德行可～。"《孟子·梁惠王上》："仲尼曰：'始作俑者，其无后乎！'为其～人而用之也。"(又)相似，好像。李白《古风五十九首》之三："额鼻～五岳，扬波喷云雷。"

像 xiàng ❶ 肖像，相貌。《后汉书·赵岐传》："又自画其～。"❷ 模仿。《周易·系辞下》："象也者，～此者也。"(又)相似，好像。鲍照《过铜山掘黄精》诗："既类风门磴，复～天井壁。"(又)随，依顺。《荀子·议兵》："～上之志而安乐之。"（上：君主。）❸ 法

X

式，榜样。屈原《九章·抽思》："望三五以为～兮。"（望：希望。三五：指三皇五帝。）

橡 xiàng 栎树的果实。《庄子·盗跖》："昼拾～栗，暮栖木上。"杜甫《北征》诗："山果多琐细，罗生杂～栗。"

鄉 xiàng ❶ 先前，往日。《仪礼·士相见礼》："～者吾子辱使某见。"❷ 通"向"。向，通向。《楚辞·九怀·思忠》："～吾路兮葱岭。"

XIAO

枭（梟） xiāo ❶ 一种凶猛的鸟。《诗经·大雅·瞻卬》："懿厥哲妇，为～为鸱。"白居易《凶宅》诗："～鸣松桂树。"㉃勇猛，雄健。《史记·留侯世家》："九江王黥布，楚～将。"㉆魁首。《淮南子·原道》："湫漻寂寞，为天下～。"❷ 古代博戏的胜彩名。《韩非子·外储说左下》："博者贵～，胜者必杀～。"❸ 悬头示众。曹操《让县自明本志令》："幸而破绍，～其二子。"（绍：袁绍。）❹ 山顶。《管子·地员》："其山之～，多桔符榆。"

枵 xiāo 大树空心的样子。㉃空虚。范成大《次韵陈季陵寺丞求歙石眉子砚》："宝玩何曾捄（jiù）～腹。"（玩：古玩。捄：救。）成语有"枵腹从公"。

鸮（鴞） xiāo ❶ 猫头鹰一类的鸟。《诗经·陈风·墓门》："墓门有梅，有～萃止。"❷［鸱（chī）鸮］见 49 页"鸱"字。

哓（嘵） xiāo ［哓哓］象声词。形容鸟雀因恐惧而发出的鸣叫声。《诗经·豳风·鸱鸮》："予室翘翘，风雨所漂摇，予维音～～。"㉆语声嘈杂。刘禹锡《踏潮歌》："海人狂顾迭相招，罽衣髽首声～～。"

骁（驍） xiāo 好马。颜延之《赭白马赋》："料武艺，品～腾。"㉃勇猛，矫健。《晋书·谢安传》："虑其～猛。"

獢 xiāo 勇猛。《史记·卫将军骠骑列传》："诛～悍。"

逍 xiāo ［逍遥］自由自在，无拘无束。屈原《离骚》："聊浮游以～～。"（聊：姑且，暂且。）

消 xiāo ❶ 减少，消失，消减。《周易·泰》："君子道长，小人道～也。"［消息］1. 消长。贾谊《鹏鸟赋》："合散～～兮，安有常则。"（息：增加。常则：常规。）2. 音信。蔡琰《悲愤诗》："迎问其～～，辄复非乡里。"㉃消除，消灭。陶渊明《归去来兮辞》："乐琴书以～忧。"❷ 融化。《礼记·月令》："时雪不降，冰冻～释。"㉆熔化。《论衡·雷虚》："当冶工之～铁也，以土为形。"㉃消磨。曹植《感节赋》："登高墉以永望，冀～日以忘忧。"❸ 享受。白居易《哭从弟》诗："一片绿衫～不得，腰金拖紫是何人？"❹ 经得起（后起意义）。辛弃疾《摸鱼儿·更能消几番风雨》："更能～几番风雨。"❺［消渴］以渴饮多尿为主症的一种疾病，常见于糖尿病、尿崩症等。杜甫《秋日夔府咏怀》："～～已三年。"也简称"消"。《后汉书·李通传》："素有～疾。"

宵 xiāo ❶ 夜。《周礼·秋官·司寤氏》："禁～行者、夜游者。"白居易《寒闺夜》诗："通～不灭灯。"❷ 小。《汉书·武五子传》："毋迩（ěr）～人。"（毋：不要。迩：近。）

绡（綃） xiāo ❶ 生丝织成的薄纱（绢）。白居易《琵琶行》："一曲红～不知数。"❷ shāo 通"梢"。挂帆的杆。木华《海赋》："维长～，挂帆席。"

销（銷） xiāo ❶ 熔化金属。《史记·秦始皇本纪》："收天下兵，聚之咸阳，～以为钟鐻（jù）、金人十二。"（兵：兵器。鐻：悬挂钟鼓的架子。）㉆熔化。《论衡·谈天》："女娲（wā）～炼五色石以补苍天。"（女娲：上古神话中的女神。）❷ 消失，消灭。《庄子·则阳》："其声～，其志无穷。"成语有"销声匿迹"。㉆消除，排遣。《文选·王粲〈登楼赋〉》："登兹楼以四望兮，聊暇日以～忧。"

霄 xiāo ❶ 云气。木华《海赋》："气似天～。"❷ 天空。陆机《挽歌》三首之二："广～何寥廓。"❸ 通"宵"。夜。《吕氏春秋·明理》："有昼盲，有～见。"

魈 xiāo 山林精怪。白居易《送人贬信州判官》诗："溪畔毒沙藏水弩，城头枯树下山～。"张祜《读曲歌五首》之四："窗外山～立，知渠脚不多。"

烋 xiāo ［炰（páo）烋］见 309 页"炰"字。

虓 xiāo ❶ 虎吼。《诗经·大雅·常武》："进厥虎臣，阚（hǎn）如～虎。"（阚：威猛。）❷ 勇猛。《晋书·陶侃传》："郭默～勇，所在暴掠。"韩愈等《征蜀联句》："下书遏雄～。"

萧（蕭） xiāo ❶ 艾蒿，一种含有香味的草本植物。《诗经·王风·采葛》："彼采～兮。"（采：采摘。）❷［萧然］萧条，冷落。范仲淹《岳阳楼记》："满目～～，感极而悲者矣。"［萧萧］象声词。1. 形容马叫的声音。《诗经·小雅·车攻》："～～马鸣。"2. 形容风声。杜甫《后出塞五首》诗之二："马鸣风～～。"[萧瑟] 1. 象声词。形容树木被秋风吹动的声音。曹操《步出夏门行·观沧海》："秋风～～，洪波涌起。" 2. 寂寞凄凉的样子。李白《独酌》诗："～～为谁吟？"[萧索]冷落萧条的样子。杜甫《秦州杂诗二十首》之十七："车马何～～？"[萧条]荒凉的样子。蔡琰《胡笳十八拍》："原野～～兮，烽戍万里。"

潇(瀟) xiāo ❶[潇水]水名。在今湖南。❷[潇潇]风雨急暴的样子。《诗经·郑风·风雨》："风雨～～，鸡鸣胶胶。" ❸[潇洒]形容行动举止自然大方，不呆板，不拘束。杜甫《饮中八仙歌》："宗之～～美少年。"

蟏(蠨) xiāo [蟏蛸(shāo)]一种蜘蛛。俗称蟢子。《诗经·豳风·东山》："伊威在室，～～在户。"(伊威：一种小虫。)

箫(簫) xiāo ❶竹制的管乐器。古代是排箫。《周礼·春官·小师》："掌教鼓、鼗、柷、敔、埙、～、管、弦、歌。" ❷弓的末端。《礼记·曲礼上》："凡遗人弓者……右手执～，左手承弣(fǔ)。"(弣：弓把中部。) ❸ xiǎo 通"篠"。小竹。马融《长笛赋》："林～蔓荆，森槮柞朴。"

翛 xiāo ❶[翛翛]鸟羽破敝的样子。《诗经·豳风·鸱鸮》："予羽谯谯(qiáoqiáo)，予尾～～。"(谯谯：鸟羽破敝的样子。) ❷[翛然] 1. 无拘束的样子。《庄子·大宗师》："～～而往，～～而来而已矣。" 2. 萧条冷落的样子。李白《下途归石门旧居》诗："～～远与世事间。"

嘐 xiāo ❶[嘐嘐]志大言大的样子。《孟子·尽心下》："其志～～然，曰：'古之人！古之人！'" ❷ jiāo [嘐嘐]象声词。形容鸡叫声。元稹《江边四十韵》："犬惊狂浩浩，鸡乱响～～。"

歊 xiāo ❶气上升的样子。班固《东都赋》："岳脩贡兮川效珍，吐金景兮～浮云。"张华《励志诗》之七："水积成川，载澜载清。土积成山，～蒸郁冥。" ❷炽热。《初学记》卷二五引甄玄成《车赋》："或方夏虐暑，炎气～烈。"

X

髇 xiāo 响箭。温庭筠《病中书怀呈友人》诗："粉垛收丹采，金～隐仆姑。"(仆姑：一种箭。)

嚣(囂)[嚻] xiāo ❶喧哗，吵闹。《左传·成公十六年》："甚～，且尘上矣。"柳宗元《捕蛇者说》："悍吏之来吾乡，叫～乎东西，隳(huī)突乎南北。"(悍吏：凶暴的官吏。乎：于。隳突：冲撞，破坏。) ❷[嚣嚣] 1. 人多声音喧哗。《诗经·小雅·车攻》："之子于苗，选徒～～。" 2. 悠闲自得的样子。《孟子·尽心上》："孟子谓宋句践曰：'子好游乎？吾语子游。人知之，亦～～；人不知，亦～～。'" ❸ áo [嚣嚣] 1. 象声词。形容众人怨恨之声。《诗经·小雅·十月之交》："无罪无辜，谗口～～。" 2. 傲慢的样子。《诗经·大雅·板》："我即尔谋，听我～～。"

崤 xiáo 山名。在今河南境内。山中的谷道是古代军事要地。张衡《西京赋》："左有～函重险，桃林之塞。"又写作"殽"。

淆 xiáo 混杂，混淆。《后汉书·黄宪传》："澄之不清，～之不浊。"又写作"殽"。

殽 xiáo ❶混杂，错乱。《庄子·齐物论》："仁义之端，是非之涂，樊然～乱。"《楚辞·九叹·离世》："世～乱犹未察。" ❷通"崤"。山名。贾谊《过秦论》："秦孝公据～函之固，拥雍州之地。" ❸ yáo 通"肴"。煮熟的鱼肉。《诗经·大雅·凫鹥》："尔酒既清，尔～既馨。"

小 xiǎo ❶小。与"大"相对。《左传·桓公二年》："本大而末～。"㊀小人，卑鄙的人。《诗经·邶风·柏舟》："忧心悄悄，愠于群～。"[小人] 1. 地位低微的人。《论语·季氏》："～～不知天命而不畏也。" 2. 人格卑下的人。诸葛亮《出师表》："亲～～，远贤臣，此后汉所以倾颓也。" ❷低级的，低等的。《孟子·万章下》："不辞～官。" ❸轻视，小看。《韩非子·外储说右上》："子～寡人之国，以为不足仕。"(仕：做官。) ❹稍微，略微。《孟子·尽心下》："其为人也～有才。"

晓(曉) xiǎo ❶天亮。李白《塞下曲六首》其一："～战随金鼓，宵眠抱玉鞍。" ❷知道，明白。《盐铁论·相刺》："通一孔，～一理，而不知权衡。"《论衡·实知》："不学自知，不问自～。古今行事，未之有也。"(未之有也：没有这样的事。)成语有"家喻户晓"。㊀告知。《汉书·元后传》："未～大将军。"

謏(謏) xiǎo 小。《礼记·学记》："发虑宪，求善良，足以～闻，不足以动众。"(謏闻：小有名声。)

筱 xiǎo 一种细小的竹子。元结《演兴四首·闵岭中》："弦毋～以为弧，化毒铜以为戟。"又写作"篠"。

皛 xiǎo 皎洁。柳宗元《登蒲州石矶》诗："日出洲渚静，澄明～无垠。"[皛皛]明洁的样子。陶渊明《辛丑岁七月赴假还江陵夜行涂口》诗："昭昭天宇阔，～～川上平。"

孝 xiào ❶尽心奉养和服从父母。《论语·学而》："其为人也～弟，而好犯上者鲜矣。"（弟：悌，指弟弟顺从兄长。鲜：少。）❷旧指为父母服丧。如"孝服"。

肖 xiào 像，似。苏轼《影答形》诗："我依月灯出，相～两奇绝。"（影子随着月和灯出现，形影非常相似。奇绝：绝妙。）[不肖]1.儿子不像先辈，常指儿子不成器。《史记·五帝本纪》："尧知子丹朱之～～。"（丹朱：尧的儿子。）2.不贤。《商君书·修权》："公私之分明，则小人不疾贤，而～～者不妒功。"（疾：嫉，嫉妒。）

効 xiào 同"效"。❶献出，尽力。《孟子·梁惠王下》："～死而民弗去。"❷模仿，效法。《左传·宣公九年》："公卿宣淫，民无～焉。"❸考察。屈原《九章·怀沙》："抚情～志兮，冤屈而自抑。"

校 xiào ❶jiào 古代一种拘束犯人的刑具。《周易·噬嗑》："何～灭耳。"（何：扛。灭耳：盖没了耳朵。）❷jiào 栅栏。《周礼·夏官·校人》："六厩成～。"[校猎]用木栅栏阻拦猎取野兽。《汉书·司马相如传上》："天子～～。"❸jiào 对抗，较量。《战国策·秦策四》："足以～于秦矣。"❹jiào 校对。《汉书·张安世传》："后购求得书，以相～，无所遗失。"㊀比较。《资治通鉴·晋孝武帝太元七年》："～其强弱之势。"㊂计较。《论语·泰伯》："犯而不～。"❺jiào 计算，计数。《荀子·王霸》："故忧患不可胜～也。"㊂考核。《荀子·君道》："～之以功。"❻学校。《左传·襄公三十一年》："郑人游于乡～。"❼古时军队的编制。《汉书·赵充国传》："步兵九～，吏士万人，留屯以为武备。"[校尉]汉代武官名。《汉书·百官公卿表上》："凡八～～，皆武帝初置。"也简称"校"。《后汉书·顺帝纪》："任为将～者各一人。"

效 xiào ❶交出，献出。《左传·文公八年》："～节于府人而出。"（节：符节。）《史记·秦始皇本纪》："异日韩王纳地～玺。"（异日：往日，过去。玺：帝王的印。）㊂效力，效劳。《韩非子·扬权》："事在四方，要在中央，圣人执要，四方来～。"上述❶㊂又写作"効"。❷模仿，效法。《周易·系辞上》："天地变化，圣人～之。"《左传·文公元年》："～尤，祸也。"（尤：过失。）这个意义又写作"効"、"傚"。❸效果。《商君书·徕民》："此富强两成之～也。"（这样才能获得富强两全的效果。）㊀效验，证明。贾谊《治安策》："故疏者必危，亲者必乱，已然之～也。"（疏：疏远。亲：亲近。）❹考核，考察。《庄子·列御寇》："彼将任我以事而～我以功。"

傚 xiào 效法，模仿。《诗经·小雅·鹿鸣》："君子是则是～。"（则：效法。）这个意义又写作"效"。

啸（嘯） xiào ❶撮口作声，吹口哨。《诗经·召南·江有汜》："其～也歌。"《世说新语·栖逸》："阮步兵～，闻数百步。"（阮步兵：指阮籍。）❷呼喊。《后汉书·西羌传》："招引山豪，转相～聚。"❸动物长声吼叫。范仲淹《岳阳楼记》："虎～猿啼。"

敩（斅）[斆] xiào ❶教，教导。《尚书·盘庚上》："盘庚～于民。"❷效仿。《史记·张释之冯唐列传》："岂～此啬夫谍谍利口捷给哉！"

XIE

些 xiē ❶suò 句末语气词。《楚辞·招魂》："拔木九千～。"（木：树木。）❷少许，一点儿。辛弃疾《鹧鸪天·和吴子似山行韵》："酒病而今较减～。"（酒病：嗜酒成病。）【注意】"些(xiē)"产生较晚，唐宋时才出现。"些(suò)"只出现在《楚辞》中，大约是古代楚地的方言。

猲 xiē ❶[猲獢(xiāo)]短嘴狗。《说文·犬部》："猲，短喙犬也。《诗》曰：'载猃～～。'"今《诗经·秦风·驷驖》作"歇骄"。❷hè 通"喝"。恐吓。《战国策·赵策二》："是故横人日夜务以秦权恐～诸侯。"

歇 xiē ❶停息，休息。蔡琰《胡笳十八拍》："城头烽火不曾灭，疆场征战何时～？"李白《泾川送族弟錞》诗："客行无～时。"❷尽，完。《左传·襄公二十九年》："祸未～也，必三年而后能纾。"（纾：解除。）李贺《伤心行》："灯青兰膏～。"（灯青：灯光暗。兰膏：有香味的油。）㊀败落，衰败。陈子昂《修竹篇》："春木有荣～。"❸散发。颜延之《和谢监灵运》："芬馥～兰若，清越夺琳珪。"（兰若：香草。）

楔 xiē ❶树名。即樱桃。张衡《南都赋》："其木则柽松～椶。"㊂一种似松有刺的树。《文选·左思〈蜀都赋〉》："其树则有木兰梫桂，杞櫹椅桐，棕枒～枞。"❷门两边的木柱。韩愈《进学解》："欂栌侏儒，椳闑扂～，各得其宜。"❸楔子。《淮南子·主术》："大者以为舟航柱梁，小者以为楫～。"贾思勰《齐民要术·作脖奥糟苞》："～宜长薄。"

叶¹ xié 和谐，融洽。《论衡·齐世》："～和万国。"㊀合，共同。《旧五代史·汉隐帝纪中》："股肱～谋，爪牙宣力。"（宣：尽。）【注意】"叶"是"协"的古字，古代汉语中不当"树叶"讲。除"叶韵"、"叶句"等少数情况外，一般写"协"，不写"叶"。

协（協） xié 和谐，融洽。《左传·僖公二十八年》："君臣不～。"㊀协调，合作。《三国志·蜀书·诸葛亮传》："与豫州～规同力。"（规：谋划。）

胁（脅）［脇］ xié ❶胸部的两侧。《史记·扁鹊仓公列传》："更熨两～下。"（交替地烫熨左右两胁的下面。）㊁侧面，旁边。《汉书·五行志上》："旁著岸～，去地二百余丈。"❷威胁。《汉书·赵充国传》："精兵二万余人，迫～诸小种。"（迫：逼迫。种：指民族别支。）❸收敛。《孟子·滕文公下》："～肩谄笑，病于夏畦。"［胁息］抑制呼吸，形容非常恐惧。《汉书·严延年传》："豪强～～，野无行盗。"

邪 xié ❶不正当，邪恶。《荀子·大略》："此～行之所以起，刑罚之所以多也。"（行：行为。）㊂旧时称妖异为"邪"。《搜神后记》卷七："襄城李颐，其父为人不信妖～。"❷中医指引起疾病的环境和因素。史游《急就篇》卷四："灸刺和药逐去～。"❸歪斜。与"正"相对。《晋书·舆服志》："安车～拖之。"（安车：可以坐的小车。）这个意义后来写作"斜"。❹ yé 疑问语气词。相当于现代汉语的"吗"、"呢"。《荀子·天论》："治乱，天～？"（治或乱是天造成的吗？）《史记·季布栾布列传》："君何不从容为上言～？"这个意义后来写作"耶"。❺ yá ［琅邪］见239页"琅"字。

挟（挾） xié ❶用胳膊夹住。《战国策·楚策四》："左～弹，右摄丸。"（弹：指弹弓。摄：拿着。）㊀携同。苏轼《赤壁赋》："～飞仙以遨游。"❷拥有。《战国策·赵策四》："位尊而无功，奉厚而无劳，而～重器多也。"（奉厚：俸禄多。重器：宝器。）㊀怀着，藏着。《盐铁论·世务》："今匈奴～不信之心，怀不测之诈。"（信：诚实。诈：指诡计。）❸在两旁夹护。《荀子·正论》："（天子）乘大路……三公奉轭、持纳，诸侯持轮、～舆、先马。"（大路：大辂。）《文选·班固〈西都赋〉》："（长安）睎秦领，眺北阜，～沣灞，据龙首。"（挟沣灞，据龙首：沣灞两水紧靠长安两旁，龙首山高踞长安之上。）❹挟制，用强力逼迫别人执行某事。《战国策·秦策一》："～天子以令天下。"㊂倚仗，仗恃。《孟子·万章下》："不～长，不～贵。"❺ jiā 夹取。《新五代史·卢文纪传》："以箸～之。"❻ jiā 通"浃"。周全。《荀子·王霸》："制度以陈，政令以～。"（陈：陈列。以：已。）

偕 xié ❶在一起。《左传·文公十七年》："寡君是以不得与蔡侯～。"㊂副词。共同，一块儿。《史记·高祖本纪》："郦商为将，将陈留兵，与～攻开封。"（郦商：人名。将：率领。）❷普遍。《左传·襄公二年》："降福孔～。"（孔：甚。）

谐（諧） xié ❶和谐，融洽。《左传·襄公十一年》："如乐之和，无所不～。"（乐：音乐。）㊀办成。《三国志·吴书·陆逊传》："而欲克～大事。"❷诙谐，滑稽。《晋书·顾恺之传》："恺（kǎi）之好～谑（xuè），人多爱狎（xiá）之。"（谑：开玩笑。狎：亲近。）

絜 xié ❶度量物体周围的长度。《庄子·人间世》："见栎社树，其大蔽数千牛，～之百围。"（栎：一种树。）㊁度量，衡量。《礼记·大学》："君子有～矩之道也。"（矩：法度。）㊀比较。贾谊《过秦论》："试使山东之国与陈涉度长～大，比权量力，则不可同年而语矣。"❷ jié 通"洁"。干净，清洁。《左传·僖公五年》："吾享祀丰～，神必据我。"李康《运命论》："遂～其衣服。"㊀纯洁。《史记·屈原贾生列传》："其志～，其行廉。"

颉（頡） xié ❶［颉颃（háng）］1. 鸟往上往下飞。张衡《归田赋》："王雎鼓翼，鸧鹒哀鸣，交颈～～，关关嘤嘤。"2. 不相上下，相抗衡。《晋书·文苑传序》："潘夏连辉，～～名辈。"3. 傲视，倔强。《后汉书·吴佑史弼等传论》："史弼～～严吏，终全平原之党。"❷ jiá 克减。《新唐书·高仙芝传》："我退，罪也，死不敢辞。然以我为盗～资粮，诬也。"❸ jié ［仓颉］人名。古代有仓颉造字的说法。《荀子·解蔽》："好书者众矣，而～～独传者，壹也。"

撷（擷） xié 摘取。王维《红豆》诗："愿君多采～，此物最相思。"

缬（纈） xié ❶有花纹的丝织品。杨衒之《洛阳伽蓝记·开善寺》："绣～、细绫、丝彩、越葛、钱绢等，不可数计。"❷眼花。庾信《夜听捣衣》诗："应闻长乐殿，判彻昭阳宫。花鬟醉眼～，龙子细文红。"

襭 xié 把衣襟掖在腰带上来兜东西。《诗经·周南·芣苢》："采采芣苢，薄言～之。"（薄、言：动词词头。）

携［攜、擕］ xié ❶提。《诗经·大雅·板》："如璋如圭，如取如～。"（如取如携：像拿东西和提东西那样容

X

易。)㊀携带,带领。刘禹锡《送王司马之陕州》诗:"空～诗卷赴甘棠。"(甘棠:这里指陕州。)《战国策·齐策四》:"民扶老～幼,迎君道中。"㊁牵挽。《诗经·邶风·北风》:"惠而好我,～手同行。" ❷ 分离,离间。《左传·僖公二十八年》:"不如私许复曹、卫以～之。"[携贰]叛离。魏征《十渐不克终疏》:"所以至死无～～。"

勰 xié 和谐。陆琏《齐皇太子释奠》诗:"昭图～轨,道清万国。"

鞋 xié 生革做的鞋。㊁鞋。李商隐《与陶进士书》:"系～出门。"

写(寫) xiě ❶ 倾注,倾泻。《周礼·地官·稻人》:"以浍～水。"(浍:田间水沟。)这个意义后来写作"泻"。㊁倾倒。杜甫《野人送朱樱》诗:"数回细～愁仍破。"㊀抒发。李白《扶风豪士歌》:"开心～意君所知。" ❷ 宣泄,消除。《诗经·邶风·泉水》:"驾言出游,以～我忧。"《诗经·小雅·蓼萧》:"既见君子,我心～兮。"(写:指消除了忧愁而喜悦。) ❸ 模仿。《韩非子·十过》:"有鼓新声者,使人问左右,尽报弗闻。其状似鬼神。子为我听而～之。"《史记·秦始皇本纪》:"秦每破诸侯,～放其宫室,作之咸阳北阪上。"(放:模仿。)㊁摹画。贾思勰《齐民要术·园篱》:"复～鸟兽之状。"双音词有"写生"。㊀抄写,誊写。《晋书·左思传》:"竞相传～。"(争着相互传抄。) ❹ 书写,写字(后起意义)。吴文英《莺啼序·残寒正欺病酒》:"殷勤待～,书中长恨。" ❺ xiè 卸除。《晋书·潘岳传》:"发槅～鞍,皆有所憩。"【注意】在"书写"的意义上,唐代以前说"书"不说"写"。古代汉语中的"作书"就是"写字"的意思。

灺[炧] xiè 灯、烛、香的灰烬。戴叔伦《二灵寺守岁》诗:"守岁山房迥绝缘,灯光香～共萧然。"㊁蜡烛烧剩的部分。晁补之《即事一首》诗:"倒床鼻息恶,唤起对残～。"

泄[洩] xiè ❶ 漏,流出。《礼记·中庸》:"载华岳而不重,振河海而不～。"李白《历阳壮士勤将军名思齐歌》:"蓄～数千载。"㊀发泄,散发。《诗经·大雅·民劳》:"俾民忧～。"(俾:使。) ❷ 泄漏,暴露。《韩非子·说难》:"事以密成,语以～败。" ❸ 通"媟"。亲近而不庄重。《荀子·荣辱》:"憍～者,人之殃也。"(憍:骄。) ❹ yì [泄泄] 1. 众多的样子。《诗经·魏风·十亩之间》:"十亩之外兮,桑者～～兮。"(桑者:采桑的人。) 2. 和乐的样子。《左传·隐公元年》:"大隧之外,其乐也～～。" 3. 多言的样子。《诗经·大雅·板》:"天之方蹶(guì),无然～～。"(蹶:摇动。)上述除❸外又写作"洩"。

绁(紲)[絏、緤] xiè ❶ 牵牲畜的绳索。《礼记·少仪》:"犬则执～。"《左传·僖公二十四年》:"臣负羁(jī)～,从君巡于天下。"(羁:马笼头。)㊀缚罪人的绳索。《史记·孔子世家》:"起累～之中,与语三日,授之以政。" ❷ 系,缚。屈原《离骚》:"登阆风而～马。"张衡《东京赋》:"扫项军于垓下,～子婴于轵(zhǐ)涂。"(轵:亭名。涂:途。)

渫[渿] xiè ❶ 淘去污泥。《周易·井》:"井～不食,为我心恻。"(恻:悲痛,难过。) ❷ 分散,扩散。晁错《论贵粟疏》:"如此,富人有爵,农民有钱,粟有所～。"谢朓《敬亭山》诗:"～云已漫漫,多雨亦凄凄。"㊀排泄。郭璞《江赋》:"磴之以瀿瀷,～之以尾闾。" ❸ 歇,停止。曹植《七启》:"为欢未～,白日西颓。"(为欢:寻乐。西颓:指西落。) ❹ dié [渫渫]流泪的样子。古乐府《孤儿行》:"泪下～～。" ❺ dié [浃(xiá)渫]见184页"浃(jiā)"字。

媟 xiè 亲近而不庄重。《汉书·谷永传》:"乱服共坐,流湎～嫚,溷殽无别。"(溷殽:混杂,混乱。)㊀轻侮。《晋书·周顗传》:"少有重名,神彩秀彻,虽时辈亲狎,莫能～也。"

卸 xiè 卸除。杜甫《王竟携酒高亦同过共用寒字》诗:"自愧无鲑菜,空烦～马鞍。"成语有"丢盔卸甲"。【注意】"卸除"的意义在唐以前也可以用"写"来表达。参见上"写"字。

屑 xiè ❶ 碎末。《世说新语·政事》:"听事前除雪后犹湿,于是悉用木～覆之。"(听事:官府治事的大堂。前除:堂前的台阶。)㊀细小。《管子·地员》:"五沙之状,粟焉如～尘厉。"(五沙:较差的沙土。厉:踊起。) ❷ [不屑]不顾,不重视。《孟子·告子上》:"蹴尔而与之,乞人～～也。"《后汉书·马廖传》:"尽心纳忠,～～毁誉。"(纳:进献。毁:诽谤。誉:称赞。) ❸ [屑屑] 1. 烦琐、琐碎的样子。《左传·昭公五年》:"而～～焉习仪以亟。" 2. 忙碌的样子。《后汉书·王良传》:"何其往来～～,不惮烦也。"

械 xiè ❶ 器械。《墨子·公输》:"公输盘为楚造云梯之～。"(公输盘:人名。)㊕兵器。晁错《言兵事疏》:"器～不利。" ❷ 桎梏,脚镣和手铐。《史记·淮阴侯列传》:"遂

～系信，至洛阳。”（械系：用镣铐拘禁。信：指韩信。）㉑束缚。苏轼《与胡祠部游法华山》诗：“嗟予少小慕真隐，白发青衫天所～。”

禼［卨］ xiè 同“契”。商的始祖。《汉书·司马相如传上》：“禹不能名，～不能计。”

亵（褻） xiè ❶内衣。《汉书·叙传上》：“思有裋褐（shùhè）之～。”（裋褐：粗陋的衣服。）㉑家居便服。《论语·乡党》：“红紫不以为～服。”❷亲近而不庄重。《旧唐书·王伾传》：“素为太子之所～狎（xiá）。”㉑轻慢。杜甫《故秘书少监武功苏公源明》诗：“反为后辈～。”㉑亲近，熟悉。《论语·乡党》：“见冕者与瞽者，虽～，必以貌。”❸污秽。沈既济《枕中记》：“卢生顾其衣装敝～，乃长叹息曰：‘大丈夫生世不谐，困如是也！’”

谢（謝） xiè ❶道歉。《战国策·赵策四》：“入而徐趋，至而自～。”❷推辞。《史记·吕太后本纪》：“太后使使告代王，欲徙（xǐ）王赵，代王～，愿守代边。”（使使：派使者。欲徙王赵：要把代王迁到赵国去做王。代：国名。边：边疆。）双音词有“谢绝”。❸辞别。李白《留别金陵崔侍御》诗：“挥手～公卿。”❹感谢。《韩非子·外储说左下》：“解狐举邢伯柳为上党守，柳往～之。”《汉书·张安世传》：“尝有所荐，其人来～。”（尝：曾经。荐：推荐。）❺告诉。《古诗为焦仲卿妻作》：“多～后世人，戒之慎勿忘！”（戒：警诫。慎：千万。）❻（时间）过去。潘岳《悼亡诗三首》之一：“荏苒冬春～，寒暑忽流易。”㉑衰亡，凋落。范缜《神灭论》：“形～则神灭。”（形：形体。神：精神。）杜牧《留赠》诗：“蔷薇花～即归来。”❼逊于，不如。杜甫《进艇》诗：“瓷罂无～玉为缸。”

榭 xiè ❶建筑在高土台上的房子。《楚辞·招魂》：“层台累～，临高山些。”❷古代的讲武堂。《左传·成公十七年》：“三郤（xì）将谋于～。”（三郤：指郤氏三族。）❸收藏器物的房子。《汉书·五行志上》：“～者所以臧乐器。”

【辨】亭，臺，榭，楼，阁。见423页“亭”字。

薤 xiè 蔬菜名。即藠（jiào）头。《礼记·内则》：“脂用葱，膏用～。”［薤露］古挽歌。崔豹《古今注·音乐》：“～～，蒿里，并哀歌也……言人命如薤上之露，易晞灭也。”

嶰 xiè 山谷。马融《广成颂》：“穷浚谷，底幽～。”

獬 xiè ［獬豸（zhì）］1. 传说中的神兽，能别曲直。司马相如《上林赋》：“椎蜚廉，弄～～。”2. 古代执法官戴的獬豸冠。罗隐《广陵春日忆池阳有寄》诗：“别后故人冠～～，病来知己赏鷦鹩。”上述1、2又写作“獬廌”。

邂 xiè ［邂逅（hòu）］1. 偶然。《诗经·郑风·野有蔓草》：“～～相遇，适我愿兮。”（适：恰合。）2. 一旦，万一。《后汉书·杜根传》：“～～发露，祸及知亲。”（发露：泄露。）

廨 xiè 官署，官吏办事的地方。萧统《陶渊明传》：“所住公～，近于马队。”

澥 xiè 海湾。《史记·司马相如列传》：“浮勃～，游孟诸。”（勃澥：即今渤海。孟诸：古泽名。）李白《大鹏赋》：“刷渤～之春流。”

懈 xiè 松懈。《史记·秦始皇本纪》：“朝夕不～。”

燮［爕］ xiè 调和，谐和。《尚书·顾命》：“率循大卞，～和天下。”谢灵运《登上戍石鼓山》诗：“摘芳芳靡谖（xuān），愉乐乐不～。”（靡：无，没有。谖：忘忧草。）

躞 xiè ❶［躞蹀（dié）］同“蹀躞”。小步行走。《玉台新咏·古乐府诗六首》之五：“～～御沟上，沟水东西流。”❷书卷的杆轴。米芾《书史》：“隋唐藏书，皆金题玉～。”

瀣 xiè ［沆瀣］见149页“沆”字。

躠 xiè ［蹩躠］见25页“蹩”字。

XIN

心 xīn ❶心脏。《列子·汤问》：“内则肝胆～肺脾肾肠胃。”古人把心看作思想的器官。《孟子·告子上》：“～之官则思。”㉑内心。屈原《离骚》：“亦余～之所善兮，虽九死其犹未悔。”㉑心思，意念。《荀子·君道》：“无贪利之～。”成语有“心不在焉”。❷中心，中央。李白《送麴十少府》诗：“流水折江～。”（折：弯曲。）❸星宿名。二十八宿之一。

䜣（訢） xīn ❶欢欣。《孟子·尽心上》：“终身～然，乐而忘天下。”❷［䜣合］和气相合。《礼记·乐记》：“天地～～，阴阳相得。”权德舆《中书门下贺雪表》：“臣闻天道下济，圣心上感，以是～～，发为休征。”（休征：吉祥的征兆。）㉑心意相合。白居易《策林·君不行臣事》：“疑则勿用，用则勿疏。然后能～～其心，驯致其道。”

忻 xīn 喜悦，高兴。《史记·周本纪》：“心～然说。”（说：悦。）《世说新语·任诞》：“张素闻其名，大相～待。”

X

昕 xīn　日将出，明。《礼记·祭义》："及大～之朝，君皮弁素积。"（大昕：天大亮。）

欣 xīn　快乐，喜悦。《左传·哀公二十年》："诸夏之人，莫不～喜。"《史记·秦始皇本纪》："驩～奉教，尽知法式。"（驩：欢。奉：奉行，遵守。）［欣欣］1. 高兴的样子。屈原《九歌·东皇太一》："君～～兮乐康。"2. 草木茂盛的样子。陶渊明《归去来兮辞》："木～～以向荣。"（木：树木。）成语有"欣欣向荣"。又写作"忻"。

辛 xīn　❶ 辣。《楚辞·招魂》："大苦咸酸，～甘行些。"（苦咸酸辣甜都用。行：用。些：语气词。）㊀葱姜等辣味菜蔬。《宋史·顾忻传》："荤～不入口者十载。"❷ 辛苦，劳苦。《左传·昭公三十年》："视民如子，～苦同之。"李白《陈情赠友人》诗："自古多艰～。"㊀悲痛，痛苦。李白《中山孺子妾歌》："万古共悲～。"❸ 天干的第八位。见125页"干[1]"字。

歆 xīn　❶ 祭祀时鬼神来享受祭品的香气。《诗经·大雅·生民》："其香始升，上帝居～。"（居：安。）《论衡·祀义》："人之死也，口鼻腐朽，安能复～？"（安：怎么，如何。）㊀享用。《国语·周语上》："毕，宰夫陈飨，膳宰监之。膳夫赞王，王～太牢，班尝之，庶人终食。"❷ 欣喜。《国语·周语下》："民～而德之，则归心焉。"❸［歆羡］贪慕。《诗经·大雅·皇矣》："无然～～。"

薪 xīn　柴。《诗经·小雅·车舝》："陟彼高冈，析其柞～。"（析：砍伐。）《韩非子·有度》："是负～而救火也。"（负：背着。）㊀析木为柴。《诗经·豳风·七月》："采荼～樗（chū），食（sì）我农夫。"（樗：一种树。食：指养活。）

馨 xīn　散布很远的香气。《左传·僖公五年》："黍稷非～，明德惟～。"双音词有"馨香"。㊁芳香。多指花草。屈原《九歌·山鬼》："折芳～兮遗所思。"（遗所思：送给所思念的人。）㊄流传久远的道德或声名。《晋书·苻坚载记上》："垂～千祀。"（千祀：指千年。）

镡（鐔） xín　剑鼻。剑柄末端的凸起部分。《庄子·说剑》："天子之剑，以燕谿石城为锋，齐岱为锷，晋魏为脊，周宋为～，韩魏为夹。"

囟［顖］ xìn　囟门，婴儿头顶骨未合缝的地方。《韩诗外传》卷一："三年～合，而后能言。"

信 xìn　❶ 言语真实。《老子》八十一章："～言不美，美言不～。"❷ 讲信用。《论语·子路》："言必～，行必果。"❸ 实在，的确。刘禹锡《天论上》："文～美矣！"❹ 相信。《论衡·问孔》："世儒学者，好～师而是古。"❺ 明确，确定。《左传·昭公二十五年》："勠力壹心，好恶同之，～罪之有无。"❻ 信物。《史记·刺客列传》："今行而毋～，则秦未可亲也。"（毋：无，没有。）❼ 送信的人。《世说新语·雅量》："谢公与人围棋，俄而谢玄淮上～至，看书竟，默然无言。"（俄而：一会儿。谢玄：人名。淮：淮水。书：书信。竟：完。）❽ 音讯，消息。杜甫《喜达行在所》诗："西忆岐阳～。"㊀书信（后起意义）。元稹《书乐天纸》诗："半封京～半题诗。"❾ 副词。随意，随便（后起意义）。白居易《琵琶行》："低眉～手续续弹。"（续续：连续。）❿ shēn　通"伸"。伸展。《周易·系辞下》："屈～相感。"

衅（釁） xìn　❶ 古代的一种祭祀仪式，用牲畜的血涂在新制的器物上。《韩非子·说林下》："缚之，杀以～鼓。"❷ 以香涂身。古代祓除不祥的一种方法。《周礼·春官·女巫》："女巫掌岁时祓除～浴。"㊀涂抹。贾谊《治安策》："豫让～面吞炭。"（豫让：人名。）❸ 缝隙，间隙，破绽。《三国志·吴书·吴主传》："逆臣乘～。"❹ 过失。《艺文类聚》卷五四："唯无深瑕潜～，隐过匿愆，乃可以为人。"❺ 罪过，灾祸。《后汉书·李固传》："固之过～。"（过：过失。）《宋书·谢晦传》："凶狡无端，妄生～祸。"❻ 征兆。《国语·鲁语上》："恶有～，虽贵，罚也。"（恶有衅：作恶已有征兆。）❼ 冲动。《左传·襄公二十六年》："～于勇。"（由于勇猛而容易冲动。）

璺 xìn　同"衅（釁）"。❶ 古代的一种祭祀仪式，用牲畜的血涂在新制的器物上。《史记·高祖本纪》："祠黄帝，祭蚩尤于沛庭而衅鼓旗"《索隐》："应劭云：'衅呼为～。'"㊀涂抹。《国语·齐语》："三～三浴之。"❷ 缝隙，间隙，破绽。《后汉书·邓禹传》："欲乘～并关中。"❸ 罪过。《陈书·到仲举传》："二三～迹，彰于朝野。"❹ 冲动。王延寿《鲁灵光殿赋》："奔虎攫挐以梁倚，仡奋～而轩鬐。"

XING

兴（興） xīng　❶ 起来，起。《尚书·微子》："小民方～，相为敌雠。"（雠：仇敌。）《诗经·卫风·氓》："夙（sù）～夜寐（mèi）。"（夙：早。寐：睡觉。）㊀兴起，建立。《史记·孝文本纪》："汉～，至孝文四十有余载。”(载:年。)《盐铁论·本议》:“故～盐铁。”(盐铁:指盐铁官营。) ❷ 推举。《周礼·地官·乡大夫》:“三年则大比,考其德行道艺,而～贤者能者。” ❸ 发动。《史记·酷吏列传》:“汉大～兵伐匈奴。” ❹ 兴旺,兴盛。贾谊《新书·大政》:“国以民为～坏,君以民为强弱。” ❺ xìng 兴趣,兴致。李白《庐山谣》:“好为庐山谣,～因庐山发。”(好为:喜欢作。发:发生。) ❻ xìng 诗歌的表现方法之一。以他物引起所要吟咏的事物。《毛诗序》:“故诗有六义焉:一曰风,二曰赋,三曰比,四曰～,五曰雅,六曰颂。”

星 xīng 星星。《荀子·天论》:“列～随旋,日月递炤。”(递炤:交替着照耀。炤:照耀。)(又)星宿名。二十八宿之一。㊕二十八宿。王勃《滕王阁序》:“～分翼轸,地接衡庐。”(星分翼轸:指翼、轸两个星宿是楚地的分野。)(引)天文。司马迁《报任安书》:“文史～历,近乎卜祝之间。”(历:律历。)

惺 xīng ❶[惺忪][惺松]苏醒。杨万里《风花》诗:“花如中酒不惺松。”(中酒:喝醉了酒。) ❷[惺惺]机警,警觉。刘基《醒斋铭》:“昭昭生于～～,而愦愦(kuìkuì)出于冥冥。”(昭昭:指明辨事理。愦愦:糊涂。冥冥:愚昧。)

腥 xīng ❶ 生肉。《论语·乡党》:“君赐～,必熟而荐之。”(又)生的。《礼记·乐记》:“尚玄酒而俎～鱼。” ❷ 腥气。《荀子·荣辱》:“鼻辨芬芳～臊。”

胜2 xīng 腥。罗泌《路史·遂人氏》:“乃教民取火,以灼以焫,以熟臊～。”

骍(騂) xīng 赤色马。《诗经·鲁颂·駉》:“有～有骐。”(骐:青黑色花纹的马。)(引)赤色的牲畜。《诗经·小雅·大田》:“来方禋祀,以其～黑。”(骍:赤黄色的牛。黑:指黑色的猪、羊。)(引)赤色。《史记·三王世家》:“故鲁有白牡、～刚之牲。”(骍刚:赤脊。)

刑[刑] xíng ❶ 刑罚,刑法。《商君书·去强》:“以～去～,国治。”《荀子·成相》:“治之经,礼与～。”(引)惩罚。《韩非子·有度》:“～过不避大臣,赏善不遗匹夫。” ❷ 杀。丘迟《与陈伯之书》:“～马作誓。” ❸ 铸造器物的模子。《荀子·强国》:“～范正,金锡美,工冶巧,火齐得,剖～而莫邪已。”(火齐:火候。莫邪:古代宝剑名。) ❹ 法式,典范。《诗经·大雅·荡》:“虽无老成人,尚有典～。”(又)示范。《诗经·大雅·思齐》:“～于寡妻,至于兄弟。” ❺ 成。《礼记·大传》:“财用足故百志成,百志成故礼俗～,礼俗～然后乐。” ❻[刑名]1.即形名,指名与实的关系。先秦法家主张循名责实,名实相符的赏,名不符实的罚。后以“刑名之学”指法家的学说。《史记·老子韩非列传》:“喜～～法术之学。”2.法律。《史记·秦始皇本纪》:“始定～～,显陈旧章。” ❼ 通“铏”。盛羹的器具。《史记·太史公自序》:“食土簋,啜土～。”

形 xíng ❶ 形体。《荀子·天论》:“～具而神生。”(人的形体具有了,精神才能产生。)(又)容色,容貌。《论衡·齐世》:“～面丑恶。” ❷ 形状。《孙子兵法·虚实》:“兵无常势,水无常～。”㊕地形。《孙子兵法·地形》:“险～者,我先居之。”(险形:险要的地形。) ❸ 形势。《战国策·秦策三》:“岂齐不欲地哉?～弗能有也。” ❹ 表现,表露。《毛诗序》:“情动于中而～于言。”(情:感情。中:心中。)(又)对照,对比。河上公本《老子》二章:“长短相～,高下相倾。”成语有“相形见绌”。

钘(鈃) xíng ❶ 古代一种长颈的贮酒器。《庄子·徐无鬼》:“其求～钟也以束缚。” ❷ jiān 人名。战国时有宋钘。

行 xíng ❶ háng 路。《诗经·豳风·七月》:“遵彼微～。”(遵:沿着,顺着。) ❷ 行走。《论语·述而》:“三人～,必有我师焉。”(引)离去。《左传·僖公五年》:“宫之奇以其族～。”(宫之奇:人名。)(引)女子出嫁。《诗经·卫风·竹竿》:“女子有～,远父母兄弟。” ❸ 运动,运行。《荀子·天论》:“天～有常。”[五行]指金、木、水、火、土五种物质。我国古代一些思想家以“五行”来解释世界万物的构成及其相互关系。后来,中医学理论也借助于“阴阳”、“五行”学说来说明人体的生理现象及病理变化。 ❹ 做。《荀子·大略》:“口言善,身～恶,国妖也。”(又)执行,实行。《韩非子·外储说左上》:“赏罚不信,则禁令不～。”《论语·微子》:“道之不～,已知之矣。”(又)行动。《晋书·谢安传》:“晋祚存亡,在此一～。” ❺(旧读 xìng)品行。《庄子·逍遥游》:“故夫知效一官,～比一乡。”《三国志·吴书·吴主传》:“陆逊陈其素～。” ❻ 代理(官职)。《三国志·魏书·武帝纪》:“太祖～奋武将军。” ❼ 将要。《韩非子·有度》:“法不信,则君～危矣。”曹丕《与吴质书》:“别来～复四年。” ❽ háng 行列。汉乐府《鸡鸣》:“鸳鸯七十二,罗列自成～。”(又)辈分。《汉书·苏武传》:“汉天子,我丈人～也。”(丈人:岳父。) ❾ háng 古代军队编

X

制，二十五人为一行。《左传·隐公十一年》："郑伯使卒出豭(jiā)，～出犬鸡。"(卒：一百人为卒。出：指交纳。豭：公猪。) ❿ háng 质量粗劣，不坚实。《潜夫论·浮侈》："以完为破，以牢为～。"

【辨】行，走。现代的"走"古代称"行"，现代的"跑"古代称"走"。

陉(陘) xíng ❶ 山脉中断的地方。马融《长笛赋》："膺峭阤(zhì)，腹～阻。"(膺：指胸贴着。阤：斜坡。) ❷ 地名。在今河南。《左传·僖公四年》："师进，次于～。"

型 xíng 铸造器物的土模子。《淮南子·修务》："明镜之始下～，蒙然未见形容；及其粉以玄锡，摩以白旃，鬓眉微豪可得而察。"

硎 xíng ❶ 磨刀石。《庄子·养生主》："今臣之刀十九年矣，所解数千牛矣，而刀刃若新发于～。" ❷ kēng 通"坑"。[硎阱]坑井。庾信《哀江南赋》："～～折拉，鹰鹯批攒(fèi)。"(攒：搏击。)

铏(鉶) xíng 盛羹的器具，形如小鼎。《周礼·天官·亨人》："祭祀共大羹、～羹。"㉄肉菜羹。《仪礼·特牲馈食礼》："祭～尝之，告旨。"

荥(滎) xíng ❶ 古代湖泽名。《尚书·禹贡》："导沇水，东流为济，入于河，溢为～。"(沇水、济：河流名。河：黄河。) ❷ [荥阳]地名。在今河南。《史记·高祖本纪》："汉与楚相距～～数岁。"

省 xǐng 见 379 页。

兴(興) xìng 见 467 页。

幸 xìng ❶ 幸运。《论语·雍也》："不～短命死矣。"㊂侥幸。《荀子·议兵》："故四世有胜，非～也，数也。"(四世：指秦孝公以后的四代。数：必然的。)㊂幸亏。鲍照《秋夜》诗："～承天光转，曲影入幽堂。" ❷ 希望。《史记·魏其武安侯列传》："～天下有变，而欲有大功。"陈子昂《座右铭》："～能修实操。" ❸ 宠爱。《史记·蒙恬列传》："高雅得～于胡亥。"(高：赵高。雅：一向。) ❹ 君主到某处去。《史记·秦始皇本纪》："始皇帝～梁山宫。"㊂君主宠幸妇女。《史记·项羽本纪》："今入关财物无所取，妇女无所～。" ❺ 敬辞。表示对方这样做是使自己感到幸运的。晁错《言守边备塞疏》："陛下～忧边境。"(陛下：古代臣、民对君主的称呼。忧：担忧。)

倖 xìng ❶ 侥幸。白居易《论孙璹张奉国状》："恐同类之内，皆生～心。"(心：心理。) ❷ 宠爱，宠幸。《后汉书·吕强传》："素餐私～。"(素餐：指白吃饭不做事的人。)

涬 xìng [涬溟]混沌的元气。《庄子·在宥》："堕尔形体，吐尔聪明，伦与物忘，大同乎～～。"

悻 xìng [悻悻]恼怒的样子。《孟子·公孙丑下》："谏于其君而不受则怒，～～然见于其面。"

婞 xìng 刚愎自用。屈原《离骚》："鲧～直以亡身兮。"㊂刚直。王僧达《祭颜光禄文》："性～刚洁。"

性 xìng ❶ 人的本性。《论语·阳货》："～相近也，习相远也。" ❷ 事物的固有特点。《荀子·性恶》："直木不待檃栝(yǐnkuò)而直者，其～直也。"(檃栝：矫正弯曲木材的器具。) ❸ 性格，性情。《世说新语·忿狷》："王蓝田～急。" ❹ 性命，生命。《左传·昭公八年》："民力彫尽……莫保其～。"(彫尽：竭尽。)

荇[莕] xìng 一种水草。《诗经·周南·关雎》："参差～菜，左右流之。"张载《泛湖》诗："春菰芽露翠，水～叶连青。"

XIONG

凶 xiōng ❶ 不吉祥。《荀子·天论》："应之以治则吉，应之以乱则～。"(应：适应。之：指自然界的客观规律。治：指正确的措施。乱：指错误的措施。)㉄不幸，多指丧事。《左传·宣公十二年》："寡君少遭闵～。"(闵：忧患，指死丧。)又如"凶讯"、"凶服"。 ❷ 庄稼收成不好。《管子·立政》："岁虽～旱，有所秎(fèn)获。"(岁：年成。秎：收，收割。) ❸ 凶恶，残暴。《后汉书·南匈奴传》："汉初遭冒顿～黠(xiá)。"(冒顿：匈奴君主名。)㉄杀人，杀人者(后起意义)。《新唐书·张琇传》："父死～手。"

兇 xiōng ❶ 恐惧而喧嚷骚动。《左传·僖公二十八年》："曹人～惧。" ❷ 通"凶"。凶恶。李白《幽州胡马客歌》："狼戾(lì)好～残。"(狼戾：凶狠，狠毒。)【注意】古代汉语中"兇"和"凶"是两个字。除了在"凶恶"的意义上可以通用外，两个字其余的意义都不相同。

匈 xiōng ❶ 胸膛。《汉书·司马相如传上》："其于～中曾不蒂(dì)芥。"(蒂芥：义同"芥蒂"，指心中有疙瘩。)这个意义又写作"胸"。 ❷ [匈匈]喧闹或纷扰不安的样子。《吕氏春秋·明理》:"有螟集其国,其音～～。"《后汉书·窦武传》:"天下～～,正以此故。" ❸[匈奴]我国古代北方民族名。《史记·高祖本纪》:"～～围我平城。"

讻(訩)[詾、哅] xiōng ❶争辩。《诗经·鲁颂·泮水》:"不告于～。"(不在争辩中报功。告:指报功。)[讻讻]喧闹或纷扰不安的样子。《三国志·蜀书·赵云传》注引《云别传》:"天下～～,未知孰是。" ❷祸乱,昏乱。《诗经·小雅·节南山》:"家父作诵,以究王～。"

汹[洶] xiōng 水腾涌。《韩非子·扬权》:"填其～渊。"(渊:深潭。)[汹涌]水腾涌的样子。司马相如《上林赋》:"沸乎暴怒,～～彭湃。"[汹汹]形容喧闹或纷扰不安的样子。胡铨《戊午上高宗封事》:"谤议～～,陛下不闻。"

恟 xiōng 恐惧。袁宏《后汉纪·光武皇帝纪》:"城中～惧,夜空城走。"[恟恟]喧闹或纷扰不安的样子。范仲淹《答赵元昊书》:"昔在唐末,天下～～。"

兄 xiōng ❶哥哥。《诗经·邶风·泉水》:"女子有行,远父母～弟。"㊀对朋友的尊称,多用于书信。柳宗元《与萧翰林俛书》:"～知之,勿为他人言也。" ❷ kuàng 通"况"。副词。更加。《墨子·非攻下》:"王～自纵也。"(纵:放纵。) ❸ kuàng 通"况"。连词。况且。表示更进一层。《管子·大匡》:"虽得天下,吾不生也,～与我齐国之政也。"(生:活着。)

雄 xióng ❶公(鸟)。与"雌"相对。《诗经·小雅·正月》:"谁知乌之雌～?"(乌:乌鸦。)㊀公的(其他动物)。《左传·僖公十五年》:"获其～狐。" ❷强有力的,杰出的。《后汉书·荀彧传》:"彧闻操有～略。"(操:曹操。略:策略,计谋。) ❸杰出的人物或国家。《后汉书·虞诩传》:"豪～相聚。"贾谊《过秦论》:"常为诸侯～。"

诇(詗) xiòng 侦察,刺探。《史记·淮南衡山列传》:"王爱陵,常多予金钱,为中～长安。"

敻 xiòng 远。《穀梁传·文公十四年》:"～入千乘之国。"谢朓《京路夜发》诗:"故乡邈(miǎo)已～,山川修且广。"(邈:远。)

XIU

休 xiū ❶休息,休整。《史记·秦始皇本纪》:"风雨暴至,～于树下。"岳飞《五岳祠盟记》:"故且养兵～卒,蓄锐待敌。" ❷停止。《韩非子·内储说上》:"令下而人皆疾习射,日夜不～。"(疾:快。习射:练习射箭。)《战国策·齐策四》:"先生～矣。"(休矣:表示劝阻对方,等于说"算了吧"。) ❸副词。表示禁止或劝阻。不要(后起意义)。杜甫《戏赠友》诗:"劝君～叹恨。" ❹美善。《左传·宣公三年》:"德之～明。"㊁喜庆。常"休戚"连用。《晋书·冯跋载记》:"思与兄弟,同兹～戚。"(兹:此。戚:悲哀。)成语有"休戚相关"。 ❺句末语气词。相当于"罢"、"了"(后起意义)。李清照《玉楼春·红酥肯放琼苞碎》:"要来小酌便来～。" ❻ xǔ [燠(yù)休]见520页"燠"字。

咻 xiū ❶吵,乱说话。《孟子·滕文公下》:"一齐人傅之,众楚人～之。"[咻咻]象声词。形容呼吸的声音。苏轼《江上值雪效欧阳体》诗:"草中～～有寒兔。" ❷ xǔ [噢(yǔ)咻]抚慰病痛。陆贽《奉天请罢琼林大盈二库状》:"疮痛呻吟之声,～～未息。"

鸺(鵂) xiū [鸺鹠]猫头鹰一类的鸟。《梁书·侯景传》:"所居殿常有～～鸟鸣,景恶之。"

貅 xiū [貔貅]见314页"貔"字。

髹[髤] xiū ❶黑赤色的漆。㉒漆。刘禹锡《武陵观火》诗:"瑶坛被～漆,宝树攒珊瑚。" ❷涂漆。《史记·货殖列传》:"木器～者千枚。"

修 xiū ❶修饰,装饰。屈原《九歌·湘君》:"美要眇兮宜～。"(要眇:美丽的样子。宜修:修饰得合适。)㊁修养。《礼记·曲礼上》:"～身践言,谓之善行。" ❷整治,治理。贾谊《过秦论》:"～守战之具。"㊀修建。范仲淹《岳阳楼记》:"乃重～岳阳楼。" ❸研究,学习。《韩非子·五蠹》:"不期～古,不法常可。"(期:希望。法:效法。)《汉书·赵充国辛庆忌传赞》:"民俗～习战备。" ❹高,长。曹植《洛神赋》:"～短合度。"(度:标准。) ❺善,美好。《韩非子·孤愤》:"其～士不能以货赂事人。"张衡《西京赋》:"要绍～态。"(要绍:窈窕。) ❻著,撰写(后起意义)。《新唐书·百官志二》:"掌～国史。"又如"修书"(写信)。

【辨】修,脩。"修"本义是修饰,"脩"是干肉。由于这两个字同音,所以常常通用,但"干肉"的意思不能写作"修"。

脩 xiū ❶干肉。《周礼·天官·膳夫》:"凡～之颁赐,皆掌之。" ❷修饰,装饰。宋玉《九辩》:"今～饰而窥镜兮。" ❸整治,治理。《左传·文公二年》:"孟明增～国政。"㊀

修建。《盐铁论·备胡》:"～城郭。"(郭:外城。)❹ 研究,学习。《礼记·学记》:"故君子之于学也,藏焉,～焉,息焉,游焉。"❺ 高,长。《淮南子·齐俗》:"短～之相形也。"(形:比较。)❻ 善,美好。屈原《离骚》:"恐～名之不立。"❼ 著,撰写(后起意义)。范仲淹《上枢密尚书书》:"无暇撰～谢启。"

【辨】修,脩。见 470 页"修"字。

羞 xiū ❶ 进献。《左传·僖公三十年》:"荐五味,～嘉谷。"张衡《思玄赋》:"～玉芝以疗饥。"(芝:灵芝草。疗饥:止饥饿。)❷ 精美的食物。《周礼·天官·庖人》:"以共王膳～。"(共:供。)这个意义后来写作"馐"。❸ 羞惭,耻辱。《周易·恒》:"不恒其德,或承之～。"❹ 害臊,难为情(后起意义)。沈约《丽人赋》:"出暗入光,含～隐媚。"

【辨】羞,耻,辱。"羞"只是羞愧,在程度上没有"耻"、"辱"重。"耻"和"辱"用于名词时是同义词,用于动词时,则意义不同,"耻之"是表示以他为可耻,"辱之"表示侮辱他或使他受辱,这样的用法"耻"和"辱"是不能互换的。

馐(饈) xiū 精美的食物。李商隐《祭桂州城隍神文》:"谨以旨酒庶～之奠,祭于城隍之神。"

朽 xiǔ 腐烂。《荀子·劝学》:"锲(qiè)而舍之,～木不折。"(锲:用刀子刻。舍:放弃。)㊞衰老。《晋书·张忠传》:"年～发落。"[不朽]不可磨灭。《左传·襄公二十四年》:"古人有言曰:'死而～～。'"曹丕《典论·论文》:"盖文章,经国之大业,～～之盛事。"成语有"永垂不朽"。

滫 xiǔ 酸臭的淘米水。㊁脏水,臭水。《荀子·劝学》:"兰槐之根是为芷(zhǐ),其渐之～,君子不近,庶人不服。"(渐:浸。)

秀 xiù ❶ 谷物吐穗开花。《论语·子罕》:"苗而不～者有矣夫!～而不实者有矣夫!"白居易《杜陵叟》诗:"麦苗不～多黄死。"㊁植物开花。《诗经·豳风·七月》:"四月～葽。"㊂花。陆机《文赋》:"谢朝华于已披,启夕～于未振。"❷ 美好,秀丽。欧阳修《醉翁亭记》:"望之蔚然而深～者,琅琊也。"(蔚然:树林茂盛的样子。琅琊:山名。)❸ 高出。李康《运命论》:"故木～于林,风必摧之。"李白《庐山谣》:"庐山～出南斗傍。"(南斗:星名。傍:旁。)㊁才能出众,优秀。《吕氏春秋·振乱》:"世有贤主～士,宜察此论也。"❹ 繁茂,茂盛。欧阳修《醉翁亭记》:"野芳发而幽香,佳木～而繁阴。"(芳:花卉。繁阴:浓郁的绿荫。)

绣(綉)[繡] xiù ❶ 有彩色花纹的丝织品。《墨子·公输》:"此犹锦～之与短褐也。"❷ 刺绣。李白《赠裴司马》诗:"～成歌舞衣。"❸ 华丽,精美,漂亮。《南史·后妃传下》:"花梁～柱。"杜甫《清明》诗:"～羽衔花他自得。"

琇 xiù 似玉的美石。《诗经·卫风·淇奥》:"有匪君子,充耳～莹。"

岫 xiù ❶ 山洞。张协《七命》:"临重～而揽辔,顾石室而回轮。"❷ 峰峦。《世说新语·言语》:"郊邑正自飘瞥,林～便已皓然。"杜甫《甘林》诗:"晨光映远～,夕露见日晞。"

袖 xiù 衣袖。《韩非子·五蠹》:"长～善舞。"㊂藏在袖子里。《史记·魏公子列传》:"朱亥～四十斤铁椎(chuí)。"(椎:锤。)

臭 xiù 见 55 页。

嗅 xiù 用鼻子辨别气味。《韩非子·外储说左下》:"食之则甘,～之则香。"

齅 xiù 闻味。《汉书·叙传上》:"不絓圣人之罔,不～骄君之饵。"

XU

讦(訏) xū 大。《诗经·郑风·溱洧》:"洧(wěi)之外,洵～且乐。"(洧:水名。洵:确实。)[讦谟]宏大的谋略。《诗经·大雅·抑》:"～～定命,远犹辰告。"(作宏大之谋而定其教命,为长远之道而适时发布。谟:谋。犹:道。)

吁[1] xū ❶ 叹词。表示惊疑、惊叹。《史记·范雎蔡泽列传》:"～!君何见之晚也!"胡铨《戊午上高宗封事》:"～,可惜哉!"❷ 叹息,叹气。李白《古风五十九首》之五十六:"怀宝空长～。"

盱 xū ❶ 张目而视。《周易·豫》:"～豫,悔。"(豫:卦名。)[盱盱]张目直视的样子。《荀子·非十二子》:"吾语汝学者之嵬容……～～然。"❷ 忧愁。《诗经·小雅·都人士》:"我不见兮,云何～矣。"❸ 通"讦"。大。《汉书·地理志》引《诗》:"恂～且乐。"❹ [盱眙(yí)]县名。在今江苏。

戌 xū 地支的第十一位。㊂十二时辰之一,等于现在的下午七时至九时。见 125 页"干[1]"字。

砉 xū (又读 huā)❶ 象声词。形容破裂等声音。《庄子·养生主》:"～然向然,奏刀騞然。"❷ 迅疾的样子。卢纶《和赵给事白蝇拂歌》:"～如寒隼惊暮禽,飒若繁埃得轻雨。”

须(須) xū ❶胡须，胡子。《史记·高祖本纪》：“美～髯(rán)。”(髯：两颊上的胡子。)这个意义后来写作“鬚”，现简化为“须”。❷等待。《韩非子·外储说左上》：“吴起～故人而食。”(故人：老朋友。)这个意义后来又写作“頾”。❸必须，必要。《论衡·问孔》：“使孔子知颜渊愈子贡，则不～问子贡。”(使：假使。愈：胜过。)㉠应当。杜甫《闻官军收河南河北》诗：“白日放歌～纵酒。”❹需要。《三国志·蜀书·诸葛亮传》：“敛以时服，不～器物。”(敛：把死人装入棺材。时服：平时穿的衣服。)❺片刻。《荀子·王制》：“罢(pí)不能不待～而废。”[须臾]片刻，一会儿。范成大《晓枕》诗：“陆续满城钟动，～～后巷鸡鸣。”

胥 xū ❶相互。《孟子·梁惠王下》：“睊睊(juànjuàn)～谗。”(睊睊：怒目而视。)㉠都，全。《诗经·小雅·角弓》：“尔之教矣，民～傚矣。”(尔：你。傚：效法。)❷察看。《诗经·大雅·公刘》：“笃公刘！于～斯原。”❸小官吏。柳宗元《梓人传》：“为乡师里～。”(乡师：一乡之长。里胥：一里之长。)❹通“须”。等待。《管子·君臣上》：“～令而动者也。”(动：行动。)

谞(諝) xū ❶才智。陆机《辨亡论》上：“谋无遗～，举不失策。”(谋：谋划。举：行动。)❷计谋。《淮南子·本经》：“设诈～，怀机械巧故之心。”

顼(頊) xū ❶[顼顼]自失的样子。《庄子·天地》：“子贡卑陬(zōu)失色，～～然不自得。”(卑陬：愧惧的样子。)❷[颛顼]见556页“颛”字。

虚 xū ❶大土山。《诗经·鄘风·定之方中》：“升彼～矣，以望楚矣。”(升：登上。)❷废墟。《荀子·哀公》：“君出鲁之四门以望鲁四郊，亡国之～则必有数盖焉。”(君：您。鲁：鲁国。数盖：数处。)❸空。与“实”相对。《管子·心术上》：“～者万物之始也。”㉠空虚。《商君书·去强》：“仓府两～，国弱。”(府：藏财物的地方。)㉡谦虚。《周易·咸》：“君子以～受人。”❹虚假，不真实。《三国志·魏书·荀彧传》：“推诚心，不为～美。”❺虚弱。《素问·玉机真藏论》：“脉细，皮寒，气少，泄利前后，饮食不入，此谓五～。”❻白白地。《史记·越王句践世家》：“重千金～弃庄生，无所为也。”❼集市(后起意义)。黄庭坚《上萧家峡》：“趁～人集春蔬好。”上述❶❷❼后来写作“墟”。❽星宿名。二十八宿之一。

墟 xū ❶大土山。柳宗元《观八骏图说》：“古之书有记周穆王驰八骏升昆仑之～者。”(记：记载。骏：好马。)❷废墟。《吕氏春秋·重言》：“太宰嚭之说听乎夫差，而吴国为～。”㉠成为废墟。《史记·越王句践世家》：“后三年，吴其～乎！”㉡故址。蔡邕《陈寔碑》：“而封诸太昊之～。”❸[墟里][墟落]村落。王维《渭川田家》诗：“斜阳照墟落，穷巷牛羊归。”❹集市(后起意义)。柳宗元《童区寄传》：“去逾四十里之～所卖之。”

嘘[歔] xū ❶慢慢地呼气。《庄子·天运》：“风起北方，一西一东，有上彷徨，孰～吸是？”刘禹锡《天论下》：“～为雨露，噫(ài)为雷风。”(噫：出气。)❷[嘘唏]叹息。枚乘《七发》：“～～烦酲(chéng)。”(酲：喝醉了神志不清。)㉠哭泣时抽噎，哽咽。《史记·留侯世家》：“戚夫人～～流涕。”

【辨】吹，嘘。见60页“吹”字。

欻[歘] xū 忽然，迅速。李白《东武吟》：“恭承凤凰诏，～起云萝中。”

需 xū ❶等待。《周易·需》：“云上于天，～。”(需：指等待下雨。)❷迟疑。《左传·哀公十四年》：“～，事之贼也。”(贼：害。)❸需要(后起意义)。《刘子新论·荐贤》：“国之～贤，譬车之恃轮，犹舟之倚楫也。”㉠需要的东西。《元史·成宗纪》：“诏诸王驸马及有分地功臣户居上都、大都、隆兴者，与民均纳供～。”(居：住。上都、大都、隆兴：地名。纳：缴纳。)❹nuò 懦弱。《战国策·秦策二》：“～弱者用，而健者不用矣。”

徐 xú ❶缓慢，慢慢地。《庄子·天道》：“不～不疾。”(疾：迅速。)《史记·绛侯周勃世家》：“于是天子乃按辔～行至营。”(按辔：拉住缰绳。)苏轼《赤壁赋》：“清风～来，水波不兴。”(兴：起。)❷从容。《楚辞·远游》：“路曼曼其修远兮，～弭节而高厉。”❸古九州之一。[徐戎]先秦时居住在今淮河中下游一带的一个民族。也称“徐夷”、“徐方”。

【辨】徐，缓，慢。“徐”和“缓”都有“缓慢”的意思。“徐”常指行动从容不迫。“缓”指舒缓不急迫，又有“宽”、“松”的意思。“慢”在上古一般指傲慢、不恭敬，很少作“缓慢”讲。

许(許) xǔ ❶答应，允许。《左传·僖公五年》：“弗听，～晋使。”㉠答应献身。杜甫《自京赴奉先县咏怀五百字》：“～身一何愚，窃比稷与契。”(稷、契：辅佐尧的大臣。)㉡赞许，赞同。《三国志·蜀书·诸

X

葛亮传》："身长八尺，每自比于管仲、乐毅，时人莫之～也。"❷ 表示约数。干宝《搜神记》卷七："临淄有大蛇，长十～丈。"柳宗元《至小丘西小石潭记》："潭中鱼可百～头。"（可：大约，约计。）❸ 这样。《宋史·杨万里传》："吾头颅如～，报国无路。"❹ 处所，地方。常与疑问代词"何"、"恶"等连用。陶渊明《五柳先生传》："先生不知何～人也。"《世说新语·品藻》："刘尹至王长史～清言。"（清言：清谈。）❺ 句末语气词。韩愈《感春四首》诗之一："一生长恨奈何～。"❻ 周代诸侯国。在今河南许昌东。

诩（詡） xǔ 说大话，夸耀。扬雄《长杨赋》："夸～众庶。"（向广大老百姓夸耀。）［诩诩］1. 同"栩栩"。生动真切的样子。庾信《周宗庙歌》："齐房芝～～。" 2. 喜悦的样子。韩愈《柳子厚墓志铭》："～～强笑语以相取下。"

栩 xǔ ❶ 栎（lì）树。也叫柞（zuò）树。《诗经·唐风·鸨羽》："肃肃鸨（bǎo）羽，集于苞～。"（肃肃：鸟拍打翅膀的声音。鸨：鸟名。苞：丛生的。）❷［栩栩］1. 喜悦自得的样子。《庄子·齐物论》："～～然胡蝶也。" 2. 生动真切的样子。居简《九龙山重修普泽寺记》："乡梦日～～。想念存注，历历冥现。"又写作"诩诩"。成语有"栩栩如生"。

姁 xǔ ❶［姁姁］1. 喜悦自得的样子。《吕氏春秋·谕大》："燕雀争善处于一屋之下，子母相哺也，～～焉相乐也。" 2. xūxū 平和的样子。柳宗元《段太尉逸事状》："太尉为人～～，常低首拱手行步。"❷ xū［姁媮］和悦美好的样子。傅毅《舞赋》："姣服极丽，～～致态。"

冔 xǔ 殷冠。《礼记·郊特牲》："周弁，殷～，夏收。"

湑 xǔ ❶ 滤酒。《诗经·大雅·凫鹥》："尔酒既～，尔殽伊脯。"㊂ 滤过的酒。《诗经·小雅·伐木》："迨我暇矣，饮此～矣。"❷ 茂盛。《诗经·小雅·裳裳者华》："裳裳者华，其叶～兮。"❸ 露水多的样子。《诗经·小雅·蓼萧》："蓼彼萧斯，零露～兮。"

糈 xǔ ❶ 祭神用的精米。屈原《离骚》："巫咸将夕降兮，怀椒～而要之。"《淮南子·说山》："病者寝席，医之用针石，巫之用～藉，所救钧也。"❷ 粮食。《史记·货殖列传》："医方诸食技术之人，焦神极能，为重～也。"

醑 xǔ 美酒。《文选·谢灵运〈石门新营所住〉》："芳尘凝瑶席，清～满金樽。"

旭 xù ❶ 日始出的样子。《诗经·邶风·匏有苦叶》："雝雝鸣雁，～日始旦。"㊂ 初出的阳光。刘禹锡《葡萄歌》："马乳带轻霜，龙鳞曜初～。"（马乳、龙鳞：葡萄名。）❷［旭旭］光明灿烂。贾谊《新书·修政语下》："君子将入其职，则其于民也，～～然如日之始出也。"

序 xù ❶ 古代地方学校。《孟子·滕文公上》："夏曰校，殷曰～，周曰庠。"❷ 堂屋的东西墙。《礼记·丧大记》："君陈衣于～东。"柳宗元《永州龙兴寺西轩记》："居龙兴寺西～之下。"❸ 秩序，次序。《史记·周本纪》："夫天地之气，不失其～。"《后汉书·桓帝纪》："庶事失其～。"（庶：众。）㊀ 依次序排列。《荀子·王制》："故～四时。"（四时：四季。）㊂ 季节。《魏书·律历志上》："然四～迁流，五行变易。"❹ 序文，序言。如陶渊明《归去来兮辞序》、王羲之《兰亭集序》。㊂ 赠序。用于临别赠言，创于唐初。如韩愈《送孟东野序》。❺ 叙述。萧统《文选序》："论则析理精微，铭则～事清润。"上述❸㊀❹❺又写作"叙"。

呴 xù ❶ 嘘气。《庄子·刻意》："吹～呼吸，吐故纳新。"《汉书·王褒传》："～嘘呼吸如侨、松。"㊂ 嘘气使湿润。《庄子·天运》："泉涸，鱼相与处于陆，相～以湿，相濡以沫，不若相忘于江湖。"❷［呴呴］和顺的样子。《汉书·东方朔传》："卑身贱体，说色微辞，愉愉～～。"❸ gòu 通"雊"。野鸡鸣叫。《淮南子·要略》："族铸大钟，撞之庭下，郊雉皆～。"［呴呴］象声词。形容鸟鸣声。《楚辞·九思·悯上》："孤雌惊兮鸣～～。"❹ hǒu 通"吼"。吼叫。《楚辞·九怀·蓄英》："熊罴兮～嗥。"

侐 xù 清静。《诗经·鲁颂·閟宫》："閟宫有～。"

洫 xù ❶ 田间水道。《左传·襄公十年》："子驷为田～。"（子驷：人名。）《汉书》有《沟洫志》。❷ 护城河。张衡《东京赋》："邪阻城～。"❸ 水门。《后汉书·鲍昱传》："昱乃上作方梁石～，水常饶足，溉田倍多。"❹ 虚，使虚。《管子·小称》："满者～之，虚者实之。"❺ 败坏。《庄子·则阳》："与世偕行而不替，所行之备而不～。"

恤［卹］ xù ❶ 担忧，忧虑。《左传·闵公元年》："心苟无瑕，何～乎无家？"㊀ 顾及。《韩诗外传》卷四："不～乎公道之达义，偷合苟同，以持禄养者，是谓国贼也。"❷ 体恤，怜悯。《史记·项羽本纪》："今不～士卒而徇其私。"㊂ 救济，周济。《北史·魏世祖太武帝纪》："州镇十五饥，诏开仓振～之。"

叙［敘］ xù ❶秩序，次序。《尚书·洪范》："五者来备，各以其～。"《淮南子·本经》："四时不失其～。"（四时：四季。）㊀依次排列。仲长统《昌言·损益》："覈（hé）才艺以～官宜。"（覈：考核。）❷叙说，陈述。《国语·晋语三》："纪言以～之，述意以导之。"王羲之《兰亭集序》："亦足以畅～幽情。"《旧唐书·柳宗元传》："写情～事。"❸序文，序言。如《说文解字叙》。上述义项又写作"序"。

【辨】说，陈，叙，述。见397页"说"字。

溆 xù ❶水名。在今湖南境内。也叫溆浦。屈原《九章·涉江》："入～浦余儃佪兮，迷不知吾所如。"❷水边。何逊《赠江长史别诗》："长飚落江树，秋月照沙～。"上述义项又写作"漵"、"潊"。

畜 xù 见58页。

蓄 xù ❶积聚，储藏。《战国策·秦策一》："沃野千里，～积饶多。"《新五代史·刘郭传》："将军～米，将疗饥乎？将破敌乎？"㊀蓄养，保存。岳飞《五岳祠盟记》："养兵休卒，～锐待敌。"成语有"养精蓄锐"。❷等待。《后汉书·张衡传》："孰谓时之可～？"（孰：谁。）

慉 xù ❶通"畜"。养。《诗经·邶风·谷风》："不我能～，反以我为雠。"❷通"蓄"。蕴蓄，郁积。《三国志·蜀书·许靖传》裴松之注引《魏略》："久阔情～，非夫笔墨所能写陈。"

酗 xù 无节制地喝酒。《尚书·微子》："天毒降灾荒殷邦，方兴沉～于酒。"

勖［勗］ xù 勉力，勉励。《诗经·邶风·燕燕》："先君之思，以～寡人。"《三国志·吴书·吴主传》："以～相我国家。"（相：辅助。）

绪（緒） xù ❶丝头。张衡《南都赋》："白鹤飞兮茧曳（yè）～。"（茧：蚕茧。曳：牵引。）❷头绪，开端。江淹《悦曲池》："扰百～于眼前。"《北史·李谧传》："论端究～。"㊀寻绎，推求。陆贾《新语·道基》："原情立本，以～人伦。"❸情绪，意绪。秦观《睡起》诗："睡起东轩（xuān）下，悠悠春～长。"（轩：窗户。）❹世系。柳宗元《寄许京兆孟容书》："恐一日填委沟壑（hè），旷坠先～。"（填委沟壑：死亡。）㊁前人留下来的事业。《诗经·鲁颂·閟宫》："缵禹之～。"（缵：继承。）❺残余的。屈原《九章·涉江》："欸秋冬之～风。"

续（續） xù ❶连接，接上一段。《庄子·骈拇》："凫胫虽短，～之则忧。"《荀子·礼论》："礼者，断长～短，损有余，益不足。"成语有"狗尾续貂"。❷继续，延续。《史记·项羽本纪》："此亡秦之～耳。"㊁继承。《史记·太史公自序》："汝复为太史，则～吾祖矣。"

訹 xù ❶诱惑。《汉书·韩安国传》："今大王列在诸侯，～邪臣浮说，犯上禁，桡明法。"（訹邪臣浮说：为邪臣浮说所诱惑。）㊁以利害引诱或恐吓。司马光《龚君宾论》："王莽慕龚君宾之名，～以尊爵厚禄，劫以淫威重势，而必致之。"《宋史·岳飞传》："淮西之役，俊以前途粮乏～飞，飞不为止。"❷恐惧。辛弃疾《美芹十论·观衅》："民初未敢遽叛者，犹徇于苟且之安，而～于积威之末。"

絮 xù ❶粗丝绵。《汉书·晁错传》："可赐之坚甲～衣。"㊁像絮的东西。《世说新语·言语》："未若柳～因风起。"❷在衣服、被褥里铺丝绵。李白《子夜吴歌·冬歌》："一夜～征袍。"

煦 xù 温暖。颜延之《陶征士诔》："晨烟暮蔼，春～秋阴。"㊀恩惠。柳宗元《为裴中丞贺克东平赦表》："伤痍（yí）受～，老疾加恩。"（伤痍：指受创伤、疾苦的人。）［煦妪（yǔ）］覆育，抚养。《礼记·乐记》："天地䜣合，阴阳相得，～～覆育万物。"

XUAN

轩（軒） xuān ❶大夫以上官吏乘坐的车子。《左传·定公十三年》："齐侯皆敛诸大夫之～。"㊁车。江淹《别赋》："朱～绣轴。"（绣：华丽。）❷栏杆。江淹《别赋》："日下壁而沉彩，月上～而飞光。"（沉彩：指彩光隐没。飞光：光芒四射。）❸堂前屋檐下的平台。孙樵《书褒城驿壁》："至有饲马于～。"（至：甚至于。）❹长廊。柳宗元《永州龙兴寺西轩记》："于是凿西墉以为户，户之外为～。"（墉：高墙。户：门。）❺窗户或门。杜甫《夏夜叹》诗："开～纳微凉。"❻车子后面重而前高后低。《诗经·小雅·六月》："戎车既安，如轾如～。"（轾：车子前面重而前低后高。）㊁高。钟会《孔雀赋》："舒翼～峙。"（峙：直立。）双音词有"轩昂"。❼飞翔。王粲《赠蔡子笃》诗："归雁载～。"（载：语气词。）

宣 xuān ❶通，畅达。《诗经·大雅·公刘》："既顺乃～，而无永叹。"（既顺乃宣：

X

民心顺，民情通。)《汉书·晁错传》:"政之不～，民之不宁。"(宁:安宁。) ❷ 普遍，周遍。《史记·秦始皇本纪》:"～省习俗。"(省:考察。)《后汉书·张衡传》:"今也，皇泽～洽，海外混同。"[不宣]古代书信结尾的客套话，表示"不一一述说"的意思。柳宗元《答元饶州论政理书》:"书虽多，言不足导意，故止于此，～～。"(书:书写。导意:表达意思。) ❸ 公开。仲长统《昌言·理乱》:"君臣～淫。"(淫:淫乱。) ❹ 泄露，发泄。《三国志·吴书·周鲂传》:"事之～泄，受罪不测。"李商隐《行次西郊作》诗:"列圣蒙此耻，含怀不能～。"(列圣:指唐宣宗以后的几代皇帝。蒙:受。) ❺ 宣扬，发扬。《后汉书·刘恺传》:"今刺史一州之表，二千石千里之师，职在辩章百姓，～美风俗。"柳宗元《斩曲几文》:"谄谀宜惕，正直宜～。"(宜:应该。) ❻ 宣布君主的诏谕。《三国志·吴书·吴主传》:"特下燕国，奉～诏恩。"(特下燕国:特地派使者去燕国。奉:敬辞。)

萱[蘐、萲] xuān 萱草。一种草本植物。传说可以使人忘忧。嵇康《养生论》:"合欢蠲(juān)忿，～草忘忧。"(蠲:除去。)[萱堂]指母亲的居室。㊁母亲。叶梦得《再任后遣模归按视石林》诗:"白发～～上，孩儿更共怀。"

暄 xuān 温暖。陶渊明《九日闲居》诗:"露凄～风息，气澈天象明。"双音词有"寒暄"。

諠 xuān ❶ 喧哗。《世说新语·雅量》:"既风转急，浪猛，诸人皆～动不坐。"这个意义又写作"喧"。[諠呶(náo)]大声呼叫。刘孝标《东阳金华山栖志》:"酒酣耳热，屡舞～～。" ❷ 忘记。《礼记·大学》引《诗》:"有斐君子，终不可～兮。"今《诗经·卫风·淇奥》作"有匪君子，终不可谖兮。"

谖(諼) xuān ❶ 欺诈，欺骗。《公羊传·襄公二十六年》:"此～君以弑也。"《汉书·王吉传》:"反怀诈～之辞。" ❷ 忘记。《诗经·卫风·考槃》:"永矢弗～。"(矢:发誓。弗:不。)[谖草]也叫忘忧草。《诗经·卫风·伯兮》:"焉得～～，言树之背。"一作"萱草"。参见上"萱"字。

儇 xuān ❶ 灵巧。《诗经·齐风·还》:"并驱从两肩兮，揖我谓我～兮。"(肩:通"豜"，大兽。) ❷ 轻佻巧慧。屈原《九章·惜诵》:"忘～媚以背众兮，待明君其知之。"《吕氏春秋·士容》:"其状朗然不～，若失其一。"

翾 xuān 小飞。屈原《九歌·东君》:"～飞兮翠曾，展诗兮会舞。"夏侯湛《春可乐赋》:"鷃交交以弄音，翠～～以轻翔。"

玄 xuán ❶ 黑中带红。《尚书·汤诰》:"敢用～牡，敢昭告于上天神后。"(牡:公马。)㊁黑。《韩非子·十过》:"有～云从西北方起。" ❷ 天，天空。扬雄《甘泉赋》:"惟汉十世，将郊上～。"(十世:指成帝。郊:一种祭祀。) ❸ 深奥，玄妙。《老子》一章:"～之又～，众妙之门。"沈约《齐故安陆昭王碑文》:"学遍书部，特善～言。"(书部:指各类书籍。)

县(縣) xuán 见457页。

旋 xuán ❶ 转动，旋转。《荀子·天论》:"列星随～，日月递炤。"(递:交替。炤:照耀。) ❷ 归，回。阮籍《咏怀八十二首》之十四:"晨鸡鸣高树，命驾起～归。"李商隐《行次西郊作》诗:"未知何日～。" ❸ 随即。《史记·扁鹊仓公列传》:"病～已。"《后汉书·董卓传》:"卓既杀琼、珌，～亦悔之。"(琼、珌:人名。) ❹ 小便。《左传·定公三年》:"夷射姑～焉。"(夷射姑:人名。) ❺ xuàn [旋风]回旋的风。《晋书·孟钦传》:"钦化为～～，飞出第外。"

璇[琁、璿] xuán ❶ 美玉。《荀子·赋》:"～、玉、瑶、珠，不知佩也。"(瑶:美玉。佩:佩戴。) ❷ [璇玑][璇机] 1. 星名。北斗成斗形的四颗星。《楚辞·九思·怨上》:"谣吟兮中野，上察兮璇玑。"(察:观察。) 2. 古代天文仪器。《后汉书·安帝纪》:"莫不据璇机玉衡，以齐七政。"(玉衡:天文仪器。七政:指日、月和金、木、水、火、土五行星。)

咺 xuǎn 威仪显著的样子。《诗经·卫风·淇奥》:"瑟兮僩兮，赫兮～兮。"

烜 xuǎn ❶ 光明，显赫。[烜赫]昭著，显赫。荀悦《汉纪·成帝纪》:"无～～之恶。"又写作"烜爀"。王安石《上杜学士书》:"将相大臣，气势烜爀。"成语有"烜赫一时"。 ❷ 晒干。《周易·说》:"雨以润之，日以～之。"

选(選) xuǎn ❶ 挑拣，选择。《左传·定公八年》:"孟氏～圉人之壮者三百人。"贾思勰《齐民要术·收种》:"～好穗纯色者。"[选举]古代通过推选或科举选拔官吏的制度。《汉书·鲍宣传》:"龚胜为司直，郡国皆慎～～。"㊁优秀人才。《礼记·礼运》:"禹、汤、文、武、成王、周公，由此其～也。" ❷ 通"巽(xùn)"。懦弱。《汉书·王莽传上》:"君以～故，而辞以疾。" ❸ suàn 通"算"。数，计算。《诗经·邶风·柏舟》:"威仪棣棣，不可～也。"

泫 xuàn 水珠下滴。谢灵运《从斤竹涧越岭溪行》诗："岩下云方合，花上露犹～。"㊀流泪。《吕氏春秋·知士》："静郭君～而曰：'不可，吾弗忍为也。'"王僧达《祭颜光禄文》："心悽目～。"[泫然]流泪的样子。《论衡·论死》："孔子闻之，～～流涕。"

炫 xuàn ❶照耀。《战国策·秦策一》："当秦之隆，黄金万镒为用，转毂连骑，～熿于道。"《晋书·张华传》："大盆盛水，置剑其上，视之者精芒～目。"（精芒：光芒。）❷通"衒"。炫耀，自夸。张仲方《披沙拣金赋》："美价初～，微明内融。"❸[炫耀]1. 光辉明亮。《楚辞·远游》："建雄虹之采旄兮，五色杂而～～。"2. 通"衒耀"。显示，夸耀。《盐铁论·崇礼》："～～奇怪。"

眩 xuàn ❶眼花，看不清楚。《战国策·燕策三》："秦王目～良久。"《三国志·魏书·华佗传》："心乱目～。"㊀迷惑，迷乱。《韩非子·内储说下》："是以奸臣者，召敌兵以内除，举外事以～主。"《汉书·元帝纪》："俗儒不达时宜，好是古非今，使人～于名实，不知所守。"（不达时宜：指不了解时代的要求。名实：名称和实际。守：遵守。）❷[眩耀]1. 光辉明亮。扬雄《甘泉赋》："辉光～～。"2. 显示，夸耀。《后汉书·西南夷传》："是时郡尉府舍皆有雕饰，画山神海灵、奇禽异兽，以～～之。"上述1、2又写作"炫耀"。❸huàn 通"幻"。变幻，表演幻术。《史记·大宛列传》："以大鸟卵及黎轩善～人，献于汉。"（黎轩：古国名。善：善于。）

铉(鉉) xuàn 用以穿过鼎的两耳，把鼎抬起来的器具。《周易·鼎》："鼎，黄耳金～。"张华《祖道征西应诏》诗："内饪玉～，外惟鹰扬。"㊃三公。《晋书·刘琨传》："咸能自致三～，成名一时。"

衒 xuàn ❶沿街叫卖。屈原《天问》："妖夫曳(yè)～，何号于市？"（曳：牵引。）㊁卖。《三国志·魏书·武帝纪》注引《魏书》："下民贫弱，代出租赋，～鬻(yù)家财，不足应命。"（鬻：卖。）❷炫耀，自夸。柳宗元《答韦中立论师道书》："谁敢～怪于群目，以召闹取怒乎？"[衒耀]显示，夸耀。《晋书·甘卓传》："虽所得实深，未有名誉，又耻～～取达，遂归。"这个意义现写作"炫"。

绚(絢) xuàn 有文采，绚丽。《仪礼·聘礼》："系长尺～组。"（系：系玉的带子。组：丝织的宽带子。）颜延之《宋文皇帝元皇后哀策文》："素章增～。"

渲 xuàn 一种绘画方法，先把颜料涂在纸上，然后用笔蘸水涂抹使色彩浓淡适宜。郭熙《林泉高致·画诀》："以水墨再三而淋之，谓之～。"双音词有"渲染"。

XUE

削 xuē ❶书刀，古时用来削除写在木简或竹简上错字的小刀。《周礼·考工记·筑氏》："筑氏为～，长尺，博寸。"（博：宽。）㊀用刀削。《墨子·鲁问》："公输子～竹木以为鹊。"（鹊：鹊。）㊀删削。《后汉书·皇后纪上》："自撰《显宗起居注》，～去兄防参医药事。"（防：马防，人名。）❷简札。《初学记》卷十九引王褒《僮约》："书～代牍。"❸削减，削弱。《汉书·文三王传》："～梁王五县。"《韩非子·十过》："内不量力，外恃诸侯，则～国之患也。"（恃：依靠。）㊂分割土地。《战国策·齐策一》："夫齐～地而封田婴。"（田婴：人名。）❹qiào 通"鞘"。刀剑套。《汉书·货殖传》："质氏以洒(xǐ)～而鼎食。"（洒：洗。）

薛 xuē ❶一种草。司马相如《子虚赋》："～莎青薠(fán)。"（莎、青薠：草名。）❷周代诸侯国。在今山东滕州东南。

鞾 xuē 靴子。曹操《与太尉杨彪书》："并遗足下贵室错彩罗縠裘一领，织成～一量。"李商隐《安平公》诗："长者子来辄献盖，辟支佛去空留～。"

穴 xué ❶土室，岩洞。《墨子·辞过》："古之民未知为宫室时，就陵阜而居，～而处。"（陵阜：山陵。）东方朔《七谏·谬谏》："愿侧身岩～而自托。"❷动物的巢穴。《韩非子·喻老》："千丈之堤以蝼蚁之～溃。"成语有"不入虎穴，焉得虎子"。❸洞穴。《孟子·滕文公下》："钻～隙相窥，逾墙相从。"㊂穿，穿洞。《汉书·灌夫传》："今日斩头～匈。"（匈：胸。）柳宗元《天说》："虫之生而物益坏，食啮(niè)之，攻～之。"（啮：咬。）❹墓穴。《诗经·王风·大车》："谷则异室，死则同～。"（谷：生。）❺人体穴位。《素问·气府论》："足太阳脉气所发者，七十八～。"

学(學)[斈] xué ❶学习。《论语·述而》："～而时习之。"❷学问。《韩非子·外储说左上》："其～甚博。"㊂学派。《史记·老子韩非列传》："世之学老子者则绌儒～，儒～亦绌老子。"❸学校。《礼记·学记》："古之教者，家有塾……国有～。"❹xiào 通"斅"。教，教导。《国语·晋语九》："顺德以～子，择言以教子，择师保以相子。"

嶨 xué ❶山上夏有水冬无水的湖。㊀湖泽。庾阐《三月三日临曲水》诗："高

X

泉吐东岑，洄澜自净～。”❷ xiào［嶨㵿（qiāo）］交错的样子。左思《吴都赋》：“儸嘉～～，交贸相竞。”［嶨灂（zhuó）］象声词。形容波涛激荡声。郭璞《江赋》：“砯岩鼓作，漰湱～～。”

雪 xuě ❶ 雪。屈原《九歌·湘君》：“桂棹兮兰枻，斲冰兮积～。”❷ 揩拭。杜甫《丈八沟纳凉》诗：“佳人～藕丝。”㊂ 洗刷。李白《独漉篇》：“国耻未～，何由成名。”

吷 xuè 以口吹物发出的小声。《庄子·则阳》：“夫吹管也，犹有嗃（xiāo）也；吹剑首者，～而已矣。”（嗃：吹管声。）韩愈《读皇甫湜公安园池诗书其后二首》诗之一：“晋人目二子，其犹吹一～。区区自其下，顾肯挂牙舌。”

狘 xuè 兽狂奔的样子。《礼记·礼运》：“麟以为畜，故兽不～。”

谑（謔） xuè 开玩笑。《诗经·邶风·终风》：“～浪笑敖，中心是悼。”（浪：放荡。）《世说新语·容止》：“因便据胡床，与诸人咏～。”李白《陌上桑》诗：“调笑来相～。”

𥈭 xuè 惊视的样子。《荀子·荣辱》：“俄而粲然有秉刍豢稻粱而至者，则～然视之曰：‘此何怪也！’”

XUN

勋（勛）［勳］ xūn 功劳。《左传·文公八年》：“狐、赵之～不可废也。”《三国志·魏书·郭嘉传》：“追思嘉～，实不可忘。”

埙（塤）［壎］ xūn 一种陶制的乐器，六孔。《诗经·小雅·何人斯》：“伯氏吹～，仲氏吹篪。”《吕氏春秋·仲夏》：“调竽笙～篪，饬钟磬柷敔。”

熏 xūn ❶ 火烟。陶弘景《许长史旧馆坛碑》：“金炉扬～。”❷ 烤，熏。《诗经·大雅·云汉》：“忧心如～。”《诗经·豳风·七月》：“穹窒～鼠，塞向墐户。”这个意义后来写作“燻”，现写作“熏”。❸ 气味侵袭。鲍照《代苦热行》：“鄣气昼～体。”（鄣气：瘴气。）❹ 通“曛”。黄昏。《后汉书·赵壹传》：“至～夕，极欢而去。”

薰 xūn ❶ 一种香草。《左传·僖公四年》：“一～一莸（yóu），十年尚犹有臭。”（莸：一种臭草。）❷ 花草香。江淹《别赋》：“闺中风暖，陌上草～。”（陌：路。）㊂ 用香料熏，使染上香味。《韩非子·外储说左上》：“为木兰之柜，～以桂椒，缀以珠玉。”（缀：装饰。）㊂ 香气刺激人。《庄子·天地》：“五臭～鼻。”❸ 通“熏”。火烟。鲍照《芜城赋》：“皆～歇烬灭，光沉响绝。”❹ 通“熏”。熏，烤。潘岳《马汧督诔》：“内焚穬（kuàng）火～之。”（穬：指稻麦。）❺［薰育］［薰粥（yù）］同“荤粥”。我国古代北方匈奴族。《史记·周本纪》：“薰育戎狄攻之。”《汉书·匈奴传上》：“唐虞以上有山戎、猃允、薰粥，居于北边。”

纁（纁） xūn ❶ 浅红色。《仪礼·士冠礼》：“～裳，纯衣，缁带。”㊀ 浅红色的帛。《左传·哀公十一年》：“寘之新箧，褽之以玄～，加组带焉。”（褽：垫。玄：黑色的帛。）❷ 通“曛”。黄昏。屈原《九章·思美人》：“指嶓冢之西隈兮，与～黄以为期。”

曛 xūn 日落时的余光。孙逖《下京口埭夜行》诗：“孤帆度绿氛，寒浦落红～。”（度：穿过。氛：气氛。浦：江边。）㊀ 黄昏。李白《送崔度还吴》诗：“踌躇日将～。”

旬 xún ❶ 十天。《尚书·尧典》：“期（jī）三百有六～有六日。”（期：一周年。）《韩非子·初见秦》：“围梁数～，则梁可拔。”（梁：魏国国都。拔：攻克。）❷ 十年（后起意义）。白居易《偶吟自慰兼呈梦得》：“且喜同年满七～。”❸ 周，用于年月。《汉书·翟方进传》：“方进～岁间，免两司隶。”（旬岁：一周年。司隶：官名。）《论衡·讲瑞》：“蓂荚朱草……暂时产出，～月枯折。”（旬月：一周月。）❹ jūn 通“均”。均平。《周礼·地官·均人》：“丰年则公～用三日焉。”

询（詢） xún 问，征求意见，请教。《左传·成公十三年》：“秦大夫不～于我寡君，擅及郑盟。”贾思勰《齐民要术序》：“～之老成，验之行事。”（向有经验的人请教，到实践中检验。）

荀 xún ❶ 一种香草。《山海经·中山经》：“有草焉，其状如葌，而方茎黄华赤实，其本如稿本，名曰～草。”❷ 周代诸侯国。在今山西新绛。

峋 xún ［嶙峋］见 254 页“嶙”字。

洵 xún ❶ 诚然，确实。《诗经·郑风·叔于田》：“～美且好。”❷ 远。《诗经·邶风·击鼓》：“于嗟～兮，不我信兮。”❸ 流泪。《国语·鲁语下》：“无～涕，无掐膺。”

恂 xún ❶ 相信，信任。《列子·周穆王》：“且～士师之言可也。”（士师：主管狱讼的官。）❷ 恐惧，害怕。《庄子·齐物论》：“木处则惴慄（zhuìlì）～惧。”（在树上就恐惧害怕。）❸［恂恂］1. 恭敬谨慎的样子。《汉

X

书·冯参传》："参为人矜(jīn)严，好修容仪，进退～～。"2. 紧张担心的样子。柳宗元《捕蛇者说》："吾～～而起。"3. 同"循循"。有步骤的样子。《后汉书·赵壹传》："失～～善诱之德。"❹ 畅通。《庄子·知北游》："思虑～达，耳目聪明。"

寻(尋) xún ❶ 古代的长度单位。八尺为一寻。《史记·张仪列传》："秦马之良，戎兵之众，探前趹后，蹄间(jiān)三～腾者，不可胜数。"(蹄间三寻：马一跃就三寻。)[寻常] 1. 长度单位。八尺为寻，十六尺为常。《韩非子·五蠹》："布帛～～，庸人不释。"(庸人：普通人。释：放弃。) 2. 平常。刘禹锡《乌衣巷》诗："旧时王谢堂前燕，飞入～～百姓家。"❷ 寻找。《世说新语·自新》："乃自吴～二陆。"(二陆：陆机、陆云。)㉑探求，追溯。苏轼《王维吴道子画》诗："一一皆可～其源。"❸ 重温。《三国志·吴书·吴主传》："更～盟好。"❹ 使用。《左传·僖公五年》："三年将～师焉。"(师：军队。)❺ 副词。随即，不久。陶渊明《桃花源记》："闻之，欣然规往，未果，～病终。"(规往：计划要去。未果：没有实现。)❻ [相寻]连续不断而来。《北史·薛安都传》："俄而酒馔～～，刍粟继至。"(俄而：一会儿。馔：食物。刍粟：粮草。)

浔(潯) xún ❶ 水边。沈约《应诏乐游苑饯吕僧珍》诗："伐罪芒山曲，吊民伊水～。"❷ yín [浸(qīn)浔]浸渍。《史记·司马相如列传》："是以六合之内，八方之外，～～衍溢。"

焊(燖)[燅] xún ❶ 把肉放在沸水中略一煮。沈括《梦溪笔谈》卷三："祭礼有腥、～、熟三献。"❷ 用烫水去毛。郦道元《水经注·若水》："又有温水，冬夏常热，其源可～鸡豚。"

纠(紃) xún ❶ 似绳的带子。《礼记·内则》："治丝茧，织纴组～，学女事。"(组：扁平的带子。)❷ 通"循"。顺着。《荀子·非十二子》："终日言成文典，反～察之，则倜然无所归宿，不可以经国定分。"

巡[廵] xún ❶ 巡视。《左传·宣公十二年》："王～三军，拊而勉之。"《史记·秦始皇本纪》："三十有七年，亲～天下。"❷ 量词。匝，遍。多用于饮酒。杜甫《拨闷》诗："乘舟取醉非难事，下峡销愁定几～？"(销：消。)❸ [逡巡]见355页"逡"字。

循 xún ❶ 顺着。《左传·昭公二十三年》："～山而南。"㉑遵循，沿袭。屈原《离骚》："～绳墨而不颇。"(绳墨：准则，法度。)[循循] 1. 顺着的样子。《素问·刺腰痛论》："少阳令人腰痛，如以针刺其皮中，～～然，不可以俛(fǔ)仰，不可以顾。"(俛：同"俯"。) 2. 有步骤的样子。《论语·子罕》："夫子～～然善诱人。"又写作"恂恂"。❷ 抚摩。《汉书·李陵传》："而数数自～其刀环。"㉑安慰，慰问。《汉书·萧何传》："拊(fǔ)～勉百姓。"(拊：抚，安抚。)❸ 通"巡"。巡视。《汉书·宣帝纪》："遣大中大夫强等十二人～行天下。"(大中大夫：即太中大夫，官名。强：人名。)

训(訓) xùn ❶ 教导，教诲。《左传·桓公十三年》："～诸司以德。"❷ 规范，准则。《诗经·大雅·烝民》："古～是式。"成语有"不足为训"。❸ 训练。《晋书·羊祜传》："缮(shàn)甲～卒，广为戎备。"❹ 词义解释，训释。刘知几《史通·言语》："夫上古之世，人惟朴略，言语难晓，～释方通。"

驯(馴) xùn ❶ 驯服，顺从。《淮南子·说林》："马先～而后求良。"㉑使驯服。《韩非子·外储说右上》："夫～乌者断其下翎，则必恃人而食，焉得不～乎？"❷ 善良，温顺。《史记·管蔡世家》："冉季、康叔皆有～行。"❸ 渐进。《宋史·谭世勣传》："小恶不惩，将～至大患。"❹ 通"训"。教导。《史记·孝文本纪》："列侯亦无由教～其民。"

讯(訊) xùn ❶ 问，询问。《公羊传·僖公十年》："君尝～臣矣。"《三国志·吴书·吕蒙传》："羽人还，私相参～，咸知家门无恙。"(羽：关羽。私：私下。咸：都。无恙：平安无事。)❷ 审问，审讯。邹阳《狱中上梁王书》："卒从吏～。"(卒：终于。)㉒责问。《国语·吴语》："吴王还自伐齐，乃～申胥。"❸ 音信，消息。陆机《赠冯文罴》诗："良～代兼金。"(兼金：指好金子。)㉒书信(后起意义)。苏轼《与毅父宣德七首》之五："忽辱手书及子由家～，穷涂一笑，岂易得哉！"❹ 告，告诫。《诗经·陈风·墓门》："夫也不良，歌以～之。"❺ 古代辞赋最后总括全篇要旨的一段。贾谊《吊屈原赋》："～曰：'已矣，国其莫我知，独堙(yīn)郁兮其谁语？'"(已矣：罢了。莫我知：没有人知道我。堙郁：郁闷。)

【辨】问，讯，诘。见442页"问"字。

汛 xùn ❶ 洒水。《乐府诗集·隋五郊歌》："灵坛～扫，盛乐高张。"❷ 江河季节性的涨水。《宋史·河渠志七》："日纳潮水，沙泥浑浊，一～一淤。”

迅　xùn　快，急速。《世说新语·汰侈》：“崇牛数十步后～若飞禽，恺牛绝走不能及。”（崇、恺：人名。）《汉书·沟洫志》：“北渡回兮～流难。”[迅雷]疾雷。《论语·乡党》：“～～风烈必变。”成语有“迅雷不及掩耳”。

徇[狥]　xùn　❶示众。《史记·秦始皇本纪》：“车裂以～，灭其宗。”（车裂：古代的一种刑罚。宗：宗族。）❷当众宣告。《左传·桓公十三年》：“莫敖使～于师曰：‘谏者有刑。’”❸巡行。《汉书·食货志上》：“行人振木铎～于路。”（木铎：金口木舌的大铃。）㊀带兵巡行占领地方。《史记·项羽本纪》：“籍为裨将，～下县。”（籍：项羽。裨将：副将。）❹顺从。《左传·文公十一年》：“国人弗～。”❺谋求。《史记·项羽本纪》：“今不恤士卒而～其私，非社稷之臣。”❻通“殉”。为了某种目的而死。《史记·伯夷列传》：“贪夫～财。”

殉　xùn　❶用活人陪葬。《墨子·节葬下》：“天子杀～，众者数百，寡者数十。”㊀用偶人或器物随葬。《宋史·贾似道传》：“闻余玠有玉带，求之，已～葬矣。”❷为了某种目的而死。刘肃《大唐新语》卷三：“汝先君清恪，以身～国。”㊁追求。《后汉书·谢夷吾传》：“不～名以求誉，不驰骛以要宠。”❸通“徇”。巡行。《后汉书·李固传》：“南阳人董班亦往哭固，而～尸不肯去。”

逊(遜)　xùn　❶逃。扬雄《剧秦美新》：“抱其书而远～。”❷让，退让。《史记·太史公自序》：“唐尧～位，虞舜不台（yí）。”（台：通“怡”，高兴。）❸谦逊，恭顺。曹操《让县自明本志令》：“言有不～之志。”成语有“出言不逊”。❹差一些，次一点（后起意义）。徐弘祖《徐霞客游记·粤西游日记二》：“高少～于北巅。”双音词有“逊色”。

巽　xùn　❶八卦之一，代表风。见138页“卦”字。❷通“逊”。让，退让。《尚书·尧典》：“朕在位七十载，汝能庸命，～朕位。”（庸命：用命，指执行命令。）❸通“逊”。谦逊，恭顺。《周易·蒙》：“童蒙之吉，顺以～也。”

噀[潠]　xùn　含在嘴里喷出。《后汉书·郭宪传》：“忽回向东北，含酒三～。”庾信《见游春人》诗：“那能学～酒，无处似栾巴。”

X

Y

YA

压(壓) yā ❶ 压,压住。《左传·昭公四年》:"梦天～己,弗胜。"(弗胜:不能承受。)李贺《雁门太守行》:"黑云～城城欲摧。"❷ 压制,压抑。《公羊传·文公十四年》:"子以大国～之,则未知齐晋孰有之也。"(子:您。)㊀胜过,超过。王定保《唐摭言·慈恩寺题名游赏赋咏杂纪》:"我今日～倒元白。"(元白:元稹、白居易。)双音词有"压卷"(名列第一、压倒其余的诗文书画等)。❸ 堵塞。《后汉书·王涣传》:"莫不曲尽情诈,～塞群疑。"❹ 迫近,逼近。《左传·襄公二十六年》:"楚晨～晋军而陈。"(陈:阵,布阵。)

押 yā ❶ 在公文、契约上签字或画记号,以做凭信。《宋史·高宗纪》:"必先书～而后报行。"❷ 监督,主管。《新唐书·百官志二》:"以六员分～尚书六曹。"(尚书:尚书省,官署名。曹:分科办事的官署。)双音词有"押车"。❸ 帘轴,用以镇帘。李商隐《灯》诗:"影随帘～转。"❹ 作诗用韵。牛僧孺《玄怪录》卷三:"袁郎此篇甚为佳妙,然未知我二十七郎封郎能～剧韵。"又作"压韵"。❺ 通"压"。压住。《晋书·东夷辰韩传》:"以石～其头使扁。"

牙 yá ❶ 槽牙。《吕氏春秋·淫辞》:"问马齿,圉人曰:'齿十二与～三十。'"㉒ 牙齿的通称。《楚辞·大招》:"靥辅奇～,宜笑嘕只。"㊕象牙。鲍照《代淮南王》诗:"琉璃作盌～作盘,金鼎玉匕合神丹。"❷ 咬。《战国策·秦策三》:"王见大王之狗……投之一骨,轻起相～者,何则?有争意也。"❸ 牙旗,将军的大旗。潘岳《关中诗》:"高～乃建。"❹ 官署的称呼。《新唐书·泉献诚传》:"命宰相、南北～群臣。"这个意义后来写作"衙"。❺ [牙郎]介绍买卖,从中取利的人。《资治通鉴·唐玄宗开元二十四年》:"皆为互市～～。"❻ 通"芽"。发芽。沈括《梦溪笔谈》卷二六:"一亩之稼,则粪溉者先～。"

【辨】齿,牙。见51页"齿"字。

崖[崕] yá ❶ 山或高地陡立的侧面。曹丕《善哉行》:"高山有～。"成语有"悬崖峭壁"。㊀岸边。《荀子·劝学》:"渊生珠而～不枯。"❷ 边际,尽头。《庄子·山木》:"君其涉于江而浮于海,望之而不见其～。"

涯 yá ❶ 水边。《尚书·微子》:"若涉大水,其无津～。"《韩非子·说林下》:"水之以～,其无水者也。"(以:及,到。)❷ 边际,极限。王勃《送杜少府之任蜀州》诗:"海内存知己,天～若比邻。"《庄子·养生主》:"吾生也有～,而知也无～。"㊀度量。《陈书·始兴王传》:"不～年德,逾逞狂躁,图为祸乱。"

【辨】岸,涯,垠。见3页"岸"字。

睚 yá [睚眦(zì)]怒目而视。左思《吴都赋》:"～～则挺剑,喑呜则弯弓。"(喑呜:怒喝声。)㊀小的怨忿。《史记·游侠列传》:"以～～杀人。"

衙 yá ❶ 衙门,官署。吴自牧《梦粱录·立春》:"以镇鼓锣吹妓乐迎春牛,往府～前迎春馆内。"㊀衙参,官吏到上司衙门排班参见。韩愈《河南府同官记》:"序留司文武百官于宫城门外而～之。"❷ yú [衙衙]行走的样子。宋玉《九辩》:"属雷师之阗阗兮,通飞廉之～～。"

哑(啞) yǎ ❶ 口不能言。《管子·入国》:"聋盲、喑～、跛躄、偏枯、握递,不耐自生者,上收而养之。"(耐:能。)㊀语声不清。《战国策·赵策一》:"(豫让)又吞炭为～,变其音。"❷ è 象声词。形容笑声。《周易·震》:"笑言～～。"《吴越春秋·越王无余外传》:"禹乃～然而笑。"王维《宋进马哀词》:"百官并入兮,何语笑之～～。"❸ yā [哑哑]象声词。形容鸟叫声。《淮南子·原道》:"乌之～～,鹊之唶唶(jíjí)。"李白《乌夜啼》诗:"黄云城边乌欲栖,归飞～～枝上啼。"❹ yà 叹词。表示惊叹。《韩非子·难一》:"～!是非君人者之言也。"

雅 yǎ ❶ 正,正确的。《荀子·儒效》:"道过三代谓之荡,法二后王谓之不～。"诸葛亮《出师表》:"察纳～言。"(察纳:考察,采纳。)㊀规范的。《论语·述而》:"诗书执礼,皆～言也。"❷ 高尚,不俗。《三国志·蜀书·诸葛亮传》:"才识不及预,而～性过之。"(预:人名。)❸ 平素,向来。《史记·高祖本纪》:"雍齿～不欲属沛公。"(雍齿:人名。)㊀交往,交情。《汉书·谷永传》:"无一日之～。"❹ 甚,很。杨恽《报孙会宗书》:"～善鼓瑟。"(鼓:弹奏。)❺《诗经》中的一类,包括"小雅"、"大雅"。《左传·隐公三年》:"风有《采蘩》、《采蘋》，～有《行苇》、《泂酌》。”

轧(軋) yà ❶ 辗压。㊕古代的一种酷刑，压碎人骨节。《史记·匈奴列传》：“有罪，小者～，大者死。”❷ 倾轧，排挤。《荀子·议兵》：“常恐天下之一合而～己也。”㊈压制，压倒。《新唐书·李绅传》：“御史覆狱还，皆对天子别白是非，德裕权～天下，使不得对。”❸［轧轧］1. 难出的样子。陆机《文赋》：“理翳翳而愈伏，思～～其若抽。”2. 象声词。常用来形容织布声、摇桨声、车声。温庭筠《江南曲》：“～～摇桨声。”刘克庄《运粮行》：“大车小车声～～。”

亚(亞) yà ❶ 次。《国语·吴语》：“吴公先歃，晋侯～之。”《左传·襄公十九年》：“圭妫之班～宋子，而相亲也。”（班：等级。）㊀匹配，同等。《南史·颜协传》：“时吴郡顾协亦在蕃邸，与协同名，才学相～，府中称为二协。”［亚匹］同等的人物。《三国志·蜀书·诸葛亮传》：“可谓识治之良才，管萧之～～矣。”（管萧：管仲、萧何。）❷ 通“娅”。姊妹的丈夫相互间的称谓。《诗经·小雅·节南山》：“琐琐姻～，则无膴仕。”（姻：女婿之父。）

娅(婭) yà ❶ 姊妹之夫相称为娅。《后汉书·酷吏传》：“阉人亲～，侵虐天下。”❷［娅姹(chà)］美丽的样子。和凝《江城子》之四：“～～含情娇不语。”

迓 yà 迎接。《左传·成公十三年》：“～晋侯于新楚。”（新楚：地名。）

揠 yà 拔。《孟子·公孙丑上》：“宋人有闵其苗之不长而～之者。”（闵：悯。）㊀提拔，提升。《宋史·岳飞传》：“德与琼素不相下，一旦～之在上，则必争。”（德、琼：人名。素：平素。不相下：指互不服气。）

猰 yà ［猰貐］食人怪兽。《淮南子·本经》：“～～、凿齿、九婴、大风、封豨、修蛇皆为民害。”李贺《公无出门》诗：“毒虬相视振金环，狻猊～～吐馋涎。”（狻猊：狮子。馋：通“饞”。）又写作“猰貐”。

YAN

咽 yān ❶ 喉咙。《战国策·秦策四》：“韩，天下之～喉；魏，天下之胸腹。”❷ yàn 吞。《孟子·滕文公下》：“三～，然后耳有闻，目有见。”❸ yè 哽咽，声音阻塞。蔡琰《悲愤诗》：“含哀～兮涕沾颈。”李白《忆秦娥》：“箫声～，秦娥梦断秦楼月。”

烟 yān ❶ 物质燃烧时产生的气状物。《荀子·富国》：“然后飞鸟凫雁若～海。”❷ yīn ［烟煴］同“细缊”。天地阴阳二气交互作用。《文选·张衡〈思玄赋〉》：“天地～～，百卉含葩。”㊈交感的元气。班固《东都赋》：“降～～，调元气。”㊈气体弥漫的样子。王延寿《鲁灵光殿赋》：“包阴阳之变化，含元气之～～。”【注意】“物质燃烧时产生的气状物”这个意义，古代多写作“煙”，很少写作“烟”。“烟煴”的“烟”不能写作“煙”。

恹(懨) yān ［恹恹］精神不振。韦庄《冬日长安感志寄献虢州崔郎中二十韵》：“客舍正甘愁寂寂，郡楼遥想醉～～。”

焉 yān ❶ 于何，在哪里。《列子·汤问》：“且～置土石？”（置：放。）❷ 疑问代词。怎么，哪里。《吕氏春秋·察微》：“吴人～敢攻吾邑？”《史记·司马相如列传》：“～足道邪！”㊈疑问代词。什么。《墨子·尚贤下》：“面目美好者，～故必知哉？”（故：缘故。知：通“智”。）❸ 于此，在这里，在那里。屈原《离骚》：“驰椒丘且～止息。”《三国志·吴书·吴主传》：“彼有人～，未可图也。”❹ 代词。相当于“之”。《左传·僖公二十三年》：“子女玉帛，则君有之；羽毛齿革，则君地生～。”❺ 连词。相当于“乃”、“则”、“就”。《荀子·议兵》：“若赴水火，入～焦没耳。”❻ 语气词。《列子·汤问》：“寒暑易节，始一反～。”（反：返。）❼ 形容词词尾。相当于“……的样子”。《诗经·小雅·大东》：“眷言顾之，潸～出涕。”杜牧《阿房宫赋》：“盘盘～，囷囷～，蜂房水涡，矗不知其几千万落。”

鄢 yān 古邑名。春秋楚国别都。在今湖北宜城附近。《韩非子·难一》：“楚两用昭、景而亡～郢。”（郢：楚的都城。）

嫣 yān ［嫣然］笑容美好的样子。宋玉《登徒子好色赋》：“～～一笑。”［嫣红］浓艳的红色。李商隐《河阳》诗：“侧近～～伴柔绿。”成语有“姹紫嫣红”。

崦 yān ［崦嵫(zī)］山名。古人认为是日入之处。屈原《离骚》：“吾令羲和弭节兮，望～～而勿迫。”

阉(閹) yān 被阉割在宫中服役的人。《国语·晋语二》：“公令～楚刺重耳。”（阉楚：阉人名楚。）又写作“奄”。《韩非子·外储说右上》：“因令奄将宫人之美妾二十人并遗季也。”（季：人名。）或称为“寺人”、“竖”。［阉然］曲意迎合的样子。《孟子·尽心下》：“～～媚于世也者，是乡原也。”

淹 yān ❶ 沤(òu)，浸。《楚辞·九叹·怨思》：“～芳芷(zhǐ)于腐井兮。”（芳芷：香草。腐井：臭水井。）㊀淹没。《北史·皇甫亮传》："为宅中水～不泄。"❷ 沉溺。多用于抽象意义。枚乘《七发》："～沉之乐，浩唐之心，遁佚之志，其奚由至哉！"（沉：沉迷。）❸ 迟延，停留。屈原《离骚》："日月忽其不～兮，春与秋其代序。"（忽：快速的样子。代序：代替，轮换。）柳永《八声甘州》："何事苦～留。"㊀久。《左传·襄公二十六年》："君～恤在外十二年矣。"（恤：遭忧。）❹ 精深，指知识深广。常"淹通"、"淹博"、"淹贯"、"淹雅"、"淹该"等连用。刘勰《文心雕龙·体性》："平子～通，故虑周而藻密。"（平子：指张衡。虑周：思虑周密。藻密：文辞严谨。）《新唐书·柳登传》："～贯群书。"

湮 yān ❶ 沉没，淹没。《后汉书·公孙穆传》："霖雨大水，三辅以东莫不～没。"❷ 埋没，不被人所知道。司马相如《封禅文》："～灭而不称者，不可胜数。"《新唐书·魏征传》："始丧乱后，典章～散。"（散：散失。）❸ 填塞。《庄子·天下》："昔者禹之～洪水，决江河。"（决：疏通，疏导。）

延 yán ❶ 伸长，延长。《韩非子·十过》："有玄鹤二八……～颈而鸣，舒翼而舞。"（颈：脖子。舒：展开。）《论衡·道虚》："道家或以服食药物，轻身益气，～年度世，此又虚也。"成语有"延年益寿"。㊀延缓。杨衒之《洛阳伽蓝记·宣忠寺》："妇人生产，有～月者，有少月者。"❷ 蔓延，扩展。《史记·汲郑列传》："河内失火，～烧千余家。"（河内：地名。）❸ 引进，迎接。《战国策·齐策四》："宣王使谒者～入。"（谒者：负责礼宾的官吏。）㊀邀请。陶渊明《桃花源记》："余人各复～至其家，皆出酒食。"双音词有"延请"。

埏 yán 见 369 页。

綖（綖） yán ❶ 覆盖在冠冕上作为装饰的布。《国语·鲁语下》："王后亲织玄𬘘，公侯之夫人加之以纮、～。"❷ xiàn "线"的异体字。《后汉书·虞诩传》："以采～缝其裾为帜。"❸ 通"延"。延缓。《吕氏春秋·勿躬》："若此则形性弥羸而耳目愈精，百官慎职而莫敢愉（tōu）～。"（愉：偷，苟且。）

蜒 yán ❶［蜿蜒］见 433 页"蜿"字。❷［蜒蚰（yóu）］一种软体动物。俗称鼻涕虫。

筵 yán ❶ 竹制的垫席。《诗经·大雅·行苇》："或肆之～，或授之几。"《史记·乐书》："布～席，陈樽（zūn）俎（zǔ）。"（布：铺设。樽：酒杯。俎：放祭品的器具。）㊀座位。《隋书·礼仪志六》："皇帝负扆（yǐ），则置神玺（xǐ）于～前之右。"（负扆：背靠屏风面向南。神玺：皇帝大印。）❷ 古人饮食宴会在席上，所以酒席叫"筵"。李商隐《行次西郊作》诗："五里一换马，十里一开～。"

【辨】筵，席。这两个字都是指席子。古人席地而坐，把铺在底下的叫"筵"，铺在上面的叫"席"。后代席地而坐的习俗变了，"筵"与"席"就没有严格的区别了，但床上铺的只叫"席"而不叫"筵"。

严（嚴） yán ❶ 急，紧急。《孟子·公孙丑下》："事～，虞不敢请。"（虞：人名。）❷ 严厉，严格。《韩非子·难四》："君明而～，则群臣忠。"㊀威严。《诗经·小雅·六月》："有～有翼。"（有：形容词词头。翼：恭敬。）［严君］旧时对父亲的尊称。《晋书·潘尼传》："国事明王，家奉～～。"❸ 尊敬。《史记·游侠列传》："诸公以故～重之，争为用。"（以故：因此。重：敬重。）❹ 猛烈，厉害。李白《北上行》："～风裂衣裳。"双音词有"严寒"。❺ 整饬，戒备。《古诗为焦仲卿妻作》："鸡鸣外欲曙，新妇起～妆。著我绣夹裙，事事四五通。"《世说新语·雅量》："可潜稍～，以备不虞。"

言 yán ❶ 说。《墨子·公输》："吾知所以距子矣，吾不～。"成语有"知无不言，言无不尽"。㊁谈论。《商君书·更法》："拘礼之人不足与～事。"（拘礼：拘泥于旧的典章制度。）㊀表达，陈述。《尚书·舜典》："诗～志。"❷ 言语，言论。《论语·公冶长》："听其～而观其行。"❸ 一个字为一言。如"五言诗"、"七言诗"。《后汉书·王充传》："著《论衡》八十五篇，二十余万～。"㊁一句话也称一言。《论语·为政》："《诗》三百，一～以蔽之，曰：'思无邪。'"成语有"一言为定"。❹ 动词词头。《诗经·邶风·泉水》："驾～出游，以写我忧。"（驾言出游：驾车出去游玩。）《左传·僖公九年》："既盟之后，～归于好。"

【辨】言，语。主动对人说话叫"言"，和别人一起谈论叫"语"。

妍 yán 美，美丽。刘知几《史通·惑经》："明镜之照物也，～媸（chī）必露。"（媸：面貌丑。）

研 yán ❶ 细细地磨。岑参《观楚国寺璋上人写一切经》诗："挥毫散林鹊，～墨警池鱼。"（挥毫：指挥笔。）❷ yàn 砚台。《后汉书·班超传》："大丈夫无它志略，犹当效傅介子、张骞立功异域，以取封侯，安能久事笔～间乎？"这个意义后来写作"砚"。❸ 研究，探讨。《周易·系辞上》："夫《易》，圣人之所以极深而～几（jī）也。"（几：几微。）

Y

《北史·马敬德传》:“沉思～求,昼夜不倦。”

岩[巖] yán ❶高峻的山崖。《世说新语·言语》:“千～竞秀,万壑争流。”❷险峻,险要。《三国志·蜀书·诸葛亮传》:“跨有荆、益,保其～阻。”(荆、益:地名。)《左传·隐公元年》:“制,～邑也。”(制:地名。)[岩岩]高峻的样子。《诗经·小雅·节南山》:“节彼南山,维石～～。”❸山中洞穴。杜甫《西枝村寻置草堂地夜宿赞公土室》诗:“盛论～中趣。”成语有“岩穴之士”。【注意】“巖”没有“岩石”的意义。

炎 yán ❶焚烧,燃烧。《尚书·胤征》:“火～昆冈,玉石俱焚。”吕才《叙禄命》:“蜀郡～燎。”❷热,炎热。屈原《九章·悲回风》:“观～气之相仍兮。”柳宗元《笼鹰词》:“～风溽(rù)暑忽然至。”(溽:湿。)❸yàn通“焰”。火苗。《后汉书·任光传》:“光～烛天地。”(烛:照耀。)

沿 yán ❶顺着水道而下。《左传·文公十年》:“～汉溯(sù)江。”(汉:汉水。溯:逆着水道向上走。江:长江。)㉿顺着。陆机《文赋》:“～波而讨源。”❷沿袭,承袭。《礼记·乐记》:“五帝殊时,不相～乐;三王异世,不相袭礼。”《宋书·恩幸传》:“因此相～,遂为成法。”(遂:就。)

阎(閻) yán ❶里巷的门。《史记·平准书》:“守闾～者食粱肉。”㉿里巷。《史记·越王句践世家》:“庄生虽居穷～,然以廉直闻于国。”❷[阎罗]梵语音译,佛教指地狱之王。

颜(顔) yán ❶额。俗称脑门子。《素问·刺热论》:“心热病者～先赤。”❷面容。《诗经·郑风·有女同车》:“有女同行,～如舜英。”(舜英:木槿花。)《列子·黄帝》:“解～而笑。”[颜色]1.面容,脸色。《楚辞·渔父》:“～～憔悴。”《世说新语·汰侈》:“已斩三人,～～如故。”2.容貌。多指妇女的容貌。陆机《拟青青河畔草》诗:“灼灼美～～。”(灼灼:鲜明的样子。)3.色彩(后起意义)。杜甫《园人送瓜》诗:“满眼～～好。”❸门框上的横匾。《新唐书·马燧传》:“帝榜其～以宠之。”(榜:题字。)

檐 yán ❶屋檐。张衡《西京赋》:“反宇业业,飞～巘巘(nièniè)。”(巘巘:高的样子。)这个意义后来写作“簷”。❷dàn担,举。《史记·平原君虞卿列传》:“虞卿者,游说之士也。蹑蹻(juē)～簦(dēng)说赵孝成王。”(蹻:草鞋。簦:长柄笠。)❸dàn通“担(擔)”。量词。石。《吕氏春秋·异宝》:“爵执圭,禄万～,金千镒。”

沇 yǎn ❶水名。济水的上游。《尚书·禹贡》:“导～水,东流为济。”❷wěi[沇溶]盛多的样子。扬雄《羽猎赋》:“萃傱(sǒng)～～,淋离廓落。”

兖[兗] yǎn 地名。指兖州。[兖州]古九州之一。《尚书·禹贡》:“济河惟～～。”汉以后为行政区划之一,辖境在今山东西南部。

奄 yǎn ❶覆盖,包。常“奄有”连用。《庄子·大宗师》:“～有天下。”《淮南子·修务》:“万物至众,而知不足以～之。”(知:通“智”,智慧。)❷突然,急。《魏书·铁弗刘虎传》:“王师～到,上下惊扰。”成语有“奄然而逝”。[奄忽]1.忽然,突然,快。《汉书·严延年传》:“～～如神。”2.死亡。《后汉书·赵岐传》:“自虑～～,乃为遗令。”(乃:就。为:作。)❸[奄奄]气息微弱的样子。李密《陈情表》:“日薄西山,气息～～。”❹yān停留。《汉书·礼乐志》:“神～留,临须摇。”这个意义后来写作“淹”。❺yān通“阉”。宦官。《淮南子·时则》:“命～尹申宫令。”(尹:长官。)

罨 yǎn ❶网。㉿用网捕。左思《蜀都赋》:“～翡翠,钓鰋(yǎn)鲉(chóu)。”❷覆盖。皮日休《初入太湖》诗:“西风乍猎猎,惊波～涵碧。”❸[罨画]色彩鲜明的画。元稹《刘阮妻二首》之二:“芙蓉脂肉绿云鬟,～～楼台青黛山。”

匽 yǎn ❶同“偃”。倒下。《汉书·王吉传》:“夏则为大暑之所暴炙,冬则为风寒之所～薄。”㉿止息。《汉书·天文志》:“天下～兵。”❷yàn厕所。《战国策·燕策二》:“铸诸侯之象,使侍屏(bìng)～。”(屏:厕所。)苏辙《颍州择胜亭》诗:“前炊釜鬵(qín),后凿～溲。”(鬵:大锅。)㉾排污水的阴沟。《周礼·天官·宫人》:“为其井～。”

偃 yǎn ❶仰卧。《诗经·小雅·北山》:“或息～在床。”㉿向后倒。柳宗元《三戒·临江之麋》:“抵触～仆益狎(xiá)。”(抵触:用头顶撞。仆:向前倒。益狎:更加亲近而随便。)㉾倒下。《尚书·金縢》:“天大雷电以风,禾尽～。”(禾:庄稼。)成语有“偃旗息鼓”。❷停止,停息。《韩非子·内储说上》:“惠施欲以齐、荆～兵。”杜甫《寄题江外草堂》诗:“干戈未～息,安得酣歌眠?”(干戈:兵器,指战争。)成语有“偃武修文”。❸[偃蹇]1.高高的。屈原《离骚》:“望瑶台之～～兮。”2.高傲的样子。《后汉书·郑众传》:“汉使既到,便～～自信。”3.屈曲的样子。《淮南子·本经》:“～～蓼纠,曲成文章。”

Y

【辨】偃，僵，仆，跌，毙，踣。"偃"、"僵"是向后倒，"仆"是向前倒。"跌"是失足跌倒，"毙"是倒下去(包括"偃"、"僵"和"仆")。"踣"本义也是跌倒，引申为倒毙、死亡。

蝘 yǎn ［蝘蜓(diàn)］壁虎。《荀子·赋》："螭龙为～～，鸱枭为凤皇。"扬雄《解嘲》："今子乃以鸱枭而笑凤凰，执～～而嘲龟龙。"

俨(儼) yǎn 庄重的样子。《诗经·陈风·泽陂》："有美一人，硕大且～。"(硕：大。)［俨然］1. 庄重的样子。《荀子·非十二子》："其容良，～～壮然。"(良：温和。壮：庄重。) 2. 整齐的样子。陶渊明《桃花源记》："土地平旷，屋舍～～。"(旷：宽阔。) 3. 似真的样子。杨衒之《洛阳伽蓝记·永宁寺》："有人从东莱郡来，云：'见浮图于海中，光明照耀，～～如新。'"

衍 yǎn ❶ 漫延，扩展。《后汉书·桓帝纪》："流～四方。"《墨子·非攻中》："广～数于万。" ❷ 满溢。《诗经·小雅·伐木》："伐木于阪，酾酒有～。" ❸ 余裕，盛多。《荀子·君道》："圣王财～以明辨异。"杜笃《论都赋》："国富人～。" ❹ 书籍中由排版、传抄错误等原因造成多出来的不应有的字句。如"衍文"。 ❺ 低而平坦。《管子·轻重丁》："北方之萌者，～处负海。"(萌：通"氓"，老百姓。) ❻ 山坡。《史记·封禅书》："文公梦黄蛇自天下属地，其口止于鄜(fū)～。"(鄜：地名。)

弇 yǎn ❶ 遮蔽，覆盖。《墨子·耕柱》："是犹～其目而祝于丛社也。"(是犹：这如同。) ❷ 承袭。《荀子·赋》："法禹舜而能～迹者邪？"(法：效法。) ❸ 狭道。《左传·襄公二十五年》："行及～中，将舍。" ❹ 深。《吕氏春秋·仲冬》："处必～。"(处：居处。) ❺ 器具口小肚子大。《周礼·考工记·凫氏》："(钟)～则郁。"(郁：郁闷，指声音不响亮。)

揜 yǎn ❶ 捕取。《穀梁传·昭公八年》："～禽旅。" ❷ 夺取。《淮南子·氾论》："怯者夜见立表，以为鬼也；见寝石，以为虎也。惧～其气也。"(惧：恐惧。) ❸ 掩盖。《韩非子·外储说左下》："左右皆～口而笑。"㉢遮蔽，隐瞒。《吕氏春秋·孟冬》："于是察阿上乱法者则罪之，无有～蔽。" ❹ 承袭。《荀子·儒效》："教诲开导成王，使谕于道，而能～迹于文武。" ❺ 困迫。《礼记·表记》："君子慎以辟祸，笃以不～，恭以远耻。"

渰 yǎn ❶ 云起的样子。《诗经·小雅·大田》："有～萋萋，兴雨祁祁。" ❷ yān 通"淹"。淹没。《南齐书·魏虏传》："会潮水大至，虏～溺。"

黭 yǎn ❶ 黑色。张说《奉和圣制喜雨赋》："气翁霭以～黮(dàn)，声飒洒以萧条。" ❷ 暗昧，愚昧。王褒《四子讲德论》："鄙人～浅，不能究识。" ❸ 通"奄"。突然。《荀子·强国》："～然而雷击之。"

剡 yǎn ❶ 尖，锐利。屈原《九章·橘颂》："曾枝～棘，圆果抟兮。"(曾枝：指重重叠叠的树枝。曾：通"层"。棘：刺。)㉤削尖。《周易·系辞下》："弦木为弧，～木为矢。" ❷ 举起。《荀子·强国》："案欲～其胫而以蹈秦之腹。"(案：于是。胫：小腿。蹈：践踏。) ❸ shàn 水名。在今浙江嵊州。

琰 yǎn ❶［琰圭］一种上端尖的圭，用作征讨的符信。《周礼·春官·典瑞》："～～以易行，以除慝。" ❷［琬琰］见434页"琬"字。

扊 yǎn ［扊扅(yí)］门闩。《乐府诗集·琴歌三首》："百里奚，五羊皮。忆别时，烹伏雌，炊～～。今日富贵忘我为。"陆龟蒙《袭美先辈……用伸酬谢》诗："轻若脱钳钛，豁如抽～～。"

眼 yǎn ❶ 眼珠。《庄子·盗跖》："比干剖心，子胥抉～，忠之祸也。"《晋书·阮籍传》："见礼俗之士以白～对之。"㉢眼睛(后起意义)。辛弃疾《清平乐·独宿博山王氏庵》："～前万里江山。" ❷ 孔洞，窟窿。陆游《老学庵笔记》卷一〇："第中窗上下及中一二～作方～。" ❸ 量词。用于井、泉。白居易《钱塘湖石记》："湖中又有泉数十～。"

演 yǎn ❶ 水长流。木华《海赋》："东～析木，西薄青徐。"(析木：星次名，其分野为幽燕地区。薄：靠近。青、徐：州名。)㉢引长，延及。江淹《为萧太傅谢追赠父祖表》："泽～庆世。"(泽：恩泽。庆：吉。) ❷ 湿润，渗透。《国语·周语上》："夫水土～而民用也。" ❸ 根据某种事理推广、发挥。司马迁《报任安书》："盖西伯拘而～《周易》。"《三国志·蜀书·诸葛亮传》："推～兵法，作八阵图。"［演义］1. 阐发道义。《后汉书·周党传》："党等文不能～～，武不能死君。" 2. 以史实为基础，增添一些故事情节，用章回体写成的小说，如《三国演义》。

魇(魘) yǎn ❶ 梦中惊骇。王建《县丞厅即事》诗："古厅眠受～，老吏语多虚。" ❷ 以妖术害人(后起意义)。《太平广记》卷三六九"苏丕女"："其婢求术者行～蛊之法，以符埋李氏宅粪土中。"

黡(黶) yǎn ❶ 黑痣。《抱朴子·接疏》："岂肯称薪而爨，数粒乃炊，并瑕弃璧，披毛索～哉！”❷ 黑。《宋书·颜延之传》：“慌若迷涂失偶，～如深夜撤烛。”

噞 yǎn ❶ 鱼口向上露出水面呼吸。《淮南子·主术》：“夫水浊则鱼～，政苛则民乱。”也可“噞喁”连用。庾肩吾《奉使北徐州参丞御》诗：“海鸥时出没，江鱏（xún）乍～喁。”❷ 吃，品尝。曹丕《诏群臣》：“今以荔枝赐将吏，～之则知其味薄矣。”

巘（巘） yǎn 形状似甗的山。《诗经·大雅·公刘》：“陟则在～，复降在原。”张衡《西京赋》：“赴洞穴，探封狐，陵重～，猎昆駼。”

甗 yǎn 古代炊具。《周礼·考工记·陶人》：“陶人为～。”

鼹［鼴］ yǎn 一种住在土穴中的鼠。高适《寄宿田家》诗：“岩际窟中藏～鼠，潭边竹里隐鸬鹚。”韦庄《又玄集序》：“自惭乎～腹易盈，非嗜其熊蹯独美。”

厌（厭） yàn ❶ 饱。《韩非子·解老》：“服文采，带利剑，～饮食。”❷ 满足。《左传·隐公元年》：“姜氏何～之有？”上述❶❷又写作“餍”。成语有“贪得无厌”。❸ 合于心。《国语·周语下》：“克～帝心。”㊂心服。《汉书·景帝纪》：“诸狱疑，若虽文致于法而于人心不～者，辄谳之。”❹ 讨厌，厌恶。《史记·平津侯主父列传》：“诸公宾客多～之。”㊀嫌。曹操《短歌行》：“山不～高，海不～深。”❺ yā 压，压住。《汉书·五行志下之上》：“地震陇西，～四百余家。”❻ yā 压制，压抑。《汉书·翼奉传》：“东～诸侯之权。”㊂镇压妖邪。《史记·高祖本纪》：“秦始皇帝常曰东南有天子气，于是因东游以～之。”❼ yā 堵塞。《荀子·修身》：“～其源，开其渎（dú），江河可竭。”（源：水源。渎：沟渠。）上述❺❻㊂❼都可以写作“压（壓）”。❽ yān 安静。《荀子·王制》：“是以～然畜积修饰。”❾ yǎn 做噩梦。《论衡·问孔》：“适有卧～不悟者。”（适：恰好。悟：睡醒。）这个意义后来写作“魇”。

餍（饜） yàn ❶ 饱。《孟子·离娄下》：“其良人出，则必～酒肉而后反。”《论衡·辨祟》：“饱饭～食。”❷ 满足。《左传·哀公十六年》：“以险徼幸者其求无～。”

彦 yàn 有才学的人。《诗经·郑风·羔裘》：“彼其之子，邦之～兮。”《世说新语·文学》：“张凭举孝廉，出都，负其才气，谓必参时～。”（出：到。）

谚（諺） yàn ❶ 谚语。《左传·昭公十九年》：“～所谓室于怒市于色者。”贾谊《过秦论》：“野～曰：‘前事之不忘，后事之师也。’”（野：指民间。）❷ 通“喭”。强横，粗鲁。《尚书·无逸》：“厥父母勤劳稼穑，厥子乃不知稼穑之艰难，乃逸乃～。”❸ 通“唁”。慰问死者家属。刘勰《文心雕龙·书记》：“谚者，直语也。丧言亦不及文，故吊亦称～。”

喭 yàn ❶ 强横，粗鲁。《论语·先进》：“由也～。”（由：子路。）❷ 通“唁”。吊唁。《世说新语·任诞》：“裴至，下席于地，哭，吊～毕便去。”❸ 通“谚”。谚语。《后汉书·虞诩传》：“～曰：‘关西出将，关东出相。’”

艳（艷）［豔］ yàn ❶ 长得漂亮，光彩动人。《左传·桓公元年》：“宋华父督见孔父之妻于路，目逆而送之，曰：‘美而～。’”㊂美女。沈约《日出东南隅行》：“中有倾城～，顾景织罗纨。”❷ 色彩鲜明美丽。李白《古风五十九首》之二十六：“碧荷生幽泉，朝日～且鲜。”成语有“百花争艳”。㊂文辞华美。《三国志·吴书·吴主传》：“信言不～。”❸ 有关爱情的。元稹《叙诗寄乐天书》：“因为～诗百余首。”❹ 喜爱，羡慕。《韩非子·外储说左上》：“不谋治强之功，而～乎辩说文丽之声。”❺ 古代称楚国的歌曲。左思《吴都赋》：“荆～楚舞。”

滟（灧）［灩］ yàn ❶［滟滟］水波摇动的样子。何逊《望新月示同羁》诗：“的的与沙静，～～逐波轻。”张籍《朱鹭》诗：“动处水纹开～～。”❷［滟滪堆］长江三峡瞿塘峡中的险滩。李白《长干行二首》之一：“十六君远行，瞿塘～～～。”

晏 yàn ❶ 天晴无云。《汉书·扬雄传上》：“于是天清日～。”❷ 鲜艳，华美。《诗经·郑风·羔裘》：“羔裘～兮，三英粲兮。”（羔裘：羊皮衣。）❸ 平静，安定。《世说新语·品藻》：“荆门昼掩，闲庭～然。”（荆门：柴门。）沈约《齐故安陆昭王碑文》：“轨躅清～。”（轨躅：指行经之处。）❹ 晚，迟。《墨子·尚贤中》：“蚤朝～退。”❺［晏晏］1. 柔和，和悦。《诗经·卫风·氓》：“总角之宴，言笑～～。”2. 盛的样子。宋玉《九辩》：“被荷裯（dāo）之～～兮。”（荷裯：用荷叶做的短衣服。）

唁 yàn ❶ 古时对亡国者的慰问。《左传·昭公二十五年》：“公孙于齐，次于阳州，齐侯～公于野井。”（公：鲁昭公。孙：通“逊”，逃亡。野井：地名。）㊂对遭遇其他祸事的人的慰问。《左传·襄公十七年》：“齐人获臧坚，齐侯使夙（sù）沙卫～之。”（臧坚、夙沙卫：人名。）❷ 吊丧，对遭遇丧事的人表

Y

示慰问。《宋史·苏颂传》："遭母丧，帝遣中贵人～劳。"

【辨】吊，唁。见 86 页"吊"字。

宴 yàn ❶ 安逸，安闲。《左传·闵公元年》："～安酖(zhèn)毒，不可怀也。"(宴安酖毒：贪图安逸等于喝毒酒自杀。酖：有毒的药酒。怀：留恋。) ❷ 乐，快乐。《左传·成公二年》："衡父不忍数年之不～。"(衡父：人名。) ❸ 用酒饭招待客人。《古诗十九首·今日良宴会》："今日良～会，欢乐难具陈。"这个意义又写作"讌"、"燕"。

堰 yàn ❶ 拦河坝。杨衒之《洛阳伽蓝记·永明寺》："长分桥西有千金～。" ❷ 古代一些灌溉工程。《旧唐书·食货志下》："汴州东有梁公～，年久～破，江淮漕运不通。"又如"都江堰"。

验(驗) yàn ❶ 证据，凭证。《史记·晋世家》："何以为～？" ❷ 检验，验证。《汉书·平帝纪》："其当～者即～问。"沈括《梦溪笔谈》卷七："何以知之？以月盈亏可～也。"双音词有"考验"、"试验"。❸ 试验。《史记·秦始皇本纪》："恐群臣不听，乃先设～，持鹿献于二世，曰：'马也。'" ❹ 效果。《淮南子·主术》："～在近而求之远。"㊂应验。《三国志·吴书·吴主传》："表说水旱小事，往往有～。"(表：人名。)

雁[鴈] yàn ❶ 大雁，一种候鸟。《诗经·邶风·匏有苦叶》："雝雝(yōngyōng)鸣～。"(雝雝：形容声音柔和。) ❷ 鹅。《庄子·山木》："夫子出于山，舍于故人之家。故人喜，命竖子杀～而烹之。" ❸ 假的，伪造的。《韩非子·说林下》："齐伐鲁，索谗鼎。鲁以其～往。齐人曰：'～也。'鲁人曰：'真也。'"(索：求。谗鼎：宝鼎名。)这个意义后来写作"赝"。【注意】《说文》："雁，鸟也。""鴈，鹅也。"认为"雁"是大雁，"鴈"是鹅。段注："今字雁鴈不分久矣。"上引《庄子》例为"雁"字，指鹅。《吕氏春秋·仲秋》："候鴈来，玄鸟归。"《吕氏春秋·必己》："故人喜，具酒肉，令竖子为杀鴈飨之。"同一个"鴈"，有的指大雁，有的指鹅。

赝(贗)[贋] yàn 假的，伪造的。《宋书·戴法兴传》："而道路之言，谓法兴为真天子，帝为～天子。"楼钥《跋米元晖着色春山》："后人多作～本，去此远矣。"

猒 yàn ❶ 饱。《列子·杨朱》："而美厚复不可常～足。" ❷ 满足。《荀子·富国》："割国之锱铢以赂之，则割定而欲无～。"㊀服。《后汉书·胡广传》："今以一臣之言，刬戾旧章，便利未明，众心不～。" ❸ 厌倦。《后汉书·班彪传论》："赡而不秽，详而有体，使读之者亹亹(wěiwěi)而不～。"㊂厌恶，嫌弃。《后汉书·虞诩传》："兵不～权，愿宽假辔策，勿令有所拘阂而已。"上述❶❷❸都可以写作"厌(厭)"。❹[猒猒]安静的样子。《荀子·儒效》："～～兮其能长久也。" ❺ yā 通"压(壓)"。镇压。《汉书·高帝纪上》："秦始皇帝尝曰：'东南有天子气。'于是东游以～当之。"

焰[燄] yàn ❶[焰焰]火势微弱的样子。《尚书·洛诰》："无若火始～～。" ❷ 火焰。《晋书·石季龙载记下》："光～照天，金石皆尽，火月余乃灭。"㊀气势。《左传·庄公十四年》："人之所忌，其气～以取之。"

焱 yàn 火焰。张衡《思玄赋》："纷翼翼以徐戾兮，～回回其扬灵。"陈琳《答东阿王笺》："清辞妙句，～绝焕炳。"

酽(釅) yàn 酒、茶等味厚。曹唐《小游仙诗》之十四："酒～春浓琼草齐，真公饮散醉如泥。"㊀颜色深。戴叔伦《赠慧上人》诗："云霞色～禅房衲，星月光涵古殿灯。"

谳(讞) yàn 审理定罪。《后汉书·申屠蟠传》："乃为～得减死论。"(减死论：减轻死罪的判决。)㊂狱讼案件。《史记·汲郑列传》："汤等数奏决～以幸。"(汤：人名。)

燕 yàn ❶ 燕子。《史记·陈涉世家》："～雀安知鸿鹄之志哉！"(安：哪里。鸿鹄：天鹅。志：志向。)成语有"莺歌燕舞"、"燕雀处堂"。❷ 亲近。《韩非子·难三》："而俳优侏儒，固人主之所与～也。" ❸ 通"宴"。用酒饭招待客人。《汉书·高五王传》："帝与齐王～饮。"这个意义后来写作"醼"、"讌"。❹ 通"宴"。安逸，安闲。《史记·万石张叔列传》："虽～居必冠。"(冠：戴帽，表示恭敬。) ❺ yān 国名。1. 周代诸侯国。战国时为七雄之一。在今河北北部和辽宁西部。2. 南北朝时国名。有前燕、后燕、南燕、北燕。

讌[醼] yàn ❶ 聚谈。《战国策·齐策三》："孟尝君～坐，谓三先生曰：'愿闻先生有以补文之阙者。'"(文：孟尝君之名。)《后汉书·马武传》："帝后与功臣诸侯～语。" ❷ 通"宴"。用酒饭招待客人。刘向《列女传·楚昭越姬》："昭王～游，蔡姬在左，越姬参右。"这个意义又写作"醼"。

鷃[鴳] yàn 一种小鸟。《庄子·达生》："譬之若载鼷以车马、乐～

以钟鼓也。"宋玉《对楚王问》:"凤皇上击九千里,绝云霓,负苍天……夫蕃篱之～,岂能与之料天地之高哉!"

爓 yàn ❶火焰。班固《东都赋》:"吐～生风,欱野歕山。"❷xún 通"焊"。把肉在沸水中略为一煮。《礼记·郊特牲》:"血腥～祭。"

YANG

央 yāng ❶中心,正中。常"中央"连用。《诗经·秦风·蒹葭》:"遡游从之,宛在水中～。"❷尽,完了。常"未央"、"无央"连用。曹丕《燕歌行》:"星汉西流夜未～。"(星汉西流:天上的星斗和银河都在向西运转。)霍去病《琴歌》:"国家安宁,乐无～兮。"❸恳求。曹唐《小游仙诗》之四十二:"无～公子停鸾辔。"(无:不,不用。鸾辔:指车马。)双音词有"央求"。

泱 yāng ❶[泱泱]水深广的样子。《诗经·小雅·瞻彼洛矣》:"瞻彼洛矣,维水～～。"范仲淹《桐庐郡严先生祠堂记》:"云山苍苍,江水～～。"㊀宏大的样子。《左传·襄公二十九年》:"美哉!～～乎!大风也哉!"皎然《风入松歌》:"夜未央,曲何长,金徽更促声～～。"❷yǎng[泱漭]1.广大的样子。司马相如《上林赋》:"径乎桂林之中,过乎～～之野。"2.昏暗不明的样子。谢朓《京路夜发》诗:"晓星正寥落,晨光复～～。"

殃 yāng 灾祸,祸害。《左传·闵公二年》:"～将至矣。"贾谊《治安策》:"下数被其～。"㊁残害。《孟子·告子下》:"不教民而用之,谓之～民。"成语有"祸国殃民"。

鞅 yāng (旧读 yǎng)❶古时套在马脖子上的皮子。《左传·襄公十八年》:"抽剑断～。"❷[鞅掌]事务繁杂的样子。嵇康《与山巨源绝交书》:"官事～～,机务缠其心。"(机务:机要事务。)❸通"快"。[鞅鞅]不满意。《汉书·高帝纪下》:"诸将故与帝为编户民,北面为臣,心常～～。"

扬(揚) yáng ❶扬起,举起。屈原《九章·哀郢》:"楫齐～以容与兮。"(楫:船桨。容与:徘徊不进的样子。)㊁簸扬,抛起。《世说新语·排调》:"簸之～之,糠秕在前。"㊀飞扬,翻腾。刘邦《大风歌》:"大风起兮云飞～。"李白《古风五十九首》之三:"～波喷云雷。"❷称颂,宣扬,传播出去。《诗经·大雅·江汉》:"对～王休。"(对:酬答。休:美好。)柳宗元《贞符》:"显至德,～大功。"㊁显示。《三国志·魏书·武帝纪》:"～兵河上。"(河:黄河。)㊕容貌出众。裴度《自题写真赞》:"尔才不长,尔貌不～。"(尔:你。)❸发扬。《三国志·蜀书·诸葛亮传》:"光～洪烈。"(洪烈:伟大的功业。)❹振作。杜甫《新婚别》:"妇人在军中,兵气恐不～。"(兵气:士气。)❺[扬扬]心情愉快或得意的样子。《史记·管晏列传》:"意气～～,甚自得也。"成语有"扬扬得意"。❻钺,古代一种兵器。《诗经·大雅·公刘》:"干戈戚～。"(干:盾牌。戚:古代一种像斧的兵器。)

旸(暘) yáng ❶日出。江淹《恨赋》:"人修夜之不～。"㊀明亮。江淹《丹砂可学赋》:"故从师而问道,冀幽路之或～。"㊁太阳。曹勋《凤凰台上忆吹箫·碧玉烟塘》:"碧玉烟塘,绛罗艳卉,朱清炎驭升～。"❷晴。《尚书·洪范》:"曰雨,曰～,曰燠,曰寒。"《论衡·寒温》:"旦雨气温,旦～气寒。"(旦:早晨。)

飏(颺) yáng ❶飞扬,翻腾。《汉书·叙传上》:"风～电激。"宋玉《钓赋》:"上则波～。"㊁簸扬,抛起。《晋书·孙绰传》:"簸之～之,糠秕在前。"❷宣扬,传播出去。《汉书·叙传上》:"雄朔野以～声。"(朔:北方。)㊁显示。张衡《西京赋》:"丽服～菁。"(菁:华美。)㊕容貌出众。《左传·昭公二十八年》:"今子少不～。"❸船慢行的样子。陶渊明《归去来兮辞》:"舟遥遥以轻～。"(轻飏:轻轻漂荡。)

炀(煬) yáng (旧读 yàng)❶烘干。沈括《梦溪笔谈》卷一八:"持就火～之。"㊀烤火。《庄子·盗跖》:"古者民不知衣服,夏多积薪,冬则～之。"(薪:柴。)❷焚烧。潘岳《西征赋》:"诗书～而为烟。"❸火猛。东方朔《七谏·自悲》:"观天火之炎～兮,听大壑之波声。"㊁照耀。扬雄《甘泉赋》:"北爌幽都,南～丹崖。"

钖(鍚) yáng ❶马头上的饰物。《诗经·大雅·韩奕》:"钩膺镂～。"❷盾背上的金属饰物。《礼记·郊特牲》:"朱干设～,冕而舞大武。"(干:盾。)

疡(瘍) yáng ❶疮。《周礼·天官·医师》:"凡邦之有疾病者,疕(bǐ)～者造焉。"(疕:疮。)❷溃烂。《素问·风论》:"皮肤～溃。"

阳(陽) yáng ❶山的南面,水的北面。《尚书·禹贡》:"岷山之～,至于衡山。"《诗经·秦风·渭阳》:"我送舅氏,曰至渭～。"【注意】地名第二字用"阳"的,一般都来自这个意义,如"衡阳"在衡山之南,

“洛阳”在洛水之北。❷ 阳光。《诗经·小雅·湛露》：“匪～不晞(xī)。”(匪：非。晞：晒干。)㉄温暖。《诗经·豳风·七月》：“春日载～，有鸣仓庚。”㊈明亮。《诗经·豳风·七月》：“我朱孔～。”(朱：红色。孔：非常。)❸ 指阴历十月。《诗经·小雅·采薇》：“曰归曰归，岁亦～止。”❹ 生，活。《庄子·齐物论》：“近死之心，莫使复～也。”❺ 表面上，假装。《韩非子·说难》：“则～收其身，而实疏之。”(疏：疏远。)《汉书·邹阳传》：“是以箕子～狂，接舆避世。”(箕子、接舆：人名。)成语有“阳奉阴违”。❻ 古代哲学概念。见503页“阴”字。

佯 yáng 假装。《孙子兵法·军争》：“～北勿从。”(北：指败退。从：追赶。)《史记·宋微子世家》：“乃被发～狂而为奴。”(被：披。)

徉 yáng [徜徉]见42页“徜”字。

洋 yáng ❶[洋洋]1. 水大的样子。《诗经·卫风·硕人》：“河水～～。”㉄盛大众多的样子。刘向《说苑·尊贤》：“传之后世，～～有余。”成语有“洋洋万言”。2. 美好。《韩非子·难言》：“～～纚纚(sǎsǎ)然。”(纚纚然：有条理的样子。)3. 无家可归的样子。屈原《九章·哀郢》：“焉～～而为客。”(焉：于是。客：客居在外的人。)4. 高兴得意的样子。范仲淹《岳阳楼记》：“把酒临风，其喜～～者矣。”(把：持。临：迎着，对着。)成语有“喜气洋洋”。❷ 海洋(后起意义)。徐兢《宣和奉使高丽图经》卷三四：“黑水～，即北海～也。”

痒 yáng ❶ 病。《诗经·小雅·正月》：“哀我小心，癙(shǔ)忧以～。”(癙：忧。)㉄害，受害。《诗经·大雅·桑柔》：“天降丧乱，灭我立王。降此蟊贼，稼穑卒～。”❷ yǎng 皮肤受刺激引起想挠的感觉。焦延寿《易林·蹇之革》：“头～搔跟，无益于疾。”这个意义古代多写作“癢”，现写作“痒”。

仰 yǎng ❶ 抬头，脸向上。与“俯”相对。《荀子·解蔽》：“瞽(gǔ)者～视而不见星。”(瞽者：盲人。)㉄敬慕。《三国志·蜀书·诸葛亮传》：“英才盖世，众士慕～。”(盖：压倒。)❷ 依赖，依靠。《史记·平准书》：“衣食～给县官。”《后汉书·袁绍传》：“孤客穷军，～我鼻息。”❸ 旧时公文中上级命令下级的惯用语，有“切望”的意思。《旧唐书·宣宗纪》：“～州县放免差役。”

坱 yǎng ❶ 尘埃。柳宗元《法华寺石门精舍》诗：“潜躯委缰锁，高步谢尘～。”❷[坱圠(yà)]1. 茫茫无边际的样子。贾谊《鹏鸟赋》：“～～无垠(yín)。”(垠：边际。)2. 高低不平。左思《吴都赋》：“地势～～。”上述1、2又写作“坱轧”。

养(養) yǎng ❶ 养活，使能生活下去。《礼记·礼运》：“矜(guān)寡孤独废疾者皆有所～。”《史记·平津侯主父列传》：“孤寡老弱不能相～。”㊈育养。张籍《筑城词》：“家家～男当门户，今日作君城下土。”❷ 饲养。卢思道《孤鸿赋序》：“有离群之鸿，为罗者所获，野人驯～，贡之于余。”❸(旧读 yàng)侍养，供养。《论语·为政》：“今之孝者，是谓能～。”❹ 保养。《庄子·养生主》：“吾闻庖丁之言，得～生焉。”(庖丁：人名。)成语有“养精蓄锐”。㊈修养。《淮南子·俶真》：“和愉虚无，所以～德也。”❺ 教育。《礼记·文王世子》：“立大傅、少傅以～之。”(大傅、少傅：官名。)❻ 给养，生活资料。《荀子·天论》：“～备而动时，则天不能病。”(备：完备。动时：按时运动。病：使他病。)❼ yàng 厨师。《公羊传·宣公十二年》：“厮役扈(hù)～死者数百人。”(厮役：指奴仆。扈：养马的人。)❽ 痒。《荀子·正名》：“疾、～、凔(cāng)、热。”(凔：寒凉。)这个意义后来写作“癢”，现写作“痒”。

怏 yàng ❶[怏然]不满意、不服气的样子。《战国策·赵策三》：“辛垣衍～～不说。”(辛垣衍：人名。说：悦。)❷[怏怏]不满意，不服气。《史记·白起王翦列传》：“白起之迁，其意尚～～不服。”《后汉书·彭宠传》：“愈～～不得志。”

恙 yàng ❶ 忧。《汉书·公孙弘传》：“君不幸罹霜露之疾，何～不已，乃上书归侯，乞骸骨。”(已：止。)[无恙]平安无事。《战国策·齐策四》：“威后问使者曰：‘岁亦～～耶？民亦～～耶？王亦～～耶？’”成语有“安然无恙”。❷ 病(后起意义)。秦观《答张文潜病中见寄》诗：“君其专精神，微～不足论。”

漾 yàng ❶ 水流长。王粲《登楼赋》：“路逶迤而修迥兮，川既～而济深。”❷ 水波摇动。杜甫《屏迹三首》诗之二：“竹光团野色，舍影～江流。”❸ 泛舟，摇船。谢惠连《西陵遇风献康乐》诗：“成装候良辰，～舟陶嘉月。”杜甫《观打鱼歌》：“渔人～舟沉大网，截江一拥数百鳞。”

瀁 yàng ❶ 水名。汉水之源。这个意义又写作“漾”。❷ yǎng [瀁瀁]动荡的样子。阮籍《清思赋》：“心～～而无所终薄兮，思悠悠而未半。”

Y

YAO

幺 yāo 小，细。《汉书·食货志下》："～钱一十。"陆机《文赋》："犹弦～而徽急，故虽和而不悲。"

夭 yāo ❶ 夭折，短命。《荀子·荣辱》："忧险者常～折。" ❷ 摧折。《管子·禁藏》："毋伐木，毋～英。"（毋：不要。英：花。）上述❶❷又写作"殀"。❸ 灾。《诗经·小雅·正月》："天～是椓（zhuó）。"（椓：敲打，这里指残害。）❹ 草木茂盛。《尚书·禹贡》："厥草惟～。"（厥：其，那。）❺［夭夭］1. 茂盛而美丽的样子。《诗经·周南·桃夭》："桃之～～，灼灼其华。"（灼灼：鲜明的样子。华：花。）2. 颜色和悦的样子。《论语·述而》："子之燕居，申申如也，～～如也。"（燕居：闲居。申申如：安详舒适的样子。）❻ ǎo 初生的草木鸟兽。《国语·鲁语上》："泽不伐～。"《礼记·王制》："不杀胎，不殀～。"

妖 yāo ❶ 艳丽，美好。陆机《拟青青河畔草》诗："粲粲～容姿。"（粲粲：鲜明的样子。）［妖冶］艳丽。司马相如《上林赋》："～～娴都。" ❷ 古时称一切反常怪异的东西或现象。《左传·宣公十五年》："天反时为灾，地反物为～。"［妖祥］不好的征兆。《淮南子·缪称》："国有～～，不胜善政。"［妖言］迷惑人的邪说。《三国志·魏书·高柔传》："今～～者必戮。"成语有"妖言惑众"。㊂害人的怪物。干宝《搜神记》卷四："此恐是～魅凭依耳。"

殀 yāo ❶ 夭折，短命。屈原《离骚》："鲧（gǔn）婞直以亡身兮，终然～乎羽之野。"（鲧：人名。乎：于。羽：羽山。）❷ 摧折。《礼记·王制》："不杀胎，不～夭（ǎo）。"（夭：初生的鸟兽。）龚自珍《病梅馆记》："以～梅、病梅为业以求钱也。"上述义项又写作"夭"。

祆 yāo 古时称一切反常怪异的东西或现象。《荀子·天论》："～怪不能使之凶。"［祆言］迷惑人的邪说。《汉书·眭弘传》："妄设～～惑众。"

要 yāo 见 490 页。

葽 yāo ❶ 草名。《诗经·豳风·七月》："四月秀～，五月鸣蜩。" ❷ 草茂盛的样子。《汉书·礼乐志》："丰草～，女罗施。"

喓 yāo ［喓喓］象声词。形容虫鸣声。《诗经·召南·草虫》："～～草虫，趯趯（tìtì）阜螽。"

邀 yāo ❶ 半路迎候。《庄子·寓言》："阳子居南之沛，老聃西游于秦，～于郊。"㊀半路拦截。木华《海赋》："有海童～路。"《三国志·魏书·刘放传》："帝欲～讨之，朝议多以为不可。"（讨：讨伐。）❷ 邀请。孟浩然《过故人庄》诗："故人具鸡黍，～我至田家。"李白《月下独酌》诗："举杯～明月，对影成三人。" ❸ 求取，希望得到。《论衡·自然》："不作功～名。"

爻 yáo 组成八卦的长短横道。一为阳爻，--为阴爻。见 138 页"卦"字。

肴［餚］ yáo ❶ 熟的鱼肉等。《国语·晋语一》："饮而无～。"（饮：指饮酒。）《世说新语·德行》："殷仲堪……食常五盌盘，外无余～。"熟语有"美味佳肴"。这个意义又写作"餚"。❷ 通"淆（xiáo）"。混乱。《淮南子·原道》："万物之至，腾踊～乱而不失其数。"

尧（堯） yáo 传说中的远古帝王。五帝之一。也叫唐尧。

峣（嶢）［嶤］ yáo 高。张景阳《七命》："尔乃～榭迎风，秀出中天。"［嶕（jiāo）峣］见 194 页"嶕"字。［岧（tiáo）峣］见 421 页"岧"字。

轺（軺） yáo 小型轻便的马车。《史记·季布栾布列传》："乘～车之洛阳。"（之：往。）㊀使者乘坐的车。丘迟《与陈伯之书》："乘～建节，奉疆埸之任。"

【辨】车，舆，辇，轺。见 44 页"车"字。

姚 yáo ❶ 美好的样子。《荀子·非相》："今世俗之乱君，乡曲之儇子，莫不美丽～冶，奇衣妇饰。" ❷ 通"遥"。遥远。《荀子·荣辱》："其流长矣，其温厚矣，其功盛～远矣。"

铫（銚） yáo ❶ 大锄。《晏子春秋·内篇谏上》："君将戴笠衣褐执～耨以蹲行畎亩之中。" ❷ tiáo 长矛。《吕氏春秋·简选》："锄耰白挺，可以胜人之长～利兵。"

谣（謠） yáo ❶ 古代唱歌不用乐器伴奏叫谣。《诗经·魏风·园有桃》："心之忧矣，我歌且～。" ❷ 歌谣。《左传·僖公五年》："童～云：'丙之晨，龙尾伏辰。'"［谣言］民间流行的歌谣谚语。《后汉书·刘陶传》："诏公卿以～～举刺史二千石为民蠹害者。"㊀歌曲。李白《庐山谣寄卢侍御虚舟》诗："好为庐山～。"（好：喜欢。）❸ 凭空捏造的话。屈原《离骚》："～诼（zhuó）谓余以善淫。"（造谣诽谤，说我是淫邪的人。诼：毁谤。）

徭 yáo 劳役。《韩非子·诡使》："以避～赋。"仲长统《昌言·损益》："～役并起，农桑失业。"又写作"繇"。

遥 yáo 远。东方朔《七谏·哀命》："～涉江而远去。"李白《天门山》诗："落日舟去～。"熟语有"路遥知马力，日久见人心"。㊂时间长。白居易《和谈校书秋夜感怀呈朝中亲友》诗："～夜凉风楚客悲。"成语有"遥遥无期"。

瑶 yáo 美玉，像玉一样的美石。《诗经·卫风·木瓜》："投我以木桃，报之以琼～。"《抱朴子·博喻》："琼艘～楫无涉川之用。"（琼：美玉。楫：船桨。）㊃如玉一样的，美好的。《楚辞·招魂》："～浆蜜勺。"鲍照《芙蓉赋》："被～塘之周流，绕金渠之屈曲。"

繇 yáo ❶茂盛。《汉书·地理志上》："草～木条。"（木：树木。条：指长大。）❷ yóu 由，从。《汉书·元帝纪》："～是疏太子而爱淮阳王。"❸ zhòu 卜辞。《左传·闵公二年》："成风闻成季之～，乃事之。"❹通"徭"。劳役。《淮南子·精神》："～者揭钁锸（chā），负笼土。"（揭：举。钁：钁头。锸：铁锹。）❺通"遥"。远。《荀子·礼论》："先王恐其不文也，是以～其期，足之日也。"❻通"谣"。歌谣。《汉书·李寻传》："参人民～俗。"（参考人民的歌谣和风俗。）❼通"摇"。动摇。枚乘《梁王菟园赋》："怒气未竭，羽盖～起。"

飖 yáo 飘动。班固《幽通赋》："～飖（kǎi）风而蝉蜕兮，雄朔野以扬声。"（飖风：南风。）

杳 yǎo ❶昏暗。《管子·内业》："杲（gǎo）乎如登于天，～乎如入于渊。"（杲：明亮。）屈原《九章·涉江》："深林～以冥冥兮。"❷远得没有尽头。蔡琰《胡笳十八拍》："朝见长城兮路～漫。"（朝：早晨。漫：漫长。）㊂不见踪影。杜牧《郡斋秋夜即事》诗："故国～无千里信，采弦时伴一声歌。"成语有"杳无音信"。

咬[**齩**] yǎo ❶咬啮（后起意义）。《寒山诗·依家暂下山》："狗～枯骨头，虚自舐唇齿。"【注意】这个意义较早时写作"齩"，后来写作"咬"。❷ jiāo [咬咬]象声词。形容鸟鸣声。祢衡《鹦鹉赋》："采采丽容，～～好音。"

舀 yǎo 用瓢、勺等舀取。《说文·臼部》："舀，抒臼也……《诗》曰：'或簸或～。'"今《诗经·大雅·生民》作"或簸或蹂"。《五灯会元·逍遥怀忠禅师》："海水不劳杓子～。"

窅 yǎo ❶下陷。《灵枢经·水胀》："按其腹，～而不起。"❷深，深远。张九龄《奉和圣制途经华山》："灵居虽～密，睿览忽玄同。"谢朓《敬亭山》诗："缘源殊未极，归径～如迷。"❸[窅然] 1. 深远的样子。李白《山中问答》诗："桃花流水～～去，别有天地非人间。" 2. 深奥的样子。《庄子·知北游》："夫道～～难言哉！" 3. 怅惘的样子。《庄子·逍遥游》："～～丧其天下焉。"

窈 yǎo 幽深，深远。王安石《游褒禅山记》："有穴～然。"[窈窕（tiǎo）] 1. 文静而漂亮。《诗经·周南·关雎》："～～淑女。" 2. 幽深，深远。李白《游泰山六首》诗之三："黄河从西来，～～入远山。"[窈窈]形容精深微妙。《庄子·在宥》："至道之精，～～冥冥。"

騕 yǎo [騕褭（niǎo）]古骏马名。张衡《思玄赋》："斥西施而弗御兮，絷～～以服箱。"

药[1]（**藥**） yào ❶药物。《周礼·天官·疾医》："以五味、五谷、五～养其病。"（五药：指草、木、虫、石、谷。）㊂用药治疗。《诗经·大雅·板》："多将熇熇（hèhè），不可救～。"（多将熇熇：指多施暴政。熇熇：酷烈的样子。）❷芍药。姜夔《扬州慢》："念桥边红～，年年知为谁生？"❸ lüè [勺药]五味调和。枚乘《七发》："熊蹯之臑，～～之酱。"

要 yào ❶ yāo 腰。《荀子·礼论》："量～而带之。"（带：做腰带。）这个意义后来写作"腰"。❷ yāo 半路拦截。《后汉书·班超传》："遣兵数百于东界～之。"❸ yāo 邀请（后起意义）。陶渊明《桃花源记》："便～还家。"❹ yāo 求取，设法取得某人的信任和重用。《后汉书·窦融传》："仁者不违义以～功。"《盐铁论·论儒》："百里以饭牛～穆公。"（百里：指百里奚。饭牛：喂牛。）❺ yāo 要挟，威胁。贾谊《过秦论》："章邯因以三军之众～市于外。"（章邯：人名。要市：指要挟求封。）❻要领，关键。《晋书·刘颂传》："故善为政者，纲举而网疏，……此为政之～也。"㊂重要，显要。《后汉书·荀彧传》："此实天下之～地。"《宋书·颜延之传》："平生不喜见～人。"❼概括，总括。陆机《五等诸侯论》："且～而言之，五等之君，为己思治；郡县之长，为利图物。"㊂简要。《三国志·魏书·管辂传》裴松之注引《管辂别传》："可谓～言不烦也。"熟语有"要而言之"。❽需要，想要（后起意义）。刘禹锡《观棋歌送儇师西游》："赌取声名不～钱。"

窔 yào ❶屋子的东南角。《荀子·非十二子》："奥～之间。"（奥：屋子的西南角。)❷ 幽深。扬雄《甘泉赋》:“雷郁律于岩～兮。”(郁律:声音不洪亮。)

鹞(鷂) yào 猛禽名。似鹰而小。《列子·天瑞》:“～之为鹯,鹯之为布谷,布谷久复为～也。”

曜 yào ❶ 日光。郦道元《水经注·庐江水》:“晨光初散,则延～入石。”㉒光芒。范仲淹《岳阳楼记》:“日星隐～。”(隐:隐藏,不显露。)[七曜]指日、月及金、木、水、火、土五星。范宁《穀梁传序》:“～～为之盈缩。”(盈:满。缩:缺。) ❷ 照耀。刘桢《赠五官中郎将》诗:“明镫～闺中。”(镫:灯。)㉑光明,明亮。《世说新语·贤媛》:“肤色玉～。” ❸ 显示,炫耀。张衡《东京赋》:“三农之隙,～威中原。”

耀[燿] yào ❶ 照耀。江淹《别赋》:“日出天而～景。”(景:阳光。)㉑光明,明亮。《后汉书·郎顗传》:“增日月之～。” ❷ 显示。《国语·周语上》:“先王～德不观兵。”柳宗元《哭连州凌员外司马》诗:“宏谋～其奇。”(宏:大。奇:神奇。)成语有“耀武扬威”。㉘炫耀,夸耀。《三国志·魏书·满宠传》:“必当上岸～兵以示有余。”【注意】“燿”又音 shuò,为“销熔”义,又音 shào,为“细长”义。

YE

噎 yē 食物塞住喉咙。《墨子·公孟》:“是譬犹～而穿井也,死而求医也。”成语有“因噎废食”。

耶 yé ❶ 句末语气词。表示疑问或反问,相当于现代汉语的“吗”或“呢”。《战国策·齐策四》:“岁亦无恙～?”《左传·昭公二十六年》:“不知天之弃鲁～,抑鲁君有罪于鬼神,故及此也?” ❷ 父亲。杜甫《兵车行》:“～娘妻子走相送。”这个意义后来写作“爷”。

揶 yé [揶揄]嘲笑。《东观汉记·王霸传》:“市人皆大笑,举手～～之。”又写作“耶由”。《王梵志诗·父母怜男女》:“寒食墓边哭,却被鬼耶由。”

铘(鋣)[釾、鄒] yé [镆铘]见288页“镆”字。

也 yě ❶ 句末语气词。表示判断或肯定。《庄子·逍遥游》:“《齐谐》者,志怪者～。”《韩非子·五蠹》:“今欲以先王之政治当世之民,皆守株之类～。”㉘用于因果句句末,说明原因。《韩非子·五蠹》:“故十仞之城,楼季弗能逾者,峭～;千仞之山,跛牂易牧者,夷～。” ❷ 句末语气词。与“何”等词相应,表示疑问语气。《晏子春秋·内篇谏上》:“孔与据皆从寡人而涕泣,子之独笑,何～?”(孔、据:人名。) ❸ 句中语气词。表示语气的停顿,以引起下文。《论语·雍也》:“人不堪其忧,回～不改其乐。”(回:颜回。) ❹ 副词。也(后起意义)。庾信《镜赋》:“不能片时藏匣里,暂出园中～自随。”(片时:指很短的时间。)杨万里《过百家渡四绝句》之一:“～知渔父趁鱼急。”(趁:追赶。)

冶 yě ❶ 冶炼金属。《史记·平准书》:“～铸煮盐。”㉘熔炼金属的工匠。《礼记·学记》:“良～之子,必学为裘。”(裘:皮衣。)㉑造就,培养。王安石《上皇帝万言书》:“～天下之士而使之皆有士君子之才。” ❷ 艳丽,多姿。《周易·系辞上》:“慢藏诲盗,～容诲淫。”李斯《谏逐客书》:“佳～窈窕赵女不立于侧也。” ❸ 通“野”。郊外。乐府诗《子夜四时歌·春歌》:“～游步春露。”

野[埜、壄] yě ❶ 田野。《左传·僖公二十六年》:“～无青草。”㉘郊外。柳宗元《捕蛇者说》:“永州之～产异蛇。”㉘野生的。李白《访戴天山道士不遇》诗:“～竹分青霭(ǎi)。”(青霭:山中云气。) ❷ 朝廷之外,民间。与“朝”相对。《晋书·杜预传》:“朝～清晏,国富兵强。”(清晏:安定。)成语有“野无遗贤”。 ❸ 缺乏文采。《论语·雍也》:“质胜文则～。”《宋书·王微传》:“然复自怪鄙～,不参风流。” ❹ 野蛮,不驯顺。《左传·宣公四年》:“狼子～心。”

业(業) yè ❶ 古代悬钟磬用的大木板。《诗经·周颂·有瞽》:“设～设虡(jù)。”(虡:悬挂钟磬的木架的立柱。)㉑书写用的木板。《礼记·玉藻》:“父命呼,唯而不诺。手执～,则投之。” ❷ 事业,功业。《左传·襄公十八年》:“人其以不穀为自逸而忘先君之～矣。”(不穀:君主自称。)《史记·李斯列传》:“足以灭诸侯,成帝～。” ❸ 职业。《三国志·蜀书·先主传》:“贩履(lǚ)织席为～。”(履:鞋。) ❹ 学业。韩愈《进学解》:“～精于勤,荒于嬉。” ❺ 产业。《汉书·杨王孙传》:“学黄老之术,家～千金。” ❻ 创始。《史记·太史公自序》:“项梁～之,子羽接之。”㉘继承。《左传·昭公元年》:“昔金天氏有裔子曰昧,为玄冥师,生允格、台骀。台骀能～其官。” ❼ 已经。《史记·留侯世家》:“良～为取履。”(良:张良。)双音词有“业已”。 ❽ [业业]1. 高大健壮的样子。《诗经·小雅·采薇》:“戎车既驾,四牡～～。”(戎车:兵车。四牡:四匹公马。) 2. 担心害怕的样子。《三国志·吴书·陆凯传》："百姓～～，天下苦之。"成语有"兢兢业业"。

邺（鄴） yè 地名。故址在今河北临漳附近。曹操为魏王定都于此。

叶²（葉） yè ❶叶子。屈原《九歌·少司命》："秋兰兮青青，绿～兮紫茎。"❷世，时期。《世说新语·识鉴》："李势在蜀既久，承藉累～。"（李势：人名。）萧统《文选序》："自炎汉中～。"（炎汉：指汉朝。）❸书页，一张为一叶。王彦泓《寓夜》诗："鼠翻书～响，虫逗烛花飞。"这个意义又写作"页"。【注意】古代汉语中"葉"和"叶（xié）"是两个字，意义各不相同。上述义项都不写作"叶"。现"葉"简化为"叶"。参见463页"叶¹"字。

曳 yè ❶拉，牵引。《左传·襄公十八年》："舆～柴而从之。"（舆：车。）《孟子·梁惠王上》："弃甲～兵而走。"㉃飘荡。《陈书·江总传》："泛流月之夜迥，～光烟之晓匝。"❷困顿。《后汉书·冯衍传下》："年虽疲～，犹庶几名贤之风。"

拽 yè ❶拉，拖。杜甫《题郑十八著作丈》诗："酒酣懒舞谁相～，诗罢能吟不复听。"李商隐《韩碑》诗："长绳百尺～碑倒。"❷船旁板。孔稚珪《北山移文》："今又促装下邑，浪～上京。"

晔（曄） yè 光亮、光彩的样子。张衡《思玄赋》："列缺～其照夜。"（列缺：闪电。）李白《酬殷明佐见赠五云裘歌》："～如晴天散彩虹。"

烨（燁）［爗］ yè 光亮、光彩的样子。《诗经·小雅·十月之交》："～～震电。"杨万里《正月三日宿范氏庄》诗："隤（tuí）照～春媚。"（隤照：晚照，夕阳的光。）

掖 yè ❶搀着别人的胳膊。《左传·僖公二十五年》："余～杀国子，莫余敢止。"㉃扶持。《诗经·陈风·衡门序》："故作是诗以诱～其君也。"（是：此。诱：引导。）❷胳肢窝。《史记·吕太后本纪》："高后遂病～伤。"（遂：于是。病：得……病。）这个意义后来写作"腋"。㉃旁，边。《后汉书·桓帝纪》："德阳殿及左～门火。"［掖庭］宫中旁舍，妃嫔居住的地方。《汉书·外戚传上》："时宣帝养于～～，号皇曾孙。"又写作"液廷"。

液 yè ❶液体。《楚辞·远游》："吸飞泉之微～兮，怀琬琰之华英。"㉂津液。《素问·腹中论》："病至则先闻腥臊臭，出清～。"㉂熔化。刘禹锡《天论》："斩材窾坚，～矿硎铓。"❷浸渍。《周礼·考工记·弓人》："故角三～而干（gàn）再～。"❸［液廷］同"掖庭"。宫中旁舍，妃嫔居住的地方。《汉书·王莽传上》："长秋宫未建，～～媵未充。"

谒（謁） yè ❶禀告，陈述。《战国策·秦策二》："请～事情。"（情：实际情况。）㉃报告，告发。《韩非子·五蠹》："楚之有直躬，其父窃羊而～之吏。"（直躬：正直的人。窃：偷。）❷请求。《左传·昭公十六年》："宣子～诸郑伯。"（宣子向郑伯请求。诸：之于。）❸拜见，请见。《史记·萧相国世家》："上至，相国～。"（上：指刘邦。）❹名帖，把自己的姓名、籍贯、官爵和要说的事项写成名片，觐见时用。《史记·郦生陆贾列传》："使者惧而失～，跪拾～。"

暍 yè ❶中暑。《庄子·则阳》："夫冻者假衣于春，～者反冬乎冷风。"❷热。王谠《唐语林·补遗一》："时属炎～，热病有加。"

馌（饁） yè ❶送饭到田里给耕者吃。《诗经·豳风·七月》："同我妇子，～彼南亩。"❷古代打猎后以兽祭神。《周礼·春官·小宗伯》："若大甸，则帅有司而～兽于郊，遂颁禽。"（甸：通"田"，打猎。）

靥（靨） yè ❶酒窝。班婕妤《捣素赋》："两～如点，双眉如张。"傅玄《有女篇》："巧笑露权～，众媚不可详。"［靥辅］颊上酒窝。《楚辞·大招》："～～奇牙，宜笑嗎只。"❷古代妇女面部的一种妆饰。《大慈恩寺志》卷一五："美女施钿，世名曰～。"

擪［擫］ yè 用手指按。《庄子·外物》："接其鬓，～其顪（huì）。"（顪：下巴上的胡须。）《淮南子·泰族》："所以贵扁鹊者……贵其～息脉血，知病之所从生也。"

YI

一 yī ❶数词。《孟子·梁惠王上》："吾何爱～牛。"（爱：吝惜。）《左传·僖公五年》："～之谓甚，其可再乎？"❷一样，相同。《孟子·离娄下》："先圣后圣，其揆～也。"（揆：准则。）❸统一，一致。《史记·秦始皇本纪》："～法度衡石丈尺。"《管子·君臣上》："权度不～，则修义者惑。"❹专一。《荀子·劝学》："用心～也。"❺副词。都，一概。《史记·曹相国世家》："参代何为汉相国，举事无所变更，～遵萧何约束。"成语有"一如既往"。❻副词。乃，竟。《战国策·齐策一》："靖郭君之于寡人，～至此乎！"（于：对于。）❼副词。一旦，一经。《庄子·

徐无鬼》："～闻人之过，终身不忘。"（过：过失。）

伊 yī ❶ 指示代词。此。《诗经·秦风·蒹葭》："所谓～人，在水一方。" ❷ 第三人称代词。彼，他（后起意义）。《世说新语·方正》："江家我顾～，庾家～顾我。" ❸ 句首语气词。《诗经·郑风·溱洧》："维士与女，～其相谑。" ❹ 句中语气词。谢惠连《赠别》诗："方作云峰异，岂～千里别。"柳宗元《敌戒》："纵欲不戒，匪愚～耄（mào）。"（匪愚伊耄：不是愚蠢就是昏庸。耄：昏庸。）

衣 yī ❶ 上衣。《诗经·邶风·绿衣》："绿～黄裳。"（裳：裙子，下衣。）〔乙〕衣服。《诗经·豳风·七月》："无～无褐。" ❷ yì 穿（衣服）。《庄子·盗跖》："不耕而食，不织而～。"《韩非子·外储说左上》："境内莫～紫。"（莫衣紫：没有谁穿紫色衣服。）〔引〕覆盖。《周易·系辞下》："古之葬者，厚～之以薪。"

依 yī ❶ 靠着。《孙子兵法·行军》："～水草而背众树。"〔又〕依靠，依托。曹操《短歌行》："绕树三匝（zā），何枝可～？"（匝：周。） ❷ 依照，按照。屈原《离骚》："愿～彭咸之遗则。"（彭咸：古代的贤人。）《南史·王思远传》："临海太守沈昭略赃私，思远～事劾奏。"成语有"依样画葫芦"。〔又〕依从。《尚书·大禹谟》："禹曰：'朕德罔克，民不～。'" ❸ [依依] 1. 轻柔的样子。《诗经·小雅·采薇》："昔我往矣，杨柳～～。" 2. 留恋惜别的样子。《楚辞·九思·伤时》："志恋恋兮～～。"成语有"依依惜别"。 ❹ [依稀] 1. 隐约。江淹《赤虹赋》："暖昧以变，～～不常。" 2. 仿佛。赵嘏《江楼旧感》诗："风景～～似去年。"

【辨】依，倚。这两个字都有"依靠"的意思，但词义轻重不同。"依"是靠近某物，意义轻；"倚"是斜靠在某物上，意义重。

祎（禕） yī 美好。张衡《东京赋》："汉帝之德，侯其祎而。"（侯：何，多么。祎：当是"祎"的错字。而：语气词，相当于"啊"。）

陭 yī ❶ 不正，歪斜。刘向《说苑·建本》："夫本不正者末必～，始不盛者终必衰。" ❷ [陭氏]古县名。在今山西安泽南。 ❸ qí [陭嶇]同"崎岖"。山路高低不平的样子。《史记·司马相如列传》："民人登降移徙，～～而不安。"

猗 yī ❶ 长。《诗经·小雅·节南山》："节彼南山，有实其～。" ❷ [猗与]叹词。表示赞美。《诗经·周颂·潜》："～～漆沮。"（漆、沮：水名。）又写作"猗屿"。 ❸ 句末语气词。《诗经·魏风·伐檀》："河水清且涟～！"（涟：起波纹。） ❹ yǐ 通"掎"。牵引。《诗经·豳风·七月》："～彼女桑。" ❺ yǐ 通"倚"。依靠。《诗经·卫风·淇奥》："～重较兮。"（重较：古代卿士乘坐的一种车子。） ❻ [猗猗]美盛的样子。《诗经·卫风·淇奥》："瞻彼淇奥，绿竹～～。" ❼ yǐ [猗柅（nǐ）]随风摆动的样子。《汉书·司马相如传上》："～～从风。"又写作"旖旎"。 ❽ ē [猗傩（nuó）]柔顺的样子。《诗经·桧风·隰有苌楚》："隰有苌楚，～～其枝。"

漪 yī 水的波纹。刘勰《文心雕龙·定势》："激水不～，槁木无阴。"（急流的水不会起波纹，枯树没有树荫。）[漪涟]水的波纹。谢灵运《发归濑三瀑布望两溪》诗："涉清弄～～。"（涉：涉水。清：清澈的水。）

壹 yī ❶ 专一。《荀子·成相》："好而～之神以成。"（好：喜好。） ❷ 统一，一致。《史记·乐书》："乐以和其声，政以～其行。"《商君书·壹言》："治国者贵民～。" ❸ 副词。一概，都。《汉书·车千秋传》："政事～决大将军光。"（光：霍光。） ❹ 副词。一旦，一经。《汉书·燕刺王旦传》："大王～起，国中虽女子皆奋臂随大王。" ❺ 副词。表示强调。《礼记·檀弓下》："子之哭也，～似重有忧者。" ❻ [壹何]副词。相当于现代汉语的"多么"。《汉书·东方朔传》："拔剑割肉，～～壮也！"（壮：雄壮。） ❼ 通"一"。数词。《史记·梁孝王世家》："太后乃说（yuè），为帝加～餐。"（说：悦，高兴。）

噫 yī ❶ 叹词。表示感叹。《论语·子路》："子曰：'～！斗筲之人，何足算也！'"梁鸿《五噫歌》："民之劬劳兮！～！"（劬劳：劳苦。） ❷ ài 出气。《庄子·齐物论》："夫大块～气，其名为风。"刘禹锡《天论》："嘘为雨露，～为雷风。"（嘘：吐气。）

繄 yī ❶ 句首语气词。《左传·隐公元年》："尔有母遗（wèi），～我独无。"（尔：你。） ❷ 句中语气词。《国语·周语下》："此一王四伯，岂～多宠。"（伯：诸侯的首领。）

鷖 yī ❶ 鸥鸟。《诗经·大雅·凫鷖》："凫～在泾，公尸来燕来宁。"张衡《南都赋》："其鸟则有鸳鸯、鹄、～。" ❷ yì 鸟名。凤凰之类。屈原《离骚》："驷玉虬以乘～兮，溘埃风余上征。"

黟 yī 黑色，黑。欧阳修《秋声赋》："宜其渥然丹者为槁木，～然黑者为星星。"

匜 yí 古代洗手时盛水用的器具。古人用匜盛水浇在手上洗手，下面用盘子盛接。《左传·僖公二十三年》："奉～沃盥

(guàn)。"(奉：捧着。沃盥：浇水洗手。)

杝 yí ❶树名。即椴木。《礼记·檀弓上》："～棺一，梓棺二。"❷lí 篱笆。贾思勰《齐民要术序》："～落不完，垣墙不牢。"❸zhì 顺着木材的纹理劈开。《诗经·小雅·小弁》："伐木掎(jǐ)矣，析薪～矣。"(伐木要拖住它防止倒错了方向，劈柴要顺着木头的纹理。掎：牵引。)❹duò 通"舵"。船舵。《后汉书·赵壹传》："奚异涉海之失～，积薪而待燃。"上述❶❹又写作"柂"。

訑 yí ❶[訑訑]自得的样子。《孟子·告子下》："夫苟不好善，则人将曰'～～，予既已知之矣'。'～～'之声音颜色，距人于千里之外。"又写作"訑訑"。❷tuó 欺诈。屈原《九章·惜往日》："或忠信而死节兮，或～谩而不疑。"❸dàn 通"诞"。放诞。《庄子·知北游》："天知予僻陋慢～，故弃予而死。"

仪(儀) yí ❶容貌，外表。《诗经·小雅·小宛》："各敬尔～。"《史记·儒林列传》："太常择民年十八已上，～状端正者，补博士弟子。"成语有"仪态万方"。❷礼节，仪式。《晋书·谢安传》："诏府中备凶～。"(凶：指丧事。)❸准则，法度。《史记·秦始皇本纪》："普施明法，经纬天下，永为～则。"(经纬天下：治理国家，使它有条理。则：准则。)㊁取法，效法。《国语·周语下》："度于天地而顺于时动，和于民神而～于物则。"❹仪器。《后汉书·张衡传》："作浑天～。"❺匹配，配偶。《诗经·鄘风·柏舟》："髧(dàn)彼两髦，实维我～。"❻通"宜"。适宜，合适。《汉书·地理志下》："伯益能～百物以佐舜。"(伯益：人名。佐：辅助。舜：传说中的古代帝王。)❼通"宜"。应该。《诗经·大雅·烝民》："我～图之。"(图：谋求。)

台1 yí 见411页。

诒(詒) yí ❶dài 欺骗。徐干《中论·考伪》："骨肉相～，朋友相诈。"这个意义又写作"绐"。❷赠给，送给。《左传·昭公六年》："叔向使～子产书。"(叔向、子产：人名。使：使人。书：信。)❸遗留。《左传·文公六年》："先王违世，犹～之法。"(违世：逝世。犹：还。)

饴(飴) yí ❶用米、麦制成的糖浆，糖稀。《诗经·大雅·绵》："周原膴膴(wǔwǔ)，堇荼如～。"(堇：一种野菜。荼：苦菜。)《论衡·本性》："甘如～蜜。"(甘：甜。)❷sì 通"饲"。给人吃。《晋书·王荟传》："以私米作馇(zhān)粥，以～饿者。"(馇：稠粥。)

怡 yí 和悦，愉快。屈原《九章·哀郢》："心不～之长久兮。"陶渊明《桃花源记》："并～然自乐。"成语有"心旷神怡"。

贻(貽) yí ❶赠给。《庄子·逍遥游》："魏王～我大瓠(hù)之种。"(瓠：葫芦。)❷遗留。《魏书·张衮传》："～丑于来叶。"(叶：世。)

【辨】贻，赠。"贻"、"赠"都有"赠送"的意思，但在"遗留"的意义上，只能说"贻"，不能说"赠"。

圯 yí 桥。《史记·留侯世家》："良尝闲从容步游下邳(pī)～上。"(良：张良。尝：曾经。下邳：地名。)

夷 yí ❶我国古代东部民族的统称。《诗经·鲁颂·閟宫》："至于海邦，淮～来同。"㊂少数民族。《左传·昭公二十三年》："古者天子守在四～。"❷平坦。《老子》五十三章："大道甚～。"㊁心情平和愉悦。《诗经·召南·草虫》："亦既见止，亦既觏止，我心则～。"(止：语气词。)[夷然]泰然，镇定的样子。《晋书·谢安传》："安～～无惧色。"❸平辈。《史记·留侯世家》："诸将皆陛下故等～。"(故：以前的。)❹铲平，消除。《史记·秦始皇本纪》："堕坏城郭，决通川防，～去险阻。"㊁平定。柳宗元《封建论》："勒兵而～之耳。"(勒兵：带兵。)㊕灭族。《三国志·吴书·吴主传》："将军马茂等图逆，～三族。"(图逆：企图谋反。)❺创伤。《左传·成公十六年》："子反命军吏察～伤。"这个意义后来写作"痍"。❻[夷犹]迟疑不决。屈原《九歌·湘君》："君不行兮～～。"又写作"夷由"。

痍 yí 创伤。《史记·蒙恬列传》："～伤者未瘳(chōu)。"(瘳：治好。)成语有"满目疮痍"。

沂 yí ❶水名。源出沂山(今山东临朐附近)。《论语·先进》："浴乎～，风乎舞雩。"❷yín 通"垠"。岸边。《汉书·叙传上》："汉良受书于邳～。"(汉良：汉代的张良。邳：邳水。)

宜 yí ❶合适，适宜。《礼记·月令》："贡职之数，以远近土地所～为度。"《潜夫论·相列》："曲者～为轮，直者～为舆。"成语有"因地制宜"。❷事。《礼记·月令》："共饬国典，论时令，以待来岁之～。"❸应该，应当。《三国志·蜀书·诸葛亮传》："将军～枉驾顾之。"❹大概，也许。《孟子·公孙丑下》："闻王命而遂不果，～与夫礼若不相似然。"

迻 yí 迁移。《楚辞·九叹·远游》："悲余性之不可改兮，屡惩艾而不～。"

Y

扅 yí ［扊（yǎn）扅］见 484 页“扊”字。

移 yí ❶ 迁移，转移，移动。《孟子·梁惠王上》：“河内凶，则～其民于河东。”晁错《言守边备塞疏》：“草尽水竭则～。”《论衡·谈天》：“故日月～焉。” ❷ 改变，变化。《孟子·滕文公下》：“富贵不能淫，贫贱不能～。”《礼记·乐记》：“～风易俗，天下皆宁。” ❸ 书写。《后汉书·安帝纪》：“居乡里有廉清孝顺之称，才任理人者，国相岁～名，与计偕上尚书。” ❹ 传递文书。《汉书·刘歆传》：“歆（xīn）因～书太常博士。”（太常博士：官名。） ❺ 一种官方文书。《后汉书·光武帝纪上》：“于是置僚属，作文～。”【注意】移又分文移、武移两种。文移是谴责性公文，唐代后成为官府平行机构间相互交涉的文书；武移是声讨性公文，跟檄文相似。

遗（遺） yí ❶ 遗失。《韩非子·难二》：“齐桓公饮酒醉，～其冠。”（冠：帽子。）㊀遗漏，忽略。韩愈《师说》：“小学而大～。”㊁遗失的东西。《史记·孔子世家》：“涂不拾～。” ❷ 抛弃。贾谊《治安策》：“商君～礼义，弃仁恩。”（商君：指商鞅。） ❸ 遗留。《史记·项羽本纪》：“此所谓养虎自～患也。”㊕前人遗留下来的。诸葛亮《出师表》：“深追先帝～诏。”（追：追念。先帝：指刘备。）㊀剩下。曹操《蒿里行》：“生民百～一。”（百遗一：一百人中剩下一人。） ❹ 排泄大小便。《史记·廉颇蔺相如列传》：“顷之三～矢。”（矢：屎。） ❺ wèi 给予，赠送。《左传·隐公元年》：“小人有母，皆尝小人之食矣，未尝君之羹，请以～之。”《史记·魏公子列传》：“欲厚～之，不肯受。”

颐（頤） yí ❶ 腮，下巴。《庄子·渔父》：“左手据膝，右手持～。”（据：撑着。）杜甫《夔府书怀》诗：“涕洒乱交～。” ❷ 养，保养。《后汉书·王充传》：“裁节嗜（shì）欲，～神自守。”（嗜：嗜好。）

椸 yí 衣架。《礼记·曲礼上》：“男女不杂坐，不同～枷。”刘禹锡《喜晴联句》：“推林出书目，倾笥上衣～。”

疑 yí ❶ 疑惑，疑问。《论语·季氏》：“～思问，忿思难。”㊁犹豫不决。《商君书·更法》：“～行无成，～事无功。”（功：功效。） ❷ 怀疑，猜疑。《史记·屈原贾生列传》：“信而见～，忠而被谤。” ❸ 惑乱。《韩非子·五蠹》：“盛容服而饰辩说，以～当世之法。”㊁畏惧。《管子·小问》：“驳食虎豹，故虎～焉。” ❹ níng 安定，停止。《荀子·解蔽》：“无所～止之。” ❺ nǐ 通“拟”。比拟。《汉书·谷永传》：“役百千溪，费～骊山。”（费：费用。）

彝［彜］ yí ❶ 古代青铜器的通称，多指宗庙祭祀用的礼器。《左传·襄公十九年》：“取其所得以作～器。” ❷ 常，常道，法度。《诗经·大雅·烝民》：“民之秉～，好是懿德。”（秉：持。懿德：美德。）白居易《得丁陷贼庭判》：“难废～章。”

虉 yí ［鵔（jùn）虉］见 220 页“鵔”字。

乙 yǐ ❶ 天干的第二位。见 125 页“干[1]”字。 ❷ 燕子。张融《答周颙书》：“非凫（fú）则～。”（不是野鸭子就是燕子。）这个意义又写作“鳦”。 ❸ 打钩。古人看书时在书上打一个钩做标记，表示已看到某处，或某处文字有脱误。《史记·滑稽列传》：“人主从上方读之，止，辄～其处。”韩愈《读鹖冠子》：“文字脱谬，为之正三十有五字，～者三，灭者二十有二。”（正：改正。）

鳦 yǐ 燕子。《诗经·商颂·玄鸟》：“天命玄鸟，降而生商。”毛传：“玄鸟，～也。”

已 yǐ ❶ 停止。《荀子·劝学》：“学不可以～。”成语有“鞠躬尽瘁，死而后已”。 ❷ 完成，完毕。《墨子·号令》：“开门～，辄复上籥。”《史记·龟策列传》：“钻中～，又灼龟首。” ❸ 免官。《论语·公冶长》：“令尹子文三仕为令尹，无喜色；三～之，无愠色。” ❹ 治愈。《吕氏春秋·至忠》：“苟～王之疾，臣与臣之母以死争之于王。” ❺ 副词。已经。《史记·蒙恬列传》：“扶苏～死。”（扶苏：人名。） ❻ 副词。太，过分。《左传·昭公二年》：“君刑～颇，何以为盟主？”（颇：偏，不公正。何以：依靠什么。） ❼ 副词。随即，不久就。《汉书·原涉传》：“文母太后丧时，守复土校尉，～为中郎，后免官。” ❽ 语气词。用法同“矣”。《史记·货殖列传》：“夫神农以前，吾不知～。”（神农：传说中的古代帝王。） ❾ 通“以”。和“上”、“下”、“东”、“西”等连用，表示时间、方位、数量的界线。《汉书·文帝纪》：“年八十～上。”《三国志·吴书·吴主传》：“自丞相雍～下皆谏。”（雍：人名。）

以 yǐ ❶ 用。屈原《九章·涉江》：“忠不必用兮，贤不必～。” ❷ 率领。《左传·僖公五年》：“宫之奇～其族行。” ❸ 认为，以为。《战国策·齐策一》：“臣之妻私臣，臣之妾畏臣，臣之客欲有求于臣，皆～美于徐公。” ❹ 原因。《列子·周穆王》：“宋人执而问其～。” ❺ 介词。因为。《史记·孙子吴起列传》：“孙膑～此名显天下。”㊁表示目的，相当于现代汉语的“以便”。《左传·僖公二十二年》："楚人伐宋～救郑。"❻ 介词。用。《韩非子·难一》："～子之矛陷子之楯，何如？"（子：您。陷：戳穿。）❼ 介词。凭借……身份，依据。《汉书·张骞传》："骞～郎应募使月氏（zhī）。"（郎：官名。月氏：古国名。）《论语·卫灵公》："君子不～言举人，不～人废言。"❽ 介词。从。《墨子·迎敌祠》："敌～北方来，迎之北坛。"❾ 介词。在……时候。《史记·秦始皇本纪》："（秦始皇）～秦昭王四十八年正月生于邯郸。"❿ 连词。用法相当于"而"。《国语·晋语四》："狐偃（yǎn），其舅也，而惠～有谋。"（狐偃：人名。惠：通"慧"，聪明。）⓫ 连词。与，和。《诗经·大雅·皇矣》："予怀明德，不大声～色。"（声：指发号令。色：指悬告示。）⓬ 和"上"、"下"、"东"、"西"等连用，表示时间、方位、数量的界线。如"以上"、"以东"。⓭ 通"已"。已经。《史记·陈涉世家》："固～怪之矣。"⓮ 通"已"。太，过分。《公羊传·庄公元年》："群公子之舍，则～卑矣。"

苡［苢］ yǐ ［芣（fú）苡］见 117 页"芣"字。

佁 yǐ ❶ 痴呆的样子。《说文·人部》："佁，痴貌。"㊀ 静止的样子。柳宗元《至小丘西小石潭记》："潭中鱼可百许头，皆若空游无所依。日光下澈，影布石上，～然不动。"❷ chì ［佁儗（yì）］停滞不前的样子。周必大《回潭州朱元晦启》："某三年～～，万事摧颓。"

矣 yǐ ❶ 语气词。相当于现代汉语的"了"。《左传·僖公二十八年》："险阻艰难，备尝之～。"❷ 语气词。表示感叹。《三国志·魏书·郭嘉传》："多端寡要，好谋无决，欲与共济天下大难，定霸王之业，难～！"（多端寡要：头绪很多，抓不住要领。）❸ 语气词。表示命令或请求。《战国策·齐策四》："先生休～。"《商君书·更法》："君无疑～。"

迤［迆］ yǐ ❶ 斜延，斜行。《世说新语·言语》："林公见东阳长山，曰：'何其坦～。'"㊁ 斜倚。张衡《东京赋》："立戈～戛（jiá）。"（戛：长矛。）❷ ［迤逦（lǐ）］曲折绵延的样子。窦臮《述书赋》："登泰山之崇高，知群阜之～～。"又写作"迤逦"、"逦迤"。❸ yí ［逶（wēi）迤］见 437 页"逶"字。

舣（艤） yǐ 同"檥"。船靠岸。江总《赠贺左丞萧舍人》诗："行艫方境逝，去棹～江干。"（江干：江边。）

倚 yǐ ❶ 斜靠着。《庄子·德充符》："～树而吟。"㊁ 凭恃，倚仗。李白《扶风豪士歌》："作人不～将军势。"成语有"倚老卖老"。❷ 偏斜。《礼记·中庸》："中立而不～。"❸ 随着，合着（音乐）。《史记·张释之冯唐列传》："使慎夫人鼓瑟（sè），上自～瑟而歌。"（鼓：弹奏。瑟：一种乐器。）❹ 椅子。《金石萃编·济渎庙北海坛祭器碑》："绳床十，内四～子。"这个意义后来写作"椅"。❺ jì 立，站立。《世说新语·俭啬》："嘉宾……常朝旦问讯。郗家法，子弟不坐，因～语移时。"❻ jī 怪异。《荀子·儒效》："～物怪变。"❼ jī 通"奇"。单个，独。《穀梁传·僖公三十三年》："匹马～轮无反者。"

【辨】依，倚。见 493 页"依"字。

椅 yǐ ❶ yī 树名。梓属。《诗经·鄘风·定之方中》："树之榛栗，～桐梓漆。"❷ ［椅柅（nǐ）］木弱的样子。谢朓《芳树》诗："～～芳若斯，葳蕤纷可结。"❸ 椅子（后起意义）。日·圆仁《入唐求法巡礼行记》卷一："相公及监军并州郎中、郎官、判官等皆～子上吃茶。"

旖 yǐ ［旖旎（nǐ）］1. 同"猗柅"。随风摆动的样子。扬雄《甘泉赋》："腾清霄而轶浮景兮，夫何旟旐郅偈之～～也！"（郅偈：竿立的样子。）㊀ 声音婉转悠扬。王褒《洞箫赋》："形～～以顺吹兮。"2. 繁盛美好的样子。鲍照《春羁》诗："风起花四散，露浓条～～。"

齮（齮） yǐ 咬。竺法护《正法华经·应时品》："饥饿之时，普皆诤食，疲瘦羸劣，斗相～啮。"［齮龁（hé）］毁坏。《史记·田儋列传》："且秦复得志于天下，则～～用事者坟墓矣。"

扆 yǐ 古代宫殿户牖之间的位置。㊁ 户牖之间画有斧形的屏风。《论衡·书虚》："户牖（yǒu）之间曰～，南面之坐位也。负～南面乡坐，～在后也。"㊀ 帝王。《旧唐书·裴度传》："如至巳午之间，即当炎赫之际，虽日仄忘食，不惮其劳，仰瞻～旒，亦似烦热。"

螘 yǐ 同"蚁"。蚂蚁。《史记·屈原贾生列传》："夫岂从～与蛭螾？"

礒 yǐ ［碕（qí）礒］见 328 页"碕"字。

乂 yì ❶ 治理。《汉书·武五子传》："保国～民。"❷ 安定。《北史·齐孝昭帝纪》："朝野安～。"❸ 有才能的人。《尚书·皋陶谟》："俊～在官。"孙楚《为石仲容与孙皓书》："俊～盈朝。"

刈 yì ❶ 割。贾思勰《齐民要术·大豆》："候近地叶有黄落者，速～之。"❷ 镰刀一类的农具。《管子·小匡》："挟其枪～耨

(nòu)镈(bó),以旦暮从事于田野。”(枪、耨、镈:锄田去草的工具。)

弋 yì ❶ 用带绳子的箭射。《诗经·郑风·女曰鸡鸣》:“将翱将翔,~凫与雁。”《史记·司马相如列传》:“~白鹄(hú)。”(鹄:鸟名,天鹅。)㉂射猎。《晋书·谢安传》:“出则渔~山水,入则言咏属文。”(渔:捕鱼。属文:作文。)❷ 取。《管子·侈靡》:“~其能者。”

杙 yì 小木桩。《吕氏春秋·节丧》:“譬之若瞽师之避柱也,避柱而疾触~也。”㊇小木棍。《左传·襄公十七年》:“以~抉其伤而死。”柳宗元《行路难三首》诗之二:“虞衡斤斧罗千山,工命采斫~与椽。”

亿(億) yì ❶ 数词。一万万。古时也把十万叫作亿。《尚书·泰誓上》:“受有臣~万。”(受:商纣王。)《晋书·食货志》:“吕蒙定荆州,孙权赐钱一~。”㊉数目很大。贾谊《过秦论》:“据~丈之城,临不测之豀(xī)以为固。”(豀:山涧。)❷ 安。《左传·昭公二十一年》:“心~则乐。”❸ 推测。《论语·先进》:“~则屡中。”《旧唐书·李道宗传》:“不可~度。”这个意义后来写作“臆”。

忆(憶) yì ❶ 思念。《木兰诗》:“问女何所思?问女何所~?”㊇回想。杜甫《奉赠萧二十使君》诗:“重~罗江外,同游锦水滨。”❷ 记住,记住不忘。《后汉书·王充传》:“阅所卖书,一见辄(zhé)能诵~。”(辄:就。)

义(義) yì ❶ 合宜的道德、行为或道理。《左传·隐公元年》:“多行不~,必自毙。”❷ 意义,意思。刘勰《文心雕龙·镕裁》:“一意两出,~之骈枝也。”(骈枝:多余无用的部分。)《晋书·王隐传》:“文体混漫,~不可解。”(混漫:杂乱。)❸ 指旧时拜认的亲属关系(后起意义)。如“义父”、“义子”。❹ yí 法度。《墨子·非命中》:“凡出言谈、由文学之为道也,则不可而不先立~法。”❺ yí 仪容。《大戴礼记·曾子立事》:“君子~则有常,善则有邻。”上述❹❺后来写作“仪”。

议(議) yì ❶ 商议,讨论。《韩非子·南面》:“群臣畏是言,不敢~事。”(是:此。)㊀议论,评论。《孟子·滕文公下》:“处士横~。”㊕非议。《商君书·更法》:“今吾欲变法以治,更礼以教百姓,恐天下之~我也。”❷ 主张,建议。《史记·李斯列传》:“始皇可其~。”(可:赞成,肯定。)❸ 文体的一种,是上给皇帝议论得失的奏表。刘勰《文心雕龙·议对》:“事实允当,可谓达~体矣。”(允当:适宜得当。达:符合。)

【辨】议,论。“议”着重在得失,所以“议”的结果往往是做出决议;“论”着重在是非,所以“论”的结果往往是做出判断。“议”往往是许多人在一起交换意见,“论”不一定要有许多人。作为名词时,“议”是建议,“论”是评论或议论。

艺(藝) yì ❶ 种植。《诗经·唐风·鸨羽》:“不能~黍稷(shǔjì)。”(黍稷:泛指粮食。)这个意义本写作“埶”,后来又写作“蓺”。❷ 才能,技能,本领。《尚书·金縢》:“予仁若考,能多材多~,能事鬼神。”《史记·龟策列传》:“博开~能之路。”熟语有“艺高人胆大”。[六艺] 1. 古代教育子弟的六种技艺,指礼、乐、射、御、书、数(礼节、音乐、射箭、驾车、写字、算术)六种本领。2. 指《诗》、《书》、《礼》、《乐》、《易》、《春秋》这六部儒家的经典。❸ 度,准则。《国语·晋语八》:“贪欲无~。”《国语·越语下》:“用人无~。”

呓(囈) yì 说梦话。王嘉《拾遗记·吴》:“吕蒙~语通《周易》。”[噾(án)呓]见 3 页“噾”字。

仡 yì [仡仡] 1. 勇壮的样子。《尚书·秦誓》:“~~勇夫,射御不违。”2. 高大的样子。《诗经·大雅·皇矣》:“崇墉~~。”

屹 yì 山势直立高耸。王延寿《鲁灵光殿赋》:“~山峙以纡郁。”(纡郁:盘曲的样子。)㊉坚定不动。《宋史·施师点传》:“师点~立……不肯少动。”

亦 yì ❶ 也,也是。《论语·公冶长》:“巧言令色足恭,左丘明耻之,丘~耻之。”(丘:孔子自称。)《史记·陈涉世家》:“今亡~死,举大计~死,等死,死国可乎!”【注意】这个意义古代汉语中只说“亦”,不说“也”。❷ 语气词。表示语气的减弱。可译为“不过”、“只是”。《战国策·齐策四》:“王~不好士也,何患无士?”(士:指具有一定知识和技能的人。)【注意】这个意义后代罕用。❸ 语气词。表示语气的加强。《战国策·赵策四》:“媪(ǎo)之送燕后也,持其踵为之泣,念悲其远也,~哀之矣。”(媪:年老的妇人。念悲:惦念并伤心。哀:哀怜。)[不亦]用于反问句,表示委婉语气。《论语·学而》:“学而时习之,~~说乎?”

弈 yì 下棋。《左传·襄公二十五年》:“~者举棋不定。”

奕 yì ❶ [奕奕] 1. 高大的样子。《诗经·大雅·韩奕》:“~~梁山。”2. 光明,明亮。《北齐书·琅邪王俨传》:“眼光~~,数步射人。”3. 心神不定的样子。《诗经·小雅·頍弁》:"忧心～～。" 4. 神采焕发的样子。陈师道《寄邓州杜侍郎》诗:"请公酌此寿百年,～～长为此邦伯。" ❷ 累,重。常"奕世"、"奕代"、"奕叶"连用。《后汉书·杨秉传》:"臣～世受恩。"陶渊明《闲情赋》:"缀文之士,～代继作。"(缀文:作文。)曹植《王仲宣诔》:"～叶佐时。"(佐:辅助。)

异[異] yì ❶ 分。《后汉书·薛包传》:"既而弟子求分财～居,包不能止,乃中分其财。" ❷ 不同,不同的。《韩非子·五蠹》:"世～则事～。"(世:时代。事:指国家政治和社会情况。)㊂别的,其他的。《吕氏春秋·上农》:"贾不敢为～事。"㊀奇特,与众不同。柳宗元《捕蛇者说》:"永州之野产～蛇。"(永州:地名。野:郊外。) ❸ 奇怪,惊奇。《左传·桓公二年》:"～哉,君之名子也!"(名子:给儿子取名。)《三国志·蜀书·诸葛亮传》:"容貌甚伟,时人～焉。"(甚:很。时人:当时的人。)

抑 yì ❶ 按,向下压。与"扬"相对。《老子》七十七章:"高者～之,下者举之。"㊂压抑,抑制。屈原《离骚》:"屈心而～志兮。"魏征《十渐不克终疏》:"其语道也,必先淳朴而～浮华。"(语道:谈论治国之道。先:指推崇。)[抑郁]苦闷的样子。白居易《与元九书》:"彷徨～～。"又写作"壹郁"。《汉书·贾谊传》:"国其莫吾知兮,子独壹郁其谁语?"㊂阻止,遏止。《荀子·成相》:"禹有功,～下鸿。"《史记·魏公子列传》:"遂乘胜逐秦军至函谷关,～秦兵。" ❷ 俯,低。《战国策·韩策二》:"公仲且～首而不朝。"蔡邕《琴赋》:"于是繁弦既～,雅韵乃扬。" ❸ 连词。表示轻微的转折。《论语·子张》:"子夏之门人小子,当洒扫应对进退则可矣,～末也,本之则无。" ❹ 连词。表示选择,相当于现代汉语的"还是"、"或者"。《汉书·五行志中之上》:"敢问天道也,～人故也?"

【辨】按,抑。见 3 页"按"字。

邑 yì ❶ 国都。《诗经·商颂·殷武》:"商～翼翼。"(翼翼:整齐的样子。)《左传·隐公十一年》:"吾先君新～于此。"(邑:用作动词,建立国都。)㊀国。《左传·桓公十一年》:"君次于郊郢(yǐng),以御四～。"(次:驻扎军队。郢:地名。御:防御。四邑:指随、绞、州、蓼四个小国。)【注意】这个意义只见于《尚书》、《诗经》、《左传》等书,后代罕用。 ❷ 人民聚居的地方。《论语·公冶长》:"十室之～,必有忠信如丘者焉,不如丘之好学也。"(室:家。)㊀城镇。苏洵《六国论》:"小则获～,大则得城。"㊂县。柳宗元《封建论》:"裂都会而为之郡～。"(都会:诸侯的都城。) ❸ 封地。《左传·襄公二十七年》:"公与之～六十。"(与:给。) ❹ 愁闷不安。《汉书·杜邺传》:"由后视前,忿～非之。"这个意义又写作"悒"。 ❺ [邑邑] 1. 愁闷不安的样子。《史记·商君列传》:"安能～～待数十百年以成帝王乎?"又写作"悒悒"、"于邑"、"郁邑"。2. 微弱的样子。《楚辞·九叹·远游》:"风～～而蔽之。"(蔽:遮蔽。)

挹 yì ❶ 舀,把液体盛出来。《诗经·大雅·泂酌》:"～彼注兹。"(从那里舀出来灌注到这里去。) ❷ 牵,拉。郭璞《游仙诗》之三:"左～浮丘袖,右拍洪崖肩。"㊀提携。《新唐书·李频传》:"合大加奖～,以女妻之。"(合:人名。) ❸ 通"抑"。抑制。《汉书·谷永杜邺传赞》:"钦欲～损凤权。"(钦、凤:人名。)㊂谦退。朱浮《与彭宠书》:"侠游谦让,屡有降～之言。" ❹ yī 通"揖"。作揖。《荀子·议兵》:"拱～指麾。"(拱:拱手。指麾:指挥。)

浥 yì ❶ 湿润。王僧孺《为人宠姬有怨》诗:"已为露所～,复为风所飘。"[浥浥] 1. 湿润的样子。韦应物《慈恩精舍南池作》诗:"～～余露气,馥馥幽襟披。" 2. 香气浓郁的样子。苏轼《台头寺步月》诗:"～～炉香初泛夜,离离花影欲摇春。" ❷ yà 低下。《汉书·司马相如传上》:"逾波趋～,莅莅下濑。"

悒 yì 愁闷不安。《三国志·魏书·高柔传》:"群下之心,莫不～戚。"[悒悒]同"邑邑"。愁闷不安的样子。《三国志·魏书·杜袭传》:"～～于此。"

裛 yì ❶ 包书的布套。《广雅·释器》:"～谓之袠。"(袠:帙。) ❷ 缠绕,缠裹。班固《西都赋》:"～以藻绣,络以纶连。" ❸ 香气侵袭、放散。钱起《中书遇雨》诗:"色翻池上藻,香～鼎前杯。"[裛裛]香气侵袭的样子。李商隐《至扶风界见梅花》诗:"匝路亭亭艳,非时～～香。" ❹ 通"浥"。沾湿。杜甫《狂夫》诗:"雨～红蕖冉冉香。"

佚 yì ❶ 散失。如"佚书"、"佚名"。㊀走失,逃跑。《公羊传·成公二年》:"顷公用是～而不反。"(顷公:人名。用是:因此。反:返。)㊀弃置。《孟子·公孙丑上》:"遗～而不怨。" ❷ 放荡。《商君书·说民》:"礼乐,淫～之征也。"(征:召,引导。) ❸ dié [佚荡]超脱,无拘束。《汉书·扬雄传上》:"为人简易～～。" ❹ 通"逸"。安逸,安闲。《孙子兵法·军争》:"以近待远,以～待劳。"《孟子·尽心上》:"以～道使民,虽劳不怨。" ❺ 通"逸"。隐逸。《汉书·梅福传》:"隐士不显，～民不举。”

泆 yì ❶水激荡而溢出。《史记·夏本纪》：“道沇水，东为济，入于河，～为荥。”㉃发大水。《管子·乘马数》：“若岁凶旱水～，民失本。”❷放荡，放纵。《尚书·多士》：“诞淫厥～，罔顾于天显民祗。”❸［泆然］舒缓安闲的样子。刘向《说苑·修文》：“言未已，舟～～行。”

轶（軼） yì ❶超车。㉃超越。《汉书·扬雄传上》：“～五帝之遐（xiá）迹兮，蹑（niè）三皇之高踪。”（遐：远。蹑：踏。）㊀超群的。《汉书·王褒传》：“因奏褒有～材。”（材：才。）❷袭击。《左传·隐公九年》：“惧其侵～我也。”❸通“佚”。散失。《史记·管晏列传》：“至其书，世多有之，是以不论，论其～事。”（至：至于。）❹通“泆”。水激荡而溢出。《汉书·地理志上》：“东流为泲，入于河，～为荥。”❺通“逸”。隐逸。《淮南子·泰族》：“无隐士，无～民。”❻ zhé 通“辙”。车轮轧的痕迹。《史记·孝文本纪》：“结～于道。”（车辙在道路上相互交错。）❼ dié 通“迭”。交替地，轮流地。《史记·封禅书》：“自五帝以至秦，～兴～衰。”

役 yì ❶服兵役。《诗经·王风·君子于役》：“君子于～，不知其期。”❷兵役，劳役。《汉书·食货志上》：“赋共车马甲兵士徒之～，充实府库赐予之用。”（共：供。徒：众。）《三国志·吴书·吴主传》：“民困于～。”❸役使，奴役。陶渊明《归去来兮辞》：“既自以心为形～，奚惆怅而独悲？”（奚：为什么。）❹仆役，供人役使的人。《左传·定公元年》：“季孙使～如阚。”（如：往。阚：地名。）㊀士卒。《国语·吴语》：“寡人帅不腆吴国之～。”㊀门徒，弟子。《庄子·庚桑楚》：“老聃（dān）之～，有庚桑楚者，偏得老聃之道。”（老聃：即老子。）❺事。《左传·昭公十三年》：“渎货无厌，亦将及矣，为此～也。”（及：指遇上灾祸。）㊀战争，战役。《三国志·蜀书·诸葛亮传》：“街亭之～，咎（jiù）由马谡（sù）。”（咎：过失，过错。）

毅 yì 意志坚定，果断。《论语·泰伯》：“士不可以不弘～。”《韩非子·孤愤》：“能法之士必强～而劲直。”（劲直：刚强正直。）㊀勇武，凶猛。屈原《九歌·国殇》：“身既死兮神以灵，魂魄～兮为鬼雄。”《后汉书·马融传上》：“鸷兽～虫，倨牙黔口。”㊀严酷。《韩非子·内储说上》：“弃灰之罪轻，断手之罚重，古人何太～也！”

译（譯） yì 翻译人员。刘向《说苑·善说》：“于是乃召越～，乃楚说之。”（楚说之：指把越语翻译为楚语。）㊀翻译。《隋书·经籍志四》：“大～佛经。”

怿（懌） yì 喜悦。《诗经·小雅·节南山》：“既夷既～，如相酬矣。”（酬：劝酒。）《史记·萧相国世家》：“高帝不～。”杜甫《郑典设自施州归》诗：“听子话此邦，令我心悦～。”

驿（驛） yì ❶古代供传递公文或传送消息用的马。《汉书·陈汤传》：“西域都护段会宗为乌孙兵所围，～骑上书。”《后汉书·西域传》：“驰命走～，不绝于时月。”（驰命：奔驰传达命令。）㊀用驿马传送的。《晋书·谢安传》：“有～书至。”㉃驿站，供驿马中途休息的地方。白居易《邯郸冬至夜思家》诗：“邯郸～里逢冬至，抱膝灯前影伴身。”❷［骆驿］见268页“骆”字。

绎（繹） yì ❶找出头绪，探究。《论语·子罕》：“巽（xùn）与之言，能无说乎？～之为贵。”（巽：谦逊。）❷连续不断。《诗经·小雅·车攻》：“赤芾金舄，会同有～。”❸陈述。《礼记·射义》：“各～己之志也。”❹［络绎］见268页“络”字。

易 yì ❶换。《周易·系辞下》：“交～而退，各得其所。”《左传·哀公八年》：“～子而食。”熟语有“以物易物”。【注意】上古没有“换”字，现代“换”的意义上古都说“易”。❷改变。《礼记·乐记》：“其感人深，其移风～俗。”❸书名。《周易》的简称。❹容易。《孟子·公孙丑上》：“饥者～为食，渴者～为饮。”❺轻视。《史记·高祖本纪》：“高祖为亭长，素～诸吏。”（素：向来。）❻平坦。枚乘《七发》：“羁坚辔，附～路。”❼和悦。《礼记·郊特牲》：“宾入大门而奏肆夏，示～以敬也。”❽治，整治。《荀子·富国》：“田肥以～则出实百倍。”（以：而且。）❾蔓延。《左传·隐公六年》：“恶之～也，如火之燎于原。”❿通“埸（yì）”。边界。《荀子·富国》：“至于疆～。”

埸 yì ❶边境，边界。常“疆埸”连用。《左传·桓公十七年》：“疆～之事，慎守其一。”（慎守其一：谨慎地守卫自己的边疆。一：指自己这一边。）❷田界。常“疆埸”连用。《诗经·小雅·信南山》：“疆～有瓜。”

佾 yì 古代乐舞的行列，一行八人叫一佾。舞蹈用人的多少，表示贵族之间的等级差别。《论语·八佾》：“八～舞于庭。”《穀梁传·隐公五年》：“天子八～，诸公六～，诸侯四～。”

诣（詣） yì ❶到……去。《史记·孝文本纪》：“乘传（zhuàn）～长安。”

(传：驿车，供传递公文的人乘坐的车子。)㉿拜访。《三国志·蜀书·诸葛亮传》："由是先主遂～亮，凡三往，乃见。"(由是：因此。) ❷ 学问达到高深的境界。《世说新语·赏誉》："刘琨称祖车骑为朗～。"(朗：开朗，明悟。)

栧 yì ❶ 船桨。《史记·司马相如列传》："浮文鹢，扬桂～。"㊀船舷。屈原《九歌·湘君》："桂棹兮兰～。"(一说为船桨。) ❷ 划船。王中《头陀寺碑文》："释网更维，玄津重～。"

羿 yì 古代传说中的人名。善射。有二人。一为射十日之羿。《淮南子·本经》："尧乃使～……上射十日。"一为夏代有穷国的君主。《论语·宪问》："～善射，奡(ào)荡舟。"(奡：人名。)

翊 yì ❶ 辅佐，帮助。《三国志·蜀书·吕凯传》："～赞季兴。"(辅佐朝廷复兴。赞：辅佐。季兴：复兴，中兴。) ❷ 明(天、年)。蔡邕《议郎胡公夫人哀赞》："疾用欢痊，～日斯瘳(chōu)。"(用：因此。痊：病愈。斯：语气词。瘳：病愈。) ❸ [翊翊]恭敬的样子。《汉书·礼乐志》："正心～～。"

翌 yì ❶ 辅佐。钱起《泰阶六符赋》："股肱掩于稷契，辅～贤于阿衡。" ❷ 明(天、年)。《汉书·律历志下》："若～日癸(guǐ)巳。"又如"翌年"、"翌晨"。

翳 yì ❶ 用羽毛做的华盖。《后汉书·舆服志上》："戎车，其饰皆如之。蕃以矛麾金鼓羽析幢～。"(蕃：指置于车侧。) ❷ 遮蔽。《楚辞·九叹·远逝》："石嵾嵯(cēncī)以～日。"(嵾嵯：山高低不齐的样子。)㉿隐藏。《三国志·魏书·管宁传》："抱道怀贞，潜～海隅。"(隅：边。) ❸ 眼睛上长的膜。《宋史·刘恕传》："目为之～。"(眼睛因此而长了翳。)

翼 yì ❶ 翅膀。贾谊《鹏鸟赋》："举首奋～。"(抬头振翅。) ❷ 用翼遮盖，保护。《诗经·大雅·生民》："鸟覆～之。"(覆：遮盖。) ❸ 两侧。《史记·廉颇蔺相如列传》："李牧多为奇陈，张左右～击之，大破杀匈奴十余万骑。"(陈：阵。张：摆开。) ❹ 辅佐，扶助。《汉书·晁错传》："以～天子。" ❺ [翼翼] 1. 严肃谨慎的样子。《诗经·大雅·烝民》："小心～～。" 2. 壮盛的样子。枚乘《七发》："纷纷～～，波涌云乱。" 3. 整齐的样子。《诗经·商颂·殷武》："商邑～～。"(商的国都非常整齐。) 4. 轻松悠闲的样子。屈原《离骚》："高翱翔之～～。" ❻ 通"翌"。明(日)。《尚书·金縢》："王～日乃瘳。" ❼ 星宿名。二十八宿之一。

【辨】羽，翼，翅。见 516 页"羽"字。

貤[貤] yì ❶ 重，重叠。左思《魏都赋》："兼重悂(pī)以～缪。"(悂：谬误。以：而。缪：错误。) ❷ 延，延伸。《汉书·叙传下》："奕世载德，～于子孙。"(奕世：连续几代。) ❸ yí 转移。《汉书·武帝纪》："受爵赏而欲移卖者，无所流～。"

益 yì ❶ 水漫出来。《吕氏春秋·察今》："澭(yōng)水暴～。"这个意义先秦多写作"益"，后来都写作"溢"。 ❷ 富裕，富足。《吕氏春秋·贵当》："其家必日～。" ❸ 增加。《韩非子·定法》："五年而秦不～一尺之地。" ❹ 利益，好处。《尚书·大禹谟》："满招损，谦受～。"《盐铁论·非鞅》："有～于国，无害于人。" ❺ 助，添补。《战国策·秦策二》："于是出私金以～公赏。" ❻ 副词。更，更加。《文子·上礼》："故扬汤止沸，沸乃～甚。"成语有"精益求精"。 ❼ 副词。渐渐地。《史记·吕不韦列传》："始皇帝～壮。"《汉书·苏武传》："武～愈，单于使使晓武。"(晓：告知。) ❽ [益州]古地名。在今四川一带。

嗌 yì ❶ 咽喉。《穀梁传·昭公十九年》："哭泣歠饘粥，～不容粒，未逾年而死。"《吕氏春秋·介立》："今世之逐利者，早朝晏退，焦唇干～，日夜思之。" ❷ ài 喉咙梗塞。《庄子·庚桑楚》："儿子终日嗥而～不嗄(shà)。"一本作"而不嗌"。

溢 yì ❶ 水漫出来。《尚书·禹贡》："导沇水，东流为济，入于河，～为荥。"(沇、济：河流名。荥：泽名。)《三国志·吴书·吴主传》："诸山崩，鸿水～。"(鸿水：大水。)㉒满，充满。《汉书·东方朔传》："～于文辞。"陆机《文赋》："文徽徽以～目，音泠泠(línglíng)而盈耳。"(徽徽：华美的样子。以：而。泠泠：声音清越。)㉿自满。《汉书·五行志上》："宣帝既立，光犹摄政，骄～过制。"(光：霍光。)㉿过度。《三国志·蜀书·诸葛瞻传》："美声～誉，有过其实。"(誉：称赞。) ❷ 通"镒"。古代重量单位。二十两为一镒。一说二十四两为一镒。《韩非子·五蠹》："铄(shuò)金百～。"(铄：熔化。)

缢(縊) yì 吊死，上吊。《左传·桓公十三年》："莫敖～于荒谷。"(莫敖：人名。)双音词有"自缢"。㊀绞杀，勒死。《左传·昭公元年》："公子围至，入问王疾，～而弑之。"

镒(鎰) yì 古代重量单位。二十两为一镒。一说二十四两为一镒。《国语·晋语二》："黄金四十～。"

鹢(鷁) yì ❶ 水鸟名。《左传·僖公十六年》："六～退飞过宋都。" ❷

船头画有鹢鸟的船。(泛)船。谢朓《齐随王鼓吹曲》:“罢游平乐苑,泛～昆明池。”

谊(誼) yì ❶ 合宜的道德、行为或道理。屈原《九章·惜诵》:“吾～先君而后身兮。”❷ 意义,意思。许慎《说文解字叙》:“会意者,比类合～。”(会意字就是把两个字的形体、意义合在一起。)上述❶❷又写作“义”。❸ 交情,友谊(后起意义)。江淹《伤友人赋》:“余结～兮梁门。”双音词有“友谊”。

埶 yì ❶ 同“艺(藝)”。种植。《说文·丮部》:“埶,种也。”❷ shì 通“势(勢)”。权势,势力。《礼记·礼运》:“如有不由此者,在～者去,众以为殃。”(又)形势。《荀子·议兵》:“兵之所贵者～利也,所行者变诈也。”

蓺 yì ❶ 同“艺(藝)”。种植。《诗经·齐风·南山》:“～麻如之何?衡从其亩。”(衡从:横纵。)❷ 同“艺(藝)”。技艺,技能。《史记·儒林列传》:“能通一～以上,补文学掌故缺。”❸ 通“刈”。割。《新唐书·黄巢传》:“焚室庐,杀人如～。”

勚(勩) yì 劳,劳苦。《诗经·小雅·雨无正》:“莫知我～。”柳宗元《唐铙歌鼓吹曲·靖本邦》:“守臣不任,～于神圣。”

逸 yì ❶ 逃跑。《左传·桓公八年》:“随侯～。”(又)马脱缰奔跑。《国语·晋语五》:“马～不能止。”❷ 隐逸。《楚辞·远游》:“离人群而遁～。”❸ 释放。《左传·成公十六年》:“乃～楚囚。”❹ 安闲,安逸。《汉书·赵充国传》:“以～击劳,取胜之道也。”熟语有“劳逸结合”。❺ 放纵,放荡。《战国策·楚策四》:“专淫～侈靡,不顾国政。”(引)过失。《尚书·盘庚上》:“其发有～口。”(逸口:引起过失之言。)❻ 通“佚”。亡失,散失。柳宗元《武功县丞厅壁记》:“壁坏文～。”❼ 通“轶”。超越。《三国志·蜀书·诸葛亮传》:“亮少有～群之才。”(少:指年轻时。)《世说新语·文学》:“于病中犹作《汉晋春秋》,品评卓～。”

睪 yì ❶ 侦捕罪人。《说文·幸部》:“睪,司视也……令吏将目捕罪人也。”❷ gāo 睾丸。《灵枢经·经脉》:“径胫上～结于茎。”❸ zé 通“泽”。[睪芷]香草名。《荀子·正论》:“侧载～～以养鼻。”❹ hào 通“皞”。[睪睪]广大的样子。《荀子·解蔽》:“～～广广,孰知其德。”

斁 yì ❶ 厌。《诗经·周南·葛覃》:“为絺为绤,服之无～。”王融《咏梧桐》:“岂～龙门幽,直慕瑶池曲。”❷ 盛大的样子。《诗经·商颂·那》:“庸鼓有～,万舞有奕。”(有:形容词词头。)❸ dù 败坏。《尚书·洪范》:“彝伦攸～。”董京《答孙楚》诗:“周道～兮颂声没,夏政衰兮五常汩。”

燡 yì [燡燡]光明的样子。王延寿《鲁灵光殿赋》:“汨硙硙以璀璨,赫～～而爥(zhú)坤。”(爥:照。)

醳 yì ❶ 古代的一种酒。一说为旧酒,一说为新酒。刘孝绰《侍宴集贤堂应令》诗:“绸缪参宴笑,淹留奉觞～。”❷ 赏赐酒食。《史记·淮阴侯列传》:“牛酒日至,以飨士大夫,～兵。”❸ shì 通“释”。释放。《史记·张仪列传》:“共执张仪,掠笞数百,不服,～之。”(又)放弃。《战国策·燕策二》:“王欲～臣剸任所善,则臣请归～事。”

肄 yì ❶ 练习,学习。《三国志·魏书·武帝纪》:“作玄武池以～舟师。”(舟师:水军。)潘岳《杨仲武诔》:“旧文新艺,罔不必～。”❷ 劳苦。《左传·昭公十六年》:“莫知我～。”(莫:没有人。)❸ 树木再生的嫩枝。《诗经·周南·汝坟》:“伐其条～。”陆机《汉高祖功臣颂》:“悴叶更辉,枯条以～。”(以:因此。)(引)亡国之余。《左传·襄公二十九年》:“晋国不恤周宗之阙,而夏～是屏。”(夏肄:指杞国。杞是夏的后代。屏:指为之筑城。)❹ 查阅,检查。《汉书·义纵传》:“关吏税～郡国出入关者。”

裔 yì ❶ 衣服的边缘。(泛)边。屈原《九歌·湘夫人》:“蛟何为兮水～?”(蛟为什么在水边?)(引)边远的地方。《左传·文公十八年》:“投诸四～。”(诸:之于。)❷ 后代。左思《吴都赋》:“虞、魏之昆,顾、陆之～。”(虞、魏、顾、陆:姓。昆:后代。)

意 yì ❶ 心意,意图。《公羊传·隐公三年》:“此非先君之～也。”贾思勰《齐民要术序》:“蔡伦立～造纸。”(又)意思。刘勰《文心雕龙·镕裁》:“善删者字去而～留。”❷ 怀疑。《列子·说符》:“人有亡铁(fǔ)者,～其邻之子。”(亡:丢失。铁:斧子。)❸ 意料。《史记·项羽本纪》:“然不自～能先入关破秦。”(又)表示推测。《韩非子·外储说左上》:“寡人出亡二十年,乃今得反国,咎犯闻之不喜而哭,～不欲寡人反国邪?”[意者]想来大概是。《庄子·天运》:“～～其运转而不能自止邪?”(想来天大概是运转而不会自己停止吧?)❹ 通“抑”。表示选择。相当于现代汉语的“还是”。《墨子·耕柱》:“子之义将匿邪?～将以告人乎?”(匿:隐藏。)❺ yī 通“噫”。叹词。表示感叹。《庄子·在宥》:“～!甚矣哉,其无愧而不知耻也甚矣!”

Y

薏 yì ❶莲子的心。见《尔雅》。❷[薏苡]植物名。籽粒叫薏米。《后汉书·马援传》:"初,援在交阯,常饵～～实,用能轻身省欲,以胜瘴气。"王维《送李员外贤郎》诗:"～～扶衰病,归来幸可将。"

臆 yì ❶胸。陆机《演连珠》:"抚～论心。"❷主观想象和揣测。苏轼《石钟山记》:"事不目见耳闻,而～断其有无,可乎?"(可乎:可以吗。)

瘗(瘞) yì ❶埋祭品或尸体、随葬物。《汉书·武帝纪》:"祠常山,～玄玉。"《旧唐书·褚亮传》:"徽遇病终,亮亲加棺敛,～之路侧。"(徽:人名。)㉿坟墓。《晋书·王敦传》:"于是发～出尸,焚其衣冠。"❷祭土。《吕氏春秋·任地》:"有年～土,无年～土。"(年成好要祭土报谢,年成不好要祭土禳灾。年:年成。)

熠 yì [熠耀(yào)]1.光彩鲜明的样子。《诗经·豳风·东山》:"仓庚于飞,～～其羽。"2.萤火虫。鲍令晖《题书后寄行人》诗:"帐中流～～,庭前华紫兰。"[熠熠]鲜明的样子。陆机《拟青青河畔草》诗:"靡靡江蓠草,～～生河侧。"

殪 yì 射死。《诗经·小雅·吉日》:"发彼小豝(bā),～此大兕。"(发:用箭射。豝:母猪。兕:犀牛。)屈原《九歌·国殇》:"左骖(cān)～兮右刃伤。"(驾在车左侧的马被射死了,右侧的马也被兵刃所伤。骖:辕马两旁的马。)㉿死。《左传·隐公九年》:"前后击之,尽～。"

曀 yì 天阴,昏暗。《诗经·邶风·终风》:"终风且～。"庾肩吾《八关斋夜赋四城门更作四首·北城门沙门》:"俗幻生影空,忧绕心尘～。"㉿使……昏暗。《旧唐书·裴度传》:"岂肯坐观凶邪,有～日月。"

饐 yì ❶食物因经久而变味。《论语·乡党》:"食～而餲,鱼馁而肉败,不食。"《墨子·辞过》:"刍豢蒸炙鱼鳖,大国累百器,小国累十器……手不能遍操,口不能遍味。冬则冻冰,夏则饰(一作"餕")～。"❷yē 通"噎"。食物堵住喉咙。《吕氏春秋·荡兵》:"夫有以～死者,欲禁天下之食,悖。"

懿[懿] yì ❶美,好。《诗经·周颂·时迈》:"我求～德。"《三国志·吴书·吴主传》:"斯则前世之～事,后王之元龟也。"(斯:此。元龟:指借鉴。)❷深。《诗经·豳风·七月》:"女执～筐,遵彼微行,爰求柔桑。"(柔桑:嫩桑叶。)

劓 yì 古代的一种刑罚,割掉鼻子。《韩非子·内储说下》:"王怒曰:'～之。'"㉿割除,削弱。《尚书·多方》:"～割夏邑。"(夏:夏朝。邑:国家。)

YIN

因 yīn ❶依靠,凭借。《左传·僖公三十年》:"～人之力而敝之。"(敝:破坏。)《孟子·离娄上》:"为高必～丘陵,为下必～川泽。"㉿介词。依照,根据。《韩非子·外储说左上》:"法者,见功而与赏,～能而受官。"(与:给予。受:授给。)《史记·孙子吴起列传》:"善战者～其势而利导之。"㉿介词。趁着。《三国志·魏书·郭嘉传》:"～其无备,卒(cù)然击之。"(卒:猝,突然。)❷沿袭。《论语·为政》:"周～于殷礼。"(周、殷:朝代名。)《汉书·循吏传序》:"光～循守职,无所改作。"(光:霍光。循:遵循。)❸原因。邹阳《狱中上梁王书》:"无～而至前也。"❹副词。就,于是。《韩非子·五蠹》:"宋人有耕者,田中有株,兔走触株,折颈而死;～释其耒而守株,冀复得兔。"❺介词。由于。《史记·卫将军骠骑列传》:"～前使绝国功,封骞博望侯。"(使绝国:指出使西域。骞:张骞。博望侯:爵号。)❻介词。由,从。范缜《神灭论》:"如～荣木变为枯木。"(如:如同。荣木:茂盛的树木。)

茵 yīn 坐垫,车垫。《韩非子·十过》:"缦(màn)帛为～。"(缦帛:没有花纹的丝织品。为:做。)《汉书·丙吉传》:"此不过污丞相车～耳。"

姻[婣] yīn ❶女婿的父亲。亲家之间,女方的父亲叫"婚",男方的父亲叫"姻"。《左传·定公十三年》:"荀寅,范吉射之～也。"(荀寅是范吉射女婿的父亲。荀寅、范吉射:人名。)❷婚姻。《后汉书·戴良传》:"每有求～,辄便许嫁。"(辄:总是。)㉿由婚姻关系而形成的亲戚。《左传·襄公二十三年》:"公有～丧。"又如"姻兄"、"姻伯"。

骃(駰) yīn 毛浅黑色和白色相杂的马。《诗经·小雅·皇皇者华》:"我马维～,六辔既均。"

细(絪) yīn ❶[细缊]天地阴阳二气交互作用。《周易·系辞下》:"天地～～,万物化醇。"㉿交感的元气。谢庄《宋明堂歌·迎神歌》:"驾六气,乘～～。"㉿气体弥漫的样子。沈约《八咏诗·会圃临春风》:"既铿锵以动佩,又～～而流射。"上述❶㉿㉿又写作"烟煴"。❷褥垫。《抱朴子·登涉》:"或问道士山居栖岩庇岫,不必有

～缛之温，直使我不畏风湿，敢问其术也。”

氤 yīn ［氤氲(yūn)］1. 天地阴阳二气交互作用。《白虎通·嫁娶》：“《易》曰：‘天地～～，万物化淳。’”今本《周易·系辞下》作“絪缊”。《晋书·成公绥传》：“八风翱翔，六气～～。”2. 烟云弥漫的样子。张九龄《湖口望庐山瀑布泉》诗：“灵山多秀色，空水共～～。”

阴(陰)［隂］ yīn ❶ 山的北面，水的南面。《韩非子·说林上》：“夏居山之～。”(居：居住。)《列子·汤问》：“达于汉～。”(达：到达。汉：汉水。)【注意】地名第二个字用“阴”的，一般都来自这个意义。如“华阴”在华山之北，“江阴”在长江之南。❷ 阴天。《诗经·邶风·谷风》：“习习谷风，以～以雨。”㉑没有阳光。范仲淹《岳阳楼记》：“朝晖夕～，气象万千。”(晖：阳光。)㉓阴影，树荫。辛弃疾《水龙吟·甲辰岁寿韩南涧尚书》：“对桐～满庭清昼。”这个意义又写作“荫”。❸ 日影。《吕氏春秋·察今》：“故审堂下之～，而知日月之行阴阳之变。”㉑光阴。《淮南子·原道》：“故圣人不贵尺之璧，而重寸之～，时难得而易失也。”❹ 人的生殖器。《三国志·魏书·公孙度传》：“恭病～消为阉人。”❺ 暗中，暗地里。《史记·孙子吴起列传》：“孙膑以刑徒～见，说齐使。”❻ 阴险。《新唐书·李林甫传》：“性～密，忍诛杀，不见喜怒。”❼ 古代哲学概念。古代思想家把万事万物概括为“阴”、“阳”两个对立的范畴(如天、火、暑是阳，地、水、寒是阴)。柳宗元《天说》：“寒而暑者，世谓之～阳。”❽ yìn 覆盖。《礼记·祭义》：“骨肉毙于下，～为野土。”㉑庇荫。《战国策·齐策一》：“君长有齐～。”❾ ān ［谅阴］同“谅闇”。帝王居丧。《论语·宪问》：“《书》云：‘高宗～～，三所不言。’”

荫(蔭) yīn ❶ 树荫。《荀子·劝学》：“树成～而众鸟息焉。”㉓日影。《左传·昭公元年》：“赵孟视～。”❷ yìn 遮盖。陶渊明《归园田居》诗之一：“榆柳～后檐(yán)。”㉑庇荫。指封建时代子孙因先代官爵或功勋而受到封赏。《隋书·柳述传》：“少以父～，为太子亲卫。”(少：年少时。太子亲卫：太子的卫士。)这个意义又写作“廕”。

【辨】蔭，荫。见20页“蔽”字。

音 yīn ❶ 乐音。《礼记·乐记》：“声成文谓之～。”㉑音乐。《韩非子·说林下》：“吾尝好～，此人遗(wèi)我鸣琴。”(尝：曾经。遗：赠给。)［五音］五个音级，即宫、商、角、徵(zhǐ)、羽。相当于现在简谱中的1、2、3、5、6。［八音］古代对乐器的统称。指金、石、土、革、丝、木、匏(páo)、竹八类。如钟、铃属金类；磬属石类；埙(xūn)属土类；鼓属革类；琴、瑟属丝类；柷(zhù)属木类；笙、竽属匏类；管、箫属竹类。❷ 声音。《庄子·胠箧》：“鸡狗之～相闻。”❸ 言辞。《诗经·邶风·谷风》：“德～莫违，及尔同死。”❹ 消息。常“音信”、“音讯”、“音书”连用。李白《大堤曲》：“天长～信断。”❺ 通“荫”。树荫。《左传·文公十七年》：“鹿死不择～。”

喑 yīn ❶ 哑，不能说话。《后汉书·袁闳传》：“遂称风疾，～不能言。”㉑默不作声。《新唐书·关播传》：“播即～畏毋敢与。”❷ yìn ［喑呜］怒喝。骆宾王《代李敬业讨武氏檄》：“～～则山岳崩颓，叱咤则风云变色。”❸ yìn 声音相应。韩愈《同宿联句》：“清琴试一挥，白鹤叫相～。”

愔 yīn ［愔愔］1. 和悦，和谐。嵇康《琴赋》：“～～琴德，不可测兮。”(琴德：指琴声。测：捉摸。)2. 深沉，静默。蔡琰《胡笳十八拍》：“雁飞高兮邈难寻，空断肠兮思～～。”

瘖 yīn 哑，不能说话。《淮南子·泰族》：“～者不言，聋者不闻。”㉑默不作声。龚自珍《己亥杂诗》：“九州生气恃风雷，万马齐～究可哀。”(恃：依靠。究：毕竟。)上述义项又写作“喑”。

殷 yīn ❶ 盛，众多。《诗经·郑风·溱洧》：“士与女，～其盈矣。”(男男女女非常多。)㉑富足，富裕。《史记·孝文本纪》：“是以海内～富。”(是以：因此。)❷ 忧虑或情意深。陆机《叹逝赋》：“在～忧而弗违。”《旧唐书·音乐志三》：“有怀载～。”［殷勤］恳切的情意。《史记·司马相如列传》：“相如乃使人重赐文君侍者通～～，文君夜亡奔相如。”❸［殷殷］忧愁的样子。《诗经·邶风·北门》：“出自北门，忧心～～。”❹ 商朝迁都殷以后的别称。参见372页“商”字。❺ yǐn 象声词。形容雷声。《诗经·召南·殷其雷》：“～其雷，在南山之阳。”❻ yān 暗红色。《左传·成公二年》：“自始合，而矢贯余手及肘。余折以御，左轮朱～。”(轮：车轮。朱：大红色。)

慇 yīn ❶［慇慇］忧伤的样子。《诗经·小雅·桑柔》：“忧心～～，念我土宇。”❷［慇懃］情意恳切。曹植《赠白马王彪》诗：“何必同衾帱，然后展～～？”

堙［陻］ yīn ❶ 填塞。《史记·蒙恬列传》：“堑山～谷，通直道。”(堑：

挖掘。)㊀埋没,泯灭。《后汉书·应劭传》:“旧章～没,书记罕存。”❷ 堆土为山,用以攻城。《左传·襄公六年》:“而遂围莱。……～之环城。”(环:环绕。)㊁用以攻城的小土山。《公羊传·宣公十五年》:“于是使司马子反乘～而窥宋城。”(乘:登。)

闉(闉) yīn ❶ 瓮城,城门外的护门小城。《诗经·郑风·出其东门》:“出其～阇(dū),有女如荼。”(阇:城台。)❷ 通“堙”。堵塞。《淮南子·兵略》:“猎者逐禽……而相为斥～要遮者,同所利也。”❸ 通“堙”。用以攻城的小土山。《尉缭子·战威》:“破军杀将,乘～发机。”

禋 yīn 烧柴升烟以祭。《周礼·春官·大宗伯》:“以～祀祀昊天上帝,以实柴祀日月星辰。”㊂祭祀。《诗经·大雅·生民》:“克～克祀,以弗无子。”《国语·周语上》:“不～于神而求福焉,神必祸之。”

吟 yín ❶ 叹息。《战国策·楚策一》:“昼～宵哭。”❷ 声调抑扬地念诵吟咏。《史记·屈原贾生列传》:“屈原至于江滨,被发行～泽畔。”(被:披。)❸ 一种诗体的名称。《三国志·蜀书·诸葛亮传》:“亮躬耕陇亩,好为梁父～。”又如《天姥吟》。㊂诗歌。高骈《途次内黄马病寄僧舍呈诸友人》诗:“好与高阳结～社。”(吟社:诗社。)❹ 鸣,叫。李白《晓晴》诗:“莺～绿树低。”杜牧《云》诗:“拥树隔猿～。”❺ [呻吟]见 376 页“呻”字。❻ jìn 通“噤”。闭口,不作声。《史记·淮阴侯列传》:“虽有舜禹之智,～而不言,不如喑聋之指麾也。”

垠 yín 岸。柳宗元《小石城山记》:“有积石横当其～。”(横当其垠:横在岸边。)㊀边际,尽头。《楚辞·远游》:“其大无～。”

【辨】岸,涯,垠。见 3 页“岸”字。

龈(齦) yín ❶ 齿根肉。扬雄《太玄·密》:“琢齿依～,君自拔也。”❷ [龈龈]和悦的样子。扬雄《太玄·争》:“争射～～。”❸ kěn 咬。郭璞《山海经图赞·北山经》:“狍鸮贪惏,其目在腋,食人未尽,还自～割。”㊀抑制。韩愈《曹成王碑》:“苏枯弱强,～其奸猖。”

狺 yín [狺狺]象声词。形容犬吠声。宋玉《九辩》:“猛犬～～而迎吠兮,关梁闭而不通。”李贺《公无出门》诗:“嗾犬～～相索索,舐掌偏宜佩兰客。”

訚(誾) yín [訚訚] 1. 和悦地争辩。《论语·乡党》:“与上大夫言,～～如也。”《后汉书·张酺传》:“张酺前入侍讲,屡有谏正,～～恻恻,出于诚心。”2. 香气浓烈的样子。司马相如《长门赋》:“桂树交而相纷兮,芳酷烈之～～。”

崟[崯] yín [崟崟] 1. 高高的样子。《楚辞·招隐士》:“白鹿麏(jūn)麚兮,或腾或倚。状貌～～兮峨峨。”2. 繁茂的样子。《楚辞·九思·悯上》:“丛林兮～～。”

淫 yín ❶ 浸渍。《周礼·考工记·匠人》:“善防者水～之。”❷ 沉溺,沉湎。《庄子·在宥》:“而且说明邪? 是～于色也;说聪邪? 是～于声也。”㊀滞留。《楚辞·招魂》:“归来兮! 不可以久～些。”❸ 过度,滥。《左传·庄公二十二年》:“酒以成礼,不继以～,义也。”❹ 放纵,无节制。《盐铁论·本议》:“末修则民～,本修则民悫。”❺ 奢侈。贾谊《论积贮疏》:“～侈之俗,日日以长,是天下之大贼也。”(贼:害。)㊁浮华。《扬子法言·吾子》:“诗人之赋丽以则,辞人之赋丽以～。”❻ 乱,紊乱。《孟子·滕文公下》:“富贵不能～,贫贱不能移,威武不能屈。”❼ 邪,邪恶。《左传·隐公三年》:“且夫贱妨贵,少陵长,远间亲,新间旧,小加大,～破义,所谓六逆也。”❽ 不正当的男女关系。《荀子·天论》:“男女～乱。”㊀好色,纵欲。《左传·成公二年》:“今纳夏姬,贪其色也,贪色为～。”(纳:指娶。)❾ [淫雨]久雨,连绵不断地下雨。《后汉书·五行志一》:“～～伤稼。”又写作“霪雨”。

霪 yín 久雨。《淮南子·修务》:“禹沐浴～雨,栉扶风。”

寅 yín ❶ 敬。《尚书·无逸》:“严恭～畏。”❷ 地支的第三位。㊁十二时辰之一,等于现在的凌晨三时至五时。见 125 页“干¹”字。

夤 yín ❶ [夤缘]攀附,向上。左思《吴都赋》:“～～山岳之岊(jié)。”(岊:山的曲折隐秘处。)㊃拉拢关系,巴结权贵。《宋史·神宗纪一》:“诏察富民与妃嫔家昏因～～得官者。”(诏:下令。察:检察。)❷ 通“寅”。敬。《北史·房彦谦传》:“刑赏曲直,升闻于天,～畏照临,亦宜谨肃。”

殥 yín 荒远之地。《淮南子·地形》:“九州之外,乃有八～。”

龂(齗) yín ❶ 同“龈”。牙根肉。史游《急就篇》卷三:“鼻口唇舌～牙齿。”❷ [龂龂] 1. 露齿的样子。王延寿《鲁灵光殿赋》:“玄熊䑛舑(tiàntàn)以～～,却负载而蹲跠。”(䑛舑:吐舌的样子。)2. 争辩的样子。《汉书·公孙刘车王杨蔡陈郑传赞》:“辩者骋其辞,～～焉,行行焉。”

3. 忿嫉。《汉书·刘向传》："朝臣～～不可光禄勋，何邪？"

蟫 yín ❶ 蠹鱼，生在衣物、书籍中的蛀虫。《新唐书·儒学传》："是时，文籍盈漫，皆炱朽～断，签縢纷舛。" ❷ xún [蟫蟫] 1. 随行的样子。《楚辞·九思·悼乱》："鹿蹊兮䠠䠠（duànduàn），貒（tuān）貉兮～～。"（䠠䠠：行走迅速的样子。貒：猪獾。）2. 蠕动的样子。《后汉书·马融传上》："蝡蝡～～，充衢塞隧。"

嚚 yín ❶ 愚蠢而顽固。《尚书·尧典》："父顽母～。"柳宗元《贞符》："妖淫～昏好怪之徒。"（妖淫：邪淫，不正派。怪：奇异。）❷ 奸诈。《左传·僖公二十四年》："心不则德义之经为顽，口不道忠信之言为～。"《宋书·明帝纪》："子业凶～自天，忍悖成性。"

尹 yǐn ❶ 治理。《左传·定公四年》："以～天下。" ❷ 古代长官。《尚书·益稷》："庶～允谐。"（庶：众。允：确实。谐：和谐。）又如"京兆尹"（京兆：京城。）。

引 yǐn ❶ 拉开弓。《韩非子·外储说左下》："狐乃～弓迎而射之。"（解狐拉开弓迎面射他。狐：人名。）成语有"引而不发"。㊀拉，牵。《荀子·仲尼》："辟之是犹伏而咶天，救经而～其足也。"《汉书·朱买臣传》："守邸怪之，前～其绶，视其印，会稽太守章也。"㊀延长，伸长。《左传·成公十三年》："我君景公～领西望。"（景公：晋景公。领：脖子。）❷ 引导，率领。《史记·秦始皇本纪》："～兵欲攻燕。" ❸ 避开，退却。《战国策·赵策三》："秦军～而去。" ❹ 取过来。《战国策·齐策二》："一人蛇先成，～酒且饮之。"（且：将。）㊀召引。《管子·任法》："其民～之而来，推之而往。"㊁引用。《论衡·问孔》："子游～前言以距孔子。"（子游：孔丘的学生。距：反驳。）❺ 引进，荐举。《宋史·欧阳修传》："奖～后进，如恐不及。" ❻ 乐府诗体的一种。如《箜篌引》。㊁序也称引。王勃《滕王阁序》："恭疏短～。"（恭敬地写下这篇短序。）

靷 yǐn ❶ 引车前行的皮带，一端系在车轴上，一端系在马颈的皮带上。《左传·哀公二年》："我两～将绝，吾能止之。" ❷ 通"纼"。牛鼻绳。孔平仲《续世说·赏誉》："李密乘一黄牛……一手捉牛～，一手翻《汉书》。"

听[2] yǐn [听然]张口而笑的样子。司马相如《上林赋》："亡是公～～而笑。"（亡是公：人名。）参见423页"听[1]（聽）"字。

饮（飲） yǐn ❶ 喝。《左传·昭公七年》："王将～酒。"李白《丁都护歌》："水浊不可～。"㊃隐没。《汉书·朱家传》："然终不伐其能，～其德。"（其德：指对人的恩德。）㊁没入。《吕氏春秋·精通》："养由基射兕，中石，矢乃～羽。" ❷ 喝的东西。《史记·秦始皇本纪》："衣服食～与缭同。"（缭：人名。）❸ yìn 给……喝。屈原《离骚》："～余马于咸池兮。"（余：我。咸池：神话中的地名。）

隐（隱） yǐn ❶ 短墙。《左传·襄公二十三年》："逾～而待之。" ❷ 隐藏，隐蔽。《周易·乾》："～而未见，行而未成。"干宝《搜神记》卷五："便拔刀～树侧住。"（住：停住。）㊁隐居，不出来做官。《左传·僖公二十四年》："其母曰：'能如是乎？与女偕～。'"（女：汝。）❸ 穷困。《荀子·宥坐》："今夫子累德积义怀美，行之日久矣，奚居之～也？" ❹ 精微深奥。《周易·系辞上》："探赜索～，钩深致远。" ❺ 隐瞒。《史记·高祖本纪》："列侯诸将无敢～朕。"（朕：皇帝自称。）❻ 伤痛。《楚辞·九叹·惜贤》："心～恻而不置。"㊁哀怜。《孟子·梁惠王上》："王若～其无罪而就死地，则牛羊何择焉？" ❼ 威重的样子。《后汉书·吴汉传》："吴公差强人意，～若一敌国矣。" ❽ yìn 倚，靠。《庄子·齐物论》："南郭子綦（qí）～几而坐。"（南郭子綦：人名。几：古人依凭的用具。）

檃 yǐn [檃栝]矫正曲木的工具。《荀子·性恶》："故枸木必将待～～烝矫然后直。"又写作"隐括"。㊀约束，规范。《抱朴子·酒诫》："是以智者严～括于性理，不肆神以逐物。"

螾 yǐn 同"蚓"。蚯蚓。《荀子·劝学》："～无爪牙之利，筋骨之强，上食埃土，下饮黄泉。"

荫（蔭） yìn 见503页。

胤 yìn 后代。《左传·隐公十一年》："夫许，大（tài）岳之～也。"（夫：句首语气词。许：指许国的国君。）《世说新语·言语》："虽名播天听，然～绝圣世。"

慭（憖） yìn ❶ 愿意，情愿。《左传·哀公十六年》："旻天不吊，不～遗一老。"沈约《齐故安陆昭王碑文》："曾不～留。" ❷ 损伤，残缺。《左传·文公十二年》："两君之士皆未～也。" ❸ [慭慭]谨慎小心的样子。柳宗元《三戒·黔之驴》："～～然莫相知。"（莫相知：不知道是什么。）❹ xìn

张口笑的样子。《后汉书·张衡传》："戴胜～其既欢兮。"（戴胜：指西王母。）

YING

应（應） yīng 见507页。

英 yīng ❶花。屈原《离骚》："夕餐秋菊之落～。"（夕：傍晚。）㊀精华。韩愈《进学解》："含～咀华。"㊁美好的。《宋书·谢灵运传论》："～辞润金石。"❷杰出的，超众的。《孟子·尽心上》："得天下～才而教育之。"㊁杰出的人。《论衡·问孔》："今谓之～杰，古以为圣神。"❸矛上的羽饰。《诗经·鲁颂·閟宫》："朱～绿縢，二矛重弓。"㊁裘衣上的装饰。《诗经·郑风·羔裘》："羔裘晏兮，三～粲兮。"

【辨】英，豪，俊，杰。这四个字都指人具有高超的才能和品德。但"英"、"俊"、"杰"一直用于褒义，"豪"有时用于贬义，如"豪强"。

瑛 yīng ❶玉光。庾阐《涉江赋》："金沙逐波而吐～。"❷美石。傅咸《申怀赋》："何天施之弘普，厕瓦砾于琼～。"庾肩吾《咏花雪》："飞花洒庭树，凝～结井泉。"

婴（嬰） yīng ❶系在颈上。《荀子·富国》："是犹使处女～宝珠。"❷围绕，缠绕。陆机《赴洛道中作》诗："世网～我身。"（世网：比喻世事。）㊁被……缠着。李密《陈情表》："而刘夙（sù）～疾病，常在床蓐（rù）。"（刘：指李密的祖母。夙：早。）㊁环绕。《汉书·蒯通传》："必将～城固守。"❸碰，触犯。《荀子·强国》："兵劲城固，敌国不敢～也。"（劲：坚强有力。固：牢固。）❹婴儿。《老子》二十章："如～儿之未孩。"（未孩：还不会笑。孩：小儿笑。）

撄（攖） yīng ❶碰，触犯。《孟子·尽心下》："虎负嵎，莫之敢～。"独孤授《斩蛟夺宝剑赋》："彼挐空～雾之状。"（挐：搏持。空：指天空。）❷扰乱，干扰。《庄子·在宥》："昔者黄帝始以仁义～人之心。"

嘤（嚶） yīng 象声词。形容鸟鸣声。《诗经·小雅·伐木》："～其鸣矣，求其友声。"［嘤嘤］象声词。形容鸟鸣声。《诗经·小雅·伐木》："伐木丁丁，鸟鸣～～。"㊁象声词。形容铃声。李贺《贾公闾贵婿曲》："～～白马来，满脑黄金重。"

缨（纓） yīng ❶系在颏下的帽带。《左传·哀公十五年》："以戈击之，断～。"李白《赠江夏韦太守良宰》诗："慷慨泪沾～。"❷驾车时套在马颈上的绳子。曹植《七启》："饰玉路之繁～。"（玉路：玉装饰的车。繁：马的大带。）㊀拘系人的绳子。独孤及《送长孙将军拜歙州之任》诗："系颈有长～。"❸古代女子行笄礼时佩戴的一种五色带。《礼记·曲礼上》："女子许嫁，～。"❹被……缠着。谢灵运《述祖德》诗："兼抱济物性，而不～垢氛。"

璎（瓔） yīng 似玉的美石。［璎珞（luò）］用璎珠串成的装饰物。《南史·夷貊传上》："其王者著法服，加～～，如佛像之饰。"卢仝《观放鱼歌》："天雨曼陀罗花深没膝，四十千真珠～～堆高楼。"

罂（罌） yīng 盛水、酒的器皿。《墨子·备穴》："令陶者为～，容四十斗以上。"贯休《樵叟》诗："担头担个赤瓷～，斜阳独立濛笼坞。"

膺 yīng ❶胸。《左传·成公十年》："搏～而踊。"（搏膺：捶胸。踊：跳。）李白《蜀道难》诗："以手抚～坐长叹。"成语有"义愤填膺"。［服膺］衷心信服，牢记在心。《世说新语·品藻》："高情远致，弟子蚤已～～。"（蚤：通"早"。）《盐铁论·遵道》："文学结发学语，～～不舍。"❷马当胸的带子。《诗经·秦风·小戎》："虎韔（chàng）镂～。"（虎韔：虎皮做的弓袋。镂膺：镂金的马带。）❸受。刘知几《史通·疑古》："坐～天禄，其事不成。"（天禄：天赐的福气。）❹抵抗，抗击。《诗经·鲁颂·閟宫》："戎狄是～。"

茔（塋） yíng 坟墓，墓地。《礼记·月令》："审棺椁之薄厚，～丘垄之大小，高卑厚薄之度。"《汉书·张安世传》："赐～杜东。"（杜东：杜陵之东。）

荧（熒） yíng ❶微弱的光。左思《蜀都赋》："火井沈～于幽泉。"（火井：盐井。）❷使人目眩。《庄子·人间世》："王公必将乘人而斗其捷，而目将～之。"［荧惑］1. 迷惑。《战国策·赵策二》："恃苏秦之计，～～诸侯。"2. 星名。即火星。《世说新语·言语》："初，～～入太微，寻废海西。"（太微：星名。海西：指晋废帝。）❸通"萤"。萤火虫。《后汉书·灵帝纪》："夜步逐～光，行数里。"

莹（瑩） yíng ❶像玉的石。《扬子法言·吾子》："如玉如～。"❷玉石的光彩。《韩诗外传》卷四："良珠度寸，虽有百仞之水，不能掩其～。"㊀洁白光亮。《晋书·乐广传》："此人之水镜，见之，～然若披云雾而睹青天也。"㊀使光洁。《北史·綦母怀文传》："其土可～刀。"❸磨治玉石。

《周书·苏绰传》："夫良玉未剖，与瓦石相类……及其剖而～之……玉石……始分。"❹ 用玉石装饰。《世说新语·汰侈》："王君夫有牛名八百里驳，常～其蹄角。"（王君夫：王恺。）

营（營） yíng ❶ 围绕。《公羊传·庄公二十五年》："以朱丝～社。"❷ 军营，营垒。《史记·绛侯周勃世家》："于是天子乃按辔（pèi）徐行至～。"（按辔：拉住缰绳。徐：慢慢地。）❸ 经营，料理。《礼记·儒行》："～道同术。"《后汉书·东平宪王苍传》："至于自所～创，尤为俭省。"《新唐书·李愬传》："士伤夷病疾，亲为～护。"❹ 度量。《仪礼·士丧礼》："冢人～之。"❺ 建造。晁错《募民徙塞下疏》："然后～邑立城。"（邑：城市。）❻ 谋求。束皙《补亡诗》六首之二："无～无欲。"❼ 迷惑。《孙膑兵法·威王问》："～而离之，我并卒而击之。"（营而离之：迷惑敌人，使之分散兵力。离：分散。并卒：集中兵力。）

萦（縈） yíng 缠绕，绕。《诗经·周南·樛木》："南有樛（jiū）木，葛藟～之。"（樛：树枝向下弯曲。葛藟：一种植物。）李白《蜀道难》诗："百步九折～岩峦。"（百步九折：形容道路很曲折。岩峦：高峻的山峰。）㊞回旋。吴均《咏雪》："～空如雾转，凝阶似花积。"㊗心中萦绕着。谢灵运《从游京口北固应诏》诗："曾是～旧想。"

禜 yíng 祭名。祭祀日月星辰山川，以禳除水旱风雨等灾。《左传·昭公元年》："山川之神，则水旱疠疫之灾，于是乎～之；日月星辰之神，则雪霜风雨之不时，于是乎～之。"

濙 yíng ［濙濙］象声词。形容水流声。柳宗元《钴鉧潭西小丘记》："枕席而卧，则清泠之状与目谋，～～之声与耳谋。"

盈 yíng ❶ 充满。《诗经·小雅·楚茨》："我仓既～。"《韩非子·说疑》："以誉～于国。"㊈圆满。沈括《梦溪笔谈》卷七："以月～亏可验也。"（月：月亮。亏：缺损。）❷ 富裕，有余。《后汉书·马援传》："致求～余。"（致求：追求。）❸ 满足，自满。《荀子·仲尼》："志骄～而轻旧怨。"❹ 增长。《史记·范雎蔡泽列传》："进退～缩，与时变化。"

楹 yíng 柱子。㊕堂上两柱。《左传·庄公二十三年》："丹桓宫之～。"（丹：用红漆涂饰。桓：指鲁桓公。）

嬴 yíng ❶ 通"赢"。满，有余。《史记·赵世家》："命乎命乎，曾无我～。"班固《幽通赋》："故遭罹而～缩。"❷ 通"赢"。有利，获胜。《史记·苏秦列传》："困则使太后弟穰侯为和，～则兼欺舅与母。"❸ 通"赢"。背，担。《后汉书·邓禹传论》："邓公～粮徒步。"❹ 姓。春秋时秦、徐、江、黄、郯、莒都是嬴姓国。

瀛 yíng ❶ ［瀛海］大海。《论衡·谈天》："九州之外，更有～～。"❷ 池泽。左思《蜀都赋》："其沃～则有攒蒋丛蒲。"（攒：丛聚。蒋：茭白。）

籯［籝］ yíng 笼箱之类的竹器。《后汉书·西域传论》："先驯则赏～金。"（驯：服。）

赢（贏） yíng ❶ 余利，利润。晁错《论贵粟疏》："操其奇～。"（牟取利润。）㊈得余利。《左传·昭公元年》："贾而欲～，而恶嚣乎？"（贾：商人。嚣：指市肆的喧嚣。）㊞盈，余。马王堆帛书《老子甲本》四十五章："大巧如拙，大～如炳。"❷ 接待。《左传·襄公三十一年》："而以隶人之垣（yuán）以～诸侯。"（垣：矮墙，这里指房舍。）❸ 获得，得到。辛弃疾《破阵子·为陈同甫赋壮词以寄之》："～得生前身后名。"❹ 背，担。《荀子·议兵》："～三日之粮。"❺ 胜（后起意义）。白居易《放言五首》诗之二："不信君看弈棋者，输～须待局终头。"

【注意】"赢"在唐代以前很少表示"输赢"的意思。

郢 yǐng 古地名。春秋战国时楚国的国都，在今湖北江陵北。

颍（潁） yǐng 水名。淮河支流，发源于今河南。《左传·襄公十年》："与楚师夹～而军。"

颖（穎） yǐng ❶ 谷穗。应贞《晋武帝华林园集诗》："嘉禾重～。"❷ 东西末端的尖锐部分。《史记·平原君虞卿列传》："使遂蚤得处囊中，乃～脱而出。"（遂：毛遂。蚤：通"早"。）❸ 聪明。《南史·谢灵运传》："灵运幼便～悟。"

瘿（癭） yǐng ❶ 颈部的瘤子。《淮南子·地形》："林气多癃，木气多伛，岸下气多肿，石气多力，险阻气多～。"❷ 树木的瘤子。庾信《枯树赋》："载～衔瘤。"

应（應） yìng ❶ 对应，适应。《荀子·天论》："～之以治则吉。"㊈对付，应付。《韩非子·十过》："吾将何以～敌？"❷ 答应，回答。《列子·汤问》："河曲智叟亡以～。"（河曲：地名。亡以应：无话可答。）㊞应和。《周易·乾》："同声相～，同气相求。"㊞响应。《史记·陈涉世家》："杀之以～陈涉。"❸ 相应，随着。《史记·李将军列

Y

传》："度不中不发，发即～弦而倒。"❹ 随即，立即。《三国志·魏书·华佗传》："若当灸，不过一两处，每处不过七八壮，病亦～除。"《三国志·吴书·朱桓传》："桓督领诸将，周旋赴讨，～皆平定。"❺ 古乐器名。1. 小鼓。《诗经·周颂·有瞽》："～田县鼓，鼗(táo)磬柷圉。"2. 一种乐器。《周礼·春官·笙师》："笙师掌教龡竽、笙、埙、钥、箫、篪、篴、管，舂牍、～、雅，以教祴乐。"❻ yīng 应该。《三国志·吴书·吴主传》："重则本非～死之罪。"(重：指刑法重。)

媵 yìng ❶ 古代贵族妇女出嫁时，以侄娣或臣仆陪嫁。《左传·成公八年》："卫人来～共姬。"《左传·僖公五年》："执虞公及其大夫井伯，以～秦穆姬。"㉑ 陪嫁的女子。《韩非子·外储说左上》："从衣文之～七十人。"(从：随从。衣文：穿着带花纹的衣服。)❷ 送，陪送。屈原《九歌·河伯》："波滔滔兮来迎，鱼邻邻兮～予。"(邻邻：多的样子。予：我。)

滢(瀅) yìng ［滢濙(yíng)］水流回旋的样子。杜甫《桥陵诗三十韵因呈县内诸官》："高岳前嵂崒(lǜzú)，洪河左～～。"(嵂崒：高耸的样子。)

YONG

佣(傭) yōng ❶ 受雇用，出卖劳动力。《史记·陈涉世家》："陈涉少时，尝与人～耕。"(尝：曾经。)❷ 通"庸"。平庸，不高明。《荀子·非相》："是以终身不免埤(bēi)污～俗。"(埤：通"卑"，卑贱。)

拥(擁) yōng ❶ 抱。《左传·襄公二十五年》："陈侯免，～社。"(社：社主。)《史记·齐太公世家》："公～柱而歌。"㉑ 围着。范成大《峨眉山行纪》："炽炭～炉危坐。"(炽：火旺。危坐：端坐。)❷ 遮蔽，围裹。《礼记·内则》："女子出门，必～蔽其面。"《宋书·陶潜传》："败絮自～，何惭儿子。"㉑ 障蔽。《韩非子·内储说上》："人君兼烛一国，一人不能～也。"❸ 拥挤，阻塞。梅尧臣《右丞李相公自洛移镇河阳》诗："夹道都人～。"韩愈《左迁至蓝关示侄孙湘》诗："雪～蓝关马不前。"❹ 保卫，护卫。《后汉书·董卓传》："董承、李乐～卫左右。"❺ 持，拿。《庄子·知北游》："神农隐几～杖而起。"王安石《游褒禅山记》："余与四人～火以入。"(拥火以入：拿着火把走进去。)❻ 拥有。诸葛亮《草庐对》："操已～百万之众。"(操：曹操。)

痈(癰)［臃］ yōng 一种毒疮。《后汉书·华佗传》："佗以为肠～。"

邕 yōng ❶ 四周有水的都邑。《说文·川部》："邕，四方有水，自邕城池者。"❷ 通"雍"。和谐，和睦。张协《七命》："六合时～，巍巍荡荡。"《晋书·桑虞传》："虞五世同居，闺门～穆。"❸ 通"壅"。堵塞。《汉书·王莽传中》："长平馆西岸崩，～泾水不流。"

雝 yōng ❶［雝雝］1. 鸟和鸣声。《诗经·邶风·匏有苦叶》："～～鸣雁，旭日始旦。"又写作"噰噰"。宋玉《九辩》："雁噰噰而南游兮，鹍鸡啁哳而悲鸣。"2. 和悦的样子。《诗经·大雅·思齐》："～～在宫，肃肃在庙。"❷ 和，和谐。《诗经·召南·何彼襛矣》："曷不肃～，王姬之车。"(肃：敬。)这个意义后来写作"雍"。

庸 yōng ❶ 用，任用。《国语·吴语》："王其无～战。"(其：语气词。)《商君书·农战》："夫国～民以言，则民不畜于农。"成语有"毋庸讳言"。❷ 受雇用，出卖劳动力。《史记·陈涉世家》："若为～耕。"(若：你。)㉑ 被雇用的人。《韩非子·五蠹》："泽居苦水者，买～而决窦。"(决窦：挖排水道。)这个意义后来写作"傭"，现简化为"佣"。❸ 常。《周易·乾》："～言之信，～行之谨。"㉑ 平常的。《战国策·赵策三》："始以先生为～人，吾乃今日而知先生为天下之士也。"㉑ 平庸，不高明的。《晋书·李特载记》："刘禅有如此之地而面缚于人，岂非～才邪？"❹ 功劳。《晋书·周处周访列传》："～绩书于王府。"(书：书写，记载。)㉑ 酬功。《孟子·尽心上》："杀之而不怨，利之而不～。"❺ 副词。难道。《管子·大匡》："虽得贤，～必能用之乎？"［庸讵(jù)］难道。《楚辞·哀时命》："～～知其吉凶？"❻ 副词。乃。《尚书·皋陶谟》："帝～作歌。"

鄘 yōng ❶ 周代诸侯国。在今河南卫辉北。❷ 通"墉"。城墙。《左传·昭公二十一年》："宋城旧～及桑林之门而守之。"(城：筑城墙。)

墉 yōng 城墙。《周易·解》："射隼于高～之上。"曹冏《六代论》："～基不可仓卒而成。"㉒ 高墙。《诗经·召南·行露》："何以穿我～。"

慵 yōng 懒。杜甫《送李校书》诗："晚节～转剧。"

镛(鏞) yōng 大钟。张衡《东京赋》："设业设虡，宫悬金～。"

鳙(鱅) yōng 一种淡水鱼。《史记·司马相如列传》："鰅(yú)～鰬(qián)魠(tuō)。"

雍 yōng ❶ 和谐。《尚书·无逸》:"言乃～。"这个意义本写作"雝"。[雍容]举止大方,从容不迫的样子。《汉书·薛宣传》:"进止～～。"(进止:进和退。)《世说新语·言语》:"周仆射～～好仪形。" ❷ 帝王祭祀后撤去祭品或用饭后奏的一种音乐。《淮南子·主术》:"鼛(gāo)鼓而食,奏～而彻。"(鼛鼓:一种乐器,这里指吃饭时击奏这种乐器。彻:指撤去食品。) ❸ 通"壅"。堵塞,阻塞。《汉书·匈奴传下》:"隔以山谷,～以沙幕。"(沙幕:沙漠。)《史记·秦始皇本纪》:"先王知～蔽之伤国也。" ❹ 通"拥"。拥有。《战国策·秦策五》:"～天下之国。" ❺ 通"饔"。烹饪。《大戴礼记·诸侯衅庙》:"～人皆玄服。" ❻ [雍州]古地名。在今陕西一带。

壅 yōng ❶ 堵塞。《左传·宣公十二年》:"川～为泽。"㉑阻塞。《管子·立政九败解》:"且奸人在上,则～遏贤者而不进也。"㉑防止。《国语·晋语一》:"其人也必甘受,逞而不知,胡可～也?"(有些话听起来很好接受,愉快而不知其害,怎么才可防止呢?逞:快。) ❷ 障蔽,蒙蔽。《管子·任法》:"夫私者,～蔽失位之道也。" ❸ 把土或肥料培在植物根上。《世说新语·言语》:"斋前种一株松,恒自手～治之。"《宋史·苏云卿传》:"灌溉培～。"

饔 yōng ❶ 熟食。《国语·周语中》:"膳宰致～。"《汉书·杜钦传》:"亲二宫之～膳,致晨昏之定省。"㊕熟肉。张衡《西京赋》:"酒车酌醴,方驾授～。" ❷ 烹饪。如古代有"饔人"之官。 ❸ 朝食,上午吃的一顿饭。《孟子·滕文公上》:"贤者与民并耕而食,～飧而治。"(飧:晚饭。)

喁 yóng ❶ 鱼口向上露出水面。马融《长笛赋》:"鱏鱼～于水裔。"[喁喁] 1. 众人景仰归向的样子。扬雄《剧秦美新》:"海外遐方,信延颈企踵,回面内向,～～如也。" 2. 随声附和的样子。《史记·日者列传》:"公之等～～者也,何知长者之道乎?" ❷ yú 象声词。形容相和声。《庄子·齐物论》:"前者唱于,而随者唱～。"[喁喁]形容低声说话。蒲松龄《聊斋志异·聂小倩》:"闻舍北～～,如有家口。"

颙(顒) yóng ❶ 大的样子。《诗经·小雅·六月》:"四牡修广,其大有～。"(牡:指公马。修:长。广:大。) ❷ [颙然][颙颙]仰慕的样子。刘琨《劝进表》:"苍生颙然,莫不欣戴。"(苍生:指百姓。欣戴:欣喜和爱戴。)《后汉书·朱儁传》:"君侯既文且武,应运而出,凡百君子,靡不颙颙。"

永 yǒng ❶ 水流长。《诗经·周南·汉广》:"江之～矣。"㉑长。陆云《祖王羊二公》诗:"身乖路～。"(乖:指分离。) ❷ 永远。《史记·秦始皇本纪》:"～为仪则。" ❸ 声调抑扬地念诵,歌唱。《尚书·舜典》:"诗言志,歌～言。"这个意义后来写作"咏"。

咏[詠] yǒng ❶ 声调抑扬地念诵,歌唱。《世说新语·任诞》:"～左思《招隐诗》。"《晋书·谢安传》:"安本能为洛下书生～,有鼻疾,故其音浊。"(洛下:即洛阳。) ❷ 用诗词等来赞颂或叙述。曹操《步出夏门行·冬十月》:"歌以～志。"又如"咏梅"、"咏雪"。

甬 yǒng ❶ 钟柄。《周礼·考工记·凫氏》:"凫(fú)氏为钟……舞上谓之～。"(钟:古乐器。舞:钟顶。) ❷ [甬道] 1. 两旁有墙的驰道或通道。《史记·秦始皇本纪》:"筑～～,自咸阳属之。"(属:连接。) 2. 楼阁间架空的通道。《淮南子·本经》:"修为墙垣,～～相连。"

俑 yǒng 古代殉葬用的木偶或陶人。《孟子·梁惠王上》:"始作～者,其无后乎?"谢惠连《祭古冢文》:"抚～增哀。"(抚:摸着。)

恿[慂] yǒng [怂恿]见 401 页"怂"字。

踊(踴) yǒng ❶ 跳跃。《左传·哀公八年》:"私属徒七百人,三～于幕庭。"曹植《洛神赋》:"鲸鲵～而夹毂,水禽翔而为卫。"[踊跃] 1. 向上和向前跳跃。《诗经·邶风·击鼓》:"击鼓其镗,～～用兵。" 2. 欣喜而跃跃欲试。《庄子·大宗师》:"金～～曰:'我且必为镆铘!'"(镆铘:剑名。) ❷ 登上。《公羊传·成公二年》:"～于棓而窥客。"(棓:踏板。) ❸ 物价上涨。《后汉书·曹褒传》:"时春夏大旱,粮谷～贵。" ❹ 古代受过刖刑的人所穿的鞋子。《韩非子·难二》:"～贵而屦贱。"

用 yòng ❶ 使用。《左传·宣公二年》:"公嗾夫獒焉。……盾曰:'弃人～犬,虽猛何为?'"(盾:人名。) ❷ 采用。《史记·秦始皇本纪》:"秦～李斯谋。"(谋:计策。)㉒治理。《庄子·天道》:"无为也,则～天下而有余。" ❸ 任用。《孟子·梁惠王下》:"见贤焉,然后～之。" ❹ 用处,作用。《韩非子·五蠹》:"赏其功,必禁无～。"《论语·学而》:"礼之～,和为贵。" ❺ 资财。《荀子·天论》:"强本而节～。" ❻ 介词。因为,由于。《史记·李将军列传》:"(广)～善骑射,杀首虏多。"❼ 介词。以。《史记·匈奴列传》："～其姊妻之。"❽ 介词。因而，因此。《左传·昭公二十六年》："王昏不若，～愆厥位。"（若：顺。愆：失。）

YOU

优（優） yōu ❶ 演杂戏。《左传·襄公二十八年》："饮酒，且观～。"㊀演杂戏的人。《汉书·严助传》："朔、皋不根持论，上颇俳～畜之。"㊁戏谑。《左传·襄公六年》："宋华弱与乐辔少相狎，长相～。"❷ 多，充足。《荀子·王制》："故鱼鳖～多而百姓有余用也。"（用：财用。）❸ 优良，好。诸葛亮《出师表》："必能使行阵和睦，～劣得所。"㊀有余裕。《论语·子张》："仕而～则学，学而～则仕。"❹ 优厚，优待。《晋书·张宾载记》："任遇～显，宠冠当时。"《周书·武帝纪上》："眷言衰暮，宜有～崇。"（眷：照顾。言：语气词。）❺ 犹豫不决。《管子·小匡》："人君唯～与不敏为不可。"（人君：君主。敏：敏锐。）成语有"优柔寡断"。❻［优游］悠闲自得的样子。苏轼《喜雨亭记》："虽欲～～以乐于此亭，其可得耶！"

忧（憂） yōu 担忧，发愁。《论语·卫灵公》："君子～道不～贫。"《列子·天瑞》："杞国有人～天地崩坠，身亡所寄，废寝食者。"（亡：无，没有。）㊕父母的丧事。《魏书·李彪传》："朝臣丁父～者假满赴职。"（丁：遇到，遭遇。）

【辨】忧，虑。"忧"是担忧、发愁，"虑"是考虑、打算。这两个字本不同义。后来，"虑"也有了"担忧"的意义，与"忧"成为同义词。

攸 yōu ❶ 放在动词前面，组成名词性词组，相当于"所"。《周易·坤》："君子有～往。"（君子有去的地方。）❷ 放在主语与谓语之间，相当于现代汉语的"就"。《诗经·小雅·斯干》："风雨～除。"（除：排除。）❸ 处所。《诗经·大雅·韩奕》："为韩姞（jí）相～。"（替韩姞选择可嫁的地方。）❹ 疾走的样子。《孟子·万章上》："少则洋洋焉，～然而逝。"

悠 yōu ❶ 思念。《诗经·周南·关雎》："～哉～哉，辗转反侧。"（思念很深，翻来覆去睡不着。）❷ 长，远。《礼记·中庸》："博厚配地，高明配天，～久无疆。"《诗经·小雅·渐渐之石》："山川～远，维其劳矣。"❸ 闲适的样子。陶渊明《饮酒二十首》诗之五："采菊东篱下，～然见南山。"❹［悠悠］1. 忧思的样子。《诗经·邶风·终风》："～～我思。"2. 遥远，长久的样子。《诗经·王风·黍离》："～～苍天。"陈子昂《登幽州台歌》："念天地之～～。"3. 闲适的样子。崔颢《黄鹤楼》诗："白云千载空～～。"4. 众多的样子。《后汉书·李固传》："～～万事。"

呦 yōu ［呦呦］象声词。形容鹿鸣声。《诗经·小雅·鹿鸣》："～～鹿鸣，食野之苹。"曹丕《短歌行》："～～游鹿，衔草鸣麑。"

幽 yōu ❶ 昏暗，深暗。《诗经·小雅·伐木》："出自～谷，迁于乔木。"（迁：迁移。乔：高。）❷ 隐晦，深奥。《世说新语·言语》："研求～邃。"（邃：精深。）㊀隐居。《晋书·戴逵传》："虽策命屡加，～操不回。"❸ 深沉。《史记·屈原贾生列传》："故忧愁～思而作《离骚》。"❹ 囚拘，监禁。司马迁《报任安书》："深～囹圄（língyǔ）之中。"（囹圄：监狱。）❺ 幽静，幽雅（后起意义）。杜甫《江村》诗："长夏江村事事～。"王羲之《兰亭集序》："亦足以畅叙～情。"❻ 地下，阴间。王僧达《和琅琊王依古》："显轨莫殊辙，～涂岂异魂。"❼ yǒu 通"黝"。黑色。《诗经·小雅·隰桑》："隰桑有阿，其叶有～。"❽［幽州］古地名。在今河北北部和辽宁南部一带。

麀 yōu 母鹿。《诗经·小雅·吉日》："兽之所同，～鹿麌麌（yǔyǔ）。"（麌麌：众多的样子。）㊁雌兽。《左传·襄公四年》："在帝夷羿，冒于原兽，忘其国恤，而思其～牡。"（牡：雄兽。）

耰 yōu 农具名。形如大木榔头，用来捣碎土块，平整土地。《淮南子·氾论》："民劳而利薄，后世为之耒（lěi）耜（sì）～鉏。"（耒、耜：古代两种农具。鉏：锄。）㊀播种后用耰来平土，掩盖种子。贾思勰《齐民要术·种谷》："深其耕而熟～之。"（熟：指仔细。）

尤 yóu ❶ 罪过，过错。《论语·为政》："言寡～，行寡悔。"㊁指责，归罪。司马迁《报任安书》："动而见～，欲益反损。"（见尤：被指责。）成语有"怨天尤人"。❷ 优异，突出。《庄子·徐无鬼》："物之～也。"❸ 副词。特别，尤其，更。《汉书·辛庆忌传》："居处恭俭，食饮被服～节约。"

犹（猶） yóu ❶ 一种猿类动物。也叫犹猢（hú）。郦道元《水经注·江水》："山多～猢，似猴而短足，好游岩树。"❷ 计谋，谋划。《诗经·小雅·采芑》："方叔元老，克壮其～。"❸ 如同，好像。《孟子·离娄上》："民之归仁也，～水之就下。"（就：趋向。）沈括《梦溪笔谈》卷七："月本无光，～银丸，日耀之乃光耳。"（耀：照。）❹ 副词。还，仍然。《孟子·尽心上》："掘井九轫而不及泉，～为弃井也。”（轫：仞。）❺ 副词。尚且。《左传·襄公十年》：“周～不堪竞，况郑乎？”（不堪：经不起。竞：指战争。）❻ 通“由”。由于。《公羊传·庄公四年》：“纪侯之不诛，至今有纪者，～无明天子也。”❼ yáo 通“摇”。摇动。《礼记·檀弓下》：“人喜则斯陶，陶斯咏，咏斯～，～斯舞。”（陶：心中喜悦。）❽［犹豫］迟疑不决的样子。屈原《离骚》：“心～～而狐疑。”《三国志·吴书·吴主传》：“羽～～不能去。”（羽：关羽。）

疣［肬］ yóu ❶ 生在皮肤上的肉赘。通称瘊子。《庄子·骈拇》：“附赘县～，出乎形哉。”（县：悬。）❷ 比喻多余无用的东西。《扬子法言·问道》：“允治天下，不待礼文与五教，则吾以黄帝、尧舜为～赘。”

莸（蕕） yóu 一种水草，有恶臭。《左传·僖公四年》：“一薰一～，十年尚犹有臭。”（薰：香草。）沈约《奏弹王源》：“薰～不杂，闻之前典。”

由 yóu ❶ 经由。《论语·雍也》：“谁能出不～户？”成语有“必由之路”。㉑ 从。《公羊传·襄公二十三年》：“～乎曲沃而入也。”（曲沃：地名。）成语有“言不由衷”。❷ 听凭，顺随。《论语·颜渊》：“为仁～己，而～人乎哉？”❸ 原因，缘由。雍陶《非酒》诗：“人人慢说酒消忧，我道翻为引恨～。”❹ 由于，因为。《论衡·实知》：“知物～学，学之乃知，不问不识。”❺ 用。《左传·襄公三十年》：“以晋国之多虞，不能～吾子。”（虞：忧患。）❻ 通“犹”。如同，好像。《孟子·公孙丑上》：“～弓人而耻为弓。”❼ 通“犹”。尚且。《荀子·富国》：“～将不足以免也。”（免：免除。）

邮（郵） yóu ❶ 古代传递文书的驿站。《孟子·公孙丑上》：“德之流行，速于置～而传命。”《汉书·赵充国传》：“缮治～亭。”（缮：修缮。）㉑ 送信的人。《晋书·殷浩传》：“殷洪乔不为致书～。”（殷洪乔：人名。）❷ 通“尤”。罪过，过错。《诗经·小雅·宾之初筵》：“是曰既醉，不知其～。”㉒ 怨恨。《荀子·成相》：“己无～人。”

油 yóu ❶［油然］1. 云气上升的样子。《孟子·梁惠王上》：“天～～作云。”2. 自然而然地。苏轼《留侯论》：“～～而不怪者。”❷ 动物的脂肪或由植物、矿物中提炼出来的一种物质（后起意义）。张华《博物志》卷三：“积～满万石，则自然生火。”沈括《梦溪笔谈》卷二四：“鄜（fū）延境内有石～。”（鄜、延：地名。）

游[1] yóu ❶ 在水上漂浮。《诗经·邶风·谷风》：“泳之～之。”（泳：在水中潜行。）㉒ 游泳。《韩非子·难势》：“越人善～矣。”（越：国名。）❷ 水流。《诗经·秦风·蒹葭》：“溯～从之，宛在水中央。”❸ 虚浮，不切实际。《三国志·蜀书·诸葛亮传》：“～辞巧饰者虽轻必戮（lù）。”❹ 游玩，游览。晁错《言守边备塞疏》：“幼则同～，长则共事。”㉑ 旅行，出外求学或求官。《史记·太史公自序》：“二十而南～江淮。”［游说］为了宣传自己的政治主张四处奔走。《史记·张仪列传》：“子毋读书～～，安得此辱乎？”❺ 交际，交往。《汉书·枚乘传》：“与英俊并～。”❻ 流动。《汉书·沟洫志》：“水尚有所～荡。”❼ 纵，放纵。《后汉书·仇览传》：“剽轻～恣。”❽ liú 通“斿”。旌旗上悬垂的饰物。《左传·桓公二年》：“鞶厉～缨。”

【辨】游，遊。凡有关水中的活动，一般只能用“游”，不可以用“遊”；而有关陆上活动的，“游”与“遊”可以通用。

游[2]［遊］ yóu ❶ 游玩，游览。《庄子·秋水》：“庄子与惠子～于濠梁之上。”（濠：水名。梁：断水捕鱼的堰。）㉑ 旅行，外出求学或求官。《论语·里仁》：“父母在，不远～，～必有方。”《荀子·劝学》：“故君子居必择乡，～必就士。”❷ 交际，交往。《孟子·离娄下》：“夫子与之～。”《汉书·息夫躬传》：“皆交～贵戚。”❸ 流动。沈括《梦溪笔谈》卷七：“不能容极星～转。”❹ 纵，放纵。屈原《离骚》：“忽反顾以～目兮，将往观乎四荒。”（反顾：回头看。游目：放眼观望。四荒：指四方遥远的地方。）

【辨】游，遊。见上“游[1]”字。

蝣 yóu ［蜉蝣］见 118 页“蜉”字。

輶（輶） yóu ❶ 古代一种轻便的车。《诗经·秦风·驷驖》：“～车鸾镳，载猃歇骄。”❷ 轻，浅。《诗经·大雅·烝民》：“人亦有言，德～如毛，民鲜克举之。”江淹《遣大使巡诏》：“朕以～薄，昧于大道。”

猷 yóu ❶ 计谋，谋划。《尚书·君陈》：“尔有嘉谋嘉～。”（尔：你。嘉：好。）❷ 道术，方法。《诗经·小雅·巧言》：“秩秩大～，圣人莫之。”（莫：通“谟”，谋划。）

繇 yóu 见 490 页。

友 yǒu ❶ 朋友。《论语·季氏》：“乐多贤～。”《世说新语·德行》：“子非吾～也。”㉒ 交友。《论语·学而》：“无～不如己者。”❷ 友爱，亲近，相好。《诗经·周南·关雎》：

"窈窕淑女，琴瑟～之。"《三国志·蜀书·先主传》："而瓒深与先主相～。"（瓒：人名。）

有 yǒu ❶ 有。与"无"相对。《荀子·天论》："天行～常。"（自然界的运行有一定的规律。）㊂占有。《三国志·蜀书·诸葛亮传》："孙权据～江东。" ❷ 名词词头。《诗经·大雅·文王》："～周不显，帝命不时。"㊂形容词词头。《诗经·小雅·六月》："～严～翼。"（翼：恭敬。） ❸ yòu 通"又"。《诗经·邶风·终风》："终风且曀，不日～曀。"㊂用在整数与零数之间，相当于"又"。《论语·为政》："吾十～五而志于学。"《韩非子·五蠹》："割地而朝者三十～六国。"（朝：指归顺。）

酉 yǒu 地支的第十位。㊂十二时辰之一，等于现在的下午五时至七时。见125页"干[1]"字。

卣 yǒu 古代一种酒器，一般是椭圆形，肚大口小，有盖和提梁。《尚书·文侯之命》："用赉尔秬鬯（jùchàng）一～。"（赉：赏赐。秬鬯：用黑黍酿成的香酒。）

羑 yǒu ❶ 诱导。《尚书·康王之诰》："惟周文武，诞受～若，克恤西土。" ❷［羑里］地名。故址在今河南汤阴附近。纣囚周文王于此。《史记·周本纪》："西伯盖即位五十年。其囚～～，盖益《易》之八卦为六十四卦。"（西伯：即周文王。）

莠 yǒu 一种有害于农作物生长的杂草。《尚书·仲虺之诰》："若苗之有～，若粟之有秕。"成语有"良莠不齐"。㊉恶。《诗经·小雅·正月》："好言自口，～言自口。"

蚴 yǒu ［蚴虬（qiú）］龙行屈曲的样子。《楚辞·惜誓》："苍龙～～于左骖兮，白虎骋而为右騑。"又写作"蝤蟉"。《史记·司马相如列传》："骖赤螭青虬之蝤蟉蜿蜒。"

黝 yǒu 黑色。《周礼·地官·牧人》："凡阳祀，用骍牲毛之；阴祀，用～牲毛之。"㊀涂黑。《穀梁传·庄公二十三年》："天子诸侯～垩。"（黝垩：把土涂黑，把墙涂白。）

牖 yǒu ❶ 窗。《论语·雍也》："伯牛有疾，子问之，自～执其手。"《左传·哀公二年》："死于～下。" ❷ 通"诱"。诱导。《诗经·大雅·板》："天之～民，如埙如篪。"

又 yòu ❶ 再，更，表示重复或继续。《左传·昭公二十五年》："再三问，不对。归，……问，～如初。"白居易《赋得古原草送别》诗："野火烧不尽，春风吹～生。"㊀表示意思上更进一层。《孟子·公孙丑上》："非徒无益，而～害之。" ❷ 用在整数和零数之间。王禹偁《寄杭州西湖昭庆寺华严社主省常上人》："梦幻吾身是偶然，劳生四十～三年。"

右 yòu ❶ 右边。《孙子兵法·虚实》："备左则～寡，备～则左寡。"（寡：少。）㊂地理上以西为右。钟会《檄蜀文》："姜伯约屡出陇～。" ❷ 古代尊崇右，故以右为较尊贵的地位。《新唐书·柳冲传》："凡郡上姓第一，则为～姓。"㊀重视，尊重。《史记·平津侯主父列传》："守成尚文，遭遇～武。"（尚：崇尚。） ❸ 亲近，赞助。《战国策·魏策二》："～韩而左魏。"《左传·襄公十年》："王～伯舆。"（伯舆：人名。）"赞助"的意义又写作"佑"。 ❹ 辅佐。《左传·襄公十四年》："昔伯舅大公～我先王，股肱周室。"这个意义后来写作"佑"。 ❺ 通"侑"。劝人饮食。《周礼·春官·大祝》："以享～祭祀。"

佑 yòu ❶ 保佑。《周易·大有》："自天～之。"㊀福。《后汉书·桓荣传》："斯诚国家福～。"上述❶㊀又写作"祐"。 ❷ 辅佐。《尚书·周官》："敬尔有官，乱尔有政，以～乃辟。"（辟：君。）

幼 yòu ❶ 幼小，未长大。《孟子·梁惠王下》："～而无父曰孤。"晁错《言守边备塞疏》："～则同游，长则共事。"㊀小孩。陶渊明《归去来兮辞》："携～入室。"（携：拉着。） ❷ yào ［幼妙］微细曲折。司马相如《长门赋》："声～～而复扬。"（复：重新。）又写作"幼眇"、"要妙"、"幽眇"等。

侑 yòu ❶ 用奏乐或献玉帛劝人饮食。《周礼·天官·膳夫》："以乐～食。"《宋史·王拱辰传》："亲鼓琵琶以～饮。"（鼓：弹奏。） ❷ 通"宥"。宽容，饶恕。《管子·法法》："文有三～，武毋一赦。"（毋：无。赦：赦免。）

囿 yòu ❶ 畜养禽兽的园地。《孟子·梁惠王下》："文王之～方七十里。"（文王：周文王。）㊂菜园，果园。《大戴礼记·夏小正》："～有见杏。" ❷ 事物聚集的地方。徐光启《刻几何原本序》："真可谓万象之形～，百家之学海矣。"（万象：各种形象。） ❸ 局限，指见识不广。《庄子·天下》："辩者之～也。"（辩：辩论。）成语有"囿于见闻"。

宥 yòu ❶ 宽容，饶恕。《韩非子·爱臣》："故不赦死，不～刑。"（赦死：赦免死罪。）双音词有"宽宥"。 ❷ 通"侑"。劝人饮食。《周礼·春官·大司乐》："王大食，三～，皆令奏钟鼓。" ❸ 通"右"。右边。《荀子·宥坐》："此盖为～坐之器。"（宥坐：放在座位右边。） ❹ 通"囿"。局限。《吕氏春秋·去宥》："夫人有所～者，固以昼为昏，以白为黑。"

狖 yòu 长尾猿。屈原《九章·涉江》："深林杳以冥冥兮，猨～之所居。"（猨：同"猿"。）

柚 yòu ❶果树名。也指其果实。《尚书·禹贡》:"厥包橘～锡贡。"李白《秋登宣城谢朓北楼》诗:"人烟寒橘～,秋色老梧桐。"❷zhú 织布机上缠经线的圆轴。《诗经·小雅·大东》:"小东大东,杼～其空。"

鼬 yòu 黄鼠狼。《庄子·徐无鬼》:"夫逃虚空者,藜藋柱乎鼪～之径。"

诱(誘) yòu ❶诱导,引导。《论语·子罕》:"夫子循循然善～人。"(夫子:指孔子。)李白《来日大难》诗:"～我远学。"❷引诱,诱惑。《荀子·非十二子》:"是以不～于誉,不恐于诽。"(不为名誉所引诱,不被诽谤所吓倒。)《三国志·吴书·吴主传》:"中郎将孙布诈降以～魏将王凌。"(中郎将:武官名。孙布、王凌:人名。)成语有"诱敌深入"。

褎 yòu ❶服装华美的样子。《诗经·邶风·旄丘》:"叔兮伯兮,～如充耳。"❷禾苗生长。《诗经·大雅·生民》:"实方实苞,实种实～。"[褎然] 1.枝叶渐长的样子。皮日休《茶中杂咏·茶笋》:"～～三五寸,生必依岩洞。"2.出众,杰出。刘禹锡《哭庞京兆》诗:"俊骨英才气～～,策名飞步冠群贤。"❸xiù "袖"的本字。《诗经·唐风·羔裘》:"羔裘豹～。"《后汉书·符融传》:"融幅巾奋～,谈辞如云。"

YU

迂 yū ❶曲折,绕远。《孙子兵法·军争》:"先知～直之计者胜,此军争之法也。"❷不切实际,不合时宜。《论语·子路》:"有是哉,子之～也!"《盐铁论·利议》:"～时而不要也。"(不要:指抓不住治世的要领。)又如"迂腐"、"迂论"。

纡(紆) yū ❶曲折,回转。宋玉《高唐赋》:"水澹澹而盘～兮。"㉑思绪萦绕。屈原《九章·惜诵》:"心郁结而～轸。"(轸:痛。)❷绾系,挂。扬雄《解嘲》:"～青拖紫,朱丹其毂。"

淤 yū ❶水底沉积的污泥。杜甫《赠李八秘书别三十韵》:"濡水带寒～。"❷冲积而成的水中陆地。司马相如《上林赋》:"行乎洲～之浦。"❸淤积。《新唐书·孟简传》:"州有孟渎,久～阏。"

于 yú ❶往。《诗经·王风·君子于役》:"君子～役,不知其期。"❷介词。引出动作的处所、时间和对象。可以翻译为"在"、"到"、"向"、"从"、"对于"、"由于"等。《诗经·大雅·旱麓》:"鱼跃～渊。"《尚书·盘庚上》:"盘庚迁～殷。"(盘庚:商王名。殷:地名。)《诗经·大雅·板》:"先民有言:'询～刍荛。'"《尚书·泰誓下》:"结怨～民。"韩愈《进学解》:"业精～勤荒～嬉,行成～思毁～随。"❸介词。表示比较。《尚书·胤征》:"烈～猛火。"❹介词。在被动句中引出动作的主动者。《诗经·大雅·嵩高》:"闻～四国。"❺动词词头。《诗经·周南·葛覃》:"黄鸟～飞。"

【辨】于,於。这两个字是同义词。《诗经》、《尚书》、《周易》多作"于",其他书多作"於"。有些书(如《左传》)"于"、"於"并用,"于"常用于地名之前,其余写作"於"。但是动词词头作"于",叹词作"於",则不相混。现在用作介词时以"于"为正字,以"於"为异体字,用"于"不用"於"。

杅 yú ❶盛水和酒的器具。《仪礼·既夕礼》:"用器弓矢、耒耜、两敦、两～、盘匜。"❷浴盆。《礼记·玉藻》:"浴用二巾,上絺下绤,出～,履蒯席。"

盂 yú 盛水和酒的器具。《墨子·兼爱下》:"镂于金石,琢于盘～。"《淮南子·修务》:"今夫救火者,汲水而趍之,或以瓮瓴,或以盆～。"

竽 yú 一种像笙的乐器。《韩非子·解老》:"～也者,五声之长者也。"成语有"滥竽充数"。

予 yú ❶第一人称代词。我,我的。《尚书·盘庚上》:"～告汝于难。"❷yǔ 给予,授予。《汉书·晁错传》:"～冬夏衣。"❸yǔ 通"与"。赞许。《荀子·大略》:"言味者～易牙,言音者～师旷。"(易牙:春秋时齐国善于调味的人。师旷:春秋时晋国目盲的乐师。)

伃 yú [倢伃]见199页"倢"字。

妤 yú [婕妤]见199页"婕"字。

玙(璵) yú [玙璠(fán)]鲁国的宝玉。《左传·定公五年》:"季平子……卒于房,阳虎将以～～敛。"又写作"璠玙"。曹植《赠徐干》诗:"亮怀璠玙美,积久德愈宣。"

欤(歟) yú 句末语气词。表示疑问或感叹。《史记·屈原贾生列传》:"子非三闾大夫～?"(子:您。三闾大夫:官名,指屈原。)曹操《论吏士行能令》:"一似管窥虎～!"(就好像从细管里看老虎。)

余1 yú 第一人称代词。我,我的。屈原《九章·怀沙》:"定心广志,～何畏惧兮。”《世说新语·文学》：“感不绝于～心。”

余²（餘） yú ❶ 丰足。《战国策·秦策五》：“今力田疾作，不得暖衣～食。”❷ 剩下的，多余的。《列子·汤问》：“以残年～力，曾不能毁山之一毛。”《老子》七十七章：“损有～而补不足。”成语有“不遗余力”。㉑遗留，遗存。李白《楚城韦公藏书高斋作》诗：“城荒古迹～。”❸ 其他的，以外的。《史记·高祖本纪》：“与父老约法三章耳：……～悉除去秦法。”《北史·高允传》：“若更有～衅，非臣敢知。”（衅：罪。）双音词有“业余”。❹ 以后（后起意义）。胡曾《题周瑜将军庙》诗：“庭际雨～春草长。”（庭际：院子的边缘。）❺ 整数后不定的零数。《三国志·蜀书·诸葛亮传》：“相持百～日。”【注意】古代汉语中“余”和“餘”是两个字，上述义项都不写作“余”。现“餘”简化为“余”。参见 513 页“余¹”字。

艅 yú ［艅艎］船名。《抱朴子·博喻》：“～～鹢首，涉川之良器也。”

臾 yú ［须臾］见 472 页“须”字。

谀（諛） yú 奉承，讨好。《楚辞·九叹·离世》：“即听夫人之～辞。”《史记·魏其武安侯列传》：“灌夫为人刚直使酒，不好面～。”（灌夫：人名。使酒：指喝酒后发酒疯。）成语有“阿谀奉承”。

【辨】谀，谄。“谀”是用言语奉承，“谄”则不限于言语。“谄谀”连用时，不再有这种区别。

萸 yú ［茱萸］见 552 页“茱”字。

腴 yú ❶ 腹下的肥肉。《论衡·语增》：“桀纣之君，垂～尺余。”㉒肥胖。《南齐书·袁彖传》：“彖形体充～，有异于众。”❷ 肥美。《战国策·赵策四》：“封以膏～之地。”❸ 丰裕。《晋书·周顗传》：“伯仁凝正，处～能约。”（约：节俭。）

於 yú ❶ 介词。引出动作的处所、时间和对象，可以翻译为“在”、“到”、“向”、“从”、“对于”、“由于”等。《论语·宪问》：“子击磬～卫。”（子：孔子。卫：国名。）《国语·晋语三》：“臭达～外。”《史记·孙子吴起列传》：“请救～齐。”《孟子·离娄下》：“逢蒙学射～羿。”（逢蒙、羿：人名。）《论语·公冶长》：“今吾～人也，听其言而观其行。”《孟子·告子下》：“然后知生～忧患而死～安乐也。”［於是］1. 在这时，在这件事情上。《荀子·议兵》：“然后刑～～起矣。”2. 相当于现代汉语的“于是”。《战国策·赵策四》：“～～为长安君约车百乘，质于齐，齐兵乃出。”（长安君：人名。齐：国名。）❷ 介词。表示比较。司马迁《报任安书》：“人固有一死，死有重～泰山，或轻～鸿毛。”❸ 介词。在被动句中引出动作的主动者。《史记·廉颇蔺相如列传》：“臣诚恐见欺～王而负赵。”❹ wū 叹词。表示呼声或赞叹。《尚书·大禹谟》：“禹曰：‘～，帝念哉！’”（念：常常想。）［於戏（hū）］叹词。表示感叹。《礼记·大学》：“～～！前王不忘。”❺ wū ［於菟］古代楚人称虎为“於菟”。《左传·宣公四年》：“楚人谓乳谷，谓虎～～。”【注意】音 wū 的“於”不写作“于”。

【辨】于，於。见 513 页“于”字。

舁 yú ❶ 抬。《三国志·魏书·钟繇传》：“时华歆亦以高年疾病，朝见皆使载舆车，虎贲～上殿就坐。”《世说新语·术解》：“浩感其至性，遂令～来，为诊脉处方。”（浩：殷浩，人名。）❷ 带。《旧唐书·李光弼传》：“光弼将赴临淮，在道～疾而行。”

俞 yú ❶ 叹词。表示同意、许可。《尚书·尧典》：“帝曰：‘～，予闻，如何？’”（予：我。）㉑答应。扬雄《羽猎赋》：“上犹谦让而未～也。”（犹：还。）❷ shù 通“腧”。人身体上的穴位。《素问·气府论》：“五藏之～各五。”（五藏：五脏。）❸ yù 通“愈”。越，更加。《汉书·食货志上》：“民～勤农。”（勤农：勤于农事。）❹ yù 通“愈”。病好了。《荀子·解蔽》：“而未有～疾之福也。”

隃 yú ❶ 通“踰”。越过，超越。《汉书·天文志》：“荧惑～岁星。”《汉书·贾谊传》：“上贵而尊爵，则贵贱有等而下不～矣。”❷ yáo 通“遥”。远远地。《汉书·英布传》：“上恶之，与布相望见，～谓布：‘何苦而反？’”

揄 yú ❶ 引，拉。司马相如《长门赋》：“～长袂以自翳兮。”枚乘《七发》：“～流波，杂杜若。”（杜若：香草。）❷ ［揄扬］1. 宣扬。曹植《与杨德祖书》：“辞赋小道，固未足以～～大义，彰示来世也。”2. 称赞。杜甫《送顾八分文学适洪吉州》诗：“御札早流传，～～非造次。”❸ yóu 舀取。《诗经·大雅·生民》：“或舂或～，或簸或蹂。”

逾 yú ❶ 越过，超越。《尚书·禹贡》：“～于洛。”（洛：水名。）《世说新语·赏誉》：“辞寄清婉，有～平日。”❷ 更加。刘知几《史通·叙事》：“逮晋已降，流宕（dàng）～远。”（到晋朝以后，史书的文章离简约的要求更远了。流宕：放荡，不受约束。）

【辨】过，越，逾，超。见 145 页“过”字。

渝 yú ❶ 改变。《诗经·郑风·羔裘》：“彼其之子，舍命不～。”魏征《十渐不克终疏》:“俭约之志,终始而不～。”成语有“坚贞不渝”。❷ 泛滥。木华《海赋》:“沸溃～溢。”

愉 yú ❶ 快乐。《荀子·荣辱》:“为尧禹则常～佚,为工匠农贾则常烦劳。”❷ tōu 同“偷”。苟且。《周礼·地官·大司徒》:“以俗教安,则民不～。”

媮 yú ❶ 乐,快乐。《楚辞·远游》:“内欣欣而自美兮,聊～娱以自乐。”❷ tōu 同“偷”。苟且。《楚辞·卜居》:“宁正言不讳以危身乎? 将从俗富贵以～生乎?”㉄ 轻视。《左传·襄公三十年》:“晋未可～也……其朝多君子,其庸可～乎?”(庸:岂。)

瑜 yú ❶ 美玉。屈原《九章·怀沙》:“怀瑾握～兮,穷不知所示。”(瑾:美玉。)《晋书·舆服志》:“皇太子妃……佩～玉。”❷ 玉的美质。《礼记·聘义》:“瑕不揜～。”(瑕:玉上的斑点。)

覦(覦) yú [觊觎]见 183 页“觊”字。

歈 yú 歌谣,歌曲。《楚辞·招魂》:“吴～蔡讴(ōu),奏大吕些(suò)。”(讴:歌。)李绅《过吴门二十四韵》:“里吟传绮唱,乡语认～讴。”

窬 yú ❶ 门旁的小门洞。《礼记·儒行》:“筚门圭～,蓬户瓮牖。”❷ 洞,窟窿。《论语·阳货》:“其犹穿～之盗也与?”❸ 中空。《淮南子·氾论》:“乃为～木方板,以为舟航。”❹ 通“觎”。觊觎。王俭《褚渊碑文》:“桂阳失图,窥～神器。”(桂阳:指桂阳王刘休范。)

褕 yú ❶ [褕翟]王后的一种礼服,绘有雉羽。《新唐书·车服志》:“～～者,受册、助祭、朝会大事之服也。”❷ 美。《史记·淮阴侯列传》:“农夫莫不辍耕释耒,～衣甘食,倾耳以待命者。”❸ [襜褕]见 39 页“襜”字。

羭 yú ❶ 黑母羊。《列子·天瑞》:“老～之为猨也。”(猨:同“猿”。)❷ 美好。《左传·僖公四年》:“攘公之～。”(攘:除去。)

踰 yú ❶ 越过,超越。《韩非子·五蠹》:“故十仞之城,楼季弗能～者,峭也。”(仞:古代长度单位,七尺或八尺为一仞。楼季:古代善于登高跳跃的人。)《世说新语·惑溺》:“而墙高非人所～。”这个意义又写作“逾”。❷ yáo 通“遥”。远远地。《后汉书·冯衍传下》:“陟陇山以～望兮,眇然览于八荒。”

騟 yú [騧(guā)騟]见 138 页“騧”字。

雩 yú 祭祀求雨。《荀子·天论》:“～而雨,何也? 曰:无何也,犹不～而雨也。”(雨:下雨。)

渔(漁) yú ❶ 捕鱼。《周易·系辞下》:“作结绳而为罔罟,以佃以～。”(佃:打猎。)《吕氏春秋·义赏》:“竭泽而～,岂不获得?”㉂ 捕鱼的人。陆龟蒙《奉和袭美见访不遇》:“只道府中持简牍,不知林下访～樵。”❷ 用不正当的手段夺取。《汉书·何并传》:“以气力～食闾里。”(闾里:乡里。)

隅 yú ❶ 角落。《诗经·邶风·静女》:“俟(sì)我于城～。”(俟:等待。)成语有“向隅而泣”。㉋ 方正廉直。《诗经·大雅·抑》:“抑抑威仪,维德之～。”❷ 靠边的地方。《史记·秦始皇本纪》:“逮于海～。”(逮:到达。)㉂ 边,方。《淮南子·原道》:“经营四～。”

嵎 yú ❶ 山势弯曲处。《孟子·尽心下》:“野有众逐虎,虎负～,莫之敢撄。”(撄:迫近,触犯。)❷ [嵎谷]传说日入处。《文苑英华·严维〈黄人守日赋〉》:“初临于～～。”❸ 通“隅”。角。谢灵运《九日从宋公戏马台集送孔令》诗:“归客遂海～,脱冠谢朝列。”

愚 yú ❶ 愚昧,愚蠢。《论语·为政》:“吾与回言终日,不违如～。”(回:颜回。)㉄ 欺骗。《孙子兵法·九地》:“能～士卒之耳目。”❷ 自称的谦辞。诸葛亮《出师表》:“～以为宫中之事,事无大小,悉以咨(zī)之,然后施行。”(悉以咨之:都和他们商议。)

虞 yú ❶ 意料,预料。《左传·僖公四年》:“不～君之涉吾地也。”(涉:指进入。)㉂ 谋划好,事先有准备。《孙子兵法·谋攻》:“以～待不～者胜。”❷ 欺骗。《左传·宣公十五年》:“我无尔诈,尔无我～。”(我不骗你,你不骗我。诈:欺骗。)成语有“尔虞我诈”。❸ 忧患。杜甫《北征》诗:“维时遭艰～。”❹ 古代管山泽的官。《尚书·舜典》:“汝作朕～。”(汝:你。朕:我。)❺ 通“娱”。快乐。《汉书·王褒传》:“皆以此～说(yuè)耳目。”(说:喜悦。)❻ 朝代名。传说中夏代之前的朝代,君主是舜。❼ 周代诸侯国。在今山西平陆东北。

舆(輿) yú ❶ 车厢。《潜夫论·相列》:“材木……曲者宜为轮,直者宜为～。”(宜为:适合做。)㉌ 车。《三国志·蜀书·先主传》:“出则同～,坐则同席。”㉄ 用车运载。韩愈《送穷文》:“载糗～粻(zhāng)。”(糗:炒米。粻:干粮。)❷ 竹篼(dōu),抬人登山的用具。《汉书·严助传》:“～轿而隃领。”(隃:通“踰”,翻越。领:通“岭”,山岭。)❸ 抬,举。《战国策·秦策三》:“百人～瓢而趋,不如一人持而走。”《世说新语·忿狷》:“便～床就之。”❹ [舆图] 1. 地图。陆游

《九月二十八日五鼓起坐抽架上书得九域志泫然有感》诗："行年七十初心在，偶展～～泪自倾。"2. 疆土。《新元史·世祖纪》："～～之广，历古所无。"❺ 众，众人的。《左传·僖公二十八年》："晋侯患之，听～人之诵。"双音词有"舆论"。❻ 古代一种卑贱的吏卒。《左传·昭公七年》："皂臣～，～臣隶。"（皂、隶：古代两个卑贱的等级。臣：统属。）[舆台]古代两个卑贱的等级，后来泛指奴仆。杜甫《后出塞五首》诗之四："照耀～～躯。"

【辨】车，舆，辇，轺。见44页"车"字。

旟 yú ❶ 绘有鸟隼图像的旗。《诗经·小雅·无羊》："旐（zhào）维～矣，室家溱溱。"（旐：绘有龟蛇图像的旗。）州里建旟，后指州郡刺史的旗帜。颜延之《祭屈原文》："湘州刺史吴郡张邵恭承帝命，建～旧楚。"❷ 飞扬的样子。《诗经·小雅·都人士》："匪伊卷之，发则有～。"

瀩 yú 同"渔"。捕鱼。《周礼·天官·瀩人》："凡～者掌其政令。"

与（與） yǔ ❶ 给予，授予。《左传·僖公七年》："～之璧，使行。"《史记·项羽本纪》："则～斗卮（zhī）酒。"（斗卮：盛一斗酒的大杯。）❷ 结交，亲附。《荀子·王霸》："不欺其～。"（其与：指所结交的国家。）《国语·齐语》："桓公知天下诸侯多～己也。"❸ 对付。《史记·燕召公世家》："庞煖易～耳。"❹ 等待。屈原《离骚》："恐年岁之不吾～。"❺ 赞许。《汉书·翟方进传》："朝过夕改，君子～之。"㉑ 帮助。《战国策·齐策一》："君不～胜者，而～不胜者。"❻ 介词。被。《战国策·秦策五》："（吴王夫差）遂～句践禽。"❼ 介词。替，为。《史记·陈涉世家》："陈涉少时，尝～人佣耕。"❽ 连词。和，同。《庄子·逍遥游》："蜩～学鸠笑之曰……"❾ 连词。与其。《韩非子·难二》："～吾得革车千乘，不如闻行人烛过之一言也。"❿ yù 参加。《左传·僖公三十二年》："蹇（jiǎn）叔之子～师。"（蹇叔：人名。师：军队。）⓫ yú 句末语气词。表示疑问或感叹。《论语·宪问》："管仲非仁者～？"司马相如《封禅文》："何其爽～！"（爽：差错。）这个意义后来写作"欤"。

伛（傴） yǔ 驼背。《荀子·儒效》："是犹～伸而好升高也。"㉑ 曲身，表示恭敬。《庄子·列御寇》："正考父一命而～，再命而偻，三命而俯。"

宇 yǔ ❶ 屋檐。《诗经·豳风·七月》："七月在野，八月在～，九月在户，十月蟋蟀入我床下。"（在宇：在屋檐下。）㉑ 房屋。《史记·秦始皇本纪》："各安其～。"㉒ 界域，边界。《左传·昭公四年》："或无难以丧其国，失其守～。"❷ 上下四方，天下。贾谊《过秦论》："振长策而御～内。"（振：挥动。策：鞭子。御：控制。）㉑ 国土，国家。屈原《离骚》："尔何怀乎故～？"（你为什么怀念故国？）❸ 风度，器度。《世说新语·雅量》："世以此定二王神～。"（世：世人。二王：指王徽之和王献之。神：神情。）成语有"器宇轩昂"。

羽 yǔ ❶ 鸟翅膀上的长毛。《左传·僖公二十三年》："～、毛、齿、革，则君地生焉。"㉑ 鸟或昆虫的翅膀。《诗经·豳风·七月》："六月莎鸡振～。"（莎鸡：昆虫名。）㉒ 鸟类的代称。张充《与王俭书》："奇禽异～。"❷ 古代箭上的羽毛。白居易《放旅雁》诗："拔汝翅翎为箭～。"㉑ 箭。江淹《别赋》："边郡未和，负～从军。"❸ 古代用羽毛做成的舞具。《尚书·大禹谟》："舞干～于两阶。"（干：盾牌。）❹ 五音（宫、商、角、徵[zhǐ]、羽）之一。见503页"音"字。

【辨】羽，翼，翅。"羽"是翅膀上的长毛，"翼"是翅膀，这两个字不是同义词。有时候，"羽"也当翅膀讲，如"奋翼"也说成"奋羽"；但是"翼"不当羽毛讲，所以"羽毛"不说成"翼毛"，"羽扇"不说成"翼扇"。"翅"与"翼"是同义词，但"翼"比"翅"常见。

俣 yǔ [俣俣]高大的样子。《诗经·邶风·简兮》："硕人～～。"

麌 yǔ ❶ 雄性獐鹿。见《尔雅》。❷ [麌麌]鹿众多的样子。《诗经·小雅·吉日》："兽之所同，麀鹿～～。"（麀：母鹿。）

禹 yǔ 传说中的夏朝第一代君主。

语（語） yǔ ❶ 谈论，说话。《论语·乡党》："食不～，寝不言。"《左传·昭公三年》："晏子受礼，叔向从之宴，相与～。"❷ yù 告诉。《史记·吕太后本纪》："平阳侯恐弗胜，驰～太尉。"（弗：不。）❸ 言论，话。《韩非子·五蠹》："无先王之～，以吏为师。"（不用先王的那套言论，而用官吏当老师。）❹ 谚语，俗语。贾思勰《齐民要术序》："～曰：'力能胜贫，谨能胜祸。'"（谨：谨慎。）❺ 语言。《魏书·宣武灵皇后传》："有蜜多道人，能胡～。"

【辨】言，语。见482页"言"字。

圄 yǔ 囚禁。《左传·宣公四年》："～伯嬴于轑（liáo）阳而杀之。"（伯嬴：人名。轑阳：地名。）㉒ 监狱。《晏子春秋·内篇谏下》："景公藉重而狱多，拘者满～，怨者满朝。"

Y

[图圄]见256页“图”字。

峿 yǔ [岨(jǔ)峿]见210页“岨”字。

敔 yǔ 古乐器，在雅乐终结时击奏。《尚书·益稷》：“合止柷(zhù)～。”(柷：雅乐开始时击奏的乐器。)

龉(齬) yǔ [龃龉]见212页“龃”字。

圉 yǔ ❶养马。《左传·哀公十四年》：“孟孺子泄将～马于成。”(成：地名。)㊂养马的人。《左传·昭公七年》：“马有～，牛有牧。”(牧：指牧牛人。)❷边境，边疆。《诗经·大雅·召旻》：“我居～卒荒。”(卒：尽。荒：空虚，指百姓都流亡。)❸[图圉]同“图圄”。监狱。《史记·秦始皇本纪》：“虚～～而免刑戮。”❹yù 通“御”。抵御，阻止。《墨子·节用中》：“其旁可以～风寒，上可以～雪霜雨露。”《庄子·缮性》：“其来不可～，其去不可止。”

庾 yǔ ❶露天的谷仓。《国语·周语中》：“野有～积。”㊀一般的谷仓。杜牧《阿房宫赋》：“钉头磷磷，多于在～之粟粒。”(钉头磷磷：指建筑物上钉头一颗颗显露的样子。)❷容量单位。一庾等于十六斗。《左传·昭公二十六年》：“粟五千～。”

瘐 yǔ [瘐死]古时指囚犯死在狱中。《汉书·宣帝纪》：“今系者或以掠辜若饥寒～～狱中。”(若：或。)

窳 yǔ ❶粗劣。《韩非子·难一》：“陶器不～。”❷羸弱。枚乘《七发》：“今太子肤色靡曼，四支委随，筋骨挺解，血脉淫濯，手足堕～。”❸懒惰。《商君书·垦令》：“农无得粜(tiào)，则～惰之农勉疾。”(无得：不得。粜：卖粮食。勉疾：勤奋，指努力耕作。)❹wā 同“窊”。低洼，低下。《后汉书·霍谞传》：“传曰：‘人心不同，譬若其面。’斯盖谓大小～隆丑美之形。”

貐 yǔ [猰(yà)貐]同“猰貐”。见481页“猰”字。

驭(馭) yù ❶驾驭车马。《荀子·王霸》：“王良、造父者，善服～者也。”(王良、造父：人名。服：驾车。)㊂驾车的人。《庄子·盗跖》：“颜回为～。”(颜回：人名。)㊂车驾(后起意义)。白居易《长恨歌》：“天旋日转回龙～，到此踌躇不能去。”❷驾驭，控制。《晋书·姚泓载记》：“岂是安上～下之理乎？”

【辨】御，驭，禦。见519页“御[1]”字。

芋 yù ❶草本植物名。芋头。《史记·项羽本纪》：“今岁饥民贫，士卒食～菽。”❷hū 通“幠”。覆盖。《诗经·小雅·斯干》：“鸟鼠攸去，君子攸～。”(攸：所。)一说：“‘芋’当读为‘宇’。宇，居也。”

吁[2](籲) yù 呼告。《尚书·召诰》：“夫知保抱携持厥妇子，以哀～天。”

聿 yù ❶笔。扬雄《太玄·饰》：“舌～之利，利见知人也。”这个意义一般写作“筆”，现简化为“笔”。❷句首、句中语气词。《诗经·大雅·大明》：“～怀多福。”《诗经·唐风·蟋蟀》：“蟋蟀在堂，岁～其莫。”(莫：暮，晚。)

饫(飫) yù ❶饱，足。《左传·襄公二十六年》：“是以将赏为之加膳，加膳则～赐。”《后汉书·刘盆子传》：“十余万人皆得饱～。”王粲《从军诗》：“军人多～饶，人马皆溢肥。”[饫闻]饱闻，听得多。韩愈《燕喜亭记》：“宜其于山水～～而厌见也。”❷私宴。《诗经·小雅·常棣》：“傧尔笾豆，饮酒之～。”㊁宴饮。《汉书·陈遵传》：“遵知饮酒～宴有节。”

妪(嫗) yù ❶年老的女人。《史记·滑稽列传》：“即使吏卒共抱大巫～投之河中。”㊁妇女的通称。《南史·邓郁传》：“从少～三十……年皆可十七八许。”(从：跟随。可：大约。)❷yǔ 抚育。释宗翌《法华本迹十不二门注序》：“若夫天地之道，覆载而不私，～育万物而不遗。”

郁[1] yù ❶[郁郁]1.同“彧彧”。茂盛的样子。陆云《为顾彦先赠妇往返四首》诗之三：“～～寒木荣。”2.同“彧彧”。有文采的样子。《论语·八佾》：“～～乎文哉！”3.香气浓烈的样子。范仲淹《岳阳楼记》：“岸芷汀兰，～～青青。”❷通“郁[2](鬱)”。(云、气)浓盛的样子。徐陵《咏柑》：“素荣芬且～。”(素荣：白花。)❸通“燠”。暖，热。刘孝标《广绝交论》：“叙温～则寒谷成暄，论严苦则春丛零叶。”

郁[2](鬱) yù ❶芳草。或说即郁金香。郦道元《水经注·温水》：“～，芳草也。百草之华煮以合酿黑黍，以降神者也。或说今郁金香是也。”❷树木丛生，茂盛。《诗经·秦风·晨风》：“～彼北林。”(彼：那个。)[郁郁]1.草木茂盛的样子。《古诗十九首·青青河畔草》：“～～园中柳。”2.忧伤、愁闷的样子。屈原《九章·抽思》：“心～～之忧思兮。”㊂(云、气)浓盛的样子。《三国志·吴书·薛综传》：“加以～雾冥其上，咸水蒸其下。”❸忧愁，愁闷。《管子·内业》：“忧～生疾。”❹阻滞，积结。《吕氏春秋·达郁》：“病之留，恶之生也，精气～也。”

Y

《汉书·路温舒传》："忠良切言皆～于胸。"［郁陶(yáo)］忧思积结的样子。《孟子·万章上》："～～思君尔。"❺ 草木腐臭。《荀子·正名》："香、臭、芬、～……以鼻异。"(芬：草木的香气。)【注意】古代汉语中"郁"与"鬱"是两个字，只有在"(云、气)浓盛的样子"这个意义上，"郁"可以通"鬱"，其他意义各不相同。现"鬱"简化为"郁"。参见517页"郁[1]"字。

育 yù 生育。《周易·渐》："妇孕不～。"㉡养，抚养。《管子·牧民》："养桑麻，～六畜也。"《史记·孝文本纪》："朕下不能理～群生。"㉡培养。《孟子·告子下》："尊贤～才，以彰有德。"

昱 yù 明亮。《淮南子·本经》："焜(kūn)～错眩，照耀辉煌。"(焜：明。)辛延年《羽林郎》诗："银鞍何～爚，翠盖空峙崌(chíchú)。"

煜 yù ❶ 光耀。萧纲《咏朝日》："团团出天外，～～上层峰。"❷ 火焰。陆云《南征赋》："飞烽戢～而泱漭。"❸ 盛大。班固《东都赋》："钟鼓铿鍧(hōng)，管弦晔～。"

狱(獄) yù ❶ 诉讼，官司。《论语·颜渊》："片言可以折～者，其由也与？"(由：仲由，孔子学生。)《左传·昭公二十八年》："梗阳人有～，魏戊不能断。"(梗阳：地名。魏戊：人名。断：决断。)❷ 监牢。杨恽《报孙会宗书》："妻子满～。"

彧 yù ［彧彧］1. 茂盛的样子。《诗经·小雅·信南山》："疆埸翼翼，黍稷～～。"何晏《景福殿赋》："羌瓌玮以壮丽，纷～～其难分。"2. 有文采的样子。孔衍《上成帝书辩家语宜记录》："虽唐帝之焕然，周王之～～，未若斯之极也。"上述1、2又写作"郁郁"。

浴 yù 洗澡。《左传·文公十八年》："二人～于池。"《楚辞·渔父》："新～者必振衣。"(振：抖。)

欲 yù ❶ 想要。《论语·颜渊》："己所不～，勿施于人。"《商君书·更法》："今吾～变法以治。"❷ 欲望，愿望。《孙子兵法·谋攻》："上下同～者胜。"❸ 情欲，贪欲。刘伶《酒德颂》："不觉寒暑之切肌，利～之感情。"这个意义又写作"慾"。❹ 将要。许浑《咸阳城东楼》诗："山雨～来风满楼。"

鹆(鵒) yù ［鸲(qú)鹆］见350页"鸲"字。

裕 yù ❶ 富饶，富足。《荀子·富国》："足国之道，节用～民。"(足国：使国家富足。)❷ 宽，宽宏。贾谊《新书·道术》："包众容易谓之～。"(包众：包含众物。)

域 yù ❶ 邦国，封邑。《论语·季氏》："且在邦～之中矣。"《汉书·韦玄成传》："以保尔～。"❷ 疆界，一定的区域。《周礼·地官·大司徒》："周知九州之地～广轮之数。"(广轮：指土地面积。)❸ 墓地，坟地。《诗经·唐风·葛生》："蔹(liǎn)蔓于～。"(蔹：一种蔓草。蔓：蔓延。)

阈(閾) yù 门槛。《论语·乡党》："立不中门，行不履～。"(履：踩。)㉡门。曹植《应诏》诗："仰瞻城～，俯惟阙庭，长怀永慕，忧心如酲。"

罭 yù ［九罭］一种细眼渔网。《诗经·豳风·九罭》："～～之鱼，鳟鲂。"张衡《西京赋》："布～～，设罜麗(dúlù)。"(罜麗：一种小渔网。)

蜮［蟚、魊］ yù ❶ 传说中一种能含沙射人的动物。《诗经·小雅·何人斯》："为鬼为～，则不可得。"欧阳修《自岐江山行至平陆驿》诗："水涉愁～射，林行忧虎猛。"❷ 一种食苗的害虫。《吕氏春秋·任地》："大草不生，又无螟～。"(食心曰螟，食叶曰蜮。)

谕(諭) yù ❶ 告诉，使人知道。《穀梁传·桓公六年》："修教明～，国道也。"《汉书·张骞传》："骞既至乌孙，致赐～指。"(指：旨，意图。)㊕上对下的文告、指示。《汉书·南粤王赵佗传》："故使贾驰～告王朕意。"双音词有"手谕"。❷ 表明，说明。《吕氏春秋·离谓》："言者，以～意也。"❸ 知道，了解，明白。《战国策·魏策四》："寡人～矣。"❹ 比喻。《汉书·贾谊传》："谊追伤之，因以自～。"

【辨】喻，谕。见下"喻"字。

喻 yù ❶ 告诉，使人知道。《淮南子·修务》："故作书以～意。"❷ 说明。《荀子·正名》："单足以～则单，单不足以～则兼。"❸ 知道，了解，明白。《孟子·告子下》："征于色，发于声，而后～。"(征于色：表现在面色上。)张说《宋公遗爱碑颂》："言语不通而心～矣。"成语有"家喻户晓"。❹ 比喻。范缜《神灭论》："丝缕同时，不得为～。"(丝、缕同时存在，不能拿来做比喻。)

【辨】喻，谕。这两个字古代通用，后来逐渐有了分工，在"比喻"的意义上用"喻"，在"告诉"的意义上用"谕"。

愈 yù ❶ 病好了。《孟子·公孙丑下》："昔者疾，今日～。"(疾：病。)《三国志·魏书·华佗传》："试作热食，得汗则～。"这个意义后来又写作"瘉"、"癒"。❷ 胜过。《左传·襄公十年》："病不犹～于亡乎？"(病：指疲急。亡：灭亡。）❸ 越，更加。《韩非子·显学》："夫有功者必赏，则爵禄厚而～劝。"（劝：受到鼓励。）

瘉 yù ❶ 病，痛苦。《诗经·小雅·正月》："父母生我，胡俾我～？" ❷ 病好了。《汉书·高帝纪上》："汉王疾～，西入关。" ❸ 胜，胜过。《汉书·艺文志》："彼九家者，不犹～于野乎？" ❹ 更加。《荀子·尧问》："吾三相楚而心～卑，每益禄而施～博，位滋尊而礼～恭。"

遇 yù ❶ 相遇，遇到。《论语·阳货》："孔子时其亡也，而往拜之。～诸涂。"（时：通"伺"，窥伺。涂：道路。）《三国志·吴书·吴主传》："～于赤壁。"（赤壁：地名。）㊁会见。《公羊传·隐公八年》："春，宋公、卫侯～于垂。"（垂：地名。）❷ 接触，感触。《庄子·养生主》："臣以神～而不以目视。" ❸ 对，对待。《商君书·定分》："故吏不敢以非法～民。"《汉书·季布传》："～人恭谨。"㊁待遇。诸葛亮《出师表》："盖追先帝之殊～。"（追：追念，怀念。）❹ 遇合，指得到君主的信任。杜甫《相逢歌》："垂老～君未恨晚。"㊀机遇。应玚《侍五官中郎将建章台集诗》："良～不可值，伸眉路何阶？"

寓[庽] yù ❶ 寄居，居住。《孟子·离娄下》："无～人于我室。"《晋书·谢安传》："～居会稽。"（会稽：地名。）㊀寓所（后起意义）。徐弘祖《徐霞客游记·滇游日记》："悬于～外。"（悬：悬挂。）❷ 寄托，寄。《管子·小匡》："事有所隐，而政有所～。"《左传·襄公二十四年》："子产～书于子西，以告宣子。"（子产、子西、宣子：人名。）[寓言]有所寄托的话，后成为一种故事体裁。《史记·老子韩非列传》："故其著书十余万言，大抵率～～也。"[寓目]亲眼看一看。孙樵《书褒城驿壁》："及得～～，视其沼，则浅混而污。"（沼：池子。污：脏。）

御[1] yù ❶ 驾驭车马。《庄子·达生》："桓公田于泽，管仲～。"（田：打猎。泽：沼泽。管仲：人名。）这个意义又写作"驭"。㊁驾车的人。《左传·成公十六年》："其～屡顾。"（屡顾：多次回头看。）❷ 驾驭，控制。贾谊《过秦论》："振长策而～宇内。"（策：鞭子。宇内：天下。）㊁治理。《诗经·大雅·思齐》："以～于家邦。"㊁治事之官。《诗经·大雅·崧高》："王命傅～，迁其私人。" ❸ 侍奉。多指侍奉君主。《商君书·更法》："公孙鞅、甘龙、杜挚三大夫～于君。" ❹ 进献。多指进献给君主。《潜夫论·赞学》："黼黻（fǔfú）之章……可～于王公。"（黼黻之章：指华美的衣服。）㊁用。《诗经·郑风·女曰鸡鸣》："琴瑟在～，莫不静好。" ❺ 与皇帝有关的事物。如"御驾"、"御旨"。❻ 抵挡，抵御。《诗经·邶风·谷风》："我有旨蓄，亦以～冬。"（旨：好吃的。）这个意义后来写作"禦"。❼ yà 通"迓"。迎。《诗经·召南·鹊巢》："之子于归，百两～之。"

【辨】御，驭，禦。在"驾驭"的意义上，"御"与"驭"相通。但是，"御"常指驾车马的人，"驭"一般指驾驭车马的动作。在"抵御"的意义上，上古写作"御"（如《诗经》的"御冬"），后来都写作"禦"。"驭"、"禦"没有"侍奉"、"进献"、"与皇帝有关的事物"等意义。

御[2]（禦） yù ❶ 抵挡，抵抗。《庄子·马蹄》："毛可以～风寒。"《三国志·吴书·吴主传》："使鲁肃以万人屯巴丘，以～关羽。" ❷ 阻止。《左传·昭公十六年》："孔张后至，立于客间，执政～之。"（孔张：人名。）㊁禁止。《周礼·秋官·司寤氏》："～晨行者，禁宵行者、夜游者。"

【辨】御，驭，禦。见上"御[1]"字。

澦（澦） yù [滟澦堆]见 485 页"滟"字。

誉（譽） yù ❶ 称赞，赞美。《庄子·盗跖》："好面～人者，亦好背而毁之。" ❷ 美名，荣誉。《韩非子·五蠹》："～辅其赏，毁随其罚。" ❸ 通"豫"。安乐，欢乐。《诗经·小雅·蓼萧》："燕笑语兮，是以有～处兮。"

毓 yù ❶ 养育。班固《答宾戏》："鸟鱼之～川泽，得气者蕃滋，失时者零落。" ❷ 产生。《国语·晋语四》："黩则生怨，怨乱～灾。"㊁培养。颜延之《皇太子释奠会作诗》："禀道～德，讲艺立言。"

遹 yù ❶ 邪僻。《诗经·小雅·小旻》："谋犹回～，何日斯沮。"（回：邪。沮：止。）❷ 遵循。《尚书·康诰》："今民将在祗～乃文考。"（民：指治民。祗：敬。文考：指先父。）❸ 句首语气词。《诗经·大雅·文王有声》："文王有声，～骏有声。～求厥宁，～观厥成。"（骏：大。）

鹬（鷸） yù ❶ 一种水鸟。常在水边或田野中捕食小鱼或贝类。《战国策·燕策二》："蚌方出曝，而～啄其肉。蚌合而拑其喙（huì）。"成语有"鹬蚌相争，渔人得利"。❷ 疾速的样子。木华《海赋》："～如惊凫（fú）之失侣。"（凫：野鸭。侣：伴侣。）

繘 yù 井上汲水的绳索。《礼记·丧大记》："管人汲，不说（tuō）～，屈之。"（说：通"脱"。）

Y

豫 yù ❶安乐，快乐。《诗经·小雅·白驹》："尔公尔侯，逸～无期。"（无期：无限度。）❷出游。《孟子·梁惠王下》："吾王不～，吾何以助？"㊕帝王秋日出巡。张衡《东京赋》："度秋～以收成，观丰年之多稌（tú）。"（稌：稻子。）❸事先有了准备，预先。《荀子·大略》："先患虑患谓之～，～则祸不生。"《后汉书·任文公传》："宜令吏人～为其备。"这个意义又写作"预"。❹欺诳。《荀子·儒效》："鲁之粥牛马者不～贾。"（粥：鬻，卖。贾：价。）❺通"与"。参加。《后汉书·东夷传》："及楚灵会申，亦来～盟。"（楚灵：楚灵王。申：地名。）❻［犹豫］见510页"犹"字。

【辨】预，豫。"预"本是"豫"的异体字，后来有了分别："豫"的❶❷两义不能写作"预"，"豫"的❸义虽然和"预"通用，但"预"逐渐替代了"豫"。

鴥 yù 疾飞的样子。《诗经·小雅·沔水》："～彼飞隼，载飞载扬。"㊀迅疾。鲍照《松柏篇》："人生浮且脆，～若晨风悲。"（晨风：鸟名。）

燠 yù ❶温暖，热。《诗经·唐风·无衣》："岂曰无衣六兮，不如子之衣，安且～兮。"王褒《圣主得贤臣颂》："不苦盛暑之郁～。"❷［燠休（xǔ）］抚慰痛苦。《左传·昭公三年》："民人痛疾，而或～～之。"

鬻 yù ❶卖。《韩非子·难一》："楚人有～楯与矛者。"（楯：通"盾"。）㊁买。刘勰《文心雕龙·情采》："～声钓世。"❷通"育"。生育。《礼记·乐记》："毛者孕～。"（毛者：指走兽。）㊁抚养。《诗经·豳风·鸱鸮》："恩斯勤斯，～子之闵斯。"（因为抚育小鸟累病了。闵：病。斯：语气词。）❸zhōu 通"粥"。稀饭。《三国志·魏书·管宁传》："饭～糊口，并日而食。"（并日而食：两天只吃一天的饭。）

【辨】鬻，卖，沽，售。这四个字都有"卖"的意思。"沽"除有"卖"的意思外，还有"买"的意思，"沽酒"既可以是买酒，也可以是卖酒。"售"通常指东西卖出去，用作"买"的意义比较少。

鸒 yù 鸟名。乌鸦的一种。也叫鸒斯。《诗经·小雅·小弁》："弁彼～斯，归飞提提。"李白《古风五十九首》之五十四："～斯得所居，蒿下盈万族。"

Y

YUAN

鸢（鳶） yuān 一种鹰。《诗经·大雅·旱麓》："～飞戾天，鱼跃于渊。"（戾：至。）沈括《梦溪笔谈》卷三："若～飞空中。"

眢 yuān 眼睛枯陷失明。㊀井枯竭无水。苏舜钦《难易言》诗："欲坐～井攀青天。"

冤［寃］ yuān ❶冤枉，冤屈。《汉书·于定国传》："于定国为廷尉，民自以不～。"《后汉书·光武帝纪上》："狱多～结。"❷怨恨，仇恨。《墨子·天志中》："诸侯之～不兴矣，边境甲兵不作矣。"李商隐《行次西郊作》诗："～愤如相焚。"

渊（淵） yuān ❶打漩的水。《庄子·应帝王》："流水之审为～。"（审：当作"潘"，水旋流。）❷深水，深潭。《诗经·小雅·小旻》："如临深～。"《荀子·劝学》："积水成～，蛟龙生焉。"❸深。《诗经·邶风·燕燕》："其心塞～。"（塞：实在。）《庄子·田子方》："入乎～泉而不濡。"（乎：于。濡：沾湿。）

蜎 yuān ❶［蜎蜎］虫类爬行的样子。《诗经·豳风·东山》："～～者蠋，烝在桑野。"❷xuān 通"翾"。飞翔。《论衡·齐世》："昆虫、草木、金石、珠玉、～蜚、蠕动、跂行喙息，无有异者。"（蜚：通"飞"。）❸juān［蝉蜎］见39页"蝉"字。

鹓 yuān ［鹓鶵］凤凰一类的鸟。《庄子·秋水》："夫～～，发于南海而飞于北海，非梧桐不止，非练实不食，非醴泉不饮。"常用于比喻优秀人才。杨巨源《送司徒童子》诗："况复元侯旌尔善，桂林枝上得～～。"

元 yuán ❶头。《左传·僖公三十三年》："狄人归其～。"（归：送还。）㊀为首的。《荀子·王制》："～恶不待教而诛。"❷开始，第一。《公羊传·隐公元年》："～年者何？君之始年也。"❸善。《左传·文公十八年》："高辛氏有才子……谓之八～。"［元元］1. 善良的。《史记·孝文本纪》："以全天下～～之民。"2. 民众，百姓。《后汉书·光武帝纪上》："狱多冤结，～～愁恨。"❹大。《史记·龟策列传》："纣为暴虐，而～龟不占。"❺原来（后起意义）。嵇康《琴赋·序》："推其所由，似～不解音声。"陆游《示儿》诗："死去～知万事空，但悲不见九州同。"❻朝代名（公元1206—1368年）。1206年建国。1271年改国号为元。1279年灭宋，建都大都（今北京）。第一代君主是铁木真。

园（園） yuán ❶果园。《墨子·非攻上》："今有一人，入人～圃，窃其桃李。"㊁种树木或蔬菜的地方。《诗经·郑风·将仲子》："将仲子兮，无逾我～，无折我树檀。"（将：语气词。仲子：人名。树：种。

檀:檀树。)《世说新语·德行》:“管宁、华歆共～中锄菜。”(共:一起。)❷ 帝王贵族游玩的地方。《史记·高祖本纪》:“诸故秦苑囿～池,皆令人得田之。”(苑:帝王游乐打猎的场所。田:耕种。)❸ 帝王后妃的墓地。《史记·刘敬叔孙通列传》:“先帝～陵寝庙,群臣莫能习。”(寝:宗庙中的后殿,放置祖先衣冠的地方。)

沅 yuán 水名。流经今湖南,入洞庭湖。屈原《九歌·湘夫人》:“～有芷兮澧有兰。”(澧:澧水。)

鼋(黿) yuán 大鳖。《国语·晋语九》:“～鼍(tuó)鱼鳖,莫不能化。”

员(員) yuán ❶ 人数,名额。《汉书·百官公卿表上》:“吏～自佐史至丞相,十二万二百八十五人。”❷ 量词。用于人(后起意义)。《北史·后妃传上》:“始置贵人三～,增嫔至九～。”❸ yún 动词词头。《石鼓文》:“君子～猎,～猎～游。”《尚书·秦誓》:“若弗～来。”❹ yún 句末语气词。《诗经·郑风·出其东门》:“缟衣綦巾,聊乐我～。”❺ 通“圆”。圆形。《后汉书·赵岐传》:“可立一～石于吾墓前。”

圆(圓) yuán ❶ 圆形。《荀子·赋》:“～者中规。”(中:符合。规:画圆的工具。)❷ 完备,周全。刘勰《文心雕龙·镕裁》:“故能首尾～合。”成语有“自圆其说”。❸ 婉转。白居易《题周家歌者》诗:“清紧如敲玉,深～似转簧。”❹ 天的代称。古时有人认为天是圆形的,地是方形的。《淮南子·本经》:“戴～履(lǚ)方。”(履:踩,踏。方:指地。)

垣 yuán ❶ 矮墙。㊂ 墙。《左传·僖公五年》:“逾～而走。”《管子·轻重丁》:“内毁室屋,坏墙～。”❷ 官署的代称。白居易《张十八》诗:“谏～几见迁遗补。”(谏:谏官。迁:升迁。遗补:官名,即拾遗、补阙。)

爰 yuán ❶ 于此。《诗经·魏风·硕鼠》:“乐土乐土,～得我所。”㊇ 于何。《诗经·鄘风·桑中》:“～采麦矣?沬之北矣。”(沬:地名。)❷ 于。《尚书·盘庚下》:“乃正厥位,绥～有众。”❸ 于是。张衡《思玄赋》:“～整驾而亟行。”(亟:快。)❹ 更换。《汉书·食货志上》:“休二岁者为再易下田,三岁更耕之,自～其处。”❺ 通“猿”。猿猴。《汉书·李广传》:“为人长,～臂,其善射亦天性。”

援 yuán ❶ 拉,拽。《左传·襄公二十三年》:“右抚剑,左～带。”《孟子·离娄上》:“嫂溺,则～之以手乎?”(溺:淹在水中。)㊁ 拿,拿过来。《韩非子·十过》:“～琴而鼓。”(鼓:弹奏。)❷ 引,领来。《史记·郦生陆贾列传》:“涉西河之外,～上党之兵。”(上党:地名。)㊁ 引进,荐举。《荀子·仲尼》:“～贤博施,除怨而无妨害人。”㊁ 引用,引证。刘知几《史通·惑经》:“或～誓以表心,或称非以受屈。”(誓:誓言。)❸ 帮助,救助。《三国志·蜀书·诸葛亮传》:“身使孙权,求～吴会。”(吴、会:吴与会稽二郡,这里指吴国。)

猨[蝯] yuán 同“猿”。《史记·李将军列传》:“广为人长,～臂,其善射亦天性也。”曹植《白马篇》:“狡捷过猴～,勇剽若豹螭。”

湲 yuán [潺(chán)湲]见 40 页“潺”字。

媛 yuán ❶ [婵媛]见 39 页“婵”字。❷ yuàn 美女。《诗经·鄘风·君子偕老》:“展如之人兮,邦之～也。”

原 yuán ❶ 水源,源泉。《左传·昭公九年》:“犹衣服之有冠冕,木水之有本～。”(本:树根。)㊂ 来源。《孟子·离娄下》:“资之深,则取之左右逢其～。”㊁ 事物的开始,起源。《管子·水地》:“地者,万物之本～。”上述❶㊂㊁后来写作“源”。❷ 追究根源。《管子·小匡》:“～本穷末。”(将事情的本末追究到底。)❸ 本来(后起意义)。《弘明集》卷三:“故知神形俱化～无异统,精惭一气始终同宅。”李商隐《代元城吴令暗为答》诗:“荆王枕上～无梦,莫枉阳台一片云。”❹ 原野,宽广平坦的地方。屈原《九歌·国殇》:“平～忽兮路超远。”(忽:辽阔渺茫的样子。超远:遥远。)❺ 赦免,原谅。《后汉书·范冉传》:“诏书特～不理罪。”(理罪:治罪。)《三国志·魏书·张鲁传》:“犯法者,三～然后乃行刑。”❻ yuàn 谨慎老实。《论语·阳货》:“乡～,德之贼也。”这个意义后来写作“愿”。

源 yuán ❶ 水源,源泉。《荀子·法行》:“涓涓～水,不雝(yōng)不塞。”(涓涓:形容细水长流的样子。雝:壅,堵塞。)成语有“源远流长”。㊁ 事物的开始,起源。《韩非子·主道》:“以知万物之～。”❷ [源源]连续不断的样子。《孟子·万章上》:“欲常常而见之,故～～而来。”

嫄 yuán [姜嫄]后稷之母。《诗经·大雅·生民》:“厥初生民,时维～～。”

缘(緣) yuán ❶ 古时衣服的边饰,一般采用与衣服不同的质料做成。《礼记·玉藻》:“～广寸半。”(广:宽。)㊁ 环绕。《荀子·议兵》:“限之以邓林,～之以方城。”❷沿着，顺着。陶渊明《桃花源记》：“～溪行，忘路之远近。”㊂遵循，依照。《商君书·君臣》：“～法而治，按功而赏。”❸凭借，靠着。《荀子·正名》：“则～耳而知声可也，～目而知形可也。”❹攀缘。《孟子·梁惠王上》：“犹～木而求鱼也。”李白《蜀道难》诗：“猿猱（náo）欲度愁攀～。”❺缘分。白居易《与元九书》：“则仆宿习之～已在文字中矣。”（宿习之缘：生来的缘分。）❻因为。班固《白虎通·崩薨》：“天子崩，赴告诸侯者何？～臣子丧君，哀痛愤懑，无能不告语人者也。”杜甫《客至》诗：“花径不曾～客扫，蓬门今始为君开。”

辕（轅） yuán ❶车辕，车前驾牲口的直木。《墨子·杂守》：“为板箱，长与～等。”（等：相等。）㊀犁辕。贾思勰《齐民要术·耕田》：“今辽东耕犁，～长四尺。”❷［辕门］帝王出行时的住处以车辕为门。《周礼·天官·掌舍》：“设车宫～～。”㊂军营的门。《汉书·项籍传》：“羽见诸侯将入～～。”❸帝王或高级官吏出行住的地方。《魏书·李顺传》：“尚书令以西京说朕，仍使朕不废东～。”

苑 yuàn 养禽兽植树木的地方。后来多指帝王游乐打猎的场所。《史记·高祖本纪》：“诸故秦～囿（yòu）园池，皆令人得田之。”（囿：养禽兽的园子。田：耕种。）㊀汇集。《宋书·始平孝敬王子鸾传》：“阅览前王词～，见《李夫人赋》。”㊂荟萃之处。《宋书·傅亮传》：“夜清务隙，游目艺～。”

怨 yuàn ❶埋怨，责备。《荀子·法行》：“～天者无识。”❷怨恨，仇恨。《史记·秦本纪》：“缪公之～此三人入于骨髓。”

【辨】憾，恨，怨。见148页“憾”字。

掾 yuàn 古代属官的通称。《史记·曹相国世家》：“秦时为沛狱～。”（沛：县名。）

瑗 yuàn 孔大边小的璧。《荀子·大略》：“聘人以珪，问士以璧，召人以～，绝人以玦，反绝以环。”《淮南子·说林》：“璧～成器，礛（jiān）诸之功。”（礛诸：治玉之石。）

愿[1] yuàn 老实。《尚书·皋陶谟》：“～而恭。”柳宗元《童区寄传》：“大府召视儿，幼～耳。”（大府：州的上级官府。召视：召见。儿：小孩。幼：幼稚。）

愿[2]（願） yuàn ❶愿望，心愿。《诗经·郑风·野有蔓草》：“邂逅相遇，适我～兮。”㊂愿意，乐意。《孟子·梁惠王上》：“寡人～安承教。”（寡人：君主自称。）《木兰诗》：“～为市鞍马，从此替爷征。”（市：买。）㊂希望。《史记·秦始皇本纪》：“～大王毋爱财物。”（毋：不。）❷仰慕。《荀子·王制》：“名声日闻，天下～。”❸思念。《诗经·邶风·终风》：“寤言不寐，～言则嚏。”（两个“言”都是语助词，无实义。）【注意】古代汉语中“愿”和“願”是两个字，意义各不相同。上述义项都不写作“愿”。现“願”简化为“愿”。参见上“愿[1]”字。

YUE

曰 yuē ❶说。《孙子兵法·计》：“孙子～：‘兵者，国之大事。’”㊂叫作。马融《长笛赋》：“定名～笛。”❷句首、句中语气词。《诗经·小雅·采薇》：“～归～归，岁亦莫止。”（岁：年。莫：暮，晚。止：句末语气词。）《诗经·豳风·东山》：“我东～归，我心西悲。”

【辨】谓，曰。见441页“谓”字。

约（約） yuē ❶捆缚，套。《诗经·小雅·斯干》：“～之阁阁。”（阁阁：上下严密的样子。）《战国策·赵策四》：“于是为长安君～车百乘，质于齐。”（百乘：百辆。质于齐：到齐国做人质。）㊂绳索。《左传·哀公十一年》：“人寻～。”（每人一根八尺长的绳子。寻：八尺为一寻。）❷约束，束缚。《论语·雍也》：“～之以礼。”㊂阻止。《史记·苏秦列传》：“母不能制，舅不能～。”❸简明，简要。《荀子·强国》：“～而详。”（详：详尽。）❹节俭。《三国志·魏书·荀彧传》：“～食畜谷。”（畜：积蓄。）㊀贫困。《论语·里仁》：“不仁者不可以久处～，不可以长处乐。”❺订约，约定。《史记·高祖本纪》：“与诸将～，先入定关中者王之。”㊂约定的事，盟约。《盐铁论·和亲》：“匈奴数和亲，而常先犯～。”（数：多次。和亲：封建王朝与边疆各族统治集团结亲和好。犯约：指违反和亲时订的盟约。）❻大约（后起意义）。魏学洢《核舟记》：“舟首尾长～八分有奇（jī）。”（奇：余数。）

矱 yuē 法度。屈原《离骚》：“勉升降以上下兮，求矩～之所同。”

乐（樂） yuè ❶音乐。《孟子·梁惠王下》：“今之～犹古之～也。”《礼记·乐记》：“金石丝竹，～之器也。”㊀乐器。《荀子·王霸》：“齐桓公闺门之内，县～奢泰游抏之修。”㊂乐工。《论语·微子》：“齐人归女～，季桓子受之。”❷lè 快乐，高兴。《论语·学而》：“有朋自远方来，不亦～乎？”陶渊明《桃花源记》：“并怡然自～。”㊀乐意。《后汉书·张让传》：“万人所以～附之者。”（附：跟从。）成语有“喜闻乐见”。❸yào 爱

Y

好，喜爱。《论语·雍也》："知者～水，仁者～山。"

刖[跀] yuè 古代的一种酷刑，把脚砍掉。《韩非子·和氏》："王以和为诳(kuáng)，而～其左足。"(和：和氏，人名。诳：欺骗。)【注意】"跀"还有"器物倾侧不正"的意义。

軏(軏)[軏] yuè 小马车插在车辕前端与车衡连接处的活销。《论语·为政》："大车无輗(ní)，小车无～，其何以行之哉?"(輗：大车上的活销。)

礿 yuè 古代祭祀名。夏商时春祭为礿，周时夏祭为礿。《论衡·祀义》："文王～祭，竭尽其敬。"

药2 yuè ❶草名。即白芷。屈原《九歌·湘夫人》："桂栋兮兰橑，辛夷楣兮～房。"❷通"约"。缠束。潘岳《射雉赋》："首～绿素，身拕(tuō)黼绘。"(拕：牵引，这里指披。)【注意】古书中"药"和"藥"是两个字，音义都不同，现"藥"简化为"药"。参见490页"药1(藥)"字。

岳 yuè ❶高大的山。《说文》作"嶽"，古文隶变作"岳"。《尚书·舜典》："十有一月朔巡守，至于北～。"[五岳]我国五大名山。即东岳泰山，西岳华山，南岳衡山，北岳恒山，中岳嵩山。陆机《汉高祖功臣颂》："波振四海，尘飞～～。"❷妻子的父亲，简称岳(后起意义)。

钺(鉞) yuè 古代一种像斧子的兵器。《尚书·牧誓》："王左杖黄～，右秉白旄以麾。"《史记·孙子吴起列传》："约束既布，乃设鈇(fǔ)～。"(约束：规则。布：宣布。鈇：通"斧"。)

阅(閱) yuè ❶计数。《论衡·自纪》："稻谷千钟，糠皮太半，～钱满亿，穿决出万。"❷检阅。《左传·桓公六年》："大～，简车马也。"(简：检视。)❸察看。《管子·度地》："常以秋岁末之时～其民。"⊗阅读。《后汉书·王充传》："家贫无书，常游洛阳市肆，～所卖书。"(肆：铺子。)❹经历。《汉书·文帝纪》："～天下之义理多矣。"⊗根据经历所定的功劳。周必大《何耕墓志铭》："公积～虽高，然寄禄未至大夫。"❺总聚，汇集。陆机《叹逝赋》："川～水以成川。"(川：河流。)❻[折(shé)阅]见536页"折1(zhé)"字。

悦 yuè 高兴，愉快。《史记·孙子吴起列传》："吴起不～。"

跃(躍) yuè ❶跳。《诗经·大雅·旱麓》："鸢飞戾天，鱼～于渊。"❷tì[跃跃]同"趯趯"。跳得很快的样子。《诗经·小雅·巧言》："～～毚兔，遇犬获之。"

越 yuè ❶经过，越过。《韩非子·定法》："穰侯～韩魏而东攻齐。"(穰侯：指魏冉。)❷超出，超过。《汉书·宣帝纪》："～职逾法，以取名誉。"柳宗元《断刑论下》："必使为善者不～月逾时而得其赏。"(不越月逾时：不超过月份和季度，指及时。)❸远。《尚书·梓材》："皇天既付中国民～厥疆土于先王。"⊗迂阔，不切实际。《国语·鲁语上》："～哉！臧孙之为政也。"(臧孙：人名。)❹传播，宣扬。《国语·晋语八》："宣其德行……使～于诸侯。"❺离，散。《淮南子·主术》："精神劳则～。"❻坠落。《左传·成公二年》："射其左，～于车下。"❼周代诸侯国。在今浙江一带。❽[百越]我国古代南部和东南部民族的统称。也称"百粤"。

【辨】过，越，逾，超。见145页"过"字。

樾 yuè 树荫。《淮南子·人间》："武王荫暍人于～下，左拥而右扇之。"(暍：中暑。)宋之问《初到陆浑山庄》诗："浩歌步榛～，栖鸟随我还。"

粤 yuè ❶句首语气词。《史记·周本纪》："～詹雒、伊，毋远天室。"(詹：瞻。雒、伊：水名。)《汉书·叙传下》："～蹈秦郊，婴来稽首。"❷古代民族名。《汉书·高帝纪下》："使与百～杂处。"⊗粤族居住的广东、福建、浙江等地。刘孝标《广绝交论》："及瞑目东～，归骸洛浦。"

鸑(鷟) yuè [鸑鷟(zhuó)]凤凰一类的鸟。《国语·周语上》："周之兴也，～～鸣于岐山。"嵇康《琴赋》："舞～～于庭阶，游女飘焉而来萃。"也可以单用"鸑"。张衡《南都赋》："鸾～鵷鶵翔其上。"

嶽 yuè 高大的山。《诗经·大雅·崧高》："崧高维～。"(崧：山高大的样子。)这个意义又写作"岳"。

龠 yuè ❶古代量器。《汉书·律历志上》："一～容千二百黍，重十二铢。"❷管乐器名。这个意义又写作"籥"。❸通"钥"。锁。《睡虎地秦墓竹简·为吏之道》："城郭官府，门户关～。"

瀹 yuè ❶浸泡。《仪礼·既夕礼》："菅(jiān)筲(shāo)三，其实皆～。"(其实：指在菅筲中的黍稷。)❷烹煮。《管子·侈靡》："而雕卵然后～之，雕橑然后爨之。"❸疏导。《孟子·滕文公上》："禹疏九河，～济漯而注诸海。"(济、漯：水名。)

爚 yuè ❶明亮。《史记·屈原贾生列传》："弥融～以隐处兮，夫岂从蚁与蛭螾?"

Y

(弥:远离。融:明。)何晏《景福殿赋》:"光明熠～,文彩璘班。"㉠照。《吕氏春秋·期贤》:"今夫～蝉者,务在乎明其火、振其树而已。"❷惑乱。《庄子·胠箧》:"彼曾、史、杨、墨、师旷、工倕、离朱,皆外立其德而以～乱天下者也。"

禴 yuè 祭名。夏祭。《诗经·小雅·天保》:"～祠烝尝,于公先王。"(祠:春祭。烝:冬祭。尝:秋祭。)

籥 yuè ❶古代一种管乐器。有吹籥、舞籥两种。《诗经·邶风·简兮》:"左手执～,右手秉翟。"司马相如《上林赋》:"盖象金石之声,管～之音。"❷鼓风吹火用的管子。《老子》五章:"天地之间,其犹橐～乎?"❸通"钥"。锁。《墨子·备城门》:"方尚必为关～守之。"(方尚:房上。)鲍照《升天行》:"五图发金记,九～隐丹经。"㉠钥匙。《墨子·号令》:"诸城门吏,各入请～,开门已,辄复上～。"

YUN

氲 yūn ❶[氛氲]见111页"氛"字。❷[氤氲]见503页"氤"字。

煴 yūn ❶没有火苗的火。《汉书·苏建传》:"凿地为坎,置～火,覆武其上,蹈其背以出血。"(武:苏武。)❷[烟(yīn)煴]见481页"烟(yān)"字。

云 yún ❶说。《论语·子张》:"子夏～何?"(子夏:人名,孔子学生。)《三国志·蜀书·先主传》:"权遣使～欲共取蜀。"(权:孙权。蜀:四川。)❷有。《荀子·法行》:"其～益乎?"❸如此,这样。《左传·襄公二十八年》:"子之言～,又焉用盟?"❹句首、句中、句末语气词。《诗经·周南·卷耳》:"～何吁矣。"(何:多么。吁:忧叹。)《左传·成公十二年》:"日～莫矣。"(莫:暮,傍晚。)《史记·伯夷列传》:"余登箕山,其上盖有许由冢～。"【注意】"云"是"雲"的古字。但上述义项的"云"都不写作"雲"。现"雲"简化为"云"。

芸 yún ❶草名。即芸香,放在书中可以防蛀。故"芸"可以构成有关书籍的词语。陆游《夏日杂题》诗:"天随手不去朱黄,辟蠹～编细细香。"(芸编:指书籍。)萧项《赠翁承赞漆林书堂》诗:"却对～窗勤苦处,举头全是锦为衣。"(芸窗:书窗。)❷[芸芸]众多的样子。《老子》十六章:"夫物～～,各复归其根。"❸通"耘"。除草。《论语·微子》:"植其杖而～。"

纭(紜) yún [纭纭]众多而杂乱的样子。枚乘《梁王菟园赋》:"纷纷～～,腾踊云乱。"

耘 yún 除草。《诗经·小雅·甫田》:"或～或耔。"[耕耘]泛指农业生产。《汉书·元帝纪》:"劳于～～。"

畇 yún [畇畇]农田平整的样子。《诗经·小雅·信南山》:"～～原隰,曾孙田之。"

筠 yún ❶竹皮。《礼记·礼器》:"其在人也,如竹箭之有～也,如松柏之有心也。"❷竹子。杜甫《湘夫人祠》诗:"苍梧恨不尽,染泪在丛～。"[筠竹]斑竹。李贺《湘妃》诗:"～～千年老不死,长伴秦娥盖湘水。"❸管类乐器。庾信《赵国公集序》:"大禹吹～,风云为之动。"❹jūn [筠连]地名。在四川。

允 yǔn ❶诚实,真实。《尚书·舜典》:"夙(sù)夜出纳朕命,惟～。"(夙夜:早晚。出纳:指发布。)㉠的确,确实。《诗经·大雅·公刘》:"豳(bīn)居～荒。"(豳:地名。荒:大。)❷得当,公平。《后汉书·虞诩传》:"祖父经,为郡县狱吏,案法平～。"(经:人名。案法:指处理案子。)刘勰《文心雕龙·丽辞》:"务在～当。"(务:力求。)双音词有"公允"。❸答应,允许。任昉《为褚諮议蓁让代兄袭封表二》:"未垂矜～。"

狁 yǔn [猃狁]见457页"猃"字。

陨(隕)[霣] yǔn ❶从高处掉下,坠落。《左传·僖公十六年》:"～石于宋五。"(宋:国名。)㉠毁坏。《淮南子·览冥》:"雷电下击,景公台～。"❷死亡。《韩非子·说疑》:"～身灭国。"又如"陨命"(丧命)。这个意义又写作"殒"。【注意】"霣"没有"毁坏"的意义。

殒(殞) yǔn ❶死亡。《楚辞·九叹·远游》:"～余躬于沅湘。"(躬:身。沅、湘:水名。)《史记·汉兴以来诸侯王年表》:"～身亡国。"❷通"陨"。坠落。《荀子·赋》:"列星～坠。"㉠落,落下。《淮南子·泰族》:"闻者莫不～涕。"潘岳《秋兴赋》:"槁叶夕～。"(槁:枯干。)

孕 yùn 怀胎。《庄子·天运》:"民～妇十月生子。"《后汉书·乌桓传》:"见鸟兽～乳,以别四节。"双音词有"孕育"。

运(運) yùn ❶运行,转动。《周易·系辞上》:"日月～行,一寒一暑。"《列子·汤问》:"大王治国诚能若此,则天下可～于一握。"❷运输,搬运。《三国志·蜀书·诸葛亮传》:"亮复出祁山,以木牛

Y

～，粮尽退军。”（木牛：一种运输器械。）❸运用。《孙子兵法·九地》：“～兵计谋，为不可测。”❹命运，气数。《晋书·宣帝纪》：“帝知汉～方微。”（方：正在。微：衰落。）又如“命运”。

晕（暈） yùn ❶日、月周围形成光圈。《韩非子·备内》：“故日月～围于外。”㊀光影四周模糊的部分。韩愈《宿龙宫滩》诗：“梦觉灯生～。”❷昏眩，眼花。姚合《闲居》诗：“眼～夜书多。”

餫 yùn 运粮。《左传·成公五年》：“晋荀首如齐逆女，故宣伯～诸谷。”（谷：地名。）

酝（醖） yùn ❶酿酒。曹植《酒赋》：“或秋藏冬发，或春～夏成。”［酝酿］酿酒。《后汉书·吕布传》：“布禁酒而卿等～～，为欲因酒共谋布邪？”㊟事先做准备工作，使之逐渐成熟。严羽《沧浪诗话·诗辨》：“然后博取盛唐名家，～～胸中，久之自然悟入。”❷酒。梅尧臣《永叔赠酒》诗：“天门多奇～，一斗市钱千。”（市钱千：卖一千钱。）

愠 yùn ❶怨恨，生气。《论语·学而》：“人不知而不～。”（知：了解。）《后汉书·冯衍传下》：“～去疾之遭惑。”（去疾：人名。）❷yǔn 郁结。《孔子家语·辩乐解》：“南风之熏兮，可以解吾民之～兮。”

【辨】愠，怒。“愠”一般指心里怨恨，暗暗生气。“怒”则不但在心里，而且在外表都有明显的表现，“大怒”、“怒责”就不能说“大愠”、“愠责”。

缊（緼） yùn ❶新旧混合的丝绵。《论语·子罕》：“衣敝～袍与衣狐貉者立而不耻者，其由也与！”（由：子路，人名。）❷乱麻。《汉书·蒯通传》：“即束～请火于亡肉家。”❸乱，纷乱。班固《东都赋》：“宝鼎见兮色纷～。”❹藏。《大戴礼记·保傅》：“比及三月者，王后所求声音非礼乐，则太师～瑟而称不习。”❺wēn 浅红色。《礼记·玉藻》：“一命～韨幽衡，再命赤韨幽衡。”（韨：蔽膝。幽：通“黝”，黑色。衡：通“珩”，玉珩。）❻通“蕴”。深奥之处。《周易·系辞上》：“乾坤其《易》之～邪？”❼yūn［絪缊］见502页“絪”字。❽yūn［蚡(fén)缊］见111页“蚡”字。

韫（韞） yùn 藏。《论语·子罕》：“有美玉于斯，～椟而藏诸，求善贾而沽诸？”㊀怀有。刘孝标《辨命论》：“～奇才而莫用。”

蕴（藴） yùn ❶积聚，蓄藏。《左传·昭公十年》：“～利生孽，姑使无～乎！”《后汉书·周荣传》：“～椟古今，博物多闻。”（椟：木柜，这里指收藏。）❷深奥之处。《宋史·范镇传论》：“平易明白，洞见底～。”（洞见：透彻地看到。）双音词有“底蕴”。❸郁结。《后汉书·王符传》：“志意～愤，乃隐居著书三十余篇。”（愤：烦闷。）❹wēn 通“薀”。一种水草。左思《蜀都赋》：“杂以～藻，糅以蘋蘩。”

韵［韻］ yùn ❶和谐悦耳的声音。吴均《与朱元思书》：“好鸟相鸣，嘤嘤成～。”（嘤嘤：鸟叫的声音。）㊟文章（多指韵文）。陆机《文赋》：“收百世之阙文，采千载之遗～。”（采：收集。载：年。）❷诗歌、辞赋等的韵脚。刘勰《文心雕龙·声律》：“异音相从谓之和，同声相应谓之～。”❸风度，情趣。《世说新语·任诞》：“阮浑长成，风气～度似父。”陶渊明《归园田居》诗之一：“少无适俗～，性本爱丘山。”❹风雅。《世说新语·言语》：“或言道人畜马不～，支曰：‘贫道重其神骏。’”（支：人名。）

熨 yùn ❶用熨斗烫平衣物。王建《春意二首》诗之一：“缘逢好天气，教～看花衣。”❷wèi 用药热敷。《韩非子·喻老》：“疾在腠理，汤～之所及也。”

Z

ZA

匝［帀］ zā 周，圈。曹操《短歌行》："月明星稀，乌鹊南飞。绕树三～，何枝可依？"㊀环绕。杜甫《陪郑广文游何将军山林十首》诗之三："滋蔓～清池。"㊂满，遍。柳宗元《钴鉧潭西小丘记》："不～旬而得异地者二。"

拶 zā ❶压紧。韩愈《辛卯年雪》诗："崩腾相排～，龙凤交横飞。"❷zǎn 旧时一种夹手指的刑具。也叫拶子。

杂（雜）［襍］ zá ❶各种颜色相配合。《周礼·考工记·画缋》："画缋之事～五色。"刘勰《文心雕龙·情采》："五色～而成黼黻（fǔfú），五音比而成韶夏。"㊀掺杂，混合。《国语·郑语》："故先王以土与金木水火～。"㊂交错。《汉书·晁错传》："坚甲利刃，长短相～。"❷不纯，混杂。《淮南子·说山》："貂裘而～，不若狐裘而粹。"《韩非子·初见秦》："赵氏，中央之国也，～民所居也。"（杂民：指五方杂处的人民。）［杂然］纷纷地。《列子·汤问》："～～相许。"❸都，共。《国语·越语下》："其事是以不成，～受其刑。"（是以：因此。刑：指祸害。）

ZAI

灾［災、烖］ zāi 火灾。《左传·桓公十四年》："御廪（lǐn）～。"（廪：粮仓。）㊀灾害，灾祸。《荀子·臣道》："禽兽则乱，狎虎则危，～及其身矣。"《晋书·天文志中》："～异之作，以谴元首。"（作：发生。元首：指君主。）

哉 zāi ❶始。《尚书·武成》："厥四月，～生明，王来自商。"（哉生明：指月开始有明亮的部分，为阴历初三。）❷语气词。表示感叹。相当于现代汉语的"啊"。《论语·八佾》："郁郁乎文～！"《史记·陈涉世家》："陈涉太息曰：'嗟乎，燕雀安知鸿鹄（hú）之志～！'"❸语气词。表示反问。相当于现代汉语的"呢"、"吗"。《孟子·梁惠王上》："虽有台池鸟兽，岂能独乐～？"㊂表示疑问。相当于现代汉语的"呢"、"吗"。《庄子·山木》："此何鸟～？"

栽 zāi ❶种植。《礼记·中庸》："故～者培之。"贾思勰《齐民要术·旱稻》："五六月中霖雨时，拔而～之。"❷幼苗。《论衡·初禀》："草木生于实核，出土为～蘖，稍生茎叶。"❸zài 设版筑墙。《左传·定公元年》："孟懿子会城成周，庚寅，～。"

宰 zǎi ❶掌管家务的奴隶或奴隶总管。《韩非子·说难》："伊尹为～，百里奚为虏，皆所以干其上也。"❷邑宰，某一邑的长官。《左传·定公五年》："子泄为费～。"（子泄：人名。费：地名。）㊂官吏的通称。《公羊传·隐公元年》："～者何？官也。"㊂辅佐君主统治国家的最高官吏。《诗经·小雅·十月之交》："家伯维～。"（家伯：人名。）❸卿大夫的家臣。《左传·定公十二年》："仲由为季氏～。"（仲由：人名。）❹主宰。《荀子·正名》："心也者，道之工～也。"（工：官。）❺社宰，里中社祭主持分配胙肉的人。《史记·陈丞相世家》："平为～，分肉食甚均。"❻杀牲畜，割肉（后起意义）。李白《将进酒》诗："烹羊～牛且为乐。"

再 zài 第二次。《左传·庄公十年》："一鼓作气，～而衰，三而竭。"（一鼓作气：第一次击鼓时，士气振奋。竭：尽。）㊂两次。《史记·孙子吴起列传》："而田忌一不胜而～胜。"【注意】古代汉语中"再"通常不是"再一次"的意思。如"三年再会"是说"三年之内会面两次"，不是"三年之后再会"。

在 zài ❶存在。《论语·学而》："父～观其志，父没观其行。"范缜《神灭论》："岂容形亡而神～？"（形：形体。神：神智。）❷居于，处于。《左传·昭公十六年》："～位数世，世守其业。"❸问候。《左传·襄公二十六年》："吾子独不～寡人。"❹介词。引出动作的处所、时间、范围等。《三国志·蜀书·诸葛亮传》："时权拥军～柴桑。"（时：当时。权：孙权。柴桑：地名。）柳宗元《田家三首》诗之二："迎新～此岁。"（岁：年。）㊂在于。《荀子·劝学》："驽马十驾，功～不舍。"

载（載） zài ❶装载。《史记·酷吏列传》："～以牛车。"㊂盛。柳宗元《送薛存义序》："柳子～肉于俎（zǔ）。"（俎：盛食物的器具。）㊂负荷。《周易·坤》："君子以厚德～物。"❷乘坐。汉乐府《陌上桑》："使君谢罗敷，宁可共～不？"（使君：指太守。谢：告。罗敷：人名。宁可：愿意。）

㊂乘坐或装载的工具。《尚书·益稷》:"予乘四～,随山刊木。"(四载:舟、车、輴、樏。)❸充满。《诗经·大雅·生民》:"厥声～路。"(厥:其。)成语有"怨声载道"。❹ zǎi 记载。《左传·昭公十五年》:"夫有勋而不废,有绩而～。"(勋:功勋。绩:功绩。)❺ zǎi 年。《史记·孝文本纪》:"汉兴,至孝文四十有余～。"(兴:指建立。)❻开始。《诗经·豳风·七月》:"春日～阳。"(阳:温暖。)❼动词词头。《诗经·鄘风·载驰》:"～驰～驱。"

ZAN

簪 zān 古代男女用来绾住发髻或把帽子别在头发上的一种针形首饰。《韩非子·内储说上》:"周主亡玉～。"杜甫《春望》诗:"白头搔更短,浑欲不胜～。"㊂在头上插戴。《史记·滑稽列传》:"西门豹～笔磬折,向河立待良久。"(笔:指用毛装饰的簪。磬折:指躬身。)

暂(暫) zàn ❶副词。突然,忽然。《史记·李将军列传》:"广～腾而上胡儿马。"(广:李广。腾:跃起。胡:指匈奴。)❷副词。表示短暂的时间。《后汉书·西羌传》:"自羌叛十余年间,兵连师老,不～宁息。"【注意】现代汉语中的"暂",指暂时;古代汉语中的"暂",只指时间很短,没有与将来对比的意思。❸副词。初,刚。庾信《春赋》:"玉管初调,鸣弦～抚。"(玉管:指管类乐器。调:指吹奏。鸣弦:指弦类乐器。抚:抚弄,弹拨。)

赞(贊) zàn ❶辅助,辅佐。《商君书·说民》:"辩慧,乱之～也。"《后汉书·蔡邕传下》:"每集讌,辄令邕鼓琴～事。"㊀参与。《史记·孔子世家》:"至于为《春秋》,笔则笔,削则削,子夏之徒不能～一辞。"(笔:记载。削:删除。)㊂古代辅助行礼的人。《史记·秦始皇本纪》:"阙廷之礼,吾未尝敢不从宾～也。"(阙廷:指宫廷。从宾赞:听从宾赞。宾:也是辅助行礼的人。)❷告,告诉。《尚书·咸有一德》:"伊陟～于巫咸。"《史记·平原君虞卿列传》:"门下有毛遂者,前,自～于平原君曰……"❸称赞,赞美。《三国志·魏书·许褚传》:"下诏褒～。"这个意义后来又写作"讚",现写作"赞"。❹《汉书》、《后汉书》、《晋书》等纪、传的结尾部分有"赞"。略等于一个总评。❺文体的一种,一般用于颂扬,多用韵文写成。如柳宗元有《梁丘据赞》,陈亮有《辛稼轩画像赞》等。这个意义一般写作"讚"。

酂(酇) zàn ❶周代的一种居民组织,百家为酂。《周礼·地官·遂人》:"五家为邻,五邻为里,四里为～,五～为鄙。"❷古县名。汉属南阳郡,故址在今湖北老河口市附近。萧何封为酂侯。❸ cuó 古县名。汉属沛郡,故址在今河南永城附近。

瓒(瓚) zàn ❶玉勺,古代祭祀时舀酒用的器具。《诗经·大雅·旱麓》:"瑟彼玉～。"(瑟:洁净明亮的样子。)❷杂有石质的玉。《周礼·考工记·玉人》:"天子用全,上公用龙,侯用～。"(龙:当作"駹",指不纯。)

ZANG

牂 zāng ❶母羊。《韩非子·五蠹》:"千仞之山,跛～易牧者,夷也。"(夷:平缓。)❷[牂牁(kē)]水名。又郡名。在今贵州境内。

赃(贜)[贓] zāng ❶通过盗窃或贪污受贿获得的财物。《列子·天瑞》:"以～获罪,没其先居之财。"(没:没收。居:蓄藏。)❷贪污受贿的行为。《三国志·吴书·潘濬传》:"时沙羡长～秽不修,濬按杀之。"(沙羡:地名。)成语有"贪赃枉法"。

臧 zāng ❶善,好。《诗经·邶风·雄雉》:"不忮(zhì)不求,何用不～?"(忮:忌恨。)[臧否(pǐ)]1.善恶,得失。《荀子·王制》:"国之所以安危～～也。"2.评论人物的好坏。魏征《十渐不克终疏》:"不审察其根源而轻为之～～。"❷男奴隶。《庄子·骈拇》:"～与榖二人相与牧羊,而俱亡其羊。"(榖:小奴隶。俱亡:都丢失了。)[臧获]奴婢。《韩非子·显学》:"行曲则违于～～,行直则怒于诸侯。"(曲:不公正。)❸通过盗窃或贪污受贿获得的财物。《后汉书·陈禅传》:"受纳～赂。"(纳:收。赂:财物。)这个意义后来写作"贜"、"贓",现写作"赃"。❹ cáng 通"藏"。收藏,隐藏。《管子·侈靡》:"故天子～珠玉,诸侯～金石。"《汉书·燕刺王旦传》:"～匿亡命。"❺ zàng 通"藏"。贮藏财物的仓库。《史记·孟尝君列传》:"乃夜为狗,以入秦宫～中,取所献狐白裘至,以献秦王幸姬。"❻ zàng 通"藏"。内脏,五脏。《汉书·王吉传》:"吸新吐故以练～。"(练:使洁净。)这个意义后来写作"臟",现简化为"脏"。

驵(駔) zǎng ❶壮马。《晏子春秋·外篇不合经术者》:"闻晏子死,公乘侈舆服繁～驱之。"❷牲口交易的经

Z

纪人。《吕氏春秋·尊师》:"段干木,晋国之大～也。"

藏 zàng 见35页。

ZAO

遭 zāo ❶逢,遇。《庄子·应帝王》:"适～无名人而问焉。"《论衡·寒温》:"～风逢气,身生寒温。"(寒温:指疾病。)❷量词。周。表示行为的数量。孟郊《寒地百姓吟》:"虚绕千万～。"⊗量词。次,趟。陶岳《五代史补》:"且共汝辈赤脚入棘针地走三五～,汝等能乎?"

糟 zāo ❶酒渣。《盐铁论·毁学》:"～糠不饱。"(糠:谷皮。)⊗未滤的酒。《周礼·天官·酒正》:"共后之致饮于宾客之礼,医、酏(yí)、～,皆使其士奉之。"❷用酒或酒糟腌制食物。《晋书·孔群传》:"公不见肉～淹,更堪久邪?"(淹:腌。堪:能。)

凿(鑿) záo ❶凿子,木工挖槽打孔用的工具。《论衡·效力》:"～所以入木者,槌叩之也。"(叩:敲打。)❷凿开,挖通。《战国策·齐策四》:"请为君复～二窟。"扬雄《解嘲》:"或～坏(péi)以遁。"(或:有人。坏:屋的后墙。)❸zuò 榫眼,卯眼。宋玉《九辩》:"圜～而方枘(ruì)兮。"(枘:榫头。)❹zuò [凿凿]鲜明的样子。《诗经·唐风·扬之水》:"扬之水,白石～～。"❺zuò 通"糳"。精米。《左传·桓公二年》:"粢食不～,昭其俭也。"(粢食:用黍、稷做的饭。凿:这里指舂得很细。)

蚤 zǎo ❶跳蚤。《庄子·秋水》:"鸱鸺夜撮～。"《续博物志》:"夫土干则生～,地湿则生蚊。"❷zhǎo 通"爪"。指甲。《荀子·大略》:"争利如～甲而丧其掌。"(争利如蚤甲:比喻所得甚小。丧其掌:比喻所失甚大。)❸通"早"。《韩非子·外储说右上》:"善持势者～绝其奸萌。"(善持势者:善于掌握权力的人。萌:萌芽。)

澡 zǎo 洗。《史记·龟策列传》:"以清水～之。"

璪 zǎo 冕前贯玉的五彩丝绳。《礼记·郊特牲》:"王被衮以象天,戴冕,～十有二旒。"

藻 zǎo ❶一种水草。《诗经·召南·采蘋》:"于以采～,于彼行潦(lǎo)。"(到什么地方采藻,到那流水的地方。)❷文采。曹植《七启》:"华～繁缛。"⊗修饰。《晋书·嵇康传》:"而土木形骸,不自～饰。"(把自己的形体看成和土木一样,不肯打扮自己。)❸辞藻。《汉书·叙传上》:"摛(chī)～如春华。"(摛:舒展。春华:春花。)❹帝王冕上系玉的彩绳。《礼记·玉藻》:"天子玉～,十有二旒。"

皂[皁] zào ❶植物名。皂斗,其壳煮汁可以染黑色。《周礼·地官·大司徒》:"其植物宜～物。"❷黑色。《后汉书·礼仪志上》:"执事者冠长冠,衣～单衣。"《宋史·舆服志》:"紫地～花。"❸古代一个卑贱的等级。《左传·昭公七年》:"士臣～。"(士统治皂。)❹马槽,槽。《史记·鲁仲连邹阳列传》:"使不羁之士与牛骥同～。"文天祥《正气歌》:"牛骥同一～。"

造 zào ❶到……去。《战国策·宋卫策》:"～大国之城下。"成语有"登峰造极"。❷制造,作。《诗经·郑风·缁衣》:"缁衣之好兮,敝,予又改～兮。"《后汉书·西羌传》:"作大航,～河桥。"[造化]1.自然界的创造者。《庄子·大宗师》:"今一以天地为大炉,以～～为大冶,恶乎往而不可哉?"2.创造化育。《汉书·董仲舒传》:"今子大夫明于阴阳所以～～。"❸始。《吕氏春秋·大乐》:"万物所出,～于太一,化于阴阳。"❹成就,功绩。《诗经·大雅·思齐》:"肆成人有德,小子有～。"《左传·成公十三年》:"秦师克还无害,则是我有大～于西也。"❺吉祥,吉利。《诗经·周颂·闵予小子》:"闵予小子,遭家不～。"❻世,时代。《仪礼·士冠礼》:"公侯之有冠礼也,夏之末～也。"❼诉讼的双方称为两造。《尚书·吕刑》:"两～具备,师听五辞。"

慥 zào ❶仓促,急忙。袁康《越绝书·内传·陈成恒》:"越王～然避位。"❷[慥慥]笃实的样子。《礼记·中庸》:"言顾行,行顾言,君子胡不～～尔!"

簉 zào ❶副贰。《左传·昭公十一年》:"(泉丘人女)遂奔僖子……僖子使助薳氏之～。"(薳氏之簉:指薳氏之妾。)张衡《西京赋》:"属车之～,载猃猲獢。"❷陪,侧。柳宗元《上权德舆补阙温卷决进退启》:"自于幼年,是以～俊造之末迹,厕牒计之下列。"❸汇聚。江淹《杂体诗·颜特进侍宴》:"中坐溢朱组,步櫩～琼弁。"(步櫩:檐下的走廊。櫩:同"檐"。)

噪 zào 许多鸟或虫子乱叫。杜甫《羌村三首》诗之一:"柴门鸟雀～,归客千里至。"㉢喧哗,很多人在一起叫嚷。《北史·流求传》:"勇者三五人出前跳～。"这个意义又写作"譟"。㉢众口责骂。《论衡·累害》:"贞良见妒，高奇见～。”

燥 zào 干。《荀子·劝学》：“施薪若一，火就～也。”贾思勰《齐民要术·耕田》：“必须～湿得所为佳。”（得所：适宜。）

躁 zào 急躁，不安静。《荀子·劝学》：“蟹六跪而二螯，非蛇蟺之穴无可寄托者，用心～也。”《老子》二十六章：“重为轻根，静为～君。”

譟 zào 喧哗，很多人一起叫嚷。《穀梁传·定公十年》：“齐人鼓～而起。”【注意】古代汉语中“噪”和“譟”是两个字，在“喧哗”的意义上两字相通，在“鸟、虫叫”的意义上只能写作“噪”。现“譟”作为“噪”的异体字。参见528页“噪”字。

ZE

则（則） zé ❶准则，法则。屈原《离骚》：“愿依彭咸之遗～。”（彭咸：人名。）《汉书·贾谊传》：“合散消息，安有常～？”成语有“以身作则”。㊀效法。《史记·周本纪》：“遵后稷、公刘之业，～古公、公季之法。”（后稷、公刘、古公、公季：人名。）❷副词。表示肯定，相当于“乃”、“就是”。范仲淹《岳阳楼记》：“此～岳阳楼之大观也。”（大观：气势壮阔的景象。）❸副词。立即。《汉书·娄敬传》：“周王数百年，秦二世～亡，不如都周。”（都周：在周的都城建都。）❹连词。表示因果，相当于现代汉语的“就”、“便”、“那么”。《论语·述而》：“用之～行，舍之～藏。”❺连词。用在对比句中。《荀子·正论》：“内～百姓疾之，外～诸侯叛之。”❻连词。表示发现，早已。《孟子·公孙丑上》：“其子趋而往视之，苗～槁矣。”❼连词。表示假设，相当于现代汉语的“假若”。《史记·高祖本纪》：“今～来，沛公恐不得有此。”

责（責） zé ❶索取。《左传·桓公十三年》：“宋多～赂（lù）于郑。”（宋：国名。赂：财物。郑：国名。）㊀要求。《汉书·黥布传》：“楚使者在，方急～布发兵。”❷责问，询问。《史记·绛侯周勃世家》：“吏簿～条侯。”（条侯：指周亚夫。）❸责备，责罚。《史记·殷本纪》：“悔过自～。”《新五代史·梁家人传》：“数加笞（chī）～。”（笞：用鞭打。）❹责任。《后汉书·杨震传》：“崇高之位，忧重～深也。”❺zhài 欠别人的钱财。《战国策·齐策四》：“先生不羞，乃有意欲为收～于薛乎？”（薛：地名。）这个意义后来写作“债”。

啧（嘖） zé 争辩，人多口杂。《荀子·正名》：“愚者之言，芴然而粗，～然而不类。”《左传·定公四年》：“会同难，～有烦言，莫之治也。”[啧啧]象声词。1.形容虫、鸟的叫声。李贺《南山田中行》诗：“塘水漻漻虫～～。”2.形容赞叹声。伶玄《赵飞燕外传》：“音词舒闲清切，左右嗟赏之～～。”

帻（幘） zé 头巾。《后汉书·法雄传》：“冠赤～，服绛衣。”（绛：深红色。）《晋书·舆服志》：“文武官皆免冠著～。”（免：去掉。著：戴。）

箦（簀） zé 竹编的床垫。《礼记·檀弓上》：“华而睆（huàn），大夫之～与？”（睆：光泽的样子。）㊀竹席。《史记·范雎蔡泽列传》：“雎详死，即卷以～置厕中。”（详：通“佯”，假装。）

赜（賾） zé ❶深奥，玄妙。《周易·系辞上》：“探～索隐。”❷探求。《旧唐书·历志一》：“太古圣人，体二气之权舆，～三才之物象。”

择（擇） zé ❶选择，挑选。《荀子·性恶》：“～良友而友之。”❷区别。《吕氏春秋·简选》：“今有利剑于此，以刺则不中，以击则不及，与恶剑无～。”（恶：坏。）

泽（澤） zé ❶聚水的洼地。《韩非子·五蠹》：“～居苦水者，买庸而决窦。”（买庸：雇用人工。决窦：开排水道排水。）《后汉书·严光传》：“有一男子，披羊裘钓～中。”❷雨露。王安石《上杜学士言开河书》：“幸而雨～时至。”（时至：按时到来。）❸光泽，润泽。屈原《离骚》：“芳与～其杂糅兮。”（芳：芳香。杂糅：混杂糅合。）❹恩泽，恩惠。《史记·滑稽列传》：“故西门豹为邺令，名闻天下，～流后世。”（邺令：邺县的县令。流：流传。）❺汗或津液。《礼记·玉藻》：“父没而不能读父之书，手～存焉尔；母没而杯圈不能饮焉，口～之气存焉尔。”❻汗衣。《诗经·秦风·无衣》：“岂曰无衣，与子同～。”

迮 zé ❶突然。《公羊传·襄公二十九年》：“今若是～而与季子国，季子犹不受也。”❷压。贾思勰《齐民要术·作鱼鲊》：“盛著笼中，平板石上～去水。”㊀压迫。《后汉书·陈宠传》：“邻舍比里，共相压～。”❸狭窄。《隋书·李穆传》：“上素嫌台城制度～小。”❹阻塞。《新唐书·信安王祎传》：“于是分兵～贼路，督诸将倍道进，遂拔之。”

笮 zé ❶古代建筑的构件，用竹编成，铺在瓦下椽上。❷压。《论衡·幸偶》：“蝼蚁行于地，人举足而涉之，足所履，蝼蚁～

Z

死。”㉛逼迫。应劭《风俗通·皇霸》：“燕外迫蛮貊，内～齐晋，崎岖强国之间，最为弱小。”❸窄，狭窄。《宋书·乐志三》：“披荆棘，求阡陌，侧足独窘步，路局～。”❹zuó 竹索。谢灵运《折杨柳行》：“负～引文舟，饥渴常不饱。”❺zhà 榨酒器。钱大昕《恒言录》：“吴人谓压酒具为～床，读如诈伪之诈。”㉑压物使出汁。《后汉书·耿恭传》：“吏士渴乏，～马粪汁而饮之。”❻zuó 通“凿”。凿开。马融《长笛赋》：“丸挺雕琢、刻镂钻～，穷妙极巧，旷以日月，然后成器。”❼zuó 我国古代西南部族名。

舴 zé [舴艋]小船。杜牧《春日言怀寄虢州李常侍十韵》：“织蓬眠～～，惊梦起鸳鸯。”

齰[齚] zé 咬。《史记·魏其武安侯列传》：“魏其必内愧，杜门～舌自杀。”孟郊《偷诗》：“饿犬～枯骨，自吃馋饥涎。”

仄 zè ❶倾斜，偏斜。《管子·白心》：“日极则～，月满则亏。”（极：指正中。）❷汉字声调上、去、入三声的总称。沈约《四声谱》：“上去入为～声。”❸[仄陋]卑贱，低贱。《汉书·循吏传序》：“及至孝宣，繇～～而登至尊。”（孝宣：汉宣帝。繇：由。）❹通“侧(cè)”。旁边。《汉书·段会宗传》：“何必勒功昆山之～。”[反仄]翻来覆去，辗转不安。《三国志·魏书·陈思王植传》：“踊跃之怀，瞻望～～。”

昃 zè 太阳西斜。《周易·丰》：“日中则～，月盈则食。”《汉书·董仲舒传》：“周文王至于日～不暇食。”谢混《游西池》诗：“景～鸣禽集。”（景：日光。）太阳过午叫“昃”，又分为“中昃”、“下昃”。“中昃”指未时，即现在下午一时至三时。“下昃”指申时，即现在下午三时至五时。

崱 zè [崱屴(lì)]山峰高耸的样子。王延寿《鲁灵光殿赋》：“～～嵫厘，岑崟崰嶷。”又写作“屴崱”。

ZEI

贼(賊) zéi ❶害。《墨子·非儒下》：“是～天下之人者也。”（这是害天下人的做法。）㉑害人的人。《论语·宪问》：“幼而不孙弟，长而无述焉，老而不死，是为～。”（孙弟：逊悌，恭顺知礼。）❷杀害。《韩非子·内储说下》：“二人相憎，而欲相～也。”㉑杀人者。《史记·秦始皇本纪》：“燕王昏乱，其太子丹乃阴令荆轲为～。”（丹：人名。阴：暗中。荆轲：人名。）❸对敌人的蔑称。《晋书·谢安传》：“小儿辈遂已破～。”（小儿辈：指谢安的侄子们。遂：于是。）❹强盗。柳宗元《童区寄传》：“～二人得我，我幸皆杀之矣。”（幸：幸亏。）❺狠毒。《三国志·魏书·董二袁刘传》：“董卓狼戾(lì)～忍。”（狼戾：凶狠。忍：残忍。）❻小偷（后起意义）。《世说新语·假谲》：“因潜入主人园中，夜叫呼云：‘有偷儿～！’”

【辨】盗，贼。见78页“盗”字。

ZEN

谮(譖) zèn 说坏话诬陷别人。《左传·庄公二十三年》：“士蔿(wěi)与群公子谋，～富子而去之。”（士蔿：人名。）

ZENG

曾 zēng 见37页。

增 zēng ❶增加，加多。与“减”相对。《汉书·司马相如传下》：“方将～太山之封，加梁父之事。”（梁父：山名。）《后汉书·隗嚣传》：“～重赋敛，刻剥百姓。”❷céng 通“层”。重叠。萧统《文选序》：“～冰为积水所成。”刘向《说苑·反质》：“宫室台阁，连属～累。”（连属：连接。增累：重叠。）

缯(繒) zēng ❶丝织品的总称。《汉书·灌婴传》：“灌婴，睢阳贩～者也。”❷[缯绫]不平的样子。王延寿《鲁灵光殿赋》：“～～而龙鳞。”❸通“矰”。一种用丝绳系住的用来射鸟的短箭。《战国策·楚策四》：“不知夫射者方将修其莽卢，治其～缴，将加己乎百仞之上。”

罾 zēng 渔网。屈原《九歌·湘夫人》：“～何为兮木上？”（渔网为什么在树上？）㉑用渔网捕捉。《史记·陈涉世家》：“乃丹书帛曰‘陈胜王’，置人所～鱼腹中。”（丹书：用红色写。置：放进。）

矰 zēng 一种用丝绳系住的用来射鸟的短箭。《庄子·应帝王》：“鸟高飞以避～弋之害。”（弋：用绳系在箭上射。）

赠(贈) zèng ❶送，赠送。《诗经·郑风·女曰鸡鸣》：“杂佩以～之。”（杂佩：佩戴的各种玉器。）❷死后追封爵位。《三国志·吴书·吴主传》：“步夫人卒，追～皇后。”（步：姓。卒：死。）

【辨】贻，赠。见494页“贻”字。

甑 zèng 古代做饭用的一种陶器。《孟子·滕文公上》：“许子以釜～爨，以铁耕乎？"贾思勰《齐民要术·作酱法》："于大～中燥蒸之。"

ZHA

哳 zhā ［啁(zhāo)哳］见535页"啁"字。

楂 zhā ❶ chá 木筏。何逊《渡连圻》诗："绝壁无走兽，穷岸有盘～。"❷ 山楂。《管子·地员》："其阴则生之～藜。"（藜：同"藜"，一种植物。）

札 zhá ❶ 古代用来写字的小木片。《汉书·司马相如传上》："上令尚书给笔～。"❷ 书信。颜延之《赠王太常》诗："遥怀具短～。"（远念友人，因此写了短信。）❸ 古时铠甲上的金属叶片。《左传·成公十六年》："蹲(cǔn)甲而射之，彻七～焉。"（蹲：叠合。甲：古时士兵穿的护身服。彻：穿，贯通。）❹ 因瘟疫而死。《列子·汤问》："土气和，亡～厉。"（土气和：水土气候都很调和。亡：无。厉：疠，疫病。）❺ ［札札］象声词。形容织布的声音。《古诗十九首·迢迢牵牛星》："纤纤擢素手，～～弄机杼。"

劄［剳］ zhá ［劄子］1. 向皇帝或长官进言议事的一种公文，也称"奏札"。如王安石《本朝百年无事劄子》、陆游《上二府论事劄子》。2. 宋时君主或中央机构发布指令的文书。《宋史·礼志十》："熹方惩内批之弊，因乞降出～～，再令臣僚集议。"

鲝(鮺)［鲊］ zhǎ 腌鱼。《世说新语·贤媛》："陶公少时作鱼梁吏，尝以坩～饷母。"

乍 zhà ❶ 忽然。《孟子·公孙丑上》："今人～见孺子将入于井，皆有怵惕恻隐之心。"《史记·天官书》："其角动，～小～大。"❷ 刚，才（后起意义）。柳永《黄莺儿·园林晴昼春谁主》："～出暖烟来，又趁游蜂去。"

诈(詐) zhà ❶ 欺骗。《战国策·秦策一》："大王以～破之。"（破：打败。）【注意】古代汉语中凡"欺骗"的意义都用"诈"，不用"骗"。❷ 假装。《后汉书·华佗传》："知妻～疾。"

咋 zhà ❶ 突然。《左传·定公八年》："桓子～谓林楚曰……"❷ zé 咬。干宝《搜神记》卷一九："寄便放犬，犬就啮～，寄从后斫得数创。"（寄：人名。）❸ zé 呼叫。《三国志·蜀书·孟光传》："每与来敏争此二义，光常譊譊讙～。"

吒 zhà 发怒时大声叫嚷。《楚辞·九思·疾世》："忧不暇兮寝食，～增叹兮如雷。"㊂叹息，感叹。郭璞《游仙诗》之四："临川哀年迈，抚心独悲～。"

咤 zhà ❶ 叹息。《三国志·蜀书·杨仪传》："叹～之音发于五内。"（五内：指五脏。）❷ ［叱咤］见51页"叱"字。❸ chà 通"诧"。夸耀。《后汉书·王符传》："穷极丽靡，转相夸～。"

蜡［褚］ zhà 古代年终合祭百神。《礼记·郊特牲》："伊耆氏始为～，～也者，索也。岁十二月合聚万物而索飨之也。"《礼记·礼运》："昔者仲尼与于～宾。"（蜡宾：蜡祭的助祭者。）

ZHAI

斋(齋) zhāi ❶ 斋戒，祭祀前整洁身心。《吕氏春秋·孟春纪》："天子乃～。"鲍照《数诗》："～祭甘泉宫。"㊂相信佛教的人吃素。杜甫《饮中八仙歌》："苏晋长～绣佛前。"（苏晋：人名。绣：用丝线绣成的。）❷ 书房或学舍（后起意义）。《世说新语·贤媛》："桓宣武平蜀，以李势妹为妾，甚有宠，常著～后。"（桓宣武：桓温。李势：人名。）《宋史·选举志三》："一～可容三十人。"

宅 zhái ❶ 住所，住处。《孟子·梁惠王上》："五亩之～，树之以桑，五十者可以衣帛矣。"《汉书·艺文志》："鲁共王坏孔子～，欲以广其宫。"❷ 居住。《诗经·大雅·文王有声》："～是镐京。"㊂居于。《尚书·舜典》："使～百揆(kuí)。"（使他居于宰相之位。百揆：即后代所称的宰相。）❸ 墓穴，葬地。《礼记·杂记上》："大夫卜～与葬日。"（卜：选择。）

翟 zhái ❶ dí 长尾巴的野鸡。李白《山鹧鸪词》："山鸡～雉来相劝。"❷ dí 古代乐舞所执的野鸡羽毛。《诗经·邶风·简兮》："右手秉～。"❸ dí 用野鸡羽毛装饰的衣服、车子、道具等器物。《诗经·卫风·硕人》："～茀(fú)以朝。"（茀：遮蔽车身的竹席。）❹ dí 通"狄"。我国古代北方的一个民族。❺ 姓。

债(債) zhài ❶ 欠别人的钱财。《史记·孟尝君列传》："宜可令收～。"❷ 借债。《管子·问》："问邑之贫人，～而食者几何家？"（债而食：靠借债过活。几何家：多少家。）

砦 zhài 同"寨"。营垒。《三国志·吴书·朱桓传》："多设屯～，置诸道要。"【注意】"砦"、"寨"表示"村庄"的意义很晚产生，

Z

大约明代才有。

瘵 zhài 病，痛苦。《诗经·大雅·瞻卬》："邦靡有定，士民其～。"谢灵运《酬从弟惠连》诗："寝～谢人徒，灭迹入云峰。"

ZHAN

占 zhān ❶用龟甲或蓍（shī）草推算吉凶。《左传·僖公十五年》："史苏～之曰：'不吉。'"（史苏：人名。）㉛预测。龚自珍《送钦差大臣侯官林公序》："汉世五行家以食妖、服妖～天下之变。"（妖：不正常的。）❷zhàn 口授由别人记录。《后汉书·袁敞传》："俊自狱中～狱吏上书自讼（sòng）。"（俊：张俊。自讼：为自己辩冤。）㉛随口成文。多作"口占"。杨万里《诚斋荆溪集序》："试令儿辈操笔，予口～数首。"❸zhàn 估计上报。《汉书·宣帝纪》："流民自～八万余口。"❹zhàn 占有。《晋书·食货志》："男子一人，～田七十亩。"这个意义后来又写作"佔"，现写作正字"占"。

【辨】卜，筮，占。见30页"卜"字。

沾 zhān ❶浸湿，浸润。《史记·陈丞相世家》："汗出～背。"《后汉书·谅辅传》："须臾澍（shù）雨，一郡～润。"（须臾：不一会儿。澍：及时的雨。）㉘布施，施与。《宋书·文帝纪》："二千石官长，并勤劳王务，宜有～锡。"（锡：赐。）［沾洽］1. 雨露遍及。真德秀《敕封慧应大师后记》："高下～～，岁以有秋。"（岁以有秋：指年成很好。）2. 恩德遍及。《南史·杜慧度传》："威惠～～。"3. 学识广博。《三国志·蜀书·许慈传》："虽学不～～，然卓荦（luò）强识（zhì）。"（卓荦：突出的样子。强识：记忆力强。）［沾醉］大醉。又写作"霑醉"。《资治通鉴·唐僖宗中和四年》："从者皆霑醉。"❷［沾沾］自矜的样子。《史记·魏其武安侯列传》："魏其者，～～自喜耳。"【注意】"沾"的❶㉘和［沾洽］［沾醉］中的"沾"都可以写作"霑"，但"沾沾自喜"不能写作"霑霑自喜"。

旃 zhān ❶赤色的曲柄旗。《左传·昭公二十年》："～以招大夫。"《汉书·田蚡传》："立曲～。"这个意义后来又写作"旜"。㉒旌旗。陆机《饮马长城窟行》："收功单于（chányú）～。"（单于：匈奴的君主。）❷"之焉"的合音。"之"是代词，"焉"是语气词。杨恽《报孙会宗书》："愿勉～，毋多谈。"（毋：不要。）❸通"毡"。一种毛织物。《盐铁论·论功》："织柳为室，～廗为盖。"（廗：席。盖：指帐篷。）

詹 zhān ❶［詹詹］话多。《庄子·齐物论》："大言炎炎，小言～～。"（炎炎：有气势。）❷至。《诗经·小雅·采绿》："五日为期，六日不～。"❸通"瞻"。仰望。《诗经·鲁颂·閟宫》："泰山岩岩，鲁邦所～。"

谵（譫） zhān ［谵言］病中说胡话。《素问·热论》："腹满身热，不欲食，～～。"

瞻 zhān 往上或往前看。《论语·子罕》："～之在前，忽焉在后。"屈原《离骚》："～前而顾后兮。"（顾：回头看。）㉛瞻仰，恭敬地看。《诗经·小雅·小弁》："靡～匪父，靡依匪母。"（指人无不瞻仰其父，无不依赖其母。）

饘（饘）［飦］ zhān 稠粥。《礼记·檀弓上》："哭泣之哀，齐斩之情，～粥之食，自天子达。"【注意】"飦"又音gān，为"干饭"义。

邅 zhān ❶转，改变方向。屈原《九歌·湘君》："驾飞龙兮北征，～吾道兮洞庭。"（改变我行路的方向到洞庭去。）［邅回］1. 回旋，徘徊。《楚辞·九叹·怨思》："下江湘以～～。"（江湘：长江和湘水。）2. 困顿。刘禹锡《洛中酬福建陈判官见赠》诗："潦倒声名拥肿材，一生多故苦～～。"❷［屯（zhūn）邅］见430页"屯（tún）"字。

鹯（鸇） zhān 鹰鹞类猛禽。《孟子·离娄上》："故为渊驱鱼者獭也，为丛驱爵者～也。"（爵：雀。）

旜 zhān 同"旃"。赤色的曲柄旗。《周礼·春官·司常》："通帛为～。"

鳣（鱣） zhān ❶鱼名。即大鲤鱼。《诗经·周颂·潜》："有～有鲔。"❷鱼名。即鲟鳇鱼。贾谊《吊屈原赋》："横江湖之～鲸兮，固将制于蝼蚁。"❸shàn 鳝鱼。《荀子·王制》："鼋鼍鱼鳖鳅～孕别之时，网罟毒药不入泽。"

斩（斬） zhǎn ❶砍，砍断。贾谊《过秦论》："～木为兵，揭竿为旗。"《汉书·高帝纪上》："乃前，拔剑～蛇。"㉛杀。《韩非子·五蠹》："～敌者受赏。"❷绝。《诗经·小雅·节南山》："国既卒～，何用不监？"（国家已经绝灭了，你为什么不察看呢？）《战国策·秦策三》："北～太行之道，则上党之兵不下。"❸丧服不缝下边。《左传·襄公十七年》："齐晏桓子卒，晏婴粗缞～。"（晏婴：人名。缞：丧服。）

崭（嶄）［嶃］ zhǎn ❶［崭然］突出的样子。韩愈《柳子厚墓志铭》："～～见头角。"❷chán ［崭岩］山高而险峻的样子。司马相如《上林赋》：

Z

“崇山矗矗，巃嵸（lóngzōng）崔巍，深林巨木，～～嵾嵯。”（嵾嵯：同“参差”，高低不齐的样子。）

飐（颭） zhǎn 风吹使物动。和凝《杨柳枝》诗三首之一：“青青自是风流主，漫～金丝待洛神。”㊀风浪推物动。刘禹锡《浪淘沙》诗：“鹦鹉洲头浪～沙，青楼春望日将斜。”

盏（盞） zhǎn 浅而小的杯子。杜甫《酬孟云卿》诗：“宁辞酒～空。”又写作“琖”、“醆”。

琖 zhǎn 酒杯。《礼记·明堂位》：“爵，夏后氏以～，殷以斝，周以爵。”刘禹锡《刘驸马水亭避暑》诗：“琥珀～红疑漏酒，水晶帘莹更通风。”又写作“盏”、“醆”。

醆 zhǎn ❶酒杯。《礼记·礼运》：“～斝及尸君，非礼也，是谓僭君。”杜甫《送杨六判官使西蕃》诗：“边酒排金～，夷歌捧玉盘。”❷微清的浊酒。《礼记·郊特牲》：“～酒涚（shuì）于清，汁献涚于～酒。”（涚：滤酒。）

展 zhǎn ❶伸展，扩展。《庄子·盗跖》：“两～其足，案剑瞋（chēn）目。”（瞋目：瞪眼睛。）沈括《梦溪笔谈》卷七：“稍稍～窥管候之。”（窥管：一种观测天象的管子。候：等待。）❷施展，发挥。曹植《名都篇》：“余巧未及～。”成语有“一筹莫展”。❸陈，陈列。屈原《九歌·东君》：“～诗兮会舞。”（会舞：合舞。）《左传·襄公三十一年》：“百官之属，各～其物。”双音词有“展览”。㊀申述。《后汉书·郭太传》：“乞一会亲属，以～离诀之情。”❹视察，检查。《后汉书·郑玄传》：“～敬坟墓，观省野物。”❺诚实。《诗经·邶风·雄雉》：“～矣君子。”《国语·楚语下》：“～而不信，爱而不仁。”㊀确实。《诗经·齐风·猗嗟》：“～我甥兮。”❻［展转］1.翻来覆去睡不着的样子。《楚辞·九叹·惜贤》：“忧心～～。”2.从一处到另一处，转移不定。《后汉书·赵岐传》：“～～还长安。”文天祥《指南录后序》：“～～四明、天台，以至于永嘉。”（四明、天台、永嘉：地名。）上述1、2又写作“辗转”。

辗（輾） zhǎn ❶［辗转］同“展转”。1.身体翻来覆去。《诗经·周南·关雎》：“悠哉悠哉，～～反侧。”2.从一处到另一处，转移不定。汉乐府《饮马长城窟行》：“他乡各异县，～～不可见。”❷niǎn 压。孟郊《寄张籍》：“辚辚车声～冰玉。”这个意义又写作“碾”。

栈（棧） zhàn ❶牲畜棚地上防湿的木格。《庄子·马蹄》：“编之以皂～。”（皂：马槽。）❷在险绝的山上用竹木架成的道路。《战国策·秦策三》：“～道千里，通于蜀汉。”❸竹木做成的车。《韩非子·外储说左下》：“孙叔敖相楚，～车牝（pìn）马。”（相楚：做楚国的宰相。牝马：母马。）

战（戰） zhàn ❶打仗，战争。《孙子兵法·形》：“故善～者，立于不败之地。”《商君书·画策》：“以～去～，虽～可也。”❷害怕得发抖。《扬子法言·吾子》：“羊质而虎皮，见草而说，见豺而～。”（羊质而虎皮：羊披着虎皮。说：悦。）

绽（綻）［袒、組］ zhàn ❶衣缝裂开。《礼记·内则》：“衣裳～裂，纫箴请补缀。”（箴：针。）㊁开裂，裂开。杜甫《寄刘峡州伯华使君四十韵》：“凭久乌皮～，簪稀白帽棱。”王禹偁《腊月》诗：“日照野塘梅欲～。”❷缝。汉乐府《艳歌行》：“故衣谁当补，新衣谁当～。”这个意义又写作“組”。

湛 zhàn ❶澄清。陶渊明《辛丑岁七月赴假还江陵夜行涂口》诗：“凉风起将夕，夜景～虚明。”❷浓重。潘岳《藉田赋》：“若～露之晞朝阳。”❸深。《楚辞·招魂》：“～～江水兮上有枫。”《汉书·扬雄传上》：“默而好深～之思。”双音词有“精湛”。❹jiān 浸，渍。《礼记·内则》：“渍，取牛肉必新杀者，薄切之，必绝其理，～诸美酒。”❺dān 快乐。《诗经·小雅·常棣》：“兄弟既翕，和乐且～。”❻chén 通“沉”。沉没。《汉书·贾谊传》：“仄闻屈原兮，自～汨罗。”❼dān 通“酖”。沉溺于酒。《诗经·大雅·抑》：“颠覆厥德，荒～于酒。”

輚 zhàn 古代一种卧车。班固《西都赋》：“于是后宫乘～辂，登龙舟。”

轏 zhàn 用竹木编成的车。《左传·成公二年》：“丑父寝于～中。”

蘸 zhàn 以物浸入水中。韩愈《游城南十六首·题于宾客庄》诗：“榆荚车前盖地皮，蔷薇～水笋穿篱。”㊀水浸物。储光羲《田家即事》诗：“桑柘悠悠水～堤，晚风晴景不妨犁。”

ZHANG

张（張） zhāng ❶把弦安在弓上。《韩非子·外储说左上》：“夫工人～弓也，伏檠三旬而蹈弦。”（檠：校正弓弩的器具。）㊀拉开弓。李白《赠江夏韦太守良宰》诗：“挟矢不敢～。”（矢：箭。）㊀紧张。《论衡·儒增》：“圣人材优，尚有弛～之时。”

❷ 乐器上弦。《荀子·礼论》："琴瑟～而不均。"（瑟：乐器。）成语有"改弦更张"。❸ 张开。《荀子·议兵》："虚腹～口来归我食。"㉡扩张，增强。《左传·昭公十四年》："臣欲～公室也。"（公室：指诸侯所掌握的国家政权。）㉡夸大。皇甫谧《三都赋序》："虚～异类，托有于无。"（夸张不同的事物，在虚构的事情上寄托实有的事情。）❹ 设网捕捉。《后汉书·王乔传》："于是候凫至，举罗～之。"❺ 陈设，设立。《战国策·秦策一》："～乐设饮，郊迎三十里。"《荀子·儒效》："～法而度之。"（度：衡量。）❻ 量词。张。《左传·昭公十三年》："子产以幄（wò）幕九～行。"（子产：人名。幄幕：帐幕。）❼ zhàng 通"胀"。腹胀。《左传·成公十年》："将食，～，如厕，陷而卒。"❽ zhàng 通"帐"。帐幕。《史记·袁盎晁错列传》："司马曰：'君弟去，臣亦且亡，辟吾亲，君何患！'以刀决～，道从醉卒隧直出。"❾ 星宿名。二十八宿之一。

粻 zhāng 干粮。屈原《离骚》："折琼枝以为羞兮，精琼靡（mí）以为～。"（靡：碎末。）

章 zhāng ❶ 音乐的一曲。《史记·吕太后本纪》："王乃为歌诗四～，令乐人歌之。"㉡文章或作品的一篇。《三国志·魏书·陈思王植传》："下笔成～。"❷ 规章。《诗经·大雅·假乐》："不愆不忘，率由旧～。"《三国志·蜀书·诸葛亮传》："不能训～明法。"（不能申明规章法令。）㉡规则，条理。韩愈《送孟东野序》："其为言也，乱杂而无～。"㉢法律的条款。《史记·高祖本纪》："与父老约，法三～耳：杀人者死，伤人及盗抵罪。"❸ 奏章。刘知几《史通·言语》："运筹画策，自具于～表。"❹ 印章。魏学洢《核舟记》："又用篆～一。"❺ 花纹。《后汉书·董皇后纪》："舆服有～。"柳宗元《捕蛇者说》："黑质而白～。"（质：底子。）㉡有花纹的纺织品。《古诗十九首·迢迢牵牛星》："终日不成～，泣涕零如雨。"（零：落下。）❻ 明显，显著。《左传·昭公三十一年》："或欲盖而名～。"（本来想掩盖，反而名声显著。）㉢使显著。《国语·晋语二》："～父之恶，取笑诸侯。"㉢表彰，表扬。《商君书·说民》："～善则过匿（nì）。"（过：过失。匿：掩盖。）这个意义后来写作"彰"。

【辨】章，彰。先秦、两汉时期，"章"和"彰"在"显著"、"表扬"这个意义上可以通用，汉以后有所区别，如"表彰"、"欲盖弥彰"写作"彰"，不写作"章"。

獐［麞］ zhāng 兽名。鹿属。《吕氏春秋·士容》："此良狗也，其志在～麋豕鹿，不在鼠。"

彰 zhāng ❶ 明显，显著。《荀子·劝学》："顺风而呼，声非加疾也，而闻者～。"东方朔《七谏·沉江》："夷吾忠而名～。"成语有"欲盖弥彰"。❷ 表彰，表扬。《尚书·毕命》："～善瘅恶。"（瘅：憎恨。）

【辨】章，彰。见上"章"字。

嫜 zhāng 丈夫的父亲。杜甫《新婚别》诗："妾身未分明，何以拜姑～？"（姑：丈夫的母亲。）张籍《离妇》诗："堂上谢姑～，长跪请离辞。"

璋 zhāng 一种玉器，形状像半个圭。《诗经·大雅·棫朴》："济济辟王，左右奉～。"《庄子·马蹄》："白玉不毁，孰为珪（guī）～！"（孰：什么。珪：一种玉器，上圆［或上尖］下方。）

长（長） zhǎng 见 41 页。

涨（漲） zhǎng ❶ 水面高起来。岑参《江上阻风雨》诗："云低岸花掩，水～滩草没。"㉡增高。杜甫《缆船苦风戏题》诗："～沙霾（mái）草树。"（霾：埋。）❷ zhàng 弥漫。《南史·陈武帝纪》："纵火烧栅，烟尘～天。"

掌 zhǎng ❶ 巴掌，手心。《论语·八佾》："指其～。"柳宗元《行路难三首》诗之一："开口抵～更笑喧。"（抵掌：拍掌。）㉢用手掌击。扬雄《羽猎赋》："～蒺藜。"又如"掌掴"。❷ 主管，掌握。《孟子·滕文公上》："舜使益～火。"李商隐《行次西郊作》诗："今谁～其权？"

丈 zhàng ❶ 长度单位。十尺为一丈。《韩非子·喻老》："千～之堤，以蝼蚁之穴溃。"❷ 丈量，测量。《左传·襄公九年》："巡～城。"（巡：往来察看。）❸［丈人］对年长的人的尊称。《论语·微子》："子路从而后，遇～～，以杖荷蓧。"（子路：孔子学生。荷：扛。蓧：除草工具。）后来也简称"丈"。杜甫《奉赠李八丈曛判官》诗："我～时英特，宗枝神尧后。"（我丈：指李曛。时：当代的。英特：杰出的人物。）❹［丈夫］成年男子。杜甫《赤霄行》："～～垂名动万年。"

仗 zhàng ❶ 执，拿着。《战国策·韩策二》："辞独行，～剑至韩。"（韩：国名。）㉡依靠，凭借。《三国志·魏书·桓阶传》："曹公虽弱，～义而起。"❷ 兵器的总称。郦道元《水经注·河水一》："是吾昔时放弓～处。"❸ 仪卫。《新唐书·仪卫志上》："朝会之～……皆带刀捉仗列坐于东西廊下。"（捉仗:拿着兵器。)

帐(帳) zhàng ❶帐幕。《史记·孝文本纪》:“帏～不得文绣,以示敦朴。”(示:表示。敦朴:朴素。)㊕军用营帐。《史记·项羽本纪》:“即其～中斩宋义头。”(宋义:人名。)❷床上的帐子。《文选·刘休玄〈拟明月何皎皎〉》:“玉宇来清风,罗～延秋月。”❸登记户籍、账目的簿子(后起意义)。《隋书·高祖纪下》:“凡是军人,可悉属州县,垦田籍～,一与民同。”(籍:户籍。)这个意义后来写作“账”。

【辨】帷,幕,帏,帐。见438页“帷”字。

障 zhàng ❶筑堤防。《左传·昭公元年》:“宣汾、洮,～大泽。”(宣:疏通。)㊀堤防。《管子·立政》:“决水潦,通沟渎,修～防,安水藏。”❷阻塞。《礼记·祭法》:“鲧～鸿水而殛死,禹能修鲧之功。”《国语·周语上》:“是～之也。防民之口,甚于防川。”㊀遮蔽。《淮南子·兵略》:“风雨可～蔽,而寒暑不可开闭。”㊀蒙蔽。《韩非子·诡使》:“而主揜(yǎn)～,近习女谒并行。”❸屏障。《左传·定公十二年》:“且成,孟氏之保～也。无成,是无孟氏也。”(成:城邑名。)❹边塞上的堡塞。《战国策·魏策一》:“卒戍四方,守亭～者参列。”❺帷障。《世说新语·汰侈》:“君夫作紫丝布步～碧绫里四十里,石崇作锦步～五十里以敌之。”❻幛子,有字画的整幅绸布。杜甫《奉先刘少府新画山水障歌》:“元气淋漓～犹湿。”❼通“瘴”。瘴气。左思《魏都赋》:“宅土熇暑,封疆～疠。”

嶂 zhàng 高耸险峻如同屏障一般的山峰。郦道元《水经注·江水》:“重岩叠～,隐天蔽日。”成语有“层峦叠嶂”。

瘴 zhàng 瘴气。南方山林中的湿热空气,从前认为是疟疾等传染病的病原。杜甫《驱竖子摘苍耳》诗:“江上秋已分,林中～犹剧。”[瘴疠]瘴气引起的疫病。《旧唐书·南平獠传》:“土气多～～,山有毒草及沙虱、蝮蛇。”

ZHAO

招 zhāo ❶打手势叫人。《荀子·劝学》:“登高而～。”❷招来,招集。《汉书·晁错传》:“上～贤良。”㊀招致,招引。屈原《九章·惜诵》:“有～祸之道。”❸箭靶,靶子。《吕氏春秋·本生》:“万人操弓,共射其一～。”《战国策·楚策四》:“以其类为～。”❹qiáo 举。《国语·周语下》:“好尽言以～人过。”❺sháo 通“韶”。上古乐曲名。《史记·五帝本纪》:“于是禹乃兴九～之乐。”

昭 zhāo ❶明亮,明显。《楚辞·大招》:“白日～只。”(只:语气词。)《诗经·小雅·鹿鸣》:“德音孔～。”(德音:美好的声望。孔:很。)㊀明白。《论语·尧曰》:“敢～告于皇皇后帝。”❷显示,表示。《左传·桓公二年》:“是以清庙茅屋……～其俭也。”(是以:因此。清庙:清静肃穆的宗庙。俭:节俭。)❸[昭穆]古代贵族宗庙排列的次序。始祖庙居中,以下按父子的辈分排列为昭穆,昭居左,穆居右。《国语·鲁语上》:“夫宗庙之有～～也,以次世之长幼,而等胄之亲疏也。”

啁 zhāo ❶[啁哳(zhā)]同“嘲哳”。形容声音繁杂而细碎。宋玉《九辩》:“鹍鸡～～而悲鸣。”独孤及《伤春赠远》诗:“杨柳逶迤愁远道,鹧鸪～～怨南枝。”❷zhōu [啁噍(jiū)]象声词。形容鸟鸣声。《礼记·三年问》:“小者至于燕雀,犹有～～之顷焉,然后乃能去之。”又写作“啁啾”。王维《黄雀痴》诗:“到大啁啾解游飏,各自东西南北飞。”

朝 zhāo 见44页。

爪 zhǎo ❶指甲或趾甲。《史记·蒙恬列传》:“公旦自揃其～以沈于河。”(公旦:周公旦。揃:剪。沈:沉。)❷鸟兽的脚。《老子》五十章:“虎无所措其～。”(措:置。)黄庭坚《观刘永年团练画角鹰》诗:“～拳金钩觜屈铁。”(拳:曲。觜:嘴。)❸抓。柳宗元《种树郭橐驼传》:“～其肤,以验其生枯。”(肤:树皮。验:察看。)

沼 zhǎo 水池。《孟子·梁惠王上》:“王立于～上。”《汉书·公孙弘传》:“龟龙游于～。”

召 zhào ❶呼唤,召见。《汉书·高帝纪上》:“愿君～诸亡在外者。”(亡:逃亡。)《韩非子·外储说右上》:“楚王急～太子。”㊀召集。《战国策·齐策四》:“使吏～诸民当偿者,悉来合券。”❷招致,招引。《荀子·劝学》:“故言有～祸也。”❸shào 古地名。周初召公奭的封地。《诗经》有“周南”、“召南”。

诏(詔) zhào ❶告,告诉。《周礼·秋官·司盟》:“北面～明神。”屈原《离骚》:“～西皇使涉予。”㊀告诫,教诲。《庄子·盗跖》:“若子不听父之～。”《吕氏春秋·审分》:“问而不～,知而不为。”❷诏书,皇帝的命令或文告。《史记·秦始皇本纪》："遵奉遗～，永承重戒。"㊀皇帝下命令。《史记·孝文本纪》："于是～罢丞相兵。"❸召见。《后汉书·冯衍传下》："～伊尹于亳（bó）郊兮。"（伊尹：商朝大臣。亳：地名。）

【辨】告，诰，诏。见127页"告"字。

炤 zhào ❶照耀。《荀子·天论》："列星随旋，日月递～。"（旋：旋转。递：依次轮流。）❷ zhāo 通"昭"。明显，显著。《诗经·小雅·正月》："潜虽伏矣，亦孔之～。"（孔：甚，很。）

照 zhào ❶明。《论衡·吉验》："～察明著。"（明著：显明。）这个意义又写作"炤"。❷照射，照耀。《史记·秦始皇本纪》："日月所～，舟舆所载。"（舟舆：船车。）❸日光。杜甫《秋野五首》诗之四："连山晚～红。"❹镜中看影。《晋书·王濛传》："美姿容，尝览镜自～，称其父字曰：'王文开生如此儿邪！'"❺察知。《战国策·秦策三》："终身暗惑，无与～奸。"《潜夫论·爱日》："公府不能～察真伪。"❻按照，依照（后起意义）。宋孝宗《受纳折帛银不得辄有减降诏》："今后受纳折帛银，～依左藏库价与民户折纳，不得辄有减降。"成语有"照本宣科"。

兆 zhào ❶古代占卜时，烧灼龟甲以判断吉凶，其裂纹叫作兆。《史记·孝文本纪》："卜之龟，卦～得大横。"（大横：一种卦兆的名称。）㊀预兆，征兆。事情发生前的迹象。《商君书·算地》："此亡国之～也。"❷开始。《左传·哀公元年》："能布其德，而～其谋。"（布：施。谋：谋略，计策。）❸祭坛或墓地的界域。《周礼·春官·肆师》："掌～中庙中之禁令。"《左传·哀公二年》："素车朴马，无入于～。"（素车朴马：指没有装饰过的运载灵柩的车马。）这个意义又写作"垗"。❹数词。古代以"百万"或"万亿"为兆，常用来表示极多。《尚书·吕刑》："～民赖之。"屈原《九章·惜诵》："又众～之所雠。"（雠：仇怨。）

旐 zhào ❶绘有龟蛇的旗。《诗经·小雅·出车》："彼旟～斯，胡不旆旆（pèipèi）？"（旆旆：旌旗飘扬的样子。）❷出丧时为棺材引路的旗。《礼记·檀弓上》："孔子之丧……绸练设～。"

赵（趙） zhào 战国七雄之一。原是晋国的一部分。在今山西北部、河北西部和南部一带。参见203页"晋"字。

棹 zhào ❶船桨。王俭《褚渊碑文》："鼓～则沧波振荡。"㊀船。杜甫《赠李十五丈别》诗："北回白帝～，南入黔阳天。"❷用桨划船。陶渊明《归去来兮辞》："或命巾车，或～孤舟。"❸ zhuō 树名。嵇含《南方草木状》："～树，干叶俱似椿……出高凉郡。"

肇［肈］ zhào 开始。《史记·五帝本纪》："～十有二州，决川。"《后汉书·崔骃传》："窦氏之兴，～自孝文。"

櫂 zhào ❶船桨。屈原《九歌·湘君》："桂～兮兰枻。"江淹《杂体诗·袁太尉从驾》："朱～丽寒渚。"㊀船。班固《西都赋》："～女讴，鼓吹震。"❷用桨划船。张衡《思玄赋》："～龙舟以济予。"

ZHE

遮 zhē ❶拦住。《史记·陈涉世家》："陈王出，～道而呼涉。"❷遮盖，掩蔽。柳宗元《登柳州城楼寄漳汀封连四州》诗："岭树重～千里目。"

折[1] zhé ❶折断。《韩非子·五蠹》："兔走触株，～颈而死。"（走：奔跑。）㊀弯曲。《淮南子·览冥》："河九～注于海。"李白《梦游天姥吟留别》："安能摧眉～腰事权贵。"❷死。《韩诗外传》卷三："无痞、聋、跛、眇、尪蹇、侏儒、～短。"❸挫折，损失。《史记·淮阴侯列传》："～北不救。"（北：失败。）成语有"损兵折将"。❹驳斥，使对方屈服。刘禹锡《天论上》："作《天说》以～韩退之之言。"（《天说》：指柳宗元《天说》。韩退之：韩愈。）㊀指责。《三国志·魏书·傅嘏传》："季布面～其短。"（季布：人名。）❺ shé［折阅］亏损。《荀子·修身》："良贾不为～～不市。"（良贾：有本事的商人。市：做买卖。）

折[2]（摺） zhé ❶ lā 折断。《淮南子·修务》："～胁伤干。"（胁：肋骨。干：躯干。）❷折叠（后起意义）。庾信《镜赋》："始～屏风，新开户扇。"

哲［喆］ zhé 聪明，有才能。《尚书·皋陶谟》："知人则～。"㊀聪明、有才能的人。贾思勰《齐民要术序》："舍本逐末，贤～所非。"［哲人］智慧卓越的人。《诗经·小雅·鸿雁》："维此～～，谓我劬（qú）劳。"（维：语气词。劬劳：劳苦，劳累。）

晢［晣］ zhé ❶明亮。［晢晢］明亮的样子。《诗经·陈风·东门之杨》："昏以为期，明星～～。"❷明智。《尚书·洪范》："从作乂，明作～。"

辄（輒）［輙］ zhé ❶总是。《汉书·曹参传》："至者参～饮以醇（chún）酒。"（醇酒：浓厚的酒。）《后汉书·皇后纪上》："每于侍执之际，～言及政事。"❷ 立即，就。《三国志·魏书·荀彧传》："表请彧(yù)劳军于谯，因～留彧。"(表：上表。谯：地名。) ❸ 专擅，独断专行。刘知几《史通·疑古》："夫姬氏爵乃诸侯，而～行征伐。"

蛰(蟄) zhé 动物冬眠，藏起来不食不动。《庄子·天运》："～虫始作。"(作：起来。)

詟(讋) zhé 恐惧。《汉书·项籍传》："诸将～服，莫敢枝梧。"㊉使……恐惧。萧纲《上之回》诗："笳声骇胡骑，清磬～山戎。"

谪(謫) zhé ❶ 谴责。《左传·成公十七年》："国子～我。"(国子：人名。) ❷ 处罚。《国语·齐语》："小罪～以金分。"(金分：指罚金。) ❸ 被罚流放或贬职。范仲淹《岳阳楼记》："滕子京～守巴陵郡。"(滕子京：人名。)双音词有"贬谪"、"谪居"。㊉被罚罪的人。《史记·秦始皇本纪》："徙～实之初县。"(把被判罪的人迁去充实新设的县。) ❹ 过错。《老子》二十七章："善行无辙迹，善言无瑕～。"㊉灾祸。《国语·周语中》："王孙满观之，言于王曰：'秦师必有～。'"

磔 zhé 古代祭祀时，分裂牲畜的肢体。《庄子·盗跖》："～犬流豕。"(豕：猪。)㊀古代的一种刑罚，分裂肢体。《韩非子·内储说上》："采金之禁，得而辄(zhé)辜～于市。"(禁：法令。辄：总是，就。辜：古代分裂肢体的刑罚。)

辙(轍) zhé ❶ 车轮压出的痕迹。《左传·庄公十年》："下视其～。"❷ 车行的路线。杜甫《自京赴奉先县咏怀五百字》："北辕就泾渭，官渡又改～。"

者 zhě ❶ 代词。指人、物、事、时间、地点等。可以译为"的"或"的人"、"的东西"、"的事情"。《老子》七十七章："高～抑之，下～举之。"《商君书·去强》："治国能令贫～富。"❷ 代词。用在数词后面，可译为"个"、"样"。《三国志·吴书·周瑜传》："此数四～，用兵之患也。"(数四：三四个。患：祸害。) ❸ 代词。用在"今"、"昔"等时间词的后面，表示"……时候"。《庄子·齐物论》："昔～十日并出。"(十日：十个太阳。) ❹ 代词。放在主语后面，引出判断。《史记·陈涉世家》："陈胜～，阳城人也。"❺ 代词。放在主语后面，引出原因。《战国策·齐策一》："吾妻之美我～，私我也。"

赭 zhě ❶ 红土。《管子·地数》："上有～者，下有铁。"㊀红褐色。徐弘祖《徐霞客游记·滇游日记》："石色～黄。"❷ 伐去树木，使山光秃秃。《史记·秦始皇本纪》："于是始皇大怒，使刑徒三千人皆伐湘山树，～其山。"

褶 zhě ❶ dié 夹衣。《礼记·玉藻》："帛为～。"❷ 衣、裙的褶纹。张祜《观杭州柘枝》诗："看著遍头香袖～。"

襵 zhě 衣、裙的褶纹。刘遵《应令咏舞》："履度开裙～，鬟转匝花钿。"

柘 zhè ❶ 一种常绿灌木。木材可染黄赤色。陆厥《奉答内兄希叔》诗："归来翳桑～，朝夕异凉温。"[柘袍]古代皇帝穿的黄袍。欧阳玄《陈抟睡图》诗："陈桥一夜～～黄。"❷ 通"蔗"。甘蔗。《楚辞·招魂》："有～浆些。"

鹧(鷓) zhè [鹧鸪]鸟名。左思《吴都赋》："～～南翥而中留，孔雀綷羽以翱翔。"

ZHEN

贞(貞) zhēn ❶ 占卜。《周礼·春官·天府》："以～来岁之媺(měi)恶。"(来岁：来年，第二年。媺：美，善。) ❷ 坚定，有操守。《史记·赵世家》："且夫～臣也难至而节见。"(且夫：而且，再说。难：灾难。节：气节。见：现。)成语有"坚贞不屈"。㊕封建礼教的一种道德观念，指妇女不改嫁等。《史记·田单列传》："～女不更二夫。"(更：指改嫁。) ❸ 正。《尚书·太甲下》："一人元良，万邦以～。"《老子》三十九章："侯王得一以为天下～。"

桢(楨) zhēn ❶ 一种质地坚硬的树。《山海经·东山经》："太山上多金玉、～木。"❷ [桢干] 1. 筑土墙时两头用的柱子叫"桢"，两边用的木板叫"干"。《尚书·费誓》："峙乃～～，甲戌我惟筑。"(准备你们的桢干，甲戌那天我要筑工事。) 2. 比喻支柱、骨干。《三国志·吴书·陆凯传》："皆社稷之～～，国家之良辅。"(社稷：指国家。)

祯(禎) zhēn (旧读 zhēng) 吉祥。《诗经·周颂·维清》："迄用有成，维周之～。"《汉书·宣帝纪》："神光并见，咸受～祥。"

珍 zhēn ❶ 珍宝。《荀子·解蔽》："远方莫不致其～。"(致：送给。)㊀珍味。《吕氏春秋·顺民》："味禁～，衣禁袭。"(袭：重。)㊀宝贵的，珍贵的。李白《古风五十九首》之五十四："凤鸟鸣西海，欲集无～木。"(集：鸟落在树上。木：树。）❷ 珍惜，珍爱。《后汉书·黄琼传》："盖圣贤居身之所～也。"李白《古风五十九首》之一："绮丽不足～。"（绮丽：美丽。）

【辨】珍，宝。"珍"、"宝"都可以指宝贵的东西，但有时具体所指不同。如稀有的禽、木和精美的食物称"珍"不称"宝"，钟鼎等器物称"宝"不称"珍"。"珍藏"和"宝藏"意思不同。

真 zhēn ❶ 本性，本质。《庄子·齐物论》："无益损乎其～。"（益损：增减。）❷ 真实。《汉书·宣帝纪》："使～伪毋相乱。"（毋：不要。）成语有"真知灼见"。㉑原来的。《汉书·河间献王德传》："从民得善书，必为好写与之，留其～。"❸ 实授的官职。《汉书·张敞传》："守太原太守，满岁为～。"（守：暂摄。）❹ 真诚。《荀子·劝学》："～积力久则入。"（入：入门。）❺ 的确，实在（后起意义）。杜甫《莫相疑行》："牙齿欲落～可惜。"

砧 zhēn ❶ 捣衣石。谢惠连《捣衣》诗："榈高～响发，楹长杵声哀。"李贺《龙夜吟》："寒～能捣百尺练。"❷ 通"椹"。砧板。孙光宪《北梦琐言》卷七："馋犬舐鱼～。"㉒古代杀人刑具。韩愈《元和圣德诗》："解脱挛索，夹以～斧。"

蓁 zhēn ❶［蓁蓁］草木繁盛的样子。《诗经·周南·桃夭》："桃之夭夭，其叶～～。"张衡《思玄赋》："憩（xì）河林之～～兮，伟《关雎》之戒女。"（憩：休息，止息。）㉒积聚的样子。《楚辞·招魂》："蝮蛇～～，封狐千里些。"❷ 丛生的荆棘。《庄子·徐无鬼》："众狙见之，恂然弃而走，逃于深～。"

溱 zhēn ❶ 古水名。流经今河南境内。《诗经·郑风·溱洧》："～与洧（wěi），方涣涣兮。"（洧：水名。）❷［溱溱］众多的样子。《诗经·小雅·无羊》："旐维旟矣，室家～～。"

榛 zhēn ❶ 一种落叶乔木。《诗经·小雅·青蝇》："营营青蝇，止于～。"宋玉《高唐赋》："～林郁盛。"㉒榛树的果实。《礼记·内则》："枣栗～柿，瓜桃李梅。"❷ 树丛。左思《招隐诗二首》其二："经始东山庐，果下自成～。"［榛榛］草木茂盛的样子。班昭《东征赋》："睹蒲城之丘墟兮，生荆棘之～～。"

臻 zhēn 到，到达。《诗经·小雅·雨无正》："如彼行迈，则靡所～。"《后汉书·冯衍传上》："元元无聊，饥寒并～。"㉑极尽。《旧唐书·王维传》："书画特～其妙。"

斟 zhēn ❶ 舀。《淮南子·泰族》："子妇跣而上堂，跪而～羹。"㉑往杯子或碗里倒（一般多指酒和茶）。李白《悲歌》："主人有酒且莫～。"❷［斟酌］1. 斟酒，往杯里或碗里倒酒。苏武《诗四首》之一："我有一樽（zūn）酒……愿子留～～。"（樽：古代盛酒的器具。）2. 反复衡量考虑。诸葛亮《出师表》："～～损益。"（损益：加一点或减一点。）❸ 带汁的肉。《史记·张仪列传》："厨人进～。"

椹 zhēn ❶ 砧板。《战国策·秦策三》："今臣之胸不足以当～质。"❷ 箭靶。《周礼·夏官·司弓矢》："王弓弧弓，以授射甲革～质者。"❸ shèn 桑葚。《三国志·魏书·武帝纪》裴松之注引《魏书》："军人仰食桑～。"❹ shèn 一种树菌。张华《博物志》卷三："江南诸山郡中大树断倒者，经春夏生菌，谓之～。"

甄 zhēn ❶ 制作陶器的转轮。潘尼《释奠颂》："若金受范，若埴在～。"（范：模子。埴：陶土。）㉒制作陶器。《汉书·董仲舒传》："夫上之化下，下之从上，犹泥之在钧，唯～者之所为。"❷ 培养，造就。任昉《为范始兴作求立太宰碑表》："臣里闾孤贱，才无可～。"［甄陶］1. 制作陶器。《盐铁论·力耕》："使治家养生必于农，则舜不～～而伊尹不为庖。"2. 培养，造就。何晏《景福殿赋》："～～国风。"（风：风气。）❸ 鉴别。李白《与韩荆州书》："山涛作冀州，～拔三十余人。"（山涛：人名。作冀州：担任冀州刺史。）❹ 表明，表扬。颜延之《阳给事诔》："义有必～。"《后汉书·孔奋传》："为政明断，～善疾非。"❺ 军队的左右两翼叫"甄"。《晋书·周访传》："使将军李恒督左～，许朝督右～。"（李恒、许朝：人名。）

箴 zhēn ❶ 针。《荀子·大略》："今夫亡～者，终日求之而不得。"（亡：丢失。）这个意义后来写作"针"。❷ 规劝，劝告。《左传·宣公十二年》："～之曰：'民生在勤，勤则不匮。'"❸ 文体的一种，用于规诫。如扬雄的《州箴》、《官箴》。

诊（診） zhěn ❶ 诊察，诊断。《史记·扁鹊仓公列传》："齐侍御史成自言病头痛，臣意～其脉。"（意：人名。）《列子·力命》："其子弗晓，终谒三医，一曰矫氏，二曰俞氏，三曰卢氏，～其所疾。"❷ 考察。《汉书·董贤传》："莽疑其诈死，有司奏请发贤棺，至狱～视……贤既见发，赢～其尸，因埋狱中。"

抮 zhěn 转，变化。《淮南子·精神》："以不化应化，千变万～而未始有极。"

轸（軫） zhěn ❶ 车厢底部后面的横木。《周礼·考工记·总叙》："车～四尺。"㉒车子。《后汉书·黄琼传》："往车虽折，而来～方遒（qiú）。”（往：去。方：正。遒：急。）❷ 弦乐器上转动弦线的轴。《魏书·乐志》：“中弦须施～如琴，以～调声。”㊂琴。李白《北山独酌寄韦六》诗：“坐月观宝书，拂霜弄瑶～。”❸ 转动。扬雄《太玄·太玄摛》：“反覆其序，～转其道也。”（四季的次序不断反复，轮转运行是它的规律。）❹ 悲痛。屈原《九章·哀郢》：“出国门而～怀兮，甲之晁吾以行。”（国门：京都的城门。）❺ 通“畛”。田间的路。阮籍《咏怀八十二首》之六：“昔闻东陵瓜，近在青门外。连～距阡陌，子母相钩带。”❻ 星宿名。二十八宿之一。

畛 zhěn ❶ 井田沟上的小路。《诗经·周颂·载芟》：“徂隰徂～。”（徂：往，到。隰：新开垦的田地。）㊁田间的路。左思《吴都赋》：“其四野，则～畷（zhuì）无数。”（畷：田间小道。）❷ 界限。《淮南子·俶真》：“而浮扬乎无～崖之际。”

袗 zhěn ❶ 黑衣。《说文·衣部》：“袗，玄服。”［袗玄］上下同为黑色的衣裳。《仪礼·士冠礼》：“兄弟毕～～。”❷ 单衣。㊂穿单衣。《论语·乡党》：“当暑，～絺绤，必表而出之。”潘岳《内顾诗二首》之一：“初征冰未泮，忽焉～絺绤。”❸［袗衣］绣着文采的衣服。《孟子·尽心下》：“及其为天子也，被～～，鼓琴。”

紾 zhěn ❶ 转，变化。《淮南子·精神》：“祸福利害，千变万～。”㊂盘曲。《淮南子·本经》：“大钟鼎，美重器，华虫疏镂，以相缪～，寝兕伏虎，蟠龙连组。”㊂扭转。《孟子·告子下》：“～兄之臂而夺之食。”❷ tiǎn 纹理粗糙。《周礼·考工记·弓人》：“老牛之角～而昔。”（昔：指不鲜润。）

枕 zhěn ❶ 枕头。《战国策·齐策四》：“三窟已就，君姑高～为乐矣。”（姑：暂且。高枕：把枕头垫高。）❷ zhèn 枕着。《晋书·刘琨传》：“～戈待旦。”㊀临近，靠近。《汉书·严助传》：“北～大江。”

裖 zhěn ❶ 同“袗”。黑衣。《说文·衣部》：“袗或从辰。”❷ 重叠的样子。宋玉《高唐赋》：“盘岸巑岏，～陈硙硙。”

缜（縝） zhěn ❶ 周密，细致。《南史·孔休源传》：“累居显职，性～密，未尝言禁中事。”（尝：曾经。禁中：宫里。）颜延之《祭屈原文》：“玉～则折。”❷ 通“鬒”。头发稠而黑。谢朓《晚登三山还望京邑》诗：“有情知望乡，谁能～不变。”

鬒［黰］ zhěn 头发稠而黑。《诗经·鄘风·君子偕老》：“～发如云，不屑髢（dí）也。”（髢：假发。）《左传·昭公二十八年》：“昔有仍氏生女，～黑而甚美。”【注意】“黰”还有“黑的样子”的意义。

阵（陣） zhèn ❶ 两军交战时队伍的行列。《南史·梁元帝纪》：“帝出枇杷门，亲临～督战。”成语有“严阵以待”。㊀军队布置的局势。《后汉书·礼仪志中》：“兵官皆肄（yì）孙、吴兵法六十四～。”（肄：学习，练习。）❷ 量词。表示事情或动作经过的段落。王安石《夜直》诗：“翦翦轻风～～寒。”

纼（紖） zhèn 牛鼻绳。《礼记·少仪》：“牛则执～，马则执靮（dí）。”（靮：马缰绳。）

鸩（鴆） zhèn ❶ 传说一种有毒的鸟，喜欢吃蛇，羽毛为紫绿色，放在酒中能毒死人。《山海经·中山经》：“女几之山……其鸟多白鷮（jiāo），多翟，多～。”（女几：山名。鷮、翟：鸟名。）❷ 用鸩的毛泡成的毒酒。《晋书·庾怿传》：“遂饮～而卒。”成语有“饮鸩止渴”。㊂用鸩酒杀人。《国语·鲁语上》：“使医～之。”《汉书·王莽传下》：“莽～杀孝平帝。”上述❷㊂又写作“酖”。

酖 zhèn ❶ dān 嗜酒。《尉缭子·治本》：“故如有子十人，不加一饭，有子一人，不损一饭，焉有喧呼～酒，以败善类乎？”❷ 毒酒。《史记·吕不韦列传》：“吕不韦自度稍侵，恐诛，乃饮～而死。”㊂用鸩酒杀人。《左传·宣公三年》：“朝于楚，楚人～之，及叶而死。”上述❷㊂又写作“鸩”。

振 zhèn ❶ 挥动，抖动。贾谊《过秦论上》：“～长策而御宇内。”（策：马鞭。御：驾驭，控制。宇内：天下。）潘岳《西征赋》：“弹冠～衣。”❷ 奋起，振作。《吕氏春秋·孟春纪》：“东风解冻，蛰虫始～。”（蛰虫：冬眠的虫。）陈亮《上孝宗皇帝第一书》：“以励群臣，以～天下之气。”（励：鼓励。）❸ 整顿。《史记·平津侯主父列传》：“诸侯春～旅，秋治兵，所以不忘战也。”（旅：军队。）❹ 救济。《后汉书·赵典传》：“散家粮以～穷饿。”成语有“振民育德”。这个意义后来写作“赈”。㊂挽救。《韩非子·五蠹》：“智困于内而政乱于外，则亡不可～也。”❺［振古］自古。《诗经·周颂·载芟》：“匪今斯今，～～如兹。”❻ 通“震”。震动。《史记·蒙恬列传》：“是时蒙恬威～匈奴。始皇甚尊宠蒙氏，信任贤之。”（是时：这时。）

【辨】振，震。“振”的本义是振动，“震”的本义是雷震。所以物体或人本身颤动写作“震”，而人挥动别的东西以及由此产生的

Z

引申义写作“振”。

赈(賑) zhèn ❶ 救济。《后汉书·伏湛传》:“悉分奉禄以～乡里。”❷ 富裕。张衡《西京赋》:“郊甸之内,乡邑殷～。”

震 zhèn ❶ 疾雷。《左传·隐公九年》:“大雨～电。”㊂雷击。《春秋·僖公十五年》:“己卯晦,～夷伯之庙。”❷ 震动。《三国志·吴书·吴主传》:“是岁地连～。”(是岁:这年。)《后汉书·隗嚣传》:“由此名～西州,闻于山东。”㊀惊恐,害怕。《三国志·蜀书·马超传》:“城中～怖。”❸ 威风,威严。《左传·文公六年》:“辰嬴贱,班在九人,其子何～之有?”❹ 八卦名。代表雷。见138页“卦”字。❺ shēn 通“娠”。怀胎。《左传·昭公元年》:“邑姜方～大叔。”(邑姜、大叔:人名。)

【辨】振,震。见539页“振”字。

朕 zhèn ❶ 第一人称代词。我,我的。《尚书·汤誓》:“～不食言。”屈原《离骚》:“帝高阳之苗裔兮,～皇考曰伯庸。”(皇考:称死去的父亲。)❷ 秦始皇以后专用为皇帝的自称。《史记·秦始皇本纪》:“～为始皇帝。”❸ 征兆,迹象。《庄子·应帝王》:“而游无～。”(遨游天下而不留迹象。)

揕 zhèn 用刀刺。《战国策·燕策三》:“臣左手把其袖,而右手～其胸。”

镇(鎮) zhèn ❶ 压。枚乘《上书谏吴王》:“系方绝,又重～之。”(系方绝:绳子将要断。)㊂压物的东西。屈原《九歌·湘夫人》:“白玉兮为～。”❷ 压抑,抑制。屈原《九章·抽思》:“愿摇起而横奔兮,览民尤以自～。”(摇起横奔:指远走高飞。览:看。尤:指疾苦。)❸ 震慑,镇住。《三国志·蜀书·诸葛亮传》:“威～凶暴,功勋显然。”(显然:显著。)㊀镇守。《三国志·蜀书·诸葛亮传》:“魏明帝西～长安。”㊂镇守国家的重要人物。《国语·晋语五》:“赵孟敬哉!夫不忘恭敬,社稷之～也。贼国之～不忠。”㊂一方的名山。梁元帝《庐山碑》:“庐山者亦南国之德～。”❹ 安定。《史记·高祖本纪》:“～国家,抚百姓。”❺ 市镇(后起意义)。《宋史·岳飞传》:“飞进军朱仙～。”❻ 土星。《素问·气交变大论》:“上应～星。”

ZHENG

争 zhēng ❶ 争夺,竞争。《韩非子·说林下》:“～肥饶之地。”《史记·高祖本纪》:“上问左右,左右～欲击之。”❷ 争辩,争论。《战国策·赵策三》:“鄂侯～之急,辨之疾。”(辨:通“辩”,争辩。)❸ zhèng 规劝。《后汉书·王充传》:“以数谏～不合,去。”(以:因为。)《世说新语·方正》:“周、王诸公并苦～恳切。”这个意义后来写作“诤”。

峥 zhēng [峥嵘]1. 山势高峻的样子。左思《蜀都赋》:“经三峡之～～。”2. 深险的样子。《汉书·西域传上》:“临～～不测之深。”

铮(錚) zhēng [铮铮]象声词。形容金属相击发出的声音。欧阳修《秋声赋》:“其触于物也,鏦鏦～～,金铁皆鸣。”㊉刚强。《后汉书·刘盆子传》:“卿所谓铁中～～,佣中佼佼者也。”㊉有名声。《世说新语·赏誉》:“洛中～～冯惠卿。”

筝 zhēng 古代一种弦乐器。张衡《南都赋》:“弹～吹笙,更为新声。”杜甫《遣闷》诗:“哀～犹凭几,鸣笛竟沾裳。”[风筝]1. 悬挂在檐前的金属片,风起作声。也叫铁马。杜甫《冬日洛城北谒玄元皇帝庙》诗:“～～吹玉柱,露井冻银床。”2. 纸鸢。陈沂《询刍录·风筝》:“即纸鸢……如筝鸣,俗呼～～。”

鬇 zhēng [鬇鬡]1. 毛发乱的样子。韩愈等《征蜀联句》:“怒须犹～～。”《寒山诗·我见百十狗》:“我见百十狗,个个毛～～。”2. 凶恶的样子。元稹《酬独孤二十六送归通州》诗:“下观～～辈,一扫冀不存。”

征[1] zhēng ❶ 出征,远行。《左传·僖公四年》:“昭王南～而不复。”(复:返。)元稹《答姨兄胡灵之见寄五十韵》:“俄随旅雁～。”(俄:一会儿。旅:旅行。)❷ 征伐。《汉书·李广传》:“振旅抚师,以～不服。”❸ 争夺,索取。《孟子·梁惠王上》:“上下交～利,而国危矣。”❹ 赋税。《孟子·尽心下》:“有布缕之～。”㊂征税。《管子·五辅》:“关几而不～。”(关几:关卡设检查。)

征[2](徵) zhēng ❶ 召,征召。㊕君召臣。《史记·吕太后本纪》:“赵相～至长安,乃使人复召赵王。”❷ 追究,追问。《左传·僖公四年》:“寡人是～。”(寡人追究这件事。寡人:国君自称。)❸ 证明。《荀子·性恶》:“善言天者必有～于人。”(善于说天的道理的人,必须用人所做的事来证明。)❹ 应验。如“休征”(好的应验)、“咎征”(不好的应验)。㊀迹象,预兆。《史记·项羽本纪》:“兵未战而先见败～。”❺ 求,取。《战国策·宋卫策》:“梁王伐邯郸而～师于宋。”《北齐书·苏琼传》:“州计户～租。”❻ 征税。《唐会要》卷八四:“据诸州府应～两税。”【注意】古代汉语中“征”和“徵”是两个字，除“征收赋税”的意义外，其他意义各不相同。“徵”还音 zhǐ，五音之一(参见 546 页“徵”字)。现“徵”简化为“征”，但五音的“徵”不简化。

怔 zhēng ❶［怔忪(zhōng)］惊惧的样子。《潜夫论·救边》：“羽檄狎至，乃复～～如前。”又写作“征伀”。❷［怔营］惶恐不安的样子。《三国志·魏书·管宁传》：“优命屡至，～～竦息，悼心失图。”又写作“征营”、“正营”。

钲(鉦) zhēng ❶古乐器，形似钟而狭长，战争中击鼓进军，鸣钲收兵。陈琳《檄吴将校部曲文》：“～鼓一动，二方俱定。”❷古乐器，圆形如锣。苏轼《新城道中》诗：“岭上晴云披絮帽，树头初日挂铜～。”

症(癥) zhēng 病名。腹内结块。《史记·扁鹊仓公列传》：“以此视病，尽见五藏～结。”后“症结”引申为问题的关键。纪昀《阅微草堂笔记》卷一八：“故言可行，皆洞见～结之论。”【注意】古代汉语中“癥结”的“癥”不写作“症”。古代汉语中“病的症状”写作“證”，后来俗字作“症”(zhèng)，音义和“癥”都不相同。现“癥”简化为“症”。但“症结”的“症(zhēng)”和“病症”的“症(zhèng)”音义都不同。

烝 zhēng ❶气体上升。《国语·周语上》：“阳伏而不能出，阴迫而不能～，于是有地震。”❷用火烘烤。《荀子·性恶》：“枸(gōu)木必将待檃栝(yǐnkuò)～矫然后直。”(弯曲的木头一定要经烘烤、用工具矫正才能直。檃栝：矫正弯曲木头所用的工具。)❸用热气蒸。《世说新语·轻诋》：“君得哀家梨，当复不～食不？”(引)热气盛。苏辙《病愈》诗：“炎～度三伏，晻暖觉中虚。”❹进献。《诗经·周颂·丰年》：“为酒为醴，～畀祖妣。”❺以下淫上。指与母辈通奸。《左传·庄公二十八年》：“晋献公……～于齐姜。”(齐姜：晋献公之父晋武公的妃子。)❻众，多。《诗经·大雅·烝民》：“天生～民。”❼祭祀。(特)冬祭。《礼记·王制》：“尝则不～。”(尝：秋祭。)

蒸 zhēng ❶细小的木柴。《淮南子·主术》：“冬伐薪～。”(薪：大木柴。)⊗用木材、麻秆制作的照明之物。《论衡·量知》：“蒸所与众山之材干同也，代(伐)以为～。”❷气体上升。《后汉书·冯衍传下》：“风兴云～，一龙一蛇。”⊗用热气蒸。贾思勰《齐民要术·蒸缹法》：“著甑(zèng)中～之取熟。”(著：置，放。甑：做饭的一种瓦器。)❸众，多。应璩《与从弟君苗君胄书》：“济～人于涂炭。”(济：救。)［蒸庶］［蒸黎］百姓。《史记·淮南衡山列传》：“泛爱蒸庶，布德施惠。”《晋书·元帝纪》：“知蒸黎不可以无主。”❹祭祀。(特)冬祭。《国语·鲁语下》：“社而赋事，～而献功。”(社：春分祭社。)

拯 zhěng 从水里救出淹溺的人。《左传·宣公十二年》：“目于眢(yuān)井而～之。”(眢井：枯井。)(引)拯救，救援。《论衡·感虚》：“田出谷以～饥。”

【辨】拯，救。在“拯救”的意义上，“拯”与“救”是同义词。在“止”、“助”的意义上，一般用“救”不用“拯”。

整 zhěng ❶整齐，有秩序。《左传·隐公九年》：“戎轻而不～。”❷端庄，严肃。《北齐书·刘世清传》：“情性甚～，周慎谨密。”❸整顿，调整。《诗经·大雅·皇矣》：“爰～其旅。”(爰：乃。旅：军队。)

正 zhèng ❶不偏，不斜。《荀子·君道》：“仪～而景(yǐng)～。”(仪：用来测定时刻的日晷。景：影子。)(引)正当，合适。《管子·立政》：“～道捐弃而邪事日长。”(捐弃：抛弃。)❷纯正。《汉书·广陵厉王刘胥传》：“胥宫园中枣树十余茎，茎～赤，叶白如素。”❸人的行为正派、正直、公正。《盐铁论·论儒》：“子瑕，佞(nìng)臣也，夫子因之，非～也。”(佞：巧言献媚。因：依靠。)❹纠正，使……正。《荀子·王制》：“～法则，选贤良。”⊗治罪。《论衡·谴告》：“汉～首匿之罪。”(首匿：主谋藏匿罪犯。)❺正。与“副”相对。《隋书·经籍志一》：“补续残缺，为～副二本，藏于宫中。”❻长官。《左传·哀公元年》：“(少康)为仍牧～……逃奔有虞，为之庖～。”(仍、有虞：国名。)❼恰好，正好。《世说新语·文学》：“～在有意无意之间。”辛弃疾《摸鱼儿·淳熙己亥》：“斜阳～在烟柳断肠处。”⊗只，仅。《世说新语·自新》：“乃自吴寻二陆，平原不在，～见清河。”(平原、清河：指陆机、陆云。)❽表示动作的进行，状态的持续。《汉书·燕剌王旦传》：“～讙(huān)不可止。”(讙：喧哗。)❾zhēng 箭靶中心。《诗经·齐风·猗嗟》：“终日射侯，不出～兮。”(侯：箭靶。)❿zhēng 阴历每年第一个月叫“正月”。《三国志·吴书·吴主传》：“三年春～月。”

政 zhèng ❶政治，政事。《左传·襄公十七年》：“大乱宋国之～。”⊗政策，法令。《礼记·乐记》：“礼乐刑～，其极一也。”❷通“正”。正直，公正。《韩非子·难三》：“故群臣公～而无私。”❸ 通“正”。恰好。《南齐书·丘灵鞠传》：“身昔为州职，诣领军谢晦，宾主坐处，～如今日。”㊀只，仅。《宋书·沈庆之传》：“骑马履行园田，～一人视马而已。”❹ zhēng 通“征¹”。1.征伐。《史记·范雎蔡泽列传》：“～适(dí)伐国，莫敢不听。”（适：仇敌，敌人。）2.征税。《汉书·食货志上》：“急～暴(虐)〔赋〕，赋敛不时。”

証¹ zhèng 谏诤。《战国策·齐策一》：“士尉以～靖郭君，靖郭君不听。”此字不简化为“证”。

证²(證) zhèng ❶ 告，告发。《论语·子路》：“其父攘羊，而子～之。”❷ 证实，验证。屈原《九章·惜诵》：“故相臣莫若君兮，所以～之不远。”❸ 证据。《大戴礼记·文王官人》：“平心去私，慎用六～。”❹ 病症。《列子·周穆王》：“其父之鲁，过陈，遇老聃，因告其子之～。”这个意义后来写作“症”。❺ 通“証¹”。谏诤。《吕氏春秋·诬徒》：“愎过自用，不可～移。”

郑(鄭) zhèng ❶ 周代诸侯国。在今河南新郑一带。㊀郑声，郑国的音乐。当时认为是淫靡之音。《左传·襄公二十九年》：“为之歌～，曰：‘美哉！其细已甚，民弗堪也，是其先亡乎？’”㊀不正的，低俗的。常“雅郑”连用。刘勰《文心雕龙·体性》：“然才有庸俊，气有刚柔，学有浅深，习有雅～。”❷ [郑重] 1.频繁。《汉书·王莽传中》：“然非皇天所以～～降符命之意。”2.殷勤。白居易《庾顺之以紫霞绮远赠以诗答之》：“千里故人心～～。”㊀严肃认真。成语有“郑重其事”。

诤(諍) zhèng ❶ 以直言劝告，使人改正错误。《三国志·吴书·吴主传》：“今孤自省无桓公之德，而诸君谏～未出于口。”（孤：帝王自称。自省：检查自己。桓公：齐桓公。）❷ zhēng 通“争”。争夺。《战国策·秦策二》：“今两虎～人而斗，小者必死，大者必伤。”❸ zhēng 通“争”。争论，争辩。谢灵运《斋中读书》诗：“虚馆绝～讼。”（诤讼：争论。）

ZHI

之 zhī ❶ 到……去。《孟子·告子下》：“宋牼将～楚，孟子遇于石丘。”（宋牼、孟子：人名。石丘：地名。）《汉书·高帝纪上》：“沛公引兵～薛。”（沛公：刘邦。薛：地名。）❷ 第三人称代词。他、她、它(们)。《汉书·高帝纪下》：“贤士大夫有肯从我游者，吾能尊显～。”《史记·滑稽列传》：“使吏卒共抱大巫妪(yù)，投～河中。”（大巫妪：老巫婆。投之河中：把她投入河里。）《论语·学而》：“学而时习～。”❸ 指示代词。这，此。《诗经·周南·桃夭》：“～子于归。”（这个女子出嫁。）《庄子·逍遥游》：“～二虫又何知？”（这两个动物又懂什么？）❹ 相当于现代汉语助词“的”，放在定语和中心语之间。《诗经·召南·羔羊》：“羔羊～皮。”有时放在主语和谓语之间，取消句子的独立性。《左传·僖公四年》：“不虞君～涉吾地也。”（虞：料想。涉：进入。）《庄子·逍遥游》：“鹏～徙于南冥也，水击三千里。”（徙：迁移。南冥：南边的大海。）

芝 zhī ❶ 灵芝草。一种菌类植物。《论衡·验符》：“～生于土。”❷ 白芷。一种香草。常“芝兰”连用。《荀子·王制》：“好我芳若～兰。”（好：喜欢。）

支 zhī ❶ 枝。《诗经·卫风·芄兰》：“芄兰之～。”《汉书·晁错传》：“～叶茂接。”这个意义后来写作“枝”。㊀动物或人体的四肢。枚乘《七发》：“四～委随。”（委随：柔弱。）这个意义后来写作“肢”。㊀分支。《史记·秦始皇本纪》：“率其～属徙居野王。”（徙：迁移。野王：地名。）李端《送郑宥入蜀迎觐》诗：“巴水一～长。”❷ 支撑。王通《中说·事君》：“大厦将颠，非一木所～也。”（颠：倾倒。）㊀支持。《国语·越语下》：“皆知其资财之不足以～长久也。”㊀拒，抵御。《战国策·赵策二》：“韩、魏不能～秦，必入臣。”《史记·商君列传》：“魏不～秦，必东徙。”❸ 供给，支付。《汉书·赵充国传》：“足～万人一岁食。”（岁：年。）❹ 地支。[干支]见125页“干¹”字。

枝 zhī ❶ 树的枝条。屈原《离骚》：“冀～叶之峻茂兮，愿俟时乎吾将刈。”㊀肢体，四肢。《管子·内业》：“耳目聪明，四～坚固。”这个意义后来写作“肢”。❷ 分支。《管子·度地》：“水别于他水，入于大水及海者，命曰～水。”《韩非子·说疑》：“内宠并后，外宠贰政，～子配适(dí)，大臣拟主，乱之道也。”（适：嫡。）㊀分岔。《荀子·解蔽》：“心～则无知。”❸ 支撑。《庄子·齐物论》：“师旷之～策也，惠子之据梧也。”（策：竹杖。）㊀支持。《左传·桓公五年》：“蔡卫不～，固将先奔。”㊀抗御。刘向《新序·善谋》：“而劲齐韩魏之强，足以～于秦。”上述❷❸㊀㊀又写作“支”。❹ 量词。用于杆状物。陆云《与兄平原书》：“书刀五枚，琉璃笔一～。”

肢 zhī 人或动物的四肢。《商君书·算地》：“劳其四～，伤其五脏。”

鳷 zhī ［鳷鹊］1. 汉章帝时条支国进贡的异鸟。《太平广记》卷四六一“条支国”：“章帝永宁元年，条支国有来进异瑞，有鸟名～～，形高七尺，解人言。”2. 汉宫观名。在长安甘泉宫外。

只²（隻） zhī ❶ 鸟一只。㉾单个。《公羊传·僖公三十三年》：“匹马～轮无反者。”（反：返。）㉿单数。《宋史·张洎传》：“肃宗而下，咸～日临朝，双日不坐。”❷ 量词。用于禽兽和器物。《后汉书·王乔传》：“于是候凫至，举罗张之，但得一～舄焉。”（罗：捕鸟网。舄：鞋。）【注意】古代汉语中“只”和“隻”是两个字，意义各不相同。上述义项都不写作“只”。现“隻”简化为“只”。参见545页“只¹”字。

卮［巵］ zhī 古代盛酒的器皿。《战国策·齐策二》：“乃左手持～，右手画蛇。”（乃：就。）【注意】“卮”还指一种植物。

栀［梔］ zhī ［栀子］树名。杜甫《栀子》诗：“～～比众木，人间诚未多。”也指其花。韩愈《山石》诗：“升堂坐阶新雨足，芭蕉叶大～～肥。”

汁 zhī ❶ 汁液。《左传·哀公三年》“犹拾渖也”杜预注：“北土呼～为渖（shěn）。”（渖：汁。）《列子·汤问》：“实丹而味酸，食其皮～，已愤厥之疾。”（已：指治好。）❷ xié 通“叶¹（xié）”。和谐，协调。张衡《西京赋》：“五纬相～，以旅于东井。”（五纬：金、木、水、火、土五星。）

知 zhī ❶ 知道。《论语·为政》：“～之为～之，不～为不～，是～也。”㉿知觉，感觉。范缜《神灭论》：“手等亦应能有痛痒之～。”㉿知识。《庄子·养生主》：“吾生也有涯，而～也无涯。”❷ 见解，见识。《商君书·更法》：“有独～之虑者。”（虑：思虑。）❸ 了解，赏识。《史记·管晏列传》：“～我者鲍子也。”（鲍子：鲍叔牙。）《宋书·谢灵运传》：“从叔混特～爱之。”❹ 交好，相亲。司马迁《报任安书》：“绝宾客之～。”㉿知己，知心的人。鲍照《咏双燕二首》之一：“悲歌辞旧爱，衔泪觅新～。”（衔泪：噙着泪。觅：找寻。）❺ 主持。《左传·襄公二十六年》：“子产其将～政矣。”（子产：人名。）❻ zhì 通“智”。聪明，智慧。《商君书·更法》：“～者见于未萌。”（萌：萌芽。）

鼅［鼊］ zhī ［鼅鼄］同“蜘蛛”。《三国志·魏书·管辂传》：“原自起取燕卵、蜂窠、～～著器中，使射覆。”又写作“鼅鼄”。

胝 zhī ［胼胝］见316页“胼”字。

祗 zhī ❶ 恭敬。《荀子·非十二子》：“案饰其辞而～敬之。”（案：于是。）❷ zhǐ（旧读zhī）适，仅仅，只。柳宗元《敌戒》：“废备自盈，～益为愈。”这个意义又写作“衹”、“秖”、“秪”、“秖”和“只”。现都写作“只”。

【辨】衹，祇，祗，秖，秪，只。见545页“衹”字。

脂 zhī ❶ 动植物所含的油膏。《诗经·卫风·硕人》：“肤如凝～。”❷ 用脂膏涂车轴，使其润滑。杜甫《赤谷》诗：“我车已载～。”（载：动词词头。）❸ 含脂的化妆品。㊕胭脂。《史记·佞幸列传》：“郎侍中皆冠鵔鸃（jùnyí），贝带，傅～粉。”（冠：戴。鵔鸃：有鸟毛装饰的帽子。贝带：有贝壳装饰的衣带。傅：擦。）

稙 zhī 早种早熟的谷物。《诗经·鲁颂·閟宫》：“黍稷重穋，～稺菽麦。”（稺：后种后熟的谷物。）贾思勰《齐民要术·种谷》：“二月三月种者为～禾，四月五月种者为稚禾。”

榰 zhī 柱子的基础。《说文·木部》：“榰，柱砥。”㉾支撑。《抱朴子·仙药》：“未得作丹，且可服之，以自～持耳。”

执（執） zhí ❶ 捉拿，拘捕。《公羊传·桓公十一年》：“涂出于宋，宋人～之。”❷ 握，持。《荀子·哀公》：“上车～辔（pèi）。”（辔：驾驭牲口的缰绳。）㉾持有某种主张。《三国志·吴书·吴主传》：“惟瑜、肃～拒之议。”（瑜：周瑜。肃：鲁肃。拒：抵抗。）㉿固执，坚持。《庄子·人间世》：“将～而不化，外合而内不訾，其庸讵可乎！”（訾：量，度量。）❸ 掌握，控制。《韩非子·扬权》：“圣人～要，四方来效。”（圣人：指君主。要：关键。效：效力，效劳。）㉾主持，主管。《淮南子·说山》：“～狱牢者无病。”［执政］主持政事者。《旧唐书·黄巢传》：“及巢见诏，大诟（gòu）～～。”（诟：斥骂。）❹ 执行，施行。《汉书·哀帝纪》：“有司～法，未得其中。”（有司：官吏。得其中：指妥当。）❺ 好友。《礼记·曲礼上》：“见父之～，不谓之进，不敢进。”

絷（縶） zhí ❶ 用绳索拴住马足。屈原《九歌·国殇》：“霾（mái）两轮兮～四马。”（霾：埋。）❷ 拴马足用的绳索。《诗经·周颂·有客》：“言授之～，以絷其马。”（言：动词词头。）《左传·成公二年》：“韩厥执～马前。”（韩厥：人名。）❸ 拘禁，束缚。《左传·成公九年》：“南冠而～者谁也？”韩愈《赴江陵途中》诗：“果然又羁～，不得归锄耰。”

Z

直 zhí ❶ 直。与“曲”相对。《荀子·劝学》：“木受绳则～。”（受绳：指按墨线加工。）㊀行为正直。《商君书·修权》：“君好法，则端～之士在前。”㊁正确的道理。柳宗元《封建论》：“告之以～而不改。” ❷ 面对，遇到。《汉书·刑法志》：“魏之武卒，不可以～秦之锐士。”（魏：魏国。武卒：士兵。锐士：精兵。）《汉书·义纵传》：“无～甯成之怒。”（甯成：人名。）㊀值班（后起意义）。㊕在殿堂中值班，侍奉君主。《晋书·羊祜传》：“悉统宿卫入～殿中。”（宿卫：在宫禁中值班的警卫。） ❸ 价值。《史记·酷吏列传》：“汤死，家产～不过五百金。”㊀工钱。《后汉书·班超传》：“为官写书受～，以养老母。”这个意义后来写作“值”。 ❹ 副词。仅，只是。《孟子·梁惠王上》：“～不百步耳，是亦走也。” ❺ 副词。径直，一直。《史记·魏公子列传》：“侯生摄敝衣冠，～上载公子上坐。” ❻ 副词。特意。《史记·留侯世家》：“至良所，～堕其履圯（yí）下。”（圯：桥。）

值 zhí ❶ 面对。《论衡·实知》：“武库正～其墓。” ❷ 遇到。《史记·酷吏列传》：“宁见乳虎，无～甯成之怒。”（无：不要。甯成：人名。）㊁碰上……的时候。《世说新语·政事》：“～积雪始晴。” ❸ 价值相当。梅尧臣《京师奉卖梅花》诗五首之五：“移根种子谁辛苦，上苑偷来～几钱？” ❹ 价值（后起意义）。《太平广记》卷二三六“虢国夫人”：“授二百万偿其～。”蒲松龄《聊斋志异·王成》：“钗～几何？”（几何：多少。）

埴 zhí 制作陶器用的黏土。《管子·任法》：“犹～在埏（shān）也。”（埏：以水和土。）

植 zhí ❶ 关闭门户用的直木。《淮南子·本经》：“县（xuán）联房～……雕琢刻镂。”（县联：房檐上的木板装饰物。）㊂木柱。《墨子·备城门》：“城上百步一楼，楼四～。” ❷ 竖立。《论衡·吉验》：“有一木杖～其门侧。”嵇康《养生论》：“～发冲冠。” ❸ 栽种。陶渊明《归去来兮辞序》：“耕～不足以自给。”李白《送郄昂谪巴中》诗：“瑶草寒不死，移～沧江滨。”㊁植物。范缜《神灭论》：“渐而生者，动～是也。”（动物和植物是逐渐生长的。） ❹ 古代军队中督办工事的将官。《左传·宣公二年》：“华元为～，巡功。”（华元：人名。功：工事。） ❺ 通“殖”。繁殖，生长。《淮南子·主术》：“甘雨时降，五谷蕃～。”（蕃：茂盛。）

殖 zhí ❶ 繁殖，生长。《吕氏春秋·明理》：“禽兽胎消不～。”《荀子·尧问》：“草木～焉，禽兽育焉。”㊀增加，增长。《国语·周语上》：“财用蕃～。”（蕃：繁多。） ❷ 种植。《尚书·吕刑》：“农～嘉谷。”（嘉：好。）㊀树立。《国语·周语下》：“上得民心，以～义方。” ❸ 经商。《列子·杨朱》：“子贡～于卫。”（子贡：人名。卫：卫国。）［货殖］1. 经商。《抱朴子·安贫》：“～～营生，累万金之赀（zī）。”（赀：财产。）2. 经商的人。班固《西都赋》：“州郡之豪杰，五都之～～。”

职（職） zhí ❶ 职责。《荀子·君道》：“然后明分～。”㊁职业。《周礼·天官·大宰》：“闲民无常～。” ❷ 职位，官职。《后汉书·百官志一》：“并官省～，费减亿计。” ❸ 执掌，掌管。《管子·大匡》：“有司～之。”《后汉书·张皓传》：“～事八年，出为彭城相。”（彭城：地名。） ❹ 主要。刘知几《史通·叙事》：“史之烦芜，～由于此。”（史：史书。烦芜：繁杂。） ❺ 贡献。《后汉书·孔融传》：“是时荆州牧刘表不供～贡。” ❻ 通“志（zhì）”。记。《史记·屈原贾生列传》：“章画～墨兮，前度未改。”

跖 zhí ❶ 脚掌。《吕氏春秋·用众》：“善学者若齐王之食鸡也，必食其～数千而后足。”（足：满足。） ❷ 踩，踏。张协《七命》：“上无凌虚之巢，下无～实之蹊。”（蹊：路。） ❸ 人名。传说是春秋时奴隶起义的领袖。上述义项都可以写作“蹠”。

馽 zhí 拴住马足的绳子。《庄子·马蹄》：“连之以羁～，编之以皂栈。”㊁拴住牛马等的足。张衡《西京赋》：“搤水豹，～潜牛。”㊃束缚。朱熹《与汪伯虞》：“脱此羁～，归卧田间。”

摭 zhí 拾取，摘取。《论衡·逢遇》：“犹拾遗于涂，～弃于野。”（涂：途。遗：指丢失的东西。弃：指被抛弃的东西。）韦承庆《灵台赋》：“游书圃而～芳。”

蹠［跖］ zhí ❶ 踩，踏。屈原《九章·哀郢》：“眇不知其所～。”（眇：遥远。） ❷ 到。《淮南子·原道》：“自无～有，自有～无。” ❸ 脚掌。《战国策·楚策一》：“上峥山，逾深溪，～穿膝暴。”（蹠穿：指鞋破了，脚掌露出来。暴：露出来。）㊁脚（包括小腿和脚掌）。《淮南子·氾论》：“～距者举远。”（腿长的人跨得远。距：大，长。） ❹ 人名。传说是春秋时奴隶起义的领袖。上述除❹外又写作“跖”。

踯（躑） zhí ［踯躅（zhú）］徘徊不前。《荀子·礼论》：“（大鸟兽）过故乡，则必徘徊焉，鸣号焉，～～焉。”（焉：在那里。）又写作“蹢躅”、“蹢躅”。

止 zhǐ ❶ 脚。《汉书·刑法志》:“当斩左～者,笞(chī)五百。”(笞:用竹板打。)这个意义后来写作“趾”。❷ 停止。《庄子·齐物论》:“曩(nǎng)子行,今子～。”(曩:以往。子:您。)《韩非子·难势》:“令则行,禁则～。”(引)居住,栖息。《后汉书·张俭传》:“困迫遁走,望门投～。”《诗经·秦风·黄鸟》:“交交黄鸟,～于桑。”(交交:鸟鸣声。) ❸ 禁止,阻止。《韩非子·有度》:“～诈伪,莫如刑。”《左传·桓公六年》:“随侯将许之,季梁～之。”(许:答应。季梁:人名。) ❹ 仪态,容止。《诗经·大雅·抑》:“淑慎尔～,不愆于仪。” ❺ 副词。只是,仅仅。《庄子·天运》:“～可以一宿,而不可久处。” ❻ 语气词。《诗经·小雅·小弁》:“维桑与梓,必恭敬～。”

址[阯] zhǐ ❶ 地基,地址。张九龄《登古阳云台》诗:“楚国兹故都,兰台有余～。”(兹:这里。兰台:台名。)《北史·刘芳传》:“宫阙府寺佥复故～。”(佥:都。) ❷ 山脚。王安石《游褒禅山记》:“褒禅山亦谓之华山,唐浮图慧褒始舍于其～。”(浮图:和尚。慧褒:和尚名。舍:筑屋。)

芷 zhǐ 白芷,一种香草。《荀子·宥坐》:“～兰生于深林。”(兰:兰草。)又写作“茝”。

沚 zhǐ 水中小洲。《诗经·小雅·菁菁者莪》:“菁菁者莪,在彼中～。”(中沚:沚中。)

祉 zhǐ ❶ 福。《诗经·大雅·皇矣》:“既受帝～,施于孙子。” ❷ 喜。《诗经·小雅·巧言》:“君子如怒,乱庶遄(chuán)沮;君子如～,乱庶遄已。”(遄:迅速。沮、已:止息。)

趾 zhǐ ❶ 脚。《左传·桓公十三年》:“举～高,心不固矣。”徐弘祖《徐霞客游记·滇游日记》:“行者俱不敢停～。”成语有“趾高气扬”。(又)脚趾。孙思邈《千金要方》卷四四:“寒厥必起于五～而上于膝者,何也?” ❷ 踪迹,行动所留下的痕迹。王勃《观佛迹寺》诗:“松崖圣～余。”(余:遗留。) ❸ 通“址”。地基。左思《魏都赋》:“亭亭峻～。”(亭亭:高大。)(又)山脚。阮籍《咏怀八十二首》之三:“去上西山～。”

只1 zhǐ ❶ 句末语气词。表示感叹或决定。《诗经·鄘风·柏舟》:“母也天～,不谅人～!” ❷ 仅仅,只有。杜甫《示侄佐》诗:“～想竹林眠。”

【辨】衹,祗,祇,秖,秪,只。见下“祇”字。

枳 zhǐ 果树名。果似橘而酸。《晏子春秋·内篇杂下》:“橘生淮南则为橘,生于淮北则为～。”

轵(軹) zhǐ ❶ 古代车轴末端的小孔,用以插入销钉固定轮轴。《周礼·考工记·轮人》:“五分其毂之长,去一以为贤,去三以为～。”(贤:大孔。)(又)车辖。《周礼·考工记·总叙》:“六尺有六寸之轮,～崇三尺有三寸也。” ❷ 古代车厢两侧的栏木。张衡《思玄赋》:“抚軨～而还睨兮,心勺藻(shuò)其若汤。”(勺藻:热的样子。)

咫 zhǐ 古代的长度单位。周制八寸。《国语·鲁语下》:“其长尺有～。”(尺有咫:一尺八寸。)[咫尺] 1. 很短或很近。《韩非子·外储说左上》:“用～～之木。”李商隐《行次西郊作》诗:“～～不相见。” 2. 微小。《战国策·秦策五》:“虽有高世之名,无～～之功者,不赏。”

疻 zhǐ 因殴伤而瘀血。《汉书·薛宣传》:“遇人不以义而见～者,与痏(wěi)人之罪钧。”(痏:殴伤而出血。钧:均。)

旨 zhǐ ❶ 味美。《诗经·小雅·鹿鸣》:“我有～酒。”(引)美,美好。《尚书·说命中》:“王曰:‘～哉!’” ❷ 意思,意图。《周易·系辞下》:“其～远,其辞文。”《旧五代史·寇彦卿传》:“好书史,复善伺太祖之～。” ❸ 帝王的诏书,命令(后起意义)。《旧唐书·刘洎传》:“陛下降恩～。”

【辨】甘,旨。见125页“甘”字。

指 zhǐ ❶ 手指。《战国策·秦策三》:“臣未尝闻～大于臂,臂大于股。”(股:大腿。)(又)脚趾。《史记·高祖本纪》:“汉王伤胸,乃扪足,曰:‘虏中吾～。’”(汉王:刘邦。) ❷ 用手指,指向。《论语·八佾》:“～其掌。”《论衡·是应》:“司南之杓,投之于地,其柢～南。”(又)竖起。《史记·项羽本纪》:“头发上～,目眦尽裂。” ❸ 指责。《汉书·王嘉传》:“千人所～,无病而死。” ❹ 意思,意图。《尚书·盘庚上》:“不匿厥～。”(厥:其。)王安石《上皇帝万言书》:“孰能称陛下之～。”(孰:谁。称:合乎。)这个意义又写作“旨”。

恉 zhǐ 旨意。许慎《说文解字叙》:“究洞圣人之微～。”

抵 zhǐ ❶ 击,拍。《战国策·秦策一》:“～掌而谈,赵王大悦。”(按:今本讹作“抵”。) ❷ 投掷,抛。张衡《东京赋》:“藏金于山,～璧于谷。”

祇[秖、秪] zhǐ (旧读 zhī)适,恰好,只。《左传·僖公十五年》:“晋未可灭,而杀其君,～以成恶。”《汉书·邹阳传》:“故无因而至前,虽出随珠和璧,～怨结而不见德。”

【辨】衹,祗,祇,秖,秪,只。这六个字都可以表示“适”、“恰好”、“只”的意思。“祇”出现得较早,“祇(qí)”的本义是“地神”,“祇

(zhī)”的本义是“敬”，又都可以表示“适”、“恰好”、“只”的意思。“秖”和“秪”是六朝以后的俗字。“只”表示“适”、“恰好”、“只”的意思较晚。

茝 zhǐ ❶ 一种香草，即白芷。屈原《九歌·湘夫人》：“沅有～兮澧有兰。”(沅、澧：水名。)张华《杂诗》之一：“微风摇～若，层波动芰(jì)荷。”(茝若：白芷和杜若。芰荷：菱角和荷花。) ❷ chǎi 蘼芜的苗。见《尔雅》。

黹 zhǐ 缝纫，刺绣。[针黹]缝纫、刺绣一类的针线活。《元曲选外编·王实甫〈西厢记〉第一本楔子》：“～～女工，诗词书算，无不能者。”

徵 zhǐ ❶ 五音(宫、商、角、徵、羽)之一。见503页“音”字。❷ zhēng 见540页“征²(徵)”字。

至 zhì ❶ 到，到达。《左传·文公二年》：“秦师又～。”(师：军队。)《史记·李斯列传》：“官～廷尉。” ❷ 极，最。《荀子·正论》：“罪～重而刑～轻。”㉂达到了顶点。《史记·春申君列传》：“物～则反。” ❸ 至于。《墨子·非攻上》：“～攘人犬豕鸡豚者，其不义又甚入人园圃窃桃李。” ❹ 通“致”。给予，加给。《墨子·明鬼下》：“昔者夏王桀贵为天子，富有天下，上诟天侮鬼，下殃傲天下之万民……故于此乎天乃使汤～明罚焉。”

桎 zhì ❶ 拘束犯人两脚的刑具。常“桎梏”连用。《战国策·齐策六》：“束缚～梏，辱身也。” ❷ 约束，束缚。《庄子·达生》：“其灵台一而不～。”(灵台：指心。一：专一。)

轾(輊) zhì 车子前面重而前低后高。《诗经·小雅·六月》：“戎车既安，如～如轩。”(轩：车子后面重而前高后低。)《三国志·蜀书·郤正传》：“不乐前以顾轩，不就后以虑～。”

致 zhì ❶ 送达。《荀子·解蔽》：“远方莫不～其珍。”㉃献出，尽。《论语·学而》：“事君能～其身。”《后汉书·臧洪传》：“凡我同盟，齐心一力，以～臣节。”㉃传达，表达。《汉书·朱博传》：“遣吏存问～意。”(存问：慰问。)双音词有“致谢”、“致敬”。❷ 给予。《战国策·魏策三》：“敝邑有宝璧二双，文马二驷，请～之先生。” ❸ 招引，引来。《盐铁论·本议》：“～士民，聚万货。”《汉书·公孙弘传》：“～利除害。”㉃取得。《韩非子·外储说左上》：“忠言拂于耳，而明主听之，知其可以～功也。”(拂：违背，不顺。)㉂致使。潘岳《藉田赋》：“展三时之弘(hóng)务，～仓廪于盈溢。”(三时：指春、夏、秋三季。) ❹ 到。《周髀算经》：“引绳～地而识(zhì)之。” ❺ 尽，极。《荀子·仲尼》：“非～隆高也。”(隆：高。) ❻ 意态，情趣。《魏书·茹皓传》：“树草栽木，颇有野～。”双音词有“兴致”、“情致”。❼ 精密，细密。《汉书·严延年传》：“桉其狱，皆文～不可得反。”(检查他的狱案，文理致密，不可推翻。桉：考察。)

铚(銍) zhì ❶ 镰刀。《管子·轻重乙》：“一农之事，必有一耜、一铫、一镰、一鎒、一椎、一～，然后成为农。”㉂用镰刀割。《诗经·周颂·臣工》：“命我众人，庤(zhì)乃钱镈，奄观～艾(yì)。”(庤：储备。艾：刈，收割。) ❷ 割下的禾穗。《尚书·禹贡》：“二百里纳～。”

窒 zhì 阻塞，不通。《诗经·豳风·七月》：“穹～熏鼠。”㉃抑止。《周易·损》：“君子以惩忿～欲。”

志 zhì ❶ 心意。《尚书·舜典》：“诗言～。”(诗歌是表达内心思想的。)㉂志向。《史记·陈涉世家》：“燕雀安知鸿鹄(hú)之～哉！”(安：哪里。鸿鹄：天鹅。)成语有“志同道合”、“志大才疏”。㉂对……有志。《论语·为政》：“吾十有五而～于学。” ❷ 记，记住。《史记·屈原贾生列传》：“博闻强～。” ❸ 记述。《庄子·逍遥游》：“《齐谐》者，～怪者也。”(《齐谐》是一部记载异闻的书。《齐谐》：书名。)㉂记事的书或文章。如《三国志》、县志。上述❷❸㉂后来又写作“誌”。❹ 通“帜”。旗帜。《史记·刘敬叔孙通列传》：“设兵，张旗～。” ❺ 通“痣”。皮肤上生的瘢痕。《梁书·沈约传》：“约左目重瞳子，腰有紫～。”

誌 zhì ❶ 记，记住。《新唐书·褚亮传》：“博见图史，一经目辄～于心。”(图：图表。史：史籍。) ❷ 记述。《列子·杨朱》：“太古之事灭矣，孰～之哉？”㉂记事的书或文章。如“碑志”、“墓志”。❸ 标志，标记。《南齐书·韩系伯传》：“襄阳土俗，邻居种桑树于界上为～。” ❹ 通“痣”。皮肤上生的瘢痕。《南齐书·江祏传》：“高宗胛上有赤～。”(胛：肩胛。)上述除❸外又写作“志”。

豸 zhì ❶ 没有脚的虫子。《尔雅·释虫》：“有足谓之虫，无足谓之～。” ❷ 解决。《左传·宣公十七年》：“余将老，使郤子逞其志，庶有～乎？”(余：我。郤子：人名。逞：施展。庶：可能。)

忮 zhì ❶ 忌恨。《诗经·邶风·雄雉》：“不～不求，何用不臧？”(求：贪求。臧：善。) ❷ 刚愎，狠戾。《管子·形势解》：“能宽裕纯厚而不苛～，则民人附。”㉃违逆。《庄子·天下》:“不苟于人,不～于众。”

迣 zhì ❶ liè 遮拦。《汉书·鲍宣传》:“部落鼓鸣,男女遮～。” ❷ 度越。《汉书·礼乐志》:“体容与,～万里。”(容与:从容的样子。)

帜(幟) zhì 旗帜。《墨子·旗帜》:“鼓三,举一～。”(擂鼓三次,就把一面旗帜举起。)〈引〉标志,标记。《后汉书·虞诩传》:“以采綖(xiàn)缝其裾(jū)为～。”(用彩线缝在大襟上作为标志。綖:线。)

帙 zhì ❶ 包书的布套。潘岳《杨仲武诔》:“披～散书,屡睹遗文。”谢灵运《酬从弟惠连》诗:“散～问所知。” ❷ 量词。用于书籍。白居易《长庆集后序》:“前三年,元微之为予编次文集而叙之,凡五～,每～十卷。”

秩 zhì ❶ 官吏的俸禄。《荀子·王霸》:“重其官～。”《后汉书·百官志二》:“本四百石,宣帝增～。”〈引〉官吏的品级第次。《汉书·赵广汉传》:“贬～一等。” ❷ 次序。《汉书·谷永传》:“贱者咸得～进。”(咸:都。秩进:依次进用。) ❸ 常规。《诗经·小雅·宾之初筵》:“是曰既醉,不知其～。” ❹ 十年为一秩。白居易《思旧》诗:“已开第七～。”

紩 zhì 缝。《晏子春秋·内篇谏下》:“古者尝有～衣挛领而王天下者。”

制1 zhì ❶ 裁制,制作。《诗经·豳风·东山》:“～彼裳衣。”(做那件衣裳。)《孟子·梁惠王上》:“可使～梃以挞秦楚之坚甲利兵矣。”〈又〉加工。《战国策·齐策四》:“夫玉生于山,～则破焉。”〈引〉写作。蔡琰《胡笳十八拍》:“～兹八拍兮拟俳(pái)优。”(兹:这。八拍:八曲。拟:模仿。俳优:演戏的人。)上述❶〈引〉又写作“製”。 ❷ 禁止,遏制。《尚书·吕刑》:“～以刑。”(以:用。)〈引〉控制,掌握。《荀子·天论》:“从天而颂之,孰与～天命而用之?”(孰与:哪里比得上。) ❸ 规定,制定。《礼记·明堂位》:“～礼作乐。” ❹ 规章,制度。《左传·隐公元年》:“先王之～,大都不过参国之一。”(参:三。)柳宗元《封建论》:“秦～之得,亦以明矣。” ❺ 帝王的命令。《史记·秦始皇本纪》:“命为～,令为诏。”(诏:帝王的命令。) ❻ 规模。范仲淹《岳阳楼记》:“增其旧～。”(扩大岳阳楼原有的规模。) ❼ 古代长度单位。一丈八尺为一制。《管子·乘马》:“季绢三十三～当一镒。”(季:下等的。)

制2**(製)** zhì ❶ 裁制衣服。《左传·襄公三十一年》:“子有美锦,不使人学～焉。”(锦:彩色的丝织品。)〈引〉制造,制作。杜甫《高楠》诗:“近根开药圃,接叶～茅亭。” ❷ 服装的样式。《汉书·叔孙通传》:“通儒服,汉王憎之,乃变其服,服短衣,楚～。” ❸ 写作。任昉《齐竟陵文宣王行状》:“所～《山居四时序》言之已详。”

质(質) zhì ❶ 本质,实体。《荀子·劝学》:“其～非不美也。”范缜《神灭论》:“形者神之～。”(形体是精神的物质实体。)〈引〉质地,底子。刘禹锡《砥石赋》:“圭形石～,苍色腻理。”柳宗元《捕蛇者说》:“永州之野产异蛇,黑～而白章。”(章:花纹。) ❷ 朴实,缺乏文采。与“文”相对。《论语·雍也》:“～胜文则野,文胜～则史。”(史:指虚浮。)《后汉书·西域传》:“其人～直,市无二价。” ❸ 质问,问。《汉书·汲黯传》:“黯(àn)～责汤于上前。”(汤:张汤。上:皇帝。) ❹ 评判,对质。刘禹锡《天论上》:“而欲～天之有无。”《礼记·曲礼上》:“虽～君之前。” ❺ 人质,两国交往,各派世子或宗室子弟留居对方作为保证,叫“质”或“质子”。《左传·隐公三年》:“周郑交～,王子狐为～于郑,郑公子忽为～于周。”(狐:人名。为质于郑:到郑国做人质。忽:人名。)〈又〉做人质。《战国策·燕策三》:“燕太子丹～于秦。” ❻ 买卖的券契。《周礼·地官·质人》:“凡卖价者～剂焉,大市以～,小市以剂。”(长券为质,短券为剂。)〈又〉盟约。《左传·哀公二十年》:“黄池之役,先主与吴王有～。” ❼ 箭靶。《荀子·劝学》:“是故～的张而弓矢至焉。”(的:箭靶。)〈引〉目标。《汉书·酷吏传》:“既出不至～,引军空还。” ❽ 刑具,杀人时用作垫座的砧板。《汉书·张苍传》:“解衣伏～。”这个意义又写作“椹”、“锧”。 ❾ 通“贽”。古代初次拜见尊长时所送的礼物。《孟子·滕文公下》:“出疆必载～。”[委质]指初次拜见尊长时送礼。《国语·晋语九》:“臣～～于狄之鼓。”(鼓:地名。)〈引〉臣服,归顺。《韩非子·有度》:“贤者之为人臣,北面～～,无有二心。”(北面:臣子面向北朝见君主。)

锧(鑕) zhì 腰斩人用的铁砧。常“铁(斧)锧”连用。《公羊传·襄公二十七年》:“夫负羁絷,执铁～……则是臣仆庶孽之事也。”〈又〉腰斩之刑。《公羊传·昭公二十五年》:“君不忍加之以铁～,赐之以死。”

踬(躓) zhì ❶ 跌倒,绊倒。《左传·宣公十五年》:“杜回～而颠,故获之。”《韩非子·六反》:“不～于山,而～于垤。” ❷ 遇事不顺利,受挫折。谢灵运《还旧园作见颜范二中书》诗:“事～两如直,心惬三避贤。”钟会《檄蜀文》:“益州先主,以命

Z

世英才，兴兵朔野，困～冀、徐之郊。”

炙 zhì ❶ 烤（肉）。古乐府《西门行》：“饮醇酒，～肥牛。”成语有“炙手可热”。❷ 烤的肉。李白《侠客行》：“将～啖（dàn）朱亥，持觞（shāng）劝侯嬴。”（朱亥、侯嬴：人名。啖：给人吃。觞：酒杯。）

治 zhì ❶ 治理，管理。《史记·夏本纪》：“尧求能～水者。”成语有“治国安民”。㊀处理其他事情。有“惩处”、“医治”、“研究”等义。如“治罪”、“治病”、“治学”等。《史记·蒙恬列传》：“高有大罪，秦王令蒙毅法～之。”（高：赵高。蒙毅：人名。）《盐铁论·世务》：“如人有疾，不～则寖以深。”（寖：渐渐。）《汉书·隽不疑传》：“～《春秋》，为郡文学。”㊀修建，营造。《管子·地数》：“丈夫毋得～宫室，毋得立台榭。”❷ 治理得好，太平。与“乱”相对。《战国策·秦策三》：“以乱攻～者亡。”《史记·秦本纪》：“于是法大用，秦人～。”❸ 治所。王都或地方官署所在地。郦道元《水经注·江水》：“巫山在县西南，而今县东有巫山，将郡县居～无恒故也。”（居：设置。）

栉（櫛） zhì 梳子、篦子的通称。《庄子·寓言》：“妻执巾～。”（执：拿。巾：用来洗脸的手巾。）㊀梳头。《论衡·讥日》：“如以发为最尊，则～亦宜择日。”白居易《与元九书》：“除盥（guàn）～食寝外无余事。”（盥：洗漱。）成语有“栉风沐雨”。[栉比][栉栉]形容排列很密。左思《吴都赋》：“屯营栉比。”（屯营：军营驻扎。）成语有“鳞次栉比”。

峙 zhì ❶ 山屹立，耸立。沈约《齐故安陆昭王碑》：“乔岳峻～。”（乔：高。峻：高大。）㊀立。《后汉书·河间孝王开传》：“景～不为礼。”（景：人名。）㊀对峙。潘岳《为贾谧作赠陆机》：“六国互～。”❷ 备，储备。《诗经·大雅·崧高》：“以～其粻（zhāng）。”（粻：粮。）

庤 zhì 储备。《诗经·周颂·臣工》：“命我众人，～乃钱镈。”（乃：你们的。钱、镈：两种农具。）

畤 zhì 秦汉时祭天地和五帝的祭坛。《史记·秦本纪》：“十年，初为鄜～。”（鄜：地名。）

痔 zhì 痔疮。《庄子·列御寇》：“秦王有病，召医。破痈溃痤者，得车一乘；舐～者，得车五乘。”

陟 zhì ❶ 登，上。一般指登山或登高。《诗经·周南·卷耳》：“～彼高冈，我马玄黄。”（玄黄：指马病。）㊕帝王升天，即帝王死。《尚书·康王之诰》：“惟新～王，毕协赏罚。”❷ 提升，提拔。诸葛亮《出师表》：“～罚臧否，不宜异同。”（臧：好。否：坏。宜：应该。异同：有差别。）

骘（騭） zhì ❶ 公马。《尔雅·释畜》：“牡曰～。”❷ 安定。《尚书·洪范》：“惟天阴～下民，相协厥居。”

贽（贄） zhì 古代初次拜见尊长时所送的礼物。《左传·庄公二十四年》：“男～，大者玉帛，小者禽鸟。”《论衡·语增》：“周公执～下白屋之士。”㊀诸侯之间聘享的礼物。《左传·成公十二年》：“凡晋楚无相加戎，好恶同之。……交～往来，道路无壅。”

挚（摯） zhì ❶ 抓，攫取。《吕氏春秋·忠廉》：“～执妻子。”❷ 诚恳，恳切。王士禛《诚斋诗集序》：“于师友之际，尤缠绵笃～。”❸ 通“贽”。古代初次拜见尊长时所送的礼物。《周礼·春官·大宗伯》：“以禽作六～。”❹ 通“鸷”。凶猛。《史记·货殖列传》：“若猛兽～鸟之发。”❺ 通“至”。到来。《吕氏春秋·孟春纪》：“霜雪大～，首种不入。”❻ 通“至”。极点。《汉书·窦田灌韩传赞》：“以韩安国之见器，临其～而颠坠。”

鸷（鷙） zhì 凶猛的鸟，如鹰、雕等。刘禹锡《养鸷词》：“养～非玩形。”㊀勇猛，凶猛。《商君书·画策》：“～而无敌。”《三国志·魏书·曹真传》：“太祖壮其～勇。”（太祖：曹操。）

猘［狾］ zhì 疯狗。《汉书·五行志中之上》：“宋国人逐～狗，～狗入于华臣氏。”【注意】“狾”还有“凶猛”等意义。

掷（擲） zhì ❶ 投掷，抛掷，扔。《后汉书·吕布传》：“卓拔手戟～之。”（卓：董卓。戟：一种兵器。）成语有“孤注一掷”。❷ 跳，腾跃。《世说新语·假谲》：“绍遑迫自～出，遂以俱免。”（绍：袁绍。）元好问《楚汉战处》诗：“虎～龙拏（ná）不两存。”（拏：抓。）

智 zhì ❶ 聪明，智慧。贾谊《治安策》：“凡人之～，能见已然，不能见将然。”成语有“智周万物”。❷ 计谋，策略。《史记·项羽本纪》：“汉王笑谢曰：‘吾宁斗～，不能斗力。’”❸ 知识。《荀子·正名》：“所以知之在人者谓之知。知有所合谓之～。”

滞（滯） zhì ❶ 不流畅。《淮南子·时则》：“流而不～。”㊀停滞，滞留。屈原《九章·怀沙》：“任重载盛兮，陷～而不济。”（盛：多。不济：指不能前进。）骆宾王《春雩早行》诗:"乌裘几～秦。"❷ 遗漏。《诗经·小雅·大田》:"此有～穗。"

彘 zhì 猪。《商君书·兵守》:"使牧牛马羊～。"

【辨】豕,彘,猪,豚。见384页"豕"字。

置 zhì ❶ 赦罪,释放。《汉书·尹赏传》:"赏亲阅,见十～一。"❷ 放到一边,放弃。曹丕《杂诗》:"弃～勿复陈。"《史记·项羽本纪》:"沛公则～车骑,脱身独骑。"成语有"置之不理"。㊂废弃。《国语·周语中》:"今以小忿弃之,是以小怨～大德也。"❸ 搁,安放。《史记·秦始皇本纪》:"金人十二,重各千石,～廷宫中。"(石:重量单位。)成语有"置之度外"。㊀摆,设。《史记·李斯列传》:"～酒咸阳宫。"❹ 立,建立。《管子·任法》:"～法而不变,使民安其法者也。"《盐铁论·诛秦》:"～五属国,以距胡。"(距胡:抵御匈奴。)㊀购置,添置。《韩非子·外储说左上》:"郑人有且～履者。"(且:将。履:鞋。)❺ 驿站。《韩非子·难势》:"五十里而一～。"㊂驿车,驿马。《汉书·刘屈氂传》:"乘疾～以闻。"

寘 zhì 放置,安置。《周易·坎》:"～于丛棘,三岁不得。"《左传·隐公元年》:"遂～姜氏于城颍。"

雉 zhì ❶ 一种鸟。也叫野鸡。《庄子·养生主》:"泽～十步一啄,百步一饮。"❷ 古代计算城墙面积的单位。长三丈高一丈为一雉。《左传·隐公元年》:"都城过百～,国之害也。"潘岳《马汧督诔》:"率寡弱之众,据十～之城。"㊀城墙。谢朓《和王著作八公山》:"出没眺(tiào)楼～。"(眺:眺望,往远处看。)❸ 博戏中的一种彩。《晋书·刘毅传》:"毅次掷得～,大喜。"

稚[穉] zhì 幼,幼小。《楚辞·大招》:"～朱颜只。"(只:语气词。)陶渊明《归去来兮辞》:"～子候门。"(幼儿在门口等候。)㊂童子。《孟子·滕文公上》:"使老～转乎沟壑,恶在其为民父母也?"㊀幼稚,不成熟。《论衡·超奇》:"生在今世,文章虽奇,论者犹谓～于前人。"

瘈 zhì ❶ 狗发狂,疯狂。《左传·哀公十二年》:"国狗之～,无不噬(shì)也。"(噬:咬。)❷ chì 手足痉挛。《素问·气交变大论》:"足痿不收,行善～,脚下痛。"

穉 zhì ❶ 幼稚。《诗经·鄘风·载驰》:"众～且狂。"❷ 后种后熟的谷物。《诗经·鲁颂·閟宫》:"稙～菽麦。"

觯(觶) zhì 古代饮酒器,形似尊而小。《礼记·檀弓下》:"杜蒉洗而扬～。"

擿 zhì ❶ 搔,抓。《列子·黄帝》:"指～无痟(xiāo)痒。"(痟痒:痛痒。)❷ 搔头,古代妇女头上的一种首饰。《后汉书·舆服志下》:"诸簪珥皆同制,其～有等级焉。"❸ 投掷。《庄子·胠箧》:"～玉毁珠。"这个意义后来写作"掷"。❹ tì 挑。《抱朴子·备阙》:"～齿则松櫝不及一寸之筳。"㊀挑动,指使。《汉书·谷永传》:"卫将军商密～永令发去。"(卫将军王商秘密指使谷永要他离开。)㊂揭发。《后汉书·贾复传》:"以～发其奸。"❺ zhāi 通"摘"。摘取。潘岳《闲居赋》:"陆～紫房,水挂赪鲤。"

ZHONG

中 zhōng ❶ 内,里。《周礼·考工记·匠人》:"国～九经九纬。"《韩非子·和氏》:"楚人和氏得玉璞楚山～。"(玉璞:玉石。)㊕内心。《诗大序》:"情动于～而形于言。"㊀中间。柳宗元《天说》:"浑然而～处者,世谓之元气。"(那茫茫一片充塞在天地中间的东西,人们把它叫作元气。)❷ 半,一半。《战国策·魏策四》:"～道而反。"(反:返回。)傅玄《短歌行》:"蟋蟀何感?～夜哀鸣。"❸ 不高不下,中等。《史记·游侠列传》:"状貌不及～人。"嵇康《养生论》:"上药养命,～药养性。"㊂合适,恰当。《战国策·齐策二》:"是秦之计～,齐、燕之计过矣。"❹ zhòng 符合,适合。《荀子·赋》:"圆者～规,方者～矩。"(规:画圆形的工具。矩:画方形的工具。)干宝《晋纪总论》:"筹画军国,嘉谋屡～。"成语有"正中下怀"。㊀射中目标。《史记·周本纪》:"百发而百～之。"❺ zhòng 中伤,诬蔑别人使受损害。《汉书·何武传》:"显怒,欲以吏事～商。"(显、商:人名。)

忠 zhōng ❶ 尽心竭力。《论语·学而》:"为人谋而不～乎?"❷ 忠于君主。《战国策·秦策一》:"昔者子胥～其君。"

钟¹(鐘) zhōng ❶ 一种乐器。《管子·任法》:"～鼓竽瑟。"❷ 通"钟²(鍾)"。酒器。《列子·杨朱》:"聚酒千～。"

钟²(鍾) zhōng ❶ 酒器。《论衡·语增》:"文王饮酒千～。"❷ 古代量器,也是容量单位。六石四斗为一钟。《孟子·滕文公下》:"兄戴,盖禄万～。"❸ 积聚。《国语·周语下》:"泽,水之～也。"(湖泽,是水积聚而成的。)㊀专注。《世说新语·伤逝》:"情之所～,正在我辈。"❹ 通"钟¹

Z

(鐘)"。一种乐器。《史记·秦始皇本纪》："收天下兵，聚之咸阳，销以为～鐻(jù)。"(兵：兵器。鐻：悬挂钟鼓的架子。)

衷 zhōng ❶ 贴身的内衣。㉦穿在里面。《左传·襄公二十七年》："楚人～甲。" ❷ zhòng 适当，恰当。《左传·僖公二十四年》："服之不～，身之灾也。"(服：衣服。) ❸ 善。《尚书·汤诰》："惟皇上帝降～于下民。" ❹ 通"中"。中间。《国语·晋语四》："～而思始。"(事情办到中间要想想开始时的情形。)㊀内心。颜延之《五君咏》："深～自此见。"

妐 zhōng ❶ 丈夫的父亲。《吕氏春秋·遇合》："姑～知之，曰：'为我妇而有外心，不可畜。'" ❷ 丈夫的姐姐。《礼记·昏义》"和于室人"郑玄注："室人，谓女～、女叔、诸妇也。"

终(終) zhōng ❶ 终了，结束。与"始"相对。《孙子兵法·势》："～而复始，日月是也。"㉦生命完结，死。《左传·文公七年》："今君虽～，言犹在耳。"(犹：还。) ❷ 终于，终归。《战国策·齐策二》："为蛇足者，～亡其酒。"(为蛇足者：给蛇画脚的人。亡：失掉。) ❸ 自始至终。《战国策·魏策四》："受地于先王，愿～守之。"(受地：接受封地。)㊀尽，全。《老子》二十三章："骤雨不～日。" ❹ [终……且……]既……又……。《诗经·邶风·终风》："～风～霾。"

螽 zhōng 虫名。蝗类的总称。《春秋·桓公五年》："大雩，～。"(螽：指蝗虫为灾。)

种(種) zhǒng ❶ 植物的种子。《诗经·大雅·生民》："诞降嘉～，维秬维秠。"贾思勰《齐民要术·收种》："～杂者，禾则早晚不均。"㉦后代。《战国策·齐策六》："女无谋(媒)而嫁者，非吾～也。" ❷ 种族。《后汉书·东夷传》："夷有九～。" ❸ 种类。张衡《南都赋》："百～千名。" ❹ zhòng 种植。《战国策·东周策》："今其民皆～麦。"

【注意】古代汉语中"种(chóng)"和"種"是两个字，意义各不相同。上述义项都不写作"种"。现"種"简化为"种"。

冢 zhǒng ❶ 高大的坟墓。《史记·高祖本纪》："项羽烧秦宫室，掘始皇帝～。"㉨坟墓。杜甫《咏怀古迹五首》之三："独留青～向黄昏。"上述❶㉨又写作"塚"。 ❷ 山顶。《诗经·小雅·十月之交》："百川沸腾，山～崒(zú)崩。"(崒崩：猝然崩塌。) ❸ 大，嫡长。如"冢宰"(官名，即后来所称的宰相)、"冢子"(嫡长子)。

塚 zhǒng 坟墓。李贺《许公子郑姬歌》："相如～上生秋柏，三秦谁是言情客。"

瘇[尰] zhǒng 脚肿。《诗经·小雅·巧言》："既微且～，尔勇伊何？"(微：小腿生疮。)《汉书·贾谊传》："天下之势，方病大～。"

踵 zhǒng ❶ 脚后跟。屈原《离骚》："忽奔走以先后兮，及前王之～武。"(踵武：这里是比喻用法。武：足迹。)《晏子春秋·内篇杂下》："比肩继～而在，何为无人？"(比肩：肩膀并着肩膀。) ❷ 到，走到。《庄子·达生》："～门而诧子扁庆子。"(诧：告诉。子：尊称。扁庆子：人名。) ❸ 跟随。《汉书·武帝纪》："各将五万骑。步兵～军后数十万人。"(将：率领。) ❹ 继承，沿袭。《汉书·刑法志》："～秦而置材官于郡国。"(材官：武官。)

仲 zhòng 排行第二的。《诗经·小雅·何人斯》："伯氏吹埙，～氏吹篪。"㉦位居第二的。"仲春"、"仲夏"、"仲秋"、"仲冬"分别指春、夏、秋、冬的第二个月。屈原《九章·哀郢》："方～春而东迁。"(方：正当。东迁：指向东迁都。)

众(衆)[眾] zhòng ❶ 众人，众人的。《韩非子·难势》："身不肖而令行者，得助于～也。"《左传·襄公十年》："～怒难犯。" ❷ 众多，多。《荀子·劝学》："树成荫而～鸟息焉。"《后汉书·华佗传》："汉世异术之士甚～。" ❸ 一般的，普通。《史记·封禅书》："鼎大异于～鼎。"《晋书·陶侃传》："至于～人，当惜分阴。"

重 zhòng ❶ 重量。《史记·秦始皇本纪》："金人十二，～各千石。"(石：一百二十斤。)㊀分量大，程度深。与"轻"相对。《战国策·齐策四》："千金，～币也。"《后汉书·应劭传》："夫时化则刑～，时乱则刑轻。"㉦重要，重大。《论语·泰伯》："任～而道远。" ❷ 庄重。《论语·学而》："君子不～则不威。" ❸ 重视。贾谊《过秦论》："尊贤而～士。"㉦慎重，不轻易。《荀子·议兵》："～用兵者强，轻用兵者弱。" ❹ 敬重。《三国志·蜀书·诸葛亮传》："又睹亮奇雅，甚敬～之。"(睹：看见。) ❺ 加上，加重。屈原《离骚》："纷吾既有此内美兮，又～之以修能。"《汉书·文帝纪》："是～吾不德也。" ❻ 甚，极。司马迁《报任安书》："李陵既生降，隤其家声，而仆又佴之蚕室，～为天下观笑。" ❼ chóng 重叠，重复。张衡《同声歌》："～户结金扃。"(户：门。扃：指锁。)《三国志·蜀书·诸葛亮传》："删除复～。" ❽ chóng 层。《史记·项羽本纪》："汉军及诸侯兵围之数～。" ❾ chóng 副词。重新。范仲淹《岳阳楼记》："乃～修岳阳楼。"(乃：于是。)成语有"重整旗鼓"。

ZHOU

舟 zhōu ❶ 船。《周易·系辞下》："刳木为～，剡木为楫。"❷ 通"周"。周朝。《诗经·小雅·大东》："～人之子，熊罴是裘。"❸ 通"周"。环绕。《诗经·大雅·公刘》："何以～之？维玉及瑶。"

侜 zhōu ❶ 欺诳。《诗经·陈风·防有鹊巢》："谁～予美，心焉忉忉（dāodāo）。"（忉忉：忧思的样子。）❷［侜张］1. 欺诳。仲长统《昌言》："于是淫厉乱神之礼兴焉，～～变怪之言起焉。"2. 同"辀张"。强横的样子。《南齐书·高帝纪上》："丑羯～～，势振彭泗。"

辀（輈） zhōu ❶ 马车上的单辕。《左传·宣公四年》："伯棼射王，汰～，及鼓跗，著于丁宁。"❷ 车。屈原《九歌·东君》："驾龙～兮乘雷，载云旗兮委蛇。"❸［辀张］强横的样子。《后汉书·董皇后纪》："汝今～～，怙汝兄耶？"（怙：依仗。）又写作"侏张"、"侜（zhōu）张"。

鸼（鵃） zhōu ［鹘（gǔ）鸼］见 136 页"鹘"字。

州 zhōu ❶ 古代的一种居民组织。一说二千五百家为一州，一说一万家为一州。《周礼·地官·大司徒》："五党为～。"（党：五百家为党。）❷ 古代行政区，辖境大小各个时代不相同。两汉三国时州在郡之上，隋唐时州相当于以前的郡。《左传·襄公四年》："芒芒禹迹，画为九～。"《三国志·蜀书·诸葛亮传》："跨～连郡者不可胜数。"

洲 zhōu 水中的陆地。《诗经·周南·关雎》："关关雎（jū）鸠，在河之～。"（关关：鸟叫声。雎鸠：鸟名。）【注意】"洲"表示"五大洲"的意义是明代以后才有的。

周 zhōu ❶ 周密。《左传·昭公四年》："古者日在北陆而藏冰……其藏之也～，其用之也遍。"《孙子兵法·谋攻》："辅～则国必强，辅隙则国必弱。"❷ 至，最。《论语·尧曰》："虽有～亲，不如仁人。"❸ 合。屈原《离骚》："虽不～于今之人兮，愿依彭咸之遗则。"《韩非子·五蠹》："是以天下之众，其谈言者务为辩，而不～于用。"（谈言者：指一般游说之士。）❹ 环绕，循环。《左传·成公二年》："逐之，三～华不注。"（华不注：山名。）《汉书·礼乐志》："～而复始。"❺ 周遍，遍及。《史记·秦始皇本纪》："亲巡天下，～览远方。"柳宗元《封建论》："布履星罗，四～于天下。"❻ 周济，救济。贾思勰《齐民要术序》："～人之急。"这个意义后来写作"赒"。❼ 朝代名。1. 公元前 1046—前 256 年，第一代君主是姬发，原建都镐京（今陕西西安西南），公元前 770 年迁都到洛邑（今河南洛阳西），迁都以前称为"西周"，迁都以后称为"东周"。2. 公元 557—581 年，北朝之一，也称北周，第一代君主是宇文觉。3. 公元 951—960 年，五代之一，也称后周，第一代君主是郭威。

赒（賙） zhōu 周济，救济。《周礼·司稼》："掌均万民之食，而～其急。"《北史·隋炀帝纪》："虽有侍养之名，曾无～赡（shàn）之实。"（赡：供给人财物。）

粥 zhōu ❶ 稀饭。《礼记·问丧》："故邻里为之糜～以饮食之。"《晋书·石苞传》："崇为客作豆～。"（崇：人名。）❷ yù 通"鬻"。卖。《史记·商君列传》："行而无资，自～于秦客。"《论衡·问孔》："孔子不～车以为鲤椁（guǒ）。"（鲤：人名，孔子的儿子。）

譸 zhōu ❶［譸张］欺诳。《尚书·无逸》："民无或胥～～为幻。"❷ chóu 通"筹（籌）"。揣度。《后汉书·虞诩传》："以诩～之，知其无能为也。"

妯 zhóu ❶ chōu 扰动，不平静。《诗经·小雅·鼓钟》："忧心且～。"❷［妯娌］兄和弟的妻子的合称。《北史·崔休传》："家道多由妇人，欲令姊妹为～～。"

轴（軸） zhóu ❶ 车轴。《左传·定公九年》："尽借邑人之车，锲其～，麻约而归之。"㊀车。颜延之《车驾幸京口三月三日侍游曲阿后湖作》诗："万～胤行卫，千翼泛飞浮。"㊁弦乐器转弦的轴。白居易《琵琶行》："转～拨弦三两声，未成曲调先有情。"❷ 权要的地位。《汉书·车千秋传》："车丞相履伊吕之列，当～处中。"❸ 卷轴。任昉《齐竟陵文宣王行状》："所造箴铭，积成卷～。"

纣（紂） zhòu 商朝末代君主，相传是暴君。

酎 zhòu 多次酿成的醇酒。《楚辞·招魂》："挫糟冻饮，～清凉些（suò）。"（些：语气词。）

咒［呪］ zhòu ❶ 祝告。《后汉书·谅辅传》："时夏大旱……辅乃自暴庭中，慷慨～曰……"（暴：曝，晒。）❷ 诅咒，咒骂。刘敔《答王升之》诗："谁作不祥语，诅～甚砭伤。"❸ 佛教经文的一种。李白《僧伽歌》："问言诵～几千遍。"❹ 某些宗教或巫术的密语。《后汉书·皇甫嵩传》："符水～说以疗病。"（水：咒水，道士念咒时口中喷出的水。）

宙 zhòu ❶ 栋梁。《淮南子·览冥》："凤皇之翔至德也，……而燕雀佼之以为不能与之争于宇～之间。"（宇：屋檐。）❷ 古往今来，指所有的时间。《庄子·庚桑楚》："有长而无本剽者～也。"（本剽：本末，指开端和尽头。）

胄 zhòu ❶ 头盔。贾谊《治安策》："将吏被介～而睡。"（被：披。介：甲。睡：打瞌睡。）❷ 后代。《三国志·蜀书·诸葛亮传》："将军既帝室之～。"（既：既然。）【注意】"甲胄"的"胄"从"冃(mào)"，"胄裔"的"胄"从"肉"，原本不是一个字。

绉(縐) zhòu ❶ 细葛布。《诗经·鄘风·君子偕老》："蒙彼～絺(chī)，是绁袢也。"（絺：细葛布。）❷ 皱纹。《史记·司马相如列传》："襞积褰～，纡徐委曲。"皮日休《鲁望读襄阳耆旧传见赠五百言》诗："日似新刮膜，天如重熨～。"㊁起皱纹。冯延巳《谒金门》："风乍起，吹～一池春水。"

咮 zhòu ❶ 同"噣"。鸟嘴。《诗经·曹风·候人》："维鹈在梁，不濡其～。"潘岳《射雉赋》："当～值胸，裂膆破脊。"❷ 星宿名。即柳宿。

甃 zhòu ❶ 砖砌的井壁。《庄子·秋水》："出跳梁乎井干之上，入休乎缺～之崖。"㊀井。杜甫《铜瓶》诗："侧想美人意，应非寒～沈。"（沈：沉。）❷ 修砌。《管子·四时》："～屋行水。"㊀装饰。李贺《出城别张又新酬李汉》诗："光明靍不发，腰龟徒～银。"

僽 zhòu ［僝(chán)僽］见556页"僝"字。

噣 zhòu ❶ 鸟嘴。《史记·赵世家》："中衍人面鸟～。"（中衍：人名。）❷ 星宿名。即柳宿。❸ zhuó 同"啄"。鸟啄食。《战国策·楚策四》："俯～白粒，仰栖茂树。"《淮南子·齐俗》："鸟穷则～，兽穷则触，人穷则诈。"

骤(驟) zhòu ❶ 马奔驰。《诗经·小雅·四牡》："载～骎骎(qīn-qīn)。"（载：动词词头。骎骎：马疾行的样子。）㊁奔跑。《庄子·齐物论》："鸟见之高飞，麋鹿见之决～。"㊀快速，急速。《老子》二十三章："～雨不终日。"（终日：一整天。）成语有"暴风骤雨"。❷ 屡次，多次。《左传·宣公二年》："宣子～谏。"

籀 zhòu ❶ 诵读并领会。许慎《说文解字叙》："学僮十七以上始试，讽～书九千字，乃得为吏。"❷ 古代汉字的一种字体。也叫大篆。刘勰《文心雕龙·练字》："李斯删～而秦篆兴。"（秦篆：即小篆。）

ZHU

朱 zhū ❶ 大红色。《韩非子·十过》："墨染其外，而～画其内。"成语有"朱轮华毂"。［朱门］古代王侯用大红色涂门户，所以"朱门"一词用来作为豪门的代称。杜甫《自京赴奉先县咏怀五百字》："～～酒肉臭，路有冻死骨。"❷ 朱砂。《周礼·考工记·钟氏》："染羽，以～湛丹秫，三月而炽之。"【辨】赤，朱，丹，绛，红。见52页"赤"字。

邾 zhū 周代诸侯国。后改称"邹"。参见563页"邹"字。

侏 zhū ❶ 矮小。《论衡·齐世》："安得伛～之人乎？"（伛：驼背。）［侏儒］身材短小的人。《史记·滑稽列传》："优旃(zhān)者，秦倡～～也。"（优：演员。旃：人名。倡：表演歌舞的人。）又写作"朱儒"。❷ zhōu ［侏张］同"辀张"。强横的样子。《宋书·索虏传》："猃狁～～，侵暴中国。"

诛(誅) zhū ❶ 责问，谴责。《论语·公冶长》："朽木不可雕也，粪土之墙不可杇(wū)也，于予与何～？"（杇：粉刷，涂饰。予：宰予，孔子学生。）李陵《重报苏武书》："汉厚～陵以不死。"成语有"口诛笔伐"。㊁讨伐。《史记·秦始皇本纪》："故兴兵～之，虏其王。"㊀惩罚。《荀子·富国》："～而不赏，则勤属之民不劝。"（属：当作"厉"。）❷ 杀死。晁错《贤良文学对策》："害民者～。"㊀铲除。《楚辞·卜居》："宁～锄草茅以力耕乎？"❸ 要求。要别人供给东西。《左传·襄公三十一年》："～求无时。"

茱 zhū ［茱萸］植物名。古代在重阳节佩戴茱萸以避邪。宗懔《荆楚岁时记》："九月九日宴会……今北人亦重此节，佩～～，食饵，饮菊花酒，云令人长寿。"

洙 zhū 古水名。在鲁国（今山东）境内。［洙泗］洙水和泗水。孔子曾在洙泗间聚徒讲学。《礼记·檀弓上》："吾与女事夫子于～～之间。"㊁孔子或儒家。阮侃《答嵇康二首》诗之一："～～久已往，微言谁共听？"任昉《齐竟陵文宣王行状》："弘～～之风，阐迦维之化。"

株 zhū ❶ 露出地面的树根或树桩。《韩非子·五蠹》："田中有～，兔走触～，折颈而死。"（走：跑。）❷ 量词。棵，用于树木（后起意义）。《三国志·蜀书·诸葛亮传》："成都有桑八百～。"

铢(銖) zhū ❶ 古代重量单位。二十四铢为一两。《商君书·定分》：

"虽有千金,不能以用一～。"[铢两]比喻很少,一点儿。晁错《言守边备塞疏》:"亡～～之报。"(亡:无。报:报酬。) ❷ 钝。《淮南子·齐俗》:"其兵戈～而无刃。"(刃:刀锋。)

鼄 zhū [鼅鼄]见543页"鼅"字。

诸(諸) zhū ❶ 众,各。《诗经·邶风·泉水》:"问我～姑,遂及伯姊。"《三国志·蜀书·诸葛亮传》:"亮身率～军攻祁山。"(身:亲自。) ❷ 相当于"之于"("之"是代词,相当于现代汉语的"他、她、它")。《列子·汤问》:"投～渤海之尾。"(投诸:投之于,把它投到。) ❸ 相当于"之乎"("乎"是疑问语气词,相当于现代汉语的"吗")。《左传·昭公八年》:"子闻～?"(闻诸:闻之乎,听说过这件事情吗?) ❹ 第三人称代词。相当于现代汉语的"他、她、它(们)"。《论语·学而》:"告～往而知来者。"《左传·僖公十三年》:"晋荐饥,使乞籴(dí)于秦。秦伯谓子桑:'与～乎?'"(荐饥:连年饥荒。乞:请求。籴:买粮食。)

猪[豬] zhū ❶ 家畜名。《墨子·法仪》:"此以莫不犓(chú)羊,豢犬～。"(犓:用草喂养。) ❷ 通"潴"。水汇聚,停聚。《尚书·禹贡》:"大野既～,东原底平。"(大野:泽名。)

【辨】豕,彘,猪,豚。见384页"豕"字。

潴[瀦] zhū ❶ 水停聚的地方,陂塘。《周礼·地官·稻人》:"以～畜水。" ❷ 水停聚。王安石《上杜学士言开河书》:"大浚治川渠,使有所～。"

术² zhú 植物名。可做药。如"苍术"、"白术"。参见393页"术¹(術)"字。

竹 zhú ❶ 竹子。《世说新语·任诞》:"七人常集于～林之下。"㈵竹简。古代用来写字的竹片。《盐铁论·利议》:"明枯～,守空言。"[竹帛]书籍。《史记·孝文本纪》:"请著之～～,宣布天下。" ❷ 八音之一。箫笛之类的乐器。见503页"音"字。

竺 zhú ❶ [天竺]印度的古称。玄奘《大唐西域记》卷二:"详夫～～之称,异议纠纷,旧云身毒,或曰贤豆,今从正音,宜云印度。" ❷ dǔ 通"笃"。厚。屈原《天问》:"稷维元子,帝何～之。"

逐 zhú ❶ 追赶,追逐。《左传·庄公十年》:"遂～齐师。"㈠随,跟随。《汉书·匈奴传上》:"～水草移徙。" ❷ 追求。李白《赠江夏韦太守良宰》诗:"误～世间乐。" ❸ 竞争。《韩非子·五蠹》:"中世～于智谋,当今争于气力。" ❹ 驱逐,赶走。《盐铁论·利议》:"是孔丘斥～于鲁君,曾不用于世也。"(曾:用在"不"字前加强否定语气。)

瘃 zhú 生冻疮。《汉书·赵充国传》:"将军士寒,手足皲(jūn)～。"(皲:皮裂。)

烛(燭) zhú ❶ 火炬。《周礼·秋官·司烜氏》:"凡邦之大事,共坟～庭燎。"(坟:大。)后来指蜡烛。杜甫《羌村三首》诗之一:"夜阑更秉～,相对如梦寐。" ❷ 照耀。《吕氏春秋·上德》:"东西南北,极日月之所～。"㈡照。《庄子·天道》:"水静则明～须眉。" ❸ 洞察。《韩非子·孤愤》:"且～重人之阴情。"

蠋 zhú 蛾蝶类的幼虫。《诗经·豳风·东山》:"蜎蜎者～,烝(zhēng)在桑野。"(烝:语气词。)

躅 zhú ❶ zhuó 足迹。孔稚珪《北山移文》:"尘游～于蕙路。"(来往行走的足迹把长着蕙草的路弄脏了。尘:指弄脏。蕙:香草名。)㈠踪迹。王俭《褚渊碑文》:"出陪銮～,入奉帷殿。"(銮躅:指帝王的踪迹。) ❷ [踯躅]见544页"踯"字。

舳 zhú 船尾。郭璞《江赋》:"～舻相属,万里连樯。"(舻:船头。)[舳舻]船头和船尾。㈡大船。㈠船。王勃《滕王阁序》:"舸舰迷津,青雀黄龙之～。"

筑¹ zhú 古代乐器名。《史记·高祖本纪》:"高祖击～自为歌诗。"参见555页"筑²(築)"字。

斸[劚] zhú ❶ 大锄。《国语·齐语》:"美金以铸剑戟,试诸狗马;恶金以铸鉏(chú)夷斤～,试诸壤土。"(鉏:锄。) ❷ 掘,挖。贾思勰《齐民要术·槐柳》:"～地令熟,还于槐下种麻。"元稹《筑城曲》:"平城被虏围,汉～城墙走。"㈡砍。杨万里《远峰》诗:"谁将修月斧,～取一尖来。"

主 zhǔ ❶ 君,国君。《商君书·君臣》:"故国治而地广,兵强而～尊。" ❷ 春秋战国时称大夫为主。《左传·昭公二十八年》:"～以不贿闻于诸侯。"(主:指魏献子。贿:受贿。) ❸ 皇帝的女儿。《后汉书·宋弘传》:"弘被引见,帝令～坐屏风后。" ❹ 主人。《世说新语·简傲》:"～已知子猷当往,乃洒扫施设,在听事坐相待。"(子猷:王徽之字。) ❺ 为死者立的牌位。《穀梁传·文公二年》:"丁丑,作僖公～。" ❻ 事物的根本,主要的。刘知几《史通·叙事》:"叙事之工者,以简要为～。"㈠以……为主,着重于。《国语·晋语五》:"阳子华而不实,～言而无谋。"(言:言辞。) ❼ 掌管。《史记·吕太后本纪》:"太尉绛侯勃不得入军中～兵。"

拄 zhǔ ❶ 支撑。《战国策·齐策六》:“大冠若箕,修剑～颐。”《世说新语·豪爽》:“陈以如意～颊,望鸡笼山叹曰:‘孙伯符志业不遂。’”❷ 讥刺,反驳。《汉书·朱云传》:“既论难,连～五鹿君。”

渚 zhǔ ❶ 水中的小块陆地,小洲。《诗经·召南·江有汜》:“江有～。”❷ 水边。屈原《九歌·湘君》:“晁(zhāo)骋骛兮江皋,夕弭节兮北～。”

褚 zhǔ ❶ 袋子。《庄子·至乐》:“～小者不可以怀大,绠短者不可以汲深。”(绠:汲水用的绳子。)❷ 储藏。《左传·襄公三十年》:“取我衣冠而～之。”❸ 用丝绵装的衣服。《汉书·南粤王赵佗传》:“上～五十衣,中～三十衣,下～二十衣遗王。”❹ 覆盖棺材的红色布。《礼记·檀弓上》:“子张之丧,公明仪为志焉。～幕丹质,蚁结于四隅。”❺ zhě 兵卒。《方言》卷三:“楚东海之间,……卒谓之弩父,或谓之～。”(按:古兵卒穿赭色衣。)❻ chǔ 姓。

嘱(囑) zhǔ 嘱托,叮嘱。《三国志·吴书·诸葛恪传》:“俱受先帝～寄之诏。”(先帝:指孙权。寄:托付。)

瞩(矚) zhǔ 注视,看。《三国志·魏书·张渊传》:“凝神远～。”欧阳修《洛阳牡丹记》:“然目之所～,已不胜其丽焉。”

麈 zhǔ ❶ 一种似骆驼的鹿类动物。也叫驼鹿。司马相如《上林赋》:“其兽则庸旄貘犛,沈牛～麋。”干宝《搜神记》卷二〇:“见一大～,射之。”[麈尾]用麈的尾毛做的拂尘,六朝人清谈时常用。《世说新语·言语》:“庾法畅造庾太尉,握～～至佳。”❷ 麈尾的简称。欧阳修《和圣俞聚蚊》:“抱琴不暇抚,挥～无由停。”

宁² zhù 古代群臣朝见君主的地方,即殿上屏风与门之间的地方。一般厅堂上的屏风之间也叫宁。《礼记·曲礼下》:“天子当～而立,诸公东面,诸侯西面。”参见300页“宁¹(寧)[甯]”字。

羜 zhù 幼羊。《诗经·小雅·伐木》:“既有肥～,以速诸父。”

伫[佇、竚] zhù ❶ 久立。屈原《离骚》:“延～乎吾将反。”(延:长久地。反:返。)㊀ 等待,期待。谢灵运《酬从弟惠连》诗:“梦寐～归舟。”上述❶㊀又写作“竚”。❷ 积聚。孙绰《游天台山赋》:“惠风～芳于阳林,醴泉涌溜于阴渠。”

苎(苧) zhù 苎麻。《古文苑·王褒〈僮约〉》:“十月收豆,多取蒲～,益作绳索。”贾思勰《齐民要术·枸橼》:“可以浣治葛、～。”

纻(紵) zhù ❶ 苎麻。《诗经·陈风·东门之池》:“东门之池,可以沤～。”左思《魏都赋》:“黝黝桑柘,油油麻～。”❷ 苎麻织成的布。左思《吴都赋》:“～衣绨服,杂沓傱萃。”

贮(貯) zhù ❶ 积存,储藏。晁错《论贵粟疏》:“商贾大者积～倍息,小者坐列贩卖。”❷ 通“伫”。等待。《汉书·外戚传上》:“饰新宫以延～兮,泯不归乎故乡。”

住 zhù ❶ 停留,留下。《后汉书·蓟子训传》:“蓟先生小～。”杜甫《哀江头》诗:“去～彼此无消息。”㊁ 暂宿。《南齐书·张融传》:“权牵小船于岸上～。”(权:暂且。)❷ 居住(后起意义)。《魏书·袁翻传》:“那瓌～所,非所经见。”(那瓌:人名。)辛弃疾《八声甘州·故将军饮罢夜归来》:“移～南山。”❸ 停止。李白《早发白帝城》诗:“两岸猿声啼不～,轻舟已过万重山。”❹ 通“驻”。军队驻扎。《三国志·蜀书·诸葛亮传》:“前锋破,退还,～绵竹。”(绵竹:地名。)

注 zhù ❶ 倒入,灌入。《庄子·齐物论》:“～焉而不满。”㊀ 流入。《诗经·大雅·文王有声》:“丰水东～。”(丰水:水名。)❷ 附着。《尔雅·释天》:“～旄首曰旌(jīng)。”(把牦牛尾附在旗杆头上,这种旗叫旌。旄:牦牛尾。)㊀ 集中于某一点上。《晋书·孙惠传》:“四海～目。”又如“注意”。❸ 记载。《三国志·蜀书·刘禅传》:“国不置史,～记无官。”(史:史官。)❹ 注释。《世说新语·文学》:“郑玄欲～《春秋传》。”❺ 投,击。《庄子·达生》:“以瓦～者巧,以钩～者惮,以黄金～者殙。”(这几句是说以物投击而作赌。)❻ 用来赌博的财物。《宋史·寇准传》:“博者输钱欲尽,乃罄(qìng)所有出之,谓之孤～。”(罄:尽。)成语有“孤注一掷”。❼ 屋檐滴水处。司马相如《上林赋》:“高廊四～,重坐曲阁。”❽ zhòu 同“咮”。鸟嘴。《周礼·考工记·梓人》:“以～鸣者……谓之小虫之属。”

驻(駐) zhù ❶ 车马停止不前。《三国志·蜀书·先主传》:“乃～马呼琮。”(琮:人名。)㊀ 暂时停留。《古诗为焦仲卿妻作》:“行人～足听。”❷ 军队驻扎,驻守。《三国志·蜀书·诸葛亮传》:“分兵屯田,为久～之基。”(屯田:种田以积蓄军粮。基:基础。)

纻 zhù [纻纩(kuàng)]古人以新丝绵放在临终者口鼻前,观察是否还有呼吸。《荀子·礼论》:“～～听息之时。”

註 zhù ❶ 记载。《后汉书·律历志下》:"重黎记～。"(重黎:人名。) ❷ 注释。仇兆鳌《进杜少陵详注表》:"谨以所～诗赋二十四卷。"【注意】"註释"的"註"是晚起字,明代以前都只写作"注"。

杼 zhù ❶ 织布机的梭子。《战国策·秦策二》:"其母惧,投～逾墙而走。" ❷ 削薄。《周礼·考工记·轮人》:"凡为轮行泽者欲～。" ❸ shù 通"抒"。舀出污垢。《管子·禁藏》:"～井易水,所以去兹毒也。"(兹:滋长,滋生。)㊀抒发。刘劭《人物志·接识》:"～人之所长而为之名目。"

柷 zhù 乐器名。奏乐开始时先击柷。《诗经·周颂·有瞽》:"鼗磬～圉(yǔ)。"(圉:通"敔",用以止乐的乐器。)

祝 zhù ❶ 祭祀时主持祝告的人。《左传·昭公二十年》:"其～史祭祀,陈信不愧。"(史:史官。) ❷ 祝祷。《韩非子·说林下》:"巫咸虽善～,不能自祓(fú)也。"(巫咸:传说中的神巫。祓:祝祷免除灾难。)《吕氏春秋·乐成》:"酒酣,王为群臣～,令群臣皆得志。"㊁祝愿。如"祝寿"。 ❸ 断绝,剪断。《穀梁传·哀公十三年》:"～发文身。"(文:刺画花纹。) ❹ zhòu 诅咒。《后汉书·贾逵传》:"乡人有所计争,辄令～少宾。"这个意义后来写作"咒"。

著 zhù ❶ 显露,显著。《商君书·错法》:"如此,则臣忠、君明、治～而兵强矣。"(治著:政绩昭著。)《战国策·赵策四》:"姓名未～而受三公。"双音词有"昭著"。 ❷ 写文章,写书。《史记·老子韩非列传》:"不能道说,而善～书。"这个意义又写作"箸"。 ❸ zhuó 附着,加……于上。贾谊《论积贮疏》:"今驱民而归之农,皆～于本,使天下各食其力。"(本:指农业。)《晋书·刘琨传》:"常恐祖生先吾～鞭。"(祖生:人名。著鞭:加鞭。)又如"著笔"、"著眼"、"著手"等。[土著]定居于一地,不是游牧的。《汉书·张骞传》:"其俗～～。"【注意】"土著"后来指世代居住在本地的人,"著"读为 zhù。 ❹ zhuó 穿,戴(后起意义)。《木兰诗》:"脱我战时袍,～我旧时裳。"《世说新语·任诞》:"复能乘骏马,倒～白接篱。"(接篱:帽子。)[衣著]服装。陶渊明《桃花源记》:"男女～～,悉如外人。"(悉:全。) ❺ 通"贮"。积存。《盐铁论·贫富》:"子贡以～积显于诸侯,陶朱公以货殖尊于当世。"

翥 zhù 鸟飞。《楚辞·远游》:"鸾(luán)鸟轩～而翔飞。"(鸾鸟:传说中像凤凰的一种鸟。轩:高。)

箸 zhù ❶ 筷子。《韩非子·说林上》:"纣为象～而箕子怖。"(象:象牙。箕子:人名。)《礼记·曲礼上》:"饭黍毋以～。" ❷ 明显,显著。《荀子·大略》:"夫类之相从也,如此之～也。" ❸ 写作。《史记·刘敬叔孙通列传》:"及稍定汉诸仪法,皆叔孙生为太常所论～也。" ❹ zhuó 附着。《战国策·赵策一》:"兵～晋阳三年矣。"㊀穿着。《世说新语·贤媛》:"桓车骑不好～新衣。"

铸(鑄) zhù 铸造。《国语·齐语》:"美金以～剑戟……恶金以～鉏夷斤斸。"㊀造就,培养。《扬子法言·学行》:"孔子～颜渊矣。"常"陶铸"连用。《庄子·逍遥游》:"将犹陶～尧舜者也。"

筑²(築) zhù ❶ 筑墙。古代用夹板夹住泥土,用木杵把土砸实。《诗经·大雅·绵》:"～之登登。"(登登:形容用力。)㊀筑墙的木杵。《史记·黥布列传》:"项王伐齐,身负板～以为士卒先。"㊀击,捣。《三国志·魏书·三少帝纪》:"贼以刀～其口,使不得言。" ❷ 修筑,建造。《史记·燕召公世家》:"改～宫。"【注意】古代汉语中"筑"和"築"是两个字,意义各不相同。上述义项都不写作"筑"。现"築"简化为"筑"。

馵 zhù 左足白色的马。《诗经·秦风·小戎》:"文茵畅毂,驾我骐～。"(骐:有青黑色花纹的马。)

筯 zhù 筷子。《世说新语·忿狷》:"王蓝田性急,尝食鸡子,以～刺之不得,便大怒,举以掷地。"

ZHUA

挝(撾) zhuā ❶ 击,打。《东观汉记·第五伦传》:"闻卿为吏,～妻父,不过从兄饭,宁有之耶?" ❷ 击鼓之法。《后汉书·祢衡传》:"衡方为渔阳参～,蹀跃而前。" ❸ wō [老挝]国名。在中南半岛。

檛 zhuā ❶ 马棰。史游《急就篇》卷三:"铁锤～杖棁柲杸。" ❷ 捶击。《后汉书·崔寔传》:"父～而走,孝乎?"

髽 zhuā 古人有丧事时的发髻,以麻束发。《左传·襄公四年》:"臧纥救鄫,侵邾,败于狐骀。国人逆丧者皆～。鲁于是乎始～。"㊁以麻束发。《淮南子·齐俗》:"三苗～首,羌人括领,中国冠笄。"

ZHUAN

专(專) zhuān ❶ 独,独有,独占。《史记·陈丞相世家》:"陈平～为一丞相。”柳宗元《捕蛇者说》：“有蒋氏者，～其利三世矣。”（利：利益。三世：三代。）㊕独断专行。《左传·桓公十五年》：“祭仲～，郑伯患之。”（患：担忧。）❷ 专门，专一。《战国策·秦策三》：“愿君之～志于攻齐，而无他虑也。”王安石《上皇帝万言书》：“所谓察之者，非～用耳目之聪明，而听私于一人之口也。”（察：省察。）

颛（顓） zhuān ❶ 愚昧。《汉书·扬雄传上》：“天降生民，倥侗～蒙。”（倥侗：无知的样子。）❷ 善良。《淮南子·览冥》：“猛兽食～民，鸷鸟攫老弱。”❸ 通“专”。专擅，专断。《汉书·外戚传上》：“恐女主～恣乱国家。”《汉书·朝鲜传》：“不能～决，与左将军相误，卒沮约。”（沮：坏。）❹［颛顼（xū）］传说中的“五帝”之一。

传（傳） zhuàn ❶ 驿舍，客舍。《三国志·魏书·张鲁传》：“作义舍，如今之亭～。”（义舍：指不收钱的客店。）❷ 驿车，传达命令的马车。《韩非子·喻老》：“遽（jù）～不用。”（遽：驿车。）㊀官府载人的车。李商隐《筹笔驿》诗：“终见降王走～车。”❸ chuán 传递，传送。《墨子·号令》：“～令里中有以羽。”（里：古代居民组织。以羽：用羽毛。）㊀传达，传授。《三国志·吴书·吴主传》：“因～权旨。”韩愈《师说》：“师者，所以～道授业解惑也。”❹ chuán 流传。《盐铁论·非鞅》：“功如丘山，名～后世。”㊁传布。《吴越春秋·勾践伐吴外传》：“声～海内威远邦。”❺ chuán 表述，表达。《庄子·天道》：“意之所随者，不可以言～也。”《世说新语·巧艺》：“～神写照，正在阿堵中。”（阿堵：这个，这里指眼睛。）❻ 文字记载。晁错《贤良文学对策》：“臣窃观上世之～。”（窃：谦辞，私下。）㊀文体的一种。传记。《史记·太史公自序》：“作七十列～。”㊁注释或解释经义的文字。如《诗经毛传》、《春秋公羊传》。❼ 信符，凭证。《汉书·甯成传》：“诈刻～出关归家。”

【辨】递，传。见 82 页“递”字。

啭（囀） zhuàn 婉转发声。谢朓《从戎曲》：“寥戾清笳～，萧条边马烦。”王维《积雨辋川庄作》诗：“漠漠水田飞白鹭，阴阴夏木～黄鹂。”

赚（賺） zhuàn （又读 zuàn）诳骗。王定保《唐摭言·散序进士》：“太宗皇帝真长策，～得英雄尽白头。”

僎 zhuàn ❶ 具备。《尚书·尧典》：“共工方鸠～功。”（共工：人名。方：通“旁”，遍。鸠：聚。）左思《魏都赋》：“～拱木于林衡。”❷ chán ［僝僽（zhòu）］1. 烦恼，憔悴。张辑《如梦令·比梅》：“～～、～～，比著梅花谁瘦？”2. 折磨。邵雍《年老逢春》诗：“东君不奈人嘲戏，～～花枝恶未休。”（东君：司春之神。）3. 排遣。辛弃疾《蝶恋花·和杨济翁韵》：“收拾情怀，长把诗～～。”4. 嗔怪，埋怨。黄庭坚《忆帝京》：“恐那人知后，镇把你来～～。”（镇：常。）

撰 zhuàn ❶ 数。指天地阴阳等自然现象的变化规律。《周易·系辞下》：“阴阳合德，而刚柔有体，以体天地之～，以通神明之德。”❷ 具备。潘岳《藉田赋》：“司农～播殖之器。”（司农：官名。）❸ 编集。曹丕《与吴质书》：“顷～其遗文，都为一集。”（都：汇集。）㊁写作。《南史·王弘传》：“傅亮之徒并～辞，欲盛称功德。”❹ 持，拿。屈原《九歌·东君》：“～余辔（pèi）兮高驰翔。”（余：我。辔：缰绳。）❺ xuǎn 通“选”。选择。《淮南子·说山》：“～良马者，非以逐狐狸，将以射麋鹿。”

馔（饌） zhuàn ❶ 陈设或准备食物。《仪礼·士虞礼》：“～于西坫（diàn）上。”（坫：放食物的土台。）杜甫《病后遇王倚饮赠歌》：“遣人向市赊香粳（jīng），唤妇出房亲自～。”（粳：稻米。）❷ 食物，多指美食。《南史·虞悰传》：“盛～享宾。”（享：用酒食款待人。）㊁吃，喝。《论语·为政》：“有酒食，先生～。”上述❶❷又写作“籑”、“饌”。❸ xuǎn 古代钱币单位。合金六两。《尚书大传·甫刑》：“夏后氏不杀不刑，死罪罚二千～。”

篆 zhuàn ❶ 汉字的一种字体。刘勰《文心雕龙·练字》：“李斯删籀（zhòu）而秦～兴。”（籀：一种字体。）❷ 印章。印章多用篆文，所以称印章为篆。如“接篆”（官员接任）、“摄篆”（暂代官职）。❸［篆刻］1. 雕刻篆文。《明史·文征明传》：“能诗，工书、画、～～。”（工：擅长。）2. 雕琢文辞。任昉《为范尚书让吏部封侯第一表》：“～～为文，而三冬靡就。”

籑［饌］ zhuàn ❶ 同“馔”。饮食。《汉书·杜邺传》：“陈平共壹饭之～而将相加驩。”（驩：欢。）❷ 通“撰”。编集，撰写。《汉书·司马迁传赞》：“左丘明论辑其本事以为之传，又～异同为《国语》。”

ZHUANG

妆（妝）［粧］ zhuāng 打扮，装饰。秦韬玉《贫女》诗：“共怜时世俭梳～。”㊕妇女所用的脂粉、衣物等装饰物。《木兰诗》：“阿姊闻妹来，当户理红～。”

【辨】妆，装。在“打扮”、“装饰”的意义上，可以写“妆”也可以写“装”。“行装”、“装束”的意义只能写“装”，不能写“妆”。

庄（莊） zhuāng ❶庄重，严肃。《荀子·乐论》：“而容貌得～焉。”（得：能够。）《汉书·爰盎传》：“后朝，上益～，丞相益畏。”（上：指皇帝。）❷四通八达的道路。《左传·襄公二十八年》：“得庆氏之木百车于～。”❸村庄（后起意义）。杜甫《怀锦水居止》诗：“万里桥西宅，百花潭北～。”（宅：住宅。）

装（裝） zhuāng ❶行装。《战国策·齐策四》：“于是约车治～。”（约车：套车。治装：收拾行装。）❷服装。《文选·傅毅〈舞赋〉》：“顾形影，自整～。”❸打扮，装饰。宋玉《登徒子好色赋》：“不待饰～。”杜甫《蕃剑》诗：“又非珠玉～。”这个意义又写作“妆”。㊇装束。《后汉书·清河孝王刘庆传》：“常夜分严～衣冠待明。”（夜分：夜半。严装：端整装束。）❹装载（后起意义）。《晋书·戴若思传》：“遇陆机赴洛，船～甚盛。”【注意】古代汉语中“装”字不当“假装”讲，“假装”的意义用“佯”。

【辨】妆，装。见556页“妆”字。

壮（壯） zhuàng ❶壮年，古人三十岁以上为壮年。贾谊《治安策》：“大国之王，幼弱未～。”㊀年少。《后汉书·循吏传》：“拜会稽都尉，时年十九，迎官惊其～。”❷健壮，强壮。左思《吴都赋》：“趫材悍～。”（趫：矫健。）㊇豪壮。《汉书·东方朔传》：“拔剑割肉，壹何～也！”㊇认为豪壮。《汉书·高帝纪上》：“羽～之，赐以酒。”（羽：项羽。）❸雄壮。《后汉书·东海恭王强传》：“起灵光殿，甚～丽。”❹强盛。司马相如《长门赋》：“邪气～而攻中。”（中：指内心。）❺医用艾灸，一灼为一壮。《三国志·魏书·华佗传》：“若当灸，不过一两处，每处不过七八～，病亦应除。”

状（狀） zhuàng ❶形状，样子。郦道元《水经注·庐江水》：“其～若门。”《史记·孔子世家》：“孔子～类阳虎，拘焉五日。”（阳虎：人名。）㊇情形。《汉书·丙吉传》：“分别奏组等共养劳苦～。”（组：人名。共：供。）[无状] 1. 无功劳，无成绩。《史记·夏本纪》：“鲧（gǔn）之治水～～。”（鲧：人名。）2. 不像样。《史记·项羽本纪》：“秦中吏卒遇之多～～。”❷陈述，描绘。《庄子·德充符》：“自～其过。”柳宗元《游黄溪记》：“至初潭最奇丽，殆不可～。”（殆：几乎。）㊇文体的一种，用于下对上叙述事情。《汉书·赵充国传》：“充国上～曰……”

戆（戇） zhuàng 愚直。《史记·汲郑列传》：“甚矣，汲黯之～也！”韩愈《祭张员外文》：“余～而狂，年未三纪。”㊇刚直。《宋史·韩世忠传》：“性～直，勇敢忠义，事关庙社，必流涕极言。”

ZHUI

追 zhuī ❶追赶。《左传·桓公六年》：“少师归，请～楚师。”成语有“追亡逐北”。❷追求。屈原《离骚》：“背绳墨以～曲兮，竞周容以为度。”❸追溯，回溯。《左传·成公十三年》：“吾与女同好弃恶，复修旧德，以～念前勋。”❹补救。《论语·微子》：“往者不可谏，来者犹可～。”《左传·哀公十六年》：“悔其可～。”㊇事后补办。《左传·昭公七年》：“卫襄公卒……王使成简公如卫吊，且～命襄公曰……”❺duī 雕琢玉石。《诗经·大雅·棫朴》：“～琢其章，金玉其相。”（章：花纹。）

骓（騅） zhuī 毛色黑白混杂的马。《诗经·鲁颂·駉》：“有～有駓（pī）。”（駓：毛色黄白混杂的马。）《史记·项羽本纪》：“力拔山兮气盖世，时不利兮～不逝。”

椎 zhuī 见60页。

锥（錐） zhuī 锥子，钻孔的工具。《荀子·劝学》：“譬之犹以指测河也，以戈舂黍也，以～餐壶也，不可以得之矣。”《战国策·秦策一》：“读书欲睡，引～自刺其股。”

坠（墜） zhuì 落下，掉下。《列子·天瑞》：“杞国有人，忧天地崩～。”㊀失。《国语·晋语二》：“敬不～命。”

缀（綴） zhuì ❶缝合，联结。《战国策·秦策一》：“～甲厉兵。”（甲：铠甲。厉兵：磨利武器。）张衡《西京赋》：“～以二华。”（二华：指太华、少华二山。）㊇会，聚集。《后汉书·循吏传》：“今～集殊闻显迹，以为《循吏篇》云。”[缀文]写文章。皇甫谧《三都赋序》：“～～之士。”❷装饰，点缀。《韩非子·外储说左上》：“熏以桂椒，～以珠玉。”❸chuò 通“辍”。停止，废止。《荀子·成相》：“春申道～基毕输。”（春申：指春申君，楚国贵族。基：基业。毕输：完全破坏。）

醊 zhuì 连续祭祀。《史记·封禅书》:"其下四方地,为～食群神从者及北斗云。"㊀洒酒于地祭祀。《后汉书·卢植传》:"亟遣丞掾除其坟墓,存其子孙,并致薄～,以彰厥德。"㊁祭奠。《后汉书·何颙传》:"颙感其义,为复仇,以头～其墓。"

惴 zhuì 恐惧。《孟子·公孙丑上》:"自反而不缩,虽褐宽博,吾不～焉。"《后汉书·酷吏传》:"郡中～恐,莫敢自保。"[惴惴]恐惧的样子。《诗经·秦风·黄鸟》:"～～其栗。"(栗:发抖。)

縋(縋) zhuì 用绳子拴着人或物从高处往下送。《左传·僖公三十年》:"许之,夜～而出。"㊀用绳子拴着从低处升到高处。《左传·昭公十九年》:"子占使师夜～而登。"(子占:人名。)㊀拴人或物的绳子。《左传·昭公十九年》:"登者六十人,～绝。"

膇 zhuì 脚肿。《左传·成公六年》:"民愁则垫隘,于是乎有沉溺重～之疾。"(重:肿。)

赘(贅) zhuì ❶ 抵押。《汉书·严助传》:"民待卖爵～子,以接衣食。"❷ 入赘,旧指结婚后男住女家。《汉书·贾谊传》:"家贫子壮则出～。"❸ 病名。赘疣。俗称瘊子。《庄子·骈拇》:"附～县疣,出乎形哉。"(县:悬。)㊀多余的,无用的。刘勰《文心雕龙·镕裁》:"而委心逐辞,异端丛至,骈(pián)～必多。"(委心:任心。骈:指本该一个而分为两个。)❹ 通"缀"。联结。《韩非子·存韩》:"夫赵氏聚士卒,养从徒,欲～天下之兵。"㊀会,聚集。《汉书·武帝纪》:"毋～聚。"(毋:不要。)

ZHUN

迍 zhūn [迍邅(zhān)]同"屯邅"。困顿,处境艰难。伍缉之《劳歌二首》之一:"～～已穷极,疢痾复不康。"骆宾王《畴昔篇》:"丈夫坎壈多愁疾,契阔～～尽今日。"

肫 zhūn ❶ 禽类的胃。张鷟《朝野佥载》卷六:"渤海高瓒闻而造之,为设鸡～而已。"(造:造访。)❷ [肫肫]诚恳的样子。《礼记·中庸》:"～～其仁,渊渊其渊,浩浩其天。"❸ chún 祭祀所用牲后体的一部分。《仪礼·乡饮酒礼》:"介俎:脊、胁、～、胳、肺。"❹ chún 整体,完整。《仪礼·士昏礼》:"～髀不升。"[肫肫]精细致密。《荀子·哀公》:"缪缪～～,其事不可循。"❺ tún 通"豚"。小猪。《晋书·阮籍传》:"食一蒸～,饮二斗酒。"

窀 zhūn [窀穸(xī)]埋葬。《左传·襄公十三年》:"唯是春秋～～之事,所以从先君于祢庙者,请为灵若厉,大夫择焉。"㊀墓穴。《后汉书·赵咨传》:"玩好穷于粪土,伎巧费于～～。"

谆(諄) zhūn ❶[谆谆] 1. 教诲不倦的样子。《诗经·大雅·抑》:"诲尔～～,听我藐藐。"(诲:教诲。尔:你。藐藐:指听不进去。) 2. 忠谨诚恳的样子。《后汉书·卓茂传》:"劳心～～,视人如子,举善而教,口无恶言。" 3. 昏乱。《左传·襄公三十一年》:"且年未盈五十,而～～焉如八九十者。"(年:年龄。盈:满。)❷ 辅佐。《国语·晋语九》:"以～赵鞅之故。"(以:因为。赵鞅:人名。故:缘故。)

准(準) zhǔn ❶ 一种测量水平的器具。《汉书·律历志上》:"～者,所以揆(kuí)平取正也。"(揆:度量。)㊀测量。《汉书·沟洫志》:"令水工～高下,开大河上领。"㊀揣测。《淮南子·览冥》:"群臣～上意而怀当。"(上意:君主的意图。)❷ 箭靶。常"准的(dì)"连用。《抱朴子·广譬》:"～的陈,则流镝赴焉。"❸ 标准,准则。《荀子·致士》:"程者,物之～也。"(程:度量的总名。)㊀以……为标准,效仿。左思《咏史八首》之一:"著论～《过秦》,作赋拟《子虚》。"❹ 等同。《周易·系辞上》:"《易》与天地～,故能弥纶天地之道。"❺ 准确。刘勰《文心雕龙·史传》:"若司马彪之详实,华峤之～当,则其冠也。"❻ 鼻子。《后汉书·光武帝纪上》:"美须眉,大口,隆～。"(隆:高。)【注意】"准"是后起字,古代汉语中用得不多,唐五代以后主要用于公文,表示"依照"、"许可"等意义。今为"準"的简化字。

ZHUO

拙 zhuō ❶ 笨。《庄子·胠箧》:"大巧若～。"《孟子·尽心上》:"大匠不为～工改废绳墨。"成语有"笨嘴拙舌"。❷ 谦辞。如"拙作(对人称自己的作品)"、"拙荆(对人称自己的妻子)"。

捉 zhuō ❶ 握。《世说新语·容止》:"帝自～刀立床头。"《新唐书·杨师道传》:"～笔赋诗。"❷ 捉拿,捕捉(后起意义)。杜甫《石壕吏》诗:"有吏夜～人。"

【辨】捕,逮,捉。见 72 页"逮"字。

倬 zhuō 高大、显明的样子。《诗经·大雅·云汉》:"～彼云汉。"(云汉:天河。)

Z

焯 zhuō 明，明白。《资治通鉴·魏烈祖景初元年》："为人上者至公至明，则群下之能否～然形于目中，无所复逃矣。"㊇照耀。庾阐《吊贾生文》："焕乎若望舒耀景而～群星，矫乎若翔鸾拊翼而逸宇宙也。"颜真卿等《水堂送诸文士戏赠潘丞联句》："帘开北陆风，烛～南枝鹊。"

棁 zhuō ❶梁上的短柱。《论语·公冶长》："臧文仲居蔡，山节藻～。"（山节：梁上的斗拱雕成山形。藻：指有水藻图案。）❷ tuō 小木棒。《淮南子·说山》："执弹而招鸟，挥～而呼狗。"❸ tuō 通"脱"。疏略。《荀子·礼论》："凡礼始乎～，成乎文。"

汋 zhuó ❶水自然涌出。《庄子·田子方》："夫水之于～也，无为而才自然矣。"❷通"酌"。舀取。《周礼·士师》："掌士之八成。一曰邦～，二曰邦贼……"（邦汋：盗取邦中密事。）❸ chuò ［汋约］美好的样子。屈原《九章·哀郢》："外承欢之～～兮，谌荏弱而难持。"《楚辞·远游》："质销铄以～～兮，神要眇以淫放。"

灼 zhuó ❶烧，烤。《论衡·言毒》："若火～人。"❷明白，显著。《三国志·吴书·吴主传》："事已彰～，无所复疑。"这个意义又写作"焯"。［灼灼］鲜亮的样子。《诗经·周南·桃夭》："～～其华。"（华：花。）

酌 zhuó ❶斟酒。《诗经·小雅·瓠叶》："君子有酒，～言尝之。"㊀斟酒喝。陶渊明《归去来兮辞》："引壶觞（shāng）以自～。"（觞：装酒用的器物。）㊇酒。李白《陪族叔当涂宰游化城寺升公清风亭》诗："茗～待幽客。"❷斟酌，经过衡量决定取舍。《左传·成公六年》："子为大政，将～于民者也。"（为大政：指任中军元帅。酌于民：指对众人的意见加以斟酌。）❸舀取。《诗经·大雅·泂酌》："泂（jiǒng）～彼行潦。"（泂：远。行潦：指流水。）㊇舀水喝。王勃《滕王阁序》："～贪泉而觉爽，处涸辙以犹欢。"

茁 zhuó 植物才生长出来的样子。《诗经·召南·驺虞》："彼～者葭（jiā）。"（葭：初生的芦苇。）［茁壮］健壮的样子。《孟子·万章下》："牛羊～～长而已矣。"

卓 zhuó ❶高，高超。《后汉书·祭遵传》："～如日月。"《论衡·程材》："文辞～诡（guǐ）。"（诡：特异。）又如"卓越"、"卓异"、"卓绝"。❷远。《汉书·霍去病传》："～行殊远而粮不绝。"这个意义又写作"逴"。❸ zhuō 几案，桌子（后起意义）。徐积《谢周裕之》诗："两～合八尺，一炉暖双趾。"这个意义后来写作"桌"。

斫 zhuó ❶斧刃。《墨子·备穴》："斧，金为～。"❷砍，削。《荀子·性恶》："工人～木而成器。"《史记·孙子吴起列传》："乃～大树白而书之。"㊇击。《三国志·吴书·甘宁传》："受敕（chì）出～敌前营。"（敕：命令。）

【辨】斲，斫。见下"斲"字。

斮 zhuó ❶斩。《尚书·泰誓下》："～朝涉之胫，剖贤人之心。"《公羊传·成公二年》："郤克曰：'欺三军者，其法奈何？'曰：'法～。'于是～逢丑父。"❷击。张衡《东京赋》："捎魑魅，～獝狂。"

斲［斵］ zhuó 砍，削。《荀子·王制》："农夫不～削、不陶冶而足械用。"（陶：做陶器。冶：冶炼。械：器械。）

【辨】斲，斫。"斲"通常指把木头砍削成器物。"斫"除了这个意义外，通常还表示砍击、砍断，可以用于"斫人"、"斫地"等。

浊（濁） zhuó 混浊。与"清"相对。《荀子·君道》："原清则流清，原～则流～。"（原：水源。）潘岳《西征赋》："北有清渭～泾。"（渭、泾：水名。）㊀污浊。《楚辞·渔父》："举世皆～我独清。"《史记·平原君虞卿列传》："平原君，翩翩～世之佳公子也。"㊀声音低沉粗重。《晋书·谢安传》："有鼻疾，故其音～。"

诼（諑） zhuó 造谣，毁谤。《楚辞·九思·逢尤》："被～谮（zèn）兮虚获尤。"（谮：说坏话诬陷别人。虚：平白无故地。尤：过错，罪过。）

啄 zhuó ❶鸟用嘴取食。《诗经·小雅·黄鸟》："黄鸟黄鸟，无集于谷，无～我粟。"❷ zhòu 通"噣"。鸟嘴。《太平广记》卷二四五"东方朔"："尻（kāo）益高者，鹤俛～也。"（尻：臀。）

琢 zhuó 雕刻玉石。《诗经·卫风·淇奥》："如切如磋，如～如磨。"（磋：磨光。）《礼记·学记》："玉不～，不成器。"

椓 zhuó ❶击打。《诗经·周南·兔罝》："肃肃兔罝，～之丁丁（zhēngzhēng）。"（丁丁：象声词。）《淮南子·说林》："椎固有柄，不能自～。"㊀打击，残害。《诗经·小雅·正月》："民今之无禄，天夭是～。"（夭：祸。）❷宫刑。《尚书·吕刑》："杀戮无辜，爰始淫为劓、刵、～、黥。"㊇阉人。《诗经·大雅·召旻》："天降罪罟，蟊贼内讧。昏～靡共。"❸攻击，毁谤。《左传·哀公十七年》："卫侯辞以难，大子又使～之。"

鷟（鸑） zhuó ［鸑（yuè）鷟］见523页"鸑"字。

缴（繳） zhuó 见196页。

Z

擢 zhuó ❶ 拔，抽。《史记·范雎蔡泽列传》："～贾之发以续贾之罪，尚未足。"（贾：人名。续：接续。）㉀植物滋长。韦应物《郡斋移杉》诗："～干方数尺，幽姿已苍然。"（方：才。幽姿：幽雅的姿态。苍然：青翠的样子。）❷ 提拔，选拔。《汉书·赵充国传》："～为后将军。"（后将军：武官名。）《战国策·燕策二》："～之乎宾客之中，而立之乎群臣之上。"

【辨】拔，擢。见7页"拔"字。

濯 zhuó ❶ 洗。《楚辞·渔父》："沧浪之水清兮，可以～吾缨。"（沧浪：水名。缨：帽带子。）❷ 大，盛大。《诗经·大雅·文王有声》："王公伊～，维丰之垣。"（这句是说文王的功劳大。公：功。伊：语气词。）❸［濯濯］1. 有光泽的样子。《诗经·大雅·崧高》："钩膺～～。"（钩膺：马颈腹上带子的装饰。）2. 光秃的样子。《孟子·告子上》："人见其～～也，以为未尝有材焉。"3. 肥泽的样子。《史记·司马相如列传》："～～之麟。"

【辨】濯，涤，洗。"濯"字意义最广，既指洗衣服，又指洗器物，也指洗手足。"涤"字一般指洗器物。"洗"指洗脚。后来"洗"字替代了"濯"和"涤"。

镯（鐲） zhuó 军乐器，形似小钟。《周礼·夏官·大司马》："鼓行，鸣～，车徒皆行。"【注意】"镯"在古代汉语中没有"手镯"义。

ZI

孜 zī ［孜孜］勤勉，努力不懈的样子。《史记·滑稽列传》："此士之所以日夜～～，修学行道，不敢止也。"魏征《十渐不克终疏》："陛下贞观之初，～～不怠。"（贞观：唐太宗的年号。）又写作"孳孳"。成语有"孜孜不倦"。

咨 zī ❶ 商议，咨询。《左传·昭公元年》："子产～于大叔。"（子产：人名。）诸葛亮《出师表》："事无大小，悉以～之，然后施行。"这个意义后来写作"谘"。❷ 叹词。多表赞赏。《尚书·尧典》："帝曰：'～，四岳！'"（帝：指尧。四岳：指传说中的四个诸侯之长。）［咨嗟（jiē）］叹息，赞叹。李白《蜀道难》诗："蜀道之难，难于上青天，侧身西望长～～。"《晋书·张华传》："有一介之善者便～～称咏，为之延誉。"（一介之善：一点好处。延誉：播扬名誉。）

谘 zī 商议，咨询。《三国志·魏书·荀彧传》："密以～彧（yù）。"

兹［茲］ zī ❶ 草席。《史记·周本纪》："毛叔郑奉明水，卫康叔封布～。"❷ 指示代词。此，这里。《诗经·大雅·泂酌》："挹彼注～。"（挹：指舀水。注：灌。）《论语·子罕》："文王既没，文不在～乎？"㉂这样。《国语·楚语上》："余恐德之不类，～故不言。"（余：我。不类：指不善。）❸ 年。通常只用在"今兹"和"来兹"中。《吕氏春秋·任地》："今～美禾，来～美麦。"❹ 通"滋"。益，更加。《汉书·五行志下之下》："赋敛～重。"（赋敛：收税。）❺ cí ［龟（qiū）兹］见142页"龟（guī）"字。

嵫 zī ［崦（yān）嵫］见481页"崦"字。

孳 zī ❶ 繁殖，生息。《列子·汤问》："不夭不病，其民～阜亡数。"（夭：未成年就死去。阜：盛。亡：无。）❷［孳孳］同"孜孜"。勤勉，努力不懈的样子。东方朔《答客难》："日夜～～。"

滋 zī ❶ 液汁。左思《魏都赋》："墨井盐池，玄～素液。"（玄：黑。素：白。）㉀滋润，润泽。韦庄《同旧韵》："露～三径草，日动四邻砧。"❷ 美味。《后汉书·蔡邕列传》："含甘吮～。"（甘：甜。）❸ 培植。屈原《离骚》："余既～兰之九畹（wǎn）兮。"（既：已经。畹：三十亩［一说十二亩］为一畹。）㉀滋长。《左传·隐公元年》："无使～蔓。"❹ 副词。益，更加。柳宗元《蝜蝂传》："而贪取～甚。"（甚：厉害。）

镃（鎡） zī ［镃基］大锄。《孟子·公孙丑上》："虽有智慧，不如乘势；虽有～～，不如待时。"又写作"镃錤"。

赀（貲） zī ❶ 罚钱。《秦律·效律》："斗不正，半升以上，～一甲。"（赀一甲：罚一件铠甲的钱。）❷ 计算，估量。《晋书·傅玄传》："一日则损不～，况积日乎？"❸ 通"资"。资财，钱财。《后汉书·刘盆子传》："母家素丰，～产数百万。"《新唐书·员半千传》："上书自陈臣家～不满千钱。"（陈：陈述。）㉀价格。《管子·乘马数》："布织财物，皆立其～。"

觜 zī ❶ 猫头鹰等禽类头上的毛角。《说文·角部》："觜，鸱旧头上角觜也。"❷ zuǐ 鸟嘴。张衡《东京赋》："秦政利～长距，终得擅场。"❸ 星宿名。二十八宿之一。

髭［頾］ zī 唇上的胡须。《左传·昭公二十六年》："至于灵王，生而有～。"汉乐府《陌上桑》："行者见罗敷，下担捋～须。"

资（資） zī ❶ 资财，钱财。《国语·齐语》："无受其～。"㉀费用。《三

Z

国志·蜀书·诸葛亮传》:"军～所出。" ❷ 积蓄。《国语·越语》:"贾人夏则～皮,冬则～絺(chī)。"(贾人:商人。絺:细麻布。) ❸ 具有,具备。《文选·蔡邕〈陈太丘碑文〉》:"兼～九德,总修百行。" ❹ 供给,资助。《韩非子·说疑》:"～之以币帛。"《史记·郦生陆贾列传》:"此乃天所以～汉也。" ❺ 凭借。《三国志·魏书·文帝纪》:"昔仲尼～大圣之才,怀帝王之器。"(仲尼:孔子字。)柳宗元《封建论》:"归周者八百焉,～以胜殷。"(周、殷:朝代名。)㊀凭借的条件。《老子》二十七章:"善人者不善人之师,不善人者善人之～。" ❻ 资质。指天生的才能、性情。班固《为第五伦荐谢夷吾疏》:"英～挺特。"(挺特:指突出。)《汉书·陈平传》:"然大王～侮人。"(侮:侮慢。) ❼ 资望,资历。《三国志·魏书·荀彧传》:"绍凭世～,从容饰智,以收名誉。"(绍:袁绍。世资:世代的资望。饰智:装作有智慧。)干宝《晋纪总论》:"不拘～次。"

粢 zī ❶ 稷,一种谷物。《楚辞·招魂》:"稻～穱麦。" ❷ 古代供祭祀用的谷物。《左传·桓公六年》:"絜～丰盛(chéng)。"(絜:洁净的。丰:丰富的。盛:祭器中所盛的谷物。)[粢盛]盛在祭器内以供祭祀的谷物。《汉书·文帝纪》:"朕亲率耕,以给宗庙～～。"又写作"齐盛"。❸ cí 稻饼。《列子·力命》:"食则～粝,居则蓬室。"

趑[趦] zī [趑趄(jū)] 1. 行不进的样子。张载《剑阁铭》:"一人荷戟,万夫～～。"㊀徘徊。柳宗元《答韦珩示韩愈相推以文墨事书》:"而仆稚騃,卒无所为,但～～文墨笔砚浅事。" 2. 恣睢,放纵暴戾。《魏书·乐志》:"刘石以一时奸雄,跋扈魏赵;苻姚以部帅强豪,～～关辅。"

菑 zī ❶ 开荒。《尚书·大诰》:"厥父～,厥子乃弗肯播。"(厥:其。弗:不。播:播种。) ❷ 初耕一年的土地。沈约《齐故安陆昭王碑文》:"宿秉停～。"(宿秉:去年的稻穗。)㊁田地。祖咏《归汝坟山庄》诗:"沤麻入南涧,刈麦向东～。" ❸ zì 直立而枯死的树木。《荀子·非相》:"周公之状,身如断～。" ❹ zāi 通"灾"。祸害,灾害。《诗经·大雅·生民》:"无～无害。"

淄 zī ❶ 水名。今称淄河,在山东境内。❷ 通"缁"。黑色,变为黑色。《史记·孔子世家》:"不曰白乎,涅而不～。"

缁(緇) zī ❶ 黑色。《韩非子·说林下》:"天雨,解素衣,衣～衣而反。"(素衣:白色衣服。衣缁衣:穿黑色衣服。反:返。)㊁变黑。《论语·阳货》:"不曰白乎,涅而不～。" ❷ 指僧侣。《魏书·释老志》:"～素既殊,法律亦异。"(素:指俗人。)

辎(輜) zī ❶ [辎车]一种有帷盖的车子。《史记·孙子吴起列传》:"居～～中,坐为计谋。" ❷ [辎重] 1. 外出时所带的衣物箱笼。《老子》二十六章:"是以圣人终日行不离～～。" 2. 军用器械、粮草、营帐、服装等的统称。《史记·淮阴侯列传》:"从间道绝其～～。"(间道:小道。绝:断。)

锱(錙) zī 古代重量单位。一说六铢为一锱,四锱为一两。[锱铢]比喻极微小的数量。《三国志·吴书·贺邵传》:"身无～～之行,能无鹰犬之用。"

鼒 zī 小口的鼎。《诗经·周颂·丝衣》:"鼐(nài)鼎及～。"(鼐:大鼎。)沈约《需雅》八首之一:"或鼎或～宣九沸,楚桂胡盐芼芳卉。"

子 zǐ ❶ 婴儿。《荀子·劝学》:"干、越、夷、貉之～,生而同声,长而异俗。"(干、越、夷、貉:古代民族名。)㊁儿子或女儿。《汉书·文帝纪》:"孝文皇帝,高祖中～也。"《韩非子·说林上》:"卫人嫁其～。"㊀植物的籽实。杜甫《少年行》:"江花结～已无多。" ❷ 对人的尊称,多指男子,相当于现代汉语中的"您"。《论语·子路》:"卫君待～而为政,～将奚先?"(奚:什么。)㊁写在姓氏后面,作为对人的尊称。如"荀子"、"庄子"。❸ 古代五等爵位的第四等。《礼记·王制》:"王者之制禄爵:公、侯、伯、～、男,凡五等。" ❹ 利息。《新唐书·柳宗元传》:"～本均。" ❺ 地支的第一位。㊁十二时辰之一,等于现在深夜的十一时至一时。见125页"干[1]"字。❻ 物品中小而轻的。与"母(大而重的)"相对。阮籍《咏怀八十二首》之六:"(东陵瓜)连畛距阡陌,～母相钩带。"

秭 zǐ ❶ 禾二百把为一秭。❷ 数量单位。十亿为秭。《诗经·周颂·丰年》:"亦有高廪,万亿及～。"

笫 zǐ 竹编的床垫。《左传·襄公二十七年》:"床～之言不逾阈(yù)。"(阈:门槛。)

梓 zǐ ❶ 一种树木。《盐铁论·本议》:"江南之楠～竹箭。"(楠:一种树木。箭:可做箭杆的竹子。)[梓宫]皇帝的灵柩。《后汉书·窦皇后纪》:"桓帝～～尚在前殿,遂杀田圣。"(田圣:人名。)[桑梓]指故乡。柳宗元《闻黄鹂》诗:"乡禽何事亦来此,令我生心忆～～。" ❷ 木工。《周礼·考工记序》:"攻木之工,轮、舆、弓、庐、匠、车、～。"[梓匠]木匠。《孟子·尽心下》:"～～轮舆,能与人规矩，不能使人巧。”

訾〔訿〕 zǐ ❶ 毁谤，诋毁，非议。《吕氏春秋·怀宠》：“排～旧典。”《盐铁论·地广》：“诽誉～议，以要名采善于当世。”（要名采善：指沽名钓誉。）❷ 厌恶。《管子·形势》：“小谨者不大立，～食者不肥体。”❸ cī 病。《管子·入国》：“岁凶，庸人～厉。”（岁凶：年景不好。厉：病。）㊀过失，缺点。《礼记·檀弓下》：“故子之所刺于礼者，亦非礼之～也。”❹ zī 通“赀”。计算，估量。《商君书·垦令》：“～粟而税，则上一而民平。”（上一：国法统一。）《列子·说符》：“钱帛无量，财货无～。”❺ zī 通“资”。资财，钱财。《汉书·杜周传》：“家～累巨万矣。”（累：累积。）❻ zī 通“恣（zì）”。放纵。《荀子·非十二子》：“今之所谓处士者……行伪险秽而强高言谨悫者也，以不俗为俗，离纵而跂～者也。”❼ zī 通“咨”。叹词。表示感叹。《战国策·齐策三》：“～！天下之主有侵君者，臣请以臣之血湔其衽（rèn）。”（衽：衣襟。）

芓 zì ❶ 麻的雌株。❷ zǐ 通“籽”。培土。《汉书·食货志上》：“故其《诗》曰：‘或芸或～，黍稷儗儗。’”今《诗经·小雅·甫田》作“籽”。

字 zì ❶ 生孩子。《论衡·气寿》：“妇人疏～者子活。”（疏：稀疏。）㊀养育。《左传·成公十一年》：“又不能～人之孤而杀之。”（孤：孤儿。）㊁爱。《左传·成公四年》：“楚虽大，非吾族也，其肯～我乎？”❷ 女子许嫁。《周易·屯》：“女子贞不～，十年乃～。”❸ 表字。《史记·陈涉世家》：“陈胜者，阳城人也，～涉。”❹ 文字。《汉书·刘歆传》：“分文析～。”

牸 zì 母牛。刘向《说苑·政理》：“臣故畜～牛，生子而大，卖之而买驹。”㊀雌的。《盐铁论·未通》：“戎马不足，～牝入阵。”

自 zì ❶ 自己。《老子》三十三章：“知人者智，～知者明。”㊀亲自。《史记·萧相国世家》：“高祖～将。”（将：统率部队。）〔自如〕〔自若〕像自己原来的样子，不变常态。《汉书·李广传》：“吏士无人色，而广意气自如。”（广：人名。）❷ 自然。《商君书·错法》：“举事而材～练者，功分明。”❸ 从。《论语·学而》：“有朋～远方来。”❹ 由于。《汉书·灌夫传》：“侯～我得之，～我捐之，无所恨。”❺ 即使。《汉书·刑法志》：“律令烦多……～明习者不知所由。”❻ 假如。常“自非（假如不是）”连用。王安石《上皇帝万言书》：“～非朝廷侍从之列，食口稍众，未有不兼农商之利而能充其养者也。”（食口稍众：指吃饭的人多。）

剚 zì 插入，刺。丘迟《与陈伯之书》：“张绣～刃于爱子。”

恣 zì 放纵，无拘束。《荀子·成相》：“吏敬法令莫敢～。”㊀任凭。《战国策·赵策四》：“～君之所使之。”

眦〔眥〕 zì 眼眶。《史记·项羽本纪》：“瞋（chēn）目视项王……目～尽裂。”（瞋目：瞪眼睛。）

胔 zì ❶ 尚存残肉的骨殖。《礼记·月令》：“掩骼埋～。”❷ 死亡。《大戴礼记·千乘》：“太古之民，秀长以寿者，食也；在今之民，羸丑以～者，事也。”❸ jí 通“瘠”。瘦。《汉书·娄敬传》：“今臣往，徒见羸～老弱。”

渍（漬） zì ❶ 浸，泡。贾思勰《齐民要术·水稻》：“净淘种子，～经三宿。”（渍经三宿：浸泡三夜。）❷ 染。《周礼·考工记·钟氏》：“淳而～之。”（淳：浇。）《汉书·礼乐志》：“民渐～恶俗。”

胾 zì ❶ 切成大块的肉。《史记·绛侯周勃世家》：“召条侯，赐食。独置大～，无切肉。”（独置：单独设置。）❷ 未掩埋的尸体。《魏书·孝静帝纪》：“诏尚书掩骼埋～。”

ZONG

宗 zōng ❶ 宗庙，祖庙。《左传·成公三年》：“首其请于寡君而以戮于～。”（首：荀首，人名。）㊀祖宗，祖先。《左传·成公三年》：“使嗣～职。”（使我继承祖宗传下来的职位。嗣：继承。）㊁始祖。《论衡·案书》：“儒家之～，孔子也。”❷ 宗族。同祖称宗。《史记·秦始皇本纪》：“车裂以徇，灭其～。”（徇：示众。）❸ 诸侯夏见天子曰宗。《周礼·春官·大宗伯》：“春见曰朝，夏见曰～，秋见曰觐，冬见曰遇。”㊄众水归海。董仲舒《春秋繁露·观德》：“故受命而海内顺之，犹众星之共北辰，流水之～沧海也。”❹ 尊奉。《礼记·檀弓上》：“夫明王不兴，而天下其孰能～予？”（孰：谁。）❺ 本，主旨，宗旨。《老子》十七章：“言有～，事有君。”（言：言论。事：事理。君：指根本。）成语有“万变不离其宗”。

综（綜） zōng ❶ zèng（旧读 zòng）织布时使经线上下交错以受纬线的一种装置。㊀编织。陶宗仪《辍耕录》卷二四：“错纱配色，～线挈花，各有其法。”（错纱：使纱线交叉。挈花：提花。）❷ 聚总，集合。《史记·周本纪》：“～其实不然。”

(实:实际情况。)曹植《七启》:"～孔氏之旧章。"双音词有"综合"。

棕[椶] zōng 树名。即棕榈。《山海经·西山经》:"又西三百五十里曰天帝之山,上多～楠。"

踪 zōng ❶踪迹。《汉书·扬雄传下》:"蹑三皇之高～。"(蹑:踏着。)柳宗元《江雪》诗:"千山鸟飞绝,万径人～灭。"(径:小道。)❷追随,跟踪。《新唐书·桓彦范传》:"如普思等方伎猥下,安足继～前烈。"(普思:郑普思,人名。猥下:低下。)上述义项又写作"蹤"。

鬃 zōng ❶高髻。张君房《云笈七签》卷一一三下:"瞖山栖求道,无巾裹～角,布衣事道士为文。"(瞖:人名。)❷马、猪等颈上的毛。徐陵《紫骝马》诗:"玉镫绣缠～,金鞍锦覆幪。"这个意义又写作"騣"。

嵕[崈] zōng 数峰并峙的山。司马相如《上林赋》:"凌三～之危。"

緵 zōng ❶古代布帛以八十根经线为一緵。《史记·孝景本纪》:"令徒隶衣七～布。"(七緵布:二尺二寸幅内仅有五百六十根经线的布。)❷[緵罟]细密的渔网。《诗经·豳风·九罭》"九罭之鱼"毛传:"九罭,～～,小鱼之网也。"

豵 zōng 一岁的小猪。㉒小兽。《诗经·豳风·七月》:"言私其～,献豜(jiān)于公。"(豜:三岁的野猪。)

总(總)[総] zǒng ❶聚合,聚束。潘岳《藉田赋》:"垂髫(tiáo)～发。"(髫:小孩头上垂下的头发。)㊀系结。屈原《离骚》:"～余辔乎扶桑。"❷统领。《隋书·元谐传》:"公受朝寄,～兵西下。"(朝寄:朝廷的寄托。)❸总括,汇集。《荀子·不苟》:"～天下之要,治海内之众。"❹副词。全。李白《子夜吴歌·秋歌》:"秋风吹不尽,～是玉关情。"杜甫《泛江》诗:"极目～无波。"

偬[傯] zǒng [倥(kǒng)偬]见227页"倥(kōng)"字。

纵(縱) zòng ❶发,放。《史记·项羽本纪》:"莫敢～兵。"《后汉书·班超传》:"超乃顺风～火。"㊁释放。《新唐书·杨恭仁传》:"～所俘还之。"(俘:俘虏。)㊀放纵,放任。《左传·僖公三十三年》:"一日～敌,数世之患也。"晁错《贤良文学对策》:"骄溢～恣,不顾患祸。"(骄傲放纵,不顾后患。)❷即使。庾亮《让中书令表》:"～不悉全,决不尽败。"(全:保全。)❸纵。与"横"相对。东方朔《七谏·沈江》:"不别横之与～。"(别:区分。)❹zōng 通"踪"。踪迹。《史记·酷吏列传》:"言变事～迹安起。"(告发非常事件的经过是怎么发生的。)

ZOU

邹(鄒) zōu 春秋时国名。在今山东邹城一带。孟子为邹人。

驺(騶) zōu ❶主管养马的人(也兼管赶车)。《左传·成公十八年》:"程郑为乘马御,六～属焉。"(程郑:人名。乘马御:替诸侯赶车的人。属焉:属于他管理。)❷骑马的侍从。《战国策·楚策四》:"于是使人发～征庄辛于赵。"(发:派出。征:召。庄辛:人名。)❸zhòu 通"骤"。车马奔驰。《礼记·曲礼上》:"车驱而～,至于大门。"❹qū 通"趋"。小步快走。《荀子·正论》:"～中《韶》、《护》以养耳。"(中:符合。《韶》、《护》:古乐名。)

诹(諏) zōu 商议。《国语·晋语四》:"谋于南宫,～于蔡、原。"(南宫、蔡、原:姓。)㊀询问。诸葛亮《出师表》:"諮～善道。"

陬 zōu 角,角落。《史记·绛侯周勃世家》:"吴奔壁东南～。"(吴:吴王刘濞。壁:营垒。)㊀山脚。束皙《补亡诗》六首之二:"在陵之～。"(陵:土山。)

棷 zōu ❶树名。《山海经·中山经》:"(风雨之山)其木多～、椫。"❷麻秆。《汉书·五行志下之上》:"民惊走,持稿或～一枚,传相付与。"❸sǒu 通"薮"。水泽。《礼记·礼运》:"凤皇麒麟,皆在郊～。"

緅 zōu 深青带红的帛。《论语·乡党》:"君子不以绀(gàn)～饰,红紫不以为亵服。"(绀:深青带红的颜色。)

鲰(鯫) zōu 杂小鱼。《史记·货殖列传》:"～千石,鲍千钧。"[鲰生]对人的蔑称。《史记·留侯世家》:"沛公曰:'～～教我距关无内诸侯。'"李显等《十月诞辰内殿宴群臣效柏梁体联句》:"～～侍从忝王枚,右掖司言实不才。"

鄹[郰] zōu 地名。春秋鲁地,是孔子乡邑。在今山东曲阜东南。《论语·八佾》:"孰谓～人之子知礼乎?"(鄹人之子:指孔子。)

走 zǒu ❶跑。《韩非子·五蠹》:"兔～触株,折颈而死。"㊁逃跑。《孟子·梁惠王上》:"弃甲曳兵而～。"㊁赶跑。《汉书·高帝纪上》:"羽大破秦军钜鹿下,虏王离,～章邯。"(羽:项羽。钜鹿:地名。王离、章邯:人名。)❷(旧读 zòu)奔向,趋向。《史记·

Z

萧相国世家》："诸将皆争～金帛财物之府。"（府：仓库。）《史记·蒙恬列传》："始皇三十七年冬，行出游会稽，并海上，北～琅邪（lángyá）。"（会稽、琅邪：地名。）❸ 仆人。司马迁《报任安书》："太史公牛马～司马迁再拜言。"（牛马走：像牛马一样被驱使的仆人。）㊀谦称。我。张衡《东京赋》："～虽不敏。"（敏：灵敏，敏锐。）

【辨】行，走。见 468 页"行"字。

奏 zòu ❶ 进。《庄子·养生主》："～刀騞（huō）然。"（騞然：刀割东西的声音。）㊁进献。《论衡·逢遇》："以夏进炉，以冬～扇。"㊀呈现，使见。《战国策·秦策一》："愿大王少留意，臣请～其效。" ❷ 向君王进言或上书。《史记·孝文本纪》："书～天子，天子怜悲其意。"㊁奏章。《后汉书·赵充国传》："作～未上，会得进兵玺书。"（会：碰上。进兵玺书：皇帝命令进兵的诏书。）❸ 奏乐。屈原《离骚》："～《九歌》而舞《韶》兮。"（《韶》：古代乐名。）

ZU

菹［葅］ zū ❶ 酸菜，腌菜。《论衡·福虚》："楚惠王食寒～而得蛭。"（蛭：蚂蟥。）❷ 肉酱。《礼记·少仪》："麋鹿为～。"㊁古代的一种酷刑，把人剁成肉酱。《韩非子·存韩》："臣斯愿得一见，前进道愚计，退就～戮。"（斯：李斯。道：说。）❸ 枯草。《管子·轻重甲》："请君伐～薪。"（薪：柴。）❹ jù 多水草的沼泽地带。《孟子·滕文公下》："驱蛇龙而放之～。"

足 zú ❶ 脚。《韩非子·外储说左上》："手～胼胝（piánzhī），面目黧（lí）黑，劳有功者也。"（胼胝：厚茧。黧：黑色。）㊀器物的脚。《三国志·蜀书·诸葛亮传》："如此则荆、吴之势强，鼎～之形成矣。" ❷ 足够，充足。《老子》七十七章："损有余而补不～。"曹操《置屯田令》："夫定国之术，在于强兵～食。"㊁补足。《列子·杨朱》："以昼～夜。" ❸ 够得上，值得。《荀子·劝学》："百发失一，不～谓善射。"陶渊明《桃花源记》："不～为外人道也。"

卒 zú ❶ 步兵。《孙膑兵法·篡卒》："兵之胜在于篡～。"（兵：军队。篡：选用。）㊁古代军队编制，一百人为卒。《韩非子·显学》："猛将必发于～伍。"（发：产生。伍：古代军队编制，五人为伍。）㊁春秋时齐国居民的编制，三百家为一卒。《国语·齐语》："制鄙三十家为邑，邑有司；十司为～，～有～帅。" ❷ 死。《左传·僖公十六年》："公子季友～。"（季友：人名。）❸ 终，完毕，结束。《论语·子张》："有始有～者，其惟圣人乎！"《史记·匈奴列传》："语～而单于大怒。"㊁副词。终于。《史记·李斯列传》："～成帝业。" ❹ cù 突然，仓猝。《后汉书·仲长统传》："军旅～发。"这个意义后来多写作"猝"。

【辨】崩，薨，卒，死，没。见 16 页"崩"字。

【辨】兵，卒，士。见 26 页"兵"字。

崒［崪］ zú ❶ 高耸而险峻。柳宗元《邕州柳中丞作马退山茅亭记》："是山～然起于莽苍之中。"（是：此。莽苍：原野。）㊁高。宋玉《高唐赋》："其上独有云气，～兮直上。"［崒兀］高耸险峻。杜甫《自京赴奉先县咏怀五百字》："群冰从西下，极目高～～。" ❷ cuì 通"萃"。聚集。贾谊《鵩鸟赋》："异物来～，私怪其故。"

族 zú ❶ 家族，同姓的亲属。《史记·孙子吴起列传》："废公～疏远者。"（公族：国君的家族。）㊕姓。《吕氏春秋·异宝》："问其名～，则不肯告。"㊀类。《淮南子·俶真》："万物百～。" ❷ 种族。《后汉书·东夷传赞》："厥区九～。" ❸ 灭族。古代的一种刑罚，一人有罪，灭三族或九族。《史记·秦始皇本纪》："以古非今者～。"（非：非难。）❹ 聚结。《庄子·在宥》："云气不待～而雨。" ❺ zòu 通"奏"。节奏。《汉书·严安传》："调五声使有节～，杂五色使有文章。"

镞（鏃） zú 箭头。贾谊《过秦论上》："秦无亡矢遗～之费，而天下诸侯已困矣。"（无亡矢遗镞之费：不费一箭。矢：箭。）

诅（詛） zǔ ❶ 诅咒。《晏子春秋·内篇谏上》："百姓之咎怨诽谤，～君于上帝者多矣。" ❷ 盟誓。《左传·宣公二年》："初，丽姬之乱，～无畜群公子。"（无：不。畜：养。）《后汉书·西羌传》："乃解仇～盟。"

阻 zǔ ❶ 险要的地方。《史记·孙子吴起列传》："马陵道狭，而旁多～隘，可伏兵。"㊁路难走。蔡琰《悲愤诗》："迥（jiǒng）路险且～。"（迥：远。）❷ 倚仗。《左传·隐公四年》："夫州吁～兵而安忍。"（州吁：人名。安忍：安于做残忍的事。）《汉书·高帝纪下》："带河～山，县隔千里。"（县：悬，远。）❸ 阻碍，阻挠，阻止。柳宗元《非国语下·卜》："反以～大事。"杜甫《秋尽》诗："剑门犹～北人来。"熟语有"通行无阻"。㊁艰难。《诗经·邶风·雄雉》："我之怀矣，自诒伊～。" ❹ 忧患。《尚书·舜典》："黎民～饥。"

组(組) zǔ ❶丝带。《韩非子·外储说右上》:"使其妻织～。"㊕印绶。《汉书·高帝纪上》:"秦王子婴素车白马,系颈以～,封皇帝玺符节,降枳道旁。"[组练]以组和练缀甲,形容装备精良。指精兵。辛弃疾《水调歌头·舟次扬州》:"汉家～～十万。"❷华丽。《荀子·乐论》:"乱世之征,其服～,其容妇,其俗淫。"❸编织。《诗经·鄘风·干旌》:"素丝～之。"

俎 zǔ ❶祭祀时盛牛羊等祭品的礼器。《左传·隐公五年》:"鸟兽之肉不登于～……则公不射。"(登:指放上。公:国君。)❷切肉用的砧板。《韩非子·难言》:"身执鼎～为庖(páo)宰。"(鼎:烹煮用的金属器物。庖宰:厨师。)

祖 zǔ ❶祖庙。《尚书·舜典》:"受终于文～。"(受终:指舜继承了尧的帝位。文祖:尧始祖的庙。)❷祖先。《盐铁论·结和》:"故先～基之,子孙成之。"(基之:给它打下基础。成:完成。)㊕祖父。柳宗元《捕蛇者说》:"吾～死于是,吾父死于是。"(是:此,指捕蛇。)❸开始,初。《庄子·山木》:"浮游乎万物之～。"㊂事业或派别的首创者。如"鼻祖"、"祖师"。❹效法。《史记·韩世家》:"秦王必～张仪之故智。"(故智:老计谋。)❺出行时祭祀路神。《晋书·谢安传》:"帝出～于西池。"㊀饯行的一种隆重仪式。祭路神后,在路上设宴为人送行。《世说新语·方正》:"杜预之荆州,顿七里桥,朝士悉～。"(之:到……去。)《宋史·胡瑗传》:"以太常博士致仕,归老于家,诸生与朝士～饯东门外。"(太常博士:官名。致仕:年老辞官。)

ZUAN

缵(纘) zuǎn 继续。《诗经·豳风·七月》:"二之日其同,载～武功。"㊂继承。《诗经·鲁颂·閟宫》:"～禹之绪。"(禹:传说中的古代帝王。绪:功业。)《后汉书·傅毅传》:"～修其道。"

纂 zuǎn ❶赤色的丝带。《汉书·景帝纪》:"锦绣～组,害女红(gōng)者也。"(女红:指妇女纺织刺绣等工作。)❷聚集。《荀子·君道》:"～论公察则民不疑。"(纂论公察:集中众议而不凭私见。)❸编纂。《宋史·张昭传》:"藏书数万卷,尤好～述。"(述:著述。)双音词有"纂修"、"纂辑"。❹通"缵"。继承。张衡《东京赋》:"况～帝业而轻天位。"(天位:指帝位。)

ZUI

最 zuì ❶最,极。《商君书·外内》:"故农之用力～苦。"㊕功劳最高,政绩最佳。《汉书·樊哙传》:"攻赵贲……灌废丘,～。"(赵贲:秦将。废丘:地名。)《后汉书·牟融传》:"视事三年,县无狱讼,为州郡～。"❷聚合。《管子·禁藏》:"冬,收五藏,～万物。"(收五藏:收藏好五谷。)❸总计,总的算来。《史记·绛侯周勃世家》:"～从高帝得相国一人,丞相二人,将军、二千石各三人。"(二千石:指俸禄为二千石的高级官员。)

蕞 zuì [蕞尔]小的样子。《左传·昭公七年》:"抑谚曰～～国,而三世执其政柄。"(政柄:政权。)

罪[辠] zuì ❶罪恶,犯法的行为。《荀子·王制》:"无功不赏,无～不罚。"㊂有罪的人或国家。《汉书·地理志下》:"君以成周之众,奉辞伐～,亡不克矣。"(亡:无,没有。)成语有"吊民伐罪"。㊂过失,错误。《孟子·公孙丑下》:"此则寡人之～也。"❷惩处,判罪。《韩非子·五蠹》:"以其犯禁也,～之。"㊀怪罪。《史记·孔子世家》:"孔子曰:'后世知丘者以《春秋》,而～丘者亦以《春秋》。'"(丘:孔丘。春秋:书名。)

醉 zuì 酒醉。《韩非子·说林上》:"～寐而亡其裘。"(寐:睡着了。亡:丢失。裘:皮衣。)㊙极端爱好。《庄子·应帝王》:"列子见之而心～。"双音词有"陶醉"。

ZUN

尊 zūn ❶酒器。《国语·周语中》:"出其～彝(yí)。"(出:拿出来。彝:酒器。)这个意义又写作"樽"、"罇"。❷尊贵,高贵,地位高。《商君书·农战》:"主待农战而～。"(主:君主。)《后汉书·张湛传》:"明府位～德重。"❸尊奉。《史记·李斯列传》:"竟并天下,～主为皇帝。"㊂尊重。《史记·蒙恬列传》:"始皇甚～宠蒙氏,信任贤之。"

遵 zūn ❶循,沿着。屈原《九章·哀郢》:"去故乡而就远兮,～江夏以流亡。"(江夏:长江和夏水。)❷遵循,遵守。《史记·殷本纪》:"不～汤法。"《史记·曹相国世家》:"高帝与萧何定天下,法令既明,今陛下垂拱,参等守职,～而勿失,不亦可乎?"

樽[罇] zūn 盛酒器。李白《江上吟》:"美酒～中置千斛(hú)。"(斛:十斗。)

撙 zǔn 节制，抑制。《管子·五辅》："节饮食，～衣服，则财用足。"[撙节]克制，约束。《礼记·曲礼上》："是以君子恭敬～～，退让以明礼。"[撙衔]控制马勒。《战国策·秦策一》："伏轼～～，横历天下。"

噂 zǔn 聚谈。[噂沓]相对谈话。《诗经·小雅·十月之交》："～～背憎。"(当面一起谈话，背后相互憎恶。)

ZUO

岝[岞] zuó [岝崿(è)][岝嶺(è)]山高峻的样子。嵇康《琴赋》："互岭巉岩，岝崿岖嶔。"木华《海赋》："启龙门之岝嶺，墾陵峦而崭凿。"(墾：同"垦"，开垦。)

筰 zuó ❶ 竹索。韩愈等《晚秋郾城夜会联句》："雷鼓揭千枪，浮桥交万～。" ❷ 我国古代西南部族名。❸ zé 压榨。《东观汉记·耿恭传》："匈奴来攻，绝其涧水，吏～马粪汁饮之。"

捽 zuó ❶ 揪住。《荀子·正论》："詈侮～搏，捶笞膑脚。"《吕氏春秋·忠廉》："王子庆忌～之，投之于江。" ❷ 抵触，冲突。《国语·晋语一》："戎夏交～。" ❸ 拔。《汉书·贡禹传》："农夫父子暴露中野，不避寒暑，～中(草)杷土，手足胼胝。"

左 zuǒ ❶ 左边。《孙子兵法·虚实》："备～则右寡，备右则～寡。"㊀地理上以东为左。《晋书·温峤传》："元帝初镇江～。"[左右]1. 在旁侍候的近侍近臣。《韩非子·孤愤》："千乘之患，～～太信。" 2. 周围，附近。《三国志·蜀书·诸葛亮传》："令军士不得于亮墓所～～刍(chú)牧樵采。"(亮墓所：诸葛亮墓地。刍：割草。樵：打柴。) 3. 表示约数，相当于"上下"。《论衡·气寿》："百岁～～。" 4. 帮助。《史记·萧相国世家》："高祖为亭长，常～～之。" 5. 支配，控制。《左传·僖公二十六年》："凡师，能～～之曰以。"(以：指使用。) 6. 书信中对对方的尊称。表示不敢直称对方，只称呼对方的左右执事者。白居易《与元九书》："然亦不能不粗陈于～～。"(陈：陈述。) ❷ 古代尊崇右，故以右为较尊贵的地位，而以左为较低的地位。柳宗元《送李渭赴京师序》："过洞庭，上湘江，非有罪～迁者罕至。"(左迁：降职。)㊀以右指亲近、赞助，以左指不亲近、不赞助。《战国策·魏策二》："右韩而～魏。"(韩、魏：国名。)【注意】古代车骑以左为尊位，"虚左"表示对人的尊敬。《史记·魏公子列传》："公子从车骑，虚左，自迎夷门侯生。"成语有"虚左以待"。❸ 不正，邪僻。《礼记·王制》："执～道以乱政。"成语有"左道旁门"。㊀不合，违背。韩愈《答宝秀才书》："身勤而事～。" ❹ 证据，证人。《新唐书·刘知几传》："举十二条～证其谬。"《汉书·张汤传》："使吏捕案汤～田信等。"

佐 zuǒ ❶ 辅助，帮助。《墨子·贵义》："周公旦～相天子。"《史记·陈涉世家》："陈胜～之，并杀两尉。" ❷ 辅助的官员。《世说新语·排调》："顾长康作殷荆州～，请假还东。"(顾长康：顾恺之，人名。殷荆州：殷仲堪，做过荆州刺史。)《晋书·杜预传》："及会反，僚～并遇害。"(会：钟会，人名。僚：属官。)㊀辅佐的。《左传·成公二年》："郑周父御～车。"

作 zuò ❶ 起来，起身。《礼记·少仪》："客～而辞。"㊀兴起。《论衡·佚文》："周秦之际，诸子并～。"[作色]脸上现出怒色，发怒。《史记·苏秦列传》："韩王勃然～～。" ❷ 开始。《老子》六十三章："天下大事，必～于细。"(细：小。) ❸ 创作，制作。《史记·屈原贾生列传》："屈平之～《离骚》。"《三国志·蜀书·诸葛亮传》："推演兵法，～八阵图。"㊀造作。《史记·孝文本纪》："尝欲～露台，召匠计之。" ❹ 劳作，劳动。杨恽《报孙会宗书》："田家～苦。" ❺ 做，进行工作或活动。《后汉书·华佗传》："体有不快，起～一禽之戏。"(一禽之戏：一种锻炼身体的方法。) ❻ 充任。《尚书·舜典》："汝～司徒。"《世说新语·言语》："谢万～豫州都督。"(谢万：人名。) ❼ 为，成为。李贺《浩歌》："南风吹山～平地。"

阼 zuò 大堂前东面的台阶。古代主宾相见时，客人走西面的台阶，主人走东面的台阶。常"阼阶"连用。《仪礼·乡饮酒礼》："主人～阶上……宾西阶上。"㊁帝王登阼阶以主持祭祀，因此以"阼"指帝位。《史记·孝文本纪》："皇帝即～。"(即阼：即位，登位。)

怍 zuò ❶ 惭愧。《庄子·让王》："行修于内者，无位而不～。"《孟子·尽心上》："仰不愧于天，俯不～于人。" ❷ 颜面变色。《礼记·祭义》："是故孝子临尸而不～。"

柞 zuò ❶ 树名。柞树。《诗经·小雅·采菽》："维～之枝，其叶蓬蓬。" ❷ zé 砍伐树木。《诗经·周颂·载芟》："载芟载～，其耕泽泽。" ❸ zé 窄，狭窄。《周礼·考工记·轮人》："毂小而长则～，大而短则挚。"(挚：读作"槷"，倾危不安。)

胙 zuò ❶ 祭祀用的肉，祭后分送给参与祭祀的人。《后汉书·邓彪传》："四时致宗庙之～。"(致：送给。) ❷ 赏赐。潘勖《册魏公九锡文》："～之以土。"(土：土地。) ❸

Z

通“祚”。赐福。《扬子法言·重黎》：“天～光德而陨明忒。”

祚 zuò ❶ 福。《文选·班固〈述韩英彭卢吴传〉》：“非～惟殃。”㉠赐福。《三国志·蜀书·马良传》：“闻雒城已拔，此天～也。”㊀某一封建王朝的国统。《后汉书·何皇后纪》：“后遂因何氏倾没汉～焉。”❷ 年，岁。《晋书·王沈传》：“弹琴咏典，以保年～。”❸ 通“阼”。帝位。庾亮《让中书令表》：“陛下践～。”（践祚：指即位。）

酢 zuò ❶ 客人用酒回敬主人。《荀子·乐论》：“众宾……立饮，不～而降。”❷ 以祭祀谢神。《尚书·顾命》：“秉璋以～。”（秉：捧着。璋：一种玉器。）❸ cù 醋。贾思勰《齐民要术·作酢法》：“四月四日可作～。”这个意义后来写作“醋”。

坐 zuò ❶ 古人铺席于地，两膝着席，臀部压在脚后跟上，叫作“坐”。《战国策·魏策四》：“先生～！”❷ 座位。《史记·魏公子列传》：“公子引侯生坐上～。”这个意义后来写作“座”。❸ 诉讼时在法官面前对质。《左传·昭公二十三年》：“晋人使与邾大夫～。”❹ 因犯……罪或错误。《汉书·龚遂传》：“群臣～陷王于恶不道，皆诛死者二百余人。”㉠入罪，定罪。仲长统《昌言·损益》：“犯法不～。”又如“连坐”、“随坐”。❺ 因为。汉乐府《陌上桑》：“耕者忘其犁，锄者忘其锄。来归相怨怒，但～观罗敷。”（观：看。罗敷：人名。）

【辨】跪，坐。见 143 页“跪”字。

凿（鑿） zuò 见 528 页。

鑿 zuò 舂。屈原《九章·惜诵》：“擣木兰以矫蕙兮，～申椒以为粮。”㊀舂得的精米。高启《京师尝吴粳》诗：“初尝爱精～，想出官田租。”

Z

附　录

一　中国历代纪元表

1. 本表从“五帝”开始，到1949年中华人民共和国成立为止。

2. 表中年号后用括号附列使用年数，年中改元时在干支后面用数字注出改元的月份。

干支次序表

1. 甲子	2. 乙丑	3. 丙寅	4. 丁卯	5. 戊辰	6. 己巳	7. 庚午	8. 辛未
9. 壬申	10. 癸酉	11. 甲戌	12. 乙亥	13. 丙子	14. 丁丑	15. 戊寅	16. 己卯
17. 庚辰	18. 辛巳	19. 壬午	20. 癸未	21. 甲申	22. 乙酉	23. 丙戌	24. 丁亥
25. 戊子	26. 己丑	27. 庚寅	28. 辛卯	29. 壬辰	30. 癸巳	31. 甲午	32. 乙未
33. 丙申	34. 丁酉	35. 戊戌	36. 己亥	37. 庚子	38. 辛丑	39. 壬寅	40. 癸卯
41. 甲辰	42. 乙巳	43. 丙午	44. 丁未	45. 戊申	46. 己酉	47. 庚戌	48. 辛亥
49. 壬子	50. 癸丑	51. 甲寅	52. 乙卯	53. 丙辰	54. 丁巳	55. 戊午	56. 己未
57. 庚申	58. 辛酉	59. 壬戌	60. 癸亥				

五帝（约前26世纪—前22世纪）

黄帝		尧	
颛顼[zhuānxū]		舜	
帝喾[kù]			

夏（约前2070—前1600）

禹	相	帝芒	帝廑[jǐn]	帝履癸（桀）
启	少康	帝泄	帝孔甲	
太康	帝予（杼）[zhù]	帝不降	帝皋[gāo]	
仲康	帝槐	帝扃[jiōng]	帝发	

商(前1600—前1046)

商前期(前1600—前1300)

汤	小甲	祖辛
太丁	雍己	沃甲
外丙	太戊	祖丁
仲壬	仲丁	南庚
太甲	外壬	阳甲
沃丁	河亶[dǎn]甲	盘庚(迁殷前)
太庚	祖乙	

商后期(前1300—前1046)

盘庚(迁殷后) 小辛　小乙	前1300—前1251
武丁	前1250—前1192
祖庚　祖甲 廪辛　康丁	前1191—前1148
武乙	前1147—前1113
文丁	前1112—前1102
帝乙	前1101—前1076
帝辛(纣)	前1075—前1046

周(前1046—前256)

西周(前1046—前771)

武王(姬发)	(4)	乙未	前1046—前1043	孝王(~辟方)	(6)	庚午	前891—前886
成王(~诵)	(22)	己亥	前1042—前1021	夷王(~燮[xiè])	(8)	丙子	前885—前878
康王(~钊[zhāo])	(25)	辛酉	前1020—前996	厉王(~胡)	(37)	甲申	前877—前841
昭王(~瑕[xiá])	(19)	丙戌	前995—前977	共和	(14)	庚申	前841—前828
穆王(~满)	(55)	乙巳	前976—前922	宣王(~静)	(46)	甲戌	前827—前782
共[gōng]王(~繄扈[yīhù])	(23)	己亥	前922—前900	幽王(~宫湦[shēng])	(11)	庚申	前781—前771
懿[yì]王(~囏[jiān])	(8)	壬戌	前899—前892				

东周(前770—前256)

平王(姬宜臼)	(51)	辛未	前770—前720
桓王(～林)	(23)	壬戌	前719—前697
庄王(～佗[tuó])	(15)	乙酉	前696—前682
釐[xī]王(～胡齐)	(5)	庚子	前681—前677
惠王(～阆[làng])	(25)	乙巳	前676—前652
襄[xiāng]王(～郑)	(33)	庚午	前651—前619
顷王(～壬臣)	(6)	癸卯	前618—前613
匡王(～班)	(6)	己酉	前612—前607
定王(～瑜[yú])	(21)	乙卯	前606—前586
简王(～夷)	(14)	丙子	前585—前572
灵王(～泄心)	(27)	庚寅	前571—前545
景王(～贵)	(25)	丁巳	前544—前520
悼王(～猛)	(1)	辛巳	前520
敬王(～匄[gài])	(43)	壬午	前519—前477
元王(～仁)	(8)	乙丑	前476—前469
贞定王(～介)	(28)	癸酉	前468—前441
哀王(～去疾)	(1)	庚子	前441
思王(～叔)	(1)	庚子	前441
考王(～嵬[wéi])	(15)	辛丑	前440—前426
威烈王(～午)	(24)	丙辰	前425—前402
安王(～骄)	(26)	庚辰	前401—前376
烈王(～喜)	(7)	丙午	前375—前369
显王(～扁)	(48)	癸丑	前368—前321
慎靓[jìng]王(～定)	(6)	辛丑	前320—前315
赧[nǎn]王(～延)	(59)	丁未	前314—前256

秦(前221—前206)

秦始皇(嬴政)	26年	庚辰	前221
	27年	辛巳	前220
	28年	壬午	前219
	29年	癸未	前218
	30年	甲申	前217

（续表）

	31年	乙酉	前216
	32年	丙戌	前215
	33年	丁亥	前214
	34年	戊子	前213
	35年	己丑	前212
	36年	庚寅	前211
	37年	辛卯	前210
秦二世（～胡亥）	1年	壬辰	前209
	2年	癸巳	前208
	3年	甲午	前207

汉（前206—公元220）

西汉（前206—公元25）
包括王莽（公元9—23）和更始帝（23—25）

帝王	年号	干支	公元
高帝（刘邦）	（12）	乙未	前206
惠帝（～盈）	（7）	丁未	前194
高后（吕雉）	（8）	甲寅	前187
文帝（～恒）	（16）	壬戌	前179
	（后元）（7）	戊寅	前163
景帝（～启）	（7）	乙酉	前156
	（中元）（6）	壬辰	前149
	（后元）（3）	戊戌	前143
武帝（～彻）	建元（6）	辛丑	前140
	元光（6）	丁未	前134
	元朔（6）	癸丑	前128
	元狩（6）	己未	前122
	元鼎（6）	乙丑	前116
	元封（6）	辛未	前110
	太初（4）	丁丑	前104
	天汉（4）	辛巳	前100

（续表）

帝　王	年　号	干　支	公　元
	太始(4)	乙酉	前96
	征和(4)	己丑	前92
	后元(2)	癸巳	前88
昭帝(～弗陵)	始元(7)	乙未	前86
	元凤(6)	辛丑八	前80
	元平(1)	丁未	前74
宣帝(～询)	本始(4)	戊申	前73
	地节(4)	壬子	前69
	元康(5)	丙辰	前65
	神爵(4)	庚申三	前61
	五凤(4)	甲子	前57
	甘露(4)	戊辰	前53
	黄龙(1)	壬申	前49
元帝(～奭[shì])	初元(5)	癸酉	前48
	永光(5)	戊寅	前43
	建昭(5)	癸未	前38
	竟宁(1)	戊子	前33
成帝(～骜[ào])	建始(5)	己丑	前32
	河平(4)	癸巳三	前28
	阳朔(4)	丁酉	前24
	鸿嘉(4)	辛丑	前20
	永始(4)	乙巳	前16
	元延(4)	己酉	前12
	绥和(2)	癸丑	前8
哀帝(～欣)	建平(4)	乙卯	前6
	元寿(2)	己未	前2
平帝(～衎[kàn])	元始(5)	辛酉	1
孺子婴(王莽摄政)	居摄(3)	丙寅	6
	初始(1)	戊辰十一	8

（续表）

帝　王	年　号	干　支	公　元
[新]王莽	始建国(5)	己巳	9
	天凤(6)	甲戌	14
	地皇(4)	庚辰	20
更始帝(刘玄)	更始(3)	癸未二	23

东汉(25—220)

帝　王	年　号	干　支	公　元
光武帝(刘秀)	建武(32)	乙酉六	25
	建武中元(2)	丙辰四	56
明帝(～庄)	永平(18)	戊午	58
章帝(～炟[dá])	建初(9)	丙子	76
	元和(4)	甲申八	84
	章和(2)	丁亥七	87
和帝(～肇[zhào])	永元(17)	己丑	89
	元兴(1)	乙巳四	105
殇[shāng]帝(～隆)	延平(1)	丙午	106
安帝(～祜[hù])	永初(7)	丁未	107
	元初(7)	甲寅	114
	永宁(2)	庚申四	120
	建光(2)	辛酉七	121
	延光(4)	壬戌三	122
顺帝(～保)	永建(7)	丙寅	126
	阳嘉(4)	壬申三	132
	永和(6)	丙子	136
	汉安(3)	壬午	142
	建康(1)	甲申四	144
冲帝(～炳[bǐng])	永嘉(1)	乙酉	145
质帝(～缵[zuǎn])	本初(1)	丙戌	146

（续表）

帝　　王	年　　号	干　　支	公　　元
桓帝（～志）	建和(3)	丁亥	147
	和平(1)	庚寅	150
	元嘉(3)	辛卯	151
	永兴(2)	癸巳五	153
	永寿(4)	乙未	155
	延熹[xī](10)	戊戌六	158
	永康(1)	丁未六	167
灵帝（～宏）	建宁(5)	戊申	168
	熹[xī]平(7)	壬子五	172
	光和(7)	戊午三	178
	中平(6)	甲子十二	184
献帝（～协）	初平(4)	庚午	190
	兴平(2)	甲戌	194
	建安(25)	丙子	196
	延康(1)	庚子三	220

三国(220—280)

魏		蜀		吴			
帝王	年号	帝王	年号	帝王	年号	干支	公元
文帝（曹丕[pī]）	黄初(7)					庚子十	220
		昭烈帝（刘备）	章武(3)			辛丑四	221
				大帝（孙权）	黄武(8)	壬寅十	222
		后主（～禅）	建兴(15)			癸卯五	223
明帝（～叡[ruì]）	太和(7)					丁未	227
					黄龙(3)	己酉四	229
					嘉禾(7)	壬子	232
	青龙(5)					癸丑二	233
	景初(3)					丁巳三	237

（续表）

魏		蜀		吴			
帝王	年号	帝王	年号	帝王	年号	干支	公元
			延熙(20)		赤乌(14)	戊午	238
齐王(～芳)	正始(10)					庚申	240
	嘉平(6)					己巳四	249
					太元(2)	辛未五	251
					神凤(1)	壬申二	252
				会稽王(～亮)	建兴(2)	壬申四	252
高贵乡公(～髦[máo])	正元(3)				五凤(3)	甲戌	254
	甘露(5)				太平(3)	丙子	256
			景耀(6)	景帝(～休)	永安(7)	戊寅	258
元帝(～奂)(陈留王)	景元(5)					庚辰六	260
			炎兴(1)			癸未八	263
	咸熙(2)			乌程侯(～皓)	元兴(2)	甲申	264
					甘露(2)	乙酉四	265
					宝鼎(4)	丙戌八	266
					建衡(3)	己丑十	269
					凤皇(3)	壬辰	272
					天册(2)	乙未	275
					天玺(1)	丙申七	276
					天纪(4)	丁酉	277

晋(265—420)

西晋(265—317)

帝　王	年　号	干　支	公　元
武帝(司马炎)	泰始(10)	乙酉十二	265
	咸宁(6)	乙未	275
	太康(10)	庚子四	280

（续表）

帝　　王	年　　号	干　　支	公　　元
	太熙(1)	庚戌	290
惠帝(～衷)	永熙(1)	庚戌四	290
	永平(1)	辛亥	291
	元康(9)	辛亥三	291
	永康(2)	庚申	300
	永宁(2)	辛酉四	301
	太安(2)	壬戌十二	302
	永安(1)	甲子	304
	建武(1)	甲子七	304
	永安(1)	甲子十一	304
	永兴(3)	甲子十二	304
	光熙(1)	丙寅六	306
怀帝(～炽[chì])	永嘉(7)	丁卯	307
愍[mǐn]帝(～邺[yè])	建兴(5)	癸酉四	313

东晋(317—420)

帝　　王	年　　号	干　　支	公　　元
元帝(司马睿[ruì])	建武(2)	丁丑三	317
	大兴(4)	戊寅三	318
	永昌(2)	壬午	322
明帝(～绍)	永昌	壬午闰十一	322
	太宁(4)	癸未三	323
成帝(～衍[yǎn])	太宁	乙酉闰八	325
	咸和(9)	丙戌二	326
	咸康(8)	乙未	335
康帝(～岳)	建元(2)	癸卯	343
穆帝(～聃[dān])	永和(12)	乙巳	345
	升平(5)	丁巳	357
哀帝(～丕[pī])	隆和(2)	壬戌	362
	兴宁(3)	癸亥二	363

（续表）

帝　　王	年　　号	干　　支	公　　元
海西公（～奕[yì]）	太和(6)	丙寅	366
简文帝（～昱[yù]）	咸安(2)	辛未十一	371
孝武帝（～曜[yào]）	宁康(3)	癸酉	373
	太元(21)	丙子	376
安帝（～德宗）	隆安(5)	丁酉	397
	元兴(3)	壬寅	402
	义熙(14)	乙巳	405
恭帝（～德文）	元熙(2)	己未	419

南北朝(420—589)

南朝　宋(420—479)

帝　　王	年　　号	干　　支	公　　元
武帝（刘裕）	永初(3)	庚申六	420
少帝（～义符）	景平(2)	癸亥	423
文帝（～义隆）	元嘉(30)	甲子八	424
孝武帝（～骏[jùn]）	孝建(3)	甲午	454
	大明(8)	丁酉	457
前废帝（～子业）	永光(1)	乙巳	465
	景和(1)	乙巳八	465
明帝（～彧[yù]）	泰始(7)	乙巳十二	465
	泰豫(1)	壬子	472
后废帝（～昱[yù]）（苍梧王）	元徽(5)	癸丑	473
顺帝（～准）	昇明(3)	丁巳七	477

齐(479—502)

帝　　王	年　　号	干　　支	公　　元
高帝（萧道成）	建元(4)	己未四	479
武帝（～赜[zé]）	永明(11)	癸亥	483
郁林王（～昭业）	隆昌(1)	甲戌	494
海陵王（～昭文）	延兴(1)	甲戌七	494

（续表）

帝王	年号	干支	公元
明帝（～鸾）	建武(5)	甲戌十	494
	永泰(1)	戊寅四	498
东昏侯（～宝卷）	永元(3)	己卯	499
和帝（～宝融）	中兴(2)	辛巳三	501

梁(502—557)

帝王	年号	干支	公元
武帝（萧衍[yǎn]）	天监(18)	壬午四	502
	普通(8)	庚子	520
	大通(3)	丁未三	527
	中大通(6)	己酉十	529
	大同(12)	乙卯	535
	中大同(2)	丙寅四	546
	太清(3)*	丁卯四	547
简文帝（～纲）	大宝(2)**	庚午	550
元帝（～绎[yì]）	承圣(4)	壬申十一	552
敬帝（～方智）	绍泰(2)	乙亥十	555
	太平(2)	丙子九	556

* 有的地区用至六年。

** 有的地区用至三年。

陈(557—589)

帝王	年号	干支	公元
武帝（陈霸先）	永定(3)	丁丑十	557
文帝（～蒨[qiàn]）	天嘉(7)	庚辰	560
	天康(1)	丙戌二	566
废帝（～伯宗）（临海王）	光大(2)	丁亥	567
宣帝（～顼[xū]）	太建(14)	己丑	569
后主（～叔宝）	至德(4)	癸卯	583
	祯明(3)	丁未	587

北朝　北魏[拓跋氏，后改元氏](386—534)

北魏建国于丙戌(386年)正月，初称代国，至同年四月始改国号为魏，439年灭北凉，统一北方。

帝　王	年　号	干　支	公　元
道武帝(拓跋珪[guī])	登国(11)	丙戌	386
	皇始(3)	丙申七	396
	天兴(7)	戊戌十二	398
	天赐(6)	甲辰十	404
明元帝(～嗣[sì])	永兴(5)	己酉十	409
	神瑞(3)	甲寅	414
	泰常(8)	丙辰四	416
太武帝(～焘[tāo])	始光(5)	甲子	424
	神䴥[jiā](4)	戊辰二	428
	延和(3)	壬申	432
	太延(6)	乙亥	435
	太平真君(12)	庚辰六	440
	正平(2)	辛卯六	451
南安王(～余)	承平(1)	壬辰三	452
文成帝(～濬[jùn])	兴安(3)	壬辰十	452
	兴光(2)	甲午七	454
	太安(5)	乙未六	455
	和平(6)	庚子	460
献文帝(～弘)	天安(2)	丙午	466
	皇兴(5)	丁未八	467
孝文帝(元宏)	延兴(6)	辛亥八	471
	承明(1)	丙辰六	476
	太和(23)	丁巳	477
宣武帝(～恪[kè])	景明(4)	庚辰	500
	正始(5)	甲申	504
	永平(5)	戊子八	508
	延昌(4)	壬辰四	512

（续表）

帝王	年号	干支	公元
孝明帝（～诩[xǔ]）	熙平(3)	丙申	516
	神龟(3)	戊戌二	518
	正光(6)	庚子七	520
	孝昌(3)	乙巳六	525
	武泰(1)	戊申	528
孝庄帝（～子攸[yōu]）	建义(1)	戊申四	528
	永安(3)	戊申九	528
长广王（～晔[yè]）	建明(2)	庚戌十	530
节闵[mǐn]帝（～恭）	普泰(2)	辛亥二	531
安定王（～朗）	中兴(2)	辛亥十	531
孝武帝（～脩）	太昌(1)	壬子四	532
	永兴(1)	壬子十二	532
	永熙(3)	壬子十二	532

东魏(534—550)

帝王	年号	干支	公元
孝静帝（元善见）	天平(4)	甲寅十	534
	元象(2)	戊午	538
	兴和(4)	己未十一	539
	武定(8)	癸亥	543

西魏(535—556)

帝王	年号	干支	公元
文帝（元宝炬）	大统(17)	乙卯	535
废帝（～钦）	—(3)	壬申	552
恭帝（～廓）	—(3)	甲戌一	554

北齐(550—577)

帝王	年号	干支	公元
文宣帝（高洋）	天保(10)	庚午五	550
废帝（～殷）	乾明(1)	庚辰	560

（续表）

帝　　王	年　　号	干　　支	公　　元
孝昭帝（～演）	皇建(2)	庚辰八	560
武成帝（～湛）	太宁(2)	辛巳十一	561
	河清(4)	壬午四	562
后主（～纬）	天统(5)	乙酉四	565
	武平(7)	庚寅	570
	隆化(1)	丙申十二	576
幼主（～恒）	承光(1)	丁酉	577

北周(557—581)

帝　　王	年　　号	干　　支	公　　元
孝闵帝（宇文觉）	—(1)	丁丑	557
明帝（～毓[yù]）	—(3)	丁丑九	557
	武成(2)	己卯八	559
武帝（～邕[yōng]）	保定(5)	辛巳	561
	天和(7)	丙戌	566
	建德(7)	壬辰三	572
	宣政(1)	戊戌三	578
宣帝（～赟[yūn]）	大成(1)	己亥	579
静帝（～阐[chǎn]）	大象(3)	己亥二	579
	大定(1)	辛丑一	581

隋(581—618)

隋建国于581年，589年灭陈，完成统一。

帝　　王	年　　号	干　　支	公　　元
文帝（杨坚）	开皇(20)	辛丑二	581
	仁寿(4)	辛酉	601
炀[yáng]帝（～广）	大业(14)	乙丑	605
恭帝（～侑[yòu]）	义宁(2)	丁丑十一	617

唐(618—907)

帝　　王	年　　号	干　　支	公　　元
高祖(李渊)	武德(9)	戊寅五	618
太宗(～世民)	贞观(23)	丁亥	627
高宗(～治)	永徽(6)	庚戌	650
	显庆(6)	丙辰	656
	龙朔(3)	辛酉三	661
	麟德(2)	甲子	664
	乾封(3)	丙寅	666
	总章(3)	戊辰三	668
	咸亨(5)	庚午三	670
	上元(3)	甲戌八	674
	仪凤(4)	丙子十一	676
	调露(2)	己卯六	679
	永隆(2)	庚辰八	680
	开耀(2)	辛巳九	681
	永淳(2)	壬午二	682
	弘道(1)	癸未十二	683
中宗(～显,又名哲)	嗣圣(1)	甲申	684
睿[ruì]宗(～旦)	文明(1)	甲申二	684
武后(武曌[zhào])	光宅(1)	甲申九	684
	垂拱(4)	乙酉	685
	永昌(1)	己丑	689
	载初(1)*	庚寅	690
武后称帝,改国号为周	天授(3)	庚寅九	690
	如意(1)	壬辰四	692
	长寿(3)	壬辰九	692
	延载(1)	甲午五	694
	证圣(1)	乙未	695

（续表）

帝　　王	年　　号	干　　支	公　　元
	天册万岁(2)	乙未九	695
	万岁登封(1)	丙申腊	696
	万岁通天(2)	丙申三	696
	神功(1)	丁酉九	697
	圣历(3)	戊戌	698
	久视(1)	庚子五	700
	大足(1)	辛丑	701
	长安(4)	辛丑十	701
中宗(李显，又名哲，复唐国号)	神龙(3)	乙巳	705
	景龙(4)	丁未九	707
睿[ruì]宗(～旦)	景云(2)	庚戌七	710
	太极(1)	壬子	712
	延和(1)	壬子五	712
玄宗(～隆基)	先天(2)	壬子八	712
	开元(29)	癸丑十二	713
	天宝(15)	壬午	742
肃宗(～亨)	至德(3)	丙申七	756
	乾元(3)	戊戌二	758
	上元(2)	庚子闰四	760
	—　(1)**	辛丑九	761
代宗(～豫)	宝应(2)	壬寅四	762
	广德(2)	癸卯七	763
	永泰(2)	乙巳	765
	大历(14)	丙午十一	766
德宗(～适[kuò])	建中(4)	庚申	780
	兴元(1)	甲子	784
	贞元(21)	乙丑	785
顺宗(～诵)	永贞(1)	乙酉八	805
宪宗(～纯)	元和(15)	丙戌	806
穆宗(～恒)	长庆(4)	辛丑	821

（续表）

帝　　王	年　　号	干　　支	公　　元
敬宗（～湛）	宝历(3)	乙巳	825
文宗（～昂）	宝历	丙午十二	826
	太和(9)	丁未二	827
	开成(5)	丙辰	836
武宗（～炎）	会昌(6)	辛酉	841
宣宗（～忱[chén]）	大中(14)	丁卯	847
懿[yì]宗（～漼[cuǐ]）	大中	己卯八	859
	咸通(15)	庚辰十一	860
僖[xī]宗（～儇[xuān]）	乾符(6)***	甲午十一	874
	广明(2)	庚子	880
	中和(5)	辛丑七	881
	光启(4)	乙巳三	885
	文德(1)	戊申二	888
昭宗（～晔[yè]）	龙纪(1)	己酉	889
	大顺(2)	庚戌	890
	景福(2)	壬子	892
	乾宁(5)	甲寅	894
	光化(4)	戊午八	898
	天复(4)	辛酉四	901
	天祐(4)	甲子闰四	904
哀帝（～柷[chù]）	天祐****	甲子八	904

* 始用周正，改永昌元年十一月为载初元年正月，至久视元年复用夏正。

** 此年九月去年号，但称元年。

*** 僖宗 873 年七月即位，仍称咸通十四年。874 年称咸通十五年，十一月改元乾符。

**** 哀帝即位未改元。

五代（907—960）

后梁(907—923)

帝　　王	年　　号	干　　支	公　　元
太祖（朱晃，又名温、全忠）	开平(5)	丁卯四	907
	乾化(5)	辛未五	911
末帝（～瑱[zhèn]）	乾化	癸酉二	913

（续表）

帝　　王	年　　号	干　　支	公　　元
	贞明(7)	乙亥十一	915
	龙德(3)	辛巳五	921

后唐(923—936)

帝　　王	年　　号	干　　支	公　　元
庄宗(李存勖[xù])	同光(4)	癸未四	923
明宗(～亶[dǎn],初名嗣源)	天成(5)	丙戌四	926
	长兴(4)	庚寅二	930
闵[mǐn]帝(～从厚)	应顺(1)	甲午	934
末帝(～从珂[kē])	清泰(3)	甲午四	934

后晋(936—947)

帝　　王	年　　号	干　　支	公　　元
高祖(石敬瑭)	天福一—六年	丙申十一	936
出帝(～重贵)	天福七—九年	壬寅六	942
	开运(4)	甲辰七	944

后汉(947—950)

帝　　王	年　　号	干　　支	公　　元
高祖(刘暠[gǎo],本名知远)	天福十二年*	丁未二	947
	乾祐	戊申	948
隐帝(～承祐)	乾祐一—三年**	戊申二	948

*　后汉高祖即位,仍用后晋高祖年号,称天福十二年。

**　隐帝即位未改元。

后周(951—960)

帝　　王	年　　号	干　　支	公　　元
太祖(郭威)	广顺(3)	辛亥	951
	显德	甲寅	954
世宗(柴荣)	显德一—六年*	甲寅	954
恭帝(～宗训)	显德六—七年	己未六	959

*　世宗、恭帝都未改元。

宋(960—1279)

北宋(960—1127)

帝　王	年　号	干　支	公　元
太祖(赵匡胤[yìn])	建隆(4)	庚申	960
	乾德(6)	癸亥十一	963
	开宝(9)	戊辰十一	968
太宗(～炅[jiǒng],本名匡义,又名光义)	太平兴国(9)	丙子十二	976
	雍熙(4)	甲申十一	984
	端拱(2)	戊子	988
	淳化(5)	庚寅	990
	至道(3)	乙未	995
真宗(～恒)	咸平(6)	戊戌	998
	景德(4)	甲辰	1004
	大中祥符(9)	戊申	1008
	天禧[xǐ](5)	丁巳	1017
	乾兴(1)	壬戌	1022
仁宗(～祯)	天圣(10)	癸亥	1023
	明道(2)	壬申十一	1032
	景祐(5)	甲戌	1034
	宝元(3)	戊寅十一	1038
	康定(2)	庚辰二	1040
	庆历(8)	辛巳十一	1041
	皇祐(6)	己丑	1049
	至和(3)	甲午三	1054
	嘉祐(8)	丙申九	1056
英宗(～曙)	治平(4)	甲辰	1064
神宗(～顼[xū])	熙宁(10)	戊申	1068
	元丰(8)	戊午	1078
哲宗(～煦[xù])	元祐(9)	丙寅	1086
	绍圣(5)	甲戌四	1094

（续表）

帝　王	年　号	干　支	公　元
	元符(3)	戊寅六	1098
徽宗(～佶[jí])	建中靖国(1)	辛巳	1101
	崇宁(5)	壬午	1102
	大观(4)	丁亥	1107
	政和(8)	辛卯	1111
	重和(2)	戊戌十一	1118
	宣和(7)	己亥二	1119
钦宗(～桓)	靖康(2)	丙午	1126

南宋(1127—1279)

帝　王	年　号	干　支	公　元
高宗(赵构)	建炎(4)	丁未五	1127
	绍兴(32)	辛亥	1131
孝宗(～昚[shèn])	隆兴(2)	癸未	1163
	乾道(9)	乙酉	1165
	淳熙(16)	甲午	1174
光宗(～惇[dūn])	绍熙(5)	庚戌	1190
宁宗(～扩)	庆元(6)	乙卯	1195
	嘉泰(4)	辛酉	1201
	开禧[xī](3)	乙丑	1205
	嘉定(17)	戊辰	1208
理宗(～昀[yún])	宝庆(3)	乙酉	1225
	绍定(6)	戊子	1228
	端平(3)	甲午	1234
	嘉熙(4)	丁酉	1237
	淳祐(12)	辛丑	1241
	宝祐(6)	癸丑	1253
	开庆(1)	己未	1259
	景定(5)	庚申	1260
度宗(～禥[qí])	咸淳(10)	乙丑	1265

(续表)

帝王	年号	干支	公元
恭帝(～㬎[xiǎn])	德祐(2)	乙亥	1275
端宗(～昰[shì])	景炎(3)	丙子五	1276
帝昺(～昺[bǐng])	祥兴(2)	戊寅五	1278

辽[耶律氏](907—1125)

辽建国于907年,国号契丹,916年始建年号,938年(一说947年)改国号为辽,983年复称契丹,1066年仍称辽。

帝王	年号	干支	公元
太祖(耶律阿保机)	—(10)	丁卯	907
	神册(7)	丙子十二	916
	天赞(5)	壬午二	922
	天显一年	丙戌二	926
太宗(～德光)	天显二—十三年	丁亥十一	927
	会同(10)	戊戌十一	938
	大同(1)	丁未二	947
世宗(～阮[ruǎn])	天禄(5)	丁未九	947
穆宗(～璟[jǐng])	应历(19)	辛亥九	951
景宗(～贤)	保宁(11)	己巳二	969
	乾亨(5)	己卯十一	979
圣宗(～隆绪)	乾亨	壬午九	982
	统和(30)	癸未六	983
	开泰(10)	壬子十一	1012
	太平(11)	辛酉十一	1021
兴宗(～宗真)	景福(2)	辛未六	1031
	重熙(24)	壬申十一	1032
道宗(～洪基)	清宁(10)	乙未八	1055
	咸雍(10)	乙巳	1065
	大康(10)	乙卯	1075
	大安(10)	乙丑	1085
	寿昌(7)	乙亥	1095

（续表）

帝 王	年 号	干 支	公 元
天祚[zuò]帝（～延禧[xī]）	乾统(10)	辛巳二	1101
	天庆(10)	辛卯	1111
	保大(5)	辛丑	1121

西夏(1038—1227)

帝 王	年 号	干 支	公 元
景宗(嵬名元昊)	广运(2)	甲戌十	1034
	大庆(2)	丙子十二	1036
	天授礼法延祚(11)	戊寅十	1038
毅宗(～谅祚)	延嗣宁国(1)	己丑	1049
	天祐垂圣(3)	庚寅	1050
	福圣承道(4)	癸巳	1053
	奲[duǒ]都(6)	丁酉	1057
	拱化(5)	癸卯	1063
惠宗(～秉常)	乾道(1)	戊申	1068
	天赐礼盛国庆(5)	己酉	1069
	大安(11)	甲寅	1074
	天安礼定(2)	乙丑	1085
崇宗(～乾顺)	天仪治平(3)	丁卯	1087
	天佑民安(8)	庚午	1090
	永安(3)	戊寅	1098
	贞观(13)	辛巳	1101
	雍宁(5)	甲午	1114
	元德(8)	己亥	1119
	正德(8)	丁未	1127
	大德(5)	乙卯	1135
仁宗(～仁孝)	大庆(4)	庚申	1140
	人庆(5)	甲子	1144
	天盛(21)	己巳	1149
	乾祐(24)	庚寅	1170

（续表）

帝王	年号	干支	公元
桓宗(～纯祐)	天庆(12)	甲寅	1194
襄宗(～安全)	应天(4)	丙寅一	1206
	皇建(1)	庚午	1210
神宗(～遵顼[xū])	光定(13)	辛未八	1211
献宗(～德旺)	乾定(3)	甲申十二	1224
末帝(～晛[xiàn])	宝义(1)	丁亥	1227

金[完颜氏](1115—1234)

帝王	年号	干支	公元
太祖(完颜旻[mín],本名阿骨打)	收国(2)	乙未	1115
	天辅(7)	丁酉	1117
太宗(～晟[shèng])	天会——十三年	癸卯九	1123
熙宗(～亶[dǎn])	天会十三—十五年	乙卯一	1135
	天眷(3)	戊午	1138
	皇统(9)	辛酉	1141
海陵王(～亮)	天德(5)	己巳十二	1149
	贞元(4)	癸酉三	1153
	正隆(6)	丙子二	1156
世宗(～雍)	大定(29)	辛巳十	1161
章宗(～璟[jǐng])	明昌(7)	庚戌	1190
	承安(5)	丙辰十一	1196
	泰和(8)	辛酉	1201
卫绍王(～永济)	大安(3)	己巳	1209
	崇庆(2)	壬申	1212
	至宁(1)	癸酉五	1213
宣宗(～珣[xún])	贞祐(5)	癸酉九	1213
	兴定(6)	丁丑九	1217
	元光(2)	壬午八	1222
哀宗(～守绪)	正大(9)	甲申	1224
	开兴(1)	壬辰一	1232
	天兴(3)	壬辰四	1232

元[孛儿只斤氏](1206—1368)

蒙古孛儿只斤铁木真于1206年建国。1271年忽必烈定国号为元,1279年灭南宋。

帝　王	年　号	干　支	公　元
太祖(孛儿只斤铁木真)(成吉思汗)	—(22)	丙寅	1206
拖雷(监国)	—(1)	戊子	1228
太宗(～窝阔台)	—(13)	己丑	1229
乃马真后(称制)	—(5)	壬寅	1242
定宗(～贵由)	—(3)	丙午七	1246
海迷失后(称制)	—(3)	己酉三	1249
宪宗(～蒙哥)	—(9)	辛亥六	1251
世祖(～忽必烈)	中统(5)	庚申五	1260
	至元(31)	甲子八	1264
成宗(～铁穆耳)	元贞(3)	乙未	1295
	大德(11)	丁酉二	1297
武宗(～海山)	至大(4)	戊申	1308
仁宗(～爱育黎拔力八达)	皇庆(2)	壬子	1312
	延祐(7)	甲寅	1314
英宗(～硕[shuò]德八剌)	至治(3)	辛酉	1321
泰定帝(～也孙铁木儿)	泰定(5)	甲子	1324
	致和(1)	戊辰二	1328
天顺帝(～阿速吉八)	天顺(1)	戊辰九	1328
文宗(～图帖睦尔)	天历一——三年	戊辰九	1328
明宗(～和世㻋[là])*	天历二年	己巳	1329
文宗	至顺一——三年	庚午五	1330
宁宗(～懿[yì]璘[lín]质班)	至顺三年	壬申十	1332
顺帝(～妥懽帖睦尔)	至顺四年	癸酉六	1333
	元统(3)	癸酉十	1333
	(后)至元(6)	乙亥十一	1335
	至正(28)	辛巳	1341

* 明宗于己巳(1329年)正月即位,以文宗为皇太子。八月明宗暴死,文宗复位。

明(1368—1644)

帝　王	年　号	干　支	公　元
太祖(朱元璋)	洪武(31)	戊申	1368
惠帝(～允炆[wén])	建文(4)*	己卯	1399
成祖(～棣[dì])	永乐(22)	癸未	1403
仁宗(～高炽[chì])	洪熙(1)	乙巳	1425
宣宗(～瞻[zhān]基)	宣德(10)	丙午	1426
英宗(～祁镇)	正统(14)	丙辰	1436
代宗(～祁钰[yù],景帝)	景泰(8)	庚午	1450
英宗(～祁镇)	天顺(8)	丁丑一	1457
宪宗(～见深)	成化(23)	乙酉	1465
孝宗(～祐樘[chēng])	弘治(18)	戊申	1488
武宗(～厚照)	正德(16)	丙寅	1506
世宗(～厚熜[cōng])	嘉靖(45)	壬午	1522
穆宗(～载垕[hòu])	隆庆(6)	丁卯	1567
神宗(～翊[yì]钧)	万历(48)	癸酉	1573
光宗(～常洛)	泰昌(1)	庚申八	1620
熹[xī]宗(～由校)	天启(7)	辛酉	1621
思宗(～由检)	崇祯(17)	戊辰	1628

* 建文四年时,成祖废除建文年号,改为洪武三十五年。

清[爱新觉罗氏](1616—1911)

帝　王	年　号	干　支	公　元
太祖(爱新觉罗努尔哈赤)	天命(11)	丙辰	1616
太宗(～皇太极)	天聪(10)	丁卯	1629
	崇德(8)	丙子四	1636
世祖(～福临)	顺治(18)	甲申	1644
圣祖(～玄烨[yè])	康熙(61)	壬寅	1662
世宗(～胤[yìn]禛[zhēn])	雍正(13)	癸卯	1723
高宗(～弘历)	乾隆(60)	丙辰	1736

（续表）

帝　　王	年　　号	干　　支	公　　元
仁宗（～颙[yóng]琰[yǎn]）	嘉庆（25）	丙辰	1796
宣宗（～旻[mín]宁）	道光（30）	辛巳	1821
文宗（～奕[yì]詝[zhǔ]）	咸丰（11）	辛亥	1851
穆宗（～载淳）	同治（13）	壬戌	1862
德宗（～载湉[tián]）	光绪（34）	乙亥	1875
～溥[pǔ]仪	宣统（3）	己酉	1909

中华民国（1912—1949）

中华人民共和国 1949 年 10 月 1 日成立

二　古代汉语语法简介

阅读古文，不但会碰到词汇方面的问题，还会碰到语法方面的问题。古代汉语语法与现代汉语语法相比，大致是相同的。下面，把古代汉语语法与现代汉语语法不同的地方简单介绍一下。

（一）古代汉语的词类

古代汉语词类的划分和特点与现代汉语大致相同，即分为名词、动词、形容词、数量词、代词、副词、介词、连词、叹词、语气词等几类。其中代词和语气词与现代汉语有较大的不同，简述如下：

（1）代词

代词可分为人称代词、指示代词、疑问代词三类。

古代汉语的人称代词有：第一人称代词：余、予、吾、我（相当于现代汉语的“我”、“我们”）；第二人称代词：尔、汝（相当于现代汉语的“你”、“你们”）；第三人称代词：之、其（相当于现代汉语的“他、她、它”、“他们、她们、它们”和“他的、她的、它的”）等。

古代汉语人称代词和现代汉语不同的地方是：a.有些人称代词既可以表示单数，又可以表示复数。b.有些人称代词既可以表示人称，又可以表示领属。例如：“尔”既可以表示“你”、“你们”，又可以表示“你的”、“你们的”。

第三人称代词略有不同。“之”只表示“他（她、它）”和“他（她、它）们”，不表示“他（她、它）的”。例如：“读他的诗”不能说成“读之诗”，而且，只能做宾语，不能做主语。例如，能说“吾能胜之”，但不能说“之能胜吾”。

表示“他（她、它）的”和“他（她、它）们的”是“其”。如：“攻其不备，出其不意”。在先秦两汉，“其”不能表示“他”或“他们”。到晋以后，才出现“饮其麻沸散”（给他喝麻沸散）这样的用法。但总的来说，这种用法仍是不多见的。

还有一点应当注意：“之”和“其”虽然是第三人称代词，但有时可以灵活运用，用来指“我”、“我的”或“你”、“你的”。如：

柳宗元《捕蛇者说》：“蒋氏大戚，汪然出涕曰：‘君将哀而生之乎？’”（蒋氏很悲伤，眼泪汪汪地说：“你要可怜我，救活我吗？”）

曹操《让县自明本志令》：“欲望封侯作征西将军，然后题墓道言‘汉故征西将军曹侯之墓’，此其志也。”（希望能封侯做征西将军，然后死后在墓碑上题着“汉故征西将军曹侯之墓”几个字。这就是我的志向。）

在这里附带说一下“之”字的一种较特殊的用法：有时“之”放在主语和谓语之间，这种“之”字往往翻译不出来。例如：

《论语·微子》：“道之不行，已知之矣。”

《战国策·燕策二》：“故愿王之熟计之也。”

《左传·僖公十四年》：“皮之不存，毛将安傅？”（皮不存在了，毛将附着在哪里呢？）

那么，它在句中起什么作用呢？让我们先看两个现代汉语的句子。(1)“他的到来使大家感到十分兴奋。”(2)“大家都盼望着他的到来。”在这两个句子中，“他到来”本是个包含主语和谓语的独立的句子，在中间加上了“的”，主语就成了定语，谓语就成了中心语，整个成了“定语＋中心语”的词组。在例(1)中，这个词组是整个句子的主语；在例(2)中，这个词组是整个句子的宾语。“的”字的这种语法作用通常叫作“取消句子独立性”。古代汉语中放在主语和谓语之间的“之”，起的也就是这种作用。在《论语》例中，“道之不行”是做句子的主语；《战国策》例中，“王之熟计之”是做句子的宾语。《左传》例情况略有不同：“皮之不存”既不是主语，也不是宾语，而是一个表示条件的分句。但“之”的作用仍然是取消句子独立性，表示这不是一个独立的句子，而是一个分句。

了解了这一点，对古代汉语中“其”的用法就能有更深入的理解。上面说过，古代汉语中的“其”，多数是表示“他的”或“他们的”。有时候，比如在《左传·僖公三十二年》“吾见师之出而不见其入也”这样的句子中，“其”字应翻译为“它”，但是实际上，“其”仍然表示“师之”，只是因为这个“之”字起的是取消句子独立性的作用，所以翻译不出来了。

古代汉语的指示代词有：此、是、斯、兹、彼等。它们和现代汉语的指示代词“这”、“那”基本相同。不同的是“彼”有时也可以做第三人称代词用。如：

《诗经·王风·采葛》：“彼采葛兮。”

“其”和“之”也可以做指示代词。如：“非其人不可”（非那个人不可），“之二虫又何知？”（这两个动物又懂得什么？）但“之”字这样用的比较少。

古代汉语的疑问代词有：谁、孰、何、奚、安、恶等。“谁”是问人的。“孰”可以问人，也可以问物，还可以用于选择。如：

《韩非子·外储说左上》：“画孰最难者？”（画画里头什么是最难的？）

“何、安、奚、恶”做宾语时表示“什么”、“哪里”。如：

《史记·项羽本纪》：“沛公安在？”（沛公在哪里？）

做状语时表示“为什么”、“怎么”。如：

杜甫《茅屋为秋风所破歌》：“安得广厦千万间？”

除了上述三类代词外，古代汉语中还有一些比较特殊的代词：诸、焉、旃、者、所。

“诸”等于“之于”或“之乎”，“焉”等于“于之”，“旃”等于“之焉”。它们都不是单纯的代词，而是既包含了一个代词“之”，又包含了一个介词“于”或一个语气词“乎”。这种情况是现代汉语没有的。（详见字典中“诸”、“焉”、“旃”各条。）

“者”和“所”表示“……的人”、“……的东西”、“……的原因”。简单地说，这两个字的区别是：它们和动词配合时，“者”代替动作的主动者，“所”代替动作的对象。如：“言者无罪，闻者足戒”，“闻者”是指听话的人。而“所见所闻”中的“所闻”，则是指听到的东西。但是当“所”和“者”结合起来使用时，就都指动作的对象。如：“吾所闻者”就是“我听到的东西”。

（2）语气词（附：词头、词尾）

现代汉语中语气词有“吗、呢、啊、吧”等，都是放在句子末尾表示疑问、感叹等语气的。古代汉语中的语气词，除了放在句末外，还可以放在句首和句中。我们根据这些语气词在句中的位置，分别称之为“句首语气词”、“句中语气词”和“语气词”（指放在句末）。

句末的语气词分两类：（1）表示陈述语气，如“也”、“矣”。“也”主要表判断。“矣”表示出现新的情况，大致等于现代汉语的“了”。（2）表示疑问语气，如“乎”、“哉”、“与”、“耶”。这些语气词和现代汉语的“吗”、“呢”、“吧”不能一一对应。如“乎”，有时要翻译为“吗”，有时要翻译为“呢”或“吧”，要根据整个疑问句的类型来定。句首和句中语气词所表达的语气，有的比较清楚，如“其”表示疑问、推测、祈使。但有的不清楚，在翻译时翻译不出来。如“岁云暮矣”、“不可泳思”，就只能翻译成“一年快到头了”、“不能游过去”。语气词“云”和“思”就翻译不出来。在我们的字典中，凡是只说明是“句首语气词”、“句中语气词”或“语气词”的，都属于这一类，在句中不用翻译出来。

应当注意的是：有的句中语气词放在主语和谓语之间帮助判断，或者和“非（匪）”搭配使用，好像等于“是”字。如：“民惟邦本”可以译作“百姓是国家的根本”，“匪莪伊蒿”可以译作“不是蓼莪而是蒿草”。但实际上，“惟”和“伊”仍是句中语气词。因为在古代汉语中，这种句子也可以用“民，邦本也”和“非莪也，蒿也”这样的形式来表达（参见本文[五]“古代汉语的判断句”），加上“惟”和“伊”只是为了表达某种语气。

附带说说词头、词尾。

词头、词尾不是词，而是词的构成部分。它们没有具体的词汇意义，只起语法作用。在现代汉语中也有词头、词尾。如“老虎”的“老”，它和“老人”的“老”不同，并不表示“年老”的意思（还可以说“小老虎”），它就是名词词头。又如“钉子”的“子”，它和“瓜子（儿）”的“子”不同，它的作用就在于构成“钉子”这个名词，以区别于动词“钉”。这个“子”就是名词词尾。

古代汉语中词头、词尾比现代汉语多。名词词头有：“阿”、“有”等。如“阿母”（母亲）、“阿女”（女儿），“有周”（周代）、“有唐”（唐代）。动词词头有“言”、“于”、“薄”等。如“言告师氏”（告诉师氏），“君子于役”（丈夫去服役了），“薄浣我衣”（洗我的衣服）。这些词头在翻译时都译不出来。

形容词词尾有：然、如、尔、若、焉、乎等。它们的用法是一样的，都表示“……的样子”。如“巍然”（也可以说成“巍乎”、“巍如”等）就是“高大的样子”。应当注意的是：在古代汉语中，有的形容词加“然”（或“如”、“若”等），表示的就是后面那个动作的状态。如“喟然长叹”，“喟然”就是“叹气的样子”。“莞尔而笑”，“莞尔”就是“微笑的样子”。在这种情况下，“喟然"、"莞尔"就翻译不出来了。

(二)古代汉语的尊称、谦称和敬辞、谦辞

古代汉语中,有时不用第一人称和第二人称代词,而是用谦称或尊称。谦称有"臣"、"妾"、"仆"、"愚"和"寡人"、"孤"等。尊称有"子"、"君"、"足下"、"陛下"等。这些词可以翻译为"我"和"您",但它们本身不是人称代词。

古代汉语中的敬辞和谦辞都是放在动词前面做状语的。敬辞有"奉"、"承"和"辱"、"枉"、"惠"等。"奉"、"承"修饰的动词,是自己的动作(但和对方有关),如"奉送"、"承答"等,表示自己在赠送对方,回答对方时十分恭敬。"辱"、"枉"、"惠"等修饰的动词,是对方的动作(但与自己有关),如"辱示"、"枉驾"、"惠赐",意思是说,对方这样做是受了屈辱或表现了对方的好意。这都是客套话。谦辞有"窃",修饰的动词是自己的动作,如"窃闻"、"窃以为",表示自己是私下听说,私下认为,是自谦的说法。

(三)古代汉语词类的活用

古代汉语中名词、动词、形容词的分类和特点与现代汉语基本相同,但词类活用的现象,古代汉语却比现代汉语突出得多,有如下几种情况:

(1) 名词用作动词。如:

《史记·陈涉世家》:"旦日,卒中往往语,皆指目陈胜。"(指目:用手指,用眼睛看。"目"是名词用作动词。)

《战国策·齐策四》:"孟尝君怪其疾也,衣冠而见之。"(衣冠:穿着衣,戴着冠。)

(2) 动词、形容词、名词的使动用法。

先说动词的使动用法。一般来说,动词后面跟宾语,构成动宾词组,宾语总是动作的对象。但在古代汉语中,有时动词后面跟宾语,却表示使这个宾语所代表的人或事物发出这个动作。这种用法叫"使动用法"。如:

《史记·项羽本纪》:"项伯杀人,臣活之。"(项伯杀了人,我让他

活下来。)

有时也可以不要宾语。如:

《荀子·天论》:“养备而动时,则天不能病。”(供养充足,又按时活动,那么天也不能使人生病。)

正因为动词有使动用法,所以,在古代汉语中就出现了两种值得注意的情况。a.不及物动词能带宾语。如上述《史记》例就是。b.及物动词带宾语,可能是一般的用法,也可能是使动用法,这就要根据上下文加以区别。如:

《孟子·公孙丑下》:“孟子将朝王。”(孟子将朝见王。)

《孟子·梁惠王上》:“欲辟土地,朝秦楚,莅中国,而抚四夷也。”(想开辟土地,使秦楚朝见,君临中国,安抚四夷。)

后一例是使动用法。如果解释成“朝见秦楚”,那就和原意正好相反了。

形容词也有使动用法。如“富国强兵”,说的不是“富裕的国家,强大的军队”,也不是“国家富裕,军队强大”,而是“使国家富,使军队强”。也就是说,形容词在这里不是做定语,而是用作动词,而且是使动用法,表示使宾语具有某种性质。

名词也有使动用法。如:

《史记·魏其武安侯列传》:“令我百岁后,皆鱼肉之矣。”(假如我百年之后,就都把他当作鱼肉了。鱼肉之:指宰割他。)

(3) 形容词、名词的意动用法。

意动和使动的区别在于:使动是在实际上使宾语具有某种性质或成了某种东西,意动是在主观上认为宾语具有某种性质或当作某种东西。

形容词的意动用法。如:

《孟子·尽心上》:“登泰山而小天下。”(小天下:认为天下小。是意动用法。)

这可以和下一例比较:

《孟子·梁惠王下》:“匠人斫而小之。”(斫:砍削。小之:使它变小。是使动用法。)

名词的意动用法。如:

《晋书·嵇康传》:“土木形骸,不自藻饰。”(把形体看得和土木一样,自己不加修饰。)

（4）名词用作状语。

名词用作状语，在现代汉语中也有，但不多见。在古代汉语中则相当常见。主要有三种情况：

a. 名词状语表示“像……一样的”。如：

贾谊《过秦论》：“天下云集而响应，赢粮而景从。”（天下像云一样集拢来，像回声一样应和，背着粮食，像影子一样地跟从陈涉起义。响：回声。景：影子。）

表示“像……一样的”这种用法，在现代汉语的成语中还保留着。如“土崩瓦解”、“蚕食”、“鲸吞”。

b. 名词状语表示“像对待……一样的”。如：

《史记·孙子吴起列传》：“齐将田忌善而客待之。”（齐将田忌重视孙膑，像对待客人一样对待他。）

c. 名词状语表示动作的处所或工具。如：

《史记·廉颇蔺相如列传》：“相如廷叱之。”（蔺相如在朝廷上叱骂他。）

《列子·汤问》：“箕畚而运于渤海之尾。”（用箕畚运到渤海边上。）

这几种情况，都要注意把它们和名词做主语区分开来。如果把“土崩瓦解”理解成“土崩溃了，瓦分解了”，那就错了。

（四）古代汉语中的借代

借代是一种修辞方式。但它关系到对词义的理解，所以在这里讲一讲。所谓借代，就是借用一个词来表达另一个词的意义。古代汉语中的借代，常见的有如下几种情况：

（1）以部分代全体。如：

刘禹锡《酬乐天扬州初逢席上见赠》：“沉舟侧畔千帆过。”（以“帆”代替“船”。）

（2）以性质代事物。如：

《史记·陈涉世家》：“将军身披坚执锐。”（以“坚”代替“铠甲”，以

“锐”代替“兵器”。)

(3) 以原料代事物。如:

《汉书·公孙弘传》:“妾不衣丝。”(衣:穿。以“丝”代“丝绸的衣服”。)

(4) 以具体代抽象。如:

《后汉书·申屠蟠传》:“以齿则长,以德则贤。”(论年龄他长,论道德他贤。以“齿”代“年龄”。)

双音词的借代用法也很多。如“万古云霄一羽毛”,是以“羽毛”代“鸟”。“无丝竹之乱耳”,是以“丝竹”代“音乐”。又如“甲兵”、“兵革”、“干戈”、“烟尘”、“鼙鼓”等都可以代“战争”。

应当指出,借代只是一种临时的修辞用法,没有形成固定的词义。如以“帆”代“船”,一般只在“千帆”、“归帆”等词组中,而“轻舟已过万重山”就不能说“轻帆已过万重山”。“披坚执锐”中的“坚”是指铠甲,但在“乘坚策肥”(驾着坚车,赶着肥马)中,“坚”却又指“坚固的车”了。这和“鉴”(镜子)有“借鉴”的意义,是不一样的。这样一些借代的用法,本字典一般都没有列为义项。

(五) 古代汉语的判断句

古代汉语在句法方面与现代汉语差别不大。主要是判断句、被动句和宾语的位置与现代汉语有所不同。

现代汉语中判断句是用“××是××”的形式表达的。如:“北京是中国的首都”,“我是学生”。在古代汉语中,“是”是指示代词,一般不用来构成判断句。古代汉语的判断句有如下几种形式:

基本的形式是:“××者,××也。”如:

《史记·陈涉世家》:“陈胜者,阳城人也。”(陈胜是阳城人。)

也可以不用“者”字,或者“者”和“也”都不用。如:

《史记·老子韩非列传》:“韩非,韩之诸公子也。”

《左传·哀公八年》:“夫鲁,齐晋之唇。”

这里要注意两点:

(1) 有的句子中,在主语和谓语中间出现“是”字。这种“是”字在古代汉语中多半不是判断词，而仍然是指示代词，指上文所叙述的事物。如：

《荀子·天论》："日月星辰瑞历，是禹桀之所同也。"（日月星辰瑞历，这些禹桀时都一样的。）

(2) 这种判断句的形式，还可以用来说明原因。如：

《韩非子·五蠹》："十仞之城，楼季弗能逾者，峭也；千仞之山，跛牂易牧者，夷也。"（十仞高的城墙，楼季不能越过去，是因为城墙陡峭；千仞高的山，瘸腿的母羊容易放牧上去，是因为山坡平坦。楼季：古代传说中善于跳跃的人。）

（六）古代汉语中的被动句

古代汉语的被动句有如下几种形式：

(1) 用"于"介绍动作的主动者。如：

《左传·成公二年》："郤克伤于矢。"（郤克：人名。）

(2) 在动词前面加"见"。如：

《孟子·尽心下》："盆成括见杀。"（盆成括被杀。）

有时"见"和"于"可以搭配起来使用。如：

《庄子·秋水》："吾长见笑于大方之家。"

(3) 在动词前面加"为"，或用"为……所"的格式。如：

《韩非子·五蠹》："兔不可复得，而身为宋国笑。"

《史记·项羽本纪》："先即制人，后则为人所制。"（先行动就能控制别人，后行动就被别人控制。）

(4) 在动词前面加"被"，这种形式在现代汉语很常见，在古代却是不多见的。如：

《史记·屈原贾生列传》："信而见疑，忠而被谤。"（讲信用却被怀疑，忠心却被毁谤。）

(5) 在古代汉语中，有一些动词，既可表示主动，也可表示被动。所以有的被动句，在形式上与主动句没有区别。这种句子，有的称为"意念上的被动句"。如：

《庄子·胠箧》："昔者龙逢斩，比干剖。"（从前龙逢被斩首，比干被剖心。）

《韩非子·五蠹》："廉贞之行成，而君上之法犯矣。"（廉洁正直的行为做成了，君主的法令就被触犯了。）

这种句子，是主动还是被动，就要根据上下文来判别。

（七）古代汉语中宾语的位置

古代汉语中宾语的位置多数情况下和现代汉语相同，即在动词后面。但在下面几种条件下，宾语在动词前面。

（1）否定句中的代词宾语常常放在动词前面。如：

《诗经·卫风·竹竿》："岂不尔思，远莫致之。"（难道不想你吗？路远不能让你来。）

所谓否定句，包括"莫"（没有谁，没有什么）做主语的句子。如：

《庄子·逍遥游》："（鹏）背负青天而莫之夭阏者。"（莫之夭阏：没有什么能阻挡它。）

如果动词前面有"能"、"敢"、"尝"等助动词或副词，代词宾语还要放到助动词或副词前面。如：

贾谊《论积贮疏》："民不足而可治者，自古及今，未之尝闻。"（未之尝闻：不曾听说过这种事。）

（2）疑问代词做宾语时，放在动词前面。如：

《左传·成公三年》："臣实不才，又谁敢怨？"（又谁敢怨：又敢怨谁。）

《庄子·逍遥游》："彼且奚适也。"（奚适：到哪里去。）

疑问代词做介词的宾语时，也要放在介词前面。如：

范仲淹《岳阳楼记》："微斯人，吾谁与归？"（谁与：和谁。）

其他像"奚为"（为什么）、"何由"（凭什么）等，也都是这样。

（3）指示代词"是"做宾语，有时放在动词前面。这种情况先秦比较多，在后代仿古的文章中也有。如：

《诗经·周南·葛覃》："是刈是濩。"（割它煮它。是：指葛。）

柳宗元《平淮夷雅·方城》："是震是拔，大歼厥家。"（震动它，攻下它，大歼敌巢。）

“是”做介词的宾语时，也有放在介词前面的。如“是以”，翻译成现代汉语就是“因为这个”、“因此”。

（4）在有指示代词“是”或“之”复指的情况下，宾语可以放在动词前面。如：

《左传·僖公五年》：“将虢是灭。”（将要灭亡虢国。）

《墨子·公输》：“宋何罪之有？”（宋国有什么罪？）

有时还可以在前面加上一个“唯”字，构成“唯……是……”的格式。如：

《左传·宣公十二年》：“率师以来，唯敌是求。”

这种格式在现代汉语中还有残留。如“唯利是图”、“唯你是问”。

在古代汉语中，“斯”、“焉”、“于”等词也和“是”、“之”一样，构成宾语提前的格式。但不如“是”和“之”用得多，这里就不一一列举了。

（八）古代汉语句子成分的省略

古代汉语的一些句子成分常常省略。常见的有这几种：

（1）主语省略。如：

《左传·隐公元年》：“初，郑武公娶于申，曰武姜。”（“曰武姜”的主语不是“郑武公”，而是郑武公娶的妻子，主语在上文没有出现。）

《论语·先进》：“‘唯求则非邦也与？’‘安见方六七十如五六十而非邦也者？’‘唯赤则非邦也与？’‘宗庙会同，非诸侯而何？赤也为之小，孰能为之大？’”（这是曾皙和孔子的问答。但“曾皙曰”和“子曰”都省略了。）

（2）兼语省略。如：

《左传·僖公三十二年》：“召孟明、西乞、白乙，使出师于东门之外。”（“使”后面的兼语“之”省略。）

（3）介词的宾语省略。如：

《左传·隐公元年》：“小人有母，皆尝小人之食矣，未尝君之羹，请以遗之。”（“以”的宾语省略。）

《史记·项羽本纪》：“项伯乃夜驰之沛公军，私见张良，具告以事，欲呼张良与俱去。”（“与”的宾语省略。）

《庄子·秋水》：“十年九涝，而水弗为加益。”（“为”的宾语省略。）

(4) 动词宾语省略（不多见）。如：

《荀子·天论》：“养备而动时，则天不能病。”（“病”用作使动，宾语省略。）

《新序·节士》：“天子不得而臣，诸侯不得而友也。”（“臣”和“友”用作动词，宾语省略。）

有一点应该注意：我们不要把“省略”的范围弄得太宽。一个句子其中的某个成分在通常情况下是有的（比如“与之＋动词”、“以之＋动词”、“为之＋动词”等在古书中常能见到），只是有时候在句子中不出现，而我们在分析这些句子的时候，又必须把这个成分加上，这才叫作“省略”。而下面的句子就没有省略：

《史记·项羽本纪》：“亚父受玉斗，置之地，拔剑撞而破之。”

句中几个动词的主语都是“亚父”，一个主语管几个动词，无论是在古代汉语中还是现代汉语中都是正常的，无所谓“省略”。“撞”和“破”共用一个宾语“之”，这也符合古代汉语语法，不能说“撞”省略了宾语“之”；如果在“撞”后面加上“之”，反而不合古代汉语语法。“置之地”，译成现代汉语要说“把它放在地上”，似乎是“地”前面省略了介词“于”。但是，古代汉语中（特别是《史记》中），表处所的名词可以直接放在动词或动宾词组后面，不加介词“于”也能分析这个句子，所以就不必说是介词的省略。

下面的句子中也是有省略的：

《战国策·赵策四》：“对曰：‘老臣窃以为媪之爱燕后贤于长安君。’曰：‘君过矣，不若长安君之甚。’”（“长安君”前的动词“爱”省略。）

但这是语言运用中的省略，不属于语法范畴，这里就不谈了。

三　怎样学习古代汉语

这里所说的“古代汉语”，就是通常所说的“文言文”。这是以先秦的语言为基础形成的一种书面语，不但先秦两汉的许多重要文献（如《诗经》、《左传》、先秦诸子、《史记》等）都用这种语言写成，而且后代很多重要作品（如《资治通鉴》、《聊斋志异》等）也都使用这种语言。这里所说的“学习古代汉语”，主要是指培养阅读古书的能力，而不是指研究古代汉语的语音、语法、词汇。我们并不要求大家都去研究古代汉语，但多数年轻人都需要有一定的阅读古书的能力，这样才能对祖国的文化遗产有所了解。

怎样学习古代汉语？应当注意几个方面：（一）要掌握一批古代汉语常用的词语。（二）要有一些古代汉语语法的基本知识。（三）要懂一点音韵学的常识。（四）要有一定的古代汉语的语感。（五）要知道一些古代的历史和文化常识。下面简要地谈谈这几个问题。

（一）要掌握一批古代汉语常用的词语

前辈学者曾经指出，学习古代汉语最重要的是词汇问题。这是很对的。学习任何一种语言，都需要掌握大量的词汇，词汇量越丰富，阅读能力就越强。在这一点上，学习古代汉语和学习外语是一样的。而且，和学习外语相比，学习古代汉语更需要强调掌握古代汉语词汇。古书读不懂，主要不在于不懂古代汉语语法，因为古代汉语语法和现代汉语语法差别不是特别大；主要是不懂古代汉语词汇。如果能掌握一批古代汉语的常用词语，大致上就能看懂那些一般难度的古书。

我们需要掌握哪些古代汉语词汇呢？古代汉语的一些基本的词语，如“人”、“山”、“笑”、“大”等，古今意义没有什么变化，这些我们就不必再去学习了。但还有两类词语，是需要我们下功夫学习的。一类是古代汉语中比较常用，而现代汉语中已经消失了的词语。如“罍”（一种盛酒或水的器具）、“爨”（烧火做饭）、“孔”（表程度高的副词）。一类是古代汉语和现代汉语都很常用，但意义不完全相同的词语。如“池”，现代汉语是“池塘”的意思，古代汉语除了这个意思之外，还有“护城河”的意思。“走”，现代汉语是“行走”的意思，古代汉语却是“跑”的意思。“长”，现代汉语普通话中只能表示长度，古代汉语中还可以表示高度（如“长人”、“长木”）。“但”，现代汉语中是表转折的连词，古代汉语中是表“仅仅”的副词。这两类词语都要努力掌握，但后一类词语值得注意。王力先生主编的《古代汉语》中说，学习古代汉语词汇，难点不在于“迥别”，而在于“微殊”，这是说得很对的。像前一类词语，我们或者根本不认识这个字，或者这个字（如“孔”）虽然认识，但在古书里不是我们今天常用的意思，如在“其新孔嘉”（《诗经·豳风·东山》）这样的句子里，“孔”肯定不会是现代汉语中“小孔”的“孔”，碰到这一类词语，我们就会通过查字词典来弄懂它的意思，一般不会发生错误。而后一类词语，正因为古今意义相近或相关，我们在看古书时很可能拿现代汉语的意思去理解，结果就理解错了。所以，对后一类词语要更加重视，一定要注意其古今意义的区别。

我们这本《古汉语常用字字典》是为了大家学习古代汉语词汇而编纂的，除了具有一般字典的查检功能外，还希望对大家学习古代汉语词汇有所帮助，所以，对后一类词语常常指出其古今意义的不同，希望大家在使用中能加以注意。

学习和掌握古代汉语的词汇需要下功夫，一些重要的古代汉语词语以及它们的各个主要义项，都需要理解并且记住，这是一个日积月累的过程。但是，这不等于说，掌握古代汉语词汇只能靠死记硬背。如果我们能充分注意词汇和词义的系统性，就能更好地掌握古代汉语词汇。

词义是有系统性的。一个词的多个意义（反映在字词典中就是义项）之间是有联系的。例如，“行”，有两个读音：xíng 和 háng。有好几个意义，如：行走、品行、运行、实行、道路、行列等。这些意义，如果孤立地、分散地记，就不容易记住。如果能找到它们之间的内在联系，就比较容易记了。什么是词义之间的内在联系呢？一个词的几个意义里面，一般总有一个是本义，其他的是引申义。本义是一个词最早的意义，一般来说，这就是由它的字形反映出来的意义。比如“行”，甲骨文作，像两条相交的道路，可见“道路”是这个词的本义。引申义是由本义引申出来的。比如,“行走”就是引申义。由“道路”引申出“行走”是很自然的。“行走”是人体的运动,人体的运动叫“行”,其他物体的运动也可以叫“行”。这又产生一个引申义“运动、运行”。人在道路上行走的动作叫“行”,人的其他动作,即做某件事,执行某个命令,实行某种想法,也可以叫“行”。这又是一个引申义“做”,或“执行、实行”。再由此引申,一个人立身行事的准则,以及由此反映出来的道德,即人的“品行”,也叫“行”。人或事物排列成的“行列”,也叫“行”(háng)。如果像这样以本义为纲,按照词义引申的系统把各个引申义贯穿起来,一个词的多个意义就不再是孤立、分散的了,而是有系统的,也就比较容易记忆。本字典中,一个字的多个义项就是按“本义—引申义”以及引申的系列来排列的,如“行”字条义项的排列是:①路。②行走。③运动,运行。④做。⊗执行,实行。⑤品行。⑧行列。这样做是为了便于读者掌握这些意义之间的内在联系。当然,并不是字典中各个字条下的每一个义项都能联系起来。有一些义项很难说清它和其他义项之间的联系。如“行”还有“将要”、“代理”两个义项,它们和“行走”、“执行”有没有联系?这不好说得十分肯定。这些问题可以进一步研究,但初学者不必深究。还有一些义项是假借义,和其他义项根本没有意义上的联系。对于初学者来说,在学习古代汉语词汇的时候,如果能利用这本字典,经过自己的思考,把那些明显有联系的义项联系起来掌握,就可以收到事半功倍的效果。

词汇也是有系统性的。比如,同义词和反义词就是词汇按词义相同和相反形成的系统。我们可以把几个同义词或反义词联系起来掌握。本字典有些条目下设有【辨】这一项,就是为了帮助读者辨析和掌握同义词。在古代,如果两个字读音相同或相近,有时可以借用一个字来代替另一个字,这也是词汇、文字之间的一种关系,这就是“假借”。如古书中的“蚤起”,“蚤”显然不是“跳蚤”的意思,而是“早”的意思。对这种现象,我们应该这样来理解:“蚤”和“早”是两个意义毫不相干的词,只是因为读音相同,古书中“早”这个词有时也可以用“蚤”这个汉字来表示。对于“早”这个意义来说,“蚤”是假借字;对于“蚤”这个字来说,“早”是假借义。假借义既然不是这个词固有的意义,它和这个词固有意义之间当然就找不到意义上的联系了。在本字典里,假借义一般都标明“通‘某’”。假借义也有常用不常用之分，如“剥”通“扑”，用的不是很多，而“亡（读 wáng）”通“无”则很常见。那些常用的假借义，也是需要记住的。词汇的系统性还表现在别的方面，但因为和阅读古书没有直接关系，这里就不谈了。

学习古代汉语词汇还需要懂得词的“词典意义”和“句中意义”的关系。“词典意义”就是一个词在词典中每个义项下的释义，“句中意义”就是一个词在具体句子中的意义。词典意义是从众多的句中意义中概括出来的，但词典意义和句中意义有时是会有些差距的。有些词的词典意义放在任何句子中都很切合，如“兕”的词典意义是“雌性的犀牛”，无论“兕”出现在什么句子中，用这个词典意义去解释都很合适。但有些词不是这样，如“就”的词典意义有三个：①接近，靠近，趋向。②完成，达到。③即使。但要用这些词典意义来解释“木受绳则直，金就砺则利”（《荀子·劝学》）中的“就”，都不完全切合。因为，在这个句子中，“就”的句中意义是“放到……上去磨”，这个意义是由“就”的上下文造成的。又如，“鲜”的一个词典意义是“鲜艳，鲜明”，但用这个意义来翻译“芳草鲜美”（《桃花源记》）中的“鲜”也不是很切合，在这个句子中，“鲜”的意思是指“绿油油的”。一个词在不同的句子中受上下文的影响，会产生不同的句中意义，这些句中意义不能一一收入词典中去，而只能加以概括成为词典意义。反过来，用词典意义去解释各种句子中的词，也不能死板，而要根据上下文做适当的变通。当然，词典意义既然是概括句中意义而得出的，应该离句中意义不会太远，稍加变通，是能够解释不同句子中的词的。如果我们在阅读古书的时候，觉得句中某个词的意义和词典意义相差很远，根本无法用词典意义解释，那么，有可能是我们自己对这个句子和这个词理解错了，也有可能这个词确实有特殊意义，但这个意义词典没有收入。

学习和掌握古代汉语词汇涉及的问题很多，要深入下去，就需要更多的知识。比如，“解”除了常见的“分解”、“解开”等意义外，古代还有“懈怠”的意义，读“xiè”，这个意义后来写作“懈”。这个意义和“分解”、“解开”等意义有什么关系？为什么读“xiè”？后来字形为什么有变化？这些就牵涉到词汇学、音韵学、文字学等方面的知识。有兴趣的读者可以读一些有关的书，来加深对这些问题的理解。

（二）要有一些古代汉语语法的基本知识

前面说过，古代汉语语法和现代汉语语法差别不是很大，不是阅读古书的主要障碍。但这不是说学习古代汉语可以不用学古代汉语语法的知识。古代汉语语法和现代汉语语法还是有不同的，如“沛公安在？”这句话不但“安”的词义和现代汉语不同，而且句子结构也和现代汉语不同。要读懂这句话，不但要懂得“安”的意思是“哪里”，还要懂得“安”是个疑问代词，按照古代汉语的语法，疑问代词做宾语是要放在动词之前的。所以，有一些古代汉语语法的基本知识，对我们学习古代汉语是很重要的。

古代汉语语法和现代汉语语法有哪些不同？这在本字典的附录《古代汉语语法简介》中有简要的介绍，这里就不谈了。这里要说的是：有了一些古代汉语语法的基本知识之后，重要的还在于运用。比如，《古代汉语语法简介》告诉我们：古代汉语中名词可以放在动词前面做状语，表示“像……一样的”，如“狼吞虎咽”之类。但是，名词放在动词前面也可以做主语，如“龙腾虎跃”。那么，当我们在读古书时碰到“名词＋动词”的时候，怎样来判断这是名词做主语，还是名词做状语呢？比如王安石《读孟尝君传》中的“鸡鸣狗盗”究竟是哪一种呢？这就要根据整篇文章的文意来具体分析了。如果我们学了古代汉语语法的基本知识，又能具体运用，这就说明我们把语法学好了。

（三）要懂一点音韵学的常识

从表面上看，音韵学知识对于阅读古书似乎不是那么重要，因为汉字不是拼音文字，即使不知道一个字的读音，只要知道它的意义，也可以读懂古书。但是从深一层看，培养阅读古书的能力是一个综合的训练过程，在这个过程中，音韵学的常识也不能缺少。比如，前面说的假借字，有些字的读音在现代汉语中并不相近，为什么古代能够通假？这就要有一点音韵学的常识，知道古今语音是不同的，今音不近，古音却可以相近或相同。又如前面说到的“解”和“懈”，要弄明白其关系也要有一点音韵学的知识。至于要阅读古代的诗词歌赋，就必须明白平仄、押韵等，这就更需要有音韵学的知识了。

为了懂一点音韵学的常识，就需要看一些音韵学的入门书，或者可以看大学的《古代汉语》教材中的音韵学常识部分。这里就不介绍了。

（四）要有一定的古代汉语的语感

学习任何一种语言都是一种综合的过程，词汇、语法、语音可以分开学，但在学习过程中必须把它们综合在一起，而且，离不开对这种语言的感性认识。比如学英语，不可能只靠背字典、背语法就把英语学好，一定还要读大量的英语文本。学习古代汉语也是这样，如果没有大量的阅读，古代汉语是绝对学不好的。现在的大学古代汉语都把文选的学习放在第一位，就是遵循这个学习语言的规律。

我们强调多读，一方面是因为词汇、语法、音韵的知识只有在大量阅读的过程中才能消化和吸收，另一方面是因为只有通过大量的阅读，才能培养起古代汉语的语感，而这对于阅读能力的提高是至关重要的。

为什么要强调语感的重要性呢？因为任何语言的表达，都是“整体大于部分”的。我们通常说“积词成句，积句成篇”，但实际上常有这样的情况：把句中的各个词语机械地依次连接起来读，并不能得出这个句子完整的意思，有些词语之间的关系，需要我们去解读，有时还要加进一些字面以外的意思，才能理解这句话的完整的意思。古代汉语行文简练，这种情况就更加突出。例如，下面《论语》的两段文字就是这样：

> 子路问：“闻斯行诸？”子曰：“有父兄在，如之何其闻斯行之？”冉有问：“闻斯行诸？”子曰：“闻斯行之！”公西华曰：“由也问‘闻斯行诸’，子曰‘有父兄在’；求也问‘闻斯行诸’，子曰‘闻斯行之’。赤也惑，敢问。”子曰：“求也退，故进之；由也兼人，故退之。”（《论语·先进》）

> 子路从而后，遇丈人，以杖荷蓧。子路问曰：“子见夫子乎？”丈人曰：“四体不勤，五谷不分，孰为夫子？”植其杖而芸。子路拱而立。止子路宿，杀鸡为黍而食之，见其二子焉。明日，子路行以告。子曰：

“隐者也。”使子路反见之。至则行矣。(《论语·微子》)

第一段,“闻斯行诸?”即使懂得了每个字的意义以及句子的语法关系,把句子按字面翻译成“听到就实行吗?”还是不知所云。“求也退,故进之”,字面很普通,但在句子里“进”和“退”是什么意思?“之”指的是什么/谁?“进之”是谁发出的动作?这些都需要加上我们的理解,这才能把句子读懂。第二段,“见其二子焉”的主语是谁,需要我们正确理解。“子路从而后”,“子路行以告”,“至则行矣”等句子,在读的时候也都要加上一些东西,才能正确地理解其意思。

《论语》是先秦的作品,语言会比较古奥,而且是语录体的,语言必然会比较简练。但后代一些比较浅近的作品,也有这样的情况。如《桃花源记》中的几句:

问今是何世,乃不知有汉,无论魏晋。

第一句是问话,但第二、三句却不是回答。中间怎样衔接,需要读者自己去理解。

这些地方,词语之间是什么关系,除字面之外还要添加一些什么东西,靠查字典是解决不了的,查语法书也无济于事,主要靠读者通过大量阅读培养起来的语感。古书读得多的,根据上下文就能正确地理解;读得少的,碰到这种情况就会一筹莫展。

我们提倡多读,同时也提倡学习必要的古代汉语词汇、语法、音韵的知识。那种不学习古代汉语的有关知识,单纯用“诵读+感悟”来提高阅读古书能力的做法,是古代私塾的做法,今天不应该再提倡。感性认识和理性认识结合,多读古代作品和学习古代汉语有关知识结合,这才是学习古代汉语、提高阅读古书能力的正确途径。

(五)要知道一些古代的历史和文化常识

语言是文化的载体,古代汉语记录的是我国古代的文化。我们不能离开中国古代文化的背景来学习古代汉语。事实上,我们阅读的古代作品都会多方面涉及中国古代文化。很多作品中都会出现古代的人名、地名、朝代名、职官名,有时还会出现古代的器具、服饰、宫室、车马等的名称。《左传》、《史记》等历史文献不用说，就是唐宋时期的一些写景、抒情的文学作品，也会有这些内容。如《岳阳楼记》中的“庆历四年春，滕子京谪守巴陵郡”，“庆历”是年号，“巴陵”是古地名，“守”是职官名。《赤壁赋》中的“壬戌之秋，七月既望，苏子与客泛舟游于赤壁之下……少焉，月出于东山之上，徘徊于斗牛之间”，“壬戌”是干支纪年，“既望”是古代的时间名词，“斗牛”是古代的天文名词。因为时代的悬隔，我们今天读起来会对这些名词感到陌生，不好理解。要解决这些问题，可以查有关的工具书。但碰到一处查一处，这样的效率不高，得到的知识也比较零散。最好能对古代文化常识有一点比较系统的了解，在此基础上再查阅工具书，这样不但效率高，而且能理解得比较深。这方面，我们向大家推荐王力主编的《古代汉语》中的“古代文化常识”部分，这部分内容涉及面比较宽，而篇幅却不是很大，是适合中等文化程度的读者阅读的。还有一些作品，牵涉古代的历史事件，反映古代的社会现象，或者包含作者的哲学思想或文学思想，这些作品当然不能单纯从语言的角度去理解，而要求读者对古代的文学、历史、哲学有一定的了解。这就需要大家在平时加强这些方面的学习和积累。这也是学习古代汉语的一个重要方面。

我们希望这本字典能成为大家学习古代汉语的一种有用的工具，同时，也希望大家能在上述几个方面不断努力，较快地提高自己的古代汉语水平。

图书在版编目(CIP)数据

古汉语常用字字典/王力等编;蒋绍愚等修订. —6版. —北京:商务印书馆,2024(2024.7重印)
ISBN 978-7-100-23583-9

Ⅰ.①古… Ⅱ.①王… ②蒋… Ⅲ.①古汉语—常用字—字典 Ⅳ.①H163

中国国家版本馆CIP数据核字(2024)第067737号

GǓHÀNYǓ CHÁNGYÒNGZÌ ZÌDIǍN

古汉语常用字字典

第6版

原编者 王 力 岑麒祥 林 焘 等
修订者 蒋绍愚 唐作藩 张万起 等

商 务 印 书 馆 出 版
(北京王府井大街36号 邮政编码100710)
商 务 印 书 馆 发 行
河北新华第一印刷有限责任公司印刷
ISBN 978-7-100-23583-9

1979年9月第1版
1993年7月第2版
1998年9月第3版
2005年7月第4版
2016年6月第5版
2024年5月第6版
2024年7月第201次印刷

开本 880×1194 1/32
印张 21¼
印数 200 000 册

定价:45.90元